Karl Riesenhuber

Europäisches Arbeitsrecht

Ius Communitatis

Herausgegeben von
Prof. Dr. Dr. Stefan Grundmann, LL.M. (Berkeley)

Karl Riesenhuber

Europäisches Arbeitsrecht

2., vollständig überarbeitete und erweiterte Auflage

DE GRUYTER

Prof. Dr. **Karl Riesenhuber** M.C.J. ist Inhaber des Lehrstuhls für Bürgerliches Recht, Deutsches und Europäisches Handels- und Wirtschaftsrecht an der Juristischen Fakultät der Ruhr-Universität Bochum und Richter am Oberlandesgericht Hamm.

ISBN 978-3-11-073718-9
e-ISBN (PDF) 978-3-11-073194-1
e-ISBN (EPUB) 978-3-11-073204-7

Library of Congress Control Number: 2020951067

Bibliografische Information der Deutschen Nationalbibliothek
Die Deutsche Nationalbibliothek verzeichnet diese Publikation in der Deutschen Nationalbibliografie; detaillierte bibliografische Daten sind im Internet über http://dnb.dnb.de abrufbar.

Die englische Ausgabe erscheint bei Intersentia unter dem Titel European Employment Law, 2nd ed 2021, ISBN 978-1-83970-151-1

Einbandabbildung: akg-images (Boccioni, Umberto; „La strada entra nella casa“ (Die Straße dringt ins Haus), 1911)
Satz: jürgen ullrich typosatz, Nördlingen
Druck und Bindung: CPI books GmbH, Leck
♾ Gedruckt auf säurefreiem Papier
Printed in Germany

www.degruyter.com

Meinen Kindern und Enkeln

Vorwort

Die Entwicklung des Europäischen Arbeitsrechts und die freundliche Aufnahme des Buches ließen eine Neuauflage schon längst überfällig erscheinen, auch wenn 2012 eine aktualisierte englische Ausgabe erschienen war.[1] Andere Vorhaben und Verpflichtungen haben mich jedoch längere Zeit davon abgehalten, dem liebenswürdigen Drängen des Reihenherausgebers nachzukommen.

Die Verzögerung erwies sich allerdings insofern als Glücksfall, als der Gesetzgeber gerade in den letzten Jahren besonders aktiv war. So kann die Neuauflage bereits die Reform der Entsenderichtlinie aus dem Jahr 2018 berücksichtigen (§ 7), die Weiterentwicklung der Nachweisrichtlinie zur Transparenzrichtlinie (§ 14), die neue Whistleblower-Richtlinie (§ 15) sowie die weiterentwickelte Eltern- und Pflegeurlaubsrichtlinie (§ 24) – alle drei aus dem Jahr 2019. Die Mitbestimmungssicherung bei grenzüberschreitenden Verschmelzungen ist weitgehend unverändert in die Gesellschaftsrechtsrichtlinie von 2017 überführt. Diese ist bereits in der Fassung der Mobilitätsrichtlinie von 2019 berücksichtigt, die sachlich entsprechende Regelungen für die grenzüberschreitende Umwandlung (Formwechsel) und Spaltung eingefügt hat (§ 33). Die Europäische Säule sozialer Rechte aus dem Jahr 2017 ist im Kapitel über Grundrechte berücksichtigt (§ 2), auf die 2019 eingerichtete Europäische Arbeitsbehörde (ELA) gehe ich in einem Anhang zum Grundfreiheitenkapitel (§ 3) kurz ein. Geradezu in letzter Minute konnte ich den Kommissionsvorschlag für eine Mindestlohn-Richtlinie vom 28. Oktober 2020 noch (in § 1) aufnehmen. Schließlich bot die Neuauflage Gelegenheit, zwei Lücken zu schließen. Die Datenschutzrichtlinie hatte ich in der Vorauflage noch herausgelassen, doch verlangte die Datenschutz-Grundverordnung jetzt Beachtung in einem eigenen Kapitel (§ 13). Und ich habe ein Übersichtskapitel über Wettbewerbsrecht und Arbeitsrecht eingefügt (§ 4).

Außerdem war der regen Rechtsprechungstätigkeit des EuGH Rechnung zu tragen. Inhaltliche Schwerpunkte liegen hier auf dem Arbeitszeit- und Urlaubsrecht, aber auch etwa im Antidiskriminierungsrecht und im Betriebsübergangsrecht war eine Fülle neuer Entscheidungen zu berücksichtigen. Methodisch hat der Gerichtshof in den letzten Jahren in ganz unterschiedlichen Bereichen und auf unterschiedliche Weise eine grundrechtliche Fundierung der arbeitsrechtlichen Gesetzgebung fruchtbar gemacht – eine Entwicklung, die man durchaus kritisch sehen kann.

Nicht zuletzt habe ich mich bemüht, die Entwicklung in der Wissenschaft zu berücksichtigen. Sie hat sich in den vergangenen zehn Jahren quantitativ und qualitativ erheblich weiterentwickelt. Davon geben neue Zeitschriften (die EuZA war bei Erscheinen der 1. Auflage gerade einmal im 2. Jahrgang) ebenso Zeugnis wie neue Kom-

---

1 *Karl Riesenhuber*, European Employment Law – A Systematic Exposition, Cambridge et al.: Intersentia, 2012; zweite Auflage 2021 (in der Herstellung).

https://doi.org/10.1515/9783110731941-203

mentare und Handbücher sowie zahlreiche Monographien und Aufsatzbeiträge zu Einzelthemen.

Bei alledem hat sich die systematische Anlage des Buches bewährt. So konnte die Grundstruktur des Gesamtwerks weitgehend unverändert bleiben, ebenso wie die Anlage der meisten Kapitel. Ungeachtet dessen habe ich die Randnummern aller Kapitel neu gezählt. Schon der Umfang des Buches deutet darauf hin, dass fast durchgehend Ergänzungen erforderlich waren.

Das Buch ist auf dem Stand vom 31. Oktober 2020. Ich habe mich bemüht, Rechtsprechung und Literatur noch bis Ende Januar 2021 zu berücksichtigen.

Meine Mitarbeiter am Bochumer Lehrstuhl haben mich bei der Vorbereitung der Neuauflage tatkräftig unterstützt. Besonders danke ich Frau Assessorin *Annabelle Nörmann*, die alle Fäden zusammengehalten und dabei insbesondere die Bearbeitungen in deutscher und englischer Sprache auf einen einheitlichen Stand gebracht hat, und Herrn Referendar *Lukas Middeke*, der mich mit einer Vielzahl von Einzelrecherchen unterstützt und die Schlussredaktion selbständig betreut hat. Für engagierte Mitwirkung danke ich zudem Herrn Referendar *Gereon Walter* sowie meinen studentischen Hilfskräften *Nikita Kantor, Alex Kirov, Franziska Malfa, Andrei Morariu, Sozdar Sulaiman, Boris Tcherniaev, Teresa Weiß*.

Berlin/Bochum im Februar 2021 *Karl Riesenhuber*

Inhaltsübersicht

4. Teil: **Individualarbeitsrecht**

Inhaltsverzeichnis

1. Teil: **Grundlagen**

4. Teil: **Individualarbeitsrecht**

5. Teil: **Kollektivarbeitsrecht**

Abkürzungsverzeichnis[1]

a. A.	andere(r) Ansicht
a.a.O	am angegebenen Ort
abgedr.	abgedruckt
ABl.	1. für Veröffentlichungen vor dem 1. Februar 2003: Amtsblatt der Europäischen Gemeinschaften (Jahr Reihe Nummer des Dokuments/Seite); 2. für Veröffentlichungen ab dem 1. Februar 2003: Amtsblatt der Europäischen Union (Jahr Reihe Nummer des Dokuments/Seite)
abl.	ablehnend
Abs.	Absatz
AC	Appeal Cases (Law Reports)
AcP	Archiv für die civilistische Praxis (Jahrgang [Jahr], Seite)
ADEA	The Age Discrimination in Employment Act of 1967, kodifiziert als Chapter 14 of Title 29 des United States Code, § 621
a. E.	am Ende
AEntG	Gesetz über zwingende Arbeitsbedingungen für grenzüberschreitend entsandte und für regelmäßig im Inland beschäftigte Arbeitnehmer und Arbeitnehmerinnen (Arbeitnehmer-Entsendegesetz) vom 20. April 2009, BGBl. 2009 I, 799, zuletzt geändert durch Artikel 1 des Gesetzes vom 10. Juli 2020, BGBl. 2020 I, 1657, s. a. AEntG a. F.
AEntG a. F.	Gesetz über zwingende Arbeitsbedingungen bei grenzüberschreitenden Dienstleistungen (Arbeitnehmer-Entsendegesetz) vom 26. Februar 1996, BGBl. 1996 I, 227, zuletzt geändert durch das Gesetz vom 21. Dezember 2007, BGBl. 2007 I, 3140, s. a. AEntG
AEUV	Vertrag über die Arbeitsweise der Europäischen Union, konsolidierte und umbenannte Fassung des Vertrags zur Gründung der Europäischen Gemeinschaft mit den Änderungen durch den Vertrag von Lissabon vom 13. Dezember 2007, ABl. 2008 C 115/13, 47, s. a. EWG, EG, EGV
AG	Die Aktiengesellschaft (Jahr, Seite)
AGB	Allgemeine Geschäftsbedingungen
AGG	Allgemeines Gleichbehandlungsgesetz vom 14. August 2006, BGBl. 2006 I, 1897, zuletzt geändert durch Gesetz vom 03.04.2013, BGBl. I, 610
a. F.	alte Fassung
AiB	Arbeitsrecht im Betrieb (Jahr, Seite)
Alt.	Alternative
a. M.	anderer Meinung
Anm.	Anmerkung
AöR	Archiv für öffentliches Recht (Jahrgang [Jahr], Seite)
AP	Arbeitsrechtliche Praxis (Nummer zu Norm)
Arbeitgeber	Der Arbeitgeber (Jahr, Seite)
ArbG	Arbeitsgericht, s. a. BAG, LAG
ArbGG	Arbeitsgerichtsgesetz vom 3. September 1953, idF der Bekanntmachung vom 2. Juli 1979, BGBl. 1959 I, 853, 1036, zuletzt geändert durch Artikel 12 des Gesetzes vom 12. Juni 2020, BGBl. I, 1248

1 Abkürzungen für Rechtsakte der Union sind dem gesonderten Verzeichnis S. 915 zu entnehmen, die abgekürzt zitierte Literatur dem gesamten Verzeichnis S. LI.

https://doi.org/10.1515/9783110731941-206

ArbRB	Der Arbeits-Rechtsberater (Jahr, Seite)
arg.	argumentum (Argument)
Ariz. L. Rev.	Arizona Law Review (Jahrgang [Jahr], Seite)
Art.	Artikel
ASP	Abkommen zur Sozialpolitik vom 10. Dezember 1991, Anlage zum Vertrag von Maastricht, ABl. 1992 C 191/91
AuA	Arbeit und Arbeitsrecht (Jahr, Seite)
Aufl.	Auflage
AÜG	Gesetz zur Regelung der gewerbsmäßigen Arbeitnehmerüberlassung (Arbeitnehmerüberlassungsgesetz vom 7. August 1972, idF der Bekanntmachung der Bekanntmachung vom 3. Februar 1995, BGBl. 1995 I, 158, zuletzt geändert durch Artikel 2 des Gesetzes vom 13. März 2020, BGBl. I, 493
AuR	Arbeit und Recht (Jahr, Seite)
AWD	Außenwirtschaftsdienst (Jahr, Seite)
AWO	Arbeiterwohlfahrt
BAG	Bundesarbeitsgericht, s. a. ArbG und LAG
BAGE	amtliche Entscheidungssammlung des Bundesarbeitsgerichts (Band, Seite)
BArbBl.	Bundesarbeitsblatt (Monat/Jahr, Seite)
BAT	Bundesangestelltentarifvertrag vom 23. Februar 1961, GMBl. 1961, 137, am 1. Oktober 2005 durch einen einheitlichen Tarifvertrag für den öffentlichen Dienst ersetzt
BB	Betriebs-Berater (Jahr, Seite)
BBiG	Berufsbildungsgesetz vom 23. März 2005, BGBl. 2005 I, 931, in der Fassung der Bekanntmachung vom 4. Mai 2020, BGBl. I, 920
Bd.	Band
BDA	Bundesvereinigung der deutschen Arbeitgeberverbände
BE	1. vor einer Zahl: Begründungserwägung(en) (vgl. Art. 253 EG/ Art. 296 AEUV); 2. nach einer Zahl: Broteinheit(en)
BEEG	Gesetz zum Elterngeld und zur Elternzeit (Bundeselterngeld- und Elternzeitgesetz) vom 5. Dezember 2006, BGBl. 2006 I, 2748, zuletzt geändert durch Artikel 1 des Gesetzes vom 20. Mai 2020, BGBl. I, 1061
begr	begründet
Beih.	Beiheft
Beil.	Beilage
bes.	besonders
Bespr.	Besprechung
betr.	betreffend
BetrVG	Betriebsverfassungsgesetz vom 15. Januar 1972, idF der Bekanntmachung vom 25. September 2001, BGBl. 2001 I, 2518, zuletzt geändert durch Artikel 6 des Gesetzes vom 20. Mai 2020, BGBl. I, 1044
BGB	Bürgerliches Gesetzbuch vom 18. August 1896, idF der Bekanntmachung vom 2. Januar 2002, BGBl. 2002 I, 42, 2909, 2003 I, 738, zuletzt geändert durch Artikel 2 des Gesetzes vom 16. Oktober 2020, BGBl. I, 2187
BGBl.	1. Bundesgesetzblatt der Bundesrepublik Deutschland (Jahr Teil, Seite); 2. Bundesgesetzblatt der Republik Österreich (Teil Nummer des Gesetzes/ Jahr)
BGHZ	amtliche Entscheidungssammlung des Bundesgerichtshofs in Zivilsachen (Band, Seite)

BillBG	Gesetz zur Bekämpfung der illegalen Beschäftigung vom 15. Dezember 1981, BGBl. 1981 I, 1390, Zuletzt geändert Sechstes Überleitungsgesetz vom 25.09.1990, BGBl. 1990 I, 2106
BJIR	British Journal of Industrial Relations (Jahrgang [Jahr], Seite)
BKR	Zeitschrift für Bank- und Kapitalmarktrecht (Jahr, Seite)
B.L.I.	Business Law International (Jahrgang [Jahr], Seite)
BMW	Bayerische Motorenwerke
BR-Drs.	Bundesrats-Drucksache (Nummer der Vorlage/Jahr, Seite), s. a. BT-Drs.
Brüssel I-VO	siehe Rechtsakteverzeichnis EuGVVO
bspw.	beispielsweise
BT-Drs.	Bundestags-Drucksache (Legislaturperiode/Nummer der Vorlage, Seite), s. a. BR-Drs.
BUrlG	Mindesturlaubsgesetz für Arbeitnehmer (Bundesurlaubsgesetz) in der im
BVerfGE	Bundesgesetzblatt Teil III, Gliederungsnummer 800–4, veröffentlichten bereinigten Fassung, zuletzt geändert durch Artikel 7 des Gesetzes vom 7. Mai 2002, BGBl. 2002 I, 1529 amtliche Entscheidungssammlung des Bundesverfassungsgerichts
bzw.	beziehungsweise
Cambrian L.R.	Cambrian Law Review (Jahr, Seite)
CEEP	European Centre of Employers and Enterprises
CISG	United Nations Convention on Contracts for the International Sale of Goods, BGBl.1989 II, 588
C.L.J.	Cambridge Law Journal (Jahrgang [Jahr], Seite)
C.L.P.	Current Legal Problems (Jahrgang [Jahr], Seite)
C.F.L.Q	Child and Family Law Quarterly (Jahrgang [Jahr], Seite)
CMLR	Common Market Law Review (Jahrgang [Jahr], Seite)
Co Lawyer	Company Lawyer (Jahrgang [Jahr], Seite)
Colum. J. Eur. L.	Columbia Journal of European Law (Jahrgang [Jahr], Seite)
Comp. Lab. L.	Comparative Labour Law (Jahrgang [Jahr], Seite) – bis 1986, s. a. Comp.Lab.L.J.
Comp.Lab.L.J.	Comparative Labour Law Journal (Jahrgang [Jahr], Seite) – seit 1986, s. a. Comp.Lab.L.
Comp.Lab.L.& Pol'y J.	Comparative Labour Law Journal & Policy Journal (Jahrgang [Jahr], Seite)
Comp. Law.	Competition Law (Jahr, Seite)
CuA	Computer und Arbeit (Jahr, Seite)
DB	Der Betrieb (Jahr, Seite)
Der Personalrat	Der Personalrat (Jahr, Seite)
ders.	derselbe
DGB	Deutscher Gewerkschaftsbund
d. h.	das heißt
dies.	dieselbe(n)
Dok.	Dokument
DÖV	Die Öffentliche Verwaltung (Jahr, Seite)
DRdA	Das Recht der Arbeit (Jahr, Seite)
DrittelbG	Gesetz über die Drittelbeteiligung der Arbeitnehmer im Aufsichtsrat vom 18. Mai 2004, BGBl. 2004 I, 974, zuletzt geändert durch Artikel 8 des Gesetzes vom 24. April 2015, BGBl. I, 642

DStR	Deutsches Steuerrecht (Jahr, Seite)
DuD	Datenschutz und Datensicherheit (Jahr, Seite)
DZWIR	Deutsche Zeitschrift für Wirtschafts- und Insolvenzrecht (Jahr, Seite)
EAG	Vertrag zur Gründung der Europäischen Atomgemeinschaft vom 1. Januar 1958 (amtliche Übersetzung in BGBl. 1958 II, 1), zuletzt geändert durch Art. 9 Abs. 1, Art. 10 Abs. 1, Art. 12, Art. 15, Art. 9 Abs. 2 und Art. 18 Abs. 2 EU-Beitrittsakte 2007 vom 25. April 2005, ABl. Nr. L 157/203
EAS	Europäisches Arbeits- und Sozialrecht: 1. Teil C – Entscheidungssammlung – (Norm Nummer Seite); 2. Teil B – Systematische Darstellungen – s. Verzeichnis der abgekürzt zitierten Literatur
ebd.	ebenda
EBLR	European Business Law Review (Jahr, Seite)
EBOR	European Business Organization Law Journal (Jahrgang [Jahr], Seite)
EBR	Europäischer Betriebsrat
EBRG	Gesetz über Eurpäische Betriebsräte (Europäische Betriebsräte-Gesetz) vom 28. Oktober 1996, BGBl. 1996 I, 1548, 2022, zuletzt geändert durch Artikel 4 Absatz 7 des Gesetzes vom 1. Oktober 2013, BGBl. I, 3719
ECL	European Company Law (Jahrgang [Jahr], Seite)
ECSA	European Community Shipowners' Associations
ECSR	European Committee of Social Rights
EG	1. Europäische Gemeinschaft; 2. Nach Bezeichnung eines Artikels: EG-Vertrag seit Vertrag zur Gründung der Europäischen Gemeinschaft, konsolidierte Fassung mit den Änderungen durch die Verträge von Amsterdam und Nizza, ABl. 2002 C 325/33; s. a. EGV, AEUV
EGB	Europäischer Gewerkschaftsbund
EGBGB	Einführungsgesetz zum Bürgerlichen Gesetzbuche vom 18. August 1896 idF der Bekanntmachung vom 21. September 1994, BGBl. 1994 I, 2494; 1997 I, 1061, zuletzt geändert durch Artikel 1 des Gesetzes vom 10. Juli 2020, BGBl. I, 1643, 1870
EGMR	Europäischer Gerichtshof für Menschenrechte
EGV	EG-Vertrag, Vertrag zur Gründung der Europäischen Gemeinschaft in der Fassung des Vertrags über die Europäische Union vom 7. Februar 1992 (Maastrichter Fassung), ABl. 1992 C 224/6; s. a. EG, AEUV
E.H.R.L.R.	European Human Rights Law Review (Jahr, Seite)
EIAS	Arbeitsgruppe Europäisches und Internationales Arbeits- und Sozialrecht im Deutschen Gerichtsverband e. V.
Einl.	Einleitung
ELJ	European Law Journal (Jahrgang [Jahr], Seite)
ELLJ	European Labour Law Journal (Jahrgang [Jahr], Seite)
E.L. Rep.	European Law Reporter (year, page)
E.L. Rev.	European Law Review (Jahrgang [Jahr], Seite)
EMRK	Europäische Konvention zum Schutze der Menschenrechte und Grundfreiheiten (Europäische Menschenrechtskonvention) vom 4. November 1950, idF der Bekanntmachung vom 17. Mai 2002, BGBl. 2002 II, 1055 (deutsche Übersetzung), zuletzt geändert durch Protokoll Nr. 14 vom 13. Mai 2004 vom 21.2.2006, BGBl. 2006 II, 138 (deutsche Übersetzung)
endg.	endgültig
entspr.	entsprechend

EP	Europäisches Parlament
ESsR	Europäische Säule sozialer Rechte
Erg.-Lief.	Ergänzungslieferung
ERCL	European Review of Contract Law (Jahrgang [Jahr], Seite)
ESC	Europäische Sozialcharta vom 18. Oktober 1961, BGBl. 1964 II, 1261 (deutsche Übersetzung); s. a. RESC
ETF	Europäische Transportarbeiter-Föderation
EU	1. Europäische Union; 2. Nach Bezeichnung eines Artikels: EUVertrag seit Vertrag über die Europäische Union, konsolidierte Fassung mit den Änderungen durch die Verträge von Amsterdam und Nizza, ABl. 2002 C 325/5; s. a. EUV, AEUV
EuG	Gericht Erster Instanz (vgl. Art. 220 EG), s. a. EuGH
EuGH	Gerichtshof der Europäischen Gemeinschaften (vgl. Art. 220 EG), s. a. EuG
EuGH Satzg	Satzung des Europäischen Gerichtshofs nach dem Protokoll über die Satzung des Gerichtshofs vom 26. Februar 2001, ABl. Nr. C 80/ 53, zuletzt geändert durch Art. 1 des Beschlusses des Rates 2008/ 79/EG vom 20. Dezember 2007, ABl. 2008 L 24/42
EuGRZ	Europäische Grundrechte-Zeitschrift (Jahr, Seite)
EuR	Europarecht (Jahr, Seite)
EuroAS	Informationsdienst Europäisches Arbeits- und Sozialrecht (Jahr, Seite)
EUV	EU-Vertrag seit Vertrag über die Europäische Union, konsolidierte Fassung mit den Änderungen durch den Vertrag von Lissabon, unterzeichnet am 13. Dezember 2007, ABl. 2008 C 115/13, s. a. EU, EUV a. F., AEUV
EUV a. F.	EU-Vertrag, Vertrag über die Europäische Union vom 7. Februar 1992 (Maastricht-Vertrag), ABl.1992 C 191/1; s. a. EU, EUV
EuZA	Europäische Zeitschrift für Arbeitsrecht (Jahr, Seite)
EuZW	Europäische Zeitschrift für Wirtschaftsrecht (Jahr, Seite)
EVÜ	Übereinkommen über das auf vertragliche Schuldverhältnisse anzuwendende Recht (Europäisches Vertragsrechtsübereinkommen vom 19. Juni 1980, ABl.1980 L 226/1, zuletzt geändert durch Art. 2 Übereinkommen vom 29. November 1996, ABl. 1997 C 15/10
EWG	Europäische Wirtschaftsgemeinschaft
EWGV	Vertrag zur Gründung der Europäischen Wirtschaftsgemeinschaft (EWG-Vertrag) vom 25. März 1957, nicht im ABl. veröffentlicht, BGBl.1957 II, 753, 1678; 1958 II, 64 (deutsche Übersetzung); s. a. AEUV, EG, EGV
EWiR	Entscheidungen zum Wirtschaftsrecht (Jahr, Seite)
EWS	Europäisches Wirtschafts- und Steuerrecht (Jahr, Seite)
f., ff.	folgende (Singular/Plural)
FAZ	Frankfurter Allgemeine Zeitung
FG (Name)	Festgabe für (Name)
Fn	Fußnote(n)
Fordham Int. L. J.	Fordham International Law Journal (Jahrgang [Jahr], Seite)
Fordham JCFL	Fordham Journal of Corporate and Financial Law (Jahrgang [Jahr], Seite)
FS (Name)	Festschrift für (Name)
GA	Generalanwalt/Generalanwältin
GBP	Britische Pfund
GbR	Gesellschaft bürgerlichen Rechts

Geo. L. J.	Georgetown Law Journal (Jahrgang [Jahr], Seite)
GG	Grundgesetz für die Bundesrepublik Deutschland in der im Bundesgesetzblatt Teil III, Gliederungsnummer 100–1, veröffentlichten bereinigten Fassung, zuletzt geändert durch Artikel 1 u. 2 Satz 2 des Gesetzes vom 29. September 2020, BGBl. I, 2048
ggf.	gegebenenfalls
GlBG	Bundesgesetz über die Gleichbehandlung (Gleichbehandlungsgesetz) (öst. BGBl. I 66/2004), zuletzt geändert durch Art. 1 des Bundesgesetzes öst. BGBl. I 98/2008
GmbHR	GmbH Rundschau (Jahr, Seite)
GMBl.	Gemeinsames Ministerialblatt (Jahr, Seite)
GPR	Zeitschrift für Gemeinschaftsprivatrecht (Jahr, Seite)
GS (Name)	1. Gemeinsamer Standpunkt; 2. im Zusammenhang mit BMW-Motorrad: Gelände und Straße
H.	Heft
Harv. L. Rev.	Harvard Law Review (Jahrgang [Jahr], Seite)
Harv. J. L. & Gender	Harvard Journal of Law & Gender (volume [year], page)
Hdgdl	Hab dich ganz doll lieb
h. M.	herrschende Meinung
Hofstra Lab. & Emp. J.	Hofstra Labor & Employment Law Journal (Jahrgang [Jahr], Seite)
Hrsg.	Herausgeber/in
Hs.	Halbsatz
IAO	Übereinkommen der Internationalen Arbeitsorganisation Nr. 182 über das Verbot und unverzügliche Maßnahmen zur Beseitigung der schlimmsten Formen der Kinderarbeit vom 17. Juni 1999, BGBl. 2001 II, 1290 (deutsche Übersetzung)
I.C.C.L.R.	International Company and Commercial Law Review (Jahrgang [Jahr], Seite)
ICLQ	International & Comparative Law Quarterly (Jahrgang [Jahr], Seite)
idF	in der Fassung
IdRldK	In der Ruhe liegt die Kraft (Sprichwort, Herkunft unbekannt)
i. E.	im Einzelnen, im Ergebnis
i. e. S.	im engeren Sinne
IJCLLIR	The International Journal of Comparative Labour Law and Industrial Relations (Jahrgang [Jahr], Seite)
ILJ	Industrial Law Journal (Jahrgang [Jahr], Seite)
Ind. & L.R.Rev.	Industrial and Labour Relations Review (Jahrgang [Jahr], Seite)
insbes.	insbesondere
IntGesR	Internationales Gesellschaftsrecht
Int. J. Comp. Lab. L. & Ind. Rel.	International Journal of Comparative Labour Law and Industrial Relations
Int'lRev.L.&Econ.	International Review of Law and Economics (Jahrgang [Jahr], Seite)
IPR	Internationales Privatrecht
IPRax	Praxis des Internationalen Privat- und Verfahrensrecht (Jahr, Seite)
IRJ	Industrial Relations Journal (Jahrgang [Jahr], Seite)
i. S.	im Sinne
i. S. d.	im Sinne der/des
i. S. v.	im Sinne von

i.Ü.	im Übrigen
i.V.m.	in Verbindung mit
JArbSchG	Gesetz zum Schutz der arbeitenden Jugend (Jugendarbeitsschutzgesetz) vom 12. April 1976, BGBl. 1976 I, 965, zuletzt geändert durch Artikel 3 Absatz 4 des Gesetzes vom 9. Oktober 2020, BGBl. I, 2075
J.B.L.	Journal of Business Law (Jahr, Seite)
JCLS	Journal of Corporate Law Studies (Jahr, Seite)
JITE	Journal of institutional and theoretical economics (Jahrgang [Jahr], Seite)
JJZ	Jahrbuch Junger Zivilrechtswissenschaftler (Jahr, Seite)
J.L. & Econ.	Journal of Law and Economics (Jahrgang [Jahr], Seite)
J.M.H.L.	Journal of Mental Health Law (Band [Jahr], Seite)
J. Pol. Econ.	Journal of Political Economy (Jahrgang [Jahr], Seite)
JR	Juristische Rundschau (Jahr, Seite)
J.Soc.Wel.&Fam.L.	Journal of Social Welfare and Family Law (Jahrgang [Jahr], Seite)
JURA	Juristische Ausbildung (Jahr, Seite)
JuS	Juristische Schulung (Jahr, Seite)
JZ	JuristenZeitung (Jahr, Seite)
Kap.	Kapitel
KapovAz	Kapazitätsorientierte variable Arbeitszeit
KMU	kleine und mittlere Unternehmen
KOM	KOM-Dokumente: Legislativvorschläge und sonstige Mitteilungen der Europäischen Kommission an den Rat und/oder die anderen Organe sowie die entsprechenden vorbereitenden Dokumente ([Jahr] Nummer, ggf. Seite)
Konzern	Der Konzern (Jahr, Seite)
krit.	kritisch(e)
KritV	Kritische Vierteljahresschrift für Gesetzgebung und Rechtswissenschaft (Jahr, Seite)
KSchG	Kündigungsschutzgesetz in der Fassung der Bekanntmachung vom 25. August 1969, BGBl. 1969 I, 1317, zuletzt geändert durch Artikel 2 des Gesetzes vom 14. Oktober 2020, BGBl. I, 2112
KTS	Konkurs-, Treuhand- und Schiedsgerichtswesen (Jahr, Seite)
LAG	Landesarbeitsgericht, s.a. BAG, ArbG
lit.	litera (Buchstabe)
LS	Leitsatz
m.a.W.	mit anderen Worten
m.Anm.v.	mit Anmerkung von
MgVG	Gesetz über die Mitbestimmung der Arbeitnehmer bei einer grenzüberschreitenden Verschmelzung vom 21. Dezember 2006, BGBl. 2006 I, 3332, zuletzt geändert durch Artikel 11 des Gesetzes vom 30. Juli 2009, BGBl. I, 2479
Mich. L. Rev.	Michigan Law Review (Jahrgang [Jahr], Seite)
MitbestG	Gesetz über die Mitbestimmung der Arbeitnehmer (Mitbestimmungsgesetz) vom 4. Mai 1976, BGBl.1976 I, 1153, zuletzt geändert durch Artikel 7 des Gesetzes vom 24. April 2015, BGBl. I, 642

MJ	Maastricht Journal of European and Comparative Law (Jahrgang [Jahr], Seite)
MLR	The Modern Law Review (Jahrgang [Jahr], Seite)
MMR	Multimedia und Recht (Jahr, Seite)
m. N.	mit Nachweis(en)
m. w. N.	mit weiterem/n Nachweis(en)
m.zust.Anm.v	mit zustimmender Anmerkung von
NIPR	Het tijdschrift Nederlands Internationaal Privaatrecht (Jahr, Seite)
NJW	Neue Juristische Wochenschrift (Jahr, Seite)
Nott.L.J.	Nottingham Law Journal (Jahrgang [Jahr], Seite)
Nr.	Nummer
NVwZ	Neue Zeitschrift für Verwaltungsrecht (Jahr, Seite)
Nw.	Nachweis(e)
NZA	Neue Zeitschrift für Arbeitsrecht (Jahr, Seite)
NZA-RR	NZA Rechtsprechungs-Report Arbeitsrecht (Jahr, Seite)
o.dgl.	oder dergleichen
oHG	offene Handelsgesellschaft
OJLS	Oxford Journal of Legal Studies (Jahrgang [Jahr], Seite)
öst.	österreichisch(es)
PC	1. Personal Computer; 2. Posaunenchor: Chor von Blechbläsern (manchmal inklusive Saxophonisten, Schlagzeuger o. ä.)
PersV	Die Personalvertretung (Jahr, Seite)
RabelsZ	Rabels Zeitschrift für ausländisches und internationales Privatrecht (Jahrgang [Jahr], Seite)
Rechtswissenschaft	Rechtswissenschaft – Zeitschrift für rechtswissenschaftliche Forschung (Jahr, Seite)
RdA	Recht der Arbeit (Jahr, Seite)
Rdn.	Randnummer(n)
RDV	Recht der Datenverarbeitung (Jahr, Seite)
RESC	Revidierte Europäische Sozialcharta vom 3. Mai 1996, European Treaty Series – Nr. 163; s. a. ESC
RIW	Recht der Internationalen Wirtschaft – Betriebs-Berater International (Jahr, Seite)
RL	Richtlinie
RNotZ	Rheinische Notar-Zeitschrift (Jahr, Seite)
Rs.	Rechtssache(n)
Rspr.	Rechtsprechung
S.	Seite
s.	siehe
s. a.	siehe auch
SAE	Sammlung arbeitsrechtlicher Entscheidungen (Jahr, Seite)
sc.	scilicet (nämlich)
SCE	Societas Cooperativa Europaea (Europäische Genossenschaft)
SCEAG	Gesetz zur Ausführung der Verordnung (EG) Nr. 1435/2003 des Rates vom 22. Juli 2003 über das Statut der Europäischen Genossenschaft (SCE-Aus-

	führungsgesetz) vom 14. August 2006, BGBl. 2006 I, 1911, zuletzt geändert durch Artikel 7 des Gesetzes vom 5. Juni 2017, BGBl. I, 1476
SCEBG	Gesetz über die Beteiligung der Arbeitnehmer und Arbeitnehmerinnen in einer Europäischen Genossenschaft (SCE- Beteiligungsgesetz) vom 14. August 2006, BGBl. 2006 I, 1911, 1917, zuletzt geändert durch Artikel 14 des Gesetzes vom 20. Mai 2020, BGBl. I, 1044
SD	Systematische Darstellungen in der AR-Blattei, s. Verzeichnis der abgekürzt zitierten Literatur
SE	Societas Europaea (Europäische Gesellschaft)
SEAG	Gesetz zur Ausführung der Verordnung (EG) Nr. 2157/2001 des Rates vom 8. Oktober 2001 über das Statut der Europäischen Gesellschaft (SE-Ausführungsgesetz) vom 22. Dezember 2004, BGBl. 2004 I, 3675, zuletzt geändert durch Artikel 9 des Gesetzes vom 12. Dezember 2019, BGBl. I, 2637
SEBG	Gesetz über die Beteiligung der Arbeitnehmer in einer Europäischen Gesellschaft (SE-Beteiligungsgesetz) vom 22. Dezember 2004, BGBl. 2004 I, 3675, 3686, zuletzt geändert durch Artikel 12 des Gesetzes vom 20. Mai 2020, BGBl. I, 1044
SGB III	Drittes Buch Sozialgesetzbuch – Arbeitsförderung – (Artikel 1 des Gesetzes vom 24. März 1997), BGBl. 1997 I, 594, zuletzt geändert durch Artikel 2 b des Gesetzes vom 14. Oktober 2020, BGBl. I, 2112
SGB V	Fünftes Buch Sozialgesetzbuch – Gesetzliche Krankenversicherung – (Artikel 1 des Gesetzes vom 20. Dezember 1988) (BGBl. 1988 I, 2477), zuletzt geändert durch Artikel 1 des Gesetzes vom 14. Oktober 2020, BGBl. I, 2115
SGB IX	Neuntes Buch Sozialgesetzbuch – Rehabilitation und Teilhabe behinderter Menschen – (Artikel 1 des Gesetzes vom 19. Juni 2001), BGBl. 2001 I, 1046, zuletzt geändert durch Artikel 3 Absatz 6 des Gesetzes vom 9. Oktober 2020 BGBl. I, 2075
Slg.	Sammlung der Rechtsprechung des Gerichtshofs (Teil I) und (seit dem 15. November 1989) des Gerichts Erster Instanz (Teil II) (bis zum 14. November 1989: Jahr, Seite, ab dem 15. November 1989: Jahr, Teil-Seite ggf. Rdn.)
SLO	Republik Slowenien
sog.	sogenannt(e) (er) (en)
Sonderbeil	Sonderbeilage
SPE	Societas Privata Europaea (Europäische Privatgesellschaft)
Sps.	Spiegelstrich
st.Rspr.	ständige Rechtsprechung
str.	streitig
Syracuse J. Int'l L. & Com.	Syracuse Journal of International Law and Commerce (Jahrgang [Jahr], Seite)
Tex. L. Rev.	Texas Law Review (Jahrgang [Jahr], Seite)
TVG	Tarifvertragsgesetz vom 9. April 1949, idF der Bekanntmachung vom 25.August 1969 (BGBl.1969 I, 1323), zuletzt geändert durch Artikel Artikel 8 des Gesetzes vom 20. Mai 2020 (BGBl. I, 1055)
TzBfG	Gesetz über Teilzeitarbeit und befristete Arbeitsverträge (Teilzeit- und Befristungsgesetz) vom 21.Dezember 2000, BGBl.2000 I,1966, zuletzt geändert durch Artikel 10 des Gesetzes vom 22. November 2019, BGBl. I, 1746

u.a.	1. und andere; 2. unter anderem.
u.a.m.	und andere(s) mehr
UAbs.	Unterabsatz
U. Chi. L. Rev.	University of Chicago Law Review (Jahrgang [Jahr], Seite)
UmwG	Umwandlungsgesetz vom 28. Oktober 1994, BGBl. 1994 I, 3210, (1995, 428), zuletzt geändert durch Artikel 1 des Gesetzes vom 19. Dezember 2018, BGBl. I, 2694
UNICE	Union of Industrial and Employers' Confederations of Europe
U. Pa. L. Rev.	University of Pennsylvania Law Review (Jahrgang [Jahr], Seite)
usf.	und so fort
u.U.	unter Umständen
v.	1. von; 2. vom
v.a.	vor allem
verb.	verbundene
VK	Vereinigtes Königreich von Großbritannien und Nordirland
V-LARL	Geänderter Vorschlag der Europäischen Kommission vom 28.11.2002 für eine Richtlinie des Europäischen Parlaments und des Rates über die Arbeitsbedingungen von Leiharbeitnehmern, KOM(2002) 701 endg.; s.a. LARL im Verzeichnis wichtiger Rechtsakte
VO	Verordnung
VSSR	Vierteljahresschrift für Sozialrecht (Jahr, Seite
VVW	Verlag Versicherungswirtschaft
wbl	wirtschaftsrechtliche Blätter (Jahr, Seite)
WiB	Wirtschaftsrechtliche Beratung (Jahr, Seite)
WIRO	Wirtschaft und Recht in Osteuropa (Jahr, Seite)
WM	Wirtschafts- und Bankrecht (Jahr, Seite)
WpÜG	Wertpapiererwerbs- und Übernahmegesetz vom 20. Dezember 2001, BGBl. 2001 I, 3822, zuletzt geändert durch Artikel 3 des Gesetzes vom 19. März 2020, BGBl. I, 529
WSA	Wirtschafts- und Sozialausschuss (vgl. Art. 257ff. EG/Art. 296 Abs. 2 AEUV)
WSI-Mitteilungen	Mitteilungen des Wirtschafts- und Sozialwissenschaftlichen Instituts (Jahr, Seite)
Yale J. Int.'l L.	Yale Journal of International Law (Jahrgang [Jahr], Seite)
Yale L. J.	The Yale Law Journal (Jahrgang [Jahr], Seite)
YEL	Yearbook of European Law (Jahrgang [Jahr], Seite)
ZAAR	Zentrum für Arbeitsbeziehungen und Arbeitsrecht
z.B.	zum Beispiel
ZD	Zeitschrift für Datenschutz (Jahr, Seite)
ZESAR	Zeitschrift für europäisches Sozial- und Arbeitsrecht (Jahr, Seite)
ZEuP	Zeitschrift für Europäisches Privatrecht (Jahr, Seite)
ZEW	Zentrum für Europäisches Wirtschaftsrecht
ZfA	Zeitschrift für Arbeitsrecht (Jahr, Seite)
ZfPW	Zeitschrift für die gesamte Privatrechtswissenschaft
ZfRV	Zeitschrift für Rechtsvergleichung, Internationales Privatrecht und Europarecht (Jahr, Seite)

ZGR	Zeitschrift für Unternehmens- und Gesellschaftsrecht (Jahr, Seite)
ZHR	Zeitschrift für das gesamte Handels- und Wirtschaftsrecht (Jahrgang [Jahr], Seite)
ZIAS	Zeitschrift für ausländisches und internationales Arbeits- und Sozialrecht (Jahr, Seite)
ZIP	Zeitschrift für Wirtschaftsrecht (Jahr, Seite)
ZPO	Zivilprozessordnung idF der Bekanntmachung vom 5. Dezember 2005, BGBl. 2005 I, 3202; 2006 I, 431; 2007 I, 1781, zuletzt geändert durch Artikel 2 des Gesetzes vom 12. Dezember 2019, BGBl. I, 2633
ZRP	Zeitschrift für Rechtspolitik (Jahr, Seite)
ZSR	Zeitschrift für Schweizerisches Rechts (Jahrgang [Jahr], Seite)
ZTR	Zeitschrift für Tarifrecht (Jahr, Seite)
zust.	zustimmend
zutr.	zutreffend
ZVglRWiss	Zeitschrift für vergleichende Rechtswissenschaft (Jahrgang [Jahr], Seite)
ZWeR	Zeitschrift für Wettbewerbsrecht (Jahr, Seite)
z.Z.	zur Zeit
ZZPInt	Zeitschrift für Zivilprozess International (Jahrgang [Jahr], Seite)

Verzeichnis der abgekürzt zitierten Literatur

Bearbeiter, AR-Blattei	Dieterich, Thomas/Schwab, Brent/Neef, Klaus/Oehmann, Werner (Hrsg.), Arbeitsrecht-Blattei, Loseblattsammlung.
Barnard, EU Employment Law	Barnard, Catherine, EU Employment Law, 4. Aufl. 2012.
Bercusson, European Labour Law	Bercusson, Brian, European Labour Law and the EU Charter of Fundamental Rights, 2006.
Blanpain/Schmidt/Schweibert, Europäisches Arbeitsrecht	Blanpain, Roger/Schmidt, Marlene/Schweibert, Ulrike, Europäisches Arbeitsrecht, 2. Aufl. 1996.
Calliess/Ruffert/*Bearbeiter*, Art. Rechtsakt	Calliess, Christian/Ruffert, Matthias (Hrsg.), EUV/AEUV – Das Verfassungsrecht der Europäischen Union mit Europäischer Grundrechtecharta, Kommentar, 5. Aufl. 2016.
Collins, Employment Law	Collins, Hugh, Employment Law, 2. Aufl. 2010.
Däubler/Kittner/Lörcher, Internationale Arbeitsordnung	Däubler, Wolfgang/Kittner, Michael/Lörcher, Klaus, Internationale Arbeitsordnung und Sozialordnung, 2. Aufl. 1994.
Deakin/Morris, Labour Law	Deakin, Simon/Morris, Gillian, Labour Law, 6. Aufl. 2012.
Bearbeiter, EAS B Ordnungsziffer	Hartmut Oetker/Ulrich Preis (Hrsg.), Europäisches Arbeits- und Sozialrecht, Teil B – Systematische Darstellungen, Loseblattsammlung.
Bearbeiter, in: Ehlers (Hrsg.), Europäische Grundrechte und Grundfreiheiten	Ehlers, Dirk (Hrsg.), Europäische Grundrechte und Grundfreiheiten, 4. Aufl. 2015.
ErfK/*Bearbeiter*	Müller-Glöge, Rudi/Preis, Ulrich/Ingrid Schmidt (Hrsg.), Erfurter Kommentar zum Arbeitsrecht, begr. von Thomas Dieterich, Peter Hanau und Günter Schaub, 20. Aufl. 2020.
EuArbRK/*Bearbeiter*	Franzen, Martin/Gallner, Inken/Oetker, Hartmut, Kommentar zum europäischen Arbeitsrecht, 3. Aufl. 2020.
Fuchs/Marhold, Europäisches Arbeitsrecht	Fuchs, Maximilian/Marhold, Franz, Europäisches Arbeitsrecht, 5. Aufl. 2018.
Gamillscheg, Kollektives Arbeitsrecht II	Gamillscheg, Franz, Kollektives Arbeitsrecht, Bd. II: Betriebsverfassung, 6. Aufl. 2008.
Bearbeiter, in: Gebauer/Wiedmann (Hrsg.), Zivilrecht unter europäischem Einfluss	Gebauer, Martin/Wiedmann, Thomas, Zivilrecht unter europäischem Einfluss, 2. Aufl. 2010.
Grabitz/Hilf/Nettesheim/*Bearbeiter*	Grabitz, Eberhard/Hilf, Meinhard/Nettesheim, Martin, Das Recht der Europäischen Union, Loseblattsammlung, 59. Erg.-Lfg. (Stand: Feb. 2020), 2020.
Grundmann, Europäisches Gesellschaftsrecht	Grundmann, Stefan, Europäisches Gesellschaftsrecht, 2. Aufl. 2011.
Grundmann, Europäisches Schuldvertragsrecht	Grundmann, Stefan, Europäisches Schuldvertragsrecht, 1999.
Grundmann, European Company Law	European Company Law – Organization, Finance and Capital Markets, 2. Aufl. 2011.
Hanau/Steinmeyer/Wank/*Bearbeiter*	Peter Hanau/Heinz-Dietrich Steinmeyer/Rolf Wank (Hrsg.), Handbuch des europäischen Arbeits- und Sozialrechts, 2002.
Kocher, Europäisches Arbeitsrecht	Kocher, Eva, Europäisches Arbeitsrecht, 2. Aufl. 2020.

https://doi.org/10.1515/9783110731941-207

Krimphove, Europäisches Arbeitsrecht	Krimphove, Dieter, Europäisches Arbeitsrecht, 2. Aufl. 2001.
Lutter/Bayer/Schmidt, Europäisches Unternehmens- und Kapitalmarktrecht	Lutter, Marcus/Bayer, Walter/Schmidt, Jessica, Europäisches Unternehmens- und Kapitalmarktrecht, 6. Aufl. 2018.
Lutter/Hommelhoff/Teichmann/*Bearbeiter*	Lutter, Marcus/Hommelhoff, Peter/Teichmann, Christoph, SE-Kommentar, 2. Aufl. 2015.
Meyer/Hölscheidt/*Bearbeiter*	Meyer, Jürgen/Hölscheidt, Sven (Hrsg.), Charta der Grundrechte der Europäischen Union, 5. Aufl. 2019.
MünchKommAktG/*Bearbeiter*	Goette, Wulf/Habersack, Mathias/Kalss, Susanne (Hrsg.), Band 7: Europäisches Aktienrecht, SE-VO, SEBG, Europäische Niederlassungsfreiheit, 4. Aufl. 2017.
MünchArbR/*Bearbeiter*	Kiel, Heinrich/Lunk, Stefan/Oetker, Hartmut (Hrsg.), Münchener Handbuch zum Arbeitsrecht, 4. Aufl. 2018.
MünchKommBGB/*Bearbeiter*	Franz Jürgen Säcker/Roland Rixecker/Hartmut Oetker/Bettina Limperg (Hrsg.), Münchener Kommentar zum Bürgerlichen Gesetzbuch, Band 1: Allgemeiner Teil, §§ 1–240, AllgPersönlR, ProstG, AGG, 8. Aufl. 2018; Band 12: Internationales Privatrecht I, Europäisches Kollisionsrecht, Einführungsgesetz zum Bürgerlichen Gesetzbuche (Art. 1-26), 8. Aufl. 2020; Band 13: Internationales Privatrecht II, Internationales Wirtschaftsrecht, Einführungsgesetz zum Bürgerlichen Gesetzbuche (Art. 50–253), 8. Aufl. 2021.
Pechstein, EU-Prozessrecht	Pechstein, Matthias, EU-Prozessrecht, 4. Aufl. 2011.
Preis/Sagan/*Bearbeiter*	Preis, Ulrich/Sagan, Adam (Hrsg.), Europäisches Arbeitsrecht, 2. Aufl. 2019
Rengeling/Szczekalla/*Bearbeiter*	Rengeling, Hans-Werner/Szczekalla, Peter (Hrsg.), Grundrechte in der Europäischen Union – Charta der Grundrechte und Allgemeine Rechtsgrundsätze, 2004.
Riesenhuber, Europäisches-Vertragsrecht	Riesenhuber, Karl, Europäisches Vertragsrecht, 2. Aufl. 2006.
Riesenhuber, EU-Vertragsrecht	Riesenhuber, Karl, EU-Vertragsrecht, 2013.
Bearbeiter, in: Riesenhuber, Europäische Methodenlehre	Riesenhuber, Karl (Hrsg.), Europäische Methodenlehre – Handbuch für Ausbildung und Praxis, 4. Aufl. 2021.
Schiek, Europäisches Arbeitsrecht	Schiek, Dagmar, Europäisches Arbeitsrecht, 3. Aufl. 2007.
Schlachter, Casebook Europäisches Arbeitsrecht	Schlachter, Monika (Hrsg.), Casebook Europäisches Arbeitsrecht, 2005.
Schlachter/Heinig/*Bearbeiter*	Schlachter, Monika/Heinig, Hans Michael (Hrsg.), Europäisches Arbeits- und Sozialrecht, 2. Aufl. 2021.
M. Schmidt, Arbeitsrecht der EG	Schmidt, Marlene, Das Arbeitsrecht der Europäischen Gemeinschaft, 2001.
Schüren/Hamann/*Bearbeiter*	Schüren, Peter/Hamann, Wolfgang, Arbeitnehmerüberlassungsgesetz Kommentar, 5. Aufl. 2018.
Schwarze/*Bearbeiter*	Schwarze, Jürgen (Hrsg.), EU-Kommentar, mitherausgegeben von Becker, Ulrich/Hatje, Armin/Schoo, Johann, 4. Aufl. 2019.
Stern/Sachs/*Bearbeiter*	Stern, Klaus/Sachs, Michael (Hrsg.), Europäische Grundrechte-Charta, 2016.

Streinz/*Bearbeiter* — Streinz, Rudolf, EUV/AEUV – Vertrag über die Europäisches Union, Vertrag über die Arbeitsweise der Europäischen Union, Charta der Grundrechte der Europäischen Union, 3. Aufl. 2018.

Streinz, Europarecht — Streinz, Rudolf, Europarecht, 11. Aufl. 2019.

Thüsing, Europäisches Arbeitsrecht — Gregor Thüsing, Europäisches Arbeitsrecht, 3. Aufl. 2017.

von der Groeben/Schwarze/Hatje/*Bearbeiter* — von der Groeben, Hans/Schwarze, Jürgen/Hatje, Armin (Hrsg.), Europäisches Unionsrecht – Vertrag über die Europäische Union, Vertrag über die Arbeitsweise der Europäischen Union, Charta der Grundrechte der Europäischen Union, 7. Aufl. 2015.

§ 1 Europäisches Arbeitsrecht: Einführung, Begriffsbestimmung, Rechtsquellen, Übersicht, Methoden

Literatur: *Adomeit*, Privatrechtsgesellschaft und Arbeitsrecht, in: Riesenhuber (Hrsg.), Privatrechtsgesellschaft – Entwicklung, Stand und Verfassung des Privatrechts, 2007, § 9; *Basedow*, Von der deutschen zur europäischen Wirtschaftsverfassung, 1992; *ders./Hopt/Zimmermann* (Hrsg.), Handwörterbuch des Europäischen Privatrechts, 2009; *Bayreuther*, Das Grünbuch der europäischen Kommission zum Arbeitsrecht, NZA 2007, 371–375; *Bercusson*, Maastricht: A Fundamental Change in European Labour Law, IRJ 23 (1992), 177–190; *ders.*, The Dynamic of European Labour Law after Maastricht, ILJ 23 (1994), 1–31; *Birk*, Der Einfluß des Gemeinschaftsrechts auf das Arbeitsrecht der Bundesrepublik Deutschland, RIW 1989, 6–15; *ders.*, Europäisches kollektives Arbeitsrecht – insbesondere der Europäische Betriebsrat, in: Stefan Grundmann (Hrsg.), Systembildung und Systemlücken in Kerngebieten des Europäischen Privatrechts – Gesellschafts-, Arbeits- und Schuldvertragsrecht, 2000, S. 387–399; *ders./Erdmann/Lampert/Muhr*, Europäischer Binnenmarkt und Harmonisierung des Arbeitsrechts, 1991; *Blanke*, Dynamik und Konturen des europäischen Sozialmodells: Warum der Zug nach Europa nicht zu stoppen ist, NZA 2006, 1304–1309; *Blomeyer*, Der Einfluss der Rechtsprechung des EuGH auf das deutsche Arbeitsrecht, NZA 1994, 633–640; *Cavalier/Upex*, The Concept of Employment Contract in European Union Private Law, ICLQ 55 (2006), 587–608; *Collins*, Justifying European Employment Law, in: Grundmann/Weatherill/Kerber (Hrsg.), Party Autonomy and the Role of Information in the Internal Market, 2001, S. 205–224; *Dau-Schmidt/Harris/Lobel*, Labor and Employment Law and Economics, 2009; *Däubler*, Auf dem Weg zu einem Europäischen Arbeitsrecht?, in: Krämer/Micklitz/Tonner (Hrsg.), Recht und diffuse Interessen in der Europäischen Rechtsordnung – Liber amicorum Norbert Reich, 1997, S. 441–458; *Deinert*, Der europäische Kollektivvertrag – Rechtstatsächliche und rechtsdogmatische Grundlagen einer gemeineuropäischen Kollektivvertragsautonomie, 1999; *Delfino*, Work in the age of collaborative platforms between innovation and tradition, ELLJ 9 (2018), 346–353; *Franzen*, Das Grünbuch der Europäischen Kommission zum Arbeitsrecht, RIW 2007, 892–897; *ders.*, Europäisches Recht und die Beendigung von Arbeitsverhältnissen in Deutschland, NZA-Beilage 2015, 77–83; *ders.*, Europäischer Regelungsrahmen für Mindestlöhne?, EuZA 2021, 1-2; *ders.*, Privatrechtsangleichung durch die Europäische Gemeinschaft, 1999; *Freedland*, From the Contract of Employment to the Personal Work Nexus, ILJ 35 (2006), 1–29; *ders./Kountouris*, Towards a Comparative Theory of the Contractual Construction of Personal Work Relations in Europe, ILJ 37 (2008), 49–74; *Giesen/Eriksen*, Kündigungsschutz und Arbeitslosenversicherung in Dänemark, EuZA 2009, 1–35; *Gruber*, Das Arbeitsrecht und strukturelle Besonderheiten des EuGH, ZESAR 2019, 457–460; *Grundmann*, Europa- und wirtschaftsrechtliche Grundlagen der Privatrechtsgesellschaft, in: Riesenhuber (Hrsg.), Privatrechtsgesellschaft, 2007, § 5; *ders.*, Europäisches Schuldvertragsrecht – Das europäische Recht der Unternehmensgeschäfte (nebst Texten und Materialien zur Rechtsangleichung), 1999 (besonders 1. Teil sowie 2. Teil § 6); *ders.* (Hrsg.), Systembildung und Systemlücken in Kerngebieten des Europäischen Privatrechts – Gesellschafts-, Arbeits- und Schuldvertragsrecht, 2000; *ders.*, Zum Harmonisierungskonzept im Europäischen Arbeitsrecht, in: Krause/Veelken/Vieweg (Hrsg.), Recht der Wirtschaft und der Arbeit in Europa – Gedächtnisschrift für Wolfgang Blomeyer, 2004, S. 71–97; *Heinze*, Die Gemeinschaftscharta der sozialen Grundrechte der Arbeitnehmer und die Vertragsrevision des Unionsvertrages 1996, in: Anzinger/Wank (Hrsg.), Entwicklung im Arbeitsrecht und Arbeitsschutzrecht – Festschrift für Otfried Wlotzke zum siebzigsten Geburtstag, 1996, S. 669–682; *ders.*, Europäische Einflüsse auf das nationale Arbeitsrecht, RdA 1994, 1–11; *ders.*, Europarecht im Spannungsverhältnis zum nationalen Arbeitsrecht – Von formaler Verdichtung zur offenen Arbeitsrechtsordnung, ZfA 1992, 331–359; *ders.*, Zum Einfluß des europäischen Rechts auf das deutsche Arbeits- und Sozialrecht, in: Due/Lutter/Schwarze (Hrsg.), Fest-

https://doi.org/10.1515/9783110731941-001

schrift für Everling, 1995, S. 433–445; *Hepple*, The Crisis of EEC Labour Law, ILJ 16 (1987), 77–87; *ders./Byre*, EEC Labour Law in the United Kingdom – A New Approach, ILJ 18 (1989), 129–143; *Jansen*, Das Arbeits- und Sozialrecht im Zweck- und Kompetenzgefüge der Europäischen Gemeinschaften, EuR 1990 Beih. 2, 5–15; *Joerges/Rödl*, Informal Politics, Formalised Law and the ‚Social Deficit' of European Integration: Reflections after the Judgments of the ECJ in Viking and Laval, ELJ 15 (2009), 1–19; *Joussen*, Das Europäische Grünbuch zum Arbeitsrecht vom 22.11.2006 – Eine kritische Würdigung, ZEuP 2008, 374–393; *Junker*, Arbeitsrecht zwischen Europäisierung und Amerikanisierung, in: Rüdiger Krause/Roland Schwarze (Hrsg.), Festschrift für Hansjörg Otto, 2008, S. 157–171; *ders.*, Arbeits- und Sozialrecht in der Europäischen Union, JZ 1994, 277–286; *ders.*, Der EuGH im Arbeitsrecht – Die schwarze Serie geht weiter, NJW 1994, 2527–2528; *ders.*, Der EuGH zum Arbeitsrecht: Betriebsübergang, Gleichbehandlung und Bestandsschutz, EuZW 2006, 524–528; *ders.*, Europäische Vorschriften zum Tarifvertrag, EuZA 2014, 1–17; *ders.*, Europäische Vorschriften zur Kündigung, EuZA 2014, 143–161; *ders.*, Europäisches individuelles Arbeitsrecht, in: Grundmann (Hrsg.), Systembildung und Systemlücken in Kerngebieten des Europäischen Privatrechts – Gesellschafts-, Arbeits- und Schuldvertragsrecht, 2000, S. 357–386; *ders.*, Grünbuch Arbeitsrecht – Entwicklungslinien und Perspektiven, in: Rieble/Junker (Hrsg.), Das Grünbuch und seine Folgen – Wohin treibt das europäische Arbeitsrecht?, 2008, S. 13–26; *ders.*, Systembildung und Systemlücken im harmonisierten Arbeitsvertragsrecht, NZA 1999, 2–11; *ders./Aldea*, Augenmaß im Europäischen Arbeitsrecht – Die Urteile Adeneler und Navas, EuZW 2007, 13–17; *Kaiser*, Entzweiung von europäischem und deutschem Arbeitsrecht – Abschied vom Systemdenken?, NZA 2000, 1144–1152; *Käppler*, Zu den Kompetenzen des Europäischen Gerichtshofs bei der Rechtsangleichung auf dem Gebiet des Arbeitsrechts, in: Rengeling (Hrsg.), Europäisierung des Rechts, 1996, S. 129–149; *Kenner*, EU Employment Law – From Rome to Amsterdam and Beyond, 2003; *Kilpatrick*, The ECJ and Labour Law: A 2008 Retrospective, ILJ 38 (2009), 180–208; *dies.*, The European Court of Justice and Labour Law in 2009, ILJ 39 (2010), 287–299; *Krebber*, Der einzelstaatliche Charakter der mitgliedstaatlichen Arbeitsrechte, in: Rieble/Junker (Hrsg.), Das Grünbuch und seine Folgen – Wohin treibt das europäische Arbeitsrecht?, 2008, S. 33–60; *ders.*, Status and Potential of the Regulation of Labor and Employment Law at the European Level, Comp. Lab. L. & Pol'y J. 30 (2009), 875–903; *Loth*, Verbesserte Beschäftigungsbedingungen für Seeleute – Richtlinienvorschlag der Kommission zur Änderung des Seearbeitsrechtes, GPR 2014, 223–228; *Müller, Ricarda*, Das Heuerverhältnis nach dem Seearbeitsgesetz 2013, 2019; *Neumann*, Arbeitsrecht, in: Langenbucher (Hrsg.), Europarechtliche Bezüge des Privatrechts, 2. Aufl. 2008, § 7; *Nogler*, Why do Labour Lawyers Ignore the Question of Social Justice in European Contract Law?, ELJ 14 (2008), 483–499; *Oberthür*, Aktuelle Tendenzen des EuGH und deren Auswirkungen auf das nationale Recht (Arbeitnehmerbegriff, Datenschutz und andere Fragen), RdA 2018, 286–297; *Preis*, § 611a BGB – Potenziale des Arbeitnehmerbegriffes, NZA 2018, 817–826; *ders.*, Grünbuch und Flexicurity – Auf dem Weg zu einem modernen Arbeitsrecht?, in: Konzen/Krebber/Raab/Veit/Waas (Hrsg.), Festschrift für Rolf Birk zum siebzigsten Geburtstag, 2008, S. 625–642; *Rebhahn*, Aktuelle Entwicklungen des Europäischen Arbeitsrechts, 2008; *ders.*, Überlegungen zu weiteren europäischen Mindeststandards zum Arbeitsrecht, EuZA 2011, 295–307; *ders./Franzen*, Europäisches Arbeitsrecht, in: Riesenhuber (Hrsg.), Europäische Methodenlehre – Handbuch für Ausbildung und Praxis, 4. Aufl. 2021, § 18; *Reichold*, Aktuelle Rechtsprechung des EuGH zum Europäischen Arbeitsrecht, JZ 2006, 549–556; *Rieble*, Arbeitsmarkt und Wettbewerb – Der Schutz von Vertrags- und Wettbewerbsfreiheit im Arbeitsrecht, 1996; *ders./Junker* (Hrsg.), Das Grünbuch und seine Folgen – Wohin treibt das europäische Arbeitsrecht?, 2008; *Rieble/Kolbe*, Vom sozialen Dialog zum europäischen Kollektivvertrag? EuZA 2008, 453–481; *Rolfs*, Die betriebliche Altersvorsorge im Recht der Europäischen Union, EuZA 2018, 283–303; *Schiek*, Autonomous Collective Agreements as a Regulatory Device in European Labour Law: How to read Article 139 EC, ILJ 34 (2005), 23–56; *Schmidt, Marlene*, Perspektiven und Sinn weiterer Regulierung durch Europarecht, EuZA 2008, 196–211; *Seifert*, Veränderungen der Regelungstechniken im Arbeitsrecht der EU – Einige Überlegungen zum aktuellen Zustand des europäischen Arbeitsrechts, EuZA 2018, 51–66; *Shanks*, Introductory Article: The Social Policy of the European Communities, CMLR 14 (1977), 375–383; *Stein*, Referenzrahmen eines „European Labour Contract", in: Rieble/Junker (Hrsg.), Das Grünbuch und seine Folgen – Wohin treibt das europäische Arbeitsrecht?, 2008, S. 94–100; *Steinmeyer*, Der Vertrag von Amsterdam und seine Bedeutung für das Arbeits- und Sozialrecht, RdA 2001, 10–22; *Stoffels*, Das EU-Grünbuch für ein modernes Arbeitsrecht, GPR 2007, 231–235; *Stöhr*, Kleine Unternehmen im Europäischen Arbeitsrecht, EuZA 2019, 203–221; *Teklè*, Labour Rights and the Case Law of the European Court of Justice: What Role for International Labour Standards?, ELLJ 9 (2018), 236–262; *Thau*, Aktuelle Determinanten Europäischer Sozialpolitik und rechtliche Rahmenbedingungen des Sozialen Dialoges in Europa, in: Hanau/Thau/Westermann (Hrsg.), Gegen den Strich – Festschrift für Klaus Adomeit, 2008, S. 747–756; *Thüsing*, Europa zwischen Flexibility und Security: Versuch einer Positionsbestimmung in einführenden Thesen, EuZA 2008, 159–166; *Uebe*, Ziele und Perspektiven des Grünbuchs Arbeitsrecht aus der Sicht der Europäischen Kommission, EuZA 2008, 167–171; *von Hoyningen-Huene*, in: Konzen/Krebber/Raab/Veit/Waas (Hrsg.), Festschrift für Rolf Birk zum siebzigsten Geburtstag, 2008, S. 217–241; *Wank*, Das Grünbuch Arbeitsrecht – Eine Perspektive für das europäische Arbeitsrecht?, AuR 2007, 244–249; *Wedderburn*, European Community Law and Workers' Rights – Fact or Fake in 1992?, Dublin U.L.J. 13 (1991), 1–35, auch veröffentlicht in: *ders.*, Labour Law and Freedom, 1995, S. 247–285; *ders.*, Inderogability, Collective Agreements, and Community Law, ILJ 21 (1992), 245–264, auch veröffentlicht in: *ders.*, Labour Law and Freedom, 1995, S. 212–236; *Weiss*, Rechtswissenschaft als Motor der Europäisierung des Arbeitsrechts?, in: Dammann/Grunsky/Pfeiffer (Hrsg.), Gedächtnisschrift für Manfred Wolf, 2011, S. 761–773; *Windbichler*, Arbeitsrecht und Wettbewerb in der europäischen Wirtschaftsverfassung, RdA 1992, 74–84; *dies.*, Dependent Independence From a Labor Law Perspective, JITE 152 (1996), 250–261; *dies.*, Justifying European Employment Law – Comments, in: Grundmann/Kerber/Weatherill (Hrsg.), Party Autonomy and the Role of Information in the Internal Market, 2001, S. 225–229; *dies.*, Zur zukünftigen Rolle der Europäischen Union im Arbeitsrecht, in: Hanau/Lorenz/Matthes (Hrsg.), Festschrift für Günther Wiese zum 70. Geburtstag, 1998, S. 633–648; *Zöllner*, Flexibilisierung des Arbeitsrechts, ZfA 1988, 265–291.

S. a. die Literaturhinweise zu Einzelthemen vor Rdn. 2 (Arbeitnehmerbegriff), 12 (Arbeitsrechtsvergleichung), 18 (Rechtsquellen) und 67 (Methodenfragen).

Übersicht

I. Europäisches Arbeitsrecht

1. Begriffsbestimmung

1 *Europäisches* Arbeitsrecht ist das im Primärrecht der Europäischen Union und der Europäischen Gemeinschaft enthaltene und auf seiner Grundlage ergangene Arbeitsrecht. *Arbeitsrecht* ist das Recht, das die Rechtsbeziehungen von Arbeitgebern und Arbeitnehmern regelt.[1]

Literatur zum Arbeitnehmerbegriff: *Borelli*, Der Arbeitnehmerbegriff im europäischen Recht, AuR 2011, 472–476; *Commandeur/Kleinebrink*, Der Status des Geschäftsführers als Arbeitnehmer – Geschäftsführer als Subjekt unionsrechtlicher Schutzvorschriften, NZA-RR 2017, 449–463; *Février*, The Concept of ‚Worker' in the Free Movement of Workers and the Social Policy Directives Perspectives from the Case Law of the Court of Justice, ELLJ 2020, (Online Vorabveröffentlichung); *Fischer*, Die Fremdgeschäftsführerin und andere Organvertreter auf dem Weg zur Arbeitnehmereigenschaft, NJW 2011, 2329; *Garcia-Muñoz Alhambra/Hiessl*, The Matzak judgement of the CJEU, ELLJ 10 (2019), 343–352; *Giubboni*, Being a worker in EU law, ELLJ 9 (2018), 223–235; *Henssler/Pant*, Europäisierter Arbeitnehmerbegriff, RdA 2019, 321–332; *Junker*, Die Einflüsse des europäischen Rechts auf die personelle Reichweite des Arbeitnehmerschutzes – Der Arbeitnehmerbegriff in der Rechtsprechung des Europäi-

1 Ähnlich *Birk*, in: Grundmann (Hrsg.), Systembildung und Systemlücken in Kerngebieten des Europäischen Privatrechts, S. 387 f. (unter Einbeziehung auch der Europäischen Sozialcharta; zu ihr nur die Hinweise in § 2 Rdn. 5).

schen Gerichtshofs, EuZA 2016, 184–206; *Kountouris*, The Concept of ‚Worker' in European Labour Law: Fragmentation, Autonomy and Scope, ILJ 47 (2018), 192–225; *Menegatti*, Taking EU labour law beyond the employment contract: The role played by the European Court of Justice, ELLJ 11 (2020), 26–47; *Nato*, The self-employed and the EU Court of Justice, ELLJ 2020, (Online Vorabveröffentlichung); *Nogler*, Die typologisch-funktionale Methode am Beispiel des Arbeitnehmerbegriffs, ZESAR 2009, 461–469; *Pottschmidt*, Arbeitnehmerähnliche Personen in Europa – Die Behandlung wirtschaftlich abhängiger Erwerbstätiger im Europäischen Arbeitsrecht sowie im (Arbeits-) Recht der EU-Mitgliedstaaten, 2006; *Rebhahn*, Die Arbeitnehmerbegriffe des Unionsrechts in der neueren Judikatur des EuGH, EuZA 2012, 3–34; *Sagan*, Der Begriff des Arbeitnehmers im Unionsrecht, ZESAR 2020, 3–9; *ders.*, The classification as a worker under EU law, ELLJ 10 (2019), 353–361; *Schubert*, „Einheit des öffentlichen Dienstes" im europäischen Arbeitsrecht – zur Einbeziehung von Beamten in das europäische Arbeitsrecht, in: Brameshuber/Friedrich/Karl (Hrsg.), Festschrift Franz Marhold, 2020, S. 739–751; *Wank*, Der Arbeitnehmerbegriff in der Europäischen Union – Praktische Konsequenzen, EuZA 2018, 327–345; *ders.*, Die personellen Grenzen des Europäischen Arbeitsrechts: Arbeitsrecht für Nicht-Arbeitnehmer?, EuZA 2008, 172–195; *ders.*, Neues zum Arbeitnehmerbegriff des EuGH, EuZW 2018, 21–30; *Ziegler*, Arbeitnehmerbegriffe im Europäischen Arbeitsrecht, 2011.

Arbeitsrecht definieren wir herkömmlich über den **Arbeitnehmerbegriff.**[2] Die Arbeitnehmerbegriffe der Mitgliedstaaten sind indes unterschiedlich,[3] und auch im Europäischen Primär- und Sekundärrecht fehlt es an einem einheitlichen Arbeitnehmerbegriff. Stattdessen finden sich hier mehrere unterschiedliche Arbeitnehmerbegriffe.[4] 2

Grundfrage ist, ob der Arbeitnehmerbegriff **unionsautonom** bestimmt oder ob dafür auf die Definition des mitgliedstaatlichen Rechts verwiesen wird.[5] Dafür gibt es im Europäischen Arbeitsrecht keine einheitliche Antwort. Teils verwendet es einen autonomen Arbeitnehmerbegriff, so vor allem für die Zwecke der Arbeitnehmerfreizügigkeit des Art. 45 AEUV (§ 3 Rdn. 9–12). Wenn hingegen im Sekundärrecht vom „Arbeitnehmer" die Rede ist, wird damit teils ein autonomer Begriff gebildet (so etwa in Art. 3 lit. a) ArbSchRL; dazu § 16 Rdn. 9), teils auf den jeweiligen mitgliedstaatlichen Begriff verwiesen (so etwa in Art. 2 Ziff. 1 lit. d) BÜRL; dazu § 27 Rdn. 15).[6] Dabei ist in der Rechtsprechung des EuGH eine deutliche Tendenz zu erkennen, von einem unionsautonomen Begriff auszugehen. Auch dort, wo der Gesetzgeber auf das mitglied- 3

2 Zum umgekehrten Ansatz *Prassl*, The Concept of the Employer (2015); dazu *Riesenhuber*, EuZA 2021, 133-138.

3 Eingehend *Rebhahn*, RdA 2009, 154–175; vgl. auch *Krebber*, in: Rieble/Junker (Hrsg.), Das Grünbuch und seine Folgen, S. 52–57; *Wank*, FS Küttner (2006), S. 5–20 (mit Hinweisen zum englischen Recht).

4 *Fevrier*, ELLJ 2020 (Online Vorabveröffentlichung), 3ff.; *Rebhahn*, EuZA 2012, 3–34; *Wank*, EuZA 2008, 172–195; *ders.*, AuR 2007, 244, 245–247; Hanau/Steinmeyer/Wank/*Wank*, § 14 Rdn. 1–30; *Ziegler*, Arbeitnehmerbegriffe im Europäischen Arbeitsrecht (2011); *Cavalier/Upex*, ICLQ 55 (2006), 587, 601–608; *Borelli*, AuR 2011, 472–476.

5 Zu dieser Grundfrage der Auslegung noch die Hinweise unten, Rdn. 68.

6 *Junker*, EuZA 2016, 184, 186ff.

staatliche Recht zu verweisen scheint, hat der EuGH – mit einer kritikwürdigen Auslegung –[7] noch einen unionsautonomen Kern gefunden[8] (s. § 21 Rdn. 7 f.).

4 Soweit der Gerichtshof von einem unionsautonomen Begriff ausgeht, zeichnet sich eine gewisse Vereinheitlichung anhand des unionsautonomen **Arbeitnehmerbegriffs der Arbeitnehmerfreizügigkeit** ab.[9] Teleologisch wird das freilich kritisiert, denn auch Selbständige genießen Grundfreiheitenschutz (Dienstleistungsfreiheit), so dass es bei der Arbeitnehmerfreizügigkeit nicht um die Abgrenzung von Selbständigen geht, sondern um die Abgrenzung von Nicht-Erwerbstätigen.[10] Arbeitnehmer i. S. d. Arbeitnehmerfreizügigkeit ist, wer für eine bestimmte Zeit gegen eine Vergütung für einen anderen nach dessen Weisung tätig ist (*Lawrie-Blum*-Formel).[11] Der Begriff ist damit weit gefasst. Darunter können (anders als im nationalen Recht) insbesondere auch Beamte fallen,[12] Fremd-Geschäftsführer einer GmbH[13] oder (unter bestimmten Voraussetzungen) Freiwillige[14] (näher § 3 Rdn. 10).

5 Soweit der Gesetzgeber auf den mitgliedstaatlichen Arbeitnehmerbegriff verweist, hat er öfter immerhin **an den Rändern Vorgaben** gemacht und z. B. bestimmt, dass Teilzeitbeschäftigte und befristet Beschäftigte vom Anwendungsbereich nicht ausgeschlossen werden dürfen. Ähnliches bewirken die Diskriminierungsverbote in der Teilzeit- und der Befristungsrichtlinie (§§ 19, 20). Weiterhin ergeben sich aus den **Umsetzungspflichten** (unten, Rdn. 76 f.) Vorgaben für den Arbeitnehmerbegriff; sie stehen dem sachfremden Ausschluss einzelner Arbeitnehmergruppen ebenso entgegen wie der Schaffung eines eigenen Arbeitnehmerbegriffs für die Zwecke der Richtlinienumsetzung (s. dazu § 26 Rdn. 10, § 30 Rdn. 8).

6 Bestimmt das Unionsrecht den Arbeitnehmerbegriff demnach nur teilweise und auch in diesen Teilbereichen nicht einheitlich, so steht das doch der hier vorgenommenen Begriffsbestimmung des Europäischen Arbeitsrechts nicht entgegen. Denn auch soweit eine unionsrechtliche Norm auf den mitgliedstaatlichen Arbeitnehmerbegriff verweist (und damit Disparitäten an den Rändern des persönlichen Anwendungsbereichs in Kauf nimmt), dient sie doch der Regelung des Rechtsverhältnisses von Arbeitgeber und Arbeitnehmer und kann daher dem Europäischen Arbeitsrecht zugeordnet werden.

7 Im Grünbuch zum Europäischen Arbeitsrecht aus dem Jahr 2006 (unten, Rdn. 44) hat die Kommission die Frage aufgeworfen, ob ein einheitlicher Arbeitnehmerbegriff wünschenswert wäre.[15] Der

---

7 S. nur *Wank*, EuZW 2018, 21 ff.

8 EuGH v. 17.11.2016 – Rs. C-216/15 *Betriebsrat der Ruhrlandklinik*, EU:C:2016:883.

9 *Junker*, EuZA 2016, 184, 188 ff.; *Rebhahn*, Aktuelle Entwicklungen des Europäischen Arbeitsrechts, S. 4 f.

10 *Junker*, EuZA 2016, 184, 191 f.

11 EuGH v. 3.7.1986 Rs. 66/85 *Lawrie-Blum*, EU:C:1986:284 Rn. 17. *Junker*, EuZA 2016, 184, 188 („Mutter des europäischen Arbeitnehmerbegriffs"); *Menegatti*, ELLJ 11 (2020), 26, 38.

12 EuGH v. 3.7.1986 – Rs. 66/85 *Lawrie-Blum*, EU:C:1986:284. *Schubert*, FS Marhold (2020), S. 739 ff.

13 EuGH v. 9.7.2015 – Rs. C-229/14 *Balkaya*, EU:C:2015:455.

14 EuGH v. 21.2.2018 – Rs. C-518/15 *Matzak*, EU:C:2018:82.

15 KOM(2006), 708 endg., S. 15 f. S.a. schon BE 87 Dienstleistungsrichtlinie mit Ansätzen für eine Definition.

rechtspolitischen Frage ist die **Kompetenzfrage** vorgelagert. Sie wird von manchen bezweifelt,[16] von anderen nüchtern bejaht[17]. Der Streit wird wesentlich entschärft, wenn man zwei mögliche Varianten unterscheidet.[18] Ein einheitlicher unionsrechtlicher Arbeitnehmerbegriff könnte einerseits bedeuten, dass die mitgliedstaatlichen Arbeitnehmerbegriffe durch eine unionsrechtliche Regelung insgesamt angeglichen oder vereinheitlicht werden.[19] Damit würde die Union m. a. W. nicht nur für die Zwecke der eigenen Rechtsetzung den Arbeitnehmerbegriff festsetzen, sondern den Mitgliedstaaten insgesamt vorschreiben, wie sie – auch für autonome Regelungszwecke – den Arbeitnehmerbegriff zu definieren haben. Dafür dürfte kaum ein Bedürfnis bestehen und eine Kompetenz in der Tat schwerlich zu begründen sein. Andererseits kann ein einheitlicher Arbeitnehmerbegriff aber auch bedeuten, dass die Union für die Zwecke ihrer eigenen Regelungen den persönlichen Anwendungsbereich durch eine unionsautonome Bestimmung des Arbeitnehmerbegriffs festlegt. Daran besteht ein nicht von der Hand zu weisendes Interesse und das ist auch in manchen Bereichen schon erfolgt, z. B. für die Regelungen des Arbeitsschutzes (§ 16 Rdn. 9). An der Kompetenz kann man insofern kaum zweifeln, da Art. 153 AEUV als zentrale Kompetenznorm für das Arbeitsrecht (näher unten, § 5) selbst vom Arbeitnehmer spricht.[20] Warum sollten die Dinge hier anders liegen als beim Verbraucherrecht?![21]

Rechtspolitisch kann man naturgemäß unterschiedlicher Auffassung sein. Allerdings erscheint 8
es nur folgerichtig, zudem der Rechtssicherheit zuträglich, wenn der Europäische Gesetzgeber auch den persönlichen Anwendungsbereich des Europäischen Arbeitsrechts verbindlich festlegt. Soweit die Grenzziehung in den Händen der Mitgliedstaaten liegt, drohen neue Wettbewerbsverzerrungen zu entstehen, die die Rechtsangleichung regelmäßig gerade vermeiden soll.[22] Ansätze für eine unionsrechtliche Begriffsbestimmung lassen sich dem vom EuGH entwickelten primärrechtlichen Arbeitnehmerbegriff sowie auch der Rechtsangleichung durchaus schon jetzt entnehmen.[23] Für eine weitergehende Angleichung der mitgliedstaatlichen Arbeitnehmerbegriffe als solche, also auch über den Bereich der Rechtsangleichung hinaus, dürfte indes kein Bedürfnis bestehen. Der Vorschlag der Kommission, mit der **Transparenzrichtlinie** von 2019 (dazu § 14) einen unionsautonomen Arbeitnehmerbegriff einzuführen, fand allerdings nicht die erforderliche Zustimmung.[24]

Soweit wir definiert haben, das Arbeitsrecht regele die Rechtsbeziehungen zwischen Arbeit- 9
gebern und Arbeitnehmern, betrifft dies sowohl **Arbeitsverträge** als auch **Arbeitsverhältnisse**. Das Europäische Arbeitsrecht nennt häufig beides, mutmaßlich, um einen weiten Anwendungsbereich sicherzustellen. Dennoch sind die Begriffe zu unterscheiden. Ein Arbeitsvertrag ist spezifischer und formeller. Es beschreibt ein Rechtsverhältnis, das durch Vertrag geregelt wird. Der Begriff des Arbeitsverhältnisses greift dagegen weiter und umfasst auch Verhältnisse außerhalb eines Vertrages. Insbesondere kann ein Arbeitsverhältnis auch vorliegen, wenn die Parteien einen Vertrag schließen wollten, dieser jedoch nicht wirksam war und sie ohne Kenntnis der Unwirksamkeit dennoch die

16 Zweifelnd *Bayreuther*, NZA 2007, 371, 372f.; *Franzen*, RIW 2007, 892, 893f.

17 *Wank*, AuR 2007, 244, 245; *ders.*, EuZA 2008, 172–175.

18 Zutr. *Rebhahn*, Aktuelle Entwicklungen des Europäischen Arbeitsrechts, S. 5; auch *Junker*, in: Rieble/Junker (Hrsg.), Das Grünbuch und seine Folgen, S. 22f.

19 Zur Problematik der europarechtlichen Besetzung allgemein-privatrechtlicher Begriffe *Canaris*, EuZW 1994, 417.

20 Treffend *Wank*, EuZA 2008, 172–175.

21 Zum Verbraucherbegriff im Europäischen Vertragsrecht nur *Riesenhuber*, Europäisches Vertragsrecht, § 7.

22 *Wank*, EuZA 2008, 172, 175–178 und 187–191; zurückhaltend *Franzen*, RIW 2007, 892, 894f.

23 Wiederum *Wank*, EuZA 2008, 172, 175–178 und 187–191 (mit Definitionsvorschlag); er verweist neben arbeitsrechtlichen Bestimmungen auch auf BE 87 Dienstleistungsrichtlinie.

24 S. noch *Henssler/Pant*, RdA 2019, 321ff.

„vertraglichen" Verpflichtungen erfüllt haben. Tatsächlich gebietet der Schutzzweck zahlreicher Vorschriften, sie unabhängig von der Wirksamkeit des Vertrages anzuwenden; dies gilt insbesondere für die Vorschriften zum Schutz von Gesundheit und Sicherheit sowie Persönlichkeitsinteressen. Der Einfachheit halber sprechen wir in diesem Buch öfter entweder von „Arbeitsvertrag" oder von „Arbeitsverhältnis", wenn tatsächlich beides gemeint ist. Zumeist wird dabei der weitere Begriff des „Verhältnisses" verwandt; der Unionsgesetzgeber verfährt mitunter ebenso, s. z. B. Art. 3 Abs. 1 InsSchRL. Wo es spezifisch um vertragliche Rechte geht, sprechen wir vom Arbeitsvertrag.

10 Ausgespart bleibt in dieser Darstellung das **Seearbeitsrecht**. Lange Zeit beschränkte sich die unionsrechtliche Arbeitsgesetzgebung darauf, das Seearbeitsrecht eigens vom Anwendungsbereich seiner Regelungen auszunehmen. Die früheren Ausnahmebereiche sind indessen zwischenzeitlich weitgehend zurückgeschnitten.[25] Vor allem aber hat die Union 2009 die Seearbeitsrichtlinie zur Umsetzung des ILO-Seearbeitsübereinkommens von 2006 erlassen.[26]

2. Abgrenzung

a) Arbeitstätigkeit von Drittstaatenangehörigen in der EU

11 Ein selbständiger, hier nicht behandelter Regelungsbereich sind die Regelungen über Einreise, Aufenthalt und Arbeitstätigkeit von **Drittstaatenangehörigen**. Um den Zugang hochqualifizierter Arbeitskräfte zum Arbeitsmarkt der Union attraktiver zu machen und zu fördern, hat die Union in Anlehnung an eine US-amerikanische Regelung die sogenannte **„Europäische Blaue Karte"** *(blue card)* eingeführt.[27] Zwei Richtlinien aus dem Jahr 2014 regeln die Bedingungen für Einreise und Aufenthalt von Drittsaatenangehörigen als **Saisonarbeitnehmer**[28] und im Rahmen **konzerninterner Entsendung**[29]. Andererseits soll die illegale Beschäftigung von Drittstaatenangehörigen

---

25 Richtlinie 2015/1794 des Europäischen Parlaments und des Rates vom 6.10.2015 zur Änderung der Richtlinien 2008/94/EG, 2009/38/EG und 2002/14/EG des Europäischen Parlaments und des Rates und der Richtlinien 98/59/EG und 2001/23/EG des Rates in Bezug auf Seeleute, ABl. 2015 L 263/1. Dazu *Loth*, GRP 2014, 223 ff.

26 Richtlinie 2009/13/EG des Rates vom 16.2.2009 zur Durchführung der Vereinbarung zwischen dem Verband der Reeder in der Europäischen Gemeinschaft (ECSA) und der Europäischen Transportarbeiter-Föderation (ETF) über das Seearbeitsübereinkommen 2006 und zur Änderung der Richtlinie 1999/63/EG, ABl. 2009 L 124/30. Eingehend R. *Müller*, Das Heuerverhältnis nach dem Seearbeitsgesetz 2013 (2018).

27 Richtlinie 2009/50/EG des Rates vom 25.5.2009 über die Bedingungen für die Einreise und den Aufenthalt von Drittstaatsangehörigen zur Ausübung einer hochqualifizierten Beschäftigung, ABl. 2009 L155/17. Dazu Kommission, Vorschlag für eine Richtlinie über die Bedingungen für die Einreise und den Aufenthalt von Drittstaatsangehörigen zur Ausübung einer umfassende Qualifikationen voraussetzenden Beschäftigung, COM(2016) 378 final.

28 Richtlinie 2014/36/EU des Europäischen Parlaments und des Rates vom 26.2.2014 über die Bedingungen für die Einreise und den Aufenthalt von Drittstaatsangehörigen zwecks Beschäftigung als Saisonarbeitnehmer, ABl. 2014 L 94/375. Dazu etwa *Bregiannis*, ELLJ 2020, (Online Vorabveröffentlichung).

29 Richtlinie 2014/66/EU des Europäischen Parlaments und des Rates vom 15.5.2014 über die Bedingungen für die Einreise und den Aufenthalt von Drittstaatsangehörigen im Rahmen eines unterneh-

in der Union bekämpft werden. Zentrales Instrument dazu ist ein Beschäftigungsverbot.[30] Bei beiden Themenkreisen geht es primär um ausländerrechtliche Fragen.

b) Arbeitsrechtsvergleichung[31]

Literatur:[32] *Birk,* Arbeitsrecht und Rechtsvergleichung – Die Kontrolle der Einhaltung der Europäischen Sozialcharta, ZVglRWiss 100 (2001), 48–61; *Finkin,* Comparative Labour Law, in: Reimann/Zimmermann (Hrsg.) The Oxford Handbook of Comparative Law, 2006, S. 1131–1160; *Freedland,* From the Contract of Employment to the Personal Work Nexus, ILJ 35 (2006), 1–29; *ders./Kountouris,* Towards a Comparative Theory of the Contractual Construction of Personal Work Relations in Europe, ILJ 37 (2008), 49–74; *Gamillscheg,* Arbeitsrecht und Rechtsvergleichung, in: Göttinger Arbeitskreis (Hrsg.), Recht im Dienste der Menschenwürde – Festschrift für Herbert Kraus, 1964, S. 95–110; *ders.,* Das Werkzeug der Arbeitsrechtsvergleichung, in: Bernstein/Drobnig/Kötz (Hrsg.), Festschrift für Konrad Zweigert zum siebzigsten Geburtstag, 1981, S. 433–450; *ders.,* Vom Wert der Rechtsvergleichung, RdA 1987, 29–32; *Henssler/Braun* (Hrsg.), Arbeitsrecht in Europa, 3. Aufl. 2011; *Hepple* (Hrsg.), Labour Law, Band XV von Zweigert/Drobnig (Hrsg.), International Encyclopedia of Comparative Law, 1976–1994; *Junker,* Ausländisches Arbeitsrecht: Strategie und Praxis der Informationsgewinnung, in: Hanau/Thau/Westermann (Hrsg.), Gegen den Strich – Festschrift für Klaus Adomeit, 2008, S. 319–330; *ders.,* Rechtsvergleichung als Grundlagenfach, JZ 1994, 921–928; *Pačić,* Die Haftung des Arbeitnehmers im Europäischen Rechtsvergleich – Teil I: Schädigung des Arbeitgebers, EuZA 2009, 47–68; Teil II: Schädigung eines Dritten, EuZA 2009, 218–234; *Rebhahn,* Abfindung statt Kündigungsschutz? – Rechtsvergleich und Regelungsmodelle, RdA 2002, 272–291; *ders.,* Arbeitnehmerähnliche Personen – Rechtsvergleich und Regelungsperspektive, RdA 2009, 236–253; *ders.,* Der Arbeitnehmerbegriff in vergleichender Perspektive, RdA 2009, 154–175; *ders.,* Der Schutz gegen Kündigungen in den EU-Staaten ZfA 2003, 163–235; *ders.,* Der Vorrang der günstigeren Regelung aus rechtsvergleichender Sicht, EuZA 2008, 39–67; *ders.,* Ziele und Probleme der Arbeitsrechtsvergleichung in Europa, ZEuP 2002, 436–465; *Schlachter,* Arbeitsrecht und Rechtsvergleichung, RdA 1999, 118–124; *Wank,* Der Arbeitnehmerbegriff des BAG im Vergleich zum englischen und zum amerikanischen Recht, in: Hanau/Röller/Macher/Schlegel (Hrsg.), Personalrecht im Wandel – Festschrift für Wolfdieter Küttner zum 70. Geburtstag, 2006, S. 5–20.

Das durch das geltende Unionsrecht definierte Europäische Arbeitsrecht (Rdn. 1) ist **12**
zu unterscheiden vom „europäischen Arbeitsrecht" im Sinne der Rechtsvergleichung. Europäisches Arbeitsrecht in diesem Sinne könnte man etwa definieren als das in einer vergleichenden Untersuchung erörterte *nationale* Arbeitsrecht der Mitgliedstaaten der Europäischen Union oder auch – in einem geographischen Sinne – europäi-

---

mensinternen Transfers, ABl. 2014 L 157/1. Dazu etwa *Verschueren,* ELLJ 2020, (Online Vorabveröffentlichung).

30 Richtlinie 2009/52/EG des Europäischen Parlaments und des Rates vom 18.7.2009 über Mindeststandards für Sanktionen und Maßnahmen gegen Arbeitgeber, die Drittstaatsangehörige ohne rechtmäßigen Aufenthalt beschäftigen, ABl. 2009 L 168/24.

31 Hervorragende Einführung bei *Rebhahn,* ZEuP 2002, 436–465.

32 Literaturhinweise zu Einzelfragen der Arbeitsrechtsvergleichung sind bei den einzelnen Kapiteln angebracht.

scher Nationalstaaten.[33] Auch hier kann man, soweit es um die Betrachtung von Mitgliedstaaten der Union geht, unionsrechtliche Bezüge finden, nämlich soweit etwa Vorschriften des Primärrechts oder von Verordnungen unmittelbar anwendbares Recht der Mitgliedstaaten darstellen oder soweit das mitgliedstaatliche Recht von Richtlinien unionsrechtlich determiniert ist. Das Unionsrecht ist in diesem Fall indes eher akzidentiell als essentiell, es kommt der Rechtsvergleichung zumeist gerade nicht auf die unionsrechtlich determinierten Bestandteile der nationalen Arbeitsrechtsordnungen an, sondern auf die autonom-nationalen.

13 Die Rechtsvergleichung hat grundlegende **Bedeutung** und vielfältige **Funktionen**, und zwar auch für das Europäische Arbeitsrecht.[34] An erster Stelle zu nennen ist ihre Bedeutung als Grundlagenforschung. Eine funktionale Rechtsvergleichung hebt die unter der Einkleidung des nationalen Rechts verborgenen Sachfragen hervor und trägt so zum Verständnis des Rechts, aber etwa auch zur Lehre bei.[35] Rechtsvergleichung ist zudem ein unverzichtbares Hilfsmittel für die Gesetzgebung, sowohl für den nationalen Gesetzgeber, besonders aber auch für die Rechtsetzung in der Europäischen Gemeinschaft.[36] Sie kann weiterhin der Dogmatik dienen, soweit die Rechtsetzung auf einem bestimmten rechtsvergleichenden Befund aufbaut.

14 Umstritten ist allerdings, inwieweit die Rechtsvergleichung auch für die Zwecke der **Auslegung und Fortbildung** des (nationalen oder Europäischen) Arbeitsrechts fruchtbar gemacht werden kann.[37]

15 In der Praxis des EuGH ist es – wie auch bei anderen internationalen Kontrollgremien – einerseits üblich, rechtsvergleichende Überlegungen zur Entscheidungsvorbereitung anzustellen, anderseits werden diese in den Entscheidungen selbst nicht offengelegt. Der rechtsvergleichende Befund dient offenbar zum einen einer sachlichen Verortung der zu entscheidenden Frage, zum anderen auch der historischen Auslegung des supra- bzw. internationalen Rechts (Entstehungsgeschichte) und auch zur Eröffnung des Panoramas möglicher Auslegungsergebnisse.[38] Allerdings darf man nicht verkennen, dass die Rechtsvergleichung (zumal in der forensischen Praxis) ganz erheblichen Schwierigkeiten aus-

---

33 In diese Richtung z. B. *Rebhahn*, ZEuP 2002, 436, 450; *ders.*, ZfA 2003, 163, 164.

34 Zu den Funktionen der Rechtsvergleichung etwa *Gamillscheg*, FS Kraus (1964), S. 95–110; *ders.*, RdA 1987, 29–32; *Schlachter*, RdA 1999, 118–124. Zum „Werkzeug" der Arbeitsrechtsvergleichung, also den Materialien und Hilfsmitteln, vgl. die freilich schon ältere Darstellung bei *Gamillscheg*, FS Zweigert (1981), S. 433–450.

35 *Junker*, JZ 1994, 921–928.

36 *Rebhahn*, ZEuP 2002, 436, 454, 458 f.

37 Dazu etwa *Grundmann/Riesenhuber*, JuS 2001, 529, 533 (Inspirationsfunktion); *Rebhahn*, ZEuP 2002, 436, 454 f., 456 f.; *Riesenhuber*, AcP 218 (2018), 693 ff.; *Schlachter*, RdA 1999, 118, 120–122; *dies.*, ZfA 2007, 249, 253 f. („hilft"); *Schwartze*, in: Riesenhuber (Hrsg.), Europäische Methodenlehre, § 4; s. noch die Literaturhinweise unten, vor Rdn. 65.

38 S. etwa *Birk*, ZVglRWiss 100 (2001), 48–61 zur Praxis des Europäischen Ausschusses für soziale Rechte (European Committee of Social Rights, ECSR) bei der Kontrolle der Einhaltung der Europäischen Sozialcharta (ESC; zu ihr noch die Hinweise in § 2 Rdn. 5); dort S. 57 f. auch zu den damit verbundenen praktischen Schwierigkeiten.

gesetzt ist. Schon die rechtsvergleichende Methodik ist nicht unumstritten; hier bestehen insbesondere das Problem der Auswahl der Vergleichsrechtsordnungen und das Problem der (sonstigen) Wertung. Jedenfalls ist zu beachten, dass ein (möglicherweise wertend erhobener) rechtsvergleichender Befund das geltende Recht nicht derogieren kann. Die mit der Rechtsetzung verbundenen Wertungsentscheidungen kommen nur dem demokratisch legitimierten Gesetzgeber zu, nach dem Prinzip der Gewaltenteilung ist die Aufgabe der Gerichte (des EuGH), das Recht anzuwenden. Ungeachtet dessen ist die richterliche Rechtsfortbildung anerkannte Aufgabe der Rechtsprechung (auch des EuGH); sie ist jedoch an enge Voraussetzungen gebunden (s. unten Rdn. 75).

Nicht zuletzt erfüllt die Rechtsvergleichung auch Funktionen im Bereich des **unionsrechtlichen Grundrechtsschutzes.** Bei der Schöpfung Allgemeiner Rechtsgrundsätze (unten, Rdn. 63, und § 2 Rdn. 14f.) stützt sich der EuGH auf eine (wertende) Rechtsvergleichung. Und gerade auch die arbeitsrechtlich relevanten sozialen Grundrechte der Grundrechtscharta (§ 2 Rdn. 47–64) sind dadurch gekennzeichnet, dass sie (auch) auf das mitgliedstaatliche Recht verweisen. 16

Neben der (Arbeits-) Rechtsvergleichung im eigentlichen Sinne findet man öfter auch Werke zur **Darstellung ausländischen Arbeitsrechts** („Auslandsrechtskunde"). Solche Beiträge haben besonders für die Rechtspraxis Bedeutung,[39] sowohl in der anwaltlichen Beratung (z.B. für die Frage, welches Recht gewählt werden soll) als auch für die forensische Praxis (z.B. wenn ausländisches Arbeitsrecht nach dem Kollisionsrecht [s. § 6] anwendbar ist). Zudem sind auch unionsrechtliche Regelungen oder Umsetzungsoptionen oftmals nur im Hinblick auf die unterschiedlichen mitgliedstaatlichen Rechtstraditionen verständlich. 17

II. Rechtsquellen des Europäischen Arbeitsrechts[40]

Literatur: *Däubler,* Instruments of EC Labour Law, in: Davies/Lyon-Caen/Sciarra/Simitis (Hrsg.), European Community Labour Law: Principles and Perspectives – Liber amicorum Lord Wedderburn, 1996, S. 151–167; *Köndgen/Mörsdorf,* Die Rechtsquellen des Europäischen Privatrechts, in: Riesenhuber (Hrsg.), Europäische Methodenlehre – Handbuch für Ausbildung und Praxis, 4. Aufl. 2021, § 6; *Lenaerts/Gutiérrez-Fons,* The Constitutional Allocation of Powers and General Principles in EU Law, CMLR 47 (2010), 1629–1669.

Entsprechend dieser Begriffsbestimmung des Europäischen Arbeitsrechts sind seine Rechtsquellen das geschriebene und ungeschriebene Primär- und Sekundärrecht der Union.[41] 18

39 S. etwa *Henssler/Braun,* Arbeitsrecht in Europa (2011), mit nach Sachfragen des Arbeitsrechts geordneten Länderberichten.
40 Hinweise zur Gestaltung von Rechtsakten der Gemeinschaft und von Urteilen des EuGH bei *Riesenhuber,* EU-Vertragsrecht, Rdn. 14–28.
41 (Ältere) Übersicht bei *Däubler,* Liber amicorum Lord Wedderburn (1996), S. 151–167.

1. Primärrecht

a) EU-Vertrag und AEU-Vertrag

19 Im Unionsrecht haben die Gründungsverträge, also die Verfassung von EU und EG, zentrale Bedeutung als Rechtsquellen des Arbeitsrechts. Aus dem EU-Vertrag und dem Vertrag über die Arbeitsweise der EU (AEUV) kann man zunächst die Prinzipien der Wirtschaftsverfassung nennen, die sich aus Art. 3 Abs. 3, 119 EUV ergeben: Der Binnenmarkt, geprägt durch die Grundfreiheiten und das Prinzip der offenen Marktwirtschaft und des unverfälschten Wettbewerbs sowie auch durch die Möglichkeit u. a. sozialpolitischer Interventionen.

20 Konkret und als subjektive Rechte ausgeformt sind bereits die **Grundfreiheiten**, Waren-, Personen-, Dienstleistungs- und Kapitalverkehrsfreiheit (näher § 3).[42] Von ihnen ist augenfällig die Arbeitnehmerfreizügigkeit Grundbestandteil des Europäischen Arbeitsrechts. Aber auch die anderen Freiheiten können Bedeutung für das Arbeitsrecht entfalten, wenngleich eher als Verhältnismäßigkeitsprüfung von mitgliedstaatlichem Arbeitnehmerschutzrecht, sofern dieses die Dienstleistungs- oder die Niederlassungsfreiheit des Unternehmers (Arbeitgebers) oder auch die Kapitalverkehrsfreiheit des Investors einschränkt. Auch die Warenverkehrsfreiheit kann für das Arbeitsrecht von Bedeutung sein, beispielsweise wenn ein Arbeitskampf den grenzüberschreitenden Warenverkehr betrifft. Ebenfalls bereits primärrechtlich vorgegeben ist das Verbot der **Lohndiskriminierung** wegen des Geschlechts, Art. 157 AEUV (näher § 10 Rdn. 2–25). Schließlich sind die Kompetenznormen für die Sekundärrechtsetzung von Bedeutung, besonders Art. 153–155 AEUV über die Sozialpolitik und Art. 19 AEUV über Diskriminierungsverbote (näher § 5).

21 Lange Zeit enthielt das Primärrecht – über die Grundfreiheiten und die (sonstigen) Diskriminierungsverbote hinaus – keinen eigenen **Grundrechtskatalog** (näher § 2). Jedoch ergab (und ergibt) sich aus der Verweisung des Art. 6 Abs. 2 EUV auf die Verfassungstraditionen der Mitgliedstaaten sowie die Europäische Menschenrechtskonvention eine weitgehende Verbürgung von Grundrechten, die noch durch die Allgemeinen Rechtsgrundsätze (sogleich Rdn. 22) ergänzt wird. An ablehnenden Referenden Frankreichs und der Niederlande gescheitert ist der **Verfassungsvertrag** von 2004, der auch die Grundrechtscharta von 2000 einbezogen hatte. Diese erlangte schließlich 2009 durch den **Vertrag von Lissabon** von 2007[43] Geltung, der neben eingehenden Änderungen von EU-Vertrag und EG-Vertrag auch die **Grundrechtscharta** (zu ihr § 2 Rdn. 14 ff.) über eine Erweiterung der Verweisung des Art. 6 EU einbezieht.

---

42 Die Grundfreiheiten können dabei durchaus auch im Arbeitsrecht deregulierend wirken; verkürzend daher *Thüsing*, EuZA 2008, 159, 163 („Europäisches Recht kann nur regulieren und nie deregulieren.“).

43 Dazu BVerfG v. 30.6.2009 – 2 BvE 2/08, 5/08, 1010/08, 1022/08, 1259/08, 182/09, BVerfGE 123, 267 – Lissabon, besonders Rdn. 249, 392–400.

b) Allgemeine Rechtsgrundsätze

Neben dem geschriebenen Primärrecht gibt es in beschränktem Umfang auch Gewohnheitsrecht von primärrechtlichem Rang. Für das Arbeitsrecht von Bedeutung sind vor allem die primärrechtlichen Allgemeinen Rechtsgrundsätze, die der EuGH auf der normativen Grundlage von Art. 340 Abs. 2 AEUV und, später, Art. 6 Abs. 2 EU im Wege der Rechtsfortbildung entwickelt hat und die heute gewohnheitsrechtlich anerkannt sind (näher § 2 Rdn. 14f.). Als Allgemeine Rechtsgrundsätze hat der EuGH insbesondere zentrale Grundrechte anerkannt, namentlich das Eigentum und die Vertrags- und Berufsfreiheit. Sie werden heute freilich bereits durch die Grundrechtscharta garantiert. 22

2. Sekundärrecht

Vom Umfang ungleich bedeutsamer ist das sekundärrechtliche Europäische Arbeitsrecht. Neben einer Handvoll Verordnungen besteht es ganz überwiegend aus Richtlinien. Die sonstigen in Art. 288 AEUV genannten Handlungsformen haben für das Europäische Arbeitsrecht nur untergeordnete Bedeutung. 23

a) Verordnungen

„Die Verordnung hat allgemeine Geltung. Sie ist in allen ihren Teilen verbindlich und gilt unmittelbar in jedem Mitgliedstaat.", Art. 288 Abs. 2 AEUV. Die Verordnung wirkt daher ganz ebenso wie ein nationales Gesetz: Auf die Europäische Gerichtsstands- und Vollstreckungsverordnung (dazu § 8) kann sich ein Arbeitnehmer in der gleichen Weise stützen wie auf GVG und ZPO, auf das Internationale Arbeitsrecht der Rom I-Verordnung (zu ihr § 6) kann sich ein Arbeitgeber in der gleichen Weise stützen wie auf die Kollisionsnormen des EGBGB. Neben diesen Verordnungen des Internationalen Privat- und Verfahrensrechts hat die Freizügigkeitsverordnung, die die Arbeitnehmerfreizügigkeit des Art. 45 AEUV ergänzt (s. § 3 Rdn. 8), große praktische Bedeutung. Und auch die Statute der supranationalen Gesellschaftsformen, besonders die SE-Verordnung (näher §§ 32, 34), sowie die Datenschutzgrundverordnung (§ 13) enthalten arbeitsrechtlich relevante Regelungen. 24

b) Richtlinien

Das Gros der arbeitsrechtlichen Regelungen findet sich hingegen in Richtlinien; ein Blick in das Inhaltsverzeichnis dieses Buches führt die erhebliche Breite der von Richtlinien determinierten Regelungsbereiche vor Augen: nahezu alle in §§ 9–34 behandelten Gegenstände sind in Richtlinien geregelt. Die wichtigste Ausnahme ist jetzt die Datenschutz-Grundverordnung (§ 13, der freilich auch eine Richtlinie vorausging!). 25

26 Die Richtlinie ist ein besonderer Rechtsakt des Unionsrechts. Sie „ist für jeden Mitgliedstaat, an den sie gerichtet wird, hinsichtlich des zu erreichenden Ziels verbindlich, überlässt jedoch den innerstaatlichen Stellen die Wahl der Form und der Mittel“, Art. 288 Abs. 3 AEUV. Aus dieser „gestuften Rechtsetzung“ ergeben sich eine Reihe rechtsetzungstechnischer und methodischer Fragen, die wir unten (Rdn. 80–89) kurz erörtern.

c) Sonstige Rechtsakte

27 Als weitere Rechtsakte erwähnt 288 AEUV Entscheidungen, Empfehlungen und Stellungnahmen.[44] Im Europäischen Arbeitsrecht haben sie nur untergeordnete Bedeutung. Z. B. hat die Kommission die Europäische Säule sozialer Rechte auch als Empfehlung erlassen (§ 2 Rdn. 83).

d) Weitere Steuerungsinstrumente

28 Neben der „negativen“ Rechtsangleichungswirkung des Primärrechts, besonders der Grundfreiheiten und der („positiven“) Rechtsangleichung und -vereinheitlichung durch den Unionsgesetzgeber wird auf die **Economic Governance** durch die Union hingewiesen, die außerhalb der Sozialpolitik angesiedelt ist.[45] Damit sind „weiche“ Steuerungsmechanismen bezeichnet, die z. B. im Rahmen der Koordinierung der Wirtschafts-, Finanz- und Beschäftigungspolitik oder der Krisenbewältigung durch den Europäischen Stabilitätsmechanismus (ESM) auf das Arbeitsrecht (und andere Rechtsgebiete) der Mitgliedstaaten einwirken. Praktisch sind diese Steuerungsinstrumente von einer nicht zu unterschätzenden Bedeutung. Zudem ist nicht zu leugnen, dass sie sich inhaltlich (systematisch) in den Gesamtbereich des Europäischen Arbeitsrechts einfügen sollten. In der vorliegenden Darstellung müssen sie gleichwohl außer Betracht bleiben.

3. Völkerrechtliche Verträge

29 Zum Unionsrecht können auch völkerrechtliche Verträge gehören, wenn die Union sie abschließt, Art. 216 Abs. 2 AEUV.[46] Sie werden allerdings nicht schon dadurch Bestandteil des Unionsrechts, dass ihnen alle Mitgliedstaaten angehören, wie etwa bei

44 S. nur *Riesenhuber*, in: Basedow/Hopt/Zimmermann (Hrsg.), Handbuch des Europäischen Privatrechts, Stichwort „Sonstige Rechtsakte“.

45 *Seifert*, EuZA 2018, 51, 57 ff.

46 Erhebliche praktische Bedeutung – gerade auch für das Arbeitsrecht, namentlich die Arbeitnehmerfreizügigkeit – haben die Assoziierungsabkommen der EG mit Drittstaaten. Diese können in der vorliegenden Darstellung allerdings nicht erörtert werden.

der EMRK (der die EU freilich nach dem Lissaboner Vertrag beitreten soll; Art. 6 Abs. 2 S. 1 EUV; s. noch § 2 Rdn. 2ff.). Auch wenn alle Mitgliedstaaten einen völkerrechtlichen Vertrag schließen, ist er („formal") nicht (ohne weiteres) dem Unionsrecht zuzurechnen. Letzteres war vor allem bei dem Europäischen Gerichtsstands- und Vollstreckungsübereinkommen von 1968 (EuGVÜ) und beim Europäischen Vertragsrechtsübereinkommen von 1980 (EVÜ) der Fall. Beide Übereinkommen wurden indes zwischenzeitlich in unionsrechtliche Verordnungen überführt (§§ 6, 8), so dass die Frage nach der rechtsquellentheoretischen Einordnung als Unionsrecht heute weitgehend obsolet ist.

4. Kollektivverträge[47]

Aus dem nationalen Arbeitsrecht kennen wir schließlich Kollektivverträge als Rechtsquelle des Arbeitsrechts. Ein **Europäisches Tarifvertragsrecht** gibt es jedoch einstweilen noch nicht. Überlegungen der Kommission zur Konzeption eines rechtlichen Rahmens für transnationale Kollektivvereinbarungen stehen noch am Anfang.[48] 30

Allerdings spielen die Europäischen Sozialpartner (Arbeitgeberverbände und Gewerkschaften, vgl. § 5 Rdn. 31f.) und die Betriebspartner (Arbeitgeber und betriebliche Arbeitnehmervertretung) sowie die von ihnen geschlossenen Kollektivvereinbarungen in verschiedener Hinsicht eine durchaus prominente Rolle. Das gilt zuerst für die Mitwirkung der Europäischen Sozialpartner bei der Rechtsetzung der Union, vor allem im Rahmen des **sozialen Dialogs** der Art. 154f. AEUV (§ 5 Rdn. 27–44): Durch Rahmenvereinbarungen, die der Rat in einen Unionsrechtsakt überführen kann, können die Europäischen Sozialpartner ganz unmittelbar das Europäische Arbeitsrecht mitgestalten, und davon haben sie auch in erheblichem Umfang Gebrauch gemacht.[49] In die **Umsetzung** von Richtlinien in das mitgliedstaatliche Recht können die mitgliedstaatlichen Sozialpartner von den Mitgliedstaaten eingebunden werden, Art. 153 Abs. 3 AEUV. 31

---

47 Übersicht bei *Junker*, EuZA 2014, 1ff.

48 Dazu *Rieble/Kolbe*, EuZA 2008, 453ff.; M. *Schmidt*, EuZA 2008, 196, 205–211; ferner *Deinert*, Der europäische Kollektivvertrag (1999); *Schwarze*, EAS B 8100 Rdn. 2; *Thau*, FS Adomeit (2008), S. 751–755. S.a. die Entschließung des Europäischen Parlaments vom 22.10.2008 zu den Herausforderungen für Tarifverträge in der EU (2008/2085(INI)), zugänglich unter www.europarl.europa.eu/sides/getDoc.do?type=TA&reference=P6-TA-2008-0513&language=DE&ring=A6-2008-0370.

49 Manche wollen aus der Durchführungsmöglichkeit des Art. 139 Abs. 2 UAbs. 1 Alt. 1 EG/155 Abs. 2 UAbs. 1 Alt. 1 AEUV weitergehend auch eine Grundlage für eigenständige europäische Kollektivverträge entwickeln; *Deinert*, ILJ 32 (2003), 317, 320–324; *Schiek*, ILJ 34 (2005), 23–56. Abl. *Birk*, FS Rehbinder (2002), S. 3, 11f.; *Buchner*, RdA 1993, 193, 200f.; Schlachter/Heinig/*Greiner*, § 21 Rdn. 118f.; Hanau/Steinmeyer/Wank/*Hanau*, § 19 Rdn. 17; *Lörcher*, NZA 2003, 184, 192; *Smismans*, ELR 32 (2007), 341, 358–363; *Thau*, FS Adomeit (2008), S. 747–756.

32 Eine besondere Form von Kollektivvereinbarung ist im Sekundärrecht vorgesehen. Mit Rücksicht auf die ganz unterschiedlichen mitgliedstaatlichen Traditionen der Arbeitnehmermitwirkung auf Betriebs- und Unternehmensebene hat der Europäische Gesetzgeber insbesondere für den Europäischen Betriebsrat (§ 31) und die Arbeitnehmerbeteiligung in der Europäischen Aktiengesellschaft (§ 32) sowie bei grenzüberschreitenden Strukturmaßnahmen (§ 33) eine **Vereinbarungslösung** vorgesehen: Die Ausgestaltung der Arbeitnehmermitwirkung ist grundsätzlich in die Hände von Arbeitgebern und Arbeitnehmervertretern gelegt.

III. Die legislative Entwicklung des Europäischen Arbeitsrechts und die Frage der Systembildung[50]

1. Die Rechtsetzung der Union

33 Das Europäische Arbeitsrecht hat sich „in Schüben" entwickelt.[51] Wiederholt haben die Mitgliedstaaten und hat die Gemeinschaft/Union das Bedürfnis empfunden, eine angestrebte oder erreichte wirtschaftliche Integration um eine „soziale Dimension" zu ergänzen. Voraussetzung dafür war freilich mehr als einmal, dass zunächst die dafür erforderlichen Rechtsetzungskompetenzen geschaffen wurden; die Entwicklung des Europäischen Arbeitsrechts ist daher im Lichte der Entwicklung der Kompetenzgrundlagen zu sehen. Immer wieder waren aber auch tagespolitische Ereignisse Anlass für einzelne Rechtsentwicklungen.[52] So beschleunigte eine Massenentlassung durch den AKZO-Konzern im Jahr 1973 die Entstehung der Massenentlassungsrichtlinie (§ 26), die Regierungsbeteiligung einer rechtspopulistischen Partei in Österreich 1999 beschleunigte die Verabschiedung der Rassendiskriminierungsrichtlinie (§ 11) und die *Renault*-Schließung in Villevoorde 1997 den Erlass der Unterrichtungsrahmenrichtlinie (§ 30).

---

50 Die nachfolgende Übersicht beschränkt sich auf Hinweise zum Neuerlass von Regelungen; Ergänzungen und Überarbeitungen bleiben unberücksichtigt. Dazu zuletzt Hinweise bei M. *Schmidt*, EuZA 2008, 196–198; ferner *Junker*, JZ 1994, 277–286, *ders.*, NZA 1999, 2–6; *ders.*, in: Grundmann (Hrsg.), Systembildung und Systemlücken in Kerngebieten des Europäischen Privatrechts, S. 357–386; *Riesenhuber*, in: Giesen/Junker/Rieble (Hrsg.), Systembildung im Europäischen Arbeitsrecht (2016), S. 15–52.

51 *Thüsing*, EuZA 2008, 159, 160 („wellenförmig, aber mit einem klaren Ziel: Der Fortschritt auf dem Wege der Angleichung"); vgl. auch BVerfG v. 30.6.2009 – 2 BvE 2/08, 5/08, 1010/08, 1022/08, 1259/08, 182/09, BVerfGE 123, 267 – Lissabon, Rdn. 392–400.

52 *Jansen*, EuR 1990 Beih. 2, 5, 9 („die Prioritäten für Einzelvorschläge [orientieren] sich mehr an praktischen Bedürfnissen als an programmatischen Überlegungen").

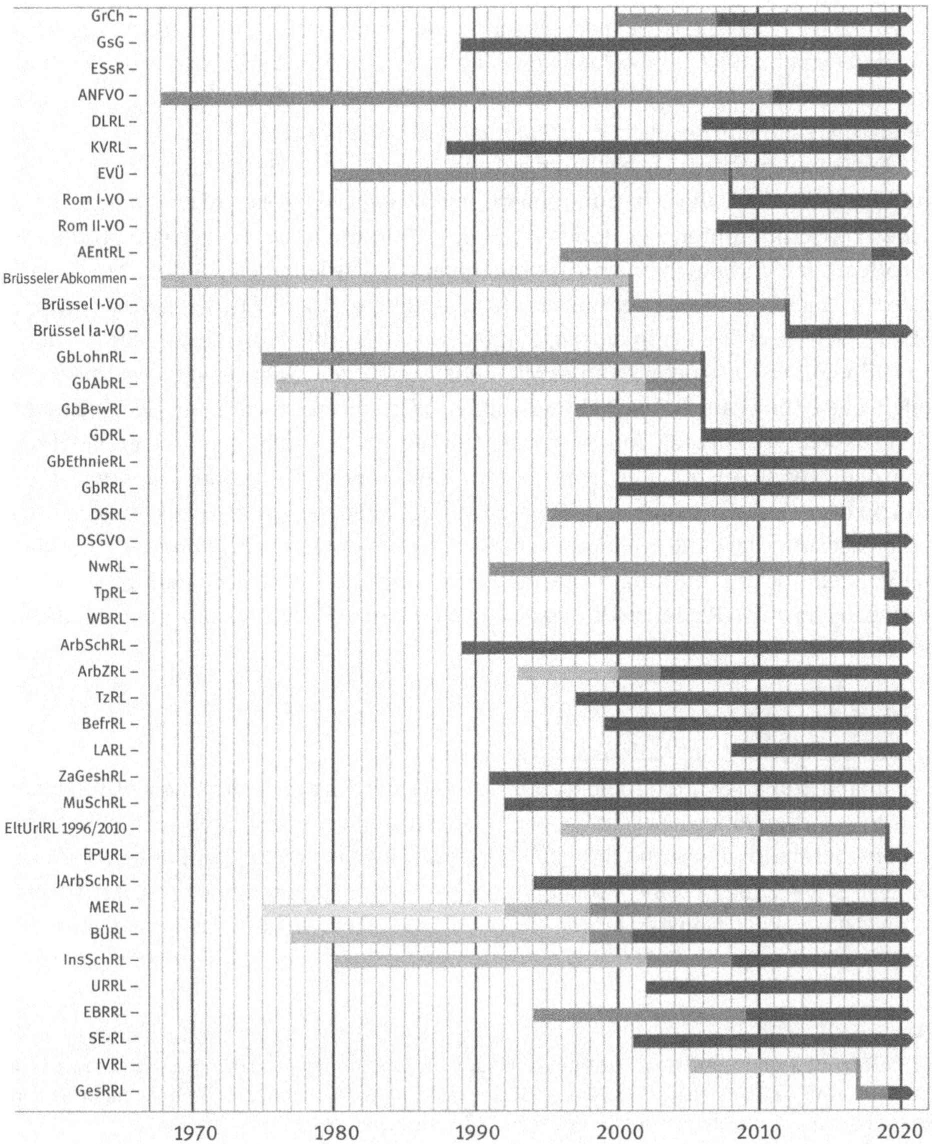

a) Liberaler Ausgangspunkt der Gründungsverträge

Lange Zeit, bis in die 1970er Jahre hinein, beschränkte sich das Europäische Arbeitsrecht allerdings im Wesentlichen auf die wenigen primärrechtlichen Regelungen und punktuelle sekundärrechtliche Ergänzungen.[53] Zur Effektuierung der Arbeitnehmer-

53 Siehe etwa *Hallstein*, Die Europäische Gemeinschaft (1973), S. 167–176.

freizügigkeit erließ die Gemeinschaft schon 1968 die Freizügigkeitsverordnung. Und ebenfalls bereits 1968 verabschiedeten die Mitgliedstaaten das Europäische Gerichtsstands- und Vollstreckungsübereinkommen (EuGVÜ; heute EuGVVO; s. § 8), das auch für arbeitsrechtliche Rechtsstreitigkeiten Bedeutung entfaltete.

34 Die Gründungsverträge basierten auf dem liberalen Grundgedanken, dass die Integration der Märkte – die Schaffung eines Gemeinsamen Marktes – zu einem wirtschaftlichen Fortschritt führen würde, dessen positive Wirkungen dann auch den Einzelnen, vor allem auch Verbrauchern und Arbeitnehmern zugute kommen würden.[54] Insbesondere war auch das Verbot der Geschlechtsdiskriminierung in Art. 119 EWGV (Art. 157 AEUV) nicht primär sozialpolitisch, sondern wettbewerbspolitisch motiviert (s. dazu § 10 Rdn. 2): Die Unternehmen eines Mitgliedstaats sollten nicht deshalb, weil sie Frauen gleiche Löhne zahlten wie Männern, einen Wettbewerbsnachteil im Gemeinsamen Markt haben.[55] Der liberale Ausgangspunkt ist heute keineswegs überholt. Er findet seine grundlegende Ausprägung in der Wirtschaftsverfassung der Union, die zuerst vom Prinzip der Marktwirtschaft und einem unverfälschten Wettbewerb ausgeht und erst auf dieser Grundlage Interventionen zulässt.[56] Darüber hinaus liegt dem AEU-Vertrag die Vorstellung zugrunde, dass eine geringere Regelungsdichte und geringere Sozialkosten in einzelnen Regionen durchaus einen legitimen Wettbewerbsvorteil darstellen können.[57]

b) Das sozialpolitische Aktionsprogramm von 1974

35 Den ersten großen Schub arbeitsrechtlicher Rechtsetzung löste der Pariser Gipfel von 1972 aus. Neben einer Wirtschafts- und Währungsunion wurde nun auch eine koordinierte Beschäftigungs- und Berufsbildungspolitik angestrebt.[58] Der Rat konkretisierte diese Zielsetzung in seinem sozialpolitischen Aktionsprogramm von 1974.[59] Im Anschluss daran kam es in den Jahren 1974 bis 1976 zu „einem heftigen Tätigwerden der Gemeinschaft auf dem Gebiet des Arbeitsrechts".[60] In dieser Zeit wurden zum einen

---

54 *Collins,* in: Grundmann/Weatherill/Kerber (Hrsg.), Party Autonomy and the Role of Information in the Internal Market, S. 212 f.; *Junker,* NZA 1999, 2, 4; *ders.,* in: Grundmann (Hrsg.), Systembildung und Systemlücken in Kerngebieten des Europäischen Privatrechts, S. 359.

55 *Hallstein,* Die Europäische Gemeinschaft (1973), S. 167 f.

56 *Windbichler,* RdA 1992, 74–84. S. ferner *Basedow,* Von der deutschen zur europäischen Wirtschaftsverfassung (1992); *Grundmann,* in: Riesenhuber (Hrsg.), Privatrechtsgesellschaft, § 5; *Rieble,* Arbeitsmarkt und Wettbewerb, S. 42–70; *Riesenhuber,* in: Hopt/Veil/Kämmerer (Hrsg.), Kapitalmarktgesetzgebung im Europäischen Binnenmarkt, S. 26–33; s. a. EuGH v. 18.12.2007 – Rs. C-341/05 *Laval un Partneri,* EU:C:2007:809 Rdn. 104 f.; EuGH v. 11.12.2007 – Rs. C-438/05 *Viking,* EU:C:2007:727 Rdn. 78 f.

57 *Windbichler,* RdA 1992, 74, 82.

58 *Junker,* NZA 1999, 2, 4 („sozialpolitische Aufbruchstimmung").

59 Entschließung des Rates vom 21.1.1974 über ein sozialpolitisches Aktionsprogramm, ABl. 1974 C 13/1.

60 *Heinze,* ZfA 1992, 331, 334.

die grundlegenden Richtlinien gegen Geschlechtsdiskriminierung im Arbeitsleben verabschiedet (näher § 10). Zum anderen entstanden mit der Massenentlassungsrichtlinie (§ 26) und der Betriebsübergangsrichtlinie (§ 27) die ersten Vorschriften zum Schutz der Arbeitnehmer im Falle von Unternehmensumstrukturierungen, wie man sie im Zuge der wirtschaftlichen Integration verstärkt beobachtete und erwartete. 1980 folgte die Insolvenzschutzrichtlinie nach (§ 28).

Freilich wurde der Schwung dieser ersten Phase schon bald gebremst. Zum einen **37** trug die Wirtschaftskrise Ende der 1970er, Anfang der 1980er Jahre dazu bei, dass sozialpolitische Vorhaben auf Eis gelegt wurden.[61] Zum anderen artikulierte besonders Großbritannien, 1972 zusammen mit Irland und Dänemark der ursprünglichen Sechsergemeinschaft beigetreten, verstärkt wirtschaftsliberale Bedenken gegen eine erweiterte sozialpolitische Rechtsetzung, seit 1979 die Konservativen unter *Margaret Thatcher* die Regierung übernommen hatten. Eine Vielzahl von Rechtsetzungsvorhaben dieser Zeit hat Großbritannien entweder glatt verhindert oder doch verzögert und in ihrem Schutzumfang zurückgedrängt.[62]

c) Die Gemeinschaftscharta der sozialen Grundrechte und das Aktionsprogramm zu ihrer Umsetzung von 1989

Mit der Einheitlichen Europäischen Akte von 1986 und dem Vorhaben, einen Europäi- **38** schen Binnenmarkt zu schaffen, wurde auch der Ruf nach der „sozialen Dimension" des Binnenmarktes (wieder) laut.[63] Die vertiefte wirtschaftliche Integration müsse durch sozialpolitische Regelungen ergänzt werden. Ihren besonderen Ausdruck fand diese rechtspolitische Forderung in der (etwas irreführend so genannten) Gemeinschaftscharta der sozialen Grundrechte von 1989 (näher § 2 Rdn. 68–80), einer „feierlichen Erklärung" von elf der mittlerweile (nach Beitritt Griechenlands, 1981, sowie Spaniens und Portugals, 1986) zwölf Mitgliedstaaten – ohne Großbritannien. Ergänzt wurde die Gemeinschaftscharta durch ein ebenfalls 1989 vorgelegtes Aktionsprogramm der Kommission.[64] Obwohl die Gemeinschaftscharta kein verbindlicher Rechtsakt ist, war sie für die Rechtsentwicklung der folgenden Jahre doch von erheblicher Bedeutung. Das zeigt sich schon daran, dass die meisten der darin genannten

---

61 *Heinze*, ZfA 1992, 331, 334 f.; *Shanks*, CMLR 14 (1977), 375–383.

62 Vgl. auch *Thüsing*, EuZA 2008, 159, 160 f.

63 S. z. B. *Birk/Erdmann/Lampert/Muhr*, Europäischer Binnenmarkt und Harmonisierung des Arbeitsrechts (1991); *Jansen*, EuR 1990 Beih. 2, 5, 11 f. („Ohne eine sozialpolitische Komponente läuft die Gemeinschaft Gefahr, vom Bürger nicht mehr akzeptiert zu werden, denn beim Wegfall der Binnengrenzen werden bestimmte Unterschiede in der Sicherung der Arbeitnehmerrechte krasser zutage treten, als dies heute der Fall ist – Stichwort: ‚soziales Dumping'.").

64 Aktionsprogramm der Kommission vom 29.11.1989 zur Anwendung der Gemeinschaftscharta, KOM (89)568 endg.

Ziele umgesetzt wurden. Umgekehrt bezogen sich die arbeitsrechtlichen Rechtsakte seither ganz regelmäßig auf die entsprechenden Forderungen der Charta.

d) Der Maastrichter Vertrag und das Abkommen über Sozialpolitik von 1992[65]

39 Allerdings erwies sich das Kompetenzgerüst des EG-Vertrags als für die Umsetzung der Gemeinschaftscharta unzureichend. Namentlich das Einstimmigkeitserfordernis einer Rechtsangleichung auf der Grundlage der Binnenmarktkompetenz von Art. 100 EGV (heute Art. 115 AEUV) erwies sich als Stolperstein der Rechtsetzung, zumal angesichts der weithin ablehnenden Haltung Großbritanniens. Abhilfe kam mit dem Maastrichter Vertrag von 1992. Allerdings ließ sich auch hier eine Erweiterung der sozialpolitischen Rechtsetzungszuständigkeit auf Vertragsebene gegen den Widerstand Großbritanniens nicht erreichen. Daher vereinbarten die übrigen Mitgliedstaaten mit dem Maastrichter Vertrag das Abkommen über Sozialpolitik (ASP, auch Elfer-Abkommen; s. noch § 5 Rdn. 5), das erweiterte Kompetenzen enthielt und eine tragfähige Grundlage für die Umsetzung des rechtspolitischen Programms der Gemeinschaftscharta darstellte („Europa der mehreren Geschwindigkeiten"). Neben dem erweiterten Zuständigkeitskatalog war eine prozedural erleichterte Rechtsetzung vorgesehen, ebenso wie eine verstärkte Einbeziehung der Sozialpartner durch Anhörung und die Einrichtung eines institutionalisierten sozialen Dialogs.[66] Mit dem ASP wurde den Sozialpartnern auch die Möglichkeit gegeben, durch Rahmenvereinbarungen gestaltend an der Rechtsetzung mitzuwirken (s. bereits oben, Rdn. 31). Auf seiner Grundlage wurden u. a. die Europäischer Betriebsrat-Richtlinie (§ 31), die Elternurlaubsrichtlinie (heute Eltern- und Pflegeurlaubsrichtlinie, § 24) und die Teilzeitrichtlinie (§ 19) verabschiedet.

40 Mit dem Maastrichter Vertrag wurde freilich auch das **Subsidiaritätsprinzip** im EG-Vertrag verankert (Art. 5 Abs. 1 S. 2, Abs. 3 EUV). Mit dem Subsidiaritätsprinzip konnte man zu Recht die Erwartung verbinden, es werde die Rechtsetzung der Gemeinschaft bremsen.[67] Die nachfolgende Entwicklung hat diese Erwartung freilich nicht voll bestätigt, sondern auch auf der Grundlage des Subsidiaritätsprinzips zu einer weiteren Angleichung des Arbeitsrechts geführt.

e) Der Amsterdamer Vertrag von 1997[68]

41 Der Amsterdamer Vertrag von 1997 führte äußerlich eine neue Zählung der Artikel ein. Inhaltlich brachte er eine Reihe institutioneller Änderungen, insbesondere eine Stärkung des Mitentscheidungsverfahrens (heute Art. 294 AEUV).

---

65 *Bercusson*, IRJ 23 (1992), 177–190.

66 *Heinze*, FS Everling (1995), S. 440 f., 444.

67 Dazu (und dafür) nachdrücklich *Heinze*, RdA 1994, 1–11; *ders.*, FS Everling (1995), S. 433–445.

68 *Steinmeyer*, RdA 2001, 10–22; *Weiss*, FS Wiese (1998), S. 633––648. Allgemein *Streinz*, Europarecht, Rdn. 49–52.

Für das Arbeitsrecht bedeutsam ist die Überführung des Abkommens über Sozialpolitik in den EG-Vertrag, mit der der Inhalt des Elfer-Abkommens auch für Großbritannien verbindlich wurde. Als ebenfalls 1997 die Labour-Regierung unter *Tony Blair* die Konservativen ablöste, war zudem der Weg frei, die zwischenzeitlich auf das ASP gestützten Rechtsakte auf das Vereinigte Königreich zu erstrecken. Der Amsterdamer Vertrag führte darüber hinaus mit (dem heutigen) Art. 19 AEUV eine neue Kompetenznorm für Diskriminierungsverbote ein. Von ihr hat der Europäische Gesetzgeber ab 2000 ausgiebig Gebrauch gemacht (näher §§ 9–12). **42**

f) Der Vertrag von Nizza von 2000

Der Vertrag von Nizza brachte weitere institutionelle Änderungen, aber nicht die umfassende Reform, die man im Hinblick auf die anstehende Erweiterung der Gemeinschaft für geboten hielt. Im Arbeitsrecht brachte der Vertrag eine Neuordnung und Erweiterung der Kompetenznormen der Art. 151, 153 AEUV. Zudem wurde anlässlich der Konferenz in Nizza die **Charta der Grundrechte** der EU (s.o. Rdn. 38 und nachfolgend, § 2 Rdn. 68–80) „feierlich verkündet", wenn auch zunächst noch nicht zum Bestandteil des Primärrechts gemacht. Auch eine **Europäische Sozialagenda** wurde auf der Tagung des Europäischen Rates in Nizza angenommen.[69] Darin legte der Rat sozialpolitische Zielsetzungen für die kommenden Jahre fest. Sie sollten die Durchführung der sogenannten **„Lissabon-Strategie"** ergänzen, deren ehrgeiziges Ziel es war, die Europäische Union „zum wettbewerbsfähigsten und dynamischsten wissensbasierten Wirtschaftsraum der Welt zu machen, einem Wirtschaftsraum, der fähig ist, ein dauerhaftes Wirtschaftswachstum mit mehr und besseren Arbeitsplätzen und einem größeren sozialen Zusammenhalt zu erzielen"[70]. **43**

g) Das Grünbuch von 2006

Mit dem Grünbuch „Ein moderneres Arbeitsrecht für die Herausforderungen des 21. Jahrhunderts"[71] hat die Kommission 2006 mögliche Entwicklungsperspektiven aufgezeigt. Ihr Ansatz hat ein gemischtes, weithin kritisches Echo erfahren.[72] Der zentrale Gedanke hinter den Überlegungen wird in dem Schlagwort von **Flexicurity** zusammen- **44**

---

69 Europäische Sozialagenda, ABl. 2001 C 154/4.

70 Schlussfolgerung des Vorsitzes Nr. 5 Europäischer Rat in Lissabon v. 23./24.3.2003, verfügbar unter www.consilium.europa.eu/ueDocs/cms-Data/docs/pressData/de/ec/00100–r1.d0.htm.

71 KOM(2006), 708 endg. Zu den Erwägungen der Kommission auch *Uebe*, EuZA 2008, 167–171.

72 Kritisch etwa *Bayreuther*, NZA 2007, 371–375; *Franzen*, RIW 2007, 892–897; *Joussen*, ZEuP 2008, 374–393; zusammenfassend *Stoffels*, GPR 2007, 231–235; *Rieble/Junker* (Hrsg.), Das Grünbuch und seine Folgen – Wohin treibt das europäische Arbeitsrecht (2008); differenzierend *Thüsing*, EuZA 2008, 159–166; *Wank*, AuR 2007, 244–249; zustimmend v.a. zum *Flexicurity*-Konzept *Preis*, FS Birk (2008), S. 625–642, bes. S. 631.

gefasst: größere Flexibilität soll mit größtmöglicher Sicherheit für alle verbunden werden.[73] Ziel ist es, das arbeitsrechtliche Instrumentarium so weiterzuentwickeln, dass gleichzeitig positive Impulse für nachhaltiges wirtschaftliches Wachstum gegeben und mehr und bessere Arbeitsplätze geschaffen werden.[74] Damit ist der Blick besonders auf die atypischen Arbeitsverhältnisse gelenkt, die einerseits für besondere Flexibilität stehen (können), andererseits aber oftmals in besonderer Weise „prekär" sind (s. näher § 18).[75] Die Kommission spricht zudem die Frage an, ob eine **Vereinheitlichung des Arbeitnehmerbegriffs** in den Richtlinien der Gemeinschaft wünschenswert ist.[76] Diese Überlegungen haben im Schrifttum besondere Aufmerksamkeit gefunden und sind weithin auf Ablehnung gestoßen.[77] Das liegt freilich auch daran, dass man mit der Vereinheitlichung des Arbeitnehmerbegriffs im Gemeinschaftsrecht mitunter eine weitergehende Vereinheitlichung des Arbeitsrechts in Europa verbindet (vgl. schon oben Rdn. 2–8).

h) Der Vertrag von Lissabon 2009

45 Der Vertrag von Lissabon von 2009 vereinte die Europäische Union und die Europäische Gemeinschaft in der „neuen" Europäischen Union. Der Vertrag zur Europäischen Union wird nunmehr wieder EUV abgekürzt (wie schon vor dem Vertrag von Amsterdam, siehe Rdn. 41), nicht mehr EU. Aus dem EG-Vertrag ist der Vertrag über die Arbeitsweise der EU (AEUV) geworden. Der AEUV gleicht bis auf einige wichtige Änderungen im Großen und Ganzen dem vorangegangenen EGV. Die Rolle des Europäischen Parlaments wurde gestärkt; legislative Kompetenzen wurden überarbeitet und legislative Verfahren und Mehrheitserfordernisse wurden modifiziert (siehe auch § 5). Außerdem wurde eine Vorschrift über die Werte und Ziele der Union aufgenommen (Art. 2

---

73 KOM(2006), 708 endg., S. 3f.; vertiefend anschließend Mitteilung der Kommission „Gemeinsame Grundsätze für den Flexicurity-Ansatz herausarbeiten: Mehr und bessere Arbeitsplätze durch Flexibilität und Sicherheit" v. 27.6.2007 KOM(2007) 359 endg. (mit Beispielen für *Flexicurity* aus dem mitgliedstaatlichen Recht S. 23–25). Dazu etwa *Franzen*, RIW 2007, 892, 896f.; *von Hoyningen-Huene*, FS Birk (2008), S. 217–241 (krit. gegenüber dem Schlagwort, die unternehmerische Freiheit hervorhebend). – Der Gedanke der Flexibilisierung des Arbeitsrechts ist freilich nicht neu; grundlegend *Zöllner*, ZfA 1988, 265–280; *Hanau*, Deregulierung des Arbeitsrechts – Ansatzpunkte und verfassungsrechtliche Grenzen (1997).

74 KOM(2006), 708 endg., S. 3.

75 Mit Recht wird darauf hingewiesen, dass dieses Konzept auf der Grundlage einer auf Mindestbedingungen beschränkten Kompetenz (153 AEUV; unten, § 5 Rdn. 24) nicht umzusetzen ist, da diese zwar die Mindeststandards der Sicherheit festlegen kann, nicht aber die Höchststandards der Flexibilität; *Franzen*, RIW 2007, 892, 897; *Junker*, in: Junker/Rieble (Hrsg.), Das Grünbuch und seine Folgen, S. 21.

76 KOM(2006), 708 endg., S. 15f.

77 *Bayreuther*, NZA 2007, 371–375; *Joussen*, ZEuP 2008, 374, 385, 386f., 391–393. Ferner Mitteilung der Kommission v. 24.10.2007 „Ergebnis der öffentlichen Anhörung zum Grünbuch der Kommission ‚Ein modernes Arbeitsrecht für die Herausforderungen des 21. Jahrhunderts'", KOM(2007) 627 endg.

EUV; siehe auch § 2) und die Grundrechtecharta formal in das Primärrecht einbezogen und so in Geltung gesetzt (Art. 6 EUV; siehe Rdn. 21 und § 2 Rdn. 20ff.). Nicht zuletzt wurde die Numerierung in den Verträgen geändert (die Antidiskriminierungsnorm des Art. 141 EGV findet sich beispielsweise nun in Art. 157 AEUV).

i) Jüngere Entwicklungen[78]

Nach einer Phase reger Aktivität seit den 1970er Jahren und bis in die 2010er Jahre hinein ist die Rechtsetzungstätigkeit der Union seither etwas abgeflaut. Einzelne Richtlinien hat der Gesetzgeber in den vergangenen Jahren überarbeitet oder reformiert. Zu nennen sind vor allem die Ergänzung der Entsenderichtlinie im Jahr 2014 durch eine Durchsetzungsrichtlinie und ihre Reform im Jahr 2018 (§ 7). Grundlegende Neuerungen oder Ergänzungen gab es in den vergangenen Jahren nur vereinzelt. Die Nachweisrichtlinie wurde 2019 nicht nur überarbeitet, sondern zur **Transparenzrichtlinie** weiterentwickelt, die besonders dem Schutz von Arbeitnehmern in atypischen Arbeitsverhältnissen dient (§ 14). Ebenfalls 2019 hat der Unionsgesetzgeber die **Whistleblower-Richtlinie** verabschiedet (§ 15). Und schließlich wurde im Oktober 2019 die **Europäische Arbeitsbehörde** errichtet (§ 3 Rdn. 122ff.). In der rechtspolitischen Diskussion gescheitert ist eine – lang diskutierte und längst fällige – Reform der Arbeitszeitrichtlinie; hier sind die Positionen (auch innerhalb der Gesetzgebungsorgane) offenbar zu weit auseinander (§ 17). Wesentlich an arbeitsrechtlichen Fragen der Mitbestimmung gescheitert ist auch das – für den Mittelstand bedeutsame – Vorhaben einer Euro-GmbH (§ 34). Die 2017 „feierlich verkündete" Europäische Säule sozialer Grundrechte (ESsR, § 2 Rdn. 81–88), die wie frühere vergleichbare Proklamationen Bestandsaufnahme und sozialpolitische Wunschliste ist, hat einstweilen noch keine breite Wirkung entfaltet.[79] Insgesamt setzt sich damit eine Phase der **Konsolidierung** fort,[80] nach mancher Einschätzung auch der Stagnation. 46

Ein inhaltlich neues Kapitel schlägt die Kommission mit dem **Vorschlage für eine Mindestlohn-Richtlinie** vom 28.10.2020 auf.[81] Als bloße Festlegung von Rahmenbedingungen soll sie an der Kompetenzschranke von Art. 153 Abs. 5 AEUV vorbeikommen.[82] Es ist zu erwarten, dass der Vorschlag rechtspolitisch umstritten sein wird. 47

Im Zentrum (Kapitel II, Art. 5–8) stehen gesetzliche Mindestlöhne. Mitgliedstaaten, in denen es gesetzliche Mindestlöhne gibt, sollen deren Angemessenheit sicherstellen, für die Kriterien definiert werden (Kaufkraft, Bruttolohnniveau, Wachstumsrate, Produktivität), Art. 5. Unterschiedliche Min- 48

---

78 Schöne Übersicht (Stand: Anfang 2008) bei *Rebhahn*, Aktuelle Entwicklungen des Europäischen Arbeitsrechts (2008).

79 Zurückhaltende Einschätzung auch bei *Seifert*, EuZA 2018, 51, 66.

80 *Junker*, EuZA 2016, 428, 429; *Seifert*, EuZA 2018, 51ff.

81 Vorschlag für eine Richtlinie des Europäischen Parlaments und des Rates über angemessene Mindestlöhne in der Europäischen Union, COM(2020) 682 final.

82 Krit. bereits *Franzen*, EuZA 2021, 1f.

destlohnsätze und Abzüge vom Mindestlohn sollen beschränkt werden, Art. 6. Die Sozialpartner sind in die Festsetzung und Aktualisierung des Mindestlohns einzubeziehen, Art. 7. Die Mitgliedstaaten verbessern den „Zugang zu gesetzlichen Mindestlöhnen"; gedacht ist vor allem an die Durchsetzung, Art. 8. Eine Pflicht, einen gesetzlichen Mindestlohn einzuführen, gibt es nicht, Art. 1 Abs. 3. Neben dem gesetzlichen Mindestlohn gibt es zwei weitere Hauptthemen. Zum einen sollen die Mitgliedstaaten Tarifverhandlungen zur Lohnfestsetzung fördern, und zwar durch mindestens zwei Maßnahmen, die Förderung des „Auf- und Ausbaus von Kapazitäten der Sozialpartner, Tarifverhandlungen ... zu führen" sowie die „Förderung konstruktiver, zielführender und fundierter Lohnverhandlungen". Es ist einigermaßen dunkel, wie das gehen soll. Immerhin versichert Art. 1 Abs. 1 UAbs. 2, die vorgeschlagene Richtlinie achte die Tarifautonomie. Zum anderen enthält der Vorschlag eine Tariftreueklausel. Bei der Ausführung von öffentlichen Aufträgen oder Konzessionsverträgen sind nicht nur die gesetzlichen Mindestlöhne einzuhalten, sondern auch „die für die jeweilige Branche und die jeweilige Region tarifvertraglich festgelegten Löhne". Im Hinblick auf die Tarife geht es m.a.W. nicht nur um den Mindestlohn. Tariftreueklauseln, die unionsrechtlich aus verschiedenen Gründen umstritten waren, werden damit nicht nur sekundärrechtlich abgesichert, sondern vorgeschrieben.

49 Die fortschreitende **Digitalisierung** der Arbeitswelt hat zunächst noch keine nachhaltigen Änderungen des Europäischen Arbeitsrechts veranlasst. Am ehesten lässt sich die Transparenzrichtlinie als „Grund-Rechtsakt" der digitalisierten Arbeitswelt benennen (dazu § 14). Angesichts vielfältiger Veränderungen setzt der Gesetzgeber darin weitgehend auf Transparenz als Schutzinstrument. Arbeitsrechtliche Fragen der **kollaborativen Wirtschaft** hat die Kommission frühzeitig angesprochen,[83] doch ist daraus bislang keine arbeitsrechtliche Regelung hervorgegangen.[84] Aus dem Bestand des Europäischen Arbeitsrechts kann insoweit vor allem die Datenschutz-Grundverordnung (§ 13) von Bedeutung sein, ferner die Eltern- und Pflegeurlaubs-Richtlinie (§ 24). Diskriminierungsschutz (§§ 9–12) spielt hier dieselbe Rolle wie in herkömmlicher Beschäftigung und muss ggf. auf neue Erscheinungen angewandt werden.[85] Teilweise wird versucht, die Regeln über atypische Arbeitsverhältnisse fruchtbar zu machen, namentlich die Befristungsrichtlinie (§ 20) und die Leiharbeitsrichtlinie (§ 21).[86]

j) Systembildung im Europäischen Arbeitsrecht?[87]

50 Gerade auch für das Europäische Arbeitsrecht hat man die Frage gestellt, ob sich die Gesamtheit der Rechtsetzung zu einem Ganzen zusammenfügt. Wohl überwiegend

---

83 Mitteilung der Kommission, Europäische Agenda für die kollaborative Wirtschaft, COM(2016) 356 final. S. ferner etwa *Delfino*, ELLJ 9 (2018), 346ff.

84 Vgl. Stellungnahme des Europäischen Ausschusses der Regionen v. 5.12.2019 – Ein europäischer Rahmen für die Regulierung der kollaborativen Wirtschaft, ABl. 2020 C 79/40.

85 S.a. *Vyas*, ELLJ 2020, (Online-Vorabveröffentlichung).

86 *Rosin*, ELLJ 2020, (Online-Vorabveröffentlichung) (Anwendung der BefrRL, teilweise auch der LARL; m.E. verfehlt); *dies.*, Int. J. Comp. Lab. L. & Ind. Rel. 36 (2020), 141ff. (Anwendung der LARL); *Ratti*, Comp.Lab.L.& Poly J. 38 (2017), 477–511 (Anwendung der LARL, indes über einen zu weit verstandenen Arbeitnehmerbegriff).

87 Grundlegend zur Systembildung im Europäischen Privatrecht Grundmann (Hrsg.), Systembildung und Systemlücken in Kerngebieten des Europäischen Privatrechts (2000).

fällt die Antwort glatt verneinend aus, die Rechtsetzung erfolge „ohne System und Konzept".[88]

Tatsächlich muss man einräumen, dass sich das sozialpolitische Konzept der Gemeinschaft/Union in den nahezu siebzig Jahren ihres Bestehens ganz erheblich, geradezu fundamental geändert hat, von einer liberal-wettbewerblichen Ausrichtung auf den Binnenmarkt hin zu einer zunehmend sozial-ausgleichenden Konzeption. Zudem haben wir bereits eingangs (Rdn. 33) gesehen, dass die Rechtsetzungsaktivitäten mitunter weniger einem Masterplan als tagespolitischen Ereignissen folgten. Umgekehrt ist aber auch das Bemühen von Kommission und Rat anzuerkennen, Harmonisierungskonzepte zu entwickeln, so im sozialpolitischen Aktionsprogramm von 1974, in dem Aktionsprogramm zur Gemeinschaftscharta der sozialen Grundrechte oder auch im Grünbuch von 2006. **51**

Immerhin lassen sich die Bereiche der Rechtsangleichung einer beschränkten Zahl von – auch binnenmarktrelevanten – Sachfragen zuordnen, nämlich der Verwirklichung der Grundfreiheiten und der Nichtdiskriminierung, der Transparenz der Arbeitsbedingungen sowie dem Gesundheitsschutz.[89] Hinzu treten in jüngerer Zeit zunehmend, auch betriebsverfassungsrechtliche Regelungen („Anhörung und Unterrichtung") und, die Gesellschaftsrechtsangleichung flankierend, Regelungen zur Unternehmensmitbestimmung (Mitbestimmungssicherung). **52**

Zudem lässt sich auch in den Teilbereichen beobachten, dass Grundgedanken und allgemeine Lehren zutage treten und zumindest ansatzweise eine innere Systembildung erfolgt. Besonders deutlich ist das im Bereich der Diskriminierungsverbote, **53**

---

88 *Junker*, NJW 1994, 2527 und 2528 („ohne Konzept und System", „punktuell", „pointillistisch"); wohlwollender *ders.*, NZA 1999, 2, 6–11; *Kaiser*, NZA 2000, 1144 („über punktuelle Problemlösungen hinaus ist ein von übergreifenden Strukturen geprägtes System nicht erkennbar"); *Krebber*, in: Rieble/Junker (Hrsg.), Das Grünbuch und seine Folgen, S. 37; *ders.*, Comp. Lab. L. & Pol'y J. 30 (2009), 875ff.; *Preis*, FS Birk (2008), S. 628 („arbeits- und sozialpolitisches Konzept fehlt"; freilich mit dem Hinweis, dass dem auch kompetenzielle Grenzen entgegenstünden); zurückhaltend auch *Reichold*, JZ 2006, 549 („allenfalls wettbewerbsorientierte Sozialpolitik"); *ders.*, FS Birk (2008), S. 687 („wettbewerbsbezogene[s] – topische[s] – Schutzkonzept"). Ein System erkennend dagegen *Barnard/Deakin*, ILJ 2000, 331–345; *Collins*, Employment Law, S. 20ff.; *Riesenhuber*, in: Giesen/Junker/Rieble (Hrsg.), Systembildung im Europäischen Arbeitsrecht (2016), S. 15–52.

89 *Grundmann*, GS Blomeyer (2004), S. 71–97. Ein anderes Konzept für die Entwicklung bis in die 1990er Jahre erkennt *Collins*, in: Grundmann/Weatherill/Kerber (Hrsg.), Party Autonomy and the Role of Information in the Internal Market, S. 206, 212–216; bis dahin habe weithin territoriale Souveränität und Wettbewerb der Rechtsordnungen geherrscht; auch die Massenentlassungsrichtlinie, die Betriebsübergangsrichtlinie und die Insolvenzschutzrichtlinie seien nur „a rag-bag of measures that were motivated more by a desire to impose restrictions on the free movement of capital than an intention to achieve an approximation or uniformity of employment laws". Mit dem Arbeitsschutz werde ein Kostenfaktor dem Wettbewerb entzogen; die (bisherige) Regulierung auf der Grundlage des Sozialen Dialogs (Art. 138f. EG/154f. AEUV) bedeute die Möglichkeit (großer) Arbeitgeber, Standards, die sie selbst bereits einhalten, als einheitlichen Kostenfaktor vorzuschreiben (zu diesem letzten Punkt krit. *Windbichler*, ebd., S. 226f.).

wo der Gesetzgeber die von der Rechtsprechung ausgebildeten Konzepte sowie das allgemeine Schutzinstrumentarium in jüngerer Zeit aufgenommen hat. Im Bereich der Geschlechtsdiskriminierung hat er mit der so genannten „Kodifikation", also einer ordnenden Zusammenfassung, die in einer unübersichtlichen Zahl von Einzelrichtlinien verstreuten Regelungen zusammengeführt (§ 10). Ähnlich ist es im Arbeitsschutz, wo sich mit der Rahmen-Richtlinie von 1989 (§ 16), die gewissermaßen den Allgemeinen Teil enthält, schon anfänglich eine geordnete Entwicklung abgezeichnet hat. Und auch die Regelung atypischer Arbeitsverhältnisse hat die Kommission (in mehreren Anläufen) als ein Ganzes geplant, auch wenn sie sich letztlich nur stückweise verwirklichen ließ (s. §§ 18–22). Eher missglückt ist freilich die Überarbeitung der Betriebsübergangsrichtlinie; wohl deswegen, weil der Gesetzgeber möglichst nahe an den – in Einzelheiten unglücklichen – Konzeptionen der Rechtsprechung bleiben wollte. Eine Systembildung zeichnet sich weiterhin im Bereich der Arbeitnehmerbeteiligung ab. Das lässt sich zum einen im Betriebsverfassungsrecht erkennen, das sich, ausgehend von der Gemeinschaftscharta der sozialen Grundrechte, über Einzelregelungen, die Europäischer Betriebsrat-Richtlinie und die Unterrichtungsrahmenrichtlinie als ein „Recht der Unterrichtung und Anhörung" etabliert. Und die Vereinbarungslösung, die zuerst die Europäischer Betriebsrat-Richtlinie eingeführt hat, hat sich mit den Richtlinien zur Arbeitnehmerbeteiligung in der Europäischen Aktiengesellschaft und der Europäischen Genossenschaft als ein Grundelement des Europäischen Mitbestimmungsrechts etabliert (§ 29), das der Gesetzgeber dann auch für grenzüberschreitende Strukturmaßnahmen (§ 33) sowie in dem Vorschlag für eine Europäische Privatgesellschaft (§ 34) fruchtbar gemacht hat.

54 Im Gesamtbild ergibt sich so ein durchaus in vielem geordnetes Ganzes des Europäischen Arbeitsrechts, das weite Teile des regulierenden Arbeitsrechts erfasst. Ungeachtet dieser erheblichen Breite ist indes nicht zu verkennen, dass nicht nur das allgemeine Arbeitsvertragsrecht (Vertragsschluss, Nebenpflichten, Arbeitnehmerhaftung[90]) und das allgemeine Betriebsverfassungs- und Mitbestimmungsrecht von der Rechtsangleichung weithin unberührt ist. Zentrale Bereiche wie das Recht der Entgeltfortzahlung (nur punktuell in der Mutterschutzrichtlinie geregelt, § 23 Rdn. 32f.) und des allgemeinen Kündigungsschutzes (nur punktuell erfasst, v. a. mit den Diskriminierungsverboten, §§ 9–12, der Massenentlassungs- und der Betriebsübergangsrichtlinie, §§ 26, 27)[91] sind europarechtlich nicht geregelt. Aus Kompetenzgründen (Art. 153 Abs. 5 AEUV; näher § 5 Rdn. 9–14) bleibt die Regelung des Arbeitsentgelts, das Koalitionsrecht sowie das Streik- und Aussperrungsrecht den Mitgliedstaaten vorbehalten, wenngleich auch hier primärrechtliche Einflüsse der Grundfreiheiten (§ 3 Rdn. 78f., 97), so-

---

90 Rechtsvergleichend *Pačić*, EuZA 2009, 47–68 und 218–234.

91 Zum unionsrechtlichen Bestand *Franzen*, NZA-Beilage 2015, 77ff.; *Junker*, EuZA 2014, 143ff. Rechtsvergleichend *Rebhahn*, ZfA 2003, 163–235. Ferner *Giesen/Eriksen*, EuZA 2009, 1–35 (Dänemark).

wie mittelbare sekundärrechtliche Einflüsse (Diskriminierungsverbote für atypische Arbeitsverhältnisse, § 18 Rdn. 11) nicht ausgeschlossen sind.

Zu beachten ist weiterhin, dass die Union im Bereich des Arbeitsrechts durchgehend nur Mindeststandards setzt.[92] Für die auf Art. 153 AEUV gestützte Rechtsangleichung ist sie darauf auch beschränkt, Art. 153 Abs. 2 lit. b), 4 Sps. 2 AEUV.[93] 55

Nur vereinzelt wird an die Schaffung eines **Europäischen Arbeitsvertragsgesetzbuchs** gedacht. In Anlehnung an die Entwicklung im Europäischen Vertragsrecht, wo 2009 ein „Gemeinsamer Referenzrahmen" vorgelegt wurde, ist auch im Arbeitsrecht ein Referenzrahmen „European Labour Contract" vorgeschlagen worden, freilich zunächst nur als „provokativer Ansatz" und „Vision".[94] Gemeint ist damit ein in sich geschlossenes, für die Arbeitsvertragsparteien wählbares Arbeitsvertragsstatut, das als „28. Modell" (nach dem Brexit; 27.) neben die der mitgliedstaatlichen Rechtsordnungen gestellt wird. Ist ein solches Vorhaben schon im allgemeinen Vertragsrecht außerordentlich herausfordernd, so wirft es im Arbeitsvertragsrecht aufgrund der Schutzaspekte und der Verflechtungen mit dem Sozial(versicherungs)recht derzeit wohl unüberwindliche Schwierigkeiten auf.[95] Unbegründet ist aber auch, ob es für ein solches 28. Modell ein praktisches Bedürfnis gibt. Eine gewisse Fortsetzung findet das Vorhaben in dem – noch einmal größer dimensionierten – Vorschlag eines **Europäischen Wirtschaftsgesetzbuches**:[96] Ein Mammutvorhaben, das eine Gesamtkodifikation wirtschaftsrechtlicher Unionsgesetzgebung in zwölf Büchern bedeutet, die neben dem „Sozialrecht" (wohl einschließlich des Arbeitsrechts) etwa auch das Gesellschaftsrecht, das Wettbewerbs- und Kartellrecht, das Recht des geistigen Eigentums, das Versicherungsrecht oder das Insolvenzrecht umfassen soll. 56

2. Exkurs: Rechtsakte anderer Rechtsgebiete mit Bedeutung für das Arbeitsrecht

Einige Vorschriften, die man herkömmlich nicht dem Europäischen Arbeitsrecht zurechnet, haben aber gleichwohl einen äußeren oder inneren Bezug auch zum Arbeitsrecht. 57

In diesem Zusammenhang ist zuerst auf die **Handelsvertreterrichtlinie**[97] hinzuweisen. Sie findet freilich nur auf selbstständige Handelsvertreter Anwendung, und Handelsvertreter sind mitunter nicht nur natürliche Personen, sondern auch Kapitalgesellschaften. Gleichwohl steht die Richtlinie in einem inneren Zusammenhang mit dem Arbeitsrecht, da sie auf den Schutz des Handelsvertreters als eines „schwächeren Partners" ausgerichtet ist.[98] Die Richtlinie regelt die Vertragsbeziehung zwischen Unternehmer und Handelsvertreter eingehend und schreibt neben einer grundlegenden Treuepflicht einen Provisions-, einen Ausgleichs- und einen Karenzanspruch vor. 58

---

92 Als Harmonisierungskonzept begrüßend *Heinze*, FS Everling (1995), S. 440–445.

93 Dazu vertiefend *Rebhahn*, EuZA 2008, 39, 47 f.

94 *Stein*, in: Rieble/Junker (Hrsg.), Das Grünbuch und seine Folgen, S. 94–100.

95 Vgl. den Diskussionsbericht in: Rieble/Junker (Hrsg.), Das Grünbuch und seine Folgen, S. 101–108.

96 Dazu etwa *Lehmann*, GPR 2017, 272 ff. Krit. *Riesenhuber*, GPR 2017, 270 ff.

97 Richtlinie 86/653/EWG des Rates vom 18.12.1986 zur Koordinierung der Rechtsvorschriften der Mitgliedstaaten betreffend die selbstständigen Handelsvertreter, ABl. 1986 L 382/17.

98 Daher sachlich dem Arbeitsrecht zugeordnet von *Grundmann*, Europäisches Schuldvertragsrecht, 3.80. Das bestätigt in gewisser Weise auch die Entscheidung EuGH v. 9.11.2000 – Rs. C-381/98 *Ingmar*, EU:C:2000:605.

59 Die **Verbraucherrechte-Richtlinie**[99] betrifft insbesondere den Abschluss von Verbraucherverträgen außerhalb von Geschäftsräumen, nämlich in Situationen, in denen sich der Verbraucher eines Vertragsschlusses nicht versieht und daher regelmäßig „überrumpelt" ist. Dazu zählt auch die Vertragsanbahnung am Arbeitsplatz. Der Verbraucher wird hier freilich in seiner Rolle als Verbraucher geschützt, nicht in seiner Rolle als Arbeitnehmer.

60 Die **Klausel-Richtlinie**[100] schützt Verbraucher vor missbräuchlichen Klauseln in Verbraucherverträgen. Dabei sind nicht im Einzelnen ausgehandelte Vertragsklauseln missbräuchlich, wenn sie entgegen den Geboten von Treu und Glauben zum Nachteil des Verbrauchers ein erhebliches Missverhältnis der Rechte und Pflichten verursachen. Eine AGB-Kontrolle von Arbeitsverträgen ist unionsrechtlich nicht vorgesehen, die Richtlinie steht aber einer Erstreckung auf Arbeitsverträge im nationalen Recht (vgl. § 310 Abs. 4 S. 2 BGB) nicht entgegen.

3. Die mitgliedstaatliche Umsetzung von Richtlinien

61 Zur legislativen Entwicklung des Europäischen Arbeitsrechts könnte man auch die mitgliedstaatliche Gesetzgebung rechnen, soweit sie der Umsetzung von Richtlinienvorgaben dient. Das geht freilich über die gewählte Begriffsbestimmung (oben, Rdn. 1) hinaus. Ist die Umsetzungsgesetzgebung auch für den Rechtsanwender das Primäre, so bleibt sie doch vom Standpunkt des Unionsrechts aus sekundär. Das Umsetzungsgesetz muss den Richtlinienvorgaben entsprechen und kann sie nur ggf. konkretisieren und ergänzen. Allerdings hat die Umsetzungsgesetzgebung damit doch immer wieder auch zur Entwicklung des Unionsrechts beigetragen. Nicht selten sind es mitgliedstaatliche Umsetzungskonzepte, die dem Unionsgesetzgeber weiterführend erscheinen. Und umgekehrt haben wiederholt auch wahre oder vermeintliche Umsetzungsdefizite zur Fortbildung des Europäischen Arbeitsrechts beigetragen, wie z.B. in den Vorlageverfahren zur Bewehrung des Diskriminierungsverbots (s. § 9 Rdn. 70–74 und unten, Rdn. 63).

62 In dem vorliegenden Band geht es indes, abgesehen von kurzen Umsetzungshinweisen, vor allem zum deutschen Recht, ausschließlich um die unionsrechtlichen Regelungen. Mitgliedstaatliche Umsetzungsvarianten werden im Wesentlichen nur dargestellt, soweit sie in der Rechtsprechung des EuGH erörtert sind.[101] Weiterführende

---

99 Richtlinie 2011/83/EU des Europäischen Parlaments und des Rates vom 25.10.2011 über die Rechte der Verbraucher, zur Abänderung der Richtlinie 93/13/EWG des Rates und der Richtlinie 1999/44/EG des Europäischen Parlaments und des Rates sowie zur Aufhebung der Richtlinie 85/577/EWG des Rates und der Richtlinie 97/7/EG des Europäischen Parlaments und des Rates, ABl. 2011 L 304/64.

100 Richtlinie 93/13/EWG des Rates vom 5.4.1993 über missbräuchliche Klauseln in Verbraucherverträgen, ABl. 1993 L 95/29.

101 Eine andere Konzeption haben etwa *Thüsing*, Europäisches Arbeitsrecht (3. Aufl. 2017), und *Hanau/Steinmeyer/Wank*, Handbuch des Europäischen Arbeits- und Sozialrechts (2002) gewählt, die gemeinschaftsrechtliche Vorgaben und ihre Umsetzung in das deutsche Recht jeweils zusammen erörtern.

Hinweise können den Literaturhinweisen und den Nachweisen zu den Einzelrichtlinien entnommen werden.

IV. Judikative Rechtsangleichung

1. Die Rechtsprechung des EuGH

Wie auf nationaler Ebene gibt es auch im Unionsrecht neben der gesetzgeberischen Rechtsetzung die richterliche Rechtsfortbildung (s. a. Rdn. 75). Der Gerichtshof wird aufgrund seiner Aktivität gelegentlich auch als „Motor der Rechtsentwicklung" gekennzeichnet, und das ist nicht stets als Kompliment zu verstehen.[102] In der Sache haben sich gerade im Arbeitsrecht die richterlichen Beiträge zur Rechtsangleichung nicht selten als kontrovers erwiesen, Mitte der 1990er Jahre war gar von einer „schwarzen Serie" von EuGH-Entscheidungen die Rede.[103] Besondere Bedeutung hat die Rechtsprechung vor allem für die Ausbildung Allgemeiner Rechtsgrundsätze gehabt.[104] Für das Arbeitsrecht ist hier einerseits – positiv – die Anerkennung der Vertragsfreiheit („Berufsfreiheit") als Grundlage des Widerspruchsrechts beim Betriebsübergang hervorzuheben (§ 27 Rdn. 93). Ein negatives Beispiel ist andererseits die „Findung" eines Allgemeinen Rechtsgrundsatzes gegen Altersdiskriminierung durch den EuGH im Fall *Mangold* (§ 12 Rdn. 67).[105] Die Entscheidungen des Gerichtshofs in Sachen *Viking* und *Laval* (s. unten § 3 Rdn. 77 und 80), welche die wirtschaftlichen Grundrechte über die sozialen Grundrechte der Kollektivmaßnahmen stellten, sind höchst umstritten.[106] Im Sekundärrecht haben besonders die Gleichbehandlungsrichtlinien zu einer regen Entscheidungstätigkeit geführt. Darin hat der Gerichtshof etwa das grundlegende Konzept der mittelbaren Diskriminierung näher ausgestaltet; der Gesetzgeber hat das später übernommen. Zentrale Aspekte der Umsetzungspflichten (Rdn. 76 f.) hat der EuGH an Anti-Diskriminierungsfällen entwickelt (§ 9 Rdn. 70–74). Daneben hat die Betriebsübergangsrichtlinie eine außerordentliche Vielzahl von 63

102 Nachdrücklich krit. *Herzog/Gerken*, Stoppt den Europäischen Gerichtshof, FAZ v. 8.9.2008, auch abrufbar unter https://docplayer.org/171600266-Roman-herzog-stoppt-den-europaeischen-gerichtshof.html. Ferner z. B. *Heinze*, ZfA 1992, 331, 350.

103 *Junker*, NJW 1994, 2527 f. im Hinblick auf die Entscheidungen *Paletta* (vgl. § 3), *Bötel* (vgl. § 10) und *Christel Schmidt* (vgl. § 27); *ders.*, FS Otto (2008), S. 163 f.; in dieselbe Richtung *Blomeyer*, NZA 1994, 633–640; ebenso führt *Kaiser*, NZA 2000, 1144–1147 die drei genannten Entscheidungen als „(negative) Highlights" an. Positiver („Augenmaß") aber kürzlich *Junker/Aldea*, EuZW 2007, 13–17. Für europäische Fachgerichte *Gruber*, ZESAR 2019, 457 ff.

104 *Colneric*, EuZA 2008, 212, 215 f.

105 Dazu jüngst *Gerken/Rieble/Roth/Stein/Streinz*, „Mangold" als ausbrechender Rechtsakt (2009); Die Entscheidung rechtfertigend etwa *Colneric*, EuZA 2008, 212, 223–227.

106 Krit. *Joerges/Rödl*, ELJ 15 (2009), 1–19; wohlwollender *Lenaerts/Gutiérrez-Fons*, CMLR 47 (2010), 1629, 1664 ff.

Vorlageverfahren veranlasst, insbesondere zum Begriff des Betriebsübergangs. Der Gesetzgeber hat die judikative Auslegung und Konkretisierung wiederholt aufgegriffen und zum Anlass für eine klarstellende, mitunter auch erweiternde Rechtsetzung genommen; Beispiele sind die Richtlinie über die Beweislast bei Diskriminierung aufgrund des Geschlechts von 1997 (§ 9 Rdn. 61–65) und die Richtlinie zur Änderung der Betriebsübergangsrichtlinie von 1998 (näher § 27 Rdn. 7).[107]

64 Dem Gerichtshof wird öfter vorgeworfen, er nehme auf die Besonderheiten und die Systematik des mitgliedstaatlichen Rechts nicht ausreichend Rücksicht, und dieser Vorwurf mag in einzelnen Fällen durchaus berechtigt sein. Er fällt allerdings möglicherweise auch auf die vorlegenden Gerichte und die Mitgliedstaaten zurück. Im Dialog mit dem EuGH ist es zuerst Sache des vorlegenden Gerichts, auf mögliche systematische und praktische Schwierigkeiten einer Auslegungsvariante hinzuweisen.[108] Ebenso obliegt es den (übrigen) Mitgliedstaaten, durch eigene Erklärungen an einem gegebenen Prozess mitzuwirken (Art. 23 EuGH-Satzung). Das geschieht durchaus auch, und zwar durchaus auch mit dem Erfolg einer wechselseitigen Verständigung. Zum Beispiel kann man die Entscheidungen des Gerichtshofs zum Widerspruchsrecht des Arbeitnehmers beim Betriebsübergang nehmen (dazu § 27 Rdn. 89–94): Hier hatte der Gerichtshof zunächst in einer undeutlichen Formulierung die Unvereinbarkeit mit der Richtlinie angedeutet, auf Vorlage deutscher Gerichte aber nachfolgend klargestellt, dass ein solches Recht anzuerkennen ist.

2. Die mitgliedstaatliche Rechtsprechung

65 Auch die mitgliedstaatlichen Gerichte tragen zur laufenden Entwicklung des Europäischen Arbeitsrechts bei. Das ist in dem Mechanismus des Vorlageverfahrens (Art. 267 AEUV) angelegt, der einen „Dialog" von mitgliedstaatlichen Gerichten und EuGH institutionalisiert. Hier ist zwar zu erkennen, dass eine systematische Beschäftigung mit den gemeinschaftsrechtlichen Vorgaben erst ab etwa Mitte der 1980er Jahre einsetzt und die Vorlagepraxis auch dann öfter selektiv war.[109] Seither steigt indes die Zahl der Vorlagen gerade auch auf dem Gebiet des Europäischen Arbeitsrechts. Einigen Organisationen oder Privatpersonen sind die Vorlagen Mittel zur Erreichung eines politischen Ziels, so werden Testfälle zu Gericht gebracht oder unterstützt.[110] Mitunter verwenden Untergerichte das Unionsrecht auch als Hebel gegen eine als festgefahren wahrgenommene höchstrichterliche Rechtsprechung.[111] Tatsächlich konnte man in

---

107 Vgl. auch *Colneric*, EuZA 2008, 212, 213–215.

108 Im Ansatz ähnlich *Kaiser*, NZA 2000, 1144, 1150 f.

109 *Däubler*, in: Krämer/Micklitz/Tonner (Hrsg.), Liber amicorum Reich (1997), S. 447.

110 S. z. B. EuGH v. 22.11.2005 – Rs. C-144/04 *Mangold*, EU:C:2005:709 und zum Hintergrund des Falles *Bauer/Arnold*, NJW 2006, 6 f. S.a. *Hepple/Byre*, ILJ 18 (1989), 129 ff.

111 Krit. (und mit Rücksicht auf die Unabhängigkeit der Rechtsprechung und die Vorlageberechtigung verfehlt) *Heinze*, ZfA 1992, 331, 352 f. („Vor allem lässt sich bezüglich der deutschen Arbeitsgerichtsbarkeit konstatieren, dass es mittlerweile schon in der ersten Instanz, modisch' geworden zu sein scheint, mittels EG-Rechtes deutsches Arbeitsrecht zu verdrängen und/oder den Europäischen Ge-

manchen Fällen den Eindruck haben, das BAG sei nicht bereit, die unionsrechtlichen Vorgaben umzusetzen, so vor allem im Hinblick auf die Massenentlassungsrichtlinie,[112] der erst das Urteil *Junk*[113] im Einzelnen zum Durchbruch verhalf. Umgekehrt kann es unter Umständen aber auch ein Gebot richterlicher Zurückhaltung sein, abzuwarten, bis sich eine Entwicklungstendenz in der Rechtsprechung abzeichnet und auch ein vom Sachverhalt geeigneter, die Sachfragen illustrierender Fall für eine Vorlage anhängig ist.

Darüber hinaus bedeutet die unionsrechtliche Verpflichtung zu einer richtlinienkonformen Rechtsfindung (sogleich, Rdn. 85f.) eine Bindung auch der Gerichte, die Vorgaben des Europäischen Arbeitsrechts in der täglichen Praxis zu berücksichtigen. Die nationalen Gerichte haben das früher öfter übersehen, seit den 1990er Jahren wird dieses Gebot allerdings breit erörtert und weithin beachtet. 66

V. Zusammenwirken von Europäischem und mitgliedstaatlichem Recht und Methodenfragen[114]

Literatur: *Adams-Prassl*, A Case for Remedies Against Employers?, in: Brameshuber/Friedrich/Karl (Hrsg.), Festschrift Franz Marhold, 2020, S. 395–404; *ders.*, Article 47 CFR and the effective enforcement of EU labour law: Teeth for the paper tigers?, ELLJ 11 (2020), 391–402; *Baldus/Raff*, Richterliche Interpretation des Gemeinschaftsrechts, in: Gebauer/Teichmann (Hrsg.), Europäisches Privat- und Unternehmensrecht, 2016, § 3; *Basedow*, Anforderungen an eine europäische Zivilrechtsdogmatik, in: Zimmermann (Hrsg.), Rechtsgeschichte und Privatrechtsdogmatik, 2000, S. 79–100; *Bengoetxea*, The Legal Reasoning of the European Court of Justice: Towards a European Jurisprudence, 1993; *Canaris*, Die richtlinienkonforme Auslegung und Rechtsfortbildung im System der juristischen Methodenlehre, in: Koziol/Rummel (Hrsg.), Im Dienste der Gerechtigkeit – Festschrift für Franz Bydlinski, 2002, S. 47–103; *ders.*, Gemeinsamkeiten zwischen verfassungs- und richtlinienkonformer Rechtsfindung, in: Bauer/Czybulka/Kahl/Vosskuhle (Hrsg.), Wirtschaft im offenen Verfassungsstaat – Festschrift für Reiner Schmidt zum 70. Geburtstag, 2006, S. 41–60; *Colneric*, Die Rolle des EuGH bei der Fortentwicklung des Arbeitsrechts, EuZA 2008, 212–227; *Franzen*, Privatrechtsangleichung durch die Europäische Gemeinschaft, 1999; *Grundmann*, Richtlinienkonforme Auslegung im Bereich des Privatrechts – insbesondere – der Kanon der nationalen Auslegungsmethoden als Grenze?, ZEuP 1996, 399–424; *ders./Riesenhuber*, Die Auslegung des Europäischen Privat- und Schuldvertragsrechts, JuS 2001, 529–536; *Hepple/Byre*, EEC Labour Law in the United Kingdom – A New Approach, ILJ 18 (1989), 129–143; *Herberger*, Die Auslegung von Ausnahmevorschriften im Europäischen Arbeitsrecht, EuZA 2019, 310–325; *Herresthal*, Rechtsfortbildung im europarechtlichen Bezugsrahmen – Methoden, Kom-

richtshof in Fragen nationalen Arbeitsrechtes mittels Vorabentscheidung anzurufen."); krit. auch *Kaiser*, NZA 2000, 1144.

112 Zur Rechtsprechung des BAG, siehe nur die Hinweise bei *Riesenhuber*, Anmerkung zu AP Nr. 21 zu § 17 KSchG 1969.

113 EuGH v. 27.1.2005 – Rs. C-188/03 *Junk*, EU:C:2005:59.

114 Methodenfragen können hier nur in dem Mindestmaß erörtert und mit Nachweisen versehen werden, wie dies für das Verständnis der nachfolgenden Darstellung des Europäischen Arbeitsrechts unerlässlich ist.

petenzen, Grenzen – Dargestellt am Beispiel des Privatrechts, 2006; *ders.*, Voraussetzungen und Grenzen der gemeinschaftsrechtskonformen Rechtsfortbildung, EuZw 2007, 396–400; *Hofmann,* Die Vorwirkung von Richtlinien, in: Riesenhuber (Hrsg.), Europäische Methodenlehre – Handbuch für Ausbildung und Praxis, 4. Aufl. 2021, § 15; *Höpfner,* Die systemkonforme Auslegung – Zur Auflösung einfachgesetzlicher, verfassungsrechtlicher und europarechtlicher Widersprüche im Recht, 2008; *ders./Rüthers,* Grundlagen einer europäischen Methodenlehre, AcP 209 (2009), 1–36; *Joussen,* Die Auslegung europäischen (Arbeits-) Rechts aus deutsch-italienischer Perspektive, 2000; *Kokott,* Auslegung europäischen oder Anwendung nationalen Rechts? – Grundsätze und Kriterien für die Behandlung arbeitsrechtlicher Streitigkeiten mit europarechtlichem Bezug, RdA 2006, Sonderbeil. Heft 6, 30–37; *Konzen,* Die Wirkung von Richtlinien in der neueren arbeitsrechtlichen Judikatur des EuGH, in: Konzen/Krebber/Raab/Veit/Waas (Hrsg.), Festschrift für Rolf Birk zum siebzigsten Geburtstag, 2008, S. 439–458; *Kreft,* Die Auslegung europäischen oder die Anwendung nationalen Rechts – Grundsätze und Kriterien für die Behandlung arbeitsrechtlicher Streitigkeiten mit europarechtlichem Bezug, RdA 2006, Sonderbeil. Heft 6, 38–45; *Langenbucher,* Europarechtliche Methodenlehre, in: dies. (Hrsg.), Europarechtliche Bezüge des Privatrechts, 2. Aufl. 2008, § 1; *Lutter,* Die Auslegung des angeglichenen Rechts, JZ 1992, 593–607; *Martens,* Methodenlehre des Unionsrechts, 2013; *Möllers,* Juristische Methodenlehre, 2. Aufl. 2019; *Neuner,* Die Rechtsfortbildung, in: Riesenhuber (Hrsg.), Europäische Methodenlehre – Handbuch für Ausbildung und Praxis, 4. Aufl. 2021, § 12; *ders.*, Die Rechtsfindung contra legem, 2. Auflage 2006; *ders.*, Die Vorwirkung von Gesetzen im Privatrecht, in: Hager/Hey/Koller/Langenbucher/Neuner/Petersen/Singer (Hrsg.), Kontinuität im Wandel der Rechtsordnung – Beiträge für Claus-Wilhelm Canaris zum 65. Geburtstag, 2002, S. 83–112; *Pechstein/Drechsler,* Die Auslegung und Fortbildung des Primärrechts, in: Riesenhuber (Hrsg.), Europäische Methodenlehre – Handbuch für Ausbildung und Praxis, 4. Aufl. 2021, § 7; *Rebhahn,* Zur Methodenlehre des Unionsrechts – insbesondere im Privatrecht, ZfPW 2016, 281–306; *ders./Franzen,* Europäisches Arbeitsrecht, in: Riesenhuber (Hrsg.), Europäische Methodenlehre – Handbuch für Ausbildung und Praxis, 4. Aufl. 2021, § 18; *Riesenhuber,* Die Auslegung, in: ders. (Hrsg.), Europäische Methodenlehre – Handbuch für Ausbildung und Praxis, 4. Aufl. 2021, § 10; *ders.*, Diskriminierungsverbote im Privatrecht: Europarechtliche Grundlagen, in: ders. (Hrsg.), Das Allgemeine Gleichbehandlungsgesetz – Grundsatz- und Praxisfragen, 2007, S. 3–36; *ders.* (Hrsg.), Europäische Methodenlehre – Handbuch für Ausbildung und Praxis, 4. Aufl. 2021; *ders./Domröse,* Richtlinienkonforme Rechtsfindung und nationale Methodenlehre – Zugleich eine Besprechung von EuGH, Urt. v. 5.10.2004 – verb. Rs. C-397/01 bis C-403/01 Pfeiffer u. a., RIW 2005, 47–54; *dies.*, Richtlinienkonforme Auslegung der §§ 17, 18 KSchG und Rechtsfolgen fehlerhafter Massenentlassungen, NZA 2005, 568–570; *Rosenkranz,* Die völkerrechtskonforme Auslegung des EG-Sekundärrechts dargestellt am Beispiel des Urheberrechts – Zugleich eine Besprechung von EuGH, Urt. v. 7.12.2006 – C-306/05, EuZW 2007, 238–242; *Roth/Jopen,* Die richtlinienkonforme Auslegung, in: Riesenhuber (Hrsg.), Europäische Methodenlehre – Handbuch für Ausbildung und Praxis, 4. Aufl. 2020, § 13; *Röthel/Möslein,* Die Konkretisierung von Generalklauseln, in: Riesenhuber (Hrsg.), Europäische Methodenlehre – Handbuch für Ausbildung und Praxis, 4. Aufl. 2021, § 11; *dies.*, Vorwirkung von Richtlinien: viel Lärm um Selbstverständliches, ZEuP 2009, 34–55; *Schlachter,* Methoden der Rechtsgewinnung zwischen EuGH und der Arbeitsgerichtsbarkeit, ZfA 2007, 249–275; *dies.*, Richtlinienkonforme Rechtsfindung – ein neues Stadium im Kooperationsverhältnis zwischen EuGH und den nationalen Gerichten, RdA 2005, 115–120; *Schwartze,* Die Rechtsvergleichung, in: Riesenhuber (Hrsg.), Europäische Methodenlehre – Handbuch für Ausbildung und Praxis, 4. Aufl. 2021, § 4; *Thüsing,* Richtlinienkonforme Auslegung und unmittelbare Geltung von EG-Richtlinien im Anti-Diskriminierungsrecht, NJW 2003, 3441–3445; *Vogenauer,* Die Auslegung von Gesetzen in England und auf dem Kontinent – Eine vergleichende Untersuchung der Rechtsprechung und ihrer historischen Grundlagen, Band I und II, 2001 (zur Gesetzesauslegung im EG-Recht bes. Band I, 3. Kapitel); *ders.*, Gemeineuropäische Methodenlehre – Plädoyer und Programm, ZEuP 2005, 234–263; *Walter,* Rechtsfortbildung durch den EuGH – Eine rechtsmethodische

Untersuchung ausgehend von der deutschen und französischen Methodenlehre, 2009; *Wank*, Die unmittelbare Wirkung von Unionsrecht unter Privaten im Arbeitsrecht, RdA 2020, 1–12.

Rechtsprechung:

EuGH v. 5.2.1963	Rs. 26/62 *van Gend & Loos*, EU:C:1963:1
EuGH v. 16.12.1976	Rs. 33/76 *Rewe Zentralfinanz*, EU:C:1976:188
EuGH v. 16.12.1976	Rs. 45/76 *Comet*, EU:C:1976:191
EuGH v. 10.4.1984	Rs. 14/83 *von Colson und Kamann*, EU:C:1984:153
EuGH v. 15.5.1986	Rs. 222/84 *Johnston*, EU:C:1986:206
EuGH v. 8.10.1987	Rs. 80/86 *Kolpinghuis Nijmegen*, EU:C:1987:431
EuGH v. 21.9.1989	Rs. 68/88 *Kommission ./. Griechenland*, EU:C:1989:339
EuGH v. 13.11.1990	Rs. C-106/89 *Marleasing*, EU:C:1990:395
EuGH v. 19.11.1991	verb. Rs. C-6/90 bis C-9/90 *Francovich u.a.*, EU:C:1991:428
EuGH v. 8.6.1994	Rs. C-382/92 *Kommission ./. Vereinigtes Königreich*, EU:C:1994:233
EuGH v. 14.7.1994	Rs. C-91/92 *Faccini Dori*, EU:C:1994:292
EuGH v. 9.11.1995	Rs. C-479/93 *Francovich*, EU:C:1995:372
EuGH v. 5.3.1996	verb. Rs. C-46/93 bis C-48/93 *Brasserie du pêcheur, Factortame*, EU:C:1996:79
EuGH v. 7.3.1996	Rs. C-192/94 *El Corte Inglés*, EU:C:1996:88
EuGH v. 26.3.1996	Rs. C-392/93 *British Telecommunications*, EU:C:1996:131
EuGH v. 23.5.1996	Rs. C-5/94 *Hedley Lomas*, EU:C:1996:205
EuGH v. 26.9.1996	Rs. C-168/95 *Arcaro*, EU:C:1996:363
EuGH v. 8.10.1996	verb. Rs. C-178/94 und C-179/94, C-188/94 bis C-190/94 *Dillenkofer u.a.*, EU:C:1996:375
EuGH v. 22.4.1997	Rs. C-180/95 *Draehmpaehl*, EU:C:1997:208
EuGH v. 10.7.1997	Rs. C-261/96 *Palmisani*, EU:C:1997:524
EuGH v. 4.12.1997	Rs. C-253 bis 258/96 *Kampelmann*, EU:C:1997:585
EuGH v. 18.12.1997	Rs. C-129/96 *Inter-Environnement Wallonie*, EU:C:1997:628
EuGH v. 2.4.1998	Rs. C-127/95 *Norbrook Laboratories*, EU:C:1998:151
EuGH v. 1.12.1998	Rs. C-326/96 *Levez*, EU:C:1998:577
EuGH v. 16.5.2000	Rs. C-78/98 *Preston*, EU:C:2000:247
EuGH v. 4.7.2000	Rs. C-424/97 *Haim*, EU:C:2000:357
EuGH v. 26.9.2000	Rs. C-443/98 *Unilever*, EU:C:2000:496
EuGH v. 21.11.2002	Rs. C-473/00 *Cofidis*, EU:C:2002:705
EuGH v. 30.9.2003	Rs. C-224/01 *Köbler*, EU:C:2003:513
EuGH v. 9.3.2004	verb. Rs. C-397/01 bis C-403/01 *Pfeiffer*, EU:C:2004:584
EuGH v. 26.5.2005	Rs. C-297/03 *Sozialhilfeverband Rohrbach*, EU:C:2005:315
EuGH v. 22.11.2005	Rs. C-144/04 *Mangold*, EU:C:2005:709
EuGH v. 13.6.2006	Rs. C-173/03 *Traghetti*, EU:C:2006:391
EuGH v. 4.7.2006	Rs. C-212/04 *Adeneler*, EU:C:2006:443
EuGH v. 15.4.2008	Rs. C-268/06 *Impact*, EU:C:2008:223
EuGH v. 18.7.2013	Rs. C-426/11 *Alemo-Herron*, EU:C:2013:521

67 Das Europäische Privatrecht wirft eine Fülle von Methodenfragen auf. Sie können hier nicht in der gebührenden Breite untersucht, sondern in den Ausschnitten erörtert werden, die für die nachfolgende Darstellung von besonderer Bedeutung sind. Für Einzelheiten ist auf die Spezialliteratur zu verweisen.[115]

1. Auslegung und Rechtsfortbildung

68 Die Auslegung des Europäischen Arbeitsrechts[116] folgt im Ansatz weithin den aus dem nationalen Recht bekannten Methoden, doch stellen sich teilweise auch spezielle Fragen. Eine unionsrechtsspezifische Vorfrage ist, ob ein auszulegender Begriff **unionsautonom oder**, als Verweisung auf das mitgliedstaatliche Recht, **mitgliedstaatlich-autonom** auszulegen ist.[117] Allerdings geht der Gerichtshof regelmäßig von der Vermutung aus, dass die in einem Unionsrechtsakt enthaltenen Begriffe auch autonom auszulegen sind. Das gilt zunehmend auch für den Arbeitnehmerbegriff, für den teils ausdrücklich auf das mitgliedstaatliche Recht verwiesen wird (s.o., Rdn. 2).

69 Soweit es um unionsrechtlich-autonome Begriffe geht, ist auch im Europäischen Recht der **Wortlaut** Ausgangspunkt für die Auslegung. Zu berücksichtigen ist allerdings, dass alle Sprachfassungen Europäischer Rechtsakte gleichwertig sind. Diese **Mehrsprachigkeit** bietet einerseits die Chance, ein Wortverständnis in anderen Sprachfassungen zu bestätigen. Nicht selten begründen allerdings gerade die unterschiedlichen Sprachfassungen Auslegungszweifel.

70 Oft wird den **Arbeitssprachen** Französisch, Englisch, Deutsch besonderes Gewicht beigelegt. Hier kam in der Sechser-Gemeinschaft dem Französischen eine hervorragende Bedeutung zu, das auch Arbeitssprache am EuGH ist, mit dem Beitritt Englands und den zunehmenden Erweiterungen hat offenbar das Englische eine gewisse Vorherrschaft erlangt. Methodische Folgerungen lassen sich aus diesen empirischen Befunden indes praktisch nicht ableiten, da rechtlich alle Sprachfassungen gleichwertig sind.

71 Können Wortlautdiskrepanzen nur Auslegungszweifel begründen, so können im Sekundärrecht (weniger im Primärrecht) die Materialien, v.a. die Begründung des Kommissionsvorschlags, Aufschluss über das Gemeinte geben. Entscheidende Bedeu-

---

115 *Franzen,* Privatrechtsangleichung durch die Europäische Gemeinschaft (1999); *Langenbucher,* in: dies. (Hrsg.), Europarechtliche Bezüge des Privatrechts, § 1; *Riesenhuber* (Hrsg.), Europäische Methodenlehre (2021).

116 Die nachfolgende Erörterung bezieht sich in erster Linie auf das Sekundärrecht. Für das Primärrecht gelten in vielem ähnliche Grundsätze, doch gibt es auch einige Besonderheiten; dazu näher *Pechstein/Drechsler,* in: Riesenhuber (Hrsg.), Europäische Methodenlehre, § 7.

117 *Riesenhuber,* in: ders. (Hrsg.), Europäische Methodenlehre, § 10 Rdn. 4–7; s.a. *Käppler,* in: Rengeling (Hrsg.), Europäisierung des Rechts, S. 145f.

tung misst der Gerichtshof indes dem **Zweck der Regelung** bei,[118] den er mitunter durch das Gebot der **praktischen Wirksamkeit** *(effet utile)* noch zusätzlich verstärkt.

Dass der Gerichtshof im Arbeitsrecht öfter einseitig den Arbeitnehmerschutz als Regelungszweck hervorhebt und gegenläufige Interessen weniger stark betont, hat ihm den Vorwurf der „**Eindimensionalität**“ eingetragen.[119] Dabei ist freilich zu beachten, dass die gerügte Eindimensionalität im positiven Recht keineswegs vorgegeben ist. Erstens ist die Rechtsangleichung nicht für sich zu sehen, sondern als (oft nur punktuelle) Ergänzung des mitgliedstaatlichen Rechts, das oft genug den Grundsatz ausdrückt, von dem die Rechtsangleichung in der Sache die Ausnahme formuliert. Deswegen kommt zweitens der Begrenzung des Anwendungsbereichs besondere Bedeutung zu: Jede Arbeitnehmerschutznorm bedeutet schon durch die – stets vorgenommene – Begrenzung des Anwendungsbereichs zugleich einen Ausgleich mit den Arbeitgeberinteressen. Drittens schließlich ergibt sich aus der Vielzahl der Rechtsakte mittlerweile durchaus ein Ganzes, das auch Einheit und Ordnung erkennen lässt und eine differenzierte systematische Auslegung ermöglicht (s. o., Rdn. 52f.). Dem trägt die neuere Rechtsprechung des EuGH ausdrücklich Rechnung. Insbesondere hat der Gerichtshof zur Betriebsübergangsrichtlinie gesagt, sie diene „nicht nur dem Schutz der Arbeitnehmerinteressen bei einem Unternehmensübergang, sondern sie soll auch einen **gerechten Ausgleich zwischen den Interessen der Arbeitnehmer einerseits und denen des Erwerbers andererseits** gewährleisten“[120] (dazu § 27 Rdn. 10). In ähnlicher Weise hat er auch bei der Auslegung der Arbeitszeitrichtlinie nicht nur den Schutz des Arbeitnehmers, sondern auch den des Arbeitgebers berücksichtigt[121] und bei der Auslegung der Massenentlassungsrichtlinie auf die Belastungen für Unternehmen Rücksicht genommen.[122] 72

Das Arbeitsrecht ist in vielen Bereichen durch Übereinkommen der Internationalen Arbeitsorganisation (IAO; *International Labour Organization, ILO*) völkerrechtlich geprägt, insoweit ist eine **völkerrechtskonforme Auslegung** in Betracht zu ziehen. In der Tat hat sich der EuGH insbesondere im Hinblick auf die Urlaubsregelung der Arbeitszeitrichtlinie (§ 17) auf IAO-Übereinkommen bezogen, freilich, wie gerügt wird, methodisch unreflektiert und inkonsistent. 73

Methodisch ist zunächst danach zu unterscheiden, ob die Union selbst oder/und die Mitgliedstaaten Partei des Übereinkommens sind. Übereinkommen, die die **Union geschlossen** hat (Art. 216 Abs. 1 AEUV) sind Bestandteil des Unionsrechts im Rang zwischen Primär- und Sekundärrecht[123] und 74

---

118 *Riesenhuber*, in: ders. (Hrsg.), Europäische Methodenlehre, § 10 Rdn. 41–49; *Joussen*, Die Auslegung europäischen (Arbeits-) Rechts, S. 115–131 *et passim* („Primat des teleologischen Auslegungskriteriums“).

119 *Franzen*, Privatrechtsangleichung durch die Europäische Gemeinschaft, S. 461–465; ihm folgend *Junker*, NZA 1999, 2, 10; *Kaiser*, NZA 2000, 1144, 1147; *Wank*, EuZA 2018, 327, 345. Der Begriff der „Eindimensionalität“ geht zurück auf *Schoch*, JZ 1995, 109, 117f.

120 EuGH v. 18.7.2013 – Rs. C-426/11 *Alemo-Herron*, EU:C:2013:521 Rdn. 25; EuGH v. 11.9.2014 – Rs. C-328/13 *Österreichischer Gewerkschaftsbund*, EU:C:2014:2197 Rdn. 29; EuGH v. 6.4.2017 – Rs. C-336/15 *Unionen*, EU:C:2017:276 Rdn. 19, 27; EuGH v. 26.3.2020 – Rs. C-344/18 *ISS Facility Services*, EU: C:2020:239 Rdn. 26, 34. Krit. *Hartmann*, EuZA 2015, 203, 210; *Prassl*, ILJ 42 (2013), 434, 439ff.

121 EuGH v. 29.11.2017 – Rs. C-214/16 *King*, EU:C:2017:914 Rdn. 55; ferner EuGH v. 25.6.2020 – verb. Rs. C-762/18 und C-37/19 *QH*, EU:C:2020:504 Rdn. 71 (freilich begrenzend).

122 EuGH v. 13.5.2015 – Rs. C-182/13 *Lyttle u. a.*, EU:C:2015:317 Rdn. 43f.

123 *Rosenkranz*, EuZW 2007, 238, 239.

binden die Organe der EU, insbesondere also auch den EuGH, sowie die Mitgliedstaaten, Art. 216 Abs. 2 AEUV. Insoweit ist eine völkerrechtskonforme Auslegung im Rahmen der systematischen Auslegung des Unionsrechts (Einheit der Rechtsordnung), regelmäßig zudem auch nach dem Willen des Gesetzgebers im Rahmen der historischen Auslegung[124]. Scheitert die Konformauslegung, derogiert der völkerrechtliche Vertrag widersprechendes Sekundärrecht. Sind nur (sämtliche oder einzelne) **Mitgliedstaaten Partei** eines völkerrechtlichen Vertrags, ist die Kollisionslösung primär ihre Angelegenheit; für Altverträge weist darauf Art. 351 Abs. 2 AEUV hin. Das schließt allerdings eine völkerrechtskonforme Auslegung auf Unionsebene nicht aus, diese kann als Ausprägung der Unionstreue (Art. 4 Abs. 3 EUV) geboten sein.[125] Zudem kommt eine völkerrechtskonforme Auslegung im Rahmen der historischen Auslegung in Betracht, wenn sich der Gesetzgeber – ungeachtet der fehlenden Bindung der Union – die Gebote eines Übereinkommens zu eigen gemacht hat. Z.B. enthält BE 6 ArbZRL einen – allerdings nur schwachen und allgemein gehaltenen („Grundsätzen [!] der Internationalen Arbeitsorganisation Rechnung zu tragen[!]") – Hinweis auf einen entsprechenden Gesetzgeberwillen.[126]

75 **Rechtsfortbildung** ist im Europäischen (Arbeits-) Recht wie im nationalen Recht anerkannte Aufgaben der Gerichte.[127] Analogie und teleologische Reduktion gehören auch hier zum methodischen Handwerkszeug. Der zunehmend dichte Regelungsbestand bietet dabei heute ein festes Fundament für eine systematisch-teleologische Rechtsfortbildung.[128] Wiederum ist allerdings zu beachten, dass das Unionsrecht nicht für sich allein steht, zumal das Sekundärrecht – auch im Arbeitsrecht – das mitgliedstaatliche Recht nur in einzelnen Hinsichten ergänzt. Stellt man daher eine Regelungslücke fest, so ist hier die Vorfrage, ob es sich um eine *interne* Lücke des Unionsrechts handelt, die auch auf der Ebene des Unionsrechts zu schließen ist, oder um eine aus Sicht des Unionsrechts *externe* Lücke, die vom mitgliedstaatlichen Recht zu schließen ist.[129]

2. Nicht-spezifizierte Rechtsfolgen, insbesondere in Richtlinien

76 Eine Besonderheit des Europäischen Privatrechts liegt darin, dass es oftmals nur Rechte und Pflichten, nicht aber die Rechtsfolgen einer Pflichtverletzung vorgibt. Das hat besonders bei der Rechtsetzung von Richtlinien Bedeutung, aber auch darüber hinaus. Diese mangelnde Spezifizierung von Rechtsfolgen ist im Grundsatz keineswegs

---

124 EuGH v. 7.12.2006 – Rs. C-306/05 *SGAE*, EU:C:2006:764 Rdn. 35; EuGH v. 14.7.1998 – Rs. C-341/95 *Bettati*, EU:C:1998:353 Rdn. 20.

125 *Rosenkranz*, EuZW 2007, 238, 240 f.

126 EuArbRK/*Gallner*, Art. 1 RL 2003/88 Rdn. 29.

127 BVerfGE 89, 155, 209 – Maastricht; BVerfGE 75, 223, 242; EuGH v. 14.12.1991 – Gutachten 1/91 *EWR-Abkommen*, EU:C:1991:490 Rdn. 50. Aus dem Schrifttum nur *Franzen*, Privatrechtsangleichung durch die Europäische Gemeinschaft, S. 575–637; *Neuner*, in: Riesenhuber (Hrsg.), Europäische Methodenlehre, § 12; *Riesenhuber*, System und Prinzipien des Europäischen Privatrechts, S. 29 f., 65–73.

128 *Riesenhuber*, in: Giesen/Junker/Rieble, Systembildung im Europäischen Arbeitsrecht (2016), S. 41 ff.

129 *Franzen*, Privatrechtsangleichung durch die Europäische Gemeinschaft, S. 605 f.

zu beanstanden, sondern entspricht dem Gebot einer schonenden und rücksichtsvollen Rechtsetzung, denn gerade die Bestimmung der Rechtsfolgen ist für die systematische Einpassung von Richtlinienvorgaben in das mitgliedstaatliche Recht von Bedeutung. Es bleibt insoweit bei der sog. **Verfahrensautonomie** der Mitgliedstaaten. Gibt das Unionsrecht allerdings die Rechtsfolgen nicht spezifisch vor, so bedeutet das keineswegs eine völlige Freiheit der Mitgliedstaaten. Nach Art. 288 Abs. 3 AEUV sind sie vielmehr zur **Umsetzung** der Richtlinienvorgaben verpflichtet, und dazu gehört auch, unionsrechtlich begründete Rechte effektiv zu bewehren.[130]

Der Gerichtshof hat diese Umsetzungspflichten durch zwei Gebote konkretisiert, 77
das Äquivalenzgebot und das Effektivitätsgebot. Das **Äquivalenzgebot** bedeutet, dass unionsrechtlich determinierte Rechte äquivalent, d.h. gleichwertig ebenso zu bewehren sind wie entsprechende Rechte nationaler Provenienz.[131] Es verlangt m.a.W., „dass bei der Anwendung sämtlicher für Rechtsbehelfe geltenden Vorschriften nicht danach unterschieden wird, ob ein Verstoß gegen Unionsrecht oder gegen innerstaatliches Recht gerügt wird".[132] Das Äquivalenzgebot hat zum einen den Vorzug, dass es den Mitgliedstaaten eine „nur" systemgerechte Einpassung in das nationale Recht abverlangt. Allein dadurch ist im Regelfall auch eine effektive Umsetzung gesichert. Zudem wird die äquivalente Umsetzung für die Rechtsunterworfenen regelmäßig gut erkennbar sein. Nach dem **Effektivitätsgebot** dürfen die unionsrechtlich determinierten Rechte nicht praktisch leerlaufen.[133] Die Durchsetzung der Rechte darf nicht praktisch unmöglich oder übermäßig erschwert sein. Aus dem Effektivitätsgebot folgt auch ein Gebot der Transparenz und Rechtssicherheit, da Unsicherheiten die effektive Umsetzung des Rechts erschweren können.[134] Damit wird in Ergänzung zu dem relativen Maßstab des Äquivalenzgebots als äußerste Grenze ein absoluter Maßstab ange-

---

130 Grundlegend EuGH v. 10.4.1984 – Rs. 14/83 *von Colson und Kamann,* EU:C:1984:153 Rdn. 15f.; kürzlich EuGH v. 15.4.2008 – Rs. C-268/06 *Impact,* EU:C:2008:223 Rdn. 39–55; EuGH v. 8.7.2010 – Rs. C-246/09 *Bulicke,* EU:C:2010:418 Rdn. 22–42.

131 EuGH v. 8.9.2011 – Rs. C-177/10 Rosado Santana, EU:C:2011:557 Rdn. 89ff.; EuGH v. 29.10.2009 – Rs. C-63/08 *Pontin,* EU:C:2009:666 Rdn. 43ff.; EuGH v. 22.4.1997 – Rs. C-180/95 *Draehmpaehl,* EU:C:1997:208 Rdn. 29–42; EuGH v. 4.12.1997 – Rs. C-253 bis 258/96 *Kampelmann,* EU:C:1997:585 Rdn. 33; EuGH v. 8.6.1994 – Rs. C-382/92 *Kommission ./. Vereinigtes Königreich,* EU:C:1994:233 Rdn. 26, 55; EuGH v. 21.9.1989 – Rs. 68/88 *Kommission ./. Griechenland,* EU:C:1989:339 Rdn. 24; EuGH v. 16.12.1976 – Rs. 33/76 *Rewe Zentralfinanz,* EU:C:1976:188 Rdn. 5; EuGH v. 16.12.1976 – Rs. 45/76 *Comet,* EU:C:1976:191 Rdn. 12f. Der Grundsatz der Äquivalenz gilt nicht nur für materiell-rechtliche, sondern auch für verfahrensrechtliche Regelungen, EuGH v. 15.5.1986 – Rs. 222/84 *Johnston,* EU:C:1986:206 Rdn. 18–20; EuGH v. 10.7.1997 – Rs. C-261/96 *Palmisani,* EU:C:1997:524 Rdn. 32f.; EuGH v. 1.12.1998 – Rs. C-326/96 *Levez,* EU:C:1998:577 Rdn. 41. S.a. EuGH v. 16.5.2000 – Rs. C-78/98 *Preston,* EU:C:2000:247 Rdn. 46–63.

132 EuGH v. 28.1.2015 – Rs. C-417/13 *Starjakob,* EU:C:2015:38 Rdn. 71 m.w.N.

133 EuGH v. 8.9.2011 – Rs. C-177/10 *Rosado Santana,* EU:C:2011:557 Rdn. 92ff. Welche Maßnahmen der Effektivitätsgrundsatz im Einzelnen erfordert, ergibt sich aus den Zwecken der Regelung, vgl. EuGH v. 21.11.2002 – Rs. C-473/00 *Cofidis,* EU:C:2002:705 Rdn. 32–36; EuGH v. 8.6.1994 – Rs. C-382/92 *Kommission ./. Vereinigtes Königreich,* EU:C:1994:233 Rdn. 26, 55.

134 EuGH v. 16.7.2009 – Rs. C-69/08 *Raffaelo Visciano,* EU:C:2009:468 Rdn. 46–50.

legt. In jüngerer Zeit wird das Gebot effektiver Umsetzung im Hinblick auf den Rechtsschutz auch auf Art. 47 GRCh gestützt (s. noch unten, § 2 Rdn. 26).[135]

3. Europäisches und mitgliedstaatliches Arbeitsrecht

a) Wirkung des Primärrechts

78 Für die Grundfreiheiten ist anerkannt, dass sie mit Ablauf der Übergangszeit[136] unmittelbar geltende Rechte der einzelnen Bürger der Mitgliedstaaten darstellen.[137] Der Einzelne kann sich daher auch vor den mitgliedstaatlichen Gerichten unmittelbar auf die Grundfreiheiten berufen. Umstritten ist, ob sie darüber hinaus eine unmittelbare Drittwirkung gegenüber Privaten entfalten. Für die Arbeitnehmerfreizügigkeit hat der Gerichtshof das im Grundsatz bejaht (§ 3 Rdn. 29–33).

79 Auch das Diskriminierungsverbot des Art. 157 AEUV stellt nach der Rechtsprechung des EuGH unmittelbar anwendbares Recht dar. Der einzelne Arbeitnehmer kann sich auch im Privatrechtsverhältnis zu einem Arbeitgeber darauf berufen (näher § 10 Rdn. 3f.). Darüber hinaus hat der Gerichtshof in der umstrittenen *Mangold*-Entscheidung[138] nicht nur einen (primärrechtlichen) Allgemeinen Rechtsgrundsatz gegen Altersdiskriminierung „gefunden", sondern diesem zugleich auch einen Anwendungsvorrang vor entgegenstehendem nationalen Recht beigelegt (§ 12 Rdn. 67).

b) Wirkung des Sekundärrechts: Richtlinien

80 Über die Wirkung von sekundärrechtlichen *Verordnungen* ist weniger zu sagen. Sie haben, wie wir gesehen haben (Rdn. 24), allgemeine Geltung, sind in allen ihren Teilen verbindlich und gelten unmittelbar in jedem Mitgliedstaat, so wie ein nationales Gesetz. Dagegen verdienen einige Besonderheiten der Wirkungen von *Richtlinien,* die ein Instrument eines zweistufigen Rechtsetzungsverfahrens sind, Hervorhebung.

aa) Umsetzungspflichten insbesondere

81 Als Zielvorgabe für die Mitgliedstaaten muss die Richtlinie in das mitgliedstaatliche Recht umgesetzt werden. Für die Umsetzung haben die Mitgliedstaaten eine in der Richtlinie bestimmte Frist. Grundsätzlich entfalten Richtlinien vorher keine Rechtswirkungen. Allerdings ergibt sich schon aus den Umsetzungspflichten ein „Frustrations-" oder Vereitelungsverbot, das die Mitgliedstaaten bindet, vor Ablauf der Umset-

---

135 Dazu *Adams-Prassl,* ELLJ 11 (2020), 391ff.

136 Art. 8 Abs. 1 des am 1.1.1958 in Kraft getretenen EWG-Vertrag sah eine Übergangsfrist von zwölf Jahren vor.

137 Grundlegend EuGH v. 5.2.1963 – Rs. 26/62 *van Gend & Loos,* EU:C:1963:1 24–27.

138 EuGH v. 22.11.2005 – Rs. C-144/04 *Mangold,* EU:C:2005:709.

zungsfrist keine Tatsachen zu schaffen, die einer fristgerechten Umsetzung entgegenstehen.[139] Insofern entfalten Richtlinien eine gewisse Vorwirkung.[140]

bb) Unmittelbare Anwendbarkeit

Ist die Richtlinie an die Mitgliedstaaten gerichtet, denen sie die Wahl der Form und der Mittel zur Umsetzung überlässt, so ist sie grundsätzlich nicht als unmittelbar anwendbare Regelung konzipiert. Wenn indes ein Mitgliedstaat seine Umsetzungspflicht nicht (rechtzeitig oder vollständig) erfüllt, die Richtlinienregelung aber darauf gerichtet ist, Rechte gegen den Mitgliedstaat zu begründen, erschiene es nicht richtig, wenn er sich auf den Umsetzungsmangel berufen dürfte. Daher hat der Gerichtshof für diesen Fall eine unmittelbare Anwendbarkeit anerkannt, vorausgesetzt dass die Richtlinienvorgaben hinreichend bestimmt und unbedingt sind.[141] 82

Zu Lasten Privater kann die Richtlinienregelung indes in keinem Fall unmittelbare Wirkung entfalten, und zwar weder im Horizontalverhältnis zwischen Privaten noch im Vertikalverhältnis zwischen einem Privaten und einem Mitgliedstaat.[142] Das gilt auch für den Fall, dass der Private sich gegenüber dem Mitgliedstaat auf die (nicht oder nicht vollständig) umgesetzte Richtlinie beruft.[143] Für Richtlinien, die keine Rechte oder Pflichten Einzelner gewähren und daher keiner Umsetzung bedürfen, hat der EuGH allerdings eine mittelbare horizontale Drittwirkung zu Lasten Privater anerkannt.[144] 83

---

139 EuGH v. 18.12.1997 – Rs. C-129/69 *Inter-Environnement Wallonie*, EU:C:1997:628; EuGH v. 22.11.2005 – Rs. C-144/04 *Mangold*, EU:C:2005:709; EuGH v. 4.7.2006 – Rs. C-212/04 *Adeneler*, EU:C:2006:443; *Franzen*, JZ 2007, 191, 192.

140 Näher *Hofmann*, in: Riesenhuber (Hrsg.), Europäische Methodenlehre, § 15; *Neuner*, FS Canaris (2007), S. 105–112.

141 EuGH v. 24.1.2012 – Rs. C-282/10 *Dominguez*, EU:C:2012:33 Rn. 38f.; EuGH v. 14.10.2010 – Rs. C-243/09 *Fuß*, EU:C:2010:609 Rdn. 56ff.; EuGH v. 18.11.2010 – verb. Rs. C-250/09 und C-268/09 *Georgiev*, EU:C:2010:699 Rdn. 69ff.; EuGH v. 15.4.2008 – Rs. C-268/06 *Impact*, EU:C:2008:223 Rdn. 57–80. Einzelheiten bei Calliess/Ruffert/*Ruffert*, Art. 288 AEUV Rdn. 47–76.

142 Vgl. zur Wirkung im Horizontalverhältnis: EuGH v. 21.10.2010 – Rs. C-227/09 *Accordo*, EU:C:2010:624 Rdn. 45f.; EuGH v. 9.3.2004 – verb. Rs. C-397/01 bis C-403/01 *Pfeiffer u. a.*, EU:C:2004:584 Rdn. 108f.; EuGH v. 26.9.1996 – Rs. C-168/95 *Arcaro*, EU:C:1996:363 Rdn. 36; EuGH v. 7.3.1996 – Rs. C-192/94 *El Corte Ingles*, EU:C:1996:88 Rdn. 16; EuGH v. 14.7.1994 – Rs. C-91/92 *Faccini Dori*, EU:C:1994:292 Rdn. 20; davon bedeutet auch das umstrittene Urteil EuGH v. 22.11.2005 – Rs. C-144/04 *Mangold*, EU:C:2005:709, entgegen mancher Literaturmeinung keine Abweichung; seine „unmittelbare Wirkung" begründet das Gericht nicht aus der Richtlinie, sondern aus einem von ihm (freilich zu Unrecht) postulierten Allgemeinen Rechtsgrundsatz (s. o., Rdn. 77) gegen Altersdiskriminierung; dagegen näher unten, § 12 Rdn. 63–67. Zur belastenden Wirkung im Vertikalverhältnis: EuGH v. 8.10.1987 – Rs. 80/86 *Kolpinghuis Nijmegen*, EU:C:1987:431.

143 EuGH v. 26.5.2005 – Rs. C-297/03 *Sozialhilfeverband Rohrbach*, EU:C:2005:315.

144 EuGH v. 26.9.2000 – Rs. C-443/98 *Unilever*, EU:C:2000:496.

84 Dient eine Richtlinie zugleich der **Verwirklichung eines Grundrechts**, z. B. des Verbots der Altersdiskriminierung (Art. 21 Abs. 1 GRCh) oder des (sozialen) Grundrechts auf bezahlten Urlaub (Art. 31 Abs. 1 GRCh), verstärkt dieses die Richtlinienwirkung nach der Rechtsprechung des EuGH. Da das Grundrecht Primärrechtsrang hat, muss entgegenstehendes nationales Recht unangewendet bleiben.[145] Auf diese Weise kann eine Richtlinie, grundrechtlich verstärkt, im praktischen Ergebnis doch unmittelbare Wirkung zwischen Privaten entfalten. Das Grundrecht auf einen wirksamen Rechtsbehelf aus Art. 47 GRCh kann diese Wirkung zusätzlich verstärken.[146] Methodisch wird das freilich kritisiert.[147]

cc) Pflicht zur richtlinienkonformen Rechtsfindung

85 Schon die unmittelbare Anwendung der Richtlinie gegen den Staat (soeben, Rdn. 82) setzt voraus, dass mit den „Mitgliedstaaten" *alle staatliche Gewalt* Adressat der Richtlinie ist, nämlich auch die Verwaltung. Aber auch die Judikative ist als Bestandteil der mitgliedstaatlichen Gewalt Adressat der Richtlinie und als solcher an die Umsetzungspflichten gebunden.[148] „Daraus folgt, dass das nationale Gericht (...) [das] nationale Recht im Lichte des Wortlauts und des Zwecks der Richtlinie auszulegen hat, um das in Art. [288 Abs. 3 AEUV] genannte Ziel zu erreichen."[149] – Mit Ablauf der Umsetzungsfrist trifft die mitgliedstaatlichen Gerichte m. a. W. eine Pflicht zur richtlinienkonformen Rechtsfindung (Auslegung und Rechtsfortbildung).[150] Diese Bindung gilt auch keineswegs nur, soweit es um die gerichtliche Geltendmachung von Pflich-

---

145 Grundlegend EuGH v. 22.11.2005 – Rs. C-144/04 *Mangold,* EU:C:2005:709. Ferner etwa EuGH v. 6.11.2018 – verb. Rs. C-569/16 und C-570/16 *Bauer und Willmeroth,* EU:C:2018:871 Rdn. 64 ff., 80 ff.; EuGH v. 6.11.2018 – Rs. C-684/16 *Max-Planck-Gesellschaft,* EU:C:2018:874 Rdn. 69 ff.

146 EuGH v. 11.9.2018 – Rs. C-68/17 *IR,* EU:C:2018:696 Rdn. 45; EuGH v. 17.4.2018 – Rs. C-414/16 *Egenberger,* EU:C:2018:257 Rdn. 49. *Adams-Prassl,* FS Marhold (2020), S. 395 ff.; Schlachter/Heinig/*Krebber,* § 2 Rdn. 6 ff. (Fallgruppen unterschiedlicher Funktionen differenzierend Rdn. 7).

147 Eingehend zuletzt *Wank,* RdA 2020, 1 ff.

148 EuGH v. 10.4.1984 – Rs. 14/83 *von Colson* und *Kamann,* EU:C:1984:153 Rdn. 26; die Artikelnumerierung wurde an die Zählung des Amsterdamer Vertrags angepasst. S.a. EuGH v. 5.10.2004 – verb. Rs. C-397/01 bis C-403/01 *Pfeiffer,* EU:C:2004:584 Rdn. 110.

149 EuGH v. 10.4.1984 – Rs. 14/83 *von Colson* und *Kamann,* EU:C:1984:153 Rdn. 26; EuGH v. 13.11.1990 – Rs. C-106/89 *Marleasing,* EU:C:1990:395 Rdn. 8; EuGH v. 5.10.2004 – verb. Rs. C-397 bis C-403/01 *Pfeiffer,* EU:C:2004:584 Rdn. 113; EuGH v. 15.4.2008 – Rs. C-268/06 *Impact,* EU:C:2008:223 Rdn. 93–104; EuGH v. 16.7.2009 – Rs C-12/08 *Mono Car Styling,* EU:C:2009:466 Rdn. 52–56; EuGH v. 11.3.2011 – Rs. C-109/09 *Deutsche Lufthansa,* EU:2011:129 Rdn. 52–56. Es kann natürlich nicht die Verpflichtung bestehen, das nationale Recht in Übereinstimmung mit fakultativen Ausnahmeregelungen auszulegen, wenn der Mitgliedstaat von dieser Möglichkeit von vornherein keinen Gebrauch gemacht hat; EuGH v. 21.10.2010 – Rs. C-227/09 *Accordo,* EU:C:2010:624 Rdn. 49 ff.

150 *Roth/Jopen,* in: Riesenhuber (Hrsg.), Europäische Methodenlehre, § 13 Rdn. 11; vgl. EuGH v. 4.7.2006 – Rs. C-212/04 *Adeneler,* EU:C:2006:443 Rdn. 115 für die verspätete Umsetzung.

ten des Staates geht, sondern sie findet auch bei Rechtsstreitigkeiten zwischen Privaten Anwendung.

Umstritten sind die **Grenzen** der Pflicht zur richtlinienkonformen Rechtsfindung.[151, 152] Der Gerichtshof deutet sie an, wenn er sagt, das Gericht habe seine Auslegung *soweit wie möglich* am Wortlaut und Zweck der Richtlinie auszurichten. Damit ist einerseits die hervorragende Bedeutung ausgedrückt, die der Durchsetzung der Richtlinienziele zukommt. Andererseits weist die Beschränkung auf das „Mögliche" auf die Grenzen hin, die jedes mitgliedstaatliche Gericht in seinem nationalen Methoden*recht* und der nationalen Methoden*lehre* findet.[153] Eine Verpflichtung zur richtlinienkonformen Rechtsfindung *contra legem,* verstanden als eine Rechtsfindung gegen methodenrechtliche Gebote des mitgliedstaatlichen Rechts, verlangt das Unionsrecht indessen nicht.[154] 86

dd) Staatshaftung

Ungeachtet der Möglichkeit einer unmittelbaren Anwendung von Richtlinien gegen die Mitgliedstaaten und der Bindung mitgliedstaatlicher Gerichte zur richtlinienkonformen Auslegung gibt es Fälle, in denen Mitgliedstaaten die Richtlinienvorgaben nicht vollständig erfüllen. Soweit die Richtlinie dazu bestimmt war, Rechte des Einzelnen zu begründen, stellt sich dann die Frage, ob der Mitgliedstaat dem Geschützten für das Versäumnis einstehen muss. Die Frage einer Staatshaftung kommt zwar auch in anderen Bereichen in Betracht, sie spielt aber hier eine besondere Rolle. Der EuGH hat sie übrigens gerade anhand von Fällen aus dem Europäischen Arbeitsrecht entwickelt, nämlich in den *Francovich*-Entscheidungen[155] zur fehlerhaften Umsetzung der Insolvenzschutzrichtlinie durch Italien (näher unten, § 28 Rdn. 34). Dort hat er auf der Grundlage von Art. 10 EG (Art. 4 Abs. 3 EUV) und des *effet-utile*-Gedankens eine 87

---

151 *Canaris,* FS Schmidt (2006), S. 41, 58; *Grundmann,* ZEuP 1996, 399, 412–424; *Konzen,* FS Birk (2008), S. 452f.; *Riesenhuber/Domröse,* RIW 2005, 47, 51f.; *Roth/Jopen,* in: Riesenhuber (Hrsg.), Europäische Methodenlehre, § 13; wohl auch *Schlachter,* ZfA 2007, 249, 259–261.

152 Neben den mitgliedstaatlichen gibt es auch schon gemeinschaftsrechtliche Grenzen, die sich namentlich aus den Unionsgrundrechte (EuGH v. 3.5.2005 – Rs. C-387/02, C-391/02 und C-403/02 *Berlusconi,* EU:C:2005:270 Rdn. 66–69), dem Grundsatz der Rechtssicherheit (EuGH v. 10.5.2001 – Rs. C-144/99 *Kommission ./. Niederlande,* EU:C:2001:257), dem Rückwirkungsverbot (EuGH v. 8.10.1987 – Rs. C-80/86 *Kolpinghuis Nijmegen,* EU:C:1987:431 Rdn. 13) und dem Grundsatz des Vertrauensschutzes (EuGH v. 28.9.1994 – Rs. C-128/93 *Fisscher,* EU:C:1994:353 Rdn. 18; EuGH v. 13.12.2001 – Rs. C-481/99 *Heininger,* EU:C:2001:684 Rdn. 52) ergeben können.

153 Zur *contra legem*-Grenze zuletzt EuGH v. 4.7.2006 – Rs. C-212/04 *Adeneler,* EU:C:2006:443 Rdn. 110; EuGH v. 15.4.2008 – Rs. C-268/06 *Impact,* EU:C:2008:223 Rdn. 98–100.

154 S. etwa EuGH v. 4.6.2006 – Rs. C-212/04 *Adeneler,* EU:C:2006:443 Rdn. 101; EuGH v. 16.7.2009 – Rs C-12/08 *Mono Car Styling,* EU:C:2009:466 Rdn. 61 m.w.N.

155 EuGH v. 19.11.1991 – verb. Rs. C-6/90 bis C-9/90 *Francovich u.a.,* EU:C:1991:428; EuGH v. 9.11.1995 – Rs. C-479/93 *Francovich,* EU:C:1995:372.

„unmittelbar im Gemeinschaftsrecht begründete" Staatshaftung der Mitgliedstaaten anerkannt.[156]

88 **Voraussetzungen** dieser Staatshaftung sind: (1) Verletzung einer Richtlinienbestimmung, die die Verleihung von Rechten an Einzelne bezweckt; (2) hinreichend qualifizierte Verletzung der Umsetzungspflicht (stets bei unterlassener/verspäteter Umsetzung); (3) unmittelbare Kausalität der Pflichtverletzung für den dem Geschädigten entstandenen Schaden.[157] Die Mitgliedstaaten können zwar eine Haftung unter weniger restriktiven Bedingungen vorsehen, sie dürfen jedoch keine zusätzlichen Anforderungen aufstellen, wie z. B. ein Verschuldenserfordernis.[158] Die prozeduralen Voraussetzungen für die Geltendmachung der Staatshaftung sind in Ermangelung von Bestimmungen des EU-Rechts von den Mitgliedstaaten zu bestimmen. Sie müssen jedoch das Äquivalenzgebot und das Effektivitätsgebot beachten (siehe Rdn. 77).[159] Die Mitgliedstaaten bestimmen auch die Rechtsbehelfe, die wiederum so ausgestaltet sein müssen, dass ein wirksamer Rechtsschutz gewährleistet ist. Hat eine Person infolge eines Verstoßes gegen EU-Recht einen Schaden erlitten, so muss die Entschädigung in einem angemessenen Verhältnis zu dem erlittenen Schaden stehen.[160]

89 Eine Verletzung von Richtlinienbestimmungen liegt zum einen vor, wenn der Gesetzgeber die Vorgaben nicht vollständig und richtig oder nur verspätet umsetzt, zum anderen aber auch, wenn Gerichte und Verwaltung der Mitgliedstaaten im Rahmen ihrer Zuständigkeiten das Gebot der richtlinienkonformen Rechtsfindung (oben, Rdn. 85) nicht beachten. Im Hinblick auf Defizite bei der Richtlinienumsetzung erweist sich dabei die Voraussetzung eines *hinreichend qualifizierten Pflichtverstoßes* als erhebliche Hürde: Hier hat das mitgliedstaatliche Gericht, das über den Anspruch entscheidet, eine Reihe von Faktoren zu berücksichtigen, nämlich das Maß an Klarheit und Genauigkeit der verletzten Vorschrift, den Umfang des Ermessensspielraums, den die verletzte Vorschrift den Mitgliedstaaten belässt; ob die Pflichtverletzung schuldhaft erfolgte; ob sie auf einem (entschuldbaren oder unentschuldbaren) Rechtsirrtum

---

156 Zur weiteren Entwicklung des Staatshaftungsanspruchs s. EuGH v. 5.3.1996 – verb. Rs. C-46/93 bis C-48/93 *Brasserie du pêcheur, Factortame*, EU:C:1996:79; EuGH v. 26.3.1996 – Rs. C-392/93 *British Telecommunications*, EU:C:1996:131; EuGH v. 23.5.1996 – Rs. C-5/94 *Hedley Lomas*, EU:C:1996:205; EuGH v. 8.10.1996 – verb. Rs. C-178/94 und C-179/94, C-188/94 bis C-190/94 *Dillenkofer u.a.*, EU:C:1996:375; EuGH v. 2.4.1998 – Rs. C-127/95 *Norbrook Laboratories*, EU:C:1998:151; EuGH v. 4.7.2000 – Rs. C-424/ 97 *Haim*, EU:C:2000:357; EuGH v. 30.9.2003 – Rs. C-224/01 *Köbler*, EU:C:2003:513; EuGH v. 4.12.2003 – Rs. C-63/01 *Evans*, EU:C:2003:650; EuGH v. 13.6.2006 – Rs. C-173/03 *Traghetti*, EU:C:2006:391; EuGH v. 25.1.2007 – Rs. C-278/05 *Robins*, EU:C:2007:56; EuGH v. 17.7.2007 – Rs. C-470/03 *A. G. M.-COS.MET*, EU:C:2007:213.

157 Vgl. EuGH v. 30.9.2003 – Rs. C-224/01 *Köbler*, EU:C:2003:513 Rdn. 30; EuGH v. 25.11.2010 – Rs. C-429/09 *Fuß II*, EU:C:2010:717 Rdn. 47 ff.

158 EuGH v. 25.11.2010 – Rs. C-429/09 *Fuß II*, EU:C:2010:717 Rdn. 65 ff.

159 EuGH v. 25.11.2010 – Rs. C-429/09 *Fuß II*, EU:C:2010:717 Rdn. 72 ff.

160 EuGH v. 25.11.2010 – Rs. C-429/09 *Fuß II*, EU:C:2010:717 Rdn. 92 ff.; EuGH v. 5.3.1996 – verb. Rs. C-46/93 bis C-48/93 *Brasserie du pêcheur, Factortame*, EU:C:1996:79 Rdn. 82.

beruht; und ob Verhaltensweisen eines Unionsorgans die Pflichtverletzung veranlasst haben. Wegen ihrer bloßen Zielverbindlichkeit belassen Richtlinien den mitgliedstaatlichen Gesetzgebern aber öfter Ermessensspielräume oder Umsetzungsoptionen. Ein *richterlicher Verstoß* gegen die Umsetzungspflichten ist sogar nur dann hinreichend qualifiziert, wenn die Entscheidung offenkundig mit den Richtlinienvorgaben unvereinbar ist, z.B. die einschlägige Rechtsprechung des Gerichtshofs offenkundig verkennt.[161]

161 EuGH v. 30.9.2003 – Rs. C-224/01 *Köbler*, EU:C:2003:513 Rdn. 56; EuGH v. 13.6.2006 – Rs. C-173/03 *Traghetti*, EU:C:2006:391 Rdn. 35–45.

1. Teil **Grundlagen**

§ 2 Arbeitsrechtliche und arbeitsrechtsrelevante Grundrechte

Übersicht

https://doi.org/10.1515/9783110731941-002

I. Übersicht und Abgrenzung

Literatur: *Becker*, Grundrechte der Arbeit in Europa – zu Funktionen, Verschränkungen und Konfliktlinien vernetzter Grundrechtsordnungen, EuR 2019, 469–502; *Biltgen*, Die Rechtsprechung des EuGH zu den Grundrechten des Arbeitslebens, NZA 2016, 1245–1252; *Ehlers* (Hrsg.), Europäische Grundrechte und Grundfreiheiten, 4. Aufl. 2015; *Garben*, Balancing social and economic fundamental rights in the EU legal order, ELLJ 11 (2020), 364-390; *Grabenwarter*, Arbeitsrecht und Menschenrechtskonvention, in: Brameshuber/Friedrich/Karl (Hrsg.), Festschrift Franz Marhold, 2020, S. 529–547; *ders.*, Europäische Menschenrechtskonvention, 6. Aufl. 2016; *Greer*, The European Convention on Human Rights – Achievements, Problems and Prospects, 2006; *Jacqué*, The Accession of the European Union to the European Convention on Human Rights and Fundamental Freedoms, CMLR 48 (2011), 995–1023; *Krebber*, Die Unionsrechts- und Kompetenzakzessorietät des unionrechtlichen Grundrechtschutzes im Bereich des Arbeitsrechts: Grundsatz und Ausnahmen, EuZA 2016, 3–21; *ders.*, Soziale Rechte in der Gemeinschaftsrechtsordnung, RdA 2009, 224–236; *Lock*, EU Accession to the ECHR: Implications for the Judicial Review in Strasbourg, E.L. Rev. 35 (2010), 777–798; *O'Connor*, Whose Autonomy is it Anyway? Freedom of Contract, the Right to Work and the General Principles of EU Law, ILJ 49 (2020), 285–317; *Peters/Altwicker*, Einführung in die Europäische Menschenrechtskonvention, 2. Aufl. 2012; *Rebhahn*, Urteile des EGMR zum Arbeitsrecht, in: Barta u.a. (Hrsg.), Analyse und Fortentwicklung im Arbeits-, Sozial- und Zivilrecht – Festschrift für Martin Binder, 2010, S. 795–802; *ders.*, Zivilrecht und Europäische Menschenrechtskonvention, AcP 210 (2010), 489–554; *Schneiders*, Die Grundrechte der EU und der EMRK – Das Verhältnis zwischen ungeschriebenen Grundrechten, Grundrechtscharta und Europäischer Menschenrechtskonvention, 2010; *Wiethoff*, Das konzeptionelle Verhältnis von EuGH und EGMR, 2008; *Windel*, Die Bedeutung der Europäischen Menschenrechtskonvention für das Privatrecht, JR 2011, 323–327.

Rechtsprechung:

EuGH v. 26.2.2013	Rs. C-617/10 *Fransson*, EU:C:2013:105
EuGH v. 5.4.2017	Rs. C-217/15 *Orsi und Baldetti*, EU:C:2017:264
EuGH v. 20.3.2018	Rs. C-524/15 *Menci*, EU:C:2018:197
EuGH v. 8.5.2019	Rs. C-230/18 *PI*, EU:C:2019:383

1 Seit 2009 hat das Unionsrecht mit der Grundrechtscharta (dazu unten, III.) einen umfassenden Katalog von verbindlichen Unionsgrundrechten, die gerade auch für das Arbeitsrecht von großer praktischer Bedeutung sind. Das war nicht immer so, insbesondere enthielten die Gründungsverträge, sieht man von den Grundfreiheiten und einzelnen Ausprägungen wie dem Diskriminierungsverbot des Art. 119 EWGV (Art. 157 AEUV) ab, keine ausdrücklich normierten Grundrechte. Indessen hat der EuGH aus dem Primärrecht im Wege der Rechtsfortbildung Grundrechte als „allgemeine Rechtsgrundsätze" begründet (nachfolgend II.). Sogenannte Grundrechte enthält auch die „Gemeinschaftscharta der sozialen Grundrechte" (GsG) von 1989, doch handelt es sich dabei nicht um geltendes Recht, sondern nur um ein „feierlich erklärtes" rechtspolitisches Programm (dazu unten, IV.). Ähnliches gilt für die „Europäische Säule sozialer Rechte" (ESsR) (dazu unten V.).

2 Das Nebeneinander von nicht weniger als drei Grundrechtsquellen als bindendes Recht – die Verträge der EU, die Allgemeinen Rechtsgrundsätze des EuGH und die Grundrechtscharta – wirft die Frage auf, in welchem Verhältnis diese zu einander ste-

hen. Die Dinge werden noch komplizierter, zieht man auch die Europäische Menschenrechtskonvention (EMRK) und die Europäische Sozialcharta in Betracht.[1]

Auch die Konvention zum Schutze der Menschenrechte und Grundfreiheiten (**Europäische Menschenrechtskonvention**, EMRK) vom November 1950[2] normiert Grundrechte, soziale Rechte enthält außerdem die **Europäische Sozialcharta** (ESC) vom 18. Oktober 1961[3]. Dabei handelt es sich um völkerrechtliche Verträge, die vom **Europarat** ausgearbeitet wurden. Der Europarat ist eine selbständige internationale Organisation, die von der Europäischen Union zu unterscheiden ist. 3

Die **Europäische Menschenrechtskonvention**[4] enthält fundamentale Freiheits- und Gleichheitsrechte, justizbezogene sowie politische Rechte. Für das Arbeitsrecht sind das Verbot von Sklaverei und Zwangsarbeit (Art. 4 EMRK), das Recht auf Achtung des Privat- und Familienlebens (Datenschutz) (Art. 8 EMRK), die Freiheit der Meinungsäußerung (Art. 10 EMRK), die Versammlungs- und Vereinigungsfreiheit (Art. 11 EMRK), das Diskriminierungsverbot (Art. 14 EMRK) sowie die Eigentumsgarantie (Art. 1 des Zusatzprotokolls zur EMRK) hervorzuheben.[5] Wirtschaftliche Rechte (unternehmerische und Berufsfreiheit) sind in der EMRK nicht selbständig garantiert, die Koalitionsfreiheit nur im Rahmen der allgemeinen Vereinigungsfreiheit. Nur eingeschränkt lassen sich aus der Vereinigungsfreiheit grundrechtliche Grundlagen der Koalitionen ableiten, insbesondere ist das Streikrecht nicht umfassend garantiert.[6] Mit dem Europäischen Gerichtshof für Menschenrechte (EGMR, zu unterscheiden vom EuGH!) ist die EMRK über ein eigenes Rechtsschutzsystem bewehrt. Sämtliche Mitgliedstaaten der EU sind auch Vertragsstaaten der EMRK, die EU hat den Beitritt geplant (Art. 6 Abs. 2 EUV), aber auf Grund von Bedenken des EuGH[7] noch nicht vollzogen.[8] Die EMRK ist, wie der Gerichtshof her- 4

---

1 *Becker,* EuR 2019, 469 ff.; *Kokott/Sobotta,* EuGRZ 2010, 265–271; Schlachter/Heinig/*Krebber,* § 2 Rdn. 28 ff.; *Schneiders,* Die Grundrechte der EU und der EMRK (2010).

2 Zur aktuellen amtlichen deutschen Übersetzung (zusammen mit dem englischen und französischen Text der Konvention) s. die Bekanntmachung der Neufassung der Konvention vom 4.11.1950 zum Schutze der Menschenrechte und Grundfreiheiten v. 17.5.2002, BGBl. 2002 II, 1054–1079. Der Text der EMRK und ihrer Protokolle sowie weitere Informationen des Vertragsbüros des Europarates, insbesondere zum Unterzeichnungs- und Ratifikationsstand, sind verfügbar unter https://www.coe.int/de/web/conventions/search-on-treaties/-/conventions/treaty/results/subject/3.

3 Zur amtlichen deutschen Übersetzung s. das deutsche Zustimmungsgesetz v. 19.9.1964, BGBl. 1964 II, 1261. Am 1.7.1999 trat die Revidierte Europäische Sozialcharta (RESC) in Kraft, die ein Zusatzprotokoll aus dem Jahr 1988 aufnimmt und die ESC insgesamt modernisieren soll. Der Text der ESC und ihrer Protokolle (inkl. der Revision) sowie weitere Informationen des Vertragsbüros des Europarates, insbesondere zum Unterzeichnungs- und Ratifikationsstand, sind verfügbar unter http://conventions.coe.int/Treaty/Commun/ListeTraites.asp?MA=4&CM=7&CL=GER.

4 Einführend etwa die Beiträge von *Ehlers, Uerpmann-Wittzack, Marauh, Wegener* und *Grabenwarter/Struth,* in: Ehlers, Europäische Grundrechte und Grundfreiheiten, §§ 2–6; *Grabenwarter,* Europäische Menschenrechtskonvention (6. Aufl. 2016); *Peters/Altwicker,* Europäische Menschenrechtskonvention (2. Aufl. 2012). Generell zum Verhältnis EMRK und Privatrecht *Rebhahn,* AcP 210 (2010), 489–554; *Windel,* JR 2011, 323–327.

5 *Grabenwarter,* FS Marhold (2020), S. 529 ff.; *Rebhahn,* FS Martin Binder (2010), S. 795–802.

6 *Mair,* ZIAS 2006, 158–196. S.a. EGMR v. 12.11.2008 – Rs. 34503/97 *Demir and Baykara ./. Turkey,* NZA 2010, 1425; EGMR v. 21.4.2009 – Rs. 68959/01 *Enerji Yapi-Yol Sen ./. Turkey,* NZA 2010, 1423; EGMR v. 15.9.2009 – Rs. 30946/04 *Kaya und Seyhan*; EGMR v. 13.7.2010 – Rs. 33322/07 *Cerikci.*

7 EuGH v. 18.12.2014 – Gutachten 2/13 *Vereinbarkeit des Entwurfs mit dem EU-Vertrag und dem AEU-Vertrag,* EU:C:2014:2454.

8 Eingehend Streinz/*Streinz/Michl,* Art. 6 EUV Rdn. 7 ff. Skeptisch zu den Beitrittsaussichten *Becker,* EuR 2019, 469, 482.

vorhebt, daher bislang „kein Rechtsinstrument (...), das formell in die Unionsrechtsordnung übernommen wurde"; daher prüft der Gerichtshof Grundrechtsfragen allein anhand der EU-Grundrechtscharta.[9] Schon jetzt sind allerdings die Grundrechtsgewährleistungen, wie sie sich aus der EMRK und den gemeinsamen Verfassungsüberlieferungen der Mitgliedstaaten ergeben, als *allgemeine Grundsätze des Gemeinschaftsrechts* Teil des Unionsrechts, Art. 6 Abs. 3 EUV (dazu näher unten, Rdn. 14f.). Zudem sind die EMRK-Grundrechte bei der Auslegung der EU-Grundrechtscharta nach Art. 52 Abs. 3 GRCh zu berücksichtigen. Die nationalen Gerichte sind ungeachtet dessen unionsrechtlich nicht gebunden, die EMRK unmittelbar anzuwenden.[10]

5 Die **Europäische Sozialcharta**[11] enthält einen weitreichenden Katalog sozialer Rechte vor allem der Arbeitnehmer, etwa ein Recht auf Arbeit, ein Recht auf gerechte Arbeitsbedingungen, auf sichere und gesunde Arbeitsbedingungen, auf ein gerechtes Arbeitsentgelt, ein Vereinigungsrecht sowie ein Recht auf Kollektivverhandlungen (einschließlich kollektiver Maßnahmen). Sämtliche Mitgliedstaaten der EU sind auch Vertragsstaaten der Sozialcharta, nicht alle haben aber schon die Revision ratifiziert. Auch diesem Übereinkommen gehört die EU nicht an. Art. 151 AEUV nimmt aber auf die Sozialcharta von 1961[12] Bezug, freilich nur in einer ganz weichen Formulierung und nur im Rahmen der dortigen *Ziel*bestimmung. Danach verfolgen die Gemeinschaft und die Mitgliedstaaten die näher bestimmten Ziele im Bereich des Arbeits- und Sozialrechts „eingedenk der Grundrechte", wie sie (u.a.) in der ESC festgelegt sind. Der EuGH verweist gelegentlich auf die Charta.[13] Bei der Darstellung in diesem Buch nehmen wir auf die ESC nur in den Nachweisen Bezug.

II. Primärrechtliche Grundlagen: Grundrechte und Allgemeine Rechtsgrundsätze

Literatur: *Basedow,* Der Grundsatz der Nichtdiskriminierung im europäischen Privatrecht, ZEuP 2008, 230–251; *ders.*, Von der deutschen zur europäischen Wirtschaftsverfassung, 1992; *Birk,* Arbeitskampf und Europarecht, in: Oetker/Preis/Rieble (Hrsg.), Festschrift 50 Jahre Bundesarbeitsgericht, 2004, S. 1165–1178; *Calliess, Gralf-Peter,* Die Zukunft der Privatautonomie – Zur neueren Entwicklung eines gemeineuropäischen Rechtsprinzips, in: Jud/Bachner/Bollenberger/Halbwachs/Kallss/Meissel/Ofner/Rabl (Hrsg.), Jahrbuch junger Zivilrechtswissenschaftler 2000 – Prinzipien des Privatrechts und Rechtsvereinheitlichung, 2001, S. 85–110; *Canaris,* Die Bedeutung der iustitia distributiva im deutschen Vertragsrecht, 1997; *ders.*, Grundrechte und Privatrecht – eine Zwischenbilanz –, 1999; *ders.*, Verfassungs- und europarechtliche Aspekte der Vertragsfreiheit in der Privatrechtsgesellschaft, in: Badura/Scholz (Hrsg.), Festschrift für Peter Lerche zum 65. Geburtstag, 1993, S. 873–891; *Däubler,* Die Koalitionsfreiheit im EG-Recht, in: Isenhardt/Preis (Hrsg.), Arbeitsrecht und Sozialpartnerschaft – Festschrift für Peter Hanau, 1999, S. 489–503; *Davies*, One Step Forward, Two Steps Back? The Viking and Laval Cases in the ECJ, ILJ 37 (2008), 126–148; *Ehlers* (Hrsg.), Europäische Grundrechte und

---

9 EuGH v. 20.3.2018 – Rs. C-524/15 *Menci,* EU:C:2018:197 Rdn. 22ff.; EuGH v. 5.4.2017 – Rs. C-217/15 *Orsi und Baldetti,* EU:C:2017:264 Rdn. 15; EuGH v. 26.2.2013 – Rs. C-617/10 *Fransson,* EU:C:2013:105 Rdn. 44.

10 EuGH v. 24.4.2012 – Rs. C-571/10 *Kamberaj,* EU:C:2012:233 Rdn. 59–63.

11 Einführend *Europarat* (Hrsg.), Die Europäische Sozialcharta – Ein Leitfaden, 2002; weiterführend etwa *Agnelli u.a.*, Die Europäische Sozialcharta (1978) und *Isele,* Die europäische Sozialcharta (1967).

12 Nicht auch auf die revidierte Fassung von 1999 (vgl. Fn. 3).

13 S. insb. EuGH v. 15.6.1978 – Rs. C-149/77 *Defrenne III,* EU:C:1978:130 Rdn. 28. Eingehend zur ESC als Rechtserkenntnisquelle des EuGH *Biltgen,* NZA 2016, 1245.

Grundfreiheiten, 4. Aufl. 2015; *Epstein*, In Defense of the Contract at Will, U. Chi. L. Rev. 51 (1984), 947–982; *Grundmann*, Europa- und wirtschaftsrechtliche Grundlagen der Privatrechtsgesellschaft, in: Riesenhuber (Hrsg.), Privatrechtsgesellschaft, 2007, S. 105–130; *ders.*, Privatautonomie im Binnenmarkt – Informationsregeln als Instrument, JZ 2000, 1133–1143; *ders./Kerber/Weatherill*, Party Autonomy and the Role of Information in the Internal Market – an Overview, in: dies. (Hrsg.), Party Autonomy and the Role of Information in the Internal Market, 2001, S. 3–38; *Lenaerts/Gutiérrez-Fons*, The Constitutional Allocation of Powers and General Principles in EU Law, CMLR 47 (2010), 1629–1669; *Mestmäcker*, Auf dem Wege zu einer Ordnungspolitik für Europa, in: Mestmäcker/Möller/Schwarz (Hrsg.), Festschrift für Hans von der Groeben, 1987, S. 9–49; *ders.*, Über die normative Kraft privatrechtlicher Verträge, JZ 1964, 441–446; *ders.*, Zur Wirtschaftsverfassung in der Europäischen Union, in: Hasse/Molsberger/ Watrin (Hrsg.), Ordnung in Freiheit – Festgabe für Hans Willgerodt, 1994, S. 263–292; *Metzger*, Extra legem, intra ius: Allgemeine Rechtsgrundsätze im Europäischen Privatrecht, 2009; *Müller-Graff*, Privatrecht und Europäisches Gemeinschaftsrecht – Gemeinschaftsprivatrecht, 2. Aufl. 1991; *Neuner*, Privatrecht und Sozialstaat, 1999; *Rebhahn*, Grundfreiheit versus oder vor Streikrecht, wbl 2008, 63–69; *ders.*, Grundfreiheit vor Arbeitskampf – der Fall Viking, ZESAR 2008, 109–117; *ders.*, Tarifautonomie aus vergleichender Sicht, EuZA 2010, 62–87; *Riesenhuber* (Hrsg.), Privatrechtsgesellschaft, 2007; *Rittner*, Die wirtschaftsrechtliche Ordnung der EG und das Privatrecht, JZ 1990, 838–846; *Steindorff*, EG-Vertrag und Privatrecht, 1996; *Tridimas*, The General Principles of EU Law, 2. Aufl. 2006; *Windbichler*, Arbeitsrecht und Wettbewerb in der europäischen Wirtschaftsverfassung, RdA 1992, 74–84; *Zachert*, Auf dem Weg zu Europäischen Arbeitnehmergrundfreiheiten?, NZA 2000, 621–626.

Rechtsprechung:

EuGH v. 15.7.1963	Rs. 25/62 *Plaumann*, EU:C:1963:17
EuGH v. 12.11.1969	Rs. 29/69 *Stauder*, EU:C:1969:57
EuGH v. 14.5.1974	Rs. 4/73 *Nold*, EU:C:1974:51
EuGH v. 13.12.1979	Rs. 44/79 *Hauer*, EU:C:1979:290
EuGH v. 8.10.1986	Rs. 234/85 *Keller*, EU:C:1986:377
EuGH v. 24.2.1987	Rs. 26/86 *Deutz und Geldermann*, EU:C:1987:102
EuGH v. 13.7.1989	Rs. 5/88 *Wachauf*, EU:C:1989:321
EuGH v. 18.6.1991	Rs. C-260/89 *ERT*, EU:C:1991:254
EuGH v. 18.5.1994	Rs. C-309/89 *Codorniu*, EU:C:1994:197
EuGH v. 5.10.1994	Rs. C-280/93 *Deutschland ./. Rat*, EU:C:1994:367– Bananenmarktordnung
EuGH v. 26.6.1997	Rs. C-368/95 *Familiapress*, EU:C:1997:325
EuGH v. 21.9.1999	Rs. C-67/96 *Albany*, EU:C:1999:430
EuGH v. 11.7.2002	Rs. C-60/00 *Carpenter*, EU:C:2002:434
EuGH v. 25.7.2002	Rs. C-50/00 P *Unión de Pequenos Agricultores*, EU:C:2002:462
EuGH v. 1.4.2004	Rs. C-263/02 P *Jégo Quéré*, EU:C:2004:210
EuGH v. 9.9.2004	Rs. C-184/02 *Spanien und Finnland ./. Parlament und Rat*, EU:C:2004:497
EuGH v. 23.9.2004	verb. Rs. C-435/02 und C-103/03 *Springer*, EU:C:2004:552
EuGH v. 18.12.2007	Rs. C-341/05 *Laval un Partneri*, EU:C:2007:809
EuGH v. 11.12.2007	Rs. C-438/05 *Viking*, EU:C:2007:772

1. Historischer Ausgangspunkt: Kein geschriebener Grundrechtskatalog

6 Das Primärrecht, insbesondere der EU-Vertrag und der AEU-Vertrag als Verfassung[14] der Union, enthält bisher anders als die nationalen Verfassungen keinen Grundrechtskatalog. Auf diesen Mangel hatte besonders das deutsche Bundesverfassungsgericht in seiner „Solange"-Rechtsprechung hingewiesen, mit der es sich zunächst 1974 eine Grundrechtskontrolle des Gemeinschaftsrechts vorbehielt (Solange I),[15] diese aber späterhin mit Rücksicht auf die Anerkennung von Grundrechten in der Rechtsprechung des EuGH suspendierte (Solange II).[16] In der Tat ergeben sich zentrale grundrechtliche Gewährleistungen ausschnittweise schon aus dem geschriebenen EG-Recht (sogleich 2.). Das gilt, dem Charakter der Binnenmarktverfassung entsprechend, vor allem für Privatautonomie und Vertragsfreiheit, die die Grundfreiheiten für die grenzüberschreitende Ausübung garantieren. Andere Grundrechte hat der Gerichtshof in seiner Rechtsprechung als „Allgemeine Rechtsgrundsätze" anerkannt (nachfolgend 3.); darauf weist jetzt Art. 6 Abs. 3 EUV hin.

---

14 Zum EG-Vertrag als Verfassung nur EuGH v. 14.12.1991 – Gutachten 1/91 *EWR-Abkommen*, EU:C:1991:490 Rdn. 21; EuGH v. 23.3.1993 – Rs. C-314/91 *Weber ./. Parlament*, EU:C:1993:109 Rdn. 8; EuGH v. 28.3.1996 – Gutachten 2/94 *EMRK*, EU:C:1996:140 Rdn. 35; EuGH v. 23.4.1986 – Rs. 294/83 *LesVerts*, EU:C:1986:166 Rdn. 23; BVerfGE 22, 293, 296.

15 BVerfGE 37, 271, 280 – Solange I. Leitsatz: „Solange der Integrationsprozess der Gemeinschaft nicht so weit fortgeschritten ist, dass das Gemeinschaftsrecht auch einen von einem Parlament beschlossenen und in Geltung stehenden formulierten Katalog von Grundrechten enthält, der dem Grundrechtskatalog des Grundgesetzes adäquat ist, ist nach Einholung der in Art. 177 [Art. 234 EG/267 AEUV] des Vertrags geforderten Entscheidung des EuGH die Vorlage eines Gerichts der Bundesrepublik Deutschland an das BVerfG im Normenkontrollverfahren zulässig und geboten, wenn das Gericht die für es entscheidungserhebliche Vorschrift des Gemeinschaftsrechts in der vom EuGH gegebenen Auslegung für unanwendbar hält, weil und soweit sie mit einem der Grundrechte des Grundgesetzes kollidiert."

16 BVerfGE 73, 339 – Solange II; Leitsatz 2: „Solange die Europäischen Gemeinschaften, insbesondere die Rechtsprechung des Gerichtshofs der Gemeinschaften einen wirksamen Schutz der Grundrechte gegenüber der Hoheitsgewalt der Gemeinschaften generell gewährleisten, der dem vom Grundgesetz als unabdingbar gebotenen Grundrechtsschutz im wesentlichen gleichzuachten ist, zumal den Wesensgehalt der Grundrechte generell verbürgt, wird das BVerfG seine Gerichtsbarkeit über die Anwendbarkeit von abgeleitetem Gemeinschaftsrecht, das als Rechtsgrundlage für ein Verhalten deutscher Gerichte oder Behörden im Hoheitsbereich der Bundesrepublik Deutschland in Anspruch genommen wird, nicht mehr ausüben und dieses Recht mithin nicht mehr am Maßstab der Grundrechte des Grundgesetzes überprüfen; entsprechende Vorlagen nach Art. 100 Abs. 1 GG sind somit unzulässig." BVerfGE 102, 147 – Bananenmarktordnung.

2. Grundrechtliche Gewährleistungen in den Gründungsverträgen

a) Marktverfassung und Sozialverfassung

Zweck der Europäischen Union ebenso wie Mittel zur Erreichung anderer Unionsziele 7 ist die Errichtung eines Binnenmarktes, vgl. Art. 3 Abs. 3 UAbs. 1 EUV; dazu sogleich Rdn. 8.[17] Dieser Binnenmarkt ist durch zwei grundlegende Elemente geprägt, die offene Marktwirtschaft mit freiem, unverfälschtem Wettbewerb (Art. 119 Abs. 1, 120, 127 Abs. 1 AEUV) und die Gewährleistung der Grundfreiheiten (Art. 26 Abs. 2 AEUV), also der Warenverkehrsfreiheit, der Dienstleistungsfreiheit, der Arbeitnehmerfreizügigkeit und der Niederlassungsfreiheit sowie der Kapitalverkehrsfreiheit (dazu näher nachfolgend, § 3). Die Integration durch den AEU-Vertrag beruht damit auf Marktwirtschaft, Wettbewerb und Freiheiten der Marktteilnehmer.[18] Gleichzeitig ist der Vertrag aber auch dem Sozialschutz verpflichtet.[19] Schon die Errichtung des Binnenmarktes ist nicht nur Selbstzweck, sondern zugleich Mittel zur Förderung auch sozialer Ziele.[20] Die Förderung sozialer Ziele ist zudem der Europäischen Rechtsetzung besonders aufgegeben.[21] Marktverfassung und Sozialverfassung sind daher die grundlegenden primärrechtlichen Vorgaben für das Europäische Privatrecht.[22]

Seit dem Lissabonner Vertrag hebt Art. 3 Abs. 3 UAbs. 1 S. 2 EUV das **Prinzip der sozialen Marktwirtschaft** hervor, „die auf Vollbeschäftigung und sozialen Fortschritt abzielt". Der „Grundsatz einer offenen Marktwirtschaft mit freiem Wettbewerb" bleibt auch weiterhin maßgebend, wird allerdings im AEUV erst als Prinzip der Wirtschafts- und Währungspolitik genannt, Art. 119 Abs. 1, 120 S. 2, 127 Abs. 1 S. 3 AEUV. 8

b) Privatautonomie und Vertragsfreiheit

Entsprechend der Marktverfassung und dem Prinzip unverfälschten Wettbewerbs be- 9 ruht das Europäische Privatrecht schon von Primärrechts wegen auf den Prinzipien der Privatautonomie sowie der Vertragsfreiheit und Vertragsbindung.[23] Privatautonomie, Marktwirtschaft und Wettbewerb bedingen sich gegenseitig.[24] Privatauto-

---

17 Zur Wirtschaftsverfassung der Gemeinschaft mit Blick auf das Arbeitsrecht *Windbichler*, RdA 1992, 74, 75–78 *et passim;* allgemein *Basedow*, Von der deutschen zur Europäischen Wirtschaftsverfassung (1992); *Mestmäcker*, FG Willgerodt, S. 263–292; *ders.*, FS von der Groeben (1987), S. 9–49.

18 *Grundmann*, JZ 2000, 1133, 1136 f.; *Kluth*, AöR 122 (1997) 573, 578–581.

19 *Neuner*, Privatrecht und Sozialstaat, S. 195–201.

20 Art. 2 EG/3 EUV. EuGH v. 14.12.1991 – Gutachten 1/91 *EWR-Abkommen*, EU:C:1991:490 Rdn. 16–18.

21 Insbesondere Art. 95 Abs. 3, 136, 149, 153 EG (= 114 Abs. 3, 151, 165, 169 AEUV). *Neuner*, Privatrecht und Sozialstaat, S. 198 f.

22 Vgl. *Steindorff*, EG-Vertrag und Privatrecht, S. 42–45.

23 *Canaris*, FS Lerche (1993), S. 873, 889 f.; *Rittner*, JZ 1990, 838, 840, 841; EuGH v. 16.6.1998 – Rs. C-162/96 *Racke*, EU:C:1998:293 Rdn. 49; EuGH v. 5.10.1999 – Rs. C-240/97 *Spanien ./. Kommission*, EU:C:1999:479 Rdn. 99 – EAGFL.

24 *Canaris*, FS Lerche (1993), S. 873, 890; *Rittner*, JZ 1990, 838, 839, 841; *Steindorff*, EG-Vertrag und Privatrecht, S. 42; *Zöllner*, Die Privatrechtsgesellschaft im Gesetzes- und Richterstaat, S. 23 f.

nomie setzt das Bestehen eines Marktes voraus und führt zum Wettbewerb; der Schutz des Wettbewerbs vor Verfälschungen sichert den Bestand des Marktes und damit der Wahlfreiheit der Interessenten.[25] Das Prinzip „der Selbstgestaltung der Rechtsverhältnisse durch den einzelnen nach seinem Willen“[26] ist der gemeinsame Kern der Grundfreiheiten, die die Möglichkeit privatautonomen Handelns über die nationalen Grenzen der Mitgliedstaaten hinweg erstrecken.[27] Die Privatautonomie wird deshalb auch als die „wahre Grundfreiheit“ bezeichnet.[28]

10 Die fundamentalen Prinzipien der Privatautonomie und der Vertragsfreiheit sind im deutschen Recht auch grundrechtlich geschützt. Einen entsprechenden Grundrechtsschutz kennt das geschriebene Unionsrecht – von der obigen induktiven Herleitung abgesehen – hingegen nicht, und auch der EuGH hat solche Grundrechte in seiner Rechtsprechung bislang, soweit ersichtlich, nicht eigens begründet.[29] Indes ist der Grundsatz der Vertragsfreiheit auf Unionsebene nicht weniger fundamental als auf der Ebene des nationalen Rechts. Anlass, einen grundrechtlich verbürgten Grundsatz der Vertragsfreiheit auf Gemeinschaftsebene zu entwickeln, bestand für den EuGH aus zwei Gründen nicht. Zum einen hat der EuGH bereits früh angenommen, dass die gemeinschaftsrechtlichen Grundrechte hinter jenen der Mitgliedstaaten nicht zurückbleiben.[30] Die gängige Formulierung des EuGH hat Art. 6 Abs. 3 EUV aufgenommen, wonach die Union die Grundrechte achtet, wie sie in der EMRK gewährleistet sind und wie sie sich aus den gemeinsamen Verfassungsüberlieferungen der Mitgliedstaaten als allgemeine Grundsätze des Unionsrechts ergeben.[31] Zum anderen aber ist der allgemeine Grundsatz, soweit er auf Unionsebene von Bedeutung ist, durch die Grundfreiheiten als spezielle Ausprägungen positiv festgeschrieben, so dass es einer Klärung nicht erst bedurfte.[32] Ganz selbstverständlich setzen daher EuGH und EuG den Grundsatz der Vertragsfreiheit in ihrer Rechtsprechung

---

25 *Mestmäcker,* JZ 1964, 441, 443; *Canaris,* Die Bedeutung der iustitia distributiva im deutschen Vertragsrecht, S. 48; *ders.,* AcP 200 (2000) 273, 292–295.

26 So die Definition der Privatautonomie von *Flume,* Allgemeiner Teil des Bürgerlichen Rechts, Bd. 2: Das Rechtsgeschäft (4. Aufl. 1992), § 1, 1 (S. 1).

27 *Müller*-Graff, Privatrecht und Europäisches Gemeinschaftsrecht, S. 17; *ders.,* in: Grundmann/Kerber/Weatherill (Hrsg.), Party Autonomy and the Role of Information in the Internal Market, S. 133–150; *Grundmann,* JZ 2000, 1133, 1134 f.

28 *Mülbert,* ZHR 159 (1995), 2, 8.

29 Schon aufgrund der induktiven Begründung vom primärrechtlichen Grundrechtscharakter der Vertragsfreiheit ausgehend *Canaris,* FS Lerche (1993), S. 873, 890; *ders.,* AcP 200 (2000) 273, 363 f.; *Coester-Waltjen,* in: Grundmann/Kerber/Weatherill (Hrsg.), Party Autonomy and the Role of Information in the Internal Market, S. 41, 42.

30 EuGH v. 14.5.1974 – Rs. 4/73 *Nold,* EU:C:1974:51 Rdn. 13 f.; EuGH v. 13.12.1979 – Rs. 44/79 *Hauer,* EU:C:1979:290 Rdn. 13–16; EuGH v. 11.7.1989 – Rs. 265/87 *Schräder,* EU:C:1989:303 Rdn. 14.

31 Zu den Allgemeinen Rechtsgrundsätzen noch sogleich, Rdn. 14 f.

32 *Müller-Graff,* in: Grundmann/Kerber/Weatherill (Hrsg.), Party Autonomy and the Role of Information in the Internal Market, S. 133–150. S.a. oben, Rdn. 7.

voraus.[33] So hat der Gerichtshof in einer Entscheidung zur Betriebsübergangsrichtlinie ausgeführt:

> „Zunächst ist daran zu erinnern, dass ein Vertrag im Allgemeinen durch das Prinzip der Privatautonomie gekennzeichnet ist, wonach die Parteien frei darin sind, gegenseitige Verpflichtungen einzugehen. Nach diesem Prinzip gelten in einer Situation wie der des Ausgangsverfahrens, in der die Beklagte nicht Mitglied einer Arbeitgeberorganisation und durch keinen Kollektivvertrag gebunden ist, die Rechte und Pflichten aus einem derartigen Vertrag für sie daher grundsätzlich nicht. Andernfalls handelte es sich (...) um einen Verstoß gegen den Grundsatz, dass Verträge zu Lasten Dritter unzulässig sind."[34]

Insgesamt kann man davon ausgehen, dass die Gewährleistung der Privatautonomie durch das Gemeinschaftsrecht hinter jener des Grundgesetzes nicht zurückbleibt.[35]

Umgekehrt könnte auch die Anerkennung eines Grundrechts der Privatautonomie 11
und der Vertragsfreiheit keine Freiheit von Bindungen bedeuten, die aus Gründen des Gemeinwohls und insbesondere vom Sozialstaatsprinzip her geboten sind. Vielmehr kann die Vertragsfreiheit nach ähnlichen Grundsätzen eingeschränkt werden, wie sie der EuGH für Eigentumsgarantie und Gewerbefreiheit entwickelt hat. Für diese Grundrechte hat das Gericht stets betont, dass es sich nicht um unbeschränkte Gewährleistungen handele, sondern Einschränkungen aus Gründen des Allgemeinwohls nach dem Grundsatz der Verhältnismäßigkeit hinzunehmen seien.[36] Dasselbe muss auch für die Vertragsfreiheit gelten, die hier wie im nationalen Recht einer Sozialbindung unterliegt.[37]

c) Diskriminierungsverbote

Auch Diskriminierungsverbote sind in weiten Teilen schon primärrechtlich gewährleis- 12
tet.[38] Die Einzelheiten erörtern wir später (§§ 9–12), an dieser Stelle genügt ein Überblick über die primärrechtlichen Grundlagen. Hervorzuheben ist hier zuerst das Verbot der **Geschlechtsdiskriminierung beim Arbeitsentgelt** in Art. 157 AEUV, das bereits in Art. 119 EWG-Vertrag von 1957 enthalten war. Ursprünglich unter wettbewerbsrechtlichen Erwägungen in den Vertrag aufgenommen, hat der Gerichtshof Art. 157 AEUV

---

33 EuGH v. 5.10.1999 – Rs. C-240/97 *Kommission ./. Spanien*, EU:C:1999:479 Rdn. 99; EuGH v. 30.4. 1998 – Rs. C-215/97 *Bellone*, EU:C:1998:189 Rdn. 14 („Grundsatz der Formfreiheit" als Unterprinzip der Vertragsfreiheit); EuG v. 18.9.1992 – Rs. T-24/90 *Automec*, EU:T:1992:97 Rdn. 51. S.a. EuGH v. 10.7. 1991 – verb. Rs. C-90/90 und C-91/90 *Neu*, EU:C:1991:303 Rdn. 13.

34 EuGH v. 9.3.2006 – Rs. C-499/04 *Werhof*, EU:C:2006:168 Rdn. 23.

35 *G.-P. Calliess*, JJZ 2000, 85, 107 („stärker geschützt").

36 EuGH v. 15.4.1997 – Rs. C-22/94 *Irish Farmers*, EU:C:1997:187 Rdn. 27; EuGH v. 11.7.1989 – Rs. 265/ 87 *Schräder*, EU:C:1989:303 Rdn. 15; EuGH v. 13.12.1979 – Rs. 44/79 *Hauer*, EU:C:1979:290 Rdn. 17f., 32.

37 Vgl. *Coester-Waltjen*, in: Grundmann/Kerber/Weatherill (Hrsg.), Party Autonomy and the Role of Information in the Internal Market, S. 41, 42f.; *Canaris*, Die Bedeutung der iustitia distributiva im deutschen Vertragsrecht, S. 119f., 127.

38 *Bryde*, *RdA*2003, Sonderbeil. Heft 5, 5, 9f.

schon frühzeitig auch einen sozialen Schutzzweck beigelegt und das Diskriminierungsverbot als ein **Gemeinschaftsgrundrecht** anerkannt (i. E. § 9 Rdn. 5 m. w. N.). Diskriminierungsverbote enthalten zweitens die **Grundfreiheiten**, denen der EuGH zudem zum Teil eine unmittelbare Drittwirkung beilegt (näher unten, § 3 Rdn. 29–33, 58 f.). Drittens statuiert Art. 18 AEUV ein allgemeines Verbot der **Nationalitätendiskriminierung**, dem allerdings neben den speziellen Gewährleistungen durch die Grundfreiheiten nur eine untergeordnete Rolle zukommt (§ 3 Rdn. 117). Und schließlich lässt sich auch der speziellen **Kompetenzgrundlage** des Art. 19 AEUV die besondere Bedeutung der Diskriminierungsverbote im Unionsrecht entnehmen (näher § 5 Rdn. 49 und § 9 Rdn. 9).

d) Koalitionsfreiheit

13 Auch die Koalitionsfreiheit scheint bereits im AEU-Vertrag punktuell auf.[39] Wenn im Rahmen der Kompetenzvorschriften zur Sozialpolitik zum einen die Mitwirkung der mitgliedstaatlichen Sozialpartner – Arbeitgeberverbände und Gewerkschaften – bei der „Durchführung" von Richtlinien vorgesehen ist (Art. 153 Abs. 3 AEUV), die Kommission die Anhörung der Sozialpartner auf Gemeinschaftsebene zu fördern hat (Art. 154 AEUV) und die Sozialpartner schließlich an der Rechtsetzung der Gemeinschaft mitwirken können (Art. 155 AEUV), so wird damit (jedenfalls) der Bestand der Sozialpartner sowie ihr Regelungsinteresse im Bereich der Arbeitsbeziehungen vorausgesetzt.[40] Freilich geht es in diesen Regelungen nicht um Tarifverhandlungen im eigentlichen Sinne, sondern um einen *sozialen Dialog* im Rahmen der demokratischen Rechtsetzung (dazu näher § 5 Rdn. 27–44). Zudem hat die Union selbst gem. Art. 153 Abs. 5 AEUV keine Kompetenz zur Regelung des Koalitionsrechts, des Streikrechts sowie des Aussperrungsrechts. Das schließt indes nicht aus, dass das Primärrecht die Koalitionsfreiheit schon als Allgemeinen Rechtsgrundsatz voraussetzt (sogleich Rdn. 14).[41]

3. Grundrechte als Allgemeine Rechtsgrundsätze

14 Einzelne Grundrechte lassen sich demnach ausschnittweise schon aus dem geschriebenen Primärrecht selbst ableiten. Andere hat der EuGH als „Allgemeine Rechtsgrundsätze" anerkannt.[42] Auf „allgemeine Rechtsgrundsätze, die den Rechts-

---

39 S.a. *Birk*, FS 50 Jahre BAG (2004), S. 1165–1178; *Deinert*, RdA 2004, 211, 218 f.; zurückhaltend Calliess/Ruffert/*Krebber*, Art. 154 AEUV Rdn. 21.

40 Vgl. EuGH v. 21.9.1999 – Rs. C-67/96 *Albany*, EU:C:1999:430 Rdn. 54–64. Ähnlich *Däubler*, FS Hanau (1999), S. 489, 496.

41 *Fuchs/Marhold*, Europäisches Arbeitsrecht, S. 503–504.

42 Grundlegend EuGH v. 12.11.1969 – Rs. 29/69 *Stauder*, EU:C:1969:57 Rdn. 7. Ferner etwa EuGH v. 27.6.2006 – Rs. C-540/03 *Parlament ./. Rat*, EU:C:2006:429 Rdn. 35–37 – Familienzusammenführung.

ordnungen der Mitgliedstaaten gemeinsam sind“, verweisen Art. 340 AEUV und Art. 188 Abs. 2 EAG für die außervertragliche Amtshaftung der Gemeinschaften. Auf der Grundlage der Unions-/Gemeinschaftsverträge und mit Rücksicht auf die Rechtslage der Mitgliedstaaten[43] hat der EuGH darüber hinaus auch in anderen Bereichen Allgemeine Rechtsgrundsätze herausgebildet,[44] so wie das jetzt in Art. 6 Abs. 3 EUV ausdrücklich anerkannt ist: Die Union achtet die Grundrechte, wie sie sich aus der EMRK und „aus den gemeinsamen Verfassungsüberlieferungen der Mitgliedstaaten als allgemeine Grundsätze des Gemeinschaftsrechts ergeben“. So hat der Gerichtshof insbesondere einzelne Grundrechte[45] sowie rechtsstaatliche und verwaltungsrechtliche Prinzipien als Allgemeine Rechtsgrundsätze begründet.[46] Für das Arbeitsrecht sind besonders **Menschenwürde,**[47] die **Eigentumsgarantie,**[48] die **Berufs- und Gewerbefreiheit**[49] – die sowohl die Freiheit des Arbeitgebers wie die des Arbeitnehmers umfasst –, die **Koalitionsfreiheit**[50], das Recht auf **Durchführung kol-**

---

43 Die Allgemeinen Rechtsgrundsätze werden zumeist im Wege der „wertenden Rechtsvergleichung“ begründet; s.z.B. EuGH v. 12.7.1957 – verb. Rs. 7/56 und 3/57 bis 7/57 *Algera,* EU:C:1957:7, 118f.; GA *Lagrange,* Schlussanträge v. 4.6.1962 – Rs. 14/61 *Hoogovens ./. Hohe Behörde,* EU:C:1962:19, 570f.; GA *Roemer,* Schlussanträge v. 13.10.1971 – Rs. 5/71 *Schöppenstedt,* EU:C:1971:96, 990f. (zu Art. 215 EWGV/288 EG/340 AEUV); EuGH v. 18.12.2007 – Rs. C-341/05 *Laval un Partneri,* EU:C:2007:809 Rdn. 90f.; *Grundmann,* Europäisches Schuldvertragsrecht, § 3 Rdn. 184–186. Krit. *Rebhahn,* ZESAR 2008, 110–112; auch *Riesenhuber,* System und Prinzipien des Vertragsrechts (2003), S. 33f. mit Fn. 18.

44 Eingehend die Darstellungen von *Metzger, Tridimas,* wie LitVerz.; *Ehlers,* in: Ehlers (Hrsg.), Europäische Grundrechte und Grundfreiheiten, § 14.

45 EuGH v. 17.12.1970 – Rs. 11/70 *Internationale Handelsgesellschaft,* EU:C:1970:114 Rdn. 3f.; EuGH v. 14.5.1974 – Rs. 4/73 *Nold,* EU:C:1974:51 Rdn. 13f.; EuGH v. 13.12.1979 – Rs. 44/79 *Hauer,* EU:C:1979:290 Rdn. 13–16. *Tridimas,* The General Principles of EU Law, S. 298–369.

46 Übersicht bei *Rengeling,* EuR 1984, 331–360; *Tridimas,* The General Principles of EU Law, S. 370–417.

47 EuGH v. 14.10.2004 – Rs. C-36/02 *Omega Spielhallen,* EU:C:2004:614 Rdn. 33f.

48 EuGH v. 13.12.1979 – Rs. 44/79 *Hauer,* EU:C:1979:290 Rdn. 16, 17–30; EuGH v. 19.6.1980 – verb. Rs. 41/79, 121/79 und 769/79 *Testa,* EU:C:1980:163 Rdn. 18–22; EuGH v. 6.12.1984 – Rs. 59/83 *Biovilac,* EU:C:1984:380 Rdn. 21f. (offengelassen); EuGH v. 11.7.1989 – Rs. 265/87 *Schräder,* EU:C:1989:303 Rdn. 15; EuGH v. 5.10.1994 – Rs. C-280/93 *Deutschland ./. Rat,* EU:C:1994:367 Rdn. 78 – Bananenmarktordnung.

49 EuGH v. 14.5.1974 – Rs. 4/73 *Nold,* EU:C:1974:51 Rdn. 13f.; EuGH v. 27.9.1979 – Rs. 230/78 *Eridania,* EU:C:1979:216 Rdn. 20–22, 31; EuGH v. 13.12.1979 – Rs. 44/79 *Hauer,* EU:C:1979:290 Rdn. 16, 32; EuGH v. 6.12.1984 – Rs. 59/83 *Biovilac,* EU:C:1984:380 Rdn. 22f.; EuGH v. 11.7.1989 – Rs. 265/87 *Schräder,* EU:C:1989:303 Rdn. 14f.; EuGH v. 8.10.1986 – Rs. 234/85 *Keller,* EU:C:1986:377 Rdn. 8; EuGH – verb. Rs. C-132/91, C-138/91 und C-139/91 *Katsikas,* EU:C:1992:517 Rdn. 30–32; EuGH v. 5.10.1994 – Rs. C-280/93 *Deutschland./. Rat,* EU:C:1994:367 Rdn. 78 – Bananenmarktordnung. *Bryde,* RdA 2003, Sonderbeil. Heft 5, 5, 8f.; Hanau/Steinmeyer/Wank/*Wank,* § 13 Rdn. 33–43. Vgl. auch die (unverbindlichen) Erläuterungen des Präsidiums des Grundrechtskonvents zu Art. 16 der Charta, Dok. CHARTE 4487/00 CONVENT 50, S. 18f.; abgedr. in EuGRZ 2000, 559, 563.

50 EuGH v. 9.3.2006 – Rs. C-499/04 *Werhof,* EU:C:2006:168 Rdn. 33; EuGH v. 15.12.1995 – Rs. C-415/93 *Bosman,* EU:C:1995:463 Rdn. 79; EuGH v. 8.10.1974 – Rs. 175/73 *Gewerkschaftsbund ./. Rat,* EU:C:1974:95 Rdn. 14f. (Klagerecht der Gewerkschaft); EuGH v. 8.10.1974 – Rs. 18/74 *Allgemeine Gewerkschaft ./. Kommission,* EU:C:1974:96 Rdn. 10f. (Klagerecht der Gewerkschaft); EuGH v. 18.10.1990 –

lektiver Maßnahmen[51] und nicht zuletzt der **Gleichheitsgrundsatz**[52] hervorzuheben.

15 Auf der Grundlage der „Rechtswahrungsaufgabe" des EuGH (Art. 19 Abs. 1 EUV) können die Allgemeinen Rechtsgrundsätze des Primärrechts **Eingriffsverbote und Schutzgebote** für die Gesetzgebung auf dem Gebiet des Arbeitsrechts begründen und bei der Auslegung des Europäischen Arbeitsrechts zu berücksichtigen sein (primärrechtskonforme Auslegung).[53] Ein Beispiel[54] ist die Entscheidung im Fall *Katsikas*, in der der EuGH ein Widerspruchsrecht des Arbeitnehmers gegen den Übergang des Arbeitsverhältnisses auf den Betriebserwerber wesentlich auf das – von ihm in dieser Entscheidung freilich nicht näher begründete – Grundrecht der Berufsfreiheit gestützt hat:[55]

> „Eine solche Verpflichtung [sc.: das Arbeitsverhältnis mit dem Erwerber fortzusetzen] verstieße gegen Grundrechte des Arbeitnehmers, der bei der Wahl seines Arbeitgebers frei sein muss und nicht verpflichtet werden kann, für einen Arbeitgeber zu arbeiten, den er nicht frei gewählt hat."

Die Allgemeinen Rechtsgrundsätze sind demnach wichtiger Bestandteil des Unionsrechts. Da sie als ungeschriebene Rechte vom Gerichtshof erst – womöglich in „wertender" (!) Rechtsvergleichung – aufgedeckt werden müssen, besteht indes – wie die *Mangold*-Entscheidung illustriert (dazu noch § 12 Rdn. 3) – die Gefahr, dass der EuGH sie für judikativen Aktivismus nutzt und dabei in die Rechte anderer EU-Institutionen (horizontale Gewaltenteilung) oder der Mitgliedstaaten (vertikale Gewaltenteilung) eingreift.[56] Dies ist besonders dann problematisch, wenn es um *primärrechtliche* All-

---

verb. Rs. C-193/87 und C-194/87 *Maurissen*, EU:C:1990:18 Rdn. 11–15. Näher *Däubler*, FS Hanau (1999), S. 489–503; Hanau/Steinmeyer/Wank/*Wank*, § 13 Rdn. 44–48.

51 EuGH v. 15.7.2010 – Rs. C-271/08 *Kommission ./. Deutschland*, EU:C:2010:426 Rdn. 37ff.; EuGH v. 18.12.2007 – Rs. C-341/05 *Lavalun Partneri*, EU:C:2007:809 Rdn. 90f.; EuGH v.11.12.2007– Rs. C-438/05 *Viking*, EU:C:2007:772 Rdn. 43f.; s.a. schon EuGH v. 21.9.1999 – Rs. C-67/96 *Albany*, EU:C:1999:430 Rdn. 54–64; nur am Rande setzt die Tarifautonomie voraus EuGH v. 15.1.1998 – Rs. C-15/96 *Kalliope Schöning-Kougebetopoulou*, EU:C:1998:3 Rdn. 29–34. *Birk*, FS 50 Jahre BAG (2004), S. 1165–1178; *Schubert*, RdA 2008, 289, 292–295; krit. im Hinblick auf Begründung und Reichweite *Rebhahn*, wbl 2008, 63–69; *ders.*, ZESAR 2008, 109–117. Ein „europäisches Grundrecht der Tarifautonomie" postuliert *Bryde*, RdA 2003, Sonderbeil. Heft 5, 5, 7.

52 EuGH v. 22.11.2005 – Rs. C-144/04 *Mangold*, EU:C:2005:709 Rdn. 73ff.; EuGH v. 19.10.2010 – Rs. C-555/07 *Kücükdeveci*, EU:C:2010:21 Rdn. 22; EuGH v. 13.9.2011 – Rs. C-447/09 *Prigge*, EU:C:2011:321 Rdn. 38.

53 Vgl. *Grundmann*, FS Buxbaum (2000), S. 213, 228f.

54 Vgl. des Weiteren EuGH v. 12.6.2003 – Rs. C-112/00 *Schmidberger*, EU:C:2003:333; dort ging es um den Ausgleich von Warenverkehrsfreiheit und Versammlungsfreiheit, doch könnten sich die Fragen in einem Streik-Fall ganz ähnlich stellen; dazu mit Weitblick schon *Däubler*, FS Hanau (1999), S. 500f.; ferner *Fuchs/Marhold*, Europäisches Arbeitsrecht, S. 505–507.

55 EuGH v. 16.12.1992 – verb. Rs. C-132/91, C-138/91 und C-139/91 *Katsikas*, EU:C:1992:517 Rdn. 30–32; krit. *Birk*, EuZW 1993, 156, 159.

56 *Lenaerts/Gutiérrez-Fons*, CMLRev 47 (2010), 1629–1669 (zustimmende Bedenken). S.a. *Riesenhuber*, ERCL 3 (2007), 62–71.

gemeine Rechtsgrundsätze geht, denn diese können vom EU-Gesetzgeber oder den mitgliedstaatlichen Gesetzgebern der Mitgliedstaaten nicht korrigiert werden.

III. Die Grundrechtscharta

Literatur: *Adams-Prassl*, A Case for Remedies Against Employers?, in: Brameshuber/Friedrich/Karl (Hrsg.), Festschrift Franz Marhold, 2020, S. 395–404; *ders.*, Article 47 CFR and the effective enforcement of EU labour law: Teeth for the paper tigers?, ELLJ 11 (2020), 391–402; *Ashiagbor*, Economic and Social Rights in the European Charter of Fundamental Rights, E.H.R.L.R. 2004, 62–72; *Barnard*, Are social 'Rights' rights?, ELLJ 11 (2020), 351–363; *Becker*, Das Arbeitsrecht als Schrittmacher europäischer Grundrechtsdogmatik: Zur Drittwirkung sozialer Grundrecht, in: Brameshuber/Friedrich/Karl (Hrsg.), Festschrift Franz Marhold, 2020, S. 405–417; *Belling/Herold/Kneis*, Die Wirkung der Grundrechte und Grundfreiheiten zwischen Privaten, in: Attila/Belling (Hrsg.), Rechtsentwicklungen aus europäischer Perspektive im 21. Jahrhundert, 2014, S. 53–111; *Bercusson* (Hrsg.), European Labour law and the EU Charter of Fundamental Rights, 2006; *Bernsdorff*, Soziale Grundrechte in der Charta der Grundrechte der Europäischen Union, VSSR 2001, 1–23; *Blanpain/Hepple/Sciarra/Weiss*, Soziale Grundrechte: Vorschläge für die Europäische Union, KritV 1995, 452–463; *Bryde*, Grundrechte der Arbeit und Europa, RdA 2003, Sonderbeilage zu Heft 5, 5–10; *Canaris*, Drittwirkung der gemeinschaftsrechtlichen Grundfreiheiten, in: Bauer/Czybulka/Kahl/Voßkuhle (Hrsg.), Umwelt, Wirtschaft und Recht – Wissenschaftliches Symposium aus Anlaß des 65. Geburtstages von Reiner Schmidt, 2002, S. 29–67; *Däubler*, EU-Grundrechtecharta und kollektives Arbeitsrecht, AuR 2001, 380–384; *Di Fabio*, Nationales Arbeitsrecht im Spannungsfeld von Grundgesetz und Grundrechtecharta, RdA 2012, 262–266; *Dorfmann*, Der Schutz der sozialen Grundrechte, 2008; *Ehlers* (Hrsg.), Europäische Grundrechte und Grundfreiheiten, 4. Aufl. 2015; *Engel*, The European Charter of Fundamental Rights – A Changed Political Opportunity Structure and its Normative Consequences, ELJ 2001, 151–170; *Everling*, Zur Europäischen Grundrechtscharta und ihren sozialen Rechten, in: Söllner/Gitter/Waltermann/Giesen/Ricken (Hrsg.), Gedächtnisschrift für Meinhard Heinze, 2005, S. 157–176; *Franzen*, Europäisches Recht und die Beendigung von Arbeitsverhältnissen in Deutschland, NZA-Beilage 2015, 77–83; *Frenz/Götzkes*, Ein europäisches Grundrecht der Arbeitnehmerinnen und Arbeitnehmer auf Unterrichtung und Anhörung im Unternehmen? – Zur rechtsdogmatischen Einordnung von Art. 27 GRCh, RdA 2007, 216–218; *Fudge*, The New Discourse of Labour Rights: From Social to Fundamental Rights?, Comp. Lab. L. & Pol'y J. 29 (2007–2008), 29–66; *Hanau*, Die Europäische Grundrechtscharta – Schein und Wirklichkeit im Arbeitsrecht, NZA 2009, 1–6; *Heiderhoff/Lohsse/Schulze* (Hrsg.), EU-Grundrechte und Privatrecht, 2016; *Hepple*, The EU Charter of Fundamental Rights, ILJ 30 (2001), 225–231; *Herresthal*, Constitutionalisation of Freedom of Contract in EC Law, in: Huber/Ziegler, Current Problems in the Protection of Human Rights: Perspectives from Germany and the UK, 2013, S. 89–116; *ders.*, Grundrechtecharta und Privatrecht – Die Bedeutung der Charta der Grundrechte für das europäische und das nationale Privatrecht, ZEuP 2014, 238–280; *Jarass*, Charta der Grundrechte der Europäischen Union – Kommentar, 3. Aufl. 2016; *ders./Kment*, EU-Grundrechte, 2. Aufl. 2020; *Kainer*, Rückkehr der unmittelbar-horizontalen Grundrechtswirkung aus Luxemburg, NZA 2018, 894–900; *Kenntner*, Die Schrankenbestimmungen der EU-Grundrechtecharta – Grundrechte ohne Schutzwirkung?, ZRP 2000, 423–425; *Kokott/Sobotta*, Die Charta der Grundrechte der Europäischen Union nach Inkrafttreten des Vertrags von Lissabon, EuGRZ 2010, 265–271; *Krebber*, Die Bedeutung der Grundrechtecharta und der EMRK für das deutsche Individualarbeitsrecht, EuZA 2013, 188–202; *Lindner*, Fortschritte und Defizite im EU-Grundrechtsschutz – Plädoyer für eine Optimierung der Grundrechtecharta, ZRP 2007, 54–57; *ders.*, Grundrechtsschutz gegen gemeinschaftsrechtliche Öffnungsklauseln – zugleich ein Beitrag zum Anwendungsbereich der EU-Grundrechte, EuZW 2007, 71–75; *Losch/Radau*, Die soziale Verfassungsaufgabe der Europäischen Union, NVwZ 2003, 1440–1446; *Marauhn*, Die wirtschaftliche

Vereinigungsfreiheit zwischen menschenrechtlicher Gewährleistung und privatrechtlicher Ausgestaltung, RabelsZ 63 (1999), 537–560; *Meyer/Engels*, Aufnahme von sozialen Grundrechten in die Europäische Grundrechtecharta?, ZRP 2000, 368–371; *ders./Hölscheidt* (Hrsg.), Charta der Grundrechte der Europäischen Union, 5. Aufl. 2019; *Pitschas*, Europäische Grundrechte-Charta und soziale Grundrechte, VSSR 2000, 207–220; *Rebhahn*, Überlegungen zur Bedeutung der Charta der Grundrechte der EU für den Streik und für die Kollektive Rechtsgestaltung, in: Söllner/Gitter/Waltermann/Giesen/Ricken (Hrsg.), Gedächtnisschrift für Meinhard Heinze, 2005, S. 649–660; *ders.*, Zur Bedeutung des Art. 30 der Grundrechtecharta der EU betreffend den Kündigungsschutz, in: Kuras/ Neumayr/Spenling (Hrsg.), Beiträge zum Arbeits- und Sozialrecht. Festschrift für Peter Bauer, Gustav Maier und Karl Heinz Petrag, 2004, S. 283–297; *Reich*, Zur Notwendigkeit einer Europäischen Grundrechtsbeschwerde, ZRP 2000, 375–378; *Rengeling/Szczekalla* (Hrsg.), Grundrechte in der Europäischen Union – Charta der Grundrechte und Allgemeine Rechtsgrundsätze, 2004; *Schmidt, Marlene*, Das Arbeitsrecht der Europäischen Gemeinschaften, 2001, Kap. 1 Rdn. 82–115; *Schneiders*, Die Grundrechte der EU und die EMRK – Das Verhältnis zwischen ungeschriebenen Grundrechten, Grundrechtecharta und Europäischer Menschenrechtskonvention, 2010; *Schubert*, Die Grundrechtecharta der Europäischen Union als Mittel zur Expansion des Unionsrechts?, EuZA 2020, 302–319; *Stern/Sachs* (Hrsg.), Europäische Grundrechte-Charta, 2016; *Streinz*, EUV/AEUV – Vertrag über die Europäische Union und Vertrag über die Arbeitsweise der Europäischen Union, 3. Aufl. 2018; *ders.*, Präzisierung des Anwendungsbereichs der EU-Grundrechtecharta, EuZA 2020, 355–365; *ders./Michl*, Die Drittwirkung des europäischen Datenschutzgrundrechts (Art. 8 GRCh) im deutschen Privatrecht, EuZW 2011, 384–388; *ders./Ohler/Herrmann*, Der Vertrag von Lissabon zur Reform der EU, 3. Aufl. 2010; *Weatherill*, Use and Abuse of the EU's Charter of Fundamental Rights: On the Improper Veneration of „Freedom of Contract", ERCL 10 (2014), 167–182; *Weiss*, Grundrechtecharta der EU auch für Arbeitnehmer?, AuR 2001, 374–378; *Willemsen/Sagan*, Die Auswirkungen der europäischen Grundrechtecharta auf das deutsche Arbeitsrecht, NZA 2011, 258–262; *Zachert*, Die Arbeitnehmerrechte in einer Europäischen Grundrechtscharta, NZA 2001, 1041–1046.

Rechtsprechung (Auswahl):

EuGH v. 27.6.2006	Rs. C-540/03 *Parlament ./. Rat*, EU:C:2006:429 – Familienzusammenführung
EuGH v. 26.2.2013	Rs. C-617/10 *Fransson*, EU:C:2013:105
EuGH v. 18.7.2013	Rs. C-426/11 *Alemo-Herron*, EU:C:2013:521
EuGH v. 15.1.2014	Rs. C-176/12 *Association de médiation sociale*, EU:C:2014:2
EuGH v. 6.3.2014	Rs. C-206/13 *Siragusa*, EU:C:2014:126
EuGH v. 10.7.2014	Rs. C-198/13 *Hernández*, EU:C:2014:2055
EuGH v. 5.2.2015	Rs. C-117/14 *Nisttahuz Poclava*, EU:C:2015:60
EuGH v. 21.12.2016	Rs. C-201/15 *AGET Iraklis*, EU:C:2016:972
EuGH v. 17.4.2018	Rs. C-414/16 *Egenberger*, EU:C:2018:257
EuGH v. 6.11.2018	Rs. C-684/16 *Max-Planck-Gesellschaft zur Förderung der Wissenschaften*, EU:C:2018:874
EuGH v. 6.11.2018	verb. Rs. C-569/16 und C-570/16 *Bauer und Willmeroth*, EU:C:2018:871
EuGH v. 22.1.2020	Rs. C-177/18 *Martín*, EU:C:2020:26
EuGH v. 24.9.2020	Rs. C-223/19 *YS*, EU:C:2020:753

1. Einführung

a) Entstehung

16 Ungeachtet der partiellen Grundrechtsgewährleistung im Primärrecht und der judikativen Ausbildung von Grundrechten als Allgemeine Rechtsgrundsätze bleibt die Ein-

führung eines Grundrechtskatalogs ein Desiderat. Seiner Rechtsprechungsaufgabe entsprechend kann der Gerichtshof Grundrechte nur punktuell anerkennen und nicht systematisch ausbilden.[57] Den als Allgemeine Rechtsgrundsätze begründeten Grundrechten fehlt zudem die Transparenz, die ein geschriebener Grundrechtskatalog verbürgt.[58]

Nach einem Beschluss vom 3./.4. Juli 1999 in Köln[59] setzte der Europäische Rat daher auf seinem Gipfeltreffen im Oktober 1999 ein Gremium („Konvent") zur Ausarbeitung einer Grundrechtscharta ein, zu dessen Vorsitzenden *Roman Herzog* gewählt wurde. Der Konvent nahm seine Arbeit am 17. Dezember 1999 in Brüssel auf und legte bereits am 28. Juli 2000 einen ersten Entwurf der Grundrechtscharta vor. Am 7. Dezember 2000 wurde die **Charta der Grundrechte der Europäischen Union** (im Folgenden auch: GRCh) von den Mitgliedstaaten feierlich proklamiert.[60] 17

Ein schriftlicher Grundrechtskatalog wirft eine Vielzahl von Folgefragen auf, insbesondere in einem Mehrebenen-Rechtssystem.[61] Neben rechtlichen Fragen im engeren Sinne steht die Überlegung, ob die Kodifizierung eine neue Dynamik für die Sozialgesetzgebung in der EU auslösen kann.[62] 18

b) Rechtliche Verbindlichkeit: Von der Grundrechtscharta zum Verfassungsvertrag und zur Einbeziehung in den EU-Vertrag

Die Grundrechtscharta wurde zwar feierlich verabschiedet, zunächst aber nicht rechtlich in Kraft gesetzt.[63] Allerdings war – anders als bei der Gemeinschaftscharta der sozialen Grundrechte (unten, Rdn. 68ff.) – von Anfang an beabsichtigt, sie zum Bestandteil der Gemeinschaftsverfassung zu machen und die Grundrechte zu materiell durchsetzbaren Rechtspositionen für die EU-Bürger. Die Charta wurde daher zunächst 19

57 *Däubler*, AuR 2001, 380f.; *Weiss*, AuR 2001, 374; *Pitschas*, VSSR 2000, 207, 210; *Calliess*, EuZW 2001, 261, 262; *Zachert*, NZA 2001, 1041, 1042 (auch zu weiteren Motiven für eine Kodifizierung der Grundrechte).

58 *Zachert*, NZA 2000, 621, 625; M. *Schmidt*, Arbeitsrecht der EG, I Rdn. 82.

59 Schlussfolgerungen des Vorsitzes Nr. 44 und 45 – Europäischer Rat in Köln v. 3./4.6.1999, verfügbar unter www.consilium.europa.eu/media/21062/57872.pdf, insoweit auch abgedr. bei *Bernsdorff/Borowsky*, Die Charta der Grundrechte der Europäischen Union (2002), S. 59f.

60 Zur Entstehung etwa *Bernsdorff*, VSSR 2001, 1–23; *Jarass/Kment*, EU-Grundrechte, § 1 Rdn. 13ff.; *Weiss*, AuR 2001, 374, 375; *Zachert*, NZA 2001, 1041, 1042.

61 Eingehend *Engel*, ELJ (7) 2001, 151–170.

62 S. u.a. *Ashiagbor*, E.H.R.L.R. 2004, 62–72 (u.a. mit der Frage, ob die Charta Raum für „innovation and judicial activism" eröffnet).

63 Eine gewisse Bindung annehmend bereits EuGH v. 27.6.2006 – Rs. C-540/03 *Parlament ./. Rat*, EU:C:2006:429 Rdn. 38 – Familienzusammenführung; dazu sowie zu Vorwirkungen *Lindner*, EuZW 2007, 71; *Calliess*, EuZW 2001, 261, 267. Zuvor schon GA *Alber*, Schlussanträge vom 1.2.2001 – Rs. C-340/99 *Universaldienst*, EU:C:2001:74 Rdn. 94; GA *Tizzano*, Schlussanträge v. 18.2.2001 – Rs. C-173/99 *BECTU*, EU:C:2001:81 Rdn. 26–28; GA *Leger*, Schlussanträge v. 10.7.2001 – Rs. C-353/99 P *Hautala*, EU:C:2001:392 Rdn. 80–83.

2004 – im Wesentlichen unverändert – als Teil II in den Entwurf des **Verfassungsvertrags**[64] eingefügt. Nachdem der Verfassungsvertrag an den ablehnenden Referenden Frankreichs und der Niederlande scheiterte, inkorporierte der Lissaboner Vertrag sie durch Art. 6 Abs. 1 EUV in das Primärrecht: „[D]ie Charta der Grundrechte und die Verträge sind rechtlich gleichrangig."[65]

c) Übersicht: Systematik und Inhalte der Grundrechtscharta

20 Die Charta bekräftigt ausweislich ihrer Präambel neben den Rechten, die den Verfassungstraditionen der Mitgliedstaaten gemeinsam sind, insbesondere die gemeinsamen internationalen Verpflichtungen der Mitgliedstaaten; beispielhaft genannt werden die Europäische Menschenrechtskonvention, die Europäischen Sozialcharta (oben, Rdn. 3) und die Gemeinschaftscharta der sozialen Grundrechte der Arbeitnehmer (unten, Rdn. 68ff.). Die Grundrechtscharta ist nach einer Präambel in sieben Titel gegliedert. Diese betreffen

(I) die Würde des Menschen,
(II) Freiheiten,
(III) Gleichheit,
(IV) Solidarität,
(V) Bürgerrechte und
(VI) Justizielle Rechte.
(VII) Titel VII enthält Allgemeine Bestimmungen über die Auslegung und Anwendung der Charta.

21 Fundamentale Bestimmungen mit Bedeutung auch für das Arbeitsrecht enthält schon Titel I: „Die Würde des Menschen ist unantastbar. Sie ist zu achten und zu schützen" (Art. 1 GRCh). Neben dem Schutz des Lebens (Art. 2 GRCh) und der körperlichen und geistigen Unversehrtheit (Art. 3 GRCh) ist zudem das Verbot von Sklaverei, Leibeigenschaft und Zwangs- oder Pflichtarbeit hervorzuheben (Art. 5 GRCh).

22 Aus dem Titel II über **Freiheiten** sind für das Arbeitsrecht vor allem von Bedeutung:

- der Schutz personenbezogener Daten (Art. 8 GRCh),
- die Gedanken-, Gewissens- und Religionsfreiheit (Art. 10 GRCh),
- die Freiheit der Meinungsäußerung (Art. 11 GRCh),
- die Koalitionsfreiheit (Art. 12 GRCh),
- das Recht auf Bildung (Art. 14 GRCh),
- die Berufsfreiheit (Art. 15 GRCh),

---

64 Vertrag über eine Verfassung für Europa, ABl. 2004 C 310/1.

65 ABl. 2008 C 115/1, 13. Betroffen ist die GRCh „in der am 12. Dezember 2007 in Straßburg angepassten Fassung". Verträge im Sinne der Bestimmung sind dann der Vertrag über die Europäischen (EUV) und der Vertrag über die Arbeitsweise der Europäischen Union (AEUV) jeweils in der in der Fassung des Vertrages von Lissabon.

- die unternehmerische Freiheit (Art. 16 GRCh) und
- das Eigentum (Art. 17 GRCh).

Titel III über **Gleichheit** enthält insbesondere weitreichende 23
- Diskriminierungsverbote (Art. 21 GRCh) sowie
- eine besondere Gewährleistung der Gleichheit von Frauen und Männern gerade auch im Hinblick auf Beschäftigung, Arbeit und Arbeitsentgelt (Art. 23 GRCh).

Schließlich geht es in Titel IV über **Solidarität** (neben Umwelt- und Verbraucher- 24
schutz) ganz hauptsächlich um die so genannten sozialen Grundrechte mit Bedeutung für das Arbeits- und Sozialrecht (näher unten, Rdn. 47–64). Die hier begründeten sozialen Grundrechte haben ganz erhebliche praktische Bedeutung. Insbesondere legt der Gerichtshof das sekundäre Arbeitsrecht jetzt routinemäßig im Lichte der Arbeitnehmer-Grundrechte aus.[66]

Die **Bürgerrechte** aus Titel V beeinflussen das Arbeitsrecht vor allem durch die 25
Freizügigkeit aus Art. 45 GRCh. Diese geht jedoch nicht über das Grundrecht aus Art. 21 AEUV hinaus (dazu siehe § 3 Rdn. 120 f.).

In Titel VI geht es um **justizielle Rechte**, u. a. in Art. 47 um das Recht auf einen 26
wirksamen Rechtsbehelf und ein unparteiisches Gericht. Der EuGH hat dieses Grundrecht als (zusätzliches) Verbot von Vergeltung und Viktimisierung gesehen.[67] Er nutzt Art. 47 außerdem als Grundlage für den Grundsatz des wirksamen Rechtsschutzes, der die nationalen Gerichte bindet, die unionsrechtlich begründeten Rechte des Einzelnen effektiv zu schützen.[68] In gewisser Weise findet das Effektivitätsgebot der Umsetzungspflichten (dazu § 1 Rdn. 77) so in Art. 47 Abs. 1 GRCh eine zusätzliche Grundlage.[69]

Der abschließende Titel VII enthält, gleichsam hinter die Klammer gezogen, ei- 27
nige **allgemeine Bestimmungen**. Dazu gehört insbesondere eine Regelung über den Anwendungsbereich der Grundrechtscharta (Art. 51 GRCh; dazu unten, Rdn. 30) sowie eine allgemeine Bestimmung der Schranken (Art. 52 Abs. 1 GRCh; näher unten, Rdn. 65–67). Für das Verständnis und die Auslegung der Grundrechtscharta von zentraler Bedeutung ist die kompetenzrechtlich begründete Beschränkung in Art. 51 Abs. 2 GRCh: Die Charta beschränkt sich auf den Geltungsbereich des Unionsrechts und begründet weder neue Zuständigkeiten noch neue Aufgaben für die Union.[70]

---

66 S. z. B. EuGH v. 14.5.2019 – Rs. C-55/18 *CCOO*, EU:C:2019:402 (Auslegung der Arbeitszeitrichtlinie im Lichte von Art. 31 GRCh).

67 EuGH v. 14.10.2010 – Rs. C-243/09 *Fuß I*, EU:C:2010:609 Rdn. 66; s. auch schon EuGH v. 22.9.1998 – Rs. C-185/97 *Coote*, EU:C:1998:424 Rdn. 24, 27.

68 EuGH v. 17.4.2018 – Rs. C-414/16 *Egenberger*, EU:C:2018:257 Rdn. 49, 78 ff.; EuGH v. 22.12.2010 – verb. Rs. C-444/09 und C-456/09 *Gavieiro Gavieiro*, EU:C:2010:819 Rdn. 75. S. ferner EuGH v. 8.5.2019 – Rs. C-230/18 *PI*, EU:C:2019:383 Rdn. 78 ff.

69 *Adams-Prassl*, FS Marhold (2020), S. 395 ff.; *ders.*, ELLJ 11 (2020), 391 ff.

70 Das stellt 6 Abs. 1 EUV nochmals klar.

28 Besonders für die sozialen Grundrechte ist die in Art. 51 f. GRCh angelegte **Unterscheidung zwischen Grundrechten** und -freiheiten einerseits und **Grundsätzen** andererseits von Bedeutung.[71] Grundrechte sind gem. Art. 51 Abs. 1 S. 2 zu „achten" und dürften nur aufgrund eines Gesetzes zu einem legitimen Zweck und unter Wahrung der Verhältnismäßigkeit eingeschränkt werden, Art. 52 Abs. 1 GRCh. An Grundsätze muss man sich halten, deren Anwendung ist zu fördern, Art. 51 Abs. 1 GRCh, sie können durch Akte der Gesetzgebung umgesetzt werden, Art. 52 Abs. 5 GRCh. Welcher Kategorie die einzelnen Rechte der Charta zuzuordnen sind, ist jeweils durch Auslegung zu ermitteln. Z.B. hat der Gerichtshof das Recht auf Unterrichtung und Anhörung des Art. 27 GRCh als Grundsatz angesehen, der durch Gesetzgebung auszufüllen ist.[72] Dem Diskriminierungsverbot des Art. 21 GRCh,[73] aber auch dem Recht auf bezahlten Jahresurlaub aus Art. 31 Abs. 2 GRCh[74] entnimmt er demgegenüber ein Grundrecht, auf das sich der Einzelne berufen kann.

d) Adressaten und Anwendungsbereich

29 Unionsrechtliche Grundrechte dienen vor allem der **Begrenzung der Hoheitsgewalt der EU**, die bisher weder an mitgliedstaatliche Grundrechte noch an die EMRK gebunden ist.[75] Daher gilt die Charta zunächst „für die Organe, Einrichtungen und sonstigen Stellen der Union", Art. 51 Abs. 1 S. 1 GRCh.

30 Für die **Mitgliedstaaten** gilt die Charta demgegenüber „ausschließlich bei der **Durchführung des Rechts der Union**", Art. 51 Abs. 1 S. 1 GRCh.[76] Obwohl der Wortlaut eine Beschränkung andeutet („ausschließlich"),[77] hat der EuGH an seiner Rechtsprechung zu den ungeschriebenen Grundrechten festgehalten und nationale Rechtsakte schon dann an den Unionsgrundrechten gemessen, wenn das staatliche Handeln **in den Anwendungsbereich des Unionsrechts fällt**,[78] etwa wenn sich der Mitgliedstaat auf die Rechtfertigungsmöglichkeiten beruft, die die Grundfreiheiten für einen Eingriff in ihren Schutzbereich vorsehen.[79] Zur „Durchführung des Rechts der Union"

---

71 Dazu und zum Folgenden *Barnard*, ELLJ 11 (2020), 351 ff.; *Becker*, EuR 2019, 469, 475 f.; *Krebber*, EuZA 2016, 3, 7 f.; Schlachter/Heinig/*Krebber*, § 2 Rdn. 15 ff.

72 EuGH v. 15.1.2014 – Rs. C-176/12 *Association de mediation sociale*, EU:C:2014:2 Rdn. 45.

73 EuGH v. 17.4.2018 – Rs. C-414/16 *Egenberger*, EU:C:2018:257 Rdn. 76.

74 EuGH v. 6.11.2018 – verb. Rs. C-569/16 und C-570/16 *Bauer*, EU:C:2018:871 Rdn. 51 ff.

75 *Lindner*, ZRP 2007, 54, 55; *Losch/Radau*, NVwZ 2003, 1440; *Kenntner*, ZRP 2000, 368.

76 *Kokott/Sobotta*, EuGRZ 2010, 265, 267 f. Fallgruppen bildend *Schubert*, EuZA 2020, 302, 304 ff.

77 *Everling*, GS Heinze (2004), S. 164; *Lindner*, EuZW 2007, 71, 72 (s. 72 f. auch zur Grundrechtskontrolle von Öffnungsklauseln und ausfüllendem mitgliedstaatlichen Recht); *Rebhahn*, GS Heinze (2004), S. 655–660.

78 EuGH v. 10.7.2014 – Rs. C-198/13 *Hernández*, EU:C:2014:2055 Rdn. 33; EuGH v. 18.6.1991 – Rs. C-260/89 *ERT*, EU:C:1991:254 Rdn. 42; *Cremer*, NVwZ 2003, 1452, 1453 f.

79 EuGH v. 21.12.2016 – Rs. C-201/15 *AGET Iraklis*, EU:C:2016:972 Rdn. 64; EuGH v. 30.4.2014 – Rs. C-390/12 *Pfleger*, EU:C:2014:281 Rdn. 35 f.; EuGH v. 18.6.1991 – Rs. C-260/89 *ERT*, EU:C:1991:254 Rdn. 43;

gehört ohne weiteres die Richtlinienumsetzung[80] und die Anwendung richtliniendeterminierten Rechts.[81] Indessen hat der Gerichtshof diese darüber hinausgehend weit verstanden.[82] So sah er in *Fransson* einen Sachverhalt zum Umsatzsteuerrecht bereits deswegen im Anwendungsbereich der Charta, weil die Bestimmungen zur Rechtsdurchsetzung auch der Durchsetzung richtliniendeterminierten Rechts dienten, auch wenn sie nicht spezifisch für diesen Zweck geschaffen waren.[83] Schon die weit gefasste Ausstrahlungswirkung der Umsetzungspflichten (Äquivalenzgrundsatz und Effektivitätsgrundsatz) begründen m.a.W. die Anwendbarkeit der Grundrechtscharta. Folgerichtig kann darüber hinaus auch die Durchführung oder Unterlassung von „Maßnahmen" in Erfüllung der Unionstreuepflicht des Art. 4 Abs. 3 EUV als „Durchführung des EU-Rechts" anzusehen sein.[84] Einschränkend hat der Gerichtshof allerdings auch hervorgehoben, dass der Begriff der „Durchführung des Rechts der Union" „einen **hinreichenden Zusammenhang** von einem gewissen Grad verlangt, der darüber hinausgeht, dass die fraglichen Sachbereiche benachbart sind oder der eine von ihnen mittelbare Auswirkungen auf den anderen haben kann".[85] So reicht etwa nicht aus, dass die Union eine Zuständigkeit für einen bestimmten Bereich hat, soweit sie diese nicht ausgeübt hat.[86] Für die Prüfung im Einzelfall will er u.a. darauf abstellen, ob der mitgliedstaatliche Gesetzgeber die Durchführung von Unionsrecht bezweckt oder andere Ziele verfolgt und ob es eine für den Bereich spezifische unionsrechtliche Regelung gibt.[87] Praktisch bedeutet das, dass weite Teile des regulierenden Arbeitsrechts im Anwendungsbereich der Charta liegen, weil sie richtliniendeterminiert sind oder als freizügigkeitsbeschränkende Regelungen auf Arbeitnehmerinteressen als „zwingende Gründe des Allgemeininteresses" gestützt werden. Anderes gilt nur für wenige nationale Reservate wie den allgemeinen Kündigungsschutz. Soweit allerdings die Mitgliedstaaten über die europäischen Mindestvorschriften hinausgehen,

---

EuGH v. 26.6.1997 – Rs. C-368/95 *Familiapress*, EU:C:1997:325 Rdn. 24; EuGH v. 11.7.2002 – Rs. C-60/00 *Carpenter*, EU:C:2002:434 Rdn. 40. So auch *Willemsen/Sagan*, NZA 2011, 258, 259f.; abl. *Herresthal*, ZEuP 2014, 238, 249 (unzulässige Rechtsfortbildung).

80 S. z.B. EuGH v. 6.11.2018 – verb. Rs. C-569/16 und C-570/16 *Bauer und Willmeroth*, EU:C:2018:871 Rdn. 53; EuGH v. 15.1.2014 – Rs. C-176/12 *Association de mediation sociale*, EU:C:2014:2 Rdn. 43.

81 EuGH v. 24.9.2020 – Rs. C-223/19 *YS*, EU:C:2020:753 Rdn. 79f.

82 Krit. Schlachter/Heinig/*Krebber*, § 2 Rdn. 35ff. (mit Art. 51 Abs. 1 S. 1 GRCh „offensichtlich" unvereinbar).

83 EuGH v. 26.2.2013 – Rs. C-617/10 *Fransson*, EU:C:2013:105 Rdn. 16ff. Ein gewisses einschränkendes Verständnis hat obiter BVerfG, NJW 2013, 1499 Rdn. 91 angezeigt.

84 Dies noch ablehnend *Lindner*, EuZW 2007, 71, 72.

85 EuGH v. 6.3.2014 – Rs. C-206/13 *Siragusa*, EU:C:2014:126 Rdn. 24; EuGH v. 10.7.2014 – Rs. C-198/13 *Hernández*, EU:C:2014:2055 Rdn. 34.

86 EuGH v. 10.7.2014 – Rs. C-198/13 *Hernández*, EU:C:2014:2055 Rdn. 36. Entsprechend für bloße Zielbestimmung, EuGH v. 5.2.2015 – Rs. C-117/14 *Nisttahuz Poclava*, EU:C:2015:60 Rdn. 40f.

87 EuGH v. 22.1.2020 – Rs. C-177/18 *Martín*, EU:C:2020:26 Rdn. 59; EuGH v. 10.7.2014 – Rs. C-198/13 *Hernández*, EU:C:2014:2055 Rdn. 37.

liegt keine Durchführung des Unionsrechts mehr vor.[88] Davon zu unterscheiden sind: [1] die Ausübung eines unionsrechtlichen Wahlrechts, [2] die Ausübung eines unionsrechtlichen Ermessens oder Ausfüllung eines Gestaltungsspielraums, sowie [3] der – von dem Unionsrechtsakt zugelassene – Erlass spezifischer Maßnahmen.[89] Da in diesen Fällen stets europarechtliche Vorgaben umgesetzt werden, liegt darin eine „Durchführung" des Unionsrechts.[90]

31 Wie vom nationalen Verfassungsrecht und auch von den Grundfreiheiten her bekannt, binden die Grundrechte demnach primär die Hoheitsgewalt der Gemeinschaft und der Mitgliedstaaten. Sie richten sich insbesondere nicht primär an **Privatleute,** wenngleich der Wortlaut einzelner Vorschriften auf den ersten Blick anderes andeutet. Zum Beispiel kann man die Anhörung und Unterrichtung der Arbeitnehmer nach Art. 27 GRCh nehmen, wonach für Arbeitnehmer oder ihre Vertreter „eine rechtzeitige Unterrichtung und Anhörung (…) gewährleistet" werden soll (näher unten, Rdn. 50 f.). Das kann zwar im Ergebnis nur der Arbeitgeber gewährleisten, doch verpflichtet Art. 27 GRCh nicht diese unmittelbar, sondern nur die Gemeinschaft und die Mitgliedstaaten.[91]

32 Ob die Grundrechte der Charta auch Private binden, also eine **„Drittwirkung"** oder **Horizontalwirkung** entfalten, ist ähnlich umstritten wie im nationalen Recht.[92] Die besseren Gründe sprechen hier – wie im nationalen Recht –[93] für eine „nur" über die Schutzpflichten des Staats und der Union vermittelte Horizontalwirkung.[94] Schon Art. 51 Abs. 1 S. 1 GRCh nennt als Grundrechtsadressaten die Union und die Mitgliedstaaten. Auch die Schrankenregelung von Art. 52 Abs. 1 GRCh ist auf hoheitliche Adressaten zugeschnitten. Nicht zu leugnen sind die Probleme privater Macht und faktischer Grundrechtseinschränkung, doch lassen sich diese zweckgerecht über die Schutzpflichten von Union und Mitgliedstaaten lösen. Allerdings misst der **EuGH** einigen Grundrechten (ebenso wie *Grundfreiheiten*, § 3 Rdn. 29–33, 58 f., 119) unmittelbare Horizontalwirkung bei, namentlich dem Diskriminierungsverbot von Art. 21 GRCh (Rdn. 44) und dem Grundrecht auf bezahlten Urlaub von Art. 31 Abs. 2 GRCh (Rdn. 60).

---

88 EuGH v. 19.11.2019 – verb. Rs. C-609/17 und C-610/17 *TSN*, EU:C:2019:981; dazu eingehend *Streinz*, EuZA 2020, 355 ff.

89 EuGH v. 19.11.2019 – verb. Rs. C-609/17 und C-610/17 *TSN*, EU:C:2019:981 Rdn. 50.

90 *Streinz*, EuZA 2020, 355, 361 f.

91 *Everling*, FS Heinze (2005), S. 157, 172 f.; allgemein zur Schutzdimension der Bestimmungen der Charta, die einen Bezug auch zu Dritten aufweisen, z. B. auch Art. 28, 29, 31 Abs. 2 und 33 CRCh *Bernsdorff*, VSSR 2001, 1, 20.

92 Übersicht bei EuArbRK/*Schubert*, Art. 51 GRCh Rdn. 34 ff.

93 Grundlegend *Canaris*, Grundrechte und Privatrecht – eine Zwischenbilanz (1999).

94 *Herresthal*, ZEuP 2014, 238, 254 f.; auch *Belling/Herold/Kneis*, in: Attila/Belling (Hrsg.), Rechtsentwicklungen aus europäischer Perspektive im 21. Jahrhundert (2014), 53 ff.; *Kainer*, NZA 2018, 894 ff.; *Schubert*, EuZA 2020, 302, 312 ff. A.M. etwa *Becker*, EuR 2019, 469, 487 ff.; *ders.*, FS Marhold (2020), S. 405 ff.

e) Prozessuale Durchsetzbarkeit

Mit Verbindlichkeit der Charta stellt sich auch die Frage nach ihrer **prozessualen** 33 **Durchsetzbarkeit**. Einen gesonderten Rechtsbehelf, wie ihn das deutsche Grundgesetz mit der Verfassungsbeschwerde (Art. 93 Abs. 1 Nr. 4a GG) bereithält, sieht die Charta nicht vor, eine dahingehende Ergänzung des Charta-Textes durch die Staats- und Regierungschefs ist, soweit ersichtlich, auch nicht beabsichtigt.[95] Die Rechtsschutzmöglichkeiten sind daher beschränkt:

- Zum einen besteht die Möglichkeit des Art. 263 Abs. 4 AEUV, Klage zu erheben gegen an den Einzelnen ergangene Entscheidungen oder ihn unmittelbar und individuell betreffende entscheidungsvertretende Verordnungen oder an Dritte gerichtete Entscheidungen.[96] Richtlinien und „normale" Verordnungen können – mangels Entscheidungswirkung – auf diesem Wege nicht unmittelbar vor einem europäischen Gericht beanstandet werden, selbst wenn sie in Rechte des einzelnen eingreifen.[97]
- Der Einzelne kann vor einem nationalen Gericht gegen die eine Richtlinie umsetzende Bestimmung bzw. einen die Verordnung vollziehenden Rechtsakt vorgehen; die nationalen Gerichte können dem EuGH dann im Wege des Vorabentscheidungsverfahrens (Art. 267 AEUV) die Frage nach der Vereinbarkeit der Richtlinie mit den Gemeinschaftsgrundrechten vorlegen. Eine Vorlage*pflicht* besteht indes grundsätzlich nur für Gerichte letzter Instanz (Art. 267 AEUV),[98] und auch diese kann der Kläger nicht durchsetzen;[99] eine Verletzung des Rechts auf den gesetzlichen Richter (Art. 101 Abs. 1 GG) liegt nur vor, wenn die Vorlageverweigerung „objektiv willkürlich" ist.[100]

---

95 Die Einführung eines Rechtsbehelfs wurde jedenfalls im Konvent diskutiert, ebenso wie eine Änderung des Art. 263 Abs. 4 AEUV, siehe den Schlussbericht der Gruppe II („Einbeziehung der Charta/Beitritt zur EMRK") des Konvents v. 22.10.2002, CONV 354/02, S. 15, verfügbar unter http://register.consilium.europa.eu/doc/srv?l=de&f=CV 354 2002 INIT.

96 Zur unmittelbaren und individuellen Betroffenheit etwa EuGH v. 15.7.1963 – Rs. 25/62 *Plaumann*, EU:C:1963:17; EuGH v. 24.2.1987 – Rs. 26/86 *Deutz und Geldermann*, EU:C:1987:102; EuGH v. 18.5.1994 – Rs. C-309/89 *Codorniu*, EU:C:1994:197 Rdn. 14 ff.; Calliess/Ruffert/*Cremer*, Art. 263 AEUV Rdn. 33–53; Schwarze/*Schwarze*/*Voet van Vormizeele*, Art. 230 EG Rdn. 45–49, 56–62; *Pechstein*, EU-Prozessrecht, Rdn. 447–519.

97 Für die Verordnung etwa EuGH v. 25.7.2002 – Rs. C-50/00 *P Unión de Pequenos Agricultores*, EU:C:2002:462 Rdn. 42–45; EuGH v. 1.4.2004 – Rs. C-263/02 *Jégo Quéré*, EU:C:2004:210 Rdn. 36 f.; *Lindner*, ZRP 2007, 54, 57; *Reich*, ZRP 2000, 375, 376.; *Losch/Radau*, NVwZ 2003, 1440, 1445; *Calliess*, EuZW 2001, 261, 267 f.

98 I.E. *Pechstein*, EU-Prozessrecht, Rdn. 825–836.

99 *Reich*, ZRP 2000, 375, 376; auch *Bryde*, RdA 2003, Sonderbeil. Heft 5, 5, 10.

100 BVerfGE 19, 38, 43 f.; BVerfGE 75, 223, 234; BVerfGE 82, 159, 194 f.; *Reich*, ZRP 2000, 375, 376; *Calliess*, EuZW 2001, 261, 268.

Der formelle Grundrechtsschutz wird daher als unzureichend gerügt, verbunden mit dem Vorschlag, eine Grundrechtsbeschwerde auf Gemeinschaftsebene einzuführen.[101]

2. Eigentum und Freiheitsrechte

a) Eigentum

34 Für eine marktwirtschaftliche Ordnung ebenso wie für einen privatwirtschaftlich organisierten Arbeitsmarkt fundamental ist die Eigentumsgarantie des Art. 17 GRCh.[102] „Jede Person hat das Recht, ihr rechtmäßig erworbenes Eigentum zu besitzen, zu nutzen, darüber zu verfügen und es zu vererben. Niemandem darf sein Eigentum entzogen werden, es sei denn aus Gründen des öffentlichen Interesses in den Fällen und unter den Bedingungen, die in einem Gesetz vorgesehen sind, sowie gegen eine rechtzeitige angemessene Entschädigung für den Verlust des Eigentums." Während die Eigentumsordnung nach Art. 345 AEUV Sache der Mitgliedstaaten ist, wird das Eigentumsrecht in Art. 17 GRCh auch als Unionsrecht garantiert. Zum Schutzbereich gehören neben dem Sacheigentum auch das geistige Eigentum (ausdrücklich in Abs. 2 hervorgehoben) sowie nichtkörperliche Vermögensgegenstände (z. B. private Forderungsrechte).[103]

35 Neben der grundsätzlichen Garantie deutet Art. 17 Abs. 1 S. 3 GRCh die Ausfüllungsbedürftigkeit des Eigentums („normgeprägtes Grundrecht")[104] sowie die Gemeinwohlbindung (Sozialpflichtigkeit) des Eigentums an.[105] Im arbeitsrechtlichen Kontext umfasst die Eigentumsgarantie das Recht des Arbeitsgebers, sein Unternehmen nach eigenen Wünschen und Bedürfnissen (um)strukturieren zu können, es z. B. in eine SE umzuwandeln oder mit einem anderen Unternehmen zu fusionieren.

b) Unternehmerische Freiheit

36 Anders als aus dem deutschen Verfassungsrecht bekannt, **fehlt** in der Grundrechtscharta eine Verbürgung der **Allgemeinen Handlungsfreiheit** als Auffanggrund-

101 *Lindner*, ZRP 2007, 54, 56 f.; *Reich*, ZRP 2000, 375–378; in diese Richtung auch schon *Calliess*, EuZW 2001, 261, 268; a. A. *Everling*, FS Heinze (2005), S. 157, 176.

102 Calliess/Ruffert/*Calliess*, Art. 17 GRCh Rdn. 1.

103 Näher Calliess/Ruffert/*Calliess*, Art. 17 GRCh Rdn. 6–9; Stern/Sachs/*Vosgerau*, Art. 17 GRCh Rdn. 43–56.

104 Calliess/Ruffert/*Calliess*, Art. 17 GRCh Rdn. 4.

105 Calliess/Ruffert/*Calliess*, Art. 17 GRCh Rdn. 13; Meyer/Hölscheidt/*Bernsdorff*, Art. 17 GRCh Rdn. 21; Schwarze/*Schwarze*/*Voet van Vormizeele*, Art. 17 GRCh Rdn. 5; Streinz/*Streinz*, Art. 17 GRCh Rdn. 22. Einzelheiten bei Stern/Sachs/*Vosgerau*, Art. 17 GRCh Rdn. 70–75.

recht.[106] Insbesondere sind auch Privatautonomie und **Vertragsfreiheit** nicht allgemein verbürgt, sondern nur in speziellen Ausprägungen.[107] Für das Arbeitsrecht geht es um die unternehmerische Freiheit einerseits und die Berufsfreiheit des Arbeitnehmers andererseits (zu ihr nachfolgend Rdn. 39), die kollidieren können und dann in Ausgleich zu bringen sind. In ihrem Kern ist die Privatautonomie auch als Ausprägung der Menschenwürde (Art. 1 GRCh) geschützt.

Die **unternehmerische Freiheit** wird in Art. 16 GRCh „nach dem Unionsrecht und den einzelstaatlichen Rechtsvorschriften und Gepflogenheiten anerkannt". Sachlich ist die wirtschaftliche Betätigungsfreiheit von Selbständigen (Unternehmern; natürlichen wie juristischen Personen)[108] in all ihren Ausprägungen geschützt. Dazu gehört die Freiheit, ein Unternehmen (i. w. S., einschließlich freiberuflicher Tätigkeit) zu gründen und zu betreiben, aber auch die damit verbundene Vertragsfreiheit, zu kontrahieren, mit wem man will und zu welchen Bedingungen man will[109].[110] So umfasst die unternehmerische Freiheit die Investitions- und die Desinvestitionsfreiheit (Geschäftsaufgabe); diese werden zugleich von der Eigentumsgarantie des Art. 17 geschützt. Zu ihr gehört die Freiheit der Unternehmensführung, z. B. im Hinblick auf die Personal- oder Preispolitik. Zur unternehmerischen (Vertrags-) Freiheit gehört es, die eigenen Interessen in Vertragsverhandlungen wirksam geltend machen zu können, insbesondere die Faktoren, die die Entwicklung der Arbeitsbedingungen der Arbeitnehmer bestimmen, mit Blick auf die künftige wirtschaftliche Tätigkeit auszuhandeln.[111] 37

Im Arbeitsrecht hat der EuGH die Vertragsfreiheit des Arbeitgebers lange Zeit nur wenig hervorgehoben und stattdessen den Fokus tendenziell einseitig auf die gegenläufigen Arbeitnehmer(grund)rechte gerichtet. Das hat zu dem Vorwurf der **Eindimensionalität** beigetragen (oben, § 1 Rdn. 72). Als Vertragsverhältnis ist das Arbeitsverhältnis indessen von gegenläufigen – grundrechtlich geschützten – Interessen von Arbeitgeber und Arbeitnehmer geprägt. Arbeitsrechtliche Regulierung bringt diese in Ausgleich. Daher ist nicht verwunderlich, dass der Gerichtshof schließlich auch die **Vertragsfreiheit des Arbeitgebers** bei der Auslegung und Fortbildung des Europäischen Arbeitsrechts (namentlich der Betriebsübergangsrichtlinie; dazu § 27 Rdn. 10 f.) berücksichtigt hat. Der – teils außerordentlich heftige –[112] Aufschrei der Kritik gegen 38

---

106 Zu Recht krit. *Lindner*, ZRP 2007, 54, 56.

107 Krit. *Herresthal*, in: Huber/Ziegler, Current Problems in the Protection of Human Rights, S. 89 ff.

108 Calliess/Ruffert/*Calliess*, Art. 16 GRCh Rdn. 3; Meyer/Hölscheidt/*Bernsdorff*, Art. 16 GRCh Rdn. 11; Schwarze/*Schwarze*/*Voet van Vormizeele*, Art. 16 GRCh Rdn. 4; Streinz/*Streinz*, Art. 16 GRCh Rdn. 7.

109 EuGH v. 21.12.2016 – Rs. C-201/15 *AGET Iraklis*, EU:C:2016:972 Rdn. 68; EuGH v. 18.7.2013 – Rs. C-426/11 *Alemo-Herron*, EU:C:2013:521 Rdn. 30 ff; EuGH v. 22.1.2013 – Rs. C-273/11 *Sky Österreich*, EU:C:2013:28 Rdn. 43.

110 Calliess/Ruffert/*Calliess*, Art. 16 GRCh Rdn. 1 f.; Schlachter/Heinig/*Krebber*, § 2 Rdn. 95; Streinz/*Streinz*, Art. 16 GRCh Rdn. 6; Stern/Sachs/*Blanke*, Art. 16 GRCh Rdn. 6–10.

111 EuGH v. 27.4.2017 – verb. Rs. C-680/15 und 681/15 *Asklepios Kliniken*, EU:C:2017:317 Rdn. 23; EuGH v. 18.7.2013 – Rs. C-426/11 *Alemo-Herron*, EU:C:2013:521 Rdn. 33.

112 S. v. a. *Weatherill*, ERCL 10 (2014), 167 ff.

diese Rechtsprechung[113] ist daher in erster Linie damit zu erklären, dass die gegenläufigen Rechte des Arbeitgebers früher zu Unrecht zu wenig berücksichtigt wurden. Soweit man Arbeitnehmerinteressen auch grundrechtlich fundiert (sei es auf der Basis einer unmittelbaren Horizontalwirkung oder einer Schutzpflichtenlehre), versteht sich, dass auch Arbeitgeberrechte in derselben Weise zu berücksichtigen sind. Von einem „Missbrauch" der Grundrechtscharta[114] kann daher nicht ernstlich die Rede sein. Die Auflösung der Grundrechtskollision ist stark einzelfallbezogen und sollte auf die Herstellung praktischer Konkordanz gerichtet sein. Dabei wirft allerdings der Ausgleich von Freiheitsrechten einerseits und sozialen Grundrechten, die der rechtspolitischen Ausgestaltung bedürfen, andererseits besondere Fragen auf.[115]

c) Berufsfreiheit und Recht zu arbeiten

39 „Jede Person hat das Recht, zu arbeiten und einen frei gewählten oder angenommenen Beruf auszuüben", Art. 15 in Abs. 1 GRCh.[116] Der **persönliche Anwendungsbereich** des Grundrechts erstreckt sich auf „jede Person". Erfasst werden auch Angehörige von Drittstaaten, die im Hoheitsgebiet der Mitgliedstaaten arbeiten dürfen, Art. 15 Abs. 3 GRCh (enger Art. 12 GG: nur deutsche Staatsangehörige), m. a. W. vorbehaltlich des Zugangs zum Binnenmarkt.[117] Juristische Personen sind zwar sprachlich nicht ausgeschlossen[118] und waren auch in der (freilich weniger differenzierten) Rechtsprechung des EuGH Träger der „Berufsfreiheit",[119] doch ist ihr Schutz regelmäßig speziell als unternehmerische Freiheit verbürgt, Art. 16 GRCh.[120] Geschützt sind auch Angehörige des öffentlichen Dienstes, aus Kompetenzgründen (s. o. Rdn. 27) allerdings mit Ausnahme derjenigen, die unter die Bereichsausnahme von Art. 45 Abs. 4 und 51 AEUV fallen und

---

113 Ferner etwa *O'Connor*, ILJ 49 (2020), 285 ff.

114 So *Weatherill*, ERCL 10 (2014), 167 ff.

115 Vgl. dazu etwa *Garben*, ELLJ 11 (2020), 364-390.

116 Das entspricht weitgehend der Formulierung von Nr. 4 Gemeinschaftscharta der sozialen Grundrechte der Arbeitnehmer (GsG), doch ist die dortige Beschränkung auf die Ausübung „nach den für den jeweiligen Beruf geltenden Vorschriften" in der GRCh nicht hervorgehoben. Zur GsG sogleich, Rdn. 68–80.

117 Calliess/Ruffert/*Ruffert*, Art. 15 GRCh Rdn. 9; Streinz/*Streinz*, Art. 15 GRCh Rdn. 11, 15; krit. *Bernsdorff*, VSSR 2001, 1, 19, der (Fn. 91) auf die begrenzte Formulierung des Art. 137 Abs. 1 lit. g) EG (Art. 153 Abs. 1 lit. g) AEUV) („Beschäftigungsbedingungen") hinweist.

118 Schwarze/*Schwarze*/*Voet van Vormizeele*, Art. 15 GRCh Rdn. 4.

119 Schwarze/*Schwarze*/*Voet van Vormizeele*, Art. 15 GRCh Rdn. 4; Stern/Sachs/*Blanke*, Art. 15 GRCh Rdn. 40. S. z. B. EuGH v. 23.9.2004 – verb. Rs. C-435/02 und C-103/03 *Springer*, EU:C:2004:552 Rdn. 58 f.

120 Wie hier *Jarass*/*Kment*, EU-Grundrechte, § 20 Rdn. 10. Strikt gegen eine Anwendbarkeit des Art. 15 GRCh auf juristische Personen Calliess/Ruffert/*Ruffert*, Art. 15 GRCh Rdn. 8; differenzierend Meyer/Hölscheidt/*Bernsdorff*, Art. 15 GRCh Rdn. 21 (wenn juristische Person eine Erwerbszwecken dienende Tätigkeit ausüben, die ihrem Wesen und ihrer Art nach auch von einer natürlichen Person verrichtet werden könnte).

deswegen nicht von Eingriffsmaßnahmen der Gemeinschaftsorgane betroffen sein können.[121]

Der **sachliche Schutzbereich** der Berufsfreiheit ist in der bisherigen Rechtsprechung des EuGH[122] nur wenig konturiert. In Abgrenzung zur speziell gewährleisteten (selbständigen) unternehmerischen Freiheit (Art. 16 GRCh) schützt Art. 15 GRCh (nur) die unselbständige Tätigkeit.[123] Ähnlich wie bei der Arbeitnehmerfreizügigkeit (§ 3 Rdn. 11) ist eine Erwerbsabsicht erforderlich. Die *Berufs*ausübung setzt zudem eine gewisse Dauer voraus. Die Arbeitnehmerfreizügigkeit (Art. 45 ff. AEUV) sowie die Niederlassungs- und Dienstleistungsfreiheit nimmt Art. 15 Abs. 2 GRCh in seinen Schutzbereich auf, freilich ohne dadurch die bestehenden Gewährleistungsgehalte zu erweitern.[124] Die Arbeitnehmerfreizügigkeit der Art. 45 ff. AEUV bleibt daneben bestehen und ist für den Bereich der grenzüberschreitenden beruflichen Tätigkeit *lex specialis*.[125] 40

d) Koalitionsfreiheit

„Jede Person hat das Recht, sich insbesondere im (...) gewerkschaftlichen (...) Bereich auf allen Ebenen frei und friedlich mit anderen zu versammeln und frei mit anderen zusammenzuschließen, was das Recht jeder Person umfasst, zum Schutz ihrer Interessen Gewerkschaften zu gründen und Gewerkschaften beizutreten.", Art. 12 Abs. 1 GRCh.[126] Das Recht, **Gewerkschaften** zu gründen und ihnen beizutreten besteht nicht nur positiv, sondern auch negativ als Freiheit, einer Gewerkschaft fernzubleiben.[127] Die Tarifvertrags- und Arbeitskampffreiheit sind als soziale Arbeitnehmergrundrechte gesondert normiert (Art. 28 GRCh; dazu unten Rdn. 52 f.) 41

---

121 Calliess/Ruffert/*Ruffert*, Art. 15 GRCh Rdn. 7; Streinz/*Streinz*, Art. 15 GRCh Rdn. 11; Stern/Sachs/*Blanke*, Art. 15 GRCh Rdn. 39.

122 Vgl. nur EuGH v. 14.5.1974 – Rs. 4/73 *Nold*, EU:C:1974:51 Rdn. 12–15; EuGH v. 13.12.1979 – Rs. 44/79 *Hauer*, EU:C:1979:290 Rdn. 31 f.; EuGH v. 8.10.1986 – Rs. 234/85 *Keller*, EU:C:1986:377 Rdn. 8–18; EuGH v. 10.1.1992 – Rs. C-177/90 *Kühn*, EU:C:1992:2 Rdn. 16 f.; EuGH v. 5.10.1994 – Rs. C-280/93 *Deutschland ./. Rat*, EU:C:1994:367 Rdn. 78, 81–87 – Bananenmarktordnung; EuGH v. 9.9.2004 – Rs. C-184/02 *Spanien und Finnland ./. Parlament und Rat*, EU:C:2004:497 Rdn. 51–60.

123 *Jarass/Kment*, EU-Grundrechte, § 20 Rdn. 4 und § 21 Rdn. 4; Calliess/Ruffert/*Ruffert*, Art. 15 GRCh Rdn. 4; wohl auch Streinz/*Streinz*, Art. 15 GRCh Rdn. 7 f.; a. A. *Rengeling/Szczekalla*, Grundrechte in der Europäischen Union, § 20 Rdn. 780 („Idealkonkurrenz"); Schwarze/*Schwarze/Voet van Vormizeele*, Art. 15 GRCh Rdn. 4; Stern/Sachs/*Blanke*, Art. 15 GRCh Rdn. 28.

124 Streinz/*Streinz*, Art. 15 GRCh Rdn. 14; *Zachert*, NZA 2001, 1041, 1044.

125 Calliess/Ruffert/*Ruffert*, Art. 15 GRCh Rdn. 26 f.

126 Näher *Däubler*, AuR 2001, 380, 383; s. a. *ders.*, FS Hanau (1999), S. 489–503; zur EMRK *Marauhn*, RabelsZ 63 (1999), 537–560.

127 Vgl. EuGH v. 9.3.2006 – Rs. C-499/04 *Werhof*, EU:C:2006:168 Rdn. 33 (noch zum allgemeinen Rechtsgrundsatz). Calliess/Ruffert/*Ruffert*, Art. 12 GRCh Rdn. 15; Streinz/*Streinz*, Art. 12 GRCh Rdn. 8.

e) Datenschutz

42 Als Teil des Schutzes des Privatlebens (vgl. Art. 7 GRCh) sieht Art. 8 GRCh das Recht des Einzelnen auf Schutz der ihn betreffenden personenbezogenen Daten vor.[128] Die Bestimmung folgt dem früheren Art. 286 Abs. 1 EGV (heute Art. 16 Abs. 1 AEUV). Einzelheiten des EU-Datenschutzrechts sind in der Datenschutzgrundverordnung[129] (zu ihr § 13) und in der Datenschutzrichtlinie für elektronische Kommunikation[130] geregelt.[131] Datenschutz hat gerade auch im Arbeitsrecht erhebliche praktische Bedeutung.[132] Art. 8 GRCh kann bei der Auslegung der Datenschutzregeln eine Rolle spielen. Dem Grundrecht kann zudem eine Schutzpflicht entnommen werden, die Union und Mitgliedstaaten anhält, für einen angemessenen Datenschutz zu sorgen; auf diesem Wege kann Art. 8 GRCh eine indirekte horizontale Wirkung entfalten. Im Zusammenhang mit den Grundfreiheiten kann Art. 8 GRCh eine Schranke darstellen (siehe auch § 3 Rdn. 50, 53, 78ff.).

3. Gleichheit

43 Titel III enthält Gleichheitsrechte, angefangen mit dem **Gleichheitsgrundsatz** aus Art. 20 GRCh: „Alle Personen sind vor dem Gesetz gleich.“ Im Arbeitsrecht sind die Nichtdiskriminierung (Art. 21), die Gleichheit von Frauen und Männern (Art. 23) und die Integration von Menschen mit Behinderung von besonderer Bedeutung. Der Gleichheitsgrundsatz und das Nichtdiskriminierungsgebot werden zu Recht als Grundpfeiler des EU-Rechts und der EU im Ganzen gesehen. Zur (sekundärrechtlichen) Umsetzung des Grundsatzes im Einzelnen s. §§ 9–12.

44 Gemäß Art. 21 sind „**Diskriminierungen** insbesondere wegen des Geschlechts, der Rasse, der Hautfarbe, der ethnischen oder sozialen Herkunft, der genetischen Merkmale, der Sprache, der Religion oder der Weltanschauung, der politischen oder sonstigen Anschauung, der Zugehörigkeit zu einer nationalen Minderheit, des Vermögens,[133] der Geburt, einer Behinderung, des Alters oder der sexuellen Ausrichtung (...) verboten“. Die Norm baut auf Art. 19 AEUV auf und erweitert die Diskriminie-

---

128 S. schon EuGH v. 12.11.1969 – Rs. 29/69 *Stauder*, EU:C:1969:57.

129 Verordnung (EU) 2016/679 des Europäischen Parlaments und des Rates vom 27.4.2016 zum Schutz natürlicher Personen bei der Verarbeitung personenbezogener Daten, zum freien Datenverkehr und zur Aufhebung der Richtlinie 95/46/EG, ABl. 2016, 119/1.

130 Richtlinie 2002/58/EG des Europäischen Parlaments und des Rates vom 12.7.2002 über die Verarbeitung personenbezogener Daten und den Schutz der Privatsphäre in der elektronischen Kommunikation, ABl. 2002 L 201/37.

131 Zum normativen Hintergrund s. die Erläuterungen des Präsidiums zu Art. 8 GRCh, Dok. CHARTE 4473/00 CONVENT 49, 11; abrufbar unter www.europarl.europa.eu/charter/pdf/04473_de.pdf; Callies/Ruffert/*Kingreen*, Art. 8 ChFR Rdn. 2–8.

132 *Streinz/Michl*, EuZW 2011, 384, 385–388.

133 Dazu EuGH v. 24.9.2020 – Rs. C-223/19 *YS*, EU:C:2020:753 Rdn. 82, 85.

rungsmerkmale. Der EuGH hatte das Verbot der Altersdiskriminierung bereits vor Inkrafttreten der Charta in *Mangold* als allgemeinen Grundsatz des (damaligen) Gemeinschaftsrechts anerkannt (siehe oben, Rdn. 14).[134] In nachfolgenden Urteilen hat er diese Rechtsprechung bestätigt, nun unter Bezugnahme auf Art. 21 GRCh.[135] Nach Ansicht des Gerichtshofs hat Art. 21 GRCh – so wie das Verbot der Entgeltdiskriminierung von Art. 157 AEUV und das Diskriminierungsverbot der Arbeitnehmerfreizügigkeit – unmittelbare Horizontalwirkung.[136]

Unter den Diskriminierungsverboten hat die Gleichstellung von **Mann und Frau** 45
im Gemeinschaftsrecht einen besonders hohen Stellenwert eingenommen (und tut dies auch heute im Unionsrecht). Schon der EWG-Vertrag von 1957 forderte – wenn auch primär aus Wettbewerbsgründen – gleiches Entgelt für Männer und Frauen (Art. 119 EWGV) und der EuGH hat die Vorschrift als soziales Grundrecht weiterentwickelt. Das Sekundärrecht ergänzt und erweitert dieses Recht. Siehe dazu §§ 9, 10.

Während Art. 21 GRCh die Diskriminierung wegen einer **Behinderung** verbietet, 46
erklärt Art. 26 die Integration von Menschen mit Behinderung zu einem Grundrecht. Die Gleichbehandlungsrahmenrichtlinie von 2000 verlangt von Arbeitgebern „angemessene Vorkehrungen“ für Menschen mit Behinderung zu treffen; siehe auch § 12 Rdn. 37 ff.

4. Soziale Arbeitnehmergrundrechte

a) Einführung

Unter der Überschrift „Solidarität“ enthält die Grundrechtscharta in Art. 27–34 so ge- 47
nannte soziale Grundrechte. Sie waren im Konvent besonders umstritten.[137] So bestanden Zweifel, ob sich die unterschiedlichen mitgliedstaatlichen Traditionen auf einen gemeinsamen Nenner bringen ließen. Zudem wurde besorgt, die Anerkennung sozialer Rechte könnte zu übermäßigen finanziellen Belastungen der Union und der Mitgliedstaaten führen.[138] Für ihre Berücksichtigung wurde hingegen die Unteilbarkeit politischer und sozialer Rechte ins Feld geführt,[139] ebenso wie die Tatsache, dass

---

134 EuGH v. 22.11.2005 – Rs. C-144/04 *Mangold*, EU:C:2005:709 Rdn. 73 ff.

135 EuGH v. 19.1.2010 – Rs. C-555/07 *Kücükdeveci*, EU:C:2010:21 Rdn. 22; EuGH v. 13.9.2011 – Rs. C-447/09 *Prigge*, EU:C:2011:573 Rdn. 38 („Das Verbot jeder Diskriminierung u.a. wegen des Alters ist in Art. 21 der Charta der Grundrechte der Europäischen Union enthalten, die seit dem 1. Dezember 2009 den gleichen rechtlichen Rang hat wie die Verträge.“).

136 EuGH v. 17.4.2018 – Rs. C-414/16 *Egenberger*, EU:C:2018:257 Rdn. 76 f.

137 *Bernsdorff*, VSSR 2001, 1–23; *Bryde*, RdA 2003, Sonderbeil. Heft 5, 5, 7 f.; *Frenz/Götzkes*, RdA 2007, 216; *Losch/Radau*, NVwZ 2003, 1440, 1442; Calliess/Ruffert/*Krebber*, Art. 27 GRCh Rdn. 3; *Meyer/Engels*, ZRP 2000, 368–371; Hanau/Steinmeyer/Wank/*Wank*, § 13 Rdn. 141; *Weiss*, AuR 2001, 374, 375, 377; *Zachert*, NZA 2001, 1041, 1042.

138 *Everling*, FS Heinze (2005), S. 157, 161.

139 Vgl. das von der Kommission in Auftrag gegebene Gutachten der Expertengruppe „Grundrechte“: Kommission (Hrsg.), Die Grundrechte in der Europäischen Union verbürgen – es ist Zeit zu Handeln

die Gemeinschaftscharta der sozialen Grundrechte (unten, Rdn. 68–80) bereits in Art. 151 AEUV Berücksichtigung gefunden hatte.[140] Das Ergebnis ist ein Kompromiss, da zwar soziale Rechte aufgenommen wurden, indes weithin nur schwach und nicht als echte Leistungsansprüche ausgestaltet.[141] In vielen Fällen enthält die Charta keine eigenständigen Gewährleistungen, sondern verweist für das Ob und das Wie des Schutzes auf das Unionsrecht und das mitgliedstaatliche Recht.[142] Öfter sind die Grundrechte ausweislich der Materialien gleichsam rückwärts vom *acquis communautaire* konstruiert. So heißt es z. B. in den Erläuterungen zu Art. 8 GRCh über den Schutz personenbezogener Daten, der Artikel „stützt sich" auf Art. 286 EG (Art. 16 AEUV) und Richtlinie 95/46/EG zum Schutz natürlicher Personen bei der Verarbeitung personenbezogener Daten und zum freien Datenverkehr.

b) Persönlicher Schutzbereich

48 Art. 27, 28 GRCh sowie Art. 30 und 31 GRCh gewähren die darin statuierten Rechtspositionen nur Arbeitnehmern, Art. 29 GRCh, 33 GRCh sowie Art. 34 GRCh schützen hingegen jedermann. Wer **Arbeitnehmer** ist, definiert die Charta nicht. Aus der teleologischen Erwägung eines effektiven Grundrechtsschutzes ist indes von einem unionsautonomen Begriff auszugehen, für dessen nähere Bestimmung man die Rechtsprechung zur Arbeitnehmerfreizügigkeit (dazu § 3 Rdn. 9–12) heranziehen kann.[143]

49 **Drittstaatenangehörige** genießen ausdrücklich nur den Zugang zu sozialen Leistungen gem. Art. 34 Abs. 2 GRCh, der unabhängig von der Staatsangehörigkeit „jedem Menschen" gewährt wird, „der in der Union seinen rechtmäßigen Wohnsitz hat und seinen Aufenthalt rechtmäßig wechselt".[144] Auf die übrigen sozialen Grundrechte können sich *e contrario* nur Angehörige der Mitgliedstaaten berufen.[145]

(1999), S. 17; verfügbar unter http://edz.bib.uni-mannheim.de/www-edz/pdf/tin/eugrund_de.pdf; *Meyer/Engels*, ZRP 2000, 368, 369. Diese Erwägung ist auch in die Präambel aufgenommen worden, vgl. S. 2 der Präambel, wonach Menschenwürde, Freiheit, Gleichheit und Solidarität nicht teilbar sind; *Losch/Raudau*, NVwZ 2003, 1440, 1442, 1445.

140 Calliess/Ruffert/*Krebber*, Art. 27 GRCh Rdn. 3. S.a. *Pitschas*, VSSR 2000, 207, 214–220.

141 Dazu (krit.) *Calliess*, EuZW 2001, 261, 264 f.

142 Darauf gründet die These *Krebbers*, EuZA 2016, 3 ff., von der Unions- und Kompetenzakzessorietät des unionsrechtlichen Grundrechtsschutzes im Bereich des Arbeitsrechts.

143 Stern/Sachs/*Lang*, Art. 27 GRCh Rdn. 26 f.; Art. 30 GRCh Rdn. 4; *Jarass/Kment*, EU-Grundrechte, § 29 Rdn. 4.

144 Krit. *Weiss*, AuR 2001, 374, 377.

145 A. A. *Jarass/Kment*, EU-Grundrechte, § 29 Rdn. 4; Stern/Sachs/*Lang*, Art. 27 GRCh Rdn. 26.

c) Sachliche Schutzbereiche

aa) Recht auf Unterrichtung und Anhörung

Ein Recht auf Unterrichtung und Anhörung hebt Art. 27 GRCh hervor,[146] freilich nur in Form eines Grundsatzes (oben, Rdn. 31), der im Tatbestand wenig bestimmt ist und für die Einzelheiten auf Sekundärrecht und mitgliedstaatliches Recht verweist.[147] Die Vorschrift betrifft nur die Arbeitnehmermitwirkung durch Unterrichtung und Anhörung, nicht aber weitergehend die (davon im unionsrechtlichen Sprachgebrauch klar getrennte; § 29 Rdn. 1f.) Unternehmensmitbestimmung.[148] Unterrichtung und Anhörung muss „auf den geeigneten Ebenen" und „rechtzeitig" erfolgen. Indes besteht das Recht nur „unter den Voraussetzungen, die nach dem Unionsrecht und den einzelstaatlichen Rechtsvorschriften und Gepflogenheiten vorgesehen sind". Die Vorschrift ist damit eine Verweisung auf die bestehenden Vorschriften über die Arbeitnehmermitwirkung und hat keinen eigenen Gewährleistungsgehalt.[149] Man kann ihr weder entnehmen, dass weitergehende Mitwirkungsrechte einzuführen wären, noch dass die bestehenden Mitwirkungsrechte beibehalten werden müssten.[150] Wegen seines bloßen Grundsatzcharakters kann Art. 27 GRCh auch nicht die unmittelbare Anwendbarkeit von Richtlinienbestimmungen begründen.[151] Allerdings dürfte immerhin ein Kernbereich der Unterrichtung und Anhörung unverzichtbar sein.[152] 50

Ungeachtet dessen ist der **unionsrechtliche Bestand** von Unterrichtungs- und Anhörungsrechten verhältnismäßig weit ausgebaut. Eine Kompetenz der Union zur Harmonisierung der Vorschriften über die Unterrichtung und Anhörung findet sich in Art. 153 Abs. 1 lit. e), Abs. 2 AEUV (§ 5 Rdn. 21). Unterrichtungs- und Anhörungsrechte sind teils in Richtlinien zu speziellen arbeitsrechtlichen Sachfragen vorgesehen (Massenentlassungsrichtlinie, Betriebsübergangsrichtlinie, Arbeitsschutz-Rahmenrichtlinie; näher §§ 16, 26–29), darüber hinaus aber auch eigens gewährleistet (Unterrichtungs-Rahmenrichtlinie, Europäischer Betriebsrat-Richtlinie, SE-Richtlinie, SCE-Richtlinie; näher §§ 30–32). 51

---

146 S. schon Art. 21 ESC (siehe oben, Rdn. 5) sowie Nr. 17, 18 GsG (unten, Rdn. 76).

147 EuGH v. 15.1.2014 – Rs. C-176/12 *Association de mediation sociale*, EU:C:2014:2 Rdn. 44ff.

148 Siehe auch *Zachert*, NZA 2001, 1041, 1045; Calliess/Ruffert/*Krebber*, Art. 27 GRCh Rdn. 15; Stern/Sachs/*Lang*, Art. 27 GRCh Rdn. 17, 23f. Krit. auch *Weiss*, AuR 2001, 374, 376.

149 So auch *Everling*, GS Heinze (2004), S. 173; *Frenz/Götzkes*, RdA 2007, 216, 217; Calliess/Ruffert/*Krebber*, Art. 27 GRCh Rdn. 10–14; s.a. *Däubler*, AuR 2001, 380, 384 („wenig Erkenntnisgewinn").

150 Calliess/Ruffert/*Krebber*, Art. 27 GRCh Rdn. 12; wohl auch Streinz/*Streinz*, Art. 27 GRCh Rdn. 2; Stern/Sachs/*Lang*, Art. 27 GRCh Rdn. 23; s.a. *Bernsdorff*, VSSR 2001, 1, 17.

151 EuGH v. 15.1.2014 – Rs. C-176/12 *Association de mediation sociale*, EU:C:2014:2 Rdn. 48.

152 *Frenz/Götzkes*, RdA 2007, 216, 218 (arg. e Art. 1 GRCh, Menschenwürde; Unternehmen müssten eine Form der Unterrichtung und Anhörung vorsehen); a.A. Calliess/Ruffert/*Krebber*, Art. 27 GRCh Rdn. 12.

bb) Recht auf Kollektivverhandlungen und Kollektivmaßnahmen

52 Arbeitgeber und Arbeitnehmer haben das Recht, Tarifverträge zu schließen und ihre Interessen im Falle eines Interessenkonfliktes mittels kollektiver Maßnahmen einschließlich Streiks durchzusetzen,[153] freilich wiederum nur „nach dem Unionsrecht und den einzelstaatlichen Rechtsvorschriften und Gepflogenheiten", Art. 28 GRCh.[154] Die Verweisung auf das Unionsrecht geht dabei ins Leere, da Art. 153 Abs. 5 AEUV Koalitions-, Streik- und Aussperrungsrecht (und damit auch das Tarifrecht[155]) von der Zuständigkeit der Gemeinschaft ausnimmt und die Charta gem. Art. 51 Abs. 2 GRCh die Zuständigkeiten nicht erweitert (oben, Rdn. 27).[156] Die Gewährleistung ist damit ausschließlich nach mitgliedstaatlichem Recht bestimmt; ihr eigener, unionsrechtlicher Gehalt ist gering.[157] Die in Art. 153 Abs. 5 AEUV enthaltene Einschränkung stellt kollektive Maßnahmen jedoch nicht vom EU-Recht frei. Die Grundfreiheiten und insbesondere das Diskriminierungsverbot können dieses Grundrecht weiterhin einschränken.[158] Davon abgesehen, dürften die Grundrechte auf kollektive Maßnahmen im Anwendungsbereich des Art. 51 Abs. 1 GRCh – bei Durchführung von Gemeinschaftsmaßnahmen – nur geringe praktische Bedeutung haben.[159]

53 Art. 28 GRCh ergänzt die Koalitionsfreiheit des Art. 12 Abs. 1 GRCh um die Aspekte des **Tarif- und Arbeitskampfrechts.**[160] Soweit es um Kollektivvereinbarungen geht, ist die Gewährleistung gegenüber Art. 27 GRCh (Unterrichtung und Anhörung) spezieller. Sie erfasst aber auch Kollektivvereinbarungen auf betrieblicher Ebene[161] und anerkennt – anders als das deutsche Arbeitsrecht – Arbeitskampfmaßnahmen nicht nur als Mittel im Rahmen von Tarifkonflikten, sondern generell von Konflikten zwischen Arbeitgeber- und Arbeitnehmer*interessen.*[162]

---

153 EuGH v. 13.9.2011 – Rs. C-447/09 *Prigge*, EU:C:2011:321 Rdn. 47; EuGH v. 15.7.2010 – Rs. C-271/08 *Kommission ./. Deutschland*, EU:C:2010:426 Rdn. 37 ff.

154 S. schon Art. 6 ESC; Nr. 12–14 GsG. Zur Koalitionsfreiheit, s. o. Rdn. 41. Eingehend zur Auslegung *Rebhahn*, GS Heinze (2004), S. 649–660.

155 Wie hier Calliess/Ruffert/*Krebber*, Art. 153 AEUV Rdn. 12; wohl auch Streinz/*Eichenhofer*, Art. 153 AEUV Rdn. 12 f.; a. A. Schwarze/*Rebhahn*/*Reiner*, Art. 153 AEUV Rdn. 53.

156 Krit. *Weiss*, AuR 2001, 374, 377.

157 *Everling*, FS Heinze (2005), S. 157, 173 f. (begrenzte Tragweite); Calliess/Ruffert/*Krebber*, Art. 28 GRCh Rdn. 3 f. („überflüssig"); Streinz/*Streinz*, Art. 28 GRCh Rdn. 5. Wohl optimistischer *Däubler*, AuR 2001, 380, 383 f.; Stern/Sachs/*Rixen*/*Scharl*, Art. 28 GRCh Rdn. 20.

158 EuGH v. 13.9.2011 – Rs. C-447/09 *Prigge*, EU:C:2011:321 Rdn. 47 f.; EuGH v. 11.12.2007 – Rs. C-438/05 *Viking*, EU:C:2007:772 Rdn. 44; EuGH v. 18.12.2007 – Rs. C-341/05 *Laval un Partneri*, EU:C:2007:809 Rdn. 91.

159 *Rebhahn*, GS Heinze (2004), S. 655–660.

160 Einzelheiten bei Stern/Sachs/*Rixen*/*Scharl*, Art. 28 GRCh Rdn. 10 f.

161 Calliess/Ruffert/*Krebber*, Art. 28 GRCh Rdn. 5; *Jarass*, Charta der Grundrechte der EU, Art. 28 GRCh, Rdn. 6.

162 *Zachert*, NZA 2001, 1041, 1045; Streinz/*Streinz*, Art. 28 GRCh Rdn. 6; Stern/Sachs/*Rixen*/*Scharl*, Art. 28 GRCh Rdn. 10; *Jarass*/*Kment*, EU-Grundrechte, § 29 Rdn. 15. Zur Begrenzung auf Konflikte von Arbeitgeber- und Arbeitnehmerinteressen Schwarze/*Holoubek*, Art. 28 GRCh Rdn. 18.

cc) Recht auf Zugang zu einem Arbeitsvermittlungsdienst

Jedermann hat das Recht auf Zugang zu einem unentgeltlichen Arbeitsvermittlungsdienst, Art. 29 GRCh.[163] Zugang, der Arbeitsuchenden (Arbeitnehmern) wie Arbeitanbietenden (Arbeitgebern) gewährt wird, bedeutet, dass bestehende Vermittlungsdienste sich mit den Interessenten mit dem ernsten Bemühen befassen, sie zu vermitteln. Vermittlungsdienste können privat oder staatlich organisiert sein,[164] wobei weder der Zugang zu jedem Vermittler gegeben sein muss noch eine Pflicht besteht, Vermittlungsdienste einzurichten.[165] 54

Die Gemeinschaft kann zur Gewährleistung des Rechts nur begrenzt beitragen. Eine Kompetenz zur Einrichtung von Vermittlungsdiensten fehlt,[166] lediglich im Hinblick auf die „berufliche Eingliederung der aus dem Arbeitsmarkt ausgegrenzten Personen" hat sie eine Ergänzungskompetenz nach Art. 153 Abs. 1 lit. h) AEUV.[167] 55

dd) Schutz vor ungerechtfertigter Entlassung

Jeder Arbeitnehmer hat Anspruch auf Schutz vor ungerechtfertigter Entlassung, Art. 30 GRCh.[168] Der Schutz ist wiederum (nur) nach dem Unionsrecht und den einzelstaatlichen Rechtsvorschriften und Gepflogenheiten gegeben, die Grundrechtscharta enthält daher keine eigenständige Gewährleistung.[169] Entlassung ist die Arbeitgeberkündigung.[170] Teleologisch mit umfasst ist der Schutz vor der vom Arbeitgeber veranlassten Eigenkündigung oder einer Umgehung von Kündigungsschutzvorschriften durch Befristung. Schutz des Arbeitnehmers bedeutet nicht notwendig Kündigungsschutz i. S. v. Arbeitsplatzerhalt, sondern lässt auch Abfindungsmodelle zu.[171] 56

Auf **Unionsebene** finden sich Schutzvorschriften in der Massenentlassungsrichtlinie (§ 26), der Betriebsübergangsrichtlinie (§ 27), den Anti-Diskriminierungsrichtlinien (§ 9–12), der Elternurlaubsrichtlinie (§ 24), der Teilzeitrichtlinie (§ 19), der Befristungsrichtlinie (§ 20), der Mutterschutzrichtlinie 57

---

163 S. schon Art. 1 Nr. 3 ESC; Nr. 6 GsG. Damit geht die Charta über die mitgliedstaatlichen Traditionen hinaus; Calliess/Ruffert/*Krebber*, Art. 29 GRCh Rdn. 3; Streinz/*Streinz*, Art. 29 GRCh Rdn. 2; Stern/Sachs/*Lang*, Art. 29 GRCh Rdn. 3f.

164 Calliess/Ruffert/*Krebber*, Art. 29 GRCh Rdn. 4; Meyer/Hölscheidt/*Hüpers*/*Reese*, Art. 29 GRCh Rdn. 17.

165 *Bernsdorff*, VSSR 2001, 1, 19 sieht den Kern der Gewährleistung daher in der diskriminierungsfreien Teilhabe an bestehenden Einrichtungen. S.a. Schwarze/*Ross*, Art. 29 GRCh Rn 2 m. w. N.

166 Calliess/Ruffert/*Krebber*, Art. 153 AEUV Rdn. 19.

167 Calliess/Ruffert/*Krebber*, Art. 29 GRCh Rdn. 5.

168 Näher *Rebhahn*, FS Bauer/Maier/Petrag (2004), S. 283–297. Zum Regelungsumfeld Calliess/Ruffert/*Krebber*, Art. 30 GRCh Rdn. 1; *Franzen*, NZA-Beilage 2015, 77 ff.

169 Wie EuGH v. 10.12.2009 – Rs. C-323/08 *Rodríguez Mayor*, EU:C:2009:770 Rdn. 58f. zeigt.

170 Näher *Rebhahn*, FS Bauer/Maier/Petrag (2004), S. 288f.

171 *Rebhahn*, RdA 2002, 272, 291; *Lindner*, RdA 2005, 166–170.

(§ 23), der Arbeitsschutzrahmenrichtlinie (§ 16), der Unterrichtungsrahmenrichtlinie (§ 30) und der Insolvenzschutzrichtlinie (§ 28).[172]

58 Einen speziellen Schutz vor Entlassung sieht Art. 33 Abs. 2 GRCh für **Mütter** vor. Ausweislich der dort getroffenen Unterscheidung zwischen Mutterschaftsurlaub und Elternurlaub geht es um die besondere Schutzbedürftigkeit der Frau als Schwangere, Gebärende, Wöchnerin und stillende Mutter.[173]

ee) Recht auf angemessene Arbeitsbedingungen

59 Entgegen dem viel versprechenden Titel geht es in Art. 31 GRCh nur in einem eingeschränkten Sinn um „gerechte und angemessene Arbeitsbedingungen", nämlich im Hinblick auf **Arbeitsschutz** – Sicherheit und Gesundheit der Arbeitnehmer – und, wie Absatz zwei hervorhebt, im Hinblick auf **Arbeitszeit** – Höchstarbeitszeit[174] und Ruhezeiten – und bezahlten **Jahresurlaub**[175].[176] Nicht erfasst ist insbesondere die Austauschgerechtigkeit, also der gerechte Lohn.[177] Den Schutzinteressen des Art. 31 GRCh tragen die Arbeitsschutzrahmenrichtlinie (§ 16) nebst zahlreichen dazu ergangenen Einzelrichtlinien und die Arbeitszeitrichtlinie (§ 17) Rechnung.

60 Namentlich im Hinblick auf den bezahlten Jahresurlaub hat der EuGH Art. 31 Abs. 2 GRCh zu einem scharfen Schwert gemacht. Er misst dem Recht eine unmittelbare Horizontalwirkung bei,[178] die den sekundärrechtlichen Urlaubsanspruch aus Art. 7 ArbZRL in seiner Wirkung verstärkt.

61 Ergänzt wird die Vorschrift durch Art. 32 GRCh über den **Jugendschutz** und Art. 33 Abs. 2 GRCh über den Mutterschutz. Ungeachtet der mehrdeutigen Formulie-

---

172 *Rebhahn*, FS Bauer/Maier/Petrag (2004), S. 292–297 (wegen der beschränkten gemeinschaftsrechtlichen Gewährleistungen: „Grundrecht ohne Anwendungsbereich"). S.a. *Everling*, FS Heinze, S. 157, 173.

173 „Der Begriff ‚Mutterschaft' deckt den Zeitraum von der Zeugung bis zum Stillen des Kindes ab." Erläuterungen des Präsidiums des Grundrechtskonvents zu Art. 33 GRCh; Dok. Charta 4487/00 CONVENT 49, S. 30f.; abgedr. in EuGRZ 2000, 559, 565.

174 EuGH v. 14.5.2019 – Rs. C-55/18 *CCOO*, EU:C:2019:402 Rdn. 30; EuGH v. 5.10.2004 – Rs. C-397/01 bis C-403/01 *Pfeiffer*, EU:C:2004:584, Rdn. 100.

175 EuGH v. 6.11.2018 – Rs. C-684/16 *Max-Planck-Gesellschaft zur Förderung der Wissenschaften*, EU:C:2018:874 Rdn. 20.

176 In den Erläuterungen zu Art. 31 GRCh, wird zu Absatz 1 auf die Arbeitsschutz-Rahmenrichtlinie verwiesen, zu Absatz 2 auf die Arbeitszeitrichtlinie; Dok. Charta 4487/00 CONVENT 49, S. 29; abgedr. in EuGRZ 2000, 559, 565.

177 Wohl a.M. *Everling*, GS Heinze (2004), S. 173, der die gebotene Einschränkung über das Erfordernis einer Umsetzung begründet. Für ein Grundrecht auf gerechten Lohn sowie (von Gesundheitsschutz und Arbeitssicherheit unterschiedene, weiter verstandene) angemessene Arbeitsbedingungen *Blanpain/ Hepple/Sciarra/Weiss*, KritV 1995, 452, 458. S.a. zu Nr. 4 GsG unten, Rdn. 75.

178 EuGH v. 6.11.2018 – verb. Rs. C-569/16 und C-570/16 *Bauer und Willmeroth*, EU:C:2018:871 Rdn. 85; EuGH v. 6.11.2018 – Rs. C-684/16 *Max-Planck-Gesellschaft zur Förderung der Wissenschaften*, EU:C:2018:874 Rdn. 74ff.

rung geht es auch hier nicht um einen Anspruch gegen den Arbeitgeber, sondern um einen allgemeinen Schutzauftrag der Gemeinschaft.[179]

ff) Verbot der Kinderarbeit und Schutz der Jugendlichen am Arbeitsplatz

Kinderarbeit ist verboten. Die Arbeitstätigkeit von Jugendlichen (Altersgrenze: bis zum Ende der Schulpflicht) muss ihrer Entwicklung und ihren besonderen Schutzbedürfnissen entsprechend ausgestaltet werden, Art. 32 GRCh. Sie sind vor wirtschaftlicher Ausbeutung und vor Arbeitstätigkeit zu schützen, die ihre Sicherheit, Gesundheit, körperliche, geistige, sittliche oder soziale Entwicklung beeinträchtigen oder ihre Erziehung gefährden könnte. Im Gemeinschaftsrecht trägt dem die Jugendarbeitsschutzrichtlinie (§ 25) Rechnung. **62**

gg) Schutz von Familien- und Berufsleben

Art. 33 der Charta betrifft den Schutz von Familien- und Berufsleben. Dessen Abs. 1 ist eher dem Sozialrecht zuzuordnen, da er das Arbeitsrechtsverhältnis als solches außen vor lässt.[180] In Abs. 2 wird Müttern ein Entlassungsschutz sowie ein bezahlter Mutterschaftsurlaub garantiert, Eltern ein Elternurlaub nach Geburt oder Adoption eines Kindes. Dem tragen im Gemeinschaftsrecht die Mutterschutzrichtlinie (§ 23) und die Eltern- und Pflegeurlaubsrichtlinie (§ 24) Rechnung. **63**

hh) Zugang zu Leistungen der sozialen Sicherheit

Die Union „anerkennt und achtet" das Recht auf Zugang zu den Leistungen der sozialen Sicherheit und zu den sozialen Diensten in einer nicht-abschließenden Reihe von „Not-Fällen", Art. 34 Abs. 1 GRCh. Exemplarisch genannt sind Mutterschaft, Krankheit, Arbeitsunfall, Pflegebedürftigkeit im Alter und Verlust des Arbeitsplatzes. Damit ist nur ein Grundsatz formuliert, eine eigenständige Gewährleistung enthält Absatz 1 nicht, da auf die „Maßgabe des Unionsrechts und der einzelstaatlichen Rechtsvorschriften und Gepflogenheiten" verwiesen wird.[181] Absatz 2 der Vorschrift enthält ein Grundrecht auf Gleichbehandlung bei Sozialleistungen.[182] **64**

---

179 Allgemein *Bernsdorff,* VSSR 2001, 1, 20. Ob Art. 31 GRCh damit auch einen *Anspruch* des Einzelnen auf Erlass von Gesetzen verbürgt, erscheint fraglich. Ablehnend *Everling,* FS Heinze (2005), S. 157, 173.

180 Siehe auch *Losch/Raudau,* NVwZ 2003, 1440, 1442.

181 Streinz/*Streinz,* Art. 34 GRCh Rdn. 5. S. aber auch Stern/Sachs/*Nußberger/Lang,* Art. 34 GRCh Rdn. 53 f.

182 Näher Calliess/Ruffert/*Krebber,* Art. 34 GRCh Rdn. 6 f.; Stern/Sachs/*Nußberger/Lang,* Art. 34 GRCh Rdn. 99–101.

5. Schranken

65 Die Schrankenkonzeption der Charta unterscheidet sich von der des deutschen Verfassungsrechts insbesondere dadurch, dass Schranken nicht für jede Gewährleistung entwickelt, sondern in Art. 52 GRCh **für alle Grundrechte zentral geregelt** worden sind, wohl, um den Text der Charta nicht zu sehr aufzublähen. Besonderheiten der einzelnen Grundrechte im Hinblick auf ihre Einschränkbarkeit ist daher textlich keine Rechnung getragen, sie sind ggf. im Rahmen der teleologischen Auslegung zu berücksichtigen.[183]

66 Formell dürfen die Grundrechte nur **durch Gesetz** eingeschränkt werden, Art. 52 Abs. 1 S. 1 GRCh; dem entsprechen in der Rechtsetzung der EU Verordnung und Richtlinie (nicht aber Entscheidung und Empfehlung).[184] Materiell sind Einschränkungen nur aus Gründen des **Gemeinwohls** oder zum Schutz der **Rechte und Freiheiten** anderer zulässig, Art. 52 Abs. 1 S. 3 GRCh.[185] Dabei ist der **Wesensgehalt** der Rechte und Freiheiten zu achten, ebenso wie der Grundsatz der **Verhältnismäßigkeit** (Schranken-Schranken), Art. 52 Abs. 1 S. 2 GRCh.[186]

67 Art. 52 Abs. 3 S. 1 GRCh bringt die **Schranken der EMRK** zur Anwendung, soweit die Gewährleistungen der Charta jenen der Konvention entsprechen und die Charta keine Regelungen mit höherem Schutzniveau enthält (Art. 52 Abs. 3 S. 2 GRCh).[187] Für das Arbeitsrecht ist das v.a. im Zusammenhang mit Art. 11 Abs. 2 EMRK von Bedeutung, der das Recht zur Gewerkschaftsgründung einschränkt.

IV. Die Gemeinschaftscharta der sozialen Grundrechte

Literatur: *Bercusson*, The European Community's Charter of Fundamental Social Rights of Workers, MLR 1990, 624–642; *Blanpain/Hepple/Sciarra/Weiss*, Soziale Grundrechte: Vorschläge für die Europäische Union, KritV 1995, 452–463; *Buchner*, Das deutsche Arbeits- und Sozialrecht unter dem Einfluss der Europäischen Gemeinschaft, VSSR 1992, 1–32, bes. 20–30; *Däubler*, Soziale Mindeststandards in der EG – eine realistische Perspektive?, in: Birk (Hrsg.), Die soziale Dimension des europäischen Bin-

183 Krit. im Hinblick auf die Effektivität des Grundrechtsschutzes *Kenntner*, ZRP 2000, 423, 425; Hanau/Steinmeyer/Wank/*Wank*, § 13 Rdn. 148.

184 *Calliess*, EuZW 2001, 261, 264.

185 *Zachert*, NZA 2001, 1041, 1043. Zur Grundrechtskollision – Ausgleich von Warenverkehrsfreiheit und Versammlungsfreiheit – beispielhaft EuGH v. 15.7.2010 – Rs. C-271/08 *Kommission ./. Deutschland*, EU:C:2010:426 Rdn. 43f.; EuGH v. 12.6.2003 – Rs. 112/00 *Schmidberger*, EU:C:2003:333; dazu bereits *Däubler*, FS Hanau (1999), S. 500f.; ferner *Fuchs/Marhold*, Europäisches Arbeitsrecht, S. 34.

186 EuGH v. 15.7.2010 – Rs. C-271/08 *Kommission ./. Deutschland*, EU:C:2010:426 Rdn. 43f., 52. Einzelheiten auch bei Stern/Sachs/*Krämer*, Art. 52 GRCh Rdn. 40–58.

187 *Calliess*, EuZW 2001, 261, 264; vgl. auch Schlussbericht der Gruppe II („Einbeziehung der Charta/Beitritt zur EMRK") des Europäischen Konvents v. 22.10.2002, CONV 354/02, S. 7; verfügbar unter http://european-convention.europa.eu/pdf/reg/de/02/cv00/cv00354.de02.pdf. Zum Umfang dieser „Transferklausel" Stern/Sachs/*Krämer*, Art. 52 GRCh Rdn. 65–69.

nenmarktes, 1989, S. 49–71; *Heinze*, Die Gemeinschaftscharta der sozialen Grundrechte der Arbeitnehmer und die Vertragsrevision des Unionsvertrages 1996, in: Anzinger/Wank (Hrsg.), Entwicklungen im Arbeitsrecht und Arbeitsschutzrecht – Festschrift für Otfried Wlotzke, 1996, S. 669–682; *Hepple*, The Implementation of the Community Charter of Fundamental Social Rights, MLR 53 (1990), 643–654; *Silvia*, The Social Charter of the European Community: A Defeat for European Labor, Ind. & L.R.Rev. 44 (1990–91), 626–643; *Watson*, The Community Social Charter, CMLR 1991, 37–68; *Wedderburn*, The Social Charter, European Company and Employment Rights – An Outline Agenda, 1990; *ders.*, The Social Charter in Britain – Labour Law and Labour Courts, MLR 54 (1991), 1–47, auch veröffentlicht in: *ders.*, Employment Rights in Britain and Europe – Selected Papers in Labour Law, 1991, S. 354–416; *Weiss*, Zur zukünftigen Rolle der Europäischen Union im Arbeitsrecht, in: Hanau/Lorenz/Matthes (Hrsg.), Festschrift für Günther Wiese, 1998, S. 633–648; *Wlotzke*, EG-Binnenmarkt und Arbeitsrechtsordnung – Eine Orientierung, NZA 1990, 417–423; *Zuleeg*, Der Schutz sozialer Rechte in der Rechtsordnung der Europäischen Gemeinschaft, EuGRZ 1992, 329–334; *ders.*, Eine neue Gemeinschaftscharta der sozialen Grundrechte?, AuR 1995, 429 f.

1. Einleitung und Übersicht

Zu den Grundlagen des Europäischen Arbeitsrechts gehört auch die Gemeinschafts- 68
charta der sozialen Grundrechte der Arbeitnehmer (GsG).[188] Am 9. Dezember 1989 von elf der damals zwölf Mitgliedstaaten ohne Mitwirkung Großbritanniens[189] als „feierliche Erklärung" verabschiedet, enthält sie als eine Art „programmatische Zusammenfassung" in ihrem Titel I (Nr. 1–26) soziale Grundrechte der Arbeitnehmer (i. E. unten, Rdn. 74 ff.), in ihrem Titel II (Nr. 27–30) Hinweise zur „Anwendung der Charta" (s. noch nachfolgend, Rdn. 72 f.). Nachdem Großbritannien – nach dem Regierungswechsel 1997 (§ 1 Rdn. 42) – seinen Widerstand gegen die Gemeinschaftscharta aufgegeben hatte,[190] wurde durch den Amsterdamer Vertrag in Art. 136 Abs. 1 EG (Art. 151 AEUV) eine Bezugnahme auf die sozialen Grundrechte der Charta eingefügt.[191] Zur Umsetzung (vgl. Nr. 27 GsG) hatte die Kommission bereits am 29. November 1989 ein Aktionsprogramm verabschiedet.[192]

Die Gemeinschaftscharta ist heute durch den umfassenden Katalog sozialer Grund- 69
rechte in der Grundrechtscharta (oben, Rdn. 50–64) weitgehend obsolet. Sie hat indes dem Arbeitsrecht der Gemeinschaft wesentliche Impulse gegeben, zahlreiche Sekundärrechtsakte nehmen auf sie Bezug (s. z. B. BE 6 GbRRL, BE 7 TzRL, BE 7 BefrRL, BE 5 und 6 MuSchRL, BE 3 EltUrlRL, BE 2 URRRL). Entwicklung und Inhalte werden daher nachfolgend skizziert.

---

188 Gemeinschaftscharta der sozialen Grundrechte der Arbeitnehmer vom 9.12.1989, KOM(89) 248 endg.

189 Vgl. *Schiek*, Europäisches Arbeitsrecht, S. 58; Wlotzke, NZA 1990, 417, 421.

190 *Schulz*, Grundlagen und Perspektiven einer Europäischen Sozialpolitik (2003), S. 99 f., 111, 116 f.

191 Für eine Bezugnahme in Art. 6 Abs. 2 EU hatten sich ausgesprochen *Blanpain/Hepple/Sciarra/Weiss*, KritV 1995, 452, 454.

192 Aktionsprogramm der Kommission vom 29.11.1989 zur Anwendung der Gemeinschaftscharta, KOM(89) 568 endg.

2. Geschichte, Rechtsnatur und Rechtswirkungen

70 Im Zuge der Verabschiedung der Einheitlichen Europäischen Akte (EEA) von 1987, bei der mit der Verwirklichung des Binnenmarktes wirtschaftliche Aspekte im Vordergrund standen, wurde die Frage nach der **sozialen Dimension des Binnenmarktes** gestellt: Wie wirkt sich die Errichtung und Vollendung des Binnenmarktes auf die sozialen Rechte und Interessen besonders der Arbeitnehmer aus (s. bereits § 1 Rdn. 38)? [193] Die Meinungen darüber gehen auseinander. Während einerseits die belebende Wirkung des Binnenmarktes auch für den Arbeitsmarkt hervorgehoben wird, besteht andererseits eine Sorge vor einer Absenkung sozialer (Arbeitnehmer-) Schutzstandards im Zuge des Binnenmarktwettbewerbs („Sozialdumping").[194] Als ein gewisses Gegengewicht zu der primär wirtschaftlich ausgerichteten EEA sollten mit der Charta der sozialen Grundrechte die sozialen Interessen hervorgehoben und in gewisser Weise festgeschrieben werden.

71 Allerdings waren, wie besonders die Abstandnahme Großbritanniens zeigt, die sozialen Grundrechte zwischen den Mitgliedstaaten umstritten. Das schlägt sich in den Inhalten der Charta und auch in ihrer Rechtsnatur nieder. Inhaltlich enthält die Charta weitgehend programmatische oder referierende (nämlich das Primärrecht wiedergebende) Aussagen. Der Form nach ist die Charta kein Rechtsakt der Gemeinschaft (vgl. Art. 288 AEUV) und, da Großbritannien ferngeblieben war, auch nicht aller Mitgliedstaaten. Es handelt sich lediglich um eine „feierliche Erklärung", die rechtlich nicht verbindlich ist,[195] um eine „unverbindliche Absichtserklärung"[196], ein „Arbeitsprogramm für die Praxis"[197]. Ungeachtet dessen hat die Charta jedenfalls seit dem Amsterdamer Vertrag durchaus auch rechtliche Bedeutung und ist vor allem ihre rechtspolitische Bedeutung nicht zu unterschätzen.

72 Die **rechtliche Bedeutung** ist freilich umstritten. Ist die Charta selbst unverbindlich, so sind die „Grundrechte" ihres ersten Titels nicht unmittelbar anwendbare subjektive Rechte.[198] Tatsächlich erklären auch die Vorschriften des zweiten Titels über

---

193 Näher *Däubler*, in: Birk (Hrsg.), Die soziale Dimension des europäischen Binnenmarktes, S. 49–71; s.a. Zuleeg, EuGRZ 1992, 329.

194 S. nur die Darstellung bei Hanau/Steinmeyer/Wank/*Steinmeyer*, § 11 Rdn. 43–49; *Däubler*, in: Birk (Hrsg.), Die soziale Dimension des europäischen Binnenmarktes, S. 53 f.

195 Vgl. statt Hanau/Steinmeier/Wank/*Wank*, § 13 Rdn. 96; *Konzen*, EuZW 1995, 39, 40 („feierliche Presseerklärung").

196 Streinz/*Eichenhofer*, Art. 151 AEUV Rdn. 23; *Zuleeg*, EuGRZ 1992, 329, 330 f.; *Däubler*, Liber amicorum Lord Wedderburn (1996), S. 151, 159 („declaration of good intent").

197 *Zuleeg*, AuR 1995, 429. Auch für diese Zwecke leidet die Charta freilich an ihrer weitgehenden Unbestimmtheit; s. *Däubler*, in: Birk (Hrsg.), Die soziale Dimension des europäischen Binnenmarktes, S. 67 („Musterbeispiel diplomatisch-vieldeutiger Formulierungskunst", die Verfasser seien dem Grundsatz gefolgt „Viel Lärm um Nichts").

198 Schwarze/*Rebhahn*/*Reiner*, Art. 151 AEUV Rdn. 8.

die „Anwendung der Charta" die Mitgliedstaaten als „für die Gewährleistung der sozialen Grundrechte (...) zuständig" (Nr. 27 GsG). Die Kommission wird lediglich aufgefordert, Vorschläge für die effektive Umsetzung derjenigen sozialen Rechte zu machen, die in den Zuständigkeitsbereich der Gemeinschaft fallen (Nr. 28 GsG). Die Grundrechte der Charta lassen sich auch nicht samt und sonders als *Allgemeine Rechtsgrundsätze* des Gemeinschaftsrechts qualifizieren,[199] obwohl das für einzelne durchaus anerkannt ist (oben, Rdn. 14). Der EuGH hatte in einigen Entscheidungen zunächst nur am Rande auf die Gemeinschaftscharta Bezug genommen, regelmäßig zu dem Zweck, die besondere Bedeutung einer Sekundärrechtsregelung hervorzuheben.[200] Zuletzt aber wies er für die Anerkennung des Grundrechts auf Durchführung kollektiver Maßnahmen u. a. auf die Gemeinschaftscharta hin und zählte sie zu den „Rechtsakten (...), die die Mitgliedstaaten auf Gemeinschaftsebene oder im Rahmen der Europäischen Union erarbeitetet haben".[201] Zwar kann die Gemeinschaftscharta ungeachtet der rechtlichen Unverbindlichkeit durchaus als Auslegungshilfe für das Sekundärrecht herangezogen werden, etwa im Rahmen historischer oder teleologischer Auslegung. Allerdings ist zu beachten, dass der Charta auch über die Bezugnahme in Art. 151 AEUV nur geringes Gewicht als *Erwägungselement* bei der Bestimmung der sozialen *Ziele* der Gemeinschaft zukommt (s. noch § 5 Rdn. 9).[202]

Ungleich größer war die praktische und **rechtspolitische Bedeutung.**[203] So hat **73**
man die Charta als „Initialzündung für einen Ausbau der sozialen Dimension des Binnenmarktes"[204] bezeichnet. Der Einladung, im Rahmen ihrer Kompetenzen zur Umsetzung der Charta beizutragen (Nr. 27 GsG), ist die Kommission zuerst durch Aktionsprogramm vom 29. November 1989 (oben, Rdn. 68) nachgekommen, das weit-

199 In diese Richtung aber *Weiss*, FS Wiese (1998), S. 633, 635. Eine ähnliche *Wirkung* sieht im praktischen Ergebnis *Grundmann*, Europäisches Schuldvertragsrecht, § 6 Rdn. 30. Für Auslegungshilfe auch *Heinze*, FS Wlotzke (1996), S. 669, 670; Hanau/Steinmeyer/Wank/*Wank*, § 13 Rdn. 108; Schwarze/*Rebhahn/Reiner*, Art. 151 AEUV Rdn. 8.

200 S.z.B. EuGH v. 23.4.2009 – verb. Rs. C-378/07 bis C-380/07 *Angelidaki*, EU:C:2009:250 Rdn. 112; EuGH v. 7.9.2006 – Rs. C-484/04 *Kommission./.Vereinigtes Königreich und Nordirland*, EU:C:2006:526 Rdn. 35; EuGH v. 11.7.2006 – Rs. C 13/05 *Chacón Navas*, EU:C:2006:456 Rdn. 11; EuGH v. 5.10.2004 – verb. Rs. C-397/01 bis C-403/01 *Pfeiffer*, EU:C:2004:584 Rdn. 91; EuGH v. 9.9.2003 – Rs. C-151/02 *Jaeger*, EU:C:2003:437 Rdn. 47.

201 EuGH v. 18.12.2007 – Rs. C-341/05 *Laval un Partneri*, EU:C:2007:809 Rdn. 90 f.; EuGH v. 11.12. 2007 – Rs. C-438/05 *Viking*, EU:C:2007:772 Rdn. 43 f.; EuGH v. 15.7.2010 – Rs. C-271/08 *Kommission ./. Deutschland*, EU:C:2010:426 Rdn. 37; krit. *Rebhahn*, ZESAR 2008, 109, 110.

202 Schwarze/*Rebhahn/Reiner*, Art. 151 AEUV Rdn. 12. Zu weitgehend Streinz/*Eichenhofer*, Art. 151 AEUV Rdn. 23 („Rang einer das Handeln der Union umfassend legitimierenden sozialpolitischen Einzelermächtigung"). Die von *Weiss*, FS Wiese (1998), S. 42, für den Grundrechtskatalog der Europäischen Sozialcharta angenommene Justitiabilität durch den EuGH lässt sich aus Art. 151 AEUV nicht ableiten.

203 *Bercusson*, European Labour Law, S. 139–141.

204 MünchArbR/*Birk* (2. Aufl. 2000), § 18 Rdn. 81.

gehend abgearbeitet ist. So liest sich die Gemeinschaftscharta heute weitgehend als eine Übersicht über „Programm und Ziele des Europäischen Arbeits- und Sozialrechts“.[205]

3. Soziale Grundrechte der Arbeitnehmer

74 Die sozialen Grundrechte sind in der Charta in zwölf Abschnitte geordnet, die ganz überwiegend Arbeitnehmer betreffen:[206]

[1] Freizügigkeit (Nr. 1–3),
[2] Beschäftigung und Arbeitsentgelt (Nr. 4–6),
[3] Verbesserung der Lebens- und Arbeitsbedingungen (Nr. 7–9),
[4] Sozialer Schutz (Nr. 10),
[5] Koalitionsfreiheit und Tarifverhandlungen (Nr. 11–14),
[6] Berufsausbildung (Nr. 15),
[7] Gleichbehandlung von Männern und Frauen (Nr. 16),
[8] Unterrichtung, Anhörung und Mitwirkung der Arbeitnehmer (Nr. 17–18),
[9] Gesundheitsschutz und Sicherheit in der Arbeitsumwelt (Nr. 19),
[10] Kinder- und Jugendschutz (Nr. 20–23),
[11] Ältere Menschen (Nr. 24–25),
[12] Behinderte (Nr. 26).

75 Damit wird teilweise **nur wiederholt**, was die Verträge bereits verbindlich ausformulieren, so insbesondere im Hinblick auf die Freizügigkeit. Auch der Gleichbehandlungsgrundsatz ist im Hinblick auf den heutigen Stand des Primärrechts (Art. 19 AEUV) und der Rechtsangleichung hier nur ansatzweise wiedergegeben, wenn in der Gemeinschaftscharta nur die Gleichbehandlung von Männern und Frauen angesprochen wird. In anderen Bereichen geht die Charta außerordentlich weit, so insbesondere, wenn neben der Berufswahl- und -ausübungsfreiheit (Nr. 4 GsG) auch die Forderung nach einem **„gerechten Entgelt“** niedergeschrieben ist und dieses definiert wird als „ein Arbeitsentgelt, das ausreicht, um ihnen einen angemessenen Lebensstandard zu erlauben“ (Nr. 5 Sps. 2 GsG).

76 Im Hinblick auf die **Verbesserung der Lebens- und Arbeitsbedingungen** relativiert Nr. 7 GsG geradezu den Primat des Binnenmarktes, wie er sich aus Art. 2 EG (vgl. Art. 3 Abs. 3 UAbs. 1 EUV) ergibt, wenn es dort heißt: „Die Verwirklichung des Binnenmarktes muss (?) zu einer Verbesserung der Lebens- und Arbeitsbedingungen der Arbeitnehmer in der Europäischen Gemeinschaft führen.“ In der Sache werden hier freilich nur begrenzte Schutzziele angesprochen, nämlich:

---

205 *Grundmann*, Europäisches Schuldvertragsrecht, § 6 Rdn. 28.
206 Einzelerläuterungen bei *Bercusson*, European Labour Law, S. 577–597.

- eine Angleichung der Vorschriften über Arbeitszeit und Arbeitszeitgestaltung „auf dem Wege des Fortschritts“ (also wohl: auf einem hohen Schutzniveau) (Nr. 7 Abs. 1 GsG);
- die Ausgestaltung „bestimmter Bereiche des Arbeitsrechts wie die Verfahren bei Massenentlassung oder bei Konkursen“ (Nr. 7 Abs. 2 GsG),
- ein Anspruch auf wöchentliche Ruhezeit und bezahlten Jahresurlaub, deren Dauer ebenfalls anzugleichen ist (Nr. 8);
- die Festlegung der Arbeitsbedingungen durch Gesetz, Tarifvertrag oder Arbeitsvertrag.

Im Hinblick auf das kollektive Arbeitsrecht anerkennt die Charta zum einen die **Koalitionsfreiheit** (Nr. 11) und die **Tarifautonomie** (Nr. 12) sowie das Recht, bei „Interessenkonflikten“ **Kollektivmaßnahmen** zu ergreifen, insbesondere das Streikrecht der Arbeitnehmerseite (Nr. 13). 77

Unter dem Gesichtspunkt der **Unterrichtung, Anhörung und Mitwirkung der Arbeitnehmer** wird vor allem die Beteiligung bei 78
- Unternehmenszusammenschlüssen (Nr. 17 Abs. 2 GsG),
- Umstrukturierung oder Verschmelzung von Unternehmen (Nr. 18 Sps. 2 GsG) sowie
- Massenentlassungen (Nr. 18 Sps. 3 GsG)

hervorgehoben.

Für den Bereich der **Arbeitssicherheit** betont die Charta das Recht des Arbeitnehmers, „in seiner Arbeitsumwelt zufriedenstellende Bedingungen für Gesundheitsschutz und Sicherheit vorzufinden“ (Nr. 19 Abs. 1). Als Leitlinien für die inhaltliche Ausgestaltung nennt die Charta die Ausbildung der Arbeitnehmer und ihre Beteiligung durch Unterrichtung, Anhörung und Mitwirkung. 79

Die sozialen Grundrechte sind damit weit ausgreifend, teilweise (etwa im Hinblick auf das Arbeitsentgelt) überbordend weit gefasst,[207] allerdings keineswegs umfassend formuliert. Während einerseits Einzelheiten wie die Abtretung und Pfändung von Lohnforderungen erwähnt werden (Nr. 5 Sps. 3 GsG) sind andererseits praktisch wichtige Sachfragen wie die wirtschaftliche Absicherung im Krankheitsfall nicht berücksichtigt.[208] 80

---

207 A.M. *Weiss*, FS Wiese (1998), S. 635, der den „fragmentarischen“ Charakter rügt.
208 Hanau/Steinmeyer/Wank/*Steinmeyer*, § 11 Rdn. 59.

V. Europäische Säule sozialer Rechte

Literatur: *Hoffmann/Wixforth*, Die soziale Dimension der EU – Zwischen Grundfreiheiten und Europäischer Säule sozialer Rechte, AuR 2018, 4–8; *Lörcher*, Die Europäische Säule Sozialer Rechte – Rechtsfortschritt oder Alibi, AuR 2017, 387–393.

81 Mit der – auf dem Gipfel von Göteborg am 17. November 2017 proklamierten – „Europäischen Säule sozialer Rechte" (ESsR) setzt die Union die Übung fort, eine rechtspolitische Bestandsaufnahme und Forderungen in Form eines Katalogs sozialer Rechte „feierlich zu verkünden".

82 Die **Rechtsnatur** der Europäischen Säule macht Begründungserwägung 14 der Präambel deutlich:

> „In der europäischen Säule sozialer Rechte kommen Grundsätze und Rechte zum Ausdruck, die im Europa des 21. Jahrhunderts für faire und gut funktionierende Arbeitsmärkte und Sozialsysteme unerlässlich sind. Es werden einige Rechte bekräftigt, die bereits Teil des Besitzstands der Union sind. Zudem kommen neue Grundsätze hinzu, die auf die Herausforderungen abzielen, die sich aus gesellschaftlichen, technischen und wirtschaftlichen Entwicklungen ergeben. Damit die Grundsätze und Rechte rechtlich durchsetzbar sind, müssen zuerst auf der geeigneten Ebene entsprechende Maßnahmen oder Rechtsvorschriften angenommen werden."

Die „Europäische Säule" bekräftigt den Regelbestand und formuliert **rechtspolitische Forderungen oder Ziele** für die Zukunft. Die „sozialen Rechte" des Katalogs sind daher nicht selbst geltendes Recht oder durchsetzbare (Individual-) Rechte, sondern teils deklaratorischer Hinweis, teils rechtspolitisches Programm, das der Umsetzung bedarf. Dabei bleibt aber alles offen, nämlich das Ob der Umsetzung, die zuständige Ebene und die genauen Inhalte einer Umsetzung. So weist BE 17 der Präambel darauf hin, dass die Umsetzung auf Unionsebene oder Mitgliedstaatenebene erfolgen kann. Da die „Europäische Säule" die Kompetenzordnung nicht ändert, insbesondere die Zuständigkeiten der Union nicht ändert (BE 18 ESsR), gelten die Prinzipien der Einzelermächtigung, der Subsidiarität und der Verhältnismäßigkeit (BE 17, 18 ESsR); zu diesen Grundsätzen näher § 5 Rdn. 3.

83 Eine Besonderheit besteht indessen darin, dass die **Kommission** die Europäische Säule sozialer Rechte bereits am 26. April 2017 auf der Grundlage von Art. 292 S. 3 AEUV **als Empfehlung erlassen** hat.[209] Empfehlungen sind zwar gem. Art. 288 Abs. 5 AEUV „nicht verbindlich", aber doch nicht „völlig rechtlich wirkungslos": Nach der Rechtsprechung des EuGH sind sie **zu berücksichtigen**, namentlich bei der Auslegung von mitgliedstaatlichen Rechtsvorschriften, die zu ihrer Durchführung erlassen wurden und wenn sie verbindliche unionsrechtliche Vorschriften ergänzen sollen.[210]

---

209 Empfehlung 2017/761 der Kommission vom 26.4.2017 zur europäischen Säule sozialer Rechte, ABl. 2017 L 113/56.

210 EuGH v. 21.1.1993 – Rs. C-188/91 *Deutsche Shell AG*, EU:C:1993:24 Rdn. 18; EuGH v. 13.12.1989 – Rs. C-322/88 *Grimaldi*, EU:C:1989:646 Rdn. 18.

Inhaltlich ist die „Europäische Säule“ in drei Kapitel mit insgesamt 20 Einzelbestimmungen gegliedert: 84

Kapitel I: Chancengleichheit und Arbeitsmarktzugang
1. Allgemeine und berufliche Bildung und lebenslanges Lernen
2. Gleichstellung der Geschlechter
3. Chancengleichheit
4. Aktive Unterstützung für Beschäftigung

Kapitel II: Faire Arbeitsbedingungen
5. Sichere und anpassungsfähige Beschäftigung
6. Löhne und Gehälter
7. Information über Beschäftigungsbedingungen und Kündigungsschutz
8. Sozialer Dialog und Einbeziehung der Beschäftigten
9. Vereinbarkeit von Berufs- und Privatleben
10. Gesundes, sicheres und geeignetes Arbeitsumfeld

Kapitel III: Sozialschutz und soziale Inklusion
11. Betreuung und Unterstützung von Kindern
12. Sozialschutz
13. Leistungen bei Arbeitslosigkeit
14. Mindesteinkommen
15. Alterseinkünfte und Ruhegehälter
16. Gesundheitsvorsorge
17. Inklusion von Menschen mit Behinderungen
18. Langzeitpflege
19. Wohnraum und Hilfe für Wohnungslose
20. Zugang zu essenziellen Dienstleistungen

Die in der „Europäischen Säule“ versammelten „sozialen Rechte“ betreffen damit 85
ganz überwiegend den Beschäftigungsbereich (i. w. S.). Im Kapitel I ist mit dem Recht auf lebenslanges Lernen ein neuer Akzent gesetzt (Nr. 1). Die Gleichstellung der Geschlechter (Nr. 2) geht nicht über den *Acquis* („Besitzstand“) hinaus, wie er sich vor allem aus Art. 157 AEUV und der Geschlechtsdiskriminierungs-Richtlinie 2006/54 ergibt; letztere hat insbesondere auch schon die **Chancengleichheit** zum Ziel. Im Hinblick auf die sonstigen Diskriminierungsmerkmale liegt in der Chancengleichheit freilich ein neuer Akzent, der in den Richtlinien 2000/43 und 2000/78 bislang nicht hervorgehoben wird.

Im Hinblick auf **faire Arbeitsbedingungen** enthält Nr. 5 mit dem „Recht auf faire 86
und gleiche Behandlung“ zunächst einen Grundsatz. Die unmittelbar anschließende Förderung des Übergangs in unbefristete Beschäftigungsformen weist dabei auf das Modell des Normalarbeitsverhältnisses hin. Indes werden atypische Arbeitsverhältnisse nicht diskreditiert, sondern sollen im Gegenteil „innovative Arbeitsformen“ gefördert werden. Unterbunden werden sollen Beschäftigungsverhältnisse, die zu „prekären Arbeitsbedingungen“ führen, oder Missbräuche atypischer Verhältnisse (Nr. 5d)). Für die „angemessenen Mindestlöhne“ verweist Nr. 6 b) auf die Mitglied-

staaten; kompetentiell ist ohnehin der Vorbehalt des Art. 153 Abs. 5 AEUV zu beachten (dazu unten, § 5 Rdn. 9ff.). Die Informationen über Beschäftigungsbedingungen (Nr. 7a)) gewährleistet bereits die Nachweisrichtlinie von 1991, die in der Transparenzrichtlinie (§ 14) aufgegangen ist. Zum Kündigungsschutz werden prozedurale Aspekte (Begründung und Frist), Rechtsschutz und materielle Aspekte („ungerechtfertigte Kündigung") angesprochen, letztere indes nur in allgemeiner Form (Nr. 7b)). Der Soziale Dialog (Nr. 7a)) ist einerseits bereits in Art. 154f. AEUV vorgesehen. Inwieweit darüber hinaus die Sozialpartner „bestärkt werden" müssen und können, Kollektivverträge zu schließen, ist unklar, zumal mit Rücksicht auf deren von der Europäischen Säule auch anerkannte Autonomie. Das Recht auf Unterrichtung und Anhörung ist bereits weitgehend unionsrechtlich begründet (Betriebsübergangsrichtlinie, Massenentlassungsrichtlinie). Die Vereinbarkeit von Berufs- und Privatleben (Nr. 9) regelt bislang primär die Elternurlaubsrichtlinie, die jetzt durch eine Work-Life-Balance-Richtlinie ersetzt werden soll. Im Hinblick auf den Schutz von Gesundheit und Sicherheit (Nr. 10) ist bemerkenswert, dass der Datenschutz damit systematisch verbunden wird (lit. c)); das ist wegen der persönlichkeitsrechtlichen Bezüge sachlich gut begründet. Freilich ist der Beschäftigungsdatenschutz von der Grundverordnung eigens für eine mitgliedstaatliche Ausgestaltung geöffnet; näher unten, § 13.

87 Das Kapitel **Sozialschutz und soziale Inklusion** betrifft nicht primär den Beschäftigungsbereich und das Beschäftigungsverhältnis. Das gilt insbesondere für das Recht auf „Mindesteinkommen" (Nr. 14). Nach Wortlaut der Bestimmung („Person, die nicht über ausreichende Mittel verfügt"; „Mindesteinkommensleistungen") und systematischer Stellung (Abgrenzung zu Nr. 6 über „Löhne und Gehälter", namentlich auch „Mindestlöhne") geht es dabei um Sozialleistungen.

88 Ein neuer Akzent der „Europäischen Säule" liegt darin, dass Aspekte der **Digitalisierung** der Arbeitswelt angesprochen werden (so schon BE 9 ESsR: „digitale Revolution"). Dazu rechnet etwa die Hervorhebung eines Rechts auf lebenslanges Lernen (Nr. 1) oder die Anerkennung der Bedeutung innovativer Arbeitsformen (Nr. 5).

§ 3 Arbeitsrechtliche und arbeitsrechtsrelevante Grundfreiheiten

Übersicht

https://doi.org/10.1515/9783110731941-003

I. Übersicht: Arbeitsrechtsrelevante Grundfreiheiten und ihre Funktionen

1 Zum Europäischen Arbeitsrecht gehören zuerst – weitgehend unabhängig von jeder Angleichung des Kollisionsrechts und des materiellen Rechts – die Grundfreiheiten. Sie sind seit Ablauf der Übergangszeit[1] unmittelbar anwendbare Rechte des Einzelnen; er kann sich etwa in einem Rechtsstreit unmittelbar auf die Grundfreiheiten berufen, und entgegenstehendes mitgliedstaatliches Recht muss unangewendet bleiben. Darüber hinaus können die Grundfreiheiten auch Auslegungs- und Kontrollmaßstab für das abgeleitete Unionsrecht sein.[2]

2 Von Bedeutung für das Arbeitsrecht sind zum einen die Arbeitnehmerfreizügigkeit, zum anderen die Dienstleistungs- und die Niederlassungsfreiheit sowie auch die Kapitalverkehrsfreiheit.[3] Sie entfalten freilich ganz unterschiedliche Wirkungen. Die Arbeitnehmerfreizügigkeit ist vor allem als Individualrecht des Arbeitnehmers gegen übermäßige mitgliedstaatliche Beschränkungen bei der grenzüberschreitenden Be-

---

1 Art. 8 Abs. 1 des am 1.1.1958 in Kraft getretenen EWG-Vertrags sah eine Übergangsfrist von zwölf Jahren vor.

2 EuGH v. 23.3.2004 – Rs. C-138/02 *Collins*, EU:C:2004:172 Rdn. 60–63.

3 Auch die Warenverkehrsfreiheit kann Bezüge zum Arbeitsrecht haben, s.z.B. EuGH v. 28.1.1986 – Rs. 188/84 *Kommission./. Frankreich*, EU:C:1986:43 (Verbot der Einfuhr von deutschen Holzbearbeitungsmaschinen nach Frankreich, da sie nicht die inländischen Arbeitnehmerschutzvorschriften erfüllten, gerechtfertigt; s. jetzt Richtlinie 98/37/EG des Europäischen Parlaments und des Rates vom 22.6.1998 zur Angleichung der Rechts- und Verwaltungsvorschriften der Mitgliedstaaten für Maschinen, ABl. 1998 L 207/1); EuGH v. 17.4.2007 – Rs. C-470/03 *A.G.M.-COS.MET ./. Finnland*, EU:C:2007:213. Zu beiden Entscheidungen *Schiek*, Europäisches Arbeitsrecht, S. 165.

rufstätigkeit von Bedeutung und entfaltet dabei auch Schutzwirkungen für den Arbeitgeber. Die Dienstleistungsfreiheit und die Niederlassungsfreiheit schützen den Arbeitgeber bei seiner – vorübergehenden oder auf Dauer angelegten – Erwerbsbetätigung in anderen Mitgliedstaaten vor Beschränkungen. Dem Freiheitsrecht des Arbeitgebers können indes Arbeitnehmerinteressen im Rahmen des Erforderlichen Grenzen setzen. Die Kapitalverkehrsfreiheit schützt – soweit hier von Interesse – Investoren. Auch ihrem Freiheitsrecht können die Arbeitnehmerinteressen in den Grenzen der Verhältnismäßigkeit entgegengehalten werden.

Wenn die Union bereits Sekundärrecht erlassen hat, kommen die Grundfreiheiten nicht mehr ohne Weiteres zum Tragen. 3 Soweit das Sekundärrecht einen Bereich abschließend harmonisiert, ist ein Rückgriff auf die Grundfreiheiten ausgeschlossen.[4] Soweit es Rechtfertigungssachverhalte abschließend regelt, scheidet eine Berufung auf nationale Regeln aus.[5] Dem Sekundärrecht kommt ein Anwendungsvorrang gegenüber den Grundfreiheiten zu.[6] Freilich muss das Sekundärrecht selbst dem Primärrecht genügen, insbesondere auch den Grundfreiheiten (s. u., Rdn. 55).

II. Die Arbeitnehmerfreizügigkeit

Literatur: *Barnard*, The Substantive Law of the EU: The Four Freedoms, 6. Aufl. 2019; *Battis/Ingold/Kuhnert*, Zur Vereinbarkeit der „6+5"-Spielregel der FIFA mit dem Unionsrecht, EuR 2010, 3–30; *Becker*, Arbeitnehmerfreizügigkeit, in: Ehlers (Hrsg.), Europäische Grundrechte und Grundfreiheiten, 4. Auflage 2015, § 9; *Behme*, Berücksichtigung ausländischer Arbeitnehmer für die Berechnung der Schwellenwerte im Recht der Unternehmensmitbestimmung, AG 2018, 1–21; *Canaris*, Drittwirkung der gemeinschaftsrechtlichen Grundfreiheiten, in: Bauer/Czybulka/Kahl/Vosskuhle (Hrsg.), Umwelt, Wirtschaft und Recht – Wissenschaftliches Symposium aus Anlaß des 65. Geburtstages von Reiner Schmidt, 2002, S. 29–67; *Coester/Denkhaus*, Die Verordnung zur Freizügigkeit der Arbeitnehmer, in: Oetker/Preis (Hrsg.), Europäisches Arbeits- und Sozialrecht, B 2100 (Stand: Oktober 1999); *Ehlers* (Hrsg.), Europäische Grundrechte und Grundfreiheiten, 4. Auflage 2015; *Franzen*, Privatrechtsangleichung durch die Europäische Gemeinschaft, 1999, §§ 4–6 (S. 118–243); *Fuchs*, Arbeitsmigration im Spannungsfeld von nationalstaatlicher und europarechtlicher Regelung, in: Konzen/Krebber/Raab/Veit/Waas (Hrsg.), Festschrift für Rolf Birk, 2008, S. 115–133; *ders.*, Der Schutz der Familie im europäischen Arbeits- und Sozialrecht, in: Hilbig-Lugani/Jakob/Mäsch/Reuß/Schmid (Hrsg.), Festschrift für Dagmar Coester-Waltjen, 2015, S. 61–71; *Görlitz*, Struktur und Bedeutung der Rechtsfigur der mittelbaren Diskriminierung im System der Grundfreiheiten, 2005; *Grundmann*, Europäisches Schuldvertragsrecht, 1999, 1. Teil Rdn. 53–104; *Hellwig/Behme*, Gemeinschaftsrechtliche Probleme der deutschen Unternehmensmitbestimmung, AG 2009, 261–278; *dies.*, Gemeinschaftsrechtswidrigkeit und Anwendungsvorrang des Gemeinschaftsrechts in der deutschen Unternehmensmitbestimmung, ZIP 2010, 871–874; *Kluth*, Die Bindung privater Wirtschaftsteilnehmer an die Grundfreiheiten des EG-Vertrages – Eine Analyse am Beispiel des Bosman-Urteils des EuGH, AöR 122 (1997), 557–582; *Kocher*, Ar-

4 EuGH v. 14.12.2004 – Rs. C-309/02 *Radlberger Getränkegesellschaft und S. Spitz*, EU:C:2004:799 Rdn. 53; EuGH v. 13.1.2005 – Rs. C-145/02 *Denkavit*, EU:C:2005:9 Rdn. 22.

5 EuGH v. 8.11.1979 – Rs. 251/78 *Denkavit*, EU:C:1979:252 Rdn. 14; EuGH v. 5.10.1977 – Rs. 5/77 *Tedeschi*, EU:C:1977:144 Rdn. 35; EuGH v. 5.10.1994 – Rs. C-323/93 *Centre d'Insemination de la Crespelle*, EU:C:1994:368 Rdn. 31; EuGH v. 11.5.1999 – Rs. C-350/97 *Monsees*, EU:C:1999:242 Rdn. 24.

6 Calliess/Ruffert/*Kingreen*, Art. 34–36 AEUV Rdn. 18.

beitnehmerfreizügigkeit und Berufsfreiheit – Ablaufen der Übergangsfristen am 1.5.2011 – aktuelle Rechtsprechung – Rückzahlung von Aus- und Weiterbildungskosten, GPR 2011, 132–138; *Körber*, Grundfreiheiten und Privatrecht, 2004, 2. Teil (S. 55–376); *Krebber*, Die arbeitsrechtliche Bedeutung der Arbeitnehmerfreizügigkeit des Unionsrechts, EuZA 2019, 62–80; *Langer*, Primärrechtliche Regelungen der Dienstleistungsfreiheit, Niederlassungsfreiheit und Freizügigkeit der Arbeitnehmer – Unter besonderer Berücksichtigung der Übergangsregelungen in den Beitrittsverträgen, NZA 2005 Beil. 2 zu Heft 21, 83–87; *Parpart*, Die unmittelbare Bindung Privater an die Personenverkehrsfreiheiten im europäischen Gemeinschaftsrecht – Eine Darstellung der Arbeitnehmerfreizügigkeit, Niederlassungs- und Dienstleistungsfreiheit, 2003; *Prinz*, Europäischer Gerichtshof: Deutsche Mitbestimmung ist europarechtskonform – das hindert aber nicht den Reformbedarf, SAE 2018, 24–29; *Rebhahn*, Die aktuelle Rechtsprechung des EuGH vor dem Hintergrund des Verhältnisses von Grundfreiheiten und Gemeinschaftsgrundrechten, in: Scholz/Becker (Hrsg.), Die Auswirkungen der Rechtsprechung des Europäischen Gerichtshofs auf das Arbeitsrecht in den Mitgliedstaaten, 2009, S. 17–23; *Resch*, Arbeitnehmerfreizügigkeit und Diskriminierungsverbot für Amateurjugendmannschaftssportler, ZESAR 2009, 214–220; *Rieble/Latzel*, Inlandsmitbestimmung als Ausländerdiskriminierung bei Standortkonflikten, EuZA 2011, 145–170; *Roloff*, Das Beschränkungsverbot des Art 39 EG (Freizügigkeit) und seine Auswirkungen auf das nationale Arbeitsrecht, 2003; *Roth*, Privatautonomie und die Grundfreiheiten des EG-Vertrags, in: Beuthien/Fuchs/Roth/Schiemann/Wacke (Hrsg,), Festschrift für Dieter Medicus zum 80. Geburtstag, 2009, S. 393–422; *Runggaldier/Reissner*, Die Freizügigkeit der Arbeitnehmer im EG-Vertrag, in: Oetker/Preis (Hrsg.), Europäisches Arbeits- und Sozialrecht, B 2000 (Stand: Mai 2008); *Schlachter*, Die Freizügigkeit der Arbeitnehmer in der Europäischen Union – Wer ist Träger dieses Rechts?, ZESAR 2011, 156–163; *Teichmann*, Europäisierung der deutschen Mitbestimmung, ZIP 2009, Beilage zu Heft 48, 10–17; *ders.*, Europäisierung der deutschen Mitbestimmung durch Nichtanwendung des Gesetzes?, ZIP 2010, 874–875; *Ulber/Wiegandt*, Die Bindung von Arbeitnehmervereinigungen an die europäischen Grundfreiheiten, 2018; *Wank*, Die Entwicklung der Dienstleistungs- und Niederlassungsfreiheit in der EU – die Rechtslage in Deutschland, NZA 2005 Beil. 2 zu Heft 21, 88–97; *ders.*, Die personellen Grenzen des Europäischen Arbeitsrechts: Arbeitsrecht für Nicht-Arbeitnehmer?, EuZA 2008, 172–195.

S. weiterhin die Literaturhinweise zur Dienstleistungsfreiheit vor Rdn. 65, zur Niederlassungsfreiheit vor Rdn. 88, zur Kapitalverkehrsfreiheit vor Rdn. 108, sowie zum allgemeinen Verbot der Diskriminierung wegen der Nationalität vor Rdn. 117.

Rechtsprechung (Auswahl):

EuGH v. 4.12.1974	Rs. 41/74 *van Duyn*, EU:C:1974:133
EuGH v. 12.12.1974	Rs. 36/74 *Walrave und Koch*, EU:C:1974:140
EuGH v. 14.7.1976	Rs. 13/76 *Donà*, EU:C:1976:115
EuGH v. 27.10.1977	Rs. 30/77 *Bouchereau*, EU:C:1977:172
EuGH v. 23.3.1982	Rs. 53/81 *Levin*, EU:C:1982:105
EuGH v. 18.5.1982	verb. Rs. 115/81 und 116/81 *Adoui*, EU:C:1982:183
EuGH v. 3.7.1986	Rs. 66/85 *Lawrie-Blum*, EU:C:1986:284
EuGH v. 26.2.1992	Rs. C-3/90 *Bernini*, EU:C:1992:89
EuGH v. 15.12.1995	Rs. C-415/93 *Bosman*, EU:C:1995:463
EuGH v. 15.1.1998	Rs. C-15/96 *Kalliope Schöning-Kougebetopoulou*, EU:C:1998:3
EuGH v. 13.4.2000	Rs. C-176/96 *Lehtonen und Castors Braine*, EU:C:2000:201
EuGH v. 6.6.2000	Rs. C-281/98 *Angonese*, EU:C:2000:296
EuGH v. 30.9.2003	Rs. C-224/01 *Köbler*, EU:C:2003:513
EuGH v. 30.9.2003	Rs. C-405/01 *Colegio de Oficiales de la Marina Mercante Española*, EU:C:2003:515
EuGH v. 6.11.2003	Rs. C-413/01 *Ninni-Orasche*, EU:C:2003:600

EuGH v. 23.3.2004	Rs. C-138/02 *Collins*, EU:C:2004:172
EuGH v. 29.4.2004	verb. Rs. C-482/01 und C-493/01 *Orfanopoulos und Oliveri*, EU:C:2004:262
EuGH v. 7.9.2004	Rs. C-456/02 *Trojani*, EU:C:2004:488
EuGH v. 10.3.2005	Rs. C-178/04 *Marhold*, EU:C:2005:164
EuGH v. 17.3.2005	Rs. C-109/04 *Kranemann*, EU:C:2005:187
EuGH v. 16.2.2006	Rs. C-185/04 *Öberg*, EU:C:2006:107
EuGH v. 11.1.2007	Rs. C-208/05 *ITC*, EU:C:2007:16
EuGH v. 26.4.2007	Rs. C-392/05 *Alevizos*, EU:C:2007:251
EuGH v. 17.7.2008	Rs. C-94/07 *Raccanelli*, EU:C:2008:425
EuGH v. 4.2.2010	Rs. C-14/09 *Genc*, EU:C:2010:57
EuGH v. 16.3.2010	Rs. C-325/08 *Olympique Lyonnais*, EU:C:2010:143
EuGH v. 5.4.2013	Rs. C-514/12 *Zentralbetriebsrat der gemeinnützigen Salzburger Landeskliniken*, EU:C:2013:799
EuGH v. 20.6.2013	Rs. C-20/12 *Giersch*, EU:C:2013:411
EuGH v. 12.3.2014	Rs. C-457/12 *S. und G. ./. Minister voor Immigratie, Integratie en Asiel*, EU:C:2014:135
EuGH v. 19.6.2014	Rs. C-507/12 *Saint Prix*, EU:C:2014:2007
EuGH v. 13.7.2016	Rs. C-187/15 *Pöpperl*, EU:C:2016:550
EuGH v. 18.7.2017	Rs. C-566/15 *Erzberger*, EU:C:2017:562
EuGH v. 23.1.2019	Rs. C-272/17 *Zyla*, EU:C.2019:49
EuGH v. 13.3.2019	Rs. C-437/17 *EurothermenResort*, EU:C:2019:193
EuGH v. 14.3.2019	Rs. C-174/18 *Jacob*, EU:C:2019:205
EuGH v. 8.5.2019	Rs. C-24/17 *Österreichischer Gewerkschaftsbund*, EU:C:2019:373
EuGH v. 11.7.2019	Rs. C-716/17 *A*, EU:C:2019:598
EuGH v. 10.10.2019	Rs. C-703/17 *Krah*, EU:C:2019:850
EuGH v. 24.10.2019	Rs. C-35/19 *BU*, EU:C:2019:894
EuGH v. 2.4.2020	Rs. C-830/18 *Landkreis Südliche Weinstraße*, EU:C:2020:275
EuGH v. 2.4.2020	Rs. C-802/18 *Caisse pour l'avenir des enfants*, EU:C:2020:269
EuGH v. 23.4.2020	Rs. C-710/18 *Land Niedersachsen*, EU:C:2020:229

„Innerhalb der Gemeinschaft [Union] ist die Freizügigkeit der Arbeitnehmer gewährleistet.", Art. 46 Abs. 1 AEUV. – „Artikel 45 Abs. 1 enthält die allgemeine Aussage, dass innerhalb der Gemeinschaft die Freizügigkeit der Arbeitnehmer hergestellt wird. Nach Artikel 45 Absätze 2 und 3 umfasst diese die Abschaffung jeder auf der Staatsangehörigkeit beruhenden unterschiedlichen Behandlung der Arbeitnehmer der Mitgliedstaaten in Bezug auf Beschäftigung, Entlohnung und sonstige Arbeitsbedingungen und gibt – vorbehaltlich der aus Gründen der öffentlichen Ordnung, Sicherheit und Gesundheit gerechtfertigten Beschränkungen – den Arbeitnehmern das Recht, sich um tatsächlich angebotene Stellen zu bewerben, sich zu diesem Zweck im Hoheitsgebiet der Mitgliedstaaten frei zu bewegen, sich dort aufzuhalten, um unter den gleichen Bedingungen wie Staatsangehörige des betreffenden Mitgliedstaats eine Beschäftigung auszuüben und nach deren Beendigung dort zu verbleiben."[7] 4

7 EuGH v. 7.5.1998 – Rs. C-350/96 *Clean Car Autoservice*, EU:C:1998:205 Rdn. 18; die Artikelnumerierung wurde an die Zählung des Lissabonner Vertrags angepasst.

1. Einführung: Das Regelungssystem[8]

5 Eines der zentralen Ziele der Europäischen Union ist die schrittweise Verwirklichung eines **Binnenmarktes**, Art. 26 AEUV. Dieser Binnenmarkt „umfasst einen Raum ohne Binnengrenzen, in dem der freie Verkehr von Waren, Personen, Dienstleistungen und Kapital gemäß den Bestimmungen dieses Vertrags gewährleistet ist". Die Arbeitnehmerfreizügigkeit ist m.a.W. wesentlicher Bestandteil des Europäischen Binnenmarktes. Geht es hier um die Freizügigkeit von Arbeitnehmern, d.h. abhängig Beschäftigten, so schützen die Niederlassungsfreiheit des Art. 49 AEUV und die Dienstleistungsfreiheit des Art. 56 AEUV die selbständige Tätigkeit im Binnenmarkt (näher unten, Rdn. 65–84 und 88–107).

6 Die Arbeitnehmerfreizügigkeit verbietet jede unmittelbare oder mittelbare **Diskriminierung** der Arbeitnehmer der Mitgliedstaaten aufgrund der Staatsangehörigkeit in Bezug auf Beschäftigung, Entlohnung und sonstige Arbeitsbedingungen. Sie gibt den Arbeitnehmern für **alle Phasen der Berufsausübung** – von der Arbeitssuche über die Berufstätigkeit bis zum Verbleib nach der Beendigung – einen freien Zugang zu allen Mitgliedstaaten der Union. Art. 45 AEUV garantiert damit aber, wie schon die Bezeichnung ausdrückt, nicht die allgemeine Freizügigkeit, die in Art. 21 AEUV geregelt ist, sondern die Freizügigkeit von Arbeitnehmern als Arbeitnehmer.[9] Unterm Strich bedeutet das Diskriminierungsverbot, dass Arbeitnehmer aus anderen Mitgliedstaaten im Inland ebenso nach dem nationalen Arbeitsrecht tätig werden können wie die inländischen Arbeitnehmer. Die Arbeitnehmerfreizügigkeit ist dabei ohne weitere Umsetzungsmaßnahmen oder Gesetzgebung von Union oder Mitgliedstaaten anwendbar.[10] Art. 45 AEUV „erzeugt unmittelbare Wirkung in den Rechtsordnungen der Mitgliedstaaten und verleiht den Einzelnen Rechte, welche die innerstaatlichen Gerichte zu wahren haben".[11]

7 Die Regelung wird durch zwei **Kompetenznormen** ergänzt (s. noch § 5 Rdn. 46): Art. 46 AEUV ermächtigt die Union, durch Richtlinien oder Verordnungen alle erforderlichen Maßnahmen zu treffen, um die Freizügigkeit der Arbeitnehmer herzustellen. Ergänzend begründet Art. 48 AEUV für die Union die Kompetenz, auch auf dem Gebiet der sozialen Sicherheit die notwendigen Maßnahmen zur Effektuierung der Freizügigkeit zu treffen. Hier geht es insbesondere um die Anrechnung von Arbeitszeiten im Ausland, etwa für die Zwecke von Leistungen der Arbeitslosen- oder Rentenversicherung.[12] Schließlich fördern die Mitgliedstaaten nach Art. 47 AEUV den Austausch junger Arbeitskräfte.

---

8 Schöne Übersicht über das Regelungsganze bei *Fuchs,* FS Birk (2008), S. 115–133.

9 Vgl. EuGH v. 26.5.1993 – Rs. C-171/91 *Tsiotras,* EU:C:1993:215 Rdn. 9; EuGH v. 26.2.1991 – Rs. C-292/89 *The Queen ./. Immigration Appeal Tribunal,* EU:C:1991:80 (Zulässigkeit der Ausweisung bei erfolgloser Stellensuche); s. aber EuGH v. 23.3.1982 – Rs. 53/81 *Levin,* EU:C:1982:105 Rdn. 19–23 (begrenzte Überprüfbarkeit; Irrelevanz von anderen Motiven). Zum Aufenthaltsrecht nach Art. 18 EG (Art. 21 AEUV) (und seinen Beschränkungen) z.B. EuGH v. 7.9.2004 – Rs. C-456/02 *Trojani,* EU:C:2004:488 Rdn. 30–46.

10 EuGH v. 4.4.1974 – Rs. 167/73 *Kommission ./. Frankreich,* EU:C:1974:35 Rdn. 35–41/42; EuGH v. 12.12.1974 – RS. 36/74 *Walrave und Koch,* EU:C:1974:140 Rdn. 16/19; EuGH v. 7.7.1976 – RS. 118/75 *Watson und Belmann,* EU:C:1976:106 Rdn. 11/12.

11 EuGH v. 4.12.1974 – Rs. 41/74 *van Duyn,* EU:C:1974:133.

12 Dazu z.B. EuGH v. 4.10.1991 – Rs. C-349/87 *Paraschi,* EU:C:1991:372.

Gestützt auf die Ermächtigung des Art. 46 AEUV hat die Union insbesondere die **Arbeitnehmerfreizügigkeitsverordnung (ANFVO)** von 1968 erlassen, die 2011 neu „kodifiziert" wurde.[13] Sie konkretisiert in ihrem materiell-rechtlichen Teil insbesondere das Diskriminierungsverbot des Art. 45 Abs. 2 AEUV im Hinblick auf den Zugang zur Beschäftigung einschließlich der Arbeitsvermittlung sowie im Hinblick auf die Ausübung der Beschäftigung, insbesondere die Beschäftigungs- und Kündigungsbedingungen, aber auch im Hinblick auf soziale und steuerliche Vergünstigungen.[14] Hinzu kommt die **Freizügigkeitsrichtlinie** 2004/38/EG[15], die zum einen die Rechte von Familienangehörigen sowie das Recht auf Daueraufenthalt regelt,[16] zum anderen den Vorbehalt des Art. 45 Abs. 3 Hs. 1 betreffend die **öffentliche Ordnung, Sicherheit und Gesundheit** im Hinblick auf die Vorbehaltsgründe und das diesbezügliche Verfahren näher ausgestaltet. Darüber hinaus wurde die **Arbeitnehmerfreizügigkeit-Erleichterungs-Richtlinie** 2014/54 erlassen,[17] die die einheitliche Anwendung und Durchsetzung der Arbeitnehmerfreizügigkeit (Art. 45 AEUV) und der Arbeitnehmerfreizügigkeitsverordnung 492/2011 erleichtern soll durch Rechtsschutz sowie durch „Strukturen bzw. Stellen (...) für die Förderung, Analyse, Überwachung und Unterstützung der Gleichbehandlung aller Arbeitnehmer der Union und ihrer Familienangehörigen" ohne Diskriminierung oder Behinderung der Freizügigkeit. Zur Erleichterung der Arbeitnehmerfreizügigkeit sowie zur Verbesserung der Durchsetzung unionsrechtlicher Regeln hat die Union 2019 die **Europäische Arbeitsbehörde** eingerichtet (zu ihr Rdn. 122ff.). 8

2. Schutzbereich

a) Begünstigte der Arbeitnehmerfreizügigkeit

aa) Arbeitnehmerbegriff

Art. 45 AEUV schützt die Freizügigkeit von „Arbeitnehmern".[18] Der Arbeitnehmerbegriff wird in den mitgliedstaatlichen Rechtsordnungen in Einzelheiten unterschiedlich ausgelegt. Für die Auslegung von Art. 45 AEUV kommt es darauf nicht an. Ent- 9

13 Verordnung (EU) Nr. 492/2011 des Europäischen Parlaments und des Rates vom 5.4.2011 über die Freizügigkeit der Arbeitnehmer innerhalb der Union, ABl. 2011 L 141/1. Zu ihr nur *Coester/Denkhaus*, EAS B 2100; EuArbRK/*Steinmeyer* VO (EU) 492/2011 Art. 1 Rdn. 1–5.

14 S. z. B. EuGH v. 2.4.2020 – Rs. C-830/18 *Landkreis Südliche Weinstraße*, EU:C:2020:275 (Übernahme der Schülerbeförderung); EuGH v. 2.4.2020 – Rs. C-802/18 *Caisse pour l'avenir des enfants*, EU:C:2020:269 (Kindergeld – auch für Stiefkinder).

15 Richtlinie 2004/38/EG des Europäischen Parlaments und des Rates vom 29.4.2004 über das Recht der Unionsbürger und ihrer Familienangehörigen, sich im Hoheitsgebiet der Mitgliedstaaten frei zu bewegen und aufzuhalten, zur Änderung der Verordnung (EWG) Nr. 1612/68 und zur Aufhebung der Richtlinien 64/221/ EWG, 68/360/EWG, 72/194/EWG, 73/148/EWG, 75/34/EWG, 75/35/EWG, 90/364/ EWG, 90/365/EWG und 93/96/EWG, ABl. 2004 L 158/77, Berichtigung in ABl. 2004 L 229/35.

16 *Fuchs*, FS Coester-Waltjen (2015), S. 62ff. („Magna Charta von Gleichheit und Freizügigkeit der Unionsbürger").

17 Richtlinie 2014/54/EU des Europäischen Parlaments und des Rates vom 16.4.2014 über Maßnahmen zur Erleichterung der Ausübung der Rechte, die Arbeitnehmern im Rahmen der Freizügigkeit zustehen, ABl. 2014 L 128/8.

18 Von dieser Bestimmung des Anwendungsbereichs zu trennen ist die Frage, ob sich auch andere – der Arbeitgeber oder Arbeitsvermittler – auf die Freizügigkeit „ihres" Arbeitnehmers berufen können; dazu unten, Rdn. 13f.

sprechend dem Zweck der Vorschrift, der eine einheitliche, von der mitgliedstaatlichen Disposition unabhängige Anwendung der Regeln über die Arbeitnehmerfreizügigkeit gebietet, legt der Gerichtshof den Arbeitnehmerbegriff **unionsautonom** aus.[19] Der Gerichtshof versteht den Arbeitnehmerbegriff weit – und deutlich über den deutschen Arbeitnehmerbegriff hinausgehend. **Arbeitnehmer** ist danach, wer für einen anderen eine wirtschaftliche Leistung[20] nach dessen Weisung gegen Vergütung erbringt.[21]

10 Die **Art des Dienstverhältnisses** spielt dabei keine Rolle,[22] so dass **Beamte**[23] ebenso „Arbeitnehmer" i. S. v. Art. 45 AEUV sein können wie Personen in atypischen Beschäftigungsverhältnissen („*sui generis*"), also neben Dauerarbeitnehmern auch Saisonarbeitnehmer,[24] Grenzarbeitnehmer, Teilzeitarbeitnehmer[25] oder befristet tätige Arbeitnehmer[26]. **Studienreferendare** im Vorbereitungsdienst für das Lehramt, die Unterricht erteilen und eine Vergütung erzielen, sind unabhängig von der Rechtsnatur des Dienstverhältnisses ebenfalls Arbeitnehmer,[27] ebenso Rechtsreferendare.[28] Arbeitnehmer ist ungeachtet seiner vielleicht geringeren Produktivität, dem auf Erfahrungserwerb gerichteten Zweck seiner Beschäftigung und einer gering(er)en Arbeitsstundenzahl auch der **Praktikant**, der im Rahmen der Berufsausbildung gegen Ent-

---

19 EuGH v. 19.3.1964 – Rs. 75/63 *Unger*, EU:C:1964:19 LS 1; EuGH v. 23.3.1982 – Rs. 53/81 *Levin*, EU:C:1982:105 Rdn. 11; EuGH v. 3.6.1986 – Rs. 139/85 *Kempf*, EU:C:1986:223 Rdn. 15; EuGH v. 3.7.1986 – Rs. 66/85 *Lawrie-Blum*, EU:C:1986:284 Rdn. 16; EuGH v. 31.5.1989 – Rs. 344/87 *Bettray*, EU:C:1989:226 Rdn. 11; EuGH v. 2.2.1992 – Rs. C-357/89 *Raulin*, EU:C:1992:87 Rdn. 10; EuGH v. 26.2.1992 – Rs. C-3/90 *Bernini*, EU:C:1992:89 Rdn. 14.

20 EuGH v. 12.12.1974 – Rs. 36/74 *Walrave und Koch*, EU:C:1974:140 Rdn. 4/10; EuGH v. 31.5.1989 – Rs. 344/87 *Bettray*, EU:C:1989:226 Rdn. 13.

21 EuGH v. 17.7.2008 – Rs. C-94/07 *Raccanelli*, EU:C:2008:425 Rdn. 33; EuGH v. 26.4.2007 – Rs. C-392/05 *Alevizos*, EU:C:2007:251 Rdn. 67; EuGH v. 17.3.2005 – Rs. C-109/04 *Kranemann*, EU:C:2005:187 Rdn. 12; EuGH v. 7.9.2004 – Rs. C-456/02 *Trojani*, EU:C:2004:488 Rdn. 15; EuGH v. 23.3.2004 – Rs. C-138/02 *Collins*, EU:C:2004:172 Rdn. 26; EuGH v. 6.11.2003 – Rs. C-413/01 *Ninni-Orasche*, EU:C:2003:600 Rdn. 23f.; EuGH v. 13.4.2000 – Rs. C-176/96 *Lehtonen und Castors Braine*, EU:C:2000:201 Rdn. 45; EuGH v. 26.2.1992 – Rs. C-3/90 *Bernini*, EU:C:1992:89 Rdn. 14; EuGH v. 2.2.1992 – Rs. C-357/89 *Raulin*, EU:C:1992:87 Rdn. 10; EuGH v. 31.5.1989 – Rs. 344/87 *Bettray*, EU:C:1989:226 Rdn. 12; EuGH v. 3.7.1986 – Rs. 66/85 *Lawrie-Blum*, EU:C:1986:284 Rdn. 17. Eingehend zu den einzelnen Elementen des Arbeitnehmerbegriffs *Runggaldier/Reissner*, EAS B 2000 Rdn. 26–52.

22 EuGH v. 7.9.2004 – Rs. C-456/02 *Trojani*, EU:C:2004:488 Rdn. 15; EuGH v. 2.2.1992 – Rs. C-357/89 *Raulin*, EU:C:1992:87 Rdn. 10

23 EuGH v. 10.3.2005 – Rs. C-178/04 *Marhold*, EU:C:2005:164 Rdn. 19.

24 EuGH v. 2.2.1992 – Rs. C-357/89 *Raulin*, EU:C:1992:87 („oproepcontract", Arbeit „auf Abruf").

25 EuGH v. 23.3.1982 – Rs. 53/81 *Levin*, EU:C:1982:105 Rdn. 14f.; EuGH v. 2.2.1992 – Rs. C-357/89 *Raulin*, EU:C:1992:87 Rdn. 13.

26 EuGH v. 6.11.2003 – Rs. C-413/01 *Ninni-Orasche*, EU:C:2003:600 Rdn. 25; auch wenn die Beschäftigungszeit im Verhältnis zur Gesamtaufenthaltsdauer nur kurz ist, Rdn. 28–30.

27 EuGH v. 3.7.1986 – Rs. 66/85 *Lawrie-Blum*, EU:C:1986:284 Rdn. 17–22.

28 EuGH v. 17.3.2005 – Rs. C-109/04 *Kranemann*, EU:C:2005:187 Rdn. 13–18.

gelt Praktikum ableistet.[29] Abhängig von den Umständen des Einzelfalles kann auch die Beschäftigung zu Zwecken der Rehabilitation (aber ggf. keine „wirtschaftliche Tätigkeit"; Rdn. 11)[30] oder als **Fremdgeschäftsführer** einer GmbH (im Falle von Weisungsgebundenheit) die Arbeitnehmereigenschaft begründen.[31] Maßgeblich ist nicht eine formale, sondern eine materielle („objektive") Betrachtung. Daher kann ein Dienstverpflichteter auch dann als Arbeitnehmer i. S. v. Art. 45 AEUV zu qualifizieren sein, wenn er nach nationalem Recht als **Selbständiger** eingestuft wird.[32] **„Scheinselbständige"**, deren Selbständigkeit nur fiktiv ist und ein „tatsächliches Arbeitsverhältnis" verschleiert, sind als Arbeitnehmer zu qualifizieren.[33] Auch die Rechtswirksamkeit ist nicht entscheidend (fehlerhaftes Arbeitsverhältnis), solange der Betreffende nur einer unselbständigen Tätigkeit nachgehen will.[34] Daran fehlt es freilich beim Scheingeschäft, und auch eine gesetzes- oder sittenwidrige[35] Tätigkeit begründet kein Arbeitsverhältnis (keine wirtschaftliche Tätigkeit; Rdn. 11).

Arbeitnehmer ist aber nur, „wer eine **tatsächliche und echte wirtschaftliche** 11
Tätigkeit ausübt, wobei Tätigkeiten außer Betracht bleiben, die einen so geringen Umfang haben, dass sie sich als völlig untergeordnet und unwesentlich darstellen".[36] Kein Arbeitnehmer ist, wer nur zu Zwecken der Rehabilitation oder der Wiedereingliederung in die Gesellschaft (hier: Drogenabhängiger) beschäftigt ist.[37] Die kurzfristige Unterbrechung der Berufstätigkeit (im konkreten Fall: im Spätstadium einer Schwangerschaft und nach der Geburt) berührt die Arbeitnehmereigenschaft allerdings nicht.[38]

---

29 EuGH v. 3.7.1986 – Rs. 66/85 *Lawrie-Blum*, EU:C:1986:284 Rdn. 19–21; EuGH v. 26.2.1992 – Rs. C-3/90 *Bernini*, EU:C:1992:89 Rdn. 14 f.

30 EuGH v. 26.4.2007 – Rs. C-392/05 *Alevizos*, EU:C:2007:251 Rdn. 68; EuGH v. 31.5.1989 – Rs. 344/87 *Bettray*, EU:C:1989:226 Rdn. 16.

31 EuGH v. 7.5.1998 – Rs. C-350/96 *Clean Car Autoservice*, EU:C:1998:205; Streinz/*Franzen*, Art. 45 AEUV Rdn. 19; ErfK/*Wißmann*/*Schlachter*, Art. 45 AEUV Rdn. 13.

32 EuGH v. 13.1.2004 – Rs. C-256/01 *Allonby*, EU:C:2004:18 Rdn. 71 (zu Art. 157 AEUV, aber unter Bezugnahme auf die Arbeitnehmerfreizügigkeit).

33 EuGH v. 4.12.2014 – Rs. C-413/13 *FNV Kunsten*, EU:C:2014:2411 Rdn. 31 ff. (zu Art. 101 AEUV, aber unter Bezugnahme auf *Allonby*).

34 Vgl. EuGH v. 31.5.1989 – Rs. 344/87 *Bettray*, EU:C:1989:226 Rdn. 13.

35 Vgl. EuGH v. 18.5.1982 – Rs. C-115/81 *Adoui*, EU:C:1982:183 (Prostitution). Problematisch ist freilich, inwieweit Union und inwieweit Mitgliedstaaten den Maßstab der guten Sitten konkretisieren können; EuArbRK/*Steinmeyer*, Art. 45 AEUV Rdn. 25.

36 EuGH v. 2.2.1992 – Rs. C-357/89 *Raulin*, EU:C:1992:87 Rdn. 10, 13; EuGH v. 26.2.1992 – Rs. C-3/90 *Bernini*, EU:C:1992:89 Rdn. 14.

37 EuGH v. 31.5.1989 – Rs. 344/87 *Bettray*, EU:C:1989:226 Rdn. 17 f. S. aber EuGH v. 7.9.2004 – Rs. C-456/02 *Trojani*, EU:C:2004:488 Rdn. 17–24 (Hilfstätigkeit bei der Heilsarmee gegen Naturalleistungen und etwas Taschengeld möglicherweise tatsächliche und echte wirtschaftliche Tätigkeit).

38 EuGH v. 19.6.2014 – Rs. C-507/12 *Saint Prix*, EU:C:2014:2007.

12 Erforderlich ist, dass die Tätigkeit **entgeltlich** erfolgt, wobei die Höhe des Entgelts grundsätzlich nicht entscheidend ist.[39] Insbesondere spielt es keine Rolle, ob der Arbeitnehmer aus der Tätigkeit ein Einkommen erzielt, das unter dem in einem Mitgliedstaat als Existenzminimum definierten Betrag liegt,[40] oder ob das Einkommen für sich (ohne ergänzende staatliche Leistungen) ausreicht, um den Lebensunterhalt zu bestreiten.[41] Auch eine geringfügige Tätigkeit reicht aus.[42]

bb) Einzelne Begünstigte

13 Begünstigte der Arbeitnehmerfreizügigkeit sind zuerst die **Arbeitnehmer**[43] der Mitgliedstaaten[44]. Darüber hinaus ist aber anerkannt, dass sich auch weitere Personengruppen auf die Arbeitnehmerfreizügigkeit berufen können. **Angehörige** genießen im Rahmen der Freizügigkeitsverordnung derivativ – vom Arbeitnehmer abgeleitet – Schutz (Art. 10 VO 492/2011; s.a. Art. 9ff. RL 2004/38)[45], können aber auch reflexartig über die Freizügigkeit des Arbeitnehmers begünstigt sein.[46] Aber auch der **Arbeitgeber**, der im Mitgliedstaat seiner Niederlassung Angehörige eines anderen Mitgliedstaats als Arbeitnehmer beschäftigen will, kann sich auf Art. 45 AEUV berufen, da die Freizügigkeit auch ihm zugutekommen soll.[47] Der Gerichtshof hat das damit begründet, dass der Wortlaut nichts Gegenteiliges erkennen lässt und diese Auslegung auch teleologisch begründet sei, da so die effektive Wirksamkeit der Freizügigkeit gefördert würde. Ebenso hat der EuGH unter Berufung auf den *effet utile* anerkannt, dass sich auch ein **Arbeitsvermittler** auf die Arbeitnehmerfreizügigkeit berufen kann.[48]

---

39 EuGH v. 17.3.2005 – Rs. C-109/04 *Kranemann*, EU:C:2005:187 Rdn. 17 („Unterhaltsbeihilfe" für Referendare).

40 EuGH v. 23.3.1982 – Rs. 53/81 *Levin*, EU:C:1982:105 Rdn. 6–18.

41 EuGH v. 3.6.1986 – Rs. 139/85 *Kempf*, EU:C:1986:223.

42 EuGH v. 4.2.2010 – Rs. C-14/09 *Genc*, EU:C:2010:57 Rdn. 26.

43 S. zu den zeitlichen Grenzen – Schutz von Arbeitssuchenden oder in Ruhestand getretenen Arbeitnehmern – sogleich, Rdn. 15.

44 EuGH v. 5.7.1984 – Rs. 238/83 *Caisse d'Allocations Familiales ./. Meade*, EU:C:1984:250 Rdn. 7. Drittstaatsangehörige Arbeitnehmer können sich nur dann auf das Freizügigkeitsrecht berufen, wenn dies in einem Assoziierungsabkommen mit dem Drittstaat vereinbart wurde. Zu den Freizügigkeitsrechten von Drittstaatangehörigen *Wiesbrock*, E.L. Rev. 35 (2010), 455, 475; Grabitz/Hilf/Nettesheim/*Forsthoff*, Art. 45 AEUV Rdn. 32–44, 124f. Zu den Übergangsbestimmungen anlässlich des Beitritts neuer Mitgliedstaaten *Runggaldier/Reissner*, EAS B 2000 Rdn. 65–73. Zur Arbeitstätigkeit von Drittstaatenangehörigen in der EU auch § 1 Rdn. 11.

45 Näher *Fuchs/Marhold*, Europäisches Arbeitsrecht, S. 95ff.

46 EuGH v. 12.3.2014 – Rs. C-457/12 *S. und G. ./.* Minister *voor Immigratie, Integratie en Asiel*, EU:C:2014:135 Rdn. 36ff. (Kinderbetreuung durch die Drittstaatenangehörige Ehefrau ermöglicht grenzüberschreitende Berufstätigkeit).

47 C-350/96 *Clean Car Autoservice*, EU:C:1998:205 Rdn. 19–23; EuGH v. 11.1.2007 – Rs. C-208/05 *ITC*, EU:C:2007:16 Rdn. 23; Grabitz/Hilf/Nettesheim/*Forsthoff*, Art. 45 AEUV Rdn. 47–52.

48 EuGH v. 11.1.2007 – Rs. C-208/05 *ITC*, EU:C:2007:16 Rdn. 24–26.

Dogmatisch sind diese Fragen noch wenig geklärt. So ist unklar, ob Arbeitgeber oder Vermittler ihr eigenes Recht (sozusagen als „passive“ Arbeitnehmerfreizügigkeit) oder das des Arbeitnehmers geltend machen. Beim Arbeitsvermittler stellt sich zudem die Frage, wie sich seine Berechtigung aus der Arbeitnehmerfreizügigkeit zu der ihm zukommenden Dienstleistungsfreiheit verhält.[49] 14

b) Zeitlicher Bezug zum Arbeitsverhältnis

Ob jemand Arbeitnehmer ist, ist durch den Bezug zum Arbeitsverhältnis bestimmt. 15
Der Schutz der Arbeitnehmerfreizügigkeit beschränkt sich indes nicht auf den zeitlichen Bestand des Arbeitsverhältnisses, sondern setzt schon vor seiner Begründung ein und dauert auch danach noch an. Entscheidend ist, ob ein „objektiver Zusammenhang mit der Arbeitnehmereigenschaft“ besteht.[50] So erfasst die Arbeitnehmerfreizügigkeit bereits das Recht, „sich um tatsächlich angebotene Stellen zu **bewerben**“, Art. 45 Abs. 3 lit. a) AEUV oder sich in einen Mitgliedstaat zu begeben, um (eigeninitiativ) eine Stelle zu suchen (näher unten, Rdn. 17). Und noch nach Beendigung der Beschäftigung hat der Arbeitnehmer ein **Verbleiberecht** (näher unten, Rdn. 20).

c) Geschützte Betätigungen

Den Schutzbereich der Arbeitnehmerfreizügigkeit beschreibt Art. 45 AEUV nicht in al- 16
len Einzelheiten. In Absatz 1 wird er nur allgemein durch den Begriff der Freizügigkeit umschrieben. Diesen konkretisiert Absatz 2 durch das Benachteiligungsverbot und Absatz 3 in einer *nicht abschließenden*[51] Aufzählung durch bestimmte Einzelrechte. Das Kennzeichen der Arbeitnehmerfreizügigkeit hat der EuGH im **Zutritt zum Arbeitsmarkt des Aufnahmestaates** gesehen – in Ausgrenzung der Arbeitnehmerentsendung, die der Dienstleistungsfreiheit des entsendenden Arbeitgebers unterfällt (dazu unten, Rdn. 65f., 73 und 82f.).[52]

Zu den Einzelrechten nach Absatz 3 gehört zuerst das Recht, sich um tatsächlich 17
angebotene **Stellen zu bewerben** (lit. a). Die Freizügigkeit liefe indes weitgehend leer, wenn der Arbeitnehmer (ebenso der Arbeitgeber) nicht auch selbst initiativ werden könnte. Der EuGH hat daher zudem das Recht des Arbeitnehmers anerkannt, sich zum Zwecke der **Arbeitssuche** in einen anderen Mitgliedstaat zu begeben und dort

---

49 Dazu noch EuGH v. 11.1.2007 – Rs. C-208/05 *ITC*, EU:C:2007:16 Rdn. 54–62.

50 EuGH v. 15.6.2000 – Rs. C-302/98 *Sehrer*, EU:C:2000:322 Rdn. 30 a.E. (dort: Rente).

51 Vgl. EuGH v. 26.2.1991 – Rs. C-292/89 *Antonissen*, EU:C:1991:80 Rdn. 13; EuGH v. 26.5.1993 – Rs. C-171/ 91 *Tsiotras*, EU:C:1993:215 Rdn. 8.

52 EuGH v. 25.10.2001 – verb. Rs. C-49/98, C-50/98, C-52/98 bis C-54/98 und C-68/98 bis C-71/98 *Finalarte*, EU:C:2001:564 Rdn. 19–23. Zust. *Krebber*, JJZ 1998, 139f.; krit. *Rebhahn*, DRdA 1999, 173, 181f.; *Rieble/Lessner*, ZfA 2002, 29, 44–47; a.M. jetzt auch *Krebber*, EuZA 2019, 62, 64f., 77ff. („Doppelqualifikation der Entsendung“ zugleich als Ausübung der Dienstleistungsfreiheit des Arbeitgebers und der Arbeitnehmerfreizügigkeit des Arbeitnehmers).

aufzuhalten und frei zu bewegen.[53] Dem Zweck der Arbeitnehmerfreizügigkeit entsprechend (keine allgemeine Freizügigkeitsgarantie!; Rdn. 6) muss der Arbeitnehmer die Arbeitssuche verfolgen und darf diese auch nicht objektiv aussichtslos sein. Dafür ist ihm ein angemessener Zeitraum zuzugeben. Eine Ausweisung nach nur drei Monaten hat der Gerichtshof aus teleologischen Gründen für zu kurz gehalten,[54] sie ist aber zulässig, wenn der Arbeitnehmer nach sechs Monaten keine Stelle gefunden hat und nicht nachweist, dass er weiterhin und mit begründeter Aussicht auf Erfolg Arbeit sucht.[55]

18 Mit dem Recht, sich zur Arbeitssuche oder Arbeitstätigkeit in einen anderen Mitgliedstaat zu begeben, korrespondiert das „Recht, das **Herkunftsland zu verlassen**",[56] das in Art. 45 AEUV zwar nicht ausdrücklich genannt ist, als Kehrseite der Einreise in einen anderen Mitgliedstaat aber sachlogisch von der Arbeitnehmerfreizügigkeit erfasst wird.

19 Der Arbeitnehmer hat weiterhin das Recht, sich in einem Mitgliedstaat aufzuhalten, um dort eine **Beschäftigung auszuüben**. Das Aufenthaltsrecht ist damit schon primärrechtlich begründet, so dass es einer konstitutiven Aufenthaltsgenehmigung durch den Aufnahmemitgliedstaat nicht mehr bedarf.[57]

20 Und schließlich gibt Art. 45 AEUV dem Arbeitnehmer das Recht, nach Beendigung einer Beschäftigung im Hoheitsgebiet eines Mitgliedstaats zu **verbleiben**. Einzelheiten regelt Art. 17 der Freizügigkeitsrichtlinie (s. o., Rdn. 8). Das Verbleiberecht soll dem Arbeitnehmer ermöglichen, nach seinem Ausscheiden aus der Berufstätigkeit oder dem Berufsleben in den vertrauten sozialen Strukturen zu leben. Es setzt allerdings voraus, dass der Betreffende in dem Staat zuvor als Arbeitnehmer tätig war, und greift daher nicht ein, wenn ein Arbeitnehmer während eines Aufenthalts, der ihm zur Führung eines Rechtsstreits bewilligt wurde, dauernd arbeitsunfähig wird.[58]

---

53 Grundlegend EuGH v. 26.2.1991 – Rs. C-292/89 *Antonissen*, EU:C:1991:80 Rdn. 13; ferner EuGH v. 17.12.2020 – Rs. C-710/19 *G.M.A.*, EU:C:2020:1037 Rdn. 24 ff.; EuGH v. 26.5.1993 – Rs. C-171/91 *Tsiotras*, EU:C:1993:215 Rdn. 8.

54 EuGH v. 20.2.1997 – Rs. C-344/95 *Kommission ./. Belgien*, EU:C:1997:81.

55 EuGH v. 23.3.2004 – Rs. C-138/02 *Collins*, EU:C:2004:172 Rdn. 37; EuGH v. 26.2.1991 – Rs. C-292/89 *Antonissen*, EU:C:1991:80 Rdn. 16; EuGH v. 26.5.1993 – Rs. C-171/91 *Tsiotras*, EU:C:1993:215 Rdn. 13.

56 EuGH v. 11.1.2007 – Rs. C-208/05 *ITC*, EU:C:2007:16 Rdn. 32–34; EuGH v. 26.1.1999 – Rs. C-18/95 *Terhoeve*, EU:C:1999:22 Rdn. 38; EuGH v. 15.12.1995 – Rs. C-415/93 *Bosman*, EU:C:1995:463 Rdn. 95 f.; EuGH v. 27.1.2000 – Rs. C-190/98 *Graf*, EU:C:2000:49 Rdn. 22.

57 Vgl. EuGH v. 23.3.2004 – Rs. C-138/02 *Collins*, EU:C:2004:172 Rdn. 40; EuGH v. 5.2.1991 – Rs. C-363/89 *Roux*, EU:C:1991:41 Rdn. 9.

58 EuGH v. 26.5.1993 – Rs. C-171/91 *Tsiotras*, EU:C:1993:215 Rdn. 17–19.

d) Binnenmarktbezug: nicht nur rein innerstaatlicher Sachverhalt

Nach Regelungszusammenhang und Zweck erfordert die Arbeitnehmerfreizügigkeit zudem einen (binnenmarkt-[59])grenzüberschreitenden Bezug. Auf rein innerstaatliche Sachverhalte findet sie keine Anwendung.[60] Auf die Freizügigkeit kann sich daher nicht berufen, wer nie von ihr innerhalb der Gemeinschaft Gebrauch gemacht hat.[61] Daher war der Ausschluss von Arbeitnehmern ausländischer Tochtergesellschaften vom aktiven und passiven Mitbestimmungs-Wahlrecht unter Art. 45 Abs. 2 AEUV nicht zu beanstanden.[62] Sache des nationalen Rechts ist es, ob eine daraus etwa resultierende *Inländerdiskriminierung* (eine unverhältnismäßige Beschränkung ist nur im grenzüberschreitenden Verkehr unanwendbar, nicht aber für interne Sachverhalte) als unzulässig beurteilt wird.[63] Allerdings kann auch ein Nachteil, der sich beim Wechsel innerhalb des Herkunftsstaates ebenso auswirkt wie beim Wechsel in einen anderen Mitgliedstaat (hier: niedrigere Ruhegehaltsbezüge beim Wechsel vom Beamtenverhältnis in die Privatwirtschaft) eine Beschränkung der Arbeitnehmerfreizügigkeit darstellen.[64] 21

Umgekehrt ist, wie der Gerichtshof sagt, auch der Freiheitsentzug des Strafgefangenen geeignet, die Ausübung des Rechts auf Freizügigkeit zu behindern. Die „rein hypothetische Aussicht auf die Ausübung dieses Rechts" stellt indes „keinen Bezug zum Gemeinschaftsrecht her, der eng genug wäre, um die Anwendung der Gemeinschaftsbestimmungen zu rechtfertigen".[65] 22

e) Bereichsausnahme: Öffentliche Verwaltung

Ausgenommen vom Anwendungsbereich der Arbeitnehmerfreizügigkeit ist die öffentliche Verwaltung, Art. 45 Abs. 4 AEUV. Die Vorschrift soll den Mitgliedstaaten einen **Kernbereich ihrer hoheitlichen Befugnisse** vorbehalten. Geht es um einen Vor- 23

---

59 Bei einem hinreichend engen Bezug des Arbeitsverhältnisses zum Gemeinschaftsgebiet soll die Arbeitnehmerfreizügigkeit auch auf außergemeinschaftliche Sachverhalte Anwendung finden. Einzelheiten bei *Runggaldier/Reissner*, EAS B 2000 Rdn. 16–18; Grabitz/Hilf/Nettesheim/*Forsthoff*, Art. 45 AEUV Rdn. 12–14.

60 EuGH v. 28.6.1984 – Rs. 180/83 *Moser*, EU:C:1984:233 LS 2; EuGH v. 23.1.1986 – Rs. 298/84 *Paolo Iorio*, EU:C:1986:33; EuGH v. 28.1.1992 – Rs. C-332/90 *Steen I*, EU:C:1992:40. Zu den Beschäftigten internationaler Organisationen, insbesondere der EG: EuGH v. 16.2.2006 – Rs. C-185/04 *Öberg*, EU:C:2006:107 Rdn. 12.

61 EuGH v. 16.12.1992 – Rs. C-206/91 *Poirrez*, EU:C:1992:523 Rdn. 10–12.

62 EuGH v. 18.7.2017 – Rs. C-566/15 *Erzberger*, EU:C:2017:562 Rdn. 28. Zur Diskussion noch die Beiträge von *Hellgardt* und *Krause* in: Habersack/Behme/Eidenmüller/Klöhn (Hrsg.), Deutsche Mitbestimmung unter europäischem Reformzwang (2016), S. 24 ff. und 46 ff.

63 EuGH v. 16.6.1994 – Rs. C-132/93 *Steen II*, EU:C:1994:254 Rdn. 9 f.

64 EuGH v. 13.7.2016 – Rs. C-187/15 *Pöpperl*, EU:C:2016:550 Rdn. 26 f.

65 EuGH v. 29.5.1997 – Rs. C-299/95 *Kremzow*, EU:C:1997:254 Rdn. 16 (freilich zur Grundrechtskontrolle).

behaltsbereich für die Mitgliedstaaten, so könnte das dafür sprechen, diesen auch die Abgrenzung des hoheitlichen Bereichs zu überlassen. Da die Grenzziehung indes für den Anwendungsbereich der Freizügigkeit zentral ist *(effet utile)*, hat der EuGH auch den Begriff der „öffentlichen Verwaltung" nicht in die Hand der Mitgliedstaaten gelegt, sondern als rahmenhaft **unionsautonom** bestimmt angesehen.[66]

24 Als Ausnahme von einer fundamentalen Regel hat der EuGH die Vorschrift **eng ausgelegt.**[67] Er ist dabei von einem **funktionellen Begriff** der öffentlichen Verwaltung ausgegangen. Art. 45 Abs. 4 AEUV „nimmt (...) diejenigen Stellen vom Anwendungsbereich der ersten drei Absätze dieses Artikels aus, die eine unmittelbare oder mittelbare **Teilnahme an der Ausübung hoheitlicher Befugnisse** und an der Wahrnehmung solcher Aufgaben mit sich bringen, die auf die **Wahrung der allgemeinen Belange des Staates** oder anderer öffentlicher Körperschaften gerichtet sind. Die Beschäftigung auf derartigen Stellen setzt nämlich ein Verhältnis besonderer Verbundenheit des jeweiligen Stelleninhabers zum Staat sowie die Gegenseitigkeit von Rechten und Pflichten voraus, die dem Staatsangehörigkeitsband zugrunde liegen. Dagegen gilt der Vorbehalt des Art. 45 Abs. 4 nicht für Stellen, die zwar dem Staat oder anderen öffentlich-rechtlichen Einrichtungen zuzuordnen sind, jedoch keine Mitwirkung bei der Erfüllung von Aufgaben mit sich bringen, die zur öffentlichen Verwaltung im eigentlichen Sinne gehören."[68]

25 Ein Studienreferendar im Vorbereitungsdienst für das Lehramt erfüllt diese engen Voraussetzungen nicht, auch wenn er verbeamtet tätig wird;[69] ebenso wenig ein Fremdsprachenlektor.[70] Wenn die Ausübung hoheitlicher Tätigkeiten – wie etwa die Ausübung von Strafgewalt bei Kapitänen auf Handelsschiffen – praktisch nur in geringfügigem Ausmaß vorkommt, so kann der Beruf nicht den Staatsangehörigen des Mitgliedstaats vorbehalten werden.[71] Private Sicherheitsunternehmen gehören nicht zur öffentlichen Verwaltung.[72] Auf den Vorbehalt kann sich ein Mitgliedstaat zudem

---

66 EuGH v. 2.7.1996 – Rs. C-473/93 *Kommission ./. Luxemburg*, EU:C:1996:263 Rdn. 26f.; EuGH v. 3.6.1986 – Rs. 307/84 *Kommission ./. Frankreich*, EU:C:1986:222 Rdn. 12.

67 EuGH v. 3.7.1986 – Rs. 66/85 *Lawrie-Blum*, EU:C:1986:284 Rdn. 26; EuGH v. 2.7.1996 – Rs. C-473/93 *Kommission ./. Luxemburg*, EU:C:1996:263 Rdn. 33. Zur Methodenfrage krit. *Riesenhuber*, in: ders. (Hrsg.), Europäische Methodenlehre, § 10 Rdn. 62–66.

68 EuGH v. 17.12.1980 – Rs. 149/79 *Kommission ./. Belgien*, EU:C:1982:195 LS 1 (Hervorhebung hinzugefügt; die Numerierung der Artikel wurde auf Lissabonner Zählung umgestellt); EuGH v. 26.4.2007 – Rs. C-392/05 *Alevizos*, EU:C:2007:251 Rdn. 69; EuGH v. 3.7.1986 – Rs. 66/85 *Lawrie-Blum*, EU:C:1986:284 Rdn. 27. Vgl. auch EuGH v. 24.5.2011 – Rs. C-54/08 *Kommission ./. Deutschland*, EU:C:2011:339 Rdn. 84ff. (zu Art. 49 AEUV; Notare).

69 EuGH v. 3.7.1986 – Rs. 66/85 *Lawrie-Blum*, EU:C:1986:284 Rdn. 28.

70 EuGH v. 30.5.1989 – Rs. 33/88 *Allué I*, EU:C:1989:222.

71 EuGH v. 30.9.2003 – Rs. C-405/01 *Colegio de Oficiales de la Marina Mercante Española*, EU:C:2003:515; EuGH v. 30.9.2003 – Rs. C-47/02 *Anker u.a.*, EU:C:2003:516.

72 EuGH v. 29.10.1998 – Rs. C-114/97 *Kommission ./. Spanien*, EU:C:1998:519 Rdn. 33.

dann nicht mehr berufen, wenn er einen Angehörigen eines anderen Mitgliedstaats einmal eingestellt hat.[73]

3. Eingriffe

Ein Eingriff in die Arbeitnehmerfreizügigkeit liegt vor, wenn ein Regelungsadressat (dazu sogleich, a)) den so definierten Schutzbereich beeinträchtigt (dazu unten, b)). 26

a) Handlung eines Verpflichteten

aa) Mitgliedstaaten

Die Arbeitnehmerfreizügigkeit richtet sich zuerst an die **Mitgliedstaaten**. Gebunden ist dabei nicht nur der Aufnahmestaat, der den Zugang zu seinem Arbeitsmarkt nicht erschweren darf. Ebenso ist der Herkunftsstaat des Arbeitnehmers verpflichtet,[74] der insbesondere die Ausreise nicht erschweren darf (s. o., Rdn. 18). 27

bb) Union

Aber auch die **Union** selbst ist Adressat der Arbeitnehmerfreizügigkeit. Allerdings liegen die Dinge bei einem Handeln der Union schon in tatsächlicher Hinsicht anders, soweit sie einheitliche Standards für alle Mitgliedstaaten festlegt: Wo ein Standard als einzelstaatliche Maßnahme beschränkend wirken kann, kann er als Maßnahme der Union freizügigkeitsfördernd wirken. Auch in dogmatischer Hinsicht unterscheidet sich die Bindung der Union von jener der Mitgliedstaaten.[75] 28

cc) Private

Umstritten ist, ob Art. 45 AEUV nicht nur im Verhältnis zu Mitgliedstaaten und Union, sondern auch zwischen Privaten unmittelbar anwendbar ist. Das ist die Frage nach der **unmittelbaren Drittwirkung** der Grundfreiheiten. Die in Deutschland wohl herrschende **Lehre** lehnt eine solche unmittelbare Drittwirkung ab und anerkennt nur eine mittelbare (über die Schutzpflichten von Union und Mitgliedstaaten begründete) 29

73 EuGH v. 12.2.1974 – Rs. 152/73 *Sotgiu*, EU:C:1974:13 Rdn. 4; EuGH v. 30.5.1989 – Rs. 33/88 *Allué I*, EU:C:1989:222 Rdn. 8.

74 EuGH v. 26.1.1999 – Rs. C-18/95 *Terhoeve*, EU:C:1999:22 Rdn. 25–29; EuGH v. 15.6.2000 – Rs. C-302/98 *Sehrer*, EU:C:2000:322 Rdn. 29, 33.

75 *Körber*, Grundfreiheiten und Privatrecht, S. 81–95 m. w. N.; vgl. auch Grabitz/Hilf/Nettesheim/*Forsthoff*, Art. 45 AEUV Rdn. 131–136; Schlachter/Heinig/*Terhechte*, § 1 Rdn. 45.

Drittwirkung.[76] Gegen die unmittelbare Drittwirkung spricht schon der Wortlaut der Grundfreiheiten sowie der Rechtfertigungstatbestände, die sich an die Mitgliedstaaten wenden. Systematisch spricht dagegen, dass die Wettbewerbsvorschriften der Art. 101–106 AEUV das Problem privater Macht speziell regeln.

30 Für das Diskriminierungsverbot hat der **EuGH** indes anders entschieden, zunächst im Hinblick auf kollektive Regelungen privater Verbände – namentlich Sportverbände – im Arbeits- und Dienstleistungsbereich.[77] Zur Begründung hat der Gerichtshof vor allem auf den *effet utile* verwiesen, auf die effektive Verwirklichung der Vertragsziele. So hat er beispielsweise die Regeln eines Radsportverbandes über die Nationalität von Schrittmacher und Steher bei sog. Steher-Rennen am Maßstab des Art. 45 AEUV überprüft.[78] Auch die Transferregeln im Bereich des Fußballs unterwarf er der Kontrolle im Rahmen der Arbeitnehmerfreizügigkeit.[79] In jüngerer Zeit ist der Gerichtshof aber auch darüber hinausgegangen und hat eine mittelbar diskriminierende Einstellungsvoraussetzung (örtlich erworbener Sprachnachweis) sowie eine unmittelbar diskriminierende Einstellungspraxis einzelner Arbeitgeber als mit Art. 45 AEUV unvereinbar angesehen.[80] Dem Beschränkungsverbot hat der Gerichtshof bislang keine Drittwirkung beigelegt.[81]

31 W.-H. *Roth* möchte für die Horizontalwirkung grundsätzlich danach unterscheiden, ob Privatpersonen am Austauschprozess teilnehmen – dann sind sie Begünstigte, nicht Verpflichtete der Grundfreiheiten – oder, wie etwa Sportorganisationen, als Dritte in den Austauschprozess eingreifen – dann können sie auch Verpflichtete sein. Für die Arbeitnehmerfreizügigkeit gelte die Besonderheit, dass der Arbeitsmarkt nicht über das Kartellrecht gesteuert werde. Daher habe es einen guten Sinn, dass der Arbeitgeber nach der EuGH-Rechtsprechung Adressat der Diskriminierungsverbote von Art. 157 und 45 Abs. 2 AEUV sei.[82]

---

76 Eingehend *Körber*, Grundfreiheiten und Privatrecht, 4. Teil (S. 631–819); ferner *Canaris*, FS Reiner Schmidt (2006), S. 29–67; *Riesenhuber*, Europäisches Vertragsrecht, Rdn. 694–697 m.w.N.

77 EuGH v. 12.12.1974 – Rs. 36/74 *Walrave und Koch*, EU:C:1974:140 Rdn. 14/15–20/24; EuGH v. 14.7.1976 – Rs. 13/76 *Donà*, EU:C:1976:115 Rdn. 17/18; EuGH v. 15.12.1995 – Rs. C-415/93 *Bosman*, EU:C:1995:463 Rdn. 83f.; EuGH v. 16.3.2010 – Rs. C-325/08 *Olympique Lyonnais*, EU:C:2010:143 Rdn. 30f.

78 EuGH v. 12.12.1974 – Rs. 36/74 *Walrave und Koch*, EU:C:1974:140.

79 EuGH v. 15.12.1995 – Rs. C-415/93 *Bosman*, EU:C:1995:463 Rdn. 92ff.; EuGH v. 16.3.2010 – Rs. C-325/08 *Olympique Lyonnais*, EU:C:2010:143 Rdn. 27ff. Dazu *Pijetlovic*, E.L. Rev. 35 (2010), 857–868.

80 Zuletzt EuGH v. 17.7.2008 – Rs. C-94/07 *Raccanelli*, EU:C:2008:425 Rdn. 40–46; EuGH v. 6.6.2000 – Rs. C-281/98 *Angonese*, EU:C:2000:296. Zu *Angonese* kritisch *Streinz/Leible*, EuZW 2000, 459–467; *Lane/Shuibhne*, CMLR 37 (2000), 1237, 1243–1247; zustimmend *Lengauer*, ZfRV 2001, 57, 64; i.Erg. auch *Thüsing*, Europäisches Arbeitsrecht, § 2 Rdn. 47 (und Rdn. 50ff. zur Rechtfertigung). Für eine krit. Diskussion *Birkemeyer*, EuR 2010, 662–677.

81 Insoweit auch abl. *Thüsing*, Europäisches Arbeitsrecht, § 2 Rdn. 67ff. Eine Drittwirkung auch insoweit befürwortend aber *Papart*, Die unmittelbare Bindung Privater an die Personenverkehrsfreiheiten im europäischen Gemeinschaftsrecht, S. 350ff.

82 W.-H. *Roth*, FS Medicus (2009), S. 393ff.

Soweit man Private an die Grundfreiheiten bindet, muss das jedenfalls auch auf der Rechtfertigungsebene berücksichtigt werden; s. unten Rdn. 51. Insofern muss die Privatautonomie des verpflichteten Privaten als Element der Rechtfertigung berücksichtigt werden.[83] 32

Geht man mit dem Gericht von einer unmittelbaren Drittwirkung aus, dann bindet Art. 45 AEUV als Privatrechtssatz. Die privatrechtlichen Verstoßfolgen schreibt Art. 45 AEUV allerdings nicht spezifisch vor, sondern belässt den Mitgliedstaaten einen „Umsetzungsspielraum".[84] Art. 45 AEUV kann z.B. im deutschen Privatrecht ein gesetzliches Verbot für das rechtsgeschäftliche Handeln (§ 134 BGB) oder ein Verbotsgesetz i.S.d. Deliktsrechts (§ 823 Abs. 2 BGB) darstellen.[85] Der „Umsetzungsspielraum" der Mitgliedstaaten ist allerdings hier in ähnlicher Weise eingeschränkt wie bei der Umsetzung von Richtlinien; d.h. dass die Sanktionsanordnung dem Äquivalenzgebot und dem Effektivitätsgebot genügen müssen (dazu oben, § 1 Rdn. 77).[86] 33

b) Beeinträchtigung

aa) Diskriminierung

Die Arbeitnehmerfreizügigkeit „umfasst die Abschaffung jeder auf der Staatsangehörigkeit beruhenden unterschiedlichen Behandlung der Arbeitnehmer der Mitgliedstaaten in Bezug auf Beschäftigung, Entlohnung und sonstige Arbeitsbedingungen", Art. 45 Abs. 2 AEUV. 34

(1) Unmittelbare Diskriminierung

Verboten ist zunächst die unmittelbare Diskriminierung wegen der Staatsangehörigkeit. Eine solche lag z.B. in der Beschränkung des passiven Wahlrechts zu den Arbeiterkammern und den Betriebsräten auf österreichische Staatsangehörige.[87] Mit Art. 45 AEUV unvereinbar war auch der Ausschluss von Angehörigen anderer Mitgliedstaaten von der Tätigkeit als Lehrer an „*frontistiria*" (Repetitorien zur Vorbereitung auf den Universitätszugang in Griechenland) sowie privaten Musik- und Tanzschulen.[88] Dagegen diskriminieren Vorschriften zur Arbeitnehmerbeteiligung, die Arbeitnehmern des Unternehmens, die in einem anderen Mitgliedstaat tätig sind, das aktive 35

---

83 W.-H. *Roth*, FS Medicus (2009), S. 393, 413ff.

84 EuGH v. 17.7.2008 – Rs. C-94/07 *Raccanelli*, EU:C:2008:425 Rdn. 50.

85 Letzteres andeutend EuGH v. 17.7.2008 – Rs. C-94/07 *Raccanelli*, EU:C:2008:425 Rdn. 51 („außervertragliche Haftung").

86 Das deutet auch EuGH v. 17.7.2008 – Rs. C-94/07 *Raccanelli*, EU:C:2008:425 Rdn. 50 an, wenn das Gericht sich auf die Entscheidung EuGH v. 10.4.1984 – Rs. 14/83 *von Colson* und *Kamann*, EU:C:1984:153 bezieht.

87 EuGH v. 16.9.2004 – Rs. C-465/01 *Kommission ./. Österreich*, EU:C:2004:530.

88 EuGH v. 15.3.1988 – Rs. 147/86 *Kommission ./. Griechenland*, EU:C:1988:150.

und/oder passive Wahlrecht versagen, nicht unmittelbar. Eine mittelbare Diskriminierung kommt in Betracht,[89] der EuGH hat eine Beschränkung erwogen (Rdn. 42).

(2) Mittelbare Diskriminierung

36 Art. 45 Abs. 2 AEUV verbietet auch die mittelbare („verdeckte") Diskriminierung.[90] Sie liegt vor, wenn sich äußerlich neutrale, d. h. nichtdiskriminierende Unterscheidungsmerkmale **diskriminierend auswirken**, wenn sich also z. B. „[e]ine Vorschrift des nationalen Rechts (...) ihrem Wesen nach eher auf Wanderarbeitnehmer als auf inländische Arbeitnehmer auswirken kann und folglich die Gefahr besteht, dass sie Wanderarbeitnehmer besonders benachteiligt. Es braucht nicht festgestellt zu werden, dass die Vorschrift in der Praxis einen wesentlich größeren Anteil der Wanderarbeitnehmer betrifft. Es genügt die Feststellung, dass die betreffende Vorschrift geeignet ist, eine solche Wirkung hervorzurufen."[91] Ein „realistisches Risiko" der Benachteiligung von Wanderarbeitnehmern reicht aus.[92] Der so zunächst begründete Diskriminierungsvorwurf entfällt aber wieder (wird also nicht nur gerechtfertigt!), wenn das neutrale Kriterium auf **objektiven**, von der Staatsangehörigkeit unabhängigen **Erwägungen** beruht und in einem angemessenen Verhältnis zu einem legitimen Zweck steht, den das nationale Recht verfolgt.[93] Die dogmatische Einordnung ist in der Rechtsprechung freilich nicht einheitlich, in anderen Entscheidungen bezeichnet der Gerichtshof die „objektiven Erwägungen" als Rechtfertigungsgrund.[94]

37 Eine mittelbare Diskriminierung liegt **zum Beispiel** vor, wenn **Fremdsprachenlektoren**, die überwiegend (75 %) Staatsangehörige anderer Mitgliedstaaten sind, gegenüber anderen Dozenten schlechter gestellt werden, z. B. nur befristete Arbeits-

---

89 *Rieble/Latzel*, EuZA 2011, 145, 151 f.; *Hellwig/Behme*, AG 2009, 261–278; *dies.*, ZIP 2010, 871–874; *Teichmann*, ZIP 2009 Beil. zu Heft 48, 10–17; *ders.*, ZIP 2010, 874–875.

90 EuGH v. 12.2.1974 – Rs. 152/73 *Sotgiu*, EU:C:1974:13 Rdn. 11; EuGH v. 15.1.1986 – Rs. 41/84 *Pinna*, EU:C:1986:1; EuGH v. 30.5.1989 – Rs. 33/88 *Allué I*, EU:C:1989:222 Rdn. 11; EuGH v. 2.8.1993 – verb. Rs. C-259/ 91, C-331/91 und C-332/91 *Allué II*, EU:C:1993:333 Rdn. 11; EuGH v. 23.2.1994 – Rs. C-419/92 *Ingetraut Scholz*, EU:C:1994:62 Rdn. 7; EuGH v. 14.2.1995 – Rs. C-279/93 *Schumacker*, EU:C:1995:31 Rdn. 26; EuGH v. 12.9.1996 – Rs. C-278/94 *Kommission ./. Belgien*, EU:C:1996:321 Rdn. 27; EuGH v. 7.5.1998 – Rs. C-350/96 *Clean Car Autoservice*, EU:C:1998:205 Rdn. 27; EuGH v. 27.1.2000 – Rs. C-190/98 *Graf*, EU:C:2000:49 Rdn. 14.

91 EuGH v. 12.9.1996 – Rs. C-278/94 *Kommission ./. Belgien*, EU:C:1996:321 Rdn. 20; EuGH v. 23.5.1996 – Rs. C-237/94 *O'Flynn*, EU:C:1996:206 Rdn. 20 f.

92 EuGH v. 15.6.2000 – Rs. C-302/98 *Sehrer*, EU:C:2000:322.

93 EuGH v. 20.6.2013 – Rs. C-20/12 *Giersch*, EU:C:2013:411 Rdn. 47 ff.; EuGH v. 7.5.1998 – Rs. C-350/96 *Clean Car Autoservice*, EU:C:1998:205 Rdn. 31; EuGH v. 15.1.1998 – Rs. C-15/96 *Kalliope Schöning-Kougebetopoulou*, EU:C:1998:3 Rdn. 21. S.a. *Görlitz*, Struktur und Bedeutung der Rechtsfigur der mittelbaren Diskriminierung im System der Grundfreiheiten, S. 67–70.

94 EuGH v. 23.5.1996 – Rs. C-237/94 *O'Flynn*, EU:C:1996:206 Rdn. 19 f., 24 f.; EuGH v. 20.11.1997 – Rs. C-90/96 *Petrie u. a. ./. Università degli studi di Verona*, EU:C:1997:553 Rdn. 56.

verträge bekommen.[95] Eine spezifisch für Fremdsprachenlektoren vorgesehene Befristung des Arbeitsverhältnisses hat der EuGH daher für mit Art. 45 Abs. 2 AEUV unvereinbar gehalten.[96] Das Interesse, einen „aktualitätsbezogenen Unterricht" durch dauernden Neuzugang von Muttersprachlern zu gewährleisten, hat der Gerichtshof nicht als Rechtfertigung anerkannt.[97]

Knüpft eine bevorzugende Regelung an die **Gebietsansässigkeit** an, so wirkt sie 38
mittelbar diskriminierend.[98] Dasselbe gilt, wenn die Anstellung als Geschäftsführer einen inländischen Wohnsitz voraussetzt.[99] Eine mittelbare Diskriminierung kann vorliegen, wenn die Berufstätigkeit in anderen Mitgliedstaaten bei der Ermittlung von Begünstigungen weniger oder bei der Ermittlung von Belastungen stärker berücksichtigt wird: so z. B.

- wenn für die Zwecke der Einstufung Beschäftigungszeiten in anderen Mitgliedstaaten nicht berücksichtigt werden;[100]
- wenn die Berufserfahrung in anderen Mitgliedstaaten nicht gleichwertig berücksichtigt wird;[101]
- wenn Personenstandsurkunden, die in anderen Mitgliedstaaten ausgestellt wurden, geringere Beweiskraft beigelegt wird;[102]
- wenn im Ausland geleistete Krankenversicherungsbeiträge nur eingeschränkt steuerlich abzugsfähig sind;[103]
- wenn Reisekosten nur für den inländischen Teil der Reise zur Ausbildungsstation in einem anderen Mitgliedstaat ersetzt werden, obwohl bei einer Referendarstation im Inland die vollen Kosten übernommen werden;[104]

---

95 EuGH v. 30.5.1989 – Rs. 33/88 *Allué I*, EU:C:1989:222 Rdn. 11 f. S.a. EuGH v. 20.11.1997 – Rs. C-90/96 *Petrie u. a. ./. Università degli studi di Verona*, EU:C:1997:553 Rdn. 55 f. (Lehrbefugnis von Fremdsprachenlektoren).

96 EuGH v. 30.5.1989 – Rs. 33/88 *Allué I*, EU:C:1989:222; EuGH v. 2.8.1993 – verb. Rs. C-259/91, C-331/91 und C-332/91 *Allué II*, EU:C:1993:333; EuGH v. 20.10.1993 – Rs. C-272/92 *Spotti*, EU:C:1993:848 Rdn. 18.

97 EuGH v. 20.10.1993 – Rs. C-272/92 *Spotti*, EU:C:1993:848 Rdn. 19–21 m. w. N.

98 EuGH v. 20.6.2013 – Rs. C-20/12 *Giersch*, EU:C:2013:411 Rdn. 44 ff.; EuGH v. 14.2.1995 – Rs. C-279/93 *Schumacker*, EU:C:1995:31 Rdn. 29; EuGH v. 26.10.1995 – Rs. C-151/94 *Kommission ./. Luxemburg*, EU:C:1995:357 Rdn. 13–15; EuGH v. 12.2.1974 – Rs. 152/73 *Sotgiu*, EU:C:1974:13 Rdn. 11 f.

99 EuGH v. 7.5.1998 – Rs. C-350/96 *Clean Car Autoservice*, EU:C:1998:205.

100 EuGH v. 23.2.1994 – Rs. C-419/92 *Ingetraut Scholz*, EU:C:1994:62 Rdn. 11; EuGH v. 12.3.1998 – Rs. C-187/96 *Kommission ./. Griechenland*, EU:C:1998:101; s. a. EuGH v. 15.1.1998 – Rs. C-15/96 *Kalliope Schöning-Kougebetopoulou*, EU:C:1998:3 (Nichtberücksichtigung von Beschäftigungszeiten in anderen Mitgliedstaaten für Vergütungsgruppen nach BAT, also Tarifvertrag).

101 EuGH v. 12.5.2005 – Rs. C-278/03 *Kommission ./. Italien*, EU:C:2005:281 LS 2.

102 EuGH v. 2.12.1997 – Rs. C-336/94 *Dafeki*, EU:C:1997:579 Rdn. 9–13.

103 EuGH v. 28.1.1992 – Rs. C-204/90 *Bachmann*, EU:C:1992:35 Rdn. 8–13; EuGH v. 28.1.1992 – Rs. C-300/90 *Kommission ./. Belgien*, EU:C:1992:37 Rdn. 9. (Rechtfertigung mit Kohärenz des Steuersystems jedoch möglich).

104 EuGH v. 17.3.2005 – Rs. C-109/04 *Kranemann*, EU:C:2005:187.

– und – abhängig von der Steuerart und den Umständen – auch wenn Inländer und EU-Ausländer im Hinblick auf die Einkommenssteuer unterschiedlich behandelt werden,[105] z. B. durch ungünstigere Berechnungsgrundlagen für die vom Arbeitgeber zu entrichtenden Sozialbeiträge für ausländische Praktikanten.[106]

bb) Beschränkung

39 Neben dem Diskriminierungsverbot, das in der Rechtsprechung ganz im Vordergrund steht, hat der Gerichtshof Art. 45 AEUV – so wie auch den anderen Grundfreiheiten – auch ein Beschränkungsverbot entnommen. „Bestimmungen, die einen Staatsangehörigen eines Mitgliedstaats daran hindern oder davon abhalten, sein Herkunftsland zu verlassen, um von seinem Recht auf Freizügigkeit Gebrauch zu machen, stellen (...) Beeinträchtigungen dieser Freiheit dar, auch wenn sie unabhängig von der Staatsangehörigkeit der betroffenen Arbeitnehmer Anwendung finden."[107] Die Arbeitnehmerfreizügigkeit steht „jeder nationalen Regelung (...) entgegen, die zwar ohne Diskriminierung aus Gründen der Staatsangehörigkeit anwendbar ist, die aber geeignet ist, die Ausübung der durch den EWG-Vertrag garantierten grundlegenden Freiheiten durch die Gemeinschaftsangehörigen einschließlich der Staatsangehörigen des Mitgliedstaats, der die Regelung erlassen hat, zu behindern oder **weniger attraktiv zu machen.**"[108] Der EuGH begründet das mit teleologischen Erwägungen und mit dem ***effet utile*** der Arbeitnehmerfreizügigkeit, die dazu diene, die Ausübung jeder Art von Berufstätigkeit im Gebiet der Union zu erleichtern. Sie steht daher Maßnahmen entgegen, die Gemeinschaftsangehörige benachteiligen könnten, wenn sie im Gebiet eines anderen Mitgliedstaats eine wirtschaftliche Tätigkeit ausüben wollen.[109]

40 Dieses Beschränkungsverbot wird beispielsweise verletzt, wenn die Arbeitsaufnahme in einem anderen Mitgliedstaat dadurch erschwert wird, dass der Arbeitneh-

---

105 EuGH v. 8.5.1990 – Rs. C-175/88 *Biehl*, EU:C:1990:186; EuGH v. 14.2.1995 – Rs. C-279/93 *Schumacker*, EU:C:1995:31; EuGH v. 26.10.1995 – Rs. C-151/94 *Kommission ./. Luxemburg*, EU:C:1995:357 (Verfall überzahlter Steuern für nur teiljährig Gebietsansässige).

106 EuGH v. 21.11.1991 – Rs. C-27/91 *Unión de recouvrement des cotisations de sécurité sociale et d'allocations familiales de la Savoie (URSSAF)*, EU:C:1991:441.

107 EuGH v. 15.12.1995 – Rs. C-415/93 *Bosman*, EU:C:1995:463 Rdn. 96; EuGH v. 27.1.2000 – Rs. C-190/98 *Graf*, EU:C:2000:49 Rdn. 18, 21.

108 EuGH v. 31.3.1993 – Rs. C-19/92 *Kraus*, EU:C:1993:125 Rdn. 32 (hier: Anerkennung eines in einem anderen Mitgliedstaat erworbenen akademischen Grades; Hervorhebung hinzugefügt); EuGH v. 10.3.2005 – Rs. C-178/04 *Marhold*, EU:C:2005:164 Rdn. 26; EuGH v. 16.2.2006 – Rs. C-185/04 *Öberg*, EU:C:2006:107 Rdn. 16; EuGH v. 5.4.2013 – Rs. C-514/12 *Zentralbetriebsrat der gemeinnützigen Salzburger Landeskliniken*, EU:C:2013:799 Rdn. 34 („jede Beeinträchtigung dieser Freiheit, mag sie auch unbedeutend sein, ist verboten"); EuGH v. 18.7.2017 – Rs. C-566/15 *Erzberger*, EU:C:2017:562 Rdn. 33.

109 EuGH v. 11.1.2007 – Rs. C-208/05 *ITC*, EU:C:2007:16 Rdn. 36; EuGH v. 26.1.1999 – Rs. C-18/95 *Terhoeve*, EU:C:1999:22 Rdn. 39; EuGH v. 15.12.1995 – Rs. C-415/93 *Bosman*, EU:C:1995:463 Rdn. 94.

mer in seinem Heimatstaat höhere **Sozialabgaben** zu leisten hat (ohne gleichzeitig bessere Leistungen beanspruchen zu können).[110] Ebenso kann es einer nationalen Regelung entgegenstehen, die die Anerkennung eines in einem anderen Mitgliedstaat erworbenen **akademischen Grades** übermäßig erschwert.[111] Eine Beschränkung liegt auch darin, dass **Dienstzeiten im Ausland** für die Gewährung von Dienstalterszulagen außer Betracht bleiben; das kann Inländer davon abhalten, von ihrer Freizügigkeit Gebrauch zu machen.[112]

Ähnlich wie von der Warenverkehrsfreiheit her bekannt, stellt sich auch hier die **41** Frage, ob sich das Beschränkungsverbot mit teleologischen Erwägungen schon tatbestandlich sinnvoll beschränken lässt.[113] Für die Warenverkehrsfreiheit hat der EuGH das mit der *Keck*-Unterscheidung zwischen Produkt- und Vertriebsmodalitäten getan, von denen nur die ersteren als „Maßnahmen gleicher Wirkung" einer Verhältnismäßigkeitskontrolle unterzogen werden.[114] Für die Arbeitnehmerfreizügigkeit zeichnen sich in der Rechtsprechung teleologisch vergleichbare Ansatzpunkte ab. Der Gerichtshof weist darauf hin, die Arbeitnehmerfreizügigkeit könne „einem Arbeitnehmer (...) nicht garantieren, dass ein Umzug in einen anderen Mitgliedstaat als seinen Herkunftsmitgliedstaat in sozialer Hinsicht neutral ist, da ein solcher Umzug aufgrund der Unterschiede, die zwischen den Systemen und den Rechtsvorschriften der Mitgliedstaaten bestehen, für die betreffende Person je nach Einzelfall Vorteile oder Nachteile in diesem Bereich haben kann".[115] Daher hebt der EuGH in seinen Entscheidungen zum Benachteiligungsverbot Beschränkungen hervor, die den Arbeitnehmer daran hindern, seinen Herkunfts-Mitgliedstaat zu verlassen. Hier geht es um den schwerer wiegenden Eingriff in den *Zugang* zu den Arbeitsmärkten anderer Mitgliedstaaten (**Marktzugangsbeschränkung**), nicht nur die Bedingungen der Tätigkeit.[116]

---

110 EuGH v. 26.1.1999 – Rs. C-18/95 *Terhoeve*, EU:C:1999:22 Rdn. 39. S.a. EuGH v. 14.3.2019 – Rs. C-174/18 *Jacob*, EU:C:2019:205 Rdn. 43 (nachteilige steuerliche Behandlung von Auslandseinkünften); EuGH v. 24.10.2019 – Rs. C-35/19 *BU*, EU:C:2019:894 (Steuerbefreiung für Menschen mit Behinderung nur für interne Leistungen, nicht solche anderer Mitgliedstaaten).

111 EuGH v. 31.3.1993 – Rs. C-19/92 *Kraus*, EU:C:1993:125 Rdn. 32.

112 EuGH v. 30.9.2003 – Rs. C-224/01 *Köbler*, EU:C:2003:513 Rdn. 74. Vgl. auch EuGH v. 23.4.2020 – Rs. C-710/18 *Land Niedersachsen*, EU:C:2020:229 m.Anm. v. *Rasche/Sülzle*, EuZA 2020, 476ff. (beschränkte Berücksichtigung von im EU-Ausland zurückgelegten gleichwertigen Vordienstzeiten); EuGH v. 10.10.2019 – Rs. C-703/17 *Krah*, EU:C:2019:850 m.Anm.v. *Vinzenz/Burger*, EuZA 2020, 522ff. (eingeschränkte Berücksichtigung von im EU-Ausland zurückgelegten, gleichwertigen Vordienstzeiten für die Gehaltseinstufung) m. zust. Anm. v. *Vinzenz/Burger*, EuZA 2020, 522ff.; EuGH v. 8.5.2019 – Rs. C-24/17 *Österreichischer Gewerkschaftsbund*, EU:C:2019:373 Rdn. 67ff.

113 Grabitz/Hilf/Nettesheim/*Forsthoff*, Art. 45 AEUV Rdn. 188–227, 273–288; *Thüsing*, Europäisches Arbeitsrecht, § 2 Rdn. 57ff.

114 EuGH v. 24.11.93 – verb. Rs. 267/91 und 268/91 *Keck und Mithouard*, EU:C:1993:905 Rdn. 16.

115 EuGH v. 18.7.2017 – Rs. C-566/15 *Erzberger*, EU:C:2017:562 Rdn. 34; EuGH v. 23.1.2019 – Rs. C-272/17 *Zyla*, EU:C.2019:49 Rdn. 45.

116 Streinz/*Franzen*, Art. 45 AEUV Rdn. 90 m.w.N.; EuArbRK/*Steinmeyer*, Art. 45 AEUV Rdn. 64; jetzt auch *Krebber*, EuZA 2019, 62, 68f. S.a. Grabitz/Hilf/Nettesheim/*Forsthoff*, Art. 45 AEUV Rdn. 274–288

Zum anderen hat der Gerichtshof wiederholt bloß **ungewisse und indirekte** Behinderungen nicht als ausreichend angesehen, um eine Beschränkung der Arbeitnehmerfreizügigkeit zu begründen.[117] Hier fehle der erforderliche Bezug zur Arbeitnehmerfreizügigkeit i. S. d. grenzüberschreitenden Verkehrs.

42 Keine Behinderung lag daher nach Ansicht des EuGH in der österreichischen Regelung, nach der ein Arbeitnehmer im Fall der Eigenkündigung (hier: um in einem anderen Mitgliedstaat eine unselbständige Tätigkeit auszuüben) keinen **Anspruch auf eine „Abfertigung"** (Kündigungsabfindung) hat, während einem Arbeitnehmer, dessen Arbeitsverhältnis endet, ohne dass er selbst diese Beendigung herbeigeführt oder zu vertreten hat, eine derartige Abfertigung zusteht. Wenn der Arbeitnehmer kündigt, wird er dabei, so erwägt der EuGH, nicht in Rechnung stellen, er könne den Anspruch auf Abfertigung verlieren, denn dieser Anspruch hängt ja nicht nur davon ab, dass der Arbeitnehmer bei seinem bisherigen Arbeitgeber bleibt, sondern auch davon, dass sein Vertrag künftig einmal für ihn unfreiwillig beendet wird. Das sei „zu ungewiss und wirkte zu indirekt", als dass es die Freizügigkeit behindern könnte.[118] Mit einer ähnlichen Erwägung hat der EuGH die **Beschränkung der passiven Wahlberechtigung** für den mitbestimmten Aufsichtsrat auf in Deutschland tätige Arbeitnehmer – unter Ausschluss der in anderen Mitgliedstaaten tätigen Arbeitnehmer des Konzerns – akzeptiert.[119] Der Kläger machte geltend, daraus könne bei der grenzüberschreitenden Versetzung eines Arbeitnehmervertreters eine Behinderung resultieren, weil dieser bei dem Wechsel in eine Tochtergesellschaft des Konzerns in einem anderen Mitgliedstaat sein Mandat verliere. Der Gerichtshof möchte offenbar schon tatbestandlich eine Behinderung ausschließen. Mangels Rechtsangleichung im Bereich der Mitbestimmung sei dieser Nachteil hinzunehmen. Die Beschränkung der Wählbarkeit sei „eine legitime Entscheidung der Bundesrepublik Deutschland". Für die Nichtberücksichtigung der Arbeitnehmer ausländischer Tochtergesellschaften oder Betriebe für die **Schwellenwerte der Arbeitnehmermitbestimmung** wird aus entsprechenden Gründen die Vereinbarkeit mit Art. 45 AEUV angenommen.[120]

43 Allerdings ist unsicher, ob das Beschränkungsverbot der Arbeitnehmerfreizügigkeit einer solchen Eingrenzung bedarf und ob sie mit diesen Kriterien treffend gefunden ist. Rein tatsächlich spielen Marktzutrittsfälle in der Rechtsprechung zum Beschränkungsverbot, soweit erkennbar, keine erhebliche Rolle; hier liegt regelmäßig schon eine Diskriminierung vor.[121] Das Beschränkungsverbot spielt daher regelmäßig nur bei Marktaustrittsfällen eine Rolle. Hier ist eine Grenzziehung durchaus erforderlich, doch dürfte sie mit dem Spürbarkeitskriterium nicht trennscharf erfasst sein.

(zu verschiedenen Fallgruppen). Kritisch, für eine Einschränkung auf Rechtfertigungsebene, Schlachter/Heinig/*Terhechte*, § 1 Rdn. 73.

117 EuGH v. 13.3.2019 – Rs. C-437/17 *EurothermenResort*, EU:C:2019:193 Rdn. 40; EuGH v. 27.1.2000 – Rs. C-190/98 *Graf*, EU:C:2000:49 Rdn. 24f. Krit. gegenüber dem Instrument (nicht dem Ziel einer Beschränkung der Kontrolle) *Pechstein*, JZ 2005, 943f.

118 EuGH v. 27.1.2000 – Rs. C-190/98 *Graf*, EU:C:2000:49 Rdn. 24f. Krit. etwa *Thüsing*, Europäisches Arbeitsrecht, § 2 Rdn. 63, mit dem Hinweis, dass die Abfertigung der Sache nach einem „aufgesparten Entgelt" gleichkomme, der Verlust daher eher einer Entschädigungsverpflichtung wie im Fall *Bosman* entspreche.

119 EuGH v. 18.7.2017 – Rs. C-566/15 *Erzberger*, EU:C:2017:562 Rdn. 31ff.; zust. *Prinz*, SAE 2018, 24ff.

120 LG Dortmund, AG 2018, 546; *Behme*, AG 2018, 1ff. (zwar Ungleichbehandlung, aber keine Benachteiligung, also keine Diskriminierung; Beschränkungswirkung „ganz unrealistisch").

121 S. z. B. die beiden vom Gerichtshof erwogenen Beeinträchtigungsfälle in EuGH v. 30.9.2003 – Rs. C-224/ 01 *Köbler*, EU:C:2003:513 Rdn. 73f.

Ein anderer Vorschlag geht dahin, die Unterscheidung von Eingriffen und Leistungen fruchtbar zu machen.[122]

4. Rechtfertigung von Eingriffen in die Arbeitnehmerfreizügigkeit

a) Rechtfertigungstatbestände

aa) Der ordre public-Vorbehalt: Öffentliche Ordnung, Sicherheit und Gesundheit

Als **geschriebenen Rechtfertigungsgrund** enthält Art. 45 Abs. 3 AEUV im Einleitungssatz einen *ordre public*-Vorbehalt im Hinblick auf die öffentliche Ordnung, Sicherheit und Gesundheit. Der *ordre public*-Vorbehalt wird durch die Freizügigkeitsrichtlinie (s.o., Rdn. 8) ausgestaltet. Obwohl Abs. 3 selbst nur eine exemplarische, nicht abschließende Aufzählung von Einzelausprägungen der Arbeitnehmerfreizügigkeit enthält, und ungeachtet der systematischen Stellung ist der *ordre public*-Vorbehalt seinem Zweck nach als eine **allgemeine Rechtfertigung** für Eingriffe in die Arbeitnehmerfreizügigkeit anzusehen, die auch für das Diskriminierungsverbot des Absatz 2 gilt.[123] **44**

Mit Rücksicht auf die fundamentale Bedeutung der Grundfreiheiten hat der EuGH den *ordre public*-Vorbehalt **unionsautonom** und zudem **eng ausgelegt**. Insofern liegen die Dinge ähnlich wie bei dem Ausnahmebereich für die öffentliche Verwaltung: Auch hier entspricht es dem Zweck der Regelung, den Mitgliedstaaten zwar einen gewissen Beurteilungsspielraum zu geben,[124] erfordert aber gleichzeitig die unionseinheitliche Bestimmung der Arbeitnehmerfreizügigkeit eine autonome Grenzziehung, die daher auch durch den EuGH überprüft werden können muss.[125] **45**

Die Rechtfertigung aus Gründen der öffentlichen Ordnung setzt „eine tatsächliche und hinreichend schwere Gefährdung" voraus, „die ein Grundinteresse der Gesellschaft berührt".[126] Bloß wirtschaftliche Interessen rechtfertigen einen Eingriff nicht, und darüber hinaus dürfen die genannten Gründe auch nicht zu wirtschaftlichen Zwe- **46**

---

122 *Pechstein*, JZ 2005, 943 f. in krit. Bespr. der Entscheidung EuGH v. 17.3.2005 – Rs. C-109/04 *Kranemann*, EU:C:2005:187.

123 S.z.B. für den Fall einer unmittelbaren Diskriminierung EuGH v. 31.5.2001 – Rs. C-283/99 *Kommission ./. Italien*, EU:C:2001:307 Rdn. 26; für den Fall einer mittelbaren Diskriminierung EuGH v. 7.5.1998 – Rs. C-350/96 *Clean Car Autoservice*, EU:C:1998:205 Rdn. 39 f. Ebenso *Becker*, in: Ehlers (Hrsg.), Europäische Grundrechte und Grundfreiheiten, § 9 Rdn. 47; Grabitz/Hilf/Nettesheim/*Forsthoff*, Art. 45 AEUV Rdn. 416. A.M. Calliess/Ruffert/*Brechmann*, Art. 45 AEUV Rdn. 46, 95. Differenzierend Schwarze/*Schneider*/*Wunderlich*, Art. 45 AEUV Rdn. 120 (nicht für unmittelbare Diskriminierungen).

124 EuGH v. 4.12.1974 – Rs. 41/74 *van Duyn*, EU:C:1974:133 Rdn. 18.

125 EuGH v. 4.12.1974 – Rs. 41/74 *van Duyn*, EU:C:1974:133 Rdn. 18 f.

126 EuGH v. 28.10.1975 – Rs. 36/75 *Rutili*, EU:C:1975:137 LS 3; EuGH v. 27.10.1977 – Rs. 30/77 *Bouchereau*, EU:C:1977:172 Rdn. 33/35; EuGH v. 18.5.1982 – verb. Rs. 115/81 und 116/81 *Adoui*, EU:C:1982:183.

cken geltend gemacht werden.[127] Sie kann nicht pauschal oder generell-abstrakt festgelegt werden, sondern muss im Einzelfall aus dem **persönlichen Verhalten des Betroffenen** begründet werden.[128] Daher ist z. B. eine „automatische" Ausweisung wegen eines Betäubungsmitteldelikts mit Art. 45 AEUV unvereinbar,[129] ebenso wie eine Ausweisung aus generalpräventiven Gründen.[130] Aus denselben Erwägungen lässt sich der Vorbehalt auch nicht als „Bereichsausnahme" für einzelne Wirtschaftsbereiche verstehen; es handelt sich um eine punktuelle Ausnahme zu dem Zweck, einzelnen Personen die Einreise oder den Aufenthalt zu verweigern.[131]

bb) Ungeschriebene Schranke des Beschränkungsverbots: Zwingende Gründe des Allgemeininteresses

47 Ist mit dem Beschränkungsverbot (oben, Rdn. 39–41) der Schutzbereich der Arbeitnehmerfreizügigkeit außerordentlich weit gefasst, so bedarf (also: für das Beschränkungsverbot) auch der Schrankenbereich der Ergänzung. So wie bei anderen Grundfreiheiten können daher auch hier Eingriffe gerechtfertigt werden, soweit sie aus **zwingenden Gründen des Allgemeininteresses** erforderlich (Verhältnismäßigkeit!) sind (*Cassis*-Formel)[132]. Für unmittelbare Diskriminierungen soll dieser Rechtfertigungsgrund *nicht* eingreifen. Für mittelbare Diskriminierungen ist die Rechtsprechung des EuGH nicht ganz einheitlich; er behandelt die „objektiven Gründe", die den Vorwurf einer mittelbaren Diskriminierung ausschließen, teils als tatbestandsausschließend, teils als Rechtfertigungsgründe (oben, Rdn. 36).

48 Als zwingende Gründe des Allgemeininteresses hat der EuGH z. B. anerkannt:[133]

- die Kohärenz des Steuersystems;[134]
- Maßnahmen zur Sicherung der ordnungsgemäßen Verwaltung der Universitäten:[135]

127 Art. 27 Abs. 1 S. 2 FreizügigkeitsRL 2004/38.

128 Art. 27 Abs. 2 FreizügigkeitsRL 2004/38. EuGH v. 27.10.1977 – Rs. 30/77 *Bouchereau*, EU:C:1977:172 Rdn. 27/28 f.

129 EuGH v. 19.1.1999 – Rs. C-348/96 *Calfa*, EU:C:1999:6 (auf die Verhältnismäßigkeit der Ausweisung *auf Lebenszeit* kam es daher in der Entscheidung nicht mehr an).

130 EuGH v. 26.2.1975 – Rs. 67/74 *Bonsignore*, EU:C:1975:34 LS 3.

131 EuGH v. 29.10.1998 – Rs. C-114/97 *Kommission ./. Spanien*, EU:C:1998:519 Rdn. 42.

132 EuGH v. 20.2.1979 – Rs. 120/78 *Rewe*, EU:C:1979:42 Rdn. 9 – Cassis de Dijon.

133 S.a. EuGH v. 30.9.2003 – Rs. C-224/01 *Köbler*, EU:C:2003:513 Rdn. 83 (Bindung der Arbeitnehmer an den Arbeitgeber).

134 EuGH v. 28.1.1992 – Rs. C-204/90 *Bachmann*, EU:C:1992:35 Rdn. 23–28; EuGH v. 28.1.1992 – Rs. C-300/ 90 *Kommission ./. Belgien*, EU:C:1992:37 Rdn. 14–21.

135 EuGH v. 2.8.1993 – verb. Rs. C-259/91, C-331/91 und C-332/91 *Allué II*, EU:C:1993:333 Rdn. 15.

– den Schutz der Öffentlichkeit vor irreführender Verwendung akademischer Grade.[136]

Rein wirtschaftliche Motive reichen indes (auch hier; s. a. Rdn. 46) nicht aus.[137]

Wie wir gesehen haben (Rdn. 29 ff.), legt der Gerichtshof der Arbeitnehmerfreizügigkeit eine horizontale Wirkung zwischen Privatpersonen bei, z. B. bei einem privaten Unternehmen oder einzelnen Person als Arbeitgeber auf der einen Seite und dem Arbeitnehmer auf der anderen. Diese Rechtsprechung muss auch auf der Ebene der Rechtfertigung von Eingriffen in die Grundfreiheit berücksichtigt werden. So nahm der Gerichtshof in *Bosman* an: „Angesichts der beträchtlichen sozialen Bedeutung, die der sportlichen Tätigkeit und insbesondere dem Fußball in der Gemeinschaft zukommt, ist anzuerkennen, dass die Zwecke berechtigt sind, die darin bestehen, die Aufrechterhaltung eines Gleichgewichts zwischen den Vereinen unter Wahrung einer bestimmten Chancengleichheit und der Ungewissheit der Ergebnisse zu gewährleisten sowie die Einstellung und Ausbildung der jungen Spieler zu fördern“.[138] 49

Auch kollidierende (offenbar unionsrechtliche[139]) **Grundrechte** (dazu oben, § 2) können eine (vertragsimmanente) Schranke darstellen.[140] Im Hinblick auf die Arbeitnehmerfreizügigkeit ist das allerdings noch nicht praktisch geworden (s. aber zur Dienstleistungsfreiheit Rdn. 78 f. und zur Niederlassungsfreiheit Rdn. 96). Kollidieren Grundfreiheit und Grundrecht, so sind die widerstreitenden Positionen in einen verhältnismäßigen Ausgleich zu bringen.[141] 50

cc) Rechtfertigung von Eingriffen Privater

Geht man mit dem EuGH davon aus, auch Private seien an die Grundfreiheiten gebunden (oben Rdn. 30), muss man für diese Fälle folgerichtig auch die Rechtfertigungs- 51

---

136 EuGH v. 31.3.1993 – Rs. C-19/92 *Kraus*, EU:C:1993:125 Rdn. 35.

137 EuGH v. 16.2.2006 – Rs. C-185/04 *Öberg*, EU:C:2006:107 Rdn. 21, 23; EuGH v. 17.3.2005 – Rs. C-109/04 *Kranemann*, EU:C:2005:187 Rdn. 34.

138 EuGH v. 15.12.1995 – Rs. C-415/93 *Bosman*, EU:C:1995:463 Rdn. 106; s. a. EuGH v. 16.3.2010 – Rs. C-325/08 *Olympique Lyonnais*, EU:C:2010:143 Rdn. 39. S.a. *Eichel*, EuR 2010, 685, 691 f.

139 Die Rechtsprechung ist unklar; in *Schmidberger* hatte sich Österreich auf die nationalen Grundrechte und die EMRK berufen; der Gerichtshof würdigt hingegen jedenfalls im Ausgangspunkt die Grundrechte als Allgemeine Rechtsgrundsätze des Gemeinschaftsrechts; EuGH v. 12.6.2003 – Rs. C-112/00 *Schmidberger*, EU:C:2003:333 Rdn. 71–75. Wie hier *Ehlers*, in: ders. (Hrsg.), Europäische Grundrechte und Grundfreiheiten, § 7 Rdn. 115 und § 14 Rdn. 38; *Streinz*, Europarecht, Rdn. 832. A.M. *Dauses/Bigora*, in: Dauses/Ludwigs (Hrsg.), Handbuch des EU-Wirtschaftsrechts (Nov. 2019), Kap. C I Rdn. 328 (mitgliedstaatliche Grundrechte als zwingende Gründe des Allgemeininteresses soweit auf Gemeinschaftsebene anerkannt).

140 Grundlegend EuGH v. 12.6.2003 – Rs. C-112/00 *Schmidberger*, EU:C:2003:333.

141 EuGH v. 15.7.2010 – Rs. C-271/08 *Kommission ./. Deutschland*, EU:C:2010:426 Rdn. 43 f., 52 („das rechte Gleichgewicht“).

gründe entsprechend erweitern.[142] Private handeln regelmäßig nicht aus Gründen der öffentlichen Sicherheit und Ordnung oder sonstigen Allgemeininteressen. Ihr Handeln muss auch aus wirtschaftlichen Gründen zu rechtfertigen sein. Zudem ist ihnen mit Rücksicht auf die auch grundrechtlich geschützte Privatautonomie (unternehmerische Freiheit; Eigentum) auch bei der Verhältnismäßigkeitsprüfung ein Beurteilungsspielraum zuzuerkennen. In der Rechtsprechung des Gerichtshofs findet das insofern Anerkennung, als er eine Rechtfertigung aufgrund „sachlicher Erwägungen" anerkennt.[143] Weniger geglückt erscheint es, wenn der EuGH den Tatbestand des Allgemeininteresses ausdehnt, um wirtschaftlichen Interessen angemessen Rechnung zu tragen.[144]

b) Grenzen der Rechtfertigung

52 Eine allgemeine, für geschriebene wie ungeschriebene Rechtfertigungstatbestände geltende Schranken-Schranke ist der Grundsatz der **Verhältnismäßigkeit** für die Zwecke eines zwingenden Grundes des Allgemeininteresses. An der Geeignetheit fehlt es, wenn das angestrebte Ziel nicht kohärent und systematisch verfolgt wird.[145] Erforderlichkeit verlangt die Verwendung des mildesten Mittels. Zum Beispiel kann es zwar legitim sein, von einem Stellenbewerber Sprachkenntnisse eines bestimmten Niveaus zu verlangen. Indes geht es über das Erforderliche hinaus, zum Nachweis der Sprachkenntnisse nur ein bestimmtes, für Nicht-Ortsansässige schwer zu erlangendes Diplom zuzulassen.[146]

53 Zudem sind die Schranken „im Lichte der allgemeinen Rechtsgrundsätze und insbesondere der **Grundrechte** auszulegen".[147] Strukturell wirken die Gemeinschaftsgrundrechte hier als zusätzliche Hürde für die Rechtfertigung von Behinderungen der Grundfreiheiten, sind also ebenfalls als Schranken-Schranken anzusehen. So kann zum Beispiel die Ausweisung eines arbeitsuchenden EU-Ausländers, der mehrfach wegen Drogen- und Gewaltdelikten verurteilt worden ist, ein durch die öffentliche Ordnung gerechtfertigter Eingriff in die Arbeitnehmerfreizügigkeit darstellen. Ist dieser aber mit einer Inländerin verheiratet und sind aus dieser Ehe drei Kinder hervor-

---

142 *Thüsing*, Europäisches Arbeitsrecht, § 2 Rdn. 50 ff.; *Kocher*, Europäisches Arbeitsrecht, § 3 Rdn. 97.

143 EuGH v. 6.6.2000 – Rs. C-281/98 *Angonese*, EU:C:2000:296 Rdn. 42. Differenzierend Schlachter/Heinig/*Terhechte*, § 1 Rdn. 83.

144 So EuGH v. 16.3.2010 – Rs. C-325/08 *Olympique Lyonnais*, EU:C:2010:143 Rdn. 38 ff. (Anwerbung und Ausbildung von Nachwuchsspielern sei im Hinblick auf die „soziale Bedeutung" des Sports „als legitim anzuerkennen" – und damit wohl dem „Allgemeininteresse" zuzuordnen)

145 EuGH v. 11.7.2019 – Rs. C-716/17 *A*, EU:C:2019:598 Rdn. 24 ff.

146 EuGH v. 6.6.2000 – Rs. C-281/98 *Angonese*, EU:C:2000:296 Rdn. 44.

147 EuGH v. 18.6.1991 – Rs. C-260/89 *ERT*, EU:C:1991:254 Rdn. 43; EuGH v. 26.6.1997 – Rs. C-368/95 *Familiapress*, EU:C:1997:325 Rn 24; EuGH v. 11.7.2002 – Rs. C-60/00 *Carpenter*, EU:C:2002:434 Rn 40.

gegangen, ist bei der Entscheidung über die Ausweisung des Vaters und der drei Kinder das Grundrecht auf Schutz des Familienlebens zu beachten.[148]

5. Rechtsfolgen eines Verstoßes gegen die Arbeitnehmerfreizügigkeit

Verstößt **mitgliedstaatliches Recht** oder Verhalten gegen die Arbeitnehmerfreizügigkeit, so ist zuerst eine grundfreiheitenkonforme Auslegung in Betracht zu ziehen: es „obliegt dem nationalen Gericht, die innerstaatliche Vorschrift unter voller Ausschöpfung des Beurteilungsspielraums, den ihm das nationale Recht einräumt, in Übereinstimmung mit den Anforderungen des Gemeinschaftsrechts auszulegen und anzuwenden“.[149] Ist eine unionsrechtskonforme Auslegung nicht möglich, so greift der Anwendungsvorrang des Unionsrechts[150] Platz. Das entgegenstehende nationale Recht ist dann zwar nicht nichtig, aber unanwendbar.[151] Liegt eine Diskriminierung vor, so muss grundsätzlich eine *Angleichung nach oben* erfolgen, d.h. der Diskriminierte hat die vorenthaltenen Vorteile zu erhalten bzw. die ihm auferlegten Nachteile sind zu beseitigen. Ggf. kommt eine Staatshaftung in Betracht, wenn ein hinreichend qualifizierter Verstoß gegen das Gemeinschaftsrecht vorliegt.[152] 54

Auch das **Unionsrecht** oder ein Verhalten der Union kann gegen die Arbeitnehmerfreizügigkeit verstoßen. Auch hier ist zunächst eine primärrechtskonforme Auslegung zu unternehmen. Gelingt sie nicht, so ist der grundfreiheitenwidrige Rechtsakt nichtig. Das kann im Verfahren der Art. 263, 264 AEUV oder Art. 267 Abs. 1 lit. b) gerichtlich festgestellt werden. 55

Weithin ungeklärt sind die Rechtsfolgen für den Fall, dass ein Privater gegen die Grundfreiheiten verstößt. Hier kann man im deutschen Privatrecht insbesondere in Betracht ziehen, die Arbeitnehmerfreizügigkeit als gesetzliches Verbot (§ 134 BGB) für rechtsgeschäftliches Verhalten oder als Schutzgesetz i.S.v. § 823 Abs. 2 BGB anzusehen.[153] 56

---

148 EuGH v. 29.4.2004 – verb. Rs. C-482/01 und C-493/01 *Orfanopoulos und Oliveri,* EU:C:2004:262 Rdn. 97f.

149 EuGH v. 11.1.2007 – Rs. C-208/05 *ITC,* EU:C:2007:16 Rdn. 68; so auch schon EuGH v. 26.9.2000 – Rs. C-262/97 *Engelbrecht,* EU:C:2000:492 Rdn. 38; EuGH v.4.2.1988 – Rs. 157/86 *Murphy,* EU:C:1988:62 Rdn. 11. Dazu eingehend *Leible/Domröse,* in: Riesenhuber (Hrsg.), Europäische Methodenlehre, § 8.

150 EuGH v. 11.1.2007 – Rs. C-208/05 *ITC,* EU:C:2007:16 Rdn. 69; EuGH v. 26.9.2000 – Rs. C-262/97 *Engelbrecht,* EU:C:2000:492 Rdn. 40; EuGH v. 4.2.1988 – Rs. 157/86 *Murphy,* EU:C:1988:62 Rdn. 11.

151 Vgl. grundlegend EuGH v. 15.7.1964 – Rs. 6/64 *Costa ./. E.N.E.L.,* EU:C:1964:66.

152 So z.B. in EuGH v.30.9.2003 – Rs. C-224/01 *Köbler,* EU:C:2003:513. S. noch die Hinweise oben, § 1 Rdn. 87ff.

153 Vgl. EuGH v. 17.7.2008 – Rs. C-94/07 *Raccanelli,* EU:C:2008:425 Rdn. 50f.

6. Beispielsfall: *Angonese*[154]

57 In diesem Fall hatte ein privater Arbeitgeber in der Provinz Bozen den Besitz einer bestimmten Zweisprachigkeitsbescheinigung zur Teilnahmevoraussetzung für Bewerbungsverfahren gemacht und den Kläger mangels Vorlage einer solchen Bescheinigung vom Bewerbungsverfahren ausgeschlossen. Die Bescheinigung wird von einer Behörde nach einer Prüfung erteilt. Die Teilnahme an dieser Prüfung ist für Ortsfremde, die nicht in der Provinz Bozen leben, organisatorisch schwierig. Ortsansässige hingegen erwerben die Bescheinigung üblicherweise schon vorsorglich. „Bei den in der Provinz Bozen wohnenden Bürgern ist es üblich, sich die Bescheinigung für jeden denkbaren Fall im Hinblick auf die Arbeitsuche zu beschaffen. Der Erwerb dieser Bescheinigung wird als ein praktisch zwangsläufiger Schritt in einer normalen Ausbildung angesehen".[155] Auch tarifvertraglich war sie als mögliches Einstellungskriterium vorgesehen, allerdings nicht vorgeschrieben.

58 Der Gerichtshof hielt es für mit Art. 45 AEUV unvereinbar, dass ein Arbeitgeber die Bewerber in einem Auswahlverfahren zur Einstellung von Personal verpflichtet, ihre Sprachkenntnisse ausschließlich durch ein einziges in einer einzigen Provinz eines Mitgliedstaats ausgestelltes Diplom nachzuweisen. Er stützt seine Entscheidung auf die unmittelbare Drittwirkung von Art. 45 AEUV.[156]

59 Vorzugswürdig ist die Annahme einer mittelbaren Drittwirkung, die im vorliegenden Fall mit guten Gründen zum selben Ergebnis führen kann. Wird die Zweisprachigkeitsbescheinigung in der Region als gleichsam „zwangsläufiger Schritt in einer normalen Ausbildung angesehen", so deutet das darauf hin, dass Arbeitgeber den bestimmten Zweisprachigkeitsnachweis in der Provinz Bozen ganz allgemein zur Bewerbungsvoraussetzung machen. Eine solche allgemeine Praxis bedeutet aber in der Sache, dass allen Ortsfremden der Zugang zu allen Berufen, die Sprachkompetenzen erfordern, außerordentlich erschwert ist. Dieser empirische, auf allgemeiner Übung beruhende Befund, rechtfertigt die Annahme einer mitgliedstaatlichen Schutzpflicht, die ggf. auch von den Gerichten wahrzunehmen ist. In der Tat kommt es einem positiven Handeln ja geradezu gleich, wenn der Staat einer solchen diskriminierend wirkenden allgemeinen Übung tatenlos zusieht. Welche Schutzmaßnahmen der Mitgliedstaat ergreift, liegt dann freilich in seinem pflichtgemäßen Ermessen. Von Gemeinschaftsrechts wegen muss er die Diskriminierung aber effektiv bekämpfen.

---

154 EuGH v. 6.6.2000 – Rs. C-281/98 *Angonese*, EU:C:2000:296.

155 EuGH v. 6.6.2000 – Rs. C-281/98 *Angonese*, EU:C:2000:296 Rdn. 6.

156 EuGH v. 6.6.2000 – Rs. C-281/98 *Angonese*, EU:C:2000:296 Rdn. 30–36.

III. Warenverkehrsfreiheit – Übersicht

Rechtsprechung (Auswahl):

EuGH v. 11.7.1974	Rs. 8/74 *Dassonville*, EU:C:1974:82
EuGH v. 20.2.1979	Rs. 120/78 *Rewe*, EU:C:1979:42
EuGH v. 24.11.1993	verb. Rs. C-267/91 und C-268/91 *Keck*, EU:C:1993:905
EuGH v. 12.6.2003	Rs. C-112/00 *Schmidberger*, EU:C:2003:33
EuGH v. 29.3.2011	Rs. C-565/08 *Kommission ./. Italien*, EU:C:2011:188

1. Grundsätze

Zur Warenverkehrsfreiheit gehört, dass zwischen den Mitgliedstaaten mengenmäßige 60
Einfuhrbeschränkungen und Maßnahmen gleicher Wirkung verboten sind, Art. 34 AEUV. „Maßnahme mit gleicher Wirkung" ist nach der berühmten *Dassonville*-Formel „jede Handelsregelung der Mitgliedstaaten, die geeignet ist, den innergemeinschaftlichen Handel unmittelbar oder mittelbar, tatsächlich oder potenziell zu behindern"[157]. Mit dieser weit gefassten Formel werden nicht nur unmittelbare und mittelbare **Diskriminierungen** verboten, sondern auch unterschiedslos anwendbare, also nichtdiskriminierende Maßnahmen, die in- und ausländische Waren gleichermaßen betreffen (**Behinderungsverbot**). Allerdings stellt die bloße Unterschiedlichkeit der mitgliedstaatlichen Rechtsordnungen keine Beschränkung dar.[158] Um die so eröffnete Kontrollmöglichkeit zweckgerecht auf die Überprüfung von Marktzutrittsschranken zu beschränken, hat der Gerichtshof allerdings in *Keck* die Unterscheidung zwischen voll kontrollierten Produktvorschriften (über Bezeichnung, Form, Abmessung, Gewicht, Zusammensetzung, Aufmachung, Etikettierung oder Verpackung einer Ware) und Verkaufsmodalitäten eingeführt; letztere werden grundsätzlich nur überprüft, wenn sie diskriminierende Wirkung haben.[159]

Die Warenverkehrsfreiheit bindet die Mitgliedstaaten und die Union. Eine Hori- 61
zontalwirkung ist für die Warenverkehrsfreiheit (auch vom EuGH) nicht anerkannt. Dafür hebt der Gerichtshof im Zusammenhang mit Beschränkungen durch Private die **Schutzpflichten der Mitgliedstaaten** hervor. So sah er Frankreich als verpflichtet an, spanische Lastwagenfahrer vor (gewalttätigen) Protesten französischer Bauern gegen Agrarimporte zu schützen.[160] Die Mitgliedstaaten sind verpflichtet, „alle erforderlichen und geeigneten Maßnahmen zu ergreifen, um in ihrem Gebiet die Beachtung dieser Grundfreiheit sicherzustellen".[161] Ebenso hat der Gerichtshof Österreich als

157 EuGH v. 11.7.1974 – Rs. 8/74 *Dassonville*, EU:C:1974:82 Rdn. 5.

158 EuGH v. 29.3.2011 – Rs. C-565/08 *Kommission ./. Italien*, EU:C:2011:188 Rdn. 49.

159 EuGH v. 24.11.1993 – verb. Rs. C-267/91 und C-268/91 *Keck*, EU:C:1993:905 Rdn. 16.

160 EuGH v. 9.12.1997 – Rs. C-265/95 *Kommission ./. Frankreich*, EU:C:1997:595 („französischer Erdbeerkrieg").

161 EuGH v. 9.12.1997 – Rs. C-265/95 *Kommission ./. Frankreich*, EU:C:1997:595 Rdn. 32.

schutzpflichtig angesehen, den Lastwagentransit (nach Italien) im Falle einer nahezu 30-stündigen Blockade der Brennerautobahn durch Demonstranten zu schützen.[162]

62 Eingriffe in die Warenverkehrsfreiheit können durch Art. 36 AEUV **gerechtfertigt** werden oder durch den ungeschriebenen Tatbestand der „zwingenden Gründe des Allgemeininteresses", die der Gerichtshof in *Cassis de Dijon* konkretisiert hat: „In Ermangelung einer gemeinschaftlichen Regelung ... ist es Sache der Mitgliedstaaten, alle ... betreffenden Vorschriften für ihr Hoheitsgebiet zu erlassen. Hemmnisse für den Binnenhandel der Gemeinschaft, die sich aus den Unterschieden der nationalen Regelungen über die Vermarktung dieser Erzeugnisse ergeben, müssen hingenommen werden, soweit diese Bestimmungen notwendig sind, um zwingenden Erfordernissen gerecht zu werden, insbesondere den Erfordernissen einer wirksamen steuerlichen Kontrolle des Schutzes der öffentlichen Gesundheit, der Lauterkeit des Handelsverkehrs und des Verbraucherschutzes."[163] Als legitime Gründe, die einen Eingriff im Rahmen der Verhältnismäßigkeit rechtfertigen können, kommen auch Grundrechte Privater in Betracht, so z. B. die Grundrechte der Demonstranten auf freie Meinungsäußerung im Fall der Brenner-Blockade. In der Sache geht es um eine Art Grundrechtskollision, die durch einen verhältnismäßigen Ausgleich („praktische Konkordanz") zu lösen ist.

2. Auswirkungen auf das Arbeitsrecht

63 Von dem weiten Tatbestand der Maßnahmen gleicher Wirkung können auch allgemeine Handelsregeln erfasst werden wie beispielsweise **Sonntagsverkaufs- oder -arbeitsverbote**, wie sie mitgliedstaatliche Rechte insbesondere zum Schutz von Arbeitnehmern vorsehen.[164] Solche Verbote hat der EuGH daher zunächst noch einer Verhältnismäßigkeitsprüfung unterzogen und als für den legitimen Zweck des Arbeitnehmerschutzes erforderlich akzeptiert.[165] Nach der *Keck*-Rechtsprechung handelt es sich um Verkaufsmodalitäten, die, solange sie nicht diskriminierend wirken, von vornherein der Kontrolle entzogen sind.[166]

64 Wie der Fall der Brenner-Blockade illustriert, kann die Warenverkehrsfreiheit auch für das mitgliedstaatliche Arbeitskampfrecht von Bedeutung sein. So lässt sich leicht vorstellen, dass ein **Streik** eine Transitstrecke sperrt. Wie im Fall *Schmidberger*

---

162 EuGH v. 12.6.2003 – Rs. C-112/00 *Schmidberger*, EU:C:2003:333.

163 EuGH v. 20.2.1979 – Rs. 120/78 *Rewe*, EU:C:1979:42.

164 *P. Davies*, ILJ 24 (1995), 49 ff.

165 EuGH v. 14.7.1981 – Rs. 155/80 *Oebel*, EU:C:1981:177; EuGH v. 23.11.1989 – Rs. C-145/88 *Torfaen*, EU:C:1989:593; EuGH v. 16.12.1992 – Rs. C-169/91 *Stoke-on-Trent*, EU:C:1992:519; EuGH v. 28.2.1991 – Rs. C-312/89 *Conforama*, EU:C:1991:93.

166 EuGH v. 2.6.1994 – verb. Rs. C-401/92 und 402/92 *t'Heukske*, EU:C:1994:220.

hängt die Rechtsmäßigkeit dann von dem verhältnismäßigen Ausgleich von Warenverkehrsfreiheit und grundrechtlich geschütztem Streikrecht andererseits ab.

IV. Die Dienstleistungsfreiheit – Übersicht

Literatur:[167] *Barnard*, „British Jobs for British Workers“: The Lindsey Oil Refinery Dispute and the Future of Local Labour Clauses in an Integrated EU Market, ILJ 38 (2009), 245–277; *Busche*, Freizügigkeit der Dienstleistungen, in: Oetker/Preis (Hrsg.), Europäisches Arbeits- und Sozialrecht, B 2400 (Stand: Oktober 2002); *Davies, Paul*, Market Integration and Social Policy in the Court of Justice, ILJ 24 (1995), 49–77; *ders.*, Posted Workers – Single Market or protection of national labour law systems?, CMLR 34 (1997), 571–602; *ders.*, The Posted Workers Directive and the EC Treaty, ILJ 31 (2002), 298–306; *Eichenhofer*, Dienstleistungsfreiheit und Mindestlohn, ZESAR 2007, 53–57; *Eklund*, A Swedish Perspective on Laval, Comp. Lab. L. & Pol'y J. 29 (2007–2008), 551–571; *Feuerborn*, Grenzüberschreitender Einsatz von Fremdfirmenpersonal, in: Oetker/Preis (Hrsg.), Europäisches Arbeits- und Sozialrecht, B 2500 (Stand August 2003); *Franzen*, Kurzzeitige Arbeitnehmerentsendung und Dienstleistungsfreiheit, IPRax 2002, 186–191; *Fuchs*, Arbeitsmigration im Spannungsfeld von nationalstaatlicher und europarechtlicher Regelung, in: Konzen/Krebber/Raab/Veit/Waas (Hrsg.), Festschrift für Rolf Birk, 2008, S. 115–133; *Giesen*, Posting: Social Protection of Workers vs. Fundamental Freedoms?, CMLR 40 (2003), 143–158; *Junker*, Arbeitnehmerentsendung aus deutscher und europäischer Sicht, JZ 2005, 481–488; *ders.*, Gesetzlicher Mindestlohn und Europäische Grundfreiheiten, EuZA 2015, 399–400; *Kienle/Koch*, Grenzüberschreitende Arbeitnehmerüberlassung – Probleme und Folgen, DB 2001, 922–927; *Konzen*, Europäische Dienstleistungsfreiheit und nationaler Arbeitnehmerschutz, NZA 2002, 781–783; *Kort*, Die Bedeutung der europarechtlichen Grundfreiheiten für die Arbeitnehmerentsendung und die Arbeitnehmerüberlassung, NZA 2002, 1248–1254; *Krause*, Weiterentwicklung des Tariftreuerechts, 2019; *Krebber*, Die Vereinbarkeit von Entsenderichtlinie und Arbeitnehmer-Entsendegesetz mit der Dienstleistungsfreiheit und Freizügigkeit des EGV, in: Weber/Steinbeck/Hennrichs/Ingelfinger/Jacobs/Müller/Raab/Treber (Hrsg.), Jahrbuch Junger Zivilrechtswissenschaftler 1997 – Europäisierung des Privatrechts – Zwischenbilanz und Perspektiven, 1997, 129–156; *Pache*, Dienstleistungsfreiheit, in: Ehlers (Hrsg.), Europäische Grundrechte und Grundfreiheiten, 4. Aufl. 2015, § 11; *Schlachter*, Grenzüberschreitende Dienstleistungen: Die Arbeitnehmerentsendung zwischen Dienstleistungsfreiheit und Verdrängungswettbewerb, NZA 2002, 1242–1248; *Schrammel*, Dienstleistungsfreiheit und Sozialdumping, EuZA 2009, 36–46; *Schubert*, Europäische Grundfreiheiten und nationales Arbeitskampfrecht im Konflikt – Zugleich eine Besprechung der Entscheidungen des EuGH v. 11.12.2007 – Rs. C-438/05 – Viking und v. 18.12.2007 – Rs. C-341/05 – Laval, RdA 2008, 289–299; *von Danwitz*, Die Rechtsprechung des EuGH zum Entsenderecht – Bausteine für eine Wirtschafts- und Sozialverfassung der EU, EuZW 2002, 237–244; *Wank*, Die Entwicklung der Dienstleistungs- und Niederlassungsfreiheit in der EU: die Rechtslage in Deutschland, NZA 2005 Beil. 2 zu Heft 21, 88–97.

Rechtsprechung (Auswahl):

EuGH v. 3.12.1974	Rs. 33/74 *van Binsbergen*, EU:C:1974:131
EuGH v. 18.1.1979	verb. Rs. 110/78 und 111/78 *van Wesemael u. a.*, EU:C:1979:8

---

167 S.a. die Literatur zur Niederlassungsfreiheit, vor Rdn. 88. Zahlreiche Beiträge nehmen Sachfragen des Arbeitsrechts in den Blick, nicht die Systematik des Unionsrechts, und befassen sich daher sowohl mit der Dienstleistungsfreiheit als auch mit der Niederlassungsfreiheit; dies gilt insbesondere im Hinblick auf die Diskussionen zu den Urteilen des Gerichtshofs in Sachen *Viking* und *Laval*.

EuGH v. 17.12.1981	Rs. 279/80 *Webb*, EU:C:1981:314
EuGH v. 31.1.1984	verb. Rs. 286/82 und 26/83 *Luisi und Carbone*, EU:C:1984:35
EuGH v. 27.3.1990	Rs. C-113/89 *Rush Portuguesa*, EU:C:1990:142
EuGH v. 18.6.1991	Rs. C-260/89 *ERT*, EU:C:1991:254
EuGH v. 25.7.1991	Rs. C-76/90 *Säger*, EU:C:1991:331
EuGH v. 9.8.1994	Rs. C-43/93 *Vander Elst*, EU:C:1994:310
EuGH v. 5.10.1994	Rs. C-381/93 *Kommission ./. Frankreich*, EU:C:1994:370
EuGH v. 28.10.1999	Rs. C-55/98 *Vestergaard*, EU:C:1999:533
EuGH v. 23.11.1999	verb. Rs. C-369/96 und C-376/96 *Arblade*, EU:C:1999:575
EuGH v. 15.3.2001	Rs. C-165/98 *Mazzoleni*, EU:C:2001:162
EuGH v. 25.10.2001	Rs. C-493/99 *Kommission ./. Deutschland*, EU:C:2001:578
EuGH v. 25.10.2001	verb. Rs. C-49/98, C-50/98, C-52/98 bis C-54/98 und C-68/98 bis C71/98 *Finalarte*, EU:C:2001:564
EuGH v. 24.1.2002	Rs. C-164/99 *Portugaia Construções*, EU:C:2002:40
EuGH v. 11.7.2002	Rs. C-60/00 *Carpenter*, EU:C:2002:434
EuGH v. 12.10.2004	Rs. C-60/03 *Wolff & Müller*, EU:C:2004:610
EuGH v. 21.10.2004	Rs. C-445/03 *Kommission ./. Luxemburg*, EU:C:2004:655
EuGH v. 19.1.2006	Rs. C-244/04 *Kommission ./. Deutschland*, EU:C:2006:49
EuGH v. 21.9.2006	Rs. C-168/04 *Kommission ./. Österreich*, EU:C:2006:595
EuGH v. 3.10.2006	Rs. C-452/04 *Fidium Finanz*, EU:C:2006:631
EuGH v. 18.7.2007	Rs. C-490/04 *Kommission ./. Deutschland*, EU:C:2007:430
EuGH v. 18.12.2007	Rs. C-341/05 *Laval un Partneri*, EU:C:2007:809
EuGH v. 3.4.2008	Rs. C-346/06 *Rüffert*, EU:C:2008:189
EuGH v. 7.10.2010	Rs. C-515/08 *dos Santos Palhota u. a.*, EU:C:2010:589
EuGH v. 10.2.2011	verb. Rs. C-307/09 bis 309/09, *Vicoplus*, EU:C:2011:64
EuGH v. 18.9.2014	Rs. C-549/13 *Bundesdruckerei*, EU:C:2014:2235
EuGH v. 3.12.2014	Rs. C-315/13 *De Clercq*, EU:C:2014:2408
EuGH v. 13.11.2018	Rs. C-33/17 *Čepelnik*, EU:C:2018:896
EuGH v. 12.9.2019	verb. Rs. C-64/18, C-140/18, C-146/18, C-148/18 *Maksimovic*, EU:C:2019:723

65 Anders als die Arbeitnehmerfreizügigkeit sind die Dienstleistungsfreiheit und nachfolgend die Niederlassungsfreiheit sowie die Kapitalverkehrsfreiheit hier nicht in Einzelheiten zu entfalten, sondern nur in ihren Grundzügen zu skizzieren und in ihrer Bedeutung für das Arbeitsrecht zu erörtern. Die Dienstleistungsfreiheit ist vor allem im Hinblick auf die Arbeitnehmerentsendung und die Arbeitnehmerüberlassung für das Arbeitsrecht von Bedeutung.[168]

66 Fragen der Arbeitnehmerentsendung sind allerdings heute vorrangig am Maßstab der **Entsenderichtlinie** (unten, § 7) zu messen, deren Umsetzungsfrist am 16. Dezember 1999 abgelaufen ist. Die Entsenderichtlinie ihrerseits ist im Lichte der Dienstleistungsfreiheit auszulegen.[169]

---

168 Der Gerichtshof hat die Arbeitnehmerentsendung *nicht* am Maßstab der Arbeitnehmerfreizügigkeit gemessen, da der Arbeitnehmer hier keinen *Zutritt zum Arbeitsmarkt* des Aufnahmemitgliedstaats begehre; s. o. Rdn. 16 m. N.

169 EuGH v. 18.12.2007 – Rs. C-341/05 *Laval un Partneri*, EU:C:2007:809 Rdn. 61; EuGH v. 12.10.2004 – Rs. C-60/03 *Wolff & Müller*, EU:C:2004:610 Rdn. 25–27, 45, 85, 86–111.

1. Schutzbereich[170]

„Dienstleistungen" sind nach der weiten Definition des Art. 57 AEUV „Leistungen, die in der Regel gegen Entgelt erbracht werden, soweit sie nicht den Vorschriften über den freien Waren- und Kapitalverkehr und über die Freizügigkeit der Personen unterliegen". Die Dienstleistungsfreiheit ist in diesem Sinne als *Auffang-Grundfreiheit* konzipiert;[171] sie erfasst „Leistungen", die nicht schon von der Waren- und Kapitalverkehrsfreiheit geschützt sind. Im Unterschied zur Arbeitnehmerfreizügigkeit kommt sie Selbständigen zugute.[172] Dazu rechnen so unterschiedliche Gegenstände wie Bauleistungen,[173] Arbeitnehmerüberlassung,[174] Stellenvermittlung[175] und anwaltliche Beratung. Geschützt sind nur *grenzüberschreitende Leistungen*, rein interne Sachverhalte fallen nicht in den Anwendungsbereich der Dienstleistungsfreiheit. Vorausgesetzt ist, dass die Leistung – wenn auch nicht in jedem Einzelfall, so doch in der Regel – *entgeltlich* erbracht wird und in diesem Sinne Teil des Wirtschaftslebens ist.[176] 67

In den Schutzbereich der Dienstleistungsfreiheit fällt sowohl die aktive Freiheit des Leistungserbringers als auch die passive Freiheit des Leistungsempfängers.[177] Die Dienstleistung kann vom EU-Ausland aus oder auch im Inland erbracht werden.[178] Der EuGH hat der Dienstleistungsfreiheit sogar Fallkonstellationen unterstellt, in denen die Dienstleistung zwar im EU-Ausland erbracht wird, allerdings gegenüber einem Leistungsempfänger, der im selben Mitgliedstaat ansässig ist wie der Leistungserbringer.[179] Zur Gewährleistung der Dienstleistungsfreiheit gehört das Recht des 68

---

170 Zur Übergangszeit nach der Osterweiterung der Union EuGH v. 10.2.2011 – Rs. C-307/09 *Vicoplus*, EU:C:2011:64.

171 *Busche*, EAS B 2400 Rdn. 12; Calliess/Ruffert/*Kluth*, Art. 57 AEUV Rdn. 6 („Restfreiheit"). S. aber EuGH v. 3.10.2006 – Rs. C-452/04 *Fidium Finanz*, EU:C:2006:631 Rdn. 31–33 (keine Subsidiarität der Dienstleistungsfreiheit).

172 Zur Problematik der Scheinselbständigkeit *Wank*, NZA 2005 Beil. 5 zu Heft 21, 88, 91.

173 EuGH v. 27.3.1990 – Rs. C-113/89 *Rush Portuguesa*, EU:C:1990:142.

174 EuGH v. 17.12.1981 – Rs. 279/80 *Webb*, EU:C:1981:314 Rdn. 8–10; EuGH v. 27.3.1990 – Rs. C-113/89 *Rush Portuguesa*, EU:C:1990:142 Rdn. 16; EuGH v. 25.10.2001 – Rs. C-493/99 *Kommission ./. Deutschland*, EU:C:2001:578 Rdn. 18; EuGH v. 10.2.2011 – Rs. C-307/09 *Vicoplus*, EU:C:2011:64 Rdn. 30.

175 EuGH v. 18.1.1979 – verb. Rs. 110/78 und 111/78 *van Wesemael u. a.*, EU:C:1979:8 Rdn. 7.

176 EuGH v. 12.12.1974 – Rs. 36/74 *Walrave und Koch*, EU:C:1974:140 Rdn. 4/10; EuGH v. 15.12.1995 – Rs. C-415/93 *Bosman*, EU:C:1995:463 Rdn. 73–76; EuGH v. 11.4.2000 – verb. Rs. C-51/96 und C-191/97 *Deliège*, EU:C:2000:199 Rdn. 41.

177 EuGH v. 31.1.1984 – verb. Rs. 286/82 und 26/83 *Luisi und Carbone*, EU:C:1984:35 Rdn. 10.

178 EuGH v. 31.1.1984 – verb. Rs. 286/82 und 26/83 *Luisi und Carbone*, EU:C:1984:35 Rdn. 10; EuGH v. 10.5.1995 – Rs. C-384/93 *Alpine Investments*, EU:C:1995:126 Rdn. 20.

179 EuGH v. 5.10.1994 – Rs. C-381/93 *Kommission ./. Frankreich*, EU:C:1994:370 Rdn. 15; EuGH v. 28.10.1999 – Rs. C-55/98 *Vestergaard*, EU:C:1999:533 Rdn. 19. Vgl. auch die sog. Fremdenführerfälle EuGH v. 26.2.1991 – Rs. C-198/89 *Kommission ./. Griechenland*, EU:C:1991:79; EuGH v. 26.2.1991 – Rs. C-154/89 *Kommission ./. Frankreich*, EU:C:1991:76; EuGH v. 26.2.1991 – Rs. C-180/89 *Kommission ./. Italien*, EU:C:1991:78; EuGH v. 5.6.1997 – Rs. C-398/95 *SETTIG*, EU:C:1997:282.

Dienstleisters, sich zu ihrer Erbringung vorübergehend im Empfängerstaat aufzuhalten, z. B. für die Ausführung von Bauarbeiten, Art. 57 Abs. 3 AEUV. Und da der Dienstleister seine Leistungen nicht selbst erbringen muss, gehört zur Dienstleistungsfreiheit auch das Recht, sich zur Leistungserbringung **gemeinsam mit Arbeitnehmern** in den Empfängerstaat zu begeben oder auch nur Arbeitnehmer dorthin zu entsenden.[180] Die Abgrenzung zur Arbeitnehmerfreizügigkeit sieht der Gerichtshof darin, dass die Arbeitnehmer während der vorübergehenden Entsendung keinen Zugang zum Arbeitsmarkt des Aufnahmemitgliedstaats suchen.[181] In der **zeitlichen Beschränkung** auf den vorübergehenden Aufenthalt liegt zugleich der Ansatzpunkt für die Abgrenzung von der Niederlassungsfreiheit (Rdn. 89 f.).[182]

69 **Begünstigte** der Dienstleistungsfreiheit sind zuerst Dienstleistungsanbieter und -empfänger.[183] Darüber hinaus erscheint es aber nach der Rechtsprechung zur Arbeitnehmerfreizügigkeit (oben, Rdn. 13 f.) folgerichtig, sie auch als ein Recht des (zu entsendenden) **Arbeitnehmers** anzusehen, auf das dieser sich vor den Gerichten unmittelbar berufen kann.[184]

2. Eingriffe

70 Die Dienstleistungsfreiheit ist seit Ablauf der Übergangszeit unmittelbar anwendbar.[185] Sie bindet die Mitgliedstaaten, die Union[186] und, nach der Rechtsprechung des EuGH,[187] auch Private, namentlich wenn sie eine kollektive Regelungsmacht haben;

---

180 EuGH v. 18.12.2007 – Rs. C-341/05 *Laval un Partneri*, EU:C:2007:809 Rdn. 56; EuGH v. 27.3.1990 – Rs C-113/89 *Rush Portuguesa*, EU:C:1990:142 Rdn. 11 f.; EuGH v. 9.8.1994 – Rs. C-43/93 *Vander Elst*, EU:C:1994:310 Rdn. 17–21; eingehende und kritische Würdigung bei EuArbRK/*Rebhahn*/*Krebber*, Art. 56 AEUV Rdn. 20–25 (längerfristige Entsendungen sollten Art. 45 AEUV zugeordnet – und damit nach dem Arbeitsortprinzip behandelt werden).

181 EuGH v. 27.3.1990 – Rs. C-113/89 *Rush Portuguesa*, EU:C:1990:142 Rdn. 15.

182 EuGH v. 30.11.1995 – Rs. 55/94 *Gebhard*, EU:C:1995:411 Rdn. 26; EuGH v. 11.12.2003 – Rs. C-215/01 *Schnitzer*, EU:C:2003:662 Rdn. 26–32; Grabitz/Hilf/Nettesheim/*Randelzhofer*/*Forsthoff*, Art. 56, 57 AEUV Rdn. 41–43.

183 EuGH v. 30.1.2020 – Rs. C-725/18 *van Zantbeek*, EU:C:2020:54 Rdn. 24; EuGH v. 13.11.2018 – Rs. C-33/17 *Čepelnik*, EU:C:2018:896 Rdn. 38; EuGH v. 31.1.1984 – verb. Rs. 286/82 und 26/83 *Luisi und Carbone*, EU:C:1984:35 Rdn. 10.

184 So andeutungsweise EuGH v. 21.10.2003 – verb. Rs. C-317/01 und C-369/01 *Abatay*, EU:C:2003:572. *Wank*, NZA 2005 Beil. 2 zu Heft 21, 88, 92 („Annex-Freizügigkeit"), 93 f. („derivatives Freizügigkeitsrecht").

185 EuGH v. 3.12.1974 – Rs. 33/74 *van Binsbergen*, EU:C:1974:131 Rdn. 20/23 und 24/26; EuGH v. 17.12.1981 – Rs. 279/80 *Webb*, EU:C:1981:314 Rdn. 13; EuGH v. 18.12.2007 – Rs. C-341/05 *Laval un Partneri*, EU:C:2007:809 Rdn. 97. S. o. Fn. 1.

186 EuGH v. 26.10.2010 – Rs. C-97/09 *Schmelz*, EU:C:2010:632 Rdn. 50.

187 EuGH v. 18.12.2007 – Rs. C-341/05 *Laval un Partneri*, EU:C:2007:809 Rdn. 98; EuGH v. 19.2.2002 – Rs. C-309/99 *Wouters*, EU:C:2002:98 Rdn. 120; EuGH v. 15.12.1995 – Rs. C-415/93 *Bosman*, EU:C:1995:463 Rdn. 83 f.; EuGH v. 12.12.1974 Rs. 36/74 *Walrave*, EU:C:1974:140 Rdn. 17 f.

das ist besonders für Arbeitskampfmaßnahmen der Gewerkschaften von Bedeutung[188]. Die Dienstleistungsfreiheit umfasst ein **Diskriminierungsverbot**, das in Art. 50 Abs. 3 Hs. 2 EG/57 Abs. 3 Hs. 2 AEUV – freilich nur unvollständig – zum Ausdruck kommt. Auch hier ist die unmittelbare Diskriminierung ebenso verboten wie die mittelbare (vgl. oben, Rdn. 35–38).[189]

Darüber hinaus sind aber nach Art. 56 Abs. 1 AEUV auch **Beschränkungen** des freien Dienstleistungsverkehrs **verboten**. Art. 56 AEUV verlangt nach der Rechtsprechung des EuGH „auch die Aufhebung aller Beschränkungen – selbst wenn sie unterschiedslos für inländische Dienstleistende wie für solche aus anderen Mitgliedstaaten gelten –, sofern sie geeignet sind, die Tätigkeiten des Dienstleistenden, der in einem anderen Mitgliedstaat ansässig ist und dort rechtmäßig ähnliche Dienstleistungen erbringt, zu unterbinden, zu behindern oder **weniger attraktiv zu machen**".[190] Eine Beschränkung liegt z.B. vor, wenn die Entsendung von Arbeitnehmern durch ein in der Union ansässiges Dienstleistungsunternehmen von einer behördlichen Erlaubnis des Aufnahmestaates abhängig gemacht wird;[191] wenn der Dienstleistungsempfänger bei Verdacht einer Verwaltungsübertretung in Bezug auf das Arbeitsrecht des Aufnahmestaates seine Zahlungen an den Dienstleistungserbringer einstellen und eine Sicherheit in Höhe des ausstehenden Werklohns zu zahlen hat;[192] oder wenn der Dienstleistungsempfänger der zuständigen Behörde im Vorhinein die Identifizierungsdaten der entsandten Arbeitnehmer zu übermitteln hat, wenn diese nicht die Meldung durch ihren Arbeitgeber belegen[193]. 71

---

188 Krit. *Ulber/Wiegandt*, Die Bindung von Arbeitnehmervereinigungen an die europäischen Grundfreiheiten (2018). S.a. *Bernitz/Reich*, CMLR 48 (2011), 603–623 (zur Entscheidung des Schwedischen Arbeitsgerichts i.S. *Laval*; dieses sprach *Laval* wegen Verstoß gegen die Dienstleistungsfreiheit als eines zwischen Privatpersonen anwendbaren Rechts Schadensersatz zu).

189 EuGH v. 3.2.1982 – verb. Rs. 62/81 und 63/81 *Seco*, EU:C:1982:34 Rdn. 8; EuGH v. 17.12.1981 – Rs. 279/80 *Webb*, EU:C:1981:314 Rdn. 14.

190 EuGH v. 28.1.2016 – Rs. C-375/14 *Laezza*, EU:C:2016:50 Rdn. 21; EuGH v. 8.9.2009 – Rs. C-42/07 *Liga Portuguesa*, EU:C:2009:519 Rdn. 51; EuGH v. 3.10.2006 – Rs. C-452/04 *Fidium Finanz*, EU:C:2006:631 Rdn. 46; EuGH v. 12.10.2004 – Rs. C-60/03 *Wolff & Müller*, EU:C:2004:610 Rdn. 31; EuGH v. 24.1.2002 – Rs. C-164/99 *Portugaia Construções*, EU:C:2002:40 Rdn. 16; EuGH v. 15.3.2001 – Rs. C-165/98 *Mazzoleni*, EU:C:2001:162 Rdn. 22; EuGH v. 25.10.2001 – verb. Rs. C-49/98, C-50/98, C-52/98 bis C-54/98 und C-68/98 bis C-71/98 *Finalarte*, EU:C:2001:564 Rdn. 28; EuGH v. 23.11.1999 – verb. Rs. C-369/96 und C-376/96 *Arblade*, EU:C:1999:575 Rdn. 33; EuGH v. 24.3.1994 – Rs. C-275/92 *Schindler*, EU:C:1994:119 Rdn. 43.

191 EuGH v. 12.9.2019 – verb. Rs. C-64/18, C-140/18, C-146/18, C-148/18 *Maksimovic*, EU:C:2019:723 Rdn. 31f.; EuGH v. 7.10.2010 – Rs. C-515/08 *dos Santos Palhota u.a.*, EU:C:2010:589 Rdn. 35f.; EuGH v. 21.9.2006 – Rs. C-168/04 *Kommission ./. Österreich*, EU:C:2006:595 Rdn. 39–42; EuGH v. 21.10.2004 – Rs. C-445/03 *Kommission ./. Luxemburg*, EU:C:2004:655 Rdn. 24; EuGH v. 9.8.1994 – Rs. C-43/93 *Vander Elst*, EU:C:1994:310 Rdn. 15.

192 EuGH v. 13.11.2018 – Rs. C-33/17 *Čepelnik*, EU:C:2018:896 Rdn. 39f. (unverhältnismäßig, Rdn. 46ff.).

193 EuGH v. 3.12.2014 – Rs. C-315/13 *De Clercq*, EU:C:2014:2408 Rdn. 53ff. (aber wohl verhältnismäßig, Rdn. 62ff.).

72 Allerdings kann auch die Anwendung der Vorschriften, die das inländische Recht für die eigenen Staatsangehörigen vorsieht, die Erbringung von Dienstleistungen für Ausländer weniger attraktiv machen, und doch scheint Art. 57 Abs. 3 AEUV sie zuzulassen. Würde man indes den (EU-) ausländischen Anbieter an die Beachtung sämtlicher inländischer Voraussetzungen binden, so stünde er ebenso, wie wenn er eine Niederlassung im Inland eröffnete, die Dienstleistungsfreiheit würde praktisch ausgehöhlt *(effet utile)*.[194] Der Gerichtshof hat daher die Vorschrift des Art. 57 Abs. 3 AEUV als (bloßes) Diskriminierungsverbot verstanden, nicht aber als Rechtfertigung für die Anwendung inländischen Rechts auf (EG-) ausländische Dienstleistungserbringer.[195] Vielmehr wird auch die punktuelle Anwendung nationaler Regelungen des Aufnahmemitgliedstaats auf ihre Behinderungswirkung hin überprüft, da sie die Dienstleistung weniger attraktiv machen kann, soweit daraus zusätzliche Kosten oder zusätzliche administrative oder wirtschaftliche Belastungen folgen.[196] Der Ausgleich zwischen dem Normanwendungsinteresse des Aufnahmemitgliedstaats und der Dienstleistungsfreiheit erfolgt im Rahmen der Rechtfertigungsprüfung.

73 Im Arbeitsrecht hat das vor allem für die **Entsendungsproblematik** Bedeutung (s. noch Rdn. 82f.). Wenn ein Dienstleistungsanbieter aus einem anderen Mitgliedstaat, z. B. ein Bauunternehmer, zur Erbringung der Dienstleistung seine Arbeitnehmer vorübergehend ins Inland (= Aufnahmemitgliedstaat) entsendet, so ist nach dem Internationalen Arbeitsrecht grundsätzlich weiterhin das heimatliche Arbeitsrecht anwendbar (näher unten, § 6). Kann der Aufnahmemitgliedstaat zusätzlich die Anwendung seiner Arbeitnehmerschutzvorschriften z. B. über den Mindestlohn verlangen? Darin liegt zunächst tatbestandsmäßig eine Beschränkung der Dienstleistungsfreiheit, da die Anwendung des Rechts des Aufnahmemitgliedstaats die Dienstleistung weniger attraktiv macht; der Dienstleister/Arbeitgeber muss bei jeder Entsendung andere arbeitsrechtliche Standards beachten und kann dadurch einen Wettbewerbsnachteil erleiden. Entscheidend ist daher, ob dieser Eingriff gerechtfertigt ist.

3. Rechtfertigung von Eingriffen

74 Eingriffe in die Dienstleistungsfreiheit – Diskriminierungen oder Beschränkungen – können zunächst durch den *ordre public*-Vorbehalt des Art. 52 AEUV gerechtfertigt sein, auf den Art. 62 AEUV verweist (dazu schon oben, Rdn. 44–46).[197] Für *Diskriminierungen* gibt es nur diese und keine andere Rechtfertigung.[198]

---

194 EuGH v. 24.1.2002 – Rs. C-164/99 *Portugaia Construções*, EU:C:2002:40 Rdn. 17; EuGH v. 25.10.2001 – verb. Rs. C-49/98, C-50/98, C-52/98 bis C-54/98 und C-68/98 bis C-71/98 *Finalarte*, EU:C:2001:564 Rdn. 29; EuGH v. 15.3.2001 – Rs. C-165/98 *Mazzoleni*, EU:C:2001:162 Rdn. 23; EuGH v. 9.8.1994 – Rs. C-43/93 *Vander Elst*, EU:C:1994:310 Rdn. 17; EuGH v. 25.7.1991 – Rs. C-76/90 *Säger*, EU:C:1991:331 Rdn. 13.

195 EuGH v. 17.12.1981 -Rs. 279/80 *Webb*, EU:C:1981:314 Rdn. 16.

196 EuGH v. 24.1.2002 – Rs. C-164/99 *Portugaia Construções*, EU:C:2002:40 Rdn. 18; EuGH v. 25.10.2001 – verb. Rs. C-49/98, C-50/98, C-52/98 bis C-54/98 und C-68/98 bis C-71/98 *Finalarte*, EU:C:2001:564 Rdn. 30; EuGH v. 15.3.2001 – Rs. C-165/98 *Mazzoleni*, EU:C:2001:162 Rdn. 24.

197 EuGH v. 21.9.2006 – Rs. C-168/04 *Kommission ./. Österreich*, EU:C:2006:595 Rdn. 64 („wenn eine tatsächliche und hinreichend schwere Gefährdung vorliegt, die ein Grundinteresse der Gesellschaft berührt").

198 EuGH v. 18.7.2007 – Rs. C-490/04 *Kommission ./. Deutschland*, EU:C:2007:430 Rdn. 86; EuGH v. 18.6.1991 – Rs. C-260/89 *ERT*, EU:C:1991:254 Rdn. 24. Einzelheiten sind str.; vgl. *Pache*, in: Ehlers (Hrsg.), Europäische Grundrechte und Grundfreiheiten, § 11 Rdn. 91f., 94.

Beschränkungen der Dienstleistungsfreiheit können darüber hinaus durch **zwingende Gründe des Allgemeininteresses** gerechtfertigt sein, freilich nur insoweit, als dem Allgemeininteresse nicht schon durch Rechtsvorschriften des Heimatstaats des Dienstleistungserbringers Rechnung getragen ist (sog. „Doppelbelastungsproblematik“).[199] Ziele wirtschaftlicher Art – wie z. B. der Schutz inländischer Unternehmen vor ausländischer Konkurrenz – zählen auch hier nicht zu den anerkannten Allgemeininteressen.[200] Jedoch rechnet der EuGH den **Schutz von Arbeitnehmern** dazu.[201] Im Hinblick auf die Doppelbelastungsproblematik läuft die Rechtsprechung des Gerichtshofs auf einen Günstigkeitsvergleich hinaus, nach dem nicht nur geprüft wird, ob die Sachfrage als solche im nationalen Recht bereits geregelt ist, sondern ob die Regelung des Aufnahmelandes einen weitergehenden Schutz als die des Heimatlandes bietet (also z. B. einen höheren Mindestlohn).[202] 75

In den Entsendungsfällen liegt ein Problem bei der Erörterung dieser Schranken darin, dass die mitgliedstaatlichen Gesetze, insbesondere auch das deutsche Arbeitnehmerentsendegesetz, vom Gesetzgeber ganz unverhohlen mit der Erwägung begründet werden, die inländischen Anbieter vor ausländischer Konkurrenz („Billigkonkurrenz“) zu schützen (dazu unten § 7 Rdn. 37). Der Schutz der heimischen Wirtschaft kann indes unter dem AEUV-Vertrag schlechterdings kein anerkennenswertes Allgemeininteresse darstellen. Der EuGH ist in den ihm vorgelegten Fällen ausgesprochen großzügig verfahren und hat den mitgliedstaatlichen Gerichten aufgegeben zu prüfen, ob nicht ungeachtet dieser unzureichenden subjektiven Gesetzgebermotivation hinter dem Gesetz doch *objektiv* ein Arbeitneh- 76

---

199 EuGH v. 18.7.2007 – Rs. C-490/04 *Kommission./. Deutschland,* EU:C:2007:430 Rdn. 64; EuGH v. 21.9.2006 – Rs. C-168/04 *Kommission./. Österreich,* EU:C:2006:595 Rdn. 36; EuGH v. 19.1.2006 – Rs. C-244/04 *Kommission ./. Deutschland,* EU:C:2006:49 Rdn. 31, 44; EuGH v.12.10.2004 – Rs. C-60/03 *Wolff & Müller,* EU:C:2004:610 Rdn. 34; EuGH v. 25.10.2001 – verb. Rs. C-49/98, C-50/98, C-52/98 bis C-54/98 und C-68/98 bis C-71/98 *Finalarte,* EU:C:2001:564 Rdn. 31; EuGH v. 15.3.2001 – Rs. C-165/98 *Mazzoleni,* EU:C:2001:162 Rdn. 25; EuGH v. 23.11.1999 – verb. Rs. C-369/96 und C-376/96 *Arblade,* EU: C:1999:575 Rdn. 34; EuGH v. 25.7.1991 – Rs. C-76/90 *Säger,* EU:C:1991:331 Rdn. 15; EuGH v. 17.12.1981 – Rs. 279/80 *Webb,* EU:C:1981:314 Rdn. 17; EuGH v. 18.1.1979 – verb. Rs. 110/78 und 111/78 *van Wesemael u. a.,* EU:C:1979:8 Rdn. 24–30.

200 EuGH v. 25.10.2001 – verb. Rs. C-49/98, C-50/98, C-52/98 bis C-54/98 und C-68/98 bis C-71/98 *Finalarte,* EU:C:2001:564 Rdn. 39; EuGH v. 28.4.1998 – Rs. C-158/96 *Kohll,* EU:C:1998:171 Rdn. 41.

201 EuGH v. 18.7.2007 – Rs. C-490/04 *Kommission ./. Deutschland,* EU:C:2007:430 Rdn. 70; EuGH v. 21.9.2006 – Rs. C-168/04 *Kommission ./. Österreich,* EU:C:2006:595 Rdn. 47; EuGH v. 12.10.2004 – Rs. C-60/03 *Wolff & Müller,* EU:C:2004:610 Rdn. 35; EuGH v. 24.1.2002 – Rs. C-164/99 *Portugaia Construções,* EU:C:2002:40 Rdn. 20; EuGH v. 25.10.2001 – Rs. C-493/99 *Kommission ./. Deutschland,* EU: C:2001:578 Rdn. 20; EuGH v. 25.10.2001 – verb. Rs. C-49/98, C-50/98, C-52/98 bis C-54/98 und C-68/98 bis C-71/98 *Finalarte,* EU:C:2001:564 Rdn. 33; EuGH v. 15.3.2001 – Rs. C-165/98 *Mazzoleni,* EU: C:2001:162 Rdn. 27; EuGH v. 23.11.1999 – verb. Rs. C-369/96 und C-376/96 *Arblade,* EU:C:1999:575 Rdn. 36; EuGH v. 28.3.1996 – Rs. C-272/94 *Guiot,* EU:C:1996:147 Rdn. 16; EuGH v. 27.3.1990 – Rs. C-113/89 *Rush Portuguesa,* EU:C:1990:142 Rdn. 18; EuGH v. 17.12.1981 – Rs. 279/80 *Webb,* EU:C:1981:314 Rdn. 19. Krit. *Franzen,* IPRax 2002, 186, 189 f. (Fazit S. 190: „Bekenntnis zu einem unvollkommenen Binnenmarkt“).

202 Dagegen mit treffenden Erwägungen *Krebber,* JbJZ 1997, 129, 151 f.

merschutzzweck steht, der eine Rechtfertigung aus Gründen des Allgemeininteresses erlaubt.[203] Binnenmarktpolitisch erscheint das als verfehlt, denn es ist von den Mitgliedstaaten zu erwarten, dass sie keine binnenmarktwidrigen Ziele verfolgen.

77 Eine bemerkenswerte und nachgerade fatale Wendung hat der Gerichtshof in einer jüngeren Entscheidung vollzogen, in der er als zwingenden Grund des Allgemeininteresses nicht mehr den Schutz der entsandten Arbeitnehmer angesehen hat, sondern „den Schutz der Arbeitnehmer des Aufnahmemitgliedstaats (!) gegen ein etwaiges Sozialdumping".[204] Damit wird in der Sache die Protektion des heimischen Marktes sogar objektiv als Rechtfertigungsgrund anerkannt, wenn auch in Grenzen der Verhältnismäßigkeit.

78 Schließlich können auch kollidierende **Grundrechte** einen Eingriff in die Dienstleistungsfreiheit rechtfertigen.[205] Das hat der EuGH insbesondere für das Streikrecht (Recht zur Durchführung kollektiver Maßnahmen, § 2 Rdn. 13, 52f.) anerkannt (zur Bindung der Gewerkschaften oben, Rdn. 70).[206] Dass das Streikrecht nach Art. 153 Abs. 5 AEUV von der Rechtsetzungskompetenz der Gemeinschaft ausgenommen ist (dazu § 5 Rdn. 14), bedeutet nur, dass dieser Bereich der mitgliedstaatlichen Regelung vorbehalten ist, nicht aber, dass er vom Anwendungsbereich der Grundfreiheiten ausgenommen wäre.[207] Eine Arbeitskampfmaßnahme gegen ein Arbeitnehmer entsendendes Unternehmen kann damit als Beschränkung der Dienstleistungsfreiheit („weniger attraktiv") einer Verhältnismäßigkeitsprüfung unterliegen.[208]

79 Die **dogmatischen Grundlagen** dieses Ausgleichs von Grundfreiheiten und Grundrechten sind noch in Vielem unklar.[209] So geht es offenbar um ein *unionsrechtliches* Grundrecht zur Durchführung von Kollektivmaßnahmen, nicht ein mitgliedstaatliches.[210] Den Konflikt von Grundfreiheit und Grundrecht kann man als eine Kollision ansehen, so wie aus der nationalen Grundrechtsdogmatik bekannt (Grundrechtskollision).[211] Der Gerichtshof deutet aber eine Einpassung in die herkömmliche Rechtfertigungsdogmatik an, wenn er vom Schutz der Grundrechte als Allgemeininteresse spricht.[212] Auf die Grundrechte kann sich auch die – nach der Rechtsprechung an die Grundfreiheiten gebundene – pri-

---

203 Besonders weitgehend (nach einer nachgerade provozierenden Vorlagefrage des BAG) EuGH v. 12.10.2004 – Rs. C-60/03 *Wolff & Müller,* EU:C:2004:610 Rdn. 18f., 38f. Ferner EuGH v. 24.1.2002 – Rs. C-164/99 *Portugaia Construções,* EU:C:2002:40 Rdn. 25f.; EuGH v. 25.10.2001 – verb. Rs. C-49/98, C-50/ 98, C-52/98 bis C-54/98 und C-68/98 bis C-71/98 *Finalarte,* EU:C:2001:564 Rdn. 38–41. Dazu auch *P. Davies,* ILJ 31 (2002), 298, 302; *Giesen,* CMLR 40 (2003), 143, 157.

204 EuGH v. 18.12.2007 – Rs. C-341/05 *Laval un Partneri,* EU:C:2007:809 Rdn. 103; s.a. Rdn. 113.

205 EuGH v. 14.10.2004 – Rs. C-36/02 *Omega Spielhallen,* EU:C:2004:614 Rdn. 35.

206 EuGH v. 18.12.2007 – Rs. C-341/05 *Laval un Partneri,* EU:C:2007:809 Rdn. 86–111.

207 Ebenso schon *Birk,* FS 50 Jahre BAG (2004), S. 1165, 1167.

208 EuGH v. 18.12.2007 – Rs. C-341/05 *Laval un Partneri,* EU:C:2007:809. Krit. im Hinblick auf die Vereinbarkeit mit den nationalen Sozialmodellen *Eklund,* Lab. L. & Pol'y J. 29 (2007–2008), 551, 564ff.

209 Krit. *Rebhahn,* wbl 2008, 63, 67f.; *ders.,* ZESAR 2008, 109, 113–116.

210 Vgl. EuGH v. 12.6.2003 – Rs. C-112/00 *Schmidberger,* EU:C:2003:333 Rdn. 71–75.

211 So etwa *Schubert,* RdA 2008, 289, 293f. A.M. *Birk,* FS 50 Jahre BAG (2004), S. 1165, 1171–1177 (auf der dogmatischen Grundlage einer Schutzpflichtenkonzeption).

212 Krit. *Rebhahn,* in: Scholz/Becker (Hrsg.), Die Auswirkungen der Rechtsprechung des Europäischen Gerichtshofs auf das Arbeitsrecht in den Mitgliedstaaten, 2009, S. 17ff.

vate Organisation berufen; würde man auf das Handeln der mitgliedstaatlichen Behörden und Gerichte abstellen, käme es auf deren Schutzpflichten an.

Die Entscheidungen des Gerichtshofs in den Rechtssachen *Laval* und *Viking* (s. u. Rdn. 107) haben die Sorge ausgelöst, die Reichweite des in den nationalen Gesetzen begründeten Rechts auf Kollektivmaßnahmen könne unionsrechtlich verändert werden – in die eine oder andere Richtung. Insbesondere die Gewerkschaften waren besorgt, das Streikrecht könne unangemessen eingeschränkt werden. Die Kommission hat daraufhin einen Vorschlag für eine Verordnung über die Ausübung des Rechts auf Kollektivmaßnahmen im Rahmen der Niederlassungs- und der Dienstleistungsfreiheit vorgelegt.[213] Er zielte auf ein Verhältnis „gegenseitiger Achtung" der Grundfreiheiten einerseits und der Grundrechte auf Kollektivmaßnahmen andererseits. Der Vorschlag sah ferner Streitbeilegungsmechanismen und „Warnmechanismen" vor. Bei den Sozialpartnern stieß der Vorschlag auf Kritik. Während die Wirtschaft den Vorschlag für unnötig und ultra vires hielt (Art. 153 Abs. 5 AEUV!), ging der Schutz des Streikrechts der Arbeitnehmerseite nicht weit genug. Die Kommission hat den Vorschlag 2013 zurückgezogen.[214] **80**

Die Rechtfertigungsgründe unterliegen auch hier **Schranken-Schranken**. Sie **81**
sind zunächst im Lichte der Gemeinschaftsgrundrechte auszulegen (s. o. Rdn. 53).[215] Zweitens werden sämtliche Rechtfertigungsgründe, geschriebene wie ungeschriebene, durch den **Verhältnismäßigkeitsgrundsatz** begrenzt: Eine Freiheitsbeschränkung muss für die Erreichung des verfolgten Ziels des Allgemeininteresses geeignet und erforderlich sein. Soweit die Beschränkung von der Anwendung der Arbeitnehmerschutzvorschriften des Aufnahmestaates herrührt, sind die Belastungen, die dem Arbeitgeber dadurch in Form von Kosten und Verwaltungsaufwand entstehen, abzuwägen gegen den zusätzlichen Schutz, der den Arbeitnehmern zugutekommt.[216] Sanktionen müssen in einem angemessenen Verhältnis zur Schwere der geahndeten Verstöße stehen.[217]

---

213 Vorschlag für eine Verordnung des Rats über die Ausübung des Rechts auf Durchführung kollektiver Maßnahmen im Kontext der Niederlassungs- und der Dienstleistungsfreiheit, COM(2012) 130 final.

214 ABl. 2013 C 109/7.

215 EuGH v. 18.6.1991 – Rs. C-260/89 *ERT*, EU:C:1991:254 Rdn. 43; EuGH v. 26.6.1997 – Rs. C-368/95 *Familiapress*, EU:C:1997:325 Rn 24; EuGH v. 11.7.2002 – Rs. C-60/00 *Carpenter*, EU:C:2002:434 Rn 40.

216 EuGH v. 18.7.2007 – Rs. C-490/04 *Kommission ./. Deutschland*, EU:C:2007:430 Rdn. 46; EuGH v. 25.10.2001 – verb. Rs. C-49/98, C-50/98, C-52/98 bis C-54/98 und C-68/98 bis C-71/98 *Finalarte*, EU:C:2001:564 Rdn. 50.

217 EuGH v. 12.9.2019 – verb. Rs. C-64/18, C-140/18, C-146/18, C-148/18 *Maksimovic*, EU:C:2019:723 Rdn. 35 ff.

4. Praktische Folge für das Arbeitsrecht

a) Arbeitnehmerentsendung – Die grundsätzliche Erstreckbarkeit des inländischen Arbeitsrechts auf entsandte Arbeitnehmer ausländischer Dienstleistungsanbieter[218]

82 Im **praktischen Ergebnis** bedeutet das, dass ein Aufnahmemitgliedstaat (auch) von einem EU-ausländischen Dienstleister verlangen kann, für entsandte Arbeitnehmer die inländischen Arbeitnehmerschutzvorschriften z. B. über Mindestlohn oder Mindesturlaub zu beachten, vorausgesetzt, dass sich daraus für die Arbeitnehmer ein *zusätzlicher Schutz* ergibt und die *Verhältnismäßigkeit* gewahrt ist. Das gilt nach der Rechtsprechung des Gerichtshofs selbst dort, wo, wie beispielsweise im Urlaubsrecht, bereits eine unionsrechtliche Angleichung auf einem Mindestniveau vorliegt (Arbeitszeitrichtlinie; s. u. § 17).[219] Da die Arbeitszeitrichtlinie nur eine Mindesturlaubslänge vorgebe, sei es Sache der Mitgliedstaaten, „die Urlaubslänge zu bestimmen, die im Allgemeininteresse erforderlich ist".[220] Die Dienstleistungsfreiheit steht dann einer Ausdehnung des so bestimmten Mindesturlaubs auf entsandte Arbeitnehmer nicht entgegen, und zwar auch nicht bei einem Mindesturlaub von 30 Tagen.[221] Vier äußerste Grenzen bleiben bestehen:

(1) das Diskriminierungsverbot, das nur durch den *ordre public*-Vorbehalt beschränkt ist;[222]
(2) das Erfordernis eines *tatsächlichen Vorteils* für die entsandten Arbeitnehmer;[223]
(3) die Einschränkung, dass dem Arbeitnehmerschutz als Allgemeininteresse *nicht schon durch ähnliche Vorschriften des Heimatrechts* Rechnung getragen wird (sog. Doppelbelastungsproblematik);[224] und

218 Neben den beiden im Folgenden erörterten Problemkreisen ist weiterhin das Problem der Scheinselbständigkeit im Zusammenhang mit der Dienstleistungsfreiheit von praktischer Bedeutung. Besonders solange bei neuen Mitgliedstaaten die Arbeitnehmerfreizügigkeit eingeschränkt war, lag eine Umgehung über die (uneingeschränkte) Dienstleistungsfreiheit unter dem Mantel der Selbständigkeit nahe. Dazu *Wank*, NZA 2005 Beil. 2 zu Heft 21, 88, 91.

219 Krit. auch *Franzen*, IPRax 2002, 186, 189 f.

220 EuGH v. 25.10.2001 – verb. Rs. C-49/98, C-50/98, C-52/98 bis C-54/98 und C-68/98 bis C-71/98 *Finalarte*, EU:C:2001:564 Rdn. 58.

221 EuGH v. 25.10.2001 – verb. Rs. C-49/98, C-50/98, C-52/98 bis C-54/98 und C-68/98 bis C-71/98 *Finalarte*, EU:C:2001:564 Rdn. 57 f. Dazu (krit., aber i. E. zust.) *Giesen*, CMLR 40 (2003), 143, 155–157.

222 S. z. B. EuGH v. 18.7.2007 – Rs. C-490/04 *Kommission ./. Deutschland*, EU:C:2007:430 Rdn. 83–86; auch EuGH v. 25.10.2001 – Rs. C-493/99 *Kommission ./. Deutschland*, EU:C:2001:578 Rdn. 14–24.

223 Der Gerichtshof legt hier einen konkret-individuellen Maßstab an und schaut auf die Vorteile für den einzelnen Arbeitnehmer, keineswegs auf die Vorteile für die Arbeitnehmer als Gesamtheit; EuGH v. 12.10.2004 – Rs. C-60/03 *Wolff& Müller*, EU:C:2004:610 Rdn. 40 a. E. („Der Ausgangsrechtsstreit bestätigt im Übrigen diese Schutzwirkung").

224 EuGH v. 19.1.2006 – Rs. C-244/04 *Kommission ./. Deutschland*, EU:C:2006:49 Rdn. 48–51; EuGH v. 23.11.1999 – verb. Rs. C-369/96 und C-376/96 *Arblade*, EU:C:1999:575 Rdn. 48–55. S. a. *P. Davies*, CMLR 34 (1997), 571, 594 f.

(4) der *Verhältnismäßigkeitsgrundsatz*;[225] auch in diesem Rahmen hat der Gerichtshof eine Vergleichsprüfung verlangt: wenn dem Schutzinteresse schon durch eine ähnliche oder günstigere Regelung des Heimatrechts Rechnung getragen ist, kann die Anwendung des Rechts des Aufnahmestaats unverhältnismäßig sein.[226] Hier sind Arbeitgeberbelastung und das Schutzinteresse des Arbeitnehmers abzuwägen.

Es ist nicht zu übersehen, dass insbesondere die Vergleichsprüfung (die vom nationalen Gericht verlangt wird!) praktisch ausgesprochen schwierig ist und unweigerlich zu einer *uneinheitlichen Anwendung* des nationalen Entsenderechts führen muss, abhängig vom Schutzstandard im Heimatstaat des Arbeitnehmers.[227]

Ordnungs- und binnenmarktpolitisch ist die vom EuGH somit grundsätzlich gebilligte Erstre- **83**
ckung des inländischen Arbeitsrechts auf entsandte Arbeitnehmer außerordentlich umstritten und problematisch. Mit dem Hauptziel, in dieser Situation immerhin die Transparenz für den ausländischen Dienstleistungsanbieter zu wahren, hat die Union die Entsenderichtlinie erlassen. Dazu näher unten, § 7; zum Anwendungsvorrang der Richtlinie bereits oben, Rdn. 66.

b) Vergaberechtliche Tariftreueklauseln – Verhältnismäßigkeitsprüfung

Tariftreueklauseln, wie sie bei der Vergabe öffentlicher Aufträge öfter verwendet wer- **84**
den, binden den Auftragnehmer (Dienstleister), seinen Arbeitnehmern (denen nachgelagerter Auftragnehmer) bei der Ausführung des Auftrags Tarifbedingungen zu gewähren. Bei rein internen Sachverhalten sind solche Klauseln nach (europäischem) Vergaberecht zu beurteilen.[228] Entsendet ein grenzüberschreitender Dienstleister seine Arbeitnehmer ins Inland, können die Vorschriften der Entsenderichtlinie (§ 7) zur Anwendung kommen, die einen „harten Kern" zwingender Schutzvorschriften, darunter den Mindestlohn, für anwendbar erklären.[229] Anders liegen die Dinge, wenn der grenzüberschreitende Dienstleister keine Arbeitnehmer entsendet, sondern den Auftrag in seinem Herkunftsmitgliedstaat mit seinen Arbeitnehmern ausführt. In diesem Fall bedeutet die Tariftreuepflicht eine Beschränkung der Dienstleistungsfreiheit.[230] Zum Arbeitnehmerschutz – als zwingendem Allgemeininteresse – ist eine vergaberechtliche Tariftreueklausel indessen mangels Kohärenz der Zielverfolgung

---

225 EuGH v. 21.9.2006 – Rs. C-168/04 *Kommission ./. Österreich*, EU:C:2006:595 Rdn. 48–53; EuGH v. 19.1.2006 – Rs. C-244/04 *Kommission ./. Deutschland*, EU:C:2006:49 Rdn. 41, 45; EuGH v. 25.10. 2001 – Rs. C-493/99 *Kommission ./. Deutschland*, EU:C:2001:578 Rdn. 21 f.

226 EuGH v. 15.3.2001 – Rs. C-165/98 *Mazzoleni*, EU:C:2001:162 Rdn. 30–35.

227 Krit. *P. Davies*, ILJ 31 (2002), 298, 304; *Giesen*, CMLR 40 (2003), 143, 152.

228 EuGH v. 17.11.2015 – Rs. C-115/14 *RegioPost*, EU:C:2015:760.

229 EuGH v. 17.11.2015 – Rs. C-115/14 *RegioPost*, EU:C:2015:760 Rdn. 61 ff.; EuGH v. 3.4.2008 – Rs. C-346/06 *Rüffert*, EU:C:2008:189 Rdn. 18 ff.; EuArbRK/*Krebber*, Art. 56 AEUV Rdn. 27.

230 EuGH v. 18.9.2014 – Rs. C-549/13 *Bundesdruckerei*, EU:C:2014:2235 Rdn. 30; EuGH v. 3.4.2008 – Rs. C-346/06 *Rüffert*, EU:C:2008:189 Rdn. 37.

schon nicht geeignet, wenn sie ausschließlich auf öffentliche Aufträge Anwendung findet, aber den auf dem privaten Markt tätigen Arbeitnehmern keinen entsprechenden Lohnschutz gewährt.[231] In jedem Fall aber ist die Erstreckung des (nach inländischen Verhältnissen für im Inland tätige und lebende Arbeitnehmer ermittelten) Tariflohns auf im Ausland lebende und tätige Arbeitnehmer nicht erforderlich.[232] Von „Sozialdumping" – hier setzt auch der EuGH das Wort in Anführungszeichen – kann schlechterdings nicht die Rede sein.

5. Anhang: Die Dienstleistungsrichtlinie

Literatur: *Hatje*, Die Dienstleistungsrichtlinie – Auf der Suche nach dem liberalen Mehrwert – Auch eine Herausforderung für die Rechtsanwaltschaft?, NJW 2007, 2357–2363; *Körner*, EU-Dienstleistungsrichtlinie und Arbeitsrecht, NZA 2007, 233–238; *Schlachter*, Der Kommissionsentwurf für eine Richtlinie über Dienstleistungen im Binnenmarkt, GPR 2003/04, 245–249; *dies./Ohler* (Hrsg.), Europäische Dienstleistungsrichtlinie – Handkommentar, 2008 (bes. die Erläuterungen von *Schlachter*, vor Art. 19 Rdn. 1–37).

85 Die Ende 2006 verabschiedete Dienstleistungsrichtlinie (DLRL)[233] ist an dieser Stelle nur in aller Kürze zu erwähnen, weil sie das Arbeitsrecht ausdrücklich unberührt lässt. Sie ist das Ergebnis eines langwierigen und **kontroversen Gesetzgebungsprozesses.**[234] Ihr Ziel ist es, (bürokratische) Behinderungen für grenzüberschreitende Dienstleistungen abzubauen. Zu diesem Zweck war ursprünglich geplant, das Herkunftslandprinzip festzuschreiben, also den Grundsatz, dass der Dienstleistungserbringer in anderen Mitgliedstaaten nach den Vorschriften seines Herkunftsstaats tätig und von den dortigen Behörden beaufsichtigt wird.[235] Das scheiterte indes an Widerständen sowohl in den Mitgliedstaaten als auch im Europäischen Parlament. Der Widerstand war nicht zuletzt auch mit arbeitsrechtlichen Erwägungen begründet, nämlich mit der auch hier bestehenden Sorge, das Herkunftslandprinzip könne einem „Lohndumping" Vorschub leisten, sei es im Rahmen der Dienstleistungserbringung durch entsandte Arbeitnehmer oder durch eine Umgehung des Arbeitsrechts durch scheinselbständige Dienstleistungserbringer.[236] Dagegen erschienen die Entsendungsrechtsprechung des EuGH mit ihrer Anerkennung des Arbeitnehmerschutzes als „wichtigem Allgemeininteresse" sowie die Entsenderichtlinie als sinnvolle Schutzmechanismen.

86 In ihrer **verabschiedeten Fassung** enthält die Richtlinie[237] zum einen verfahrensrechtliche Regelungen, die auf eine Vereinfachung von Verwaltungsvorschriften für grenzüberschreitende Dienstleistungen abzielen und für etwa erforderliche Zulassungsverfahren einen einheitlichen Ansprechpartner *(one-stop-shop)* in den Mitgliedstaaten vorschreiben (Art. 5–8, 22–46 DLRL). Zweitens sind Vorschrif-

---

231 EuGH v. 18.9.2014 – Rs. C-549/13 *Bundesdruckerei*, EU:C:2014:2235 Rdn. 31 f.; EuGH v. 3.4.2008 – Rs. C-346/06 *Rüffert*, EU:C:2008:189 Rdn. 39 f.

232 EuGH v. 18.9.2014 – Rs. C-549/13 *Bundesdruckerei*, EU:C:2014:2235 Rdn. 33 ff.

233 Richtlinie 2006/123/EG des Europäischen Parlaments und des Rates v. 12.12.2006 über Dienstleistungen im Binnenmarkt, ABl. 2006 L 376/36.

234 Zusammenfassend *Hatje*, NJW 2007, 2357.

235 Näher *Hatje*, NJW 2007, 2357, 2360–2362; s. a. *Körner*, NZA 2007, 233, 234.

236 Vgl. *Körner*, NZA 2007, 233, 234 f.

237 Übersicht bei *Hatje*, NJW 2007, 2357, 2359–2362.

ten über die Niederlassungsfreiheit von Dienstleistungserbringern vorgesehen; sie folgen weitgehend der Rechtsprechung des EuGH (Art. 9–15 DLRL). Drittens schließlich enthält die Richtlinie Vorschriften über die Dienstleistungsfreiheit selbst (Art. 16–21 DLRL). Hier ist zwar das Herkunftslandprinzip entfallen, und zudem sieht die Richtlinie jetzt eine Reihe wichtiger Ausnahmen vor. Von Bedeutung ist aber, dass die zwingenden Gründe des Allgemeininteresses, die Eingriffe in die Dienstleistungsfreiheit rechtfertigen können, eng umgrenzt werden (Art. 16 Abs. 3 DLRL).

Das **Arbeitsrecht** lässt die Richtlinie ausdrücklich unberührt, Art. 1 Abs. 6, BE 14 DLRL.[238] Der **87** Begriff des Arbeitsrechts ist hier weit zu verstehen und umfasst „gesetzliche oder vertragliche Bestimmungen über Arbeits- und Beschäftigungsbedingungen, einschließlich des Gesundheitsschutzes und der Sicherheit am Arbeitsplatz und über die Beziehungen zwischen Arbeitgebern und Arbeitnehmern, die von den Mitgliedstaaten gemäß nationalem Recht unter Wahrung des Unionsrechts angewandt werden".[239] BE 15 DLRL erklärt zudem, die Richtlinie wahre die Grundrechte der Grundrechtscharta und bringe sie mit den Grundfreiheiten der Niederlassungs- und der Dienstleistungsfreiheit in Ausgleich; das ist, wie wir gesehen haben, nicht zuletzt für das Arbeitskampfrecht von Bedeutung (oben, Rdn. 79f.), auf das BE 15 DLRL eigens hinweist. Zudem sind einzelne arbeitsrechtlich-relevante Aspekte grenzüberschreitender Dienstleistungen eigens vom Anwendungsbereich ausgenommen. Das betrifft zum einen die Dienstleistungen von Leiharbeitsagenturen, Art. 2 Abs. 2 lit. e) DLRL. Zum anderen geht die Arbeitnehmerentsenderichtlinie der Dienstleistungsrichtlinie vor, Art. 3 Abs. 1 lit. a) DLRL; Angelegenheiten, die unter die Entsenderichtlinie fallen, sind außerdem eigens von der Bestimmung über die Dienstleistungsfreiheit in Art. 16 DLRL ausgenommen, Art. 17 Nr. 2 DLRL. Auch die Entsenderechtsprechung des EuGH wollte der Gesetzgeber nicht antasten. Nach BE 82 DLRL soll die Richtlinie der Anwendung von Vorschriften über Beschäftigungsbedingungen durch einen Mitgliedstaat nicht entgegenstehen, die dem Arbeitnehmerschutz dient, nicht diskriminierend erfolgt und verhältnismäßig ist. Anders als noch im Entwurf vorgesehen ist die **Überwachungszuständigkeit** nicht mehr auf Herkunfts- und Aufnahmestaat verteilt, sondern allein dem Aufnahmemitgliedstaat anvertraut, Art. 31 Abs. 1 DLRL.[240]

V. Die Niederlassungsfreiheit – Übersicht

Literatur:[241] *Apps*, Damages claims against trade unions after Viking and Laval, E.L. Rev. 34 (2009), 141–154; *Bartsch*, Mitbestimmung und Niederlassungsfreiheit, 2006; *Bartsch*, Mitbestimmung und Niederlassungsfreiheit, 2006; *Behme*, Europäisches Umwandlungsrecht – Stand und Perspektiven, ZHR 182 (2018), 32–61 (*lesenswert!*); *Bercusson*, The Trade Union Movement and the European Union: Judgment Day, ELJ 13 (2007), 279–308; *Birk* Arbeitskampf und Europarecht, in: Oetker/Preis/Rieble (Hrsg.) Festschrift 50 Jahre Bundesarbeitsgericht, 2004, S. 1165–1178; *Braun*, Die Sicherung der Unternehmensmitbestimmung im Lichte des europäischen Rechts, 2005; *Dammann*, Freedom of Choice in European Corporate Law, Yale J. Int.'l L. 29 (2004), 477–544; *ders.*, The Future of Codetermination After Centros: Will German Corporate Law Move Closer to the US Model?, Fordham JCFL 8 (2003) 607–686; *Davies, Anne*, One Step Forward, Two Steps Back The Viking and Laval Cases in the ECJ, ILJ 37 (2008), 126–148; *Eidenmüller* (Hrsg.), Ausländische Kapitalgesellschaften im deutschen Recht, 2004; *ders.*, Mobilität und Restrukturierung von Unternehmen im Binnenmarkt – Entwicklungsperspektiven

238 Krit. gegenüber der wiederholten Herausnahme des Arbeitsrechts *Körner*, NZA 2007, 233, 235f.

239 EuGH v. 13.11.2018 – Rs. C-33/17 *Čepelnik*, EU:C:2018:896 Rdn. 30ff.

240 Schlachter/Ohler/*Schlachter*, vor Art. 19 DLRL Rdn. 1.

241 Aus dem gesellschaftsrechtlichen Schrifttum, s. nur *Grundmann*, Europäisches Gesellschaftsrecht, § 22 m.w.N. vor Rdn. 754; *ders.*, European Company Law, § 25 m.w.N. vor Rdn. 1.

des europäischen Gesellschaftsrechts im Schnittfeld von Gemeinschaftsgesetzgeber und EuGH, JZ 2004, 24–33; *ders.*, Recht als Produkt, JZ 2009, 641–653; *ders./Rehm*, Niederlassungsfreiheit versus Schutz des inländischen Rechtsverkehrs: Konturen des europäischen Internationalen Gesellschaftsrechts, ZGR 2004, 159–188; *Forsthoff*, Niederlassungsfreiheit für Gesellschaften – Europarechtliche Grenzen für die Erstreckung deutschen (Mitbestimmungs-) Rechts, 2006; *Franzen*, Niederlassungsfreiheit, internationales Gesellschaftsrecht und Unternehmensmitbestimmung, RdA 2004, 257–263; *ders.*, Standortverlagerung und Arbeitskampf, ZfA 2005, 315–351; *Hendrickx*, Beyond Viking and Laval: The Evolving European Context, Comp. Lab. L. & Pol'y J. 35 (2011), 1055–1077; *Henssler*, Mitbestimmungsrechtliche Konsequenzen einer Sitzverlegung innerhalb der Europäischen Union – Inspirationen durch „Inspire Art", in: Söllner/Gitter/Waltermann/Giesen/Ricken (Hrsg.), Gedächtnisschrift für Meinhard Heinze, 2005, S. 333–355; *Hirte/Bücker*, Grenzüberschreitende Gesellschaften – Praxishandbuch für ausländische Kapitalgesellschaften mit Sitz im Inland, 2. Aufl. 2006; *Joerges/Rödl*, Informal Politics, Formalised Law and the ‚Social Deficit' of European Integration: Reflections after the Judgments of the ECJ in Viking and Laval, ELJ 15 (2009), 1–19; *Junker*, Sechsundsiebzig verweht – Die deutsche Mitbestimmung endet in Europa, NJW 2004, 728–730; *ders.*, Standortverlagerung und Niederlassungsfreiheit – Das Rosella-Verfahren vor dem EuGH, EWS 2007, 49–55; *ders.*, Unternehmensmitbestimmung in Deutschland – Anpassungsbedarf durch internationale und europäische Entwicklungen, ZfA 2005, 1–44; *Kamp*, Die Unternehmerische Mitbestimmung nach „Überseering" und „Inspire Art", BB 2004, 1496–1500; *Kerwer*, Von Lokführern, solidarischen Druckern und Nürnberger Haushaltsgeräten: Neue Tendenzen im Arbeitskampfrecht, EuZA 2008, 335–354; *Kieninger*, Wettbewerb der Privatrechtsordnungen im Europäischen Binnenmarkt – Studien zur Privatrechtskoordinierung in der Europäischen Union auf den Gebieten des Gesellschafts- und Vertragsrechts, 2002; *Kisker*, Unternehmensmitbestimmung bei Auslandsgesellschaft mit Verwaltungssitz in Deutschland, 2007; *Lenaerts/Gutiérrez-Fons*, The Constitutional Allocation of Powers and General Principles in EU Law, CMLR 47 (2010), 1629–1669; *Lubitz*, Sicherung und Modernisierung der Unternehmensmitbestimmung, 2005; *Lutter* (Hrsg.), Europäische Auslandsgesellschaften in Deutschland, 2005; *Müller-Bonanni*, Mitbestimmung, in: Hirte/Bücker (Hrsg.), Grenzüberschreitende Gesellschaften, 2. Aufl. 2006, S. 479–497; *ders.*, Unternehmensmitbestimmung nach „Überseering" und „Inspire Art", GmbHR 2003, 1235–1239; *Orlandini*, Trade Union Rights and Market Freedoms: The European Court of Justice Sets Out the Rules, Comp. Lab. L. & Pol'y J. 29 (2007–2008), 573–603; *Paefgen*, Auslandsgesellschaften und Durchsetzung deutscher Schutzinteressen nach Überseering", DB 2003, 487–492; *Rebhahn*, Grundfreiheit versus oder vor Streikrecht, wbl 2008, 63–69; *ders.*, Grundfreiheit vor Arbeitskampf – der Fall Viking, ZESAR 2008, 109–117; *Rehberg*, Arbeits- und Sozialrecht, in: Eidenmüller (Hrsg.), Ausländische Kapitalgesellschaften im deutschen Recht, 2004, § 6; *Roth*, From Centros to Überseering: Free Movement of Companies, Private International Law, and Community Law, ICLQ 52 (2003), 177–208; *ders.*, Unternehmensmitbestimmung und internationales Gesellschaftsrecht, in: Söllner/Gitter/Waltermann/Giesen/Ricken (Hrsg.), Gedächtnisschrift für Meinhard Heinze, 2005, S. 709–729; *Schlachter*, Die Verhältnismäßigkeit von Arbeitskampfmaßnahmen gegen grenzüberschreitende Standortverlagerungen, in: Konzen/Krebber/Raab/Veit/Waas (Hrsg.), Festschrift für Rolf Birk, 2008, S. 809–821; *Schmidbleicher*, Verwaltungssitzverlegung deutscher Kapitalgesellschaften in Europa: Sevic als Leitlinie für Cartesio?, BB 2007, 613–616; *Schubert*, Europäische Grundfreiheiten und nationales Arbeitskampfrecht im Konflikt – Zugleich eine Besprechung der Entscheidungen des EuGH v. 11.12.2007 – Rs. C-438/05 – Viking und v. 18.12.2007 – Rs. C-341/05 – Laval, RdA 2008, 289–299; *Schwark*, Globalisierung, Europarecht und Unternehmensmitbestimmung im Konflikt, AG 2004, 173–180; *Teichmann*, Gesellschaftsrecht im System der Europäischen Niederlassungsfreiheit, ZGR 2011, 639–689; *ders.*, Mitbestimmungserstreckung auf Auslandsgesellschaften, ZIP 2016, 899–907; *Thüsing*, Deutsche Unternehmensmitbestimmung und europäische Niederlassungsfreiheit, ZIP 2004, 381–388; *ders.*, Europäische Perspektiven der deutschen Unternehmensmitbestimmung, in: Rieble (Hrsg.), Zukunft der Unternehmensmitbestimmung, 2004, S. 95–113 (entspricht im Wesentlichen ZIP 2004, 381–388); *Tietje*, Niederlassungsfreiheit, in: Ehlers (Hrsg.), Europäische Grundrechte und Grundfreiheiten, 4. Aufl. 2015, § 10; *Vaccaro*, Transfer of Seat and Freedom of Establishment in European Company Law, EBLR 2005, 1348–1365; *Wank*, Die Entwicklung der Dienstleistungs- und Niederlassungsfreiheit in der EU – Die Rechtslage in Deutschland, NZA 2005 Beil. 2 zu Heft 21, 88–97; *Weidmann*, Die Anwendung des Mitbestimmungsgesetzes 1976 in Fällen mit Auslandsbezug, 2007; *Windbichler/Bachmann*, Corporate Governance und Mitbestimmung als „wirtschaftsrechtlicher ordre public", in: Mock/Westermann (Hrsg.), Festschrift für Gerold Bezzenberger, 2000, S. 797–805.

Rechtsprechung (Auswahl):

EuGH v. 10.7.1986	Rs. 79/85 *Segers*, EU:C:1986:308
EuGH v. 27.9.1988	Rs. 81/87 *Daily Mail*, EU:C:1988:456
EuGH v. 30.11.1995	Rs. 55/94 *Gebhard*, EU:C:1995:411
EuGH v. 9.3.1999	Rs. C-212/97 *Centros*, EU:C:1999:126
EuGH v. 5.11.2002	Rs. C-208/00 *Überseering*, EU:C:2002:632
EuGH v. 30.9.2003	Rs. C-167/01 *Inspire Art*, EU:C:2003:512
EuGH v. 13.12.2005	Rs. C-411/03 *Sevic*, EU:C:2005:762
EuGH v. 12.9.2006	Rs. C-196/04 *Cadbury Schweppes*, EU:C:2006:544
EuGH v. 11.12.2007	Rs. C-438/05 *Viking*, EU:C:2007:772
EuGH v. 29.11.2011	Rs. C-371/10 *National Grid Indus*, EU:C:2011:785
EuGH v. 12.7.2012	Rs. C-378/10 *VALE*, EU:C:2012:440
EuGH v. 10.12.2015	Rs. C-594/14 *Kornhaas*, EU:C:2015:806
EuGH v. 21.12.2016	Rs. C-201/15 *AGET Iraklis*, EU:C:2016:972
EuGH v. 25.10.2017	Rs. C-106/16 *Polbud*, EU:C:2017:804
EuGH v. 20.12.2017	Rs. C-419/16 *Simma Federspiel*, EU:C:2017:997
EuGH v. 6.12.2018	Rs. C-480/17 *Montag*, EU:C:2018:987
EuGH v. 8.5.2019	Rs. C-230/18 *PI*, EU:C:2019:383
EuGH v. 19.12.2019	Rs. C-544/18 *Dakneviciute*, EU:C:2019:761
EuGH v. 27.2.2020	Rs. C-405/18 *Aures Holding*, EU:C:2020:127

Hat die Dienstleistungsfreiheit vor allem im Bereich der Arbeitnehmerentsendung arbeitsrechtliche Bedeutung, so liegt die praktische Bedeutung der Niederlassungsfreiheit in ihren Auswirkungen auf die Unternehmensmitbestimmung sowie auf Arbeitskampfmaßnahmen bei Standortverlagerung. 88

1. Schutzbereich

Beschränkungen der freien Niederlassung von Staatsangehörigen eines Mitgliedstaats im Hoheitsgebiet eines anderen Mitgliedstaats sind grundsätzlich verboten, Art. 49 Abs. 1 S. 1 AEUV. Die Niederlassungsfreiheit der Art. 49–54 AEUV ist die **Freizügigkeit der Selbständigen**, von natürlichen ebenso wie von juristischen Personen („Gesellschaften" i.S.v. Art. 54 Abs. 2 AEUV), Art. 54 Abs. 1 AEUV.[242] Allerdings ist es 89

242 S.z.B. EuGH v. 9.3.1999 – Rs. C-212/97 *Centros*, EU:C:1999:126 Rdn. 19; EuGH v. 30.11.1995 – Rs. 55/94 *Gebhard*, EU:C:1995:411 Rdn. 23; EuGH v. 10.7.1986 – Rs. 79/85 *Segers*, EU:C:1986:308 Rdn. 12.

mangels Rechtsangleichung Sache der Mitgliedsstaaten, die sachrechtlichen Voraussetzungen für die Gründung und die kollisionsrechtliche Anknüpfung (Satzungssitz oder/und Verwaltungssitz) für Anerkennung von Gesellschaften zu bestimmen.[243]

90 Die Niederlassungsfreiheit schützt die Aufnahme und Ausübung selbständiger Tätigkeiten jeder Art im Hoheitsgebiet jedes anderen Mitgliedstaats mittels einer festen Einrichtung[244] nach den Bestimmungen, die im Niederlassungsstaat für dessen eigene Angehörigen gelten: die Gründung und Leitung von Unternehmen einschließlich der grenzüberschreitenden Umwandlung[245] oder Verschmelzung[246] (Art. 49 Abs. 2 AEUV; sog. *primäre Niederlassung)* ebenso wie die Errichtung von Agenturen, Zweigniederlassungen[247] oder Tochtergesellschaften[248] (Art. 49 Abs. 1 S. 2 AEUV; sog. *sekundäre Niederlassung)*.[249] Niederlassung bedeutet demnach nicht, dass der Unternehmenssitz von einem in den anderen Mitgliedstaat verlegt werden müsste (Agenturen, Zweigniederlassungen, Tochtergesellschaften!), man kann auch mehrere Niederlassungen in diesem Sinne haben.[250] Sie umfasst die Ansiedlung und die Aufnahme einer wirtschaftlichen Tätigkeit im Aufnahmemitgliedstaat, einschließlich der Freiheit, für diese Zwecke Arbeitnehmer einzustellen oder zu entlassen.[251] Die grenzüberschreitende Umwandlung (i.e.S., Formwechsel: Verlegung des Satzungssitzes mit Wechsel in eine Rechtsform des Aufnahmemitgliedstaats) fällt nach der Rechtsprechung des Gerichtshofs allerdings unabhängig davon in den Anwendungsbereich der Niederlassungsfreiheit, ob die Gesellschaft im Aufnahmemitgliedstaat eine tatsächliche wirtschaftliche Tätigkeit ausübt.[252] „Der Begriff der Niederlassung im Sinne des Vertrages ist also ein sehr weiter Begriff, der die Möglichkeit für einen Unionsangehörigen impliziert, in stabiler und kontinuierlicher Weise am Wirtschaftsleben eines anderen Mitgliedstaats als seines Herkunftsstaats teilzunehmen und daraus Nutzen zu

---

S.a. EuGH v. 19.12.2019 – Rs. C-544/18 *Dakneviciute*, EU:C:2019:761 (schwangerschaftsbedingte Unterbrechung unschädlich).

243 EuGH v. 25.10.2017 – Rs. C-106/16 *Polbud*, EU:C:2017:804 Rdn. 34.

244 EuGH v. 27.7.1991 – Rs. C-221/89 *Factortame*, EU:C:1991:320.

245 EuGH v. 12.7.2012 – Rs. C-378/10 *VALE*, EU:C:2012:440 Rdn. 24 ff. S.a. EuGH v. 25.10.2017 – Rs. C-106/16 *Polbud*, EU:C:2017:804.

246 EuGH v. 13.12.2005 – Rs. C-411/03 *Sevic*, EU:C:2005:762 Rdn. 17–19.

247 EuGH v. 9.3.1999 – Rs. C-212/97 *Centros*, EU:C:1999:126 Rdn. 17 f., 20; EuGH v. 10.7.1986 – Rs. 79/85 *Segers*, EU:C:1986:308 Rdn. 13.

248 EuGH v. 21.12.2016 – Rs. C-201/15 *AGET Iraklis*, EU:C:2016:972 Rdn. 45 ff.

249 EuGH v.30.11.1995 – Rs. 55/94 *Gebhard*, EU:C:1995:411 Rdn. 23. S.a. EuGH v.27.9.1988 – Rs. 81/87 *Daily Mail*, EU:C:1988:456 Rdn. 17; EuGH v. 12.9.2006 – Rs. C-196/04 *Cadbury Schweppes*, EU:C:2006:544 Rdn. 41.

250 EuGH v. 30.11.1995 – Rs. 55/94 *Gebhard*, EU:C:1995:411 Rdn. 24; EuGH v. 12.7.1984 – Rs. 107/83 *Klopp*, EU:C:1984:270 Rdn. 19.

251 EuGH v. 21.12.2016 – Rs. C-201/15 *AGET Iraklis*, EU:C:2016:972 Rdn. 51 ff.

252 EuGH v. 25.10.2017 – Rs. C-106/16 *Polbud*, EU:C:2017:804 Rdn. 37 ff. Tendenziell anders noch EuGH v. 12.7.2012 – Rs. C-378/10 *VALE*, EU:C:2012:440 Rdn. 34. *Behme*, ZHR 182 (2018), 32, 43 ff.; krit. *Kindler*, NZG 2018, 1 ff.

ziehen, wodurch die wirtschaftliche und soziale Verflechtung innerhalb der Gemeinschaft im Bereich der selbständigen Tätigkeiten gefördert wird".[253] Von der Dienstleistung als vorübergehende grenzüberschreitende Tätigkeit (s. o. Rdn. 68) unterscheidet sich die Niederlassung durch ihre Ausübung auf unbestimmte Zeit mit einer festen Infrastruktur.[254]

Anders als bei der für die Arbeitnehmerfreizügigkeit anerkannt (oben, Rdn. 18), umfasst die Niederlassungsfreiheit „beim gegenwärtigen Stand des Gemeinschaftsrechts" *nicht* in vollem Umfang auch die **Wegzugsfreiheit**.[255] Das mitgliedstaatliche Recht kann den Wegzug unter Beibehaltung der inländischen Rechtsform des Herkunftsstaates daher verhindern. Anders ist aber die grenzüberschreitende Umwandlung in eine Rechtsform des Aufnahmestaats zu beurteilen.[256] 91

2. Eingriffe

Die Niederlassungsfreiheit ist seit Ablauf der Übergangszeit unmittelbar anwendbar.[257] Sie bindet die Mitgliedstaaten, die Union und, nach der Rechtsprechung des EuGH,[258] auch Private, namentlich wenn sie eine kollektive Regelungsmacht ausüben.[259] 92

Sind die Grundfreiheiten auf Gewerkschaften im Horizontalverhältnis unmittelbar anwendbar und können Kollektivmaßnahmen einen Eingriff darstellen, so stellt sich die Frage, wie dieser bewehrt ist. Gewerkschaften können dann nach nationalem Recht schadenersatzpflichtig sein.[260] 93

Bereits seinem Wortlaut nach enthält Art. 49 AEUV zum einen ein **Diskriminierungsverbot**, nämlich das Recht, „nach den Bestimmungen des Aufnahmestaats für seine eigenen Angehörigen" tätig zu werden (Art. 49 Abs. 2 AEUV, *Inländerbehandlung)*, und zum anderen ein **Beschränkungsverbot**. Ebenso wie die Arbeitnehmer- 94

253 EuGH v. 30.11.1995 – Rs. 55/94 *Gebhard*, EU:C:1995:411 Rdn. 25.

254 EuGH v. 8.5.2019 – Rs. C-230/18 *PI*, EU:C:2019:383 Rdn. 46–48; Calliess/Ruffert/*Korte*, Art. 49 AEUV Rdn. 26; Schwarze/*Schlag*, Art. 49 AEUV Rdn. 16.

255 EuGH v. 16.12.2008 – Rs. C-210/06 *Cartesio*, EU:C:2008:723 Rdn. 99–124. Offengelassen bzw. nur undeutlich angesprochen noch in EuGH v. 11.12.2007 – Rs. C-438/05 *Viking*, EU:C:2007:772 Rdn. 69; EuGH v. 15.12.1995 – Rs. C-415/93 *Bosman*, EU:C:1995:463 Rdn. 97; EuGH v. 27.9.1988 – Rs. 81/87 *Daily Mail*, EU:C:1988:456 Rdn. 16. S.a. Grabitz/Hilf/Nettesheim/*Forsthoff*, Art. 49 AEUV Rdn. 116 f.; *Grundmann*, Europäisches Gesellschaftsrecht, Rdn. 799; Streinz/*Müller-Graff*, Art. 54 AEUV Rdn. 17.

256 EuGH v. 25.10.2017 – Rs. C-106/16 *Polbud*, EU:C:2017:804.

257 EuGH v. 27.9.1988 – Rs. 81/87 *Daily Mail*, EU:C:1988:456 Rdn. 15; EuGH v. 11.12.2007 – Rs. C-438/05 *Viking*, EU:C:2007:772 Rdn. 68. S. o. Rdn. 1.

258 EuGH v. 11.12.2007 – Rs. C-438/05 *Viking*, EU:C:2007:772 Rdn. 33, 57–59, 61; EuGH v. 19.2.2002 – Rs. C-309/99 *Wouters*, EU:C:2002:98 Rdn. 120. S. zuvor schon die sorgfältige Analyse von Drittwirkung und mitgliedstaatlicher Schutzpflicht bei *Junker*, EWS 2007, 49, 52–55.

259 Krit. etwa *Schlachter*, FS Birk (2008), S. 809, 818 f.

260 *Apps*, E.L. Rev. 34 (2009), 141, 154; *Bernitz/Reich*, CMLR 48 (2011), 603–623.

freizügigkeit (oben, Rdn. 39) steht auch die Niederlassungsfreiheit „jeder nationalen Regelung (...) entgegen, die zwar ohne Diskriminierung aus Gründen der Staatsangehörigkeit anwendbar ist, die aber geeignet ist, die Ausübung der durch den EWG-Vertrag garantierten grundlegenden Freiheiten durch die Gemeinschaftsangehörigen einschließlich der Staatsangehörigen des Mitgliedstaats, der die Regelung erlassen hat, zu behindern oder **weniger attraktiv zu machen.**“[261] Auch hier ist das Hauptziel die Sicherstellung des Zugangs zu den Märkten der anderen Mitgliedstaaten.[262] Eine Beschränkung der freien Niederlassung liegt z. B. darin, dass ein Mitgliedstaat die Eintragung der Zweigniederlassung einer Gesellschaft verweigert, die ihren Sitz in einem anderen Mitgliedstaat hat.[263] Und eine Beschränkung hat der EuGH auch darin gesehen, dass das nationale Recht wohl die innerstaatliche, nicht aber die grenzüberschreitende Verschmelzung zuließ.[264]

3. Rechtfertigung von Eingriffen

95 Eingriffe in die Niederlassungsfreiheit können aus den geschriebenen Gründen des Art. 52 Abs. 1 AEUV gerechtfertigt werden: der öffentlichen Ordnung, Sicherheit oder Gesundheit; für unmittelbare Diskriminierungen ist das der einzige Rechtfertigungsgrund.[265] Zudem können die Mitgliedstaaten die Aufnahme und Ausübung selbständiger Tätigkeiten von der Beachtung besonderer Vorschriften – etwa über die Organisation, Qualifikation, Standespflichten, Kontrolle und Haftung – abhängig machen, soweit diese zur Wahrung wichtiger **Allgemeininteressen** erforderlich sind. Solchen Beeinträchtigungen unterliegen indes – wie in ähnlicher Weise von anderen Grundfreiheiten her bekannt – vier Voraussetzungen (sog. *Gebhard*-Formel):[266]

(1) Sie müssen in nichtdiskriminierender Weise angewandt werden;
(2) aus zwingenden Gründen des Allgemeininteresses gerechtfertigt sein,
(3) geeignet sein, die Verwirklichung des mit ihnen verfolgten Zieles zu gewährleisten,

---

261 EuGH v. 31.3.1993 – Rs. C-19/92 *Kraus*, EU:C:1993:125 Rdn. 32. Weiter z. B. EuGH v. 12.9.2006 – Rs. C-196/04 *Cadbury Schweppes*, EU:C:2006:544 Rdn. 48; EuGH v. 6.12.2018 – Rs. C-480/17 *Montag*, EU:C:2018:987 Rdn. 22.

262 *Teichmann*, ZGR 2011, 639, 689 (unter Hinweis darauf, dass dieses Ziel auch die immanente Schranke der Niederlassungsfreiheit ist).

263 EuGH v. 9.3.1999 – Rs. C-212/97 *Centros*, EU:C:1999:126 Rdn. 21 f.

264 EuGH v. 13.12.2005 – Rs. C-411/03 *Sevic*, EU:C:2005:762 Rdn. 20–23.

265 GA *Tizzano*, Schlussanträge v. 7.7.2005 – Rs. C-411/03 *Sevic*, EU:C:2005:437 Rdn. 55. Die Rechtfertigung einer unmittelbaren Diskriminierung mit Gründen des Allgemeininteresses erwägt aber EuGH v. 16.7.1998 – Rs. C-264/96 *Imperial Chemical Industries*, EU:C:1998:370 Rdn. 29.

266 EuGH v. 30.9.2003 – Rs. C-167/01 *Inspire Art*, EU:C:2003:512 Rdn. 133; EuGH v. 9.3.1999 – Rs. C-212/97 *Centros*, EU:C:1999:126 Rdn. 34; EuGH v. 30.11.1995 – Rs. 55/94 *Gebhard*, EU:C:1995:411 Rdn. 37.

(4) und sie dürfen nicht über das hinausgehen, was zur Erreichung dieses Zieles erforderlich ist.

Als zwingende Gründe des Allgemeininteresses hat der Gerichtshof auch hier u. a. den **Arbeitnehmerschutz** anerkannt.[267]

Als Inanspruchnahme einer Ausnahme (nämlich von der Niederlassungsfreiheit) fällt die Rechtfertigung durch Gründe des Allgemeininteresses in den Anwendungsbereich der Grundrechtscharta, Art. 51 Abs. 1 GRCh.[268] Da Einschränkungen der Niederlassungsfreiheit regelmäßig zugleich in die von Art. 16 GRCh geschützte **unternehmerische Freiheit** eingreifen, sind sie zugleich am Maßstab des Art. 52 Abs. 1 GRCh (Gesetzesvorbehalt, Wesensgehalt, Verhältnismäßigkeit) zu messen.[269] Insofern kann die unternehmerische Freiheit die Niederlassungsfreiheit **verstärken**. 96

Weiterhin können **kollidierende Grundrechte** einen Eingriff in die Niederlassungsfreiheit rechtfertigen.[270] Insbesondere kommt bei Arbeitskämpfen eine Berufung auf das Grundrecht auf kollektive Maßnahmen in Betracht. S. bereits oben, Rdn. 78f. Schließlich wird auch die Einschränkbarkeit der Niederlassungsfreiheit durch die Unionsgrundrechte und den Grundsatz der Verhältnismäßigkeit begrenzt (s. o., Rdn. 52f. und 81).[271] 97

4. Praktische Folgen für das Arbeitsrecht

a) Grenzüberschreitende Sitzverlegung – Verhältnismäßigkeitskontrolle der Arbeitnehmermitbestimmung

Für das Arbeitsrecht wirft die Niederlassungsfreiheit weithin keine besonderen Fragen auf. Nach internationalem Arbeitsvertragsrecht werden die in der Niederlassung tätigen Arbeitnehmer regelmäßig nach dem Recht des Aufnahmemitgliedstaats tätig (näher unten, § 7), und auch das Betriebsverfassungsrecht richtet sich nach dem Ort des Betriebs.[272] Das ist auch unter Art. 49 AEUV nicht zu beanstanden, der nur das Recht gewährleistet, in einem anderen Mitgliedstaat „nach den Bestimmungen des Aufnahmestaats für seine eigenen Angehörigen" tätig zu werden. Besondere Fragen stellen sich aber bei der **grenzüberschreitenden Sitzverlegung** (sowie Verschmelzung und Spaltung) **von Gesellschaften**, und zwar im Hinblick auf die **Unternehmensmitbestimmung.** 98

---

267 EuGH v. 13.12.2005 – Rs. C-411/03 *Sevic*, EU:C:2005:762 Rdn. 28.

268 EuGH v. 21.12.2016 – Rs. C-201/15 *AGET Iraklis*, EU:C:2016:972 Rdn. 62ff.

269 EuGH v. 21.12.2016 – Rs. C-201/15 *AGET Iraklis*, EU:C:2016:972 Rdn. 66ff.

270 EuGH v. 11.12.2007 – Rs. C-438/05 *Viking*, EU:C:2007:772 Rdn. 77.

271 Krit. *A. Davies*, ILJ 37 (2008), 126, 141–145.

272 ErfK/*Schlachter*, Art. 3, 8, 9 Rom I-VO Rdn. 29; MünchArbR/*Oetker*, § 13 Rdn. 163f.; jeweils m. w. N.

99 Um das zu erörtern, müssen wir zunächst einen Blick auf die **kollisionsrechtliche Problematik** der grenzüberschreitenden Sitzverlegung werfen.[273] Nationale Gesellschaften[274] werden stets nach dem Recht eines Staates gegründet. Welches Recht auf sie anwendbar ist, bestimmt das internationale Gesellschaftsrecht (sog. Gesellschaftsstatut, *lex societatis*). Mangels unionsrechtlicher Vereinheitlichung bestimmen die Mitgliedstaaten den kollisionsrechtlichen Anknüpfungspunkt („Anknüpfungsautonomie"). Dabei finden sich für die Bestimmung des anwendbaren Rechts in den mitgliedstaatlichen Kollisionsrechten zwei unterschiedliche Lösungen, die Gründungstheorie und die Sitztheorie.[275]

- Nach der **Gründungstheorie** unterliegt die Gesellschaft dem Recht des Staates, in dem sie gegründet wurde und in dem sie mit ihrem *Satzungssitz* (soweit erforderlich) registriert ist. Auf diesen formalen Aspekt allein kommt es an, und ob die Gesellschaft dann nachträglich ihren tatsächlichen Verwaltungssitz in einem anderen Staat nimmt, ist ohne Bedeutung.[276]
- Nach der **Sitztheorie** hingegen kommt es entscheidend auf den *tatsächlichen Verwaltungssitz* an,[277] der im Gründungsstaat liegen muss. Satzungssitz und Verwaltungssitz dürfen nicht auseinanderfallen. Wenn die Gesellschaft nachträglich ihren tatsächlichen Verwaltungssitz in einen anderen Mitgliedstaat verlegt, so bedeutet das unter der Sitztheorie für den Wegzugsstaat eine Auflösung, da Satzungs- und Verwaltungssitz auseinanderfallen. Aber auch der Zuzugsstaat kann – der Sitztheorie folgend – aus diesem Grund (Auflösung!) die Rechtsfähigkeit der Gesellschaft nicht anerkennen. Im Ergebnis muss die Gesellschaft neu gegründet werden.[278]

Da das internationale Gesellschaftsrecht (Kollisionsrecht) nicht vereinheitlicht ist, ist es grundsätzlich Sache der Mitgliedstaaten, die (kollisionsrechtlichen) Anknüpfungskriterien (Satzungssitz, Verwaltungssitz) für die Anerkennung einer Gesellschaft nach dem eigenen nationalen Recht zu bestimmen.

100 Die Erschwernisse, die die Sitztheorie für eine **Verlegung des tatsächlichen Verwaltungssitzes** mit sich bringt, zumal die Aberkennung der Rechtsfähigkeit, stellen

---

273 Zum Folgenden besonders eingängig und eingehend *Eidenmüller/Rehm*, ZGR 2004, 159–188. Vertiefend *Eidenmüller* (Hrsg.), Ausländische Kapitalgesellschaften im deutschen Recht (2004); *Hirte/Bücker* (Hrsg.), Grenzüberschreitende Gesellschaften (2006); *Grundmann*, European Company Law, § 25 Rdn. 15 ff, 25ff.; *Dammann*, Yale J. Int.'l L. 29 (2004), 477–544; s.a. EuGH v. 5.11.2002 – Rs. C-208/00 *Überseering*, EU:C:2002:632 Rdn. 4.

274 Die supranationalen Rechtsformen des SE, der SCE und – geplant – der SPE bleiben hier außer Betracht. Für SE und SCE ist die Gründung zwar weithin in Verordnungen geregelt, indes nicht völlig unabhängig von mitgliedstaatlichen Vorschriften. Für die Sitzverlegung sind eigene Vorschriften vorgesehen.

275 S. dazu mit vergleichenden Hinweisen *Kieninger*, Wettbewerb der Privatrechtsordnungen im Europäischen Binnenmarkt, S. 106–169. Ferner zur grenzüberschreitenden Sitzverlegung unten, § 33.

276 S. z.B. EuGH v. 29.11.2011 – Rs. C-371/10 *National Grid Indus*, EU:C:2011:785 Rdn. 22ff.

277 I.E. MünchKommBGB/*Kindler*, IntGesR Rdn. 423–428.

278 Vgl. EuGH v. 5.11.2002 – Rs. C-208/00 *Überseering*, EU:C:2002:632 Rdn. 4f. Näher zur Sitztheorie im deutschen Recht MünchKommBGB/*Kindler*, IntGesR Rdn. 423–428. Die Rechtsprechung hatte zwischenzeitlich noch die sog. „kupierte Sitztheorie" entwickelt, nach der der zuziehenden Gesellschaft nicht die Rechtsfähigkeit aberkannt wird, sie aber als GbR oder oHG behandelt wird; BGHZ 151, 204 und dazu etwa *Behrens*, IPRax 2003, 193, 199–201; W.-H. *Roth*, ZIP 2000, 1597, 1599–1602.

eine Beschränkung der Niederlassungsfreiheit dar.[279] Zwar bedeutet die freie Niederlassung nur, dass man eine Erwerbstätigkeit „nach den Bestimmungen des Aufnahmestaats für seine eigenen Angehörigen" aufnehmen darf. Da indes die Niederlassungsfreiheit explizit auch Gesellschaften (i. S. v. Art. 54 Abs. 2 AEUV) gewährt wird, kann deren *rechtliche Existenz* an der Grenze nicht in Frage gestellt werden: „Eine solche Maßnahme kommt nämlich der Negierung der den Gesellschaften in den Artikeln 49 AEUV und 54 AEUV zuerkannten Niederlassungsfreiheit gleich".[280] Auch wenn mit der Sitztheorie anerkennenswerte Schutzinteressen verfolgt werden,[281] geht sie damit in jedem Fall über das erforderliche Maß hinaus. Einer ausländischen Gesellschaft, die (im Einklang mit dem Recht des Herkunftsstaats) ihren Verwaltungssitz im Inland nehmen will, kann der Zuzugsstaat daher nicht die Rechtsfähigkeit aberkennen. Zwingende Allgemeininteressen können die Mitgliedstaaten allein im Sitzverlegungs*verfahren* durchsetzen, sie dürfen aber die identitätswahrende Sitzverlegung nicht als solche verhindern.

Das kann auch **Folgen für die Mitbestimmung** haben.[282] Denn als Bestandteil **101**
des Rechts der Gesellschaftsorganisation folgt die Arbeitnehmermitbestimmung nach h. M. dem Gesellschaftsstatut.[283] Die in einem anderen Mitgliedstaat wirksam gegründete Gesellschaft „bringt" also, wenn sie ihren Verwaltungssitz in einen anderen Mitgliedstaat verlegt, zunächst einmal auch ihr heimisches Mitbestimmungsregime mit. Da die identitätswahrende Sitzverlegung nicht verweigert werden kann und die Gesellschaft daher nicht im Aufnahmemitgliedstaat neu gegründet werden muss, findet auch nicht auf diesem Umweg das dortige Mitbestimmungsrecht Anwendung. Für Länder mit einem hohen Mitbestimmungsniveau – wie Deutschland – ergibt sich daraus beim Zuzug ausländischer Gesellschaften mit geringerer Mitbestimmung die **Gefahr einer Vermeidung** der nationalen Mitbestimmungsvorschriften.

---

279 EuGH v. 27.2.2020 – Rs. C-405/18 *Aures Holding*, EU:C:2020:127 Rdn. 25; EuGH v. 10.12.2015 – Rs. C-594/14 *Kornhaas*, EU:C:2015:806 Rdn. 23; EuGH v. 30.9.2003 – Rs. C-167/01 *Inspire Art*, EU: C:2003:512; EuGH v. 5.11.2002 – Rs. C-208/00 *Überseering*, EU:C:2002:632; zuvor schon EuGH v. 9.3.1999 – Rs. C-212/97 *Centros*, EU:C:1999:126 (Zweigniederlassung). „Beim derzeitigen Stand des Gemeinschaftsrechts" schützt die Niederlassungsfreiheit aber nur vor Zuzugsbeschränkungen, nicht auch vor Wegzugsbeschränkungen; EuGH v. 16.12.2008 – Rs. C-210/06 *Cartesio*, EU:C:2008:723; noch offengelassen in EuGH v. 27.9.1988 – Rs. 81/87 *Daily Mail*, EU:C:1988:456; in *Überseering* und *Inspire Art* hat der Gerichtshof *Daily Mail* „distinguished". Zum Ganzen eingehend *Grundmann*, Europäisches Gesellschaftsrecht, Rdn. 798–801.

280 EuGH v. 5.11.2002 – Rs. C-208/00 *Überseering*, EU:C:2002:632 Rdn. 93.

281 Dazu MünchKommBGB/*Kindler*, IntGesR Rdn. 424–426.

282 S. schon das Vorbringen der Bundesrepublik in EuGH v. 5.11.2002 – Rs. C-208/00 *Überseering*, EU:C:2002:632 Rdn. 89. Zu den mitbestimmungsrechtlichen Folgen des Wegzugs deutscher Gesellschaften (freilich noch vor EuGH v. 16.12.2008 – Rs. C-210/06 *Cartesio*, EU:C:2008:723; s. o. Rdn. 91) noch W.-H. *Roth*, GS Heinze (2005), S. 709, 712–717.

283 *Franzen*, RdA 2004, 257, 258; Habersack/Henssler/*Habersack*, Mitbestimmungsrecht, § 1 MitbestG Rdn. 6; *Junker*, ZfA 2005, 1, 5 f.; MünchKommBGB/*Kindler*, IntGesR Rdn. 570 ff. A.M. etwa *Borsutzky*, EuZA 2014, 437 ff.

102 Entsprechendes gilt, wenn das mitgliedstaatliche Kollisionsrecht nach der Gründungstheorie die isolierte **Verlegung des Satzungssitzes** ermöglicht. Dann kann eine Gesellschaft ihren Satzungssitz in einen anderen Mitgliedstaat verlegen und sich in eine Rechtsform des Aufnahmestaats umwandeln (Formwechsel).[284] Der Statutenwechsel hat wiederum zur Folge, dass sich auch das anwendbare Mitbestimmungsregime ändert, obwohl der Verwaltungssitz unverändert bleibt.

103 Kann das mitgliedstaatliche Recht die Sitzverlegung nicht als solche verweigern, so kann es zwingende **Allgemeininteressen** doch bei deren Ausgestaltung zur Geltung bringen.[285] Konkret ist an eine kollisionsrechtliche Sonderanknüpfung der Unternehmensmitbestimmung zu denken, so dass diese auch auf Gesellschaften Anwendung findet, die ihren Satzungssitz in einem anderen Mitgliedstaat (mit niedrigerem Mitbestimmungsniveau) haben, ungeachtet der Tatsache, dass sich deren rechtliche Existenz im Übrigen nach dem Recht dieses Mitgliedstaats richtet.[286] Da auch darin eine Beschränkung der Niederlassungsfreiheit liegt,[287] kommt es für die unionsrechtliche Zulässigkeit darauf an, ob diese Erstreckung des Mitbestimmungsrechts zur Erreichung zwingender Gründe des Allgemeininteresses erforderlich ist.[288] So wie im Rahmen der Dienstleistungsfreiheit ist auch für die Niederlassungsfreiheit anerkannt, dass der **Schutz der Arbeitnehmer** ein legitimes Allgemeininteresse darstellt.[289] Entscheidend ist daher, ob die Durchsetzung der nationalen Mitbestimmungsregeln auch aus Gründen des Arbeitnehmerschutzes **erforderlich** ist[290] und diese Schutzinteres-

284 S. EuGH v. 25.10.2017 – Rs. C-106/16 *Polbud*, EU:C:2017:804.

285 *Teichmann*, ZIP 2016, 899 ff. Die einzige weitere Rechtfertigungsmöglichkeit als Schutz vor einem Missbrauch greift nicht durch; dazu noch *Junker*, ZfA 2005, 1, 8–10.

286 Bereits *de lege lata* befürwortend *Franzen*, RdA 2004, 257, 258–260 (analog Art. 34 EGBGB); *Henssler*, GS Heinze (2005), S. 343–347; *Lubitz*, Sicherung und Modernisierung der Unternehmensmitbestimmung, S. 61–78; *Weidmann*, Die Anwendung des Mitbestimmungsgesetzes 1976 in Fällen mit Auslandsbezug, S. 23–57; *de lege lata* abl. *Kisker*, Unternehmensmitbestimmung bei Auslandsgesellschaft mit Verwaltungssitz in Deutschland, S. 155–171; *Paefgen*, DB 2003, 487, 491 f.; W.-H. *Roth*, GS Heinze (2005), S. 709, 726–728 (gegen das „Aufpfropfen" der deutschen Mitbestimmung auf die ausländische Gesellschaftsform); *Bartsch*, Mitbestimmung und Niederlassungsfreiheit, S. 132–155; *Braun*, Die Sicherung der Unternehmensmitbestimmung im Lichte des europäischen Rechts, S. 161–172. S.a. EuGH v. 30.9.2003 – Rs. C-167/01 *Inspire Art*, EU:C:2003:512 (zwingende Anwendung gesellschaftsrechtlicher Schutzregeln auf „formal ausländische" Gesellschaften).

287 EuGH v. 30.9.2003 – Rs. C-167/01 *Inspire Art*, EU:C:2003:512 Rdn. 99–104.

288 EuGH v. 30.9.2003 – Rs. C-167/01 *Inspire Art*, EU:C:2003:512 Rdn. 132 f. Zu den der Verhältnismäßigkeitsprüfung gegenüber noch vorrangigen Fragen der Transparenz und der Konsistenz überzeugend W.-H. *Roth*, GS Heinze (2005), S. 709, 719–723.

289 EuGH v. 5.11.2002 – Rs. C-208/00 *Überseering*, EU:C:2002:632 Rdn. 92. S.a. EuGH v. 30.9.2003 – Rs. C-167/01 *Inspire Art*, EU:C:2003:512 Rdn. 132. Für die Mitbestimmung krit. *Junker*, ZfA 2005, 1, 10–13 (allerdings mit Erwägungen, die die Verhältnismäßigkeit betreffen); *Windbichler/Bachmann*, FS Bezzenberger (2000), S. 797–805.

290 *Bejahend* etwa *Franzen*, RdA 2004, 257, 262 f.; MünchKommBGB/*Kindler*, IntGesR Rdn. 574; *Teichmann*, ZGR 2011, 639, 673 f. (mit dem Argument, dass bei norminierten Gesellschaften die Anwendung der Regeln zur Arbeitnehmermitbestimmung den Zugang zum Markt gar nicht erst beschränkt hat);

sen insbesondere nicht schon durch das Recht des Herkunftsstaates ausreichend gewahrt sind. Das lässt sich nicht schon mit Hinweis darauf verneinen, zum Schutz der Arbeitnehmerinteressen genüge die Betriebsverfassung, denn Betriebsverfassung und Unternehmensmitbestimmung haben unterschiedliche Funktionen.[291] Nicht mehr erforderlich ist die Erstreckung der inländischen Mitbestimmung auf Auslandsgesellschaften aber, wo diese in ihrem Herkunftsstaat einer gleichwertigen Mitbestimmung unterliegen.[292] Weitergehend dürfte es aber unverhältnismäßig sein, die Mitbestimmung nach dem Mitbestimmungsgesetz oder dem Drittelbeteiligungsgesetz auf Auslandsgesellschaften zu erstrecken, da mit dem Verhandlungsmodell, das vom SE-Beteiligungsgesetz in Umsetzung der SE-Richtlinie (§ 32) vorgesehen ist, ein milderes Mittel zur Verfügung steht.[293]

b) Arbeitskampfmaßnahmen gegen Standortverlagerung

Praktische Bedeutung hat die Niederlassungsfreiheit weiterhin im Hinblick auf Arbeitskampfmaßnahmen gegen eine Standortverlagerung. Darum ging es z. B. im Fall *Viking*.[294] 104

Das Fährschiff „Rosella“ der finnischen Reederei Viking, das zwischen Helsinki (Finnland) und Tallinn (Estland) verkehrte, erwirtschaftete Verluste, da es der Konkurrenz estnischer Schiffe ausgesetzt war, deren Besatzung zu den niedrigeren estnischen Tariflöhnen arbeitete. Daher beschloss die Reederei, die „Rosella“ umzuflaggen und in Estland oder Norwegen registrieren zu

---

Thüsing, in: Rieble (Hrsg.), Zukunft der Unternehmensmitbestimmung, § 3 Rdn. 11–22 = ZIP 2004, 381, 383–387 (etwas gekürzt); wohl auch *Kieninger*, Wettbewerb der Privatrechtsordnungen im Europäischen Binnenmarkt, S. 138 f., 219–221; *Weidmann*, Die Anwendung des Mitbestimmungsgesetzes 1976 in Fällen mit Auslandsbezug, S. 103–121. *Verneinend* etwa *Eidenmüller*, JZ 2004, 26, 28 f. (mit Rücksicht auf betriebliche Mitbestimmung, jedenfalls aber dort, wo Gründungsrecht vergleichbare Mitbestimmung vorsieht, nicht erforderlich); ebenso *Eidenmüller/Rehm*, ZGR 2004, 159, 184 f.; *Junker*, ZfA 2005, 1, 13–15; *Müller-Bonanni*, GmbHR 2003, 1235, 1237 f.; *Schwark*, AG 2004, 173, 178; zweifelnd auch *Paefgen*, DB 2003, 487, 491 f. Differenzierend *Rehberg*, in: Eidenmüller (Hrsg.), Ausländische Kapitalgesellschaften im deutschen Recht, § 6 (grundsätzliche Rechtfertigungsmöglichkeit, aber Verhältnismäßigkeitsprüfung im Einzelfall mit Rücksicht insbes. auf das Mitbestimmungsrecht des Herkunftsstaates).

291 W.-H. *Roth*, GS Heinze (2005), S. 709, 725; *Braun*, Die Sicherung der Unternehmensmitbestimmung im Lichte des europäischen Rechts, S. 189 f., zweifelnd aber S. 191 f.; *Lubitz*, Sicherung und Modernisierung der Unternehmensmitbestimmung, S. 89.

292 *Franzen*, RdA 2004, 257, 262 f.; *Lubitz*, Sicherung und Modernisierung der Unternehmensmitbestimmung, S. 89.

293 *Forsthoff*, Niederlassungsfreiheit für Gesellschaften, S. 208–228; *Henssler*, GS Heinze (2005), S. 353–355; *Kisker*, Unternehmensmitbestimmung bei Auslandsgesellschaft mit Verwaltungssitz in Deutschland, S. 185–205; *Teichmann*, AG 2008, 797, 798; *ders.*, ZGR 2011, 639, 674. A.M. W.-H. *Roth*, GS Heinze (2005), S. 709, 726.

294 EuGH v. 11.12.2007 – Rs. C-438/05 *Viking*, EU:C:2007:772. Dazu etwa *Junker*, EWS 2007, 49–55; *Schlachter*, FS Birk (2008), S. 809–821; zur Beurteilung nach deutschem Recht *Franzen*, ZfA 2005, 315–351; *Kerwer*, EuZA 2008, 335, 344–349.

lassen, um einen neuen Tarifvertrag mit einer Gewerkschaft eines dieser Staaten abschließen zu können. Dagegen rief ITF, die internationale Vereinigung der Transportarbeiter-Gewerkschaften, zum Boykott auf. Sie verficht allgemein eine Politik gegen „Billigflaggen". Nach ihrer Auffassung fährt ein Schiff unter einer Billigflagge, wenn das wirtschaftliche Eigentum und die Kontrolle des Schiffes in einem anderen Staat als dem liegen, unter dessen Flagge das betreffende Schiff registriert ist. Die ITF forderte ihre Mitgliedsgewerkschaften auf, mit Viking keine Tarifverhandlungen zu führen. Ziel war es, eine Umflaggung zu verhindern oder sicherzustellen, dass diese nicht zu Kündigungen oder einer Änderung der Arbeitsbedingungen führe.

105 Die Standortverlagerung fällt in den Anwendungsbereich der Niederlassungsfreiheit, die im Grundsatz sowohl Beschränkungen des Wegzugs als auch solche des Zuzugs verbietet (oben, Rdn. 89f.). Adressaten der Niederlassungsfreiheit können nach der Rechtsprechung des EuGH auch Gewerkschaften sein, wenn sie kollektive Maßnahmen ergreifen (oben, Rdn. 92).[295] Der Gerichtshof begründet das mit dem Gedanken der praktischen Wirksamkeit, da sich eine kollektive Regelung der Arbeitsbedingungen von der hoheitlichen Regelung durch Gesetz im Ergebnis nicht unterscheide. Kollektive Maßnahmen wie z. B. ein Boykott oder auch ein Streik mit dem Ziel, die bisherigen (höheren) Arbeitsbedingungen beizubehalten, machen die Ausübung der Niederlassungsfreiheit weniger attraktiv (ja, eigentlich sinnlos!) und stellen daher rechtfertigungsbedürftige Beschränkungen dar.[296]

106 So wie auch bei anderen Grundfreiheiten stellt die Tatsache, dass das Recht auf kollektive Maßnahmen als Gemeinschaftsgrundrecht anerkannt ist, diese Maßnahmen nicht von den Grundfreiheiten frei, ebenso wenig wie die Kompetenzschranke des Art. 153 Abs. 5 AEUV (s. schon oben, Rdn. 78).[297] Die gegenläufigen Rechte – Grundfreiheit einerseits und Grundrecht andererseits – sind aber im Rahmen der Rechtfertigung in einen verhältnismäßigen Ausgleich zu bringen. Das Recht auf Durchführung einer kollektiven Maßnahme, die den Schutz der Arbeitnehmer zum Ziel hat, ist als gemeinschaftsrechtliches Grundrecht anerkannt und stellt nach der Rechtsprechung des EuGH ein berechtigtes Interesse dar, das grundsätzlich eine Beschränkung einer der vom Vertrag gewährleisteten Grundfreiheiten rechtfertigen kann (oben, Rdn. 78). Das setzt allerdings voraus, dass die kollektive Maßnahme zum Schutz der Arbeitnehmer auch erforderlich ist (Verhältnismäßigkeit).[298] Daran fehlt es, wenn das Ziel der Maßnahme allein darin liegt, die Ausübung der Niederlassungs-

---

295 A.M. *Birk*, FS 50 Jahre BAG (2004), S. 1165, 1172 (Schutzpflichtenkonzeption); krit. auch *Rebhahn*, wbl 2008, 63, 65.

296 Krit. *Orlandini*, Comp.Lab.L. & Pol'y J. 2 (2007–2008), 573, 590ff. (Regelungen und Sachlagen als Einschränkungen der Freizügigkeit).

297 EuGH v. 11.12.2007 – Rs. C-438/05 *Viking*, EU:C:2007:772 Rdn. 33–55. Krit. *Rebhahn*, wbl 2008, 63, 69; *Joerges/Rödl*, ELJ 15 (2009), 1–19.

298 Kritisch zur Verhältnismäßigkeitsprüfung und ihrer („harten" oder „weichen") Konkretisierung; s. z.B. *A. Davies*, ILJ 37 (2008), 126–148; *Orlandini*, Comp.Lab.L. & Pol'y J. 29 (2007–2008), 573, 595ff.; eher zust. *Lenaerts/Gutiérrez-Fons*, CMLR 47 (2010), 1629, 1664ff.

freiheit zu vereiteln,[299] also etwa Reeder daran zu hindern, ihre Schiffe in einem anderen Staat als dem registrieren zu lassen, dessen Staatsangehörigkeit die wirtschaftlichen Eigentümer dieser Schiffe besitzen.[300]

Die ordnungspolitischen Fragen, um die es hier geht, sind ganz ähnlich wie bei der Entsendeproblematik (oben, Rdn. 82f.). Im Fall *Viking* hatte die finnische Gewerkschaft ihren Widerstand gegen die Umflaggung u.a. mit dem Hinweis begründet, es gehe darum, finnische Arbeitsplätze zu schützen.[301] Der Fall *Laval* (zur Dienstleistungsfreiheit) zeigt, dass diese Fragen weitgehend durch die Entsenderichtlinie geregelt werden. Allerdings ist diese Richtlinie aufgrund ihres protektionistischen Ansatzes ihrerseits umstritten (s. § 7 Rdn. 5ff.). *Viking* und *Laval* haben eine politische Debatte um den Schutz der nationalen „Sozialmodelle" bzw. die Bewahrung des vorbestehenden „europäischen Sozialmodells" ausgelöst. In Teilen der Literatur und von Gewerkschaftsseite schloss sich daran die Forderung nach einer Reform der Entsenderichtlinie an.[302] 107

VI. Die Kapitalverkehrsfreiheit – Übersicht

Literatur: *Armbrüster,* Golden Shares und die Grundfreiheiten des EG-Vertrags – EuGH, NJW 2002, 2303, 2305, 2306, JuS 2003, 224–227; *Grundmann/Möslein,* Die Goldene Aktie – Staatskontrollrechte in Europarecht und wirtschaftspolitischer Bewertung, ZGR 2003, 317–366; *dies.,* Die Goldene Aktie und der Markt für Unternehmenskontrolle im Rechtsvergleich – insbesondere Staatskontrollrechte, Höchst- und Mehrfachstimmrechte sowie Übernahmeabwehrmaßnahmen, ZVglRWiss 102 (2003), 289–345; *dies.,* Die Goldenen Shares Grundsatzentscheidungen des Europäischen Gerichtshofs, BKR 2002, 758–765; *Möslein,* Kapitalverkehrsfreiheit und Gesellschaftsrecht – Zugleich Besprechung EuGH vom 28.9.2006 – Rs. C-282 und 283/04, ZIP 2007, 208–215; *Riesenhuber,* Primärrechtliche Grundlagen der Kapitalmarkttransparenz, in: Hopt/Kämmerer/Veil (Hrsg.), Kapitalmarktgesetzgebung im Europäischen Binnenmarkt, 2008, S. 23–59; *Spindler,* Deutsches Gesellschaftsrecht in der Zange zwischen Inspire Art und Golden Shares?, RIW 2003, 850–858; *von Wilmowsky,* Freiheit des Kapital- und Zahlungsverkehrs, in: Ehlers (Hrsg.), Europäische Grundrechte und Grundfreiheiten, 4. Aufl. 2015, § 12.

Rechtsprechung (Auswahl):

EuGH v. 31.1.1984	verb. Rs. 286/82 und 26/83 *Luisi und Carbone,* EU:C:1984:35
EuGH v. 23.5.2000	Rs. C-58/99 *Kommission ./. Italien,* EU:C:2000:280
EuGH v. 4.6.2002	Rs. C-367/98 *Kommission ./. Portugal,* EU:C:2002:326 – Golden Share I
EuGH v. 4.6.2002	Rs. C-483/99 *Kommission ./. Frankreich,* EU:C:2002:327 – Golden Share II
EuGH v. 4.6.2002	Rs. C-503/99 *Kommission ./. Belgien,* EU:C:2002:328 – Golden Share III
EuGH v. 13.5.2003	Rs. C-463/00 *Kommission ./. Spanien,* EU:C:2003:272 – Golden Share IV
EuGH v. 13.5.2003	Rs. C-98/01 *Kommission ./. Großbritannien,* EU:C:2003:273 – Golden Share V
EuGH v. 2.6.2005	Rs. C-174/04 *Kommission ./. Italien,* EU:C:2005:350 – Golden Share VI
EuGH v. 28.9.2006	verb. Rs. C-282/04 und C-283/04, *Kommission ./. Niederlande,* EU:C:2005:712 – Golden Share VII
EuGH v. 23.10.2007	Rs. C-112/05 *Kommission ./. Deutschland,* EU:C:2007:623 – VW-Gesetz

299 *Schlachter,* FS Birk (2008), S. 809, 816f.

300 EuGH v. 11.12.2007 – Rs. C-438/05 *Viking,* EU:C:2007:772 Rdn. 88.

301 EuGH v. 11.12.2007 – Rs. C-438/05 *Viking,* EU:C:2007:772 Rdn. 15

302 Vgl. z.B. *Hendrickx,* Comp. Lab. L. & Pol'y J. 35 (2011), 1055–1077.

108 In ähnlicher Weise wie die Niederlassungsfreiheit kann potentiell auch die Kapitalverkehrsfreiheit eine Bedeutung für das Arbeitsrecht entfalten.

1. Schutzbereich

109 Die Kapitalverkehrsfreiheit wird im AEUV nicht definiert. Allgemein wird der Schutzbereich des Kapitalverkehrs beschrieben als „die Übertragung wirtschaftlicher Werte und vermögenswerter Vorteile in Form von Sach- oder Geldkapital, also Transaktionen, die zu Geldforderungen und -verpflichtungen führen".[303] Der Gerichtshof hat der Kapitalverkehrsrichtlinie[304] aus dem Jahr 1988 Anhaltspunkte für die Definition entnommen.[305] Dazu rechnen insbesondere die Direktinvestitionen, Geschäfte mit Wertpapieren, die normalerweise am Kapitalmarkt gehandelt werden, sowie Geschäfte mit Anteilsscheinen von sog. „Organismen für gemeinsame Anlagen".[306] Der EuGH betont, dass diese Nomenklatur keinen „erschöpfenden" Charakter hat.[307]

---

303 Streinz/*Sedlaczek*/*Züger*, Art. 60 AEUV Rdn. 20.

304 Richtlinie 88/361/EWG des Rates vom 24.6.1988 zur Durchführung von Artikel 67 des Vertrages, ABl. 1988 L 178/5.

305 Grundlegend EuGH v. 16.3.1999 – Rs. C-222/97 *Trummer und Mayer*, EU:C:1999:143 Rdn. 20f.; weiterhin etwa EuGH v. 21.5.2015 – Rs. C-560/13 *Wagner-Raith*, EU:C:2015:347 Rdn. 23f.; EuGH v. 7.11.2013 – Rs. C-322/11 *K*, EU:C:2013:716 Rdn. 20; EuGH v. 23.10.2007 – Rs. C-112/05 *Kommission ./. Deutschland*, EU:C:2007:623 Rdn. 18 – VW-Gesetz; EuGH v. 28.9.2006 – verb. Rs. C-282/04 und C-283/04 *Kommission ./. Niederlande*, EU:C:2005:712 Rdn. 19. Zur Rechtsprechung nur *Grundmann*, ZSR 115 (1996), 103, 106.

306 Anhang I der Kapitalverkehrsrichtlinie 88/361/EWG (Fn. 234) enthält eine „Nomenklatur für den Kapitalverkehr" mit folgenden Hauptkategorien:

I. Direktinvestitionen
II. Immobilieninvestitionen
III. Geschäfte mit Wertpapieren, die normalerweise am Kapitalmarkt gehandelt werden
IV. Geschäfte mit Anteilsscheinen von Organismen für gemeinsame Anlagen
V. Geschäfte mit Wertpapieren und anderen Instrumenten, die normalerweise am Geldmarkt gehandelt werden
VI. Kontokorrent- und Termingeschäfte mit Finanzinstituten
VII. Kredite im Zusammenhang mit Handelsgeschäften oder Dienstleistungen, an denen ein Gebietsansässiger beteiligt ist
VIII. Darlehen und Finanzkredite
IX. Bürgschaften, andere Garantien und Pfandrechte
X. Transferzahlungen in Erfüllung von Versicherungsverträgen
XI. Kapitalverkehr mit persönlichem Charakter
XII. Ein- und Ausfuhr von Vermögenswerten
XIII. Sonstiger Kapitalverkehr.

307 EuGH v. 7.11.2013 – Rs. C-322/11 *K*, EU:C:2013:716 Rdn. 20; EuGH v. 21.5.2015 – Rs. C-560/13 *Wagner-Raith*, EU:C:2015:347 Rdn. 23.

„‚Kapitalbewegungen‘ im Sinne von Artikel 63 Abs. 1 AEUV“, sagt der EuGH, „sind danach insbesondere Direktinvestitionen in Form der Beteiligung an einem Unternehmen durch Besitz von Aktien, die die Möglichkeit verschafft, sich tatsächlich an der Verwaltung dieser Gesellschaft und deren Kontrolle zu beteiligen (so genannte Direktinvestitionen), sowie der Erwerb von Wertpapieren auf dem Kapitalmarkt allein in der Absicht einer Geldanlage, ohne auf die Verwaltung und Kontrolle des Unternehmens Einfluss nehmen zu wollen (so genannte Portfolioinvestitionen).“[308] 110

2. Eingriffe

Ebenso wie den anderen Grundfreiheiten hat der Gerichtshof auch der Kapitalverkehrsfreiheit nicht nur ein **Diskriminierungsverbot** entnommen, sondern zudem ein **Beschränkungsverbot**. So hat der Gerichtshof zum Beispiel im Hinblick auf Direktinvestitionen und den Erwerb von Wertpapieren am Kapitalmarkt gesagt, „dass nationale Regelungen als ‚Beschränkungen‘ im Sinne von Artikel Art. 63 Abs. 1 AEUV anzusehen sind, wenn sie geeignet sind, den Erwerb von Aktien der betreffenden Unternehmen zu verhindern oder zu beschränken oder aber Investoren anderer Mitgliedstaaten davon **abzuschrecken**, in das Kapital dieser Unternehmen zu investieren“.[309] 111

3. Rechtfertigung von Eingriffen

Eine Rechtfertigung von Einschränkungen der Kapitalverkehrsfreiheit kommt zunächst aus den geschriebenen Gründen des Art. 65 Abs. 1 AEUV in Betracht, also insbesondere aus Gründen der öffentlichen Sicherheit und Ordnung; für unmittelbare Diskriminierungen ist das der einzige Rechtfertigungsgrund.[310] Der öffentlichen Sicherheit hat der Gerichtshof etwa die Energieversorgung im Krisenfall zugerechnet.[311] Darüber hinaus ist eine Rechtfertigung aus den – ungeschriebenen – zwingenden Gründen des Allgemeininteresses möglich.[312] Schranken-Schranke ist auch hier der Grundsatz der Verhältnismäßigkeit.[313] 112

---

308 EuGH v. 28.9.2006 – verb. Rs. C-282/04 und C-283/04 *Kommission ./. Niederlande,* EU:C:2005:712 Rdn. 19 (Artikelnumerierung der Lissabonner Fassung angepasst; Nachweise weggelassen).

309 EuGH v. 28.9.2006 – verb. Rs. C-282/04 und C-283/04 *Kommission ./. Niederlande,* EU:C:2005:712 Rdn. 20 (Artikelnumerierung der Lissabonner Fassung angepasst).

310 Wohl h. M. Streinz/*Sedlaczek/Züger,* Art. 65 Rdn. 20. A.M. *von Wilmowsky,* in: Ehlers (Hrsg.), Europäische Grundrechte und Grundfreiheiten, § 12 Rdn. 13.

311 EuGH v. 4.6.2002 – Rs. C-503/99 *Kommission ./. Belgien,* EU:C:2002:328 Rdn. 46.

312 EuGH v. 7.11.2013 – Rs. C-322/11 *K,* EU:C:2013:716 Rdn. 36; EuGH v. 23.10.2007 – Rs. C-112/05 *Kommission ./. Deutschland,* EU:C:2007:623 Rdn. 72 – VW-Gesetz. Grundlegend EuGH v. 3.2.1993 – Rs. C-148/91 *Veronica,* EU:C:1993:45.

313 EuGH v. 23.10.2007 – Rs. C-112/05 *Kommission ./. Deutschland,* EU:C:2007:623 Rdn. 73 – VW-Gesetz.

4. Praktische Folgen: Verhältnismäßigkeitskontrolle der Arbeitnehmermitbestimmung

113 Ähnlich wie die Niederlassungsfreiheit kann auch die Kapitalverkehrsfreiheit für das Mitbestimmungsrecht eine Bedeutung entfalten. In seiner sehr eingehenden ***Golden Shares*-Rechtsprechung** hat der EuGH[314] mitgliedstaatliche oder satzungsmäßige Sonderrechte (u. a.:) bei der Besetzung der Verwaltung der Gesellschaft einer Verhältnismäßigkeitsprüfung unterzogen.[315] Das Recht der Arbeitnehmermitbestimmung begründet vergleichbare Sonderrechte.

114 Bei der Problematik der so genannten *Goldenen Aktien* geht es darum, dass dem Staat oder einer staatlichen Stelle durch Hoheitsakt (Gesetz, Verordnung) oder Gesellschafterbeschluss[316] in einer Gesellschaft besondere Rechte eingeräumt werden.[317] Dies geschieht regelmäßig im Zuge der Privatisierung öffentlicher Unternehmen. Von Goldenen Aktien spricht man, weil die Sonderrechte üblicherweise an den Besitz von Aktien geknüpft sind, die sie verbriefen. Die Sonderrechte betreffen dann zumeist entweder besondere Stimmrechte oder Einflussmöglichkeiten im Hinblick auf die Zusammensetzung des Aktionärskreises oder auch der Gesellschaftsorgane, z. B. durch ein Bestimmungsrecht (vgl. § 101 Abs. 2 S. 1, 2 AktG), einen Genehmigungsvorbehalt oder ein Widerspruchs- oder Vetorecht. Mit der Begründung solcher Sonderrechte bezweckt der Staat, bei Unternehmen, denen eine nationale Bedeutung beigemessen wird, den früheren, vor der Privatisierung bestehenden Einfluss in einem Mindestmaß zu erhalten. Das spielt insbesondere bei Versorgungsunternehmen eine Rolle, z. B. bei Energieversorgern oder Post- und Telekommunikationsdienstleistern.

115 Der Gerichtshof hat die Vorschriften über Goldene Aktien regelmäßig nur am Maßstab der Kapitalverkehrsfreiheit gemessen und dabei angedeutet, dass die Beurteilung unter der Niederlassungsfreiheit nicht anders ausfallen könne.[318] In deren Schutzbereich greifen die staatlichen Sonderrechte ein, da sie geeignet sind, den Erwerb von Aktien zur Direktinvestition (mit dem Ziel der Unternehmenskontrolle) oder Portfolioinvestition (zu Anlagezwecken) zu verhindern oder zu beschränken bzw. davon abzuschrecken.[319] Als zwingende Gründe des Allgemeininteresses hat der Gerichtshof im

---

314 EuGH v. 4.6.2002 – Rs. C-367/98 *Kommission ./. Portugal,* EU:C:2002:326 – Golden Share I; EuGH v. 4.6.2002 – Rs. C-483/99 *Kommission ./. Frankreich,* EU:C:2005:350 – Golden Share II; EuGH v. 4.6.2002 – Rs. C-503/99 *Kommission ./. Belgien,* EU:C:2002:328 – Golden Share III; EuGH v. 13.5.2003 – Rs. C-463/00 *Kommission ./. Spanien,* EU:C:2003:272 – Golden Share IV; EuGH v. 13.5.2003 – Rs. C-98/01 *Kommission ./. Großbritannien,* EU:C:2003:273 – Golden Share V; s. a. EuGH v. 2.6.2005 – Rs. C-174/04 *Kommission ./. Italien,* EU:C:2005:350 – Golden Share VI; EuGH v. 28.9.2006 – verb. Rs. C-282/04 und C-283/04, *Kommission ./. Niederlande,* EU:C:2005:712 – Golden Share VII. S.a. schon EuGH v. 23.5.2000 – Rs. C-58/99 *Kommission ./. Italien,* EU:C:2000:280.

315 Zur *Golden Shares*-Problematik nur *Grundmann/Möslein,* BKR 2002, 758–765; *dies.,* ZGR 2003, 317–366; *Möslein,* ZIP 2007, 208–215; *Armbrüster,* JuS 2003, 224–227.

316 EuGH v. 28.9.2006 – verb. Rs. C-282/04 und C-283/04 *Kommission ./. Niederlande,* EU:C:2005:712 m. Bespr. v. *Möslein,* ZIP 2007, 208, 209.

317 Näher *Grundmann/Möslein,* ZGR 2003, 317, 322–325; *dies.,* BKR 2002, 758, 759 f. (Typologie).

318 S. nur EuGH v. 28.9.2006 – verb. Rs. C-282/04 und C-283/04 *Kommission ./. Niederlande,* EU: C:2005:712 Rdn. 42–44. S.a. *Grundmann/Möslein,* BKR 2002, 758, 760 f. mit Hinweis auf weitgehende Konvergenz.

319 EuGH v. 28.9.2006 – verb. Rs. C-282/04 und C-283/04 *Kommission ./. Niederlande,* EU:C:2005:712 Rdn. 19 f., 23–30.

Zusammenhang mit den goldenen Sonderrechten etwa die Gewährleistung einer Dienstleistung von allgemeinem Interesse wie des postalischen Universaldienstes anerkannt.[320] Ebenso wie im Rahmen der Dienstleistungs- und der Niederlassungsfreiheit ist aber auch hier der Arbeitnehmerschutz als legitimes Allgemeininteresse anzuerkennen.

Die *Golden Shares*-Rechtsprechung lässt sich auf das Recht der **Unternehmens- 116 mitbestimmung** übertragen. Denn auch eine gesetzliche Regelung, nach der Dritte (Arbeitnehmer) einen Teil der Mitglieder des Aufsichtsrats bestimmen, kann die Investition in Aktien des Unternehmens weniger attraktiv machen und stellt sich daher tatbestandlich als Eingriff in die Kapitalverkehrsfreiheit dar.[321] Entscheidend kommt es auch hier darauf an, ob die Regeln zur Erreichung des Arbeitnehmerschutzes – als legitimem Allgemeininteresse – erforderlich sind.[322] Die Rechtsprechung zur Dienstleistungsfreiheit (oben, Rdn. 75), in der der Rechtfertigungsgrund des Arbeitnehmerinteresses näher ausgeformt ist, deutet an, dass eine solche Rechtfertigung grundsätzlich möglich ist, im Einzelfall aber an die Grenze der Verhältnismäßigkeit stoßen kann.[323]

VII. Das allgemeine Verbot der Diskriminierung wegen der Staatsangehörigkeit und das unionsbürgerliche Freizügigkeitsrecht

Literatur: *Domröse/Kubicki*, Das unionsbürgerliche Freizügigkeitsrecht und der Zugang zu sozialen Leistungen des Herkunftsstaates, EuR 2008, 873–891; *Kadelbach*, Unionsbürgerrechte, in: Ehlers (Hrsg.), Europäische Grundrechte und Grundfreiheiten, 4. Aufl. 2015, § 26; *Kingreen*, Verbot der Diskriminierung wegen der Staatsangehörigkeit, in: Ehlers (Hrsg.), Europäische Grundrechte und Grundfreiheiten, 4. Aufl. 2015, § 13; *Rossi*, Das Diskriminierungsverbot nach Art. 12 EGV, EUR 2000, 197–217; *Wiesbrock*, Free movement of third-country nationals in the European Union: the illusion of inclusion, E.L. Rev. 35 (2010), 455–475.

Rechtsprechung:

EuGH v. 12.5.2011	Rs. C-391/09 *Runevič-Vardyn und Wardyn*, EU:C:2011:291
EuGH v. 11.11.2014	Rs. C-333/13 *Dano*, EU:C:2014:2358

---

320 EuGH v. 28.9.2006 – verb. Rs. C-282/04 und C-283/04 *Kommission ./. Niederlande*, EU:C:2005:712 Rdn. 37f. S.a. EuGH v. 13.5.2003 – Rs. C-463/00 *Kommission ./. Spanien*, EU:C:2003:272 Rdn. 70 (grundsätzliche Erwägung der – hier freilich unsubstantiierten – Rechtfertigung mit Bankdienstleistungen von öffentlichem Interesse).

321 Vgl. EuGH v. 23.10.2007 – Rs. C-112/05 *Kommission ./. Deutschland*, EU:C:2007:623 Rdn. 59–69 – VW-Gesetz. S.a. schon *Möslein*, ZIP 2007, 208, 213; vgl. auch MünchKommAktG/*Schlitt*, § 33 WpÜG Rdn. 283.

322 Schon an der Eignung scheiterte der Rechtfertigungsversuch beim VW-Gesetz; EuGH v. 23.10. 2007 – Rs. C-112/05 *Kommission ./. Deutschland*, EU:C:2007:623 Rdn. 74–76.

323 In diese Richtung bereits *Grundmann/Möslein*, ZGR 2003, 317, 350f.; *dies.*, ZVglRWiss 102 (2003) 289, 341–344 (mit rechtsvergleichender Übersicht).

EuGH v. 29.10.2015 Rs. C-583/14 *Nagy*, EU:C:2015:737
EuGH v. 18.7.2017 Rs. C-566/15 *Erzberger*, EU:C:2017:562

1. Das allgemeine Verbot der Diskriminierung wegen der Staatsangehörigkeit

117 Art. 18 Abs. 1 AEUV enthält ein allgemeines Verbot der Diskriminierung wegen der Staatsangehörigkeit.[324] Systematisch ist das der Grundsatz, dessen spezifische Ausprägungen die Diskriminierungsverbote der Grundfreiheiten sind.[325] Art. 18 Abs. 1 AEUV kommt daher nur „[u]nbeschadet besonderer Bestimmungen der Verträge" zur Anwendung, also nachrangig.[326] Die Vorschrift kann auch in arbeitsrechtsnahen Fällen einen Rolle spielen, z. B. wenn die – freilich weit gesteckten – Grenzen des zeitlichen Bezugs zum Arbeitsverhältnis (oben, Rdn. 15) überschritten sind.[327] So können die Dinge etwa liegen, wenn ein Student im Aufnahmemitgliedstaat Arbeit sucht oder staatliche Leistungen beantragt.[328] In der Rechtsprechung des EuGH kommt das Diskriminierungsverbot manchmal auch deswegen zum Tragen, weil die Vorlagefrage – mehr oder weniger zufällig – nicht auf die Arbeitnehmereigenschaft des Betroffenen abstellt.

118 Das Diskriminierungsverbot des Art. 18 Abs. 1 AEUV schützt natürliche und juristische Personen, die die Staatsangehörigkeit der bzw. ihren Sitz in den Mitgliedstaaten haben.[329] Es ist sachlich auf den Anwendungsbereich des AEU-Vertrags beschränkt. Der EuGH versteht dieses Tatbestandsmerkmal weit. Der Sachverhalt muss lediglich Berührungspunkte mit dem Gemeinschaftsrecht aufweisen.[330] Dafür ist nicht erforderlich, dass die Gemeinschaft auch die Rechtsetzungskompetenz hat. Die Ausnahme für die öffentliche Verwaltung in Art. 45 Abs. 4 AEUV soll für den Generaltatbestand

---

324 EuGH v. 11.11.2014 – Rs. C-333/13 *Dano*, EU:C:2014:2358 Rdn. 59 f.

325 EuGH v. 17.7.2008 – Rs. C-94/07 *Raccanelli*, EU:C:2008:425 Rdn. 45; EuGH v. 18.12.2007 – Rs. C-341/ 05 *Laval un Partneri*, EU:C:2007:809 Rdn. 54 f. S.a. EuGH v. 11.11.2014 – Rs. C-333/13 *Dano*, EU: C:2014:2358 Rdn. 61 (durch die FreizügigkeitsRL 2004/38/EG konkretisiert; zu ihr Rdn. 8).

326 EuGH v. 18.7.2017 – Rs. C-566/15 *Erzberger*, EU:C:2017:562 Rdn. 24 f.; EuGH v. 29.10.2015 – Rs. C-583/14 *Nagy*, EU:C:2015:737 Rdn. 23; EuGH v. 2.2.1989 – Rs. 186/87 *Cowan*, EU:C:1989:47 Rdn. 14.

327 Weitergehend schlägt Schlachter/Heinig/*Mangold*, § 4 Rdn. 120 ff., vor, die Unionsbürgerschaft als „Argumentationsreserve" zu nutzen und namentlich als theoretisches Fundament für Diskriminierungsverbote zu verstehen und als Gegengewicht gegen ökonomische Argumente zu „mobilisieren".

328 S. z. B. EuGH v. 20.9.2001 – Rs. C-184/99 *Grzelczyk*, EU:C:2001:458; dazu eingehend *Domröse*/*Kubicki*, EuR 2008, 873–891.

329 Umstritten ist die Begünstigung von Drittstaatenangehörigen, die aber aus teleologischen Gründen abzulehnen ist; *Kingreen*, in: Ehlers (Hrsg.), Europäische Grundrechte und Grundfreiheiten, § 13 Rdn. 5; zweifelnd Grabitz/Hilf/Nettesheim/*von Bogdandy*, Art. 18 AEUV Rdn. 31 f. S.a. Schwarze/*Holoubek*, Art. 18 AEUV Rdn. 36 f. m. N. aus der Rspr.

330 EuGH v. 27.10.1982 – verb. Rs. 35/82 und 36/82 *Morson*, EU:C:1982:368 Rdn. 14–16; EuGH v. 2.2.1989 – Rs. 186/87 *Cowan*, EU:C:1989:47 Rdn. 10.

von Art. 18 Abs. 1 AEUV nicht gelten.[331] In ähnlicher Weise wie von den Grundfreiheiten bekannt, setzt Art. 18 Abs. 1 AEUV einen „grenzüberschreitenden Bezug" voraus und verbietet daher in reinen Inlandssachverhalten nicht die Inländerdiskriminierung.[332]

Das Verbot wendet sich an die Mitgliedstaaten und die Union selbst. Eine unmittelbare Drittwirkung gegenüber Privaten ist (auch) hier umstritten.[333] Verboten sind unmittelbare und mittelbare Diskriminierungen. Dabei ist bei mittelbaren Diskriminierungen auch hier schon als Tatbestandsmerkmal anzusehen, dass die benachteiligende Wirkung nicht schon durch objektive Gründe gerechtfertigt ist. 119

2. Das unionsbürgerliche Freizügigkeitsrecht

Schließlich ergänzt auch die unionsbürgerliche Freizügigkeit des Art. 21 AEUV die Grundfreiheiten.[334] Danach hat jeder Unionsbürger (Art. 20 Abs. 1 S. 2 AEUV: Staatsangehörige der Mitgliedstaaten)[335] das Recht, sich im Hoheitsgebiet der Mitgliedstaaten vorbehaltlich der in diesem Vertrag und in den Durchführungsvorschriften vorgesehenen Beschränkungen und Bedingungen frei zu bewegen und aufzuhalten.[336] Ähnlich wie Art. 18 AEUV enthält auch Art. 21 AEUV die allgemeine Regelung, die in den Grundfreiheiten eine spezielle und als solche vorrangige Ausprägung findet.[337] Anders als die Grundfreiheiten setzt die unionsbürgerliche Freizügigkeit keinen wirtschaftlichen Bezug voraus. 120

Als Freizügigkeitsrecht begründet Art. 21 Abs. 1 AEUV die Zuzugs- wie die Wegzugsfreiheit und umfasst auch ein Diskriminierungsverbot. Die Vorschrift betrifft aber nicht rein interne Sachverhalte, verbietet also in diesen Fällen eine Inländerdiskriminierung nicht. Für die Rechtfertigung von Eingriffen verweist Art. 21 Abs. 1 AEUV auf 121

331 *Rossi*, EUR 2000, 197, 208.

332 S.a. Schwarze/*Holoubek*, Art. 18 AEUV Rdn. 28–30 (auch zu den Problemen bei der Eingrenzung reiner Inlandssachverhalte).

333 Bejahend (unter dem Gesichtspunkt kollektiver Regelungsmacht) EuGH v. 3.10.2000 – Rs. C-411/98 *Ferlini*, EU:C:2000:530; für eine (nur) mittelbare Drittwirkung Schwarze/*Holoubek*, Art. 18 AEUV Rdn. 43–45; von der Groeben/Schwarze/Hatje/*Rust*, Art. 18 AEUV Rdn. 18; Calliess/Ruffert/*Epiney*, Art. 18 AEUV Rdn. 40; wohl auch Streinz/*Streinz*, Art. 18 AEUV Rdn. 44 (aber mit Hinweis auf die *Angonese*-Rechtsprechung); grundsätzlich für eine unmittelbare Drittwirkung Grabitz/Hilf/Nettesheim/*von Bogdandy*, Art. 18 Rdn. 26–28, allerdings mit der Einschränkung, die Vertragsabschlussfreiheit bleibe davon wegen ihrer fundamentalen Bedeutung unberührt (nur Art. 82 EG [Art. 102 AEUV]).

334 Über das konkrete Freizügigkeitsrecht hinaus zieht der EuGH die Unionsbürgerschaft auch als Auslegungselement heran, z.B. für die Arbeitnehmerfreizügigkeit; s.z.B. EuGH v. 23.3.2004 – Rs. C-138/02 *Collins*, EU:C:2004:172 Rdn. 60f., 63, 73.

335 Zur Freizügigkeit von Angehörigen von Drittstaaten *Wiesbrock*, E.L. Rev. 35 (2010), 455–475.

336 EuGH v. 12.5.2011 – Rs. C-391/09 *Runevič-Vardyn und Wardyn*, EU:C:2011:291.

337 S.z.B. EuGH v. 11.1.2007 – Rs. C-208/05 *ITC*, EU:C:2007:16 Rdn. 64f.

die im EG-Vertrag (AEUV) sowie in Durchführungsbestimmungen vorgesehenen Beschränkungen. Dazu zählen vor allem Beschränkungen aus Gründen der öffentlichen Ordnung, der Sicherheit sowie der Gesundheit, wie sie Art. 45 Abs. 3, 52 Abs. 1 AEUV vorsehen und wie sie in der Freizügigkeitsrichtlinie (Rdn. 8) ausgeformt sind. Als Schranken-Schranken sind jedoch auch hier die Gemeinschaftsgrundrechte und das Verhältnismäßigkeitsprinzip zu wahren. Ferner darf der Wesensgehalt der Art. 18 Abs. 1, 21 Abs. 1 AEUV nicht ausgehöhlt werden.[338]

VIII. Anhang: Die Europäische Arbeitsbehörde

122 Die durch Verordnung aus dem Jahr 2019[339] eingerichtete Europäische Arbeitsbehörde (*European Labour Authority*, ELA) mit Sitz in Bratislava/Slowakei dient vor allem der Erleichterung der Arbeitnehmermobilität im Rahmen der Arbeitnehmerfreizügigkeit sowie, in Form von Entsendung, im Rahmen der Dienstleistungsfreiheit.

123 Die **Verordnung errichtet die Europäische Arbeitsbehörde** (Art. 1 Abs. 1 ELA-VO) als Einrichtung der EU mit eigener Rechtspersönlichkeit (Art. 3 Abs. 1 ELA-VO) und umfassender Rechts-, Geschäfts- und Parteifähigkeit (Art. 3 Abs. 2 ELA-VO). Sie wird von einem Exekutivdirektor geleitet (Art. 22 ELA-VO). Ein Verwaltungsrat, zusammengesetzt aus Vertretern der Mitgliedstaaten, der Kommission, einem vom Parlament benannten Sachverständigen und Vertretern der Sozialpartner (Art. 17 ELA-VO), gibt die strategischen Leitlinien vor und überwacht die Arbeit (Art. 18 ELA-VO). Eine „Gruppe der Interessenträger", zusammengesetzt aus zwei Kommissionsvertretern und je fünf Mitgliedern der Gewerkschaften und Arbeitgeberverbände auf Unionsebene, ist der Behörde angegliedert und hat eine beratende Funktion, eine Art institutionalisierter Konsultation.

124 „Die **Behörde unterstützt** die Mitgliedstaaten und die Kommission bei der wirksamen **Anwendung und Durchsetzung des Unionsrechts** im Bereich der unionsweiten Arbeitskräftemobilität und der Koordinierung der Systeme der sozialen Sicherheit in der Union", Art. 1 Abs. 2 ELA-VO. Durch die Verordnung wird kein neues materielles Recht geschaffen (BE 14 ELA-VO), die Behörde soll zur Durchsetzung von und Information über bestehende Regeln beitragen. Den Aufgabenkreis umreißt Art. 1 Abs. 4 ELA-VO durch Bezugnahme auf enumerativ aufgezählte Unionsrechtsakte. Diese umfassen vor allem drei Bereiche:

- Dienstleistungsfreiheit (die Entsenderichtlinie und die Entsende-Durchsetzungsrichtlinie, lit. a) und b));

---

338 Schwarze/*Hatje*, Art. 21 AEUV Rdn. 15 m.w.N.

339 Verordnung 2019/1149 des Europäischen Parlaments und des Rates vom 20.6.2019 zur Errichtung einer Europäischen Arbeitsbehörde und zur Änderung der Verordnungen (EG) Nr. 883/2004, (EU) Nr. 492/2011 und (EU) 2016/589 sowie zur Aufhebung des Beschlusses (EU) 2016/344, ABl. 2019 L 186/21.

- Arbeitnehmerfreizügigkeit (die Sozialrechts-Koordinierungs-Verordnung 883/2004,[340] die Freizügigkeitsverordnung 492/2011, die Freizügigkeits-Erleichterungs-Richtlinie 2014/54, die Verordnung über ein europäisches Netz der Arbeitsvermittlungen 2016/589[341], lit. c)–f));
- Straßenverkehr/Kraftverkehr (lit. g)–i)).

Die **Aufgaben** der Behörde beschreibt Art. 4 ELA-VO, Einzelheiten regeln die nachfolgenden Artikel 5–13. Beispielhaft seien folgende Bereiche hervorgehoben: Um die Arbeitskräftemobilität zu verbessern, erleichtert die Behörde den Zugang zu Information für „Einzelpersonen, Arbeitgeber und Sozialpartner", Art. 5 ELA-VO. Sie nimmt koordinierende Aufgaben im Zusammenhang mit dem Netz der Arbeitsvermittlungen (EURES) wahr, Art. 6 ELA-VO. Die Behörde erleichtert die Zusammenarbeit und den Informationsaustausch zwischen den Mitgliedstaaten zur Durchsetzung des Unionsrechts, Art. 7 ELA-VO. Sie koordiniert und unterstützt konzertierte und gemeinsame Kontrollen der Mitgliedstaaten, Art. 8, 9 ELA-VO. Sie unterstützt die Mitgliedstaaten bei der Bekämpfung nicht angemeldeter Erwerbstätigkeit, Art. 12 ELA-VO. Die Arbeitsbehörde vermittelt bei Streitigkeiten zwischen den Mitgliedstaaten über die Anwendung des Unionsrechts, Art. 13 ELA-VO. **125**

340 Verordnung Nr. 883/2004 des Europäischen Parlaments und des Rates vom 29.4.2004 zur Koordinierung der Systeme der sozialen Sicherheit, ABl. 2004 L 166/1.

341 Verordnung 2016/589 des Europäischen Parlaments und des Rates vom 13.4.2016 über ein Europäisches Netz der Arbeitsvermittlungen (EURES), den Zugang von Arbeitnehmern zu mobilitätsfördernden Diensten und die weitere Integration der Arbeitsmärkte und zur Änderung der Verordnungen (EU) Nr. 492/2011 und (EU) Nr. 1296/2013, ABl. 2016 L 107 /1.

§ 4 Wettbewerbsrecht und Arbeitsrecht – Übersicht

Literatur: *Ackermann*, GWB Novelle und kartellrechtlicher Geltungsanspruch, in: Rieble/Junker/Giesen (Hrsg.), Kartellrecht und Arbeitsmarkt, 2010, S. 17 ff.; *Bücker*, Tarifautonomie für selbstständige Arbeitskräfte – Zur Korrekturbedürftigkeit der EuGH-Entscheidung C-413/13 (FNV Kunsten Informatie en Media), in: Deinert/Heuschmid/Kittner/Schmidt (Hrsg.), Demokratisierung der Wirtschaft durch Arbeitsrecht – Festschrift für Thomas Klebe zum 70. Geburtstag, 2018, S. 65–71; *Fleischer*, Tarifverträge und Europäisches Wettbewerbsrecht, DB 2000, 821–825; *Fuchs*, Tarifverträge Selbstständiger und europäisches Wettbewerbsrecht, ZESAR 2016, 297–306; *Goldmann*, Tarifverträge für selbständige Dienstleistungsanbieter als Verstoß gegen EU-Kartellrecht?, EuZA 2015, 509–518; *Kainer*, Tarifverträge im Fokus des Kartellrechts, EuZA 2017, 90–100; *Kordel*, Arbeitsmarkt und Europäisches Kartellrecht, 2004; *Latzel/Serr*, Kartellkontrollprivileg für Tarifverträge als formeller Rahmen eines Unionstarifrechts, EuZW 2014, 410–415; *Loi*, Independent workers between labour law protection and competition law, in: Brameshuber/Friedrich/Karl (Hrsg.), Festschrift Franz Marhold, 2020, S. 625–636; *Mohr*, Das Verhältnis von Tarifvertragsrecht und Kartellrecht am Beispiel solo-selbständiger Unternehmer, EuZA 2018, 436–462; *Mohr/Wolf*, Verbandstarifverträge zwischen Tarifautonomie und Kartellrecht, JZ 2011, 1091–1102; *Rieble*, Arbeitsmarkt und Wettbewerb, 1996; *ders.*, EuGH: Kartellkontrolle von Tarifverträgen, ZWeR 2016, 165–178; *Schubert*, Tarifverträge zum Schutz von Crowdworkern trotz Kartellverbot?, in: Deinert/Heuschmid/Kittner/Schmidt (Hrsg.), Demokratisierung der Wirtschaft durch Arbeitsrecht – Festschrift für Thomas Klebe zum 70. Geburtstag, 2018, S. 351–357; *Van den Bergh/Camesasca*, Irreconcilable Principles? – The Court of Justice Exempts Collective Labour Agreements from the Wrath of Antitrust, E.L. Rev. 25 (2000), 492–508; *Viol*, Die Anwendbarkeit des Europäischen Kartellrechts auf Tarifverträge, 2004.

Rechtsprechung:

EuGH v. 23.4.1991	Rs. C-41/90 *Höfner und Elser*, EU:C:1991:161
EuGH v. 11.12.1997	Rs. C-55/96 *Job Centre coop. arl*, EU:C:1997:603
EuGH v. 21.9.1999	Rs. C-67/96 *Albany*, EU:C:1999:430
EuGH v. 21.9.1999	verb. Rs. C-115/97 bis 117/97 *Brentjens'*, EU:C:1999:434
EuGH v. 21.9.1999	Rs. C-219/97 *Bokken*, EU:C:1999:437
EuGH v. 12.9.2000	verb. Rs. C-180/98 bis 184/98 *Pavlov*, EU:C:2000:428
EuGH v. 21.9.2000	Rs. C-222/98 *van der Woude*, EU:C:2000:475
EuGH v. 11.12.2007	Rs. C-438/09 *ITF*, EU:C:2007:772
EuGH v. 9.7.2009	Rs. C-319/06 *3F*, EU:2009:435
EuGH v. 3.3.2011	Rs. C-437/09 *AG2R Prévoyance*, EU:C:2011:112
EuGH v. 4.12.2014	Rs. C-413/13 *FNV Kunsten*, EU:C:2014:2411
EFTA-Gerichtshof v. 22.3.2002	E-8/00 *LO*
EFTA-Gerichtshof v. 19.4.2016	E-14/15 *Holship*

Übersicht

https://doi.org/10.1515/9783110731941-004

I. Wettbewerbsrechtliche Grundlagen

1 Kennzeichen der EU als Wirtschaftsunion ist neben den Grundfreiheiten, die staatliche Wettbewerbshindernisse beseitigen, das (im Unionsrecht sog.) Wettbewerbsrecht der Art. 101 ff. AEUV, das Wettbewerbsbeschränkungen durch Private verbietet. Nach dem **Kartellverbot** des AEUV sind „[m]it dem Binnenmarkt unvereinbar und verboten alle Vereinbarungen zwischen Unternehmen, Beschlüsse von Unternehmensvereinigungen und aufeinander abgestimmte Verhaltensweisen, welche den Handel zwischen Mitgliedstaaten zu beeinträchtigen geeignet sind und eine Verhinderung, Einschränkung oder Verfälschung des Wettbewerbs innerhalb des Binnenmarkts bezwecken oder bewirken“, Art. 101 Abs. 1 AEUV. Die besondere Bedeutung der Vorschrift wird dadurch unterstrichen, dass es sich schon unionsrechtlich um eine *lex perfecta* handelt, da Absatz 2 der Vorschrift die Nichtigkeit verbotswidriger Vereinbarungen und Beschlüsse anordnet.

2 Das **Missbrauchsverbot** des Art. 102 AEUV verbietet weiterhin „die missbräuchliche Ausnutzung einer beherrschenden Stellung auf dem Binnenmarkt oder auf einem wesentlichen Teil desselben durch ein oder mehrere Unternehmen, soweit dies dazu führen kann, den Handel zwischen Mitgliedstaaten zu beeinträchtigen“.

3 Die Vorschrift wendet sich primär an **Unternehmen**. Der Begriff des Unternehmens wird dabei weit verstanden und erfasst „jede eine wirtschaftliche Tätigkeit ausübende Einheit, unabhängig von ihrer Rechtsform und der Art ihrer Finanzierung“.[1] Erfasst sind, wie sich aus Art. 106 AEUV ergibt, auch **öffentliche Unternehmen** und Unternehmen, denen die Mitgliedstaaten besondere oder ausschließliche Rechte gewähren. Vermittelt über die Unionstreue nach Art. 4 Abs. 3 EUV sind aber auch die **Mitgliedstaaten** gehalten, die Art. 101 ff. zu beachten. Sie dürfen durch ihre Gesetzgebung und Verwaltung nicht die einheitliche und uneingeschränkte Wirksamkeit des Wettbewerbsrechts beeinträchtigen oder seine praktische Wirksamkeit gefährden.[2] Insbesondere sind die Mitgliedstaaten nach Art. 106 Abs. 2 AEUV gehalten, öffentliche Unternehmen nicht in eine Lage zu bringen, in die diese sich nicht ohne Verstoß gegen das Missbrauchsverbot hätten versetzten können.[3]

---

1 EuGH v. 23.4.1991 – Rs. C-41/90 *Höfner und Elser*, EU:C:1991:161 Rn. 21. *Mohr*, EuZA 2018, 436, 452 f.

2 EuGH v. 13.2.1969 – Rs. 14/68 *Walt Wilhelm*, EU:C:1969:4; EuGH v. 29.1.1985 – Rs. 231/83 *Cullet*, EU:C:1985:29 Rdn. 16.

3 EuGH v. 13.12.1991 – Rs. C-18/88 *GB-INNO*, EU:C:1991:474 Rdn. 20.

II. Bedeutung für das Arbeitsrecht

1. Vereinbarkeit von arbeitsrechtlichen Kollektivverträgen mit dem Kartellverbot

a) Grundlagen: Primärrechtliche Anerkennung von Kollektivvereinbarungen der Sozialpartner

Wettbewerbsbeschränkende Wirkung haben insbesondere Tarifverträge zwischen Arbeitgeberverbänden und Gewerkschaften.[4] Ob einzelne Arbeitnehmer und Gewerkschaften als Unternehmen i.S.v. Art. 101 AEUV zu qualifizieren sind, ist umstritten.[5] Jedenfalls sind Arbeitgeber und ihre Verbände Unternehmen.[6] Tarifverträge sind Vereinbarungen, die den Handel zwischen den Mitgliedstaaten zu beeinträchtigen geeignet sind und eine Einschränkung des Wettbewerbs im Binnenmarkt bewirken. Das europäische Wettbewerbsrecht nimmt sie auch nicht ausdrücklich von seinem Anwendungsbereich aus. Allerdings verfolgt auch das Unionsrecht nicht nur wirtschaftliche, sondern auch sozialpolitische Ziele, und es anerkennt in diesem Zusammenhang die Funktion von Kollektivverträgen der Sozialpartner zur Verwirklichung dieser Ziele. So wirkt die Union hin auf „eine in hohem Maße wettbewerbsfähige soziale Marktwirtschaft, die auf Vollbeschäftigung und sozialen Fortschritt abzielt", Art. 3 Abs. 3 UAbs. 1 EUV. Zu ihren Zielen gehört „die Förderung der Beschäftigung, die Verbesserung der Lebens- und Arbeitsbedingungen, um dadurch auf dem Wege des Fortschritts ihre Angleichung zu ermöglichen, einen angemessenen sozialen Schutz, den sozialen Dialog, die Entwicklung des Arbeitskräftepotenzials im Hinblick auf ein dauerhaft hohes Beschäftigungsniveau und die Bekämpfung von Ausgrenzungen", Art. 151 Abs. 1 AEUV. Dem dient die Sozialpolitik auf der Grundlage der Art. 153ff. AEUV (näher § 5 Rdn. 15ff.). Dabei haben die Mitgliedstaaten nach Art. 153 Abs. 3 UAbs. 1 AEUV die Befugnis, die Sozialpartner (Arbeitgeberverbände und Gewerkschaften) mit der Umsetzung von Richtlinien zu betrauen. Zudem können sich die europäischen Sozialpartner nach Art. 155f. an der Unionsgesetzgebung beteiligen (dazu § 5 Rdn. 31–44). Der EuGH hat daher im Wege der systematischen Auslegung eine **Bereichsausnahme für Kollektivverträge** zwischen Sozialpartnern angenommen. „Zwar sind mit Tarifverträgen zwischen Organisationen, die die Arbeitgeber und die Arbeitnehmer vertreten, zwangsläufig gewisse den Wettbewerb beschränkende Wirkungen verbunden. Die Erreichung der mit derartigen Verträgen angestrebten sozialpolitischen Ziele wäre jedoch ernsthaft gefährdet, wenn für die Sozialpartner bei 4

---

4 Zusammenfassend *Ackermann*, in: Rieble/Junker/Giesen (Hrsg.), Kartellrecht und Arbeitsmarkt, S. 19ff.

5 Bejahend *Ackermann*, in: Rieble/Junker/Giesen (Hrsg.), Kartellrecht und Arbeitsmarkt, S. 25ff., ablehnend die wohl h.M. *Mestmäcker/Schweitzer*, Europäisches Wettbewerbsrecht, 2. Aufl. 2014, § 9 Rn. 51.

6 *Mohr/Wolf*, JZ 2011, 1091, 1096 (und 1097f. zur Rechtsfolgenseite).

der gemeinsamen Suche nach Maßnahmen zur Verbesserung der Beschäftigungs- und Arbeitsbedingungen Artikel 85 Absatz 1 Geltung hätte.“[7]

b) Tatbestand: Kollektivvereinbarung zur Verbesserung der Arbeitsbedingungen

5 Tatbestandlich setzt die Bereichsausnahme voraus, dass nach „Art und Gegenstand“ einer Vereinbarung, also nach Form und Inhalt, gerechtfertigt ist, diese dem Kartellverbot zu entziehen.

6 Der **Form** nach erfasst die Ausnahme (unionsautonom zu bestimmende)[8] **Kollektivverträge** zwischen Organisationen, die Arbeitgeber und Arbeitnehmer vertreten.[9] Auf die Ausgestaltung nach nationalem Recht, etwa als Normenvertrag (wie in § 4 TVG) kommt es nicht an.[10]

7 Erfasst sind nur Kollektivvereinbarungen für **Arbeitnehmer**, nicht solche für Selbständige.[11] Handelt die Vereinigung der Dienstleister für Selbständige, so ist es eine Unternehmervereinigung, die als solche Art. 101 AEUV unterfällt.[12] Auch insofern sind die unionsrechtlichen Begriffe maßgeblich, der EuGH zieht den **unionsautonomen Arbeitnehmerbegriff** des Art. 45 AEUV (§ 3 Rdn. 9) heran.

8 Auch **„Scheinselbständige“** sind Arbeitnehmer i.S.d. unionsrechtlichen Begriffs. Der Gerichtshof versteht darunter „Leistungserbringer, die sich in einer vergleichbaren Situation wie die Arbeitnehmer befinden“.[13] Diese Formulierung könnte darauf hindeuten, dass der EuGH bestimmte Selbständige (in arbeitnehmerähnlicher Situation) als Arbeitnehmer einstuft oder durch ein teleologisches Begriffsverständnis Umgehungsversuchen begegnet.[14] Treffender erscheint indes, dass damit lediglich eine Folgerung aus der Diskrepanz von (weiterem) unionsautonomen Arbeitnehmerbegriff und mitgliedstaatlichem Begriff gezogen wird: Ist der europarechtliche Arbeitnehmerbegriff weiter gefasst, kommt in Betracht, dass Dienstleister, die nach mit-

---

7 EuGH v. 21.9.1999 – Rs. C-67/96 *Albany*, EU:C:1999:430 Rdn. 59; EuGH v. 21.9.1999 – verb. Rs. C-115/97 bis 117/97 *Brentjens‘*, EU:C:1999:434 Rdn. 56; EuGH v. 21.9.1999 – Rs. C-219/97 *Bokken*, EU:C:1999:437 Rdn. 46; EuGH v. 21.9.2000 – Rs. C-222/98 *van der Woude*, EU:C:2000:475 Rdn. 22ff. Ferner EuGH v. 11.12.2007 – Rs. C-438/09 *ITF*, EU:C:2007:772 Rdn. 49; EuGH v. 9.7.2009 – Rs. C-319/06 *3F*, EU:C:2009:435 Rdn. 47ff. Dem folgend EFTA-Gerichtshof v. 22.3.2002 E-8/00 *LO*; EFTA-Gerichtshof v. 19.4.2016 E-14/15 *Holship* m. zust. Anm. v. *Kainer*, EuZA 2017, 90ff. Vergleichende Übersicht und Diskussion bei *Viol*, Die Anwendbarkeit des Europäischen Kartellrechts auf Tarifverträge, S. 353ff.

8 *Latzel/Serr*, EuZW 2014, 410, 411f.; *Mohr*, EuZA 2018, 436, 440; krit. *Fuchs*, ZESAR 2016, 297, 304f.

9 *Ackermann*, in: Rieble/Junker/Giesen (Hrsg.), Kartellrecht und Arbeitsmarkt, S. 33f.

10 *Ackermann*, in: Rieble/Junker/Giesen (Hrsg.), Kartellrecht und Arbeitsmarkt, S. 30; *Latzel/Serr*, EuZW 2014, 410, 412.

11 EuGH v. 12.9.2000 – verb. Rs. C-180/98 bis 184/98 *Pavlov*, EU:C:2000:428 Rdn. 67ff. (Angehörige freier Berufe).

12 EuGH v. 4.12.2014 – Rs. C-413/13 *FNV Kunsten*, EU:C:2014:2411 Rdn. 27ff.

13 EuGH v. 4.12.2014 – Rs. C-413/13 *FNV Kunsten*, EU:C:2014:2411 Rdn. 31, 42.

14 *Steinle/Haußmann*, EuZW 2015, 313, 317 („Arbeitnehmer, die als Selbständige getarnt werden“); *Schubert/Jerchel*, EuZW 2015, 340, 346.

gliedstaatlichem Recht Selbständige sind, unionsrechtlich Arbeitnehmer sind. Aus europarechtlicher Sicht handelt es sich insoweit um „Scheinselbständige".[15]

Das Unionsrecht kennt nur die Dichotomie von Arbeitnehmern und Selbständigen. Eine Zwischenkategorie der **arbeitnehmerähnlichen Personen**, wie sie im deutschen Recht u. a. § 12a TVG vorsieht, gibt es hier nicht. Auch der Begriff der (unionsrechtlich) Scheinselbständigen deckt sich nicht etwa mit jenem der Arbeitnehmerähnlichen.[16] Das hat zur Folge, dass man bei den Arbeitnehmerähnlichen differenzieren muss: „Die deutschrechtlich arbeitnehmerähnlichen Personen sind mit Blick auf das Kartellverbot europarechtlich in Arbeitnehmer und Selbständige aufzuteilen."[17] 9

Die Grenzziehung illustriert der Fall ***FNV Kunsten***.[18] In den Niederlanden können auch Selbständige einer Gewerkschaft angehören, und diese können auch mit Wirkung für die ihnen angeschlossenen Selbständigen Tarifverträge schließen. Der Gewerkschaftsverbund FNV Kunsten schloss einen Tarifvertrag mit einer Arbeitgebervereinigung, der Mindesttarife nicht nur für angestellte Aushilfsmusiker (also Arbeitnehmer) enthielt, sondern auch für selbständige Aushilfsmusiker. Die Regelung war hier zwar von den Sozialpartnern (Arbeitgeberverband und Gewerkschaft) in Form eines Tarifvertrags vereinbart. Soweit sie selbständige Aushilfsmusiker erfasste, betraf sie indessen Unternehmen und unterfiel daher Art. 101 AEUV. Soweit die Gewerkschaft als Vertretung der Selbständigen handelte, handelte sie („in Wirklichkeit") als Unternehmervereinigung. Im Hinblick auf seine systematische Begründung der Bereichsausnahme hebt der EuGH hervor, dass der AEUV zwar in Art. 153 ff. einen sozialen Dialog zwischen Arbeitnehmer- und Arbeitgebervertretern vorsieht, eine vergleichbare Regelung im Hinblick auf die Beschäftigungsbedingungen Selbständiger hingegen fehle.[19] Erweisen sich allerdings die nach mitgliedstaatlichem Recht als „Selbständige" qualifizierten Leistungserbringer unionsrechtlich als „Scheinselbständige" („Leistungserbringer, die sich in einer vergleichbaren Situation wie die Arbeitnehmer befinden"), so kann das Kartellprivileg eingreifen. 10

Inhaltlich muss der Kollektivvertrag „zur Verbesserung der **Arbeits- und Beschäftigungsbedingungen**" beitragen.[20] Das dürfte in einem weiten Sinne zu verstehen sein, so dass darunter die Verfolgung der sozialpolitischen Ziele von Art. 151 11

---

15 *Goldmann*, EuZA 2015, 509, 513 f.; *Rieble*, ZWeR 2016, 165, 169 f.

16 *Fuchs*, ZESAR 2016, 297, 302 ff.; *Goldmann*, EuZA 2015, 509, 517 f.; *Latzel/Serr*, EuZW 2014, 410, 413; a. M. *Schubert/Jerchel*, EuZW 2015, 340, 346 („einer europäischen Art der arbeitnehmerähnlichen Person").

17 *Rieble*, ZWeR 2016, 165, 172. Da Arbeitnehmerähnliche gerade nicht Arbeitnehmer sind, sondern sich von diesen nach objektiven Kriterien unterscheiden, kann auch nicht über den Gleichheitssatz von Art. 20 GRCh eine Gleichstellungspflicht begründet werden; so aber *Schubert*, FS Klebe (2018), S. 356.

18 EuGH v. 4.12.2014 – Rs. C-413/13 *FNV Kunsten*, EU:C:2014:2411.

19 Rechtspolitisch krit. *Loi*, FS Marhold (2020), S. 625 ff.

20 EuGH v. 4.12.2014 – Rs. C-413/13 *FNV Kunsten*, EU:C:2014:2411 Rdn. 22; EuGH v. 3.3.2011 Rs. C-437/09 *AG2R Prévoyance*, EU:C:2011:112 Rdn. 29; EuGH v. 21.9.1999 – Rs. C-67/96 *Albany*, EU:C:1999:430

AEUV fällt.[21] Allerdings dient eine Einbeziehung Selbständiger in den Tarifvertrag zu dem Zweck, einen Unterbietungswettbewerb zu den Arbeitnehmern („Sozialdumping") zu verhindern, nicht (unmittelbar) der Verbesserung der Arbeits- und Beschäftigungsbedingungen.[22] Das Kartellrechtsprivileg versagt, „wenn der Tarifvertrag darauf zielt, mit Lastwirkung für Dritte Mindestpreise oder Mindestlöhne vorzugeben, deren Zweck die Marktabschottung ist".[23]

c) Rechtsfolge: Bereichsausnahme

12 Rechtsfolge ist eine **Bereichsausnahme**, d.h. eine umfassende Freistellung der Kollektivvereinbarungen von den Wettbewerbsvorschriften.[24] Das Verhältnis von Tarifordnung und Wettbewerbsrecht wird m.a.W. als ein „Entweder-oder" verstanden, nicht als ein „Mehr-oder-weniger". Es geht nicht um einen verhältnismäßigen Ausgleich von Wettbewerb und Tarifordnung. Darin liegt ein markanter Unterschied zum Verhältnis von Grundfreiheiten und Tarif-/Arbeitskampfordnung, wo der EuGH eine Verhältnismäßigkeitsprüfung vornimmt (näher § 3 Rdn. 84). Anders als bei einem Konflikt mit den Grundfreiheiten ist die Wettbewerbsbeschränkung durch Kollektivvertrag daher nicht als zur Erreichung eines legitimen Ziels erforderlich zu rechtfertigen.

13 Über die Kollektivverträge hinaus dürfte die Bereichsausnahme auch **Arbeitskampfmaßnahmen** erfassen.[25] Auch ihnen kann eine wettbewerbsbeschränkende Wirkung zukommen. Sie gehören aber in der Sache untrennbar zusammen mit dem Kollektivvertrag, auf dessen Herbeiführung sie gerichtet sind.

2. Arbeitsvermittlungsmonopol

14 Das Wettbewerbsrecht wirkt sich auch auf das mitgliedstaatliche Arbeitsvermittlungsmonopol aus, und zwar durch das Missbrauchsverbot.

15 Wettbewerbsrechtlich sind Arbeitsvermittlungsstellen als **Unternehmen** i.S.v. Art. 101ff. AEUV (s.o. Rdn. 3) anzusehen, und zwar unabhängig davon, ob sie als

---

Rdn. 57ff. EFTA-Gerichtshof v. 19.4.2016 – E-14/15 *Holship* m. zust. Anm. v. *Kainer*, EuZA 2017, 90ff. *Latzel/Serr*, EuZW 2014, 410, 413ff. („formal-gegenständliche Abgrenzung").

21 *Ackermann*, in: Rieble/Junker/Giesen (Hrsg.), Kartellrecht und Arbeitsmarkt, S. 30; *Mohr/Wolf*, JZ 2011, 1091, 1097. Tendenziell enger *Latzel/Serr*, EuZW 2014, 410, 414 (auf Art. 153 Abs. 1 lit. a)–i) AEUV abstellend).

22 *Mohr*, EuZA 2018, 436, 452f.

23 *Rieble*, ZWeR 2016, 165, 172. S. weiterhin z.B. EFTA-Gerichtshof v. 19.4.2016 – E-14/15 *Holship*.

24 *Ackermann*, in: Rieble/Junker/Giesen (Hrsg.), Kartellrecht und Arbeitsmarkt, S. 32f.; *Goldmann*, EuZA 2015, 509, 516f.

25 *Ackermann*, in: Rieble/Junker/Giesen (Hrsg.), Kartellrecht und Arbeitsmarkt, S. 30f.

selbständige juristische Person organisiert sind (wie die deutsche Bundesanstalt, heute: Bundesagentur für Arbeit)[26] oder als sonstige staatliche Vermittlungsstellen (Behörden)[27]. Haben sie ein Vermittlungsmonopol, so handelt es sich um **öffentliche** Unternehmen i.S.v. Art. 106 Abs. 1 AEUV, denen der Mitgliedstaat ein ausschließliches Recht verliehen hat. Und aufgrund ihres Monopols in einem Mitgliedstaat haben die Vermittlungsstellen zugleich eine **marktbeherrschende Stellung** i.S.v. Art. 102 AEUV. Daher sind solche Arbeitsvermittlungsstellen zunächst selbst gem. Art. 106 Abs. 2 AEUV gebunden, das Missbrauchsverbot von Art. 102 AEUV zu beachten. Unter dem Gesichtspunkt der praktischen Wirksamkeit dürfen die Mitgliedstaaten aber auch keine Rechtslage schaffen, in der die Arbeitsvermittlungsstellen gezwungen wären, gegen Art. 102 AEUV zu verstoßen.

Ein unzulässiger **Missbrauch einer marktbeherrschenden Stellung** kann ins- **16**
besondere in einer Einschränkung des Angebots zum Schaden derjenigen liegen, die die Dienstleistung in Anspruch nehmen, hier also der zu vermittelnden Arbeitskräfte, Art. 102 Abs. 1 lit. b) AEUV. Ein solcher Missbrauch ist zwar nicht den Arbeitsvermittlungen selbst vorzuwerfen. Doch verstoßen die Mitgliedstaaten gegen ihre Treuepflicht (oben, Rdn. 3), wenn sie ein missbräuchlich wirkendes Vermittlungsmonopol aufrecht zu erhalten, obwohl die Vermittlungsstelle praktisch nicht in der Lage ist, die Vermittlungsnachfrage zu befriedigen. Der für Art. 102 AEUV erforderliche grenzüberschreitende Bezug („auf dem Binnenmarkt") ist bereits zu bejahen, wenn das missbräuchliche Verhalten *geeignet* ist, sich auf den zwischenstaatlichen Handel auszuwirken.

Unter diesen Prämissen lässt sich ein uneingeschränktes Vermittlungsmonopol in **17**
den Mitgliedstaaten praktisch nicht aufrechterhalten. Wie der Gerichtshof deutlich macht, ist der Arbeitsvermittlungsmarkt ausgesprochen „ausgedehnt und differenziert" und unterliegt andauerndem Wandel. Zumal eine spezialisierte Arbeitsvermittlung, etwa für „Führungskräfte der Wirtschaft"[28] („Headhunter") oder besondere Branchen, kann daher von den staatlichen Vermittlungsstellen nicht effektiv ausgeübt werden.

26 EuGH v. 23.4.1991 – Rs. C-41/90 *Höfner und Elser*, EU:C:1991:161 Rdn. 20ff.
27 EuGH v. 11.12.1997 – Rs. C-55/96 *Job Centre coop. arl*, EU:C:1997:603 Rdn. 21ff.
28 So im Fall EuGH v. 23.4.1991 – Rs. C-41/90 *Höfner und Elser*, EU:C:1991:161.

§ 5 Rechtsetzungskompetenzen im Europäischen Arbeitsrecht

Literatur: *Bell/Whittle,* Between Social Policy and Union Citizenship: The Framework Directive on Equal Treatment in Employment, E.L. Rev. 27 (2002), 677–691; *Bercusson,* Maastricht: a Fundamental Change in European Labour Law, IRJ 23 (1992), 177–190; *Birk,* Die Gesetzgebungszuständigkeit der Europäischen Gemeinschaft im Arbeitsrecht, RdA 1992, 68–73; *ders.*, Vereinbarungen der Sozialpartner als Regelungsinstrumente in der Europäischen Sozialcharta und im supranationalen Arbeitsrecht, in: Becker/Hilty/Stöckli/Würtenberger (Hrsg.), Recht im Wandel seines sozialen und technologischen Umfeldes – Festschrift für Manfred Rehbinder, 2002, S. 3–15; *Buchner,* Die sozialpolitische Entwicklung der Europäischen Gemeinschaft im Spannungsfeld von hoheitlicher Regelung und tarifautonomer Gestaltung, RdA 1993, 193–203; *Corazza/Nogler,* Die „weiche" Wirkung des Verschlechterungsverbotes in EU-Richtlinien, ZESAR 2011, 58–64; *Däubler,* Die Koalitionsfreiheit im EG-Recht, in: Isenhardt/Preis (Hrsg.), Arbeitsrecht und Sozialpartnerschaft – Festschrift für Peter Hanau, 1999, S. 489–503; *Fitzpatrick,* Straining the Definition of Health and Safety?, ILJ 26 (1997), 115–135; *Heinze,* Europäische Einflüsse auf das nationale Arbeitsrecht, RdA 1994, 1–11; *ders.*, Europarecht im Spannungsverhältnis zum nationalen Arbeitsrecht – Von formaler Verdichtung zur offenen Arbeitsrechtsordnung, ZfA 1992, 331–359; *Höland,* Partnerschaftliche Setzung von Recht in der Europäischen Gemeinschaft, ZIAS 1995, 425–451; *Käppler,* Zu den Kompetenzen des Europäischen Gerichtshofs bei der Rechtsangleichung auf dem Gebiet des Arbeitsrechts, in: Rengeling (Hrsg.), Europäisierung des Rechts, 1996, S. 129–149; *Kenner,* A distinctive legal basis for social policy? The Court of Justice answers a ‚delicate' question, E.L. Rev. 22 (1997), 579–586; *Konzen,* Der europäische Einfluss auf das deutsche Arbeitsrecht nach dem Vertrag über die Europäische Union, EuZW 1995, 39–50; *Langner,* Kompetenzen in der Europäischen Union auf dem Gebiet der Gleichbehandlung, ZIAS 1998, 178–189; *Lecomte,* Embedding Employment Rights in Europe, Colum. J. Eur. L. 17 (2010–2011), 1–22; *Peers,* Non-regression Clauses: The Fig Leaf Has Fallen, ILJ 39 (2010), 436–443; *Rebhahn,* Der Vorrang der günstigeren Regelung aus rechtsvergleichender Sicht, EuZA 2008, 39–67; *Runggaldier,* Inhalt und Reichweite des Art. 13 EGV sowie der darauf gestützten Maßnahmen zur Bekämpfung von Diskriminierungen, in: Hanau/Thau/Westermann (Hrsg.), Gegen den Strich – Festschrift für Klaus Adomeit, 2008, S. 645–659; *Seifert,* Arbeitsrechtliche Sonderregeln für kleine und mittlere Unternehmen – Zur Auflösung des Spannungsverhältnisses von Mittelstands- und Arbeitnehmerschutz, RdA 2004, 200–210; *ders.*, Veränderungen der Regelungstechniken im Arbeitsrecht der EU – Einige Überlegungen zum aktuellen Zustand des europäischen Arbeitsrechts, EuZA 2018, 51–66; *Steinmeyer,* Der Vertrag von Amsterdam und seine Bedeutung für das Arbeits- und Sozialrecht, RdA 2001, 10–22; *Veit,* Die Kompetenzen der Europäischen Gemeinschaften (EG) auf dem Gebiet des Arbeitsrechts, ZTR 1990, 56–66; *Waddington,* Testing the Limits of the EC Treaty Article on Non-discrimination, ILJ 28 (1999), 133–151; *Wank,* Arbeitsrecht nach Maastricht, RdA 1995, 10–26; *Watson,* Social Policy after Maastricht, CMLR 30 (1993), 481–513; *Weiss,* Die Bedeutung von Maastricht für die EG-Sozialpolitik, in: Däubler/Bobke/Kehrmann (Hrsg.), Arbeit und Recht – Festschrift für Albert Gnade, 1992, S. 583–596; *ders.*, Zur zukünftigen Rolle der Europäischen Union im Arbeitsrecht, in: Hanau/Lorenz/Matthes (Hrsg.), Festschrift für Günther Wiese, 1998, S. 633–648; *Zwanziger,* Zur Zuständigkeit der Europäischen Gemeinschaft auf dem Gebiet des Arbeitsrechts, AuR 1995, 430–438.

Zum sozialen Dialog, s. die Literaturhinweise unten, vor Rdn. 27.

Rechtsprechung:

EuGH v. 12.11.1996	Rs. C-84/94 *Vereinigtes Königreich ./. Rat,* EU:C:1996:431
EuGH v. 1.12.2005	Rs. C-14/04 *Dellas,* EU:C:2005:728
EuGH v. 13.9.2007	Rs. C-307/05 *Del Cerro Alonso,* EU:C:2007:509

https://doi.org/10.1515/9783110731941-005

EuGH v. 15.4.2008	Rs. C-268/06 *Impact*, EU:C:2008:223
EuGH v. 18.12.2008	Rs. C-306/07 *Andersen*, EU:C:2008:743
EuGH v. 8.12.2020	Rs. C-620/18 *Ungarn ./. Parlament und Rat*, EU:C:2020:1001
EuGH v. 8.12.2020	Rs. C-626/18 *Polen ./. Parlament und Rat*, EU:C:2020:1000

Übersicht

I. Einführung und Übersicht

1 Aus den Kompetenznormen ergibt sich in formeller Hinsicht, ob die Gemeinschaft auf dem Gebiet des Arbeitsrechts handeln darf, teilweise auch, welche Handlungsformen (Verordnung, Richtlinie) ihr zu Gebote stehen. Darüber hinaus können die Zuständigkeitsnormen auch für die Auslegung der auf sie gestützten Rechtsakte von Bedeutung sein, insbesondere auch für die primärrechtskonforme Auslegung.[1]

1 S. z. B. EuGH v. 1.12.2005 – Rs. C-14/04 *Dellas*, EU:C:2005:728 Rdn. 38 f. (zur ArbZRL).

Die folgende Darstellung bezieht sich ausschließlich auf die arbeitsrechtliche Gesetzgebung der Union im engeren Sinne. Daneben gibt es einen – möglicherweise weiter zunehmenden – Bereich der sog. **Economic Governance**, wie sie die EU zur Bewältigung der Wirtschafts- und Finanzkrise verwendet. Hier werden „weiche" Regelungsinstrumente, namentlich Empfehlungen, Vereinbarungen, Transparenzvorschriften und Anreizmechanismen zur Steuerung der mitgliedstaatlichen Rechte genutzt, gerade auch auf dem Gebiet des Arbeitsrechts.[2] **2**

1. Prinzip der Einzelzuständigkeiten

„Nach dem Grundsatz der begrenzten Einzelermächtigung wird die Union nur innerhalb der Grenzen der Zuständigkeiten tätig, die die Mitgliedstaaten ihr in den Verträgen zur Verwirklichung der darin niedergelegten Ziele übertragen haben. Alle der Union nicht in den Verträgen übertragenen Zuständigkeiten verbleiben bei den Mitgliedstaaten.", Art. 5 Abs. 1 S. 1, Abs. 2 EUV.[3] Anders als Nationalstaaten hat die Union keine umfassende Rechtsetzungskompetenz, ihre Zuständigkeit beschränkt sich auf die ihr in den Verträgen einzeln übertragenen Bereiche. Daher erörtern wir nachfolgend die für das Arbeitsrecht wichtigsten Kompetenznormen. Außer Betracht bleiben dabei die Einzelheiten des Rechtsetzungsverfahrens[4] ebenso wie die allgemeinen Grenzen der Rechtsangleichung, wie sie sich aus dem Subsidiaritätsprinzip (Art. 5 Abs. 3 EUV) und aus dem Verhältnismäßigkeitsprinzip (Art. 5 Abs. 4 EUV) ergeben.[5] **3**

2. Entwicklung der Kompetenznormen[6]

Im **Gründungsvertrag** der EWG war eine Zuständigkeit der Gemeinschaft für den Bereich des Arbeitsrechts überhaupt nicht vorgesehen, sieht man einmal von der Kompetenz im Bereich der Arbeitnehmerfreizügigkeit ab (Art. 49 EWG, heute Art. 46 AEUV; unten, Rdn. 46). „Der Vertrag hat eine neo-liberale Tradition: Wirtschaftspolitik als Sozialpolitik."[7] Die Rechtsetzung (auch) im Bereich des Arbeitsrechts konnte daher nur auf die Zuständigkeit zur Rechtsangleichung für die Zwecke des Gemeinsamen Marktes in Art. 100 EGV (heute Art. 114 AEUV) gestützt werden (unten, **4**

---

2 Darauf macht *Seifert*, EuZA 2018, 51ff. aufmerksam.

3 Näher *Birk*, RdA 1992, 68 und 70; *Streinz*, Europarecht, Rdn. 498f.

4 Dazu im einzelnen *Streinz*, Europarecht, Rdn. 500–520.

5 Besonders hervorgehoben von *Heinze*, RdA 1994, 1–11; zurückhaltender *Zwanziger*, AuR 1995, 430–438. Beispielhaft für die gerichtliche Kontrolle EuGH v. 8.12.2020 Rs. C-620/18 *Ungarn ./. Parlament und Rat*, EU:C:2020:1001 Rdn. 108ff., 137ff.

6 S.a. § 1 Rdn. 7, 20, 33, 39f., 42. Übersicht bei EuArbRK/*Franzen*, Art. 151 AEUV Rdn. 5ff.

7 *Konzen*, EuZW 1995, 39, 40; *Wank*, RdA 1995, 10, 11.

Rdn. 51–53). Erst die Einheitliche Europäische Akte von 1986 fügte mit Art. 118a EGV[8] (heute Art. 153 AEUV) eine punktuelle Zuständigkeit für den Bereich der Arbeitssicherheit ein.

5 Eine bedeutende Erweiterung der Kompetenzen brachte im Zuge des Maastrichter Vertrags 1992 das **Abkommen über Sozialpolitik** (ASP).[9] Das Abkommen, das dazu bestimmt war, die kompetentielle Grundlage für die Umsetzung der Gemeinschaftscharta der sozialen Grundrechte (GsG; oben, § 2 Rdn. 68–80) zu schaffen,[10] begründete weitreichende arbeitsrechtliche Zuständigkeiten, teils auf der Grundlage des Mehrheitsprinzips. Großbritannien hatte schon an der Gemeinschaftscharta nicht mitgewirkt (§ 2 Rdn. 68) und trat auch dem ASP nicht bei. Verabschiedet als ein gesondertes Abkommen von nur elf der zwölf Mitgliedstaaten in Form eines Anhangs zu einem Protokoll zum EG-Vertrag (daher auch „Elferabkommen"; vgl. Art. 51 EUV), war das ASP gleichwohl Bestandteil des Gemeinschaftsrechts, wenn auch in vertrackter und umstrittener Weise.[11] In der Sache wurde es nicht nur vorbildlich für die heutige Regelung, sondern war es zugleich Grundlage für eine Reihe zentraler Rechtsakte auf dem Gebiet des Europäischen Arbeitsrechts, nämlich für die Elternurlaubsrichtlinie (§ 24), die EBR-Richtlinie (§ 31) und die Teilzeitrichtlinie (§ 19).

6 Durch den **Amsterdamer Vertrag** von 1997 wurde das ASP zum 1. Mai 1999 in leicht modifizierter Form als Art. 137 in den EG-Vertrag überführt; auch Art. 118 EGV ist in dieser Norm aufgegangen. Der Amsterdamer Vertrag fügte mit Art. 13 EG/19 AEUV zudem eine Zuständigkeit zur Bekämpfung von Diskriminierung ein und weiterhin mit Art. 141 Abs. 3 EG/157 AEUV eine spezielle Zuständigkeit für die Gewährleistung der Chancengleichheit von Männern und Frauen in Arbeits- und Beschäftigungsfragen. Schließlich wurde die Kompetenznorm des Art. 61 EG/67 AEUV, die i.V.m. Art. 65 lit. b) EG/81 Abs. 2 lit. b) AEUV, die eine Angleichung des Kollisionsrechts erlaubt (s. § 6), neu in den Vertrag aufgenommen.

7 Der **Vertrag von Nizza** hat die Kompetenz des Art. 13 EG/19 AEUV für Fördermaßnahmen im Antidiskriminierungsrecht verfahrensmäßig erleichtert. Die Kompetenznorm des Art. 137 EG/153 AEUV wurde in Einzelheiten erweitert und verfahrensmäßig erleichtert; Art. 139 EG/155 AEUV wurde redaktionell angepasst. Der **Lissaboner Vertrag** brachte neben einer äußeren Neuordnung im Hinblick auf das Rechtsetzungsver-

---

8 Dazu EuGH v. 12.11.1996 – Rs. C-84/94 *Vereinigtes Königreich ./. Rat,* EU:C:1996:431; *Kenner,* E.L. Rev. 22 (1997), 579–586. Zur Entwicklung *Opfermann,* FS Wlotzke (1996), S. 732–736; *Veit,* ZTR 1990, 56–66, sowie unten, § 16 Rdn. 3.

9 Dazu neben den im Folgenden Genannten noch *Heinze,* ZfA 1992, 331–359; *Watson,* CMLR 30 (1993), 481–513 (vor der Gefahr eines Auseinanderdriftens der Sozialpolitik und eines „social dumping" warnend).

10 S. Präambel ASP: „In Anbetracht dessen, dass elf Mitgliedstaaten (...) auf dem durch die Sozialcharta von 1989 vorgezeichneten Weg weitergehen wollen". *Birk,* EuZW 1997, 453, 455 („Realisierungsinstrument" für die GsG).

11 Näher noch *Wank,* RdA 1995, 10, 15–18; auch *Höland,* ZIAS 1995, 425, 427f.

fahren vor allem eine Erweiterung der Mitwirkungsrechte des Europäischen Parlaments. In Art. 152 AEUV wird zudem die Rolle der Sozialpartner jetzt besonders hervorgehoben.

3. Übersicht über den Bestand der Kompetenznormen

Daraus ergibt sich der heutige Bestand der Zuständigkeiten der Gemeinschaft im Bereich des Arbeitsrechts. 8

- Zentrale Norm für den Bereich der Sozialpolitik ist Art. 153 AEUV. Sie wird ergänzt durch Regelungen über die Mitwirkung der Sozialpartner an der Rechtsetzung in Art. 154f. AEUV („sozialer Dialog“).
- Hinzu kommt eine Reihe weiterer Zuständigkeiten für einzelne Regelungsbereiche des Arbeitsrechts bzw. mit Bedeutung (auch) für das Arbeitsrecht:
  - zur Verwirklichung der Arbeitnehmerfreizügigkeit in Art. 46 AEUV;
  - zur Gewährleistung der Chancengleichheit von Männern und Frauen in Art. 157 Abs. 3 AEUV;
  - zur Bekämpfung der Diskriminierung in Art. 19 Abs. 1 AEUV;
  - zur Förderung und Verstärkung der justitiellen Zusammenarbeit in Zivilsachen, Art. 67 Abs. 4 i.V.m. Art. 81 Abs. 2 lit. c) AEUV;
  - zur Rechtsangleichung für den Gemeinsamen Markt in Art. 115 AEUV und für den Binnenmarkt in Art. 114 AEUV;
  - sowie als Ergänzungskompetenz die „Flexibilitätsklausel“ des Art. 352 AEUV.

4. Ausgeschlossene Regelungsbereiche

Bestimmte, politisch besonders sensible Bereiche haben die Vertragsgeber von der Gemeinschaftszuständigkeit in Art. 153 Abs. 5 AEUV **explizit ausgeschlossen**: das Arbeitsentgelt, das Koalitionsrecht, das Streikrecht sowie das Aussperrungsrecht. Dabei handelt es sich um **vertragsautonome Begriffe**,[12] die mit Rücksicht auf den Zweck der Regelung und die Systematik des Primärrechts auszulegen sind. Für die Auslegung können auch die Europäische Sozialcharta (ESC; oben § 2 Rdn. 5) und die Gemeinschaftscharta der sozialen Grundrechte indizielle Bedeutung haben, auf die Art. 151 Abs. 1 AEUV hinweist.[13] Da es hier um eine Abgrenzung der Zuständigkeitsbereiche von Gemeinschaft und Mitgliedstaaten geht, die teils Kompromisscharakter, teils Dezisionscharakter hat, ist aus teleologischen Gründen hier jedenfalls **keine en-** 9

12 Calliess/Ruffert/*Krebber*, Art. 153 AEUV Rdn. 10; Schwarze/*Rebhahn*/*Reiner*, Art. 153 AEUV Rdn. 63.

13 Calliess/Ruffert/*Krebber*, Art. 153 AEUV Rdn. 12.

ge Auslegung der Vorbehaltsbereiche geboten oder auch nur zulässig. Anders hat freilich der EuGH entschieden, der sich dabei formelhaft und ohne teleologische Absicherung auf einen – in der Sache abzulehnenden -[14] Grundsatz berufen hat, Ausnahmen seien eng auszulegen.[15] Gerade das vorliegende Beispiel zeigt, wie problematisch ein solcher Grundsatz ist, denn nach dem Prinzip der begrenzten Einzelzuständigkeit (oben, Rdn. 3) ist die Kompetenz der Union die Ausnahme! Umstritten ist ferner, ob die Kompetenzgrenze des Art. 153 Abs. 5 AEUV auch andere Kompetenznormen begrenzt, z. B. Art. 81, 114, 115 AEUV. Dafür spricht in der Tat der Zweck der Regelung, da sonst der Vorbehalt zugunsten der Mitgliedstaaten umgangen werden könnte.[16] Die Gegenansicht stützt sich auf den „eindeutigen Wortlaut" und eine enge Auslegung der Ausnahme.[17] Dieser Ansicht ist der EuGH jetzt gefolgt, freilich ohne nähere Begründung.[18]

10 Zutreffend hat der EuGH allerdings angenommen, dass Art. 137 Abs. 5 EG (Art. 153 Abs. 5 AEUV) nur die Rechtsetzungszuständigkeit von Union und Mitgliedstaaten abgrenzt, nicht aber das mitgliedstaatliche (und ggf. private) Handeln in den Ausnahmebereichen samt und sonders vom Unionsrecht freistellt.[19] Insbesondere sind auch mitgliedstaatliche (und ggf. private) Maßnahmen aus diesen Bereichen an den Grundfreiheiten zu messen. Ein Streik oder Boykott mit dem Ziel, eine Standortverlagerung zu verhindern, ist nicht wegen Art. 137 Abs. 5 EG (Art. 153 Abs. 5 AEUV) von der Niederlassungs- oder der Dienstleistungsfreiheit freigestellt (s. o. § 3 Rdn. 78, 106).

11 Ausgenommen ist zunächst das **Arbeitsentgelt.**[20] Der Grund dafür liegt vor allem darin, dass seine Festlegung die Domäne der nationalen Sozialpartner ist;[21] auch einen unionsweit einheitlichen Mindestlohn wollte man – mit Rücksicht auf die unterschiedlichen wirtschaftlichen Verhältnisse der Mitgliedstaaten – nicht ermöglichen. Umstritten ist, ob „Arbeitsentgelt" hier ebenso wie in Art. 157 AEUV weit zu verstehen ist.[22] Für eine einheitliche Auslegung sprechen sowohl der Wortlaut als auch die Tatsache, dass die Definition des Art. 157 AEUV durch den EuGH den Vertragsgebern be-

---

14 S. nur für das sekundäre Gemeinschaftsrecht *Riesenhuber*, in: ders. (Hrsg.), Europäische Methodenlehre, § 11 Rdn. 62–66.

15 EuGH v.13.9.2007 – Rs. C-307/05 *Del Cerro Alonso*, EU:C:2007:509 Rdn. 39. Zust. EuArbRK/*Franzen*, Art. 153 AEUV Rdn. 45; krit. *Bieder/Diekmann*, EuZA 2008, 515, 518f.

16 In diesem Sinne auch EuGH v. 5.10.2000 – Rs. C-376/98 *Kommission ./. Deutschland*, EU:C:2000:544 Rdn. 79 (Tabakwerbung; zu Art. 129a Abs. 4 Sps. 1 EGV, heute Art. 152 Abs. 4 lit. c) EG/Art. 168 Abs. 5 AEUV). Hanau/Steinmeyer/Wank/*Hanau*, § 19 Rdn. 14. A.M. aber Schwarze/*Rebhahn/Reiner*, Art. 153 AEUV Rdn. 63.

17 So etwa im Grundsatz EuArbRK/*Franzen*, Art. 153 AEUV Rdn. 46 m. w. N.

18 EuGH v. 8.12.2020 – Rs. C-620/18 *Ungarn ./. Parlament und Rat*, EU:C:2020:1001 Rdn. 77-80.

19 EuGH v.18.12.2007 – Rs. C-341/05 *Laval un Partneri*, EU:C:2007:809 Rdn. 86–88; EuGH v. 11.12.2007 – Rs. C-438/05 *Viking*, EU:C:2007:772 Rdn. 39–41.

20 Vgl. dazu EuGH v. 1.12.2005 – Rs. C-14/04 *Dellas*, EU:C:2005:728 Rdn. 38f. (zurArbZRL).

21 EuGH v. 13.9.2007 – Rs. C-307/05 *Del Cerro Alonso*, EU:C:2007:509 Rdn. 40; Streinz/*Eichenhofer*, Art. 153 AEUV Rdn. 12f.

22 Dafür etwa Calliess/Ruffert/*Krebber*, Art. 153 AEUV Rdn. 11; Schwarze/*Rebhahn/Reiner*, Art. 153 AEUV Rdn. 64; a. M. MünchArbR/Oetker, § 12 Rdn. 39.

reits vor Augen stand und daher ihr Verständnis prägte. Systematisch ist indessen zu bedenken, dass ein weites Verständnis die Kompetenzen von Absatz 1 der Vorschrift weitgehend aushöhlen könnte, da arbeitsrechtliche Regelungen stets einen – wenn auch nur mittelbaren – Bezug zum Entgelt haben können. Daher hat der Gerichtshof die Ausnahme dahin verstanden, dass sie sich auf „Maßnahmen wie eine Vereinheitlichung einzelner oder aller Bestandteile und/oder der Höhe der Löhne und Gehälter oder die Einführung eines Mindestlohns bezieht, mit denen das Unionsrecht unmittelbar in die Festsetzung der Arbeitsentgelte innerhalb der Union eingreifen würde", „jedoch nicht auf alle mit dem Arbeitsentgelt in irgendeinem Zusammenhang stehenden Fragen".[23]

Bedeutung hat die Auslegungsfrage insbesondere für die ***mittelbare Regelung*** **des Arbeitsentgelts durch *Diskriminierungsverbote***, wie sie in der Teilzeit-, der Befristungs- und der Leiharbeitsrichtlinie (§§ 19–21) enthalten sind. Manche sehen auch im Verbot der Entgelt*diskriminierung* eine Entgelt*regelung*.[24] Andere verstehen den Zweck des Vorbehalts enger dahin, es solle nur ein gemeinschaftsrechtlicher Mindestlohn ausgeschlossen sein, ein Diskriminierungsverbot hingegen nicht.[25] Nach dritter Ansicht ist die mittelbare Regelung durch ein Diskriminierungsverbot unzulässig, wenn damit (wie bei der Leiharbeit) zugleich eine weitere *Wertentscheidung* verbunden ist darüber, *welcher Vergleichsmaßstab gewählt* wird (Gleichbehandlung mit den Verleiher- oder Entleiherarbeitnehmern).[26] 12

Die weite Auslegung der ersten Meinung überzeugt aus systematisch-teleologischen Erwägungen nicht. Da zahlreiche, wenn nicht alle Arbeitnehmerschutzbestimmungen mittelbare Auswirkungen auf das Entgelt haben, z.B. Vorschriften über Arbeitszeit (Beispiel: Bereitschaftsdienst!) oder Betriebsübergang, wäre danach der Kompetenzbereich erkennbar intentionswidrig eingeengt. Das gälte zumal dann, wenn man die Vorbehaltsbereiche des Art. 153 AEUV auch bei anderen Kompetenzgrundlagen (z.B. Art. 115, 114 AEUV) anwendet (oben, Rdn. 9). Auf diese hat die Union aber (wie dem Vertragsgeber bekannt war) stets auch entgeltrelevante Richtlinien gestützt, namentlich Diskriminierungsverbote. Hinzu kommt, dass der Gleichbehandlungsgrundsatz im Gemeinschaftsrecht grundlegende Bedeutung hat (näher § 2 Rdn. 12; § 9 Rdn. 5); daher wäre besonders hervorzuheben, wenn die Kompetenz nicht für Diskriminierungsverbote gelten sollte. Gerade im Hinblick auf Teilzeit- und befristet Beschäftigte dient das Diskriminierungsverbot nicht zuletzt dem Schutz vor mittelbarer Diskriminierung von Frauen, und insoweit wurde die ursprüngliche Entgeltdiskriminierungsrichtlinie auf Art. 94 EG (Art. 115 AEUV) gestützt (s. u., Rdn. 51–53). Daher sprechen die besseren Gründe dafür, 13

---

23 EuGH v. 9.9.2015 – Rs. C-20/13 *Unland,* EU:C:2015:561 Rdn. 26f.; EuGH v. 19.6.2014 – verb. Rs. C-501/12 bis C-506/12, C-540/12, C-541/12 *Specht,* EU:C:2014:2005 Rdn. 33f.; EuGH v. 15.4.2008 – Rs. C-268/06 *Impact,* EU:C:2008:223 Rdn. 124f.; EuGH v. 10.6.2010 – verb. Rs. C-395/08 und C-396/08 *Bruno,* EU:C:2010:329 Rdn. 37.

24 Calliess/Ruffert/*Krebber,* Art. 153 AEUV Rdn. 11; M. *Schmidt,* NZA 1998, 576, 578f.

25 EuGH v. 13.9.2007 – Rs. C-307/05 *Del Cerro Alonso,* EU:C:2007:509 Rdn. 39–42. *Däubler,* FS Hanau (1999), S. 498; Hanau/Steinmeyer/Wank/*Hanau,* § 19 Rdn. 16. S.a. *Busby/Christie,* Cambrian L.R. 2005, 15, 24f.; *Raab,* ZfA 2003, 389, 413f.; *Thüsing,* DB 2002, 2218, 2220.

26 *Wank,* NZA 2003, 14, 17f.; *ders.,* RdA 2003, 1, 10; ähnlich *Raab,* ZfA 2003, 389, 413f. (der den wesentlichen Einwand in der Bindung des Verleiher-Arbeitgebers an das Lohnniveau eines *Dritten,* des Entleihers, sieht); *Klebeck,* Gleichstellung der Leiharbeitnehmer als Verfassungsverstoß (2003), S. 205f.; dazu auch *Rieble/Klebeck,* NZA 2003, 23, 26.S. ferner *Bertram,* ZESAR 2003, 205, 214f.; *Thüsing,* DB 2002, 2218, 2220.

„mittelbare Entgeltregelungen", wie sie z. B. in einem Diskriminierungsverbot liegen, grundsätzlich als **zulässig** anzusehen. Das ist auch mit dem Zweck des Vorbehaltsbereichs gut verträglich, da der Kernbereich der Entgeltbestimmung weiterhin in den Händen der Parteien, der Sozialpartner oder der Mitgliedstaaten (z. B. Mindestlohn) bleibt. Diesen wird lediglich die diskriminierungsfreie Durchführung abverlangt.[27] Eine Ausnahme ist – entgegen der vermittelnden Ansicht (Rdn. 12 a. E.) – auch für die Leiharbeit nicht geboten. Denn die dort erforderliche Wertentscheidung betrifft nicht das Arbeitsentgelt als solches, sondern das System der Leiharbeitsorganisation.

14 Das **Koalitionsrecht** bezeichnet die Regelungen über Gründung, Auflösung, Tätigkeit von sowie Mitgliedschaft in Koalitionen.[28] Mit dem **Streik- und Aussperrungsrecht** ist das gesamte Arbeitskampfrecht bezeichnet, einschließlich der Regelungen über nicht gewerkschaftlich organisierte Streiks.[29] Mit dem Koalitionsrecht ist das **Tarifrecht** aufs Engste verbunden, und das spricht dafür, dass es ebenfalls den Mitgliedstaaten vorbehalten sein soll.[30] Indes ist es in Art. 153 Abs. 5 AEUV, anders als das Streik- und Aussperrungsrecht, nicht eigens erwähnt, obwohl der gemeinschaftsrechtliche Sprachgebrauch (z. B. in Art. 28 GRCh) durchaus differenziert.[31]

II. Sozialpolitik, Art. 153–155 AEUV

1. Systematik und Übersicht

15 Der mit Sozialpolitik überschriebene Titel X AEUV eröffnet der Union vor allem Handlungsmöglichkeiten im Arbeitsrecht. Die **Ziele**[32] hebt Art. 151 Abs. 1 AEUV unter Bezugnahme auf die Europäische Sozialcharta (§ 2 Rdn. 5) und die Gemeinschaftscharta der sozialen Grundrechte (§ 2 Rdn. 68–80) hervor:[33] „die Förderung der Beschäftigung, die Verbesserung der Lebens- und Arbeitsbedingungen, um dadurch auf dem Wege des Fortschritts ihre Angleichung zu ermöglichen, einen angemessenen sozialen Schutz, den sozialen Dialog, die Entwicklung des Arbeitskräftepotenzials im Hinblick auf ein dauerhaft hohes Beschäftigungsniveau und die Bekämpfung von Ausgrenzungen". Diese Ziele sollen freilich nicht allein durch eine Rechtsangleichung erreicht werden. Gemeinschaft und Mitgliedstaaten setzen vielmehr auch auf das

---

27 So jetzt auch EuGH v. 15.4.2008 – Rs. C-268/06 *Impact*, EU:C:2008:223 Rdn. 105–133.

28 Calliess/Ruffert/*Krebber*, Art. 153 AEUV Rdn. 12.

29 Calliess/Ruffert/*Krebber*, Art. 153 AEUV Rdn. 12; Schwarze/*Rebhahn*/*Reiner*, Art. 153 AEUV Rdn. 66.

30 Calliess/Ruffert/*Krebber*, Art. 153 AEUV Rdn. 12; *Sagan*, EAS B 1100 Rdn. 45.

31 EuArbRK/*Franzen*, Art. 153 AEUV Rdn. 50; Schwarze/*Rebhahn*/*Reiner*, Art. 153 AEUV Rdn. 65.

32 Zur Rechtsnatur der Vorschrift EuGH v. 17.3.1993 – Rs. C-72/91 *Sloman Neptun*, EU:C:1993:97 Rdn. 25 ff.: programmatische Zielbestimmung, Auslegungshilfe für Primär- und Sekundärrecht, kein gerichtlich überprüfbarer Kontrollmaßstab.

33 A.M. *Lecomte*, Colum. J. Eur. L. 17 (2010–2011), 1–22 (mit dem Argument, Art. 151 AEUV habe sich von einer programmatischen zu einer materiellrechtlichen Regel „verwandelt").

„eine Abstimmung der Sozialordnungen begünstigende Wirken des Binnenmarktes“, Art. 151 Abs. 3 AEUV. Soweit die Union und die Mitgliedstaaten tätig werden, nehmen sie Rücksicht auf die „Vielfalt der einzelstaatlichen Gepflogenheiten“ sowie die „Notwendigkeit, die Wettbewerbsfähigkeit der Wirtschaft der Union zu erhalten“, Art. 151 Abs. 2 AEUV.

Das Kapitel 1 von Titel X AEUV über die Sozialvorschriften enthält nach der Zielbestimmung des Art. 151 AEUV – soweit an dieser Stelle von Interesse – in Art. 153 AEUV eine Unterstützungskompetenz (sogleich, 2.) und in Art. 154f. AEUV Regelungen über die Mitwirkung der Sozialpartner an der Rechtsetzung (unten, 3.) 16

2. Die Unterstützungskompetenz des Art. 153 AEUV

a) Übersicht und Systematik

Mit der durch den Amsterdamer Vertrag eingefügten, durch den Vertrag von Nizza leicht erweiterte, durch den Lissaboner Vertrag nur redaktionell geänderte Vorschrift des Art. 153 AEUV haben die Vertragsgeber das Abkommen über die Sozialpolitik (oben, Rdn. 5) in den Vertrag übernommen und fortgeführt. Sie dient der Verwirklichung der Ziele des Art. 151 AEUV (oben, Rdn. 15) und ermöglicht der Gemeinschaft, die Tätigkeit der Mitgliedstaaten auf den in Absatz 1 genannten Gebieten zu **unterstützen** und zu **ergänzen**. 17

Die Vorschrift des Art. 137 EG/153 AEUV ist nicht leicht verständlich, weil sie **vier Sachfragen** gesondert regelt: 18

(1) die Gegenstände der Unterstützungskompetenz, Abs. 1, 4 und 5;
(2) die der Union zu Gebote stehenden Maßnahmen, nämlich Rechtsangleichung durch Richtlinien und sonstige Maßnahmen, Abs. 2;
(3) die anwendbaren Verfahren für die Unionsmaßnahmen, Abs. 2; sowie
(4) die Möglichkeit, die Durchführung von Richtlinien den Sozialpartnern zu übertragen, Abs. 3.

Absatz 3 betrifft demnach besondere Gegenstände und ist gesondert zu erörtern (unten, Rdn. 25f.). Absätze 4 und 5 betreffen Grenzen der Angleichungsgegenstände, die wir teilweise, nämlich im Hinblick auf die ausgeschlossenen Regelungsbereiche, bereits vorgestellt haben (oben, Rdn. 9–14). Die verbleibenden Regelungen von Absätzen 1 und 2 werden durchsichtiger, wenn wir sie zunächst in Form einer Tabelle betrachten.

<table>
<tr><th>Gegenstand</th><th>Maßnahmen</th><th>Verfahren</th></tr>
<tr><td>a) Verbesserung insbesondere der Arbeitsumwelt zum Schutz der Gesundheit und der Sicherheit der Arbeitnehmer,</td><td rowspan="9">a) Maßnahmen zur Förderung der Zusammenarbeit zwischen den Mitgliedstaaten im Hinblick auf
– die Verbesserung des Wissensstandes,
– die Entwicklung des Austausches von Informationen und bewährten Verfahren,
– die Förderung innovativer Ansätze und die Bewertung von Erfahrungen zum Ziel haben
b) Richtlinien als Mindestvorschriften, Abs. 2 UAbs. 1 lit. b)</td><td rowspan="2">Verfahren des Art. 251 EG/294 AEUV (qualifizierte Mehrheit im Rat) nach Anhörung des WSA und des AdR</td></tr>
<tr><td>b) Arbeitsbedingungen,</td></tr>
<tr><td>c) soziale Sicherheit und sozialer Schutz der Arbeitnehmer,</td><td rowspan="2">einstimmig auf Vorschlag der Kommission nach Anhörung des Parlaments, des WSA und des AdR</td></tr>
<tr><td>d) Schutz der Arbeitnehmer bei Beendigung des Arbeitsvertrags,</td></tr>
<tr><td>e) Unterrichtung und Anhörung der Arbeitnehmer,</td><td>Verfahren des Art. 251 EG/294 AEUV (qualifizierte Mehrheit im Rat) nach Anhörung des WSA und des AdR</td></tr>
<tr><td>f) Vertretung und kollektive Wahrnehmung der Arbeitnehmer- und Arbeitgeberinteressen, einschließlich der Mitbestimmung, vorbehaltlich des Absatzes 5,</td><td rowspan="2">einstimmig auf Vorschlag der Kommission nach Anhörung des Parlaments, des WSA und des AdR</td></tr>
<tr><td>g) Beschäftigungsbedingungen der Staatsangehörigen dritter Länder, die sich rechtmäßig im Gebiet der Gemeinschaft aufhalten,</td></tr>
<tr><td>h) berufliche Eingliederung der aus dem Arbeitsmarkt ausgegrenzten Personen, unbeschadet des Artikels 150,</td><td rowspan="4">Verfahren des Art. 251 EG/294 AEUV (qualifizierte Mehrheit im Rat) nach Anhörung des WSA und des AdR</td></tr>
<tr><td>i) Chancengleichheit von Männern und Frauen auf dem Arbeitsmarkt und Gleichbehandlung am Arbeitsplatz,</td></tr>
<tr><td>j) Bekämpfung der sozialen Ausgrenzung,</td><td rowspan="2">Maßnahmen zur Förderung der Zusammenarbeit zwischen den Mitgliedstaaten (wie oben)</td></tr>
<tr><td>k) Modernisierung der Systeme des sozialen Schutzes, unbeschadet des Buchstabens c).</td></tr>
</table>

Sieht man die differenzierten Handlungs- und Verfahrensoptionen in Absatz 2 in Verbindung mit den ausgeschlossenen Gegenständen des Absatz 5, lässt sich ein nach der „Sensibilität" der Regelungsbereiche **abgestuftes System** erkennen.[34] 19

Graduelle Abstufung	Regelungsbereiche
Harmonisierungsbereich (Mehrheitserfordernis)	a) Verbesserung insbesondere der **Arbeitsumwelt** zum Schutz der Gesundheit und der Sicherheit der Arbeitnehmer, b) **Arbeitsbedingungen,** e) **Unterrichtung und Anhörung** der Arbeitnehmer, h) **berufliche Eingliederung** der aus dem Arbeitsmarkt ausgegrenzten Personen i) **Chancengleichheit von Männern und Frauen** auf dem Arbeitsmarkt und Gleichbehandlung am Arbeitsplatz,
eingeschränkter Harmonisierungsbereich (Einstimmigkeitserfordernis)	c) **soziale Sicherheit** und sozialer Schutz der Arbeitnehmer, d) Schutz der Arbeitnehmer bei **Beendigung des Arbeitsvertrags,** f) Vertretung und **kollektive Wahrnehmung der Arbeitnehmer- und Arbeitgeberinteressen,** einschließlich der Mitbestimmung g) Beschäftigungsbedingungen der **Staatsangehörigen dritter Länder**, die sich rechtmäßig im Gebiet der Gemeinschaft aufhalten,
Förderungsbereich	j) Bekämpfung der **sozialen Ausgrenzung,** k) Modernisierung der **Systeme des sozialen Schutzes**
Vorbehaltsbereich	**Arbeitsentgelt, Koalitionsrecht, Streikrecht, Aussperrungsrecht**

b) Einzelne Regelungsbereiche

Die Abgrenzung der einzelnen Regelungsbereiche ist daher für die Wahrung des vom Vertragsgeber intendierten Interessenausgleichs von großer Bedeutung. Wie auch bei den oben (Rdn. 9–14) erörterten ausgeschlossenen Gegenständen sind die Regelungsbereiche **vertragsautonom** auszulegen.[35] Das gilt insbesondere für den auch insoweit zentralen Arbeitnehmerbegriff. Insoweit legt der systematische Zusammenhang mit Art. 157 AEUV nahe, hier wie dort den (weiten) Arbeitnehmerbegriff heranzuziehen, den der EuGH für die Arbeitnehmerfreizügigkeit gebildet hat. Arbeitnehmer ist danach, wer „während einer bestimmten Zeit für einen anderen nach dessen Weisung Leistungen erbringt, für die er als Gegenleistung eine Vergütung erhält"; s.o. § 3 Rdn. 9. Kritisch wird allerdings angemerkt, dass dieser Begriff bei Art. 45 AEUV andere Funktionen erfülle und insbesondere die Abgrenzung von Selbständigen keine 20

34 Krit. *Weiss*, FS Wiese (1998), S. 639 („wenig durchdacht").
35 Schwarze/*Rebhahn*/*Reiner*, Art. 153 AEUV Rdn. 22.

maßgebliche Rolle spiele, weil diese sich auf die parallel gewährleistete Niederlassungsfreiheit berufen können.[36]

21 Zu den praktisch bedeutsamsten Regelungsbereichen gehört das **Arbeitssicherheitsrecht**, das Art. 153 Abs. 1 lit. a) AEUV anspricht (s. § 16). Der Gerichtshof hat die Vorschrift mit Rücksicht auf den Hinweis auf die Arbeitsumwelt weit ausgelegt und nicht auf den Schutz vor körperlichen Gefahren beschränkt.[37] Weithin unklar ist die Auslegung des Begriffs der **Arbeitsbedingungen** in lit. b), der das gesamte Arbeitsrecht abdecken könnte.[38] Negativ sind jedenfalls das Arbeitsentgelt (Abs. 5) und die von den anderen Katalogpositionen von Abs. 1 abgedeckten Bereiche nicht erfasst. Mit Rücksicht auf die Begriffsverwendung in der Gemeinschaftscharta der sozialen Grundrechte liegt ein enges Verständnis nahe:[39] neben der bereits in lit. a) erwähnten Arbeitssicherheit umfasst der Tatbestand etwa die Arbeitszeit i. w. S. (einschließlich Urlaub), Nachweis und Transparenz von Arbeitsbedingungen oder die Regelung atypischer Arbeitsverhältnisse. **Unterrichtung und Anhörung** der Arbeitnehmer gem. lit. e) bezeichnet die Arbeitnehmermitwirkung außerhalb der Unternehmensmitbestimmung (s. lit. f)).[40] Auch hier liegt ein breiter Bestand gemeinschaftsrechtlicher Regelungen vor (s. §§ 29–31). Die **Chancengleichheit von Männern und Frauen auf dem Arbeitsmarkt** und die Gleichbehandlung am Arbeitsplatz betrifft nicht nur das in Art. 157 Abs. 1 und 2 AEUV geregelte (und durch Sekundärrecht ausgestaltete) Verbot der Entgeltdiskriminierung, sondern die Chancengleichheit allgemein. Gegenüber der verwandten Ermächtigungsgrundlage des Art. 157 Abs. 3 AEUV (s. noch unten, Rdn. 47f.) ist die Kompetenz von lit. i) enger, weil sie nach Art. 153 Abs. 2 AEUV nur Mindestnormen ermöglicht; dafür eröffnet sie über Art. 154f. AEUV auch den Sozialpartnern Gestaltungsmöglichkeiten (dazu Rdn. 34).

22 Zum **Schutz „bei“ Beendigung des Arbeitsvertrags** rechnet der Kündigungsschutz i. w. S., nämlich der allgemeine und der besondere, für einzelne Arbeitnehmergruppen (Mütter, Jugendliche, Behinderte) vorgesehene Kündigungsschutz, der Schutz durch Verbote, Fristbestimmungen oder Abfindungen sowie der Schutz bei Befristungen.[41] Die **Vertretung und kollektive Wahrnehmung der Arbeitnehmer- und Arbeitgeberinteressen, einschließlich der Mitbestimmung** ist im Zusammenhang mit den Ausschlussregelungen von Absatz 5 einerseits und der besonderen Zu-

---

36 EuArbRK/*Franzen*, Art. 153 AEUV Rdn. 7 m.w.N.

37 EuGH v. 12.11.1996 – Rs. C-84/94 *Vereinigtes Königreich ./. Rat*, EU:C:1996:431 Rdn. 14f. (zur ArbZRL); dazu *Fitzpatrick*, ILJ 26 (1997), 115–135.

38 Dazu *Steinmeyer*, RdA 2001, 10, 14 („Auffangtatbestand“); *Wank*, RdA 1995, 10, 19; *Sagan*, EAS B 1100 Rdn. 41.

39 A.M. *Buchner*, RdA 1993, 193, 196. I.E. wie hier Schwarze/*Rebhahn*/*Reiner*, Art. 153 AEUV Rdn. 38.

40 *Steinmeyer*, RdA 2001, 10, 16.

41 Enger Schwarze/*Rebhahn*/*Reiner*, Art. 153 AEUV Rdn. 47, die den Kündigungsschutz bestimmter Arbeitnehmergruppen lit. c) zuordnen und den Schutz bei Befristungen lit. b).

ständigkeit für Unterrichtung und Anhörung zu sehen. Daher geht es hier in erster Linie um die betriebliche und unternehmerische Mitbestimmung.[42]

Auf Art. 118a EGV, die noch weitgehend auf den Bereich der Arbeitssicherheit fokussierte Vorgängernorm des Art. 153 AEUV, hat die Gemeinschaft insbesondere die Arbeitsschutzrahmenrichtlinie (§ 16), die Arbeitszeitrichtlinie (§ 17), die Mutterschutzrichtlinie (§ 23) und die Jugendarbeitsschutzrichtlinie (§ 25) gestützt. Im Rahmen des Abkommens über die Sozialpolitik, in dem die zweite Wurzel des heutigen Art. 153 AEUV liegt, wurde die EBR-Richtlinie (§ 31) ursprünglich verabschiedet. Die Unterrichtungsrahmenrichtlinie aus dem Jahr 2002 (§ 30) fußt bereits auf Art. 137 EG, der dem heutigen Art. 153 AEUV entspricht. 23

c) Vorgaben für die Gestaltung der Rechtsangleichung

Art. 153 Abs. 2 lit. b) AEUV bestimmt nicht nur den Kompetenzbereich der Union im Bereich der Rechtsangleichung, sondern macht auch Vorgaben für die Ausgestaltung der Richtlinien. Diese Vorgaben sind auch bei der Auslegung der auf Art. 153 AEUV gestützten Richtlinien zu beachten. Auf diese Ermächtigungsgrundlage können nur **Mindestvorschriften** gestützt werden.[43] Das bekräftigt Absatz 4, wonach die erlassenen Maßnahmen die Mitgliedstaaten nicht daran hindern, strengere Schutzmaßnahmen beizubehalten oder zu treffen. Zudem sind die erlassenen Mindestvorschriften – in diesem wirtschaftlich besonders wichtigen Bereich – nur **„schrittweise anzuwenden"**, Art. 153 Abs. 2 lit. b) AEUV. Diese Beschränkung soll dem Umstand Rechnung tragen, dass die Arbeitsrechtsordnungen der Mitgliedstaaten unterschiedlich weitgehende Schutzvorschriften haben. Durch eine schrittweise Angleichung sollen die wirtschaftlich schwächeren Mitgliedstaaten und deren Unternehmen geschützt werden. Und schließlich sollen die Richtlinien keine verwaltungsmäßigen, finanziellen oder rechtlichen Auflagen vorschreiben, die der Gründung und Entwicklung von **kleinen und mittleren Unternehmen** entgegenstehen. „Es handelt sich um eine Bestimmung, mit der eine materiell-rechtliche Verpflichtung aufgestellt wird, deren Einhaltung jeder Betroffene mittels des geeigneten Rechtsbehelfs durch den Gemeinschaftsrichter überprüfen lassen kann."[44] 24

d) Mitwirkung der Sozialpartner bei der Richtlinienumsetzung

Die Durchführung der auf Art. 153 Abs. 2 AEUV gestützten Richtlinien[45] können die Mitgliedstaaten nach Absatz 3 der Vorschrift auf deren gemeinsamen Antrag hin auch 25

42 EuArbR/*Franzen*, Art. 153 AEUV Rdn. 34; Calliess/Ruffert/*Krebber*, Art. 153 AEUV Rdn. 20.

43 Näher *Rebhahn*, EuZA 2008, 39, 47 f.

44 EuG v. 17.6.1998 – Rs. T-135/96 *UEAPME ./. Rat*, EU:T:1998:128 Rdn. 80. S.a. *Seifert*, RdA 2004, 200, 203 f.

45 Der Lissaboner Vertrag ermöglicht ferner die Durchführung von *Beschlüssen* des Rates nach Art. 155 AEUV durch die Sozialpartner.

den Sozialpartnern übertragen.[46] Freilich entbindet diese Übertragung nicht von der **Verantwortlichkeit der Mitgliedstaaten** für die Umsetzung:[47] Sie müssen sich dann spätestens zum Ablauf der Umsetzungsfrist überzeugen, dass die Sozialpartner im Wege der Vereinbarung die für die Umsetzung erforderlichen Vorkehrungen getroffen haben und darüber hinaus jederzeit gewährleisten, dass die von den Richtlinien vorgeschriebenen Ergebnisse auch erreicht werden. Bei Umsetzungsdefiziten können daher (nur) die Mitgliedstaaten (nicht etwa die Sozialpartner) einem Vertragsverletzungsverfahren (Art. 258 AEUV)[48] oder auch Schadensersatzansprüchen ausgesetzt sein.

26 Mit der Regelung wird darauf Rücksicht genommen, dass einzelne Mitgliedstaaten, namentlich Dänemark und Belgien, die Regelung des Arbeitsrechts weitgehend den Tarifvertragsparteien überlassen.[49] In **Deutschland**, wo die Tarifzuständigkeit nach Branchen und Regionen differenziert ist und es daher keine flächendeckenden Tarifverträge gibt, kommt eine Umsetzung von Richtlinien durch die Tarifpartner praktisch nicht in Betracht.[50]

3. Der soziale Dialog nach Art. 154, 155 AEUV

Literatur: *Arnold, Christian,* Die Stellung der Sozialpartner in der europäischen Sozialpolitik, NZA 2002, 1261–1268; *Arnold, Sylvia,* Der Sozial Dialog nach Art. 139 EG – Eine Analyse unter besonderer Berücksichtigung der Legitimation des Ratsbeschlusses nach Art. 139 Abs. 2 S. 1 Alt. 2 EG, 2008; *Birk,* Vereinbarungen der Sozialpartner im Rahmen des Sozialen Dialogs und ihre Durchführung, EuZW 1997, 453–459; *Britz/Schmidt, Marlene,* Die institutionalisierte Mitwirkung der Sozialpartner an der Rechtsetzung der Europäischen Gemeinschaft, EuR 1999, 467–498 = The Institutionalised Participation of Management and Labour in the Legislative Activities of the European Community: A Challenge to the Principle of Democracy under Community Law, ELJ 6 (2000), 45–71; *Däubler,* Europäische Tarifverträge nach Maastricht, EuZW 1992, 329–336; *Dederer,* Durchführung von Vereinbarungen der europäischen Sozialpartner – Korporative Ausübung von Rechtsetzungsgewalt und ihr demokratisches Defizit, RdA 2000, 216–222; *Deinert,* Der europäische Kollektivvertrag – Rechtstatsächliche und rechtsdogmatische Grundlagen einer gemeineuropäischen Kollektivvertragsautonomie, 1999; *ders.,* Modes of Implementing European Collective Agreements and their Impact on Collective Autonomy, ILJ 23 (2003), 317–325; *ders.,* Partizipation europäischer Sozialpartner an der Gemeinschaftsrechtsetzung, RdA 2004, 211–226; *Dorssemont/Lörcher/Schmitt,* On the Duty to Implement European Framework Agreements: Lessons to be Learned from the Hairdressers Case, ILJ 48 (2019), 571–603; *Dötsch,* Verein-

46 Die grundsätzliche Möglichkeit hatte der EuGH schon zuvor anerkannt: EuGH v. 30.1.1985 – Rs. 143/83 *Kommission ./. Dänemark,* EU:C:1985:34 Rdn. 8; EuGH v. 10.7.1986 – Rs. 235/84 *Kommission ./. Italien,* EU:C:1986:303 Rdn. 20; zur auf Art. 100 EGV (Art. 94 EG/115 AEUV) gestützten Nachweisrichtlinie EuGH v. 18.12.2008 – Rs. C-306/07 *Andersen,* EU:C:2008:743 Rdn. 24–29; EuGH v. 11.2.2010 – Rs. C-405/08 *Holst,* EU:C:2010:69.

47 *Heinze,* ZfA 1997, 505, 511f.; *Höland,* ZIAS 1995, 425, 438f.

48 Vgl. wiederum EuGH v. 30.1.1985 – Rs. 143/83 *Kommission ./. Dänemark,* EU:C:1985:34; EuGH v. 10.7.1986 – Rs. 235/84 *Kommission ./. Italien,* EU:C:1986:303.

49 S. noch *Birk,* FS Rehbinder (2002), S. 3, 14 mit Fn. 26.

50 *Birk,* FS Rehbinder (2002), S. 3, 13; *Buchner,* RdA 1993, 193, 200f.; Calliess/Ruffert/*Krebber,* Art. 153 AEUV Rdn. 36; *Konzen,* EuZW 1995, 39, 46f.

barungen der Europäischen Sozialpartner, AuA 1998, 262–264; *Goos*, Sozialer Dialog und Arbeitgeberverbände, in: Oetker/Preis (Hrsg.), Europäisches Arbeits- und Sozialrecht, B 8110 (Stand: Oktober 1999); *ders.*, Tarifautonomie in Europa – Chancen und Risiken, in: Konzen/Krebber/Raab/ Veit/Waas (Hrsg.), Festschrift für Rolf Birk, 2008, S. 135–149; *Heinze*, Die Rechtsgrundlagen des sozialen Dialogs auf Gemeinschaftsebene, ZfA 1997, 505–521; *ders.*, Europarecht im Spannungsverhältnis zum nationalen Arbeitsrecht – Von formaler Verdichtung zur offenen Arbeitsrechtsordnung, ZfA 1992, 331–359; *Hepple*, European Social Dialogue – Alibi or Opportunity?, 1993; *Langenbucher*, Zur Zulässigkeit parlamentsersetzender Normgebungsverfahren im Europarecht, ZEuP 2002, 265–286; *Lörcher*, Der Europäische Gewerkschaftsbund (EGB) und seine Beteiligung am europäischen Arbeitsrecht, NZA 2003, 184–194; *Parrish*, Social Dialogue in European Professional Football, ELJ 17 (2011), 213–229; *Peers*, Non-Regression Clauses: The Fig Leaf has Fallen, ILJ 39 (2010), 436–443; *Ricken*, Der soziale Dialog im EG-Vertrag als Zielvorgabe für die Europäische Betriebsverfassung, DB 2000, 874–878; *Röthel*, Europäische Rechtsetzung im sozialen Dialog – Zur Richtlinie 1999/70/EG über befristete Arbeitsverhältnisse, NZA 2000, 65–69; *Schiek*, Autonomous Collective Agreements as a Regulatory Device in European Labour Law: How to read Article 139 EC, ILJ 34 (2005), 23–56; *Schnorr*, Kollektivverträge in einem integrierten Europa, DRdA 1994, 193–198; *Schwarze*, Legitimation kraft virtueller Repräsentation, RdA 2001, 208–218; *ders.*, Sozialer Dialog im Unionsrecht, in: Oetker/Preis (Hrsg.), Europäisches Arbeits- und Sozialrecht, B 8100 (Stand: März 2012); *Smismans*, The European Social Dialogue between Constitutional and Labour Law, E.L. Rev. 32 (2007), 341–364; *Waas*, Der soziale Dialog auf europäischer Ebene, ZESAR 2004, 443–451; *Weiss*, Der soziale Dialog als Katalysator koordinierter Tarifpolitik in der EG, in: Heinze/Söllner (Hrsg.), Arbeitsrecht in der Bewährung – Festschrift für Otto Rudolf Kissel, 1994, S. 1253–1267; *ders.*, Transnationale Kollektivvertragsstrukturen in der EG: Informalität oder Verrechtlichung?, in: Konzen/Krebber/Raab/Veit/Waas (Hrsg.), Festschrift für Rolf Birk, 2008, S. 957–975; *Wisskirchen*, Der soziale Dialog in der Europäischen Gemeinschaft, in: Arnold (Hrsg.), Die Arbeitsgerichtsbarkeit – Festschrift zum 100jährigen Bestehen des Deutschen Arbeitsgerichtsverbandes, 1994, S. 653–677.

S. noch die allgemeinen Literaturhinweise oben, vor Rdn. 1, sowie die Hinweise der Kommission unter http://ec.europa.eu/employment_social/social_dialogue/docs_de.htm.

Rechtsprechung:

EuG v. 17.6.1998	Rs. T-135/96 *UEAPME ./. Rat*, EU:T:1998:128
EuG v. 24.10.2019	Rs. T-310/18 *EPSU ./. Kommission*, EU:T:2019:757 (n. rkr.)

a) Grundgedanken der Regelung

„Die Kommission hat die Aufgabe, die Anhörung der Sozialpartner auf Gemeinschaftsebene zu fördern, und erlässt alle zweckdienlichen Maßnahmen, um den Dialog zwischen den Sozialpartnern zu erleichtern, wobei sie für Ausgewogenheit bei der Unterstützung der Parteien sorgt.“, Art. 154 Abs. 1, 152 Abs. 1 AEUV.[51] Als **„sozialen Dialog“** bezeichnet man den Meinungsaustausch der Arbeitgeber- und Arbeitnehmer- 27

51 Zur Entwicklung ausgehend von den Gesprächen von Val Duchesse (und zum ASP) etwa S. *Arnold*, Der Soziale Dialog nach Art. 139 EG, S. 25–31; *Fuchs/Marhold*, Europäisches Arbeitsrecht, S. 14 ff.; *Heinze*, ZfA 1997, 505–509; *Wank*, RdA 1995, 10, 19–21; *Weiss*, FS Kissel (1994), 1253, 1258–1262; auch *Goos*, FS Birk (2008), S. 140–145.

organisationen (Sozialpartner; s. noch Rdn. 31f.) über soziale Fragen. Dieser soziale Dialog ist im EG-Vertrag in zwei sehr unterschiedlichen Varianten vorgesehen.

- Zum einen geht es in einem „**informellen**" und allgemeinen Sinn um den Meinungsaustausch der Sozialpartner. (Auch) Diesen soll die Kommission nach Art. 154 Abs. 1 AEUV fördern.[52] Und (auch) dieser informelle Dialog kann gem. Art. 155 Abs. 1 AEUV zu „vertraglichen Beziehungen" führen. Soweit dann daraus Vereinbarungen erwachsen, werden diese „nach den jeweiligen Verfahren und Gepflogenheiten der Sozialpartner und der Mitgliedstaaten" durchgeführt. Diese Vorgehensweise spielt praktisch eine geringere Rolle und gehört nicht in unseren Zusammenhang der Rechtsetzung der Gemeinschaft.[53]
- Darüber hinaus sehen Art. 154 Abs. 2–4, 155 AEUV aber auch einen **förmlichen sozialen Dialog** vor, der eine **Mitwirkung der Sozialpartner am gemeinschaftlichen Rechtsetzungsverfahren** bedeutet: in Form von Anhörung, Stellungnahmen und Vorschlägen bis hin zur eigenen gestaltenden Mitwirkung. Um diesen förmlichen sozialen Dialog geht es im Folgenden ausschließlich.[54]

28 Bereits seit einiger Zeit werden die Sozialpartner zudem im Rahmen des sog. **Dreigliedrigen Sozialgipfels** in die Sozialpolitik der Gemeinschaft einbezogen. Diese Beratungen sollen eine „kontinuierliche Konzertierung zwischen dem Rat, der Kommission und den Sozialpartnern sicherstellen".[55] Diese Einrichtung ist jetzt in Art. 152 Abs. 2 AEUV primärrechtlich verankert worden.

29 Die Einbeziehung der Sozialpartner in die Rechtsetzung der Union dient verschiedenen **Zwecken.** Es geht zum einen darum, die *Sachnähe* und den *Sachverstand* der Sozialpartner zu nutzen.[56] Gleichzeitig liegt in ihrer Beteiligung am Rechtsetzungsverfahren ein Element der *Bürgernähe* und damit auch der *demokratischen Legitimation.* Wenn die Sozialpartner die Rechtsetzung inhaltlich selbst gestalten, wird darin zudem eine Verwirklichung des *Subsidiaritätsprinzips* gesehen.[57]

---

52 Aus der Zielbestimmung des Art. 151 AEUV, die die Förderung des sozialen Dialogs auch den Mitgliedstaaten aufgibt, leitet *Ricken,* DB 2000, 874–878, Folgerungen für das nationale Betriebsverfassungsrecht ab (Öffnung für Verhandlungslösungen nach dem Modell der EBR-Richtlinie).

53 Dazu etwa *Birk,* FS Rehbinder (2002), S. 3, 11f.; *Buchner,* RdA 1993, 193, 200f.; Hanau/Steinmeyer/Wank/*Hanau,* § 19 Rdn. 17; *Lörcher,* NZA 2003, 184, 192; Schwarze/*Rebhahn,* Art. 155 AEUV Rdn. 9–13; *Smismans,* E.L. Rev. 32 (2007), 341, 358–363; *Weiss,* FS Kissel, S. 1253–1267. Weitergehend aber *Deinert,* ILJ 23 (2003), 317, 320–324; *Schiek,* ILJ 34 (2005), 23–56 (eine „autonome Umsetzung" nach Art. 139 Abs. 2 UAbs. 1 Alt. 2 EG [Art. 155 Abs. 2 UAbs. 1 S. 1 Alt. 2 AEUV] begründend mit der Folge, dass Vereinbarungen der Sozialpartner den Charakter von Rechtsquellen des Gemeinschaftsrechts haben könnten).

54 Die Entwicklung des Gemeinschaftsrechts skizziert *Deinert,* RdA 2004, 212–216.

55 Beschluss 2003/174/EG des Rates vom 6.3.2003 zur Einrichtung eines dreigliedrigen Sozialgipfels für Wachstum und Beschäftigung, ABl. 2003 L 70/32.

56 *Höland,* ZIAS 1995, 425, 426.

57 Besonders zum Aspekt der Subsidiarität *Deinert,* RdA 2004, 211, 217f. (der zudem S. 218f. auch die Tarifautonomie hervorhebt); im Hinblick auf die Subsidiarität als Legitimationstopos krit. Chr. *Arnold,* NZA 2002, 1261, 1267f.; *Heinze,* ZfA 1992, 331, 336–338, 355.

Die Ausgestaltung des sozialen Dialogs in Art. 154 Abs. 4, 155 AEUV wirft in besonderem Maße Fragen der **demokratischen Legitimation** auf. Soweit nämlich nach Art. 154 Abs. 2 AEUV Vereinbarungen der Sozialpartner durch Beschluss *(decision, decision)* des Rates durchgeführt, das heißt: in Form eines Rechtsakts erlassen werden, ist **keine Mitwirkung des Europäischen Parlaments** vorgesehen (unten, Rdn. 43). Auch der Lissaboner Vertrag führt nur eine Pflicht ein, das EP zu unterrichten; Art. 155 Abs. 2 UAbs. 1 S. 2 AEUV. Manche halten das für mit dem Demokratieprinzip unvereinbar.[58] Überwiegend wird hingegen versucht, die gebotene Legitimation auf andere Weise zu begründen. Sie liegt zum einen in der entscheidenden Mitwirkung des seinerseits demokratisch legitimierten Rates.[59] Zum anderen sucht man, ein Legitimationsdefizit dadurch zu vermeiden, dass man normative Voraussetzungen für die Anerkennung der Sozialpartner im Rahmen des förmlichen sozialen Dialogs aufstellt[60].[61] 30

b) Sozialpartner

Sozialpartner sind in einem allgemeinen Sinne die Arbeitgeber und ihre Organisationen einerseits und Arbeitnehmerorganisationen andererseits (Koalitionen im arbeitsrechtlichen Sinne). Im AEUV wird der Begriff in unterschiedlichen Bedeutungen verwendet. Wenn Art. 153 Abs. 3 AEUV für die Mitgliedstaaten die Möglichkeit vorsieht, die Umsetzung von Richtlinien den Sozialpartnern zu übertragen, sind damit die mitgliedstaatlichen Organisationen bezeichnet; auch für die Begriffsbestimmung ist auf das mitgliedstaatliche Recht verwiesen. Welche Sozialpartner hingegen am sozialen Dialog gem. Art. 154 Abs. 2–4, 155 AEUV mitwirken können, ist gemeinschaftsautonom zu bestimmen.[62] Als wesentliches Merkmal wird dabei im Hinblick auf die Beteiligung am Rechtsetzungsverfahren gem. Art. 155 Abs. 2 AEUV (soeben, Rdn. 30) eine 31

58 Chr. *Arnold,* NZA 2002, 1261–1268 (der daher schon *de lege lata* eine Mitwirkung des EP im Wege der teleologischen Reduktion begründet); S. *Arnold,* Der Soziale Dialog nach Art. 139 EG (2008); *Dederer,* RdA 2000, 216–222; krit. auch *Weiss,* FS Wiese (1998), S. 639f.

59 *Britz/Schmidt,* EuR 1999, 467, 487–490 (gemessen am Maßstab des gemeinschaftsrechtlichen Demokratieprinzips); *Langenbucher,* ZEuP 2002, 265, 278f.; *Schwarze,* EAS B 8100 Rdn. 64; *ders.,* RdA 2002, 208, 217f.; Hanau/Steinmeyer/Wank/*Hanau,* § 19 Rdn. 9; a.A. *Dederer,* RdA 2000, 216, 218–220; *Arnold,* NZA 2002, 1261, 1265–1268.

60 Ein entsprechendes Modell ist im spanischen Arbeitsrecht bekannt, wo Tarifverträge weitgehend eine *erga omnes*-Wirkung haben können; dazu *Gutiérrez-Solar Calvo,* RdA 2001, 350, 352.

61 Krit. *Britz/Schmidt,* EuR 1999, 467, 490f. (die freilich der Repräsentativität Bedeutung für die „sachlich inhaltliche Legitimation" beimessen; S. 491–497). Krit. gegenüber einer „Legitimation kraft virtueller Legitimation" (nicht aber gegenüber der Verbesserung der Legitimationsbasis durch Einbeziehung der Sozialpartner) auch *Schwarze,* RdA 2002, 208, 217f.

62 Calliess/Ruffert/*Krebber,* Art. 154 AEUV Rdn. 7–9; s.a.S. *Arnold,* Der Soziale Dialog nach Art. 139 EG, S. 33–38.

Repräsentativität verlangt,[63] und zwar sowohl im Hinblick auf die vertretene Gruppe als auch im Hinblick auf die Mitgliedstaaten.[64] Nach den von der Kommission formulierten Anforderungen[65] müssen die Verbände

(1) branchenübergreifend, sektor- oder berufsgruppenspezifisch tätig sein und über eine Struktur auf europäischer Ebene verfügen;
(2) aus Verbänden bestehen, die in ihrem Land integraler und anerkannter Bestandteil des Systems der Arbeitsbeziehungen sind, Vereinbarungen aushandeln können und so weit wie möglich alle Mitgliedstaaten vertreten und
(3) über die geeigneten Strukturen verfügen, um effektiv an dem Anhörungsprozess teilnehmen zu können.

32 Die allgemeinen Organisationen der Arbeitgeber und der Arbeitnehmer erfüllen diese Anforderungen nach überwiegender Auffassung.[66] Das sind:

- die *Confederation of European Business* (**BUSINESSEUROPE**, s. www.businesseurope.eu), vormals die Vereinigung der Europäischen Industrie- und Arbeitgeberverbände (**UNICE**) (Dachverband der privaten Arbeitgeber und Arbeitgeberverbände),
- der europäische Zentralverband öffentlicher Unternehmen (**CEEP**, s. www.ceep.eu) sowie
- der Europäische Gewerkschaftsbund (**EGB**, www.etuc.org)[67] (Dachverband der Gewerkschaften).

Neben diesen Dachorganisationen gibt es eine große Zahl weiterer branchenübergreifender und branchenspezifischer europäischer Organisationen, die die Kommission in den sozialen Dialog einbezieht.[68]

---

63 EuG v. 17.6.1998 – Rs. T-135/96 *UEAPME ./. Rat,* EU:T:1998:128 Rdn. 88–90; *Konzen,* EuZW 1995, 39, 46; *Birk,* EuZW 1997, 453, 455; *Britz/Schmidt,* EuR 1999, 467, 494 f.; *Buchner,* RdA 1993, 193, 202 f.; Schwarze/*Rebhahn,* Art. 154 AEUV Rdn. 9; insoweit zustimmend auch *Schwarze,* RdA 2002, 208, 218.

64 Calliess/Ruffert/*Krebber,* Art. 154 AEUV Rdn. 15 (freilich kritisch gegenüber [a] dem Ausschluss der Beteiligung des EP im Verfahren nach Art. 139 Abs. 2 EG und [b] dem daran anknüpfenden Representativitätserfordernis des EuG; a. a. O. Art. 139 EG Rdn. 25, 28); s. a. Schwarze/*Rebhahn,* Art. 154 AEUV Rdn. 9.

65 Mitteilung der Kommission über die Anwendung des Protokolls über die Sozialpolitik vom 14.12.1993, KOM(93) 600 endg.; Mitteilung der Kommission über die Anpassung und Förderung des Sozialen Dialogs auf Gemeinschaftsebene vom 20.5.1998, KOM(98) 322 endg. Kritisch Calliess/Ruffert/*Krebber,* Art. 154 AEUV Rdn. 19–20.

66 *Langenbucher,* ZEuP 2002, 265, 266 f. Krit. Chr. *Arnold,* NZA 2002, 1261, 1266. S.a noch das Verfahren EuG v. 17.6.1998 – Rs. T-135/96 *UEAPME ./. Rat,* EU:T:1998:128.

67 Zu ihm näher *Lörcher,* NZA 2003, 184–194.

68 S. die Übersicht in der Mitteilung der Kommission „Partnerschaft für den Wandel in einem erweiterten Europa – Verbesserung des Beitrags des europäischen sozialen Dialogs" v. 12.8.2004, Anhang 5, KOM(2004) 557 endg., S. 24 f. (b).

c) Anhörung der Sozialpartner

Die Sozialpartner sind zunächst durch ein Anhörungsrecht in die Rechtsetzung der Union eingebunden.[69] Bevor die Kommission Vorschläge im Bereich der Sozialpolitik unterbreitet, hört sie die Sozialpartner zu der Frage, wie eine Maßnahme der Union ggf. ausgerichtet werden sollte, Art. 154 Abs. 2 AEUV. Wenn sie anschließend eine Unionsmaßnahme für zweckmäßig hält, hört sie die Sozialpartner erneut zum Inhalt des in Aussicht genommenen Vorschlags. Die Sozialpartner haben dann Gelegenheit, der Kommission dazu eine Stellungnahme oder Empfehlung zu übermitteln, Art. 154 Abs. 3 AEUV. **33**

d) Sozialer Dialog mit dem Ziel einer Vereinbarung

Über das Anhörungsrecht hinausgehend haben die Sozialpartner nach Art. 155 AEUV die Möglichkeit, selbst gestaltend am Rechtsetzungsverfahren mitzuwirken, indem sie eine Vereinbarung schließen, die der Rat anschließend auf Antrag der Sozialpartner durch Beschluss durchführen kann. In der Sache können die Sozialpartner damit den Richtlinientext schreiben, der freilich vom Rat gebilligt werden muss. **34**

aa) Einleitung und Durchführung des Verfahrens

Die **Einleitung** des Verfahrens regelt Art. 154 Abs. 4 AEUV im Anschluss an die Anhörung der Sozialpartner zu einem in Aussicht genommenen Vorschlag nach Art. 154 Abs. 3 AEUV. In diesem Stadium, also angesichts eines konkreten in Aussicht genommenen Regelungsvorschlags der Kommission, können die Sozialpartner durch einseitige Mitteilung an die Kommission den sozialen Dialog des Art. 155 AEUV initiieren. Der Dialog der Sozialpartner findet somit vor der Matrix eines Kommissionsvorschlags statt; man kann auch hier sprechen von einem *bargaining in the shadow of the law*[70]. Dieser Vorschlag wird daher regelmäßig zum einen die Verhandlungserwartungen der Sozialpartner prägen und zum anderen Grundlage für die Prüfung von Kommission und Rat sein, ob eine Vereinbarung der Sozialpartner durchgeführt werden soll. **35**

Die Sozialpartner können den Dialog aber auch **autonom eröffnen**, außerhalb eines Kommissionsvorschlags nach Art. 154 Abs. 3 AEUV. Das gilt – selbstverständlich – für den Dialog, der nicht zu einer Rechtsetzung der Gemeinschaft nach Art. 155 Abs. 2, 153 AEUV führen soll, ist aber auch darüber hinaus anzuerkennen.[71] **36**

---

69 Weiterführend *Heinze*, ZfA 1997, 505, 513f. Zu den Auswirkungen einer Verletzung des Art. 154 Abs. 2 oder 3 AEUV Schwarze/*Rebhahn*, Art. 154 AEUV Rdn. 10.

70 *Bercusson*, IRJ 23 (1992), 177, 185. Grundlegend dazu *Mnookin/Kornhauser*, Yale L.J. 88 (1979), 950–997.

71 Wie hier *Deinert*, RdA 2004, 211f.; *Heinze*, ZfA 1997, 505, 515f.; Calliess/Ruffert/*Krebber*, Art. 155 AEUV Rdn. 1; *Schwarze*, EAS B 8100 Rdn. 67; *Smismans*, E.L. Rev. 32 (2007), 341, 343, 352; a.M. *Birk*, EuZW 1997, 453, 455, 458; krit. auch *Weiss*, FS Birk (2008), S. 963.

37 Die **Verfahrensdauer** – von der Einleitung bis zum Abschluss einer Vereinbarung – ist auf neun Monate begrenzt, sie kann aber im Einvernehmen von Sozialpartnern und Kommission verlängert werden. Damit wird einer Blockade des Rechtsetzungsverfahrens der Gemeinschaft, wie sie bei kontroversen Gegenständen leicht eintreten könnte, vorgebeugt. **Arbeitskampfmaßnahmen** sollen im Rahmen der Verhandlungen mit Rücksicht auf Art. 153 Abs. 5 AEUV unzulässig sein.[72]

bb) Die Vereinbarung

38 „Der Dialog zwischen den Sozialpartnern auf Gemeinschaftsebene kann, falls sie es wünschen, zur Herstellung vertraglicher Beziehungen einschließlich des Abschlusses von Vereinbarungen führen" (Grundsatz der **Vertragsfreiheit**), Art. 155 Abs. 1 AEUV. Für die Zwecke des Rechtsetzungsverfahrens unterliegt die Vereinbarung einem Schriftformerfordernis (Art. 155 Abs. 2 AEUV: „Unterzeichnerparteien"). Welche Regeln sonst über Zustandekommen, Wirksamkeit des Vertrags entscheiden, ist unsicher, da ein vereinheitlichtes Tarifvertragskollisionsrecht fehlt.[73]

39 Inhaltlich muss die Vereinbarung, soweit sie im Wege des Art. 155 Abs. 1 UAbs. 1 S. 1 Alt. 1 AEUV durchgeführt werden soll, die kompetentiellen Grenzen beachten, die sich aus Art. 153 AEUV ergeben.[74] Sie kann daher nur die Gegenstände des Art. 153 Abs. 1 lit. a)–i) betreffen.

cc) Durchführung der Vereinbarung

40 Die Durchführung der Vereinbarungen kann einerseits nach den Verfahren und Gepflogenheiten der Sozialpartner und der Mitgliedstaaten erfolgen; das richtet sich nach mitgliedstaatlichem Recht.[75] Soweit es um Gegenstände geht, für die die Union nach Art. 153 AEUV die Kompetenz hat, kann die Vereinbarung (1) auf Antrag der Unterzeichnerparteien und (2) auf Vorschlag der Kommission (3) durch Beschluss des Rates durchgeführt werden.

41 Umstritten ist, inwieweit die Kommission verpflichtet ist, dem Rat die Durchführung vorzuschlagen. Nach einer Meinung ist die Kommission vorbehaltlich einer

72 *Birk*, EuZW 1997, 453, 454 f.; Streinz/*Eichenhofer*, Art. 155 AEUV Rdn. 9; Calliess/Ruffert/*Krebber*, Art. 155 AEUV Rdn. 8.

73 Calliess/Ruffert/*Krebber*, Art. 155 AEUV Rdn. 5 f. S.a. *Däubler*, EuZW 1992, 329, 331 f. („schuldrechtliche Vereinbarungen europäischen Rechts"); Streinz/*Eichenhofer*, Art. 155 AEUV Rdn. 8.

74 Schwarze/*Rebhahn*, Art. 155 AEUV Rdn. 5.

75 Näher *Schwarze*, EAS B 8100 Rdn. 53–60. S. zum Beispiel: Mitteilung der Kommission an den Rat und das Europäische Parlament zur Übermittlung der Europäischen Rahmenvereinbarung zu Belästigung und Gewalt am Arbeitsplatz vom 8.11.2007, KOM(2007) 686 endg., https://eur-lex.europa.eu/legal-content/DE/TXT/?qid=1600161538472&uri=CELEX:52007DC0686; Rahmenvereinbarung zu Stress am Arbeitsplatz vom 8.10.2004; Rahmenvereinbarung über Telearbeit vom 16.12.2002, http://ec.europa.eu/employment-social/news/2002/oct/1034330238-de.html.

Rechtmäßigkeitskontrolle zum Vorschlag verpflichtet.[76] Nach anderer Ansicht kann die Kommission als Gesetzgebungsorgan nicht durch Interessenverbände zur Gesetzgebung gezwungen werden; ihr steht mithin auch eine **Zweckmäßigkeits- oder Opportunitätskontrolle** zu;[77] dem hat sich auch das EuG angeschlossen[78]. Dem ist beizupflichten. Zwar ist die englische Sprachfassung für eine Bindung der Kommission offen (*shall be implemented*), doch spiegelt sich das schon in anderen Sprachfassungen nicht wider (*intervient, erfolgt*). Zudem ergäbe der *Vorschlag* keinen Sinn, wenn sich die Kommission auf die reine Weiterleitung zu beschränken hätte und kein inhaltliches Zueigenmachen damit verbunden wäre. Das wäre auch mit der unabhängigen Stellung der Kommission (Art. 17 Abs. 3 UAbs. 3 EUV) nicht vereinbar. Auch aus dem Grundrecht auf Kollektivverhandlungen des Art. 28 GRCh folgt nichts anderes, da dieses kein Recht auf gesetzliche Umsetzung umfasst. Bei ihrer Entscheidung hat die Kommission einen weiten Ermessensspielraum, der gerichtlich nur eingeschränkt überprüfbar ist (zutreffender Sachverhalt, Einhaltung der Verfahrensvorschriften, kein Ermessensmissbrauch).[79] Nach Art. 296 AEUV trifft sie allerdings eine Begründungspflicht.[80] Macht die Kommission allerdings einen Vorschlag, so darf sie keine,[81] jedenfalls keine wesentlichen Änderungen vornehmen (arg. e Art. 154 Abs. 2, 3 AEUV: das würde ein neues Anhörungsrecht auslösen und zu einer endlosen Verfahrensspirale führen).[82]

Ebenso ist ein **Änderungsrecht des Rates** anzuerkennen; er kann bei vermittel- 42
ten Vorschlägen der Sozialpartner nicht stärker gebunden sein als bei autonomen Vorschlägen der Kommission (vgl. Art. 293 Abs. 1 AEUV).[83] Die Mehrheitserfordernisse für den Rat sind hier ebenso wie in Art. 153 Abs. 2 AEUV geregelt, er beschließt grundsätzlich mit qualifizierter Mehrheit, bei den „sensibleren" Gegenständen von

---

76 *Dorssemont/Lörcher/Schmitt*, ILJ 48 (2019), 571–603; *Heinze*, ZfA 1997, 505, 517–520; auch *Höland*, ZIAS 1995, 425, 442–445; *Langenbucher*, ZEuP 2002, 265, 271 f. (die freilich S. 270 ein Rücknahmerecht analog Art. 250 S. 2 Abs. 2 EG [Art. 293 AEUV] anerkennt); *Schwarze*, EAS B 8100 Rdn. 72.

77 Calliess/Ruffert/*Krebber*, Art. 155 AEUV Rdn. 26; Streinz/*Eichenhofer*, Art. 155 AEUV Rdn. 18; Schlachter/Heinig/*Greiner*, § 21 Rdn. 133 f.; Schwarze/*Rebhahn*, Art. 155 AEUV Rdn. 6; *Smismans*, E.L. Rev. 32 (2007), 341, 350; *Britz/Schmidt*, EuR 1999, 467, 477 f.

78 EuG v. 24.10.2019 – Rs. T-310/18 *EPSU ./. Kommission*, EU:T:2019:757.

79 EuG v. 24.10.2019 – Rs. T-310/18 *EPSU ./. Kommission*, EU:T:2019:757 Rdn. 109 ff.

80 EuG v. 24.10.2019 – Rs. T-310/18 *EPSU ./. Kommission*, EU:T:2019:757 Rdn. 110, 114 ff.

81 Schlachter/Heinig/*Greiner*, § 21 Rdn. 135; Calliess/Ruffert/*Krebber*, Art. 155 AEUV Rdn. 26; Streinz/*Eichenhofer*, Art. 155 AEUV Rdn. 19.

82 S. *Arnold*, Der Soziale Dialog nach Art. 139 EG, S. 118–121; *Heinze*, ZfA 1997, 505, 518 f.; *Höland*, ZIAS 1995, 425, 445; *Langenbucher*, ZEuP 2002, 265, 270 f.; *Schwarze*, EAS B 8100 Rdn. 77; *Steinmeyer*, RdA 2001, 20, 21.

83 *Heinze*, ZfA 1997, 505, 519 f.; Calliess/Ruffert/*Krebber*, Art. 155 AEUV Rdn. 27; *Langenbucher*, ZEuP 2002, 265, 272 und 279. A.M.S. *Arnold*, Der Soziale Dialog nach Art. 139 EG, S. 122–127; *Bercusson*, Labour Law, S. 548; *Britz/Schmidt*, EuR 1999, 467, 478; Schlachter/Heinig/*Greiner*, § 21 Rdn. 136; *Höland*, ZIAS 1995, 425, 445; *Schwarze*, EAS B 8100 Rdn. 82; *Smismans*, E.L. Rev. 32 (2007), 341, 343; *Weiss*, FS Birk (2008), S. 961. A.M. Schwarze/*Rebhahn*, Art. 155 AEUV Rdn. 6.

Art. 153 Abs. 1 lit. c), d), f) und g) AEUV einstimmig. Seinen Beschluss kann er dabei grundsätzlich in jeder der Formen von Art. 288 AEUV fassen,[84] doch kommt aus praktischen (Untauglichkeit der unverbindlichen Instrumente Entscheidung, Empfehlung und Stellungnahme) und systematischen Erwägungen (Beschränkung der Handlungsformen auf Richtlinien in Art. 153 Abs. 2 lit. b) AEUV) nur die Form der Richtlinie in Betracht.[85]

43 Ein **Beteiligungsrecht des Europäischen Parlaments** ist **nicht** vorgesehen.[86] Im praktischen Ergebnis bedeutet das, dass die Sozialpartner Regelungsgegenstände über das Verfahren des sozialen Dialogs der Parlamentsmitwirkung entziehen können.[87] Diese rechtliche Ausgestaltung wird durch die *Übung* der Kommission, das Parlament ungeachtet dessen anzuhören, nur wenig abgemildert. Auch der Vertrag von Lissabon hat hier keine Abhilfe geschaffen, aber in Art. 155 Abs. 2 UAbs. 1 S. 2 wenigstens eine Pflicht zur Unterrichtung der Parlamente eingeführt.

44 Bislang wurden die EBR-Richtlinie (§ 31), die Teilzeitrichtlinie (§ 19), die Befristungsrichtlinie (§ 20) und die Elternurlaubsrichtlinie (§ 24) im Wege des sozialen Dialogs ausgearbeitet und vom Rat auf Vorschlag der Kommission gem. Art. 155 AEUV (bzw. der Vorgängerbestimmungen im ASP) verabschiedet. Daneben gibt es eine Reihe branchenspezifischer Vereinbarungen.[88]

III. Weitere Kompetenzen mit Bezug zum Arbeitsrecht

45 Weitere Kompetenzvorschriften sieht der AEU-Vertrag für einzelne Regelungsbereiche vor.

---

84 *Heinze,* ZfA 1997, 505, 517; *Höland,* ZIAS 1995, 425, 446f. A.M. Schwarze/*Rebhahn,* Art. 155 AEUV Rdn. 5 (wegen der zu übertragenden Beschränkung der Handlungsformen auf Richtlinien in Art. 153 Abs. 2 lit. b AEUV nur Richtlinie).

85 S. *Arnold,* Der Soziale Dialog nach Art. 139 EG, S. 79–102; *Deinert,* ILJ 23 (2003), 317, 318f.; ähnlich *Britz/Schmidt,* EuR 1999, 467, 475.

86 EuG v. 17.6.1998 – T-135/96 *UEAPME ./. Rat,* EU:T:1998:128 Rdn. 88f. Krit. etwa *Heinze,* ZfA 1997, 505, 520. Zur Frage der Legitimation bereits oben, Rdn. 30.

87 Krit. Streinz/*Eichenhofer,* Art. 155 AEUV Rdn. 13; Calliess/Ruffert/*Krebber,* Art. 154 AEUV Rdn. 34 und Art. 155 AEUV Rdn. 28.

88 Beispiele bei Mitteilung der Kommission an den Rat und das Europäische Parlament zur Übermittlung der Europäischen Rahmenvereinbarung zu Belästigung und Gewalt am Arbeitsplatz vom 8.11.2007, KOM(2007) 686 endg., S. 16. Jüngst Vorschlag der Kommission für eine Richtlinie des Rates zur Durchführung der Vereinbarung zwischen den Verbänden der Reeder in der Europäischen Gemeinschaft (ECSA) und der Europäischen Transportarbeiter-Föderation (ETF) über das Seearbeitsübereinkommen 2006 und zur Änderung der Richtlinie 1999/63/EG v. 2.7.2008, KOM(2008) 422 endg.

1. Arbeitnehmerfreizügigkeit, Art. 46 AEUV

Eine besondere Zuständigkeit für Maßnahmen zur Herstellung der Arbeitnehmerfreizügigkeit verleiht Art. 46 AEUV der Union. Sie ermächtigt Parlament und Rat, im ordentlichen Gesetzgebungsverfahren nach Art. 294 AEUV und nach Anhörung des Wirtschafts- und Sozialausschusses (WSA) Richtlinien oder Verordnungen zu erlassen. Auf die Kompetenznorm des Art. 46 AEUV wurde vor allem die Arbeitnehmerfreizügigkeitsverordnung gestützt (s. schon oben, § 3 Rdn. 8). 46

2. Gewährleistung der Chancengleichheit von Männern und Frauen, Art. 157 Abs. 3 AEUV

Obwohl dieser Bereich auch bereits von Art. 153 Abs. 1 lit. i) abgedeckt ist,[89] ermächtigt auch Art. 157 Abs. 3 AEUV den Rat, im Mitentscheidungsverfahren nach Art. 294 AEUV nach Anhörung des WSA Maßnahmen zur Gewährleistung der Anwendung des Grundsatzes der Chancengleichheit und der Gleichbehandlung von Männern und Frauen in Arbeits- und Beschäftigungsfragen, einschließlich des Grundsatzes des gleichen Entgelts bei gleicher oder gleichwertiger Arbeit zu treffen. Gegenüber Art. 19 AEUV (unten, Rdn. 49) ist in Bezug auf die Diskriminierung aufgrund des Geschlechts im Arbeitsleben Art. 157 Abs. 3 AEUV *lex specialis*. 47

Die durch den Amsterdamer Vertrag eingeführte Vorschrift hat bislang geringe praktische Bedeutung. Auf sie wurde die Revision der (ursprünglich auf der Grundlage von Art. 235 EGV = Art. 352 AEUV erlassenen) Gleichbehandlungsrichtlinie Arbeitsbedingungen (§ 9 Rdn. 9 f., 19) gestützt, ebenso wie die zusammenfassende Kodifizierung in der Geschlechtsdiskriminierungsrichtlinie von 2006 (vgl. § 9 Rdn. 21). 48

3. Bekämpfung von Diskriminierungen, Art. 19 Abs. 1 AEUV

Eine besondere Kompetenznorm zu Bekämpfung von Diskriminierungen hat der Amsterdamer Vertrag mit Art. 13 EG (Art. 19 AEUV) eingeführt.[90] Sie ermächtigt in Absatz 1 den Rat, auf Vorschlag der Kommission und nach Anhörung des Europäischen Parlaments einstimmig geeignete Vorkehrungen – neben den Rechtsakten des Art. 288 AEUV etwa auch Programme oder Beschlüsse – zu treffen, um Diskriminierungen aus Gründen des Geschlechts, der Rasse, der ethnischen Herkunft, der Religion oder der Weltanschauung, einer Behinderung, des Alters oder der sexuellen Ausrichtung zu 49

---

89 Zum problematischen Verhältnis der beiden Vorschriften Streinz/*Eichenhofer*, Art. 157 AEUV Rdn. 24; Calliess/Ruffert/*Krebber*, Art. 157 AEUV Rdn. 89.

90 Zur Entwicklung *Langner*, ZIAS 1998, 178–189. Zum Verhältnis zu Art. 137 EG (Art. 153 AEUV) *Bell/Whittle*, E.L. Rev. 27 (2002), 677–691.

bekämpfen. Das Parlament entscheidet (seit der Änderung durch den Lissaboner Vertrag) mit, Art. 19 Abs. 1 AEUV.

50 Auf die Grundlage des Art. 19 AEUV hat die Gemeinschaft seither die Rassendiskriminierungsrichtlinie (§ 11), die Gleichbehandlungsrahmenrichtlinie (§ 12)[91] sowie – außerhalb des Arbeitsrechts – die Gleichbehandlungsrichtlinie Geschlecht (s. noch § 10 Rdn. 26–65) gestützt.

4. Rechtsangleichung für den Gemeinsamen Markt und den Binnenmarkt, Art. 115, 114 AEUV

51 Art. 115 AEUV (früher Art. 100 EGV) und der ursprünglich durch die Einheitliche Europäische Akte von 1986 eingefügte Art. 114 AEUV (Art. 100a EGV) ermächtigen die Gemeinschaft zur Rechtsangleichung zur Verwirklichung des Gemeinsamen Marktes (Art. 115 AEUV) bzw. des Binnenmarktes (Art. 114 AEUV). Die Normen sind daher nicht auf einen bestimmten Rechts- oder Politikbereich beschränkt und ermöglichen grundsätzlich auch eine Angleichung des Arbeitsrechts. Freilich stehen dabei nicht sozialpolitische Zwecke im Vordergrund, sondern das Errichten oder das Funktionieren des Binnenmarktes oder – mit dem Gemeinsamen Marktes – eines Marktes, der einem Binnenmarkt möglichst nahe kommt.[92] Jeweils geht es zum einen um die Verwirklichung der Grundfreiheiten (s. Art. 26 Abs. 2 AEUV), zum anderen um die Vermeidung von Wettbewerbsverzerrungen. Prozedural setzt Art. 115 AEUV – schwerfälliger – Einstimmigkeit im Rat voraus, aber nur Anhörung von EP und WSA, die Rechtsetzung nach Art. 114 AEUV erfolgt im ordentlichen Gesetzgebungsverfahren des Art. 294 AEUV mit qualifizierter Mehrheit.

52 Art. 114 Abs. 1 AEUV gilt allerdings nach seinem Absatz 2 **nicht** für die Bestimmungen über die **Freizügigkeit** und die Bestimmungen über die **Rechte und Interessen der Arbeitnehmer**. Das ist umfassend zu verstehen, mit Ausnahme nur der Regelungen über die Arbeitsumwelt – den Schutz von Sicherheit und Gesundheit der Arbeitnehmer –, die Art. 114 Abs. 4 AEUV als zulässigen Regelungsgegenstand voraussetzt.

53 Auf Art. 94 EG (bzw. die Vorgängervorschrift in Art. 100 EGV) hat die Gemeinschaft insbesondere die Gleichbehandlungsrichtlinie Lohn (§ 9 Rdn. 17), die Massenentlassungsrichtlinie (§ 26), die Betriebsübergangsrichtlinie (§ 27), die Insolvenzschutzrichtlinie (§ 28) sowie die Nachweisrichtlinie (§ 14) gestützt.[93]

---

91 Krit. *Bell/Whittle*, E.L. Rev. 27 (2002), 677–691.

92 EuGH v. 5.5.1982 – Rs. 15/81 *Schul*, EU:C:1982:135 Rdn. 33.

93 Krit. etwa *Käppler*, in: Rengeling (Hrsg.), Europäisierung des Rechts, S. 136–140.

5. Justitielle Zusammenarbeit in Zivilsachen, Art. 81 AEUV

Mit dem Amsterdamer Vertrag hat sich die Union das Ziel gesetzt, einen „Raum der Freiheit, der Sicherheit und des Rechts" in Europa aufzubauen, und zur Erreichung dieses Ziels einen neuen Titel IV (Art. 61–69) in den EG-Vertrag eingefügt. Für das Privatrecht, insbesondere das Arbeitsrecht ist von Bedeutung, dass Art. 61 lit. c) EG eine Zuständigkeit für Maßnahmen im Bereich der justitiellen Zusammenarbeit in Zivilsachen gem. Art. 81 AEUV vorsieht. Nach Art. 65 lit. b) EG gehören zur justitiellen Zusammenarbeit insbesondere Maßnahmen zur Förderung der Vereinbarkeit der in den Mitgliedstaaten geltenden Kollisionsnormen und Vorschriften zur Vermeidung von Kompetenzkonflikten, Art. 81 Abs. 2 lit. c) AEUV[94]. Damit wurde – endlich – eine Kompetenz für das **Internationale Privat- und Verfahrensrecht** begründet. Allerdings haben Dänemark sowie Großbritannien und Irland insoweit einen Vorbehalt erklärt (s.a. § 6 Rdn. 5).[95] 54

Auf Art. 61 lit. c) i.V.m. Art. 65 lit. b) EG/81 Abs. 2 lit. b) AEUV konnten in der Folge zunächst die Gerichtsstands- und Vollstreckungsverordnung (§ 8) sowie die kollisionsrechtlichen Rom I- und Rom II-Verordnungen (§ 6) gestützt werden. 55

6. Die Abrundungskompetenz, Art. 352 AEUV

Schließlich ist auch die Abrundungskompetenz (auch sog. „Flexibilitätsklausel") des Art. 352 AEUV für das Arbeitsrecht von Bedeutung. Sie ermöglicht dem Rat (einstimmig, auf Vorschlag der Kommission und nach Anhörung des Europäischen Parlaments – ein Zustimmungserfordernis wird erst mit dem Vertrag von Lissabon eingeführt) auch dann „geeignete Vorschriften" zu erlassen, wenn sich dafür im AEU-Vertrag keine Ermächtigungsgrundlage findet, ein Tätigwerden der Gemeinschaft aber erforderlich ist, „um eines der Ziele der Verträge zu verwirklichen".[96] Bei der Heranziehung der Abrundungskompetenz ist Zurückhaltung geboten, da sonst das differenzierte System der Kompetenznormen umgangen werden könnte.[97] Art. 352 Abs. 3 AEUV stellt klar, dass die Abrundungskompetenz nicht als Grundlage für eine Harmo- 56

94 Neu hinzugefügt ist in Art. 81 Abs. 2 lit. g) AEUV eine Kompetenz für die Entwicklung alternativer Methoden zur Beilegung von Streitigkeiten, die gerade auch im Arbeitsrecht Bedeutung entfalten kann.

95 S. Protokoll über die Position Dänemarks im Anhang zum Vertrag über die Europäische Union und zum Vertrag zur Gründung der Europäischen Gemeinschaft, ABl. 1997 C 340/101 sowie – in der durch den Vertrag von Lissabon aktualisierten Fassung – ABl. 2006 C 321 E/201; Protokolls über die Position des Vereinigten Königreichs und Irlands im Anhang zum Vertrag über die Europäische Union und zum Vertrag zur Gründung der Europäischen Gemeinschaft, ABl. 1997 C 340/99 sowie – in der durch den Vertrag von Lissabon aktualisierten Fassung – Abl. 2006 C 321 E/198.

96 Zur Bedeutung der Vorschrift EuGH v. 28.3.1996 – Gutachten 2/94 *EMRK*, EU:C:1996:140 Rdn. 29.

97 Dazu etwa *Konzen*, EuZW 1995, 39, 43f.

nisierung herangezogen werden kann, wenn der Vertrag eine solche Harmonisierung an anderer Stelle ausschließt (wie z. B. in Art. 153 Abs. 2 UAbs. 1 lit. a) AEUV).[98]

57 Im Arbeitsrecht wurde ursprünglich die Gleichbehandlungsrichtlinie Arbeitsbedingungen (§ 9 Rdn. 19) auf die Vorgängervorschrift von Art. 235 EGV gestützt. In jüngerer Zeit hat sie für die SE-Richtlinie (§ 32 Rdn. 1–68) und für die SCE-Richtlinie (§ 32 Rdn. 69–73) eine (umstrittene) Rolle gespielt.

IV. Anhang: Sekundärrechtliche Verschlechterungsverbote

58 Der Unionsgesetzgeber verbindet die arbeitsrechtliche Mindestharmonisierung öfter mit einem Verschlechterungsverbot, so etwa § 8 Abs. 3 BefrRV, Art. 9 Abs. 2 LARL oder Art. 27 Abs. 2 GDRL. Danach darf die Durchführung der Richtlinie keinen Grund für eine Absenkung des (allgemeinen) Schutzniveaus für Arbeitnehmer in den von der Richtlinie abgedeckten Gebieten darstellen. Liegt darin auch kein zwingendes Gebot der Folgerichtigkeit, so kann man das rechtspolitische Anliegen des Gesetzgebers durchaus anerkennen. Indessen ist auch die Gefahr nicht zu verkennen, dass ein solches Verschlechterungsverbot, wird es weit interpretiert, den Rahmen der Gesetzgebungskompetenz übersteigen und die mitgliedstaatliche Regelungskompetenz beschneiden könnte. Zudem kann es die rechtspolitischen Gestaltungsspielräume der mitgliedstaatlichen Gesetzgeber verengen und, strikt verstanden, eine Petrifizierungsgefahr für die nationalen Rechtssysteme bedeuten.

59 Die Auslegung solcher Verschlechterungsverbote kann nur im Hinblick auf die jeweilige Regelung erfolgen und muss insbesondere auf die – teils divergierenden – Wortlaute sowie die jeweiligen Schutzzwecke Rücksicht nehmen. Ungeachtet dessen zeichnen sich einige einheitliche Grundgedanken ab. Die Verschlechterungsverbote betreffen zunächst die **Umsetzung oder Durchführung** der Richtlinie. Darunter sind nicht nur die ursprünglichen Umsetzungsregeln zu verstehen, sondern alle mitgliedstaatlichen Maßnahmen zur Erreichung des Richtlinienzwecks, auch wenn sie nachträglich erfolgen.[99] Nationale Regelungen, die anderen Zwecken dienen, fallen nicht darunter. Soweit sich das Verschlechterungsverbot auf das **allgemeine Schutzniveau** bezieht, erfasst es nur solche Herabsetzungen, die sich auf die erfassten Arbeitsverträge insgesamt beziehen (also etwa auf sämtliche befristete Verträge) und nicht nur auf eine begrenzte Untergruppe.[100] Im Hinblick auf die Petrifizierungsgefahr heben jüngere Regelungen besonders hervor, dass das Verschlechterungsverbot un-

---

98 Schwarze/*Gundel*, Art. 352 AEUV Rdn. 32.

99 EuGH v. 8.7.2010 – Rs. C-246/09 *Bulicke*, EU:C:2010:418 Rdn. 44; EuGH v. 24.6.2010 – Rs. C-98/09 *Sorge*, EU:C:2010:369 Rdn. 34; EuGH v. 23.4.2009 – verb. Rs. C-378/07 und C-380/07 *Angelidaki*, EU:C:2009:250 Rdn. 131; EuGH v. 22.11.2005 – Rs. C-144/04 *Mangold*, EU:C:2005:709 Rdn. 51f.

100 EuGH v. 8.7.2010 – Rs. C-246/09 *Bulicke*, EU:C:2010:418 Rdn. 44; EuGH v. 24.6.2010 – Rs. C-98/09 *Sorge*, EU:C:2010:369 Rdn. 35, 42; EuGH v. 23.4.2009 – verb. Rs. C-378/07 und C-380/07 *Angelidaki*, EU:C:2009:250 Rdn. 140f.

beschadet des Rechts der Mitgliedstaaten (und Sozialpartner) gilt, „**angesichts sich wandelnder Bedingungen**" andere Regelungen zu erlassen als die, die bei Erlass der Richtlinie gelten, freilich unter Beachtung der Mindeststandards der Richtlinie. Insgesamt sind das teleologisch begründete Konkretisierungen des Verschlechterungsverbots, die auch aus kompetentiellen Erwägungen geboten erscheinen.[101] Die **Anwendung** dieser Grundsätze im Einzelfall ist Sache des nationalen Gerichts (wenngleich der Gerichtshof sich regelmäßig nicht scheut, detaillierte Hinweise dafür zu geben).

101 Krit. gegenüber einer „Abschwächung" aber *Corazza/Nogler,* ZESAR 2011, 58 ff.; *Peers,* ILJ 39 (2010), 436–443.

2. Teil **Internationales Arbeitsrecht und Entsendung**

§ 6 Das Internationale Arbeitsrecht in den Verordnungen Rom I und Rom II

Literatur: *Bayreuther*, Ist die Lohnwucherrechtsprechung international-privatrechtlich zwingend?, NZA 2010, 1157–1160; *Birk*, Die Bedeutung der Parteiautonomie im internationalen Arbeitsrecht, RdA 1989, 201–207; *Bogdan*, Rome I Regulation on the Law Applicable to Contractual Obligations and the Choice of Law by the Parties, NIPR 2009, 407–410; *Canaris*, in: Basedow (Hrsg.), Europäische Vertragsrechtsvereinheitlichung und deutsches Recht, 2000, S. 5–31; *Deinert*, Neues Internationales Arbeitsvertragsrecht, RdA 2009, 144–154; *Eichenhofer*, Auslandsarbeit – Anknüpfung im Internationalen Arbeitsrecht und im Internationalen Sozialrecht, EuZA 2012, 140–153; *Franzen*, Anknüpfung von Arbeitsverträgen im französischen internationalen Privatrecht, IPRax 1999, 278–280; *ders.*, Die Lohnwucherrechtsprechung des BAG als Eingriffsnorm im Sinne von Art. 9 Rom I-VO bzw. § 2 Nr. 1 AEntG?, ZESAR 2011, 101–107; *ders.*, Internationales Arbeitsrecht, Neubearbeitung 2006, AR-Blattei SD 920; *ders.*, Vertragsstatut und zwingende Bestimmungen im internationalen Arbeitsrecht, IPRax 2003, 239–243; *Gamillscheg*, Ein Gesetz über das internationale Arbeitsrecht, ZfA 1983, 307–373; *ders.*, Intereuropäisches Arbeitsrecht – Zu zwei Vorschlägen der EWG zum Internationalen Arbeitsrecht, RabelsZ 37 (1973), 284–316; *Giuliano/Lagarde*, Bericht über das Übereinkommen über das auf vertragliche Schuldverhältnisse anzuwendende Recht, ABl. 1980 C 282/1–50; *Hepple*, Conflict of Laws on Employment Relationships in the EEC, in: Lipstein (Hrsg.) Harmonisation of Private International Law by the EEC, 1978; *Junker*, Arbeitnehmereinsatz im Ausland – Anzuwendendes Recht und Internationale Zuständigkeit, 2007; *ders.*, Das Internationale Arbeitsrecht im Spiegel der Rechtsprechung, in: Oetker/Preis/Rieble (Hrsg.), Festschrift 50 Jahre Bundesarbeitsgericht, 2004, S. 1197–1218; *ders.*, Der sog. „räumliche Geltungsbereich" des Kündigungsschutzgesetzes, in: Dauner-Lieb/Hommelhoff/Jacobs/Kaiser/Weber (Hrsg.), Festschrift für Horst Konzen 2006, 2006, 367–389; *ders.*, Der Teilzeitanspruch des deutschen Arbeitsrechts: Keine Eingriffsnorm nach europäischem IPR, EuZA 2009, 88–98; *ders.*, Die „zwingenden Bestimmungen" im neuen internationalen Arbeitsrecht, IPRax 1989, 69–75; *ders.*, Die einheitliche europäische Auslegung nach dem EG-Schuldvertragsübereinkommen, RabelsZ 55 (1991), 674–696; *ders.*, Die freie Rechtswahl und ihre Grenzen – Zur veränderten Rolle der Parteiautonomie im Schuldvertragsrecht, IPRax 1993, 1–10; *ders.*, Gewöhnlicher Arbeitsort und vorübergehende Entsendung im Internationalen Privatrecht, in: Lorenz/Trunk/Eidenmüller/Wendehorst/Adolff (Hrsg.), Festschrift für Andreas Heldrich, 2005, S. 719–739; *ders.*, Internationale Zuständigkeit und anwendbares Recht in Arbeitssachen – Eine Einführung für die Praxis, NZA 2005, 199–205; *ders.*, Internationales Arbeitsrecht im Konzern, 1992; *ders.*, Internationales Arbeitsrecht in der geplanten Rom-I-Verordnung, RIW 2006, 401–408; *ders.*, Internationales Arbeitsrecht in der Praxis im Blickpunkt: Zwanzig Entscheidungen der Jahre 1994–2000, RIW 2001, 94–107; *Knöfel*, Aufhebungsverträge im Internationalen Privat- und Prozessrecht, ZfA 2006, 397–434; *ders.*, Kommendes Internationales Arbeitsrecht – Der Vorschlag der Kommission der Europäischen Gemeinschaften vom 15.12.2005 für eine „Rom I"-Verordnung, RdA 2006, 269–281; *Krebber*, Conflict of Laws in Employment in Europe, Comp. Lab. L. & Pol'y J. 21 (2000), 501–541; *ders.*, Die Bedeutung von Entsenderichtlinie und Arbeitnehmer-Entsendegesetz für das Arbeitskollisionsrecht, IPRax 2001, 22–28; *ders.*, Individualarbeitsrecht als Arbeitsmarktrecht und Anknüpfung des Arbeitsverhältnisstatuts, in: Konzen/Krebber/Raab/Veit/Waas (Hrsg.), Festschrift für Rolf Birk, 2008, S. 477–494; *ders.*, Internationales Privatrecht des Kündigungsschutzes bei Arbeitsverhältnissen, 1997; *Kronke*, Europäische Vereinheitlichung des Arbeitskollisionsrechts als Wirtschafts- und Sozialpolitik, RabelsZ 45 (1981), 301–316; *Kropholler*, Internationales Privatrecht, 6. Aufl. 2006; *Lüttringhaus*, Die „engere Verbindung" im europäischen internationalen Arbeitsrecht, EuZW 2013, 821–824; *ders.*, Übergreifende Begrifflichkeiten im europäischen Zivilverfahrens- und Kollisionsrecht – Grund und Grenzen der rechtsaktsübergreifenden Auslegung, dargestellt am Beispiel vertraglicher und außervertraglicher Schuldverhältnisse, RabelsZ 77 (2013), 31–68; *Man-*

https://doi.org/10.1515/9783110731941-006

kowski, Employment Contracts under Article 8 of the Rome I Regulation, in: Ferrari/Leible (Hrsg.), *Rome I Regulation: The Law Applicable to Contractual Obligations in Europe*, 2009, 171–216; *ders.*, Stillschweigende Rechtswahl, Günstigkeitsvergleich und Anknüpfung von Kündigungsschutz im Internationalen Arbeitsrecht, IPRax 2015, 309–317; *Martiny*, Europäisches Internationales Vertragsrecht in Erwartung der Rom I-Verordnung, ZEuP 2008, 79–108; *ders.*, Neuanfang im Europäischen Internationalen Vertragsrecht mit der Rom I-Verordnung, *ZEuP* 2010, 747–782; *ders.*, Neue Impulse im Europäischen Internationalen Vertragsrecht, ZEuP 2006, 60–95; *Plender/Wilderspin*, The European Private International Law of Obligations, 5. Aufl. 2019, Kapitel 1–15; *Reithmann/Martiny* (Hrsg.), Internationales Vertragsrecht, 8. Aufl. 2015; *Riesenhuber*, Die konkludente Rechtswahl im Arbeitsvertrag – Indizien für einen „realen Rechtswahlwillen" und ihr Gewicht –, DB 2005, 1571–1576; *Roth*, Europäische Kollisionsrechtsvereinheitlichung – Überblick – Kompetenzen – Grundfragen, *EWS* 2011, 314–328; *Schlachter*, Die Rom I-VO in der deutschen Arbeitsgerichtsbarkeit, ZVglRWiss 2016, 610–623; *dies.*, Fortentwicklung des Kollisionsrechts der Arbeitsverträge, in: Leible (Hrsg.), Das Grünbuch zum Internationalen Vertragsrecht – Beiträge zur Fortentwicklung des Europäischen Kollisionsrechts der vertraglichen Schuldverhältnisse, 2004, S. 155–165; *dies.*, Grenzüberschreitende Arbeitsverhältnisse, NZA 2000, 57–64; *Thüsing*, Rechtsfragen grenzüberschreitender Arbeitsverhältnisse – Grundlagen und Neuigkeiten im Internationalen Arbeitsrecht, NZA 2003, 1303–1312; *von Bar*, Internationales Privatrecht – Zweiter Band – Besonderer Teil, 1991; *ders./Mankowski*, Internationales Privatrecht – Erster Band – Allgemeine Lehren, 2. Aufl. 2003; *Werthebach*, Arbeitnehmereinsatz im Ausland – Sozialversicherung und anwendbares Recht, NZA 2006, 247–250; *Winkler von Mohrenfels/Block*, Abschluss des Arbeitsvertrages und anwendbares Recht, in: Oetker/Preis (Hrsg.), Europäisches Arbeits- und Sozialrecht, B 3000 (Stand: August 2010); *Wurmnest*, Das neue Internationale Arbeitsvertragsrecht der Rom I-Verordnung, EuZA 2009, 481–499.

S.a. die Literaturhinweise unten, vor Rdn. 41, zur Rom II-Verordnung.

Rechtsprechung:

EuGH v. 9.11.2000	Rs. C-381/98 *Ingmar ./. Leonard*, EU:C:2000:605
EuGH v. 15.3.2011	Rs. C-29/10 *Koelzsch*, EU:C:2011:151
EuGH v. 15.12.2011	Rs. C-384/10 *Voogsgeerd*, EU:C:2011:842
EuGH v. 12.9.2013	Rs. C-64/12 *Schlecker*, EU:C:2013:551
EuGH v. 18.10.2016	Rs. C-135/15 *Nikiforidis*, EU:C:2016:774

Übersicht

I. Sachfragen, Entwicklung und Rechtsgrundlagen, Übersicht

Das internationale Arbeitsrecht bestimmt, welches nationale Arbeitsrecht bei einem Sachverhalt mit Auslandsberührung Anwendung findet. Diese Regeln bleiben ungeachtet einer weitreichenden Rechtsangleichung in Europa von großer praktischer Bedeutung, da wir von einer *Vereinheitlichung* des Arbeitsrechts (auch aus kompetenzrechtlichen Gründen; s. § 5) weit entfernt sind, sich die Rechtsangleichung nur auf die regulierenden Elemente des Arbeitsrechts bezieht und sie auch hier zentrale Aspekte (wie z. B. den Kündigungsschutz oder die Lohnfortzahlung im Krankheitsfall) weitgehend unberührt lässt. Zudem belässt die ganz überwiegend gewählte Rechtsangleichung durch Mindeststandards in Richtlinien den Mitgliedstaaten Umsetzungsspielräume und Raum für strengere nationale Regeln (Art. 153 Abs. 4 Sps. 2 AEUV!). Die Arbeitsrechtsordnungen der Mitgliedstaaten bleiben daher in wesentlichen Punkten disparat, so dass es in einem Fall mit Auslandsberührung entscheidend auf das anwendbare nationale Recht ankommen kann. 1

Bestehen unterschiedliche nationale Rechtsordnungen, so ist die Vereinheitlichung des Kollisionsrechts ein **grundlegendes Bedürfnis**. Unterschiedliche Kollisionsregeln bringen Rechtsunsicherheit über das anwendbare Recht mit sich und bergen die Gefahr, dass derselbe Sachverhalt unterschiedlich beurteilt wird, je nachdem welches (nationale!) IPR darüber entscheidet.[1] Schon frühzeitig hat man daher ein einheitliches Internationales Privatrecht gefordert, vor allem für den praktisch und für 2

1 S. z. B. den von *Franzen*, IPRax 1999, 278–280, erörterten Fall.

den Binnenmarkt besonders wichtigen Bereich des Vertragsrechts.[2] Allerdings ergaben sich dabei recht bald Bedenken, ob die Gemeinschaft über eine Kompetenz für eine solche Regelung verfügt.

3 Ein europäisches Internationales Vertragsrecht entstand daher zunächst formal außerhalb des Gemeinschaftsrechts – wenn auch inhaltlich damit aufs Engste verwoben – mit dem 1980 in Rom geschlossenen Übereinkommen über das auf vertragliche Schuldverhältnisse anzuwendende Recht (**Europäisches Vertragsrechtsübereinkommen**, EVÜ)[3].[4] Dabei handelt es sich nicht um ein „Gemeinschaftsinstrument" (i.S.v. Art. 288 AEUV), das Übereinkommen wurde auch nicht auf der Grundlage von Art. 293 EG, sondern als selbständiges völkerrechtliches Übereinkommen verabschiedet. Es war jedoch als ein Übereinkommen der Gemeinschaft konzipiert: Von der Gemeinschaft initiiert und in der Ausarbeitung von der Kommission begleitet, konnten ihm nur Mitgliedstaaten beitreten und mussten auch alle neuen Mitgliedstaaten beitreten, und es war auf innere Abstimmung mit dem Gemeinschaftsrecht angelegt.[5]

4 Die kompetenzrechtlichen Bedenken haben sich seit dem Amsterdamer Vertrag von 1997 durch die Einführung des Art. 81 Abs. 2 lit. c) AEUV erledigt, der eine Angleichung des Kollisionsrechts ermöglicht (s.o., § 5 Rdn. 6).[6] Darauf gestützt wurde das EVÜ in einer überarbeiteten Form im Jahr 2008 in ein „Gemeinschaftsinstrument umgewandelt", die **Rom I-Verordnung**[7].[8] Sie ist am 24. Juli 2008 in Kraft getreten

---

2 Im Arbeitsrecht stand bei den ersten Vorschlägen die Förderung der Freizügigkeit im Vordergrund: Vorschlag einer Verordnung (EWG) des Rates über das auf Arbeitsverhältnisse innerhalb der Gemeinschaft anzuwendende Konfliktsrecht, ABl. 1972 C 49/26, mit Begründung abgedruckt in RabelsZ 37 (1973), 585–593; Geänderter Vorschlag einer Verordnung (EWG) des Rates über das auf Arbeitsverhältnisse innerhalb der Gemeinschaft anzuwendende Konfliktsrecht, KOM(75) 653 endg. Dazu *Gamillscheg*, RabelsZ 37 (1973), 284–316; zur Entwicklung *Kronke*, RabelsZ 45 (1981), 301–316.

3 Übereinkommen von Rom über das auf vertragliche Schuldverhältnisse anzuwendende Recht, zur Unterzeichnung aufgelegt am 19.6.1980 in Rom (konsolidierte Fassung), ABl. 1998 C 27/34.

4 Zur Entstehungsgeschichte *Giuliano/Lagarde*, ABl. 1980 C 282/1, 4–8; MünchKommBGB/*Martiny*, Vorbemerkung zu Art. 1 Rom I-VO Rdn. 1, 30ff.; *ders.*, ZEuP 2010, 747ff.; *Plender/Wilderspin*, The European Private International Law of Obligations, Rdn. 1.007–1.013.

5 S. nur *Riesenhuber*, EU-Vertragsrecht, Rdn. 46–48.

6 Dazu und zu den Grenzen der Vorschrift *Roth*, EWS 2011, 314, 316ff.; Calliess/Ruffert/*Rossi*, Art. 81 AEUV Rdn. 17ff.; Streinz/*Leible*, Art. 81 AEUV Rdn. 29–32; *Leible/Staudinger*, EuLF (D), 2000/01, 222, 229f. Zu den Änderungen durch den Vertrag von Lissabon Schwarze/*Herrnfeld*, Art. 67 AEUV Rdn. 3.

7 Verordnung (EG) Nr. 593/2008 des Europäischen Parlaments und des Rates vom 17.6.2008 über das auf vertragliche Schuldverhältnisse anzuwendende Recht (Rom I), ABl. 2008 L 177/6.

8 Zur Entwicklung vom EVÜ zur Rom I-VO noch Grünbuch über die Umwandlung des Übereinkommens von Rom aus dem Jahr 1980 über das auf vertragliche Schuldverhältnisse anzuwendende Recht in ein Gemeinschaftsinstrument sowie über seine Aktualisierung, KOM(2002) 654 endg.; Vorschlag für eine Verordnung des Europäischen Parlaments und des Rates über das auf vertragliche Schuldverhältnis anzuwendende Recht (Rom I) vom 15.12.2005, KOM(2005) 650 endg. Dazu Ferrari/Leible/*Junker*, S. 111–127 (zum Vorschlag von 2005); *Martiny*, ZEuP 2003, 590–618; MünchKommBGB/*Martiny*, Vor-

und auf Verträge anzuwenden, die nach dem 17. Dezember 2009 geschlossen werden (Art. 28f. Rom I-VO).[9] Da die Verordnung inhaltlich weitgehend dem EVÜ entspricht, kann auch die Rechtsprechung zum Übereinkommen zu ihrem Verständnis herangezogen werden.[10] Die neue Kompetenzgrundlage bereitete aber auch den Weg, andere Bereiche des IPR anzugleichen. Bereits 2007 verabschiedete die Gemeinschaft eine **Rom II-Verordnung**[11] über das auf **außervertragliche Schuldverhältnisse** anwendbare Recht,[12] die am 11. Januar 2009 in Kraft getreten ist und auf schadensbegründende Ereignisse anzuwenden ist, die nach diesem Datum eintreten (Art. 31f. Rom II-VO)[13]. Während die Rom I-Verordnung auch das Internationale Arbeitsvertragsrecht regelt, enthält die Rom II-Verordnung freilich nur eine punktuelle arbeitsrechtliche Regelung, nämlich über das Arbeitskampfdeliktsrecht.

Im Folgenden erörtern wir ausschließlich die Verordnungen Rom I und Rom II. Das EVÜ bleibt **5**
außer Betracht (auch wenn wegen des genetischen Zusammenhangs in den Nachweisen auch auf Beiträge zu diesem Übereinkommen zu verweisen ist).[14] Allerdings ist darauf hinzuweisen, dass das EVÜ nicht nur für eine Übergangszeit bis zum Inkrafttreten und faktischen Eingreifen der Rom I-VO Bedeutung behielt. **Dänemark** beteiligt sich nach einem Protokoll zum Amsterdamer Vertrag[15] nicht an den Maßnahmen des Titels IV (vgl. Art. 69 EG[16]), also auch nicht an der Rom I-VO. Irland und das Ver-

---

bemerkung zu Art. 1 Rom I-VO Rdn. 12ff., 30; *Max-Planck-Institut*, RabelsZ 68 (2004), 1–118. Ferner *Bogdan*, NIPR 2009, 407–410 (Überblick).

9 Zu Änderungsverträgen nach dem Stichtag zur Änderung von vor dem Stichtag geschlossenen Verträgen EuGH v. 18.10.2016 – Rs. C-135/15 *Nikiforidis*, EU:C:2016:774 Rdn. 25ff. (von der VO nur ausnahmsweise erfasst, wenn sie eine neue Rechtsbeziehung zwischen den Parteien begründen). S.a. *Wurmnest*, EuZA 2009, 481, 486.

10 Vgl. EuGH v. 12.9.2013 – Rs. C-64/12 *Schlecker*, EU:C:2013:551 Rdn. 38; EuGH v. 15.3.2011 – Rs. C-29/10 *Koelzsch*, EU:C:2011:151 Rdn. 46. EuArbRK/*Krebber*, Art. 1 VO 593/2008 Rdn. 18.

11 Verordnung (EG) Nr. 864/2007 des Europäischen Parlaments und des Rates vom 11.7.2007 über das auf außervertragliche Schuldverhältnisse anzuwendende Recht (Rom II), ABl. 2007 L 199/40. Dazu einführend *Junker*, JZ 2008, 169–178; *Knöfel*, EuZA 2008, 228–250; *Leible/Lehmann*, RIW 2007, 721–735.

12 Zur Entstehungsgeschichte im Einzelnen *Junker*, NJW 2007, 3675, 3676; *Knöfel*, EuZA 2008, 228, 232–234; *Plender/Wilderspin*, The European Private International Law of Obligations, Rdn. 17.001–17.007.

13 Zum intertemporalen Anwendungsbereich EuGH v. 17.11.11 – Rs. C-412/10 *Homawoo*, EU:C:2011:747; *von Hein*, ZEuP 2009, 6, 10–12. *Winkler von Mohrenfels/Block*, EAS B 3000 Rdn, 13–16; *Plender/Wilderspin*, The European Private International Law of Obligations, Rdn. 17.018–17.025.

14 Für die Auslegung der Rom I-VO können ggf. die Materialien zum EVÜ herangezogen werden, einschließlich des Berichts von *Giuliano/Lagarde*, ABl. 1980 C 282/1; EuGH v. 8.5.2019 – Rs. C-25/18 *Kerr*, EU:C:2019:376 Rdn. 34.

15 Art. 2 des Protokolls über die Position Dänemarks im Anhang zum Vertrag über die Europäische Union und zum Vertrag zur Gründung der Europäischen Gemeinschaft, ABl. 1997 C 340/101 sowie – in der durch den Vertrag von Lissabon aktualisierten Fassung – ABl. 2006 C 321 E/201.

16 Im AEUV findet sich keine entsprechende Regelung, eine sachliche Änderung ist damit aber nicht verbunden, da Art. 69 EG neben den Protokollen kein eigener Regelungsgehalt zukommt; vgl. Schwarze/Herrnfeld, Art. 67 AEUV Rdn. 34.

einigte Königreich haben sich trotz ähnlicher Freistellungsmöglichkeit schon zu Beginn der Verhandlungen bzw. nachträglich zur Annahme der Rom I-VO bereit erklärt.[17]

6 Zum **Regelungsumfeld** der Verordnungen Rom I und Rom II gehört im Arbeitsrecht vor allem das Entsenderecht mit seinen Grundlagen in der Dienstleistungsfreiheit einerseits (oben, § 3 Rdn. 65–87) und der Entsenderichtlinie andererseits (nachfolgend, § 7); *lex specialis,* Rdn. 9.[18] Ausgehend von der Grundregel, dass ein vorübergehend entsandter Arbeitnehmer weiterhin seinem (regelmäßig anwendbaren) Heimatrecht unterliegt, hat der Gerichtshof nationale Regeln gebilligt, die Arbeitsschutzregeln des Aufnahmestaates auf entsandte Arbeitnehmer erstrecken, und die Entsenderichtlinie hat das für einen „Kernbereich" des Arbeitnehmerschutzes verbindlich vorgeschrieben. Im praktischen Ergebnis wirken die betreffenden Arbeitnehmerschutzbestimmungen des Aufnahmestaates im Entsendungsfall daher wie Eingriffsnormen i.S.v. Art. 9 Rom I-VO (s. u. Rdn. 32).[19] Zum Regelungsumfeld gehört weiterhin die Brüssel Ia-Verordnung (zu ihr § 8), die zudem systematisch und teleologisch eng mit dem Kollisionsrecht verbunden ist. Der Gesetzgeber versteht das IPR und das Internationale Zivilprozessrecht auch selbst als Einheit, und daher ist eine rechtsaktsübergreifende Rechtsfindung, wie sie der Gerichtshof praktiziert, gut begründet.[20]

II. Das Internationale Arbeitsvertragsrecht in der Rom I-Verordnung

1. Anwendungsbereich und Grundsätze der Auslegung und Anwendung

a) Anwendungsbereich

7 Die Rom I-Verordnung ist auf vertragliche Schuldverhältnisse in Zivil- und Handelssachen anwendbar, die eine Verbindung zum Recht verschiedener Staaten aufweisen, Art. 1 Abs. 1 Rom I-VO.[21] Dafür kann nach Art. 3 Abs. 3 Rom I-VO freilich die bloße

---

17 S. Stellungnahme der Kommission zum Antrag des Vereinigten Königreichs auf Annahme der Rom I-VO, KOM(2008) 730 endg., sowie Art. 2, 3 und 4 des Protokolls über die Position des Vereinigten Königreichs und Irlands im Anhang zum Vertrag über die Europäische Union und zum Vertrag zur Gründung der Europäischen Gemeinschaft, ABl. 1997 C 340/99 sowie – in der durch den Vertrag von Lissabon aktualisierten Fassung – ABl. 2006 C 321 E/198.

18 Eingehend zum Weiteren, auch international-rechtlichen Regelungsumfeld *Krebber,* Comp. Lab. L. & Pol'y J. 21 (2000), 501–542.

19 S. nur *Krebber,* IPRax 2001, 22–28 (der die Systemwidrigkeit der AEntRL im Hinblick auf das Internationale Arbeitsrecht rügt).

20 Näher *Lüttringhaus,* RabelsZ 77 (2013), 31ff.

21 Näher MünchKommBGB/*Martiny,* Art. 1 Rom I-VO Rdn. 5ff. Die Ausnahmebestimmungen von Art. 1 Abs. 2–4 Rom I-VO haben für den Arbeitsvertrag nur am Rande Bedeutung; s. noch unten, Rdn. 39, zur Rechts-, Geschäfts- und Handlungsfähigkeit.

Wahl eines ausländischen Rechts ausreichen (auch wenn alle anderen Teile des Sachverhalts zum Zeitpunkt der Rechtswahl in ein und demselben Staat belegen sind). Die Verordnung erfasst als *loi uniforme* jedes Vertragsverhältnis, das von dem Gericht eines Mitgliedstaats beurteilt wird, und setzt keinen Bezug des Rechtsverhältnisses zur Union oder den Mitgliedstaaten voraus.[22] Das nach der Verordnung bezeichnete Recht ist auch dann anzuwenden, wenn es das Recht eines Nichtvertragsstaats ist, Art. 2 Rom I-VO.

b) Auslegung

Was für das Unionsrecht als – geradezu selbstverständlicher – ungeschriebener Grundsatz gilt (s.o. § 1 8
Rdn. 68), war im Europäischen Vertragsrechtsübereinkommen noch eigens hervorgehoben: Bei der Auslegung und Anwendung seiner Vorschriften ist deren „internationale[m] Charakter und dem Wunsch Rechnung zu tragen, eine einheitliche Auslegung und Anwendung dieser Vorschriften zu erreichen" (Art. 18 EVÜ).[23] Diese Regelung gehört zu den methodischen Grundlagen des internationalen Einheitsrechts;[24] eine ähnliche Bestimmung enthält Art. 7 Abs. 1 Wiener UN-Kaufrecht. Die Rom I-VO enthält keine entsprechende Vorschrift, sondern setzt den Grundsatz der autonomen und einheitlichen Auslegung als selbstverständlichen Bestandteil der Europäischen Methodenlehre voraus.[25]

c) Spezielle Kollisionsnormen

Die Rom I-Verordnung enthält jetzt gewissermaßen das „allgemeine" Internationale Vertragsrecht der 9
Europäischen Union. Daneben gibt es aber in einer Vielzahl von speziellen Rechtsakten noch Kollisionsnormen für spezielle Bereiche. Diese bleiben unberührt (Art. 23 Rom I-VO), gehen der Verordnungsregel daher als *leges speciales* vor. Im Arbeitsrecht hat dieser Vorrang bislang nur für die Entsenderichtlinie (s.o. Rdn. 6 und u. § 7) Bedeutung (s. BE 34 Rom I-VO).[26]

2. Die Bestimmung des anwendbaren Rechts

a) Grundlagen und Prinzipien

Das internationale Arbeitsvertragsrecht der Rom I-VO ist von zwei gegenläufigen 10
Prinzipien geprägt, der **Parteiautonomie** (Rechtswahlfreiheit) als kollisionsrechtlicher Ausfluss der Privatautonomie und dem **Schutz des Arbeitnehmers** als „schwä-

---

22 MünchKommBGB/*Martiny*, Art. 2 Rom I-VO Rdn. 3; *Wurmnest*, EuZA 2009, 481, 483.

23 S.a. EuGH v. 15.3.2011 – Rs. C-29/10 *Koelzsch*, EU:C:2011:151 Rdn. 32 (und Rdn. 33 zur systematischen Auslegung der Brüsseler Konvention).

24 *Kropholler*, Internationales Einheitsrecht (1975), S. 240–243; s.a. *Gruber*, Methoden des internationalen Einheitsrechts (2004), S. 69 und 80–86.

25 EuGH v. 18.10.2016 – Rs. C-135/15 *Nikiforidis*, EU:C:2016:774 Rdn. 28 f.

26 MünchKommBGB/*Martiny*, Art. 8 Rom I-VO Rdn. 137 f.

cherer" Partei.[27] Der überragende Grundsatz der Verordnung ist der Grundsatz der Parteiautonomie bzw. der freien Rechtswahl.[28] In seinem „klassischen Anwendungsbereich", dem Internationalen Vertragsrecht, ist der Grundsatz der Parteiautonomie geradezu „weltweit anerkannt",[29] nicht von ungefähr steht er daher auch an der Spitze der Rom I-Verordnung (Art. 3).[30] Das starke Gewicht der Parteiautonomie kommt in der Verordnung auch darin zum Ausdruck, dass der Grundsatz dort, wo gegenläufige Prinzipien zum Tragen kommen, wie etwa im Arbeitsrecht, nicht vollständig zurückgedrängt, sondern nur verhältnismäßig eingeschränkt wird: Die grundsätzlich auch im Arbeitsvertrag zulässige Rechtswahl ist aus Erwägungen des Arbeitnehmerschutzes durch das **Günstigkeitsprinzip** eingeschränkt, das Schutzvorschriften des mangels Rechtswahl anwendbaren Rechts zur Durchsetzung verhilft (unten, c))[31] Zudem setzen sich Eingriffsnormen sowie der *ordre public* auch gegen das nach allgemeinen Grundsätzen anwendbare ausländische Recht durch (d)). Den Geltungsbereich des so bestimmten anwendbaren Rechts stellen wir abschließend dar (unten, f)). Vorab müssen wir klären, auf welche Rechtsverhältnisse die besonderen Regeln für Arbeitsverträge und Arbeitsverhältnisse Anwendung finden.

b) Arbeitsverträge und Arbeitsverhältnisse (Qualifikation)

11 Die Vorschrift des Art. 8 Rom I-VO ist anwendbar auf „Individuelle Arbeitsverträge"; das entspricht der Terminologie der EuGVVO (s. u., § 8 Rdn. 7).[32] Die Beschränkung auf *individuelle* Verträge weist auf die Ausgrenzung von Kollektivverträgen (Tarifverträge, Betriebsvereinbarungen) hin.[33] Anders als noch im EVÜ ist jetzt nicht mehr ei-

---

27 MünchKommBGB/*Martiny*, Art. 8 Rom I-VO Rdn. 1; *Plender/Wilderspin*, The European Private International Law of Obligations, Rdn. 11.001.

28 *von Bar*, IPR II, Rdn. 412–415; *Birk*, RdA 1989, 201–207; *Gamillscheg*, ZfA 1983, 307, 317–327; *Junker*, IPRax 1993, 1–10; *Giuliano/Lagarde*, ABl. 1980, C 282/1, 15; *Morse*, YEL 2 (1982) 107, 116 („cardinal principle"); s. a. EuGH v. 9.11.2000 – Rs. C-381/98 *Ingmar ./. Leonard*, EU:C:2000:605 Rdn. 15; EuGH v. 26.11.1985 – Rs. 318/81 *Kommission ./. CO.DE.MI.*, EU:C:1985:467 Rdn. 20 f.; sowie GA *Slynn*, Schlussanträge v. 11.7.1985 – Rs. 318/81 *Kommission ./. CO.DE.MI.*, EU:C:1985:319, S. 3697 f. S.a. unten, Rdn. 49.

29 *Junker*, IPRax 1993, 1–4; *Kropholler*, IPR, § 52 II, sowie § 40; s. a. EuGH v. 9.11.2000 – Rs. C-381/98 *Ingmar ./. Leonard*, EU:C:2000:605 Rdn. 15.

30 Zum EVÜ *Giuliano/Lagarde*, ABl. 1980, C 282/1, 15 f.; *von Hoffmann*, IPRax 1989, 261, 262; *Grundmann*, IPRax 1992, 1 f.

31 Krit. etwa *Krebber*, FS Birk (2008), S. 477–494 (für weitgehende Anknüpfung an das Recht des maßgeblichen Arbeitsmarktes, *de lege ferenda*, aber auch schon *de lege lata* als Eingriffsnorm). Zu weiteren Schutzmechanismen, s. die Diskussion bei *Junker*, Internationales Arbeitsrecht im Konzern, S. 87–96.

32 Zur Einordnung von Aufhebungsverträgen einerseits MünchKomm/*Martiny*, Art. 8 Rom I-VO Rdn. 119 *(actus contrarius*-Theorie), andererseits *Knöfel*, ZfA 2006, 397–434 (eigenständige Anknüpfung gem. Art. 3 f. Rom I-VO).

33 *Junker*, RIW 2006, 401, 402; *Giuliano/Lagarde*, ABl. 1980 C 282/1, 25; EuArbR/*Krebber*, Art. 1 VO 593/2008 Rdn. 35 f.; *Wurmnest*, EuZA 2009, 481, 485. S.a. *Plender/Wilderspin*, The European Private In-

gens hervorgehoben, dass auch „Arbeitsverhältnisse“[34] miterfasst sind. Damit ist indes keine sachliche Änderung bezweckt. Schon aus Art. 12 Abs. 1 lit. e) Rom I-VO ergibt sich, dass nach wie vor auch nichtige, aber in Vollzug gesetzte Arbeitsverträge von der Regelung erfasst werden (in Deutschland sog. fehlerhaftes Arbeitsverhältnis).[35]

Entscheidend für den Anwendungsbereich ist die Kennzeichnung als *Arbeits*vertrag mit einem *Arbeitnehmer*. Für die kollisionsrechtliche Einordnung kommt es nicht auf einen nationalen Begriff des Arbeitsvertrags an, erforderlich ist eine spezifisch kollisionsrechtliche, autonome Begriffsbestimmung (oben, Rdn. 8).[36] Als Ausgangspunkt dafür wird überwiegend der weite Arbeitnehmerbegriff gewählt, den der EuGH im Rahmen der Arbeitnehmerfreizügigkeit des Art. 45 AEUV ausgebildet hat.[37] **Arbeitnehmer** ist danach, wer für einen anderen eine wirtschaftliche Leistung nach dessen Weisung gegen Vergütung erbringt (s.o., § 3 Rdn. 9–12 m.N.). 12

Das **vorvertragliche Schuldverhältnis** (*culpa in contrahendo*) ist (jedenfalls kollisionsrechtlich) kein vertragliches Schuldverhältnis, seine Anknüpfung richtet sich nach der Rom II-Verordnung. Art. 12 Abs. 1 Rom II-VO erklärt insoweit allerdings das Vertragsstatut für anwendbar und verweist für Ansprüche aus der Anbahnung des Arbeitsvertrags auf Art. 3, 8 Rom I-VO.[38] 13

c) Die Bestimmung des anwendbaren Rechts im Einzelnen

aa) Die objektive Anknüpfung[39]

Haben die Parteien *keine* Rechtswahl getroffen, so wird das anwendbare Recht objektiv bestimmt, Art. 8 Abs. 2 bis 4 Rom I-VO.[40] Die drei Absätze stehen in **hierarchischer Ordnung.**[41] Art. 8 Abs. 2 enthält die Generalnorm: Es ist das Recht des Staa- 14

---

ternational Law of Obligations, Rdn. 11.007–11.013; *Winkler von Mohrenfels/Block*, EAS B 3000 Rdn. 49.

34 Vgl. zur Unterscheidung von „Vertrag“ und „vertraglichem Schuldverhältnis“ in der Rom I-VO EuGH v. 18.10.2016 – Rs. C-135/15 *Nikiforidis*, EU:C:2016:774 Rdn. 34.

35 *Junker*, RIW 2006, 401, 402; MünchKommBGB/*Martiny*, Art. 8 Rom I-VO Rdn. 25; *Winkler von Mohrenfels/Block*, EAS B 3000 Rdn. 50. S. schon *Giuliano/Lagarde*, ABl. 1980 C 282/1, 25; *Gamillscheg*, ZfA 1983, 307, 332.

36 *Winkler von Mohrenfels/Block*, EAS B 3000 Rdn. 52 m.w.N.; *Plender/Wilderspin*, The European Private International Law of Obligations, Rdn. 11.014–11.024.

37 MünchArbR/*Oetker*, § 13 Rdn. 11; *Magnus*, IPRax 1991, 382, 384; *Junker*, Internationales Arbeitsrecht im Konzern, S. 169–173; EuArbRK/*Krebber*, Art. 1 VO 593/2008 Rdn. 29ff.; *Winkler von Mohrenfels*, EAS B 3000 Rdn. 52; Czernich/Heiss/*Rudisch*, Art. 6 EVÜ Rdn. 6–7; von Bar/*Mankowski*, IPR I, § 7 Rdn. 172; *Kropholler*, IPR, § 52 VI 1; *Junker*, NZA 2005, 199, 204; MünchKommBGB/*Martiny*, Art. 8 Rom I-VO Rdn. 21. Krit. *Knöfel*, RdA 2006, 269, 271f.

38 EuArbRK/*Krebber*, Art. 12 VO 864/2007 Rdn. 1.

39 Erörterung von Fallgruppen bei *Winkler von Mohrenfels*, EAS B 3000 Rdn. 96–104.

40 Zur Systematik *Junker*, FS Heldrich (2005), S. 719–722.

41 EuGH v. 15.12.2011 – Rs. C-384/10 *Voogsgeerd*, EU:C:2011:842 Rdn. 34f. (noch zum Übereinkommen von Rom).

tes anwendbar, in dem der Arbeitnehmer gewöhnlich seine Arbeit verrichtet. Die unionsautonomen Begriffe[42] sind weit auszulegen[43]. Art. 8 Abs. 3 bietet dagegen ein subsidiäres Kriterium, das gilt, wenn das anzuwendende Recht nicht nach Abs. 2 bestimmt werden kann: das Recht des Staates, in dem das Unternehmen sitzt, das den Arbeitnehmer beschäftigt. Diese Vorschrift ist eng auszulegen. Art. 8 Abs. 4 schließlich enthält eine Ausnahme; s. u. Rdn. 21.

15 Primärer Anknüpfungspunkt ist das Recht des Staates, *in dem* der Arbeitnehmer in Erfüllung des Vertrags gewöhnlich seine Arbeit verrichtet[44] oder, wenn es einen solchen nicht gibt, *von dem aus* der Arbeitnehmer gewöhnlich seine Arbeit verrichtet (sog. Recht des **gewöhnlichen Arbeitsortes**, *lex loci laboris)*.[45] Für den gewöhnlichen Arbeitsort zu berücksichtigen sind „die für das Arbeitsverhältnis kennzeichnenden Umstände, (...) d.h. der Ort der tatsächlichen Beschäftigung, der Ort, an dem der Arbeitnehmer seine Anweisungen erhält, oder der Ort, an dem er sich melden muss, bevor er seine Fahrten durchführt": Liegen diese Orte in demselben Staat, fällt der Sachverhalt unter Art. 8 Abs. 2 Rom I-Verordnung.[46]

16 Die zweite Variante („von dem aus"), auch **„Flugbegleiterklausel"** genannt, ermöglicht die früher umstrittene[47] Zuordnung der Arbeitsverhältnisse von Arbeitnehmern, „die an Bord von Flugzeugen arbeiten, wenn die Arbeit von einem festen Ort aus organisiert wird, an dem das Personal im Auftrag des Arbeitgebers weitere Pflichten erfüllt (Einchecken, Sicherheitskontrolle)".[48] Der Gerichtshof hat in einer Entscheidung zum EVÜ angedeutet, dass die zweite Variante für LKW-Fahrer im Bereich des internationalen Transports gelten könnte.[49]

17 Für die Beurteilung des *gewöhnlichen* Arbeitsortes ist eine ***vorübergehende*** **Entsendung** in einen anderen Staat **unbeachtlich**; Art. 8 Abs. 2 S. 2 Rom I-VO. Dazu erläutert BE 36: „Bezogen auf Beschäftigungsverträge gilt die Verrichtung der Arbeit in

---

42 EuGH v. 15.3.2011 – Rs. C-29/10 *Koelzsch*, EU:C:2011:151 Rdn. 32.

43 EuGH v. 15.3.2011 – Rs. C-29/10 *Koelzsch*, EU:C:2011:151 Rdn. 43.

44 Vgl. schon EuGH v. 15.3.2011 – Rs. C-29/10 *Koelzsch*, EU:C:2011:151 Rdn. 40 ff. (zur Vorgängervorschrift in Art. 6 Abs. 2 lit. a) EVÜ: weit auszulegen).

45 *Junker*, FS Heldrich (2005), S. 726 f.; *ders.*, RIW 2006, 401, 406. Vgl. zu dem entsprechenden Begriff in Art. 5 S. 1 Abs. 1 Nr. 1 EuGVÜ EuGH v. 9.1.1997 – Rs. C-383/95 *Rutten ./. Cross Medical*, EU:C:1997:7; EuGH v. 13.7.1993 – Rs. C-125/92 *Mulox*, EU:C:1993:306.

46 EuGH v. 15.12.2011 – Rs. C-384/10 *Voogsgeerd*, EU:C:2011:842 Rdn. 40.

47 *Franzen*, IPRax 2003, 239–243; *Junker*, FS Heldrich (2005), S. 727–732; *ders.*, FS 50 Jahre BAG (2004), S. 1207–1210; MünchKommBGB/*Martiny*, Art. 8 Rom I-VO Rdn. 60; *Thüsing*, NZA 2003, 1303, 1305 f.; s. a. *Wurmnest*, EuZA 2009, 481, 495–497.

48 KOM(2005) 650 endg., Begründung 4.2, Erläuterung zu Art. 6 (S. 8). *Knöfel*, RdA 2006, 269, 274. S.a. Ferrari/Leible/*Mankowski*, S. 171, 177–181. Mangels spezieller Regelung für Seeleute, s. ebd., S. 199 f. und *Wurmnest*, EuZA 2009, 491 f., 495 ff.

49 EuGH v. 15.3.2011 – Rs. C-29/10 *Koelzsch*, EU:C:2011:151 Rdn. 46. M.zust.Anm.v. *Mankowski*/*Knöfel*, EuZA 2011, 521, 536. S.a. EuGH v. 15.12.2011 – Rs. C-384/10 *Voogsgeerd*, EU:C:2011:842 Rdn. 37 ff.

einem anderen Staat als vorübergehend, wenn der Arbeitnehmer nach seinem Arbeitseinsatz im Ausland seine Arbeit im Herkunftsstaat wiederaufzunehmen hat. Der Abschluss eines neuen Arbeitsvertrags mit dem ursprünglichen Arbeitgeber oder einem Arbeitgeber, der zur selben Unternehmensgruppe gehört wie der ursprüngliche Arbeitgeber, sollte nicht ausschließen, dass der Arbeitnehmer seine Arbeit vorübergehend in einem anderen Staat verrichtet."[50] Entscheidend ist m. a. W. nicht eine starre Zeitgrenze, sondern der Wille der Parteien: ob ein Rückkehr- und Rückholwille *(animus revertendi/retrahendi)* vorliegt.[51]

Da sich der gewöhnliche Arbeitsort bei einer (nicht nur vorübergehenden) Entsendung im Laufe eines Arbeitsverhältnisses ändern kann, ist das Arbeitsvertragsstatut wandelbar (Statutenwechsel).[52] Auch aus einer sich nachträglich ergebenden engeren Verknüpfung zu einem anderen Staat (Rdn. 21) und der Möglichkeit nachträglicher Rechtswahl ergibt sich eine Wandelbarkeit. **18**

Hilfsweise (subsidiär!), wenn ein gewöhnlicher Arbeitsort nicht bestimmt werden kann,[53] kommt es auf das Recht der **Einstellungsniederlassung**[54] an, Art. 8 Abs. 3 Rom I-VO (man spricht auch von der *lex filiae*). Das kann z. B. für Montagearbeiter, Reisebegleiter oder Flugzeug-Piloten von Bedeutung sein, die ihre Arbeit gewöhnlich in einem Raum verrichten, der keiner nationalen Staatsgewalt unterliegt (wenn sie ihre Tätigkeit nicht schon gewöhnlich von einem Ort aus verrichten, Rdn. 16).[55] „Niederlassung" i. S. d. Vorschrift ist jede „dauerhafte Struktur eines Unternehmens", auch wenn sie keine Rechtspersönlichkeit hat; etwa schon ein ständiges Büro.[56] Zur Bestimmung der Einstellungsniederlassung ist zu berücksichtigen, welche Niederlassung die Stellenausschreibung veröffentlicht oder das Einstellungsgespräch geführt hat; Umstände, die die Verrichtung der Arbeit betreffen, sind hingegen nur für Art. 8 Abs. 2 Rom I-VO von Bedeutung (oben, Rdn. 15), nicht für Abs. 3.[57] **19**

---

50 Vgl. zum letztgenannten Fall das Urteil des EuGH v. 10.4.2003 – Rs. C-437/00 *Pugliese*, EU:C:2003:219 zur EuGVVO (freilich mit gegenteiliger Beurteilung). S. noch *Knöfel*, RdA 2006, 269, 274.

51 *Junker*, RIW 2006, 401, 407; *Schlachter*, in: Leible, Das Grünbuch zum Internationalen Vertragsrecht, S. 157 f.; *Wurmnest*, EuZA 2009, 481, 492 f. S.a. *Winkler von Mohrenfels/Block*, EAS B 3000 Rdn. 103 f.; MünchArbR/*Oetker*, § 13 Rdn. 41.

52 EuArbRK/*Krebber*, Art. 8 VO 593/2008 Rdn. 44 f.; *Winkler von Mohrenfels*, EAS B 3000 Rdn. 61.

53 EuGH v. 12.9.2013 – Rs. C-64/12 *Schlecker*, EU:C:2013:551 Rdn. 25, 31 ff.; EuGH v. 15.12.2011 – Rs. C-384/10 *Voogsgeerd*, EU:C:2011:842 Rdn. 31 ff.; EuGH v. 15.3.2011 – Rs. C-29/10 *Koelzsch*, EU:C:2011:151 Rdn. 43.

54 Näher ErfK/*Schlachter*, Art. 3, 8, 9 Rom I-VO Rdn. 14; näher zum Ort der Niederlassung EuGH v. 15.12.2011 – Rs. C-384/10 *Voogsgeerd*, EU:C:2011:842 Rdn. 43 ff.

55 *Knöfel*, RdA 2006, 269, 276 f.; *Wurmnest*, EuZA 2009, 481, 495–497. Gerade die Einordnung dieses Falls ist freilich umstritten, da eine Zuordnung zum Registerstaat des Flugzeugs möglich ist; s. die Nachweise in Fn. 49.

56 EuGH v. 15.12.2011 – Rs. C-384/10 *Voogsgeerd*, EU:C:2011:842 Rdn. 53 ff.

57 EuGH v. 15.12.2011 – Rs. C-384/10 *Voogsgeerd*, EU:C:2011:842 Rdn. 44, 50.

20 Umstritten war, ob „Einstellung" den **Vertragsschluss oder** weitergehend die **Eingliederung** in den Betrieb verlangt.[58] Für den Vertragsschluss spricht der Wortlaut, der bezweckte Arbeitnehmerschutz wurde hingegen für die Eingliederung ins Feld geführt, da der Ort des Vertragsschlusses leicht manipulierbar ist und dem Arbeitgeber so eine – freilich reichlich unpraktische – „einseitige Rechtswahl" ermöglichen könnte. Der Gerichtshof hat aufgrund des Wortlauts und einer systematischen Auslegung in Abgrenzung zum gewöhnlichen Tätigkeitsort von lit. a) den Ort des Vertragsschlusses (bzw. beim faktischen Arbeitsverhältnis dessen Begründung) als maßgeblich angesehen.[59]

21 Diese beiden Grundregeln in den Absätzen 2 und 3 des Art. 8 Rom I-VO sind als „abschließende" Alternativen konzipiert: Entweder es gibt einen gewöhnlichen Arbeitsort (dann Abs. 2) oder nicht (dann Abs. 3), *tertium non datur.*[60] Die Bestimmung des Absatz 4 enthält daher keinen „Auffangtatbestand" für von den Absätzen 2 und 3 nicht erfasste Fälle, sondern eine sog. **Ausweichklausel**, die ausnahmsweise eine von den Grundregeln abweichende Zuordnung zulässt, nämlich für ungewöhnliche Sachverhalte.[61] Ergibt sich aus der Gesamtheit der Umstände, dass der Arbeitsvertrag eine **engere Verbindung** zu einem anderen Staat hat, ist dessen Recht anwendbar.[62] Maßgebliche Umstände können etwa die Staatsangehörigkeit der Parteien sein, die Vertragssprache oder die Währung, in der der Lohn zu zahlen ist, das Land, in dem der Arbeitnehmer Steuern und Abgaben auf seinen Lohn entrichtet, nationales Recht oder Kollektivverträge, auf die der Vertrag verweist, der Abschluss einer nationalen Altersrentenversicherung u. a. m.[63] Keine Rolle spielt für die Begründung einer „engeren Verbindung" indes, ob die andere Rechtsordnung für den Arbeitnehmer günstiger wäre.[64]

---

58 Vertragsschluss: *Schlachter*, NZA 2000, 57, 70; *Winkler von Mohrenfels*, EAS B 3000 Rdn. 110; Eingliederung: *Junker*, FS 50 Jahre BAG (2004), S. 1204; MünchKommBGB/*Martiny*, Art. 8 Rom I-VO Rdn. 76; Ferrari/Leible/*Mankowski*, S. 171, 193–196; *Wurmnest*, EuZA 2009, 481, 491.

59 EuGH v. 15.12.2011 – Rs. C-384/10 *Voogsgeerd*, EU:C:2011:842 Rdn. 43 ff.

60 *Junker*, FS Heldrich (2005), S. 720 f.; *Plender/Wilderspin*, The European Private International Law of Obligations, Rdn. 11.053.

61 EuArbRK/*Krebber*, Art. 8 VO 593/2008 Rdn. 40 ff.

62 EuGH v. 12.9.2013 – Rs. C-64/12 *Schlecker*, EU:C:2013:551 Rdn. 37 ff.

63 Vgl. EuGH v. 12.9.2013 – Rs. C-64/12 *Schlecker*, EU:C:2013:551 Rdn. 41. *Junker*, FS 50 Jahre BAG (2004), S. 1204 f.; s. a. *Winkler von Mohrenfels/Block*, EAS B 3000 Rdn. 113. Zu den Einzelkriterien teils krit. *Lüttringhaus*, EuZW 2013, 821, 822 ff.

64 EuGH v. 12.9.2013 – Rs. C-64/12 *Schlecker*, EU:C:2013:551 Rdn. 34. Zust. *Lüttringhaus*, EuZW 2013, 821, 824.

bb) Die Rechtswahl

(1) Rechtswahl

Kollisionsrechtlicher Ausfluss der Privatautonomie ist die Parteiautonomie oder Rechtswahlfreiheit. Sie ermöglicht den Parteien, mit der Wahl einer Rechtsordnung grundsätzlich auch die zwingenden Vorschriften des anwendbaren Rechts auszuschließen. Die Rechtswahl ist in der Rom I-VO allgemein und für Arbeitsverträge im Besonderen die primäre Anknüpfung für die Bestimmung des anwendbaren Rechts, Art. 3 Abs. 1 S. 1, Art. 8 Abs. 1 S. 1 Rom I-VO. Rechtlich handelt es sich um einen eigenständigen Vertrag („Verweisungsvertrag") neben dem materiell-rechtlichen Arbeitsvertrag (vgl. Art. 10 Abs. 1 Rom I-VO), wenngleich natürlich beide Vereinbarungen in einem Vorgang geschlossen oder in einem Dokument niedergelegt sein können. 22

Wählbar ist jedes **Recht** i. S. einer *staatlichen Rechtsordnung.*[65] Nicht wählbar sind damit nicht-staatliche („private") Regelwerke,[66] wie beispielsweise der Gemeinsame Referenzrahmen für ein europäisches Vertragsrecht (*Draft Common Frame of Reference,* DCFR). 23

Die Rechtswahl kann **ausdrücklich oder konkludent** erfolgen. Eine konkludente Rechtswahl muss sich aber „eindeutig aus den Bestimmungen des Vertrags oder aus den Umständen des Falles ergeben", Art. 3 Abs. 1 Rom I-VO.[67] Der Gesetzgeber wollte mit dieser (gegenüber dem EVÜ nochmal verstärkten: „eindeutig", nicht nur „mit hinreichender Sicherheit") Formulierung hervorheben, dass auch die konkludente Rechtswahl ein Fall der subjektiven Wahl ist, auch wenn sie aus den objektiven Umständen ermittelt werden muss. Es geht nicht um die Ermittlung der objektiven Parteiinteressen oder eines hypothetischen („wohlverstandenen") Willens,[68] sondern um die Feststellung einer „realen Wahl".[69] In der Praxis kommt einzelnen Indizien für die Feststellung der Rechtswahl besondere Bedeutung zu:[70] einer Gerichtsstandsvereinbarung (im Arbeitsrecht freilich nur in engen Grenzen möglich, Art. 23 Brüssel Ia-VO; § 8 Rdn. 21), der Bezugnahme auf (und die Einbindung des Vertrags in) ein nationales Recht oder eine nationale Kollektivvereinbarung, mit geringerem Gewicht auch der Vertragssprache, dem Ort des Vertragsschlusses und der Nationalität der Parteien.[71] Das indizielle Gewicht von Gerichtsstandsvereinbarungen hebt jetzt auch BE 12 Rom I-VO hervor, wonach eine ausschließliche Gerichtsstandsvereinbarung „bei der 24

---

65 Grundlegend *Canaris,* in: Basedow (Hrsg.), Europäische Vertragsrechtsvereinheitlichung und deutsches Recht, S. 5ff.

66 EuArbRK/*Krebber,* Art. 8 VO 593/2008 Rdn. 14f.

67 *von Bar,* IPR II, Rdn. 468; *Riesenhuber,* DB 2005, 1571–1576.

68 *Giuliano/Lagarde,* ABl. 1980 C 282/1, 17; *Franzen,* IPRax 1999, 278, 279.

69 *Junker,* RIW 2006, 401, 403; EuArbRK/*Krebber,* Art. 8 VO 593/2008 Rdn. 5ff.; *Wurmnest,* EuZA 2009, 481, 489f.

70 *Mankowski,* IPRax 2015, 309, 310ff.

71 *von Bar,* IPR II, Rdn. 469–472.

Entscheidung, ob eine Rechtswahl eindeutig getroffen wurde, als einer der Faktoren berücksichtigt werden" sollte.

25 Eine Rechtswahl kann auch in **Allgemeinen Geschäftsbedingungen** (Allgemeinen Arbeitsbedingungen) vereinbart werden. Ob insoweit eine Einbeziehungskontrolle erfolgt, bestimmt sich nach dem gewählten Recht, Art. 3 Abs. 5, 10 Rom I-VO (unten, Rdn. 37). Eine Inhaltskontrolle nach nationalem Kollisionsrecht findet jedoch nicht statt, die Wirksamkeit und Folgen der Rechtswahl beurteilen sich allein nach Art. 3 ff. Rom I-VO.[72]

26 Die Rechtswahl kann **anfänglich oder nachträglich** getroffen[73] oder geändert werden, und zwar auch noch in einem Gerichtsverfahren (etwa durch ein rechtswahlindizierendes Verhalten im Prozess), Art. 3 Abs. 2 S. 1 Rom I-VO (Ausnahme: Formgültigkeit)[74]. Auch die Rechtswahl kann daher zu einem Statutenwechsel führen. Sie kann sich auf den **ganzen Vertrag oder Teile** erstrecken (sog. *dépeçage* [frz.: Zerlegung]), Art. 3 Abs. 1 S. 3 Rom I-VO.[75] Solche Zerlegung hat freilich im Arbeitsrecht nur geringe praktische Bedeutung,[76] sie kann sich etwa für eine Versorgungszusage empfehlen, kommt aber auch z. B. für ein Wettbewerbsverbot oder eine Kündigung in Betracht.[77]

27 Eine Rechtswahl ist auch zulässig, wenn das Arbeitsverhältnis – abgesehen von der Rechtswahl selbst – zur Zeit der Vereinbarung **keinerlei Auslandsbeziehungen** aufweist. In diesem Fall kann die Rechtswahl indes aus Gründen des Umgehungsschutzes die zwingenden inländischen Bestimmungen nicht berühren, Art. 3 Abs. 3 Rom I-VO.[78] Darüber hinaus wird auch die Durchsetzung des zwingenden „Gemeinschaftsrechts" (bzw., bei Richtlinien, der gemeinschaftsrechtlich determinierten nationalen Umsetzungsbestimmungen) geschützt: Handelt es sich – von der Rechtswahl abgesehen – um einen rein innerunionalen Sachverhalt, so setzen sich die zwingenden Normen des „Gemeinschaftsrechts" gegen die Wahl eines Drittstaatenrechts durch, Art. 3 Abs. 4 Rom I-VO.[79]

---

72 EuArbRK/*Krebber*, Art. 8 VO 593/2008 Rdn. 12; MünchKommBGB/*Martiny*, Art. 3 Rom I-VO Rdn. 13.

73 BGH, IPRspr. 1996, Nr. 33.

74 Näher MünchKommBGB/Martiny, Art. 3 Rom I-VO Rdn. 78.

75 I.E. strittig; s. nur *Krebber*, Comp. Lab. L. & Pol'y J. 21 (2000), 501, 523 f.; *Plender/Wilderspin*, The European Private International Law of Obligations, Rdn. 6.051–6.061. Abl. etwa ErfK/*Schlachter*, Art. 3, 8, 9 Rom I-VO Rdn. 4 m. w. N.

76 *Junker*, NZA 2005, 199, 204.

77 *Birk*, RdA 1989, 201, 205 f.; *Knöfel*, RdA 2006, 269, 277.

78 *Schlachter*, NZA 2000, 57, 62; *Winkler von Mohrenfels*, EAS B 3000 Rdn. 67.

79 Das entspricht der Entscheidung des EuGH v. 9.11.2000 – Rs. C-318/98 *Ingmar ./. Leonard*, EU:C:2000:337 (zur Handelsvertreterrichtlinie).

(2) Sonderanknüpfung günstigerer Arbeitnehmerschutzbestimmungen

Die Rechtswahlfreiheit wird indes in der Sache eingeschränkt. Sie darf nicht dazu führen, dass dem Arbeitnehmer der Schutz entzogen wird, der ihm durch die *zwingenden Bestimmungen* des nach objektiver Anknüpfung gem. Art. 8 Abs. 2–4 Rom I-VO anwendbaren Rechts (oben, Rdn. 14–21) entzogen wird. Dieser Bereich ist einer Rechtswahl nicht zugänglich, es kommt zu einer „Rechtswahlkorrektur“.[80] Ungeachtet einer Rechtswahl objektiv angeknüpft werden nicht abdingbare, dem Arbeitnehmer günstigere Vorschriften, die spezifisch dem Arbeitnehmerschutz dienen.[81] Zu den zwingenden Arbeitnehmerschutzbestimmungen des deutschen Rechts rechnen beispielsweise der allgemeine Kündigungsschutz, das Schwerbehindertengesetz und das Mutterschutzgesetz.[82] 28

Dabei versteht man die Schutzstandards des nach den Absätzen 2–4 berufenen Rechts als Mindeststandards, die nach einem **Günstigkeitsvergleich** Anwendung finden:[83] „Werden die Arbeitnehmer durch die Rechtsvorschriften, die aufgrund von Absatz 2 anwendbar sind, besser geschützt als durch das gewählte Recht, z.B. durch Gewährung einer längeren Kündigungsfrist, so schließen diese Rechtsvorschriften die entsprechenden Vorschriften des gewählten Rechts aus und gelten an deren Stelle.“[84] Die Günstigkeit ist dem Zweck der Vorschrift entsprechend konkret und im Hinblick auf *einzelne Sachfragen* (funktionale Betrachtung) vorzunehmen.[85] Es kommt m.a.W. weder auf einen Gesamtvergleich der beiden Rechtsordnungen noch auf den punktuellen Vergleich von Einzelnormen („Rosinentheorie“) an, sondern auf den Vergleich von Vorschriften, die der Sachfrage nach zusammengehören (Sachgruppenvergleich).[86] 29

So einsichtig der Schutzzweck ist, so problematisch ist das Günstigkeitsprinzip doch in der Praxis. Es führt dazu, dass das gewählte Recht punktuell durch andere Regeln ergänzt wird. Was im Ergebnis herauskommt, ist aufgrund der Unwägbarkeiten der erforderlichen Bewertung im Vorhinein kaum zu sagen.[87] 30

80 MünchKommBGB/*Martiny*, Art. 8 Rom I-VO Rdn. 36f.

81 *Birk*, RdA 1989, 201, 205f.; *Junker*, IPRax 1989, 69, 72; *Martiny*, ZEuP 2003, 590, 605f.

82 MünchKommBGB/*Martiny*, Art. 8 Rom I-VO Rdn. 41; *Winkler von Mohrenfels*, EAS B 3000 Rdn. 77.

83 *Junker*, IPRax 1989, 69, 71f.; instruktiv *Mankowski*, IPRax 2015, 309, 313ff.; BAGE 63, 17, 24f.; BAG, IPRax 1994, 123, 126.

84 *Giuliano/Lagarde*, ABl. 1980 C 282/1, 25.

85 MünchArbR/*Oetker*, § 13 Rdn. 30f.; MünchKommBGB/*Martiny*, Art. 8 Rom I-VO Rdn. 42f.; *Krebber*, Comp. Lab. L. & Pol'y J. 21 (2000), 501, 528f.; *Schlachter*, NZA 2000, 57, 61.

86 *Birk*, RdA 1989, 201, 206; *Winkler von Mohrenfels*, EAS B 3000 Rdn. 72f. BAG, AP GVG § 20 Nr. 8.

87 Zur Kritik nur *Birk*, RdA 1989, 201, 206 („Die Rechtssicherheit wird stark beeinträchtigt, die Prognostizierbarkeit von gerichtlichen Entscheidungen tendiert gegen Null.“).

d) Eingriffsnormen und ordre public

aa) Eingriffsnormen

31 Bei Anwendung des so bestimmten Arbeitsvertragsstatuts kann so genannten Eingriffsnormen einer anderen Rechtsordnung Wirkung verliehen werden, Art. 9 Rom I-VO. Ebenso wie beim Günstigkeitsvergleich wird auch hier zwingenden Normen zum Durchbruch verholfen. Während aber dort *national zwingende* Normen in Rede stehen, geht es hier um **international zwingende Normen**. Eingriffsnormen setzen sich nicht nur gegenüber einer Rechtswahl durch, sondern auch gegenüber einer objektiven Anknüpfung.

32 Der Zweck dieser Einschränkung sowohl der Parteiautonomie als auch der Reichweite einer objektiven Anknüpfung ergibt sich aus der Definition in Art. 9 Abs. 1 Rom I-VO, wonach Eingriffsnorm „eine zwingende Vorschrift [ist], deren Einhaltung als so entscheidend für die Wahrung der politischen, sozialen oder wirtschaftlichen Organisation eines Staates angesehen wird, dass ihre Anwendung auf alle Sachverhalte, die in ihren Anwendungsbereich fallen, vorgeschrieben ist, ungeachtet des nach Maßgabe dieser Verordnung auf den Vertrag anzuwendenden Rechts“.[88] Wie man Eingriffsnormen näher bestimmt, ist allerdings weithin unbestimmt.[89] Als Indizien – indes nicht notwendige Voraussetzungen – für den unbedingten Geltungswillen einer Vorschrift werden so vage Anhaltspunkte wie ihre öffentlich-rechtliche Natur und ihre Strafbewehrung genannt.[90] Für den Eingriffsnormcharakter spricht die ordnungspolitische Zielsetzung zur Steuerung des Wirtschafts- und Soziallebens, dagegen der bloße Zweck, Privatinteressen auszugleichen;[91] dafür spricht ihre Funktion zum Institutionenschutz, nicht bloß zum Gruppen- oder Individualschutz.[92] Als Indizien für speziell arbeitsrechtliche Eingriffsnormen werden die Rechtsdurchsetzung durch eine Behörde sowie die Verzahnung einer Norm mit dem öffentlichen Recht genannt.[93] Ungeachtet zahlreicher Zweifelsfragen ist ein Kernbereich von zwingenden Normen wenig umstritten. Dazu rechnen u. a. ordnungspolitische Vorschriften wie z. B. Ausfuhrverbote, Devisenvorschriften und Vorschriften zum Schutz von Marktordnung und

---

88 EuGH v. 31.1.2019 – Rs. C-149/18 *da Silva Martins*, EU:C:2019:84 Rdn. 27ff.

89 *Birk*, RdA 1989, 201, 207; *Junker*, FS 50 Jahre BAG (2004), S. 1210–1214; ErfK/*Schlachter*, Art. 3, 8, 9 Rom I-VO Rdn. 19ff.; *Junker*, Internationales Arbeitsrecht im Konzern, S. 286–292 (S. 290f.: einseitiger Arbeitnehmerschutz sowie Umkehrschluss von der Beschränkung auf Inlandssachverhalte als Indizien); *Kropholler*, IPR, § 52 IX. Beispielhaft zur Qualifizierung der Lohnwucherrechtsprechunng (§ 138 Abs. 2 BGB) als Eingriffsnorm *Bayreuther*, NZA 2010, 1157ff. (bejahend); *Franzen*, ZESAR 2011, 101 ff (verneinend).

90 Mit Recht kritisch *Krebber*, Comp. Lab. L. & Pol'y J. 21 (2000), 501, 533f.

91 *Junker*, IPRax 2000, 65, 70f.; *Kropholler*, IPR, § 52 IX 1; MünchKommBGB/*Martiny*, Art. 9 Rom I-VO Rdn. 13; BAGE 63, 17, 30–32; BAG, IPRax 1994, 123, 128 (§ 613a BGB keine Eingriffsnorm); abl. *Jayme*, IPRax 2001, 190, 191.

92 *Basedow*, RabelsZ 52 (1988) 8, 27–31.

93 *Junker*, FS 50 Jahre BAG (2004), S. 1213f.

Wettbewerb.[94] Im *Arbeitsrecht* werden – recht weitgehend – etwa auch Vorschriften über Entgeltfortzahlung, über den Schutz von Schwangeren und Müttern[95] sowie über Massenentlassung als international zwingend angesehen.[96] Nicht zu den Eingriffsnormen gehört hingegen der allgemeine Kündigungsschutz, da er lediglich dem Ausgleich der Interessen der Arbeitsvertragsparteien dient.[97] Auch der Anspruch auf Teilzeitbeschäftigung fördert öffentliche Interessen nur in einer Reflexwirkung.[98] Zur Gesetzgebung zum Mindestlohn siehe die Entsenderichtlinie (unten § 7)[99]

Unberührt bleiben zunächst Eingriffsnormen des angerufenen Forumstaates, Art. 9 Abs. 2 Rom I-VO. Zudem *kann* Eingriffsnormen des Staats Wirkung verliehen werden, in dem die vertraglichen Verpflichtungen erfüllt werden sollen oder erfüllt worden sind, sofern sie die Erfüllung des Vertrags als rechtswidrig erscheinen lassen, Art. 9 Abs. 3 Rom I-VO. Dies erfordert eine Ermessensentscheidung des nationalen Gerichts.[100] Als Grundlage für die Ermessensentscheidung des Gerichts benennt Absatz 3 S. 2 Art und Zweck dieser Normen sowie die Folgen, die sich aus ihrer Anwendung oder Nichtanwendung für das mit der betreffenden Eingriffsnorm verfolgte Ziel sowie für die Parteien ergeben würden. Gestützt auf die Entstehungsgeschichte und teleologische Erwägungen hat der Gerichtshof die Tatbestände von Art. 9 Abs. 2 und 3 Rom I-VO als abschließend angesehen.[101] Daher konnten die deutschen Gerichte ein griechisches Gesetz, das das Arbeitsentgelt herabsetzte, auf das deutschem Recht unterliegende und in Deutschland zu erfüllende Arbeitsverhältnis des Lehrers an einer von der Republik Griechenland getragenen Grundschule in Nürnberg nicht als Eingriffsnorm zur Geltung bringen.[102] 33

bb) Vorbehalt der öffentlichen Ordnung (ordre public)

Der *ordre public*-Vorbehalt des Art. 21 Rom I-VO ermöglicht, fundamentalen inländischen Wertvorstellungen Rechnung zu tragen und eine Norm des nach Art. 3, 8 Rom I-VO bestimmten Rechts nicht zu berücksichtigen, wenn deren Anwendung offensichtlich mit der öffentlichen Ordnung des Forumstaates unvereinbar ist. Neben den 34

---

94 *Kropholler,* IPR, § 52 IX 2, 3; MünchKommBGB/*Martiny,* Art. 9 Rom I-VO Rdn. 58ff.

95 BAGE 100, 130.

96 ErfK/*Schlachter,* Art. 3, 8, 9 Rom I-VO Rdn. 21f.; teils krit. *Franzen,* IPRax 2003, 239, 242f.; *Junker,* Internationales Arbeitsrecht im Konzern, S. 283–293; *ders.,* EuZA 2009, 88, 94f.; *Winkler von Mohrenfels,* EAS B 3000 Rdn. 151–153. S.a. *Martiny,* ZEuP 2008, 97, 105f.

97 *Mankowski,* IPRax 2015, 309, 315ff.; MünchKommBGB/*Martiny,* Art. 8 Rom I-VO Rdn. 120 ff, 132; a.M. *Krebber,* Internationales Privatrecht des Kündigungsschutzes bei Arbeitsverhältnissen, S. 304–316.

98 BAG, NZA 2008, 761, (insoweit) zust. Anm. v. *Junker,* EuZA 2009, 88, 93–96.

99 Zu Mindestlöhnen, die im Einzelfall auf Grundlage der allgemeinen vertraglichen Bestimmungen zur Sittenwidrigkeit festgelegt werden, *Franzen,* ZESAR 2011, 101–107.

100 S.a. *Roth,* EWS 2011, 314, 326f. (für eine Auslegung im Sinne der Solidaritätspflicht aus Art. 4 Abs. 3 EUV).

101 EuGH v. 18.10.2016 – Rs. C-135/15 *Nikiforidis,* EU:C:2016:774 Rdn. 41ff.

102 BAG, AP GVG § 20 Nr. 12.

Vorschriften der Art. 8 und 9 Rom I-VO bleibt für den *ordre public*-Vorbehalt im Arbeitsrecht freilich nur wenig Raum.[103]

e) Ausschluss der Rück- und Weiterverweisung

35 Ist nach den vorstehenden Regeln auf das Recht eines Staates verwiesen, so würde das eigentlich auch das Kollisionsrecht dieses Staates einbeziehen. Wenn das Kollisionsrecht nun anderen Regeln folgt als die Rom I-VO, ist der Fall denkbar, dass es den Sachverhalt wieder „zurückverweist“ oder an eine dritte Rechtsordnung „weiterverweist“. Ein solches Kollisionsrechtskarussell wäre für die Rechtssicherheit allgemein und für die Rechtsverfolgung der Betroffenen schwer erträglich. Beruht das anwendbare Recht auf einer Vereinbarung der Parteien, würde die Rück- oder Weiterverweisung die Rechtswahlfreiheit konterkarieren. Nach Art. 20 Rom I-VO sind daher mit dem anzuwendenden Recht eines Staates die in diesem Staat geltenden Rechtsnormen *unter Ausschluss derjenigen des internationalen Privatrechts* zu verstehen.

f) Geltungsbereich des anwendbaren Rechts

aa) Grundsatz

36 Das nach Art. 3 und 8 Rom I-VO auf den Arbeitsvertrag anwendbare Recht ist nach der nicht abschließenden Aufzählung von Art. 12 Abs. 1 Rom I-VO maßgebend für die Auslegung des Vertrags, die Erfüllung der durch ihn begründeten Verpflichtungen, die Folgen der Nichterfüllung, das Erlöschen der Verpflichtungen sowie die Verjährung und die Nichtigkeit des Vertrags.

bb) Einigung und materielle Wirksamkeit, Form, Geschäftsfähigkeit

37 **Zustandekommen und Wirksamkeit** des (Arbeits-) Vertrags beurteilen sich grundsätzlich nach dem Recht, das im Falle der Wirksamkeit anwendbar wäre, Art. 10 Abs. 1 Rom I-VO (Ausnahme in Abs. 2). Dasselbe gilt auch für die Rechtswahlvereinbarung, Art. 3 Abs. 5 Rom I-VO.

38 Für die **Form** reicht es in jedem Fall aus, wenn der Vertrag die Formerfordernisse des auf ihn anwendbaren Rechts erfüllt (Art. 11 Abs. 1 und 2 Rom I-VO). Befinden sich die Vertragspartner bei Vertragsschluss in demselben Staat, so reicht ebenso aus, wenn die Formerfordernisse dieses Staates erfüllt sind; befinden sie sich bei Abschluss in verschiedenen Staaten, reicht die Beachtung der Formerfordernisse eines dieser Staaten.[104] Für den – zumeist formlos möglichen – Abschluss des Arbeitsvertrags hat die Vorschrift geringe praktische Bedeutung. Problematisch ist indes Art. 11 Abs. 3 Rom I-VO, wonach für die Form **einseitiger Rechtsgeschäfte** – also z. B. der Kündigung – das Recht maßgeblich ist, das auf den Vertrag anwendbar ist, oder das Recht des Staates, in dem das Rechtsgeschäft vorgenommen wird oder in dem der Vornehmende bei Ausübung seinen gewöhnlichen Auf-

---

103 S. aber den Hinweis bei *Martiny*, ZEuP 2008, 97, 100 (auf einen Fall „der modernen Sklaverei“).

104 Zur Problematik der Anwendung im Arbeitsrecht *Junker*, IPRax 1993, 1, 5 („Ungünstigkeitsprinzip“).

enthalt hat. Das könnte die Umgehung von Formvorschriften (z. B. des Kündigungsschutzes) ermöglichen.[105]

Die **Rechts-, Geschäfts- und Handlungsfähigkeit** fällt grundsätzlich nicht in den Anwendungsbereich der Verordnung, Art. 1 Abs. 2 lit. a) und f) Rom I-VO. Davon macht Art. 13 Rom I-VO aus Gründen des Gutglaubensschutzes eine eng begrenzte Ausnahme.[106] Befanden sich die Vertragspartner bei Vertragsschluss in demselben Staat (kein Distanzvertrag), so kann sich eine natürliche Personen, die nach dem Recht dieses Staates rechts-, geschäfts- und handlungsfähig wäre, nur dann auf die nach dem Recht eines anderen Staates gegebene Rechts-, Geschäfts- oder Handlungs*unfähigkeit* berufen, wenn der andere Vertragsteil dieses Defizit bei Vertragsschluss kannte oder kennen musste. 39

cc) Beweis

Beweisfragen unterliegen dem Recht des Forumstaates *(lex fori)*. Nach Art. 18 Abs. 1 Rom I-VO ist das nach der Verordnung anwendbare Recht indes auch insoweit anzuwenden, als es für vertragliche Schuldverhältnisse *Vermutungen aufstellt* oder die *Beweislast verteilt*. 40

III. Das Internationale Arbeitskampfdeliktsrecht in der Rom II-Verordnung

Literatur: *Deinert*, Arbeitskampf und anwendbares Recht, ZESAR 2012, 311–318; *Dorssemont/van Hoek*, Collective action in Labour Conflicts under the Rome II Regulation (Part I), ELLJ 2 (2011), 48–75, (Part II), ELLJ 2 (2011), 101–118; *von Hein*, Europäisches Internationales Deliktsrecht nach der Rom II-Verordnung, ZEuP 2009, 6–33; *Hergenröder*, Der Arbeitskampf mit Auslandsberührung, 1987; *ders.*, Internationales Arbeitskampfrecht, in: Konzen/Krebber/Raab/Veit/Waas (Hrsg.), Festschrift für Rolf Birk, 2008, S. 197–215; *Junker*, Die Rom II-Verordnung: Neues Internationales Deliktsrecht auf europäischer Grundlage, NJW 2007, 3675–3682; *Kadner Graziano*, Das auf außervertragliche Schuldverhältnisse anzuwendende Recht nach der Rom II-Verordnung, RabelsZ 73 (2009), 1–77; *Knöfel*, Internationales Arbeitskampfrecht nach der Rom II-Verordnung, EuZA 2008, 228–250; *Leible/Lehmann*, Die neue EG-Verordnung über das auf außervertragliche Schuldverhältnisse anzuwendende Recht („Rom II"), RIW 2007, 721–735; *Plender/Wilderspin*, The European Private International Law of Obligations, 5. Aufl. 2019, Kapitel 16 und 23; *Wagner*, Die neue Rom II-Verordnung, IPRax 2008, 1–17.

S.a. die Literaturhinweise oben vor Rdn. 1.

Rechtsprechung:
EuGH v. 17.11.11 Rs. C-412/10 *Homawoo*, EU:C:2011:747

105 Standardbeispiel: französischer Arbeitgeber kündigt einem in Frankreich tätigen ausländischen Arbeitnehmer zur Vermeidung französischer Formvorschriften per Telefonanruf aus einem anderen Staat. Dazu (mit unterschiedlichen Abhilfevorschlägen) *Krebber*, Comp. Lab. L. & Pol'y J. 21 (2000), 501, 529 f.; *Schlachter*, NZA 2000, 57, 63.

106 S. nur *Giuliano/Lagarde*, ABl. 1980 C 282/1, 34.

1. Einführung

41 Das Internationale Arbeitskampfrecht hat in einer zunehmend international verflochtenen Wirtschafts- und Arbeitswelt eine zunehmend große Bedeutung. Arbeitskampfmaßnahmen in einem Land können sich gegen einen Arbeitgeber in einem anderen Land richten und auswirken, so z. B. wenn Hafenarbeiter die Entladung eines ausländischen Schiffs verweigern.[107] Die Rom II-Verordnung regelt das Internationale Arbeitskampfrecht nicht umfassend,[108] sondern nur in einem kleinen Ausschnitt, nämlich im Hinblick auf die deliktsrechtliche Haftung von Arbeitgebern, Arbeitnehmern oder deren Organisationen für Schäden aus Arbeitskampfmaßnahmen.[109] Die Vorschrift ist erst im Laufe des Rechtsetzungsverfahrens auf Vorschlag des Parlaments aufgenommen worden.[110] „Die banale Aussage der Vorschrift ist weniger einem Regelungsbedürfnis geschuldet als vielmehr dem Wunsch interessierter Parlamentskreise, den Fuß in die Tür zum kollektiven Arbeitsrecht zu bekommen."[111]

42 **Kompetentiell** dürfte die Regelung ungeachtet der Schranke des Art. 153 Abs. 5 AEUV unbedenklich sein. Allerdings ist diese Kompetenzschranke nach hier vertretener Ansicht auch auf andere Kompetenznormen anzuwenden (§ 5 Rdn. 9).[112] Die Rom II-Verordnung regelt jedoch nur das anwendbare Recht, nicht das Arbeitskampfrecht als solches (vgl. BE 28 Rom II-VO). Die Kompetenzgrenze ist aber bei der Auslegung der Verordnung zu berücksichtigen.

2. Die Anknüpfung für die Arbeitskampfdeliktshaftung

a) Anwendungsbereich

43 Die Rom II-Verordnung gilt für außervertragliche Schuldverhältnisse[113] in Zivil- und Handelssachen, die eine Verbindung zum Recht verschiedener Staaten aufweisen, Art. 1 Abs. 1 Rom II-VO.[114] Mit den außervertraglichen Schuldverhältnissen sind solche aus unerlaubter Handlung (einschließlich *culpa in contrahendo)*, ungerechtfertigter Bereicherung und der Geschäftsführung ohne Auftrag *(negotiorum gestio)* bezeich-

---

107 *Knöfel*, EuZA 2008, 228 f.

108 Dazu MünchKommBGB/*Junker*, Art. 9 Rom II-VO Rdn. 11 ff; *ders.*, Internationales Arbeitsrecht im Konzern, S. 465–507; monographisch *Hergenröder*, Der Arbeitskampf mit Auslandsberührung (1987).

109 *Knöfel*, EuZA 2008, 228, 234. Allgemein MünchKommBGB/*Junker*, Art. 9 Rom II-VO Rdn. 11.

110 I.E. zum Gesetzgebungsverfahren *Knöfel*, EuZA 2008, 228, 232–234; *Dorssemont/van Hoek*, ELLJ 2 (2011), 48, 49 ff.; *Plender/Wilderspin*, The European Private International Law of Obligations, Rdn. 23.001–23.005; ferner *Deinert*, ZESAR 2012, 311 f.

111 *Junker*, NJW 2007, 3675, 3680.

112 Davon geht auch *Junker*, NJW 2007, 3675, 3680 aus.

113 Zu den (unionsautonomen) Begriffen EuGH v. 28.7.2016 – Rs. C-191/15 *Verein für Konsumenteninformation*, EU:C:2016:612 Rdn. 36 f.; EuGH v. 21.1.2016 – verb. Rs. C-359/14 und C-475/14 *ERGO Insurance SE*, EU:C:2016:40 Rdn. 45.

114 Näher *Leible/Lehmann*, RIW 2007, 721, 722–724.

net (vgl. Art. 2 Abs. 1 Rom II-VO). Die Verordnung hat universelle Geltung, d.h., das nach ihren Regeln berufene Recht ist auch dann anzuwenden, wenn es nicht das Recht eines Mitgliedstaats ist, Art. 3 Rom II-VO.

b) Allgemeine Kollisionsnorm: Erfolgsort

Nach der allgemeinen Kollisionsnorm des Art. 4 Abs. 1 Rom II-VO ist auf ein außerver- 44
tragliches Schuldverhältnis aus unerlaubter Handlung das Recht des Staates anzuwenden, in dem der Schaden eintritt, und zwar unabhängig davon, in welchem Staat das schadensbegründende Ereignis oder indirekte Schadensfolgen eingetreten sind (*locus damni*).[115] Maßgeblich ist m.a.W. nach der allgemeinen Kollisionsnorm der Erfolgsort und nicht der Tatort. Dahinter steht der Gedanke, dass so der Geschädigte besser geschützt wird.

c) Kollisionsnorm für die Arbeitskampfdeliktshaftung: Arbeitskampfort (Tatort)

Für die Haftung von Arbeitnehmern, Arbeitgebern oder deren Organisationen (Arbeit- 45
geberverbände, Gewerkschaften) für Schäden aus (drohenden) Arbeitskampfmaßnahmen ist das anders. Nach Art. 9 Rom II-VO ist das Recht des Staates anzuwenden, in dem die Arbeitskampfmaßnahme erfolgen soll oder erfolgt ist (*locus actus*), es gilt m.a.W. die Tatortregel *(lex loci delicti commissi)*. Vorbehalten ist nur das Recht des gemeinsamen gewöhnlichen Aufenthalts nach Art. 4 Abs. 2 Rom II-VO.[116] Für die Tatortregel als Anknüpfung für das Arbeitskampfdeliktsrecht wird ins Feld geführt, dass hier der vorbeugende Rechtsschutz eine große Rolle spielt (unten, Rdn. 51). Die Verhaltenssteuerung im Vorhinein ist daher wichtiger als die Schadensbegleichung im Nachhinein. Dafür ist aber das Recht des Tatortes näher daran, nicht zuletzt weil vorbeugender Rechtsschutz am Tatort nachgesucht wird und den Gerichten das dortige Recht leichter zugänglich ist und weil auch die Beteiligten ihr Verhalten nach dem Recht dieses Staates einrichten (vgl. auch BE 27 Rom II-VO).[117] Zudem spricht auch die Akzessorietät zum Arbeitskampfstatut für die Tatortregel.[118] Die nach dem Recht des Arbeitskampforts rechtmäßige Kampfmaßnahme soll nicht über das Deliktsrecht einer weiteren, möglicherweise abweichenden Rechtmäßigkeitskontrolle unterzogen

---

115 EuGH v. 31.1.2019 – Rs. C-149/18 *da Silva Martins*, EU:C:2019:84 Rdn. 24; EuGH v. 21.1.2016 – verb. Rs. C-359/14 und C-475/14 *ERGO Insurance SE*, EU:C:2016:40 Rdn. 52. Näher *von Hein*, ZEuP 2009, 6, 16f.; *Kadner Graziano*, RabelsZ 73 (2009), 1, 13–19; *Leible/Lehmann*, RIW 2007, 721, 724–727; *Plender/Wilderspin*, The European Private International Law of Obligations, Rdn. 18.007–18.045.

116 Nicht vorbehalten ist das Recht des Staates, zu dem die unerlaubte Handlung eine engere Verbindung hat (Art. 4 Abs. 3 Rom II-VO); krit. *Dorssemont/van Hoek*, ELLJ 2 (2011), 101, 103f.

117 *Knöfel*, EuZA 2008, 228, 235f.; *Deinert*, ZESAR 2012, 311, 312. Allgemein zur Begründung der Tatortregel MünchKommBGB/*Junker*, Art. 9 Rom II-VO Rdn. 2f.

118 MünchKommBGB/*Junker*, Art. 9 Rom II-VO Rdn. 3.

werden.[119] Praktische Folge der Tatortanknüpfung ist, dass lokale Handlungen eines transnationalen Arbeitskampfes, z. B. Unterstützungsmaßnahmen in unterschiedlichen Ländern, unterschiedlichen Rechten unterliegen und damit auch unterschiedlich beurteilt werden können.[120]

46 Was **Arbeitskampfmaßnahme** ist (sog. Qualifikation), bestimmt die Verordnung nicht selbst, der Begriff ist vielmehr mitgliedstaatlich-autonom nach dem Arbeitskampfort zu bestimmen, BE 27 Rom II-VO.[121] Der Grund dafür liegt zum einen in der Disparität der mitgliedstaatlichen Arbeitskampfrechte. Zum anderen erscheint diese Beschränkung aber auch aus kompetenzrechtlichen Gründen (oben, Rdn. 42) geboten, da die kollisionsrechtliche Regelung sonst doch ansatzweise eine Regelung des materiellen Arbeitskampfrechts bedeuten würde.

d) Ausnahmen

47 Von dem Grundsatz der Tatortanknüpfung gibt es eine Reihe von Ausnahmen.

aa) Gemeinsamer gewöhnlicher Aufenthalt von Täter und Opfer

48 Die Tatortanknüpfung des Art. 9 Rom II-Verordnung gilt nur „unbeschadet des Art. 4 Abs. 2“ Rom II-VO.[122] Haben der (angebliche) Täter und das (vermeintliche) Opfer zur Zeit des Schadenseintritts beide ihren gewöhnlichen Aufenthalt in demselben Staat, so unterliegt die Haftung auch dem Recht dieses Staates *(lex domicilii communis)*. Das Recht des gemeinsamen gewöhnlichen Aufenthalts erscheint hier sachnäher, dem Tatort wohnt in diesem Fall eine gewisse Zufälligkeit inne.[123] Zum Beispiel kann man daran denken, dass in Deutschland ansässige Seeleute des in Dänemark liegenden Fährschiffs eines deutschen Reeders streiken.[124]

bb) Rechtswahl

49 Auch im Internationalen Deliktsrecht kommt eine Rechtswahl in Betracht.[125] Für den hier erörterten Fall des Arbeitskampfdeliktsrechts dürfte nur die Regelung des Art. 14 Abs. 1 S. 1 lit. a) Rom II-VO praktisch sein, die die Rechtswahl *nach Eintritt des schadensbegründenden Ereignisses* zulässt. Gewerkschaften erfüllen nach h. M. im Übrigen nicht das Erfordernis einer „kommerziellen Tätigkeit“,

---

119 *Kadner Graziano*, RabelsZ 73 (2009), 1, 58 f.

120 *Deinert*, ZESAR 2012, 311, 313.

121 EuArbRK/*Krebber*, Art. 9 VO 864/2007 Rdn. 4 f.; i.Erg. auch *Leible/Lehmann*, RIW 2007, 721, 731. A.M. *Dorssemont/van Hoek*, ELLJ 2 (2011), 48, 63 ff.; *Plender/Wilderspin*, The European Private International Law of Obligations, Rdn. 23.008 f. (unionsautonome). Zur grundsätzlich unionsautonomen Auslegung der Rom II-VO EuGH v. 10.12.2015 – Rs. C-350/14 *Lazar*, EU:C:2015:802 Rdn. 21.

122 Näher *Kadner Graziano*, RabelsZ 73 (2009), 1, 18 f.

123 Vgl. MünchKommBGB/*Junker*, Art. 9 Rom II-VO Rdn. 30.

124 Beispiel von MünchKommBGB/*Junker*, Art. 9 Rom II-VO Rdn. 30.

125 Eingehend *von Hein*, ZEuP 2009, 6, 19–23; *Kadner Graziano*, RabelsZ 73 (2009), 1, 5–13.

das Art. 14 Abs. 1 S. 1 lit. b) Rom II-VO für die anfängliche Wahl statuiert.[126] Die Parteien können die Vereinbarung ausdrücklich oder konkludent treffen, im letzteren Fall muss sie sich aber mit hinreichender Sicherheit aus den Umständen des Falles ergeben.

cc) Ordre public-Vorbehalt

Schließlich gibt es auch im Internationalen Deliktsrecht einen *ordre public*-Vorbehalt.[127] Die Anwen- 50
dung des nach allgemeinen Regeln berufenen Rechts kann ausnahmsweise versagt werden, wenn sie mit der öffentlichen Ordnung des Forumstaates unvereinbar ist, Art. 26 Rom II-VO. In diesem Rahmen können auch Unionsgrundrechte berücksichtigt werden.[128]

e) Reichweite

Das Arbeitskampfstatut umfasst das Deliktsrecht in einem umfassenden Sinne, Art. 15 Rom II-VO. Da- 51
zu gehören der Haftungsgrund (Rechtsgutsverletzung, Rechtswidrigkeit,[129] Kausalität und Zurechnung, Verschulden und Mitverschulden) sowie Ausschlüsse und Beschränkungen; ferner auch Art und Umfang des Schadensersatzes. Es erfasst nicht nur Schadensersatzansprüche, sondern auch Unterlassungs- und Beseitigungsansprüche („bevorstehende Arbeitskampfmaßnahmen"!).[130] Auch die Beweislastverteilung bestimmt sich nach dem Deliktsstatut, Art. 22 Rom II-VO.

f) Implikationen für Fragen des Arbeitsvertrags?

Art. 9 Rom II-VO bestimmt direkt nur das anzuwendende Recht für unerlaubte Hand- 52
lungen, die durch einen Arbeitskampf verursacht werden. Arbeitskampfmaßnahmen können sich aber auch auf den Arbeitsvertrag auswirken, z.B. auf den Vergütungsanspruch des Arbeitnehmers. Auch hier tritt die Frage nach dem anwendbaren Recht auf: Sollen diese Fragen gemäß Art. 3 und 8 Rom I-VO nach dem Recht gelöst werden, das für den Arbeitsvertrag im Allgemeinen gilt, oder gemäß Art. 9 Rom II-VO nach dem Recht des Staates, in dem die Arbeitskampfmaßnahme stattfand? Die Literatur favorisiert angesichts der inhärenten Verbindung zwischen vertragsrechtlichen Fragen mit denen der Rechtsmäßigkeit der Arbeitskampfmaßnahme letzteres.[131]

---

126 *Dorssemont/van Hoek*, ELLJ 2 (2011), 101, 110 f.
127 S. noch *Deinert*, ZESAR 2012, 311, 317 f.
128 *Dorssemont/van Hoek*, ELLJ 2 (2011), 101, 111 ff.
129 Zur einheitlichen Rechtmäßigkeitsbewertung weiterführend *Deinert*, ZESAR 2012, 311, 315 f.
130 EuArbRK/*Krebber*, Art. 9 VO 864/2007 Rdn. 8.
131 MünchArbR/*Oetker*, § 13 Rdn. 161. S. schon *Birk*, RabelsZ 48 (1982), 384, 398; *Hergenröder*, Der Arbeitskampf mit Auslandsberührung (1987), S. 306 ff.; *Junker*, Internationales Arbeitsrecht im Konzern, S. 491–493.

§ 7 Die Entsenderichtlinie

Literatur: *Barnard*, „British Jobs for British Workers": The Lindsey Oil Refinery Dispute and the Future of Local Labour Clauses in an Integrated EU Market, ILJ 38 (2009), 245–277; *Bayreuther*, Anm. zu EuGH v. 24.1.2002 – Rs. C-164/99 *Portugaia Construções*, Slg. 2002, I-787, BB 2006, 627–628; *ders.*, Mindestlohnwirksame Leistungen im Geltungsbereich des Entsenderechts, EuZA 2014, 189–202; *Beisiegel/Mosbacher/Lepante*, Vergleich des deutschen Arbeitnehmerentsendegesetzes mit seinem französischen Pendant, JZ 1996, 668–670; *Birk*, Entsende-Richtlinie und Konzern, ZIAS 1995, 481–488; *Borgmann*, Kollisionsrechtliche Aspekte des Arbeitnehmer-Entsendegesetzes, IPRax 1996, 315–320; *Cornelissen*, Die Entsendung von Arbeitnehmern innerhalb der Europäischen Gemeinschaft und die soziale Sicherheit, RdA 1996, 329–330; *Cremers/Dølvic/Bosch*, Posting of workers in the single market: attempts to prevent social dumping and regime competition in the EU, IRJ 38 (2007), 524–541; *Däubler*, Die Entsende-Richtlinie und ihre Umsetzung in das deutsche Recht, EuZW 1997, 613–618; *ders.*, Posted workers and freedom to supply services, ILJ 27 (1998), 264–268; *Davies*, Posted Workers – Single Market or protection of national labour law systems?, CMLR 34 (1997), 571–602; *ders.*, The Posted Workers Directive and the EC Treaty, ILJ 31 (2002), 298–306; *Deinert*, Arbeitnehmerentsendung im Rahmen der Erbringung von Dienstleistungen innerhalb der Europäischen Union – Rechtsprobleme der Sonderanknüpfung eines „harten Kerns" arbeitsrechtlicher Vorschriften des Arbeitsortes, RdA 1996, 339–352; *ders.*, Konzerninterne Entsendung ins Inland, ZESAR 2016, 107–116; Editorial, The Auf Wiedersehen Directive, ELR 20 (1995), 29–30; *Eichenhofer*, Arbeitsbedingungen bei Entsendung von Arbeitnehmern, ZIAS 1996, 55–82; *Eichenhofer*, Auslandsarbeit – Anknüpfung im Internationalen Arbeitsrecht und im Internationalen Sozialrecht, EuZA 2012, 140–153; *Feuerborn*, Grenzüberschreitender Einsatz von Fremdfirmenpersonal, in: Oetker/Preis (Hrsg.), Europäisches Arbeits- und Sozialrecht, B 2500 (Stand: August 2003); *Forst*, Mindestlohn für Arbeitnehmer auf der Durchreise?, ZESAR 2015, 205–210; *Franzen*, Arbeitskollisionsrecht und sekundäres Gemeinschaftsrecht – Die EG-Entsende-Richtlinie, ZEuP 1997, 1055–1074; *ders.*, Bundesweiter Tarifvertrag nach § 3 S. 1 AentG und die geänderte Arbeitnehmer-Entsenderichtlinie 96/71/EG, ZFA 2020, 30-43; *ders.*, Die geänderte Arbeitnehmer-Entsenderichtlinie, EuZA 2019, 3–23; *ders.*, Die Lohnwucherrechtsprechung des BAG als Eingriffsnorm im Sinne von Art. 9 Rom I-VO bzw. § 2 Nr. 1 AEntG?, ZESAR 2011, 101–107; *ders.*, „Gleicher Lohn für gleiche Arbeit am gleichen Ort"? – Die Entsendung von Arbeitnehmern aus EU-Staaten nach Deutschland, DZWir 1996, 89–100; *ders.*, Grenzüberschreitende Arbeitnehmerüberlassung – Überlegungen aus Anlass der Herstellung vollständiger Arbeitnehmerfreizügigkeit zum 1.5.2011, EuZA 2011, 451–473; *ders.*, Kurzzeitige Arbeitnehmerentsendung und Dienstleistungsfreiheit, IPRax 2002, 186–199; *ders.*, Mindestlohn und tarifvertragliche Vergütungsbestandteile, NZA 2015, 338–341; *Fuchs*, Licht und Schatten des europäischen Entsenderechts, ZESAR 2019, 105–110; *Ganesh*, Appointing Foxes to Guard Henhouses: The European Posted Workers' Directive, Colum.J.Eur.L 15 (2008), 123–142; *Gerken/Löwisch/Rieble*, Der Entwurf eines Arbeitnehmer-Entsendegesetzes in ökonomischer und rechtlicher Sicht, BB 1995, 2370–2375; *Gutierrez-Solar Calvo*, Die Entsendung von Arbeitnehmern nach Spanien, RdA 2001, 350–353; *Hanau*, Der Vorschlag für eine Richtlinie des Rates der Europäischen Gemeinschaft über die Entsendung von Arbeitnehmern im Rahmen der Erbringung von Dienstleistungen aus deutscher Sicht, in: Blanpain/Weiss (Hrsg.), The Changing Face of Labour Law and Industrial Relations – Liber amicorum for Clyde W. Summers, 1993, S. 194–215; *ders.*, Lohnunterbietung („Sozialdumping") durch Europarecht, in: Due/Lutter/Schwarze (Hrsg.), Festschrift für Ulrich Everling, 1995, S. 415–431; *ders.*, Rechtsgutachten zur Rechtsstellung über die Grenzen entsandter und verliehener Arbeitnehmer in der EG, 1992; *Hantel*, Der Schutz arbeitsrechtlicher Mindeststandards bei einem grenzüberschreitenden Arbeitnehmereinsatz innerhalb der EU, Teil I und II, ZESAR 2014, 261–269 und 313–318; *Hütter*, Reprise der Rs. Rüffert? – Der Vergabemindestlohn vor dem EuGH, ZESAR 2015, 170–175; *Junker*, Arbeitnehmerentsendung aus deutscher und europäischer Sicht, JZ 2005, 481–488; *ders./Wichmann*, Das Arbeitnehmer-Entsendegesetz – doch ein Verstoß gegen Europäisches Recht?, NZA 1996, 505–512; *Kellerbauer*,

https://doi.org/10.1515/9783110731941-007

Zur Reform der EU-Entsenderichtlinie: Arbeitnehmerschutz durch gleichen Lohn für gleiche Arbeit?, EuZW 2018, 846–853; *Kilpatrick*, Laval's Regulatory Conondrum: Collective Standard-Setting and the Court's New Approach to Posted Workers, E.L. Rev. 34 (2009), 844–865; *Klein, Thomas*, Primärrechtskonformität der revidierten Entsende-Richtlinie, EuZW 2019, 673–679; *Klein, Stefanie*, Regelungen zur Entsendung im europäischen Arbeits- und Sozialrecht im Vergleich, ZESAR 2015, 272–279; *Kocher*, Mindestlöhne und Tarifautonomie – Festlegung allgemeiner Mindestentgelte durch Verbindlicherklärung nach AEntG?, NZA 2007, 600–604; *Koenigs*, Lohngleichheit am Bau? – Zu einem Arbeitnehmer-Entsendegesetz, DB 1995, 1710–1711; *ders.*, Rechtsfragen des Arbeitnehmer-Entsendegesetzes und der EG-Entsenderichtlinie, DB 1997, 225–231; *Kolehmainen*, The Directive Concerning the posting of Workers: Synchronization of the Functions of National Legal Systems, Comp. Lab. L. & Pol'y J. 20 (1998), 71–104; *Körner*, EU-Dienstleistungsrichtlinie und Arbeitsrecht, NZA 2007, 233–238; *Kort*, Die Bedeutung der europarechtlichen Grundfreiheiten für die Arbeitnehmerentsendung und die Arbeitnehmerüberlassung, NZA 2002, 1248–1254; *Krebber*, Die Bedeutung von Entsenderichtlinie und Arbeitnehmer-Entsendegesetz für das Arbeitskollisionsrecht, IPRax 2001, 22–28; *ders.*, Die Vereinbarkeit von Entsenderichtlinie und Arbeitnehmer-Entsendegesetz mit der Dienstleistungsfreiheit und Freizügigkeit des EGV, in: Weber/Steinbeck/Hennrichs/Ingelfinger/Jacobs/Müller/Raab/Treber (Hrsg.), Jahrbuch Junger Zivilrechtswissenschaftler 1997 – Europäisierung des Privatrechts – Zwischenbilanz und Perspektiven, 1997, 129–156; *Kullmann*, Enforcing a posted worker's right to a minimum wage, in: Brameshuber/Friedrich/Karl (Hrsg.), Festschrift Franz Marhold, 2020, S. 611–623; *Löwisch*, Der Entwurf einer Entsende-Richtlinie der EU in rechtlicher Sicht, in: Bettermann/Löwisch/Otto/Schmidt (Hrsg.), Festschrift für Albrecht Zeuner, 1994, S. 91–99; *Mankowski*, Ergänzende Dienstleistungen zum Transportgewerbe durch „mobile Arbeitnehmer" und europäisches Entsenderecht, EuZA 2020, 495–510; *Merrett*, Posted Workers in Europe from a Private International Law Perspective, CYELS 13 (2011), 219–244; *Piffl-Pavelec*, Entsendung von Arbeitnehmern im Rahmen der Dienstleistungsfreiheit (Richtlinien-Entwurf), DRdA 1995, 292–297; *Piir*, Safeguarding the posted worker. A private international law perspective, ELLJ 10 (2019), 101–115; *Rebhahn*, Entsendung von Arbeitnehmern in der EU – arbeitsrechtliche Fragen zum Gemeinschaftsrecht, DRdA 1999, 173–186; *Rieble*, Arbeitsmarkt und Wettbewerb – Der Schutz von Vertrags- und Wettbewerbsfreiheit im Arbeitsrecht, 1996; *ders./Lessner*, Arbeitnehmer-Entsendegesetz, Nettolohnhaftung und EG-Vertrag, ZfA 2002, 29–89; *Riesenhuber*, Die Änderungen der arbeitsrechtlichen Entsenderichtlinie, NZA 2018, 1433–1439; *ders.*, Die qualifizierten Rechtsquellen nach der Entsenderichtlinie – Dogmatik und Bedeutung für das Tariftreuerecht, EuZA 2020, 423–439; *Schlachter*, Grenzüberschreitende Dienstleistungen: Die Arbeitnehmerentsendung zwischen Dienstleistungsfreiheit und Verdrängungswettbewerb, NZA 2002, 1242–1248; *Schrammel*, Dienstleistungsfreiheit und Sozialdumping, EuZA 2009, 36–46; *Selmayr*, Die gemeinschaftsrechtliche Entsendungsfreiheit und das deutsche Entsendegesetz, ZfA 1996, 615–658; *von Danwitz*, Das neugefasste Arbeitnehmer-Entsendegesetz auf dem Prüfstand: Europa- und verfassungsrechtliche Schranken einer Neuorientierung im Arbeitsrecht, RdA 1999, 322–327; *ders.*, Die Rechtsprechung des EuGH zum Entsenderecht – Bausteine für eine Wirtschafts- und Sozialverfassung der EU, EuZW 2002, 237–244; *ders.*, Grundfreiheiten und Kollektivautonomie, EuZA 2010, 6–18; *Waas*, Neues zur Gemeinschaftsrechtskonformität des Arbeitnehmer-Entsendegesetzes – Urteil des Europäischen Gerichtshofs vom 18.7.2007 – Kommission/Bundesrepublik Deutschland, EuZA 2008, 367–374; *Zimmer*, Arbeitnehmerentsendung in Europa nach Revision der Entsenderichtlinie 2018 (Teil I), ZESAR 2020, 403–408, (Teil II) ZESAR 2020, 465–471.

S.a. die Literaturhinweise zur Dienstleistungsfreiheit, § 3 vor Rdn. 65.

Rechtsprechung:

EuGH v. 3.2.1982	verb. Rs. 62/81 und 63/81 *Seco*, EU:C:1982:34
EuGH v. 27.3.1990	Rs. C-113/89 *Rush Portuguesa*, EU:C:1990:142
EuGH v. 9.8.1994	Rs. C-43/93 *Vander Elst*, EU:C:1994:310

EuGH v. 28.3.1996	Rs. C-272/94 *Guiot*, EU:C:1996:147
EuGH v. 23.11.1999	Rs. C-369/96 *Arblade*, EU:C:1999:575
EuGH v. 15.3.2001	Rs. C-165/98 *Mazzoleni*, EU:C:2001:162
EuGH v. 25.10.2001	verb. Rs. C-49/98, C-50/98, C-52/98 bis C-54/98 und C-68/98 bis C-71/98 *Finalarte*, EU:C:2001:564
EuGH v. 24.1.2002	Rs. C-164/99 *Portugaia Construções*, EU:C:2002:40
EuGH v. 12.10.2004	Rs. C-60/03 *Wolff & Müller*, EU:C:2004:610
EuGH v. 14.4.2005	Rs. C-341/02 *Kommission ./. Deutschland*, EU:C:2005:220
EuGH v. 19.1.2006	Rs. C-244/04 *Kommission ./. Deutschland*, EU:C:2006:49
EuGH v. 21.9.2006	Rs. C-168/04 *Kommission ./. Österreich*, EU:C:2006:595
EuGH v. 18.7.2007	Rs. C-490/04 *Kommission ./. Deutschland*, EU:C:2007:430
EuGH v. 18.12.2007	Rs. C-341/05 *Laval un Partneri*, EU:C:2007:809
EuGH v. 3.4.2008	Rs. C-346/06 *Rüffert*, EU:C:2008:189
EuGH v. 19.6.2008	Rs. C-319/06 *Kommission ./. Luxemburg*, EU:C:2008:350
EuGH v. 16.6.2010	Rs. C-298/09 *RANI Slovakia*, EU:C:2010:343
EuGH v. 10.2.2011	verb. Rs. C-307/09 – C-309/09 *Vicoplus*, EU:C:2011:64
EuGH v. 7.11.2013	Rs. C-522/12 *Isbir*, EU:C:2013:711
EuGH v. 18.9.2014	Rs. C-549/13 *Bundesdruckerei*, EU:C:2014:2235
EuGH v. 3.12.2014	Rs. C-315/13 *De Clercq*, EU:C:2014:2408
EuGH v. 12.2.2015	Rs. C-396/13 *Sähköalojen ammattiliitto*, EU:C:2015:86
EuGH v. 18.6.2015	Rs. C-586/13 *Martin Meat*, EU:C:2015:405
EuGH v. 17.11.2015	Rs. C-115/14 *RegioPost*, EU:C:2015:760
EuGH v. 13.11.2018	Rs. C-33/17 *Čepelnik*, EU:C:2018:896
EuGH v. 14.11.2018	Rs. C-18/17 *Danieli u. a.*, EU:C:2018:904
EuGH v. 12.9.2019	verb. Rs. C-64/18, C-140/18 und C-148/18 *Maksimovic*, EU:C:2019:723
EuGH v. 19.12.2019	Rs. C-645/18 *NE*, EU:C:2019:1108
EuGH v. 19.12.2019	Rs. C-16/18 *Dobersberger*, EU:C:2019:1110
EuGH v. 19.12.2019	verb. Rs. C-140/19, C-141/19 und C-492/19 bis C-494/19 *EX u. a.*, EU:C:2019:1103
EuGH v. 1.12.2020	Rs. C-815/18 *Van den Bosch*, EU:C:2020:976
EuGH v. 8.12.2020	Rs. C-626/18 *Polen ./. Parlament und Rat*, EU:C:2020:1000
EuGH v. 8.12.2020	Rs. C-620/18 *Ungarn ./. Parlament und Rat*, EU:C:2020:1001

Übersicht

I. Sachfragen, Übersicht, Rechtsgrundlagen, Regelungsumfeld

1. Sachfragen[1]

1 Nachdem Portugal zum 1. Januar 1986 Mitglied der Europäischen Gemeinschaft geworden war, schloss die portugiesische Firma *Rush Portuguesa* mit einem französischen Unternehmen einen Subunternehmervertrag über die Durchführung von Arbeiten zum Bau einer Eisenbahnlinie in Westfrankreich. Zu diesem Zweck ließ sie ihre portugiesischen Arbeitnehmer aus Portugal kommen. Da *Rush Portuguesa* sich nicht an die Vorschriften des Arbeitsgesetzbuchs über in Frankreich durch Angehörige von Drittstaaten ausgeübte unselbständige Erwerbstätigkeiten gehalten hatte, forderte das *Office National d'Immigration* (Staatliches Einwanderungsamt) das Unternehmen auf, einen „Sonderbeitrag" zu leisten. In einem Vorlageverfahren hatte der EuGH zu prüfen, ob es zulässig ist, die Ausübung der Dienstleistungsfreiheit von besonderen Bedingungen abhängig zu machen, nämlich der Einstellung von Personal vor Ort, der Einholung einer Arbeitserlaubnis oder der Entrichtung einer Abgabe an eine Einwanderungsbehörde.[2] Der Gerichtshof verneint das, weist aber „im Hinblick auf die von der französischen Regierung insofern geäußerten Besorgnisse" in einem *obiter dictum*[3] darauf hin,

> „dass es das Gemeinschaftsrecht den Mitgliedstaaten nicht verwehrt, ihre Rechtsvorschriften oder die von den Sozialpartnern geschlossenen Tarifverträge unabhängig davon, in welchem

1 Lesenswerte (wenn auch etwas ältere) Einführung in die Sachfragen bei *Selmayr*, ZfA 1996, 615–658.
2 EuGH v. 27.3.1990 – Rs. C-113/89 *Rush Portuguesa*, EU:C:1990:142; näher zur Dienstleistungsfreiheit § 3 Rdn. 65–87. Die Akte über die Bedingungen des Beitritts des Königreichs Spanien und der Portugiesischen Republik und die Anpassungen der Verträge enthielt lediglich Sonderregeln für die Arbeitnehmerfreizügigkeit, nicht aber für die Dienstleistungsfreiheit.
3 S.a. *Davies*, ILJ 31 (2002), 298, 300: „In *Rush Portuguesa* the Court, committing a basic error of the craft of judicial decision-making, answered a question which was not necessary for its decision".

Land der Arbeitgeber ansässig ist, auf alle Personen auszudehnen, die in ihrem Hoheitsgebiet, und sei es auch nur vorübergehend, eine unselbständige Erwerbstätigkeit ausüben".[4]

Der Sachverhalt ist – auch über die besondere Beitrittssituation hinaus – exemplarisch für die Problematik der Arbeitnehmerentsendung im Binnenmarkt, und das *obiter dictum* des EuGH war Auslöser für nationale Entsendegesetze[5] sowie die Arbeitnehmer-**Entsenderichtlinie** (auch Entsenderichtlinie; AEntRL)[6] aus dem Jahr **1996** (vgl. BE 12 AEntRL).[7] Besteht zwischen den Mitgliedstaaten des Binnenmarktes ein Lohngefälle, so können Unternehmen aus Niedriglohnländern in lohnintensiven Branchen wie dem Baugewerbe günstiger anbieten als solche aus Hochlohnländern: Ihre Arbeitnehmer werden gem. Art. 8 Rom I-VO mangels abweichender Rechtswahl grundsätzlich zu den Arbeitsbedingungen ihres Heimatstaates tätig, entweder weil das der übliche Arbeitsort ist (die vorübergehende Entsendung ändert daran nichts) oder weil es der Ort der Einstellungsniederlassung ist (s.o. § 5 Rdn. 13–16).[8] Das bedeutet praktisch das **Herkunftslandsprinzip**. 2

Diesen Wettbewerbsvorteil ebnet die Entsenderichtlinie ein, soweit sie die inländischen Arbeitsbedingungen auch für aus dem Ausland entsandte Arbeitnehmer verbindlich macht: Für einen „Kern" zwingender Arbeitnehmerschutzbestimmungen (BE 13 AEntRL), vor allem Mindestlohnsätze und bezahlten Mindestjahresurlaub. Rechtstechnisch wirkt die Richtlinie wie eine Ergänzung des internationalen Arbeitsvertragsrechts: den betreffenden Mindestschutzvorschriften wird wie Eingriffsnormen des Internationalen Vertragsrechts (§ 5 Rdn. 24–26) auch international zwingende Wirkung beigelegt.[9] Insoweit setzt sich das **Arbeitsortprinzip** gegen das Herkunftslandprinzip durch. Im praktischen Ergebnis gilt der Grundsatz „gleicher Lohn am selben Arbeitsort".[10] 3

---

4 EuGH v. 27.3.1990 – Rs. C-113/89 *Rush Portuguesa*, EU:C:1990:142 Rdn. 18; ebenso schon EuGH v. 3.2.1980 – verb. Rs. 62/81 und 63/81 *Seco*, EU:C:1982:34 Rdn. 14; sowie nachfolgend EuGH v. 9.8.1994 – Rs. C-43/93 *Vander Elst*, EU:C:1994:310 Rdn. 23 (Arbeitserlaubnis); EuGH v. 28.3.1996 – Rs. C-272/94 *Guiot*, EU:C:1996:147 (Treue- und Schlechtwettermarken).

5 *Davies*, CMLR 34 (1997), 571, 585–591; *Beisiegel/Mosbacher/Lepante*, JZ 1996, 668–670.

6 Richtlinie 96/71/EG des Europäischen Parlaments und des Rates vom 16.12.1996 über die Entsendung von Arbeitnehmern im Rahmen der Erbringung von Dienstleistungen, ABl. 1997 L 18/1.

7 Zur Entstehungsgeschichte etwa *Hanau*, Liber amicorum Summers (1993), S. 194–215.

8 Eingehend *Schlachter*, NZA 2002, 1242, 1243–1245; *Deinert*, RdA 1996, 339, 340–347. Ferner *von Danwitz*, EuZW 2002, 237, 238; *Konzen*, NZA 2002, 781f.; Bundesregierung, Begründung zum Entwurf des AEntG, BT-Drs. 13/2414, S. 8. Zum Beitritt Polens (primär im Hinblick auf die Dienstleistungsfreiheit) auch *Pechstein/Kubicki*, EuZW 2004, 167–172; EuGH v. 10.2.2011 – verb. Rs. C-307/09 bis C-309/09 *Vicoplus*, EU:C:2011:64.

9 *Franzen*, Privatrechtsangleichung durch die Europäische Gemeinschaft, S. 227f. S.a. die Begründung der Bundesregierung zum Entwurf des AEntG, BT-Drs. 13/2414, S. 8. Näher zum Verhältnis von Richtlinie und dem Internationalen Arbeitsrecht des EVÜ *Franzen*, ZEuP 1997, 1055, 1065–1070; *Piir*, ELLJ 10 (2019), 101ff.

10 *Schlachter*, NZA 2002, 1242, 1245.

4 Der Gesetzgeber hat die Entsenderichtlinie zunächst 2014 durch die **Durchsetzungsrichtlinie 2014/67**[11] ergänzt. Sie dient dazu, die Richtlinie aus dem Jahr 1996 weiter zu konkretisieren und effektuieren. Zu diesem Zweck enthält sie zum einen einen Kriterienkatalog mit Indizien, die auf eine Entsendung hinweisen. Zum anderen Vorschriften über die Zusammenarbeit der mitgliedstaatlichen Arbeitsbehörden und über Kontrollen und Sanktionen. Die **Änderungsrichtlinie 2018/957**[12] hat sowohl die erfassten Entsende-Sachverhalte erweitert als auch die Erstreckung der Vorschriften des Aufnahmemitgliedstaats erweitert: Der „Kern“ zwingender Bestimmungen, die auf entsandte Arbeitnehmer angewendet werden müssen, ist vergrößert, aber auch die maßgeblichen Rechtsquellen sind erweitert. Soweit nicht anders gekennzeichnet, wird im Folgenden ausschließlich die Richtlinie in der Fassung der Änderung von 2018 zitiert. Die durch Verordnung aus dem Jahr 2019 errichtete **Europäische Arbeitsbehörde** (zu ihr § 3 Rdn. 122ff.) hat insbesondere die Aufgabe, die Durchsetzung der Entsende-Richtlinie und der Entsende-Durchsetzungsrichtlinie zu verbessern (Art. 1 Abs. 4 lit. a) und b) ELA-VO).

2. Zur rechtspolitischen Bewertung

5 Die rechtspolitische Bewertung der Regelung ist höchst umstritten.[13] Stellungnahmen, die der Richtlinie – in ihrer verabschiedeten Fassung – einen guten wirtschaftspolitischen Sinn abgewinnen, sind rar.[14] Überwiegend wird sie (ebenso wie nationale

11 Richtlinie 2014/67/EU des Europäischen Parlaments und des Rates vom 15.5.2014 zur Durchsetzung der Richtlinie 96/71/EG über die Entsendung von Arbeitnehmern im Rahmen der Erbringung von Dienstleistungen und zur Änderung der Verordnung (EU) Nr. 1024/2012 über die Verwaltungszusammenarbeit mit Hilfe des Binnenmarkt-Informationssystems („IMI-Verordnung“), ABl. 2014 L 159/11. Ablauf der Umsetzungsfrist am 18.6.2014; dazu EuGH v. 13.11.2018 – Rs. C-33/17 *Čepelnik*, EU:C:2018:896 Rdn. 27; EuGH v. 12.9.2019 – verb. Rs. C-64/18, C-140/18 und C-148/18 *Maksimovic*, EU:C:2019:723 Rdn. 27.

12 Richtlinie (EU) 2018/957 des Europäischen Parlaments und des Rates vom 28.6.2018 zur Änderung der Richtlinie 96/71/EG über die Entsendung von Arbeitnehmern im Rahmen der Erbringung von Dienstleistungen, ABl. 2018 L 173/16.

13 Die zugrundeliegenden wirtschaftlichen Fragen sind freilich nicht neu; s. nur *Hayek*, The Road to Serfdom (1944), S. 226ff.

14 S. aber *Däubler*, EuZW 1993, 370, 371 („Segmentierung des Arbeitsmarktes“ und „Spannungen zwischen einheimischen und hinzukommenden Arbeitskräften“ vermeiden); *von Danwitz*, EuZW 2002, 237–244; differenzierend *Rebhahn*, DRdA 1999, 173, 176–180. Einen – freilich eingestandenermaßen schwachen und wenig überzeugten – Versuch einer Rechtfertigung auf der Grundlage von Effizienz und Produktivität der mitgliedstaatlichen Arbeitsbedingungen bietet *Davies*, CMLR 34 (1997), 571, 598–602, an. Er weist darauf hin, dass die ursprünglich erwogene Beschränkung der Richtlinie auf Entsendungen von mehr als drei Monaten Dauer (außer in der Baubranche) überzeugender zu rechtfertigen gewesen wäre (S. 592, 601f.).

Entsendegesetze) als **ordnungspolitisch verfehlt** kritisiert.[15] Im Binnenmarkt muss es Anbietern aus Niedriglohnländern ebenso erlaubt sein, ihren Kostenvorteil im Wettbewerb wahrzunehmen, wie es Anbietern aus anderen Ländern erlaubt ist, ihren Know-how-Vorsprung wahrzunehmen.[16] Generalanwalt *VerLoren van Themaat* sah darin ein Grundprinzip des Binnenmarktes:

> „Es gehört zu den Wesensmerkmalen des unter anderem durch die Freiheit des Dienstleistungsverkehrs angestrebten Gemeinsamen Marktes, dass jeder Arbeitgeber grundsätzlich die in seinem Land bestehenden Kostenvorteile, etwa durch niedrigere Lohnkosten, im vom Vertrag ebenfalls angestrebten unverfälschten Wettbewerb bei der Erbringung von Dienstleistungen in anderen Mitglied-Staaten in Anspruch nehmen kann."[17]

Tatsächlich ist es ja auch in anderen Bereichen möglich und zulässig, Lohnkostenvorteile auszuspielen.[18] Gestützt auf das Herkunftslandsprinzip der Warenverkehrsfreiheit ist das zum Beispiel der Fall, wenn Textilien in einem Niedriglohn-Mitgliedstaat billiger hergestellt werden können. Aber auch im Dienstleistungsbereich ist die Ausnutzung von Lohnvorteilen zulässig (und nach dem Binnenmarktkonzept erwünscht!), wenn die Dienstleistung im Inland erbracht werden kann, z. B. wenn Bettwäsche und Handtücher aus dem Berliner Hotel Adlon im benachbarten Polen gereinigt werden.[19]

Im Hinblick auf die **Arbeitnehmerinteressen** ist die Richtlinienregelung zwei- 6
schneidig. Sie scheint sich auf die Interessen der entsandten Arbeitnehmer zu konzentrieren. Unter dem Gesichtspunkt der Governance ist der Schutzmechanismus der Richtlinie jedoch eher ungeeignet, da sich sowohl der Gesetzgeber als auch die Sozialpartner des Aufnahmemitgliedstaates bei der Festlegung des „Schutz"-Standards für die entsandten Arbeitnehmer in einem Interessenkonflikt befinden.[20] Sieht man auf die entsandten Arbeitnehmer, so scheint die Regelung zunächst vorteilhaft, profitie-

---

Kürzlich *Cremers/Dølvic/Bosch*, IRJ 38 (2007), 524–541 (unter Berufung auf den Grundsatz der Gleichbehandlung, der freilich nur die Frage stellt).

15 Eingehend *Gerken/Löwisch/Rieble*, BB 1995, 2370–2375.

16 *Deinert*, RdA 1996, 339, 349.

17 Schlussanträge des GA *VerLoren van Themaat* v. 16.12.1981 – verb. Rs. 62/81 und 63/81 *Seco*, EU: C:1981:305, S. 244.

18 *Gerken/Löwisch/Rieble*, BB 1995, 2370 („Das Besondere am Baugewerbe ist daher nicht seine besondere Schutzbedürftigkeit, sondern seine besondere Schutzfähigkeit, die darin wurzelt, dass die Bauproduktion nicht ins Ausland verlagert werden kann."); *Koenigs*, DB 1995, 1710; *Kort*, NZA 2002, 1248, 1253; *Rieble*, Arbeitsmarkt und Wettbewerb, Rdn. 330 ff. A.M. *Rebhahn*, DRdA 1999, 173, 185 f., der eine Sonderbehandlung des Produktionsfaktors Arbeit aus der Wertung des Art. 39 EG (Art. 45 AEUV) begründet.

19 Vgl. den entsprechenden Fall von EuGH v. 18.9.2014 Rs. C-549/13 *Bundesdruckerei*, EU: C:2014:2235.

20 Vgl. *Ganesh*, Colum.J.Eur.L. 15 (2008), 123–142 (mit Vorschlag einer Änderung, die auch die entsandten Arbeitnehmer mitbestimmen lässt).

ren sie doch von den höheren Mindestlöhnen oder Mindesturlaubszeiten. Ein höheres Schutzniveau des Aufnahmelandes kommt den Arbeitnehmern jedoch nur zugute, wenn ihr Arbeitgeber den Auftrag auch bekommt („*more rights, but no jobs*" [*Michael Portillo*])[21].[22] Das wird bei einer Angleichung der Lohnkosten wesentlich weniger wahrscheinlich. Dann profitieren (u. U.) die inländischen Unternehmen, die vor Konkurrenz geschützt werden, und die inländischen Arbeitnehmer, deren Arbeitsplätze gesichert werden. Tatsächlich geht es bei den Entsendegesetzen denn auch ganz unverhohlen um den Schutz der heimischen Wirtschaft und der inländischen Arbeitnehmer – also um einen **Protektionismus**. Dagegen verfängt auch die Geißelung der Niedriglohnangebote als **„soziales Dumping"** i. S. eines zu beanstandenden Wettbewerbsverhaltens nicht.[23] Denn als Dumping bezeichnet man ein Angebot im Wettbewerbsrecht nur, wenn die Leistung im Ausland unter dem normalen Wert, den sie im Heimatland hat, angeboten wird. Das ist bei den Entsendungsfällen aber gerade nicht der Fall.[24]

7 Eine andere Sichtweise hat allerdings der EuGH angedeutet. Er hat die Erstreckung inländischer Mindestschutzvorschriften nach Art. 3 Abs. 1 AEntRL mit dem Zweck begründet, „einen lauteren Wettbewerb sicherzustellen" (dagegen schon krit. oben, § 3 Rdn. 76).[25] Die Ausnutzung von Lohnkostenvorteilen wäre demnach im Binnenmarkt (wohl: nur für den Entsendungsfall) unlauter.

3. Primärrechtkonformität und Rechtsgrundlage

8 Nicht weniger umstritten war im Hinblick auf die 1996er Richtlinie und ist auch im Hinblick auf die Richtlinie von 2018 die primärrechtliche Bewertung, angefangen bei der Frage ihrer Vereinbarkeit mit den **Grundfreiheiten**, besonders mit der Dienstleistungsfreiheit;[26] diese Frage ist auch für die Kompetenzfrage von Bedeutung. Finden

---

21 Vgl. Editorial, ELR 20 (1995), 129, 130.

22 *Franzen*, EuZA 2019, 3, 23; *Rieble/Lessner*, ZfA 2002, 29, 69, 73 f.

23 So aber etwa *Däubler*, DB 1995, 726; anders noch *ders.*, EuZW 1993, 370.

24 *Gerken/Löwisch/Rieble*, BB 1995, 2370 und 2373 f.; *Hanau*, FS Everling (1995), S. 416; *Rieble*, Arbeitsmarkt und Wettbewerb, Rdn. 288; *Selmayr*, ZfA 1996, 615, 643. In der Sache ebenso *Eichenhofer*, ZIAS 1996, 55, 62 f. (der aber S. 57 von einem *social dumping* spricht).

25 EuGH v. 18.12.2007 – Rs. C-341/05 *Laval un Partneri*, EU:C:2007:809 Rdn. 74 f.

26 Eingehende Erörterung bei *Grundmann*, Europäisches Schuldvertragsrecht, 3.60 Rdn. 7–10; *Krebber*, JJZ 1997, 129–156; *Rieble/Lessner, ZfA* 2002, 29–89. S. ferner noch *Gutiérrez-Solar Calvo*, RdA 2001, 350–353, *Konzen*, NZA 2002, 781–783; *Kort*, NZA 2002, 1248–1254. Eine Unvereinbarkeit der Richtlinie oder nationaler Entsendegesetze mit der *Arbeitnehmerfreizügigkeit* hat der Gerichtshof nie erörtert; da die entsandten Arbeitnehmer im Aufnahmestaat kein Arbeitsverhältnis begründen wollen, ist die Arbeitnehmerfreizügigkeit nicht betroffen; *Eichenhofer*, ZIAS 1996, 55, 60 f.; *Junker*, JZ 2005, 481, 482; *Krebber*, JJZ 1997, 129, 138–140, 149; a. M. *Gerken/Löwisch/Rieble*, BB 1995, 2370, 2372 f.; *Rieble/Lessner*, ZfA 2002, 29, 44–47; s. a. *Rebhahn*, DRdA 1999, 173, 181 f., 185 (der die Wertung von Art. 39 EG (Art. 45

im Entsendungsfall die Arbeitnehmerschutznormen des Aufnahmestaates Anwendung, so muss der entsendende Arbeitgeber nicht nur sein Heimatrecht beachten (Herkunftslandprinzip), sondern zusätzlich das Recht des Aufnahmestaates: er unterliegt zwei Rechtsordnungen.[27] Zudem ändern sich mit jeder Entsendung in einen anderen Mitgliedstaat die Arbeitsbedingungen. Beides macht zweifellos die grenzüberschreitende Dienstleistung für den Dienstleister/Arbeitgeber weniger attraktiv. Die Regelung bedeutet daher tatbestandlich eine Beschränkung der Dienstleistungsfreiheit.[28] Allerdings hat der Gerichtshof – in einer Reihe von Folgeentscheidungen zu *Rush Portugesa* – anerkannt, dass diese Beschränkung gerechtfertigt ist, wenn sie aus Gründen des Arbeitnehmerschutzes erforderlich ist (näher oben, § 3 Rdn. 75). Auf der Grundlage dieser Rechtsprechung ist heute davon auszugehen, dass der Gerichtshof die Richtlinie für mit der Dienstleistungsfreiheit vereinbar hält.[29] In der Tat hat der EuGH wiederholt zur Richtlinie selbst Stellung genommen, ohne eine Primärrechtswidrigkeit zu beanstanden.[30] Eine gewisse Grenze hat er freilich dadurch gezogen, dass er ihre Vorschriften „im Lichte der Dienstleistungsfreiheit", also primärrechtskonform ausgelegt hat.[31] Dazu gehört auch, dass die garantierten Arbeitsbedingungen gem. Art. 3 Abs. 1 AEntRL nicht nur das Untermaß des Schutzes bestimmen, sondern zugleich auch das Obermaß der Schutzvorschriften des Aufnahmemitgliedstaats, die auf entsandte Arbeitnehmer angewendet werden dürfen.[32] Insoweit konkretisiert die Richtlinie das „zwingende Allgemeininteresse" des Arbeitnehmerschutzes.[33]

Umstritten ist auch die **Kompetenzgrundlage**.[34] Der Gesetzgeber hat die ur- 9
sprüngliche Richtlinie ebenso wie die Änderungsrichtlinie von 2018 auf die Koordinierungskompetenz der (heutigen) Art. 53 Abs. 1, 62 AEUV gestützt, die eine Mehrheitsentscheidung (1996: gegen die Stimmen von Portugal und England; 2018: gegen die Stimmen von Ungarn und Polen und bei Enthaltung Kroatiens, Lettlands, Litauens

---

AEUV) im Rahmen der Beurteilung arbeitsrechtlicher Fragen unter der Dienstleistungsfreiheit berücksichtigen will). Vgl. EuGH v. 27.3.1990 – Rs C-113/89 *Rush Portuguesa,* EU:C:1990:142 Rdn. 9f., 13–18; EuGH v. 9.8.1994 – Rs. C-43/93 *Vander Elst,* EU:C:1994:310 Rdn. 21.

27 Das wird nur abgemildert durch die „Zusammenarbeit im Informationsbereich" gem. Art. 4 AEntRL (dazu s. u., Rdn. 33f.; s. besonders Art. 4 S. 3 Abs. 3 AEntRL).

28 *Franzen,* ZEuP 1997, 1055, 1063, spricht von einer „finalen", also zielgerichteten „Marktzugangserschwerung".

29 Dahingehend auch *Däubler,* EuZW 1997, 613, 614.

30 Ebenso *Junker,* JZ 2005, 481, 488 (freilich mit der Einschränkung: „bei allerhand Verrenkungen des EuGH").

31 EuGH v. 12.10.2004 – Rs. C-60/03 *Wolff & Müller,* EU:C:2004:610 Rdn. 30–45; dazu noch unten, Rdn. 35f.

32 EuGH v. 18.12.2007 – Rs. C-341/05 *Laval un Partneri,* EU:C:2007:809 Rdn. 81; EuGH v. 3.4.2008 – Rs. C-346/06 *Rüffert,* EU:C:2008:189 Rdn. 33; EuGH v. 19.6.2008 – Rs. C-319/06 Kommission ./. Luxemburg, EU:C:2008:350 Rdn. 25ff. *Krebber,* IPrax 2013, 474, 475; *Schrammel,* EuZA 2009, 36, 44ff.

33 *von Danwitz,* EuZA 2010, 6, 12.

34 Eingehende Darstellung und Erörterung bei *Grundmann,* Europäisches Schuldvertragsrecht, 3.60 Rdn. 13–18.

und des Vereinigten Königreichs) erlaubte.[35] Eine Erleichterung des grenzüberschreitenden Verkehrs sah der Gesetzgeber offenbar in der mit der Rechtsangleichung bewirkten Rechtssicherheit (BE 6 AEntRL).[36] Dazu trägt die Richtlinie mit ihrem Grundkonzept doppelter Arbeitsrechtsstandards und den weitreichenden Umsetzungsoptionen indes nur begrenzt bei.[37] Kritiker wenden zudem ein, dass Rechtssicherheit allein nicht kompetenzbegründend wirke.[38] Darüber hinaus erleichtere die Richtlinie den grenzüberschreitenden Verkehr nicht, sondern erschwere ihn, da sie keinerlei Angleichung bewirkt, sondern ohne Rechtsangleichung den mitgliedstaatlichen Arbeitnehmerschutz in Kernbereichen für anwendbar erkläre.[39] Auf den seinerzeitigen Art. 118a EGV hätte die Regelung aus rechtlichen Gründen nicht gestützt werden können, da diese Norm anders als die Nachfolgeregelung in Art. 153 AEUV nur eine Kompetenz für die Arbeitsumwelt eröffnete (oben, § 4 Rdn. 22),[40] auf den (heutigen) Art. 115 AEUV aus praktischen Gründen nicht, da diese Kompetenz Einstimmigkeit voraussetzt.

10 Gegen die **Änderungsrichtlinie** haben Ungarn und Polen Nichtigkeitsklage beim EuGH erhoben. Sie rügen u.a. eine Verletzung der Dienstleistungsfreiheit und der Kompetenzvorschriften. Der Gerichtshof hat diese Ansicht nicht geteilt.[41] Art. 53 Abs. 1, 62 AEUV seien die treffende Rechtsgrundlage. Art. 153 AEUV sei demgegenüber nicht vorrangig, und die Ausnahme des Arbeitsentgelts in Abs. 5 der Vorschrift sperre ebenfalls nicht.

4. Regelungsumfeld

11 Zum Umfeld der Entsenderichtlinie gehört zuerst die Dienstleistungsfreiheit, wie sie der Gerichtshof in seiner Entsende-Rechtsprechung ausgeformt hat (oben, § 3 Rdn. 73). Als spezielles Kollisionsrecht ergänzt die Richtlinie zudem das internationa-

---

35 Vgl. *Hanau,* NJW 1996, 1369, 1372f.

36 Im Hinblick auf die vom EuGH anerkannte gesetzgeberische Einschätzungs- und Entscheidungsprärogative auch *Wank/Börgmann,* NZA 2001, 177, 180. S.a. Bericht der Kommission über die Durchführung der AEntRL, KOM(2003) 458 endg., S. 7f.

37 S.a. *Davies,* CMLR 34 (1997), 571, 592f.

38 *Grundmann,* Europäisches Schuldvertragsrecht, 3.60 Rdn. 15.

39 *Eichenhofer,* ZIAS 1996, 55, 74f.; *Franzen,* ZEuP 1997, 1055, 1059–1061; *Grundmann,* Europäisches Schuldvertragsrecht, 3.60 Rdn. 16; *Koenigs,* DB 1997, 225, 227–230; *Rieble/Lessner,* ZfA 2002, 29, 49f.; *Selmayr,* ZfA 1996, 615; *Steck,* EuZW 1994, 140–142; s. a. *Löwisch,* FS Zeuner (1994), S. 91, 92. A.M. *Däubler,* EuZW 1997, 613, 614; *Hanau,* NJW 1996, 1369, 1373 (unter Berufung auf „die grundsätzliche Geltung des Arbeitsortsprinzips").

40 *Eichenhofer,* ZIAS 1996, 55, 76–79; *Franzen,* ZEuP 1997, 1055, 1061f.

41 EuGH v. 8.12.2020 – Rs. C-620/18 *Ungarn ./. Parlament und Rat,* EU:C:2020:1001; EuGH v. 28.5.2020 – Rs. C-626/18 *Polen ./. Parlament und Rat,* EU:C:2020, 1000. Ebenso *T. Klein,* EuZW 2019, 673ff.

le Arbeitsrecht der Rom I-VO (oben, § 6 Rdn. 7–40). Arbeitsrechtliche Rechtsetzung zur Entsendungsproblematik gibt es sonst nicht, ausgenommen eine Spezialregelung in der Nachweisrichtlinie (§ 14 Rdn. 29–32). Für den Straßenverkehrssektor gibt es eine Richtlinie mit besonderen Regeln.[42] Hier ist die Entsenderichtlinie teils nicht anwendbar (Transitfälle; Rdn. 14), teils ist ihre Anwendbarkeit umstritten. Für die Entsendung aus Drittstaaten gelten die Richtlinie 2014/36 und 2014/66 (vgl. § 1 Rdn. 11). Die Dienstleistungsrichtlinie (DLRL) aus dem Jahr 2006 (zu ihr oben, § 3 Rdn. 85–87) lässt das Arbeitsrecht ausdrücklich unberührt (Art. 1 Abs. 6 DLRL) und ist gegenüber der Entsenderichtlinie nachrangig (Art. 3 Abs. 1 lit. a) DLRL)[43]. Die arbeitsrechtliche Entsenderichtlinie wird durch sozialversicherungsrechtliche Regelungen ergänzt.[44]

II. Anwendungsbereich

1. Persönlicher Anwendungsbereich

Persönlich ist die Entsenderichtlinie auf Unternehmen mit Sitz in einem Mitgliedstaat 12
anwendbar (Art. 1 Abs. 1 AEntRL). Ihr Schutz ist im Hinblick auf Drittstaatenunternehmen gleichzeitig Mindeststandard, da diese jedenfalls nicht besser behandelt werden dürfen (Art. 1 Abs. 4 AEntRL);[45] ihnen soll kein Wettbewerbsvorteil zukommen.[46] **Ausgenommen** sind Schiffsbesatzungen von Unternehmen der Handelsmarine (Art. 1 Abs. 2 AEntRL).

---

42 Richtlinie (EU) 2020/1057 des Europäischen Parlaments und des Rates vom 15.7.2020 zur Festlegung besonderer Regeln im Zusammenhang mit der Richtlinie 96/71/EG und der Richtlinie 2014/67/EU für die Entsendung von Kraftfahrern im Straßenverkehrssektor und zur Änderung der Richtlinie 2006/22/EG bezüglich der Durchsetzungsanforderungen und der Verordnung (EU) Nr. 1024/2012, ABl. 2020 L 249/49. Dazu Schlachter/Heinig/*Klein*, § 10 Rdn. 56 ff.

43 S. nur *Körner*, NZA 2007, 233, 236 f.

44 Vgl. *Eichenhofer*, EuZA 2012, 140 ff.; *Fuchs*, ZESAR 2019, 105 ff. Zu den unterschiedlichen Entsendungsbegriffen im Arbeits- und Sozialrecht *Klein*, ZESAR 2015, 272 ff. Zur Bindungswirkung der sog. sozialversicherungsrechtlichen A 1-Entsendebescheinigung EuGH v. 6.9.2018 – Rs. C-527/16 *Alpenrind*, EU:C:2018:669 m.Bespr.v. *Klopstock/Rittweger*, NZA 2018, 1247 ff.

45 Zum Hintergrund *Pifffl-Pavelec*, DRdA 1995, 292, 294. Die Bestimmung kann eine Besserbehandlung nationaler Unternehmen gegenüber Unternehmen aus anderen Mitgliedstaaten nicht rechtfertigen; EuGH v. 16.6.2010 – Rs. C-298/09 *RANI Slovakia*, EU:C:2010:343 Rdn. 40–51.

46 S.a. Vorschlag für eine Richtlinie des Europäischen Parlaments und des Rates über die Bedingungen für die Einreise und den Aufenthalt von Drittstaatsangehörigen im Rahmen einer konzerninternen Entsendung, KOM(2010) 378 endg.

2. Sachlicher Anwendungsbereich

13 **Sachlich** geht es – der Kompetenzgrundlage entsprechend (oben, Rdn. 9) – um eine Arbeitnehmerentsendung im Rahmen *grenzüberschreitender Dienstleistung* (Art. 1 Abs. 1 AEntRL).[47] Die Auslandstätigkeit für das Entsendeunternehmen, z.B. durch einen angestellten Handelsvertreter, fällt daher nicht in den Anwendungsbereich der Richtlinie.[48] Erfasst sind (abschließend) drei Fälle der Arbeitnehmerentsendung (Art. 1 Abs. 3 AEntRL):[49]

- die Entsendung im Rahmen eines Dienstleistungsvertrags (lit. a)),[50]
- die konzerninterne Arbeitnehmerüberlassung (lit. b))[51] sowie
- die sonstige (gewerbsmäßige oder gelegentliche) Arbeitnehmerüberlassung (lit. c))[52]. Dabei hat die Änderungsrichtlinie den Anwendungsbereich von lit. c) auf Fälle erweitert, in denen der Entleiher den Leiharbeitnehmer in einem anderen Mitgliedstaat einsetzt.[53]

In jedem Fall ist vorausgesetzt, dass zwischen dem *entsendenden Unternehmer* und dem Arbeitnehmer für die Dauer der Entsendung ein Arbeitsverhältnis besteht.[54] Wird in Ausübung der Arbeitnehmerfreizügigkeit ein Arbeitsverhältnis mit einem Arbeitgeber des *Aufnahmestaats* begründet, so ist kollisionsrechtlich im Regelfall das dortige Recht anwendbar (Art. 8 Rom I-VO; s.o. § 6 Rdn. 14–21).

14 Umstritten ist, ob die **Transitfahrt** des Lastwagenfahrers – zum Beispiel von Polen nach Frankreich durch Deutschland – in den Anwendungsbereich der Richtlinie fällt.[55] Dem Wortlaut nach könnte man den Fahrer auch in diesem Fall als „entsandten Arbeitnehmer" i.S.v. Art. 2 Abs. 1 AEntRL ansehen. Da das Transitland jedoch nicht,

---

47 EuGH v. 10.2.2011 – verb. Rs. C-307/09 bis C-309/09 *Vicoplus*, EU:C:2011:64 Rdn. 43; *Krebber*, JJZ 1997, 129, 133.

48 *Davies*, CMLR 34 (1997), 571, 576.

49 EuGH v. 18.9.2014 – Rs. C-549/13 *Bundesdruckerei*, EU:C:2014:2235 Rdn. 24ff. (nicht erfasst ist der Fall, in dem die Arbeitnehmer des Dienstleisters ausschließlich in ihrem Heimatland tätig werden).

50 S. z.B. EuGH v. 3.4.2008 – Rs. C-346/06 *Rüffert*, EU:C:2008:189 Rdn. 19. Borddienstleistungen in internationalen Zügen fallen nicht darunter; EuGH v. 19.12.2019 – Rs. C-16/18 *Dobersberger*, EU:C:2019:1110; zust. Anm. *Frohn*, EuZW 2020, 151ff.; Begründung und Ergebnis („Vorfahrt für [Neo-] Liberatlität) dezidiert abl. *Mankowski*, EuZA 2020, 495ff.

51 Näher zu Konzernsachverhalten *Birk*, ZIAS 1995, 481–488 (noch zum Richtlinienvorschlag); ferner *Franzen*, ZEuP 1997, 1055, 1057; *Löwisch*, FS Zeuner (1994), S. 91, 93. Die konzerninterne Arbeitnehmerüberlassung teilweise auch unter lit. c) einordnend EuArbRK/*Krebber*, Art. 1 RL 96/71/EG Rdn. 35.

52 Zum Begriff der Arbeitskräfteüberlassung EuGH v. 10.2.2011 – verb. Rs. C-307/09 bis 309/09 *Vicoplus*, EU:C:2011:64 Rdn. 42ff.; EuGH v. 18.6.2015 – Rs. C-586/13 *Martin Meat*, EU:C:2015:405 Rdn. 20ff.; EuGH v. 14.11.2018 Rs. C-18/17 *Danieli u.a.*, EU:C:2018:904 Rdn. 24ff.

53 Dazu *Franzen*, EuZA 2019, 3, 13; *Kellerbauer*, EuZW 2018, 846, 848; *Riesenhuber*, NZA 2018, 1433, 1435.

54 EuGH v. 10.2.2011 – verb. Rs. C-307/09 bis 309/09 *Vicoplus*, EU:C:2011:64 Rdn. 44.

55 Allgemein zu grenzüberschreitenden Verkehrsdienstleistungen *Kellerbauer*, EuZW 2018, 846, 848f.

wie Art. 1 Abs. 3 AEntRL voraussetzt, Sitz des Dienstleistungsempfängers ist, hält eine Ansicht Regelung von ihrem Schutzzweck her für nicht anwendbar.[56] Der EuGH trägt der Problematik dadurch Rechnung, dass es den Arbeitnehmer nur als „entsandt" i. S. v. Art. 2 Abs. 1 ansieht, wenn eine „hinreichende Verbindung" zu dem Aufnahmestaat besteht, die aber im Falle der bloßen Durchreise fehlt.[57] Künftig ergibt sich die Ausnahme von Transitfahrten, aber auch von „bilateraler" Güter- und Personenbeförderung aus der Richtlinie 2020/1057 über die Entsendung von Kraftfahrern.[58]

Für den Begriff des **Arbeitnehmers** ist das Recht des Aufnahmestaats maßgeblich, Art. 2 Abs. 2 AEntRL. Das entspricht dem Zweck der Regelung, geht es doch um die Erstreckung des Arbeitsrechts dieses Staates.[59] Praktische Bedeutung kann das z. B. haben, wenn die Problematik der „Scheinselbständigkeit" unterschiedlich beurteilt wird.[60] *Entsandter* Arbeitnehmer ist ein Arbeitnehmer, der während eines begrenzten Zeitraums seine Arbeitsleistung im Hoheitsgebiet eines anderen Mitgliedstaats als demjenigen erbringt, in dessen Hoheitsgebiet er normalerweise arbeitet, Art. 2 Abs. 1 AEntRL. Wörtlich genommen erfasst das solche Arbeitnehmer nicht, die nur für den Zeitraum der Entsendung eingestellt wurden.[61] Das lässt sich teleologisch erklären, wenn für sie nach Art. 8 Abs. 2 S. 1 Alt. 1 Rom I-VO ohnehin das Recht des Aufnahmestaats gilt, wo ja der gewöhnliche Arbeitsort liegt.[62] Nimmt man hingegen an, dass wegen einer engeren Verbindung zum Heimatstaat das dortige Recht anwendbar ist (Art. 8 Abs. 4 Rom I-VO, § 6 Rdn. 21),[63] so ergibt sich daraus eine Lücke in der Entsenderichtlinie, die im Wege der Analogie bzw. des erst-recht-Schlusses *(argumentum a foritori)* zu schließen ist. 15

III. Erstreckung der innerstaatlichen Arbeits- und Beschäftigungsbedingungen auf entsandte Arbeitnehmer

1. Übersicht

Die zentrale Schutzregelung der Richtlinie enthält Art. 3 AEntRL. Die Vorschrift regelt zuerst die *zwingende* Erstreckung von Schutzregeln (Abs. 1–7; nachfolgend Rdn. 17– 16

---

56 *Forst,* ZESAR 2015, 205, 206 f.; EuArbRK/*Krebber*, Art. 1 RL 96/71/EG Rdn. 33.

57 EuGH v. 1.12.2020 – Rs. C-815/18 *Van den Bosch*, EU:C:2020:976 Rdn. 50 ff., 64. Schlachter/Heinig/*Klein,* § 10 Rdn. 58.

58 Oben, Fn. 42.

59 *Davies,* CMLR 34 (1997), 571, 577.

60 Dazu schon *Hanau,* NJW 1996, 1369, 1373 (noch mit dem Vorschlag einer Lösung über den Arbeitnehmerbegriff des Art. 39 EG [Art. 45 AEUV]).

61 *Piir,* ELLJ 10 (2019), 101, 104 ff.

62 *Grundmann,* Europäisches Schuldvertragsrecht, 3.60 Rdn. 19.

63 *Schlachter,* NZA 2002, 1242, 1244.

27) und sieht anschließend eine Reihe von Fällen *optionaler* Erstreckung des Arbeitnehmerschutzes auf entsandte Arbeitnehmer vor (Abs. 8 UAbs. 2 und 3, Abs. 9, 10; unten, Rdn. 29–32). Inwieweit nationale Regeln auf entsandte Arbeitnehmer erstreckt werden, macht die Richtlinie dabei von zwei Variablen abhängig, einerseits den erfassten Arbeits- und Beschäftigungsbedingungen (Rdn. 18–21), andererseits den erfassten Rechtsquellen (Rdn. 22)[64]. Der Unionsgesetzgeber hat damit einerseits selbst definiert, welche Regelungsgegenstände er zum Kern der zwingenden Bedingungen rechnet. Wenn andererseits die zwingende Anwendung auf entsandte Arbeitnehmer auf solche Bedingungen beschränkt ist, die in Gesetz oder (grundsätzlich:) allgemein-verbindlichem Tarifvertrag beruhen, nimmt er damit auf die Wertentscheidungen der mitgliedstaatlichen Gesetzgeber (und Sozialpartner) Rücksicht. Denn üblicherweise regeln die Mitgliedstaaten diejenigen Arbeitsbedingungen gesetzlich, oder erklären tarifliche Regelungen für allgemein verbindlich, die sie für besonders wichtig halten und nicht der individualvertraglichen Vereinbarung überlassen wollen.

2. Zwingende Garantie eines Kernbereichs von Arbeits- und Beschäftigungsbedingungen

17 Einen Kernbereich von (gesetzlichen oder allgemein verbindlichen) Arbeitnehmerschutzvorschriften, vor allem Lohn und Arbeitszeit, müssen die Mitgliedstaaten nach dem Grundsatz von Art. 3 Abs. 1 AEntRL zwingend auf entsandte Arbeitnehmer erstrecken, sofern sie günstiger sind als die Vorschriften des anwendbaren (Heimat-) Rechts (sogleich Rdn. 18–22). Ausnahmen von diesem Grundsatz sind nur für den eng definierten Sonderfall der Erstmontage (Abs. 2; Rdn. 24), für die kurzfristige Entsendung (Abs. 3 und 4; Rdn. 25) und für geringfügige Arbeiten (Abs. 5; Rdn. 26) vorgesehen.

a) Grundsatz

18 Die Mitgliedstaaten *müssen* nach Art. 3 Abs. 1 AEntRL den in ihr Hoheitsgebiet entsandten Arbeitnehmern den innerstaatlich festgelegten (s. sogleich Rdn. 21) „**Kern**“ zwingender Arbeits- und Beschäftigungsbedingungen (BE 13 AEntRL) garantieren.[65] Dieser Bereich der garantierten Arbeitsbedingungen stellt den Mindestschutz für die entsandten Arbeitnehmer dar, grundsätzlich (vorbehaltlich Abs. 10, dazu Rdn. 32) aber auch das Höchstmaß dessen, was den entsendenden Arbeitgebern als Dienstleis-

64 Vgl. EuGH v. 3.4.2008 – Rs. C-346/06 *Rüffert*, EU:C:2008:189 Rdn. 23–31.
65 Zu den sozialversicherungsrechtlichen Aspekten *Hanau*, NJW 1996, 1369, 1371.

ter aufgebürdet werden darf. Zu dem Kern zwingender Bedingungen gehören nach dem abschließenden Katalog[66] von Unterabsatz 1 die Regeln über

- die Arbeitszeit (Höchstarbeitszeiten und Mindestruhezeiten; bezahlter Mindestjahresurlaub), lit. a) und b);
- die Entlohnung einschließlich der Überstundensätze, lit. c);
- die Bedingungen für die Arbeitnehmerüberlassung, lit. d);
- den Arbeitsschutz und den Schutz besonderer Arbeitnehmergruppen (Schwangere, Wöchnerinnen, Kinder, Jugendliche), lit. e) und f);
- die Anti-Diskriminierungs-Vorschriften, lit. g); sowie
- die Bedingungen für Unterkünfte sowie Zulagen oder Aufwendungsersatz für auswärts tätige Arbeitnehmer, lit. h) und i).

Zum Kern des Arbeitnehmerschutzes zählen daher – *e silencio* – insbesondere *nicht* der Kündigungsschutz, Lohnfortzahlung (außer für die besonderen Arbeitnehmergruppen) sowie Arbeitnehmervertretung und -mitbestimmung. Das entspricht weithin der temporären Natur der Entsendung (aber Lohnfortzahlung!).[67] Auch Kontrollmaßnahmen der nationalen Arbeitsverwaltungen fallen nicht unter Art. 3 Abs. 1 AEntRL (s. aber zur Zusammenarbeit unten, Rdn. 33f.).[68]

Die überwiegende Zahl der somit erfassten Arbeits- und Beschäftigungsbedingun- 19
gen ist freilich bereits unionsrechtlich mindestens in Form von rahmenhaften Mindeststandards geregelt[69] und/oder nach der Rom I-VO international zwingend (Eingriffsnormen, Art. 9 Rom I-VO; dazu § 6 Rdn. 31–33)[70]. Anders ist das vor allem beim **Arbeitslohn.**[71] Im Hinblick auf die Entlohnung entfaltet die Vorschrift daher ihre größte praktische Bedeutung. Die ursprüngliche Richtlinie hatte die Garantie – ihrem Zweck entsprechen – auf Mindestlohnsätze beschränkt, doch hat der EuGH den Begriff weit ausgelegt. Nach seiner Interpretation fiel darunter nicht nur die unterste Lohnstufe, sondern die gesamte Lohnstufenstruktur eines Tarifs („Lohngitter").[72] Darauf berief sich der Gesetzgeber, als er die Garantie 2018 auf die gesamte „Entlohnung" erstreckte.[73]

Bei der Berechnung des Mindestlohns sind auch **Entsendungszulagen** zu be- 20
rücksichtigen, soweit sie nicht als Erstattung für tatsächlich entstandenen Entsen-

---

66 EuGH v. 19.6.2008 – Rs. C-319/06 *Kommission ./. Luxemburg*, EU:C:2008:350 Rdn. 26. *Merrett*, CYELS 13 (2011), 219, 229ff.

67 *Kolehmainen*, Comp. Lab. L. & Pol'y J. 20 (1998), 71, 85f.

68 EuGH v. 3.12.2014 Rs. C-315/13 *De Clercq*, EU:C:2014:2408 (Kontrolle nach Art. 56f. AEUV!).

69 An dieser Stelle genügt es, auf das Inhaltsverzeichnis für den 3. Teil des Buches zu verweisen.

70 *Krebber*, JJZ 1997, 129, 134; *ders.*, IPRax 2001, 22, 26.

71 Vgl. EuGH v. 19.1.2006 – Rs. C-244/04 *Kommission ./. Deutschland*, EU:C:2006:49 Rdn. 61; EuGH v. 12.10.2004 – Rs. C-60/03 *Wolff & Müller*, EU:C:2004:610 Rdn. 28.

72 EuGH v. 12.2.2015 – Rs. C-396/13 *Sähköalojen ammattiliitto*, EU:C:2015:86. *Franzen*, NZA 2015, 338ff.

73 Dazu krit. *Riesenhuber*, NZA 2018, 1433, 1436f.; befürwortend *Zimmer*, ZESAR 2020, 403, 408. Zur Auslegung Schlachter/Heinig/*Klein*, § 10 Rdn. 67ff.

dungsaufwendungen (z. B. Reise-, Unterbringungs- und Verpflegungskosten) gezahlt werden, Art. 3 Abs. 7 UAbs. 2 AEntRL.[74] In der Rechtsprechung des EuGH hat diese Regelung zu einer teils schwer zu deutenden Kasuistik geführt.[75] Dabei zeichnen sich zwei Grundgedanken ab. Zum einen geht der Gerichtshof davon aus, anrechenbare Zulagen müssten regelmäßig, anteilig, tatsächlich und unwiderruflich gezahlt werden.[76] Zum anderen können für die Entlohnung nur Zulagen berücksichtigt werden, die das Austauschverhältnis von Leistung und Gegenleistung nicht verändern (Äquivalenzgedanke).[77] Insbesondere eine Mehrarbeitszulage ist in die Entlohnung nicht einzurechnen. Bereits aus Art. 3 Abs. 7 UAbs. 2 AEntRL ergibt sich, dass Aufwendungsersatz für entsendungsbedingte Kosten nicht auf den Mindestlohn angerechnet werden. Die Abgrenzung von Entlohnung und Aufwendungsersatz wird jetzt durch eine Vermutungsregel ergänzt: Wenn das anwendbare mitgliedstaatliche Recht nicht festlegt, welche Bestandteile einer Entsendezulage Lohn und Aufwendungsersatz sind, gilt die gesamte Zulage als Aufwendungsersatz; Art. 3 Abs. 7 UAbs. 3 AEntRL.[78]

21 Die genannten Mindestbedingungen sind allerdings nur insoweit auf die entsandten Arbeitnehmer zu erstrecken, als sie in bestimmten Rechtsquellen geregelt werden, nämlich durch **Rechts- oder Verwaltungsvorschriften**[79] und/oder durch **für allgemein verbindlich erklärte**[80] **Tarifverträge** oder Schiedssprüche (i. S. v. Abs. 8 UAbs 1), Art. 3 Abs. 1 AEntRL.[81] Diese Differenzierung nach Rechtsquellen ist im praktischen Ergebnis bedeutsam:[82] Soweit, wie früher in Deutschland, Mindestlöhne nicht gesetzlich festgelegt sind, schreibt die Richtlinie ihre Erstreckung auf entsandte Arbeitnehmer nur im Bereich allgemein verbindlicher Tarifverträge vor. Mit der Revision von 2018 ist allerdings die ursprünglich in der 1996er Richtlinie vorgesehene zusätzliche Beschränkung auf den Bausektor weggefallen.

---

74 EuGH v. 14.4.2005 – Rs. C-341/02 *Kommission ./. Deutschland,* EU:C:2005:220: Umsetzungsfehler, weil Zulagen und Zuschläge nicht als Bestandteile des Mindestlohns anerkannt waren.

75 EuGH v. 14.4.2005 – Rs. C-341/02 Kommission ./. Deutschland, EU:C:2005:220 Rdn. 29; EuGH v. 7.11.2013 – Rs. C-522/12 *Isbir,* EU:C:2013:711; EuGH v. 12.2.2015 – Rs. C-396/13 *Sähköalojen ammattiliitto,* EU:C:2015:86. *Bayreuther,* EuZA 2014, 189, 193 ff.

76 EuGH v. 14.4.2005 – Rs. C-341/02 Kommission ./. Deutschland, EU:C:2005:220 Rdn. 31 f.

77 EuGH v. 14.4.2005 – Rs. C-341/02 Kommission ./. Deutschland, EU:C:2005:220 Rdn. 38 ff.; EuGH v. 7.11.2013 – Rs. C-522/12 *Isbir,* EU:C:2013:711 Rdn. 38 f.

78 *Kellerbauer,* EuZW 2018, 846, 850 f.

79 Zum Begriff der Rechtsvorschriften EuGH v. 3.4.2008 – Rs. C-346/06 *Rüffert,* EU:C:2008:189 Rdn. 24.

80 Dazu EuGH v. 3.4.2008 – Rs. C-346/06 *Rüffert,* EU:C:2008:189 Rdn. 27 f. Vgl. in Deutschland § 5 TVG. Spanien kennt eine *erga omnes*-Wirkung von Tarifverträgen; dazu *Gutiérrez-Solar Calvo,* RdA 2001, 350, 352. Nicht alle Mitgliedstaaten kennen eine Allgemeinverbindlicherklärung; für diesen Fall sehen UAbs. 2 und 3 von Abs. 8 Ersatzlösungen vor, die die Mitgliedstaaten wählen können; dazu unten, Rdn. 30.

81 *Hütter,* ZESAR 2015, 170, 173 ff. (Vergabemindestlohnvorschriften sind keine tauglichen Rechtsquellen).

82 S.a. *Junker,* JZ 2005, 481, 483; *Piffl-Pavelec,* DRdA 1995, 292, 294.

Der Anwendung von **günstigeren Beschäftigungs- und Arbeitsbedingungen** 22 steht die Regelung nicht entgegen, Art. 3 Abs. 7 UAbs. 1 AEntRL. Dieser Hinweis dürfte sich in erster Linie auf günstigere Bedingungen des anwendbaren Rechts, also regelmäßig des Heimatrechts (Art. 8 Abs. 2 Rom I-VO) beziehen;[83] dazu passt auch die in UAbs. 2 der Vorschrift enthaltene Erläuterung zur Berücksichtigung von Entsendungszulagen. Die Mindestbedingungen des Aufnahmestaats werden also nur insoweit auf die entsandten Arbeitnehmer erstreckt, als sie günstiger sind. Art. 3 Abs. 7 eröffnet daher nicht die Möglichkeit, auch solche Schutzvorschriften des Aufnahmestaates auf entsandte Arbeitnehmer zu erstrecken, die über das Mindestmaß hinausgehen, wie sie etwa in Tarifverträgen (im Vergleich zum Gesetzesrecht) enthalten sein können.[84] Zweck der Richtlinie ist einerseits nur, ein Mindestmaß zu sichern, andererseits auch, ein für den entsendenden Unternehmer verlässliches Mindestmaß zu definieren.[85]

b) Ausnahmen und Ausnahmeoptionen

Der Grundsatz wird für eine Reihe von – im Ansatz teleologisch begründeten – Aus- 23 nahmen sowie Ausnahmeoptionen für die Mitgliedstaaten durchbrochen.[86] Diese Ausnahmen und Ausnahmeoptionen betreffen indes stets nur den Mindestlohn und den bezahlten Mindestjahresurlaub. Von den übrigen Arbeits- und Beschäftigungsbedingungen, dem von BE 14 AEntRL so genannten „harten Kern", zu dem insbesondere der Arbeitsschutz gehört, gibt es keine Ausnahmen.

Für **Erstmontage- sowie Einbauarbeiten** außerhalb von Bauarbeiten i.S.d. An- 24 hangs sind die Bestimmungen über den *Mindestjahresurlaub* und die *Entlohnung* nicht zwingend, Art. 3 Abs. 2 AEntRL. Die Ausnahme ist allerdings sehr eng gefasst und gilt nur unter den vier weiteren Voraussetzungen, dass die Arbeiten (1) Bestandteil eines Liefervertrags und (2) für die Inbetriebnahme der gelieferten Güter unerlässlich sind, (3) von Facharbeitern und/oder angelernten Arbeitern des Lieferunternehmens ausgeführt werden und (4) die Entsendung höchstens acht Tage dauert.

Für die kurzfristige Arbeitnehmerentsendung (i.e.S.) von **nicht mehr als einem** 25 **Monat**[87] können die Mitgliedstaaten nach Konsultation der Sozialpartner eine Ausnahme vom *Mindestlohn* vorsehen, Art. 3 Abs. 3 AEntRL. Die Ausnahme gilt allerdings nur für die (auch konzerninterne) Arbeitnehmer*entsendung*, *nicht* für die Arbeitnehmer*überlassung* (Leiharbeit; Art. 1 Abs. 3 lit. c AEntRL), die oftmals nur kurzfristig erfolgt. Nach mitgliedstaatlichem Recht kann durch für allgemeinverbindlich erklärten

83 *von Danwitz*, EuZA 2010, 6, 13.

84 EuGH v. 18.12.2007 – Rs. C-341/05 *Laval un Partneri*, EU:C:2007:809 Rdn. 79f.; EuGH v. 3.4.2008 – Rs. C-346/06 *Rüffert*, EU:C:2008:189 Rdn. 32–34; zust. Anm. *Franzen/Richter*, CMLR 2010, 537–554.

85 In diesem Sinne schon *Rebhahn*, DRdA 1999, 173, 177.

86 Zur Bewertung der Ausnahmen noch *Davies*, CMLR 34 (1997), 571, 583f.

87 Zur Berechnung der Dauer, s. Art. 3 S. 6 Abs. 6 AEntRL.

Tarifvertrag (Art. 3 Abs. 8 AEntRL) der Mindestlohn auch für kurzfristige Arbeitnehmerüberlassung wieder verbindlich gemacht werden (Art. 3 Abs. 4 AEntRL; Unterausnahme zu Abs. 3).

26 Für Arbeiten von **geringem Umfang** schließlich können die Mitgliedstaaten eine Ausnahme vom *bezahlten Mindesturlaub* sowie vom *Mindestlohn* vorsehen, Art. 3 Abs. 5 UAbs. 1 AEntRL. Da es hier darum geht, von der Anwendung des eigenen Rechts auf entsandte Arbeitnehmer abzusehen, ist es folgerichtig, dass die Mitgliedstaaten selbst bestimmen, unter welchen Voraussetzungen eine Arbeit als geringfügig anzusehen ist (UAbs. 2). Auch diese Ausnahmeoption besteht nur für die Entsendung, nicht aber für Leiharbeit i. S. v. Art. 1 Abs. 3 lit. c) AEntRL.

c) Besondere Garantie für entsandte Leiharbeitnehmer

27 Für entsandte Leiharbeitnehmer i. S. v. Art. 1 Abs. 3 lit. c) AEntRL sind (seit der Reform 2018) darüber hinaus zwingend die von Art. 5 LARL vorgeschriebenen Bedingungen zu garantieren.[88] Die Vorschrift enthält den Grundsatz der Nichtdiskriminierung, nach dem die Arbeits- und Beschäftigungsbedingungen des Leiharbeitnehmers mindestens jenen der entsprechenden Stammarbeitnehmer entsprechen müssen; näher dazu § 21 Rdn. 14.

3. Erweiterte Garantie bei langfristiger Entsendung

28 Im Falle langfristiger Entsendung von (grundsätzlich) über zwölf Monaten sind, über den Grundsatz von Art. 3 Abs. 1 AEntRL hinausgehend, **sämtliche** durch Rechtsvorschriften oder allgemein-verbindlichen Tarif normierten **Arbeits- und Beschäftigungsbedingungen** (ausgenommen nur Vertragsschlussregeln und betriebliche Altersversorgung) auf den entsendeten Arbeitnehmer anzuwenden, Art. 3 Abs. 1 a AEntRL.[89] Die Frist wird auf 18 Monate verlängert, wenn der Dienstleistungserbringer „eine mit einer Begründung versehene Mitteilung" vorlegt. Sukzessive Entsendungen für die gleiche Tätigkeit am gleichen Ort werden für die Zwecke der Frist zusammengerechnet. Das ist teleologisch überzeugend, denn ab einem bestimmten (hier im Grundsatz mit zwölf Monaten bestimmten) Zeitpunkt ist die Verbindung zum Ziel-Mitgliedstaat so eng, dass nach kollisionsrechtlichen Grundwertungen („gewöhnlicher Arbeitsort") das dortige Recht uneingeschränkt zum Tragen kommen soll.

---

88 *Franzen*, EuZA 2019, 3, 13 f.; *Riesenhuber*, NZA 2018, 1433, 1438 f.

89 *Riesenhuber*, NZA 2018, 1433, 1438.

4. Optionale Schutzergänzungen

Während die Erstreckung des Arbeitnehmerschutzes des Aufnahmestaats für die Fälle von Art. 3 Abs. 1 AEntRL (oben, Rdn. 18) *zwingend* vorgeschrieben ist, eröffnen Art. 3 Abs. 8 UAbs. 2 und 3, Abs. 9 und 10 AEntRL den Mitgliedstaaten *(optional) die Möglichkeit,* den inländischen Arbeitnehmerschutz auf entsandte Arbeitnehmer zu erstrecken. 29

a) Andere als allgemeinverbindliche Tarifverträge

Die ursprüngliche Richtlinie beschränkte die auf entsandte Arbeitnehmer zu erstreckenden Mindestbedingungen auf solche, die im Gesetz oder in allgemein verbindlichen Tarifverträgen vorgesehen waren. Nur wenn ein Mitgliedstaat das Instrument der Allgemeinverbindlicherklärung nicht kannte, sah sie die mitgliedstaatliche Option vor, die in anderen Tarifverträgen enthaltenen Mindestbedingungen zu erstrecken. Die Änderungsrichtlinie von 2018 erweitert diese Option nun und ermöglicht den Mitgliedstaaten allgemein, Mindestbedingungen anzuwenden, die in Tarifverträgen und Schiedssprüchen enthalten sind, (a) die für alle in einem geographischen Bereich oder für einer Branche „allgemein wirksamen" *(generally applicable, qui ont un effet général)* Tarifverträge[90] und/oder (b) Tarifverträge, die von den national repräsentativsten Tarifvertragsparteien geschlossen wurden, auf entsandte Arbeitnehmer anwenden, Art. 3 Abs. 8 UAbs. 2, 3.[91] 30

b) Leiharbeitsbedingungen für Leiharbeitnehmer

Für Leiharbeitnehmer i.S.v. Art. 1 Abs. 3 lit. c) AEntRL *können* die Mitgliedstaaten – über den Grundsatz der Nichtdiskriminierung hinausgehend (oben Rdn. 27) – vorschreiben, dass ebenso wie im Fall interner Leiharbeit auch andere Arbeits- und Beschäftigungsbedingungen Anwendung finden, Art. 3 Abs. 9 AEntRL. 31

c) Strengere Arbeitsbedingungen aus Gründen der öffentlichen Ordnung

Auch über den Kernbereich des Art. 3 Abs. 1 AEntRL hinaus *können* die Mitgliedstaaten – nicht auch die Tarifvertragsparteien –[92] nach Absatz 10 der Vorschrift Arbeitnehmerschutzregeln aus dem Bereich der öffentlichen Ordnung auf entsandte Arbeitnehmer erstrecken, vorausgesetzt, die Vorschriften gelten gleichermaßen für 32

90 Hier kommt es also, anders als bei UAbs. 1 (oben, Rdn. 21), nicht auf die rechtliche Verbindlichkeit an, sondern auf die faktische Verbreitung.

91 Dazu EuGH v. 18.12.2007 – Rs. C-341/05 *Laval un Partneri,* EU:C:2007:809 Rdn. 65–71. Eingehend *Riesenhuber,* EuZA 2020, 423ff.

92 EuGH v. 18.12.2007 – Rs. C-341/05 *Laval un Partneri,* EU:C:2007:809 Rdn. 83f.

inländische und ausländische Unternehmen. Der Sache nach geht es hier um den *ordre public*-Vorbehalt der Dienstleistungsfreiheit (62, 52 AEUV; dazu oben, § 3 Rdn. 74). Bei der Bestimmung, welche Vorschriften der öffentlichen Ordnung zuzurechnen sind, ist den Mitgliedstaaten zwar ein gewisser Beurteilungsspielraum zuzugestehen, die Grenzen müssen aber, soll die *Rechtsangleichung* nicht praktisch zur Disposition der Mitgliedstaaten stehen, unionsrechtlich bestimmt werden. Der EuGH hat den Ausnahmetatbestand eng ausgelegt (ebenso wie im Rahmen der Grundfreiheitenrechtsprechung, vgl. oben, § 3 Rdn. 74).[93]

5. Zusammenarbeit im Informationsbereich

33 Im praktischen Ergebnis bedeutet die Richtlinie, dass Dienstleistungsanbieter im Falle einer Arbeitnehmerentsendung im grenzüberschreitenden Verkehr die – durch die Richtlinie (Art. 3 Abs. 1 AEntRL) und die Umsetzungsoptionen der Mitgliedstaaten – festgelegten Arbeitsschutzstandards des Aufnahmelandes beachten müssen: Schon die damit verlangte Informationsleistung ist eine erhebliche Hürde. Das hat auch der Richtliniengeber gesehen und daher von den Mitgliedstaaten eine „Zusammenarbeit im Informationsbereich" verlangt, Art. 4 AEntRL.[94] Dazu sollen die Mitgliedstaaten „Verbindungsbüros" einrichten (Abs. 1), die Arbeitsverwaltungen der Mitgliedstaaten sollen bei der Informierung von Arbeitgebern und Arbeitnehmern sowie bei der Verfolgung von Verstößen gegen die Mindeststandards zusammenarbeiten (Abs. 2). Zudem sollen die Informationen über die nach Artikel 3 maßgeblichen Arbeits- und Beschäftigungsbedingungen allgemein zugänglich gemacht werden (Abs. 3).[95] Die Durchsetzungsrichtlinie 2014/67 ergänzt diese Vorschriften und verpflichtet die Mitgliedstaaten insbesondere, Informationen über die garantierten Arbeits- und Beschäftigungsbedingungen auf einer (einzigen) offiziellen nationalen Website zur Verfügung zu stellen (Art. 5 RL 2014/67; s.a. Art. 3 Abs. 1 UAbs. 3 und 4 AEntRL).

34 Der Gerichtshof hat dem damit installierten System der Zusammenarbeit im Informationsbereich zugleich eine Begrenzung für andere Instrumente des Informationsaustausches entnommen. Das Erfordernis, der entsendende Unternehmer müsse einen Ad hoc-Vertreter im Aufnahmeland bestellen, erwies sich daher als unverhältnismäßiger Eingriff in die Dienstleistungsfreiheit.[96]

---

93 EuGH v. 19.6.2008 – Rs. C-319/06 *Kommission ./. Luxemburg,* EU:C:2008:350 Rdn. 29–33, 48–55. Mit teleologischen Erwägungen i. E. ebenso schon *Rebhahn,* DRdA 1999, 173, 177 f.; ferner *Merrett,* CYELS 13 (2011), 219, 230 f.

94 Das Erfordernis, bestimmte Arbeitsunterlagen in die Inlandssprache übersetzen zu lassen (§ 2 Abs. 3 AEntG), ist mit der Kooperationspflicht nicht unvereinbar; EuGH v.18.7.2007 – Rs. C-490/04 *Kommission ./. Deutschland,* EU:C:2007:430 Rdn. 78.

95 Zu Defiziten der Zusammenarbeit jetzt Empfehlung der Kommission v. 31.3.2008 zur Verbesserung der Verwaltungszusammenarbeit in Bezug auf die Entsendung von Arbeitnehmern im Rahmen der Erbringung von Dienstleistungen, ABl. 2008 C 85/1.

96 EuGH v. 19.6.2008 – Rs. C-319/06 *Kommission ./. Luxemburg,* EU:C:2008:350 Rdn. 85–95.

IV. Sanktionen und gerichtliche Durchsetzung

Die Durchsetzung der so auf entsandte Arbeitnehmer erstreckten Schutzregeln ist in die Hände der Mitgliedstaaten gelegt (Art. 5 AEntRL), die dabei an die allgemeinen Umsetzungspflichten gebunden sind.[97] Spezifisch vorgegeben ist nur die Klagemöglichkeit im Aufnahmestaat, die zusätzlich zu den **Gerichtsständen** der Gerichtsstands- und Vollstreckungsverordnung (Regelfall für Aktivklagen des entsandten Arbeitnehmers nach EuGVVO: Heimatstaat [Wohnsitz, gewöhnlicher Arbeitsort oder Einstellungsniederlassung]; s. u. § 8 Rdn. 11–16) vorgesehen werden muss, Art. 6 AEntRL.[98] Nach Art. 20 Durchsetzungsrichtlinie 2014/67 müssen Sanktionen verhältnismäßig, wirksam und abschreckend sein. Sanktionen, die gemessen an der Dienstleistungsfreiheit unverhältnismäßig sind,[99] erweisen sich daher auch als mit Art. 20 RL 2014/67 unvereinbar.[100] 35

Zur Bewehrung des Arbeitnehmerschutzes nach Art. 5 AEntRL hat der Gerichtshof ein „weites **Ermessen**" der Mitgliedstaaten anerkannt, aber hervorgehoben, dass sie bei dessen Ausfüllung an die Grundfreiheiten gebunden sind, hier v.a. an die **Dienstleistungsfreiheit** (s.o. § 3 Rdn. 65–87).[101] Die Regelung des § 1a des deutschen AEntG a.F. (s. u. Rdn. 37), wonach ein Bauunternehmer, der einen anderen Unternehmer mit der Erbringung von Bauleistungen beauftragt, für die Verpflichtungen dieses Unternehmers oder eines Nachunternehmers zur Zahlung des Mindestentgelts an einen Arbeitnehmer oder zur Zahlung von Beiträgen an eine gemeinsame Einrichtung der Tarifvertragsparteien wie ein Bürge haftet, hat der EuGH – auch bei Auslegung im Lichte des Art. 49 EG (Art. 56 AEUV) – für mit Art. 5 AEntRL vereinbar gehalten.[102] 36

V. Umsetzung

In Deutschland erfolgte die Umsetzung durch Anpassung des bereits vor Verabschiedung der Richtlinie erlassenen Gesetzes über zwingende Arbeitsbedingungen bei 37

---

97 Praktisch ist die Rechtsdurchsetzung oft von größter Bedeutung; entsandte Arbeitnehmer erhalten offenbar mitunter nicht einmal die unter dem Heimatrecht vereinbarte Bezahlung; vgl. *Davies,* CMLR 34 (1997) 571, 575. Zur Durchsetzung des Mindestlohns für entsandte Arbeitnehmer in Österreich *Kullmann,* FS Marhold (2020), S. 611 ff.

98 *Franzen,* ZEuP 1997, 1055, 1071 f. S.a. noch *Davies,* CMLR 34 (1997), 571, 577–579.

99 EuGH v. 12.9.2019 – verb. Rs. C-64/18, C-140/18 und C-148/18 *Maksimovic,* EU:C:2019:723.

100 EuGH v. 19.12.2019 – Rs. C-645/18 *NE,* EU:C:2019:1108; EuGH v. 19.12.2019 – verb. Rs. C-140/19, C-141/19 und C-492/19 bis C-494/19 *EX u.a.,* EU:C:2019:1103.

101 EuGH v. 12.10.2004 – Rs. C-60/03 *Wolff & Müller,* EU:C:2004:610 Rdn. 30.

102 EuGH v. 12.10.2004 – Rs. C-60/03 *Wolff & Müller,* EU:C:2004:610 Rdn. 31–45.

grenzüberschreitenden Dienstleistungen (Arbeitnehmer-Entsendegesetz, AEntG)[103] vom 26. Februar 1996.[104] Zur Begründung des ursprünglichen Gesetzes hat sich der Gesetzgeber recht unverhohlen – wie ein englischer Beobachter sagt: „with its customary commitment to honesty and transparency" –[105] auf Schutz der heimischen Wirtschaft berufen.[106] Der Gerichtshof hat das Gesetz – ungeachtet hartnäckiger Vorlagefragen – gleichwohl im Grundsatz für mit der Dienstleistungsfreiheit vereinbar gehalten, und zwar mit der Erwägung, dass die subjektive Zweckbestimmung zwar unzureichend sein möge, es aber entscheidend auf die objektive Zwecksetzung ankomme.[107] Lediglich in Einzelpunkten waren Umsetzungsfehler zu beanstanden, die sich vor allem aus einer rechtlichen oder faktischen Diskriminierung ausländischer Dienstanbieter ergaben.[108] 2009 hat der deutsche Gesetzgeber das AEntG neu gefasst.[109] Der Gesetzeszweck ist nunmehr in § 1 AEntG hervorgehoben. Zudem sind neben der Baubranche sieben weitere Branchen einbezogen, deren Tarifverträge durch Allgemeinverbindlicherklärung auch auf entsendete Arbeitnehmer erstreckt werden können. Die 2018er Änderungsrichtlinie hat der deutsche Gesetzgeber durch Reformgesetz von 2020[110] umgesetzt.[111]

---

103 Gesetz über zwingende Arbeitsbedingungen bei grenzüberschreitenden Dienstleistungen (Arbeitnehmer-Entsendegesetz) vom 26.2.1996 (BGBl.1996 I, 227), zuletzt geändert durch das Gesetz vom 21.12.2007 (BGBl.2007 I, 3140).

104 Dazu etwa *Hanau,* NJW 1996, 1369–1373; *Feuerborn,* EAS B 2500 Rdn. 121–133; *Junker/Wichmann,* NZA 1996, 505–512; *Schwab,* NZA-RR 2004, 1–6; *Selmayr,* ZfA 1996, 615, 637–642; *Borgmann,* IPRax 1996, 315–320; *Däubler,* EuZW 1997, 613, 616f. Zur Umsetzung in Spanien *Gutiérrez-Solar Calvo,* RdA 2001, 350–353; zur Umsetzung im Vereinigten Königreich, s. die Hinweise bei *Davies,* ILJ 31 (2002), 298, 299f. Übersicht im Bericht der Kommission über die Durchführung der AEntRL, KOM(2003) 458. S. ferner *Cremers/Dølvic/Bosch,* IRJ 38 (2007), 524–541.

105 *Davies,* ILJ 31 (2002), 298, 302.

106 Bundesregierung, Begründung zum Entwurf des AEntG, BT-Drs. 13/2414, S. 6f. *Junker,* JZ 2005, 481, 487: „Diese Begründung ist ehrlich, aber nicht ungefährlich."

107 EuGH v. 12.10.2004 – Rs. C-60/03 *Wolff & Müller,* EU:C:2004:610 Rdn. 18f., 38f.; EuGH v. 24.1.2002 – Rs. C-164/99 *Portugaia Construções,* EU:C:2002:40 Rdn. 25f.; EuGH v. 25.10.2001 – verb. Rs. C-49/98, C-50/98, C-52/98 bis C-54/98 und C-68/98 bis C-71/98 *Finalarte,* EU:C:2001:564 Rdn. 38–41. Dazu auch *Davies,* ILJ 31 (2002), 298, 302. S. bereits oben, § 3 Rdn. 76.

108 EuGH v. 24.1.2002 – Rs. C-164/99 *Portugaia Construções,* EU:C:2002:40 Rdn. 31–35 (zur Problematik zuvor schon *Junker/Wichmann,* NZA 1996, 505, 511f.); EuGH v. 25.10.2001 – verb. Rs. C-49/98, C-50/98, C-52/98 bis C-54/98 und C-68/98 bis C-71/98 *Finalarte,* EU:C:2001:564 Rdn. 76–83. Ferner zur Berechnung des Mindestlohns EuGH v. 14.4.2005 – Rs. C-341/02 *Kommission ./. Deutschland,* EU:C:2005:220.

109 Gesetz über zwingende Arbeitsbedingungen für grenzüberschreitend entsandte und für regelmäßig im Inland beschäftigte Arbeitnehmer und Arbeitnehmerinnen (Arbeitnehmer-Entsendegesetz – AEntG), BGBl. 2009 I, 799, zuletzt geändert durch das Gesetz vom 22.11.2019 (BGBl. 2019 I, 1756).

110 BGBl. I 2020, 1657.

111 Dazu etwa *Braun,* BB 2020, 1780ff.; *Zieglmeier,* DStR 2020, 1923ff.

§ 8 Die Europäische Gerichtsstands- und Vollstreckungsverordnung

Literatur: *Behr,* Internationale Zuständigkeit in Individualarbeitsrechtsstreitigkeiten im Europäischen Verfahrensrecht, in: Krause/Veelken/Vieweg (Hrsg.), Recht der Wirtschaft und der Arbeit in Europa – Gedächtnisschrift für Wolfgang Blomeyer, 2004, S. 15–42; *Bosse,* Probleme des europäischen Internationalen Arbeitsprozessrechts, 2007; *Däubler,* Die internationale Zuständigkeit der deutschen Arbeitsgerichte – Neue Regeln durch die Verordnung (EG) Nr. 44/2001, NZA 2003, 1297–1302; *Franzen,* Internationale Gerichtsstandsvereinbarungen in Arbeitsverträgen zwischen EuGVÜ und autonomem internationalen Zivilprozeßrecht, RIW 2000, 81–88; *Geimer,* EuGVVO, in: Zöller (Begr.), Zivilprozessordnung, 33. Aufl. 2020; *Gottwald,* EuGVVO, in: Krüger/Rauscher (Hrsg.), Münchener Kommentar ZPO, 5. Aufl. 2017; *Hausmann,* Die Revision des Brüsseler Übereinkommens von 1968 – Teil I : Internationale Zuständigkeit, EuLF 2000/01, 40–49; *Hüßtege,* EuGVVO, in: Thomas/Putzo, Zivilprozessordnung, 41. Aufl. 2020; *Jenard,* Bericht zu dem Übereinkommen über die gerichtliche Zuständigkeit und Vollstreckung gerichtlicher Entscheidungen in Zivil- und Handelssachen, ABl. 1979 C 59/1–151; *Junker,* Arbeitnehmereinsatz im Ausland – Anzuwendendes Recht und Internationale Zuständigkeit, 2007; *ders.,* Die internationale Zuständigkeit deutscher Gerichte in Arbeitssachen, ZZPInt 3 (1998), 179–202; *ders.,* Gewöhnlicher Arbeitsort und vorübergehende Entsendung im Internationalen Privatrecht, in: Lorenz/Trunk/Eidenmüller/Wendehorst/Adolff (Hrsg.), Festschrift für Andreas Heldrich, 2005, S. 719–739; *ders.,* Grenzen der Staatsimmunität und europäische Gerichtsstände bei arbeitsrechtlichen Streitigkeiten von Botschaftsangestellten, EuZA 2013, 83–96; *ders.,* Internationale Zuständigkeit in Arbeitssachen nach der Brüssel I-Verordnung, in: Bachmann/Breidenbach/Coester-Waltjen/Hess/Nelle/Wolf (Hrsg.), Grenzüberschreitungen – Beiträge zum Internationalen Verfahrensrecht und zur Schiedsgerichtsbarkeit – Festschrift für Peter Schlosser, 2005, S. 299–319; *ders.,* Internationale Zuständigkeit und anwendbares Recht in Arbeitssachen, NZA 2005, 199–205; *ders.,* Klagen aus Aktienoptionsplänen – Gerichtsstand und anzuwendendes Recht, EuZA 2016, 281–282; *ders.,* Vom Brüsseler Übereinkommen zur Brüssler Verordnung – Wandlungen des Internationalen Zivilprozessrechts, RIW 2002, 569–577; *ders.,* Zuständigkeit und anwendbares Recht in Arbeitssachen, NZA 2005, 199–205; *Knöfel,* Flugpersonal im Europäischen Arbeitsprozessrecht, GPR 2019, 43–47; *ders.,* Grenzüberschreitende Organhaftung als Arbeitnehmerhaftung? Urteil des Europäischen Gerichtshofs vom 10.9.2015 – Rechtssache Holtermann Ferho Exploitatie und andere, EuZA 2016, 348–367; *Krebber,* Einheitlicher Gerichtsstand für die Klage eines Arbeitnehmers gegen mehrere Arbeitgeber bei Beschäftigung in einem grenzüberschreitenden Konzern, IPRax 2009, 409–413; *ders.,* Gerichtsstand des Erfüllungsortes bei mehreren, aber aufeinander abgestimmten Arbeitsverhältnissen, IPRax 2004, 309–315; *Kropholler,* Europäisches Zivilprozessrecht, Kommentar zu EuGVO und Lugano-Übereinkommen, 8. Aufl. 2005; *Leipold,* Einige Bemerkungen zur Internationalen Zuständigkeit in Arbeitssachen, in: Krause/Veelken/Vieweg (Hrsg.), Recht der Wirtschaft und der Arbeit in Europa – Gedächtnisschrift für Wolfgang Blomeyer, 2004, S. 143–164; *Lüttringhaus,* Übergreifende Begrifflichkeiten im europäischen Zivilverfahrens- und Kollisionsrecht – Grund und Grenzen der rechtsaktsübergreifenden Auslegung, dargestellt am Beispiel vertraglicher und außervertraglicher Schuldverhältnisse, RabelsZ 77 (2013), 31–68; *Mankowski,* Der Deliktsgerichtsstand im Verhältnis zum europäischen Internationalen Arbeitsprozessrecht, EuZA 2017, 126–133; *ders.,* Der gewöhnliche Arbeitsort im Internationalen Privat- und Prozeßrecht, IPRax 1999, 332–338; *ders.,* Europäisches Internationales Arbeitsprozessrecht – Weiteres zum gewöhnlichen Arbeitsort, IPRax 2003, 21–28; *ders.,* Gerichtsstandsvereinbarungen in Tarifverträgen und Art. 23 EuGVVO, NZA 2009, 584–589; *ders.,* Internationale Zuständigkeit, in: Dieterich/Neef/Schwab, Arbeitsrechts-Blattei, Arbeitsgerichtsbarkeit V E 160.5.5 (2007); *ders.,* Zur Abgrenzung des Individual- vom Kollektivarbeitsrecht im europäischen internationalen Zivilverfahrensrecht, IPRax 2011, 93–96; *Martiny,* Deutscher Kündigungsschutz für das Personal ausländischer Botschaften?, IPRax 2013, 536–545; *Rauscher,* Arbeitnehmerschutz – ein Ziel des

https://doi.org/10.1515/9783110731941-008

Brüsseler Übereinkommens, in: Reinhold Geimer (Hrsg.), Wege zur Globalisierung des Rechts, Festschrift für Rolf A. Schütze, 1999, 695–710; *ders.* (Hrsg.), Europäisches Zivilprozess- und Kollisionsrecht EuZPR/EuIPR, Band 1, 4. Aufl. 2015; *Simotta*, Zur Heilung der Unzuständigkeit in Versicherungs-, Verbraucher- und Arbeitssachen (Art. 26 EuGVVO), ZVglRWiss 2016, 95–135; *Stadler/Klöpfer*, Die Reform der EuGVVO – von Umwegen, Irrwegen und Sackgassen, ZEuP 2015, 732–772; *Thüsing*, Rechtsfragen grenzüberschreitender Arbeitsverhältnisse – Grundlagen und Neuigkeiten im Internationalen Arbeitsrecht, NZA 2003, 1303–1312; *Winterling*, Die Entscheidungszuständigkeit in Arbeitssachen im europäischen Zivilverfahrensrecht, 2006.

Rechtsprechung (noch zum EuGVÜ):

EuGH v. 6.10.1976	Rs. 14/76 *DeBloos./.Bouyer*, EU:C:1976:134
EuGH v. 13.11.1979	Rs. 25/79 *Sanicentral ./. Collin*, EU:C:1979:255
EuGH v. 26.5.1982	Rs. 133/81 *Ivenel ./. Schwab*, EU:C:1982:199
EuGH v. 15.1.1987	Rs. 266/85 *Shenavai*, EU:C:1987:11
EuGH v. 15.2.1989	Rs. 32/88 *Six Constructions*, EU:C:1989:68
EuGH v. 13.7.1993	Rs. C-125/92 *Mulox IBC*, EU:C:1993:306
EuGH v. 9.1.1997	Rs. C-383/95 *Rutten*, EU:C:1997:7
EuGH v. 13.7.2000	Rs. C-412/98 *Group Josi ./. UGIC*, EU:C:2000:399
EuGH v. 27.2.2002	Rs. C-37/00 *Weber*, EU:C:2002:122
EuGH v. 10.4.2003	Rs. C-437/00 *Pugliese*, EU:C:2003:219
EuGH v. 22.5.2008	Rs. C-462/06 *Laboratoires Glaxosmithkline*, EU:C:2008:299
EuGH v. 19.7.2012	Rs. C-154/11 *Mahamdia*, EU:C:2012:491
EuGH v. 10.9.2015	Rs. C-47/14 *Holterman Ferho Exploitatie u. a.*, EU:C:2015:574
EuGH v. 14.8.2017	verb. Rs. C-168/16 und C 169/16 *Nogueira u. a.*, EU:C:2017:688
EuGH v. 21.6.2018	Rs. C-1/17 *Petronas Lubricants Italy SpA*, EU:C:2018:478
EuGH v. 11.4.2019	Rs. C-603/17 *Bosworth*, EU:C:2019:310

Übersicht

I. Einführung

1 Neben dem kollisionsrechtlichen Arbeitnehmerschutz (oben, §§ 6, 7) und dem Schutz des Arbeitnehmers durch Vorschriften über Abschluss, Inhalt und Beendigung des Arbeitsvertrags (nachfolgend, §§ 9–28) kommt dem „**kompetenzrechtlichen Arbeitnehmerschutz**“, der durch die Regeln über die Zuständigkeit für Klagen aus dem Arbeitsverhältnis bewirkt wird, in der Praxis eine zentrale Rolle zu. Das beste Recht nützt dem Arbeitnehmer nichts, wenn er Schwierigkeiten oder

Scheu hat, es durchzusetzen. Vor der Rechtsverfolgung kann er aber in der Praxis vor allem zurückschrecken, wenn er seine Rechte an einem Ort oder in einem Mitgliedstaat geltend machen muss, der ihm fremd oder nicht vertraut ist. Umgekehrt kann ihm die Rechtsverfolgung erschwert sein, wenn er an einem ihm fremden Ort verklagt wird.

Über die Zuständigkeit der Gerichte in grenzüberschreitenden Zivil- und Handels- 2
sachen enthält die Europäische Gerichtsstands- und Vollstreckungsverordnung (EuGVVO, **Brüssel Ia-Verordnung**)[1] eingehende Vorschriften. Dabei handelt es sich um ein auf Art. 67 Abs. 4, 81 Abs. 2 lit. a), c) und e) AEUV gestütztes **Unionsinstrument** in Form einer Verordnung (Art. 288 Abs. 2 AEUV), die in den Mitgliedstaaten unmittelbar gilt (wie ein nationales Gesetz).

Die Verordnung reformiert die EuGVVO (Brüssel I-VO) von 2001[2], die wiederum das 1968 in Brüs- 3
sel verabschiedete Europäische Gerichtsstands- und Vollstreckungsübereinkommen (EuGVÜ, auch „Brüsseler Abkommen") für die meisten Mitgliedstaaten (vgl. Art. 1 Abs. 3 mit BE 21f. EuGVVO: Ausnahme Dänemark) abgelöst hatte.[3] Anders als die Verordnung war das EuGVÜ kein Rechtsakt der Union, sondern ein völkerrechtliches Übereinkommen der Mitgliedstaaten. Erst als mit dem Amsterdamer Vertrag von 1997 die Kompetenzgrundlage der (heutigen) Art. 67 Abs. 4, 81 Abs. 2 lit. a) AEUV in den EG-Vertrag eingeführt wurde, konnte das Übereinkommen in ein Unionsinstrument überführt werden. Das EuGVÜ enthielt keine gesonderten Bestimmungen für Arbeitsverhältnisse. Der EuGH hat jedoch den Gerichtsstand des Erfüllungsortes für diese Zwecke weiterentwickelt und für Ansprüche aus dem Arbeitsverhältnis den Erfüllungsort generell mit Rücksicht auf die vertragstypische Leistung entwickelt (nicht, wie sonst, im Hinblick auf die im Streit stehende jeweilige Leistung);[4] das galt für Klagen des Arbeitnehmers und des Arbeitgebers gleichermaßen. Auf diese Weise führte schon das EuGVÜ zum Gerichtsstand des gewöhnlichen Arbeitsortes als regelmäßigen Gerichtsstand bei Streitigkeiten aus individuellen Arbeitsverhältnissen. Das Übereinkommen wurde 1989 dann auch dahingehend geändert.[5] Die Brüssel I-VO von 2001 hat die arbeitsrechtlichen Gerichtsstände im Wesentlichen aus dem Übereinkommen übernommen, aber in Art. 18–21 Brüssel I-VO zusammengefasst. Die Brüssel Ia-VO von 2012[6] führt die Regelungen weithin unverändert fort, jetzt als Art. 20–23 Brüssel Ia-VO. Sie hebt Brüssel I auf (Art. 80) und gilt grundsätzlich ab dem 10.1.2015, Art. 81 Abs. 2 Brüssel Ia-VO. Die Kontinuität der materiell-rechtlichen Regelungen erlaubt methodisch eine entsprechende Kontinuität der Auslegung (vgl. BE 34 Brüssel Ia-VO).[7] Dänemark hat von der Möglichkeit, die Brüssel Ia-VO durch na-

---

1 Verordnung (EU) Nr. 1215/2012 des Europäischen Parlaments und des Rates vom 12.12.2012 über die gerichtliche Zuständigkeit und die Anerkennung und Vollstreckung von Entscheidungen in Zivil- und Handelssachen, ABl. 2012 L 351/1.

2 Verordnung (EG) Nr. 44/2001 des Rates vom 22.12.2000 über die gerichtliche Zuständigkeit und die Anerkennung und Vollstreckung von Entscheidungen in Zivil- und Handelssachen, ABl. 2004 L 12/1.

3 Zu den Änderungen gegenüber dem EuGVÜ *Behr*, GS Blomeyer (2004), S. 19–22.

4 EuGH v. 13.7.1993 – Rs. C-125/92 *Mulox IBC*, EU:C:1993:306 Rdn. 25f.; EuGH v. 27.2.2002 – Rs. C-37/00 *Weber*, EU:C:2002:122 Rdn. 43.

5 Näher zur Entwicklung unter dem EuGVÜ *Behr*, GS Blomeyer (2004), S. 22–27; *Junker*, ZZPInt 3 (1989), 179–202; *Junker*, FS Schlosser (2005), S. 300f.; *Leipold*, GS Blomeyer (2004), S. 144–146; *Rauscher*, FS Schütze (1999), S. 695–710.

6 Zur Reform *Stadler/Klöpfer*, ZEuP 2015, 732ff.

7 EuGH v. 14.8.2017 – verb. Rs. C-168/16 und C 169/16 *Nogueira u.a.*, EU:C:2017:688 Rdn. 46.

tionales Recht umzusetzen (vgl. BE 41 Brüssel Ia-VO), Gebrauch gemacht. „Dies bedeutet, dass die Bestimmungen der Verordnung (EU) Nr. 1215/2012 auf die Beziehungen zwischen der Union und Dänemark Anwendung finden."[8]

4 In der Gerichtsstands- und Vollstreckungsverordnung ist der kompetenzrechtliche **Arbeitnehmerschutz** jetzt im 5. Abschnitt von Kapitel II **eigens geregelt**. Die Brüssel Ia-VO schützt den Arbeitnehmer dadurch, dass sie ihm für Klagen gegen den Arbeitgeber – im Aktivprozess – zusätzlich zum Gerichtsstand des Wohnsitzes des Arbeitgebers den Gerichtsstand des gewöhnlichen Arbeitsortes, mangels dessen den Gerichtsstand der Einstellungsniederlassung eröffnet. Im Passivprozess, also für Klagen des Arbeitgebers gegen den Arbeitnehmer, ist hingegen grundsätzlich der Gerichtsstand des Wohnsitzes des Arbeitnehmers ausschließlich. Dadurch soll dem Arbeitnehmer in allen Fällen eine einfache und kostengünstige Rechtsverfolgung ermöglicht werden. Gleichzeitig sollen die Gerichtsstände dem prozessökonomischen Zweck Rechnung tragen, dass ein sachnahes Gericht entscheidet, das sich mit den Verhältnissen leicht vertraut machen kann.

5 Zum prozessrechtlichen **Umfeld** der Brüssel Ia-VO ist zunächst das (revidierte) Luganer Übereinkommen (LugÜ II) von 2007[9] mit den EFTA-Staaten zu nennen, das die Regelungen der Brüssel I-VO (einstweilen noch nicht der Brüssel Ia-VO!) inhaltlich weitgehend identisch auf Norwegen, Island und die Schweiz erstreckt.[10] Hinzutreten weitere prozessrechtliche Rechtsakte der Union, die indes keinen spezifisch arbeitsrechtlichen Bezug haben. Dazu rechnen insbesondere

- die Brüssel II-Verordnung[11] über Zuständigkeit, Anerkennung und Vollstreckung in Ehe- und Kindschaftssachen;
- die Zustellungsverordnung;[12]

---

8 Abkommen zwischen der Europäischen Gemeinschaft und dem Königreich Dänemark über die gerichtliche Zuständigkeit und die Anerkennung und Vollstreckung von Entscheidungen in Zivil- und Handelssachen, ABl. 2013 L 79/4.

9 Übereinkommen über die gerichtliche Zuständigkeit und die Anerkennung und Vollstreckung von Entscheidungen in Zivil- und Handelssachen, ABl. 2007 L 339/3.

10 Musielak/Voit/*Stadler*, ZPO (17. Aufl. 2020), Europäisches Zivilprozessrecht, Vorbemerkung Rdn. 12f. Zur einheitlichen Auslegung EuGH v. 11.4.2019 – Rs. C-603/17 *Bosworth*, EU:C:2019:310 Rdn. 22.

11 Verordnung (EG) Nr. 2201/2003 des Rates vom 27.11.2003 über die Zuständigkeit und die Anerkennung und Vollstreckung von Entscheidungen in Ehesachen und in Verfahren betreffend die elterliche Verantwortung und zur Aufhebung der Verordnung (EG) Nr. 1347/2000, ABl. 2003 L 338/1.

12 Verordnung (EG) Nr. 1393/2007 des Europäischen Parlaments und des Rates vom 13.11.2007 über die Zustellung gerichtlicher und außergerichtlicher Schriftstücke in Zivil- oder Handelssachen in den Mitgliedstaaten (Zustellung von Schriftstücken) und zur Aufhebung der Verordnung (EG) Nr. 1348/2000 des Rates, ABl 2007 L 324/79.

- die Verordnung über die Beweisaufnahme;[13] und
- die Insolvenzverordnung[14].

Daneben enthält Art. 6 AEntRL eine – nicht ausschließliche – besondere Zuständigkeit für Klagen zur Durchsetzung der gem. Art. 3 AEntRL auf die entsandten Arbeitnehmer erstreckten Arbeitsbedingungen des Aufnahmestaates (vgl. noch § 7 Rdn. 35).[15] Neben den international-prozessrechtlichen Regelungen sind ferner die international-privatrechtlichen Regelungen im Umfeld der Brüssel Ia-VO zu berücksichtigen. Der Gerichtshof hebt den inneren und sachlich begründeten Zusammenhang hervor und stützt darauf eine rechtsaktsübergreifende systematische Auslegung.[16]

II. Anwendungsbereich

Die Verordnung gilt nur für Zivil- und Handelssachen. Zu den **Zivilsachen** gehören 6
auch die Arbeitssachen:[17] Streitigkeiten aus dem individuellen Arbeitsverhältnis, aber auch solche aus Tarifvertrags- oder Betriebsverfassungsrecht (s.a. Rdn. 9).[18] Ausgeschlossen sind damit öffentlich-rechtliche Streitigkeiten.[19] Eigens ausgenommen vom Anwendungsbereich ist zudem das – mit dem Arbeitsrecht oft nahe verwandte – Recht der sozialen Sicherheit (Art. 1 Abs. 2 lit. c Brüssel Ia-VO). Ansprüche aus der Kranken- oder Arbeitslosenversicherung oder einer – auch durch einen Arbeitsunfall ausgelösten – Unfallversicherung sind daher nicht nach den Gerichtsständen der Verordnung geltend zu machen. Allerdings hindert die Anwendung der Verordnung nicht, wenn es in dem Rechtsstreit *auch* um Normen des öffentlichen oder Sozialversicherungsrechts geht.[20] Macht der Arbeitnehmer z.B. in einem Kündigungsschutz-

---

13 Verordnung (EG) Nr. 1206/2001 des Rates vom 28.5.2001 über die Zusammenarbeit zwischen den Gerichten der Mitgliedstaaten auf dem Gebiet der Beweisaufnahme in Zivil- oder Handelssachen, ABl. 2001 L 174/1. S. jüngst zum Arbeitsrecht EuGH v. 17.2.2011 – Rs. C-283/09 *Weryński*, EU:C:2011:85 (Zeugenentschädigung).

14 Verordnung (EU) 2015/848 des Europäischen Parlaments und des Rates vom 20.5.2015 über Insolvenzverfahren, ABl. 2015 L 141/19.

15 *Behr*, GS Blomeyer (2004), S. 40f.; *Gaul*, NJW 1998, 644, 648; *Junker*, FS Schlosser (2005), S. 305f.; *Kropholler*, Europäisches Zivilprozessrecht, Art. 19 Rdn. 14.

16 EuGH v. 14.8.2017 – verb. Rs. C-168/16 und C-169/16 *Nogueira u.a.*, EU:C:2017:688 Rdn. 55ff.; *Lüttringhaus*, RabelsZ 77 (2013), 31ff.

17 EuGH v. 13.11.1979 – Rs. 25/79 *Sanicentral ./. Collin*, EU:C:1979:255.

18 Vgl. MünchKommZPO/*Gottwald*, Art. 20 Brüssel Ia-VO Rdn. 9; a.M. EuArbRK/*Krebber*, Art. 1 Brüssel Ia-VO Rdn. 6 (nicht Tarifvertrags- und Betriebsverfassungsrecht, arg.: eingebettet in Gesamtsystem, teils mit eigenen Verfahrensarten).

19 I.E. Rauscher/*Mankowski*, Art. 1 Brüssel Ia-VO Rdn. 18–33; *Hess*, Europäisches Zivilprozessrecht (2010), § 6 Rdn. 4–12.

20 EuArbRK/*Krebber*, Art. 1 Brüssel Ia-VO Rdn. 10 (sozialrechtliche Aspekte als „Hauptfrage“).

verfahren geltend, er habe die Arbeitsleistung verweigern dürfen, da öffentliches Recht den Transport des Gefahrguts verboten hätte, so ändert das nichts an dem zivilrechtlichen Charakter der Streitigkeit.

III. Die Gerichtsstände der Art. 20–23 Brüssel Ia-VO

1. Übersicht und Systematik

7 Für Streitigkeiten aus individuellen Arbeitsverträgen enthält die Verordnung in Art. 20–23 Brüssel Ia-VO besondere Zuständigkeitsvorschriften. Die Begriffe **Arbeitsvertrag** bzw. **Arbeitnehmer** sind dabei – nach der freilich umstrittenen Rechtsprechung des EuGH – unionsautonom[21] und hier ebenso wie in Art. 45 AEUV zu bestimmen (oben, § 3 Rdn. 9–12).[22] Arbeitnehmer ist, wer für eine gewisse Dauer weisungsgebunden eine Tätigkeit für einen anderen gegen Entgelt ausübt.[23] Das setzt ein Unterordnungsverhältnis voraus.[24] Danach kann im Einzelfall auch ein GmbH-Fremdgeschäftsführer als Arbeitnehmer zu qualifizieren sein, wenn er Weisungen der Gesellschaft unterliegt.[25] An dem erforderlichen Unterordnungsverhältnis fehlt es indes, wenn der Geschäftsführer selbst den Inhalt des Dienstvertrags bestimmt oder bestimmen kann und die Kontrolle über das Tagesgeschäft der Gesellschaft und seine eigenen Aufgaben besitzt, und zwar auch dann, wenn die Gesellschafter der Gesellschaft den Vertrag beenden können.[26]

8 Von Ansprüchen aus (individuellem Arbeits-) Vertrag sind **Deliktsansprüche** zu unterscheiden. Für ihre Geltendmachung ist die Zuständigkeit nach dem 5. Abschnitt grundsätzlich nicht begründet.[27] Das soll nach wohl h.A. auch für konkurrierende Deliktsansprüche gelten.[28]

---

21 EuGH v. 11.4.2019 – Rs. C-603/17 *Bosworth*, EU:C:2019:310 Rdn. 24. Krit. Bespr. v. *Meyer*, EuZA 2020, 86 ff. (Besonderheiten des Arbeitnehmerbegriffs im Zuständigkeitsrecht).

22 EuGH v. 10.9.2015 – Rs. C-47/14 *Holterman Ferho Exploitatie u. a.*, EU:C:2015:574 Rdn. 35 ff.; Rauscher/*Mankowski*, Art. 20 Brüssel Ia-VO Rdn. 9; *Hess*, Europäisches Zivilprozessrecht, § 6 Rdn. 104; *Lüttringhaus*, RabelsZ 77 (2013), 31, 49 ff.; krit. eingehend *Knöfel*, EuZA 2016, 348 ff.

23 EuGH v. 11.4.2019 – Rs. C-603/17 *Bosworth*, EU:C:2019:310 Rdn. 25; EuGH v. 10.9.2015 – Rs. C-47/14 *Holterman Ferho Exploitatie u. a.*, EU:C:2015:574 Rdn. 39, 41; EuGH v. 15.1.1987 – Rs. 266/85 *Shenavai*, EU:C:1987:11 (Architektenvertrag); BAG, NZA 2016, 254 Rdn. 18. *Junker*, FS Schlosser (2005), S. 302

24 EuGH v. 11.4.2019 – Rs. C-603/17 *Bosworth*, EU:C:2019:310 Rdn. 26, 28. Zust. Bespr. v. *Garber*, GPR 2019, 229 ff.

25 EuGH v. 10.9.2015 – Rs. C-47/14 *Holterman Ferho Exploitatie u.a.*, EU:C:2015:574 Rdn. 45 ff. S.a. EuGH v. 9.7.2015 – Rs. C-229/14 *Balkaya*, EU:C:2015:455 Rdn. 37. Abl. *Knöfel*, EuZA 2016, 348, 354 ff.

26 EuGH v. 11.4.2019 – Rs. C-603/17 *Bosworth*, EU:C:2019:310 Rdn. 29 ff.

27 *Mankowski*, EuZA 2017, 126, 128 ff.; a.M. EuArbRK/*Krebber*, Art. 21 Brüssel Ia-VO Rdn. 11.

28 *Mankowski*, EuZA 2017, 126, 130 ff. m.w.N.; a.M. (differenzierend) MünchKommZPO/*Gottwald*, Art. 20 Brüssel Ia-VO Rdn. 7.

Durch die Beschränkung auf **individuelle** Arbeitsverträge sind Streitigkeiten zwischen den Tarif- oder Betriebspartnern ausgeschlossen; diese bedürfen des in Art. 20–23 Brüssels Ia-VO vorgesehenen Schutzes nicht.[29] Wiederum kann es allerdings auch im Rechtsstreit aus einem individuellen Arbeitsvertrag um kollektive Arbeitsverträge gehen, die den Inhalt des Arbeitsvertrags (mit-) bestimmen; so z.B., wenn der Arbeitnehmer vom Arbeitgeber ein tariflich bestimmtes Weihnachtsgeld geltend macht. Auch hier richtet sich die Zuständigkeit nach Art. 20–23 Brüssel Ia-VO, und zwar auch dann, wenn etwa gerade Abschluss und Wirksamkeit des Tarifvertrags umstritten sind. 9

Der Europäische Gerichtshof hat die Zuständigkeitsregeln des 5. Abschnitts mit Rücksicht auf Wortlaut, Systematik und Entstehungsgeschichte der Vorschriften als **abschließende Regelung** verstanden; ein Rückgriff auf die allgemeinen Gerichtsstände ist nur möglich, soweit Art. 20 Abs. 1 Brüssel Ia-VO darauf verweist.[30] Anderes sei auch aus teleologischen Erwägungen, nämlich zum Schutz des Arbeitnehmers, nicht geboten, denn wenn man zu seinen Gunsten einen Rückgriff auf die allgemeinen Zuständigkeitsvorschriften zulasse, so müsse man das auch zu seinen Lasten tun. (Die konkrete Entscheidung des Gerichtshofs, den Gerichtsstand der passiven Streitgenossenschaft [heute Art. 8 Nr. 1 Brüssel Ia-VO] im Arbeitsverhältnis nicht anzuwenden, hat der Gesetzgeber allerdings mit der Ia-Verordnung von 2012 revidiert; dazu nachfolgend Rdn. 16). Möglich bleibt ein Rückgriff auf die allgemeinen Gerichtsstandsregeln freilich, wenn zwischen den Arbeitsvertragsparteien nicht „ein Arbeitsvertrag oder Ansprüche aus einem individuellen Arbeitsvertrag" im Streit stehen, wie Art. 20 Abs. 1 Brüssel Ia-VO voraussetzt. Praktisch bedeutsam kann das vor allem für Deliktsansprüche sein, die Arbeitgeber oder Arbeitnehmer vor dem Gericht am Ort des schädigenden Ereignisses (nach Wahl des Klägers der Handlungs- oder Erfolgsort)[31] geltend machen können, Art. 7 Nr. 2 Brüssel Ia-VO.[32] Allerdings hat der EuGH den Deliktsgerichtsstand dadurch eingeschränkt, dass er Ansprüche tendenziell weit als vertraglich (und spiegelbildlich eng als deliktisch) qualifiziert hat.[33] 10

---

29 *Junker*, FS Schlosser (2005), S. 301f.; *Mankowski*, IPRax 2011, 93ff.

30 EuGH v. 21.6.2018 – Rs. C-1/17 *Petronas Lubricants Italy SpA*, EU:C:2018:478 Rdn. 25; EuGH v. 14.8.2017 – verb. Rs. C-168/16 und C 169/16 *Nogueira u.a.*, EU:C:2017:688 Rdn. 51; EuGH v. 22.5.2008 – Rs. C-462/06 *Laboratoires Glaxosmithkline*, EU:C:2008:299 Rdn. 17–33. Ebenso schon *Behr*, GS Blomeyer (2004), S. 28–30; MünchKommZPO/*Gottwald*, Art. 20 Brüssel Ia-VO Rdn. 10f. S.a. *Leipold*, GS Blomeyer (2004), S. 162f.

31 EuGH v. 21.5.2015 – Rs. C-352/13 *CDC Hydrogen Peroxide SA*, EU:2015:335 Rdn. 38; EuGH v. 16.5.2013 – Rs. C-228/11 *Melzer*, EU:C:2013:305 Rdn. 25.

32 *Behr*, GS Blomeyer (2004), S. 29; *Junker*, NZA 2005, 199, 203; *ders.*, FS Schlosser (2005), S. 307f.

33 EuGH v. 10.9.2015 – Rs. C-47/14 *Holterman Ferho Exploitatie u.a.*, EU:C:2015:574 Rdn. 32, 49; EuGH v. 13.3.2014 – Rs. C-548/12 *Brogsitter*, EU:C:2014:148 Rdn. 21ff. *Mankowski*, EuZA 2017, 126ff.

2. Die einzelnen Gerichtsstände

11 Die Regelung des 5. Abschnitts sieht zum Schutz des Arbeitnehmers unterschiedliche Gerichtsstände vor, je nachdem, ob es sich um einen Aktivprozess (a)) oder einen Passivprozess des Arbeitnehmers (b)) handelt. Das trägt den je unterschiedlichen Schutzbedürfnissen Rechnung. Um zu verhindern, dass diese Schutzvorschriften unterlaufen werden, sieht die Verordnung zudem zusätzliche Schranken für Gerichtsstandsvereinbarungen vor; entsprechend allgemeinen Grundsätzen kann ein Gerichtsstand allerdings auch hier durch rügelose Einlassung begründet werden (c)).

a) Gerichtsstand für Klagen gegen den Arbeitgeber

12 Nach der Grundregel des Art. 4 Brüssel Ia-VO ist der Gerichtsstand einer Person im Mitgliedstaat seines **Wohnsitzes** eröffnet. Art. 21 Abs. 1 lit. a) Brüssel Ia-VO wiederholt das. Der Wohnsitzbegriff ist nach nationalem Recht des Forumstaats zu bestimmen, Art. 62 Abs. 1 Brüssel Ia-VO. *Gesellschaften* und *juristische Personen* haben ihren „Wohnsitz" an dem Ort, an dem sich (a) ihr satzungsmäßiger Sitz, (b) ihre Hauptverwaltung *oder* (c) ihre Hauptniederlassung befindet, Art. 63 Abs. 1 Brüssel Ia-VO; insoweit bestimmt also die Verordnung selbst und nicht das nationale Recht den Sitz.

13 Der Arbeitnehmer hat darüber hinaus aber zusätzlich die Möglichkeit, den Arbeitgeber an einem von zwei alternativen anderen Gerichtsständen in Anspruch zu nehmen, dem Gerichtsstand des gewöhnlichen Arbeitsortes oder jenem der Einstellungsniederlassung. Das hat seinen Grund darin, dass der Arbeitnehmer zum Wohnsitz des Arbeitgebers unter Umständen keine Beziehung hat; etwa, wenn ein deutscher Arbeitnehmer von einem englischen Arbeitgeber eingestellt worden ist, um in Frankreich zu arbeiten.

14 Gemäß Art. 21 Abs. 1 lit. b) i) Brüssel Ia-VO kann ein Arbeitgeber, der seinen Wohnsitz in einem Mitgliedstaat hat, auch in einem anderen Mitgliedstaat verklagt werden, und zwar vor dem Gericht des Ortes (internationale und örtliche Zuständigkeit!), an dem oder von dem aus der Arbeitnehmer gewöhnlich seine Arbeit verrichtet oder zuletzt gewöhnlich verrichtet hat.[34] Der **Gerichtsstand des gewöhnlichen Arbeitsortes** ist für den Arbeitnehmer regelmäßig gut und kostengünstig zu erreichen. Seine Wahl ist zudem prozessökonomisch sinnvoll, da das dortige Gericht sich leichter über die tatsächlichen Verhältnisse der Arbeitstätigkeit kundig machen kann, auf die es oft ankommt.[35] Der unbestimmte Rechtsbegriff des gewöhnlichen Arbeitsortes

---

34 Zur rechtsaktsübergreifend einheitlichen Auslegung *Lüttringhaus*, RabelsZ 77 (2013), 31, 51 f.

35 Zu diesen Zwecken – Arbeitnehmerschutz und Prozessökonomie – EuGH v. 10.4.2003 – Rs. C-437/00 *Pugliese*, EU:C:2003:219 Rdn. 17 f.; EuGH v. 27.2.2002 – Rs. C-37/00 *Weber*, EU:C:2002:122 Rdn. 39 f. m. Bespr. v. *Mankowski*, IPRax 2003, 21–28. *Junker*, FS Schlosser (2005), S. 308 f.

ist unionsautonom zu konturieren.[36] Seinen gewöhnlichen Arbeitsort hat der Arbeitnehmer dort, wo er abredegemäß den Schwerpunkt seiner Arbeit verrichtet. Dafür ist der Zeitumfang der Tätigkeit von erheblicher, aber nicht allein entscheidender Bedeutung. Daneben können auch qualitative Kriterien zu berücksichtigen sein, wie etwa „die Natur oder die Bedeutung" der Tätigkeit. So ist beispielsweise das Heimatbüro, von dem aus ein Arbeitnehmer seine Reisetätigkeit vor- und nachbereitet, regelmäßig gewöhnlicher Arbeitsort,[37] und zwar, mit Rücksicht auf die Bedeutung dieses Tätigkeitsortes, auch dann, wenn er dort nur einen geringeren Teil seiner Arbeitszeit verbringt. Für Flugbegleiter kann beispielsweise indizielle Bedeutung haben, „in welchem Mitgliedstaat der Ort liegt, von dem aus der Arbeitnehmer seine Verkehrsdienste erbringt, an den er danach zurückkehrt, an dem er Anweisungen dazu erhält und seine Arbeit organisiert und an dem sich die Arbeitsmittel befinden";[38] das kann die „Heimatbasis" sein, auch wenn dieser in anderen (luft- und sozialrechtlichen) Rechtsakten verwendete Begriff mit Rücksicht auf die unterschiedlichen Zwecksetzungen nicht unbesehen übernommen werden darf.[39] „Gewöhnlich" in diesem Sinne kann nur *ein* Arbeitsort sein.[40] Das ist zwar nicht nach dem Wortlaut, wohl aber nach dem Zweck der Brüssel Ia-VO zwingend, da konkurrierende Zuständigkeit mehrerer Gerichte gerade vermieden werden sollen. Art. 21 Abs. 1 lit. b) i) EuGVVO stellt auf den Ort ab, an dem der Arbeitnehmer gewöhnlich seine Arbeit verrichtet *oder zuletzt gewöhnlich verrichtet hat.*[41] Das könnte bedeuten, dass der Arbeitnehmer bei einer Änderung des gewöhnlichen Arbeitsortes die Wahl hat, am alten oder am neuen Arbeitsort zu klagen. Näher liegen dürfte, dass der Gesetzgeber lediglich klarstellen wollte, dass der Arbeitnehmer auch *nach Beendigung* des Arbeitsverhältnisses am gewöhnlichen Arbeitsort Klage erheben kann.

In manchen Fällen verrichtet der Arbeitnehmer seine Arbeit nicht gewöhnlich in 15
ein und demselben Staat[42], so z. B. wenn ein Montagearbeiter ständig an wechselnden

36 EuGH v. 14.8.2017 – verb. Rs. C-168/16 und C 169/16 *Nogueira u. a.*, EU:C:2017:688 Rdn. 55 f.; *Behr*, GS Blomeyer (2004), S. 33 f.; *Junker*, FS Schlosser (2005), S. 309 f.; *Winkler von Mohrenfels*, EuZA 2018, 236, 240 ff. (zur „indiziengestützten Methode").

37 EuGH v. 13.7.1993 – Rs. C-125/92 *Mulox IBC*, EU:C:1993:306 Rdn. 26; EuGH v. 9.1.1997 – Rs. C-383/95 *Rutten*, EU:C:1997:7 Rdn. 25.

38 EuGH v. 14.8.2017 – verb. Rs. C-168/16 und C 169/16 *Nogueira u. a.*, EU:C:2017:688 Rdn. 63. Noch offengelassen in EuGH v. 10.6.2004 – Rs. C-555/03 *Warbecq*, EU:C:2004:370.

39 EuGH v. 14.8.2017 – verb. Rs. C-168/16 und C 169/16 *Nogueira u. a.*, EU:C:2017:688 Rdn. 66 ff. mit teils krit. Bespr. *Knöfel*, GPR 2019, 43 ff.; *Winkler von Mohrenfels*, EuZA 2018, 236, 242 ff. S. a. BAG AP VO 44/2001 Nr. 3 m. Anm. *Mankowski*.

40 EuGH v. 13.7.1993 – Rs. C-125/92 *Mulox IBC*, EU:C:1993:306 Rdn. 21, 23; EuGH v. 9.1.1997 – Rs. C-383/95 *Rutten*, EU:C:1997:7 Rdn. 18; EuGH v. 27.2.2002 – Rs. C-37/00 *Weber*, EU:C:2002:122 Rdn. 55.

41 Dazu nur *Junker*, FS Schlosser (2005), S. 312 f. m. w. N.

42 Das dürfte nach Wortlaut und Zweck tatsächlich als „Staat" und nicht als „Mitgliedstaat" auszulegen sein, so dass auch eine Beschäftigung in wechselnden Drittstaaten darunter fällt; *Junker*, FS Schlosser, S. 314.

Orten tätig ist. Dann – mithin subsidiär – kommt der Gerichtsstand des gewöhnlichen Arbeitsortes nicht in Betracht. Stattdessen eröffnet Art. 21 Abs. 1 lit. b) ii) Brüssel Ia-VO dem Arbeitnehmer den internationalen und örtlichen Gerichtsstand des Ortes, an dem sich die **Einstellungsniederlassung** befindet oder – bei nachträglicher Verlegung wahlweise[43] – befand. Niederlassung ist ein „Mittelpunkt geschäftlicher Tätigkeit, der auf Dauer als Außenstelle eines Stammhauses hervortritt", eine eigene Geschäftsführung hat und auch diesen Zwecken entsprechend ausgestattet ist.[44] Ob mit der Einstellung ein tatsächlicher Vorgang, der Vertragsschluss oder die Eingliederung in den Betrieb bezeichnet ist, ist umstritten.[45] Die entsprechende Auslegungsfrage zu Art. 8 Rom I-VO hat der EuGH zugunsten des Vertragsschlussortes beantwortet; das spricht dafür, hier ebenso zu entscheiden (rechtsaktsübergreifende systematische Auslegung)[46].

16 Da die Sonderregeln des 5. Abschnitts nur unbeschadet des Art. 7 Nr. 5 Brüssel Ia-VO gelten (Art. 20 Abs. 1 Brüssel Ia-VO), kann der Arbeitnehmer Klagen gegen einen Arbeitgeber[47] mit Wohnsitz in einem Mitgliedstaat auch am **Ort der Niederlassung** erheben, soweit es um Streitigkeiten aus dem Betrieb der Niederlassung geht. Vorbehalten ist – seit der Revision von 2012 –[48] weiterhin die Zuständigkeit der passiven Streitgenossenschaft gem. Art. 8 Nr. 1 Brüssel Ia-VO. Nach dieser Bestimmung können mehrere Personen an dem Gericht des Ortes verklagt werden, an dem *eine von ihnen* ihren Wohnsitz hat. Voraussetzung ist, dass eine so enge Verbindung zwischen den Klagen gegeben ist, dass eine gemeinsame Verhandlung geboten ist, um widersprechende Entscheidungen zu vermeiden. Praktische Bedeutung kann das im Arbeitsrecht haben, wenn der Arbeitgeber einem Konzern angehört.

17 Die Gerichtsstände der Art. 21 und 7 Nr. 5 Brüssel Ia-VO setzen voraus, dass der Arbeitgeber einen Wohnsitz (Art. 62f. Brüssel Ia-VO) in einem Mitgliedstaat hat. Das ist indes nicht notwendig der Fall. Hat der Arbeitgeber seinen **Wohnsitz in einem Drittstaat**, wohl aber in einem Mitgliedstaat eine Niederlassung, so wird er für Streitigkeiten aus dem Betrieb dieser Niederlassung nach Art. 20 Abs. 2 Brüssel Ia-VO so behandelt, als hätte er seinen Wohnsitz im Hoheitsgebiet dieses Mitgliedstaats (**Wohnsitzfiktion**). Der Arbeitgeber kann dann nach der Grundregel des Art. 21 lit a)

---

43 *Behr*, GS Blomeyer (2004), S. 38.

44 EuGH v. 19.7.2012 – Rs. C-154/11 *Mahamdia*, EU:C:2012:491 Rdn. 48 (algerische Botschaft in Berlin); EuGH v. 18.3.1981 – Rs. 139/80 *Blanckaert & Willems*, EU:C:1981:70 Rdn. 11; EuGH v. 22.11.1978 – Rs. 33/78 *Somafer*, EU:C:1978:205 Rdn. 12. *Däubler*, NZA 2003, 1297, 1298; *Junker*, EuZA 2013, 83, 91ff.; *Thorn*, IPRax 1997, 98f.

45 *Däubler*, NZA 2003, 1297, 1300; Rauscher/*Mankowski*, Art. 21 Brüssel Ia-VO Rdn. 63ff.

46 Dazu *Lüttringhaus*, RabelsZ 77 (2013), 31, 53ff.

47 Zur Unanwendbarkeit bei Klagen gegen den Arbeitnehmer *Behr*, GS Blomeyer (2004), S. 39f.; *Junker*, NZA 2005, 199, 203.

48 Zur Brüssel I-VO noch abl. EuGH v. 22.5.2008 – Rs. C-462/06 *Laboratoires Glaxosmithkline*, EU:C:2008:299; dagegen bereits krit. *Krebber*, IPRax 2009, 409ff.; s.a. oben Rdn. 10.

Brüssel Ia-VO in diesem Mitgliedstaat verklagt werden.[49] Diese Vorschrift kann etwa für Klagen von Piloten oder Flugbegleitern gegen die ausländische Fluggesellschaft[50] Bedeutung haben. In entsprechender Weise kann ein Arbeitgeber, der seinen Wohnsitz in einem Drittstaat hat, nach Art. 21 Abs. 2, Abs. 1 lit. b) ii) Brüssel Ia-VO am Ort der Einstellungsniederlassung verklagt werden.

b) Gerichtsstand für Klagen gegen den Arbeitnehmer

Für Klagen gegen den Arbeitnehmer bestimmt Art. 22 Abs. 1 Brüssel Ia-VO den Gerichtsstand des **Wohnsitz**mitgliedstaats als grundsätzlich ausschließlich. Der Arbeitnehmer soll nicht gezwungen sein, sich an anderen Orten gegen Klagen zu verteidigen.[51] Insbesondere kann er auch nicht am gewöhnlichen Arbeitsort oder dem Ort der Einstellungsniederlassung verklagt werden. Die Erwägungen der Prozessökonomie, die für den Gerichtsstand des gewöhnlichen Arbeitsortes bei Aktivklagen des Arbeitnehmers mit ausschlaggebend waren, hat der Gesetzgeber hier zurückgestellt.[52] Von diesem Grundsatz gibt es nur drei **Ausnahmen**: Für die Widerklage des Arbeitgebers (sogleich Rdn. 19), Gerichtsstandsvereinbarung (Rdn. 21) oder rügelose Einlassung (Rdn. 22). 18

c) Widerklagen

Der Gesetzgeber hat bei der Anordnung der Spezialität der Zuständigkeitsregeln für individuelle Arbeitsverträge in Art. 20 Brüssel Ia-VO die Anwendbarkeit von Art. 8 Nr. 3 der Verordnung über Widerklagen nicht allgemein vorbehalten. Sie ist in Art. 22 Abs. 2 Brüssel Ia-VO lediglich im Zusammenhang mit Klagen des Arbeitgebers geregelt. Danach kann der **Arbeitgeber gegen den Arbeitnehmer**, von dem er an einem der Gerichtsstände der Art. 20f. verklagt wird, an diesem Gerichtsstand **Widerklage** erheben, Art. 22 Abs. 2 i.V.m. Art. 8 Nr. 3 Brüssel Ia-VO.[53] Voraussetzung ist, dass die Widerklage auf denselben Vertrag oder Sachverhalt gestützt wird wie die Klage. Für die Regelung spricht vor allem die prozessökonomische Erwägung, „sämtliche auf einer gemeinsamen Grundlage beruhenden wechselseitigen Ansprüche im 19

---

49 Näher *Behr*, GS Blomeyer (2004), S. 30f.; *Junker*, FS Schlosser (2005), S. 304f.; *Leipold*, GS Blomeyer (2004), S. 159.

50 Vgl. etwa BAGE 100, 130.

51 Krit. *Junker*, NZA 2005, 199, 202; *ders.*, FS Schlosser (2005), S. 316 (Erschwerung der Rechtsverfolgung durch nachträgliche Verlegung des Wohnsitzes).

52 Krit. *Behr*, GS Blomeyer (2004), S. 26f., 36f.; *Junker*, FS Schlosser (2005), S. 315–317.

53 Zum Gerichtsstand der Widerklage des Arbeitnehmers gegen den Arbeitgeber EuArbRK/*Krebber*, Art. 20 Brüssel Ia-VO Rdn. 7.

Laufe desselben Verfahrens und vor demselben Richter [zu] klären",[54] dem Arbeitnehmer ist aber die Klageverteidigung an diesem Ort, an dem er selbst schon Klage führt, auch zumutbar. Auf „demselben Sachverhalt" kann auch die Forderung eines anderen Konzernunternehmens beruhen, die sich der Arbeitgeber – auch nach Klageerhebung – hat abtreten lassen.[55]

20 Unklar ist, was für **Widerklagen des Arbeitnehmers** gilt. Nach seiner systematischen Stellung in Art. 22 Brüssel Ia-VO bezieht sich Absatz 2 nur auf (Wider-) Klagen des Arbeitgebers. Hätte der Gesetzgeber Art. 8 Nr. 3 der Verordnung allgemein vorbehalten wollen, also auch für Widerklagen des Arbeitnehmers, hätte er dies systematisch richtig in Art. 20 anordnen müssen. Allerdings ist der Wortlaut von Art. 22 Abs. 2 Brüssel Ia-VO („Die Vorschriften *dieses Abschnitts*"!) für ein weiteres Verständnis offen. Dafür sprechen in der Tat auch teleologische Erwägungen, denn warum sollte dem – *ex praemissione* schutzbedürftigen – Arbeitnehmer die *Möglichkeit* einer Widerklage, die dem Arbeitgeber gewährt ist, versperrt sein?! Ungeachtet der systematischen Gegenerwägungen lässt Art. 22 Abs. 2 Brüssel Ia-VO im Rahmen des möglichen Wortlauts und nach seinem Zweck daher auch Widerklagen des Arbeitnehmers nach Art. 8 Nr. 3 Brüssel Ia-VO zu.[56]

d) Gerichtsstandsvereinbarung und rügelose Einlassung

21 Bestimmt die EuGVVO zum Schutz des Arbeitnehmers besondere Gerichtsstände, so dürfen die Parteien davon nicht ohne weiteres wieder abweichen, da sonst das Schutzziel vereitelt werden könnte. Sind **Gerichtsstandsvereinbarungen** auch nach dem Prinzip der Vertragsfreiheit (grundsätzlich) zulässig, so werden sie doch durch Art. 23 Brüssel Ia-VO für Streitigkeiten aus individuellen Arbeitsverhältnissen weitgehend **beschränkt**.[57] Neben den – auch hier zu beachtenden – formellen Voraussetzungen des Art. 25 Brüssel Ia-VO ist weiter vorausgesetzt, dass die Gerichtsstandsvereinbarung entweder erst nach Entstehung der Streitigkeit getroffen wird oder sie nur dem Arbeitnehmer die Befugnis einräumt, andere als die im 5. Abschnitt vorgesehenen Gerichte anzurufen. Im ersten Fall kann er die Tragweite der Prorogation gut abschätzen, nicht selten ist der Arbeitnehmer in dieser Lage auch rechtlich beraten,[58] im zweiten bedarf er keines Schutzes, weil die Prorogation ihn einseitig

---

54 EuGH v. 21.6.2018 – Rs. C-1/17 *Petronas Lubricants Italy SpA*, EU:C:2018:478 Rdn. 29; EuGH v. 12.10.2016 – Rs. C-185/15 *Kostanjevec*, EU:C:2016:736 Rdn. 37.

55 EuGH v. 21.6.2018 – Rs. C-1/17 *Petronas Lubricants Italy SpA*, EU:C:2018:478 Rdn. 30 ff.

56 I. Erg. ebenso die h. M., s. nur EuArbRK/*Krebber*, Art. 20 Brüssel Ia-VO Rdn. 7 (Analogie).

57 Zur Vorgängerregelung im EuGVÜ *Franzen*, RIW 2000, 81–88. Zur Gerichtsstandsvereinbarung in Kollektivverträgen *Mankowski*, NZA 2009, 584 ff. (nach Art. 25 EuGVVO zu beurteilen).

58 *Franzen*, RIW 2000, 81 f.; *Junker*, NZA 2005, 199, 201; Rauscher/*Mankowski*, Art. 23 Brüssel Ia-VO Rdn. 7.

begünstigt.[59] Insbesondere ist die Regelung nach Wortlaut („Befugnis einräumen“) und Zweck dahin zu verstehen, dass der vereinbarte Gerichtsstand nicht etwa die gesetzlichen Gerichtsstände der Art. 20 f. Brüssel Ia-VO ausschließt (nur Prorogation, keine Derogation möglich).[60]

Vor einer unbedachten zuständigkeitsbegründenden **rügelosen Einlassung** 22
(Art. 26 Brüssel Ia-VO) wird der Arbeitnehmer jetzt[61] durch eine gerichtliche Belehrung besonders geschützt:[62] Das Gericht muss den Arbeitnehmer auf sein Recht hinweisen, die Unzuständigkeit zu rügen, und über die Folgen der Einlassung oder Nichteinlassung belehren, Art. 26 Abs. 2 Brüssel Ia-VO. Die Zuständigkeitsbegründung durch rügelose Einlassung ist im Hinblick auf die Möglichkeit der Prorogation nach Streitentstehung folgerichtig.[63] Zudem bedarf, wer sich in dem Bewusstsein einlässt, damit die Zuständigkeit zu begründen, keines Schutzes, weil er die Tragweite der Entscheidung absehen kann.

---

59 Vgl. zur parallelen Frage in Versicherungssachen bei Art. 12 Nr. 2 EuGVÜ: EuGH v. 12.5.2005 – Rs. C-112/03 *Société financière et industrielle du Peloux*, EU:C:2005:280.

60 EuGH v. 19.7.2012 – Rs. C-154/11 *Mahamdia*, EU:C:2012:491 Rdn. 60 ff.

61 Zum früheren Recht noch EuGH v. 20.5.2010 – Rs. C-111/09 *Česká podnikatelská pojišťovna as, Vienna Insurance Group*, EU:C:2010:290.

62 Eingehend *Simotta*, ZVglRWiss 115 (2016), 95 ff.

63 Vgl. auch *Simotta*, ZVglRWiss 115 (2016), 95, 100 f. (*prorogatio tacita*).

3. Teil **Persönlichkeitsschutz**

1. Kapitel
Diskriminierungsverbote

§ 9 Gleichbehandlungsgebote und Diskriminierungsverbote – Allgemeiner Teil: Rechtsgrundlagen und Schutzinstrumente

Literatur:

Allgemeines, Grundlagen: *Barbera*, Not the same? The Judicial Role in the New Community Anti-Discrimination Law Context, ILJ 31 (2002), 82–91; *Barnard*, The Principle of Equality in the Community Context: P, Grant, Kalanke and Marshall: Four Uneasy Bedfellows?, C.L.J. 57 (1998), 352–373; *dies./Hepple*, Substantive Equality, C.L.J. 59 (2000), 562–585; *Basedow*, Der Grundsatz der Nichtdiskriminierung im europäischen Privatrecht, ZEuP 2008, 230–251; *ders.*, Beyond European Labour Law? Reflections on the EU Racial Equality Directive, ELJ 8 (2002), 384–399; *ders./Waddington*, Reflecting on inequalities in European equality law, E.L. Rev. 28 (2003), 349–369; *Bezzenberger*, Ethnische Diskriminierung, Gleichheit und Sittenordnung im bürgerlichen Recht, AcP 196 (1996), 395–434; *Collins*, Discrimination, Equality, and Social Inclusion, MLR 66 (2003), 16–43; *Dworkin*, A Matter of Principle, 1986; *ders.*, Taking Rights Seriously, 1977; *Fastrich*, Gleichbehandlung und Gleichstellung, RdA 2000, 65–81; *Foran*, Discrimination as an Individual Wrong, OJLS 39 (2019), 901–929; *Fredman*, Discrimination Law, 2. Aufl. 2011; *dies.*, European Community Discrimination Law: A Critique, ILJ 21 (1992), 119–134; *dies.*, Equality: A New Generation?, ILJ 30 (2001), 145–168; *Gardner*, Liberals and Unlawful Discrimination, OJLS 9 (1989) 1–22; *ders.*, Discrimination as Injustice, OJLS 16 (1996) 367; *ders.*, On the Grounds of her Sex(uality), OJLS 18 (1998), 167–187; *Guild*, European developments. The EC directive on race discrimination: surprises, possibilities and limitations, ILJ 29 (2000), 416–423; *Hepple*, Equality and Discrimination, in: Davis u.a. (Hrsg.), European Community Labour Law: Principles and Perspectives, Liber amicorum Lord Wedderburn, 1996, S. 237–259; *ders.*, The Aims of Equality Law, C.L.P. 61 (2008), 1–22; *ders./Coussey/Tufyal*, Equality: A New Framework, 2000; *ders./Szyszczak* (Hrsg.), Discrimination: The Limits of Law, 1992; *Howard*, An Opportunity Missed? Comment on Römer, E.L. Rev. 36 (2011), 589–599; *dies.*, The European Year of Equal Opportunities for All – 2007: Is the EU Moving Away From a Formal Idea of Equality?, *ELJ* 14 (2008), 168–185; *Hueck*, Der Grundsatz der gleichmäßigen Behandlung im Privatrecht, 1958; *Huster*, Gleichheit im Mehrebenensystem: Die Gleichheitsrechte der Europäischen Union in systematischer und kompetenzrechtlicher Hinsicht, EuR 2010, 325–337; *Issacharoff/Nelson*, Discrimination with a Difference: Can Employment Discrimination Law Accommodate the Americans with Disabilities Act?, North Carolina L. Rev. 79 (2001), 307–358; *Jolls*, Antidsicrimination and Accomodation, Harv. L. Rev. 115 (2001), 642–699; *Kocher*, Vom Diskriminierungsverbot zum „Mainstreaming“, RdA 2002, 167–173; *Körner*, Diskriminierung von älteren Arbeitnehmern – Abhilfe durch das AGG?, NZA 2008, 497–504; *Kort*, Sind GmbH-Geschäftsführer und Vorstandsmitglieder diskriminierungsschutzrechtlich Arbeitnehmer?, NZG 2013, 601–607; *Krause*, Antidiskriminierungsrecht und Kundenpräferenzen, in: Hanau/Thau/Westermann (Hrsg.), Gegen den Strich – Festschrift für Klaus Adomeit, 2008, S. 377–393; *Krebber*, Das arbeitsrechtliche Diskriminierungsverbot als Regelungsvorbild?, in: Leible/Schlachter (Hrsg.), Diskriminierungsschutz durch Privatrecht, 2006, S. 93–121; *ders.*, The Social Rights Approach of the European Court of Justice to Enforce European Employment Law, Comp. Lab. L. & Pol'y J. 27 (2006), 377–403; *Lahuerta*, Race Equality and TCN's [Third Country Nationals; KR], or How to Fight Discrimination with a Discriminatory Law, ELJ 15 (2009), 738–756; *Leible/Schlachter* (Hrsg.), Diskriminierungsschutz durch Privatrecht, 2006; *Lorenz*, Schwieriger Weg zur Lohnangleichung von Männern und Frauen, in: Anzinger/Wank

https://doi.org/10.1515/9783110731941-009

(Hrsg.), Entwicklungen im Arbeitsrecht und Arbeitsschutzrecht – Festschrift für Otfried Wlotzke, 1996, S. 45–82; *MacKinnon*, Feminism Unmodified – Discourses on Life and Law, 1987; *Mahlmann*, Gerechtigkeitsfragen im Gemeinschaftsrecht, in: Rust/Däubler/Falke/Lange/Plett/Scheiwe/Sieveking (Hrsg.), Gleichbehandlungsrichtlinien der EU und ihre Umsetzung in Deutschland – Loccumer Protokolle 40/03, 2003, S. 47–72; *Neuner*, Diskriminierungsschutz durch Privatrecht, JZ 2003, 57–66; *ders.*, Privatrecht und Sozialstaat, 1999; *O'Brien*, Equality's False Summits: New Varieties of Disability Discrimination, "Excessive" Equal Treatment and Economically Constricted Horizons, E.L. Rev. 36 (2011), 26–50; *Picker*, Antidiskriminierungsprogramme im freiheitlichen Privatrecht, in: Lorenz (Hrsg.), Karlsruher Forum 2004: Haftung wegen Diskriminierung nach derzeitigem und zukünftigem Recht, 2004, S. 7–115; *Preis/Mallossek*, Überblick über das Recht der Gleichbehandlung von Frauen und Männern im Gemeinschaftsrecht, in: Oetker/Preis (Hrsg.), Europäisches Arbeits- und Sozialrecht, B 4000 (Stand Dez. 1995); *Riesenhuber* (Hrsg.), Das Allgemeine Gleichbehandlungsgesetz – Grundsatz- und Praxisfragen, 2007; *ders.*, Das Verbot der Diskriminierung aufgrund der Rasse oder der ethnischen Herkunft sowie aufgrund des Geschlechts beim Zugang zu und der Versorgung mit Gütern und Dienstleistungen, in: Leible/ Schlachter (Hrsg.), Diskriminierungsschutz durch Privatrecht, 2006, S. 123–140; *ders.*, Privatautonomie und Diskriminierungsverbote, in: ders./Nishitani (Hrsg.), Wandlungen oder Erosion der Privatautonomie? – Deutsch-japanische Perspektiven des Vertragsrechts, 2007, S. 19–61; *ders./Franck*, Verbot der Geschlechtsdiskriminierung im Europäischen Vertragsrecht, JZ 2004, 529–538; *Rödl*, Ausschluss des Gerichtsstands der Streitgenossenschaft im internationalen Arbeitsvertragsprozess – Urteil des EuGH v. 22.5.2008 – Rs. Glaxo-SmithKline, EuZA 2009, 385–394; *Rust/Däubler/Falke/Lange/Plett/Scheiwe/Sieveking* (Hrsg.), Gleichbehandlungsrichtlinien der EU und ihre Umsetzung in Deutschland – Loccumer Protokolle 40/03, 2003; *Sargeant* (Hrsg.), Discrimination Law, 2004; *Schiek*, A New Framework on Equal Treatment of Persons in EC Law? Directives on 2000/ 43/EC, 2000/78/EC and 2002/xx/EC Changing Directive 76/202/EEC in context, ELJ 8 (2002), 290–314; *dies.*, Differenzierte Gerechtigkeit – Diskriminierungsschutz und Vertragsrecht, 2000; *Schlachter*, Kopftuchverbot auf „Kundenwunsch"? – Die Religionsfreiheit als notwendiger Bestandteil der Rechtfertigungsprüfung im Diskriminierungsrecht, EuZA 2018, 173–186; *Schmidt am Busch*, Grundsatz der Gleichbehandlung von Männern und Frauen im Bereich der sozialen Sicherheit (Richtlinie 79/7/ EWG), in: Oetker/Preis (Hrsg.), Europäisches Arbeits- und Sozialrecht, B 4300 (Stand Juni 1996); *Scholten*, Diskriminierungsschutz im Privatrecht? – Beweis- und verfahrensrechtliche Probleme der Umsetzung der Richtlinie 2000/43/EG, 2004; *Schwab*, Employment Discrimination, in: Dau-Schmidt/Harris/Lobel (Hrsg.), Labor and Employment Law and Economics – Encyclopedia of Law and Economics, 2. Aufl. 2009, 296–319; *Somek*, A Constitution for Antidiscrimination: Exploring the Vanguard Moment of Community Law, ELJ 5 (1999), 243–271; *Szyszczak*, Antidiscrimination Law in the European Community, Fordham Int.L.J. 32 (2009), 624–659; *Thüsing*, Der Fortschritt des Diskriminierungsschutzes im Europäischen Arbeitsrecht – Anmerkungen zu den Richtlinien 2000/43/EG und 2000/78/EG, ZfA 2001, 397–418; *ders.*, Gerechtigkeit à la européenne: Diskriminierungsschutz in einer pluralistischen Gesellschaft, ZESAR 2014, 364–372; *Waddington*, Future prospects for EU equality law: lessons to be learnt from the proposed Equal Treatment Directive, E.L. Rev. 36 (2011), 163–184; *dies.*, Taking stock and looking forward: the Commission Green Paper on Equality and Non-Discrimination in an Enlarged European Union, ILJ 33 (2004), 367–273; *dies.*, Testing the Limits of the EC Treaty Article on Non-discrimination, ILJ 28 (1999), 133–151; *dies./Bell*, More Equal than Others: Distinguishing European Union Equality Directives, CMLR 38 (2001), 587–611; *Wendeling-Schröder*, Grund und Grenzen gemeinschaftsrechtlicher Diskriminierungsverbote im Zivil- und Arbeitsrecht, NZA 2004, 1320–1323; *Whittle*, Disability Discrimination and the Amsterdam Treaty, E.L. Rev. 23 (1998), 50–58; *Wiedemann*, Die Gleichbehandlungsgebote im Arbeitsrecht, 2001; *ders.*, Konturen der arbeitsrechtlichen Benachteiligungsverbote, RdA 2015, 298–301; *ders.*, Probleme der Gleichberechtigung im europäischen und deutschen Arbeitsrecht, in: Wendt/Höfling/Karpen (Hrsg.) – Staat Wirtschaft Steuern, Festschrift für Karl Heinrich Friauf zum 65. Geburtstag, 1996, S. 135–154; *Zöllner*,

Gleichberechtigung und Gleichstellung der Geschlechter, in: Schwarz/Spielbüchler/Martinek/Grillberger/Jabornegg (Hrsg.), Möglichkeiten und Grenzen der Rechtsordnung – Festschrift für Rudolf Strasser, 1983, S. 223–240.

Grundrechtsschutz und gegenläufige Grundrechte: *Bernstein*, You Can't Say That! – The Growing Threat to Civil Liberties from Antidiscrimination Laws, 2003; *Fredman*, Combating Racism with Human Rights: The Right to Equality, in: dies./Alston/Búrca (Hrsg.), Discrimination and Human Rights – The case of Racism, 2001; *Friedman*, Capitalism and Freedom, 1962/2002, Kap. VII; *ders./Friedman, Rose*, Free to Choose – A Personal Statement, 1980/1990; *Gardner.*, Private Activities and Personal Autonomy: At the Margins of Anti-discrimination Law, in: Hepple/Szyszczak (Hrsg.), Discrimination: The Limits of the Law?, 1992, S. 148–171; *Herrmann*, Die Abschlussfreiheit – ein gefährdetes Prinzip, ZfA 1996, 19–68; *Isensee* (Hrsg.), Vertragsfreiheit und Diskriminierung, 2007; *Issacharoff*, Contractual Liberties in Discriminatory Markets, Tex. L. Rev. 70 (1992), 1219–1259; *Lieske*, Diskriminierungsschutz und unternehmerische Freiheit, 2011; *Lobinger*, Vertragsfreiheit und Diskriminierungsverbote – Privatautonomie im modernen Zivil- und Arbeitsrecht, in: Isensee (Hrsg.), Vertragsfreiheit und Diskriminierung, 2007, S. 99–180; *Neuner*, Vertragsfreiheit und Gleichbehandlungsgrundsatz, in: Leible/Schlachter (Hrsg.), Diskriminierungsschutz durch Privatrecht, 2006, S. 73–91; *Payandeh*, Beschäftigungsbezogene diskriminierende Äußerungen zwischen Diskriminierungsverbot und Meinungsfreiheit, EuZA 2020, 464–475; *Singer*, Vertragsfreiheit und Antidiskriminierung – zur rechtspoltischen, verfassungs- und europarechtlichen Kritik am Allgemeinen Gleichbehandlungsgesetz, in: Hanau/Thau/Westermann (Hrsg.), Gegen den Strich – Festschrift für Klaus Adomeit, 2008, S. 703–717.

Primär- und sekundärrechtlicher Schutz („Mangold"): *Kainer*, Rückkehr der unmittelbar-horizontalen Grundrechtswirkung aus Luxemburg, NZA 2018, 894–900; *Peers*, Supremacy, Equality and Human Rights: Comment on Kücükdeveci, E.L. Rev. 35 (2010), 849–856; *Riesenhuber*, „Mangold" verabschiedet, in: Hanau/Thau/Westermann (Hrsg.), Gegen den Strich – Festschrift für Klaus Adomeit, 2008, S. 631–644.

Kompetenzgrundlagen (dazu auch § 5): *Bell*, Article 13 EC: The European Commission's Anti-Discrimination Proposals, ILJ 29 (2000), 79–84; *Waddington*, Art. 13 EC: Setting Priorities in the Proposal for a Horizontal Employment Directive, ILJ 29 (2000), 176–181.

Diskriminierung und Ökonomie/Effizienz: *Ayres/Brown*, Mark(et)ing Non-Discrimination: Privatizing ENDA with a Certification Mark, 104 (2005–2006) Mich. L. Rev., 1639–1712; *Becker*, The Economics of Discrimination, 2. Aufl. 1971; *ders.*, The Economic Approach to Human Behavior, 1976 (Teil 2); *Donohue*, Further Thoughts on Employment Discrimination: A Reply to Judge Posner, U. Pa. L. Rev. 136 (1987), 523–551; *ders.*, Is Title VII Efficient?, U. Pa. L. Rev. 134 (1986), 1141–1431; *ders.*, Prohibiting Sex Discrimination in the Workplace: An Economic Perspective, U. Chi. L. Rev. 56 (1989), 1337–1368; *Epstein*, Forbidden Grounds – The Case Against Employment Discrimination Law, 1995; *ders.*, Equal Opportunity or More Opportunity? – The Good Thing about Discrimination, 2002; *ders.*, Simple Rules for a Complex World, 1995, S. 170–193; *Kirchner*, Zivilrechtlicher Diskriminierungsschutz: ein ökonomischer Ansatz, in: Leible/Schlachter (Hrsg.), Diskriminierungsschutz durch Privatrecht, 2006, S. 37–52; *Landes*, The Economics of Fair Employment Laws, J. Pol. Econ. 76 (1968), 507–552; *McCrudden*, The Effectiveness of European Equality Law: National Mechanisms for Enforcing Gender Equality Law in the Light of European Requirements, OJLS 13 (1993), 320–367; *Posner*, An Economic Analysis of Sex Discrimination Laws, U. Chi. L. Rev. 56 (1989), 1311–1335; *ders.*, Economic Analysis of Law, 9. Aufl. 2014, § 12.10, § 28; *ders.*, The Efficiency and the Efficacy of Title VII, U. Pa. L. Rev. 136 (1987), 513–521; *Sunstein*, Why Markets Don't Stop Discrimination, in: ders., Free Markets and Social Justice, 1997, S. 151–166; *Thüsing*, Gedanken zur Effizienz arbeitsrechtlicher Diskriminierungsverbote, RdA 2003, 257–264; *Trebilcock*, The Limits of Freedom of Contract, 1994; *Vandenberghe*, The Economics of Non-Discrimination, in: Schulze (Hrsg.), Non-Discrimination in European Private Law, 2011, 9–26; *Watzenberg*, Der homo oeconomicus und seine Vorurteile, 2014.

Verbotene Merkmale/Intersektionalität: *Hartmann*, Diskriminierung durch Antidiskriminierungsrecht? Möglichkeiten und Grenzen eines postkategorialen Diskriminierungsschutzes in der Europäischen Union, EuZA 2019, 24–44; *Schlachter*, Benachteiligung wegen besonderer Verbindungen statt Zugehörigkeit zu einer benachteiligten Gruppe, RdA 2010, 104–109; *Solanke*, Putting Race and Gender Together: A New Approach to Intersectionality, MLR 72 (2009), 723–749; *Weinberg*, Ansätze zur Dogmatik der intersektionalen Benachteiligung, EuZA 2020, 60–77.

Formen der Diskriminierung (unmittelbar, mittelbar, Belästigung, Anstiftung): *Adomeit/Mohr*, Die mittelbare Diskriminierung als Instrument überindividueller Verhaltenssteuerung, RdA 2011, 102–108; *Doyle*, Direct Discrimination, Indirect Discrimination and Autonomy, OJLS 27 (2007), 537–553; *Driessen-Reilly/Driessen*, Don't Shoot the Messenger: A Look at Community Law Relating to Harassment in the Workplace, E.L. Rev. 28 (2003), 493–507; *Gamillscheg*, Die mittelbare Diskriminierung der Frau im Arbeitsleben, in: Martinek/Migsch/Ringhofer/Schwarz/Schwimann (Hrsg.), Arbeitsrecht und soziale Grundrechte, Festschrift für Hans Floretta zum 60. Geburtstag, 1983, S. 171–185; *Görlitz*, Struktur und Bedeutung der Rechtsfigur der mittelbaren Diskriminierung im System der Grundfreiheiten, 2005; *Hanau/Preis*, Zur mittelbaren Diskriminierung wegen des Geschlechts, ZfA 1988, 177–207; *Koch/Nguyen*, Das Verbot der mittelbaren Diskriminierung – Gleiches Recht für alle? – Das Verbot der mittelbaren Diskriminierung in der höchstrichterlichen Rechtsprechung, EuR 2010, 364–377; *Lobinger*, Fehlende Diskriminierungsopfer, klagende Verbände und fragwürdige Kundenerwartungen – Urteil des EuGH v. 10.7.2008 – Rs. Feryn, EuZA 2009, 365–384; *Pilgerstorfer/Forshaw*, Transferred Discrimination in European Law, ILJ 37 (2008), 384–393; *Rebhahn/Kietaibl*, Mittelbare Diskriminierung und Kausalität, Rechtswissenschaft 2010, 373–396; *Santagata*, Unmittelbare und mittelbare Diskriminierungen: Schwierigkeiten der Grenzziehung, ZESAR 2020, 253–260; *Schiek/Chege* (Hrsg.), European Union Non-Discrimination Law – Comparative Perspectives on Multidimensional Equality Law, 2009; *dies./Lawson* (Hrsg.), European Union Non-Discrimination Law and Intersectionality – Investigating the Triangle of Racial, Gender and Disability Discrimination, 2011; *Wißmann*, Mittelbare Geschlechtsdiskriminierung: iudex calculat, in: Anzinger/Wank (Hrsg.), Entwicklung im Arbeitsrecht und Arbeitsschutzrecht – Festschrift für Otfried Wlotzke, 1996, S. 807–834.

Missbrauch des Diskriminierungsschutzes: *Diller/Kern/Zeh*, AGG-Archiv: Die Schlussbilanz, NZA 2009, 1386–1391.

Mitgliedstaatliches Recht und Umsetzung; Rechtsvergleichung: *Adomeit*, Spanisches und deutsches Gleichbehandlungsrecht und gemeinsame Probleme der Umsetzung europäischer Direktiven, in: Konzen/Krebber/Raab/Veit/Waas (Hrsg.), Festschrift für Rolf Birk zum siebzigsten Geburtstag, 2007, S. 1–9; *Bauer/Krieger/Günther*, Allgemeines Gleichbehandlungsgesetz – Kommentar, 5. Aufl. 2018; *Blanpain*, Equality of Treatment in Employment, in: Hepple (Hrsg.), International Encyclopaedia of Comparative Law, Volume XV: Labour Law, 1990, Kapitel 10; *Blomeyer*, Der Einfluß der Rechtsprechung des EuGH auf das deutsche Arbeitsrecht, NZA 1994, 633–640; *Canaris*, Die Bedeutung der iustitia distributiva im deutschen Vertragsrecht, 1997; *Däubler/Bertzbach* (Hrsg.), Allgemeines Gleichbehandlungsgesetz – Handkommentar, 4. Aufl. 2018; *Le Friant*, Das Prinzip der Nichtdiskriminierung im französischen Recht: Zum Stand der Debatte, NZA 2004, 49–59; *ders.*, Rechtstechniken im Kampf gegen Diskriminierungen: Die Lage in Frankreich, AuR 2003, 51–56; *Pfarr/Bertelsmann*, Diskriminierung im Erwerbsleben – Ungleichbehandlung von Frauen und Männern in der Bundesrepublik Deutschland, 1989; *Rauch*, Die Entwicklung des englischen Antidiskriminierungsrechts im Jahr 2007, EuZA 2008, 501–514; *dies.*, Die Entwicklung des englischen Antidiskriminierungsrechts im Jahr 2008, EuZA 2009, 343–354; *Rebhahn* (Hrsg.), Kommentar des Gleichbehandlungsgesetzes, 2005; *Riesenhuber*, Diskriminierungsverbote im Arbeitsrecht der Vereinigten Staaten, RdA 1993, 36–44; *Schiek* (Hrsg.), Allgemeines Gleichbehandlungsgesetz, 2007; *dies.*, Gleichbehandlungsrichtlinien der EU – Umsetzung im deutschen Arbeitsrecht, NZA 2004, 873–884; *Schlachter*, Das Arbeitsrecht im Allgemeinen Gleichbehandlungsgesetz, ZESAR 2006, 391–399; *dies.*, Wege zur Gleichberechtigung – Vergleich des Arbeitsrechts der Bundesrepublik Deutschland und der Vereinigten Staaten, 1993; *Thüsing*, Das Arbeitsrecht der Zukunft? – Die deutsche Umsetzung der Anti-Diskriminierungsrichtlinien im internationalen Vergleich, NZA 2004 Sonderbeil. zu Heft 22, 3–16; *Wank*, Diskriminierung in Europa – Die Umsetzung der europäischen Antidiskriminierungsrichtlinien aus deutscher Sicht, NZA 2004 Sonderbeil. Heft 22, 16–26; *Waughray*, Cast Discrimination: A Twenty-First Century Challenge for UK Anti-Discrimination Law?, MLR 72 (2009), 723–749; *Wendeling-Schröder/Stein*, Allgemeines Gleichbehandlungsgesetz – Kommentar, 2008.

S. ferner die Literaturhinweise zu Einzelthemen unten, vor Rdn. 47, 56, 61, 66, 75, 82, 89 und 94 sowie zu einzelnen Regelungen in §§ 10–12.

Rechtsprechung (Auswahl):

EuGH v. 8.4.1976	Rs. 43/75 *Defrenne II*, EU:C:1976:56
EuGH v. 31.3.1981	Rs. 96/80 *Jenkins*, EU:C:1981:80
EuGH v. 13.5.1986	Rs. 170/84 *Bilka*, EU:C:1986:204
EuGH v. 13.7.1989	Rs. 171/88 *Rinner-Kühn*, EU:C:1989:328
EuGH v. 17.5.1990	Rs. C-262/88 *Barber*, EU:C:1990:209
EuGH v. 8.11.1990	Rs. 177/88 *Dekker*, EU:C:1990:383
EuGH v. 27.10.1993	Rs. C-172/92 *Enderby*, EU:C:1993:859
EuGH v. 9.9.2003	Rs. C-25/02 *Rinke*, EU:C:2003:435
EuGH v. 22.11.2005	Rs. C-144/04 *Mangold*, EU:C:2005:709
EuGH v. 10.7.2008	Rs. C-54/07 *Feryn*, EU:C:2008:397
EuGH v. 17.7.2008	Rs. C-303/06 *Coleman*, EU:C:2008:415
EuGH v. 5.3.2009	Rs. C-388/07 *Age Concern England*, EU:C:2009:128
EuGH v. 25.4.2013	Rs. C-81/12 – *Asociația Accept*, EU:C:2013:275
EuGH v. 16.7.2015	Rs. C-83/14 *CHEZ Razpredelenie*, EU:C:2015:480
EuGH v. 21.11.2018	Rs. C-245/17 *Ibáñez*, EU:C:2018:934
EuGH v. 4.12.2018	Rs. C-378/17 *The Minister for Justice and Equality und Commissioner of the Garda Síochána*, EU:C:2018:979
EuGH v. 23.4.2020	Rs. C-507/18 *NH*, EU:C:2020:289

Übersicht

I. Einführung

1 Diskriminierungsverbote gehören geradezu zu den **Grundlagen des Europäischen Rechts.**[1] Dass die Mitgliedstaaten wie auch die Union nicht wegen der Nationalität unterscheiden, ist ein Kernaspekt der Grundfreiheiten und in der Tat des Binnenmarktkonzepts (dazu bereits oben, § 3). Darüber hinaus hat die Union das Diskriminierungsverbot, wie es im Gründungsvertrag der EWG aus primär wettbewerblichen Erwägungen für den Bereich des Arbeitsrechts punktuell normiert war, seit den 1970er Jahren weitreichend entfaltet. Ausgangspunkt war das Verbot der Geschlechtsdiskri-

1 S. zu Art. 141 EG (Art. 157 AEUV) EuGH v. 8.4.1976 – Rs. 43/75 *Defrenne II*, EU:C:1976:56 Rdn. 12.

minierung im Arbeitsrecht. Seit 2000 sind auch Diskriminierungen aus anderen Gründen und in anderen Lebensbereichen verboten. Und nicht zuletzt enthält die 2009 in Kraft getretene Grundrechtscharta neben dem spezifischen Grundsatz der Gleichheit von Männern und Frauen (Art. 23) ein prinzipiell offenes Diskriminierungsverbot (Art. 21).

Mehr als in allen anderen Bereichen des Europäischen Arbeitsrechts (ja, des Europäischen Privatrechts) liegt im Bereich der Diskriminierungsverbote auf der Grundlage einer elaborierten Regelung eine umfangreiche Judikatur des Gerichtshofs vor. Mehr als in anderen Bereichen erscheint geboten, **Grundstrukturen** hervorzuheben. Daher unternehmen wir in diesem Kapitel zunächst eine Übersicht über den Gesamtbestand, und zwar in drei Schritten. Nach einer kurzen Erörterung der Grundlagen des Antidiskriminierungsrechts im Primärrecht der Union (unten, II.[2]) werden zunächst die verschiedenen Diskriminierungsverbote in ihrer legislatorischen Entwicklung vorgestellt (nachfolgend III.). Anschließend erörtern wir die Schutzinstrumente des Europäischen Antidiskriminierungsrechts, wie sie der Gesetzgeber jetzt weitgehend einheitlich für alle Diskriminierungsverbote verwendet (unten, IV.). In den nachfolgenden Kapiteln (§§ 10–12) gehen wir dann spezifischen Fragen der einzelnen Diskriminierungsverbote nach; sie betreffen vor allem die Bestimmung der verbotenen Unterscheidungsmerkmale, das Gebot „angemessener Vorkehrungen“ zur Integration der geschützten Gruppe und die eröffneten Rechtfertigungsgründe. 2

Zahlreiche **theoretische Grundlagen** der Diskriminierungsverbote bleiben umstritten.[3] Sind sie gesellschaftlich und ordnungspolitisch gut begründet?[4] Wie sind Antidiskriminierungsrecht und unternehmerische Freiheit auszugleichen?[5] Inwieweit (und unter welchen Bedingungen)[6] wirkt schon der Markt Diskriminierung entgegen? Sind Antidiskriminierungsgesetze gerechtfertigt, wirken sie ef- 3

2 S. z. B. *Solanke*, MLR 72 (2009), 723–749 (für (a) die Erstellung einer offenen, nicht abschließenden Liste verbotener Diskriminierungsgründe auf Grundlage des Konzepts der „Stigmatisierung“ und (b) eine „sozialen Rahmenanalyse“).

3 Rechtsvergleichende Erörterungen bei *Schlachter*, Wege zur Gleichberechtigung (1993); *Schmidt-Kessel*, in: Leible/Schlachter (Hrsg.), Diskriminierungsschutz durch Privatrecht, S. 53–71; *Riesenhuber*, RdA 1993, 36–44; *Wiedemann*, RdA 2015, 298 ff.

4 S. nur einerseits *Epstein*, Forbidden Grounds (1995); auch *Lorenz*, FS Wlotzke (1996), S. 45–82; andererseits – mit unterschiedlichen Positionen – *Bezzenberger*, AcP 196 (1996), 395–434; *Kirchner*, in: Leible/Schlachter (Hrsg.), Diskriminierungsschutz durch Privatrecht, S. 37–52; *Krebber*, in: Leible/Schlachter (Hrsg.), Diskriminierungsschutz durch Privatrecht, S. 93–121; Schlachter/Henig/*Mangold*, § 4 Rdn. 120 ff. (Ausprägung der Unionsbürgerschaft); *Neuner*, JZ 2003, 57–66; *ders.*, in: Leible/Schlachter (Hrsg.), Diskriminierungsschutz durch Privatrecht, S. 73–91; *Schiek*, Differenzierte Gerechtigkeit (2000); *Sunstein*, Free Markets and Social Justice, S. 151–166; *Thüsing*, RdA 2003, 257–264; *Wiedemann*, Die Gleichbehandlungsgebote im Arbeitsrecht (2001).

5 *Lieske*, Diskriminierungsschutz und unternehmerische Freiheit (2011).

6 *Becker*, The Economics of Discrimination (1957); *Sunstein*, Free Market and Social Justice (1997), S. 151–166.

fektiv und effizient, geben sie die richtigen Anreize und haben sie unerwünschte Nebeneffekte?[7] Sollte man Chancengleichheit, Gleichbehandlung oder Gleichstellung anstreben?[8] Können Diskriminierungsverbote in einer liberalen Gesellschaft gerechtfertigt sein[9] und sind sie mit den Grundprinzipien unserer Rechtsordnung, namentlich dem fundamentalen Prinzip der Privatautonomie vereinbar?[10] Wie lassen sich die Umverteilungslasten, insbesondere bei „Ausgleichs"-Normen wie „angemessene Vorkehrungen", rechtfertigen?[11] Liegt ihnen ein Modell individueller oder kollektiver Gerechtigkeit zugrunde,[12] eine wirtschafts- oder sozialpolitische Zielsetzung?[13] Geht es um prozedurale oder materielle Gerechtigkeit?[14] Sind Unterschiede zwischen den verschiedenen Diskriminierungsverboten – wie sie etwa im Hinblick auf das Gebot „angemessener Vorkehrungen", Rechtfertigungsmöglichkeiten, in Einzelheiten auch bei den Definitionsnormen und den Sanktionsvorschriften bestehen – sachlich ge-

---

7 Für einen wirtschaftlichen Überblick, s. Dau-Schmidt/Harris/Lobel-*Schwab*, Labor and Employment Law and Economics, S. 296–319; Schulze-*Vandenberghe*, Non-Discrimination in European Private Law, S. 9–26. Weiter z. B. *Landes*, J.Pol. Econ. 76 (1968), 507–552; *Donohue*, U. Pa. L. Rev. 134 (1986), 1141–1431; *ders.*, U. Pa. L. Rev. 136 (1987), 523–551; *ders.*, U. Chi. L. Rev. 56 (1989), 1337–1368; *Posner*, U. Pa. L. Rev. 136 (1987), 513–521; *ders.*, U. Chi. L. Rev. 56 (1989), 1311–1335 (mit der Schlussbemerkung S. 1334: „What has been the net effect of the cascade of laws and lawsuits aimed eliminating sex discrimination in employment? This is maddeningly difficult to say, but it is possible that women as a whole have not benefited and have in fact suffered.").

8 *Barnard*, C.L.J. 57 (1998), 352–373; *Collins*, MLR 66 (2003), 16–43; *Fastrich*, RdA 2000, 65–81; *Fredman*, in ders./Alston/Búrca (Hrsg.), Discrimination and Human Rights (2001), S. 14–22; *Howard*, ELJ 14 (2008), 168–185 (Wahrnehmung eines Wechsels von formaler zu matierellen Gleichheit im Unions-Recht und der EU-Politik); *Jolls*, Harv. L. Rev. 115 (2001), 642–699 (u. a. Erörterung von Anpassungselementen in Standard-Antidiskriminierungsnormen); *Zöllner*, FS Strasser (1983), S. 223–240. *Fredman*, ILJ 21 (1992), 119–134 (zur „männlichen Norm", Gleichheit und Differenz, Gleichheit und Marktordnung und Individualismus). Für eine feministische Perspektive, s. *MacKinnon*, Feminism Unmodified (1987).

9 *Doyle*, OJLS 27 (2007), 537–553; *Gardner*, OJLS 9 (1989), 1–22; *ders.*, OJLS 16 (1996), 367; *ders.*, OJLS 18 (1998), 167–187.

10 *Basedow*, ZEuP 2008, 230–251; *Canaris*, Die Bedeutung der iustitia distributiva im deutschen Vertragsrecht (1997); Däubler/Bertzbach/*Däubler*, Einl. AGG Rdn. 77; *Herrmann*, ZfA 1996, 19–68; *Lobinger*, in: Isensee, (Hrsg.), Vertragsfreiheit und Diskriminierung, S. 99–180; *Mahlmann*, in: Rust/Däubler/Falke/Lange/Plett/Schweiwe/Sieveking (Hrsg.), Gleichbehandlungsrichtlinien der EU und ihre Umsetzung in Deutschland, S. 47–72; *Picker*, in: Lorenz (Hrsg.), Karlsruher Forum 2004, S. 7–115; Rebhahn/*Rebhahn*, Einl. GlBG Rdn. 25–42; *Riesenhuber*, in: ders./Nishitani (Hrsg.), Wandlungen oder Erosion der Privatautonomie?, S. 19–61; *Zöllner*, FS Strasser (1983), S. 223f. Zum Gleichbehandlungsgrundsatz als Prinzip des Privatrechts – in Abgrenzung von Regelungen zur Gleichberechtigung von Mann und Frau sowie Diskriminierungsverboten (S. 20f.) – grundlegend G. *Hueck*, Der Grundsatz der gleichmäßigen Behandlung im Privatrecht (1958).

11 *Canaris*, Die Bedeutung der iustitia distributiva im deutschen Vertragsrecht; *Issacharoff/Nelson*, North Carolina L. Rev. 79 (2001), 307–358.

12 *Bell/Waddington*, E.L. Rev. 28 (2003), 349, 350–358; *McCrudden*, OJLS 13 (1993), 320, 326–328; Rebhahn/*Rebhahn*, Einl. GlBG Rdn. 31–33.

13 Däubler/Bertzbach/*Däubler*, Einl. AGG Rdn. 217–250 (zum „Gleichheitskonzept der EU-Antidiskriminierungsrichtlinien").

14 *Barnard/Hepple*, C.L.J. 59 (2000), 562–585; *Barbera*, ILJ 31 (2002), 82–91; *Fredman*, ILJ 30 (2001), 145, 154–157.

rechtfertigt oder primär dem politischen Kompromiss geschuldet?[15] Gibt es eine sachliche Hierarchie der Diskriminierungsverbote oder sollte es sie geben (sticht also z. B. Behinderung Geschlecht)?[16] Auf die Diskussion kann an dieser Stelle nur hingewiesen werden; nur einzelne Fragen können wir in ihrem systematischen Kontext im Folgenden erneut ansprechen.

II. Primärrechtliche Grundlagen[17]

Das Primärrecht legt in mehrfacher Hinsicht den Grund für das Antidiskriminierungs- 4
recht. In der Folge der historischen Entwicklung sind hier die primärrechtlichen Diskriminierungsverbote zu nennen (1.), die Kompetenzen im Antidiskriminierungsrecht (2.), der allgemeine Rechtsgrundsatz gegen Diskriminierung (3.) und die Grundrechte der Grundrechtscharta (4.).

1. Primärrechtliche Diskriminierungsverbote im AEUV

Das Primärrecht normiert teilweise schon selbst Diskriminierungsverbote. Hervor- 5
zuheben ist zuerst das **Verbot der Lohndiskriminierung wegen des Geschlechts** des Art. 157 AEUV, das in seiner Grundform bereits im römischen EWG-Vertrag von 1957 als Art. 119 enthalten war und mithin sogar dem US-amerikanischen Civil Rights Act von 1964 vorging.[18] In die Verfassung der Wirtschaftsgemeinschaft war die Vorschrift aufgenommen worden, weil das französische Recht Entsprechendes schon bestimmte (und effektiv durchsetzte) und Frankreich ohne die Erstreckung auf alle

---

15 Zu verschiedenen Erklärungsansätzen etwa *Bell/Waddington*, E.L. Rev. 28 (2003), 349, 358–368; *dies.*, CMLR 38 (2001), 587–611; *Wiedemann*, RdA 2015, 298 ff.

16 Dazu etwa (eine besondere Stärke des Schutzes vor Geschlechts- und vor Rassendiskriminierung konstatierend) *Waddington/Bell*, CMLR 38 (2001), 587–611; *dies.*, E.L. Rev. 28 (2003), 349–369; *Fredman*, ILJ 30 (2001), 145–168; *Schiek*, ELJ 8 (2002), 290, 299–302, 308 f.; *Waddington*, ILJ 29 (2000), 176–181. Mit Blick auf Drittstaatangehörige *Labuerta*, ELJ 15 (2009), 738–756 (Befürwortung eines Schutzes von Drittstaatangehörigen unter Art. 18 AEUV und durch weite Auslegung der GbEthnieRL).

17 S. *Huster*, EuR 2010, 325–337 (Erörterung des Gleichheitsprinzips in einem Mehrebenensystem, insbesondere im Hinblick auf die Zuständigkeiten, die Stellung der Prinzips in der Rechtsordnung und seine Beziehung zu individuellen Diskriminierungsverboten). Dazu auch Schiek/*Schiek*, Allgemeines Gleichbehandlungsgesetz, Einl. AGG Rdn. 24–27; *Szyszczak*, Fordham Int.L.J. 32 (2009), 624–659.

18 Die Entwicklung der EU in Legislative und Judikative hing dennoch weiter der US-amerikanischen Entwicklung hinterher, welche durch spezifische Probleme der Rassenbeziehungen und der Bürgerrechtsbewegung angetrieben wurde; Überblick der US-amerikanischen Entwicklung bei *Friedman*, American Law in the 20th Century (2002). Vergleichende Übersicht zu Entwicklungen in verschiedenen Ländern bei *Blanpain*, in: Hepple (Hrsg.), International Encyclopaedia of Comparative Law, Volume XV: Labour Law.

Mitgliedstaaten einen Standortnachteil im Wettbewerb besorgte:[19] Das Diskriminierungsverbot bedeutet wirtschaftliche Lasten für die Unternehmen. Der Gerichtshof hat Art. 157 AEUV indes schon frühzeitig auch einen sozialen Schutzzweck beigelegt[20] und das Diskriminierungsverbot „deswegen", wegen der gleichzeitig wirtschaftspolitischen und sozialen Zwecksetzung, zu den **„Grundlagen der Gemeinschaft"** gerechnet (s. a. § 10 Rdn. 2).[21] Darauf aufbauend hat er das Verbot der Geschlechtsdiskriminierung ausdrücklich als **Gemeinschaftsgrundrecht** anerkannt, das auch die Gemeinschaft selbst bindet.[22] Heute steht die soziale und grundrechtliche Zwecksetzung im Vordergrund.[23]

6 Zweitens enthalten die **Grundfreiheiten** – Warenverkehr, Dienstleistung, Arbeitnehmerfreizügigkeit, Niederlassung, Kapital – auch Diskriminierungsverbote (eingehend § 3).[24] Generalanwalt *Jacobs* hat das Diskriminierungsverbot aus Gründen der Staatsangehörigkeit sogar als den „bei weitem (...) wichtigste(n) Grundsatz des Gemeinschaftsrechts" bezeichnet, „(e)s ist das Leitmotiv des EWG-Vertrags."[25] So umfasst die Arbeitnehmerfreizügigkeit nach Art. 45 Abs. 2 AEUV „die Abschaffung jeder auf der Staatsangehörigkeit beruhenden unterschiedlichen Behandlung der Arbeitnehmer der Mitgliedstaaten in Bezug auf Beschäftigung, Entlohnung und sonstige Arbeitsbedingungen" (näher oben, § 3 Rdn. 34). Ebenso enthalten auch die übrigen Grundfreiheiten Diskriminierungsverbote. Sie richten sich zuerst an die Mitgliedstaaten, doch hat der Gerichtshof diesen Diskriminierungsverboten weitgehend eine unmittelbare Drittwirkung beigelegt, der Arbeitnehmerfreizügigkeit im Fall *Angonese*[26] (näher § 3 Rdn. 57–59).

7 Schließlich enthält Art. 18 AEUV ein allgemeines **Verbot der Diskriminierung aus Gründen der Staatsangehörigkeit**. Freilich kommt dem allgemeinen Gebot neben den speziellen Gewährleistungen durch die Grundfreiheiten nur eine untergeordnete Rolle zu; es ist subsidiär gegenüber den „besonderen Bestimmungen" des

---

19 Zu dieser Zwecksetzung EuGH v. 8.4.1976 – Rs. 43/75 *Defrenne II*, EU:C:1976:56 Rdn. 8, 11, schon hier freilich auch mit Hinweis auf die soziale Zwecksetzung; EuGH v. 10.2.2000 – verb. Rs. C-270/97 und C-271/97 *Sievers und Schrage*, EU:C:2000:76 Rdn. 53–57. Zum Hintergrund *Deakin/Morris*, Labour Law, Rdn. 6.5; *Preis/Mallossek*, EAS B 4000 Rdn. 5; *Rieble*, Arbeitsmarkt und Wettbewerb, S. 89f.

20 Däubler/Bertzbach-*Däubler*, Einl. AGG Rdn. 223f. („Vom ökonomischen Kalkül zum Gleichheitsprinzip").

21 EuGH v. 8.4.1976 – Rs. 43/75 *Defrenne II*, EU:C:1976:56 Rdn. 12; EuGH v. 3.10.2006 – Rs. C-17/05 *Cadman*, EU:C:2006:633 Rdn. 28; EuGH v. 10.2.2000 – verb. Rs. C-270/97 und C-271/97 *Sievers und Schrage*, EU:C:2000:76 Rdn. 53–57; EuGH v. 13.1.2004 – Rs. C-256/01 *Allonby*, EU:C:2004:18 Rdn. 65.

22 EuGH v. 9.9.2003 – Rs. C-25/02 *Rinke*, EU:C:2003:435 Rdn. 25–27.

23 EuGH v. 10.2.2000 – verb. Rs. C-270/97 und C-271/97 *Sievers und Schrage*, EU:C:2000:76 Rdn. 57.

24 *Ehlers*, in: Ehlers (Hrsg.), Europäische Grundrechte und Grundfreiheiten, § 7 Rdn. 24–29.

25 GA *Jacobs*, Schlussanträge v. 30.6.1993 – verb. Rs. C-92/92 und C-326/92 *Phil Collins*, EU:C:1993:276 Rdn. 9.

26 EuGH v. 6.6.2000 – Rs. C-281/98 *Angonese*, EU:C:2000:296.

AEU-Vertrags.[27] In der Rechtsprechung spielt es daher keine hervorgehobene Rolle. Ob auch Art. 18 AEUV zwischen Privaten unmittelbar anwendbar ist, ist zudem umstritten (näher § 3 Rdn. 119).

Diese primärrechtlichen Diskriminierungsverbote – im Ausgangspunkt auch das Verbot der Lohndiskriminierung in Art. 157 AEUV – verfolgen nicht in erster Linie gesellschaftspolitische Ziele, sondern dienen der Herstellung und dem Funktionieren des Binnenmarktes. Man kann sie daher auch als **binnenmarktbezogene Diskriminierungsverbote** bezeichnen.[28] 8

2. Kompetenzgrundlagen

Eine **spezifische Kompetenzgrundlage** enthält der durch den Amsterdamer Vertrag von 1997 eingefügte **Art. 19 Abs. 1 AEUV**, wonach der Rat – auf Vorschlag der Kommission und nach (bloßer) Anhörung des Parlaments – einstimmig geeignete Vorkehrungen treffen kann, um Diskriminierungen aus Gründen des Geschlechts, der Rasse, der ethnischen Herkunft, der Religion oder der Weltanschauung, einer Behinderung, des Alters oder der sexuellen Ausrichtung zu bekämpfen (s. bereits oben, § 5 Rdn. 49 f.). Die Vorschrift ist zugleich ein weiterer Ausdruck für das allgemeine Prinzip der Gleichbehandlung, statuiert aber nicht schon selbst ein Diskriminierungsverbot.[29] Für Regelungen gegen Nationalitätendiskriminierung kann sich der Rat zudem – im Mitentscheidungsverfahren des Art. 294 AEUV – auf **Art. 18 Abs. 2 AEUV** stützen. Im Bereich der Geschlechtsdiskriminierung enthält **Art. 157 Abs. 3 AEUV** seit der Amsterdamer Reform eine spezifische Kompetenzgrundlage, die der Gesetzgeber etwa für die so genannte Kodifikation der Regelungen über die Geschlechtsdiskriminierung (dazu § 3 Rdn. 48 und unten, Rdn. 21) genutzt hat. 9

Weite Teile des Europäischen Antidiskriminierungsrechts – gerade im Bereich des Arbeitsrechts – sind älter und wurden auf allgemeine Kompetenznormen gestützt. So erging die Gleichbehandlungsrichtlinie Lohn auf der Grundlage der Rechtsangleichungskompetenz für den Gemeinsamen Markt des Art. 100 EGV (Art. 115 AEUV). Im Vordergrund steht dann, wie ursprünglich auch bei Art. 157 AEUV (oben, Rdn. 5), die Vermeidung durch Wettbewerbsverzerrungen. Die Gleichbehandlungsrichtlinie Arbeitsbedingungen wurde auf der Grundlage der so genannten Abrundungskompetenz des Art. 352 AEUV erlassen. Die Beweislastrichtlinie fand ihre Grundlage im Abkommen über die Sozialpolitik von 1992 (dazu § 5 Rdn. 5; die Erstreckung auf Großbritannien erfolgte dann auf der Grundlage von Art. 100 EWG). 10

---

27 Vgl. EuGH v. 12.5.1998 – Rs. C-336/96 *Gilly*, EU:C:1998:221 Rdn. 37; Schwarze/*Holoubek*, Art. 18 AEUV Rdn. 48.

28 *Basedow*, ZEuP 2008, 230, 234–236.

29 Dazu eingehend und treffend GA *Geelhoed*, Schlussanträge v. 16.3.2006 – Rs. C-13/05 *Chacón Navas*, EU:C:2006:184 Rdn. 46–56. Ferner *Waddington*, ILJ 28 (1999), 133, 147–150.

3. Der Gleichbehandlungsgrundsatz als allgemeiner Grundsatz des Unionsrechts

11 Die Gesamtheit der primärrechtlichen Einzelregelungen begründet ein verhältnismäßig dichtes, wenn auch nicht systematisch geordnetes oder „lückenloses" Netz von Diskriminierungsverboten. Der EuGH spricht deswegen öfter vom Gleichbehandlungsgrundsatz als allgemeinem Grundsatz des Primärrechts.[30] Praktische Folgen hat er daran freilich bislang – von einer wichtigen Ausnahme abgesehen – nicht geknüpft.[31] Der Topos vom allgemeinen Grundsatz wird eher als eine Art Argumentationshilfe herangezogen. Daher wird der allgemeine Grundsatz der Gleichbehandlung auch als **hermeneutisches Prinzip** bezeichnet, das zur teleologisch-systematischen Auslegung des positiven Sekundärrechts herangezogen werden kann, sich aber von einem Prinzip mit eigenem Regelungsgehalt bzw. einem Optimierungsgebot unterscheidet.[32]

12 Selbständige Bedeutung hat der allgemeine Rechtsgrundsatz jedoch in der ***Mangold*-Entscheidung**[33] (s.u. § 12 Rdn. 67) und den daran anschließenden Urteilen entfaltet. In *Mangold* machte der Kläger eine Altersdiskriminierung durch den Arbeitgeber geltend. Zur maßgeblichen Zeit war jedoch die Umsetzungsfrist der Gleichbehandlungs-Rahmenrichtlinie (s. u. Rdn. 26) noch nicht abgelaufen. Da es zudem um eine horizontale Beziehung zwischen Privatpersonen ging, wäre die Richtlinie aber ohnehin nicht unmittelbar anwendbar gewesen (s. o. § 1 Rdn. 83). Der Gerichtshof entschied jedoch, das Verbot der Altersdiskriminierung folge nicht erst aus der Richtlinie, es sei bereits als (primärrechtlicher) allgemeiner Rechtsgrundsatz begründet, den die Richtlinie nur ausgestalte. Als Teil des Primärrechts war der allgemeine Grundsatz unmittelbar anwendbar, und zwar mit Anwendungsvorrang vor entgegenstehenden nationalen Vorschriften, die folglich nicht angewandt werden dürfen. Voraussetzung war allein, dass der Sachverhalt überhaupt in den Anwendungsbereich des Unionsrechts fiel. Dies war bei *Mangold* der Fall, da es dort nicht nur um die Gleichbehandlungs-Rahmenrichtlinie ging, sondern auch um die Befristungsrichtlinie (deren Umsetzungsfrist bereits abgelaufen war). Diese *Mangold*-Rechtsprechung hat der Gerichtshof – ungeachtet vielfältiger Kritik – seither wiederholt bestätigt.[34]

---

30 S. nur EuGH v. 11.7.2006 – Rs. C-13/05 *Chacón Navas*, EU:C:2006:456 Rdn. 55f.; EuGH v. 22.11.2005 – Rs. C-144/04 *Mangold*, EU:C:2005:709 Rdn. 74.

31 S. etwa EuGH v. 15.6.1978 – Rs. 149/77 *Defrenne III*, EU:C:1978:130 Rdn. 25–33.

32 *Basedow*, ZEuP 2008, 230, 234–245. In dieselbe Richtung auch GA *Geelhoed*, Schlussanträge v. 16.3.2006 – Rs. C-13/05 *Chacón Navas*, EU:C:2006:184 Rdn. 46–56; GA *Mazák*, Schlussanträge v. 15.2.2007 – Rs. C-411/05 *Palacios de la Villa*, EU:C:2007:106 Rdn. 79–100, 105–139. Anders *Krebber*, Comp. Lab. L. & Pol'y J., 27 (2006), 377–403, der die Entscheidung in einen „*social rights approach*" des Gerichtshofs einordnet; dagegen *Riesenhuber*, FS Adomeit (2008), S. 641f.

33 EuGH v. 22.11.2005 – Rs. C-144/04 *Mangold*, EU:C:2005:709.

34 EuGH v. 19.1.2010 – Rs. C-555/07 *Kücükdeveci*, EU:C:2010:21. Anm. v. *Thüsing/Horler*, CMLR 47 (2010), 1161–1172 (krit. in Bezug auf die Erweiterung des Anwendungsbereichs des allgemeinen Grundsatzes und der daraus folgenden horizontalen Wirkung); *Fischinger*, ZEuP 2011, 203–216.

Die Begründung des *Mangold*-Urteils lässt nicht erkennen, dass zwischen Altersdiskriminierung und **Diskriminierung aus anderen Gründen** zu unterscheiden wäre. Da der Gerichtshof das Verbot der Altersdiskriminierung aus den Verfassungstraditionen der Mitgliedstaaten ableitet, ist zudem fraglich, ob Diskriminierungsverbote als allgemeiner Rechtsgrundsatz auf Gründe von Art. 19 Abs. 1 AEUV beschränkt ist (wie ist es mit der Nationalität oder der sozialen Herkunft?). Weiterhin lässt sich die *Mangold*-Argumentation auf andere allgemeine Grundsätze oder Grundrechte übertragen.[35] Geht es in *Mangold* vordergründig um die unmittelbare Anwendbarkeit eines allgemeinen Grundsatzes (gegen Altersdiskriminierung), so führt die Entscheidung doch zugleich auch zu einer – teilweisen – horizontalen Wirkung von (grundrechtskonkretisierenden) Richtlinien (dazu bereits § 1 Rdn. 84). Jedenfalls in der Gleichbehandlungs-Rahmenrichtlinie sind allgemeine Grundsätze des Primärrechts – auf eine vertrackte Weise –[36] mit dem Sekundärrecht verbunden.[37] Während der allgemeine Grundsatz das Diskriminierungsverbot begründet, gestaltet die Richtlinie dieses aus, namentlich im Hinblick auf Definitionen, Rechtfertigungsgründe und Verstoßfolgen und Durchsetzbarkeit. Dabei bleibt unklar, ob und inwieweit der allgemeine Grundsatz der Antidiskriminierung diese Einzelheiten schon vorgibt oder welche Regelungsspielräume dem Gesetzgeber bleiben. Könnte die Richtlinie zum Beispiel auch nur die unmittelbare Diskriminierung verbieten, nicht auch die mittelbare? Welcher sozialpolitische Gestaltungsspielraum bleibt dem Gesetzgeber – etwa im Hinblick auf den Interessenausgleich von Jüngeren und Älteren? 13

4. Das Diskriminierungsverbot des Art. 21 GRCh

Endlich enthält die 2009 in Kraft getretene Grundrechtscharta nicht nur das Gebot der Gleichheit vor dem Gesetz (Art. 20 GRCh), sondern ein weitreichendes Diskriminierungsverbot (Art. 21 GRCh) sowie eine spezielle Gewährleistung der Gleichheit von Frauen und Männern (Art. 23 GRCh) (s. bereits § 2 Rdn. 43ff.). Das zunächst in *Mangold* als allgemeinen Rechtsgrundsatz begründete primärrechtliche Diskriminierungsverbot stützt der Gerichtshof mittlerweile (zugleich) auf Art. 20, 21 GRCh.[38] Das so begründete individuelle Recht ist unmittelbar anwendbar und zwar auch zwischen 14

---

35 So auch *Peers*, E.L. Rev. 35 (2010), 849, 855f.; *Howard*, E.L. Rev. 36 (2011), 589, 593f.; *Seifert*, ZESAR 2010, 802,808. Krit. *Willemsen/Sagan*, NZA 2011, 258, 261.

36 S.a. *Fischinger*, ZEuP 2011, 203, 206f.

37 Ob Art. 21 GRCh außerhalb des Anwendungsbereichs der GbRRL Anwendung finden könnte, lässt offen EuGH v. 7.2.2019 – Rs. C-49/18 *Escribano Vindel*, EU:C:2019:106 Rdn. 58.

38 EuGH v. 9.3.2017 Rs. C-406/15 *Milkova*, EU:C:2017:198 Rdn. 55ff.; EuGH v. 17.4.2018 – Rs. C-414/16 *Egenberger*, EU:C:2018:257 Rdn. 76.

Privaten.[39] Es entfaltet in entsprechender Weise wie der allgemeine Rechtsgrundsatz Anwendungsvorrang vor entgegenstehendem nationalen Recht.

III. Überblick über Stand und Entwicklung gemeinschaftsrechtlicher Diskriminierungsverbote

15 Ausgehend von diesen primärrechtlichen Grundlagen hat der Gesetzgeber in einem ersten Hauptstrang das Verbot der Geschlechtsdiskriminierung im Bereich des Arbeitslebens näher ausgestaltet.[40] Erst nach Einfügung der spezifischen Kompetenzgrundlage des Art. 19 AEUV durch den Amsterdamer Vertrag wurden die Diskriminierungsverbote in beiden Richtungen erweitert, zum einen im Hinblick auf die unzulässigen Differenzierungsmerkmale, zum anderen im Hinblick auf den sachlichen Anwendungsbereich.

1. Das Verbot der Geschlechtsdiskriminierung im Arbeitsleben

a) Die Entwicklung durch Einzelrichtlinien

16 Besonders eingehend geregelt ist das Verbot der Geschlechtsdiskriminierung für den Bereich des Arbeitslebens. Die einzelnen Regelungen wurden nach und nach, vom EuGH in einer eingehenden Rechtsprechung ausgeformt und teilweise auch vom Gesetzgeber nachträglich überarbeitet:

17 – Ausgangspunkt für die Rechtsetzungstätigkeit war die **Gleichbehandlungsrichtlinie Lohn** (GbLohnRL) aus dem Jahr 1975,[41] die das primärrechtliche Diskriminierungsverbot des Art. 157 AEUV näher ausgestaltet und seine vollständige Durchführung sicherstellen soll.[42] Da das Verbot zumindest in seinem Kern schon in Art. 119 EGV (Art. 157 AEUV) enthalten war, hat die Richtlinie in der Rechtsprechung des Gerichtshofs keine große praktische Bedeutung entfaltet; der Gerichtshof hat öfter vorgezogen, seine Entscheidungen auf Art. 119 EGV zu stützen.[43]

---

39 EuGH v. 17.4.2018 – Rs. C-414/16 *Egenberger*, EU:C:2018:257 Rdn. 77.

40 Zur Entwicklung Adomeit/Mohr/*Adomeit*, Einl. AGG Rdn. 132–234; *Preis/Mallossek*, EAS B 4000 Rdn. 2–51.

41 Richtlinie 75/117/EWG des Rates vom 10.2.1975 zur Angleichung der Rechtsvorschriften der Mitgliedstaaten über die Anwendung des Grundsatzes des gleichen Entgelts für Männer und Frauen, ABl. 1975 L 45/19.

42 S.a. EuGH v. 8.4.1976 – Rs. 43/75 *Defrenne II*, EU:C:1976:56 Rdn. 53/55.

43 S. etwa EuGH v. 26.6.2001 – Rs. C-381/99 *Brunnhofer*, EU:C:2001:358 Rdn. 29; EuGH v. 17.5.1990 – Rs. C-262/88 *Barber*, EU:C:1990:209 Rdn. 11; EuGH v. 31.3.1981 – Rs. 96/80 *Jenkins*, EU:C:1981:80 Rdn. 22. Vgl. auch EuGH v. 14.12.1993 – Rs. C-110/91 *Moroni*, EU:C:1993:926 Rdn. 21–26.

- Im Bereich der **sozialen Sicherheit**, der einen engen Bezug zum Arbeitsentgelt hat, schreiben zwei Richtlinien die Gleichbehandlung von Männern und Frauen vor, und zwar zum einen für die gesetzlichen Systeme,[44] zum anderen für die betrieblichen Systeme[45]. Diese Gleichbehandlungsgebote werden im Folgenden nicht erörtert (s. a. § 10 Rdn. 27, 30–34). 18
- Die **Gleichbehandlungsrichtlinie Arbeitsbedingungen** (GbAbRL), ursprünglich 1976 erlassen[46] und im Jahr 2002 wesentlich überarbeitet[47], erstreckt das Verbot der Geschlechtsdiskriminierung auf den Zugang zur Beschäftigung und auf die Arbeitsbedingungen. 19
- Die **Beweislastrichtlinie**[48] (GbBewRL) ergänzt die arbeitsrechtlichen Diskriminierungsverbote durch eine Beweiserleichterung für das angebliche Diskriminierungsopfer (näher unten, Rdn. 61–65). 20

b) Die Konsolidierung durch die Geschlechtsdiskriminierungsrichtlinie

Das über einen Zeitraum von gut dreißig Jahren entstandene Nebeneinander von Regelungen für Einzelaspekte war wenig übersichtlich und einer kohärenten Rechtsentwicklung nicht förderlich. Aus Gründen der Klarheit hat der Gesetzgeber diese Richtlinien daher im Jahr 2006 in der **Geschlechtsdiskriminierungsrichtlinie**[49] (GDRL) zusammengefasst (sog. Kodifizierung). Diese Neuregelung war von den Mitgliedstaa- 21

44 Richtlinie 79/7/EWG des Rates vom 19.12.1978 zur schrittweisen Verwirklichung des Grundsatzes der Gleichbehandlung von Männern und Frauen im Bereich der sozialen Sicherheit, ABl. 1979 L 6/24; zu ihr eingehend *Schmidt am Busch,* EAS B 4300.

45 Richtlinie 86/378/EWG des Rates vom 24.7.1986 zur Verwirklichung des Grundsatzes der Gleichbehandlung von Männern und Frauen bei den betrieblichen Systemen der sozialen Sicherheit, ABl. 1986 L 225/40.

46 Richtlinie 76/207/EWG des Rates vom 9.2.1976 zur Verwirklichung des Grundsatzes der Gleichbehandlung von Männern und Frauen hinsichtlich des Zugangs zur Beschäftigung, zur Berufsbildung und zum beruflichen Aufstieg sowie in Bezug auf die Arbeitsbedingungen, ABl. 1976 L 39/40. Zur Entstehung *Eichinger,* EAS B 4200 Rdn. 1–4.

47 Richtlinie 2002/73/EG des Europäischen Parlaments und des Rates vom 23.9.2002 zur Änderung der Richtlinie 76/207/EWG des Rates zur Verwirklichung des Grundsatzes der Gleichbehandlung von Männern und Frauen hinsichtlich des Zugangs zur Beschäftigung, zur Berufsbildung und zum beruflichen Aufstieg sowie in Bezug auf die Arbeitsbedingungen, ABl. 2002 L 269/15. Dazu *Hadeler,* NZA 2003, 77–81; *Rust,* NZA 2003, 72–77.

48 Richtlinie 97/80/EG des Rates vom 15.12.1997 über die Beweislast bei Diskriminierung aufgrund des Geschlechts, ABl. 1997 L 14/6. Erstreckung auf das Vereinigte Königreich durch Richtlinie 98/52/EG des Rates vom 13.7.1998 zur Ausdehnung der Richtlinie 97/80/EG zur Beweislast in Fällen geschlechtsbedingter Diskriminierung auf das Vereinigte Königreich Großbritannien und Nordirland, ABl. 1998 L 205/66. Zur Entstehungsgeschichte *Schlachter,* RdA 1998, 321, 322f.

49 Richtlinie 2006/54/EG des Europäischen Parlaments und des Rates vom 5.7.2006 zur Verwirklichung des Grundsatzes der Chancengleichheit und Gleichbehandlung von Männern und Frauen in Arbeits- und Beschäftigungsfragen (Neufassung), ABl. 2006 L 204/23.

ten bis zum 15. August 2008 umzusetzen, zum 15. August 2009 wurden die darin aufgegangenen Einzelrichtlinien aufgehoben (Art. 33f. GDRL). Im vorliegenden Text erörtern wir das Verbot der Geschlechtsdiskriminierung ausschließlich auf der Grundlage der Geschlechtsdiskriminierungsrichtlinie, auf die älteren Einzelregelungen wird hingewiesen, wo dies für das Verständnis geboten ist.[50]

22 Zum **Umfeld** der Diskriminierungsverbote im Europäischen Arbeitsrecht gehört eine Reihe von flankierenden Vorschriften. Hier ist zum einen – unmittelbar geschlechtsbezogen – die Mutterschutzrichtlinie zu nennen (§ 23). Mittelbar geschlechtsbezogen gehören dazu die Teilzeitrichtlinie (§ 19) und die Befristungsrichtlinie (§ 20), die jeweils besondere Diskriminierungsverbote zum Schutz der besonderen Arbeitnehmergruppen enthalten. Und schließlich dient auch die Eltern- und Pflegeurlaubsrichtlinie (§ 24) u. a. der Herstellung der Chancengleichheit von Männern und Frauen im Arbeitsleben. Ebenso wie die Teilzeitrichtlinie und die Befristungsrichtlinie enthält auch die Leiharbeitsrichtlinie (§ 21) ein Diskriminierungsverbot; insofern handelt es sich (auch) um ein Instrument zum Schutz atypischer Arbeitnehmer (§ 18 Rdn. 11).

23 Über den Bereich des Arbeitsrechts hinaus geht das Verbot der Geschlechtsdiskriminierung mit der Richtlinie 2004/113/EG zur Verwirklichung des Grundsatzes der Gleichbehandlung von Männern und Frauen beim Zugang zu und bei der Versorgung mit Gütern und Dienstleistungen. Sie begründet ein Verbot der Geschlechtsdiskriminierung „für alle Personen, die Güter und Dienstleistungen bereitstellen, die der Öffentlichkeit ohne Ansehen der Person zur Verfügung stehen" und damit für weite Teile des **allgemeinen Vertragsrechts**.[51]

2. Verbot weiterer Differenzierungsmerkmale

24 Mit zwei Richtlinien aus dem Jahr 2000 wurde, gestützt auf die neue Kompetenznorm des Art. 19 AEUV (oben, Rdn. 9), eine **neue Generation** europarechtlicher Diskriminierungsverbote ins Leben gerufen.[52] Sie zeichnet sich durch die Erweiterung der verbotenen Diskriminierungsmerkmale und des sachlichen Anwendungsbereichs aus. Zudem regelt der Europäische Gesetzgeber beginnend mit diesen Richtlinien auch Fragen der Rechtsdurchsetzung eingehender, die bis dahin weitgehend den Mitgliedstaaten überlassen waren.

---

50 Eine **Synopse** findet sich in Anhang II GDRL.

51 *Riesenhuber*, in: Leible/Schlachter (Hrsg.), Diskriminierungsschutz durch Privatrecht, S. 127; *Riesenhuber/ Franck*, JZ 2004, 529f.; *dies.*, EWS 2005, 245.

52 *Bell*, ILJ 29 (2000), 79–84; *ders.*, ELJ 8 (2002), 384–399; *Fredman*, ILJ 30 (2001), 145–168.

a) Die Gleichbehandlungsrichtlinie Ethnie

Die Gleichbehandlungsrichtlinie Ethnie (GbEthnieRL, auch Rassendiskriminierungs- 25
richtlinie)[53] verbietet die Diskriminierung aus Gründen der Rasse oder ethnischen Herkunft und sollte nicht zuletzt auch ein Zeichen gegen Ausländerfeindlichkeit setzen.[54] Neben der Einführung eines neuen Diskriminierungsmerkmals zeichnet sich die Richtlinie auch durch einen erweiterten Anwendungsbereich aus. Sie ist zwar ebenfalls sehr breitflächig auf das Arbeitsleben anwendbar (Art. 3 lit. a)–g)). Darüber hinaus gilt die Rassendiskriminierungsrichtlinie aber auch für den Zugang zu und die Versorgung mit Gütern und Dienstleistungen (Art. 3 lit. h)), also im allgemeinen Vertragsrecht.[55]

b) Die Gleichbehandlungsrahmenrichtlinie

Die Gleichbehandlungsrahmenrichtlinie (GbRRL)[56] wurde kurz nach der Gleichbe- 26
handlungsrichtlinie Ethnie verabschiedet. Sie verbietet die Diskriminierung aus einer Fülle weiterer Gründe, nämlich wegen
- der Religion oder der Weltanschauung,
- einer Behinderung,
- des Alters oder
- der sexuellen Ausrichtung.

Ihr Anwendungsbereich ist allerdings wieder auf den Bereich von Beschäftigung und Beruf beschränkt (erfasst m. a. W. nicht das allgemeine Vertragsrecht). Die Kommission hatte jedoch zwischenzeitlich eine Richtlinie vorgeschlagen, die die Gleichbehandlung zwischen Personen unabhängig von ihrer Religion oder ihres Glaubens, einer Behinderung, des Alters oder der sexuellen Ausrichtung auch außerhalb des Beschäftigungsbereichs einführen sollte.[57]

---

53 Richtlinie 2000/43/EG des Rates vom 29.6.2000 zur Anwendung des Gleichbehandlungsgrundsatzes ohne Unterschied der Rasse oder der ethnischen Herkunft, ABl. 2000 L 180/22.

54 Zur Entstehungsgeschichte etwa *Brown*, YEL 21 (2002), 195, 197–204.

55 Zu den vertragsrechtlichen Aspekten, s. nur *Riesenhuber*, Europäisches Vertragsrecht, Rdn. 414–425.

56 Richtlinie 2000/78/EG des Rates vom 27.11.2000 zur Festlegung eines allgemeinen Rahmens für die Verwirklichung der Gleichbehandlung in Beschäftigung und Beruf, ABl. 2000 L 303/16.

57 Vorschlag für eine Richtlinie des Rates zur Anwendung des Grundsatzes der Gleichbehandlung ungeachtet der Religion oder der Weltanschauung, einer Behinderung, des Alters oder der sexuellen Ausrichtung, KOM(2008) 426 endg.; konsolidierte Fassung des Rates v. 26.6.2019 – 10740/19. *Waddington*, E.L.Rev. 36 (2011), 163–184.

3. Abschließender Katalog der Diskriminierungsmerkmale

27 Der vom Gesetzgeber bestimmte Katalog unzulässiger Differenzierungsmerkmale ist **abschließend.**[58] Allerdings hat der Gerichtshof angenommen, die Gleichbehandlungsrahmenrichtlinie statuiere die Diskriminierungsverbote nicht selbst, sondern konkretisiere lediglich das bereits zunächst als primärrechtlicher allgemeiner Rechtsgrundsatz begründete und heute in Art. 21 GRCh verankerte Diskriminierungsverbot (oben, Rdn. 11ff.). Von diesem Standpunkt aus könnte man erwägen, den Katalog auch zu erweitern, zumal Art. 21 GRCh erstens bereits weitere Differenzierungsmerkmale verbietet (soziale Herkunft, Sprache, Vermögen, ...) und zweitens nicht abschließend ist. Indessen geht die Grundrechtsbestimmung damit über den Kompetenzkatalog von Art. 19 AEUV hinaus, den die bestehenden Richtlinien voll ausschöpfen. Daher kann über die Richtlinie hinaus kein Verbot der Diskriminierung wegen Krankheit, sozialer Herkunft oder Adipositas begründet werden.

28 Mit entsprechenden Erwägungen hat der Gerichtshof abgelehnt, ein gesondertes Diskriminierungsverbot im Wege der **Kombination von verschiedenen Merkmalen** (nicht der „bloßen“ Kumulation oder „Addition“) zu begründen (sog. **Intersektionalität**)[59]. Liegt weder eine Diskriminierung wegen des Alters noch wegen der sexuellen Orientierung vor, so kann eine verbotene Diskriminierung auch nicht in der kombinierten Verwendung beider Merkmale (also z. B. ältere Homosexuelle) liegen.[60] In der Tat können die eigenen Sachfragen intersektionaler Diskriminierung[61] dafür sprechen, Verbot und Rechtfertigung der gesetzlichen Regelung zu überlassen.

29 Einen gewissen Hebel kann indes, wie der Fall *Milkova* illustriert, der **allgemeine Grundsatz der Gleichbehandlung** bieten, wie er heute in Art. 20, 21 GRCh verankert ist (oben, Rdn. 14).[62] Das bulgarische Recht sah ein behördliches Zustimmungserfordernis für die Kündigung behinderter Arbeitnehmer vor, nicht aber für behinderte Beamte. Ein Verstoß gegen den Gleichbehandlungsgrundsatz von Art. 2 Abs. 1 GbRRL war darin nicht zu sehen, da Art. 1 der Richtlinie die Diskriminierung wegen der Art des Beschäftigungsverhältnisses nicht verbietet. Indes verlangt der Gleichbehandlungsgrundsatz als allgemeiner Grundsatz des Unionsrechts, „dass vergleichbare Sachverhalte nicht unterschiedlich und unterschiedliche Sachverhalte nicht gleich

---

58 EuGH v. 9.3.2017 – Rs. C-406/15 *Milkova,* EU:C:2017:198 Rdn. 44 (Beamte); EuGH v. 18.12.2014 – Rs. C-354/13 *FOA,* EU:C:2014:2463 Rdn. 31ff. (Adipositas); EuGH v. 7.7.2012 – Rs. C-310/10 *Agafiţei,* EU:C:2011:467 Rdn. 34f. (Berufskategorie; Arbeitsort). EuGH v. 11.7.2006 – Rs. C- 13/05 *Chacón Navas,* EU:C:2006:456 Rdn. 56 (Krankheit).

59 Zur Unterscheidung von „additiver“ und „intersektionaler“ Benachteiligung als Erscheinungsformen der „mehrdimensionalen“ Benachteiligung *Weinberg,* EuZA 2020, 60, 61ff.

60 EuGH v. 24.11.2016 – Rs. C-443/15 *Parris,* EU:C:2016:897 Rdn. 80f. m. krit. Anm. v. *Schiek,* EuZA 2017, 407ff. Krit. auch *Weinberg,* EuZA 2020, 60, 69ff.

61 S. nur *Weinberg,* EuZA 2020, 60ff.

62 EuGH v. 9.3.2017 – Rs. C-406/15 *Milkova,* EU:C:2017:198 Rdn. 55ff.

behandelt werden dürfen, es sei denn, dass eine solche Behandlung objektiv gerechtfertigt ist". Bestand der Zweck der bulgarischen Regelung darin, Arbeitnehmer wegen ihres Gesundheitszustands zu schützen, so erschien die Unterscheidung zwischen Arbeitnehmern und Beamten mit der jeweils gleichen Behinderung nicht angemessen.[63] Erweist sich danach die Regelung für Beamte als mit dem primärrechtlichen Gleichbehandlungsgrundsatz unvereinbar, muss sie unangewendet bleiben. Stattdessen ist die Regelung für Arbeitnehmer anzuwenden, die das einzig gültige Bezugssystem darstellt (Angleichung „nach oben"; Rdn. 69). Freilich gewährt der allgemeine Gleichbehandlungsgrundsatz keinen Zugang zu dem Schutzinstrumentarium der Richtlinie.

IV. Schutzinstrumente des Europäischen Antidiskriminierungsrechts

Die Schutzinstrumente des *sekundärrechtlichen*[64] Antidiskriminierungsrechts sind jetzt nach der Kodifikationsrichtlinie von 2006 weithin einheitlich gestaltet. Strukturell geht es um drei Fragen, den Diskriminierungstatbestand (1), die Rechtfertigung (2) und Fragen der Rechtsdurchsetzung nebst flankierenden Maßnahmen (3). 30

1. Tatbestand: Der Gleichbehandlungsgrundsatz

Vorschriften: Art. 4, 5 und 14 GDRL, Art. 2 Abs. 1 GbEthnieRL, Art. 2 Abs. 1 GbRRL, Art. 4 Abs. 1 RL 2004/113.

Die verbotenen Verhaltensweisen fasst der Gesetzgeber unter dem „Grundsatz der Gleichbehandlung" zusammen. Dieser besagt, dass jede unmittelbare oder mittelbare Diskriminierung verboten ist.[65] Unmittelbare und mittelbare Diskriminierung werden sodann gesetzlich definiert. 31

Dass der Gesetzgeber das Diskriminierungsverbot regelmäßig nicht deutlich ausspricht, sondern hinter allgemeinen Wendungen verbirgt (so bes. Art. 1 GbRRL: „Schaffung eines allgemeinen Rahmens zur Bekämpfung der Diskriminierung") ist 32

63 EuGH v. 9.3.2017 – Rs. C-406/15 *Milkova*, EU:C:2017:198 Rdn. 59ff. Die Feststellung im Einzelnen ist freilich Sache des nationalen Gerichts.

64 Auch das Diskriminierungsverbot des Art. 141 EG/157 AEUV folgt weithin denselben Regeln, ist aber vor allem im Hinblick auf die Rechtsfolgen und die ergänzenden Schutzmaßnahmen im Normtext weniger ausgefeilt. Zu beachten ist, dass sich durch den *primärrechtlichen Charakter* Besonderheiten in der Wirkung auf das mitgliedstaatliche Recht ergeben; dazu noch § 10 Rdn. 25.

65 S. die Systematik von *Neuner*, in: Leible/Schlachter (Hrsg.), Diskriminierungsschutz durch Privatrecht, S. 84ff. zu IV.

nicht nur rechtsetzungstechnisch verfehlt,[66] sondern hat zudem beim EuGH zu der Unsicherheit geführt, ob die Gleichbehandlungsrahmen-Richtlinie überhaupt ein Diskriminierungsverbot statuiere oder dies nicht vielmehr als allgemeinen Grundsatz des Gemeinschaftsrechts voraussetze (näher unten, § 12 Rdn. 3, 67).

a) Unmittelbare Diskriminierung

Vorschriften: Art. 2 Abs. 1 lit. a) GDRL, Art. 2 Abs. 1–4 GbAbRL, Art. 1 GbLohnRL, Art. 2 Abs. 2 lit. a) GbEthnieRL, Art. 2 Abs. 2 lit. a) GbRRL, Art. 2 lit. a), b) RL 2004/113.

33 Unmittelbare Diskriminierung liegt vor, wenn eine Person aufgrund des verpönten Merkmals (Geschlecht, Ethnie, Alter, ...) eine weniger günstige Behandlung erfährt, als eine andere Person erfährt, erfahren hat oder erfahren würde.[67] Anknüpfungspunkt für die Unterscheidung ist hier das verbotene Merkmal (Geschlecht, Ethnie, Alter, ...) selbst.[68] Die Definition beruht auf dem so genannten „Vergleichspersonenkonzept", bei dem die Diskriminierung mit Hilfe eines Vergleichs des Beschwerdefalls mit einem anderen Fall festgestellt wird, ergänzt dieses aber durch das **hypothetische** Element („erfahren würde").[69] Erforderlich ist lediglich, dass die Behandlung „weniger günstig" ist. Daher stellt es eine unzulässige Einschränkung dar, wenn das nationale Recht für das Vorliegen einer Diskriminierung zusätzlich die Beeinträchtigung von „Rechten oder legitimen Interessen" verlangt.[70] Für die Kausalität („aufgrund") ist nicht erforderlich, dass das geschützte Merkmal die alleinige Ursache oder Motivation war; ausreichend ist eine Mitursächlichkeit im Rahmen eines Motivbündels.[71]

34 Der Tatbestand der unmittelbaren Diskriminierung hat daher folgende Elemente:
(1) eine Person erfährt eine weniger günstige Behandlung als eine andere Person erfährt, erfahren hat oder erfahren würde
(2) aufgrund (Kausalität)
(3) eines unzulässigen Differenzierungsgrundes.

35 Der Gerichtshof hat das Konzept der (unmittelbaren) Diskriminierung – vor allem mit Rücksicht auf Erwägungen der praktischen Wirksamkeit –[72] in mehrfacher Hinsicht erweiternd ausgelegt. Zum einen hat er entschieden, dass nicht nur der eigentliche Merkmalsträger (dort: das behinderte Kind), sondern auch eine ihm **nahestehende Person** (im konkreten Fall seine Mutter) erfasst wird. Danach stellt es eine

---

66 *Zöllner*, GS Blomeyer (2004), S. 526 f.
67 *Wiedemann*, Die Gleichbehandlungsgebote im Arbeitsrecht, S. 29–31.
68 Zur Entwicklung in der Rechtsprechung *Waddington/Bell*, CMLR 38 (2001), 587, 591 f.
69 Dazu *Schiek*, NZA 2004, 873, 874; *Wank*, NZA 2004 Sonderbeil. Heft 22, 21 f.
70 EuGH v. 16.7.2015 – Rs. C-83/14 *CHEZ Razpredelenie*, EU:C:2015:480 Rdn. 61 ff.
71 EuGH v. 16.7.2015 – Rs. C-83/14 *CHEZ Razpredelenie*, EU:C:2015:480 Rdn. 76.
72 Zur Begründung – krit. – *Schlachter*, RdA 2010, 104 ff.

unmittelbare Diskriminierung *wegen der Behinderung* dar, wenn ein Arbeitnehmer wegen der Behinderung seines Kindes eine weniger günstige Behandlung erfährt als ein anderer Arbeitnehmer in einer vergleichbaren Situation.[73] Ebenso kann eine Diskriminierung *wegen der ethnischen Herkunft* auch vorliegen, wenn der Betroffene nicht selbst der benachteiligten ethnischen Gruppe angehört.[74]

Bei diskriminierenden **Äußerungen im Vorfeld** möglicher Einstellungen kann **36**
nach der Rechtsprechung des Gerichtshofs eine unmittelbare Diskriminierung auch **ohne Diskriminierungsopfer** anzunehmen sein. Im Fall *Feryn* hatte der Arbeitgeber mitgeteilt, er benötige Monteure, werde aber jedenfalls keine Menschen fremder Herkunft einstellen. Ausländische Bewerber, die er tatsächlich zurückgewiesen hätte, gab es nicht. Der Gerichtshof hat gleichwohl eine unmittelbare Diskriminierung bejaht.[75] Das hat er in nachfolgenden Entscheidungen bestätigt. Im Fall *Asociația Accept* hatte der (nach eigener Darstellung) angebliche Hauptgeschäftsführer des potentiellen Aufnahmevereins, der aber keine Personalentscheidungskompetenz besaß, im Zusammenhang mit dem Transfer eines als homosexuell dargestellten Fußballspielers eine homophobe Einstellungspolitik suggeriert.[76] Im Fall *NH* hatte ein Rechtsanwalt in einem Radiointerview gesagt, er wolle Homosexuelle weder um sich haben wollen noch als Mitarbeiter in seiner Kanzlei auswählen; ein laufendes oder geplantes Einstellungsverfahren gab es zu der Zeit indes nicht.[77] Diese Rechtsprechung ist zwar im Hinblick auf die sozialpolitische *Zielsetzung* der Richtlinie überzeugend, insbesondere wenn das Gericht darauf hinweist, solche Äußerungen könnten Interessenten schon von der Bewerbung abhalten.[78] Im Hinblick auf die individualschützende *Ausgestaltung* überzeugen die Entscheidungen indes nicht.[79] Bezogen auf *Äußerungen*, berühren sie zudem die **Meinungsfreiheit**, die auch diskriminierende Meinungen schützt. Es geht daher um die Auflösung einer Grundrechtskollision. Dem wird die Analyse des Gerichtshofs nicht gerecht, wenn er die Richtlinie allein im Lichte von Art. 21 GRCh auslegt und anschließend lediglich prüft, ob das Auslegungsergebnis mit der Meinungsfreiheit des Art. 11 GRCh vereinbar ist.[80] Für den Ausgleich von Diskriminierungsschutz und Meinungsfreiheit bietet sich an, nach der Nähe der Äußerung zu einem konkreten Einstellungsverfahren zu differenzieren. Denn „[d]as Diskriminierungsverbot untersagt (...) nicht die diskriminierende Äußerung als solche und knüpft

---

73 EuGH v. 17.7.2008 – Rs. C-303/06 *Coleman*, EU:C:2008:415 Rdn. 33ff.

74 EuGH v. 16.7.2015 – Rs. C-83/14 *CHEZ Razpredelenie*, EU:C:2015:480 Rdn. 50ff.

75 EuGH v. 10.7.2008 – Rs. C-54/07 *Feryn*, EU:C:2008:397 Rdn. 22–28.

76 EuGH v. 25.4.2013 – Rs. C-81/12 – *Asociația Accept*, EU:C:2013:275.

77 EuGH v. 23.4.2020 – Rs. C-507/18 *NH*, EU:C:2020:289 Rdn. 28ff.

78 Ebenso *Payandeh*, EuZA 2020, 464, 469f.; s.a. Schlachter/Heinig/*Mangold*, § 3 Rdn. 126ff. (Zustimmung auf der Grundlage der unionsbürgerlichen Gleichheit).

79 Zu den – individualschützenden – Zwecken des Tatbestands unmittelbarer Diskriminierung *Foran*, OJLS 39 (2019), 901ff.

80 So mit Recht *Payandeh*, EuZA 2020, 464, 471f.

auch keine Sanktionen an diese Äußerung, sondern an die diskriminierende Handlung".[81]

b) Mittelbare Diskriminierung

Vorschriften: Art. 2 Abs. 1 lit. d) GDRL, Art. 2 Abs. 2 Sps. 2 GbAbRL, Art. 1 GbLohnRL, Art. 2 Abs. 2 GbBewRL, Art. 2 Abs. 2 lit. b) GbEthnRL, Art. 2 Abs. 2 lit. b) GbRRL, Art. 2 lit. b) RL 2004/113.

37 Mittelbare Diskriminierung liegt vor, wenn die Anwendung äußerlich neutraler Vorschriften, Kriterien oder Verfahren Personen, die einer nach einem Diskriminierungsmerkmal gekennzeichneten Gruppe angehören, in besonderer Weise benachteiligt.[82] Erforderlich ist hier gerade nicht, dass auf das geschützte Merkmal abgestellt wird.[83] Auch für die mittelbare Diskriminierung kommt es allein auf eine nachteilige Auswirkung an, nicht aber darauf, dass „Rechte oder legitime Interessen" beeinträchtigt werden.[84] Das Erfordernis, dass die Vorschriften, Kriterien oder Verfahren „in besonderer Weise benachteiligen", bedeutet nur, dass „insbesondere Personen" der geschützten Gruppe benachteiligt werden, nicht aber, dass der Nachteil besonders erheblich oder schwerwiegend sein müsste.[85] Auf ein subjektives Element, insbesondere einen Diskriminierungsvorsatz, kommt es nicht an.[86] Mittelbare Diskriminierung wird unter Bezug auf die durch ein Merkmal bestimmte Gruppe begründet, das Verbot dient aber ebenso wie jenes der unmittelbaren Diskriminierung dem Ausgleich einer rechtswidrigen Verletzung individueller Rechte.[87]

---

81 *Payandeh*, EuZA 2020, 464, 472ff.

82 In der Rechtsprechung des EuGH grundlegend EuGH v. 31.3.1981 – Rs. 96/80 *Jenkins*, EU:C:1981:80 Rdn. 10–13; EuGH v. 13.5.1986 – Rs. 170/84 *Bilka*, EU:C:1986:204 Rdn. 29–31. Zum Begriff und Entwicklung der Rechtsfigur *Görlitz*, Struktur und Bedeutung der Rechtsfigur der mittelbaren Diskriminierung im System der Grundfreiheiten, S. 29–35; *Koch/Nguyen*, EuR 2010, 364–377; *Rebhahn/Kietaibl*, Rechtswissenschaft 2010, 373–396. Eine gesetzliche Definition hat zuerst die 1997 die Beweislastrichtlinie (oben, Rdn. 20) eingeführt; dazu *Schlachter*, RdA 1998, 321, 323. Das Konzept hat zuerst der US Supreme Court für Title VII des Civil Rights Act 1964 entwickelt, dort grundlegend *Griggs* v. *Duke Power*, 401 U. S. 424 (1965). Aus dem Schrifttum *Riesenhuber*, RdA 1993, 36, 37; *Schlachter*, Wege zur Gleichberechtigung, S. 76–82; *Wiedemann*, Die Gleichbehandlungsgebote im Arbeitsrecht, S. 31–34; zu der verwandten Diskussion um die sog. „Leichtlohngruppen" in Deutschland, die in die 1960er Jahre zurückreicht, *Lorenz*, FS Wlotzke (1996), S. 48–51. Krit. zum Konzept der mittelbaren Diskriminierung *Blomeyer*, NZA 1994, 633, 638 („Vehikel zur Einebnung manch anderer Unterschiede im Arbeitsrecht"); *Lorenz* a. a. O. S. 60–63.

83 EuGH v. 16.7.2015 – Rs. C-83/14 *CHEZ Razpredelenie*, EU:C:2015:480 Rdn. 92ff.

84 EuGH v. 16.7.2015 – Rs. C-83/14 *CHEZ Razpredelenie*, EU:C:2015:480 Rdn. 50ff.

85 EuGH v. 16.7.2015 – Rs. C-83/14 *CHEZ Razpredelenie*, EU:C:2015:480 Rdn. 98ff.

86 *Wiedemann*, FS Friauf (1996), S. 138. Für Erwägungen der „objektiven Zurechnung", die *Hanau/Preis*, ZfA 1988, 177, 189f. zum Tatbestandsmerkmal erheben, dürfte allein im Rahmen der Rechtfertigung Platz sein.

87 *Foran*, OJLS 39 (2019), 901ff. m.w.N. auch zur Gegenmeinung.

Zur **Darlegung** dieser nachteiligen Wirkung *(disparate impact)*[88] können insbesondere – aber nicht ausschließlich (BE 15 GbEthnieRL) – Statistiken dienen.[89] Während noch die Beweislastrichtlinie einen statistischen Nachweis verlangt, dass „ein wesentlich höherer Anteil" der geschützten Gruppe benachteiligt wird (Art. 2 Abs. 2 GbBewRL), ist das in neueren Richtlinien nicht mehr der Fall. Die Gleichbehandlungsrichtlinie Ethnie und die Gleichbehandlungsrahmenrichtlinie lassen ausreichen, dass die neutralen Kriterien die geschützte Gruppe „in besonderer Weise" benachteiligen können (Art. 2 Abs. 2 lit. b) und BE 15 GbEthnieRL, Art. 2 Abs. 2 lit. b) und BE 15 GbRRL) und erleichtern so den Nachweis.[90] 38

Da der Tatbestand der mittelbaren Diskriminierung gerade an *neutrale* Kriterien 39
anknüpft, besteht hier eine Gefahr, berechtigte Anliegen des Handelnden zu vereiteln. Schon auf der Ebene des Tatbestands – nicht erst als Rechtfertigungsgrund![91] – ist daher eine Einschränkung für den Fall vorgesehen, dass *die* neutralen Kriterien **zur Erreichung eines legitimen Ziels erforderlich** sind (Art. 2 lit. b) GbEthnieRL, Art. 2 Abs. 2 lit. b) GbRRL).[92] Die mittelbare Diskriminierung ergibt sich m. a. W. in einer zweistufigen Prüfung[93] erst daraus, dass benachteiligende neutrale Kriterien verwendet werden *und* diese nicht zu einem legitimen Zweck erforderlich sind.[94] Es geht hier also nicht um die Rechtfertigung der *Diskriminierung,* sondern um die Rechtfertigung neutraler, diskriminierend wirkender Kriterien.[95] Im Ergebnis bedeutet das freilich eine Freistellung der mittelbaren Diskriminierung in diesem Bereich.

---

88 Zur Herkunft aus dem US-amerikanischen Arbeitsrecht *Riesenhuber,* RdA 1993, 36f.; *Wiedemann,* FS Friauf (1996), S. 136f.

89 EuGH v. 24.9.2020 – Rs. C-223/19 *YS,* EU:C:2020:753 Rdn. 48ff.; EuGH v. 3.10.2019 – Rs. C-274/18 *Schuch-Ghannadan,* EU:C:2019:828 Rdn. 46ff. *Wiedemann,* FS Friauf (1996), S. 138f.; *Adomeit/Mohr,* RdA 2011, 102–108.

90 *Guild,* ILJ 29 (2000), 416, 420; *Schiek,* NZA 2004, 873, 875; *dies.,* ELJ 8 (2002), 290, 296; *Schlachter,* GS Blomeyer (2004), S. 358f.; *Schmidt/Senne,* RdA 2002, 80, 83; *Waas,* ZIP 2000, 2151, 2153; *Waddington/Bell,* CMLR 38 (2001), 587, 592–594.

91 A.M. *Collins/Ewing/McColgan,* Labour Law (2. Aufl. 2019), S. 362.

92 Zu Art. 2 Abs. 2 lit. b) GbEthnieRL EuGH v. 16.7.2015 – Rs. C-83/14 *CHEZ Razpredelenie,* EU:C:2015:480 Rdn. 110ff.; zu Art. 2 Abs. 2 lit. b), Art. 6 Abs. 1 GbRRL EuGH v. 5.3.2009 – Rs. C-388/07 *Age Concern England,* EU:C:2009:128 Rdn. 66; zu Art. 119 EGV (Art. 141 EG/157 AEUV) EuGH v. 13.5.1986 – Rs. 170/84 *Bilka,* EU:C:1986:204 Rdn. 36; EuGH v. 13.7.1989 – Rs. 171/88 *Rinner/Kühn,* EU:C:1989:328 Rdn. 14; zur GbAbRL EuGH v. 10.3.2005 – Rs C-196/02 *Vasiliki Nikoloudi,* EU:C:2005:141 Rdn. 48.

93 Zu dieser zweistufigen Prüfung *Schiek,* NZA 2004, 873, 874f.; *Schlachter,* ZESAR 2006, 391, 395; Hanau/Steinmeyer/Wank/*Wank,* § 16 Rdn. 43–46. S.a. *Gamillscheg,* FS Floretta (1983), S. 179f.

94 Art. 2 Abs. 1 lit. b) GDRL, Art. 2 Abs. 2 lit. b) GbEthnieRL, Art. 2 Abs. 2 lit. b) Nr. i GbRRL, Art. 2 lit. b) RL 2004/113; Nach Art. 2 Abs. 2 lit. b) Nr. ii GbRRL sind als legitimes Ziel auch die vom mitgliedstaatlichem Recht gebotenen Maßnahmen zur Behindertengleichstellung anerkannt. Dazu auch *Wiedemann,* FS Friauf (1996), S. 143f.

95 *Riesenhuber/Franck,* EWS 2005, 245, 247; *Schiek,* NZA 2004, 873, 874 f; wohl anders *Scholten,* Diskriminierungsschutz im Privatrecht?, S. 40–42.

40 Als **Beispiel** kann die Honorierung von „Flexibilität" dienen, die (in einer von hergebrachten Rollenmodellen geprägten Gesellschaft) von weiblichen Arbeitnehmern wegen der faktisch häufig ihnen obliegenden Verpflichtungen in Haushalt und Familie weniger leicht zu leisten ist als von männlichen Arbeitnehmern: Das äußerlich neutrale Kriterium wirkt daher für Frauen benachteiligend. Gleichwohl kann der Arbeitgeber „die Vergütung einer solchen Anpassungsfähigkeit rechtfertigen, indem er darlegt, dass diese für die Ausführung der dem Arbeitnehmer übertragenen spezifischen Aufgaben von Bedeutung ist".[96] Freilich reichen dafür „lediglich verallgemeinernde Aussagen zu bestimmten Kategorien von Arbeitnehmern", wie etwa der Hinweis, Vollzeitbeschäftigte gewännen schneller Fähigkeiten und Fertigkeiten ihrer Tätigkeit hinzu oder verfügten über größeres Erfahrungswissen, nicht aus.[97] Zu beachten ist, dass das Unionsrecht für diese Prüfung zwar den Rahmen vorgibt, sie aber im Einzelnen dem nationalen Gericht obliegt.[98]

c) Belästigung[99]

Vorschriften: Art. 2 Abs. 1 lit. c) GDRL, Art. 2 Abs. 2 Sps. 3 GbAbRL, Art. 2 Abs. 3 GbEthnRL, Art. 2 Abs. 3 GbRRL.

41 Seit den 2000er Richtlinien (Rdn. 24) wird auch die Belästigung (und die sexuelle Belästigung; Rdn. 47 f.) *als Diskriminierung* verboten. Belästigung lässt sich zwar durchaus auch als eigenes rechtswidriges Verhalten qualifizieren, unabhängig von einer Diskriminierung.[100] Indes ist es durchaus treffend, darin auch eine Diskriminierung zu sehen, denn eine Belästigung kann durchaus ebenso wie ein Ausschluss wirken. Insofern hat es auch einen guten Sinn, für den Tatbestand maßgeblich auf ein feindseliges Umfeld abzustellen.

42 Während Belästigung eine besonders unangenehme Verhaltensweise sein kann, kann ein Verbot dessen auch leicht zu einer Beschränkung von Grundrechten führen, insbesondere der Meinungsfreiheit.[101] Gerade bei den Antidiskriminierungsgesetzen besteht die Gefahr einer Einführung von „political correctness". So deutet *Matthias Matussek* in seinem Buch „Das katholische Abenteuer" darauf

96 Zu Art. 119 EGV (157 AEUV) EuGH v. 17.10.1989 – Rs. 109/88 *Danfoss*, EU:C:1989:383 Rdn. 22.

97 Zur GbAbRL EuGH v. 2.10.1997 – Rs. C-1/95 *Gerster*, EU:C:1997:452 Rdn. 35–41; zu Art. 119 EGV (Art. 141 EG/157 AEUV) EuGH v. 7.2.1991 – Rs. C-184/89 *Nimz*, EU:C:1991:50 Rdn. 13 f.

98 S.z.B. EuGH v.2.10.1997 – Rs. C-1/95 *Gerster*, EU:C:1997:452 Rdn. 35–41 (zur GbAbRL); EuGH v. 7.3.1996 – Rs. C-278/93 *Freers und Speckmann*, EU:C:1996:83 Rdn. 24–30 (zu Art. 119 EGV [Art. 141 EG/157 AEUV]).

99 Der Schutz gegen Belästigung ist kein allgemeines Instrument zum Schutz vor Mobbing; für weitergehende Gemeinschaftsgesetzgebung *Driessen-Reilly/Driessen*, E.L. Rev. 28 (2003), 493–507.

100 Das präferierend *Thüsing*, ZfA 2001, 397, 411 f.

101 *Bernstein*, You Can't Say That! (2003).

hin, Katholizismus sei in der Zeitung DER SPIEGEL, für die er arbeitet, nicht besonders beliebt.[102] Wie ist mit Witzen über den Papst in der Redaktion umzugehen? Oder: In einigen Berufen ist es nicht unüblich, das Radio laufen zu haben. Aus heutiger Sicht sind Rock'n'Roll-Texte berüchtigt dafür, traditionelle und überholte Vorbilder zu beschreiben. (S. z.B. Ray Charles' „I got a woman": „... she knows a woman's place is right there now in her home".) Einige Rap-Texte sind offen sexistisch.

Belästigung ist eine **unerwünschte Verhaltensweise** im Hinblick auf ein verbotenes Differenzierungsmerkmal gegenüber einer Person, wenn sie kumulativ zwei Voraussetzungen erfüllt:[103] Sie muss bezwecken oder bewirken, dass 43

- die Würde der betreffenden Person verletzt wird und
- ein von Einschüchterungen, Anfeindungen, Erniedrigungen, Entwürdigungen oder Beleidigungen gekennzeichnetes (kurz: „feindseliges") Umfeld *(hostile environment)* geschaffen wird.[104]

Ob eine Verhaltensweise **„unerwünscht"** ist, bestimmt sich nach dem Empfinden des Opfers.[105] Allerdings folgt daraus nicht, dass nur ein trotz Widerspruch fortgesetztes Verhalten unerwünscht sein kann. Vielmehr kann sich die subjektive Unerwünschtheit auch ohne Äußerung des Opfers aus den *im jeweiligen sozialen Umfeld* üblichen Verhaltensstandards ergeben[106] und damit schon den ersten Akt betreffen. Unklar ist, ob die Belästigung **Vorsatz** voraussetzt. Im Hinblick auf die Diskriminierung selbst, die sich ebenso wie die Belästigung als Deliktstatbestand verstehen lässt, hat der Gerichtshof die Richtlinienvorgaben formal-wörtlich genommen und ein Verschuldenserfordernis abgelehnt (s. u. Rdn. 73). Auch aus der Kennzeichnung als *unerwünscht* folgt nicht notwendig ein Vorsatzerfordernis, da nicht nur ein gegen den Widerspruch des Opfers fortgesetztes (und daher bedingt vorsätzlich erfolgendes) Verhalten unerwünscht sein kann. Ein Vorsatzerfordernis würde zudem einen Täter mit stumpfem Anstandsgefühl zweckwidrig begünstigen. Umgekehrt ist einer zu weitgehenden Freiheitsbeschränkung zum einen durch die zusätzlichen Voraussetzungen (Würdeverletzung; feindseliges Umfeld), zum anderen durch die Rücksichtnahme auf die üblichen Verhaltensstandards bei der Erstbegehung vorgebeugt. 44

Eine **Verletzung der Würde** liegt bei herabsetzenden Äußerungen oder sonstigen Verhaltensweisen vor. Da nicht nur die beabsichtigte Würdeverletzung erfasst ist, sondern auch die – unabhängig von der Intention – bewirkte, fallen etwa auch „gut gemeinte" Witze darunter. Freilich werden sie nicht ohne weiteres dazu angetan sein, ein feindseliges Umfeld zu schaffen. Zu beachten ist aber, dass auch ein von Erniedrigungen und Entwürdigungen gekennzeichnetes Umfeld schadet. Eine Belästi- 45

102 *Matussek*, Das katholische Abenteuer – Eine Provokation, 2. Aufl 2011, S. 45.

103 Wohl anders *Nickel*, NJW 2001, 2668, 2670 (zur Richtlinie 2000/43/EG).

104 Zur US-amerikanischen Provenienz des Merkmals *Thüsing*, ZfA 2001, 397, 412. Entgegen *Nickel*, NJW 2001, 2668, 2670 (zur GbEthnieRL), wird freilich keine Haftung für ein feindliches Umfeld vorgeschrieben.

105 A.M. *Hadeler*, NZA 2003, 77, 78f.

106 Ebenso MünchKommBGB/*Thüsing*, § 3 AGG Rdn. 60.

gung liegt daher durchaus auch dann vor, wenn der Arbeitgeber durch seine herabsetzenden Äußerungen die Arbeitskollegen zu einem ebensolchen Verhalten veranlasst.

46 Der Gesetzgeber der Gleichbehandlungsrichtlinie Ethnie und der Gleichbehandlungsrahmenrichtlinie ging davon aus, dass der **Tatbestand** der Belästigung **ergänzungsbedürftig** ist. Daher hat er die Vorgaben ausdrücklich als rahmenhaft gekennzeichnet und ihre Ausfüllung den Mitgliedstaaten überlassen (Art. 2 Abs. 3 S. 2 GbEthnieRL, Art. 2 Abs. 3 GbRRL). Dasselbe dürfte auch für den Belästigungstatbestand der Geschlechtsdiskriminierungsrichtlinie gelten, wo dies nicht ausdrücklich normiert ist (Art. 2 Abs. 1 lit. c) GDRL). Der Unionsgesetzgeber dürfte v.a. an die beispielhafte Konkretisierung gedacht haben. Hinter den Vorgaben der Richtlinie können die Mitgliedstaaten (selbstverständlich) nicht zurückbleiben.

d) Sexuelle Belästigung

Vorschriften: Art. 2 Abs. 1 lit. d) GDRL, Art. 2 Abs. 2 Sps. 4 GbAbRL.

Literatur: *Groß*, Sexuelle Belästigung am Arbeitsplatz, DB 2015, 2755–2760; *MacKinnon*, Sexual Harassment of Working Women, 1979.

47 Die Regeln über den Schutz vor Geschlechtsdiskriminierung schützen spezifisch vor sexueller Belästigung. Die sexuelle Belästigung unterscheidet sich von der „einfachen" Belästigung zuerst dadurch, dass es hier um ein **unerwünschtes Verhalten „sexueller Natur"** geht. Dies kann sich in verbaler, nichtverbaler oder physischer Form äußern. Auch hier ist erforderlich, dass damit eine Verletzung der Würde der betreffenden Person bezweckt oder bewirkt wird. Anders als bei der „einfachen" Belästigung wird hier aber die Schaffung eines feindseligen Umfeldes als Fall der Würdeverletzung („insbesondere") angesehen, die Schaffung eines feindseligen Umfeldes ist m.a.W. keine zusätzliche (kumulative) Voraussetzung. Das erscheint wenig konsistent, lässt sich aber erstens damit rechtfertigen, dass die sexuelle Belästigung ein besonders hässliches (und daher schon unter niedrigeren Anforderungen verbotenes) Verhalten ist, zweitens mit der gesetzgeberischen Vermutung, dass die sexuelle Belästigung regelmäßig ein von Erniedrigungen gekennzeichnetes Umfeld schafft.

48 Ebenso wie bei der „einfachen" Belästigung setzt auch hier die **Unerwünschtheit** keinen expliziten Widerspruch voraus, sondern kann sich aus den üblichen Verhaltensstandards ergeben. Die Konfrontation mit obszönen Bildern ist ohne weiteres unerwünscht. Und so wie die einfache Belästigung (s. die Begründung oben, Rdn. 44) setzt auch die sexuelle Belästigung **keinen Vorsatz** voraus.[107]

107 A.M. *Hadeler*, NZA 2003, 77, 78; MünchKommBGB/*Thüsing*, § 3 AGG Rdn. 68f.

e) Anweisung zur Diskriminierung

Vorschriften: Art. 2 Abs. 2 lit. b) GDRL, Art. 2 Abs. 4 GbAbRL, Art. 2 Abs. 4 GbEthnRL, Art. 2 Abs. 4 GbRRL, Art. 2 lit. d) RL 2004/113.

Der Diskriminierung ist ferner die „Anweisung zur Diskriminierung" gleichgestellt. 49
Durch den Tatbestand wird verhindert, dass sich ein Geschäftsherr hinter seinen Gehilfen versteckt, eine Organisation (z. B. ein Arbeitgeberverband) hinter ihren Mitgliedern.

Andere Fälle von Täterschaft und Teilnahme sind in der Richtlinie nicht geregelt. 50
Von praktischer Bedeutung kann die **Gehilfenhaftung** sein,[108] z. B. wenn der Arbeitgeber seine Arbeitnehmer nicht von Belästigungen abhält. Das lässt sich zwar nicht schon als eigene Belästigung durch den Arbeitgeber verstehen. Das Erfordernis einer Gehilfenhaftung dürfte aber aus den Umsetzungspflichten folgen, unionsrechtlich begründete Rechte äquivalent und effektiv zu schützen (dazu § 1 Rdn. 77).

2. Rechtfertigungstatbestände

a) Rechtfertigung i. e. S.

Vorschriften: Art. 14 Abs. 2 GDRL, Art. 2 Abs. 6 GbAbRL, Art. 4 GbEthnieRL, Art. 4–6 GbRRL, Art. 4 Abs. 5 RL 2004/113.

Literatur: *Rothballer*, Berufliche Anforderungen im AGG, 2016.

Der so definierte Tatbestand des Diskriminierungsverbots wird durch Rechtfertigungs- 51
tatbestände ergänzt, die – entsprechend den Sachgegebenheiten – für die einzelnen Diskriminierungsverbote und Anwendungsbereiche je unterschiedlich ausfallen.

Weitgehend einheitlich, indes mit sachlich gebotenen Differenzierungen, sind 52
Rechtfertigungsgründe für den **Bereich des Arbeitslebens** als mitgliedstaatliche Regelungsoption zugelassen. So können die Mitgliedstaaten vorsehen, dass die Differenzierung nach Geschlecht oder ethnischer Herkunft keine Diskriminierung bedeutet, wenn das Merkmal eine „wesentliche und entscheidende berufliche Anforderung darstellt".[109] Damit kann freilich nur eine Diskriminierung beim *Zugang* zur Beschäftigung gerechtfertigt werden, nicht hingegen bei den Arbeitsbedingungen, insbesondere dem Entgelt.

---

108 *Riesenhuber*, in: Leible/Schlachter (Hrsg.), Diskriminierungsschutz durch Privatrecht, S. 139 f.
109 Dazu *Wank*, NZA 2004 Sonderbeil. Heft 22, 22–24; *Wiedemann*, Die Gleichbehandlungsgebote im Arbeitsrecht, S. 45–52.

53 Der Fall *Feryn* (s. o. Rdn. 36) wirft die Frage auf, ob **Kundenwünsche** die Diskriminierung eines Arbeitgebers rechtfertigen können (obgleich der Gerichtshof sie nicht erörtert hat).[110] *Feryn* argumentierte, er könne „keine Menschen fremder Herkunft beschäftigen (...), da die Kunden Bedenken hätten, ihnen für die Dauer der Arbeiten Zugang zu ihren Privatwohnungen zu gewähren". So könnten auch Frauen bei einer Gynäkologin oder in Damenbekleidungsgeschäften, Frauenhäusern oder Frauenbuchhandlungen weibliche Angestellte erwarten; Kunden eines indischen Restaurants könnten von indischen Kellnern bedient werden wollen (und von einem indischen Koch bekocht?). Diese Problematik hat im US-amerikanischen Recht große Aufmerksamkeit erlangt und section 5 Abs. 2 des UK Race Relations Act 1976 enthält insoweit verschiedene Rechtfertigungsmöglichkeiten. Mag man die Kundenwünsche auch nicht teilen, so sind sie doch oftmals nicht als unrechtmäßig zu beanstanden. Die Kunden sind nicht die Adressaten des Antidiskriminierungsrechts der Union. Unterschiedliche Präferenzen sind gerade die Essenz einer freien Gesellschaft und des freien Marktes. Ein Arbeitgeber handelt rational, wenn er Kundenwünschen Rechnung trägt, eine Diskriminierungsabsicht kann ihm nicht unterstellt werden. Oftmals folgt er nur den Gesetzen des Marktes (auch wenn das nicht in allen Fällen zutreffen mag, etwa bei der Frauenbuchhandlung oder dem [authentischen] indischen Restaurant). Indessen ist zu beachten, dass die Berücksichtigung von Kundenwünschen nicht nur gesellschaftliche Vorurteile perpetuieren (das mag eine offene Gesellschaft hinnehmen), sondern auch als Vorwand dienen kann, Diskriminierungsverbote zu umgehen. Der Gerichtshof hat diese Fragen, wie gesagt, in *Feryn* nicht erörtert. Ob eine Berufsanforderung „wesentlich und entscheidend" ist, erfordert eine Wertentscheidung. Das lässt Raum, verschiedene Fallgruppen zu unterscheiden, je nach Legitimität der Berücksichtigung der Kundenwünsche.[111] Die Legitimität kann insbesondere in den Grundrechten der Kunden (wie im Fall der Gynäkologin) oder in den Grundrechten der Arbeitgeber[112] (wie im Fall des indischen Restaurants) begründet sein. Ein zusätzlicher Faktor bei der Bestimmung der Legitimität kann sein, ob das betreffende Angebot (Massage für Frauen; indisches Restaurant) in einem offenen Markt mit entsprechenden anderen Angeboten (Massage für Männer; italienisches Restaurant) einhergehen kann mit der Folge, für die verschiedenen Gruppen Ausweichmöglichkeiten zu haben.[113]

54 Besonders geregelt ist die **Zulässigkeit der Altersdiskriminierung**, die insbesondere zu Zwecken aus den Bereichen Beschäftigungspolitik, Arbeitsmarkt und berufliche Bildung gerechtfertigt sein kann, Art. 6 Abs. 1 GbRRL (näher § 12 Rdn. 46–54). Für die **Behindertendiskriminierung** sind die Rechtfertigungsgründe durch das Erfordernis „angemessener Vorkehrungen" eingeschränkt, Art. 5 GbRRL (näher § 12 Rdn. 37–40). Auch sonst divergieren die Rechtfertigungstatbestände; nicht in allen Fällen ist die Rechtswidrigkeit schon „indiziert".[114] Der unterschiedliche Interessenausgleich, der darin zum Ausdruck kommt, dürfte im Ansatz sachlich begründet sein,[115] teilweise wird

---

110 Dazu *Picker*, in: Egon Lorenz (Hrsg.), Karlsruher Forum 2004, S. 36f., 76f.; *Krause*, FS Adomeit (2008), S. 377–393; *Epstein*, Forbidden Grounds, S. 299–309; *Sunstein*, in: *Sunstein*, Free Markets and Social Justice, S. 151, 153f. S.a. *Jolls*, Harv. L. Rev. 115 (2001), 642–699.

111 S. z.B. *Krause*, FS Adomeit (2008), S. 388–392; *Schlachter*, EuZA 2018, 173ff.

112 S.a. *Lieske*, Diskriminierungsschutz und unternehmerische Freiheit (2011).

113 MünchKommBGB/*Thüsing*, § 8 AGG Rdn. 17.

114 *Schlachter*, GS Blomeyer (2004), S. 367.

115 *König*, FS Zuleeg (2005), S. 352.

darin Ausdruck einer unterschiedlichen Gewichtung der einzelnen Diskriminierungsverbote gesehen.[116]

Im Bereich des *allgemeinen Vertragsrechts* enthält nur die Richtlinie zur Geschlechtsdiskriminierung einen Rechtfertigungstatbestand für den Fall, dass das geschlechtsspezifische Angebot für einen legitimen Zweck erforderlich ist, Art. 4 Abs. 5 RL 2004/113.[117] Die GbEthnieRL lässt eine Rechtfertigung nur für die Diskriminierung im Bereich des Arbeitslebens zu und enthält für den Bereich des allgemeinen Vertragsrechts keinen Rechtfertigungstatbestand.[118] Differenzierungen sind daher nur außerhalb ihres Anwendungsbereichs zulässig oder – im Rahmen der mittelbaren Diskriminierung – soweit es um nachteilige Wirkungen neutraler Kriterien geht, deren Anwendung legitim und erforderlich ist. 55

b) Positive (spezifische) Maßnahmen (affirmative action)

Vorschriften: Art. 141 Abs. 4 EG/157 Abs. 4 AEUV, Art. 3 GDRL, Art. 2 Abs. 8 GbAbRL, Art. 5 GbEthnRL, Art. 7 GbRRL, Art. 6 RL 2004/113.

Literatur: *Colneric*, Frauenförderung nach der Kalanke-Entscheidung des EuGH, ArbRGeg 1997, 69–94; *McCrudden*, A Comparative Taxonomy of „Positive Action" and „Affirmative Action" Policies, in: Schulze (Hrsg.), Non-Discrimination in European Private Law, 2011, 157–180; *Rosenthal*, Affirmative Action and Justice – A Philosophical and Constitutional Inquiry, 1991; *Sachs*, Frauenquoten wieder vor dem EuGH, RdA 1998, 129–142; *Schiek*, „Kalanke" und die Folgen – Überlegungen zu EG-rechtlichen Anforderungen an betriebliche Gleichstellungspolitik, AuR 1996, 128.

Rechtsprechung (Auswahl):

EuGH v. 17.10.1995	Rs. C-450/93 *Kalanke*, EU:C:1995:322
EuGH v. 11.11.1997	Rs. C-409/95 *Marschall*, EU:C:1997:533
EuGH v. 28.3.2000	Rs. C-157/97 *Badeck*, EU:C:1997:307
EuGH v. 6.7.2000	Rs. C-407/98 *Abrahamsson und Anderson*, EU:C:2000:367
EuGH v. 19.3.2002	Rs. C-476/99 *Lommers*, EU:C:2002:183
EuGH v. 30.9.2004	Rs. C-319/03 *Briheche*, EU:C:2004:574
EuGH v. 22.1.2019	Rs. C-193/17 *Cresco Investigation*, EU:C:2019:43

Durchgehend lassen die Richtlinien – wie schon Art. 157 Abs. 4 AEUV – „positive Maßnahmen", also Fördermaßnahmen zugunsten der geschützten Gruppe zu.[119] Besondere Bedeutung haben solche Maßnahmen zugunsten von Menschen mit Behin- 56

116 *Schiek*, ELJ 8 (2002), 290, 301 f.; *Schmidt/Senne*, RdA 2002, 80, 89 (die rügen, das Verbot der Altersdiskriminierung sei ein „Grundrecht zweiter Klasse" und erwägen, den empfundenen Missstand über die Grundrechtscharta zu beseitigen). S.a. die Hinweise oben, Fn. 16.

117 *Riesenhuber/Franck*, EWS 2005, 245–251.

118 Art. 4 GbEthnieRL betrifft nur den Bereich des Arbeitsrechts; dazu *Scholten*, Diskriminierungsschutz im Privatrecht?, S. 38–40.

119 Hier – anders als bei den Diskriminierungsverboten – steht die Förderung der Gruppe und nicht der Ausgleich für die Verletzung individueller Rechte im Vordergrund; *Foran*, OJLS 39 (2019), 901 ff.

derung; näher § 12 Rdn. 37–40.[120] Waren positive Maßnahmen noch nach der Gleichbehandlungsrichtlinie Arbeitsbedingungen von 1976 auf den **Zweck** beschränkt, die *Chancengleichheit* zu fördern, geht es nach den jetzigen sekundärrechtlichen Regeln um die *Gewährleistung der vollen Gleichstellung*, mithin ungleich deutlich weitergehende Ziele.[121] Positive Maßnahmen sollen nicht konkret-individuelle Benachteiligungen einzelner ausgleichen, sondern in der sozialen Wirklichkeit faktisch bestehende Benachteiligungen bestimmter Gruppen beseitigen.[122] Zur Förderung der geschützten Gruppe (z.B. Frauen), wird die Zurücksetzung anderer (z.B. Männer) zugelassen. Das Ziel ist weitgehend anerkannt, die rechtspolitische Bewertung positiver Maßnahmen ist jedoch umstritten.[123] Für das Antidiskriminierungsrecht der Union ist die Bewertung des Gerichtshofs allerdings unzweideutig: Positive Maßnahmen stellen eine Diskriminierung dar;[124] der Sache nach handelt es sich bei ihrer Zulassung daher um einen für die Mitgliedstaaten **optionalen Rechtfertigungsgrund.**[125]

57 Als Einschränkung des *Individualrechts* auf Gleichbehandlung sind positive Maßnahmen nur in engen Grenzen zulässig.[126] **Voraussetzung** ist, dass es um Maßnahmen zur Gewährleistung der vollen Gleichstellung geht, mit denen eine Benachteiligung (wegen eines der verbotenen Merkmale) verhindert oder ausgeglichen wird. „Positiv" bedeutet aktiv gegensteuernd *(affirmative action)*. Nicht entscheidend ist, wie der einzelne die Maßnahme empfindet.[127] Allerdings wird eine Regelung, die die Autonomie der „Geschützten" einschränkt (ihnen z.B. eine Wahlmöglichkeit nimmt)

---

120 Allgemein *Wiedemann*, Die Gleichbehandlungsgebote im Arbeitsrecht, S. 40–44. Aus der US-amerikanischen Rechtsprechung grundlegend *Regents of the University of California v. Bakke*, 438 U. S. 265 (1978).

121 S.a. *Howard*, ELJ 14 (2008), 168, 174ff. EuGH v. 17.10.1995 – Rs. C-450/93 *Kalanke*, EU:C:1995:322 Rdn. 23, hatte noch gerügt: „Außerdem setzt eine solche Regelung insofern, als sie darauf abzielt, dass in allen Vergütungsgruppen und auf allen Funktionsebenen einer Dienststelle mindestens ebenso viel Frauen wie Männer vertreten sind, an die Stelle der in Artikel 2 Abs. 4 GbAbRL vorgesehenen Förderung der Chancengleichheit das Ergebnis, zu dem allein die Verwirklichung einer solchen Chancengleichheit führen könnte."

122 EuGH v. 30.9.2004 – Rs. C-319–03 *Briheche*, EU:C:2004:574 Rdn. 22, 25, 31; EuGH v. 19.3.2002 – Rs. C-476/99 *Lommers*, EU:C:2002:183 Rdn. 32; EuGH v. 17.10.1995 – Rs. C-450/93 *Kalanke*, EU:C:1995:322 Rdn. 18f.; EuGH v. 11.11.1997 – Rs. C-409/95 *Marschall*, EU:C:1997:533 Rdn. 26.

123 S. z.B. *Collins*, MLR 66 (2003), 16–43 (auf Grundlage des Ziels der sozialen Integration), *Dworkin*, Taking Rights Seriously, S. 223–239 (auf Grundlage von Gleichbehandlung als „right to treatment as an equal, which is the right ... to be treated with the same respect and concern as anyone else"); *ders.*, A Matter of Principle, S. 293ff.; *Epstein*, Forbidden Ground, S. 412–437. Überblick bei *Fredman*, Discrimination Law, S. 233–237; *Trebilcock*, The Limits of Freedom of Contract, S. 206f., 209–211.

124 S.z.B. EuGH v. 29.11.2001 – Rs. C-366/99 *Griesmar*, EU:C:2001:648 Rdn. 39–59 (Art. 141 EG/157 AEUV); EuGH v. 17.10.1995 – Rs. C-450/93 *Kalanke*, EU:C:1995:322 (GbAbRL).

125 Calliess/Ruffert/*Krebber*, Art. 157 AEUV Rdn. 74; *Sachs*, RdA 1998, 129, 130f.; *Thüsing*, ZfA 2001, 397, 415; zweifelnd *Schiek*, E.L. Rev. 8 (2002), 290, 298.

126 EuGH v. 17.10.1995 – Rs. C-450/93 *Kalanke*, EU:C:1995:322 Rdn. 21; *Sachs*, RdA 1998, 129, 134f.

127 Missverständlich *Schlachter*, GS Blomeyer (2004), S. 367.

nicht wohl als Ausgleich oder Verhinderung von Nachteilen angesehen werden können. Als Eingriff in das Diskriminierungsverbot als Individualrecht sind positive Maßnahmen nur unter der – ungeschriebenen – weiteren Voraussetzung der **Verhältnismäßigkeit** zulässig.[128] Unter diesem Aspekt hat der Gerichtshof insbesondere solche Fördermaßnahmen beanstandet, die der geschützten Gruppe einen *automatischen oder absoluten Vorrang* einräumt.[129] Auch im Rahmen von Förderprogrammen müssen alle Bewerbungen „Gegenstand einer objektiven Beurteilung" sein, „bei der die besondere *persönliche Lage aller Bewerber berücksichtigt* wird".[130]

Positive Maßnahmen dürfen nur **die Mitgliedstaaten** ergreifen,[131] nicht auch die 58
Sozial-, die Betriebs- oder Vertragspartner. Nach Wortlaut und Zweck der Regelungen kommt nur eine (in den wesentlichen Eckdaten) mitgliedstaatlich bestimmte Regelung in Betracht.[132] Der Sache nach handelt es sich um Ausnahmen vom Gleichbehandlungsgrundsatz aus sozialpolitischen Erwägungen des Allgemeinwohls. Das Allgemeinwohl kann aber sinnvoll nicht unkoordiniert von einzelnen verfolgt werden. Positive Maßnahmen können beibehalten oder neu eingeführt werden, eine Pflicht zur Durchführung positiver Maßnahmen besteht nicht. Ungeachtet des allgemeinen Verschlechterungsverbots (unten, Rdn. 96) müssen die Mitgliedstaaten vorbestehende positive Maßnahmen auch nicht beibehalten; positive Maßnahmen sind erstens ihrer Natur nach vorübergehend und müssen als sozialpolitische Maßnahmen zudem zweitens flexibel handhabbar sein und an sich ändernde Umstände angepasst werden können.

Von positiven Maßnahmen im engeren Sinne scheint der Gerichtshof die Verwendung von neu- 59
tral formulierten Auswahlkriterien zu unterscheiden, die die geförderte Gruppe, im konkreten Fall Frauen, begünstigen (mittelbare Diskriminierung der Männer), wie z.B. die Berücksichtigung von

---

128 EuGH v. 22.1.2019 – Rs. C-193/17 *Cresco Investigation*, EU:C:2019:43 Rdn. 65; EuGH v. 30.9.2004 – Rs. C-319/03 *Briheche*, EU:C:2004:574 Rdn. 24, 27f., 31; EuGH v. 19.3.2002 – Rs. C-476/99 *Lommers*, EU:C:2002:183 Rdn. 39 (zur GbAbRL); EuGH v. 6.7.2000 – Rs. C-407/98 *Abrahamsson und Anderson*, EU:C:2000:367 Rdn. 55 (zu Art. 141 S. 4 Abs. 4 EG); EuGH v. 15.5.1986 – Rs. 222/84 *Johnston*, EU:C:1986:206 Rdn. 38. S.a. *Mohr*, Schutz vor Diskriminierungen, S. 320–323; *Riesenhuber/Franck*, JZ 2004, 529, 535; ähnlich *Thüsing*, ZfA 2001, 397, 415.

129 EuGH v. 30.9.2004 – Rs. C-319–03 *Briheche*, EU:C:2004:574 Rdn. 23f.; EuGH v. 17.10.1995 – Rs. C-450/93 *Kalanke*, EU:C:1995:322 Rdn. 22. *Colneric*, ArbRGeg 1997, 69, 89f. („Vorrangautomatik"); *Sachs*, RdA 1998, 129, 135f.

130 EuGH v. 30.9.2004 – Rs. C-319–03 *Briheche*, EU:C:2004:574 Rdn. 23f.; EuGH v. 6.7.2000 – Rs. C-407/98 *Abrahamsson und Anderson*, EU:C:2000:367 Rdn. 43, 52f.; EuGH v. 28.3.2000 – Rs. C-157/97 *Badeck*, EU:C:1997:307 Rdn. 22f.; EuGH v. 11.11.1997 – Rs. C-409/95 *Marschall*, EU:C:1997:533 Rdn. 32f. Entsprechend für die Förderung durch Vergabe von Kindergartenplätzen EuGH v. 19.3.2002 – Rs. C-476/99 *Lommers*, EU:C:2002:183 Rdn. 39–48. Krit. Erörterung mit Blick auf die *Bakke*-Entscheidung US Supreme Court bei *Dworkin*, A Matter of Principle, Kapitel 14.

131 S. aber *Epstein*, Forbidden Grounds, S. 413–421, der sich für eine umfassende Zulässigkeit von positiven Maßnahmen im privaten Bereich ausspricht – auf Grundlage der Vertragsfreiheit und ohne jegliches Diskriminierungsverbot.

132 *Schlachter*, GS Blomeyer (2004), S. 364f.; *Thüsing*, RdA 2001, 319, 324.

durch Familienarbeit erworbenen Fähigkeiten und Erfahrungen. Das hat der Gerichtshof ohne weiteres für von Art. 3 GDRL gedeckt gehalten.[133] Gerade wenn man – mit dem Gerichtshof – anerkennt, dass positive Maßnahmen in das Individualrecht auf Gleichbehandlung eingreifen, überzeugt das jedoch nicht. Lässt auch der Tatbestand der mittelbaren Diskriminierung eine Rechtfertigung der verwendeten neutralen Kriterien zu (oben, Rdn. 39), so entbindet das doch nicht von der Verhältnismäßigkeitsprüfung.

3. Rechtsdurchsetzung und flankierende Maßnahmen

60 Ergänzt werden die Regelungen durch Vorschriften über Sanktionen und Rechtsdurchsetzung sowie ein Benachteiligungsverbot. In den Geschlechtsdiskriminierungsrichtlinien der 1970er Jahre waren Regelungen zur Rechtsdurchsetzung noch wenig ausgeprägt. Beginnend mit der Rassendiskriminierungsrichtlinie wird auch dieser Aspekt weitgehend unionsrechtlich strukturiert.[134]

a) Beweislast

Vorschriften: Art. 19 GDRL, Art. 4 GbBewRL, Art. 8 GbEthnRL, Art. 10 GbRRL, Art. 9 RL 2004/113.

Literatur: *Bergwitz*, Die neue EG-RL zur Beweislast bei geschlechtsbedingter Diskriminierung, DB 1999, 94–99; *Picker*, Der EuGH und der Auskunftsanspruch des abgelehnten Bewerbers – Meisterhaft!, NZA 2012, 641–646; *Prütting*, Beweisrecht und Beweislast im arbeitsgerichtlichen Diskriminierungsprozess, in: Oetker/Preis/Rieble (Hrsg.), Festschrift 50 Jahre Bundesarbeitsgericht, 2004, S. 1311–1327; *Röthel*, Beweislast und Geschlechterdiskriminierung – Zur Umsetzung der Richtlinie 97/80/EG, NJW 1999, 611–614; *Schlachter*, Richtlinie über die Beweislast bei Diskriminierung, RdA 1998, 321–326; *Windel*, Der Beweis diskriminierender Benachteiligungen, RdA 2007, 1–8.

Rechtsprechung (Auswahl):

EuGH v. 27.10.1993	Rs. C-127/92 *Enderby*, EU:C:1993:859
EuGH v. 17.10.1989	Rs. 109/88 *Danfoss*, EU:C:1989:383
EuGH v. 31.5.1995	Rs. C-400/93 *Royal Copenhagen*, EU:C:1995:155
EuGH v. 11.10.2007	Rs. C-460/06 *Paquay*, EU:C:2007:601
EuGH v. 10.7.2008	Rs. C-54/07 *Feryn*, EU:C:2008:397
EuGH v. 21.7.2011	Rs. C-104/10 *Kelly*, EU:C:2011:506
EuGH v. 19.4.2012	Rs. C- 415/10 *Meister*, EU:C:2012:217
EuGH v. 25.4.2013	Rs. C-81/12 *Asociaţia Accept*, EU:C:2013:275
EuGH v. 3.10.2019	Rs. C-274/18 *Schuch-Ghannadan*, EU:C:2019:828

133 EuGH v. 28.3.2000 – Rs. C-158/97 *Badeck*, EU:C:1997:307 Rdn. 31 f.
134 *Bell*, ELJ 8 (2002), 384, 390–393.

61 Für den Bereich der arbeitsrechtlichen Diskriminierungsverbote hatte zuerst die Beweislastrichtlinie von 1997 – in Anlehnung an die Rechtsprechung des EuGH –[135] eine Beweislastregelung zugunsten von (vermeintlichen) Diskriminierungsopfern eingeführt.[136] Sie gehört heute zu den üblichen ergänzenden Regelungen. Wenn das vermeintliche Diskriminierungsopfer Tatsachen glaubhaft macht, die das Vorliegen einer unmittelbaren oder mittelbaren Diskriminierung (einschließlich Belästigung und Anweisung)[137] vermuten lassen,[138] obliegt es dem Beklagten zu beweisen, dass keine Verletzung des Gleichbehandlungsgrundsatzes vorgelegen hat. Für die Darlegung einer Diskriminierung mit ihren objektiven (Benachteiligung) und ggf. subjektiven Merkmalen reicht m.a.W. die Glaubhaftmachung, also die Begründung einer überwiegenden Wahrscheinlichkeit (Beweismaßreduzierung).[139] Dann trifft den angeblichen Diskriminanten die Beweislast dafür, dass keine Diskriminierung vorliegt. Die Beweislastregel soll eine effektive Durchsetzung des Gleichbehandlungsgrundsatzes sicherstellen.[140] Sie ist aber auch zum Schutz von Diskriminierungsopfern und – beweistechnisch – durch den Sphärengedanken begründet.[141] Legen Tatsachen eine Diskriminierung nahe, so ist der Arbeitgeber weit besser in der Lage, den Verdacht auszuräumen. Bei der Bewertung ist freilich die freiheitsbeschränkende und bürokratisierende Wirkung nicht zu verkennen.[142] Sie zwingt den Arbeitgeber, seine Motivation zu dokumentieren und offenzulegen.

62 Die Beweislastregeln gelten **für gerichtliche Verfahren** und Verfahren vor anderen zuständigen Stellen (v.a. der Gleichstellungsbehörde; s.u. Rdn. 94). Die Mitgliedstaaten können aber, teleologisch einleuchtend, Verfahren ausnehmen, bei denen der Amtsermittlungsgrundsatz gilt. Strafverfahren nehmen die neueren Richtlinien von der Beweislastregelung ausdrücklich aus (Art. 8 Abs. 3 GbEthnieRL, Art. 10 Abs. 3

---

135 EuGH v. 17.10.1989 – Rs. 109/88 *Danfoss*, EU:C:1989:383 Rdn. 12–15; EuGH v. 27.10.1993 – Rs. C-127/92 *Enderby*, EU:C:1993:859 Rdn. 13f.; EuGH v. 31.5.1995 – Rs. C-400/93 *Royal Copenhagen*, EU:C:1995:155 Rdn. 24. S.a. EuGH v. 10.3.2005 – Rs C-196/02 *Nikoloudi*, EU:C:2005:141 Rdn. 69. Dazu *Scholten*, Diskriminierungsschutz im Privatrecht?, S. 82–84.

136 *Bergwitz*, DB 1999, 94–99; *Prütting*, FS 50 Jahre BAG (2004), S. 1311–1327; *Röthel*, NJW 1999, 611, 612; *Schlachter*, RdA 1998, 321–326; *Scholten*, Diskriminierungsschutz im Privatrecht?, S. 80–85; Hanau/Steinmeyer/Wank/*Wank*, § 16 Rdn. 277; *Windel*, RdA 2007, 1, 2f.

137 *Scholten*, Diskriminierungsschutz im Privatrecht?, S. 80f.

138 Z.B. die öffentliche Bekundung, keine Menschen fremder Herkunft einzustellen; EuGH v. 10.7.2008 – Rs. C-54/07 *Feryn*, EU:C:2008:397 Rdn. 30–33; s. weiterhin die Indizien in EuGH v. 16.7.2015 – Rs. C-83/14 *CHEZ Razpredelenie*, EU:C:2015:480 Rdn. 77ff.

139 *Schlachter*, RdA 1998, 321, 324; *Windel*, RdA 2007, 1, 2 m.w.N.

140 Vgl. schon EuGH v. 27.10.1993 – Rs. C-127/92 *Enderby*, EU:C:1993:859 Rdn. 14.

141 *Schlachter*, EAS B 4100 Rdn. 52f.; *dies.*, RdA 1998, 321; *Wiedemann*, Die Gleichbehandlungsgebote im Arbeitsrecht, S. 92–94; EuGH v. 22.4.1997 – Rs. C-180/95 *Draehmpaehl*, EU:C:1997:208 Rdn. 36 („Der Arbeitgeber, der über sämtliche Bewerbungsunterlagen verfügt, hat zu beweisen ... “); Stellungnahme des Bundesrates, BT-Drs. 13/10242 S. 10; vgl. auch *Bezzenberger*, AcP 196 (1996), 395, 431–433.

142 *Riesenhuber/Franck*, JZ 2004, 529, 532; *dies.*, EWS 2005, 245, 250.

GbRRL), das gilt aber aus Gründen des Grundrechtsschutzes auch sonst (auch wenn Art. 4 GbBewRL keine ausdrückliche Ausnahme enthält).

63 **Vermutungsbasis** ist, dass eine Person, die sich durch die Verletzung des Gleichbehandlungsgrundsatzes für beschwert hält, Tatsachen glaubhaft macht, die das Vorliegen einer Diskriminierung überwiegend wahrscheinlich erscheinen lassen.[143] Solche Tatsachen können auch in (unwidersprochenen) Äußerungen (nahestehender) Dritter liegen, wie der Fall *Asociaţia Accept* illustriert: Dort hatte ein Aktionär eines Fußballvereins, der sich selbst als Hauptgeschäftsführer (*Patron*) bezeichnete, erklärt, der Verein werde keinen (angeblich) homosexuellen Spieler einstellen.[144] Rechtsfolge ist eine **Umkehr der Beweislast** (nicht ein bloßer Anscheinsbeweis i. S. d. deutschen Dogmatik); es obliegt dann dem „vermuteten Diskriminierungstäter" zu beweisen, dass der Gleichbehandlungsgrundsatz nicht verletzt ist. Das kann zwar erhebliche Schwierigkeiten aufwerfen, z. B. wenn der Vorwurf einer homophoben Einstellungspraxis im Raume steht. Indes wird vom angeblichen Diskriminanten nichts Unmögliches verlangt (*probatio diabolica*); er muss nicht etwa die sexuelle Orientierung seiner Mitarbeiter darlegen und beweisen (was schon aus datenschutzrechtlichen Gründen nicht geht), sondern kann den Anschein einer Diskriminierung auch mit einem „Bündel übereinstimmender Indizien" ausräumen.[145]

64 Die Beweislastregeln beziehen sich auch auf die Darlegung einer **mittelbaren Diskriminierung**, indessen ohne dafür besondere Anordnungen zu treffen. Insoweit kann Schwierigkeiten bereiten, die nachteilige Betroffenheit der Gruppe – statistisch – zu belegen. Im Wege der teleologischen Auslegung („praktische Wirksamkeit") hat der Gerichtshof die Anforderungen an die Vermutungsbasis („mittelbare Diskriminierung vermuten lassen") großzügig ausgelegt. Sind dem Arbeitnehmer keine Daten speziell über die relevante Gruppe zugänglich oder verfügbar, so kann er den Anschein der mittelbaren Diskriminierung mit allgemeinen statistischen Daten über den Arbeitsmarkt des betreffenden Mitgliedstaats glaubhaft machen.[146]

65 Ungeachtet der Beweislastumkehr kann es für denjenigen, der sich einer Diskriminierung versieht, schwer sein, das Geschehen zu überprüfen. Der Bewerber für eine Stelle oder einen Aufstieg kennt die Mitbewerber und deren Qualifikation oftmals nicht und kann daher nicht einschätzen, ob eine Entscheidung sachlich begründet ist oder auf unzulässigen Erwägungen beruht. Einen **Einsichts- oder Auskunftsanspruch** sehen die Antidiskriminierungsrichtlinien indessen nicht vor, und der EuGH hat ihn auch zu Recht nicht rechtsfortbildend begründet.[147] „Es kann jedoch nicht ausgeschlossen werden", sagt der Gerichtshof weiter, dass „die Verweigerung

---

143 Hanau/Steinmeyer/Wank/*Wank*, § 16 Rdn. 277.

144 EuGH v. 25.4.2013 Rs. C-81/12 *Asociaţia Accept*, EU:C:2013:275 Rdn. 48 ff.

145 EuGH v. 25.4.2013 Rs. C-81/12 *Asociaţia Accept*, EU:C:2013:275 Rdn. 57 f.

146 EuGH v. 3.10.2019 – Rs. C-274/18 *Schuch-Ghannadan*, EU:C:2019:828 Rdn. 54 ff.

147 EuGH v. 19.4.2012 – Rs. C- 415/10 *Meister*, EU:C:2012:217 Rdn. 32 ff; EuGH v. 21.7.2011 – Rs. C-104/10 *Kelly*, EU:C:2011:506 Rdn. 29 ff.

jedes Zugangs zur Information“ durch den Arbeitgeber als ein Gesichtspunkt berücksichtigt wird, die eine Diskriminierung vermuten lassen.[148] Die Formulierung ist aus guten Gründen äußerst zurückhaltend, denn wenn es kein Einsichts- oder Auskunftsrecht gibt, kann aus der Einsichts- oder Auskunftsverweigerung nicht ohne weiteres ein nachteiliger Schluss gezogen werden.[149]

b) Sanktionen

Literatur: *Abele,* Schadensersatz wegen geschlechtsbezogener Diskriminierung eines Stellenbewerbers, NZA 1997, 641–643; *Annuß,* Grundfragen der Entschädigung bei unzulässiger Geschlechtsdiskriminierung, NZA 1999, 738–744; *Ayres/Brown,* Mark(et)ing Nondiscrimination: Privatizing ENDA with a Certification Mark, Mich.L.Rev. 104 (2006), 1639–1712; *dies.*, Privatizing Employment Protections, Ariz. L.Rev. 49 (2007), 587–598; *Benecke/Kern,* Sanktionen im Antidiskriminierungsrecht: Möglichkeiten und Grenzen der Umsetzung der Europäischen Richtlinien im deutschen Recht, EuZW 2005, 360–364; *Busche,* Effektive Rechtsdurchsetzung und Sanktionen bei Verletzung richtliniendeterminierter Diskriminierungsverbote, in: Leible/Schlachter (Hrsg.), Diskriminierungsschutz durch Privatrecht, 2006, S. 159–177; *Colneric,* Voller Schadensersatz bei geschlechtsbedingter Diskriminierung, ZEuP 1995, 646–654; *Herrmann,* Die Abschlussfreiheit – ein gefährdetes Prinzip, ZfA 1996, 19–68; *Hoppe,* Europäischer Schutz vor sexueller Diskriminierung beim Zugang zur Arbeit, ZEuP 2002, 78–95; *Kamanabrou,* Rechtsfolgen unzulässiger Benachteiligung im Antidiskriminierungsrecht, ZfA 2006, 327–345; *Koberski,* Gleichbehandlung und Diskriminierung unter besonderer Berücksichtigung der Gleichstellung von Mann und Frau, in: Schmidt (Hrsg.), Arbeitsrecht und Arbeitsgerichtsbarkeit – Festschrift zum 50-jährigen Bestehen der Arbeitsgerichtsbarkeit in Rheinland-Pfalz, 1999, S. 503–519; *Reich,* Effective Private Law Remedies in Discrimination Cases, in: Schulze (Hrsg.), Non-Discrimination in European Private Law, 2011, S. 57–79; *Riesenhuber,* Nichtspezifizierte Rechtsfolgen im Europäischen Vertragsrecht, in: Clavée/Kahl/Pisal (Hrsg.), Festschrift 10 Jahre Brandenburgisches Oberlandesgericht, 2003, S. 161–178; *Schlachter,* Anforderungen der Gleichbehandlungsrichtlinien an ein wirksames Sanktions-Instrumentarium, in: Rust/Däubler/Falke/Lange/Plett/Scheiwe/Sieveking (Hrsg.), Gleichbehandlungsrichtlinien der EU und ihre Umsetzung in Deutschland – Loccumer Protokolle 40/03, 2003, S. 239–253; *Schlieman,* Gleichberechtigung bei der Begründung von Arbeitsverhältnissen – eine (fast) unendliche Geschichte von Europa und Michel, in: Hanau/Heither/Kühling (Hrsg.), Richterliches Arbeitsrecht – Festschrift für Thomas Dieterich, 1999, S. 569–583; *Steinbrück,* Geldentschädigung bei ethnischen Diskriminierungen – Punitive damages als zivilrechtliche Sanktion?, Jura 2004, 439–446; *Stoffels,* Grundprobleme der Schadensersatzverpflichtung nach § 15 Abs. 1 AGG, RdA 2009, 204–215; *Volmer,* „Punitive Damages“ im deutschen Arbeitsrecht?, BB 1997, 1582–1585; *Wagner,* Prävention und Verhaltensteuerung durch Zivilrecht – Anmaßung oder legitime Aufgabe?, AcP 206 (2006), 352–476.

Rechtsprechung:

GA *Saugmandsgaard Øe,* Schlussanträge v. 14.5.2020	Rs. C-30/19 *Braathens Regional Aviation,* EU:C:2020:374

148 EuGH v. 19.4.2012 – Rs. C- 415/10 *Meister,* EU:C:2012:217 Rdn. 47; EuGH v. 21.7.2011 – Rs. C-104/10 *Kelly,* EU:C:2011:506 Rdn. 39.

149 *Picker,* NZA 2012, 641ff.

66 Wie zumeist im Europäischen Privatrecht sind auch in den Gleichbehandlungsrichtlinien die Rechtsfolgen von Pflichtverletzungen (Sekundärrechte) weitgehend ungeregelt, doch ergeben sich schon aus den allgemeinen Umsetzungspflichten, die die Richtlinien (deklaratorisch) hervorheben, rahmenhafte Vorgaben (§ 1 Rdn. 76f.). Immerhin ansatzweise enthalten die Gleichbehandlungsrichtlinien aber auch schon spezifizierte Verstoßfolgen.

aa) Spezifizierte Verstoßfolgen

(1) Schadensersatz

Vorschriften: Art. 18 GDRL, Art. 6 Abs. 2 GbAbRL, Art. 8 Abs. 2 RL 2004/113.

Rechtsprechung (Auswahl):
EuGH v. 17.12.2014 Rs. C-407/14 *Camacho*, EU:C:2015:831

67 Nur die Geschlechtsdiskriminierungsrichtlinie enthält die spezifizierte Pflicht, einen **Schadensersatzanspruch** einzuführen, durch den ein erlittener Schaden „tatsächlich und wirksam ausgeglichen oder ersetzt wird, wobei dies auf eine abschreckende und den erlittenen Schaden angemessene Art und Weise geschehen muss".[150] Dabei darf dieser Ausgleichs- oder Ersatzanspruch „nur in den Fällen durch eine im Voraus festgelegte **Höchstgrenze** begrenzt werden, in denen der Arbeitgeber nachweisen kann, dass der einem/einer Bewerber/in durch die Diskriminierung im Sinne dieser Richtlinie entstandene Schaden allein darin besteht, dass die Berücksichtigung seiner/ihrer Bewerbung verweigert wird". Damit hat der Gesetzgeber im Jahre 2002 die Rechtsprechung des EuGH zur Sanktionierung durch Schadensersatz (zu ihr noch sogleich, Rdn. 72) kodifiziert.[151] Gleichzeitig wird damit das früher anerkannte Wahlrecht zwischen öffentlich-rechtlicher und privatrechtlicher Sanktionierung[152] insoweit[153] einge-

---

150 A.M. etwa *Kamanabrou*, ZfA 2006, 327, 329f. (ausweislich BE 18 RL 2002/73 [entspr. BE 34 GDRL] habe der Gesetzgeber nur die Rechtsprechung des EuGH übernehmen wollen, zu der aber auch die Wahlfreiheit des mitgliedstaatlichen Gesetzgebers gehöre, eine finanzielle Wiedergutmachung vorzusehen oder nicht). Zur Problematik der Bemessung der Geldentschädigung vergleichend *Steinbrück*, JURA 2004, 439–446.

151 Zur Entwicklung auch EuGH v. 17.12.2014 – Rs. C-407/14 *Camacho*, EU:C:2015:831 Rdn. 26ff.

152 EuGH v. 10.4.1984 – Rs. 14/83 *von Colson und Kamann*, EU:C:1984:153 Rdn. 15–18. S.a. EuGH v. 10.4.1984 – Rs. 79/83 *Harz*, EU:C:1984:155 Rdn. 18.

153 Anders aber noch nach Art. 15 GbEthnieRL, Art. 17 GbRRL. Eine Sanktionierung durch Schadensersatz dürfte indes auch Art. 14 RL 2004/113 vorschreiben; S. schon *Riesenhuber*, in: Leible/Schlachter (Hrsg.), Diskriminierungsschutz durch Privatrecht, S. 123, 135; a.M. *Picker*, in: Lorenz (Hrsg.), Karlsruher Forum 2004: Haftung wegen Diskriminierung nach derzeitigem und zukünftigem Recht, S. 19; wohl auch *Benecke/Kern*, EuZW 2005, 360, 363.

schränkt. Art. 18, 25 GDRL ermöglichen den Mitgliedstaaten zwar, einen **Strafschadensersatz** vorzusehen, verpflichten sie indes nicht dazu.[154]

(2) Unwirksamkeit diskriminierender Rechtsgeschäfte[155]

Vorschriften: Art. 23 GDRL, Art. 3 Abs. 2 lit. b) GbAbRL, Art. 4 GbEntgeltRL, Art. 14 lit. b) GbEthnieRL, Art. 16 lit. b) GbRRL, Art. 13 lit. b) RL 2004/113.

Rechtsprechung (Auswahl):

EuGH v. 19.6.2014	verb. Rs. C-501/12 bis C-506/12, C-540/12, C-541/12 *Specht*, EU:C:2014:2005
EuGH v. 28.1.2015	Rs. C-417/13 *Starjakob*, EU:C:2015:38
EuGH v. 14.3.2018	Rs. C-482/16 *Stollwitzer*, EU:C:2018:180
EuGH v. 8.5.2019	Rs. C-24/17 *Österreichischer Gewerkschaftsbund*, EU:C:2019:373
EuGH v. 8.5.2019	Rs. C-396/17 *Leitner*, EU:C:2019:375

Ebenfalls spezifisch vorgegeben ist, dass Rechtsgeschäfte, die mit dem Gleichbehandlungsgrundsatz unvereinbar sind, nach mitgliedstaatlichem Recht entweder für nichtig oder vernichtbar erklärt oder geändert werden müssen.[156] Die Rechtsfolgenvorgabe betrifft – in den arbeitsrechtlichen Antidiskriminierungsrichtlinien weithin einheitlich – „Arbeits- und Tarifverträge, Betriebsordnungen und Statuten der freien Berufe und der Arbeitgeber- und Arbeitnehmerorganisationen und allen sonstigen Vereinbarungen und Regelungen". In der Formulierung kommt der Wille des Gesetzgebers zum Ausdruck, private Rechtsgeschäfte umfassend zu erfassen. 68

Erweist sich eine gesetzliche, kollektiv- oder individualvertragliche Regelung als unwirksam, kann sich die Frage stellen, wie die dadurch entstehende Lücke zu schließen ist. Die Unwirksamkeitsanordnung der Richtlinien macht den Mitgliedstaaten oder privaten Arbeitgebern insofern zunächst keine Vorgaben, „sondern belässt ihnen nach Maßgabe der unterschiedlichen denkbaren Sachverhalte die Freiheit der Wahl unter den verschiedenen Lösungen, die zur Verwirklichung des mit ihr verfolgten Ziels geeignet sind". Insbesondere schreibt sie auch nicht zwingend vor, dass eine **Anpassung „nach oben"** stattfinden müsste.[157] Allerdings gebietet der Gleichbehandlungsgrundsatz, „dass den Angehörigen der benachteiligten Gruppe dieselben Vorteile gewährt werden wie die, die den Angehörigen der privilegierten Gruppe zu- 69

154 EuGH v. 17.12.2014 – Rs. C-407/14 *Camacho*, EU:C:2015:831 Rdn. 25 ff.

155 Die Mitgliedstaaten sind zudem gebunden, diskriminierende Rechtsvorschriften zu beseitigen, Art. 23 lit. a) GDRL, Art. 5 Abs. 2 lit. a) GbAbRL, Art. 3 GbEntgeltRL, Art. 14 lit. a) GbEthnieRL, Art. 16 lit. a) GbRRL, Art. 13 lit. a) GbGesRL; dazu z. B. EuGH v. 21.7.2005 – Rs. C-207/04 *Vergani*, EU: C:2005:495 Rdn. 25 f.

156 S. z. B. EuGH v. 18.3.2004 – Rs. C-342/01 *Merino Gómez*, EU:C:2004:160 Rdn. 40. Vgl. auch *Basedow*, ZEuP 2008, 230, 238–240; *Kamanabrou*, ZfA 2006, 327, 328, 331 f.

157 EuGH v. 14.3.2018 Rs. C-482/16 *Stollwitzer*, EU:C:2018:180 Rdn. 28 ff.

gutekommen, wobei diese Regelung, solange das Unionsrecht nicht richtig durchgeführt ist, das einzig gültige Bezugssystem bleibt".[158] Sind daher jüngere Arbeitnehmer in diskriminierender Weise von einer Leistung ausgeschlossen worden, so ist ihnen diese zu gewähren, solange es keine diskriminierungsfreie Neuregelung gibt. Die Neuregelung kann dann allerdings auch eine Anpassung „nach unten" vorsehen.[159] Anders liegen die Dinge, wenn es wegen der Diskriminierung kein gültiges Bezugssystem mehr gibt, weil das Bezugssystem insgesamt gegen das Diskriminierungsverbot verstößt.[160] So war es beim früheren deutschen System der Beamtenbesoldung nach Dienstaltersstufen.[161] Eine Anpassung nach oben kommt in diesem Fall nicht in Betracht und ist unionsrechtlich nicht geboten.

bb) Nicht-spezifizierte Verstoßfolgen

Vorschriften: Art. 25 GDRL, Art. 8 d GbAbRL, Art. 15 GbEthnRL, Art. 17 GbRRL, Art. 14 RL 2004/113.

Rechtsprechung (Auswahl):

EuGH v. 10.4.1984 Rs. 79/83 *Harz*, EU:C:1984:155
EuGH v. 10.4.1984 Rs. 14/83 *von Colson und Kamann*, EU:C:1984:153
EuGH v. 2.8.1993 Rs. C-271/91 *Marshall II*, EU:C:1993:335
EuGH v. 22.4.1997 Rs. C-180/95 *Draehmpaehl*, EU:C:1997:208
EuGH v. 10.7.2008 Rs. C-54/07 *Feryn*, EU:C:2008:397
EuGH v. 25.4.2013 Rs. C-81/12 *Asociaţia Accept*, EU:C:2013:275

(1) Allgemeines

70 Im Übrigen ist die Bestimmung von Verstoßfolgen Sache der Mitgliedstaaten, die dabei allerdings durch die Umsetzungspflichten gebunden sind, nämlich den Äquivalenzgrundsatz und den Effektivitätsgrundsatz (s. o., § 1 Rdn. 77).[162] Die Umsetzungspflichten heben die Richtlinien (klarstellend) besonders hervor. Die Verstoßfolgen müssen – in Übernahme der Rechtsprechung des EuGH – **„wirksam, verhältnis-**

---

158 EuGH v. 28.1.2015 Rs. C-417/13 *Starjakob*, EU:C:2015:38 Rdn. 44 ff.; EuGH v. 9.3.2017 Rs. C-406/15 *Milkova*, EU:C:2017:198 Rdn. 66 ff.; EuGH v. 8.5.2019 – Rs. C-396/17 *Leitner*, EU:C:2019:375 Rdn. 67 ff. EuGH v. 8.5.2019 – Rs. C-24/17 *Österreichischer Gewerkschaftsbund*, EU:C:2019:373 Rdn. 53 ff.

159 EuGH v. 14.3.2018 Rs. C-482/16 *Stollwitzer*, EU:C:2018:180 Rdn. 28 ff.

160 EuGH v. 19.6.2014 verb. Rs. C-501/12 bis C-506/12, C-540/12, C-541/12 *Specht*, EU:C:2014:2005 Rdn. 96.

161 EuGH v. 19.6.2014 verb. Rs. C-501/12 bis C-506/12, C-540/12, C-541/12 *Specht*, EU:C:2014:2005 Rdn. 96, 42.

162 EuGH v. 11.10.2007 – Rs. C-460/06 *Paquay*, EU:C:2007:601 Rdn. 44.

mäßig und abschreckend" sein.[163] Sie „[können] auch Schadensersatzleistungen an die Opfer umfassen".[164]

(2) Mitgliedstaatliche Rechtsfolgenanordnungen in der Rechtsprechung des EuGH

Die Umsetzungspflichten haben gerade im Hinblick auf die (deutsche) Umsetzung der Diskriminierungsverbote eine hervorgehobene Rolle gespielt.[165] Zur Bewehrung der ursprünglichen Gleichbehandlungsrichtlinie Arbeitsbedingungen (heute Art. 25 GDRL) hat der EuGH zunächst ausgeführt, dass die Mitgliedstaaten zwar verpflichtet sind, hinreichend wirksame Maßnahmen zu ergreifen, um die Chancengleichheit beider Geschlechter beim Zugang zur Beschäftigung zu verwirklichen. Ihnen ist jedoch grundsätzlich selbst überlassen, welche Sanktion sie für den Verstoß gegen ein Diskriminierungsverbot wählen.[166] Diese können grundsätzlich sowohl zivilrechtlich wie öffentlich-rechtlich sein[167] (s. aber einschränkend oben, Rdn. 67, zum Schadensausgleich). Demzufolge begründet die Richtlinie auch keine Verpflichtung des diskriminierenden Arbeitgebers, mit dem Betroffenen einen Arbeitsvertrag abzuschließen (**kein Kontrahierungszwang** von Richtlinien wegen).[168] Die Mitgliedstaaten müssen allerdings bei der Wahl einer geeigneten Sanktion berücksichtigen, dass Verstöße gegen das Unionsrecht nach ähnlichen sachlichen und verfahrensrechtlichen Regelungen geahndet werden sollen wie nach Art und Schwere gleichartige Verstöße gegen das nationale Recht (Äquivalenzgebot, s.o. § 1 Rdn. 77).[169] Soweit es um die schwangerschaftsbedingte Kündigung geht, die auch nach Art. 10 MuSchRL verboten ist, kann aus dem Äquivalenzgebot folgen, dass die diskriminierungsrechtlichen Folgen nicht hinter den mutterschutzrechtlichen zurückbleiben.[170] **71**

Weitergehende Anforderungen hat der EuGH dem Effektivitätsgebot (§ 1 Rdn. 77) entnommen, wonach die gewählte Sanktion geeignet sein muss, einen tatsächlichen und wirksamen Rechtsschutz zu ge- **72**

163 Aus der Rechtsprechung etwa EuGH v. 10.4.1984 – Rs. 14/83 *von Colson und Kamann*, EU:C:1984:153 Rdn. 22–25; EuGH v. 10.4.1984 – Rs. 79/83 *Harz*, EU:C:1984:155 Rdn. 23; EuGH v. 8.11.1990 – Rs. 177/88 *Dekker*, EU:C:1990:383 Rdn. 23; EuGH v. 22.4.1997 – Rs. *Draehmpaehl*, EU:C:1997:208 Rdn. 24f.; EuGH v. 11.10.2007 – Rs. C-460/06 *Paquay*, EU:C:2007:601 Rdn. 45; aus der Literatur etwa *Busche*, in: Leible/Schlachter, Diskriminierungsschutz durch Privatrecht, S. 159–177; *Benecke/Kern*, EuZW 2005, 360–364; *Scholten*, Diskriminierungsschutz im Privatrecht?, S. 54–57; *Schlachter*, in: Rust/Däubler/Falke/Lange/Plett/Schweiwe/Sieveking (Hrsg.), Gleichbehandlungsrichtlinien der EU und ihre Umsetzung in Deutschland, S. 239–244.

164 Zu unterschiedlichen Umsetzungsvarianten der Mitgliedstaaten (straf- und zivilrechtlich, Schadensersatzvarianten) *Hoppe*, ZEuP 2002, 78–95.

165 Dazu z.B. *Colneric*, ZEuP 1995, 646–654; *Koberski*, FS 50 Jahre Arbeitsgerichtsbarkeit Rheinland-Pfalz, S. 503–519; *Schlieman*, FS Dieterich (1999), S. 569–583.

166 EuGH v. 10.4.1984 – Rs. 14/83 *von Colson und Kamann*, EU:C:1984:153 Rdn. 18; EuGH v. 10.4.1984 – Rs. 79/83 *Harz*, EU:C:1984:155 Rdn. 18.

167 Anders allerdings für den Fall einer diskriminierenden Entlassung, bei der die „Gleichheit" nur durch Wiedereinstellung oder Ausgleich des Schadens wiederhergestellt werden kann; EuGH v. 2.8.1993 – Rs. C-271/91 *Marshall II*, EU:C:1993:335 Rdn. 25.

168 EuGH v. 10.4.1984 – Rs. 14/83 *von Colson und Kamann*, EU:C:1984:153 Rdn. 19; EuGH v. 10.4.1984 – Rs. 79/83 *Harz*, EU:C:1984:155 Rdn. 19.

169 EuGH v. 11.10.2007 – Rs. C-460/06 *Paquay*, EU:C:2007:601 Rdn. 50–52; EuGH v. 21.9.1989 – Rs. 68/88 *Kommission ./. Griechenland*, EU:C:1989:339 Rdn. 24; EuGH v. 22.4.1997 – Rs. C-180/95 *Draehmpaehl*, EU:C:1997:208 Rdn. 9.

170 EuGH v. 11.10.2007 – Rs. C-460/06 *Paquay*, EU:C:2007:601 Rdn. 51.

währleisten,[171] und eine abschreckende Wirkung gegenüber dem Urheber der Diskriminierung haben muss. Wählt der Mitgliedstaat als **Sanktion** die **Entschädigung**, so muss diese in einem angemessenen Verhältnis zu dem im einzelnen Fall entstandenen Schaden stehen,[172] eine bloß symbolische Entschädigung („Portokosten") genügt hingegen nicht.[173] Das hat insbesondere für **Haftungshöchstgrenzen** Bedeutung. So darf der Schadensersatz wegen diskriminierender *Entlassung* nicht im Voraus auf eine Höchstgrenze beschränkt sein, da sonst eine angemessene Wiedergutmachung des im Einzelfall tatsächlich entstandenen Schadens nicht gewährleistet ist.[174] Unzureichend ist der Entschädigungsanspruch, wenn er nicht von dem Zeitpunkt der Entschädigung bis zur Zahlung verzinst wird;[175] das ist als voller Schadensausgleich sowie generalpräventiv begründet, da der Arbeitgeber sonst einen Anreiz haben kann, den Ausgleich hinauszuzögern. Die Entschädigung wegen einer Diskriminierung bei der *Einstellung* kann mit Rücksicht auf die Kausalität für die Nichteinstellung bemessen werden. Daher ist eine Höchstgrenze zulässig, wenn der diskriminierte Bewerber auch bei diskriminierungsfreier Auswahl nicht eingestellt worden wäre. Anders liegen die Dinge, wenn die Diskriminierung für die Nichteinstellung ursächlich war.[176] Die Beweislast für die (fehlende) Kausalität trägt freilich – nach dem Schutzzweck des Diskriminierungsverbots und Sphärengesichtspunkten folgerichtig – der Arbeitgeber.[177] Auch die Festlegung einer „**kumulativen Höchstgrenze**" für den Fall, dass mehrere Bewerber eine Entschädigung verlangen, gewährleistet keinen wirksamen und tatsächlichen Rechtsschutz. Auch in diesem Fall ist der volle Ausgleich des Schadens im Einzelfall nicht sichergestellt; zudem kann eine solche Höchstgrenze das Diskriminierungsopfer von der Geltendmachung seiner Rechte abhalten.[178]

73 Endlich darf der Ersatzanspruch des Diskriminierungsopfers **nicht** von einem **Verschulden** des Arbeitgebers oder dem Nichtvorliegen national-rechtlicher Rechtfertigungsgründe abhängig gemacht werden.[179] Der Verstoß gegen das Diskriminierungsverbot muss schon für sich genommen ausreichen, die von den Mitgliedstaaten im Rahmen einer zivilrechtlichen Haftungsregelung vorgesehene Sanktionierung auszulösen.[180]

74 Für den Fall einer „unmittelbaren Diskriminierung ohne Opfer" (Rdn. 36) hat der EuGH angenommen, die gebotenen Sanktionen könnten „darin bestehen, dass das Gericht oder die zuständige Verwaltungsbehörde die Diskriminierung feststellt, verbunden mit der Anordnung einer adäquaten Veröffentlichung, deren Kosten dann zulasten des Beklagten gehen".[181] Die Sanktionen könnten auch

---

171 EuGH v. 10.4.1984 – Rs. 14/83 *von Colson und Kamann*, EU:C:1984:153 Rdn. 23; EuGH v. 10.4.1984 – Rs. 79/83 *Harz*, EU:C:1984:155 Rdn. 23.

172 EuGH v. 11.10.2007 – Rs. C-460/06 *Paquay*, EU:C:2007:601 Rdn. 46, 49; EuGH v. 2.8.1993 – Rs. C-271/91 *Marshall II*, EU:C:1993:335 Rdn. 25.

173 EuGH v. 22.4.1997 – Rs. C-180/95 *Draehmpaehl*, EU:C:1997:208 Rdn. 27; EuGH v. 10.4.1984 – Rs. 14/83 *von Colson und Kamann*, EU:C:1984:153 Rdn. 23; EuGH v. 10.4.1984 – Rs. 79/83 *Harz*, EU:C:1984:155 Rdn. 23.

174 EuGH v. 2.8.1993 – Rs. C-271/91 *Marshall II*, EU:C:1993:335 Rdn. 30; m. Anm. v. *Colneric*, ZEuP 1995, 646–654.

175 EuGH v. 2.8.1993 – Rs. C-271/91 *Marshall II*, EU:C:1993:335 Rdn. 32.

176 EuGH v. 22.4.1997 – Rs. C-180/95 *Draehmpaehl*, EU:C:1997:208 Rdn. 37.

177 EuGH v. 22.4.1997 – Rs. C-180/95 *Draehmpaehl*, EU:C:1997:208 Rdn. 36.

178 EuGH v. 22.4.1997 – Rs. C-180/95 *Draehmpaehl*, EU:C:1997:208 Rdn. 40.

179 EuGH v. 8.11.1990 – Rs. C-177/88 *Dekker*, EU:C:1990:383 Rdn. 24; EuGH v. 22.4.1997 – Rs. C-180/95 *Draehmpaehl*, EU:C:1997:208 Rdn. 17–19. *Kamanabrou*, ZfA 2006, 327, 330 f.

180 EuGH v. 8.11.1990 – Rs. C-177/88 *Dekker*, EU:C:1990:383 Rdn. 26.

181 Eine solche Veröffentlichung und die Pflicht des Arbeitnehmers, die Kosten zu tragen, werfen weitere Probleme auf, insbesondere für die Grundrechte des Arbeitnehmers; die deutsche Umsetzungsgesetzgebung bereitet dafür keine angemessene Grundlage; *Lindner*, RdA 2009, 45–48.

in einer öffentlichen „Widerrufserklärung" (auf Kosten des Arbeitgebers), einer zwangsgeldbewehrten Unterlassungserklärung oder einem „Schadensersatzanspruch" eines klagenden Verbands liegen.[182]

c) Benachteiligungsverbot („Viktimisierung")

Vorschriften: Art. 24 GDRL, Art. 5 GbLohnRL, Art. 7 GbAbRL, Art. 9 GbEthnRL, Art. 11 GbRRL, Art. 10 RL 2004/113.

Literatur: *Benecke*, Umfang und Grenzen des Maßregelungsverbots und des Verbots der „Viktimisierung" – Der Konflikt nach dem Konflikt, NZA 2011, 481–486; *Connolly*, Victimising Third Parties: The Equality Directives, the European Convention on Human Rights, and EU General Principles, E.L. Rev. 35 (2010), 822–836; *Dougan*, The Equal Treatment Directive: Retaliation, Remedies and Direct Effect, E.L. Rev. 24 (1999), 664–673; *Faulenbach*, Das arbeitsrechtliche Maßregelungsverbot (§ 612a BGB), 2005; *Kamanabrou*, Europarechtskonformer Schutz vor Benachteiligungen bei Kündigungen, RdA 2007, 199–207; *Sprenger*, Inhalt und Reichweite unionsrechtlicher Viktimisierungsverbote – Gedanken zum Urteil in der Rechtssache Hakelbracht, EuZA 2020, 48–59; *Thüsing*, Anwendungsbereich und Regelungsgehalt des Maßregelungsverbots gem. § 612a BGB, NZA 1994, 728–732; *Wilken*, Regelungsgehalt des Maßregelungsverbots gem. § 612a BGB, 2001.

Rechtsprechung (Auswahl):

EuGH v. 22.9.1998	Rs. C-185/97 *Coote*, EU:C:1998:424
EuGH v. 20.6.2019	Rs. C-404/18 *Hakelbracht*, EU:C:2019:523

Unionsrechtlich begründet ist auch das Benachteiligungsverbot, das mit einem nicht eben leicht verständlichen Anglizismus als „Viktimisierung" bezeichnet wird. Es war bereits in den ersten Gleichbehandlungsrichtlinien von 1975 und 1976 über die Gleichbehandlung von Männern und Frauen im Hinblick auf Lohn und Arbeitsbedingungen enthalten, die der deutsche Gesetzgeber insoweit in § 612a BGB umgesetzt hat. Teleologisch handelt es sich um eine selbstverständliche Ergänzung des Diskriminierungsverbots, die der EuGH auch ohne spezifische Regelung schon den allgemeinen Umsetzungspflichten entnommen hat.[183] 75

Im Anschluss an die jüngere Rechtsprechung des EuGH wird die Frage erörtert, ob auch das Benachteiligungsverbot an der grundrechtsfundierten unmittelbaren Richtlinienwirkung (oben, Rdn. 12f. sowie § 1 Rdn. 84) teilhat.[184] Als Grundlage dürfte zwar nicht das Diskriminierungsverbot von Art. 21 GRCh in Betracht kommen, möglicherweise aber die Grundrechte der Art. 30 (Schutz vor ungerechtfertigter Entlassung) und 47 GRCh (Verfahrensgrundrechte). 76

182 EuGH v. 10.7.2008 – Rs. C-54/07 *Feryn*, EU:C:2008:397 Rdn. 36–39.

183 Vgl. EuGH 22.9.1998 – Rs. C-185/97, *Coote*, EU:C:1998:424 Rdn. 20–27. Anders aber GA *Mischo* in den Schlussanträgen in diesem Fall, Rdn. 23ff. (der den begrenzenden Wortlaut von Art. 7 GbAbRL betont). S.a. *Dougan*, E.L. Rev. 24 (1991), 664–673.

184 *Sprenger*, EuZA 2020, 48, 54f. (i.Erg. abl.).

77 Gemeinsamer Bestand[185] der Regelungen ist, dass

(1) Arbeitnehmer und – teilweise eigens hervorgehoben – Arbeitnehmervertreter
(2) vor Benachteiligungen (insbesondere Kündigung) durch den Arbeitgeber geschützt werden sollen,
(3) die als Reaktion auf (a) eine Beschwerde oder (b) auf die Einleitung eines (behördlichen oder gerichtlichen) Verfahrens zur Durchsetzung des Gleichbehandlungsgrundsatzes erfolgen.[186]

78 Wenn gemäß dieser Bestimmung „Arbeitnehmer" geschützt sind, kann dies nach dem offenen Wortlaut der Bestimmung nicht nur die Arbeitnehmer umfassen, die ihre Rechte nach den Antidiskriminierungsrichtlinien geltend gemacht haben, sondern auch deren Kollegen (desselben Arbeitgebers), die z.B. den Kläger moralisch unterstützt haben.[187] Der Schutz kann nach Wortlaut und Zweck insbesondere nicht auf Arbeitnehmer beschränkt werden, die (wie es das belgische Umsetzungsgesetz vorsah) als Zeugen in einem Beschwerdeverfahren ausgesagt haben.[188]

79 Das Verbot schützt Arbeitnehmer vor Vergeltungsmaßnahmen als Reaktion auf eine „Beschwerde" oder die „Einleitung eines Verfahrens zur Durchsetzung des Gleichbehandlungsgrundsatzes". Der Wortlaut beschränkt das geschützte Verhalten nicht auf Fälle, in denen die Beschwerde oder das Verfahren gerechtfertigt oder erfolgreich war. Im Gegenteil stellt die Formulierung auf die Absicht ab („zur Durchsetzung"). Diese Auslegung wird auch vom Zweck der Regelung getragen. Vergeltungsmaßnahmen aufgrund einer ungerechtfertigten Beschwerde oder der ungerechtfertigten Einleitung eines Verfahrens sind unrechtmäßig; das innerstaatliche Recht kann (nur) einen Schutz vor leichtfertigen Verfahren oder sonstigem Missbrauch vorsehen.[189] Dieser umfassende Schutz ist jedoch auf die beiden aufgezählten Fälle (1) interne Beschwerden und (2) Gerichtsverfahren beschränkt. Wenn der Arbeitnehmer sich in der irrigen Annahme, er sei diskriminiert worden, weigert, eine Arbeit auszuführen, kann er seinen Lohn verlieren. Der (berechtigte oder unberechtigte) Vor-

---

185 S.a. *Sprenger*, EuZA 2020, 48, 55 f. (aus teleologischen Erwägungen Divergenzen im Wortlaut hintanstellend).

186 Der Wortlaut der Rassendiskriminierungsrichtlinie ist weiter gefasst („Person" statt „Arbeitnehmer"; die im Text in Klammern hinzugefügten Einschränkungen sind dort nicht vorgesehen). Dieser Unterschied scheint dem weiteren Anwendungsbereich geschuldet, der über den Beschäftigungsbereich hinausgeht.

187 *Connolly*, E.L. Rev. 35 (2010), 822–836 (Erörterung (1) einer weiten Auslegung der Richtlinien, (2) eines Schutzes Dritter auf der Basis allgemeiner Grundsätze des Unionsrechts; und Vorschlag einer Änderung der Richtlinien).

188 EuGH v. 20.6.2019 – Rs. C-404/18 *Hakelbracht*, EU:C:2019:523 Rdn. 26 ff. m.zust.Bespr. *Herbst*, EuZA 2020, 78 ff.; *Porsche*, ZESAR 2019, 509 ff.

189 A.M. (zur Umsetzung in Deutschland) *Benecke*, NZA 2011, 481, 482 und 484; ErfK/*Preis*, § 612a BGB Rdn. 5; *Richardi/Fischinger*, in: von Staudinger (Begr.), Kommentar zum Bürgerlichen Gesetzbuch mit Einführungsgesetz und Nebengesetzen (2020), § 612a BGB Rdn. 19. Tendenziell wie hier ErfK/*Schlachter*, § 16 AGG Rdn. 1.

wurf der Diskriminierung ist, mit anderen Worten, keine Freikarte für den Arbeitnehmer.

d) Unterrichtung

Vorschriften: Art. 30 GDRL, Art. 7 GbLohnRL, Art. 8 GbAbRL, Art. 10 GbEthnRL, Art. 12 GbRRL.

Zur Effektuierung des Gleichbehandlungsgrundsatzes schreiben die Gleichbehand- 80
lungsrichtlinien vor, dass die Mitgliedstaaten die Umsetzungsvorschriften sowie die bereits geltenden einschlägigen Vorschriften den Betroffenen (Arbeitnehmern) in geeigneter Form bekannt machen. Soweit es um arbeitsrechtliche Diskriminierungsverbote geht, kann das beispielsweise „in den Betrieben" oder „am Arbeitsplatz" geschehen.

In einem sachlichen Zusammenhang damit kann man die Bestimmung des Art. 21 81
Abs. 3 und 4 GDRL sehen, wonach die Mitgliedstaaten die Arbeitgeber ersuchen sollen, die Gleichbehandlung insbesondere durch Information zu fördern; dazu unten, Rdn. 93.

e) Rechtsschutz: Zugang zu Gerichten und Behörden

Literatur: *Gotthardt,* Die Vereinbarkeit der Ausschlussfristen für Entschädigungsansprüche wegen geschlechtsbedingter Benachteiligung (§ 611a Abs. 4 BGB, § 61b Abs. 1 ArbGG) mit dem europäischen Gemeinschaftsrecht, ZTR 2000, 448–455; *Kocher,* Die Rechtsdurchsetzung nach dem AGG, in: Riesenhuber (Hrsg.), Das Allgemeine Gleichbehandlungsgesetz – Grundsatz- und Praxisfragen, 2007, S. 55–75; *dies.,* Instrumente der effektiven Rechtsdurchsetzung II – „Verbandsklagerecht" der Richtlinien, in: Rust/Däubler/Falke/Lange/Plett/Scheiwe/Sieveking (Hrsg.), Gleichbehandlungsrichtlinien der EU und ihre Umsetzung in Deutschland – Loccumer Protokolle 40/03, 2003, S. 301–319; *Pfarr/Kocher,* Kollektivverfahren im Arbeitsrecht – Arbeitnehmerschutz und Gleichberechtigung durch Verfahren, NZA 1999, 358–365.

aa) Individualrechtsschutz

Vorschriften: Art. 17 Abs. 1, 3 GDRL, Art. 2 GbLohnRL, Art. 6 Abs. 1 GbAbRL, Art. 7 Abs. 1 GbEthnRL, Art. 9 Abs. 1 GbRRL, Art. 8 Abs. 1, 4 RL 2004/113.

Rechtsprechung:

EuGH v. 8.7.2010	Rs. C-246/09 *Bulicke,* EU:C:2010:418
EuGH v. 18.1.2014	Rs. C-429/12 *Pohl,* EU:C:2014:12
EuGH v. 19.6.2014	verb. Rs. C-501/12 bis C-506/12, C-540/12, C-541/12 *Specht,* EU:C:2014:2005
EuGH v. 28.1.2015	Rs. C-417/13 *Starjakob,* EU:C:2015:38
EuGH v. 4.12.2018	Rs. C-378/17 *The Minister for Justice and Equality und Commissioner of the Garda Síochána,* EU:C:2018:979

EuGH v. 19.11.2019	verb. Rs. C-585/18, C-624/18 und C-625/18 *A.K. u.a.*, EU:C:2019:982
EuGH v. 27.2.2020	verb. Rs. C-773/18 bis C-775/18 *Land Sachsen-Anhalt*, EU:C:2020:125

82 Auch der Individualrechtsschutz ist weitgehend einheitlich geregelt. Die Mitgliedstaaten müssen sicherstellen, dass Personen, die sich wegen Nichtanwendung eines der richtliniendeterminierten Gleichbehandlungsgrundsätze für in ihren Rechten verletzt halten, ihre Ansprüche aus den Richtlinien auf dem **Gerichts- und/oder Verwaltungsweg** geltend machen können.[190] Bei dem Verwaltungsweg kann es insbesondere um ein Verfahren vor der Gleichstellungsbehörde (Rdn. 94) gehen. Das Verwaltungsverfahren kann auch alternativ zum Gerichtsverfahren eingerichtet werden (anders noch Art. 2 GbLohnRL). **Optional** können die Mitgliedstaaten ein **Schlichtungsverfahren** vorschalten.

83 Das Rechtsschutzverfahren darf nicht deswegen für erledigt erklärt werden, weil das **Rechtsverhältnis** (Arbeitsverhältnis), während dessen die Diskriminierung vorgekommen sein soll, **beendet** ist. Damit trägt der Gesetzgeber zum einen dem Individualschutz Rechnung, da die mit der Diskriminierung ggf. verbundene Kränkung und Persönlichkeitsverletzung noch andauert. Nicht selten wird der Verletzte sich (ungeachtet des Benachteiligungsverbots) erst nach Beendigung des (Arbeits-) Verhältnisses trauen, die Diskriminierung geltend zu machen (z.B. Praktikum). Zum anderen kommt in der Regelung aber auch das gesellschaftspolitische Ziel zum Ausdruck, Diskriminierung dauerhaft zu bekämpfen.

84 **Allgemeine Ausschluss-, Präklusions- oder Verjährungsfristen** gelten aber auch hier (Art. 17 Abs. 3 GDRL, Art. 5 Abs. 4 GbAbRL, Art. 7 Abs. 3 GbEthnieRL, Art. 9 Abs. 3 GbRRL) und sind unionsrechtlich – nach den Umsetzungsgrundsätzen von Äquivalenz und Effektivität – nicht zu beanstanden.[191] Die spezielle Ausschlussfrist des § 15 Abs. 4 AGG, wonach Schadensersatz- und Entschädigungsansprüche wegen Diskriminierung innerhalb von zwei Monaten schriftlich geltend gemacht werden müssen, hat der EuGH im Grundsatz als unionsrechtskonform akzeptiert (die Prüfung aber letztlich dem vorlegenden Gericht aufgegeben).[192] Einen Verstoß gegen das Äquivalenzgebot hat der Gerichtshof nicht gesehen; freilich war die Gleichwertigkeits-

---

190 EuGH v. 19.11.2019 – verb. Rs. C-585/18, C-624/18 und C-625/18 *A.K. u.a.*, EU:C:2019:982 Rdn. 114ff. (zu den Erfordernissen der Unabhängigkeit und Unparteilichkeit des Gerichts); EuGH v. 15.5.1986 – Rs. 222/84 *Johnston*, EU:C:1986:206 Rdn. 20 (gerichtlich nicht überprüfbare Freistellung vom Diskriminierungsverbot).

191 EuGH v. 18.1.2014 Rs. C-429/12 *Pohl*, EU:C:2014:12. S.a. EuGH v. 19.6.2014 verb. Rs. C-501/12 bis C-506/12, C-540/12, C-541/12 *Specht*, EU:C:2014:2005 Rdn. 110ff.; EuGH v. 28.1.2015 Rs. C-417/13 *Starjakob*, EU:C:2015:38 Rdn. 59ff.

192 EuGH v. 8.7.2010 – Rs. C-246/09 *Bulicke*, EU:C:2010:418; weiter differenzierend EuGH v. 27.2.2020 – verb. Rs. C-773/18 bis C-775/18 *Land Sachsen-Anhalt*, EU:C:2020:125 Rdn. 54ff. m. Anm. v. *Brors*, EuZA 2020, 486ff. (Richter- und Beamtenbesoldung). Zur Beurteilung von § 15 Abs. 4 AGG eingehend BAG NZA 2017, 1530 Rdn. 30ff.

probe schwierig, da es sonst keine vollständig entsprechende Ausschlussfrist gab. Einen Verstoß gegen das Effektivitätsgebot verneint der EuGH im Einklang mit seiner ständigen Rechtsprechung; angemessene Ausschlussfristen dienen der Rechtssicherheit.

Gegen Ansprüche wegen Diskriminierung kommt außerdem der (unionsrechtliche) **Rechtsmissbrauchseinwand** in Betracht.[193] „[N]iemand [darf sich] in betrügerischer oder missbräuchlicher Weise auf die Rechtsvorschriften der Europäischen Union berufen". Dieser hat ein objektives und ein subjektives Tatbestandsmerkmal. Objektiv muss sich aus einer Gesamtwürdigung der Umstände ergeben, dass trotz formaler Einhaltung der von der Unionsregelung vorgesehenen Bedingungen das Ziel dieser Regelung nicht erreicht wurde. Subjektiv muss sich aus objektiven Anhaltspunkten ergeben, dass der Handelnde im Wesentlichen die Erlangung eines ungerechtfertigten Vorteils erstrebt. Zusätzlich zu dieser Schranke hat der EuGH noch einen vorgelagerten Schutz gegen Missbrauch begründet und **Scheinbewerber** vom Anwendungsbereich der Anti-Diskriminierungsrichtlinien ausgenommen (s. unten, Rdn. 98). 85

bb) Verbandsbeteiligung

Vorschriften: Art. 17 Abs. 2 GDRL, Art. 6 Abs. 3 GbAbRL, Art. 7 Abs. 2 GbEthnRL, Art. 9 Abs. 2 GbRRL, Art. 8 Abs. 3 RL 2004/113.

Rechtsprechung:

EuGH v. 25.4.2013	Rs. C-81/12 *Asociaţia Accept*, EU:C:2013:275
EuGH v. 23.4.2020	Rs. C-507/18 *NH*, EU:C:2020:289

Mit Ausnahme der Lohngleichbehandlungsrichtlinie enthalten alle Gleichbehandlungsrichtlinien Vorschriften über die **Beteiligung von „Verbänden, Organisationen oder anderen juristischen Personen"** (im folgenden auch „Organisationen" als Oberbegriff), die ein rechtmäßiges Interesse haben, für die Einhaltung der (jeweiligen) Richtlinienbestimmungen zu sorgen.[194] Die Mitgliedstaaten stellen sicher, dass solche Organisationen sich (mindestens:) alternativ 86

- im Namen der beschwerten Person (Vertretung, Prozessstandschaft) oder
- zu deren Unterstützung

193 EuGH v. 28.7.2016 Rs. C-423/15 *Kratzer*, EU:C:2016:604 Rdn. 37 ff.; EuGH v. 28.1.2015 Rs. C-417/13 *Starjakob*, EU:C:2015:38 Rdn. 56.

194 Grundlegend und mit eingehender rechtsvergleichender Fundierung zum Diskriminierungsschutz durch Verfahren *Rädler*, Verfahrensmodelle zum Schutz vor Rassendiskriminierung, (1999); *ders.*, ZRP 1997, 5–9.

an den Verfahren zur Durchsetzung der Rechte (Gerichts- und/oder Verwaltungsverfahren) beteiligen können. Ein „eigenes Klagerecht“[195] der Verbände (Verbandsklagerecht) muss freilich so wenig eingeführt werden wie eine Sammelklagemöglichkeit *(class action)*. Die Möglichkeit der Verbandsmitwirkung soll die Schwächen der individuellen Rechtsdurchsetzung beheben, die daraus resultieren, dass Diskriminierungsverfahren regelmäßig mit erheblichen Kosten, aber auch mit emotionalen Belastungen verbunden sind, die der Einzelne oft scheut.

87 Welche Organisationen ein **rechtmäßiges Interesse** an der Einhaltung der Richtlinienbestimmungen haben, bestimmt in einem weiten Rahmen das nationale Recht. Das können (müssen aber nicht)[196] Arbeitgeberverbände und Gewerkschaften sein, aber auch spezielle (zu gründende) Verbände. Bei der Definition des rechtmäßigen Interesses muss das mitgliedstaatliche Recht sicherstellen, dass eine effektive Verbandsbeteiligung generell möglich ist. Es kann diese aber z.B. auch an das Erfordernis einer gewissen „Mächtigkeit“ oder einer bestimmten (z.B. demokratischen oder pluralistischen oder rechtlichen) Organisationsstruktur knüpfen. Die Richtlinien verlangen nicht, Vereinigungen die Befugnis zur Durchsetzung der Richtlinienvorgaben zuzuerkennen, wenn sich kein Geschädigter finden lässt, doch *können* sie das nach den Mindeststandardklauseln (Rdn. 95) tun.[197]

88 Neben der Qualifizierung des Verbands durch ihr „rechtmäßiges Interesse“ muss die beschwerte Person der Verfahrensbeteiligung im Einzelfall **zugestimmt** haben.[198] Von diesem individualschützenden Erfordernis kann man auch nicht unter Berufung auf die teilweise vorgesehenen Mindeststandardklauseln absehen. Nicht vorausgesetzt ist hingegen, dass die beschwerte Person der Organisation angehört.[199]

f) Sozialer Dialog und Dialog mit Interessengruppen

Literatur: *Deinert*, Sozialer Dialog und Zielvereinbarungen als Wege zur Antidiskriminierung, in: Rust/ Däubler/Falke/Lange/Plett/Scheiwe/Sieveking (Hrsg.), Gleichbehandlungsrichtlinien der EU und ihre Umsetzung in Deutschland – Loccumer Protokolle 40/03, 2003, S. 381–403; *König*, Umsetzung im Dialog und Anforderungen an den Mitgliedstaat Deutschland, in: Rust/Däubler/Falke/Lange/Plett/Scheiwe/Sieveking (Hrsg.), Gleichbehandlungsrichtlinien der EU und ihre Umsetzung in Deutschland – Loccumer Protokolle 40/03, 2003, S. 355–375.

---

195 So *Nickel*, NJW 2001, 2668, 2671.

196 Wohl a.M. *Kocher*, ZEuP 2004, 260, 267f.

197 EuGH v. 23.4.2020 – Rs. C-507/18 *NH*, EU:C:2020:289 Rdn. 59ff.; EuGH v. 25.4.2013 – Rs. C-81/12 *Asociaţia Accept*, EU:C:2013:275 Rdn. 37.

198 Das Zustimmungserfordernis ist zum Schutz des Betroffenen unentbehrlich; *Riesenhuber/Franck*, JZ 2004, 529, 533. S.a. *Kocher*, ZEuP 2004, 260–275; *Scholten*, Diskriminierungsschutz im Privatrecht?, S. 194–198. Krit. *Brown*, YEL 21 (2002), 195, 219.

199 *Kocher*, ZEuP 2004, 260, 266.

Die (arbeitsrechtlichen) Antidiskriminierungsrichtlinien enthalten ergänzend einige **89**
„weiche" Verpflichtungen der Mitgliedstaaten,
- den sozialen Dialog der Sozialpartner sowie
- den Dialog mit den Nichtregierungsorganisationen

zu **fördern.** Ähnlich weich werden die Mitgliedstaaten gebunden, den Arbeitgeber „zu ersuchen" die Gleichbehandlung von Männern und Frauen zu fördern. Das Verbindende liegt in diesen Fällen darin, dass die Mitgliedstaaten nur „fördern" oder „ersuchen" sollen. Es geht darum, Privatpersonen (Sozialpartner und Arbeitgeber) dafür zu gewinnen, die Richtlinienziele durch eigene Maßnahmen zu fördern, einseitig oder im Zusammenwirken miteinander. Sie sollen sich die Richtlinienziele zu eigenen machen. Das kann man nicht erzwingen.[200] Diese prozedural und langfristig ausgerichteten Schutzinstrumente werden im Hinblick auf die Geschlechtsdiskriminierung auch als Bestandteile eines *gender mainstreaming* bezeichnet.[201]

aa) Sozialer Dialog

Vorschriften: Art. 21 Abs. 1, 2 GDRL, Art. 8 b GbAbRL, Art. 11 GbEthnRL, Art. 13 GbRRL.

Übereinstimmend binden die arbeitsrechtlichen Gleichbehandlungsrichtlinien die **90**
Mitgliedstaaten, den sozialen Dialog zwischen den Sozialpartnern[202] zu *fördern.* **Zweck** (auch) des sozialen Dialogs ist es, zur Verwirklichung der Gleichbehandlung beizutragen. Dafür nennt die Richtlinie beispielhaft mögliche **Mittel**, deren sich die Sozialpartner bedienen können (und zu deren Verwendung die Mitgliedstaaten auffordern müssen),
- die Überwachung der betrieblichen Praxis,
- Tarifverträge,
- Verhaltenskodizes,
- Forschungsarbeiten,
- Austausch von Erfahrungen und
- bewährte Verfahren.

Zudem sollen die Mitgliedstaaten die Sozialpartner auffordern, im Bereich der je- **91**
weiligen Richtlinien **Antidiskriminierungsvereinbarungen** zu schließen. Dabei hat der Richtliniengeber aber größten Wert daraufgelegt, die Autonomie der Mitgliedstaa-

---

200 *König,* in: Rust/Däubler/Falke/Lange/Plett/Schweiwe/Sieveking (Hrsg.), Gleichbehandlungsrichtlinien der EU und ihre Umsetzung in Deutschland, S. 355f.

201 Dazu *Kocher,* RdA 2002, 167–173 (S. 171: „Unter Gender Mainstreaming versteht man eine (Re-) Organisation, Verbesserung, Entwicklung und Evaluierung aller Entscheidungsprozesse unter dem Blickwinkel der Gleichstellung von Männern und Frauen.").

202 In Art. 11 Abs. 1 GbEthnRL, 13 GbRRL ist von Arbeitgebern und Arbeitnehmern die Rede.

ten einerseits und der Sozialpartner andererseits zu wahren. Die Bindung der Mitgliedstaaten ist beschränkt auf das, was „mit den nationalen Gepflogenheiten und Verfahren vereinbar" ist. Und die Aufforderung an die Sozialpartner soll ausdrücklich „ohne Eingriff in deren Autonomie" erfolgen und zudem (selbstverständlich) nur die Gegenstände betreffen, die „in den Verantwortungsbereich der Tarifparteien fallen". Der **Inhalt** solcher Antidiskriminierungsvereinbarungen ist der Autonomie der Tarifparteien überlassen, muss aber (selbstverständlich) die Vorgaben der Richtlinien und ihrer Durchführungsbestimmungen beachten. Es dürfte daher im Wesentlichen um deklaratorische bzw. affirmative Vereinbarungen ohne eigentlichen Regelungsgehalt gehen.

bb) Dialog mit Nichtregierungsorganisationen

Vorschriften: Art. 22 GDRL, Art. 8 c GbAbRL, Art. 12 GbEthnRL, Art. 14 GbRRL, Art. 11 RL 2004/113.

92 Neben dem (spezifisch arbeitsrechtlichen) Dialog der Sozialpartner sollen die Mitgliedstaaten auch den Dialog mit den jeweiligen Nichtregierungsorganisationen (NRO; als *non-governmental organisations* auch NGO) fördern, die ein rechtliches Interesse haben, die von den verschiedenen Richtlinien angestrebte Bekämpfung der Diskriminierung zu unterstützen.[203] Anders als beim Dialog der Sozialpartner geht es hier freilich um einen Dialog der NRO mit dem Mitgliedstaat. Konkrete Ergebnisse müssen nicht angestrebt werden. Vielmehr geht es dem Gesetzgeber darum, die NRO zu Dialogpartnern der Mitgliedstaaten aufzuwerten und dadurch allgemein in ihrer Tätigkeit zu unterstützen und umgekehrt das Bewusstsein für den Gleichbehandlungsgrundsatz in den Behörden der Mitgliedstaaten zu fördern.

cc) Förderungs- und Informationspflicht der Arbeitgeber

Vorschriften: Art. 21 Abs. 3, 4 GDRL, Art. 8 c Abs. 3 und 4 GbAbRL.

93 Im Zusammenhang mit der Unterrichtungspflicht der Mitgliedstaaten kann man auch die Förderungs- und Informationspflicht des Arbeitgebers nennen, die (bislang vereinzelt) Art. 21 Abs. 3 und 4 GDRL aufstellt. Arbeitgeber sollen *ersucht* werden, die Gleichbehandlung von Männern und Frauen in geplanter und systematischer Weise zu fördern. Das sollen sie insbesondere durch regelmäßige Information der Arbeitnehmer oder Arbeitnehmervertreter über die Gleichbehandlung in ihrem Betrieb tun. Gegenstand dieser Information können insbesondere Statistiken über den Anteil von

203 Zur Bedeutung noch *Bell*, ELJ 8 (2002), 384, 393–398.

Männern und Frauen in den unterschiedlichen Ebenen des Betriebs und Maßnahmen zur Verbesserung der Situation sein. Es geht dabei nicht um subjektive Rechte einzelner Arbeitnehmer, sondern um ein Umfeld, das das Bewusstsein für den Gleichbehandlungsgrundsatz und die Möglichkeiten seiner Durchsetzung schafft. Die – freilich nur fakultative – Veröffentlichung von Statistiken kann zudem eine ganz handfeste Hilfe bei der Begründung eines Diskriminierungsvorwurfs darstellen (oben, Rdn. 38).

g) Gleichstellungsbehörde

Vorschriften: Art. 20 GDRL, Art. 8 a GbAbRL, Art. 13 GbEthnRL, Art. 12 RL 2004/113.

Literatur: *Rädler*, Gesetze gegen Rassendiskriminierung, ZRP 1997, 5–9; *ders.*, Verfahrensmodelle zum Schutz vor Rassendiskriminierung, 1999.

Die Geschlechtsdiskriminierungsrichtlinie und die Gleichbehandlungsrichtlinie Eth- **94**
nie (nicht aber die Gleichbehandlungsrahmenrichtlinie) geben den Mitgliedstaaten jeweils auf, eine oder mehrere „Stellen" zur Förderung der Gleichbehandlung ohne Diskriminierung nach dem Geschlecht bzw. nach Rasse und ethnischer Herkunft zu benennen.[204] **Stelle** ist ein Oberbegriff, der auch private Einrichtungen erfasst, und bezeichnet – im Gegensatz zu den vom Gesetzgeber sonst sogenannten „öffentlichen Stellen" – nicht nur Behörden. Da die Mitgliedstaaten indes dafür verantwortlich sind, dass die „Stelle" ihre Aufgaben erfüllt, spricht viel für eine staatliche Einrichtung (daher im Folgenden vereinfachend „Gleichstellungsbehörde"). Die **Aufgabe** der Gleichstellungsbehörde besteht darin, die Verwirklichung der Gleichbehandlung „zu fördern, zu analysieren, zu beobachten und zu unterstützen". Zudem soll die Gleichstellungsbehörde

- Beschwerden (vermeintlicher) Diskriminierungsopfer, wie sie die Richtlinien vorsehen, unterstützen;
- unabhängige Untersuchungen zum Thema Diskriminierung durchführen;
- Berichte zur Diskriminierung und damit zusammenhängenden Aspekten veröffentlichen und Empfehlungen zu diesem Thema vorlegen.

---

204 Auch dazu grundlegend *Rädler*, Verfahrensmodelle zum Schutz vor Rassendiskriminierung, (1999); *ders.*, ZRP 1997, 5–9.

h) Weitere Optionen und Pflichten der Mitgliedstaaten

Vorschriften: Art. 27 GDRL, Art. 8 e GbAbRL, Art. 6 GbEthnRL, Art. 8 GbRRL.

aa) Mindeststandardklausel

95 Die Gleichbehandlungsrichtlinien enthalten lediglich Mindeststandards, die Mitgliedstaaten können Vorschriften einführen oder beibehalten, die im Hinblick auf die Wahrung des Gleichbehandlungsgrundsatzes günstiger sind als die Richtlinienstandards.

bb) Verschlechterungsverbot

96 Ergänzend zur Mindeststandardklausel bestimmen die Richtlinien, dass die Mitgliedstaaten die Umsetzung der Richtlinie „keinesfalls als Rechtfertigung für eine Absenkung des ... bereits garantierten Schutzniveaus" benutzen dürfen. Sie sind einerseits weit zu verstehen und beziehen sich nicht nur auf die ursprüngliche Umsetzung, sondern auf jede mitgliedstaatliche Maßnahme zur Erreichung des Richtlinienzwecks. Andererseits verbieten sie nur eine Absenkung des allgemeinen Schutzniveaus, greifen also nicht ein, wenn nur einzelne Teilgruppen von Arbeitnehmern betroffen sind. Insbesondere Art. 27 Abs. 2 GDRL hebt hervor, dass die Befugnis der Mitgliedstaaten unberührt bleibt, „als Reaktion auf eine veränderte Situation" neue Vorschriften zu erlassen, und beugt so einer Petrifizierungsgefahr vor. Zum Ganzen bereits oben, § 4 Rdn. 58f.

4. Schutz gegen missbräuchliche Diskriminierungsklagen

97 Antidiskriminierungsrecht scheint besonders anfällig für missbräuchliche Klagen zu sein. Das Archiv einer deutschen Kanzlei diente dazu, Material als Beweis für Missbrauch zu sammeln (es musste aus Datenschutzgründen 2009 aber geschlossen werden). Die Betreiber berichten von einer nicht unerheblichen Anzahl von Fällen, in denen „Bewerber" (häufig erfolgreich) versucht haben, diskriminierende Stellenausschreibungen auszunutzen, obwohl sie kein echtes Interesse an der Stelle hatten.[205] Das Antidiskriminierungsrecht der Union trifft keine eigenen Vorkehrungen gegen Missbrauch, sondern überlässt dies dem mitgliedstaatlichen Recht. Sie können zu diesem Zwecke allgemeine Vorschriften gegen Missbrauch anwenden oder spezielle Regelungen erlassen. Solche Normen dürfen jedoch nicht gegen die Umsetzungspflichten verstoßen, insbesondere den Äquivalenz- und Effektivitätsgrundsatz. Der Interessenausgleich ist heikel. Auf der einen Seite besteht die Gefahr einer stigmatisierenden und (übermäßig) abschreckenden Wirkung. Auf der anderen Seite stellt es eine schwerwiegende Straftat dar, Schadensersatz wegen Diskriminierung zu fordern, wenn von vornherein kein Interesse an der Stelle bestand. Die Bestimmungen über die

205 *Diller/Kern/Zeh*, NZA 2009, 1386–1391.

Beweislast machen es für den Arbeitgeber besonders schwierig, seine „Unschuld" zu beweisen.

Ein Schutz des Arbeitgebers kann zum einen das allgemeine Rechtsmissbrauchsverbot bieten (dazu oben, Rdn. 85). Darüber hinaus hat der Gerichtshof **Scheinbewerber** vom Schutz der Diskriminierungsverbote ausgenommen. Wer nur die formale Bewerberposition anstrebt, um eine Entschädigung zu erlangen, sucht gar nicht den von den Richtlinien geschützten Zugang zur Beschäftigung und hat folglich auch keinen Schaden, wenn seine Bewerbung nicht berücksichtigt wird.[206] 98

V. Umsetzung der Antidiskriminierungs-Richtlinien

Der Umsetzung der Antidiskriminierungsrichtlinien in Deutschland[207] dient heute das 99 Allgemeine Gleichbehandlungsgesetz (AGG).[208] Die Umsetzung erfolgte im Hinblick auf die GbEthnie und die GbRRL verspätet[209] und ist in einzelnen Aspekten unzureichend.[210] So ist die Ausnahme des Kündigungsschutzes vom Anwendungsbereich des AGG in § 2 Abs. 4 AGG mit den Richtlinienvorgaben unvereinbar, sofern damit eine Freistellung vom Diskriminierungsverbot gemeint sein sollte.[211] Zudem ist das Verschuldenserfordernis für den Schadensersatzanspruch gem. §§ 15 Abs. 1 Satz 2, 21 Abs. 2 Satz 2 AGG mit den Richtlinienvorgaben unvereinbar (s.o. Rdn. 73).[212]

---

206 EuGH v. 28.7.2016 Rs. C-423/15 *Kratzer,* EU:C:2016:604 Rdn. 29ff. Zust. Bespr. v. *Baeck/Winzer/Hies,* NZG 2016, 1218ff.; *Krieger,* EuZW 2016, 696ff.

207 Dazu die Kommentierungen von *Adomeit/Mohr,* Kommentar zum AGG (2007), *Bauer/Krieger/Günther,* Allgemeines Gleichbehandlungsgesetz – Kommentar (2018), *Schiek,* Allgemeines Gleichbehandlungsgesetz (2007), und MünchKommBGB/*Thüsing,* AGG; *Wendeling-Schröder/Stein,* Allgemeines Gleichbehandlungsgesetz – Kommentar (2008); *Schlachter,* ZESAR 2006, 391–399; *Thüsing,* NZA 2004 Sonderbeil. Heft 22, 3–16; *Wank,* NZA 2004, Sonderbeil. Heft 22, 16–26. Zur Umsetzung in **anderen Mitgliedstaaten** *Adomeit,* FS Birk (2008), S. 1–9 (Spanien); *Asscher-Vonk/Schlachter,* RIW 2005, 503–511 (Verbot der Altersdiskriminierung, Niederlande); *LeFriant,* NZA 2004, 49–59 (Frankreich); *dies.,* AuR 2003, 51–56 (Frankreich); *Rebhahn,* Kommentar des Gleichbehandlungsgesetzes (2005) (Österreich); *Sargeant* (Hrsg., The Law on the Age Discriminatino in the EU (2008) (Altersdiskriminierung mit Länderberichten); *Wiedemann/Thüsing,* NZA 2002, 1234, 1235f. (Altersdiskriminierung).

208 BGBl. 2006 I, 1897, zuletzt geändert durch das Gesetz vom 3.4.2013 (BGBl.2013 I, 610).

209 EuGH v. 28.4.2005 – Rs. C-329/04 *Kommission ./. Deutschland,* EU:C:2005:263 (GbEthnRL); EuGH v. 23.2.2006 – Rs. C-43/05 *Kommission ./. Deutschland,* EU:C:2006:145 (GbRRL). S. weiterhin EuGH v. 23.2.2006 – Rs. C-133/05 *Kommission ./. Österreich,* EU:C:2006:148 (GbEthnRL); EuGH v. 4.7.2013 – Rs. C-312/11 *Kommission ./. Italien,* EU:C:2013:446 (GbRRL).

210 Zu Umsetzungsdefiziten des AGG *Bauer/Krieger/Günther,* Einl. AGG Rdn. 43; MünchKommBGB/*Thüsing,* Einl AGG Rdn. 25; *Singer,* FS Adomeit (2008), S. 703–717.

211 Näher *Domröse,* NZA 2006, 1320, 1323–1325; *Kamanabrou,* RdA 2007, 199–207. S.a. *Schiek/Horstkötter,* NZA 1998, 863–868.

212 ErfK/*Schlachter,* § 15 AGG Rdn. 1f.; *dies.,* ZESAR 2006, 391, 397f.; MünchKomm/*Thüsing,* § 15 AGG Rdn. 33; *Stoffels,* RdA 2009, 204, 210f.; anders *Walker,* NZA 2009, 5, 6f. Verfassungsrechtlich begründete Zweifel hat *Annuß,* NZA 1999, 738, 742.

VI. Beispielsfall: *Nils Draehmpaehl*[213]

100 Herr Draehmpaehl bewarb sich im Jahr 1994 auf eine im „Hamburger Abendblatt“ erschienene Stellenanzeige der Firma Urania, die wie folgt lautete:

> „Für unseren Vertrieb suchen wir eine versierte Assistentin der Vertriebsleitung. Wenn Sie mit den Chaoten eines vertriebsorientierten Unternehmens zurechtkommen können, diesen Kaffee kochen wollen, wenig Lob erhalten und viel arbeiten können, sind Sie bei uns richtig. Bei uns muss einer den Computer bedienen können und für die anderen mitdenken. Wenn Sie sich dieser Herausforderung wirklich stellen wollen, erwarten wir Ihre aussagefähigen Bewerbungsunterlagen. Aber sagen Sie nicht, wir hätten Sie nicht gewarnt ...“

Die Firma Urania beantwortete das Schreiben von Herrn Draehmpaehl nicht und sandte ihm auch nicht seine Bewerbungsunterlagen zurück. Unter Berufung darauf, dass er der für diese Stelle bestqualifizierte Bewerber gewesen und bei der Einstellung auf Grund des Geschlechts diskriminiert worden sei, erhob Herr Draehmpaehl beim Arbeitsgericht Hamburg Klage auf Schadensersatz in Höhe von dreieinhalb Monatsgehältern. Das Arbeitsgericht war der Ansicht, Herr Draehmpaehl sei von der Firma Urania auf Grund seines Geschlechts diskriminiert worden, da deren Stellenausschreibung nicht geschlechtsneutral formuliert gewesen sei und augenscheinlich Frauen habe ansprechen sollen. Eine Rechtfertigung für die Geschlechtsdiskriminierung liege nicht vor. Allerdings war zweifelhaft, ob Urania, wie das deutsche Recht seinerzeit voraussetzte, schuldhaft gehandelt hatte. Zudem war der Schadensersatz durch verschiedene Regelungen begrenzt, nämlich zum einen auf eine Höchstgrenze von drei Monatsgehälter und, für den (vorliegend gegebenen) Fall mehrerer diskriminierter Bewerber, auf eine Höchstgrenze von kumulativ sechs Monatsgehältern für alle diskriminierten Personen. Das Arbeitsgericht legte dem EuGH die Frage zur Vorabentscheidung vor, ob diese Einschränkungen mit den Vorgaben der Gleichbehandlungsrichtlinie Arbeitsbedingungen (jetzt GDRL) vereinbar sind.

101 Zum Verschuldenserfordernis weist der Gerichtshof im Anschluss an seine frühere Entscheidung im Fall *Dekker*[214] darauf hin, dass die Richtlinie zwar verschiedene Ausnahmen und Rechtfertigungsmöglichkeiten vorsehe, der Diskriminierungstatbestand der Richtlinie aber kein Verschuldenserfordernis vorsehe. Vielmehr setze Art. 6 GbAbRL (Art. 17 GDRL) voraus, dass Diskriminierungsopfer ihre Rechte schon aufgrund der objektiv gegebenen Diskriminierung gerichtlich geltend machen können. Über diese – etwas formalen – Erwägungen hinaus beeinträchtige ein Verschuldenserfordernis aber auch die praktische Wirksamkeit des Diskriminierungsverbots. Daher sei es mit den Richtlinienvorgaben unvereinbar. Das gilt, wie der Gerichtshof

---

213 EuGH v. 22.4.1997 – Rs. C-180/95 *Draehmpaehl,* EU:C:1997:208. Dazu etwa *Abele,* NZA 1997, 641–643; *Annuß,* NZA 1999, 738–744 (mit Hinweisen zur Entwicklung der Sanktionen im deutschen Umsetzungsrecht).

214 EuGH v. 8.11.1990 – Rs. C-177/88 *Dekker,* EU:C:1990:383.

jetzt klarstellt, auch dann, wenn das Vertretenmüssen auch Fahrlässigkeit umfasse und nach nationalem Recht leicht darzulegen sei.

Ausgangspunkt für die Beurteilung von Haftungshöchstgrenzen ist das Erfordernis einer effektiven Umsetzung:[215] Wenn sich die Mitgliedstaaten für eine Sanktion durch einen Schadensersatzanspruch entscheiden, so muss der Ersatz in angemessenem Verhältnis zum erlittenen Schaden stehen. Damit sei eine Höchstgrenze unvereinbar, wenn der Bewerber die Stelle aufgrund der Diskriminierung nicht bekommen habe. Anders liegen die Dinge aber, wenn der Arbeitgeber nachweise, dass der Bewerber auch bei diskriminierungsfreier Auswahl nicht genommen worden wäre: hier sei eine Höchstgrenze von drei Monatsgehältern nicht unangemessen. Eine kumulative Haftungshöchstgrenze (höchstens sechs Monatsgehälter bei Diskriminierung mehrerer Bewerber) sei mit den Richtlinienvorgaben deswegen unvereinbar, weil es die Diskriminierungsopfer von der Geltendmachung ihrer Rechte abschrecken könnte und der Schadensersatzsanktion daher ihre abschreckende Wirkung nehme. **102**

215 Das Gericht weist zudem (Rdn. 28–30) auf den Äquivalenzgrundsatz der Umsetzungspflichten hin; das bleibt in der Darstellung hier außer Betracht.

§ 10 Das Verbot der Geschlechtsdiskriminierung

Übersicht

I. Einführung und Übersicht

1 Das Verbot der Geschlechtsdiskriminierung beruht nach wie vor – auch unter Berücksichtigung der Kodifikation durch die Geschlechtsdiskriminierungsrichtlinie von 2006 (§ 9 Rdn. 21) – auf mehreren Rechtsquellen, nämlich zum einen auf dem primärrechtlichen Verbot der Entgeltdiskriminierung und zum anderen auf den sekundärrechtlichen Diskriminierungsverboten der Richtlinie. Im Bereich der Entgeltdiskriminie-

https://doi.org/10.1515/9783110731941-010

rung überschneiden sich die Regelungen. Eine nach Rechtsquellen differenzierte Darstellung (nachfolgend II., III.) ist ungeachtet gemeinsamer Regelungsgegenstände und (weithin) gemeinsamer Regelungskonzepte (§ 9 Rdn. 30) wegen der unterschiedlichen normhierarchischen Stufen der Rechtsquellen gleichwohl unerlässlich, da das primärrechtliche Diskriminierungsverbot für den Gesetzgeber ein unveränderliches Datum darstellt und zudem – anders als die Richtlinie – gegenüber dem mitgliedstaatlichen Recht mit einem Anwendungsvorrang ausgestattet ist[1] (s.a. § 1 Rdn. 78f.). In der Sache wäre es vorzugswürdig, (auch) das Verbot der Geschlechtsdiskriminierung beim Entgelt in die Hände des Gesetzgebers zu legen; die verfassungsrechtliche Sonderstellung beruht auf überholten entstehungsgeschichtlichen Gründen (§ 9 Rdn. 5) und findet, zumal nach Inkrafttreten des Grundrechtskatalogs (§ 2 Rdn. 19), in der Sache heute keine Rechtfertigung mehr. Die primärrechtliche Statuierung hat zudem den Nachteil, dass Änderungen, wie sie aus wirtschaftlichen oder rechtspolitischen Gründen erforderlich werden können (z.B. im Bereich der positiven Maßnahmen!), prozedural ausgesprochen erschwert sind. Für den Rechtsanwender macht die Vielzahl der Rechtsquellen mit im Einzelnen unterschiedlichen Regeln die Rechtslage nur unübersichtlich.

II. Das primärrechtliche Verbot geschlechtsbedingter Lohndiskriminierung

Literatur (Auswahl): *Barnard/Hepple*, Indirect Discrimination: Interpreting Seymour-Smith, C.L.J. 58 (1999), 399–412; *Fastrich*, Gleichbehandlung und Gleichstellung, RdA 2000, 65–81; *Fuchs*, Gemeinschaftsrechtswidrige Gleich- oder Ungleichbehandlung im Rahmen von Art. 141 EG, EuR 2008, 697–702; *Huep*, Die zeitliche Reichweite des geschlechtsbezogenen Entgeltgleichheitsgrundsatzes im deutschen und europäischen Arbeitsrecht, RdA 2001, 325–333; *Kort*, Zur Gleichbehandlung im deutschen und europäischen Arbeitsrecht, insbesondere beim Arbeitsentgelt teilzeitbeschäftigter Betriebsratsmitglieder, RdA 1997, 277–284; *Lorenz*, Schwieriger Weg zur Lohnangleichung von Männern u. Frauen, in: Anzinger/Wank (Hrsg.), Entwicklungen im Arbeitsrecht und Arbeitsschutzrecht – Festschrift für Otfried Wlotzke, 1996, S. 45–82; *Pfarr*, Gleichbehandlung von Männern und Frauen im Arbeitsverhältnis, AR-Blattei, SD 800.2; *dies.*, Mittelbare Diskriminierung von Frauen – Die Rechtsprechung des EuGH, NZA 1986, 585–589; *Rieble*, Entgeltgleichstellung der Frau, RdA 2011, 36–46; *Schlachter*, Grundsatz des gleichen Entgelts nach Art. 119 EG-Vertrag und der Richtlinie 75/117/EWG, in: Oetker/Preis (Hrsg.), Europäisches Arbeits- und Sozialrecht, B 4100 (Stand April 1998); *dies.*, Wege zur Gleichberechtigung – Vergleich des Arbeitsrechts der Bundesrepublik Deutschland und der Vereinigten Staaten, 1993; *Stiegler*, Erdienung (virtueller) Geschäftsanteilsoptionen in Mutterschutz und Elternzeit, NZA 2019, 1116–1120; *von Roetteken*, Die aktuelle Rechtsprechung des EuGH zur Entgeltdiskriminierung, NZA-RR 2019, 177–185; *ders.*, Entgeltgleichheit im Verhältnis von Frauen und Männern, ZTR 2014, 585–591; *Winter*, Gleiches Entgelt für gleichwertige Arbeit – Ein Prinzip ohne Praxis, 1998; *Zöllner*, Gleichberechtigung und Gleichstellung der Geschlechter, in: Schwarz/Spielbüchler/Marti-

1 S. nur *Schlachter*, EAS B 4100 Rdn. 4f.; EuArbRK/*Franzen*, Art. 157 AEUV Rdn. 8.

nek/Grillberger/Jabornegg (Hrsg.), Möglichkeiten und Grenzen der Rechtsordnung – Festschrift für Rudolf Strasser, 1983, S. 223–240.

S. ferner die Literaturhinweise bei § 9.

Rechtsprechung (Auswahl):

EuGH v. 25.5.1971	Rs. 80/70 *Defrenne I*, EU:C:1971:55
EuGH v. 8.4.1976	Rs. 43/75 *Defrenne II*, EU:C:1976:56
EuGH v. 15.6.1978	Rs. 149/77 *Defrenne III*, EU:C:1978:130
EuGH v. 27.3.1980	Rs. 129/79 *Macarthys*, EU:C:1980:103
EuGH v. 11.3.1981	Rs. 69/80 *Worringham*, EU:C:1981:63
EuGH v. 31.3.1981	Rs. 96/80 *Jenkins*, EU:C:1981:80
EuGH v. 9.2.1982	Rs. 12/81 *Garland*, EU:C:1982:44
EuGH v. 13.5.1986	Rs. 170/84 *Bilka*, EU:C:1986:204
EuGH v. 13.7.1989	Rs. 171/88 *Rinner-Kühn*, EU:C:1989:328
EuGH v. 17.10.1989	Rs. 109/88 *Danfoss*, EU:C:1989:383
EuGH v. 17.5.1990	Rs. C-262/88 *Barber*, EU:C:1990:209
EuGH v. 27.6.1990	Rs. C-33/89 *Kowalska*, EU:C:1990:265
EuGH v. 7.2.1991	Rs. C-184/89 *Nimz*, EU:C:1991:50
EuGH v. 4.6.1992	Rs. C-360/90 *Bötel*, EU:C:1992:246
EuGH v. 6.10.1993	Rs. C-109/91 *Ten Oever*, EU:C:1993:833
EuGH v. 27.10.1993	Rs. C-172/92 *Enderby*, EU:C:1993:859
EuGH v. 14.12.1993	Rs. C-110/91 *Moroni*, EU:C:1993:926
EuGH v. 22.12.1993	Rs. C-152/91 *Neath*, EU:C:1993:949
EuGH v. 28.9.1994	Rs. C-200/91 *Coloroll Pension Trustees*, EU:C:1994:348
EuGH v. 28.9.1994	Rs. C-408/92 *Avdel Systems*, EU:C:1994:349
EuGH v. 28.9.1994	Rs. C-7/93 *Beune*, EU:C:1994:350
EuGH v. 28.9.1994	Rs. C-28/93 *Van den Akker*, EU:C:1994:351
EuGH v. 28.9.1994	Rs. C-128/93 *Fisscher*, EU:C:1994:353
EuGH v. 15.12.1994	Rs. C-399/92 *Helmig*, EU:C:1994:415
EuGH v. 31.5.1995	Rs. C-400/93 *Royal Copenhagen*, EU:C:1995:155
EuGH v. 6.2.1996	Rs. C-457/93 *Lewark*, EU:C:1996:33
EuGH v. 13.2.1996	Rs. C-342/93 *Gillespie*, EU:C:1996:46
EuGH v. 7.3.1996	Rs. C-278/93 *Freers und Speckmann*, EU:C:1996:83
EuGH v. 24.10.1996	Rs. C-435/93 *Dietz*, EU:C:1996:395
EuGH v. 2.10.1997	Rs. C-1/95 *Gerster*, EU:C:1997:452
EuGH v. 17.2.1998	Rs. C-249/96 *Grant*, EU:C:1998:63
EuGH v. 17.6.1998	Rs. C-243/95 *Hill und Stapleton*, EU:C:1998:298
EuGH v. 27.10.1998	Rs. C-411/96 *Boyle*, EU:C:1998:506
EuGH v. 9.2.1999	Rs. C-167/97 *Seymour-Smith u. Perez*, EU:C:1999:60
EuGH v. 11.5.1999	Rs. C-309/97 *Wiener Gebietskrankenkasse*, EU:C:1999:241
EuGH v. 9.9.1999	Rs. C-281/97 *Krüger*, EU:C:1999:396
EuGH v. 16.9.1999	Rs. C-218/98 *Abdoulaye*, EU:C:1999:424
EuGH v. 21.10.1999	Rs. C-333/97 *Lewen*, EU:C:1999:512
EuGH v. 10.2.2000	verb. Rs. C-270/97 und C-271/97 *Sievers und Schrage*, EU:C:2000:76
EuGH v. 30.3.2000	Rs. C-236/98 *JämO*, EU:C:2000:173
EuGH v. 16.5.2000	Rs. C-78/98 *Preston und Fletcher*, EU:C:2000:247
EuGH v. 25.5.2000	Rs. C-50/99 *Podesta*, EU:C:2000:288
EuGH v. 26.6.2001	Rs. C-381/99 *Brunnhofer*, EU:C:2001:358
EuGH v. 6.7.2000	Rs. C-407/98 *Abrahamsson und Anderson*, EU:C:2000:367

EuGH v. 9.10.2001	Rs. C-379/99 *Pensionskasse für die Angestellten der Barmer Ersatzkasse*, EU:C:2001:527
EuGH v. 29.11.2001	Rs. C-366/99 *Griesmar*, EU:C:2001:648
EuGH v. 12.9.2002	Rs. C-351/00 *Niemi*, EU:C:2002:480
EuGH v. 17.9.2002	Rs. C-320/00 *Lawrence*, EU:C:2002:498
EuGH v. 13.1.2004	Rs. C-256/01 *Allonby*, EU:C:2004:18
EuGH v. 30.3.2004	Rs. C-147/02 *Alabaster*, EU:C:2004:192
EuGH v. 27.5.2004	Rs. C-285/02 *Elsner*-Lakeberg, EU:C:2004:320
EuGH v. 9.12.2004	Rs. C-19/02 *Hlozek*, EU:C:2004:779
EuGH v. 10.3.2005	Rs. C-196/02 *Vasiliki Nikoloudi*, EU:C:2004:272
EuGH v. 8.9.2005	Rs. C-191/03 *McKenna*, EU:C:2005:513
EuGH v. 21.7.2005	Rs. C-207/04 *Vergani*, EU:C:2005:495
EuGH v. 3.10.2006	Rs. C-17/05 *Cadman*, EU:C:2006:633
EuGH v. 11.9.2007	Rs. C-227/04 *Lindorfer*, EU:C:2007:490 (zum Beamtenrecht der Gemeinschaft)
EuGH v. 6.12.2007	Rs. C-300/06 *Voß*, EU:C:2007:757
EuGH v. 13.11.2008	Rs. C-46/07 *Kommission ./. Italien*, EU:C:2008:618
EuGH v. 1.7.2010	Rs. C-194/08 *Gassmayr*, EU:C:2010:386
EuGH v. 22.11.2012	Rs. C-385/11 *Moreno*, EU:C:2012:746
EuGH v. 14.7.2016	Rs. C-335/15 *Ornano*, EU:C:2016:564
EuGH v. 13.7.2017	Rs. C-354/16 *Kleinsteuber*, EU:C:2017:539
EuGH v. 15.1.2019	Rs. C-258/17 *E.B.*, EU:C:2019:17
EuGH v. 8.5.2019	Rs. C-486/18 *Praxair*, EU:C:2019:379
EuGH v. 7.10.2019	Rs. C-171/18 *Safeway Ltd*, EU:C:2019:839
EuGH v. 5.11.2019	Rs. C-192/18 *Kommission ./. Polen*, EU:C:2019:924
EuGH v. 12.12.2019	Rs. C-450/18 *WA*, EU:C:2019:1075

1. Übersicht und Zwecksetzung

2 „Jeder Mitgliedstaat stellt die Anwendung des Grundsatzes des gleichen Entgelts für Männer und Frauen bei gleicher oder gleichwertiger Arbeit sicher.", Art. 157 Abs. 1 AEUV. Die Regelung fand Eingang in die Verfassung der (Wirtschafts-) Gemeinschaft, um Wettbewerbsnachteile von Unternehmen der Staaten zu vermeiden, in denen das Verbot der Entgeltdiskriminierung bereits galt und praktisch effektiv durchgesetzt wurde. Der Gerichtshof hat Art. 157 AEUV indes schon frühzeitig auch einen sozialen Schutzzweck beigelegt und das Diskriminierungsverbot „deswegen", wegen der gleichzeitig wirtschaftspolitischen und sozialen Zwecksetzung, zu den **„Grundlagen der Gemeinschaft"** gerechnet (s. a. § 9 Rdn. 5).[2] Darauf aufbauend hat er das Verbot der Geschlechtsdiskriminierung ausdrücklich als **Unionsgrundrecht** anerkannt, das

2 EuGH v. 8.4.1976 – Rs. 43/75 *Defrenne II*, EU:C:1976:56 Rdn. 12; EuGH v. 3.10.2006 – Rs. C-17/05 *Cadman*, EU:C:2006:633 Rdn. 28; EuGH v. 10.2.2000 – verb. Rs. C-270/97 und C-271/97 *Sievers und Schrage*, EU:C:2000:76 Rdn. 53–57; EuGH v. 13.1.2004 – Rs. C-256/01 *Allonby*, EU:C:2004:18 Rdn. 65.

auch die Union selbst bindet.[3] Heute steht die soziale und grundrechtliche Zwecksetzung im Vordergrund.[4]

2. Adressaten

Art. 157 AEUV wendet sich (wie schon die Vorgängervorschrift des Art. 119 EGV) seinem Wortlaut nach zunächst an die Mitgliedstaaten. Zudem besteht kein Zweifel, dass die Vorschrift, in der der EuGH Ausdruck für einen fundamentalen Grundsatz des Unionsrechts erblickt, auch die Union selbst bindet.[5] Darüber hinaus hat der Gerichtshof dem Verbot der Lohndiskriminierung aber schon frühzeitig in der *Defrenne II*-Entscheidung auch eine **unmittelbare Horizontalwirkung** beigelegt, die Vorschrift also als einen Privatrechtssatz gelesen, der auch Privatleute bindet,[6] primär die Arbeitsvertragsparteien, aber auch die Tarifvertragsparteien[7]. Neben dem Arbeitgeber können auch Dritte, die der Arbeitgeber in die Erfüllung seiner Pflichten einbezieht, z. B. Treuhänder für die Verwaltung einer Betriebsrente, von Art. 157 AEUV verpflichtet werden; und umgekehrt kann die Vorschrift auch Dritte berechtigen, namentlich Hinterbliebene im Hinblick auf Rentenansprüche.[8] 3

Hatte der Gerichtshof diese unmittelbare Wirkung zunächst nur für das Verbot der *unmittelbaren* Diskriminierung angenommen, das weiterer Konkretisierung nicht bedarf,[9] so hat er sie in späteren Entscheidungen auch auf die *mittelbare* Diskriminierung ausgedehnt.[10] 4

3 EuGH v. 9.9.2003 – Rs. C-25/02 *Rinke*, EU:C:2003:435 Rdn. 25–27.

4 EuGH v. 10.2.2000 – verb. Rs. C-270/97 und C-271/97 *Sievers und Schrage*, EU:C:2000:76 Rdn. 57. Krit. *Lorenz*, FS Wlotzke (1996), S. 45–82.

5 EuGH v. 9.9.2003 – Rs. C-25/02 *Rinke*, EU:C:2003:435 Rdn. 25–27.

6 Grundlegend EuGH v. 8.4.1976 – Rs. 43/75 *Defrenne II*, EU:C:1976:56 Rdn. 4, 6–40. Ferner EuGH v. 17.5.1990 – Rs. C-262/88 *Barber*, EU:C:1990:209 Rdn. 37 f.; EuGH v. 9.2.1982 – Rs. 12/81 *Garland*, EU:C:1982:44 Rdn. 14 f.; EuGH v. 31.3.1981 – Rs. 96/80 *Jenkins*, EU:C:1981:80 Rdn. 17.

7 EuGH v. 9.12.2004 – Rs. C-19/02 *Hlozek*, EU:C:2004:779 Rdn. 43; EuGH v. 18.11.2004 – Rs. C-284/02 *Sass*, EU:C:2004:722 Rdn. 25; EuGH v. 9.10.2001 – Rs. C-379/99 *Pensionskasse für die Angestellten der Barmer Ersatzkasse*, EU:C:2001:527 Rdn. 17; EuGH v. 26.6.2001 – Rs. C-381/99 *Brunnhofer*, EU:C:2001:358 Rdn. 32; EuGH v. 21.10.1999 – Rs. C-333/97 *Lewen*, EU:C:1999:512 Rdn. 26; EuGH v. 9.9.1999 – Rs. C-281/97 *Krüger*, EU:C:1999:396 Rdn. 20; EuGH v. 28.9.1994 – Rs. C-200/91 *Coloroll Pension Trustees*, EU:C:1994:348 Rdn. 26; EuGH v. 7.2.1991 – Rs. C-184/89 *Nimz*, EU:C:1991:50 Rdn. 11; EuGH v. 27.6.1990 – Rs. C-33/89 *Kowalska*, EU:C:1990:265 Rdn. 12.

8 EuGH v. 9.10.2001 – Rs. C-379/99 *Pensionskasse für die Angestellten der Barmer Ersatzkasse*, EU:C:2001:527 Rdn. 19–23; EuGH v. 24.10.1996 – Rs. C-435/93 *Dietz*, EU:C:1996:395 Rdn. 30 f.; EuGH v. 28.9.1994 – Rs. C-200/91 *Coloroll Pension Trustees*, EU:C:1994:348 Rdn. 20–23.

9 EuGH v. 8.4.1976 – Rs. 43/75 *Defrenne II*, EU:C:1976:56 Rdn. 16/20, 21/24; EuGH v. 27.3.1980 – Rs. 129/79 *Macarthys*, EU:C:1980:103 Rdn. 15; EuGH v. 11.3.1981 – Rs. 69/80 *Worrigham*, EU:C:1981:63 Rdn. 23.

10 EuGH v. 27.6.1990 – Rs. C-33/89 *Kowalska*, EU:C:1990:265 Rdn. 18; EuGH v. 31.3.1981 – Rs. 96/80 *Jenkins*, EU:C:1981:80 Rdn. 17 f. (unter dem einschränkenden Hinweis, dass die Diskriminierung auch

3. Anwendungsbereich

a) Persönlicher Anwendungsbereich

5 Der Anwendungsbereich von Art. 157 AEUV ist durch den Begriff des Arbeitsentgelts gekennzeichnet, der einerseits den persönlichen Bezug zum Arbeitsverhältnis herstellt, andererseits den sachlichen zur Vergütung. Gebunden sind Arbeitgeber im privaten wie im öffentlichen Bereich.[11] Nur Arbeitnehmer (und ggf. deren Angehörige und Rechtsnachfolger) können sich auf Art. 157 AEUV berufen.[12] Der Begriff des **Arbeitnehmers** ist unionsautonom zu bestimmen[13] und ebenso abzugrenzen wie in Art. 45 AEUV (dazu oben, § 3 Rdn. 9–12).[14] Erfasst sind damit, nach dem Schutzzweck der Regelung überzeugend, insbesondere auch Beamte;[15] Selbständige hingegen sind ausgeschlossen.[16]

b) Sachlicher Anwendungsbereich: Arbeitsentgelt

6 Der sachliche Anwendungsbereich ergibt sich aus der Begrenzung auf das **Arbeitsentgelt.**[17] Darunter sind „die üblichen Grund- oder Mindestlöhne und -gehälter sowie alle sonstigen Vergütungen zu verstehen, die der Arbeitgeber aufgrund des Dienstverhältnisses dem Arbeitnehmer unmittelbar oder mittelbar in bar oder in Sachleistungen zahlt“, Art. 157 Abs. 2 UAbs. 1 AEUV. Die Vorschrift geht damit von einem **weiten Entgeltbegriff** aus.

7 Zu den Vergütungen gehören neben Lohn oder Gehalt i.e.S., dem Grundgehalt ebenso wie Zulagen,[18] etwa auch die Entgeltfortzahlung im Krankheitsfall,[19] während des Mutterschaftsur-

ohne nähere rechtliche Regelung durch mitgliedstaatliches oder Gemeinschaftsrecht festgestellt werden könnte).

11 EuGH v. 8.4.1976 – Rs. 43/75 *Defrenne II*, EU:C:1976:56 Rdn. 21/24; EuGH v. 2.10.1997 – Rs. C-1/95 *Gerster*, EU:C:1997:452 Rdn. 18.

12 EuGH v. 13.1.2004 – Rs. C-256/01 *Allonby*, EU:C:2004:18 Rdn. 43, 62.

13 EuGH v. 13.1.2004 – Rs. C-256/01 *Allonby*, EU:C:2004:18 Rdn. 65 f.

14 EuGH v. 13.1.2004 – Rs. C-256/01 *Allonby*, EU:C:2004:18 Rdn. 67 f.

15 EuGH v. 29.11.2001 – Rs. C-366/99 *Griesmar*, EU:C:2001:648 Rdn. 31; EuGH v. 2.10.1997 – Rs. C-1/95 *Gerster*, EU:C:1997:452 Rdn. 18.

16 EuGH v. 13.1.2004 – Rs. C-256/01 *Allonby*, EU:C:2004:18 Rdn. 68.

17 EuGH v. 15.6.1978 – Rs. 149/77 *Defrenne III*, EU:C:1978:130 Rdn. 19/23. Dazu gehören nicht Steuerbegünstigungen, da sie nicht vom Arbeitgeber gewährt werden; EuGH v. 21.7.2005 – Rs. C-207/04 *Vergani*, EU:C:2005:495 Rdn. 22 f.

18 EuGH v. 26.6.2001 – Rs. C-381/99 *Brunnhofer*, EU:C:2001:358 Rdn. 34; EuGH v. 30.3.2000 – Rs. C-236/98 *JämO*, EU:C:2000:173 Rdn. 39–42 (Zulage für ungünstige Arbeitszeiten); EuGH v. 28.10.1999 – Rs. C-187/98 *Kommission ./. Griechenland*, EU:C:1999:535 Rdn. 41 (Familien- und Verheiratetenzulagen).

19 EuGH v. 8.9.2005 – Rs. C-191/03 *McKenna*, EU:C:2005:513 Rdn. 29; EuGH v. 19.11.1998 – Rs. C-66/96 *Pedersen*, EU:C:1998:549 Rdn. 32; EuGH v. 13.7.1989 – Rs. 171/88 *Rinner-Kühn*, EU:C:1989:328.

laubs[20] oder für den Fall einer Arbeitsfreistellung der Betriebsratsmitglieder für die Dauer einer Schulung.[21] Erfasst sind neben der Barvergütung auch Optionen[22] sowie Sachleistungen, z.B. Reisevergünstigungen für (aktive oder pensionierte) Bahnmitarbeiter und deren Angehörige.[23] Auch Sonderleistungen wie eine Weihnachtsgratifikation zählt zum Entgelt, und zwar unabhängig davon, ob sie der Honorierung früherer oder dem Anreiz künftiger Tätigkeit dient.[24] Nach dem Wortlaut der Vorschrift („zahlt") ist die tatsächliche Leistung entscheidend, unabhängig davon ob sie aufgrund einer rechtlichen Verpflichtung oder freiwillig erfolgt.[25]

Entgeltcharakter haben ferner die Beiträge zu einem **Altersversorgung**ssystem, die der Arbeit- **8**
geber unmittelbar an den Träger zahlt, die aber dem Bruttolohn zugerechnet werden;[26] die Betriebsrente[27] und der Zugang zum Betriebsrentensystem;[28] eine Ruhestandsvergütung, die unmittelbar von der geleisteten Dienstzeit abhängt und deren Höhe nach den letzten Bezügen berechnet wird;[29] sowie eine Hinterbliebenenrente, die an die Angehörigen des verstorbenen Arbeitnehmers gezahlt wird.[30] Dass die Auszahlung nach Beendigung des Arbeitsverhältnisses oder, im Fall der Hinterbliebenenrenten, nach Tod des Arbeitnehmers (an einen Dritten) erfolgt, ändert nichts am Entgeltcharakter.[31] **Nicht**

---

20 EuGH v. 30.3.2004 – Rs. C-147/02 *Alabaster*, EU:C:2004:192 Rdn. 43f.; EuGH v. 27.10.1998 – Rs. C-411/96 *Boyle*, EU:C:1998:506 Rdn. 38; EuGH v. 13.2.1996 – Rs. C-352/93 *Gillespie*, EU:C:1996:46 Rdn. 14. S.a. EuGH v. 16.9.1999 – Rs. C-218/98 *Abdoulaye*, EU:C:1999:424 Rdn. 13–15 (Mutterschaftsbeihilfe).

21 EuGH v. 7.3.1996 – Rs. C-278/93 *Freers und Speckmann*, EU:C:1996:83 Rdn. 16–19; EuGH v. 6.2. 1996 – Rs. C-457/93 *Lewark*, EU:C:1996:33 Rdn. 20–23; EuGH v. 4.6.1992 – Rs. C-360/90 *Bötel*, EU: C:1992:246 Rdn. 11–15. Zweifelnd *Kort*, RdA 1997, 277, 282 (keine „Arbeit").

22 *Stiegler*, NZA 2019, 1116ff.

23 EuGH v. 9.2.1982 – Rs. 12/81 *Garland*, EU:C:1982:44 Rdn. 5–9. Vergütungscharakter eines zur Verfügung gestellten Kindergartenplatzes ablehnend EuGH v. 19.3.2002 – Rs. C-476/99 *Lommers*, EU: C:2002:183 Rdn. 27; a.M. Calliess/Ruffert/*Krebber*, Art. 157 AEUV Rdn. 22ff.

24 EuGH v. 21.10.1999 – Rs. C-333/97 *Lewen*, EU:C:1999:512 Rdn. 19–21; EuGH v. 9.9.1999 – Rs. C-281/ 97 *Krüger*, EU:C:1999:396 Rdn. 15–17.

25 EuGH v. 17.5.1990 – Rs. C-262/88 *Barber*, EU:C:1990:209 Rdn. 19; EuGH v. 9.2.1982 – Rs. 12/81 *Garland*, EU:C:1982:44 Rdn. 10; EuGH v. 11.3.1981 – Rs. 69/80 *Worrigham*, EU:C:1981:63 Rdn. 16; EuGH v. 8.4.1976 – Rs. 43/75 *Defrenne II*, EU:C:1976:56 Rdn. 19.

26 EuGH v. 11.3.1981 – Rs. 69/80 *Worringham*, EU:C:1981:63 Rdn. 14f. S. aber zum Problem unterschiedlicher Arbeitgeberbeiträge aufgrund versicherungsmathematischer Faktoren EuGH v. 28.9. 1994 – Rs. C-200/91 *Coloroll Pension Trustees*, EU:C:1994:348, Rn 72–82; EuGH v. 22.12.1993 – Rs. C-152/91 *Neath*, EU:C:1993:949 Rdn. 28–33 (die „Modalitäten der Finanzierung, die zur Gewährleistung der regelmäßigen Zahlung der Rente gewählt wurden", fallen nicht in den Anwendungsbereich von Art. 141 EG/157 AEUV); jetzt auch BE 15 GDRL.

27 EuGH v.13.5.1986 – Rs. 170/84 *Bilka*, EU:C:1986:204 Rdn. 27. Ferner EuGH v. 29.11.2001 – Rs. C-366/ 99 *Griesmar*, EU:C:2001:648 Rdn. 27 (Beamtenpension); EuGH v. 28.9.1994 – Rs. C-7/93 *Beune*, EU: C:1994:350 Rdn. 21–46 (Versorgungssystem im öffentlichen Dienst); EuGH v. 25.5.2000 – Rs. C-50/99 *Podesta*, EU:C:2000:288 (Zusatzrente).

28 EuGH v. 24.10.1996 – Rs. C-435/93 *Dietz*, EU:C:1996:395 Rdn. 12–16; EuGH v. 28.9.1994 – Rs. C-128/ 93 *Fisscher*, EU:C:1994:353 Rdn. 10–14.

29 EuGH v. 5.11.2019 – Rs. C-192/18 *Kommission ./. Polen*, EU:C:2019:924 Rdn. 60ff.; EuGH v. 15.1. 2019 – Rs. C-258/17 *E.B.*, EU:C:2019:17 Rdn. 46.

30 EuGH v. 28.9.1994 – Rs. C-200/91 *Coloroll Pension Trustees*, EU:C:1994:348 Rdn. 18f.; EuGH v. 6.10.1993 – Rs. C-109/91 *Ten Oever*, EU:C:1993:833 Rdn. 8–13.

31 EuGH v. 9.10.2001 – Rs. C-379/99 *Pensionskasse für die Angestellten der Barmer Ersatzkasse*, EU: C:2001:527 Rdn. 18; EuGH v. 28.9.1994 – Rs. C-7/93 *Beune*, EU:C:1994:350 Rdn. 21; EuGH v. 22.12.1993 –

zum Arbeitsentgelt gehören indes unmittelbar vom Gesetz geregelte Sozialversicherungssysteme oder -leistungen, die keinerlei Vereinbarung der Arbeitsvertragsparteien zulassen.[32]

9 Als eine Art „verschobene Vergütung" können auch solche Zahlungen zum Arbeitsentgelt gehören, die **im Anschluss an das Arbeitsverhältnis** nach Ausscheiden des Arbeitnehmers geleistet werden.[33] So stellen z.B. die (auch gerichtlich festgesetzte) Entschädigungsleistung bei betriebsbedingter Entlassung[34] oder ein „Übergangsgeld"[35] Arbeitsentgelt dar, und zwar auch, wenn die Leistung gesetzlich vorgeschrieben ist.[36] Anders liegen die Dinge bei einer staatlich gewährten Steuervergünstigung für Abfindungszahlungen an Arbeitnehmer eines bestimmten Alters (keine Leistung des Arbeitgebers).[37]

10 Bei der Einstufung in **Vergütungsgruppen** besteht der Bezug zum Entgelt, wenn in einem „System der quasiautomatischen Einstufung in die Vergütungsgruppen" die Höhergruppierung allein mit Rücksicht auf die Dienstzeit erfolgt.[38] Steht indes nicht die Vergütung, sondern der berufliche Aufstieg im Vordergrund, kommt eine Diskriminierungsprüfung nur nach den Regelungen der Geschlechtsdiskriminierungsrichtlinie in Betracht (unten, Rdn. 36).[39] Im Falle der Entlassung hängt es vom Klagegegenstand ab: Geht es um eine Entschädigung (= Entgelt), so ist Art. 157 AEUV anwendbar, geht es um Wiedereinstellung, die Geschlechtsdiskriminierungsrichtlinie.[40]

Rs. C-152/91 *Neath*, EU:C:1993:949 Rdn. 28; EuGH v. 31.3.1981 – Rs. 96/80 *Jenkins*, EU:C:1981:80 Rdn. 12.

32 EuGH v. 12.12.2019 – Rs. C-450/18 *WA*, EU:C:2019:1075 Rdn. 33f. (Beurteilung nach RL 79/7) EuGH v. 22.11.12 – Rs. C-385/11 *Moreno*, EU:C:2012:746 Rdn. 20ff. (Beurteilung nach RL 79/7); EuGH v. 12.9.2002 – Rs. C-351/00 *Niemi*, EU:C:2002:480 Rdn. 39f. (und Rdn. 45, 47 zu den Abgrenzungskriterien); EuGH v. 17.5.1990 – Rs. C-262/88 *Barber*, EU:C:1990:209 Rdn. 22; EuGH v. 13.5.1986 – Rs. 170/84 *Bilka*, EU:C:1986:204 Rdn. 15–22; EuGH v. 25.5.1971 – Rs. 80/70 *Defrenne I*, EU:C:1971:55 Rdn. 7/12.

33 EuGH v. 8.5.2019 – Rs. C-486/18 *Praxair*, EU:C:2019:379 Rdn. 69ff.; EuGH v. 13.7.2000 – Rs. C-166/99 *Defreyn*, EU:C:2000:411 Rdn. 26, 35; EuGH v. 17.2.1993 – Rs. C-173/91 *Kommission ./. Belgien*, EU:C:1993:64 Rdn. 12–22 (zusätzliche Entschädigung für entlassene Arbeitnehmer ab 60, die Arbeitslosenunterstützung beziehen); EuGH v. 27.6.1990 – Rs. C-33/89 *Kowalska*, EU:C:1990:265 Rdn. 9.

34 EuGH v. 17.5.1990 – Rs. C-262/88 *Barber*, EU:C:1990:209 Rdn. 13; EuGH v. 9.2.1999 – Rs. C-167/97 *Seymour-Smith u. Perez*, EU:C:1999:60 Rdn. 23–23.

35 EuGH v. 9.12.2004 – Rs. C-19/02 *Hlozek*, EU:C:2004:779 Rdn. 37–39 (Überbrückungsgeld nach Sozialplan); EuGH v. 27.6.1990 – Rs. C-33/89 *Kowalska*, EU:C:1990:265 Rdn. 8–11.

36 EuGH v. 8.4.1976 – Rs. 43/75 *Defrenne II*, EU:C:1976:56 Rdn. 40; EuGH v. 17.5.1990 – Rs. C-262/88 *Barber*, EU:C:1990:209 Rdn. 17.

37 EuGH v. 21.7.2005 – Rs. C-207/04 *Vergani*, EU:C:2005:495 Rdn. 22f.

38 EuGH v. 7.2.1991 – Rs. C-184/89 *Nimz*, EU:C:1991:50 Rdn. 9f.; EuGH v. 27.10.1993 – Rs. C-172/92 *Enderby*, EU:C:1993:859 Rdn. 21.

39 EuGH v. 2.10.1997 – Rs. C-1/95 *Gerster*, EU:C:1997:452 Rdn. 24. Ebenso EuGH v. 11.9.2003 – Rs. C-77/02 *Steinicke*, EU:C:2003:458 Rdn. 51 (Umgestaltung der Arbeitszeit mit bloß finanziellen Auswirkungen); s.a. EuGH v. 18.11.2004 – Rs. C-284/02 *Sass*, EU:C:2004:722 Rdn. 30f.

40 EuGH v. 9.2.1999 – Rs. C-167/97 *Seymour-Smith u. Perez*, EU:C:1999:60 Rdn. 35–37.

4. Diskriminierungsverbot

a) Verbotenes Differenzierungsmerkmal Geschlecht

Verbotenes Diskriminierungsmerkmal ist das Geschlecht. Es geht daher nicht nur um 11
die Diskriminierung von Frauen. Männliche Arbeitnehmer haben insbesondere Klagen gegen eine Schlechterstellung aufgrund unterschiedlicher Rentenaltersgrenzen auf Art. 157 AEUV gestützt.[41] Vom Geschlecht zu unterscheiden ist nach dem Wortlaut (vgl. Art. 19 AEUV), der Entstehungsgeschichte und auch in der Sache die sexuelle Ausrichtung.[42] Der Ausschluss des gleichgeschlechtlichen Partners von Reisevergünstigungen der Bahnangestellten stellt daher keine unzulässige Geschlechtsdiskriminierung dar.[43]

b) Diskriminierung

aa) Grundlagen der Diskriminierungsbeurteilung: Vergleichssachverhalt

Die Prüfung des Diskriminierungsvorwurfs beginnt mit der **Bildung des Vergleichs-** 12
sachverhalts. Dieser ist unproblematisch, wenn ein anderer Arbeitnehmer zur selben Zeit in ein und demselben Betrieb[44] als Vergleichsperson zur Verfügung steht. Sonst kann der Vergleich schwierige Fragen aufwerfen.[45] Eine unterschiedliche Entlohnung kann Ausdruck unterschiedlicher Präferenzen, unterschiedlicher Arbeitsbedingungen (Atmosphäre, Größe des Unternehmens, Arbeitsplatzsicherheit, Familienfreundlichkeit), unterschiedlicher Verhandlungssituationen, unterschiedlicher Tarifverträge usf. sein. Der EuGH hat aber auch den Vergleich mit einem früheren Arbeitnehmer für tauglich gehalten, insoweit freilich zugleich darauf hingewiesen, dass das nationale Gericht zu prüfen hat, ob die unterschiedliche Bezahlung auf demselben Posten zu unterschiedlichen Zeiten durch andere Faktoren als eine Diskriminierung aufgrund des Geschlechts begründet ist.[46] Nicht ausreichend ist hingegen unter Art. 157 AEUV der Vergleich mit einer **hypothetischen Vergleichsperson**, die der Gerichtshof zunächst wegen der beschränkten Reichweite der unmittelbaren Wirkung der Vorschrift abgelehnt hat,[47] später mit der grundsätzlichen Erwägung, dass hier die erforderliche

41 S. vor allem EuGH v. 17.5.1990 – Rs. C-262/88 *Barber*, EU:C:1990:209.

42 *Gardner*, OJLS 18 (1998), 167–187 (die Unterscheidung prinzipiell begründend).

43 EuGH v. 17.2.1998 – Rs. C-249/96 *Grant*, EU:C:1998:63. Krit. *Collins*, Employment Law, S. 57 f.

44 EuGH v. 27.3.1980 – Rs. 129/79 *Macarthys*, EU:C:1980:103 Rdn. 10.

45 Eingehende Analyse bei *Rieble*, RdA 2011, 36–46 (der individuelle Präferenzen, die Privatautonomie der Vertragsparteien und Tarifverträge als determinierende Faktoren für den Lohn sieht).

46 EuGH v. 27.3.1980 – Rs. 129/79 *Macarthys*, EU:C:1980:103 Rdn. 11 f.

47 EuGH v. 27.3.1980 – Rs. 129/79 *Macarthys*, EU:C:1980:103 Rdn. 14 f. („Fall der mittelbaren Diskriminierung").

Bildung des Vergleichssachverhalts nicht möglich sei.[48] Beschäftigt ein Arbeitgeber ausschließlich Arbeitnehmer eines Geschlechts (freilich diskriminierungsfrei nur selten der Fall), so kann daher eine Entgeltdiskriminierung nicht unter Art. 157 AEUV gerügt werden.[49] Das Verbot der Entgeltdiskriminierung ist kein Instrument zur Herstellung von „allgemeiner Lohngerechtigkeit". Daher setzt seine Anwendung im Grundfall auch ein Vergleichsarbeitsverhältnis bei *demselben Arbeitgeber* voraus. „Lassen sich (...) die festgestellten Unterschiede nicht auf ein und dieselbe Quelle zurückführen, so fehlt eine Einheit, die für die Ungleichbehandlung verantwortlich ist und die die Gleichbehandlung wiederherstellen könnte."[50]

13 Für die Prüfung der Entgeltdiskriminierung ist allerdings nicht notwendig, dass die Vergleichsperson die **gleiche Arbeit** verrichtet, in Betracht kommt auch ein Vergleich auf der Grundlage **gleichwertiger Arbeit**.[51] Dabei ist nach einer Formel des EuGH zu prüfen, ob die betreffenden Arbeitnehmer „unter Zugrundelegung einer Gesamtheit von Faktoren, wie Art der Arbeit, Ausbildungsanforderungen und Arbeitsbedingungen, als in einer vergleichbaren Situation befindlich angesehen werden können".[52] Die Einstufung in eine Tätigkeitsgruppe hat dafür nur indiziellen Charakter und bedarf der Bestätigung durch konkrete Faktoren.[53] „Daher ist anhand eines Bündels tatsächlicher Gesichtspunkte, wie die Art der den Arbeitnehmern, um die es im Ausgangsrechtsstreit geht, tatsächlich übertragenen Tätigkeiten, die Ausbildungsanforderungen für deren Ausübung und die Arbeitsbedingungen, unter denen diese Tätigkeiten tatsächlich ausgeübt werden, zu prüfen, ob diese Arbeitnehmer tatsächlich gleiche oder vergleichbare Arbeit verrichten."[54] Die Beurteilung im Einzelfall ist Sache des nationalen Gerichts.

---

48 EuGH v. 28.9.1994 – Rs. C-200/91 *Coloroll Pension Trustees*, EU:C:1994:348 Rdn. 102f. Ebenso Calliess/Ruffert/*Krebber*, Art. 157 AEUV Rdn. 51 (arg.: kein allgemeiner Anspruch auf „gerechte" Bezahlung).

49 EuGH v. 13.1.2004 – Rs. C-256/01 *Allonby*, EU:C:2004:18 Rdn. 74. S. aber EuGH v. 10.3.2005 – Rs. C196/ 02 *Vasiliki Nikoloudi*, EU:C:2004:272 Rdn. 26–29 (ggf. reicht ein Arbeitnehmer des anderen Geschlechts mit vergleichbarer Tätigkeit).

50 EuGH v. 17.9.2002 – Rs. C-320/00 *Lawrence*, EU:C:2002:498 Rdn. 18; EuGH v. 13.1.2004 – Rs. C-256/01 *Allonby*, EU:C:2004:18 Rdn. 45f. sowie 82f. (Der Fall betraf aber möglicherweise einen Betriebsübergang i.S.d. BÜRL.).

51 EuGH v. 10.3.2005 – Rs C 196/02 *Vasiliki Nikoloudi*, EU:C:2004:272 Rdn. 26–29.

52 EuGH v. 26.6.2001 – Rs. C-381/99 *Brunnhofer*, EU:C:2001:358 Rdn. 43; EuGH v. 11.5.1999 – Rs. C-309/97 *Wiener Gebietskrankenkasse*, EU:C:1999:241 Rdn. 17f.; EuGH v. 31.5.1995 – Rs. C-400/93 *Royal Copenhagen*, EU:C:1995:155 Rdn. 33.

53 EuGH v. 26.6.2001 – Rs. C-381/99 *Brunnhofer*, EU:C:2001:358 Rdn. 44–47.

54 EuGH v. 26.6.2001 – Rs. C-381/99 *Brunnhofer*, EU:C:2001:3581 Rdn. 48.

bb) Diskriminierung

Auf der Grundlage des so festgelegten Vergleichssachverhalts erfolgt die Prüfung 14 einer Ungleichbehandlung. Mit der teleologischen Erwägung einer effektiven Durchsetzung des Diskriminierungsverbots hat der EuGH dabei auch die **Methode des Vergleichs** unionsrechtlich determiniert:[55] Es kommt nicht darauf an, ob die verglichenen Vergütungen bei einer wertenden Gesamtbetrachtung unterm Strich gleich sind. Erforderlich ist vielmehr eine Gleichbehandlung im Hinblick auf jeden *einzelnen Vergütungsbestandteil.* Daraus folgt ein besonderes **Transparenzgebot**, da dieser Einzelvergleich nur möglich ist, wenn die einzelnen Bestandteile des Vergütungssystems (Grundgehalt, Zulagen, Gratifikationen, Sachleistungen ...) offengelegt werden.[56] Mangelnde Transparenz kann beweisrechtliche Nachteile zur Folge haben (s. u. Rdn. 21).

Gleichheit des Arbeitsentgelts ohne Diskriminierung aufgrund des Geschlechts 15 bedeutet dann nach 157 Abs. 2 UAbs. 2 AEUV, dass

(a) das Entgelt für eine gleiche nach Akkord bezahlte Arbeit aufgrund der gleichen Maßeinheit festgesetzt wird[57] und

(b) das Entgelt für eine nach Zeit bezahlte Arbeit bei gleichem Arbeitsplatz gleich ist[58].

Eine Diskriminierung liegt vor, wenn unterschiedliche Vorschriften auf gleiche Sachverhalte angewandt werden oder wenn dieselbe Vorschrift auf ungleiche Sachverhalte angewandt wird.[59] Nach der etablierten Dogmatik verbietet Art. 157 AEUV sowohl die unmittelbare als auch die mittelbare Diskriminierung.

---

55 EuGH v. 26.6.2001 – Rs. C-381/99 *Brunnhofer,* EU:C:2001:358 Rdn. 35; EuGH v. 17.5.1990 – Rs. C-262/88 *Barber,* EU:C:1990:209 Rdn. 34.

56 EuGH v. 27.5.2004 – Rs. C-285/02 *Elsner-Lakeberg,* EU:C:2004:320 Rdn. 15; EuGH v. 30.3.2000 – Rs. C-236/98 *JämO,* EU:C:2000:173 Rdn. 43; EuGH v. 17.5.1990 – Rs. C-262/88 *Barber,* EU:C:1990:209 Rdn. 33.

57 S. z. B. EuGH v. 31.5.1995 – Rs. C-400/93 *Royal Copenhagen,* EU:C:1995:155 Rdn. 12–14, 20–22.

58 Leistungsunterschiede dürfen bei Zeitlohnvergütung durchaus berücksichtigt werden, doch setzen sie eine – regelmäßig nicht im Vorhinein mögliche – Leistungsbeurteilung voraus; EuGH v. 26.6.2001 – Rs. C-381/ 99 *Brunnhofer,* EU:C:2001:358 Rdn. 76–79.

59 EuGH v. 30.3.2004 – Rs. C-147/02 *Alabaster,* EU:C:2004:192 Rdn. 45; EuGH v. 11.5.1999 – Rs. C-309/ 97 *Wiener Gebietskrankenkasse,* EU:C:1999:241 Rdn. 15; EuGH v. 27.10.1998 – Rs. C-411/96 *Boyle,* EU: C:1998:506 Rdn. 39–42; EuGH v. 13.2.1996 – Rs. C-352/93 *Gillespie,* EU:C:1996:46 Rdn. 16; EuGH v. 14.2.1995 – Rs. C-279/93 *Schumacker,* EU:C:1995:31 Rdn. 30. S.a. EuGH v. 9.12.2004 – Rs. C-19/02 *Hlozek,* EU:C:2004:779 Rdn. 44–50 (Berücksichtigung unterschiedlicher gesetzlicher Rentenalter für Männer und Frauen als ein Faktor für die aus der Entlassung fließenden Risiken keine Diskriminierung).

(1) Unmittelbare Diskriminierung

16 Unmittelbare Diskriminierung ist die Diskriminierung **aufgrund des Geschlechts.** Für die danach erforderliche Kausalität genügt die Mitursächlichkeit in einem „Motivbündel"; eine Diskriminierungsabsicht ist nicht erforderlich. Praktisch hat dieser Tatbestand v.a. im Hinblick auf unterschiedliche Rentenalter von Männern und Frauen für die Betriebsrente eine Rolle gespielt,[60] die man herkömmlich mit Rücksicht auf die besonderen Belastungen der Frau als Mutter für gerechtfertigt hielt. Auch eine Differenzierung mit Rücksicht auf die **Schwangerschaft** sowie die geschlechtsspezifischen Aspekte der **Mutterschaft** (also vor allem Geburt und Stillen) ist eine unmittelbare Diskriminierung (jetzt vom Gesetzgeber für das Sekundärrecht übernommen in Art. 2 Abs. 2 lit. c) GDRL; s.u. Rdn. 47; zur Zulässigkeit eines besonderen Schutzes von Schwangeren und Eltern, s.u. Rdn. 64).[61] Daher darf der Arbeitgeber die Arbeitnehmerin nicht deswegen von einer Gehaltserhöhung ausschließen, weil sie sich zum maßgeblichen Zeitpunkt in Mutterschaftsurlaub befand (s.a. § 23 Rdn. 41).[62] Da sich indes die Situation der Arbeitnehmerin in Mutterschutz von der der aktiven Arbeitnehmer unterscheidet, hat sie keinen Anspruch auf Fortzahlung der vollen Vergütung.[63] Eine unmittelbare Diskriminierung von Frauen liegt auch vor, wenn die Lohnfortzahlung bei Fehlzeiten wegen schwangerschaftsbedingter Krankheit geringer ausfällt als bei sonstiger Krankheit.[64] In einer Regelung, nach der die Lohnfortzahlung wegen schwangerschaftsbedingter Krankheit ebenso wie im Fall jeder anderen Krankheit nach einer gewissen Frist herabgesetzt wird, hat der Gerichtshof indes „beim gegenwärtigen Stand des Gemeinschaftsrechts" (u.a. mit Rücksicht auf Art. 11 Nr. 2 und 3 MuSchRL) nicht als diskriminierend beanstandet.[65]

---

60 EuGH v. 14.12.1993 – Rs. C-110/91 *Moroni,* EU:C:1993:926 Rdn. 10–19; EuGH v. 17.5.1990 – Rs. C-262/88 *Barber,* EU:C:1990:209.

61 Vgl. die Entwicklung im US-amerikanischen Recht: *Geduldig v. Aiello* 417 U. S. 484 (1974); *General Electric v. Gilbert* 429 U. S. 415 (1976); *AT&T v. Hulteen* U. S. Sup Ct. 04–16–87 Pregnancy Discrimination Act 1978 (praktisch die Urteile *Geduldig* und *Gilbert* des Obersten Gerichtshof rückgängig machend).

62 EuGH v. 30.3.2004 – Rs. C-147/02 *Alabaster,* EU:C:2004:192 Rdn. 47–49; EuGH v. 27.10.1998 – Rs. C-411/ 96 *Boyle,* EU:C:1998:506 Rdn. 39–42; EuGH v. 13.2.1996 – Rs. C-352/93 *Gillespie,* EU:C:1996:46 Rdn. 21f.

63 EuGH v. 14.7.2016 – Rs. C-335/15 *Ornano,* EU:C:2016:564 Rdn. 40; EuGH v. 1.7.2010 – Rs. C-194/08 *Gassmayr,* EU:C:2010:386; EuGH v. 8.9.2005 – Rs. C-191/03 *McKenna,* EU:C:2005:513 Rdn. 50; EuGH v. 30.3.2004 – Rs. C-147/02 *Alabaster,* EU:C:2004:192 Rdn. 46; EuGH v. 13.2.1996 – Rs. C-352/93 *Gillespie,* EU:C:1996:46 Rdn. 20.

64 EuGH v. 19.11.1998 – Rs. C-66/96 *Pedersen,* EU:C:1998:549 Rdn. 33–37.

65 EuGH v. 8.9.2005 – Rs. C-191/03 *McKenna,* EU:C:2005:513 Rdn. 57–62; auch die Anrechnung der schwangerschaftsbedingten Fehlzeiten auf die Höchstzahl bezahlter Krankheitstage ist im Grundsatz nicht zu beanstanden, Rdn. 63–68.

(2) Mittelbare Diskriminierung

Eine mittelbare Diskriminierung liegt vor, wenn sich äußerlich **geschlechtsneutrale Kriterien** für ein Geschlecht **nachteilig auswirken**; das lässt sich vor allem mit Hilfe von Statistiken nachweisen.[66] Mittelbar diskriminierend wirkt insbesondere die Anknüpfung an das äußerlich neutrale Merkmal der **Teilzeitbeschäftigung**, da (wohl nach wie vor) überwiegend Frauen teilzeitbeschäftigt sind (ebenso für geringfügig Beschäftigte)[67] (s. a. unten, Rdn. 51). Der Gerichtshof hat in einer Vielzahl von Fällen dazu Stellung genommen[68] und eine mittelbare Diskriminierung im Grundsatz gefunden in 17

- der schlechteren Vergütung für Teilzeitbeschäftigte;[69]
- dem Ausschluss Teilzeitbeschäftigter von der Lohnfortzahlung im Krankheitsfall,[70] von einem „Übergangsgeld" beim Ausscheiden aus dem Arbeitsverhältnis,[71] der Betriebsrente[72] oder einer Weihnachtsgratifikation[73];
- der geringeren Entlassungsentschädigung und Zuwendung für einen Wiedereingliederungsurlaub für eine unbefristet und in Vollzeit beschäftigte Arbeitnehmerin, die teilweise auf der Grundlage des geringeren Entgelts berechnet werden, das sie zur Zeit der Vertragsbeendigung erhält, weil sie Elternurlaub in Teilzeit in Anspruch nimmt, wenn eine deutlich höhere Anzahl von Frauen Elternurlaub auf Teilzeitbasis in Anspruch nehmen;[74]
- der geringeren Vergütung teilzeitbeschäftigter Betriebsratsmitglieder für die Teilnahme an Schulungsveranstaltungen für Betriebsräte im Verhältnis zur Dauer der Schulung (nicht im Verhältnis zur Arbeitsstundenzahl);[75]

---

66 Zum Nachweis näher EuGH v. 9.2.1999 – Rs. C-167/97 *Seymour-Smith u. Perez,* EU:C:1999:60 Rdn. 58–62; EuGH v. 13.1.2004 – Rs. C-256/01 *Allonby,* EU:C:2004:18 Rdn. 74f. Krit Besprechung *Barnard/Hepple,* C.L.J. 58 (1991), 399–412.

67 EuGH v. 9.9.1999 – Rs. C-281/97 *Krüger,* EU:C:1999:396 Rdn. 26.

68 Übersicht bei *Traversa,* IJCLLIR 19 (2003), 219–241.

69 EuGH v. 31.3.1981 – Rs. 96/80 *Jenkins,* EU:C:1981:80 Rdn. 13 (Vordem hatte der Arbeitgeber Frauen geringer entlohnt, dann änderte er das System und zahlte Männern und Frauen die gleichen Sätze, Teilzeitarbeitnehmern aber 10 % weniger als Vollzeitarbeitnehmern. Ausschließlich Frauen waren Teilzeitarbeitnehmer.).

70 EuGH v. 13.7.1989 – Rs. 171/88 *Rinner-Kühn,* EU:C:1989:328.

71 EuGH v. 27.6.1990 – Rs. C-33/89 *Kowalska,* EU:C:1990:265 Rdn. 13.

72 EuGH v. 13.5.1986 – Rs. 170/84 *Bilka,* EU:C:1986:204 Rdn. 29f.

73 EuGH v. 21.10.1999 – Rs. C-333/97 *Lewen,* EU:C:1999:512 Rdn. 34–42; EuGH v. 9.9.1999 – Rs. C-281/97 *Krüger,* EU:C:1999:396 Rdn. 26–29.

74 EuGH v. 8.5.2019 – Rs. C-486/18 *Praxair,* EU:C:2019:379 Rdn. 79ff.

75 EuGH v. 7.3.1996 – Rs. C-278/93 *Freers und Speckmann,* EU:C:1996:83 Rdn. 22–24; EuGH v. 6.2.1996 – Rs. C-457/93 *Lewark,* EU:C:1996:33 Rdn. 26–30; EuGH v. 4.6.1992 – Rs. C-360/90 *Bötel,* EU:C:1992:246 Rdn. 15–21. Zust. Bespr. v. *Shaw,* E.L. Rev. 22 (1997), 256–262; krit. Erörterung *Kort,* RdA 1997, 277, 281–284; *Schlachter,* EAS B 4100 Rdn. 21–23.

- der im Verhältnis zur Arbeitszeit höheren Verpflichtung zur Mehrarbeit;[76]
- der generell – für Teil- und Vollzeitbeschäftigte – geringeren Vergütung von Mehrarbeit, die zur Folge hatte, dass Teilzeitbeschäftigte, die Mehrarbeit erbrachten, für die geleistete Arbeitszeit weniger Lohn erhielten als Vollzeitbeschäftigte bei gleicher Arbeitszeit;[77]
- der Benachteiligung beim Übergang zu einem Vollzeitarbeitsverhältnis.[78]

18 Regelmäßig hat der Gerichtshof freilich dem nationalen Gericht die Prüfung vorbehalten, ob die verwendeten neutralen Kriterien zur Erreichung legitimer Ziele erforderlich sind. Nicht jedes faktisch benachteiligende Kriterium ist aber im Ergebnis als mittelbare Diskriminierung zu bewerten, entscheidend ist, ob es aus **objektiven**, d. h. von dem Geschlecht unabhängigen **Gründen** als erforderlich dargelegt werden kann. So liegen die Dinge z. B. bei der Honorierung von Flexibilität oder Berufsausbildung: Beide Kriterien sind für Frauen im Hinblick auf Kindererziehung traditionell (wenngleich zunehmend weniger) faktisch schwerer zu erfüllen, können aber bei der Vergütung berücksichtigt werden, wenn diese Merkmale für die Ausführung der spezifischen Aufgaben erforderlich sind.[79] Sehr weitgehend hat der Gerichtshof dem Arbeitgeber freigestellt, die Anciennität (das Dienstalter) bei der Entlohnung zu berücksichtigen, ohne dass er ihre Bedeutung für die Ausführung der dem Arbeitnehmer übertragenen spezifischen Aufgaben darlegen müsste. In der Honorierung der Berufserfahrung sieht der Gerichtshof ein legitimes Ziel, und der Rückgriff auf das Kriterium des Dienstalters ist geeignet, dieses Ziel zu erreichen, da „die Anciennität mit der Berufserfahrung einhergeht".[80]

19 Die Dogmatik der mittelbaren Diskriminierung ist im Bereich des Art. 157 AEUV, wo dieser Tatbestand legislatorisch nicht näher ausgeführt ist, nicht sehr klar konturiert (zu den sekundärrechtlichen Regeln oben, § 9 Rdn. 37–40). Namentlich die Möglichkeit, die benachteiligende Wirkung neutraler Kriterien als diskriminierungsfrei zu erklären, hat der Gerichtshof nicht deutlich eingeordnet: Gelegentlich spricht er davon, dass die benachteiligende Wirkung den ersten Anschein für eine Diskriminierung begründe, der (wohl: tatbestandsausschließend) widerlegt werden könnte (s. soeben, Rdn. 18); in den meisten Fällen spricht er indes von einer Rechtfertigungsmöglichkeit (s. noch nachfolgend, Rdn. 22).

---

76 EuGH v. 27.5.2004 – Rs. C-285/02 *Elsner-Lakeberg*, EU:C:2004:320 Rdn. 12–17. Im Hinblick auf die Überstundenvergütung noch anders EuGH v. 15.12.1994 – Rs. C-399/92 *Helmig*, EU:C:1994:415 Rdn. 23–31.

77 EuGH v. 6.12.2007 – Rs. C-300/06 *Voß*, EU:C:2007:757 Rdn. 34–38; krit. etwa *Fuchs*, EuR 2008, 697–702.

78 EuGH v. 17.6.1998 – Rs. C-243/95 *Hill und Stapleton*, EU:C:1998:298 Rdn. 24–34.

79 EuGH v. 17.10.1989 – Rs. 109/88 *Danfoss*, EU:C:1989:383 Rdn. 21–23.

80 EuGH v. 3.10.2006 – Rs. C-17/05 *Cadman*, EU:C:2006:633 Rdn. 34 f., 39 (und Rdn. 37 f. zu den Grenzen); EuGH v. 17.10.1989 – Rs. 109/88 *Danfoss*, EU:C:1989:383 Rdn. 24. Einschränkend aber (zur GbAbRL) EuGH v. 10.3.2005 – Rs C-196/02 *Nikoloudi*, EU:C:2004:272 Rdn. 55 (Maßgabe der Umstände des Einzelfalls).

cc) Beweislast

Ausgangspunkt für die Beweislast ist auch unter Art. 157 AEUV die **Grundregel**, dass jeder die ihm günstigen Tatsachen zu beweisen hat.[81] Dabei bleibt es auch, wenn keine besonderen Umstände vorliegen, also beispielsweise in dem Fall, dass nur eine bestimmte Zulage (Transparenz!; Rdn. 14) für zwei Mitarbeiter unterschiedlichen Geschlechts unterschiedlich hoch ist: Die Beweislast liegt beim angeblichen Diskriminierungsopfer. 20

Die Beweislast kann sich indes unter dem teleologischen Gesichtspunkt einer effektiven Rechtsdurchsetzung **umkehren**, wenn ein Arbeitnehmer, der dem ersten Anschein nach diskriminiert wurde, sonst kein wirksames Mittel hätte, um die Beachtung des Grundsatzes des gleichen Entgelts durchzusetzen.[82] So liegen die Dinge z.B. wenn dem Vergütungssystem jede Transparenz fehlt und der Arbeitnehmer anhand einer relativ großen Zahl von Arbeitnehmern belegt, dass das durchschnittliche Entgelt der weiblichen Arbeitnehmer niedriger ist als das der männlichen Arbeitnehmer: Dann ist es Sache des Arbeitgebers zu beweisen, dass keine Diskriminierung vorliegt.[83] 21

c) Rechtfertigung

aa) Rechtfertigung i.e.S.

Der Gerichtshof lässt eine Rechtfertigung sowohl der unmittelbaren[84] als auch der mittelbaren (durch die benachteiligende Wirkung neutraler Kriterien begründeten) Diskriminierung nach einer (weithin) einheitlichen Formel zu.[85] Die Rechtfertigung erfordert, dass der Arbeitgeber **objektive Faktoren** darlegt, die nichts mit einer Diskriminierung wegen des Geschlechts zu tun haben.[86] Diese Faktoren müssen einem *wirklichen Bedürfnis* des Unternehmens entsprechen und zu dessen Erreichung *geeig-* 22

---

81 EuGH v. 26.6.2001 – Rs. C-381/99 *Brunnhofer*, EU:C:2001:358 Rdn. 52; EuGH v. 27.10.1993 – Rs. C-172/92 *Enderby*, EU:C:1993:859 Rdn. 13.

82 EuGH v. 26.6.2001 – Rs. C-381/99 *Brunnhofer*, EU:C:2001:358 Rdn. 53; EuGH v. 31.5.1995 – Rs. C-400/93 *Royal Copenhagen*, EU:C:1995:155 Rdn. 24; EuGH v. 27.10.1993 – Rs. C-172/92 *Enderby*, EU:C:1993:859 Rdn. 14.

83 EuGH v. 26.6.2001 – Rs. C-381/99 *Brunnhofer*, EU:C:2001:358 Rdn. 54f.; EuGH v. 27.10.1993 – Rs. C-172/92 *Enderby*, EU:C:1993:859 Rdn. 14; EuGH v. 17.10.1989 – Rs. 109/88 *Danfoss*, EU:C:1989:383 Rdn. 12f. *Schlachter*, EAS B 4100 Rdn. 54.

84 S.z.B. EuGH v. 26.6.2001 – Rs. C-381/99 *Brunnhofer*, EU:C:2001:358 Rdn. 62. A.M. *Schlachter*, EAS B 4100 Rdn. 39; differenzierend Schlachter/Heinig/*Kocher*, § 5 Rdn. 148f.

85 Dabei sollte man indes nicht übersehen, dass es in den beiden Fällen wertungsmäßig wie analytisch um unterschiedliche Dinge geht; s.a. § 9 Rdn. 33–40 und oben, Rdn. 16–19.

86 EuGH v. 26.6.2001 – Rs. C-381/99 *Brunnhofer*, EU:C:2001:358 Rdn. 66; EuGH v. 17.6.1998 – Rs. C-243/95 *Hill und Stapleton*, EU:C:1998:298 Rdn. 34; EuGH v. 7.2.1991 – Rs. C-184/89 *Nimz*, EU:C:1991:50 Rdn. 13f.; EuGH v. 27.3.1980 – Rs. 129/79 *Macarthys*, EU:C:1980:103 Rdn. 12.

net und erforderlich sein.[87] Die Beurteilung, ob eine solche Rechtfertigung vorliegt, überlässt der Gerichtshof aufgrund rahmenhafter Vorgaben dem mitgliedstaatlichen Gericht.[88]

bb) Positive Maßnahmen

23 „Im Hinblick auf die effektive Gewährleistung der vollen Gleichstellung von Männern und Frauen im Arbeitsleben" erlaubt Art. 157 Abs. 4 AEUV den Mitgliedstaaten (nicht der Union oder den Sozialpartnern), „zur Erleichterung der Berufstätigkeit des unterrepräsentierten Geschlechts" (also nicht nur von Frauen!) „oder zur Verhinderung bzw. zum Ausgleich von Benachteiligungen in der beruflichen Laufbahn spezifische Vergünstigungen beizubehalten oder zu beschließen". Da die spezifische Begünstigung eines Geschlechts regelmäßig[89] die Diskriminierung des anderen bedeutet, handelt es sich um einen **Rechtfertigungstatbestand.**[90] Die Vorschrift ermöglicht grundsätzlich auch die Rechtfertigung einer Entgeltdiskriminierung, dürfte hier indes selten praktisch sein[91] und geht in ihrem Anwendungsbereich auch darüber hinaus.

24 Die Rechtfertigung setzt eine **spezifische Vergünstigung** zum Zweck der Erleichterung der Berufstätigkeit, der Verhinderung oder dem Ausgleich von Benachteiligungen in der beruflichen Laufbahn voraus. Der EuGH hat angenommen, Maßnahmen zur Erleichterung der Berufs*tätigkeit* müssten schon während der aktiven Zeit eingreifen, und daher eine Begünstigung bei der Pension nicht für gerechtfertigt gehalten.[92] Mit der Zweckbindung geht zudem eine Bindung an den **Verhältnismäßigkeitsgrundsatz** einher: Die Maßnahmen müssen zur Erreichung der (beschränkten) Zwecke geeignet und erforderlich sein.[93]

---

87 EuGH v. 26.6.2001 – Rs. C-381/99 *Brunnhofer,* EU:C:2001:358 Rdn. 67; EuGH v. 13.7.1989 – Rs. 171/88 *Rinner-Kühn,* EU:C:1989:328 Rdn. 13f.; EuGH v. 13.5.1986 – Rs. 170/84 *Bilka,* EU:C:1986:204 Rdn. 36.

88 S. etwa EuGH v. 17.6.1998 – Rs. C-243/95 *Hill und Stapleton,* EU:C:1998:298 Rdn. 35.

89 Nämlich bei Vergleichbarkeit der Sachverhalte! Anders liegen die Dinge z.B. wenn die aus dem Mutterschaftsurlaub fließenden beruflichen Nachteile ausgeglichen werden sollen; EuGH v. 29.11.2001 – Rs. C-366/99 *Griesmar,* EU:C:2001:648 Rdn. 41; EuGH v. 16.9.1999 – Rs. C-218/98 *Abdoulaye,* EU:C:1999:424 Rdn. 18–21.

90 Calliess/Ruffert/*Krebber,* Art. 157 AEUV Rdn. 74.

91 Callies/Ruffert/*Krebber,* Art. 157 AEUV Rdn. 73.

92 EuGH v. 29.11.2001 – Rs. C-366/99 *Griesmar,* EU:C:2001:648 Rdn. 64f. Vgl. aber EuGH v. 13.7.1995 – Rs. C-1 16/94 *Meyers,* EU:C:1995:247 Rdn. 22 mit gegenläufigen Erwägungen im Hinblick auf den Zugang zur Beschäftigung nach der GbAbRL (GDRL).

93 EuGH v. 5.11.2019 – Rs. C-192/18 *Kommission ./. Polen,* EU:C:2019:924 Rdn. 79ff.; EuGH v. 6.7.2000 – Rs. C-407/98 *Abrahamsson und Anderson,* EU:C:2000:367 Rdn. 55.

d) Verstoßfolgen

Eine dem Diskriminierungsverbot des Art. 157 AEUV widersprechende Klausel, sei sie 25
gesetzlicher oder (tarif-) vertraglicher Natur, darf nicht angewandt werden.[94] In vielen Fällen ist das freilich nur der erste Schritt zur Herstellung einer vollen Gleichbehandlung, nämlich dann, wenn nicht eine Klausel die benachteiligte Gruppe schlechter, sondern die bevorzugte besser stellt. In diesem Fall hat die benachteiligte Gruppe Anspruch auf Anwendung der gleichen Regelung wie die übrigen Arbeitnehmer („Anpassung nach oben").[95] Eine diskriminierungsfreie Neuregelung, die dann auch eine Herabsetzung für alle Arbeitnehmer bedeuten kann, bleibt jedoch für die Zukunft möglich.[96]

III. Die Geschlechtsdiskriminierungsrichtlinie

Literatur: *Buchner,* Gleichbehandlungsgebot und Mutterschutz, in: Farthmann/Hanau/Isenhard/Preis (Hrsg.), Arbeitsgesetzgebung und Arbeitsrechtsprechung – Festschrift für Eugen Stahlhacke, 1995, S. 83–100; *Eichinger,* Grundsatz der Gleichbehandlung hinsichtlich des Zugangs zur Beschäftigung, zur Berufsausbildung und zum beruflichen Aufstieg sowie in Bezug auf die Arbeitsbedingungen (Richtlinie 76/207/EWG), in: Oetker/Preis (Hrsg.), Europäisches Arbeits- und Sozialrecht, B 4200 (Stand Januar 1999); *Fastrich,* Gleichbehandlung und Gleichstellung, RdA 2000, 65–81; *Gamillscheg,* Die mittelbare Diskriminierung der Frau im Arbeitsleben, in: Martinek/Migsch/Ringhofer/Schwarz/Schwimann (Hrsg.), Arbeitsrecht und soziale Grundrechte, Festschrift für Hans Floretta zum 60. Geburtstag, 1983, S. 171–185; *Hadeler,* Die Revision der Gleichbehandlungsrichtlinie 76/207/EWG – Umsetzungsbedarf für das deutsche Arbeitsrecht, NZA 2003, 77–81; *Hanau/Preis,* Zur mittelbaren Diskriminierung wegen des Geschlechts, ZfA 1988, 177–207; *Issacharoff/Rosenblum,* Women and the Workplace: Accomodating the Demands of Pregnancy, Colum. L. Rev. 94 (1994), 2154–2221; *Kamanabrou,* Rechtsmissbrauch im europäischen Arbeitsrecht, EuZA 2018, 18–50; *Paul,* Einstellung Schwangerer bei Beschäftigungsverboten nach dem Mutterschutzgesetz, DB 2000, 974–978; *Rust,* Änderungsrichtlinie 2002 zur Gleichbehandlungsrichtlinie von 1976, NZA 2003, 72–77; *Scholz,* Frauen an die Waffe kraft Europarechts? – Zum Verhältnis von Art. 12a Abs. 4 S. 2 GG zur EU-Gleichbehandlungsrichtlinie, DÖV 2000, 417–420; *Schulte Westenberg,* Aktuelles vom EuGH zur Kündigung wegen Schwangerschaft, NJW 2003, 490–492; *Stürmer,* Bewerbung und Schwangerschaft, NZA 2001,

94 EuGH v. 13.1.2004 – Rs. C-256/01 *Allonby,* EU:C:2004:18 Rdn. 77; EuGH v. 7.2.1991 – Rs. C-184/89 *Nimz,* EU:C:1991:50 Rdn. 19f.

95 Grundlegend EuGH v. 8.4.1976 – Rs. 43/75 *Defrenne II,* EU:C:1976:56 Rdn. 14/15; st. Rspr.: EuGH v. 7.10.2019 – Rs. C-171/18 *Safeway,* EU:C:2019:839; EuGH v. 28.9.1994 – Rs. C-28/93 *Van den Akker,* EU:C:1994:351 Rdn. 15–17; EuGH v. 28.9.1994 – Rs. C-408/92 *Avdel Systems,* EU:C:1994:349 Rdn. 15–17; EuGH v. 28.9.1994 – Rs. C-200/91 *Coloroll Pension Trustees,* EU:C:1994:348 Rdn. 31f.; EuGH v. 7.2.1991 – Rs. C-184/89 *Nimz,* EU:C:1991:50 Rdn. 18; EuGH v. 27.6.1990 – Rs. C-33/89 *Kowalska,* EU:C:1990:265 Rdn. 19. Zu mitgliedstaatlichen Ausschlussfristen (die in Grenzen der Umsetzungsgebote zulässig sind) EuGH v. 16.5.2000 – Rs. C-78/98 *Preston und Fletcher,* EU:C:2000:247. *Schlachter,* EAS B4100 Rdn. 58.

96 EuGH v. 28.9.1994 – Rs. C-200/91 *Coloroll Pension Trustees,* EU:C:1994:348 Rdn. 33.

526–530; *Thüsing*, Zulässige Ungleichbehandlung weiblicher und männlicher Arbeitnehmer – Zur Unverzichtbarkeit i. S. des § 611a Abs. 1 Satz 2 BGB, RdA 2001, 319–325.

S.a. die Hinweise in § 9 vor Rdn. 1, 47, 51, 56, 61, 66, 75, 82, 89 und 94 sowie oben, vor Rdn. 2.

Rechtsprechung:

EuGH v. 24.10.1996	Rs. C-435/93 *Dietz*, EU:C:1996:395
EuGH v. 28.9.1994	Rs. C-128/93 *Fisscher*, EU:C:1994:353
EuGH v. 12.7.1984	Rs. 184/83 *Hofmann*, EU:C:1984:273
EuGH v. 26.2.1986	Rs. 152/84 *Marshall I*, EU:C:1986:84
EuGH v. 15.5.1986	Rs. 222/84 *Johnston*, EU:C:1986:206
EuGH v. 30.6.1988	Rs. 318/86 *Kommission ./. Frankreich*, EU:C:1988:352
EuGH v. 8.11.1990	Rs. 177/88 *Dekker*, EU:C:1990:383
EuGH v. 8.11.1990	Rs. 179/88 *Hertz*, EU:C:1990:384
EuGH v. 25.7.1991	Rs. C-345/89 *Stoeckel*, EU:C:1991:324
EuGH v. 30.11.1993	Rs. C-189/91 *Kirsammer-Hack*, EU:C:1993:907
EuGH v. 5.5.1994	Rs. C-421/92 *Habermann-Beltermann*, EU:C:1994:187
EuGH v. 14.7.1994	Rs. C-32/93 *Webb*, EU:C:1994:300
EuGH v. 13.7.1995	Rs. C-116/94 *Meyers*, EU:C:1995:247
EuGH v. 17.10.1995	Rs. C-450/93 *Kalanke*, EU:C:1995:322
EuGH v. 30.4.1996	Rs. C-13/94 *P ./. S*, EU:C:1996:170
EuGH v. 29.5.1997	Rs. C-400/95 *Larsson*, EU:C:1997:259
EuGH v. 2.10.1997	Rs. C-1/95 *Gerster*, EU:C:1997:452
EuGH v. 2.10.1997	Rs. C-100/95 *Kording*, EU:C:1997:453
EuGH v. 30.4.1998	Rs. C-136/95 *Thibault*, EU:C:1998:178
EuGH v. 30.6.1998	Rs. C-394/96 *Mary Brown*, EU:C:1998:331
EuGH v. 19.11.1998	Rs. C-66/96 *Pedersen*, EU:C:1998:549
EuGH v. 26.10.1999	Rs. C-273/97 *Sirdar*, EU:C:1999:523
EuGH v. 11.1.2000	Rs. C-285/98 *Kreil*, EU:C:2000:2
EuGH v. 3.2.2000	Rs. C-207/98 *Mahlburg*, EU:C:2000:64
EuGH v. 28.3.2000	Rs. C-157/97 *Badeck*, EU:C:2000:163
EuGH v. 6.4.2000	Rs. C-226/98 *Jørgensen*, EU:C:2000:191
EuGH v. 7.12.2000	Rs. C-79/99 *Schnorbus*, EU:C:2000:676
EuGH v. 4.10.2001	Rs. C-109/00 *Tele Danmark*, EU:C:2001:513
EuGH v. 19.3.2002	Rs. C-476/99 *Lommers*, EU:C:2002:183
EuGH v. 27.2.2003	Rs. C-320/01 *Wiebke Busch*, EU:C:2003:114
EuGH v. 20.3.2003	Rs. C-187/00 *Kutz-Bauer*, EU:C:2003:168
EuGH v. 11.9.2003	Rs. C-77/02 *Steinicke*, EU:C:2003:458
EuGH v. 18.3.2004	Rs. C-342/01 *Merino Gómez*, EU:C:2004:160
EuGH v. 30.9.2004	Rs. C-319/03 *Briheche*, EU:C:2004:574
EuGH v. 12.10.2004	Rs. C-313/02 *Wippel*, EU:C:2004:607
EuGH v. 18.11.2004	Rs. C-284/02 *Sass*, EU:C:2004:722
EuGH v. 10.3.2005	Rs. C-196/02 *Nikoloudi*, EU:C:2005:141
EuGH v. 21.0.2005	Rs. C-207/04 *Vergani*, EU:C:2005:495
EuGH v. 16.2.2006	Rs. C-294/04 *Herrero*, EU:C:2006:109
EuGH v. 20.9.2007	Rs. C-116/06 *Kiiski*, EU:C:2007:536
EuGH v. 11.10.2007	Rs. C-460/06 *Paquay*, EU:C:2007:601
EuGH v. 26.2.2008	Rs. C-506/06 *Mayr*, EU:C:2008:119
EuGH v. 27.11.2008	Rs. C-396/07 *Juuri*, EU:C:2008:656
EuGH v. 29.10.2009	Rs. C-63/08 *Pontin*, EU:C:2009:666

EuGH v. 30.9.2010	Rs. C-104/09 *Roca Álvarez*, EU:C:2010:561
EuGH v. 11.11.2010	Rs. C-232/09 *Danosa*, EU:C:2010:674
EuGH v. 18.11.2010	Rs. C-356/09 *Kleist*, EU:C:2010:703
EuGH v. 6.3.2014	Rs. C-595/12 *Napoli*, EU:C:2014:128
EuGH v. 18.3.2014	Rs. C-167/12 *C.D.*, EU:C:2014:169
EuGH v. 18.3.2014	Rs. C-363/12 *Z*, EU:C:2014:159
EuGH v. 16.7.2015	Rs. C-222/14 *Maïstrellis*, EU:C:2015:473
EuGH v. 28.7.2016	Rs. C-423/15 *Kratzer*, EU:C:2016:604
EuGH v. 18.10.2017	Rs. C-409/16 *Kalliri*, EU:C:2017:767
EuGH v. 19.10.2017	Rs. C-531/15 *Ramos*, EU:C:2017:789
EuGH v. 7.2.2018	verb. Rs. C-142/17, C 143/17 *Maturi*, EU:C:2018:68
EuGH v. 19.9.2018	Rs. C-41/17 *Castro*, EU:C:2018:736
EuGH v. 20.6.2019	Rs. C-404/18 *Hakelbracht*, EU:C:2019:523
EuGH v. 3.10.2019	Rs. C-274/18 *Schuch-Ghannadan*, EU:C:2019:828
EuGH v. 24.9.2020	Rs. C-223/19 *YS*, EU:C:2020:753
EuGH v. 18.11.2020	Rs. C-463/19 *Syndicat CFTC*, EU:C:2020:932

1. Übersicht und Zweck

Die Geschlechtsdiskriminierungsrichtlinie fasst eine Reihe von Einzelrichtlinien „aus Gründen der Klarheit“ (BE 1 GDRL) zusammen (sog. Kodifizierung), die das Verbot der Geschlechtsdiskriminierung je für einzelne Sachbereiche anordneten (§ 9 Rdn. 21). Weithin werden dabei lediglich die vorbestehenden Regelungen auf der Grundlage ihrer Auslegung durch den Gerichtshof fortgeführt; die Entscheidungen des EuGH zu den Einzelrichtlinien haben daher auch für die Kodifikationsrichtlinie Bedeutung. 26

Die Überlagerung von primärrechtlichem und sekundärrechtlichem Diskriminierungsverbot im Bereich des Arbeitsentgelts ist *ein* Grund, warum die Regelung auch nach der Kodifikation in der GDRL höchst unübersichtlich bleibt. Dem Gesetzgeber ist es zudem nicht gelungen, die verschiedenen Diskriminierungsverbote in eine klare Systematik zu bringen. Zwar ist jetzt im Hinblick auf die Schutzinstrumente ein allgemeiner Teil nachgestellt und mit den Begriffsbestimmungen (nebst Zielbestimmung und Regelung über positive Maßnahmen) ein weiterer allgemeiner Teil vorangestellt. Sodann aber ist die Entgeltdiskriminierung doppelt geregelt (Art. 4, 14 Abs. 1 lit. c) GDRL). Der Bereich der betrieblichen Systeme der sozialen Sicherheit ist völlig gesondert normiert. Schließlich hat der Gesetzgeber auch die Rechtsprechung des Gerichtshofs nicht umfassend kodifiziert. 27

Ziel der Richtlinie ist es, „die Verwirklichung des Grundsatzes der Chancengleichheit und Gleichbehandlung von Männern und Frauen in Arbeits- und Beschäftigungsfragen sicherzustellen“, Art. 1 Abs. 1 GDRL. 28

2. Adressaten

Formal wendet sich die Geschlechtsdiskriminierungs*richtlinie* an die Mitgliedstaaten (Art. 288 Abs. 3 AEUV). Die Mitgliedstaaten müssen insbesondere auch diskriminie- 29 rende nationale Rechtsvorschriften beseitigen, Art. 23 lit. a) GDRL.[97] Privatpersonen verpflichtet sie nicht unmittelbar.[98] Freilich bindet die Richtlinie die Mitgliedstaaten auch dann, wenn sie am Privatrechtsverkehr teilnehmen, soweit die Voraussetzungen einer unmittelbaren Anwendung gegeben sind (näher oben, § 1 Rdn. 82ff.).

3. Anwendungsbereich

a) Persönlicher Anwendungsbereich

30 Die Geschlechtsdiskriminierungsrichtlinie bezweckt – wie die darin aufgegangenen Einzelrichtlinien –[99] die Verwirklichung der Gleichbehandlung von Männern und Frauen nicht allgemein, sondern nur in ihrer Eigenschaft als Arbeitnehmer. Der persönliche Anwendungsbereich ist allerdings nur ausschnittweise geregelt (in Art. 6 GDRL für den hier nicht erörterten Bereich der betrieblichen Systeme der sozialen Sicherheit; s. noch Rdn. 34) und ergibt sich sonst nur aus der Zweckbestimmung des Art. 1 GDRL und den Regelungen über den sachlichen Anwendungsbereich. Auch der für den persönlichen Anwendungsbereich entscheidende **Arbeitnehmerbegriff** ist nicht näher bestimmt. Ungeachtet dessen ist hier von einem **unionsautonomen Begriff** auszugehen. Dafür spricht für den Bereich der Entgeltdiskriminierung, dass der Gerichtshof dem primärrechtlichen Verbot des Art. 157 AEUV, das das sekundärrechtliche Gebot weitestgehend vorbestimmt, einen unionsautonomen Arbeitnehmerbegriff entnommen hat (oben, Rdn. 5). Dahinter zurückzubleiben wäre für den Unionsgesetzgeber im Bereich der Entgeltdiskriminierung sinnlos gewesen. Zudem ist der unionsautonome Arbeitnehmerbegriff auch teleologisch damit begründet, dass das von Gerichtshof und Gesetzgeber grundrechtlich verstandene Diskriminierungsverbot keine mitgliedstaatlichen Differenzierungen zulässt. Dieser unionsautonome Arbeitnehmerbegriff ist daher auch hier (wie bei Art. 157 AEUV, oben, Rdn. 5) ebenso wie in Art. 45 AEUV wesentlich bestimmt dadurch, dass eine wirtschaftliche Leistung weisungsabhängig gegen Vergütung erbracht wird. Darunter fallen können auch **GmbH-**(Fremd-)**Geschäftsführer.**[100] Erfasst sind, wie Art. 14 Abs. 1 Einleitungssatz GDRL bestätigt, auch öffentlich-rechtliche Dienstverhältnisse und Beamtenverhältnisse.[101]

---

97 Dazu etwa EuGH v. 21.7.2005 – Rs. C-207/04 *Vergani*, EU:C:2005:495 Rdn. 25f.

98 S.a. EuGH v. 5.5.1994 – Rs. C-421/92 *Habermann-Beltermann*, EU:C:1994:187 Rdn. 8–10 (Pflicht zur richtlinienkonformen Auslegung).

99 EuGH v. 27.6.1989 – Rs. 48/88 *Achterberg-Te Riele*, EU:C:1989:261 Rdn. 11f.

100 EuGH v. 11.11.2010 – Rs. C-232/09 *Danosa*, EU:C:2010:674. *Boemke*, RdA 2018, 1, 7ff.; für AG-Vorstände *Annuß*, FS Willemsen (2018), S. 11ff.; a.M. etwa *Bauer/Arnold*, ZIP 2012, 597, 598f.

101 EuGH v. 16.7.15 – Rs. C-222/14 *Maïstrellis*, EU:C:2015:473 Rdn. 42 (Richter); EuGH v. 16.2.2006 – Rs. C-294/04 *Herrero*, EU:C:2006:109 Rdn. 35; EuGH v. 18.11.2004 – Rs. C-284/02 *Sass*, EU:C:2004:722 Rdn. 25; EuGH v. 30.9.2004 – Rs. C-319–03 *Briheche*, EU:C:2004:574 Rdn. 18; EuGH v. 19.3.2002 – Rs.

In seiner *Danosa*-Entscheidung zum Schutz einer GmbH-Fremdgeschäftsführerin vor einer schwangerschaftsbedingten und daher geschlechtsdiskriminierenden Kündigung hat der Gerichtshof den Anwendungsbereich der Geschlechtsdiskriminierungsrichtlinie (bzw. der Vorgängerrichtlinie 76/207) nicht näher erörtert. Er scheint jedoch davon auszugehen, der persönliche Anwendungsbereich sei eröffnet, kann dies aber im Hinblick auf den „ergänzenden" Schutz durch die Richtlinie 86/613[102] letztlich offen lassen. Entschieden hat der Gerichtshof, dass ein Fremdgeschäftsführer „Arbeitnehmer" im Sinne der Mutterschutzrichtlinie sein kann (s. § 23 Rdn. 13). 31

Neben Arbeitnehmern schützt die Richtlinie auch **Bewerber.**[103] Sie gebietet indes, wie der Gerichtshof Wortlaut und Zweck entnommen hat, keinen Schutz von Personen, die sich nicht bewerben, um die Stelle zu bekommen, sondern nur um den formalen Status als Bewerber zu erlangen und mit dem alleinigen Ziel, eine Entschädigung geltend zu machen (**Scheinbewerber**; in Deutschland spricht man auch von AGG-Hopping).[104] Zugleich kann solchen „Bewerbern" der (unionsrechtliche) Einwand des **Rechtsmissbrauchs** entgegengehalten werden. Danach liegt ein Missbrauch dann vor, wenn (1) objektiv zwar die Voraussetzungen der Unionsregelungen formal erfüllt sind, ihr Regelungsziel aber nicht erreicht wird und (2) subjektiv der wesentliche Zweck des Verhaltens darin besteht, sich einen ungerechtfertigten Vorteil zu verschaffen.[105] Unklar bleibt allerdings, in welchem Verhältnis die beiden Einschränkungen stehen.[106] Ist der Scheinbewerber nicht geschützt, bedarf es des Rechtsmissbrauchseinwands nicht mehr. 32

b) Sachliche Anwendungsbereiche

Sachlich erfasst die Richtlinie drei Bereiche (Art. 1 Abs. 2 GDRL): 33
(1) den **Zugang** zur Beschäftigung (einschließlich beruflicher Aufstieg und Berufsausbildung),
(2) die **Arbeitsbedingungen** (einschließlich Entgelt) und
(3) die betrieblichen **Systeme der sozialen Sicherheit.**

C-476/99 *Lommers*, EU:C:2002:183 Rdn. 25; EuGH v. 7.12.2000 – Rs. C-79/99 *Schnorbus*, EU:C:2000:676 Rdn. 28; EuGH v. 26.10.1999 – Rs. C-273/97 *Sirdar*, EU:C:1999:523 Rdn. 18; EuGH v. 2.10.1997 – Rs. C-1/95 *Gerster*, EU:C:1997:452 Rdn. 18.

102 Richtlinie 86/613/EWG des Rates vom 11.12.1986 zur Verwirklichung des Grundsatzes der Gleichbehandlung von Männern und Frauen, die eine selbständige Erwerbstätigkeit – auch in der Landwirtschaft – ausüben, sowie über den Mutterschutz, ABl. 1986 L 359/56.

103 EuGH v. 28.7.2016 – Rs. C-423/15 *Kratzer*, EU:C:2016:604 Rdn. 34.

104 EuGH v. 28.7.2016 – Rs. C-423/15 *Kratzer*, EU:C:2016:604 Rdn. 35ff.

105 EuGH v. 28.7.2016 – Rs. C-423/15 *Kratzer*, EU:C:2016:604 Rdn. 37ff.

106 Dazu und zu weiteren Folgefragen *Kamanabrou*, EuZA 2018, 18ff., u.a. mit dem Vorschlag, die zweckwidrige Verwendung von Unionsrecht bereits im Wege der (teleologischen) Auslegung zu lösen, und dem zutreffenden Hinweis, dass zwischen dem Missbrauch von Unions- und von nationalem Recht zu unterscheiden ist.

34 Die Richtlinie ist freilich in ihrer **äußeren Systematik** anders geordnet. Zuerst wird – knapp – die Entgeltdiskriminierung geregelt (Art. 4 GDRL).[107] Anschließend wird die Gleichbehandlung in betrieblichen Systemen der sozialen Sicherheit eingehend geregelt (Art. 5–13 GDRL). Und erst am Schluss finden sich die Vorschriften über den Zugang zur Beschäftigung und die Arbeitsbedingungen (Art. 14–16 GDRL). Diese – wenig eingängige – Systematik dürfte vor allem auf zwei Umständen beruhen. Zum einen hat das Verbot der Entgeltdiskriminierung wegen seiner weitgehenden primärrechtlichen Determinierung in Art. 157 AEUV eine besondere Stellung, der Gestaltungsspielraum des Gesetzgebers ist hier gering. Zum anderen (und damit zusammenhängend) waren die weiteren Themen – Zugang und Arbeitsbedingungen sowie betriebliche Systeme der sozialen Sicherheit – zuvor selbständig in Einzelrichtlinien geregelt. Unsere Darstellung orientiert sich an der Chronologie des Arbeitsverhältnisses; der Bereich der betrieblichen Systeme der sozialen Sicherheit bleibt dabei ausgespart.

aa) Arbeitsentgelt

35 Zum sachlichen Anwendungsbereich gehört zuerst das Arbeitsentgelt, Art. 4 und 14 Abs. 1 lit. c) GDRL. **Arbeitsentgelt** ist hier ebenso zu bestimmen wie in Art. 157 AEUV (oben, Rdn. 6); der Gesetzgeber hat in Art. 2 Abs. 1 lit. e) GDRL die Definition des Art. 157 Abs. 2 AEUV übernommen und verweist auch in Art. 14 Abs. 2 lit. c) darauf.[108] In den Anwendungsbereich des Verbots der Entgeltdiskriminierung fällt auch der Fall, dass zur Festlegung des Entgelts ein System beruflicher Einstufung verwendet wird, Art. 4 Abs. 2 GDRL;[109] auch das ist auf der Grundlage der Rechtsprechung zu Art. 157 AEUV (Rdn. 10) nur klarstellend.

bb) Zugang zur Beschäftigung

36 Erfasst sind zweitens die Bedingungen für den Zugang zur **Beschäftigung** einschließlich des **beruflichen Aufstiegs**, Art. 14 Abs. 1 lit. b) GDRL. Dazu gehören insbesondere die Auswahlkriterien und die Einstellungs- und die Beförderungsbedingungen. Der Zugang zur Beschäftigung erfasst die Einstellung ebenso wie die Verlängerung eines befristeten Arbeitsvertrags.[110] Auch geschlechtsspezifische **Beschäftigungsverbote**

---

107 Die Entgeltdiskriminierung ist in der Richtlinie (zusätzlich zu Art. 157 AEUV) gleich doppelt verboten, nämlich in Art. 14 Abs. 1 lit. c) GDRL auch noch unter dem Gesichtspunkt der Arbeitsbedingungen.

108 EuGH v. 30.3.2004 – Rs. C-147/02 *Alabaster,* EU:C:2004:192 Rdn. 41; EuGH v. 30.3.2000 – Rs. C-236/98 *JämO,* EU:C:2000:173 Rdn. 38; EuGH v. 16.9.1999 – Rs. C-218/98 *Abdoulaye,* EU:C:1999:424 Rdn. 14; EuGH v. 13.2.1996 – Rs. C-352/93 *Gillespie,* EU:C:1996:46 Rdn. 11–15; EuGH v. 4.6.1992 – Rs. C-360/90 *Bötel,* EU:C:1992:246 Rdn. 11–15; EuGH v. 11.3.1981 – Rs. 69/80 *Worringham,* EU:C:1981:63 Rdn. 21. Vgl. auch EuGH v. 31.3.1981 – RS. 96/80 *Jenkins,* EU:C:1981:80 Rdn. 20 f.; EuGH v. 7.3.1996 – Rs. C-278/93 *Freers und Speckmann,* EU:C:1996:83.

109 Zur Abgrenzung von einem System des Bewährungsaufstiegs EuGH v. 2.10.1997 – Rs. C-1/95 *Gerster,* EU:C:1997:452 Rdn. 21–24.

110 EuGH v. 4.10.2001 – Rs. C-438/99 *Jiménez Melgar,* EU:C:2001:509 Rdn. 41, 47.

zählen dazu, so z.B. ein (generelles; gesetzliches) Nachtarbeitsverbot für Frauen[111] oder das (generelle) Verbot der Frauenarbeit im Untertage-Bergbau.[112] Auch einen Lohnzuschuss in Form des *family credit,* der bezweckt, dass Familien nicht weniger günstig dastehen, wenn sie arbeiten, kann den Zugang zur Beschäftigung betreffen, da er einen Anreiz zu deren Aufnahme darstellt.[113]

cc) Arbeitsbedingungen

Den Begriff der **Arbeitsbedingungen**, Art. 2 Abs. 1 lit. c) GDRL, hat der Gerichtshof in **37**
einem weiten Sinne verstanden. Dazu gehören etwa der Beschäftigungsanspruch (und damit ein Recht des Arbeitgebers, schwangere Arbeitnehmerinnen ohne volle Entgeltfortzahlung freizustellen, auch wenn sie nicht arbeitsunfähig sind);[114] die Verkürzung oder Umgestaltung der Arbeitszeit;[115] die Risikobeurteilung eines Arbeitsplatzes einer stillenden Arbeitnehmerin entsprechend den Vorgaben der Mutterschutzrichtlinie;[116] Regelungen über die Voraussetzungen für die Rückkehr aus dem Erziehungsurlaub;[117] das Recht auf jährliche Beurteilung;[118] die Festlegung des Urlaubszeitraums;[119] die Bereitstellung von Kindergartenplätzen für Mitarbeiter;[120] oder ein Anspruch auf Wiedereinstellung bei ungerechtfertigter Kündigung (im Gegensatz zu dem nach Art. 157 AEUV zu beurteilenden Anspruch auf Entschädigung wegen ungerechtfertigter Entlassung).[121]

---

111 EuGH v. 25.7.1991 – Rs. C-345/89 *Stoeckel,* EU:C:1991:324. Ebenso ist auch eine Diskriminierung bei den Ausnahmen von der generellen Zulässigkeit der Nachtarbeit verboten; EuGH v. 3.2.1994 – Rs. C-13/ 93 *Minne,* EU:C:1994:39 Rdn. 13. S.a. EuGH v. 4.12.1997 – Rs. C-207/96 *Kommission ./. Italien,* EU:C:1997:583; EuGH v. 13.3.1997 – Rs. C-197/96 *Kommission ./. Frankreich,* EU:C:1997:155; EuGH v. 2.8.1993 – Rs. C-158/91 *Levy,* EU:C:1993:332.

112 EuGH v. 1.2.2005 – Rs. C-203/03 *Kommission ./. Österreich,* EU:C:2005:76 Rdn. 45–49.

113 EuGH v. 13.7.1995 – Rs. C-116/94 *Meyers,* EU:C:1995:247 Rdn. 17–22; sonst wäre der Lohnkostenzuschuss den Arbeitsbedingungen zuzurechnen, da er notwendig mit dem Arbeitsverhältnis verknüpft ist; Rdn. 23f.

114 EuGH v. 19.11.1998 – Rs. C-66/96 *Pedersen,* EU:C:1998:549 Rdn. 51–59.

115 EuGH v. 11.9.2003 – Rs. C-77/02 *Steinicke,* EU:C:2003:458 Rdn. 49f.; EuGH v. 20.3.2003 – Rs. C-187/00 *Kutz-Bauer,* EU:C:2003:168 Rdn. 44f.; EuGH v. 30.3.2000 – Rs. C-236/98 *JämO,* EU:C:2000:173 Rdn. 59f.

116 EuGH v. 19.9.2018 – Rs. C-41/17 *Castro,* EU:C:2018:736 Rdn. 60ff.; EuGH v. 19.10.2017 – Rs. C-531/15 *Ramos,* EU:C:2017:789 Rdn. 62ff.

117 EuGH v. 27.2.2003 – Rs. C-320/01 *Wiebke Busch,* EU:C:2003:114 Rdn. 38; EuGH v. 20.9.2007 – Rs. C-116/06 *Kiiski,* EU:C:2007:536 Rdn. 53–56 (Unterbrechung des Erziehungsurlaubs).

118 EuGH v. 30.4.1998 – Rs. C-136/95 *Thibault,* EU:C:1998:178 Rdn. 27.

119 EuGH v. 18.3.2004 – Rs. C-342/01 *Merino Gómez,* EU:C:2004:160 Rdn. 36.

120 EuGH v. 19.3.2002 – Rs. C-476/99 *Lommers,* EU:C:2002:183 Rdn. 26f.

121 EuGH v. 9.2.1999 – Rs. C-167/97 *Seymour-Smith u. Perez,* EU:C:1999:60 Rdn. 36f. Krit. *Barnard/ Hepple,* C.L.J. 58 (1999), 399, 404f.

38 Eigens hervorgehoben ist, dass zu den Arbeitsbedingungen auch die **Entlassungsbedingungen** zählen. Mit diesem – ebenfalls weit auszulegenden –[122] Begriff sind alle Voraussetzungen und Folgen einer Vertragsbeendigung bezeichnet. Entlassung erfasst jede Form der Beendigung: durch Fristablauf (z. B. Altersgrenze),[123] Kündigung, einvernehmliche Aufhebung[124] oder Erreichen der Rentenaltersgrenze.[125]

c) Keine Ausnahmebereiche

39 Ausnahmen vom Anwendungsbereich sieht die Richtlinie nicht ausdrücklich vor und hat der Gerichtshof auch nicht rechtsfortbildend anerkannt. Insbesondere hat er auch für die Beschäftigung im Bereich des Schutzes der öffentlichen (inneren und äußeren) **Sicherheit und Ordnung**, die im AEU-Vertrag von einzelnen Schutzbereichen wie z. B. der Arbeitnehmerfreizügigkeit (Art. 45 Abs. 3 AEUV, s. o. § 3 Rdn. 44–46)[126] ausgenommen ist, keine Ausnahme anerkannt.[127] Das bedeutet, dass die maßgeblichen Sachgesichtspunkte auf der Rechtfertigungsebene und damit nur in den Grenzen der Verhältnismäßigkeit berücksichtigt werden können. Auch kleine (und mittlere) Unternehmen fallen uneingeschränkt in den Anwendungsbereich.[128]

4. Diskriminierungsverbot

a) Verbotenes Differenzierungsmerkmal: Geschlecht

40 Verbotenes Differenzierungsmerkmal ist hier, wie bei Art. 157 AEUV, das **Geschlecht**, verboten ist nicht nur die Diskriminierung von Frauen.

41 Auch die Diskriminierung wegen **Transsexualität** hat der Gerichtshof als einen Fall der Geschlechtsdiskriminierung angesehen.[129] Zur Begründung verweist der

---

122 EuGH v. 21.7.2005 – Rs. C-207/04 *Vergani*, EU:C:2005:495 Rdn. 27; EuGH v. 18.11.2010 – Rs. C-356/09 *Kleist*, EU:C:2010:703 Rdn. 26 („In diesem Zusammenhang fällt eine Altersgrenze für das obligatorische Ausscheiden der Arbeitnehmer im Rahmen einer allgemeinen Pensionierungspolitik eines Arbeitgebers unter [diesen Begriff] auch wenn dieses Ausscheiden die Gewährung einer Altersrente mit sich bringt.").

123 EuGH v. 18.11.2010 – Rs. C-356/09 *Kleist*, EU:C:2010:703 Rdn. 25 ff.; EuGH v. 26.2.1986 – Rs. 262/84 *Beets-Proper*, EU:C:1986:86 Rdn. 36.

124 EuGH v. 21.7.2005 – Rs. C-207/04 *Vergani*, EU:C:2005:495 Rdn. 27; EuGH v. 26.2.1986 – Rs. 152/84 *Marshall*, EU:C:1986:84 Rdn. 34; EuGH v. 16.2.1982 – Rs. 19/81 *Burton*, EU:C:1982:58 Rdn. 9.

125 EuGH v. 26.2.1986 – Rs. 152/84 *Marshall*, EU:C:1986:84 Rdn. 32–38.

126 S. ferner Art. 36, 52, 65, 346 und 347 AEUV.

127 EuGH v. 11.3.2003 – Rs. C-186/01 *Dory*, EU:C:2003:146 Rdn. 31 f.; EuGH v. 11.1.2000 – Rs. C-285/98 *Kreil*, EU:C:2000:2 Rdn. 15–18; EuGH v. 26.10.1999 – Rs. C-273/97 *Sirdar*, EU:C:1999:523 Rdn. 16–19; EuGH v. 15.5.1986 – Rs. 222/84 *Johnston*, EU:C:1986:206 Rdn. 26 f.

128 EuGH v. 4.10.2001 – Rs. C-109/00 *Tele Danmark*, EU:C:2001:513 Rdn. 37. Krit. *Gamillscheg*, FS Floretta, S. 179.

129 EuGH v. 30.4.1996 – Rs. C-13/94 *P ./. S*, EU:C:1996:170 Rdn. 16–23.

EuGH in allgemeiner Weise auf die grundlegende Bedeutung des Diskriminierungsverbots und das Gebot, die Würde der Betroffenen zu schützen. Zudem beruhe eine Unterscheidung wegen Transsexualität „hauptsächlich, wenn nicht ausschließlich" auf dem Geschlecht: Kündige der Arbeitgeber einer Person, die beabsichtigt, sich einer Geschlechtsumwandlung zu unterziehen, so werde diese im Vergleich zu den Angehörigen ihres ursprünglichen Geschlechts schlechter behandelt. Ob diese Entscheidung mit dem Gesetzgeberwillen und Zweck der GbAbRL vereinbar war, ist durchaus zweifelhaft.[130] Die Zweifel sind indes für die GDRL obsolet, da sich der Richtliniengeber der Entscheidung ausweislich BE 3 GDRL angeschlossen hat.

Eine Diskriminierung wegen der **sexuellen Orientierung** (s. a. oben, Rdn. 11) ver- **42**
bietet die Geschlechtsdiskriminierungsrichtlinie nicht,[131] wohl aber die Gleichbehandlungsrahmenrichtlinie (unten, § 12).

b) Diskriminierung

aa) Grundlagen der Diskriminierungsbeurteilung: Vergleichssachverhalt

Die Bildung des Vergleichssachverhalts setzt nicht notwendig voraus, dass bei dem- **43**
selben Arbeitgeber ein Arbeitnehmer des anderen Geschlechts dieselbe Arbeit verrichtet.[132] Obwohl das in der Geschlechtsdiskriminierungsrichtlinie nicht ausdrücklich angeordnet ist, hat der Gerichtshof hier (wie bei Art. 157 AEUV, oben Rdn. 13) auch einen Vergleich auf der Grundlage gleichwertiger Arbeit für möglich gehalten.[133]

Der Vergleich erfolgt nicht in Form einer wertenden Gesamtbetrachtung, sondern, **44**
wie auch bei Art. 157 AEUV (oben, Rdn. 14), für die **einzelnen** Zugangs-, Arbeits- oder Entlassungs-**Bedingungen.**[134] Aus diesem Grund ist daher auch hier die **Transparenz** für alle einzelnen Bedingungen geboten.[135] Daher kann die Undurchschaubarkeit des Vergütungssystems beweisrechtliche Nachteile für den Arbeitgeber haben.[136]

130 Krit. auch EuArbRK/*Mohr*, Art. 1 RL 2006/54 Rdn. 15; MünchKommBGB/*Thüsing*, § 1 AGG Rdn. 55.

131 EuGH v. 17.2.1998 – Rs. C-249/96 *Grant*, EU:C:1998:63.

132 EuGH v. 18.11.2010 – Rs. C-356/09 *Kleist*, EU:C:2010:703 Rdn. 32ff. (Vergleichbarkeit bestätigt bei einer diskriminierenden Kündigung, unabhängig davon, dass Arbeitnehmerinnen zwischen 60 und 65 eine soziale Absicherung durch eine gesetzliche Altersrente hatten und die Arbeitnehmer im selben Alter nicht).

133 EuGH v. 10.3.2005 – Rs. C-196/02 *Vasiliki Nikoloudi*, EU:C:2005:141 Rdn. 27–29.

134 EuGH v. 6.4.2000 – Rs. C-226/98 *Jørgensen*, EU:C:2000:191 Rdn. 27–36.

135 EuGH v. 26.6.2001 – Rs. C-381/99 *Brunnhofer*, EU:C:2001:358 Rdn. 35f.; EuGH v. 30.6.1988 – Rs. 318/86 *Kommission ./. Frankreich*, EU:C:1988:352 Rdn. 26f.

136 EuGH v. 17.10.1989 – Rs. 109/88 *Danfoss*, EU:C:1989:383 Rdn. 12–16.

bb) Diskriminierung und ihre Feststellung

45 Das **Diskriminierungsverbot** der Art. 4 Abs. 1, 14 Abs. 1 GDRL erfasst unmittelbare und mittelbare[137] Diskriminierungen, wie sie in Art. 2 Abs. 1 lit. a) und b) GDRL definiert sind (dazu schon § 9 Rdn. 33–40). Das Verbot der mittelbaren Diskriminierung setzt damit – im Unterschied zu der etwas vagen Rechtsprechung des EuGH zur Art. 157 AEUV (Rdn. 17) – schon tatbestandlich voraus, dass die diskriminierend wirkenden neutralen Kriterien nicht zur Erreichung eines legitimen Ziels erforderlich sind (s. bereits § 9 Rdn. 39f.).

(1) Unmittelbare Diskriminierung

46 Traditionell enthielt das Arbeitsrecht eine Fülle offensichtlich diskriminierender Vorschriften, regelmäßig zum erklärten Zweck, Frauen zu schützen. Dazu gehören z.B. Nachtarbeitsverbote für Frauen, höhere arbeitsschutzrechtliche Belastungsgrenzen für Männer[138] und ein unterschiedliches Renteneintrittsalter für Männer und Frauen. Das Verbot **unmittelbarer Diskriminierung** wegen des Geschlechts (Art. 2 Abs. 1 lit. a) GDRL, oben, § 9 Rdn. 33–36) hat heutzutage praktisch vor allem bei unbedachten oder an traditionellen Geschlechterrollen orientierten Stellenausschreibungen eine Bedeutung.[139] Auch in der Benachteiligung einer Gruppe (im konkreten Fall: Raumpfleger), die ausschließlich aus Frauen besteht, liegt schon eine unmittelbare Diskriminierung aufgrund des Geschlechts.[140] Eine unmittelbare Diskriminierung liegt weiterhin vor, wenn allen Arbeitnehmern gekündigt wird, die Anspruch auf Altersrente haben, die dafür maßgebliche Altersgrenze aber für Männer (65) und Frauen (60) unterschiedlich ist.[141] Eine unmittelbare Diskriminierung liegt auch dann vor, wenn der Vater nach nationalem Recht nur dann Anspruch auf Elternurlaub hat, wenn die Mutter erwerbstätig ist oder das Kind krankheitsbedingt nicht betreuen kann, entsprechende Beschränkungen für den Anspruch der Mutter aber nicht bestehen.[142]

---

137 S. z.B. EuGH v. 17.6.1998 – Rs. C-243/95 *Hill und Stapleton*, EU:C:1998:298 (Teilzeitbeschäftigung).

138 S. z.B. *Deakin/Morris*, Labour Law, Rdn. 4.96.

139 S. z.B. EuGH v. 22.4.1997 – Rs. C-180/95 *Draehmpaehl*, EU:C:1997:208 („Für unseren Vertrieb suchen wir eine versierte Assistentin der Vertriebsleitung. Wenn Sie mit den Chaoten eines vertriebsorientierten Unternehmens zurechtkommen können, diesen Kaffee kochen wollen, wenig Lob erhalten und viel arbeiten können, sind Sie bei uns richtig. Bei uns muss einer den Computer bedienen können und für die anderen mitdenken. Wenn Sie sich dieser Herausforderung wirklich stellen wollen, erwarten wir Ihre aussagefähigen Bewerbungsunterlagen. Aber sagen Sie nicht, wir hätten Sie nicht gewarnt ...“).

140 EuGH v. 10.3.2005 – Rs. C-196/02 *Nikoloudi*, EU:C:2005:141 Rdn. 36.

141 EuGH v. 18.11.2010 – Rs. C-356/09 *Kleist*, EU:C:2010:703 Rdn. 28ff.; bestätigend EuGH v. 7.2.2018 – verb. Rs. C-142/17, C-143/17 *Maturi*, EU:C:2018:68 Rdn. 24ff.

142 EuGH v. 16.7.15 – Rs. C-222/14 *Maïstrellis*, EU:C:2015:473 Rdn. 44ff.

47 Darüber hinaus kommt eine unmittelbare Diskriminierung öfter in Form einer Differenzierung vor, die zwar nicht unmittelbar an das Geschlecht anknüpft, wohl aber an geschlechtsspezifische (und daher nicht neutrale, sondern unmittelbar diskriminierende) Merkmale wie **Schwangerschaft und Mutterschaft**, Art. 2 Abs. 2 lit. c), BE 23 GDRL.[143] Eine unmittelbare Diskriminierung liegt darin bei der Einstellung auch dann, wenn sich nur Frauen bewerben.[144] Keine unmittelbare Geschlechtsdiskriminierung stellt es hingegen dar, wenn der Arbeitgeber einer „Bestellmutter", die im Rahmen einer Ersatzmuttervereinbarung ein Kind erhalten hat, keinen Mutterschaftsurlaub gewährt (soweit dem „Bestellvater" ebenfalls kein „Mutterschaftsurlaub" gewährt würde); da die Bestellmutter nicht schwanger war, liegt darin auch keine Diskriminierung wegen Schwangerschaft.[145]

48 Auch die **schwangerschaftsbedingte Arbeitsunfähigkeit** ist geschlechtsspezifisch und kann nicht etwa mit einer krankheitsbedingten Arbeitsunfähigkeit gleichgesetzt werden, wie sie Arbeitnehmer beiderlei Geschlechts treffen könnte.[146] Ob man eine schwangere Bewerberin für eine *Schwangerschaftsvertretung* zurückweisen kann, kann daher nur eine Frage der *Rechtfertigung* der Diskriminierung sein. Sowohl die

143 EuGH v. 19.10.2017 – Rs. C-531/15 *Ramos,* EU:C:2017:789 Rdn. 60 (stillende Arbeitnehmerin); EuGH v. 11.11.2010 – Rs. C-232/09 *Danosa,* EU:C:2010:674 Rdn. 59ff., 65ff.; EuGH v. 29.10.2009 – Rs. C-63/08 *Pontin,* EU:C:2009:666 Rdn. 71ff. (Beschränkung der den schwangeren Arbeitnehmerinnen zur Verfügung stehenden Rechtsbehelfe auf eine Nichtigkeits- und Wiedereinsetzungsklage unter Ausschluss einer Schadenersatzklage); EuGH v. 26.2.2008 – Rs. C-506/06 *Mayr,* EU:C:2008:119 Rdn. 46–52 (zur Kündigung wegen bevorstehender Schwangerschaft durch In-vitro-Fertilisation vor Einpflanzung der befruchteten Eizelle); EuGH v. 11.10.2007 – Rs. C-460/06 *Paquay,* EU:C:2007:601 Rdn. 29, 40; EuGH v. 20.9.2007 – Rs. C-116/06 *Kiiski,* EU:C:2007:536 Rdn. 53–56; EuGH v. 16.2.2006 – Rs. C-294/04 *Herrero,* EU:C:2006:109 Rdn. 38; EuGH v. 8.9.2005 – Rs. C-191/03 *McKenna,* EU:C:2005:513 Rdn. 47; EuGH v. 18.11.2004 – Rs. C-284/02 *Sass,* EU:C:2004:722 Rdn. 36; EuGH v. 27.2.2003 – Rs. C-320/01 *Wiebke Busch,* EU:C:2003:114 Rdn. 39; EuGH v. 4.10.2001 – Rs. C-438/99 *Jiménez Melgar,* EU:C:2001:509 Rdn. 41, 47; EuGH v. 4.10.2001 – Rs. C-109/00 *Tele Danmark,* EU:C:2001:513 Rdn. 25; EuGH v. 3.2.2000 – Rs. C-207/98 *Mahlburg,* EU:C:2000:64 Rdn. 20; EuGH v. 30.6.1998 – Rs. C-394/96 *Mary Brown,* EU:C:1998:331 Rdn. 16; EuGH v. 5.5.1994 – Rs. C-421/92 *Habermann-Beltermann,* EU:C:1994:187 Rdn. 15; EuGH v. 14.7.1993 – Rs. C-32/93 *Webb,* EU:C:1994:300 Rdn. 19; EuGH v. 8.11.1990 – Rs. 177/88 *Dekker,* EU:C:1990:383 Rdn. 12. Mit der Kodifikation dieser Rechtsprechung in Art. 2 Abs. 2 lit. c) GDRL haben sich einerseits die theoretischen Bedenken gegen die Subsumtion als Geschlechtsdiskriminierung erledigt und ist andererseits deutlich hervorgehoben, dass es sich in der Tat um einen (zentralen) Fall von Gleich*stellung* (im Gegensatz zu Gleich*behandlung)* handelt; zu beidem *Fastrich,* RdA 2000, 65, 78–81 *et passim;* auch *Thüsing,* Europäisches Arbeitsrecht, § 3 Rdn. 52f.

144 EuGH v. 8.11.1990 – Rs. 177/88 *Dekker,* EU:C:1990:383Rdn. 17.

145 EuGH v. 18.3.2014 – Rs. C-167/12 *C.D.,* EU:C:2014:169 Rdn. 44ff.; EuGH v. 18.3.2014 – Rs. C-363/12 Z, EU:C:2014:159 Rdn. 46ff.

146 EuGH v. 3.2.2000 – Rs. C-207/98 *Mahlburg,* EU:C:2000:64 Rdn. 21–27; EuGH v. 30.6.1998 – Rs. C-394/96 *Mary Brown,* EU:C:1998:331 Rdn. 21f.; EuGH v. 14.7.1993 – Rs. C-32/93 *Webb,* EU:C:1994:300 Rdn. 24f. S.a. EuGH v. 8.11.1990 – Rs. 177/88 *Dekker,* EU:C:1990:383 Rdn. 23–25. Krit. noch *Buchner,* FS Stahlhacke, S. 83–100. Die Kritik von *Thüsing,* Europäisches Arbeitsrecht, § 3 Rdn. 48 m.w.N., ist durch Art. 2 Abs. 2 lit. c) GDRL in gewisser Weise überholt.

unmittelbare Sanktion (Abmahnung, Kündigung) schwangerschaftsbedingter Arbeitsunfähigkeit als auch die mittelbare Anknüpfung daran durch die Berücksichtigung von Fehlzeiten während der Schwangerschaft (und des Mutterschutzes)[147] ist verbotene Diskriminierung.[148] Eine Grenzlinie hat der Gerichtshof aber bei schwangerschaftsbedingten Krankheiten *nach der Entbindung* gezogen.[149] Frauen vor diesen Risiken zu schützen, ist Sache des Mutterschutzrechts (das als Mindeststandard von der MuSchRL geregelt wird; § 23). Über den Rahmen des Mutterschutzes hinaus werden schwangerschaftsbedingte Krankheiten wie alle anderen geschlechtsspezifischen Krankheiten behandelt: Das Diskriminierungsverbot verlangt keine besondere Rücksicht, sondern nur, dass Männer und Frauen insoweit nach formal gleichen Regeln behandelt werden (z. B. im Hinblick auf die krankheitsbedingte Kündigung).

49 Eine unmittelbare Diskriminierung liegt auch dann vor, wenn eine Arbeitnehmerin **wegen Inanspruchnahme von Schutzvorschriften** für Schwangerschaft oder Mutterschaft **benachteiligt** wird (s. noch unten, Rdn. 64).[150] Der Gerichtshof hat daher eine Regelung als diskriminierend beanstandet, nach der die Zeit des Mutterschaftsurlaubs für die Berechnung der Dienstzeit nicht berücksichtigt wurde,[151] und zwar unabhängig davon, ob dies im Rahmen einer Beförderung im laufenden Dienstverhältnis erfolgte oder bei Aufnahme einer neuen Tätigkeit[152]. Eine unzulässige, weil diskriminierende Benachteiligung liegt auch darin, dass einer Arbeitnehmerin nicht ermöglicht wird, ihren Jahresurlaub außerhalb des Mutterschaftsurlaubs zu nehmen.[153] Auf diese Weise ist die Mutterschutzrichtlinie der Sache nach um ein umfassendes Benachteiligungsverbot ergänzt (§ 23 Rdn. 41).

50 Kodifiziert hat der Gesetzgeber jetzt auch die – weithin zu Art. 157 AEUV ergangene (oben, Rdn. 16) – Rechtsprechung zum **Mutterschaftsurlaub**, Art. 15 GDRL. Nach Ablauf des Mutterschaftsurlaubs hat die Arbeitnehmerin Anspruch, an ihren früheren oder einen gleichwertigen Arbeitsplatz zurückzukehren, und zwar zu Bedingungen, die nicht ungünstiger sind als zuvor. Sie hat zudem Anspruch, dass ihr alle Verbesserungen der Arbeitsbedingungen zugutekommen, auf die sie während ihrer Abwesenheit Anspruch gehabt hätte. Mit Art. 15 GDRL unvereinbar ist z. B. eine mitgliedstaatliche Regelung, nach der eine Frau wegen Inanspruchnahme eines obligatorischen Mutterschaftsurlaubs von einem Berufsausbildungskurs ausgeschlossen war. Der erfolgreiche Abschluss des Kurses war Voraussetzung für die Ernennung als Beamter (mit verbesserten Beschäftigungsbedingungen). Die Frau hatte zwar einen Anspruch, am nächsten Kurs teilzunehmen, doch war ungewiss, wann dieser angeboten würde. Den Verlust einer Chance sah der Gerichtshof als ungünstigere Behandlung i. S. v. Art. 15

---

147 Für den Mutterschutz folgt das Sanktionsverbot aus Art. 10 MuSchRL; dazu § 23 Rdn. 41.

148 EuGH v. 30.6.1998 – Rs. C-394/96 *Mary Brown*, EU:C:1998:331 Rdn. 27, wo der Gerichtshof die im Hinblick auf Fehlzeiten während der Schwangerschaft abweichende Entscheidung EuGH v. 29.5.1997 – Rs. C-400/95 *Larsson*, EU:C:1997:259 Rdn. 22–24 ausdrücklich aufgibt.

149 EuGH v.8.9.2005 – Rs. C-191/03 *McKenna*, EU:C:2005:513 Rdn. 52; EuGH v. 30.6.1998 – Rs. C-394/96 *Mary Brown*, EU:C:1998:331 Rdn. 26; EuGH v. 29.5.1997 – Rs. C-400/95 *Larsson*, EU:C:1997:259 Rdn. 13–20 (eine Differenzierung zwischen Krankheiten, die erst nach Schwangerschaft und Mutterschaftsurlaub auftreten, und solchen, die schon während dieser Zeit erstmal aufgetreten sind, ablehnend); EuGH v. 8.11.1990 – Rs. 179/88 *Hertz*, EU:C:1990:384 Rdn. 15–18.

150 EuGH v. 16.2.2006 – Rs. C-294/04 *Herrero*, EU:C:2006:109 Rdn. 38 f.; EuGH v. 18.3.2004 – Rs. C-342/01 *Merino Gómez*, EU:C:2004:160 Rdn. 37.

151 EuGH v. 18.11.2004 – Rs. C-284/02 *Sass*, EU:C:2004:722 Rdn. 35 f.

152 EuGH v. 16.2.2006 – Rs. C-294/04 *Herrero*, EU:C:2006:109 Rdn. 41 f.

153 EuGH v. 18.3.2004 – Rs. C-342/01 *Merino Gómez*, EU:C:2004:160 Rdn. 38.

GDRL an, den pauschalen Ausschluss beurteilte er als unverhältnismäßig zu dem verfolgten Zweck, öffentliche Interessen durch die Prüfung zu schützen.[154]

(2) Mittelbare Diskriminierung

„Nach ständiger Rechtsprechung enthält eine nationale Maßnahme (...) eine **mittelbare Diskriminierung**, wenn sie zwar neutral formuliert ist, jedoch tatsächlich einen viel höheren Prozentsatz Frauen als Männer benachteiligt"[155] (s. jetzt Art. 2 Abs. 1 lit. b) GDRL und dazu oben, § 9 Rdn. 37–40).[156] Auch hier ist ein zentraler Anwendungsfall die mittelbare Diskriminierung von Frauen durch Schlechterstellung **Teilzeitbeschäftigter** (s. schon oben, Rdn. 17), z.B. wenn Vollzeitbeschäftigten der Zugang zu „planmäßigen Arbeitsplätzen" vorbehalten wird.[157] Im Verhältnis einer „*Teilzeitbeschäftigten auf Abruf*" einerseits, die auf Abruf des Arbeitgebers, aber mit Ablehnungsrecht tätig wurde, und allen anderen (voll- und teilzeitbeschäftigten) Arbeitnehmern andererseits hat der Gerichtshof eine Diskriminierung rundheraus verneint, da die Situation beider Arbeitnehmergruppen nicht wesentlich gleich liege.[158] Die Einstellungsvoraussetzung einer **Körpergröße von 1,70 m** wirkt mittelbar geschlechtsdiskriminierend, da sie erheblich mehr Frauen als Männer ausschließt.[159] 51

Schon tatbestandlich keine (mittelbare) Diskriminierung hat der Gerichtshof gefunden in der **Ausnahme von Kleinbetrieben** vom Kündigungsschutz i.V.m. einer Regelung, wonach für die Berechnung der maßgeblichen Arbeitnehmerzahl Teilzeitbeschäftigte nicht berücksichtigt werden: Diese Vorschriften wirken sich nicht spezifisch zu Lasten der Teilzeitbeschäftigen aus, die ja in Kleinunternehmen ebenso tätig sein können wie in anderen.[160] In der fehlenden Vergleichbarkeit teilzeit- und vollzeitbeschäftigter Arbeitnehmer im Rahmen der **Sozialauswahl** nach deutschem KSchG hat der Gerichtshof zwar eine mittelbare Diskriminierung von Frauen gesehen; diese sei aber – im Rahmen eines dem mitgliedstaatlichen Gesetzgeber im Bereich der Sozialpolitik zustehenden Gestaltungsspielraums – als zur Erreichung eines legitimen sozialpolitischen Ziels erforderlich gerechtfertigt.[161] 52

154 EuGH v. 6.3.14 – Rs. C-595/12 *Napoli*, EU:C:2014:128 Rdn. 24ff.

155 EuGH v. 10.3.2005 – Rs. C-196/02 *Nikoloudi*, EU:C:2005:141 Rdn. 44; EuGH v. 12.10.2004 – Rs. C-313/02 *Wippel*, EU:C:2004:607 Rdn. 43; EuGH v. 2.10.1997 – Rs. C-100/95 *Kording*, EU:C:1997:453 Rdn. 16; EuGH v. 2.10.1997 – Rs. C-1/95 *Gerster*, EU:C:1997:452 Rdn. 30; EuGH v. 20.3.2003 – Rs. C-187/00 *Kutz-Bauer*, EU:C:2003:168 Rdn. 48–50 (diskriminierend wirkende Voraussetzungen für den Anspruch auf Altersteilzeit); EuGH v. 24.9.2020 – Rs. C-223/19 *YS*, EU:C:2020:753 (Männer benachteiligende Kürzung von Betriebspensionen ab einer bestimmten Höhe).

156 S.a. noch die Übersicht bei *Hanau/Preis*, ZfA 1988, 193–206.

157 EuGH v. 10.3.2005 – Rs. C-196/02 *Nikoloudi*, EU:C:2005:141 Rdn. 43–47; EuGH v. 2.10.1997 – Rs. C-100/95 *Kording*, EU:C:1997:453 Rdn. 16–19 (Befreiung von der Steuerberaterprüfung); EuGH v. 3.10.2019 – Rs. C-274/18 *Schuch-Ghannadan*, EU:C:2019:828 Rdn. 44ff. (längere Höchstbefristungsdauer für Teilzeitbeschäftigte).

158 EuGH v. 12.10.2004 – Rs. C-313/02 *Wippel*, EU:C:2004:607 Rdn. 64f.

159 EuGH v. 18.10.2017 – Rs. C-409/16 *Kalliri*, EU:C:2017:767 Rdn. 32 m. Bespr. v. *Köhlert*, ZESAR 2018, 68–74.

160 EuGH v. 30.11.1993 – Rs. C-189/91 *Kirsammer-Hack*, EU:C:1993:907 Rdn. 20–34.

161 EuGH v. 26.9.2000 – Rs. C-322/98 *Kachelmann*, EU:C:2000:495 Rdn. 23–34.

53 Als **objektive Faktoren**, die diskriminierend wirkende neutrale Kriterien rechtfertigen können, kommen etwa beschäftigungspolitische Ziele wie z. B. die Förderung von Einstellungen in Betracht.[162] Bei deren Ausfüllung haben die Mitgliedstaaten einen weiten Beurteilungsspielraum.[163] Dabei können *Haushaltserwägungen* Art und Ausmaß sozialer Schutzmaßnahmen zwar beeinflussen, sie stellen aber *als solche keine Rechtfertigung* dar.[164] Für das Erfordernis einer Körpergröße von mindestens 1,70 m für die Einstellung in den Polizeidienst (Rdn. 51) hat der EuGH akzeptiert, dass die Einsatzbereitschaft und das Funktionieren der Polizei legitime Ziele sind; indes war nicht dargetan, dass dieses Kriterium dafür auch erforderlich wäre, da nicht alle Polizeitätigkeiten (z. B. Regelung des Straßenverkehrs) körperlichen Einsatz verlangten und das nationale Recht in anderen Bereichen polizeilicher Tätigkeit kein entsprechendes Kriterium anwendete (mangelnde Kohärenz stellt die Erforderlichkeit in Frage).[165]

54 Eine verlängerte **Wartefrist** Teilzeitbeschäftigter zur Beförderung kann nicht pauschal mit Hinweis auf einen Zusammenhang zwischen Dauer der beruflichen Tätigkeit und Kenntnis- und Erfahrungsstand gerechtfertigt werden. Vielmehr ist erforderlich, im Einzelfall die Bedeutung der Erfahrung für die ausgeübte Tätigkeit im Hinblick auf das mit der Wartefrist konkret verfolgte Ziel zu begründen.[166] Der Arbeitgeber muss etwa darlegen, dass die Berufserfahrung für die Ausübung der konkreten Tätigkeit von Bedeutung ist und Teilzeitbeschäftigte die Berufserfahrung weniger schnell erwerben als Vollzeitbeschäftigte.[167] Eine Benachteiligung von Frauen, die aus dem gemeinschaftsrechtlich begründeten Erfordernis resultiert, einen Abschnitt der ärztlichen Ausbildung in Vollzeitarbeit zu absolvieren, hat der Gerichtshof im Hinblick auf die Ziele einer Förderung der Freizügigkeit der Ärzte und der Verbesserung des Gesundheitsschutzniveaus unter Berücksichtigung eines weiten Beurteilungsspielraums des Gesetzgebers als objektiv gerechtfertigt angesehen.[168]

(3) Belästigung und sexuelle Belästigung

55 Belästigung und sexuelle Belästigung sind der Diskriminierung gleichgestellt, ebenso wie die Anweisung zur Diskriminierung, Art. 2 Abs. 1 lit. c) und d), Abs. 2 lit. a) und b) GDRL (s. bereits § 9 Rdn. 47–50).

---

162 EuGH v. 11.9.2003 – Rs. C-77/02 *Steinicke*, EU:C:2003:458 Rdn. 61 f.; EuGH v. 20.3.2003 – Rs. C-187/00 *Kutz-Bauer*, EU:C:2003:168 Rdn. 56.

163 EuGH v. 20.3.2003 – Rs. C-187/00 *Kutz-Bauer*, EU:C:2003:168 Rdn. 55; EuGH v. 9.2.1999 – Rs. C-167/97 *Seymour-Smith u. Perez*, EU:C:1999:60 Rdn. 74.

164 EuGH v. 10.3.2005 – Rs C-196/02 *Nikoloudi*, EU:C:2005:141 Rdn. 53; EuGH v. 11.9.2003 – Rs. C-77/02 *Steinicke*, EU:C:2003:458 Rdn. 66 f.; EuGH v. 20.3.2003 – Rs. C-187/00 *Kutz-Bauer*, EU:C:2003:168 Rdn. 59 f.; EuGH v. 6.4.2000 – Rs. C-226/98 *Jørgensen*, EU:C:2000:191 Rdn. 39; EuGH v. 24.2.1994 – Rs. C-343/92 *Roks*, EU:C:1994:71 Rdn. 35 f.

165 EuGH v. 18.10.2017 – Rs. C-409/16 *Kalliri*, EU:C:2017:767 Rdn. 34 ff.

166 EuGH v. 10.3.2005 – Rs C-196/02 *Nikoloudi*, EU:C:2005:141 Rdn. 55 f., 61 f.; EuGH v. 2.10.1997 – Rs. C-100/95 *Kording*, EU:C:1997:453 Rdn. 20–26.

167 EuGH v. 2.10.1997 – Rs. C-1/95 *Gerster*, EU:C:1997:452 Rdn. 39–41.

168 EuGH v. 9.9.2003 – Rs. C-25/02 *Rinke*, EU:C:2003:435 Rdn. 37–42.

cc) Beweislast

Die Beweislastumkehr zugunsten von Personen, die Tatsachen glaubhaft machen, die das Vorliegen einer unmittelbaren oder mittelbaren Diskriminierung vermuten lassen, die der Gerichtshof für Art. 157 AEUV teleologisch begründet hat, ist hier schon sekundärrechtlich als Mindestschutz angeordnet, Art. 19 GDRL (s.o. § 9 Rdn. 61–65). Der Rechtsprechung des Gerichtshofs folgend verpflichtet die Vorschrift zur Beweislast in der Geschlechtsdiskriminierungsrichtlinie den Arbeitgeber nicht, einer Person, die sich diskriminiert sieht, Informationen offenzulegen (z.B. über den Bewerberpool), aber die Umsetzungspflichten (der Effektivitätsgrundsatz) könnten eine solche Offenlegung fordern; s. schon § 9 Rdn. 71).[169] 56

c) Rechtfertigung

aa) Rechtfertigung i.e.S.

Eine Rechtfertigungsoption enthält die Richtlinie lediglich im Hinblick auf den **Zugang zur Beschäftigung**, Art. 14 Abs. 2 GDRL, nicht also für die Beschäftigungsbedingung (einschließlich Entgelt- und Entlassungsbedingungen!).[170] Die Mitgliedstaaten können insoweit vorsehen, dass eine Ungleichbehandlung wegen eines geschlechtsbezogenen Merkmals keine Diskriminierung darstellt, wenn das betreffende Merkmal aufgrund der Art einer bestimmten beruflichen Tätigkeit oder der Bedingungen ihrer Ausübung eine **wesentliche und entscheidende berufliche Anforderung** darstellt, die zu einem legitimen Zweck erforderlich ist (s.a. BE 19 GDRL).[171] Standardbeispiele sind die Tätigkeiten als Amme, männliches/weibliches Model oder in einer männlichen/weiblichen Schauspielerrolle.[172] Solche beruflichen Anforderungen müssen sich allerdings auf *spezifische Tätigkeiten* beziehen und können nicht pauschal geltend gemacht werden wie z.B. beim Ausschluss von Frauen von jeglichem Dienst an der Waffe.[173] Folgerichtig gilt auch hier ein Transparenzgebot: Die beruflichen Anforderungen müssen durchschaubar und damit überprüfbar gestaltet sein.[174] 57

---

169 EuGH v. 21.7.2011 – Rs. C-104/10 *Kelly*, EU:C:2011:506 Rdn. 38f. Dazu und zu den Hintergründen im deutschen Zivilprozessrecht *Windel*, RdA 2011, 193, 199.

170 EuGH v. 18.11.2010 – Rs. C-356/09 *Kleist*, EU:C:2010:703 Rdn. 38ff. (verschiedene Renteneintrittsalter von Männern und Frauen im nationalen Recht gemäß Art. 7 Abs. 1 lit. a) RL 79/7 können diskriminierende Kündigungen nicht rechtfertigen; s. jetzt Art. 14 Abs. 1 lit. c) GDRL).

171 Näher noch *Thüsing*, RdA 2001, 319–325 (mit dem Modell eines Prüfungsschemas).

172 EuArbRK/*Mohr*, Art. 14 RL 2006/54 Rdn. 8.

173 EuGH v. 11.1.2000 – Rs. C-285/98 *Kreil*, EU:C:2000:2 Rdn. 27; aus verfassungsrechtlichen Erwägungen (Art. 12a Abs. 4 S. 2 GG) krit. *Scholz*, DÖV 2000, 417–420. Umgekehrt hat der Gerichtshof die (von der Bundesrepublik beibehaltene) Beschränkung der allgemeinen Wehrpflicht auf Männer (Frauen haben nur ein Zugangsrecht, aber keine Wehrpflicht) gemeinschaftsrechtlich nicht beanstandet, da die Frage der militärischen Organisation der Verteidigung des Hoheitsgebiets nicht unter das Gemeinschaftsrecht falle; EuGH v. 11.3.2003 – Rs. C-186/01 *Dory*, EU:C:2003:146 Rdn. 35–41.

174 EuGH v. 30.6.1988 – Rs. 318/86 *Kommission ./. Frankreich*, EU:C:1988:352 Rdn. 26f.

58 Als **legitimen Zweck** hat der Gerichtshof z.B. den „Grundsatz der allseitigen Verwendbarkeit“ bei den *Royal Marines,* der „Speerspitze“ der britischen Streitkräfte, die „an vorderster Front“ eingesetzt werden, anerkannt: Die Angehörigen dieser Truppe müssen überall einsetzbar sein, so dass auch Köche als Angehörige des Kampftrupps zu dienen haben; das rechtfertige den Ausschluss von Frauen.[175] Das Geschlecht kann für die Position des Aufsehers in Gefängnissen[176] oder für bestimmte Tätigkeiten im Polizeidienst bei schweren inneren Unruhen[177] unabdingbare Voraussetzung sein. Auch der Ausgleich mit dem „ebenfalls grundlegenden Prinzip der Achtung des Privatlebens“[178] kann an dieser Stelle erfolgen und etwa eine Ausnahme für die Beschäftigung in Privathaushalten rechtfertigen (nicht aber eine allgemeine Kleinbetriebsklausel!).[179]

59 Der **Schutz der Frau** vor rechtswidrigem Verhalten Dritter – z.B. nächtlichen Überfällen auf dem Heimweg – stellt indes aus normativen Gründen grundsätzlich keinen legitimen Schutzzweck dar: Davor muss der Staat schützen.[180] Ein allgemeines Nachtarbeitsverbot für Frauen ist daher mit der Richtlinie unvereinbar, in Betracht käme allenfalls – bei entsprechender Begründung – ein spezifisches punktuelles Verbot.[181]

60 Einschränkungen der Arbeitsfähigkeit aufgrund von **Schwangerschaft oder Mutterschaft**, wie sie aus tatsächlichen oder rechtlichen (Beschäftigungsverbot) Gründen bestehen, hat der Gerichtshof aus normativen Erwägungen grundsätzlich nicht als Rechtfertigungsgründe anerkannt, auch wenn die Arbeitnehmerin wesentliche Pflichten aus dem Arbeitsverhältnis nicht erfüllen kann. Die schwangerschaftsbedingte Arbeitsunfähigkeit kann daher eine Entlassung nicht rechtfertigen,[182] und zwar auch dann nicht, wenn die Frau aus *Anlass* einer Schwangerschaftsvertretung eingestellt wurde.[183] Das hatte der Gerichtshof zunächst nur im Hinblick auf unbefristete Arbeitsverhältnisse ausgesprochen, schließlich aber auch ebenso für befristete Arbeitsverhältnisse (im konkreten Fall: sechs Monate) angenommen.[184] Auch bei einer spezifisch für die Nachtschicht eingestellten Frau kann die vorübergehende Verhinderung aufgrund eines Nachtarbeitsverbots für Schwangere die Entlassung nicht

---

175 EuGH v. 26.10.1999 – Rs. C-273/97 *Sirdar,* EU:C:1999:523 Rdn. 29–31.

176 EuGH v. 30.6.1988 – Rs. 318/86 *Kommission ./. Frankreich,* EU:C:1988:352 Rdn. 11–18. Zu pauschal aber noch *Gamillscheg,* FS Floretta, S. 177f.

177 EuGH v. 15.5.1986 – Rs. 222/84 *Johnston,* EU:C:1986:206 Rdn. 36f.; freilich zweifelhaft, sofern hier der Schutz der Polizistinnen als beachtliche Erwägungen anerkannt wird; s. sogleich Rdn. 59.

178 EuGH v. 8.11.1983 – Rs. 165/82 *Kommission ./. Vereinigtes Königreich,* EU:C:1983:311 Rdn. 13.

179 EuGH v. 8.11.1983 – Rs. 165/82 *Kommission ./. Vereinigtes Königreich,* EU:C:1983:311 Rdn. 14f.

180 EuGH v. 25.7.1991 – Rs. C-345/89 *Stoeckel,* EU:C:1991:324 Rdn. 15–17.

181 EuGH v. 25.7.1991 – Rs. C-345/89 *Stoeckel,* EU:C:1991:324 Rdn. 19f.

182 EuGH v. 27.2.2003 – Rs. C-320/01 *Wiebke Busch,* EU:C:2003:114 Rdn. 41–43; EuGH v. 3.2.2000 – Rs. C-207/98 *Mahlburg,* EU:C:2000:64 Rdn. 27; EuGH v. 5.5.1994 – Rs. C-421/92 *Habermann-Beltermann,* EU:C:1994:187 Rdn. 24f.

183 EuGH v. 14.7.1993 – Rs. C-32/93 *Webb,* EU:C:1994:300 Rdn. 26–28.

184 EuGH v. 4.10.2001 – Rs. C-109/00 *Tele Danmark,* EU:C:2001:513 Rdn. 30–33. Krit. etwa *Thüsing,* Europäisches Arbeitsrecht, § 3 Rdn. 52–54.

rechtfertigen.[185] Teleologisch (nämlich aus dem Zweck des Mutterschutzes) folgerichtig können auch die finanziellen Belastungen, die sich für den Arbeitgeber aus mutterschutzrechtlichen Regelungen ergeben, keine Rechtfertigung für eine Diskriminierung darstellen.[186]

Die beruflichen Anforderungen müssen zu dem legitimen Zweck *angemessen* und (über den Wortlaut von Art. 14 Abs. 2 GDRL hinaus), erforderlich sein (**Verhältnismäßigkeit**).[187] 61

bb) Positive Maßnahmen

Für die Zulässigkeit positiver Maßnahmen verweist Art. 3 GDRL für alle sachlichen Anwendungsbereiche der Richtlinie auf die Vorschrift des Art. 157 Abs. 4 AEUV (s.o. Rdn. 23). In der Rechtsprechung des Gerichtshofs haben positive Maßnahmen vor allem im Hinblick auf den Zugang zur Beschäftigung eine Rolle gespielt. Die Kriterien für die nähere Beurteilung von Fördermaßnahmen hat der Gerichtshof vor allem am Beispiel der Quotenregelung für Frauen entwickelt: Sie dürfen keinen automatischen und absoluten Vorrang begründen und müssen für eine objektive Beurteilung unter Berücksichtigung der persönlichen Lage der Bewerber offenlassen (näher bereits oben, § 9 Rdn. 57). Unter dem Gesichtspunkt der Chancengleichheit hat der Gerichtshof auch eine bevorzugte Berücksichtigung von Männern, die Wehr- oder Zivildienst abgeleistet hatten (mittelbare Diskriminierung, da Frauen der Wehrpflicht nicht unterlagen), als sachlich gerechtfertigte positive Maßnahme anerkannt.[188] 62

5. Besonderer Schutz von Schwangerschaft und Mutterschaft und Vaterschaft

Wie bereits die Gleichbehandlungsrichtlinie Arbeitsbedingungen von 1976 hat auch die Geschlechtsdiskriminierungsrichtlinie besondere Vorschriften zum **Schutz von Schwangerschaft und Mutterschaft** vorbehalten, Art. 28 Abs. 1 GDRL.[189] Der Gesetzgeber hat damit – ebenso wie mit der Mutterschutzrichtlinie (§ 23) – dem besonderen 63

---

185 EuGH v. 5.5.1994 – Rs. C-421/92 *Habermann-Beltermann*, EU:C:1994:187 Rdn. 23–25.

186 EuGH v. 27.2.2003 – Rs. C-320/01 *Wiebke Busch*, EU:C:2003:114 Rdn. 44; EuGH v. 4.10.2001 – Rs. C-109/00 *Tele Danmark*, EU:C:2001:513 Rdn. 28; EuGH v. 8.11.1990 – Rs. 177/88 *Dekker*, EU:C:1990:383 Rdn. 12.

187 Vgl. auch EuGH v. 15.5.1986 – Rs. 222/84 *Johnston*, EU:C:1986:206 Rdn. 38.

188 EuGH v. 7.12.2000 – Rs. C-79/99 *Schnorbus*, EU:C:2000:676 Rdn. 43–46.

189 EuGH v. 18.11.2004 – Rs. C-284/02 *Sass*, EU:C:2004:722 Rdn. 32f.; EuGH v. 29.11.2001 – Rs. C-366/99 *Griesmar*, EU:C:2001:648 Rdn. 43; EuGH v. 30.4.1998 – Rs. C-136/95 *Thibault*, EU:C:1998:178 Rdn. 25; EuGH v. 12.7.1984 – Rs. 184/83 *Hofmann*, EU:C:1984:273 Rdn. 25f. Für eine (vergleichende) Erörterung der rechtspolitischen Fragen (Antidiskriminierungsgesetze unzureichend; Notwendigkeit einer Form von Anpassung) aus US-amerikanischer Perspektive, s. *Issacharoff/Rosenblum*, Colum. L. Rev. 94 (1994), 2154–2221.

Schutzbedürfnis der (werdenden) Mutter Rechnung getragen. Durch diese Schutzzwecke ist der Vorbehalt allerdings auch begrenzt: Es geht zum einen um den Schutz der körperlichen Verfassung der Frau, zum anderen um den Schutz der besonderen Beziehung zwischen Mutter und dem werdenden bzw. neugeborenen Kind.[190] Regelungen zum Schutz von Frauen vor – faktisch teilweise gegebenen – größeren Gefahren, aber auch solche zum Schutz der Mutter als Elternteil (das ist der Vater auch!), können auf diesen Vorbehalt nicht gestützt werden.[191] So konnten z. B. nationale Vorschriften, die Väter vom „Stillurlaub" ausschlossen (oder ihren Zugang dazu einschränkten), nicht als spezieller Schutz der Mutter aufgrund ihres biologischen Zustands gerechtfertigt werden, wenn die Freistellung nicht davon abhängig war, ob die Mutter das Kind tatsächlich stillte.[192]

64 Lässt das Verbot der Geschlechtsdiskriminierung damit einen besonderen Schutz der Arbeitnehmerin während der Schwangerschaft und nach der Entbindung zu, so bedeutet das zugleich, dass Frauen dann wegen der Inanspruchnahme solcher Schutzvorschriften nicht benachteiligt werden dürfen (**Benachteiligungsverbot**).[193] Das ergibt sich aus dem Telos der Schutzvorschriften ebenso wie aus dem Diskriminierungsverbot, da eine Benachteiligung wegen Schwangerschaft oder Mutterschaft eine unmittelbare Diskriminierung der Frau darstellt, Art. 2 Abs. 2 lit. c) GDRL (oben, Rdn. 47).[194] Im Hinblick auf die Rückkehr aus dem Mutterschaftsurlaub ist das auch in Art. 15 GDRL bereits geregelt. Als Bestandteil des Benachteiligungsverbots folgt zudem schon aus dem Diskriminierungsverbot das so genannte „Notwehrrecht der Lüge": Darf der Arbeitgeber die Schwangerschaft nicht berücksichtigen, so kann die Arbeitnehmerin – schon von Unionsrechts wegen – nicht verpflichtet sein, mitzuteilen, ob sie schwanger ist.[195] Ihr Schweigen kann daher nach mitgliedstaatlichem Recht keine Täuschung im Rechtssinne darstellen, eine Fehlvorstellung des Arbeitgeber über die Schwangerschaft keinen rechtlich relevanten Irrtum.[196] Dasselbe ist auch da-

190 EuGH v. 18.11.2020 – Rs. C-463/18 *Syndicat CFTC,* EU:C:2020:932 Rdn. 49 ff. (verlängerter Mutterschaftsurlaub); EuGH v. 30.9.2010 – Rs. C-104/09 *Roca Álvarez,* EU:C:2010:561 Rdn. 27; EuGH v. 29.11.2001 – Rs. C-366/99 *Griesmar,* EU:C:2001:648 Rdn. 43; EuGH v. 11.1.2000 – Rs. C-285/98 *Kreil,* EU:C:2000:2 Rdn. 30; EuGH v. 5.5.1994 – Rs. C-421/92 *Habermann-Beltermann,* EU:C:1994:187 Rdn. 21; EuGH v. 14.7.1994 – Rs. C-32/93 *Webb,* EU:C:1994:300 Rdn. 20 f.; EuGH v. 15.5.1986 – Rs. 222/ 84 *Johnston,* EU:C:1986:206 Rdn. 44.

191 EuGH v. 18.11.2020 – Rs. C-463/18 *Syndicat CFTC,* EU:C:2020:932 Rdn. 49 ff.; EuGH v. 29.11.2001 – Rs. C-366/99 *Griesmar,* EU:C:2001:648 Rdn. 44.

192 EuGH v. 30.9.2010 – Rs. C-104/09 *Roca Álvarez,* EU:C:2010:561 Rdn. 26 ff.

193 EuGH v. 16.2.2006 – Rs. C-294/04 *Herrero,* EU:C:2006:109 Rdn. 38 f.; EuGH v. 18.11.2004 – Rs. C-284/02 *Sass,* EU:C:2004:722 Rdn. 35 f.; EuGH v. 30.4.1998 – Rs. C-136/95 *Thibault,* EU:C:1998:178 Rdn. 26.

194 EuGH v. 30.4.1998 – Rs. C-136/95 *Thibault,* EU:C:1998:178 Rdn. 29–32.

195 EuGH v. 27.2.2003 – Rs. C-320/01 *Wiebke Busch,* EU:C:2003:114 Rdn. 40.

196 EuGH v. 27.2.2003 – Rs. C-320/01 *Wiebke Busch,* EU:C:2003:114 Rdn. 49; EuGH v. 5.5.1994 – Rs. C-421/ 92 *Habermann-Beltermann,* EU:C:1994:187 Rdn. 25.

tenschutzrechtlich begründet. Soweit die Schwangerschaft nicht tätigkeitsrelevant ist, kann die Erhebung dieses Datums auch nicht erforderlich sein, die Datenverarbeitung ist daher nicht erlaubt, Art. 6 Abs. 1 lit. b) DSGVO; näher § 13 Rdn. 26f.

Die Mitgliedstaaten können darüber hinaus ein Recht auf **Vaterschaftsurlaub** 65
und **Adoptionsurlaub** anerkennen, Art. 16 GDRL. Das Ob liegt damit in der Hand der Mitgliedstaaten, die aber im Hinblick auf die Ausgestaltung gebunden werden, Arbeitnehmer, die Vaterschafts- oder Adoptionsurlaub in Anspruch nehmen, besonders zu schützen: Sie dürfen deswegen nicht entlassen werden; sie haben ein Recht, an ihren früheren oder einen gleichwertigen Arbeitsplatz zurückzukehren, wobei die Bedingungen nicht ungünstiger sein dürfen als zuvor; und ihnen müssen alle Verbesserungen zugute kommen, auf die sie während ihrer Abwesenheit Anspruch gehabt hätten. Vaterschafts- und Adoptionsurlaub müssen demnach, werden sie von den Mitgliedstaaten eingeführt, ebenso geschützt werden wie Mutterschaftsurlaub. Die – ungewöhnliche – Regelung, nach der den Mitgliedstaaten zwar das Ob, aber nicht das Wie freigestellt ist, erklärt sich daher als ein besonderes Diskriminierungsverbot.

IV. Beispielsfall: *Barber*

Douglas Harvey Barber war bei der Guardian Royal Exchange Assurance Group („Roy- 66
al Guardian“) beschäftigt gewesen und der von dieser errichteten Pensionskasse angeschlossen. Die Pensionskasse war als ein beitragsfreies, d.h. ausschließlich vom Arbeitgeber finanziertes Versorgungssystem strukturiert. Es handelte sich hierbei um ein so genanntes „Contracted-out“-System, bei dem die ihm angeschlossenen Personen vertraglich auf die lohn- oder gehaltsbezogenen Leistungen der staatlichen Rentenversicherung verzichteten, an deren Stelle das genannte System trat. Im Rahmen dieses Versorgungssystems war das gewöhnliche Rentenalter auf 62 Jahre für Männer und 57 Jahre für Frauen festgesetzt. Diese Differenzierung korrelierte mit der des nationalen Systems der sozialen Sicherheit, nach dessen Bestimmungen das gewöhnliche Rentenalter für Männer 65 und für Frauen 60 Jahre beträgt. Die der Rentenkasse angeschlossen Personen hatten sofort Anspruch auf eine Rente, wenn sie das im Rahmen dieses Systems vorgesehene Rentenalter erreicht hatten. Eine Anwartschaft auf eine bei Erreichung des gewöhnlichen Rentenalters fällige Rente hatten auch diejenigen Versicherten, die bei Beendigung des Arbeitsverhältnisses mindestens 40 Jahre alt und zehn Jahre bei Royal Guardian beschäftigt gewesen waren. Nach den Bedingungen des Arbeitsvertrags hatten die der Rentenkasse angeschlossenen Personen Anspruch auf eine sofort zahlbare Rente, wenn sie das Alter von 55 (Männer) beziehungsweise 50 Jahren (Frauen) erreicht hatten. Die Betroffenen, die diese Voraussetzungen nicht erfüllten, erhielten bestimmte Geldzahlungen, die auf der Grundlage ihrer Beschäftigungszeit berechnet wurden, sowie eine Anwartschaft auf eine bei Erreichung des gewöhnlichen Rentenalters fällige Rente.

67 Herr Barber wurde mit Wirkung vom 31.12.1980 im Alter von 52 Jahren aus betrieblichen Gründen entlassen. Royal Guardian zahlte ihm die in den „Severance Terms" (Aufhebungsvereinbarung) vorgesehenen Geldbeträge, die gesetzlich vorgeschriebene Abfindung bei betriebsbedingter Entlassung sowie einen freiwilligen Zusatzbetrag. Von der Vollendung seines 62. Lebensjahres an hätte er Anspruch auf eine Altersrente gehabt. Es war unstreitig, dass eine Frau in der gleichen Lage wie Herr Barber sofort eine Rente sowie die gesetzlich vorgeschriebene Abfindung bei betriebsbedingter Entlassung erhalten hätte und dass der Gesamtwert dieser Leistungen höher gewesen wäre als der dem Kläger gezahlte Betrag. Herr Barber erhob deswegen Klage vor dem Arbeitsgericht, da er sich wegen seines Geschlechts benachteiligt fühlte. Das Arbeitsgericht legte dem EuGH Fragen zur Vereinbarkeit der Regelungen mit dem Verbot der Geschlechtsdiskriminierung vor.

68 Der Gerichtshof ordnet sowohl die Entlassungsentschädigung wie auch die Rente der Pensionskasse als Entgelt ein und beurteilt sie daher nach Art. 157 AEUV.

- Die Entlassungsentschädigung stelle „eine Form von Entgelt dar, auf das der Arbeitnehmer auf Grund seines Arbeitsverhältnisses Anspruch hat, das ihm im Zeitpunkt der Beendigung des Arbeitsverhältnisses gewährt wird, das ihm die Anpassung an die durch den Verlust seines Arbeitsplatzes entstandene Lage erleichtert und das ihm für die Zeit der Suche einer neuen Arbeit eine Einkommensquelle sichert". Am Entgeltcharakter ändert sich nichts, wenn die Entschädigung nicht vertraglich vereinbart ist, sondern (a) freiwillig oder (b) aufgrund gesetzlicher Verpflichtung geleistet wird, denn in jedem Fall handelt es sich um Zahlungen des Arbeitgebers, die wegen des Arbeitsverhältnisses geleistet werden.
- Im Hinblick auf die Rente ist es zwar so, dass „Altersrenten (...) nicht einbezogen werden können, die unmittelbar durch Gesetz geregelt sind, keinerlei vertragliche Vereinbarungen innerhalb des Unternehmens oder des betroffenen Gewerbezweigs zulassen und zwingend für allgemein umschriebene Gruppen von Arbeitnehmern gelten". Wenn aber, wie vorliegend, das Pensionssystem vom Arbeitgeber (allein oder gemeinsam mit den Arbeitnehmern) finanziert wird, nur bestimmte Arbeitnehmer (die des einzelnen Unternehmens) erfasst und zudem weitergehende Leistungen vorsieht als die gesetzliche Rente, so handele es sich um ein Entgelt, ungeachtet der Tatsache, dass es das gesetzliche Rentensystem ersetzt. Unbeachtlich ist auch, dass die Rentenkasse von Treuhändern verwaltet wird, die vom Arbeitgeber formal unabhängig sind, da Art. 157 AEUV auch für Vergütungen gilt, die der Arbeitgeber „mittelbar zahlt".

69 Unterliegt die Rente dem Diskriminierungsverbot des Art. 157 AEUV, so erweisen sich die unterschiedlichen Rentenaltersgrenzen für Männer und Frauen als glatter Fall unmittelbarer Diskriminierung. Der Tatsache, dass diese Grenzen mit den gesetzlich festgelegten Rentenaltersgrenzen korrespondieren, hat der Gerichtshof keine Bedeutung beigemessen. Weiterhin hat er auch keinen Raum für eine Gesamtbetrachtung der Entgeltvorteile für Männer und Frauen gelassen, sondern bekräftigt, dass es für die Beurteilung der Entgeltdiskriminierung auf jeden einzelnen Entgeltbestandteil an-

kommt. Eine Gesamtbewertung würde die Gerichte überfordern und dem Diskriminierungsverbot seine praktische Wirksamkeit nehmen; nur eine „echte Durchschaubarkeit“ des Vergütungssystems erlaube eine effektive Kontrolle. Da das Diskriminierungsverbot des Art. 157 AEUV zudem auch im Privatrechtsverhältnis unmittelbar anwendbar ist, folgt aus der Entscheidung, dass Herr Barber Anspruch auf eine „Anpassung nach oben“ hat, also seine Rente sofort ab dem Entlassungsdatum beanspruchen kann.

Man kann sich leicht ausmalen, dass das Urteil verheerende Folgen zu haben drohte. Im Vereinigten Königreich gehörte eine große Zahl Arbeitnehmer solchen Rentensystemen an, die man bis dahin nicht dem Arbeitsentgelt zugerechnet hatte und die üblicherweise diskriminierende Altersgrenzen enthielten. Daher regten die Kommission und das Vereinigte Königreich an, die **zeitliche Wirkung des Urteils zu beschränkten.**[197] Der Gerichtshof ist dem gefolgt, betont aber den Ausnahmecharakter sowie die engen (auch formalen) Voraussetzungen. Eine solche Beschränkung kann nur in dem Urteil ausgesprochen werden, in dem die betreffende Auslegung gegeben wird. Sie setzt zudem ein schützenswertes Vertrauen der Betroffenen voraus. Das war hier gegeben, weil auch Sekundärrechtsakte den Eindruck erweckt hatten, Art. 157 AEUV gelte nicht für Renten. Infolge einer entsprechenden Vertrauensdisposition drohte eine Rückwirkung des Urteils, das finanzielle Gleichgewicht zahlreicher an die Stelle des gesetzlichen Systems getretener Rentensysteme empfindlich zu stören. Der Gerichtshof erkannte daher, „dass sich niemand auf die unmittelbare Wirkung von Artikel 119 EWG-Vertrag berufen kann, um mit Wirkung von einem vor Erlass des vorliegenden Urteils liegenden Zeitpunkt einen Rentenanspruch geltend zu machen“.[198] 70

---

197 Dazu eingehend *Rosenkranz,* Die Beschränkung der Rückwirkung von Entscheidungen des Europäischen Gerichtshofs (2015).

198 Diese zeitliche Beschränkung der Urteilswirkungen hat freilich ihrerseits zu zahlreichen Streitpunkten und weiteren Vorlagen an den EuGH geführt. Übersicht dazu bei *Barnard,* EU Employment Law, S. 486–492; allgemein zur Rückwirkung *Waldhoff,* Rückwirkung von EuGH-Entscheidungen, ZEW-Heft Nr. 155 (2006).

§ 11 Die Rassendiskriminierungsrichtlinie

Literatur (Auswahl): *Baer,* Recht gegen Fremdenfeindlichkeit und andere Ausgrenzungen, ZRP 2001, 500–504; *Bell,* Beyond European Labour Law? Reflections on the EU Racial Equality Directive, ELJ 8 (2002), 384–399; *Bezzenberger,* Ethnische Diskriminierung, Gleichheit und Sittenordnung im bürgerlichen Recht, AcP 196 (1996), 395–434; *Brown,* The Race Directive: Towards Equality for *All* the Peoples of Europe?, YEL 21 (2002), 195–227; *Feldmann/Hoffmann/Keilhauer/Liebold,* „Rasse" und „ethnische Herkunft" als Merkmale des AGG, RW 2018, 23–46; *Fredman* (Hrsg.), Discrimination and Human Rights – The case of Racism, 2001; *Greiner,* Putativ-Diskriminierung wegen Ethnie oder Rasse – der Fall „Minus: Ossi", DB 2010, 1940–1942; *Guild,* The EC Directive on Race Discrimination: Surprises, Possibilities and Limitations, ILJ 29 (2000), 416–423; *Högenauer,* Die europäischen Richtlinien gegen Diskriminierung im Arbeitsrecht – Analyse, Umsetzung und Auswirkung der Richtlinien 2000/43/EG und 2000/78/EG im deutschen Arbeitsrecht, 2002; *Jones,* The Race Directive: Redefining Protection from Discrimination in EU Law, E.H.R.L.R. 5 (2003), 515–526; *McInerney,* Bases for Action against Race Discrimination in E.U. law, E.L. Rev. 27 (2002), 72–79; *ders.,* Equal Treatment between Persons irrespective of Racial or Ethnic Origin: A Comment, E.L. Rev. 25 (2000), 317–323; *Nickel,* Handlungsaufträge zur Bekämpfung von ethnischer Diskriminierung in der neuen Gleichbehandlungsrichtlinie 2000/43/EG, NJW 2001, 2668–2672; *Rädler,* Gesetze gegen Rassendiskriminierung, ZRP 1997, 5–9; *ders.,* Verfahrensmodelle zum Schutz vor Rassendiskriminierung, 1999; *Schiek,* Diskriminierung wegen „Rasse" oder „ethnischer Herkunft" – Probleme bei der Umsetzung der RL 2000/43/EG, AuR 2003, 44–51; *Scholten,* Diskriminierungsschutz im Privatrecht? – Beweis- und verfahrensrechtliche Probleme der Umsetzung der Richtlinie 2000/43/EG, 2004; *Thüsing,* Der Fortschritt des Diskriminierungsschutzes im Europäischen Arbeitsrecht – Anmerkungen zu den Richtlinien 2000/43/EG und 2000/78/EG, ZfA 2001, 397–418; *ders.,* Handlungsbedarf im Diskriminierungsrecht – Die Umsetzungserfordernisse auf Grund der Richtlinien 2000/78/EG und 2000/43/EG, NZA 2001, 1061–1064; *Valentine,* Die einschränkende Auslegung des Diskriminierungsverbots wegen des „ethnischen Herkunft" durch den EuGH, NZA 2019, 364–367; *Waas,* Die neue EG-Richtlinie zum Verbot der Diskriminierung aus rassischen oder ethnischen Gründen im Arbeitsverhältnis, ZIP 2000, 2151–2155.

S. ferner die Literaturhinweise zu § 9.

Rechtsprechung:

EuGH v. 28.4.2005	Rs. C-329/04 *Kommission ./. Deutschland,* EU:C:2005:263
EuGH v. 4.5.2005	Rs. C-335/04 *Kommission ./. Österreich,* EU:C:2005:273
EuGH v. 10.7.2008	Rs. C-54/07 *Feryn,* EU:C:2008:397
EuGH v. 12.5.2011	Rs. C-391/09 *Runevič-Vardyn and Wardyn,* EU:C:2011:291
EuGH v. 7.7.2011	Rs. C-310/10 *Agafiței,* EU:C:2011:467
EuGH v. 19.4.2012	Rs. C-415/10 *Meister,* EU:C:2012:217
EuGH v. 24.4.2012	Rs. C-571/10 *Kamberaj,* EU:C:2012:233
EuGH v. 16.7.2015	Rs. C-83/14 *CHEZ Razpredelenie,* EU:C:2015:480
EuGH v. 6.4.2015	Rs. C-668/15 *Jyske Finans,* EU:C:2017:278
EuGH v. 15.11.2018	Rs. C-457/17 *Maniero,* EU:C:2018:912
GA *Saugmandsgaard Øe,* Schlussanträge v. 14.5.2020	Rs. C-30/19 *Braathens Regional Aviation,* EU:C:2020:374

Übersicht

https://doi.org/10.1515/9783110731941-011

I. Übersicht und Zweck

1 Die Rassendiskriminierungsrichtlinie verbietet die Diskriminierung wegen Rasse oder ethnischer Herkunft im Bereich des Arbeitslebens und angrenzender Bereiche sowie für den Zugang zu Gütern und Dienstleistungen, also im allgemeinen Vertragsrecht. Zweck der Richtlinie ist „die Schaffung eines Rahmens zur Bekämpfung der Diskriminierung aufgrund der Rasse oder der ethnischen Herkunft", Art. 1 GbEthnieRL. Der Gesetzgeber versteht die Regelung als Beitrag zur Gewährleistung des Diskriminierungsverbots als ein **Grund- und Menschenrecht**, BE 2, 3 GbEthnieRL, hat sie aber zugleich auch als **Mittel zur Erreichung weiterer – auch wirtschaftlicher – Zwecke begründet**, nämlich als Beitrag zur Erreichung eines hohen Beschäftigungsniveaus und eines hohen Maßes an sozialem Schutz, zur Hebung des Lebensstandards und der Lebensqualität, zum wirtschaftlichen und sozialen Zusammenhalt, der Solidarität sowie der Freizügigkeit, BE 9 S. 1 GbEthnieRL.[1] Anders als im Bereich der Geschlechtsdiskriminierung hat hier also die grundrechtliche Begründung deutlichen Vorrang vor der wirtschaftlichen. Manche verstehen die Richtlinie als Ausdruck eines entstehenden *European Social Law* oder als materielle Ausprägung der Unionsbürgerschaft.[2]

II. Anwendungsbereich

1. Persönlicher Anwendungsbereich

2 Der persönliche Anwendungsbereich ist nicht ausdrücklich bestimmt. Die Regelung über den sachlichen Anwendungsbereich in Art. 3 GbEthnieRL (s. sogleich Rdn. 3) lässt aber erkennen, dass (a) der Gesetzgeber die Abgrenzung des persönlichen Schutzbereichs durchaus **unionsrechtlich** vornehmen wollte und dass (b) von einem **weiten Anwendungsbereich** auszugehen ist, so wie auch bei der Geschlechtsdiskriminierungs-Richtlinie (§ 10 Rdn. 30). So gilt die Richtlinie „für alle Personen in öffentlichen und privaten Bereichen, einschließlich öffentlicher Stellen" (Art. 3 Abs. 1 Einleitungssatz GbEthnieRL) und damit auch für Arbeitnehmer im öffentlichen Dienst

1 *McInerney*, E.L. Rev. 27 (2002), 72–79.
2 *Bell*, ELJ 8 (2002), 384, 386–390 m. N.

und Beamte. Da sich die Richtlinie auch auf den Zugang zur (und damit teleologisch notwendig auch auf die Bedingungen der) selbständigen Erwerbstätigkeit bezieht, spielt eine Abgrenzung von der (Schein-) Selbständigkeit keine Rolle. Stützt man das Diskriminierungsverbot teleologisch auf eine grundrechtliche Gewährleistung (s.o., Rdn. 1), so ist der weite Anwendungsbereich nur folgerichtig (s.a. BE 13 GbEthnieRL: Drittstaaten).

2. Sachlicher Anwendungsbereich

Der – mit Rücksicht auf die grundrechtliche Fundierung in Art. 21 GRCh weit auszule- 3
gende –[3] sachliche Anwendungsbereich der Richtlinie erstreckt sich im Arbeitsrecht[4] auf

- den **Zugang zur Beschäftigung** einschließlich des **beruflichen Aufstiegs** (Art. 3 Abs. 1 lit. a) GbEthnieRL),
- die Arbeits- und **Beschäftigungsbedingungen** (Art. 3 Abs. 1 lit. c) GbEthnieRL) einschließlich
- der **Entlassungsbedingungen** und
- dem **Arbeitsentgelt**.

Der Gesetzgeber hat sich bei der Formulierung erkennbar an die Geschlechtsdiskriminierungs-Richtlinien (heute GDRL) angelehnt, so dass die Begriffe hier ebenso wie dort auszulegen sind (näher oben, § 10 Rdn. 35–38).

III. Diskriminierungsverbot

1. Verbotene Differenzierungsmerkmale

Verbotene Differenzierungsmerkmale sind – in abschließender Aufzählung[5] – Rasse 4
und ethnische Herkunft.[6] Der Begriff der Rasse ist freilich umstritten, gehen doch gerade von den Rassentheorien Versuche aus, Differenzierungen zu *begründen*. Mit der Verwendung des Rassenbegriffs will der Gesetzgeber indes solche Theorien auch

---

3 EuGH v. 12.5.2011 Rs. C-391/09 *Runevič-Vardyn*, EU:C:2011:291 Rdn. 43.

4 Zum Anwendungsbereich „Bildung" EuGH v. 15.11.2018 – Rs. C-457/17 *Maniero*, EU:C:2018:912 Rdn. 27ff. Zum vertragsrechtlichen Anwendungsbereich gem. Art. 3 Abs. 1 lit. h) GbEthnieRL nur *Riesenhuber*, EU-Vertragsrecht, Rdn. 419.

5 S. auch EuGH v. 7.7.2011 Rs. C-310/10 *Agafiţei*, EU:C:2011:467 Rdn. 31–36 („abschließend aufgezählt (...)"; erfasst nicht „Diskriminierungen wegen der Berufskategorie oder des Arbeitsorts").

6 S.a. *Lahuerta*, ELJ 15 (2009), 738–756 (für einen weiteren Anwendungsbereichs, um auch Drittstaatenangehörige zu schützen).

nicht implizit bestätigen (BE 6 GbEthnieRL).[7] Sprachlich bedeutet **Rasse** die Herkunft oder den Stamm, wobei auf – wissenschaftlich nicht begründete, lediglich zugeschriebene – Unterschiede von Menschen aufgrund ihrer Erbanlagen Bezug genommen wird.[8] **Ethnie** bedeutet das Volk oder den Volksstamm, allgemeiner die Menschengruppe (also nicht beschränkt auf Volk oder Stamm), die eine einheitliche Kultur hat.[9] Der Gerichtshof weist darauf hin, dass der Begriff der ethnischen Herkunft auf dem Gedanken beruht, „dass gesellschaftliche Gruppen insbesondere durch eine Gemeinsamkeit der Staatsangehörigkeit, Religion, Sprache, kulturelle und traditionelle Herkunft und Lebensumgebung gekennzeichnet sind".[10] Ethnische Gruppen sind danach etwa die Sinti und Roma[11], die Sorben oder die Russlanddeutschen.[12] „Ostdeutsche" (Personen aus der ehemaligen DDR) sind dagegen keine ethnische Gruppe.[13]

5 Da es keine unterschiedlichen menschlichen Rassen gibt, versteht sich, dass die Diskriminierung „aufgrund der Rasse" stets eine Zuschreibung bedeutet. Der Zweck der Richtlinie, Fremdenfeindlichkeit entgegenzuwirken, spricht dafür, auch im Hinblick auf die ethnische Herkunft maßgeblich auf die innere Haltung des Täters abzustellen und nicht auf Gegebenheiten der Ethnie und die Zugehörigkeit des Opfers zu ihr.[14] Danach kommt es nicht darauf an, ob eine Volksgruppe, der Vorstellung des Täters entsprechend, mehr oder weniger klug oder fleißig ist oder ob der Betroffene der Volksgruppe angehört.

6 Die Richtlinie betrifft nicht die unterschiedliche Behandlung aus Gründen der **Staatsangehörigkeit**, Art. 3 Abs. 2 GbEthnieRL,[15] obwohl diese einen engen Bezug zur ethnischen Herkunft haben kann.[16] Damit sollten ausweislich BE 13 insbesondere Vorschriften über die Einreise und den Aufenthalt von Drittstaatenangehörigen und ihren Zugang zu Beschäftigung und Beruf ausgenommen bleiben. Das spricht für eine einschränkende Auslegung,[17] die zwar nicht ausschließt, die Anknüpfung an die Nationalität als ethnische Diskriminierung zu verbieten, umgekehrt aber zulässt, zu berücksichtigen, dass (z. B.) ein Bewerber keine gültige Aufenthaltsgenehmigung hat.

---

7 Eingehend MünchKommBGB/*Thüsing*, § 1 AGG Rdn. 16; *Nickel*, NJW 2001, 2668, 2670.

8 EuArbRK/*Mohr*, Art. 1 RL 2000/43 Rdn. 2: „wissenschaftlich nicht begründete biologische Einteilung von Menschen wegen ihrer Erbanlagen und ihrer morphologischen Züge wie der Hautfarbe oder der Gesichtsform"

9 Näher *Scholten*, Diskriminierungsschutz im Privatrecht, S. 19–22; MünchKommBGB/*Thüsing*, § 1 AGG Rdn. 16–21; *Schiek*, AuR 2003, 44 f. *Feldmann/Hoffmann/Keilhauer/Liebold*, RW 2018, 23 ff. schlagen für die Abgrenzung von „Rasse" und „ethnischer Herkunft" vor, danach zu unterscheiden, ob das differenzbegründende Merkmal durch Assimilation überwunden werden kann (wie z. B. die Sprache oder der Name) oder nicht (wie z. B. die Augenform oder die Pigmentierung).

10 EuGH v. 16.7.2015 – Rs. C-83/14 *CHEZ Razpredelenie*, EU:C:2015:480 Rdn. 46; EuGH v. 6.4.2017 Rs. C-668/15 *Jyske Finans A/S*, EU:C:2017:278 Rdn. 17.

11 EuGH v. 16.7.2015 – Rs. C-83/14 *CHEZ Razpredelenie*, EU:C:2015:480 Rdn. 46.

12 Mit weiteren Beispielen MünchKommBGB/*Thüsing*, § 1 AGG Rdn. 21.

13 Vgl. ArbG Stuttgart, NZA-RR 2010, 344.

14 *Greiner*, DB 2010, 1940 ff.; *Valentine*, NZA 2019, 364 ff.

15 EuGH v. 24.4.2012 Rs. C-571/10 *Kamberaj*, EU:C:2012:233 Rdn. 49 (Ungleichbehandlung eines Drittstaatenangehörigen).

16 *Bezzenberger*, AcP 196 (1996), 395, 412–415.

17 Dafür mit unterschiedlichen Akzenten *Nickel*, NJW 2001, 2668, 2670; *Scholten*, Diskriminierungsschutz im Privatrecht, S. 15–17; ebenso (aber krit.) *Brown*, YEL 21 (2002), 195, 209 f.

Ebenso verbietet die Richtlinie nicht die Diskriminierung wegen der **Religion**, die in vielen Fällen mit der ethnischen Zugehörigkeit eng verbunden ist;[18] das ist indes unschädlich, da insoweit die Gleichbehandlungsrahmenrichtlinie Platz greift (§ 12). 7

2. Diskriminierung

Verboten ist die unmittelbare und die mittelbare Diskriminierung; Belästigung und Anweisung zur Diskriminierung sind der Diskriminierung gleichgestellt; Art. 2 GbEthnieRL. 8

Eine **unmittelbare Diskriminierung** kann auch darin liegen, dass eine ethnische Gruppe zwar nicht explizit, wohl aber durch die Heranziehung eines für die Gruppe spezifischen körperlichen oder kulturellen Merkmals benachteiligt, wenn also z. B. an die Hautfarbe, die Haarstruktur oder eine Haartracht angeknüpft wird.[19] In der Entscheidung *Feryn* hat der Gerichtshof auch ohne identifizierbares Opfer eine unmittelbare Diskriminierung bejaht, wenn ein Arbeitgeber öffentlich mitteilt, er werde Bewerber fremder Herkunft nicht einstellen (s. schon oben, § 9 Rdn. 36).[20] Zudem kann, wie der Gerichtshof im Wege der teleologischen Auslegung begründet, eine Diskriminierung *aufgrund* der Rasse oder ethnischen Herkunft auch vorliegen, wenn der Betroffene nicht selbst der benachteiligten Gruppe angehört.[21] 9

Andere Merkmale können wegen ihrer diskriminierenden Wirkung verboten sein (**mittelbare Diskriminierung**), so z. B. die Körpergröße. 10

3. Rechtfertigung

Eine Rechtfertigung kann vom mitgliedstaatlichen Recht „unter sehr begrenzten Umständen" (BE 18 GbEthnieRL) vorgesehen werden, nämlich wenn die Ungleichbehandlung wegen eines mit der Rasse oder der ethnischen Herkunft zusammenhängenden Merkmals aufgrund der Art der beruflichen Tätigkeit oder der Rahmenbedingungen ihrer Ausübung eine **wesentliche und entscheidende berufliche Voraussetzung** darstellt, Art. 4 GbEthnieRL. Die Voraussetzung muss dabei ihrerseits zur Erreichung eines *legitimen Zwecks erforderlich* sein. Als Standardbeispiele werden der Kellner im Chinarestaurant und der Darsteller für den Othello genannt.[22] Die Beispiele zeigen indes, dass es eigentlich um die Grenzen der **unternehmerischen Entscheidungsfreiheit** 11

18 *Brown*, YEL 21 (2002), 195, 204 f.; *Guild*, ILJ 29 (2000), 416, 418.
19 Vgl. *Schiek*, AuR 2003, 44, 45.
20 EuGH v. 10.7.2008 – Rs. C-54/07 *Feryn*, EU:C:2008:397 Rdn. 22–28.
21 EuGH v. 16.7.2015 – Rs. C-83/14 *CHEZ Razpredelenie*, EU:C:2015:480 Rdn. 50 ff.
22 *Jones*, E. H. R. L. R. 5 (2003), 515, 521; MünchKommBGB/*Thüsing*, § 8 AGG Rdn. 20 f. S.a. *Schiek*, AuR 2003, 44, 47 f.

geht, nämlich darum, inwieweit ein Restaurantbetreiber die „Authentizität" zum Unternehmenskonzept erheben kann (auch der Koch? auch Ausgrenzung von Japanern?), inwieweit der Regisseur die Authentizität zum künstlerischen Konzept. Pizzerien werden in Deutschland vielfach von Tamilen betrieben, und in der Verfilmung von „Much Ado about Nothing" von *Kenneth Branagh* spielt *Denzel Washington* Don Pedro of Aragon. Da auch die unternehmerische Freiheit (ggf. die Kunstfreiheit) grundrechtlich geschützt ist, steht hinter dem Rechtfertigungsgrund der Ausgleich einer Grundrechtskollision (praktische Konkordanz).

12 Im Hinblick auf eine Unterscheidung nach der „Rasse" kommt eine Rechtfertigung streng genommen nicht in Betracht, handelt es sich dabei doch stets um wissenschaftlich nicht begründete Zuschreibungen.[23] Da es keine unterschiedlichen menschlichen Rassen gibt, kann man mit „Rasse" allein nichts begründen.

---

23 EuArbRK/*Mohr*, Art. 1 RL 2000/43 Rdn. 3, Art. 4 RL 2000/43 Rdn. 1 („absolutes Differenzierungsverbot").

§ 12 Die Gleichbehandlungsrahmenrichtlinie: Religion, Weltanschauung, Behinderung, Alter und sexuelle Ausrichtung

Literatur (Auswahl):

Allgemein: *Basedow,* Der Grundsatz der Nichtdiskriminierung im europäischen Privatrecht, ZEuP 2008, 230–251; *Bell/Whittle,* Between Social Policy and Union Citizenship: The Framework Directive on Equal Treatment in Employment, E.L. Rev. 27 (2002), 677–691; *Gerken/Rieble/Roth/Stein/Strunz,* „Mangold" als ausbrechender Rechtsakt, 2009; *Krebber,* The Social Rights Approach of the European Court of Justice to Enforce European Employment Law, Comp. Lab. L. & Pol'y J. 27 (2006), 377–403; *Kummer,* Umsetzungsanforderungen der neuen arbeitsrechtlichen Antdiskriminierungsrichtlinie (RL 2000/78/EG), 2003; *Mohr,* Schutz vor Diskriminierungen im Europäischen Arbeitsrecht – Die Rahmenrichtlinie 2000/78/EG vom 27. November 2000, 2003; *Muir,* Enhancing the Effects of Community Law on National Employment Policies: The Mangold Case, E.L. Rev. 31 (2006), 879–891; *Plum,* Tendenzschutz im europäischen Arbeitsrecht, 2011; *Pilgerstorfer/Forshaw,* Transferred Discrimination in European Law, ILJ 37 (2008), 384–393; *Posner,* Economic Analysis of Law, 8. Aufl. 2011, § 11.10; *Riesenhuber,* Case-Note: ECJ of 22 November 2005 – Case C-144/04 – Mangold, ERCL 3 (2007), 62–71; *ders.,* „Mangold" verabschiedet, in: Hanau/Thau/Westermann (Hrsg.), Gegen den Strich – Festschrift für Klaus Adomeit, 2008, S. 631–644; *Schiek,* A New Framework on Equal Treatment of Persons in EC Law, Directives 2000/43/EC, 2000/78/EC and 2002/???/EC changing Directive 76/207/EEC in context, ELJ 8 (2002) 290–314; *dies.,* The ECJ Decision in Mangold: A Further Twist on Effects of Directives and Constitutional Relevance of Community Equality Legislation, ILJ 35 (2006), 329–34; *Skidmore,* EC Framework Directive on Equal Treatment in Employment: Towards a Comprehensive Community Anti-Discrimination Policy?, ILJ 30 (2001), 126–132; *Streinz/Herrmann,* Der Fall Mangold – eine „kopernikanische Wende im Europarecht"?, RdA 2007, 165–169; *Thüsing,* Der Fortschritt des Diskriminierungsschutzes im Europäischen Arbeitsrecht – Anmerkungen zu den Richtlinien 2000/43/EG und 2000/ 78/EG, ZfA 2001, 397–418; *Waddington,* Art. 13 EC: Setting Priorities in the Proposal for a Horizontal Employment Directive, ILJ 29 (2000), 176–181; *Waltermann,* Bemerkungen zu den Rechtssachen Mangold und Palacios de la Villa, in: Konzen/Krebber/Raab/Veit/Waas (Hrsg.), Festschrift für Rolf Birk zum siebzigsten Geburtstag, 2008, S. 915–928; *Wank,* Die unmittelbare Wirkung von Unionsrecht unter Privaten im Arbeitsrecht, RdA 2020, 1–12.

Religion: *Berka,* Das islamische Kopftuch: Antidiskriminierung und Religionsfreiheit in den Rechtssachen Achbita und Bougnaoui, EuZA 2017, 465–484; *Bieniek/Gundel,* Der EuGH und das kirchliche Selbstbestimmungsrecht nach dem Grundgesetz, in: Gallner/Henssler/Eckhoff/Reufels (Hrsg.), Festschrift für Wilhelm Moll zum 70. Geburtstag, 2019, 63–79; *Deinert,* Arbeitnehmerschutz vor Diskriminierung in kirchlichen Einrichtungen, EuZA 2009, 332–342; *Hambler,* Neutrality and Workplace Restrictions on Headscarves and Religious Dress: Lessons from Achbita and Bougnaoui, ILJ 47 (2018), 149–164; *Hartmeier,* Kopftuchverbot in privaten Unternehmen – Religiöses Symbol und „corporate identity", EuZA 2017, 545–554; *Joussen,* § 9 Abs. Absatz 1 AGG – Der EuGH und die Kirchenzugehörigkeit von Beschäftigten, EuZA 2018, 421–435; *Junker,* Gleichbehandlung und kirchliches Arbeitsrecht – Ein deutscher Sonderweg endet vor dem EuGH, NJW 2018, 1850–1853; *Kucsko-Stadlmayer,* Religiöse Symbole am Arbeitsplatz, RdA 2019, 197–200; *Malorny,* Diskriminierungsschutz als Grenze kirchlicher Selbstbestimmung, EuZA 2019, 441–454; *Mangold/Payandeh,* Diskriminierungsschutz und unternehmerische Freiheit im Unionsrecht. Anmerkungen zu den Urteilen des EuGH v. 14.3.2017 in der Rs. C-157/15 (Achbita) und C-188/15 (Bougnaoui), EuR 2017, 700–724; *Meyer, Christina,* Das Kopftuch am Arbeitsplatz und unternehmerische Neutralitätskonzepte: Wie verändert europäisches Gleichbehandlungsrecht den Umgang mit der Religionsfreiheit in Arbeitsverhältnissen zwischen Privaten?, EuZA

https://doi.org/10.1515/9783110731941-012

2020, 206–223; *Rohe,* Schutz vor Diskriminierung aus religiösen Gründen im Europäischen Arbeitsrecht – Segen oder Fluch?, in: Krause/Veelken/Vieweg (Hrsg.), Recht der Wirtschaft und der Arbeit in Europa – Gedächtnisschrift für Wolfgang Blomeyer, 2004, S. 217–244; *Sagan,* Unionaler Diskriminierungsschutz gegen Kopftuchverbote am Arbeitsplatz, EuZW 2017, 457–461; *Schlachter,* Kopftuchverbot auf „Kundenwunsch"? – Die Religionsfreiheit als notwendiger Bestandteil der Rechtfertigungsprüfung im Diskriminierungsrecht, EuZA 2018, 173–186; *Schubert, Jens,* Die Kirchen als Arbeitgeber – Die Folgen von „Egenberger" und „Chefarzt" für Diakonie und Caritas, EuZA 2020, 320–354; *Sprenger,* Anforderungen an Verbote des islamischen Kopftuchs und andere Formen des offenen religiös-weltanschaulichen Bekenntnisses am Arbeitsplatz, EuZA 2017, 352–369; *Thüsing/Mathy,* Diskriminierungsschutz von Stellenbewerbern und Auswahlermessen von Einrichtungen mit kirchlichem Auftrag, RIW 2018, 559–564; *dies.*, Kirchliche Loyalitätspflichten im Zugriff des EuGH, BB 2018, 2805–2810; *Vickers,* Freedom of Religion and the Workplace: The Draft Employment Equality (Religion or Belief) Regulations 2003, ILJ 32 (2003), 23–36.

Behinderung: *Bell,* People with intellectual disabilities and labour market inclusion: What role for EU labor law?, ELLJ 11 (2019), 3–25; *Brose,* Die Arbeitgeberpflichten bei der Beschäftigung von Menschen mit Behinderung nach Art. 5 Richtlinie 2000/78/EG, EuZA 2020, 157–176; *Domröse,* Krankheitsbedingte Kündigung als Verstoß gegen das Verbot der Diskriminierung wegen einer Behinderung in Beschäftigung und Beruf?, NZA 2006, 1320–1325; *Harris/Stein,* Workplace Disability, in: Dau-Schmidt/Harris/Lobel (Hrsg.), Labor and Employment Law and Economics – Encyclopedia of Law and Economics, 2. Aufl, 2009, 342–360; *Hosking,* Great Expectations: Protection from Discrimination because of Disability in Community Law, E.L. Rev. 31 (2006), 667–689; *Wells,* The Impact of the Framework Employment Directive on UK Disability Discrimination Law, ILJ 32 (2003), 253–273; *Whittle,* The Framework Directive for equal treatment in employment and occupation: an analysis from a disability rights perspective, E.L. Rev. 27 (2002), 303–326.

Alter: *Asscher-Vonk/Schlachter,* Verbot der Diskriminierung wegen Alters in den Niederlanden und Deutschland – Die Umsetzung der EG-Rahmenrichtlinie gegen Diskriminierung 2000/78/EG, RIW 2005, 503–511; *Birk,* Altersdiskriminierung im Arbeitsrecht – kollisionsrechtlich betrachtet, in: Basedow/Meier/Schnyder/Einhorn/Girsberger (Hrsg.), Private Law in the International Arena – Liber amicorum Kurt Siehr, 2000, S. 45–60; *Böhm,* Umfang und Grenzen eines europäischen Verbots der Altersdiskriminierung im deutschen Recht, JZ 2008, 324–330; *Brors,* Wann ist eine Altersdiskriminierung nach der Rechtsprechung des EuGH gerechtfertigt?, RdA 2012, 346–353; *Connolly,* Forced Retirement, Age Discrimination and the Heyday Case, ILJ 2009, 233–241; *Daugherty Rasnic/Resch,* Altersdiskriminierung nach amerikanischem Recht, ZIAS 2010/2011, 274–292; *Grünberger,* Altersdiskriminierung und Abfindungsansprüche, EuZA 2011, 171–187; *Henssler/Tillmanns,* Altersdiskriminierung in Tarifverträgen, in: Konzen/Krebber/Raab/Veit/Waas (Hrsg.), Festschrift für Rolf Birk zum siebzigsten Geburtstag, 2008, S. 179–196; *Kliemt,* Altersgrenzen für Vorstandsmitglieder – noch rechtskonform?, RdA 2015, 322–239; *König,* Das Verbot der Altersdiskriminierung – Ein Diskriminierungsverbot zweiter Klasse?, in: Gaitanides/Kadelbach/Rodriguez Iglesias (Hrsg.), Europa und seine Verfassung – Festschrift für Manfred Zuleeg, 2005, S. 341–361; *Mohr,* Altersdifferenzierungen im Sozialplan nach deutschem und europäischem Recht – Zugleich ein Beitrag zur (teleologischen) Auslegung von Sozialplänen', RdA 2010, 44–54; *ders.*, Zulässigkeit unmittelbarer Altersdiskriminierungen auf Grund unternehmensindividueller Gesichtspunkte, RdA 2017, 35–43; *Polloczek,* Altersdiskriminierung im Licht des Europarechts, 2008; *Preis,* Verbot der Altersdiskriminierung als Gemeinschaftsgrundrecht, NZA 2006, 401–410; *Posner,* Aging and Old Age, 1997; *Rieble/Zedler,* Alterdiskrimminierung in Tarifverträgen, ZfA 2006, 273–303; *Sargeant* (Hrsg.), The Law on Age Discrimination in the EU, 2008; *Schiek,* Age Discrimination Before the ECJ – Conceptual and Theoretical Issues, CMLR 2011, 777–799; *Schlachter,* Altersgrenzen angesichts des gemeinschaftsrechtlichen Verbots der Altersdiskriminierung, in: Richardi/Reichold (Hrsg.), Altersgrenzen und Alterssicherung im Arbeitsrecht – Wolfgang Blomeyer zum Gedenken, 2003, S. 355–373; *dies.*, Gemeinschaftsrechtliche Grenzen der Altersbefristung, RdA 2004,

352–358; *Schmidt, Marlene/Senne,* Das gemeinschaftsrechtliche Verbot der Altersdiskriminierung und seine Bedeutung für das deutsche Arbeitsrecht, RdA 2002, 80–89; *Spinner,* Das Verbot der Diskriminierung wegen des Alters im Recht der betrieblichen Altersversorgung – ein lösbarer Widerspruch, EuZA 2018, 221–235; *Sprenger,* Kein Schutz des Vertrauens privater Arbeitgeber in die Anwendung altersdiskriminierender Gesetze, EuZA 2016, 460–469; *ders.,* Zulässigkeit sozialpolitisch motivierter Ungleichbehandlungen mit unmittelbarem Altersbezug – Urteil des EuGH v. 5.3.2009 – Rs. The Incoporated Trustees of the National Council on Ageing, EuZA 2009, 355–364; *Temming,* Altersdiskriminierung im Arbeitsleben – Eine rechtsmethodische Analyse, 2008; *Thüsing/Pötters,* Altersdiskriminierung in Besoldungs- und Vergütungssystemen, EuZW 2015, 935–939; *Weber,* Das Verbot altersbedingter Diskriminierung nach der Richtlinie 2000/78/EG – eine neue arbeitsrechtliche Dimension, AuR 2002, 401–405; *Wiedemann,* Altersschutz und Generationengerechtigkeit: Eine Rechtsprechungsanalyse zur Altersdiskriminierung, RdA 2017, 333–339; *ders./Thüsing,* Der Schutz älterer Arbeitnehmer und die Umsetzung der Richtlinie 2000/78/EG, NZA 2002, 1234–1242; *Zöllner,* Altersgrenzen beim Arbeitsverhältnis jetzt und nach Einführung des Verbots der Altersdiskriminierung, in: Richardi/Reichold (Hrsg.), Altersgrenzen und Alterssicherung im Arbeitsrecht – Wolfgang Blomeyer zum Gedenken, 2003, S. 517–533.
Sexuelle Ausrichtung: *Franzen,* Gleichbehandlung eingetragener Lebenspartner mit Ehepaaren bei der Hinterbliebenenversorgung – Urteil des EuGH v. 1.4.2008 – Rs. Maruko, EuZA 2009, 395–404.

S. ferner die Literaturhinweise zu § 9.

Rechtsprechung:

Religion

EuGH v. 14.3.2017	Rs. C-157/15 *Achbita,* EU:C:2017:203
EuGH v. 14.3.2017	Rs. C-188/15 *Bougnaoui,* EU:C:2017:204
EuGH v. 17.4.2018	Rs. C-414/16 *Egenberger,* EU:C:2018:257
EuGH v. 11.9.2018	Rs. C-68/17 *IR,* EU:C:2018:696
EuGH v. 22.1.2019	Rs. C-193/17 *Cresco Investigation,* EU:C:2019:43

Behinderung

EuGH v. 11.7.2006	Rs. C-13/05 *Chacón Navas,* EU:C:2006:456
EuGH v. 17.7.2008	Rs. C-303/06 *Coleman,* EU:C:2008:415
EuGH v. 11.4.2013	verb. Rs. C-335/11 und C-337/11 *HK Danmark,* EU:C:2013:222
EuGH v. 4.7.2013	Rs. C-312/11 *Kommission ./. Italien,* EU:C:2013:446
EuGH v. 18.3.2014	Rs. C-363/12 *Z.,* EU:C:2014:159
EuGH v. 1.12.2016	Rs. C-395/15 *Daouidi,* EU:C:2016:917
EuGH v. 9.3.2017	Rs. C-406/15 *Milkova,* EU:C:2017:198
EuGH v. 18.1.2018	Rs. C-270/16 *Ruíz Conejero,* EU:C:2018:17
EuGH v. 19.9.2018	Rs. C-312/17 *Bedi,* EU:C:2018:734
EuGH v. 11.9.2019	Rs. C-397/18 *Nobel Plastiques Ibérica,* EU:C:2019:703

Alter

EuGH v. 22.11.2005	Rs. C-144/04 *Mangold,* EU:C:2005:709
EuGH v. 16.10.2007	Rs. C-411/05 *Palacios de la Villa,* EU:C:2007:604
EuGH v. 23.9.2008	Rs. C-427/06 *Bartsch,* EU:C:2008:517
EuGH v. 5.3.2009	Rs. C-388/07 *Age Concern England,* EU:C:2009:128
EuGH v. 18.6.2009	Rs. C-88/08 *Hütter,* EU:C:2009:381
EuGH v. 12.1.2010	Rs. C- 229/08 *Wolf,* EU:C:2010:3
EuGH v. 12.2.2010	Rs. C-341/08 *Petersen,* EU:C:2010:4
EuGH v. 19.1.2010	Rs. C-555/07 *Kücükdeveci,* EU:C:2010:21
EuGH v. 8.7.2010	Rs. C-246/09 *Bulicke,* EU:C:2010:418
EuGH v. 12.10.2010	Rs. C-499/08 *Ingeniørforeningen i Danmark,* EU:C:2010:600

EuGH v. 12.10.2010	Rs. C-45/09 *Rosenbladt*, EU:C:2010:601
EuGH v. 18.11.2010	verb. Rs. C-250/09 und C-268/09 *Georgiev*, EU:C:2010:699
EuGH v. 10.3.2011	Rs. C-109/09 *Deutsche Lufthansa*, EU:C:2011:129
EuGH v. 21.7.2011	verb. Rs. C-159/10 und C-160/10 *Fuchs and Köhler*, EU:C:2011:508
EuGH v. 8.9.2011	verb. Rs. C-297/10 und C-298/10 *Hennigs*, EU:C:2011:560
EuGH v. 13.9.2011	Rs. C-447/09 *Prigge*, EU:C:2011:57
EuGH v. 19.4.2012	Rs. C-415/10 *Meister*, EU:C:2012:217
EuGH v. 7.6.2012	Rs. C-132/11 *Tyrolean Airlines*, EU:C:2012:329
EuGH v. 5.7.2012	Rs. C-141/11 *Hörnfeldt*, EU:C:2012:421
EuGH v. 6.11.2012	Rs. C-286/12 *Kommission ./. Ungarn*, EU:C:2012:687
EuGH v. 6.12.2012	Rs. C-152/11 *Odar*, EU:C:2012:772
EuGH v. 26.9.2013	Rs. C-476/11 *HK Danmark ./. Experian*, EU:C:2013:590
EuGH v. 26.9.2013	Rs. C-546/11 *Dansk Jurist- og Økonomforbund*, EU:C:2013:603
EuGH v. 18.1.2014	Rs. C-429/12 *Pohl*, EU:C:2014:12
EuGH v. 19.6.2014	verb. Rs. C-501/12 bis C-506/12, C-540/12, C-541/12 *Specht*, EU:C:2014:2005
EuGH v. 11.11.2014	Rs. C-530/13 *Schmitzer*, EU:C:2014:2359
EuGH v. 13.11.2014	Rs. C-416/13 *Vital Pérez*, EU:C:2014:2371
EuGH v. 21.1.2015	Rs. C-529/13 *Felber*, EU:C:2015:20
EuGH v. 28.1.2015	Rs. C-417/13 *Starjakob*, EU:C:2015:38
EuGH v. 26.2.2015	Rs. C-515/13 *Ingeniørforeningen i Danmark*, EU:C:2015:115
EuGH v. 9.9.2015	Rs. C-20/13 *Unland*, EU:C:2015:561
EuGH v. 1.10.2015	Rs. C-432/14 *O.*, EU:C:2015:643
EuGH v. 19.4.2016	Rs. C-441/14 *Dansk Industri*, EU:C:2016:278
EuGH v. 2.6.2016	Rs. C-122/15 *C.*, EU:C:2016:391
EuGH v. 16.6.2016	Rs. C-159/15 *Lesar*, EU:C:2016:451
EuGH v. 28.7.2016	Rs. C-423/15 *Kratzer*, EU:C:2016:604
EuGH v. 10.11.2016	Rs. C-548/15 *de Lange*, EU:C:2016:850
EuGH v. 15.11.2016	Rs. C-258/15 *Salaberria Sorondo*, EU:C:2016:873
EuGH v. 21.12.2016	Rs. C-539/15 *Bowman*, EU:C:2016:977
EuGH v. 5.7.2017	Rs. C-190/16 *Fries*, EU:C:2017:513
EuGH v. 13.7.2017	Rs. C-354/16 *Kleinsteuber*, EU:C:2017:539
EuGH v. 19.7.2017	Rs. C-143/16 *Abercrombie & Fitch*, EU:C:2017:566
EuGH v. 28.2.2018	Rs. C-46/17 *John*, EU:C:2018:131
EuGH v. 7.2.2019	Rs. C-49/18 *Escribano Vindel*, EU:C:2019:106
EuGH v. 14.2.2019	Rs. C-154/18 *Horgan und Keegan*, EU:C:2019:113
EuGH v. 8.5.2019	Rs. C-24/17 *Österreichischer Gewerkschaftsbund*, EU:C:2019:373
EuGH v. 8.5.2019	Rs. C-396/17 *Leitner*, EU:C:2019:375
EuGH v. 7.11.2019	Rs. C-396/18 *Cafaro*, EU:C:2019:929
EuGH v. 19.11.2019	verb. Rs. C-585/18, C-624/18 und C-625/18 *A.K. u. a.*, EU:C:2019:982
EuGH v. 27.2.2020	verb. Rs. C-773/18 bis C-775/18 *Land Sachsen-Anhalt*, EU:C:2020:125
EuGH v. 2.4.2020	Rs. C-670/18 *Comune di Gesturi*, EU:C:2020:272
EuGH v. 8.10.2020	Rs. C-644/19 *Universitatea "Lucian Blaga" Sibiu u. a.*, EU:C:2020:810
Sexuelle Orientierung	
EuGH v. 1.4.2008	Rs. C-267/06 *Maruko*, EU:C:2008:179
EuGH v. 10.5.2011	Rs. C-147/08 *Römer*, EU:C:2011:286
EuGH v. 6.12.2012	verb. Rs. C-124/11, C-125/11 und C-143/11 *Dittrich*, EU:C:2012:771
EuGH v. 25.4.2013	Rs. C-81/12 *Asociaţia Accept*, EU:C:2013:275
EuGH v. 12.12.2013	Rs. C-267/12 *Hay*, EU:C:2013:823
EuGH v. 24.11.2016	Rs. C-443/15 *Parris*, EU:C:2016:897

EuGH v. 15.1.2019 Rs. C-258/17 *E.B.*, EU:C:2019:17
EuGH v. 23.4.2020 Rs. C-507/18 *NH*, EU:C:2020:289
Sonstige Gründe
EuGH v. 7.7.2012 Rs. C-310/10 *Agafiţei*, EU:C:2011:467 (Berufskategorie, Arbeitsort)
EuGH v. 18.12.2014 Rs. C-354/13 *FOA*, EU:C:2014:2463 (Adipositas)

Übersicht

I. Übersicht und Zweck

1 Die Gleichbehandlungsrahmenrichtlinie (GbRRL)[1] dient der „Schaffung eines allgemeinen Rahmens zur Bekämpfung der Diskriminierung wegen der Religion oder der Weltanschauung, einer Behinderung, des Alters oder der sexuellen Ausrichtung in Beschäftigung und Beruf", Art. 1 GbRRL. Der Gesetzgeber versteht die Regelung als Beitrag zur Gewährleistung des Diskriminierungsverbots als ein **Grund- und Menschenrecht**, BE 1, 4–6 GbRRL, hat sie aber zugleich auch als **Mittel zur Erreichung weiterer Zwecke begründet**, nämlich als Beitrag zur Erreichung eines hohen Beschäftigungsniveaus und eines hohen Maßes an sozialem Schutz, zur Hebung des Lebensstandards und der Lebensqualität, zum wirtschaftlichen und sozialen Zusammenhalt, der Solidarität sowie der Freizügigkeit, BE 11 GbRRL.[2]

2 Besonders bei der Diskriminierung wegen Behinderung geht es nicht nur um Gleichbehandlung, sondern um eine **Gleichstellung**,[3] so wie das in ähnlicher Weise von der Diskriminierung wegen Schwangerschaft und Mutterschaft bekannt ist (s. § 10 Rdn. 16). In erkennbarer Antwort auf die diesbezügliche Rechtsprechung, wonach auch die Benachteiligung einer Frau, die schwangerschaftsbedingt aus tatsächlichen oder rechtlichen Gründen (Beschäftigungsverbot) arbeitsunfähig ist, eine verbotene Diskriminierung darstellt, heißt es in BE 17 GbRRL, mit dieser Richtlinie werde „nicht die Einstellung, der berufliche Aufstieg, die Weiterbeschäftigung oder die Teilnahme an Aus- und Weiterbildungsmaßnahmen einer Person vorgeschrieben, wenn diese Person für die Erfüllung der wesentlichen Funktionen des Arbeitsplatzes oder zur Absolvierung einer bestimmten Ausbildung nicht kompetent, fähig oder verfügbar ist." Daher ist beispielsweise eine Rücksicht auf religiöse Arbeitsruhezeiten nicht vorgeschrieben.[4] Im Hinblick auf die Benachteiligung **Behinderter** gilt das allerdings nur „unbeschadet der Verpflichtung, für Menschen mit Behinderung angemessene Vorkehrungen zu treffen", wie sie Art. 5 GbRRL statuiert (dazu näher unten, Rdn. 31). Im Rahmen der – durch den Verhältnismäßigkeitsgrundsatz begrenzten – Förderpflicht verlangt das Diskriminierungsverbot daher eine Gleichstellung. Zum Beispiel stellt die Zurückweisung eines behinderten Bewerbers daher eine Diskriminierung dar, wenn die mit der Behinderung verbundenen Einschränkungen nicht durch angemessene Vorkehrungen ausgeglichen werden.

3 Inhalt und Bedeutung der Gleichbehandlungsrahmenrichtlinie hat der EuGH mit seiner *Mangold*-Rechtsprechung[5] in Frage gestellt. Dort nahm der Gerichtshof an, die Richtlinie lege nur einen **„Rah-**

---

1 Richtlinie 2000/78/EG des Rates vom 27.11.2000 zur Festlegung eines allgemeinen Rahmens für die Verwirklichung der Gleichbehandlung in Beschäftigung und Beruf, ABl. 2000 L 303/16.

2 *Mohr*, Schutz vor Diskriminierungen im Europäischen Arbeitsrecht, S. 188–192 (teils krit. gegenüber den erhofften positiven wirtschaftlichen Auswirkungen).

3 Dazu *Fastrich*, RdA 2000, 65–81.

4 *Thüsing*, NZA 2001, 1061, 1062f.

5 EuGH v. 22.11.2005 – Rs. C-144/04 *Mangold*, EU:C:2005:709.

men" fest für die Anwendung des schon als **primärrechtlicher Allgemeiner Rechtsgrundsatz** begründeten Verbots der Altersdiskriminierung, verbiete die Altersdiskriminierung aber nicht selbst (s. bereits § 9 Rdn. 12f.). Der einzige Anknüpfungspunkt dafür liegt in der Richtlinienbezeichnung und der Formulierung des Art. 1 GbRRL, doch sprechen historische Erwägungen (z.B. BE 12 GbRRL) sowie der Wortlaut der Regelung (Art. 2 Abs. 1 GbRRL) und teleologische Argumente dafür, dass die Richtlinie **Diskriminierungsverbote** keineswegs vorausgesetzt hat, sondern **selbst statuiert.**[6] Die Entscheidung ist auch von Seiten der Generalanwälte auf Widerspruch gestoßen.[7] Der Gerichtshof hat an seiner dogmatischen Einordnung indes[8] festgehalten.[9] Seit Inkrafttreten der Grundrechtscharta stützt er das grundsätzliche Verbot auf Art. 21 GRCh.[10] Praktische Folge ist, dass das Diskriminierungsverbot nicht nur mit den – begrenzten – Richtlinienwirkungen ausgestattet ist, sondern mit den weitergehenden Wirkungen des Primärrechts. Entgegenstehendes nationales Recht muss, wenn eine richtlinienkonforme Auslegung nicht möglich ist, als primärrechtswidrig unangewendet bleiben.[11]

II. Anwendungsbereich

Der Anwendungsbereich ist ähnlich geregelt wie bei der Gleichbehandlungsrichtlinie Ethnie (§ 11).[12] 4

---

6 S. etwa *Körner*, NZA 2005, 1395, 1396f.; *Muir*, E.L. Rev. 31 (2006), 879–891; *Preis*, NZA 2006, 401, 404–406; *Rieble/Zedler*, ZfA 2006, 273, 280–282; *Riesenhuber*, ERCL 3 (2007), 62, 66–70; *Streinz/Herrmann*, RdA 2007, 165–169. A.M. *Böhm*, JZ 2008, 324–330; *Krebber*, Comp. Lab. L. & Pol'y J. 27 (2006), 377–403; *Schiek*, ILJ 35 (2006), 329–341; *Temming*, Altersdiskriminierung im Arbeitsleben, S. 393–404; *Waltermann*, FS Birk (2008), S. 916–921. GA *Jääskinen*, Schlussanträge v. 15.7.2010 – Rs. C-147/08 *Römer*, EU:C:2010:425 Rdn. 125–134; *Howard*, E.L. Rev. 36 (2011), 589–599.

7 GA *Geelhoed*, Schlussanträge v. 16.3.2006 – Rs. C-13/05 *Chacón Navas*, EU:C:2006:184 Rdn. 46–56; GA *Mazák*, Schlussanträge v. 15.2.2007 – Rs. C-411/05 *Palacios de la Villa*, EU:C:2007:106 Rdn. 79–100, 105–139; differenzierend GA *Sharpston*, Schlussanträge v. 22.5.2008 – Rs. C-427/06 *Bartsch*, EU:C:2008:297 Rdn. 28–66. *Sprenger*, EuZA 2016, 460, 463ff.

8 Entgegen einer Andeutung in EuGH v.11.7.2006 – Rs. C-13/05 *Chacón Navas*, EU:C:2006:456 Rdn. 53–57; daran anknüpfend *Riesenhuber*, FS Adomeit (2008), S. 631–644.

9 EuGH v. 11.9.2018 – Rs. C-68/17 *IR*, EU:C:2018:696 Rdn. 69; EuGH v. 17.4.2018 – Rs. C-414/16 *Egenberger*, EU:C:2018:257 Rdn. 76; EuGH v. 19.4.2016 – Rs. C-441/14 *Dansk Industri*, EU:C:2016:278 Rdn. 22ff.; EuGH v. 13.9.2011 – Rs. C-447/09 *Prigge*, EU:C:2011:573 Rdn. 38; EuGH v. 10.5.2011 – Rs. C-147/08 *Römer*, EU:C:2011:286 Rdn. 59.

10 EuGH v. 22.1.2019 – Rs. C-193/17 *Cresco Investigation*, EU:C:2019:43 Rdn. 75ff.; EuGH v. 19.1.2010 – Rs. C-555/07 *Kücükdeveci*, EU:C:2010:21 Rdn. 21f.

11 EuGH v. 22.1.2019 – Rs. C-193/17 *Cresco Investigation*, EU:C:2019:43 Rdn. 78ff.; EuGH v. 11.9.2018 – Rs. C-68/17 *IR*, EU:C:2018:696 Rdn. 70; EuGH v. 17.4.2018 – Rs. C-414/16 *Egenberger*, EU:C:2018:257 Rdn. 79; EuGH v. 19.1.2010 – Rs. C-555/07 *Kücükdeveci*, EU:C:2010:21 Rdn. 50f. Eingehende Methodenkritik bei *Wank*, RdA 2020, 1ff.

12 Zum zeitlichen Geltungsbereich EuGH v. 15.1.2019 – Rs. C-258/17 *E.B.*, EU:C:2019:17 Rdn. 49ff. (nach Ablauf der Umsetzungsfrist wiederkehrende Rechtswirkungen – Zahlung von Ruhegeld – aufgrund eines vor dem Ablauf bestandskräftig gewordenen Verwaltungsakts) und Rdn. 58ff. (Überprüfungspflicht des Mitgliedstaats bei wiederkehrenden Leistungen).

1. Persönlicher Anwendungsbereich

5 Auch hier fehlt eine explizite Regelung des persönlichen Anwendungsbereichs, doch ist wiederum davon auszugehen, dass dieser unionsautonom determiniert sein soll. Erfasst sind private Arbeitsverhältnisse ebenso wie solche im öffentlichen Dienst einschließlich der Dienstverhältnisse von Beamten und Richtern[13] (näher oben, § 11 Rdn. 2).[14] Der Gerichtshof zieht auch hier den unionsautonomen **Arbeitnehmerbegriff** von Art. 45 AEUV heran (dazu § 3 Rdn. 9ff.), der Personen umfasst, die während einer bestimmten Zeit für einen anderen nach dessen Weisung Leistungen gegen Vergütung erbringen. Arbeitnehmer kann, abhängig von den Umständen des Einzelfalls, etwa auch ein GmbH-Fremdgeschäftsführer sein,[15] der Student, der während der Semesterferien befristet tätig ist,[16] oder ein „Gelegenheitsarbeitnehmer"[17].

6 Ein **Scheinbewerber**, der nur den formalen Status als Bewerber erlangen will, mit dem einzigen Ziel, eine Entschädigung geltend zu machen, fällt nicht in den Anwendungsbereich der Richtlinie (§ 9 Rdn. 97f.).[18] Der Gerichtshof begründet das mit der Erwägung, der Scheinbewerber suche gar nicht den von der Richtlinie geschützten Zugang zur Beschäftigung, ihm entsteht daher auch kein Schaden. Unklar bleibt freilich, ob deswegen der persönliche oder sachliche Anwendungsbereich verschlossen ist. Ergänzend weist der EuGH darauf hin, dass in solchen Fällen auch der (unionsrechtliche) Rechtsmissbrauchseinwand Ansprüchen entgegenstehen könnte (dazu näher § 9 Rdn. 85). Allerdings klärt der Gerichtshof das Verhältnis beider Einschränkungen zu einander nicht. Der Rechtsmissbrauchseinwand mag dann eine Rolle spielen, wenn das mitgliedstaatliche Recht – was zulässig wäre – einen weiteren persönlichen Anwendungsbereich hat.

2. Sachlicher Anwendungsbereich

7 Der sachliche Anwendungsbereich ist, soweit es um den arbeitsrechtlichen Bereich geht,[19] ebenso bestimmt wie bei der Gleichbehandlungsrichtlinie Ethnie (§ 11 Rdn. 3).[20] Er erstreckt sich auf

---

13 EuGH v. 9.9.2015 – Rs. C-20/13 *Unland*, EU:C:2015:561 Rdn. 28.

14 *König*, FS Zuleeg (2005), S. 346.

15 Für AG-Vorstandsmitglieder (Altersgrenzen!) *Kliemt*, RdA 2015, 232ff. (grundsätzlich verneinend).

16 EuGH v. 1.10.2015 – Rs. C-432/14 *O.*, EU:C:2015:643 Rdn. 22ff.

17 EuGH v. 19.7.2017 – Rs. C-143/16 *Abercrombie & Fitch*, EU:C:2017:566 Rdn. 19ff.

18 EuGH v. 28.7.2016 – Rs. C-423/15 *Kratzer*, EU:C:2016:604 Rdn. 29ff.

19 Zum Zugang zur Berufsausbildung nach lit. b) EuGH v. 10.11.2016 – Rs. C-548/15 *de Lange*, EU:C:2016:850 (steuerlicher Vorteil zur Förderung der Berufsausbildung fällt unter lit. b)). S. i.Ü. *Skidmore*, ILJ 30 (2001), 126, 127f. und z.B. EuGH v. 12.2.2010 – Rs. C-341/08 *Peterson*, EU:C:2010:4 Rdn. 32f. (Praxis als Kassenzahnarzt).

20 S. noch *Mohr*, Schutz vor Diskriminierungen im Europäischen Arbeitsrecht, S. 214–225.

- die Bedingungen für den **Zugang zu Erwerbstätigkeit**[21] einschließlich des **beruflichen Aufstiegs** (Art. 3 Abs. 1 lit. a) GbRRL); der weit auszulegende Tatbestand umfasst auch bereits Äußerungen (tatsächlich oder anscheinend entscheidungsbefugter Personen) über die Einstellungspolitik (wie die Erklärung in einem Radiointerview, Homosexuelle in der eigenen Anwaltskanzlei weder einstellen noch beschäftigen zu wollen);[22]
- die Arbeits- und **Beschäftigungsbedingungen** (Art. 3 Abs. 1 lit. c) GbRRL); dazu rechnen z. B. eine Disziplinarstrafe oder die Kürzung von Ruhebezügen;[23]
- der **Entlassungsbedingungen**[24] (einschließlich der automatischen Beendigung im Fall der Befristung)[25] und
- des **Arbeitsentgelts** (im weiten Sinne des Art. 157 AEUV; dazu § 10 Rdn. 6 ff.)[26].

Der Gesetzgeber hat sich bei der Formulierung erkennbar an die Geschlechtsdiskriminierungs-Richtlinien (heute GDRL) angelehnt, so dass die Begriffe hier ebenso wie dort auszulegen sind (näher oben, § 10 Rdn. 35–38).

Fällt ein Sachverhalt in den Anwendungsbereich der Richtlinie, so differenziert der Gerichtshof **8** nicht immer zwischen den erfassten Einzelbereichen. So betrachtete er eine Bestimmung, die die Anerkennung der vor Beendigung des 18. Lebensjahrs erworbenen Berufserfahrung zum Zwecke der Einstufung von Vertragsbediensteten ausschließt, als eine Regelung, die „die Bedingungen für den Zugang zur Erwerbstätigkeit, die Einstellung und das Arbeitsentgelt im Sinne von Art. 3 Abs. 1 Buchst. a und c der Richtlinie 2000/78/EG regelt".[27] War die Einstufung auch potenziell für das Arbeitsentgelt von Bedeutung, so handelte es sich doch in erster Linie eine „Beschäftigungsbedingung".

---

21 EuGH v. 25.4.2013 – Rs. C-81/12 *Asociaţia Accept*, EU:C:2013:275 Rdn. 44 f. (Einstellung im Profifußball); EuGH v. 12.1.2010 – Rs. C-229/08 *Wolf*, EU:C:2010:3 Rdn. 26 f. (Einstellungshöchstalter); EuGH v. 12.2.2010 – Rs. C-341/08 *Petersen*, EU:C:2010:4 Rdn. 31 f. (Tätigkeitshöchstalter).

22 EuGH v. 23.4.2020 – Rs. C-507/18 *NH*, EU:C:2020:289 Rdn. 28 ff.

23 EuGH v. 15.1.2019 – Rs. C-258/17 *E.B.*, EU:C:2019:17 Rdn. 43 (Disziplinarstrafe, Kürzung der Ruhebezüge, Versetzung in den Ruhestand als Beschäftigungsbedingungen).

24 EuGH v. 18.11.2010 – verb. Rs. C-250/09 und C-268/09 *Georgiev*, EU:C:2010:699 Rdn. 28 ff.; EuGH v. 12.10.2010 – Rs. C-499/08 *Ingeniørforeningen i Danmark*, EU:C:2010:600 Rdn. 21; EuGH v. 11.7.2006 – Rs. C-13/05 *Chacón Navas*, EU:C:2006:456 Rdn. 36 f.

25 EuGH v. 13.9.2011 – Rs. C-447/09 *Prigge*, EU:C:2011:573, Rdn. 41.

26 EuGH v. 15.1.2019 – Rs. C-258/17 *E.B.*, EU:C:2019:17 Rdn. 44 ff.; EuGH v. 26.9.2013 – Rs. C-476/11 *HK Danmark ./. Experian*, EU:C:2013:590 Rdn. 24 ff. (Arbeitgeberbeiträge zur Altersvorsorge); EuGH v. 6.12.2012 – verb. Rs. C-124/11, C-125/11 und C-143/11 Dittrich, EU:C:2012:771 (Beihilfe); EuGH v. 18.6.2009 – Rs. C-88/08 *Hütter*, EU:C:2009:381 Rdn. 33 ff.; EuGH v. 1.4.2008 – Rs. C-267/06 *Maruko*, EU:C:2008:179 Rdn. 40–48. Nicht in den sachlichen Anwendungsbereich fällt die rechtliche Regelung der Besteuerung von Renteneinkünften; EuGH v. 2.6.2016 – Rs. C-122/15 *C.*, EU:C:2016:391.

27 EuGH v. 18.6.2009 – Rs. C-88/08 *Hütter*, EU:C:2009:381 Rdn. 35.

3. Ausnahmen und Ausnahmeoptionen

9 Im Hinblick auf das Verbot der Geschlechtsdiskriminierung hatte der Gerichtshof in einer Reihe von Fällen eine Ausnahme für den Bereich der öffentlichen Sicherheit und Ordnung erwogen, sich aber (zu Recht) außer Stande gesehen, eine entsprechende Einschränkung im Wege der Rechtsfortbildung anzuerkennen (§ 10 Rdn. 39). In der Gleichbehandlungsrahmenrichtlinie ist dieser Bereich gleich in zwei Normen berücksichtigt.

10 Eine **Ausnahmeoption** haben die Mitgliedstaaten im Hinblick auf die Diskriminierung wegen einer *Behinderung* und des *Alters* im Bereich der **Streitkräfte**, Art. 3 Abs. 4, BE 19 GbRRL.[28] Ohne eine solche Ausnahme müssen Differenzierungen wegen Alters oder Behinderung (auch) in diesem Bereich als zur Verfolgung legitimer Zwecke erforderlich gerechtfertigt werden (vgl. BE 18 GbRRL), so wie das aus dem Bereich der Geschlechtsdiskriminierung bekannt ist (Frauen im „Dienst an der Waffe"; oben, § 10 Rdn. 57). Die Ausnahmeoption ermöglicht den Mitgliedstaaten m. a. W., sich der Überprüfung von Zweck und Verhältnismäßigkeit zu entziehen.

11 Zudem lässt die Gleichbehandlungsrahmenrichtlinie einzelstaatliche Maßnahmen unberührt, „die in einer demokratischen Gesellschaft (notwendig sind) für die Gewährleistung der **öffentlichen Sicherheit** (wie die Luftsicherheit;[29] der ordnungsgemäße Ablauf von Einsätzen im Interesse der nationalen Sicherheit[30]), die Verteidigung der **Ordnung** und die Verhütung von Straftaten, zum Schutz der **Gesundheit**[31] und zum Schutz der **Rechte und Freiheiten anderer**", Art. 2 Abs. 5 GbRRL.[32] Ungeachtet ihrer äußeren systematischen Stellung im Anschluss an das Diskriminierungsverbot handelt es sich dabei um eine Ausnahme vom sachlichen Anwendungsbereich, da nicht nur eine Diskriminierung gerechtfertigt wird, sondern dieser Bereich von *der Richtlinie* unberührt bleibt.[33] Mit Rücksicht auf die nur beschränkte und nur als Option gestaltete Ausnahme für Streitkräfte (s. soeben Rdn. 10) einerseits und mit Rücksicht auf die durch eine tätigkeitsbezogene Verhältnismäßigkeitsprüfung eingeschränkte Rechtfertigungsmöglichkeit des Art. 4 Abs. 1 GbRRL andererseits ist diese Ausnahme **eng auszulegen.**[34] Auf diese Ausnahme können beispielsweise Al-

---

28 *König*, FS Zuleeg (2005), S. 349.

29 EuGH v. 13.9.2011 – Rs. C-447/09 *Prigge*, EU:C:2011:573 Rdn. 58.

30 EuGH v. 7.11.2019 – Rs. C-396/18 *Cafaro*, EU:C:2019:929 Rdn. 48.

31 EuGH v. 12.2.2010 – Rs. C-341/08 *Petersen*, EU:C:2010:4 Rdn. 49 ff.

32 Näher *König*, FS Zuleeg (2005), S. 347 f. Krit. *Skidmore*, ILJ 2001, 126, 129 f.

33 Die Ansicht des Gerichtshofs bleibt unklar in EuGH v. 12.2.2010 – Rs. C-341/08 *Petersen*, EU:C:2010:4 Rdn. 47 ff.: Eine (diskriminierende) Altersgrenze erörternd, berücksichtigt er im Rahmen der Rechtfertigung sowohl Art. 6 Abs. 1 als auch Art. 2 Abs. 5.

34 EuGH v. 13.9.2011 – Rs. C-447/09 *Prigge*, EU:C:2011:573 Rdn. 56; EuGH v. 12.2.2010 – Rs. C-341/08 *Petersen*, EU:C:2010:4 Rdn. 60.

tersgrenzen für Polizei, Justizvollzug, Flugsicherheit[35] oder, im Gesundheitsbereich, Ärzte gestützt werden. Zu den schutzfähigen „Rechten und Freiheiten anderer" gehören insbesondere Grundrechte wie die Religionsfreiheit.[36] Auch hier findet allerdings eine Verhältnismäßigkeitsprüfung statt („notwendig"),[37] in deren Rahmen namentlich auch die Kohärenz einer Maßnahme überprüft wird. Zu beachten ist, dass die Option lediglich *einzelstaatliche Maßnahmen* betrifft, also nur den Mitgliedstaaten zu Gebote steht und keine Rechtfertigungsmöglichkeit für private Arbeitgeber ist. Die Mitgliedstaaten können aber die Sozialpartner ermächtigen, entsprechende Maßnahmen in Tarifverträgen vorzusehen. Doch muss die entsprechende Ermächtigungsnorm hinreichend genau sein und sicherstellen, dass die Voraussetzungen von Art. 5 Abs. 2 GbRRL beachtet werden.[38]

Eine gute Illustration ist die Überprüfung der **Altersgrenze für Vertragszahnärzte**, die der EuGH in Erwägung verschiedener möglicher Zwecke vorgenommen hat.[39] Unter Art. 2 Abs. 5 GbRRL hat er die Zwecke (1) Schutz des finanziellen Gleichgewichts des innerstaatlichen Gesundheitssystems sowie (2) Schutz von Patienten gewürdigt. Die Verhältnismäßigkeit zum Schutz der Patientengesundheit hat der Gerichtshof jedoch deswegen verneint, weil die Altersgrenze nur für Zahnärzte im Vertragszahnärztesystem galt, aber nicht allgemein (mangelnde Kohärenz). Den Zweck (3) Verteilung der Berufschancen zwischen den Generationen hat er unter Art. 6 GbRRL gewürdigt (dazu Rdn. 48). 12

Ausgenommen vom sachlichen Anwendungsbereich sind schließlich die Vorschriften und Bedingungen über die **Einreise** in das und den **Aufenthalt** im Hoheitsgebiet der Mitgliedstaaten, zum anderen die Leistungen jeder Art seitens der staatlichen **Systeme der sozialen Sicherheit** oder des sozialen Schutzes, Art. 3 Abs. 2 und 3 GbRRL.[40] Teleologisch ist diese Ausnahme zweifelhaft, wenn man die Diskriminierungsverbote grundrechtlich fundiert (oben, Rdn. 1).[41] 13

Für **kleine und mittlere Unternehmen** gibt es *keine* Ausnahme vom sachlichen Anwendungsbereich.[42] Allerdings können ihre Interessen im Rahmen der „angemessenen Vorkehrungen" berücksichtigt werden (unten, Rdn. 38). Wenn nach BE 14 „**Altersgrenzen** für den Eintritt in den Ruhestand" von der Richtlinie unberührt bleiben, so ist damit nur die Abgrenzung von sozialrechtlichen Altersgrenzen gemeint. Eine Ausnahme vom Anwendungsbereich kann sich daraus schon deswegen nicht ergeben, weil der verfügende Teil der Richtlinie dafür keinen Anhaltspunkt bietet.[43] 14

---

35 EuGH v. 13.9.2011 – Rs. C-447/09 *Prigge*, EU:C:2011:573 Rdn. 57ff.; EuGH v. 5.7.2017 – Rs. C-190/16 *Fries*, EU:C:2017:513 Rdn. 42. *König*, FS Zuleeg (2005), S. 347f.; *Schlachter*, GS Blomeyer (2004), S. 356.

36 EuGH v. 22.1.2019 – Rs. C-193/17 *Cresco Investigation*, EU:C:2019:43 Rdn. 52ff.

37 EuGH v. 13.9.2011 – Rs. C-447/09 *Prigge*, EU:C:2011:573 Rdn. 55. *König*, FS Zuleeg (2005), S. 348.

38 EuGH v. 13.9.2011 – Rs. C-447/09 *Prigge*, EU:C:2011:573 Rdn. 59ff. Im konkreten Fall verneint das Gericht freilich nur die Verhältnismäßigkeit und prüft nicht, ob das deutsche Recht die erforderliche Ermächtigung enthielt.

39 EuGH v. 12.2.2010 – Rs. C-341/08 *Petersen*, EU:C:2010:4.

40 Zu Art. 3 Abs. 3 GbRRL EuGH v. 10.5.2011 – Rs. C-147/08 *Römer*, EU:C:2011:286 Rdn. 29ff.

41 Sehr krit. *Skidmore*, ILJ 30 (2001), 126, 127f.

42 Anders z.B. nach US-amerikanischem Recht (ADEA); s. nur *Birk*, Liber amicorum Siehr (2000), S. 49; *Wiedemann/Thüsing*, NZA 2002, 1234, 1236.

43 EuGH v. 16.10.2007 – Rs. C-411/05 *Palacios de la Villa*, EU:C:2007:604 Rdn. 44–47; EuGH v. 5.3. 2009 – Rs. C-388/07 *Age Concern England*, EU:C:2009:128 Rdn. 25; *Kocher*, RdA 2008, 238, 239. A.M GA *Mazák*, Schlussanträge v. 15.2.2007 – Rs. C-411/05 *Palacios de la Villa*, EU:C:2007:106 Rdn. 51–67.

III. Diskriminierungsverbot

1. Abschließende Aufzählung von Differenzierungsmerkmalen

15 Die Rahmenrichtlinie verbietet die unmittelbare und die mittelbare Diskriminierung aufgrund von Religion oder der Weltanschauung, Behinderung, Alter sowie sexuelle Ausrichtung, Art. 1 GbRRL, Belästigung und Anweisung zur Diskriminierung sind der Diskriminierung gleichgestellt; Art. 2 GbRRL (s. schon oben, § 9 Rdn. 41). Die verbotenen Differenzierungsmerkmale sind von der Richtlinie nicht näher definiert, doch verweist sie dafür auch nicht auf das mitgliedstaatliche Recht. Mit Rücksicht auf den Zweck der Richtlinie sind sie **unionsautonom auszulegen**.[44]

16 Die Aufzählung von Art. 1 GbRRL ist abschließend.[45] Zwar hat der Europäische Gerichtshof angenommen, die Richtlinie statuiere das Diskriminierungsverbot nicht selbst, sondern konkretisiere lediglich ein bereits primärrechtlich zunächst als Allgemeiner Rechtsgrundsatz und heute über Art. 21 GRCh begründetes Diskriminierungsverbot (oben, Rdn. 3). Ungeachtet dessen hat er sich außer Stande gesehen, über den Katalog von Art. 1 GbRRL hinaus weitere Diskriminierungsverbote zu begründen. Näher dazu § 9 Rdn. 27 ff.

17 Im Folgenden erörtern wir zunächst (2.) die einzelnen verbotenen Differenzierungsgründe sowie merkmalsspezifische Regelungen und anschließend (3.) die allgemeine Rechtfertigungsoption wegen beruflicher Anforderungen.

2. Verbotene Differenzierungsmerkmale und merkmalsspezifische Regelungen

a) Religion und Weltanschauung

aa) Das verbotene Differenzierungsmerkmal

18 **Religion** ist der Glaube und sein Bekenntnis.[46] Auf die inhaltliche Ausgestaltung kommt es nicht an, auch nicht auf die Zugehörigkeit zu einer Glaubensgemeinschaft oder Kirche oder deren Organisation. Religion ist zwar nicht auch die Negation des Glaubens (Atheismus), die aber eine Weltanschauung darstellen kann. Ungeachtet

---

44 So für den Begriff der Behinderung EuGH v. 11.7.2006 – Rs. C-13/05 *Chacón Navas*, EU:C:2006:456 Rdn. 40–42.

45 EuGH v. 8.10.2020 – Rs. C-644/19 *Universitatea "Lucian Blaga" Sibiu u. a.*, EU:C:2020:810 (Lehrkräfte, die nicht den Status eines Dissertationsbetreuers haben); EuGH v. 9.3.2017 – Rs. C-406/15 *Milkova*, EU:C:2017:198 Rdn. 44 (Beamte); EuGH v. 18.12.2014 – Rs. C-354/13 *FOA*, EU:C:2014:2463 Rdn. 31 ff. (Adipositas); EuGH v. 7.7.2011 – Rs. C-310/10 *Agafiţei*, EU:C:2011:467 Rdn. 34 f. (Berufskategorie; Arbeitsort); EuGH v. 11.7.2006 – Rs. C-13/05 *Chacon Navas*, EU:C:2006:456 Rdn. 44, 56 (Krankheit).

46 Eine nähere Konturierung unternimmt MünchKommBGB/*Thüsing*, § 1 AGG Rdn. 27–32. S. ferner *ders.*, ZfA 2001, 397, 405; *Mohr*, Schutz vor Diskriminierungen im Europäischen Arbeitsrecht, S. 201; BAGE 79, 319, 338.

dessen kann die Benachteiligung eines Bewerbers oder Arbeitnehmers, der nicht einer bestimmten Religion oder Konfession angehört, eine Ungleichbehandlung wegen der Religion liegen.[47] Verboten ist also etwa die Diskriminierung von Christen, Juden, Muslimen, Buddhisten, Hindus. Religion umfasst dabei sowohl das *forum internum*, d. h. den Umstand, Überzeugungen zu haben, als auch das *forum externum*, d. h. die Bekundung des religiösen Glaubens in der Öffentlichkeit.[48] Ob auch Sekten Religion in diesem Sinne darstellen, ist umstritten;[49] praktische Bedeutung hat das insbesondere für „Scientology". Eine Beschränkung auf die hergebrachten Religionen ist vom Wortlaut her gerechtfertigt, der Sekten nicht umfasst. Dagegen spricht indes der Zweck der Diskriminierungsverbote. Sieht man Sekten nicht als Religion an, so dürften sie im Übrigen als Weltanschauung anzusehen sein.[50] Im praktischen Ergebnis bedeutet das, dass man beispielsweise die Frage nach der Zugehörigkeit zu „Scientology" als unmittelbare Diskriminierung unter Art. 4 GbRRL sachlich rechtfertigen muss.

Eine unmittelbare Diskriminierung wegen der Religion liegt in der Beschränkung einer feiertags- **19**
bedingten Freistellung am **Karfreitag** und eines entsprechenden Feiertagszuschlags auf Christen.[51]

Da die Religion auch die Bekundung des Glaubens in der Öffentlichkeit umfasst, **20**
können betriebliche **Bekleidungsregeln** eine Diskriminierung darstellen. Eine unmittelbare Diskriminierung liegt darin nach der Entscheidung *Achbita*[52] dann nicht, wenn der Arbeitgeber – was ihm im Rahmen der unternehmerischen Freiheit (Art. 16 GRCh) frei steht –[53] von den Arbeitnehmern in allgemeiner Weise eine Neutralität in politischer, philosophischer oder religiöser Hinsicht verlangt.[54] Eine solche Regel kann allerdings eine mittelbare Diskriminierung darstellen, wenn sie – z. B. durch das daraus folgende **Kopftuchverbot** – ungeachtet ihrer neutralen Fassung Personen mit einer bestimmten Religion – z. B. Muslime – in besonderer Weise benachteiligt. Dann kommt es auf die Verhältnismäßigkeit der Regeln an. Dabei ist das Neutralitätsanliegen als unternehmerische Entscheidung ein legitimes Ziel. Für die Geeignetheit ist er-

---

47 EuGH v. 17.4.2018 – Rs. C-414/16 *Egenberger*, EU:C:2018:257 Rdn. 43.

48 EuGH v. 22.1.2019 – Rs. C-193/17 *Cresco Investigation*, EU:C:2019:43 Rdn. 58; EuGH v. 14.3.2017 – Rs. C-188/15 *Bougnaoui*, EU:C:2017:204 Rdn. 30; EuGH v. 14.3.2017 – Rs. C-157/15 *Achbita*, EU:C:2017:203 Rdn. 28.

49 Abl. EuArbRK/*Mohr*, Art. 1 RL 2000/78/EG Rdn. 19; unentschieden *Thüsing*, ZfA 2001, 397, 405 (unter Hinweis auf unterschiedliche nationale Bewertungen).

50 A. A. EuArbRK/*Mohr*, Art. 1 RL 2000/78/EG Rdn. 25 f.

51 EuGH v. 22.1.2019 – Rs. C-193/17 *Cresco Investigation*, EU:C:2019:43 Rdn. 39 f.

52 EuGH v. 14.3.2017 – Rs. C-157/15 *Achbita*, EU:C:2017:203 Rdn. 29 ff.

53 Insoweit krit. *Berka*, EuZA 2017, 465, 480 ff., sowie *Mangold/Payandeh*, EuR 2017, 700 ff., die einen Ausgleich mit der Religionsfreiheit der Arbeitnehmer anmahnen.

54 Zust. *Hartmeier*, EuZA 2017, 545 ff. Krit. *Hambler*, ILJ 47 (2018), 149, 160; *Sagan*, EuZW 2017, 457, 459. Weiterführend *Sprenger*, EuZA 2017, 352 ff. Zur Rechtsprechung des EGMR *Kucsko-Stadlmayer*, RdA 2019, 197 ff.; zu den unterschiedlichen Prüfungsansätze des EuGH und der deutschen Gerichte C. *Meyer*, EuZA 2020, 206 ff.; Schlachter/Heinig/*Krebber*, § 2 Rdn. 12; weiterführend, *Schlachter*, EuZA 2018, 173 ff. (Freiheitsrechte in die Abwägung einbeziehend).

forderlich, dass die Regel systematisch und kohärent angewendet wird. Im Rahmen der Erforderlichkeit (kein milderes Mittel) kommt es darauf an, ob die Regel, ihrer Zweckrichtung auf die Außendarstellung entsprechend, auf Mitarbeiter mit Kundenkontakt beschränkt ist.

21 **Weltanschauung** ist die Gesamtheit der Anschauungen, die die Welt und die Stellung des Menschen in der Welt betreffen.[55] Der Gesetzgeber hat die Weltanschauung sprachlich in besonderen Zusammenhang mit der Religion gestellt (der bei den übrigen Diskriminierungsmerkmalen fehlt; s. a. Art. 4 Abs. 2 UAbs. 1) und darin zum Ausdruck gebracht, dass diese Kriterien materiell gleichwertig zu verstehen sind. Weltanschauung setzt daher ebenso wie Religion eine gewisse Geschlossenheit der Anschauungen und eine daraus gezogene Sinngebung für das Leben voraus.[56]

22 Vor allem im Hinblick auf Religion und Weltanschauung kann der (schon aus der GbEthnieRL bekannte; § 11 Rdn. 6) Vorbehalt Bedeutung entfalten, dass die Richtlinie die unterschiedlichen Behandlungen aus Gründen der **Staatsangehörigkeit** nicht betrifft, Art. 3 Abs. 2 GbRRL.

bb) Religion oder Weltanschauung als (optionale) berufliche Anforderung

23 In engen Grenzen kann das mitgliedstaatliche Recht eine Diskriminierung wegen der Religion oder der Weltanschauung **rechtfertigen**, und zwar auf zwei Ebenen. Zum einen kann die Religion oder Weltanschauung als wesentliche berufliche Anforderung für die Tätigkeit bei einer religiösen bzw. weltanschaulichen Organisation[57] definiert werden, Art. 4 Abs. 2 UAbs. 1 GbRRL. Zum anderen – darüber hinausgehend – können diese Organisationen von ihren Arbeitnehmern loyales Verhalten verlangen, Art. 4 Abs. 2 UAbs. 2 GbRRL. Die Vorschriften sollen dem anerkannten Recht auf **Autonomie der Kirchen** und anderer Organisationen Rechnung tragen, deren Ethos auf Religion oder Weltanschauung beruht, und dieses mit der grundrechtlichen Religions- oder Weltanschauungsfreiheit des Arbeitnehmers oder Bewerbers ausgleichen.[58]

24 Nach mitgliedstaatlichem Recht kann eine Ungleichbehandlung wegen Religion oder Weltanschauung gerechtfertigt[59] sein, soweit es um eine berufliche Tätigkeit innerhalb von Kirchen oder andere öffentliche oder private Organisationen geht, deren Ethos auf religiösen Grundsätzen oder Weltanschauungen beruht (im Folgenden:

55 Duden, Deutsches Universalwörterbuch (4. Aufl. 2001). Eine nähere Konturierung unternimmt MünchKommBGB/*Thüsing*, § 1 AGG Rdn. 34–39.

56 So für Art. 4 GG *Jarass/Pieroth*, Grundgesetz (16. Aufl. 2020), Art. 4 GG Rdn. 8.

57 Auf die Rechtsform kommt es nicht an; EuGH v. 11.9.2018 Rs. C-68/17 *IR*, EU:C:2018:696 Rdn. 40.

58 EuGH v. 17.4.2018 – Rs. C-414/16 *Egenberger*, EU:C:2018:257 Rdn. 50f. S.a. *Malorny*, EuZA 2019, 441ff.

59 Art. 4 Abs. 2 UAbs. 1 GbRRL ist zwar als Ausnahme vom Diskriminierungsverbot formuliert („keine Diskriminierung darstellt"), enthält der Sache nach aber einen besonderen Rechtfertigungsgrund, wie die systematische Stellung nach und die inhaltliche Bezugnahme auf Abs. 1 der Vorschrift ausweist.

„religiöse oder weltanschauliche Organisationen“).[60] Sachliche Voraussetzung der Rechtfertigung ist, dass die Religion oder Weltanschauung des Betroffenen mit Rücksicht auf das Ethos der Organisation nach der Art der Tätigkeiten oder der Umstände ihrer Ausübung eine wesentliche, rechtmäßige und gerechtfertigte **berufliche Anforderung** darstellt. Die Formulierung verweist auf den allgemeinen Rechtfertigungstatbestand von Art. 4 Abs. 1 GbRRL. In der Sache bedeutet sie, dass Religion oder Weltanschauung für religiöse und weltanschauliche Organisationen stets eine Berufsanforderung sein kann, die einem *legitimen Zweck* dient. Indes muss der Arbeitgeber auch hier die Anforderung im Hinblick auf eine bestimmte Tätigkeit konkret und spezifisch begründen[61] und erfolgt auch hier eine Verhältnismäßigkeitsprüfung.[62] Die Rechtfertigung – legitimer Zweck und Verhältnismäßigkeit – unterliegen der gerichtlichen Kontrolle, die insbesondere auch nicht unter Berufung auf das Selbstbestimmungsrecht der Kirche ausgeschlossen ist.[63]

Für die Rechtfertigung muss der Arbeitgeber einen objektiv überprüfbaren Zusammenhang zwischen den Anforderungen und der Tätigkeit darlegen, der sich entweder aus der Art der Tätigkeit oder den Umständen ihrer Ausübung ergibt. Ein **Tätigkeitsbezug** kann z.B. darin liegen, dass diese „mit der Mitwirkung an der Bestimmung des Ethos der betreffenden Kirche oder Organisation oder einem Beitrag zu deren Verkündigungsauftrag verbunden ist“. Ein Umstandsbezug kann sich z.B. ergeben aus „der Notwendigkeit, für eine glaubwürdige Vertretung der Kirche oder Organisation nach außen zu sorgen“.[64] Die weiteren Erfordernisse, dass die Anforderung „wesentlich, rechtmäßig und gerechtfertigt“ sein muss, hat der EuGH wie folgt näher konkretisiert:[65] 25

– **„Wesentlich“** bedeutet, „dass (...) die Zugehörigkeit zu der Religion bzw. das Bekenntnis zu der Weltanschauung, auf der das Ethos der betreffenden Kirche oder Organisation beruht, aufgrund der Bedeutung der betreffenden beruflichen Tätigkeit für die Bekundung dieses Ethos oder die Ausübung des Rechts dieser Kirche oder Organisation auf Autonomie notwendig erscheinen muss“.

60 Dazu, welche Organisationen geschützt sind, s. *Plum*, Tendenzschutz im europäischen Arbeitsrecht (2011), S. 216 ff. Der Begriff der Organisationen ist, wie der Unterbegriff der Kirche ausweist, institutionell und eng zu verstehen, sonstige Einzelunternehmen können sich nur auf Art. 4 GbEthnieRL berufen; rechtspolitisch krit. *Rohe*, GS Blomeyer (2004), S. 227 f. (Einbeziehung eines Restaurants oder Lebensmittelgeschäfts).

61 *Deinert*, EuZA 2009, 332 ff; *Joussen*, RdA 2003, 32, 36 f. (der aber wohl – zu weitgehend – annimmt, es sei gerichtlich nicht nachprüfbar Sache der Kirchen zu bestimmen, welche „Arten von Tätigkeiten“ das Differenzierungskriterium rechtfertigen).

62 Ebenso *Reichold*, NZA 2001, 1054, 1059 f.

63 EuGH v. 17.4.2018 – Rs. C-414/16 *Egenberger*, EU:C:2018:257 Rdn. 53 ff. m.Bespr.v. *Joussen*, EuZA 2018, 421 ff.; *Junker*, NJW 2018, 1850 ff.; *Thüsing/Mathy*, RIW 2018, 559 ff.

64 EuGH v. 17.4.2018 – Rs. C-414/16 *Egenberger*, EU:C:2018:257 Rdn. 63.

65 EuGH v. 17.4.2018 – Rs. C-414/16 *Egenberger*, EU:C:2018:257 Rdn. 64 ff.

- Das Merkmal **„rechtmäßig“** soll sicherstellen, dass die Anforderung nicht zur Verfolgung sachfremder Ziele verwendet wird.
- **„Gerechtfertigt“** bezeichnet nicht nur einen Hinweis auf die Gerichtskontrolle, sondern auch auf die Darlegungslast der Kirche oder Organisation, die dartun muss, dass eine Beeinträchtigung ihrer Autonomie wahrscheinlich und erheblich und die Anforderung tatsächlich notwendig ist.

Zu den „Grundsätzen des Gemeinschaftsrechts“, auf die UAbs. 1 S. 2 Bezug nimmt, gehört schließlich die Verhältnismäßigkeit, die auch hier zu wahren ist.[66]

26 Die Rechtfertigung nach Art. 4 Abs. 2 UAbs. 1 S. 1 GbRRL betrifft nur die Differenzierung wegen Religion oder Weltanschauung „und rechtfertigt keine **Diskriminierung aus einem anderen Grund**“ (S. 2), etwa der sexuellen Orientierung. Dann stellt sich die Frage, was gilt, wenn die Grundsätze der Religion oder Weltanschauung gebieten, auch andere von der Richtlinie verbotene Differenzierungsgründe zu beachten, also etwa die sexuelle Ausrichtung. Dem Zweck der Ausnahme entsprechend muss auch das zulässig sein, denn sonst würde man die Religion oder Weltanschauung selbst einer weitgehenden inhaltlichen Kontrolle unterziehen.[67]

27 Weitere Einschränkungen ergeben sich daraus, dass dieser Rechtfertigungsgrund **nur beibehalten**, nicht aber neu eingeführt werden darf: Nur Mitgliedstaaten, deren Rechtsvorschriften oder -praxis eine entsprechende Rechtfertigung bereits bei Annahme der Richtlinie vorsahen, können von der Umsetzungsoption Gebrauch machen. Nur selbstverständlich ist hingegen, dass die damit im Ergebnis zugelassene Ungleichbehandlung sonstigen mitgliedstaatlich-verfassungsrechtlichen sowie gemeinschaftsrechtlichen Anforderungen genügen muss (Art. 4 Abs. 2 UAbs. 1 S. 2 GbRRL).

28 Eine unmittelbare oder mittelbare Diskriminierung wegen der Religion oder Weltanschauung kann auch vorliegen, wenn ein Arbeitgeber von seinem Arbeitnehmer verlangt, sich gegenüber einer Religion oder Weltanschauung loyal zu verhalten und ihn z. B. wegen Illoyalität abmahnt oder ihm kündigt. Kirchen und gleichgestellten Organisationen (oben, Rdn. 18) soll das gleichwohl ermöglicht werden. Sie können als Arbeitgeber verlangen, dass sich ihre Arbeitnehmer „loyal und aufrichtig im Sinne des Ethos der Organisation verhalten“, Art. 4 Abs. 2 UAbs. 2 GbRRL. Die Vorschrift ergänzt jene von Unterabsatz 1 und bedeutet, dass zu den **beruflichen Anforderungen** auch die gehören kann, sich loyal zu verhalten. Ebenso wie der Rechtfertigungstatbestand von Unterabsatz 1 (oben, Rdn. 23) unterliegt daher auch jener von Unterabsatz 2 der gerichtlichen Kontrolle.[68] Auch die Loyalitätsanforderung erfordert einen Bezug zur Tätigkeit oder den Umständen ihrer Ausübung und muss im Hinblick darauf „wesentlich, rechtmäßig und gerechtfertigt“ sein (oben, Rdn. 25). Und schließlich ist wiederum der Verhältnismäßigkeitsgrundsatz zu beachten.[69]

---

66 EuGH v. 17.4.2018 – Rs. C-414/16 *Egenberger*, EU:C:2018:257 Rdn. 68.

67 *Joussen*, RdA 2003, 32, 36–38; *Mohr*, Schutz vor Diskriminierungen im Europäischen Arbeitsrecht, S. 203; enger *Belling*, NZA 2004, 885, 886 f.; *Vickers*, ILJ 32 (2003), 31 f.; *Plum*, Tendenzschutz im europäischen Arbeitsrecht, S. 235 ff.

68 EuGH v. 11.9.2018 – Rs. C-68/17 *IR*, EU:C:2018:696 Rdn. 43 ff. Dazu *Thüsing/Mathy*, BB 2018, 2805 ff.

69 EuGH v. 11.9.2018 – Rs. C-68/17 *IR*, EU:C:2018:696 Rdn. 54.

Für die Tätigkeit des **Chefarztes** eines Krankenhauses erschien dem EuGH – der freilich insoweit nur dem allein entscheidungsbefugten nationalen Gericht Hinweise gab – die **Akzeptanz des katholischen Eheverständnisses** nicht notwendig. Er hat dies auch daraus abgeleitet, dass ähnliche Stellen auch nicht-katholischen Beschäftigten anvertraut wurden. Zudem hatte er Zweifel, ob der Krankenhausträger seinen Darlegungserfordernissen („gerechtfertigt"; Rdn. 25) genügt und dargetan hat, dass die Gefahr einer Beeinträchtigung seines Ethos oder seiner Autonomie wahrscheinlich und erheblich ist. 29

b) Behinderung

aa) Das verbotene Differenzierungsmerkmal

Behinderung ist eine Beeinträchtigung aufgrund einer körperlichen, geistigen oder seelischen Schädigung. Besonders hier bereiten die Definition im Einzelnen und die Grenzziehung Schwierigkeiten.[70] Das liegt auch daran, dass es neben der körperlichen, geistigen oder seelischen Schädigung auf die Beeinträchtigung ankommt, deren Beurteilung von der sich ständig wandelnden gesellschaftlichen Wahrnehmung mitbestimmt ist. Der **Gerichtshof** hat den **Begriff der Behinderung** – völkerrechtsfreundlich in Anlehnung an VN-Übereinkommen über die Rechte von Menschen mit Behinderung[71] – dahin ausgelegt, „dass er eine Einschränkung von Fähigkeiten erfasst, die u. a. auf langfristige physische, geistige oder psychische Beeinträchtigungen zurückzuführen ist, die den Betreffenden in Wechselwirkung mit verschiedenen Barrieren an der vollen und wirksamen Teilhabe am Berufsleben unter Gleichstellung mit den übrigen Arbeitnehmern hindern können".[72] Die Beeinträchtigung muss, wie sich aus dem VN-Übereinkommen ergibt und worauf Art. 5 und BE 16 GbRRL hindeuten, **langfristig** sein, wenn auch nicht notwendig dauerhaft; auch eine heilbare Beeinträchtigung kann zur Behinderung führen.[73] Für die Bestimmung ist kein fester Zeitraum anzulegen. Nach der Rechtsprechung des EuGH ist das Merkmal der Langfristigkeit erfüllt, wenn ein kurzfristiges Ende der Beeinträchtigung nicht genau absehbar ist 30

---

70 Zur Disparität nationaler Behinderungsbegriffe *Hosking*, E.L. Rev. 31 (2006), 667; 680 f.; *Thüsing*, ZfA 2001, 397, 401 f.

71 Mit dem Beschluss 2010/48/EG des Rates vom 26.11.2009 (ABl. 2010, L 23, S. 35) im Namen der Europäischen Gemeinschaft genehmigt.

72 EuGH v. 11.9.2019 – Rs. C-397/18 *Nobel Plastiques Ibérica*, EU:C:2019:703 Rdn. 41; EuGH v. 18.1. 2018 – Rs. C-270/16 *Ruíz Conejero*, EU:C:2018:17 Rdn. 28; EuGH v. 1.12.2016 – Rs. C-395/15 *Daouidi*, EU:C:2016:917 Rdn. 42 f.; EuGH v. 18.12.2014 – Rs. C-354/13 *FOA*, EU:C:2014:2463 Rdn. 53 f.; EuGH v. 18.3.2014 – Rs. C-363/12 *Z.*, EU:C:2014:159 Rdn. 76 f.; EuGH v. 11.4.2013 – verb. Rs. C-335/11, C-337/11 *HK Danmark*, EU:C:2013:222 Rdn. 38 ff.; EuGH v. 22.5.2014 – Rs. C-356/12 *Glatzel*, EU:C:2014:350 Rdn. 45. Anders noch EuGH v. 11.7.2006 – Rs. C-13/05 *Chacón Navas*, EU:C:2006:456 Rdn. 43.

73 Dazu näher EuGH v. 1.12.2016 – Rs. C-395/15 *Daouidi*, EU:C:2016:917 Rdn. 48 ff. (vorübergehende Arbeitsunfähigkeit auf unbestimmte Zeit). Zum Erfordernis allgemein EuGH v. 11.4.2013 – verb. Rs. C-335/11 und C-337/11 *HK Danmark*, EU:C:2013:222 Rdn. 39. Ebenso schon EuGH v. 11.7.2006 – Rs. C-13/05 *Chacón Navas*, EU:C:2006:456 Rdn. 45.

oder sich diese bis zur Genesung noch erheblich hinziehen kann.[74] Behinderung umfasst nur die *Beeinträchtigung* der Ausübung einer beruflichen Tätigkeit, nicht die *Unmöglichkeit;* darunter fallen daher auch Menschen, die zwar grundsätzlich in der Lage sind zu arbeiten, aber nur teilzeitweise.[75] Die Beeinträchtigung ist zudem im Vergleich mit der Normalsituation des betreffenden Alters zu bewerten. Für das Alter selbst sieht die Richtlinie ein eigenes Diskriminierungsverbot vor (unten, Rdn. 41ff.). Das Nachlassen der Kräfte des älteren Menschen ist keine Behinderung. Auf die **Ursache** kommt es nicht an. Neben angeborenen und unfallbedingten Behinderungen werden davon auch krankheitsbedingte Behinderungen erfasst. Irrelevant ist auch, ob die Beeinträchtigung unverschuldet ist oder der Betroffene selbst dazu beigetragen hat.[76]

31 Ungeachtet dessen bleibt die **Grenzziehung** schwierig. Das gilt besonders für Schädigungen, die graduell unterschiedlich ausfallen, wie etwa Schwerhörigkeit, Sehschwächen oder Fettleibigkeit. Praktische Bedeutung hat die Abgrenzung des Behindertenbegriffs vor allem deshalb, weil die Richtlinie im Hinblick auf Behinderte nicht nur (negativ) ein Diskriminierungsverbot vorschreibt, sondern in Art. 5 GbRRL (positiv) „angemessene Vorkehrungen" zur Gewährleistung der Gleichbehandlung verlangt. In den genannten Fällen kommt es auf eine Einzelfallbetrachtung an. Ähnlich wie bei der Konkretisierung von Generalklauseln[77] ist auch hier die **Kontrollkompetenz zu verteilen**: Der EuGH überwacht nur den Begriffsrahmen, während die Anwendung im Einzelfall der Beurteilung der nationalen Gerichte unterliegt.[78]

32 **Krankheit** ist sprachlich wie teleologisch nicht mit der Behinderung gleichzusetzen. Die Beeinträchtigung der (physischen, geistigen, psychischen) Gesundheit ist nur ein Tatbestandsmerkmal der Behinderung, nicht aber als solche eine Behinderung.[79] Hinzukommen müssen zum einen das Zeitmerkmal (gewisse Dauer) und zum anderen das Merkmal der Beeinträchtigung (Rdn. 30). Keine Behinderung hat der Gerichtshof gesehen in einer Fehlbildung, infolge deren eine Frau, obwohl sie über gesunde Eierstöcke verfügt und fruchtbar ist, keine Gebärmutter hat und deshalb **nicht schwanger werden kann**. Liegt darin auch eine Einschränkung, die u.a. auf physische, geistige oder psychische Beeinträchtigungen zurückzuführen und von Dauer ist, so beeinträchtigt diese die Frau doch nicht an der vollen und wirksamen

74 EuGH v. 11.9.2019 – Rs. C-397/18 *Nobel Plastiques Ibérica*, EU:C:2019:703 Rdn. 45.

75 EuGH v. 11.9.2019 – Rs. C-397/18 *Nobel Plastiques Ibérica*, EU:C:2019:703 Rdn. 43; EuGH v. 11.4.2013 – verb. Rs. C-335/11 und C-337/11 *HK Danmark*, EU:C:2013:222 Rdn. 44.

76 EuGH v. 11.9.2019 – Rs. C-397/18 *Nobel Plastiques Ibérica*, EU:C:2019:703 Rdn. 42; EuGH v. 18.12.2014 – Rs. C-354/13 *FOA*, EU:C:2014:2463 Rdn. 56.

77 Zur AGB-Richtlinie EuGH v. 1.4.2004 – Rs. C-237/02 *Freiburger Kommunalbauten*, EU:C:2004:209; dazu *Riesenhuber*, EU-Vertragsrecht, Rdn. 63.

78 Ähnlich GA *Geelhoed*, Schlussanträge v. 16.3.2006 – Rs. C-13/05 *Chacón Navas*, EU:C:2006:184 Rdn. 67; *Domröse*, NZA 2006, 1320f. („gemeinschaftsrechtlicher Rahmenbegriff").

79 EuGH v. 11.7.2006 – Rs. C-13/05 *Chacón Navas*, EU:C:2006:456 Rdn. 44–46 mit insoweit zust. Anm. v. *Reichold/Heinrich*, JZ 2007, 196, 197; auch schon GA *Geelhoed*, Schlussanträge v. 16.3.2006 – Rs. C-13/05 *Chacón Navas*, EU:C:2006:184 Rdn. 78–80. *Domröse*, NZA 2006, 1320, 1321f.

Teilhabe am Berufsleben.[80] Auch **Adipositas** (Körpermasse-Index [*body mass index*, BMI] > 30 kg/m²]) ist als solche keine Behinderung, da sie nicht zwangsläufig zu einer Beeinträchtigung der Teilhabe am Berufsleben führt.[81] Nur soweit sie im Einzelfall zu einer solchen Beeinträchtigung führt, kann sie eine Behinderung darstellen.[82]

Wie sich aus Art. 5 und 7 Abs. 2 GbRRL ergibt, hatte der Gesetzgeber primär den Schutz *behinderter Arbeitnehmer* im Auge. Der EuGH hat, darüber hinausgehend, aber auch die Benachteiligung eines nicht-behinderten Arbeitnehmers **wegen einer Behinderung seines Kindes** als vom Diskriminierungsverbot erfasst angesehen (s. a. § 9 Rdn. 35).[83] Zur Begründung hat er sich auf die sozialpolitischen Regelungsziele und den *effet utile* berufen. Dies bietet Betreuern von behinderten Menschen einen reflexiven Schutz.[84] 33

bb) Unmittelbare und mittelbare Diskriminierung

Unmittelbare Diskriminierung liegt vor, wenn ein Behinderter im Vergleich zu einem Nicht-Behinderten oder einem *Anders*-Behinderten schlechter gestellt wird.[85] Unmittelbar ist die Diskriminierung aber auch dann, wenn ein Elternteil eines behinderten Kindes schlechter gestellt wird (s. § 9 Rdn. 35).[86] 34

Ein Standardbeispiel für **mittelbare Diskriminierung** wegen Behinderung[87] ist das Bewerbungserfordernis eines Führerscheins.[88] Äußerlich neutrale Entlassungskriterien wie krankheitsbedingte Fehlzeiten, geringe Produktivität oder geringe vielseitige Einsetzbarkeit können für Behinderte mittelbar diskriminierend wirken.[89] Mittelbar diskriminierend wirkt auch die Herabsetzung der Sozialplanabfindung im Hinblick auf den frühestmöglichen Renteneintritt, wenn dieser für behinderte Arbeitnehmer (ab 60) gegenüber dem normalen Rentenalter (65) herabgesetzt ist.[90] Die Rechtmäßigkeit solcher Kriterien hängt davon ab, ob sie für ein legitimes Ziel – wie 35

---

80 EuGH v. 18.3.2014 – Rs. C-363/12 *Z.*, EU:C:2014:159 Rdn. 78ff.

81 EuGH v. 18.12.2014 – Rs. C-354/13 *FOA*, EU:C:2014:2463 Rdn. 58ff. EuArbRK/*Mohr*, Art. 1 RL 2000/78/EG Rdn. 42.

82 EuGH v. 18.1.2018 – Rs. C-270/16 *Ruíz Conejero*, EU:C:2018:17 Rdn. 29ff.

83 EuGH v. 17.7.2008 – Rs. C-303/06 *Coleman*, EU:C:2008:415 Rdn. 34–55, m. zust. Anm. v. *Pilgerstorfer/Forshaw*, ILJ 37 (2008), 384–393; *Welti*, ZESAR 2009, 147–151.

84 *O'Brien*, E.L. Rev. 36 (2011), 26–50 (für einen weitergehenden Schutz).

85 *Whittle*, E.L. Rev. 27 (2002), 303, 306f.

86 EuGH v. 17.7.2008 – Rs. C-303/06 *Coleman*, EU:C:2008:415 Rdn. 34–55.

87 Zu spezifischen Schwierigkeiten, die das Konzept der mittelbaren Diskriminierung im Hinblick auf Behinderung mit sich bringt, *Whittle*, E.L. Rev. 27 (2002), 303, 308–310 („Behinderte" keine homogene Gruppe).

88 *Whittle*, E.L. Rev. 27 (2002), 303, 307.

89 EuGH v. 11.9.2019 – Rs. C-397/18 *Nobel Plastiques Ibérica*, EU:C:2019:703 Rdn. 57ff.

90 EuGH v. 6.12.2012 – Rs. C-152/11 *Odar*, EU:C:2012:772 Rdn. 56ff. Vgl. auch EuGH v. 19.9.2018 – Rs. C-312/17 *Bedi*, EU:C:2018:734 (tarifliche Überbrückungshilfe endet automatisch mit dem Zeitpunkt, zu dem der behinderte Arbeitnehmer zum Bezug einer vorgezogenen Altersrente berechtigt ist, unabhän-

z. B. im Hinblick auf die Fehlzeiten der „Kampf gegen Absentismus am Arbeitsplatz“ – erforderlich sind.[91]

36 Eine spezifische **Einschränkung der mittelbaren Diskriminierung** wegen der Behinderung ergibt sich aus der Bindung des Arbeitgebers, die benachteiligenden (neutralen) Vorschriften, Kriterien oder Verfahren im Falle von Personen mit einer bestimmten Behinderung durch **„angemessene Vorkehrungen“** (dazu sogleich, Rdn. 37 ff.) auszugleichen, Art. 2 lit. b) Nr. ii GbRRL. Z. B. kann man daran denken, dass das Entlassungskriterium geringerer Produktivität durch Anpassung von Arbeitsgerät, Arbeitsrhythmus oder Aufgabenverteilung ausgeglichen wird. Die Ausnahme bezieht sich ihrem Wortlaut nach auf rechtlich gebotene „angemessene Vorkehrungen“ und stellt auf die Verpflichtung des Arbeitgebers ab, nicht auf die tatsächliche Durchführung. Dies lässt sich als normative Formulierung in dem Sinne verstehen, dass sich der Arbeitgeber auf rechtlich gebotene, aber nicht vorgehaltene Vorkehrungen nicht berufen kann. Im Übrigen kommt es für seine Entlastung darauf an, dass er die gebotenen Vorkehrungen auch trifft.[92]

cc) Angemessene Vorkehrungen für Menschen mit Behinderung

37 In Bezug auf Behinderte (aber nicht in Bezug auf die ihnen nahestehenden Personen; s. o. Rdn. 33)[93] sollen *Arbeitgeber*[94] nicht nur – negativ – zur Beachtung des Diskriminierungsverbots verpflichtet werden. Das würde, weil und soweit Differenzierungen sich hier als erforderliche berufliche Anforderungen rechtfertigen lassen (Art. 4 GbRRL; unten, Rdn. 58 ff.), eine Integration von Behinderten nicht ermöglichen. Nach Art. 5 GbRRL werden die Arbeitgeber in gewissem Umfang zur **Gleichstellung** Behinderter verpflichtet, nämlich dazu, angemessene Vorkehrungen zu treffen, um Behinderten eine Teilnahme am Berufsleben zu ermöglichen.[95] Dem entspricht es, dass die

---

gig davon, ob er sie in Anspruch nimmt: nicht „erforderlich“); zust. *Husmann*, jurisPR-SozR 11/2019 Anm. 2.

91 EuGH v. 18.1.2018 – Rs. C-270/16 *Ruíz Conejero*, EU:C:2018:17 Rdn. 36 ff.

92 Vgl. die Anwendungshinweise von EuGH v. 11.9.2019 – Rs. C-397/18 *Nobel Plastiques Ibérica*, EU:C:2019:703 Rdn. 68.

93 EuGH v. 17.7.2008 – Rs. C-303/06 *Coleman*, EU:C:2008:415 Rdn. 42 f.

94 Nicht sonstige Adressaten der Richtlinie, etwa Ausbilder oder Behörden; *Whittle*, E.L. Rev. 27 (2002), 303, 315.

95 EuArbRK/*Mohr*, Art. 5 RL 2000/78 Rdn. 2 (Sicherung der „material-chancengleichen Selbstbestimmung“). Zum konzeptionellen Hintergrund s. *Issacharoff/Nelson*, North Carolina L. Rev. 79 (2001), 307–358 (das Umverteilungselement der angemessenen Vorkehrungen hervorhebend; krit. gegenüber der generalklauselartigen Fassung des Tatbestands, mit der eine Delegierung auf die Gerichte verbunden ist, und gegenüber dem Umstand, dass der Kostenträger zufällig ausgewählt wird); *Jolls*, Harv. L. Rev. 115 (2001), 642–699. Die Effektivität des Gebots ist umstritten; s. *Posner*, Economic Analysis of Law, § 11.10(4); *Harris/Stein*, in: Dau-Schmidt/Harris/Lobel (Hrsg.), Labor and Employment Law and Economics, S. 342–360; alle m. w. N.

Pflicht nur gegenüber dem behinderten Arbeitnehmer besteht, nicht gegenüber behinderten Dritten (etwa dem Partner oder Kindern des Arbeitnehmers).[96] Rechtstechnisch kann man die Vorschrift als eigenes Diskriminierungsverbot verstehen,[97] als Ergänzung der Verbote unmittelbarer und mittelbarer Diskriminierung[98] oder als Einschränkung der Rechtfertigungsgründe einordnen; die Richtlinie lässt das weitgehend offen.[99]

Der Begriff der „(angemessenen) **Vorkehrungen**" umfasst „die Beseitigung der verschiedenen Barrieren (...), die die volle und wirksame Teilhabe der Menschen mit Behinderung am Berufsleben, gleichberechtigt mit den anderen Arbeitnehmern, behindern".[100] Der Gesetzgeber hat dabei z. B. (nicht abschließend) gedacht an eine entsprechende Gestaltung der Räumlichkeiten, eine Anpassung des Arbeitsgeräts, des Arbeitsrhythmus, der Aufgabenverteilung oder des Angebots an Ausbildungs- und Einarbeitungsmaßnahmen (BE 20 GbRRL);[101] die Vorkehrungen können so vielfältig sein wie die Beeinträchtigungen. Auch eine Verringerung der Arbeitszeit (auf Teilzeit) kommt in Betracht, nach Auffassung des EuGH als Anpassung des „Arbeitsrhythmus",[102] treffender als ein (in der offenen Aufzählung) unbenannter Fall.[103] Geschuldet sind nur **angemessene** Vorkehrungen, die den Arbeitgeber **nicht unverhältnismäßig** belasten.[104] Im Rahmen der Verhältnismäßigkeitsprüfung ist „insbesondere der mit einer solchen Maßnahme verbundene finanzielle und sonstige Aufwand sowie die Größe, die finanziellen Ressourcen und der Gesamtumsatz des Unternehmens und die Verfügbarkeit von öffentlichen Mitteln oder anderen Unterstützungsmöglichkeiten" zu berücksichtigen.[105] Hier ist Raum, auch den Bedürfnissen kleiner und mittlerer Unternehmen Rechnung zu tragen (BE 21 GbRRL). Diese Belastung kann sich aus den Kosten der Integrationsmaßnahme ergeben; bei deren Berechnung bleiben freilich nach S. 2 solche Kosten außer Betracht, die im Rahmen der Behindertenpolitik des Mitgliedstaats bereits kompensiert werden (unmittelbar oder mittelbar, z. B. durch Steuererleichterungen). 38

---

96 EuArbRK/*Mohr*, Art. 5 RL 2000/78/EG Rdn. 10.

97 So (beiläufig) EuGH v. 11.9.2019 – Rs. C-397/18 *Nobel Plastiques Ibérica*, EU:C:2019:703 Rdn. 72 („Diskriminierung aufgrund von Behinderung [umfasst] nach Art. 2 des VN-Übereinkommens alle Formen der Diskriminierung [...], einschließlich der Versagung angemessener Vorkehrungen"); zust. *Kuhn*, EuZA 2020, 391, 399.

98 EuArbRK/*Mohr*, Art. 5 RL 2000/78/EG Rdn. 5f.

99 *Brose*, EuZA 2020, 157, 161ff.; *Waddington*, ILJ 29 (2000), 176, 177f. (die, enger, eine Festlegung als „dritte und eigenständige" Diskriminierungsform annimmt); *Whittle*, E.L. Rev. 27 (2002), 303, 311–315.

100 EuGH v. 11.4.2013 – verb Rs. C-335/11 und C-337/11 *HK Danmark*, EU:C:2013:222 Rdn. 54.

101 *Hosking*, E.L. Rev. 31 (2006), 667, 683f.

102 EuGH v. 11.4.2013 – verb. Rs. C-335/11 und C-337/11 *HK Danmark*, EU:C:2013:222 Rdn. 54.

103 *Brose*, EuZA 2020, 157, 170ff. (mit dem überzeugenden Vorschlag, die dadurch erforderliche Vertragsänderung im Rahmen der Verhältnismäßigkeitsprüfung zu berücksichtigen).

104 EuGH v. 11.4.2013 – verb. Rs. C-335/11 und C-337/11 *HK Danmark*, EU:C:2013:222 Rdn. 59.

105 EuGH v. 11.4.2013 – verb. Rs. C-335/11 und C-337/11 *HK Danmark*, EU:C:2013:222 Rdn. 60.

39 Angemessene Vorkehrungen zu treffen, ist nach Art. 5 GbRRL selbständige **Nebenpflicht** des Arbeitgebers. Als solche wird man sie dem Arbeitgeber nur bei positiver Kenntnis oder rechtlich gleich zu bewertendem Kennenmüssen (offensichtliche Behinderung des Blinden, Rollstuhlfahrers oder Beinamputierten) auferlegen können, ihn treffen aber keine Nachforschungspflichten.[106] Ist das auch im Wortlaut der Norm nicht ausgedrückt, so findet diese Einschränkung doch in der Verhältnismäßigkeitsschranke eine Stütze. Dem behinderten Arbeitnehmer steht – auch zum Schutz seiner Persönlichkeitsinteressen – frei, eine Behinderung zu offenbaren. Tut er dies nicht, kann er indessen auch nicht den Schutz angemessener Vorkehrungen erwarten.

40 Hat der Arbeitgeber angemessene Vorkehrungen entgegen Art. 5 GbRRL nicht getroffen, kann dies eine Diskriminierung begründen, Art. 2 Abs. 2 lit. b) Nr. ii GbRRL; s.o. Rdn. 36. Wegen einer *dadurch bedingten* Benachteiligung kann er sich nicht auf die **Rechtfertigung der beruflichen Anforderungen** nach Art. 4 Abs. 1 GbRRL (unten, Rdn. 58) berufen. Umgekehrt kommt diese Rechtfertigung aber durchaus in Betracht, wenn der behinderte Arbeitnehmer den beruflichen Anforderungen auch unter Berücksichtigung angemessener Vorkehrungen nicht genügen würde.[107] Das Gebot der angemessenen Vorkehrungen kann schließlich über das **Verbot widersprüchlichen Verhaltens** sanktioniert sein. Fehlzeiten eines behinderten Arbeitnehmers, die darauf beruhen, dass der Arbeitgeber versäumt hat, angemessene Vorkehrungen zu treffen, kann der Arbeitgeber nicht zum Anlass für eine Abmahnung oder Kündigung nehmen.[108]

c) Alter

aa) Das verbotene Differenzierungsmerkmal

41 Mit dem Verbot der **Altersdiskriminierung**[109] ist, wie Wortlaut, Begründungserwägungen und Zweck ausweisen, nicht ein Schutz älterer Menschen gemeint, sondern ein Schutz vor Diskriminierung aufgrund des Lebensalters (s.a. Art. 6 Abs. 1 lit. a) GbRRL: „Jugendliche“).[110] Zwar mag die Benachteiligung von Alten ein dringenderes soziales Problem sein, die Regelung lässt aber nicht erkennen, dass der Gesetzgeber eine solche Beschränkung der Regelung gewollt hätte. Es geht also auch darum, dass Junge nicht unsachlich wegen ihres Alters benachteiligt werden. Ein Höchstalter kann daher als Zulassungsschranke ebenso auf seine Verhältnismäßigkeit überprüft wer-

---

106 Ähnlich *Brose*, EuZA 2020, 157 167 f. Vgl. auch GA *Sharpston*, Schlussanträge v. 19.10.2017 – Rs. C-270/16 *Ruiz Conejero*, EU:C:2017:788 Rdn. 41.

107 *Seiwerth*, GPR 2020, 48, 49 f.

108 EuGH v. 11.4.2013 – verb. Rs. C-335/11 und C-337/11 *HK Danmark*, EU:C:2013:222 Rdn. 65 ff.

109 Dazu eingehend *Temming*, Altersdiskriminierung im Arbeitsleben (2008), der Erkenntnisse der gerontologischen Forschung und ihre ökonomische Bewertung fruchtbar macht. Eingehend *Posner*, Aging and Old Age (1997) (mit Diskussion des Problems in Kap. 13).

110 EuGH v. 19.1.2010 – Rs. C-555/07 *Kücükdeveci*, EU:C:2010:21 Rdn. 28 ff.; EuGH v. 18.6.2009 – Rs. C-88/08 *Hütter*, EU:C:2009:381 Rdn. 38; *König*, FS Zuleeg (2005), S. 341 f.; *Schlachter*, GS Blomeyer (2004), S. 357; *Wiedemann/Thüsing*, NZA 2002, 1234, 1236 (missverständlich S. 1234 f.); *Zöllner*, GS Blomeyer (2004), S. 527. A. A. und in der Sache krit. *Mohr*, Schutz vor Diskriminierungen im Europäischen Arbeitsrecht, S. 207 f. (unter Berufung auf die „Sachgerechtigkeit“). Der US-amerikanische 1967 Age Discrimination in Employment Act (in der abgeänderten Fassung) schützt dagegen Arbeitnehmer im Alter von 40 Jahren oder älter; s. *Daugherty Rasnic/Resch*, ZIAS 2010/2011, 274, 275.

den wie ein Mindestalter. So stellt eine Altersgrenze von 68 Jahren für Vertragszahnärzte oder für Professoren beispielsweise eine direkte Altersdiskriminierung dar,[111] ebenso wie ein Höchstalter für die Einstellung bei der Feuerwehr.[112], [113] Eine nationale Bestimmung, die Arbeitnehmern, die Anspruch auf Altersrente haben (der naturgemäß ein Mindestalter voraussetzt), von der Entlassungsabfindung ausschließt, diskriminiert unmittelbar aufgrund des Alters.[114]

Zweifelhaft ist daher die Entscheidung ***O.***[115] Nach französischem Recht entfällt die sonst bei Beendigung eines befristeten Arbeitsvertrags zu zahlende Abfindung, „wenn der Vertrag mit einer jungen Person für einen Zeitraum geschlossen wird, der innerhalb ihrer Schul- oder Semesterferien liegt". Der EuGH verneint bereits eine unmittelbare Diskriminierung wegen des Alters mit der Begründung, es fehle an der Vergleichbarkeit dieses Falles mit dem anderer Arbeitnehmer. Treffender erscheint es, die unmittelbare Altersdiskriminierung nach Art. 6 Abs. 1 UAbs. 1 GbRRL als gerechtfertigt anzusehen. Hier können auch die sozialpolitischen Erwägungen, die dem Ausschluss zugrunde liegen, gewürdigt werden. 42

Im Fall *Bartsch* hat sich die Frage gestellt, ob auch eine Diskriminierung wegen des **„relativen Alters"** verboten ist.[116] Nach der **Altersabstandklausel** in einer Ruhegehaltsordnung erhielten Ehepartner, die über 15 Jahre jünger waren als der Arbeitnehmer, nach dessen Tod keine Bezüge. Nicht das „absolute Alter", sondern das „relative Alter" im Verhältnis zum Ehepartner war also der Differenzierungsgrund. Der Gerichtshof nahm zur Frage der Altersdiskriminierung nicht Stellung, da die Umsetzungsfrist der GbRRL noch nicht abgelaufen war. GA *Sharpston* erörterte sie in ihren Schlussanträgen vorsorglich und nahm eine von der Richtlinie verbotene unmittelbare Altersdiskriminierung an.[117] Andere sehen darin eine mittelbare Diskriminierung älterer Arbeitnehmer.[118] 43

Eine unmittelbare Altersdiskriminierung[119] liegt insbesondere in der Festlegung von **Altersgrenzen**, sei dies für die Zwecke der Einstellung, der Vergütung, Beförderung oder Beendigung des Arbeitsvertrags (s.a. oben, Rdn. 14, zum Anwendungsbereich, sowie Rdn. 54 zur Rechtfertigung).[120] Praktische Bedeutung hat das Verbot der Altersdiskriminierung auch im Hinblick auf die **Altersbefris-** 44

---

111 EuGH v. 12.2.2010 – Rs. C-341/08 *Petersen*, EU:C:2010:4 Rdn. 34 f.; EuGH v. 18.11.2010 – verb. Rs. C-250/09 und C-268/09 *Georgiev*, EU:C:2010:699 Rdn. 31 f. m. zust. Anm.v. *Krois*, EuZA 2011, 351–361.

112 EuGH v. 12.1.2010 – Rs. C- 229/08 *Wolf*, EU:C:2010:3 Rdn. 28 f.

113 Für eine Erörterung der wirtschaftlichen Gründe des verpflichtenden Rentenalters *Posner*, Aging and Old Age, S. 322 ff., 349 ff.; *ders.*, Economic Analysis of Law, § 11.10(3).

114 EuGH v. 12.10.2010 – Rs. C-499/08 *Ingeniørforeningen i Danmark*, EU:C:2010:600 Rdn. 23 f. M. zust.Anm.v. *Giesen*, EuZA 2011, 383–395; *Grünberger*, EUZA 2011, 171–187.

115 EuGH v. 1.10.2015 – Rs. C-432/14 *O.*, EU:C:2015:643.

116 EuGH v. 23.9.2008 – Rs. C-427/06 *Bartsch*, EU:C:2008:517.

117 GA *Sharpston*, Schlussanträge v. 22.5.2008 – Rs. C-427/06 *Bartsch*, EU:C:2008:297 Rdn. 100–106.

118 *Bauer/Arnold*, NJW 2008, 3377, 3380.

119 S.a. *Posner*, Aging and Old Age, S. 320 ff. (zu *„animus discrimination"* – was freilich nicht mit direkter Diskriminierung identisch ist –; eine Diskriminierung über 40jähriger Arbeitnehmer sei angesichts des Durchschnittsalters der Entscheidungsträger und des Wettbewerbsdrucks für rationales Verhalten im privaten Markt unwahrscheinlich); unter Bezugnahme auf *Ely*, Democracy and Distrust – A Theory of Judicial Review (1980). Zu den Vor- und Nachteilen der „statistischen Diskriminierung" s. *Posner*, a. a. O., S. 322 ff.

120 EuGH v. 16.10.2007 – Rs. C-411/05 *Palacios de la Villa*, EU:C:2007:604 Rdn. 51; EuGH v. 5.3.2009 – Rs. C-388/ 07 *Age Concern England*, EU:C:2009:128 Rdn. 34; EuGH v. 5.7.2012 – Rs. C-141/11 *Hörnfeldt*, EU:C:2012:421.

tung erlangt: Die in Deutschland pauschal zugelassene erleichterte Vereinbarung von befristeten Arbeitsverträgen mit Arbeitnehmern über 52 stellte eine unmittelbare Altersdiskriminierung dar; die Rechtfertigung mit dem Zweck der Integration älterer Arbeitnehmer in den Arbeitsmarkt scheiterte am Verhältnismäßigkeitsgebot (s. näher unten, Rdn. 53 und 65).[121]

45 **Mittelbare** Altersdiskriminierung[122] kann in Regelungen oder Bedingungen liegen, die an das **Dienstalter** oder die **Betriebszugehörigkeit** anknüpfen.[123] Inwieweit sich der Vorwurf durch ein legitimes Ziel ausschließen lässt, hängt, wenn man an die Rechtsprechung des EuGH zur Geschlechtsdiskriminierung anknüpft (§ 10 Rdn. 18), davon ab, welcher Zweck damit verfolgt wird und ob diese Kriterien für die Erreichung des Ziels im Einzelfall konkret geeignet sind.[124] So können Dienstalter oder Betriebszugehörigkeit (regelmäßig nicht das Lebensalter) Indikator für die Berufserfahrung sein, die der EuGH als legitimes Interesse i.S.v. Art. 6 Abs. 1 GbRRRL anerkannt hat; s. Rdn. 47. Das Kriterium der **firmeninternen Berufserfahrung** als Maßstab für die Gehaltseinstufung ist weder unmittelbar noch mittelbar mit dem Lebensalter verbunden und stellt daher schon keine Diskriminierung dar.[125] Keine mittelbare Diskriminierung lag in der Herabsetzung der Entgeltskala für alle ab einem bestimmten Datum neu eingestellten Lehrkräfte, auch wenn die ab diesem Zeitpunkt neu eingestellten Lehrkräfte zu 70 % 25 Jahre oder jünger sind, da auch die vor dem Datum neu eingestellten Lehrkräfte im Durchschnitt 25 Jahre oder jünger waren.[126] Das Verbot der Altersdiskriminierung bedeutet m.a.W. nicht, dass eine generationenübergreifende Gleichbehandlung erfolgen müsste.

bb) Rechtfertigung von Altersdiskriminierung aus Gründen des Allgemeininteresses[127]

46 Eine Altersdiskriminierung kann nach dem allgemeinen Rechtfertigungstatbestand des Art. 4 Abs. 1 GbRRL durch **berufliche Anforderungen** gerechtfertigt sein, also aus Gründen, die sich auf die jeweilige Tätigkeit beziehen (näher Rdn. 58).[128] Art. 6 er-

---

121 EuGH v. 22.11.2005 – Rs. C-144/04 *Mangold*, EU:C:2005:709. S.a. EuGH v. 10.3.2011 – Rs. C-109/09 *Deutsche Lufthansa*, EU:C:2011:129.

122 Rechtsvergleichend ist das Verbot der mittelbaren Altersdiskriminierung keine Selbstverständlichkeit; vgl. *Wiedemann/Thüsing*, NZA 2002, 1234, 1236.

123 Näher *Rieble/Zedler*, ZfA 2006, 273, 283–286; dort S. 294–299 auch zu weiteren Fallgruppen (leistungsbezogenes Entgelt; Senioritätsentlohnung; Verdienstsicherungen; unmittelbar diskriminierend: Altersfreizeit; Urlaubsverlängerung nach Alter; Kündigungsprivilegien für Ältere).

124 Näher *Rieble/Zedler*, ZfA 2006, 273, 283–286.

125 EuGH v. 7.6.2012 – Rs. C-132/11 *Tyrolean Airlines*, EU:C:2012:329 Rdn. 24ff.

126 EuGH v. 14.2.2019 – Rs. C-154/18 *Horgan und Keegan*, EU:C:2019:113.

127 Außer Betracht bleibt in dieser Darstellung der Rechtfertigungsgrund von Art. 6 Abs. 2 GbRRL, der Altersgrenzen für betriebliche Systeme der soziaen Sicherheit betrifft. Dazu EuGH v. 16.6.2016 – Rs. C-159/15 *Lesar*, EU:C:2016:451; EuGH v. 26.9.2013 – Rs. C-546/11 *Dansk Jurist- og Økonomforbund*, EU:C:2013:603; EuGH v. 26.9.2013 – Rs. C-476/11 *HK Danmark ./. Experian*, EU:C:2013:590. S. *Schiek*, CMLR 2011, 777–799 (Analyse der Auswirkungen des weniger strengen Prüfungsmaßstabs nach Art. 6 GbRRL im Hinblick auf Fälle von Mehrfach- oder intersektioneller Diskriminierung).

128 Besonders bei der Berücksichtigung des Alters besteht freilich die Gefahr, dass man sich von Stereotypen leiten lässt, zumal bei Pauschalierungen; dagegen auf der Grundlage gerontologischer Einsichten krit. *Temming*, Altersdiskriminierung im Arbeitsleben, S. 41–61.

öffnet den Mitgliedstaaten zusätzlich die Möglichkeit, eine Altersdiskriminierung aus Gründen des Allgemeininteresses zuzulassen (BE 25 GbRRL). Gerechtfertigt werden kann jede Ungleichbehandlung, also auch durch „positive Maßnahmen" (vgl. Art. 7) zur Förderung benachteiligter Gruppen (§ 9 Rdn. 23f.).[129]

Die Rechtfertigungsoption ist beschränkt auf die Verfolgung **„legitimer Ziele"**, die durch die anschließende beispielhafte („insbesondere") Aufzählung[130] auf **Allgemeininteressen**[131] im Bereich von Beschäftigung und Beruf konkretisiert wird: Beschäftigungspolitik, Arbeitsmarkt und berufliche Bildung.[132] Eine (weitere, über Art. 4 GbRRL hinausgehende) Rechtfertigung aus dem individuellen Verhältnis der Vertragsparteien kann nicht auf Art. 6 gestützt werden. Es darf sich daher nicht um „rein individuelle Beweggründe [handeln], die der Situation des Arbeitgebers eigen sind, wie Kostenreduzierung oder Verbesserung der Wettbewerbsfähigkeit".[133] Inhaltlich hat der Gerichtshof der beispielhaften Konkretisierung entnommen, dass nicht jegliches Allgemeininteresse in Betracht kommt, sondern nur **sozialpolitische Ziele.**[134] In diesem Bereich hat er das Merkmal des Allgemeininteresses allerdings verhältnismäßig weit verstanden. So können Ziele, die dem Ausgleich der Interessen aller Arbeitnehmer einer Berufsgruppe dienen, wie etwa die Verteilung von Beschäftigungschancen zwischen Jungen und Alten (Rdn. 49), dem Allgemeininteresse dienen, und zwar auch dann, wenn sie zugleich auch den Interessen des Arbeitgebers dienen.[135] **47**

Obwohl es um *Allgemeininteressen* geht, hat der Gerichtshof Art. 6 Abs. 1 GbRRL dahin verstanden, dass zwar das mitgliedstaatliche Recht einen entsprechenden Rechtfertigungstatbestand vorsehen muss, doch kann dieser (wie Art. 6 Abs. 1) allgemein gehalten bleiben. Dieser muss den Beispielskatalog von Art. 6 Abs. 1 GbRRL nicht übernehmen, und wenn er einen Katalog möglicher Allgemeininteressen ent- **48**

129 *König*, FS Zuleeg (2005), S. 350.

130 EuGH v. 12.10.2010 – Rs. C-45/09 *Rosenbladt*, EU:C:2010:601 Rdn. 40 („Hinweischarakter").

131 EuGH v. 5.3.2009 – Rs. C-388/07 *Age Concern England*, EU:C:2009:128 Rdn. 45f., 49; EuGH v. 18.6.2009 – Rs. C-88/08 *Hütter*, EU:C:2009:381, Rdn. 41; EuGH v. 13.9.2011 – Rs. C-447/09 *Prigge*, EU:C:2011:573 Rdn. 81. *Schlachter*, GS Blomyer (2004), S. 368; *Wiedemann/Thüsing*, RdA 2002, 1234, 1237f.; a.M. *König*, FS Zuleeg (2005), S. 349 (auch Individualinteressen, z.B. das Interesse an einer ausgewogenen Altersstruktur; der Hinweis auf die Rechtfertigung auch mittelbarer Diskriminierung verfängt nicht, da diese auch aus Gründen des Allgemeinwohls erfolgen kann und Art. 6 zudem die Definition mittelbarer Diskriminierung in Art. 2 Abs. 1 mit ihrer besonderen Tatbestandsausnahme nicht verdrängt).

132 EuGH v. 18.6.2009 – Rs. C-88/08 *Hütter*, EU:C:2009:381 Rdn. 40–43. Zur Konkretisierung im deutschen Recht *Henssler/Tillmanns*, FS Birk (2008), S. 183–187.

133 EuGH v. 21.7.2011 – verb. Rs. C-159/10 und C-160/10 *Fuchs und Köhler*, EU:C:2011:508 Rdn. 52.

134 EuGH v. 13.9.2011 – Rs. C-447/09 *Prigge*, EU:C:2011:573 Rdn. 81.

135 *Insofern* ist richtig, dass auch „unternehmensindividuelle" Ziele im Rahmen von Art. 6 Abs. 1 GbRRL als legitim anerkannt werden können, wie *Mohr*, RdA 2017, 35ff. sagt.

hält, kann dieser auch weitere, in Art. 6 nicht genannte Ziele umfassen.[136] Die Konkretisierung des jeweiligen Allgemeininteresses kann der Gesetzgebung, aber auch den **Sozialpartnern** im Kollektivvertrag überlassen bleiben.[137] Dabei haben Mitgliedstaaten, Sozialpartner oder Vertragspartner sowohl bei der Auswahl der konkreten Ziele aus dem Bereich der Arbeits- und Sozialpolitik als auch bei der Wahl der Mittel zur Erreichung des Zwecks einen „weiten Gestaltungsspielraum".[138] Das Ergebnis kann man rechtspolitisch durchaus begrüßen, doch ist die Begründung problematisch, da einzelne Arbeitgeber Allgemeininteressen (wie Beschäftigungspolitik) nicht definieren und zielgerichtet verfolgen oder realisieren können.

49 Ist das verfolgte Ziel nicht ausdrücklich bestimmt, schließt das eine Rechtfertigung nicht aus. In diesem Fall ist das Ziel im Wege der Auslegung zu begründen, etwa durch die Gesetzesmaterialien, das Regelungsumfeld oder eine objektive Zweckbestimmung.[139] Als legitimes Ziel hat der Gerichtshof beispielsweise die **Verteilung der Berufschancen zwischen den Generationen** angesehen[140] oder die **Förderung der Einstellung** zumal jüngerer Personen[141]. Zur Rechtfertigung von Altersgrenzen für Professoren (65 mit der Möglichkeit dreimal je für ein Jahr befristet zu verlängern) hat der Gerichtshof die Ziele (a) der Schaffung einer **hochwertigen Lehre** und (b) der optimalen Verteilung der Professorenstellen auf die Generationen als legitim in Betracht gezogen.[142] Bei einer Altersgrenze für Staatsanwälte hat der Gerichtshof drei komplementäre Ziele in Betracht gezogen, die Schaffung eines günstigen Altersaufbaus (Gleichgewicht zwischen den Generationen), Planbarkeit von Ausscheiden und Einstellung, Förderung der Einstellung junger Beamter und die Vermeidung von Rechtsstreitigkeiten.[143] Auch die **Honorierung von Berufserfahrung**[144] sowie die **Gewährung einer funktionsgerechten Besoldung**[145] hat der Gerichtshof als legitimes Ziel anerkannt. Und endlich können die **Besitzstandswahrung** und der Schutz berechtigten Vertrauens im Rahmen eines Übergangs von einem altersdiskriminierenden Vergütungssystem zu einem diskriminierungsfreien System legitimes All-

136 EuGH v. 12.10.2010 – Rs. C-45/09 *Rosenbladt*, EU:C:2010:601 Rdn. 40.

137 EuGH v. 6.12.2012 – Rs. C-152/11 *Odar*, EU:C:2012:772 Rdn. 37ff. (Sozialplan gem. § 112 BetrVG); EuGH v. 8.9.2011 – verb. Rs. C-297/10 und C-298/10 *Hennigs*, EU:C:2011:560 Rdn. 65; EuGH v. 12.10.2010 – Rs. C-45/09 *Rosenbladt*, EU:C:2010:601 Rdn. 41; EuGH v. 5.3.2009 – Rs. C-388/07 *Age Concern England*, EU:C:2009:128 Rdn. 42ff. *Henssler/Tillmanns*, FS Birk (2008), S. 184f.

138 EuGH v. 26.9.2013 – Rs. C-476/11 *HK Danmark ./. Experian*, EU:C:2013:590 Rdn. 59f.

139 EuGH v. 5.7.2012 – Rs. C-141/11 *Hörnfeldt*, EU:C:2012:421 Rdn. 23f.; EuGH v. 21.7.2011 – verb. Rs. C-159/10 und C-160/10 *Fuchs und Köhler*, EU:C:2011:508 Rdn. 39ff.; EuGH v. 12.10.2010 – Rs. C-45/09 *Rosenbladt*, EU:C:2010:601 Rdn. 58; EuGH v. 12.2.2010 – Rs. C-341/08 *Petersen*, EU:C:2010:4 Rdn. 40; EuGH v. 16.10.2007 – Rs. C-411/ 05 *Palacios de la Villa*, EU:C:2007:604 Rdn. 56f.

140 EuGH v. 12.2.2010 – Rs. C-341/08 *Petersen*, EU:C:2010:4 Rdn. 65ff.; EuGH v. 12.10.2010 – Rs. C-45/ 09 *Rosenbladt*, EU:C:2010:601 Rdn. 43ff. („Arbeitsteilung zwischen den Generationen"). S.a. EuGH v. 18.11.2010 – verb. Rs. C-250/09 und C-268/09 *Georgiev*, EU:C:2010:699 Rdn. 45f.

141 EuGH v. 19.7.2017 – Rs. C-143/16 *Abercrombie & Fitch*, EU:C:2017:566 Rdn. 32ff.; EuGH v. 5.7.2012 – Rs. C-141/11 *Hörnfeldt*, EU:C:2012:421 Rdn. 29.

142 EuGH v. 18.11.2010 – verb. Rs. C-250/09 und C-268/09 *Georgiev*, EU:C:2010:699 Rdn. 41ff.

143 EuGH v. 21.7.2011 – verb. Rs. C-159/10 und C-160/10 *Fuchs und Köhler*, EU:C:2011:508 Rdn. 47ff.

144 EuGH v. 14.3.2018 – Rs. C-482/16 *Stollwitzer*, EU:C:2018:180 Rdn. 39; EuGH v. 8.9.2011 – verb. Rs. C-297/10 und C-298/10 *Hennigs*, EU:C:2011:560 Rdn. 72.

145 EuGH v. 27.2.2020 – verb. Rs. C-773/18 bis C-775/18 *Land Sachsen-Anhalt*, EU:C:2020:125 Rdn. 41ff. m. Anm. v. *Brors*, EuZA 2020, 486ff.

gemeininteresse darstellen.[146] **Haushaltserwägungen** sind zwar unschädlich, wenn sie sozialpolitischen Zielen (wie der Generationengerechtigkeit) zugrunde liegen, können aber nicht für sich legitimes Ziel i. S. v. Art. 6 Abs. 1 GbRRL sein.[147]

Ob das verfolgte Ziel „legitim" ist, unterliegt der **unionsrechtlichen Kontrolle** 50 durch den EuGH. Wenn eine Regelung indes plausibel dazu bestimmt ist, den beispielhaft aufgezählten Zwecken zu dienen, wird der EuGH das nicht näher hinterfragen.[148] Auch sonst ist die Kontrolle durch den Gerichthof beschränkt, da es bei der Verfolgung der Allgemeininteressen um politische Entscheidungen der Mitgliedstaaten geht. Insbesondere kann man auch aus der beispielhaften Aufzählung legitimer Ziele nicht schließen, dass damit die Wertentscheidungen beispielsweise der Beschäftigungspolitik vorgegeben sein sollten. Man kann nicht unterstellen, dass der Gesetzgeber mit der lapidaren Nennung dreier Beispiele die oft komplexe Beurteilung mitgliedstaatlicher Sozialpolitik einschränken wollte. Daher lässt sich aus der in lit. a) genannten „Eingliederung älterer Arbeitnehmer" nicht etwa eine Schranke für die Zulässigkeit von Altersteilzeitprogrammen entnehmen.[149]

Die **Wahl der Mittel** ist den Mitgliedstaaten freigestellt, wird jedoch im Rahmen 51 der Verhältnismäßigkeit überprüft (sogleich Rdn. 52). Nach der beispielhaften (nicht abschließenden, „insbesondere")[150] Aufzählung können dazu etwa gewählt werden:

(1) Besondere **Bedingungen für den Zugang** zu Beschäftigung und Berufsbildung oder besondere Arbeitsbedingungen (i. w. S.), um die **Eingliederung** bestimmter Arbeitnehmergruppen zu fördern oder ihren **Schutz** sicherzustellen (lit. a)). Ein Beispiel ist die Erleichterung der sog. Altersbefristung (z. B. Befristung ab 52 ohne Sachgrund möglich), die den Zweck verfolgte, älteren Arbeitnehmern den Zugang zum Arbeitsmarkt offenzuhalten bzw. zu erleichtern. Ein Beispiel für besondere Entlassungsbedingungen ist der Schutz älterer Arbeitnehmer (Diskriminierung jüngerer Arbeitnehmer) im Rahmen der Sozialauswahl nach § 1 Abs. 3 KSchG.[151]

(2) Vorschriften über das **Mindestalter**, die Berufserfahrung oder das Dienstalter für den Zugang zur Beschäftigung oder zu damit verbundenen Vorteilen (lit. b)). Z. B.

---

146 EuGH v. 11.11.2014 – Rs. C-530/13 *Schmitzer*, EU:C:2014:2359 Rdn. 42; EuGH v. 19.6.2014 – verb. Rs. C-501/12 bis C-506/12, C-540/12, C-541/12 *Specht*, EU:C:2014:2005 Rdn. 63 f.; EuGH v. 8.9.2011 – verb. Rs. C-297/10 und C-298/10 *Hennigs*, EU:C:2011:560 Rdn. 90. Zur diskriminierungsfreien Neuregelung von Vergütungssystemen *Thüsing/Pötters*, EuZW 2015, 935 ff.

147 EuGH v. 21.7.2011 – verb. Rs. C-159/10 und C-160/10 *Fuchs und Köhler*, EU:C:2011:508 Rdn. 74.

148 EuGH v. 12.10.2010 – Rs. C-499/08 *Ingeniørforeningen i Danmark*, EU:C:2010:600 Rdn. 30 f.; EuGH v. 22.11.2005 – Rs. C-144/04 *Mangold*, EU:C:2005:709 Rdn. 58–60.

149 So aber *Schmidt/Senne*, RdA 2002, 80, 86.

150 EuGH v. 12.10.2010 – Rs. C-45/09 *Rosenbladt*, EU:C:2010:601 Rdn. 40 („Diese Aufzählung hat nämlich nur Hinweischarakter"; Mitgliedstaaten haben einen Spielraum bei der Umsetzung von Art. 6 GbRRL).

151 Wohl ebenso *Brors*, AuR 2005, 41, 43.

kann man an längere Urlaubszeiten für ältere Arbeitnehmer[152] oder an eine Honorierung der Berufserfahrung[153] oder der Betriebstreue[154] denken.

(3) Vorschriften über das **Höchstalter für die Einstellung**, die einem spezifischen Ausbildungserfordernis oder der Notwendigkeit Rechnung tragen, eine angemessene Beschäftigungszeit vor dem Eintritt in den Ruhestand sicherzustellen (lit. c)). Hier kann man z. B. an eine Grenze von 52 Jahren für die *Erst*berufung von Hochschullehrern denken.

Diese Aufzählung ist nicht abschließend, und die Mitgliedstaaten können bei der Umsetzung auch andere Instrumente wählen. Z. B. steht Art. 6 Abs. 1 GbRRL einer nationalen Regelung nicht entgegen, die (tarif- oder arbeitsvertragliche) Klauseln über die automatische Beendigung des Arbeitsverhältnisses bei Erreichen des Rentenalters zulässt.[155]

52 Die gewählten Mittel (Rdn. 51) werden aber daraufhin überprüft, ob sie **„angemessen und erforderlich** sind", das Diskriminierungsverbot also zur Erreichung des legitimen Ziels (Rdn. 47) nur verhältnismäßig einschränken.[156] Bei dieser Kontrolle ist den Mitgliedstaaten[157] und den mitgliedstaatlichen Sozialpartnern[158] ein *weiter Ermessensspielraum* (Beurteilungsspielraum) zuzugestehen, denn gerade Instrumente der Beschäftigungs- oder Arbeitsmarktpolitik und der beruflichen Bildung sind in ihren Wirkungen in aller Regel nicht detailliert abzuschätzen. Mit Recht hat der Gerichtshof daher auch das Recht der Mitgliedstaaten anerkannt, die zur Verfolgung von Allgemeininteressen angewandten Mittel im Laufe der Zeit zu ändern.[159] Das darf in-

---

152 *König*, FS Zuleeg (2005), S. 350.

153 *Schmidt/Senne*, RdA 2002, 80, 87 f. Vgl. auch EuGH v. 17.10.1989 – Rs. 109/88 *Danfoss*, EU:C:1989:383.

154 *Schmidt/Senne*, RdA 2002, 80, 88 f.

155 EuGH v. 12.10.2010 – Rs. C-45/09 *Rosenbladt*, EU:C:2010:601 Rdn. 53. Nach der umstrittenen Regelung von § 10 Nr. 5 AGG ist eine unterschiedliche Behandlung wegen des Alters unter anderem erlaubt bei: „eine(r) Vereinbarung, die die Beendigung des Beschäftigungsverhältnisses ohne Kündigung zu einem Zeitpunkt vorsieht, zu dem der oder die Beschäftigte eine Rente wegen Alters beantragen kann".

156 Gerügt wird, der EuGH wende keinen einheitlichen Verhältnismäßigkeits*maßstab* an; dazu *Brors*, RdA 2012, 346 ff. (mit einem politischen und ökonomischen Erklärungsversuch, der indes der Richtlinie keine Grundlage findet).

157 EuGH v. 12.10.2010 – Rs. C-499/08 *Ingeniørforeningen i Danmark*, EU:C:2010:600 Rdn. 33; EuGH v. 22.11.2005 – Rs. C-144/04 *Mangold*, EU:C:2005:709 Rdn. 63; EuGH v. 16.10.2007 – Rs. C-411/05 *Palacios de la Villa*, EU:C:2007:604 Rdn. 67 f. Krit. *Temming*, Altersdiskriminierung im Arbeitsleben, S. 473–484; vgl. auch EuGH v. 18.6.2009 – Rs. C-88/08 *Hütter*, EU:C:2009:381 Rdn. 44–50 (Erfordernis innerer Kohärenz, Rdn. 46).

158 EuGH v. 8.9.2011 – verb. Rs. C-297/10 und C-298/10 *Hennigs*, EU:C:2011:560 Rdn. 62 ff., 73; EuGH v. 12.10.2010 – Rs. C-45/09 *Rosenbladt*, EU:C:2010:601 Rdn. 69.

159 EuGH v. 16.10.2007 – Rs. C-411/05 *Palacios de la Villa*, EU:C:2007:604 Rdn. 70; EuGH v. 21.7.2011 – verb. Rs. C-159/10 und C-160/10 *Fuchs und Köhler*, EU:C:2011:508 Rdn. 54.

des nicht dazu führen, „dass der Grundsatz des Verbots der Diskriminierung aus Gründen des Alters ausgehöhlt wird".[160] Die Geeignetheit eines Mittels setzt insbesondere voraus, dass dieses kohärent eingesetzt wird.[161] Die Erforderlichkeit setzt voraus, dass es kein gleich geeignetes milderes Mittel für die Erreichung des legitimen Ziels gibt. Soll die Vergütung z. B. die Berufserfahrung honorieren, ist dafür die Maßgabe des Dienstalters besser geeignet als jene des Lebensalters.[162] Während der Gerichtshof die Geeignetheit großzügig bejaht („ist aber im Hinblick auf das vom Gesetzgeber verfolgte Ziel, Arbeitnehmer stärker zu schützen, (...) nicht unvernünftig"), prüft er die Erforderlichkeit mitunter sehr genau.[163] Zudem hebt er jetzt die **Verhältnismäßigkeit i. e. S.** besonders hervor, dabei namentlich den Ausgleich mit gegenläufigen Interessen, die nicht übermäßig beeinträchtigt werden dürfen. So ist, wenn die Einstellung Jüngerer gefördert werden soll, auch das **Grundrecht, zu arbeiten** gem. Art. 15 GRCh und das davon umfasste Erwerbs- und Teilhabeinteresse zu beachten.[164]

Im Fall *Mangold* hat der EuGH die *pauschale* Zulassung der **Altersbefristung** (Befristung ab 52 Jahren ohne Sachgrund) als unverhältnismäßig beanstandet.[165] Zwar sei die beabsichtigte Integration älterer Arbeitnehmer in den Arbeitsmarkt ein legitimes Ziel und die Zulassung der Altersbefristung ein nach Art. 6 Abs. 1 lit. a) GbRRL grundsätzlich taugliches Mittel. Die *pauschale* Zulassung der Altersbefristung ohne Rücksicht auf die vorherige Beschäftigungssituation des Arbeitnehmers sei jedoch unverhältnismäßig, schließe sie doch diese Altersgruppe vom regulären Arbeitsmarkt (für Normalarbeitsverhältnisse; vgl. § 20 Rdn. 49–52 zur BefrRL) aus. Der deutsche Gesetzgeber ergänzte die Freistellung daraufhin um die weitere Voraussetzung, dass der Arbeitnehmer zuvor mindestens vier Monate lang arbeitslos war. In *Georgiev* unterschied der Gerichtshof eine solche allgemeine Erleichterung befristeter Verträge für ältere Arbeitnehmer von einer nationalen Regelung, nach der ein Professor nach Erreichen der Altersgrenze von 65 Jahren nur mit befristeten Einjahresverträgen weiterbeschäftigt werden kann, beschränkt auf zweimalige Verlängerung.[166] Solche Vorschriften können nach Art. 6 Abs. 1 GbRRL gerechtfertigt sein. 53

In der Entscheidung *Palacios de la Villa* ging es um eine Regelung, nach der Arbeitnehmer bei Erreichen einer **Altersgrenze** in den Ruhestand versetzt wurden, wenn sie Anspruch auf eine Rente hatten.[167] Der Gerichtshof hat die arbeitsmarktpolitische Begründung der Regelung im Grundsatz als legitimes Ziel anerkannt, obwohl sie erstens sehr allgemein gehalten und zweitens im Gesetzgebungsverfahren nur vage angesprochen war. Bei der Verhältnismäßigkeitsprüfung hat er einen „weiten Ermessensspielraum" der Mitgliedstaaten anerkannt und sich im Rahmen der Erforderlichkeit auf eine Plausibilitätsprüfung („nicht unvernünftig") beschränkt. Im Rahmen der Verhältnismäßigkeit i. e. S. 54

---

160 EuGH v. 12.10.2010 – Rs. C-499/08 *Ingeniørforeningen i Danmark*, EU:C:2010:600 Rdn. 33; EuGH v. 5.3.2009 – Rs. C-388/07 *Age Concern England*, EU:C:2009:128 Rdn. 51.

161 EuGH v. 21.7.2011 – verb. Rs. C-159/10 und C-160/10 *Fuchs und Köhler*, EU:C:2011:508 Rdn. 85.

162 EuGH v. 8.9.2011 – verb. Rs. C-297/10 und C-298/10 *Hennigs*, EU:C:2011:560 Rdn. 77.

163 EuGH v. 12.10.2010 – Rs. C-499/08 *Ingeniørforeningen i Danmark*, EU:C:2010:600 Rdn. 34 f. (geeignet) und Rdn. 36–47 (!) (erforderlich).

164 EuGH v. 2.4.2020 – Rs. C-670/18 *Comune di Gesturi*, EU:C:2020:272 Rdn. 41 ff.

165 Anders noch *Schlachter*, RdA 2004, 352, 356, auch bei der Angemessenheitsprüfung einen Ermessensspielraum der Mitgliedstaaten befürwortend.

166 EuGH v. 5.7.2012 – verb. Rs. C-250/09 und C-268/09 *Georgiev*, EU:C:2010:699 Rdn. 57 ff.

167 EuGH v. 16.10.2007 – Rs. C-411/05 *Palacios de la Villa*, EU:C:2007:604 Rdn. 52–73; zust. *Waltermann*, FS Birk (2008), S. 924–928; krit. *Kocher*, RdA 2008, 238, 240.

hat der EuGH berücksichtigt, dass die berechtigten Erwartungen der Arbeitnehmer durch die zusätzliche Voraussetzung eines Rentenanspruchs gesichert waren. In ähnlicher Weise hat der Gerichtshof in *Rosenbladt* die Vorschrift von § 10 Nr. 5 AGG beurteilt, die Klauseln über die automatische Beendigung des Arbeitsverhältnisses bei Erreichen des Rentenalters zulässt. Er hat diese zum Zweck der Arbeitsteilung zwischen den Generationen als verhältnismäßig angesehen.[168] In *Petersen* erwies sich eine Altersgrenze als nicht erforderlich, da das nationale Recht nicht kohärent war.[169] Ein tarifliches System von Gehalts-Altersstufen stellt eine unmittelbare Altersdiskriminierung dar, die zwar grundsätzlich zu dem legitimen Zweck gerechtfertigt werden kann, Berufserfahrung zu honorieren, sich aber in *Hennings* als zu diesem Zweck nicht verhältnismäßig erwies.[170]

d) Sexuelle Ausrichtung

55 Diskriminierung wegen sexueller Ausrichtung ist nicht schon als Geschlechtsdiskriminierung über Art. 157 AEUV oder die Richtlinien gegen Geschlechtsdiskriminierung verboten (§ 10 Rdn. 11). Sexuelle Ausrichtung bezeichnet wörtlich die Präferenz bei der Wahl des Geschlechtspartners, bezieht sich aber nach dem Sprachgebrauch weitergehend auf die Wahl eines Partners. Auch wenn der Gesetzgeber vor allem an ein Verbot der Diskriminierung Homosexueller gedacht haben dürfte, weil sich hier ein besonderes soziales Problem darstellen mag, ist auch die Diskriminierung **Heterosexueller** verboten[171]. Daher kann sich eine Diskriminierung des Familienvaters oder der Mutter im Einzelfall durchaus als mittelbare Diskriminierung wegen der sexuellen Ausrichtung darstellen. Allerdings wollte der Gesetzgeber mitgliedstaatliche Rechtsvorschriften über den **Familien**stand und davon abhängige Leistungen unberührt lassen (BE 22). Auch **gesellschaftlich unerwünschte sexuelle Ausrichtungen**, wie etwa die Zuneigung Erwachsener zu Kindern oder die Zuneigung zu Tieren, fallen unter den Schutz des Diskriminierungsverbots.[172] **Transsexualität** hat der EuGH als ein Geschlechtsmerkmal angesehen und der Gesetzgeber hat das in BE 3 GDRL bestätigt (s. o. § 10 Rdn. 41); daher ist davon auszugehen, dass er Transsexualität nicht für einen Aspekt der sexuellen Ausrichtung hielt.

56 Die Kommission unterscheidet das Differenzierungskriterium der sexuellen *Ausrichtung* von dem des **sexuellen *Verhaltens***.[173] „Sexuelles Verhalten" und insbeson-

168 EuGH v. 5.3.2009 – Rs. C-388/07 *Age Concern England*, EU:C:2009:128; EuGH v. 12.10.2010 – Rs. C-45/09 *Rosenbladt*, EU:C:2010:601 Rdn. 46 ff.; m.zust.Anm.v. *Joussen*, ZESAR 2011, 201–208; daran anschließend EuGH v. 5.7.2012 Rs. C-141/11 *Hörnfeldt*, EU:C:2012:421 Rdn. 29 ff.

169 EuGH v. 12.2.2010 – Rs. C-341/08 *Petersen*, EU:C:2010:4.

170 EuGH v. 8.9.2011 – verb. Rs. C-297/10 und C-298/10 *Hennigs*, EU:C:2011:560 Rdn. 53 ff.

171 MünchKommBGB/*Thüsing*, § 1 AGG Rdn. 55; *Fuchs/Marhold*, Europäisches Arbeitsrechts, S. 300.

172 Krit. im Hinblick auf mögliche Wertungswidersprüche MünchKommBGB/*Thüsing*, § 1 AGG Rdn. 54. A.M. – nur „bi-, homo- und heterosexuelle Ausprägungen" – *Kummer*, Umsetzungsanforderungen der neuen arbeitsrechtlichen Antidiskriminierungsrichtlinie (RL 2000/78/EG), S. 79–83.

173 KOM(99) 565 endg. zu Art. 1. EuArbRK/*Mohr*, Art. 1 RL 2000/78/EG Rdn. 60.

dere die (von der GDRL verbotene, § 10 Rdn. 55) sexuelle Belästigung kann daher durchaus als Differenzierungsgrund verwendet werden. Damit ist nicht geleugnet, dass einzelne sexuelle Verhaltensweisen durchaus ausrichtungsspezifisch sein können. Wird indes an die *Verhaltensweise* angeknüpft, ist das unschädlich.

Eine unmittelbare Diskriminierung wegen der sexuellen Orientierung hat der Gerichtshof in der Entscheidung *Maruko* für den Fall bejaht, dass eine **Hinterbliebenenversorgung** zwar dem überlebenden Ehegatten des Arbeitnehmers gewährt wird, nicht aber dem überlebenden Partner einer gleichgeschlechtlichen Lebenspartnerschaft (nach dem deutschen LPartG).[174] Zur Begründung stellt der EuGH wesentlich darauf ab, dass die gleichgeschlechtliche Lebenspartnerschaft der Ehe weitgehend angeglichen ist. Befänden sich Witwer und überlebender Lebenspartner von Arbeitnehmern in einer vergleichbaren Situation, so stelle der Ausschluss des letzteren von der Versorgung eine unmittelbare Diskriminierung wegen der sexuellen Orientierung dar. Ebenso argumentiert der Gerichtshof in der Rechtssache *Römer* im Hinblick auf **Zusatzversorgungsbezüge**, die zwar einem (nicht dauerhaft getrennt lebenden) verheirateten Versorgungsempfänger gewährt wurden, nicht aber einem Versorgungsempfänger, der in einer eingetragenen Lebenspartnerschaft lebt.[175] Eine unmittelbare Diskriminierung homosexueller Arbeitnehmer liegt auch darin, dass nur Eheleuten, nicht aber den Partnern einer Solidaritätsvereinbarung nach französischem Recht (sog. PACS) tariflichen Anspruch auf **bezahlten Sonderurlaub** und eine Gehaltsprämie haben. Das gilt ungeachtet der Tatsache, dass auch heterosexuelle Paare eine solche Solidaritätsvereinbarung schließen können, soweit Homosexuelle keine Ehe schließen können.[176] 57

3. Allgemeine Rechtfertigungsoptionen

a) Berufliche Anforderung

Neben den merkmalsspezifischen Rechtfertigungsgründen, die die Richtlinie in Bezug auf die Diskriminierung wegen Religion und Weltanschauung (Rdn. 23–29), Behinderung (Rdn. 37–40) sowie Alters (Rdn. 46–54) vorsieht, enthält Art. 4 Abs. 1 GbRRL einen *allgemeinen* Rechtfertigungstatbestand, der auch von den anderen Gleichbehandlungsrichtlinien her bereits bekannt ist (dazu § 9 Rdn. 43): Eine unmittelbare oder mittelbare Diskriminierung aus Gründen der Religion oder Weltanschauung, der Behinderung, des Alters oder der sexuellen Orientierung kann – „unter sehr begrenzten Umständen“ (BE 23 GbRRL); der Tatbestand ist eng auszulegen[177] – gerechtfertigt sein, wenn das diskriminierende Merkmal für eine spezifische berufliche Tätigkeit eine wesentliche und entscheidende berufliche Anforderung darstellt. Die **Anforderung** muss von der Art der Tätigkeit **objektiv** vorgegeben sein und kann nach der Rechtsprechung des Gerichtshofs nicht auf subjektive Erwägungen wie den Willen 58

---

174 EuGH v. 1.4.2008 – Rs. C-267/06 *Maruko*, EU:C:2008:179. Bestätigt von EuGH v. 10.5.2011 – Rs. C-147/08 *Römer*, EU:C:2011:286 Rdn. 42ff.

175 EuGH v. 10.5.2011 – Rs. C-147/08 *Römer*, EU:C:2011:286 Rdn. 37ff.

176 EuGH v. 12.12.2013 – Rs. C-267/12 *Hay*, EU:C:2013:823.

177 EuGH v. 13.9.2011 – Rs. C-447/09 *Prigge*, EU:C:2011:573 Rdn. 71f.

des Arbeitgebers oder **Kundenwünsche** gestützt werden.[178] Sie muss zudem zur Erreichung eines legitimen Zwecks erforderlich sein (Verhältnismäßigkeit). Zum Beispiel kann eine Altersgrenze für Feuerwehrleute, Polizisten, Fluglotsen oder Busfahrer danach gerechtfertigt sein.[179]

59 So hat der Gerichtshof im Fall *Wolf*[180] die Altersgrenze von 30 Jahren für die Einstellung in die Laufbahn des **mittleren feuerwehrtechnischen Dienstes** als nach Art. 4 Abs. 1 GbRRL verhältnismäßig zu dem Zweck beurteilt, die Einsatzbereitschaft und das Funktionieren der Berufsfeuerwehr zu gewährleisten. Die körperlich anspruchsvollen Aufgaben dieses Berufs können, wie medizinisch belegt war, regelmäßig nur Feuerwehrleute erfüllen, die unter 45 Jahre alt sind. Das Einstellungshöchstalter von 30 rechtfertigte sich aus dem Erfordernis, eine angemessene Organisation zu ermöglichen, in der die Feuerwehrleute für einen Zeitraum von 15 Jahren zur Verfügung stehen.[181] Mit ähnlichen Erwägungen hat der EuGH eine Altersgrenze von 35 für die Einstellung bei der Vollzugspolizei[182] gestützt. Eine entsprechende Altersgrenze für die Einstellung in den örtlichen Polizeidienst erwies sich indes als unverhältnismäßig, da nicht dargetan war, dass die Tätigkeit ähnlich hohe körperliche Anforderungen stellte.[183]

60 Praktisch bedeutsam ist die Altersgrenze für **Piloten**. Im Fall *Prigge*[184] hatte der EuGH die tarifliche Altersgrenze von 60 Jahren zu beurteilen, die für Lufthansa-Piloten galt, während international eine Grenze von 65 Jahren üblich ist und für die Sicherheit als ausreichend angesehen wird. Der Gerichtshof erwägt, ob die Tarifregelung unter dem Aspekt der „öffentlichen Sicherheit" von der Ausnahme des Art. 2 Abs. 5 GbRRL (oben, Rdn. 11) gedeckt sei. Flugsicherheit fällt zwar darunter, doch ging die Grenze von 60 angesichts des internationalen Standards von 65 über das Erforderliche („notwendig") hinaus.[185] Flugsicherheit kann – zweitens – auch eine Altersgrenze als berufliche Anforderung i.S.v. Art. 4 GbRRL begründen. Auch insoweit sah der Gerichtshof die Grenze von 60 Jahren indes als unverhältnismäßig an.[186] Eine Rechtfertigung nach Art. 6 GbRRL – drittens – kam nach Auffassung des Gerichtshofs nicht in Betracht, da die dortigen Allgemeininteressen lediglich sozialpolitische Belange wie Beschäftigungspolitik, Arbeitsmarkt, berufliche Bildung umfasst. – Die Verhältnismäßigkeitsprüfung nach Art. 4 GbRRL hat der Gerichtshof streng verstanden. Insbesondere hat er dabei keinen unternehmerischen Ermessensspielraum anerkannt. Dabei hätte es nahegelegen, der Fluggesell-

---

178 EuGH v. 14.3.2017 – Rs. C-188/15 *Bougnaoui,* EU:C:2017:204 Rdn. 40. Krit. *Berka,* EuZA 2017, 465, 477.

179 *König,* FS Zuleeg (2005), S. 348; *Wank,* NZA 2004 Sonderbeil. zu Heft 22, 16, 22–24.; *Wiedemann/Thüsing,* NZA 2002, 1234, 1237.

180 EuGH v. 12.1.2010 Rs. C- 229/08 *Wolf,* EU:C:2010:3 Rdn. 31ff.

181 Krit. ob dieser frühen Altersgrenze *Collins/Ewing/McColgan,* Labour Law (2. Aufl. 2019), S. 383f.

182 EuGH v. 15.11.2016 – Rs. C-258/15 *Salaberria Sorondo,* EU:C:2016:873 Rdn. 32ff. Aufgaben der Polizei der Autonomen Gemeinschaft des Baskenlands sind die Gewährleistung des Schutzes von Personen und Sachen, der freien Ausübung der Rechte und Freiheiten einer jeden Person und der Sicherheit der Bürger, administrative Aufgaben nehmen ihre Angehörigen nicht wahr.

183 EuGH v. 13.11.2014 – Rs. C-416/13 *Vital Pérez,* EU:C:2014:2371 Rdn. 34ff.

184 EuGH v. 13.9.2011 – Rs. C-447/09 *Prigge,* EU:C:2011:573. *Temming,* Altersdiskriminierung im Arbeitsleben, S. 614f. m.w.N.

185 Anders für Piloten, die mit Flügen zur Durchführung von Einsätzen im Zusammenhang mit dem Schutz der nationalen Sicherheit betraut sind; EuGH v. 7.11.2019 – Rs. C-396/18 *Cafaro,* EU:C:2019:929 Rdn. 49ff. m.zust.Anm.v. *Klein/Kern,* EuZA 2020, 511ff.

186 Wiederum anders für Piloten für Einsätze im Zusammenhang mit der nationalen Sicherheit EuGH v. 7.11.2019 – Rs. C-396/18 *Cafaro,* EU:C:2019:929 Rdn. 65ff.

schaft einen Spielraum zu lassen, bei der pauschalierenden Festsetzung von Sicherheitsanforderungen die eigenen Unternehmensziele (hoher Sicherheitsstandard) mit zu berücksichtigen.

Eine **Belästigung** kann nicht gerechtfertigt werden. Die Rechtmäßigkeit der Anweisung hängt von der Rechtmäßigkeit der „Haupttat" ab, also davon, ob die Diskriminierung, zu der angewiesen wurde, ihrerseits gerechtfertigt ist. 61

b) Positive Maßnahmen

Auch die Möglichkeit positiver Maßnahmen steht den Mitgliedstaaten im Hinblick auf 62
alle Diskriminierungsmerkmale offen, Art. 7 Abs. 1 GbRRL (s. bereits § 9 Rdn. 56ff.). Die Vorschrift „hat den bestimmten und begrenzten Zweck, Maßnahmen zuzulassen, die zwar dem Anschein nach diskriminierend sind, tatsächlich aber im sozialen Leben etwa bestehende faktische Ungleichheiten beseitigen oder verringern sollen".[187] Als Ausnahme vom Individualrecht auf Nichtdiskriminierung müssen positive Maßnahmen dem Verhältnismäßigkeitsgrundsatz entsprechen. Das setzt im Rahmen der Erforderlichkeit voraus, dass sie kohärent angewandt werden.[188]

IV. Beispielsfall: *Mangold*

Am 26. Juni 2003 schloss der damals 56-jährige Herr Mangold mit Wirkung zum 1. Juli 63
2003 einen Arbeitsvertrag mit Rechtsanwalt Helm. § 5 des Vertrages lautet:

> „1. Das Arbeitsverhältnis beginnt am 1.7.2003 und ist befristet bis 28.2.2004.
> 2. Die Befristung wird auf die gesetzliche Bestimmung über die erleichterte Befristung mit älteren Arbeitnehmern in § 14 Abs. 3 Satz 4 i.V.m. Satz 1 TzBfG ... gestützt, weil der Arbeitnehmer älter als 52 Lebensjahre ist.
> 3. Die Parteien sind sich einig, dass der unter der vorgenannten Ziffer bezeichnete Befristungsgrund der einzige Befristungsgrund ist, auf den die Befristungsabrede gestützt wird. Vom Gesetzgeber und der Rechtsprechung grundsätzlich für zulässig angesehene andere Befristungsgründe werden ausdrücklich ausgeschlossen und sind nicht Gegenstand hiesiger Befristungsabrede."

Die Regelung des TzBfG, auf die die Vereinbarung Bezug nimmt, ermöglichte es, mit 64
Arbeitnehmern ab 52 Jahren befristete Arbeitsverträge zu schließen, ohne, wie sonst erforderlich, für die Befristung einen Sachgrund anzugeben. Ziel der Regelung war es, die Chancen älterer Arbeitnehmer auf dem Arbeitsmarkt zu verbessern.[189] Herr Mangold machte vor Gericht u.a. geltend, die Befristungsabrede des § 5 sei mit dem Verbot der Altersdiskriminierung nach der Gleichbehandlungsrahmenrichtlinie unvereinbar.

---

187 EuGH v. 22.1.2019 – Rs. C-193/17 *Cresco Investigation*, EU:C:2019:43 Rdn. 64.

188 EuGH v. 22.1.2019 – Rs. C-193/17 *Cresco Investigation*, EU:C:2019:43 Rdn. 67.

189 Die rechtspolitische Bewertung der Regelung war freilich stets umstritten; s. nur *Preis*, NZA 2006, 401ff. m.w.N.

Diese Frage legte das Arbeitsgericht München dem EuGH zur Vorabentscheidung vor.[190]

65 Die sachgrundlose Befristung stellt eine unmittelbare Altersdiskriminierung dar und verstößt daher gegen das Verbot des Art. 2 GbRRL. Diese Diskriminierung könnte allerdings grundsätzlich nach Art. 6 Abs. 1 GbRRL gerechtfertigt sein, der in UAbs. 1 lit. a) eigens „die Festlegung besonderer Bedingungen für den Zugang zur Beschäftigung (...) sowie besonderer Beschäftigungs- und Arbeitsbedingungen, einschließlich der Bedingungen für Entlassung und Entlohnung, um die berufliche Eingliederung von (...) älteren Arbeitnehmern (...) zu fördern oder ihren Schutz sicherzustellen" als mögliche Maßnahmen hervorhebt. Die berufliche Eingliederung älterer Arbeitnehmer zu fördern, ist daher ein legitimes Allgemeininteresse, das eine Diskriminierung grundsätzlich rechtfertigen kann.

66 Das gewählte Mittel (hier: Erleichterung der sachgrundlosen Befristung) muss allerdings zur Erreichung des Ziels angemessen und erforderlich sein. Bei der Beurteilung der Verhältnismäßigkeit gesteht der EuGH den Mitgliedstaaten in diesem Bereich der Arbeits- und Sozialpolitik, der eine wirtschaftspolitische Bewertung erfordert, einen weiten Ermessensspielraum bei der Wahl der Maßnahmen zur Erreichung ihrer Ziele zu. Dieser war jedoch vorliegend überschritten: Die Regelung des TzBfG bedeutete im Ergebnis, dass alle Arbeitnehmer ab 52 unterschiedslos – gleichgültig, ob und wie lange sie vor Abschluss des Arbeitsvertrags arbeitslos waren – befristete Arbeitsverträge angeboten werden können, und zwar ohne Einschränkung auch wiederholt. Diese große Gruppe von Arbeitnehmern wurde damit praktisch vom regulären Arbeitsmarkt ausgeschlossen, „ohne dass nachgewiesen wäre, dass die Festlegung einer Altersgrenze als solche unabhängig von anderen Erwägungen im Zusammenhang mit der Struktur des jeweiligen Arbeitsmarktes und der persönlichen Situation des Betroffenen zur Erreichung des Zieles der beruflichen Eingliederung arbeitsloser älterer Arbeitnehmer objektiv erforderlich ist". Daher konnte die Altersdiskriminierung nicht nach Art. 6 Abs. 1 GbRRL gerechtfertigt werden.

67 Bis dahin fand die Entscheidung des Gerichts weithin Zustimmung. Indes haben die im Weiteren angefügten Aussagen zur zeitlichen Wirkung der Richtlinie heftige Kontroversen ausgelöst. Der Fall spielte zu einer Zeit, als die Umsetzungsfrist der GbRRL noch nicht abgelaufen war. Der Gerichtshof erwägt, die Richtlinie könne schon Vorwirkungen entfalten,[191] stützt sich aber entscheidend auf eine andere Begründung: Die Gleichbehandlungsrahmenrichtlinie stelle nach ihrem Art. 1 nur einen „Rahmen" auf, begründe das Verbot der Altersdiskriminierung aber nicht selbst, sondern setze dieses voraus. In der Tat sei das Verbot schon als allgemeiner Rechts-

190 Weitere Vorlagefragen betrafen die Vereinbarkeit mit der Befristungsrichtlinie (s.a. unten § 20); zur Entscheidung näher *Preis*, NZA 2006, 401–410; *Riesenhuber*, ERCL 3 (2007), 62–71. Der Sachverhalt des Falles war konstruiert (dazu eingehend *Bauer*, NZA 2005, 800, 801f.), woraus sich zudem interessante Fragen der Zulässigkeit ergaben.

191 Zur Vorwirkung nur *Hofmann*, in: Riesenhuber (Hrsg.), Europäische Methodenlehre, § 15.

grundsatz (s. o., § 1 Rdn. 79) – und zwar normhierarchisch vom Rang des Primärrechts – begründet. Das ergebe sich aus völkerrechtlichen Verträgen ebenso wie den gemeinsamen Verfassungstraditionen der Mitgliedstaaten. Als primärrechtlicher allgemeiner Rechtsgrundsatz gelte das Diskriminierungsverbot unabhängig von der Umsetzungsfrist. – In diesem Punkt hat die Entscheidung zu Recht entschiedenen Widerspruch aus der Wissenschaft, aber auch von Seiten der Generalanwälte erfahren. Der Gerichtshof hat daran ungeachtet dessen festgehalten (näher oben, § 9 Rdn. 12f.).[192]

192 EuGH v. 19.1.2010 – Rs. C-555/07 *Kücükdeveci*, EU:C:2010:21.

2. Kapitel
Datenschutz

§ 13 Die Datenschutz-Grundverordnung

Literatur (Auswahl): *Albrecht,* Das neue EU-Datenschutzrecht – von der Richtlinie zur Verordnung, CR 2016, 88–98; *Brodil,* Verwirrungen um den Beschäftigten-Datenschutz, in: Brameshuber/Friedrich/Karl (Hrsg.), Festschrift Franz Marhold, 2020, S. 15–26; *Däubler,* Informationsbedarf versus Persönlichkeitsschutz – was muss, was darf der Arbeitgeber wissen?, NZA 2017, 1481–1488; *Düwell/Brink,* Die EU-Datenschutz-Grundverordnung und der Beschäftigtendatenschutz, NZA 2016, 665–668; *dies.,* Beschäftigtendatenschutz nach der Umsetzung der Datenschutz-Grundverordnung: Viele Änderungen und wenig Neues, NZA 2017, 1081–1085; *Dzida/Grau,* Beschäftigtendatenschutz nach der Datenschutzgrundverordnung und dem neuen BDSG, BB 2018, 189–194; *Franzen,* Datenschutz-Grundverordnung und Arbeitsrecht, EuZA 2017, 313–351; *Fuhlrott/Oltmanns,* Arbeitnehmerüberwachung und interne Ermittlungen im Lichte der Datenschutz-Grundverordnung, NZA 2019, 1105–1110; *Gola,* Der „neue" Beschäftigtendatenschutz nach § 26 BDSG n.F., BB 2017, 1462–1472; *ders./Pötters/Thüsing,* Art. 82 DSGVO: Öffnungsklausel für nationale Regelungen zum Beschäftigtendatenschutz, RDV 2016, 57–61; *Greiner/Senk,* Der Datenschutzbeauftragte und sein Schutz vor Benachteiligung, Abberufung und Kündigung, NZA 2020, 201–209; *Klug,* Der Datenschutzbeauftragte in der EU Maßgaben der Datenschutzgrundverordnung, ZD 2016, 315–319; *König,* Das Recht auf eine Datenkopie im Arbeitsverhältnis, CR 2019, 295–301; *Körner,* Wirksamer Beschäftigtendatenschutz im Lichte der Europäischen Datenschutz-Grundverordnung, 2016; *Kort,* Der Beschäftigtendatenschutz gem. § 26 BDSG-neu, ZD 2017, 319–322; *Kühling/Martini,* Die Datenschutz-Grundverordnung: Revolution oder Evolution im europäischen und deutschen Datenschutzrecht?, EuZW 2016, 448–454; *Maschmann,* Verarbeitung personenbezogener Entgeltdaten und neuer Datenschutz, BB 2019, 628–636; *Morasch,* Datenverarbeitung im Beschäftigungskontext – Zur Reichweite der Öffnungsklausel nach Art. 88 DSGVO (2019); *Paal,* Schadensersatzansprüche bei Datenschutzverstößen, MMR 2020, 14–19; *Piltz,* Datenübertragbarkeit im Beschäftigungsverhältnis – Arbeitgeberwechsel: Und die Daten kommen mit?, RDV 2018, 3–8; *Schantz,* Datenschutzrecht, NJW 2016, 1841–1847; *Schulte/Welge,* Der datenschutzrechtliche Kopieanspruch im Arbeitsrecht, NZA 2019, 1110–1116; *Thüsing/Rombey,* Dateigebundene Verarbeitung und Datenverantwortung, NZA 2019, 6–11; *Tinnefeld/Conrad,* Die selbstbestimmte Einwilligung im europäischen Recht – Voraussetzungen und Probleme, ZD 2018, 391–398; *Wünschelbaum,* Zur Einschränkung des DSGVO-Auskunftsanspruchs durch Betriebsvereinbarung, BB 2019, 2102–2106; *Wybitul,* Was ändert sich mit dem neuen EU-Datenschutzrecht für Arbeitgeber und Betriebsräte? – Anpassungsbedarf bei Beschäftigtendatenschutz und Betriebsvereinbarungen, ZD 2016, 203–208; *ders./Brams,* Welche Reichweite hat das Recht auf Auskunft und auf eine Kopie nach Art. 15 I DS-GVO?, NZA 2019, 672–677; *Wybitul/Neu/Strauch,* Schadensersatzrisiken für Unternehmen bei Datenschutzverstößen, ZD 2018, 202–207.
Kommentare: *Ehmann/Selmayr* (Hrsg.), Datenschutz-Grundverordnung, 2. Aufl. 2018; *Kühling/Buchner* (Hrsg.), DSGVO, BDSG, 3. Aufl. 2020; *Paal/Pauly* (Hrsg.), DSGVO, 2. Aufl. 2018; *Simitis/Hornung/Spiecker gen. Döhmann,* Datenschutzrecht, 2019; *Wolff/Brink* (Hrsg.), Beck'scher Online Kommentar Datenschutzrecht, 34. Edition Stand 1.11.2020.

Rechtsprechung:
Zur Datenschutzrichtlinie:

EuGH v. 6.11.2003	Rs. C-101/01 *Lindqvist,* EU:C:2003:596
EuGH v. 24.11.2011	verb. Rs. C-468/10 und C-469/10 *ASNEF,* EU:C:2011:777

https://doi.org/10.1515/9783110731941-013

EuGH v. 30.5.2013	Rs. C-342/12 *Worten*, EU:C:2013:355
EuGH v. 11.12.2014	Rs. C-212/13 *Ryneš*, EU:C:2014:2428
EuGH v. 13.5.2014	Rs. C-131/12 *Google Spain*, EU:C:2014:317
EuGH v. 17.7.2014	verb. Rs. C-141/12 und C-372/12 *Y.S.*, EU:C:2014:2081
EuGH v. 19.10.2016	Rs. C-582/14 *Breyer*, EU:C:2016:779
EuGH v. 5.6.2018	Rs. C-210/16 *Wirtschaftsakademie Schleswig-Holstein*, EU:C:2018:388
EuGH v. 10.7.2018	Rs. C-25/17 *Jehovan todistajat*, EU:C:2018:551
EuGH v. 11.12.2019	Rs. C-708/18 *TK*, EU:C:2019:1064
Zur Datenschutz-Grundverordnung:	
EuGH v. 16.1.2019	Rs. C-496/17 *Deutsche Post*, EU:C:2019:26
EuGH v. 1.10.2019	Rs. C-673/17 *Planet49*, EU:C:2019:801
EuGH v. 11.11.2020	Rs. C-61/19 *Orange România*, EU:C:2020:901

Übersicht

I. Sachfragen, Übersicht, Rechtsgrundlagen, Regelungsumfeld

1. Zweck

Die Datenschutzgrundverordnung[1] dient in erster Linie dem – nach Art. 8 GRCh und Art. 16 Abs. 1 AEUV auch grundrechtlich gebotenen – Schutz natürlicher Personen bei der Verarbeitung personenbezogener Daten, Art. 1 Abs. 1 DSGVO. Sie setzt diesen Schutz indessen keineswegs absolut, sondern dient ebenso einem Ausgleich des Interesses am Datenschutz einerseits mit gegenläufigen Grundrechten und Grundfreiheiten andererseits, Art. 1 Abs. 2, BE 4 S. 2 DSGVO.[2] Bei den gegenläufigen Interessen stehen die Grundfreiheiten im Vordergrund. Der Datenschutz trägt dem Umstand Rechnung, dass die wirtschaftliche und soziale Integration im Binnenmarkt auch zu einem Anstieg des „grenzüberschreitenden Verkehrs personenbezogener Daten“ geführt hat, BE 5 DSGVO. 1

Die Datenschutzgrundverordnung dient dem Schutz des **Grundrechts auf Datenschutz**, Art. 8 GRCh, das sie zugleich konkretisiert und näher ausgestaltet.[3] Datenschutz ist nach dem Grundsatz von Art. 8 Abs. 1 GRCh ein Menschenrecht. Die Charta enthält zudem bereits zentrale Grundsätze für die nähere Ausgestaltung: In Absatz 2 sind das Verbot mit Erlaubnisvorbehalt sowie der Grundsatz der Verarbeitung nach Treu und Glauben angelegt, ebenso wie der Auskunftsanspruch der betroffenen Per- 2

1 Verordnung (EU) 2016/679 des Europäischen Parlaments und des Rates vom 27.4.2016 zum Schutz natürlicher Personen bei der Verarbeitung personenbezogener Daten, zum freien Datenverkehr und zur Aufhebung der Richtlinie 95/46/EG (Datenschutz-Grundverordnung), ABl. 2016 L 119/1.

2 Ebenso Preis/Sagan/*Pötters/Schmidt*, Rdn. 11.4 ff.

3 S.a. *Albrecht*, CR 2016, 88, 89 („erstmalige Regelung eines EU-Grundrechts“).

son. Absatz 3 schreibt die Überwachung durch eine unabhängige Stelle vor. Eng mit dem Grundrecht auf Datenschutz verbunden ist das Grundrecht auf Achtung des Privat- und Familienlebens,[4] das auch die Wohnung und die Kommunikation schützt, Art. 7 GRCh. Das grundrechtliche Fundament ist bei der Auslegung der Verordnung zu berücksichtigen.[5]

2. Übersicht

3 Die Verarbeitung personenbezogener Daten ist grundsätzlich verboten und bedarf der Erlaubnis (**Verbot mit Erlaubnisvorbehalt**), Art. 6 DSGVO. Die Erlaubnis kann die betroffene Person durch ihre Einwilligung erteilen. Sonst kann sie sich im Rahmen der Verhältnismäßigkeit für bestimmte legitime Zwecke aus dem Gesetz ergeben. Die betroffene Person hat auch bei erlaubter Verarbeitung personenbezogener Daten bestimmte Informations-, Berichtigungs- und Löschungsrechte. Für den Beschäftigungsbereich können die **Mitgliedstaaten spezifischere Regeln** vorsehen, als sie die Grundverordnung enthält, Art. 88 DSGVO. Dabei können sie insbesondere auch vorsehen, dass Kollektivvereinbarungen (einschließlich Betriebsvereinbarungen) Erlaubnistatbestände enthalten. Die Rechtsdurchsetzung liegt wesentlich in den Händen der Verwaltung, auch die Sanktionen sind vor allem öffentlich-rechtlich (Bußgeld gem. Art. 83 DSGVO).[6] Jedoch begründet die Verordnung auch einen deliktischen **Schadensersatzanspruch**, Art. 82 DSGVO. Die aufsichts- und verwaltungsrechtlichen Aspekte lassen wir in der folgenden Darstellung außer Betracht.

3. Rechtsgrundlage, Entstehungsgeschichte, Rechtsform

4 Die Datenschutz-Grundverordnung löst die Datenschutzrichtlinie (DSRL) von 1995[7] ab. Sie baut allerdings auf den aus der Richtlinie bekannten Grundkonzepten auf, BE 9 DSGVO.[8] Soweit die Richtlinienregeln in der Verordnung fortgeführt werden, kann die Rechtsprechung zur früheren Regelung auch die Rechtsfindung zur Verordnung informieren.[9]

5 Der Rechtsform nach gilt die Datenschutz-Grundverordnung in den Mitgliedstaaten unmittelbar (Art. 288 Abs. 2 AEUV). Allerdings enthält sie, wie das Beispiel des Beschäftigtendatenschutzes illustriert, Ausnahmen und Konkretisierungsbefugnisse der

4 Preis/Sagan/*Pötters/Schmidt*, Rdn. 11.15.

5 Vgl. EuGH v. 11.12.2014 – Rs. C-212/13 *Ryneš*, EU:C:2014:2428 Rdn. 28f.

6 S. nur *Franzen*, EuZA 2017, 313, 317f.

7 Richtlinie 95/46/EG des Europäischen Parlaments und des Rates vom 24.10.1995 zum Schutz natürlicher Personen bei der Verarbeitung personenbezogener Daten und zum freien Datenverkehr, ABl. 1995 L 281/31.

8 *Franzen*, EuZA 2017, 313, 316.

9 S. beispielhaft EuGH v. 1.10.2019 – Rs. C-673/17 *Planet49*, EU:C:2019:801 Rdn. 44ff., 60ff.; *Thüsing/Rombey*, NZA 2019, 6ff.

Mitgliedstaaten, die die Einheitlichkeit der Regelung einschränken.[10] Manche sprechen daher von einem „Handlungsformenhybrid".[11]

Den Kommissionsvorschlag v. 25.1.2012[12] nahm das Europäische Parlament mit zahlreichen Än- 6
derungen an[13]. Der Rat billigte diese indes überwiegend nicht. In zähem rechtspolitischen Ringen wurde im Trilog-Verfahren im Dezember 2015 ein Kompromiss erzielt. Die auf Art. 16 Abs. 2 AEUV gestützte Verordnung trat schließlich am 25. Mai 2016 in Kraft und gilt mit Wirkung ab dem 25. Mai 2018 (Art. 99 Abs. 2 DSGVO).[14]

4. Regelungsumfeld

Zum Regelungsumfeld der Datenschutz-Grundverordnung kann man sämtliche uni- 7
onsrechtliche Regelungen rechnen, die in Bezug auf personenbezogene Daten Datenerhebungs- und Dokumentationspflichten begründen, wie insbesondere die Nachweispflichten der Transparenzrichtlinie (§ 14) und die Arbeitszeitrichtlinie (§ 17). Im Bereich des Persönlichkeitsschutzes gehören die Antidiskriminierungsrichtlinien dazu (§§ 9–12).

II. Anwendungsbereich

1. Persönlicher Anwendungsbereich

Die Grundverordnung schützt die von der *Verarbeitung personenbezogener Daten be-* 8
troffenen Personen (Rdn. 10) und verpflichtet den für die Verarbeitung *Verantwortlichen.* Ob zwischen den Beteiligten eine Vertragsbeziehung besteht und welchen Typs sie ist, spielt keine Rolle. Sie findet daher auch auf den Arbeitgeber als Verarbeiter und den Arbeitnehmer als betroffene Person Anwendung.

Personenbezogene Daten sind alle Informationen, die sich auf eine identifizier- 9
te oder identifizierbare natürliche Person beziehen, Art. 4 Nr. 1 Hs. 1 DSGVO. Dazu gehören z. B. der Name einer Person, seine Telefonnummer und Informationen über ihr Arbeitsverhältnis und ihre Freizeitbeschäftigungen;[15] ebenso Beginn und Ende der Ar-

10 *Franzen,* EuZA 2017, 313, 316; EuArbRK/*Franzen,* Art. 1 DS-GVO Rdn. 4 ff.

11 *Kühling/Martini,* EuZW 2016, 448, 449.

12 KOM(2012) 11 endg.

13 Legislative Entschließung des Europäischen Parlaments vom 12.3.2014 zu dem Vorschlag für eine Verordnung des Europäischen Parlaments und des Rates zum Schutz natürlicher Personen bei der Verarbeitung personenbezogener Daten und zum freien Datenverkehr (allgemeine Datenschutzverordnung) (COM(2012)0011 — C7-0025/2012 — 2012/0011(COD)), ABl. 2017 C 378/399.

14 Zum Verfahren *Albrecht,* CR 2016, 88, 89 f.

15 EuGH v. 6.11.2003 – Rs. C-101/01 *Lindqvist,* EU:C:2003:596 Rdn. 24.

beitszeit und Uhrzeiten der Pausen eines Arbeitnehmers.[16] Identifizierbar ist eine natürliche Person, wenn sie „direkt oder indirekt, insbesondere mittels Zuordnung zu einer Kennung wie einem Namen, zu einer Kennnummer, zu Standortdaten, zu einer Online-Kennung oder zu einem oder mehreren besonderen Merkmalen (...) identifiziert werden kann" (Hs. 2). Eine „indirekte" Identifizierung kann durch die Verknüpfung vorhandener Informationen mit weiteren Informationen (ggf. von Dritten) erfolgen.[17]

10 Die Person, auf die sich die Daten beziehen, wird in der Verordnung als **betroffene Person** bezeichnet; vgl. die Klammerdefinition in Art. 4 Nr. 1 Hs. 1 DSGVO.

11 **Verarbeitung** ist jeder Vorgang im Zusammenhang mit personenbezogenen Daten, Art. 4 Nr. 2 DSGVO. Der Begriff ist mithin außerordentlich weit, und die angefügte Aufzählung einzelner „Vorgänge" ist nur exemplarisch und nicht abschließend („wie"): das Erheben, das Erfassen, die Organisation, das Ordnen, die Speicherung, die Anpassung oder Veränderung, das Auslesen, das Abfragen, die Verwendung, die Offenlegung durch Übermittlung, Verbreitung oder eine andere Form der Bereitstellung, den Abgleich oder die Verknüpfung, die Einschränkung, das Löschen oder die Vernichtung. Dazu zählt z. B. auch die Einstellung von personenbezogenen Daten auf eine Website.[18] Es wird schon durch die beispielhafte Aufzählung deutlich, dass der Datenschutz jeden einzelnen Vorgang erfasst und folglich für jeden einzelnen Vorgang auch eine Erlaubnis verlangt und als verhältnismäßig zu rechtfertigen ist. Die Definitionsnorm hebt weiterhin hervor, dass jeder Vorgang „mit oder ohne Hilfe automatisierter Verfahren" erfasst ist. Es geht m. a. W. nicht nur um die elektronische Datenverarbeitung mit Computern.

12 **Verantwortlicher** ist die Stelle, die über die Zwecke und Mittel der Verarbeitung von personenbezogenen Daten entscheidet. Dabei ist der Begriff der „Stelle" ein Oberbegriff, der (nicht abschließend: „oder andere") u. a. natürliche oder juristische Personen, Behörden und Einrichtungen umfasst. Die Entscheidungsbefugnis muss die Stelle nicht allein haben, es reicht, wenn sie diese gemeinsam mit anderen hat; in diesem Fall ist jeder der Akteure „Verantwortlicher".[19] Für die Zweckbestimmung kommt es nicht auf eine förmliche (etwa schriftliche) Anleitung oder Anweisung an; auch ist nicht erforderlich, dass alle von mehreren Personen, die die Zwecke bestimmen, gleichermaßen Zugriff auf die Daten haben.[20]

---

16 EuGH v. 30.5.2013 – Rs. C-342/12 *Worten*, EU:C:2013:355 Rdn. 18 ff.

17 Vgl. EuGH v. 19.10.2016 – Rs. C-582/14 *Breyer*, EU:C:2016:779 Rdn. 40 ff.

18 EuGH v. 6.11.2003 – Rs. C-101/01 *Lindqvist*, EU:C:2003:596 Rdn. 25. Zum Verarbeitungsbegriff auch EuGH v. 13.5.2014 – Rs. C-131/12 *Google Spain*, EU:C:2014:317 Rdn. 25 ff.

19 EuGH v. 5.6.2018 – Rs. C-210/16 *Wirtschaftsakademie Schleswig-Holstein*, EU:C:2018:388 Rdn. 29. S. weiterhin EuGH v. 13.5.2014 – Rs. C-131/12 *Google Spain*, EU:C:2014:317 Rdn. 32 ff.

20 EuGH v. 10.7.2018 – Rs. C-25/17 *Jehovan todistajat*, EU:C:2018:551 Rdn. 63 ff. (zu dem entsprechenden Begriff „Datei" in der Datenschutzrichtlinie). Dazu *Thüsing/Rombey*, NZA 2019, 6, 10 f.

2. Sachlicher Anwendungsbereich

Die Verordnung „gilt für die ganz oder teilweise automatisierte **Verarbeitung personenbezogener Daten** sowie für die nichtautomatisierte Verarbeitung personenbezogener Daten, die in einem Dateisystem gespeichert sind oder gespeichert werden sollen", Art. 2 Abs. 1 DSGVO. **Dateisystem** ist dabei definiert als „jede strukturierte Sammlung personenbezogener Daten, die nach bestimmten Kriterien zugänglich sind, unabhängig davon, ob diese Sammlung zentral, dezentral oder nach funktionalen oder geografischen Gesichtspunkten geordnet geführt wird", Art. 4 Nr. 6 DSGVO. Die DSGVO erfasst daher nicht nur die computergestützte Datenverarbeitung, sondern auch die „manuelle Verarbeitung", vorausgesetzt nur, dass die resultierende Sammlung strukturiert und nach bestimmten Kriterien zugänglich ist (vgl. BE 15 DSGVO).[21] Das kann etwa auch bei handschriftlichen Notizen über Name, Adresse und weitere Informationen der Fall sein.[22] Darunter fällt auch die **Personalakte**, sofern sie, wie regelmäßig der Fall, ein Mindestmaß an Ordnung aufweist. 13

Ausnahmen vom sachlichen Anwendungsbereich bestehen für einzelne Sonderbereiche, u. a. für die Verarbeitung personenbezogener Daten durch natürliche Personen für persönliche oder familiäre Tätigkeiten (Art. 2 Abs. 2 lit. c))[23] sowie im Bereich von Strafverfolgung und Strafvollstreckung, lit. d). 14

III. Beschäftigtendatenschutz nach der Verordnung

1. Grundsätze der Verarbeitung personenbezogener Daten

Die Datenschutzgrundverordnung stellt den Einzelregeln in Art. 5 einige Grundsätze voran, die auch im Beschäftigungskontext zu beachten sind: 15
- Rechtmäßigkeit, Verarbeitung nach Treu und Glauben[24] und Transparenz;
- Zweckbindung;
- Datenminimierung;
- Richtigkeit;

21 *Franzen*, EuZA 2017, 313, 319; vgl. auch *Riesenhuber*, NZA 2014, 753.

22 EuGH v. 10.7.2018 – Rs. C-25/17 *Jehovan todistajat*, EU:C:2018:551 Rdn. 52ff. (zu dem entsprechenden Begriff „Datei" in der Datenschutzrichtlinie). Dazu *Thüsing/Rombey*, NZA 2019, 6, 8ff.

23 Nach ihrem Wortlaut und mit Rücksicht auf Art. 7 GRCh eng auszulegen, EuGH v. 11.12.2014 – Rs. C-212/13 *Ryneš*, EU:C:2014:2428 (nicht für Videoüberwachung im Eingangsbereich eines Einfamilienhauses, die in den öffentlichen Bereich hineinreicht); EuGH v. 6.11.2003 – Rs. C-101/01 *Lindqvist*, EU: C:2003:596 Rdn. 46f. (nicht für ehrenamtliche Tätigkeit).

24 Preis/Sagan/*Pötters/Schmidt*, Rdn. 11.52ff. („negative" Annäherung: nicht treuwidrig; Bsp.: verborgene Techniken).

- Speicherbegrenzung;
- Integrität und Vertraulichkeit.

Den Verantwortlichen trifft eine Rechenschaftspflicht (Art. 5 Abs. 2).

16 Art. 5 Abs. 1 lit. b) DSGVO umfasst die Grundsätze von Rechtmäßigkeit, Redlichkeit (Treu und Glauben) und Transparenz. Treu und Glauben kann etwa die Verpflichtung umfassen, die betroffene Person davon zu unterrichten, dass Daten erhoben und verarbeitet werden.[25]

17 Nach dem Grundsatz der **Zweckbindung** dürfen personenbezogene Daten nur für einen bestimmten Zweck erhoben und weiterverarbeitet werden.[26] Art. 5 Abs. 1 lit. b) DSGVO konkretisiert und ergänzt den Grundsatz um weitere Anforderungen: Die Zwecke müssen legitim sein. Sie müssen eindeutig formuliert werden. Der Verantwortliche soll sich nicht etwa durch eine schwammige Zweckbestimmung zusätzliche Spielräume verschaffen. Außerdem müssen sie festgelegt werden. Daraus ergibt sich jedenfalls ein erheblicher Anreiz, den Zweck schriftlich niederzulegen. Soll der Zweck geändert werden, also z. B. das Foto für den Mitarbeiterausweis auch für die Darstellung auf der Unternehmenswebsite genutzt werden, bedarf es dafür einer gesonderten Erlaubnis. Eine weitere Konkretisierung der Zweckbindung ist der „Kompatibilitätstest" von Art. 6 Abs. 4 DSGVO, der Kriterien für die Prüfung formuliert, ob eine Verarbeitung mit dem festgelegten Zweck vereinbar (kompatibel) ist.[27]

18 Damit hängt der Grundsatz der **Datenminimierung** zusammen.[28] Man kann darin eine Ausprägung des Verhältnismäßigkeitsprinzips sehen, das das Datenschutzrecht beherrscht. Gebunden an einen bestimmten Zweck, ist die Verarbeitung personenbezogener Daten stets nur zulässig, soweit das für diesen Zweck erforderlich ist.

19 Der **Grundsatz der Richtigkeit** wird insbesondere durch den Berichtigungsanspruch konkretisiert (dazu Rdn. 43). Dem **Grundsatz der Speicherbegrenzung** dient der Löschungsanspruch (dazu Rdn. 44).

2. Beschäftigtenbegriff

20 Der Begriff des „Beschäftigten" wird in der DSGVO wiederholt verwendet, aber nicht definiert. Da der Begriff insbesondere für den Anwendungsbereich von Art. 88 zentra-

---

25 EuGH v. 16.1.2019 – Rs. C-496/17 *Deutsche Post,* EU:C:2019:26 Rdn. 59.

26 Vgl. noch EuGH v. 16.1.2019 – Rs. C-496/17 *Deutsche Post,* EU:C:2019:26 Rdn. 58.

27 Zur Konkretisierung möchte *Franzen,* EuZA 2017, 313, 327 die Methode des beweglichen Systems fruchtbar machen, über die Vereinbarkeit also danach entscheiden, welche Zahl der Kriterien im Einzelfall zu welchem Grad erfüllt sind.

28 Zu diesem EuGH v. 11.12.2019 – Rs. C-708/18 *TK,* EU:C:2019:1064 Rdn. 48.

le Bedeutung hat, ist eine **autonome Auslegung** geboten.[29] Der Wortlaut deutet darauf hin, dass der Gesetzgeber damit auf eine tatsächliche Gegebenheit Bezug nehmen wollte, nicht auf ihre rechtliche Einordnung.[30] Immerhin verwendet der Gesetzgeber in der Verordnung auch den Begriff des „Arbeitsvertrags" und kennt er in anderen Rechtsakten durchaus die Unterscheidung von Arbeitnehmern und Beamten. Auch die englische (*employees' personal data in the employment context*) und die französische Sprachfassung (*des données à caractère personnel des employés dans le cadre des relations de travail*) weisen tendenziell in dieselbe Richtung. „Beschäftigt" sein kann man daher sowohl in einem privatrechtlichen als auch in einem öffentlich-rechtlichen Verhältnis; sowohl auf wirksamer vertraglicher Grundlage als auch „faktisch". Auch die grundrechtliche Fundierung und der systematische Gedanke einer Gleichbehandlung wesentlich gleicher Sachverhalte spricht für eine funktionale und weite Definition. Es wäre schwer zu vermitteln, wenn nur Arbeitnehmer (im engeren Sinne) dem Beschäftigtendatenschutz unterworfen würden, aber etwa Beamte, Heimarbeiter, Auszubildende oder Bewerber nicht. Zudem ist auch hier die spezifisch integrationspolitische Erwägung zu berücksichtigen, dass eine enge Beschränkung auf privatrechtliche Arbeitsverhältnisse eine uneinheitliche Rechtsanwendung zur Folge haben könnte, da die Grenze zwischen Arbeitnehmern und Beamten nicht überall gleich gezogen wird.

Die eingehendste Regelung über „Beschäftigte" in der DSGVO ist die mitgliedstaatliche Regelungsoption von Art. 88. Die in Abs. 1 der Vorschrift beispielhaft aufgelisteten Illustrationen für den „Beschäftigungskontext" weisen zwar auf den „Arbeitsvertrag" (*contrat de travail, contract of employment*) hin, doch ist darin keine Beschränkung auf vertragliche Verhältnisse i.S. eines Ausschlusses von etwa Beamten-, Soldaten- oder Richterverhältnissen zu sehen, weil die Aufzählung nur beispielhaft ist.[31] Auch Praktikumsverhältnisse oder die ehrenamtliche Beschäftigung kann darunterfallen. Für dieses weite Verständnis spricht wiederum auch der Vereinheitlichungszweck, da ähnliche Beschäftigungen in verschiedenen Mitgliedstaaten unterschiedlich rechtlich ausgestaltet sein können. Ist der Erwähnung des Arbeitsvertrags auch keine Beschränkung zu entnehmen, so kann man darin doch eine paradigmatische Hervorhebung sehen: Der (privatrechtliche) Arbeitsvertrag ist der Normalfall des Beschäftigungsverhältnisses. Davon ausgehend geht es bei Art. 88 um die besonderen Sachfragen abhängiger Beschäftigung nach Weisung des Dienstherrn. Das bestätigt auch die Entstehungsgeschichte der Verordnung, wenn in den Entwürfen ursprüng- **21**

29 Ebenso *Höhne*, Auswirkungen der unionsrechtlichen Öffnungsklausel nach Art. 88 DSGVO auf den Beschäftigtendatenschutz nach deutschem Recht (2019), 81ff.

30 *Gola/Pötters/Thüsing*, RDV 2016, 57, 58.

31 Ähnlich *Tiedemann*, ArbRB 2016, 334f.; insoweit auch *N. Maier*, DuD 2017, 169f., die aber in Art. 6 Abs. 2 eine (i.W. inhaltsgleiche) Regelungsoption für den öffentlichen Dienst sieht.

lich ein besonderes Bedürfnis gesehen wurde, die Einwilligung im Beschäftigungsverhältnis als einem Über-/Unterordnungsverhältnis zu regeln.[32]

3. Zulässigkeit der Verarbeitung personenbezogener Daten

a) Verbot mit Erlaubnisvorbehalt

22 „Die Verarbeitung ist nur rechtmäßig, wenn mindestens eine der nachstehenden Bedingungen erfüllt ist", Art. 6 Abs. 1 UAbs. 1 DSGVO.[33] In dem Einleitungssatz kommt zum Ausdruck, dass die Verarbeitung personenbezogener Daten grundsätzlich verboten ist, aber in den nachfolgend aufgezählten Fällen erlaubt sein kann: Verbot mit Erlaubnisvorbehalt. Die Verarbeitung personenbezogener Daten ist m. a. W. nicht Freiheitsausübung des Verantwortlichen, sondern Eingriff in die (Persönlichkeits-) Rechte der betroffenen Person. Als solche bedarf sie der Rechtfertigung. Wenn sodann die Einwilligung an der Spitze der Erlaubnistatbestände steht, kommt darin zum Ausdruck, dass es um den Individualschutz des Einzelnen geht. Das entspricht dem deutschen Verständnis von Datenschutz als Schutz der **informationellen Selbstbestimmung.**[34] Schließlich ist die Liste der Erlaubnistatbestände von Art. 6 Abs. 1 DSGVO nach ihrem Wortlaut und Zweck abschließend.[35]

b) Die Einwilligung

23 Die Einwilligung ist nach der DSGVO der erstrangige Erlaubnistatbestand. Erforderlich ist eine unmissverständlich abgegebene **Willensbekundung**, die der Betroffene **ausdrücklich oder konkludent** erklären kann, einer besonderen Form bedarf es nicht. Für die konkludente Erklärung ist eine „sonstige eindeutige bestätigende Handlung" erforderlich, „mit der die betroffene Person zu verstehen gibt, dass sie mit der Verarbeitung der sie betreffenden personenbezogenen Daten einverstanden ist". Die Verordnung verlangt eine „aktive Einwilligung", „Stillschweigen, bereits angekreuzte Kästchen oder Untätigkeit" reichen nach BE 32 DSGVO nicht aus.[36] Bloßes Weiterarbeiten des Beschäftigten nach Information über die beabsichtigte Datenverarbeitung ist daher keine Einwilligung.[37] Die Einwilligung ist als **freiwillig**es und infor-

---

32 Im Ergebnis ähnlich *Körner*, NZA 2016, 1383, 1384; *dies.*, Wirksamer Beschäftigtendatenschutz im Lichte der Europäischen Datenschutz-Grundverordnung, S. 51; *Spelge*, DuD 2016, 775, 777.

33 EuGH v. 11.11.2020 – Rs. C-61/19 *Orange România*, EU:C:2020:901 Rdn. 34 („abschließende Aufzählung").

34 Ebenso *Franzen*, EuZA 2017, 313, 321.

35 Zur DSRL EuGH v. 24.11.2011 – verb. Rs. C-468/10 und C-469/10 *ASNEF*, EU:C:2011:777 Rdn. 30 f.

36 EuGH v. 11.11.2020 – Rs. C-61/19 *Orange România*, EU:C:2020:901 Rdn. 37; EuGH v. 1.10.2019 – Rs. C-673/17 *Planet49*, EU:C:2019:801 Rdn. 62.

37 *Franzen*, EuZA 2017, 313, 322.

miertes Einverständnis definiert, Art. 4 Nr. 11 mit Begründungserwägungen 42, 43.[38] Art. 7 formuliert nähere formale und materielle Anforderungen an ihre Wirksamkeit. Sie muss „in verständlicher und leicht zugänglicher Form in einer klaren und einfachen Sprache" formuliert sein und in einer gesonderten Erklärung erteilt werden, Art. 7 Abs. 2.[39] Die Beweislast für die Erfüllung der Voraussetzungen trägt der Verantwortliche.[40] Die Einwilligung ist zudem jederzeit **widerruflich.**[41]

Für die Einwilligung **im Beschäftigungskontext** enthält die DSGVO keine besondere Regelung, doch ist dieser Anwendungsfall in BE 155 besonders hervorgehoben. Bei der Auslegung der allgemeinen Vorschrift des Art. 7 ist zu beachten, dass die Einwilligung nach BE 155 auch im Beschäftigungskontext grundsätzlich ein Erlaubnistatbestand ist.[42] Das verdient vor dem Hintergrund der Entstehungsgeschichte Hervorhebung, da der ursprüngliche Vorschlag der Kommission die Einwilligung im Beschäftigungsverhältnis als Erlaubnistatbestand ausschließen wollte. Zu beachten ist besonders das Koppelungsverbot von Art. 7 Abs. 4 (BE 68) DSGVO: Ein Vertragsschluss darf nicht davon abhängig gemacht werden, dass die betroffene Person in die Verarbeitung personenbezogener Daten einwilligt, die nicht für die Erfüllung des Vertrags erforderlich ist. Die grundsätzliche Widerruflichkeit der Einwilligung kann im Beschäftigungskontext (wie auch in anderen Dauerschuldverhältnissen) zu praktischen Problemen führen.[43] Insoweit erscheint teleologisch eine Einschränkung geboten.[44] 24

c) Gesetzliche Erlaubnistatbestände

aa) Grundgedanke: Erforderlichkeit für einen legitimen Zweck

Die gesetzlichen Erlaubnistatbestände definieren **legitime Zwecke**. Die Verarbeitung personenbezogener Daten kann im Hinblick auf diese als **erforderlich** gerechtfertigt werden. Bei dem Auffangtatbestand der berechtigten Interessen (lit. f)) kommt eine Interessenabwägung hinzu. Die Voraussetzung der Erforderlichkeit kann man als Ausdruck des Verhältnismäßigkeitsprinzips verstehen und weiter differenzieren.[45] Verhältnismäßigkeit setzt danach die Geeignetheit des Mittels für den angestrebten Zweck voraus, die Erforderlichkeit i. S. d. mildesten Mittels und die Zumutbarkeit i. S. einer Angemessenheit des Eingriffs für den Zweck. 25

---

38 *Franzen*, EuZA 2017, 313, 323; *Tinnefeld/Conrad*, ZD 2018, 391, 392ff.

39 EuGH v. 11.11.2020 – Rs. C-61/19 *Orange România*, EU:C:2020:901 Rdn. 39f.

40 EuGH v. 11.11.2020 – Rs. C-61/19 *Orange România*, EU:C:2020:901 Rdn. 41ff.

41 *Franzen*, EuZA 2017, 313, 323f.

42 *Dzida/Grau*, BB 2018, 189f.; *Spelge*, DuD 2016, 775, 781; *Wybitul*, ZD 2016, 203, 205.

43 Vgl. den Fall von BAG NZA 2015, 604.

44 BeckOK Datenschutzrecht/*Riesenhuber*, § 26 BDSG Rdn. 49; ähnlich *Dzida/Grau*, BB 2018, 189, 190f. (nach Treu und Glauben, Art. 5 Abs. 1 lit. a) DSGVO).

45 Ebenso Preis/Sagan/*Pötters/Schmidt*, Rdn. 11.45ff.

bb) Einzelne arbeitsrechtsrelevante Tatbestände

(1) Erfüllung des Arbeitsvertrags oder Durchführung vorvertraglicher Maßnahmen

26 Gesetzlich ist die Datenverarbeitung zunächst erlaubt, wenn sie erforderlich ist „für die Erfüllung eines Vertrags, dessen Vertragspartei die betroffene Person ist, oder zur Durchführung vorvertraglicher Maßnahmen (…), die auf Anfrage der betroffenen Person erfolgen“, Art. 6 Abs. 1 UAbs. 1 lit. b) DSGVO. Der Tatbestand erlaubt etwa die Speicherung der Grunddaten (Name, Adresse, Telefonnummer, E-Mail, Steuernummer, Bankdaten …) von Arbeitnehmern oder Bewerbern, die für die Zwecke der üblichen Kommunikation, der Gehaltsabrechnung[46] etc. erforderlich sind. Der Großteil der nach Art. 4 TpRL nachzuweisenden Arbeitsbedingungen (dazu § 14) dürfte dazu zählen. Zur Durchführung des Arbeitsvertrags gehört etwa auch die Aufstellung von Schichtplänen, die Überwachung des Zugangs zum Betriebsgelände, die Leistungskontrolle, die Dokumentation von Pflichtverletzungen, die Abmahnung, das Zeugnis.

27 Für die „Durchführung **vorvertraglicher Maßnahmen**“ ist z.B. die Speicherung der Bewerberunterlagen, die Vervielfältigung für mitentscheidende Personen, die Übertragung in Auswertungstabellen erforderlich. Die Erhebung von Daten aus dem Internet kann zur Überprüfung erforderlich sein.[47] Soweit es um Daten geht, die der Bewerber selbst öffentlich gemacht hat, spricht dafür auch die Wertung von Art. 9 Abs. 2 lit. e) DSGVO. Nach Abschluss des Bewerbungsverfahrens kann die Speicherung (sämtlicher) Bewerberdaten erforderlich sein, wenn der Arbeitgeber damit rechnen muss, seine Auswahlentscheidung (etwa als diskriminierungsfrei) zu rechtfertigen. Eine Speicherung für die Zwecke möglicher künftiger Bewerbungsverfahren kommt hingegen nur mit Einwilligung der betroffenen Person in Betracht.

(2) Zur Erfüllung einer rechtlichen Verpflichtung des Arbeitgebers

28 Erlaubt ist die Verarbeitung, soweit sie zur Erfüllung einer rechtlichen Verpflichtung erforderlich ist, der der Verantwortliche, hier also der Arbeitgeber, unterliegt, Art. 6 Abs. 1 UAbs. 1 lit. c) DSGVO. Die Vorschrift betrifft insbesondere die Dokumentationspflichten des regulierenden Arbeitsrechts, etwa die Nachweispflichten der Transparenzrichtlinie (§ 14), Dokumentationspflichten des Arbeitsschutzrechts (§ 16) und des Arbeitszeitrechts (§ 17)[48] u.a.m. Die Mitgliedstaaten können den weit gefassten Tatbestand durch „spezifischere“ Vorschriften konkretisieren, Art. 6 Abs. 2 DSGVO.

(3) Zur Wahrnehmung überwiegender berechtigter Interessen

29 Der Erlaubnistatbestand der überwiegenden berechtigten Interessen des Art. 6 Abs. 1 UAbs. 1 lit. f) DSGVO ist in gewisser Weise ein Auffangtatbestand. Er kann auch dann herangezogen werden, wenn zwischen dem Verantwortlichen (Arbeitgeber) und der

---

46 Vgl. *Maschmann*, BB 2019, 628ff. (vorwiegend zum deutschen Umsetzungsrecht).

47 Eingehend *Gola*, NZA 2019, 654ff.

48 Vgl. EuGH v. 30.5.2013 – Rs. C-342/12 *Worten*, EU:C:2013:355 (zur DSRL).

betroffenen Person (Arbeitnehmer) ein Vertragsverhältnis besteht; vgl. BE 47 DSGVO. Behörden (öffentliche Arbeitgeber) können sich nicht darauf berufen, Art. 6 Abs. 1 UAbs. 2 DSGVO.

Nach dem Tatbestand von lit. f) ist die Verarbeitung rechtmäßig, wenn sie zur Wahrung der berechtigten Interessen des Verantwortlichen oder eines Dritten erforderlich ist, sofern nicht die Interessen oder Grundrechte und Grundfreiheiten der betroffenen Person, die den Schutz personenbezogener Daten erfordern, überwiegen.[49] Der offene Tatbestand erfordert also eine Interessenabwägung im Einzelfall. Stehen der Verarbeitung im Einzelfall Gründe aus ihrer besonderen Situation entgegen (die bei abstrakter Interessenabwägung nicht zu berücksichtigen waren), kann die betroffene Person widersprechen, Art. 21 Abs. 1 DSGVO. 30

4. Besondere Regeln für sensible Daten

Die Verarbeitung besonderer Kategorien personenbezogener Daten (nachfolgend auch: „sensible Daten") ist eigens „untersagt" und nur in enumerativ aufgezählten Fällen zulässig, Art. 9.[50] Gemeint sind Daten, „aus denen die rassische und ethnische Herkunft, politische Meinungen, religiöse oder weltanschauliche Überzeugungen oder die Gewerkschaftszugehörigkeit hervorgehen, sowie die Verarbeitung von genetischen Daten, biometrischen Daten zur eindeutigen Identifizierung einer natürlichen Person, Gesundheitsdaten oder Daten zum Sexualleben oder der sexuellen Orientierung einer natürlichen Person". Der besondere Schutz der hier zusammengefassten Kategorien personenbezogener Daten dürfte nicht auf einen einzigen Sachgrund zurückzuführen sein. In der ersten Gruppe geht es um Merkmale, für die das Unionsrecht auch einen Diskriminierungsschutz vorsieht (Rasse, ethnische Herkunft, Religion, Weltanschauung, sexuelle Orientierung). Bei den politischen Meinungen und der Gewerkschaftszugehörigkeit steht demgegenüber die Wahrnehmung von Rechten im Vordergrund, die für das Gemeinwesen von besonderer Bedeutung sind. Eine weitere Gruppe betrifft die besonders schützenswerte Intimsphäre des Einzelnen (genetische und biometrische Daten, Gesundheitsdaten, Sexualleben, sexuelle Orientierung). Zu den Gesundheitsdaten gehören z. B. Angaben über eine Verletzung oder eine Krankschreibung.[51] 31

Das als besonders strikt hervorgehobene Verbot der Verarbeitung sensibler Daten von Art. 9 Abs. 1 ist freilich ebenfalls **nicht absolut**, doch sind die Erlaubnistatbestände insoweit noch enger begrenzt und an strengere Anforderungen gebunden. Auch hier kommt eine **Einwilligung** in Betracht, Art. 9 Abs. 2 lit. a) DSGVO. 32

---

49 S. z.B. EuGH v. 11.12.2019 – Rs. C-708/18 *TK*, EU:C:2019:1064 (Videoüberwachung im Gemeinschaftsbereich eines Wohnhauses zum Schutz und zur Sicherheit von Personen und Eigentum). Zum Abwägungserfordernis EuGH v. 19.10.2016 – Rs. C-582/14 *Breyer*, EU:C:2016:779 Rdn. 50ff.

50 *Franzen*, EuZA 2017, 313, 328f.; *Kort*, NZA 2016 Beil. 2, 62, 64f.

51 EuGH v. 6.11.2003 – Rs. C-101/01 *Lindqvist*, EU:C:2003:596 Rdn. 49f.

33 Die gesetzlichen Erlaubnistatbestände haben teilweise gerade im Beschäftigungskontext Bedeutung. Nach Art. 9 Abs. 2 lit. b) gilt das grundsätzliche Verbot von Abs. 1 der Vorschrift nicht, wenn die Verarbeitung zur **Wahrnehmung arbeitsrechtlicher Rechte und Pflichten** erforderlich ist. Zu denken ist z. B. an Daten über die Religion, die von einem kirchlichen Arbeitgeber erhoben werden, oder an Personenstandsdaten (die die sexuelle Orientierung erkennen lassen können), die für eine Hinterbliebenenrente von Bedeutung sind. Die arbeitsrechtlichen Pflichten können sich aus dem Unionsrecht oder dem mitgliedstaatlichen Recht sowie aus (mitgliedstaatlichen) Kollektivvereinbarungen (einschließlich Betriebsvereinbarungen, BE 155 DSGVO) ergeben. Ausgenommen ist nach Abs. 2 lit. h) weiterhin die Datenverarbeitung, die für die Zwecke der **Gesundheitsvorsorge** oder der **Arbeitsmedizin** erforderlich ist für die Beurteilung der Arbeitsfähigkeit des Beschäftigten.

34 Die Untersagung gilt außerdem nicht für Daten, die die betroffene Person (selbst) **offensichtlich öffentlich gemacht** hat (lit. e)), also etwa auf einer Website oder in sozialen Medien mitgeteilt. Darin liegt, ähnlich wie bei der Einwilligung, eine *Ausübung* der informationellen Selbstbestimmung. Die Verarbeitung ist auch erlaubt, wenn sie zur **Geltendmachung von Rechtsansprüchen** erforderlich ist, lit. f).

5. Rechte des Betroffenen

35 Die Rechte der betroffenen Person sind in der Verordnung in drei Gruppen eingeteilt, Informationspflicht und Auskunftsrecht (Art. 13–15), Berichtigung und Löschung (Art. 16–19), sowie Widerspruchsrecht und (Recht gegen eine) automatisierte Entscheidungsfindung im Einzelfall (Art. 21 f.). Vorangestellt sind der Transparenzgrundsatz nebst Regelungen über die Modalitäten der Anspruchserfüllung (Art. 12), nachgestellt ist eine Regelung über Beschränkungsoptionen der Union und der Mitgliedstaaten (Art. 23).

a) Transparenzgrundsatz und Modalitäten der Anspruchserfüllung

36 Informationen, Auskünfte und Mitteilungen sind „in präziser, transparenter, verständlicher und leicht zugänglicher Form in einer klaren und einfachen Sprache zu übermitteln“ (**transparent**), und zwar **schriftlich oder in elektronischer Form**, auf Wunsch der betroffenen Person auch mündlich, Art. 12 Abs. 1 DSGVO. Die Informationen gem. Art. 13 f. DSGVO können in Kombinationen mit Bildsymbolen (Piktogrammen) gegeben werden, „um in leicht wahrnehmbarer, verständlicher und klar nachvollziehbarer Form einen aussagekräftigen Überblick über die beabsichtigte Verarbeitung zu vermitteln“, Art. 12 Abs. 7 DSGVO.

37 Macht die betroffene Person von ihren Rechten auf Auskunft, Berichtigung, Löschung, Widerspruch oder gegen automatisierte Entscheidungsfindung (Art. 15–22) Gebrauch, ist der Verantwortliche verpflichtet, sie – wohl: spontan und ohne geson-

derte Geltendmachung – **über** die daraufhin **ergriffenen Maßnahmen** zu **informieren**, Art. 12 Abs. 3 DSGVO. Die Information hat der Verantwortliche unverzüglich zu geben, spätestens innerhalb eines Monats. Die Frist kann auf bis zu zwei Monate verlängert werden, wenn dies mit Rücksicht auf die Komplexität und Anzahl der Anträge erforderlich ist. Obwohl die Regelung ausdrücklich nur die Information über die Maßnahmen betrifft, wird man ihr auch (erst recht) eine Frist für die Ergreifung der Maßnahmen (also z.B. die Vornahme der Berichtigung nach Art. 16 DSGVO) entnehmen müssen: Die Maßnahme selbst ist im Regelfall innerhalb eines Monats auszuführen.

Informationen und Mitteilungen erfolgen grundsätzlich **unentgeltlich**, Art. 12 **38**
Abs. 5 DSGVO. Bei offensichtlich unbegründeten oder exzessiven Anträgen kann der Verantwortliche ein angemessenes Entgelt verlangen oder die Leistung verweigern.

b) Informationspflichten und Auskunftsrecht

Die **Informationspflichten** der Art. 13f. DSGVO sind spontan zu erfüllen,[52] der Aus- **39**
kunftsanspruch des Art. 15 DSGVO auf Antrag der betroffenen Person („verlangen“). Bei den Informationspflichten unterscheiden Art. 13f. DSGVO danach, ob die Daten bei der betroffenen Person erhoben (Direkterhebung) wurden oder nicht. Wesentliche Inhalte sind einheitlich der Verantwortliche, Verarbeitungszweck sowie die Dauer der Verarbeitung. Die betroffene Person ist über bestimmte Rechte zu informieren (Auskunft, Berichtigung, Löschung; Widerruf der Einwilligung; Beschwerderecht bei der Auskunftsbehörde; u.a.m.). Die Informationspflichten entfallen, wenn die betroffene Person die Informationen schon hat. Bei der Erhebung in anderer Form als direkt beim Betroffenen kommen einzelne zusätzliche Informationen hinzu, z.B. aus welcher Quelle die Informationen stammen, Art. 14 Abs. 2 lit. f) DSGVO. Außerdem kann die Informationspflicht entfallen, wenn die Erfüllung unmöglich oder unverhältnismäßig aufwendig ist, Art. 14 Abs. 5 DSGVO.

Die betroffene Person kann verlangen, dass der Verantwortliche ihr bestätigt, *ob* **40**
er sie betreffende personenbezogene Daten verarbeitet, Art. 15 Abs. 1 S. 1 DSGVO. Ist das der Fall, kann sie weiterhin **Auskunft** über näher bestimmte Einzelheiten verlangen, u.a. die Verarbeitungszwecke, die Kategorien der verarbeiteten personenbezogenen Daten, die geplante Dauer der Verarbeitung (falls möglich). Eine (erste) **Kopie** der verarbeiteten personenbezogenen Daten muss der Verantwortliche kostenlos zur Verfügung stellen (weitere nur gegen angemessenes Entgelt), Art. 15 Abs. 3 DSGVO. Damit geht die Regelung erheblich über die Informationsrechte der Datenschutzrichtlinie hinaus; die Beschränkung, die der Gerichtshof für jene Rechte angenommen hatte (kein Recht auf eine Kopie),[53] hat der Verordnungsgeber gerade nicht übernom-

52 *Franzen*, EuZA 2017, 313, 333.
53 EuGH v. 17.7.2014 – verb. Rs. C-141/12 und C-372/12 *Y.S.*, EU:C:2014:2081 Rdn. 50ff.

men und sie können daher nicht ohne Weiteres auf die Regelung von Art. 15 DSGVO übertragen werden.[54]

41 **Umfang und Grenzen** des Rechts auf eine Datenkopie sind in Deutschland umstritten, ebenso wie seine rechtspolitische Bewertung.[55] Praktische Bedeutung hat der Anspruch auf Datenkopie zuerst in einer Entscheidung des LAG Baden-Württemberg erlangt:[56] Das Gericht legt den Anspruch weit aus. Auch Rechte Dritter (etwa der Schutz eines Hinweisgebers) können nur unter engen Voraussetzungen eine Einschränkung begründen. Die Gegenauffassung, es handele sich lediglich um einen „begrenzten Hilfsanspruch"[57] erscheint nach Wortlaut, Zweck (vgl. BE 63 DSGVO) und Entstehungsgeschichte (unzweideutige Erweiterung gegenüber Art. 12 lit. a) DSRL) nicht überzeugend.

42 Eine gesetzliche **Schranke** findet das Recht auf Erhalt einer Kopie aber in den Rechten und Freiheiten anderer Personen, die es nicht beeinträchtigen darf, Art. 15 Abs. 4 DSGVO. In Betracht kommen Rechte des Arbeitgebers oder Dritter, etwa auf geistiges Eigentum oder an Geschäftsgeheimnissen (vgl. BE 63 DSGVO); auch an den Schutz von Hinweisgebern ist zu denken.[58] Rechte und Freiheiten Dritter dürften freilich regelmäßig nicht zu einem Ausschluss des Anspruchs führen, sondern nur zu einer sachgerechten Beschränkung.[59] Zudem finden die Exzess- und Missbrauchsschranken von Art. 12 Abs. 5 S. 2 DSGVO Anwendung; s.o. Rdn. 38. Eine Beschränkung wegen unverhältnismäßigen Aufwands analog Art. 14 Abs. 5 lit. b) DSGVO[60] kommt mangels planwidriger Lücke nicht in Betracht.[61] Eine Einschränkung durch Kollektivvereinbarung kommt im deutschen Recht in Betracht.[62]

c) Berichtigung und Löschung

43 Die betroffene Person hat gegen den Verantwortlichen Anspruch auf **Berichtigung** sie betreffender unrichtiger sowie auf **Vervollständigung** unvollständiger personenbezogener Daten („auch mittels einer ergänzenden Erklärung"), Art. 16 DSGVO. Im Beschäftigungsbereich kann das etwa die Leistungsbeurteilung oder eine Abmahnung betreffen.

44 Die betroffene Person hat gegen den Verantwortlichen Anspruch auf unverzügliche **Löschung** personenbezogener Daten, wenn einer der Löschungstatbestände erfüllt ist (Art. 17 Abs. 1 DSGVO): Wenn die Daten für den Verarbeitungszweck nicht mehr erforderlich sind (lit. a)), die betroffene Person ihre Einwilligung widerrufen hat und kein anderer Erlaubnistatbestand die Verarbeitung trägt (lit. b)), sie das Widerspruchsrecht von Art. 21 DSGVO ausgeübt hat (lit. c)), die Daten unrechtmäßig verarbeitet wurden (lit. d)) oder die Löschung nach Unions- oder mitgliedstaatlichem Recht geboten ist (lit. e)).

---

54 A.M. *Wybitul/Brams*, NZA 2019, 672, 675.
55 *König*, CR 2019, 295 ff.; *Wybitul/Brams*, NZA 2019, 672 ff.
56 LAG Baden-Württemberg, NZA-RR 2019, 242 m. Anm. v. *Fuhlrott*.
57 *Wybitul/Brams*, NZA 2019, 672, 675 f.
58 *Schulte/Welge*, NZA 2019, 1110, 1113 (auch der *nemo-tenetur*-Grundsatz).
59 *Schulte/Welge*, NZA 2019, 1110, 1114.
60 Dafür *Härting*, CR 2019, 219, 223.
61 Zutr. *Schulte/Welge*, NZA 2019, 1110, 1114.
62 *Wünschelbaum*, BB 2019, 2102 ff.

Die betroffene Person kann vom Verantwortlichen eine **Einschränkung der Verarbeitung** verlangen, Art. 18 DSGVO. Das bedeutet, dass, von der Speicherung abgesehen, die Verarbeitung nur noch mit Einwilligung der betroffenen Person oder aus eingeschränkten gesetzlichen Gründen (Geltendmachung von Rechten, Schutz der Rechte Dritter, Gründe eines wichtigen öffentlichen Interesses) erfolgt. Den Anspruch hat die betroffene Person in den vier Fällen von Absatz 1 der Regelung, nämlich wenn die Richtigkeit der Daten bestritten ist (für eine Dauer, die dem Verantwortlichen die Überprüfung ermöglicht); die Verarbeitung unrechtmäßig ist und die betroffene Person die Einschränkung – gewissermaßen als Minus zur Löschung – verlangt; der Verantwortliche die Daten für seine Verarbeitungszwecke nicht mehr benötigt, wohl aber die betroffene Person sie zur Geltendmachung von Rechten benötigt; die betroffene Person das Widerspruchsrecht von Art. 21 DSGVO ausgeübt hat, aber noch nicht feststeht, ob berechtigte Interessen des Verantwortlichen überwiegen. 45

Die Berichtigung, Löschung oder Einschränkung der Verarbeitung muss der Verantwortliche allen **Empfängern mitteilen**, denen die personenbezogenen Daten offengelegt wurden, Art. 19 DSGVO. 46

Das **Recht auf Datenübertragbarkeit** (auch Datenportabilität) bedeutet einen Anspruch der betroffenen Person gegen den Verantwortlichen, die diesem bereitgestellten personenbezogenen Daten in einem strukturierten, gängigen, maschinenlesbaren Format zu erhalten und sie ohne Einschränkungen des Verantwortlichen einem anderen Verantwortlichen zur Verfügung zu stellen, Art. 20 Abs. 1 DSGVO. Im Rahmen des technisch Möglichen kann die betroffene Person auch eine Direktübertragung verlangen, Art. 20 Abs. 2 DSGVO. Der Löschungsanspruch nach Art. 17 bleibt davon unberührt, Art. 20 Abs. 3 S. 1 DSGVO. Der Gesetzgeber hat dabei vor allem an Daten aus sozialen Netzwerken gedacht, also den Vorgang, dass man „sein Profil" von einem Anbieter auf den anderen übertragen kann.[63] Im Arbeitsrecht kann das in besonderen Konstellationen möglicherweise auch eine Rolle spielen.[64] Z.B. kann man erwägen, ob etwa Kundenbewertungen eines Dienstleistungsarbeitnehmers zu den „bereitgestellten Daten" zu rechnen sind. 47

d) Recht gegen automatisierte Entscheidung im Einzelfall

Die betroffene Person hat das Recht, *nicht* einer ausschließlich **auf einer automatisierten Verarbeitung beruhenden Entscheidung** unterworfen zu werden, Art. 22 DSGVO. Die Leistungsbeurteilung, Beförderung, Abmahnung oder Kündigung allein aufgrund einer automatisierten Verarbeitung, also etwa eine Computerauswertung der Arbeitsleistung oder Fehlzeiten, ist unzulässig. Das heißt nicht, dass der Arbeitgeber solche Computerauswertungen nicht verwenden dürfte, etwa über Fehlzeiten, Pünktlichkeit oder Geschäftsabschlüsse. Nur darf die Entscheidung, der der Beschäftigte unterworfen wird, nicht *ausschließlich* auf der automatisierten Verarbeitung beruhen. Eine persönliche Entscheidung muss m.a.W. zumindest noch hinzukommen. 48

---

63 *Schantz,* NJW 2016, 1841, 1845.

64 *Franzen,* EuZA 2017, 313, 334f.; *Piltz,* RDV 2018, 3ff.; Sagan/Preis/*Pötters/Schmidt,* Rdn. 11.34.

6. Auftragsverarbeiter

49 Besondere Regeln gelten für Auftragsverarbeiter. Auftragsverarbeiter ist **jeder** (natürliche oder juristische Person, Behörde, Einrichtung oder andere Stelle), **der personenbezogene Daten im Auftrag des Verantwortlichen verarbeitet**, Art. 4 Nr. 8 DSGVO. Gerade (auch) im Arbeitsrecht ist die Auftragsverarbeitung gang und gäbe, z. B. wenn der Arbeitgeber die Lohnbuchhaltung einem externen Dienstleister überträgt oder Clouddienste in Anspruch nimmt.

50 Den **Verantwortlichen** treffen besondere Pflichten bei der Einbeziehung von Auftragsverarbeitern. Diese betreffen zunächst die **Qualifikation** der Auftragsverarbeiter. Der Verantwortliche darf nur mit Auftragsverarbeitern zusammenarbeiten, die „hinreichend Garantien" dafür bieten, dass die Verarbeitung im Einklang mit der Grundverordnung erfolgt und der Schutz der Rechte der betroffenen Person gewährleistet ist, Art, 28 Abs. 1 DSGVO. Er muss mit dem Auftragsverarbeiter einen **schriftlichen** (ein elektronisches Format reicht; Absatz 9) **Vertrag** schließen, der u. a. Gegenstand, Dauer, Art und Zweck der Verarbeitung bestimmt und dem Auftragsverarbeiter näher bezeichnete Pflichten gem. Absatz 3 S. 2 auferlegt.

51 Der **Auftragsverarbeiter** ist folglich an die Verarbeitungszwecke des Verantwortlichen gebunden, und ihn treffen die vertraglich festzulegenden Pflichten. Er darf die personenbezogenen Daten insbesondere nur auf Weisung des Verantwortlichen verarbeiten. Bestimmt der Auftragsverarbeiter unter Verstoß gegen diese Pflichten selbst Zwecke und Mittel der Verarbeitung, so ist er insoweit selbst Verantwortlicher mit entsprechenden Pflichten (freilich ohne sich dadurch der Haftung als Auftragsverarbeiter nach Art. 82 DSGVO zu entledigen), Art. 28 Abs. 10 DSGVO. **Weitere Auftragsverarbeiter** („Unterauftrag") darf der („erste") Auftragsverarbeiter nur mit vorheriger (gesonderter oder allgemeiner) schriftlicher Genehmigung des Verantwortlichen in Anspruch nehmen, Art. 28 Abs. 2 DSGVO. Für Datenschutzpflichtverletzungen der von ihm eingeschalteten weiteren Auftragsverarbeiter haftet der erste Auftragsverarbeiter dem Verantwortlichen gegenüber strikt, nämlich verschuldensunabhängig und ohne Entlastungsmöglichkeit, Art. 28 Abs. 4 S. 2 DSGVO. Die Außenhaftung gegenüber Dritten bestimmt sich nach Art. 82 DSGVO; dazu unten, Rdn. 65ff.

7. Datenschutzfolgenabschätzung

52 Als ein Instrument des **vorbeugenden Datenschutzes** hat die Grundverordnung die Datenschutzfolgenabschätzung eingeführt, die der Verantwortliche bei hohen Risiken durchführen muss. Es findet in der Risikoabschätzung des Arbeitsschutzrechts (dazu § 16 Rdn. 17) ein gewisses Vorbild.

53 Eine **Pflicht zur** vorherigen **Datenschutzfolgenabschätzung** trifft den Verantwortlichen nach dem generalklauselartigen Tatbestand von Art. 35 Abs. 1 DSGVO, „wenn eine Form der Verarbeitung, insbesondere bei Verwendung neuer Technologien, aufgrund der Art, des Umfangs, der Umstände und der Zwecke der Verarbeitung **voraussichtlich ein hohes Risiko für die Rechte und Freiheiten natürlicher Personen zur Folge** [hat]".

54 Absatz 3 der Vorschrift konkretisiert den Tatbestand durch eine nicht abschließende („insbesondere") Liste von **Regelbeispielen: (a)** die systematische und umfassende **Bewertung persönlicher Aspekte** natürlicher Personen aufgrund automatisierter Verarbeitung, die als Grundlage für Entscheidungen mit Rechtswirkung gegenüber natürlichen Personen dient; **(b) umfangreiche Verarbeitung**

besonderer Kategorien von personenbezogenen Daten oder von personenbezogenen Daten über strafrechtliche Verurteilungen und Straftaten; **(c)** systematische umfangreiche **Überwachung öffentlich zugänglicher Bereiche.** Da sich lit. b) nur auf erfolgte Verurteilungen bezieht, nicht auf deren Fehlen, ist der Tatbestand nicht schon erfüllt, wenn eine Einrichtung zur Betreuung von Kindern routinemäßig Führungszeugnisse einholt. Im Arbeitsrecht vielfach praktisch ist aber lit. c), etwa bei der Videoüberwachung von Tankstellen, Banken usf. Eine generelle Ausnahme **kleinerer Unternehmen** ist *nicht* zu begründen;[65] soweit BE 91 S. 4 DSGVO beispielhaft „die Verarbeitung personenbezogene Daten von Patienten oder von Mandanten betrifft und durch einen einzelnen Arzt" als „nicht umfangreich" kennzeichnet, bezieht sich das allein auf Art. 35 Abs. 3 lit b) DSGVO betreffend besonderer Kategorien von personenbezogenen Daten sowie Verurteilungen[66]!

Eine teleologisch begründete **Ausnahme** enthält Art. 35 Abs. 10 DSGVO. Erfolgt die Verarbeitung 55 zur Erfüllung einer rechtlichen Verpflichtung (Art. 6 Abs. 1 lit. c)) oder zur Wahrnehmung einer Aufgabe im öffentlichen Interesse (Art. 6 Abs. 1 lit. e)), die auf Unionsrecht oder mitgliedstaatlichem Recht beruht, **kann die Folgenabschätzung entfallen**, wenn die Rechtsvorschriften den konkreten Verarbeitungsvorgang regeln und bereits im Rechtsetzungsverfahren eine Folgenabschätzung erfolgt ist. Die Pflicht zur Folgenabschätzung besteht dann nur, wenn das mitgliedstaatliche Recht sie eigens anordnet. Das hat gerade im Arbeitsrecht Bedeutung. Soweit nach mitgliedstaatlichem Recht auch **Kollektivvereinbarungen** rechtliche Verpflichtungen i.S.v. Art. 6 Abs. 1 lit. c) DSGVO begründen, greift die Ausnahme von Absatz 10 ebenfalls.[67]

Bei der **Folgenabschätzung** geht es darum, (1) sich die Verarbeitungsvorgänge 56 bewusst zu machen, sie auf (2) ihre Erforderlichkeit einerseits und (3) die Risiken für die betroffenen Personen andererseits zu bewerten und (4) Maßnahmen und Vorkehrungen zum Schutz der personenbezogenen Daten sowie die Einhaltung der DSGVO darzulegen. Das sind die vier Mindestinhalte der Folgenabschätzung gem. Art. 35 Abs. 7 DSGVO. Der Verantwortliche „holt gegebenenfalls" den Standpunkt der betroffenen Personen oder ihrer Vertreter ein, Art. 35 Abs. 9 DSGVO. Im Beschäftigungsbereich dürfte regelmäßig eine Bindung bestehen, eine Stellungnahme der Arbeitnehmervertreter einzuholen.

Ergibt die Folgenabschätzung (ohne Berücksichtigung von Schutzmaßnahmen) ein **hohes Risiko**, ist der Verantwortliche verpflichtet, die Aufsichtsbehörde im Vorhinein zu konsultieren, Art. 36 57 DSGVO. Zu diesem Zweck muss er ihr umfangreiche Informationen zur Verfügung stellen (Absatz 3). Wenn die Aufsichtsbehörde Bedenken hat, kann sie eine Empfehlung aussprechen oder Maßnahmen nach Art. 58 DSGVO ergreifen, Art. 36 Abs. 2 DSGVO.

8. Der Datenschutzbeauftragte

Art. 37 verpflichtet den Verantwortlichen, in bestimmten Fällen einen Datenschutz- 58 beauftragten zu „benennen".[68] Zweck der Einrichtung ist, den Verantwortlichen (Ar-

---

65 A.M. *Franzen*, EuZA 2017, 313, 335.
66 Ebenso BeckOK Datenschutzrecht/*Hansen*, Art. 35 DSGVO Rdn. 29.
67 *Franzen*, EuZA 2017, 313, 336.
68 *Franzen*, EuZA 2017, 313, 337 f.

beitgeber) „bei der Überwachung der internen Einhaltung der Bestimmungen dieser Verordnung von einer weiteren Person, die über Fachwissen auf dem Gebiet des Datenschutzrechts und der Datenschutzverfahren verfügt“, zu unterstützen, BE 97 DSGVO. Die Rechtsstellung des Datenschutzbeauftragten ergibt sich aus Art. 38, seine Aufgaben umreißt Art. 39.[69] Ein betrieblicher Datenschutzbeauftragter speziell für den Beschäftigungskontext ist nicht vorgesehen.

59 **Behörden** und öffentliche Stellen (ausgenommen Gerichte in Ausübung ihrer justiziellen Tätigkeiten) müssen in jedem Fall einen Datenschutzbeauftragten benennen, Art. 37 Abs. 1 lit. a) DSGVO. Andere Verantwortliche, also etwa **privatwirtschaftliche Arbeitgeber**, sind dazu verpflichtet, wenn „[1] die Kerntätigkeit des Verantwortlichen oder des Auftragsverarbeiters in der Durchführung von Verarbeitungsvorgängen besteht, [2] welche aufgrund ihrer Art, ihres Umfangs oder ihrer Zwecke eine umfangreiche regelmäßige und systematische Überwachung von betroffenen Personen erforderlich machen“, Art. 37 Abs. 1 lit. b) DSGVO (Gliederung hinzugefügt). Damit ist ein materieller, risikobasierter Ansatz gewählt,[70] der gegenüber einem formellen Tatbestand von Schwellenwerten (z. B. Beschäftigtenzahl) teleologisch besser fundiert ist, aber größere Rechtsunsicherheit mit sich bringt. Zur „Kerntätigkeit“ gehören die Handlungen, die für die Umsetzung der Unternehmensziele und –strategien entscheidend sind.[71] Nicht dazu gehören Nebentätigkeiten wie Mitarbeiterverwaltung, Rechnungswesen und Bereitstellung einer technischen Infrastruktur, BE 97 DSGVO. Darüber hinaus erhält Art. 37 Abs. 4 den Mitgliedstaaten das Recht, in anderen Fällen einen Datenschutzbeauftragten vorzuschreiben.

60 Eine **Unternehmensgruppe** darf einen gemeinsamen Datenschutzbeauftragten ernennen („Konzern-Datenschutzbeauftragter“), sofern dieser von jeder Niederlassung aus leicht erreicht werden kann, Art. 37 Abs. 2 DSGVO (für Behörden, s. Abs. 3).

61 **Persönliche Voraussetzung** für die Bestellung als Datenschutzbeauftragter ist eine entsprechende berufliche Qualifikation mit Fachwissen im Bereich von Datenschutzrecht und -praxis[72] sowie die Fähigkeit, die Aufgaben gem. Art. 39 DSGVO zu erfüllen, Art. 37 Abs. 5 DSGVO. In Betracht kommen Mitarbeiter des Verantwortlichen oder externe Beauftragte.

62 Die **Rechtsstellung** des Datenschutzbeauftragten regelt Art. 38 DSGVO. Der Verantwortliche ist verpflichtet, den Datenschutzbeauftragten ordnungsgemäß und frühzeitig in alle mit dem Schutz personenbezogener Daten zusammenhängenden Fragen einzubeziehen (Abs. 1). Er muss den Beauftragten bei der Erfüllung seiner Aufgaben unterstützen, insbesondere ihm auch die erforderlichen Ressourcen (Infrastruktur;

---

69 Übersicht bei *Franzen*, EuZA 2017, 313, 340 ff.; *Kort*, DB 2016, 711 ff.; *ders.*, ZD 2017, 3 ff.; *Wybitul/von Gierke*, BB 2017, 181 ff.

70 *Klug*, ZD 2016, 315 f.

71 *Franzen*, EuZA 2017, 313, 338. Enger Paal/Pauly/*Paal*, Art. 37 DSGVO Rdn. 8; *Weichert*, CuA 4/2016, 8, 10.

72 *Klug*, ZD 2016, 315, 316 f. (inkl. Datenschutzmanagement).

Fortbildungsmöglichkeiten) zur Verfügung zu stellen (Abs. 2). Der Beauftragte unterliegt im Hinblick auf die Erfüllung seiner Aufgaben keiner Weisungen und darf wegen der Erfüllung seiner Aufgaben nicht abberufen oder benachteiligt werden (Abs. 3 S. 1 und 2).[73] Er berichtet unmittelbar der höchsten Managementebene (Abs. 3 S. 3). Der Datenschutzbeauftragte ist seinerseits zur Geheimhaltung und Vertraulichkeit verpflichtet (Abs. 5).

Die (Mindest-) **Aufgaben** des Datenschutzbeauftragten umreißt Art. 39 DSGVO. 63
Dazu gehören die Unterrichtung und Beratung des Verantwortlichen und der Beschäftigten, die Verarbeitungen durchführen, hinsichtlich datenschutzrechtlicher Pflichten (Abs. 1 lit. a)) sowie die Überwachung der Einhaltung des Datenschutzrechts (lit. b))[74]. Er arbeitet mit der Aufsichtsbehörde zusammen (lit. d)) und fungiert für diese als Anlaufstelle (lit. e)).

9. Sanktionen und Haftung

a) Das Sanktionssystem der Verordnung

Die Datenschutzgrundverordnung enthält – anders als die meisten Richtlinien – ein- 64
gehende Vorschriften über Rechtsbehelfe, Haftung und Sanktionen, Art. 77 ff. DSGVO. Dazu gehören insbesondere die Beschwerde bei der Aufsichtsbehörde (Art. 77 DSGVO) und die Verhängung von Geldbußen durch die Aufsichtsbehörde (Art. 83 DSGVO), die, je nachdem, welcher Betrag höher ist, bis zu 20 Mio. € oder 4 % des weltweiten Jahresumsatzes des vorangegangenen Geschäftsjahrs betragen können. Im Folgenden erörtern wir allein die zivilrechtliche Sanktion mit einem Anspruch auf Schadensersatz.

b) Deliktshaftung wegen Datenschutzverletzung

aa) Übersicht

Wer wegen eines Verstoßes gegen die Datenschutzgrundverordnung einen materiel- 65
len oder immateriellen Schaden erleidet, hat gegen den Verantwortlichen oder Auftragsverarbeiter einen Anspruch auf Schadensersatz, der nur dann entfällt, wenn der Verantwortliche oder Auftragsverarbeiter nachweist, nicht für den schadensbegründenden Umstand verantwortlich zu sein, Art. 82 Abs. 1, 3 DSGVO. Mehrere Schuldner haften gesamtschuldnerisch und sind einander zum Ausgleich verpflichtet, Abs. 4 und 5.

---

73 Dazu *Greiner/Senk*, NZA 2020, 201 ff.

74 Krit. *Wybitul*, ZD 2016, 203, 204 f. (unter Hinweis auf Haftungsrisiken des Beauftragten).

bb) Tatbestand

(1) Anspruchsberechtigte

66 Anspruchsberechtigt ist nach dem vom Gesetzgeber konsequent verwandten und daher unzweideutigen Wortlaut **jede Person** (*any person, toute personne*), nicht etwa nur jede betroffene Person (*data subject, personne concernée*) i.S. der Klammerdefinition in Art. 4 Nr. 1 DSGVO (dazu oben, Rdn. 10). Es kommen daher auch Dritte in Betracht.[75]

67 Nach der wohl h.M. sollen **juristische Personen** keinen Ersatzanspruch nach Art. 82 DSGVO haben. Begründet wird das damit, die Verordnung diene dem Schutz natürlicher Personen (Art. 1 Abs. 1 DSGVO) und juristische Personen könnten keine immateriellen Schäden haben.[76] Das überzeugt jedoch nicht. Der Wortlaut spricht für die Einbeziehung sowohl natürlicher als auch juristischer Personen, da anders als in Art. 1 Abs. 1 gerade nicht differenziert wird. Können juristische Personen auch keine immateriellen Schäden haben, so kann ihnen durchaus ein materieller Schaden ersetzt werden. Wenn Art. 82 im Übrigen auch die Schäden Dritter ersetzt, unterscheidet der Gesetzgeber gerade zwischen dem Ersatzanspruch als Schutzinstrument und der betroffenen Person als Schutzobjekt; daher ergibt der Ausschluss juristischer Personen teleologisch keinen Sinn. Wird etwa der Mitarbeiter eines Unternehmens, der dieses im Markt werbewirksam repräsentiert, durch einen Datenschutzverstoß verletzt, kommt daher auch ein Ersatzanspruch des Unternehmens in Betracht, das infolgedessen Verluste erleidet.

(2) Verstoß gegen die DSGVO

68 Der Tatbestand setzt zunächst einen **Verstoß gegen die DSGVO** voraus. Das ist weit zu verstehen und umfasst auch einen Verstoß gegen delegierte Rechtsakte, Durchführungsrechtsakte und Rechtsakte der Mitgliedstaaten zur Durchführung der Verordnung, BE 146 S. 5 DSGVO. Auch ein Verstoß gegen spezifischere Vorschriften im Beschäftigungskontext gem. Art. 88 DSGVO (nachfolgende, Rdn. 80ff.) kann daher die Haftung begründen.[77]

69 Während der Verantwortliche für alle Schäden haftet, die durch die Verletzung der Verordnung verursacht werden, ist die Haftung des Auftragsverarbeiters eingeschränkt, Art. 82 Abs. 2 DSGVO. Der **Auftragsverarbeiter** haftet nur für Schäden aus der Verletzung der ihn als Auftragsverarbeiter spezifisch treffenden Pflichten, wie sie in Art. 28 DSGVO normiert sind, sowie für solche aus der Nichtbeachtung oder Verletzung rechtmäßiger Weisungen des Verantwortlichen. Über den Wortlaut der Regelung hinaus gebietet ihr Zweck eine entsprechende Anwendung auf den Fall der Befolgung einer rechtswidrigen Weisung.[78] Den Verantwortlichen entlastet die Haftung des Auftragsverarbeiters nicht.

---

75 EuArbRK/*Franzen*, Art. 82 DS-GVO Rdn. 3f.; *Paal*, MMR 2020, 14f.

76 EuArbRK/*Franzen*, Art. 82 DS-GVO Rdn. 5; *Paal*, MMR 2020, 14; *Wybitul/Neu/Strauch*, ZD 2018, 202, 204.

77 EuArbRK/*Franzen*, Art. 82 DS-GVO Rdn. 11.

78 *Paal*, MMR 2020, 14, 15.

Absatz 2 kann man zudem das Erfordernis einer **haftungsbegründenden Kausalität** zwischen Handlung (Tun oder Unterlassen) des Verantwortlichen oder Auftragsverarbeiters und der Verletzung der Grundverordnung entnehmen.[79] Die Handlung liegt jeweils in einer Form der Verarbeitung. 70

(3) Kein Ausschluss der „Verantwortlichkeit"

Die **Haftung** ist **ausgeschlossen**, wenn der Verantwortliche oder Auftragsverarbeiter nachweist, dass er **„in keinerlei Hinsicht** für den Umstand, durch den der Schaden eingetreten ist, **verantwortlich** ist", Art. 82 Abs. 3 DSGVO. Umstritten ist, was hier unter der „Verantwortlichkeit" zu verstehen ist. Ausgangspunkt ist, dass das negative Tatbestandsmerkmal **unionsautonom** auszulegen ist. Dafür spricht der Vereinheitlichungsanspruch, der aus der Verordnungsform erkennbar ist, aber auch der Zweck einer unionsweit einheitlichen (und nicht nach dem jeweiligen mitgliedstaatlichen Recht je unterschiedlichen) Sanktionierung. Verfehlt ist daher eine Konkretisierung unter Verweisung auf nationale Haftungsvorschriften wie §§ 276, 278 BGB.[80] 71

Nach der systematischen Stellung ist deutlich, dass der Ausschluss der „Verantwortlichkeit" nicht eine bloße Widerlegung der Tatbestandsvoraussetzungen von Absatz 1 und 2 bedeuten kann, denn das wäre sinnlos. Aus diesem Grunde ist der Begriff der „Verantwortlichkeit" auch nicht mit dem des „Verantwortlichen" i.S.v. Art. 4 Nr. 7 DSGVO (oben, Rdn. 12) gleichzusetzen. „Verantwortlichkeit" kann zum einen die **subjektive Vorwerfbarkeit** i.S.v. Verschulden (Vorsatz und Fahrlässigkeit, ggf. einschließlich einer Einstandspflicht für Gehilfen) bedeuten.[81] „Verantwortlichkeit" kann aber auch enger verstanden werden als **objektive Vorwerfbarkeit**, die allein in Fällen höherer Gewalt oder eines unvorhersehbaren und unvermeidbaren Eingriffs Dritter ausgeschlossen ist.[82] Die besseren Gründe sprechen für diese letztere Auslegung. Art. 82 Abs. 3 DSGVO spricht gerade nicht von „Vorsätzlichkeit oder Fahrlässigkeit", obwohl der Gesetzgeber den Aspekt der subjektiven Vorwerfbarkeit durchaus als Kriterium für die Bußgeldbemessung berücksichtigt hat (Art. 83 Abs. 2 lit. b), Abs. 3 DSGVO).[83] Zudem verlangt Absatz 3 den Nachweis, „in keinerlei Hinsicht" für den Schaden verantwortlich zu sein; bereits die Veranlassung kann aber eine Verantwortlichkeit begründen. Auch bei der Haftung im Antidiskriminierungsrecht hat der 72

79 EuArbRK/*Franzen*, Art. 82 DS-GVO Rdn. 12.

80 So aber BeckOK Datenschutzrecht/*Quaas*, Art. 82 DSGVO Rdn. 18.

81 So die in Deutschland wohl h.M., s. etwa Kühling/Buchner/*Bergt*, Art. 82 DSGVO Rdn. 54; EuArbRK/*Franzen*, Art. 82 DS-GVO Rdn. 17; Ehmann/Selmayr/*Nemitz*, Art. 82 DSGVO Rdn. 14; *Paal*, MMR 2020, 14, 17.

82 So (wohl) Paal/Pauly/*Frenzel*, Art. 82 DSGVO Rdn. 15.

83 Der umgekehrte Schluss von Ehmann/Selmayr/*Nemitz*, Art. 82 DSGVO Rdn. 14, weil die Begriffe „Vorsätzlichkeit und Fahrlässigkeit" *an anderer Stelle* (!), nämlich bei Art. 83, erwähnt sind, konkretisierten sie auch den Begriff der Verantwortlichkeit in Art. 82 Abs. 3, ist schwer nachvollziehbar. Hätte der Gesetzgeber das gewollt, hätte er die Begriffe schlicht auch hier verwenden können.

EuGH aus dem Schweigen geschlossen, dass es kein Verschuldenserfordernis gibt (s. oben, § 9 Rdn. 73). Aus Art. 5 Abs. 4 ArbSchRL, der nach der Rechtsprechung auch eine verschuldensabhängige Haftung zulässt (dazu unten, § 16 Rdn. 14), ergibt sich nichts Anderes, denn es handelt sich dort „nur" um eine Richtlinienbestimmung, die ins nationale Recht umzusetzen ist, und Einzelheiten sind optional ausgestaltet.

(4) Schaden

73 Der Anspruchsteller muss einen materiellen oder immateriellen Schaden erlitten haben. Zu Art und Umfang des Ersatzes nachfolgend, Rdn. 75f.

(5) Kausalität

74 Der Schaden muss schließlich ursächlich auf den Verstoß gegen die Grundverordnung zurückzuführen sein (haftungsausfüllende Kausalität; zur haftungsbegründenden Kausalität oben, Rdn. 70). Da die schiere Kausalität i.S.d. *conditio sine qua non* außerordentlich weit ist, ist zu erwägen, inwieweit Einschränkungen zu begründen sind. Teleologisch begründen lässt sich eine Einschränkung der objektiven Zurechnung nach dem Schutzzweck der Norm. Danach kann etwa der Rechtswidrigkeitszusammenhang fehlen, wenn dem Arbeitnehmer wegen einer Pflichtverletzung gekündigt wird, die datenschutzwidrig (z.B. durch unzulässige Videoüberwachung) aufgedeckt wurde, wenn kein Beweisverwertungsverbot besteht.[84] Da auch die Grundverordnung einen Ausgleich zwischen Datenschutz- und gegenläufigen Freiheitsinteressen bezweckt (s.o. Rdn. 1), kommt aber auch eine Einschränkung unter dem Gesichtspunkt der Adäquanz in Betracht.

cc) Rechtsfolgen: Schadensersatz

75 Der Schadensersatz zielt auf einen vollen Ausgleich ab und umfasst materielle und immaterielle Schäden. **Materielle Schäden** können z.B. infolge der unterlassenen Einstellung oder der Kündigung entstehen.

76 Oftmals steht der Ausgleich **immaterieller Schäden** im Vordergrund, da der Datenschutz gerade Persönlichkeitsinteressen und der Selbstbestimmung dient. Bei der Bemessung der Entschädigung kann die Ausgleichsfunktion (Genugtuung) im Vordergrund stehen, da die Präventionsfunktion bereits weitgehend durch das scharfe Bußgeldinstrumentarium erfüllt wird.[85]

77 Eine Herabsetzung wegen **Mitverantwortlichkeit des Geschädigten** ist in der DSGVO nicht ausdrücklich vorgesehen, wird aber von der überwiegenden Meinung

---

84 EuArbRK/*Franzen*, Art. 82 DS-GVO Rdn. 20.

85 So mit Recht EuArbRK/*Franzen*, Art. 82 DS-GVO Rdn. 22.

anerkannt (wenngleich öfter ohne Begründung)[86]. Ihr steht aber umgekehrt auch nicht Art. 82 Abs. 3 DSGVO entgegen;[87] mit der Vorschrift wäre lediglich ein Haftungs*ausschluss* wegen Mitverschuldens nach dem Modell der (freilich ohnehin überwundenen) Culpakompensation unvereinbar. Für die Berücksichtigung der Mitverantwortlichkeit des Geschädigten im Wege der offenen Rechtsfortbildung streitet, dass die Gleichbehandlung von Schädiger und Geschädigtem ein Gebot der austeilenden Gerechtigkeit ist,[88] die Berücksichtigung des Eigenanteils des Geschädigten aber auch Gebot der ausgleichenden Gerechtigkeit. Dem steht weder der Kompensationszweck noch der Präventionszweck des Schadensersatzes entgegen.

dd) Gesamtschuldnerische Haftung und Innenausgleich

Mehrere Verantwortliche und Auftragsverarbeiter, die an derselben Verarbeitung beteiligt sind und für einen durch Datenschutzverletzung verursachten Schaden verantwortlich sind, trifft eine gesamtschuldnerische Haftung für den **gesamten Schaden**, Art. 82 Abs. 4 DSGVO. Soweit einer von ihnen einen größeren Anteil beglichen hat, als seinem Verantwortungsanteil entspricht, kann er von den anderen einen **Ausgleich** verlangen, Art. 82 Abs. 5 DSGVO. 78

Die Vorschriften lassen das Bestreben des Gesetzgebers erkennen, das Haftungsregime umfassend zu regeln, sind allerdings zu eng formuliert. So ist Absatz 5 seinem Wortlaut nach auf den Sonderfall beschränkt, dass ein Gesamtschuldner „vollständigen Schadensersatz (...) gezahlt" hat. Dem Zweck nach beansprucht die Vorschrift indes – wie in der voranstehenden Darstellung formuliert – auch Geltung, wenn ein Schuldner zwar nicht vollständigen Ersatz geleistet, aber mehr als seinen Anteil beglichen hat. Die lückenhafte Regelung ist insoweit analog anzuwenden.[89] 79

IV. Regelungsoption für spezifischere mitgliedstaatliche Vorschriften für den Beschäftigungskontext

1. Grundlagen

Enthält die Datenschutzgrundverordnung auch nur ganz punktuelle Vorschriften, die sich speziell auf Beschäftigte beziehen, so sind ihre Regelungen doch auch in diesem Bereich anwendbar. Als Verordnung (Art. 288 Abs. 2 AEUV) bedarf sie auch keiner 80

86 Paal/Pauly/*Frenzel*, Art. 82 DSGVO Rdn. 19; Ehmann/Selmayr/*Nemitz*, Art. 82 DSGVO Rdn. 15 („nach den allgemeinen Gründen des Schadensrechts"); BeckOK Datenschutzrecht/*Quaas*, Art. 82 DSGVO Rdn. 28, 35 („wird zu berücksichtigen sein"). A.M. Kühling/Buchner/*Bergt*, Art. 82 DSGVO Rdn. 59.

87 A.M. Kühling/Buchner/*Bergt*, Art. 82 DSGVO Rdn. 59.

88 *Bydlinski*, System und Prinzipien des Privatrechts (1996), S. 201.

89 Ähnlich EuArbRK/*Franzen*, Art. 82 DS-GVO Rdn. 24.

Umsetzung. Ungeachtet dessen ermöglicht Art. 88 DSGVO den Mitgliedstaaten, spezifischere Vorschriften für den Beschäftigungskontext vorzusehen.

2. Regelungsoption

81 Art. 88 DSGVO eröffnet den Mitgliedstaaten eine **Regelungsmöglichkeit**, keine Regelungspflicht. Art. 88 bindet die Mitgliedstaaten daher nicht, von der Option überhaupt oder vollumfänglich Gebrauch zu machen. Sie können „im Beschäftigungskontext" einzelne spezifischere Regeln vorsehen oder ein umfassendes Regelungsregime. Die Mitgliedstaaten können also beispielsweise nur die Einwilligung im Beschäftigungskontext gesondert regeln oder auch die gesetzlichen Erlaubnistatbestände, nur die Tatbestandsseite oder auch die Rechtsfolgenseite usf. Da von „vorsehen" spezifischerer Regeln die Rede ist (*prevoir, provide*), kommen sowohl neue als auch vorbestehende Vorschriften in Betracht.

82 (Nur) **Soweit** sie spezifischere Regeln vorsehen, gehen diese der Grundverordnung vor. Im Übrigen bleibt es bei den Vorschriften der Grundverordnung. Da ein Zusammenspiel mit den Vorschriften der DSGVO praktisch unvermeidlich sein dürfte, empfiehlt sich für die Mitgliedstaaten, die mitgliedstaatlichen Regeln Begrifflichkeiten und äußerer Systematik der Verordnung anzupassen.

83 Die Regelungsoption ist „den Mitgliedstaaten" eröffnet, mögliche Regelungsinstrumente umfassen aber auch Kollektivverträge (sogleich Rdn. 85). Kollektivverträge können nur die Sozialpartner (i. w. S., Kollektiv- und Betriebspartner) vereinbaren, nicht aber die Mitgliedstaaten. Da Art. 88 DSGVO sie dazu nicht originär berechtigt, kann sich ihre Zuständigkeit nur abgeleitet aus dem mitgliedstaatlichen Recht ergeben.[90] Dieses kann m. a. W. die Regelungsoption ganz oder teilweise den Sozialpartnern übertragen.

3. Regelungsinstrumente

84 Als Regelungsinstrumente kommen **Rechtsvorschriften** – abstrakt-generelle hoheitliche Regelungen – des mitgliedstaatlichen Rechts in Betracht. Dazu sind auch Gewohnheitsrecht und richterliche Rechtsfortbildung zu rechnen.[91]

85 In Betracht kommen – bei entsprechender Öffnung im mitgliedstaatlichen Recht; Rdn. 83 – **Kollektivverträge.** Der Begriff ist unionsautonom in einem weiteren Sinne zu verstehen und umfasst sowohl die verschiedenen Formen der Tarifverträge wie auch Betriebsvereinbarungen.

---

90 A.M. EuArbRK/*Franzen*, Art. 88 DS-GVO Rdn. 17.

91 EuArbRK/*Franzen*, Art. 88 DS-GVO Rdn. 15.

4. Regelungsgegenstände: Beschäftigungskontext

Die Regelungsgegenstände umreißt Art. 88 Abs. 1 DSGVO mit dem Begriff „Beschäftigungskontext“. Der Beschäftigtenbegriff ist in einem weiteren Sinne zu verstehen[92] und bezieht sich auf abhängig Beschäftigte im privaten und öffentlichen Bereich; oben, Rdn. 20f. Ist die Option für den „Kontext“ eröffnet, so bezieht sie sich nicht nur auf den Kernbereich der Beschäftigung, sondern auch auf angrenzende Fragen in Randbereichen. Eine beispielhafte („insbesondere“) Aufzählung illustriert, was gemeint ist: Einstellung, die Erfüllung des Arbeitsvertrags, Management, Planung und die Organisation der Arbeit, Gleichheit und Diversität am Arbeitsplatz, Gesundheit und Sicherheit am Arbeitsplatz, Schutz des Eigentums der Arbeitgeber oder der Kunden, Inanspruchnahme der mit der Beschäftigung zusammenhängenden individuellen oder kollektiven Rechte und Leistungen, Beendigung des Beschäftigungsverhältnisses. 86

5. Regelungsinhalt

Für die inhaltliche Ausgestaltung der optionalen mitgliedstaatlichen Regelungen macht Art. 88 DSGVO mehrere Vorgaben. 87

a) Spezifischere Vorschriften

Spezifische Vorschriften sind solche, die den **Sachgesetzlichkeiten des zu regelnden Lebenssachverhalts** Rechnung tragen.[93] Gerade im Beschäftigungsbereich können spezifischere Vorschriften die **besonderen Regelungsinstrumente des** (mitgliedstaatlichen) **Arbeitsrechts** in den Datenschutz einbeziehen, namentlich die Beteiligung durch Arbeitnehmervertreter auf Betriebs- und Unternehmensebene sowie die Mechanismen des Koalitionsrechts und der Kollektivverträge. In Bezug auf den typischerweise gegebenen Dauercharakter des Beschäftigungsverhältnisses in einer auf langfristigen Bestand angelegten Struktur (Unternehmen, Betrieb) hat auch der Datenschutzbeauftragte insoweit eine besondere Funktion. Bei den spezifischeren Vorschriften gilt es daher, diese Regelungsinstrumente mit Rücksicht auf ihre mitgliedstaatliche Ausgestaltung kreativ und auch für innovative Lösungen zu nutzen. Dabei wird es oftmals nicht um ein Mehr oder Weniger des Schutzes im Vergleich zur Grundverordnung gehen, sondern um andere Regelungsansätze. Ungeachtet dessen ist auch eine **Absenkung** des Schutzes nicht von vornherein ausgeschlos- 88

92 Ebenso EuArbRK/*Franzen*, Art. 88 DS-GVO Rdn. 20.
93 Ähnlich *Düwell*/*Brink*, NZA 2016, 665, 666.

sen.[94] Das gilt namentlich, soweit die spezifischeren Regeln im Wege privatautonomer Kollektivvereinbarungen mit Richtigkeitsgewähr gewählt werden, wie sie im deutschen Arbeitsrecht dem Tarifvertrag beigelegt wird.

b) Schutz der Rechte und Freiheiten hinsichtlich der Verarbeitung personenbezogener Daten

89 Die spezifischeren Vorschriften – ähnlich wie die Grundverordnung selbst, Art. 1 – dienen dem Zweck, den Schutz der Rechte und Freiheiten hinsichtlich der Verarbeitung personenbezogener Beschäftigtendaten im Beschäftigungskontext zu gewährleisten, Art. 88 Abs. 1 S. 1 DSGVO. Auch bei den spezifischeren Vorschriften geht es m. a. W. um einen Ausgleich der gegenläufigen Interessen am Schutz personenbezogener Daten (Art. 1 Abs. 2 DSGVO) einerseits und dem Freiverkehr (Art. 1 Abs. 3 DSGVO) andererseits. Zu diesem Zweck kommen insbesondere gesetzliche Erlaubnistatbestände und Vorschriften über die Einwilligung im Beschäftigungskontext in Betracht. Ein vollständiger Ausschluss der Einwilligung im Beschäftigungskontext dürfte indes gerade keinen angemessenen Ausgleich der widerstreitenden Interessen darstellen, da die Grundverordnung ausweislich ihrer Begründungserwägung 155 die Einwilligung auch für diesen Bereich eigens vorsieht (s. o., Rdn. 23 f.).

c) Wahrung der Grundrechte der betroffenen Personen

90 Art. 88 Abs. 2 DSGVO schreibt (in Form einer Feststellung) vor, dass die spezifischeren Vorschriften „angemessene und besondere Maßnahmen zur Wahrung der menschlichen Würde, der berechtigten Interessen und der Grundrechte der betroffenen Person" umfassen (lies: müssen). Die Vorschrift bezieht dieses Gebot sodann auf drei Einzelbereiche, nämlich:

- die Transparenz der Verarbeitung,
- die Übermittlung personenbezogener Daten innerhalb einer Unternehmensgruppe oder einer Gruppe von Unternehmen, die eine gemeinsame Wirtschaftstätigkeit ausüben, und
- die Überwachungssysteme am Arbeitsplatz.

91 Damit ist zunächst für die inhaltliche Ausgestaltung der **Grundsatz** hervorgehoben: Müssen die spezifischeren Vorschriften für den Beschäftigungskontext auch einen Ausgleich der widerstreitenden Interessen anstreben (Art. 88 Abs. 1 S. 1 DSGVO; soeben Rdn. 89), so steht teleologisch doch der grundrechtlich fundierte Schutz der betroffenen Person im Vordergrund, deren informationelle Selbstbestimmung auch im

94 Ebenso etwa *Jerchel/Schubert*, DuD 2016, 782, 783; *Klösel/Mahnhold*, NZA 2017, 1428, 1431. A.M. aber etwa *Düwell/Brink*, NZA 2016, 665, 666 f.; *Franzen*, EuZA 2017, 313, 345 (Vollharmonisierung); *Körner*, NZA 2016, 1383 f.; *dies.*, NZA 2019, 1389, 1390.

Hinblick auf ihren Menschenwürdegehalt zu beachten ist. Von den Grundregeln der Datenschutz-Grundverordnung ist nicht abzuweichen. Dazu sind die Grundsätze des Art. 5 DSGVO zu rechnen (oben, Rdn. 15 ff.), ebenso wie das grundsätzliche Verbot mit Erlaubnisvorbehalt i. V. m. dem Verhältnismäßigkeitsgrundsatz (Art. 6; oben, Rdn. 22) und die Grundsätze (wenn auch nicht unbedingt die Einzelheiten) der freiwilligen Einwilligung (Art. 7; oben, Rdn. 23 f.).[95]

Die exemplarische Aufzählung der drei **Einzelbereiche** kann indessen nicht dahin verstanden werden, dass eine – gesetzliche oder kollektivvertragliche – spezifischere Regelung auf mitgliedstaatlicher Ebene notwendig auch jeden der genannten Einzelbereiche ausdrücklich regeln müsste.[96] Das widerspräche dem Optionscharakter (keine Regelungspflicht; oben Rdn. 81), wäre aber auch zweckwidrig, da unnötige Regeln zu Intransparenz und Rechtsunsicherheit führen. Zumal die Kollektivparteien können nicht angehalten sein, etwa in einer Betriebsvereinbarung eine Regelung für eine im Einzelfall gar nicht bestehende Unternehmensgruppe zu treffen. 92

6. Umsetzung

Das deutsche[97] Bundesdatenschutzgesetz enthält mit der – freilich weithin generalklauselartig gefassten – Vorschrift des § 26 BDSG eine spezifischere Regelung für den Beschäftigungskontext.[98] 93

95 *Düwell/Brink*, NZA 2016, 665, 666 f.

96 Ebenso *Wybitul*, ZD 2016, 203, 207. A.M. *Körner*, Wirksamer Beschäftigtendatenschutz im Lichte der Europäischen Datenschutz-Grundverordnung, S. 68.

97 Zur Umsetzung in Österreich *Brodil*, FS Marhold (2020), S. 15 ff.

98 Dazu etwa *Düwell/Brink*, NZA 2017, 1081 ff.; *Gola*, BB 2017, 1462 ff.; *Kort*, ZD 2017, 319 ff. Eingehend BeckOK Datenschutzrecht/*Riesenhuber*, § 26 BDSG.

4. Teil **Individualarbeitsrecht**

1. Kapitel
Arbeitsbedingungen

§ 14 Die Transparenzrichtlinie

Literatur: *Bednarowicz*, Delivering on the European Pillar of Social Rights: The New Directive on Transparent and Predictable Working Conditions in the European Union, ILJ 48 (2019), 604–623; *Birk*, Das Nachweisgesetz zur Umsetzung der Richtlinie 91/533/EWG in das deutsche Recht, NZA 1996, 281–290; *Clark/Hall*, The Cinderella Directive? Employee Rights to Information about Conditions applicable to their Contract or Employment Relationship, ILJ 21 (1992), 106–118; *Deakin*, Social Norms, Information, and the Employment Relationship: The Role of Legal Regulation in: Grundmann/Kerber/Weatherill (Hrsg.), Party Autonomy and the Role of Information in the Internal Market, 2001, S. 371–392; *Forst*, Null-Stunden-Verträge, NZA 2014, 998–1002; *Friese*, Der Nachweis der wesentlichen Regelungen des Arbeitsvertrages, in: Oetker/Preis (Hrsg.), Europäisches Arbeits- und Sozialrecht, B 3050 (Stand: März 2010); *Henssler/Pant*, Europäisierter Arbeitnehmerbegriff, RdA 2019, 321–332; *Kenner*, Statement or Contract? – Some Reflections on the EC Employment Information (Contract or Employment Relationship) Directive after *Kampelmann*, ILJ 28 (1999), 205–231; *Kolbe*, Vom Nachweis zur Transparenz der Arbeitsbedingungen, EuZA 2020, 35–47; *Krause*, Nachweis von Arbeitsbedingungen, AR-Blattei SD 220.2.2. (Stand: Okt. 1999); *Lörcher*, Die EG-Nachweisrichtlinie (91/533/EWG) und ihre Umsetzung in innerstaatliches Recht, AuR 1994, 450–455; *Maul-Sartori*, Die neue Arbeitsbedingungenrichtlinie – EU-Arbeitsrecht weiter auf dem Vormarsch, NZA 2019, 1161–1168; *ders.*, Die Probezeitvorschrift der Arbeitsbedingungenrichtlinie: Unionsrechtliche Eingrenzung von Erprobungsbefristung und kündigungsschutzrechtlichen Wartezeiten, AuR 2020, 203–210; *ders.*, Europäische arbeitsverhältnisbezogene Informationsrechte, 2008; *ders.*, Richtlinienvorschlag transparente und verlässliche Arbeitsbedingungen – mehr als eine Überarbeitung der Nachweisrichtlinie, ZESAR 2018, 369–375; *Picker*, Die neue Arbeitsbedingungenrichtlinie: Mehr als (nur) Transparenz wagen, ZEuP 2020, 305–334; *Preis*, Flexicurity und Abrufarbeit, RdA 2015, 244–248; *ders.*, Nachweisgesetz – lästige Förmelei oder arbeitsrechtliche Zeitbombe?, NZA 1997, 10–17; *ders./Morgenbrodt*, Die Arbeitsbedingungenrichtlinie 2019/1152/EU – Inhalt, Kontext und Folgen für das nationale Recht (Teil I), ZESAR 2020, 351–357; (Teil II), ZESAR 2020, 409–419; *Richardi*, Formzwang im Arbeitsverhältnis, NZA 2001, 57–63; *Riesenhuber*, Die Transparenzrichtlinie 2019/1152 – Grund-Rechtsakt für das Arbeitsrecht der digitalen Wirtschaft, in: Grundmann/Merkt/Mülbert (Hrsg.), Festschrift für Klaus Hopt, 2020, 1009–1035; *ders.*, Nachweispflichten: Ansprüche auf Information über Vertragsbedingungen im Europäischen und deutschen Vertragsrecht, in: Westermann/Mock (Hrsg.), Festschrift für Gerold Bezzenberger zum 70. Geburtstag am 13. März 2000, 2000, S. 721–743; *Schneider-Dörr*, Die neue Richtlinie 2019/1152 und die P2B-VO 2019/1150 – ein Dilemma für Crowd Work, AuR 2020, 358–362; *Schwarze*, Praktische Handhabung und dogmatische Einordnung des Nachweisgesetzes, ZfA 1996, 43–66; *Sigeman*, Zur Umsetzung der Nachweis-Richtlinie in nationales Recht, RdA 2001 Sonderbeil. zu Heft 5, 39–45; *Wank*, Das Nachweisgesetz, RdA 1996, 21–24.

Rechtsprechung:

EuGH v. 4.12.1997	verb. Rs. C-253/96 bis C-258/96 *Kampelmann*, EU:C:1997:585
EuGH v. 8.2.2001	Rs. C-350/99 *Lange*, EU:C:2001:84
EuG v. 18.10.2001	Rs. T-333/99 *X./.EZB*, EU:T:2001:251
EuGH v. 19.6.2008	Rs. C-319/06 *Kommission ./. Luxemburg*, EU:C:2008:350
EuGH v. 18.12.2008	Rs. C-306/07 *Andersen*, EU:C:2008:743

https://doi.org/10.1515/9783110731941-014

Übersicht

I. Sachfragen, Übersicht, Rechtsgrundlagen, Regelungsumfeld

1 Das Europäische Arbeitsrecht enthält keine Regelungen zum Vertragsabschluss. Die Diskriminierungsverbote (oben, §§ 9–12) schränken lediglich die Abschluss- (und Inhalts-)freiheit ein. Auch eine Form für den Abschluss des Arbeitsvertrags ist nicht vorgeschrieben. An die Begründung des Arbeitsverhältnisses knüpft aber die Trans-

parenzrichtlinie (TpRL)[1] an, die die Nachweisrichtlinie (NwRL)[2] von 1991 ersetzt. In einem ersten Schwerpunkt bindet sie den Arbeitgeber, dem Arbeitnehmer kurzfristig nach der Arbeitsaufnahme die wesentlichen Arbeitsbedingungen schriftlich mitzuteilen; das ist die 1991 eingeführte Nachweispflicht. In einem zweiten Schwerpunkt setzt die Richtlinie einige Mindestanforderungen an die Arbeitsbedingungen; darin liegt die wesentliche Neuerung der Reform von 2019. Der Gesetzgeber wollte damit auch einen Beitrag zur Umsetzung der Europäischen Säule sozialer Rechte (§ 2 Rdn. 81ff.) leisten, die in Nr. 7 ein Recht auf schriftliche Informationen über die Arbeitsbedingungen vorsieht und in Nr. 5 ein Recht auf faire Arbeitsbedingungen. Zudem dient die Richtlinie der Umsetzung von Art. 31 GRCh (BE 1–3 TpRL).

Hintergrund für die Regelung ist, dass sich insbesondere infolge der Digitalisie- 2
rung des Arbeitslebens in den Mitgliedstaaten neue Arbeitsformen herausgebildet haben (BE 4f. TpRL). Genereller **Zweck** der Richtlinie ist, „die Arbeitsbedingungen zu verbessern, indem eine transparentere und vorhersehbarere Beschäftigung gefördert und zugleich die Anpassungsfähigkeit des Arbeitsmarktes gewährleistet wird", Art. 1 Abs. 1 TpRL.[3] Die Verbesserung von Sicherheit und Vorhersehbarkeit in Arbeitsverhältnissen soll zudem eine „Aufwärtskonvergenz" in den Mitgliedstaaten herbeiführen (BE 4 TpRL). Dabei soll die Richtlinie „ein angemessenes Maß an Flexibilität atypischer Arbeitsverhältnisse bei(...)behalten (...), damit die Vorteile für Arbeitnehmer und für Arbeitgeber gewahrt werden" (BE 6 TpRL).

Wie schon die Nachweisrichtlinie wählt auch die Transparenzrichtlinie als 3
Schutzinstrument primär **Information**. Ein entsprechendes Vorbild fand sich im Recht des Vereinigten Königreichs.[4] Der Gesetzgeber greift damit weder in die Vertragsabschlussfreiheit noch in die Freiheit zur inhaltlichen Gestaltung der Arbeitsverhältnisse ein. Er möchte die Vielfalt der Arbeitsformen nicht vermindern, sondern durchsichtig machen. Der **Zweck des Nachweises** der Arbeitsbedingungen liegt unverändert darin, den einzelnen Arbeitnehmer zu schützen und zur Transparenz des Arbeitsmarktes beizutragen. Anders als im Europäischen Vertragsrecht häufig der Fall, dient die Information hier allerdings nicht dazu, dem Adressaten eine rationale Vertragsschlussentscheidung zu ermöglichen (der Nachweis der Arbeitsbedingungen ist erst nachträglich zu geben!). Tatsächlich ist das im Arbeitsrecht auch weniger

---

1 Richtlinie (EU) 2019/1152 des Europäischen Parlaments und des Rates vom 20.6.2019 über transparente und vorhersehbare Arbeitsbedingungen in der Europäischen Union, ABl. 2019 L 186/105.

2 Richtlinie 91/533/EWG des Rates vom 14.10.1991 über die Pflicht des Arbeitgebers zur Unterrichtung des Arbeitnehmers über die für seinen Arbeitsvertrag oder sein Arbeitsverhältnis geltenden Bedingungen, ABl. 1991 L 288/32. Dazu eingehend *Maul-Sartori*, Europäische arbeitsverhältnisbezogene Informationsrechte (2008); Thüsing, Europäisches Arbeitsrecht, § 8; Voraufl. § 12.

3 Krit. *Bednarowicz*, ILJ 48 (2019), 604, 611 (transparente und vorhersehbare Arbeitsbedingungen sollten selbstverständlich sein und könnten daher nichts mit der Anpassungsfähigkeit des Marktes zu tun haben).

4 *Kenner*, ILJ 28 (1999), 205–231.

dringlich, da der (leitbildliche) Arbeitnehmer meist ohnehin keine Auswahlentscheidung zwischen konkurrierenden Arbeitsangeboten treffen muss (kann), und weil zudem gesetzliche und tarifliche Inhaltsgestaltungen weithin für angemessene Vertragsbedingungen sorgen. Der Nachweis hat daher den Zweck, den Arbeitnehmer seiner Rechte zu versichern[5] und ihm die Durchsetzung zu erleichtern. Mittelbar trägt das dazu bei, die Arbeitsbedingungen und damit den Arbeitsmarkt insgesamt transparenter zu gestalten.[6] Mit Bestimmungen über **Mindestanforderungen** (Kapitel III) geht die Richtlinie jedoch darüber hinaus. Die Mindestanforderungen dienen unterschiedlichen Zwecken, vor allem aber dazu, die Arbeit für den Arbeitnehmer vorhersehbar und planbar zu machen.

4 Sieht man den Regelungszweck der Richtlinie gerade darin, neuen Formen der Arbeitsvertragsgestaltung Rechnung zu tragen (Rdn. 2), so steht die Transparenzrichtlinie in engem sachlichen Zusammenhang mit den Regelungen **atypischer Arbeitsverhältnisse** (§§ 18–22). Dieser Zusammenhang wird noch durch die Vorschriften über Mindestarbeitsbedingungen verstärkt, da diese durchgehend auf den Schutz atypischer Arbeitnehmer abzielen. Mit der speziellen Nachweispflicht für den Fall der Entsendung steht die Richtlinie in einem Zusammenhang mit der Arbeitnehmerentsenderichtlinie (§ 7).

II. Anwendungsbereich

5 Der Anwendungsbereich ergibt sich im Grundsatz aus Art. 1 Abs. 2 TpRL, Absätze 3, 4, 6 und 8 der Vorschrift räumen den Mitgliedstaaten die Möglichkeit ein, bestimmte Ausnahmen davon vorzusehen.

1. Der persönlich-sachliche Anwendungsbereich

6 Die Transparenzrichtlinie gilt „für jeden Arbeitnehmer in der Union (...), der nach den Rechtsvorschriften, Kollektiv- bzw. Tarifverträgen oder Gepflogenheiten in dem jeweiligen Mitgliedstaat einen Arbeitsvertrag hat oder in einem Arbeitsverhältnis steht", Art. 1 Abs. 2 TpRL. Wenn zunächst ein Arbeitnehmer mit Arbeitsvertrag/Arbeitsverhältnis vorausgesetzt wird, so ist damit derselbe Sachverhalt doppelt beschrieben, da die Begriffe wechselbezüglich sind: Der Arbeitnehmer ist der Schuldner der charakteristischen Hauptleistung des Arbeitsvertrags/-verhältnisses. Der Gesetzgeber wollte durch die Formulierung offenbar sicherstellen, dass die Nachweispflicht auch dann

---

5 Vgl. *Collins*, Employment Law (2003), S. 109 f. (Missverständnisse vermeiden, Zuversicht und Vertrauen fördern).

6 S.a. EuGH v. 23.11.1999 – verb. Rs. C-369 und C-376/96 *Arblade*, EU:C:1999:575 Rdn. 68. *Riesenhuber*, FS Bezzenberger (2000), S. 725 f.; *ders.*, Europäisches Vertragsrecht, Rdn. 518–521.

eingreift, wenn nach einem mitgliedstaatlichen Recht kein (wirksamer) Vertrag vorliegt, wohl aber ein („faktisches") Arbeitsverhältnis. So ist es z.B. nach deutschem Recht beim fehlerhaften Arbeitsverhältnis.

Wie der **Arbeitnehmerbegriff** zu verstehen ist, war für die Vorgängerregelung in Art. 1 Abs. 1 NwRL streitig.[7] Die Richtlinie enthält keine eigene Definition. Der Zweck der Rechtsangleichung spricht für einen autonomen Arbeitnehmerbegriff,[8] da es dem Gesetzgeber gerade darum ging, die – auch innerhalb der Union – unterschiedlichen „Arbeitsformen" vollständig zu erfassen. Wenn Art. 1 Abs. 2 TpRL indes jetzt für Arbeitsvertrag und Arbeitsverhältnis auf mitgliedstaatliches Recht, Kollektivverträge und Gepflogenheiten verweist, spricht das für die Maßgabe der **mitgliedstaatlichen Arbeitnehmerbegriffe**. Die Wortauslegung wird durch die Entstehungsgeschichte bestätigt, da sich der Kommissionsvorschlag, den Arbeitnehmerbegriff zu vereinheitlichen,[9] gerade nicht durchsetzen konnte.[10] Das steht freilich in gewissem Spannungsverhältnis zu der Anordnung im letzten Halbsatz, dabei „die Rechtsprechung des Gerichtshofs zu berücksichtigen", auf die auch BE 8 TpRL verweist.[11] Nach den Umsetzungsgeboten versteht sich, dass die Mitgliedstaaten nicht für die Zwecke der Richtlinie einen gesonderten Arbeitnehmerbegriff heranziehen dürfen. Der grundrechtliche Gleichheitssatz gebietet, nicht einzelne Arbeitnehmergruppen ohne Sachgrund vom Schutz auszunehmen. 7

2. Ausnahmeoptionen

Schon das zentrale Schutzinstrument einer Informationspflicht macht deutlich, dass der Gesetzgeber die Vielfalt der Arbeitsformen nicht reduzieren wollte. Um auch durch die Nachweispflicht die Flexibilität des Arbeitsmarktes nicht zu stören (BE 2, 6 TpRL), ermöglicht er in Art. 1 Abs. 3, 6, 7 TpRL den Mitgliedstaaten, Ausnahmen vom Anwendungsbereich vorzusehen. 8

Entfallen ist die Ausnahmeoption für **kurzfristige Arbeitsverhältnisse**[12]. Das erscheint wenig konsequent, da gerade hier der Verwaltungsaufwand unverhältnismäßig sein kann.[13] Auch die Aus- 9

7 Für einen unionsautonomen Begriff Voraufl. § 12 Rdn. 7; *Kolbe*, EuZA 2020, 35, 37; *Thüsing*, Europäisches Arbeitsrecht, § 8 Rdn. 6–8; a.M. etwa *Wank*, RdA 1996, 21, 22; *ders.* EuZW 2018, 21, 22; offengelassen v. *Fuchs/Marhold*, Europäisches Arbeitsrecht, S. 159; M. *Schmidt*, Arbeitsrecht der EG, III Rdn. 301.
8 Ebenso *Preis/Morgenbrodt*, ZESAR 2020, 351, 353f.
9 Art. 2 Abs. 1 lit. a), b) V-TpRL, COM(2017) 797 final. Dazu *Maul-Sartori*, ZESAR 2018, 369, 373.
10 *Henssler/Pant*, RdA 2019, 321, 323ff.; *Maul-Sartori*, NZA 2019, 1161, 1162f.; *Riesenhuber*, FS Hopt (2020), S. 1011ff.
11 *Bednarowicz*, ILJ 48 (2019), 604, 612 („hybrid concept"); *Picker*, ZEuP 2020, 305, 310ff.; *Preis/Morgenbrodt*, ZESAR 2020, 351, 353f. Unentschlossen *Schneider-Dörr*, AuR 2020, 358ff.
12 Voraufl. § 12 Rdn. 11.
13 Krit. auch *Picker*, ZEuP 2020, 305, 315.

nahmeoptionen für **gelegentliche Tätigkeiten** und Tätigkeiten „besonderer Art“[14] sind in der Transparenzrichtlinie entfallen.

a) Geringfügig Beschäftigte

10 Eine erste Ausnahmeoption besteht für geringfügig Beschäftigte mit einer Arbeitszeit von durchschnittlich nicht mehr als **drei Stunden wöchentlich**, berechnet über einen Referenzzeitraum von vier Wochen, Art. 1 Abs. 3 TpRL. Maßgeblich ist die im Voraus festgelegte und tatsächlich geleistete Arbeitszeit; auch Überstunden zählen mit (BE 11 S. 2 TpRL). Dabei sind die Arbeitszeiten bei allen Konzernunternehmen (einer „Gruppe oder Organisation“) zusammenzurechnen. Nach der – freilich nur in BE 11 S. 3 TpRL ausgedrückten – Vorstellung des Gesetzgebers, soll diese Ausnahme nur greifen, *soweit* der Dreistunden-Durchschnitt gewahrt ist. Ab dem Zeitpunkt, in dem die Grenze überschritten wird, greifen die Verpflichtungen der Richtlinie ein. Die Ausnahmeoption trägt dem gegenläufigen Interesse des Arbeitgebers Rechnung, einen unverhältnismäßigen Verwaltungsaufwand zu vermeiden. Die Ausnahmeoption besteht nach Absatz 4 der Vorschrift nicht, wenn vor Beschäftigungsbeginn kein garantierter Umfang bezahlter Arbeit festgelegt ist. Der Gesetzgeber hat an sog. Null-Stunden- oder Abrufverträge gedacht, bei denen die Arbeitnehmer besonders gefährdet sind, BE 12 TpRL.[15]

b) Beamte, Katastrophenschutz, Streitkräfte, öffentlicher Dienst

11 Eine Ausnahmeoption besteht für Beamte, Katastrophenschutzorganisationen, die Streitkräfte, die Polizeibehörden, Richter, Staatsanwälte, Ermittler oder andere Strafverfolgungsbehörden im Hinblick auf Mindestanforderungen an die Arbeitsbedingungen (Kapitel III), soweit es dafür „objektive Gründe“ gibt, Art. 1 Abs. 6 TpRL. Das Erfordernis **objektiver Gründe** deutet darauf hin dass die Ausnahme nicht etwa pauschal (z. B. für sämtliche Polizeibehörden oder Richter) vorgesehen werden darf, sondern im Hinblick auf die Mindestanforderungen von Kapitel III tätigkeitsspezifisch begründet sein muss.[16] Die Ausnahme muss „aufgrund des besonderen Charakters der Aufgaben, die sie zu erfüllen haben, oder ihrer Beschäftigungsbedingungen, gerechtfertigt“ sein (BE 9 TpRL). Z. B. kann man daran denken, dass die Anforderungen der Mindestvorhersehbarkeit für Katastrophenschutzorganisationen nicht gelten. Insgesamt erscheint die Ausnahmeoption indes sehr weit gefasst. So ist nicht ersichtlich, dass die genannten Berufszweige von den Vorschriften über die Probezeit oder die Mehrfachbeschäftigung ausgenommen werden müssten, zumal die Einzelregeln ihrerseits sachlich begründete Abweichungen zulassen.

---

14 Voraufl. § 12 Rdn. 12.

15 *Bednarowicz*, ILJ 48 (2019), 604, 614; *Picker*, ZEuP 2020, 305, 315.

16 Das würde auch den Bedenken von *Kolbe*, EuZA 2020, 35, 38 Rechnung tragen.

c) Haushaltstätigkeit

Von einzelnen Bestimmungen der Richtlinie können die Mitgliedstaaten natürliche Personen ausnehmen, die als Arbeitgeber in Haushalten für Arbeit in diesen Haushalten fungieren, Art. 1 Abs. 7, BE 14 TpRL. Für Haushaltshilfen passen die Regelung über den Übergang zu einer anderen Arbeitsform (Art. 12), über Pflichtfortbildungen (Art. 13) und die Vermutung von Art. 15 Abs. 1 lit. a) TpRL nicht. 12

III. Nachweispflichten

1. Übersicht

Die Transparenzrichtlinie verpflichtet den Arbeitgeber in der Grundvorschrift des Art. 4 TpRL einen Nachweis über die wesentlichen Arbeitsbedingungen zu erteilen, Modalitäten regelt Art. 5 TpRL (nachfolgend Rdn. 22ff.). Ergänzende Nachweispflichten – besondere Inhalte und Fristen – ergeben sich aus Art. 6 und 7 TpRL für die Fälle der nachträglichen Änderung der Arbeitsbedingungen und der Entsendung. Die Rechtsfolgen, die der Gesetzgeber in der Nachweisrichtlinie noch weitgehend unbestimmt gelassen hatte, sind in der Transparenzrichtlinie näher konturiert (dazu unten, Rdn. 63ff.). Im Übrigen ergeben sich dafür aus den Umsetzungspflichten rahmenhafte Vorgaben. 13

Die Regelung der Nachweispflichten ist damit weitgehend übersichtlich. Auslegungsfragen ergeben sich vor allem daraus, dass der Gesetzgeber den Katalog der nachzuweisenden Einzelheiten in Art. 4 Abs. 2 TpRL durch eine Generalklausel in Absatz 1 der Vorschrift ergänzt hat, das Verhältnis der Vorschriften zueinander aber im Folgenden nicht durchgehend bedacht hat. 14

2. Die allgemeine Nachweispflicht

a) Inhalt

Grundvorschrift ist Art. 4 Abs. 1 TpRL. Der Arbeitgeber ist verpflichtet, den Arbeitnehmer über die wesentlichen Aspekte des Arbeitsverhältnisses zu unterrichten. Diese Generalklausel wird durch einen Katalog von Mindestangaben in Absatz 2 ergänzt. Das Verhältnis von Generalklausel und Katalog ist sprachlich deutlich,[17] der Katalog enthält nur Mindestangaben und entbindet den Arbeitgeber nicht von der Pflicht, auch weitere, darin nicht enthaltene Bedingungen mitzuteilen.[18] Das hat deshalb 15

17 Ebenso schon Art. 2 Abs. 2 NwRL. Anders dagegen Art. 3 Abs. 2 V-TpRL (COM(2017) 797 final/2), wo „mindestens" entfallen war; krit. *Maul-Sartori*, ZESAR 2018, 369, 370.

18 *Maul-Sartori*, NZA 2019, 1161, 1164. Zur Nachweisrichtlinie EuGH v. 8.2.2001 – Rs. C-350/99 *Lange*, EU:C:2001:84 Rdn. 20–23 (betr. die Pflicht, auf Anordnung des Arbeitgebers Überstunden zu leisten);

einen guten Sinn, weil der Gesetzgeber gerade davon ausging, dass die Vielfalt der Arbeitsformen zu ganz unterschiedlichen und nicht schon überschaubaren Bedingungen erfolgt. Rechtspolitisch kann man die Wahl einer Generalklausel gleichwohl kritisieren, da sie für den Arbeitgeber die Dokumentationslast übermäßig erschwert und das daraus folgende Konfliktpotenzial Prozesse heraufbeschwören kann. Das führt zu Rechtsunsicherheit und einem – gerade den Arbeitnehmer belastenden – Prozessrisiko.

16 Die Bestimmung, welche Punkte des Arbeitsvertrags **„wesentlich“** sind, bereitet Schwierigkeiten. Wenig hilfreich ist die Formulierung des EuGH, wesentlich seien „alle Punkte des Arbeitsvertrags oder Arbeitsverhältnisses, die von wesentlicher Bedeutung sind“.[19] Wesentlich sind sicher die *essentialia negotii,* also (neben den Vertragsparteien) die Arbeitstätigkeit und die Vergütung. Darüber hinaus gibt der Katalog von Art. 4 Abs. 2 TpRL Anhaltspunkte. Selbstverständliches, wie die allgemeine Treuepflicht des Arbeitnehmers, ist zwar ebenfalls wesentlich, braucht aber nicht eigens hervorgehoben zu werden.[20] Da die Parteien das Wesentliche zudem zu notieren pflegen, wenn sie einen schriftlichen Vertrag formulieren, kann auch die Vertragspraxis Anhaltspunkte für die Bestimmung geben. Mit Rücksicht auf den Zweck der Generalklausel, auch für neue, zur Zeit der Gesetzgebung unbekannte Arbeitsformen eine Nachweispflicht für die wesentlichen Bedingungen zu statuieren (Rdn. 15), kann man den Katalog für die breite Masse der Normalfälle als abschließend ansehen. Nur in Sonderfällen können weitere Bedingungen als wesentlich anzusehen sein.

17 Der **Katalog** von Art. 4 Abs. 2 TpRL enthält jetzt fünfzehn Einzelpunkte (lit. a)–o)), die sich in drei Gruppen einteilen lassen.

- Zur ersten Gruppe (lit. a)–e)) gehören die regelmäßig individuell bestimmten Daten und Vereinbarungen: Personalien der Parteien, Arbeitsort, Arbeitstätigkeit, Arbeitsbeginn und ggf. Befristung.
- Die zweite Gruppe (lit. g)–k), o)) enthält Bedingungen, die oft durch Gesetz oder kollektive Vereinbarung bestimmt sind (Probezeit, Fortbildung, Urlaubszeit, Kündigungsfrist und -verfahren, Vergütung); der Nachweis kann daher auch durch eine Verweisung ersetzt werden, Art. 4 Abs. 3 TpRL (Rdn. 19).
- Die Vorschrift von lit. n) (dritte Gruppe) verlangt von vornherein nur einen Verweis auf andere Rechtsquellen, nämlich Kollektivverträge.

BAGE 100, 225, 232; *Linde/Lindemann,* NZA 2003, 649, 650; *Müller-Glöge,* RdA 2001 Sonderbeil. zu Heft 5, 46, 47; *Sigeman,* RdA 2001 Sonderbeil. zu Heft 5, 39, 42. Früher str., wie hier schon *Grundmann,* Europäisches Schuldvertragsrecht, 3.20 Rdn. 10; a.A. noch Hanau/Steinmeyer/Wank/*Wank,* § 18 Rdn. 24; *Wank,* RdA 1996, 21, 23.

19 EuGH v. 8.2.2001 – Rs. C-350/99 *Lange,* EU:C:2001:84 Rdn. 21, krit. Anm. *Reichold,* JZ 2001, 1026, 1027.

20 EuG v. 18.10.2001 – Rs. T-333/99 *X ./. EZB,* EU:T:2001:251 Rdn. 81–83.

Eine Zwischenstellung zwischen der ersten und der zweiten Gruppe haben lit. l) und m), die die **Arbeitsmuster** betreffen.[21] In der Nachweisrichtlinie war insoweit noch die „normale Tages- oder Wochenarbeitszeit" anzugeben. Demgegenüber bezeichnet „Arbeitsmuster" die Organisationsform der Arbeitszeit nach einem bestimmten Schema, das vom Arbeitgeber festgelegt wird, Art. 2 lit. c) TpRL (s. a. unten, Rdn. 47). Ist dieses „völlig oder größtenteils vorhersehbar", so ist die Länge des Standardarbeitstages oder der Standardarbeitswoche anzugeben; lit. l) gehört zu den Angaben, die ggf. durch einen Hinweis auf Rechts- oder Kollektivnormen ersetzt werden können. Sind die Arbeitsmuster hingegen „völlig oder größtenteils unvorhersehbar", umfasst der Nachweis die Rahmendaten, nämlich den Grundsatz, dass der Arbeitsplan variabel ist, die Anzahl garantierter Arbeitsstunden, Referenzstunden oder -tage, Mindestankündigungsfristen usf.; lit. m). **18**

Die Nachweispflicht von lit. g)–l) und o) kann der Arbeitgeber auch durch einen **Hinweis auf die Rechts- und Verwaltungsvorschriften** bzw. die Satzungs- oder Tarifvertragsbestimmungen erfüllen, die für die entsprechenden Bereiche gelten, Art. 4 Abs. 3 TpRL. Diese – für das Pflichtengefüge im Arbeitsverhältnis zentrale – Vorschrift grenzt die Informations(beschaffungs)verantwortung von Arbeitgeber und Arbeitnehmer ab und erleichtert dem Arbeitgeber den Nachweis. Sie ist Ausdruck des Prinzips der Selbstverantwortung, nach dem jeder sein Recht selbst kennen muss. Es ist nicht Sache des Arbeitgebers, dem Arbeitnehmer Rechtskunde zu erteilen.[22] Ungeachtet dessen reicht für den Hinweis auf die Rechtsquellen eine pauschale Formulierung nicht aus. Vielmehr ist für die einzelnen Gegenstände („entsprechenden Bereiche") ein konkreter Hinweis erforderlich.[23] **19**

Umstritten ist, wie weit die Nachweispflicht hinsichtlich der Kündigung gem. lit. j) reicht. Danach umfasst der Nachweis auch die Unterrichtung über „das bei der Kündigung des Arbeitsverhältnisses vom Arbeitgeber und vom Arbeitnehmer einzuhaltende Verfahren, einschließlich der formellen Anforderungen und der Länge der Kündigungsfristen, oder, falls die Kündigungsfristen zum Zeitpunkt der Unterrichtung nicht angegeben werden können, die Modalitäten der Festsetzung der Kündigungsfristen". Das dürfte etwa ein Schriftformerfordernis (§ 623 BGB) erfassen.[24] Muss der Arbeitgeber aber auch auf eine Frist für die Kündigungsschutzklage wie jene des § 4 KSchG hinweisen?[25] Der Wortlaut legt das nicht nahe, denn dabei geht es nicht um das „bei der Kündigung des Arbeitsverhältnisses vom Arbeitgeber und vom Arbeitnehmer einzuhaltende Verfahren". Auch die anderen Einzelheiten von lit. j) beziehen sich deutlich auf Aspekte der Kündigung, nicht der Geltendmachung ihrer Unwirksamkeit. Allerdings erläutert BE 18: „Es sollte möglich sein, dass die Angaben zu dem bei der Kündigung des Arbeitsverhältnisses von Arbeitgeber und Arbeitnehmer einzuhaltenden Verfahren die Frist für die Einreichung einer Klage gegen die Kündigung enthalten." Da jedoch der Wortlaut des verfügenden Teils in Art. 4 Abs. 2 lit. j) TpRL dafür kaum offen ist und BE 18 TpRL auch nur von einer „Möglichkeit" **20**

---

21 S.a. *Maul-Sartori*, NZA 2019, 1161, 1164.

22 *Riesenhuber*, Europäisches Vertragsrecht, Rdn. 492–504 und 902–904.

23 *Wank*, RdA 1996, 21, 23.

24 *Preis/Morgenbrodt*, ZESAR 2020, 353, 356.

25 Bejahend *Maul-Sartori*, NZA 2019, 1161, 1165; *Preis/Morgenbrodt*, ZESAR 2020, 353, 356; verneinend EuArbRK/*Kolbe*, Art. 4 RL (EU) 2019/1152 Rdn. 4; *Picker*, ZEuP 2020, 305, 322ff.

spricht, dürfte darin lediglich ein Hinweis auf günstigere mitgliedstaatliche Bestimmungen liegen, wie sie nach Art. 20 Abs. 2 TpRL möglich sind. So verwendet der Gesetzgeber die Formulierung „es sollte möglich sein" auch an anderer Stelle (BE 17, 28, 39). Schließlich sprechen auch systematisch-teleologische Erwägungen gegen eine Rechtsbelehrungspflicht des Arbeitgebers hinsichtlich der Frist für die Kündigungsschutzklage. Muss schon allgemein jeder sein Recht kennen, so kann man gerade bei der streitigen Rechtsverfolgung vom Gegner keine rechtlichen Hinweise erwarten.

21 Die Umsetzung im Vereinigten Königreich hat die Frage aufgeworfen, ob sich die Informationspflicht des Arbeitgebers nur auf **vertragliche** oder auch auf **gesetzliche Bedingungen** bezieht.[26] Was gilt, wenn wesentliche Bedingungen mangels vertraglicher Einigung vom Gericht ergänzt werden (*implied terms*).[27] Nach dem Wortlaut ist nicht zwischen verschiedenen Quellen der „wesentlichen Aspekte" zu unterscheiden. Wenn gemäß Art. 4 Abs. 3 TpRL der Arbeitgeber die erforderlichen Informationen „durch einen Hinweis auf die Rechts- und Verwaltungsvorschriften bzw. die Satzungsbestimmungen oder Kollektiv- bzw. Tarifverträge" erteilen kann, so setzt dies voraus, dass der Nachweis auch Klauseln und Bedingungen umfasst, die keine vertragliche Grundlage haben. Die Richtlinie verpflichtet jedoch den Arbeitgeber lediglich, über bestimmte Angelegenheiten zu *informieren*; sie verpflichtet Arbeitgeber und Arbeitnehmer nicht, sich darüber zu *einigen*. Wenn ein Nachweis – richtigerweise oder irrtümlich – keine Angaben zu einem oder mehreren Punkten der „wesentlichen Aspekte" enthält und auch nicht auf die Gesetzgebung zu diesem Punkt verweist, dann ist die Erklärung unrichtig (zu Sanktionen s. u. Rdn. 64 ff.). Daraus kann aber nicht gefolgert werden, dass die Parteien die (erforderliche) Einigung nicht erzielt haben, geschweige denn, dass sie sich auf eine bestimmte Vertragsklausel geeinigt hätten.

b) Modalitäten des Nachweises

22 Modalitäten des Nachweises regelt Art. 5 TpRL, der im Hinblick auf die Formerfordernisse durch die allgemeine Regelung von Art. 3 TpRL ergänzt wird.

23 Die Informationen von Art. 4 Abs. 2 lit. a)–e), g), k), l) und m) sind dem Arbeitnehmer **bis zum siebten Kalendertag** nach Arbeitsbeginn (erster Arbeitstag) zu geben. Sie können auch schon vor Arbeitsbeginn gegeben werden, etwa dadurch, dass sie im Arbeitsvertrag genannt werden. Die übrigen Informationen des Katalogs von Art. 4 Abs. 2 TpRL sind dem Arbeitnehmer innerhalb eines Monats nach Arbeitsbeginn zu geben. Im Falle einer Entsendung (unten, Rdn. 29–32) sind die Informationen dem Arbeitnehmer vor der Abreise zu geben, Art. 7 Abs. 1 TpRL. Die Information muss zudem **individuell** erteilt werden. Das ist dahin zu verstehen, dass der Informationspflichtige sie jedem einzelnen Arbeitnehmer geben muss und nicht etwa durch Aushang oder eine Rundmail kommunizieren kann (ebenso Art. 3 TpRL „jedem Arbeitnehmer").

24 Die Informationen zu lit. a)–e), g), k), l) und m) können in **Form** eines oder mehrerer Dokumente bereitgestellt werden, die übrigen Informationen müssen in Form

---

26 *Deakin/Morris*, Labour Law, Rdn. 4.23 f.

27 *Barnard*, EU Employment Law, S. 567, deutet an, dass einige Stimmen in der Literatur der Meinung seien, dass die Nachweispflicht dem Arbeitnehmer gegenüber impliziert, dass sich auch auf alle Aspekte geeinigt werde müsse, damit das Arbeitsverhältnis richtig entstanden sei (Quellen werden aber nicht dargelegt).

eines Dokuments bereitgestellt werden, Art. 5 Abs. 1 TpRL. Sie können in **Papierform oder elektronischer Form** zur Verfügung gestellt werden, wobei die elektronische Form voraussetzt, dass die Informationen für den Arbeitnehmer zugänglich sind, gespeichert und ausgedruckt werden können und der Arbeitgeber einen Übermittlungs- und Empfangsnachweis erhält, Art. 3 TpRL. Das ist eine zeitgemäße Änderung gegenüber der Nachweisrichtlinie, die noch ein Schriftstück verlangte. Obwohl das nicht mehr eigens hervorgehoben ist, kann auch ein schriftlicher Arbeitsvertrag die Nachweispflicht erfüllen.[28]

Für die nach Art. 5 Abs. 1 TpRL zu übermittelnden Dokumente können die Mit- 25
gliedstaaten **„Vorlagen und Modelle"** entwickeln, die Arbeitnehmer und Arbeitgeber auf einer (einzigen) offiziellen nationalen Website oder auf andere Weise zugänglich gemacht werden. Darin liegt eine sinnvolle Erleichterung für den Arbeitgeber, wie sie in vergleichbarer Form aus dem Verbraucherrecht (Musterwiderrufsbelehrung gem. Anhang I Verbraucherrechte-Richtlinie 2011/83) bekannt ist. Für die Information über Rechts- oder Kollektivnormen statuiert Art. 5 Abs. 3 TpRL ein **Transparenz- und Zugänglichkeitsgebot**: Solche Informationen müssen „allgemein und kostenlos sowie in klarer, transparenter, umfassender und leicht zugänglicher Art und Weise durch Fernkommunikationsmittel und auf elektronischem Wege zur Verfügung gestellt werden, darunter auf bestehenden Online-Portalen".

Keine ausdrücklichen Vorgaben enthält die Richtlinie über **Formulierung und** 26
Gestaltung des Nachweises im Übrigen. Sie ergeben sich indes aus dem Zweck der Unterrichtung und dem Wesentlichkeitsgebot. Der Nachweis muss klar und verständlich formuliert und gestaltet (geordnet) sein (Transparenzgrundsatz). Das Wesentliche darf auch nicht durch ein Übermaß an Einzelheiten verschleiert werden.

Art. 5 Abs. 1 und 2 TpRL bezieht sich nur auf den **Katalog** von Art. 4 Abs. 2 TpRL, 27
nicht aber auf die **Generalklausel** von Art. 4 Abs. 1 TpRL. Darin dürfte indes ein Redaktionsversehen zu sehen sein. Auch solche wesentlichen Punkte des Arbeitsvertrags (Art. 4 Abs. 1 TpRL), die nicht im Katalog von Abs. 2 aufgeführt sind, sind in der von Art. 5 bestimmten Form und Frist nachzuweisen. Auch insoweit kommen immerhin rahmenhafte Vorlagen in Betracht.

3. Besondere Nachweispflichten

Besondere Nachweispflichten bestehen bei der Entsendung ins Ausland und einer Än- 28
derung der Arbeitsbedingungen.

28 *Maul-Sartori*, NZA 2019, 1161, 1163 f.

a) Bei Entsendung (i. w. S.)

29 Zusätzliche Nachweispflichten entstehen, wenn der Arbeitnehmer, der gewöhnlich in einem Mitgliedstaat arbeitet, in einem anderen Mitgliedstaat oder einem Drittland arbeiten soll. Das entspricht zwar nicht in Einzelheiten der Definition von Art. 1 Abs. 3 AEntRL (§ 7 Rdn. 13; s.a. unten Rdn. 31), doch lässt sich auch bei diesem weiter gefassten Tatbestand von Entsendung sprechen.

30 Welches **Recht auf den Vertrag anwendbar** ist, ergibt sich aus Art. 8 Rom I-VO (i.E. § 6 Rdn. 14–21). Im Regelfall ist es das Recht des gewöhnlichen Arbeitsortes, fehlt ein solcher, so findet das Recht des Mitgliedstaats der Einstellungsniederlassung Anwendung, ggf. das Recht eines anderen Mitgliedstaats, zu dem das Arbeitsverhältnis einen engeren Bezug hat. International zwingende Bestimmungen des Aufnahmelandes können sich nach Art. 9 Rom I-VO (i.E. § 6 Rdn. 31–33) auch auf entsendete Arbeitnehmer erstrecken. Doch ergeben sich dafür Grenzen aus der Arbeitnehmerentsenderichtlinie (§ 7 Rdn. 22) und der Dienstleistungsfreiheit (§ 3 Rdn. 82f.). Die Erstreckung der **Nachweispflicht des Aufnahmelandes** auf entsandte Arbeitnehmer hat der Gerichtshof – ungeachtet der Mindeststandardklausel von Art. 7 NwRL (heutiger Art. 20 Abs. 2 TpRL) – für mit der Entsenderichtlinie sowie der Dienstleistungsfreiheit unvereinbar gehalten.[29] Die Nachweispflicht zählt nicht zu dem von Art. 3 Abs. 1 UAbs. 1 AEntRL definierten „harten Kern" arbeitsrechtlicher Schutzbestimmungen. Und weil die Nachweispflicht schon vom entsendenden Arbeitgeber erfüllt wird, erweist sich die Erstreckung der Nachweispflicht des Aufnahmelandes unter dem Gesichtspunkt der „Doppelbelastung" auch als unverhältnismäßig.

31 Für den Fall der Entsendung konkretisiert Art. 7 Abs. 1 TpRL – systematisch eine Ergänzung zu Art. 4 Abs. 1 und 2 TpRL – zusätzliche **Mindestinhalte** des Nachweises. Auch dieser Katalog ist nicht abschließend („mindestens"). Der Nachweis muss zusätzlich enthalten: (a) Entsendeland und Dauer des Auslandseinsatzes; (b) die Währung, in der die Vergütung erfolgt; (c) die mit den Arbeitsaufträgen verbundenen Geld- und Sachleistungen (z.B. Trennungs- oder Tagegeld, Unterkunft, Heimflüge); und (d) Angaben über das Ob und die Bedingungen einer Rückführung des Arbeitnehmers (über die von lit. c) erfassten Kosten hinaus insbes. Anspruch auf Rückkehr zum alten Arbeitsplatz). Handelt es sich um eine **Entsendung i.S.d. Entsenderichtlinie**, ist der Arbeitnehmer nach Abs. 2 zusätzlich zu unterrichten über (a) die Vergütung, auf die er nach dem Recht des Aufnahmemitgliedstaats Anspruch hat, über (b) Entsendezulagen und Regelungen für die Erstattung von Reise-, Verpflegungs- und Unterbringungskosten sowie den Link zu der vom Aufnahmemitgliedstaat gem. Art. 5 Abs. 2 Entsende-Durchsetzungs-Richtlinie 2014/67 eingerichteten nationalen Website. Die Informationen zu Abs. 1 lit. b) und Abs. 2 lit. a) können durch eine Verweisung auf Rechts-, Satzungs- oder Kollektivvorschriften ersetzt werden, Art. 7 Abs. 3 TpRL.

---

29 EuGH v. 19.6.2008 – Rs. C-319/06 *Kommission ./. Luxemburg*, EU:C:2008:350.

Im Fall der Entsendung ist der gesamte Nachweis – nicht nur die zusätzlichen Inhalte nach Art. 7 Abs. 1 und 2 TpRL – spätestens **vor Abreise des Arbeitnehmers** zu erteilen, Art. 7 Abs. 1 TpRL. 32

b) Bei Änderung der Bedingungen

Soll der Nachweis den Arbeitnehmer zuverlässig über die Arbeitsbedingungen unterrichten, so versteht sich, dass auch nachträgliche Änderungen mitzuteilen sind, Art. 6 TpRL. Der Änderungsnachweis ist *bei erster Gelegenheit* zu geben, spätestens an dem Tag, an dem die die Änderung wirksam wird. 33

Art. 6 TpRL bezieht sich – ähnlich wie Art. 5 Abs. 1 und 2 TpRL (Rdn. 27) – seinem Wortlaut nach nur auf Änderungen der Katalogangaben in Art. 4 Abs. 2 und Art. 7 Abs. 1 TpRL. Nach dem Zweck der Nachweispflicht sind aber auch andere wesentliche Bedingungen nachzuweisen; der eingeschränkte Verweis dürfte auf einem Redaktionsversehen beruhen. 34

Der Änderungsnachweis ist nach Art. 6 Abs. 2 TpRL **entbehrlich**, wenn es sich um eine **Änderung in Rechts- und Verwaltungsvorschriften**, Satzungsbestimmungen oder Kollektivverträge handelt, auf die im Nachweis gem. Art. 4 Abs. 3, Art. 7 Abs. 3 TpRL verwiesen wird. Das leuchtet ein. Wenn es zur Informationsverantwortlichkeit des Arbeitnehmers gehört, sich selbst über Gesetze, Tarife usf. zu unterrichten (oben, Rdn. 19), so ist es auch seine Sache, Änderungen dieser Regelungen zur Kenntnis zu nehmen. Das gilt auch, wenn eine bestehende Rechtsquelle, auf die der Arbeitgeber verwiesen hat,[30] durch eine andere ersetzt wird.[31] 35

IV. Mindestanforderungen an die Arbeitsbedingungen

Die mit der Reform von 2019 eingeführten Vorschriften über Mindestanforderungen an die Arbeitsbedingungen betreffen die Probezeit, Mehrfachbeschäftigungen, die Mindestvorhersehbarkeit der Arbeit, Besonderheiten von Abrufarbeit sowie Pflichtfortbildungen. Eine verbindende Klammer kann man zum einen darin sehen, dass es um Themen geht, die vor allem atypische Arbeitsverhältnisse betreffen. Zum anderen liegt ein gewisser Schwerpunkt auf der Vorhersehbarkeit des Bestands und der Durchführung des Arbeitsverhältnisses. 36

---

30 Diese Voraussetzung war nicht erfüllt in BAG, NZA 2004, 102, 104.

31 A. A. *Friese*, EAS B 3050 Rdn. 56 a. E.

1. Höchstdauer einer Probezeit

37 Die Mindestanforderungen an die Arbeitsbedingungen betreffen zunächst die Höchstdauer einer Probezeit, Art. 8 TpRL; vgl. Nr. 5 lit. d) S. 2 ESsR. „Die Probezeit gestattet es den Parteien des Arbeitsverhältnisses", wie BE 27 TpRL erläutert, „zu überprüfen, ob der Arbeitnehmer und die Stelle, für die er eingestellt worden ist, miteinander vereinbar sind, und dem Arbeitnehmer zugleich begleitende Hilfe anzubieten." Sie dient damit den Interessen beider Seiten und ist keineswegs per se abzulehnen oder zu regulieren. Allerdings bedeutet die Probezeit üblicherweise, dass das Arbeitsverhältnis unter erleichterten Voraussetzungen wieder beendet werden kann. Daher geht mit der Probezeit eine Ungewissheit einher (BE 27 S. 2 TpRL). Auch diese kann für beide Teile belastend sein, betrifft den Arbeitnehmer aber typischerweise mehr als den Arbeitgeber. Die Festsetzung einer Höchstdauer für die Probezeit soll daher den Arbeitnehmer vor der **Ungewissheit über den Bestand** des Arbeitsverhältnisses schützen.

38 Der – von der Richtlinie nicht definierte – Begriff der Probezeit dürfte **unionsautonom** zu bestimmen sein, auch wenn Art. 8 TpRL den Mitgliedstaaten die Ausgestaltung in Einzelheiten überlässt.[32] Es handelt sich um eine gesetzlich oder vertraglich bestimmte Frist zu Beginn des Arbeitsverhältnisses, in der zu Zwecken der Erprobung (der Fähigkeiten, Kompatibilität, Arbeitsbedingungen ...) der Kündigungsschutz für die Parteien begrenzt ist.[33] Auch die Erprobungsbefristung (in Deutschland: § 14 Abs. 1 Nr. 5 TzBfG) kann daher darunter fallen.[34] Zweifelhaft ist indes, ob eine Wartezeit für den Kündigungsschutz (in Deutschland: § 1 Abs. 1 KSchG) schon eine Probezeit i. S. v. Art. 8 TpRL begründet. Soweit der erst durch längere Vertragsdauer begründete Bestandsschutz im Vordergrund steht, nicht ein spezifischer Erprobungszweck, ist das zu verneinen.[35]

39 Die Richtlinienvorgaben beziehen sich – in einer unglücklich schwammigen Formulierung – auf „eine Probezeit, falls das Arbeitsverhältnis nach Maßgabe des nationalen Rechts oder der nationalen Gepflogenheiten eine solche umfasst". Eine Probezeit wird allerdings zumeist nicht gesetzlich *vorgeschrieben*, sondern von den Parteien vereinbart.[36] Auch der Gesetzgeber geht davon aus, dass das mitgliedstaatliche Recht Probezeiten nur begrenzt.

40 Eine vereinbarte Probezeit darf im Grundsatz **nicht länger als sechs Monate** dauern. Für **Ausnahmefälle** können die Mitgliedstaaten längere Probezeiten festlegen. Diese müssen aber entweder durch die Art der Tätigkeit oder im Interesse des

32 *Maul-Sartori*, AuR 2020, 203, 204 f.

33 Im Grundsatz ebenso *Maul-Sartori*, AuR 2020, 203, 205 f.; ähnlich *Preis/Morgenbrodt*, ZESAR 2020, 409, 410 („funktionales" Verständnis); enger EuArbRK/*Kolbe*, Art. 8 RL 2019/1152 Rdn. 4 (nur Vereinbarungen).

34 *Maul-Sartori*, AuR 2020, 203, 206; wohl a. M. *Preis/Morgenbrodt*, ZESAR 2020, 409, 410.

35 I.Erg. ebenso EuArbRK/*Kolbe*, Art. 8 RL 2019/1152 Rdn. 4; a. M. *Maul-Sartori*, AuR 2020, 203, 207 ff.; *Preis/Morgenbrodt*, ZESAR 2020, 409, 410.

36 *Maul-Sartori*, AuR 2020, 203, 205 f.

Arbeitnehmers gerechtfertigt sein. Bei der „Art der Tätigkeit" hat der Gesetzgeber beispielsweise gedacht an „Leitungs- oder Führungsfunktionen oder Stellen des öffentlichen Dienstes" (BE 28 S. 2 TpRL), doch dürfte es nicht zu rechtfertigen sein, für diese pauschal längere Probezeiten vorzusehen. Eine Verlängerung im Interesse des Arbeitnehmers hält der Gesetzgeber aus Gründen der Beschäftigungsförderung für denkbar, insbesondere für junge Arbeitnehmer (BE 28 S. 2 TpRL). Möglicherweise ist an längere Probezeiten bei der Einstellung von (Langzeit-) Arbeitslosen gedacht. Weiterhin kann die Probezeit um die Dauer von **Abwesenheitszeiten** (z.B. Krankheit oder Urlaub) verlängert werden.

Besondere Regeln gelten schließlich für **befristete Arbeitsverhältnisse**, für die sicherzustellen ist, dass die Probezeit im Verhältnis steht zur erwarteten Vertragsdauer und zur Art der Tätigkeit, Art. 8 Abs. 2 TpRL. BE 28 S. 4 TpRL deutet darauf hin, dass der Gesetzgeber bei einer Befristung von unter einem Jahr eine Probezeit von sechs Monaten für unverhältnismäßig lang hält. Wird ein befristetes Arbeitsverhältnis verlängert und bleibt der Arbeitnehmer in derselben Funktion mit denselben Aufgaben beschäftigt, darf es keine neue Probezeit geben; diese ließe sich in der Tat nicht mit dem Zweck einer Eignungs- oder Kompatibilitätsprüfung rechtfertigen. 41

2. Mehrfachbeschäftigung (Verbot von Unvereinbarkeitsbestimmungen)

Der Arbeitnehmer hat ein – vom Ausgangspunkt der Privatautonomie selbstverständliches – Interesse daran, seine Arbeitskraft im Rahmen der Grenzen der Arbeitszeit umfassend verwerten zu können. Wirtschaftlich sowie persönlich kann das besonders für Teilzeitbeschäftigte von Bedeutung sein. Nicht selten suchen Arbeitgeber indes, diese Freiheit des Arbeitnehmers durch Wettbewerbsverbote, Nebentätigkeitsverbote oder, allgemeiner, sog. Unvereinbarkeitsbestimmung vertraglich zu beschränken. Nach Art. 9 darf ein Arbeitgeber dem Arbeitnehmer grundsätzlich nicht verbieten, außerhalb des mit ihm festgelegten Arbeitsplans (Rdn. 44) ein Arbeitsverhältnis mit anderen Arbeitgebern aufzunehmen.[37] Das grundsätzliche Verbot von Beschäftigungsbeschränkungen wird – teleologisch selbstverständlich – durch ein Benachteiligungsverbot flankiert, Art. 9 Abs. 1 a.E. TpRL. 42

Unsicher ist, ob das mitgliedstaatliche Recht einen Erlaubnisvorbehalt oder eine Anzeigepflicht vorsehen darf. Der Zweck der Regelung steht dem nicht zwingend entgegen.[38] Wenn der Gesetzgeber bei pauschalierender Betrachtung ein Kontrollinteresse des Arbeitgebers anerkennt, dürfte darin auch kein Verstoß gegen das Effektivitätsgebot (§ 1 Rdn. 77) vorliegen. 43

Selbstverständlich bleibt dem Arbeitnehmer (im Verhältnis zum [ersten] Arbeitgeber) seine Freiheit zur anderweitigen Beschäftigung nur im Rahmen seiner vertrag- 44

37 Auf die grundrechtliche Determinierung hinweisend *Kolbe*, EuZA 2020, 35, 39.
38 Zweifelnd aber *Bednarowicz*, ILJ 48 (2019), 604, 619.

lichen Verpflichtungen gegenüber dem (ersten) Arbeitgeber. Die Richtlinie bestimmt diese Bindung des Arbeitnehmers durch den sog. Arbeitsplan. **Arbeitsplan** „ist ein Plan, in dem die Uhrzeiten und die Tage festgelegt sind, zu bzw. an denen die Arbeit beginnt und endet“, Art. 2 lit. a) TpRL. Ein solcher Arbeitsplan kann (ausdrücklich oder konkludent) vertraglich vereinbart oder im Rahmen des Vertrags vom Arbeitgeber festgelegt werden (vgl. BE 30 TpRL), er kann festgelegt oder variabel sein (vgl. Art. 4 Abs. 2 lit. m) i) TpRL).

45 Kommt das **Interesse** an einer weiteren Verwendung der eigenen Arbeitskraft nur außerhalb des Arbeitsplans zum Tragen, dient dem insoweit eine weitgehende Konkretisierung und Fixierung. Allerdings haben Arbeitnehmer oft gegenläufige Interessen, z. B. an einer weitgehenden persönlichen Flexibilität und der Beschränkung auf Teilzeitarbeit, um Betreuungs- oder Pflegepflichten nachzukommen. Eine Verpflichtung zur Vereinbarung eines festen Arbeitsplans gibt es daher auch im Interesse des Arbeitnehmers nicht.

46 **Ausnahmen** vom grundsätzlichen Verbot der Unvereinbarkeitsbestimmungen können die Mitgliedstaaten aus **objektiven Gründen** vorsehen, Art. 9 Abs. 2 TpRL. Gemeint sind legitime Interessen zum Schutz des Arbeitnehmers, legitime Interessen des Arbeitgebers in einer wettbewerblichen Marktwirtschaft sowie legitime Interessen des Staates als Arbeitgeber. Zum Beispiel nennt die Regelung Gründe der Gesundheit und der Sicherheit, den Schutz von Geschäftsgeheimnissen, die Integrität des öffentlichen Dienstes oder die Vermeidung von Interessenkonflikten.

3. Mindestvorhersehbarkeit der Arbeit

a) Vorhersehbarkeit, wenn das Arbeitsmuster unvorhersehbar ist

47 Gibt es feste Arbeitszeiten und -aufträge, ist die Vorhersehbarkeit für den Arbeitnehmer kein Problem. Art. 10 TpRL über die Mindestvorhersehbarkeit der Arbeit betrifft daher Arbeitnehmer, deren Arbeitsmuster völlig oder größtenteils **unvorhersehbar** sind. **Arbeitsmuster** ist dabei „die Organisationsform der Arbeitszeit nach einem bestimmten Schema, das vom Arbeitgeber festgelegt wird“, Art. 2 lit. c) TpRL. Ein solches Schema kann z. B. darin liegen, dass der Arbeitnehmer montags bis freitags 9 bis 13 Uhr arbeitet, jeden dritten Sonntag im Monat, abwechselnd drei Tage Tagschicht, drei Tage frei und drei Tage Nachtschicht hat usf.

b) Beschränkung der Arbeitspflicht durch Referenzzeiten und Ankündigungsfrist

48 Im Rahmen der **Nachweispflicht** sieht Art. 4 Abs. 2 in lit. l) und lit. m) alternative Bestimmungen für die Fälle vor, dass die Arbeitsmuster völlig oder größtenteils vorhersehbar oder unvorhersehbar sind (oben, Rdn. 18). Sind sie vorhersehbar, muss der Arbeitgeber die Länge des Standardarbeitstages oder der Standardarbeitswoche, die Modalitäten der Vergütung von Überstunden und die Modalitäten von Schichtände-

rungen mitteilen. Sind sie unvorhersehbar, so muss der Arbeitgeber darauf hinweisen, dass der Arbeitsplan variabel ist, auf die Anzahl der garantierten bezahlten Stunden und die Vergütung für darüber hinaus erbrachte Arbeiten, er muss über die Referenzstunden und -tage informieren, innerhalb welcher der Arbeitgeber den Arbeitnehmer zu Arbeiten auffordern kann sowie über die Mindestankündigungsfrist sowie über eine ggf. nach nationalem Recht zulässige Widerrufsfrist für Arbeitsaufträge. **Referenzstunden und Referenztage** sind dabei definiert als „Zeitfenster an festgelegten Tagen, in denen auf Aufforderung des Arbeitgebers Arbeit stattfinden kann", Art. 2 lit. b) TpRL.

Art. 10 TpRL ist mit diesen Nachweispflichten verzahnt. Die Vorschrift greift, wie **49** gesagt (Rdn. 48), nur im Fall von Art. 4 Abs. 2 lit. m) TpRL ein, also wenn ein Arbeitsmuster völlig oder größtenteils unvorhersehbar ist. Dann ist der Arbeitnehmer **nur dann zur Arbeitsleistung verpflichtet**, wenn (1) die Arbeit innerhalb der (nach lit. m) i) mitzuteilenden) Referenzzeiten liegt und (2) der Arbeitgeber eine angemessene Ankündigungsfrist (die nach lit. m) ii) mitzuteilen ist) gewahrt hat. Sind diese Voraussetzungen nicht (kumulativ) erfüllt, ist der Arbeitnehmer nicht zur Arbeitsleistung verpflichtet und darf der Arbeitnehmer den Arbeitsauftrag ablehnen – teleologisch selbstverständlich: –, ohne dass ihm daraus Nachteile entstehen, Art. 10 Abs. 1 und 2 TpRL. „Keine Nachteile" umfasst jedenfalls ein Maßregelungsverbot (keine Abmahnung oder Kündigung etc.). Unsicher ist aber, ob die berechtigte Arbeitsverweigerung auch keine „Vergütungsnachteile" nach sich ziehen darf, der Arbeitgeber also zur „Lohnfortzahlung" (nach Art eines Annahmeverzugslohns) zu verpflichten ist. Während Wortlaut und Entstehungsgeschichte eher unergiebig sind, spricht dagegen die systematische Erwägung, dass der Gesetzgeber die Sachfrage in Art. 10 Abs. 3 TpRL als „Entschädigung" angesprochen hat.[39]

Was fehlt, ist eine Bindung des Arbeitgebers „zu Beginn des Arbeitsverhältnisses **50** (...) schriftlich Referenzstunden und Referenztage (...) fest[zu]leg[en]", wie es BE 31 sagt. Wenn eine entsprechende Festlegung fehlt, läuft die Nachweispflicht ins Leere und es stellt sich die Frage, ob dann die Beschränkung des Leistungsanspruchs gem. Art. 10 Abs. 1 TpRL eingreift. Die Intention des Gesetzgebers dürfte dahin gehen, den Leistungsanspruch mangels Festlegung von Referenzzeiten entfallen zu lassen. Die Bedingung von Art. 10 Abs. 1 lit. a) TpRL kann mangels anfänglicher Bestimmung von Referenzzeiten nicht erfüllt sein, daher kann der Arbeitnehmer vom Arbeitgeber nicht verpflichtet werden, zu arbeiten. Art. 10 Abs. 1 lit. a) TpRL normiert demnach implizit die Festlegung von Referenzzeiten als Obliegenheit des Arbeitgebers. – Das lässt sich zwar hören, ist indes eine sehr indirekte Regelungstechnik. Unverständlich ist beson-

---

39 I.Erg. ebenso *Preis/Morgenbrodt*, ZESAR 2020, 409, 412f. (freilich unter Berufung auf das – wenig aussagkräftige – Schweigen der Materialien und auf den Hinweis auf Kündigungen in der – hier nicht einschlägigen – BE 43 TpRL).

ders, dass der Gesetzgeber die Verpflichtung („sollten schriftlich Referenzstunden und Referenztage festgelegt werden") zwar in den Begründungserwägungen erwähnt, nicht aber im verfügenden Teil der Richtlinie in derselben Weise normiert.

c) Beschränkung der Widerruflichkeit von Arbeitsaufträgen durch Entschädigungsanspruch

51 Die Mitgliedstaaten können ein Recht des Arbeitgebers vorsehen, einen **Arbeitsauftrag zu widerrufen**, Abs. 3. In diesem Fall müssen sie aber einen **Entschädigungsanspruch** des Arbeitnehmers für den Fall vorsehen, dass der Arbeitgeber einen bereits vereinbarten Arbeitsauftrag nach einer konkreten angemessenen Frist widerruft. Ein vereinbarter Arbeitsauftrag kann m.a.W. zwar grundsätzlich frei widerruflich sein, aber nur für eine angemessene Frist.

52 Nicht weiter konkretisiert ist der Inhalt des **Entschädigungsanspruchs**. Maßstab dafür geben die damit verfolgten Zwecke. Ist die Frist verstrichen, soll sich der Arbeitnehmer auf die Bindung verlassen können, die für ihn einerseits eine Erwerbsmöglichkeit bedeutet, andererseits seine Dispositionsmöglichkeiten beschränkt und ihn davon abhält, kollidierende Pflichten einzugehen. Ausgangspunkt für die Bemessung muss daher das Erfüllungsinteresse des Arbeitnehmers sein, allerdings abzüglich der ersparten Aufwendungen und anderweitigen Erwerbs. Allerdings schreibt die Richtlinie keinen Schadensersatz vor, sondern eine Entschädigung (*compensation, compensation*). Daher muss das mitgliedstaatliche Recht keinen vollen Ersatz vorsehen, es kommt insbesondere auch eine Pauschalierung in Betracht.

d) Modalitäten

53 Modalitäten zu den Regeln über die Mindestvorhersehbarkeit, also etwa Fragen der Form von Arbeitsauftrag, Ablehnung oder Widerruf, können die Mitgliedstaaten regeln, Art. 10 Abs. 4 TpRL.[40]

4. Zusatzmaßnahmen bei Abrufverträgen

54 Art. 11 TpRL schreibt den Mitgliedstaaten vor, einen von drei Mechanismen zum Schutz vor Missbrauch von „Abrufverträgen oder ähnlichen Verträgen" zu ergreifen, falls das nationale Recht solche Verträge erlaubt. Der Gesetzgeber hat die tatbestandlichen Verträge – wie anzunehmen ist: mit Bedacht – nicht definiert, sondern nur als

---

40 EuArbRK/*Kolbe*, Art. 10 RL 2019/1152 Rdn. 3.

Typ beschrieben. Gemeint sind „**Abrufverträge oder ähnliche Arbeitsverträge** wie Null-Stunden-Verträge[41], in deren Rahmen der Arbeitgeber über die Flexibilität verfügt, die Arbeitnehmer nach Bedarf zur Arbeit aufzufordern“, BE 35 TpRL. Im äußersten Fall bedeutet das für den Arbeitgeber einen Anspruch, für den Arbeitnehmer nur eine Chance, die zudem vom guten Willen des Arbeitgebers abhängt. Kennzeichen ist die Flexibilität des Arbeitgebers und die daraus resultierende Unvorhersehbarkeit für den Arbeitnehmer (BE 35 TpRL). Das strukturelle Ungleichgewicht der Rechte und Pflichten beider Seiten kann zwar durchaus im Einzelfall ausgeglichen werden, z. B. durch eine Vergütung, die die Flexibilität der Verfügbarkeit und die damit einhergehende Bindung honoriert. Indes besteht umgekehrt in der Tat eine manifeste Missbrauchsgefahr.

Das schärfste Mittel zum Schutz der Arbeitnehmer ist ein **vollständiges Verbot** 55
im mitgliedstaatlichen Recht, das der Gesetzgeber für möglich hält, indes nicht selbst vorschreibt. Stattdessen bindet er die Mitgliedstaaten, mindestens eine von drei Schutzmaßnahmen zu ergreifen:

- Sie können **Anwendung und Dauer** von Abrufverträgen und ähnlichen Verträgen **beschränken**.
- Sie können eine widerlegbare Vermutung vorsehen, dass ein **Mindestumfang bezahlter Stunden** vereinbart ist. Dabei soll der Mindestumfang von den durchschnittlich in einem bestimmten Zeitraum geleisteten Stunden ausgehen.
- Sie können **andere gleichwertige Maßnahmen** zur Verhinderung missbräuchlicher Praktiken vorsehen.

Das ist ein Missbrauchsschutz, wie ihn in ähnlicher Weise die Befristungsrichtlinie vorsieht (§ 20 Rdn. 35 ff.). Über die gewählten Maßnahmen müssen die Mitgliedstaaten die Kommission unterrichten. In der Regelung kommt eine gewisse Vorsicht im Umgang mit einer verhältnismäßig jüngeren Form atypischer Arbeit zum Ausdruck. Die Unterrichtungspflicht kann auch dazu dienen, eine künftige weitere Vereinheitlichung vorzubereiten.

5. Übergang zu einer anderen Arbeitsform

Ein zentrales Anliegen von „atypischen“ Arbeitnehmern ist, ggf. in eine andere Ar- 56
beitsform zu wechseln, namentlich auch in ein Normalarbeitsverhältnis; vgl. Art. 5 lit. a) S. 2 ESsR (Übergang in eine unbefristete Beschäftigungsform). Arbeitgeberinteressen können insofern entgegenstehen, als sie etwa nur einen temporären oder Teilzeit-Arbeitsbedarf oder nicht in ausreichendem Maße Normalarbeitsplätze zur

41 Zu diesem – aus Großbritannien stammenden – Konzept aus deutscher Sicht *Forst,* NZA 2014, 998 ff.; *Preis,* RdA 2015, 244 ff.

Verfügung haben. Auch aus Gründen der Planungssicherheit können sie einem Übergangsinteresse des Arbeitnehmers oftmals nicht ohne weiteres Rechnung tragen. Die Transparenzrichtlinie sieht insoweit einen sehr begrenzten Anspruch des Arbeitnehmers vor, der **den Arbeitgeber „ersuchen"** kann, der Arbeitgeber ist daraufhin verpflichtet, zu antworten; Art. 12 TpRL („individualisiertes Nachfrageverfahren")[42].

57 **Tatbestand**lich ist der Anspruch auf Arbeitnehmer beschränkt, die (a) eine nach mitgliedstaatlichem Recht vorgesehene Probezeit abgeschlossen haben und (b) seit mindestens sechs Monaten beim selben Arbeitgeber tätig sind; Art. 12 Abs. 1 S. 1 TpRL. Unsicher ist, ob alle atypischen Arbeitnehmer den Anspruch geltend machen können, denn das Ersuchen ist nur darauf gerichtet, in eine Arbeitsform mit vorhersehbaren und sichereren Arbeitsbedingungen zu wechseln. Es setzt demnach weiterhin (c) voraus, dass der Arbeitnehmer derzeit keine vorhersehbaren Arbeitsbedingungen hat, wie etwa bei Abrufarbeit, oder keine (vollständig) sicheren Arbeitsbedingungen (wie etwa beim befristeten Arbeitsverhältnis). Teilzeitarbeit lässt sich aber nicht ohne weiteres als nicht (voll) vorhersehbar oder unsicher kennzeichnen. Die Mitgliedstaaten können im Übrigen (d) die Häufigkeit der Ersuchen begrenzen, Art. 12 Abs. 1 S. 2 TpRL.

58 **Rechtsfolge** ist ein Anspruch auf eine begründete **schriftliche Antwort** des Arbeitgebers, Art. 12 Abs. 1 S. 1 TpRL. Diese ist im Grundsatz innerhalb eines Monats nach dem Ersuchen zu erteilen. Ist der Arbeitgeber eine natürliche Person, Kleinstunternehmen oder KMU[43], können die Mitgliedstaaten eine Reaktionszeit von bis zu drei Monaten vorsehen. Zudem können sie insofern eine mündliche Antwort ausreichen lassen, wenn derselbe Arbeitnehmer bereits ein ähnliches Ersuchen vorgebracht hat und die Begründung für die Antwort im Hinblick auf die Situation des Arbeitnehmers gleich geblieben ist, Art. 12 Abs. 2 S. 2 TpRL.

6. Pflichtfortbildungen

59 Fortbildung ist ein weiteres zentrales Anliegen atypischer Arbeitnehmer, vgl. Nr. 5 lit. a) S. 1 ESsR. Zum einen handelt es sich oftmals von vornherein um weniger qualifizierte Arbeitnehmer. Zum anderen kann wegen der geringeren Intensität der Bindung zum Arbeitgeber die Gefahr bestehen, dass dieser die Fortbildung nicht so wichtig nimmt wie bei Normalarbeitnehmern, etwa aus der Erwägung, dass sich die „Investition" für ihn nicht lohnt (z. B. weil der Arbeitnehmer nur befristet oder teilzeit-

42 *Maul-Sartori*, ZESAR 2018, 369, 372.

43 Definiert in Art. 2 Abs. 1 Empfehlung der Kommission vom 6.5.2003 betreffend die Definition der Kleinstunternehmen sowie der kleinen und mittleren Unternehmen, ABl. 2003 L 124/36.

weise tätig ist). Fortbildung wird aber darüber hinaus auch ganz allgemein als zunehmend wichtig angesehen. Die Anforderungen an Arbeitnehmer ändern sich zunehmend schneller, zumal infolge der Digitalisierung, die in manchen Bereichen geradezu zu einem Strukturwandel führt.[44]

Die Transparenzrichtlinie trägt diesen Anliegen nur sehr begrenzt Rechnung. Der „Fortbildungsanspruch" des Art. 13 TpRL ist tatbestandlich eng gefasst. Erfasst sind nur **„Pflichtfortbildungen"**. Das sind solche, die anzubieten der Arbeitgeber aufgrund von unionalen oder mitgliedstaatlichen Rechtsvorschriften oder Kollektivverträgen verpflichtet ist. Zudem geht es allein um Fortbildung im Hinblick auf die Arbeit, die die Arbeitnehmer ausüben. Nicht erfasst wird mithin die „Weiterbildung" im Sinne der Entwicklung anderer Fähigkeiten oder Fertigkeiten. **60**

Unter diesen Voraussetzungen ist der Arbeitgeber verpflichtet, den Arbeitnehmern die Fortbildung kostenlos anzubieten, möglichst während der Arbeitszeit. In jedem Fall muss die Fortbildungszeit als Arbeitszeit angerechnet werden. **61**

7. (Eingeschränkte) Kollektivdispositivität

Nach mitgliedstaatlichem Recht können die Mindestanforderungen an die Arbeitsbedingungen, wie sie Art. 8–13 TpRL aufstellen (Probezeit, Mehrfachbeschäftigung, Mindestvorhersehbarkeit, Abrufverträge, Übergang zu einer anderen Arbeitsform, Pflichtfortbildung) in gewissem Rahmen zur Disposition der Sozialpartner gestellt werden. Kollektiv- und Tarifverträge können davon abweichen, sofern der Schutz der Arbeitnehmer insgesamt gewahrt bleibt. Da neben den Tarifverträgen die Kollektivverträge eigens genannt sind, dürfte eine Disposition auch durch die Betriebspartner im Wege der Betriebsvereinbarung in Betracht kommen. Die Inhaltskontrolle („Schutz der Arbeitnehmer insgesamt gewahrt") muss im Hinblick auf die Tarifautonomie begrenzt ausfallen und das ist im Hinblick die Richtigkeitschance von Tarifverträgen auch gerechtfertigt.[45] **62**

V. Rechtsfolgen und Sanktionen

In Kapitel IV über „horizontale Bestimmungen" enthält die Transparenzrichtlinie in bekannter Weise Vorschriften über Rechtsfolgen und Rechtsdurchsetzung. Als „horizontal" werden diese Regelungen bezeichnet, weil sie dem Grundgedanken nach die Bestimmungen aller übrigen Kapitel der Richtlinie ergänzen, gleichsam in einem **63**

44 *Arnold/Winzer*, in: Arnold/Günther (Hrsg.), Arbeitsrecht 4.0 (2018), Kap. 3 Rdn. 99ff.
45 *Preis/Morgenbrodt*, ZESAR 2020, 409, 414f.

nachgestellten Allgemeinen Teil. Ungeachtet dessen haben die horizontalen Bestimmungen für die Unterrichtungsnormen des zweiten Kapitels ungleich größere Bedeutung als für die Mindestanforderungen des dritten Kapitels, da letztere bereits weitgehend mit Rechtsfolgenanordnungen versehen sind. Freilich bleiben auch insoweit Abhilfe, Benachteiligungsverbot und das allgemeine Sanktionsgebot („wirksam, angemessen und abschreckend") von Bedeutung.

1. Sanktionierung der Nachweispflichten

64 Die Nachweisrichtlinie enthielt keine spezifischen Vorgaben, welche Rechtswirkungen der erteilte Nachweis hat und welche Rechtsfolgen die Nichterfüllung des Nachweisanspruchs.[46] Darüber hinaus ließ sie die mitgliedstaatlichen Vorschriften über die Form des Arbeitsvertrags/-verhältnisses, den Nachweis (Darlegung und Beweis im Prozess) für sein Bestehen und seinen Inhalt sowie die Verfahrensregeln ausdrücklich unberührt, Art. 6 NwRL. Die Rechtsfolgen mussten daher aus den allgemeinen Umsetzungspflichten (Äquivalenzgrundsatz, Effektivitätsgrundsatz; § 1 Rdn. 77) abgeleitet werden. In der Transparenzrichtlinie ist nun der Vorbehalt des mitgliedstaatlichen Beweisrechts entfallen. Zudem konkretisiert Art. 15 TpRL die Rechtsfolgen für den Fall, dass der Nachweis nicht (rechtzeitig) erteilt wird (nachfolgend b)). Weiterhin ungeregelt sind indes die Rechtsfolgen des erteilten Nachweises.

a) Wirkungen des erteilten Nachweises

65 Da die Rechtswirkungen des erteilten Nachweises nicht spezifisch geregelt sind, werden sie – wie schon unter der Nachweisrichtlinie – nur rahmenhaft durch die Umsetzungspflichten determiniert. Soll er den Arbeitnehmer seiner Rechte versichern, so muss dieser den Nachweis auch im Prozess zu Beweiszwecken verwenden können. Welche Wirkung dem Nachweis dabei zukommen muss, gibt das Unionsrecht nur durch den **Äquivalenzgrundsatz** vor: Es wird keine bestimmte Beweisregel (z. B. Beweislastumkehr, Anscheinsbeweis) vorgeschrieben. Vorgegeben ist aber, dass die mitgliedstaatliche Rechtsordnung dem erteilten Nachweis eine *ebenso starke* (Äquivalenz!) Vermutung der Richtigkeit beilegt, wie sie einem nach nationalem Recht vorgesehenen entsprechenden Dokument zukommt. Die Richtlinie verlangt jedoch nicht, dass der Nachweis einen vollen oder unwiderleglichen Beweis der Richtigkeit begründet, sie lässt den Beweis des Gegenteils durch den Arbeitgeber zu.[47] Da der Nachweis einseitig dem Schutz des Arbeitnehmers dient, verlangt die Richtlinie

46 Voraufl. § 12 Rdn. 32ff.
47 EuGH v. 4.12.1997 – verb. Rs. C-253/96 bis C-258/96 *Kampelmann*, EU:C:1997:585 Rdn. 32–34.

nicht, dass sich der Arbeitgeber im Prozess auf den erteilten Nachweis berufen kann. Generell wird man unter diesem teleologischen Aspekt verlangen müssen, dass die Belastung des Arbeitnehmers durch den Nachweis (sei es durch vertragliche Bindung oder einen Beweisnachteil) einer besonderen (z. B. rechtsgeschäftlichen) Begründung bedarf.[48]

b) Folgen der Nichterfüllung

Erteilt der Arbeitgeber den Nachweis nicht vollständig innerhalb der Frist, muss das **66** mitgliedstaatliche Recht mindestens eine von zwei Folgen vorsehen, Art. 15 Abs. 1 TpRL. Zivilrechtlich kann es an die Säumnis für den Arbeitnehmer günstige (widerlegliche) **Vermutungen** vorsehen, z. B. dass mangels Nachweis keine Probezeit, keine Befristung oder keine Teilzeit vereinbart ist, BE 39 S. 6 TpRL. Dabei kann das mitgliedstaatliche Recht die Säumnis auf eine Mahnung zur Vermutungsvoraussetzung machen (Abs. 2).[49] Öffentlich-rechtlich kann es ein **behördliches Beschwerde- und Abhilferecht** des Arbeitnehmers vorsehen. Beide Instrumentarien sind insofern äquivalent, als die Behörde die erforderlichen Klärungen ggf. von Amts wegen herbeiführen kann. Für das deutsche Recht dürfte die privatrechtliche Umsetzung vorzugswürdig sein.[50]

Gerade bei atypischen Arbeitsformen wie Teilzeitarbeit oder befristeten Verträgen **67** kann die Abweichung vom Normalarbeitsverhältnis allerdings auch im Interesse des Arbeitnehmers liegen. Die „Günstigkeit" einer Vermutung für den Arbeitnehmer ist daher mit Rücksicht auf seinen individuellen Willen zu bestimmen, wie er typischerweise im Prozessziel zum Ausdruck kommt.

Im Übrigen bleibt es auch insoweit bei einer teleologischen Auslegung der Richt- **68** linie und den Umsetzungspflichten. Nach dem Zweck des Nachweises darf das nationale Recht jedenfalls für den Arbeitnehmer begünstigende Arbeitsbedingungen nicht vorschreiben, dass sie unwirksam wären, wenn sie nicht nachgewiesen sind.[51] Auch die Transparenzrichtlinie zwingt daher die nationalen Gerichte nicht, die Verletzung der Nachweispflicht nach den Grundsätzen der Beweisvereitelung zu behandeln,[52] schließt das aber auch nicht aus.[53]

48 Zur Bindung des Arbeitnehmers, vgl. die Hinweise bei *Kenner*, ILJ 28 (1999), 205, 207–213.

49 Zu Unrecht krit. *Maul-Sartori*, ZESAR 2018, 369, 375.

50 So auch *Kolbe*, EuZA 2020, 35, 44.

51 EuGH v. 8.2.2001 – Rs. C-350/99 *Lange*, EU:C:2001:84 Rdn. 27 f.

52 EuGH v. 8.2.2001 – Rs. C-350/99 *Lange*, EU:C:2001:84 Rdn. 31–35.

53 Ablehnend indessen M. *Schmidt*, Arbeitsrecht der EG, III Rdn. 325.

2. Rechtsdurchsetzung: Anspruch auf Abhilfe

69 Während Art. 8 Abs. 1 NwRL noch ein Recht auf gerichtliche Geltendmachung der richtliniendeterminierten Recht enthielt, sieht Art. 16 TpRL jetzt – allgemeiner – vor, dass Arbeitnehmer Zugang zu einer wirkungsvollen und unparteiischen Streitbeilegung und einen Anspruch auf Abhilfe wegen Verletzung der Rechte haben müssen. Das schließt eine gerichtliche Geltendmachung nach nationalem Recht nicht aus, eröffnet aber auch die Möglichkeit, alternative Konfliktlösungen (Güteverfahren, Mediation) vorzusehen.

3. Benachteiligungsverbot

70 Die Rechte des Arbeitnehmers nach der Richtlinie sind durch ein Benachteiligungsverbot geschützt, Arbeitnehmer dürfen wegen der Geltendmachung ihrer Rechte nach der Richtlinie keinen negativen Konsequenzen ausgesetzt sein, Art. 17 TpRL. Der Schutz erstreckt sich auf Arbeitnehmer als Arbeitnehmervertreter. Diese haben in der Funktion als Arbeitnehmervertreter nach der Richtlinie zwar keine eigenen Rechte, sind aber zu schützen, soweit sie etwa Recht einzelner Arbeitnehmer unterstützen oder geltend machen.

4. Kündigungsschutz und Beweislastumkehr

71 Ein spezielles Benachteiligungsverbot enthält Art. 18 TpRL mit Regelungen über den **Kündigungsschutz**. Schon nach Art. 17 TpRL versteht sich, dass Arbeitnehmern nicht deswegen gekündigt werden darf, weil sie ihre richtliniendeterminierten Rechte in Anspruch genommen haben. Dasselbe gilt auch für kündigungsvorbereitende Handlungen wie z. B. eine **Abmahnung.** Da – ähnlich wie in Diskriminierungsfällen – der Nachweis der Motivation für den Arbeitnehmer schwierig ist, wird der Kündigungsschutz durch **Informations- und Beweisregeln** ergänzt. Zunächst hat ein Arbeitnehmer, der meint, ihm sei wegen Inanspruchnahme seiner Richtlinienrechte gekündigt worden, Anspruch, dass der Arbeitgeber ihm die Kündigung hinreichend genau schriftlich darlegt; Art. 18 Abs. 2 TpRL.[54] Legt der Arbeitnehmer vor Gericht oder Behörde Tatsachen dar, die auf eine Maßregelungskündigung schließen lassen, kommt es zu einer Beweislastumkehr und der Arbeitgeber muss darlegen, dass die Kündigung auf andere Gründe gestützt ist. Die Beweislastumkehr ist allerdings für Verwal-

54 Krit. *Picker*, ZEuP 2020, 305, 319 ff. (führt zu einem sach- und systemwidrigen allgemeinen Begründungsgebot).

tungsverfahren mit Amtsermittlung optional, im Strafverfahren gilt sie nicht, Abs. 5 und 6. Das mitgliedstaatliche Recht kann eine für den Arbeitnehmer günstigere Beweislastregelung vorsehen, Abs. 4. Die Regelung ist erkennbar an Vorbildern aus den Antidiskriminierungsrichtlinien angelehnt, § 9 Rdn. 60ff.

VI. Umsetzung

Deutschland hat die **Nachweisrichtlinie** mit zwei Jahren Verspätung durch das Nachweisgesetz[55] umgesetzt.[56] Für den öffentlichen Dienst – bei dem es um das Vertikalverhältnis eines Bürgers (Arbeitnehmer) zum Staat (Arbeitgeber) geht – war die Richtlinie in der Säumniszeit zugunsten der Arbeitnehmer bereits unmittelbar anwendbar.[57] Die Umsetzung ist weithin fehlerfrei. Von der Ausnahmemöglichkeit des Art. 1 Abs. 2 NwRL hat der deutsche Gesetzgeber zurückhaltend Gebrauch gemacht (§ 1 Hs. 2 NachwG).[58] Die Nachweispflichten sind in §§ 2, 3 NachwG weitgehend zutreffend umgesetzt.[59] Die Umsetzung der **Transparenzrichtlinie** steht noch aus. 72

Als problematisch erwies sich bei der Umsetzung der Nachweisrichtlinie die – unzureichenden – Rechtsfolgenbestimmungen.[60] Der Arbeitnehmer kann sich auf den erteilten Nachweis berufen, doch blieben die (beweisrechtlichen) Rechtsfolgen im Einzelnen streitig.[61] Weist der Arbeitgeber Arbeitsbedingungen nicht (vollständig; richtig) nach, so führt das nicht nach § 125 BGB zur Nichtigkeit; die Nachweispflicht ist kein Formgebot.[62] Grundsätzlich kann sich der Arbeitgeber daher auch auf die vereinbarten, nicht-nachgewiesenen Bedingungen berufen, das ist nicht *an sich* rechtsmissbräuchlich.[63] Beruft sich der Arbeitnehmer auf Arbeitsbedingungen, die er mangels Nachweises nicht darlegen kann, so sollen die Grundsätze der Beweisvereitelung (vgl. §§ 427, 444 ZPO) Anwendung finden (Berücksichtigung der Pflichtverletzung im Rahmen der Beweiswürdigung).[64] Eine Schadensersatzpflicht 73

---

55 Gesetz vom 20.7.1995 über den Nachweis der für ein Arbeitsverhältnis geltenden wesentlichen Bedingungen, BGBl. 1995 I, 946, zuletzt geändert durch das Gesetz vom 11.8.2014 (BGBl. 2014 I, 1348).

56 Übersicht zur Umsetzung in Deutschland bei *Friese,* EAS B 3050 Rdn. 6f.; *Müller-Glöge,* RdA 2001 Sonderbeil. zu Heft 5, 46–56; *Thüsing,* Europäisches Arbeitsrecht, § 8 Rdn. 17–19; Hanau/Steinmeyer/Wank/*Wank,* § 18 Rdn. 9–36; *Wank,* RdA 1996, 21–24. Für Deutschland, Dänemark, Norwegen, Schweden und das Vereinigte Königreich *Sigeman,* RdA 2001 Sonderbeil. zu Heft 5, 39–45; zum Vereinigten Königreich *Kenner,* ILJ 28 (1999), 205–231.

57 EuGH v. 4.12.1997 – verb. Rs. C-253/96 bis C-258/96 *Kampelmann,* EU:C:1997:585 Rdn. 36–47.

58 Zur ursprünglich weitergehenden Ausnahmeregelung krit. *Wank,* RdA 1996, 21, 22.

59 Zu einem anfänglichen Defizit noch EuGH v. 4.12.1997 – verb. Rs. C-253/96 bis C-258/96 *Kampelmann,* EU:C:1997:585 Rdn. 44.

60 Ebenso *Wank,* RdA 1996, 21, 24.

61 *Krause,* AR-Blattei SD 220.2.2, Rdn. 233–235; *Preis,* NZA 1997, 10, 12; *Bergwitz,* RdA 1999, 188, 192f.; *Friese,* EAS B3050 Rdn. 64 a.E.; *Müller-Glöge,* RdA 2001 Sonderbeil. zu Heft 5, 46, 51f.

62 BAG, AP Nr. 1 zu § 4 BBiG (unter II 2.a) der Gründe).

63 BAG, EzA NachwG § 2 Nr. 4; BAGE 101, 75, 80; BAG, ZTR 2003, 87; BAG, NZA 2004, 102, 104.

64 *Bergwitz,* BB 2001, 2316; *ders.,* RdA 1999, 188, 193f.; *Birk,* NZA 1996, 281, 289; *Franke,* DB 2000, 274–278; *Friedrich/Kloppenburg,* RdA 2001, 293, 303f.; *Krause,* AR-Blattei SD 220.2.2 Rdn. 249–261; *Müller-*

aus § 823 Abs. 2 BGB hat das BAG zwar abgelehnt, doch kann sie sich aus § 280 Abs. 1 BGB (Verletzung gesetzlicher Nebenleistungspflicht) ergeben.[65] Für den dann zu erbringenden Kausalitätsnachweis kann sich der Arbeitnehmer nach der – teleologisch überzeugenden – Rechtsprechung des BAG auf eine Vermutung aufklärungsgemäßen Verhaltens stützen.[66]

Glöge, RdA 2001 Sonderbeil. zu Heft 5, 46, 52f.; *Preis,* NZA 1997, 11, 13; *Richardi,* NZA 2001, 57, 60; *Schwarze,* ZfA 1997, 43, 64f.

65 BAGE 101, 75, 80–83; BAG, ZTR 2003, 87; *Krause*, AR-Blattei SD 220.2.2, Rdn. 262; *Müller-Glöge,* RdA 2001 Sonderbeil. zu Heft 5, 46, 53f.; *Preis,* NZA 1997, 11, 12f.; *Richardi,* NZA 2001, 57, 60.

66 BAGE 101, 75, 81f.; krit. *Friese,* EAS B 3050 Rdn. 70f.

§ 15 Die Whistleblower-Richtlinie

Literatur: *Abazi*, The European Union Whistleblower Directive: A 'Game Changer' for Whistleblowing Protection?, ILJ 49 (2020), 640-656; *Aszmons/Herse*, EU-Whistleblowing-Richtlinie: Der richtige Umgang mit den neuen Vorgaben und deren Umsetzung, DB 2019, 1849–1854; *Colneric/Gerdemann*, Die Umsetzung der Whistleblower-Richtlinie in deutsches Recht, 2020; *Dilling*, Der Schutz von Hinweisgebern und betroffenen Personen nach der EU-Whistleblower-Richtlinie, CCZ 2019, 214–224; *Dzida/Granetzny*, Die neue EU-Whistleblowing-Richtlinie und ihre Auswirkungen auf Unternehmen, NZA 2020, 1201–1207; *Eufinger*, Arbeitgeberseitiger Umgang mit Whistleblower-Hinweisen, DB 2018, 891–896; *ders.*, EU-Geheimnisschutzrichtlinie und Schutz von Whistleblowern, ZRP 2016, 229–231; *Forst*, Die Richtlinie der Europäischen Union zum Schutz von Personen, die Verstöße gegen das Unionsrecht melden (Whistleblowing-Richtlinie), EuZA 2020, 283–301; *ders.*, Whistleblowing im internationalen Vergleich – Was kann Deutschland von seinen Nachbarn lernen?, EuZA 2013, 37–82; *Garden/Hiéramente*, Die neue Whistleblowing-Richtlinie der EU – Handlungsbedarf für Unternehmen und Gesetzgeber, BB 2019, 963–969; *Gerdemann*, Revolution des Whistleblowing-Rechts oder Pfeifen im Walde?, RdA 2019, 16–28; *ders.*, Translantic Whistleblowing, 2018; *ders.*, Whistleblower als Agenten des Europarechts, NZA-Beilage 2020, 43–49; *ders./Colneric*, The EU Whistleblower Directive and its Transposition: Part I, ELLJ 2020, (Online Vorabveröffentlichung); Part II, ELLJ 2020, (Online Vorabveröffentlichung); *Groß/Platzer*, Richtlinie der EU zur Stärkung des Schutzes von Hinweisgebern ante portas, NZA 2018, 913–916; *Holthausen*, Die arbeitsvertragliche Verschwiegenheit, NZA 2019, 1377–1383; *Hopt*, Interne Untersuchungen, Whistleblowing und externes Monitoring, ZGR 2020, 373–405; *Kaufmann/Häferer/Grimhardt*, The new EU Whistleblowing Directive, CRi 2020, 14–17; *Kreis*, Whistleblowing als Beitrag zur Rechtsdurchsetzung, 2017; *Preis/Seiwerth*, Geheimnisschutz im Arbeitsrecht nach dem Geschäftsgeheimnisgesetz, RdA 2019, 351–360; *Reichold*, „Whistleblowing", in: Kiel/Lunk/Oetker (Hrsg.), Münchener Handbuch zum Arbeitsrecht, Band 1, 4. Aufl. 2018, § 54, Rdn. 41–42; *Reufels*, Schutz von Whistleblowern im transnationalen Kontext, in: Gallner/Henssler/Eckhoff/Reufels (Hrsg.), Festschrift für Wilhelm Moll zum 70. Geburtstag, 2019, S. 565–583; *Schmitt, Laura*, Whistleblowing revisited – Anpassungs- und Regelungsbedarf im deutschen Recht, RdA 2017, 365–373; *Schmolke*, Der Vorschlag für eine europäische Whistleblower-Richtlinie, AG 2018, 769–780; *ders.*, Die neue Whistleblower-Richtlinie ist da! Und nun?, NZG 2020, 5–11; *Schulz, Mike*, Die Verpflichtung zur Meldung von Fehlverhalten Dritter aus den arbeitsvertraglichen Nebenpflichten, BB 2011, 629–634; *Simonet*, Notwendigkeit eines Gesetzes zum Schutz von Whistleblowern?, RdA 2013, 236–240; *Steffen/Stöhr*, Die Umsetzung von Compliance-Maßnahmen im Arbeitsrecht, RdA 2017, 43–52; *Steinmann*, Die Geschäftsgeheimnis-Richtlinie: Vorwirkung und unmittelbare Anwendbarkeit, WRP 2019, 703–710; *Thüsing/Forst* (Hrsg.), Whistleblowing – A Comparative Study, 2016; *Thüsing/Rombey*, Nachdenken über den Richtlinienvorschlag der EU-Kommission zum Schutz von Whistleblowern, NZG 2018, 1001–1007; *Windel*, Anm. AP § 626 BGB Nr. 235.

Übersicht

https://doi.org/10.1515/9783110731941-015

I. Sachfragen, Zweck und Regelungsumfeld

1 Im arbeitsrechtlichen Kontext (über den die Richtlinie hinausgeht) bedeutet *Whistleblowing* typischerweise, dass ein Arbeitnehmer einen Hinweis über einen Missstand im Unternehmen des Arbeitgebers gibt, den der Arbeitgeber selbst oder (andere) Arbeitnehmer zu verantworten haben.

1. Interessen

2 Die Regelung des Rechts der Hinweisgeber kann dem Ausgleich unterschiedlicher Interessen dienen und fällt unterschiedlich aus, je nachdem, welche Interessen einbezogen und wie diese gewichtet werden. Der Richtlinie liegt der Ausgleich eines „**Interessenfünfecks**" zugrunde:[1] von Interessen (1) des Hinweisgebers (paradigmatisch: Arbeitnehmer), der Betroffenen (paradigmatisch: Arbeitgeber/Unternehmer), nämlich (2) des Unternehmers, der selbst den Verstoß begangen hat, und (3) des Mitarbeiters, der dafür verantwortlich ist, (4) des Regulierers, gegen dessen Regeln (möglicherweise) verstoßen wurde und (5) der Allgemeinheit.

3 Der Hinweisgeber hat typischerweise das Interesse, auf einen Missstand hinzuweisen. Dahinter kann man das Grundrecht der Meinungsfreiheit (Art. 11 GRCh, Art. 5 GG; BE 31 WBRL) sehen,[2] aber auch ein Grundrecht auf Wahrnehmung staatsbürgerlicher Rechte, wie es das Bundesverfassungsgericht auf die allgemeine Handlungsfreiheit (Art. 2 Abs. 1 GG) und das **Rechtsstaatsprinzip** (Art. 20 Abs. 1 GG)

1 Ähnlich *Kreis*, Whistleblowing als Beitrag zur Rechtsdurchsetzung (2017), S. 21ff.
2 Vgl. EGMR, NZA 2011, 1269 – Heinisch; BAG, NZA 2017, 703 Rdn. 14.

stützt.[3] Der betroffene Unternehmer hat typischerweise ein Interesse am Schutz seines Unternehmens und an der Wahrung seiner Autonomie im Umgang mit Missständen, aber auch ein („wohlverstandenes“) Interesse an der Aufdeckung von Missständen. Hinter diesen Interessen können die **unternehmerische Freiheit** (Art. 16 GRCh, Art. 12 GG)[4] und das **Eigentumsrecht** (Art. 17 GRCh, Art. 14 GG) stehen. Der betroffene Mitarbeiter hat typischerweise das Interesse, dass seine **Verfahrensrechte** gewahrt werden, die im Kern grundrechtlich geschützt sind (Art. 48 GRCh). Hinzu kommt das Interesse eines Regulierers, Verstöße aufzudecken und die Regelung durchzusetzen, das sich u.a. in Compliance-Pflichten niederschlagen kann.[5] Und schließlich kann man das Interesse des Staates oder der Allgemeinheit berücksichtigen, Missstände aufzudecken und Rechtsregeln durchzusetzen („Gemeinwohlinteresse“).[6] Das staatliche Rechtsdurchsetzungsinteresse ist unter dem Gesichtspunkt des Rechtsstaats verfassungsrechtlich fundiert.

Da mit dem Hinweisgeberrecht die Beziehung der (Arbeits-) Vertragsparteien selbst Gegenstand der Regulierung ist, fließt die Vertragsbeziehung als solche, insbesondere eine Loyalitätspflicht des Arbeitnehmers,[7] allenfalls eingeschränkt in die Bewertung der Arbeitgeber- und Arbeitnehmerinteressen ein. Die Regulierung bestimmt gerade, in welchem Maße der Arbeitnehmer zur Loyalität verpflichtet ist.[8] Entsprechendes gilt für Whistleblowing als Durchsetzungsmechanismus (private enforcement).[9] Während ein Regulierer stets ein Interesse an der Durchsetzung seiner Regeln hat, ist die Durchsetzung mithilfe von Hinweisgebern nur eine mögliche Gestaltungsmöglichkeit. 4

Der Ausgleich der – teils verfassungsrechtlich begründeten – Interessen ist verfassungsrechtlich nicht voll determiniert. Der Gesetzgeber kann die einzelnen Interessen unterschiedlich gewichten, und sie können sich dadurch wechselseitig verstärken und beschränken. Insbesondere liegt es weitgehend in der Hand des Regulierers, inwieweit er für die Rechtsdurchsetzung Hinweisgeber in Dienst nimmt. Ein wesentliches Abwägungselement ist die Begründetheit der Meldung, d.h. die Wahrheit der Tatsachen und das Vorliegen eines (relevanten) Verstoßes nach rechtlicher Bewertung.[10] Ein weiteres Abwägungselement liegt in der Bedeutung der verletzten Norm. 5

---

3 BVerfG NJW 2001, 3474, 3475; vgl. schon BVerfG, NJW 1987, 1929.

4 Vgl. BAG, NZA 2004, 427, 430.

5 Zu Whistleblowing als Element von Compliance („[auch] im öffentlichen Interesse“) *Hopt,* ZGR 2020, 373ff.; *Steffen/Stöhr,* RdA 2017, 43ff.

6 Vgl. BAG, NZA 2017, 703 Rdn. 14; NZA 2007, 502 Rdn. 17.

7 Diese in den Vordergrund stellen MünchArbR/*Reichold,* § 54 Rdn. 41.

8 Damit unterscheidet sich der Regulierungsansatz von einer Entwicklung der Pflichten aus dem Vertragsverhältnis mit Rücksicht auf verfassungsrechtliche Wertungen, wie sie das deutsche Recht bislang prägt.

9 Dazu eingehend *Kreis,* Whistleblowing als Beitrag zur Rechtsdurchsetzung (2017), S. 85ff. *et passim*; ferner *Gerdemann,* NZA-Beilage 2020, 43ff.; *Schmolke,* AG 2018, 769, 770f.

10 S.a. *Kreis,* Whistleblowing als Beitrag zur Rechtsdurchsetzung (2017), S. 174ff., 185f.

2. Sachfragen

6 Zu den Sachfragen gehört – neben den Abgrenzungen des persönlichen und sachlichen Anwendungsbereichs – die grundlegende Frage, inwieweit man Hinweisgeber in die **Rechtsdurchsetzung** einbezieht. Bei der Ausgestaltung des Schutzes kann man **institutionelle und individuelle Elemente** unterscheiden. Mit der **Whistleblower-Richtlinie** (WBRL)[11] möchte der Unionsgesetzgeber dazu beitragen, dass Verstöße gegen das Unionsrecht gemeldet werden, die das öffentliche Interesse beeinträchtigen (BE 1) und „dem Unionsrecht und der Unionspolitik Geltung (...) verschaffen" (BE 2). Dazu dient ein „ausgewogener und effizienter Hinweisgeberschutz" (BE 1).[12] **Institutionell** kann zum Hinweisgeberschutz beitragen, wenn Einrichtungen geschaffen werden, die Hinweise speziell ermöglichen oder fördern.[13] Sie bedürfen einer zweckgerechten Ausgestaltung. **Individuell** ist der Hinweisgeber vor Vergeltungsmaßnahmen zu schützen. Manche sprechen statt von institutionellem auch von „aktivem" Hinweisgeber-Schutz, statt von individuellem auch von „passivem".[14] Zu regeln ist schließlich der **Schutz von Betroffenen**, denen ein Verstoß vorgeworfen wird. Je stärker zu Hinweisen auf nicht erwiesene Verstöße ermutigt wird, desto größer ist die Gefahr für Betroffene.

3. Zweck

7 Zweck der Richtlinie ist daher eine bessere Durchsetzung des Unionsrechts sowie ein hohes (Mindest-) Schutzniveau für Personen, die „Verstöße" (definiert in Art. 5 Nr. 1 WBRL) gegen bestimmte Vorschriften des Unionsrechts „melden" (Art. 5 Nr. 3 WBRL).[15]

---

11 Richtlinie (EU) 2019/1937 des Europäischen Parlaments und des Rates vom 23.10.2019 zum Schutz von Personen, die Verstöße gegen das Unionsrecht melden, ABl. 2019 L 305/17. Zur Entstehungsgeschichte eingehend EuArbRK/*Fest*, Art. 1 RL 2019/366/EU Rdn. 1ff.; zum Gesetzgebungsverfahren ferner *Schmolke*, NZG 2020, 5f.

12 Zu den Entwicklungssträngen der unionsrechtlichen Regelung informativ *Gerdemann*, NZA-Beilage 2020, 43ff.

13 Zu Anreizsysteme s. die Hinweise bei *Schmolke*, AG 2018, 769, 771.

14 *Gerdemann*, RdA 2019, 16, 17.

15 Anders akzentuiert *Schmolke*, AG 2018, 769, 781 (zum Kommissionsvorschlag COM(2018) 218).

4. Regelungsumfeld

Zum unionsrechtlichen Regelungsumfeld[16] gehören zahlreiche Einzelregelungen zum Schutz von Hinweisgebern, vor allem im Finanzsektor.[17] Die Richtlinie markiert damit den Übergang von einer sektorspezifischen Regulierung zu einer systematischen Regulierung, die freilich sektorspezifischen Besonderheiten auch in Zukunft Rechnung tragen wird. Insbesondere die Arbeitsschutz-Rahmenrichtlinie (§ 16) sieht ein Melderecht der Arbeitnehmer und der Arbeitnehmervertreter vor (Art. 11 Abs. 6). Weiterhin kann man auch die Vorschriften der Anti-Diskriminierungsrichtlinien über „Viktimisierung“ als speziellen Hinweisgeberschutz verstehen, besonders wenn davon auch Beschwerden von anderen als Opfern erfasst sind (z. B. Art. 24 GDRL; s. oben, § 9 Rdn. 75ff.). Berührungspunkte mit dem Hinweisgeberrecht haben die Geschäftsgeheimnis-Richtlinie,[18] die in Art. 5 lit. b) eine Ausnahme zum Schutz von Hinweisgebern vorsieht,[19] sowie die Datenschutz-Grundverordnung (dazu § 13). 8

Manche sehen die Regeln über Schutzmaßnahmen der Art. 19–21 WBRL als Fall des Antidiskriminierungsrechts an, das Verbot von „Repressalien“ entspräche weitgehend dem diskriminierungsrechtlichen Benachteiligungsverbot.[20] In der Tat stellt nach Art. 19 lit. h) WBRL auch die „Diskriminierung“ einen Fall der unzulässigen Vergeltung dar. Anders als das Antidiskriminierungsrecht knüpft jedoch der Hinweisgeberschutz nicht an personenbezogene Merkmale an, sondern an ein Verhalten. Auch die Schutzinstrumente (z. B. „mittelbare Diskriminierung“) unterscheiden sich. 9

II. Anwendungsbereich

1. Persönlicher Anwendungsbereich

Persönlich findet die Richtlinie Anwendung auf „Hinweisgeber“, die im privaten oder im öffentlichen Sektor tätig sind und im „beruflichen Kontext“ „Informationen über Verstöße“ erlangt haben. 10

---

16 Eingehend zur Entwicklungsgeschichte in den USA und zum dort heute geltenden Recht *Gerdemann*, Transatlantic Whistleblowing (2018), S. 27ff.

17 Vgl. *Gerdemann*, RdA 2019, 16, 18.

18 Richtlinie (EU) 2016/943 des Europäischen Parlaments und des Rates vom 8.6.2016 über den Schutz vertraulichen Know-hows und vertraulicher Geschäftsinformationen (Geschäftsgeheimnisse) vor rechtswidrigem Erwerb sowie rechtswidriger Nutzung und Offenlegung, ABl. 2016 L 157/1.

19 Dazu *Eufinger*, ZRP 2016, 229ff.; *Preis/Seiwerth*, RdA 2019, 351ff.; *Reufels*, FS Moll (2019), S. 568f.; *Schmitt*, RdA 2017, 365ff.; *Steinmann*, WRP 2019, 703ff.; ferner *Holthausen*, NZA 2019, 1377ff.

20 *Gerdemann*, RdA 2019, 16, 22ff.; *ders.*, NZA-Beilage 2020, 43, 48 („antidiskriminierungsrechtlicher Whistleblower-Schutz“).

a) Grundbegriffe

11 Die für die Abgrenzung zentralen Grundbegriffe definiert Art. 5 WBRL:

12 **Hinweisgeber** ist „eine natürliche Person, die im Zusammenhang mit ihren Arbeitstätigkeiten erlangte Informationen über Verstöße meldet oder offenlegt" (Nr. 7).

13 **Beruflicher Kontext** sind „laufende oder frühere Arbeitstätigkeiten im öffentlichen oder im privaten Sektor, durch die Personen unabhängig von der Art der Tätigkeiten Informationen über Verstöße erlangen und bei denen sich diese Personen Repressalien ausgesetzt sehen könnten, wenn sie diese Informationen melden würden" (Nr. 9).

14 **Verstöße** sind „Handlungen oder Unterlassungen, die (i) rechtswidrig sind und mit den Rechtsakten der Union und den Bereichen in Zusammenhang stehen, die in den sachlichen Anwendungsbereich gemäß Artikel 2 fallen, oder (ii) dem Ziel oder dem Zweck der Vorschriften der Rechtsakte der Union und der Bereiche, die in den sachlichen Anwendungsbereich gemäß Artikel 2 fallen, zuwiderlaufen" (Nr. 1). Wichtig ist, dass die Richtlinie zwischen „Verstößen" und „Informationen über Verstöße" unterscheidet:

15 **Informationen über Verstöße** sind „Informationen, einschließlich begründeter Verdachtsmomente, in Bezug auf tatsächliche oder potenzielle Verstöße, die in der Organisation, in der der Hinweisgeber tätig ist oder war, oder in einer anderen Organisation, mit der der Hinweisgeber aufgrund seiner beruflichen Tätigkeit im Kontakt steht oder stand, bereits begangen wurden oder sehr wahrscheinlich erfolgen werden, sowie in Bezug auf Versuche der Verschleierung solcher Verstöße" (Nr. 2).

16 Während „Verstöße" mithin nur die rechtswidrige Tat bezeichnen, geht es bei Informationen auch um den bloßen *Verdacht* eines *möglichen* Verstoßes. Das ist für den Schutz der Hinweisgeber von zentraler Bedeutung, denn dieser knüpft daran an, ob „sie hinreichenden Grund zu der Annahme hatten, dass die gemeldeten *Informationen über Verstöße* (...) der Wahrheit entsprachen", Art. 6 Abs. 1 lit. a) WBRL; näher unten, Rdn. 41.

17 **Meldung** ist „die mündliche oder schriftliche Mitteilung von Informationen über Verstöße" (Nr. 3).

b) Geschützte Personen

18 Im Fokus des Gesetzgebers stand primär der **Schutz von Arbeitnehmern**. „Schutz sollte zuallererst für ‚Arbeitnehmer' im Sinne des Art. 45 Abs. 1 AEUV in der Auslegung durch den Gerichtshof gelten, d. h. für Personen, die während eines bestimmten Zeitraums Dienstleistungen, für die sie eine Vergütung erhalten, für und unter der Leitung einer anderen Person erbringen", BE 38 WBRL. Hinweisgeber im Sinne der Richtlinie sind aber darüber hinausgehend „mindestens" vier Gruppen: (1) Arbeitnehmer i. S. v. Art. 45 Abs. 1 AEUV „einschließlich Beamte",[21] wie der Gesetzgeber hervor-

21 *Colneric/Gerdemann*, Die Umsetzung der Whistleblower-Richtlinie in deutsches Recht, S. 33.

hebt, (2) **Selbständige** i.S.v. Art. 49 AEUV, (3) **Anteilseigner** und Organmitglieder von Unternehmen (also erst recht Gesellschafter-Geschäftsführer),[22] Freiwillige und Praktikanten (zu letzteren BE 40 WBRL) sowie (4) **Mitarbeiter von „Auftragnehmern**, Unterauftragnehmern und Lieferanten",[23] Art. 4 Abs. 1 WBRL. Dabei erstreckt sich der Schutz, teleologisch überzeugend, über das Vertragsverhältnis hinausgehend einerseits auf die Zeit nach Beendigung des „Arbeitsverhältnisses"[24] (Abs. 2), andererseits auch schon auf die Vertragsanbahnung von Bewerbern (Abs. 3). Geschützt werden Hinweisgeber auch durch den Schutz von Mittlern (Art. 5 Nr. 8 WBRL) sowie von Dritten, die mit ihnen in Verbindung stehen (Verwandte, Kollegen), und „juristische Personen" (*entités juridique, legal entity;* umfasst auch Personengesellschaften)[25] in ihrem Eigentum (dazu BE 41 WBRL).[26] Nicht vorgesehen ist ein Schutz von Kunden als Hinweisgeber, denen Unternehmen in der Praxis öfter eine Meldungsmöglichkeit einräumen; auf ihren Schutz ist die Richtlinie nicht zugeschnitten.[27]

2. Sachlicher Anwendungsbereich

Sachlich erfasst die Richtlinie die **„Meldung" von „Verstößen"** (Art. 5 Nr. 1 und 3 WBRL) gegen das Unionsrecht des Katalogs von Art. 2 Abs. 1 i.V.m. Teil I Anhang WBRL. Die Mitgliedstaaten können den Schutzbereich darüber hinaus auf Verstöße gegen andere Rechtsakte ausdehnen (Art. 2 Abs. 2 WBRL). 19

Der **Katalog** von Art. 2 Abs. 1 lit. a) WBRL erfasst das Vergaberecht (Nr. i), das Recht der Finanzdienstleistungen, Finanzprodukte und Finanzmärkte sowie gegen Geldwäsche und Terrorismusfinanzierung (Nr. ii), das Recht der Produktsicherheit (Nr. iii), der Verkehrssicherheit (Nr. iv), des Umweltschutzes (Nr. v), des Strahlenschutzes und der kerntechnischen Sicherheit (Nr. vi), Lebensmittelrecht und Tierschutz (Nr. vii), öffentliche Gesundheit (Nr. viii) und Verbraucherschutz (Nr. ix) sowie Datenschutzrecht (Nr. x). Hinzu kommt der Schutz finanzieller Interessen der EU (lit. b)) sowie von Binnenmarkt- und Wettbewerbsvorschriften (lit. c)). Dabei gehen sektorspezifische Regelungen, die Teil II Anhang auflistet, vor, *soweit* sie spezifische 20

---

22 *Colneric/Gerdemann,* Die Umsetzung der Whistleblower-Richtlinie in deutsches Recht, S. 34; a.M. *Aszmons/Herse,* DB 2019, 1849, 1850.

23 Die von *Thüsing/Rombey,* NZG 2018, 1001, 1003 zur Entwurfsfassung aufgeworfene Frage, ob Rechtsanwälte als „Lieferanten" (jetzt eher: Auftragnehmer) gelten, dürfte zu bejahen sein, doch bleiben die nationalen Vorschriften zur anwaltlichen Verschwiegenheit nach Art. 3 Abs. 3 lit. b) WBRL (der im Entwurf noch fehlte) unberührt.

24 Der Begriff ist zweckwidrig zu eng; für ein beendetes Freiwilligen-Dienstverhältnis etc. muss Entsprechendes gelten; *Forst,* EuZA 2020, 283, 288; EuArbRK/*Fest,* Art. 4 RL 2019/366/EU Rdn. 15.

25 *Colneric/Gerdemann,* Die Umsetzung der Whistleblower-Richtlinie in deutsches Recht, S. 35.

26 Das trägt in gewisser Weise der Kritik Rechnung, der Kommissionsentwurf versäume den Schutz von Unterstützern („*bystander-cases*"); *Thüsing/Rombey,* NZG 2018, 1001, 1006.

27 Zum Kommissionsvorschlag *Thüsing/Rombey,* NZG 2018, 1001, 1003.

Regeln zu Hinweisgeberschutz enthalten; die Richtlinie findet ergänzend Anwendung.[28]

21 Es fällt auf, dass der Katalog ausgerechnet Verstöße gegen **Arbeitnehmerschutzrecht** nicht erfasst.[29] Allerdings gibt es hier bereits eine ansatzweise Regelung in Art. 11 ArbSchRL (dazu unten, § 16 Rdn. 36), die von der Richtlinie unberührt bleibt (BE 21 WBRL).[30]

22 „Verstöße" sind nach der bereits vorgestellten Definition (oben, Rdn. 11) nicht nur rechtswidriges Tun oder Unterlassen im Zusammenhang mit den erfassten Unionsrechtsakten, sondern auch solches, das „dem **Ziel oder dem Zweck der Vorschriften" zuwider**läuft, Art. 5 Nr. 1. Manche sehen darin eine außerordentlich weite Ausdehnung des Anwendungsbereichs mit dem Ziel, auch Handlungen zu erfassen, die zwar nicht (eindeutig) gegen das Unionsrecht verstoßen, aber doch „mit erheblichen negativen Folgen für die öffentliche Hand und den Wettbewerb im europäischen Binnenmarkt einhergehen".[31] Das ist jedoch auch im Lichte des Rechtsdurchsetzungszwecks zweifelhaft, zumal „Informationen über Verstöße" schon auf das Vorfeld erstreckt sind und „potentielle Verstöße" erfasst, die „sehr wahrscheinlich erfolgen werden". Überzeugender erscheint daher, die Formulierung als bloß klarstellenden **Hinweis auf die teleologische Auslegung** (mithin die Verhinderung von „Umgehungen") zu verstehen.[32] Darauf weist auch BE 42 WBRL hin, der insoweit auf die Rechtsprechung des EuGH Bezug nimmt, dessen Formulierung der teleologischen Auslegung in der Definition von Art. 5 Nr. 1 ii) WBRL anklingt.[33]

III. Schutz von Hinweisgebern

1. Grundsatz und System

23 Das Schutzsystem der Richtlinie hat zwei zentrale Elemente, den institutionellen und den individuellen Hinweisgeberschutz. Der institutionelle Schutz liegt in der Einrichtung und Ausgestaltung von internen und externen Meldekanälen (sogleich Rdn. 24 ff.). Der individuelle Schutz (nachfolgend Rdn. 40 ff.) beruht auf einem Mel-

---

28 Kritisch unter dem Gesichtspunkt der Rechtssicherheit *Gerdemann,* RdA 2019, 16, 22.

29 EuArbRK/*Fest,* Art. 2 RL 2019/366/EU Rdn. 50 (der Revision gem. Art. 27 Abs. 3 UAbs. 1 S. 2 WBRL vorbehalten). Kritisch *Forst,* EuZA 2020, 283, 286; *Thüsing/Rombey,* NZA 2018, 1001, 1002 („Sind Tiere wichtiger als Arbeitnehmer?").

30 EuArbRK/*Fest,* Art. 2 RL 2019/366/EU Rdn. 51.

31 So *Gerdemann,* RdA 2019, 16, 21 f. im Hinblick auf die Verletzung steuerrechtlicher Normen; wohl auch EuArbRK/*Fest,* Art. 2 RL 2019/366/EU Rdn. 3.

32 *Forst,* EuZA 2020, 283, 298; *Schmolke,* AG 2018, 769, 775; *ders.,* NZG 2020, 5, 10.

33 S. dazu *Riesenhuber,* in: ders. (Hrsg.), Europäische Methodenlehre (4. Aufl. 2021), § 10 Rdn. 41 ff.

dungsrecht, an das einerseits ein Schutz im Meldungsverfahren und andererseits ein Schutz vor Repressalien anknüpfen.

2. Institutioneller Schutz

a) Interne Kanäle

aa) Einrichtungspflicht

Der Grundsatz ist in Art. 8 Abs. 1, 2 und 5 WBRL normiert: Juristische Personen des privaten und des öffentlichen Sektors müssen „**Kanäle und Verfahren**" für interne Meldungen und „Folgemaßnahmen" (Art. 5 Nr. 12 WBRL) einrichten, die ihren Arbeitnehmern die Meldung von Informationen über Verstöße ermöglichen. Die internen Kanäle können auch ehemaligen Arbeitnehmern (Art. 4 Abs. 2 WBRL) sowie den weiteren nach Art. 4 Abs. 1 WBRL geschützten Gruppen von Hinweisgebern (Selbständige, Organmitglieder usf.; oben 18) offenstehen. Die Meldekanäle können sowohl durch eine intern dafür benannte Person oder Abteilung (z. B. Compliance-Officer/Abteilung) bereitgestellt werden als auch von einem Dritten (z. B. Meldeplattformen, externe Berater wie Rechtsanwälte oder Wirtschaftsprüfer, Arbeitnehmervertreter; BE 54 WBRL). **24**

Ergänzt wird der Grundsatz durch **Ausnahmen und Gestaltungsoptionen**, die von Schwellenwerten abhängen. So gilt die Einrichtungspflicht für juristische Personen des privaten Sektors erst ab einem Schwellenwert von mindestens 50 Arbeitnehmern, Art. 8 Abs. 3 WBRL.[34] Doch können die Mitgliedstaaten sie „nach einer geeigneten Risikobewertung" auch auf solche Unternehmen mit weniger als 50 Arbeitnehmern erstrecken, Art. 8 Abs. 7 WBRL. Juristische Personen des privaten Sektors mit 50 bis 249 Arbeitnehmern können Ressourcen für die Entgegennahme von Meldungen und für Untersuchungen teilen, Art. 8 Abs. 6 WBRL. Für juristische Personen des öffentlichen Sektors gilt die Einrichtungspflicht im Ausgangspunkt uneingeschränkt, doch haben die Mitgliedstaaten hier Ausnahmeoptionen für (a) Gemeinden mit weniger als 10.000 Einwohnern oder weniger als 50 Arbeitnehmern sowie (b) juristische Personen mit weniger als 50 Arbeitnehmern; nach nationalem Recht können mehrere Gemeinden interne Kanäle gemeinsam oder durch „gemeinsame Behördendienste" betreiben, Art. 8 Abs. 9 WBRL. **25**

bb) Ausgestaltung

Für die Ausgestaltung macht Art. 9 WBRL Vorgaben (1) für das Meldungsverfahren, (2) für Folgemaßnahmen und (3) die Information über externe Meldungen. **26**

---

34 Zur Berechnung der Schwellenwerte *Forst*, EuZA 2020, 283, 290.

27 Die Kanäle müssen **mündliche und schriftliche**[35] **Meldungen** ermöglichen, mündliche Meldungen per Telefon, Übermittlung von Sprachnachrichten oder bei einem Treffen („physische Zusammenkunft“) innerhalb angemessener Zeit, Art. 9 Abs. 2 WBRL. Dabei müssen die Kanäle so sicher konzipiert, eingerichtet und betrieben werden, dass die Vertraulichkeit der Identität sowohl des Hinweisgebers als auch von in der Meldung erwähnten Dritten gewahrt ist; nicht befugte Mitarbeiter dürfen darauf keinen Zugriff haben, Art 9. Abs. 1 lit. a) WBRL. Den Begriff des „Dritten“ wird man dabei so auszulegen haben, dass er auch „betroffene Personen“, also mögliche Täter mit umfasst.[36] Der Hinweisgeber muss innerhalb von sieben Tagen eine Eingangsbestätigung erhalten, lit. b).

28 Alle eingehenden Meldungen sind zu **dokumentieren** und – soweit für die Richtlinienzwecke erforderlich – aufzubewahren. Näher geregelt ist dabei vor allem, wie (fern-)mündliche Meldungen (auch: bei einem Treffen) dokumentiert werden, nämlich entweder durch Tonaufzeichnung oder (vollständige und genaue) Niederschrift; s. im Einzelnen Art. 18 Abs. 2–4 WBRL.

29 **„Folgemaßnahmen“** definiert Art. 5 Nr. 12 WBRL als „Maßnahmen zur Prüfung der Stichhaltigkeit der in der Meldung erhobenen Behauptungen und gegebenenfalls zum Vorgehen gegen den gemeldeten Verstoß“. Sie können insbesondere „interne Nachforschungen, Ermittlungen, Strafverfolgungsmaßnahmen, Maßnahmen zur (Wieder-)Einziehung von Mitteln oder Abschluss des Verfahrens“ umfassen. Für die Folgemaßnahmen muss eine unparteiische Person oder Abteilung benannt werden (z. B. Compliance-Abteilung); es kann dieselbe Person sein, die auch die Meldung entgegennimmt, Art. 9 Abs. 1 lit. c) WBRL. Die benannte Person muss Folgemaßnahmen ergreifen (lit. d)) und den Hinweisgeber darüber innerhalb von drei Monaten nach der Eingangsbestätigung (mangels Eingangsbestätigung: nach Ablauf der Bestätigungsfrist von sieben Tagen) unterrichten (lit. f); diese Unterrichtung verlangt demnach mehr als eine (erneute) Eingangsbestätigung. Die Information des Hinweisgebers dient dem Zweck, sein Vertrauen in die Wirksamkeit des Hinweisgeberschutzes zu erwecken. So sollen zugleich – auch im Interesse der betroffenen Person – externe Meldungen und eine Offenlegung vermieden werden, BE 57 WBRL.

30 Schließlich gehört zur Ausgestaltung des Verfahrens für interne Meldungen die **Information** über die Verfahren für externe Meldungen nach Art. 10 WBRL. Damit soll potentiellen Hinweisgebern eine „fundierte Entscheidung“ über ihr Vorgehen ermöglicht werden. Der Gesetzgeber hat an die Veröffentlichung der Informationen an einer sichtbaren Stelle und auf der Unternehmenswebsite gedacht, weiterhin an die Behandlung des Themas in Schulungen; BE 59 WBRL.

---

35 Dies ist unionsautonom auszulegen und umfasst sowohl Meldungen auf dem Postweg als auch über Online-Plattformen; EuArbRK/*Fest*, Art. 9 RL 2019/366/EU Rdn. 6.

36 Auf das Schutzbedürfnis hinweisend *Dilling*, CCZ 2019, 214, 221 f.

Eine (allgemeine) Verpflichtung von Unternehmen (oder Behörden), **anonyme Meldungen** entgegenzunehmen, statuiert die Richtlinie ausdrücklich nicht (Art. 6 Abs. 2 WBRL), doch können die Mitgliedstaaten sie vorsehen (vgl. BE 34 WBRL).[37] Allerdings genießen anonyme Hinweisgeber, die identifiziert wurden, ungeachtet dessen individuellen Schutz, Art. 6 Abs. 3 WBRL. Sieht das nationale Recht die Möglichkeit anonymer Meldungen vor, sind auch insoweit Folgemaßnahmen zu veranlassen, Art. 9 Abs. 1 lit. e) WBRL. 31

b) Externe Kanäle

aa) Einrichtungspflicht

Im Hinblick auf die externen Kanäle ist die Einrichtungspflicht einfacher, weil sie ausnahmslos besteht, Art. 11 Abs. 1, Abs. 2 lit. a) WBRL: Die Mitgliedstaaten müssen **Behörden** benennen und mit ausreichenden Ressourcen ausstatten, die Meldungen entgegennehmen, Rückmeldung dazu geben und Folgemaßnahmen ergreifen. Diese Behörden müssen externe Meldekanäle für die Entgegennahme und Bearbeitung von Informationen über Verstöße einrichten. Dabei sind die Meldekanäle in dem Sinne „extern", dass sie nicht zu der betroffenen juristischen Person gehören. Einzelheiten sind Sache der Mitgliedstaaten, ob es etwa eine oder mehrere Behörden gibt, für Hinweise allgemein oder bereichsspezifisch usf. 32

bb) Ausgestaltung

Für die Ausgestaltung macht die Richtlinie Vorgaben für (1) die Behördenorganisation, (2) die Meldekanäle, (3) das Meldungsverfahren, (4) Folgemaßnahmen und (5) Information. 33

Die zuständigen Behörden müssen speziell **geschulte Mitarbeiter** benennen, die interessierte Personen über Meldungsverfahren informieren, Meldungen entgegennehmen und Folgemaßnahmen ergreifen und den Kontakt zum Hinweisgeber für Rückmeldungen oder Nachfragen halten, Art. 12 Abs. 4 und 5 WBRL. 34

Auch hier müssen **mündliche und schriftliche Meldungen** ermöglicht werden, mündliche wiederum in Form von Telefonanrufen, Sprachnachrichten oder Treffen, die innerhalb eines angemessenen Zeitrahmens erfolgen, Art. 12 Abs. 2 WBRL. Die externen Meldekanäle müssen **„unabhängig und autonom"** sein, Art. 11 Abs. 2 lit. a) WBRL. Das ist der Fall, wenn sie zum einen so konzipiert, eingerichtet und betrieben werden, dass die Vollständigkeit, Integrität und Vertraulichkeit der gemeldeten Informationen gewährleistet ist, und zum anderen die dauerhafte Speicherung der gemeldeten Informationen (Dokumentation i.S.v. Art. 18 WBRL) ermöglicht, Art. 12 Abs. 1 35

37 *Colneric/Gerdemann*, Die Umsetzung der Whistleblower-Richtlinie in deutsches Recht, S. 135ff. (mit Umsetzungsvorschlägen).

WBRL. Zudem müssen aber auch Meldungen, die nicht über die besonders ausgestalteten externen Kanäle an die Behörde gelangen, vertraulich behandelt werden, Art. 12 Abs. 3 WBRL.

36 Die zuständigen Behörden müssen den **Eingang** von Meldungen innerhalb von sieben Tagen **bestätigen**, wenn nicht der Hinweisgeber sich ausdrücklich dagegen ausgesprochen hat oder die Bestätigung den Schutz seiner Identität gefährden könnte, Art. 11 Abs. 2 lit. b) WBRL. Die Behörde muss weiterhin Folgemaßnahmen ergreifen. Sie gibt dem Hinweisgeber darüber grundsätzlich innerhalb von drei Monaten eine **Rückmeldung**, in hinreichend begründeten Fällen kann die Frist sechs Monate betragen, Art. 11 Abs. 2 lit. d). Sie teilt ihm außerdem das abschließende Ergebnis der Untersuchung mit, lit. e).

37 Nach mitgliedstaatlichem Recht kommt eine **Einstellung wegen Geringfügigkeit** sowie **wegen wiederholter Meldungen** in Betracht und kann die zuständige Behörde bei einer Vielzahl von Meldungen eine Priorisierung nach dem Gewicht der Verstöße vornehmen, Art. 11 Abs. 3–5 WBRL.

38 Schließlich müssen die zuständigen Behörden in einem gesonderten und leicht erkennbaren und zugänglichen Abschnitt ihrer Websites über die Entgegennahme von Meldungen und die betreffenden Folgemaßnahmen im Einzelnen **informieren**, Art. 13 WBRL.

c) Öffentlichkeit

39 Neben der internen und der externen Meldung ist der dritte Meldekanal die **„Offenlegung“**, d.h. die öffentliche Zugänglichmachung von Informationen über Verstöße (Art. 5 Nr. 6 WBRL). Diese kann z.B. über die Publikation in einer Zeitung oder im Internet erfolgen. Einrichtung und Ausgestaltung gibt die Richtlinie insoweit nicht vor, sondern überlässt sie der Infrastruktur, die eine freiheitliche Rechtsordnung – insbesondere unter Geltung der Pressefreiheit – vorsieht und eine freie Gesellschaft ausbildet.

3. Individueller Schutz des Meldenden

a) Meldungsrecht

40 Nach Art. 6 Abs. 1 WBRL genießen Hinweisgeber **Schutz** nach der Richtlinie, wenn sie (1) hinreichenden Grund zu der Annahme haben, dass Verstöße (nach der Definition von Art. 5 Nr. 1 WBRL) vorliegen, und (2) sie das nach den Verfahren der Richtlinie intern nach Art. 7 oder extern nach Art. 10 gemeldet oder gem. Art. 15 offengelegt haben. Es geht m.a.W. um die Risiken von Tatsachen- und Rechtsirrtum, denn der Anwendungsbereich gehört zur Definition der „Verstöße“ gem. Art. 5 Nr. 1 WBRL. An systematisch ungewöhnlicher Stelle ist in Art. 21 Abs. 2, 7 WBRL eine zusätzliche Voraussetzung genannt, nämlich (3) dass der Hinweisgeber hinreichenden Grund zu der

Annahme hatte, die Meldung oder Offenlegung sei notwendig, um einen Verstoß aufzudecken.

aa) Grund zu der Annahme eines relevanten Verstoßes

Das erste Merkmal beschreibt Art. 6 Abs. 1 WBRL dahin, der Hinweisgeber müsse **Grund zu der Annahme** gehabt haben, die gemeldeten Informationen über Verstöße seien wahr und „die Informationen" fielen in den Anwendungsbereich der Richtlinie. Es kommt demnach nicht rein objektiv auf die Richtigkeit der Annahme an („Wahrheit"), aber auch nicht rein subjektiv auf die Aufrichtigkeit des Hinweisgebers („Grund").[38] Das Tatbestandsmerkmal bezweckt, böswilligen und missbräuchlichen Meldungen vorzubeugen, BE 32 WBRL. Nicht ist geschützt, wer weiß, dass die Informationen falsch sind (BE 32 S. 2: „willentlich und wissentlich falsche oder irreführende Informationen gemeldet"). Dasselbe muss für den gelten, der Unwahrheit billigend in Kauf nimmt oder Angaben „ins Blaue hinein" macht.[39] Vorsatz schadet. Auch darüber hinaus kann man haftungsrechtliche Maßstäbe entsprechend heranziehen und fragen, ob der Hinweisgeber die *erforderliche* Sorgfalt hat walten lassen. Dabei ist zu beachten, dass „Informationen über Verstöße" definiert ist als „Informationen einschließlich begründeter Verdachtsmomente". Es reicht daher aus, wenn der Hinweisgeber im Hinblick auf die begründeten Verdachtsmomente die erforderliche Sorgfalt hat walten lassen.[40] 41

Was gilt, wenn die Informationen über Verstöße sich **als wahr erweisen** und auch in den Anwendungsbereich der Richtlinie fallen, der Hinweisgeber diese aber bei sorgfältigem Vorgehen **nicht annehmen durfte**? Es wäre zweckwidrig, ihm in diesem Fall den Schutz zu versagen. 42

Zweifelhaft ist, ob „Grund zu der Annahme" darüber hinaus subjektiv i. S. v. **Gutgläubigkeit** oder Redlichkeit zu verstehen ist.[41] Ist auch derjenige geschützt, der zwar Grund zu der Annahme hat, die Informationen entsprächen der Wahrheit, aber doch innerlich nicht daran glaubt? Sprachlich ist das Merkmal objektiv gefasst, da der „Grund" maßgebend ist, nicht die „Annahme", doch spricht BE 32 vom Schutz desjenigen, der „in gutem Glauben" Informationen über Verstöße gemeldet hat. Es erschiene zweckwidrig, den Schutz zu versagen, wenn objektiv hinreichender Grund zu der Annahme relevanter Verstöße bestand, der Hinweisgeber dies aber nicht annahm. 43

---

38 Jedenfalls missverständlich EuArbRK/*Fest*, Art. 5 RL 2019/366/EU Rdn. 6 („im Kern ... eine subjektive Voraussetzung").

39 *Forst*, EuZA 2020, 283, 297.

40 Im Ergebnis ähnlich *Forst*, EuZA 2020, 283, 297, der indes beide Elemente („Grund zu der Annahme" sowie „begründete Verdachtsmomente") zusammenfassend durch eine Beschränkung auf „grobe Fahrlässigkeit" berücksichtigen möchte.

41 So *Gerdemann*, RdA 2019, 16, 22; *ders.*, NZA-Beilage 2020, 43, 48; *Colneric/Gerdemann*, Die Umsetzung der Whistleblower-Richtlinie in deutsches Recht, S. 60 f.; wohl auch *Dzida/Granetzny*, NZA 2020, 1201, 1204; *Schmolke*, AG 2018, 769, 774.

Umgekehrt kann man Sonderwissen des Hinweisgebers berücksichtigen, der erkannte, dass die Informationen nicht wahr sind oder nicht in den Anwendungsbereich der Richtlinie fallen, obwohl ein objektiver Dritter das nicht musste. Im Übrigen ist Gutgläubigkeit keine Schutzvoraussetzung.

44 Auf die **Motivation** des Hinweisgebers kommt es jedenfalls nicht an; BE 32 S. 5.[42] Auch die Anzeige aus Neid, Missgunst, Rache, Eifersucht oder Vergeltung ist geschützt. Damit unterscheidet sich der Regulierungsansatz vom bisherigen deutschen Recht, das insoweit auf die vertraglichen Rücksichtspflichten gegründet war.[43] Stellt man demgegenüber den Aspekt der Rechtsdurchsetzung in den Vordergrund (s. o. Rdn. 7), ist folgerichtig, der Motivation keine Bedeutung beizumessen.[44] Der Verzicht auf die – notorisch schwierige –[45] Motivationskontrolle dient zugleich der Rechtsklarheit und dem Schutz des Hinweisgebers. Einem Missbrauch ist auch durch objektive Voraussetzungen und Sanktionen (Art. 23 Abs. 2 WBRL; unten, Rdn. 62f.) vorzubeugen.

bb) Verfahrensgerechte Meldung

45 Das zweite Merkmal passt freilich begrifflich nicht bruchlos, da Meldung oder Offenlegung Verstöße (objektiv!) voraussetzen, was nach der ersten Voraussetzung gerade nicht notwendig ist. Es geht bei dem zweiten Tatbestandselement m. a. W. nur um das von der Richtlinie vorgesehene **Verfahren**.

46 Die interne Meldung ist nach Art. 7 Abs. 1 WBRL ohne weiteres möglich. Nichts anderes gilt für die externe Meldung nach Art. 10 WBRL, die nach erfolgter interner Meldung oder „direkt" erfolgen kann.[46] Lediglich die Offenlegung hat weitere Voraussetzungen. Sie darf nur erfolgen, wenn die Meldung intern und extern oder nur extern fruchtlos war oder die externe Meldung unzumutbar war oder eine Offenlegung aus besonderen Gründen geboten erscheint, Art. 15 Abs. 1 WBRL.[47] Meldungen an andere

---

42 Kritisch *Aszmons/Herse*, DB 2019, 1849, 1850; *Garden/Hiéramente*, BB 2019, 963, 966f.; *Thüsing/Rombey*, NZG 2018, 1001, 1005.

43 Vgl. BAG, NZA 2004, 427, 429; NZA 2007, 502; NZA 2017, 703; EGMR, NZA 2011, 1269 – Heinisch; *Kreis*, Whistleblowing als Beitrag zur Rechtsdurchsetzung (2017), S. 49ff.; MünchArbR/*Reichold*, § 54 Rdn. 41; *Schulz*, BB 2011, 629ff. Zur topischen Rechtsfindung des EGMR krit. *Windel*, Anm. AP § 626 BGB Nr. 235.

44 *Kreis*, Whistleblowing als Beitrag zur Rechtsdurchsetzung (2017), S. 170ff.; auch *Schmolke*, AG 2018, 769, 779.

45 S. z.B. BAG, NZA 2004, 427, 431.

46 Ebenso *Forst*, EuZA 2020, 283, 295f.; *Schmolke*, NZG 2020, 5, 6f. A.M. EuArbRK/*Fest*, Art. 5 RL 2019/366/EU Rdn. 14. Anders noch Art. 13 Abs. 2 V-WBRL COM(2018) 218; dazu *Thüsing/Rombey*, NZG 2018, 1001, 1004.

47 *Aszmons/Herse*, DB 2019, 1849, 1851 scheinen die „Bedingungen" von Art. 15 Abs. 1 WBRL als kumulative Voraussetzungen misszuverstehen (dagegen: „wenn *eine* der folgenden Bedingungen erfüllt ist" ... „oder").

Adressaten (z. B. eine andere öffentliche Stelle) sind nicht geschützt.[48] Das hat seinen guten Grund darin, dass diese nicht den Anforderungen der Richtlinie unterliegen.

Im Einzelnen: Die Offenlegung kommt erstens in Betracht, wenn der Hinweisgeber zunächst (1) entweder sowohl intern als auch extern oder direkt extern Meldung gemacht hat und (2) die Adressaten aber innerhalb der Dreimonatsfrist keine geeigneten Maßnahmen ergriffen haben. Für die geeigneten Maßnahmen bezieht sich Art. 15 Abs. 1 lit. a) WBRL auf die Rückmeldung an den Whistleblower bei interner (Art. 9 Abs. 1 lit. f)) und externer (Art. 11 Abs. 2 lit. d)) Meldung. Ob eine Offenlegung auch zulässig ist, wenn zwar die Rückmeldung erfolgte, aber keine Abhilfe,[49] ist zweifelhaft. Dafür kann zwar der Zweck der Regeln sprechen, doch lässt sich eine Lücke angesichts der spezifischen Verweisung und des ergänzenden Tatbestands von Art. 15 Abs. 1 lit. b) nur schwer begründen. Zweitens ist die Offenlegung zulässig, wenn der Hinweisgeber annehmen darf, der Verstoß könne eine unmittelbare oder offenkundige[50] Gefährdung des öffentlichen Interesses darstellen, Art. 15 Abs. 1 lit. b) WBRL. Zum Beispiel nennt Art. 15 eine Notsituation oder die Gefahr eines irreversiblen Schadens. Drittens ist die Offenlegung zulässig, wenn der Hinweisgeber Grund zu der Annahme hat, bei externer Meldung drohten ihm Vergeltungsmaßnahmen, oder wenn er annehmen darf, es bestünden geringe Aussichten, dass wirksam gegen den Verstoß vorgegangen wird.[51] Für diesen letzten Fall nennt die Richtlinie beispielhaft die Besorgnis, Beweismittel könnten unterdrückt werden, zwischen Behörde und dem Täter könnten Absprachen bestehen oder die Behörde könnte an dem Verstoß beteiligt sein (Kollusion). Alle drei Tatbestände sind objektiv zu verstehen, jedoch kommt es für den zweiten und dritten darauf an, ob der Hinweisgeber „hinreichenden Grund zu der Annahme“ hatte, dass die Voraussetzungen vorlagen. 47

Daraus ergibt sich ein zunächst recht grobes Stufenverhältnis für die sog. **Eskalationsroutine**. Interne und externe Meldung stehen praktisch auf derselben Stufe, die **Offenlegung ist nachrangig** und nur in eng begrenzten Fällen zulässig. Die Richtlinie fordert die Mitgliedstaaten nur sanft dazu auf, dieses Stufenverhältnis weiter zu verfeinern, indem sie sich „dafür einsetzen“, dass die interne Meldung gegenüber der externen Meldung bevorzugt wird, soweit wirksame Abhilfe zu erwarten und keine Vergeltungsmaßnahmen zu befürchten sind, Art. 7 Abs. 2 WBRL. Der im Kommissionsvorschlag vorgesehene klare Vorrang interner Meldungen, der nur in bestimmten Fällen durchbrochen wurde, fand offenbar auf Unionsebene keine allseitige Zu- 48

48 *Colneric/Gerdemann,* Die Umsetzung der Whistleblower-Richtlinie in deutsches Recht, S. 64 ff. (allerdings nur als Mindestvorgabe).

49 Dafür *Colneric/Gerdemann,* Die Umsetzung der Whistleblower-Richtlinie in deutsches Recht, S. 104 f.

50 Der Sache nach handelt es sich um zwei eigene Offenlegungsgründe, die auf unterschiedlichen Erwägungen beruhen, einerseits der Nähe der Gefahr, andererseits der Sicherheit ihres Eintritts. Die wertungsmäßige Gleichstellung erscheint plausibel, jedenfalls gut vertretbar.

51 *Gerdemann,* RdA 2019, 16, 23 (bei unabhängiger Behörde seltene Ausnahmefälle).

stimmung, so dass man die Sachfrage den mitgliedstaatlichen Gesetzgebern überantwortet hat,[52] freilich in der Tendenz mit einem **Vorrang interner Meldungen.**[53] Der Gesetzgeber hält die primär interne Meldung auch im Interesse des Hinweisgebers grundsätzlich für vorzugswürdig (BE 33 S. 1 „fühlen sich in der Regel wohler") und weist auf eine Abwägung der gegenläufigen, teils grundrechtlich geschützten Interessen hin (BE 33 S. 5). Eine enumerative Aufzählung der Fälle, in denen der Hinweisgeber zur externen Meldung (über-) gehen darf, dürfte auch in seinem Interesse sein (wenn interne Kanäle fehlen, BE 51, oder kein Vertrauen in deren Effektivität besteht, BE 62). Für die Umsetzung ins nationale Recht kann der Gesetzgeber über Erwägungen des Unionsgesetzgebers hinaus an die Merkmale anknüpfen, die die Rechtsprechung entwickelt hat; auch danach gibt es keinen absoluten Vorrang interner Kanäle.[54]

49 Das Meldungsrecht umfasst unionsrechtlich nicht das Recht zur **anonymen Meldung** (s. bereits oben, Rdn. 31), das aber im mitgliedstaatlichen Recht vorgesehen werden kann. Schutz vor Vergeltungsmaßnahmen nach Art. 19–21, 23f. hat aber auch der identifizierte anonyme Hinweisgeber, Art. 6 Abs. 3 WBRL, wenn die allgemeinen Schutzvoraussetzungen erfüllt sind.

cc) Grund zu der Annahme der Erforderlichkeit

50 Im Zusammenhang mit dem Schutz vor Repressalien enthält Art. 21 Abs. 7 S. 2 WBRL eine zusätzliche Voraussetzung, deren Bedeutung unklar ist. Während Satz 1 der Vorschrift bestimmt, wer Meldung im Einklang mit der Richtlinie gemacht hat, kann nicht haftbar gemacht werden, stellt Satz 2 das Recht, Klageabweisung zu beantragen, zusätzlich unter ein Verhältnismäßigkeitserfordernis. Der Hinweisgeber muss „hinreichenden Grund zu der Annahme (gehabt haben), dass die Meldung oder Offenlegung notwendig war, um einen Verstoß gemäß dieser Richtlinie aufzudecken". Systematisch passt das mit Art. 6 WBRL – der in Kapitel I über (u. a.) „Schutzvoraussetzungen" die „Voraussetzungen für den Schutz von Hinweisgebern" ohne weiteren Vorbehalt statuiert – nicht zusammen, aber auch nicht mit den sonstigen Vorschriften von Art. 21 WBRL zum Schutz vor Repressalien, die eine entsprechende Voraussetzung ebenfalls nicht kennen. Den Widerspruch kann man entweder dadurch auflösen, dass man den Wortlaut von Art. 21 Abs. 7 S. 2 WBRL als Redaktionsversehen außer Be-

---

52 *Aszmons/Herse*, DB 2019, 1849, 1851; wohl auch *Colneric/Gerdemann*, Die Umsetzung der Whistleblower-Richtlinie ins deutsche Recht, S. 84ff.

53 Die – mit gegenläufigen Grundrechten des Whistleblowers auszugleichende – unternehmerische Freiheit (Art. 16 GRCh) dürfte einen streng(er)en Vorrang der internen Meldung nicht gebieten; *Colneric/Gerdemann*, Die Umsetzung der Whistleblower-Richtlinie in deutsches Recht, S. 89ff.; a.M. *Garden/Hiéramente*, BB 2019, 863, 865.

54 BAG, NZA 2004, 427, 429ff.; NZA 2007, 502ff.

tracht lässt[55] oder die Systematik als verunglückt ignoriert[56]. Die letztere Ansicht wird zum einen damit erklärt, dass die Vorschrift erst im Rahmen der Trilog-Verhandlungen eingeführt wurde, also am Schluss des Gesetzgebungsverfahrens; außerdem entspreche die Verortung bei den prozessrechtlichen Anordnungen englischem Aktionenrechtsdenken, es handele sich m. a. W. schlicht um eine andere Systematik, nach der materiell-rechtliche und prozessrechtliche Anordnungen zusammengelesen werden müssen. Tatsächlich hat ein „Notwendigkeitsvorbehalt" eine gute sachliche Begründung, denn es gibt keinen Grund, dem Hinweisgeber einen vom Zweck der Meldung oder Offenlegung unabhängigen Freifahrschein zu geben („der Umweltsünder hat eine außereheliche Beziehung"); BE 91 S. 3 WBRL.

Notwendig für die Meldung oder Offenlegung sind die Tatsachen, die die Voraus- 51
setzungen des Verstoßtatbestands sowie ggf. die verwaltungs- oder gerichtsprozessualen Voraussetzungen für seine Verfolgung begründen. Dazu können etwa auch solche Tatsachen gehören, die die Meldung erst glaubhaft erscheinen lassen, also etwa Umstände, die die Tatsachen „kontextualisieren oder plausibilisieren"[57]. Maßgeblich ist, ob der Hinweisgeber **Grund für die Annahme** hatte. Das ist wiederum nicht subjektiv, sondern objektiv zu bestimmen („Grund"). Maßgeblich ist eine Betrachtung ex ante, die nicht durch nachträgliches Besserwissen in Frage gestellt werden kann.

b) Schutz im Meldungsverfahren

Den „Schutz nach dieser Richtlinie" (Art. 6 Abs. 1, 4, 15 Abs. 1 WBRL) haben Hinweis- 52
geber zunächst im Meldungsverfahren selbst. Ist dieser Schutz auch eigentlich an das Meldungsrecht gem. Art. 6 Abs. 1 WBRL geknüpft, dürfte er seiner Anlage nach auch Hinweisgebern zugutekommen, die dessen Voraussetzungen nicht erfüllen, also z. B. keinen hinreichenden Grund hatten anzunehmen, die Tatsachen seien wahr oder fielen in den sachlichen Anwendungsbereich der Richtlinie.

Hinweisgeber genießen **Vertraulichkeit**, Art. 16 WBRL. Ihre Identität – oder In- 53
formationen, aus denen diese abgeleitet werden kann – darf Dritten, die nicht mit der Meldung befasst sind, grundsätzlich nicht ohne Zustimmung offengelegt werden. Eine Ausnahme besteht nur, soweit die Offenbarung der Identität eine notwendige und verhältnismäßige Rechtspflicht im Rahmen der behördlichen oder gerichtlichen Untersuchungen ist, wobei prozedurale Kautelen zum Schutz des Hinweisgebers zu beachten sind, Art. 16 Abs. 2 und 3 WBRL.[58]

---

55 In diese Richtung *Riesenhuber*, FS Martinek (2020), S. 685 f.

56 So *Colneric/Gerdemann*, Die Umsetzung der Whistleblower-Richtlinie in deutsches Recht, S. 59.

57 *Colneric/Gerdemann*, Die Umsetzung der Whistleblower-Richtlinie in deutsches Recht, S. 59 f. (freilich unter Berufung auf eine „liberale Interpretation").

58 Krit. *Dilling*, CCZ 2019, 214, 217 f. und 223, der den Schutz von Hinweisgebern als unzureichend rügt und günstigere Regeln gem. Art. 25 Abs. 1 WBRL anregt; ein „absoluter" Schutz dürfte allerdings mit Art. 16 Abs. 2 WBRL unvereinbar sein.

54 Zweitens ist bei der **Verarbeitung personenbezogener Daten** nach der Richtlinie die Datenschutzgrundverordnung zu beachten, Art. 17 WBRL.[59]

c) Schutz vor Repressalien

55 Der Kern der Richtlinie liegt im Schutz des Hinweisgebers vor Repressalien. Dieser hat besonders im Arbeitsverhältnis Bedeutung, kommt aber allen nach Art. 4 WBRL geschützten Personen zu, Art. 19–21 WBRL. Sagen die Vorschriften dies auch nicht ausdrücklich, so gilt doch auch hier die vor die Klammer gezogene Schutzvoraussetzung des Art. 6 WBRL, dass der Hinweisgeber ein Meldungsrecht hat.

56 **Repressalien** sind definiert als „direkte oder indirekte Handlungen oder Unterlassungen in einem beruflichen Kontext, die durch eine interne oder externe Meldung oder eine Offenlegung ausgelöst werden und durch die dem Hinweisgeber ein ungerechtfertigter Nachteil entsteht oder entstehen kann" Art. 5 Nr. 11 WBRL. In einer nicht abschließenden Aufzählung nennt Art. 19 WBRL die wichtigsten Fälle, etwa die Kündigung, Herabstufung oder Versagung einer Beförderung, die Änderung der Arbeitsbedingungen (Aufgaben, Arbeitsort, Gehalt, Arbeitszeit), negative Leistungsbeurteilung, Disziplinarmaßnahmen, Nötigung, Einschüchterung, Mobbing u. a. m.

57 Der Schutz vor Repressalien hat nach Art. 21 WBRL **materiell-rechtliche und prozessuale Aspekte**. Auf der Ebene des materiellen Rechts setzt Absatz 2 an, wenn „Personen, die nach dieser Richtlinie Informationen über Verstöße melden oder offenlegen, nicht als Personen (gelten), die eine Offenlegungsbeschränkung verletzt haben".[60] Gemeint sein dürfte, wer nach der Richtlinie meldet, verstößt nicht gegen Offenlegungsbeschränkungen. Offenlegungsbeschränkungen können m. a. W. das Melderecht nicht einschränken, sondern werden ihrerseits durch das Melderecht begrenzt. Das entspricht dem von Art. 24 WBRL angeordneten zwingenden Charakter der Regelung (unten, Rdn. 65).

58 Weitergehend ordnet die Vorschrift an, dass solche Hinweisgeber für die Meldung oder Offenlegung **„in keiner Weise haftbar** gemacht werden (können)" (*n'encourent aucune responsabilité d'aucune sorte; shall not incur liability of any kind*), Art. 21 Abs. 2 Hs. 2 WBRL. Nach dem Wortlaut der Anordnung ist die Freistellung umfassend gemeint und bezieht sich, wie es in der französischen Sprachfassung zum Ausdruck kommt, auf jegliche Verantwortlichkeit, auch über die Schadensersatz- und Unterlassungs-Haftung hinaus. Sie steht freilich unter der (gegenüber Art. 6 WBRL zusätzlichen) Voraussetzung, dass der Hinweisgeber hinreichenden Grund zu der Annahme

---

59 Der Kommissionvorschlag sprach noch unklar davon, die Verarbeitung personenbezogener Daten „sollte" im Einklang mit der DSGVO erfolgen; kritisch *Thüsing/Rombey*, NZG 2018, 1001, 1004.

60 Der sprachlich missglückte Bezug auf die Person („gelten ... nicht als Personen, die ..."), nicht auf das Verhalten, dürfte ausweislich der englischen und französischen Fassung auf schlechter Übersetzung beruhen.

hatte, die Meldung oder Offenlegung sei zur Aufdeckung des Verstoßes notwendig; zu deren Auslegung s. bereits oben, Rdn. 50.

Entsprechend kann der Hinweisgeber, der im Einklang mit der Richtlinie Informationen gemeldet oder offenbart hat, in Gerichtsverfahren (aller Art) nicht haftbar gemacht werden, Art. 21 Abs. 7 S. 1 WBRL. Die nur beispielhafte Aufzählung der erfassten Verfahren („einschließlich") weist die Vorschrift als „rechtsgebietsübergreifender Rechtfertigungsgrund"[61] aus. Nach Satz 2 der Vorschrift kann der Hinweisgeber Klageabweisung beantragen, wenn er annehmen durfte, Hinweis oder Meldung sei nötig, um den Verstoß aufzudecken; zu dieser Voraussetzung wiederum bereits oben, Rdn. 50. **59**

In allgemeiner Form schreibt die Richtlinie den „Zugang zu geeigneten **Abhilfemaßnahmen** gegen Repressalien" vor, der auch einstweiligen Rechtsschutz umfasst, Art. 21 Abs. 6 WBRL. Der Gesetzgeber hat dabei an Kündigungsschutz, Wiedereinstellung, aber auch einen Anspruch auf Entschädigung gedacht, BE 94 WBRL. Zusätzlich zur Abwehr von Repressalien ist ein **Schadensersatzanspruch** des Whistleblowers vorzusehen, Art. 21 Abs. 8 WBRL. Umstritten ist, ob dieser von Richtlinien wegen verschuldensunabhängig auszugestalten ist. Mit der diskriminierungsrechtlichen Rechtsprechung (dazu § 9 Rdn. 71ff.) ist das indessen nicht zu begründen, denn anders als dort ist in Art. 21 Abs. 8 WBRL ein Ersatzanspruch gerade nur „im Einklang mit dem nationalen Recht" vorgeschrieben (ebenso BE 94).[62] Das lässt Raum für das Verschuldensprinzip des mitgliedstaatlichen Haftungsrechts. **60**

Prozessrechtliches Instrument zur Effektuierung des Benachteiligungsverbots ist die **Beweislastumkehr** gem. Art. 21 Abs. 5 WBRL.[63] In behördlichen oder gerichtlichen Verfahren, die sich auf eine Benachteiligung des Hinweisgebers beziehen und in denen dieser geltend macht, diese Benachteiligung infolge seiner Meldung oder Offenlegung erlitten zu haben, wird vermutet, dass die Benachteiligung eine Repressalie für die Meldung oder Offenlegung war. Dem Hinweisgeber wird mithin der Kausalitätsnachweis abgenommen, der sonst praktisch kaum zu führen wäre.[64] Der Gegner muss die Kausalität, und zwar auch jede Mitursächlichkeit[65] widerlegen. Das trägt einerseits dem Schutzbedürfnis des Hinweisgebers Rechnung, erschien dem Gesetzgeber aber umgekehrt aus Sphärengesichtspunkten dem anderen Teil zumutbar,[66] da dieser seine Beweggründe dokumentieren kann, BE 93 WBRL. **61**

---

61 So *Gerdemann*, RdA 2019, 16, 26.

62 A.M. *Colneric/Gerdemann*, Die Umsetzung der Whistleblower-Richtlinie in das deutsche Recht, S. 108ff.; *Gerdemann*, RdA 2019, 16, 26.

63 Im Hinblick auf Missbrauchsgefahr krit. *Dzida/Granetzny*, NZA 2020, 1201, 1204.

64 *Gerdemann*, RdA 2019, 16, 26.

65 *Gerdemann*, RdA 2019, 16, 26.

66 Kritisch *Aszmons/Herse*, DB 2019, 1849, 1850; *Schmolke*, AG 2018, 769, 779; *Thüsing/Rombey*, NZA 2018, 1001, 1005f.

62 Das Verbot wird durch „unterstützende Maßnahmen" nach Art. 20 flankiert, die insbesondere **Information, Beratung, behördliche Unterstützung oder Prozesskostenhilfe** umfassen können. Von diesen könnte die „Bescheinigung, dass die Voraussetzungen für einen Schutz gemäß dieser Richtlinie erfüllt sind" („Persilschein") die größte Bedeutung entfalten könnte.[67] Mit den Voraussetzungen für den Schutz nimmt die Vorschrift auf Art. 6 WBRL Bezug. Allerdings ist unklar, welche rechtliche Reichweite dieser Bescheinigung beizulegen ist, denn es handelt sich dabei „nur" um einen Anwendungsfall der „Unterstützung vonseiten der zuständigen Behörde beim Kontakt mit etwaigen am Schutz vor Repressalien beteiligten Behörden". Die Bescheinigung muss demnach nicht mit einer rechtlichen Bindungswirkung für Gerichte ausgestattet sein, dürfte allerdings faktisch eine weitgehend entlastende Wirkung für den Hinweisgeber auch im Verhältnis zu Arbeitgeber und anderen Betroffenen haben. Die zuvor aufgezeigte Unsicherheit, unter welchen Voraussetzungen der Hinweisgeber von einer Haftung freigestellt ist, wirkt freilich an dieser Stelle fort: Setzt die Haftungsfreistellung zusätzlich zu Art. 6 Abs. 1 WBRL voraus, dass der Hinweisgeber annehmen durfte, sein Hinweis sei für die Aufdeckung notwendig, so nützt ihm insofern auch der Persilschein nichts, der dieses Erfordernis nicht umfasst.

IV. Schutz betroffener Personen

63 Den Schutz betroffener Personen (Art. 5 Nr. 10 WBRL) regelt die Richtlinie nur höchst rudimentär,[68] vor allem unter Verweis auf deren Grundrechte. So weist Art. 22 Abs. 1 WBRL auf das Recht auf einen wirksamen **Rechtsbehelf** (Art. 47 Abs. 1 GRCh), auf ein **faires Gerichtsverfahren**, die **Unschuldsvermutung** (Art. 48 Abs. 1 GRCh) sowie **Verteidigungsrechte** (Art. 48 Abs. 2 GRCh) einschließlich des Rechts auf Anhörung und Akteneinsicht hin. Das ist nur deklaratorisch.[69] Auch für betroffene Personen gilt ein Vertraulichkeitsgebot, nach dem ihre Identität während der Dauer einer durch Meldung oder Offenlegung ausgelösten Untersuchung geschützt bleibt, Art. 22 Abs. 2 WBRL. Insoweit finden die Regeln zum Schutz der Hinweisgeber über die Gestaltung externer Meldekanäle (Art. 12),[70] die Verarbeitung personenbezogener Daten (Art. 17) und die Dokumentation interner oder externer Meldungen (Art. 18) Anwendung, Art. 22 Abs. 3 WBRL. Problematisch ist, dass die Norm nicht auf das Vertraulichkeitsgebot für interne Meldungen gem. Art. 9 Abs. 1 lit. a) WBRL verweist. Indes erfasst die „Vertraulichkeit der Identität ... Dritter" ohne weiteres auch den Betroffenen, der zu-

67 Dazu auch *Dilling*, CCZ 2019, 214, 216f.

68 Zu Recht kritisch *Schmolke*, AG 2018, 769, 779; *Thüsing/Rombey*, NZA 2018, 1001, 1005.

69 *Dilling*, CCZ 2019, 214, 220.

70 Krit. *Dilling*, CCZ 2019, 214, 221f., der hervorhebt, dass der institutionelle Schutz bei internen Meldungen nur schwach ausgeprägt ist (z.B. kein Erfordernis, die zuständigen Mitarbeiter speziell zu schulen).

dem auch datenschutzrechtlich zu schützen ist. Daher ist dem Betroffenen auch bei internen Meldungen ein Vertraulichkeitsschutz nicht zu versagen.[71]

V. Sanktionen – Allgemein

Die allgemeine Sanktionsklausel, „wirksame, angemessene und abschreckende Sanktionen" vorzusehen, spezifiziert Art. 23 WBRL dahin, dass solche Sanktionen geboten sind für natürliche oder juristische Personen, die (1) Meldungen behindern oder zu behindern versuchen, (2) Vergeltungsmaßnahmen gegen die nach Art. 4 geschützten Personen ergreifen oder (3) mutwillige Gerichtsverfahren gegen sie anstrengen oder (4) gegen das Vertraulichkeitsgebot von Art. 16 verstoßen. 64

Andererseits sind – zum Schutz betroffener Personen wie der Allgemeinheit – auch **Sanktionen gegen Hinweisgeber** vorzusehen, die nachgewiesenermaßen wissentlich falsche Informationen melden oder offenlegen, Art. 23 Abs. 2 WBRL. Diese Sanktionen müssen auch „Maßnahmen entsprechend dem nationalen Recht zur Wiedergutmachung von Schäden" vorsehen, die durch solche Meldungen oder Offenlegungen entstanden sind. Das dürfte regelmäßig einen Anspruch auf Schadensersatz gegen den Hinweisgeber erfordern. Nach nationalen Gepflogenheiten könnte auch ein öffentlich-rechtlicher Entschädigungsanspruch in Betracht kommen. 65

Nach Art. 23 Abs. 2 S. 2 WBRL kommt ein Schadensersatzanspruch gegen den Hinweisgeber nur in Betracht, wenn dieser vorsätzlich gehandelt hat. Denn mit „diese Meldungen" bezieht sich die Regelung auf Satz 1, der wiederum beschränkt ist auf den Fall, dass der Hinweisgeber „wissentlich falsche Informationen gemeldet" hat. Das bestätigt BE 101 S. 2 („wissentlich oder vorsätzlich"). Der Schutz des Hinweisgebers entfällt nach Art. 6 Abs. 1 WBRL allerdings schon, wenn er die erforderliche Sorgfalt verletzt, also fahrlässig gehandelt hat; s. o. Rdn. 41. Ein echter Wertungswiderspruch liegt darin indes nicht.[72] 66

VI. Zwingender Charakter

Die Rechte und Rechtsbehelfe der Richtlinie dürfen nicht vertraglich aufgehoben oder eingeschränkt werden, Art. 24 WBRL. Insbesondere kommt eine vertragliche Änderung der im Rahmen der Richtlinienvorgaben bestimmten gesetzlichen Eskalationsroutine nicht in Betracht.[73] 67

71 A.M. *Colneric/Gerdemann*, Die Umsetzung der Whistleblower-Richtlinie in das deutsche Recht, S. 129; wohl auch *Dilling*, CCZ 2019, 214, 221 f.

72 A.M. *Forst*, EuZA 2020, 283, 300 f. (der zur Auflösung des von ihm angenommenen Widerspruchs Art. 23 Abs. 2 S. 2 WBRL als Mindestnorm verstehen möchte).

73 So mit Recht *Colneric/Gerdemann*, Die Umsetzung der Whistleblower-Richtlinie in deutsches Recht, S. 88.

VII. Umsetzung

68 Die Richtlinie ist bis zum 17. Dezember 2021 in mitgliedstaatliches Recht umzusetzen.[74]

74 Umsetzungsvorschläge bei *Colneric/Gerdemann,* Die Umsetzung der Whistleblower-Richtlinie in deutsches Recht. Zum bisherigen Regelungsbestand in ausgewählten Mitgliedstaaten *Thüsing/Forst* (Hrsg.), Whistleblowing – A Comparative Study.

2. Kapitel
Technischer Arbeitsschutz

§ 16 Die Arbeitsschutz-Rahmenrichtlinie

Literatur: *Birk,* Die Rahmenrichtlinie über die Sicherheit und den Gesundheitsschutz am Arbeitsplatz – Umorientierung des Arbeitsschutzes und bisherige Umsetzung in den Mitgliedstaaten der Europäischen Union, in: Anzinger/Wank (Hrsg.), Entwicklungen im Arbeitsrecht und Arbeitsschutzrecht – Festschrift für Otfried Wlotzke, 1996, S. 645–667; *Boemke,* Aktuelles zum GmbH-Geschäftsführer aus arbeitsrechtlicher Sicht, RdA 2018, 1–24; *Brandes,* System des europäischen Arbeitsschutzrechts, 1999; *Eberlie,* The New Health and Safety Legislation of the European Community, ILJ 19 (1990), 81–97; *Faure/Tilindyte,* Effective Enforcement of Occupational Health and Safety Regulation: An Economic Approach, ELLC 1 (2010), 346–367; *Fuchs/Marhold,* Europäisches Arbeitsrecht, 5. Aufl. 2017, S. 281–300; *Gaul/Hofelich,* Arbeitsschutzrechtliche Pflicht zur Bezahlung von Umkleidezeit bei der Verwendung von Schützausrüstungen?, NZA 2016, 149–153; *Howes,* Workers Involvement in Health and Safety Management and Beyond: The UK Case, IJCLLIR 23 (2007), 245–265; *Kohte,* Arbeitsschutz in der digitalen Arbeitswelt, NZA 2015, 1417–1424; *ders.,* Arbeitsschutzrahmenrichtlinie, in: Oetker/Preis (Hrsg.), Europäisches Arbeits- und Sozialrecht, B 6100 (Stand: Aug. 1998); *ders.,* Der Beitrag der ESC zum europäischen und deutschen Arbeitsschutzrecht, in: Konzen/Krebber/Raab/Veit/Waas (Hrsg.), Festschrift für Rolf Birk, 2008, S. 417–437; *ders.,* Die Umsetzung der Richtlinie 89/391 in den Mitgliedstaaten, ZIAS 1999, 85–118; *Koll,* Die Beurteilungen von Gefährdungen am Arbeitsplatz und ihre Dokumentation nach der EG-Rahmenrichtlinie Arbeitsschutz, Entwicklungen im Arbeitsrecht und Arbeitsschutzrecht – Festschrift für Otfried Wlotzke, 1996, S. 701–711; *Kreizberg,* Einzelrichtlinien zur Arbeitsschutzrahmenrichtlinie, in: Oetker/Preis (Hrsg.), Europäisches Arbeits- und Sozialrecht, B 6200 (Stand: Juni 2017); *Neal,* The European Framework Directive on the Health and Safety of Workers: Challenges for the United Kingdom?, IJCLLIR 6 (1990), 80–117; *Opfermann,* Das EG-Recht und seine Auswirkungen auf das deutsche Arbeitsschutzrecht, in: Anzinger/Wank (Hrsg.), Entwicklungen im Arbeitsrecht und Arbeitsschutzrecht – Festschrift für Otfried Wlotzke, 1996, S. 729–767; *Wank,* Die personellen Grenzen des Europäischen Arbeitsrechts: Arbeitsrecht für Nicht-Arbeitnehmer?, EuZA 2008, 172–196; *ders.,* Technischer Arbeitsschutz in der EU im Überblick, in: Oetker/Preis (Hrsg.), Europäisches Arbeits- und Sozialrecht, B 6000 (Stand: Mai 2009); *ders./Börgmann,* Deutsches und europäisches Arbeitsschutzrecht – eine Darstellung der Bereiche Arbeitsstätten, Geräte- und Anlagensicherheit, Gefahrstoffe und Arbeitsorganisation mit Abdruck der einschlägigen EG-Richtlinien, 1992; *Wheat,* Mental Health in the Workplace (1) – ‚Stress' Claims and Workplace Standards and the European Framework Directive on Health and Safety at work, J.M.H.L. 11 (2006), 53–65; *Wiebauer,* Behördliche Anordnungen im Arbeitsschutz, NVwZ 2017, 1653–1657; *Wlotzke,* Das neue Arbeitsschutzgesetz zeitgemäßes Grundlagengesetz für den betrieblichen Arbeitsschutz, NZA 1996, 1017–1024.

Rechtsprechung:

EuGH v. 28.1.1986	Rs. C-188/84 *Kommission ./. Frankreich,* EU:C:1986:43
EuGH v. 12.11.1996	Rs. C-84/94 *Vereinigtes Königreich ./. Rat,* EU:C:1996:431 (ArbzRL)
EuGH v. 3.10.2000	Rs. C-303/98 *Simap,* EU:C:2000:528 (ArbzRL)
EuGH v. 3.7.2001	Rs. C-241/99 *Confederación Intersindical Galega (CIG),* EU:C:2001:371
EuGH v. 15.11.2001	Rs. C-49/00 *Kommission ./. Italien,* EU:C:2001:611
EuGH v. 7.2.2002	Rs. C-5/00 *Kommission ./. Deutschland,* EU:C:2002:81
EuGH v. 22.5.2003	Rs. C-441/01 *Kommission ./. Niederlande,* EU:C:2003:308
EuGH v. 22.5.2003	Rs- C-335/02 *Kommission ./. Großherzogtum Luxemburg,* EU:C:2003:312
EuGH v. 12.6.2003	Rs. C-425/01 *Kommission ./. Portugal,* EU:C:2003:346

https://doi.org/10.1515/9783110731941-016

EuGH v. 9.3.2004	verb. Rs. C-397/01 bis C-401/01 *Pfeiffer*, EU:C:2004:584
EuGH v. 14.7.2005	Rs. C-52/04 *Personalrat der Feuerwehr Hamburg ./. Leiter der Feuerwehr Hamburg*, EU:C:2005:467
EuGH v. 12.1.2006	Rs. C-132/04 *Kommission ./. Spanien*, EU:C:2006:18
EuGH v. 6.4.2006	Rs. C-428/04 *Kommission ./. Österreich*, EU:C:2006:238
EuGH v. 14.6.2007	Rs. C-127/05 *Kommission ./. Vereinigtes Königreich*, EU:C:2007:338
EuGH v. 5.6.2008	Rs. C-226/06 *Kommission ./. Frankreich*, EU:C:2008:318
EuGH v. 14.10.2010	Rs. C-428/09 *Union syndicale Solidaires Isère*, EU:C:2010:612
EuGH v. 7.4.2011	Rs. C-519/09 *May*, EU:C:2011:221
EuGH v. 26.3.2015	Rs. C-316/13 *Fenoll*, EU:C:2015:200
EuGH v. 20.11.2018	Rs. C-147/17 *Sindicatul Familia Constanţa u. a.*, EU:C:2018:926
EuGH v. 30.4.2020	Rs. C-211/19 *UO*, EU:C:2020:344

Übersicht

I. Sachfragen, Übersicht, Rechtsgrundlagen, Regelungsumfeld

1 Nach einem Diktum von *Birk* ist Europäisches Arbeitsrecht „zum größten Teil Arbeitsschutzrecht."[1] Die besondere Bedeutung des Arbeitsschutzrechts liegt zum einen in dem fundamentalen Wert von Gesundheitsschutz und Arbeitnehmersicherheit begründet; insofern geht es zunächst um ein Grundrecht (s. Art. 3 Abs. 1, 31 Abs. 1 GRCh).[2] Da Arbeitsschutz Geld kostet (s. a. Rdn. 24), handelt es sich dabei aber zugleich um einen zentralen Wettbewerbsparameter. So kann das nationale Arbeits-

1 *Birk*, FS Wlotzke (1996), S. 667.
2 Schlachter/Heinig/*Bücker*, § 19 Rdn. 70 ff.; *Kohte*, FS Birk (2008), S. 417–437.

schutzrecht den grenzüberschreitenden Verkehr behindern (Arbeitnehmerschutz als zwingendes Allgemeininteresse).[3] Die Rechtsangleichung im Bereich des Arbeitsschutzrechts eliminiert diesen Wettbewerbsparameter[4] und beugt damit zugleich unerwünschten Wettbewerbsverzerrungen vor (Verringerung der Schutzstandards zulasten der Arbeitnehmer; auch hier spricht man gelegentlich [schief] von „Sozialdumping"). Der weitreichenden und ins Einzelne gehenden Rechtsangleichung im Bereich des Arbeitsschutzes können wir an dieser Stelle nicht in vollem Umfang Rechnung tragen.[5] Anstatt die Vielzahl der Einzelrechtsakte auf dem Gebiet des Arbeitsschutzes vorzustellen, erörtern wir – neben einigen speziellen Regelungen[6] – ausschließlich die Arbeitsschutz-Rahmenrichtlinie (ArbSchRL)[7], die als **„Grundgesetz des betrieblichen Arbeitsschutzes"**[8] die wesentlichen Schutzmechanismen ausformt und die Grundlage für weitere Einzelrichtlinien ist. Die aus den 1980er Jahren stammende Richtlinie konnte die Schutzerfordernisse der „digitalisierten" Arbeitswelt[9] noch nicht berücksichtigen. Aufgrund ihrer weitgehend abstrakten Konzepte und des Systems von Rahmen-Rechtsakt und Einzelrichtlinien stellt sie indessen unverändert eine tragfähige Grundlage für einen zeitgemäßen Arbeitsschutz dar.

Die **Arbeitsschutz-Rahmenrichtlinie** regelt für alle Arbeitsverhältnisse – der 2
Privatwirtschaft ebenso wie des öffentlichen Dienstes, des gewerblichen Sektors ebenso wie des ausbildungsbezogenen und kulturellen – einheitlich die Arbeitgeber- und Arbeitnehmerpflichten, die Sicherheit und Gesundheitsschutz optimieren

---

3 Vgl. EuGH v. 28.1.1986 – Rs. C-188/84 *Kommission ./. Frankreich,* EU:C:1986:43.

4 Rechtsvergleichende Übersicht zum Arbeitsschutzrecht bei *Wank/Börgmann,* Deutsches und europäisches Arbeitsschutzrecht, S. 149–157.

5 Näher etwa *Wank/Börgmann,* Deutsches- und europäisches Arbeitsschutzrecht; *Brandes,* System des europäischen Arbeitsschutzrechts; sowie die Beiträge von *Wank* (schöne Übersicht unter EAS B 6000), *Kohte* und *Kreizberg* in EAS B 6000–6400.

6 Die Arbeitszeitrichtlinie (§ 17), die Zeitarbeit-Gesundheitsschutz-Richtlinie (§ 22) sowie die auch von Elementen des „sozialen Arbeitsschutzes" geprägten Richtlinien zum Schutz von Müttern (§ 23) und zum Jugendarbeitsschutz (§ 25).

7 Richtlinie 89/391/EWG des Rates vom 12.6.1989 über die Durchführung von Maßnahmen zur Verbesserung der Sicherheit und des Gesundheitsschutzes der Arbeitnehmer bei der Arbeit, ABl. 1989 L 183/1. Richtlinie 2007/30/EG des Europäischen Parlaments und des Rates vom 20.6.2007 zur Änderung der Richtlinie 89/391/EWG des Rates und ihrer Einzelrichtlinien sowie der Richtlinien 83/477/EWG, 91/383/EWG, 92/29/EWG und 94/33/EG des Rates im Hinblick auf die Vereinfachung und Rationalisierung der Berichte über die praktische Durchführung, ABl. 2007 L 165/21 betrifft lediglich die Berichtspflichten der Mitgliedstaaten.

8 *Wlotzke,* NZA 1990, 417, 419; *ders.,* NZA 1996, 1017, 1024; zust. etwa *Birk,* FS Wlotzke (1996), S. 645, 662; *Bücker/Feldhoff/Kohte,* Vom Arbeitsschutz zur Arbeitsumwelt (1994), S. 82; *Wank/Börgmann,* Deutsches- und europäisches Arbeitsschutzrecht, S. 87.

9 Dazu *Kohte,* NZA 2015, 1417 ff.

sollen. Die Arbeitgeberpflichten regelt sie durch Festlegung von Leitbildern – insbesondere dem des grundsätzlichen Vorrangs des Gesundheitsschutzes vor ökonomischen Überlegungen und dem der Prävention zum frühestmöglichen Zeitpunkt – sowie von Pflichten zur Evaluation der Gefahr und zur angemessenen Reaktion darauf, außerdem durch enge Eingrenzung der Exkulpationsmöglichkeiten und durch die Pflicht zur Einsetzung von Sicherheitsbeauftragten. Hinzu kommen konkrete Pflichten für spezifische Notfälle, Dokumentationspflichten sowie Unterrichtungs-, Unterweisungs- und Zusammenarbeitspflichten. Auch Arbeitnehmer trifft eine Pflicht zur Gefahrvermeidung, sie ist jedoch deutlich schwächer ausgebildet. Die Arbeitsschutz-Rahmenrichtlinie lässt speziellere Richtlinien, die sie ergänzen, unberührt.

3 Angestoßen wurde die **Entwicklung**[10] des Europäischen Arbeitsschutzrechts, insbesondere ihrer Grundsatzregelung in der Arbeitsschutz-Rahmenrichtlinie, durch die Einführung einer eigenen **Kompetenznorm**: Die Einheitliche Europäische Akte von 1987 schuf mit Art. 118a EGV (heute Art. 153 AEUV), eine klare Kompetenzgrundlage, die eine ungleich dynamischere Entwicklung erlaubte als die vorher herangezogene Binnenmarktkompetenz des Art 100 EGV a.F. (Art. 115 AEUV); s.o., § 5 Rdn. 4.[11] Neu war insbesondere, dass EG-Richtlinien fortan allein aus sozialen Gründen erlassen werden konnten. Zudem findet hier das Konzept der Arbeitsumwelt eine Grundlage (s. schon § 5 Rdn. 18).[12]

4 Für das Europäische Arbeitsschutzrecht ist die Arbeitsschutz-Rahmenrichtlinie Kernstück. Sie gibt die Leitlinien und Leitprinzipien für den gesamten Bereich des Arbeitsschutzes vor. Zwar nicht der amtlichen Bezeichnung nach, wohl aber in der Sache handelt es sich um eine „Rahmenrichtlinie".[13] Auf der Grundlage von Art. 16 Abs. 1 ArbSchRL wurde eine Reihe von **Einzelrichtlinien** erlassen, insbesondere zu den im Anhang (nicht-abschließend: „unter anderem") aufgezählten Bereichen.[14] Neben den Tochterrichtlinien bleibt die Rahmenrichtlinie anwendbar, soweit diese nicht strengere oder spezifischere Bestimmungen enthalten, Art. 16 Abs. 3 ArbSchRL.[15] Damit sind ein **Allgemeiner** und ein **Besonderer Teil des Arbeitsschutzrechts** entstanden.[16] Der Gesamtbestand stellt heute ein „‚*corpus Europaeicum*' des Arbeitsschutzes

---

10 Übersicht bei Schlachter/Heinig/*Bücker*, § 19 Rdn. 9 ff.

11 *Birk*, FS Wlotzke (1996), S. 657; *Eberlie*, ILJ 19 (1990), 81, 85–91; *Opfermann*, FS Wlotzke (1996), S. 732–736, 757 f.; *Wank*, EAS B 6000 Rdn. 5–17.

12 Dazu (weit auslegend) EuGH v. 12.11.1996 – Rs. C-84/94 *Vereinigtes Königreich ./. Rat*, EU:C:1996:431 Rdn. 14 f.

13 *Birk*, FS Wlotzke (1996), S. 662; *Koll*, FS Wlotzke (1996), S. 701.

14 „Rein technische Anpassungen" der Einzelrichtlinien sind nach dem vereinfachten Verfahren des Art. 17 ArbSchRL möglich.

15 *Däubler/Kittner/Lörcher*, Internationale Arbeitsordnung, S. 1194.

16 *Brandes*, System des europäischen Arbeitsschutzrechts, S. 95–100, 106–108.

(...) von enormer inhaltlicher Breite und beachtlichem Umfang“[17] dar. Im Einzelnen wurden auf der Grundlage von Art. 16 Abs. 1 ArbSchRL Einzelrichtlinien zu folgenden Bereichen erlassen:[18]

(1) Arbeitsstätten,[19]
(2) Arbeitsmittel (Maschinen, Werkzeuge, Anlagen),[20]
(3) persönliche Schutzausrüstungen,[21]
(4) manuelle Handhabung von Lasten,[22]
(5) Bildschirmarbeit,[23]
(6) Karzinogene (krebserregende Stoffe) oder Mutagene (erbgutverändernde Faktoren),[24]
(7) biologische Arbeitsstoffe,[25]

---

17 *Birk*, FS Wlotzke (1996), S. 645.

18 Näher Schlachter/Heinig/*Bücker*, § 19; *Kreizberg*, EAS B 6200; Hanau/Steinmeyer/Wank/*Wank*, § 18 Rdn. 442; *Wank*, EAS B 6000, Rdn. 24–43 (mit deutschen Umsetzungsmaßnahmen); *Opfermann*, FS Wlotzke (1996), S. 759–764 und 764–766.

19 Richtlinie 89/654/EWG des Rates vom 30.11.1989 über Mindestvorschriften für Sicherheit und Gesundheitsschutz in Arbeitsstätten (Erste Einzelrichtlinie im Sinne des Art. 16 Abs. 1 der Richtlinie 89/391/ EWG), ABl. 1989 L 393/1.

20 Richtlinie 2009/104/EG des Europäischen Parlaments und des Rates vom 16.9.2009 über Mindestvorschriften für Sicherheit und Gesundheitsschutz bei Benutzung von Arbeitsmitteln durch Arbeitnehmer bei der Arbeit (Zweite Einzelrichtlinie im Sinne des Art. 16 Abs. 1 der Richtlinie 89/391/EWG), ABl. 2009 L 260/5; vorangehend Richtlinie 2001/45/EG des Europäischen Parlaments und des Rates vom 27.6.2001 zur Änderung der Richtlinie 89/655/EWG des Rates über Mindestvorschriften für Sicherheit und Gesundheitsschutz bei Benutzung von Arbeitsmitteln durch Arbeitnehmer bei der Arbeit (Zweite Einzelrichtlinie im Sinne des Artikels 16 Absatz 1 der Richtlinie 89/391/EWG), ABl. 2001 L 195/46.

21 Richtlinie 89/656/EWG des Rates vom 30.11.1989 über Mindestvorschriften für Sicherheit und Gesundheitsschutz bei Benutzung persönlicher Schutzausrüstungen durch Arbeitnehmer bei der Arbeit (Dritte Einzelrichtlinie im Sinne des Art. 16 Abs. 1 der Richtlinie 89/391/EWG), ABl. 1989 L 393/18; vgl. als stärker technische Ergänzung: Richtlinie 89/686/EWG des Rates vom 21.12.1989, ABl. 1989 L 399/18 (mit zahlreichen Anpassungen).

22 Richtlinie 90/269/EWG des Rates vom 29.5.1990 über die Mindestvorschriften bezüglich der Sicherheit und des Gesundheitsschutzes bei der manuellen Handhabung von Lasten, die für die Arbeitnehmer insbesondere eine Gefährdung der Lendenwirbelsäule mit sich bringt (Vierte Einzelrichtlinie im Sinne von Art. 16 Abs. 1 der Richtlinie 89/391/EWG), ABl. 1990 L 156/9.

23 Richtlinie 90/270/EWG des Rates vom 29.5.1990 über die Mindestvorschriften bezüglich der Sicherheit und des Gesundheitsschutzes bei der Arbeit an Bildschirmgeräten (Fünfte Einzelrichtlinie im Sinne von Artikel 16 Absatz 1 der Richtlinie 89/391/EWG), ABl. 1990 L 156/14.

24 Richtlinie 2004/37/EG des Europäischen Parlaments und des Rates vom 29.4.2004 über den Schutz der Arbeitnehmer gegen Gefährdung durch Karzinogene oder Mutagene bei der Arbeit (Sechste Einzelrichtlinie im Sinne von Artikel 16 Absatz 1 der Richtlinie 89/391/EWG des Rates), ABl. 2004 L 158/50.

25 Richtlinie 2000/54/EG des Europäischen Parlaments und des Rates vom 18.9.2000 über den Schutz der Arbeitnehmer gegen Gefährdung durch biologische Arbeitsstoffe bei der Arbeit (Siebte Einzelrichtlinie im Sinne von Artikel 16 Absatz 1 der Richtlinie 89/391/EWG), ABl. 2000 L 262/21.

(8) zeitlich begrenzte oder ortsveränderliche Baustellen,[26]
(9) Sicherheits- und Gesundheitskennzeichnung,[27]
(10) Schwangeren- und Mutterschutz (§ 23),
(11) Mineralienbohrungen,[28]
(12) Mineralgewinnung,[29]
(13) Fischereifahrzeuge,[30]
(14) chemische Arbeitsstoffe,[31]
(15) explosionsfähige Atmosphären,[32]
(16) physikalische Einwirkungen (Vibrationen),[33]
(17) physikalische Einwirkungen (Lärm),[34]

26 Richtlinie 92/57/EWG des Rates vom 24.6.1992 über die auf zeitlich begrenzte oder ortsveränderliche Baustellen anzuwendenden Mindestvorschriften für Sicherheit und den Gesundheitsschutz (Achte Einzelrichtlinie im Sinne des Art. 16 Abs. 1 der Richtlinie 89/391/EWG), ABl. 1992 L 245/6; ergänzend Richtlinie 89/106/EWG des Rates vom 21.12.1988 zur Angleichung der Rechts- und Verwaltungsvorschriften der Mitgliedstaaten über Bauprodukte, ABl. 1989 L 40/12.

27 Richtlinie 92/58/EWG des Rates vom 24.6.1992 über Mindestvorschriften für die Sicherheits- und/oder Gesundheitsschutzkennzeichnung am Arbeitsplatz (Neunte Einzelrichtlinie im Sinne von Art. 16 Abs. 1 der Richtlinie 89/391/EWG), ABl. 1992 L 245/23.

28 Richtlinie 92/91/EWG des Rates vom 3.11.1992 über Mindestvorschriften zur Verbesserung der Sicherheit und des Gesundheitsschutzes in den Betrieben, in denen durch Bohrungen Mineralien gewonnen werden (Elfte Einzelrichtlinie im Sinne des Art. 16 Abs. 1 der Richtlinie 89/391/EWG), ABl. 1992 L 348/9.

29 Richtlinie 92/104/EWG des Rates vom 3.12.1992 über Mindestvorschriften zur Verbesserung der Sicherheit und des Gesundheitsschutzes der Arbeitnehmer in übertägigen und untertägigen mineralgewinnenden Betrieben (Zwölfte Einzelrichtlinie im Sinne des Art. 16 Abs. 1 der Richtlinie 89/391/EWG), ABl. 1992 L 404/10.

30 Richtlinie 93/103/EWG des Rates vom 23.11.1993 über Mindestvorschriften für Sicherheit und Gesundheitsschutz bei der Arbeit an Bord von Fischereifahrzeugen (13. Einzelrichtlinie im Sinne von Art. 16 S. 1 Abs. 1 der Richtlinie 89/391/EWG), ABl. 1993 L 307/1.

31 Richtlinie 98/24/EG des Rates v. 7.4.1998 zum Schutz von Gesundheit und Sicherheit der Arbeitnehmer vor der Gefährdung durch chemische Arbeitsstoffe bei der Arbeit (14. Einzelrichtlinie im Sinne von Art. 16 S. 1 Abs. 1 der Richtlinie 89/391/EWG), ABl. 1998 L 131/11.

32 Richtlinie 99/92/EG des Europäischen Parlaments und des Rates v. 16.12.1999 über Mindestvorschriften zur Verbesserung des Gesundheitsschutzes und der Sicherheit von Arbeitnehmern, die durch explosionsfähige Atmosphären gefährdet werden können (15. Einzelrichtlinie i. S. v. Art. 16 Abs. 1 der Richtlinie 89/391/EWG), ABl. 2000 L 23/57 (Berichtigung ABl. 2000 L 131/11).

33 Richtlinie 2002/44/EG des Europäischen Parlaments und des Rates vom 25.6.2002 über Mindestvorschriften zum Schutz von Sicherheit und Gesundheit der Arbeitnehmer vor der Gefährdung durch physikalische Einwirkungen (Vibrationen) (16. Einzelrichtlinie im Sinne des Artikels 16 Absatz 1 der Richtlinie 89/391/ EWG), ABl. 2002 L 177/13.

34 Richtlinie 2003/10/EG des Europäischen Parlaments und des Rates vom 6.2.2003 über Mindestvorschriften zum Schutz von Sicherheit und Gesundheit der Arbeitnehmer vor der Gefährdung durch physikalische Einwirkungen (Lärm) (17. Einzelrichtlinie im Sinne des Artikels 16 Absatz 1 der Richtlinie 89/391/EWG), ABl. 2003 L 42/38.

(18) physikalische Einwirkungen (künstliche optische Strahlung),[35]
(19) physikalische Einwirkungen (elektromagnetische Felder).[36]

Zum Regelungs**umfeld** gehören die Zeitarbeit-Gesundheitsschutz-Richtlinie (§ 22) sowie die Jugendarbeitsschutzrichtlinie (§ 25), die spezielle Schutzvorschriften für diese Arbeitnehmergruppen enthalten.[37] Auch die Arbeitszeitrichtlinie (§ 17) hat der Gesetzgeber mit Erwägungen der Sicherheit und des Gesundheitsschutzes begründet. 5

II. Anwendungsbereich

Der sachliche und persönliche Anwendungsbereich der Arbeitsschutz-Rahmenrichtlinie ist in Art. 2 und 3 ArbSchRL weit gefasst.[38] 6

Sachlich findet die Richtlinie auf alle privaten oder öffentlichen Tätigkeitsbereiche Anwendung, Art. 2 Abs. 1 ArbSchRL.[39] In einer beispielhaften Aufzählung nennt die Vorschrift „gewerbliche, landwirtschaftliche, kaufmännische, verwaltungsmäßige sowie dienstleistungs- oder ausbildungsbezogene, kulturelle und Freizeittätigkeiten usw.“ **Ausnahmen** bestehen nur für spezifische (von den Mitgliedstaaten festzulegende) Tätigkeiten des – unionsautonom funktional bestimmten –[40] öffentlichen Dienstes, deren Besonderheiten eine Anwendung der Arbeitsschutz-Rahmenrichtlinie zwingend verbieten (Streitkräfte, Polizei, ...), Art. 2 Abs. 2 UAbs. 1 ArbSchRL. Bei der Bestimmung dieser Ausnahmebereiche kommt den Mitgliedstaaten ein Ermessen zu, das indes der Kontrolle des EuGH unterliegt. Die Ausnahmen dürfen den intendierten Schutz nicht „illusorisch“ machen (Effektivitätsgebot; § 1 Rdn. 76 f.). Der Gerichtshof hat die Ausnahmevorschrift daher **eng ausgelegt** und beschränkt auf das, was zur 7

---

35 Richtlinie 2006/25/EG des Europäischen Parlaments und des Rates vom 5.4.2006 über Mindestvorschriften zum Schutz von Sicherheit und Gesundheit der Arbeitnehmer vor der Gefährdung durch physikalische Einwirkungen (künstliche optische Strahlung) (19. Einzelrichtlinie im Sinne des Artikels 16 Absatz 1 der Richtlinie 89/391/EWG), ABl. 2006 L 114/38.

36 Richtlinie 2013/35/EU des Europäischen Parlaments und des Rates vom 26.6.2013 über Mindestvorschriften zum Schutz von Sicherheit und Gesundheit der Arbeitnehmer vor der Gefährdung durch physikalische Einwirkungen (elektromagnetische Felder) (20. Einzelrichtlinie im Sinne des Artikels 16 Absatz 1 der Richtlinie 89/391/EWG), ABl. 2013 L 179/1; vorangehend Richtlinie 2004/40/EG des Europäischen Parlaments und des Rates vom 29.4.2004 über Mindestvorschriften zum Schutz von Sicherheit und Gesundheit der Arbeitnehmer vor der Gefährdung durch physikalische Einwirkungen (elektromagnetische Felder) (18. Einzelrichtlinie im Sinne des Artikels 16 Absatz 1 der Richtlinie 89/391/EWG), ABl. 2004 L 159/1 (Berichtigung ABl. 2004 L 184/1).

37 S.a. *Opfermann*, FS Wlotzke (1996), S. 764 f.

38 *Brandes*, System des europäischen Arbeitsschutzrechts, S. 100–106; *Kohte*, EAS B 6100, Rdn. 30; *Wank/ Börgmann*, Deutsches- und europäisches Arbeitsschutzrecht, S. 88.

39 *Neal*, IJCLLIR 6 (1990), 80, 82.

40 EuGH v. 20.11.2018 – Rs. C-147/17 *Sindicatul Familia Constanţa u. a.*, EU:C:2018:926 Rdn. 54 ff.

Wahrung der Interessen, die sie den Mitgliedstaaten zu schützen erlaubt, unbedingt erforderlich ist.[41] Es geht um „spezifische Tätigkeiten im öffentlichen Dienst, die die öffentliche Sicherheit und Ordnung gewährleisten sollen und für ein geordnetes Gemeinwesen unentbehrlich sind".[42] Ungeachtet der beispielhaften Konkretisierung hat der Gerichtshof den Begriff der „öffentlichen Sicherheit und Ordnung" allerdings nicht auf äußere und innere Sicherheit und Katastrophenschutz begrenzt, sondern umfassend als „**Gemeinwohlaufgaben**" verstanden. Dazu gehört u. a. auch die staatliche Sorge um Pflegekinder (so dass als Arbeitsverhältnis organisierte Tätigkeit von Pflegeeltern ausgenommen sein kann).[43] Ausgenommen sind nicht gesamte Bereiche – also etwa der Katastrophenschutz als solcher –, sondern nur spezifische Tätigkeiten in diesen Bereichen.[44] Soweit Tätigkeiten in die Ausnahmebereiche fallen, müssen die Mitgliedstaaten auf anderem Wege einen möglichst gleichwertigen Schutz gewährleisten, Art. 2 Abs. 2 UAbs. 2 ArbSchRL.

8 Den Anwendungsbereich verdeutlicht die Entscheidung des EuGH in der Rechtssache *Pfeiffer*,[45] die zugleich das Zusammenspiel der Rahmenrichtlinie mit den Einzelrichtlinien illustriert. Dort ging es um die zulässige Höchstarbeitszeit nach der Arbeitszeitrichtlinie (dazu § 17 Rdn. 33). Diese Richtlinie verweist für den Anwendungsbereich auf die Arbeitsschutz-Rahmenrichtlinie (Art. 1 Abs. 4 ArbZRL). Der EuGH hatte zu entscheiden, ob Rettungsassistenten, die in Rettungs- oder Notarztfahrzeugen mitfahren, nach Art. 2 Abs. 2 ArbSchRL vom Anwendungsbereich ausgenommen sind. Der Gerichtshof verneint das. Zur Begründung verweist er zunächst auf die enge Auslegung der Vorschrift, die nicht gesamte Berufsgruppen (Polizei, Katastrophenschutz) ausnehme, sondern einzelne Tätigkeiten. Die Ausnahmen seien auf das zwingend Erforderliche zu beschränken. Anders als beim Katastrophenschutz i. e. S. sei der Einsatz von Rettungsassistenten im Grundsatz durchaus weitgehend vorhersehbar und planbar, so dass die Ausnahme teleologisch nicht eingreift.

9 Der **persönliche Anwendungsbereich** ist durch den Arbeitnehmer- und den Arbeitgeberbegriff abgegrenzt. Die Definitionen in Art. 3 lit. a) und b) ArbSchRL sind allerdings wenig hilfreich, weil sie (teilweise) wechselbezüglich sind. **Arbeitnehmer** ist, wer bei einem Arbeitgeber beschäftigt ist. Unklar ist, ob der Arbeitnehmerbegriff hier **unionsautonom** zu bestimmen ist. Dagegen spricht die blasse Definition, die keinen Anhaltspunkt für die Begriffsbestimmung enthält, insbesondere auch nicht auf die Begriffsbildung zu Art. 45 AEUV verweist. Andererseits sprechen sowohl binnenmarkt- wie sozialpolitische Angleichungszwecke für eine einheitliche Festlegung des

---

41 EuGH v. 9.3.2004 – verb. Rs. C-397/01 bis C-401/01 *Pfeiffer*, EU:C:2004:584 Rdn. 54; EuGH v. 14.7.2005 – Rs. C-52/04 *Personalrat der Feuerwehr Hamburg ./. Leiter der Feuerwehr Hamburg*, EU:C:2005:467 Rdn 61; EuGH v. 26.3.2015 – Rs. C-316/13 *Fenoll*, EU:C:2015:200 Rdn. 20.

42 EuGH v. 3.10.2000 – Rs. C-303/98 *Simap*, EU:C:2000:528 Rdn. 36; EuGH v. 14.10.2010 – Rs. C-428/09 *Union syndicale Solidaires Isère*, EU:C:2010:612 Rdn. 24 ; s. a. EuGH v. 3.7.2001 – Rs. C-241/99 *Confederación Intersindical Galega (CIG)*, EU:C:2001:371.

43 EuGH v. 20.11.2018 – Rs. C-147/17 *Sindicatul Familia Constanța u. a.*, EU:C:2018:926 Rdn. 49 ff.

44 EuGH v. 30.4.2020 – Rs. C-211/19 *UO*, EU:C:2020:344 Rdn. 41 ff. (ungarische Bereitschaftspolizei zur Grenzkontrolle in der Flüchtlingskrise); EuGH v. 9.3.2004 – verb. Rs. C-397/01 bis C-401/01 *Pfeiffer*, EU:C:2004:584 Rdn. 53.

45 EuGH v. 9.3.2004 – verb. Rs. C-397/01 bis C-401/01 *Pfeiffer*, EU:C:2004:584 Rdn. 47–63.

persönlichen Anwendungsbereichs.[46] Dafür passt auch in der Sache der weite Arbeitnehmerbegriff der Arbeitnehmerfreizügigkeit (oben, § 3 Rdn. 9–12), da die Art der Beschäftigung im Hinblick auf Gesundheit und Sicherheit keinen Unterschied macht.[47] Folglich können etwa auch GmbH-Fremdgeschäftsführer Arbeitnehmer i.S.d. Richtlinie sein.[48] Rahmenhafte Vorgaben ergeben sich zudem aus Einzelnormen: Teilzeit- und Leiharbeitnehmer[49] gehören ebenso zu den Arbeitnehmern i.S.d. Richtlinie wie Lehrlinge und Praktikanten (Ausbildungsarbeitsverhältnisse)[50], Art. 3 lit. a) ArbSchRL. Beschäftigte im **öffentlichen Dienst** einschließlich Beamter sind nach der Bestimmung des sachlichen Anwendungsbereichs (oben, Rdn. 7) ebenfalls erfasst.[51] Die einzige (und wenig sachgerechte) Ausnahme im persönlichen Anwendungsbereich bilden Arbeitsverhältnisse mit Hausangestellten.[52]

Pflichten bestehen nicht nur gegenüber den *eigenen* Arbeitnehmern, auch gegenüber *zugezogenen* Arbeitnehmern anderer Unternehmen hat der Arbeitgeber eine Informationspflicht (unten, Rdn. 35). **10**

Der **Arbeitgeber** ist nicht nur durch seine Vertragsbeziehung zum Arbeitnehmer **11**
bestimmt, sondern auch durch seine Verantwortung für Unternehmen bzw. Betriebe. Das ist verständlich, da die Richtlinie eben diese Verantwortung des Arbeitgebers inhaltlich näher bestimmt. Freilich kann eine interne Aufteilung beider Funktionen auf verschiedene Personen nicht zu einer Ausnahme vom Anwendungsbereich führen. Im Wege einer effektiven Umsetzung der Richtliniengebote müssen die Mitgliedstaaten vorsorgen, dass eine Umgehung ausgeschlossen ist. Dem Schutzzweck (Gesundheit und Sicherheit der Arbeitnehmer) entspricht es, dass auch **kleine und mittlere Unternehmen** nicht vom Anwendungsbereich ausgenommen sind. Die Richtlinie trägt deren Interessen jedoch in Einzelpunkten Rechnung,[53] so im Hinblick auf die Doku-

---

46 EuArbRK/*Klindt/Schucht*, Art. 2 RL 89/391/EWG Rdn. 11; *Kohte*, EAS B 6100 Rdn. 30. Auf eine unionsautonome Begriffsbestimmung weist auch die Entscheidung EuGH v. 20.9.2007 – Rs. C-116/06 *Kiiski*, EU:C:2007:536 Rdn. 23f. hin, die mit der MuSchRL eine Einzelrichtlinie zur ArbSchRL betrifft; ebenso EuGH v. 3.5.2012 – Rs. C-337/10 *Neidel*, EU:C:2012:263 Rdn. 19–26.

47 EuGH v. 7.4.2011 – Rs. C-519/09 *May*, EU:C:2011:221 Rdn. 21; EuGH v. 14.10.2010 – Rs. C-428/09 *Union syndicale Solidaires Isère*, EU:C:2010:612 Rdn. 27f. Mit Erwägungen aus der Rechtsetzungsgeschichte für einen (noch) weitergehenden Arbeitnehmerbegriff *Kohte*, EAS B 6100, Rdn. 31; i.E. ebenso *Wlotzke*, NZA 1996, 1017, 1019.

48 *Boemke*, RdA 2018, 1, 10f.

49 *Gaul/Schoenen*, AuA 1995, 113, 116; auch *Bücker/Feldhoff/Kohte*, Vom Arbeitsschutz zur Arbeitsumwelt (1994), S. 90f., die jedoch auch darauf hinweisen, dass nur Art. 6 Abs. 4 und 10 Abs. 2 ArbSchRL die diesbezüglichen Probleme spezifisch regeln.

50 *Wank/Börgmann*, Europäisches Arbeitsschutzrecht, S. 88.

51 EuGH v. 7.4.2011 – Rs. C-519/09 *May*, EU:C:2011:221 Rdn. 21, 24f. *Märtins*, ZTR 1992, 223, 267; *Wank*, EuZA 2008, 172 185f. Zur unmittelbaren Anwendbarkeit der diesbezüglichen EG-Richtlinien nur *Gaul*, AuR 1995, 445, 445f.

52 Zu Hintergründen *Kohte*, EAS B 6100, Rdn. 34.

53 S.a. EuGH v. 6.4.2006 – Rs. C-428/04 *Kommission ./. Österreich*, EU:C:2006:238 Rdn. 58–67: Art. 8 Abs. 2 UAbs. 1 ArbSchRL lässt keine allgemeine Ausnahme für KMU zu.

mentationspflichten (Art. 9 Abs. 2, unten, Rdn. 26), die Notfallmaßnahmen (Art. 8 Abs. 1, vgl. Rdn. 27), die Arbeitsschutzbeauftragten (Art. 7 Abs. 7 ArbSchRL, unten, Rdn. 30) und die Arbeitnehmerbeteiligung (Art. 10 Abs. 1, vgl. unten, Rdn. 32).[54]

III. Arbeitgeberpflichten

12 Die Pflichten des Arbeitgebers kann man in drei Bereiche unterteilen, die Gefahrverhütung, die Unterrichtung und Unterweisung der Arbeitnehmer sowie die Arbeitnehmerbeteiligung.[55] Über diesen Einzelpflichten steht der Grundsatz der Verantwortlichkeit des Arbeitgebers.

1. Grundsatz: Verantwortlichkeit des Arbeitgebers

13 Nach dem **Grundsatz** des Art. 5 Abs. 1 ArbSchRL hat der Arbeitgeber für die Sicherheit und den Gesundheitsschutz der Arbeitnehmer in Bezug auf alle Aspekte, die die Arbeit betreffen, zu sorgen.[56] Die Regelung drückt die überragende Bedeutung des Gesundheitsschutzes und die Verantwortung des Arbeitgebers dadurch aus, dass sie dem Arbeitgeber mehr abverlangt, als nur einzelne Vorsorgemaßnahmen „abzuarbeiten". Mit Rücksicht auf den überragenden Wert des Gesundheitsschutzes einerseits und die sich ständig verändernden Gefahrenpotenziale und Vermeidungsmöglichkeiten andererseits ist diese Regelung verständlich und dem Arbeitgeber zuzumuten.

14 Nur rahmenhaft sind die **Grenzen der Verantwortlichkeit** in Art. 5 Abs. 2–4 ArbSchRL geregelt. Die Zuziehung außerbetrieblicher Fachleute (unten Rdn. 30) enthebt den Arbeitgeber seiner Verantwortung nicht (Abs. 2). Auch die Eigenpflichten des Arbeitnehmers (unten, Rdn. 37) reduzieren die Verantwortlichkeit des Arbeitgebers nicht (Abs. 3). Einer nationalen Regelung über die *Minderung* des Schadensersatzes wegen Mitverschuldens dürfte letzteres indes nicht entgegenstehen, wohl aber einem Ausschluss nach dem Gedanken der Culpakompensation. Die Mitgliedstaaten haben die Möglichkeit, die Verantwortlichkeit des Arbeitgebers für Vorkommisse auszuschließen, „die auf nicht von diesem zu vertretende anormale und unvorhersehbare Umstände oder auf außergewöhnliche Ereignisse zurückzuführen sind,

54 *Neal*, IJCLLIR 6 (1990), 80, 85.
55 S.a. die Systematik von *Neal*, IJCLLIR 6 (1990), 80, 84.
56 Das entspricht der weiten Auslegung des Gesundheitsbegriffs von Art. 118a EG (heute Art. 137 EG/ 153 AEUV) durch den EuGH: EuGH v. 12.11.1996 – Rs. C-84/94 *Großbritannien ./. Rat der Europäischen Union,* EU:C:1996:431 Rdn. 15.

deren Folgen trotz aller Sorgfalt nicht hätten vermieden werden können", Art. 5 Abs. 4 ArbSchRL, also in Fällen **höherer Gewalt.**[57]

Eine **zivilrechtliche Haftung** des Arbeitgebers ist damit nicht vorgeschrieben, und zwar weder hinsichtlich des Ob noch des Wie. Zu einer effektiven Umsetzung kommt ebenso etwa eine strafrechtliche Bewehrung, ggf. mit einer steuer- oder versicherungsrechtlichen Kompensationslösung in Betracht.[58] Zudem ist auch eine **verschuldensunabhängige Verantwortlichkeit des Arbeitgebers nicht vorgeschrieben**. Wortlaut und Systematik ist das, wie der Gerichtshof überzeugend darlegt, nicht zu entnehmen, aber auch die *Option* einer Haftungsbeschränkung für Fälle höherer Gewalt begründet nicht den Umkehrschluss, die Richtlinie gebe eine strikte Haftung vor.[59] Eine (ausschließlich strafbewehrte) englische Regelung, wonach der Arbeitgeber für Gesundheit und Sicherheit der Arbeitnehmer zu sorgen hat, „soweit dies in der Praxis vertretbar ist", war daher nicht zu beanstanden. 15

2. Gefahrverhütung/Gefahrvermeidung

Der Grundsatz der Verantwortung wird durch Einzelpflichten konkretisiert. Die zentrale Arbeitgeberpflicht ist nach Art. 6 Abs. 1 ArbSchRL, die für die Sicherheit und den Gesundheitsschutz der Arbeitnehmer **erforderlichen Maßnahmen zu treffen.** Dazu gehören 16

- die Verhütung berufsbedingter Gefahren,
- die Information und Unterweisung,
- die Bereitstellung einer geeigneten Organisation und der erforderlichen Mittel.

Zudem muss der Arbeitgeber gem. Art. 6 Abs. 1 ArbSchRL darauf achten, dass diese Maßnahmen laufend an die sich ändernden Gegebenheiten angepasst werden und eine Verbesserung der bestehenden Arbeitsbedingungen anstreben; darin liegt ein *dynamisches Element*, das Anpassung über Zeit erlaubt.[60]

a) Grundsätze der Gefahrenverhütung

Die Pflicht zur Gefahrenverhütung konkretisiert die Richtlinie durch eine Liste von Grundsätzen in Art. 6 Abs. 2. Danach sind Risiken primär zu vermeiden (lit. a)) und 17

57 *Kohte*, EAS B 6100, Rdn. 24; weit auslegend *Barnard*, EU Employment Law, S. 513 (auch eine Entlastung „nach dem allgemeinen Verhältnismäßigkeitsgrundsatz").

58 Vgl. EuGH v. 14.6.2007 – Rs. C-127/05 *Kommission ./. Vereinigtes Königreich*, EU:C:2007:338.

59 EuGH v. 14.6.2007 – Rs. C-127/05 *Kommission ./. Vereinigtes Königreich*, EU:C:2007:338 Rdn. 39–51. Zur Gegenauffassung noch EuArbRK/*Klindt/Schuch*, Art. 5 RL 89/391/EWG Rdn. 4.

60 *Wlotzke*, NZA 1996, 1017, 1019, 1020; vgl. auch EuGH v. 15.11.2001 – Rs. C-49/00 *Kommission ./. Italien*, EU:C:2001:611 Rdn. 13.

Gefahren an der Quelle zu bekämpfen (lit. c)). Unvermeidbare Risiken sind abzuschätzen (lit. b)). Gefahrmomente sind möglichst auszuschalten, sonst zu verringern (lit. f)). Dazu gehört auch die Erteilung geeigneter Anweisungen an die Arbeitnehmer (lit. i)). Bei der Gefahrverhütung ist stets der Stand der Technik[61] zu berücksichtigen (lit. e)).

18 Bei der Arbeit ist der **Faktor „Mensch"** zu berücksichtigen (lit. d)). Das gilt besonders bei der Gestaltung von Arbeitsplätzen sowie bei der Auswahl von Arbeitsmitteln und Arbeits- und Fertigungsverfahren. Eintönige Arbeit und maschinenbestimmter Arbeitsrhythmus sollen erleichtert werden, ihre gesundheitsschädlichen Auswirkungen abgeschwächt werden.

19 Insgesamt soll die Planung der Gefahrenverhütung abzielen auf eine „kohärente Verknüpfung" von Technik, Arbeitsorganisation, Arbeitsbedingungen, sozialen Beziehungen und Einfluss der Umwelt auf den Arbeitsplatz (lit. g)). Damit wird der Arbeitgeber auf ein geordnetes – heute würde man sagen: „ganzheitliches" – Vorgehen verpflichtet. Er soll dabei einem kollektiven Gefahrenschutz Vorrang geben vor individuellem Gefahrenschutz (lit. h)).

b) Einzelpflichten der Gefahrverhütung

20 Artikel 6 Abs. 3 ArbSchRL und weitere Vorschriften konkretisieren schließlich einzelne Pflichten der Gefahrverhütung.

aa) Gefahrevaluierung

21 Dazu gehört zuerst die Gefahrevaluierung (Art. 6 Abs. 3 lit. a), Art. 9 Abs. 1 lit. a) ArbSchRL). Der Arbeitgeber muss die Gefahren für Sicherheit und Gesundheit der Arbeitnehmer **beurteilen** und die Evaluierung dokumentieren, und zwar – in einer nicht-abschließenden Aufzählung –[62] „unter anderem" bei der Auswahl von Arbeitsmitteln, chemischen Stoffen oder Zubereitungen und bei der Gestaltung der Arbeitsplätze. Dass der Arbeitgeber aus dem Befund auch **Konsequenzen** ziehen muss, ergibt sich bereits aus Art. 6 Abs. 1 (auch Art. 9 Abs. 1 lit. b)) ArbSchRL. Absatz 3 konkretisiert noch einmal: Der Arbeitgeber muss, wenn das erforderlich erscheint, einen höheren Grad an Sicherheit und einen besseren Gesundheitsschutz gewährleisten. Der Gedanken der „kohärenten Verknüpfung" (Abs. 2 lit. g); oben, Rdn. 19) kommt wieder zum Ausdruck, wenn die getroffenen Einzelmaßnahmen in alle Tätigkeiten des Unternehmens und auf allen Führungsebenen „einbezogen werden" müssen, Abs. 3 lit. a Sps. 2 ArbSchRRL.

---

61 EuArbRK/*Klindt/Schucht*, Art. 6 RL 89/391/EWG Rdn. 1f. „Stand der Technik" ist auf mittlerer Stufe, über den „allgemein anerkannten Regeln der Technik", aber unter dem „Stand der Wissenschaft und Technik" des Produkthaftungsrechts.

62 EuGH v. 15.11.2001 – Rs. C-49/00 *Kommission ./. Italien*, EU:C:2001:611 Rdn. 12f.

bb) Auswahl, Anweisung und Unterweisung der Arbeitnehmer

Weitere Pflichten treffen den Arbeitgeber im Hinblick auf die Auswahl und Unterweisung des Arbeitnehmers. Schon bei der **Übertragung von Aufgaben** an einen Arbeitnehmer hat er dessen *Eignung* in Bezug auf Sicherheit und Gesundheit zu berücksichtigen, Art. 6 Abs. 3 lit. b) ArbSchRL. Er muss zudem sicherstellen, dass Arbeitnehmer den Zugang zu Bereichen mit ernsten und spezifischen Gefahren nur erhalten, wenn sie dafür ausreichende Anweisungen erhalten haben (lit. d)). 22

Weitergehend ist der Arbeitgeber nach Art. 12 ArbSchRL verpflichtet, bei Arbeitnehmereinstellung oder -umsetzung sowie der Einführung oder Änderung von Arbeitsmitteln und der Einführung einer neuen Technologie sicherzustellen, dass der Arbeitnehmer ausreichende **Unterweisung** über Sicherheit und Gesundheitsschutz erhält, und zwar spezifisch für seinen Arbeitsplatz oder Aufgabenbereich.[63] Die Unterweisung, die – ausweislich der englischen Fassung – auch den Bereich der Fortbildung umfassen kann *(training)*, muss an die Entwicklung der bestehenden Gefahren und die Entstehung neuer Gefahren angepasst sein und ggf. regelmäßig aufgefrischt werden. Sie „darf nicht zulasten der Arbeitnehmer oder ihrer Vertreter gehen" (keine Benachteiligung oder Kostentragung) und muss während der Arbeitszeit erfolgen (Art. 12 Abs. 4); das entspricht den Verantwortungssphären. Wenn der Arbeitgeber sich zudem über die Qualifikation der Arbeitnehmer von Fremdfirmen kümmern muss, die in seinem Unternehmen zum Einsatz kommen (Art. 12 Abs. 2; z.B. Reinigungs- oder Wartungspersonal), so geht es dabei zum einen um den Schutz dieser Arbeitnehmer vor spezifischen Gefahren, zum anderen um den Schutz der eigenen Arbeitnehmer vor unsachgemäßem Verhalten. 23

c) Kostentragung

Die Kosten für Sicherheits-, Hygiene- und Gesundheitsschutzmaßnahmen trägt der Arbeitgeber, sie dürfen in keinem Fall zu Lasten der Arbeitnehmer gehen, Art. 6 Abs. 5 ArbSchRL.[64] Darin kommt zuerst eine Abgrenzung des Unternehmerrisikos zum Ausdruck, aber auch der Vorrang der Sicherheit vor wirtschaftlichen Überlegungen (BE 13 ArbSchRL). Eine explizite Regelung, wie aus Gründen von Sicherheit und Gesundheitsschutz veranlasste Umkleidezeiten zu behandeln sind (vergütete Arbeitszeit?), enthält die Richtlinie nicht, doch spricht die Risikoverteilung des Art. 6 Abs. 5 dafür, auch diese Kosten dem Arbeitgeber zuzuweisen.[65] 24

---

63 Zum Begriff der „Unterweisung" *Kohte*, EAS B 6100, Rdn. 92.

64 Krit. *Neal*, IJCLLIR 6 (1990), 80, 85. Zum Schutz kleiner und mittlerer Unternehmen, s.o. Rdn. 11.

65 A.M. *Gaul/Hofelich*, NZA 2016, 149ff.

3. Dokumentationspflichten

25 Ein innovatives ergänzendes Schutzinstrument sind die Dokumentationspflichten (Art. 9 ArbSchRL), die zu einer Verstärkung der Prävention beitragen.[66] Der Arbeitgeber muss über eine (nicht notwendig selbst erstellte) **Gefahrevaluierung** verfügen,[67] die Schutzmaßnahmen und Arbeitsunfälle dokumentiert, und für die zuständige Behörde **Berichte** über die Arbeitsunfälle ausarbeiten, die die bei ihm beschäftigten Arbeitnehmer erlitten haben. Die Dokumentation dient den Arbeitnehmern mit besonderer Funktion bei der Sicherheit und beim Gesundheitsschutz (Art. 3 lit. c) ArbSchRRL; s. noch Rdn. 34), den Arbeitnehmervertretern (näher Art. 10 Abs. 3 lit. a) ArbSchRL) sowie den Behörden als Grundlage für die Erfüllung ihrer Aufgaben.

26 Einzelheiten bestimmen die Mitgliedstaaten für verschiedene Unternehmenskategorien mit Rücksicht auf die Art der Tätigkeit und die Größe der Unternehmen. Sie dürfen dabei aber nicht Kleinunternehmen vollständig von der Dokumentationspflicht ausnehmen.[68]

4. Erste Hilfe, Brandbekämpfung und Evaluierung

27 Spezielle **Organisationspflichten** und Arbeitnehmerrechte sieht Art. 8 ArbSchRL für Notfälle vor,[69] und zwar im Hinblick auf Erste Hilfe, Brandbekämpfung und Evakuierung. Hier geht es zuerst darum, dass der Arbeitgeber sich durch alle erforderlichen Maßnahmen auf entsprechende Unfälle vorbereitet, insbesondere etwa durch einen Evakuierungsplan und auch durch Vorbereitung einer Verbindung zu außerbetrieblichen Stellen (Notarzt, Feuerwehr). Zudem muss er speziell für Erste Hilfe, Brandbekämpfung und Evakuierung in ausreichender Zahl zuständige Arbeitnehmer benennen und dafür sorgen, dass diese den Erfordernissen des Unternehmens entsprechend ausgebildet und ausgerüstet sind und angemessen unterwiesen (d. h. ggf. auch geschult) werden, Art. 8 Abs. 2, 12 Abs. 3 ArbSchRL.[70]

28 Im Gefahrfall muss der Arbeitgeber die Arbeitnehmer möglichst frühzeitig **warnen** und ihnen sagen, was zu tun ist, Art. 8 Abs. 3 ArbSchRL. Er muss ihnen bei ernster, unmittelbarer und nicht vermeidbarer Gefahr ermöglichen, sich **in Sicherheit zu bringen** und darf sie nicht zur Arbeit zurückschicken, solange die Gefahr andauert. Ein Arbeitnehmer, der in solcher Gefahr den Arbeitsplatz verlässt, darf deswegen nicht benachteiligt werden, Art. 8 Abs. 4 ArbSchRL.

---

66 Eingehend *Koll*, FS Wlotzke (1996), S. 701–711; *Wlotzke*, NZA 1996, 1017, 1020.

67 Vgl. EuGH v. 7.2.2002 – Rs. C-5/00 *Kommission ./. Deutschland*, EU:C:2002:81 Rdn. 25 f.

68 EuGH v. 7.2.2002 – Rs. C-5/00 *Kommission ./. Deutschland*, EU:C:2002:81 Rdn. 35–37.

69 *Wank/Börgmann*, Europäisches Arbeitsschutzrecht, S. 91 f.

70 EuGH v. 6.4.2006 – Rs. C-428/04 *Kommission ./. Österreich*, EU:C:2006:238 Rdn. 58–67: Art. 8 Abs. 2 S. 1 ArbSchRL ist zwingend und lässt keine Ausnahme für KMU zu.

Entsprechendes gilt – eigentlich selbstverständlich – auch dann, wenn der **Arbeitnehmer eigenmächtig** handelt, weil er den zuständigen Vorgesetzten nicht erreichen kann, Art. 8 Abs. 5 ArbSchRL.[71] Auch in diesem Fall dürfen dem Arbeitnehmer keine Nachteile drohen, es sei denn, er hat unüberlegt oder grob fahrlässig gehandelt. Mit der Einschränkung dürfte es auch darum gehen, einem Missbrauch der Notfallmechanismen vorzubeugen. 29

5. Arbeitsschutzbeauftragte

Ergänzt werden die organisatorischen Pflichten des Arbeitgebers durch die Einrichtung von Arbeitsschutzbeauftragten, Art. 7 ArbSchRL.[72] Sie werden mit Schutzmaßnahmen und Maßnahmen zur Verhütung berufsbedingter Gefahren im Unternehmen bzw. im Betrieb betraut, Art. 7 Abs. 1. Arbeitsschutzbeauftragte sind grundsätzlich aus dem Unternehmen zu rekrutieren; (nur) wenn[73] das die Möglichkeiten des Unternehmens übersteigt, muss[74] der Arbeitgeber außerbetriebliche Fachleute hinzuziehen (Art. 7 Abs. 3; besondere Instruktionspflicht diesen gegenüber nach Abs. 4). Die Mitgliedstaaten können mit Rücksicht auf die Art der Tätigkeit und die Größe des Unternehmens festlegen, dass der Arbeitgeber die Aufgaben selbst übernimmt, wenn er dazu qualifiziert ist (Abs. 7). 30

Die Arbeitsschutzbeauftragten müssen – nach näherer Festlegung der Mitgliedstaaten (Abs. 8) –[75] hinreichend qualifiziert und mit Mitteln ausgestattet sein (Abs. 5). Die Arbeitnehmer haben als Arbeitsschutzbeauftragte nach Art. 12 Abs. 3 ArbSchRL Anspruch auf eine angemessene Unterweisung. Sie sind in dem erforderlichen Umfang freizustellen (Abs. 2 UAbs. 2) und dürfen wegen ihrer Tätigkeit nicht benachteiligt werden. Auch hier gilt die Kostentragungsregel des Art. 6 Abs. 5 ArbSchRL (oben, Rdn. 24). 31

---

71 Nach dem Schutzzweck einerseits und einer Abgrenzung der Verantwortungsbereiche andererseits erscheint es nicht angemessen, dem Arbeitnehmer das Risiko einer Fehleinschätzung („Anscheinsgefahr") zu überbürden, wie *Wlotzke*, NZA 1996, 1017, 1021, vorschlägt.

72 Näher *Kohte*, EAS B 6100, Rdn. 69–75.

73 Darin liegt eine von der Richtlinie festgelegte *Rangfolge*, EuGH v. 22.5.2003 – Rs. C-441/01 *Kommission ./. Niederlande*, EU:C:2003:308; EuGH v. 6.4.2006 – Rs. C-428/04 *Kommission ./. Österreich*, EU:C:2006:238 Rdn. 49–54.

74 EuGH v. 15.11.2001 – Rs. C-49/00 *Kommission ./. Italien*, EU:C:2001:611 Rdn. 23: nicht nur fakultativ!

75 Diese Festlegung ist den Mitgliedstaaten nicht nur nachgelassen, sondern aufgegeben, sie können sie nicht dem Arbeitgeber überlassen, EuGH v. 15.11.2001 – Rs. C-49/00 *Kommission ./. Italien*, EU:C:2001:611 Rdn. 35–37.

6. Arbeitnehmerbeteiligung: Unterrichtung und Anhörung

32 Der Arbeitsschutz wird schließlich durch Bestimmungen der Arbeitnehmerbeteiligung ergänzt: Unterrichtung (Art. 10 ArbSchRL) und Anhörung (Art. 11 ArbSchRL).[76] Wie sich aus BE 11 und 12 der Richtlinie ergibt, gehört zu „deren Zielen u. a. der Dialog und die ausgewogene Zusammenarbeit zwischen den Arbeitgebern und den Arbeitnehmern im Hinblick auf den Erlass der Maßnahmen (...), die zum Schutz der Arbeitnehmer gegen Arbeitsunfälle und berufsbedingte Krankheiten erforderlich sind".[77]

33 Die **Arbeitnehmer bzw. deren Vertreter** erhalten Informationen über die Gefahren und die zur Verhütung ergriffenen Maßnahmen, Art. 10 Abs. 1 ArbSchRL. Der Arbeitgeber hört die Arbeitnehmer bzw. deren Vertreter an und ermöglicht deren Beteiligung bei allen Fragen betreffend die Sicherheit und die Gesundheit am Arbeitsplatz (Art. 11 Abs. 1 ArbSchRL) sowie bei der Planung und Einführung neuer Technologien (Art. 6 Abs. 3 lit. c) ArbSchRL). Die Beteiligungsrechte der Arbeitnehmer umfassen das Recht, angehört zu werden, Vorschläge zu unterbreiten und „nach den nationalen Vorschriften und Praktiken" „ausgewogen" beteiligt zu werden.[78]

34 **Arbeitnehmer oder Arbeitnehmervertreter mit besonderen Funktionen** bei Gesundheitsschutz und Sicherheit (Art. 3 lit. c) ArbSchRL)[79] erhalten zudem Einsicht in bestimmte Unterlagen, die im Rahmen der Dokumentation (oben, Rdn. 25) zu erstellen sind, Art. 10 Abs. 3 ArbSchRL. Sie werden besonders gehört (Art. 11 Abs. 2 ArbSchRL) und haben zudem das Recht, den Arbeitgeber um geeignete Maßnahmen zu ersuchen und ihm diesbezüglich Vorschläge zu unterbreiten, um so jeder Gefahr für die Arbeitnehmer vorzubeugen und/oder die Gefahrenquellen auszuschalten, Art. 11 Abs. 3 ArbSchRL. Für die Wahrnehmung dieser Funktionen der Arbeitnehmerbeteiligung sind diese Arbeitnehmer bzw. Arbeitnehmervertreter zweckentsprechend freizustellen und mit Mitteln auszustatten, Art. 11 Abs. 5 ArbSchRL. Sie sind durch ein besonderes Benachteiligungsverbot geschützt, Art. 11 Abs. 4 ArbSchRL.

35 Der Arbeitgeber ist zudem verpflichtet, den Arbeitgebern **zugezogener außerbetrieblicher Unternehmen** angemessene Informationen zur Weitergabe an deren Arbeitnehmer zu geben, Art. 10 Abs. 2 ArbSchRL.

36 In Zusammenhang mit der Arbeitnehmerbeteiligung ist auch das Problem der **Behördenanzeige** *(whistleblowing)* geregelt (Art. 11 Abs. 6 ArbSchRL). Die Whistleblower-Richtlinie erfasst den Arbeitsschutz hingegen nicht (dazu § 15 Rdn. 21). Die Arbeitnehmer bzw. ihre Vertreter haben das Recht, sich gemäß den nationalen Rechts-

---

76 Rechtsvergleichende Erörterung bei *Howes*, IJCLLIR 23 (2007), 245–265.

77 EuGH v. 6.4.2006 – Rs. C-428/04 *Kommission ./. Österreich*, EU:C:2006:238 Rdn. 74; EuGH v. 22.5.2003 – Rs. C-441/01 *Kommission ./. Niederlande*, EU:C:2003:308 Rdn. 39.

78 Krit. *Eberlie*, ILJ 19 (1990), 81, 96 (zu vage).

79 Deren Bestimmung – durch Auswahl, Wahl, Benennung o. dgl. – ist Sache des mitgliedstaatlichen Rechts, EuGH v. 12.6.2003 – Rs. C-425/01 *Kommission ./. Portugal*, EU:C:2003:346.

vorschriften bzw. Praktiken[80] an die für die Sicherheit und den Gesundheitsschutz am Arbeitsplatz zuständige Behörde zu wenden, wenn sie der Auffassung sind, dass die vom Arbeitgeber getroffenen Maßnahmen und bereitgestellten Mittel nicht ausreichen, um die Sicherheit und den Gesundheitsschutz am Arbeitsplatz sicherzustellen. Bei Besuchen und Kontrollen durch die zuständige Behörde können sie „ihre Bemerkungen vorbringen". Die Ausgestaltung der Regeln über die Behördenanzeige ist – in den Grenzen der Umsetzungspflichten (§ 1 Rdn. 76 f.) – Sache des nationalen Rechts, so dass hier etwa ein Verhältnismäßigkeitsgrundsatz (erfolglose Vorstellung beim Arbeitgeber; vgl. Art. 13 Abs. 2 lit. d) ArbSchRL) vorgesehen werden kann.[81] Obwohl das nicht eigens gesagt ist, gilt aus teleologischen Gründen auch hier ein Benachteiligungsverbot.

IV. Arbeitnehmerpflichten

37 Effektiver Arbeitsschutz setzt in vielen Fällen voraus, dass der Arbeitnehmer selbst daran mitwirkt. Daher statuiert die Richtlinie Arbeitnehmerpflichten in Bezug auf die Sicherheit und Gesundheit.[82] In erster Linie ist zwar weiterhin der Arbeitgeber für den Gesundheitsschutz und die Sicherheit verantwortlich, mit den in Art. 13 ArbSchRL statuierten Arbeitnehmerpflichten wird jedoch ein neues **Leitbild des „mündigen" Arbeitnehmers,** der Kooperation von Arbeitgeber und Arbeitnehmer im Sicherheitsbereich geschaffen.[83]

38 Nach der **Generalklausel** des Art. 13 Abs. 1 ArbSchRL ist jeder Arbeitnehmer verpflichtet, nach seinen Möglichkeiten für seine eigene Sicherheit und Gesundheit sowie für die Sicherheit und die Gesundheit derjenigen Personen Sorge zu tragen, die von seinen Handlungen oder Unterlassungen bei der Arbeit betroffen sind. Wenn diese Bindung dahin qualifiziert wird, der Arbeitnehmer müsse ihr „gemäß seiner Unterweisung und den Anweisungen des Arbeitgebers" nachkommen, so lässt sich dem dreierlei entnehmen. Zum einen kommt darin erneut die – von der Arbeitnehmerpflicht unabhängige – Verantwortlichkeit des Arbeitgebers (oben, Rdn. 13) zum Ausdruck, dem auch die Anweisung und Unterweisung der Arbeitnehmer obliegt (oben, Rdn. 23). Zweitens konturieren Unterweisung und Anweisung des Arbeitnehmers den Pflichtenkreis des Arbeitnehmers. Damit ist freilich drittens nicht pauschal gesagt, der Arbeitnehmer müsse nicht mehr und nicht weniger tun. So wie „Dienst nach Vor-

80 *Wank/Börgmann,* Deutsches und europäisches Arbeitsschutzrecht, S. 142f.

81 *Wlotzke,* RdA 1992, 85, 95; *ders.,* NZA 1996, 1017, 1022.

82 EuArbRK/*Klindt/Schucht,* Art. 13 RL 89/391/EWG Rdn. 1.

83 *Bücker/Feldhoff/Kohte,* Vom Arbeitsschutz zur Arbeitsumwelt (1994), S. 83; *Kohte,* EAS B 6100, Rdn. 84, spricht (weitgehend) vom kooperativen (nicht patriarchalischen) Charakter des europäischen Arbeitsschutzes; s. a. *Wlotzke,* NZA 1996, 1017, 1022. Krit. gegenüber dem geringen Gewicht der Arbeitnehmerpflichten im Verhältnis zu den Arbeitgeberpflichten *Neal,* IJCLLIR 6 (1990), 80, 82f.

schrift“ nicht zur Erfüllung der Arbeitspflicht ausreicht, begrenzen Unterweisung und Anweisung die Arbeitnehmerpflicht nicht notwendig (vgl. auch Art. 8 Abs. 5 UAbs. 2 ArbSchRL).

39 Bei den **Einzelpflichten** des Arbeitnehmers nach Art. 13 Abs. 2 ArbSchRL lassen sich drei Gruppen unterscheiden: Die Pflicht, Gefahren durch ordnungsgemäße Handhabung der Elemente am eigenen Arbeitsplatz zu minimieren (lit. a)–c)), Meldepflichten gegenüber Arbeitgeber bzw. Beauftragten (lit. d)) und die Pflichten zur Kooperation mit dem Arbeitgeber und den sicherheitsbeauftragten Arbeitnehmern (lit. e), f)).

40 Die Pflichten sind dem Arbeitnehmer zwar primär, aber nicht ausschließlich im eigenen Interesse auferlegt, sondern dienen zugleich dem Schutz von Kon-Arbeitnehmern, des Arbeitgebers (der ja ebenfalls Gefahren des Arbeitsplatzes ausgesetzt sein kann, aber auch wegen seiner Gefahrvermeidungspflicht ein Interesse hat; vgl. den Fall von Abs. 2 lit. d)) und anderen möglicherweise Betroffenen (Besuchern, Passanten). Allerdings gibt die Richtlinie damit keine Außenhaftung oder Haftung gegenüber dem Arbeitgeber vor (vgl. auch Rdn. 15) und lässt auch die Umsetzung als Obliegenheit zu. Pflichtverletzungen des Arbeitnehmers darf das nationale Recht zum Anlass einer Anspruchsminderung nehmen.

41 Die Arbeitnehmerpflichten sind wesentlicher Bestandteil des Systems des Arbeitsschutzes: Ohne die Mitwirkung des Arbeitnehmers lässt sich der intendierte Schutz nicht effektiv erreichen. Daher ist es nicht möglich, die Arbeitnehmerpflichten des Art. 13 ArbSchRL im Rahmen der Umsetzung unter Berufung auf die Mindeststandardklausel des Art. 1 Abs. 3 ArbSchRL herabzusetzen; das wäre eben nicht „günstiger“.

V. Rechtsfolgen

42 Die Bewehrung der Pflichten – Sanktionen für die Pflichtverletzung – gibt die Arbeitsschutzrichtlinie nur rahmenhaft durch die Umsetzungspflichten vor (Art. 4 ArbSchRL; näher § 1 Rdn. 76f.; s. a. Rdn. 15). Damit wird den Mitgliedstaaten eine Einpassung in das nationale Arbeitsrecht – Arbeitsvertrags- und Betriebsverfassungsrecht – ermöglicht.[84] Aufgrund ökonomischer Analyse wird angenommen, dass sich die Mitgliedstaaten nicht auf private Rechtsdurchsetzungsmechanismen allein verlassen dürfen, sondern auch behördliche Instrumente einsetzen sollten, die wiederum präventive und reaktive Elemente umfassen sollten.[85]

84 Zu behördlichen Sanktionen im deutschen Recht *Wiebauer,* NVwZ 2017, 1653ff.

85 *Faure/Tilindyte,* ELLJ 1 (2010), 346–367.

VI. Umsetzung

Die Richtlinie war bis zum 31.12.1992 in das mitgliedstaatliche Recht umzusetzen, Art. 18 Abs. 1 ArbSchRL. In **Deutschland** erfolgte die Umsetzung erst verspätet durch das „Gesetz zur Umsetzung der EG-Rahmenrichtlinie Arbeitsschutz und weiterer Arbeitsschutzrichtlinien",[86] das am 21.8.1996 in Kraft trat.[87] Das Artikelgesetz enthält als Art. 1 das Arbeitsschutzgesetz (ArbSchG), das inhaltlich eine 1 : 1 Umsetzung der Richtlinie darstellt.[88] Erfolgreich beanstandet hat die Kommission eine Kleinbetriebsausnahme von der Dokumentationspflicht, die das deutsche Recht vorsah.[89] 43

Auch in **anderen Mitgliedstaaten**[90] wurde die Richtlinie teils verspätet oder fehlerhaft umgesetzt.[91] 44

---

86 BGBl. 1996 I, 1246.

87 Zur Umsetzung in Deutschland: Hanau/Steinmeyer/Wank/*Wank*, § 18 Rdn. 451–454; *Fuchs/Marhold*, Europäisches Arbeitsrecht, S. 531; *Wlotzke*, NZA 1996, 1017–1024; auch *Opfermann*, FS Wlotzke (1996), S. 729–767.

88 Hanau/Steinmeyer/Wank/*Wank*, § 18 Rdn. 452; *Wlotzke*, NZA 1996, 1017–1024.

89 EuGH v. 7.2.2002 – Rs. C-05/00 *Kommission ./. Deutschland*, EU:C:2002:81; zur Dokumentation, s. o. Rdn. 26.

90 Zur Umsetzung in anderen Mitgliedstaaten *Birk*, FS Wlotzke (1996), S. 645ff.; *Kohte*, ZIAS 1999, 95–118.

91 EuGH v. 15.11.2001 – Rs. C-49/00 *Kommission ./. Italien*, EU:C:2001:611; EuGH v. 22.5.2003 – Rs. C-441/01 *Kommission ./. Niederlande*, EU:C:2003:308; EuGH v. 22.5.2003 – Rs. C-335/02 *Kommission ./. Großherzogtum Luxemburg*, EU:C:2003:312; EuGH v. 12.1.2006 – Rs. C-132/04 *Kommission ./. Spanien*, EU:C:2006:18; EuGH v. 6.4.2006 – Rs. C-428/04 *Kommission ./. Österreich*, EU:C:2006:238; EuGH v. 5.6.2008 – Rs. C-226/06 *Kommission ./. Frankreich*, EU:C:2008:318. Zu Unrecht gerügt hatte die Kommission die Umsetzung in Portugal: EuGH v. 12.6.2003 – Rs. C-425/01 *Kommission ./. Portugal*, EU: C:2003:346.

§ 17 Die Arbeitszeitrichtlinie

Literatur: *Addnett/Hardy*, Reviewing the Working Time Directive: Rationale, Implementation and Case Law, IRJ 32 (2001), 114–125; *Anzinger*, Das Bereithalten zur Arbeit am Beispiel des ärztlichen Bereitschaftsdienstes – ... kann denn Schlafen Arbeit sein?, in: Kohte/Dörner/Anzinger (Hrsg.), Arbeitsrecht im sozialen Dialog – Festschrift für Hellmut Wißmann, 2005, 3–14; *Balze*, Arbeitszeit und Urlaub, in: Oetker/Preis (Hrsg.), Europäisches Arbeits- und Sozialrecht, EAS B 3100 (Stand: Feb. 2011); *ders.*, Die Richtlinie über die Arbeitszeitgestaltung, EuZW 1994, 205–208; *Barnard/Deakin/Hobbs*, Opting Out of the 48 Hour-Week: Employer Necessity or Individual Choice? An Empirical Study of the Operation of Article 18(1)(b) of the Working Time Directive in the UK, ILJ 32 (2003), 223–252; *Bauckhage-Hoffer*, Urlaub ohne Urlaubsantrag? – Der EuGH weitet den Arbeitnehmerschutz im Urlaubsrecht erneut – ein wenig – aus, SAE 2019, 1–9; *Bauer/Arnold*, EuGH kippt deutsches Urlaubsrecht – Die Schultz-Hoff-Entscheidung und ihre Folgen, NJW 2009, 631–636; *Bayreuther*, Die Verpflichtung des Arbeitgebers zur Erfassung der Arbeitszeit der Beschäftigten, EuZW 2019, 446–449; *ders.*, Rufbereitschaft als Arbeitszeit?, NZA 2018, 348–351; *Boemke*, Fahrzeiten als Arbeitszeiten, RdA 2020, 65–74; *Bogg*, The Right to Paid Annual Leave in the Court of Justice: the Eclipse of Functionalism, E.L. Rev. 12 (2006), 892–905; *Daum*, Die Urlaubs-Verantwortlichkeit des Arbeitgebers, RdA 2020, 179–184; *ders.*, Elternzeit ist Freizeit – Das Urteil des EuGH in der Rechtssache Dicu, RdA 2019, 49–54; *Dornbusch/Ahner*, Urlaubsanspruch und Urlaubsabgeltung bei fortdauernder Arbeitsunfähigkeit des Arbeitnehmers, NZA 2009, 180–183; *Eckhoff*, Der Urlaubsanspruch des GmbH-Geschäftsführers im Licht der Kreuziger-Entscheidung des EuGH, in: Gallner/Henssler/Eckhoff/Reufels (Hrsg.), Festschrift für Wilhelm Moll, 2019, 103–115; *Fairhurst*, SIMAP – Interpreting the Working Time Directive, ILJ 30 (2001), 236–243; *Fenski*, Urlaubsrecht im Umbruch? – Urlaub im Spannungsfeld zwischen internationalem, europäischem und deutschem Recht, DB 2007, 686–691; *ders.*, Was am Ende (vom Urlaubsrecht) übrigbleibt – Falsche Prämissen, falsche Ergebnisse, NZA 2014, 1381–1385; *Fitzpatrick*, Straining the Definition of Health and Safety?, ILJ 26 (1997), 115–135; *Forst*, Unterliegen Geschäftsführer dem Bundesurlaubsgesetz (BUrlG)?, GmbHR 2012, 821–828; *Franzen*, Urlaubsentgelt, Provisionen und andere unregelmäßig anfallende Vergütungsbestandteile, NZA 2014, 647–649; *ders.*, Zeitliche Begrenzung der Urlaubsansprüche langzeiterkrankter Arbeitnehmer, NZA 2011, 1403–1405; *Garcia-Muñoz/Hiessl*, The Matzak judgement of the CJEU: The concept of worker and the blurring frontiers of work and rest time, ELLJ 10 (2019), 343–352; *Glowacka*, A little less autonomy? The future of working time flexibility and its limits, ELLJ 2020, (Online Vorabveröffentlichung); *Gray*, A Recalcitrant Partner: The UK Reaction to the Working Time Directive, YEL 17 (1998), 323–362; *Hanau*, Zum Flexibilisierungspotenzial der Arbeitszeitrichtlinie, EuZA 2019, 423–440; *Henssler/Lunk*, Leitende Angestellte und das Arbeitszeitrecht – Betrachtungen de lege lata und de lege ferenda, NZA 2016, 1425–1430; *Hey/Cooke*, Implementation of the Working Time Directive, C.C.L.R. 9 (1998), 164–169; *Höpfner*, Das deutsche Urlaubsrecht in Europa – Zwischen Vollharmonisierung und Koexistenz – Teil 1, RdA 2013, 16–38, Teil 2, RdA 2013, 65–73; *ders./Daum*, Die Pflicht des Arbeitgebers zur Erfassung der Arbeitszeit, RdA 2019, 270–280; *Jacobs*, Reformbedarf im Arbeitszeitrecht, NZA 2016, 733–737; *ders./Münder*, Deutsches Urlaubsrecht im europäischen Wandel – Teil I, RdA 2019, 332; *Junker*, Der unionsrechtliche Anspruch auf bezahlten Jahresurlaub nach Art. 7 Abs 1 Richtlinie 2003/88/EG, in: Brameshuber/Friedrich/Karl (Hrsg.), Festschrift Franz Marhold, 2020, S. 573–583; *ders.*, Flexibilisierung der Arbeitszeit und Arbeitszeitrichtlinie, in: Giesen/Junker/Rieble (Hrsg.), Arbeitszeitmodelle der Zukunft, 2019, S. 99–120; *Kainer*, Das Grundrecht auf Arbeitszeiterfassung: Weitere Schritte zur Konstitutionalisierung des Gemeinschaftsprivatrechts, GPR 2020, 149–155; *Kamanabrou*, Die Kürzung des Jahresurlaubs für Zeiten der Elternzeit, RdA 2014, 321–327; *Kenner*, Re-evaluating the Concept of Working Time: An Analysis of Recent Case Law, IRJ 35 (2004), 588–601; *Kohte*, Urlaub im Unionsrecht – Die Karriere eines sozialen Grundrechts, in: Brameshuber/Friedrich/Karl (Hrsg.), Festschrift Franz Marhold, 2020, S. 597–609; *Krause*, Arbeit anytime? Arbeitszeitrecht für die digitale Arbeitswelt, NZA-Beilage 2019, 86; *ders.*, Herausforderung Digitalisie-

https://doi.org/10.1515/9783110731941-017

rung der Arbeitswelt und Arbeiten 4.0, NZA-Beilage 2017, 53–59; *Krieger/Arnold*, Urlaub 1. + 2. Klasse – Das BAG folgt der Schultz-Hoff-Entscheidung des EuGH, NZA 2009, 530–533; *Latzel*, Primärrechtliche Effektuierung der Arbeitszeitgrenzen, EuZA 2019, 469–481; *Leczykiewicz*, The Judgment in *Bauer* and the Effect of the EU Charter of Fundamental Rights in Horizontal Situations, ERCL 16 (2020), 323–333; *Leube*, Bundesfreiwilligendienst im Kontext des Europäischen Arbeitsrechts, ZTR 2017, 391–396; *Lörcher*, Rückschritte im Sozialbereich – Ein neuer Kommissionsansatz? – Zum Vorschlag der Kommission zur Änderung der Arbeitszeitrichtlinie 2003/88/EG, EuroAS 2005, 16–18; *Mehrens/Witschen*, Der unionsrechtliche Urlaubsanspruch und seine Auswirkungen auf das nationale Recht – Ein Zwischenbericht, EuZA 2019, 326–349; *Moffat*, Competition, Competitiveness and Re-Regulating the Labour Market: The Working Time Directive, Nott.L.J. 6 (1997), 45–68; *Picker*, Urlaubsanspruch trotz Dauererkrankung, ZTR 2009, 230–240; *Piekenbrock*, Der Urlaub, der Tod und die Methodik des Unionsprivatrechts, GPR 2019, 93–98; *Ramsey*, The Working Time Directive, E.L. Rev. 19 (1994), 528–535; *Risak*, Die arbeitsrechtliche Stellung von Freiwilligen im EU-Arbeitszeitrecht, in: Brameshuber/Friedrich/Karl (Hrsg.), Festschrift Franz Marhold, 2020, S. 727–737; *ders.*, The position of volunteers in EU-working time law, ELLJ 10 (2019), 362–369; *Sagan*, The classification as 'worker' under EU law, ELLJ 10 (2019), 353–361; *Schubert, Claudia*, Der Erholungsurlaub zwischen Arbeitsschutz und Entgelt, NZA 2013, 1105–1112; *dies.*, Der Urlaubsabgeltungsanspruch nach dem Abschied von der Surrogationsthese, RdA 2014, 9–16; *Schubert, Jens*, Der Beschluss des EuGH in Sachen Brandes (C-415/12) – ein Lehrstück des unionalen Arbeitsrechts, RdA 2013, 370–378; *Streinz*, Präzisierung des Anwendungsbereichs der EU-Grundrechtecharta, EuZA 2020, 355–365; *Thüsing*, Zu den Grenzen richtlinienkonformer Auslegung – Irritationen und Hinweise in der Rechtssache Pfeiffer, ZIP 2004, 2301–2305; *ders./Rombey/Schippers*, Grenzen des Arbeitszeitrechts bei anwaltlicher Arbeit, NZA 2020, 480–489; *Ulber*, Arbeitszeiterfassung als Pflicht des Arbeitgebers, NZA 2019, 677–681; *ders.*, Vorgaben des EuGH zur Arbeitszeiterfassung, 2020; *Vogelsang*, Das Entgeltausfallprinzip im Urlaubsrecht, RdA 2018, 110–118; *von Prondzynski*, Counsel Directive 93/104/EG Concerning Certain Aspects of the Organization of Working Time, ILJ 23 (1994), 92–95; *Wahlers*, Die Arbeitszeitrichtlinie (Richtlinie 2003/88/EG) im Meinungsstreit zwischen Kommission und Parlament – Eine Zwischenbilanz, ZTR 2005, 515–521; *Wank*, Facetten der Arbeitszeit, RdA 2014, 285–290; *Weuthen*, Die arbeitszeitrechtliche Bewertung des Bereitschaftsdienstes durch den EuGH, 2019; *Wiebauer*, Auslandsarbeit und Arbeitszeitgesetz, EuZA 2012, 485–495; *Zeppenfeld*, Das europäische Arbeitszeitrecht und seine Umsetzung – unter besonderer Berücksichtigung der EU-Arbeitszeitrichtlinie 93/104/EG, 1999.

Rechtsprechung:

EuGH v. 12.11.1996	Rs. C-84/94 *Vereinigtes Königreich ./. Rat*, EU:C:1996:431
EuGH v. 3.10.2000	Rs. C-303/98 *SIMAP*, EU:C:2000:528
EuGH v. 26.6.2001	Rs. C-173/99 *BECTU*, EU:C:2001:356
EuGH v. 3.7.2001	Rs. C-241/99 *CIG*, EU:C:2001:371
EuGH v. 4.10.2001	Rs. C-133/00 *Bowden*, EU:C:2001:514
EuGH v. 9.9.2003	Rs. C-151/02 *Jaeger*, EU:C:2003:437
EuGH v. 9.3.2004	verb. Rs. C-397/01 bis C-430/01 *Pfeiffer*, EU:C:2004:584
EuGH v. 18.3.2004	Rs. C-342/01 *Merino Gómez*, EU:C:2004:160
EuGH v. 14.7.2005	Rs. C-52/04 *Personalrat der Feuerwehr Hamburg ./. Leiter der Feuerwehr Hamburg*, EU:C:2005:467
EuGH v. 1.12.2005	Rs. C-14/04 *Dellas*, EU:C:2005:728
EuGH v. 16.3.2006	verb. Rs. C-131/04 und C-257/04 *Robinson-Steele*, EU:C:2006:177
EuGH v. 6.4.2006	Rs. C-124/05 *Federatie Nederlandse Vakbeweging*, EU:C:2006:244
EuGH v. 7.9.2006	Rs. C-484/04 *Kommission ./. Vereinigtes Königreich*, EU:C:2006:526
EuGH v. 11.1.2007	Rs. C-437/05 *Vorel*, EU:C:2007:23
EuGH v. 20.1.2009	verb. Rs. C-350/06 und C-520/06 *Schultz-Hoff*, EU:C:2009:18

EuGH v. 10.9.2009	Rs. C-277/08 *Pereda*, EU:C:2009:542
EuGH v. 22.4.2010	Rs. C-486/08 *Zentralbetriebsrat der Landeskrankenhäuser Tirols*, EU:C:2010:215
EuGH v. 20.5.2010	Rs. C-158/09 *Kommission ./. Spanien*, EU:C:2010:292
EuGH v. 14.10.2010	Rs. C-243/09 *Fuß I*, EU:C:2010:609
EuGH v. 14.10.2010	Rs. C-428/09 *Union syndicale Solidaires Isère*, EU:C:2010:612
EuGH v. 21.10.2010	Rs. C-227/09 *Accardo*, EU:C:2010:624
EuGH v. 25.11.2010	Rs. C-429/09 *Fuß II*, EU:C:2010:717
EuGH v. 4.3.2011	Rs. C-258/10 *Grigore*, EU:C:2011:122
EuGH v. 7.4.2011	Rs. C-519/09 *May*, EU:C:2011:221
EuGH v. 15.9.2011	Rs. C-155/10 *Williams u. a.*, EU:C:2011:588
EuGH v. 22.11.2011	Rs. C-214/10 *KHS*, EU:C:2011:761
EuGH v. 24.1.2012	Rs. C-282/10 *Dominguez*, EU:C:2012:33
EuGH v. 3.5.2012	Rs. C-337/10 *Neidel*, EU:C:2012:263
EuGH v. 21.6.2012	Rs. C-78/11 *ANGED*, EU:C:2012:372
EuGH v. 8.11.2012	verb. Rs. C-229/11 und C-230/11 *Heimann und Toltschin*, EU:C:2012:693
EuGH v. 21.2.2013	Rs. C-194/12 *Maestre García*, EU:C:2013:102
EuGH v. 13.6.2013	Rs. C-415/12 *Brandes*, EU:C:2013:398
EuGH v. 22.5.2014	Rs. C-539/12 *Lock*, EU:C:2014:351
EuGH v. 12.6.2014	Rs. C-118/13 *Bollacke*, EU:C:2014:1755
EuGH v. 26.3.2015	Rs. C-316/13 *Fenoll*, EU:C:2015:200
EuGH v. 9.7.2015	Rs. C-87/14 *Kommission ./. Irland*, EU:C:2015:449
EuGH v. 10.9.2015	Rs. C-266/14 *Tyco*, EU:C:2015:578
EuGH v. 11.11.2015	Rs. C-219/14 *Greenfield*, EU:C:2015:745
EuGH v. 30.6.2016	Rs. C-178/15 *Sobczyszyn*, EU:C:2016:502
EuGH v. 20.7.2016	Rs. C-341/15 *Maschek*, EU:C:2016:576
EuGH v. 26.7.2017	Rs. C-175/16 *Hälvä u. a.*, EU:C:2017:617
EuGH v. 9.11.2017	Rs. C-306/16 *Maio Marques da Rosa*, EU:C:2017:844
EuGH v. 29.11.2017	Rs. C-214/16 *King*, EU:C:2017:914
EuGH v. 21.2.2018	Rs. C-518/15 *Matzak*, EU:C:2018:82
EuGH v. 4.10.2018	Rs. C-12/17 *Dicu*, EU:C:2018:799
EuGH v. 6.11.2018	verb. Rs. C-569/16 und C-570/16 *Bauer und Willmeroth*, EU:C:2018:871
EuGH v. 6.11.2018	Rs. C-619/18 *Kreuziger*, EU:C:2018:872
EuGH v. 6.11.2018	Rs. C-684/16 *Max-Planck-Gesellschaft*, EU:C:2018:874
EuGH v. 20.11.2018	Rs. C-147/17 *Sindicatul Familia Constanţa u. a.*, EU:C:2018:926
EuGH v. 13.12.2018	Rs. C-385/17 *Hein*, EU:C:2018:1018
EuGH v. 11.4.2019	Rs. C-254/18 *Syndicat des cadres de la sécurité intérieure*, EU:C:2019:318
EuGH v. 14.5.2019	Rs. C-55/18 *CCOO*, EU:C:2019:402
EuGH v. 19.11.2019	verb. Rs. C-609/17 und C-610/17 *TSN*, EU:C:2019:981
EuGH v. 22.4.2020	Rs. C-692/19 *Yodel Delivery Network*, EU:C:2020:288
EuGH v. 30.4.2020	Rs. C-211/19 *UO*, EU:C:2020:344
EuGH v. 4.6.2020	Rs. C-588/18 *Fetico*, EU:C:2020:420
EuGH v. 25.6.2020	verb. Rs. C-762/18 und C-37/19 *QH*, EU:C:2020:504
EuGH v. 2.7.2020	Rs. C-256/19 *S.A.D. Maler und Anstreicher*, EU:C:2020:523
EuGH v. 16.7.2020	Rs. C-658/18 *UX*, EU:C:2020:572
EuG v. 10.6.2020	Rs. T-131/19 *Oosterbosch*, EU:T:2020:250

Übersicht

I. Sachfragen, Übersicht, Rechtsgrundlagen, Regelungsumfeld

1. Übersicht

1 Die unionsweite Harmonisierung der Arbeitszeitgestaltung durch die Arbeitszeitrichtlinie[1] soll einen besseren Schutz der **Sicherheit und der Gesundheit der Arbeitnehmer** durch die Gewährung von Mindestruhezeiten, angemessenen Ruhepausen, einer wöchentlichen Höchstarbeitszeit sowie eines bezahlten Jahresurlaubs

1 Richtlinie 2003/88/EG vom 4.11.2003 über bestimmte Aspekte der Arbeitszeitgestaltung, ABl. 2003 L 299/9.

gewährleisten.[2] Der EuGH kennzeichnet diesen Schutz als ein „*soziales Recht*“ der Arbeitnehmer.[3] Durch die Mindeststandards verhindert die Richtlinie eine Abwärtsspirale (*race to the bottom*) und nimmt den Faktor Arbeitszeit teilweise aus dem Wettbewerb.

In seiner neueren Rechtsprechung hat der Gerichtshof die **grundrechtliche Fundierung** der Arbeitszeitbegrenzung und des Urlaubsanspruchs in Art. 31 Abs. 2 GRCh doppelt fruchtbar gemacht.[4] Zum einen zieht er das Grundrecht als Argumentationstopos heran, um die besondere Bedeutung des Arbeitszeitrechts zu begründen, etwa die grundsätzliche Uneinschränkbarkeit des Urlaubsanspruchs. Dazu verweist der Gerichtshof auch auf den Verhältnismäßigkeitsgrundsatz des Art. 52 Abs. 1 GRCh.[5] Zum anderen verschafft der Gerichtshof dem Urlaubsanspruch – über die Richtlinienwirkung hinaus – grundrechtliche Wirkkraft, was sich v.a. im Horizontalverhältnis unter Privaten auswirkt (s. bereits § 2 Rdn. 32).[6] Dazu hat er sich auf die (umstrittene und zweifelhafte) *Mangold*-Argumentation gestützt und angenommen, Art. 7 ArbZRL begründe den Urlaubsanspruch nicht erst, sondern setze ihn als völkerrechtlich begründet voraus.[7] 2

Zu Arbeitszeit und Urlaub[8] liegen **Übereinkommen der Internationalen Arbeitsorganisation** (IAO) vor. Diesen gehören zwar verschiedene Mitgliedstaaten, nicht aber die Union selbst an (vgl. 3

---

2 EuGH v. 6.4.2006 – Rs. C-124/05 *Federatie Nederlandse Vakbeweging*, EU:C:2006:244 Rdn. 26; EuGH v. 26.6.2001 – Rs. C-173/99 *BECTU*, EU:C:2001:356 Rdn. 38; EuGH v. 1.12.2005 – Rs. C-14/04 *Dellas*, EU:C:2005:728 Rdn. 41. Zur ratio der Regelung mit ökonomischen Erwägungen *Addnett/Hardy*, IRJ 32 (2001), 114, 117–119. Zur Genese der Zwecksetzung noch *Junker*, in: Giesen/Rieble/Junker (Hrsg.), Arbeitszeitmodelle der Zukunft, S. 100 f.

3 EuGH v. 12.10.2004 – Rs. C-313/02 *Wippel*, EU:C:2004:607 Rdn. 47; EuGH v. 26.6.2001 – Rs. C-173/99 *BECTU*, EU:C:2001:356 Rdn. 38; EuGH v. 9.9.2003 – Rs. C-151/02 *Jaeger*, EU:C:2003:437 Rdn. 46; EuGH v. 3.10.2000 – Rs. C-303/98 *SIMAP*, EU:C:2000:528 Rdn. 49.

4 Keine „Durchführung“ des Unionsrechts liegt vor – und nicht in den Anwendungsbereich der Charta fällt daher –, wenn die Mitgliedstaaten über die Mindestvorschriften der Richtlinie hinausgehen; EuGH v. 19.11.2019 – verb. Rs. C-609/17 und C-610/17 *TSN*, EU:C:2019:981; dazu eingehend *Streinz*, EuZA 2020, 355 ff.

5 EuGH v. 6.11.2018 – verb. Rs. C-569/16 und C-570/16 *Bauer und Willmeroth*, EU:C:2018:871 Rdn. 51 ff.; EuGH v. 14.5.2019 – Rs. C-55/18 *CCOO*, EU:C:2019:402 Rdn. 30 f., 43, 48, 50, 56, 60, 65.

6 Zur unmittelbaren Horizontalwirkung *Leczykiewicz*, ERCL 16 (2020), 323 ff. Verfehlt indes EuArbRK/*Gallner*, Art. 7 RL 2003/88 Rdn. 2, die (wohl) Art. 7 ArbZRL selbst eine unmittelbare Wirkung beilegen möchte.

7 EuGH v. 6.11.2018 – verb. Rs. C-569/16 und C-570/16 *Bauer und Willmeroth*, EU:C:2018:871 Rdn. 64 ff., 80 ff.; EuGH v. 6.11.2018 – Rs. C-684/16 *Max-Planck-Gesellschaft*, EU:C:2018:874 Rdn. 69 ff. Krit. *Bayreuther*, EuZW 2019, 446, 447; *Piekenbrock*, GPR 2019, 93 ff.; *Kainer*, GPR 2020, 149 ff. (eine unmittelbare Horizontalwirkung bevorzugend).

8 Übereinkommen Nr. 1 über die Begrenzung der Arbeitszeit in gewerblichen Betrieben auf acht Stunden täglich und achtundvierzig Stunden wöchentlich der Allgemeinen Konferenz der Internationalen Arbeitsorganisation v. 28.11.1919, in Kraft getreten am 13.6.1921; Übereinkommen Nr. 14 über den wöchentlichen Ruhetag in gewerblichen Betrieben der Allgemeinen Konferenz der Internationalen Arbeitsorganisation v. 17.11.1921, in Kraft getreten am 19.6.1923; Übereinkommen Nr. 30 über die Regelung der Arbeitszeit im Handel und in Büros der Allgemeinen Konferenz der Internationalen Arbeitsorganisation v. 28.6.1930, in Kraft getreten am 29.8.1933; Übereinkommen Nr. 47 über die Verkürzung der Arbeitszeit auf vierzig Stunden wöchentlich der Allgemeinen Konferenz der Internationalen Arbeitsorganisation v. 22.6.1935, in Kraft getreten am 23.6.1957; Übereinkommen Nr. 106 über die

Art. 216 AEUV), sie sind nicht Rechtsquelle des Unionsrechts. BE 6 ArbZRL nimmt auf die Übereinkommen auch nur selektiv (hinsichtlich Arbeitszeitgestaltung und Nachtarbeit) und in allgemeiner Form („Grundsätzen ... Rechnung zu tragen") Bezug. Das rechtfertigt einerseits, sie im Rahmen der historischen Auslegung zu berücksichtigen; als Rechtserkenntnisquelle können sie zudem in die teleologische Auslegung einfließen.[9] Andererseits gibt es kein Gebot der völkerrechtskonformen Auslegung. Besteht demnach auch keine Bindung an die Übereinkommen, so ist gleichwohl eine punktuell-selektive Heranziehung als Begründungstopos unbefriedigend.[10]

4 Die Richtlinie regelt – mit wenigen Ausnahmen – für alle Arbeitsverhältnisse Fragen der Arbeitszeitgestaltung und des sonstigen Schutzes in Arbeitszeitfragen in Form von Mindeststandards.[11] Sie betrifft zuerst die tägliche und die wöchentliche Ruhezeit, also das, was wir gemeinhin als Fragen der Arbeitszeit bezeichnen. Darüber hinaus regelt sie aber auch den Jahresurlaub („jährliche Arbeitszeit"). Ausgespart bleiben in der Richtlinienregelung – auch aus Kompetenzgründen, Art. 137 Abs. 5 EG (Art. 153 Abs. 5 AEUV) – Fragen der Vergütung, obwohl sie mit einer (differenzierten) Arbeitszeitgestaltung eng zusammenhängen.[12] Die Regeln über die Arbeitszeit werden ergänzt durch weitere Schutzvorschriften, besonders für Nacht- und Schichtarbeit, aber auch im Hinblick auf eine menschengerechte, möglichst wenig eintönige oder maschinenbestimmte Gestaltung des Arbeitsrhythmus. Das ist ein Generalthema, das schon aus der Arbeitsschutz-Rahmenrichtlinie (oben, § 16) bekannt ist.

5 Die Richtlinie enthält zwar einerseits strenge Vorgaben, eröffnet den Mitgliedstaaten bzw. den Sozialpartnern aber mit der Möglichkeit, Bezugszeiträume zu definieren oder von Ausnahmetatbeständen Gebrauch zu machen, erheblichen Spielraum und erhält so eine **Flexibilität** im Bereich der Arbeitszeit, die auf die Bedürfnisse von Branchen und Regionen abgestimmt werden kann.[13] Während allerdings einige die Flexibilitätsspielräume als zu eng rügen,[14] kritisieren andere, der Gesetzgeber habe

---

wöchentliche Ruhezeit im Handel und in Büros der Allgemeinen Konferenz der Internationalen Arbeitsorganisation v. 26.6.1957, in Kraft getreten am 4.3.1959; Übereinkommen Nr. 132 über den bezahlten Jahresurlaub (Neufassung) der Allgemeinen Konferenz der Internationalen Arbeitsorganisation v. 24.6.1970, in Kraft getreten am 30.6.1973; Übereinkommen Nr. 171 über Nachtarbeit der Allgemeinen Konferenz der Internationalen Arbeitsorganisation v. 26.6.1990, in Kraft getreten am 4.1.1995; Übereinkommen Nr. 175 über die Teilzeitarbeit der Allgemeinen Konferenz der Internationalen Arbeitsorganisation 24.6.1994, in Kraft getreten am 28.2.1998.

9 Zu pauschal EuArbRK/*Gallner*, Art. 1 RL 2003/88 Rdn. 29.

10 S. etwa *Düwell*, NZA-Beil. 2011, 133, 138; *Höpfner*, RdA 2013, 16, 17f.

11 Art. 15 ArbZRL; EuGH v. 21.2.2018 – Rs. C-518/15 *Matzak*, EU:C:2018:82 Rdn. 40ff. (erfasst nicht Art. 2); vgl. auch EuGH v. 12.10.2004 – Rs. C-313/02 *Wippel*, EU:C:2004:607 Rdn. 46. Günstigere nationale Vorschriften in einem Bereich (Höchstarbeitszeit von nur 44 Stunden pro Woche) rechtfertigen nicht eine Herabsetzung des Schutzes in einem anderen (Bereitschaftsdienst wird nur gewichtet als Arbeitszeit berücksichtigt); EuGH v. 1.12.2005 – Rs. C-14/04 *Dellas*, EU:C:2005:728.

12 EuGH v. 1.12.2005 – Rs. C-14/04 *Dellas*, EU:C:2005:728 Rdn. 37–39; *Junker*, in: Giesen/Rieble/Junker (Hrsg.), Arbeitszeitmodelle der Zukunft, S. 101ff.

13 M. *Schmidt*, EuZA 2008, 196, 201f.: „Musterbeispiel flexibler Regelung".

14 Vgl. *Barnard*, EU Employment Law, S. 558.

den weitgehenden Schutz, den die Richtlinie in ihren ersten Kapiteln gewährt, mit den Ausnahmen wieder genommen.[15] Die Einzelheiten sind – sehr kasuistisch – in Art. 16 und 17 sowie 22 ArbZRL geregelt, die in unserem Rahmen nicht im Einzelnen erläutert werden können (vgl. Rdn. 16).[16]

2. Entstehungsgeschichte und Kompetenz

Die Arbeitszeitrichtlinie hängt genetisch eng mit zwei verwandten Themen zusammen. Sie geht zunächst zurück auf eine **Empfehlung von 1975,**[17] die zweierlei anmahnte: 6
- die Begrenzung der wöchentlichen Arbeitszeit auf 40 Stunden bei vollem Lohnausgleich (mit Ausnahmemöglichkeiten für Sonderbereiche und den öffentlichen Dienst) und
- eine Ausdehnung des bezahlten Jahresurlaubs auf vier Wochen.

In einer **Entschließung des Rates von 1979**[18] wird das Thema Arbeitszeit in einen größeren Zusammenhang gestellt: Sie betrifft drei Themenkomplexe:
- die Arbeitszeit (Nr. 2, 6, 7),
- die (flexible) Altersgrenze (Nr. 3) und
- die atypischen Arbeitsverhältnisse mit Teilzeit- und Zeitarbeit (Nr. 4, 5).

Zur Umsetzung dieser Ziele dient zunächst die Arbeitszeitrichtlinie. Zur Teilzeit- und Zeitarbeit sind gesonderte Richtlinien ergangen (unten, §§ 19 und 22). Im Hinblick auf die flexiblen Altersgrenzen hat die Kommission 1982 eine Empfehlung erlassen.[19]

Die Arbeitszeitrichtlinie wurde **ursprünglich 1993 verabschiedet**, mit Mehrheitsvotum (bei Enthaltung des Vereinigten Königreichs) gestützt auf die **Kompetenz** für Arbeitsschutz des Art. 118a EGV (vgl. heute Art. 153 AEUV; i.e. oben, § 5 Rdn. 17–23).[20] Von den weitergehenden Regelungsabsichten eines Entwurfs aus dem Jahr 1983 7

---

15 *Kenner,* IRJ 35 (2004), 588, 599 f.

16 Übersicht zu Art. 17 bei *Balze,* EAS B 3100, Rdn. 67–73; *Barnard,* EU Employment Law, S. 552–556; *Moffat,* Nott.L.J. 6 (1997), 45, 59 f.

17 Empfehlung des Rates 75/457/EWG vom 22.7.1975 über den Grundsatz der 40-Stunden-Woche und den Grundsatz des vierwöchigen bezahlten Jahresurlaubs, ABl. 1975 L 199/32.

18 Entschließung des Rates vom 18.12.1979 über die Anpassung der Arbeitszeit, ABl. 1980 C 2/1.

19 Empfehlung des Rates 82/857/EWG vom 10.12.1982 zu den Grundsätzen über ein gemeinsames Vorgehen betreffend die Altersgrenze, ABl. 1982 C 357/27; Stellungnahmen des Europäischen Parlaments bzw. des Wirtschafts- und Sozialausschusses, ABl. 1982 C 267/71 bzw. 178/30; Kurzbeschreibung bei *Blanpain/Schmidt/Schweibert,* Europäisches Arbeitsrecht, S. 285.

20 Richtlinie 93/104/EG vom 23.11.1993 über bestimmte Aspekte der Arbeitszeitgestaltung, ABl. 1993 L 307/18.

war der Gesetzgeber mit dem Vorschlag von 1990 wieder abgerückt.[21] Im Gesetzgebungsverfahren hatte vor allem das Vereinigte Königreich Widerstand gezeigt und sich für eine Flexibilisierung ausgesprochen; die Regelung der Arbeitszeit war dort traditionell nicht Sache des Gesetzgebers, sondern von Kollektivvereinbarungen für Sektoren oder Betriebe[22].

8 Ob die Arbeitszeitregulierung tatsächlich den intendierten Schutz von Gesundheit und Sicherheit der Arbeitnehmer bewirkt, ist nicht unumstritten.[23] Namentlich das Vereinigte Königreich hat das bezweifelt. Seine Klage gegen die Richtlinie blieb indes weitgehend erfolglos, da der Gerichtshof die Kompetenzgrundlage des Art. 118a EGV (vgl. Art. 153 AEUV) mit Rücksicht auf die dort genannte Arbeitsumwelt weit ausgelegt hat (näher § 5 Rdn. 21; s. aber noch unten, Rdn. 38, zur Sonntagsruhe).[24]

9 Durch **Änderungsrichtlinie** aus dem Jahr **2000**[25] hat der Gesetzgeber vor allem die Ausnahmen für Straßen-, Luft-, See- und Schienenverkehr, Binnenschifffahrt, Seefischerei, andere Tätigkeiten auf See sowie die Tätigkeiten der Ärzte in der Ausbildung aufgehoben, die in Art. 1 Abs. 3 der ursprünglichen Richtlinie enthalten waren. An die Stelle der pauschalen Ausnahme vom Anwendungsbereich sind spezifische Ausnahmeoptionen für einzelne Regelungen getreten. Die infolge der Einfügungen unübersichtlich gewordene Richtlinie hat der Gesetzgeber **2003** aus Gründen der Übersichtlichkeit und Klarheit **neu kodifiziert**[26]. Die rechtspolitisch umstrittene Einordnung von Bereitschaftsdienstzeiten v. a. von Ärzten, die der EuGH als Arbeitszeit qualifiziert hatte (unten, Rdn. 20), blieb aber zunächst noch ungeregelt.

---

21 Zur Entwicklung eingehend *Moffat*, Nott.L.J. 6 (1997), 45, 49–61.

22 *Deakin/Morris*, Labour Law, Rdn. 4.75 f.; *Gray*, YEL 17 (1998), 323, 324–326; *von Prondzynski*, ILJ 23 (1994), 92–95.

23 Vgl. *Addnett/Hardy*, IRJ 32 (2001), 114, 117–119; *Gray*, YEL 17 (1998), 323, 327–329.

24 EuGH v. 12.11.1996 – Rs. C-84/94 *Vereinigtes Königreich ./. Rat*, EU:C:1996:431. Dazu *Fitzpatrick*, ILJ 26 (1997), 115–135; *Gray*, YEL 17 (1998), 323–362.

25 Richtlinie 2000/34/EG des Europäischen Parlaments und des Rates v. 22.6.2000 zur Änderung der Richtlinie 93/104/EG des Rates über bestimmte Aspekte der Arbeitszeitgestaltung hinsichtlich der Sektoren und Tätigkeitsbereiche, die von jener Richtlinie ausgeschlossen sind, ABl. 2000 L 195/41.

26 S. oben, Fn. 1. Die Rechtsprechung zur ursprünglichen Richtlinie ist auf die kodifizierte Richtlinie übertragbar, EuGH v. 10.9.2015 – Rs. C-266/14 *Tyco*, EU:C:2015:578 Rdn. 22.

3. Reformpläne

Eine weitergehende **Reform** der Richtlinie nahm die Kommission mit einem Vorschlag aus dem Jahr 2004,[27] nach Stellungnahme des Parlaments im Jahr 2005 geändert,[28] in Angriff.[29] Es ging vor allem um vier Themen, nämlich 10

- eine Regelung des Bereitschaftsdienstes, die eine Berücksichtigung qualitativer Bewertungen ermöglicht;
- die Überprüfung des Bezugszeitraums für die Höchstarbeitszeit (Kommissionsvorschlag: Verlängerung von vier auf zwölf Monate);
- die Überprüfung der *opt-out*-Regelung (Kommissionsvorschlag: grundsätzliche Beibehaltung);
- eine Regelung zur Förderung von Vereinbarkeit von Berufs- und Familienleben.

Die Ausgestaltung blieb, namentlich im Hinblick auf den Bereitschaftsdienst, zwischen Rat und Parlament umstritten. Nach einem Gemeinsamen Standpunkt vom 15.9.2008[30] schlug das EP am 17.12. 2008 weitere Änderungen vor (Art. 294 Abs. 7 lit. c) AEUV),[31] doch scheiterte das Vorhaben ungeachtet des Entgegenkommens der Kommission[32] im April 2009 im Vermittlungsausschuss.

Mit einer Mitteilung vom 24.3.2010 eröffnete die Kommission einen sozialen Dialog zur Überarbeitung der Arbeitszeitrichtlinie gem. Art. 154 AEUV.[33] Umstritten blieben der Begriff der Arbeitszeit sowie die Opt-out-Möglichkeit. Parallel untersuchte die Kommission die Umsetzung der Richtlinie in den Mitgliedstaaten.[34] Die Verhandlungen der Sozialpartner scheiterten im Dezember 2012. Nach einer er- 11

---

27 Vorschlag für eine Richtlinie des Europäischen Parlaments und des Rates zur Änderung der Richtlinie 2003/88/EG über bestimmte Aspekte der Arbeitszeitgestaltung, KOM(2004) 607 endg. (vgl. ABl. 2004 C 322/10); dazu etwa *Lörcher*, EuroAS 2005, 16–18 (krit.); *Ulber*, ZTR 2005, 70, 82; *Wahlers*, ZTR 2005, 515–521.

28 Geänderter Vorschlag für eine Richtlinie des Europäischen Parlaments und des Rates zur Änderung der Richtlinie 2003/88/EG über bestimmte Aspekte der Arbeitszeitgestaltung, KOM(2005) 246 endg. (vgl. ABl. 2005 C 146/13); *Wahlers*, ZTR 2005, 515, 521.

29 Vgl. *Schliemann*, NZA 2006, 1009–1014; *Anzinger*, FS Wißmann (2005), S. 14; *Thüsing*, EuZA 2008, 159, 163f. (eine Revision auch mit Rücksicht auf Umsetzungsdefizite und Akzeptanzprobleme anmahnend).

30 Gemeinsamer Standpunkt (EG) Nr. 23/2008 vom Rat festgelegt am 15.9.2008 im Hinblick auf den Erlass der Richtlinie 2008/ … /EG des Europäischen Parlaments und des Rates vom … zur Änderung der Richtlinie 2003/88/EG über bestimmte Aspekte der Arbeitszeitgestaltung, ABl. 2008 C 254 E/26.

31 Vorschlag für eine Richtlinie des Europäischen Parlaments und des Rates zur Änderung der Richtlinie 2003/88/EG über bestimmte Aspekte der Arbeitszeitgestaltung, KOM(2007) 607 endg.

32 Stellungnahme der Kommission v. 4.2.2009 gem. Art. 251 Abs. 2 UAbs. 3 lit. c) EG/294 Abs. 7 lit. c) AEUV), KOM(2009) 57 endg.

33 Mitteilung der Kommission v. 4.3.2010 an das Europäische Parlament, den Rat, den Europäischen Wirtschafts- und Sozialausschuss und den Ausschuss der Regionen Überarbeitung der Arbeitszeitrichtlinie (erste Phase der Anhörung der Sozialpartner auf europäischer Ebene gemäß Artikel 154 AEUV), KOM(2010) 106 endg. Anschließend Mitteilung der Kommission v. 21.12.2010 an das Europäische Parlament, den Rat, den Europäischen Wirtschafts- und Sozialausschuss und den Ausschuss der Regionen Überarbeitung der Arbeitszeitrichtlinie (zweite Phase der Anhörung der Sozialpartner auf europäischer Ebene gemäß Artikel 154 AEUV), COM(2010) 801 endg.

34 Bericht der Kommission v. 21.12.2010 an das Europäische Parlament, den Rat, den Europäischen Wirtschafts- und Sozialausschuss und den Ausschuss der Regionen über die Durchführung der Richtlinie 2003/88/EG („Arbeitszeitrichtlinie“) in den Mitgliedstaaten, COM(2010) 802 endg.

neuten Konsultation 2014/15 blieb ein für 2016 angekündigter Kommissionsvorschlag[35] einstweilen aus.[36]

4. Regelungsumfeld

12 Die Regelung der Arbeitszeitrichtlinie wird **ergänzt durch** eine Reihe von **Spezialregelungen**, namentlich für den Straßenverkehr (Lenkzeiten für LKW-Fahrer)[37], die Zivilluftfahrt[38], den grenzüberschreitenden Schienenverkehr[39] und die Binnenschifffahrt[40]. Vorrangige Spezialregelungen (u.a.) zu Fragen der Arbeitszeit enthalten die Mutterschutzrichtlinie (§ 23) und die Jugendarbeitsschutzrichtlinie (§ 25). Mit Rücksicht auf ihren Schutzzweck, aber auch in der Ausgestaltung ist die Arbeitszeitrichtlinie zudem eng mit der Arbeitsschutzrahmenrichtlinie verbunden, auch wenn sie nicht Einzelrichtlinie i.S.v. Art. 16 Abs. 1 ArbSchRL ist. Zum Gesamtthema der Ar-

---

35 Vgl. Commission Staff Working Document Accompanying the document Regulatory Fitness and Performance Programme (REFIT): State of Play and Outlook /* SWD/2014/0192 final S. 64.

36 EuArbRK/*Gallner*, Art. 1 RL 2003/88 Rdn. 11ff. („unüberbrückbare Interessengegensätze"); Schlachter/Heinig/*Schubert*/*Bayreuther*, § 11 Rdn. 69.

37 Richtlinie 2002/15/EG des Europäischen Parlaments und des Rates vom 11.3.2002 zur Regelung der Arbeitszeit von Personen, die Fahrtätigkeiten im Bereich des Straßentransports ausüben, ABl. 2002 L 80/35; Verordnung Nr. 3820/85 des Rates vom 20.12.1985 über die Harmonisierung bestimmter Sozialvorschriften im Straßenverkehr, ABl. 1985 L 370/1; berichtigt durch ABl. 1986 L 206/36. Der Vorschlag für eine Richtlinie des Europäischen Parlaments und des Rates zur Änderung der Richtlinie 2002/15/EG zur Regelung der Arbeitszeit von Personen, die Fahrtätigkeiten im Bereich des Straßentransports ausüben, KOM(2008) 650 endg., wurde 2011 zurückgenommen, ABl. 2011 C 225/6. Richtlinie (EU) 2020/1057 zur Festlegung besonderer Regeln im Zusammenhang mit der Richtlinie 96/71/EG und der Richtlinie 2014/67/EU für die Entsendung von Kraftfahrern im Straßenverkehrssektor und zur Änderung der Richtlinie 2006/22/EG bezüglich der Durchsetzungsanforderungen und der Verordnung (EU) Nr. 1024/2012 lässt Richtlinie 2002/15/EG unberührt.

38 Richtlinie 2000/79/EG des Rates vom 27.11.2000 über die Durchführung der von der Vereinigung Europäischer Fluggesellschaften (AEA), der Europäischen Transportarbeiter-Föderation (ETF), der European Cockpit Association (ECA), der European Regions Airline Association (ERA) und der International Air Carrier Association (IACA) geschlossenen Europäischen Vereinbarung über die Arbeitszeitorganisation für das fliegende Personal der Zivilluftfahrt, ABl. 2000 L 302.

39 Richtlinie 2005/47/EG des Rates vom 18.7.2005 betreffend die Vereinbarung zwischen der Gemeinschaft der Europäischen Bahnen (CER) und der Europäischen Transportarbeiter-Föderation (ETF) über bestimmte Aspekte der Einsatzbedingungen des fahrenden Personals im interoperablen grenzüberschreitenden Verkehr im Eisenbahnsektor, ABl. 2005 L 195.

40 Richtlinie 2014/112/EU des Rates vom 19.12.2014 zur Durchführung der von der Europäischen Binnenschifffahrts Union (EBU), der Europäischen Schifferorganisation (ESO) und der Europäischen Transportarbeiter-Föderation (ETF) geschlossenen Europäischen Vereinbarung über die Regelung bestimmter Aspekte der Arbeitszeitgestaltung in der Binnenschifffahrt, ABl. 2014 L 367/86.

beitszeit gehört schließlich auch die Rechtsprechung des EuGH zur Geschlechtsdiskriminierung durch ein Nachtarbeitsverbot für Frauen (s. o., § 10 Rdn. 36 und 59f.).[41]

II. Anwendungsbereich

1. Sachlicher Anwendungsbereich

Die Arbeitszeitrichtlinie hat im Ausgangspunkt denselben sachlichen Anwendungs- 13
bereich wie die Arbeitsschutz-Rahmenrichtlinie (§ 16 Rdn. 7f.):[42] Sie gilt für alle **privaten und öffentlichen Tätigkeitsbereiche**; sie findet keine Anwendung, soweit bestimmte spezifische Tätigkeiten im öffentlichen Dienst zwingend entgegenstehen (Art. 1 Abs. 3 ArbZRL i.V.m. Art. 2 Abs. 2 ArbSchRL). Der Ausnahmebereich ist, wie wir bereits zur Arbeitsschutz-Rahmenrichtlinie erörtert haben (oben, § 16 Rdn. 7), nach Auslegung des EuGH eng begrenzt.[43] Die normale (planbare) Tätigkeit von Rettungsfahrern, Feuerwehrleuten oder Ärzten im Gesundheitsdienst fällt nicht darunter.[44] Allerdings hat der Gerichtshof Art. 2 ArbSchRL insofern weit ausgelegt, als er darunter auch Gemeinwohlaufgaben wie den Schutz von Kindern gefasst und daher die Tätigkeit von Pflegeeltern von der Arbeitszeitrichtlinie ausgenommen hat.[45]

2. Persönlicher Anwendungsbereich

Persönlich findet sie auf Arbeitnehmer Anwendung. Der Begriff ist hier nicht näher 14
definiert, insoweit kommt es gem. Art. 1 Abs. 4 ArbZRL auf die Vorschriften der ArbSchRL an. So wie dort ist daher auch hier ein **unionsautonomer Arbeitnehmerbegriff** maßgeblich (§ 16 Rdn. 9 m.w.N.), der im Anschluss an die Rechtsprechung

---

41 Dazu auch *Fuchs/Marhold*, Europäisches Arbeitsrecht, S. 248–250.

42 EuGH v. 3.10.2000 – Rs. C-303/98 *SIMAP*, EU:C:2000:528 Rdn. 30f.; EuGH v. 9.2.2004–verb. Rs. C-397/01 bis C-430/01 *Pfeiffer*, EU:C:2004:584 Rdn. 48; EuGH v. 14.7.2005 – Rs. C-52/04 *Personalrat der Feuerwehr Hamburg ./. Leiter der Feuerwehr Hamburg*, EU:C:2005:467 Rdn. 38.

43 EuGH v. 30.4.2020 – Rs. C-211/19 *UO*, EU:C:2020:344 Rdn. 41ff. (ungarische Bereitschaftspolizei zur Grenzkontrolle in der Flüchtlingskrise); EuGH v. 14.10.2010 – Rs. C-428/09 *Union syndicale Solidaires Isère*, EU:C:2010:612 Rdn. 24.

44 EuGH v. 3.5.2012 – Rs. C-337/10 *Neidel*, EU:C:2012:263 Rdn. 21f. S. die Nachweise oben, § 16 Rdn. 7f., zur Arbeitsschutz-Rahmenrichtlinie.

45 EuGH v. 20.11.2018 – Rs. C-147/17 *Sindicatul Familia Constanţa u. a.*, EU:C:2018:926. Insofern ist die Beschränkung auf "Katastrophenschutzdienst" (etwa *Junker*, in: Giesen/Rieble/Junker (Hrsg.), Arbeitszeitmodelle der Zukunft, S. 104) zu eng.

zur Arbeitnehmerfreizügigkeit zu konkretisieren ist.[46] „Als „Arbeitnehmer“ ist jeder anzusehen, der eine tatsächliche und echte Tätigkeit ausübt, wobei Tätigkeiten außer Betracht bleiben, die einen so geringen Umfang haben, dass sie sich als völlig untergeordnet und unwesentlich darstellen. Das wesentliche Merkmal des Arbeitsverhältnisses besteht nach dieser Rechtsprechung darin, dass jemand während einer bestimmten Zeit für einen anderen nach dessen Weisung Leistungen erbringt, für die er als Gegenleistung eine Vergütung erhält“.[47] Der Begriff ist mithin weit gefasst.

15 Der Gerichtshof hat danach z. B. auch einen Beschäftigten als Arbeitnehmer angesehen, der bei einem „Zentrum für Hilfe durch Arbeit“ tätig war und über nur **geringe Produktivität** verfügte.[48] Auch der **GmbH-Fremdgeschäftsführer**[49] kann unionsrechtlich Arbeitnehmer sein. **Ehrenamtliche** sind nur dann Arbeitnehmer, wenn sie eine – sei es auch geringe – Vergütung erhalten (nicht bloßen Aufwendungsersatz).[50] Das ist z. B. beim Bundesfreiwilligendienst[51] der Fall, bei der Freiwilligen Feuerwehr[52] oder ehrenamtlicher Tätigkeit in Kirchengemeinde oder Sportverein kann die Vergütung jedoch fehlen. Ein – als ehrenamtlich bezeichneter – **Friedensrichter** kann Arbeitnehmer sein, wenn die Tätigkeit erhebliches Ausmaß annimmt und die als Entschädigung bezeichneten Leistungen Vergütungscharakter haben.[53] Das Erfordernis eines Unterordnungsverhältnisses ist – ungeachtet richterlicher Unabhängigkeit – erfüllt, wenn die Tätigkeit organisatorisch (Zuweisung von Akten und Sitzungsterminen) und disziplinarrechtlich geregelt ist. Ein selbständiger Kurierfahrer ist nicht Arbeitnehmer.[54]

3. Ausnahmeoptionen

16 Von den ursprünglich vorgesehenen Ausnahmen vom Anwendungsbereich[55] ist im Wesentlichen nur noch die zugunsten von Seeleuten erhalten geblieben. Sonst – etwa für Ärzte in der Ausbildung – gibt es keine pauschalen Ausnahmen mehr, sondern nur die sehr **differenzierten Ausnahmeoptionen**, Art. 17, 18, 22 ArbZRL.[56] Praktisch

---

46 EuGH v. 3.5.2012 – Rs. C-337/10 *Neidel*, EU:C:2012:263 Rdn. 21; EuGH v. 7.4.2011 – Rs. C-519/09 *May*, EU:C:2011:221 Rdn. 21; EuGH v. 14.10.2010 – Rs. C-428/09 *Union syndicale Solidaires Isère*, EU:C:2010:612 Rdn. 27 f.

47 EuGH v. 3.5.2012 – Rs. C-337/10 *Neidel*, EU:C:2012:263 Rdn. 23.

48 EuGH v. 26.3.2015 – Rs. C-316/13 *Fenoll*, EU:C:2015:200.

49 *Eckhoff*, FS Moll (2019), S. 109 ff.; *Forst*, GmbHR 2012, 821 ff.; *Henssler/Lunk*, NZA 2016, 1425, 1428 f.

50 *Risak*, ELLJ 10 (2019), 362 ff.; *ders.*, FS Marhold (2020), S. 727 ff. (de lege ferenda für einen Verzicht auf das Kriterium der Vergütung).

51 *Leube*, ZTR 2017, 391 ff.

52 Offen gelassen in EuGH v. 21.2.2018 – Rs. C-518/15 *Matzak*, EU:C:2018:82.

53 EuGH v. 16.7.2020 – Rs. C-658/18 *UX*, EU:C:2020:572 Rdn. 79 ff.

54 EuGH v. 22.4.2020 – Rs. C-692/19 *Yodel Delivery Network*, EU:C:2020:288.

55 S. zur Ausnahme von Tätigkeiten im Straßenverkehr in Richtline 93/104/EG noch EuGH v. 4.10.2001 – Rs. C-133/00 *Bowden*, EU:C:2001:514.

56 Zum Flexibilisierungspotential *Hanau*, EuZA 2019, 423 ff.; zur Ausnahme für leitende Angestellte gem. Art. 17 Abs. 1 lit. a) ArbZRL *Henssler/Lunk*, NZA 2016, 1425 ff. Die Ausnahmeoptionen sind auf ein-

wichtig ist die Möglichkeit des Art. 17 Abs. 1, von den Vorgaben über die tägliche und wöchentliche Höchstarbeitszeit abzuweichen, „wenn die Arbeitszeit wegen der besonderen Merkmale der ausgeübten Tätigkeit nicht gemessen und/oder nicht im Voraus festgelegt wird oder von den Arbeitnehmern selbst festgelegt werden kann"; der Gesetzgeber hat dabei insbesondere an **leitende Angestellte**, mitarbeitende Familienangehörige und Arbeitnehmer gedacht, die im liturgischen Bereich von Kirchen tätig sind. Die Ausnahmen sind eng auszulegen und zu beschränken auf das zum Schutz der genannten Interessen „unbedingt Erforderliche".[57]

III. Die Arbeitszeit

Die Richtlinie regelt zunächst die Arbeitszeit i. e. S., also die tägliche und die wöchent- 17
liche Arbeitszeit. Ausgangspunkt ist die Begriffsbestimmung der Arbeitszeit.

1. Begriffsbestimmung

a) Arbeitszeit und Ruhezeit

Die zentralen Begriffe hat der Gesetzgeber in Art. 2 ArbZRL definiert. Sie sind – zumal 18
wegen ihrer Bedeutung für das Rechtsangleichungsziel – unionsautonom auszulegen.[58] Nach Nr. 1 der Vorschrift ist **Arbeitszeit** „jede Zeitspanne, während der ein Arbeitnehmer gemäß den einzelstaatlichen Rechtsvorschriften und/oder Gepflogenheiten

[1] arbeitet (*is working, est au travail*),
[2] dem Arbeitgeber zur Verfügung steht (*at the employer's disposal, à la disposition de l'employeur*) und
[3] seine Tätigkeit ausübt oder Aufgaben wahrnimmt" (*carrying out his activity or duties, dans l'exercice de son activité ou ses fonctions*) (Numerierung hinzugefügt).

Die verwendeten Beschreibungen erweisen sich als problematisch, besonders das Kriterium [1] „arbeiten". Dieses kann weder auf einen räumlichen Aspekt („am Arbeitsort anwesend")[59] noch auf die Ausübung einer Tätigkeit reduziert werden[60]; s. Rdn. 19f. Die Definition enthält auch kein selbständiges Kriterium der „Zurechnung" zum Ar-

---

zelne Vorschriften beschränkt; so erlaubt Art. 17 keine Abweichung von Art. 2; EuGH v. 21.2.2018 – Rs. C-518/15 *Matzak*, EU:C:2018:82 Rdn. 33 ff.

57 EuGH v. 26.7.2017 – Rs. C-175/16 *Hälvä u. a.*, EU:C:2017:617 Rdn. 31 f.

58 EuGH v. 9.9.2003 – Rs. C-151/02 *Jaeger*, EU:C:2003:437 Rdn. 58 f. Ebenso schon (ohne Erörterung) EuGH v. 3.10.2000 – Rs. C-303/98 *SIMAP*, EU:C:2000:528 Rdn. 47–52.

59 So *Hanau*, EuZA 2019, 423, 427 unter Berufung auf die französische und spanische Sprachfassung.

60 So *Wank*, RdA 2014, 285.

beitgeber,[61] doch folgt eine Zurechnung daraus, dass es um vertraglich vereinbarte Tätigkeiten gehen muss.[62] **Ruhezeit** ist nach Nr. 2 jede Zeit, die nicht Arbeitszeit ist. Den für die Arbeitszeit entscheidenden Gesichtspunkt sieht der Gerichtshof darin, dass „der Arbeitnehmer verpflichtet ist, sich an einem vom Arbeitgeber bestimmten Ort aufzuhalten und sich zu seiner Verfügung zu halten, um gegebenenfalls sofort seine Leistungen erbringen zu können".[63]

19 Nach diesen Kriterien hat der Gerichtshof für Montage- und Kundendienst-Mitarbeiter ohne festen Arbeitsort, die täglich mit einem Firmenfahrzeug von ihrem Wohnort zu Kunden fahren, die **Fahrtzeit als Arbeitszeit** angesehen.[64] Mit der Anfahrt nimmt der Mitarbeiter seine Aufgaben wahr [3]. Auch wenn er die Route wählen und sein Mobiltelefon ausschalten kann, steht dem Mitarbeiter doch nicht frei, eigene Interessen zu verfolgen, und steht er daher dem Arbeitgeber zur Verfügung [2]. Und schließlich ist bei Außendiensttätigkeiten die Anfahrt untrennbar mit der eigentlichen Dienstleistung verbunden und gehört daher zur „Arbeit" [1]. Für den Regelfall der Fahrt vom Wohnort zur Arbeit kann das freilich nicht gelten.[65] Auch **„Zeiten der Untätigkeit"**, wie sie für stellvertretende Kinderdorfeltern im SOS-Kinderdorf im Rahmen von 24-Stunden-Diensten auftreten, können Arbeitszeit i.S.v. Art. 2 sein.[66]

b) Die Einordnung von Bereitschaftsdienst und Rufbereitschaft

20 Diese Dichotomie von Arbeitszeit und Ruhezeit hat zu Schwierigkeiten geführt. Insgesamt wird gerügt, die Zweiteilung werde der Arbeitspraxis nicht gerecht, weil sie qualitative Differenzierungen nicht ermögliche.[67] Die Einordnung von Bereitschaftsdienst und Rufbereitschaft von Ärzten hat das Problem besonders deutlich gemacht. Der EuGH hat versucht, diese Formen der Arbeitstätigkeit mit Rücksicht auf den Wortlaut von Art. 2 Nr. 1 ArbZRL und auf teleologische Erwägungen in die Dichotomie der Richtlinie einzufügen.[68] Danach ist der **Bereitschaftsdienst Arbeits-**

61 So *Hanau*, EuZA 2019, 423, 428.

62 Weitergehend will *Krause*, NZA-Beil. 2019, 86, 89 ausreichen lassen, dass die Tätigkeit einem betrieblichen Bedürfnis entspricht.

63 EuGH v. 9.7.2015 – Rs. C-87/14 *Kommission ./. Irland*, EU:C:2015:449 Rdn. 21; EuGH v. 1.12.2005 – Rs. C-14/04 *Dellas*, EU:C:2005:728 Rdn. 48.

64 EuGH v. 10.9.2015 – Rs. C-266/14 *Tyco*, EU:C:2015:578. Zust. (und weiterführend) *Boemke*, RdA 2020, 65, 71f.; *Junker*, in: Giesen/Rieble/Junker (Hrsg.), Arbeitszeitmodelle der Zukunft, S. 112.

65 Schlachter/Heinig/*Schubert*/*Bayreuther*, § 11 Rdn. 29.

66 EuGH v. 26.7.2017 – Rs. C-175/16 *Hälvä u.a.*, EU:C:2017:617 Rdn. 41f.

67 *Anzinger*, FS Wißmann (2005), S. 3–14 (der S. 9 darauf hinweist, dass die Mitgliedstaaten die Bezugnahme auf die „einzelstaatlichen Rechtsvorschriften und/oder Gepflogenheiten" in Art. 2 Ziff. 1 ArbZRL von den Mitgliedstaaten als Freiraum für die erforderlichen Differenzierungen verstanden worden war und S. 12f. die Differenzierungen in Deutschland als sachgerecht begründet); *Glowacka*, ELLJ 2020, (Online Vorabveröffentlichung); *Wank*, Anmerkung zu EuGH v. 3.10.2000 – Rs. C-303/98 *SIMAP*, EAS C Art. 2 RL 93/104/EWG Nr. 1 S. 41, 45–49.

68 EuGH v. 3.10.2000 – Rs. C-303/98 *SIMAP*, EU:C:2000:528 Rdn. 47–50; EuGH v. 11.1.2007 – Rs. C-437/05 *Vorel*, EU:C:2007:23. Zur Problematik schon *Balze*, EuZW 1994, 205, 206. Krit. zur Auslegung des

zeit.[69] Auch soweit der Arbeitnehmer keiner Tätigkeit nachgeht („arbeitet“, [1], Art. 2 Nr. 1 ArbZRL),[70] steht er in dieser Zeit doch dem Arbeitgeber zur Verfügung [2]. Auch die Bereitschaft (z. B. zur Notfallversorgung) gehört zu den „Aufgaben“, die ein Arzt in Ausübung seiner Pflichten wahrnimmt [3]. Die so vom Wortlaut im Ansatz getragene Zuordnung begründet der EuGH teleologisch[71] damit, dass die Richtlinie Sicherheit und Gesundheit der Arbeitnehmer gewährleisten will, indem ihnen Mindestruhezeiten sowie angemessene Ruhepausen zugestanden werden. Dieses Ziel sei gefährdet, wenn Zeiten, in denen der Arbeitnehmer im Betrieb persönlich anwesend sein muss, nicht zur Arbeitszeit gerechnet werden.[72]

Davon unterscheidet sich die **Rufbereitschaft** qualitativ dadurch, dass der Ar- 21
beitnehmer zwar erreichbar sein muss, währenddessen aber weithin frei über seine Zeit verfügen und eigenen Interessen nachgehen kann. Die Rufbereitschaft ist daher (in der Dichotomie der Richtlinie) grundsätzlich als Ruhezeit zu qualifizieren, nur soweit der Arzt tatsächlich tätig ist, handelt es sich um Arbeitszeit.[73] Ist der Arbeitnehmer (im konkreten Fall ein Feuerwehrmann) indes gebunden, die Rufbereitschaft **zu Hause** zu verbringen, verbunden mit der Verpflichtung, dem Ruf des Arbeitgebers innerhalb von acht Minuten Folge zu leisten, ist auch diese Zeit als Arbeitszeit zu qualifizieren. Auch in dieser Zeit kann er sich nicht eigenen persönlichen und sozialen Interessen widmen.[74] Der abweichende Vorschlag, im Einzelfall eine Gesamtbetrachtung anzustellen oder den Arbeitnehmer auf die heutigen Möglichkeiten heimischer Freizeitgestaltung mit elektronischen Medien zu verweisen,[75] erscheint demgegenüber wenig praktikabel und zudem als erheblicher Eingriff in Autonomie und Privatsphäre.

Moderne Arbeitsformen – besonders in der digitalisierten Arbeitswelt – werfen Grenzfragen 22
auf.[76] Das betrifft z. B. die Bewertung **kurzfristiger Unterbrechungen** während der Freizeit (wie das Lesen oder Beantworten einer E-Mail). Gehen solche Unterbrechungen über eine Bagatellgrenze hinaus (wie z. B. eine Problem-Meldung, die die Aufmerksamkeit des Arbeitnehmers in hohem Maße in

---

EuGH *Weuthen*, Die arbeitszeitrechtliche Bewertung des Bereitschaftsdienstes durch den EuGH, S. 131ff.

69 Das gilt auch für anderes Berufe: EuGH v. 3.7.2001 – Rs. C-241/99 *CIG*, EU:C:2001:371 Rdn. 27 (medizinisches und Pflegepersonal); EuGH v. 4.3.2011- Rs. C-258/10 *Grigore*, EU:C:2011:122 Rdn. 42ff. (Förster).

70 EuGH v. 3.10.2000 – Rs. C-303/98 *SIMAP*, EU:C:2000:528 Rdn. 48 bejaht sogar das, wenn auch etwas schlankweg („Bei dieser Art Bereitschaftsdienst sind unstreitig die ersten beiden Voraussetzungen [von Art. 2 Nr. 1 ArbZRL] erfüllt.“).

71 Kritisch wegen der dürren Begründung *Wank*, EAS C Anm. zu Nr. 1 zu Art. 2 RL 93/104/EWG, S. 41, 45–49.

72 EuGH v. 9.9.2003 – Rs. C-151/02 *Jaeger*, EU:C:2003:437 Rdn. 63, 92.

73 EuGH v. 3.10.2000 – Rs. C-303/98 *SIMAP*, EU:C:2000:528 Rdn. 50; EuGH v. 9.9.2003 – Rs. C-151/02 *Jaeger*, EU:C:2003:437 Rdn. 51; EuGH v. 11.1.2007 – Rs. C-437/05 *Vorel*, EU:C:2007:23.

74 EuGH v. 21.2.2018 – Rs. C-518/15 *Matzak*, EU:C:2018:82 Rdn. 53ff.

75 *Bayreuther*, NZA 2018, 348ff.

76 *Glowacka*, ELLJ 2020, (Online Vorabveröffentlichung); Schlachter/Heinig/*Schubert*/*Bayreuther*, § 11 Rdn. 26.

Anspruch nimmt), führen sie zur Bewertung als Arbeitszeit.[77] Wird vom Arbeitnehmer **„ständige Erreichbarkeit"** erwartet, ist entsprechend der Bewertung von Rufbereitschaft zu unterscheiden. Muss der Arbeitnehmer etwa nur zum Abruf präsenter Informationen erreichbar sein, begründet das keine Arbeitszeit.[78] Schränkt die Rufbereitschaft seine Freizeitgestaltung erheblich ein, weil er auch kurzfristig für intensive Arbeitstätigkeit zur Verfügung stehen muss, handelt es sich um Arbeitszeit.[79] Eine Flexibilisierung lässt sich über Art. 18 ArbZRL erreichen.[80]

23 Der EuGH hat damit eine Unterscheidung gefunden, die an ein leicht erkennbares und auch teleologisch begründetes Merkmal anknüpft. Die Entscheidung bleibt indes unbefriedigend. Das liegt zum einen daran, dass der Gesetzgeber mit der kruden Dichotomie von Arbeitszeit und Ruhezeit den Arbeitszeitmodellen der Praxis nicht gerecht wird. Auf der Grundlage dieser Zweiteilung leuchtet die Unterscheidung des EuGH zwar ein, doch passen die Anwendungsfälle nicht ohne Gewalt in die von der Richtlinie vorgegebenen Förmchen herein. Die Sache erfordert Zwischenkategorien, die es erlauben, den qualitativen Belastungen bzw. Einschränkungen Rechnung zu tragen.[81] In Ermangelung von Zwischenkategorien bedienen sich viele Mitgliedstaaten der Ausnahmeoption des Art. 22 ArbZRL, die unter bestimmten Kautelen eine privatautonome Abweichung von der wöchentlichen Höchstarbeitszeit ermöglicht (s. unten, Rdn. 36f.). Zu beachten ist freilich, dass die Richtlinie die Vergütung nicht regelt. Es ist daher möglich, Bereitschaftsdienst als Arbeitszeit anders zu entlohnen.

24 Mit dem bereits seit 2004 schwebenden **Reformvorhaben** (oben, Rdn. 10f.) versucht die Kommission u.a., die mit dem Bereitschaftsdienst verbundenen Arbeitszeitfragen gesetzlich zu regeln. Nach dem Gemeinsame Standpunkt vom 15.9.2008 sollten dazu zwei neue Definitionen in die Richtlinie eingefügt werden, nämlich für den Bereitschaftsdienst (Art. 2 Nr. 1a GS) und für die inaktive Zeit während des Bereitschaftsdienstes (Art. 2 Nr. 1c GS).[82] Diese inaktive Zeit, während der der Arbeitnehmer zwar Dienst hat, er aber vom Arbeitgeber nicht zur tatsächlichen Ausübung seiner Tätigkeit oder zur tatsächlichen Wahrnehmung seiner Aufgaben herangezogen wird, sollte im Grundsatz keine Arbeitszeit sein (Art. 2 a Abs. 1 S. 1 GS). Das mitgliedstaatliche Recht oder Tarifverträge sollten aber Anderes vorsehen können; auch eine pauschalierte Bestimmung, welcher Anteil als inaktive Zeit gilt, sollte ermöglicht werden (Art. 2 a Abs. 1 S. 2, Abs. 2 GS). Für die Berechnung der täglichen oder wöchentlichen Höchstarbeitszeit sollte die inaktive Zeit während des Bereitschaftsdienstes außer Betracht bleiben, wenn nicht Tarifverträge oder das mitgliedstaatliche Recht Abweichendes vorsehen (Art. 2 a Abs. 3 GS). Umgekehrt sollte die Zeit des Bereitschaftsdienstes, in der der Arbeitgeber tatsächlich seine Tätigkeit ausübt oder Aufgaben wahrnimmt, stets Arbeitszeit darstellen (Art. 2 a Abs. 4 GS). Damit würde die Rechtsprechung des EuGH korrigiert. Der Einwand, der arbeitszeitrechtliche Schutz werde durch eine solche Regelung zurückgeschraubt, erscheint demgegenüber nicht ganz treffend. Zunächst wären Fragen des Bereitschaftsdienstes damit auf unionsrechtlicher Ebene erstmals gesetz-

---

77 Ebenso *Krause*, NZA-Beil. 2019, 86, 90.

78 *Jacobs*, NZA 2016, 733, 735f.; *Krause*, NZA-Beil. 2019, 86, 90f.; *Wank*, RdA 2014, 285, 288f.

79 *Hanau*, EuZA 2019, 423, 429; *Krause*, NZA-Beil. 2019, 86, 91.

80 *Krause*, NZA 2017, 53, 56f.

81 In diese Richtung etwa auch *Kenner*, IRJ 35 (2004), 588, 600. Vgl. ferner EuGH v. 1.12.2005 – Rs. C-14/04 *Dellas*, EU:C:2005:728 Rdn. 43, 47.

82 Krit. *Weuthen*, Die arbeitszeitrechtliche Bewertung des Bereitschaftsdienstes durch den EuGH, S. 302ff.

lich geregelt, also von der Judikative in die Legislative zurückgeholt worden. Das ist in jedem Fall zu befürworten, denn auch wenn man davon ausging, dass der Bereitschaftsdienst schon zuvor in den Regelungsbereich der Richtlinie fiel, daher als Arbeits- oder Ruhezeit qualifiziert werden musste, war diese Einordnung doch notwendig behelfsmäßig und in der Sache unbefriedigend. Gerade an der Neuregelung des Bereitschaftsdienstes entzündete sich freilich die Kritik des Parlaments, das den Schutz insbesondere der Ärzte für unzureichend hielt.

2. Tägliche Arbeitszeit

Die Tagesarbeitszeit wird durch Vorschriften von Art. 3 und 4 ArbZRL über Mindestruhezeiten und Ruhepausen bestimmt. Der Gerichtshof hat die Regeln über Mindestruhezeiten als „besonders wichtige Regeln des Sozialrechts der Union“ angesehen, „die jedem Arbeitnehmer als ein zum Schutz seiner Sicherheit und seiner Gesundheit erforderlicher Mindestanspruch zugute kommen müssen“.[83] Vorgesehen sind 25

- eine elfstündige, zusammenhängende *Mindestruhezeit* je 24-Stunden-Zeitraum, Art. 3 ArbZRL und
- eine *Ruhepause* ab sechs Stunden zusammenhängender Arbeitszeit, Art. 4 ArbZRL.[84]

Damit beträgt die *tägliche Höchstarbeitszeit* (24 – 11 =) 13 Stunden. Diese Höchstarbeitszeit gilt für den einzelnen Arbeitnehmer („jedem Arbeitnehmer“), nicht für die Beschäftigung bei einem Arbeitgeber. Auch wenn der Arbeitnehmer bei mehreren Arbeitgebern tätig ist, darf er nicht mehr als 13 Stunden arbeiten.[85] Der 24-Stunden-Zeitraum beginnt mit Arbeitsaufnahme.[86] Die Mindestruhezeit muss an die Arbeit anschließen. Es ist folglich nicht möglich, dass 13-Stunden-Schichten unmittelbar aufeinander folgen, indem man sie verschiedenen 24-Stunden-Zeiträumen zuordnet.[87]

Für die **Einzelheiten der Ruhepausen**, insbesondere ihrer Dauer und Voraussetzungen, bleibt es bei dezentralen Regelungen: Sie werden in Tarifverträgen oder Vereinbarungen zwischen den Sozialpartnern oder in Ermangelung solcher Übereinkünfte in den innerstaatlichen Rechtsvorschriften festgelegt (Art. 4 Hs. 2 ArbZRL). Der 26

---

83 EuGH v. 14.10.2010 – Rs. C-428/09 *Union syndicale Solidaires Isère*, EU:C:2010:612 Rdn. 36.

84 S.a. EuGH v. 7.9.2006- Rs. C-484/04 *Kommission ./. Vereinigtes Königreich*, EU:C:2006:526 Rdn. 38 (Bestimmungen über Mindestruhezeiten sind „besonders wichtige Regeln des Sozialrechts der Gemeinschaft, die jedem Arbeitnehmer als ein zum Schutz seiner Sicherheit und seiner Gesundheit bestimmter Mindestanspruch zugute kommen müssen“). Zur Gestaltung *Barnard*, EU Employment Law, S. 540 (Erfordernis *vorheriger* Festlegung steht der Qualifizierung von Ausfallzeit als Ruhepause entgegen); vgl. auch EuGH v. 9.9.2003 – Rs. C-151/02 *Jaeger*, EU:C:2003:437 Rdn. 95.

85 So zu Recht *Balze*, EAS B 3100, Rdn. 111 Fn. 323.

86 EuArbRK/*Gallner*, Art. 3 RL 2003/88/EG Rdn. 4; Preis/Sagan/*Ulber*, Rdn. 7.150.

87 EuArbRK/*Gallner*, Art. 3 RL 2003/88/EG Rdn. 4; Preis/Sagan/*Ulber*, Rdn. 7.151; anders *Schliemann*, NZA 2004, 513, 516.

Vorrang tarifvertraglicher Regeln gilt auch in Mitgliedstaaten wie Deutschland, die keine flächendeckende Bindung an Tarifverträge kennen.[88]

27 **Ausnahmen** von der Höchstarbeitszeit und den Ruhepausen sind nach Art. 17, 18 ArbZRL möglich.[89] Als Ausnahmen von dem unionsrechtlichen Schutzsystem der Arbeitszeit hat der Gerichtshof die Vorschriften eng ausgelegt.[90]

3. Wöchentliche Arbeitszeit

28 Die wöchentliche Arbeitszeit ist durch zwei Merkmale bestimmt, nämlich die wöchentliche Ruhezeit (vereinfacht gesprochen: „das Wochenende", s. aber unten, Rdn. 32!; Art. 5 ArbZRL) und durch die wöchentliche Höchstarbeitszeit (Art. 6 ArbZRL).

a) Wöchentliche Ruhezeit

29 Die wöchentliche Ruhezeit beträgt 24 Stunden, Art. 5 Abs. 1 ArbZRL. Der Ruhezeitraum von 24 Stunden ist „pro Siebentageszeitraum" zu gewähren. Der EuGH hat diesen Begriff unionsautonom nach Wortlaut (*au cours de chaque période*), Systematik und Zweck dahin verstanden, dass die Ruhezeit **innerhalb des Siebentageszeitraums** gewährt werden muss, aber nicht notwendig am siebten Tag oder, über mehrere Zeiträume hinweg, stets am selben Wochentag.[91] Es ist daher durchaus möglich, dass ein Arbeitnehmer mehr als sechs Tage hintereinander arbeitet, weil der Ruhetag z. B. am Anfang eines Siebentageszeitraums und am Ende des darauffolgenden Zeitraums liegt.

30 Die wöchentliche Ruhezeit von 24 Stunden ist zuzüglich der elf Stunden täglicher Ruhezeit (Art. 3 Abs. 1 ArbZRL) zu gewähren, beträgt also **im Grundsatz 35 Stunden.** Die zusammengesetzte Bestimmung der Ruhezeit stellt zuerst klar, dass die tägliche Ruhezeit mit der wöchentlichen Ruhezeit nicht verrechnet werden darf. Nach Abs. 2 der Vorschrift kann man die Verbindung aber ausnahmsweise auflösen und die wöchentliche Ruhezeit von der täglichen Ruhezeit trennen, wenn objektive, technische oder arbeitsorganisatorische Umstände dies rechtfertigen. Gedacht ist dabei insbesondere daran, dass eine Umstellung von der Spätschicht (z. B. bis Sonnabend 22.00 Uhr) auf die Frühschicht (z. B. ab Montag, 6.00 Uhr: Ruhezeitraum beträgt lediglich 32 Stunden) möglich sein soll.[92]

---

88 Vgl. *Günther,* BArbBl 10/1993, 17, 20 (auch Firmentarifverträge).
89 *M.Schmidt,* Arbeitsrecht der EG, Teil II Rdn. 74; *Hanau,* EuZA 2019, 423, 430 ff.
90 EuGH v. 14.10.2010 – Rs. C-428/09 *Union syndicale Solidaires Isère,* EU:C:2010:612 Rdn. 40.
91 EuGH v. 9.11.2017 – Rs. C-306/16 *Maio Marques da Rosa,* EU:C:2017:844 Rdn. 38 ff.
92 *Balze,* EuZW 1994, 205, 207; *Günther,* BArbBl 10/1993, 17, 18.

Die wöchentliche Ruhezeit muss nicht notwendig strikt eingehalten werden, vielmehr können die Mitgliedstaaten einen – freilich beschränkten – **Bezugszeitraum von bis zu 14 Tagen** vorsehen, in dessen Durchschnitt die Ruhezeit gewahrt ist, Art. 16 lit. a) ArbZRL. Für weitere Fälle sieht Art. 17 ArbZRL Ausnahmeoptionen vor.[93] 31

Die Ausnahmevorschriften der Art. 16f. ArbZRL erlauben den Mitgliedstaaten hier und auch in anderen Fällen, einen **Bezugszeitraum** zu definieren. Dadurch wird den Unternehmen größere Flexibilität bei der Anwendung von Arbeitszeit-Grenzen eingeräumt. Die Grenze bleibt zwar gleich, muss aber nicht in jedem Einzelfall gewahrt werden, sondern nur im Durchschnitt des Bezugszeitraums. Statt jede Woche 24 Stunden Ruhezeit (zuzüglich zur täglichen Ruhezeit) zu gewähren, kann der Arbeitgeber nach mitgliedstaatlichem Recht in einem Zeitraum von 14 Tagen 48 Stunden Ruhezeit vorsehen. 32

b) Höchstarbeitszeit

Für die Höchstarbeitszeit gibt die Richtlinie den Mitgliedstaaten nur einen äußersten Rahmen vor: Die durchschnittliche Arbeitszeit darf pro Siebentageszeitraum **48 Stunden** nicht überschreiten. „Diese Obergrenze hinsichtlich der durchschnittlichen wöchentlichen Arbeitszeit ist eine besonders wichtige Regel des Sozialrechts der Union, die jedem Arbeitnehmer als ein zum Schutz seiner Sicherheit und seiner Gesundheit bestimmter Mindestanspruch zugutekommen muss".[94] Arbeitszeiten bei verschiedenen Arbeitgebern müssen dem Zweck der Vorschrift entsprechend zusammengerechnet werden.[95] 33

Für die Ermittlung des Durchschnitts können die Mitgliedstaaten einen **Bezugszeitraum** von bis zu vier Monaten vorsehen, Art. 16 lit. b) UAbs. 1 ArbZRL, bei bestimmten Tätigkeiten auch bis zu sechs Monaten, Art. 17 Abs. 3, 19 Abs. 1 ArbZRL.[96] Krankheits- und Urlaubszeiten müssen bei der Berechnung des Durchschnitts unberücksichtigt bleiben, Art. 16 lit. b) UAbs. 2 ArbZRL. 34

Gesetzliche oder kollektivvertragliche **Abweichungen** von der wöchentlichen Höchstarbeitszeit lässt nur Art. 17 Abs. 1 (Tätigkeiten, bei denen Arbeitszeit nicht gemessen/im Voraus festgelegt wird, insbes. leitende Angestellte) oder Abs. 5 (Ärzte in der Ausbildung) zu.[97] 35

Darüber hinaus ermöglicht die – auf Betreiben des Vereinigten Königreichs aufgenommene – Bestimmung des Art. 22 Abs. 1 ArbZRL den Mitgliedstaaten, bei Beachtung eingehender prozeduraler Kautelen auch eine **privatautonome Abweichung** 36

---

93 Zur Auslegung der Art. 17f. ArbZRL EuGH v. 21.10.2010 – Rs. C-227/09 *Accardo*, EU:C:2010:624 Rdn. 30ff.

94 EuGH v. 14.10.2010 – Rs. C-243/09 *Fuß I*, EU:C:2010:609 Rdn. 33; EuGH v. 25.11.2010- Rs. C-429/09 *Fuß II*, EU:C:2010:717 Rdn. 33, 49, 79.

95 Ausdrücklich so geregelt in Art. 4 lit. b) RL 2002/15/EG (oben, Rdn. 25 mit Fn. 31).

96 Zur Ausgestaltung als feste (nach bestimmten Daten) oder flexible (fortlaufende, gleitende) Bezugszeiträume EuGH v. 11.4.2019 – Rs. C-254/18 *Syndicat des cadres de la sécurité intérieure*, EU:C:2019:318.

97 EuGH v. 9.9.2003 – Rs. C-151/02 *Jaeger*, EU:C:2003:437 Rdn. 83.

von Art. 6 zuzulassen.[98] Davon wurde anfangs besonders im Vereinigten Königreich häufig Gebrauch gemacht,[99] infolge der *SIMAP*-Entscheidung zum Bereitschaftsdienst (oben, Rdn. 20–24) aber auch in anderen Mitgliedstaaten.[100] Der Gerichtshof hat diese individuelle Dispositionsmöglichkeit mit Rücksicht auf den Schutzzweck der Richtlinie restriktiv dahin ausgelegt, dass der Arbeitnehmer nicht nur individuell, sondern auch ausdrücklich und frei zustimmen muss.[101] Dazu reicht die bloße Bezugnahme auf eine entsprechende tarifvertragliche Regelung nicht aus.[102]

37 Im Gemeinsamen Standpunkt vom 15.9.2008 („GS", Rdn. 10) war vorgesehen, die Dispositionsmöglichkeit des Art. 22 weitergehend zu beschränken. Art. 22 Abs. 1 GS betonte zunächst den „allgemeinen Grundsatz", „dass die wöchentliche Höchstarbeitszeit in der Europäischen Union 48 Stunden beträgt" und hob hervor, dass die Mitgliedstaaten den Schutz von Sicherheit und Gesundheit auf anderem Wege sicherstellen müssen, sofern sie davon abweichen. Zudem sollten in Art. 22 Abs. 2 GS die prozeduralen Kautelen verschärft werden, insbesondere dadurch, dass die Zustimmung des Arbeitnehmers, mehr zu arbeiten, nichtig ist, wenn er sie bei Vertragsschluss oder während der ersten vier Wochen des Arbeitsverhältnisses (also nach tatsächlichem Arbeitsbeginn) gibt.

38 In einem – auf Betreiben der Bundesrepublik aufgenommenen,[103] zwischenzeitlich durch die Richtlinie 2000/34 entfernten – Absatz 2 sah Art. 5 der ursprünglichen Richtlinie noch vor, dass die Mindestruhezeit gemäß Art. 5 Abs. 1 den **Sonntag** grundsätzlich mit einschließt. Der EuGH hat die Regelung für nichtig erklärt, da sie von der Kompetenzgrundlage des Art. 118a EGV (heute Art. 153 AEUV) nicht gedeckt war.[104] Der Sonntag hat keinen engeren Bezug zu Sicherheit und Gesundheit von Arbeitnehmern als ein anderer Wochentag. Die Kompetenznorm erlaubt zwar, religiöse und kulturelle Prägungen zu respektieren, nicht aber, sie für alle Mitgliedstaaten verbindlich vorzuschreiben. Nationale Arbeitsverbote an Sonntagen könnten Maßnahmen mit gleicher Wirkung im Sinne des Art. 34 AEUV (Warenverkehrsfreiheit) darstellen und sind daher einer Verhältnismäßigkeitsprüfung zu unterziehen.[105]

---

98 *Hanau,* EuZA 2019, 423, 434 ff. Krit. *Kenner,* IRJ 35 (2004), 588, 590–592.

99 *Barnard/Deakin/Hobbs,* ILJ 32 (2003), 223–252 (S. 224: „the individual opt-out is in widespread use and is regarded, in preference to other derogations, as the most convenient and effective mechanism for avoiding the 48-hour limit on weekly working time"); die Autoren sehen die individuelle Dispositionsmöglichkeit als wesentlichen Grund für eine Verwässerung der Richtlinienziele in der Praxis im Vereinigten Königreich an.

100 *Barnard,* EU Employment Law, S. 549–551; *Kenner,* IRJ 35 (2004), 588, 595–599 (unter Hinweis auf die damit verbundenen kontraintentionalen Effekte). S.a. EuGH v. 9.9.2003 – Rs. C-151/02 *Jaeger,* EU:C:2003:437 Rdn. 84 f.

101 EuGH v. 9.2.2004 – verb. Rs. C-397/01 bis C-430/01 *Pfeiffer,* EU:C:2004:584 Rdn. 84. S.a. *Barnard,* EU Employment Law, S. 550.

102 EuGH v. 9.2.2004 – verb. Rs. C-397/01 bis C-430/01 *Pfeiffer,* EU:C:2004:584 Rdn. 75–86.

103 Die Regelung ging auf Drängen der Bundesrepublik zurück und wurde (im Rat) für nicht bindend gehalten („grundsätzlich"); s. noch *Balze,* EuZW 1994, 205, 207; *Günther,* BArbBl 10/1993, 17, 18.

104 EuGH v. 12.11.1996 – Rs. C-84/94 *Vereinigtes Königreich ./. Rat,* EU:C:1996:431 Rdn. 37.

105 Zum Verbot der Sonntagsarbeit EuGH v. 23.11.1989 – Rs. C-145/88 *Trofaen,* EU:C:1989:593; EuGH v. 28.2.1991 – Rs. C-312/89 *SIDEF-Conforma,* EU:C:1991:93; EuGH v. 28.2.1991 – Rs. C-332/89 *Trafitex,* EU:C:1991:94.

4. Arbeitszeiterfassung

Die Mitgliedstaaten müssen den Arbeitgeber verpflichten, ein **objektives, verlässliches und zugängliches System** einzurichten, mit dem die von einem jeden Arbeitnehmer geleistete tägliche Arbeitszeit gemessen werden kann. Das sieht die Richtlinie zwar nicht ausdrücklich vor, hat der Gerichtshof aber mit Rücksicht auf die grundrechtliche Bedeutung der Höchstarbeitszeit- und Ruhezeitvorschriften von Art. 3, 5 und 6 ArbZRL den Umsetzungspflichten im Hinblick auf den Grundsatz der praktischen Wirksamkeit entnommen.[106] Ein System, das nicht die Arbeitszeit erfasst, sondern nur die Überstunden, genügt dem nicht. Der Arbeitnehmer als „schwächere Vertragspartei“ könne ohne objektive Feststellung der geleisteten Arbeitsstunden faktisch an der Rechtsdurchsetzung gehindert werden, insbesondere wenn er andere Beweismittel wie Zeugen, Vorlage von E-Mails oder die Untersuchung von Computern dafür aufbieten müsste. Näher zur Entscheidung unten, Rdn. 80ff. 39

Die Entscheidung hat erhebliche Aufmerksamkeit und – in Ergebnis und Begründung – Kritik erfahren. Tatsächlich kann man, zumal in Ermangelung spezifizierter Rechtsfolgenanordnung, daran zweifeln, ob sich die Pflicht zur Arbeitszeiterfassung noch mit den Mitteln zulässiger Rechtsfortbildung begründen lässt.[107] Der Begründungstopos der „schwächeren Partei“ schränkt die Autonomie der Arbeitnehmer ein, die jedoch für eine selbstbestimmte, befriedigende und gesunde Arbeitstätigkeit von Bedeutung sein kann.[108] Praktisch bringt die Zeiterfassung nicht unerheblichen administrativen Aufwand mit sich, der zudem die Überwachung des Arbeitnehmers intensivieren kann. Sie schränkt außerdem Modelle wie Vertrauensarbeit ein.[109] Allerdings dürfte die Selbsterfassung durch den Arbeitnehmer von den Rechtsprechungsanforderungen nicht ausgeschlossen sein.[110] 40

IV. Besondere Arbeitszeiten und -formen, insbesondere Nachtarbeit

1. Übersicht

Kapitel 3 der Richtlinie enthält besondere Vorschriften für Nachtarbeit, Schichtarbeit und Arbeitsrhythmus, also besondere Arbeitszeiten und -formen, die erstens vom Üb- 41

106 EuGH v. 14.5.2019 – Rs. C-55/18 *CCOO*, EU:C:2019:402. Zu den Folgen eingehend *Ulber*, Vorgaben des EuGH zur Arbeitszeiterfassung (2020).
107 *Bayreuther*, EuZW 2019, 446f.; *Höpfner/Daum*, RdA 2019, 270ff.; *Krause*, NZA-Beil. 2019, 86, 92f.; *Latzel*, EuZA 2019, 269ff.
108 *Glowacka*, ELLJ 2020, (Online Vorabveröffentlichung).
109 *Ulber*, NZA 2019, 677, 679f.
110 *Höpfner/Daum*, RdA 2019, 270, 279f.; *Krause*, NZA-Beil. 2019, 86, 93 (mit dem weiterführenden Gedanken, die Rechtsfortbildung anhand von rechtsaktsübergreifend-systematischen Erwägungen zu konkretisieren).

lichen („Normalarbeitsverhältnis") abweichen und dabei zweitens besondere Gefährdungen oder Belastungen für die Arbeitnehmer mit sich bringen können. Der Gesetzgeber begegnet dem durch ein Bündel von Schutzmaßnahmen, die primär die Nachtarbeit betreffen, nur punktuell ist die Schichtarbeit geregelt, nur rahmenhaft der Arbeitsrhythmus.

42 Eingehender sind nur die Vorschriften über die **Nachtarbeit**. Hier regelt
- Art. 8 die Dauer der Nachtarbeit,
- Art. 9 den Anspruch auf eine Gesundheitsuntersuchung,
- Art. 10 den Schutz besonderer Arbeitnehmergruppen,
- Art. 11 die Unterrichtung von Behörden und
- Art. 12 Maßnahmen zum Sicherheits- und Gesundheitsschutz.

43 Die Vorschrift des Art. 12 ArbZRL über den Sicherheits- und Gesundheitsschutz gilt auch für die **Schichtarbeit**, die aber sonst nicht weiter geregelt ist. Für den **Arbeitsrhythmus** enthält Art. 13 ArbZRL die Zielvorgabe menschengerechter Gestaltung.

2. Dauer der Nachtarbeit

44 Am Schnittpunkt zwischen den Vorschriften zur Arbeitszeitgestaltung (Kapitel 2) und denjenigen zur Nacht- und Schichtarbeit sowie zum Arbeitsrhythmus (Kapitel 3) steht Art. 8 ArbZRL. Die Vorschrift nimmt die Nachtarbeit zum Anlass für eine besondere Regelung der **Arbeitszeitgestaltung**. So ordnet die Richtlinie die Regel zwar formal Kapitel 3 zu, inhaltlich gehört sie jedoch in dem zentralen Punkt zu den Arbeitszeitregeln.

45 Die Regelung von Art. 8 ArbZRL knüpft an **Nachtarbeit** an. Diese liegt vor, wenn ein Arbeitnehmer zur Nachtzeit (Art. 2 Nr. 3 ArbZRL) entweder regelmäßig mindestens drei Stunden täglich oder eine bestimmte, von den Mitgliedstaaten festgelegte Gesamtstundenzahl jährlich arbeitet (Art. 2 Nr. 4 ArbZRL).[111]

46 Wird Nachtarbeit geleistet, so darf die normale Arbeitszeit nach Art. 8 Abs. 1 lit. a) ArbZRL **im Durchschnitt acht Stunden** pro 24-Stunden-Zeitraum nicht überschreiten. Die Vorschrift betrifft nur die normale Arbeitszeit, lässt m. a. W. für Sonderfälle Anderes zu. Sie verlangt zudem nur die Einhaltung eines Durchschnittswertes. Den Bezugszeitraum für die Bestimmung des Durchschnittswertes bestimmen die Mitgliedstaaten (frei) selbst; sie können den Bezugszeitraum entweder nach Anhörung der Sozialpartner durch Gesetz festlegen oder die Bestimmung einem Tarifvertrag oder einer Vereinbarung der Sozialpartner überlassen, Art. 16 lit. c) UAbs. 1 ArbZRL. Wenn die wöchentliche Mindestruhezeit von 24 Stunden (Art. 5 ArbZRL) in den Be-

111 Mit Hinweisen zur deutschen Umsetzung: *Balze*, EAS B 3100 Rdn. 163.

zugszeitraum fällt, so bleibt sie bei der Berechnung des Durchschnitts unberücksichtigt. Der damit von lit. c) eröffnete Spielraum wird deutlich, wenn man die Vorschrift mit jener von lit. b) über die Bezugszeiträume für die reguläre wöchentliche Höchstarbeitszeit vergleicht:

In einer von den Mitgliedstaaten zu definierenden Gruppe von **gefährlichen oder schweren Arbeiten** beträgt die Höchstarbeitszeit während jeweils 24 Stunden strikt und absolut acht Stunden. Die beiden Festlegungen – gefährliche oder schwere Arbeiten – können die Mitgliedstaaten gem. Art. 8 Abs. 2 ArbzRL auch auf die Tarifvertragsparteien delegieren, soweit diese Arbeitsverhältnisse flächendeckend regeln können. 47

3. Anfängliche und laufende Gesundheitsuntersuchung und Umsetzungspflicht für Nachtarbeiter

Vor Aufnahme der Nachtarbeit, aber auch danach regelmäßig, muss der Arbeitnehmer **gesundheitlich untersucht** werden, Art. 9 Abs. 1 lit. a) ArbZRL. Die Untersuchung muss unentgeltlich und unter Achtung der ärztlichen Schweigepflicht erfolgen, Abs. 2. Sie kann auch im Rahmen des öffentlichen Gesundheitswesens durchgeführt werden, Abs. 3. Umstritten ist, ob der Arbeitnehmer auf die Gesundheitsuntersuchung verzichten kann oder sie verweigern darf. Der Wortlaut ist nicht eindeutig.[112] Für eine bloße Berechtigung spricht, dass es primär um die Gesundheit des Arbeitnehmers geht. Indes steht u. U. auch die Sicherheit anderer Arbeitnehmer oder Dritter (Bsp.: Ärzte, LKW-Fahrer, ...) auf dem Spiel. Darüber kann der Arbeitnehmer nicht disponieren. Würde man anders entscheiden, so müsste das mitgliedstaatliche Recht nach dem Gebot der effektiven Umsetzung jedenfalls einen wirksamen Schutz gegen Missbrauch vorsehen. 48

In seinem zweiten Teil statuiert Art. 9 ArbZRL eine **Umsetzungspflicht** des Arbeitgebers: Führt die Nachtarbeit zu gesundheitlichen Schwierigkeiten, so besteht grundsätzlich ein Anspruch auf Umsetzung auf eine Tagesarbeitsstelle. Dieser Anspruch ist jedoch zweifach **eng eingegrenzt,** zunächst in den Voraussetzungen: 49

– Erforderlich ist der Nachweis der Kausalität, der zwar bei Mitverursachung geführt ist, der jedoch, da Überlastung häufig nur einer von mehreren potenziellen Faktoren ist,[113] keineswegs immer gelingt.

---

112 Auf der Grundlage der englischen Sprachfassung *(entitled)* nimmt *Ramsey,* E.L. Rev. 19 (1994), 528, 533, ein bloßes Recht auf Gesundheitsuntersuchung an; so wohl auch *Thüsing,* Europäisches Arbeitsrecht, § 7 Rdn. 80. Indes legt auch die französische Sprachfassung *(beneficient)* eine weitergehende Bindung nahe; *Klein,* DRdA 1994, 293, 294.

113 Gerade die diesbezüglichen Beweisschwierigkeiten waren Anlass für die Richtlinienregelung insgesamt: vgl. *Balze,* EuZW 1994, 205, 206.

– Vorausgesetzt sind zudem gesundheitliche Schwierigkeiten, was, wenn das Kausalitätserfordernis nicht leerlaufen soll, eng verstanden werden muss. Gesundheit ist also nicht mit Wohlbefinden gleichzusetzen – anders als sonst teilweise in den Arbeitsschutz-Richtlinien.

Insgesamt handelt es sich demnach, anders als bei den meisten Vorschriften der Richtlinie, nicht um eine Präventionsregel, die unabhängig vom konkreten Nachweis der Gefährlichkeit oder gar des Schadens Anwendung findet.

50 Zweitens ist die Umsetzung nur geschuldet, wenn sie „möglich" ist. Damit wird im Interesse des Arbeitgebers eine Zumutbarkeitsschranke vorgesehen. Das setzt zuerst voraus, dass der Betroffene für den Einsatz zur Tageszeit geeignet ist. Soweit die gegenläufige Umsetzung von einer Tages- auf eine Nachtarbeitsstelle nicht kraft Direktionsrechts zulässig ist,[114] müsste ein tauschwilliger Arbeitnehmer von der Tagesschicht vorhanden sein. Einen weiteren (sonst nicht benötigten!) Arbeitnehmer neu einzustellen, um dem Umsetzungswunsch Rechnung zu tragen, überschreitet die Zumutbarkeitsschwelle.

4. Sicherheits- und Gesundheitsschutz für Nacht- und Schichtarbeiter

51 In Art. 12 ArbZRL werden die Gesundheitsschutzmaßnahmen angesprochen und ihre Ausgestaltung bei spezifischer Lage der Arbeitszeit: Nacht- und Schichtarbeiter[115] dürfen im Hinblick auf Schutzmaßnahmen (etwa Erste Hilfe) **nicht** gegenüber anderen Arbeitnehmern **diskriminiert** werden (Nr. 2). Das Diskriminierungsverbot ist auch für atypische Arbeitsverhältnisse das zentrale Instrument des Arbeitsschutzes (näher unten, §§ 18–22). Dieser Teil der Vorschrift ist ohne Einschränkungen formuliert und so präzise („jederzeit"), dass nicht etwa Argumente der ökonomischen Machbarkeit entgegengehalten werden können.[116] Alles was tags an Schutzmaßnahmen vorgehalten wird, ist – proportional – auch nachts vorzuhalten. Darüber hinaus enthält Art. 12 ArbZRL eine Adaptionspflicht (Nr. 1), nach der bei Schutzvorkehrungen die spezifischen Probleme von Nacht- und Schichtarbeit gebührend bedacht werden müssen.

5. Arbeitsrhythmus

52 Nur als Tendenzangabe formuliert ist Art. 13 ArbZRL zum Arbeitsrhythmus.[117] Dieser soll **menschengerecht**, möglichst wenig eintönig und maschinenbestimmt sein. Präziser ist die Norm vor allem in der Statuierung einer hilfsweisen Maßnahme, nämlich der Einrichtung von Pausen, mit denen mögli-

---

114 Dies beurteilt sich nach den nationalen Rechten. Dazu für das deutsche Recht: ErfK/*Preis*, § 611a BGB Rdn. 656 und § 106 GewO Rdn. 31.

115 Für die Definitionen vgl. Art. 2 Nr. 3–6 ArbZRL und bereits oben Rdn. 45 für die Nachtarbeit.

116 Hanau/Steinmeyer/Wank/*Wank*, § 18 Rdn. 312.

117 Tendenziell ebenso *Balze*, EuZW 1994, 205, 208.

cher Eintönigkeit entgegengewirkt werden muss. Fraglich ist, ob die Regelung neben derjenigen der Arbeitsschutz-Rahmenrichtlinie (§ 16), die ebenfalls auch das Wohlbefinden der Arbeitnehmer im Auge hat, eigene Bedeutung hat.

6. Abweichungen

Die Mitgliedstaaten oder Tarif-/Sozialpartner können nach Art. 17, 18 ArbZRL **nur** von 53
der Regelung des Art. 8 über die **Dauer der Nachtarbeit** abweichen. Von den übrigen Vorschriften, die nicht die Arbeitszeitdisposition betreffen, sondern unmittelbar Gesundheitsvorsorge und Aufsicht, kann – teleologisch überzeugend – nicht abgewichen werden.

V. Der Jahresurlaub

1. Übersicht

Den Anspruch auf bezahlten Jahresurlaub hat der EuGH aus teleologisch-systemati- 54
schen Erwägungen, aber auch wegen der grundrechtlichen Fundierung in Art. 31 Abs. 2 GRCh (oben, Rdn. 2) als einen **besonders wichtigen Grundsatz des Sozialrechts der Union** begründet.[118] Die Kompetenznorm des Art. 118a EGV (vgl. jetzt Art. 153 AEUV), die Gemeinschaftscharta der sozialen Grundrechte (§ 2 Rdn. 68ff.) und die strenge, ausnahmslose (unten, Rdn. 75) Gewährung des Rechts in der ArbZRL weisen aus, dass der Gesetzgeber dem bezahlten Jahresurlaub besondere Bedeutung beigemessen hat. Diese herausgehobene Bedeutung des Jahresurlaubs hat dazu geführt, dass die Regelung des Art. 7 ArbZRL über ihren spezifischen Gehalt hinaus **Fernwirkungen** hat, die sich aus den Umsetzungspflichten der Mitgliedstaaten ergeben: Ist das Gebot des Art. 7 besonders stark, so werden dadurch die Umsetzungsspielräume eingeengt (s. Rdn. 55ff., 58ff.). **Der Eigenverantwortung des Arbeitnehmers**, die z.B. der niederländische Gesetzgeber hervorheben wollte,[119] hat der

---

118 EuGH v. 21.6.2012 – Rs. C-78/11 *ANGED*, EU:C:2012:372 Rdn. 16ff.; EuGH v. 22.11.2011 – Rs. C-214/10 *KHS*, EU:C:2011:761 Rdn. 23; EuGH v. 22.4.2010 – Rs. C-486/08 *Zentralbetriebsrat der Landeskrankenhäuser Tirols*, EU:C:2010:215 Rdn. 28ff.; EuGH v. 10.9.2009 – Rs. C-277/08 *Pereda*, EU:C:2009:542 Rdn. 18; EuGH v. 20.1.2009 – verb. Rs. C-350/06 und C-520/06 *Schultz-Hoff*, EU:C:2009:18 Rdn. 22; EuGH v. 18.3.2004 – Rs. C-342/01 *Merino Gómez*, EU:C:2004:160 Rdn. 29; EuGH v. 6.4.2006 – Rs. C-124/05 *Federatie Nederlandse Vakbeweging*, EU:C:2006:244 Rdn. 28; EuGH v. 16.3.2006 – verb. Rs. C-131/04 und C-257/04 *Robinson-Steele*, EU:C:2006:177 Rdn. 48; EuGH v. 26.6.2001 – Rs. C-173/99 *BECTU*, EU:C:2001:356 Rdn. 36–47. Zustimmend *Kohte*, FS Marhold (2020), S. 597ff.

119 EuGH v. 6.4.2006 – Rs. C-124/05 *Federatie Nederlandse Vakbeweging*, EU:C:2006:244 Rdn. 17. S.a. Rdn. 59 zum Antragserfordernis.

Gerichtshof mit Rücksicht auf diese Vorgaben **wenig Raum** gelassen, seine Rechtsprechung wird teilweise als paternalistisch kritisiert.[120]

2. Jahresurlaub

a) Grundsatz und Berechnung

55 Die Mitgliedstaaten müssen einen bezahlten **Mindestjahresurlaub**[121] von vier Wochen vorsehen, Art. 7 Abs. 1 ArbZRL. Die zeitliche Dauer von „vier Wochen" bezieht sich auf die Zeit der Freistellung unter Einbeziehung der arbeitsfreien Tage (Sonntag). Bei einer Sechs-Tage-Woche bedeutet das einen Anspruch auf Freistellung an (4 x 6 =) 24 Werktagen.[122]

56 Für die **Berechnung** des Urlaubs ist allein der **jeweilige Bezugszeitraum** maßgeblich, und zwar auch dann, wenn die Inanspruchnahme im Einzelfall (z. B. entbindungs- oder krankheitsbedingt; s. Rdn. 61 f.) verschoben werden muss. Das hat insbesondere dann Bedeutung, wenn der Arbeitnehmer zwischenzeitlich von Vollzeitarbeit zu Teilzeit wechselt. Dann darf der Urlaubsanspruch nicht etwa auf der Basis der herabgesetzten Zahl der Wochenarbeitsstunden berechnet werden.[123] Entsprechend ist umgekehrt beim Wechsel von Teilzeitarbeit auf Vollzeitbeschäftigung für die Berechnung der jeweilige Zeitraum maßgeblich.[124]

57 Dem Zweck des Urlaubsanspruchs, dem Arbeitnehmer Erholung und Entspannung von der Arbeitstätigkeit zu ermöglichen, entspricht es, der Urlaubsberechnung die **Arbeitszeit** zugrunde zu legen.[125] Nach Ansicht des Gerichtshofs sind darüber hinaus auch **Krankheitszeiten** zu berücksichtigen: Ist der Arbeitnehmer ordnungsgemäß krankgeschrieben, können die Mitgliedstaaten den Urlaubsanspruch nicht von der Voraussetzung abhängig machen, dass er während des Bezugszeitraums tatsächlich gearbeitet hat.[126] Krankheit kommt unwillkürlich, unvorhersehbar und unplanbar, und während der Krankheitszeit kann man sich nicht erholen. Ebenso bewertet der EuGH den Fall, dass der Arbeitnehmer den Urlaub infolge einer **rechtswidrigen Kündigung** nicht in Anspruch nehmen kann, denn auch diese ist für ihn unvorhersehbar und unplanbar.[127] Davon zu unterscheiden sind **Elternurlaubszeiten**. Elternurlaub entspricht regelmäßig dem Wunsch des Arbeitnehmers, ist vorhersehbar

---

120 *Bogg*, E.L. Rev. 31 (2006), 892–905.

121 Zum Mindestschutzcharakter EuGH v. 3.5.2012 – Rs. C-337/10 *Neidel*, EU:C:2012:263 Rdn. 33 ff.; EuGH v. 24.1.2012 – Rs. C-282/10 *Dominguez*, EU:C:2012:33 Rdn. 48–50; EuGH v. 19.11.2019 – verb. Rs. C-609/17 und C-610/17 *TSN*, EU:C:2019:981.

122 EuArbRK/*Gallner*, Art. 7 RL 2003/88 Rdn. 20.

123 EuGH v. 22.4.2010 – Rs. C-486/08 *Zentralbetriebsrat der Landeskrankenhäuser Tirols*, EU:C:2010:215 Rdn. 32; EuGH v. 13.6.2013 – Rs. C-415/12 *Brandes*, EU:C:2013:398 Rdn. 30 ff. *Junker*, FS Marhold (2020), S. 580 („kann empfindliche Auswirkungen haben"); Schlachter/Heinig/*Rudkowski*, § 12 Rdn. 30 (führt zu Überprivilegierungn von in Teilzeit wechselnden Arbeitnehmern).

124 EuGH v. 11.11.2015 – Rs. C-219/14 *Greenfield*, EU:C:2015:745 Rdn. 30 ff. Näher Schlachter/Heinig/*Rudkowski*, § 12 Rdn. 37.

125 *Jacobs/Münder*, RdA 2019, 332, 340 f.

126 EuGH v. 20.1.2009 – verb. Rs. C-350/06 und C-520/06 *Schultz-Hoff*, EU:C:2009:18 Rdn. 41; EuGH v. 24.1.2012 – Rs. C-282/10 *Dominguez*, EU:C:2012:33 Rdn. 20. Krit. *Fenski*, NZA 2014, 1381, 1384. Das entspricht im Grundsatz Art. 5 Abs. 4 IAO-Übereinkommen 132.

127 EuGH v. 25.6.2020 – verb. Rs. C-762/18 und C-37/19 *QH*, EU:C:2020:504 Rdn. 65 ff.

und planbar und kann von dem Arbeitnehmer auch zur Erholung und Entspannung genutzt werden. Daher können die Mitgliedstaaten diese Zeiten bei der Berechnung des Urlaubsanspruchs unberücksichtigt lassen.[128] Arbeitet der Arbeitnehmer wegen **Kurzarbeit** nicht („Kurzarbeit Null"), hat er für diese Zeit ebenfalls keinen Urlaubsanspruch.[129]

b) Modalitäten

„**Bedingungen** für die Inanspruchnahme und die Gewährung", wie etwa eine Wartezeit oder die Rücksicht auf betriebliche Belange, richten sich nach dem mitgliedstaatlichen Recht sowie den mitgliedstaatlichen Gepflogenheiten („Grundsatz der Verfahrensautonomie"), dem aber die **Umsetzungspflichten** (§ 1 Rdn. 76f.) Grenzen setzen. Zusätzliche Voraussetzungen wie eine **Erdienungszeit** von 13 Wochen (vor deren Ablauf keinerlei Urlaubsanspruch entstand!) hat der EuGH mit Rücksicht auf die besondere Bedeutung des bezahlten Jahresurlaubs (Rdn. 54) sowie die ausnahmslose Gestaltung des Rechts (Rdn. 75) für richtlinienwidrig gehalten.[130] In der Sache sah der Gerichtshof darin einen Verstoß gegen das Gebot der effektiven Umsetzung, weil die Erdienungszeit für bestimmte Branchen mit vornehmlich kurzer Beschäftigungsdauer faktisch einen Ausschluss von dem Anspruch auf bezahlten Jahresurlaub bedeuten würde.[131] Während die Richtlinie gem. ihrem Art. 1 Abs. 3 für alle Tätigkeitsbereiche gilt und insbesondere befristete oder Teilzeit-Arbeitsverhältnisse nicht ausschließt, würde eine solche nationale Regelung im Ergebnis eine von der Richtlinie nicht gedeckte Ausnahme vom Anwendungsbereich bewirken. Generell hat der Gerichtshof daher die mitgliedstaatliche Freiheit, „*Bedingungen* für die Inanspruchnahme oder Gewährung" des Jahresurlaubs *(conditions for entitlement to)*, auf **die Art und Weise** (das Wie) bezogen, **nicht auf das Ob** der Urlaubsgewährung. Daher ist es also zulässig, für die Inanspruchnahme des (unbedingt gewährten) Jahresurlaubs eine Wartezeit vorzusehen,[132] nicht aber, für die Entstehung des Urlaubsanspruchs eine Anwartschaftszeit. 58

Ein **Antragserfordernis** kann das mitgliedstaatliche Recht grundsätzlich vorsehen, und zwar auch mit der Folge, dass der Urlaubsanspruch mangels rechtzeitigen Antrags erlischt. Wegen der be- 59

128 EuGH v. 4.10.2018 – Rs. C-12/17 *Dicu*, EU:C:2018:799. Zust. *Daum*, RdA 2019, 49ff.

129 EuGH v. 13.12.2018 – Rs. C-385/17 *Hein*, EU:C:2018:1018 Rdn. 28f. („Im vorliegenden Fall dürften also, da Herr Hein im Jahr 2015 26 Wochen lang nicht tatsächlich gearbeitet hat, grundsätzlich nur zwei Urlaubswochen von Art. 7 Abs. 1 dieser Richtlinie erfasst sein".).

130 EuGH v. 26.6.2001 – Rs. C-173/99 *BECTU*, EU:C:2001:356 Rdn. 36–53. S.a. EuGH v. 24.1.2012 – Rs. C-282/10 *Dominguez*, EU:C:2012:33 Rdn. 17ff. (Voraussetzung einer Mindestarbeitszeit von zehn Tagen oder einem Monat während des Bezugszeitraums mit Art. 7 ArbZRL unvereinbar). Krit. *Fenski*, NZA 2014, 1381, 1384.

131 Vgl. EuGH v. 26.6.2001 – Rs. C-173/99 *BECTU*, EU:C:2001:356 Rdn. 27: Die Mitglieder der klagenden Gewerkschaft BECTU werden überwiegend aufgrund kurzfristiger Verträge von häufig unter 13 Wochen beschäftigt.

132 ErfK/*Dörner*, § 4 BUrlG Rdn. 2; *Thüsing*, Europäisches Arbeitsrecht, § 7 Rdn. 43.

sonderen Bedeutung des Urlaubsanspruchs und mit Rücksicht auf die schwächere Position des Arbeitnehmers ist aber sicherzustellen, dass der Arbeitnehmer, der keinen Urlaub beantragt, aus freien Stücken gehandelt hat und über die Folge des Anspruchsverlustes informiert war; dafür trägt der Arbeitgeber die Beweislast. Es darf kein Anreiz für den Arbeitnehmer geschaffen werden, auf den Urlaub zu verzichten.[133] Praktisch bedeutet das, dass der Arbeitgeber den Arbeitnehmer unter Hinweis auf die Verlustmöglichkeit auffordern muss, Urlaub zu nehmen, und dass der Arbeitnehmer dazu auch tatsächlich die Möglichkeit haben muss.[134] Der Arbeitgeber ist allerdings nicht gehalten, den Arbeitnehmer zwangsweise in Urlaub zu schicken.[135] Die Anforderungen lassen Raum für situationsspezifische Konkretisierung. So sollte der Fremdgeschäftsführer als Arbeitnehmer (oben, Rdn. 15) regelmäßig keiner Aufforderung und Aufklärung über die Verfallmöglichkeit bedürfen.[136]

60 Mit Rücksicht auf das Grundrecht auf **effektiven Rechtsschutz** (Art. 47 GRCh) hat der EuGH als mit Art. 7 ArbZRL unvereinbar angesehen, wenn der Arbeitnehmer, bei einem Streit mit dem Arbeitgeber über den Anspruch auf bezahlten Urlaub, zunächst in dieser Ungewissheit seinen Urlaub nehmen muss, um anschließend zu klären, ob er auch Anspruch auf Bezahlung hat. Tatsächlich wäre eine solche Regelung geeignet, den Urlaubsanspruch zu vereiteln.[137]

c) Verhältnis zu anderen Arbeitsfreistellungen

61 Da der Jahresurlaub und der **Mutterschaftsurlaub** (Art. 8 MuSchRL; s. § 23) unterschiedliche Zwecke erfüllen, können sie nicht „verrechnet“ werden. Fällt der Mutterschaftsurlaub in die Betriebsferien, so erlischt dadurch der Anspruch auf Jahresurlaub nach Art. 7 Abs. 1 ArbZRL nicht.[138] Wegen des Verbots der Geschlechtsdiskriminierung muss eine Arbeitnehmerin ihren Jahresurlaub zu einer anderen Zeit als der ihres Mutterschaftsurlaubs nehmen können.[139] Allgemein hat der EuGH formuliert, „dass ein durch Gemeinschaftsrecht gewährleisteter Urlaub nicht einen anderen gemeinschaftsrechtlich gewährleisteten Urlaub beeinträchtigen kann“.[140]

62 Ist der Arbeitnehmer krankheitsbedingt von der Arbeit freigestellt (**„Krankheitsurlaub“**) und deswegen nicht in der Lage, im laufenden Jahr seinen Erholungsurlaub zu nehmen, so kommen zwei gegenläufige Erwägungen zum Tragen. Einerseits bezweckt Art. 7 ArbZRL, dass der Urlaub im laufenden Jahr genommen wird; das spricht für die Möglichkeit, auch während der Krankheitszeit Erholungsurlaub zu nehmen. Andererseits kann der Arbeitnehmer sich nur dann dem Zweck der Richtlinie entsprechend erholen und entspannen, wenn er auch gesund ist; das spricht gegen diese Möglichkeit. Allerdings ist der Krankheitsurlaub unionsrechtlich nicht geregelt. Und zudem überlässt Art. 7 Abs. 1 ArbZRL den Mitgliedstaaten, die „Bedingungen für die Inanspruchnahme“ des Urlaubs zu regeln. Mit

---

133 EuGH v. 6.11.2018 – Rs. C-684/16 *Max-Planck-Gesellschaft,* EU:C:2018:874 Rdn. 18ff.; EuGH v. 6.11.2018 – Rs. C-619/18 *Kreuziger,* EU:C:2018:872 Rdn. 42ff.

134 *Junker,* FS Marhold (2020), S. 582f. Zur Umsetzung in Deutschland *Daum,* RdA 2020, 179ff. (mit weiterführenden Hinweisen zu – teils offenen – Einzelfragen).

135 EuGH v. 6.11.2018 – Rs. C-684/16 *Max-Planck-Gesellschaft,* EU:C:2018:874 Rdn. 44. S.a. EuGH v. 7.9.2006- Rs. C-484/04 *Kommission ./. Vereinigtes Königreich,* EU:C:2006:526 Rdn. 43.

136 So mit Recht *Eckhoff,* FS Moll (2019), S. 111ff.

137 EuGH v. 29.11.2017 – Rs. C-214/16 *King,* EU:C:2017:914 Rdn. 31ff.

138 EuGH v. 18.3.2004 – Rs. C-342/01 *Merino Gómez,* EU:C:2004:160 Rdn. 28–32.

139 EuGH v. 18.3.2004 – Rs. C-342/01 *Merino Gómez,* EU:C:2004:160 Rdn. 37f.

140 EuGH v. 14.4.2005 – Rs. C-519/03 *Kommission ./. Luxemburg,* EU:C:2005:234 Rdn. 33; EuGH v. 6.4.2006 – Rs. C-124/05 *Federatie Nederlandse Vakbeweging,* EU:C:2006:244 Rdn. 24.

Rücksicht darauf hat der Gerichtshof angenommen, Art. 7 ArbZRL lasse beides zu: (1) eine mitgliedstaatliche Regelung, nach der der Arbeitnehmer während des Krankheitsurlaubs Erholungsurlaub in Anspruch nehmen *kann*, ebenso wie (2) eine Regelung, die die Inanspruchnahme während der Krankheit ausschließt, letzteres freilich nur, „sofern [der Arbeitnehmer] den ihm durch die Richtlinie verliehenen Anspruch während eines anderen Zeitraums ausüben kann".[141] Wegen der unterschiedlichen Zwecke der beiden Urlaubsarten ist indes geboten, dem Arbeitnehmer, der sich während des geplanten Jahresurlaubs im Krankheitsurlaub befindet, Gelegenheit zu geben, den Jahresurlaub zu einer anderen Zeit zu nehmen, während der er ihn auch tatsächlich in Anspruch nehmen kann.[142] Gewährt das mitgliedstaatliche Recht mehr als den Mindesturlaub von vier Wochen, kann es vorsehen, dass Krankheitstage während des Urlaubs auf diesen überschießenden Teil nicht gutgeschrieben werden.[143]

Anders ist **zweckgebundener Sonderurlaub** nach mitgliedstaatlichem Recht oder Kollektivvertrag zu beurteilen, wie er z. B. wegen Heirat, Geburt eines Kindes, Krankenhausaufenthalts oder Tod eines nahen Angehörigen gewährt wird. Solcher Sonderurlaub fällt nicht in den Anwendungsbereich der Richtlinie. Er kann an die Voraussetzung gebunden sein, dass das auslösende Ereignis (z. B. die Geburt des Kindes) auf einen Arbeitstag fällt (also nicht etwa in eine arbeitsfreie Urlaubs- oder Ruhezeit). Art. 5 und 7 ArbZRL gebieten daher nicht, dass der Arbeitnehmer den Sonderurlaub an einem anderen Tag nehmen könne, wenn das auslösende Ereignis in Ruhe- oder Urlaubszeit fällt.[144] 63

d) Übertragung und Verfall des Urlaubsanspruchs

Mit dem Vorbehalt, der krankheitsbedingt ausgefallene Urlaub müsse nachholbar sein, ist die Frage der zeitlichen Begrenzung des Urlaubsanspruchs angesprochen, wie sie auch durch **Übertragungszeiträume** geregelt wird. Auch zeitliche Grenzen und Übertragungszeiträume zählen zu den „Bedingungen für die Inanspruchnahme und Gewährung" des Urlaubs, die von den Mitgliedstaaten festgelegt werden können; sie können auch festlegen, dass der Urlaubsanspruch mit Ablauf eines Übertragungszeitraums vollständig erlischt.[145] Es ist dann Sache des Arbeitnehmers, seinen Urlaubsanspruch rechtzeitig geltend zu machen (zum Antrag Rdn. 59). Eine Grenze hat der Gerichtshof aber dort gezogen, wo der Arbeitnehmer **keine Möglichkeit** hat, den Urlaub in Anspruch zu nehmen, nämlich, wenn er wegen einer **langdauernden Krankheit** während des Bezugszeitraums, die bis zum Ende des Übertragungszeitraums andauert, daran gehindert ist. In diesem Fall würde der Ausschluss des Urlaubsanspruchs – ebenso wie bei der Erdienungszeit, Rdn. 58 – nicht mehr nur die 64

141 EuGH v. 20.1.2009 – verb. Rs. C-350/06 und C-520/06 *Schultz-Hoff*, EU:C:2009:18 Rdn. 27–31; EuGH v. 10.9.2009 – Rs. C-277/08 *Pereda*, EU:C:2009:542 Rdn. 22; EuGH v. 21.6.2012 – Rs. C-78/11 *ANGED*, EU:C:2012:372 Rdn. 19 ff.

142 EuGH v. 10.9.2009 – Rs. C-277/08 *Pereda*, EU:C:2009:542 Rdn. 22; EuGH v. 21.6.2012 – Rs. C-78/11 *ANGED*, EU:C:2012:372 Rdn. 20 ff.; EuGH v. 30.6.2016 – Rs. C-178/15 *Sobczyszyn*, EU:C:2016:502 Rdn. 23 ff. Krit. *Balze*, EAS, B 3100 Rdn. 210 ff.

143 EuGH v. 19.11.2019 – verb. Rs. C-609/17 und C-610/17 *TSN*, EU:C:2019:981 Rdn. 32 ff.

144 EuGH v. 4.6.2020 – Rs. C-588/18 *Fetico*, EU:C:2020:420.

145 EuGH v. 20.1.2009 – verb. Rs. C-350/06 und C-520/06 *Schultz-Hoff*, EU:C:2009:18 Rdn. 34 f., 42 f.; EuGH v. 22.11.2011- Rs. C-214/10 *KHS*, EU:C:2011:761 Rdn. 26.

Modalitäten der Gewährung (das Wie) betreffen, sondern sein Bestehen (das Ob); das widerspräche dem Zweck von Art. 7 Abs. 1 ArbZRL.[146] In der Sache spricht gegen einen Ausschluss auch die Erwägung, dass das Erholungsbedürfnis nicht entfällt, wenn der Arbeitnehmer den Urlaub wegen einer Erkrankung zum Ende des Bezugszeitraums (Übertragungszeitraums) nicht nehmen konnte.[147] Umgekehrt ist zu bedenken, dass das Erholungsbedürfnis bei länger dauernder Krankheit nicht linear steigt.[148] Besteht der Urlaubsanspruch daher fort, soweit der Arbeitnehmer an der Inanspruchnahme gehindert war, so könnte sich der Arbeitgeber gegen eine übermäßige Akkumulation von Urlaubsansprüchen nur durch Vertragsbeendigung wehren. Mit Rücksicht auf diese gegenläufigen Interessen hat der Gerichtshof angenommen, „ein während mehrerer Jahre in Folge arbeitsunfähiger Arbeitnehmer, der seinen bezahlten Jahresurlaub nach dem nationalen Recht nicht während dieses Zeitraums nehmen kann, [kann] nicht berechtigt sein, in diesem Zeitraum erworbene Ansprüche auf bezahlten Jahresurlaub unbegrenzt anzusammeln".[149] Daher ist ein tariflich bestimmter Übertragungszeitraum von 15 Monaten, nach dessen Ablauf der Urlaubsanspruch erlischt, mit Art. 7 Abs. 1 ArbZRL vereinbar, und zwar auch, wenn der Übertragungszeitraum die Ansammlung von Urlaubsansprüchen für Arbeitnehmer beschränkt, die für mehrere aufeinanderfolgende Referenzzeiträume arbeitsunfähig sind.[150] Entsprechende Rücksicht auf Arbeitgeberinteressen ist aber dann nicht geboten, wenn der Arbeitgeber selbst durch seine Weigerung, den Urlaub zu vergüten, dazu beigetragen hat, dass der Arbeitnehmer keinen Urlaub genommen hat.[151]

65 Der Urlaubsvereitelung infolge **rechtswidriger Entlassung** ist zwar im Grundsatz der krankheitsbedingten Unmöglichkeit gleichgestellt (oben, Rdn. 62). Anders als dort hat der EuGH hier aber keine schutzwürdigen Interessen des Arbeitgebers anerkannt, die eine Begrenzung der Urlaubsansammlung durch begrenzte Übertragungszeiträume rechtfertigen würde, da dieser die Urlaubsvereitelung veranlasst hat.[152] Immerhin hat der Gerichtshof aber anerkannt, dass der rechtswidrig entlassene Arbeitnehmer für Zeiten, in denen er einer anderen Beschäftigung nachgegangen ist, keinen Urlaubsanspruch gegen den ersten Arbeitgeber erwirbt; er habe ja einen Anspruch gegen den zweiten Arbeitgeber.[153] Die Interessenbewertung kann man mit guten Gründen in Frage stellen, zumal das Zurechnungskriterium der Veranlassung ebenso grob ist wie die Alles-oder-nichts-Lösung. Die bis ins

---

146 EuGH v. 20.1.2009 – verb. Rs. C-350/06 und C-520/06 *Schultz-Hoff*, EU:C:2009:18 Rdn. 43–52; EuGH v. 10.9.2009 – Rs. C-277/08 *Pereda*, EU:C:2009:542 Rdn. 23ff.; EuGH v. 3.5.2012 – Rs. C-337/10 *Neidel*, EU:C:2012:263 Rdn. 27ff.; EuGH v. 21.6.2012 – Rs. C-78/11 *ANGED*, EU:C:2012:372 Rdn. 20ff.

147 Vgl. EuGH v. 6.4.2006 – Rs. C-124/05 *Federatie Nederlandse Vakbeweging*, EU:C:2006:244 Rdn. 30.

148 S. noch *Glaser/Lüders*, BB 2006, 2690–2694.

149 EuGH v. 22.11.2011 – Rs. C-214/10 *KHS*, EU:C:2011:761 Rdn. 34.

150 EuGH v. 22.11.2011 – Rs. C-214/10 *KHS*, EU:C:2011:761 Rdn. 44; zust. *Franzen*, NZA 2011, 1403ff. S. aber EuGH v. 3.5.2012 – Rs. C-337/10 *Neidel*, EU:C:2012:263 Rdn. 38–43 (Übertragungszeitraum von neun Monaten ist zu kurz).

151 EuGH v. 29.11.2017 – Rs. C-214/16 *King*, EU:C:2017:914 Rdn. 48ff.

152 EuGH v. 25.6.2020 – verb. Rs. C-762/18 und C-37/19 *QH*, EU:C:2020:504 Rdn. 71ff.

153 EuGH v. 25.6.2020 – verb. Rs. C-762/18 und C-37/19 *QH*, EU:C:2020:504 Rdn. 79f.

Einzelne gehenden Interessenbewertungen indizieren zudem, dass der Bereich einer zulässigen richterlichen Rechtsfortbildung überschritten ist und recht eigentlich Rechtspolitik betrieben wird.

Endet das Arbeitsverhältnis und hatte der Arbeitnehmer, weil er krankgeschrieben war, während des gesamten Bezugszeitraums (und ggf. Übertragungszeitraums) keine Gelegenheit, den ihm zustehenden Jahresurlaub in Anspruch zu nehmen, so ist die **Abgeltung** nicht nur nach Art. 7 Abs. 2 ArbZRL (dazu näher unten, Rdn. 71) erlaubt, sondern vom Zweck des Urlaubsanspruchs auch geboten.[154] Anders liegen die Dinge indessen, wenn der Arbeitnehmer bei fortlaufenden Bezügen freigestellt war[155] oder infolge von Kurzarbeit seinen Urlaub nicht in Anspruch nehmen konnte.[156] **66**

3. Bezahlter Urlaub: Arbeitsentgelt während des Urlaubs

Jeder Arbeitnehmer soll *bezahlten* Jahresurlaub erhalten. Der EuGH hat (auch) dieses Element der Regelung mit Rücksicht auf die herausgehobene Bedeutung des Jahresurlaubs streng ausgelegt und dahin verstanden, dass die Vergütung in der Zeit des Jahresurlaubs fortlaufend gezahlt werden muss.[157] Freistellung und Vergütung seien **„zwei Teile eines einzigen Anspruchs“**.[158] Diese Auslegung legt der Wortlaut nahe und ist auch teleologisch begründet, wenn man den Zweck der Regelung darin sieht sicherzustellen, dass der Arbeitnehmer den Urlaub auch tatsächlich nimmt. Das Urlaubsentgelt soll den Arbeitnehmer grundsätzlich so stellen, dass er während des Urlaubs dieselben Einnahmen hat wie sonst, andernfalls bestünde die Gefahr, dass er seinen Urlaub nicht in Anspruch nimmt.[159] Für diese Auslegung spricht schließlich auch das Abgeltungsverbot von Art. 7 Abs. 2 ArbZRL, da die Trennung von Urlaubsgewährung und Zahlung von Urlaubsentgelt im Ergebnis wie eine Urlaubsabgeltung wirken kann.[160] **67**

Aus dieser Grundkonzeption ergeben sich konkrete Folgerungen für die **Berechnung**. Während des Urlaubs muss grundsätzlich das Arbeitsentgelt weitergewährt **68**

154 EuGH v. 3.5.2012 – Rs. C-337/10 *Neidel*, EU:C:2012:263 Rdn. 38–43; ebenso (freilich eher *impliciter)* EuGH v. 20.1.2009 – verb. Rs. C-350/06 und C-520/06 *Schultz-Hoff*, EU:C:2009:18 Rdn. 54–56.

155 EuGH v. 20.7.2016 – Rs. C-341/15 *Maschek*, EU:C:2016:576 Rdn. 34 f.

156 EuGH v. 8.11.2012 – verb. Rs. C-229/11 und C-230/11 *Heimann und Toltschin*, EU:C:2012:693 Rdn. 24 ff.

157 EuGH v. 16.3.2006 – verb. Rs. C-131/04 und C-257/04 *Robinson-Steele*, EU:C:2006:177 Rdn. 48–50. Kritisch *Bogg*, E.L. Rev. 31 (2006), 892–905 (paternalistisch, da vom Schutzzweck nicht gefordert und unverhältnismäßig weitgehend; selbst eine einzelfallbezogene Prüfung, die u. a. zwischen Individual- und Kollektivvereinbarungen unterscheidet, bevorzugend).

158 EuGH v. 16.3.2006 – verb. Rs. C-131/04 und C-257/04 *Robinson-Steele*, EU:C:2006:177 Rdn. 58; EuGH v. 20.1.2009 – verb. Rs. C-350/06 und C-520/06 *Schultz-Hoff*, EU:C:2009:18 Rdn. 60.

159 Mit beachtlichen Erwägungen krit. *Bogg*, E.L. Rev. 31 (2006), 892, 900–902, der darauf hinweist, dass (bei richtiger Gestaltung der dispositiven Lösung) kein Marktversagen, aber auch keine besondere Schutzbedürftigkeit der Arbeitnehmer vorliege.

160 EuGH v. 16.3.2006 – verb. Rs. C-131/04 und C-257/04 *Robinson-Steele*, EU:C:2006:177 Rdn. 60.

werden, der Arbeitnehmer muss die **gewöhnliche Vergütung** erhalten.[161] Wenn sich die reguläre Vergütung aus verschiedenen Bestandteilen zusammensetzt, muss die Urlaubsvergütung alle diese Bestandteile umfassen. Sie muss daher insbesondere auch Entgeltbestandteile einschließen, die sich auf die Stellung des Arbeitnehmers beziehen (z.B. im Hinblick auf eine leitende Position, Dienstzeit, Berufsqualifikation).[162] Andererseits müssen solche Bestandteile, die bezwecken, spezifische Aufwendungen zu ersetzen (z.B. ein Tagegeld für Dienstreisen), beim Urlaubsentgelt nicht berücksichtigt werden. Umfasst die reguläre Vergütung **variable Bestandteile**, so ist für die Urlaubsvergütung ein auf der Grundlage repräsentativer Referenzzeiträume gebildeter Durchschnittswert zugrunde zu legen.[163] Entsprechendes gilt auch für Provisionen.[164] Die Erwägung, der Arbeitnehmer beziehe während des Urlaubs noch nachlaufende Vergütungen der Vormonate, verfängt nicht, da sie die Sachfrage nur zeitlich verschiebt. Hinsichtlich der Überstundenvergütung möchte der EuGH danach differenzieren, ob der Arbeitnehmer „arbeitsvertraglich verpflichtet (ist), Überstunden zu leisten, die weitgehend vorhersehbar und gewöhnlich sind und deren Vergütung einen wesentlichen Teil des gesamten Arbeitsentgelts ausmacht" oder nicht.[165] Die Verminderung der Jahresvergütung infolge von Kurzarbeit soll hingegen nicht berücksichtigt werden;[166] freilich muss für Kurzarbeitszeiten, in denen der Arbeitnehmer nicht arbeitet, nach der Richtlinie kein Urlaub gewährt werden (oben, Rdn. 57).

69 Das Urlaubsentgelt muss grundsätzlich **während der Urlaubszeit** ausgezahlt werden. Mit Art. 7 Abs. 1 ArbZRL unvereinbar ist daher ein sog. ***rolled up holiday pay***, wonach das Urlaubsentgelt in Teilbeträgen gezahlt wird, die über das Arbeitsjahr verteilt zusammen mit dem Entgelt für geleistete Arbeitszeit ausgezahlt wird,[167] denn das hat im Ergebnis zur Folge, dass der Arbeitnehmer für die Dauer seiner Urlaubsfreistellung keine Vergütung erhält.[168]

70 Urlaubsentgelt als **zusätzliches Entgelt**: Den Vorgaben der Richtlinie genügt es auch nicht, lediglich formal einen Teil des Arbeitsentgelts als Urlaubsentgelt auszuweisen. Hatten die Arbeitsvertragsparteien ein Entgelt für geleistete Arbeit (ohne Urlaubszeiten) vereinbart, so können sie also nicht einfach stipulieren, derselbe Betrag solle künftig zu einem bezeichneten Anteil als Urlaubsentgelt gelten. Auch das

---

161 EuGH v. 15.9.2011 – Rs. C-155/10 *Williams u.a.*, EU:C:2011:588 Rdn. 15–21. Die Ausgestaltung im Einzelnen ist Sache der Mitgliedstaaten; weiterführend *Vogelsang*, RdA 2018, 110ff.

162 EuGH v. 15.9.2011 – Rs. C-155/10 *Williams u.a.*, EU:C:2011:588 Rdn. 27.

163 EuGH v. 15.9.2011 – Rs. C-155/10 *Williams u.a.*, EU:C:2011:588 Rdn. 26.

164 EuGH v. 22.5.2014 – Rs. C-539/12 *Lock*, EU:C:2014:351; zust. *Franzen*, NZA 2014, 647ff.

165 EuGH v. 13.12.2018 – Rs. C-385/17 *Hein*, EU:C:2018:1018 Rdn. 46f.

166 EuGH v. 13.12.2018 – Rs. C-385/17 *Hein*, EU:C:2018:1018 Rdn. 41ff.

167 Zu den Hintergründen im Arbeitsrecht des Vereinigten Königreichs sowie zur wirtschaftlichen Bedeutung *Barnard*, EU Employment Law, S. 542–544; *Bogg*, E.L. Rev. 31 (2006), 892, 893; *Deakin/Morris*, Labour Law, Rdn. 4.84.

168 EuGH v. 16.3.2006 – verb. Rs. C-131/04 und C-257/04 *Robinson-Steele*, EU:C:2006:177 Rdn. 53–63. Zu vergleichbaren Regelungen im deutschen Recht *Fenski*, DB 2007, 686, 689f.

würde letztlich bedeuten, dass der Arbeitnehmer keine Vergütung für die Dauer der Urlaubsfreistellung erhält, und ist daher mit Art. 7 ArbZRL unvereinbar, aber auch mit dem Verschlechterungsverbot des Art. 23 ArbZRL.[169]

4. Abgeltungsverbot und Abgeltungsanspruch

„Der Arbeitnehmer muss (...) normalerweise über eine tatsächliche Ruhezeit verfügen können".[170] Der Jahresurlaub darf nach einem streng verstandenen Grundsatz **nicht durch Geld abgegolten** werden, **einzige Ausnahme** ist der Fall der Beendigung des Arbeitsverhältnisses, Art. 7 Abs. 2 ArbZRL.[171] Betriebliche Gründe (etwa der Produktion oder der Organisation des Unternehmens) können die Abgeltung nicht rechtfertigen.[172] Der Gesetzgeber will damit sicherstellen, dass der Arbeitnehmer den Jahresurlaub tatsächlich in Anspruch nimmt und die Zwecke des Jahresurlaubs, Gesundheit und Sicherheit des Arbeitnehmers zu schützen, auch tatsächlich erreicht werden.[173] Auch eine Regelung, die dem Arbeitnehmer (nur) einen Anreiz gibt, den Jahresurlaub abzugelten, ist mit den Zielen der Richtlinie unvereinbar.[174] Als richtlinienwidrig sah der EuGH daher eine niederländische Regelung an, die es erlaubte, Tage eines Jahresurlaubs, die in einem bestimmten Jahr nicht genommen werden, in einem späteren Jahr durch eine Vergütung zu ersetzen.[175] Anders ist aber die **Übertragung** des Urlaubs ins Folgejahr zu bewerten (Rdn. 64). Eine Übertragung können die Mitgliedstaaten im Rahmen der „Bedingungen für die Inanspruchnahme und Gewährung" des Urlaubs grundsätzlich vorsehen, ebenso wie eine Begrenzung des Übertragungszeitraums,[176] da in diesem Fall die intendierte Schutzwirkung für Sicherheit und Erholung nicht vereitelt wird.[177] 71

Der Gerichtshof liest die als Einschränkung der Abgeltungsmöglichkeit formulierte Regelung zugleich als **Anspruch auf Abgeltung**: „Wenn das Arbeitsverhältnis be- 72

169 EuGH v. 16.3.2006 – verb. Rs. C-131/04 und C-257/04 *Robinson-Steele,* EU:C:2006:177 Rdn. 51f.

170 EuGH v. 22.4.2010 – Rs. C-486/08 *Zentralbetriebsrat der Landeskrankenhäuser Tirols,* EU:C:2010:215 Rdn. 31.

171 EuGH v. 3.5.2012 – Rs. C-337/10 *Neidel,* EU:C:2012:263 Rdn. 27–32. Ferner *Günther,* BArbBl 10/1993, 17, 19.

172 EuGH v. 21.2.2013 – Rs. C-194/12 *Maestre García,* EU:C:2013:102 Rdn. 26ff.

173 EuGH v. 26.6.2001 – Rs. C-173/99 *BECTU,* EU:C:2001:356 Rdn. 44; EuGH v. 18.3.2004 – Rs. C-342/01 *Merino Gómez,* EU:C:2004:160 Rdn. 30; EuGH v. 16.3.2006 – verb. Rs. C-131/04 und C-257/04 *Robinson-Steele,* EU:C:2006:177 Rdn. 60.

174 EuGH v. 6.4.2006 – Rs. C-124/05 *Federatie Nederlandse Vakbeweging,* EU:C:2006:244 Rdn. 32.

175 EuGH v. 6.4.2006 – Rs. C-124/05 *Federatie Nederlandse Vakbeweging,* EU:C:2006:244 Rdn. 25–35. Zust. und mit Hinweisen zur deutschen Rechtslage *Fenski,* DB 2007, 686, 688f.

176 EuGH v. 20.1.2009 – verb. Rs. C-350/06 und C-520/06 *Schultz-Hoff,* EU:C:2009:18 Rdn. 34f., 42f.

177 Vgl. EuGH v. 6.4.2006 – Rs. C-124/05 *Federatie Nederlandse Vakbeweging,* EU:C:2006:244 Rdn. 30.

endet wurde und es deshalb nicht mehr möglich ist, bezahlten Jahresurlaub tatsächlich zu nehmen, hat der Arbeitnehmer nach Art. 7 Abs. 2 ArbZRL Anspruch auf eine finanzielle Vergütung, um zu verhindern, dass ihm wegen dieser fehlenden Möglichkeit jeder Genuss des Anspruchs auf bezahlten Jahresurlaub, selbst in finanzieller Form, vorenthalten wird".[178] Darüber hinaus entnimmt er Art. 7 Abs. 2, dass der Abgeltungsanspruch an keine weiteren als die beiden genannten Voraussetzungen gebunden werden darf, dass (1) das Arbeitsverhältnis beendet ist und (2) der Arbeitnehmer noch nicht den gesamten Jahresurlaub genommen hat.[179] Liquidieren kann der Arbeitnehmer auch den Urlaubsanspruch, der ihm für die Zeit zusteht, in der er infolge einer rechtswidrigen Entlassung nicht beschäftigt war.[180]

73 Auch bei **Beendigung durch Tod** ist eine Abgeltung zulässig und darüber hinaus nach dem Zweck der Richtlinie auch geboten.[181] Zum einen verwirklicht die Abgeltung in diesem Fall die – allein noch durchführbare – vermögensrechtliche Seite des Urlaubsanspruchs. Zum anderen fördert die Abgeltung die praktische Wirksamkeit des Urlaubsanspruchs, da das Zufallselement des Todeszeitpunkts ausgeschaltet wird. Außerdem kann der – in der Sache bereits entstandene – Anspruch nicht infolge des Todes rückwirkend entfallen. Demgegenüber tritt die gegenläufige Erwägung zurück, dass der Erholungszweck des Urlaubs nicht mehr verwirklicht werden kann.[182] Als vermögensrechtlicher Aspekt des Urlaubsanspruchs ist der Abgeltungsanspruch weder höchstpersönlich noch unvererblich.[183]

74 Die **Höhe der Abgeltung** ist in der Richtlinie nicht ausdrücklich geregelt, wohl aber mittelbar durch das Gebot des „bezahlten Urlaubs" (Rdn. 67). Liegt diesem Gebot der Gedanke zugrunde, dass die Vergütung während der Urlaubszeit weiterlaufen muss, so ist die regelmäßige Vergütung auch für die Berechnung der Abgeltung maßgebend.[184]

5. Keine längeren Bezugszeiträume oder Ausnahmeoptionen

75 Art. 7 ArbZRL ist die einzige der Arbeitszeitregeln von Art. 3–8 ArbZRL, für die **keine längeren Referenzzeiträume** nach Art. 16 ArbZRL vorgesehen wurden – es können also nicht etwa acht Wochen alle zwei Jahre gewährt werden. Auch **Ausnahmemöglichkeiten** nach Art. 17, 18 ArbZRL bestehen **nicht.**

---

178 EuGH v. 20.7.2016 – Rs. C-341/15 *Maschek*, EU:C:2016:576 Rdn. 26. Insoweit mit guten Gründen krit. *Jacobs/Münder*, RdA 2019, 332, 336.

179 EuGH v. 20.7.2016 – Rs. C-341/15 *Maschek*, EU:C:2016:576 Rdn. 27.

180 EuGH v. 25.6.2020 – verb. Rs. C-762/18 und C-37/19 *QH*, EU:C:2020:504 Rdn. 82ff.

181 EuGH v. 12.6.2014 – Rs. C-118/13 *Bollacke*, EU:C:2014:1755; EuGH v. 6.11.2018 – verb. Rs. C-569/16 und C-570/16 *Bauer und Willmeroth*, EU:C:2018:871 Rdn. 35ff.

182 Insoweit zu Unrecht krit. *Jacobs/Münder*, RdA 2019, 332, 336f.; Schlachter/Heinig/*Rudkowski*, § 12 Rdn. 92.

183 Zu Unrecht und mit verfehlten „logischen" Argumenten krit. *Fenski*, NZA 2014, 1381, 1384f.

184 EuGH v. 20.1.2009 – verb. Rs. C-350/06 und C-520/06 *Schultz-Hoff*, EU:C:2009:18 Rdn. 57–61; EuGH v. 11.11.2015 – Rs. C-219/14 *Greenfield*, EU:C:2015:745 Rdn. 52.

VI. Rechtsfolgen

Die Richtlinie spezifiziert keine Sanktionen, die Rechtsfolgen von Pflichtverletzungen sind daher nur von den Umsetzungspflichten determiniert (s. § 1 Rdn. 76f.). Im Lichte des Grundrechts auf effektiven Rechtsschutz des Art. 57 GRCh hat der Gerichtshof der Richtlinie ein **Benachteiligungsverbot** entnommen.[185] Der Arbeitgeber darf den Arbeitnehmer nicht deswegen gegen seinen Willen umsetzen, weil er die Einhaltung der Höchstarbeitszeit von Art. 6 ArbZRL verlangt hat. Dieses Verbot ist unabhängig davon, ob ihm ein spezifischer Nachteil entstanden ist. 76

VII. Umsetzung

Die ursprüngliche Arbeitszeitrichtlinie 93/104/EWG war bis zum 23. November 1996 in das mitgliedstaatliche Recht umzusetzen. Die Kodifizierung durch die Richtlinie 2003/88/EG trat am 2. August 2004 in Kraft; sie hat die Umsetzungsfristen der ursprünglichen Richtlinie unberührt gelassen, Art. 27 ArbZRL. 77

In Deutschland gilt seit dem 1. Juli 1994 das ArbZG, das im gleichen Zeitraum wie die Verabschiedung der RL 93/104/EWG entstand.[186] Die dort ursprünglich enthaltenen Bestimmungen über die Einordnung zum Bereitschaftsdienst hat das BAG infolge der *SIMAP*-Entscheidung (oben, Rdn. 20) als richtlinienwidrig angesehen, zu einer richtlinienkonformen Auslegung sah sich das Gericht indes wegen des eindeutigen Wortlauts nicht in der Lage.[187] Die Korrektur erfolgte durch das Gesetz zu Reformen am Arbeitsmarkt vom 24. Dezember 2003,[188] mit dem zahlreiche Vorschriften des ArbZG geändert oder aufgehoben wurden.[189] Zur Umsetzung der Vorschriften über den Jahresurlaub dient das BUrlG. Als richtlinienwidrig hat sich zuletzt auch die Rechtsprechung des BAG zum Verfall des Urlaubs erwiesen, der krankheitsbedingt nicht in Anspruch genommen werden konnte (Rdn. 64).[190] 78

In Frankreich und Großbritannien[191] und Spanien wurde die Richtlinie zu spät bzw. fehlerhaft umgesetzt.[192] 79

---

185 EuGH v. 14.10.2010 – Rs. C-243/09 *Fuß I*, EU:C:2010:609 Rdn. 66ff.

186 ErfK/*Wank*, § 1 ArbZG Rdn. 2.

187 BAG, NZA 2003, 742, 749.

188 BGBl. 2003 I, 3002ff.

189 Dazu *Anzinger*, FS Wißmann (2005), S. 3–14; *Reim*, DB 2004, 186–190; *Ulber*, ZTR 2005, 70–82 (Umsetzungsdefizite rügend).

190 EuGH v. 20.1.2009 – verb. Rs. C-350/06 und C-520/06 *Schultz-Hoff*, EU:C:2009:18.

191 *Deakin/Morris*, Labour Law, Rdn. 4.78–4.92; *Hey/Cooke*, I.C.C.L.R. 9 (1998), 164–169 (zum Vereinigten Königreich); *Addnett/Hardy*, IRJ 32 (2001), 114, 119–121 (zu verschiedenen Mitgliedstaaten).

192 EuGH v. 8.6.2000 – Rs. C-46/99 *Kommission ./. Frankreich*, EU:C:2000:307; EuGH v. 7.9.2006 – Rs. C-484/04 *Kommission ./. Großbritannien*, EU:C:2006:526; EuGH v. 20.5.2010 – Rs. C-158/09 *Kommission ./. Spanien*, EU:C:2010:292.

VIII. Beispielsfall: *CCOO*[193]

80 Die Arbeitnehmervereinigung CCOO begehrte mit ihrer Verbandsklage die Feststellung, dass die beklagte Deutsche Bank verpflichtet sei, ein System zur Erfassung der von ihren Mitarbeitern geleisteten täglichen Arbeitszeit einzurichten, mit dem die Einhaltung zum einen der vorgesehenen Arbeitszeit überprüft werden könne. Das spanische Recht sah grundsätzlich nur eine Verpflichtung des Arbeitgebers vor, die Zahl geleisteter Überstunden festzustellen und am Monatsende dem Arbeitnehmer mitzuteilen. Nach einer Umfrage unter der erwerbstätigen Bevölkerung wurden 53,7 % der geleisteten Überstunden nicht erfasst. Berichte des Arbeitsministeriums hielten die Erfassung der gewöhnlich geleisteten Arbeitsstunden für erforderlich, um Überstunden zu ermitteln. Angesichts dessen fragte die *Audiencia Nacional* den Gerichtshof, ob die spanische Regelung mit der Arbeitszeitrichtlinie vereinbar sei.

81 Die Antwort ergab sich nicht schon aus den Protokollierungspflichten von Art. 22 ArbZRL, die nur eingreifen, wenn die Mitgliedstaaten Art. 6 der Richtlinie über die wöchentliche Höchstarbeitszeit nicht anwenden. Die Umsetzung der Art. 3, 5 und 6 ArbZRL durch die „erforderlichen Maßnahmen" überlässt die Richtlinie zwar den Mitgliedstaaten, die dabei über einen „gewissen Spielraum" verfügen müssten, doch werde dieser durch das Gebot der praktischen Wirksamkeit beschränkt. Die Mitgliedstaaten müssten sicherstellen, dass das Grundrecht von Art. 31 Abs. 2 GRCh nicht ausgehöhlt werde. Dabei sei in Rechnung zu stellen, dass der Arbeitnehmer „als die schwächere Partei des Arbeitsvertrags anzusehen" ist. Der Arbeitgeber könne ihm (faktisch) eine Beschränkung seiner Rechte auferlegen, ihn von der Wahrnehmung seiner Rechte abschrecken oder wegen der Wahrnehmung benachteiligen. Unter diesen Umständen hält der Gerichtshof die Einrichtung eines Systems, mit dem die tägliche Arbeitszeit gemessen wird, für erforderlich.

82 Ohne ein solches System weiß man nicht zuverlässig, wieviel und wann der Arbeitnehmer gearbeitet hat, und zwar gewöhnliche Arbeitszeit sowie Überstunden. Dann ist es aber „äußerst schwierig oder praktisch unmöglich", die grundrechtlich geschützten und von der Richtlinie konkretisierten Höchstgrenzen durchzusetzen, und folglich die praktische Wirksamkeit der Rechte nicht gewährleistet. Es reicht dazu insbesondere nicht aus, nur die Überstunden systematisch zu erfassen, denn ohne Kenntnis der geleisteten gewöhnlichen Arbeitszeit ist unsicher und kann daher streitig sein, ob überhaupt Überstunden geleistet wurden. Zu seinem Schutz reicht auch nicht aus, dass der Arbeitnehmer „von anderen Beweismitteln, wie u. a. Zeugenaussagen, der Vorlage von E-Mails oder der Untersuchung von Mobiltelefonen oder Computern, Gebrauch machen kann", da das damit verbundene Prozessrisiko den – *ex praemissione* schwächeren – Arbeitnehmer von der Durchsetzung abhalten könnte. Daran ändert auch nichts, wenn die Arbeitsbehörde Ermittlungs- und Sanktions-

---

193 EuGH v. 14.5.2019 – Rs. C-55/18 *CCOO*, EU:C:2019:402.

befugnisse hat, denn auch ihr fehlen ohne System zur Arbeitszeiterfassung verlässliche Daten. „Dagegen bietet ein System, mit dem die von den Arbeitnehmern geleistete tägliche Arbeitszeit gemessen werden kann, diesen ein besonders wirksames Mittel, einfach zu objektiven und verlässlichen Daten über die von ihnen geleistete tatsächliche Arbeitszeit zu gelangen" (Rdn. 39). „Um die praktische Wirksamkeit der von der Richtlinie 2003/88 vorgesehenen Rechte und des in Art. 31 Abs. 2 der Charta verankerten Grundrechts zu gewährleisten, müssen die Mitgliedstaaten die Arbeitgeber daher verpflichten, ein objektives, verlässliches und zugängliches System einzuführen, mit dem die von einem jeden Arbeitnehmer geleistete tägliche Arbeitszeit gemessen werden kann" (Rdn. 39).

Das so begründete Ergebnis findet der EuGH durch die Organisationspflichten des **83** Arbeitgebers gem. Art. 4 Abs. 1, 6 Abs. 1 ArbSchRL bestätigt. Umgekehrt werde es nicht dadurch in Frage gestellt, dass der Unionsgesetzgeber für spezielle Bereiche ausdrückliche Protokollierungspflichten statuiert hat (Art. 9 lit. b) RL 2002/15, § 12 Anhang RL 2014/112; vgl. Rdn. 12). Auch die erheblichen Kosten stehen nicht entgegen, denn Gesundheitsschutz sei wirtschaftlichen Interessen nach BE 4 ArbZRL nicht unterzuordnen.

Im Verein mit dem „Schutz des Schwächeren" begründet der Gedanke der „prak- **84** tischen Wirksamkeit" damit außerordentlich detaillierte ungeschriebene Ergänzungen. Angesichts des Richtlinieninstruments und angesichts der ausdrücklichen Verantwortung der Mitgliedstaaten für die „erforderlichen Maßnahmen" erscheint das als sehr weitgehend. Zweifellos ist ein „objektives, verlässliches und zugängliches System" zur Arbeitszeiterfassung gut geeignet, die Höchstgrenzen festzulegen. Indessen wird in der Entscheidung ein „besonders wirksames Mittel" (Rdn. 82) unversehens zum einzig möglichen. Dabei macht die langwierige Einleitung der Begründung, in der der Gerichtshof sein (recht pauschales) Modell vom Arbeitnehmer als „schwächeren Partei" darlegt, deutlich, dass es recht eigentlich um eine rechtspolitische Bewertung geht. Das fügt sich mit der Vorlage zusammen, die auf empirische Befunde über den Umfang nicht erfasster Überstunden abstellte. Die „Umfrage", auf die sich das Gericht bezog, ist freilich nicht näher dargelegt, und so ist nicht überprüfbar, wie verlässlich sie ist und ob sie ein nationales oder ein allgemeines Problem aufzeigen kann. Jenseits des (negativ formulierten!) Effektivitätsgrundsatzes (dazu § 1 Rdn. 77) geht es auch insoweit um rechtspolitische Erwägungen, die die Richtlinie dem nationalen Gesetzgeber überantwortet hat.

3. Kapitel
Atypische Arbeitsverhältnisse
§ 18 Übersicht und Allgemeines

Literatur: *Albin*, Labour Law in a Service World, MLR 73 (2010), 959–984; *Balze*, Arbeitszeit, Urlaub und Teilzeitarbeit, in: Oetker/Preis (Hrsg.), Europäisches Arbeits- und Sozialrecht, B 3100 Rdn. 86–103 (Stand: Feb. 2011); *Becker/Bader*, Der Vorschlag der EG-Kommission für eine Richtlinie des Rates zur Regelung der Leiharbeitsverhältnisse und befristeter Arbeitsverträge – Darstellung und Kritik, RdA 1983, 1–18; *Blanpain* (Hrsg.), Temporary Work and Labour Law, 1993; *Feuerborn*, Grenzüberschreitender Einsatz von Fremdfirmenpersonal, in: Oetker/Preis (Hrsg.), Europäisches Arbeits- und Sozialrecht, B 2500 (Stand: Aug. 2003); *Hepple/Napier*, Temporary Workers and the Law, ILJ 7 (1978), 84–99; *Jeffery*, The Commission Proposals on ‚Atypical Work': Back to the Drawing Board ... Again, ILJ 24 (1995), 296–299; *Junker*, Arbeitsrecht zwischen Markt und gesellschaftspolitischen Herausforderungen – Differenzierung nach Unternehmensgröße – Familiengerechte Strukturen – Gutachten B zum 65. Deutschen Juristentag, 2004; *ders.*, Grünbuch Arbeitsrecht – Entwicklungslinien und Perspektiven, in: Rieble/Junker (Hrsg.), Das Grünbuch und seine Folgen – Wohin treibt das europäische Arbeitsrecht?, 2008, S. 13–26; *Krebber*, Der einzelstaatliche Charakter der mitgliedstaatlichen Arbeitsrechte, in: Rieble/Junker (Hrsg.), Das Grünbuch und seine Folgen – Wohin treibt das europäische Arbeitsrecht?, 2008, S. 33–60; *Lembke*, Die „Hartz-Reform" des Arbeitnehmerüberlassungsgesetzes, BB 2003, 98–104; *Lörcher*, Ungeschützte Arbeitsverhältnisse – Die Richtlinienentwürfe der Europäischen Gemeinschaften zu den „atypischen Arbeitsverhältnissen", Der Personalrat 1991, 73–83; *Lutz*, Schutz der Teilzeitarbeitsverhältnisse und der befristeten Arbeitsverhältnisse, DRdA 1994, 538–541; *Neal*, Atypical Workforms and European Labour Law, RdA 1992, 115–120; *Prinz*, Europäische Rahmenvereinbarung über Telearbeit, NZA 2002, 1268–1270; *Schmechel*, Die Rolle des Betriebsrats bei der Einführung und Durchführung von Telearbeit, NZA 2004, 237–241; *Schmidt, Marlene*, Teilzeitarbeit in Europa – Eine Analyse der gemeinschaftsrechtlichen Regelungsbestrebungen auf vergleichender Grundlage des englischen und des deutschen Rechts, 1995; *Schmidt, Michael*, Die Richtlinienvorschläge der Kommission der Europäischen Gemeinschaften zu den atypischen Arbeitsverhältnissen, 1992; *Wank*, Atypische Arbeitsverhältnisse, RdA 1992, 103–114; *ders.*, Das Grünbuch Arbeitsrecht – Eine Perspektive für das europäische Arbeitsrecht?, AuR 2007, 244–249; *ders.*, Die personellen Grenzen des Europäischen Arbeitsrechts: Arbeitsrecht für Nicht-Arbeitnehmer?, EuZA 2008, 172–195; *Zachert*, Erosion des Normalarbeitsverhältnisses in Europa, BB 1990, 565–568.

S. ferner die Literaturhinweise zu §§ 19–22.

Übersicht

https://doi.org/10.1515/9783110731941-018

I. Sachfragen

1 Eine Reihe von Richtlinien betreffen **atypische Arbeitsverhältnisse**, also solche, die vom typischen oder Normalarbeitsverhältnis abweichen: befristete und Teilzeitarbeitsverhältnisse sowie Leiharbeit.[1] Manche sprechen auch von *„prekären"* Arbeitsverhältnissen[2] und heben damit die besondere Schutzbedürftigkeit der betreffenden Arbeitnehmer hervor. Dabei ist jedoch zu bedenken, dass die Schutzbedürfnisse in den einzelnen Fällen durchaus unterschiedlich sind.[3] Zudem geht es auch keineswegs nur um den Schutz der Arbeitnehmer, sondern, wie besonders das Beispiel der Leiharbeit zeigt, durchaus auch um die *Zulassung* solcher Arbeitsverhältnisse im Interesse der Vertragsparteien sowie auch der Beschäftigungspolitik (unten, § 21 Rdn. 2). Das Gemeinsame der betreffenden Arbeitsverhältnisse ist die Abweichung vom Normalarbeitsverhältnis.[4] Atypische Arbeitsverhältnisse werden unionsrechtlich allerdings **keineswegs vollständig** erfasst (das wäre unter der Voraussetzung von Typenfreiheit auch gar nicht möglich), sondern nur ausschnittweise. So haben insbesondere die – gerade im Binnenmarkt potentiell bedeutsamen – Formen der Heimarbeit und der Telearbeit keine unionsrechtliche Regelung erfahren,[5] ebensowenig wie die Saisonarbeit und die Abrufarbeit (kapazitätsorientierte variable Arbeitszeit, „KAPOVAZ").[6]

2 Atypische Arbeitsverhältnisse haben in den vergangenen Jahrzehnten zunehmend **an Bedeutung gewonnen.**[7] Die Gründe dafür sind vielfältig. Sie werden vor allem in der Flexibilisierung der Arbeitsorganisation, der „Feminisierung" der Arbeitnehmerschaft[8] sowie in der Digitalisierung gesehen. Zudem haben die Mitgliedstaaten

---

1 Krit. gegenüber der wenig konturierten und im Hinblick auf die Sachfragen unscharfen Kategorie atypischer Arbeitsverhältnisse *Jeffery*, ILJ 27 (1998), 193, 205–208; *Neal*, RdA 1992, 115, 116f., 117f. Zu Auswirkungen des Wandels der „Dienstleistungswelt" auf das Arbeitsrecht und dadurch neu entstehende atypische Arbeitsverhältnisse *Albin*, MLR 73 (2010), 959–984.

2 S. z.B. *Thüsing*, Europäisches Arbeitsrecht, § 4 Rdn. 2 *et passim*.

3 So mit Recht auch *Junker*, in: Rieble/Junker (Hrsg.), Das Grünbuch und seine Folgen, S. 15, 16, 18.

4 S.a. Grünbuch der Kommission „Ein modernes Arbeitsrecht für die Herausforderungen des 21. Jahrhunderts" v. 22.11.2006, KOM(2006) 708 endg. S. 8 („Beschäftigte (...), die keinen Standardarbeitsvertrag haben"); dazu § 1 Rdn. 44.

5 S. aber die (freiwillige, außerhalb des sozialen Dialogs nach Art. 154f. AEUV geschlossene) Rahmenvereinbarung der Europäischen Sozialpartner über Telearbeit aus dem Jahr 2002, RdA 2003, 55; abrufbar unter: http://erc-online.eu/wp-content/uploads/2014/04/2007-01080-EN.pdf; dazu z.B. *Prinz*, NZA 2002, 1268–1270; *Schmechel*, NZA 2004, 237–241; sowie den Hinweis bei *Weiss*, FS Birk (2008), S. 963f.

6 Krit. etwa *Neal*, RdA 1992, 115f.; auch *Thüsing*, Europäisches Arbeitsrecht, § 4 Rdn. 1.

7 *Neal*, RdA 1992, 115f.; *Krebber*, in: Rieble/Junker (Hrsg.), Das Grünbuch und seine Folgen, S. 16–24 (mit rechtsvergleichenden Hinweisen und dem Befund einer Entwicklung vom Arbeitnehmerschutz- zum Arbeitsmarktrecht).

8 *Neal*, RdA 1992, 115, 116 („feminisation of the workforce"); *Busby/Christie*, Cambrian L.R. 2005, 15–28 (die *Castells*, The Internet Galaxy: Reflections on the Internet, Business and Society (2002), S. 95 zitieren: „the ‚organisation man' is out, the ‚flexible woman' is in"); *Junker*, Arbeitsrecht zwischen Markt und gesellschaftspolitischen Herausforderungen, S. B 98-B 104.

und auch die Union in atypischen Arbeitsverhältnissen ein Instrument der Beschäftigungsförderung gesehen. Atypische Arbeitsverhältnisse sind nicht selten die Chance für einen (Wieder-) Eintritt in den Arbeitsmarkt, z. B. nach längerer Beurlaubung (etwa wegen Kindererziehung oder Krankheit) oder Arbeitslosigkeit. Nicht selten gelingt Arbeitnehmern nach dem Einstieg in ein atypisches Arbeitsverhältnis der Übergang in ein Normalarbeitsverhältnis. Allerdings gehen mit atypischen Beschäftigungsverhältnissen auch besondere Risiken bzw. Schutzbedürfnisse einher. So kann eine wirtschaftliche Schlechterstellung gegenüber „Normalarbeitnehmern" drohen. Eine mangelnde Kontinuität der Beschäftigung kann dazu führen, dass gebotene Fortbildung unterbleibt und ein dauernder Ausschluss vom Normalarbeitsverhältnis oder eine Abwärtsspirale der Berufsqualifikation *(„low skill bad job trap")*[9] drohen.

Diesen Sachfragen entsprechend verfolgen die unionsrechtlichen Regelungen **verschiedene Zwecke**.[10] Zum einen geht es um das Verbot der Geschlechtsdiskriminierung. Weil (und soweit) überwiegend Frauen teilzeitweise oder befristet beschäftigt sind, kann die Schlechterstellung von Arbeitnehmern in solchen Arbeitsverhältnissen zugleich eine mittelbare Geschlechtsdiskriminierung bedeuten (§ 10 Rdn. 17 und 51).[11] Zweitens soll den besonderen Schutzbedürfnissen atypischer Arbeitnehmer Rechnung getragen werden, vor allem im Hinblick auf Sicherheit und Gesundheitsschutz, aber auch im Hinblick auf ihr berufliches Fortkommen. Drittens verfolgt der Gesetzgeber beschäftigungspolitische Motive (Eingliederung in den Arbeitsmarkt), besonders deutlich, wenn Leiharbeit zugelassen werden soll, also nicht etwa verboten werden darf. Viertens schließlich könnte man – besonders in dem stärker regulierten Bereich der Arbeitnehmerüberlassung – auch an eine binnenmarktpolitische Begründung denken, nämlich die Erleichterung der grenzüberschreitenden Tätigkeit (s. § 21 Rdn. 5). Dem tragen die Richtlinien indes nur höchst unzureichend Rechnung, insbesondere hat auch die Dienstleistungsrichtlinie die Arbeitnehmerüberlassung eigens ausgenommen (Art. 2 Abs. 2 lit. e) DLRL; vgl. auch § 3 Rdn. 85–87). 3

II. Bestand, Entwicklung und Kompetenzen der Regelungen über atypische Arbeitsverhältnisse

1. Übersicht

Heute liegen im Bereich der atypischen Arbeitsverhältnisse **vier Richtlinien** vor, 4
- die Teilzeitrichtlinie (§ 19),
- die Befristungsrichtlinie (§ 20),

9 *Zappala*, ILJ 32 (2003), 310, 314.
10 Daher ist die Einordnung von *Barnard*, EC Employment Law, S. 469 ff., verfehlt, die atypische Arbeitsverhältnisse als Aspekt der „Family Friendly Policies" erörtert.
11 S.a. Marlene *Schmidt*, Teilzeitarbeit in Europa, S. 49–80.

- die Leiharbeitsrichtlinie (§ 21) sowie
- die Zeitarbeits-Gesundheitsschutz-Richtlinie (§ 22).

Neben den Einzelregelungen stellt die aus der Nachweis-Richtlinie von 1991 hervorgegangene **Transparenz-Richtlinie** (§ 14) einen Querschnittsrechtsakt für atypische Arbeitsverhältnisse dar. Ursprünglich auf Informationspflichten beschränkt, statuiert sie in ihrer Fassung von 2019 auch Mindestrechte, die vor allem für atypische Arbeitsverhältnisse von Bedeutung sind.

2. Entstehungsgeschichte und Kompetenzen

5 Die Einzelregelungen haben eine **gemeinsame Wurzel**. Die Entstehungsgeschichte der Regelungen ist eng verbunden mit der Entwicklung der Kompetenzgrundlagen. Die Europäische Gemeinschaft hatte es bereits **in den achtziger Jahren** unternommen, atypische Arbeitsverhältnisse zu regeln.[12] Entschließungen des Rats über ein sozialpolitisches Aktionsprogramm aus dem Jahr 1974[13] und über die Anpassung der Arbeitszeit aus dem Jahr 1979[14] sowie des Parlaments zur Beschäftigung und zur Neugestaltung der Arbeitszeit aus dem Jahr 1980[15] folgten 1982 Richtlinienvorschläge zur Teilzeitarbeit[16] einerseits sowie zur Zeitarbeit (d.h. Leiharbeit) und zu befristeten Arbeitsverträgen andererseits.[17] Die auf Art. 100 EGV (Art. 115 AEUV) gestützten[18]

---

12 Zur Entwicklung bis zu den Vorschlägen von 1990 Michael *Schmidt*, Die Richtlinienvorschläge der Kommission der Europäischen Gemeinschaften zu den atypischen Arbeitsverhältnissen (1992); *Wank*, RdA 1992, 103–114; *Zachert*, BB 1990, 565–568. Ferner *Jeffery*, ILJ 24 (1995), 296–299; *ders.*, ILJ 27 (1998), 193, 190–204; Marlene *Schmidt*, Teilzeitarbeit in Europa, S. 271–346; Schlachter/Heinig/*Ulber*, § 14 Rdn. 11ff. Zur Arbeitnehmerüberlassung insbesondere KOM(2002) 149 endg. S. 8–11; *Feuerborn*, EAS B 2500 Rdn. 91–104; *Raab*, ZfA 2003, 389, 396; Schüren/Brors/Hamann/*Riederer von Paar*, Einl. AÜG Rdn. 558–565, 594–596; *Treber*, ZTR 1998, 250, 252f. Zur Leiharbeit ferner *Schnorr*, RdA 1972, 191–209.

13 Entschließung des Rats v. 21.1.1974 über ein sozialpolitisches Aktionsprogramm, ABl. 1974 C 13/1 („Schutz von Arbeitnehmern, die über Unternehmen für Zeitarbeit angeworben werden, und Überwachung der Tätigkeit derartiger Unternehmen, um Missbräuche zu beseitigen").

14 Entschließung des Rates v. 18.12.1979 über die Anpassung der Arbeitszeit, ABl. 1980 C 2/1.

15 Entschließung des Parlaments v. 17.9.1981 zur Beschäftigung und zur Neugestaltung der Arbeitszeit, ABl. 1981 C 260/54.

16 Vorschlag für eine Richtlinie des Rates zur Regelung der freiwilligen Teilzeitarbeit v. 22.12.1981, KOM(81) 775 endg., ABl. 1982 C 62/7. Geänderter Vorschlag für eine Richtlinie des Rates zur Regelung der freiwilligen Teilzeitarbeit v. 5.1.1983, KOM(82) 830 endg., ABl. 1983 C 18/5.

17 Vorschlag einer Richtlinie des Rates zur Regelung der Zeitarbeit v. 7.5.1982, KOM(82) 155 endg., ABl.1982 C 128/2; dazu eingehend *Becker/Bader*, RdA 1983, 1–18 (mit Abdruck von Vorschlag und Begründung). Änderung des Vorschlags für eine Richtlinie des Rates zur Regelung der Zeitarbeit und der befristeten Arbeitsverträge v. 6.4.1984, ABl. 1984 C 133/1.

18 Die Kompetenzgrundlage war umstritten; s. noch *Rolfs*, EAS B 3200 Rdn. 7; *Becker/Bader*, RdA 1983, 1, 10 (an der Binnenmarktrelevanz zweifelnd).

Rechtsetzungsvorhaben scheiterten indes zunächst vor allem am Widerstand Großbritanniens und Dänemarks (Einstimmigkeitserfordernis).[19]

Die **Gemeinschaftscharta der sozialen Grundrechte** aus dem Jahr 1989 (§ 2 Rdn. 78–80) griff das Regelungsanliegen atypischer Arbeitsverhältnisse wieder auf. Zum einen empfehle sich im Hinblick auf das („gerechte") *Arbeitsentgelt*, „dass entsprechend den Gegebenheiten eines jeden Landes (...) die Arbeitnehmer mit einer anderen Arbeitsregelung als dem unbefristeten Vollzeitvertrag ein gerechtes Bezugsentgelt erhalten" (Nr. 5 Sps. 2 GsG). Zum anderen versprechen sich die Unterzeichner von der Angleichung der Vorschriften über „andere Arbeitsformen als das unbefristete Arbeitsverhältnis: Teilzeitarbeit, Leiharbeit und Saisonarbeit" eine Verbesserung der Lebens- und Arbeitsbedingungen der Arbeitnehmer in der Gemeinschaft (Nr. 7 GsG). 6

In der Folge legte die Kommission im Jahr **1990 ein Paket von drei Richtlinienvorschlägen** zur Regelung von Zeitarbeit vor,[20] und zwar – nach Kompetenzgrundlagen geordnet – 7

- im Hinblick auf die Arbeitsbedingungen, gestützt auf Art. 100 EGV (Art. 115 AEUV),[21]
- zur Vermeidung von Wettbewerbsverzerrungen,[22] gestützt auf Art. 100a EGV (Art. 114 AEUV), sowie
- zur Verbesserung von Sicherheit und Gesundheitsschutz, gestützt auf Art. 118a EGV (Art. 153 AEUV).[23]

Von diesen drei Richtlinienvorschlägen konnte indes nur der letztere umgesetzt werden (s. § 22 Zeitarbeits-Gesundheitsschutz-Richtlinie). Die übrigen Vorschläge scheiterten wiederum am Einstimmigkeitserfordernis im Rat, vor allem am Widerstand Großbritanniens.[24]

Erst das **Maastrichter Abkommen über Sozialpolitik** (ASP, oben, § 5 Rdn. 5), dem das Vereinigte Königreich nicht angehörte, schuf mit dem „sozialen Dialog" eine 8

---

19 Näher Marlene *Schmidt*, Teilzeitarbeit in Europa, S. 283–285.

20 Dazu *Hepple*, Working Time – A New Legal Framework (1990), S. 20 ff.; *Lörcher*, Der Personalrat 1991, 73–83; *Lutz*, DRdA 1994, 538–541.

21 Vorschlag einer Richtlinie des Rates zur Angleichung der Vorschriften der Mitgliedstaaten für bestimmte Arbeitsverhältnisse im Hinblick auf die Arbeitsbedingungen, KOM(90) 228 endg., ABl. 1990 C 224/4.

22 Vorschlag für eine Richtlinie des Rates über bestimmte Arbeitsverhältnisse im Hinblick auf Wettbewerbsverzerrungen, KOM(90) 228 endg., ABl. 1990 C 224/6. Änderung des Vorschlags für eine Richtlinie des Rates über bestimmte Arbeitsverhältnisse im Hinblick auf Wettbewerbsverzerrungen, KOM (90) 533 endg., ABl. 1990 C 305/8.

23 Vorschlag einer Richtlinie des Rates im Hinblick auf die Ergänzung von Maßnahmen zur Verbesserung der Sicherheit und des Gesundheitsschutzes von Zeitarbeitnehmern, KOM(90) 228 endg., ABl. 1990 C 224/8.

24 *Jeffrey*, ILJ 24 (1995), 296, 298 f.; *Deakin/Morris*, Rdn. 3.58 (s. a. Rdn. 3.52: die Vorschriften gegen Missbrauch in der BefrRV wichen radikal von der traditionellen Position des britischen Rechts ab).

Rechtsgrundlage, auf der zunächst 1997 die **Teilzeitrichtlinie** (unten, § 19) verabschiedet werden konnte.[25] Inhaltlich fiel die Regelung zurückhaltend aus; manche erwägen, der Kommission sei die erfolgreiche Durchführung des sozialen Dialogs am Ende wichtiger gewesen als inhaltliche Ziele.[26] Nach einem Regierungswechsel im Vereinigten Königreich wurde die Teilzeitrichtlinie bereits 1998 durch eine auf Art. 100 EGV (Art. 115 AEUV) gestützte Richtlinie 98/23/EG[27] entsprechend räumlich erweitert. Auch die **Befristungsrichtlinie** aus dem Jahr 1999[28] (unten, § 20) erging im Verfahren des sozialen Dialogs, der mittlerweile durch den Amsterdamer Vertrag von 1997 Eingang in den EG-Vertrag gefunden hatte (Art. 155 AEUV).

9 Während sich die Sozialpartner in der Folge auf der Grundlage des Abkommens über Sozialpolitik und Art. 155 AEUV auf Rahmenvereinbarungen über Teilzeitarbeit und über befristete Arbeitsverhältnisse einigten, scheiterten die ebenfalls in Angriff genommenen Verhandlungen über eine Rahmenvereinbarung über **Leiharbeit** (Arbeitnehmerüberlassung). Die Verhandlungen erwiesen sich von Anfang an als schwierig, da die Arbeitgeberseite auf eine Liberalisierung drängte, die Arbeitnehmerseite hingegen auf eine weitgehende Regulierung (einschließlich inhaltlich beschränkter Zulassung von Leiharbeit) sowie auf eine Verbesserung des Arbeitnehmerschutzes. Als kritischer Punkt erwies sich die Frage, ob das Diskriminierungsverbot Verleiher- oder Entleiher-bezogen ausgestaltet werden sollte.[29] Die Differenzen hatten ihren Grund nicht zuletzt in den unterschiedlichen mitgliedstaatlichen Regelungssystemen. Die Bewertung ändert sich entscheidend, wenn Leiharbeitnehmer nicht nur auftragsweise befristet beim Verleiher beschäftigt sind, sondern dauerhaft, und auch in einem Freiraum zwischen zwei Überlassungen bezahlt werden, wenn der Verleiher also das Verwendungsrisiko trägt. Nachdem die Verhandlungen der Sozialpartner im Mai 2001 gescheitert waren, legte die Kommission im März 2002 einen ersten Richtlinienvorschlag vor,[30] nach Anhörung von WSA und Parlament im November 2002 einen zweiten, geänderten Vorschlag.[31] Der Vorschlag baut auf den Verhandlungen der So-

---

25 Zu den Verhandlungen der Sozialpartner *Kaufmann*, AuR 1999, 332f.

26 *Kreimer-de Fries*, AuR 1998, 314, 316f.

27 Richtlinie 98/23/EG des Rates vom 7.4.1998 zur Ausdehnung der Richtlinie 97/81/EG zu der von UNICE, CEEP und EGB geschlossenen Rahmenvereinbarung über Teilzeitarbeit auf das Vereinigte Königreich Großbritannien und Nordirland, ABl. 1998 L 131/10.

28 Richtlinie 1999/70/EG des Rates vom 28.6.1999 zu der EGB-UNICE-CEEP-Rahmenvereinbarung über befristete Arbeitsverträge, ABl. 1999 L 175/43.

29 *Jones*, ILJ 31 (2002), 183, 184f., 187 (die Gewerkschaften strebten die Gleichbehandlung mit den Stammarbeitnehmern des Entleihers an, die Arbeitgeber wollten die Frage den Mitgliedstaaten oder [nationalen] Sozialpartnern überlassen).

30 Vorschlag für eine Richtlinie des Europäischen Parlaments und des Rates über die Arbeitsbedingungen von Leiharbeitern, KOM(2002) 149 endg., ABl. 2002 C 203/1. Dazu noch *Thüsing*, DB 2002, 2218–2223.

31 Geänderter Vorschlag für eine Richtlinie des Europäischen Parlaments und des Rates über die Arbeitsbedingungen von Leiharbeitnehmern, KOM(2002) 701 endg.

zialpartner auf und entwickelt diese in den Streitpunkten fort. Ziel der Regelung ist, Leiharbeit grundsätzlich zuzulassen und dabei Leiharbeitnehmern ein Mindestmaß an Schutz zu gewähren und die Akzeptanz und Verbreitung der Leiharbeit zu fördern. Zu diesen Zwecken soll die Richtlinie einheitliche Rahmenbedingungen für die Leiharbeit begründen. Nachdem der Vorschlag über Jahre hinweg auf Eis lag, da im Rat keine Einigung über die strittigen Punkte zu erzielen war,[32] legte der Rat schließlich am 15. September 2008 einen gemeinsamen Standpunkt fest,[33] auf dessen Grundlage am 19. November 2008 die Leiharbeitsrichtlinie (LARL)[34] verabschiedet wurde.

III. Gemeinsame Begriffe und Konzepte

Inhaltlich sind die Zeitarbeits-Gesundheitsschutzrichtlinie einerseits und Teilzeit- und Befristungsrichtlinien sowie Leiharbeitsrichtlinie andererseits zu unterscheiden. Die Zeitarbeits-Gesundheitsschutzrichtlinie, die als erste Regelung über atypische Arbeitsverhältnisse verabschiedet wurde, enthält eine Reihe von Definitionen, die der Gesetzgeber (bzw. die Sozialpartner) auch bei den späteren Regelungen wieder aufgegriffen hat (befristeter Arbeitsvertrag, Leiharbeit). 10

Die Teilzeit- und Befristungsrichtlinien sowie die Leiharbeitsrichtlinie verwenden 11 als grundlegendes Schutzinstrument das **Diskriminierungsverbot**. Verboten wird die Benachteiligung von Arbeitnehmern in solchen atypischen Arbeitsverhältnissen. Es geht m.a.W. nicht um die Diskriminierung wegen eines persönlichen Merkmals, sondern wegen der Zugehörigkeit zu einer Arbeitnehmergruppe. Verboten wird die Schlechterstellung gegenüber Arbeitnehmern in *Normalarbeitsverhältnissen.* Dieses Diskriminierungsverbot lässt sich bei befristeten und Teilzeitarbeitsverhältnissen unschwer durchführen. Es wirft aber bei der Leiharbeit die Wertungsfrage auf, ob die Arbeitnehmer des Verleih-Unternehmens oder die Stammarbeitnehmer des Entleihers als Vergleichsmaßstab herangezogen werden. Diese Frage erwies sich im Rahmen der Rechtsangleichung als Hinderungsgrund, da die mitgliedstaatlichen Arbeitsrechtsordnungen traditionell unterschiedliche Schutzsysteme verwenden.

---

32 Näher Pressemitteilung v. 3.6.2003 – IP/03/796, zugänglich unter http://europa.eu/rapid/pressReleasesAction.do?reference=IP/03/796&format=HTML&aged=1&language=DE&guiLanguage=en. Als problematisch erwiesen sich einerseits die Deregulierung (generelle Zulassung von Leiharbeit), andererseits der Bezugspunkt des Diskriminierungsverbots (dazu noch sogleich im Text); *Busby/Christie*, Cambrian L. R. 2005, 15, 26 f.

33 Gemeinsamer Standpunkt (EG) Nr. 24/2008 vom Rat festgelegt am 15.9.2008 im Hinblick auf den Erlass der Richtlinie 2008/ … /EG des Europäischen Parlaments und des Rates vom … über Leiharbeit, ABl. 2008 C 254 E/36.

34 Richtlinie 2008/104/EG des Europäischen Parlaments und des Rates vom 19.11.2008 über Leiharbeit, ABl. 2008 L 327/9.

12 Zu den weiteren Schutzinstrumenten gehören Regelungen, die den Arbeitnehmern den **Übergang** von einem atypischen Arbeitsverhältnis **in ein Normalarbeitsverhältnis** ermöglichen und auch erleichtern sollen. Diese sind indes nur „weich" ausgestaltet, nämlich als Informationsregeln (über freie Stellen) oder als Appell an den Arbeitgeber.

IV. Insbesondere: Entgeltdiskriminierung und Kompetenz

13 Mit dem Diskriminierungsverbot ist eine besondere Kompetenzproblematik verbunden, nämlich, ob auch die Entgeltdiskriminierung nach dem Willen des Gesetzgebers bzw. der Sozialpartner verboten sein *sollte* und aufgrund der Kompetenzgrundlage verboten sein *kann.*

14 In der Teilzeitrichtlinie und der Befristungsrichtlinie ist schon die **Auslegungsfrage** umstritten, denn dort bezieht sich das Diskriminierungsverbot auf „die Beschäftigungsbedingungen". Dazu kann man – sprachlich naheliegend – auch das Entgelt rechnen, doch ist das nicht zwingend. Aus der Leiharbeitsrichtlinie ergibt sich freilich unzweideutig, dass hier auch das Arbeitsentgelt vom Diskriminierungsverbot umfasst sein sollte (Art. 2 Abs. 1 lit. f), Art. 5 Abs. 2 LARL).

15 Die **Kompetenzfrage** hat ihren Sitz in Art. 2 Abs. 2 ASP bzw. der Nachfolgevorschrift des Art. 153 Abs. 5 AEUV, denn nach dieser Vorschrift kann sich die Rechtsangleichung nach Art. 153 AEUV (und dementsprechend auch die Rechtsangleichung auf der Grundlage des sozialen Dialogs nach Art. 155 AEUV) nicht auf das Arbeitsentgelt beziehen (näher bereits oben, § 4 Rdn. 9, 11). Die kompetenzrechtliche Frage, ob auf der Grundlage von Art. 155, 153 AEUV ein Verbot der Entgeltdiskriminierung erlassen werden *durfte,* kann für die Auslegung der Richtlinien von Bedeutung sein (primärrechtskonforme Auslegung; s. bereits § 5 Rdn. 1).

16 Eine Meinung verneint in der Tat schon die Kompetenz der Union zum Erlass eines Verbots der Entgeltdiskriminierung nach Art. 153, 155 AEUV. Auch die mittelbare Regelung durch ein Diskriminierungsverbot sei eine Entgeltregelung. Nach anderer Ansicht verbietet Art. 153 Abs. 5 AEUV hingegen nur die Festlegung eines Mindestlohns.[35] Eine vermittelnde Ansicht möchte danach differenzieren, ob das Diskriminierungsverbot mit oder ohne zusätzliche Wertung statuiert werden kann: Ohne weitere Wertung sei die Gleichstellung befristet oder teilzeitweise beschäftigter Arbeitnehmer mit Normalarbeitnehmern möglich. Bei Leiharbeitnehmern hingegen erfordere die Entscheidung, ob die Gleichstellung mit den Arbeitnehmern des Verleih-Unternehmens oder mit jenen des Entleihers erfolgt, eine eigene Wertung, die aber Art. 153 Abs. 5 AEUV den Mitgliedstaaten vorbehalte.[36] Die besseren Gründe spre-

35 So jetzt auch EuGH v. 15.4.2008 – Rs. C-268/06 *Impact,* EU:C:2008:223 Rdn. 105–133 (zur BefrRL).
36 Näher und m.N. oben, § 5 Rdn. 13.

chen, wie wir bereits im Zusammenhang mit den Kompetenzen erörtert haben (§ 5 Rdn. 12f.), dafür, eine mittelbare Entgeltregelung, wie sie im Diskriminierungsverbot gesehen wird, als zulässig anzusehen. Auch für die Leiharbeit gilt nichts Anderes. Schreibt der Unionsgesetzgeber hier – wie jetzt in der Leiharbeitsrichtlinie – eine entleiherbetriebs-bezogene Gleichbehandlung vor, so liegt darin lediglich eine *Systementscheidung*, nicht aber eine Wertentscheidung im Hinblick auf das Arbeitsentgelt. Anders läge es nur, wenn die Mitgliedstaaten verpflichtet wären, auf der Grundlage eines verleiherbetriebs-bezogenen Modells eine Lohngleichbehandlung mit dem Entleiherbetrieb vorzuschreiben.

V. Regelungsumfeld

Zum Regelungsumfeld gehören zum einen die primär- und sekundärrechtlichen Rege- **17**
lungen gegen **Geschlechtsdiskriminierung** (§ 10; s.o. Rdn. 3). Auch das Verbot der Nationalitätendiskriminierung, wie es insbesondere die Arbeitnehmerfreizügigkeit umfasst, hat praktische Auswirkungen für atypische Arbeitsverhältnisse entfaltet (§ 3 Rdn. 37). Allerdings schützen die Richtlinien über atypische Arbeitsverhältnisse die betreffenden Arbeitnehmer ohne Rücksicht auf Geschlecht oder Nationalität; der Schutzzweck hat sich insoweit verselbständigt. Für befristete Arbeitsverhältnisse enthält die Gleichbehandlungsrahmenrichtlinie (§ 12 Rdn. 44, 51) mit dem Verbot der Altersdiskriminierung eine ergänzende Regelung; sie ist auch praktisch von Gewicht, weil die Erleichterung der Altersbefristung als arbeitsmarktpolitisches Instrument verwendet wird (vgl. Art. 6 GbRRL). Soweit es um den Schutz von Sicherheit und Gesundheit geht, gehören weiterhin die eingehenden unionsrechtlichen Regeln zum **Arbeitsschutz** zum Regelungsumfeld (§ 16).

Leiharbeit ist punktuell auch in anderen Einzelrichtlinien geregelt bzw. erwähnt. **18**
Die Entsenderichtlinie enthält eine Regelung über die grenzüberschreitende Leiharbeit (oben, § 7 Rdn. 13, 25f., 31). Verschiedene Einzelrichtlinien bestimmen im Hinblick auf den persönlichen Anwendungsbereich, dass zwar der Arbeitnehmerbegriff mitgliedstaatlichem Recht folgt, atypische Arbeitnehmer aber nicht ausgenommen werden dürfen (s. z.B. zur BÜRL § 27 Rdn. 16). Als eine besondere Form der Dienstleistung unterfällt das Leiharbeitsangebot der Dienstleistungsfreiheit; mitgliedstaatliche Regelungen zum Schutz der Leiharbeitnehmer können allerdings im Rahmen des Verhältnismäßigen gerechtfertigt werden (§ 3 Rdn. 74–81). Die Dienstleistungsrichtlinie regelt atypische Arbeitsverhältnisse nicht, Leiharbeit ist eigens ausgenommen (Art. 2 Abs. 2 lit. e) DLRL; s.o. Rdn. 3 a.E.).

Auch die **Transparenz**richtlinie (§ 14) **19**
gehört zum Umfeld der Regelungen atypischer Arbeitsverhältnisse rechnen (s. bereits oben, Rdn. 4). Regelungsanlass für die ursprüngliche Nachweisrichtlinie war gerade der Umstand, dass sich mit der Flexibilisierung des Arbeitslebens neue Arbeitsformen herausbildeten. Schützt die Richtlinie auch alle Arbeitnehmer, so dient sie doch gera-

de dazu, Transparenz über die nicht-standardisierten Bedingungen atypischer Arbeitsverhältnisse herzustellen.

20 Schließlich ist die Richtlinie über die Bedingungen für Einreise und Aufenthalt von **Saisonarbeitnehmern aus Drittstaaten**[37] zu erwähnen (s. bereits § 1 Rdn. 11). Ihr Schwerpunkt ist ausländerrechtlicher Natur, doch enthält sie zugleich punktuelle Arbeitgeberpflichten, insbesondere ein spezielles Recht auf Gleichbehandlung (Art. 23 SaisonarbeitnehmerRL 2014/36).

---

37 Richtlinie 2014/36/EU des Europäischen Parlaments und des Rates vom 26.2.2014 über die Bedingungen für die Einreise und den Aufenthalt von Drittstaatsangehörigen zwecks Beschäftigung als Saisonarbeitnehmer, ABl. 2014 L 94/375.

§ 19 Die Teilzeitrichtlinie

Literatur: *Balze*, Arbeitszeit, Urlaub und Teilzeitarbeit, in: Oetker/Preis (Hrsg.), Europäisches Arbeits- und Sozialrecht, B 3100 Rdn. 242–300 (Stand: Feb. 2011); *Barnard/Hepple*, Substantive Equality, C.L.J. 59 (2000), 562–585; *Bell*, Achieving the Objectives of the Part-Time Work Directive – Revisiting the Part-Time Workers Regulations, ILJ 40 (2011), 254–279; *Busby*, The Part-Time Workers (Prevention of Less Favourable Treatment) Regulations 2000: Righting a Wrong or out of Proportion, J.B.L. 2001, 344–356; *Däubler*, Das geplante Teilzeit- und Befristungsgesetz, ZIP 2000, 1961–1969; *ders.*, Das neue Teilzeit- und Befristungsgesetz, ZIP 2001, 217–225; *Eisemann/Le Friant/Liddington/Numhauser-Henning/Roseberry/Schinz/Waas*, Der Anspruch auf Teilzeitarbeit und seine gerichtliche Durchsetzung in den Niederlanden, Frankreich, Großbritannien, Schweden, Dänemark und der Bundesrepublik Deutschland, RdA 2004, 129–141; *Jeffery*, Not Really Going to Work? Of the Directive on Part-Time Work, ‚Atypical Work' and Attempts to Regulate It, ILJ 27 (1998), 193–213; *Kliemt*, Der neue Teilzeitanspruch, NZA 2001, 63–71; *Köhler*, Teilzeitarbeit in Schweden, EuroAS 2001, 217–224; *Köhler*, Teilzeitarbeit in Schweden, EuroAS 2001, 217–224; *Kreimer-de Fries*, EU-Teilzeitvereinbarung – kein gutes Omen für die Zukunft der europäischen Verhandlungsebenen, AuR 1997, 314–317; *McColgan*, Missing the Point? The Part-time Workers (Prevention of Less Favourable Treatment) Regulations 2000 (SI 2000, No 1551), ILJ 29 (2000), 260–267; *Preis/Gotthardt*, Neuregelung der Teilzeitarbeit und befristeten Arbeitsverhältnisse, DB 2000, 2065–2074; *Richardi/Annuß*, Gesetzliche Neuregelung von Teilzeitarbeit und Befristung, BB 2000, 2201–2205; *Riesenhuber*, Anspruch auf Teilzeitbeschäftigung nach § 15b BAT?, NZA 1995, 56–63; *Rolfs*, Das neue Recht der Teilzeitarbeit, RdA 2001, 129–143; *Schmidt, Marlene*, Die neue EG-Richtlinie zur Teilzeitarbeit, NZA 1998, 576–582; *dies.*, Teilzeitarbeit in Europa – Eine Analyse der gemeinschaftsrechtlichen Regelungsbestrebungen auf vergleichender Grundlage des englischen und des deutschen Rechts, 1995; *Schmidt, Michael*, Die Richtlinienvorschläge der Kommission der Europäischen Gemeinschaften zu den atypischen Arbeitsverhältnisse, 1991; *Schneider, Angie*, Diskriminierung bei Befristungen an Universitäten, EuZA 2020, 378–390; *Thurman/Trah*, Part-time work in international perspective, ILR 129 (1990), 23–40; *Thüsing*, Das Verbot der Diskriminierung wegen Teilzeit und Befristung nach § 4 TzBfG – Aktuelles und Grundsätzliches zu einer Rechtsfigur sui generis, ZfA 2002, 249–273; *Treber*, Sozialer Dialog in der Europäischen Union und Gleichbehandlung bei Teilzeitarbeit – Die Richtlinie des Rates zu der von UNICE, CEEP und EGB geschlossenen Rahmenvereinbarung über Teilzeitarbeit, ZTR 1998, 250–257; *Viethen*, Richtlinie der EG zur Teilzeitarbeit, EuroAS 2002, 51–56; *Wank*, Atypische Arbeitsverhältnisse, RdA 1992, 103–114; *Zachert*, „Erosion des Normalarbeitsverhältnisses" in Europa, BB 1990, 565–568.

S. ferner die Literaturhinweise zu § 18.

Rechtsprechung:

EuGH v. 12.10.2004	Rs. C-313/02 *Wippel*, EU:C:2004:607
EuGH v. 24.4.2008	verb. Rs. C-55/07 und C-56/07 *Michaeler*, EU:C:2008:248
EuGH v. 22.4.2010	Rs. C-486/08 *Zentralbetriebsrat der Landeskrankenhäuser Tirols*, EU:C:2010:215
EuGH v. 10.6.2010	verb. Rs. C-395/08 und C-396/08 *Bruno und Pettini*, EU:C:2010:329
EuGH v. 7.4.2011	Rs. C-151/10 *Dai Cugini*, EU:C:2011:223
EuGH v. 9.12.2011	Rs. C-349/11 *Yangwei*, EU:C:2011:826
EuGH v. 1.3.2012	Rs. C-393/10 *O'Brien* 1, EU:C:2012:110
EuGH v. 13.6.2013	Rs. C-415/12 *Brandes*, EU:C:2013:398
EuGH v. 15.10.2014	Rs. C-221/13 *Mascellani*, EU:C:2014:2286
EuGH v. 5.11.2014	Rs. C-476/12 *Österreichischer Gewerkschaftsbund*, EU:C:2014:2332
EuGH v. 14.4.2015	Rs. C-527/13 *Cachaldora Fernández*, EU:C:2015:215
EuGH v. 11.11.2015	Rs. C-219/14 *Greenfield*, EU:C:2015:745

https://doi.org/10.1515/9783110731941-019

EuGH v. 13.7.2017	Rs. C-354/16 *Kleinsteuber*, EU:C:2017:539
EuGH v. 9.11.2017	Rs. C-98/15 *Espadas Recio*, EU:C:2017:833
EuGH v. 7.11.2018	Rs. C-432/17 *O'Brien* 2, EU:C:2018:879
EuGH v. 3.10.2019	Rs. C-274/18 *Schuch-Ghannadan*, EU:C:2019:828
EuGH v. 15.10.2019	verb. Rs. C-439/18 und C-472/18 *AEAT*, EU:C:2019:858

Übersicht

I. Sachfragen und Übersicht[1]

1 Teilzeitarbeit ist ein wichtiges Instrument **flexibler Arbeitszeitgestaltung**. Dem Arbeitgeber ermöglicht die Teilzeitbeschäftigung, Arbeitskräfte nach den spezifischen Bedürfnissen seines Unternehmens zu beschäftigen. Für den Arbeitnehmer kann die Teilzeittätigkeit dazu beitragen, die beruflichen Interessen mit anderen Interessen auszugleichen, insbesondere die Vereinbarkeit von Familie und Beruf zu fördern.[2] Dass beide Seiten ein Interesse an Teilzeitarbeit haben *können*, bedeutet freilich keineswegs einen Interessengleichlauf im Einzelfall. Insbesondere im Hinblick auf die Lage der Arbeitszeit und im Hinblick auf die Möglichkeit einer nachträglichen Veränderung des zeitlichen Umfangs oder der Lage der Arbeitszeit können die Interessen kollidieren.

2 Ungeachtet dieser Vorzüge gilt doch nach wie vor die Vollzeitbeschäftigung als Kennzeichen des Normalarbeitsverhältnisses, Teilzeitarbeit als ein Fall **atypischer,**

---

1 S.a. die Übersicht in § 18, insbesondere zu Entstehung und Kompetenzen. Zur Entwicklung speziell der Teilzeitregelung sowie zu Sachfragen mit vergleichenden Hinweisen *Zachert*, BB 1990, 565–568; *Thurman/Trah*, ILR 129 (1990), 23–40.

2 Diskussion bei *Collins*, Employment Law, S. 91–95.

im Hinblick auf die Schutzbedürftigkeit der Arbeitnehmer auch sog. „prekärer" **Arbeitsverhältnisse** (s.o., § 18 Rdn. 1). Das hat in der Praxis öfter dazu geführt, Teilzeitarbeitnehmer nicht anteilig oder absolut gleich zu behandeln mit Vollzeitarbeitnehmern, z.B. im Hinblick auf die Vergütung, die Beförderung, den Zugang zu betrieblichen Einrichtungen u.a.m. Traditionell sind vor allem Frauen teilzeitweise tätig, zumeist deshalb, weil sie ganz überwiegend die Kinderbetreuung und -erziehung übernehmen. Eine Benachteiligung aufgrund der Teilzeittätigkeit bedeutet daher regelmäßig eine mittelbare Diskriminierung von Frauen (§ 10 Rdn. 17, 51).[3]

Die Teilzeitrichtlinie (TzRL)[4] dient „nur" der Durchführung der in ihrem Anhang 3
enthaltenen Teilzeit-Rahmenvereinbarung (TzRV) der Europäischen Sozialpartner vom 6. Juni 1997, die die materiellen Regelungen enthält.[5] Die TzRL/TzRV dient nicht in erster Linie der Verwirklichung des Binnenmarktes, sondern **sozialpolitischen Zwecken**. Sie soll Teilzeitarbeit fördern.[6] Weil vor allem Frauen teilzeitweise berufstätig sind, dient die Regelung dem Schutz vor Geschlechtsdiskriminierung und der Förderung der Vereinbarkeit von Familie und Beruf. Die Rahmenvereinbarung enthält nur **Mindestvorschriften** (Art. 2 Abs. 5 ASP [heute Art. 153 Abs. 4 AEUV], Präambel TzRV). Ihr Zentralstück ist das **Diskriminierungsverbot** des § 4 TzRV, das – wo angemessen – ergänzt wird durch den Pro-rata-temporis-Grundsatz. Weitere Bestimmungen, die der Förderung von Teilzeitarbeit durch verschiedene Mittel dienen sollen (§ 5 TzRV), haben eher Appellfunktion.[7] Sie verlangen vom Arbeitgeber nicht mehr als ein Bemühen und Berücksichtigen. Selbst um Information der Arbeitnehmer und Arbeitnehmervertreter muss sich der Arbeitgeber nur „bemühen". Eine strenge Bindung des Arbeitgebers enthält lediglich das Kündigungsverbot des § 5 Abs. 2 TzRV, dessen Reichweite indes beschränkt ist. Insbesondere das Diskriminierungsverbot des § 4 TzRV dient auch der Verhinderung von Geschlechtsdiskriminierungen, weil (soweit) überwiegend Frauen teilzeitbeschäftigt sind. Die Richtlinie greift indes darüber hinaus: Während das Verbot der Geschlechtsdiskriminierung eine Benachteiligung teilzeitbeschäftigter Arbeitnehmer nur als mittelbare Geschlechtsdiskriminierung erfassen konnte, wird die Teilzeitbeschäftigung in der Richtlinie zu einem eigenen Schutzgut aufgewertet. Teilzeitbeschäftigung wird selbständig und unabhängig von ihrem Bezug zur Erwerbstätigkeit von Frauen gefördert.

---

3 Übersicht bei *M. Schmidt*, Teilzeitarbeit in Europa, S. 49–80.

4 Richtlinie 97/81/EG des Rates vom 15.12.1997 zu der von UNICE, CEEP and EGB geschlossenen Rahmenvereinigung über Teilzeitarbeit – Anhang: Rahmenvereinbarung über Teilzeitarbeit, ABl. 1998 L 14/9.

5 Zur Kompetenzgrundlage und dem Mechanismus der Durchführung von Rahmenvereinbarungen der Sozialpartner bereits oben, § 5 Rdn. 34–44.

6 EuGH v. 24.4.2008 – verb. Rs. C-55/07 und C-56/07 *Michaeler*, EU:C:2008:248 Rdn. 21 f.

7 Zweifelnd, ob die Richtlinie/Rahmenvereinbarung die selbst gesetzten Ziele erreicht *Jeffery*, ILJ 27 (1998), 193, 195–199. Krit. wegen des (aus Gewerkschaftssicht) nur geringen Schutzniveaus *Kreimer-de Fries*, AuR 1997, 314– 317.

4 Eine **ergänzende Regelung** zum Gesundheitsschutz enthält die Zeitarbeits-Gesundheitsschutz-Richtlinie (unten, § 22). Mit der Teilzeitrichtlinie korrelieren in gewisser Weise die Befristungsrichtlinie (§ 20) und die Leiharbeitsrichtlinie (§ 21). Teilzeitarbeit und befristete Beschäftigung werden in manchen Mitgliedstaaten als sachlich verwandte Regelungsgegenstände angesehen (und auch in Deutschland sind beide Sachprobleme in einem Gesetz, dem TzBfG, geregelt). Leiharbeit ist in manchen Rechtsordnungen als ein Fall der befristeten Tätigkeit konzipiert. Gemeinsam ist allen dreien, dass sie atypische („prekäre") Arbeitsverhältnisse darstellen, in denen zudem vielfach, teils überwiegend Frauen tätig sind. Die Schutzinstrumente der Richtlinien ähneln sich daher auch in vielen Punkten (wenn auch durchaus nicht in allen).

II. Anwendungsbereich

5 Die Rahmenvereinbarung gilt für teilzeitbeschäftigte Arbeitnehmer. Unionsautonom bestimmt ist indes nur – in § 3 Nr. 1 TzRV – der rahmenhafte Begriff der Teilzeitbeschäftigung. **Teilzeitbeschäftigter** ist ein Arbeitnehmer, dessen normale Arbeitszeit unter der eines *vergleichbaren Vollzeitbeschäftigten* liegt. Dabei ist die normale Arbeitszeit entweder auf Wochenbasis oder als Durchschnitt eines bis zu einem Jahr reichenden Beschäftigungszeitraums zu berechnen. Wer **Arbeitnehmer** ist bestimmt sich allein nach nationalem Recht.[8] § 2 Abs. 1 TzRV verweist auf Teilzeitbeschäftigte, „die *nach den Rechtsvorschriften, Tarifverträgen oder Gepflogenheiten in dem jeweiligen Mitgliedstaat* einen Arbeitsvertrag haben oder in einem Arbeitsverhältnis stehen"; s. a. BE 16 TzRL. Der Ermessensspielraum der Mitgliedstaaten ist jedoch durch Umsetzungsgrundsätze eingeschränkt. Der Ausschluss einzelner Arbeitnehmergruppen vom Anwendungsbereich darf nicht willkürlich sein oder aus rein formalen Erwägungen erfolgen. Er setzt voraus, dass „das in Rede stehende Arbeitsverhältnis seinem Wesen nach erheblich anders ist als dasjenige, das zwischen den Beschäftigten, die nach dem nationalen Recht zur Kategorie der Arbeitnehmer gehören, und ihren Arbeitgebern besteht".[9]

6 **Vergleichbarer Vollzeitbeschäftigter** ist ein Vollzeitbeschäftigter *desselben Betriebs* mit derselben Art von Arbeitsvertrag oder Beschäftigungsverhältnis, der die gleiche oder eine *ähnliche*[10] *Arbeit*/Beschäftigung ausübt. Für die Vergleichbarkeit sind auch die Betriebszugehörigkeit und die Qualifikationen und Fertigkeiten „sowie andere Erwägungen" heranzuziehen. Gibt es in demselben Betrieb keinen vergleich-

8 EuGH v. 12.10.2004 – Rs. C-313/02 *Wippel*, EU:C:2004:607 Rdn. 40; EuGH v. 1.3.2012 – Rs. C-393/10 *O'Brien*, EU:C:2012:110 Rdn. 28–33.

9 EuGH v. 1.3.2012 – Rs. C-393/10 *O'Brien*, EU:C:2012:110 Rdn. 34ff.; GA Kokott, Schlussanträge v. 17.11.2011 – Rs. C-393/10 *O'Brien*, EU:C:2011:746 Rdn. 53. S.a. Schlachter/Heinig/*Ulber*, § 14 Rdn. 46.

10 Das erleichtert die Diskriminierungsprüfung, wenn es keine Vollzeitbeschäftigten mit identischer Tätigkeit gibt; *Thüsing*, ZfA 2002, 249, 255f.

baren Vollzeitbeschäftigten, so erfolgt der Vergleich normativ bzw. hypothetisch. Es ist zu ermitteln, wie ein hypothetischer Arbeitnehmer nach den tariflichen oder gesetzlichen Bestimmungen oder Gepflogenheiten stünde.

Dieser hypothetische Vergleich, der vor allem für das Diskriminierungsverbot (unten, Rdn. 12–23) 7
Bedeutung hat, ist problematisch, soweit er auf eine Gleichstellung mit Arbeitnehmern **eines anderen Betriebs** hinausläuft. Es ist grundsätzlich nicht einzusehen, warum ein Arbeitgeber seine Teilzeitbeschäftigten nicht im Vergleich zu den Vollzeitbeschäftigten eines anderen Arbeitgebers schlechter behandeln können soll.[11] Daher kann die hypothetische Betrachtung, was gälte, wenn der betreffende Arbeitgeber Vollzeitkräfte beschäftigen würde, nicht durch einen Marktvergleich ersetzt werden.[12] Die Anforderungen an die Darlegung des Arbeitnehmers sind besonders hoch.

Für den Fall eines „Teilzeitarbeitnehmers nach Bedarf", dessen Arbeitszeit individuell **auf Abruf** 8
und mit einem Ablehnungsrecht des Arbeitnehmers vereinbart wurde, hat der EuGH allerdings schlechterdings keinen vergleichbaren Vollzeitbeschäftigten gefunden (und daher im Ergebnis auch keine Diskriminierung festgestellt).[13]

Der persönliche Anwendungsbereich ist **nicht** durch einen **Schwellenwert** be- 9
grenzt.[14] Die Mitgliedstaaten (nach Anhörung der Sozialpartner) und/oder die Sozialpartner können aber **Teilzeitbeschäftigte, die nur gelegentlich arbeiten,** aus sachlichen Gründen vom Anwendungsbereich der Regelungen ganz oder teilweise ausschließen.[15] Gelegenheitsarbeit *(casual work)* ist beispielsweise Saisontätigkeit im Weihnachtsgeschäft.[16]

Ausgenommen vom sachlichen Anwendungsbereich sind Fragen der **sozialen Sicherheit.**[17] In 10
Abs. 3 der Präambel verweisen die Sozialpartner insoweit auf die gesetzlichen Regelungen der Mitgliedstaaten. Sie befürworten, die Systeme der sozialen Sicherheit beschäftigungsfreundlicher zu gestalten, indem „Systeme der sozialen Sicherheit entwickelt werden, die sich an neue Arbeitsstrukturen anpassen lassen und die jedem, der im Rahmen solcher Strukturen arbeitet, auch einen angemessenen sozialen Schutz bieten".

III. Der Gleichbehandlungsgrundsatz

Kernstück der Teilzeitrahmenvereinbarung ist das Diskriminierungsverbot (1), das 11
durch den Pro-rata-temporis-Grundsatz (2) ergänzt wird. Den Zugang zu besonderen

---

11 *Thüsing,* ZfA 2002, 249, 257; *ders.,* Europäisches Arbeitsrecht, § 4 Rdn. 10.

12 Ebenso EuArbRK/*Kietaibl,* § 3 Anhang RL 97/81/EG Rdn. 5; a.M. Schlachter/Heinig/*Ulber,* § 14 Rdn. 70.

13 EuGH v. 12.10.2004 – Rs. C-313/02 *Wippel,* EU:C:2004:607 Rdn. 61f.

14 Die Vorschläge von 1990 hatten den Anwendungsbereich aus Kostengründen beschränkt auf Arbeitnehmer, deren durchschnittliche wöchentliche Arbeitszeit acht Stunden beträgt; *Lörcher,* Der Personalrat 1991, 73, 80 (krit.); *Wank,* RdA 1992, 103, 106.

15 Vgl. EuGH v. 12.10.2004 – Rs. C-313/02 *Wippel,* EU:C:2004:607 Rdn. 38.

16 *Viethen,* EuroAS 2002, 51, 53.

17 EuGH v. 14.4.2015 – Rs. C-527/13 *Cachaldora Fernández,* EU:C:2015:215 Rdn. 35ff. Zur Regelung in den Vorschlägen von 1990 *Wank,* RdA 1992, 103, 106f. („Der Schwerpunkt der Richtlinienvorschläge liegt auf der sozialrechtlichen Gleichbehandlung.").

Beschäftigungsbedingungen können die Mitgliedstaaten aber – als Einschränkung des Gleichbehandlungsgrundsatzes – von Faktoren abhängig machen, die mit der Teilzeit zusammenhängen (3). Der EuGH sieht Art. 4 TzRV „als Ausdruck eines Grundsatzes des Sozialrechts der Union (...), der nicht restriktiv ausgelegt werden darf".[18]

1. Das Diskriminierungsverbot

a) Anwendungsbereich

12 Das Diskriminierungsverbot gilt für die **Beschäftigungsbedingungen** von Teilzeitbeschäftigten. Der Begriff der Beschäftigungsbedingungen ist für den Anwendungsbereich zentral und aus diesem Grund unionsautonom zu bestimmen. Er ist wie auch sonst im Unionsrecht weit auszulegen[19] und bezeichnet sämtliche Bedingungen des Arbeitsvertrags oder -verhältnisses.[20] Zu denken ist etwa an die Dauer und Lage der Arbeitszeit und des Urlaubs oder die Teilnahme an Fortbildungsveranstaltungen (s. a. § 6 BefrRV). Dazu gehört aber etwa auch die zulässige Höchstdauer einer Befristung[21] oder die Wählbarkeit zur Arbeitnehmervertretung.[22]

13 Umstritten ist, ob auch das **Entgelt** zu den Beschäftigungsbedingungen gehört, denn die Kompetenznorm des Art. 2 ASP nimmt das Entgelt in Abs. 6 gerade aus (ebenso Art. 153 Abs. 5 AEUV; s. bereits oben, § 5 Rdn. 11–13 sowie § 18 Rdn. 13–16). Nach vorzugswürdiger Ansicht ist damit indes nicht jegliche entgeltbezogene Regelung ausgeschlossen, insbesondere auch nicht die Festlegung eines Diskriminierungsverbots in Bezug auf das Entgelt.[23] Auch das Entgelt ist daher zu den diskriminierungsfrei auszugestaltenden Beschäftigungsbedingungen zu rechnen.[24] Der EuGH hat den Begriff des Entgelts in dieser Norm ebenso wie bei Art. 157 AEUV weit ausgelegt und angenommen, dass „Versorgungsbezüge als unter den Begriff ‚Beschäfti-

---

18 EuGH v. 10.6.2010 – verb. Rs. C-395/08 und C-396/08 *Bruno und Pettini*, EU:C:2010:329 Rdn. 32; EuGH v. 7.4.2011 – Rs. C-151/10 *Dai Cugini*, EU:C:2011:223 Rdn. 36.

19 *Balze*, EAS B 3100 Rdn. 260; M. *Schmidt*, NZA 1998, 576, 578. S. z.B. EuGH v. 13.7.1995 – Rs. C-116/94 *Meyers*, EU:C:1995:247 (zur Geschlechtsdiskriminierung).

20 EuGH v. 10.6.2010 – verb. Rs. C-395/08 und C-396/08 *Bruno und Pettini*, EU:C:2010:329 Rdn. 32.

21 EuGH v. 3.10.2019 – Rs. C-274/18 *Schuch-Ghannadan*, EU:C:2019:828 Rdn. 33ff.; *A. Schneider*, EuZA 2020, 378, 383.

22 Vgl. das Vertragsverletzungsverfahren C-204/04 *Kommission ./. Deutschland*, Klageschrift veröffentlicht in ABl. 2004 C 201/7 (betr. Wählbarkeit Teilzeitbeschäftigter zu den Personalvertretungen des Bundes und der Länder); die Klage hat die Kommission nach Erledigung in der Hauptsache zurückgenommen; vgl. EuGH, Beschluss v. 22.3.2006 – Rs. C-204/04 (Tenor abgedruckt in ABl. 2006 C 154/12).

23 Zur Begründung näher oben, § 5 Rdn. 12f. sowie § 18 Rdn. 13–16 m.w.N. Speziell für die TzRL wie hier *Viethen*, EuroAS 2002, 51, 53f.; *Rolfs*, EAS B 3200 Rdn. 23; a.A. *M. Schmidt*, NZA 1998, 576, 578f.; Hanau/Steinmeyer/Wank/*Wank*, § 18 Rdn. 257.

24 Zur BefrRL jetzt EuGH v. 15.4.2008 – Rs. C-268/06 *Impact*, EU:C:2008:223 Rdn. 106–133 (auch für Versorgungsbezüge).

gungsbedingungen' im Sinne von Paragraf 4 Nr. 1 der Rahmenvereinbarung fallend anzusehen (sind), wenn sie von einem Beschäftigungsverhältnis zwischen Arbeitnehmer und Arbeitgeber abhängen, ausgenommen Versorgungsbezüge aus einem gesetzlichen System der sozialen Sicherheit, die weniger von einem Beschäftigungsverhältnis abhängen, sondern vielmehr durch sozialpolitische Erwägungen bestimmt werden".[25]

Unsicher ist, ob auch die **Entlassungsbedingungen** zu den Arbeitsbedingungen zählen. Der Wortlaut ist nicht eindeutig, denn gerade das Europäische Antidiskriminierungsrecht bezieht sich regelmäßig auf die „Arbeits- und Beschäftigungsbedingungen einschließlich der Entlassungsbedingungen" (s. z.B. Art. 14 Abs. 1 lit. c) GDRL; dazu oben, § 10 Rdn. 38, § 11 Rdn. 3, § 12 Rdn. 7). Daraus ergibt sich einerseits, dass „Beschäftigungsbedingungen" ein Oberbegriff ist, der auch die Entlassungsbedingungen mit umfasst, andererseits, dass der Gesetzgeber eigens angeordnet hat, wenn er die Entlassungsbedingungen mit erfasst wissen wollte. Davon haben die Sozialpartner hier abgesehen, obwohl die früheren Entwürfe die Entlassungsbedingungen besonders auswiesen. Auch die Kommission hatte ihren Richtlinienvorschlag auf Art. 2 Abs. 1 ASP („Arbeitsbedingungen") gestützt, nicht auf die (an ein Einstimmigkeitserfordernis gebundene) Regelung von Art. 2 Abs. 3 ASP („Schutz der Arbeitnehmer bei Beendigung des Arbeitsvertrags").[26] Mit Rücksicht auf die systematischen, entstehungsgeschichtlichen und kompetentiellen Erwägungen ist das Schweigen beredt.[27] Für die – auf anderer Kompetenzgrundlage erlassene – Befristungsrichtlinie hat der EuGH indes anders entschieden; s. § 20 Rdn. 12. 14

b) Inhalt

„Das in dieser Bestimmung aufgestellte Diskriminierungsverbot ist nur der spezifische Ausdruck des allgemeinen Gleichheitssatzes, der zu den tragenden Grundsätzen des Unionsrechts gehört".[28] 15

aa) Diskriminierungsverbot

Teilzeitarbeitnehmer dürfen in ihren Beschäftigungsbedingungen nicht allein wegen der Teilzeitbeschäftigung gegenüber vergleichbaren Dauerbeschäftigten schlechter behandelt werden, lautet der Grundsatz. Der Tatbestand erfordert daher, dass 16

---

25 EuGH v. 10.6.2010 – verb. Rs. C-395/08 und C-396/08 *Bruno und Pettini*, EU:C:2010:329 Rdn. 27–51; EuGH v. 9.11.2017 – Rs. C-98/15 *Espadas Recio*, EU:C:2017:833 (beitragsbezogene Leistungen bei Arbeitslosigkeit). Krit. *Balze*, EAS, B 3100 Rdn. 261.

26 S.a. *Treber*, ZTR 1998, 250, 255 (der aber selbst unentschieden bleibt).

27 Ähnlich *Balze*, EAS, B 3100 Rdn. 262. A.M. *A. Schneider*, EuZA 2020, 378, 383f.; Schlachter/Heinig/*Ulber*, § 14 Rdn. 8, 65.

28 EuGH v. 10.6.2010 – verb. Rs. C-395/08 und C-396/08 *Bruno und Pettini*, EU:C:2010:329 Rdn. 58.

- ein Teilzeitbeschäftigter i.S.v. § 3 Nr. 1 TzRV (oben, Rdn. 5, 9)
- gegenüber einem vergleichbaren Vollzeitbeschäftigten i.S.v. § 3 Nr. 2 TzRV (oben, Rdn. 6–8)
- schlechter behandelt wird,
- nur weil er teilzeitbeschäftigt ist.

So befand der EuGH eine nationale Vorschrift als diskriminierend, nach der sich arbeitsfreie Zeiträume bei „zyklisch-vertikaler Teilzeitarbeit" bei der Berechnung der für den **Erwerb eines Anspruchs auf Altersversorgung erforderlichen Zeiten** nicht berücksichtigt werden (gleichwohl bleibt aus sachlichen Gründen eine Rechtfertigung möglich).[29] Bei *zyklisch-vertikaler Teilzeitarbeit* arbeitet der Arbeitnehmer nur in bestimmten Wochen oder Monaten im Jahr, Voll- oder Teilzeit.

17 Die Formulierung unterscheidet sich damit von jener der etablierten Diskriminierungsverbote im Europäischen Arbeits- (und Vertrags-) recht. So deutet in der deutschen Sprachfassung schon der Begriff der „Behandlung" auf ein intentionales Element hin, während sonst die (unmittelbare) Diskriminierung von der Opferperspektive formuliert ist („weniger günstige Behandlung *erfährt*"). Zudem wird hier kein Gleichbehandlungsgrundsatz statuiert, der **unmittelbare** und mittelbare **Diskriminierung** verbietet;[30] stattdessen deutet die Formulierung darauf hin, dass nur die unmittelbare Diskriminierung erfasst sein soll. Da man davon ausgehen muss, dass Sozialpartner und Kommission den Unterschied vor Augen hatten, ist das als bewusste Entscheidung hinzunehmen.[31] Sie hat ihren guten Sinn zudem darin, dass das Diskriminierungsverbot ergänzt wird durch den Pro-rata-temporis-Grundsatz von Absatz 2, der eine mittelbare Diskriminierung weithin ausschließen dürfte.

18 Ebenso ist auch die Beschränkung beim Wort zu nehmen, die in dem Verbot einer *Schlechterstellung* liegt. Die Regelung soll eine **Besserstellung** von Teilzeitarbeitneh-

---

29 EuGH v. 10.6.2010 – verb. Rs. C-395/08 und C-396/08 *Bruno und Pettini*, EU:C:2010:329 Rdn. 56–68; m. zust. Anm. v. *Hießl*, ZESAR 2011, 82–86; *Joussen*, EuZA 2011, 97–110. S.a. Analyse von GA Sharpston, Schlussanträge v. 21.1.2010 – verb. Rs. C-395/08 und C-396/08 *Bruno und Pettini*, EU:C:2010:28 Rdn. 90 ff. (unterschiedliche Behandlung (a) von zyklisch-vertikal und horizontal Teilzeitbeschäftigten zum Nachteil der ersten und (b) von horizontal Teilzeitbeschäftigten und Vollzeitbeschäftigten zum Nachteil der letzteren; Diskussion für eine Lösung nach dem generellen Diskriminierungsverbot).

30 A.M. *Balze*, EAS, B 3100 Rdn. 257 m.w.N. zu EuGH v. 12.10.2004 – Rs. C-313/02 *Wippel*, EU:C:2004:607 Rdn. 54–56; ebenso auch EuGH v. 10.6.2010 – verb. Rs. C-395/08 und C-396/08 *Bruno und Pettini*, EU:C:2010:329 Rdn. 58. Der in dem Urteil angesprochene allgemeine Gleichheitssatz impliziert jedoch nicht notwendig, dass sowohl die direkte als auch die indirekte Diskriminierung verboten sind. Wie hier *Oppertshäuser*, in: Gebauer/Wiedmann (Hrsg.), Zivilrecht unter europäischem Einfluss, Kap. 19 Rdn. 85.

31 A.M. *Viethen*, EuroAS 2002, 51, 54; EuArbRK/*Kietaibl*, § 4 Anhang RL 97/81/EG Rdn. 14. Zum Verzicht auf ein Verbot mittelbarer Diskriminierung zweifelnd *Thüsing*, ZfA 2002, 249, 259 f.

mern nicht verhindern,[32] fordert sie freilich auch nicht. Allerdings kann eine Besserstellung der teilzeitbeschäftigten Arbeitnehmer als mittelbare Diskriminierung von Männern unzulässig sein.[33]

Anders als andere Richtlinien enthält die Teilzeitrichtlinie kein **Benachteiligungsverbot**, das die Arbeitnehmer vor Nachteilen wegen der Ausübung ihrer Rechte schützen würde.[34] Eine ausdrückliche Regelung ist indes auch unnötig. Nicht nur ist das Benachteiligungsverbot teleologisch in der Gewährung eines Rechts mit enthalten. Eine Benachteiligung wegen Berufung auf die Richtlinienrechte wäre zudem bereits als Diskriminierung wegen der Teilzeitbeschäftigung verboten.[35] 19

bb) Rechtfertigung

Das grundsätzliche Diskriminierungsverbot wird durch den Rechtfertigungstatbestand **„sachlicher Gründe"** *(objective grounds, raisons objectives)* eingeschränkt. Für die Konkretisierung kann man sich, da ein abweichender Regelungswille nicht erkennbar ist, auf die etablierte Dogmatik der Diskriminierungsverbote stützen.[36] Zur Rechtfertigung einer Schlechterstellung, die nur aufgrund der Teilzeitbeschäftigung erfolgt, muss der Arbeitgeber darlegen, dass die Differenzierung zur Erreichung eines legitimen Zwecks erforderlich ist. Dabei erfordert das Merkmal eines „legitimen" Zwecks eine Bewertung im Hinblick auf die Ziele der Teilzeitrichtlinie und die Unionsrechtsordnung[37]. Das Merkmal der „Erforderlichkeit" bedeutet eine Verhältnismäßigkeitsprüfung. Nach der Rechtsprechung des EuGH beziehen sich die sachlichen Gründe auf das individuelle Arbeitsverhältnis, nicht auf abstrakte, generelle Merkmale wie die formale Bestimmung einer Position. Stattdessen „muss nach diesem Begriff die in Rede stehende Ungleichbehandlung einem echten Bedarf entsprechen und zur Erreichung des verfolgten Ziels geeignet und erforderlich sein".[38] 20

Ob eine längere Befristungsdauer für Teilzeitbeschäftigte zu dem Zweck zulässig ist, entsprechende Kenntnisse und Erfahrungen zu erwerben wie Vollzeitbeschäftigte, ist vom nationalen Gericht zu 21

32 *Viethen*, EuroAS 2002, 51, 54. Einschränkend (auf der Grundlage des allgemeinen Gleichbehandlungsgrundsatzes) *Thüsing*, ZfA 2002, 249, 258f.; zweifelnd Schlachter/Heinig/*Ulber*, § 14 Rdn. 81.

33 *Richardi/Annuß*, BB 2000, 2201.

34 Das „Kündigungsverbot" des § 5 Abs. 2 TzRV (s. u., Rdn. 35) betrifft nicht die Kündigung wegen Teilzeitbeschäftigung, sondern die Kündigung wegen der Weigerung, von Vollzeit auf Teilzeit zu wechseln oder umgekehrt.

35 Vgl. für das Benachteiligungsgebot des § 5 TzBfG ErfK/*Preis*, § 5 TzBfG Rdn. 1f.

36 Jetzt ähnlich EuGH v. 22.4.2010 – Rs. C-486/08 *Zentralbetriebsrat der Landeskrankenhäuser Tirols*, EU:C:2010:215 Rdn. 41–47. *M. Schmidt*, NZA 1998, 576, 577. Zweifelnd *Oppertshäuser*, in: Gebauer/Wiedmann (Hrsg.), Zivilrecht unter europäischem Einfluss, Kap. 19 Rdn. 88.

37 Daher können diskriminierende Merkmale keine sachlichen Gründe darstellen; *M. Schmidt*, NZA 1998, 576, 577.

38 EuGH v. 1.3.2012 – Rs. C-393/10 *O'Brien*, EU:C:2012:110 Rdn. 64.

bewerten.[39] Weitere **Beispiele** lassen sich der Rechtsprechung zur Geschlechtsdiskriminierung entnehmen. So hat der EuGH eine Differenzierung zwischen Vollzeitkräften und Teilzeitkräften nur dann als gerechtfertigt angesehen, wenn zwischen der Art der ausgeübten Tätigkeit und der Berufserfahrung, die der Arbeitnehmer nach einer bestimmten Stundenzahl erwirbt, ein konkreter Zusammenhang besteht.[40] Differenzierungen sind etwa auch wegen unterschiedlicher Qualifikation, Arbeitsleistung und beruflicher Erfahrung möglich.[41]

22 Die Formulierung von § 4 Abs. 1 Hs. 2 TzRV („es sei denn") enthält bereits eine Regelung der **Beweislast:** Der Arbeitgeber hat das Vorliegen sachlicher Gründe darzulegen und zu beweisen. Das ist auch sachgerecht, da diese Gründe in seiner Sphäre liegen. Einzelheiten der Beweislast gehören zu den „Anwendungsmodalitäten", die gem. Abs. 3 von den Mitgliedstaaten bzw. Sozialpartnern zu regeln sind (sogleich, Rdn. 23).

c) Anwendungsmodalitäten

23 Die Anwendungsmodalitäten des Gleichbehandlungsgrundsatzes (ebenso wie die des Pro-rata-temporis-Grundsatzes) regeln die Mitgliedstaaten nach Anhörung der Sozialpartner und/oder die Sozialpartner. Zum Beispiel kann man denken an Beweislastregeln (s. aber soeben, Rdn. 22), Rechtsfolgen der Pflichtverletzung, Verbandsklagerecht oder die staatliche Aufsicht.

2. Der Pro-rata-temporis-Grundsatz

a) Anwendungsbereich

24 Teilzeitbeschäftigte sind nach dem Pro-rata-temporis-Grundsatz zu behandeln, „wo dies angemessen ist". Mit dieser Bezugnahme auf „Angemessenheit" ist der Anwendungsbereich nicht der Bestimmung der Mitgliedstaaten überlassen;[42] diese regeln nur die Anwendungsmodalitäten (unten, Rdn. 29). Vielmehr ist der unbestimmte Begriff mit Rücksicht auf den Zweck zu konkretisieren. „Angemessen" ist die Anwendung von Pro-rata-temporis dort, wo Vorteile (bei wertender Betrachtung) nach dem Zeitmaß bemessen werden. Das setzt mindestens voraus, dass es sich um **teilbare Vorteile** handelt, die zeitanteilig gewährt werden können (wohl auch Betreuung im Betriebskindergarten).[43] Unteilbare Rechte wie der *Zugang* zu Betriebseinrichtungen

---

39 EuGH v. 3.10.2019 – Rs. C-274/18 *Schuch-Ghannadan*, EU:C:2019:828 Rdn. 33 ff.

40 EuGH v. 7.2.1991 – Rs. C-184/89 *Nimz*, EU:C:1991:50 Rdn. 14; vgl. auch EuGH v. 13.7.1989 – Rs. 171/88 *Rinner-Kühn*, EU:C:1989:328 Rdn. 13–15.

41 *Thüsing*, ZfA 2002, 249, 264–272; *Viethen*, EuroAS 2002, 51, 54 (der in diesen Fällen schon tatbestandlich keine Diskriminierung annimmt und so die Prüfung der Sachgründe vermeidet).

42 A.M. *Viethen*, EuroAS 2002, 51, 55: Konkretisierungskompetenz der Mitgliedstaaten.

43 *M. Schmidt*, NZA 1998, 576, 577; *Balze*, EAS, B 3100 Rdn. 266.

(Kantine, Bibliothek) können nicht zeitanteilig gewährt werden.[44] Für unteilbare Vorteile gilt daher das Diskriminierungsverbot des § 4 Abs. 1 TzRV.

Teilbare Vorteile haben freilich oft **Entgelt**charakter.[45] Doch steht das – nach hier vertretener Auffassung, oben, Rdn. 13 – ihrer Berücksichtigung nach dem Pro-rata-temporis-Grundsatz nicht entgegen. Anteilig zu gewähren ist daher etwa das Ruhegehalt oder ein Kinderzuschlag als Vergütungsbestandteil (nicht als Sozialleistung).[46] Ein teilbarer Vorteil ohne Entgeltcharakter ist beispielsweise die Urlaubsdauer.[47] Hier ist die zeitanteilige Gewährung nicht nur *möglich* (Beispiel: unterjähriges Ausscheiden), sondern auch *angemessen,* da der Urlaub ganz generell nach Zeitmaß (üblicherweise pro Jahr) bemessen wird (s. nur Art. 7 ArbZRL, oben, § 17 Rdn. 54–75). 25

b) Inhalt

Der Pro-rata-temporis-Grundsatz bedeutet die **zeitanteilige Bemessung von Vorteilen** (oder Nachteilen). Versteht man den Gleichbehandlungsgrundsatz als das Gebot, wesentlich Gleiches gleich und wesentlich Ungleiches nach dem Maß seiner Verschiedenheit ungleich zu behandeln, so hat die zeitanteilige Bemessung von Vorteilen einen naheliegenden Gerechtigkeitsgehalt. Mit dem Grundsatz ist zudem nicht nur die Aussage verbunden, dass der Teilzeitarbeitnehmer entsprechend dem Verhältnis seiner Teilzeit zur Vollzeit gleich zu behandeln ist. Er besagt darüber hinaus, dass die Teilzeit eben nur im Hinblick auf die begrenzte Arbeitszeit von dem Normalarbeitsverhältnis zu unterscheiden ist. **Beispiel**sweise ist einem Teilzeitarbeitnehmer zeitanteilig Urlaub zu gewähren.[48] 26

Auf der anderen Seite entschied der EuGH, dass es nicht mit dem Pro-rata-temporis-Grundsatz vereinbar sei, den Jahresurlaubsanspruch eines Arbeitnehmers zu reduzieren, den dieser als Vollzeitbeschäftigter erworben hat, nachdem er sodann seine Stunden verringert hat.[49] Das Gericht hat dabei seine Begründung auf den Pro-rata-temporis-Grundsatz aus § 4 Abs. 2 TzRV gestützt; das Diskriminierungsverbot aus § 4 Abs. 1 TzRV bietet eine bessere Grundlage. 27

Bedeutet das Diskriminierungsverbot des Abs. 1, dass die Teilzeitbeschäftigung – gleichsam negativ – keine sachwidrige Schlechterstellung begründen darf, so begründet der Pro-rata-temporis-Grundsatz demnach – gleichsam positiv – eine Gleichbehandlung entsprechend dem Maß der Verschiedenheit. 28

44 *Rolfs,* EAS B 3200 Rdn. 34; Hanau/Steinmeyer/Wank/*Wank,* § 18 Rdn. 258.

45 Vgl. die Übersicht zu Einzelfragen bei ErfK/*Preis,* § 4 TzBfG Rdn. 59f.

46 EuGH v. 5.11.2014 – Rs. C-476/12 *Österreichischer Gewerkschaftsbund,* EU:C:2014:2332.

47 Schlachter/Heinig/*Kamanabrou,* § 15 Rdn. 24.

48 EuGH v. 22.4.2010 – Rs. C-486/08 *Zentralbetriebsrat der Landeskrankenhäuser Tirols,* EU:C:2010:215 Rdn. 33; EuGH v. 13.6.2013 – Rs. C-415/12 *Brandes,* EU:C:2013:398 Rdn. 31; EuGH v. 11.11.2015 – Rs. C-219/14 *Greenfield,* EU:C:2015:745 Rdn. 37.

49 EuGH v. 22.4.2010 – Rs. C-486/08 *Zentralbetriebsrat der Landeskrankenhäuser Tirols,* EU:C:2010:215 Rdn. 32 (m. krit. Bespr. *Rief,* ZESAR 2010, 427–430); EuGH v. 13.6.2013 – Rs. C-415/12 *Brandes,* EU:C:2013:398 Rdn. 32f.; zur Erhöhung der Arbeitszeit entsprechend EuGH v. 11.11.2015 – Rs. C-219/14 *Greenfield,* EU:C:2015:745.

c) Anwendungsmodalitäten

29 Auch für den Pro-rata-temporis-Grundsatz bestimmen die Mitgliedstaaten bzw. die Sozialpartner die „Anwendungsmodalitäten", § 4 Abs. 3 TzRV. Hier kann sich zum einen die Konkretisierung des Tatbestands („wo dies angemessen ist") anbieten, zum anderen sind die Rechtsfolgen und die verfahrensrechtliche Bewehrung näher auszugestalten.

3. Berücksichtigung von Beschäftigungszeiten, Arbeitszeit sowie Lohn- und Gehaltsbedingungen

30 § 4 Abs. 4 TzRV eröffnet den Mitgliedstaaten die Option, bei der Umsetzung bestimmte Kriterien schon gesetzlich als Differenzierungsgrund für den Zugang zu „besonderen Beschäftigungsbedingungen" einzuführen.[50] Das nationale Recht kann insoweit m.a.W. eine **pauschale Freistellung** vom Diskriminierungsverbot vorsehen.[51] Mitgliedstaaten (nach Anhörung der Sozialpartner) und/oder die Sozialpartner können den Zugang zu besonderen Beschäftigungsbedingungen abhängig machen von

- einer bestimmten Betriebszugehörigkeitsdauer,
- der Arbeitszeit,
- Lohn- und Gehaltsbedingungen *(earnings qualification, conditions de salaire).*

Während die Relevanz von Betriebszugehörigkeitsdauer und Arbeitszeit für das Diskriminierungsverbot des § 4 Abs. 1 TzRV auf der Hand liegt, ist unklar, inwieweit Lohn- und Gehaltsbedingungen (für Teilzeitarbeitnehmer nachteilige) Voraussetzungen für besondere Beschäftigungsbedingungen sein können. Gemeint ist offenbar die *Höhe* des Entgelts, die bei Teilzeitbeschäftigten (nach dem Pro-rata-temporis-Grundsatz) regelmäßig geringer ist als bei Vollzeitkräften.

31 Der Begriff der **besonderen Beschäftigungsbedingungen** ist wie in § 4 Abs. 1 TzRV weit auszulegen. Die Frage, ob auch das Entgelt dazuzählt (s. o. Rdn. 13), ist hier unproblematisch. Nach hier vertretener Auffassung ist das zu bejahen und kann folgerichtig auch das Entgelt von der Freistellung erfassen. Ist nach der Gegenmeinung das Entgelt schon nicht Gegenstand des Diskriminierungsverbots von § 4 Abs. 1 TzRV, so bedarf es keiner Freistellung davon.

32 Formal setzt die Freistellung durch die Mitgliedstaaten die Anhörung der Sozialpartner voraus. Materielle Voraussetzung ist, dass für eine solche Freistellung im Hinblick auf die Teilzeitbeschäftigung ein **sachlicher Grund** vorliegt. Im Gegensatz dazu hatte der EuGH in seiner Rechtsprechung zur mittelbaren Geschlechtsdiskriminierung

---

50 Krit. *Jeffery*, ILJ 27 (1998), 193, 195f.

51 A.M. *Balze*, EAS, B 3100 Rdn. 265 (Mitgliedstaaten können nur aus sachlichen Gründen besondere Beschäftigungsbedingungen festlegen).

die Betriebszugehörigkeitsdauer generell als ein zulässiges Unterscheidungsmerkmal angesehen. Die Dauer der Betriebszugehörigkeit befähige den Arbeitnehmer allgemein und generell, seine Arbeit besser zu verrichten.[52] Das Rechtfertigungserfordernis des § 4 Abs. 4 TzRV kehrt die Begründungslast um.

Eine pauschale Freistellung der Differenzierungsgründe birgt die Gefahr, den zentralen Zweck des Diskriminierungsverbots wesentlich einzuschränken. Macht ein Mitgliedstaat von dieser Möglichkeit Gebrauch, so ist er gebunden, die sachliche Rechtfertigung im Hinblick auf das grundsätzliche Diskriminierungsverbot **regelmäßig,** also beispielsweise alle fünf Jahre, zu **überprüfen.** 33

IV. Förderung von Teilzeitarbeit

Über die Bestimmungen des Gleichbehandlungsgrundsatzes hinaus (soeben, III.) haben die Sozialpartner in § 5 TzRV auch Vereinbarungen über die Förderung von Teilzeitarbeit getroffen: Ein spezielles Benachteiligungsverbot, die weiche („sollten") Bindung, Hindernisse zu beseitigen, sowie ein ebenfalls weich formuliertes Förderungsgebot. Ungeachtet des primär appellierenden Charakters[53] hat der Gerichtshof den Regeln einen gerichtlich überprüfbaren Inhalt entnommen.[54] Ein Anspruch auf Teilzeitarbeit (oder umgekehrt auf Vollzeitarbeit) ist indes nicht festgelegt. 34

1. Spezielles Benachteiligungsverbot: Kündigungsverbot

§ 5 Abs. 2 TzRV enthält ein spezielles Benachteiligungsverbot, die Weigerung, von Vollzeit auf Teilzeit (oder umgekehrt) zu wechseln, stellt *als solche* keinen Kündigungsgrund dar. Ausdrücklich vorbehalten bleibt aber die Möglichkeit, aus anderen Gründen „wie etwa wegen betrieblicher Notwendigkeit" (beispielsweise auch in der Krise) zu kündigen.[55] Hat sich aufgrund der Geschäftsentwicklung oder einer Umstrukturierung der Bedarf des Arbeitgebers auf Teilzeit reduziert oder auf Vollzeit erweitert, so kann diese **betriebsbedingte Begründung** (in ihrer näheren Ausgestaltung durch das mitgliedstaatliche Recht) durchaus die Kündigung rechtfertigen. Sachlich liegt nahe, die punktuelle Regelung als Ausprägung der **Vertragsbindung** *(pacta sunt servanda)* anzusehen, nach dem keine Vertragspartei die vereinbarte (!) Arbeitszeit einseitig ändern und die Berufung auf die Vereinbarung folgerichtig eine Benachteiligung nicht rechtfertigen kann.[56] Der Gerichtshof hat die Regelung indes 35

52 EuGH v. 17.10.1989 – Rs. 109/88 *Danfoss*, EU:C:1989:383 Rdn. 24; dazu § 10 Rdn. 18.
53 *Jeffery*, ILJ 27 (1998), 193, 196f.; EuArbR/*Kietaibl*, § 5 Anhang RL 97/81/EG Rdn. 2.
54 Schlachter/Heinig/*Ulber*, § 14 Rdn. 92.
55 *Kliemt*, NZA 2001, 63, 69; *Rolfs*, RdA 2001, 129, 131f.
56 So nachdrücklich die Vorauflage, § 16 Rdn. 33.

nur beim Wort genommen. Sie erlege „den Mitgliedstaaten keine Pflicht zum Erlass einer Regelung auf (...), die die Umwandlung des Teilzeitarbeitsverhältnisses eines Arbeitnehmers in ein Vollzeitarbeitsverhältnis von dessen Einverständnis abhängig macht".[57] Während der Gerichtshof soziale Grundrechte stets bekräftigt, ist er, wenn es um die Vertragsfreiheit geht, erstaunlich kurzsichtig.

36 Die Vorschrift drückt nicht nur den Grundsatz der Vertragsbindung aus, sondern zugleich die Grenzen der Regelung, die insbesondere **keinen Anspruch auf Teilzeitarbeit** enthält. Einen solchen kann freilich das mitgliedstaatliche Recht als „strengere Schutzmaßnahme" vorsehen (Art. 6 Abs. 5 ASP [Art. 153 Abs. 4 AEUV], s. o. Rdn. 3).

2. Analyse und Beseitigung von Hindernissen

37 Für ihren jeweiligen Verantwortungsbereich „sollten" die Mitgliedstaaten und die Sozialpartner prüfen, ob in der Rechtsordnung bzw. in den autonomen Regelungen Hindernisse für Teilzeitarbeit bestehen; solche Hindernisse „sollten" sie beseitigen, § 5 Abs. 1 lit. a) TzRV. Auch diese Bindung gilt „im Rahmen dieser Vereinbarung", d. h. für alle **Beschäftigungsbedingungen** einschließlich des **Entgelts** (s. o., Rdn. 13).[58] Ungeachtet der weichen Formulierung hat der Gerichtshof der Vorschrift durchaus eine justiziable Verpflichtung der Mitgliedstaaten entnommen und angenommen, die Pflicht, Teilzeitarbeitsverträge einer Behörde zu übersenden, sei mit dem „Behinderungsverbot" unvereinbar, könne insbesondere auch nicht als Maßnahme zur Bekämpfung von Schwarzarbeit gerechtfertigt werden, da dafür mildere Mittel zur Verfügung stünden.[59] Auf der anderen Seite hat der Gerichtshof jedoch eine Verpflichtung, Arbeitsverträge und Arbeitszeiten von Teilzeitbeschäftigten aufzubewahren und bekanntzumachen als gerechtfertigt nach § 5 Abs. 1 gesehen.[60]

38 In einer anderen Entscheidung sieht der Gerichtshof einen Verstoß gegen § 5 Abs. 1 TzRV, soweit eine nationale Regelung das Diskriminierungsverbot des § 4 Abs. 1 dadurch verletzt, dass eine Kategorie von Arbeitnehmern von der Aufnahme einer Teilzeitbeschäftigung abgehalten wird.[61] Die Entscheidung ist nicht letztlich klar, doch scheint es, als sei mehr als ein einfacher Verstoß gegen das Diskriminierungsverbot erforderlich, um eine Verletzung des Behinderungsverbots von § 5 Abs. 1 TzRV anzunehmen, etwa eine Abschreckungswirkung:[62] „Das Zusammentreffen dieser Faktoren führt tendenziell dazu, dass für diese Kategorie von Arbeitnehmern Teilzeitarbeit weniger attraktiv wird". In erstaunlicher Weise geht § 5 Abs. 1 damit ungeachtet der nur „weichen" Verpflichtung über das allgemeine Diskriminierungsverbot hinaus. Zudem hat der Gerichtshof seine Entscheidung anscheinend darauf gestützt, dass die Anwendung des Rechts eine bestimmte Kategorie an Arbeitnehmern eines be-

---

57 EuGH v. 15.10.2014 – Rs. C-221/13 *Mascellani*, EU:C:2014:2286 Rdn. 23.

58 A.M. *M. Schmidt*, NZA 1998, 567, 580.

59 EuGH v. 24.4.2008 – verb. Rs. C-55/07 und C-56/07 *Michaeler*, EU:C:2008:248 Rdn. 21–29.

60 EuGH v. 9.12.2011 – C-349/11 *Yangwei*, EU:C:2011:826.

61 EuGH v. 10.6.2010 – verb. Rs. C-395/08 und C-396/08 *Bruno und Pettini*, EU:C:2010:329 Rdn. 76–81.

62 Anders aber EuGH v. 7.4.2011 – Rs. C-151/10 *Dai Cugini*, EU:C:2011:223 Rdn. 54.

stimmten Arbeitgebers von Teilzeitarbeit abhalten könnte. Er berücksichtigt unter anderem, dass eine Ungleichbehandlung „dadurch verstärkt (wird), dass die zyklisch-vertikale Teilzeitarbeit die einzige Form der Teilzeitarbeit ist, die dem Kabinenpersonal von Alitalia angeboten wird“. In § 5 Abs. 1 TzRV geht es jedoch um „Hindernisse rechtlicher oder verwaltungstechnischer Natur“. Nicht zuletzt „erfindet“ der Gerichtshof eine überraschende Rechtsfolge: „Paragraf 1 und Paragraf 5 Nr. 1 dieser Rahmenvereinbarung (sind) dahin auszulegen (...), dass sie einer solchen Regelung ebenfalls entgegenstehen.“ Da § 1 aber nur das Ziel beschreibt und § 5 Abs. 1 TzRV eher weich formuliert ist, erscheint dies eine sehr handfeste („harte“) Folge zu sein. Die Bedeutung der Entscheidung ist indes nicht klar: Da die Rahmenvereinbarung durch eine Richtlinie umgesetzt wurde, kann sie entgegenstehendes nationales Recht nicht für ungültig oder unanwendbar erklären (außer dort, wo es um eine vertikale Beziehung zwischen Arbeitnehmer und Mitgliedstaat geht; s. § 1 Rdn. 82ff.).

3. Förderung der Teilzeitarbeit und der Teilzeitbeschäftigten

Verschiedene faktische Hindernisse – die rechtlich nicht zu beanstanden sein mögen – **39**
machen Teilzeitarbeit unattraktiv. Das betrifft den Wechsel von der einen in die andere Arbeitszeitform, den Zugang zu Teilzeitarbeit v.a. in qualifizierten und leitenden Positionen und die Förderung von Teilzeitkräften, insbesondere durch Fortbildung. § 5 Abs. 3 TzRV behandelt diese Fragen, regelt sie aber nicht wirklich.

Arbeitgeber „sollten, soweit dies möglich ist“ den **Wechsel zwischen Vollzeit** **40**
und Teilzeit erleichtern. Dazu werden sie gehalten,

- Anträge von Vollzeitbeschäftigten auf Wechsel in ein im Betrieb zur Verfügung stehendes Teilzeitarbeitsverhältnis zu berücksichtigen, lit. a),
- Anträge von Teilzeitbeschäftigten auf Wechsel in ein Vollzeitarbeitsverhältnis oder auf Erhöhung ihrer Arbeitszeit zu berücksichtigen, wenn sich die Möglichkeit ergibt, lit. b),
- sich zu bemühen, Informationen über Voll- und Teilzeitarbeitsplätze, die im Betrieb zur Verfügung stehen, rechtzeitig bereitzustellen, lit. c),
- den Zugang zu Teilzeitarbeit auf allen Ebenen des Unternehmens einschließlich qualifizierten und leitenden Stellungen zu erleichtern, lit. d),
- Maßnahmen in Erwägung zu ziehen, die (1) Teilzeitbeschäftigten den Zugang zur beruflichen Bildung erleichtern und (2) der Förderung des beruflichen Fortkommens und der beruflichen Mobilität dienen, lit. d).

Auch darin liegt nicht mehr als ein Appell oder ein Bekenntnis zur Teilzeitarbeit.[63] **41**
Die Sozialpartner verfolgen mit der Formulierung insbesondere das Anliegen, die **unternehmerische Organisationsfreiheit** vollständig zu respektieren. Keineswegs

63 Ähnlich *Thüsing*, Europäisches Arbeitsrecht, § 4 Rdn. 22; weitergehend *M. Schmidt*, NZA 1998, 576, 580 (weitgehende Umsetzungspflichten); Schlachter/Heinig/*Ulbrich*, § 14 Rdn. 99f.; widersprüchlich *Viethen*, EuroAS 2002, 51, 55 (keine zivil- oder strafrechtliche Sanktion erforderlich, aber doch Ermessensbindung des Arbeitgebers).

muss ein Teilzeitarbeitsplatz oder Vollzeitarbeitsplatz eingerichtet werden. Der Arbeitgeber muss seine Gestaltung (Vollzeit/Teilzeit) nicht rechtfertigen.

42 In diesem Zusammenhang erscheint es wenig treffend und auch nicht weiterführend, von einem „Grundsatz der Freiwilligkeit" zu sprechen, der besage, „dass Teilzeitarbeit [offenbar: vom Arbeitnehmer] stets freiwillig ausgeübt werden sollte".[64] Wenn § 5 Abs. 3 lit. a–c TzRV ein Element der Freiwilligkeit ausdrückt, dann die **Freiwilligkeit des Arbeitgebers**, nicht des Arbeitnehmers. Es geht hier (anders als beim Benachteiligungsverbot von Absatz 2; s. Rdn. 35) nicht darum, den Arbeitnehmer vor einem Zwang oder der Missachtung seiner Privatautonomie zu schützen. Die Rede von einem „Grundsatz der Freiwilligkeit" suggeriert, es komme allein auf die Bedürfnisse und Wünsche des Arbeitnehmers an, doch drückt § 5 Abs. 3 lit. a)–c) TzRV aus Respekt vor der unternehmerischen Freiheit und der Privatautonomie des Arbeitgebers das glatte Gegenteil aus.

V. Information der Arbeitnehmervertretung

43 Endlich ist auch die kollektivrechtliche Information nur weich formuliert; der Arbeitgeber sollte bemüht sein, den bestehenden Arbeitnehmervertretungsgremien geeignete Informationen über die Teilzeitarbeit zur Verfügung zu stellen, § 5 Abs. 3 lit. e TzRV.[65] In der Beschränkung auf *bestehende* Arbeitnehmervertretungen liegt eine Antwort auf die Rechtsprechung des EuGH, der in einer Entscheidung zur Massenentlassungsrichtlinie und zur Betriebsübergangsrichtlinie eine mitgliedstaatliche Pflicht angenommen hatte, eine Arbeitnehmervertretung *einzurichten* (dazu unten, § 26 Rdn. 24, § 27 Rdn. 111).[66] Das sollte hier nicht passieren (ist freilich mit jener Rechtsprechung auch faktisch schon erledigt).

44 Insgesamt fallen die Informationsvorschriften der Richtlinie dürftig aus. Zu dem sonst – auch im Europäischen Arbeitsrecht – gewählten „Informationsmodell" passt das nicht so recht. Auch die – rund zwei Jahre später geschlossene – Befristungsrahmenvereinbarung enthält eingehendere, freilich auch dort nur dürftige kollektivrechtliche Informationspflichten (§§ 6, 7 BefrRV; § 20 Rdn. 43f.). Es ist zu erwarten, dass die Sozialpartner in der Teilzeitrahmenvereinbarung gelegentlich nachziehen werden.

64 So aber *M. Schmidt,* NZA 1998, 567, 580.

65 Der Umfang der Bindung („sollte, soweit dies möglich ist, bemüht sein"), nicht – wie *M. Schmidt,* NZA 1998, 576, 581, sagt – die vage Formulierung des Tatbestands („geeignete Informationen") begründen die Schwäche.

66 EuGH v. 8.6.1994 – Rs. C-382/92 *Kommission ./. Vereinigtes Königreich,* EU:C:1994:233 Rdn. 8–31; EuGH v. 8.6.1994 – Rs. C-383/92 *Kommission ./. Vereinigtes Königreich,* EU:C:1994:233 Rdn. 9–23. Dazu auch *M. Schmidt,* NZA 1998, 576, 581.

VI. Umsetzung

Die Umsetzung in das deutsche Recht[67] erfolgte – gemeinsam mit der Umsetzung der Befristungsrichtlinie (§ 20) durch das Teilzeit- und Befristungsgesetz (TzBfG), das in vielen Punkten über die Richtlinienvorgaben hinausgeht[68]. Das zentrale Diskriminierungsverbot sowie der Pro-rata-temporis-Grundsatz sind in § 4 Abs. 1 TzBfG normiert. Förderung von Teilzeitarbeit sowie Information sind in §§ 6f., 10 TzBfG umgesetzt. Über die Richtlinienvorgaben hinaus sehen §§ 8, 9a TzBfG – freilich eingeschränkte – Ansprüche auf Verringerung der Arbeitszeit sowie in § 9 TzBfG die bevorzugte Berücksichtigung von Verlängerungsbegehren vor. Ein allgemeines Benachteiligungsverbot enthält § 5 TzBfG, ein spezielles Kündigungsverbot § 11 TzBfG. **45**

---

67 Übersicht bei *Balze,* EAS B 3100 Rdn. 298; *Rolfs,* RdA 2001, 129–143; Hanau/Steinmeyer/Wank/*Wank,* § 18 Rdn. 235–250; ferner *Preis/Gotthardt,* DB 2000, 2065–2074. Zur Umsetzung in anderen Mitgliedstaaten *Eisemann/Le Friant/Liddington/Numhauser-Henning/Roseberry/Schinz/Waas,* RdA 2004, 129–141; *Busby,* J.B.L. 2001, 344–356. S.a. *Waas,* NZA 2000, 583–585.

68 Insbesondere mit dem Anspruch auf Teilzeitarbeit. Kritisch *Kliemt,* NZA 2001, 63–71; zur allgemeinen Tendenz krit. *Thüsing,* Europäisches Arbeitsrecht, § 4 Rdn. 23.

§ 20 Die Befristungsrichtlinie

Literatur: *Barnard/Hepple,* Substantive Equality, C.L.J. 59 (2000), 562–585; *Bauer,* Befristete Arbeitsverträge unter neuen Vorzeichen – Teil 1: Europarechtliche Vorgaben und Befristungen ohne Sachgrund, BB 2001, 2473–2477; *ders.,* Neue Spielregeln für Teilzeitarbeit und befristete Arbeitsverträge, NZA 2000, 1039–1043; *Bieder/Diekmann,* Verbot der Diskriminierung befristet Beschäftigter bei der Gewährung von Dienstalterszulagen, EuZA 2008, 515–525; *Blanpain,* Fixed-term Employment Contracts: The Exception or the Rule?, IJCLLIR 24 (2008), 123–131; *Bohlen,* Europarechtskonformität einer arbeitsvertraglichen Befristung durch Vergleich (§ 14 Abs. 1 Satz 2 Nr. 8 TzBfG), ZESAR 2015, 377–385; *Chandna-Hoppe,* Das unionsrechtliche Befristungsrecht und die Weiterbeschäftigung nach Erreichen der Regelaltersgrenze, RdA 2019, 200–208; *Corazza,* Hard Times for Hard Bans: Fixed-Term Work and So-Called Non-Regression Clauses in the Era of Flexicurity, ELJ 17 (2011), 385–402; *dies./Nogler,* Die „weiche" Wirkung des Verschlechterungsverbotes in EU-Richtlinien, ZESAR 2011, 58–64; *Däubler,* Das geplante Teilzeit- und Befristungsgesetz, ZIP 2000, 1961–1969; *ders.,* Das neue Teilzeit- und Befristungsgesetz, ZIP 2001, 217–225; *Desmond,* Fixed-term Contracts – Regulating „Atypical" Working; Denning, L.J. 15 (2000), 43–66; *Engblom,* Fixed-term-at-Will: The New Regulation of Fixed-term Work in Sweden, *IJCLLIR* 34 (2008), 133–150; *Franzen,* Verwirrung über Befristung und Leiharbeit im Unionsrecht, EuZA 2013, 433–435; *Greiner,* Auslegung von Absenkungsverboten in Richtlinien und Reichweite der richtlinienkonformen Auslegung, EuZA 2011, 74–84; *ders.,* Das Recht der befristeten Arbeitsverhältnisse im Umbruch, ZESAR 2014, 357–363; *ders.,* Sachgrundbefristung und sachgrundlose Befristung als komplementäre Schutzkonzepte mit Annäherungstendenz, ZESAR 2013, 305–312; *Hanau,* Was ist wirklich neu in der Befristungsrichtlinie?, NZA 2000, 1045; *Hromadka,* Befristete und bedingte Arbeitsverhältnisse neu geregelt, BB 2001, 621–627 und 674–677; *Kamanabrou,* Das Recht der Kettenbefristung in ausgewählten EU-Mitgliedstaaten, NZA 2016, 385–394; *Kaufmann,* Die europäische Sozialpartnervereinbarung über befristete Arbeitsverträge, AuR 1999, 332–335; *Kerwer/Just,* Ausschluss befristet beschaftigter Arbeitnehmer in Vertrauenspositionen von einer Dienstalterszulage, EuZA 2016, 62–71; *Krebber,* Die unionsrechtlichen Vorgaben zur Zulässigkeit der Befristung von Arbeitsverhältnissen, EuZA 2017, 3–22; *Kröger,* Die Befristung von Arbeitsverträgen in Frankreich, Großbritannien und Deutschland – Ein Systemvergleich nach der Richtlinie 99/70 EG, 2008; *Kuckuk,* Missbrauchskontrolle bei der Befristung wegen der Eigenart der Arbeitsleistung, NZA 2019, 22–25; *Lorber,* Regulating Fixed-term Work in the United Kingdom: A Positive Step towards Workers' Protection?, IJCLLIR 15 (1999), 121–135; *McColgan,* The Fixed-Term Employees (Prevention of Less Favourable Treatment) Regulations 2002: fiddling while Rome burns?, ILJ 32 (2003), 194–199; *Murray,* Normalising Temporary Work, ILJ 28 (1999), 269–275; *Numhauser-Henning,* Fixed-term Work in Nordic Labour Law, IJCLLIR 18 (2002), 429–458; *Persch,* Die Verhinderung des Missbrauchs von Kettenbefristungen – ein Überblick über die Rechtslage in Europa, ZESAR 2010, 55–61; *Preis/Gotthard,* Das Teilzeit- und Befristungsgesetz, DB 2001, 145–152; *dies.,* Neuregelung der Teilzeitarbeit und befristeten Arbeitsverhältnisse, DB 2000, 2065–2074; *Richardi/Annuß,* Gesetzliche Neuregelung von Teilzeitarbeit und Befristung, BB 2000, 2201–2205; *Rolfs,* Befristung des Arbeitsvertrags, in: Oetker/Preis (Hrsg.), Europäisches Arbeits- und Sozialrecht, B 3200 (Stand: Nov. 2018); *ders./de Groot,* Die Befristung von Arbeitsverträgen in der Rechtsprechung des EuGH, ZESAR 2009, 5–13; *Rosin,* Platform work and fixed-term employment regulation, ELLJ 2020, (Online Vorabveröffentlichung); *Röthel,* Europäische Rechtsetzung im sozialen Dialog – Zur Richtlinie 1999/70/EG über befristete Arbeitsverhältnisse, NZA 2000, 65–69; *Schlachter,* Gemeinschaftsrechtliche Grenzen der Altersbefristung, RdA 2004, 352–358; *Schmidt, Michael,* Die Richtlinienvorschläge der Kommission der Europäischen Gemeinschaften zu den atypischen Arbeitsverhältnisse, 1991; *Seiwerth,* Der Arbeitsplatzbezug in Leiharbeits- und Befristungsrichtlinie, NZA 2020, 273–278; *Tiraboschi,* Glancing at the Past: An Agreement for the Markets of the XXIst Century, IJCLLIR 15 (1999), 105–119; *vom Stein,* Missbrauchskontrolle bei befristeten Arbeitsverträgen, NJW 2015, 369–374; *Wank,* Atypische Arbeitsverhältnisse, RdA 1992, 103–114; *ders.,* Befristung von Arbeits-

https://doi.org/10.1515/9783110731941-020

verträgen, in: Hanau/Steinmeyer/Wank (Hrsg.), Handbuch des europäischen Arbeits- und Sozialrechts, 2002, § 18 VI; *ders./Börgmann*, Der Vorschlag für eine Richtlinie des Rates über befristete Arbeitsverträge, RdA 1999, 383–389 (mit Abdruck des Vorschlags); *Zappala*, Abuse of Fixed Term Employment Contracts and Sanctions in the Recent ECJ's Jurisprudence, ILJ 35 (2006), 439–444.

S. ferner die Literaturhinweise zu § 18.

Rechtsprechung:

EuGH v. 22.11.2005	Rs. C-144/04 *Mangold*, EU:C:2005:709
EuGH v. 4.7.2006	Rs. C-212/04 *Adeneler*, EU:C:2006:443
EuGH v. 7.9.2006	Rs. C-53/04 *Marrosu*, EU:C:2006:517
EuGH v. 7.9.2006	Rs. C-180/04 *Vasallo*, EU:C:2006:518
EuGH v. 13.9.2007	Rs. C-307/05 *Del Cerro Alonso*, EU:C:2007:509
EuGH v. 15.4.2008	Rs. C-268/06 *Impact*, EU:C:2008:223
EuGH v. 12.6.2008	Rs. C-364/07 *Vassilakis*, EU:C:2008:346
EuGH v. 18.12.2008	Rs. C-306/07 *Andersen*, EU:C:2008:743
EuGH v. 23.4.2009	verb. Rs. C-378/07 bis C-380/07 *Angelidaki u.a.*, EU:C:2009:250
EuGH v. 24.4.2009	Rs. C-519/08 *Koukou*, EU:C:2009:269
EuGH v. 23.11.2009	verb. Rs. C-162/08 bis C-164/08 *Lagoudakis, Ladakis u.a. et Zacharioudakis*, EU:C:2009:727
EuGH v. 22.4.2010	Rs. C-486/08 *Zentralbetriebsrat der Landeskrankenhäuser Tirols*, EU:C:2010:215
EuGH v. 24.6.2010	Rs. C-98/09 *Sorge*, EU:C:2010:369
EuGH v. 1.10.2010	Rs. C-3/10 *Affatato*, EU:C:2010:574
EuGH v. 11.11.2010	Rs. C-20/10 *Vino*, EU:C:2010:677
EuGH v. 22.12.2010	verb. Rs. C-444/09 und C-456/09 *Gavieiro Gavieiro und Iglesias Torres*, EU:C:2010:819
EuGH v. 18.1.2011	Rs. C-272/10 *Berkizi-Nikolakaki*, EU:C:2011:19
EuGH v. 10.3.2011	Rs. C-109/09 *Deutsche Lufthansa*, EU:C:2011:129
EuGH v. 18.3.2011	Rs. C-273/10 *Montoya Medina*, EU:C:2011:167
EuGH v. 8.9.2011	Rs. C-177/10 *Rosado Santana*, EU:C:2011:557
EuGH v. 26.1.2012	Rs. C-586/10 *Kücük*, EU:C:2012:39
EuGH v. 9.2.2012	Rs. C-556/11 *Lorenzo Martínez*, EU:C:2012:67
EuGH v. 8.3.2012	Rs. C-251/11 *Huet*, EU:C:2012:133
EuGH v. 15.3.2012	Rs. C-157/11 *Sibilio*, EU:C:2012:148
EuGH v. 18.10.2012	verb. Rs. C-302/11 bis C-305/11 *Valenza*, EU:C:2012:646
EuGH v. 11.4.2013	Rs. C-290/12 *Della Rocca*, EU:C:2013:235
EuGH v. 12.12.2013	Rs. C-50/13 *Papalia*, EU:C:2013:873
EuGH v. 13.3.2014	Rs. C-38/13 *Nierodzik*, EU:C:2014:152
EuGH v. 13.3.2014	Rs. C-190/13 *Márquez Samohano*, EU:C:2014:146
EuGH v. 30.4.2014	Rs. C-89/13 *D'Aniello*, EU:C:2014:299
EuGH v. 3.7.2014	verb. Rs. C-362/13, C-363/13 und C-407/13 *Fiamingo*, EU:C:2014:2044
EuGH v. 4.9.2014	Rs. C-152/14 *Bertazzi*, EU:C:2014:2181
EuGH v. 26.11.2014	verb. Rs. C-22/13, C-61/13 bis C-63/13 und C-418/13 *Mascolo*, EU:C:2014:2401
EuGH v. 11.12.2014	Rs. C-86/14 *León Medialdea*, EU:C:2014:2447
EuGH v. 5.2.2015	Rs. C-117/14 *Nisttahuz Poclava*, EU:C:2015:60
EuGH v. 26.2.2015	Rs. C-238/14 *Kommission ./. Luxemburg*, EU:C:2015:128
EuGH v. 9.7.2015	Rs. C-177/14 *Regojo Dans*, EU:C:2015:450
EuGH v. 14.9.2016	Rs. C-596/14 *de Diego Porras* I, EU:C:2016:683
EuGH v. 14.9.2016	Rs. C-16/15 *Pérez López*, EU:C:2016:679

EuGH v. 14.9.2016	verb. Rs. C-184/15 und C-197/15 *Martínez Andrés*, EU:C:2016:680
EuGH v. 21.9.2016	Rs. C-614/15 *Popescu*, EU:C:2016:726
EuGH v. 21.9.2016	Rs. C-631/15 *Álvarez Santirso*, EU:C:2016:725
EuGH v. 9.2.2017	Rs. C-443/16 *Rodrigo Sanz*, EU:C:2017:109
EuGH v. 20.12.2017	Rs. C-158/16 *Vega González*, EU:C:2017:1014
EuGH v. 28.2.2018	Rs. C-46/16 *John*, EU:C:2018:131
EuGH v. 7.3.2018	Rs. C-494/16 *Santoro*, EU:C:2018:166
EuGH v. 22.3.2018	Rs. C-315/17 *Centeno Meléndez*, EU:C:2018:207
EuGH v. 5.6.2018	Rs. C-574/16 *Grupo Norte Facility*, EU:C:2018:390
EuGH v. 5.6.2018	Rs. C-677/16 *Montero Mateos*, EU:C:2018:393
EuGH v. 25.7.2018	Rs. C-96/17 *Vernaza Ayovi*, EU:C:2018:603
EuGH v. 20.9.2018	Rs. C-466/17 *Chiara Motter*, EU:C:2018:758
EuGH v. 25.10.2018	Rs. C-331/17 *Sciotto*, EU:C:2018:859
EuGH v. 21.11.2018	Rs. C-619/17 *de Diego Porras* II, EU:C:2018:936
EuGH v. 21.11.2018	Rs. C-245/17 *Ibáñez*, EU:C:2018:934
EuGH v. 11.4.2019	verb. Rs. C-29/18, C-30/18 und C-44/18 *Cobra Servicios Auxiliares*, EU:C:2019:315
EuGH v. 8.5.2019	Rs. C-494/17 *MIUR*, EU:C:2019:387
EuGH v. 20.6.2019	Rs. C-72/18 *Aróstegui*, EU:C:2019:516
EuGH v. 22.1.2020	Rs. C-177/18 *Martín*, EU:C:2020:26
EuGH v. 19.3.2020	verb. Rs. C-103/18 und C-429/18 *Ruiz und Álvarez*, EU:C:2020:219

Übersicht

I. Sachfragen und Übersicht[1]

1 Die Befristung eines Vertrags ist zunächst Ausdruck der Vertragsfreiheit der Parteien, die keiner Begründung bedarf.[2] Befristete Arbeitsverträge sind primär ein Instrument, um dem Arbeitgeber **Flexibilität** zu erhalten. Der Vertrag endet mit Fristablauf, ohne dass es einer Kündigung bedürfte (die regelmäßig durch Schutzvorschriften beschränkt wäre). Im Interesse des (einzelnen) Arbeitnehmers ist die Befristung schon deswegen zumeist nicht, weil *er* einen unbefristeten Vertrag unter Wahrung der allgemeinen Schutzmechanismen (Kündigungsfrist) jederzeit ordentlich kündigen kann.[3] Allerdings kann die Befristung insofern **auch Arbeitnehmerinteressen** dienen, als die Begrenzung des Engagements den Arbeitgeber einstellungsfreudiger machen kann. Für den Arbeitnehmer bedeutet die befristete Tätigkeit zudem die Chance, sich zu profilieren – auch für eine Fortsetzung der Tätigkeit über den vereinbarten Zeitraum hinaus. Daher wird die Befristungsmöglichkeit auch als arbeitsmarktpolitisches Instrument genutzt: Befristete Arbeitsverhältnisse können den Wiedereinstieg in den Beruf nach Arbeitslosigkeit oder einer anderen Unterbrechung – z. B. wegen Kindererziehung – erleichtern, insbesondere für Frauen oder ältere Arbeitnehmer.

2 Mit der Befristung können indes verschiedene **Nachteile oder Gefahren** einhergehen. Insbesondere wenn die Befristung laufend fortgesetzt wird (Kettenbefristung), droht sie, einen Kündigungsschutz zu umgehen. Zudem werden Arbeitnehmer in atypischen, hier: befristeten Arbeitsverhältnissen, öfter gegenüber solchen in Dauerarbeitsverhältnissen benachteiligt. Teilweise werden überwiegend Mitglieder einer durch Diskriminierungsverbot geschützten Gruppe befristet eingestellt: In manchen Ländern sind mehr Frauen als Männer befristet arbeitstätig,[4] teilweise haben erheblich mehr ältere Arbeitnehmer befristete Verträge;[5] herkömmlich bekamen Fremdsprachenlektoren, mehrheitlich Ausländer, oft nur befristete Verträge (§ 3 Rdn. 37). In solchen Fällen kann die Benachteiligung befristet eingestellter Arbeitnehmer zugleich eine mittelbare Diskriminierung der geschützten Gruppe darstellen.

3 Diesen Sachproblemen begegnet die Befristungsrahmenvereinbarung der Europäischen Sozialpartner (§ 1 BefrRV), zu deren Umsetzung die Befristungsrichtlinie (BefrRL)[6] gem. Art. 155 Abs. 2 AEUV dient. Ausgangspunkt der Sozialpartner ist, dass

1 S.a. die Übersicht in § 18.

2 Vgl. *Greiner*, ZESAR 2014, 357 ff.

3 S.a. *Murray*, ILJ 28 (1999), 269, 274; *Lorber*, IJCLLIR 15 (1999), 121, 126 f.

4 S. *Europäische Kommission*, Die soziale Lage in der Europäischen Union 2003, S. 159, abrufbar unter https://ec.europa.eu/eurostat/documents/3217494/5642133/KE-AG-03-001-DE.PDF; *Eurostat*, Eine statistische Beschreibung der Situation von Frauen und Männern in der EU27, Pressemitteilung 32/2007 v. 5.3.2007, S. 4, abrufbar unter https://ec.europa.eu/eurostat/documents/2995521/5062998/3-0503 2007-AP-DE.PDF; die Diskrepanz ist freilich nicht so erheblich wie bei Teilzeitbeschäftigung.

5 *Bieder/Diekmann*, EuZA 2008, 515, 521.

6 Richtlinie 1999/70/EG des Rates vom 28.6.1999 zu der EGB-UNICE-CEEP-Rahmenvereinbarung über befristete Arbeitsverträge, ABl. 1999 L 175/43.

das unbefristete Arbeitsverhältnis der Normalfall sei und auch zur Lebensqualität der Arbeitnehmer und zur Verbesserung ihrer Leistungsfähigkeit beitrage (BE 6 BefrRV).[7] Ungeachtet dessen werden befristete Arbeitsverhältnisse als grundsätzlich – ohne positive Begründung – zulässig vorausgesetzt, lediglich einem Missbrauch soll vorgebeugt werden;[8] daher ist die Erstbefristung nicht zu beanstanden, erst aufeinanderfolgende Befristungen werden kontrolliert.[9] Die Rahmenvereinbarung enthält freilich nur wenige Regelungen, und diese sind überwiegend auch nur rahmenhaft gestaltet. Kernstück ist ein **Diskriminierungsverbot** in § 4 BefrRV. Ergänzt wird dieses durch den Auftrag an die Mitgliedstaaten, einen **Missbrauch** der Befristung durch bestimmte Maßnahmen zu **bekämpfen**, § 5 BefrRV. Dem Arbeitgeber werden in einem Mindestmaß die Bindungen auferlegt, befristet beschäftigte Arbeitnehmer über Dauerarbeitsplätze im Unternehmen zu informieren und ihnen den Zugang zu Aus- und Fortbildung zu erleichtern, § 6 BefrRV.

II. Anwendungsbereich

Die Rahmenvereinbarung gilt für befristet beschäftigte Arbeitnehmer, § 2 Abs. 1 4
BefrRV. Dabei haben die Sozialpartner hier – wie sonst weithin im Sekundärrecht – für den **Arbeitnehmerbegriff** auf das mitgliedstaatliche Recht verwiesen; ein Rahmen ergibt sich nur durch die Umsetzungsgebote (s. noch Rdn. 8).[10] Die Ausnahme einzelner Gruppen darf jedoch nicht willkürlich oder nur aufgrund von formaler Erwägungen erfolgen.[11] Mangels Einschränkung *(e silencio)* im Wortlaut und, systematisch, mit Rücksicht auf die Ausnahmeoption des § 2 Abs. 2 BefrRV, entschied der EuGH außerdem, dass die Rahmenvereinbarung auf Arbeitsverhältnisse im privaten wie auch im **öffentlichen Sektor** anwendbar ist.[12] Folgerichtig ist die Rahmenverein-

7 Vgl. EuGH v. 4.7.2006 – Rs. C-212/04 *Adeneler,* EU:C:2006:443 Rdn. 61; EuGH v. 10.3.2011 – Rs. C-109/09 *Deutsche Lufthansa,* EU:C:2011:129 Rdn. 30.

8 Darin unterscheidet sich die Regelung grundlegend von dem Vorschlag aus dem Jahr 1982 (s. oben, § 18 Rdn. 5), wonach die Befristung nur aus enumerativ aufgezählten Gründen zugelassen werden sollte; dazu noch *Murray,* ILJ 28 (1999), 269, 271 ff.

9 EuGH v. 22.11.2005 – Rs. C-144/04 *Mangold,* EU:C:2005:709 Rdn. 40–43; *Lorber,* IJCLLIR 15 (1999), 121, 125; *Zappala,* ILJ 35 (2006), 439, 440.

10 EuGH v. 11.4.2013 – Rs. C-290/12 *Della Rocca,* EU:C:2013:235 Rdn. 35. A.M. *Bieder/Diekmann,* EuZA 2008, 515, 517.

11 EuGH v. 15.3.2012 – Rs. C-157/11 *Sibilio,* EU:C:2012:148 Rdn. 49; der Gerichtshof nahm aber an, dass Personen, die nach nationalen Gesetzen, Tarifverträgen oder Gepflogenheiten sozial nützliche Dienste für die öffentliche Verwaltung erbringen, nicht zwingend als Arbeitnehmer anzusehen sind.

12 EuGH v. 13.9.2007 – Rs. C-307/05 *Del Cerro Alonso,* EU:C:2007:509 Rdn. 25–29; EuGH v. 7.9.2006 – Rs. C-53/04 *Marrosu,* EU:C:2006:517 Rdn. 38–42; EuGH v. 7.9.2006 – Rs. C-180/04 *Vasallo,* EU:C:2006:518 Rdn. 32; EuGH v. 22.12.2010 – verb. Rs. C-444/09 und C-456/09 *Gavieiro Gavieiro und Iglesias Torres,* EU:C:2010:819 Rdn. 38–45.

barung damit „auf alle Arbeitnehmer anwendbar, die entgeltliche Arbeitsleistungen im Rahmen eines mit ihrem Arbeitgeber bestehenden befristeten Arbeitsverhältnisses erbringen".[13] Sie findet ferner Anwendung auf Arbeitsverträge, „die mit Behörden oder anderen Stellen des öffentlichen Sektors geschlossen werden".[14] Wenn der Gerichtshof auf dieser Grundlage auch **Beamte** in den Anwendungsbereich einbezieht,[15] steht das allerdings im Widerspruch zu der Verweisung auf den mitgliedstaatlichen Arbeitnehmerbegriff.[16] Die Rahmenvereinbarung nimmt, wie sich auch aus § 5 Nr. 1 ergibt (Rücksicht auf bestimmte Branchen; Rdn. 39), nicht einzelne Branchen aus.[17] Sie ist auch auf Seeleute grundsätzlich anwendbar.[18]

5 Nur die Qualifizierung als **„befristet beschäftigt"** ist unionsautonom bestimmt (§ 3 Nr. 1 BefrRV), und zwar in Anlehnung an die Vorschrift von Art. 1 Nr. 1 ZaGeshRL (unten, § 22 Rdn. 5).[19] Kennzeichen der befristeten Beschäftigung ist, dass das Vertragsende durch objektive Bedingungen bestimmt ist.[20] In einer beispielhaften (nicht abschließenden; „wie") Aufzählung nennt der Gesetzgeber die Zeitbefristung durch ein Enddatum, die Zweckbefristung durch die Erfüllung einer bestimmten Aufgabe oder die Befristung durch das Eintreten eines bestimmten Ereignisses. Da das Eintreten eines Ereignisses sich auch auf ein ungewisses Ereignis beziehen kann, ist auch die auflösende Bedingung erfasst.[21] Dem Regelungszweck entsprechend ist die Beendigung eines (unbefristeten) Arbeitsvertrags durch Kündigung nicht erfasst. Ein zu-

---

13 EuGH v. 13.9.2007 – Rs. C-307/05 *Del Cerro Alonso*, EU:C:2007:509 Rdn. 28; EuGH v. 8.9.2011 – Rs. C-177/10 *Rosado Santana*, EU:C:2011:557 Rdn. 40; EuGH v. 9.7.2015 – Rs. C-177/14 *Regojo Dans*, EU:C:2015:450 Rdn. 33; *Krebber*, EuZA 2017, 3, 12 (dem autonomen Arbeitnehmerbegriff von Art. 45 AEUV nahekommend).

14 EuGH v. 8.9.2011 – Rs. C-177/10 *Rosado Santana*, EU:C:2011:557 Rdn. 49 ff.; EuGH v. 4.7.2006 – Rs. C-212/04 *Adeneler*, EU:C:2006:443 Rdn. 54 ff.; EuGH v. 7.9.2006 – Rs. C-53/04 *Marrosu*, EU:C:2006:517 Rdn. 39 ff.; EuGH v. 7.9.2006 – Rs. C-180/04 *Vasallo*, EU:C:2006:518 Rdn. 32 ff.; EuGH v. 13.9.2007 – Rs. C-307/05 *Del Cerro Alonso*, EU:C:2007:509 Rdn. 25.

15 EuGH v. 22.12.2010 – verb. Rs. C-444/09 und C-456/09 *Gavieiro Gavieiro und Iglesias Torres*, EU:C:2010:819 Rdn. 44.

16 Abl. daher *Kerwer/Just*, EuZA 2016, 62, 66; *Krebber*, EuZA 2017, 3, 18; zust. etwa Preis/Sagan/*Brose*, Rdn. 13.21.

17 EuGH v. 26.11.2014 – verb. Rs. C-22/13, C-61/13 bis C-63/13 und C-418/13 *Mascolo*, EU:C:2014:2401 Rdn. 66 ff.

18 EuGH v. 3.7.2014 – verb. Rs. C-362/13, C-363/13 und C-407/13 *Fiamingo*, EU:C:2014:2044 Rdn. 27 ff.

19 § 3 Nr. 1 BefrRV ist nur Definitionsnorm und regelt nicht die formellen Anforderungen an die Befristungsvereinbarung, die dem mitgliedstaatlichen Recht überlassen sind; EuGH v. 3.7.2014 – verb. Rs. C-362/13, C-363/13 und C-407/13 *Fiamingo*, EU:C:2014:2044 Rdn. 44 ff.

20 EuGH v. 9.7.2015 – Rs. C-177/14 *Regojo Dans*, EU:C:2015:450 Rdn. 30; zust. *Kerwer/Just*, EuZA 2016, 62, 67. Wenn in der Definition auf „direkt zwischen dem Arbeitgeber und dem Arbeitnehmer geschlossene" Arbeitsverträge oder -verhältnisse Bezug genommen wird, dient das dem Ausschluss von Leiharbeitsverhältnissen; Präambel Abs. 3 und BE 4 BefrRV; *Deakin/Morris*, Labour Law, Rdn. 3.52.

21 Ebenso *Rolfs*, EAS B 3200 Rdn. 14; *Fuchs/Marhold*, Europäisches Arbeitsrecht, S. 170.

nächst befristet Beschäftigter ist auch nach Übergang in ein Dauerarbeitsverhältnis geschützt, etwa im Hinblick auf Betriebszugehörigkeitszeiten.[22]

Unsicher ist, ob auch die Befristung auf das **Erreichen der Regelaltersgrenze**, zu der der Arbeitnehmer Anspruch auf Altersrente hat, unter § 3 Nr. 1 BefrRV fällt. Der Wortlaut spricht dafür, doch ist traditionell das Normalarbeitsverhältnis, das als Vergleichspunkt für das Diskriminierungsverbot von § 4 Nr. 1 dient, dadurch gekennzeichnet, dass es bis zum Erreichen der Regelaltersgrenze läuft. Zudem ist bei dieser Befristung ein Missbrauch i. S. v. § 5 bei dieser Gestaltung schwer vorstellbar. Diese teleologischen Erwägungen sprechen dagegen, die Regelaltersgrenze nach der Rahmenvereinbarung zu kontrollieren. Der Gerichtshof hat die Frage und auch die Sacherwägungen gesehen, aber nicht abschließend Stellung genommen.[23] 6

Ein unbefristetes Arbeitsverhältnis mit **Probezeit** ist kein befristetes Arbeitsverhältnis.[24] Befristete **Leiharbeit**sverhältnisse sind von der Richtlinie **nicht** erfasst.[25] Für sie gilt die besondere Regelung der Leiharbeitsrichtlinie, auf die schon BE 4 BefrRV verweist. Die Definition von § 3 Nr. 1 erfasst nur die *direkt* geschlossenen befristeten Arbeitsverträge und damit nicht das Dreiecksverhältnis der Leiharbeit. 7

Die Mitgliedstaaten (nach Anhörung der Sozialpartner) oder die Sozialpartner können zwei Gruppen von Arbeitsverhältnissen pauschal vom Anwendungsbereich der Rahmenvereinbarung **ausnehmen** (§ 2 Abs. 2 BefrRV): Zum einen Berufsausbildungsverhältnisse und zum anderen Arbeitsverträge und -verhältnisse, die im Rahmen eines besonderen öffentlichen oder von der öffentlichen Hand unterstützten beruflichen Ausbildungs-, Eingliederungs- oder Umschulungsprogramms abgeschlossen wurden.[26] In beiden Fällen geht es regelmäßig um Zweckbefristungen, die insoweit pauschal als legitim anerkannt werden können. Die kurze Dauer einer befristeten Beschäftigung, z. B. sechs Monate oder „Gelegenheitsarbeit", rechtfertigt keine Ausnahme von der Rahmenvereinbarung.[27] 8

---

22 EuGH v. 8.9.2011 – Rs. C-177/10 *Rosado Santana*, EU:C:2011:557 Rdn. 41 ff.; EuGH v. 18.10.2012 – verb. Rs. C-302/11 bis C-305/11 *Valenza*, EU:2012:646 Rdn. 32 ff.

23 EuGH v. 28.2.2018 – Rs. C-46/16 *John*, EU:C:2018:131 Rdn. 34 ff.

24 EuGH v. 5.2.2015 – Rs. C-117/14 *Nisttahuz Poclava*, EU:C:2015:60.

25 EuGH v. 11.4.2013 – Rs. C-290/12 *Della Rocca*, EU:C:2013:235 Rdn. 35 ff. m. zust. Bespr. *Franzen*, EuZA 2013, 433 ff. Krit. *Rolfs*, EAS, B 3200 Rdn. 13; Preis/Sagan/*Brose*, Rdn. 13.29.

26 S. EuGH v. 15.3.2012 – Rs. C-157/11 *Sibilio*, EU:C:2012:148 Rdn. 52 ff. (Mitgliedstaaten können Arbeitnehmer, die sozial nützliche Arbeit für die öffentliche Verwaltung verrichten, vom Anwendungsbereich ausnehmen).

27 Vgl. EuGH v. 22.4.2010 – Rs. C-486/08 *Zentralbetriebsrat der Landeskrankenhäuser Tirols*, EU:C:2010:215 Rdn. 36–47.

III. Der Gleichbehandlungsgrundsatz

9 Kernstück der Rahmenvereinbarung ist der „Grundsatz der Nichtdiskriminierung" in § 4 BefrRV. Ungeachtet der einheitlichen Bezeichnung umfasst die Vorschrift von § 4 drei Regeln:
- das Diskriminierungsverbot des Abs. 1,
- den Pro-rata-temporis-Grundsatz des Abs. 2 und
- die Regelung über Betriebszugehörigkeitszeiten in Abs. 4.

Anwendungsmodalitäten überlässt sie in Absatz 3 den Mitgliedstaaten. Da sich die Regeln potenziell überschneiden, sind ihre Anwendungsbereiche und schließlich ihr Verhältnis zueinander zu bestimmen.

1. Das Diskriminierungsverbot[28]

a) Anwendungsbereich

10 Sachlich betrifft das Diskriminierungsverbot **Beschäftigungsbedingungen.** Der Begriff ist für den Anwendungsbereich zentral und daher unionsautonom zu bestimmen. Im Anschluss an Generalanwältin *Sharpston*[29] definiert der Gerichtshof den – weit auszulegenden –[30] Begriff als „die Rechte, Ansprüche und Pflichten (...), die ein bestimmtes Arbeitsverhältnis ausmachen, einschließlich der Bedingungen, unter denen eine Person eine Beschäftigung aufnimmt, und der Bedingungen für die Beendigung dieses Arbeitsverhältnisses".[31] Zu denken ist z. B. an die Dauer und Lage der Arbeitszeit[32] und des Urlaubs[33], die Teilnahme an Fortbildungsveranstaltungen oder die Beförderungsbedingungen[34] (s. a. § 6 BefrRV).

11 Wegen der Ausnahme des **Arbeitsentgelts** von der Rechtsangleichung gem. Art. 153 Abs. 5 AEUV (s. o., § 5 Rdn. 11) ist umstritten, ob auch das Entgelt zu den Beschäftigungsbedingungen gehört, hinsichtlich derer eine Diskriminierung verboten

---

28 Das Verbot ist gegen Mitgliedsstaaten (öffentlicher Arbeitgeber) unmittelbar anwendbar; s. EuGH v. 22.12.2010 – verb. Rs. C-444/09 und C-456/09 *Gavieiro Gavieiro und Iglesias Torres*, EU:C:2010:819 Rdn. 68–90.

29 GA *Scharpston*, Schlussanträge v. 7.9.2017 – Rs. C-158/16 *Vega González*, EU:C:2017:647.

30 Zur Parallelregelung in § 4 Abs. 1 TzRV *Balze*, EAS B 3100 Rdn. 260.

31 EuGH v. 20.12.2017 – Rs. C-158/16 *Vega González*, EU:C:2017:1014 Rdn. 34.

32 S.a. EuGH v. 9.2.2017 – Rs. C-443/16 *Rodrigo Sanz*, EU:C:2017:109 (Halbierung von Arbeitszeit und Vergütung).

33 S.a. EuGH v. 20.12.2017 – Rs. C-158/16 *Vega González*, EU:C:2017:1014 (Sonderurlaub für parlamentarische Mandatsträger).

34 EuGH v. 8.9.2011 – Rs. C-177/10 *Rosado Santana*, EU:C:2011:557 Rdn. 46 ff.

ist. Das wird überwiegend verneint.[35] Indes bedeutet die Ausnahme des Art. 153 Abs. 5 AEUV nach vorzugswürdiger Meinung lediglich, dass die Union das Arbeitsentgelt nicht unmittelbar regeln darf, beispielsweise durch einen Mindestlohn. Der Vorbehalt steht aber mittelbar entgeltbezogenen Vorschriften, wie hier durch ein Diskriminierungsverbot, nicht entgegen (näher und m.N. oben, § 5 Rdn. 12f.). Das Diskriminierungsverbot erstreckt sich daher auch auf das Arbeitsentgelt als Beschäftigungsbedingung.[36] Unter Berufung auf den weiten Entgeltbegriff des Art. 157 AEUV hat der Gerichtshof eine Dienstalterszulage[37] sowie Versorgungsbezüge[38] zu den Arbeitsbedingungen i.S. der Befristungsrichtlinie gerechnet.

Zu den Beschäftigungsbedingungen zählen auch die **Entlassungsbedingungen.**[39] Darauf weist der Wortlaut hin, da Beschäftigungsbedingungen auch sonst im Antidiskriminierungsrecht als Oberbegriff verwendet wird, der die Entlassungsbedingungen mit umfasst (s. z.B. Art. 14 Abs. 1 lit. c) GDRL; dazu oben, § 10 Rdn. 38, § 11 Rdn. 3, § 12 Rdn. 7). Anders als bei der Teilzeitrichtlinie (§ 19 Rdn. 14) gibt es für die Befristungsrichtlinie auch keine gegenläufigen historischen Auslegungserwägungen. Der Gerichtshof hat zudem angenommen, der Schutzzweck der Regelung stehe einer „einschränkenden" Auslegung entgegen. Das Diskriminierungsverbot greift daher etwa für Kündigungsfristen[40] oder eine „Ausgleichszahlung" bei Beendigung[41]. 12

Mit dem Diskriminierungsverbot lässt sich jedoch **nicht die Befristungsdauer** oder der Beendigungszeitpunkt kontrollieren. In der Rechtssache *Ibáñez* beanstandeten die befristet eingestellten Lehrer, dass ihr Arbeitsvertrag vor und nicht erst nach den Sommerferien endete, sie also für die Dauer der Ferienzeit nicht bezahlt wurden (wie dies früher bei Aushilfslehrern gehandhabt worden war).[42] Die Beendigung zu einem bestimmten Zeitpunkt ist indes Kennzeichen des befristeten Arbeitsvertrags und kann daher nicht für sich als Diskriminierung auf einen sachlichen Grund hin überprüft werden. (Und verboten ist nur die Ungleichbehandlung mit vergleichbaren Dauerbeschäftigten [s. Rdn. 15], nicht mit anderen befristet Beschäftigten.) 13

---

35 *Wank/Börgmann*, RdA 1999, 383, 384; Hanau/Steinmeyer/Wank/*Wank*, § 18 Rdn. 257. S.a. zur entsprechenden Bestimmung in Art. 2 Abs. 6 Abkommen zur Sozialpolitik Marlene *Schmidt*, NZA 1998, 576, 578f. Wohl a.M. *Nielebock*, AiB 2001, 75, 76.

36 EuGH v. 13.9.2007 – Rs. C-307/05 *Del Cerro Alonso*, EU:C:2007:509 Rdn. 43ff.; EuGH v. 15.4.2008 – Rs. C-268/06 *Impact*, EU:C:2008:223 Rdn. 106–133; *Deakin/Morris*, Labour Law, Rdn. 3.52; *Rolfs/de Groot*, ZESAR 2009, 5, 9.

37 EuGH v. 20.6.2019 – Rs. C-72/18 *Aróstegui*, EU:C:2019:516 Rdn. 25ff.; EuGH v. 22.12.2010 – verb. Rs. C-444/09 und C-456/09 *Gavieiro Gavieiro und Iglesias Torres*, EU:C:2010:819 Rdn. 50. S.a. EuGH v. 9.2.2012 – Rs. C-556/11 *Lorenzo Martínez*, EU:C:2012:67 (Sechsjahresweiterbildungszulage).

38 EuGH v. 15.4.2008 – Rs. C-268/06 *Impact*, EU:C:2008:223 Rdn. 131–133.

39 EuGH v. 13.3.2014 – Rs. C-38/13 *Nierodzik*, EU:C:2014:152 Rdn. 21ff.

40 EuGH v. 13.3.2014 – Rs. C-38/13 *Nierodzik*, EU:C:2014:152 Rdn. 27ff.

41 EuGH v. 21.11.2018 – Rs. C-619/17 *de Diego Porras II*, EU:C:2018:936 Rdn. 59; EuGH v. 14.9.2016 – Rs. C-596/14 *de Diego Porras I*, EU:C:2016:683 Rdn. 28ff.

42 EuGH v. 21.11.2018 – Rs. C-245/17 *Ibáñez*, EU:C:2018:934 Rdn. 41ff.

b) Inhalt

aa) Diskriminierungsverbot

14 Befristet beschäftigte Arbeitnehmer dürfen in ihren Beschäftigungsbedingungen nicht allein wegen der Befristung gegenüber vergleichbaren Dauerbeschäftigten schlechter behandelt werden, lautet der **Grundsatz**. Der Tatbestand von § 4 Abs. 1 BefrRV erfordert daher, dass

- ein befristet beschäftigter Arbeitnehmer i. S. v. § 3 Nr. 1 BefrRV (s. o. Rdn. 4f.)
- gegenüber einem vergleichbaren Dauerbeschäftigten i. S. v. § 3 Nr. 2 BefrRV (s. u. Rdn. 15)
- schlechter behandelt wird,
- nur weil er befristet eingestellt ist.

15 Ein **vergleichbarer Dauerbeschäftigter** ist dabei ein Arbeitnehmer desselben Betriebs mit einem unbefristeten Arbeitsvertrag oder -verhältnis, der in der gleichen oder einer ähnlichen Arbeit bzw. Beschäftigung tätig ist. Bei der Beurteilung der Vergleichbarkeit sind auch die Qualifikationen und Fertigkeiten angemessen zu berücksichtigen.[43] Vertritt der Arbeitnehmer einen (z. B. erkrankten, beurlaubten, freigestellten) Dauerbeschäftigten, so ist dieser zum Vergleich geeignet.[44] Gibt es auf Betriebsebene keinen vergleichbaren Arbeitnehmer, so erfolgt der Vergleich normativ bzw. hypothetisch. Es ist zu ermitteln, wie ein hypothetischer Arbeitnehmer desselben Betriebs nach den tariflichen oder gesetzlichen Bestimmungen oder Gepflogenheiten stünde (s. zur Problematik des hypothetischen Vergleichs auch § 19 Rdn. 6–8).

16 Die Formulierung unterscheidet sich damit von jener der etablierten Diskriminierungsverbote im Europäischen Arbeits- (und Vertrags-)recht. So deutet in der deutschen Sprachfassung der Begriff der „Behandlung" auf ein intentionales Element hin, während sonst die (unmittelbare) Diskriminierung von der Opferperspektive formuliert ist („weniger günstige Behandlung erfährt"). Zudem wird hier kein Gleichbehandlungsgrundsatz statuiert, der unmittelbare und mittelbare Diskriminierung verbietet; stattdessen deutet die Formulierung darauf hin, dass **nur die unmittelbare Diskriminierung** erfasst sein soll. Da man davon ausgehen muss, dass sich Sozialpartner und Kommission des Unterschieds bewusst waren, ist das als bewusste Entscheidung hinzunehmen.[45] Sie hat ihren guten Sinn zudem darin, dass das Diskriminierungsverbot ergänzt wird durch den Pro-rata-temporis-Grundsatz von Absatz 2, der eine mittelbare Diskriminierung weithin ausschließen dürfte. Eine Diskriminierung liegt z. B. im Ausschluss befristeter Beamter von einer Evaluierung mit verbunde-

---

43 EuGH v. 9.7.2015 – Rs. C-177/14 *Regojo Dans*, EU:C:2015:450 Rdn. 46; EuGH v. 8.9.2011 – Rs. C-177/10 *Rosado Santana*, EU:C:2011:557 Rdn. 66.

44 EuGH v. 14.9.2016 – Rs. C-596/14 *de Diego Porras I*, EU:C:2016:683 Rdn. 42f.

45 Wie hier EuArbR/*Krebber*, § 4 Anhang RL 1999/70/EG Rdn. 16. A.M. Preis/Sagan/*Brose*, Rdn. 13.89.

nem wirtschaftlichen Leistungsanreiz[46] oder in unterschiedlichen Kündigungsfristen für befristet und unbefristet beschäftigte Arbeitnehmer.[47]

Ebenso ist auch die Beschränkung beim Wort zu nehmen, die in dem Verbot einer Schlechterstellung liegt. Die Regelung soll eine **Besserstellung** befristet beschäftigter Arbeitnehmer nicht verhindern, fordert sie freilich auch nicht. 17

Anders als andere Richtlinien enthält die Befristungsrichtlinie kein **Benachteiligungsverbot,** das die Arbeitnehmer vor Nachteilen wegen der Ausübung ihrer Rechte schützen würde. Das ist indes auch unnötig. Nicht nur ist das Benachteiligungsverbot teleologisch in der Gewährung eines Rechts mit enthalten. Eine Benachteiligung wegen Berufung auf die Richtlinienrechte wäre zudem bereits als Diskriminierung wegen der Befristung verboten.[48] 18

bb) Rechtfertigung

Das grundsätzliche Diskriminierungsverbot wird durch den Rechtfertigungstatbestand **„sachlicher Gründe"** *(objective grounds, raisons objectives)* eingeschränkt (§ 4 Abs. 1 BefrRV a. E.). Für die Konkretisierung kann man sich, da ein abweichender Regelungswille nicht erkennbar ist, auf die etablierte Dogmatik der Diskriminierungsverbote stützen. Zur Rechtfertigung einer Schlechterstellung, die nur aufgrund der Befristung erfolgt, muss der Arbeitgeber also darlegen, dass die Differenzierung zur Erreichung eines legitimen Zwecks erforderlich ist. Dabei erfordert das Tatbestandsmerkmal eines „legitimen" Zwecks eine Bewertung im Hinblick auf die Ziele der Befristungsrichtlinie und der Unionsrechtsordnung[49]. Das Merkmal der „Erforderlichkeit" bedeutet eine Verhältnismäßigkeitsprüfung. 19

Dem entspricht es, wenn der EuGH den Begriff „sachliche Gründe" dahin ausgelegt hat, „dass er genau bezeichnete, **konkrete Umstände** meint, die eine bestimmte Tätigkeit kennzeichnen und daher in diesem speziellen Zusammenhang die Verwendung aufeinanderfolgender befristeter Arbeitsverträge rechtfertigen können. Diese Umstände können sich etwa aus der besonderen Art der Aufgaben, zu deren Erfüllung diese Verträge geschlossen worden sind, und deren Wesensmerkmalen oder gegebenenfalls aus der Verfolgung eines legitimen sozialpolitischen Ziels durch einen Mitgliedstaat ergeben".[50] Die formale Ausgestaltung des Dienstverhältnisses (etwa als 20

46 EuGH v. 21.9.2016 – Rs. C-631/15 *Álvarez Santirso,* EU:C:2016:725.

47 EuGH v. 13.3.2014 – Rs. C-38/13 *Nierodzik,* EU:C:2014:152 Rdn. 30ff.

48 Vgl. für das Benachteiligungsgebot des § 5 TzBfG ErfK/*Preis,* § 5 TzBfG Rdn. 1f.

49 Daher können diskriminierende Merkmale keine sachlichen Gründe darstellen; so zur TzRL *M. Schmidt,* NZA 1998, 576, 577.

50 EuGH v. 13.9.2007 – Rs. C-307/05 *Del Cerro Alonso,* EU:C:2007:509 Rdn. 52f., 56; EuGH v. 22.12.2010 – verb. Rs. C-444/09 und C-456/09 *Gavieiro Gavieiro und Iglesias Torres,* EU:C:2010:819 Rdn. 55; EuGH v. 8.9.2011 – Rs. C-177/10 *Rosado Santana,* EU:C:2011:557 Rdn. 73; EuGH v. 18.10.2012 –

Beamten- oder Vertragsverhältnis)[51] oder finanzielle Erwägungen (wie eine „sparsame Personalbewirtschaftung")[52] sind kein sachlicher Grund. Das Erfordernis der „konkreten Umstände" hat der Gerichtshof aus Gründen der Überprüfbarkeit um ein Transparenzerfordernis ergänzt. Die Ungleichbehandlung muss „durch das Vorhandensein genau bezeichneter, konkreter Umstände gerechtfertigt sein, die die betreffende Beschäftigungsbedingung in ihrem speziellen Zusammenhang und auf der Grundlage **objektiver und transparenter Kriterien** für die Prüfung der Frage kennzeichnen, ob diese Ungleichbehandlung einem echten Bedarf entspricht und ob sie zur Erreichung des verfolgten Ziels geeignet und erforderlich ist".[53]

21 Versteht man die Rechtfertigung in diesem Sinne konkret individuell, so muss sie im Einzelfall begründet werden; abstrakt-generelle Unterscheidungen in Gesetz oder Tarifvertrag sollen dazu nicht ausreichen.[54] Die begrenzte Dauer und mangelnde Stabilität des befristeten Arbeitsverhältnisses stellen für sich keinen sachlichen Grund dar.[55] Sachlich begründet ist, nur unbefristet Beschäftigten eine Abfindung bei Vertragsbeendigung zu gewähren oder diese höher zu bemessen als bei befristet Beschäftigten, da das Auslaufen des befristeten Vertrags – anders als die Kündigung des unbefristeten – plangemäß erfolgt und keine Stabilitätserwartung enttäuscht.[56] Zu rechtfertigen ist auch, dass dauerhaft im öffentlichen Dienst Beschäftigte bei ungerechtfertigter disziplinarischer Entlassung wieder einzustellen sind, während für eine Übergangszeit beschäftigte Arbeitnehmer eine Abfindung erhalten.[57] Erwerben befristet eingestellte Lehrkräfte in geringerem Maße Erfahrung, kann das eine geringere Berücksichtigung der entsprechenden Dienstzeiten im Hinblick auf das Dienstalter rechtfertigen.[58]

22 Am **Beispiel** von Fortbildungsangeboten des Arbeitgebers (die in § 6 Abs. 2 BefrRV nur rudimentär geregelt sind) lässt sich die Funktionsweise verdeutlichen. Sein Fortbildungsangebot für eine neu

---

verb. Rs. C-302/11 bis C-305/11 *Valenza*, EU:2012:646 Rdn. 50f.; EuGH v. 9.7.2015 – Rs. C-177/14 *Regojo Dans*, EU:C:2015:450 Rdn. 55; *Bieder/Diekmann*, EuZA 2008, 515–525.

51 EuGH v. 20.6.2019 – Rs. C-72/18 *Aróstegui*, EU:C:2019:516 Rdn. 40ff.

52 EuGH v. 22.4.2010 – Rs. C-486/08 *Zentralbetriebsrat der Landeskrankenhäuser Tirols*, EU:C:2010:215 Rdn. 45f.

53 EuGH v. 13.9.2007 – Rs. C-307/05 *Del Cerro Alonso*, EU:C:2007:509 Rdn. 58; EuGH v. 22.4.2010 – Rs. C-486/08 *Zentralbetriebsrat der Landeskrankenhäuser Tirols*, EU:C:2010:215 Rdn. 42–44.

54 EuGH v. 13.9.2007 – Rs. C-307/05 *Del Cerro Alonso*, EU:C:2007:509 Rdn. 57.

55 EuGH v. 14.9.2016 – Rs. C-596/14 *de Diego Porras I*, EU:C:2016:683 Rdn. 50f.; EuGH v. 18.10.2012 – verb. Rs. C-302/11 bis C-305/11 *Valenza*, EU:2012:646 Rdn. 52.

56 EuGH v. 22.1.2020 – Rs. C-177/18 *Martín*, EU:C:2020:26 Rdn. 42ff.; EuGH v. 11.4.2019 – verb. Rs. C-29/18, C-30/18 und C-44/18 *Cobra Servicios Auxiliares*, EU:C:2019:315 Rdn. 46ff.; EuGH v. 21.11.2018 – Rs. C-619/17 *de Diego Porras II*, EU:C:2018:936 Rdn. 66ff. (insoweit die frühere Entscheidung EuGH v. 14.9.2016 – Rs. C-596/14 *de Diego Porras I*, EU:C:2016:683 Rdn. 46ff. überholend); EuGH v. 5.6.2018 – Rs. C-574/16 *Grupo Norte Facility*, EU:C:2018:390 Rdn. 52ff.; EuGH v. 5.6.2018 – Rs. C-677/16 *Montero Mateos*, EU:C:2018:393 Rdn. 55ff.

57 EuGH v. 25.7.2018 – Rs. C-96/17 *Vernaza Ayovi*, EU:C:2018:603 Rdn. 38ff.

58 EuGH v. 20.9.2018 – Rs. C-466/17 *Chiara Motter*, EU:C:2018:758 Rdn. 36ff.

einzuführende Spezialsoftware kann der Arbeitgeber auf Dauerarbeitnehmer beschränken, wenn die befristet beschäftigten Arbeitnehmer das neue Programm aufgrund der absehbaren Beendigung ihres Arbeitsvertrags nicht mehr sinnvoll nutzen können. Auch den Zugang zu regulären Computerschulungen (z.B. Auffrischungskurs Textverarbeitung für Sekretäre) kann der Arbeitgeber dadurch für befristet tätige Arbeitnehmer beschränken, dass er eine Mindestbeschäftigungsdauer voraussetzt; eine solche Schulung hat zwar auch für die vierwöchig tätige Urlaubsaushilfe einen Sinn, doch ist sie für den Arbeitgeber unverhältnismäßig aufwendig.

Die Formulierung von § 4 Abs. 1 Hs. 2 BefrRL („es sei denn") enthält bereits eine Regelung der **Beweislast**; das Vorliegen sachlicher Gründe ist vom Arbeitgeber darzulegen und zu beweisen. Das ist auch sachgerecht, da diese Gründe in seiner Sphäre liegen. Einzelheiten der Beweislast gehören zu den „Anwendungsmodalitäten", die gem. Abs. 3 von den Mitgliedstaaten bzw. Sozialpartnern zu regeln sind (s. sogleich Rdn. 24). 23

c) Anwendungsmodalitäten

Die Anwendungsmodalitäten des Gleichbehandlungsgrundsatzes (ebenso wie des Pro-rata-temporis-Grundsatzes) regeln die Mitgliedstaaten nach Anhörung der Sozialpartner und/oder die Sozialpartner.[59] Zum Beispiel kann man denken an Beweislastregeln (s. aber schon oben, Rdn. 23, zur Beweislast für „sachliche Gründe"), Rechtsfolgen der Pflichtverletzung, Verbandsklagerecht, staatliche Aufsicht. Insbesondere bezüglich Rechtsfolgen und Rechtsschutz gelten die generellen Grundsätze, also der Äquivalenz- und der Effektivitätsgrundsatz.[60] So hat der Gerichtshof beispielsweise entschieden, dass eine zweimonatige Klagefrist prinzipiell vereinbar ist mit diesen Umsetzungspflichten.[61] 24

2. Der Pro-rata-temporis-Grundsatz

a) Anwendungsbereich

Befristet tätige Arbeitnehmer sind nach dem Pro-rata-temporis-Grundsatz zu behandeln, „wo dies angemessen ist". Mit dieser Bezugnahme auf „Angemessenheit" ist der Anwendungsbereich nicht der Bestimmung der Mitgliedstaaten überlassen; diese regeln nur die Anwendungsmodalitäten (unten, Rdn. 33). Vielmehr ist der unbestimmte Begriff mit Rücksicht auf den Zweck zu konkretisieren. „Angemessen" ist die Anwen- 25

---

59 Dazu EuGH v. 15.4.2008 – Rs. C-268/06 *Impact*, EU:C:2008:223 Rdn. 66 („Derartige Modalitäten dürfen sich aber keinesfalls auf die Festlegung des Inhalts dieses Grundsatzes selbst erstrecken. ... (sie) können somit weder die Existenz dieses Grundsatzes an Voraussetzungen knüpfen noch dessen Umfang einschränken".).

60 EuGH v. 8.9.2011 – Rs. C-177/10 *Rosado Santana*, EU:C:2011:557 Rdn. 89ff.

61 EuGH v. 8.9.2011 – Rs. C-177/10 *Rosado Santana*, EU:C:2011:557 Rdn. 93ff.

dung des Pro-rata-temporis-Grundsatzes dort, wo Vorteile (bei wertender Betrachtung) nach dem Zeitmaß bemessen werden. Das setzt mindestens voraus, dass es sich um **teilbare Vorteile** handelt, die zeitanteilig gewährt werden können.[62] Unteilbare Rechte wie der *Zugang* zu Betriebseinrichtungen (Kantine, Bibliothek) können nicht zeitanteilig gewährt werden.[63] Für unteilbare Vorteile gilt daher das Diskriminierungsverbot des § 4 Abs. 1 BefrRV.

26 Teilbare Vorteile haben oft **Entgelt**charakter.[64] Indes steht das ihrer Berücksichtigung nach dem Pro-rata-temporis-Grundsatz nicht entgegen (oben, Rdn. 11). Ein teilbarer Vorteil ohne Entgeltcharakter ist beispielsweise die Urlaubsdauer. Hier ist die zeitanteilige Gewährung bei unterjährigem Ausscheiden nicht nur *möglich*, sondern auch *angemessen*, da der Urlaub ganz generell nach Zeitmaß (üblicherweise pro Jahr) bemessen wird (s. nur Art. 7 ArbZRL, oben, § 17 Rdn. 54–75).

b) Inhalt

27 Der Pro-rata-temporis-Grundsatz bedeutet die **zeitanteilige Bemessung von Vorteilen** (oder Lasten). Versteht man den Gleichbehandlungsgrundsatz als das Gebot, wesentlich Gleiches gleich und wesentlich Ungleiches nach dem Maß seiner Verschiedenheit ungleich zu behandeln, so hat die zeitanteilige Bemessung von Vorteilen einen naheliegenden Gerechtigkeitsgehalt. Mit dem Grundsatz ist zudem nicht nur die Aussage verbunden, dass der befristet tätige Arbeitnehmer entsprechend dem Verhältnis seiner Befristung zur Dauertätigkeit gleich zu behandeln ist. Er besagt darüber hinaus, dass die Befristung eben nur im Hinblick auf den begrenzten Beschäftigungszeitraum von dem Normalarbeitsverhältnis zu unterscheiden ist. **Beispiel**sweise ist einem Arbeitnehmer, dessen Arbeitsverhältnis infolge Befristung während des laufenden Jahres endet, zeitanteilig für die bis zur Beendigung abgelaufene Zeit Urlaub zu gewähren.

28 Bedeutet das Diskriminierungsverbot des Abs. 1, dass die Befristung – gleichsam negativ – keine sachwidrige Schlechterstellung begründen darf, so begründet der Pro-rata-temporis-Grundsatz demnach – gleichsam positiv – eine Gleichbehandlung entsprechend dem Maß der Verschiedenheit. Zur Abgrenzung der beiden Grundsätze nachfolgend, Rdn. 34.

c) Anwendungsmodalitäten

29 Auch für den Pro-rata-temporis-Grundsatz bestimmen die Mitgliedstaaten bzw. die Sozialpartner die „Anwendungsmodalitäten", § 4 Abs. 3 BefrRV. Hier kann sich zum einen die Konkretisierung des Tatbestands („wo dies angemessen ist") anbieten, zum

62 *M. Schmidt*, NZA 1998, 576, 577.
63 *Rolfs*, EAS B 3200 Rdn. 34; Hanau/Steinmeyer/Wank/*Wank*, § 18 Rdn. 258.
64 Vgl. die Übersicht zu Einzelfragen bei ErfK/*Preis*, § 4 TzBfG Rdn. 59f.

anderen sind die Rechtsfolgen und die verfahrensrechtliche Bewehrung näher auszugestalten.

3. Berücksichtigung von Beschäftigungszeiten

Sprachlich wie systematisch verunglückt ist die Regelung § 4 Abs. 4 BefrRV über Beschäftigungszeiten als Bezugsvoraussetzung *(period of service qualifications, criteres de periodes d'anciennete)*. Sie könnte vielleicht besser so „übersetzt" werden: 30

> Soweit es für einzelne Arbeitsbedingungen auf die Betriebszugehörigkeitszeiten ankommt, gelten für befristet beschäftigte Arbeitnehmer und Dauerbeschäftigte dieselben Fristen, es sei denn, unterschiedliche Betriebszugehörigkeitszeiten wären aus objektiven Gründen gerechtfertigt.

Die Vorschrift besagt m.a.W., dass Beschäftigungszeiten als Voraussetzung für Leistungen des Arbeitgebers für befristet beschäftigte Arbeitnehmer und Dauerarbeitnehmer formal gleich zu bemessen sind.[65] Sie stellt demnach eine Konkretisierung des Diskriminierungsverbots bzw. des Pro-rata-Gleichbehandlungsgrundsatzes für eine spezifische Frage dar. Diese Konkretisierung besteht darin, dass die **formale Gleichbehandlung**, die sich regelmäßig für die befristet tätigen Arbeitnehmer nachteilig auswirken wird, im Grundsatz für richtig erklärt wird. Nur ausnahmsweise und nur wenn dies durch objektive Gründe gerechtfertigt werden kann, kommt anderes in Betracht.[66] 31

Die Regelung kann insbesondere für Versorgungsanwartschaften Bedeutung haben. Anders freilich, wenn man davon ausgeht, Entgeltfragen seien vom Anwendungsbereich der Richtlinie generell ausgenommen (s.o. Rdn. 11, 26). 32

Systematisch ist die Stellung dieser Regel nach Abs. 1 und 2 daher verständlich, da sie als Konkretisierung bzw. Klarstellung zu beiden Grundsätzen verstanden werden kann. Die Einordnung nach der Regelung des Abs. 3 über die **Anwendungsmodalitäten** erscheint indes verfehlt. Auch für die Bezugszeiträume bedarf es ausfüllender und ergänzender Regeln durch die Mitgliedstaaten und/oder die Sozialpartner. Man wird die Systematik von Abs. 3 und 4 daher als redaktionellen Fehler ansehen können. 33

---

65 *Deakin/Morris*, Labour Law, Rdn. 3.52 („verbietet Gesetze, die Beschäftigungszeiten für unbefristete und befristete Arbeitnehmer unterschiedlich zählt" – meine Übersetzung). Insoweit unterscheidet sich die Regelung von jener des Art. 4 Abs. 4 TzRV; dazu oben, § 19 Rdn. 30–33.

66 Besonders deutlich wird der Ausnahmecharakter – und die damit verbundene Beweislastbestimmung – im Vergleich mit der entsprechenden Vorschrift in § 4 Abs. 4 TzRV.

4. Rangverhältnis von Diskriminierungsverbot und Gleichbehandlungsgrundsatz

34 Aus diesen Vorüberlegungen ergibt sich eine insgesamt schlüssige Konzeption von § 4 BefrRV. Absatz 1 statuiert das fundamentale, aber eben nur negative Diskriminierungsverbot. Soweit ein Vorteil teilbar und die zeitanteilige Gewährung (bei wertender Betrachtung mit Rücksicht auf die Zwecke der BefrRV) angemessen ist, gilt der (insoweit spezielle) Pro-rata-temporis-Grundsatz. Beide Regeln stehen aber nicht dagegen, bei befristet Tätigen einerseits und Dauerarbeitnehmer andererseits für einzelne Bedingungen dieselben Beschäftigungszeiten zur Leistungsvoraussetzung zu machen. Anwendungsmodalitäten regeln in allen Fällen die Mitgliedstaaten und/oder die Sozialpartner.

IV. Missbrauchsbekämpfung

35 Gemäß Begründungserwägung 6 BefrRV gehen die Sozialpartner davon aus, dass das unbefristete Arbeitsverhältnis die übliche Form der Beschäftigung ist, die für den Arbeitnehmer und seine Lebensqualität vorteilhaft ist. Daher ist es ein Anliegen, einem Missbrauch der Befristungsmöglichkeit durch *aufeinander folgende befristete* Arbeitsverträge (**Kettenbefristung**) vorzubeugen; nicht die erste Befristung – die Befristung als solche – wird kontrolliert, sondern die wiederholte.[67] Den Tatbestand der aufeinander folgenden befristeten Arbeitsverträge konkretisieren die Mitgliedstaaten (Rdn. 40). Ein Missbrauch kann aber nach dem Zweck der Regelung nicht schon deshalb verneint werden, weil der Arbeitnehmer zugestimmt hat;[68] in der Tat stimmt der Arbeitnehmer nach dem Vertragsprinzip stets zu.

36 Während eine solche **Missbrauchskontrolle** im deutschen Recht bereits bekannt war, stellte sie insbesondere für das britische Recht ein Novum dar.[69] § 5 BefrRV gibt den Mitgliedstaaten die Missbrauchskontrolle in einer **rahmenhaften Bestimmung** („Minimalkonsens")[70] vor. Die Mitgliedstaaten müssen mindestens eine von drei Maßnahmen gegen den Missbrauch ergreifen:

a) das Erfordernis eines *sachlichen Grundes* bei Verlängerung von befristeten Verträgen einführen;

---

67 EuGH v. 22.11.2005 – Rs. C-144/04 *Mangold*, EU:C:2005:709 Rdn. 40–43; EuGH v. 23.4.2009 – verb. Rs. C-378/07 bis C-380/07 *Angelidaki u.a.*, EU:C:2009:250 Rdn. 90; *Krebber*, EuZA 2017, 3, 7; *Rolfs/de Groot*, ZESAR 2009, 5, 6f.

68 EuGH v. 19.3.2020 – verb. Rs. C-103/18 und C-429/18 *Ruiz und Álvarez*, EU:C:2020:219 Rdn. 107ff.

69 *Deakin/Morris*, Labour Law, Rdn. 3.52.

70 *Rolfs*, EAS B 3200 Rdn. 41.

b) die *Höchstdauer* aufeinander folgender befristeter Arbeitsverträge festlegen[71] und/oder

c) die *Höchstzahl* der Verlängerungen bestimmen.

Die Maßnahmen sind allerdings nur geboten, *wenn es nicht schon einen gleichwertigen Schutz gibt.*[72] Da mithin auch andere Schutzvorkehrungen in Betracht kommen, handelt es sich der Sache nach um einen offenen Katalog von Instrumenten zur Missbrauchsbekämpfung.[73] Mangels spezifischer Vorgaben ist die Auswahl der Instrumente Sache der Mitgliedstaaten,[74] die dabei allerdings durch die Umsetzungspflichten – den Äquivalenzgrundsatz und den Effektivitätsgrundsatz, oben, § 1 Rdn. 76 f. – und das Gebot der praktischen Wirksamkeit gebunden sind.[75]

Eine teleologische Reduktion hat der Gerichtshof für den Fall vorgenommen, dass der Arbeitnehmer bereits die **Regelaltersgrenze** erreicht und einen Anspruch auf Altersrente hat. In diesem Fall ist die Befristung ohne Voraussetzungen (Sachgrund) oder Beschränkungen (Höchstdauer, Höchstzahl) zulässig.[76] Das wird mit guten Gründen als systemwidrig kritisiert.[77] 37

Den Begriff **„sachliche Gründe"** i. S. v. § 5 Nr. 1 lit. a) BefrRV hat der EuGH teleologisch dahin verstanden, dass er „genau bezeichnete, **konkrete Umstände** meint, die eine bestimmte Tätigkeit kennzeichnen und daher in diesem speziellen Zusammenhang die Verwendung aufeinander folgender befristeter Arbeitsverträge rechtfertigen können. Diese Umstände können sich etwa aus der besonderen Art der Aufgaben, zu deren Erfüllung diese Verträge geschlossen worden sind, und deren Wesensmerkmalen oder gegebenenfalls aus der Verfolgung eines legitimen sozialpoliti- 38

---

71 S. z. B. das Gesetz zu befristeten Arbeitsverträgen in Schweden; s. *Engblom*, IJCLLIR 34 (2008), 133–150 (krit. bzgl. der Effektivität der Missbrauchsbekämpfung). Belgien und die Niederlande nutzen auch Zeitbeschränkungen; s. *Blanpain*, IJCLIJR 24 (2008), 123–131.

72 EuGH v. 19.3.2020 – verb. Rs. C-103/18 und C-429/18 *Ruiz und Álvarez,* EU:C:2020:219 Rdn. 93 ff.; EuGH v. 23.4.2009 – verb. Rs. C-378/07 bis C-380/07 *Angelidaki u. a.*, EU:C:2009:250 Rdn. 68–77 (in Rdn. 76: „alle Maßnahmen des nationalen Rechts (...), die wie die in diesem Paragrafen genannten Maßnahmen die missbräuchliche Verwendung von aufeinander folgenden befristeten Arbeitsverträgen oder –verhältnissen auf effektive Weise verhindern sollen").

73 *Krebber,* EuZA 2017, 3, 5.

74 Rechtsvergleichende Übersicht über mitgliedstaatliche Schutzmodelle bei *Kamanabrou,* NZA 2016, 385 ff.

75 EuGH v. 14.9.2016 – Rs. C-16/15 *Pérez López,* EU:C:2016:679 Rdn. 30 ff.; EuGH v. 26.11.2014 – verb. Rs. C-22/13, C-61/13 bis C-63/13 und C-418/13 *Mascolo,* EU:C:2014:2401 Rdn. 75 ff.; EuGH v. 3.7.2014 – verb. Rs. C-362/13, C-363/13 und C-407/13 *Fiamingo,* EU:C:2014:2044 Rdn. 59 ff.; EuGH v. 7.9.2006 – Rs. C-53/04 *Marrosu,* EU:C:2006:517 Rdn. 49–56; EuGH v. 7.9.2006 – Rs. C-180/04 *Vasallo,* EU:C:2006:518 Rdn. 34–41.

76 EuGH v. 28.2.2018 – Rs. C-46/16 *John,* EU:C:2018:131 Rdn. 47 ff.

77 Eingehend *Chandna-Hoppe,* RdA 2019, 200 ff.

schen Zieles durch einen Mitgliedstaat ergeben."[78] Diesem Erfordernis genügte eine griechische Regelung nicht, wonach die Befristung bereits zulässig sein sollte, wenn sie durch Rechtsvorschriften angeordnet ist.[79] Die – auch genau und konkrete – gesetzliche Festlegung zulässiger Fälle wiederholter Befristung ist mit dem Missbrauchsverbot ferner unvereinbar, wenn der damit gedeckte Bedarf „in Wirklichkeit (...) faktisch kein zeitweiliger, sondern (...) ein ‚ständiger und dauernder' wäre".[80] Umgekehrt folgt „(a)us dem bloßen Umstand, dass ein Arbeitgeber gezwungen sein mag, wiederholt oder sogar dauerhaft auf befristete Vertretungen zurückzugreifen, und dass diese Vertretungen auch durch die Einstellung von Arbeitnehmern mit unbefristeten Arbeitsverträgen gedeckt werden könnten", noch nicht, dass kein sachlicher Grund und damit ein Missbrauch vorläge.[81] Der Gerichtshof trägt damit der unternehmerischen Freiheit des Arbeitgebers Rechnung, sein Unternehmen nach eigenem Ermessen zu organisieren. Sachlicher Grund ist z. B. der vorübergehende Vertretungsbedarf[82] oder das Ziel, den Hochschulunterricht in spezifischen Bereichen durch die Erfahrung anerkannter Fachleute aus der Praxis zu bereichern.[83]

39 Die Auswahl und Ausgestaltung der Mittel ist Sache der Mitgliedstaaten.[84] Sie dürfen dabei insbesondere die Anforderungen bestimmter **Branchen** (z.B. Kunst, Wissenschaft, Bau) berücksichtigen und den Besonderheiten einzelner **Arbeitnehmerkategorien** Rechnung tragen.[85] Das erlaubt jedoch nicht, für ganze Branchen auf

---

78 EuGH v. 26.11.2014 – verb. Rs. C-22/13, C-61/13 bis C-63/13 und C-418/13 *Mascolo*, EU:C:2014:2401 Rdn. 87ff.; EuGH v. 23.4.2009 – verb. Rs. C-378/07 bis C-380/07 *Angelidaki u.a.*, EU:C:2009:250 Rdn. 96–107; EuGH v. 4.7.2006 – Rs. C-212/04 *Adeneler*, EU:C:2006:443 Rdn. 69f.

79 EuGH v. 4.7.2006 – Rs. C-212/04 *Adeneler*, EU:C:2006:443 Rdn. 71–74 m.zust.Anm.v. *Franzen*, JZ 2007, 191, 193.

80 EuGH v. 23.4.2009 – verb. Rs. C-378/07 bis C-380/07 *Angelidaki u.a.*, EU:C:2009:250 Rdn. 101, 103f.; EuGH v. 14.9.2016 – Rs. C-16/15 *Pérez López*, EU:C:2016:679 Rdn. 48; EuGH v. 19.3.2020 – verb. Rs. C-103/18 und C-429/18 *Ruiz und Álvarez*, EU:C:2020:219 Rdn. 75f. Im Anschluss an die Prüfung des Arbeitskräftebedarfs stellt sich die Frage, ob ein Missbrauch nur bezogen auf den einzelnen Arbeitnehmer vorliegen kann oder auch im Hinblick auf den Arbeitsplatz; letzteres bejaht *Seiwerth*, NZA 2020, 273ff.

81 EuGH v. 26.1.2012 – Rs. C-586/10 *Kücük*, EU:C:2012:39 Satz 2 des Tenors und Rdn. 56.

82 EuGH v. 26.1.2012 – Rs. C-586/10 *Kücük*, EU:C:2012:39 Rdn. 30.

83 EuGH v. 13.3.2014 – Rs. C-190/13 *Márquez Samohano*, EU:C:2014:146 Rdn. 48ff.

84 EuGH v. 10.3.2011 – Rs. C-109/09 *Deutsche Lufthansa*, EU:C:2011:129 Rdn. 35–37. Bereits bestehende gleichwertige Maßnahmen zur Prävention von Missbrauch hindern die Mitgliedsstaaten nicht daran, weitere Maßnahmen nach Art. 5 Abs. 1 BefrRV zu ergreifen; s. EuGH v. 23.4.2009 – verb. Rs. C-378/07 bis C-380/07 *Angelidaki u.a.*, EU:C:2009:250 Rdn. 79–82.

85 Sehr weitgehend hält EuGH v. 7.9.2006 – Rs. C-53/04 *Marrosu*, EU:C:2006:517 Rdn. 48 für denkbar, die Befristung im „öffentlichen Sektor" (gegenüber der im privaten Sektor) besonders zu regeln. GA *Jääskinen*, Schlussanträge v. 15.9.2011 – Rs. C-313/10 *Jansen*, EU:C:2011:593 Rdn. 51ff., argumentiert jedoch, dass eine Unterscheidung zwischen privatem und öffentlichem Sektor bezüglich der sachlichen Gründe nicht gerechtfertigt sein kann. Außerdem seien finanzielle Beweggründe keine sachlichen Gründe.

einen Missbrauchsschutz zu verzichten.[86] Die Mitgliedstaaten sind zudem nach allgemeinen Grundsätzen der Umsetzungspflichten (§ 1 Rdn. 76f.) gebunden, das Gebot der Missbrauchs*vermeidung* (!) effektiv umzusetzen, also Mittel zu wählen, die (ggf. in ihrer Kombination) tatsächlich dazu führen, dass ein Missbrauch verhindert wird.[87] Daher verlangt die Richtlinie nicht, dass die Mitgliedsstaaten befristete Verträge nach einer bestimmten Zeit in unbefristete umwandeln; doch wenn ein Mitgliedsstaat dies so regelt, muss er sichergehen, dass sich die Vertragsbedingungen durch die Umwandlung nicht zum Nachteil des Arbeitnehmers verändern.[88]

Einzelheiten bestimmen die Mitgliedstaaten (nach Anhörung der Sozialpartner) **40** oder die Sozialpartner. Sie regeln insbesondere, wann mehrere befristete Arbeitsverhältnisse als **aufeinander folgend** anzusehen sind und wann sie **als unbefristet zu gelten** haben. Auch hier müssen die Mitgliedstaaten jedoch die Umsetzungsgebote beachten, die hier besonders strikt zu beachten sind, da Tatbestand, mithin der Anwendungsbereich der Regel betroffen ist.[89] Danach hat der EuGH die Definition von „aufeinander folgenden" Arbeitsverträgen als solche, die „höchstens 20 Werktagetage auseinander liegen", zu Recht beanstandet.[90] Diese Eingrenzung kam in der Tat einer Einladung zur Umgehung geradezu gleich und stellte so den Schutz der Arbeitnehmer ernstlich in Frage.[91]

Mit der Frage, wann Arbeitsverhältnisse als unbefristet zu gelten haben, ist be- **41** reits die **Rechtsfolgen**frage angesprochen, die die Rahmenvereinbarung hier wie sonst einer Regelung durch die Mitgliedstaaten und/oder Sozialpartner vorbehalten möchte.[92] Das ist sinnvoll und entspricht auch der im Vertrags- und Arbeitsrecht weithin üblichen Zurückhaltung des Europäischen Gesetzgebers: Die für die systematische Einpassung wichtige Rechtsfolgenfrage bleibt Sache des nationalen Rechts. Bei der Umsetzung ist eine äquivalente und effektive Gewährung der durch die Richt-

---

86 EuGH v. 26.2.2015 – Rs. C-238/14 *Kommission ./. Luxemburg*, EU:C:2015:128 (Ausnahme des Kulturbetriebs); EuGH v. 21.11.2018 – Rs. C-619/17 *de Diego Porras II*, EU:C:2018:936 Rdn. 97ff.; s.a. EuGH v. 25.10.2018 – Rs. C-331/17 *Sciotto*, EU:C:2018:859 (Ausnahme von Stiftungen für Oper und Orchester).

87 EuGH v. 23.4.2009 – verb. Rs. C-378/07 bis C-380/07 *Angelidaki u.a.*, EU:C:2009:250 Rdn. 83–86; EuGH v. 7.9.2006 – Rs. C-53/04 *Marrosu*, EU:C:2006:517 Rdn. 51–53.

88 EuGH v. 8.3.2012 – Rs. C-251/11 *Huet*, EU:C:2012:133 Rdn. 38ff.; EuGH v. 4.7.2006 – Rs. C-212/04 *Adeneler*, EU:C:2006:443 Rdn. 91.

89 EuGH v. 19.3.2020 – verb. Rs. C-103/18 und C-429/18 *Ruiz und Álvarez*, EU:C:2020:219 Rdn. 57ff.; EuGH v. 10.3.2011 – Rs. C-109/09 *Deutsche Lufthansa*, EU:C:2011:129 Rdn. 40–50.

90 EuGH v. 4.7.2006 – Rs. C-212/04 *Adeneler*, EU:C:2006:443 Rdn. 76–89.

91 Ebenso *Franzen*, JZ 2007, 191, 193 (mit kritischer Erörterung der Zweckbindung von Haushaltsmitteln, § 14 Abs. 1 S. 2 Nr. 7 TzBfG, als Befristungsgrund).

92 EuGH v. 19.3.2020 – verb. Rs. C-103/18 und C-429/18 *Ruiz und Álvarez*, EU:C:2020:219 Rdn. 86; EuGH v. 23.4.2009 – verb. Rs. C-378/07 bis C-380/07 *Angelidaki u.a.*, EU:C:2009:250 Rdn. 145, 159f., 182ff.; EuGH v. 12.6.2008 – Rs. C-364/07 *Vassilakis*, EU:C:2008:346 Rdn. 123; *Rolfs*, EAS B 3200 Rdn. 56.

linie (Rahmenvereinbarung) begründeten Rechte sicherzustellen (§ 1 Rdn. 77).[93] Das schließt unterschiedliche Sanktionen für verschiedene Berufsgruppen (z. B. im privaten und öffentlichen Sektor) nicht aus, doch müssen die Sanktionen jeweils äquivalent und effektiv sein.[94] Ungeachtet der suggestiven Formulierung von § 5 Abs. 2 lit. b) BefrRV, wonach die Mitgliedstaaten regeln, „unter welchen Bedingungen befristete Arbeitsverträge oder Beschäftigungsverhältnisse (...) als unbefristete Verträge oder Verhältnisse zu gelten haben", sind die Mitgliedstaaten nicht verpflichtet, eine solche Fiktion als Rechtsfolge vorzusehen.[95] Zur effektiven Sanktionierung kommt etwa auch ein Schadensersatz- oder Abfindungsanspruch in Betracht.[96] Einen pauschalen Entschädigungsanspruch von 2,5 bis 12 Monatsgehältern, verbunden mit der Möglichkeit, einen höheren aktuellen Schaden nachzuweisen (Kausalitätsproblem!), hat der Gerichtshof als hinreichend effektiv akzeptiert.[97] Ist ein Missbrauch gerichtlich festgestellt, so verstößt es wegen der damit verbundenen Unannehmlichkeiten gegen den Effektivitätsgrundsatz, wenn der betroffene Arbeitnehmer wegen der Sanktionen einen neuen Prozess anstrengen muss, statt die Klage erweitern zu können.[98] Zur weiteren Konkretisierung hat der Gerichtshof auf seine Rechtsprechung zur Bewehrung des Diskriminierungsverbots Bezug genommen.[99]

V. Information

1. Individualrechtliche Information

42 Um befristet tätigen Arbeitnehmern den Wechsel auf einen Dauerarbeitsplatz zu ermöglichen und die Chancengleichheit bei der Bewerbung zu sichern, ist der Arbeitgeber verpflichtet, die befristet tätigen Arbeitnehmer über *freie Stellen* in Unterneh-

---

93 EuGH v. 7.9.2006 – Rs. C-53/04 *Marrosu,* EU:C:2006:517 Rdn. 51–53; EuGH v. 7.9.2006 – Rs. C-180/04 *Vasallo,* EU:C:2006:518 Rdn. 36–38.

94 EuGH v. 14.9.2016 – verb. Rs. C-184/15 und C-197/15 *Martínez Andrés,* EU:C:2016:680 Rdn. 40.

95 EuGH v. 19.3.2020 – verb. Rs. C-103/18 und C-429/18 *Ruiz und Álvarez,* EU:C:2020:219 Rdn. 87; EuGH v. 26.11.2014 – verb. Rs. C-22/13, C-61/13 bis C-63/13 und C-418/13 *Mascolo,* EU:C:2014:2401 Rdn. 80. Nicht zu beanstanden ist auch, wenn das mitgliedstaatliche Recht die Umwandlung befristeter Verträge in ein unbefristetes Arbeitsverhältnis nur bei ununterbrochener Dauer (das hieß im konkreten Fall: ohne Unterbrechung von mehr als 60 Tagen) von mehr als einem Jahr vorsieht; EuGH v. 3.7.2014 – verb. Rs. C-362/13, C-363/13 und C-407/13 *Fiamingo,* EU:C:2014:2044 Rdn. 53 ff.

96 EuGH v. 7.9.2006 – Rs. C-53/04 *Marrosu,* EU:C:2006:517 Rdn. 55; EuGH v. 7.9.2006 – Rs. C-180/04 *Vasallo,* EU:C:2006:518 Rdn. 40; krit. *Zappala,* ILJ 35 (2006), 439, 443 f.

97 EuGH v. 7.3.2018 – Rs. C-494/16 *Santoro,* EU:C:2018:166 Rdn. 30 ff. Nicht ausreichend ist aber eine pauschale Entschädigung von zwölf Tagesentgelten pro Beschäftigungsjahr; EuGH v. 21.11.2018 – Rs. C-619/17 *de Diego Porras II,* EU:C:2018:936 Rdn. 92 ff.

98 EuGH v. 14.9.2016 – verb. Rs. C-184/15 und C-197/15 *Martínez Andrés,* EU:C:2016:680 Rdn. 55 ff.

99 EuGH v. 8.5.2019 – Rs. C-494/17 *MIUR,* EU:C:2019:387 Rdn. 41 ff. Zu ihr oben, § 9 Rdn. 71 ff.

men und Betrieb zu unterrichten. Er muss aber nicht etwa unbefristete Stellen schaffen oder befristet beschäftigte Arbeitnehmer den Dauerarbeitnehmern oder externen Bewerbern vorziehen.[100] Allerdings gilt auch hier – wenn sich z. B. ein befristet beschäftigter Arbeitnehmer und ein Dauerarbeitnehmer auf eine ausgeschriebene Beförderungsstelle bewerben – das Diskriminierungsverbot des § 4 BefrRV. Für die Information reicht ein **Aushang**, der aber seinem Zweck entsprechend an einem üblicherweise (auch von befristet tätigen Arbeitnehmern) aufgesuchten Ort erfolgen muss.

2. Kollektivrechtliche Information

In Tatbestand und Pflichtenumfang **vage** ist die Bindung des Arbeitgebers, die Arbeitnehmervertretungsgremien über befristete Arbeitsverhältnisse im Unternehmen zu informieren. Eine Informationspflicht kann insofern durchaus einen guten Sinn haben, um der Arbeitnehmervertretung die Möglichkeit zu geben, die Interessen der befristet beschäftigten Arbeitnehmer zu wahren und die Beachtung ihrer Rechte zu überwachen. In das System des Europäischen Betriebsverfassungsrechts würde sich eine solche Pflicht durchaus einfügen, da der Europäische Gesetzgeber auch sonst öfter kollektivrechtliche Informationspflichten vorsieht (s. noch unten, § 29). **43**

Höchst allgemein ist schon der Umfang der Information beschrieben: „über befristete Arbeitsverhältnisse", also wohl nur, dass und in welchem Umfang solche bestehen. Jedenfalls hat die Regelung keinen Biss, da sie nur die Pflicht der Arbeitgeber statuiert, die Information in Erwägung zu ziehen. Es handelt sich um *soft law*, eine Vorschrift mit bloßer „Appellfunktion".[101] **44**

VI. Ergänzende Regelungen

1. Zugang zu Aus- und Weiterbildungsmöglichkeiten

Befristet beschäftigte Arbeitnehmer laufen Gefahr, den Anschluss an die Entwicklung der beruflichen Anforderungen zu verlieren und dadurch ihre Berufsaussichten allgemein und die Chancen auf einen Dauerarbeitsplatz insbesondere zu verschlechtern: Weil sie (möglicherweise wiederholt und bei verschiedenen Arbeitgebern) befristet tätig sind, bleibt oft schon keine Zeit für Aus- und Weiterbildung; der Arbeitgeber kann sie den befristet Beschäftigten zudem im Einzelfall auch diskriminierungsfrei ver- **45**

100 Die dahingehende – wirtschaftlich zweifelhafte – Forderung des EGB konnte sich nicht durchsetzen; dazu *Kaufmann*, AuR 1999, 332, 334; *Wank/Börgmann*, RdA 1999, 383, 385.
101 Hanau/Steinmeyer/Wank/*Wank*, § 18 Rdn. 267.

sagen (s. o. Rdn. 22). Dem will § 6 Abs. 2 BefrRV in einem Mindestmaß entgegenwirken. Arbeitgeber *erleichtern* den befristet beschäftigten Arbeitnehmern, *soweit dies möglich ist,* den Zugang zu angemessenen Aus- und Weiterbildungsmöglichkeiten, die die Verbesserung ihrer Fertigkeiten, ihr berufliches Fortkommen und ihre berufliche Mobilität fördern. Damit fordert die Vorschrift durchaus ein positives Tun („erleichtern"). Der Arbeitgeber darf dem befristet beschäftigten Arbeitnehmer selbstverständlich keine Steine in den Weg zur Aus- oder Weiterbildung legen. Er muss ihm die Teilnahme aber zudem erleichtern. Eigene betriebliche Interessen muss er dabei aber nicht hintanstellen. Außerdem ist er nicht zur Finanzierung der Aus- oder Weiterbildung verpflichtet. Ein Anspruch auf Zugang zur Aus- oder Fortbildung lässt sich aus § 6 Abs. 2 BefrRV nicht herleiten.[102]

2. Berechnung der Schwellenwerte für die Einrichtung von Arbeitnehmervertretungen

46 Schließlich sind die befristet tätigen Arbeitnehmer bei der Berechnung der Schwellenwerte für die Arbeitnehmervertretungen zu berücksichtigen. Darin liegt zum einen eine folgerichtige Fortführung des Diskriminierungsverbots auf kollektivrechtlicher Ebene (vgl. auch § 7 Abs. 2 BefrRV). Wenn auch befristet beschäftigte Arbeitnehmer bei den Schwellenwerten berücksichtigt werden, ist zudem im Einklang mit der generellen Zwecksetzung der Rahmenvereinbarung ein potenzieller Befristungsanreiz (Vermeidung der Mitbestimmung) genommen und umgekehrt die Mitbestimmung geschützt.

47 Befristet beschäftigte Arbeitnehmer werden bei der Berechnung der Schwellenwerte für die Einrichtung von gemeinschaftsrechtlich (EBR; SE-Betriebsrat) oder mitgliedstaatsrechtlich vorgesehenen Arbeitnehmervertretungen berücksichtigt. Die Einzelheiten der Berechnung (z. B. den Stichtag oder maßgeblichen Zeitraum, die Bildung von Durchschnittswerten usf.) regelt das mitgliedstaatliche Recht, ebenso wie die Anwendungsmodalitäten (§ 7 Abs. 2 BefrRV). Absatz 2 stellt des Weiteren durch die Verweisung auf § 4 Abs. 1 BefrRV klar, dass auch hier das Diskriminierungsverbot gilt. Das kann z. B. im Hinblick auf das aktive oder passive Wahlrecht von Bedeutung sein.

3. Information der Arbeitnehmervertretung über befristete Arbeitsverhältnisse

48 Die Information der Arbeitnehmervertretungsgremien über befristete Arbeitsverhältnisse regelt § 7 Abs. 3 BefrRV nicht selbst, sie gibt den Arbeitgebern lediglich auf, „angemessene Information" „in Erwägung zu ziehen".

---

102 So auch EuArbRK/*Krebber*, § 6 RL 1999/70/EG Rdn. 7. A.M. *Kaufmann*, AuR 1999, 332, 334.

4. Verschlechterungsverbot

Die Umsetzung der Rahmenvereinbarung darf nicht als Rechtfertigung für die Senkung des allgemeinen Niveaus des Arbeitnehmerschutzes in dem von ihr erfassten Bereich dienen, § 8 Abs. 3 BefrRV. Das Grundanliegen dieses sog. Verschlechterungsverbots ist nachvollziehbar, besonders im Lichte des Mindestharmonisierungs-Ansatzes im Europäischen Arbeitsrecht (s. Art. 153 Abs. 4 Sps. 2 AUEV). Es wirft indes intrikate Fragen der Kompetenz, der Rechtspolitik und der Auslegung auf (s. bereits § 5 Rdn. 58f.). So kann das Verschlechterungsverbot nicht dahin verstanden werden, dass schlechthin jede Herabsetzung des Schutzniveaus verboten wäre, denn das würde zu einer (partiellen) Versteinerung des Rechtssystems führen (manche sprechen euphemistisch von einer „crystallization“[103]). Streng verstanden könnte das Regressionsverbot auch Änderungen verhindern, die aus Gründen der Kohärenz geboten sind; so könnte es den Mitgliedstaaten etwa auch den Wechsel von einem Schutzsystem zu einem anderen versagen. 49

Der Gerichtshof hat die Vorschrift weit ausgelegt,[104] dabei allerdings auch gegenläufigen Erwägungen Rechnung getragen.[105] Der **Anwendungsbereich** erstreckt sich nach Ansicht des EuGH auf alle Maßnahmen, die sich auf die Ziele der Richtlinie beziehen, und zwar auch dann, wenn sie über die eigentlichen Vorschriften hinausgehen. Weder die Richtlinie/Rahmenvereinbarung noch das Verschlechterungsverbot sind daher beschränkt auf Arbeitnehmer, die aufeinanderfolgende befristete Arbeitsverträge geschlossen haben (obwohl dies der Fokus von § 5 Abs. 1 BefrRV ist). Ob eine **Senkung** des Schutzniveaus vorliegt, ist nicht isoliert zu bestimmen, sondern im Lichte des gesamten mitgliedstaatlichen Befristungsrechts.[106] Eine Absenkung des Arbeitnehmerschutzes „wird nur von dem Verbot [von § 8 Abs. 3] erfasst, wenn sie zum einen mit der ‚Umsetzung‘ der Rahmenvereinbarung zusammenhängt und zum anderen das ‚allgemeine Niveau des [S]chutzes‘ befristet beschäftigter Arbeitnehmer betrifft“.[107] § 8 Abs. 3 BefrRV verbietet nicht die Herabsetzung des Schutzes an sich, sondern findet lediglich im Zusammenhang mit der **„Umsetzung“** Anwendung, und zwar verstanden als Gegenstand und Vorgang. Was die „Umsetzung“ als Vergleichsgegen- 50

---

103 *Corazza*, ELJ 17 (2011), 385, 387; *Casey/Scott*, J. Law Soc 38 (2011), 76, 77; vgl. auch *Villalpando*, EJIL 21 (2010), 387, 399.

104 EuGH v. 23.4.2009 – verb. Rs. C-378/07 bis C-380/07 *Angelidaki u.a.*, EU:C:2009:250 Rdn. 109–113.

105 Krit. *Corazza*, ELJ 17 (2011), 385–402 (mit dem Argument, dass die weite Auslegung durch das Gericht *de facto* zu der Ineffektivität der Klausel führt); s.a. *dies./Nogler*, ZESAR 2011, 58–64.

106 EuGH v. 23.4.2009 – verb. Rs. C-378/07 bis C-380/07 *Angelidaki u.a.*, EU:C:2009:250 Rdn. 116–121, 124; EuGH v. 24.6.2010 – Rs. C-98/09 *Sorge*, EU:C:2010:369 Rdn. 34. Zust. Anm. *Greiner*, EuZA 2011, 74–84.

107 EuGH v. 23.4.2009 – verb. Rs. C-378/07 bis C-380/07 *Angelidaki u.a.*, EU:C:2009:250 Rdn. 126; EuGH v. 22.11.2005 – Rs. C-144/04 *Mangold*, EU:C:2005:709 Rdn. 52.

stand angeht, erfasst diese nicht nur die ursprüngliche Umsetzung der Richtlinie, sondern „alle nationalen Maßnahmen (...), die die Erreichung des mit der Richtlinie verfolgten Zieles gewährleisten sollen, einschließlich derjenigen, mit denen nach der eigentlichen Umsetzung die bereits erlassenen nationalen Rechtsvorschriften ergänzt oder geändert werden".[108] Was die Umsetzung als Vorgang angeht, ist eine nationale Maßnahme dann nicht erfasst, wenn sie anderen Zielen dient.[109] Schließlich bezieht sich das Verschlechterungsverbot auf das **„allgemeine Niveau"** des Arbeitnehmerschutzes: Von § 8 Abs. 3 BefrRV kann „nur eine Herabsetzung erfasst werden (...), die ihrem Umfang nach so geartet ist, dass sie die nationale Regelung über befristete Arbeitsverträge insgesamt berührt".[110] Das mag etwa dort nicht der Fall sein, wo eine mitgliedstaatliche Regelung nur auf eine bestimmte Gruppe von Arbeitnehmern Anwendung findet (z. B. befristete Vertretung), die keinen signifikanten Anteil der Gesamtheit aller befristet Beschäftigten ausmacht. Der Gerichtshof nimmt demnach eine Gesamtbetrachtung vor, nach der die Verbesserung in einigen Bereichen die Absenkung des Schutzes in anderen ausgleichen kann.

51 Im Fall *Mangold* legten das vorlegende Gericht und die deutsche Regierung überzeugend dar, dass die schrittweise Herabsetzung des Alters, von dem an befristete Arbeitsverträge ohne Erfordernis eines sachlichen Grundes geschlossen werden konnten, nicht durch die Umsetzung der Richtlinie veranlasst war, sondern dem Ziel diente, die Beschäftigung älterer Arbeitnehmer zu fördern. Der Gerichtshof entschied, dass eine Regelung, die das Schutzniveau aus arbeitsmarktpolitischen Gründen und unabhängig von der Umsetzung der Rahmenvereinbarung herabsetzt, nach § 8 Abs. 3 BefrRV nicht zu beanstanden sei.

52 § 8 Abs. 3 BefrRV kann **keine unmittelbare Wirkung** haben, da die Vorschrift dem Einzelnen kein Recht verleiht, das „inhaltlich hinreichend genau, bestimmt und unbedingt" wäre. Gleichwohl trifft die mitgliedstaatlichen Gerichte nach Art. 288 Abs. 3 AEUV die Pflicht, das nationale Recht so weit wie möglich in Übereinstimmung mit den Erfordernissen des Verschlechterungsverbots auszulegen.[111]

---

108 EuGH v. 22.11.2005 – Rs. C-144/04 *Mangold,* EU:C:2005:709 Rdn. 51; EuGH v. 23.4.2009 – verb. Rs. C-378/07 bis C-380/07 *Angelidaki u. a.*, EU:C:2009:250 Rdn. 131.

109 EuGH v. 22.11.2005 – Rs. C-144/04 *Mangold,* EU:C:2005:709 Rdn. 52 f.; EuGH v. 23.4.2009 – verb. Rs. C-378/07 bis C-380/07 *Angelidaki u. a.*, EU:C:2009:250 Rdn. 133.

110 EuGH v. 23.4.2009 – verb. Rs. C-378/07 bis C-380/07 *Angelidaki u. a.*, EU:C:2009:250 Rdn. 140; EuGH v. 24.6.2010 – Rs. C-98/09 *Sorge,* EU:C:2010:369 Rdn. 42.

111 EuGH v. 24.6.2010 – Rs. C-98/09 *Sorge,* EU:C:2010:369 Rdn. 49–55; Krit. *Corazza,* ELJ 17 (2011), 385, 395 ff. (andere Durchsetzungsmechanismen wirkten nicht effektiv); *dies./Nogler,* ZESAR 2011, 58 ff.

VII. Umsetzung[112, 113]

In **Deutschland**[114] wurde die Richtlinie – gemeinsam mit der Teilzeitrichtlinie (§ 19 Rdn. 45) – durch das Teilzeit- und Befristungsgesetz vom 21. Dezember 2000 (TzBfG)[115] umgesetzt.[116] § 4 Abs. 2 S. 1 und 2 TzBfG enthält das Diskriminierungsverbot und den Pro-rata-temporis-Grundsatz. Die Missbrauchsvermeidung wird in § 14 TzBfG durch das grundsätzliche Erfordernis eines Sachgrundes umgesetzt.[117] Ungeachtet der generalklauselförmigen Umsetzung („Sachgrund") dürfte das den Umsetzungsvorgaben genügen.[118] Die vom EuGH – unter dem Gesichtspunkt der Diskriminierung – beanstandete Regelung der Altersbefristung (s. o. § 12 Rdn. 44, 63–66)[119] hat der Gesetzgeber richtlinienkonform korrigiert.[120] Die Information über Dauerarbeitsplätze regelt § 18 TzBfG; die Vorschrift ist richtlinienkonform auf Arbeitsplätze im gesamten Unternehmen zu erstrecken.[121] Den Zugang zu Aus- und Fortbildung regelt § 19 TzBfG, der den – ohnehin nur vagen – Vorgaben der Richtlinie genügt. 53

112 Zu Fragen der unmittelbaren Wirkung (öffentliche Bedienstete!), der richtlinienkonformen Auslegung des nationalen Rechts und der Staatshaftung siehe EuGH v. 23.4.2009 – verb. Rs. C-378/07 bis C-380/07 *Angelidaki u. a.*, EU:C:2009:250 Rdn. 191–212; EuGH v. 24.6.2010 – Rs. C-98/09 *Sorge*, EU:C:2010:369 Rdn. 49–55. Zu der Frage, ob nationale Gerichte verpflichtet sind, der Richtlinie rückwirkende Kraft zu verleihen, siehe EuGH v. 15.4.2008 – Rs. C-268/06 *Impact*, EU:C:2008:223 Rdn. 93–104; EuGH v. 22.12.2010 – verb. Rs. C-444/09 und C-456/09 *Gavieiro Gavieiro und Iglesias Torres*, EU:C:2010:819 Rdn. 91–99; EuGH v. 10.3.2011 – Rs. C-109/09 *Deutsche Lufthansa*, EU:C:2011:129 Rdn. 50–56; EuGH v. 19.3.2020 – verb. Rs. C-103/18 und C-429/18 *Ruiz und Álvarez*, EU:C:2020:219 Rdn. 118 (§ 5 Nr. 1 BefrRV nicht unbedingt und hinreichend genau).

113 EuGH v. 22.12.2010 – verb. Rs. C-444/09 und C-456/09 *Gavieiro Gavieiro und Iglesias Torres*, EU:C:2010:819.

114 Zur Umsetzung in anderen Mitgliedstaaten, *Lorber*, IJCLLIR 15 (1999), 121, 127–135 (prospektiv); *Kröger*, Die Befristung von Arbeitsverträgen in Frankreich, Großbritannien und Deutschland (2008), S. 151–166 (F, GB; Hinweise zum „Harmonisierungserfolg" S. 453–471); *Persch*, ZESAR 2010, 55 ff. (zur Umsetzung des Missbrauchsverbots).

115 BGBl. 2000 I, 1966, zuletzt geändert durch das Gesetz vom 22.11.2019 (BGBl. 2019 I, 1746).

116 Eingehend *Rolfs*, EAS B 3200 Rdn. 72–95; Hanau/Steinmeyer/Wank/*Wank*, § 18 Rdn. 268–284; *Oppertshäuser*, in: Gebauer/Wiedmann (Hrsg.), Zivilrecht unter europäischem Einfluss, Kap. 18 Rdn. 209–212. Zu den Neuerungen gegenüber der alten Rechtslage *Hanau*, NZA 2000, 1045. S.a. die Hinweise bei *Franzen*, JZ 2007, 191–194

117 Zur Richtlinienkonformität auch die Hinweise bei *Franzen*, JZ 2007, 191, 193.

118 Ebenso *Thüsing*, Europäisches Arbeitsrecht, § 4 Rdn. 29; *Rolfs*, EAS B 3200 Rdn. 79.

119 S. noch *Thüsing*, Europäisches Arbeitsrecht, § 4 Rdn. 30–35.

120 Gesetz zur Verbesserung der Beschäftigungschancen älterer Menschen, BGBl. 2007 I, 538.

121 Zutr. *Rolfs*, EAS B 3200 Rdn. 93.

§ 21 Die Leiharbeitsrichtlinie

Literatur: *Bertram,* Die AÜG-Reform im Spiegel des EG-Richtlinienentwurfs zur Leiharbeit, ZESAR 2003, 205–214; *Blanke,* Der Gleichbehandlungsgrundsatz in der Arbeitnehmerüberlassung, DB 2010, 1528–1533; *Busby/Christie,* The Regulation of Temporary Agency Work in the European Union, Cambrian L.R. 2005, 15–28; *Contouris/Horton,* The Temporary Agency Work Directive – Another Broken Promise?, ILJ 38 (2009), 329–338; *Davies,* The Implementation of the Directive on Temporary Agency Work in the UK: A missed Opportunity, ELLJ 2 (2010), 303–327; *Dirzus,* Zeitarbeit in den Niederlanden – Eine Beschreibung der Zeitarbeit unter besonderer Berücksichtigung hochqualifizierter Zeitarbeitnehmer, 2006; *Feuerborn,* Die soziale Sicherung von Leiharbeitnehmern und vergleichbaren Arbeitnehmergruppen in Italien, 1993; *ders.,* Grenzüberschreitender Einsatz von Fremdfirmenpersonal, in: Oetker/Preis (Hrsg.), Europäisches Arbeits- und Sozialrecht, B 2500 (Stand: Aug. 2003); *Flämig,* Arbeitnehmerüberlassung im internationalen Konzern – Eine rechtsvergleichende Untersuchung am Beispiel der Länder Niederlande, Japan und USA, 2003; *Franzen,* Grenzüberschreitende Arbeitnehmerüberlassung – Überlegungen aus Anlass der Herstellung vollständiger Arbeitnehmerfreizügigkeit zum 1.5.2011, EuZA 2011, 451–473; *Fuchs,* Das Gleichbehandlungsgebot in der Leiharbeit nach der neuen Leiharbeitsrichtlinie, NZA 2009, 57–63; *Grapperhaus,* 'A twist of the equality logic: The Directive on Working Conditions for Temporary Agency Workers and Dutch Law', ELLJ 1 (2010), 406–413; *Guamán,* 'Temporary Agency Work Directive and Its Transposition in Spain', ELLJ 1 (2010), 414–421; *Hamann,* Die Richtlinie Leiharbeit und ihre Auswirkungen auf das nationale Recht der Arbeitnehmerüberlassung, EuZA 2009, 287–331; *ders.,* Die Reform des AÜG im Jahr 2011, RdA 2011, 321–341; *Humblet,* Leiharbeit in Belgien – Employment through temporary staff agencies in Belgium: A brief outline, EuroAS 2002, 183–190; *Jones,* Temporary Agency Labour: Back to Square One?, ILJ 31 (2002), 183–190; *Junker,* Arbeitnehmerüberlassung und Werkverträge – Der europäische Rahmen, EuZA 2016, 141–142; *ders.,* EU-Arbeitsrecht in Zeiten der Eurosklerose, EuZA 2016, 428–444; *Kienle/Koch,* Grenzüberschreitende Arbeitnehmerüberlassung – Probleme und Folgen, DB 2001, 922–927; *Klebeck,* Gleichstellung der Leiharbeitnehmer als Verfassungsverstoß, 2004; *Klumpp,* Die neue Leiharbeitsrichtlinie, GPR 2009, 89–92; *Kort,* Die Bedeutung der europarechtlichen Grundfreiheiten für die Arbeitnehmerentsendung und die Arbeitnehmerüberlassung, NZA 2002, 1248–1254; *Lembke,* Die geplanten Änderungen im Recht der Arbeitnehmerüberlassung, DB 2011, 414–420; *Mitlacher/Burgess,* Temporary Agency Work in Germany and Australia: Contrasting Regulatory Regimes and Policy Changes, IJCLLIR 23 (2007), 401–431; *Naderhirn,* Der Richtlinienvorschlag der Kommission zur Leiharbeit, ZESAR 2003, 258–265 (mit Hinweisen zur Rechtslage in Österreich); *Nienhüser/Matiaske,* Der „Gleichheitsgrundsatz" bei Leiharbeit-Entlohnung und Arbeitsbedingungen von Leiharbeitern im europäischen Vergleich, WSI-Mitteilungen 2003, 466–473; *Raab,* Europäische und nationale Entwicklungen im Recht der Arbeitnehmerüberlassung, ZfA 2003, 389–446; *Reineke,* Das Recht der Arbeitnehmerüberlassung in Spanien und Deutschland und sein Verhältnis zu der geplanten europäischen Regelung, 2005; *Rieble/Klebeck,* Lohngleichheit für Leiharbeit, NZA 2003, 23–29; *Rieble/Vielmeier,* Umsetzungsdefizite der Leiharbeitsrichtlinie, EuZA 2011, 474–504; *Schnorr,* Die gewerbsmäßige Arbeitnehmerüberlassung – Analyse des Rechtszustands in den Mitgliedstaaten der Europäischen Gemeinschaften und Vorschläge einer Rechtsangleichung, RdA 1972, 191–209; *Schüren/Hamann,* Arbeitnehmerüberlassungsgesetz, Kommentar, 5. Aufl. 2018; *ders./Wank,* Die neue Leiharbeitsrechtslinie und ihre Umsetzung in deutsches Recht, RdA 2011, 1–12; *Seiwerth,* Der Arbeitsplatzbezug in Leiharbeits- und Befristungsrichtlinie, NZA 2020, 273–278; *ders., „Vorübergehend" – Eine Kernfrage der Arbeitnehmerüberlassung vor dem EuGH,* ZESAR 2020, 459–464; *Thüsing,* Europäische Impulse im Recht der Arbeitnehmerüberlassung – Zum Entwurf einer Richtlinie des Europäischen Parlaments und des Rates über die Arbeitsbedingungen von Leiharbeitnehmern – KOM(2002) 149 endgültig –, DB 2002, 2218–2223; *Thüsing/Stiebert,* Zum Begriff „vorübergehend" in § 1 Abs. 1 S. 2 AÜG, DB 2012, 632–635; *Waas,* Die Richtlinie des Europäischen Parlaments und des Rates über

https://doi.org/10.1515/9783110731941-021

Leiharbeit, ZESAR 2009, 207–213; *ders.*, Temporary Agency Work in Germany: Reflections on Recent Developments, IJCLLIR 19 (2003), 387–404; *Wank*, Der Richtlinienvorschlag der EG-Kommission zur Leiharbeit und das „Erste Gesetz für moderne Dienstleistungen am Arbeitsmarkt", NZA 2003, 14–23; *ders.*, Leiharbeit in Deutschland aus arbeitsrechtlicher Sicht, EuroAS 2002, 167–174; *ders.*, Neuere Entwicklungen im Arbeitnehmerüberlassungsrecht, RdA 2003, 1–11; *Zachert*, Kündigungsschutz, Befristung und Leiharbeit in Europa, WSI-Mitteilungen 2004, 132–137; *Zappala*, The Temporary Agency Workers' Directive: An Impossible Agreement?, ILJ 32 (2003), 310–317; *Zerdelis*, Die Arbeitnehmerüberlassung im griechischen Recht, ZESAR 2019, 164–172; *Zimmer*, Der Grundsatz der Gleichbehandlung in der Leiharbeitsrichtlinie 2008/104/EG und seine Umsetzung ins deutsche Recht, NZA 2013, 289–294.

S. ferner die Literaturhinweise zu § 18.

Rechtsprechung:

EuGH v. 17.12.1970	Rs. 35/70 *Manpower*, EU:C:1970:120
EuGH v. 18.1.1979	verb. Rs. 110/78 und 111/78 *van Wesemael*, EU:C:1979:8
EuGH v. 17.12.1981	Rs. 279/80 *Webb*, EU:C:1981:314
EuGH v. 23.11.1999	verb. Rs. C-369/96 und C-376/96 *Arblade*, EU:C:1999:575
EuGH v. 25.10.2001	Rs. C-493/99 *Kommission ./. Deutschland*, EU:C:2001:578
EuGH v. 10.2.2002	Rs. C-202/97 *Fitzwilliam Executive Search*, EU:C:2000:75
EuGH v. 21.10.2010	Rs. C-242/09 *Albron Catering*, EU:C:2010:625
EuGH v. 17.3.2015	Rs. C-533/13 *AKT*, EU:C:2015:173
EuGH v. 17.11.2016	Rs. C-216/15 *Betriebsrat der Ruhrlandklinik*, EU:C:2016:883
EuGH v. 14.10.2020	Rs. C-681/18 *JH*, EU:C:2020:823

Übersicht

I. Sachfragen, Übersicht[1]

Leiharbeit (Arbeitnehmerüberlassung, auch „Zeitarbeit")[2] ist gekennzeichnet durch ein Dreiecksverhältnis von Leiharbeitsunternehmen (oder Verleiher), Arbeitnehmer und Entleiher. Die nationalen Regelungen der Leiharbeit unterscheiden sich in grundlegenden systematischen Fragen ebenso wie in vielen Einzelpunkten, doch gibt es einheitliche Grundstrukturen.[3] Im Grundsatz besteht zunächst ein Vertragsverhältnis zwischen Leiharbeitsunternehmen und Arbeitnehmer, regelmäßig ein – befristetes oder unbefristetes – Arbeitsverhältnis.[4] Aufgrund eines Vertrags mit dem Entleiher stellt das Leiharbeitsunternehmen diesem den Arbeitnehmer für einen begrenzten Zeitraum zur Verfügung. Der Arbeitnehmer wird dann im Unternehmen des Entleihers unter dessen Aufsicht und Weisung tätig; daher spricht man auch von einer „gespaltenen Arbeitgeberstellung". 1

Leiharbeit ist **für Unternehmen**, gerade auch kleine und mittlere Unternehmen (KMU) **von Interesse**,[5] da sie damit einen vorübergehenden Personalbedarf befriedigen können, z. B. bei vorübergehendem Arbeitsanfall oder dem vorübergehenden Bedarf an Spezialisten, wie er etwa bei der Implementierung einer neuen Software auf- 2

1 S.a. die Übersicht in § 18.

2 Zu den unterschiedlichen Bezeichnungen Schlachter/Heinig/*Forst*, § 16 Rdn. 1f.

3 Einführend auf der Grundlage des deutschen Rechts und mit rechtsvergleichenden Hinweisen nur *Wank*, RdA 2003, 1–11 (S. 3 rechtsvergleichend zwei Grundmodelle: [1] das überwiegend gewählte Entleiherbetriebsbezogene Modell, in dem der Verleiher eher als eine Art Vermittler fungiert und sein Vertrag mit dem Leiharbeitnehmer auf die Dauer der Überlassung befristet ist und [2] das früher auch in Deutschland praktizierte Verleiherbetriebs-bezogene Modell, in dem der Leiharbeitnehmer unbefristet beim Verleiher angestellt ist, der auch das Verwendungsrisiko trägt). Rechtsvergleichende Hinweise ferner bei *Busby/Christie*, Cambrian L.R. 2005, 15, 16–18; *Mitlacher/Burgess*, IJCLLIR 23 (2007), 401–431 (Deutschland, Australien); Schüren/Hamann/*Brors*, Einl. AÜG Rdn. 617–619; *Waas*, IJCLLIR 19 (2003), 387, 395f. (Niederlande); ferner *Becker/Bader*, RdA 1983, 1, 9; *Feuerborn*, Die soziale Sicherung von Leiharbeitnehmern und vergleichbaren Arbeitnehmergruppen in Italien (1993); *Humblet*, EuroAS 2002, 183–190 (Belgien); *Thüsing*, DB 2002, 2218, 2222f. (Frankreich und Großbritannien); *Wank*, RdA 1992, 103, 110; *ders.*, EuroAS 2002, 167, 170f.; *Zachert*, WSI-Mitteilungen 2004, 132–137; s. a. die Hinweise in KOM(2002) 149 endg., S. 5; ältere Übersicht bei *Schnorr*, RdA 1972, 193, 197–200.

4 Aber s. *Deakin/Morris*, Rdn. 3.35 und 3.53, zur Qualifizierung der Vertragsbeziehung zwischen Verleiher und Arbeitnehmer im britischen Recht.

5 Zu den Arbeitgeberinteressen ferner *Klebeck*, Gleichstellung der Leiharbeitnehmer als Verfassungsverstoß, S. 13–18; *Rieble/Klebeck*, NZA 2003, 23f.; *Wank*, RdA 2003, 1, 4f.; ErfK/*Wank*, Einleitung AÜG Rdn. 1.

treten kann (vgl. BE 9 LARL). Die mit der Leiharbeit verbundene Flexibilität kann aber auch den **Interessen des Arbeitnehmers** entsprechen,[6] besonders soweit sie die Vereinbarkeit von Familie und Beruf fördert (vgl. BE 11 LARL). **Beschäftigungspolitisch** sieht die Union in Leiharbeit zum einen ein Instrument, um die Wiedereingliederung in das Berufsleben zu fördern:[7] Nicht selten fasst ein Arbeitnehmer nach anfänglich „leihweiser" Beschäftigung dauerhaft im Entleiherunternehmen oder einem anderen Unternehmen Fuß („Klebeeffekt").[8] Zudem sieht man mit Rücksicht auf das Wachstum der Leiharbeitsbranche[9] hier ein Potential für die Schaffung von Arbeitsplätzen. Die Kommission bezeichnet Leiharbeit geradezu als „Herzstück" einer Rechtsetzung zur Schaffung von mehr und besseren Arbeitsplätzen.[10] Sie strebt daher eine größere Akzeptanz der Leiharbeit an.[11]

3 Ein besonderer („sozialer") **Regelungsbedarf** besteht danach zuerst dahingehend, ungerechtfertigte nationale Beschränkungen der Leiharbeit zu beseitigen, so dass sich ihr Potential entfalten kann.[12] Regelungsbedarf rührt im Übrigen aber vor allem von den Schutzinteressen der Arbeitnehmer her. Hier geht es insbesondere um eine Gleichbehandlung der Leiharbeitnehmer mit vergleichbaren Arbeitnehmern in Normalarbeitsverhältnissen. Obwohl man mit Rücksicht auf die besonderen Risiken der Leiharbeit eher eine höhere Vergütung erwarten könnte, liegt der Lohn von Leiharbeitnehmern nach Schätzungen etwa 20–40 % unter dem Lohn von Normalarbeitnehmern.[13] Freilich ist dabei auch zu berücksichtigen, dass mit der Leiharbeit besondere Kosten für die Vermittlung einhergehen und zudem ein nicht unerheblicher Anteil der Leiharbeitnehmer gering qualifiziert sein dürfte. Ein weiterer Problempunkt kann in der Teilhabe an Aus- und Fortbildungsmöglichkeiten („lebenslanges Lernen") liegen.[14] Hier besteht die Gefahr, dass sich beide, Verleiher und Entleiher nicht darum

6 S. ferner noch *Wank*, RdA 2003, 1, 4.

7 *Wank*, RdA 2003, 1, 5; *Raab*, ZfA 2003, 398, 402; *Waas*, IJCLLIR 19 (2003), 387–404. Nach *Rieble/Klebeck*, NZA 2003, 23f., ist Leiharbeit vor allem ein „Arbeitsmarktprogramm zur Integration geringqualifizierter Arbeitnehmer mit unterdurchschnittlicher Produktivität".

8 *Klebeck*, Gleichstellung der Leiharbeitnehmer als Verfassungsverstoß, S. 18–20; zurückhaltend *Wank*, AuR 2007, 244, 247 („Klebeeffekt" finde nur zu einem geringen Teil statt); statistische Angaben zu einzelnen Ländern bei *Zachert*, WSI-Mitteilungen 2004, 132, 135f. („Brückenfunktion oder Drehtüreffekt?").

9 KOM(2002) 149 endg., S. 3.

10 KOM(2002) 149 endg., S. 6.

11 Die Regelungsinteressen von Arbeitgeber und Arbeitnehmerseite erwiesen sich freilich im Gesetzgebungsverfahren als unvereinbar; näher *Jones*, ILJ 31 (2002), 183–190 sowie bereits oben, § 18 Rdn. 9.

12 S. z.B. zur restriktiven Regelungstradition in Italien *Feuerborn*, Die soziale Sicherung von Leiharbeitnehmern und vergleichbaren Arbeitnehmergruppen in Italien (1993).

13 KOM(2002) 149 endg., S. 7; Neunter Bericht der Bundesregierung über Erfahrungen bei der Anwendung des AÜG sowie über die Auswirkungen des BillBG, BT-Drs. 14/4220, S. 15 (unter Verweis auf Angaben des DGB); *Nienhüser/Matiaske*, WSI-Mitteilungen 2003, 466–473. S.a. *Raab*, ZfA 2003, 389, 394f.

14 KOM(2002) 149 endg., S. 7f.

kümmern, weil (soweit) sie stets „frische“ Arbeitnehmer bekommen können.[15] Bei der Übernahme eines Leiharbeitnehmers als Dauerarbeitnehmer laufen die Interessen von Verleiher und Entleiher u. U. auseinander, wenn der Entleiher die von ihm ausgewählten (vielleicht auch ausgebildeten) Arbeitnehmer nicht (ohne Vergütung seiner Mühen) hergeben will. Dieses Interesse ist nicht ganz von der Hand zu weisen, auch wenn man die Interessen des Arbeitnehmers insoweit in den Vordergrund stellt. Und schließlich bedarf mit Rücksicht auf die Aufteilung der Arbeitgeberfunktionen die Frage der Arbeitnehmervertretung der Regelung. Fragen des Arbeitsschutzes regelt bereits die Zeitarbeits-Gesundheitsschutz-Richtlinie aus dem Jahr 1991 (s. nachfolgend § 22).

Diesen Interessen soll die **Leiharbeitsrichtlinie** (LARL)[16] Rechnung tragen, Art. 2 4
LARL.[17] Nach einem Kommissionsvorschlag von 2002[18] wurde die Richtlinie schließlich[19] am 19. November 2008 verabschiedet. Die Leiharbeitsrichtlinie verwendet ähnliche **Schutzinstrumente** wie die Teilzeit- und die Befristungsrichtlinie, vor allem Gleichbehandlung und Information. Allerdings wirft die Gleichbehandlung hier besondere Fragen auf. Gegenüber der Befristungsrichtlinie ist die Leiharbeitsrichtlinie vorrangige Sonderregelung; auf befristete Leiharbeitsverhältnisse findet die Befristungsrichtlinie keine Anwendung (s. § 20 Rdn. 7).

Neben den bislang erörterten sozialen und beschäftigungspolitischen Fragen ist 5
mit der **grenzüberschreitenden Arbeitnehmerüberlassung** auch eine genuine **Binnenmarktproblematik** angesprochen.[20] Wird die Zulässigkeit von Leiharbeit in den Mitgliedstaaten ganz unterschiedlich geregelt und sind auch die Schutzmechanismen in den einzelnen Mitgliedstaaten disparat,[21] so resultieren daraus nicht unerhebliche Beeinträchtigungen für die grenzüberschreitende Arbeitnehmerüberlassung. Diese werden von der Dienstleistungsfreiheit nicht vollständig ausgeräumt, da der Gerichtshof die mitgliedstaatlichen Schutzmechanismen im Grundsatz als aus zwingenden Gründen des Allgemeininteresses gerechtfertigt anerkennt (s. allgemein oben, § 3

---

15 Ein besonderes Regelungsproblem folgt daraus, dass es Anzeichen dafür gibt, dass eine Entgeltgleichbehandlungspflicht zwar die Einkommensunterschiede gegenüber Normalarbeitnehmern verringert, jedoch auch die Fortbildungschancen verschlechtert, möglicherweise weil Arbeitgeber dann an dieser Stelle zu sparen versuchen; *Nienhüser/Matiaske*, WSI-Mitteilungen 2003, 466–473.

16 Richtlinie 2008/104/EG des Europäischen Parlaments und des Rates v. 19.11.2008 über Leiharbeit, ABl. 2008 L 327/9.

17 Zur Entstehungsgeschichte bereits oben, § 18 Rdn. 9, sowie speziell zur LARL *Fuchs*, NZA 2009, 57 f. S. ferner *Schnorr*, RdA 1972, 191–209. Kritisch ob der angenommenen Richtlinie *Contouris/Horton*, ILJ 38 (2009), 329, 338 f. („Entstanden ist ein Regulierungsinstrument, das jegliche Stigmatisierung, Einschränkung oder Sperre im Zusammenhang mit Leiharbeit zu entfernen sucht, ohne für einen ausreichend schützenden, gerechten und fairen Regulierungsrahmen zu sorgen.“ – meine Übersetzung).

18 KOM(2002) 701 endg.

19 Nachdem am 15.9.2008 ein Gemeinsamer Standpunkt festgelegt wurde, ABl. 2008 C 254 E/36.

20 Schüren/Hamann/*Brors*, Einl. AÜG Rdn. 532–554.

21 Vgl. die Nachweise in Fn. 2.

Rdn. 75).[22] Dieser Binnenmarktproblematik trägt die Richtlinie nur in sehr begrenztem Umfang Rechnung, nämlich durch die (beschäftigungspolitisch motivierte) grundsätzliche Zulassung von Leiharbeit. Auch die Dienstleistungsrichtlinie lässt die Arbeitnehmerüberlassung unberührt (Art. 2 Abs. 2 lit. e) DienstLRL; s. § 3 Rdn. 87), so dass es insbesondere auch bei den unterschiedlichen gewerberechtlichen Anforderungen an Verleih-Unternehmen (z. B. Zulassung) bleibt.

II. Anwendungsbereich

6 **Sachlich** bezieht sich die Richtlinie auf Leiharbeit, die in Anlehnung an die ältere Zeitarbeit-Gesundheitsschutz-Richtlinie (nachfolgend § 22 Rdn. 5) gekennzeichnet ist durch einen Arbeitsvertrag oder -verhältnis zwischen Leiharbeitsunternehmen und Arbeitnehmer, in dessen Rahmen der Arbeitnehmer Entleihern zur Verfügung gestellt wird, um vorübergehend (dazu unten, Rdn. 10) unter deren Aufsicht zu arbeiten, Art. 1 Abs. 1 LARL.[23] Im Hinblick auf die als Verleiher oder Entleiher beteiligten Unternehmen ist der Anwendungsbereich weit gefasst und erstreckt sich auf öffentliche und private Unternehmen, die eine wirtschaftliche Tätigkeit ausüben, unabhängig davon, ob sie Erwerbszwecke verfolgen oder nicht, Art. 1 Abs. 2 LARL[24]. **Ausnehmen** *können* die Mitgliedstaaten Arbeitsverhältnisse, die im Rahmen eines spezifischen öffentlichen oder von öffentlichen Stellen geförderten von Ausbildungs-, Eingliederungs- und Umschulungsprogrammen geschlossen wurden.

7 **Persönlich** sind **Arbeitnehmer** geschützt. Darunter versteht die Richtlinie eine Person, „die in dem betreffenden Mitgliedstaat nach dem nationalen Arbeitsrecht als Arbeitnehmer geschützt ist“, Art. 3 Abs. 1 lit. a), Abs. 2 UAbs. 1 LARL[25] Die Formulierung erscheint reichlich umständlich (und ist zudem sprachlich missglückt), weist aber durch die wiederholte Bezugnahme auf die Mitgliedstaaten auf einen autonom-mitgliedstaatlichen Begriff hin, zumal die Richtlinie nach Absatz 2 der Vorschrift die mitgliedstaatlichen Begriffsbestimmungen von „Arbeitsvertrag“, „Beschäftigungsverhältnis“ und „Arbeitnehmer“ unberührt lässt. In einer rabulistisch anmutenden Auslegung (s. sogleich Rdn. 8) entnimmt der Gerichtshof der Richtlinie indessen einen **unionsautonomen Begriff**: Arbeitnehmer sei „jede Person (...), die ein Beschäftigungsverhältnis (...) hat und die in dem betreffenden Mitgliedstaat aufgrund der Ar-

---

22 EuGH v. 17.12.1981 – Rs. 279/80 *Webb*, EU:C:1981:314. Zum Ganzen *Kienle/Koch*, DB 2001, 922–927; *Feuerborn*, EAS B 2500 Rdn. 65–67; Schüren/Hamann/*Brors*, Einl. AÜG Rdn. 549–553.

23 Nicht ausdrücklich geregelt ist die konzerninterne Arbeitnehmerüberlassung, doch wird der Zweck der Regelung für die Einbeziehung ins Feld geführt; *Flämig*, Arbeitnehmerüberlassung im internationalen Konzern, S. 59 f.

24 Insoweit krit. *Wank*, NZA 2003, 14, 16. S.a. *Thüsing*, DB 2002, 2218, 2222.

25 *Contouris/Horton*, ILJ 38 (2009), 329, 300.

beitsleistung, die sie erbringt, geschützt ist".[26] Die Begriffsbestimmung des Gerichtshofs scheint so einen Bezug auf das mitgliedstaatliche Recht, wie er in Art. 3 Abs. 1 lit. a) LARL vorgesehen ist, zu erhalten. Indessen dürfte dieser sinnentleert sein. Ein Beschäftigungsverhältnis haben neben Arbeitnehmern (i. S. d. deutschen Rechts) auch etwa Beamte, Auszubildende, Praktikanten usf., die zudem auch eine Arbeitsleistung erbringen und „aufgrund" dieser im nationalen Recht geschützt sind. Der so gefundene Arbeitnehmerbegriff ist daher denkbar weit, zumal hier – anders als beim Arbeitnehmerbegriff i. S. v. Art. 45 AEUV – offenbar die Entgeltlichkeit keine Rolle spielt.

Zur Begründung ersetzt das Gericht zunächst den Begriff „Arbeitnehmer" aus der 8
Definition durch die Beschreibung „wer eine Arbeitsleistung erbringt". Sodann weist es darauf hin, dass die Richtlinie nach Art. 1 Abs. 1 LARL Anwendung findet auf Arbeitnehmer, die einen Arbeitsvertrag haben oder in einem Beschäftigungsverhältnis stehen. Daher sei für den Arbeitnehmerbegriff egal: (1) die rechtliche Einordnung des Verhältnisses nach nationalem Recht, (2) die Art der Rechtsbeziehung, (3) ihre Ausgestaltung und (4) die Bezeichnung. Art. 3 Abs. 2 stehe einem autonomen Arbeitnehmerbegriff nicht entgegen, da er nur auf die Begriffsbestimmungen im mitgliedstaatlichen Recht im Übrigen, also außerhalb des Anwendungsbereichs der Richtlinie hinweise (was freilich sinnlos ist). Und schließlich habe der Gesetzgeber in Art. 3 Abs. 1 lit. a) die Konturen eines unionsautonomen Arbeitnehmerbegriffs umrissen. Die Auslegung (Rdn. 7 a. E.) werde auch durch die Ziele der Richtlinie bestätigt, könnten die Mitgliedstaaten doch sonst nach Belieben bestimmte Personengruppen ausnehmen.

Die Sorge des Gerichtshofs, Mitgliedstaaten könnten nach Belieben bestimmte 9
Personengruppen ausnehmen, erscheint unbegründet. Der Gesetzgeber hat diesem Anliegen in Art. 3 Abs. 2 UAbs. 2 LARL bereits teilweise Rechnung getragen: Die Mitgliedstaaten dürfen – teleologisch wie nach den Richtlinien über Teilzeitarbeit und befristete Arbeitsverhältnisse (§§ 19, 20) wohl selbstverständlich – Arbeitnehmer nicht allein deshalb vom Anwendungsbereich ausnehmen, weil sie teilzeitweise oder befristet tätig sind. Da die Richtlinie auch öffentliche Unternehmen umfasst, schränkt dies den Spielraum für die Umsetzung weiter ein; s. die Rechtsprechung des Gerichtshofs zur Befristungsrichtlinie, § 20 Rdn. 4. Im Übrigen hat der Gerichtshof die Mitgliedstaaten, vermittelt über die Umsetzungspflichten, auch sonst an ihrem Arbeitnehmerbegriff festgehalten und nicht zugelassen, dass sie einzelne Arbeitnehmergruppen (z. B. Arbeitnehmer bis 25 Jahre) von der Anwendung ausnehmen; s. etwa zur Unterrichtungsrahmenrichtlinie § 30 Rdn. 8.

Umstritten ist, welche Bedeutung der Kennzeichnung der Leiharbeit als **„vorübergehende"** Arbeit unter Aufsicht des Entleihers zukommt. Wortlaut und systematische Stellung in Art. 1 LARL über den „Anwendungsbereich" weisen darauf hin, dass 10

---

26 EuGH v. 17.11.2016 – Rs. C-216/15 *Betriebsrat der Ruhrlandklinik*, EU:C:2016:883.

nur dieser Anwendungsfall der Leiharbeit geregelt ist.[27] Das erscheint zwar insofern problematisch, als die Schutzbedürfnisse bei dauerhafter Überlassung stärker werden können,[28] doch ist die Ausnahme auch teleologisch damit zu rechtfertigen, dass die Richtlinie einer (folgerichtigen) Erstreckung ihrer Regeln auf den Fall der Dauerüberlassung durch die Mitgliedstaaten nicht entgegensteht. Zu der weitergehenden Frage, ob die Richtlinie ein Verbot der Dauerüberlassung statuiert, unten, Rdn. 13.

III. Abbau von Einschränkungen und Verboten

1. Grundsatz

11 Leiharbeit ist **grundsätzlich erlaubt** und darf nur aus Gründen des Allgemeininteresses verboten oder eingeschränkt werden, Art. 4 Abs. 1 LARL.[29] Zulässig bleiben aber die nationalen Vorschriften über die Eintragung, Zulassung, Zertifizierung, finanzielle Garantie und Überwachung der Leiharbeitsunternehmen, Art. 4 Abs. 4 LARL.[30] Zu den Gründen des Allgemeininteresses, die Einschränkungen rechtfertigen können, rechnen – entsprechend der Rechtsprechung zur Dienstleistungsfreiheit (§ 3 Rdn. 75–77) – hier vor allem der Schutz der Leiharbeitnehmer, der Schutz von Gesundheit und Sicherheit am Arbeitsplatz sowie das reibungslose Funktionieren des Arbeitsmarktes und die Missbrauchsbekämpfung.[31] Auch wenn das nicht ausdrücklich gesagt ist, wird man mit Rücksicht auf die grundsätzliche Zulässigkeit der Leiharbeit, von der die Richtlinie ausgeht, die Ausnahmen zudem durch den Verhältnismäßigkeitsgrundsatz beschränken. Den Mitgliedstaaten ist aufgegeben, bis zum 5. Dezember 2011 (dem Umsetzungsdatum) zu überprüfen, ob Beschränkungen der Leiharbeit aus solchen Gründen des Allgemeininteresses geboten sind, Art. 4 Abs. 2 LARL. Anders als im Entwurf ist nicht mehr eigens ausgesprochen, dass ungerechtfertigte Beschränkungen aufzuheben sind, doch ergibt sich das schon aus dem Grundsatz des Absatz 1.[32] In der verabschiedeten Fassung der Richtlinie ist auch die Überprüfung von tariflichen Beschränkungen der Leiharbeit angesprochen, die – zum Schutz der Tarifautonomie – den betreffenden Tarifvertragsparteien überlassen wer-

---

27 *Thüsing/Stiebert*, DB 2012, 632ff.; Schlachter/Heinig/*Forst*, § 16 Rn. 59; *Sansone*, Gleichstellung von Leiharbeitnehmern nach deutschem und Unionsrecht (2011), S. 459f.

28 So EuArbRK/*Rebhahn/Schörghofer/Kolbe*, Art. 1 RL 2008/104/EG Rdn. 17.

29 Dazu noch *Zappala*, ILJ 32 (2003), 310, 312f.

30 Zum Entwurf noch a.M. *Naderhirn*, ZESAR 2003, 258, 260 (Überprüfung anhand von Art. 4 Abs. 1 und 2 V-LARL). Im Hinblick auf die grenzüberschreitende Arbeitnehmerüberlassung krit. *Kienle/Koch*, DB 2001, 922, 923f.

31 S. beispielsweise zum Verbot der Leiharbeit im Bauhauptgewerbe BVerfGE 77, 84, 107.

32 Der Rat hielt diese Regelung daher für unnötig; Begründung des Rates zum Gemeinsamen Standpunkt, ABl. 2008 C 254 E/42 zu 2.2.

den *kann,* Art. 4 Abs. 3 LARL. Da diese nicht Adressaten der Richtlinie sind, muss das mitgliedstaatliche Recht sie für diesen Fall zum Abbau der Beschränkungen verpflichten.

Der Gerichtshof hat Art. 4 Abs. 1 LARL – mit Rücksicht auf die systematische Stellung in den „Allgemeinen Bestimmungen" und die Konkretisierung in den folgenden Absätzen – einschränkend dahin verstanden, dass es sich um eine allein an die zuständigen mitgliedstaatlichen **Behörden** gerichtete **Überprüfungsverpflichtung** handele und die Gerichte nicht dazu verpflichte, richtlinienwidrige (nicht aus Gründen des Allgemeininteresses gerechtfertigte) Beschränkungen unangewendet zu lassen.[33] Die Auslegung ist systematisch gut vertretbar, macht die binnenmarktbezogene Regelung indes zu einem stumpfen Schwert.[34] Die hier gezeigte Zurückhaltung bei der Durchsetzung freiheitsgewährender Regelungen steht zudem in gewissem Kontrast zu dem Aktivismus des Gerichtshofs, wenn es um die Durchsetzung freiheitsbeschränkender Sozialschutzvorschriften geht.[35] 12

2. Verbot der Dauerüberlassung

Obwohl das in den Anordnungen der Richtlinie nur unvollkommen zum Ausdruck kommt, entnimmt ihr die Literatur ein Verbot der Dauerüberlassung. Der EuGH ist dem gefolgt. Gegen diese Annahme spricht freilich, dass der Gesetzgeber ein solches Verbot gerade weder ausdrücklich ausgesprochen noch in den Begründungserwägungen angedeutet[36], sondern im Gegenteil in Art. 4 Abs. 1 LARL die grundsätzliche Erlaubtheit von Leiharbeit angeordnet hat. Ein Rückschluss von dem Missbrauchsverbot des Art. 5 Abs. 5 LARL[37] (dazu unten, Rdn. 30f., 32) ist wegen der Unklarheit jener Norm und im Übrigen als nur indirekte Begründung wenig überzeugend. Die h.A. verweist indes darauf, dass Leiharbeit sowohl in der Bestimmung des Anwendungsbereichs in Art. 1 Abs. 1 LARL als auch in den Definitionen von Leiharbeitsunternehmen, Leiharbeitnehmer und entleihendem Unternehmen in Art. 3 Abs. 1 LARL als „vorübergehend" gekennzeichnet ist.[38] Freilich lässt das so begründete Verbot der 13

33 EuGH v. 17.3.2015 – Rs. C-533/13 *AKT,* EU:C:2015:173.

34 Krit. auch Schlachter/Heinig/*Forst,* § 16 Rdn. 114ff.; *Junker,* EuZA 2016, 428, 442f. („nimmt ... dem Flexibilitätsziel die praktische Wirksamkeit").

35 Krit. insoweit auch EuArbRK/*Rebhahn/Schörghofer/Kolbe,* Art. 4 RL 2008/104 Rdn. 3 (Dienstleistungsfreiheit nur relevant, „wenn es gerade opportun ist").

36 Schlachter/Heinig/*Forst,* § 16 Rdn. 60.

37 EuArbRK/*Rebhahn/Schörghofer/Kolbe,* Art. 1 RL 2008/104/EG Rdn. 18; *Rieble/Vielmeier,* EuZA 2011, 474, 486ff.

38 EuGH v. 10.10.2020 – Rs. C-681/18 *JH,* EU:C:2020:823 Rdn. 47. Zuvor bereits *Hamann,* RdA 2011, 321, 324; *Seiwerth,* NZA 2020, 273f.; EuArbRK/*Rebhahn/Schörghofer/Kolbe,* Art. 1 RL 2008/104/EG Rdn. 18, Art. 5 RL 2008/104/EG Rdn. 29; *Rieble/Vielmeier,* EuZA 2011, 474, 486ff.; Preis/Sagan/*Sansone,* Rdn. 12.26; *ders.,* Gleichstellung von Leiharbeitnehmern nach deutschem und Unionsrecht (2011),

Dauerüberlassung – angesichts der dünnen normativen Grundlage nicht überraschend – eine Fülle von Fragen offen.[39] Gute Gründe sprechen dafür, deren Beantwortung den Mitgliedstaaten zu überlassen.

IV. Der Grundsatz der Nichtdiskriminierung

1. Grundsatz

14 Kernstück des Leiharbeitnehmerschutzes ist der „Grundsatz der Nichtdiskriminierung“.[40] „Die wesentlichen Arbeits- und Beschäftigungsbedingungen der Leiharbeitnehmer entsprechen während der Dauer ihrer Überlassung an ein entleihendes Unternehmen mindestens denjenigen, die für sie gelten würden, wenn sie von jenem genannten Unternehmen unmittelbar für den gleichen Arbeitsplatz eingestellt worden wären“, Art. 5 Abs. 1 LARL.[41] Anders als noch im ursprünglichen Vorschlag[42] soll der Grundsatz jetzt absolut gelten, eine Rechtfertigung von Schlechterstellungen aus sachlichen Gründen ist nicht mehr vorgesehen. Abs. 2 und 4 sehen jedoch optionale Ausnahmen vor (s. u. Rdn. 21ff.).

15 Rechts- und ordnungspolitisch ist die Gleichbehandlung mit den Stammarbeitnehmern des Entleiher-Unternehmens umstritten.[43] Kritiker wenden ein, sie entziehe der Arbeitnehmerüberlassung, die ja auch noch eigene Verwaltungskosten und Gewinnerwartungen habe, die wirtschaftliche Grundlage. Damit würden aber auch die beschäftigungspolitischen Chancen des Instruments vertan.

2. Anwendungsbereich

16 Die **„wesentlichen Arbeits- und Beschäftigungsbedingungen“** sind definiert als die durch eine abstrakt generelle Bestimmung („Gesetz, Verordnung, Verwaltungsvorschrift, Tarifvertrag und/oder sonstige Bestimmungen allgemeiner Art“)[44] fest-

---

S. 460–463. Offengelassen von EuGH v. 17.3.2015 – Rs. C-533/13 *AKT*, EU:C:2015:173 Rdn. 33; dazu *Zimmermann*, NZA 2015, 528ff. Anders noch *Thüsing*, Europäisches Arbeitsrecht, § 4 Rdn. 53; sowie Vorafl. § 18 Rdn. 22.

39 *Seiwerth*, ZESAR 2020, 456ff.

40 Eingehend zur Entwicklung *Fuchs*, NZA 2009, 57–63.

41 Grundsätzliche Einwände gegen die Lohngleichstellung mit dem Entleiherbetrieb erheben *Rieble/Klebeck*, NZA 2003, 23–29.

42 Art. 5 Abs. 1 des ersten Vorschlags, KOM(2002) 149 endg., S. 23.

43 S. etwa *Rieble/Klebeck*, NZA 2003, 23–29; *Waas*, IJCLLIR 19 (2003), 387, 398–404.

44 Anders noch in Art. 3 Abs. 1 lit. d) des ersten Vorschlags, KOM(2002) 149 endg.: „d) wesentliche Arbeits- und Beschäftigungsbedingungen sind diejenigen Arbeits- und Beschäftigungsbedingungen, die sich auf folgende Punkte beziehen: i) Dauer der Arbeit, Ruhezeiten, Nachtarbeit, bezahlter Urlaub, ar-

gelegten Bedingungen über Arbeitszeit (Dauer der Arbeit, Überstunden, Pausen, Ruhezeiten, Nachtarbeit, bezahlter Urlaub, arbeitsfreie Tage) und Arbeitsentgelt, Art. 3 Abs. 1 lit. f) LARL.[45] Diese Begriffe sind für den Anwendungsbereich des Gleichbehandlungsgrundsatzes zentral und daher nach dem Zweck der Regelung weit auszulegen. Der Begriff des Arbeitsentgelts ist hier ebenso wie in Art. 157 AEUV auszulegen.[46]

Besonders hervorgehoben ist, dass bei Anwendung dieses Gleichbehandlungsgrundsatzes die geltenden Regeln über (a) den Schutz schwangerer und stillender Frauen und den Kinder- und Jugendschutz sowie (b) die Gleichbehandlung von Mann und Frau und sonstige Diskriminierungsverbote zu beachten sind, Art. 5 Abs. 1 UAbs. 2 LARL. Wenn sich diese Qualifizierung in UAbs. 2 ausdrücklich (nur) auf UAbs. 1 bezieht, bedeutet das, dass dadurch der Anwendungsbereich nicht erweitert werden soll, sondern die Gleichbehandlung in Bezug auf abstrakt-generelle Vorschriften über Arbeitszeit und Arbeitsentgelt gemeint ist. Indes finden die hervorgehobenen Schutzregeln auch darüber hinaus Anwendung und auch schon kraft eigener Geltungsanordnung. Das sollte durch Art. 5 Abs. 1 UAbs. 2 LARL wohl nicht eingeschränkt werden. 17

Die Beschränkung, die in der Begriffsbestimmung der wesentlichen Arbeits- und Beschäftigungsbedingungen liegt, ist für die Reichweite der Regelung von wesentlicher Bedeutung: Es geht – anders als noch im ersten Vorschlag –[47] nicht um eine konkret-individuelle Gleichbehandlung, sondern um eine Gleichbehandlung im Hinblick auf abstrakt-generelle Maßstäbe („Bestimmungen allgemeiner Art") der Arbeitszeit und des Arbeitsentgelts. Der Mechanismus der Regelung entspricht daher eher jenem der Entsenderichtlinie (§ 7 Rdn. 3, 18–22) als dem der Teilzeit- und der Befristungsrichtlinie (§ 19 Rdn. 16–18, § 20 Rdn. 14–17).[48] 18

Zur Kompetenz der Union für die Regelung eines Diskriminierungsverbots für das **Arbeitsentgelt** im Hinblick auf Art. 153 Abs. 5 AEUV, s. bereits oben, § 5 Rdn. 11–13, § 18 Rdn. 13–16. 19

Der Grundsatz der Nichtdiskriminierung bedeutet einen **Mindeststandard**. Nur eine Schlechterstellung ist verboten, eine Besserstellung, wie sie mit Rücksicht auf die Besonderheiten der Leiharbeit (keine dauernde Absicherung, höhere Aufwendungen) durchaus gerechtfertigt sein kann,[49] ist damit nicht ausgeschlossen. 20

---

beitsfreie Tage, ii) Arbeitsentgelt, iii) Arbeit von Schwangeren und Stillenden, Kindern und Jugendlichen, iv) Maßnahmen zur Bekämpfung jeglicher Diskriminierung aufgrund des Geschlechts, der Rasse oder der ethnischen Zugehörigkeit, der Religion oder Weltanschauung, einer Behinderung, des Alters oder der sexuellen Orientierung".

45 Näher *Raab,* ZfA 2003, 389, 403 ff.

46 S. auch *Contouris/Horton,* ILJ 38 (2009), 329, 334 f. (mit einem ähnlichen Ansatz).

47 Art. 5 Abs. 1 i. V. m. Art. 3 Abs. 1 lit. d) des ersten Vorschlags, KOM(2002) 149 endg., S. 22, 23; entsprechend dem dort vorgegebenen konkret-individuellen Vergleich enthielt Art. 3 Abs. 1 lit. b) des ersten Vorschlags noch eine Definition des vergleichbaren Arbeitnehmers, die in Art. 5 Abs. 5 um die Möglichkeit eines hypothetischen Vergleichs ergänzt wurde.

48 Einen Vergleich mit dem Entsenderecht ziehen auch *Rieble/Klebeck,* NZA 2003, 23 f., freilich noch auf der Grundlage des ersten Vorschlags von KOM(2002) 149 endg.

49 A.M. *Rieble/Klebeck,* NZA 2003, 23, 26.

3. Ausnahmeoptionen

21 Von dem Grundsatz der Gleichbehandlung in Bezug auf den Entleiherbetrieb sieht die Richtlinie drei Ausnahmeoptionen vor, die auf Vorbilder der (seinerzeitigen) mitgliedstaatlichen Regelungen zurückgehen, in der Sache aber durchaus teleologisch begründet sind.

a) Kompensation eines geringeren Entgelts durch einen unbefristeten Leiharbeitsvertrag und fortlaufende Vergütung

22 Von der *Entgelt*gleichbehandlung (also nicht etwa allgemein!) mit dem Entleiherbetrieb können die Mitgliedstaaten absehen, wenn die Leiharbeitnehmer einen *unbefristeten* Vertrag mit dem Leiharbeitsunternehmen haben und auch in der Zeit zwischen zwei Überlassungen bezahlt werden, Art. 5 Abs. 2 LARL.[50] Das ist sachlich begründet, weil eine etwaige Schlechterstellung gegenüber vergleichbaren Stammarbeitnehmern des Entleihers wirtschaftlich durch die soziale Sicherung der fortlaufenden Vergütung kompensiert wird. Die Regelung verlangt nicht ausdrücklich, dass die Vergütung zwischen zwei Überlassungen in der Höhe der Vergütung der aktiven Zeit liegen müsse, und das erscheint auch teleologisch nicht geboten. In Betracht kommt durchaus eine Absenkung, die in einer gewissen Relation zu den geringeren Aufwendungen und der gewonnenen Freizeit einerseits und zu den Versorgungsbedürfnissen des Arbeitnehmers andererseits steht.

23 Diese Ausnahmevorschrift ist für Mitgliedstaaten von Bedeutung, deren Arbeitsrecht von einem dauernden Arbeitsverhältnis zwischen Verleih-Unternehmen und Leiharbeitnehmer ausgeht.[51] Hier passt die Gleichbehandlung des Leiharbeitnehmers mit den Arbeitnehmern des Entleihers nicht, sondern führt sie einerseits zu einer übermäßigen Belastung des Verleih-Unternehmens (das die Entlohnung für jede einzelne Überlassung neu festlegen muss und das Verwendungsrisiko trägt), andererseits zu einer Schutzverdoppelung für den Leiharbeitnehmer, der den Vorteil dauernder Beschäftigung (und Vergütung) und den Vorteil der Gleichbehandlung mit den Stammarbeitnehmern des Entleihers hat.

b) Tarifliche Schlechterstellung bei Wahrung eines angemessenen Schutzniveaus

24 Zweitens können die Mitgliedstaaten eine tarifliche Schlechterstellung zulassen, und zwar im Hinblick auf alle wesentlichen Arbeits- und Beschäftigungsbedingungen, Arbeitszeit und Arbeitsentgelt, Art. 5 Abs. 3 LARL. Diese Ausnahme ist gleichsam pro-

---

50 Methodologisch und teleologisch verfehlt ist die mit dem Ausnahmecharakter begründete „restriktive Auslegung“ dahin, dass das Diskriminierungsverbot in diesem Fall nur für die Zwischenzeit zwischen zwei Engagements suspendiert werden könne, wie *Zappala*, ILJ 32 (2003), 310, 315, vorschlägt.

51 So in Deutschland; *Junker*, EuZA 2016, 140 f.

zedural begründet durch die „Richtigkeitsgewähr" der autonom gefundenen Regelung.[52]

Absatz 3 enthält keine weiteren Voraussetzungen und greift – anders als Absatz 2 – insbesondere nicht nur ein, wenn der Leiharbeitnehmer ein unbefristetes Arbeitsverhältnis hat und durchbezahlt wird.[53] Die Begründung der Gegenansicht, Absatz 2 sei *lex specialis* zu Absatz 3,[54] ist eine bloße *petitio principii,* behauptet sie doch nur das gesuchte Ergebnis, Absatz 2 enthalte dieselben Voraussetzungen wie Absatz 3 zuzüglich (mindestens) einer weiteren (Definition der Spezialnorm). Die Gegenansicht findet in Wortlaut und Systematik keine Stütze und ist auch teleologisch nicht überzeugend, da Absatz 2 im Hinblick auf die Entgeltregelung materiell begründet ist, Absatz 3 hingegen durch die Tarifautonomie prozedural. 25

Unbegründet ist auch die Annahme, die Mitgliedstaaten müssten „die zulässigen Abweichungen genau angeben und nur in beschränktem Maß zulassen".[55] Wenn BE 17 LARL von „genau festgelegten Umständen" spricht, bezieht sich das erstens auf Art. 5 Abs. 4 LARL und beschreibt der Gesetzgeber damit im Übrigen die Tatbestandsvoraussetzungen der Richtlinie, nicht die unter diesen Voraussetzungen gegebenen Gestaltungsmöglichkeiten (= Rechtsfolge!) der Mitgliedstaaten. 26

Die tarifliche Schlechterstellung muss allerdings „unter Achtung des Gesamtschutzes von Leiharbeitnehmern" erfolgen. Ob diese Kontrolle bloßer Programmsatz oder gerichtlich durchsetzbare Norm ist, ist umstritten. Während einige der Ansicht sind, dass die Bestimmung eine gerichtliche Kontrolle vorsieht,[56] halten andere diese Auslegung für mit der Kompetenzbeschränkung in Art. 153 Abs. 5 AEUV unvereinbar, es handele sich um eine mit der Freiheit zu Kollektivverhandlungen (Art. 28 GRCh) unvereinbare Tarifzensur.[57] 27

c) Sonderregelung für Mitgliedstaaten ohne System der Allgemeinverbindlicherklärung

Erst mit dem Gemeinsamen Standpunkt von 2008 hat eine Sonderregelung in die Richtlinie Eingang gefunden, die sich, kurz gesagt, auf Mitgliedstaaten bezieht, die kein gesetzliches System einer Allgemeinverbindlicherklärung haben, Art. 5 Abs. 4 LARL. Die Norm bezieht sich insbesondere auf die Umsetzung in Großbritannien und 28

---

52 Zur Richtigkeitsgewähr nur *Löwisch/Rieble,* TVG (4. Aufl. 2016), Grundl. Rdn. 179, § 1 Rdn. 9. Krit. *Zappala,* ILJ 32 (2003), 310, 315 f.

53 A.M. *Blanke,* DB 2010, 1528, 1530 f.

54 So *Blanke,* DB 2010, 1528, 1530 f.

55 So wiederum *Blanke,* DB 2010, 1528, 1531.

56 S. z. B. *Fuchs,* NZA 2009, 57, 61–63; *Klumpp,* GPR 2009, 89, 91; *Zimmer,* NZA 2013, 289, 290 f. Vgl. auch *Raab,* ZfA 2003, 389, 409 f.

57 S. z. B. *Rieble/Vielmeier,* EuZA 2011, 474, 498 ff.

Irland.[58] Solche Mitgliedstaaten können durch eine *gesetzliche Regelung* vom Gleichbehandlungsgrundsatz des Absatz 1 abweichen; dies betrifft vor allem die Wartezeit für Gleichbehandlung. Eine solche Regelung muss aber auf der Grundlage eines Tarifvertrags beruhen und darf erst nach Anhörung der Sozialpartner verabschiedet werden. Offenbar ging es dem Gesetzgeber darum, für alle Mitgliedstaaten gleiche Bedingungen zu sichern. Wo die Ausnahmeoption zugunsten von Tarifverträgen nach Abs. 3 (soeben Rdn. 24 ff.) den Mitgliedstaaten, die ein gesetzliches System der Allgemeinverbindlicherklärung kennen, eine zusätzliche gesetzliche Ausnahmemöglichkeit eröffnet, können die anderen, die kein solches System der Allgemeinverbindlicherklärung haben, nach Absatz 4 vorgehen. Letztlich soll die Norm in diesen Mitgliedstaaten mithin ein System einführen, durch das Tarifverträge in ihrem (beschränkten) Anwendungsbereich universell anwendbar werden.

d) Keine gesonderte Ausnahme in Fällen kurzfristiger Leiharbeit

29 Im Gemeinsamen Standpunkt entfallen ist die gesonderte Option, bei Leiharbeit von bis zu sechs Wochen von der Entgeltgleichbehandlung abzusehen. Diese Ausnahmeoption war wirtschaftlich von einiger Bedeutung und auch sachlich gut gerechtfertigt, da bei einem Dauerverhältnis die Gleichbehandlung erst ab einer gewissen Zeit sachlich geboten ist, erst dann stehen sich Leiharbeitnehmer und Stammarbeitnehmer „wesentlich gleich“.[59] Die Streichung der gesonderten Ausnahmeoption bedeutet nicht, dass den Tarifparteien eine entsprechende Regelung verwehrt wäre, im Gegenteil hat der Rat das ausdrücklich für zulässig erachtet.[60]

e) Missbrauchsvorbeugung

30 Systematisch und inhaltlich verfehlt erscheint die abschließend in Art. 5 vorgesehene Verpflichtung der Mitgliedstaaten, „eine **missbräuchliche Anwendung** dieses Artikels zu verhindern“, Art. 5 Abs. 5 LARL. Das bezieht sich offenbar nur auf die Ausnahmeoptionen der Absätze 2–4,[61] denn wie sollte der Gleichbehandlungsgrundsatz von Absatz 1 missbraucht werden?! Im vorangehenden Vorschlag stand die Missbrauchsvorbeugung sachlich überzeugend im Zusammenhang mit der Ausnahmeoption für kurzfristige Leiharbeit (s. noch Rdn. 29); das war naheliegend, denn hier konnte die „Ketten-Verleihung“ ähnliche Missbrauchsgefahren bergen wie eine „Ketten-Befristung“. Für die übrigen Fälle ist ein Missbrauch zwar durchaus auch denkbar, doch

---

58 *Blanke*, DB 2010, 1528 1529; *Contouris/Horton*, ILJ 38 (2009), 329, 332f. (kritisch, dass Wartezeiten den Gleichbehandlungsgrundsatz weitgehend wirkungslos machen könnten); *Waas*, ZESAR 2009, 207, 212.

59 Krit. etwa *Zappala*, ILJ 32 (2003), 310, 316.

60 Begründung des Rates zum Gemeinsamen Standpunkt, ABl. 2008 C 254 E/42 zu 2.2.

61 So denn auch EuGH v. 14.10.2020 – Rs. C-681/18 *JH*, EU:C:2020:823 Rdn. 57.

geht es hier eher um die Kontrolle der Regelung als um die Kontrolle ihrer Anwendung.[62] Für die Ausnahmeoption nach Absatz 2 ergibt sich eine solche Bindung schon aus den Umsetzungspflichten, für die Ausnahmeoption nach Absatz 3 geht es um die – unter der Tarifautonomie problematische – Inhaltskontrolle von Tarifverträgen.

Unsicher ist vor diesem Hintergrund folglich auch, welche Bedeutung das Gebot **31**
haben kann, **„aufeinander folgende Überlassungen**, mit denen die Bestimmungen der Richtlinie umgangen werden sollen, zu verhindern". Mit guten Gründen sahen manche darin anfangs nur einen Programmsatz,[63] andere einen Aspekt des Umgehungsschutzes[64]. Der Wortlaut („insbesondere") weist darauf hin, dass der Gesetzgeber damit eine spezielle Ausprägung des Missbrauchsverbots formulieren wollte. Indessen passte das mit dem systematischen Bezug zu „diesem Artikel" nicht zusammen, da Artikel 5 aufeinander folgende Überlassungen nicht verbietet. Angesichts dieser Unklarheit hat der Gerichtshof die Vorschrift als allgemeines Missbrauchsverbot verstanden.

V. Missbrauchsbekämpfung

Entnimmt man der Richtlinie – mit der h.A. und dem EuGH – ein Verbot der Dauer- **32**
überlassung (s. oben, Rdn. 13), so ist es schlüssig, in Art. 5 Abs. 1 S. 1 Alt. 2 LARL eine Bewehrung dessen zu sehen. Aufeinanderfolgende Überlassungen, mit denen die Bestimmungen der Richtlinie umgangen werden, sind zu verhindern. Allerdings ist dieses Missbrauchsverbot nicht so konkret gefasst wie jenes von § 5 BefrRV. Es schreibt den Mitgliedstaaten nicht bestimmte Maßnahmen vor. Deutlich wird aber, dass die Mitgliedstaaten überhaupt Maßnahmen gegen den Missbrauch treffen müssen,[65] und es entspricht den allgemeinen Umsetzungspflichten, dass diese auch äquivalent und effektiv zu gestalten sind.

VI. Chancengleichheit beim Zugang zu unbefristeten und hochwertigen Arbeitsverhältnissen

Der Grundsatz der Nichtdiskriminierung wird ergänzt durch eine Reihe von Regelun- **33**
gen zur Chancengleichheit der Leiharbeitnehmer – vor allem – im Hinblick auf den

62 Ähnlich *Waas*, ZESAR 2009, 207, 212.

63 *Lembke*, DB 2011, 414, 415.

64 *Thüsing/Stiebert*, DB 2012, 632, 634; Preis/Sagan/*Sansone*, Rdn. 12.87.

65 EuGH v. 10.10.2020 – Rs. C-681/18 *JH*, EU:C:2020:823 Rdn. 63 ff.

Zugang zu unbefristeten und hochwertigen Arbeitsverhältnissen, und zwar zum einen beim Entleiherunternehmen, zum anderen aber auch generell. Auch wenn der Gesetzgeber von der grundsätzlichen Erwünschtheit der Leiharbeit ausgeht, möchte er durch diese Regelung doch eine Mobilität der Leiharbeitnehmer zum „Normalarbeitsmarkt" wahren. Auch das trägt zur Förderung der Akzeptanz von Leiharbeit bei: dass der Eintritt in den „Leiharbeitsmarkt" keine Einbahnstraße ist. Dem – nicht von vornherein von der Hand zu weisenden – gegenläufigen Interesse des Leiharbeitsunternehmens, seine Mitarbeiter nicht zu verlieren, wird nicht durch einen (hier einmal umgekehrten) „Bestandsschutz" Rechnung getragen, sondern durch einen gewissen Vermögensschutz.

1. Kein Übernahmeverbot

34 Der Abschluss eines Arbeitsvertrags zwischen dem Entleiher und dem Leiharbeitnehmer nach Beendigung seines Einsatzes darf nicht verboten werden, eine anderslautende Vertragsvereinbarung ist nichtig oder kann für nichtig erklärt werden, ebenso wie eine Abrede, die, wie etwa eine Vertragsstrafevereinbarung, auf ein solches Verbot hinausläuft, Art. 6 Abs. 2 UAbs. 1 LARL. Unberührt bleiben lediglich Bestimmungen des mitgliedstaatlichen Rechts, wonach Leiharbeitsunternehmen vom Entleiher eine angemessene Vergütung für die erbrachten Dienste im Zusammenhang mit der Überlassung, Einstellung und Ausbildung der Leiharbeitnehmer verlangen können (UAbs. 2). Damit werden „Abstandszahlungen" *(temp-to-perm-fee, transfer fee)* im Ergebnis zugelassen, aber an einen Zweck gebunden und damit einer Angemessenheitskontrolle unterworfen.[66] *Vom Leiharbeitnehmer* hingegen darf der Verleiher weder für die Überlassung an den Entleiher noch für den Fall der nachfolgenden Übernahme durch den Entleiher ein Honorar verlangen, Art. 6 Abs. 3 LARL.[67]

35 Die Regelung bedeutet freilich keinen Freibrief für den Vertragsbruch. Seine vertragliche Bindung gegenüber dem Leiharbeitsunternehmen muss der Arbeitnehmer selbstverständlich honorieren. Lediglich eine übermäßig lange Bindung könnte unter dem Gesichtspunkt des Übernahmeverbots angreifbar sein.

---

66 *Zappala*, ILJ 32 (2003), 310, 313 f. (mit krit. Bewertung). Weitergehend hält *Raab*, ZfA 2003, 389, 422, auch die Vereinbarung einer Honorarpflicht des Entleihers gegenüber dem Verleiher für mit Art. 6 Abs. 2 UAbs. 1 LARL unvereinbar; dagegen spricht freilich UAbs. 2 der Vorschrift.

67 Dazu noch *Raab*, ZfA 2003, 389, 422 f.

2. Chancengleichheit mit Stammarbeitnehmern des Entleiherbetriebs: Unterrichtung über offene Stellen

Die Leiharbeitnehmer müssen über die im Entleiher-Unternehmen offenen Stellen unterrichtet werden, damit sie die gleichen Chancen auf einen unbefristeten Arbeitsplatz haben wie die Stammarbeitnehmer, Art. 6 Abs. 1 LARL. Es handelt sich freilich nicht um eine individuelle Informationspflicht, sondern die Unterrichtung kann auch durch allgemeine Bekanntmachung an einer geeigneten Stelle im Entleiherunternehmen erfolgen. 36

3. Zugang zu Ausbildungsangeboten von Verleiher und Entleiher

Misst man in einer sich laufend verändernden (Arbeits-) Welt dem „lebenslangen" Lernen einen hohen Stellenwert bei, so hängt die Chancengleichheit für Leiharbeitnehmer wesentlich davon ab, dass sie Zugang zu Ausbildungsangeboten haben. Der Richtlinienvorschlag sieht eine dahingehende **Bemühenspflicht** vor, Art. 6 Abs. 5 LARL. Die Mitgliedstaaten sollen „geeignete Maßnahmen" treffen und den Dialog zwischen den Sozialpartnern fördern mit dem Ziel, für Leiharbeitnehmer während der Dauer der Überlassung Zugang zu Ausbildungsangeboten des Entleihers „zu verbessern" und zwischen den Überlassungszeiten Zugang zu Ausbildungsangeboten des Verleihers „zu fördern".[68] 37

Die grundsätzliche Bindung ebenso wie ihre nur weiche Formulierung haben einen handgreiflichen Hintergrund. Oftmals haben weder Leiharbeitsunternehmen noch Entleiher ein Interesse oder einen Anreiz, die Aus- und Fortbildung der Leiharbeitnehmer zu fördern. Nicht selten will der Entleiher gerade für einen begrenzten Zeitraum ein spezifisches Know how einkaufen (und nicht erst Arbeitnehmer dahin ausbilden). Und der Verleiher kann sich in vielen (keineswegs allen) Fällen auf einen dauernden Influx neuer, frisch ausgebildeter Arbeitnehmer verlassen; beschäftigt er die Leiharbeitnehmer zudem nicht unbefristet oder bezahlt er sie nicht zwischen zwei Überlassungen, so ist ihre andauernde Vermittelbarkeit nicht seine eigene Sorge. 38

4. Zugang zu Gemeinschaftseinrichtungen oder -diensten

Systematisch schief eingeordnet schreibt Art. 6 LARL in Absatz 4 das Recht des Leiharbeitnehmers auf Zugang zu Gemeinschaftseinrichtungen und -diensten vor, wie es 39

68 Wegen der Gefahr opportunistischen Arbeitgeberverhaltens krit. gegenüber der nur weichen Formulierung *Zappala*, ILJ 32 (2003), 310, 314.

in ähnlicher Form auch die Teilzeit- und die Befristungsrichtlinie vorsehen. Gedacht ist insbesondere an die Werkskantine, den Werkskindergarten oder den Werksbus.[69] In der Sache handelt es sich hier um eine spezielle Ausprägung des Gleichbehandlungsgrundsatzes. An dieser Stelle ist auch die Rechtfertigung einer Ungleichbehandlung aus sachlichen Gründen vorgesehen, z. B. kann man daran denken, dass die kurzzeitige Aufnahme des Kindes in den Kindergarten mit Rücksicht auf das pädagogische Betreuungskonzept verweigert wird.

VII. Betriebsverfassungsrechtliche Regelungen

1. Berücksichtigung bei Schwellenwerten

40 Leiharbeitnehmer sitzen auch im Hinblick auf die Arbeitnehmervertretung zwischen den Stühlen des Leiharbeitsunternehmens einerseits und des Entleihunternehmens andererseits. Die Richtlinie regelt diese Frage nur ausschnittweise, nämlich im Hinblick auf die Berücksichtigung von Arbeitnehmern bei Schwellenwerten;[70] Fragen des aktiven und passiven Wahlrechts[71] bleiben ebenso ausgespart wie die der Mitwirkungsrechte der Arbeitnehmervertretung im Hinblick auf die Beschäftigung von Leiharbeitnehmern. Leiharbeitnehmer werden **im Leiharbeitsunternehmen** bei der Berechnung des Schwellenwerts für die Einrichtung von Arbeitnehmervertretung berücksichtigt, die nach Unionsrecht (v. a. EBRRL, s. § 31) und nach nationalem Recht (z. B. nach BetrVG) oder in Tarifverträgen vorgesehen sind, Art. 7 Abs. 1 LARL. Nach Wahl der Mitgliedstaaten *können* die Leiharbeitnehmer auch bei der Berechnung der Schwellenwerte für die Einrichtung von Arbeitnehmervertretungen **im Entleiherunternehmen** berücksichtigt werden, und zwar ebenso wie Arbeitnehmer, die dieses Unternehmen für die gleiche Dauer unmittelbar beschäftigt oder beschäftigen würde, Art. 7 Abs. 2 LARL.

2. Information über die Beschäftigung von Leiharbeitnehmern im Rahmen der Unterrichtung über die Beschäftigungslage

41 Information und Konsultation regelt die Richtlinie nicht selbst. Sie sieht lediglich vor, dass im Rahmen bestehender Vorschriften über die Unterrichtung über die Beschäfti-

69 Preis/Sagan/*Sansone*, Rdn. 12.106, 111, sieht auch Geldleistungen wie Unterstützungs- und Pensionskassen vom Anwendungsbereich umfasst. Die Ausnahme dieser Leistung könne dann jedoch aus objektiven Gründen gerechtfertigt sein.

70 S. noch *Raab*, ZfA 2003, 389, 438.

71 S. nur die Hinweise zur Problematik bei *Wank*, RdA 2003, 1, 6.

gungslage in den Unternehmen auch „angemessene Informationen über die Beschäftigung von Leiharbeitnehmern in dem Unternehmen vorzulegen" sind, Art. 8 LARL.[72] Andere betriebsverfassungsrechtliche Vorschriften, insbesondere die der Unterrichtungsrahmenrichtlinie (§ 30), werden dadurch nicht eingeschränkt.

VIII. Umsetzung

Die Richtlinie war bis zum 5. Dezember 2011 in mitgliedstaatliches Recht umzusetzen, Art. 11 LARL.[73] In Deutschland[74] wurde sie durch eine Änderung des Arbeitnehmerüberlassungsgesetzes (AÜG) umgesetzt.[75] **42**

---

72 S. noch *Raab*, ZfA 2003, 389, 444 f.; *Thüsing*, DB 2002, 2218, 2221.

73 Für andere Mitgliedstaaten, s. *Contouris/Horton*, ILJ 38 (2009), 329–338 (Vereinigtes Königreich); *Grapperhaus*, ELLJ 1 (2010), 406–413 (Niederlande); *Guamán*, ELLJ 1 (2010), 414–421 (Spanien); *Zerdelis*, ZESAR 2019, 164 ff. (Griechenland).

74 Weitere Umsetzungshinweise bei Schlachter/Heinig/*Forst*, § 16 Rdn. 86 ff.

75 *Fuchs*, NZA 2009, 57, 61–63 (zu Umsetzungsbedarf im Hinblick auf den Gleichbehandlungsgrundsatz); *Schüren/Wank*, RdA 2011, 1–12; s. a. *Waas*, ZESAR 2009, 207–213. S. ferner *Junker*, EuZA 2016, 140 ff.

§ 22 Die Zeitarbeits-Gesundheitsschutz-Richtlinie

Literatur: *Balze,* Überblick zum sozialen Arbeitsschutz in der EU, in: Oetker/Preis (Hrsg.), Europäisches Arbeits- und Sozialrecht, B 5000 (Stand: Jul. 2012); *Däubler,* EG-Arbeitsrecht auf dem Vormarsch, NZA 1992, 577–585; *Wank/Börgmann,* Deutsches und Europäisches Arbeitsschutzrecht, 1992; *Wlotzke,* Das neue Arbeitsschutzgesetz zeitgemäßes Grundlagengesetz für den betrieblichen Arbeitsschutz, NZA 1996, 1017–1024.

S. ferner die Literaturhinweise zu §§ 16 und 18.

Rechtsprechung:

EuGH v. 26.9.1996 Rs. C-79/95 *Kommission ./. Spanien,* EU:C:1996:360

EuGH v. 13.9.2007 Rs. C-458/05 *Jouini,* EU:C:2007:512 (zur BÜRL)

Übersicht

I. Sachfragen, Übersicht, Rechtsgrundlagen, Regelungsumfeld

Zeitarbeit – hier: Leiharbeit sowie befristete Arbeitstätigkeit (näher unten, Rdn. 5) – 1
hat seit den 1980er Jahre in erheblichem Umfang zugenommen. Dabei hat sich in einigen Bereichen gezeigt, dass Zeitarbeitnehmer höheren **Gesundheits- und Sicherheitsrisiken** ausgesetzt sind (BE 4 ZaGeshRL).[1] Dadurch, dass sie nur vorübergehend in den Betrieb eingegliedert sind, sind sie mit dessen spezifischen Gefahrbereichen anfänglich nicht vertraut und es besteht die Gefahr, dass der (Entleiher-) Arbeitgeber Gefahrschutzmaßnahmen wegen des damit verbundenen Aufwands unterlässt. Zudem könnte der Arbeitgeber die Risiken – z. B. einer körperlichen Belastung oder einer Schadstoffexposition – mit Rücksicht auf die kurze Dauer herabspielen.

Diesen spezifischen Gefahren trägt die Zeitarbeits-Gesundheitsschutz-Richtlinie 2
(ZaGeshRL)[2] aus dem Jahr 1991 Rechnung, freilich im Anwendungsbereich beschränkt

1 *Balze,* EAS B 5000 Rdn. 25; krit. *Wank,* RdA 1992, 103, 109.

2 Richtlinie 91/383/EWG des Rates vom 25.6.1991 zur Ergänzung der Maßnahmen zur Verbesserung der Sicherheit und des Gesundheitsschutzes von Arbeitnehmern mit befristetem Arbeitsverhältnis oder Leiharbeitsverhältnis.

https://doi.org/10.1515/9783110731941-022

auf befristete und Leiharbeitsverhältnisse, in den materiellen Regeln zudem mit einem Schwerpunkt im Bereich der Leiharbeit. Sie bezweckt eine Gleichstellung dieser atypischen Arbeitnehmer mit Arbeitnehmern in Normalarbeitsverhältnissen im Hinblick auf Sicherheit und Gesundheitsschutz (Art. 2 Abs. 1 ZaGeshRL). Ihre beiden zentralen **Schutzinstrumente** sind Information und Gleichbehandlung. Zeitarbeitnehmer sind über die spezifischen Risiken ihrer Tätigkeit zu unterrichten und müssen ggf. eine Unterweisung erhalten (Art. 3, 4 ZaGeshRL). Im Hinblick auf Sicherheit und Gesundheit am Arbeitsplatz dürfen Zeitarbeitnehmer zudem nicht schlechter behandelt werden als Arbeitnehmer in Normalarbeitsverhältnissen (Art. 2 Abs. 2 ZaGeshRL). Ergänzend können die Mitgliedstaaten Tätigkeitsbereiche festlegen, in denen wegen der besonderen Gefahren für Sicherheit und Gesundheit Zeitarbeit generell verboten oder nur unter besonderer medizinischer Überwachung zulässig ist.

3 Die Richtlinie ist damit ein Stück spezielles Arbeitsschutzrecht. Sie konnte daher – nach einem bewegten Gesetzgebungsverfahren –[3] auf die **Kompetenz** zur Regelung der Arbeitsumwelt in Art. 118a EGV (aufgegangen in Art. 153 AEUV; s. o. § 5 Rdn. 6) gestützt werden.

4 Handelt es sich formal auch nicht um eine Einzelrichtlinie zur Arbeitsschutz-Rahmenrichtlinie (§ 16 Rdn. 4 f.; vgl. BE 6 ZaGeshRL),[4] so hat der Gesetzgeber doch auf die dortigen Schutzmechanismen Bezug genommen. Die hier gewählten Schutzinstrumente von Information und Gleichbehandlung erwiesen sich zudem im Folgenden als prägend für die Teilzeit-, die Befristungs- und die Leiharbeitsrichtlinie (§§ 19–21).

II. Anwendungsbereich

5 Der Anwendungsbereich der Richtlinie ist beschränkt auf befristete Arbeitsverhältnisse und Leiharbeitsverhältnisse, Art. 1 ZaGeshRL. Die gemeinsame Regelung mag ihren Hintergrund im französischen Modell haben, das Leiharbeit als eine Form der befristeten Tätigkeit ansieht.[5] In der Sache ist diese Zusammenfassung durchaus gerechtfertigt, da der nur zeitweise Einsatz in einem bestimmten Arbeitsumfeld besondere Gefahren für Sicherheit und Gesundheit mit sich bringt. Den Begriff des Arbeitsverhältnisses – insbesondere den Arbeitnehmerbegriff – hat der Gesetzgeber als mitgliedstaatlich-autonom vorausgesetzt. Das **befristete Arbeitsverhältnis** ist durch die anfängliche Bestimmung des Vertragsendes nach objektiven Kriterien gekennzeichnet. Sie kann – in einer beispielhaften, nicht abschließenden Aufzählung – etwa als

3 *Wank*, RdA 1992, 103, 104 ff.

4 Hanau/Steinmeyer/Wank/*Wank*, § 18 Rdn. 926, spricht von einer „Ergänzungsrichtlinie" zur Arbeitsschutzrahmen-Richtlinie.

5 *Wank*, RdA 1992, 103, 104; nach französischem Modell schließt der Leiharbeitnehmer mit dem Verleiher einen auf die Dauer der Überlassung befristeten Vertrag.

Zeit- (durch Datum), Zweck- (z.B. ein Arbeitsauftrag) oder Ereignisbefristung vereinbart werden. Wenn Art. 1 Nr. 1 ZaGeshRL besonders hervorhebt, dass es um Arbeitsverträge geht, die „unmittelbar zwischen Arbeitgeber und Arbeitnehmer geschlossen" wurden, so dient das der Abgrenzung zur Leiharbeit. **Leiharbeit** ist gekennzeichnet durch ein Arbeitsverhältnis zwischen einem Leiharbeitsunternehmen als Arbeitgeber und einem Arbeitnehmer. Der Vertrag ist darauf gerichtet, den Arbeitnehmer entleihenden Unternehmen zur Verfügung zu stellen, für die und unter deren Kontrolle er arbeitet.[6]

Nicht erfasst ist die **Teilzeitarbeit.**[7] Auch hier kann es spezifische Gefahren für 6
die Sicherheit und Gesundheit des Arbeitnehmers geben, doch liegen diese nach einer einleuchtenden Grenzziehung des Gesetzgebers strukturell anders: Der Teilzeitarbeitnehmer ist anders als befristet tätige oder Leiharbeitnehmer *andauernd* bei dem Arbeitgeber beschäftigt. Daher kann man davon ausgehen, dass er mit den spezifischen Risiken und Gefahren des Unternehmens oder Betriebs vertraut ist. Man ging daher davon aus, das allgemeine Arbeitsschutzrecht trage den Schutzbedürfnissen von Teilzeitkräften ausreichend Rechnung.[8]

III. Schutzinstrumente

1. Gleichbehandlung

Zentrales Ziel der Richtlinie ist die Gleichstellung von befristet tätigen und Leiharbeit- 7
nehmern mit den Stammarbeitnehmern im Hinblick auf Sicherheit und Gesundheitsschutz (Art. 2 Abs. 1 ZaGeshRL). Diesem Gleichstellungs*ziel* entspricht ein **spezielles Gleichbehandlungsgebot**, Art. 2 Abs. 2 ZaGeshRL: Befristung oder Leiharbeit sind keine sachlichen Gründe, die eine Ungleichbehandlung im Bereich der Sicherheit oder des Gesundheitsschutzes rechtfertigen könnten. Insbesondere können befristet tätige und Leiharbeitnehmer die „individuellen Schutzeinrichtungen" – etwa Schutzkleidung – ebenso in Anspruch nehmen wie Normalarbeitnehmer. Besonders hervorgehoben ist, dass die Schutzvorschriften der Arbeitsschutzrahmenrichtlinie sowie der dazu ergangenen Einzelrichtlinien auf befristet tätige und Leiharbeitnehmer „voll Anwendung" finden, Art. 2 Abs. 3 ZaGeshRL.

---

6 Vgl. EuGH v. 13.9.2007 – Rs. C-458/05 *Jouini*, EU:C:2007:512 Rdn. 36 (zur BÜRL).

7 Schüren/Hamann/*Brors*, Einl. AÜG Rdn. 564. Eine Ausdehnung auf alle atypischen Arbeitsverhältnisse hatte das EP gefordert; vgl. ABl. 1990 C 305/12.

8 *Jeffrey*, ILJ 24 (1995), 296, 297.

2. Unterrichtung und Unterweisung

8 Jeder befristet tätige oder Leiharbeitnehmer ist zudem vom Arbeitgeber bzw. dem entleihenden Unternehmen über die Risiken zu **unterrichten**, denen er ausgesetzt sein könnte, Art. 3 Nr. 1 ZaGeshRL (vgl. § 11 Abs. 6 AÜG, § 12 Abs. 2 ArbSchG). Die deutsche Sprachfassung ist freilich widersprüchlich formuliert, da sie sich einerseits auf alle Arbeitsverhältnisse i. S. v. Art. 1 der Richtlinie bezieht, also befristete Arbeitsverhältnisse und Leiharbeit, andererseits aber nur das „entleihende" Unternehmen verpflichtet. Das dürfte indes auf einem Übersetzungsfehler beruhen, da die englische und die französische Fassung weiter gefasst sind *(the undertaking and/or establishment making use of his services; l'entreprise et/ou l'etablissement utilisateurs).* Die Unterrichtung soll dem Arbeitnehmer insbesondere Aufschluss darüber geben, ob (a) besondere Qualifikationen oder (b) berufliche Fähigkeiten oder (c) eine besondere, gesetzlich vorgeschrieben ärztliche Überwachung für die Tätigkeit erforderlich ist und ob (d) der Arbeitsplatz mit gesetzlich definierten erhöhten spezifische Risiken verbunden ist.

9 Ergänzend muss der Arbeitnehmer in diesen Fällen des Art. 3 ZaGeshRL – also bei besonderen Anforderungen oder Risiken – mit Rücksicht auf seine Qualifikation und seine Erfahrung eine ausreichende und den besonderen Merkmalen des Arbeitsplatzes entsprechende **Unterweisung** *(training, formation)* erhalten, Art. 4 ZaGeshRL. Gemeint ist eine Einweisung, die es dem Arbeitnehmer ermöglicht, die mit der Tätigkeit verbundenen Risiken soweit wie möglich zu beherrschen.[9] Diese Unterweisung ergänzt jene nach Art. 12 ArbSchRL (s. § 16 Rdn. 23). Wer den Leiharbeitnehmer zu unterweisen hat, sagt Art. 4 nicht ausdrücklich, doch kann das hier sinnvollerweise nicht anders sein als bei der Unterrichtung: Verpflichtet ist der Entleiher, da nur er die spezifischen Anforderungen im Einzelnen kennt.

3. Einsatzverbot oder besondere Überwachungspflicht

10 Bestimmte Tätigkeiten scheinen für Zeitarbeit generell höchst gefährlich und daher wenig geeignet. Zum Beispiel kann man an den Einsatz von Zeit- oder Leiharbeitskräften als Reinigungskräfte im Nuklearbereich denken. Der Europäische Gesetzgeber schreibt aber – entgegen anfänglich anderen Plänen –[10] nicht für alle Mitgliedstaaten einheitlich vor, bestimmte Bereiche von der Zeitarbeit auszunehmen. Die Mitgliedstaaten *können* aber, ein **Zeitarbeitsverbot** für gesetzlich bestimmte Fälle von Tätigkeiten vorsehen, die mit besonderen Risiken für die Sicherheit oder die Gesundheit

9 *Däubler*, NZA 1992, 577, 579.
10 S. noch Art. 6 des Richtlinienvorschlags, ABl. 1990 C 224/8.

von Zeitarbeitnehmern verbunden sind, insbesondere für Tätigkeiten, für die eine besondere ärztliche Überwachung vorgeschrieben ist, Art. 5 Abs. 1 ZaGeshRL. Machen sie von dieser Möglichkeit keinen Gebrauch, so *müssen* sie immerhin sicherstellen, dass Zeitarbeitnehmern bei Arbeiten, für die eine ärztliche Überwachungspflicht vorgesehen ist, „eine angemessene besondere ärztliche Überwachung zugute kommt" (Abs. 2), die auch nach Beendigung des Arbeitsverhältnisses andauern kann (Abs. 3).

4. Spezielle Schutzmaßnahmen bei Leiharbeit

Speziell bei der Leiharbeit besteht wegen der verschiedenen Stufen der Verantwortlichkeit auf der Arbeitgeberseite (Verleiher, Entleiher) die Gefahr, dass die Beteiligten nicht Hand in Hand arbeiten. Die Richtlinie regelt die Verantwortung des Leiharbeitsverhältnisses nicht (vgl. Art. 8 Nr. 1 ZaGeshRL). Sie trifft aber in zwei Einzelpunkten ergänzende Regeln. 11

Der erste steht im Zusammenhang mit der Unterrichtung und Unterweisung des Leiharbeitnehmers. Hier wirken Entleiher und Leiharbeitsunternehmen bei der *Auswahl des Arbeitnehmers* dadurch zusammen, dass der Entleiher ein Anforderungsprofil formuliert und der Verleiher einen geeigneten Mitarbeiter auswählt. Um die Auswahl auch im Hinblick auf Sicherheit und Gesundheitsschutz sinnvoll vornehmen zu können, muss der Verleiher dem Leiharbeitsunternehmen die entsprechenden Anforderungen mitteilen. Daher wird der Entleiher verpflichtet, dem Leiharbeitsunternehmen vor der Arbeitnehmerüberlassung die erforderliche berufliche **Qualifikation** und die besonderen **Merkmale** des Arbeitsplatzes **anzugeben** (Art. 7 Nr. 1 ZaGeshRL); nach Wahl der Mitgliedstaaten ist eine entsprechende Pflicht Bestandteil des Arbeitnehmerüberlassungsvertrags (s. z.B. § 12 Abs. 1 S. 3 AÜG). Das Leiharbeitsunternehmen ist gebunden, diese Angaben dem Arbeitnehmer zur Kenntnis zu bringen (Nr. 2), so dass dieser seine Eignung auch selbst überprüfen kann; ohne Mitwirkung des Arbeitnehmers ist effektiver Arbeitsschutz nicht möglich (s.a. § 16 Rdn. 37–41). 12

Zweitens ist für die Dauer der Arbeitnehmerüberlassung das entleihende Unternehmen für die Bedingungen der Arbeitsausführung **verantwortlich**, die mit der Sicherheit, der Hygiene und dem Gesundheitsschutz am Arbeitsplatz zusammenhängen, Art. 8 ZaGeshRL. 13

5. Unterrichtung der Gefahrschutzbeauftragten

Organisatorisch werden diese Schutzregeln dadurch flankiert, dass der nach Art. 7 ArbSchRL einzurichtende Gefahrschutzbeauftragte (§ 16 Rdn. 30f.) über den Einsatz von Zeitarbeitnehmern zu unterrichten ist, soweit das zur Erfüllung seiner „Schutz- und Verhütungsmaßnahmen" erforderlich ist, Art. 6 ZaGeshRL. 14

IV. Umsetzung

15 Die Richtlinie wurde in Deutschland[11] v. a. im Arbeitnehmerüberlassungsgesetz (AÜG) und im Arbeitsschutzgesetz (ArbSchG) umgesetzt.[12]

11 Verspätete Umsetzung in Spanien, EuGH v. 26.9.1996 – Rs. C-79/95 *Kommission ./. Spanien,* EU:C:1996:360.

12 Schüren/Hamann/*Brors,* Einl. AÜG Rdn. 570; Hanau/Steinmeyer/Wank/*Wank,* § 18 Rdn. 939–946; s. noch *Opfermann,* FS Wlotzke (1996), S. 729, 764 f.; *Wank,* RdA 1992, 103, 111 f.; *Wlotzke,* NZA 1996, 1017–1024.

4. Kapitel
Schutz bestimmter Arbeitnehmergruppen

§ 23 Die Mutterschutzrichtlinie

Literatur: *Benecke,* Mutterschutz trotz Kündigung nach Ablauf der Schutzzeit, EuZA 2008, 385–394; *Brose*, Die Reproduktionsmedizin und der Mutterschutz – Gedanken zu einem zeitgemäßen Mutterschutzrecht, NZA 2016, 604–608; *Bünger/Klauk/Klempt*, Viel Lärm um nichts?! – Voraussichtliche Neuerungen und Umsetzungserfordernisse durch die Änderung der Europäischen Mutterschutz-Richtlinie 92/85/EWG, EuZA 2010, 484–510; *Burrows,* Maternity Rights in Europe – An Embryonic Legal Regime, YEL 11 (1991), 273–293; *Caracciolo Di Torella,* Recent Developments in Pregnancy and Maternity Rights, ILJ 28 (1999), 276–282; *Coester-Waltjen,* Mutterschutz in Europa – Der Schutz der erwerbstätigen Frau während der Schwangerschaft und Mutterschaft in den Mitgliedstaaten der Europäischen Gemeinschaft, 1986 (zugleich Euro.Dok. V/1829/84-EN, Brüssel 1984/85); *Cromack,* The E.C. Pregnancy Directive – Principle or Pragmatism?, J. Soc. Wel. & Fam. L. 15 (1993), 261–272; *Ellis,* Protection of Pregnancy and Maternity, ILJ 22 (1993), 63–67; *Evermann,* Sind Vorbereitungsmaßnahmen zur Kündigung während des Mutterschutzes trotz § 17 MuSchG nF noch erlaubt?, NZA 2018, 550–557; *Herrmann,* Abschluss eines befristeten Arbeitsvertrags mit einer schwangeren Arbeitnehmerin, SAE 2003, 125–134; *Junker,* Arbeitsrecht zwischen Markt und gesellschaftspolitischen Herausforderungen – Differenzierung nach Unternehmensgröße – Familiengerechte Strukturen – Gutachten B zum 65. Deutschen Juristentag, 2004; *Klein-Jahns,* Mutterschutz und Erziehungsurlaub, in: Oetker/Preis (Hrsg.) Europäisches Arbeits- und Sozialrecht, B 5100 (Stand: Jan. 1999); *Kossens,* Änderung des Jugendarbeitsschutz- und des Mutterschutzgesetzes, RdA 1997, 209–212; *Lenz,* Änderungen im Mutterschutzrecht, NJW 1997, 1491f.; *Lörcher,* EG-Mutterschutzrichtlinie verabschiedet, AuR 1993, 54–55; *Marburger,* Änderungen des Mutterschutzrechts, BB 1997, 521–524; *McGlynn,* Ideologies of Motherhood in European Community Sex Equality Law, ELJ 6 (2000), 29–44; *Muffat-Jeandet,* Protection of Pregnancy and Maternity, ILJ 20 (1991), 76–79; *Nebe,* Betrieblicher Mutterschutz ohne Diskriminierungen: Die RL 92/85 und ihre Konsequenzen für das deutsche Mutterschutzrecht, 2006; *Reiner,* Schwanger oder nicht schwanger: Die Rechtssache Mayr, EuZA 2009, 79–87; *Schubert,* Arbeitnehmerschutz für GmbH-Geschäftsführer, ZESAR 2013, 5–15; *Sowka,* Änderungen im Mutterschutzrecht und im Jugendarbeitsschutzrecht, NZA 1997, 296–298; *ders.,* Mutterschutzrichtlinienverordnung, NZA 1997, 927–928; *Thau,* Novelliertes Mutterschutzrecht – für das Arbeitsleben von großer Bedeutung, AuA 1997, 213–215; *Windbichler,* Die GmbH in anderen Umständen: Gesellschaftsrechtliche Erwägungen zur EuGH-Entscheidung „Danosa", in: Krieger/Lutter/Schmidt (Hrsg.), Festschrift für Michael Hoffmann-Becking zum 70. Geburtstag, 2013, 1413–1423; *Wynn,* Pregnancy Discrimination: Equality, Discrimination or Reconciliation?, MLR 62 (1999), 435–447; *Zmarzlik,* Überblick über die EG-Mutterschutz-Richtlinie und ihre Umsetzung, DB 1994, 96–97.

S. ferner die Literaturhinweise zu § 10.

Rechtsprechung:

EuGH v. 12.7.1984	Rs. 184/83 *Hofmann,* EU:C:1984:273
EuGH v. 8.11.1990	Rs. C-179/88 *Handels- og Kontorfunktionaerernes Forbund,* EU:C:1990:384
EuGH v. 25.7.1991	Rs. C-345/89 *Stoeckel,* EU:C:1991:324
EuGH v. 14.6.1994	Rs. C-32/93 *Webb,* EU:C:1994:300
EuGH v. 13.2.1996	Rs. C-342/93 *Gillespie,* EU:C:1996:46
EuGH v. 29.5.1997	Rs. C-400/95 *Larsson,* EU:C:1997:259
EuGH v. 30.5.1998	Rs. C-136/95 *Thibault,* EU:C:1998:178
EuGH v. 30.6.1998	Rs. C-394/96 *Mary Brown,* EU:C:1998:331

https://doi.org/10.1515/9783110731941-023

EuGH v. 27.10.1998	Rs. C-411/96 *Boyle*, EU:C:1998:506
EuGH v. 19.11.1998	Rs. C-66/96 *Pedersen*, EU:C:1998:549
EuGH v. 16.9.1999	Rs. C-218/98 *Abdoulaye*, EU:C:1999:424
EuGH v. 21.10.1999	Rs. C-333/97 *Lewen*, EU:C:1999:512
EuGH v. 3.2.2000	Rs. C-207/98 *Mahlburg*, EU:C:2000:64
EuGH v. 4.10.2001	Rs. C-438/99 *Jiménez Melgar*, EU:C:2001:509
EuGH v. 4.10.2001	Rs. C-109/00 *Tele Danmark*, EU:C:2001:513
EuGH v. 29.11.2001	Rs. C-366/99 *Griesmar*, EU:C:2001:648
EuGH v. 27.2.2003	Rs. C-320/01 *Wiebke Busch*, EU:C:2003:114
EuGH v. 18.3.2004	Rs. C-342/01 *Merino Gómez*, EU:C:2004:160
EuGH v. 30.3.2004	Rs. C-147/02 *Alabaster*, EU:C:2004:192
EuGH v. 18.11.2004	Rs. C-284/02 *Sass*, EU:C:2004:722
EuGH v. 13.1.2005	Rs. C-356/03 *Mayer*, EU:C:2005:20
EuGH v. 1.2.2005	Rs. C-203/03 *Kommission ./. Österreich*, EU:C:2005:76
EuGH v. 8.9.2005	Rs. C-191/03 *McKenna*, EU:C:2005:513
EuGH v. 16.2.2006	Rs. C-294/04 *Herrero*, EU:C:2006:109
EuGH v. 20.9.2007	Rs. C-116/06 *Kiiski*, EU:C:2007:536
EuGH v. 11.10.2007	Rs. C-460/06 *Paquay*, EU:C:2007:601
EuGH v. 26.2.2008	Rs. C-506/06 *Mayr*, EU:C:2008:119
EuGH v. 29.10.2009	Rs. C-63/08 *Pontin*, EU:C:2009:666
EuGH v. 1.7.2010	Rs. C-194/08 *Gassmayr*, EU:C:2010:386
EuGH v. 1.7.2010	Rs. C-471/08 *Parviainen*, EU:C:2010:391
EuGH v. 30.9.2010	Rs. C-104/09 *Roca Álvarez*, EU:C:2010:561
EuGH v. 11.10.2010	Rs. C-232/09 *Danosa*, EU:C:2010:674
EuGH v. 19.8.2013	Rs. C-5/12 *Montull*, EU:C:2013:571
EuGH v. 13.2.2014	verb. Rs. C-512/11 und C-513/11 *Terveys- ja sosiaalialan neuvottelujärjestö (TSN) ry*, EU:C:2014:73
EuGH v. 18.3.2014	Rs. C-167/12 *C.D.*, EU:C:2014:169
EuGH v. 21.5.2015	Rs. C-65/14 *Rosselle*, EU:C:2015:339
EuGH v. 14.7.2016	Rs. C-335/15 *Ornano*, EU:C:2016:564
EuGH v. 19.10.2017	Rs. C-531/15 *Ramos*, EU:C:2017:789
EuGH v. 22.2.2018	Rs. C-103/16 *Guisado*, EU:C:2018:99
EuGH v. 19.9.2018	Rs. C-41/17 *González Castro*, EU:C:2018:736

Übersicht

I. Sachfragen, Übersicht, Rechtsgrundlagen, Regelungsumfeld

1. Sachfragen

Schwangere, Mütter und Wöchnerinnen sind als Arbeitnehmerinnen besonders schutzbedürftig. Dabei geht es zuerst um den Schutz von Sicherheit und Gesundheit der Mutter und des Fötus und des neugeborenen Kindes. Besonders wichtig ist der Schutz vor schädlichen Materialien oder Strahlungen, aber auch vor körperlicher Überlastung. Um den Entbindungstermin ist auf eine besondere Verletzlichkeit Rücksicht zu nehmen. Darüber hinaus ist wünschenswert, werdenden Müttern die Möglichkeit zu verschaffen, Vorsorgeuntersuchungen in Anspruch zu nehmen. 1

2. Entwicklung und Übersicht

In der Entwicklung des Europäischen Arbeitsrechts[1] hat sich der Schutz von werdenden Müttern und Wöchnerinnen (nachfolgend auch „Mutterschutz“) zunächst im Rahmen des Verbots der Geschlechtsdiskriminierung herausgebildet (§ 10 Rdn. 16, 47–50, 60, 63–65 sowie unten, Rdn. 41).[2] Auch in der Gemeinschaftscharta der sozialen Grundrechte von 1989 (§ 2 Rdn. 68–73) ist Mutterschutz allein im Rahmen der Gleichbehandlung von Männern und Frauen berücksichtigt, nämlich als Förderung der Vereinbarkeit von beruflichen und familiären Pflichten (Nr. 17 Abs. 3 GsG);[3] erst in der Grundrechtscharta von 2000 wird der Schutz von Familien- und Berufsleben sowie der Mutterschutz als solcher angesprochen (Art. 33 Abs. 2 GRCh; dazu § 2 Rdn. 61, 63). Ungeachtet dessen machte die Kommission bereits 1990 einen Richtlinienvorschlag.[4] 2

---

1 Übersicht zur Entstehung bei *Burrows*, YEL 11 (1991), 273, 285–293; *Ellis*, ILJ 22 (1993), 63–65; *Nebe*, Betrieblicher Mutterschutz ohne Diskriminierungen, S. 103–111. Zur rechtsvergleichenden Ausgangslage *Coester-Waltjen*, Mutterschutz in Europa (1986).

2 Manche Autoren behandeln Mutterschutzrecht als Teil des Gleichbehandlungsrechts; s. z. B. *Deakin/Morris*, Rdn. 6.110 ff.

3 Ebenso auch noch im Aktionsprogramm zur Anwendung der Gemeinschaftscharta der sozialen Grundrechte, KOM(89) 248 endg.

4 Vorschlag für eine Richtlinie des Rates über den Schutz von Schwangeren und Wöchnerinnen am Arbeitsplatz, KOM(90) 406 endg., ABl. 1990 C 281/3. Änderung des Vorschlags für eine Richtlinie des Rates über Maßnahmen zur Förderung von Verbesserungen im Bereich der Sicherheit und des Gesundheitsschutzes von Schwangeren, Wöchnerinnen und stillenden Müttern am Arbeitsplatz, KOM(90) 692 endg., ABl. 1991 C 25/3.

Dieser fand viel Zustimmung, wurde aber insbesondere vom Vereinigten Königreich als zu weitreichend und kostentreibend kritisiert. Umgekehrt sträubte sich die Kommission gegen Abstriche. Verabschiedet wurde 1992 schließlich eine abgespeckte Fassung (in der insbesondere die Mutterschutzfrist von 16 auf 14 Wochen reduziert war, was praktisch schon dem Gemeinschaftsstandard entsprach).

3 Die Mutterschutzrichtlinie (MuSchRL)[5] regelt den Schutz von **schwangeren Frauen, Wöchnerinnen** und **stillenden Müttern** im Verhältnis zu ihren Arbeitgebern – ergänzend zur Arbeitsschutz-Rahmenrichtlinie und über diese erheblich hinausreichend. Sie enthält vor allem **drei Schutzinstrumente.** *Erstens* werden die betreffenden Arbeitnehmerinnen vor risikoreichen Tätigkeiten geschützt. Dazu sieht die Richtlinie zum einen eine sog. Beurteilungs- und Unterrichtungspflicht (Art. 4) i. V. m. einer Gefahrvermeidungspflicht (Art. 5) vor: Erkennt der Arbeitgeber bei einer Untersuchung Risiken, so muss er diese ausräumen, vorzugsweise durch Umgestaltung der Arbeitsbedingungen und -zeiten, nachrangig durch Umsetzung oder Beurlaubung. Ergänzend bestehen Beschäftigungsverbote (Art. 6) und die Möglichkeit eines Nachtarbeitsverbots (Art. 7). *Zweitens* ist – unabhängig von Gefährdungen – ein Mutterschaftsurlaub (Art. 8) sowie, eingeschränkt, eine Freistellung für Vorsorgeuntersuchungen (Art. 9) zu gewähren. Die Freistellungsregeln der Art. 5–7 und 8 werden durch einen (eingeschränkten) Anspruch auf Entgeltfortzahlung/Sozialleistungen ergänzt. *Drittens* enthält die Richtlinie ein Kündigungsverbot (Art. 10). Diese Schutzvorschriften sind nur **Mindeststandards** (Art. 118a Abs. 2 EGV [heute Art. 153 Abs. 2 UAbs. 1 lit. b) AEUV], BE 1 MuSchRL),[6] darüber hinaus enthält Art. 1 Abs. 3 MuSchRL zudem ein Verschlechterungsverbot.

4 Die Richtlinie verfolgt mehrere **Zwecke.** Sie dient dem Schutz von Sicherheit und Gesundheit von schwangeren und stillenden Arbeitnehmerinnen und Wöchnerinnen[7] und schützt – insbesondere durch den Mutterschaftsurlaub – die Beziehung der Mutter zu dem neugeborenen Kind, die nicht durch die Doppelbelastung infolge der gleichzeitigen Ausübung eines Berufs gestört werden soll.[8] Zudem dient die Richtlinie auch dem Schutz von Frauen vor Geschlechtsdiskriminierung. Schließlich soll sie – besonders durch den Diskriminierungsschutz und die wirtschaftlichen Rechte – dazu beitragen, die Vereinbarkeit von Familie und Beruf zu fördern.

---

5 Richtlinie 92/85/EWG des Rates vom 19.10.1992 über die Durchführung von Maßnahmen zur Verbesserung der Sicherheit und des Gesundheitsschutzes von schwangeren Arbeitnehmerinnen, Wöchnerinnen und stillenden Arbeitnehmerinnen am Arbeitsplatz (zehnte Einzelrichtlinie im Sinne des Artikels 16 Absatz 1 der Richtlinie 89/391/EWG), ABl. 1992 L 348/1. Einzelheiten geändert durch Richtlinien 2007/30/EG und 2014/27 sowie Verordnung (EU) 2019/1243.

6 Vgl. EuGH v. 4.10.2001 – Rs. C-438/99 *Jiménez Melgar*, EU:C:2001:509 Rdn. 37.

7 EuGH v. 1.2.2005 – Rs. C-203/03 *Kommission ./. Österreich*, EU:C:2005:76 Rdn. 44.

8 EuGH v. 20.9.2007 – Rs. C-116/06 *Kiiski*, EU:C:2007:536 Rdn. 46, 50; EuGH v. 29.11.2001 – Rs. C-366/99 *Griesmar*, EU:C:2001:648 Rdn. 43; EuGH v. 27.10.1998 – Rs. C-411/96 *Boyle*, EU:C:1998:506 Rdn. 61.

Nach einem **Vorschlag der Kommission**[9] aus dem Jahr 2008 sollte die Mutterschutzrichtlinie im Interesse besserer Vereinbarkeit von Familie und Beruf geändert werden. Der Mutterschaftsurlaub sollte von 14 auf 18 Wochen ausgedehnt werden (die Kommission sprach von einer „geringfügigen Verlängerung"), davon war nur noch die Lage von sechs Wochen nach der Entbindung zwingend vorgeschrieben, über die restliche Zeit sollte die Arbeitnehmerin „frei entscheiden". Im Anschluss an die Entscheidung *Paquay* (Rdn. 37) sollte das Kündigungsverbot des Art. 10 klarstellend auf „jegliche Vorbereitung der Kündigung" erstreckt werden; die besondere Begründungspflicht sollte ausgeweitet werden. Das „Mutterschaftsgeld", bislang nur in Höhe einer angemessenen Sozialleistung gesichert (Rdn. 34), sollte im Grundsatz dem letzten (durchschnittlichen) Monatsentgelt entsprechen, die Mitgliedstaaten könnten es aber auf die Höhe des (mitgliedstaatlichen) Krankengeldes begrenzen. Und schließlich war eine Reihe von Regelungen vorgesehen, die einen sachlichen Bezug zum Diskriminierungsverbot haben und in der Geschlechtsdiskriminierungsrichtlinie auch bereits geregelt sind: Die Benachteiligung wegen Schwangerschaft oder Mutterschaftsurlaubs wurde als Geschlechtsdiskriminierung definiert; das Recht zur Rückkehr auf den alten Arbeitsplatz, die Beweislast und das Viktimisierungsverbot, wie sie aus der GDRL bekannt sind, wurden übernommen. Die mit den Änderungen verbundenen Belastungen hielt die Kommission für tragbar: Zum einen sei zu erwarten, dass die Mütter wegen des längeren Mutterschaftsurlaubs weniger Elternurlaub in Anspruch nehmen würden, dadurch erhielten gerade KMU Planungssicherheit; und die Kostentragung – Staat oder Arbeitgeber – sei Sache der Mitgliedstaaten. Das Parlament begrüßte den Vorschlag der Kommission, wünschte sich jedoch noch strengere Vorschriften. Insbesondere plädierte es für 20 Wochen bezahlten Mutterschaftsurlaub. Der Rat wollte den Mutterschutz zwar grundsätzlich verbessern, hob aber den Mindestschutz-Charakter der Richtlinie hervor. Er stimmte dem Vorschlag in seiner Sitzung vom 1. und 2.12.2011 nicht zu. Es stehe „eindeutig fest, dass ein Mutterschaftsurlaub von 20 Wochen bei voller Bezahlung für den Rat inakzeptabel ist".[10] Schließlich **zog die Kommission** den Vorschlag **2015 zurück.**[11] 5

In engem Zusammenhang mit dem Änderungsvorschlag stehen die Bestrebungen der Kommission, auch *selbständigen* Frauen und mitarbeitenden Ehefrauen oder Lebenspartnerinnen Anspruch auf Mutterschutzurlaub zu ermöglichen. Sie führten zur Richtlinie zur Verwirklichung des Grundsatzes der Gleichbehandlung von Männern und Frauen, die eine selbständige Erwerbstätigkeit ausüben.[12] In diesem Zusammenhang steht außerdem das Bestreben der Kommission, Arbeiternehmern mit weiteren, neuen Urlaubsformen aus familiären Gründen (Vaterschaftsurlaub, Adoptionsurlaub und Pflegeurlaub) die **Vereinbarkeit von Berufs-, Privat- und Familienleben** zu erleichtern.[13] Die Bemü- 6

---

9 Vorschlag v. 3.10.2008 für eine Richtlinie des Europäischen Parlaments und des Rates zur Änderung der Richtlinie 92/85/ EWG des Rates vom 19.10.1992 über die Durchführung von Maßnahmen zur Verbesserung der Sicherheit und des Gesundheitsschutzes von schwangeren Arbeitnehmerinnen, Wöchnerinnen und stillenden Arbeitnehmerinnen am Arbeitsplatz, KOM(2008) 637 endg. Dazu noch *Bünger/Klauk/Klempt,* EuZA 2010, 484 ff.

10 Pressemitteilung 17943/11, verfügbar unter www.parlament.gv.at/PAKT/EU/XXIV/EU/06/97/EU_69777/imfname_10015281.pdf, S. 10. S. näher Rat, Interinstitutionelles Dossier 2008/0193 (COD), verfügbar unter http://register.consilium.europa.eu/pdf/de/11/st17/st17029.de11.pdf.

11 Pressemitteilung vom 1.7.2015. Vgl. bereits COM(2014) 910 final, S. 10.

12 S. jetzt Richtlinie 2010/41/EU des Europäischen Parlaments und des Rates vom 7.7.2010 zur Verwirklichung des Grundsatzes der Gleichbehandlung von Männern und Frauen, die eine selbständige Erwerbstätigkeit ausüben, und zur Aufhebung der Richtlinie 86/613/EWG des Rates, ABl. 2010 L 180.

13 Mitteilung der Kommission an das Europäische Parlament, den Rat, den Europäischen Wirtschafts- und Sozialausschuss und den Ausschuss der Regionen vom 3.10.2008 „Bessere Work-Life-Balance: stärkere Unterstützung der Vereinbarkeit von Beruf, Privat- und Familienleben", KOM(2008) 635 endg., S. 6–8.

hungen mündeten schließlich in die Reform der Elternurlaubsrichtlinie zur **Eltern- und Pflegeurlaubs-Richtlinie** (dazu nachfolgend § 24 Rdn. 4).

7 Neben den Inhalten war auch die **Kompetenz**frage im Gesetzgebungsverfahren umstritten.[14] Enthielt der Vorschlag neben Regelungen zum Arbeitsschutz solche zum Schutz der wirtschaftlichen Interessen (Entgeltfortzahlung bzw. Sozialleistung), so war zweifelhaft, ob sich die Richtlinie auf Art. 118a EGV (heute Art. 153 AEUV) stützen ließ. Allerdings kann man den Schutz der wirtschaftlichen Interessen als Komplementärstück zur Freistellung durchaus gut als Element des Gesundheitsschutzes rechtfertigen, da viele Arbeitnehmerinnen ohne eine wirtschaftliche Sicherung praktisch davon abgehalten würden, die Freistellung in Anspruch zu nehmen.

3. Regelungsumfeld

8 Sachlich ist die Mutterschutzrichtlinie mit verschiedenen anderen Regelungsbereichen des Europäischen Arbeitsrechts verbunden. Art. 1 Abs. 1 weist sie als eine Einzelrichtlinie im Sinne der **Arbeitsschutz**-Rahmenrichtlinie (Art. 15 und 16 ArbSchRL, näher oben, § 16 Rdn. 4) aus (s.a. BE 7, 8).[15] Die Arbeitsschutz-Rahmenrichtlinie gilt daher subsidiär auch im Anwendungsbereich der Mutterschutzrichtlinie, sofern diese nicht strengere oder spezifischere Regeln enthält,[16] Art. 1 Abs. 2 MuSchRL und Art. 16 Abs. 3 ArbSchRL. Über diese hinausgehend geht es hier allerdings auch um die Absicherung **wirtschaftlicher Rechte,** wenn die Richtlinie Entgeltfortzahlung und Kündigungsschutz vorsieht. Die Regelungen zur Arbeitszeit, insbesondere zur Nachtarbeit, sowie zum Urlaub ergänzen die **Arbeitszeitrichtlinie**. Nach den (freilich gescheiterten) Reformvorschlägen der Kommission sollte es zudem auch in der Arbeitszeitrichtlinie künftig um die bessere Vereinbarkeit von Familie und Beruf gehen (§ 17 Rdn. 10f.). Dazu trägt zudem auch die **Eltern- und Pflegeurlaubsrichtlinie** (§ 24) bei. Heute werden die Richtlinien daher auch als Beitrag zu einer „besseren Work-Life-Balance“ verstanden, die sich die Kommission zum Anliegen gemacht hat.[17] (Der besondere Schutz der Mütter wird in diesem Kontext freilich tendenziell verwässert, da Schwangerschaft, Geburt und die Mutter-Kind-Beziehung damit anderen Privatangelegenheiten gleichgestellt werden.)

---

14 Zweifelnd etwa *Burrows*, YEL11 (1991), 273, 287f. S.a. *Muffat-Jeandet*, ILJ 20 (1991), 76, 77f.

15 Mutterschutz ist in Art. 16 Abs. 1 i.V.m. Anhang ArbSchRL nicht ausdrücklich genannt (und fügt sich auch nicht systematisch in die Liste der im Anhang aufgezählten „Bereiche und Arbeitsstätten“; indes ist die Liste nicht abschließend („unter anderem“); dazu noch *Burrows*, YEL 11 (1991), 273, 287.

16 *Blanpain/Schmidt/Schweibert*, Europäisches Arbeitsrecht (1996), S. 239; *Däubler/Kittner/Lörcher*, Internationale Arbeitsordnung, S. 1288.

17 Mitteilung der Kommission v. 3.10.2008 an das Europäische Parlament, den Rat, den Europäischen Wirtschafts- und Sozialausschuss und den Ausschuss der Regionen – Bessere Work-Life-Balance: stärkere Unterstützung der Vereinbarkeit von Beruf, Privat- und Familienleben, KOM(2008) 635 endg.

Schon bislang besteht aber vor allem ein enger Regelungszusammenhang mit der **Geschlechtsdiskriminierungsrichtlinie** (§ 10; vgl. BE 9 MuSchRL); mit der von der Kommission vorgeschlagenen Änderungsrichtlinie (oben Rdn. 5) würde das noch verstärkt. Nach der Rechtsprechung des Gerichtshofs, die der Gesetzgeber jetzt ausdrücklich bestätigt hat, stellt die Benachteiligung wegen der Schwangerschaft oder Mutterschaft eine unmittelbare Geschlechtsdiskriminierung dar (§ 10 Rdn. 16, 47–50). Auch die Verletzung von Schutzvorschriften der MuSchRL kann Diskriminierung sein; daher kann die Beweislastregelung von Art. 19 Abs. 1, 4 lit. a) GDRL Anwendung finden (Rdn. 1, 21, 26). Freilich ist der besondere Schutz von Frauen im Hinblick auf die Gleichbehandlung ambivalent,[18] wie auch die EuGH-Rechtsprechung zum Nachtarbeitsverbot ausweist.[19] Die Schutzvorschriften – Privilegierungen und Belastungen – der Richtlinie gehen dem Gleichbehandlungsgebot vor, Art. 28 GDRL. Im Übrigen können sich, wie die EuGH-Rechtsprechung zeigt, Schutz vor Diskriminierung und Mutterschutz in vielen Bereichen ergänzen. So bietet die MuSchRL, die ein Arbeitsverhältnis voraussetzt, vor dessen Begründung keinen Schutz;[20] das Kündigungsverbot von Art. 10 MuSchRL schützt nicht gegen die schwangerschaftsbedingte Nicht-Erneuerung des befristeten Vertrags (Rdn. 37); jeweils greift die Gleichbehandlungsrichtlinie ein (§ 10 Rdn. 36). Im Hinblick auf die **Vergütung während des Mutterschaftsurlaubs** (Entgelt i. S. v. Art. 157 AEUV, § 10 Rdn. 6) hat der Gerichtshof (vor Ablauf der Umsetzungsfrist der MuSchRL) entschieden, dass das Verbot der Entgeltdiskriminierung in Art. 157 AEUV und der Art. 4, 14 Abs. 1 lit. c) GDRL (§ 10 Rdn. 16) für die Höhe der Vergütung keine Kriterien aufstellen, wohl aber ihrem Zweck nach voraussetzen, dass die Leistungen nicht so niedrig sein dürfen, dass der Zweck des Mutterschaftsurlaubs gefährdet ist; ein Anspruch auf Fortzahlung der vollen Vergütung besteht indes nicht.[21] Eine während des Mutterschaftsurlaubs erfolgende Gehaltserhöhung muss auch den beurlaubten Frauen zugutekommen, und zwar zum einen im Hinblick auf eine in Anlehnung an das Gehalt berechnete teilweise Lohnfortzahlung, zum anderen im Hinblick auf das nach der Rückkehr zum Arbeitsplatz geschuldete Entgelt.[22] Vergünstigungen für weibliche Arbeitnehmer sind dann nicht als Diskriminierung zu beanstanden, soweit sie zum Ausgleich der aus dem Mutterschaftsurlaub fließenden Nachteile gewährt werden; männliche und weibliche Arbeit- 9

18 Nach *McGlynn*, ELJ 6 (2000), 29–44, beruht die Rechtsprechung des EuGH auf „traditionellen Rollenvorstellungen" der „herrschenden Ideologie" über Mutterschaft und nutze so das Potential der Geschlechtsdiskriminierungsverbote nicht voll aus.

19 Grundlegend: EuGH v. 25.7.1991 – Rs. C-345/89 *Stoeckel*, EU:C:1991:324.

20 Vgl. dazu EuGH v. 16.2.2006 – Rs. C-294/04 *Herrero*, EU:C:2006:109 Rdn. 26–32, 41.

21 EuGH v. 8.9.2005 – Rs. C-191/03 *McKenna*, EU:C:2005:513 Rdn. 50; EuGH v. 30.3.2004 – Rs. C-147/02 *Alabaster*, EU:C:2004:192 Rdn. 46; EuGH v. 13.2.1996 – Rs. C-342/93 *Gillespie*, EU:C:1996:46 Rdn. 20.

22 EuGH v. 30.3.2004 – Rs. C-147/02 *Alabaster*, EU:C:2004:192 Rdn. 47–49; EuGH v. 13.2.1996 – Rs. C-342/ 93 *Gillespie*, EU:C:1996:46 Rdn. 21 f.

nehmer stehen sich dann nicht „wesentlich gleich“ gegenüber und brauchen daher auch nicht gleich behandelt zu werden.[23]

II. Anwendungsbereich

10 Der Anwendungsbereich der Richtlinie ist nicht eigens geregelt, er ergibt sich für die meisten Regelungen (anders z. B. Art. 4 Abs. 2 MuSchRL) zum einen aus den **Definitionen** des Art. 2 MuSchRL und ergänzend aus den Vorschriften der Arbeitsschutz-Rahmenrichtlinie (§ 16 Rdn. 6–11).

11 Die Mutterschutzrichtlinie schützt, wie schon ihr Titel ausweist, neben Schwangeren und Wöchnerinnen auch stillende Mütter, für die freilich nur die Vorschriften der Art. 4–7 MuSchRL über die Gefahrenprävention eine Rolle spielen. Die Definitionsnorm des Art. 2 kann sich für den Begriff der schwangeren Arbeitnehmerin auf den allgemeinen Sprachgebrauch beziehen,[24] und der Gerichtshof ist von einem autonomen Begriff ausgegangen.[25] Für die Begriffe der Wöchnerin und der stillenden Arbeitnehmerin, die eine zeitliche Grenzziehung erfordern,[26] verweist sie auf das nationale Recht. In allen Fällen kommt es entscheidend darauf an, dass die Arbeitnehmerin den Arbeitgeber von ihrem Zu- bzw. Umstand **unterrichtet**, ein Schutz wird ihr nicht aufgedrängt.[27] Anderes gilt auch dann nicht, wenn die Tatsachen naheliegend oder offensichtlich sind.[28] Nur die Informationspflicht des Art. 4 Abs. 2 greift schon „auf Verdacht“ ein. Das mitgliedstaatliche Recht kann aber weitergehende Schutzpflichten vorsehen (Art. 1 Abs. 3). Der Gerichtshof hat **anders entschieden**. Ohne die Vorschriften im Einzelnen auszulegen und nur mit Blick auf den von ihm angenommenen Zweck der Richtlinie sagt er: „Wenn der Arbeitgeber, ohne von der Arbeitnehmerin selbst formal darüber unterrichtet worden zu sein, von der Schwangerschaft Kenntnis hatte, liefe es dem Zweck und dem Geist der Richtlinie 92/85 zuwider, den

---

23 EuGH v. 29.11.2001 – Rs. C-366/99 *Griesmar*, EU:C:2001:648 Rdn. 41 (anders im Hinblick auf die Kindererziehung!; Rdn. 56); EuGH v. 16.9.1999 – Rs. C-218/98 *Abdoulaye*, EU:C:1999:424 Rdn. 18–21. S.a. EuGH v. 12.7.1984 – Rs. 184/83 *Hofmann*, EU:C:1984:273 Rdn. 25 f.

24 S. aber zum „Beginn der Schwangerschaft“ bei In-vitro-Fertilisation EuGH v. 26.2.2008 – Rs. C-506/06 *Mayr*, EU:C:2008:119 und dazu noch unten, Rdn. 38.

25 *Reiner*, EuZA 2009, 79, 81 f.; GA *Colomer*, Schlussanträge v. 27.11.2007 – Rs. C-506/06 *Mayr*, EU:C:2007:715 Rdn. 28.

26 Es geht nicht nur um „biologische Fakten“; so aber *Klein-Jahns*, EAS B 5100 Rdn. 13.

27 Vgl. EuGH v. 20.9.2007 – Rs. C-116/06 *Kiiski*, EU:C:2007:536 Rdn. 33. A.M. *Nebe*, Betrieblicher Mutterschutz ohne Diskriminierungen, S. 140–147.

28 Ebenso *Klein-Jahns*, EAS B 5100 Rdn. 13. A.M. *Grundmann*, Europäisches Schuldvertragsrecht, 3.45 Rdn. 10.

Wortlaut ihres Art. 2 Buchst. a eng auszulegen und der betroffenen Arbeitnehmerin den in Art. 10 vorgesehenen Kündigungsschutz zu verweigern."[29]

Besondere Fragen werfen **Bestell-/Ersatzmutterschaft und Adoption** auf. Unproblematisch ist dabei, dass die **Frau, die tatsächlich schwanger** war (Leihmutter, leibliche Mutter), in den Genuss des an die Schwangerschaft anknüpfenden Schutzes kommt (Kündigungsverbot, Mutterschaftsurlaub). Auch an ihrem Schutz als Wöchnerin, der primär an die Rückbildung der schwangerschafts- und geburtsbedingten Veränderungen anknüpft, sollte man nicht zweifeln, auch wenn er zugleich dem Schutz der Beziehung zum Kind dient.[30] Der Schutz als stillende Arbeitnehmerin ist naturgemäß daran gebunden, dass die Frau tatsächlich stillt.[31] Einen Anspruch der **Bestellmutter** (die das Kind „bestellt" hat und selbst nicht schwanger war) auf Mutterschaftsurlaub hat der EuGH gestützt auf Wortlaut und Zweck der Richtlinie, die in erster Linie der *schwangerschaftsbedingten* Schutzbedürftigkeit Rechnung trägt, abgelehnt (doch können die Mitgliedstaaten einen solchen vorsehen).[32] Auch für den Kündigungsschutz hat er maßgeblich auf die Schwangerschaft abgestellt.[33] Entsprechendes muss für die **Adoptivmutter** gelten (die aber Anspruch auf Elternurlaub hat; dazu § 24 Rdn. 3, 11ff.).[34] Soweit eine Bestell- oder Adoptivmutter aber tatsächlich stillt (induzierte Laktation oder Relaktation), kann ihr der (sonstige) Schutz der Richtlinie vor risikoreichen Tätigkeiten indes nicht versagt werden. 12

Der **Arbeitnehmerbegriff** ist nicht eigens definiert, zugleich aber Teil der Begriffe der „schwangeren Arbeitnehmerin" und der „stillenden Arbeitnehmerin" (nicht der Wöchnerin!). Das deutet darauf hin, dass der Unionsgesetzgeber den Arbeitnehmerbegriff nicht gleichsam beiläufig mit angleichen wollte. Da andererseits die Mutterschutzrichtlinie Einzelrichtlinie zur Arbeitsschutzrichtlinie ist, ist der Begriff hier ebenso wie dort auszulegen, nämlich **unionsautonom** (s. § 16 Rdn. 9). Davon ist – freilich ohne nähere Begründung – auch der EuGH ausgegangen[35] und hat den Arbeitnehmerbegriff hier wie in Art. 45 AEUV (§ 3 Rdn. 9–12) ausgefüllt: „Das wesentliche Merkmal des Arbeitsverhältnisses besteht darin, dass eine Person während einer bestimmten Zeit für eine andere nach deren Weisung Leistungen erbringt, für die sie als Gegenleistung eine Vergütung erhält".[36] Der Gerichtshof bezieht sich außerdem auf ein **Unterordnungsverhältnis.**[37] Ohne Bedeutung ist, wenn sich das Beschäftigungs- 13

---

29 EuGH v. 11.11.2010 – Rs. C-232/09 *Danosa*, EU:C:2010:674 Rdn. 55. Zustimmend Schlachter/Heinig/*Nebe*, § 17 Rdn. 20f.

30 A.M. EuArbRK/*Risak*, Art. 2 RL 92/85/EWG Rdn. 10.

31 Preis/Sagan/*Brose*, 9.75; EuArbRK/*Risak*, Art. 2 RL 92/85/EWG Rdn. 12.

32 EuGH v. 18.3.2014 – Rs. C-167/12 *C.D.*, EU:C:2014:169 Rdn. 28ff. S.a. EuGH v. 18.3.2014 – Rs. C-363/12 *Z*, EU :C :2014 :159. Krit. *Kocher*, Europäisches Arbeitsrecht, § 5 Rdn. 47.

33 Vgl. EuGH v. 18.3.2014 – Rs. C-167/12 *C.D.*, EU:C:2014:169 Rdn. 38 unter Verweis auf EuGH v. 26.2.2008 – Rs. C-506/06 *Mayr*, EU:C:2008:119.

34 EuArbRK/*Risak*, Art. 2 RL 92/85/EWG Rdn. 12; Preis/Sagan/*Brose*, Rdn. 9.75.

35 EuGH v. 20.9.2007 – Rs. C-116/06 *Kiiski*, EU:C:2007:536 Rdn. 23f.; EuGH v. 11.11.2010 – Rs. C-232/09 *Danosa*, EU:C:2010:674 Rdn. 39.

36 EuGH v. 20.9.2007 – Rs. C-116/06 *Kiiski*, EU:C:2007:536 Rdn. 25; EuGH v. 11.11.2010 – Rs. C-232/09 *Danosa*, EU:C:2010:674 Rdn. 39.

37 EuGH v. 11.11.2010 – Rs. C-232/09 *Danosa*, EU:C:2010:674 Rdn. 44ff.

verhältnis nach nationalem Recht als ein Verhältnis *sui generis* darstellt.[38] Im konkreten Fall hat der Gerichtshof eine *Arbeitnehmerin im Elternurlaub* (§ 3 EltUrlRV, § 24 Rdn. 17, 25–27) als Arbeitnehmerin angesehen. Ebenso ist ohne Bedeutung, ob das nationale Recht eine Person als selbständig betrachtet. In einem kühnen Schritt entschied der Gerichtshof, dass sogar ein **Mitglied der Unternehmensleitung einer Kapitalgesellschaft** (GmbH-Geschäftsführer) nach den oben dargelegten Grundsätzen als Arbeitnehmerin im Sinne der Richtlinie angesehen werden kann.[39] Hinsichtlich des „Unterordnungsverhältnisses“ hob der Gerichtshof die Abberufungskompetenz und die Weisungsbefugnis der Gesellschafterversammlung hervor.[40] So wie in der Arbeitsschutz-Rahmenrichtlinie gilt auch hier eine **Ausnahme** vom Anwendungsbereich für Haushaltshilfen (Art. 3 lit. a) ArbSchRL, § 16 Rdn. 9).[41]

14 Im Hinblick auf die **verpflichteten Arbeitgeber** ist der Anwendungsbereich der Mutterschutzrichtlinie unbeschränkt. Insbesondere ist eine Differenzierung zwischen öffentlichem und privatem Sektor oder nach Unternehmensgröße (etwa Ausnahme für kleine Unternehmen) nicht vorgesehen.[42] Das leuchtet mit Rücksicht auf den Schutz von Gesundheit und Sicherheit der Arbeitnehmer ein.

III. Schutz vor risikoreichen Tätigkeiten

1. Übersicht und Leitlinien

15 Die Mutterschutzrichtlinie sieht in Art. 4–7 ein gestuftes System des Schutzes vor Gefährdungen von Schwangeren, Wöchnerinnen und Stillenden vor. Am Anfang steht die allgemeine Pflicht des Arbeitgebers zur Gefahrerfassung, Unterrichtung und Gefahrvermeidung nach Art. 4 MuSchRL. Ergibt die Gefahrerfassung eine konkrete Gefährdung, so verpflichtet Art. 5 den Arbeitgeber, die erforderlichen Maßnahmen zu treffen. Art. 6 bestimmt absolute Beschäftigungsverbote in näher konkretisierten Fällen einer abstrakten Gefahr. Und schließlich betrifft Art. 7 über die Nachtarbeit einen speziellen Gefahrtyp.

16 Vorangestellt ist in Art. 3 MuSchRL die Pflicht der Kommission, **Leitlinien** für die Beurteilung der Gefahrenquellen zu erstellen (Abs. 1), die dem Arbeitgeber bei der von

---

38 EuGH v. 20.9.2007 – Rs. C-116/06 *Kiiski*, EU:C:2007:536 Rdn. 26; bestätigt durch EuGH v. 11.11.2010 – Rs. C-232/09 *Danosa*, EU:C:2010:674 Rdn. 40.

39 EuGH v. 11.11.2010 – Rs. C-232/09 *Danosa*, EU:C:2010:674 Rdn. 42ff. Krit. *Schubert*, EuZA 2011, 362–371; *dies.*, ZESAR 2013, 5ff.

40 Dezidiert krit. und weiterführend *Windbichler*, FS Hoffmann-Becking (2013), S. 1413ff.: Der EuGH hat die praktischen Erfordernisse der GmbH nicht bedacht und bei der Einordnung der Geschäftsführerin als Arbeitnehmerin das *checks-and-balances*-System des Gesellschaftsrechts verkannt.

41 *Zmarzlik*, DB 1994, 96, 97; krit. Preis/Sagan/*Brose*, Rdn. 9.46.

42 EuGH v. 4.10.2001 – Rs. C-109/00 *Tele Danmark*, EU:C:2001:513 Rdn. 37.

ihm verlangten Gefahrerfassung als „Leitfaden" dienen sollen.[43] Die Vorschrift ist auch deswegen von Bedeutung, weil sie in Abs. 1 UAbs. 2 einen **weiten Gesundheitsbegriff** vorschreibt, der auch geistige Belastungen einschließt.

2. Gefahrerfassung

Unter zwei Voraussetzungen trifft den Arbeitgeber eine besondere Gefahrerfassungspflicht: wenn für die Arbeitnehmerin (1) ein besonderes Risiko (2) einer Exposition gegenüber den Agenzien, Verfahren und Arbeitsbedingungen besteht, die in der nicht erschöpfenden Liste von Anhang I MuSchRL genannt sind, Art. 4 Abs. 1 MuSchRL. Die Beurteilungsrisiken, die sich aus der Unbestimmtheit des Rechtsbegriffs des „besonderen Risikos" und der Offenheit der Aufzählung im Anhang ergeben, trägt der Arbeitgeber; das entspricht dem Unternehmerrisiko und dem Gefährdungsgedanken. Sie können durch Leitlinien der Kommission (Art. 3) sowie die (im erleichterten Verfahren mögliche, Art. 13) Anpassung von Anhang I[44] gemildert werden. 17

Die Gefahrerfassung bedeutet, dass der Arbeitgeber tätigkeitsspezifisch Art, Ausmaß und Dauer der Exposition für die geschützten Arbeitnehmerinnen beurteilen muss, damit die Risiken für Sicherheit und Gesundheit sowie die Auswirkungen auf Schwangerschaft oder Stillzeit abgeschätzt und die zu ergreifenden Maßnahmen bestimmt werden können. Über die Ergebnisse der Beurteilung und die zu ergreifenden Maßnahmen sind die geschützten oder potentiell betroffenen Arbeitnehmerinnen oder deren Vertreter (Arbeitnehmervertreter)[45] zu unterrichten, Art. 4 Abs. 2 MuSchRL. 18

Die Verletzung von Art. 4 Abs. 1 MuSchRL stellt eine **Geschlechtsdiskriminierung** dar. Macht die Arbeitnehmerin Tatsachen glaubhaft, die eine Verletzung vermuten lassen, löst dies die **Beweislastumkehr** von Art. 19 Abs. 1, 4 lit. a) GDRL aus (zu ihr § 9 Rdn. 61 ff).[46] 19

3. Gefahrvermeidung

Aufbauend auf der Gefahrerfassung bindet Art. 5 MuSchRL den Arbeitgeber, in abgestufter Form Konsequenzen zu ziehen, wenn die Beurteilung „das Vorhandensein 20

43 Mitteilung der Kommission vom 5.10.2000 über die Leitlinien für die Beurteilung der chemischen, physikalischen und biologischen Agenzien sowie der industriellen Verfahren, die als Gefahrenquelle für Gesundheit und Sicherheit von schwangeren Arbeitnehmerinnen, Wöchnerinnen und stillenden Arbeitnehmerinnen am Arbeitsplatz gelten, KOM(2000) 466 endg. Dazu EuGH v. 19.10.2017 – Rs. C-531/15 *Ramos*, EU:C:2017:789 Rdn. 46ff.

44 Bislang, soweit ersichtlich, noch nicht praktisch (der Anhang nicht).

45 Hanau/Steinmeyer/Wank/*Wank*, § 18 Rdn. 914.

46 EuGH v. 19.10.2017 – Rs. C-531/15 *Ramos*, EU:C:2017:789 Rdn. 44ff.

einer Gefährdung für Sicherheit oder Gesundheit sowie eine mögliche Auswirkung auf Schwangerschaft oder Stillzeit“ ergibt. In einer nach der Eingriffsintensität für Arbeitgeber und Arbeitnehmer gestuften Rangfolge hat der Arbeitgeber

(1) zuerst zu versuchen, Arbeitsbedingungen und/oder Arbeitszeiten so **umzugestalten**, dass eine Gefährdung der Arbeitnehmerin auszuschließen ist (Abs. 1);
(2) ist das technisch und/oder sachlich nicht möglich oder aus gebührend nachgewiesenen Gründen nicht zumutbar: zweitens die Arbeitnehmerin auf einen gefahrlosen Arbeitsplatz **zu versetzen** (Abs. 2);
(3) ist auch das nicht möglich oder nicht zumutbar: die Arbeitnehmerin **zu beurlauben** (Abs. 3).

Aus der Stufenfolge ergibt sich, dass auch das Beschäftigungsinteresse der Arbeitnehmerin geschützt ist. Daher konnte eine dänische Regelung, die den Arbeitgeber berechtigte, die schwangere Arbeitnehmerin auch unabhängig von einer Arbeitsunfähigkeit bei herabgesetzten Bezügen von der Arbeitspflicht freizustellen, auf diese Vorschrift nicht gestützt werden.[47]

21 Auch die Verletzung der Gefahrvermeidungspflicht von Art. 5 MuSchRL stellt eine Geschlechtsdiskriminierung dar und kann daher bei Glaubhaftmachung entsprechender Tatsachen die Beweislastumkehr von Art. 19 Abs. 1, 4 lit. a) GDRL auslösen; s. schon Rdn. 19.[48]

22 Dienen diese Gefahrvermeidungsmaßnahmen dem Gesundheitsschutz von Arbeitnehmerin (und Kind), so wird die Regelung in Art. 11 Nr. 1 MuSchRL ergänzt durch einen **Schutz der wirtschaftlichen Interessen**:[49] Die mit dem Arbeitsvertrag verbundenen Rechte, zu denen auch die Entgeltfortzahlung und/oder die Zahlung einer Sozialleistung gerechnet wird, müssen nach den Rechtsvorschriften und/oder Gepflogenheiten der Mitgliedstaaten gewährleistet sein. Daher ist die Arbeitnehmerin z. B. für die Berechnung der Betriebszugehörigkeit, für Urlaub oder für Gratifikationen, die nicht gerade die aktive Arbeitstätigkeit z. Z. ihrer Gewährung voraussetzen,[50] ungeachtet der Gefahrvermeidungsmaßnahme grundsätzlich so zu behandeln, als hätte sie auf ihrem ursprünglichen Arbeitsplatz weitergearbeitet.[51] Bedeutung hat das vor allem für den **Vergütungsanspruch** bei Umsetzung auf einen schlechter vergüteten Arbeitsplatz und bei Beurlaubung. Wie der Gerichtshof betont, ist die Fortzahlung von Arbeitsentgelt in der einstweiligen Umgestaltung der Arbeitsbedingungen (Art. 5

---

47 EuGH v. 19.11.1998 – Rs. C-66/96 *Pedersen*, EU:C:1998:549 Rdn. 57 f.; die Regelung verstieß zudem gegen das Verbot der Geschlechtsdiskriminierung, § 10 Rdn. 37.

48 EuGH v. 19.10.2017 – Rs. C-531/15 *Ramos*, EU:C:2017:789 Rdn. 75.

49 Art. 11 Nr. 1 bis 3 MuSchRL ist hinreichend bestimmt und unbedingt und daher im Verhältnis zu den Mitgliedstaaten unmittelbar anwendbar; EuGH v. 1.7.2010 – Rs. C-194/08 *Gassmayr*, EU:C:2010:386 Rdn. 43–53.

50 Zu Art. 11 Nr. 2 MuSchRL EuGH v. 21.10.1999 – Rs. C-333/97 *Lewen*, EU:C:1999:512 Rdn. 29, 31.

51 *Klein-Jahns*, EAS B 5100 Rdn. 40.

Abs. 1 und 2) anders zu verstehen als bei dem Mutterschaftsurlaub (Art. 8).[52] Insoweit verpflichtet Art. 11 Nr. 1 MuSchRL die Mitgliedstaaten indes nicht zu einer vollen Erhaltung, vielmehr kommt eine Reduzierung ebenso in Betracht wie eine Ersetzung durch angemessene staatliche Sozialleistungen.[53] Was angemessen ist, bestimmen die Rechtsvorschriften und Gepflogenheiten der Mitgliedstaaten (arg. e Art. 11 Nr. 3); die Umsetzung der Richtlinie darf allerdings nicht zum Anlass für eine Verschlechterung genommen werden, Art. 1 Abs. 3 MuSchRL. Die Inanspruchnahme der Sozialleistungen kann an Bedingungen geknüpft sein (Art. 11 Nr. 4 UAbs. 1 MuSchRL), namentlich eine Vorbeschäftigungszeit von bis zu (höchstens) zwölf Monaten (UAbs. 2). Sind damit die Einzelheiten der Entgeltfortzahlung/Sozialleistung in das Ermessen der Mitgliedstaaten gestellt, so wird dieses Ermessen doch durch die Umsetzungspflichten (Effektivitätsgebot, Äquivalenzgebot; § 1 Rdn. 77) begrenzt, über deren Einhaltung der EuGH wacht.[54] Insbesondere dürfen die Mitgliedstaaten den wirtschaftlichen Schutz jedenfalls nicht „illusorisch" machen.

Aus der Zielsetzung der Bestimmung hat der Gerichtshof teils detaillierte Anforderungen abgeleitet. So kann einer auf eine andere Stelle versetzte Arbeitnehmerin nicht weniger gezahlt werden als anderen Arbeitnehmern auf der gleichen Stelle.[55] Hinsichtlich Zulagen unterscheidet der Gerichtshof solche, die sich auf den beruflichen Status der Arbeitnehmerin beziehen – Dienstalter, Dienstzeit und berufliche Qualifikationen –, und solche, die die Arbeitsleistung der Arbeitnehmerin betreffen. Während die Arbeitnehmerin stets weiterhin Anspruch hat auf erstere, können die Mitgliedsaaten über die letzteren eigene Regelungen treffen.[56] 23

4. Absolute Beschäftigungsverbote

Für Schwangere und Stillende statuiert die Richtlinie außerdem – differenziert nach den spezifischen Gefahren – in Art. 6 i.V.m. Anhang II MuSchRL absolute Beschäftigungsverbote. Die Anwendungsfälle nach Anhang II der Richtlinie sind verhältnismäßig eng umrissen. Sie waren im Gesetzgebungsverfahren umstritten und wohl auch deswegen ist eine Anpassung des Anhangs II nicht im erleichterten Verfahren (Art. 13 MuSchRL) möglich. 24

---

52 EuGH v. 1.7.2010 – Rs. C-471/08 *Parviainen*, EU:C:2010:391 Rdn. 38ff. m. zust. Anm. *Höpfner*, EuZA 2011, 223–232.

53 EuGH v. 1.7.2010 – Rs. C-471/08 *Parviainen*, EU:C:2010:391 Rdn. 49; EuGH v. 1.7.2010 – Rs. C-194/08 *Gassmayr*, EU:C:2010:386 Rdn. 60–76; m.Anm.v. *Donath*, ZESAR 2011, 134–138 (kritisch zu politischen Erwägungen); *Nebe*, ZESAR 2011, 10–17 (überwiegend zustimmend).

54 EuGH v. 1.7.2010 – Rs. C-471/08 *Parviainen*, EU:C:2010:391 Rdn. 55f.

55 EuGH v. 1.7.2010 – Rs. C-471/08 *Parviainen*, EU:C:2010:391 Rdn. 58.

56 EuGH v. 1.7.2010 – Rs. C-471/08 *Parviainen*, EU:C:2010:391 Rdn. 60f.; EuGH v. 1.7.2010 – Rs. C-194/08 *Gassmayr*, EU:C:2010:386 Rdn. 60–76 (Vereinbarkeit von Fortzahlung des durchschnittlichen Arbeitsentgelts mit Ausnahme von Bereitschaftsdienstzulagen mit Art. 11 Nr. 1 MuSchRL).

25 Wie die Bezugnahme auf die „Beurteilung“ in Art. 6 MuSchRL (wenn auch ohne Nennung von Art. 4) ausweist, greift (über den Wortlaut von Art. 4 hinaus) auch im Hinblick auf die Agenzien und Arbeitsbedingungen die Gefahrerfassungs- und Unterrichtungspflicht des Art. 4 ein. Lediglich hinsichtlich der Gefahrvermeidung wird Art. 5 durch das absolute Beschäftigungsverbot ersetzt. Hier fordert die Richtlinie außerdem, dass die Rechte der Arbeitnehmerin, einschließlich der Fortzahlung eines Arbeitsentgelts, gewährleistet werden, Art. 11 Nr. 1 und 4 MuSchRL (s. o. Rdn. 22).

5. Nachtarbeit

26 Nachtarbeit ist Schwangeren und Wöchnerinnen nicht grundsätzlich verboten. Jedoch dürfen die geschützten Arbeitnehmerinnen während der Schwangerschaft und für einen von den mitgliedstaatlichen Behörden festzulegenden Zeitraum nach der Entbindung **nicht zu Nachtarbeit verpflichtet** werden, wenn sie durch ärztliches Attest belegen, dass diese Befreiung im Hinblick auf die Sicherheit und den Gesundheitsschutz der Arbeitnehmerin notwendig ist, Art. 7 Abs. 1 MuSchRL.[57] Was „Nacht“ bedeutet, legt die Richtlinie nicht fest und können daher die Mitgliedstaaten konkretisieren, doch erscheint systematisch und teleologisch geboten, dabei die Rahmenvorgaben von Art. 2 Nr. 3 und 4 ArbZRL zu beachten (sieben Stunden, die die Zeitspanne zwischen 24 und 5 Uhr einschließen).[58] Anders als bei der Definition von „Nachtarbeiter“ in Art. 2 Nr. 4 ArbZRL spielt allerdings für Art. 7 MuSchRL die Regelmäßigkeit der Nachtarbeit (Anteil der täglichen oder jährlichen Arbeitszeit) keine Rolle, das Verbot betrifft jede Nachtarbeit,[59] etwa auch Schichtarbeit, die teilweise in die Nachtzeit fällt.[60]

27 Gefahrermittlungs- und Unterrichtungspflichten sind hier nach dem Wortlaut der Vorschrift nicht vorgesehen. Dies kann man damit erklären, dass bereits der Tatbestand der Nachtarbeit hinreichend definiert ist und die konkrete Gefährdung individuell ärztlich festgestellt wird. Der EuGH hat Art. 7 hingegen als „Sonderbestimmung“ zu Art. 4 angesehen und angenommen, auch hier bestehe eine Gefahrerfassungspflicht (die dann insbesondere durch die Beweislastumkehr von Art. 19 Abs. 1, 4 lit. a) GDRL bewehrt ist).[61]

28 Der Arbeitgeber muss die Arbeitnehmerin in diesem Fall auf einen anderen Arbeitsplatz umsetzen oder sie, hilfsweise – wenn die Umsetzung aus technischen oder sachlichen Gründen nicht möglich oder dem Arbeitgeber aus gebührend nachgewie-

---

57 *Lörcher*, AuR 1993, 54.

58 EuGH v. 19.9.2018 – Rs. C-41/17 *González Castro*, EU:C:2018:736 Rdn. 43 ff.; EuArbRK/*Risak*, Art. 7 RL 92/85/EWG Rdn. 2.

59 EuArbRK/*Risak*, Art. 7 RL 92/85/EWG Rdn. 2a.

60 EuGH v. 19.9.2018 – Rs. C-41/17 *González Castro*, EU:C:2018:736 Rdn. 38 ff.

61 EuGH v. 19.9.2018 – Rs. C-41/17 *González Castro*, EU:C:2018:736 Rdn. 60 ff.

senen Gründen nicht zumutbar ist – beurlauben, Art. 7 Abs. 2 MuSchRL. Die Rangfolge der Arbeitgeberpflichten schützt das Beschäftigungsinteresse der Arbeitnehmerin.[62] Wiederum bleiben der Arbeitnehmerin ihre Rechte einschließlich Vergütungsanspruch erhalten, Art. 11 Nr. 1 und 4 (s. o. Rdn. 22).

IV. Mutterschaftsurlaub und Freistellung zur Vorsorgeuntersuchung

1. Mutterschaftsurlaub

a) Freistellung von der Arbeitsverpflichtung

Die geschützten Arbeitnehmerinnen (Art. 2 MuSchRL) haben Anspruch auf einen Mut- 29 terschaftsurlaub. Der Gerichtshof sieht den Anspruch auf Mutterschaftsurlaub als ein **„sozialrechtliches Schutzinstrument von besonderer Bedeutung“** an. Damit werde den wesentlichen Änderungen in den Lebensbedingungen der Frauen während dieses Zeitraums Rechnung getragen, die für sich „triftiger Grund dafür sind, die Ausübung ihrer Berufstätigkeit auszusetzen, ohne dass die Stichhaltigkeit dieses Grundes von den Behörden oder den Arbeitgebern in irgendeiner Weise in Frage gestellt werden kann“.[63] Der Mutterschaftsurlaub dient zum einen dem Schutz der körperlichen Verfassung der Frau, zum anderen dem Schutz der besonderen Beziehung zwischen Mutter und Kind während der letzten Schwangerschaftswochen und nach der Geburt. Die Mutter soll in dieser Zeit nicht der Doppelbelastung infolge der gleichzeitigen Ausübung eines Berufs ausgesetzt werden.[64]

Nach Wortlaut („Entbindung“) und Zweck der Regelung hat die **Bestellmutter**, die im Rahmen 30 eines Ersatzmuttervertrags ein Kind erhalten hat, selbst aber nicht schwanger war, keinen Anspruch auf Mutterschaftsurlaub, und zwar auch dann nicht, wenn sie nach der Geburt des Kindes möglicherweise oder tatsächlich stillt (s. bereits oben, Rdn. 12).[65] Der Gerichtshof hat den Zweck der Regelung insoweit eng ausgelegt und allein auf den Schutz der Gesundheit der Mutter bezogen, nicht auf den Schutz der Mutter-Kind-Beziehung.[66]

Der Mutterschaftsurlaub ist für die **Dauer** von **14 Wochen** ohne Unterbrechung 31 zu gewähren (Art. 8 Abs. 1 MuSchRL).[67] Davon können zwölf Wochen als Recht der

62 EuArbRK/*Risak*, Art. 7 RL 92/85/EWG Rdn. 9; Preis/Sagan/*Ulber*, Rdn. 9.147.

63 EuGH v. 20.9.2007 – Rs. C-116/06 *Kiiski*, EU:C:2007:536 Rdn. 49.

64 EuGH v. 20.9.2007 – Rs. C-116/06 *Kiiski*, EU:C:2007:536 Rdn. 46, 50.

65 EuGH v. 18.3.2014 – Rs. C-167/12 *C.D.*, EU:C:2014:169 Rdn. 28 ff.

66 Krit. aber *Brose*, NZA 2016, 604, 606 ff.; Preis/Sagan/*Brose*, Rdn. 9.77 ff., 156 f.

67 Die Dauer des Mutterschaftsurlaubs war zuvor den Mitgliedstaaten überlassen, doch ergab sich aus der GbAbRL ein Diskriminierungsschutz, EuGH v. 8.11.1990 – Rs. C-179/88 *Handels- og Kontorfunktionaerernes Forbund*, EU:C:1990:384 Rdn. 15.

Arbeitnehmerin ausgestaltet werden, zwei Wochen sind obligatorisch, also der Sache nach ein Beschäftigungsverbot (Art. 8 Abs. 2).[68] Die zeitliche Lage beider Fristen vor und nach der Entbindung bestimmen nach Art. 8 Abs. 1 die Mitgliedstaaten nach ihren Rechtsvorschriften und/oder Gepflogenheiten.[69]

32 Der **Zweck** der ununterbrochenen 14–wöchigen Frist, nicht nur die Gesundheit der Arbeitnehmerin zu schützen, sondern ihr auch Gelegenheit zu geben, sich ohne die Risiken einer Doppelbelastung durch Familie und Beruf um das neugeborene Kind zu kümmern, steht einer Vereinbarung entgegen, wonach die Mutter den Mutterschaftsurlaub (endgültig) beenden muss, wenn sie in dieser Zeit **Krankheitsurlaub** nehmen will.[70] Da umgekehrt diese Zwecksetzung nicht Tatbestandselement des Anspruchs auf Mutterschaftsurlaub ist, sondern nur der abstrakten Interessenbewertung zugrunde liegt, ist der Anspruch nicht dadurch ausgeschlossen, dass die einzelne Arbeitnehmerin den Risiken der Doppelbelastung nicht ausgesetzt ist, wie etwa, wenn sie sich im maßgeblichen Zeitraum im **Elternurlaub** befindet.[71] Die Inanspruchnahme von Elternurlaub darf ihrerseits nicht die Bedingungen für den Mutterschaftsurlaub nachteilig verändern.[72] Da **Jahresurlaub** (Art. 7 ArbZRL, § 17 Rdn. 55–75) und Mutterschaftsurlaub unterschiedliche Zwecke erfüllen, können sie nicht „verrechnet" werden. Fällt der Mutterschaftsurlaub in die Betriebsferien, so erlischt dadurch der Anspruch auf Jahresurlaub nach Art. 7 Abs. 1 ArbZRL nicht.[73] Die Arbeitnehmerin muss ihren Jahresurlaub dann zu einem anderen Zeitpunkt nehmen können.

b) Schutz der wirtschaftlichen Interessen – insbesondere Entgeltfortzahlung

33 Die wirtschaftlichen Interessen der Arbeitnehmerinnen schützt Art. 11 Nr. 2 und 3 MuSchRL[74].[75] Hier ist zum einen eine Gewährleistung der „sonstigen" mit dem Arbeitsvertrag verbundenen Rechte vorgeschrieben (Nr. 2 lit. a)), zum anderen die Fortzahlung eines Entgelts[76] und/oder die Zahlung einer angemessenen Sozialleistung (Nr. 2 lit. b)). Zum **Schutz der „sonstigen" Rechte** ist der Mutterschaftsurlaub wie normale Arbeitszeit zu berücksichtigen, etwa für die Zwecke der Betriebszugehörig-

---

68 EuGH v. 19.8.2013 – Rs. C-5/12 *Montull*, EU:C:2013:571. Zuvor war Mutterschaftsurlaub zumeist fakultativ ausgestaltet; *Coester-Waltjen*, Mutterschutz in Europa, S. 16–18.

69 EuGH v. 19.11.1998 – Rs. C-66/96 *Pedersen*, EU:C:1998:549 Rdn. 45–54.

70 EuGH v. 27.10.1998 – Rs. C-411/96 *Boyle*, EU:C:1998:506 Rdn. 55–66.

71 EuGH v. 20.9.2007 – Rs. C-116/06 *Kiiski*, EU:C:2007:536 Rdn. 30 f.

72 EuGH v. 13.2.2014 – verb. Rs. C-512/11 und C-513/11 *Terveys- ja sosiaalialan neuvottelujärjestö (TSN) ry*, EU:C:2014:73 Rdn. 48.

73 EuGH v. 18.3.2004 – C-342/01 *Merino Gómez*, EU:C:2004:160 Rdn. 28–32.

74 Art. 11 Nr. 1 bis 3 MuSchRL gelten unbedingt und sind ausreichend präzise und könnten daher direkt gegen die Mitgliedstaaten anwendbar sein; EuGH v. 1.7.2010 – Rs. C-194/08 *Gassmayr*, EU: C:2010:386 Rdn. 43–53.

75 Noch erheblich weitergehende wirtschaftliche Rechte sah der Kommissionsvorschlag vor; KOM (90) 406 endg., ABl. 1990 C 281/3. Dazu noch *Burrows*, YEL11 (1991), 273, 290 f.

76 Der Begriff ist hier so wie in Art. 157 AEUV (weit) auszulegen; EuGH v. 14.7.2016 – Rs. C-335/15 *Ornano*, EU:C:2016:564 Rdn. 30.

keit, des Urlaubsanspruchs,[77] der Rentenanwartschaften[78] oder von Gratifikationen, die nicht gerade die aktive Arbeitstätigkeit z. Z. ihrer Gewährung voraussetzen[79].

Die **Vergütungssicherung** muss nicht vollständig sein,[80] zu gewährleisten ist 34
lediglich „ein" Entgelt und/oder eine „angemessene" Sozialleistung. Einzelheiten (Schuldner, Finanzierung usf.) bestimmen die Mitgliedstaaten.[81] Die **Angemessenheit** der Sozialleistung bestimmt Nr. 3 für diesen Fall (anders als für die Fälle von Nr. 1) näher. Obwohl die Bestimmung von Nr. 3 sich ihrem Wortlaut nach nur auf die Sozialleistungen bezieht, wendet der EuGH sie auch auf die Entgeltfortzahlung an; das überzeugt, da Entgeltfortzahlung und Sozialleistung äquivalente Umsetzungsmöglichkeiten sind. Die Sozialleistung bzw. das Entgelt muss nach Nr. 3 während des Mutterschaftsurlaubs „mindestens" so hoch sein wie nach mitgliedstaatlichem Recht bei der Entgeltfortzahlung im Krankheitsfall. Nur dieses Minimum gibt die Richtlinie verpflichtend vor, sie verlangt m. a. W. *nicht*, dass das Mutterschaftsgeld *höher* ist als das Krankengeld. Die Mitgliedstaaten können auch eine Obergrenze festlegen, doch darf diese wohl ihrerseits nicht diskriminierend wirken und die geschützten Arbeitnehmerinnen schlechter stellen als erkrankte Arbeitnehmer.[82] Auch für die Vergütungssicherung kann eine Vorbeschäftigungszeit von bis zu zwölf Monaten Voraussetzung für den Anspruch sein, Art. 11 Nr. 4 MuSchRL.[83] *Vertragliche Entgeltleistungen*, die über das nach Art. 11 Nr. 3 geschuldete Angemessene hinausgehen, können sowohl nach den Vorgaben von Art. 11 Nr. 3 als auch nach den Diskriminierungsverboten von Art. 157 AEUV und der Geschlechtsdiskriminierungsrichtlinie (§ 9 Rdn. 16) an zusätzliche Voraussetzungen geknüpft werden.[84]

---

77 EuGH v. 27.10.1998 – Rs. C-411/96 *Boyle*, EU:C:1998:506 Rdn. 68 f. Im Fall von EuGH v. 13.1.2005 – Rs. C-356/03 *Mayer*, EU:C:2005:20 war die Umsetzungsfrist der MuSchRL noch nicht abgelaufen (Rdn. 42).

78 EuGH v. 27.10.1998 – Rs. C-411/96 *Boyle*, EU:C:1998:506 Rdn. 82 f.

79 EuGH v. 21.10.1999 – Rs. C-333/97 *Lewen*, EU:C:1999:512 Rdn. 29, 31.

80 EuGH v. 1.7.2010 – Rs. C-194/08 *Gassmayr*, EU:C:2010:386 Rdn. 77–91 (Vereinbarkeit von Fortzahlung des durchschnittlichen Arbeitsentgelts mit Ausnahme von Bereitschaftsdienstzulagen mit Art. 11 Nr. 2 und 3 MuSchRL); EuGH v. 14.7.2016 – Rs. C-335/15 *Ornano*, EU:C:2016:564 Rdn. 32 ff.

81 *Klein-Jahns*, EAS B 5100 Rdn. 31. Eine Einschränkung kann sich aus IAO-Übereinkommen Nrn. 3 und 103 ergeben (staatliche Finanzierung vorgegeben).

82 In diese Richtung deuten die Ausführungen von EuGH v. 19.11.1998 – Rs. C-66/96 *Pedersen*, EU:C:1998:549 Rdn. 38–41, wo freilich (Rdn. 39) Art. 11 Nr. 3 MuSchRL nicht beanstandet wird.

83 Mehrere Beschäftigungszeiten, auch in unterschiedlichem Beschäftigungsstatus, sind zusammenzurechnen, es beginnt nicht etwa beim Wechsel von einem Beamten- in ein Angestelltenverhältnis eine neue Wartezeit; EuGH v. 21.5.2015 – Rs. C-65/14 *Rosselle*, EU:C:2015:339 Rdn. 36.

84 EuGH v. 19.11.1998 – Rs. C-66/96 *Pedersen*, EU:C:1998:549 Rdn. 30–44; EuGH v. 27.10.1998 – Rs. C-411/ 96 *Boyle*, EU:C:1998:506 Rdn. 30–36 (Pflicht zur Erstattung von vertraglich vereinbarten Zahlungen, die über das gesetzliche Mutterschaftsgeld hinausgehen, für den Fall, dass die Arbeitnehmerin die Arbeit nach Ablauf der Mutterschutzzeit nicht für mindestens einen Monat wieder aufnimmt).

c) Benachteiligungsverbot

35 Die Regelungen über den Mutterschaftsurlaub werden flankiert durch zwei Vorschriften der **Geschlechtsdiskriminierungsrichtlinie** (s. o., § 10 Rdn. 47, 63 f.). Zum einen definiert Art. 2 Abs. 2 lit. c) GDRL jegliche ungünstigere Behandlung einer Frau im Zusammenhang mit Schwangerschaft oder Mutterschaftsurlaub als Diskriminierung (s. noch unten, Rdn. 41).[85] Zum anderen garantiert Art. 15 GDRL die Rückkehr auf den Arbeitsplatz oder einen gleichwertigen Arbeitsplatz unter Bedingungen, die nicht weniger günstig sind.[86] Den Arbeitnehmerinnen kommen zudem auch alle Verbesserungen der Arbeitsbedingungen zugute, auf die sie während ihrer Abwesenheit Anspruch gehabt hätten.

2. Vorsorgeuntersuchungen

36 Für die – freilich in den einzelnen Mitgliedstaaten in ganz unterschiedlichem Maße üblichen – Vorsorgeuntersuchungen während der Schwangerschaft, die während der Arbeitszeit stattfinden *müssen*,[87] sind schwangere Arbeitnehmerinnen nach näherer Maßgabe des mitgliedstaatlichen Rechts von der Arbeit freizustellen, Art. 9 MuSchRL. Die für diesen Fall bestimmte Pflicht zur ungekürzten Entgeltfortzahlung ist mit Rücksicht auf die engen Tatbestandsvoraussetzungen gut verträglich.

V. Benachteiligungsverbot

1. Kündigungsverbot

37 Vom Beginn der Schwangerschaft[88] bis zum Ende des – in Umsetzung von Art. 8 Abs. 1 MuSchRL[89] im mitgliedstaatlichen Recht vorgesehenen – Mutterschaftsurlaubs (nicht jedoch für die Dauer einer darüber hinausgehenden Stillzeit) sind **Kündigungen** von Arbeitnehmerinnen i. S. v. Art. 2 MuSchRL (Rdn. 11; Unterrichtung!) grund-

---

85 EuGH v. 16.2.2006 – Rs. C-294/04 *Herrero*, EU:C:2006:109 Rdn. 38 f.; EuGH v. 18.11.2004 – Rs. C-284/02 *Sass*, EU:C:2004:722 Rdn. 32–36; EuGH v. 30.5.1998 – Rs. C-136/95 *Thibault*, EU:C:1998:178.

86 Vgl. auch EuGH v. 27.2.2003 – Rs. C-320/01 *Wiebke Busch*, EU:C:2003:114.

87 Die Beweislast dafür soll die Arbeitnehmerin tragen; *Klein-Jahns*, EAS B 5100 Rdn. 38.

88 Zum „Beginn der Schwangerschaft" bei In-vitro-Fertilisation s. noch unten, Rdn. 38 m. N.

89 Gewährt das mitgliedstaatliche Recht einen längeren Mutterschaftsurlaub, so verpflichtet Art. 10 Nr. 1 MuSchRL, der eigens auf Art. 8 Abs. 1 MuSchRL verweist, *insoweit* nicht zum Kündigungsschutz; in diese Richtung weist auch EuGH v. 19.11.1998 – Rs. C-66/96 *Pedersen*, EU:C:1998:549 Rdn. 56, 62. A. A. *Klein-Jahns*, EAS B 5100 Rdn. 33.

sätzlich (präventiv)[90] **verboten**, Art. 10 MuSchRL.[91] Der Gesetzgeber wollte damit der Gefahr begegnen, „die eine mögliche Entlassung für die physische und psychische Verfassung von schwangeren Arbeitnehmerinnen, Wöchnerinnen oder stillenden Arbeitnehmerinnen darstellt, einschließlich des besonders schwerwiegenden Risikos, dass eine schwangere Arbeitnehmerin zum freiwilligen Abbruch ihrer Schwangerschaft veranlasst wird" (vgl. BE 15 MuSchRL).[92] Verboten ist die Kündigung selbst, aus teleologischen Erwägungen aber auch schon ihre bloße Vorbereitung z.B. durch Ausschreibung der Stelle.[93] Das Kündigungsverbot gilt auch bei befristeten Arbeitsverhältnissen,[94] doch ist die **Nicht-Erneuerung** nach Ablauf der Befristung der Kündigung nicht gleichzustellen.[95] Wird das Arbeitsverhältnis aber wegen der Schwangerschaft nicht verlängert, so verstößt das ebenso wie eine Einstellungsverweigerung wegen Schwangerschaft gegen das **Diskriminierungsverbot** des Art. 2 Abs. 1, 14 Abs. 1 GDRL (§ 10 Rdn. 47 und oben, Rdn. 35).[96] Entgegen dem Wortlaut von Art. 2 MuSchRL setzt der Kündigungsschutz nach Ansicht des EuGH nicht voraus, dass die Arbeitnehmerin den Arbeitgeber von ihrem Zustand unterrichtet hat (oben, Rdn. 11). Unschädlich ist, dass die Arbeitnehmerin die Schwangerschaft oder ihre voraussichtliche Arbeitsunfähigkeit während eines wesentlichen Teils eines befristeten Arbeitsverhältnisses bei Einstellung verschwiegen hat (s.a. § 10 Rdn. 64).[97]

Der *Beginn der Schwangerschaft* erwies sich im Fall der **In-vitro-Fertilisation** (d.h. der Befruch- 38
tung der Eizelle außerhalb des Körpers der Frau) als unklar. Im Fall *Mayr* kündigte der Arbeitgeber der Klägerin, nachdem eine ihr entnommene Eizelle bereits mit den Samenzellen ihres Partners befruchtet worden, ihr aber noch nicht in die Gebärmutter eingesetzt worden ist. Nach Wortlaut und Zweck der Regelung nahm der EuGH an, schwanger i.S. der Regelung sei eine Frau bei In-vitro-Fertilisation jedenfalls erst mit der Einsetzung der Eizelle in die Gebärmutter.[98] Das entspricht dem natürlichen Sprachgebrauch, und auch den Schutzbedürfnissen.[99] Zudem berücksichtigt der Gerichtshof aber

---

90 Wie sich aus der Systematik von Art. 10 Nr. 1 und 3 MuSchRL ergibt, ist sowohl ein präventives Verbot als auch repressiver Schutz vorzusehen; EuGH v. 22.2.2018 – Rs. C-103/16 *Guisado*, EU:C:2018:99 Rdn. 56ff.

91 Zur ratio EuGH v. 11.10.2007 – Rs. C-460/06 *Paquay*, EU:C:2007:601 Rdn. 30; EuGH v. 8.9.2005 – Rs. C-191/03 *McKenna*, EU:C:2005:513 Rdn. 48; EuGH v. 30.6.1998 – Rs. C-394/96 *Mary Brown*, EU:C:1998:331 Rdn. 18; EuGH v. 14.7.1993 – Rs. C-32/93 *Webb*, EU:C:1994:300 Rdn. 21f.

92 EuGH v. 26.2.2008 – Rs. C-506/06 *Mayr*, EU:C:2008:119 Rdn. 34.

93 EuGH v. 11.10.2007 – Rs. C-460/06 *Paquay*, EU:C:2007:601 Rdn. 33–35; zust.Anm.v.M. *Schmidt*, ZESAR 2008, 193f.; Bespr. v. *Benecke*, EuZA 2008, 385–394 (krit. gegenüber der Vereinbarkeit mit dem Wortlaut und mit Hinweisen zum deutschen Recht, § 9 MuSchG).

94 EuGH v. 4.10.2001 – Rs. C-438/99 *Jiménez Melgar*, EU:C:2001:509 Rdn. 43; EuGH v. 4.10.2001 – Rs. C-109/00 *Tele Danmark*, EU:C:2001:513 Rdn. 31–34.

95 EuGH v. 4.10.2001 – Rs. C-438/99 *Jiménez Melgar*, EU:C:2001:509 Rdn. 43–45.

96 EuGH v. 4.10.2001 – Rs. C-438/99 *Jiménez Melgar*, EU:C:2001:509 Rdn. 46.

97 EuGH v. 4.10.2001 – Rs. C-109/00 *Tele Danmark*, EU:C:2001:513 Rdn. 25–34. Zu Unrecht krit. *Herrmann*, SAE 2003, 125–134, die dem Arbeitgeber einen Arglisteinwand zugeben möchte.

98 EuGH v. 26.2.2008 – Rs. C-506/06 *Mayr*, EU:C:2008:119 Rdn. 29–42.

99 Krit. *Reiner*, EuZA 2009, 79–87.

auch das (vor allem für den Arbeitgeber sprechende) Rechtssicherheitsinteresse: Da befruchtete Eizellen vor der Implantation bis zu zehn Jahre lang aufbewahrt werden können, würde eine andere Auslegung zu unerträglicher Rechtsunsicherheit führen. Der Fall illustriert zugleich den flankierenden Schutz des Geschlechtsdiskriminierungsverbots (oben, Rdn. 33): Sollte die Kündigung *wegen* der (zwar noch nicht vollendeten) In-vitro-Fertilisation bzw. der bevorstehenden Schwangerschaft erfolgt sein, so läge darin eine nach Art. 14 Abs. 1 lit. c), Art. 2 GDRL verbotene Geschlechtsdiskriminierung.[100]

39 Der Kündigungsschutz nach Art. 10 MuSchRL ist **nicht absolut**, doch dürfen Kündigungen von geschützten Arbeitnehmerinnen von den Mitgliedstaaten nur ausnahmsweise und nur aus Gründen vorgesehen werden, die **nicht** mit Schwangerschaft, kürzlicher Entbindung oder Stillen **in Zusammenhang** stehen.[101] Zu diesen ausgenommenen Gründen gehören insbesondere auch Massenentlassungen, die nach der Definition von Art. 1 Abs. 1 lit. a) MERL „aus einem oder mehreren Gründen" erfolgen, „die nicht in der Person der Arbeitnehmer liegen".[102] Im Hinblick auf die Beweislast kann der Arbeitnehmerin ggf. die Beweiserleichterung der Geschlechtsdiskriminierungsrichtlinie zugutekommen, Art. 19 Abs. 4 lit. a) GDRL.[103] Die Kündigungsgründe muss der Arbeitgeber (wohl: im Kündigungsschreiben) schriftlich anführen, Art. 10 Nr. 2 MuSchRL.[104] Vor „den Folgen einer nach Nr. 1 widerrechtlichen Kündigung" müssen die Mitgliedstaaten die geschützten Arbeitnehmerinnen besonders schützen, Art. 10 Nr. 3 MuSchRL. Zu denken ist v.a. an eine behördliche Kontrolle (s. Art. 10 Nr. 1 a.E. MuSchRL), doch ist deren Einführung nicht vorgeschrieben.[105] Der vom EuGH aus der Geschlechtsdiskriminierungsrichtlinie abgeleitete Kündigungsschutz[106] (§ 10 Rdn. 47 f.) kommt im Anwendungsbereich von Art. 10 nicht mehr zum Tragen, kann aber einen komplementären Schutz bewirken (z. B. im Hinblick auf die Stillzeit).[107]

40 Die **Bewehrung** des Kündigungsverbots – materielle Sanktionen und prozedurale Durchsetzungsmechanismen – ist nach Art. 10 Nr. 3, 12 MuSchRL Sache der Mitgliedstaaten, die dabei („nur") an die Umsetzungspflichten gebunden sind (§ 1

---

100 EuGH v. 26.2.2008 – Rs. C-506/06 *Mayr*, EU:C:2008:119 Rdn. 45–52.

101 Vgl. EuGH v. 11.10.2007 – Rs. C-460/06 *Paquay*, EU:C:2007:601 Rdn. 31, 36. Die Mitgliedstaaten können Arbeitnehmerinnen weitergehend schützen und Kündigungen ganz ausschließen (Art. 1 Abs. 3 MuSchRL); sie müssen die zulässigen Gründe nicht gesetzgeberisch festlegen; EuGH v. 4.10.2001 – Rs. C-438/99 *Jiménez Melgar*, EU:C:2001:509 Rdn. 37.

102 EuGH v. 22.2.2018 – Rs. C-103/16 *Guisado*, EU:C:2018:99 Rdn. 51 ff. EuArbRK/*Risak*, Art. 10 RL 92/85/EWG Rdn. 9.

103 EuGH v. 11.10.2007 – Rs. C-460/06 *Paquay*, EU:C:2007:601 Rdn. 37.

104 Im Fall der Massenentlassung reicht die Mitteilung der diese rechtfertigenden Gründe; EuGH v. 22.2.2018 – Rs. C-103/16 *Guisado*, EU:C:2018:99 Rdn. 51 ff.

105 EuGH v. 4.10.2001 – Rs. C-438/99 *Jiménez Melgar*, EU:C:2001:509 Rdn. 51.

106 EuGH v. 14.7.1994 – Rs. C-32/93 *Webb*, EU:C:1994:300.

107 Vgl. EuGH v. 19.11.1998 – Rs. C-66/96 *Pedersen*, EU:C:1998:549 Rdn. 33–37 (betr. Lohnfortzahlung bei schwangerschaftsbedingter Krankheit).

Rdn. 76f.). Eine **Ausschlussfrist** für die gerichtliche Geltendmachung des Kündigungsverbots können die Mitgliedstaaten vorsehen, wenn sie für ähnliche Klagen auf der Grundlage des nationalen Rechts ebenso vorgesehen ist (Äquivalenzprinzip) und das Kündigungsverbot nicht im praktischen Ergebnis leerlaufen lässt (Effektivitätsprinzip).[108] Im konkreten Fall hielt der EuGH eine Frist von 15 Tagen ab Aufgabe des Kündigungsschreibens zur Post für „offenbar nicht geeignet", dem Effektivitätsgebot zu genügen (überließ aber die Prüfung letztlich dem mitgliedstaatlichen Gericht).

2. Allgemeines Benachteiligungsverbot

Die Mutterschutzrichtlinie verbietet mit der Kündigung in der Zeit vom Beginn der Schwangerschaft bis zum Ende des Mutterschutzurlaubs lediglich für einen Teilbereich eine Benachteiligung wegen Schwangerschaft und Mutterschaft (nicht für stillende Mütter und nicht für andere Benachteiligungen als durch Kündigung).[109] Da indes die Benachteiligung wegen Schwangerschaft, Niederkunft oder Stillens nach der Rechtsprechung des EuGH eine unmittelbare Geschlechtsdiskriminierung darstellt, folgt aus Art. 14, 2 und 15 GDRL ein umfassendes, auch über den Schutzbereich der Mutterschutzrichtlinie hinausgehendes Benachteiligungsverbot (näher § 10 Rdn. 64 sowie oben, Rdn. 2).[110] 41

VI. Umsetzung

Die Umsetzung in Deutschland[111] erfolgte – etwas verspätet – durch das Gesetz zur Änderung des Mutterschutzrechts vom 20. Dezember 1996,[112] im Hinblick die Einzelheiten von Sicherheit und Gesundheitsschutz (Art. 4–6 MuSchRL) durch die Mutter- 42

108 EuGH v. 29.10.2009 – Rs. C-63/08 *Pontin*, EU:C:2009:666 Rdn. 43–49 (zu den Grundsätzen) und 50–69 (zu der Anwendung der Grundsätze).

109 Daneben enthält Art. 11 Nr. 1 MuSchRL eine – ebenfalls eingeschränkte – Gewährleistung der Rechte im Hinblick auf Gefahrvermeidungsmaßnahmen und Beschäftigungsverbote.

110 EuGH v. 11.11.2010 – Rs. C-232/09 *Danosa*, EU:C:2010:674 Rdn. 59ff., 65ff.; EuGH v. 16.2.2006 – Rs. C-294/04 *Herrero*, EU:C:2006:109 Rdn. 38f., 41; EuGH v. 18.11.2004 – Rs. C-284/ 02 *Sass*, EU:C:2004:722 Rdn. 32–37; EuGH v. 3.2.2000 – Rs. C-207/98 *Mahlburg*, EU:C:2000:64 Rdn. 27; EuGH v. 30.6.1998 – Rs. C-394/96 *Mary Brown*, EU:C:1998:331 Rdn. 27 (unter Aufgabe der engeren Entscheidung EuGH v. 29.5.1997 – Rs. C-400/95 *Larsson*, EU:C:1997:259 Rdn. 23). Für Rentenanwartschaften (Art. 9 Abs. 1 lit. g) GDRL) EuGH v. 13.1.2005 – Rs. C-356/03 *Mayer*, EU:C:2005:20.

111 Näher noch *Klein-Jahns*, EAS B 5100 Rdn. 58f.; Hanau/Steinmeyer/Wank/*Wank*, § 18 Rdn. 368, 925.

112 BGBl. 1996 I, 2110.

schutzrichtlinienverordnung vom 15. April 1997[113].[114] Inhaltlich waren nur geringfügige Änderungen erforderlich (14-wöchige Freistellung in jedem Fall; Einschränkung der Ausnahmen vom Kündigungsverbot).[115]

VII. Beispielsfall: *Lewen*[116]

43 Susanne Lewen war seit dem 1. September 1990 bei Lothar Denda in dessen Firma Denda Zahntechnik beschäftigt. Ihr Monatsgehalt betrug 5.500 DM brutto innerhalb der 39,25-Stunden-Woche. Seit Anfang des Jahres 1996 schwanger, erbrachte Frau Lewen ihre Arbeitsleistung vom 1. Januar bis zum 8. April 1996 sowie vom 15. bis zum 18. April 1996. In der Zeit vom 9. April bis zum 12. April sowie vom 19. April bis zum 15. Mai 1996 war sie beurlaubt. Am *16. Mai* 1996 begann die sechswöchige Mutterschutzfrist nach § 3 Absatz 2 MuSchG, wobei als Geburtstermin der 27. Juni 1996 errechnet worden war. Die Tochter von Frau Lewen wurde am 12. Juni 1996 geboren. Die Mutterschutzfrist lief gemäß § 6 Absatz 1 MuSchG am 6. September 1996 ab. Seit dem 7. September 1996 befand sich Frau Lewen in dem von ihr beantragten Erziehungsurlaub, der am 12. Juli 1999 enden sollte.

44 Mit ihrer am 10. Januar 1997 beim Arbeitsgericht Gelsenkirchen erhobenen Klage beantragte Frau Lewen, Herrn Denda zu verurteilen, ihr für das Jahr 1996 eine Weihnachtsgratifikation in Höhe von 5.500 DM brutto zu zahlen. Eine solche Gratifikation war ihr und den anderen Arbeitnehmern von Herrn Denda auch in den Vorjahren gezahlt worden.

45 Mit seiner Vorlage stellte das Arbeitsgericht Gelsenkirchen dem EuGH verschiedene Fragen, die insbesondere die Vereinbarkeit des Gratifikationsausschlusses mit der Mutterschutzrichtlinie betrafen. Zu klären war zunächst, ob eine Weihnachtsgratifikation, die als Anreiz für *zukünftige* Dienstleistungen oder Betriebstreue gewährt wird, „Arbeitsentgelt" i. S. v. Art. 11 Nr. 2 lit. b) MuSchRL darstellt. Da die Gratifikation in diesem Fall nicht dazu dient, „angemessene Bezüge" i. S. v. Nr. 3 der Vorschrift zu gewähren, verneinte der EuGH das. Auch aus Art. 11 Nr. 2 lit. a) MuSchRL ließ sich nichts anderes begründen, da lit. b) nach der klaren Systematik Vergütungsfragen abschließend regelt.

46 Das Arbeitsgericht wollte weiterhin wissen, ob mit Art. 11 Nr. 2 vereinbar ist, Arbeitnehmerinnen vollständig von der Gratifikation für das vorangegangene Jahr auszuschließen, ohne Rücksicht auf zurückgelegte Mutterschutzzeiten (Beschäftigungs-

---

113 BGBl. 1997 I, 782.

114 Dazu etwa *Marburger*, BB 1997, 521–524; *Sowka*, NZA 1997, 296–298; *ders.*, NZA 1997, 927–928; *Thau*, AuA 1997, 213–215; *Zmarzlik*, DB 1994, 96–97. Zur Umsetzung im Vereinigten Königreich vgl. *Cromack*, J. Soc. Wel. & Fam. L. 15 (1993), 261–272.

115 *Lenz*, NJW 1997, 1491.

116 EuGH v. 21.10.1999 – Rs. C-333/97 *Lewen*, EU:C:1999:512.

verbote). Auch insoweit stellt der Gerichtshof keinen Richtlinienverstoß fest, und zwar unabhängig von der Frage, ob die Gratifikation als Vergütung für vergangene Leistungen gezahlt wird oder allein daran anknüpft, dass der Arbeitnehmer zum Zeitpunkt der Gewährung im aktiven Beschäftigungsverhältnis steht. Allerdings sind Mutterschutzzeiten (Beschäftigungsverbote) nach dem Lohngleichbehandlungsgrundsatz des Art. 157 AEUV wie Beschäftigungszeiten zu berücksichtigen, wenn die Gratifikation ein Entgelt für frühere Leistungen darstellt (Differenzierung nach der Schwangerschaft ist unmittelbare Geschlechtsdiskriminierung; s.o. § 10 Rdn. 47).

§ 24 Die Eltern- und Pflegeurlaubsrichtlinie

Literatur:

Zur Eltern- und Pflegeurlaubsrichtlinie: *Dahm*, Die neue Richtlinie zur Vereinbarkeit von Beruf und Privatleben für Eltern und pflegende Angehörige – Erforderliche Neuerungen im deutschen Recht, EuZA 2020, 19–34; *Graue*, Auswirkungen der Richtlinie 2019/1158/EU zur Vereinbarkeit von Beruf und Privatleben für Eltern und pflegende Angehörige auf das deutsche Arbeitsrecht, ZESAR 2020, 62–71; *Stoye/Thoma*, Die Richtlinie (EU) 2019/1158 zur Vereinbarkeit von Beruf und Privatleben für Eltern und pflegende Angehörige, ZESAR 2020, 10–18.

Zu den Elternurlaubsrichtlinien: *Caracciolo Di Torella*, Childcare, Employment and Equality in the European Community: First (False) Steps of the Court, E.L. Rev. 25 (2000), 310–316; *Coester-Waltjen*, Mutterschutz in Europa – Der Schutz der erwerbstätigen Frau während der Schwangerschaft und Mutterschaft in den Mitgliedstaaten der Europäischen Gemeinschaft, 1986 (zugleich Euro.Dok. V/1829/84–EN, Brüssel 1984/85); *Dahm*, Die neue Richtlinie zum Elternurlaub, EuZA 2011, 30–52; *Davidson*, Parental Leave – Time for Action?, J. Soc. Wel. & Fam. L. 8 (1986), 281–289; *Ellis*, Parents and Employment: An Opportunity for Progress, ILJ 15 (1986), 97–109; *Hardy/Adnett*, The Parental Leave Directive, Towards a ‚Family Friendly' Social Europe?, EJIR 8 (2002), 157–170; *Hiller*, Fallstudie: Elternurlaubsrichtlinie, in: Falkner/Müller (Hrsg.), Österreich im europäischen Mehrebenensystem, Schriftenreihe des Zentrums für angewandte Politikforschung, 1998, S. 111–138; *Hornung-Draus*, Abkommen zum Elternurlaub verabschiedet, Arbeitgeber 1996, 62–63; *Jacobsen*, Accomodating Families, in: Dau-Schmidt/Harris/Lobel (Hrsg.), Labor and Employment Law and Economics – Encyclopedia of Law and Economics, 2. Aufl. 2009, 320–341; *Joussen*, Die vorzeitige Beendigung des Elternurlaubs bei erneuter Schwangerschaft, EuZA 2008, 375–384; *Junker*, Arbeitsrecht zwischen Markt und gesellschaftspolitischen Herausforderungen – Differenzierung nach Unternehmensgröße – Familiengerechte Strukturen – Gutachten B zum 65. Deutschen Juristentag, 2004; *Klein-Jahns*, Mutterschutz und Erziehungsurlaub, in: Oetker/Preis (Hrsg.), Europäisches Arbeits- und Sozialrecht, B 5100 (Stand: Jan. 1999); *Lester*, A Defense of Paid Family Leave, Harv. J. L. & Gender 28 (2005), 1–83; *McCaffrey/Graff*, European Union Directive on Parental Leave: Will the European Union Face the same Problems as those Faced by the United States Under the 1993 Family and Medical Leave Act?, Hofstra Lab. & Emp. J. 17 (1999), 229–267; *Peters-Lange/Rolfs*, Reformbedarf und Reformgesetzgebung im Mutterschutz- und Erziehungsgeldrecht, NZA 2000, 682– 687; *Piffl-Pavelec*, Richtlinie des Rates 96/34 v. 3.6.1996 zu der von UNICE, CEEP und EGB geschlossenen Rahmenvereinbarung über Elternurlaub, DRdA 1996, 531–534; *Schmidt, Marlene*, Parental Leave: Contested Procedure, Creditable Results, IJCLLIR 13 (1997), 113–126, auch veröffentlicht als: The EC Directive on Parental Leave, in: Blanpain (Hrsg.), Labour Law and Industrial Relations in the European Union, Bulletin of Comparative Labour Relations 32 (1998), 181–192; *dies.*, Family Friendly Policy and the Law, Comp. Lab. L. & Pol'y J. 27 (2006), 451–485.

Rechtsprechung:

Zu den EltUrlRV

EuGH v. 12.7.1984	Rs. 184/83 *Hofmann*, EU:C:1984:273
EuGH v. 21.10.1999	Rs. C-333/97 *Lewen*, EU:C:1999:512
EuGH v. 14.4.2005	Rs. C-519/03 *Kommission ./. Luxemburg*, EU:C:2005:234
EuGH v. 16.2.2006	Rs. C-185/04 *Öberg*, EU:C:2006:107 (zur Arbeitnehmerfreizügigkeit)
EuGH v. 20.9.2007	Rs. C-116/06 *Kiiski*, EU:C:2007:536
EuGH v. 16.7.2009	Rs. C-537/07 *Gómez-Limón Sánchez-Camacho*, EU:C:2009:462
EuGH v. 22.10.2009	Rs. C-116/08 *Meerts*, EU:C:2009:645

https://doi.org/10.1515/9783110731941-024

EuGH v. 22.4.2010	Rs. C-486/08 *Zentralbetriebsrat der Landeskrankenhäuser Tirols*, EU:C:2010:215
EuGH v. 30.9.2010	Rs. C-104/09 *Roca Álvarez*, EU:C:2010:561
EuGH v. 16.10.2010	Rs. C-149/10 *Chatzi*, EU:C:2010:534
EuGH v. 20.6.2013	Rs. C 7/12 *Riežniece*, EU:C:2013:410
EuGH v. 13.2.2014	verb. Rs. C-512/11 und C-513/11 *Terveys- ja sosiaalialan neuvottelujärjestö (TSN) ry*, EU:C:2014:73
EuGH v. 27.2.2014	Rs. C-588/12 *Lyreco Belgium NV*, EU:C:2014:99
EuGH v. 16.7.2015	Rs. C-222/14 *Maïstrellis*, EU:C:2015:473
EuGH v. 7.9.2017	Rs. C-174/16 *H*, EU:C:2017:637
EuGH v. 8.5.2019	Rs. C-486/18 *Praxair MRC*, EU:C:2019:379
EuGH v. 18.9.2019	Rs. C-366/18 *Mesonero*, EU:C:2019:757
EuG v. 17.6.1998	Rs. T-135/96 *UEAPME ./. Rat*, EU:T:1998:128

Rechtsprechung zur EPURL liegt bislang nicht vor.

Übersicht

I. Sachfragen, Übersicht, Rechtsgrundlagen, Regelungsumfeld

1 **Familie und Beruf** sind im Hinblick auf die Bedürfnisse der Kinder und die Erfordernisse der Kindererziehung einerseits und die Erfordernisse der Pflege von Angehöri-

gen andererseits in vielem schwer vereinbar.[1] Problemschwerpunkte[2] sind vor allem die Sorge um das Kind in den ersten Lebensjahren und die Versorgung auch von älteren Kindern im Krankheitsfall. Scheiden Eltern erziehungsbedingt aus dem Berufsleben aus, so bereitet der Wiedereintritt oft Schwierigkeiten. In der gesellschaftlichen Wirklichkeit sehen sich vor allem Frauen vor einer Alternative von Familiengründung oder Berufstätigkeit.

Die **Eltern- und Pflegeurlaubsrichtlinie (EPURL)**[3] soll die Vereinbarkeit von Be- 2
ruf und Familie für Eltern und pflegende Angehörige erleichtern,[4] und zwar durch Vaterschafts-, Eltern- und Pflegeurlaub sowie durch flexible Arbeitszeitregeln für Arbeitnehmer, die Eltern oder pflegende Angehörige sind. Sie ersetzt die Elternurlaubsrichtlinie von 2010 (EltUrlRL 2010),[5] die ihrerseits die Elternurlaubsrichtlinie von 1996 (EltUrlRL 1996)[6] ersetzte.

Elternurlaub ist heute ein **Unionsgrundrecht**. Die Grundrechtscharta enthält im 3
Kapitel über „Solidarität“ den Anspruch eines jeden Menschen „auf einen Elternurlaub nach der Geburt oder Adoption eines Kindes“, Art. 33 Abs. 2 GRCh. Es dient – zusammen mit anderen Rechten – dazu, „Familien- und Berufsleben miteinander in Einklang bringen zu können“. Der Gerichtshof nimmt auf die Chartabestimmung Bezug, um die besondere Bedeutung des Elternurlaubs im Rahmen der Auslegung hervorzuheben. Auch der grundrechtlichen Fundierung konnte der Gerichtshof allerdings keinen Anhaltspunkt dafür entnehmen, den Elternurlaub bei Mehrlingsgeburten entsprechend zu multiplizieren; s. Rdn. 19.

Ein erster Richtlinienvorschlag aus den Jahren 1983/84[7] scheiterte am Widerstand Groß- 4
britanniens, dessen Regierung wegen der Kostenbelastung nachteilige wirtschaftliche Folgen besorg-

1 Zur wirtschaftlichen und gesellschaftlichen Entwicklung etwa *Hardy/Adnett*, EJIR 8 (2002), 157, 159–161 (mit Hinweisen zur ökonomischen Bewertung S. 163–165 und zur Rechtsvergleichung S. 169–169); *McCaffrey/Graff*, Hofstra Lab. & Emp. J. 17 (1999), 229–267 (rechtsvergleichend: USA); M. *Schmidt*, Comp. Lab. L. & Pol'y J. 27 (2006), 451–485; auch *Coester-Waltjen*, Mutterschutz in Europa, S. 32–35, 76–91, 95–100.

2 Eingehend *Lester*, Harv. J. L. & Gender 28 (2005), 1–83.

3 Richtlinie (EU) 2019/1158 des Europäischen Parlaments und des Rates vom 20.6.2019 zur Vereinbarkeit von Beruf und Privatleben für Eltern und pflegende Angehörige und zur Aufhebung der Richtlinie 2010/18/EU des Rates, ABl. 2019 L 188/79.

4 S. noch *Piffl-Pavelec*, DRdA 1996, 531; zu den Begründungen und Auswirkungen einer familienfreundlichen Politik (aus rechtlicher und wirtschaftlicher Sicht) s. Dau-Schmidt/Harris/Lobel/*Jacobsen*, S. 320–341.

5 Richtlinie 2010/18/EU des Rates vom 8.3.2010 zur Durchführung der von BUSINESSEUROPE, UEAPME, CEEP und EGB geschlossenen überarbeiteten Rahmenvereinbarung über den Elternurlaub und zur Aufhebung der Richtlinie 96/34/EG, ABl. 2010 L 68/13.

6 Richtlinie 96/34/EG des Rates vom 3.6.1996 zu der von UNICE, CEEP und EGB geschlossenen Rahmenvereinbarung über Elternurlaub, ABl. 1996 L 145/4.

7 Vorschlag für eine Richtlinie des Rates über Elternurlaub und Urlaub aus familiären Gründen v. 24.11.1983, KOM(83) 686 endg., ABl. 1983 C 333/6; Geänderter Vorschlag für eine Richtlinie des Rates über Elternurlaub aus familiären Gründen v. 15.11.1984, KOM(84) 631 endg., ABl. 1984 C 316/7. Stel-

te.[8] Die Gemeinschaftscharta der sozialen Grundrechte von 1989 (dazu § 2 Rdn. 68–73) forderte erneut, „Maßnahmen auszubauen, die es Männern und Frauen ermöglichen, ihre beruflichen und familiären Pflichten besser miteinander in Einklang zu bringen."[9] Eine Regelung kam schließlich als **Rahmenvereinbarung** der Sozialpartner auf der **Grundlage** des Abkommens über Sozialpolitik (§ 5 Rdn. 5) im Wege des sozialen Dialogs[10] zustande. Sie wurde implementiert durch die Elternurlaubsrichtlinie 1996. Die von einer Interessenvereinigung kleiner und mittlerer Unternehmen aus kompetenzrechtlichen Gründen erhobene Nichtigkeitsklage hat das EuG als unzulässig abgewiesen (näher oben, § 5 Rdn. 31).[11] 2009 trafen die Sozialpartner eine neue Rahmenvereinbarung **(EltUrlRV 2009)**, die allerdings neben einer redaktionellen und systematischen Überarbeitung nur kleinere Änderungen brachte.[12] Die Mindestdauer des Elternurlaubs wurde von drei auf vier Monate erhöht (§ 2 Abs. 2 S. 1 EltUrlRV 2009); die Rückkehr zum Arbeitsplatz sollte durch weitere (weiche) Mechanismen erleichtert werden (§ 6 EltUrlRV 2009); Fragen der Vergütung blieben ungeregelt, doch wurden die mitgliedstaatlichen Gesetzgeber gemahnt, deren Bedeutung für die Inanspruchnahme des Elternurlaubs Rechnung zu tragen (§ 5 Abs. 5 UAbs. 2 EltUrlRV 2009). Diese Rahmenvereinbarung wurde durch die Elternurlaubsrichtlinie 2010 durchgeführt.

5 Die 2019 verabschiedete EPU-Richtlinie baut auf den Richtlinien von 1996 und 2010 auf (BE 15 EPURL). Sie enthält deren Bestimmungen über Elternurlaub weithin unverändert, teils ergänzt um Konkretisierungen aus der Rechtsprechung. Insofern besteht eine grundsätzliche äußerliche und inhaltliche **Kontinuität**, auf die auch die Entsprechungstabelle im Anhang hinweist. Insoweit kann die Rechtsprechung zu den Vorgängerrichtlinien auch zur neuen Richtlinie herangezogen werden.[13] Hinzu kommen erhebliche **Erweiterungen** zur Förderung der Vereinbarkeit von Familie und Beruf. Der Gesetzgeber hat aber dem Elternurlaub einen Vaterschaftsurlaub und einen Pflegeurlaub an die Seite gestellt sowie Vorschriften über Arbeitsfreistellung aus familiären Gründen und über flexible Arbeitsregelungen hinzugefügt. Die Rechtsdurchsetzungsvorschriften sind in der Richtlinie von 2019 konkretisiert. Die rechtspolitische **Entwicklungsrichtung** deutet Nr. 9 ESsR an, wenn dort für Eltern und Menschen mit Betreuungsaufgaben ein „Recht auf angemessene Freistellungs- und flexible Arbeitszeitregelungen sowie Zugang zu Betreuungs- und Pflegediensten" vorgesehen ist.

6 Zum **Umfeld** der EPU-Richtlinie gehören[14] zum einen die Regelungen über die Gleichbehandlung von Mann und Frau (vgl. BE 1, 2, 6, 8, 9 EPURL; dazu § 10),[15] zum anderen jene über den Mutterschutz (§ 23).[16] Faktisch sind es besonders Frauen, die

---

lungnahme WSA v. 24.5.1984, PK 29/84 (1555) (7). Dazu noch *Davidson*, J. Soc. Wel. & Fam. L. 8 (1986), 281–289; *Ellis*, ILJ 15 (1986), 97–109.

8 M. *Schmidt*, IJCLLIR 13 (1997), 113f.; s.a. *Davidson*, J. Soc. Wel. & Fam. L. 8 (1986), 281–289; *Piffl-Pavelec*, DRdA 1996, 531, 532.

9 Vgl. auch EuGH v. 27.2.2014 – Rs. C-588/12 *Lyreco Belgium*, EU:C:2014:99 Rdn. 32.

10 Zu den Verhandlungen noch M. *Schmidt*, IJCLLIR 13 (1997), 113, 114f.

11 EuG v. 17.6.1998 – Rs. T-135/96 *UEAPME ./. Rat*, EU:T:1998:128.

12 Dazu noch Mitteilung der Kommission an das Europäische Parlament, den Rat, den Europäischen Wirtschafts- und Sozialausschuss und den Ausschuss der Regionen vom 3.10.2008 „Bessere Work-Life-Balance: stärkere Unterstützung der Vereinbarkeit von Beruf, Privat- und Familienleben", KOM (2008) 635 endg., S. 6–8.

13 EuGH v. 7.9.2017 – Rs. C-174/16 *H*, EU:C:2017:637 Rdn. 35 (zur Kontinuität der EltUrlRV 2009).

14 S. neben den folgenden Rechtsakten noch die Empfehlung 92/241/EWG des Rates v. 31.3.1992 zur Kinderbetreuung, ABl. 1992 L 123/16.

15 Deren Reichweite zur Förderung der Vereinbarkeit von Familie und Beruf hatte sich in EuGH v. 12.7.1984 – Rs. 184/83 *Hofmann*, EU:C:1984:273 als begrenzt erwiesen.

durch die Aufgaben der Kindererziehung von der Berufstätigkeit (oder der Familiengründung) abgeschreckt werden; insofern ist die Regelung eine aktive Maßnahme zur Förderung der Gleichbehandlung. Durch die Begünstigung von Frauen *und* Männern wird eine Diskriminierung vermieden und zugleich ein Signal gesetzt, dass die Vereinbarkeit von Familie und Beruf erwünscht ist und sowohl Berufstätigkeit als auch Sorge für die Kinder als eine Aufgabe von Vater und Mutter angesehen wird. Dementsprechend liegt im Schutz der Kinder ein erwünschter Schutzreflex. Im Verhältnis zur Mutterschutzrichtlinie handelt es sich um eine komplementäre Regelung.

II. Anwendungsbereich

Persönlich ist die Richtlinie anwendbar auf „**Arbeitnehmer**, Männer wie Frauen, die 7
nach der die Rechtsprechung des Gerichtshofs berücksichtigenden Definition im Recht, in den Kollektiv- bzw. Tarifverträgen oder den Gepflogenheiten jedes einzelnen Mitgliedstaats einen Arbeitsvertrag haben oder in einem Beschäftigungsverhältnis stehen", Art. 2 EPURL. Eine Mindestbeschäftigungsdauer ist nicht erforderlich, doch können die Mitgliedstaaten für den Elternurlaub (nicht für Vaterschafts- oder Pflegeurlaub oder für die Freistellung wegen höherer Gewalt) eine solche in Höhe bis zu einem Jahr vorsehen, Art. 5 Abs. 4 EPURL. Auch **Arbeitgeber** sind grundsätzlich unterschiedslos erfasst – im privaten wie im öffentlichen Sektor, unabhängig vom Erwerbszweck.

III. Arbeitsfreistellung und Urlaubsansprüche

1. Vaterschaftsurlaub

Der durch die Reform von 2019 neu eingeführte Vaterschaftsurlaub bezeichnet nach 8
der **Definition** von Art. 3 Abs. 1 lit. a) EPURL „die Arbeitsfreistellung für Väter oder – soweit nach nationalem Recht anerkannt – gleichgestellte zweite Elternteile anlässlich der Geburt eines Kindes zum Zweck der Betreuung und Pflege". Vaterschaftsurlaub unterscheidet sich vom Elternurlaub und ist zusätzlich zu diesem zu gewähren.[17] Er kann in gewisser Weise als Entsprechung zum (obligatorischen zweiwöchigen) Mutterschaftsurlaub gem. Art. 8 MuSchRL (dazu § 23 Rdn. 29 ff.) verstanden werden. Stehen beim Mutterschaftsurlaub allerdings der Schutz der Mutter aufgrund der körperlichen und psychischen Belastungen einerseits und der Schutz des

16 Zur Arbeitnehmerfreizügigkeit, s. noch EuGH v. 16.2.2006 – Rs. C-185/04 *Öberg*, EU:C:2006:107.
17 *Dahm*, EuZA 2020, 19, 20 f.

Mutter-Kind-Verhältnisses im Vordergrund („Mutterschutz"), **bezweckt** der Vaterschaftsurlaub, „eine gleichmäßigere Aufteilung von Betreuungs- und Pflegeaufgaben zwischen Frauen und Männern zu fördern und den frühzeitigen Aufbau einer engen Bindung zwischen Vätern und Kindern zu ermöglichen" (BE 19 S. 1 EPURL). Wenn die Mitgliedstaaten die Möglichkeit haben, den Vaterschaftsurlaub auch im Falle einer Totgeburt zu gewähren (BE 19 S. 3 EPURL), ist darin keine Erweiterung des Schutzzwecks, sondern Rücksicht auf eine besonders belastende Notsituation zu sehen.

9 **Anspruchsberechtigt** sind Väter. Sonstige „zweite Elternteile", also die gleichgeschlechtliche Partnerin der Mutter, sind anspruchsberechtigt, wenn sie dem Vater nach mitgliedstaatlichem Recht gleichgestellt sind, Art. 4 Abs. 1 S. 1 EPURL. „Dritte" Elternteile – etwa einer polygamen Beziehung – sind jedenfalls nicht anspruchsberechtigt. Auf den Ehe- oder Familienstand kommt es nicht an, Art. 4 Abs. 3 EPURL. Tatbestandsvoraussetzung ist die (bevorstehende) Geburt eines Kindes, die Adoption ist insoweit nicht gleichgestellt (anders beim Elternurlaub, Rdn. 13). Eine Mindest-Beschäftigungs- oder Betriebszugehörigkeit darf nicht vorausgesetzt werden, Art. 4 Abs. 2 EPURL.

10 **Anspruchsinhalt** ist ein Vaterschaftsurlaub von zehn Arbeitstagen, der grundsätzlich nach der Geburt genommen werden kann, nach mitgliedstaatlichem Recht auch teilweise vor der Geburt, Art. 4 Abs. 1 S. 2 EPURL. Anders als Elternurlaub kann der Vaterschaftsurlaub indessen seinem Zweck nach zeitlich nicht von dem (errechneten oder tatsächlichen) Geburtstermin gelöst werden. Die Festlegung auf „zehn Arbeitstage" bedeutet bei einer Fünf-Tage-Woche zwei Wochen, und daran hat der Gesetzgeber ausweislich BE 19 S. 5 auch gedacht. Da eine Fünf-Tage-Woche indessen unionsrechtlich nicht vorgeschrieben ist und der Gesetzgeber hier (anders als in Art. 7 ArbZRL) gerade nicht auf den Wochenzeitraum Bezug genommen hat, kann der Zeitraum bei einer Sechs-Tage-Woche auch kürzer ausfallen.[18] Das mitgliedstaatliche Recht bestimmt, ob der Vaterschaftsurlaub zusammenhängend zu nehmen ist oder auch in flexibler Form (z. B. mit Unterbrechungen oder teilzeitweise) genommen werden kann. Während des Vaterschaftsurlaubs erhält der Arbeitnehmer eine Vergütung nach Art. 8 EPURL; dazu unten, Rdn. 31.

2. Elternurlaub

11 Kern der Richtlinie ist unverändert der Anspruch auf Gewährung von „Elternurlaub". Damit bezeichnet die Richtlinie „die Arbeitsfreistellung von Eltern anlässlich der Geburt oder Adoption eines Kindes zur Betreuung dieses Kindes", Art. 3 Abs. 1 lit. b)

---

18 A.M. *Dahm,* EuZA 2020, 19, 25; *Stoye/Thoma,* ZESAR 2020, 10, 12.

EPURL. Arbeitnehmer haben einen **„eigenen“**, d.h. für jeden Elternteil gewährten **Anspruch** auf **vier Monate** Elternurlaub, Art. 5 Abs. 1 S. 1 EPURL.[19]

Beide Elternteile können ihren Anspruch unabhängig voneinander und daher 12 auch gleichzeitig geltend machen.[20] Der Anspruch kann **zwischen den Eltern auch übertragbar** ausgestaltet werden. Das kann z.B. dann einen praktischen Sinn haben, wenn nur ein Elternteil berufstätig ist oder wenn einer den Anspruch krankheitsbedingt nicht nutzen kann. Mindestens **zwei Monate** sind aber nach Abs. 2 **unübertragbar**. Durch die Unübertragbarkeit „sollen Väter dazu angeregt werden, ihr Recht auf einen solchen Urlaub in Anspruch zu nehmen“ (BE 20 S. 2 EPURL).

Voraussetzung des Elternurlaubs ist definitionsgemäß **Geburt oder Adoption** 13 eines Kindes. Der Elternurlaub ist zu nehmen, bevor das Kind ein Mindestalter erreicht.[21] Das Mindestalter legen die Mitgliedstaaten so fest, dass jeder Elternteil sein Recht auch tatsächlich und gleichberechtigt wahrnehmen kann, und zwar auf höchstens **acht Jahre**, Art. 5 Abs. 1 EPURL. Die Mitgliedstaaten können eine Beschäftigungs- oder **Betriebszugehörigkeitsdauer** von bis zu einem Jahr zur Voraussetzung machen, Abs. 4. Von zusätzlichen Voraussetzungen, insbesondere einem Betreuungsbedarf, darf er nicht abhängig gemacht werden.[22] Ein besonderer Betreuungsbedarf des Kindes ist nicht vorausgesetzt. Daher war eine griechische Regelung mit der Elternurlaubsrichtlinie 1996 unvereinbar, wonach der Anspruch entfiel, wenn der Ehegatte nicht erwerbstätig ist.[23]

Der Elternurlaub muss **beantragt** werden, und in dem Antrag sind der geplante 14 Beginn- und Endzeitpunkt anzugeben, Art. 5 Abs. 3 EPURL. Die Mitgliedstaaten legen für den Antrag eine **angemessene Meldefrist** fest, die den Bedürfnissen von Arbeitgeber (Planbarkeit) und Arbeitnehmer Rechnung trägt.

Der – in der Frist – beantragte Elternurlaub ist grundsätzlich zum gewünschten 15 Zeitpunkt zu gewähren. Nach mitgliedstaatlichem Recht kann der Arbeitgeber die Gewährung jedoch „in einem vernünftigen zeitlichen Rahmen“ **aufschieben**, wenn die Inanspruchnahme zu diesem Zeitpunkt zu **gravierenden Störungen** der Abläufe beim Arbeitgeber führen würde, Art. 5 Abs. 5 EPURL. Z.B. ist an Elternurlaub zur Hochsaison oder während einer Prüfungsperiode zu denken. Unter dem Gesichts-

---

19 Es handelt sich um einen Anspruch der Eltern, nicht des Kindes, EuGH v. 16.10.2010 – Rs. C-149/10 *Chatzi*, EU:C:2010:534 Rdn. 31ff.

20 *Klein-Jahns*, EAS B 5100 Rdn. 66; *Peters-Lange/Rolfs*, NZA 2000, 682, 685; *Piffl-Pavelec*, DRdA 1996, 531; *M. Schmidt*, IJCLLIR 13 (1997), 113, 120.

21 Die nach luxemburgischen Recht vorgesehene Beschränkung auf Kinder, die nach dem Umsetzungsdatum geboren oder adoptiert wurden, hat der EuGH als mit der Rahmenvereinbarung unvereinbar angesehen; EuGH v. 14.4.2005 – Rs. C-519/03 *Kommission ./. Luxemburg*, EU:C:2005:234 Rdn. 40–45.

22 Zutr. *Klein-Jahns*, EAS B 5100 Rdn. 66.

23 EuGH v. 16.7.2015 – Rs. C-222/14 *Maïstrellis*, EU:C:2015:473 Rdn. 36ff.

punkt der Verhältnismäßigkeit ist das Angebot von Elternurlaub in flexibler Form (sogleich Rdn. 18) gegenüber der Verschiebung vorzugswürdig, Abs. 7.

16 Dass hier einseitig im Interesse des Arbeitgebers eine Regelungsoption für Störungen vorgesehen ist, nicht aber im Interesse des Arbeitnehmers, ist sachgerecht und nicht systemwidrig.[24] Elternurlaub greift in die vertraglich vereinbarte Arbeitspflicht ein und ist daher von vornherein rechtfertigungsbedürftig. Das Gegenrecht des Arbeitgebers ist daher ein Rest der Vertragsbindung, auf den sich der Arbeitnehmer, der zunächst Elternurlaub in Anspruch genommen hat (!), gerade nicht berufen kann.

17 Unter welchen Voraussetzungen der einmal gewährte Elternurlaub **nachträglich geändert** werden kann, bestimmen die Mitgliedstaaten im Rahmen der Umsetzungspflichten (§ 1 Rdn. 61f.) und unter Berücksichtigung des Verbots der Geschlechtsdiskriminierung (§ 10).[25] Der Gerichtshof hat (zur Vorgängerregelung) zwei Leitlinien legitimer Erwägungen hervorgehoben, nämlich auf der einen Seite das *Organisationsinteresse des Arbeitgebers*, das es rechtfertigt, die Änderung an strenge Voraussetzungen zu binden, auf der anderen Seite den *Zweck des Elternurlaubs*, der es gebietet, eine Änderung zuzulassen, wenn die beabsichtigte Betreuung des Kindes nachträglich vereitelt wird.[26] Mit Rücksicht auf die besonderen Schutzzwecke des *Mutterschaftsurlaubs* (Art. 8 MuSchRL, s. § 23 Rdn. 4), in einem geburtsnahen Zeitraum von 14 Wochen die besondere Beziehung zwischen der Mutter und dem neugeborenen Kind zu schützen und eine Doppelbelastung der Mutter zu vermeiden, hat der Gerichtshof angenommen, dass in dieser Mutterschutzzeit auch die Zwecke des Erziehungsurlaubs nicht effektiv erreicht werden könnten.[27] Allerdings hat der Gerichtshof nicht gefolgert, die Mutterschutzzeit müsse daher stets eine Unterbrechung des Elternurlaubs bewirken.[28] Wenn jedoch das mitgliedstaatliche Recht eine Unterbrechung aus anderen, gleichwertigen Gründen wie z.B. Scheidung, schwere Erkrankung, Tod des anderen Elternteils oder des Kindes, als Änderungsgründe anerkennt, so stellt sich der Ausschluss der Schwangerschaft als Änderungsgrund als eine unzulässige Geschlechtsdiskriminierung dar (dazu § 10 Rdn. 47).[29]

18 Die Arbeitnehmer können den Elternurlaub auch in **flexibler Form** beantragen, Art. 5 Abs. 6 EPURL. Der Gesetzgeber hat dabei vor allem an Teilzeitmodelle gedacht (vgl. Abs. 7), also an eine horizontale (z.B. nachmittags) oder vertikale Teilung (z.B. montags bis mittwochs) der wöchentlichen Arbeitszeit. Einzelheiten bestimmen die Mitgliedstaaten. Der Arbeitgeber muss dem nicht stattgeben, solche Anträge aber prüfen und seine Ablehnung in angemessener Zeit nach Antragstellung begründen.

19 Bei der Geburt von **Mehrlingen** ist die Urlaubsdauer von vier Monate Elternurlaub nicht mit der Anzahl der geborenen Kinder zu multiplizieren. Im Lichte des Gleichbehandlungsgrundsatzes als zen-

---

24 So aber EuArbRK/*Risak*, § 3 RL 2010/18/EU Rdn. 10.

25 EuGH v. 30.9.2010 – Rs. C-104/09 *Roca Álvarez*, EU:C:2010:561 (Zugang der Väter zu einem so genannten „Stillurlaub" – der in Wirklichkeit nicht dazu diente, der Mutter das Stillen zu ermöglichen, sondern auch Müttern gewährt wurde, die die Flasche gaben).

26 EuGH v. 20.9.2007 – Rs. C-116/06 *Kiiski*, EU:C:2007:536 Rdn. 37f.

27 EuGH v. 20.9.2007 – Rs. C-116/06 *Kiiski*, EU:C:2007:536 Rdn. 51.

28 Nur „im Übrigen" weist der Gerichtshof auf seine Rechtsprechung hin, nach der Elternurlaub und Mutterschutz wegen ihrer unterschiedlichen Schutzzwecke nicht auf einander angerechnet werden können; EuGH v. 20.9.2007 – Rs. C-116/06 *Kiiski*, EU:C:2007:536 Rdn. 56.

29 EuGH v. 20.9.2007 – Rs. C-116/06 *Kiiski*, EU:C:2007:536 Rdn. 52–55; a.M. noch GA *Kokott*, Schlussanträge v. 15.3.2007 – Rs. C-116/06 *Kiiski*, EU:C:2007:170 Rdn. 29–48. Dem Gerichtshof zust. Bespr. v. *Joussen*, EuZA 2008, 375–384 (mit Hinweisen zur Europarechtskonformität der deutschen Lösung des § 16 Abs. 3 BEEG S. 382–384).

tralem Grundsatz des Unionsrechts hat der EuGH die Vorgängerregelung dahin ausgelegt, dass die Mitgliedstaaten den Eltern von Zwillingen eine Behandlung gewährleisten sollen, „die ihren Bedürfnissen gebührend Rechnung trägt". Dabei haben die Mitgliedstaaten „einen weiten Spielraum bei der Festlegung des Systems des Elternurlaubs, das auf Eltern von Zwillingen Anwendung findet und es ihnen ermöglicht, eine Regelung in Anspruch zu nehmen, die ihren besonderen Bedürfnissen gebührend Rechnung trägt";[30] vgl. jetzt BE 37 EPURL.

Die Freistellung muss auch tatsächlich zum Zweck des Elternurlaubs gewährleistet sein. Eine lu- 20
xemburgische Regelung, nach der der Elternurlaub bei Inanspruchnahme des **Mutterschaftsurlaubs** automatisch endet (ohne dass der Rest-Elternurlaub später in Anspruch genommen werden könnte), hat der EuGH wegen der unterschiedlichen Zwecke von Mutterschutz und Elternurlaub für mit der Rahmenvereinbarung unvereinbar erklärt.[31]

Verschiedene Fallgruppen können besondere Sachfragen aufwerfen. Art. 5 Abs. 8 EPURL hebt 21
die Situationen von (1) **Adoptiveltern**, (2) Eltern mit **Behinderungen**, (3) Eltern von Kindern mit Behinderung oder einer chronischen Erkrankung hervor. Den Mitgliedstaaten gibt die Richtlinie auf, zu prüfen, ob Voraussetzungen oder Ausgestaltung des Elternurlaubs für diese Fallgruppen anzupassen sind. Eine Pflicht, Sonderregeln zu treffen, ist daraus nicht abzuleiten.

3. Urlaub für pflegende Angehörige

Nach BE 27 EPURL dient der „Urlaub für pflegende Angehörige" (*carers' leave*) dazu, 22
„Männern und Frauen, die Pflege- oder Betreuungsaufgaben wahrnehmen, mehr Möglichkeiten zu bieten, berufstätig zu bleiben". Freilich ist der Pflegeurlaub – aus berechtigten gegenläufigen Interessen des Arbeitgebers – auf nur fünf Tage pro Jahr beschränkt. Daher geht es eher darum, berufstätigen Männern und Frauen in einem Mindestmaß die Pflege von Angehörigen zu ermöglichen. Ernstere Pflegefälle sind nicht an fünf Tagen im Jahr zu betreuen und lassen sich unverändert nur durch professionelle Betreuung oder aufopferungsvolle Zuwendung zulasten der eigenen beruflichen Interessen bewältigen.

Anspruchsberechtigt sind Arbeitnehmer, die **„pflegenden Angehörigen"**. Damit 23
werden Arbeitnehmer bezeichnet, „die einen Angehörigen oder eine im gleichen Haushalt wie der Arbeitnehmer lebende Person, der bzw. die aus schwerwiegenden medizinischen Gründen gemäß der Definition in jedem Mitgliedstaat, auf erhebliche Pflege oder Unterstützung angewiesen ist, pflegen oder unterstützen", Art. 3 lit. d) EPURL. **„Angehöriger"** i. S. d. Richtlinie sind „Sohn, Tochter, Mutter, Vater, Ehepartner oder, sofern das nationale Recht diese Partnerschaften vorsieht, Partner in einer eingetragenen Partnerschaft" (lit. e)). Obwohl der Begriff des „pflegenden Angehörigen" das Merkmal des „Angehörigen" enthält, muss sich die Pflege oder Unterstüt-

---

30 EuGH v. 16.10.2010 – Rs. C-149/10 *Chatzi*, EU:C:2010:534.

31 EuGH v. 14.4.2005 – Rs. C-519/03 *Kommission ./. Luxemburg*, EU:C:2005:234 Rdn. 31–39; s. a. EuGH v. 6.4.2006 – Rs. C-124/05 *Federatie Nederlandse Vakbeweging*, EU:C:2006:244 Rdn. 24; EuGH v. 20.9.2007 – Rs. C-116/06 *Kiiski*, EU:C:2007:536 Rdn. 56.

zung nicht notwendig auf Angehörige beziehen, sondern kann sie sich demnach auch auf eine **andere Person** beziehen, vorausgesetzt nur, sie lebt **im gleichen Haushalt** wie der Arbeitnehmer. Soweit es um Angehörige geht, berechtigt umgekehrt die Pflege oder Unterstützung nicht nur dann zum Urlaub, wenn der Angehörige im gleichen Haushalt lebt.[32] Ergänzend hält BE 27 S. 6 EPURL die Mitgliedstaaten an, „den Anspruch auf Urlaub für pflegende Angehörige auch bei anderen Angehörigen wie etwa Großeltern und Geschwistern zu gewähren". „Zusätzliche Einzelheiten mit Blick auf den Anwendungsbereich" und weitere Tatbestandsvoraussetzungen sind den Mitgliedstaaten überlassen, Art. 6 Abs. 1 S. 2 EPURL. Sie können auch vorsehen, dass der Urlaubsanspruch von einem „geeigneten Nachweis" – nämlich über die Pflege- oder Unterstützungsbedürftigkeit – abhängig gemacht wird.

24 Anspruchsinhalt ist ein Urlaub von – bedarfsabhängig – bis zu **fünf Arbeitstagen** pro Jahr. Die Mitgliedstaaten können den Urlaub für pflegende Angehörige anhand eines Bezugszeitraums, der nicht ein Jahr beträgt, für die jeweilige pflege- oder unterstützungsbedürftige Person oder pro Fall gewähren, Art. 6 Abs. 2 EPURL. Eine Bezahlung oder Vergütung ist hier (anders als beim Vaterschaftsurlaub und beim nicht übertragbaren Teil des Elternurlaubs; Art. 8) nicht vorgeschrieben (aber „empfohlen", BE 32 EPURL).

4. Arbeitsfreistellung aus dringenden familiären Gründen aufgrund höherer Gewalt

25 Ein weiteres großes Konfliktfeld von Familie und Beruf sind familiäre Notstände, wie sie wegen Krankheiten und Unfällen (primär:) der Kinder geradezu regelmäßig auftreten können. Ist nicht der Arbeitnehmer selbst erkrankt, sondern sein Kind, das deswegen nicht in die Schule oder den Kindergarten gehen kann, so muss ein Elternteil zur Betreuung zu Hause bleiben, ohne sich indes krankmelden zu können. Die Sorge vor dieser Kollision von Elternpflicht und Arbeitspflicht lässt vor allem Mütter oft vor der (Wieder-) Aufnahme einer Berufstätigkeit zurückschrecken. Um diese Sorge zu mildern, bestimmt Art. 7 EPURL einen Freistellungsanspruch.

26 Der Freistellungsanspruch ist – dem Zweck der Richtlinie entsprechend – nur in Fällen **höherer Gewalt** aus dringenden *familiären Gründen* gegeben, also nicht etwa wegen höherer Gewalt allgemein.[33] Umstritten ist, was **familiäre Gründe** sind, fallen darunter nur Erkrankungen der Kinder oder auch der Ehegatten, Eltern oder sonstigen Verwandten? Der beschränkte Schutzzweck der ursprünglichen *Eltern*urlaubsrichtlinien sprach für eine Beschränkung auf Erkrankung oder Unfall der eigenen Kinder.[34]

---

32 A.M. *Dahm*, EuZA 2019, 19, 29.

33 So aber Hanau/Steinmeyer/Wank/*Wank*, § 18 Rdn. 422.

34 S. Vorauflage Rdn. 22. A.M. *Klein-Jahns*, EAS B 5100 Rdn. 90 (keine Beschränkung auf Kinder); *M. Schmidt*, IJCLLIR 13 (1997), 113, 122.

Der jetzt um die Angehörigenpflege erweiterte Zweck spricht hingegen für eine entsprechend erweiterte Auslegung, zumal der Tatbestand ausdrücklich „neben" dem Pflegeurlaub erhalten wurde (BE 28 EPURL).[35] Unverändert sind familiäre Gründe auf solche wegen „**Krankheit oder Unfällen**" begrenzt,[36] nicht etwa Familienfeste oder Todesfälle. Das ist auch teleologisch schlüssig, wenn man den Schutz der Regelung nur in Betreuung und Pflege der Familie sieht.[37] Schließlich ist der Begriff der höheren Gewalt auch qualitativ definiert durch die Beschränkung auf Fälle, die **sofortige Anwesenheit** des Arbeitnehmers erfordern.

Unsicher ist jetzt, ob der Freistellungsanspruch nach mitgliedstaatlichem Recht von einer Mindest-Beschäftigungs- oder -Betriebszugehörigkeitsdauer abhängig gemacht werden kann, da Art. 7 EPURL dazu schweigt, während Art. 4 Abs. 2 das für den Vaterschaftsurlaub ausschließt und Art. 5 Abs. 4 es für den Elternurlaub zulässt. Angesichts dessen sprechen die besseren Gründe dafür, das Schweigen als mitgliedstaatlichen Umsetzungsspielraum zu deuten. Unzulässig wäre aber, den Anspruch etwa von einer bestimmten Unternehmensgröße abhängig zu machen. Ausdrücklich zulässig ist, die Freistellung nach mitgliedstaatlichem Recht auf eine bestimmte **Zeitspanne** pro Jahr und/oder pro Fall zu begrenzen, Art. 7 S. 2 EPURL. 27

Rechtsfolge ist nur ein Freistellungsanspruch, der dem Arbeitnehmer die Entscheidung belässt, ihn geltend zu machen. Nicht vorgeschrieben ist eine Bezahlung oder Vergütung (vgl. Art. 8 EPURL; dazu Rdn. 30 ff.), die das mitgliedstaatliche Recht aber als günstigere Regelung vorsehen kann. 28

5. Modalitäten

a) Status des Arbeitsvertrags/Beschäftigungsverhältnisses während Urlaub/Freistellung

Die Mitgliedstaaten bestimmen den Status des Arbeitsvertrags/Beschäftigungsverhältnisses während des Vaterschafts-, Eltern- oder Pflegeurlaubs oder der Freistellung wegen höherer Gewalt, Art. 10 Abs. 3 EPURL. Vorgegeben ist dabei aber, dass das Beschäftigungsverhältnis während dieser Zeiten erhalten bleiben muss.[38] Nach BE 39 bleibt der Begünstigte eines Urlaubs „für die Zwecke des Unionsrechts während dieser Zeit Arbeitnehmer". 29

35 I.Erg. ebenso Schlachter/Heinig/*Kiesow*, § 17 Rdn. 70.

36 Die Beispiele zeigen zugleich, dass es nicht um höhere Gewalt i. S. eines „von außen kommenden" Ereignisses geht (Krankheit!). Auch der leichtsinnig herbeigeführte Unfall des Kindes (Drachenfliegen, Drogenkonsum) ist „höhere Gewalt" in diesem Sinne.

37 *Klein-Jahns*, EAS B 5100 Rdn. 88.

38 So schon zur EltUrlRL EuGH v. 20.9.2007 – Rs. C-116/06 *Kiiski*, EU:C:2007:536 Rdn. 32.

b) Bezahlung oder Vergütung während Urlaub und Freistellung

30 Eine Bezahlung oder Vergütung ist – nach mitgliedstaatlichen Gepflogenheiten, Recht und Tarif – nur für den zehntägigen Vaterschaftsurlaub nach Art. 4 Abs. 1 und für den zweimonatigen unübertragbaren Teil des Elternurlaubs nach Art. 5 Abs. 2 EPURL verpflichtend vorgesehen. Für die übrigen Fälle von Urlaub oder Freistellung können die Mitgliedstaaten eine Bezahlung oder Vergütung als günstigere Regelung vorschreiben (vgl. BE 32 EPURL).

31 Die Bezahlung oder Vergütung während des **Vaterschaftsurlaubs** nach Art. 8 Abs. 2 EPURL ist jener nach Art. 11 Abs. 2 lit. b), 3, 4 MuSchRL nachgebildet, BE 30 S. 2 EPURL (dazu § 23 Rdn. 33f.). Der Höhe nach muss sie mindestens dem Krankengeld entsprechen, wobei die nach nationalem Recht vorgesehenen Obergrenzen auch hier Anwendung finden können. Der Anspruch kann von einer vorherigen Mindestbeschäftigungsdauer von höchstens sechs Monaten vor dem errechneten Geburtstermin abhängig gemacht werden.

32 Die Leistungen für die Zeit des unübertragbaren **Elternurlaubs** legen die Mitgliedstaaten fest, Art. 8 Abs. 3 EPURL. Sie sind dabei lediglich durch die Leitlinie gebunden, dass die Bezahlung/Vergütung die Inanspruchnahme des Elternurlaubs durch beide Elternteile erleichtern soll.[39]

c) Rückkehrrecht

33 Nach Ablauf des Vaterschafts-, Eltern- oder Pflegeurlaubs haben die Arbeitnehmer Anspruch, an ihren früheren oder einen gleichwertigen Arbeitsplatz zurückzukehren, Art. 10 Abs. 2 EPURL.[40] Das gilt nicht nur bei Rückkehr aus dem richtliniendeterminierten Mindesturlaub von vier Monaten, sondern auch bei einem nach nationalem Recht längeren Elternurlaub.[41] Die Vorgängervorschrift von § 5 Abs. 1 EltUrlRV 2009 sah die Zuweisung eines gleichwertigen Arbeitsplatzes nur für den Fall vor, dass die Rückkehr auf den früheren Arbeitsplatz *nicht möglich* ist. Im praktischen Ergebnis dürfte das unverändert gelten, da die Rückkehr auf den früheren Arbeitsplatz auch nach Art. 10 Abs. 2 EPURL der Grundsatz ist und eine Versetzung *wegen* des Urlaubs unzulässige Benachteiligung (Art. 11 EPURL; Rdn. 44) wäre.

34 Die „Bedingungen" (*terms and conditions*) dürfen dabei nicht weniger günstig sein als sie wären, wenn der Arbeitnehmer den Urlaub nicht genommen hätte. Sie müssen auch in den Genuss aller zwischenzeitlich gewährten Verbesserungen kommen.

---

39 Krit. *Stoye/Thoma*, ZESAR 2020, 10, 13.

40 EuGH v. 20.6.2013 – Rs. C 7/12 *Riežniece*, EU:C:2013:410 Rdn. 50ff. (zur EltUrlRV 1996): Der Arbeitgeber darf das Rückkehrrecht nicht dadurch aushöhlen, dass er dem Arbeitnehmer einen anderen Arbeitsplatz zuweist, der absehbar wegfallen wird.

41 EuGH v. 7.9.2017 – Rs. C-174/16 *H*, EU:C:2017:637 Rdn. 39ff.

d) Erworbene Ansprüche und Anwartschaften

Erworbene **Ansprüche** (*rights, les droits*) und Anwartschaften („Ansprüche, die die Arbeitnehmer ... im Begriff sind zu erwerben") bleiben bis zum Ende von Urlaub oder Freistellung nach Art. 4–7 erhalten, Art. 10 Abs. 1 EPURL. 35

Den Begriff der „Rechte, die der Arbeitsnehmer erworben hat oder dabei ist zu erwerben" der EltUrlRV hat der Gerichtshof **unionsautonom** ausgelegt, und zwar mit Rücksicht auf den Zweck der Regelung „nicht restriktiv".[42] Er erfasst „alle unmittelbar oder mittelbar aus dem Arbeitsverhältnis abgeleiteten Rechte und Vorteile hinsichtlich Bar- oder Sachleistungen (...), auf die der Arbeitnehmer bei Antritt des Elternurlaubs einen Anspruch gegenüber den Arbeitgeber hat".[43] Der Schutzbereich dieser Vorschrift ist in mehrfacher Hinsicht *beschränkt.* Zuerst geht es nur um **Ansprüche.** Dazu dürften auch nach der EPURL freiwillige Sonderzahlungen (z. B. Weihnachtsgratifikation) nicht zählen.[44] Weiterhin sichert Art. 10 Abs. 1 nur den **Erhalt** der Ansprüche, so, wie sie zu Beginn des Elternurlaubs waren, **nicht** deren **Fortsetzung**; es muss also nicht etwa die Elternurlaubszeit auf die Betriebszugehörigkeit angerechnet werden (nationale Regelungen können dies aber vorsehen).[45] Art. 10 Abs. 1 „regelt jedoch nicht die Rechte und Pflichten aus dem Arbeitsverhältnis während der Dauer des Elternurlaubs, die nach [Art. 10 Abs. 3] von den Mitgliedstaaten und/oder den Sozialpartnern festgelegt werden".[46] Die Erhaltung ist nur **bis zum Ende** des Elternurlaubs vorgeschrieben. Am Ende von Urlaub oder Freistellung „gelten" (*shall apply, s'appliquent*) die Ansprüche einschließlich aller rechtlichen oder tariflichen Änderungen (Verbesserungen wie Verschlechterungen), die sich zwischenzeitlich ergeben haben.[47] 36

In der Rechtssache *Meerts* wurde einer unbefristeten und in Vollzeit beschäftigten Arbeitnehmerin gekündigt, während sie Elternurlaub in Teilzeit wahrnahm. Die **Abfindung**, die sie erhielt, bemaß sich nach dem infolge der Teilzeittätigkeit reduzierten Gehalt. Der EuGH sah dies (in einer Entscheidung zur EltUrlRV 1995) als unvereinbar an mit der Regelung zu erworbenen Rechten (jetzt Art. 10 Abs. 1 EPURL) und mit der Regelung zum Status der Arbeitnehmerin (jetzt Art. 10 Abs. 3 EPURL).[48] In 37

---

42 EuGH v. 22.10.2009 – Rs. C-116/08 *Meerts*, EU:C:2009:645 Rdn. 39–42.

43 EuGH v. 22.10.2009 – Rs. C-116/08 *Meerts*, EU:C:2009:645 Rdn. 43; EuGH v. 22.4.2010 – Rs. C-486/08 *Zentralbetriebsrat der Landeskrankenhäuser Tirols*, EU:C:2010:215 Rdn. 53 ff.

44 So zur EltUrlRV EuGH v. 21.10.1999 – Rs. C-333/97 *Lewen*, EU:C:1999:512 Rdn. 31; auch die anteilige Kürzung solcher Gratifikation für die Dauer des Erziehungsurlaubs war nach § 2 Abs. 6 EltUrlRL nicht zu beanstanden; EuGH a. a. O. Rdn. 46. Krit. *Caracciolo Di Torella*, E.L. Rev. 25 (2000), 310–316 (freilich aus eher rechtspolitischen als rechtsdogmatischen Erwägungen).

45 EuGH v. 22.10.2009 – Rs. C-116/08 *Meerts*, EU:C:2009:645 Rdn. 45; *Klein-Jahns*, EAS B 5100 Rdn. 73.

46 So zur EltUrlRV 1996 EuGH v. 16.7.2009 – Rs. C-537/07 *Gómez-Limón Sánchez-Camacho*, EU:C:2009:462 Rdn. 38–40.

47 Die Vorgängerregelung hat EuGH v. 16.7.2009 – Rs. C-537/07 *Gómez-Limón Sánchez-Camacho*, EU:C:2009:462 für unmittelbar anwendbar gehalten.

48 EuGH v. 22.10.2009 – Rs. C-116/08 *Meerts*, EU:C:2009:645; ebenso EuGH v. 8.5.2019 – Rs. C-486/18 *Praxair MRC*, EU:C:2019:379 Rdn. 47 ff. (Entlassungsentschädigung und Zuwendung für einen Wiedereingliederungsurlaub).

der vergleichbaren Rechtssache *Lyreco Belgium* rügte der Gerichtshof, die Berechnung nach dem Teilzeitgehalt sei eine unzureichende Bewehrung des von der Richtlinie gebotenen Entlassungsschutzes (dazu unten, Rdn. 45).[49]

38 Unter dem Gesichtspunkt der erworbenen Rechte dürfte auch die Entscheidung in der Rechtssache *Terveys- ja sosiaalialan neuvottelujärjestö (TSN) ry* am besten zu verorten sein.[50] Dort sah das mitgliedstaatliche Recht vor, dass eine schwangere Arbeitnehmerin, die ihren unbezahlten Elternurlaub unterbricht, um mit sofortiger Wirkung in **Mutterschaftsurlaub** zu gehen, keinen Anspruch auf Entgeltfortzahlung hat. Der Gerichtshof hielt die Regelung nur aufgrund von Schutzzweckerwägungen in allgemeiner Weise für mit „der Richtlinie 96/34" unvereinbar, ohne einen spezifischen normativen Anknüpfungspunkt zu benennen.

e) Sozialrechtliche Regelungen

39 Die Rahmenvereinbarungen sahen noch vor, dass „sozialversicherungstechnische Fragen" *von den Mitgliedstaaten* „geprüft und entschieden" werden (§ 2 Abs. 8 EltUrlRV/§ 5 Abs. 5 EltUrlRV 2009). Der Gerichtshof hatte darin eine bloße Empfehlung gefunden, die Sozialversicherungsträgern keine Pflichten auferlegt und Arbeitnehmern keine Rechte einräumt.[51] Die EPURL erwähnt nur noch „Sozialleistungsansprüche" in Art. 10 Abs. 3 im Zusammenhang mit dem Status des Arbeitnehmers (oben, Rdn. 29). Das Gebot, dass das Beschäftigungsverhältnis während Urlaubs oder Freistellung nach Art. 4–7 der Richtlinie bestehen bleibt, bezieht sich auch auf die – an den Bestand geknüpften – Sozialleistungsansprüche wie etwa Krankenversicherungsansprüche, vgl. BE 39 EPURL. Unverändert nicht vorgeschrieben ist aber die sozialversicherungsrechtliche Gleichstellung von Elternurlaubszeit und Beschäftigungszeit, z.B. in der Rentenversicherung. Mitgliedstaaten sind „nicht verpflichtet, den Arbeitnehmern während der Zeit, in der diese einen Elternurlaub in Teilzeit in Anspruch nehmen, zu garantieren, dass sie Rechte auf künftige Leistungen der sozialen Sicherheit in demselben Umfang erwerben werden, als ob sie weiter eine Vollzeitbeschäftigung ausgeübt hätten".[52]

---

49 EuGH v. 27.2.2014 – Rs. C-588/12 *Lyreco Belgium*, EU:C:2014:99 Rdn. 36ff. Ablehnend – den Schutz erworbener Rechte als maßgeblichen normativen Anhaltspunkt ansehend – EuGH v. 8.5.2019 – Rs. C-486/18 *Praxair MRC*, EU:C:2019:379 Rdn. 46.

50 EuGH v. 13.2.2014 – verb. Rs. C-512/11 und C-513/11 *Terveys- ja sosiaalialan neuvottelujärjestö (TSN) ry*, EU:C:2014:73.

51 EuGH v. 16.7.2009 – Rs. C-537/07 *Gómez-Limón Sánchez-Camacho*, EU:C:2009:462 Rdn. 47f., 50.

52 Zur EltUrlRV EuGH v. 16.7.2009 – Rs. C-537/07 *Gómez-Limón Sánchez-Camacho*, EU:C:2009:462 Rdn. 41–43.

IV. Flexible Arbeitsregelungen

40 Die Betreuung von Kindern oder Angehörigen begründet typischerweise (temporär) während einer bestimmten Lebensphase den Wunsch, die Arbeitspflichten in einer Weise anzupassen, die dem Arbeitnehmer erlaubt, den Bedürfnissen seiner Kinder oder pflegebedürftigen Angehörigen Rechnung zu tragen. Die Richtlinie spricht von **„flexiblen Arbeitsregelungen"** und bezeichnet damit „die Möglichkeit für Arbeitnehmer, ihre Arbeitsmuster anzupassen, einschließlich durch Nutzung von Telearbeit oder flexiblen Arbeitsplänen oder der Reduzierung der Arbeitszeiten", Art. 3 Abs. 1 lit. f). Der Arbeitgeber hat demgegenüber typischerweise das Interesse, es bei der vereinbarten Arbeitsregelung zu belassen und nicht nach für ihn externen Aspekten (wiederholt) neu zu ordnen. Die Flexibilität des Arbeitnehmers konfligiert regelmäßig mit seinen Organisationsinteressen. Art. 9 EPURL begründet denn auch nicht mehr als ein Antragsrecht des Arbeitnehmers und eine Antwort- und Begründungspflicht des Arbeitgebers.[53]

41 Antragsberechtigt sind **Arbeitnehmer mit Kindern** bis zu einem bestimmten, von den Mitgliedstaaten festzulegenden Alter, das allerdings mindestens acht Jahre beträgt, sowie **pflegende Angehörige** (zum Begriff Rdn. 23), Art. 9 Abs. 1 EPURL. Der Inhalt des Antrags ist nicht vorgegeben und primär von den Bedürfnissen des Arbeitnehmers bestimmt. Das mitgliedstaatliche Recht kann vorsehen, dass die flexible Arbeitsregelung eine angemessene Befristung wahrt. Nach mitgliedstaatlichem Recht kann eine Beschäftigungs- oder Betriebszugehörigkeitsdauer von bis zu sechs Monaten zur Antragsvoraussetzung gemacht werden, Art. 9 Abs. 4 EPURL.

42 Der Arbeitgeber ist verpflichtet, einen solchen Antrag auf vorübergehende Vertragsänderung **zu prüfen** und mit Rücksicht auf die Bedürfnisse beider Seiten **zu beantworten**, und zwar in einer angemessenen Frist. Lehnt er den Antrag ab oder schiebt er die Inanspruchnahme auf, muss er das begründen; insofern wird die grundsätzliche Vertragsfreiheit eingeschränkt. Ein „Verhandlungsanspruch"[54] lässt sich daraus nicht ableiten.

43 Vereinbaren die Parteien eine zeitlich **befristete flexible Arbeitsregelung**, hat der Arbeitnehmer nach Ablauf der Zeit das Recht, zum ursprünglichen Arbeitsmuster zurückzukehren, Art. 9 Abs. 3 EPURL. Wenn sich die Umstände, die seinen Flexibilisierungswunsch begründet haben, zwischenzeitlich ändern (das Kind kann anderweit betreut werden, der Pflegebedürftige verstirbt), kann der Arbeitnehmer eine entsprechend vorzeitige Rückkehr *beantragen*, die der Arbeitgeber wiederum *prüfen und* aufgrund einer Interessenabwägung *beantworten* muss.

---

53 Die vorangegangenen Elternurlaubsrichtlinien enthielten überhaupt keine Regelung über die Anpassung der Arbeitszeit; aus Art. 23, 33 Abs. 2 GRCh ließ sich, da die Charta die Zuständigkeiten der Union nicht erweitert, nichts anderes begründen; EuGH v. 18.9.2019 – Rs. C-366/18 *Mesonero*, EU:C:2019:757.

54 Schlachter/Heinig/*Kiesow*, § 17 Rdn. 65.

V. Rechtsdurchsetzung und Rechtsschutz (Allgemeine Regeln)

1. Benachteiligungsverbot I („Diskriminierungsverbot")

44 Der Arbeitgeber darf Arbeitnehmer, die Rechte nach der Richtlinie auf Urlaub oder Freistellung in Anspruch nehmen, deswegen nicht benachteiligen. Das ist teleologisch selbstverständlich, jetzt aber in Art. 11 EPURL ausdrücklich vorgesehen, wobei der Gesetzgeber übervorsichtig hervorgehoben hat, dass eine „Schlechterstellung" (*less favourable treatment, traitement moins favorable*) auch wegen der Beantragung von Urlaub oder Freistellung zu verbieten ist. Die amtliche Überschrift nennt das Benachteiligungsverbot jetzt ein „Diskriminierungsverbot" (*discrimination, discrimination*), obwohl der Begriff in der normativen Anordnung nicht vorkommt. Der Grund dafür dürfte weniger in der gesellschaftlich zu beobachtenden inflationären Verwendung des Begriffs liegen als darin, die Zuständigkeit der Gleichbehandlungsstelle nach Art. 20 GDRL, Art. 15 EPURL hervorzuheben. Sie ist „für Fragen im Zusammenhang mit Diskriminierung zuständig (...), die unter diese Richtlinie fallen", Art. 15 EPURL.

2. Kündigungsschutz und Beweislast

45 Ein spezielles und näher ausgestaltetes Benachteiligungsverbot ist das Kündigungsverbot von Art. 12 EPURL. Tatbestandlich schützt es allerdings nur die Rechte (Inanspruchnahme und Beantragung) auf Urlaub nach Art. 4–6 und flexible Arbeitsregelung nach Art. 9. Die Ausnahme der Freistellung wegen höherer Gewalt nach Art. 7 ist nicht ohne weiteres einsichtig. Jedenfalls kann sie nicht bedeuten, dass insoweit die Kündigung erlaubt wäre; sie ist vielmehr nach dem – unionsrechtlich weniger konturierten – Benachteiligungsverbot von Art. 11 EPURL verboten. Wenn Art. 12 neben der Kündigung auch „alle Vorbereitungen für eine Kündigung" verbietet, knüpft der Gesetzgeber damit an die *Paquay*-Rechtsprechung des EuGH zur Mutterschutzrichtlinie an; dazu § 23 Rdn. 37. Verboten ist mit Rücksicht auf den Schutzzweck nur die Entlassung *wegen* Beantragung oder Inanspruchnahme des Elternurlaubs, nicht aber eine davon unabhängige – z. B. personen-, betriebs- oder verhaltensbedingte – Kündigung.[55]

46 Wenn Arbeitnehmer der Ansicht sind, die Kündigung sei wegen Beantragung oder Inanspruchnahme von Vaterschafts-, Eltern- oder Pflegeurlaub (Art. 4–6) oder

55 EuGH v. 20.6.2013 – Rs. C-7/12 *Riežniece*, EU:C:2013:410 Rdn. 35f. („Denn es steht einem Arbeitgeber frei, für die Zwecke einer rationellen Bewirtschaftung seiner Einrichtung seine Dienststellen umzustrukturieren, sofern die anwendbaren Vorschriften des Unionsrechts eingehalten werden.").

wegen Beantragung von flexibler Arbeitsregelung (Art. 9) erfolgt, können sie verlangen, dass der Arbeitgeber „hinreichend genau bezeichnete" **Kündigungsgründe anführt**. „Hinreichend genau" ist die Darlegung, wenn sie eine gerichtliche Überprüfung ermöglicht. Teleologisch nicht begründet erscheint, dass die Gründe nur im Hinblick auf den Urlaub, nicht aber im Hinblick auf die flexible Arbeitsregelung **schriftlich** darzulegen sind.

Ergänzt wird die Regelung durch eine **Beweislastumkehr**. Wenn Arbeitnehmer Tatsachen anführen, die darauf schließen lassen, dass ihnen gekündigt wurde, weil sie Urlaub nach Art. 4–6 beantragt oder in Anspruch genommen haben, obliegt dem Arbeitgeber der Nachweis, dass die Kündigung aus anderen Gründen erfolgt ist, Art. 12 Abs. 3 EPURL. Die Mitgliedstaaten können für den Arbeitnehmer günstigere Beweislastregeln vorsehen (Abs. 4). In Strafverfahren gilt die Beweislastumkehr nicht (Abs. 6), in Verfahren mit Amtsermittlung muss sie nicht angewendet werden (Abs. 5). 47

3. Sanktionen

Die Festlegung und Anwendung (weiterer) Sanktionen für die Verletzung richtliniendeterminierten nationalen Rechts ist Sache der Mitgliedstaaten, Art. 13 S. 1 EPURL, die dabei freilich an die allgemeinen Umsetzungspflichten gebunden sind (§ 1 Rdn. 76 f.). Satz 2 der Vorschrift hebt hervor, dass die Sanktionen wirksam, verhältnismäßig und abschreckend sein müssen. 48

4. Benachteiligungsverbot II

Ein weiteres Benachteiligungsverbot schützt Arbeitnehmer und Arbeitnehmervertreter, die sich zur Einhaltung der Richtliniengebote im Unternehmen beschwert oder ein Gerichtsverfahren angestrengt haben, Art. 14 EPURL. Hält man ein Benachteiligungsverbot bereits für aus dem Recht selbst teleologisch begründet, dürfte die Regelung weitgehend obsolet sein. Für Arbeitnehmer bringt Art. 14 gegenüber Art. 11 die Erweiterung im Hinblick auf die Durchsetzung im Unternehmen oder vor Gericht. Beides dürfte schon von Art. 11 (Beantragung) erfasst sein. Der Schutz der Arbeitnehmervertreter geht mit deren Rechtsstellung einher, wäre also nur zu ergänzen, wenn die Beschwerde im Unternehmen oder gerichtliche Durchsetzung nicht ohnehin schon zu ihren Aufgaben gehörten. 49

VI. Umsetzung

50 Die **Umsetzung** der ursprünglichen Elternurlaubsrichtlinien ins deutsche Recht konnte sich auf Anpassungen in Einzelpunkten beschränken, da die vorbestehende Regelung schon weitgehend den Vorgaben von Richtlinie und Rahmenvereinbarung entsprach.[56] Die EPU-Richtlinie ist bis zum 2. August 2022 umzusetzen, Art. 20 Abs. 1.[57]

56 Übersicht bei Hanau/Steinmeyer/Wank/*Wank*, § 18 Rdn. 423–429.
57 Vorschläge bei *Graue*, ZESAR 2020, 62, 64 ff.

§ 25 Die Jugendarbeitsschutzrichtlinie

Literatur: *Anzinger,* Die neue Kinderarbeitsschutzverordnung, BB 1998, 1843–1845; *Balze,* Jugendarbeitsschutz, in: Oetker/Preis (Hrsg.), Europäisches Arbeits- und Sozialrecht, B 5200 (Stand: März 2012); *Bond,* The Young Persons Directive – Council Directive 94/33/EC on the Protection of Young People at Work, ILJ 24 (1995), 377–382; *Dembowsky,* Neue Entwicklung im Kinder- und Jugendarbeitsschutz, NJW 1998, 3540–3543; *Grisenthwaite,* Protecting the Young: Legislation to Prevent Exploitation, I.C.C.L.R. 8 (1997), 256–258; *Hamilton/Watt,* The Employment of Children, C.F.L.Q 16 (2004), 135–149; *Kollmer,* Grundzüge der neuen Kinderarbeitsschutz-Verordnung, NZA 1998, 1268–1272; *Kossens,* Änderung des Jugendarbeitsschutzgesetzes und des Mutterschutzgesetzes, RdA 1997, 209–212; *Lörcher,* Die Jugendarbeitsschutzrichtlinie der EU, AuR 1994, 360–364; *Pifl-Pavelec/Peherstorfer,* Jugendarbeitsschutzrichtlinie, DRdA 1994, 441–444; *Schmidt, Marlene,* Defizite im Jugendarbeitsschutz – Erneut: Mangelhafte Umsetzung einer EG-Richtlinie durch den deutschen Gesetzgeber, BB 1998, 1362–1366; *Sowka,* Änderungen im Mutterschutzrecht und im Jugendarbeitsschutzrecht, NZA 1997, 296–298; *Zmarzlik,* Änderung des Jugendarbeitsschutzgesetzes, DB 1997, 674–677.

Rechtsprechung:

EuGH v. 16.12.1999 Rs. C-47/99 *Kommission ./. Luxemburg,* EU:C:1999:629
EuGH v. 18.5.2000 Rs. C-45/99 *Kommission ./. Frankreich,* EU:C:2000:273

Übersicht

I. Sachfragen, Übersicht, Rechtsgrundlagen, Regelungsumfeld

Junge Menschen unter 18 Jahren sind in besonderem Maße Gefahren ausgesetzt, wenn sie eine Arbeitstätigkeit ausüben. Die mangelnde Erfahrung, ein unzureichendes Gefahrenbewusstsein und die noch nicht abgeschlossene körperliche und psychische **1**

https://doi.org/10.1515/9783110731941-025

Entwicklung führen in einem auf Erwachsene zugeschnittenen Umfeld zu einem erhöhten Gefährdungspotenzial. Zum einen sind sie in besonderem Maße der Gefahr von Arbeitsunfällen ausgesetzt.[1] Zum anderen entsprechen die Anforderungen des Arbeitslebens in vielen Hinsichten nicht den körperlichen und psychischen Bedürfnissen, die sich aus der Entwicklung junger Menschen ergeben. Und nicht zuletzt sind sie wegen mangelnder geschäftlicher Erfahrung in besonderem Maße der Gefahr einer wirtschaftlichen Ausbeutung ausgesetzt. Diesen Gefahren will die Jugendarbeitsschutzrichtlinie[2] begegnen.

2 Der Richtlinienregelung war – ungewöhnlich früh – bereits 1967 (!) eine **Empfehlung** zum Jugendarbeitsschutz[3] sowie eine Entschließung des Europäischen Parlaments zur Kinderarbeit von 1987[4] vorangegangen (BE 5 JArbSchRL). Zentrale Gesichtspunkte des Jugendarbeitsschutzes wurden sodann 1989 in Nr. 20–23 Gemeinschaftscharta der sozialen Grundrechte (oben, § 2 Rdn. 68–80) hervorgehoben, vgl. BE 3 JArbSchRL. In ihrem auf der Charta aufbauenden Aktionsprogramm kündigte die Kommission einen Richtlinienvorschlag an, den sie 1992 vorlegte.[5] Der Widerstand des Vereinigten Königreichs – begründet mit der fehlenden Binnenmarktrelevanz und dem fehlenden Bezug zu Sicherheit und Gesundheit der Arbeitnehmer – führte zu einer gewissen Herabsetzung des Schutzniveaus; außerdem wurden dem Vereinigten Königreich verlängerte Umsetzungsfristen eingeräumt (Art. 17 JArbSchRL). Ein Verbot der Kinderarbeit statuiert jetzt auch Art. 32 GRCh (§ 2 Rdn. 62).[6]

3 Dic auf Art. 118a EGV (vgl. heute Art. 153 AEUV) gestützte Jugendarbeitsschutzrichtlinie enthält nach ihrem Art. 1 Abs. 1–3 S. 1 drei Verbote bzw. Gebote: *Erstens* begründet sie ein Verbot von Kinderarbeit mit eng begrenzten Ausnahmen, d.h. ein Beschäftigungsverbot für Personen unter 15 Jahren oder solche, die noch der Vollzeitschulpflicht unterliegen. *Zweitens* enthält die Richtlinie ein Gebot, die Arbeit Jugendlicher (Personen unter 18 Jahren, die nicht Kinder sind) streng zu regeln. Das ist im Einzelnen konkretisiert durch ein Verbot einiger besonders gefährlicher Arbeiten, Gefahrerfassungs- und -vermeidungspflichten (nebst Unterrichtungspflichten) des Arbeitgebers sowie Spezialregeln über Arbeitszeiten (einschließlich Nachtarbeitsverbot), Ruhezeiten (einschließlich Urlaub) und Pausen. *Drittens* schreibt Art. 1 Abs. 3

1 Jugendliche erleiden während des ersten Arbeitsjahres doppelt so viele Arbeitsunfälle wie Erwachsene; vgl. *WSA*, Stellungnahme v. 1.4.1992, ABl. 1992 C 313/70.

2 Richtlinie 94/33/EG des Rates vom 22.6.1994 über den Jugendarbeitsschutz, ABl. 1994 L 216/12. Anhang geändert durch Richtlinie 2014/27/EU.

3 Empfehlung 67/125/EWG der Kommission v. 31.1.1967 an die Mitgliedstaaten zum Jugendarbeitsschutz, ABl. 1967 L 25/405.

4 Entschließung des Europäischen Parlaments v. 16.6.1987 zur Kinderarbeit, ABl. 1987 C 190/44. Dazu *Balze*, EAS B 5200 Rdn. 11.

5 Vorschlag für eine Richtlinie des Rates über den Jugendarbeitsschutz, KOM(91) 543 endg., ABl. 1992 C 84/ 7. Geänderter Vorschlag für eine Richtlinie des Rates über den Jugendarbeitsschutz, KOM(93) 35 endg., ABl. 1993 C 77/1.

6 Zu den möglichen richtlinienverstärkenden Wirkungen Schlachter/Heinig/*Tillmanns*, § 18 Rdn. 11 ff.

S. 1 JArbSchRL vor, die Arbeitsbedingungen bei Beschäftigung junger Menschen entsprechend anzupassen, ein Gebot das sich in den Einzelregeln mit dem der strengen Regelung von Jugendlichenarbeit überschneidet.

Sachlich steht die Richtlinie in engem Zusammenhang mit den allgemeinen Bestimmungen des Europäischen Arbeitsschutzrechts, vor allem der Arbeitsschutzrahmenrichtlinie (§ 16) und der Arbeitszeitrichtlinie (§ 17). 4

II. Anwendungsbereich

Die Jugendarbeitsschutzrichtlinie gilt für Personen unter 18 Jahren (in Art. 3 lit. a) als 5
„junge Menschen" definiert), die in einem Arbeitsverhältnis stehen, Art. 2 Abs. 1 JArbSchRL. Das Arbeitsverhältnis muss dem Recht eines Mitgliedstaats unterliegen. Für die Begriffsbestimmung ist damit zugleich auf das mitgliedstaatliche Recht verwiesen,[7] allerdings mit der Maßgabe, dass es auf die Wirksamkeit des Arbeits*vertrags* nicht ankommt. Da Einschränkungen nicht vorgesehen sind, erfasst die Richtlinie unterschiedslos alle Tätigkeiten. Mangels besonderer Ausnahme kleiner und mittlerer Unternehmen und auch dem Zweck der Regelung entsprechend spielt die Unternehmensgröße keine Rolle. Unsicher ist, ob auch Unternehmen im öffentlichen Sektor[8] sowie Unternehmen ohne Erwerbsabsicht (z. B. karitativ tätige Unternehmen)[9] erfasst sind. Dafür spricht zwar der Schutzzweck, doch liegen gerade in diesen Bereichen die Unterschiede mitgliedstaatlicher Arbeitnehmerbegriffe. Will man daher diese Verweisung nicht wieder aushebeln, so ist diese Frage dem nationalen Arbeitnehmerbegriff zu überlassen.

Nur in engem Rahmen können die Mitgliedstaaten bestimmte Arbeitsverhältnisse 6
im häuslichen oder familiären Bereich von den Richtlinienvorgaben **ausnehmen:** gelegentliche und kurzfristige (a) Hausarbeiten in einem Privathaushalt oder (b) Arbeiten (eines familienangehörigen Kindes)[10] in einem Familienbetrieb,[11] vorausgesetzt, diese sind weder schädlich noch als nachteilig oder gefährlich anzusehen, Art. 2 Abs. 2 JArbSchRL. Als gelegentlich kann man Arbeiten definieren, die nicht auf regelmäßige Wiederholung angelegt sind, als kurzfristig solche, die deutlich hinter den nach der Richtlinie erlaubten Höchstarbeitszeiten zurückbleiben.[12]

---

7 A.M. EuArbRK/*Kolbe*, Art. 2 RL 94/33/EG Rdn. 3 f. (grundsätzlich unionsautonomer Arbeitnehmerbegriff).

8 Davon ausgehend *M. Schmidt*, BB 1998, 1362, 1365.

9 Unter Berufung auf den nationalen Arbeitnehmerbegriff ablehnend *Bond*, ILJ 24 (1995), 377, 381.

10 Das ist – sprachlich naheliegend und teleologisch offensichtlich gemeint; zweifelnd (jedes Kind in einem Familienunternehmen) *Grisenthwaite*, I.C.C.L.R. 8 (1997), 256.

11 S. zur Entwicklung der Regelung noch *Bond*, ILJ 24 (1995), 377, 380.

12 EuArbRK/*Kolbe*, Art. 2 RL 94/33/EG Rdn. 7.

III. Verbot der Kinderarbeit

7 Erstes fundamentales Regelungsziel der Richtlinie ist das Verbot der Kinderarbeit. Dem pauschalen Verbot folgt ein differenzierter Katalog von Ausnahmeoptionen für die Mitgliedstaaten.

1. Grundsätzliches Verbot

8 Kinderarbeit ist verboten, Art. 4 Abs. 1 JArbSchRL. Dabei bezeichnet „Kind" jeden jungen Menschen (= unter 18 Jahren, s. o. Rdn. 5), der noch nicht 15 Jahre alt ist oder gemäß den einzelstaatlichen Rechtsvorschriften noch der Vollzeitschulpflicht unterliegt, Art. 3 lit. b). Geschützt wird also einerseits die körperlich-geistige Entwicklung, andererseits wird mitgliedstaatlicher Vollzeitschulpflicht Vorrang vor der Arbeitstätigkeit gewährt.

2. Ausnahmeoptionen der Mitgliedstaaten

9 Die Ausnahmeoptionen der Mitgliedstaaten sind in Art. 4 und 5 JArbSchRL differenziert geregelt. Sie betreffen zum einen unterschiedliche Sachbereiche und können zum anderen teils als Legalausnahme eingerichtet werden, teils müssen sie von einer behördlichen Genehmigung abhängig gemacht werden. Neben eine kleine Generalklausel für „leichte Arbeiten" treten Ausnahmeoptionen für kulturelle und ähnliche Aktivitäten und für Arbeit im Rahmen einer Ausbildung. Diese Ausnahmeoptionen gelten freilich im Grundsatz nur für das Verbot der Kinderarbeit, während es beim Nachtarbeitsverbot für Kinder des Art. 9 Abs. 1 lit. a) und bei den Ruhezeiten nach Art. 10 Abs. 1 lit. a) bleibt. Weitergehend lässt nur die Ausnahme für den kulturellen Bereich (Rdn. 11 f.) auch Nachtarbeit und Abweichung von den Ruhezeiten zu.

a) Leichte Arbeiten

10 Systematisch am Anfang steht die Ausnahme für „leichte Arbeit", Art. 4 Abs. 2 lit. c) JArbSchRL. Leichte Arbeit ist nach Art. 3 lit. d) solche, die sich nach Beschaffenheit und Ausführungsbedingungen (also etwa Arbeitsort und -zeit) auf die Kinder nicht nachteilig auswirkt. Maßgeblich sind die Auswirkungen auf Sicherheit, Gesundheit und Entwicklung, aber auch auf die schulische und berufliche Ausbildung. Sie kann von den Mitgliedstaaten für Kinder ab 14 Jahren freigegeben werden, für eine begrenzte Zahl von Stunden auch für Kinder ab 13. Die Freistellung muss durch Gesetz erfolgen, das auch die (nach der Richtlinie zulässigen) Arbeitsbedingungen festlegt, Art. 4 Abs. 3.

b) Kulturelle, künstlerische, sportliche oder Werbetätigkeiten

Praktisch bedeutsam, in vielen Bereichen auch sozial erwünscht, aber auch im Hinblick auf die Schutzbedürfnisse potentiell kritisch ist die Arbeit von Kindern im Rahmen kultureller, künstlerischer, sportlicher oder Werbetätigkeiten. Wegen der Vielfältigkeit möglicher Anwendungsfälle und der besonderen Schutzbedürfnisse der Kinder in diesen Bereichen kann die Ausnahme hier nicht schon abstrakt-generell erfolgen, sondern nur nach näherer gesetzlicher Bestimmung durch **vorherige behördliche Genehmigung** im Einzelfall. Die gesetzliche Regelung der Kinderarbeit in diesem Fall muss – insofern entsprechend der Definition „leichter Arbeit" – sicherstellen, dass sich die Tätigkeit auf das Kind nicht nachteilig auswirkt: weder auf Sicherheit, Gesundheit, Entwicklung noch auf Schulbesuch oder Berufsberatung oder -ausbildung noch auf die Fähigkeit, dem Unterricht mit Nutzen zu folgen. 11

Für Kinder ab 13 Jahren kann das mitgliedstaatliche Recht auf das Genehmigungserfordernis verzichten. Damit wird ein wertungsmäßiger Gleichlauf mit der Ausnahme für „leichte Arbeit" erreicht. 12

c) Betriebspraktika

In der Schul- und Berufsausbildung spielt oftmals die Arbeit im Rahmen von Praktika oder einem praktischen Ausbildungsabschnitt eine Rolle, dem trägt Art. 4 Abs. 2 lit. b) JArbSchRL Rechnung. Kindern ab 14 Jahren kann im Rahmen eines Systems der dualen Ausbildung oder eines Betriebspraktikums die Arbeitstätigkeit gestattet werden; Art. 4 Abs. 2 lit. b) JArbSchRL. Das mitgliedstaatliche Recht darf das im Grundsatz zulassen, die Bedingungen müssen dann von einer Behörde generell festgelegt werden, einer Einzelfallgenehmigung bedarf es aber nicht. Hier ist der Europäische Gesetzgeber davon ausgegangen, dass die Freistellung bereits durch ihre Zwecksetzung und die generelle Festlegung der Behörde den Schutzbedürfnissen der Kinder Rechnung trägt. 13

IV. Gefahrerfassung und Gefahrvermeidung

1. Rücksicht auf die spezifischen Schutzinteressen

Gefahrerfassung und Gefahrvermeidung ist das zentrale Regelungsinstrument des technischen Arbeitsschutzes (oben, § 16 Rdn. 16–24). Diese Regeln lässt die Jugendarbeitsschutzrichtlinie unberührt und ergänzt sie um Vorschriften, die den spezifischen Schutzinteressen von jungen Menschen Rechnung tragen. Nach Art. 7 Abs. 1 JArbSchRL geht es um den Schutz vor spezifischen Gefahren für Sicherheit, Gesundheit und Entwicklung, die aus der mangelnden Erfahrung, dem fehlenden Bewusstsein für tatsächliche oder potentielle Gefahren und aus der noch nicht abgeschlossenen (körperlichen und psychischen) Entwicklung des jungen Menschen herrühren. 14

Der Arbeitgeber ist verpflichtet, im Hinblick auf diese spezifischen Gefahren die erforderlichen Maßnahmen zum Schutz von Sicherheit und Gesundheit zu treffen, Art. 6 Abs. 1 JArbSchRL.

2. Gefahrerfassung

15 Am Anfang steht hier – wie in der Arbeitsschutz-Rahmenrichtlinie (s.o. § 16 Rdn. 21) – die Verpflichtung zur Gefahrerfassung („Beurteilung der für den jungen Menschen mit ihrer Beschäftigung verbundenen Gefahren"), Art. 6 Abs. 2 UAbs. 1 JArbSchRL. Sie muss – zweckentsprechend – vor Beginn der Arbeitsaufnahme und bei jeder bedeutenden Änderung der Arbeitsbedingungen erfolgen und bezieht sich nach einer nicht abschließenden Aufzählung („insbesondere") auf:

a) Einrichtung und Gestaltung der Arbeitsstätte und des Arbeitsplatzes;
b) Art, Grad und Dauer der physikalischen, chemischen und biologischen Einwirkungen;
c) Gestaltung, Auswahl und Einsatz von Arbeitsmitteln, insbesondere von Arbeitsstoffen, Maschinen, Geräten und Anlagen sowie den Umgang damit;
d) Gestaltung von Arbeitsverfahren und Arbeitsabläufen und deren Zusammenwirken (Arbeitsorganisation);
e) Stand von Ausbildung und Unterweisung der jungen Menschen.

3. Gefahrvermeidung

a) Generalklausel

16 Zur Gefahrvermeidung ist der Arbeitgeber zunächst nach der Generalklausel des Art. 6 Abs. 1 i.V.m. Art. 7 Abs. 1 JArbSchRL verpflichtet. Sie wird durch Einzelregelungen näher konkretisiert. Nur ausnahmsweise stellt die Richtlinie schon abstrakt-generelle Beschäftigungsverbote auf, für den Regelfall schreibt sie nur eine periodische Gesundheitsuntersuchung vor.

b) Beschäftigungsverbote

17 Für eine Reihe von **besonders schweren Gefährdungen** sieht Art. 7 Abs. 2 JArbSchRL grundsätzliche Beschäftigungsverbote vor. Das betrifft

- zum einen Fälle der Exposition zu besonders schädlichen Einwirkungen: Gefahrstoffen, Strahlen, Lärm, Kälte oder Hitze (lit. b), c), e));
- zum anderen Fälle der Überforderung junger Menschen in ihrer körperlichen oder psychischen Leistungsfähigkeit oder ihrem Gefahrbewusstsein (lit. a), d)).

Ausnahmen können die Mitgliedstaaten gesetzlich zulassen unter der Voraussetzung, dass diese für die Berufsausbildung *unbedingt erforderlich* sind und der Gesundheitsschutz durch die Aufsicht eines Gefahrschutzbeauftragten (i.S.v. Art. 7 ArbSchRL; oben, § 16 Rdn. 30f.) sichergestellt ist. Dabei ist – an sich selbstverständlich und der generellen Anlage der Gefahrvermeidungsregeln in der JArbSchRL entsprechend – der allgemeine Schutz nach der Arbeitsschutz-Rahmenrichtlinie zu gewährleisten. 18

c) Periodische Gesundheitsuntersuchungen

Im Übrigen ist einer im Rahmen der „Beurteilung" festgestellten Gefahr für die Sicherheit, die körperliche oder geistige Gesundheit oder die Entwicklung junger Menschen nicht pauschal durch ein Tätigkeitsverbot Rechnung zu tragen, sondern durch **Gefahrüberwachung.** Zusätzlich zu den allgemeinen Gesundheitsuntersuchungen nach der Arbeitsschutz-Rahmenrichtlinie erfolgt in diesem Fall regelmäßig „eine angemessene Bewertung und Überwachung des Gesundheitszustands". Nicht von der Richtlinie spezifiziert sind die Arbeitgeberpflichten für den Fall, dass die laufende Überwachung ergibt, dass die Gefahren oder Schädigungen das Tätigkeits- oder Beschäftigungsinteresse überwiegen. Insoweit kommt die Generalklausel des Art. 6 Abs. 1 zum Tragen (Rdn. 16). 19

4. Unterrichtung

So wie die Arbeitsschutz-Rahmenrichtlinie sieht auch die Jugendarbeitsschutzrichtlinie nicht nur einen paternalistischen Schutz durch Beschäftigungsverbote oder eine Überwachungspflicht vor, sondern sucht ergänzend eine Stärkung der autonomen Verantwortlichkeit zu erreichen. Flankiert werden die Regeln zur Gefahrerfassung und -vermeidung daher durch das Gebot, den *jungen Menschen* **selbst** und bei *Kindern* auch den **gesetzlichen Vertreter** über mögliche Gefahren und getroffene Schutzmaßnahmen zu **unterrichten,** Art. 6 Abs. 3 JArbSchRL.[13] Darin kommt nicht zuletzt zum Ausdruck, dass der Europäische Gesetzgeber auch bei jungen Menschen vom *Leitbild eines mündigen Arbeitnehmers* (s.a. § 16 Rdn. 37) ausgeht. 20

Zudem ist der – von Art. 7 ArbSchRL (§ 16 Rdn. 30) installierte – Gefahrenschutzbeauftragte an der Planung, Durchführung und Überwachung von Sicherheits- und Gesundheitsschutzmaßnahmen zu beteiligen, Art. 6 Abs. 4 JArbSchRL. 21

13 *Bond,* ILJ 24 (1995), 377, 379.

V. Arbeits- und Ruhezeiten

22 Schließlich regelt die Jugendarbeitsschutzrichtlinie die Arbeits- und Ruhezeit, und zwar differenziert für Kinder und Jugendliche. Für Kinder betreffen die Regelungen allerdings weithin (anders nur für Pausen) nur die nach Art. 4 Abs. 2 lit. b) und c) JArbSchRL eingeräumte Freistellungsoption für die Tätigkeit im Rahmen der dualen Ausbildung und leichte Tätigkeiten (oben, Rdn. 10, 13). Für kulturelle und ähnliche Tätigkeiten gemäß Art. 5 (Rdn. 11f.) stellt die Richtlinie m.a.W. keine expliziten Schranken auf. Soweit indes vereinzelt auch für Jugendliche in diesen Bereichen Regelungen vorgegeben sind, müssen sie erst recht auch für Kinder gelten (so für die Nachtarbeit, Art. 9 Abs. 2 lit. b) Sps. 4 JArbSchRL).

1. Tägliche und wöchentliche Arbeitszeit

23 **Kinder**arbeit ist grundsätzlich verboten (oben, Rdn. 7f.), daher ist die Arbeitszeit nur für die zulässigen Ausnahmefälle zu regeln: für Betriebspraktika in einem dualen Ausbildungssystem oder leichtere Arbeiten, Art. 4 Abs. 2 lit. b) und c) JArbSchRL (Rdn. 10, 13). Der Richtliniengeber unterscheidet je nachdem, ob und inwieweit die Kinder noch der Schulpflicht unterliegen (Art. 8 Abs. 1 lit. a)–d)). Obergrenze ist für Betriebspraktika in der dualen Ausbildung acht Stunden pro Tag, 40 Stunden pro Woche (lit. a)). Arbeiten während der Schulzeit (außerhalb von Unterrichtsstunden) sind nur bis zu zwei Stunden pro Tag, zwölf Stunden pro Woche erlaubt (lit. b), in Ferien von mindestens einer Woche bis zu sieben Stunden pro Tag, 35 Stunden pro Woche (lit. c)). Kinder, die nicht mehr der Vollzeitschulpflicht unterliegen, dürfen höchstens sieben Stunden pro Tag, 35 Stunden pro Woche leichte Arbeiten (s. Art. 4 Abs. 2 lit. c)) ausüben (lit. d)). Für **Jugendliche**, die ja definitionsgemäß nicht mehr der Vollzeitschulpflicht unterliegen (oben, Rdn. 8), ist die Höchstarbeitszeit einheitlich auf acht Stunden täglich, 40 Stunden pro Woche festgelegt, Art. 8 Abs. 2 JArbSchRL. Anders als in der ArbZRL (§ 14 Rdn. 3) ist hier keine Bestimmung von Bezugszeiträumen erlaubt, in denen die Zeitvorgaben nur im Durchschnitt eingehalten werden.[14]

24 **Arbeitszeit** ist dabei ebenso wie in der Arbeitszeitrichtlinie (§ 17 Rdn. 18) weit definiert als jegliche Zeitspanne, während der der junge Mensch gemäß den einzelstaatlichen Rechtsvorschriften und/oder Gepflogenheiten arbeitet, dem Arbeitgeber zur Verfügung steht und seine Tätigkeit ausübt oder Aufgaben wahrnimmt (Art. 3 lit. e) JArbSchRL).[15] In der dualen Ausbildung zählt die Zeit, die für die theoretische oder praktische Ausbildung aufgewandt wird, ebenso zur Arbeitszeit wie die im Betriebs-

14 EuArbRK/*Kolbe*, Art. 8 RL 94/33/EG Rdn. 5.
15 EuArbRK/*Kolbe*, Art. 3 RL 94/33/EG Rdn. 4.

praktikum. Zweckentsprechend werden die Arbeitszeiten aus mehreren Arbeitsverhältnissen zusammengerechnet, Art. 8 Abs. 4 JArbSchRL.

25 **Ausnahmen** von der Höchstzeit können die Mitgliedstaaten nach dem recht offen gefassten Tatbestand des Art. 8 Abs. 5 JArbSchRL vorsehen: für „Ausnahmefälle" sowie für Fälle, in denen es durch objektive Gründe gerechtfertigt ist.

2. Nachtarbeit

26 Nachtarbeit ist für **Kinder** (in den Fällen von Art. 4 Abs. 2 lit. b), c)) in der Zeit 20.00 bis 6.00 Uhr **absolut verboten,** für **Jugendliche im Grundsatz** für einen Achtstundenzeitraum von 22.00 bis 6.00 Uhr oder von 23.00 bis 7.00 Uhr, Art. 9 Abs. 1 JArbSchRL.

27 **Ausnahmen** von dem Grundsatz können die Mitgliedstaaten für „*besondere Tätigkeitsbereiche*" – also solche, die in der Sache auch eine Abweichung verlangen – vorsehen, Art. 9 Abs. 2 lit. a) JArbSchRL. Man kann zum Beispiel an Bäckereien denken.[16] Auch in diesem Fall muss aber eine Kern-Nachtzeit von Mitternacht bis 4.00 Uhr frei bleiben. Zudem muss die mitgliedstaatliche Ausnahmeregelung geeignete Maßnahmen für die Beaufsichtigung des Jugendlichen durch einen Erwachsenen vorsehen. Zweitens ist für *spezielle Bereiche* – Beschäftigung in Schifffahrt oder in der Fischerei; bei den Streitkräften oder bei der Polizei; in Krankenhäusern oder ähnlichen Einrichtungen; im kulturellem, künstlerischem, sportlichen Bereich oder bei Werbetätigkeiten – eine Ausnahme zulässig, wenn dies aus objektiven Gründen gerechtfertigt ist, den Jugendlichen Ausgleichsruhezeiten gewährt werden und die Ziele der Richtlinie nicht in Frage gestellt werden: Schutz vor wirtschaftlicher Ausbeutung und Schutz der physischen, psychischen, moralischen und sozialen Entwicklung, Art. 9 Abs. 2 lit. b) UAbs. 2 JArbSchRL.

28 In jedem Fall haben Jugendliche vor einer Einteilung zur Nachtarbeit und anschließend in regelmäßigen Abständen Anspruch auf eine kostenlose **Bewertung ihres Gesundheitszustands** und ihrer Fähigkeiten, wenn die Nachtarbeit nicht nur ausnahmsweise verrichtet wird, Art. 9 Abs. 3 JArbSchRL.

3. Tägliche und wöchentliche Ruhezeiten

29 Kindern sind **täglich –** pro 24-Stunden-Zeitraum – mindestens 14 aufeinander folgende Stunden Ruhezeit zu gewähren, Jugendlichen mindestens zwölf, Art. 10 Abs. 1 JArbSchRL. Die **wöchentliche** Mindestruhezeit ist für beide Gruppen einheitlich mit zwei – möglichst auf einander folgenden – Ruhetagen pro Sieben-Tage-Zeitraum fest-

---

16 Vgl. im deutschen Recht § 14 Abs. 2 Nr. 4 JArbSchG.

gelegt, Art. 10 Abs. 2 JArbSchRL. Diese Mindestruhezeit umfasst „im Prinzip den Sonntag“. Wie BE 20 JArbSchRL erläutert, soll die Entscheidung insoweit den Mitgliedstaaten überlassen bleiben, handelt es sich also nur um eine weiche Verpflichtung. Diese ist hier – anders als bei der Arbeitszeitrichtlinie (dazu § 17 Rdn. 38) – auch gut begründet,[17] weil (und soweit) sich die Schulpflicht üblicherweise auf die übrigen Wochentage erstreckt, denn dann ist Sonntag der Tag, an dem Kinder und Jugendliche sich mit Freunden treffen und Aktivitäten mit diesen nachgehen können.

30 Wiederum sind auch hier zwei **Ausnahmegruppen** vorgesehen (Art. 10 Abs. 3 und 4 JArbSchRL). Zum einen können die Mindestruhezeiten nach mitgliedstaatlichem Recht bei Tätigkeiten mit über den Tag verteilten oder kurzen Arbeitszeiten unterbrochen werden. Zudem kommen Ausnahmen für bestimmte, abschließend aufgezählte Bereiche in Betracht, wenn dies objektiv gerechtfertigt ist, Ausgleichsruhezeiten gewährt und die Ziele der Richtlinie nicht in Frage gestellt werden: Bei Beschäftigung in der Schifffahrt oder in der Fischerei; bei den Streitkräften oder bei der Polizei; in Krankenhäusern oder ähnlichen Einrichtungen; in der Landwirtschaft; im Fremdenverkehr oder im Hotel- und Gaststättengewerbe; sowie Beschäftigung, bei der die Arbeitszeiten über den Tag verteilt sind.

4. Pausen

31 Jungen Menschen – Kindern, die nach mitgliedstaatlichem Recht zulässigerweise arbeiten, ebenso wie Jugendlichen – ist eine nach Möglichkeit zusammenhängende Ruhepause von mindestens 30 Minuten erhalten, wenn die tägliche Arbeitszeit mehr als viereinhalb Stunden beträgt.

5. Jahresruhezeit

32 Im Hinblick auf die „Jahresruhezeit“ – also den Urlaub – ergänzt die Jugendarbeitsschutzrichtlinie die Arbeitszeitrichtlinie nur punktuell dahin, dass bei *Kindern* (im Rahmen von Tätigkeiten nach Art. 4 Abs. 2 lit. b) und c)), die der Vollzeitschulpflicht unterliegen, die Schulferien im Rahmen des Möglichen einen arbeitsfreien Zeitraum umfassen. Damit wird dem für die soziale Integration ebenso wie für die Entwicklung wichtigen Interesse Rechnung getragen, dass Kinder die Ferien mit der Familie und mit Gleichaltrigen verbringen können.

---

17 A.M. EuArbRK/*Kolbe*, Art. 10 RL 94/33/EG Rdn. 4.

6. Ausnahmeoption für höhere Gewalt

Für Fälle höherer Gewalt, wie sie Art. 4 Abs. 5 ArbSchRL definiert, kann das mitgliedstaatliche Recht Ausnahmen vorsehen von 33
- der Höchstarbeitszeit für Jugendliche nach Art. 8 Abs. 2 JArbSchRL;
- der Nachtruhezeit für Jugendliche nach Art. 9 Abs. 1 lit. b) JArbSchRL;
- der Mindestruhezeit für Jugendliche nach Art. 10 Abs. 1 lit. b) JArbSchRL.

Voraussetzung ist, dass diese Arbeiten vorübergehend sind und keinen Aufschub dulden, keine erwachsenen Arbeitnehmer zur Verfügung stehen und den betroffenen Jugendlichen binnen drei Wochen entsprechende Ausgleichsruhezeiten gewährt werden.

7. Sanktionen

Die Sanktionen einer Pflichtverletzung legt die Richtlinie nicht selbst fest, sondern 34
überlässt sie den Mitgliedstaaten. Art. 14 JArbSchRL gibt insoweit nur die allgemeinen Umsetzungserfordernisse wieder (§ 1 Rdn. 76 f.): Die Mitgliedstaaten müssen die erforderlichen Maßnahmen festlegen, die bei einem Verstoß gegen Bestimmungen der Richtlinie und die zu ihrer Durchführung erlassenen Bestimmungen zu verhängen sind; und diese müssen „wirksam und angemessen“ sein.

VI. Umsetzung[18]

Die Jugendarbeitsschutzrichtlinie wurde in Deutschland durch das Zweite Änderungs- 35
gesetz zum Jugendarbeitsschutzgesetz (leicht verspätet)[19] umgesetzt.[20] Weithin hatte das deutsche Recht schon vorher das geforderte Schutzniveau erreicht.[21]

---

18 S.a. Commission Staff Working Document, on the application of Council Directive 94/33/EC of 22 June 1994 on the protection of young people at work, SEC(2010) 1339 final.

19 Die Umsetzungsfrist des Art. 17 lit. a) JArbSchRL war am 22.6.1996 abgelaufen. Zweifel an der unmittelbaren Anwendbarkeit der EG-Jugendarbeitsschutzrichtlinie (zumindest im öffentlichen Dienst) wurden implizit geäußert, weil die Richtlinie unmittelbare Ansprüche nicht habe einräumen wollen; *Lörcher,* AuR 1994, 360, 362. Zur verspäteten Umsetzung durch Luxemburg und Frankreich EuGH v. 16.12.1999 – Rs. C-47/99 *Kommission ./. Luxemburg,* EU:C:1999:629; EuGH v. 18.5.2000 – Rs. C-45/99 *Kommission ./. Frankreich,* EU:C:2000:273. Zur Umsetzung im VK vgl. *Grisenthwaite,* I.C.C.L.R. 8 (1997), 256–258.

20 Übersicht bei Hanau/Steinmeyer/Wank/*Wank,* § 18 Rdn. 403–411; Synopse JArbSchRL und JArbSchG bei *Balze,* EAS B 5200 Rdn. 64; s. a. ebd. Rdn. 17. Dazu auch *Kollmer,* NZA 1998, 1268–1272.

21 Auf Umsetzungsdefizite in Deutschland in Einzelpunkten weist *Schmidt,* BB 1998, 1362–1364 hin. Zum VK *Hamilton/Watt,* C.F.L.Q 16 (2004), 135–149.

5. Kapitel
Arbeitnehmerschutz bei Unternehmensumstrukturierung und Insolvenz

§ 26 Die Massenentlassungsrichtlinie

Literatur: *Alber*, Die Rechtsprechung des EuGH zur Richtlinie über Massenentlassungen, in: Kothe/Dörner/Anzinger (Hrsg.), Arbeitsrecht im sozialen Dialog – Festschrift für Hellmut Wißmann zum 65. Geburtstag, 2005, S. 507–522; *Bakopoulos*, Massenentlassung und behördliche Kontrollbefugnisse – Die Entwicklung der Rechtslage in Griechenland im Lichte des europäischen Rechts, RdA 2018, 257–263; *Becker*, Die EG-Richtlinie zur Angleichung des Massenkündigungsschutzes, NJW 1976, 2057 f.; *Benecke/Groß*, Der europäische Betriebsbegriff, EuZW 2015, 506–508; *Bercusson*, Case Comment, CMLR 33 (1996), 589–610; *Boemke*, Die Massenentlassungsrichtlinie, in: Oetker/Preis (Hrsg.), Europäisches Arbeits- und Sozialrecht, B 7100 (Stand: Jul. 2019); *Bourn*, Amending the Collective Dismissals Directive: A Case of Re-arranging the Deckchairs?, IJCLLIR 9 (1993), 227–243; *Dolding*, Collective Redundancy and Community Law, ILJ 21 (1992), 310–315; *Forst*, Neues aus Luxemburg zur Massenentlassung, NZA 2010, 144–148; *ders.*, Zum Begriff des abhängigen Unternehmens im europäischen Arbeitsrecht, ZESAR 2010, 154–163; *Franzen*, Begriff der Entlassung nach der Massenentlassungsrichtlinie, NZA 2016, 26–28; *ders.*, Europarecht und betriebliche Mitbestimmung – Überlegungen zur Umsetzung der Rahmen-Richtlinie 2002/14/EG über die Unterrichtung und Anhörung der Arbeitnehmer in Deutschland, in: Konzen/Krebber/Raab/Veit/Waas (Hrsg.), Festschrift für Rolf Birk, 2008, S. 97–114; *ders.*, Massenentlassung und Betriebsänderung unter dem Einfluss des europäischen Gemeinschaftsrechts, ZfA 2006, 437–458; *Freedland*, Employment Protection: Redundancy Procedures and the EEC, ILJ 5/6 (1976), 24–34; *Gaudu*, Collective Redundancies for economic motives: convergences and controversies, ELLJ 2 (2011), 5–26; *Giesen*, Massenentlassungsanzeige erst nach Abschluss von Sozialplanberatungen?, SAE 2006, 135–140; *Hagemeister*, Massenentlassung, Anwendungsbereich, Zuständigkeit des EuGH bei überschießender Umsetzung, EuZA 2013, 340–349; *Hepple*, Community Measures for the Protection of Workers against Dismissal, CMLR 14 (1977), 489–500; *Hinrichs*, Kündigungsschutz und Arbeitnehmerbeteiligung bei Massenentlassung – Europarechtliche Aspekte und Impulse, 2001; *Hohenstatt/Naber*, Sind Fremd-Geschäftsführer Arbeitnehmer im Sinne der Massenentlassungsrichtlinie?, NZA 2014, 637–642; *Junker*, Die Auslegung der Richtlinie 98/59/EG durch den europäischen Gerichtshof, ZfA 2018, 73–91; *Kleinebrink/Commandeur*, Der neue Betriebsbegriff bei Massenentlassungen und dessen Folgen, NZA 2015, 853–585; *Klumpp*, Der EuGH und die Massenentlassung – Zeit für „Junk II"?, NZA 2006, 703–709; *Krebber*, Massenentlassungen aus betriebsbedingten oder wirtschaftlichen Gründen – Unionsrechtliche Vorgaben und Überblick über deren Umsetzung in den Mitgliedstaaten, RdA 2018, 271–586; *Lofaso*, Pretermination Job Rights of British Workers Affected by Collective Redundancies, YEL 16 (1996), 277–319; *Löwisch*, Änderungen des Kündigungsschutzgesetzes, NJW 1978, 1237–1238; *Lunk/Hildebrand*, GmbH-Geschäftsführer und Massenentlassungen, NZA 2016, 129–135; *Mauthner*, Die Massenentlassungsrichtlinie und ihre Bedeutung für das deutsche Massenentlassungsrecht, 2004; *Reinhard*, Rechtsfolgen fehlerhafter Massenentlassungen, RdA 2007, 207–216; *Riesenhuber/Domröse*, Die „Entlassung" nach der Massenentlassungsrichtlinie – Bedeutung und Folgen des EuGH-Urteils v. 27.1.2005 – Rs. C-188/03, Junk, EWS 2005, 97–103; *dies.*, Zur richtlinienkonformen Auslegung von §§ 17, 18 KSchG und den Rechtsfolgen fehlerhafter Massenentlassungen, NZA 2005, 568–570; *Schlachter*, Casebook Europäisches Arbeitsrecht, 2005, Fälle Nr. 15, 19; *Schmitt, Laura*, Europäisches Betriebsverfassungsrecht, in: Oetker/Preis (Hrsg.), Europäisches Arbeits- und Sozialrecht, B 8300 Rdn. 547–600 (Stand: Okt. 2019); *Schubert/Schmitt, Laura*, Durchführung von Massenentlassungen bei einer Mehrzahl von Arbeitnehmervertretungen im Betrieb – offene Fragen des Massenentlassungsrechts, ZESAR 2020, 53–61; *Sit-*

https://doi.org/10.1515/9783110731941-026

tard/Rawe, Änderungen der wesentlichen Bestandteile eines Arbeitsvertrages als Entlassung im Sinne der Massenentlassungsrichtlinie, EuZA 2016, 490–498; *Spelge*, Die Massenentlassungsrichtlinie – Vom Schattendasein zum Hot Spot des Kündigungsschutzrechts, EuZA 2018, 67–87; *Temming*, Offene Fragen im Verhältnis zwischen Konsultationsverfahren und Zeitpunkt der Massenentlassungsanzeige, ZESAR 2010, 277–285; *ders./Dalmer*, Schutz vor Massenentlassungen: Wann wird ein Arbeitgeber von einem anderen Unternehmen iSv Art. 2 Abs. 4 RL 98/59/EG beherrscht?, RdA 2019, 299–308; *Vielmeier*, GmbH-Geschäftsführer als Arbeitnehmer im Rahmen der Massenentlassungsrichtlinie?, NJW 2014, 2678–2682; *Weber*, Information und Konsultation im europäischen und deutschen Mitbestimmungsrecht, in: Dauner-Lieb/Hommelhoff/Jacobs/Kaiser/Weber (Hrsg.), Festschrift für Horst Konzen, 2005, S. 921–956; *ders.*, Mitbestimmungsspirale im Recht der Massenentlassung? – Zum Vorlagebeschluss des Arbeitsgerichts Berlin vom 21.2.2006, in: Annuß/Picker/Wißmann (Hrsg.), Festschrift für Reinhard Richardi, 2007, S. 461–473; *ders.*, Massenentlassung und Arbeitnehmerbeteiligung im deutschen und europäischen Mitbestimmungsrecht, AuR 2008, 365–380; *ders.*, Neuere Rechtsprechung des EuGH zur Massenentlassungsrichtlinie, NZA 2016, 727–732; *ders.*, Schwellenwerte für die Beschäftigungszahlen bei Massenentlassungen – Urteil des Europäischen Gerichtshofs vom 18.1.2007 – Rechtssache CGT, EuZA 2008, 355–366; *Weiss*, Die europarechtliche Regelung der Massenentlassung, RdA 1992, 367–373; *Wisskirchen/Bissels*, Massenentlassungen in den Mitgliedstaaten der EU, ZESAR 2010, 164–171; *Wißmann*, Die Probleme bei der Umsetzung der EG-Richtlinie über Massenentlassungen in deutsches Recht, RdA 1998, 221–228; *Wolter*, Wende im Recht der Massenentlassung, AuR 2005, 135–141.

Rechtsprechung:

EuGH v. 12.2.1985	Rs. 284/83 *Nielsen*, EU:C:1985:61
EuGH v. 28.3.1985	Rs. 215/83 *Kommission ./. Belgien*, EU:C:1985:146
EuGH v. 8.6.1994	Rs. C-383/92 *Kommission ./. Vereinigtes Königreich*, EU:C:1994:234
EuGH v. 7.12.1995	Rs. C-449/93 *Rockfon*, EU:C:1995:420
EuGH v. 17.12.1998	Rs. C-250/97 *Lauge*, EU:C:1998:620
EuGH v. 16.10.2003	Rs. C-32/02 *Kommission ./. Italien*, EU:C:2003:555
EuGH v. 12.10.2004	Rs. C-55/02 *Kommission ./. Portugal*, EU:C:2004:605
EuGH v. 27.1.2005	Rs. C-188/03 *Junk*, EU:C:2005:59
EuGH v. 7.9.2006	verb. Rs. C-187/05 bis 190/05 *Agorastoudis*, EU:C:2006:535
EuGH v. 18.1.2007	Rs. C-385/05 *Confédération générale du travail (CGT)*, EU:C:2007:37
EuGH v. 15.2.2007	Rs. C-270/05 *Athinaïki Chartopoiía*, EU:C:2007:101
EuGH v. 16.7.2009	Rs. C-12/08 *Mono Car Styling*, EU:C:2009:466
EuGH v. 10.9.2009	Rs. C-44/08 *AEK ./. Fujitsu Siemens*, EU:C:2009:533
EuGH v. 10.12.2009	Rs. C-323/08 *Mayor*, EU:C:2009:770
EuGH v. 3.3.2011	verb. Rs. C-235/10 bis C-239/10 *Claes*, EU:C:2011:119
EuGH v. 22.3.2012	Rs. C-583/10 *Nolan*, EU:C:2012:638
EuGH v. 13.2.2014	Rs. C-596/12 *Kommission ./. Italien*, EU:C:2014:77
EuGH v. 30.4.2015	Rs. C-80/14 *USDAW und Wilson*, EU:C:2015:291
EuGH v. 13.5.2015	Rs. C-182/13 *Lyttle u. a.*, EU:C:2015:317
EuGH v. 13.5.2015	Rs. C-392/13 *Rabal Cañas*, EU:C:2015:318
EuGH v. 9.7.2015	Rs. C-229/14 *Balkaya*, EU:C:2015:455
EuGH v. 11.11.2015	Rs. C-422/14 *Pujante Rivera*, EU:C:2015:743
EuGH v. 21.12.2016	Rs. C-201/15 *AGET Iraklis*,EU:C:2016:972
EuGH v. 21.9.2017	Rs. C-149/16 *Socha*, EU:C:2017:708
EuGH v. 21.9.2017	Rs. C-429/16 *Ciupa*, EU:C:2017:711
EuGH v. 22.2.2018	Rs. C-103/16 *Guisado*, EU:C:2018:99
EuGH v. 7.8.2018	verb Rs. C-61/17, C-62/17, C-72/17 *Bichat*, EU:C:2018:653
EuGH v. 11.11.2020	Rs. C-300/19 *Marclean Technologies*, EU:C:2020:898

Übersicht

I. Sachfragen, Übersicht, Rechtsgrundlagen, Regelungsumfeld

Im Jahr 1973 beschloss der deutsch-niederländische **AKZO-Konzern**, im Rahmen einer Umstrukturierung über 5.000 Arbeitnehmer zu entlassen. Da der Konzern Tochterunternehmen in mehreren Mitgliedstaaten hatte, wählte er für die Entlassung die Standorte, in denen die Risiken und Kosten der Kündigung am geringsten waren. Dieses – wirtschaftlich sinnvolle – Vorgehen fand erheblichen politischen Widerspruch. Nicht zuletzt zeigte sich hier, dass ein *hoher* Standard des Arbeitnehmerschutzes – kurzfristig und in Bezug auf die *Desinvestitions*entscheidung – einen Standortvorteil darstellen kann. Insgesamt fand man, der Schutzstandard im Bereich der Massenentlassung dürfe nicht zum Wettbewerbsfaktor werden. Der AKZO-Fall war mitauslösend für den Erlass der Massenentlassungsrichtlinie aus dem Jahr 1975.[1] 1

Der Massenentlassung liegen zunächst Kündigungen zugrunde. Indes lassen sich diese als solche regelmäßig nicht wohl in Frage stellen, soweit sie auf einer **unternehmerischen** (Umstrukturierungs-) **Entscheidung** beruhen.[2] „Die Entscheidung, Massenentlassungen vorzunehmen, stellt eine grundlegende Entscheidung im Leben eines Unternehmens dar" und ist Teil der grundrechtlich geschützten unternehmerischen Freiheit (Art. 16 GRCh).[3] Der Schwerpunkt des Arbeitnehmerschutzes liegt da- 2

1 Vgl. *Hepple*, CMLR 14 (1977), 489 f.; GA *Mengozzi*, Schlussanträge v. 21.1.2009 – Rs. C-12/08 *Mono Car Styling*, EU:C:2009:24 Rdn. 31. Zur Entstehungsgeschichte weiterhin *Boemke*, EAS B 7100 Rdn. 1–4; *Lofaso*, YEL 16 (1996), 277, 292–297. Kommissionsvorschlag KOM(72) 1400 endg.

2 So auch nach der MERL, EuGH v. 7.9.2006 – verb. Rs. C-187/05 bis C-190/05 *Agorastoudis*, EU:C:2006:535 Rdn. 35; EuGH v. 12.2.1985 – Rs. 284/83 *Nielsen*, EU:C:1985:61 Rdn. 10; GA *Mengozzi*, Schlussanträge v. 21.1.2009 – Rs. C-12/08 *Mono Car Styling*, EU:C:2009:24 Rdn. 37. S.a. *Gaudu*, ELLJ 2 (2011), 5, 8 f.

3 EuGH v. 21.12.2016 – Rs. C-201/15 *AGET Iraklis*, EU:C:2016:972 Rdn. 54 f., 66 ff.

her nicht so sehr darauf, die Kündigung als solche zu überprüfen, als ihre Durchführung prozedural so zu gestalten, dass Kündigungen möglichst vermieden und die Folgen unvermeidbarer Kündigungen abgemildert werden.

3 Die **Massenentlassungsrichtlinie**[4] regelt nicht die materiellen Voraussetzungen der Massenentlassung, verbietet Massenentlassungen insbesondere nicht,[5] sondern bezweckt durch prozedurale Regeln einen Mindestschutz (Art. 5 MERL) der Arbeitnehmer.[6] Vor Ausspruch der Kündigung muss der Arbeitgeber die Arbeitnehmervertreter informieren und mit ihnen ein Konsultationsverfahren durchführen, das u.a. zum Ziel hat, Entlassungen zu vermeiden und deren Folgen abzufedern. Zudem muss er der zuständigen Behörde im Vorhinein Anzeige von der beabsichtigten Massenentlassung machen, um dieser Gelegenheit zu geben, „Lösungen für die durch die beabsichtigten Massenentlassungen aufgeworfenen Probleme zu suchen". Mit Erstattung der Anzeige beginnt eine 30-tägige Sperrfrist, vor deren Ablauf die Entlassungen nicht wirksam werden.

4 Die ursprünglich 1975 erlassene Richtlinie[7] wurde **1992 geändert**.[8] Dabei ging es insbesondere darum, der Tatsache Rechnung zu tragen, dass in internationalen Konzernen Strukturentscheidungen (z.B. über Massenentlassungen) oftmals nicht auf nationaler Ebene getroffen werden; deswegen dürfen die Informations- und Konsultationspflichten nicht leerlaufen (s. unten, Rdn. 35). **1998** folgte eine sog. **Kodifikation** (d.h. eine systematische Neufassung) „aus Gründen der Klarheit und Übersichtlichkeit" (BE 1 MERL).[9] **2015** hat der Gesetzgeber die Ausnahme für Seeleute gestrichen (s. unten Rdn. 21).[10] **Kompetenz**grundlage waren Art. 100 sowie 117 EGV (Art. 115, 153 AEUV). Die Richtlinie dient damit einerseits der Errichtung und dem Funktionieren des Gemeinsamen Marktes, andererseits dem Zweck, „auf eine Verbesserung der Lebens- und Arbeitsbedingungen der Arbeitskräfte hin[zu]wirken und dadurch auf dem Weg des Fortschritts ihre Angleichung [zu] ermöglichen".[11] Sie statuiert bloße Min-

---

4 Richtlinie 98/59/EG des Rates vom 20.7.1998 zur Angleichung der Rechtsvorschriften der Mitgliedstaaten über Massenentlassungen, ABl. 1998 L 225/16.

5 *Franzen*, ZfA 2006, 437, 442.

6 EuArbRK/*Spelge*, Vorbemerkung RL 98/59/EG Rdn. 1.

7 Richtlinie 75/129/EWG des Rates vom 17.2.1975 zur Angleichung der Rechtsvorschriften der Mitgliedstaaten über Massenentlassungen, ABl. 1975 L 48/29. Zur Entstehungsgeschichte und der ursprünglichen Richtlinie noch *Freedland*, ILJ 5/6 (1976), 24–34; *Hepple*, CMLR 14 (1977), 489–500.

8 Richtlinie 92/56/EWG des Rates vom 24.6.1992 zur Änderung der Richtlinie 75/129/EWG zur Angleichung der Rechtsvorschriften der Mitgliedstaaten über Massenentlassungen, ABl. 1992 L 245/3. Dazu *Bourn*, IJCLLIR 9 (1993), 227–243; *Dolding*, ILJ 21 (1992), 310–315.

9 S. o., Fn. 4.

10 Richtlinie (EU) 2015/1794 des Europäischen Parlaments und des Rates vom 6.10.2015 zur Änderung der Richtlinien 2008/94/EG, 2009/38/EG und 2002/14/EG des Europäischen Parlaments und des Rates und der Richtlinien 98/59/EG und 2001/23/EG des Rates in Bezug auf Seeleute, ABl. 2015 L 263/1.

11 EuGH v. 7.9.2006 – Rs. C-187/05 bis C-190/05 *Agorastoudis*, EU:C:2006:535 Rdn. 38.

deststandards, über die die Mitgliedstaaten – in den Grenzen der Umsetzungspflichten und der Grundfreiheiten[12] – hinausgehen können, Art. 5 MERL.[13]

Zum **Regelungsumfeld** der Richtlinie gehören im Hinblick auf den Arbeitneh- 5
merschutz bei Umstrukturierungen und wirtschaftlichen Notlagen zum einen die Betriebsübergangsrichtlinie (§ 27) und zum anderen die Insolvenzschutzrichtlinie (§ 28). Im Hinblick auf den Kündigungsschutz sind zudem die Antidiskriminierungsrichtlinien zu nennen, da diese auch die „Entlassungsbedingungen“ betreffen (§ 10–12). Die Mutterschutzrichtlinie (§ 23) und die EPU-Richtlinie (§ 24) enthalten spezielle Kündigungsverbote.[14]

II. Anwendungsbereich: „Massenentlassung“

1. Umsetzungsalternativen

Für den Anwendungsbereich der Richtlinie ist der Begriff der Massenentlassung in 6
Art. 1 MERL konstituierend. Massenentlassungen sind zunächst arbeitgeberseitige Entlassungen, die **nicht personenbedingt** erfolgen (näher unten, Rdn. 13 ff.). Quantitative Merkmale müssen hinzukommen, wobei die **Mitgliedstaaten** die **Wahl** zwischen den zwei Modellen von Nr. i und Nr. ii haben.[15]

- Bei Nr. i hängt die Zahl bzw. der Anteil der entlassenen Arbeitnehmer von der Betriebsgröße ab und die Entlassungen müssen innerhalb von 30 Tagen erfolgen.
- Bei Nr. ii spielt die Betriebsgröße keine Rolle, eine Massenentlassung liegt ab einer Entlassung von 20 Arbeitnehmern innerhalb von 90 Tagen vor.

Alternativen		Zeitraum	Betriebsgröße: in der Regel …	Anzahl/Anteil der entlassenen Arbeitnehmer
Nr. i	**Sps. 1**	innerhalb v. 30 Tagen	20–99 Arbeitnehmer	mindestens 10 Arbeitnehmer
	Sps. 2		100–299 Arbeitnehmer	mindestens 10 %
	Sps. 3		mindestens 300 Arbeitnehmer	mindestens 30 Arbeitnehmer
Nr. ii		innerhalb v. 90 Tagen	irrelevant	mindestens 20 Arbeitnehmer

12 EuGH v. 21.12.2016 – Rs. C-201/15 *AGET Iraklis*, EU:C:2016:972 Rdn. 45 ff.

13 Zur teleologischen Ambivalenz der „Günstigkeit“ *Bakopoulos*, RdA 2018, 257, 258.

14 Das Kündigungsverbot von Art. 10 Nr. 1 MuSchRL steht der Kündigung aufgrund einer Massenentlassung nicht entgegen; EuGH v. 22.2.2018 – Rs. C-103/16 *Guisado*, EU:C:2018:99; dazu § 23 Rdn. 37.

15 Übersicht über die Umsetzungsmodelle bei *Barnard*, EU Employment Law, S. 630–634; *Krebber*, RdA 2018, 271, 282 ff.

Der **Referenzzeitraum** von 30 oder 90 Tagen umfasst nach Ansicht des EuGH einen „beliebigen Zeitraum“ der vor oder nach dem Tag einer im Einzelfall umstrittenen Einzelentlassung liegen kann, kann also nicht starr festgelegt werden.[16] Für die Berechnung der **„in der Regel“ beschäftigten Arbeitnehmer** sind nach Ansicht des Gerichtshofs auch die (zeit- oder zweck-) befristeten Arbeitnehmer zu berücksichtigen.[17] Das ist jedoch nur insoweit überzeugend, als der Arbeitgeber regelmäßig und nicht nur punktuell (etwa wegen eines außergewöhnlichen Mehrbedarfs bei Einführung einer neuen Software) Arbeitnehmer befristet beschäftigt.[18] Gerade im konkreten Fall überzeugt die Berücksichtigung nicht ganz, ging es doch um Arbeitnehmer, die „jedes Jahr für eine bestimmte Tätigkeit eingestellt worden waren“. Bei Teilzeitbeschäftigten liegt die anteilige Berücksichtigung sachlich nahe.

2. Einzelne Tatbestandsmerkmale

a) Betrieb

7 Der Begriff des Betriebs, der für den Anwendungsbereich der Richtlinie entscheidend und nicht ausdrücklich an die Mitgliedstaaten verwiesen ist, ist **unionsautonom** zu bestimmen.[19] Er hat in beiden Alternativen (i. und ii.) von Art. 1 Abs. 1 lit. a MERL dieselbe Bedeutung.[20] Obwohl einige Sprachfassungen auch die Auslegung als „Unternehmen“ erlauben würden, hat der Gerichtshof „Betrieb“ *(establishment, établissement)* mit Rücksicht auf die Entstehungsgeschichte[21] als „örtliche Beschäftigungseinheit“ verstanden. Ein Betrieb kann „eine unterscheidbare Einheit von einer gewissen Dauerhaftigkeit und Stabilität“ sein, „die zur Erledigung einer oder mehrerer bestimmter Aufgaben bestimmt ist und über eine Gesamtheit von Arbeitnehmern sowie über technische Mittel und eine organisatorische Struktur zur Erfüllung dieser Aufgaben verfügt“.[22] Ob diese Einheit über eine eigene Leitung verfügt, die die Massenentlassungen vornehmen kann, ist nicht entscheidend.[23] Darauf abzustellen wäre mit

---

16 EuGH v. 11.11.2020 – Rs. C-300/19 *Marclean Technologies*, EU:C:2020:898.

17 EuGH v. 11.11.2015 – Rs. C-422/14 *Pujante Rivera*, EU:C:2015:743 Rdn. 24 ff.

18 Ebenso *Franzen*, NZA 2016, 26, 27; *Sittard/Rawe*, EuZA 2016, 490, 494.

19 EuGH v. 7.12.1995 – Rs. C-449/93 *Rockfon*, EU:C:1995:420 Rdn. 25; EuGH v. 15.2.2007 – Rs. C-270/05 *Athinaïki Chartopoiïa*, EU:C:2007:101 Rdn. 23. *Benecke/Groß*, EuZW 2015, 506 ff. (auch zur richtlinienkonformen Auslegung des engeren deutschen Betriebsbegriffs).

20 EuGH v. 30.4.2015 – Rs. C-80/14 *USDAW und Wilson*, EU:C:2015:291 Rdn. 54 ff.; zust. Schlachter/Heinig/*Weber*, § 9 Rdn. 25; krit. *Collins/Ewing/McColgan*, Labour Law (2. Auflage 2019), S. 654 f.

21 Der Richtlinienvorschlag verwendet noch den Begriff *entreprise*, definierte diesen aber schon als örtliche Beschäftigungseinheit. Als der Rat den Begriff durch *établissement* ersetzte, hielt er die Definition für überflüssig.

22 EuGH v. 15.2.2007 – Rs. C-270/05 *Athinaïki Chartopoiïa*, EU:C:2007:101 Rdn. 27.

23 Das bestätigt jetzt auch die 1992 eingefügte Konzernklausel des Art. 2 Abs. 4 MERL.

dem Schutzanliegen der Richtlinie unvereinbar, da es den Anwendungsbereich von der Gestaltung durch die Unternehmen abhängig machen würde.[24]

Im Fall *Rockfon* führte diese Definition des Betriebsbegriffs zu einer *Erweiterung* des Anwendungsbereichs. Die Rockfon A/S mit 162 Arbeitnehmern gehörte neben den drei weiteren im selben Ort in Dänemark lozierten Produktionsgesellschaften Rockment A/S. Conrock A/S und Rockwool A/S zum Rockwool-Konzern. Zusammen hatten die Gesellschaften 1.435 Arbeitnehmer. Über Einstellungen und Entlassungen entschied eine gemeinsame Personalabteilung, die zur Rockwool A/S gehörte. Rockfon entließ 24 seiner 162 Arbeitnehmer. Stellte man auf die vier Gesellschaften zusammen ab, so war der Schwellenwert von 30 Arbeitnehmern nicht erreicht. War Rockfon A/S allein maßgeblich, so war der maßgebliche Schwellenwert von mindestens 10 % (16 Arbeitnehmer) überschritten. Der Gerichtshof hat aber nachfolgend in der Rechtssache *Lyttle* der Versuchung widerstanden, den Betriebsbegriff danach auszulegen, dass der Anwendungsbereich der Richtlinie erweitert würde. Zu Recht weist er darauf hin, dass die Richtlinie neben dem Arbeitnehmerschutz auch die Rechtsangleichung und Rücksicht auf die Belastungen von Arbeitgebern bezweckt.[25] Für die Umsetzungsvariante Nr. ii von Art. 1 Abs. 1 lit. a) MERL kommt es daher nicht auf die Zahl der Entlassungen sämtlicher Betriebe eines Unternehmens an, sondern auf die Zahl der Entlassungen im jeweiligen einzelnen Betrieb. 8

Maßgebliche Einheit ist der Betrieb, nicht das **Unternehmen**. Unternehmen und Betrieb unterscheiden sich (auch) im Unionsrecht. Im Regelfall ist der Betrieb Teil eines Unternehmens. Ein Unternehmen kann einen oder mehrere Betriebe haben.[26] Bei der Umsetzung von Art. 1 Abs. 1 lit. a) MERL können die Mitgliedstaaten nicht statt auf den Betrieb auf das Unternehmen als maßgebliche Einheit abstellen, wenn dies zu einer Verringerung des Schutzes führt, also zur Folge hat, dass ein bei Betriebsbezug erfasster Fall der Massenentlassung aus dem Anwendungsbereich herausfiele.[27] 9

b) Arbeitnehmer und Arbeitgeber

Die – für die Bestimmung der Massenentlassung maßgeblichen – Begriffe von Arbeitgeber und Arbeitnehmer definiert die Richtlinie nicht, obwohl andere zentrale Begriffe in Art. 1 Abs. 1 MERL durchaus definiert werden. Ausnahmevorschriften sind weder für besondere – etwa ideell tätige – Arbeitgeber[28] noch für besondere – etwa leitende – Arbeitnehmer vorgesehen. Dieses Schweigen ist, wie die ausdrückliche Ausnahmevorschrift des Art. 1 Abs. 2 MERL ausweist (Rdn. 21), beredt, so dass solche Ausnah- 10

---

24 EuGH v. 7.12.1995 – Rs. C-449/93 *Rockfon*, EU:C:1995:420 Rdn. 26–33; EuGH v. 15.2.2007 – Rs. C-270/05 *Athinaïki Chartopoiïa*, EU:C:2007:101 Rdn. 25–29. *Weber*, AuR 2008, 365, 367 f.

25 EuGH v. 13.5.2015 – Rs. C-182/13 *Lyttle u. a.*, EU:C:2015:317 Rdn. 43 f. Dazu *Junker*, ZfA 2018, 73, 76 f. (als folgerichtig zustimmend).

26 EuGH v. 13.5.2015 – Rs. C-182/13 *Lyttle u. a.*, EU:C:2015:317 Rdn. 31.

27 EuGH v. 13.5.2015 – Rs. C-392/13 *Rabal Cañas*, EU:C:2015:318 Rdn. 52 ff.

28 EuGH v. 16.10.2003 – Rs. C-32/02 *Kommission ./. Italien*, EU:C:2003:555 Rdn. 26; die Beschränkung auf „Unternehmer" im italienischen Recht führte zur Ausnahme von Gewerkschaften, Stiftungen, politischen Parteien, Personengesellschaften, Genossenschaften und Nichtregierungsorganisationen (Rdn. 18 der Entscheidung).

men im mitgliedstaatlichen Recht richtlinienwidrig sind.[29] Auch sonst darf das mitgliedstaatliche Recht nicht bestimmte – etwa durch ihr Alter (z. B. „unter 26") gekennzeichnete – Gruppen von Arbeitnehmern – ganz oder teilweise, andauernd oder vorübergehend – vom Schutzbereich ausnehmen; das rechtfertigt auch das Wahlrecht der Mitgliedstaaten im Hinblick auf die Schwellenwerte des Art. 1 Abs. 1 lit. a) MERL nicht.[30]

11 Der Normtext spricht danach für eine Verweisung auf die mitgliedstaatlichen Arbeitnehmerbegriffe.[31] Davon schien auch der Gerichtshof auszugehen: Ist die Ausnahme bestimmter Arbeitnehmergruppen (nur) unter dem Gesichtspunkt der (Vereitelung der) praktischen Wirksamkeit zu beanstanden,[32] so gibt es offenbar keinen positiven Prüfungsmaßstab in Form eines unionsautonomen Arbeitnehmerbegriffs.[33] Darüber ist der EuGH indessen ohne viel Federlesens und ohne nähere Begründung in späteren Entscheidungen hinweggegangen und hat einen **unionsautonomen Arbeitnehmerbegriff** auf der Grundlage der Rechtsprechung zu Art. 45 AEUV (dazu § 3 Rdn. 9ff.) angenommen.[34] Nunmehr beanstandet er die Ausnahme des italienischen Rechts für *dirigenti* (eine Kategorie leitender Angestellter) unter dem Arbeitnehmerbegriff. Arbeitnehmer i. S. d. Richtlinie können auch GmbH-Fremdgeschäftsführer[35] sein sowie Praktikanten, die zwar keine Vergütung, aber eine Förderung aus öffentlichen Mitteln erhalten.[36]

12 Im Hinblick auf den **Arbeitgeberbegriff** trägt Art. 2 Abs. 4 MERL der Konzernproblematik Rechnung (näher unten, Rdn. 37).

---

29 Mit der MERL unvereinbar ist daher § 17 Abs. 5 KSchG; *Thüsing*, Europäisches Arbeitsrecht, § 6 Rdn. 16; *Weber*, AuR 2008, 365, 367; Schlachter/Heinig/*Weber*, § 9 Rdn. 46; zweifelnd auch *Fuchs/Marhold*, Europäisches Arbeitsrecht, S. 322f.

30 EuGH v. 18.1.2006 – Rs. C-385/05 *Confédération générale du travail (CGT)*, EU:C:2007:37 Rdn. 43–48.

31 So noch Voraufl. § 23 Rdn. 9; Preis/Sagan/*Naber/Sittard*, Rdn. 14.17; *Vielmeier*, NJW 2014, 2678, 2680. A.M. *Weber*, AuR 2008, 365, 367; *ders.*, EuZA 2008, 355, 363.

32 So EuGH v. 18.1.2006 – Rs. C-385/05 *Confédération générale du travail (CGT)*, EU:C:2007:37 Rdn. 43–48.

33 Richtig *Hohenstatt/Naber*, NZA 2014, 637, 639.

34 So zuerst EuGH v. 13.2.2014 – Rs. C-596/12 *Kommission ./. Italien*, EU:C:2014:77 Rdn. 16f.; dabei verweist der Gerichtshof zu Unrecht auf EuGH v. 12.10.2004 – Rs. C-55/02 *Kommission ./. Portugal*, EU:C:2004:605 Rdn. 49, wo es allein um den (unionsautonomen) Entlassungsbegriff geht. Ferner EuGH v. 9.7.2015 – Rs. C-229/14 *Balkaya*, EU:C:2015:455 Rdn. 32f.; EuGH v. 11.11.2015 – Rs. C-422/14 *Pujante Rivera*, EU:C:2015:743 Rdn. 28. Dazu *Boemke*, EAS B 7100 Rdn. 64.

35 Noch abl. *Vielmeier*, NJW 2014, 2678, 2680ff. Die Einbeziehung von Geschäftsführern in den primär prozeduralen Schutz durch Konsultation mit den Arbeitnehmervertreten (!) erscheint teleologisch nicht begründet. Mit guten Gründen krit. *Junker*, ZfA 2018, 73, 84f.; *Lunk/Hildebrand*, NZA 2016, 129ff.; Preis/Sagan/*Naber/Sittard*, Rdn. 14.21.

36 EuGH v. 9.7.2015 – Rs. C-229/14 *Balkaya*, EU:C:2015:455 Rdn. 34ff.

c) Entlassung

Unionsautonom ist auch der – mehrdeutige – Begriff der Entlassung zu bestimmen.[37] Damit ist, wie der EuGH Wortlaut, Systematik und Zweck der Richtlinie entnimmt, die Kündigungserklärung bezeichnet, nicht – wie früher in der deutschen Rechtsprechung und Literatur zur Umsetzungsvorschrift des § 17 KSchG angenommen – die tatsächliche Beendigung des Arbeitsverhältnisses.[38] Entlassung ist jede vom Arbeitnehmer nicht gewollte, also ohne seine Zustimmung erfolgte, Beendigung des Arbeitsvertrags.[39] Erfasst ist grundsätzlich auch die Vertragsauflösung durch (Massen-) **Änderungskündigung** (s. noch Rdn. 16f.).[40] 13

Erfasst ist die Arbeitgeberkündigung aus Gründen, die **nicht in der Person des Arbeitnehmers** liegen. Das entspricht dem Regelungsanliegen, der Massenentlassung als unternehmerische Maßnahme der Umstrukturierung Rechnung zu tragen, nicht aber allgemeine Fragen des Kündigungsschutzes zu regeln. Als Kündigung aus Gründen „in der Person des Arbeitnehmers“ ist nicht nur die personenbedingte Kündigung i.S.d. deutschen Kündigungsschutzes zu verstehen, sondern auch die verhaltensbedingte Kündigung, wenn also z.B. der gesamten Einkaufsabteilung wegen Bestechlichkeit gekündigt wird. 14

Wenig überzeugend ist die Beurteilung der **vom Arbeitgeber veranlassten Beendigung** des Arbeitsverhältnisses. Anfänglich enthielt die Richtlinie dazu keine Regelung und der Gerichtshof sah keine Möglichkeit, die veranlasste Eigenkündigung gleichzustellen.[41] Die durch die Änderungsrichtlinie aus dem Jahr 1992 (oben, Rdn. 4) eingeführte Regelung des Art. 1 Abs. 1 UAbs. 2 MERL stellt die vom Arbeitgeber veranlasste Beendigung (durch Aufhebungsvertrag oder Eigenkündigung) zwar der Entlassung gleich. Voraussetzung für die Gleichstellung ist allerdings, dass zumindest fünf Entlassungen i.S.v. UAbs. 1 vorliegen.[42] Und außerdem gilt die Gleichstellung nur für die Zwecke der Berechnung der Schwellenwerte. Sie führt nicht etwa dazu, dass auch für die gleichgestellten Beendigungen auch die Konsultations- und Anzeigepflichten zu beachten wären. 15

Ungeachtet dieser Regelung hat der Gerichtshof die Änderungskündigung (oben, Rdn. 13) und verschiedene Fälle *funktional gleichwertiger* **arbeitgeberseitiger Ver-** 16

---

37 EuGH v. 27.1.2005 – Rs. C-188/03 *Junk*, EU:C:2005:59 Rdn. 29f.; *Riesenhuber/Domröse*, EWS 2005, 97, 98.

38 EuGH v. 27.1.2005 – Rs. C-188/03 *Junk*, EU:C:2005:59 Rdn. 31–39; *Riesenhuber/Domröse*, EWS 2005, 97, 98f.; *Barnard*, EU Employment Law, S. 636.

39 EuGH v. 12.10.2004 – Rs. C-55/02 *Kommission ./. Portugal*, EU:C:2004:605 Rdn. 49f.; EuGH v. 7.9.2006 – verb. Rs. C-187/05 bis C-190/05 *Agorastoudis*, EU:C:2006:535 Rdn. 28.

40 EuGH v. 21.9.2017 – Rs. C-149/16 *Socha*, EU:C:2017:708 Rdn. 24; EuGH v. 21.9.2017 – Rs. C-429/16 *Ciupa*, EU:C:2017:711 Rdn. 26.

41 EuGH v. 12.2.1985 – Rs. 284/83 *Nielsen*, EU:C:1985:61 Rdn. 7–11.

42 Für diesen Schwellenwert von fünf werden nur Entlassungen berücksichtigt, nicht gleichgestellte Fälle; EuGH v. 11.11.2015 – Rs. C-422/14 *Pujante Rivera*, EU:C:2015:743 Rdn. 42ff. S. ferner *Weiss*, RdA 1992, 367, 371f.

tragsänderungen als Entlassung i. S. v. Art. 1 Abs. 1 *UAbs. 1* MERL angesehen, wenn deren Ablehnung durch die Arbeitnehmer zur Vertragsbeendigung führen kann. Auch in solchen Fällen kann man, je nach mitgliedstaatlicher Ausgestaltung, eine *vom Arbeitgeber veranlasste Beendigung* sehen, die nach UAbs. 2 nur für die Schwellenwerte zu berücksichtigen wäre. Mit der Einordnung als Entlassung i. S. v. UAbs. 1 lösen die entsprechenden Fälle jedoch auch Konsultations- und Anzeigepflichten aus.

17 Im Fall *Pujante Rivera* ging es u. a. um eine spanische Regelung, nach der der Arbeitsvertrag (abfindungspflichtig) aufgelöst werden kann, wenn der Arbeitgeber einseitig ***wesentliche*** **Arbeitsbedingungen** ***erheblich*** ändert (er also *zu den anfänglich vereinbarten Konditionen* nicht mehr besteht). Im konkreten Fall war das Arbeitsverhältnis beendet worden, nachdem der Arbeitgeber das **Gehalt** eines Arbeitnehmers aus wirtschaftlichen Gründen **um ¼ gekürzt** hatte. Der Gerichtshof sieht – ausweislich des Leitsatzes – bereits darin eine „Entlassung", dass „ein Arbeitgeber einseitig und zulasten des Arbeitnehmers aus nicht in dessen Person liegenden Gründen eine erhebliche Änderung der wesentlichen Bestandteile des Arbeitsvertrags vornimmt". Demnach kommt es insbesondere nicht darauf an, ob das Arbeitsverhältnis daraufhin zu den veränderten Bedingungen fortgesetzt oder beendet wird. Das lässt sich mit der funktionellen Gleichwertigkeit mit der Änderungskündigung rechtfertigen.[43] In der Tat stützt sich der Gerichtshof maßgeblich auf die Erwägung, der von der Richtlinie bezweckte Schutz dürfe nicht von der rechtstechnischen Ausgestaltung der Vertragsbeendigung im nationalen Recht abhängen.[44] In der Rechtssache *Socha* hat der Gerichtshof die Grenzziehung zwischen Entlassung nach UAbs. 1 und gleichgestellter Beendigung nach UAbs. 2 (auf *Pujante Rivera* aufbauend) klargestellt, dass „Entlassung" die erhebliche Änderung wesentlicher Bedingungen voraussetzt, dafür m. a. W. weder die unerhebliche Änderung wesentlicher Bedingungen noch die erhebliche Änderung unwesentlicher Bedingungen ausreicht. Die bloße Einschränkung der **für eine Jubiläumszahlung berücksichtigungsfähigen Dienstzeiten** auf solche, die bei dem konkreten Arbeitgeber abgeleistet wurden, hat der Gerichtshof nicht als wesentliche Bedingung angesehen.[45]

18 Die Beendigung **befristeter Verträge durch Zeitablauf** oder Zweckerreichung ist keine relevante Entlassung, da sie nicht auf Initiative des Arbeitgebers erfolgt.[46] Die spezifische Ausnahme von Massenentlassungen im Rahmen von befristeten Verträgen in Art. 1 Abs. 2 lit. a) MERL (unten Rdn. 21) begründet nicht den Umkehrschluss, dass diese Beendigung befristeter Verträge für die Zwecke der Berechnung der Schwellenwerte von Art. 1 Abs. 1 lit. a) MERL zu berücksichtigen wäre.

19 Liegt eine Entlassung vor, wenn das Arbeitsverhältnis aufgrund des **Todes des Arbeitgebers** endet (wenn der Arbeitgeber eine natürliche Person ist)? Auf Grundlage von Wortlaut („Entlassungen") und Zweck der Richtlinie (Information und Konsultation; Unterrichtung der zuständigen Behörde *vor* der Entlassung) sowie mit Rücksicht auf die bloße Teilharmonisierung, ist der Gerichtshof der Ansicht, solche Fälle fielen nicht unter Art. 1 Abs. 1 MERL.[47] Zwingend erscheint das nicht, zumal Information und Konsultation von einem Nachfolger durchgeführt werden könnten. Der entscheidende Gesichts-

---

43 Krit. aber *Junker*, ZfA 2018, 73, 83 f. (der zudem – m. E. zu Unrecht – eine Wertungsinkonsistenz der Rechtsprechung rügt).

44 EuGH v. 11.11.2015 – Rs. C-422/14 *Pujante Rivera*, EU:C:2015:743 Rdn. 47 ff. Mit guten Gründen krit. *Franzen*, NZA 2016, 26, 27 f.; *Spelge*, EuZA 2018, 67, 72.

45 EuGH v. 21.9.2017 – Rs. C-149/16 *Socha*, EU:C:2017:708.

46 EuGH v. 13.5.2015 – Rs. C-392/13 *Rabal Cañas*, EU:C:2015:318 Rdn. 59 ff.

47 EuGH v. 10.12.2009 – Rs. C-323/08 *Mayor*, EU:C:2009:770.

punkt ist, dass es sich um eine bloße *Teil*harmonisierung handelt, da dieser Fall eng mit dem nationalen Erbrecht verbunden ist.

Abgesehen von den oben genannten Voraussetzungen (Rdn. 13ff.) sind die Gründe für die Massenentlassung egal. Die Richtlinie findet auch im Fall der **Betriebsstillegung** Anwendung,[48] da auch dies eine unternehmerische Entscheidung darstellt. Dies galt schon unter der Richtlinie von 1975, die eine Ausnahme vorsah, sofern die Betriebsstillegung das Resultat einer Gerichtsentscheidung war (s. Rdn. 22). Seit der Änderung von 1992 umfasst die Richtlinie auch solche Fälle, in denen die Betriebsstillegung durch eine gerichtliche Entscheidung, mit der die Auflösung des Betriebes und die Liquidation wegen Insolvenz angeordnet wird, erfolgt (wobei Art. 3 Abs. 1 UAbs. 2 und Art. 4 Abs. 4 MERL Modifikationen zulassen).[49] Wenn in solchen Fällen die Geschäftsleitung des Unternehmens von Liquidatoren übernommen wird, müssen diese die Arbeitgeberpflichten erfüllen.[50] 20

3. Ausnahmebereiche

Zwei Bereiche sind – in abschließender Aufzählung – vom Anwendungsbereich ausgenommen, Art. 1 Abs. 2 MERL: 21

- Massenentlassungen im Rahmen von zeit- oder zweckbefristeten Arbeitsverträgen, sofern sie nicht vor Zeitablauf bzw. Zweckerreichung erfolgen;[51]
- Massenentlassungen von Arbeitnehmern öffentlicher Verwaltungen oder Einrichtungen.

Die erste Ausnahme ist sachlich begründet; die Verfahrensregeln der Richtlinie passen nicht für den Fall, dass eine Vielzahl von Aushilfskräften einer Messeveranstaltung entlassen wird. Die Ausnahme zugunsten der öffentlichen Verwaltung ist hingegen im Hinblick auf den Arbeitnehmer-Schutzzweck nicht voll überzeugend, lässt sich aber durch den (Binnen-) Marktbezug der Richtlinie rechtfertigen. Sie ist daher (zwar nicht als formale Ausnahme, aber doch) teleologisch eng auszulegen und erfasst zwar etwa die Streitkräfte, aber nicht Unternehmen der öffentlichen Hand, die eine Wirtschaftstätigkeit ausüben.[52] Eine anfänglich vorgesehene (und zunächst of-

48 EuGH v. 7.9.2006 – verb. Rs. C-187/05 bis C-190/05 *Agorastoudis*, EU:C:2006:535. S.a. EuGH v. 28.3.1985 – Rs. 215/83 *Kommission ./. Belgien*, EU:C:1985:146 Rdn. 13–19; EuGH v. 12.10.2004 – Rs. C-55/02 *Kommission ./. Portugal*, EU:C:2004:605 Rdn. 66.

49 EuGH v. 3.3.2011 – verb. Rs. C-235/10 bis C-239/10 *Claes*, EU:C:2011:119 Rdn. 29–49.

50 EuGH v. 3.3.2011 – verb. Rs. C-235/10 bis C-239/10 *Claes*, EU:C:2011:119 Rdn. 50–58.

51 Maßgeblich ist die Befristung im Einzelfall, nicht „typischerweise“; s. EuGH v. 28.3.1985 – Rs. 215/83 *Kommission ./. Belgien*, EU:C:1985:146 Rdn. 24.

52 EuGH v. 22.3.2012 – Rs. C-583/10 *Nolan*, EU:C:2012:638 Rdn. 32ff. m. zust. Anm. *Hagemeister*, EuZA 2013, 340ff.; EuArbRK/*Spelge*, Art. 1 RL 98/59 Rdn. 3f.

fenbar vor allem auf Wunsch Griechenlands beibehaltene)[53] Ausnahme für die Besatzung von Seeschiffen,[54] wurde 2015 – teleologisch überzeugend – gestrichen.

22 Einbezogen sind demgegenüber seit der Änderungs-Richtlinie 1992 Entlassungen im Rahmen von **gerichtlichen Verfahren**, vor allem insolvenzrechtlichen Verfahren.[55] Allerdings finden in diesem Bereich nicht alle Regeln des behördlichen Meldeverfahrens nach Art. 3f. MERL Anwendung (vgl. Art. 3 Abs. 1 UAbs. 2 und Art. 4 Abs. 4 MERL).[56]

III. Konsultationsverfahren

1. Konsultationspflicht

23 Beabsichtigt der Arbeitgeber, Massenentlassungen vorzunehmen, muss er die Arbeitnehmervertreter rechtzeitig konsultieren mit dem Ziel, eine Einigung zu erreichen, Art. 2 Abs. 1 MERL.

24 **Konsultationspartner** sind nach Art. 2 Abs. 1 MERL die Arbeitnehmervertreter.[57] Dabei überlässt die Richtlinie den Mitgliedstaaten die Ausgestaltung, Art. 1 Abs. 1 lit. b) MERL. Grundsätzlich muss aber eine Möglichkeit zur Einrichtung von Arbeitnehmervertretungen bestehen[58] und darf die Anerkennung der Arbeitnehmervertreter nicht ins Belieben des Arbeitgebers gestellt sein, denn sonst würden die Informationsrechte nach Art. 2 und 3 Abs. 2 nicht effektiv umgesetzt.[59]

25 **Gegenstand** der Konsultation sind nach Art. 2 Abs. 2 MERL[60]

- die Möglichkeit, Massenentlassungen zu vermeiden oder zu beschränken und
- die Möglichkeit, die Folgen der Massenentlassung durch soziale Begleitmaßnahmen zu mildern. Beispielhaft für die sozialen Begleitmaßnahmen nennt der Ge-

---

53 *Weiss*, RdA 1992, 367, 371.

54 S. EuGH v. 28.3.1985 – Rs. 215/83 *Kommission ./. Belgien*, EU:C:1985:146 Rdn. 21–25 (Hafen- und Dockarbeiter).

55 Dazu noch *Weiss*, RdA 1992, 367, 371f.; EuGH v. 7.9.2006 – verb. Rs. C-187/05 bis C-190/05 *Agorastoudis*, EU:C:2006:535.

56 Dazu EuGH v. 15.2.2007 – Rs. C-270/05 *Athinaïki Chartopoiïa*, EU:C:2007:101; EuGH v. 17.12.1998 – Rs.C-250/97 *Lauge*, EU:C:1998:620.

57 Weiterführend *Schubert/Schmitt*, ZESAR 2020, 53ff.

58 A.M. EuArbRK/*Spelge*, Art. 1 RL 98/59/EG Rdn. 67.

59 EuGH v. 8.6.1994 – Rs. C-383/92 *Kommission ./. Vereinigtes Königreich*, EU:C:1994:234 Rdn. 13–28; s.a. die Parallelentscheidung zur BÜRL 1997 EuGH v. 8.6.1994 – Rs. C-382/92 *Kommission ./. Vereinigtes Königreich*, EU:C:1994:233. Zur Ausgangslage des britischen Rechts und den Urteilsfolgen *Bercusson*, CMLR 33 (1996), 589, 590–594; *Deakin/Morris*, Labour Law, Rdn. 9.30f.; *Weiss*, RdA 1992, 367, 369.

60 EuGH v. 27.1.2005 – Rs. C-188/03 *Junk*, EU:C:2005:59 Rdn. 38. Zu den Umsetzungspflichten insoweit EuGH v. 8.6.1994 – Rs. C-383/92 *Kommission ./. Vereinigtes Königreich*, EU:C:1994:234 Rdn. 34–37; *Bercusson*, CMLR 33 (1996), 589, 594–598.

setzgeber „Hilfen für eine anderweitige Verwendung oder Umschulung der entlassenen Arbeitnehmer“. Davon zu unterscheiden sind Maßnahmen zur Abfederung der *wirtschaftlichen* Folgen, die die Richtlinie nicht vorschreibt.[61]

Da bereits die *Absicht* der Massenentlassung die Konsultationspflicht auslöst und die Konsultation zudem auch den Zweck hat, Massenentlassungen zu vermeiden oder zu beschränken (Art. 2 Abs. 2 UAbs. 1 MERL), ist unter dem Begriff der **Entlassung** die Kündigungserklärung zu verstehen, nicht die tatsächliche Beendigung des Arbeitsverhältnisses (s. schon Rdn. 13).[62] Da die Verhandlungen u.a. zum Ziel haben, Massenentlassungen zu vermeiden oder zu beschränken, muss das Konsultationsverfahren zudem bereits **zeitlich vor Ausspruch der** (Massen-) **Entlassung** (= Kündigungserklärung; s.o. Rdn. 13) beendet sein.[63] Der Arbeitgeber kann demnach erst nach Beendigung des Konsultationsverfahrens die Kündigung aussprechen. 26

Der Arbeitgeber muss **Konsultationen einleiten**, sobald er Massenentlassungen in Erwägung zieht oder dafür einen Plan erstellt.[64] Im Falle einer Unternehmensgruppe (siehe Art. 2 Abs. 4 MERL und Rdn. 35) – potentiell jedoch mit Relevanz über diese spezifische Situation hinaus – hat der Gerichtshof entschieden, dass „das Konsultationsverfahren (…) vom Arbeitgeber zu dem Zeitpunkt eröffnet worden sein (muss), zu dem eine strategische oder betriebswirtschaftliche Entscheidung getroffen wurde, die ihn zwingt, Massenentlassungen ins Auge zu fassen oder zu planen“.[65] In einer Gruppe von Unternehmen besteht diese Verantwortung unabhängig davon, ob der Arbeitgeber Kenntnis von den relevanten Entscheidungen oder Fakten hat. Insbesondere kann aus der Pflicht des Arbeitgebers zur Konsultation der Arbeitnehmervertreter aus Art. 2 Abs. 3 MERL nicht abgeleitet werden, dass die Anhörung erst dann aufgenommen werden darf, wenn der Arbeitgeber über alle relevanten Informationen verfügt (s.a. Rdn. 35). *Ziel* der Konsultation ist, eine Einigung zu erreichen (Art. 2 Abs. 1 a.E. MERL). Die Richtlinie begründet demnach nur eine **Verhandlungspflicht**, aber **keinen Einigungszwang.**[66] Aus dem Verhandlungsziel ergibt sich aber jedenfalls eine Bindung des Arbeitgebers zu **treugemäßem Verhandeln**,[67] ergebnisoffen und eini- 27

---

61 *Franzen*, ZfA 2006, 437, 442.

62 EuGH v. 27.1.2005 – Rs. C-188/03 *Junk*, EU:C:2005:59 Rdn. 33–39, 41.

63 EuGH v. 27.1.2005 – Rs. C-188/03 *Junk*, EU:C:2005:59 Rdn. 42–54.

64 EuGH v. 10.9.2009 – Rs. C-44/08 *AEK ./. Fujitsu Siemens*, EU:C:2009:533 Rdn. 41. Zum maßgeblichen Zeitpunkt im Falle der Änderungskündigung EuGH v. 21.9.2017 – Rs. C-149/16 *Socha*, EU:C:2017:708 Rdn. 29ff.; EuGH v. 21.9.2017 – Rs. C-429/16 *Ciupa*, EU:C:2017:711 Rdn. 32ff. S.a. *Deakin/Morris*, Labour Law, Rdn. 9.33; *Barnard*, EU Employment Law, S. 635f.

65 EuGH v. 10.9.2009 – Rs. C-44/08 *AEK ./. Fujitsu Siemens*, EU:C:2009:533 Rdn. 48.

66 *Franzen*, ZfA 2006, 437, 444f.; *Klumpp*, NZA 2007, 703, 705f.; *Reinhard*, RdA 2007, 207, 213; *Weber*, AuR 2008, 365, 370.

67 *Weber*, AuR 2008, 365, 370: „Verhandlung mit einem kompetenten Verhandlungspartner auf solider Informationsbasis und im Rahmen einer Zusammenkunft zwischen Arbeitgeber und Arbeitnehmervertreter, sie beinhaltet weiterhin den Anspruch der Arbeitnehmervertreter auf eine begründete Stellungnahme des Arbeitgebers“. *Deakin/Morris*, Labour Law, Rdn. 9.37.

gungs*bereit*[68]. Das bedeutet selbstverständlich, dass er im Hinblick auf die Verhandlungsgegenstände verhandlungsbereit sein muss. Er darf eine Einigung insbesondere nicht durch vollendete Tatsachen vereiteln, also etwa dadurch, dass er die Kündigung bereits vor Abschluss der Konsultation ausspricht.[69] Andererseits bedeutet das Fehlen einer Einigungspflicht, dass die Verhandlungen durch Einigung ebenso wohl enden können wie durch Beendigung oder Scheitern;[70] am Ergebnis kann man eine Pflichtverletzung nicht ablesen, zumal die Richtlinie in die der Massenentlassung zugrunde liegende Unternehmerentscheidung nicht eingreifen will (oben, Rdn. 2). In dem Spannungsfeld von Verhandlungspflicht einerseits und mangelnder Einigungspflicht sowie unternehmerischem Ermessen andererseits kann man dabei allerdings die Beurteilungskompetenz über das Scheitern nicht kontrollfrei dem Arbeitgeber zuweisen,[71] da dieser sonst auch *pro forma* verhandeln und damit die Verhandlungspflicht leerlaufen könnte.

28 Sind Einzelheiten der Konsultation nicht vorgeschrieben, so können die Mitgliedstaaten sie im Rahmen der Umsetzungspflichten näher ausgestalten.[72] Sie können es ebenso wie die Richtlinie dabei belassen, Dauer und Beendigung des **Verhandlungsverfahren**s allein durch die Verhandlungspflicht zu definieren, dann ist die Konsultation beendet, wenn sich die Parteien einigen oder ungeachtet redlichen Verhandelns nicht zu einer Einigung gelangen.[73] Sie können aber auch das Verhandlungsverfahren näher ausgestalten, z.B. eine angemessene Frist bestimmen, nach deren Ablauf die Verhandlungen als gescheitert gelten.[74] Eine Pflicht zur Einrichtung eines Schlichtungs- oder **Einigungsverfahren**s besteht nicht. Dem Unionsgesetzgeber ist ein solcher Mechanismus nicht fremd (vgl. Art. 7 Abs. 3 BÜRL) und er hatte ihn auch im Rechtsetzungsverfahren erwogen, von einer entsprechenden Vorschrift aber abgesehen. Aus der Konsultationspflicht kann sich eine entsprechende Bindung nicht ergeben, da sie nur als Verhandlungspflicht ausgestaltet ist, nicht als Einigungszwang (Rdn. 27).[75] Mit Rücksicht darauf lässt sich auch aus dem *Effektivitätsgebot* nicht ableiten, die Verhandlungspflicht *müsse* mit einem Schlichtungs- oder Einigungsverfah-

---

68 EuArbRK/*Spelge*, Art. 2 RL 98/59 Rdn. 20.

69 EuGH v. 27.1.2005 – Rs. C-188/03 *Junk*, EU:C:2005:59, Rdn. 38, 43f.; *Barnard*, EU Employment Law, S. 639f.

70 *Weber*, FS Richardi (2007), S. 466.

71 In diese Richtung aber *Franzen*, ZfA 2006, 437, 444f., der freilich die Pflicht zu redlichem Verhalten nicht verkennt. A.M. auch EuArbRK/*Spelge*, Art. 2 RL 98/59/EG Rdn. 43 (mit der Annahme, dass „der Arbeitgeber ... letztlich selbst entscheidet, wann die Verhandlung ... gescheitert und damit das Verfahren abgeschlossen ist").

72 Vgl. auch *Weber*, FS Richardi (2007), S. 466f.

73 Ebenso *Schubert/Schmitt*, EAS B 8300 Rdn. 585, 587.

74 *Reinhard*, RdA 2007, 307, 213f.; *Weber*, AuR 2008, 365, 370.

75 *Franzen*, ZfA 2006, 437, 445.

ren bewehrt werden.[76] Allenfalls kann sich eine solche Bindung im Hinblick auf das jeweilige mitgliedstaatliche Recht aus dem *Äquivalenzgebot* ergeben, wenn das Einigungsverfahren die übliche Form der Durchsetzung der Verhandlungspflicht ist.[77] Andererseits steht es den Mitgliedstaaten durchaus frei, die Verhandlungspflicht mit einem Einigungsverfahren zu unterlegen (Art. 8 MERL).

Sieht das mitgliedstaatliche Recht *zur Umsetzung der Konsultation und zur effektiven Durchsetzung der Verhandlungspflicht* ein Einigungsverfahren vor, so muss man im Grundsatz davon ausgehen, dass dieses durchlaufen sein muss, um die Konsultationspflicht zu erfüllen. Anders liegen die Dinge, wenn Konsultation und Einigungsverfahren getrennt werden. Das ist im Grundsatz bei der deutschen Umsetzung in §§ 17f. KSchG der Fall, die von den Regelungen über Interessenausgleich sowie Sozialplan und Einigungsstellenverfahren in §§ 111f. BetrVG rechtlich getrennt sind. Problematisch ist indes, dass die Konsultation praktisch regelmäßig im Rahmen von Interessenausgleich und Sozialplanverfahren durchgeführt wird, da die Massenentlassung zumeist auch eine Betriebsänderung darstellt.[78] Soweit die (Informations- und) Verhandlungspflicht im Rahmen des Interessenausgleichs erfüllt und dieser klar von Sozialplan und Einigungsstellenverfahren getrennt wird, genügt das den Erfordernissen von Art. 2 Abs. 1 und 2 MERL. Wenn indes Interessenausgleich und Sozialplan (mit Einigungsstellenverfahren) untrennbar ineinander übergehen und die von Art. 2 Abs. 1 und 2 MERL geforderten Beratungen in die Verhandlungen über den Sozialplan einfließen, muss man auch diese zum Konsultationsverfahren im Sinne der Richtlinie rechnen, ungeachtet der Tatsache, dass diese keinen Einigungszwang vorschreibt.[79] 29

2. Informationspflicht

Zur Vorbereitung der Konsultation – namentlich damit sie „konstruktive Vorschläge unterbreiten können" – muss der Arbeitgeber den Arbeitnehmervertretern nach Art. 2 Abs. 3 MERL zum einen (lit. a)) alle zweckdienlichen **Auskünfte** erteilen und ihnen 30

---

76 In der Sache zutr. *Weber*, FS Richardi (2007), S. 468.

77 A.M. *Franzen*, ZfA 2006, 437, 445. Dass dadurch, worauf *Franzen* hinweist, gemeinschaftsrechtlich nicht spezifisch vorgeschriebene Bewehrungen mittelbar doch vorgeschrieben und damit möglicherweise Unterschiede der mitgliedstaatlichen Regelungen perpetuiert werden, liegt in der Natur einer *nur teilweisen* (!) Rechtsangleichung (auf die auch die von *Franzen* angeführten BE 3 und 4 MERL hinweisen), die Pflichten nur rahmenhaft vorgibt und Sanktionen nicht spezifisch vorschreibt. Das Äquivalenzgebot verkennt auch *Weber*, FS Richardi (2007), S. 468–470, wenn er die (freilich wenig klar formulierte) Vorlage des ArbG Berlin, NZA 2006, 739 dahin versteht, es solle das Gemeinschaftsrecht mit Rücksicht auf das mitgliedstaatliche Recht *ausgelegt* werden.

78 So mit Recht *Franzen*, ZfA 2006, 437, 450f. Zweifelnd aber *Weber*, FS Richardi (2007), S. 470.

79 In diese Richtung mit Recht *Franzen*, ZfA 2006, 437, 451–455; nur im Ansatz zustimmend, i.E. ablehnend *Weber*, AuR 2008, 365, 371f.; auch im Ansatz ablehnend *ders.*, FS Richardi (2007), S. 470–472; *Giesen*, SAE 2006, 135, 137f.; Schlachter/Heinig/*Weber*, § 9 Rdn. 81; zu kurz daher BAG, NZA 2008, 753, 756f.; BAG, NZA 2007, 1296, 1301; BAG, NZA 2007, 25, 28; zu weit hingegen ArbG Berlin, NZA 2006, 739; *Wolter*, AuR 2005, 135, 139.

(lit. b)) **schriftlich Informationen** übermitteln.[80] Die schriftlich zu übermittelnden Informationen umfassen „in jedem Fall"[81]:[82]

i. die Gründe der geplanten Entlassung;
ii. die Zahl und die Kategorien der zu entlassenden Arbeitnehmer;
iii. die Zahl und die Kategorien der in der Regel beschäftigten Arbeitnehmer;
iv. den Zeitraum, in dem die Entlassungen vorgenommen werden sollen;
v. die vorgesehenen Kriterien für die Auswahl der zu entlassenden Arbeitnehmer, soweit die innerstaatlichen Rechtsvorschriften und/oder Praktiken dem Arbeitgeber die Zuständigkeit dafür zuerkennen;
vi. die vorgesehene Methode für die Berechnung etwaiger Abfindungen, soweit sie sich nicht aus den innerstaatlichen Rechtsvorschriften und/oder Praktiken ergeben.

31 Mit den Begriffen „Auskunft" (Art. 2 Abs. 3 lit. a) MERL) und „Information" (Überschrift von Teil II sowie Art. 2 Abs. 4 MERL) ist nicht qualitativ Unterschiedliches bezeichnet, vielmehr deuten die anderen Sprachfassungen darauf hin, dass für die Formulierung eher Gründe der sprachlichen Eleganz entscheidend waren *(information/notify in writing; renseignements/communiquer par écrit)*. In der Sache erscheint die Auskunftspflicht nach lit. a) als Grundsatz. Der Katalog von lit. b) formuliert die Mindestangaben und qualifiziert zugleich, dass diese schriftlich zu geben sind. Die Auskunftspflicht enthält kein allgemeines Schriftformerfordernis, kann die Schriftform aber gebieten, wenn der Zweck der Auskunft (z.B. wegen des Umfangs oder der Komplexität) dies erfordert.

32 Den **Zeitpunkt** der Information hat der Gesetzgeber nur vage umschrieben („rechtzeitig im Verlauf der Konsultationen"). Während für die Arbeitnehmervertreter einerseits vorzugswürdig erscheint, möglichst früh einbezogen zu werden, erfordert eine konstruktive Konsultation ein gewisses Maß an Konkretheit und Bestimmtheit. Indes ergibt sich aus dem Zweck des Konsultationsverfahrens, Massenentlassungen nach Möglichkeit noch zu vermeiden (oben, Rdn. 25f.), und aus dem Zweck der Information, die Arbeitnehmervertreter in die Lage zu versetzen, konstruktive Vorschläge zu machen (oben, Rdn. 30), dass die Information **am Anfang des Konsultationsverfahrens** zu geben ist.[83] Praktisch ist dies nicht immer uneingeschränkt möglich; einzelne Informationen müssen während der Konsultation aktualisiert werden. So hat, in den Worten des EuGH, „der Arbeitgeber den Arbeitnehmern nämlich nach dem Grundgedanken dieser Vorschrift während der gesamten Konsultationen die relevanten Informationen mitzuteilen. Eine flexible Handhabung ist erforderlich, weil die Auskünfte zu unterschiedlichen Zeitpunkten des Konsultationsprozesses zur Ver-

80 Durch die Änderungs-Richtlinie 1992 wurden Ziffer v. und vi. angefügt sowie Ziffer ii. und iii. um die Verpflichtung erweitert, für die zu entlassenden Arbeitnehmer „Kategorien" anzugeben.

81 Die aufgezählten Informationsgegenstände stellen nur das Minimum dar. Daher kann man zweifeln, ob damit eine Beschränkung auf Gegenstände intendiert ist, die der Arbeitgeber beeinflussen und über die er daher auch verhandeln kann, wie *Franzen*, ZfA 2006, 437, 443f. meint.

82 Näher *Spelge*, EuZA 2018, 67, 82ff.

83 *Bourn*, IJCLLIR 9 (1993), 227, 235f.

fügung stehen können, was bedeutet, dass der Arbeitgeber die Möglichkeit und die Pflicht hat, die Auskünfte im Laufe dieses Verfahrens zu vervollständigen. Diese Pflicht des Arbeitgebers hat außerdem den Zweck, den Arbeitnehmervertretern die Möglichkeit einer möglichst weitgehenden und effektiven Beteiligung am Entscheidungsprozess zu geben, und hierfür ist erforderlich, dass alle einschlägigen Informationen bis zum Abschluss des genannten Verfahrens erteilt werden."[84] Mithin ist die Pflicht des Arbeitgebers zur Information **dynamisch**.

Eine **Abschrift** der nach lit. b) geschuldeten schriftlichen Mitteilung, die „zumindest" die Angaben Nr. i–v erfasst, hat der Arbeitgeber der **Behörde** zu geben (näher Rdn. 41–43), Art. 2 Abs. 3 UAbs. 2 MERL. Umgekehrt erhalten auch die Arbeitnehmervertreter eine Abschrift der Anzeige an die zuständige Behörde, damit sie „etwaige Bemerkungen an die zuständige Behörde richten" können, Art. 3 Abs. 2 MERL. 33

3. Sachverständige

Nach mitgliedstaatlichem Recht können die Arbeitnehmervertreter Sachverständige hinzuziehen, doch wird das, anders als im Kommissionsvorschlag, nicht vorgeschrieben, Art. 2 Abs. 2 UAbs. 2 MERL. Das ist nicht mehr als eine explizite Anregung, da die Richtlinie nur Mindeststandards setzt, Art. 5 MERL. 34

4. Konzernklausel

Bereits der eingangs geschilderte AKZO-Fall (Rdn. 1) weist darauf hin, dass Strukturentscheidungen in Unternehmen oftmals im Konzern, mithin von einem herrschenden Unternehmen, getroffen werden. Der Arbeitgeber, der zu Information und Konsultation verpflichtet ist, ist dann möglicherweise nicht die entscheidende Instanz, sondern nur ausführendes Organ. Nach der 1992 eingefügten Konzernklausel des Art. 2 Abs. 4 MERL entbindet ihn das indes nicht von seinen Informations- oder Konsultationspflichten.[85] Rügen Arbeitnehmer oder ihre Vertreter einen Verstoß der Informations-, Konsultations- oder Meldepflichten, so findet der Einwand des Arbeitgebers, das für die Massenentlassungen verantwortliche Unternehmen habe ihm die notwendigen Informationen nicht übermittelt, keine Berücksichtigung. Art. 2 Abs. 4 MERL überträgt dem Mutterkonzern aber auch nicht die Verantwortung. Adressat der Pflichten aus der Richtlinie ist der *Arbeitgeber*.[86] Diese Verantwortung ist unabhängig 35

---

84 EuGH v. 10.9.2009 – Rs. C-44/08 *AEK ./. Fujitsu Siemens*, EU:C:2009:533 Rdn. 53.

85 S. noch *Bourn*, IJCLLIR 9 (1993), 227, 236f.

86 Vorschlag der Begründung, dass die Arbeitnehmer verschiedener Tochterunternehmen derselben Gruppe auch unterschiedliche Interessen haben, *Resch*, ZESAR 2010, 35, 42.

davon, ob die Massenentlassung die Entscheidung des Arbeitgebers war oder ob er rechtzeitig informiert wurde.[87]

36 Den Begriff des „den Arbeitgeber **beherrschenden Unternehmens**“ in Art. 2 Abs. 4 UAbs. 1 MERL hat der Gerichtshof **unionsautonom** dahin ausgelegt, dass er jedes Unternehmen bezeichnet, „das mit dem Arbeitgeber durch Beteiligungen an dessen Gesellschaftskapital oder durch andere rechtliche Verbindungen verbunden ist, die es ihm ermöglichen, einen bestimmenden Einfluss in den Entscheidungsorganen des Arbeitgebers auszuüben und ihn zu zwingen, Massenentlassungen in Betracht zu ziehen oder vorzunehmen“.[88] Die Beherrschung kann demnach auf einer Stimmenmehrheit in der Gesellschafterversammlung beruhen, sie kann aber auch bei einem geringeren Stimmenanteil aufgrund weiterer Umstände gegeben sein, die dem Unternehmen (faktischen) Einfluss auf die Abstimmungsergebnisse geben (z.B. bei breiter Streuung der Anteile, faktisch geringer Beteiligung an der Gesellschafterversammlung oder vertraglichen Absprachen unter Anteilseignern). Ein rein faktischer Einfluss, etwa aufgrund gemeinsamer Vermögensinteressen des Arbeitgebers und des anderen Unternehmens, reicht indes nicht aus.[89]

37 Die nach Art. 2 Abs. 4 MERL maßgebliche „**Entscheidung** über die Massenentlassung“, die das beherrschende Unternehmen trifft, muss nicht unmittelbar auf die Entlassung gerichtet sein. Vielmehr reicht es, wenn die Muttergesellschaft eine strategische Entscheidung oder ihre Tätigkeit so ändert, dass die Tochtergesellschaft (als Arbeitgeber) gezwungen ist, Massenentlassungen in Betracht zu ziehen.[90] Bereits das kann folglich die Pflicht des Arbeitgebers, die Konsultation gemäß Art. 2 Abs. 1 MERL einzuleiten und die Arbeitnehmervertreter „rechtzeitig“ (s.o. Rdn. 32) zu informieren, auslösen. Die Verpflichtung entsteht jedoch nicht, bis die betreffende Tochtergesellschaft, für die Massenentlassungen in Betracht kommen, spezifiziert wurde. Dann allerdings entsteht sie unabhängig davon, ob der Arbeitgeber von der Entscheidung der Muttergesellschaft Kenntnis hat. Auch ist sie nicht davon abhängig, ob der Arbeitgeber die Information gemäß Art. 2 Abs. 3 MERL überhaupt geben kann.

38 Obwohl die systematische Stellung anderes vermuten lässt, bezieht sich der Ausschluss des Konzerneinwands nicht nur auf die Informations- und Konsultationspflichten des Art. 2, sondern – dem Wortlaut nach („in dieser Richtlinie enthaltenen“) und auch teleologisch überzeugend – auch auf die Anzeigepflicht des Art. 3 MERL (zu ihr unten, Rdn. 41ff.).

---

87 EuGH v. 10.9.2009 – Rs. C-44/08 *AEK ./. Fujitsu Siemens*, EU:C:2009:533 Rdn. 42ff., 57f.

88 EuGH v. 7.8.2018 – verb Rs. C-61/17, C-62/17, C-72/17 *Bichat*, EU:C:2018:653. S. bereits *Forst*, ZESAR 2010, 154, 161 („Herrschend“ ist ein Unternehmen, „das ein anderes Unternehmen aufgrund rechtlicher Einflussnahmemöglichkeit zu Massenentlassungen zwingen kann“).

89 Weitergehend eine Erfassung auch „rein wirtschaftlicher Abhängigkeiten“ (wie z.B. bei Just-in-time-Verträgen) erwägend *Temming/Dalmer*, RdA 2019, 299, 303ff.

90 EuGH v. 10.9.2009 – Rs. C-44/08 *AEK ./. Fujitsu Siemens*, EU:C:2009:533; m.Anm.v. *Resch*, ZESAR 2010, 35–43. Zum weiten Entscheidungsbegriff *Temming/Damler*, RdA 2019, 299, 306ff.

5. Sanktionen

Sanktionen für eine Verletzung der Informations- und Konsultationspflicht sieht die Richtlinie nicht ausdrücklich vor,[91] doch ergeben sie sich zumindest rahmenhaft aus den allgemeinen **Umsetzungspflichten**, unionsrechtlich begründete Rechte ebenso zu sanktionieren wie vergleichbare nationale Rechte (Äquivalenzgebot) und sie auch effektiv durchzusetzen (Effektivitätsgebot) (§ 1 Rdn. 76 f.).[92] Der EuGH hat die Sanktionsfrage in der Entscheidung *Junk* nur *obiter* angesprochen, wenn er sagt, „dass der Arbeitgeber Massenentlassungen nach Ende des Konsultationsverfahrens im Sinne des Artikels 2 der Richtlinie und nach der Anzeige der beabsichtigten Massenentlassung im Sinne der Artikel 3 und 4 der Richtlinie vornehmen darf."[93] Damit ist zwar noch keine bestimmte Rechtsfolge vorgegeben, wohl aber ausgedrückt, dass eine vor Konsultation und Anzeige ausgesprochene Kündigung nicht wirksam sein darf (sei es, dass sie nach nationalem Recht nichtig, nicht durchsetzbar o.dgl. ist).[94] Dagegen spricht allerdings, dass der Gesetzgeber die Nichtigkeitsfolge in Betracht gezogen, aber letztlich verworfen hat.[95] 39

In der Rechtssache *AGET Iraklis* hatte der Gerichtshof eine griechische Regelung zu beurteilen, nach der die Entlassungen mangels Einigung mit den Arbeitnehmervertretern der behördlichen Überprüfung und Genehmigung unterlag.[96] Die Behörde prüfte, ob der Entlassung unter „Abwägung der Bedingungen auf dem Arbeitsmarkt, der wirtschaftlichen Verhältnisse des Unternehmens und der Belange der nationalen Wirtschaft" Gründe entgegenstehen. In der Praxis sprach sich die Behörde – nach Vortrag des Arbeitgebers – systematisch gegen die Massenentlassung aus. Praktische Folge war, dass die Arbeitnehmervertreter die Verhandlungen gar nicht erst aufnahmen.[97] Da die Richtlinie die materiellen Voraussetzungen der Entlassung nicht selbst regelt (oben Rdn. 3), hielt der Gerichtshof eine behördliche Prüfung nach nationalem Recht zwar grundsätzlich für zulässig. Sofern sie aber der Konsultation der Arbeitnehmervertreter die praktische Wirksamkeit nähme, wäre sie mit der Richtlinie unvereinbar. Der Gerichtshof sah die griechische Regelung zudem als unverhältnismäßigen Eingriff in die Niederlassungsfreiheit von Art. 49 AEUV an; s. dazu § 3 Rdn. 96. 40

---

91 Krit. *Weiss*, RdA 1992, 367, 370 f.S. noch *Bourn*, IJCLLIR 9 (1993), 227, 240 f., zu dem Vorhaben, die Sanktionsvorgaben des (heutigen) Art. 6 MERL dahin zu konkretisieren, dass auch die Unwirksamkeit der Massenentlassungen durchgesetzt werden könnte.

92 Speziell zur MERL EuGH v. 8.6.1994 – Rs. C-383/92 *Kommission ./. Vereinigtes Königreich*, EU:C:1994:234 Rdn. 40.

93 EuGH v. 27.1.2005 – Rs. C-188/03 *Junk*, EU:C:2005:59, Rdn. 54, 41.

94 In diese Richtung auch schon *Bourn*, IJCLLIR 9 (1993), 227, 240 f.; ebenso jetzt *Reinhard*, RdA 2007, 207, 211–214; *Riesenhuber/Domröse*, NZA 2005, 568, 569; wohl auch *Franzen*, FS Birk (2008), S. 110.

95 *Barnard*, EU Employment Law, S. 642. *Weber*, AuR 2008, 365, 377 f.

96 EuGH v. 21.12.2016 – Rs. C-201/15 *AGET Iraklis*, EU:C:2016:972.

97 Eingehend zum griechischen Recht – seiner Entwicklung und Praxis – *Bakopoulos*, RdA 2018, 257 ff.

IV. Anzeigepflicht und Kündigungssperrfrist

41 Der Arbeitgeber hat der – vom nationalen Recht zu bestimmenden – zuständigen Behörde beabsichtigte Massenentlassungen anzuzeigen, Art. 3 Abs. 1 MERL. Sie werden erst nach einer vom mitgliedstaatlichen Recht zu bestimmenden Sperrfrist von mindestens 30 und höchstens 60 Tagen nach Eingang der Anzeige wirksam, Art. 4 Abs. 1 MERL. **Zweck** von Anzeige und Frist ist es, der Behörde Gelegenheit zu geben, „nach Lösungen für die durch die beabsichtigten Massenentlassungen aufgeworfenen Probleme zu suchen", Art. 4 Abs. 2 MERL.

1. Inhalt der Anzeige

42 Der Inhalt der Anzeige ist generalklauselartig als „alle zweckdienlichen Angaben über die beabsichtigte Massenentlassung und die Konsultation der Arbeitnehmervertreter" umschrieben und so durch die behördliche Aufgabe des Art. 4 Abs. 2 MERL bestimmt, Art. 3 Abs. 1 UAbs. 4 MERL. Die Richtlinie konkretisiert das durch eine nicht abschließende („insbesondere") Aufzählung in Art. 3 Abs. 1 UAbs. 4 MERL, nach der die Anzeige enthalten muss:

- Gründe der Entlassung (entspr. Art. 2 Abs. 3 lit. b) Nr. i MERL),
- Zahl der zu entlassenden Arbeitnehmer (entspr. Art. 2 Abs. 3 lit. b) Nr. ii MERL)
- Zahl der in der Regel beschäftigten Arbeitnehmer (entspr. Art. 2 Abs. 3 lit. b) Nr. iii MERL)
- Zeitraum, in dem die Entlassungen vorgenommen werden sollen (entspr. Art. 2 Abs. 3 lit. b) Nr. iv MERL).

Damit sind zum einen die für die Anwendung der Massenentlassungsregeln maßgeblichen Tatsachen erfasst, zugleich aber auch die für die behördliche Aufgabe des Art. 4 Abs. 2 MERL wichtigsten Grunddaten.

43 Der Unterrichtung der Behörde dient es auch, wenn der Arbeitgeber der Behörde die den Arbeitnehmervertretern gegebene Information auszugsweise in Abschrift zu übermitteln hat, Art. 2 Abs. 3 UAbs. 2 MERL (oben, Rdn. 33). Bei dieser Informationsregelung geht es aber, wie ihr Zusammenhang mit der Arbeitnehmerinformation zeigt, nicht darum, der Behörde die Erfüllung ihrer eigenen Aufgaben (Art. 4 Abs. 2) zu ermöglichen; man darf annehmen, dass der Gesetzgeber sonst den systematisch treffenden Weg gewählt hätte, den Katalog von Art. 3 Abs. 1 UAbs. 4 MERL zu ergänzen. Die Übermittlungsform einer „Abschrift" deutet darauf hin, dass der Gesetzgeber der Behörde insoweit eine Art Überwachungsfunktion beigelegt hat.[98]

98 So auch *Oetker/Schubert*, EAS B 8300 Rdn. 587.

2. Zeitpunkt der Anzeige

Der maßgebliche Zeitpunkt der Anzeige ergibt sich aus der Regelung nur mittelbar.[99] 44
Da in Art. 3 Abs. 1 MERL von *beabsichtigten* Massenentlassungen die Rede ist und unter der „Entlassung" die Kündigungserklärung zu verstehen ist (oben, Rdn. 26), muss die Anzeige **vor der Kündigungserklärung** erfolgen. Dieses aus dem Wortlaut begründete Ergebnis findet der Gerichtshof auch durch den Zweck des Wirksamkeitsaufschubs bestätigt, der Behörde (mindestens) 30 Tage für die Problemlösung zu gewähren (Art. 4 Abs. 2 MERL). Entscheidend ist aber eine andere – vom EuGH freilich nicht sehr klar ausgesprochene – Erwägung, nämlich dass der Gesetzgeber die 30-Tage-Frist des Art. 4 Abs. 1 UAbs. 1 MERL ausweislich dessen Hs. 2 als eine Mindestfrist angesehen hat, die für den einzelnen Arbeitnehmer geltenden längeren Kündigungsfristen sollten davon unberührt bleiben. Sperrfrist und Kündigungsfrist sollen m. a. W. zu demselben Zeitpunkt zu laufen beginnen. Das Gericht hat daher zu Recht angenommen, „dass der Arbeitgeber Massenentlassungen ... nach der Anzeige der beabsichtigten Massenentlassung vornehmen darf"[100], aber nicht vorher.

Davon zu unterscheiden ist, ob die Anzeige vor, während oder **nach dem Konsul-** 45
tationsverfahren abzugeben ist. Unzweifelhaft kann die Anzeige der Konsultation nicht vorausgehen, da sie nach Art. 3 Abs. 1 UAbs. 3 MERL auch „Angaben über die Konsultationen" enthalten muss, diese also mindestens begonnen haben müssen. Für die Zulässigkeit einer Anzeige *während* des Konsultationsverfahrens wird darauf hingewiesen, dass sich Anzeige- und Informationsinhalte entsprechen (Art. 2 Abs. 3, Art. 3 Abs. 1 UAbs. 4); dass die Arbeitnehmervertreter eine Abschrift der Anzeige erhalten und dazu auch Stellung nehmen können (Art. 3 Abs. 3); und dass schließlich die Sperrfrist des Art. 4 Abs. 1 von der Behörde zur Lösung der Probleme genutzt werden soll, die die beabsichtigte Massenentlassung aufwirft.[101] Diese Erwägungen sind indes keineswegs zwingend und zudem teleologisch nicht überzeugend. Der Gleichlauf von Informations- und Anzeigeinhalten erklärt sich aus den *ähnlichen* Zielen. Die Anzeigeabschrift dient der Absicherung des Konsultationsverfahrens, dessen Durchführung so von der Behörde und den Arbeitnehmervertretern kontrolliert werden kann (s. Rdn. 33 und 43). Da die Arbeitnehmervertreter kein spezielles Konsultationsgremium sind, lässt sich aus der Tatsache, dass sie eine Anzeigeabschrift erhalten, nicht schließen, die Konsultationen könnten zu diesem Zeitpunkt noch nicht abgeschlossen sein. Entscheidend ist aber, dass die Behörde keineswegs an der Konsultation zu beteiligen ist und der Arbeitgeber auch nicht etwa auch noch mit der Behörde über die Vermeidung von Massenentlassungen verhandeln muss. Vielmehr muss die

99 EuGH v. 27.1.2005 – Rs. C-188/03 *Junk*, EU:C:2005:59.

100 EuGH v. 27.1.2005 – Rs. C-188/03 *Junk*, EU:C:2005:59, Rdn. 54.

101 *Franzen*, ZfA 2006, 437, 456 f.; *Weber*, AuR 2008, 365, 371.

Behörde mit der vom Arbeitgeber – nach Konsultation mit den Arbeitnehmervertretern – *getroffenen Entscheidung* über die Massenentlassung und den daraus folgenden Problemen *umgehen*. Daher ist es nicht nur nicht nötig, dass die Konsultationen zum Zeitpunkt der Anzeige noch andauern, sondern im Gegenteil erforderlich, dass sie schon abgeschlossen sind und der Arbeitgeber schon endgültig entschieden hat, dass er Massenentlassungen durchführen will.[102] Endlich überzeugt auch die Überlegung nicht, je früher die Behörde Bescheid weiß, desto besser.[103] Der Gesetzgeber ging in Art. 4 Abs. 1 und 3 MERL davon aus, dass für die behördliche Aufgabe im Regelfall ein Zeitraum von 30 Tagen reichen muss, der zwar nach mitgliedstaatlichem Recht abgekürzt werden kann, eine Verlängerung aber nur unter engen Voraussetzungen möglich ist (Rdn. 47). Nur diese Zeit ist auch durch die Sperrfrist gesichert.

3. Sperrfrist für Kündigungen

46 Nach Art. 4 MERL werden die Massenentlassungen erst nach Ablauf einer Frist wirksam, die mit der Anzeige bei der zuständigen Behörde zu laufen beginnt. Zweck der Sperrfrist ist, der Behörde ausreichend Zeit zu geben, **Lösungen** für die durch die Massenentlassung aufgeworfenen Probleme zu **suchen** und vorzubereiten, Art. 4 Abs. 2 MERL.[104] Die Vorschrift enthält zugleich eine **erste Sanktion** für die Verzögerung oder Unterlassung der Anzeige. Grundsatz ist, dass Massenentlassungen frühestens 30 Tage nach Anzeige bei der Behörde wirksam werden. Längere Kündigungsfristen, die für die Kündigung der einzelnen Arbeitnehmer gelten, bleiben unberührt. Abgesehen davon lässt die Richtlinie den Mitgliedstaaten indes einen weiten Umsetzungsspielraum, der zudem durch eine Kombination gesetzlicher Fristen und behördlicher Verlängerungs- und Verkürzungsoptionen gekennzeichnet ist.

47 Die vom mitgliedstaatlichen Recht zu bestimmende **gesetzliche Sperrfrist** muss mindestens 30 Tage ab Eingang der Anzeige betragen, höchstens 60, Art. 4 Abs. 1 UAbs. 1, Abs. 3 MERL. Das nationale Recht kann ergänzend **behördliche Verkürzungs- und Verlängerungsmöglichkeiten** vorsehen. Eine Fristverkürzung darf das nationale Recht stets ermöglichen, Art. 4 Abs. 1 UAbs. 2 MERL. Die Möglichkeit der Fristverlängerung ist hingegen – zum Schutz der unternehmerischen Freiheit – zweifach beschränkt. Die Frist darf höchstens auf 60 Tage verlängert werden (kommt also nicht in Betracht, wenn schon gesetzlich eine Sperrfrist von 60 Tagen vorgesehen ist). Zudem darf eine behördliche Verlängerung nur erfolgen, wenn die Gefahr besteht,

---

102 Ebenso *Klumpp*, NZA 2007, 703, 706 f.; auch ArbG Berlin, NZA 2006, 739, 743; Preis/Sagan/*Naber/Sittard*, Rdn. 14.161 f.; EuArbRK/*Spelge*, Art. 2 RL 98/59/EG Rdn. 5; *Temming*, ZESAR 2010, 277, 282 f.; Schlachter/Heinig/*Weber*, § 9 Rdn. 92; a. M. *Boemke*, EAS B 7100 Rdn. 97 f.; *Giesen*, SAE 2006, 135, 138.

103 So *Weber*, AuR 2008, 365, 371.

104 EuGH v. 27.1.2005 – Rs. C-188/03 *Junk*, EU:C:2005:59 Rdn. 47 f., 51.

dass die durch die beabsichtigten Massenentlassungen aufgeworfenen Probleme innerhalb der ursprünglichen Frist nicht gelöst werden können, Art. 4 Abs. 3 UAbs. 1 MERL. Die Fristverlängerung ist dann dem Arbeitgeber vor Ablauf der gesetzlichen Frist mitzuteilen und zu begründen, Art. 4 Abs. 3 UAbs. 3 MERL. Dieser einleuchtende Ausgleich der widerstreitenden Interessen wird freilich dadurch in Frage gestellt, dass Art. 4 Abs. 3 UAbs. 2 MERL den Mitgliedstaaten weitergehende Verlängerungsmöglichkeiten (ohne ausdrückliche Qualifizierung!) einräumt. Wenn das teleologisch einen Sinn ergeben soll, so muss man annehmen, dass sowohl die inhaltlichen als auch die formalen Anforderungen an die Fristverlängerung, die UAbs. 1 und 3 formulieren, für diesen Fall ebenso gelten. Weitergehend muss man der gesetzgeberischen Bewertung entnehmen, dass eine Frist von 60 Tagen auch in schwierigen Fällen ausreichen muss, um „Lösungen für die aufgeworfenen Probleme" zu finden, die weitere Fristverlängerung daher nur unter ganz außergewöhnlichen Umständen in Betracht kommen kann. Zudem muss sich auch eine – vom nationalen Recht zugelassene – behördliche Entscheidung über die Fristverkürzung oder -verlängerung an den von der Richtlinie bestimmten Zweck von Anzeige und Sperrfrist halten. Das dahingehende Ermessen unterliegt daher der Überprüfung durch den EuGH, und zwar – wie in vergleichbaren Fällen – anhand des Willkürmaßstabes (willkürliche Ermessenüberschreitung).[105]

Mit der Bestimmung, die Massenentlassungen (= Kündigungserklärungen) wür- **48**
den frühestens nach Ablauf der gesetzlichen Sperrfrist wirksam werden, enthält die Richtlinie, wie gesagt (Rdn. 46), bereits eine erste Sanktion. Sieht man die Regelung allein von dem Zweck her, der Behörde eine Vorbereitungszeit von 30 Tagen zu sichern, könnte es zur effektiven Umsetzung der Anzeigepflicht bei dieser Sanktion bleiben. Dann könnte es auch ausreichen, die Anzeige nach Ausspruch der Kündigungen zu machen: die Säumnis würde bereits dadurch sanktioniert, dass der Beginn der Sperrfrist verzögert wird. Das war in der Tat die deutsche Umsetzungslösung. Der EuGH hat indes Wert darauf gelegt, dass auch die von der Richtlinie gewollte **Reihenfolge von Anzeige und Kündigung** (oben, Rdn. 44) eingehalten wird und daher angenommen, „dass der Arbeitgeber Massenentlassungen (...) nach der Anzeige der beabsichtigten Massenentlassung im Sinne der Artikel 3 und 4 der Richtlinie vornehmen darf"[106] (s. bereits oben, Rdn. 26, zum Konsultationsverfahren). Noch deutlicher hat er gesagt, dass „der Arbeitgeber Arbeitsverträge *nicht kündigen darf,* bevor er diese beiden Verfahren [sc. Konsultation und Anzeige] eingeleitet hat".[107] Um diese Pflicht effektiv umzusetzen, muss man einer vor Anzeige ausgesprochenen Kündigung daher

105 Vgl. etwa EuGH v. 14.7.1983 – Rs. 174/82 *Sandoz,* EU:C:1983:213 Rdn. 15–20 („weiter Ermessensspielraum" und „Verhältnismäßigkeit"); und entspr. für den Gemeinschaftsgesetzgeber: EuGH 12.11.1996 – Rs. C-84/94 *Vereinigtes Königreich ./. Rat,* EU:C:1996:431 Rdn. 50–67.

106 EuGH v. 27.1.2005 – Rs. C-188/03 *Junk,* EU:C:2005:59 Rdn. 54.

107 EuGH v. 27.1.2005 – Rs. C-188/03 *Junk,* EU:C:2005:59 Rdn. 41.

die Wirksamkeit versagen.[108] Andererseits verhindert die 30-tägige Frist nur das *Wirksamwerden* der Kündigung. Der Arbeitgeber kann m.a.W. die Kündigungserklärung durchaus schon nach der Anzeige aber vor Ablauf der Frist aussprechen.[109]

V. Sanktionen und Rechtsschutz

49 Sanktionen für die Verletzung der richtliniendeterminierten Verpflichtungen gibt die Richtlinie, von der punktuellen Ausnahme der Sperrfrist (Rdn. 46) abgesehen, nicht eigens vor. Art. 6 MERL bindet die Mitgliedstaaten, dafür zu sorgen, dass „den Arbeitnehmervertretern und/oder den Arbeitnehmern administrative und/oder gerichtliche Verfahren zur Durchsetzung der Verpflichtungen gemäß dieser Richtlinie zur Verfügung stehen". Damit belässt der Gesetzgeber den Mitgliedstaaten ein weites Ermessen. Insbesondere ist nicht vorgegeben, dass die *Verpflichtungen* (es ist nicht von *Rechten* die Rede) individualrechtlich oder kollektivrechtlich ausgestaltet sein müssten;[110] der Gerichtshof hat die „kollektive Natur" des Rechts auf Information und Konsultation betont.[111] Rahmenhafte Vorgaben ergeben sich im Übrigen aus den allgemeinen Umsetzungspflichten (Äquivalenz- und Effektivitätsgebot; § 1 Rdn. 76f.; s. schon soeben, Rdn. 48).[112]

50 Als mit Art. 6 und 2 MERL und den Umsetzungsgebote vereinbar hat der Gerichtshof eine mitgliedstaatliche Regelung anerkannt, Beschwerden nur zuzulassen, wenn (1) die Arbeitnehmervertreter zuvor Einspruch erhoben haben und (2) der betreffende Arbeitnehmer dem Arbeitgeber vorab mitgeteilt hat, die Nichteinhaltung des Unterrichtungs- und Anhörungsverfahrens geltend zu machen.[113] Eine solche Regelung verstößt auch nicht gegen den allgemeinen Grundsatz (und das Grundrecht) des effektiven Rechtsschutzes.[114]

---

108 Einzelheiten – z.B. ob das durch Nichtigkeit, Unwirksamkeit oder dadurch bewirkt wird, dass sich der Arbeitgeber auf die Kündigung nicht berufen kann – sind Sache des mitgliedstaatlichen Rechts. *Reinhard*, RdA 2007, 207, 210; krit. *Weber*, AuR 2008, 365, 375.

109 EuGH v. 27.1.2005 – Rs. C-188/03 *Junk*, EU:C:2005:59 Rdn. 53; *Boemke*, EAS B 7100 Rdn. 104; *Reinhard*, RdA 2007, 207, 209; EuArbRK/*Spelge*, Art. 3 RL 98/59/EG Rdn. 1.

110 Dazu jetzt GA *Mengozzi*, Schlussanträge v. 21.1.2009 – Rs. C-12/08 *Mono Car Styling*, EU:C:2009:24 Rdn. 53–107.

111 EuGH v. 16.7.2009 – Rs. C-12/08 *Mono Car Styling*, EU:C:2009:466 Rdn. 38ff.

112 EuGH v. 16.7.2009 – Rs. C-12/08 *Mono Car Styling*, EU:C:2009:466 Rdn. 48f.

113 EuGH v. 16.7.2009 – Rs. C-12/08 *Mono Car Styling*, EU:C:2009:466 Rdn. 32–45.

114 EuGH v. 16.7.2009 – Rs. C-12/08 *Mono Car Styling*, EU:C:2009:466 Rdn. 46–52.

VI. Umsetzung[115]

In **Deutschland** dienen vor allem §§ 17 f. KSchG der Umsetzung, im Hinblick auf Information und Konsultation §§ 111–113 BetrVG.[116] Im Hinblick auf die veranlasste Eigenkündigung geht die Regelung über die Richtlinienvorgaben hinaus. Bei der Umsetzung erwies sich vor allem die Reihenfolge von Konsultation, Anzeige und Kündigung als problematisch, die in Deutschland verkehrt worden war.[117] 51

Auch in den **anderen Mitgliedstaaten** erfolgte die Umsetzung[118] teilweise zögerlich und fehlerhaft, so dass die Kommission eine Reihe von Vertragsverletzungsverfahren anstrengen musste.[119] 52

VII. Beispielsfall: *Junk*[120]

Frau *Irmtraud Junk* war bei der AWO Gemeinnützige Pflegegesellschaft Südwest mbH (AWO) als Pflegehelferin/Hauspflegerin beschäftigt. Die AWO betrieb ein Unternehmen für Hauspflegedienstleistungen und beschäftigte etwa 430 Arbeitnehmerinnen und Arbeitnehmer. Es bestand ein Betriebsrat. Am 31. Januar 2002 stellte die AWO aufgrund von Zahlungsschwierigkeiten einen Antrag auf Eröffnung des Insolvenzverfahrens. Mit Wirkung vom 1. Februar 2002 stellte sie sämtliche Mitarbeiter von der Verpflichtung zur Arbeitsleistung frei und zahlte auch die Vergütung für den Monat Januar 2002 nicht. Im Folgenden wurde das Insolvenzverfahren eröffnet. Der Insolvenzverwalter teilte dem Vorsitzenden des Betriebsrats am 19. Juni 2002 mit, dass er wegen der Schließung des Betriebes beabsichtige, sämtliche noch bestehenden Arbeitsverhältnisse, darunter das der Klägerin, zum 30. September 2002 zu kündigen und eine Massenentlassung durchzuführen. Dem Schreiben beigefügt war eine Liste 53

---

115 Vergleichende Übersicht der mitgliedstaatlichen Kündigungsrechts-Systeme und der Umsetzung bei *Krebber*, RdA 2018, 271 ff. Für eine vergleichende Diskussion der (unterschiedlichen) zugrunde liegenden Werte, (äquivalenten) Ergebnisse sowie Methoden und Rahmen für die Umsetzung s. *Gaudu*, ELLJ 2 (2011), 5–26.

116 *Boemke*, EAS B 7100 Rdn. 27–90 und 107–125 sowie 129–147; Hanau/Steinmeyer/Wank/*Wank*, § 18 Rdn. 205–212; *Thüsing*, Europäisches Arbeitsrecht, § 6 Rdn. 5 ff. und Rdn. 21–30 zu Umsetzungsdefiziten.

117 Näher *Riesenhuber/Domröse*, EWS 2005, 97–103; *dies.*, NZA 2005, 568–570.

118 *Weiss*, RdA 1992, 367, 368; *Wisskirchen/Bissels*, ZESAR 2010, 164–171. Zur Umsetzung im Vereinigten Königreich *Deakin/Morris*, Labour Law, Rdn. 9.32 ff.

119 Vertragsverletzungsverfahren: EuGH v. 28.3.1985 – Rs. 215/83 *Kommission ./. Belgien*, EU:C:1985:146; EuGH v. 8.6.1994 – Rs. C-383/92 *Kommission ./. Vereinigtes Königreich*, EU:C:1994:234; EuGH 8.6.1982 – Rs. 91/81 *Kommission ./. Italien*, EU:C:1982:212; EuGH 6.11.1985 – Rs. 131/84 *Kommission ./. Italien*, EU:C:1985:447. Zur fehlerhaften Umsetzung im VK noch *Lofaso*, YEL 16 (1996), 277, 295–301.

120 EuGH v. 27.1.2005 – Rs. C-188/03 *Junk*, EU:C:2005:59.

mit den Namen, Anschriften und Geburtsdaten sowie weiteren Daten der zu entlassenden Arbeitnehmerinnen und Arbeitnehmer. Mit Schreiben vom 26. Juni 2002 teilte der Betriebsratsvorsitzende dem Beklagten mit, dass eine zügige Abwicklung der Angelegenheit auch im Sinne des Betriebsrats sei. Mit Schreiben vom 27. Juni 2002, das der Klägerin am 29. Juni 2002 zuging, kündigte der Beklagte das Arbeitsverhältnis der Klägerin aus betriebsbedingten Gründen zum 30. September 2002. Mit Schreiben vom 27. August 2002, das am selben Tag beim Arbeitsamt einging, zeigte der Beklagte diesem die Entlassung von 172 Beschäftigten zum 30. September 2002 gemäß § 17 Absatz 3 KSchG an. Er fügte dieser Anzeige die Stellungnahme des Betriebsrats bei. Vor dem Arbeitsgericht macht die Klägerin geltend, dass ihre Kündigung unwirksam sei.

54 Das Arbeitsgericht Berlin[121] legte dem EuGH die Frage vor, ob unter „Entlassung" die Kündigungserklärung oder die tatsächliche Beendigung des Arbeitsverhältnisses (Ablauf der Kündigungsfrist) zu verstehen sei. Sei die Kündigungserklärung bezeichnet, so wollte das ArbG wissen, ob sowohl das Konsultationsverfahren (Art. 2 MERL) als auch das Anzeigeverfahren (Art. 3 und 4) vor dem Ausspruch der Kündigungen abgeschlossen sein müssen?

55 Der Gerichtshof legte den Begriff der Entlassung unionsautonom aus. Die unterschiedlichen Sprachfassungen ergaben nicht eindeutig, ob „Entlassung" die Kündigungserklärung oder die tatsächliche Beendigung bezeichnete. Allerdings deutet schon die Tatsache, dass Art. 2 Abs. 1 und Art. 3 Abs. 1 von „beabsichtigten" Massenentlassungen sprechen, darauf hin, dass mit „Entlassung" die Kündigungserklärung gemeint sein muss, nicht die vollendete Tatsache. Das bestätigt teleologisch die Tatsache, dass das Konsultationsverfahren u. a. dem Zweck dient, Entlassungen zu vermeiden. Dieser Zweck würde in Frage gestellt (wenn nicht vereitelt), wenn der Arbeitgeber erst kündigen und dann „verhandeln" könnte. „Entlassung" bezeichnet daher die Kündigungserklärung.

56 Damit war auch der Weg für die Beantwortung der zweiten Frage bereits gewiesen. Soll das Konsultationsverfahren seinen Sinn erfüllen, so muss es stattfinden, bevor der Arbeitgeber die Kündigungserklärung (Entlassung) ausgesprochen hat. Wortlaut, Systematik und Zweck entnahm der Gerichtshof weiterhin, dass auch die Behördenanzeige vor Ausspruch der Kündigung erfolgen muss.

121 Zuständige Richterin war (z. Z. der Vorlageentscheidung) *Oda Hinrichs;* s. Literaturhinweise vor Rdn. 1.

§ 27 Die Betriebsübergangsrichtlinie – mit Hinweisen zur Übernahmerichtlinie

Literatur: *Alsbaek,* Der Betriebsübergang und seine individualarbeitsrechtlichen Folgen in Europa, 2001; *Annuß,* Der Betriebsübergang nach „Ayse Süzen", NZA 1998, 70–77; *Armour/Deakin,* Insolvency and employment protection: the mixed effects of the Acquired Rights Directive, Int'l Rev. L. & Econ. 22 (2003), 1–23; *dies.*, The Rover Case (2) – Bargaining in the Shadow of TUPE, ILJ 29 (2000), 395–402; *Ascheid,* Richtlinie 77/187/EWG: Harmonisierung europäischen und deutschen Richterrechts, in: Hanau/Herzog/Heither (Hrsg.), Richterliches Arbeitsrecht – Festschrift für Thomas Dieterich zum 65. Geburtstag, 1999, S. 9–27; *Barrett,* Light Acquired on Acquired Rights: Examining Developments in Employment Rights on Transfers of Undertaking, CMLR 42 (2005), 1053–1105; *Bauer,* Christel Schmidt lässt grüßen: Neue Hürden des EuGH für Auftragsvergabe, NZA 2004, 14–17; *Bauer/von Steinau-Steinrück,* Neuregelung des Betriebsübergangs: Erhebliche Risiken und viel mehr Bürokratie!, ZIP 2002, 457–466; *dies.*, Betriebsübergang: Haftungsrisiken und Handlungsvorschläge, NZA 2003, 72–76; *Belling/Collas,* Der Schutz der Arbeitnehmer vor den haftungsrechtlichen Folgen einer Betriebsaufspaltung, NJW 1991, 1919–1927; *Bercusson,* Case Comment, CMLR 33 (1996), 589–610; *Bergwitz,* Betriebsübergang und Insolvenz nach der neuen EG-Richtlinie zur Änderung der Betriebsübergangsrichtlinie, DB 1999, 2005–2010; *Bruun,* Employees' Participation Rights and Business Restructuring, ELLJ 2 (2011), 27–47; *Buchner,* Die Betriebsübertragung i. S. von § 613a BGB im Spannungsfeld von Arbeitsplatzschutz und unternehmerischer Gestaltungsmöglichkeit – Übereinstimmung zwischen EuGH und BAG in der Abgrenzung des Betriebsbegriffs, JZ 1999, 593–597; *Collins,* Transfer of Undertakings and Insolvency, ILJ 18 (1989), 144–158; *Colneric,* Gemeinschaftsrechtliche Informations- und Konsultationspflichten beim Betriebsübergang, in: Baur/Hopt/Mailänder (Hrsg.), Festschrift für Ernst Steindorff, 1990, S. 1129–1140; *Davies,* Acquired Rights, Creditor's Rights, Freedom of Contract, and Industrial Democracy, YEL 9 (1989), 21–53; *ders.*, Amendments to the Acquired Rights Directive, ILJ 27 (1998), 365–373; *ders.*, Taken to the Cleaners? Contracting out of Services yet again, ILJ 26 (1997), 193–197; *De Groot,* The Council Directive on the Safeguarding of Employees' rights in the event of transfers of undertakings: an Overview of Recent Case Law, CMLR 35 (1998), 707–729; *Debong,* Die EG-Richtlinie über die Wahrung der Arbeitnehmeransprüche bei Betriebsübergang – ein Vergleich ihrer Umsetzung in der Bundesrepublik Deutschland und Frankreich, 1988; *Edward/Segan,* Fragen und Probleme der Anwendung der Betriebsübergangsrichtlinie im Vereinigten Königreich, RdA 2006 Sonderbeil. zu Heft 6, 15–24; *Eisele,* Die Richtlinie zum Betriebsübergang und ihre Umsetzung im englischen Recht – eine rechtsvergleichende Analyse, 2003; *Felsner,* Arbeitsrechtliche Rahmenbedingungen von Unternehmensübernahmen in Europa – eine rechtsvergleichende Untersuchung zur Umsetzung der Richtlinie 77/187/EWG in Italien sowie in Frankreich, Großbritannien und den Niederlanden, mit einigen Anmerkungen zum deutschen Recht, 1997; *Feudner,* Grenzüberschreitende Anwendung von § 613a BGB?, NZA 1999, 1184–1190; *Forst,* Leiharbeitnehmer im Betriebsübergang, RdA 2011, 228–236; *Franzen,* Der Betriebsinhaberwechsel nach § 613a BGB im internationalen Arbeitsrecht, 1994; *ders.*, Die Richtlinie 98/50/EG zur Änderung der Betriebsübergangsrichtlinie 77/187/EWG und ihre Auswirkungen auf das deutsche Arbeitsrecht, RdA 1998, 361–374; *ders.*, Informationspflichten und Widerspruchsrecht beim Betriebsübergang nach § 613a Abs. 5 und 6 BGB, RdA 2002, 258–272; *ders.*, Vorgaben des Europäischen Gemeinschaftsrechts für die arbeitsrechtliche Regulierung des Betriebsübergangs, NZA 2008 Beil. zu Heft 4, 139–145; *Fuchs/Merkes*, Der Begriff des Betriebsübergangs – Analyse und Bestandsaufnahme, ZESAR 2010, 257–267; *Gaul/Jeffreys/Tinhofer/van Wassenhove,* Study on the Application of Directive 2001/23/EC to Cross Border Transfer of Undertakings, http://ec.europa.eu/social/BlobServlet?docId=2445&langId=en; *Greiner/Pionteck*, Bestandsaufnahme Betriebsübergangsrecht, Teil 1, RdA 2020, 84–92, Teil 2, RdA 2020, 169–179; *Hardy/Painter,* The New Acquired Rights Directive and its Implications for European Employee Relations in the Twenty-First Century,

https://doi.org/10.1515/9783110731941-027

MJ 6 (1999), 366–379; *Hartmann*, Der Schutzzweck der Betriebsübergangsrichtlinie in historisch-rechtsvergleichender Perspektive, EuZA 2012, 35–53; *ders.*, Die Rechtsprechung des Europäischen Gerichtshofs zu dynamischen Bezugnahmeklauseln im Betriebsübergang, EuZA 2015, 203–220; *Hepple*, The Legal Consequences of Cross Border Transfers of Undertakings within the European Union, http://ec.europa.eu/employment-social/labour-law/docs/transfer-crossborder-study-hepple-en.pdf; *ders.*, Workers' Rights in Mergers Rights and Takeovers: The EEC Proposals, ILJ 5 (1976), 197–210; *Hunt*, Success at last? The Amendment of the Acquired Rights Directive, E.L. Rev. 24 (1999), 215–230; *ders.*, The Court of Justice as a Policy Actor: the Case of the Acquired Rights Directive, Leg.Stud. 18 (1998), 336–359; *Jacobs*, Die arbeitsvertragliche Bezugnahme auf Tarifverträge bei Betriebsübergang, in: Konzen/Krebber/Raab/Veit/Waas (Hrsg.), Festschrift für Rolf Birk, 2008, S. 243–264; *Joost*, Betriebsübergang und Funktionsausgliederung, in: Anzinger (Hrsg.), Entwicklungen im Arbeitsrecht und Arbeitsschutzrecht, Festschrift für Otfried Wlotzke zum 70. Geburtstag, 1996, S. 683–700; *Joussen*, Betriebsübergangsrichtlinie, in: Oetker/Preis (Hrsg.), Europäisches Arbeits- und Sozialrecht, B 7200 (Stand: Februar 2018); *Junker*, Der identitätswahrende Übergang einer wirtschaftlichen Einheit als Voraussetzung des Betriebsübergangs, EuZA 2019, 45–61; *Klumpp*, Betriebsübergang und Leiharbeit – Urteil des Europäischen Gerichtshofs vom 13.9.2007 – Rechtssache Jouini, EuZA 2009, 69–78; *Krause*, Das Übergangsmandat des Betriebsrats im Lichte der novellierten Betriebsübergangsrichtlinie, NZA 1998, 1201–1206; *Krebber*, Die volle Wirksamkeit von Richtlinien, ZvglRWiss 97 (1998), 124–160; *Latzel*, Trotz geschickter Vorlage: Dynamik von Bezugnahmeklauseln nach Betriebsübergang bleibt unklar, GPR 2017, 301–304; *Friederike Löw*, Die Betriebsveräußerung im Europäischen Arbeitsrecht – Die EG-Richtlinie 77/187 und ihre Umsetzung in Deutschland und Großbritannien, 1992; *Löw/Stolzenberg*, Die Aufspaltung eines Arbeitsverhältnisses als Folge eines Betriebsübergangs – Diener zweier Herren, NZA 2020, 1279–1284; *Löwisch*, Unvereinbarkeit von Nachträglichkeit und Rückwirkung des Widerspruchs nach § 613a Abs. 6 BGB mit der Richtlinie 01/23/EG, in: Konzen/Krebber/Raab/Veit/Waas (Hrsg.), Festschrift für Rolf Birk, 2008, S. 541–545; *McMullen*, An Analysis of the Transfer of Undertakings (Protection of Employment) Regulations 2006, ILJ 35 (2006), 113–139; *ders.*, The Concept of the Employer in TUPE Transfers and the Principles of the Enforcement of Garden Leave, ILJ 47 (2018), 107–120; *ders.*, The Developing Case Law on TUPE and Service Provision Change, ILJ 45 (2016), 220–230; *ders.*, Recent CJEU Case Law on the Transfer of Asset-Reliant Undertakings, ILJ 45 (2016), 455–464; *ders.*, Some Problems and Themes in the Application in Member States of Directive 2001/23/EC on Transfers of Undertakings, IJCLLIR 23 (2007), 335–374; *More*, The Concept of ‚Undertaking' in the Acquired Rights Directive: the Court of Justice under Pressure (again), YEL 135 (1995), 135–155; *Novak*, Der Betriebsübergang nach einem Systemwechsel in ein neues Arbeits- und Wirtschaftsrecht am Beispiel Sloweniens, RdA 2006 Sonderbeil. zu Heft 6, S. 25–30; *Novella/Vallauri*, Employee Rights on Transfer of Undertakings: Italian Legislation and EC Law, ELJ 14 (2008), 55–73; *Oetker*, Die Vorgaben der Betriebsübergangsrichtlinie für die Beteiligungsrechte des Betriebsrats, NZA 1998, 1193–1201; *Prassl*, Freedom of Contract as a General Principle of EU Law? Transfers of Undertakings and the Protection of Employer Rights in EU Labour Law, ILJ 42 (2013), 434–446; *Raab*, Anforderungen an den identitätswahrenden Übergang einer wirtschaftlichen Einheit – Die Voraussetzungen des Betriebsübergangs in den Fällen der Ausgliederung, Rückgliederung und Auftragsnachfolge, EuZA 2019, 283–309; *Ratti*, To hire or not to hire: the ambivalent impact of social rehire clauses on the Transfer of Undertakings Directive, ELLJ 11 (2020), 225–244; *Rebhahn*, Arbeitsrecht bei Betriebsübergang: Eintrittspflicht bei Insolvenz und Haftungsfragen, JBl 1999, 621–638 und 710–721; *ders.*, Probleme der Ausführung der Betriebsübergangsrichtlinie in Kontinentaleuropa, RdA 2006, Sonderbeil. Heft 6, 4–15; *Reichold*, Neues zum grenzüberschreitenden Betriebsübergang, in: Konzen/Krebber/Raab/Veit/Waas (Hrsg.), Festschrift für Rolf Birk, 2008, S. 687–702; *Rieble*, Betriebsführungsvertrag und Betriebsübergang, NZA 2018, 1302–1309; *Riesenhuber*, Arbeitnehmerschutz durch Information beim Betriebsübergang – Die Information von Arbeitnehmervertretern und Arbeitnehmern durch Veräußerer und Erwerber nach der Betriebsübergangsrichtlinie, in: Krause/Veelken/Vieweg (Hrsg.), Recht der Wirtschaft und der Arbeit in Europa, Gedächtnisschrift für Wolfgang Blomeyer, 2004, S. 195–215; *ders.*, Informationspflichten beim Betriebsübergang: Fehler bei der Umsetzung der Richtlinie und Anlass für eine grundsätzliche Neuordnung, RdA 2004, 340–352; *Sagan*, Die kollektive Fortgeltung von Tarifverträgen und Betriebsvereinbarungen nach § 613a Abs. 1 Sätze 2–4 BGB, RdA 2011, 163–173; *Schellhaaß*, Das Europäische Arbeitsrecht aus ökonomischer Perspektive, in: Grundmann (Hrsg.), Systembildung und Systemlücken in Kerngebieten des Europäischen Privatrechts, 2000, S. 401–419; *Schinz/Eylert*, Dynamische Bezugnahmeklauseln beim Betriebsübergang im Spannungsfeld zwischen nationalen und europäischen Regelungen, RdA 2017, 140–149; *Schlachter*, Betriebsübergang bei „eigenwirtschaftlicher Nutzung" von Betriebsmitteln des Auftraggebers, NZA 2006, 80–83; *dies.*, Casebook Europäisches Arbeitsrecht, 2005, Fälle Nr. 12–14; *dies.*, Die Rechtsstellung des widersprechenden Arbeitnehmers bei Betriebsübergang, NZA 1995, 705–711; *Schmitt, Laura*, Europäisches Betriebsverfassungsrecht, in: Oetker/Preis (Hrsg.), Europäisches Arbeits- und Sozialrecht, B 8300 Rdn. 601–666 (Stand: Okt. 2019); *Sittard/Flockenhaus*, „Scattolon" und die Folgen für die Ablösung von Tarifverträgen und Betriebsvereinbarungen nach einem Betriebsübergang, NZA 2013, 652–657; *Steffan*, Neues vom EuGH zum Betriebsübergang: Was folgt aus „Scattolon"?, NZA 2012, 473–477; *Trümner*, Mitbestimmungsvorgaben des Europäischen Arbeitsrechts bei Privatisierungen, Der Personalrat 1997, 197–205; *von Alvensleben*, Die Rechte der Arbeitnehmer bei Betriebsübergang im Europäischen Gemeinschaftsrecht – Eine Studie zu den gemeinschaftsrechtlichen Grundlagen des § 613a BGB, 1992; *Waas*, Zur Konsolidierung des Betriebsbegriffs in der Rechtsprechung von EuGH und BAG zum Betriebsübergang, ZfA 2001, 377–395; *Waas/Johanns*, Die Änderung der Richtlinie zum Betriebsübergang, EuZW 1999, 458–463; *Wank*, Der Betriebsübergang in der Rechtsprechung des EuGH und des BAG – eine methodische Untersuchung, in: Oetker/Preis/Rieble (Hrsg.), Festschrift 50 Jahre BAG, 2004, S. 245–263; *ders./Börgmann*, Der Übergang „durch Rechtsgeschäft" beim Betriebsübergang, DB 1997, 1229–1235; *Weatherill*, Use and Abuse of the EU's Charter of Fundamental Rights: on the improper veneration of 'freedom of contract', ERCL 10 (2014), 167–182; *Weber*, Information und Konsultation im europäischen und deutschen Mitbestimmungsrecht, in: Dauner-Lieb/Hommelhoff/Jacobs/Kaiser/Weber (Hrsg.), Festschrift für Horst Konzen, 2005, S. 921–956; *Willemsen*, Erneute Wende im Recht des Betriebsübergangs – ein „Christel Schmidt II" – Urteil des EuGH?, NZA 2009, 289–294; *ders.*, Erosion des Arbeitgeberbegriffs nach der Albron-Entscheidung des EuGH?, NJW 2011, 1546 -1551; *ders.*, Europäisches und deutsches Arbeitsrecht im Widerstreit? – Aktuelle „Baustellen" im Recht des Betriebsübergangs, NZA 2008 Beil. zu Heft 4, 155–164; *ders.*, Mehr Klarheit nach „Klarenberg"!, NZA 2014, 1010–1013; *ders./Annuß*, Neue Betriebsübergangsrichtlinie – Anpassungsbedarf im deutschen Recht?, NJW 1999, 2073–2079; *ders./Krois/Mehrens*, Entdynamisierung von Tarifverträgen nach einem Betriebsübergang, RdA 2018, 151–167; *Wißmann/Niklas*, Asklepios – Der Vorhang zu und neue Fragen offen, NZA 2017, 697–701; *Zachert/Kocher*, Die Richtlinie 98/50/EG zum Betriebsübergang – aus Brüssel, Luxemburg und Kassel etwas Neues?, in: Klaus Schmidt (Hrsg.), Arbeitsrecht und Arbeitsgerichtsbarkeit – Festschrift zum 50-jährigen Bestehen der Arbeitsgerichtsbarkeit in Rheinland-Pfalz, 1999, S. 51–65.

Rechtsprechung:

EuGH v. 7.2.1985	Rs. 135/83 *Abels*, EU:C:1985:55
EuGH v. 7.2.1985	Rs. 19/83 *Wendelboe*, EU:C:1985:54
EuGH v. 7.2.1985	Rs. 186/83 *Botzen*, EU:C:1985:58
EuGH v. 11.7.1985	Rs. 105/84 *Danmols Inventar*, EU:C:1985:331
EuGH v. 18.3.1986	Rs. 24/85 *Spijkers*, EU:C:1986:127
EuGH v. 15.4.1986	Rs. 237/84 *Kommission ./. Belgien*, EU:C:1986:149
EuGH v. 10.7.1986	Rs. 235/84 *Kommission ./. Italien*, EU:C:1986:303
EuGH v. 17.12.1987	Rs. 287/86 *Ny Mølle Kro*, EU:C:1987:573
EuGH v. 10.2.1988	Rs. 324/86 *Daddy's Dance Hall*, EU:C:1988:72
EuGH v. 5.5.1988	verb. Rs. 144/87 und 145/87 *Berg und Busschers*, EU:C:1988:236

EuGH v. 15.6.1988	Rs. 101/87 *Bork*, EU:C:1988:308
EuGH v. 25.7.1991	Rs. C-362/89 *d'Urso*, EU:C:1991:326
EuGH v. 19.5.1992	Rs. C-29/91 *Redmond Stichting*, EU:C:1992:220
EuGH v. 12.11.1992	Rs. C-209/91 *Rask*, EU:C:1992:436
EuGH v. 16.12.1992	verb. Rs. C-132/91, C-138/91 und C-139/91 *Katsikas u. a.*, EU:C:1992:517
EuGH v. 14.4.1994	Rs. C-392/92 *Christel Schmidt*, EU:C:1994:134
EuGH v. 8.6.1994	Rs. C-382/92 *Kommission ./. Vereinigtes Königreich*, EU:C:1994:233
EuGH v. 19.9.1995	Rs. C-48/94 *Rygaard*, EU:C:1995:290
EuGH v. 7.12.1995	Rs. C-472/93 *Luigi Spano*, EU:C:1995:421
EuGH v. 7.3.1996	verb. Rs. C-171/94 und C-172/94 *Merckx und Neuhuys*, EU:C:1996:87
EuGH v. 15.10.1996	Rs. C-298/94 *Henke*, EU:C:1996:382
EuGH v. 14.11.1996	Rs. C-305/94 *Rotsart de Hertaing*, EU:C:1996:435
EuGH v. 11.3.1997	Rs. C-13/95 *Süzen*, EU:C:1997:141
EuGH v. 17.4.1997	Rs. C-336/95 *Pedro Burdalo Trevejo*, EU:C:1997:204
EuGH v. 12.3.1998	Rs. C-319/94 *Dethier Equipement*, EU:C:1998:99
EuGH v. 12.11.1998	Rs. C-399/96 *Europieces*, EU:C:1998:532
EuGH v. 10.12.1998	verb. Rs. C-127/96, C-229/96 und C-74/97 *Vidal u. a.*, EU:C:1998:594
EuGH v. 10.12.1998	verb. Rs. C-173/96 und C-247/96 *Hidalgo und Ziemann*, EU:C:1998:595
EuGH v. 2.12.1999	Rs. C-234/98 *Allen*, EU:C:1999:594
EuGH v. 14.9.2000	Rs. C-343/98 *Collino*, EU:C:2000:441
EuGH v. 26.9.2000	Rs. C-175/99 *Mayeur*, EU:C:2000:505
EuGH v. 25.1.2001	Rs. C-172/99 *Oy Liikenne Ab*, EU:C:2001:59
EuGH v. 24.1.2002	Rs. C-51/00 *Temco Service Industries*, EU:C:2002:48
EuGH v. 4.6.2002	Rs. C-164/00 *Beckmann*, EU:C:2002:330
EuGH v. 16.10.2003	Rs. C-32/02 *Kommission ./. Italien*, EU:C:2003:555
EuGH v. 6.11.2003	Rs. C-4/01 *Martin*, EU:C:2003:594
EuGH v. 20.11.2003	Rs. C-340/01 *Abler*, EU:C:2003:629
EuGH v. 11.11.2004	Rs. C-425/02 *Delahaye*, EU:C:2004:706
EuGH v. 26.5.2005	Rs. C-297/03 *Sozialhilfeverband Rohrbach*, EU:C:2005:315
EuGH v. 26.5.2005	Rs. C-478/03 *Celtec*, EU:C:2005:321
EuGH v. 15.12.2005	verb. Rs. C-232/04 und C-233/04 *Güney-Görres und Demir*, EU:C:2005:778
EuGH v. 9.3.2006	Rs. C-499/04 *Werhof*, EU:C:2006:168
EuGH v. 13.9.2007	Rs. C-458/05 *Jouini*, EU:C:2007:512
EuGH v. 16.10.2008	Rs. C-313/07 *Kirtruna*, EU:C:2008:574
EuGH v. 27.11.2008	Rs. C-396/07 *Juuri*, EU:C:2008:656
EuGH v. 12.2.2009	Rs. C-466/07 *Klarenberg*, EU:C:2009:85
EuGH v. 11.6.2009	Rs. C-561/07 *Kommission ./. Italien*, EU:C:2009:363
EuGH v. 29.7.2010	Rs. C-151/09 *UGT-FSP*, EU:C:2010:452
EuGH v. 12.9.2010	Rs. C-386/09 *Briot*, EU:C:2010:526
EuGH v. 21.10.2010	Rs. C-242/09 *Albron Catering*, EU:C:2010:625
EuGH v. 20.1.2011	Rs. C-463/09 *CLECE*, EU:C:2011:24
EuGH v. 6.9.2011	Rs. C-108/10 *Scattolon*, EU:C:2011:542
EuGH v. 18.7.2013	Rs. C- 426/11 *Alemo-Herron*, EU:C:2013:521
EuGH v. 6.3.2014	Rs. C-458/12 *Amatori*, EU:C:2014:124
EuGH v. 11.9.2014	Rs. C-328/13 *Österreichischer Gewerkschaftsbund*, EU:C:2014:2197
EuGH v. 28.1.2015	Rs. C-688/13 *Gimnasio Deportivo San Andrés*, EU:C:2015:46
EuGH v. 9.9.2015	Rs. C-160/14 *Ferreira da Silva e Brito u. a.*, EU:C:2015:565
EuGH v. 26.11.2015	Rs. C-509/14 *Aira Pascual u. a.*, EU:C:2015:781
EuGH v. 6.4.2017	Rs. C-336/15 *Unionen*, EU:C:2017:276

EuGH v. 27.4.2017 verb. Rs. C-680/15 und C-681/15 *Asklepios Kliniken*, EU:C:2017:317
EuGH v. 22.6.2017 Rs. C-126/16 *Federatie Nederlandse Vakvereniging*, EU:C:2017:489
EuGH v. 20.7.2017 Rs. C-416/16 *Piscarreta Ricardo*, EU:C:2017:574
EuGH v. 19.10.2017 Rs. C-200/16 *Securitas*, EU:C:2017:780
EuGH v. 11.7.2018 Rs. C-60/17 *Somoza Hermo* EU:C:2018:559
EuGH v. 7.8.2018 Rs. C-472/16 *Colino Sigüenza*, EU:C:2018:646
EuGH v. 8.5.2019 Rs. C-194/18 *Dodič*, EU:C:2019:385
EuGH v. 16.5.2019 Rs. C-509/17 *Plessers*, EU:C:2019:424
EuGH v. 13.6.2019 Rs. C-317/18 *Moreira*, EU:C:2019:499
EuGH v. 13.6.2019 Rs. C-664/17 *Nafpigeia*, EU:C:2019:496
EuGH v. 27.2.2020 Rs. C-298/18 *Grafe und Pohle*, EU:C:2020:121
EuGH v. 26.3.2020 Rs. C-344/18 *ISS Facility Services*, EU:C:2020:239

Übersicht

I. Sachfragen, Übersicht, Rechtsgrundlagen, Regelungsumfeld

1. Interessen und Sachfragen[1]

1 Ein Unternehmen oder einen Betrieb zu veräußern, ist zunächst eine **unternehmerische Entscheidung** des Inhabers. Dabei kann es dem Interesse der Parteien (Veräußerer und Erwerber) entsprechen, auch die Arbeitsverhältnisse übergehen zu lassen – so wie das Inventar und die Kundenbeziehungen können auch die Arbeitskräfte für den Erwerber einen wirtschaftlichen Wert darstellen („*human capital*“). Das ist indes keineswegs zwingend. Insbesondere wenn der Erwerber bereits in der Branche tätig ist, will er oft dadurch Synergien erzielen, dass er seine schon vorhandenen (vielleicht speziell ausgebildeten, erprobten und mit seiner Unternehmensführung vertrauten) Arbeitnehmer auch im neuen Betrieb einsetzt. Der übergehende Betrieb mag zudem zu viele oder schlecht ausgewählte Mitarbeiter haben. In anderen Fällen kann es dem Interesse des Veräußerers entsprechen, nur einzelne (ausgewählte) Arbeitnehmer zu behalten.[2]

2 Ebenso disparat können die **Arbeitnehmerinteressen** sein.[3] Für sie hat oft der Arbeitgeber keine konkrete Gestalt, so dass der Inhaber (jeweilige Eigentümer) des Unternehmens oder Betriebs von nachrangiger Bedeutung ist. Aber auch wenn sie ge-

---

1 Die Interessenlage kann hier nur vereinfacht und schematisch dargestellt werden. Dazu noch – besonders mit Hinweisen zur Interessenlage in der Insolvenz – *Armour/Deakin*, ILJ 29 (2000), 395–402; *Davies*, YEL 9 (1989), 21–25; *Rebhahn*, JB l1999, 621, 624f., 629–633.

2 *Schellhaaß*, in: Systembildung und Systemlücken in Kerngebieten des Europäischen Privatrechts, S. 407f.; *Wank*, F 50 Jahre BAG (2004), S. 255 (zur Auftragsneuvergabe). Vgl. EuGH v. 25.7.1991 – Rs. C-362/89 *d'Urso*, EU:C:1991:326 Rdn. 18; GA *Geelhoed*, Schlussanträge v. 27.9.2002 – Rs. C-51/00 *Temco Service Industries*, EU:C:2001:496 Rdn. 40, 63 und öfter.

3 Dazu etwa *Hepple*, ILJ 5 (1976), 197–203.

rade auf den Arbeitgeber, den sie mit dem Vertragsschluss gewählt haben, Wert legen, werden sie einen Übergang des Arbeitsverhältnisses bei schlechten Arbeitsmarktchancen der betriebsbedingten Kündigung (wegen Wegfalls des Arbeitsplatzes) vorziehen.[4]

Bedenkt man die Marktchancen des Arbeitnehmers, so werden die Interessen von 3
Erwerber und Arbeitnehmer am Übergang der Arbeitsverhältnisse freilich oft glatt **gegenläufig** sein. Der gefragte Arbeitnehmer hat keine Sorge vor Arbeitslosigkeit und würde den Übergang potenziell eher mit Veräußerer und Erwerber verhandeln. Umgekehrt legt der Erwerber auf den „schwachen" Arbeitnehmer keinen Wert, er würde potenziell lieber eine Auswahl am Arbeitsmarkt treffen. – **Ökonomisch und rechtspolitisch** ist daher umstritten, ob es sinnvoll ist, für den Fall des Betriebsübergangs auch den Übergang der Arbeitsverhältnisse mit allen Rechten und Pflichten vorzuschreiben, zumal in der Krise.[5] Krankt ein Unternehmen an den Arbeitnehmern oder den Arbeitsbedingungen, so erschwert der Übergang die Sanierung.[6] Freilich liegen die damit angesprochenen Probleme nicht allein in den Regeln über den Betriebsübergang, sondern auch im allgemeinen Kündigungsschutzrecht, das von der Richtlinie unberührt bleibt.[7]

Der Europäische Gesetzgeber hat sich für einen Übergang des Arbeitsverhältnis- 4
ses mit dem Betrieb entschieden. **Sozialpolitisch** trägt diese Grundregel einerseits dem Kontinuitätsinteresse des Arbeitnehmers Rechnung.[8] Der Übergang soll Arbeitnehmerrechte nicht beeinträchtigen, insbesondere den Schutz gegen ungerechtfertigte Kündigung, wenn das Unternehmen in seiner konkreten Struktur – das „Substrat" des Arbeitsverhältnisses – trotz Übergangs fortbesteht.[9] Andererseits sieht man in diesem Gesichtspunkt der Kontinuität auch eine Rechtfertigung gegenüber dem Erwerber: Die in dem Übergang der Arbeitsverhältnisse liegende Last stellt danach ein Korrelat zu dem Nutzen dar, den der Erwerber aus der Übernahme einer organisatorischen Einheit zieht (die er sonst selbst aufbauen müsste).[10] **Binnenmarktpolitisch** ist die Richtlinie zweifelhaft. Ihre Auswirkungen hängen wesentlich von den – disparaten – mitgliedstaatlichen Kündigungsrechten ab, deren Wirkung durch die Über-

---

4 Vgl. Schlachter/Heinig/*Krause*, § 7 Rdn. 12 („Interesse an der Kontinuität der Arbeitsverhältnisse").

5 S. nur *Schellhaaß*, in: Grundmann (Hrsg.), Systembildung und Systemlücken in Kerngebieten des Europäischen Privatrechts, S. 409–411.

6 *Belling/Collas*, NJW 1991, 1919; *Rebhahn*, RdA 2006 Sonderbeil. zu Heft 6, 4, 8; Schlachter/Heinig/*Krause*, § 7 Rdn. 14. Vgl. auch EuGH v. 25.7.1991 – Rs. C-362/89 *d'Urso*, EU:C:1991:326 Rdn. 18.

7 Rechtsvergleichend zum Kündigungsschutz *Rebhahn*, ZfA 2003, 163–235.

8 EuGH v.18.3.1986 – Rs. 24/85 *Spijkers*, EU:C:1986:127 Rdn. 11; *Wank*, FS 50 Jahre BAG (2004), S. 248; *Rebhahn*, RdA 2006 Sonderbeil. zu Heft 6, 4, 5.

9 So *Hartmann*, EuZA 2012, 35–53 (basierend auf historische und vergleichende Diskussionen zum Zweck der Richtlinie und seiner Vorgänger im nationalen Recht der Mitgliedstaaten).

10 *Wank*, FS 50 Jahre BAG (2004), S. 248f.; *Raab*, EuZA 2019, 283, 288ff. (der Erwerber lege sich „in ein gemachtes Bett").

gangsanordnung perpetuiert wird. Damit wird keine Angleichung der arbeitsrechtlichen Kosten des Betriebsübergangs erzielt, sondern lediglich eine Transposition.[11]

5 Entscheidet man sich, wie der Europäische Gesetzgeber, bei einer pauschalen Interessenbewertung für einen Übergang der Rechte und Pflichten (BE 3 BÜRL), ergeben sich daraus **weitere Sachfragen**. So muss der Übergang der Arbeitsverhältnisse folgerichtig durch ein Kündigungsverbot ergänzt werden. Außerdem ist die Stellung von Arbeitnehmervertretern zu klären: Einerseits ist es folgerichtig, auch deren Rechtsposition zu schützen. Andererseits ist sie mit den (gerade auch rechtlichen) Erfordernissen des Erwerberunternehmens abzustimmen. Und endlich gebietet die Achtung vor den Arbeitnehmern als Subjekt und Vertragspartner, diese nicht wie Schachfiguren zu verschieben, sondern durch Information und Konsultation am Übergang zu beteiligen.[12] Freilich muss (auch) die Arbeitnehmerbeteiligung mit der Freiheit der unternehmerischen Entscheidung in Ausgleich gebracht werden.

2. Entstehung und Entwicklung der Richtlinie

6 Der **Binnenmarktbezug** der zuerst 1977 (als RL 77/187/EWG) erlassenen[13] und auf Art. 100 EGV (115 AEUV) gestützten[14] Richtlinie ist freilich nicht unmittelbar einsichtig. Der Gesetzgeber berief sich darauf, das neuartige und zunehmend häufig zu beobachtende Phänomen der Unternehmensumstrukturierung (BE 1 RL 77/187/EWG) – durch vertragliche Übertragung und Verschmelzung – mache einen Arbeitnehmerschutz erforderlich, der „insbesondere die Wahrung ihrer Ansprüche gewährleiste[t]" (BE 2 RL 77/187/EWG). Die bestehenden Unterschiede der mitgliedstaatlichen Regelungen in diesem Bereich sollten verringert werden (BE 3 RL 77/187/EWG). Im Vordergrund stand damit die Beseitigung von Wettbewerbsverzerrungen, die sich durch unterschiedliche Schutzstandards der Mitgliedstaaten ergaben (freilich we-

---

11 *Rebhahn*, RdA 2006 Sonderbeil. zu Heft 6, 4, 5 und 15 (mit der Frage, ob darin nicht ein Webfehler des Gemeinschaftsrechts liege). *Thüsing*, Europäisches Arbeitsrecht, § 5 Rdn. 1, sieht – wohl: aus nationaler deutscher Perspektive – den Hauptzweck der Richtlinie darin, einer Umgehung des (nationalen) Kündigungsschutzes vorzubeugen.

12 Vgl. Nr. 18 Sps. 2 GsG; dazu § 2 Rdn. 78. Zu weiteren Begründungen der Beteiligungsrechte („industrial democracy"; eigenständiges, möglicherweise alternatives Schutzkonzept zum Rechteübergang) *Davies*, YEL 9 (1989), 21–25.

13 Richtlinie 77/187/EWG des Rates vom 14.2.1977 zur Angleichung der Rechtsvorschriften der Mitgliedstaaten über die Wahrung von Ansprüchen der Arbeitnehmer beim Übergang von Unternehmen, Betrieben oder Betriebsteilen, ABl. 1977 L 61/26. Zu ihrer Entstehung instruktiv *Hepple*, ILJ 5 (1976), 197–210. Vorschlag einer Richtlinie des Rates zur Harmonisierung der Rechtsvorschriften der Mitgliedstaaten über die Wahrung von Ansprüchen und Vergünstigungen der Arbeitnehmer bei Gesellschaftsfusionen, Betriebsübertragungen sowie Unternehmenszusammenschlüssen, ABl. 1974 C 104/1; mit Begründung abgedruckt in RdA 1975, 124–128; ferner *Joussen*, EAS B 7200 Rdn. 1f.

14 Die Kompetenz wird, soweit ersichtlich, nicht bezweifelt: dazu *von Alvensleben*, Die Rechte der Arbeitnehmer bei Betriebsübergang im Europäischen Gemeinschaftsrecht, S. 124–129.

gen unterschiedlicher Kündigungsschutzniveaus zweifelhaft; Rdn. 4).[15] Nicht minder wichtig dürfte indes der genetische Zusammenhang mit den Plänen einer Rechtsangleichung im Bereich der Verschmelzung gewesen sein. Hier erwiesen sich die unterschiedlichen mitgliedstaatlichen Schutzkonzepte und -standards im Bereich des Arbeitnehmerschutzes als Hemmnis.[16] Regelt die Verschmelzungsrichtlinie[17] die gesellschaftsrechtlichen Aspekte, so ergänzt die Betriebsübergangsrichtlinie sie um eine arbeitsrechtliche Komponente.[18]

1998 änderte der Gesetzgeber die Richtlinie in zahlreichen Punkten durch die Richtlinie 98/50/EG.[19] Erschienen die Änderungen in der Sache auch durchaus weitreichend, so handelt es sich doch überwiegend um eine **Übernahme der bisherigen Rechtsprechung** des EuGH. Die **Kodifikation** aus dem Jahr **2001**[20] – die im Folgenden allein als Betriebsübergangsrichtlinie (BÜRL) bezeichnet wird – erfolgte „aus Gründen der Klarheit und Wirtschaftlichkeit" (BE 1 BÜRL). 7

In den frühen 2000er Jahren erwog die Kommission im Anschluss an ihren 2007 vorgelegten Bericht über die Auswirkungen der Richtlinie (Art. 10 BÜRL)[21] eine **erneute Überarbeitung**.[22] Dabei ging 8

---

15 EuGH v. 8.6.1994 – Rs. C-382/92 *Kommission ./. Vereinigtes Königreich,* EU:C:1994:233 Rdn. 15; zur Geschichte ausführlich *von Alvensleben,* Die Rechte der Arbeitnehmer bei Betriebsübergang im Europäischen Gemeinschaftsrecht, S. 87–124; ferner *Davies,* YEL 9 (1989), 21, 25–29.

16 *von Alvensleben,* Die Rechte der Arbeitnehmer bei Betriebsübergang im Europäischen Gemeinschaftsrecht, S. 92–94; Schlachter/Heinig/*Krause,* § 7 Rdn. 5.

17 Ursprünglich Dritte Richtlinie 78/855/EWG des Rates vom 9.10.1978 gemäß Artikel 54 Absatz 3 Buchstabe g) des Vertrages betreffend die Verschmelzung von Aktiengesellschaften, ABl. 1978 L 295/36; jetzt aufgegangen in Richtlinie (EU) 2017/1132 des Europäischen Parlaments und des Rates vom 14.6.2017 über bestimmte Aspekte des Gesellschaftsrechts, ABl. 2017 L 169/46; s. noch unten, § 33.

18 *Hepple,* ILJ 5 (1976), 197, 203–205.

19 Richtlinie 98/50/EG des Rates vom 29.6.1998 zur Änderung der Richtlinie 77/187/EWG zur Angleichung der Rechtsvorschriften der Mitgliedstaaten über die Wahrung von Ansprüchen der Arbeitnehmer beim Übergang von Unternehmen, Betrieben oder Betriebsteilen, ABl. 1998 L 201/88. Dazu *Davies,* ILJ 27 (1998), 365–373; *Franzen,* RdA 1998, 361–374; *Hardy/Painter,* MJ 6 (1999), 366–379; *Hunt,* E.L. Rev. 24 (1999), 215–230; *Waas/Johanns,* EuZW 1999, 458–463; *Willemsen/Annuß,* NJW 1999, 2073–2079.

20 Richtlinie 2001/23/EG des Rates vom 12.3.2001 zur Angleichung der Rechtsvorschriften der Mitgliedstaaten über die Wahrung von Ansprüchen der Arbeitnehmer beim Übergang von Unternehmen, Betrieben oder Unternehmens- oder Betriebsteilen, ABl. 2001 L 82/16. Vorschlag für eine Richtlinie des Rates zur Angleichung der Rechtsvorschriften der Mitgliedstaaten über die Wahrung von Ansprüchen der Arbeitnehmer beim Übergang von Unternehmen, Betrieben oder Unternehmens- oder Betriebsteilen, KOM(2000) 259 endg.

21 Bericht der Kommission v. 18.6.2007 über die Richtlinie 2001/23/EG des Rates vom 12.3.2001 zur Angleichung der Rechtsvorschriften der Mitgliedstaaten über die Wahrung von Ansprüchen der Arbeitnehmer beim Übergang von Unternehmen, Betrieben oder Unternehmens- oder Betriebsteilen, KOM (2007) 334 endg.

22 Im Juni 2007 hat die Kommission dazu die erste Phase der Anhörung der Sozialpartner gem. § 138 Abs. 2 EG/154 AEUV in die Wege geleitet; http://ec.europa.eu/social/BlobServlet?docID=2174&langId=en.

es u. a. um die Erfassung **grenzüberschreitender Betriebsübergänge**.[23] Darüber hinaus wurde auch eine Verstärkung der Informations- und Konsultationsrechte diskutiert.[24] Die Kommission stellte das Vorhaben schließlich ein, da sich in der Konsultation der Sozialpartner kein Änderungsbedarf ergeben hatte.[25]

3. Übersicht, Zweck und Grundrechte

9 Die Betriebsübergangsrichtlinie ist auf private und öffentliche Unternehmen anwendbar, die eine wirtschaftliche Tätigkeit ausüben. Eine Ausnahme gilt für die Übertragung im Konkursverfahren. Zentrales Schutzinstrument ist der Übergang der Rechte und Pflichten aus den vorbestehenden Arbeitsverhältnissen. Flankierend schützt die Richtlinie vor einer Kündigung wegen des Übergangs. Eine bestehende Arbeitnehmervertretung bleibt erhalten, wenn das übergehende Unternehmen bzw. der übergehende Betrieb seine Selbständigkeit behält. Die Arbeitnehmer bzw. ihre Vertreter werden durch Information und Konsultation am Übergang beteiligt.

10 **Zweck** der materiellen Regeln der Richtlinie ist zunächst der Schutz der Arbeitnehmer und die Wahrung ihrer Interessen bei einem Inhaberwechsel; BE 3 BÜRL. In jüngerer Zeit hebt der Gerichtshof aber zu Recht hervor, dass es hier wie sonst im Arbeitsrecht um einen Ausgleich gegenläufiger Interessen geht. Daher „dient die Richtlinie (...) nicht nur dem Schutz der Arbeitnehmerinteressen bei einem Unternehmensübergang, sondern sie soll auch einen **gerechten Ausgleich** zwischen den Interessen der Arbeitnehmer einerseits und denen des Erwerbers andererseits gewährleisten“.[26] In begrüßenswerter Weise trägt der Gerichtshof damit der früher verbreiteten Kritik eines „eindimensionalen“ (nämlich einseitig arbeitnehmerschützenden) Verständnisses (dazu § 1 Rdn. 72) Rechnung.[27]

11 Dementsprechend kann man ihre Regelung auch als Ausgleich gegenläufiger **Grundrechte** verstehen. Greift der Vertragsübergang auch in die Vertragsbindung des Arbeitnehmers ein (s. noch Rdn. 90), so kann man in der Erhaltung seiner Rechte

23 Dazu die Studien von *Gaul/Jeffreys/Tinhofer/van Wassenhove*, Study on the Application of Directive 2001/ 23/EC to Cross Border Transfer of Undertakings, http://ec.europa.eu/social/BlobServlet?docID=2445&langId=en und *Hepple*, The Legal Consequences of Cross Border Transfers of Undertakings within the European Union, http://ec.europa.eu/social/BlobServlet?docID=2446&langId=en dazu *Reichold*, FS Birk (2008), S. 687–702; zur gegenwärtigen Rechtslage, s. die Hinweise unten, Rdn. 65.

24 S. etwa *McMullen*, IJCLLIR 23 (2007), 335, 372f.; *Bruun*, ELLJ 2 (2011), 27–47.

25 KOM(2008) 33 endg., S. 16f.: „Following the results of the first phase (...) it appears that the revision of the Directive is not necessary.“

26 EuGH v. 18.7.2013 – Rs. C-426/11 *Alemo-Herron*, EU:C:2013:521 Rdn. 25; EuGH v. 11.9.2014 – Rs. C-328/13 *Österreichischer Gewerkschaftsbund*, EU:C:2014:2197 Rdn. 29; EuGH v. 6.4.2017 – Rs. C-336/15 *Unionen*, EU:C:2017:276 Rdn. 19, 27; EuGH v. 26.3.2020 – Rs. C-344/18, *ISS Facility Services*, EU:C:2020:239 Rdn. 26, 34. Krit. *Hartmann*, EuZA 2015, 203, 210; *Prassl*, ILJ 42 (2013), 434, 439ff.

27 Krit. aber Schlachter/Heinig/*Krause*, § 7 Rdn. 16.

doch einen Rest-Schutz seiner (positiven) Vertragsfreiheit (als Bestandteil der Berufsfreiheit, Art. 15 GRCh) sowie einen Schutz seiner sozialen Grundrechte aus Art. 30 („Schutz bei ungerechtfertigter Entlassung") und 31 GRCh („gerechte und angemessene Arbeitsbedingungen") sehen, in der Aufrechterhaltung kollektivvertraglicher Arbeitsbedingungen einen Schutz seiner (positiven) Tarifvertragsfreiheit (Art. 28 GRCh). Für den Erwerber geht es demgegenüber um seine Unternehmensfreiheit (Art. 16 GRCh) einschließlich seiner (negativen) Vertragsfreiheit,[28] im Hinblick auf die Aufrechterhaltung kollektivvertraglicher Regeln um den Schutz seiner (negativen) Koalitionsfreiheit (Art. 12 Abs. 1 GRCh)[29] und Tarifvertragsfreiheit (Art. 28 GRCh)[30]. Wenn der Gerichtshof für die **Auslegung** vor allem die Grundrechte des Arbeitgebers fruchtbar gemacht hat, ist darin sicher keine Verkennung oder Missachtung der Arbeitnehmergrundrechte zu sehen.[31] Die Argumentation des EuGH dürfte ihren Grund vielmehr darin haben, dass die Arbeitnehmerinteressen in den Regeln der Richtlinie bereits weitgehend zur Geltung gebracht werden, wohingegen die gegenläufigen Arbeitgeberinteressen nicht hinreichend ausbuchstabiert sind.

4. Regelungsumfeld

Zum Umfeld der Richtlinie gehören weitere **Rechtsakte zu Strukturmaßnahmen** 12
und ihren arbeitsrechtlichen Folgen. Zum einen stellt die Betriebsübergangsrichtlinie das arbeitsrechtliche Komplementärstück zu den gesellschaftsrechtlichen Richtlinien über die Verschmelzung[32] und die Spaltung[33] dar. Eigene arbeitsrechtliche Regelungen enthalten die Richtlinie über die SE-Gründung (§ 32) und die Verschmelzungs- und Sitzverlegungsrichtlinie (siehe jetzt die GesRRL, § 33). Um arbeitsrechtliche Folgen von Strukturentscheidungen geht es auch in der Massenentlassungsrichtlinie (§ 26). Die Insolvenz des Arbeitgebers ist zwar keine Strukturmaßnahme, kann aber ähnlich grundlegende Änderungen zur Folge haben (§ 28). Im Hinblick auf den Kündigungsschutz, der sachlich ebenfalls angesprochen ist, gehören auch die Diskriminierungsverbote (§§ 9–12) zum Regelungsumfeld.

---

28 EuGH v. 18.7.2013 – Rs. C-426/11 *Alemo-Herron*, EU:C:2013:521 Rdn. 32ff.

29 EuGH v. 9.3.2006 – Rs. C-499/04 *Werhof*, EU:C:2006:168 Rdn. 33.

30 Vgl. EuGH v. 27.4.2017 – verb. Rs. C-680/15 und C-681/15 *Asklepios Kliniken*, EU:C:2017:317 Rdn. 23; der Gerichtshof spricht die (Tarif-) Vertragsfreiheit der Sache nach an, verortet sie allerdings nur bei der unternehmerischen Freiheit. *Hartmann*, EuZA 2015, 203, 213ff.; *Willemsen/Krois/Mehrens*, RdA 2018, 151, 154ff.

31 Das besorgt *Weatherill*, ERCL 2014, 167ff., der im Übrigen die Vertragsfreiheit zu Unrecht als Grundrecht in Frage stellt (S. 179f.) und ihre Bedeutung für die Arbeitnehmer offenbar verkennt; ähnlich *Prassl*, ILJ 42 (2013), 434ff.

32 S. o. Fn. 16.

33 Sechste Richtlinie 82/891/EWG des Rates vom 17.12.1982 gemäß Artikel 54 Absatz 3 Buchstabe g) des Vertrages betreffend die Spaltung von Aktiengesellschaften, ABl. 1982 L 378/47.

13 Neben der Arbeitnehmerfreizügigkeit und den Diskriminierungsverboten ist die Betriebsübergangsrichtlinie die Regelung, die auf dem Gebiet des Arbeitsrechts zu den meisten EuGH-Entscheidungen geführt hat. Grund dafür ist zum einen die wirtschaftliche Bedeutung der Richtlinie. Ein weiterer Grund liegt darin, dass die Richtlinie schon in ihrer ursprünglichen Fassung, aber auch in späteren Änderungen, begrifflich unscharf und inhaltlich unvollständig gefasst war. Die Rechtsprechung des EuGH hat ihrerseits – auch durch methodisch unsauberes Vorgehen – öfter neue Fragen aufgeworfen und zu Abgrenzungsschwierigkeiten geführt.

II. Anwendungsbereich: Tatbestand des Betriebsübergangs

1. Persönlicher Anwendungsbereich

a) Arbeitnehmer

14 Die begrifflich wenig sorgfältig gearbeitete Richtlinie bestimmt in Art. 1 zwar den sachlichen, nicht aber den persönlichen Anwendungsbereich. Dieser ergibt sich erst aus den materiellen Schutzregeln (v.a. Art. 3 BÜRL) i.V.m. der Definitionsnorm des Art. 2 BÜRL. Dort wird deutlich, dass der Anwendungsbereich auf **Arbeitnehmer** beschränkt ist.

15 Für den Arbeitnehmerbegriff verweist Art. 2 Abs. 1 lit. d) BÜRL allerdings grundsätzlich auf das mitgliedstaatliche Recht: „Arbeitnehmer" ist jede Person, die in dem betreffenden Mitgliedstaat aufgrund des einzelstaatlichen Arbeitsrechts geschützt ist.[34] Absatz 2 Unterabsatz 1 der Vorschrift hebt eigens hervor, dass die Richtlinie das mitgliedstaatliche Recht in Bezug auf die Bestimmung der (freilich bis dahin wiederum nicht verwendeten) Begriffe von Arbeitsvertrag oder Arbeitsverhältnissen unberührt lässt. In Deutschland werden demnach Beamte nicht erfasst.[35] Mit der 1998 eingefügten Bestimmung bestätigte der Gesetzgeber eine entsprechende Rechtsprechung des EuGH:[36] Gestützt auf die Erwägung, die Richtlinie bezwecke nur eine Teilharmonisierung, hatte der EuGH den Arbeitnehmerbegriff bereits zuvor **nicht unionsautonom** bestimmt.[37] Daher stellt es eine in das nationale Recht übergreifende,

34 EuGH v. 4.6.2002 – Rs. C-164/00 *Beckmann,* EU:C:2002:330 Rdn. 27.

35 *Fuchs/Marhold,* Europäisches Arbeitsrecht, S. 336f. S.a. EuGH v. 14.9.2000 – Rs. C-343/98 *Collino,* EU:C:2000:441 Rdn. 40.

36 BE 6 RL 98/50/EG.

37 EuGH v. 14.9.2000 – Rs. C-343/98 *Collino,* EU:C:2000:441 Rdn. 36–39; EuGH v. 10.12.1998 – verb. Rs. C-173/96 und C-247/96 *Hidalgo und Ziemann,* EU:C:1998:595 Rdn. 24; EuGH v. 11.7.1985 – Rs. 105/84 *Danmols Inventar,* EU:C:1985:331 Rdn. 23–27. Krit. *Barrett,* CMLR 42 (2005), 1053, 1084–1090; *Fuchs/Marhold,* Europäisches Arbeitsrecht, S. 336f. (der indes zu Unrecht einen Widerspruch mit der sachlichen Anwendbarkeit auch auf „öffentliche Unternehmen" rügt; auch die von ihm [S. 337] beanstandete Möglichkeit, „durch eine nationale Begriffsbestimmung ganze Gruppen von Beschäftigten dem Schutz der Richtlinie zu entziehen" besteht mit Rücksicht auf die [a. a. O. von *Marhold* freilich

unionsrechtlich unzulässige Subsumtion dar, wenn der Gerichtshof den für mehrere Jahre beurlaubten Beschäftigten als Arbeitnehmer bestimmt.[38]

Immerhin setzt Art. 2 Abs. 2 UAbs. 2 BÜRL einen **unionsrechtlichen Rahmen.** 16
Die Mitgliedstaaten dürfen Teilzeitarbeitsverhältnisse, befristete Arbeitsverhältnisse und Leiharbeitsverhältnisse[39] nicht von der Richtlinie ausnehmen. Weitere Grenzen ergeben sich aus den Umsetzungspflichten (§ 1 Rdn. 76f.). Bereits aus den **Umsetzungspflichten** – und nicht erst aus dem Gedanken der praktischen Wirksamkeit – ergibt sich, dass eine Differenzierung zwischen verschiedenen Formen mitgliedstaatlicher Arbeitnehmer nicht zulässig ist.[40]

b) Öffentliche und private Wirtschaftsunternehmen

Die Betriebsübergangsrichtlinie „gilt für **öffentliche und private Unternehmen,** die 17
eine wirtschaftliche Tätigkeit ausüben, unabhängig davon, ob sie Erwerbszwecke verfolgen oder nicht", Art. 1 Abs. 1 lit. c) S. 1 BÜRL[41].[42] Der Gerichtshof definiert das **„Unternehmen"** als

> „jegliche auf Dauer angelegte wirtschaftliche Einheit, unabhängig von ihrer Rechtsform und der Art ihrer Finanzierung. Um eine solche Einheit handelt es sich bei jeder hinreichend strukturierten und selbständigen Gesamtheit von Personen und Sachen zur Ausübung einer wirtschaftlichen Tätigkeit mit eigenem Zweck (...). Der Begriff ‚wirtschaftliche Tätigkeit', der in der (...) wiedergegebenen Definition enthalten ist, umfasst jede Tätigkeit, die darin besteht, Waren oder Dienstleistungen auf einem bestimmten Markt anzubieten (...)."[43]

Anerkennt man ein Schutzbedürfnis der Arbeitnehmer, so ist die Anwendbarkeit auch auf **öffentliche Unternehmen** nur folgerichtig. Allerdings trägt insoweit die Begründung der Rechtsangleichung als Maßnahme gegen Wettbewerbsverzerrungen (oben,

---

denn auch selbst hervorgehobenen] Umsetzungspflichten nur sehr eingeschränkt); *Rebhahn,* RdA 2006 Sonderbeil. zu Heft 6, 4, 9f. (führt zu Wettbewerbsverzerrungen; enger Arbeitnehmerbegriff als Standortvorteil).

38 EuGH v. 20.7.2017 – Rs. C-416/16 *Piscarreta Ricardo,* EU:C:2017:574 Rdn. 47ff.

39 Für die Definition von befristetem Arbeitsvertrag und Leiharbeitsverhältnis verweist der Gesetzgeber jeweils auf die ZaGeshRL; zu ihr oben, § 22. S.a. EuGH v. 13.9.2007 – Rs. C-458/05 *Jouini,* EU:C:2007:512 Rdn. 36.

40 EuGH v. 13.6.2019 – Rs. C-317/18 *Moreira,* EU:C:2019:499 Rdn. 45ff. (unter Berufung auf den *effet utile*).

41 Die 1989 eingefügte Bestimmung übernimmt die Rechtsprechung des EuGH; BE 5 RL 98/50/EG; s. z.B. EuGH v. 14.9.2000 – Rs. C-343/98 *Collino,* EU:C:2000:441 Rdn. 30; EuGH v. 8.6.1994 – Rs. C-382/92 *Kommission ./. Vereinigtes Königreich,* EU:C:1994:233 Rdn. 44–46. Dazu *Bercusson,* CMLR 33 (1996), 589, 606–609. S.a. EuGH v. 16.10.2003 – Rs. C-32/02 *Kommission ./. Italien,* EU:C:2003:555 Rdn. 24 (fehlerhafte Umsetzung).

42 EuGH v. 20.7.2017 – Rs. C-416/16 *Piscarreta Ricardo,* EU:C:2017:574 Rdn. 30ff.

43 EuGH v. 6.9.2011 – Rs. C-108/10 *Scattolon,* EU:C:2011:542 Rdn. 42f.

Rdn. 6) nicht in gleichem Maße, da öffentliche Unternehmen regelmäßig nicht in derselben Weise im Wettbewerb stehen oder mobil sind.

18 Eine 1998 aufgenommene **Ausnahme** besteht – wiederum in Übernahme der EuGH-Rechtsprechung[44] – für **Verwaltungsumstrukturierungen** und die Übertragung von Verwaltungsaufgaben unter Behörden, Art. 1 Abs. 1 lit. c) S. 2 BÜRL. Allerdings gilt diese Ausnahme nur für die Übertragung von *in Ausübung hoheitlicher Befugnisse* wahrgenommener Verwaltungsaufgaben.[45]

19 Dazu rechnet die Wahrnehmung von Werbe- und Informationstätigkeit für eine Gemeinde ebensowenig[46] wie die Erbringung von Pflegeleistungen für Personen in Notlagen[47] oder Reinigungsdienste.[48] Auch wenn eine bisher staatlich verwaltete Telekommunikationsdienstleistung durch entgeltliche Konzession auf eine privatrechtliche Gesellschaft übertragen wird, ist dieser Vorgang nicht vom Anwendungsbereich ausgenommen, und zwar auch dann nicht, wenn die erwerbende Gesellschaft von einer anderen öffentlichen Einrichtung gegründet wurde.[49] Unter die Richtlinie fällt auch die Neuvergabe eines öffentlichen Auftrags – unabhängig davon, ob sie unter eine der unionsrechtlichen Vergaberichtlinien fällt – an einen anderen Wirtschaftsteilnehmer, wenn es, wie z. B. beim Busverkehr, nicht um die Ausübung hoheitlicher Gewalt geht.[50]

20 Die anfänglich – auf Druck Dänemarks und Griechenlands –[51] vorgesehene Ausnahme **für Seeschiffe** *(seagoing vessels, navires de mers)* hat der Unionsgesetzgeber 2015 erheblich zurückgeschnitten; Art. 1 Abs 3 BÜRL.[52]

2. Sachlicher Anwendungsbereich

21 Sachlich ist die Betriebsübergangsrichtlinie anwendbar, wenn ein Unternehmen oder Betrieb auf einen anderen Inhaber (a)) übergeht (b)), und zwar durch vertragliche

44 EuGH v. 11.11.2004 – Rs. C-425/02 *Delahaye,* EU:C:2004:706 Rdn. 30; EuGH v. 26.9.2000 – Rs. C-175/99 *Mayeur,* EU:C:2000:505 Rdn. 28; EuGH v. 14.9.2000 – Rs. C-343/98 *Collino,* EU:C:2000:441 Rdn. 31; EuGH v. 15.10.1996 – Rs. C-298/94 *Henke,* EU:C:1996:382 Rdn. 13–15. S.a. *Barrett,* CMLR 42 (2005), 1053, 1069–1072.

45 EuGH v. 6.9.2011 – Rs. C-108/10 *Scattolon,* EU:C:2011:542 Rdn. 53ff.; EuGH v. 14.9.2000 – Rs. C-343/98 *Collino,* EU:C:2000:441 Rdn. 32; EuGH v. 10.12.1998 – verb. Rs. C-173/96 und C-247/96 *Hidalgo und Ziemann,* EU:C:1998:595 Rdn. 24.

46 EuGH v. 26.9.2000 – Rs. C-175/99 *Mayeur,* EU:C:2000:505 (Übernahme der bislang durch einen privatrechtlichen Verein wahrgenommenen Informations- und Werbungsaufgaben durch die Gemeinde selbst).

47 EuGH v. 10.12.1998 – verb. Rs. C-173/96 und C-247/96 *Hidalgo und Ziemann,* EU:C:1998:595 Rdn. 24.

48 EuGH v. 6.9.2011 – Rs. C-108/10 *Scattolon,* EU:C:2011:542 Rdn. 44ff.

49 EuGH v. 14.9.2000 – Rs. C-343/98 *Collino,* EU:C:2000:441 Rdn. 31–33.

50 EuGH v. 25.1.2001 – Rs. C-172/99 *Oy Liikenne Ab,* EU:C:2001:59 Rdn. 19–21; EuGH v. 10.12.1998 – verb. Rs. C-173/96 und C-247/96 *Hidalgo und Ziemann,* EU:C:1998:595 Rdn. 21 und 24.

51 *Franzen,* RdA 1999, 361, 365.

52 Art 5 der Richtlinie (EU) 2015/1794 des Europäischen Parlaments und des Rates vom 6.10.2015 zur Änderung der Richtlinien 2008/94/EG, 2009/38/EG und 2002/14/EG des Europäischen Parlaments und des Rates und der Richtlinien 98/59/EG und 2001/23/EG des Rates in Bezug auf Seeleute.

Übertragung oder Verschmelzung (c)). Eine Ausnahmeoption besteht für den Übergang im Insolvenzverfahren (d)).

a) Parteien des Übergangs

aa) Übergang auf einen anderen Inhaber

Die Richtlinie ist zunächst nur anwendbar, wenn ein Betrieb *auf einen anderen Inhaber* übergeht. Der Unternehmensübergang im Wege des **Anteilskaufs** wurde damit bewusst vom Anwendungsbereich der Richtlinie ausgenommen (kann aber nach Art. 8 BÜRL durchaus vom nationalen Recht gleichen Schutzregeln unterstellt werden);[53] die Übernahmerichtlinie regelt den Sachverhalt nur ausschnittweise und enthält zudem nur rudimentäre Arbeitnehmerschutzrechte (Übersicht unten, Rdn. 136–139). Das wird freilich kritisiert, weil auch hier das Bestandsinteresse des Arbeitnehmers am Erhalt des Arbeitsplatzes (Kündigungsschutz nach Art. 4 BÜRL; s.u. Rdn. 100–103) und dem Erhalt der Arbeitsbedingungen (s. u. Rdn. 104–109) sowie seine Informationsinteressen (Art. 7 BÜRL; s.u. Rdn. 110–115) betroffen sein können.[54] In der Tat kann auch der Übergang der Anteile eines Unternehmens erhebliche Änderungen nach sich ziehen, bis hin zur „Ausschlachtung" bzw. Zerschlagung des Unternehmens. Indes sind die Schutzbedürfnisse hier durchaus verschieden gelagert. Soweit der Vertragspartner unverändert bleibt, schützt den Arbeitnehmer schon die Vertragsbindung nach nationalem Recht, möglicherweise eingeschränkt durch Direktionsbefugnisse und verstärkt durch Kündigungsschutz. Ebenfalls vom Anwendungsbereich ausgenommen ist die **Restrukturierung innerhalb eines Unternehmens.**[55] Nicht ausgeschlossen ist indes, dass es *infolge* eines Anteilskaufs oder einer Restrukturierung zu einem Betriebsübergang kommt (Beispiel: der Anteilserwerber überträgt einen Betrieb auf ein anderes Konzernunternehmen), der den Schutz der Richtlinie auslöst.[56] 22

bb) Bestimmung des Veräußerers im Falle von Leiharbeit

Die Rechtssache *Albron Catering* hat die Frage aufgeworfen, wer in Leiharbeitsfällen als „Veräußerer" gilt. Dabei bestand die Besonderheit darin, dass die veräußerte Einheit ausschließlich (befristet) „Leiharbeitnehmer" beschäftigte.[57] Im Konzern Heineken International ist das gesamte Personal bei Heine- 23

53 S. *Deakin/Morris*, Labour Law, Rdn. 3.74; *McMullen*, IJCLLIR 23 (2007), 335, 338 f. Krit. *Bruun*, ELLJ 2 (2011), 27, 45.

54 Krit. Etwa *Davies*, YEL 9 (1989), 21, 27 f.; *McMullen*, IJCLLIR 23 (2007), 335, 337–342; *Rebhahn*, RdA 2006, 5, 6.

55 *Rebhahn*, JBl 1999, 621, 624.

56 Beispiele aus dem VK bei *McMullen*, ILJ 47 (2018), 107, 114 ff.

57 EuGH v. 21.10.2010 – Rs. C-242/09 *Albron Catering*, EU:C:2010:625. Krit., aber zust. bei diesem Fall *Bauer/von Medem*, NZA 2011, 20–23; *Raab*, EuZA 2011, 537–553; *Simon*, E.L. Rep. 2011, 98 f.; *Willemsen*,

ken Nederlands Beheer BV (HNB) beschäftigt. HNB fungiert als zentraler Arbeitgeber und stellt Personal zu den verschiedenen Betriebsgesellschaften des Konzerns in den Niederlanden ab. John Roest, der seit 20 Jahren für HNB tätig war, war der Catering-Tochter Heineken Nederland zugeordnet.[58] Nachdem Heineken International die Lieferung von Mahlzeiten an Albron übertrug, berief sich Roest darauf, es habe ein Betriebsübergang von Heineken Nederland zu Albron stattgefunden (offenbar um die Erhaltung seiner früheren Arbeitsbedingungen durchzusetzen). Rechtlich war das Verleihunternehmen HNB Arbeitgeber von Herrn Roest. Heineken Nederland hatte indessen als Entleiher teilweise die Arbeitgeberfunktionen ausgeübt (zum Dreiecksverhältnis der Leiharbeit § 21 Rdn. 1).

24 Um der besonderen Gestaltung Rechnung zu tragen, erfand der Gerichtshof das Konzept des **„nichtvertraglichen Arbeitgebers"**. In der Tat findet der Gedanke im Wortlaut der Richtlinie Anhalt, soweit darin von „Arbeitsvertrag oder Arbeitsverhältnis" die Rede ist (s. o. Rdn. 15). Gibt es einen Vertragsarbeitgeber und einen „nichtvertraglichen Arbeitgeber", so verleihe der Gerichtshof weder dem vertraglichen noch dem nichtvertraglichen mehr Gewicht. Daher könne im Einzelfall auch der nichtvertragliche Arbeitgeber als Veräußerer anzusehen sein.

25 Die Entscheidung dürfte nur aus den **besonderen Umständen des Falls** zu erklären sein (Dauerüberlassung, 20jährige Betriebszugehörigkeit). Tatsächlich hat der Gerichtshof seine Entscheidung auch entsprechend eingeschränkt: „bei einem Übergang (...) eines einem Konzern angehörenden Unternehmens auf ein Unternehmen, das diesem Konzern nicht angehört, (kann) als ‚Veräußerer' im Sinne von Art. 2 Abs. 1 Buchst. a dieser Richtlinie auch das Konzernunternehmen, zu dem die Arbeitnehmer ständig abgestellt waren, ohne jedoch mit ihm durch einen Arbeitsvertrag verbunden gewesen zu sein, betrachtet werden (...), obwohl es in diesem Konzern ein Unternehmen gibt, an das die betreffenden Arbeitnehmer durch einen Arbeitsvertrag gebunden waren". Diese Erwägungen sind also für die normale, zeitlich begrenzte Leiharbeit außerhalb einer Unternehmensgruppe nicht anwendbar.[59] Außerdem ist die begrenzte Formulierung zu beachten: Der Gerichtshof sagt nicht, dass die Richtlinie vorschreibt, dass das nationale Recht den nichtvertraglichen Arbeitgeber als Veräußerer betrachtet, sondern stellt lediglich fest, dass er so „betrachtet werden kann (!)". Schließlich geht es in dem Urteil auch darum, *welche Rechte und Pflichten übertragen werden*; s. Rdn. 67 ff.

b) Betriebsübergang

aa) Übersicht und Grundlagen

26 Die Betriebsübergangsrichtlinie ist anwendbar „auf den Übergang von Unternehmen, Betrieben oder Unternehmens- bzw. Betriebsteilen auf einen anderen Inhaber durch vertragliche Übertragung oder durch Verschmelzung", Art. 1 Abs. 1 lit. a). Die zentra-

---

NJW 2011, 1546–1551 (argumentiert, dass der Gerichtshof jedoch den vertraglichen Arbeitgeber als Veräußerer hätte sehen sollen, nicht die weitere Gesellschaft als nichtvertraglichen Arbeitgeber und damit als Veräußerer). Krit. *Gaul/Ludwig*, DB 2011, 298, 299 f. (Kritik, dass das Urteil prinzipienlos und unverhältnismäßig schützend für Leiharbeitnehmer sei).

58 *Willemsen*, NZA 2011, 1546 ff. Zu den Hintergründen einer solchen „langfristigen Leiharbeit" im niederländischen Recht, s. *Grapperhaus*, ELLJ 1 (2010), 406 f.

59 So auch *Bauer/von Medem*, NZA 2011, 20, 22 f.; *de Groof*, ELLJ 1 (2010), 508, 511 (auch mit dem Argument, dass eine andere Entscheidung ein Schlupfloch für Konzerne eröffnet hätte); Preis/Sagan/*Grau/Hartmann*, Rdn. 15.64; *Willemsen*, NJW 2011, 1546–1551; EuArbRK/*Winter*, Art. 2 RL 2001/23/EG Rdn. 12.

len Elemente des Tatbestands liegen in der Bestimmung der erfassten Einheiten – „Unternehmen, Betrieben oder Unternehmens- bzw. Betriebsteilen" – und der Definition des Übergangs. Diese Begriffe hat der Gesetzgeber nicht, wie man erwarten könnte, in Art. 2 BÜRL definiert, sondern in Art. 1 Abs. 1 lit. b) BÜRL über den Zweck der Richtlinie. In Anlehnung an die Rechtsprechung des EuGH gilt danach

> „als Übergang im Sinne dieser Richtlinie der Übergang einer ihre Identität bewahrenden wirtschaftlichen Einheit im Sinne einer organisierten Zusammenfassung von Ressourcen zur Verfolgung einer wirtschaftlichen Haupt- oder Nebentätigkeit".[60]

Außerdem

> „kann eine strukturierte Gesamtheit von Arbeitnehmern trotz des Fehlens nennenswerter materieller oder immaterieller Vermögenswerte einer wirtschaftlichen Einheit im Sinne der [BÜRL] entsprechen".[61]

Aus den beiden Bestimmungen von lit. a) und b) ergibt sich, dass die Richtlinie auch den Übergang der kleinsten der genannten Einheiten, nämlich eines **Betriebsteils**, erfasst. Daher ist die Definition in lit. b) als Definition des Betriebsteils zu sehen.[62] Betriebsteil ist m. a. W. eine „wirtschaftliche Einheit im Sinne einer organisierten Zusammenfassung von Ressourcen zur Verfolgung einer wirtschaftlichen Haupt- oder Nebentätigkeit" (zur Vereinfachung der Darstellung sprechen wir nachfolgend auch insoweit von *„Betrieb"*). Nicht im Einzelnen definiert ist der **Übergang**. Aus der Definition in lit. b) ergibt sich aber, dass es dabei auf die *Identitätswahrung der Einheit* ankommt.[63] 27

Diese 1998 eingefügte Vorschrift ist vor dem Hintergrund der EuGH-Rechtsprechung zur Richtlinie von 1977 zu erklären, die damit kodifiziert werden sollte.[64] Der Gerichtshof hatte zwar durchaus auch den Betriebsteil definiert,[65] die beiden Merkmale von Betrieb und Übergang indes weithin als zwei **Elemente *eines* Tatbestandsmerkmals** erörtert. Nach der – vom Gesetzgeber jetzt übernommenen – Analyse des Gerichtshofs lässt sich die Frage des Übergangs nicht von der des Betriebs(teils) trennen. Stattdessen hat der EuGH in einer **Gesamtschau** Betrieb und Übergang gemeinsam betrachtet und maßgeblich darauf abgestellt, ob eine „wirtschaftliche Einheit" im 28

---

60 Aus der Rechtsprechung grundlegend: EuGH v. 11.3.1997 – Rs. C-13/95 *Süzen*, EU:C:1997:141 Rdn. 10, 13; daran anschließend: EuGH v. 20.11.2003 – Rs. C-340/01 *Abler*, EU:C:2003:629 Rdn. 30; EuGH v. 24.1.2002 – Rs. C-51/00 *Temco Service Industries*, EU:C:2002:48 Rdn. 23; EuGH v. 2.12.1999 – Rs. C-234/98 *Allen*, EU:C:1999:594 Rdn. 24; EuGH v. 10.12.1998 – verb. Rs. C-173/96 und C-247/96 *Hidalgo und Ziemann*, EU:C:1998:595 Rdn. 21, 25; EuGH v. 10.12.1998 – verb. Rs. C-127/96, C-229/96 und C-74/97 *Vidal u.a*, EU:C:1998:594 Rdn. 26.

61 EuGH v. 6.9.2011 – Rs. C-108/10 *Scattolon*, EU:C:2011:542 Rdn. 49.

62 *Fuchs/Marhold*, Europäisches Arbeitsrecht, S. 338 f.; Schlachter/Heinig/*Krause*, § 7 Rdn. 21.

63 EuGH v. 6.9.2011 – Rs. C-108/10 *Scattolon*, EU:C:2011:542 Rdn. 60.

64 BE 4 RL 98/50/EG; s. die Rechtsprechungsnachweise soeben, Fn. 58.

65 Nw. in Fn. 58.

Rahmen der Strukturmaßnahme als solche erhalten bleibt und auf einen neuen Träger übergeht.[66] Der Rechtsprechung lässt sich das Anliegen entnehmen, tunlichst *jeder* Umgehung vorzubeugen und die Ziele – vor allem – von Art. 3 Abs. 1 BÜRL (Übergang der Rechte und Pflichten) effektiv zu erreichen. Insoweit lässt sie sich auch als Ausdruck einer teleologischen Auslegung rechtfertigen. Freilich steht dabei recht einseitig das Arbeitnehmerinteresse im Vordergrund, so dass hier die Rüge der „Eindimensionalität des Unionsrechts" (§ 1 Rdn. 72) durchaus treffend erscheint.[67]

29 Gerade diese Gesamtschau ist als **methodisch nicht sauber** gerügt worden.[68] Diese Kritik ist durch die Änderungsrichtlinie 1998 überholt, denn dort hat der Gesetzgeber nun seinerseits die Rechtsprechung des EuGH übernommen (s. BE 4 RL 98/50/EG).[69]

30 Im Folgenden erörtern wir daher nach Sachfragen geordnet die Rechtsprechung des EuGH zum Tatbestandsmerkmal des *Betriebsübergangs* (bb)).[70] Die Problematik der sogenannten Funktionsnachfolge wird besonders gewürdigt (nachfolgend cc)).

bb) Betriebsübergang in der Rechtsprechung des EuGH

31 Zur näheren Kennzeichnung des **Betriebsübergangs** hat der Gerichtshof auf eine Würdigung der Umstände des Einzelfalls verwiesen. Zu den dabei zu berücksichtigenden Umständen gehören nach dem grundlegenden Urteil *Spijkers*[71] in einer nicht abschließenden Aufzählung:

- die Art des betreffenden Unternehmens oder Betriebes,
- der etwaige Übergang der materiellen Betriebsmittel wie Gebäude und bewegliche Güter,

---

66 So schon EuGH v. 18.3.1986 – Rs. 24/85 *Spijkers*, EU:C:1986:127; dazu *von Alvensleben*, Die Rechte der Arbeitnehmer bei Betriebsübergang im Europäischen Gemeinschaftsrecht, S. 171–173; im Grundsatz zust. *Annuß*, NZA 1998, 70, 73 („kein subsumtionsfähiger Tatbestand, sondern ein an den Rändern nach wie vor reichlich diffuser Typusbegriff").

67 Krit. gegenüber einer eindimensional-teleologischen Begriffsbestimmung *Raab*, EuZA 2019, 283, 289.

68 S. nur Hanau/Steinmeyer/Wank/*Wank*, § 18 Rdn. 77 m. w. N.; *Franzen*, RdA 1999, 361, 363.

69 Vgl. auch *M. Schmidt*, Arbeitsrecht der EG, III Rdn. 246; *Fuchs/Marhold*, Europäisches Arbeitsrecht, S. 338.

70 Für eine Ordnung nach den Einzelaspekten (1) Betrieb/Unternehmen, (2) Identitätswahrung, (3) Übergang, s. *Thüsing*, Europäisches Arbeitsrecht, § 5 Rdn. 7–38.

71 EuGH v. 18.3.1986 – Rs. 24/85 *Spijkers*, EU:C:1986:127 Rdn. 11–14; seither st. Rspr.: EuGH v. 15.12.2005 – verb. Rs. C-232/04 und C-233/04 *Güney-Görres und Demir*, EU:C:2005:778 Rdn. 33–35; EuGH v. 20.11.2003 – Rs. C-340/01 *Abler*, EU:C:2003:629 Rdn. 33–35; EuGH v. 24.1.2002 – Rs. C-51/00 *Temco Service Industries*, EU:C:2002:48 Rdn. 24 f.; EuGH v. 2.12.1999 – Rs. C-234/98 *Allen*, EU:C:1999:594 Rdn. 26; EuGH v. 10.12.1998 – verb. Rs. C-127/96, C-229/96 und C-74/97 *Vidal u. a.*, EU:C:1998:594 Rdn. 28 f.; EuGH v. 11.3.1997 – Rs. C-13/95 *Süzen*, EU:C:1997:141 Rdn. 14, 18; EuGH v. 7.3.1996 – verb. Rs. C-171/94 und C-172/94 *Merckx und Neuhuys*, EU:C:1996:87 Rdn. 17; EuGH v. 12.11.1992 – Rs. C-209/91 *Rask*, EU:C:1992:436 Rdn. 20; EuGH v. 19.5.1992 – Rs. C-29/91 *Redmond Stichting*, EU:C:1992:220 Rdn. 24 f.

- der Wert der immateriellen Aktiva im Zeitpunkt des Übergangs,
- die etwaige Übernahme der Hauptbelegschaft durch den neuen Inhaber,
- der etwaige Übergang der Kundschaft sowie
- der Grad der Ähnlichkeit zwischen den vor und nach dem Übergang verrichteten Tätigkeiten und
- die Dauer einer eventuellen Unterbrechung dieser Tätigkeiten.

Diese Umstände betrachtet der EuGH als Teilaspekte der vorzunehmenden **Gesamtbewertung**, die das nationale Gericht vorzunehmen hat. Entsprechend dem Gedanken eines **beweglichen Systems** sind die Kriterien nach Zahl und Gewicht (Grad) ihrer Verwirklichung zu berücksichtigen.[72] Dabei ist den Besonderheiten des Unternehmens Rechnung zu tragen: Je nach der ausgeübten Tätigkeit und auch nach den Produktions- oder Betriebsmethoden können die Einzelaspekte unterschiedliches Gewicht haben.

Tendenziell hat der Gerichtshof einen Betriebsübergang zwar großzügig bejaht, 32
allerdings durchaus in gewissen **Grenzen**. So hat er den Betriebsteil als „eine **auf Dauer angelegte wirtschaftliche Einheit**" definiert, „deren Tätigkeit nicht auf die Ausführung eines bestimmten Vorhabens beschränkt ist".[73] An der Anlage auf Dauer fehlt es beispielsweise bei einer Baustelle, so dass kein Betriebsübergang vorliegt, wenn ein Unternehmer die Fertigstellung eines Bauwerks übernimmt, das ein anderer Unternehmer begonnen hat.[74] Die bloße Tatsache, dass die Dienstleistungen des alten und des neuen Unternehmers einander ähnlich sind, lässt noch nicht auf den Übergang einer wirtschaftlichen Einheit schließen.[75] Auch die bloße Übertragung von Aktiva ist nicht schon für sich ein Betriebsübergang.[76] Ebenso wenig stellt der Verlust eines Auftrags an einen Mitbewerber für sich einen Übergang im Sinne der Richtlinie dar (zur Funktionsnachfolge unten, Rdn. 43–50).[77]

Zur Abgrenzung der kleinsten erfassten Einheit hat der Gerichtshof die Definition 33
ergänzt um das Erfordernis einer **funktionellen Autonomie**, die er in der unmittelbaren Weisungsbefugnis einer Leitung der Einheit sieht.[78] Ob die zu einer „Sparte" zu-

---

72 In der Sache ähnlich *Thüsing*, Europäisches Arbeitsrecht, § 5 Rdn. 16 („typologischer Begriff"); EuArbRK/*Winter*, Art. 1 RL 2001/23/EG Rdn. 70.

73 EuGH v. 19.9.1995 – Rs. C-48/94 *Rygaard*, EU:C:1995:290 Rdn. 20.

74 EuGH v. 19.9.1995 – Rs. C-48/94 *Rygaard*, EU:C:1995:290; darauf, dass der zweite Unternehmer zwei Lehrlinge und einen Angestellten sowie bestimmtes Material übernommen hatte, kam es daher nicht an.

75 EuGH v. 10.12.1998 – verb. Rs. C-173/96 und C-247/96 *Hidalgo und Ziemann*, EU:C:1998:595 Rdn. 30; EuGH v. 10.12.1998 – verb. Rs. C-127/96, C-229/96 und C-74/97 *Vidal u. a.*, EU:C:1998:594 Rdn. 30.

76 EuGH v. 18.3.1986 – Rs. 24/85 *Spijkers*, EU:C:1986:127 Rdn. 12.

77 EuGH v. 11.3.1997 – Rs. C-13/95 *Süzen*, EU:C:1997:141 Rdn. 16.

78 EuGH v. 6.3.2014 – Rs. C-458/12 *Amatori*, EU:C:2014:124 Rdn. 30 ff.; EuGH v. 13.6.2019 – Rs. C-664/17 *Nafpigeia*, EU:C:2019:496 Rdn. 62 f. Dazu *Willemsen*, NZA 2014, 1010 ff.

sammengefassten Unterabteilungen dieses Erfordernis erfüllten, war vom nationalen Gericht zu beurteilen. Das mitgliedstaatliche Recht kann den Anwendungsbereich auch autonom auf Einheiten ohne entsprechende funktionelle Autonomie erstrecken.

34 Bei der Gesamtbewertung hat der Gerichtshof versucht, den **Besonderheiten der Branchen** Rechnung zu tragen, die von der Richtlinie erfasst sind.[79] Dieser Ansatz verdient in der Tat unter teleologischen Gesichtspunkten Zustimmung, da die organisatorischen Strukturen bei Warenproduktion und -vertrieb sich von jenen des Dienstleistungsbereichs stark unterscheiden können und auch die unterschiedlichen Dienstleistungsbranchen höchst unterschiedliche organisatorische Strukturen erfordern.

35 So kann einerseits die Übernahme des *wesentlichen Personals* – ohne Übertragung von Betriebsmitteln – für sich ausreichen, um einen Betriebsübergang zu begründen,[80] ist dies aber andererseits keineswegs erforderlich (Neuvergabe der Bewirtschaftung der Krankenhausküche,[81] Neuvergabe des Betriebs der Musikschule[82]; s. noch unten, Rdn. 55).[83] Für den Betriebsübergang einer Charterfluggesellschaft hat ausgereicht, dass der Erwerber Flugzeuge (durch Eintritt in Mietverträge), einzelne Ausrüstungsgegenstände sowie Teile des Personals übernommen hat und in bestehende Charterflugverträge mit Reiseveranstaltern eingetreten ist; demgegenüber hat der Gerichtshof als unerheblich angesehen, dass der Erwerber, selbst ein Luftfahrtunternehmen, die eigenständige Organisationsstruktur des Unternehmens nicht erhalten hat (s. dazu noch Rdn. 49).[84] Der Betrieb eines Börsenmaklers kann übergehen, wenn – aufgrund einer diesen nahegelegten, aber freiwilligen Entscheidung der Kunden – der *Kundenstamm* und deren verwaltetes Vermögen auf eine neue Gesellschaft übergehen.[85] Auch der nach Branchen differenzierende Ansatz erlaubt freilich keine schematische Herangehensweise, sondern erfordert eine Gesamtwürdigung aller maßgeblichen Kriterien im Einzelfall (oben, Rdn. 31).

36 Im Hinblick auf die sog. **betriebsmittelarmen Branchen** sagt der EuGH: „In bestimmten Branchen, in denen es im Wesentlichen auf die **menschliche Arbeitskraft** ankommt, kann eine Gesamtheit von Arbeitnehmern, die durch eine gemeinsame Tätigkeit dauerhaft miteinander verbunden sind, eine wirtschaftliche Einheit darstellen. Eine solche Einheit kann ihre Identität daher über ihren Übergang hinaus bewahren, wenn der neue Unternehmensinhaber nicht nur die betreffende Tätigkeit weiterführt, sondern auch einen nach Zahl und Sachkunde wesentlichen Teil des Personals über-

---

79 Krit. zur Unterscheidung zwischen betriebsmittel- und dienstleistungsgeprägten Betrieben aber etwa *McMullen*, ILJ 45 (2016), 455 ff. (im Hinblick auf die dadurch eröffneten Gestaltungsmöglichkeiten von Veräußerer und Erwerber).

80 EuGH v. 24.1.2002 – Rs. C-51/00 *Temco Service Industries*, EU:C:2002:48 Rdn. 25; EuGH v. 11.3.1997 – Rs. C-13/95 *Süzen*, EU:C:1997:141 Rdn. 18.

81 EuGH v. 20.11.2003 – Rs. C-340/01 *Abler*, EU:C:2003:629 Rdn. 36 f.

82 EuGH v. 7.8.2018 – Rs. C-472/16 *Colino Sigüenza*, EU:C:2018:646 Rdn. 31 ff. (Übernahme von Räumen, Instrumenten und "Kundenstamm").

83 Die Berücksichtigung der Personalübernahme kann man als problematisch ansehen, wenn sie auf kollektivvertraglichen Wiedereinstellungsklauseln beruht; *Ratti*, ELLJ 11 (2020), 225 ff. (für Ausnahme vom Anwendungsbereich).

84 EuGH v. 9.9.2015 – Rs. C-160/14 *Ferreira da Silva e Brito u. a.*, EU:C:2015:565 Rdn. 23 ff.

85 EuGH v. 8.5.2019 – Rs. C-194/18 *Dodič*, EU:C:2019:385.

nimmt, das sein Vorgänger gezielt bei dieser Tätigkeit eingesetzt hatte."[86] Hier kann insbesondere die Übernahme von sog. **Know-how Trägern** wesentliches Kriterium für die Annahme eines Betriebsübergangs sein.[87]

So hat der Gerichtshof insbesondere bei *Reinigungs-* oder *Bewachungsunternehmen* angenommen, eine organisierte Gesamtheit von Arbeitnehmern, denen eine gemeinsame Aufgabe eigens auf Dauer zugewiesen ist, könne eine wirtschaftliche Einheit darstellen.[88] Aber auch für den *Vortrieb von Bergwerkstollen* kann es vornehmlich auf die Arbeitskraft ankommen, wenn – wie offenbar teilweise üblich – der wesentliche Teil der Gerätschaften vom Zecheneigentümer zur Verfügung gestellt wird.[89] Umgekehrt könne aber der *Busverkehr* nicht als eine Tätigkeit angesehen werden, für die es im Wesentlichen auf die menschliche Arbeitskraft ankommt, da er in erheblichem Umfang Material und Einrichtungen erfordere.[90] Auch bei der Dienstleistung der *Bewegung intermodaler Transporteinheiten am Bahnhof* (mit Kränen und Anlagen des Auftraggebers) ist keine Tätigkeit betroffen, bei der es im Wesentlichen auf die menschliche Arbeitskraft ankommt.[91] 37

Auch bei der Übertragung eines *Leiharbeitsunternehmens* hat der Gerichtshof den Besonderheiten des Unternehmensgegenstands Rechnung getragen. Diese hat er darin gesehen, dass eine eigene Betriebsorganisation fehlt. Die Ausübung der Unternehmenstätigkeit erfordere „insbesondere Fachkenntnisse, eine geeignete Verwaltungsstruktur zur Organisation des Verleihens der Arbeitnehmer und eine Gesamtheit von Leiharbeitnehmern".[92] Ein Betriebsübergang kann daher bereits vorliegen, wenn (1) ein Teil des Verwaltungspersonals und (2) ein Teil der Leiharbeitnehmer zu einem anderen Leiharbeitsunternehmen wechseln, um (3) dort die gleichen Tätigkeiten (4) im Dienst derselben Kunden auszuüben, und wenn (5) die von dem Übergang betroffenen Mittel als solche ausreichen, um die für die in Rede stehende wirtschaftliche Tätigkeit kennzeichnenden Leistungen ohne Inanspruchnahme anderer wichtiger Betriebsmittel und ohne Inanspruchnahme anderer Unternehmensteile weiter erbringen zu können.[93] 38

Die Unterscheidung von betriebsmittelarmen und betriebsmittelgeprägten Betrieben dient jedoch nur der Beschreibung von Fallgruppen und ersetzt die erforderliche Gesamtbetrachtung (oben, Rdn. 31) nicht. 39

---

86 EuGH v. 24.1.2002 – Rs. C-51/00 *Temco Service Industries,* EU:C:2002:48 Rdn. 26; EuGH v. 11.3.1997 – Rs. C-13/95 *Süzen,* EU:C:1997:141 Rdn. 21; EuGH v. 10.12.1998 – verb. Rs. C-173/96 und C-247/96 *Hidalgo und Ziemann,* EU:C:1998:595 Rdn. 32. Zust. *Collins,* ILJ 18 (1989), 144, 153–157; krit. zur Trennschärfe des Kriteriums („im Wesentlichen auf die menschliche Arbeitskraft ankommt") sowie zu den Folgen seiner Anwendung, *Barrett,* CMLR 42 (2005) 1053, 1059–1061, 1065 f.

87 Krit. *Waas,* ZfA 2001, 377, 389–392 (Mobilitätshindernis für die Know-how Träger).

88 EuGH v. 14.4.1994 – Rs. C-392/92 *Christel Schmidt,* EU:C:1994:134 Rdn. 16; EuGH v. 10.12.1998 – verb. Rs. C-127/96, C-229/96 und C-74/97 *Vidal u. a.,* EU:C:1998:594 Rdn. 30–32; EuGH v. 10.12.1998 – verb. Rs. C-173/96 und C-247/96 *Hidalgo und Ziemann,* EU:C:1998:595 Rdn. 26, 32; EuGH v. 29.7.2010 – Rs. C-151/09 *UGT-FSP,* EU:C:2010:452 Rdn. 28 f.; EuGH v. 19.10.2017 – Rs. C-200/16 *Securitas,* EU: C:2017:780 Rdn. 27 ff.; EuGH v. 11.7.2018 – Rs. C-60/17 *Somoza Hermo,* EU:C:2018:559 Rdn. 34 f.

89 EuGH v. 2.12.1999 – Rs. C-234/98 *Allen,* EU:C:1999:594 Rdn. 30.

90 EuGH v. 25.1.2001 – Rs. C-172/99 *Oy Liikenne Ab,* EU:C:2001:59 Rdn. 39.

91 EuGH v. 26.11.2015 – Rs. C-509/14 *Aira Pascual u. a.,* EU:C:2015:781 Rdn. 36 ff.

92 EuGH v. 13.9.2007 – Rs. C-458/05 *Jouini,* EU:C:2007:512 Rdn. 33–36.

93 EuGH v. 13.9.2007 – Rs. C-458/05 *Jouini,* EU:C:2007:512. Krit. *Klumpp,* EuZA 2009, 69, 73–76, im Hinblick auf Abgrenzungsschwierigkeiten beim Teilbetriebsübergang.

40 Das illustriert der Fall *Grafe und Pohle.*[94] Dort ging es um die Neuvergabe der Busverkehrsdienste. In der Entscheidung *Liikenne* hatte der Gerichtshof bereits angenommen, dabei handele es sich nicht um eine Tätigkeit, bei der es wesentlich auf die menschliche Arbeitskraft ankommt, und der Übernahme der materiellen Betriebsmittel wesentliche Bedeutung beigemessen (oben, Rdn. 37). In *Grafe und Pohle* übernahm der neue Betreiber den Fuhrpark des früheren nicht, und zwar weil dieser zu alt war und daher den Ausschreibungskriterien nicht genügte. Unter diesen Umständen konnte eine Gesamtschau der weiteren Umstände, insbesondere die Übernahme eines Teils der Busfahrer, die über ein für die ländliche Region wichtiges Fachwissen verfügten, gleichwohl einen Betriebsübergang begründen.

41 Eine Formalisierung dieser Gesamtbewertung liegt in der sog. **„Kumulationstheorie"** der neueren deutschen Rechtsprechung.[95] Sie dient der Ermittlung des Betriebsübergangs bei sog. Mischeinheiten, die nicht eindeutig durch Betriebsmittel *oder* Personal geprägt sind, sondern durch verschiedene Elemente. Nach der Kumulationstheorie setzt der Betriebsübergang bei Mischeinheiten voraus, dass sämtliche identitätsbestimmende Elemente übergehen, also etwa maßgebliche Betriebsmittel und maßgebliches Personal. Indessen ist zweifelhaft, ob das mit den unionsrechtlichen Erfordernissen der Gesamtbetrachtung in Einklang zu bringen ist, wie sie etwa die Entscheidung *Grafe und Pohle* (soeben Rdn. 40) hervorhebt.[96]

42 Der Übergang setzt einen gewissen **zeitlichen Zusammenhang** zwischen der Betriebseinstellung durch den Erwerber und der Betriebsaufnahme durch den Veräußerer voraus (s. a. Rdn. 54 f.). Da indes ein Betriebsübergang ein komplexer Vorgang sein kann, hindert ein Zwischenzeitraum die Annahme eines Übergangs nicht.[97] Aus teleologischen Erwägungen kann auch der Fall, dass das erste Unternehmen den Betrieb einstellt und ein anderes das Geschäft später übernimmt, in den Anwendungsbereich der Richtlinie fallen.[98] Die vorübergehende Schließung steht der Annahme eines Übergangs nicht entgegen.[99]

cc) „Funktionsnachfolge" als Betriebsübergang insbesondere

43 Besondere Aufmerksamkeit – und erheblichen Widerspruch – hat die Rechtsprechung des Gerichtshofs zur sog. Funktionsnachfolge hervorgerufen.[100] Hier geht es um die Frage, ob ein Betriebsübergang vorliegt, wenn ein Unternehmen einen bestimmten **Tätigkeitsbereich** (z. B. Gebäudereinigung) einer Fremdfirma überträgt oder ein Auftrag der einen Firma entzogen und einer anderen zugeschlagen wird, auch wenn kei-

---

94 EuGH v. 27.2.2020 – Rs. C-298/18 *Grafe und Pohle*, EU:C:2020:121 Rdn. 27 ff.

95 Dazu *Greiner/Piontek*, RdA 2020, 84, 85 ff.

96 So mit Recht *Greiner/Piontek*, RdA 2020, 84, 88 f.

97 EuGH v. 7.8.2018 – Rs. C-472/16 *Colino Sigüenza*, EU:C:2018:646 Rdn. 41 ff.; EuGH v. 2.12.1999 – Rs. C-234/98 *Allen*, EU:C:1999:594 Rdn. 32.

98 EuGH v. 7.3.1996 – verb. Rs. C-171/94 und C-172/94 *Merckx und Neuhuys*, EU:C:1996:87 Rdn. 22 f.

99 EuGH v. 15.6.1988 – Rs. 101/87 *Bork*, EU:C:1988:308 Rdn. 16; EuGH v. 17.12.1987 – Rs. 287/86 *Ny Mølle Kro*, EU:C:1987:573 Rdn. 18–21.

100 Dazu etwa *Annuß*, NZA 1998, 70–77; *Buchner*, JZ 1999, 593–597; *Junker*, in: Grundmann (Hrsg.), Systembildung und Systemlücken in Kerngebieten des Europäischen Privatrechts, S. 380–383; mit rechtsvergleichenden Berichten *Alsbaek*, Der Betriebsübergang und seine individualrechtlichen Folgen in Europa, S. 220–237.

ne materiellen Betriebsmittel übertragen werden. Der Gerichtshof hat dies sehr weitgehend bejaht, soweit mit dem Tätigkeitsbereich auch das ausführende Personal übernommen wurde.[101] Zur Begründung hat er sich in einer teils formalistisch anmutenden Weise auf die oben (Rdn. 28, 31–36) dargestellten Grundsätze seiner Rechtsprechung berufen, die er wie Bausteine aneinanderfügt. Tatsächlich ist dieser Rechtsprechung zu entnehmen, dass die einzelnen Elemente in einer Gesamtwürdigung zu bewerten sind. Die Übertragung von Aktiva kann je nach den Besonderheiten der Branche entbehrlich sein (Rdn. 36 ff.).

Sehr weitgehend hat der Gerichtshof die Begriffe von Betrieb und Übergang zuerst in der bekannten Entscheidung ***Christel Schmidt***[102] („die berühmteste Putzfrau Europas") entmaterialisiert. Die Sparkasse hatte Frau Schmidt gekündigt, weil sie die Reinigungstätigkeit nicht mehr selbst, sondern durch ein Drittunternehmen, die Firma Spiegelblank, vornehmen lassen wollte. Spiegelblank bot Frau Schmidt an, sie zu übernehmen, indes zu einem geringeren Stundenlohn. Auf Vorlage des LAG Schleswig-Holstein sah der EuGH die Voraussetzungen eines Betriebsübergangs als gegeben an. Der Gerichtshof hat m. a. W. in diesem Fall auch die Funktionsnachfolge als Betriebsübergang anerkannt. 44

Ebenso hat der Gerichtshof im Fall ***Merckx***[103] entschieden. Anfo Motors SA, bei der Herr Merckx als Autoverkäufer tätig war, stellte ihren Betrieb ein. Kunden und Mitarbeitern teilte Anfo mit, die Novarobel SA werde künftig in den bisher von ihr betreuten Gebieten als Ford-Vertragshändler tätig. Novarobel werde 14 der 64 Mitarbeiter von Anfo übernehmen. Auch darin sah der Gerichtshof folgerichtig einen Betriebsübergang. Für seine Entscheidung war maßgeblich, dass die Vertriebsberechtigung auf den Erwerber überging und dieser einen Teil der Belegschaft sowie den Kundenstamm übernahm.[104] 45

Eine **Grenze** zog der Gerichtshof aber im Fall ***Ayse Süzen***[105] und bestätigte dies später in ***CLECE***.[106] Das Aloisiuskolleg in Bonn Bad Godesberg hatte einen Reinigungsauftrag an die Zehnacker Gebäudereinigung GmbH vergeben, die u. a. Frau Süzen in diesem Rahmen beschäftigte. Als das Aloisiuskolleg den Auftrag kündigte und an die Lefarth GmbH neu vergab, kündigte Zehnacker Frau Süzen und neun weiteren Arbeitnehmern. Lefarth übernahm keine der von Zehnacker freigesetzten Arbeitnehmer. Da hier nun weder materielle noch personelle Betriebsmittel übergingen, sah der Gerichtshof in der Auftragsneuvergabe auch keinen Betriebsübergang. „[A]llein der Umstand, dass die von dem alten und dem neuen Auftragnehmer erbrachten Dienstleistungen ähnlich sind, (erlaubt) nicht den Schluss, dass der Übergang einer wirtschaftlichen Einheit vorliege. Eine **Einheit** darf nämlich **nicht als bloße Tätigkeit** verstanden werden.[107] Ihre Identität ergibt sich auch aus anderen Merkmalen wie ihrem Personal, ihren Führungskräften, ihrer Arbeitsorganisation, ihren Betriebsmethoden und gege- 46

---

101 *Rebhahn,* RdA 2006 Sonderbeil. zu Heft 6, 4, 6 f.

102 EuGH v. 14.4.1994 – Rs. C-392/92 *Christel Schmidt,* EU:C:1994:134 Rdn. 15. Dazu mit einem Überblick über die unterschiedlichen mitgliedstaatlichen Reaktionen *More,* YEL 135 (1995), 135–155.

103 EuGH v. 7.3.1996 – verb. Rs. C-171/94 und C-172/94 *Merckx und Neuhuys,* EU:C:1996:87.

104 EuGH v. 7.3.1996 – verb. Rs. C-171/94 und C-172/94 *Merckx und Neuhuys,* EU:C:1996:87 Rdn. 20 f.

105 EuGH v. 11.3.1997 – Rs. C-13/95 *Süzen,* EU:C:1997:141. *Barrett,* CMLR 42 (2005), 1053, 1056 („turning point"); krit. *Davies,* ILJ 26 (1997), 193–197 (Verhältnis zu *Christel Schmidt* unklar, Fehlanreize – „perverse incentive" – für die Arbeitgeberseite).

106 EuGH v. 20.1.2011 – Rs. C-463/09 *CLECE,* EU:C:2011:24. Zust.Anm. *Hartmann,* EuZA 2011, 329–339.

107 Das hindert freilich Mitgliedstaaten nicht, die Übertragung von Dienstleistungen (Auftragsneuvergabe) als Fall des Betriebsübergangs zu behandeln; so im VK mit dem Tatbestand des *service provision change;* dazu *McMullen,* ILJ 45 (2016), 220 ff.

benenfalls den ihr zur Verfügung stehenden Betriebsmitteln."[108] In der Sache bedeutet die Entscheidung eine Korrektur der früheren Entscheidung *Christel Schmidt* (oben, Rdn. 44).[109]

47 Auch der Fall ***Abler*** fügt sich in diese Rechtsprechung ein.[110] Das Orthopädische Spital in Wien-Speising hatte die Bewirtschaftung seiner Küche zunächst an die Firma Sanrest Großküchen Betriebsgesellschaft mbH vergeben, die Herrn Abler als Küchenhilfe beschäftigte. Aufgrund von Streitigkeiten endete der Vertrag, das Spital vergab die Bewirtschaftung nach einer Ausschreibung an die Firma Sodexho MM Catering Gesellschaft mbH. Da hier mit dem Auftrag auch der Kundenstamm (Patienten, Belegschaft und Gäste) überging und der Erwerber auch die – vom Krankenhaus zur Verfügung gestellten – Betriebsmittel (Kücheneinrichtung usf.) übernahm, lag ein Betriebsübergang vor.

48 Im Fall ***Güney-Görres*** hat der Gerichtshof diese Rechtsprechungslinie fortgesetzt und ergänzt. Die Klägerin war in der Flugsicherheitskontrolle beschäftigt, die mit Einrichtungen des Auftraggebers (Torsonden, Gepäckprüfanlagen, Handsonden, Sprengstoffspürgeräte) durchgeführt wurden. Bei einer Neuvergabe des Auftrags an ein anderes Unternehmen maß der Gerichtshof der Übernahme dieser Betriebsmittel Bedeutung bei, ungeachtet der Tatsache, dass der Auftraggeber sie dem Erwerber nicht zur **eigenwirtschaftlichen Nutzung** überließ.[111] – Der Gerichtshof verwarf damit das Kriterium der eigenwirtschaftlichen Nutzung, das die deutsche Rechtsprechung zur Abgrenzung des Betriebsübergangs im Dienstleistungsbereich herangezogen hatte.[112] Das BAG versucht seither mit dem Kriterium des „Kerns der Wertschöpfung" eine Grenzziehung.[113]

49 Im Fall ***Klarenberg*** unternahm der Gerichtshof einen neuen Versuch, den „Übergang von Unternehmen" zu definieren. Der Gerichtshof hatte zu prüfen, ob ein Betriebsübergang vorliegt, wenn die Vermögenswerte und das Personal vom Erwerber übernommen und so in die eigene Organisation integriert wurden, dass die wirtschaftliche Identität nicht gewahrt wird, mithin wenn der Erwerber die **organisatorische Selbständigkeit** des übertragenden Unternehmens **nicht wahrt**.[114] Unter Berufung auf den Grundsatz des *effet utile* hat das Gericht diese Frage bejaht. Um der BÜRL „nicht einen Teil ihrer praktischen Wirksamkeit zu nehmen", ist die Voraussetzung der Identitätswahrung nicht dahin auszulegen, „dass sie verlangt, die konkrete Organisation der verschiedenen übertragenen Produktionsfaktoren durch den Unternehmer beizubehalten, sondern (...) dahin, dass die Beibehaltung der funktionellen Verknüpfung der Wechselbeziehung und gegenseitigen Ergänzung zwischen diesen Faktoren erforderlich ist".[115] Während manche kritisieren, in solchen Fällen werde die „Identität" nicht gewahrt,[116] wiesen andere auf die naheliegenden Umgehungsmöglichkeiten hin, die sich ergeben, wenn der Betriebsübergang von organisatorischen Maßnahmen des Erwerbers abhängig ge-

---

108 EuGH v. 11.3.1997 – Rs. C-13/95 *Süzen*, EU:C:1997:141 Rdn. 15; EuGH v. 7.3.1996 – verb. Rs. C-171/94 und C-172/94 *Merckx und Neuhuys*, EU:C:1996:87 Rdn. 15.

109 *Junker*, EuZA 2019, 45, 50ff.; tendenziell anders EuArbRK/*Winter*, Art. 1 RL 2001/23/EG Rdn. 16 („Bausteine einer kontinuierlichen Rechtsprechung").

110 EuGH v. 20.11.2003 – Rs. C-340/01 *Abler*, EU:C:2003:629.

111 EuGH v. 15.12.2005 – verb. Rs. C-232/04 und C-233/04 *Güney-Görres und Demir*, EU:C:2005:778 Rdn. 37–41.

112 *Franzen*, NZA 2008 Beil. zu Heft 4, 139, 140; *Joussen*, EAS B 7200 Rdn. 17; *Schlachter*, NZA 2006, 80–83. S.a. *Thüsing*, Europäisches Arbeitsrecht, § 5 Rdn. 18.

113 Dazu – mit Erörterung der Europarechtskonformität – *Willemsen*, NZA 2008 Beil. zu Heft 4, 155–159.

114 BAG zuvor verneinend, vgl. BAG, NZA 2007, 1431, 1433f.; BAG, NZA 2006, 1039, 1042; BAG, NZA 2004, 316, 319. S.a. LAG Düsseldorf, NZA-RR 2008, 17.

115 EuGH v. 12.2.2009 – Rs. C-466/07 *Klarenberg*, EU:C:2009:85 Rdn. 37–52. Daran anschließend EuGH v. 9.9.2015 – Rs. C-160/14 *Ferreira da Silva e Brito u. a.*, EU:C:2015:565 Rdn. 33f.

116 *Wank*, FS 50 Jahre BAG (2004), S. 250; *Willemsen*, NZA 2008 Beil. zu Heft 4, 155, 158f.

macht wird.[117] In der Folgerechtsprechung hat der EuGH die Ansätze der *Klarenberg*-Entscheidung nicht vertieft.[118] In dem Erfordernis einer „funktionellen Autonomie“ (oben, Rdn. 33) kann man eine Abkehr von der Entscheidung sehen.[119]

dd) Würdigung

Die Rechtsprechung des EuGH zum Betriebsübergang allgemein, insbesondere aber **50**
zur Funktionsnachfolge, ist unbefriedigend.[120] Sie wird aus ganz unterschiedlichen Gründen kritisiert. Die Änderungsrichtlinie von 1998 hat zwar die Rechtsprechung legitimiert, dadurch aber letztlich eine dogmatisch schwer zu erfassende normative Grundlage geschaffen. War die frühere Rechtsprechung des EuGH als methodisch nicht überzeugend kritisiert worden (oben, Rdn. 29), so ist die gesetzliche Übernahme rechtsetzungstechnisch nicht überzeugend.[121] Diese Defizite haben eine wenig vorhersehbare Rechtsprechungspraxis zur Folge, und das wiederum führt zu hohen Transaktions- und Rechtsverfolgungskosten.[122] Die wichtigste Schranke im Bereich der Funktionsnachfolge, die der EuGH in der Entscheidung *Ayse Süzen* aufgestellt hat, wird als sachwidrig kritisiert, weil sie den Tatbestand des Betriebsübergangs gewissermaßen zur Disposition des Erwerbers stellt (der in solchen Fällen zweckwidrig einen Anreiz hat, gar keinen Arbeitnehmer zu übernehmen).[123] Da die Richtlinie das Schutzmindestmaß darstellt, können die mitgliedstaatlichen Gesetzgeber das nur dadurch ausgleichen, dass sie den Betriebsübergang im mitgliedstaatlichen Recht noch weiter definieren.[124]

c) Vertragliche Übertragung und Verschmelzung

Nur geringe Bedeutung hat der Gerichtshof dem weiteren – einschränkenden – Merk- **51**
mal beigemessen, dass der Übergang „durch vertragliche Übertragung oder durch Verschmelzung“ erfolgen müsse. Die Verweisung auf den Sonderfall der Verschmelzung erklärt sich aus dem Entstehungszusammenhang mit der Verschmelzungsricht-

---

117 *Rebhahn*, RdA 2006 Sonderbeil. zu Heft 6, 4, 8.

118 *Junker*, EuZA 2019, 45, 58.

119 So *Willemsen*, NZA 2014, 1010, 1011f.

120 Zur Kritik etwa *Fuchs/Marhold*, Europäisches Arbeitsrecht, S. 343f.; *Waas*, ZfA 2001, 377–395; positiver *Zachert/Kocher*, FS Arbeitsgerichtsbarkeit in Rheinland-Pfalz (1999), S. 52–63.

121 Krit. etwa *Franzen*, RdA 1999, 361, 364; *Waas/Johanns*, EuZW 1999, 458.

122 *Rebhahn*, RdA 2006 Sonderbeil. zu Heft 6, 4, 5.

123 *Barrett*, CMLR 42 (2005), 1053, 165; *Thüsing*, Europäisches Arbeitsrecht, § 5 Rdn. 22. GA *Trstenjak*, Schlussanträge v. 26.10.2010 – Rs. C-463/09 *CLECE*, EU:C:2010:636, Rdn. 63 mit Fn. 47.

124 Diesen Weg hat offenbar das VK beschritten und die *Süzen*-Rechtsprechung zugunsten der Arbeitnehmer nicht übernommen *Edward/Segan*, RdA 2006, Sonderbeil. zu Heft 6, 15, 23f.; *McMullen*, IJCLLIR 23 (2007), 335, 344f.

linie (oben, Rdn. 6). Die Verschmelzung ist dort auch näher definiert.[125] Schwierigkeiten bereitet indes die Bestimmung der „vertraglichen Übertragung". Das liegt zum einen daran, dass der Wortlaut diesem Merkmal **wenig Kontur** verleiht. Schon in der französischen Fassung wird abgestellt auf *une cession conventionnelle ou une fusion.* Vollends offen ist die englische Sprachfassung, wonach der Übergang durch *legal transfer or merger* erfolgt sein muss. Teleologisch überzeugt die Beschränkung gerade auf den vertraglichen Übergang deswegen nicht, weil damit die technische Ausgestaltung durch das mitgliedstaatliche Recht entscheidende Bedeutung für den Anwendungsbereich gewinnen kann, obwohl verschiedene Rechtsordnungen dasselbe Ergebnis (Betriebsübergang) entsprechend ihrer Rechtstradition mit unterschiedlichen technischen Mitteln bewerkstelligen mögen.

52 Zu Recht hat der Gerichtshof daher teleologische Erwägungen für entscheidend gehalten.[126] Maßgeblich ist nicht die Übertragung des Eigentums an dem Unternehmen, sondern der einvernehmliche **Übergang der Verantwortlichkeit für den Betrieb des Unternehmens.**[127] Daher findet die Richtlinie auf eine Vielzahl von Vorgängen Anwendung, die man im Sprachgebrauch nicht als Betriebsübergang bezeichnen würde.[128]

> „Der Begriff der vertraglichen Übertragung kann sich somit je nach Einzelfall auf eine schriftliche oder mündliche Vereinbarung zwischen dem Veräußerer und dem Erwerber über einen Wechsel der für den Betrieb der betreffenden wirtschaftlichen Einheit verantwortlichen Person beziehen oder auch auf eine stillschweigende Übereinkunft zwischen ihnen, die sich aus Elementen einer

---

125 Art. 3, 4 RL 2005/56/EG (Internationale Verschmelzungsrichtlinie); jetzt aufgegangen in Richtlinie (EU) 2017/1132 des Europäischen Parlaments und des Rates vom 14.6.2017 über bestimmte Aspekte des Gesellschaftsrechts, ABl. 2017 L 169/46; s. noch unten, § 33.

126 Ebenso *Wank/Börgmann,* DB 1997, 1229–1235; *Thüsing,* Europäisches Arbeitsrecht, § 5 Rdn. 32; *Fuchs/Marhold,* Europäisches Arbeitsrecht, S. 354 f.; Preis/Sagan/*Grau/Hartmann,* Rdn. 15.28; in Einzelpunkten und wegen der Konturlosigkeit krit. aber *Barrett,* CMLR 42 (2005), 1053, 1078–1085; *Wank,* FS 50 Jahre BAG (2004), S. 253.

127 EuGH v. 6.9.2011 – Rs. C-108/10 *Scattolon,* EU:C:2011:542 Rdn. 63 „so weit ausgelegt, dass sie dem Zweck der Richtlinie, die Arbeitnehmer bei einer Übertragung ihres Unternehmens zu schützen, gerecht wird"; EuGH v. 20.11.2003 – Rs. C-340/01 *Abler,* EU:C:2003:629 Rdn. 40 f.; EuGH v. 17.12.1992 – Rs. C-209/91 *Watson,* EU:C:1992:436 Rdn. 15; EuGH v. 12.11.1992 – Rs. C-209/91 *Rask,* EU:C:1992:436 Rdn. 15; EuGH v. 19.5.1992 – Rs. C-29/91 *Redmond Stichting,* EU:C:1992:220 Rdn. 11; EuGH v. 5.5.1988 – verb. Rs. 144/87 und 145/87 *Berg und Busschers,* EU:C:1988:236 Rdn. 17; EuGH v. 10.2.1988 – Rs. 324/86 *Daddy's Dance Hall,* EU:C:1988:72 Rdn. 9; EuGH v. 17.12.1987 – Rs. 287/86 *Ny Mølle Kro,* EU:C:1987:573 Rdn. 12 f.

128 S.a. EuGH v. 2.12.1999 – Rs. C-234/98 *Allen,* EU:C:1999:594 Rdn. 15–20 (Übertragung zwischen zwei Unternehmen desselben Konzerns kann Betriebsübergang darstellen). Die Kommission hatte in Vorbereitung der Änderungsrichtlinie 1998 vorgeschlagen, dieser Rechtsprechung auch im Richtlinientext Rechnung zu tragen, doch wurde diese Ergänzung nicht verabschiedet; s. dazu *Barrett,* CMLR 42 (2005), 1053, 1084. Eine Ablehnung der Rechtsprechung, die ja auf dem unveränderten Wortlaut beruht, lässt sich dem nicht entnehmen.

praktischen Zusammenarbeit ergeben würde, in denen ein gemeinsamer Wille für einen solchen Wechsel zum Ausdruck kommt."[129]

Auch auf das Element des **Einvernehmens** hat der Gerichtshof in einem Einzelfall verzichtet und angenommen, die Richtlinie sei auch anwendbar, wenn der Übergang „auf einseitigen Entscheidungen der staatlichen Stellen und nicht auf einer Willensübereinstimmung beruht".[130] „Vertraglich" ist auch die Übertragung, die infolge der Kündigung eines Dienstleistungsvertrags erfolgt; im konkreten Fall ging es um die Dienstleistung der Bewegung intermodaler Transporteinheiten am Bahnhof, und infolge der Kündigung des Betreibervertrags fielen die Aufgabe sowie die überlassenen Anlagen und Kräne an den Auftraggeber zurück.[131] 53

Insbesondere fällt auch die **„Übertragung in zwei Schritten"** in den Anwendungsbereich, bei der Veräußerer und Unternehmer unmittelbar nichts miteinander zu tun haben.[132] Zum Beispiel hat der EuGH einen Betriebsübergang angenommen, wenn der Vermieter/Verpächter erst dem Mieter/Pächter („Veräußerer") kündigt, und dann an einen anderen Unternehmer („Erwerber") vermietet, verpachtet oder verkauft.[133] In einem anderen Fall kündigte der Hauptauftraggeber seinen Vertrag mit dem Auftragnehmer und schloss einen neuen Vertrag mit dem bisherigen Subunternehmer; auch darin kann eine Übertragung i. S. d. Richtlinie liegen.[134] 54

Auch die **Auftragsneuvergabe** kann folglich einen Betriebsübergang darstellen (s. schon oben, Rdn. 43–50, zur Funktionsnachfolge). So hat der EuGH beispielsweise für die Neuvergabe der Bewirtschaftung einer Krankenhausküche[135] (s. Rdn. 47), der 55

129 EuGH v. 13.9.2007 – Rs. C-458/05 *Jouini*, EU:C:2007:512 Rdn. 25–27 („Zusammenarbeit" von zwei Leiharbeitsunternehmen mit im Wesentlichen denselben Führungskräften, deren Sinn und Zweck darin lag, die Betriebsmittel zu übertragen).

130 EuGH v. 14.9.2000 – Rs. C-343/98 *Collino*, EU:C:2000:441 Rdn. 34; EuGH v. 20.7.2017 – Rs. C-416/16 *Piscarreta Ricardo*, EU:C:2017:574 Rdn. 36 ff. (Auflösung eines kommunalen Unternehmens kraft Beschlusses des Exekutivorgans der Gemeinde).

131 EuGH v. 26.11.2015 – Rs. C-509/14 *Aira Pascual u. a.*, EU:C:2015:781.

132 EuGH v. 20.11.2003 – Rs. C-340/01 *Abler*, EU:C:2003:629 Rdn. 38 f.; EuGH v. 24.1.2002 – Rs. C-51/00 *Temco Service Industries*, EU:C:2002:48 Rdn. 31; EuGH v. 25.1.2001 – Rs. C-172/99 *Oy Liikenne Ab*, EU:C:2001:59 Rdn. 28–30 (Auftragsvergabe gem. gemeinschaftsrechtlicher Vergaberichtlinie); EuGH v. 10.12.1998 – verb. Rs. C-173/96 und C-247/96 *Hidalgo und Ziemann*, EU:C:1998:595 Rdn. 22 f.; EuGH v. 19.5.1992 – Rs. C-29/91 *Redmond Stichting*, EU:C:1992:220 Rdn. 11 f. (Fehlen einer vertraglichen Beziehung nur ein Indiz gegen Übergang, aber ohne „ausschlaggebende Bedeutung"); EuGH v. 11.3.1997 – Rs. C-13/95 *Süzen*, EU:C:1997:141 Rdn. 12; EuGH v. 7.3.1996 – verb. Rs. C-171/94 und C-172/94 *Merckx und Neuhuys*, EU:C:1996:87 Rdn. 28–30.

133 EuGH v. 15.6.1988 – Rs. 101/87 *Bork*, EU:C:1988:308 Rdn. 14; EuGH v. 10.2.1988 – Rs. 324/86 *Daddy's Dance Hall*, EU:C:1988:72 Rdn. 10; EuGH v. 17.12.1987 – Rs. 287/86 *Ny Mølle Kro*, EU:C:1987:573 Rdn. 12–14. Ebenso für den Fall des Mietkaufs *und* seiner Auflösung; EuGH v. 5.5.1988 – verb. Rs. 144/87 und 145/87 *Berg und Busschers*, EU:C:1988:236 Rdn. 17–19.

134 EuGH v. 24.1.2002 – Rs. C-51/00 *Temco Service Industries*, EU:C:2002:48.

135 EuGH v. 20.11.2003 – Rs. C-340/01 *Abler*, EU:C:2003:629.

Flugsicherheitskontrollen an einem Flughafen[136] (s. Rdn. 48) oder der Bewachung eines Museums[137] entschieden. Die Tatsache, dass die Infrastruktur des Krankenhauses (Kücheneinrichtung, Strom, Gas, Wasser) und die Kunden (Patienten, Personal, ggf. Besucher) nach Lage der Dinge übernommen werden *mussten,* hielt der EuGH für irrelevant. Ergänzend hat er im Fall der Flugsicherheitskontrollen darauf hingewiesen, dass es auch auf eine eigenwirtschaftliche Nutzung der übernommenen Infrastruktur (hier: Torsonden, Gepäckprüfanlagen, Handsonden, Sprengstoffspürgeräte) nicht ankomme (s. Rdn. 48).[138] Auch die Entziehung von **Subventionen** und die Gewährung an eine andere juristische Person, die einen ähnlichen Zweck verfolgt, kann vertragliche Übertragung sein.[139]

d) Eingeschränkte Anwendbarkeit bei Insolvenz oder wirtschaftlicher Notlage

56 In der ursprünglichen Richtlinie war nicht geregelt, ob sie auch im Fall der Insolvenz Anwendung findet. Der Wortlaut ließ Zweifel offen, da er sich zwar in der deutschen Fassung nur auf „vertragliche Übertragung“ bezog (und bezieht), während in der englischen Fassung von *legal transfer* die Rede ist (oben, Rdn. 51).[140] Beide Formulierungen sind nicht eindeutig, da die Übertragung im Insolvenzverfahren je nach nationaler Ausgestaltung vertraglich, kraft Hoheitsakts oder gesetzlich erfolgen kann. Indes erfordert die Insolvenzsituation nach gemeinsamer Ansicht der mitgliedstaatlichen Rechtsordnungen wie des Unionsrechts besondere Regeln, das spricht dafür, das Schweigen in der Richtlinie als beredt anzusehen.[141] Überzeugend hat der Gerichtshof daher unter der ursprünglichen Fassung aus teleologischen Gründen angenommen, die Verwertung im Rahmen eines Insolvenzverfahrens sei **nicht erfasst.**[142]

57 Der Gerichtshof hat zur Begründung auch auf den Arbeitnehmerschutzzweck der Richtlinie Bezug genommen. Allerdings hat er sich dabei nicht die von einzelnen Beteiligten (auch der Kommission) vorgetragene Ansicht zu eigen gemacht, die Anwendbarkeit in der Insolvenz laufe den Arbeitnehmerinteressen zuwider, weil sie die Übernahme erschwere und möglicherweise zum Verlust sämtlicher Arbeitsplätze führe.[143] Vielmehr hat er festgestellt, dass die wirtschaftlichen Folgen unsi-

---

136 EuGH v. 15.12.2005 – verb. Rs. C-232/04 und C-233/04 *Güney-Görres und Demir,* EU:C:2005:778.

137 EuGH v. 11.7.2018 – Rs. C-60/17 *Somoza Hermo,* EU:C:2018:559 Rdn. 27 f.

138 EuGH v. 15.12.2005 – verb. Rs. C-232/04 und C-233/04 *Güney-Görres und Demir,* EU:C:2005:778 Rdn. 37–41. S. schon oben, Rdn. 48.

139 EuGH v. 11.3.1997 – Rs. C-13/95 *Süzen,* EU:C:1997:141 Rdn. 8; EuGH v. 19.5.1992 – Rs. C-29/91 *Redmond Stichting,* EU:C:1992:220 Rdn. 14.

140 Zu den Zweifeln der Wortauslegung aus englischer Sicht *Davies,* YEL 9 (1989), 21, 45 („To an English lawyer, this is a surprising question.“).

141 EuGH v. 7.2.1985 – Rs. 135/83 *Abels,* EU:C:1985:55 Rdn. 11–24.

142 EuGH v. 7.2.1985 – Rs. 135/83 *Abels,* EU:C:1985:55 Rdn. 14–24; EuGH v. 25.7.1991 – Rs. C-362/89 *D'Urso,* EU:C:1991:326 Rdn. 22–33; EuGH v. 7.2.1985 – Rs. 19/83 *Wendelboe,* EU:C:1985:54 Rdn. 10. Zusammenfassend *Franzen,* RdA 1999, 361, 365 f.

143 So aber *Rebhahn,* JBl 1999, 621, 627; zu dessen eigener wirtschaftspolitischer Bewertung S. 629–633.

cher sind, aber mit einer ernsthaften Gefährdung der Arbeitnehmerinteressen zu rechnen sei.[144] In diesen Erwägungen dürfte daher nicht eine – methodisch zweifelhafte – eigene Rechtsfolgenabschätzung des Gerichtshofs zu sehen sein, sondern ein weiteres Indiz für den Gesetzgeberwillen. Angesichts dieser schwierigen wirtschaftspolitischen Bewertung hätte die Einbeziehung des Insolvenzfalls eine ausdrückliche Anordnung gefordert.

Der Gesetzgeber hat diese Rechtsprechung 1998 durch Art. 5 Abs. 1 BÜRL **insofern bestätigt**, als der automatische **Rechtsübergang** und das Kündigungsverbot nach Art. 3 und 4 der Richtlinie auf solche Übergänge **grundsätzlich keine Anwendung** finden, bei denen gegen den Veräußerer (1) unter der Aufsicht einer zuständigen öffentlichen Stelle (2) ein Insolvenzverfahren oder ein entsprechendes Verfahren mit dem Ziel der Auflösung des Vermögens[145] des Veräußerers (3) eröffnet wurde.[146] **Anwendbar bleiben** aber die übrigen Schutzvorschriften der Richtlinie, insbesondere der Schutz durch Information und Konsultation. Für den Rechteübergang lässt die Richtlinie lediglich Modifikationen des Schutzes zu (dazu näher unten, Rdn. 60–64). Das mitgliedstaatliche Recht kann aber anderes bestimmen. 58

Mit der Formulierung der Voraussetzungen in Art. 5 Abs. 1 BÜRL knüpft der Gesetzgeber erkennbar an die frühere Rechtsprechung des EuGH an, der insoweit weiterhin Bedeutung zukommt. Dies ist insbesondere für die **Abgrenzung von Insolvenzverfahren relevant.** Nach der vorherigen und insoweit weiter tragenden Rechtsprechung des Gerichtshofs findet die Richtlinie durchaus Anwendung, wenn in einem gesetzlich geregelten Verfahren eine Krise festgestellt wurde, das Unternehmen aber **nicht verwertet,** sondern ihm die **Fortführung ermöglicht** werden soll.[147] Das gilt auch dann, wenn gerichtliche oder freiwillige Liquidationsverfahren eingeleitet wurden.[148] Und ebenso ist die Richtlinie auf einen Übergang anwendbar, wenn nur Zahlungseinstellung vorliegt, ohne dass schon ein Insolvenzverfahren eröffnet wäre.[149] Maßgeblich für die Grenzziehung ist, wie der Gesetzgeber jetzt in Art. 5 Abs. 1 bestätigt, das *Ziel* des Verfahrens: ob es auf die Verwertung („Auflösung des Vermögens") oder auf die Sanierung gerichtet ist.[150] 59

---

144 EuGH v. 7.2.1985 – Rs. 135/83 *Abels,* EU:C:1985:55 Rdn. 18–24.

145 Der Plan einer Auflösung des zu übertragenden Betriebs oder Unternehmens in der Zukunft reicht dafür nicht; EuGH v. 13.6.2019 – Rs. C-664/17 *Nafpigeia,* EU:C:2019:496 Rdn. 43ff. Krit. *Greiner/Piontek,* RdA 2020, 84, 92 (für einen tatbestandlichen Ausschluss: „Liquidationsabsicht als Betriebsübergangshindernis").

146 EuGH v. 16.5.2019 – Rs. C-509/17 *Plessers,* EU:C:2019:424 Rdn. 40ff.; EuGH v. 22.6.2017 – Rs. C-126/16 *Federatie Nederlandse Vakvereniging,* EU:C:2017:489; EuGH v. 28.1.2015 – Rs. C-688/13 *Gimnasio Deportivo San Andrés,* EU:C:2015:46. Ferner *Rebhahn,* JBl 1999, 621, 628f.

147 EuGH v. 7.12.1995 – Rs. C-472/93 *Luigi Spano,* EU:C:1995:421 Rdn. 25; EuGH v. 25.7.1991 – Rs. C-362/89 *D'Urso,* EU:C:1991:326 Rdn. 22–33; EuGH v. 7.2.1985 – Rs. 186/83 *Botzen,* EU:C:1985:58; EuGH v. 7.2.1985 – Rs. 135/83 *Abels,* EU:C:1985:55 Rdn. 25–31. Krit. noch *Davies,* YEL 9 (1989), 21, 46f., und, zur bestätigenden Änderungsrichtlinie 1998, *ders.,* ILJ 27 (1998), 365, 367f. Zur ratio *Rebhahn,* JBl 1999, 621, 632f.

148 EuGH v. 12.3.1998 – Rs. C-319/94 *Dethier Equipement,* EU:C:1998:99 Rdn. 25–31; EuGH v. 12.11.1998 – Rs. C-399/96 *Europièces,* EU:C:1998:532 Rdn. 28–35.

149 EuGH v. 11.7.1985 – Rs. 105/84 *Danmols Inventar,* EU:C:1985:331 Rdn. 9f.

150 EuGH v. 7.2.1985 – Rs. 135/83 *Abels,* EU:C:1985:55 Rdn. 28f.; EuGH v. 25.7.1991 – Rs. C-362/89 *D'Urso,* EU:C:1991:326 Rdn. 26.

60 „Wenn die Artikel 3 und 4 für einen Übergang während eines Insolvenzverfahrens gegen den Veräußerer ... gelten und dieses Verfahren unter der Aufsicht einer zuständigen öffentlichen Stelle ... steht“, haben die Mitgliedstaaten nach Art. 5 Abs. 2 bis 4 BÜRL bestimmte **weitere** – freilich *eingeschränkte* – **Gestaltungsspielräume**, und zwar auch für den Fall, dass das Insolvenzverfahren *nicht mit dem Ziel der Auflösung des Vermögens* eröffnet wird: Unter bestimmten Voraussetzungen können sie die Erwerberhaftung für Altverbindlichkeiten ausschließen und den Arbeitgebern im Zusammenwirken mit den Arbeitnehmervertretern eine Änderung der Arbeitsbedingungen ermöglichen.[151]

61 Die Regelung wirft mehrere Fragen auf. *Erstens* scheint sich die Formulierung nach Wortlaut und systematischer Stellung auf Absatz 1 zu beziehen und könnte daher dahin verstanden werden, dass diese zusätzlichen Gestaltungsoptionen tatbestandlich nur eröffnet sind, wenn ein Mitgliedstaat Art. 3 und 4 auf Insolvenzverfahren insgesamt (auch solche mit Auflösungsziel) anwendet, man würde sie also lesen als „*nur* wenn“. Indes deuten die englische und die französische Sprachfassung darauf hin, dass der Gesetzgeber zwar an Absatz 1 angeknüpft hat, als entscheidende tatbestandliche Voraussetzung aber angesehen hat, dass das Verfahren unter staatlicher Aufsicht geführt wird. Auch die Gesetzgebungsgeschichte weist darauf hin, dass Absatz 2 eine *zusätzliche* Gestaltungsoption einräumen sollte.[152] Ein Mitgliedstaat kann daher für Insolvenzverfahren mit Auflösungsziel Art. 3 und 4 ausschließen, für andere Insolvenzverfahren (auch ohne Auflösungsziel) von den Gestaltungsoptionen der Absätze 3 bis 4 Gebrauch machen. *Zweitens* könnte man Absatz 2 insofern als Einschränkung des Umsetzungsspielraums nach Absatz 1 ansehen, als den Mitgliedstaaten zwar freigestellt wird, Art. 3 und 4 für die dort bestimmten Insolvenzverfahren *überhaupt nicht* anzuwenden; entscheiden sie sich aber für eine Anwendung so können sie die Vorschriften nur uneingeschränkt oder mit den hier näher bezeichneten Einschränkungen versehen. Absätze 2–4 würden m.a.W. den von Absatz 1 (für die dort bezeichneten Insolvenzverfahren) vermeintlich vollständig eingeräumten Umsetzungsspielraum teilweise wieder einschränken. Dagegen spricht indes schon die Systematik, da es eher fern liegt, dass der Gesetzgeber mit der einen Hand nimmt, was er eben erst mit der anderen gegeben hat. Auch teleologisch würde zudem die Beschränkung des von Absatz 1 gewährten Umsetzungsspielraums nicht einleuchten, und zwar weder im Arbeitnehmerinteresse noch im Binnenmarktinteresse (das sonst gelegentlich für eine Vertypung von Umsetzungsoptionen sprechen kann). Daher handelt es sich bei Absatz 2 um Gestaltungsspielräume, die zusätzlich zu jenen des Absatz 1 eingeräumt werden, nämlich tatbestandlich auch für Insolvenzverfahren, die nicht die Auflösung zum Ziel haben. Die Umsetzungsoption des Absatz 1 wird dadurch nicht eingeschränkt.[153]

62 Finden die Artikel 3 und 4 BÜRL auf den **Betriebsübergang während eines Insolvenzverfahrens** (mit oder ohne Auflösungsziel) gegen den Gläubiger Anwendung, das unter Aufsicht einer zuständigen staatlichen Stelle (dazu zählt auch der Insolvenzverwalter) durchgeführt wird, so können sie den Arbeitnehmerschutz in zweierlei Hinsicht einschränken.

– Zum einen können sie nach Abs. 2 lit. a) vorsehen, dass die vor Eröffnung des Insolvenzverfahrens fälligen Verbindlichkeiten aus dem Arbeitsverhältnis („**Altver-**

151 Dazu (krit.) *Davies*, ILJ 27 (1998), 365, 368–370.

152 *Franzen*, RdA 1999, 361, 367 f.

153 *Franzen*, RdA 1999, 561, 567 f.; *Rebhahn*, JBl 1999, 621, 627.

bindlichkeiten") nicht auf den Erwerber übergehen; die Masse wird also insoweit zugunsten der übrigen Gläubiger erleichtert. Voraussetzung ist aber – zur Wahrung der Arbeitnehmerinteressen –, dass das Insolvenzverfahren einen der Insolvenzschutzrichtlinie (s. dazu § 28) gleichwertigen Schutz vorsieht.

– Zum anderen können nach Abs. 2 lit. b) Erwerber und Veräußerer einerseits und Arbeitnehmervertreter andererseits (im Rahmen des mitgliedstaatlichen Rechts) eine **Änderung der Arbeitsbedingungen vereinbaren**, „die den Fortbestand des Unternehmens, Betriebs oder Unternehmens- bzw. Betriebsteils sichern und dadurch der Erhaltung von Arbeitsplätzen dienen".[154]

Diese letztere Option können die Mitgliedstaaten auch für den Fall ausüben, dass gegen den Veräußerer zwar kein Insolvenzverfahren eröffnet ist, dieser sich aber **in einer schwierigen wirtschaftlichen Lage** befindet, Art. 5 Abs. 3 BÜRL;[155] diese Ergänzung bezieht sich auf bestimmte italienische Zahlungsunfähigkeitsverfahren.[156] 63

Ist der Betriebsübergang im Insolvenzfall auf diese Weise (aus Arbeitgebersicht) privilegiert, so wird damit zugleich eine Missbrauchsmöglichkeit eröffnet. Art. 5 Abs. 4 BÜRL verpflichtet die Mitgliedstaaten daher, einem solchen Missbrauch vorzubeugen. 64

3. Räumlicher Anwendungsbereich

Räumlich ist die Richtlinie anwendbar, wenn und soweit sich der übergehende Betrieb innerhalb des räumlichen Geltungsbereichs des Vertrages (= des EUV!) befindet, Art. 1 Abs. 2 BÜRL. Das gilt grundsätzlich auch für den – bislang nicht ausdrücklich geregelten (oben, Rdn. 8) – grenzüberschreitenden Betriebsübergang.[157] 65

4. Zusammenfassung: Teleologisch-gegliederte Begriffsbildung

Die Rechtsprechung des EuGH ist weitgehend einzelfallbezogen. Auch die sieben *Spijkers*-Kriterien (Rdn. 31) tragen nur eingeschränkt zur Konturierung bei. Das liegt nicht zuletzt daran, dass der Gerichtshof diese Kriterien in einer Gesamtschau gewürdigt wissen will und nicht nach Begriffsebenen geordnet und teleologisch begründet hat. Das dies ansatzweise durchaus möglich ist, hat *Wank* gezeigt, der mit einer teleologisch-gegliederten Begriffsbildung nach Ober- und Unterbegriffen eine Neuordnung 66

154 Zu Verhandlungslösungen unter der BÜRL *Armour/Deakin*, ILJ 29 (2000), 395, 397–402.

155 Vgl. EuGH v. 11.6.2009 – Rs. C-561/07 *Kommission ./. Italien*, EU:C:2009:363 Rdn. 43ff.

156 *Franzen*, RdA 1999, 561, 568; *ders.*, NZA 2008 Beil. zu Heft 4, 139, 143; Bericht der Kommission über die Richtlinie 2001/23/EG v. 18.6.2007, KOM(2007) 334 endg., S. 9.

157 Dazu *Feudner*, NZA 1999, 1184–1190; *Reichold*, FS Birk (2008), S. 687–702.

des Begriffs „Betriebsübergang" unternommen hat.[158] Der Tatbestand des Betriebsübergangs lässt sich danach wie folgt zusammenfassen:

Tatbestand des Betriebsübergangs

(1) wirtschaftliche Einheit

(a) organisatorische Zusammenfassung

Worauf sich die organisatorische Zusammenfassung bezieht, hängt von der Art des Betriebs ab (z. B. betriebsmittelarme Betriebe); je nachdem sind die folgenden Bestandteile in einer wertenden Gewichtung zu berücksichtigen.

(i) Aktiva

(ii) (Haupt-) Belegschaft

(iii) Kundenstamm

(b) zur Verfolgung einer Haupt- oder Nebentätigkeit

Diesem Merkmal kommt keine eigene Unterscheidungskraft zu, da eine organisatorische Zusammenfassung, die nicht mindestens einen Nebenzweck verfolgt, nicht vorkommt.

(2) Übergang

Ob ein rechtlich relevanter Übergang vorliegt, ist mittels einer Ähnlichkeitsprüfung festzustellen, und zwar anhand von zwei Merkmalen:

(a) Ähnlichkeit der Tätigkeit

(b) Dauer einer eventuellen Unterbrechung

Im Normalfall wird die Tätigkeit ohne Unterbrechung fortgeführt, doch schadet eine nicht zu lange Unterbrechung nicht.

(3) durch Rechtsgeschäft

Erforderlich ist ein Übergang durch Rechtsgeschäft, wobei dieses keine bestimmte Form haben und auch nicht gerade zwischen dem Veräußerer und dem Übernehmer zustande kommen muss.

158 *Wank*, FS 50 Jahre BAG (2004), S. 246–256, freilich mit Kritik in Einzelpunkten.

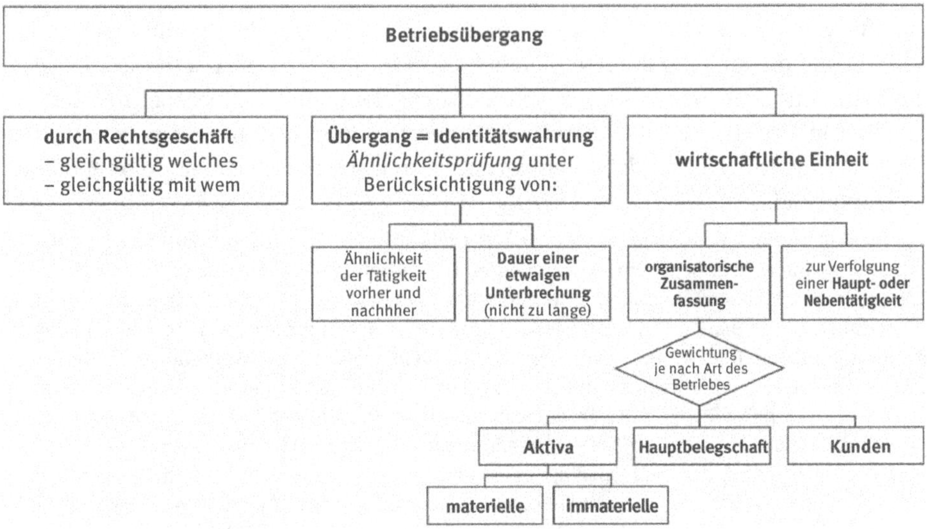

Abb: Graphische Darstellung der Begriffsebenen in Anlehnung an *Wank*, FS 50 Jahre BAG (2004), S. 254.

III. Rechtsfolgen

1. Übergang der Rechte und Pflichten aus dem Arbeitsvertrag

Das zentrale Schutzinstrument der Richtlinie besteht in dem von Art. 3 BÜRL geregelten Übergang der Rechte und Pflichten: „Die Rechte und Pflichten des Veräußerers aus einem zum Zeitpunkt des Übergangs bestehenden Arbeitsvertrag oder Arbeitsverhältnis gehen aufgrund des Übergangs auf den Erwerber über.“ 67

a) Übergang der Rechte und Pflichten

aa) Grundsatz

Schon von Unionsrechts wegen ist damit ein ***ipso iure*-Übergang** der Rechte und Pflichten vorgeschrieben. Einer Übertragung vom Veräußerer auf den Erwerber bedarf es nicht, weiter noch kommt es auf deren Willen oder Zustimmung nicht an.[159] Das gilt 68

159 EuGH v. 26.5.2005 – Rs. C-478/03 *Celtec*, EU:C:2005:321 Rdn. 39–43; EuGH v. 24.1.2002 – Rs. C-51/00 *Temco Service Industries*, EU:C:2002:48 Rdn. 35; EuGH v. 14.11.1996 – Rs. C-305/94 *Rotsart de Hertaing*, EU:C:1996:435 Rdn. 16–18: auch bei Weigerung des Erwerbers; EuGH v. 25.7.1991 – Rs. C-362/89 *D'Urso*, EU:C:1991:326 Rdn. 10–12; EuGH v. 5.5.1988 – verb. Rs. 144/87 und 145/87 *Berg und Busschers*, EU:C:1988:236 Rdn. 10–14.

auch für den Zeitpunkt des Übergangs (unten, Rdn. 73), über den Veräußerer und Erwerber nicht disponieren können.[160] Mit Art. 3 Abs. 1 BÜRL unvereinbar ist eine mitgliedstaatliche Regelung, wonach sich die übergehenden Arbeitnehmer neu bewerben oder in einem neuen Rechtsverhältnis verpflichten müssen (und zwar auch bei Eingliederung in die öffentliche Verwaltung, also wenn der Erwerber ein öffentliches Unternehmen ist).[161]

69 In verschiedenen Konstellationen kann der Betriebsübergang Fragen der Zuordnung des Arbeitsverhältnisses aufwerfen. Bei dem **Übergang einer Teileinheit** (Unternehmensteil, Betrieb, Betriebsteil) hat der EuGH darauf abgestellt, ob der Arbeitnehmer der übergehenden Einheit „zur Erfüllung seiner Aufgaben angehört".[162] Geht der Betrieb auf **mehrere Erwerber** über, so kann das **Arbeitsverhältnis anteilig** auf diese übergehen, also in Form mehrerer Teilzeit-Arbeitsverhältnisse.[163] Die Anteile zu bestimmen ist – mit Rücksicht auf Art. 2 Abs. 2 lit. a) BÜRL – Sache der Mitgliedstaaten, die etwa den Wert der Betriebsteile oder den Zeitaufwand der für jeden Teil anfallenden Arbeit als Anknüpfungspunkt nehmen können. Anderes gilt jedoch, wenn die Aufteilung (1) nicht möglich ist oder (2) zu einer Verschlechterung der Arbeitsbedingungen oder (3) der von der BÜRL gewährleisteten Rechte führen würde; dann „kann es (...) zu einer Beendigung des betreffenden Arbeitsvertrags kommen" (die dann gem. Art. 4 Abs. 2 BÜRL zu behandeln ist; unten, Rdn. 104 ff.). Die Möglichkeit einer (ungeteilten) Zuordnung nach dem Tätigkeitsschwerpunkt hat der Gerichtshof verworfen, da durch sie (einer der) Erwerber übermäßig belastet werde; er erhielte ein Vollzeitarbeitsverhältnis, obwohl der Arbeitnehmer für ihn nur teilzeitweise tätig ist.[164] Freilich kommt das bei dem Übergang einer Teileinheit oftmals vor (wenn auch in gradueller Abstufung). Zudem wird kritisch eingewandt, dass sich ein einheitliches Arbeitsverhältnis nicht als Summe von Teilzeitarbeitsverhältnissen verstehen lässt.[165]

70 Auf den Erwerber gehen alle **Rechte und Pflichten** aus den bestehenden Arbeitsverhältnissen über. Die Formulierung „Rechte und Pflichten" ist dabei weit zu verstehen. Erfasst werden davon nicht nur Ansprüche oder Gestaltungsrechte im engeren Sinne, auch bedingte oder befristete Ansprüche gehören dazu (z. B. auf Leistungen für den Fall des Eintritts in den Vorruhestand).[166] Ferner können auch tatsächliche Gegebenheiten andauernd von Bedeutung sein („übergehen"). Zum Beispiel sind die **Beschäftigungszeiten** beim Erwerber zu berücksichtigen – etwa wenn es darauf für die Zwecke der Festsetzung von Lohn oder Abfindung ankommt –, jedenfalls wenn die darauf abstellende Rechtsgrundlage unverändert anwendbar ist.[167]

---

160 EuGH v. 14.11.1996 – Rs. C-305/94 *Rotsart de Hertaing*, EU:C:1996:435 Rdn. 23–25.

161 EuGH v. 13.6.2019 – Rs. C-317/18 *Moreira*, EU:C:2019:499 Rdn. 57 ff.

162 EuGH v. 7.2.1985 – Rs. C-186/83 *Botzen*, EU:C:1985:58 Rdn. 15; EuGH v. 12.11.1992 – Rs. C-209/91 *Rask*, EU:C:1992:436 Rdn. 16.

163 EuGH v. 26.3.2020 – Rs. C-344/18, *ISS Facility Services*, EU:C:2020:239 Rdn. 24 ff.

164 EuGH v. 26.3.2020 – Rs. C-344/18, *ISS Facility Services*, EU:C:2020:239 Rdn. 30 f.

165 *Löw/Stolzenberg*, NZA 2020, 1279 ff.

166 EuGH v. 6.11.2003 – Rs. C-4/01 *Martin*, EU:C:2003:594 Rdn. 27–30.

167 EuGH v. 14.9.2000 – Rs. C-343/98 *Collino*, EU:C:2000:441 Rdn. 49–51; EuGH v. 6.9.2011 – Rs. C-108/10 *Scattolon*, EU:C:2011:542 Rdn. 69; EuGH v. 6.4.2017 – Rs. C-336/15 *Unionen*, EU:C:2017:276 Rdn. 20 ff. *Rebhahn*, RdA 2006 Sonderbeil. zu Heft 6, 4, 12.

Unter den besonderen Umständen einer langfristigen konzerninternen Entsendung von „**Leiharbeitnehmern**" vertrat der Gerichtshof die Auffassung, das entleihende Unternehmen könne als „nichtvertraglicher Arbeitgeber" auch als Veräußerer betrachtet werden; s. Rdn. 23. Das wirft die Frage auf, welche Rechte und Pflichten in einem solchen Fall übertragen werden: die aus dem Arbeitsvertrag mit dem Leiharbeitsunternehmen, die aus dem Arbeitsverhältnis mit dem entleihenden Unternehmen oder eine Mischung aus beidem? Der Zweck der Richtlinie (nach Auslegung des Gerichtshofs) legt letzteres nahe: Sowohl Arbeitsvertrag als auch Arbeitsverhältnis werden auf den Veräußerer übertragen.[168] 71

Art. 3 Abs. 1 BÜRL ordnet nur den Übergang der Rechte und Pflichten **aus dem Arbeitsverhältnis** an, nicht auch sonstiger Rechtsverhältnisse. Ein Mietvertrag des Veräußerers geht daher nicht auf den Erwerber über, und zwar auch dann nicht, wenn seine Beendigung zur Folge hat, dass der übernommene Betrieb (so) nicht fortgeführt werden kann.[169] 72

Der Übergang betrifft die Arbeitsverhältnisse, die zum **Zeitpunkt des Übergangs bestehen.**[170] Dem Wortlaut nach, aber auch aus Gründen der Rechtssicherheit geht der Gerichtshof dabei von einem schon von der Richtlinie bestimmten Zeit*punkt* (nicht Zeitraum) aus. Maßgeblich ist nach den Erwägungen zum Übergang des Arbeitsverhältnisses (oben, Rdn. 68) der Zeitpunkt, in dem die Verantwortung für den Betrieb vom Veräußerer auf den Erwerber übergeht.[171] Zu den übergehenden Rechten gehören auch solche, die bereits vor dem Zeitpunkt des Übergangs entstanden, aber noch nicht erfüllt sind.[172] Das ergibt sich heute auch aus der systematischen Auslegung im Hinblick auf Art. 5 Abs. 2 lit. a) BÜRL. Anders liegen die Dinge, wenn ein Arbeitnehmer *vor dem Übergang* ausgeschieden war: Hat er etwa noch einen Anspruch auf Urlaubsabgeltung, so kann er diesen nicht gegenüber dem Erwerber geltend machen.[173] 73

Eine **Änderung von Arbeitsbedingungen** aufgrund der Übernahme ist unzulässig und daher unwirksam.[174] Gewährt der Erwerber dem Arbeitnehmer entgegen Art. 3 Abs. 1 BÜRL ungünstigere Arbeitsbedingungen, so hat er einen entsprechenden Nachteil auszugleichen.[175] Wirksam vereinbaren können Veräußerer oder Erwerber einerseits und Arbeitnehmer andererseits aber Änderungen, die nach den allgemeinen Regeln des mitgliedstaatlichen Rechts, also auch *unabhängig von der Unternehmens-* 74

168 Ähnlich *Bauer/von Medem*, NZA 2011, 20, 21 f. A.M. *Forst*, RdA 2011, 228, 232–236 (übertragen wird nur das nichtvertragliche Arbeitsverhältnis, während die arbeitsvertragliche Beziehung zum Leiharbeitsunternehmen wirksam bleibt; mit detaillierter Übersicht der verschiedenen Beziehungen).

169 EuGH v. 16.10.2008 – Rs. C-313/07 *Kirtruna*, EU:C:2008:574 Rdn. 40–46.

170 EuGH v. 7.2.1985 – Rs. 19/83 *Wendelboe*, EU:C:1985:54 Rdn. 12–17.

171 EuGH v. 26.5.2005 – Rs. C-478/03 *Celtec*, EU:C:2005:321 Rdn. 29–36. Auch eine Disposition im Einvernehmen mit dem Arbeitnehmer ist nicht möglich, a. a. O. Rdn. 44.

172 EuGH v. 7.2.1985 – Rs. 135/83 *Abels*, EU:C:1985:55 Rdn. 36 f. *Rebhahn*, JBl 1999, 710. Das bedeutet indes keine „ex tunc-Wirkung"; so aber *Joussen*, EAS B 7200 Rdn. 38.

173 EuGH v. 7.2.1985 – Rs. 19/83 *Wendelboe*, EU:C:1985:54 Rdn. 12–17.

174 EuGH v. 6.11.2003 – Rs. C-4/01 *Martin*, EU:C:2003:594 Rdn. 44 f.

175 EuGH v. 6.11.2003 – Rs. C-4/01 *Martin*, EU:C:2003:594 Rdn. 50–54.

veräußerung zulässig sind.[176] Damit sind freilich praktische Abgrenzungsschwierigkeiten verbunden.[177]

bb) Aufrechterhaltung kollektivvertraglicher Arbeitsbedingungen

75 Der Erwerber ist gebunden, die in einem Kollektivvertrag vereinbarten Arbeitsbedingungen – für eine bestimmte Frist – in dem gleichen Maße *(dans la même mesure, on the same terms)* aufrecht zu erhalten, wie sie in dem Kollektivvertrag für den Veräußerer vorgesehen waren, Art. 3 Abs. 3 BÜRL. Der Begriff des **Kollektivvertrags** ist in der Richtlinie nicht definiert. Dies, der Umstand, dass die mitgliedstaatlichen Kollektivvertragssysteme höchst unterschiedlich sind[178], sowie die allein bezweckte teilweise Rechtsangleichung sprechen dafür, den Begriff nicht unionsautonom, sondern nach dem mitgliedstaatlichen Recht zu bestimmen.[179] Im deutschen Recht zählen dazu Tarifvertrag und Betriebsvereinbarung (Sprechervereinbarung, Dienstvereinbarung),[180] nach umstrittener Auffassung auch die betriebsverfassungsrechtliche Regelungsabrede[181].

76 Der Begriff der **Arbeitsbedingungen** ist auch hier (wie oben, Rdn. 70) *weit* zu verstehen. Es geht nicht nur um individuelle Rechte und Pflichten, sondern nach Wortlaut und Schutzzweck um alle Bedingungen. Daher ist eine Beschränkung auf Inhaltsnormen, die das individuelle Arbeitsverhältnis betreffen – also unter Ausschluss betrieblicher (!) oder betriebsverfassungsrechtlicher Normen – nicht mit der Richtlinie vereinbar.[182]

77 Art. 3 Abs. 3 BÜRL betrifft die „in einem Kollektivvertrag vereinbarten Arbeitsbedingungen" und differenziert nicht nach den – nach mitgliedstaatlichem Recht im einzelnen unterschiedlichen – **Wirkungsweisen**, durch die diese zur Geltung kommen. So wirken Tarifverträge in Deutschland normativ, in anderen Ländern begründen sie Verpflichtungen des Arbeitgebers gegenüber der Gewerkschaft oder wirken sie

176 EuGH v. 6.11.2003 – Rs. C-4/01 *Martin*, EU:C:2003:594 Rdn. 39–43; EuGH v. 14.9.2000 – Rs. C-343/98 *Collino*, EU:C:2000:441 Rdn. 52; EuGH v. 12.11.1992 – Rs. C-209/91 *Rask*, EU:C:1992:436 Rdn. 26–28; EuGH v. 10.2.1988 – Rs. 324/86 *Daddy's Dance Hall*, EU:C:1988:72 Rdn. 16f.

177 Dazu *Barrett*, CMLR 42 (2005), 1053, 1097–1100.

178 *Rebhahn*, RdA 2006 Sonderbeil. zu Heft 6, 4, 12f.

179 EuArbRK/*Winter*, Art. 3 RL 2001/23/EG Rdn. 45.

180 EuArbRK/*Winter*, Art. 3 RL 2001/23/EG Rdn. 46.

181 EuArbRK/*Winter*, Art. 3 RL 2001/23/EG Rdn. 46; Preis/Sagan/*Grau/Hartmann*, Rdn. 15.109; a.M. *Joussen*, EAS B 7200 Rdn. 54.,

182 H.M. *von Alvensleben*, Die Rechte der Arbeitnehmer bei Betriebsübergang im Europäischen Gemeinschaftsrecht, S. 244–246; *Fuchs/Marhold*, Europäisches Arbeitsrecht, S. 370f.; Hanau/Steinmeyer/Wank/*Wank*, § 18 Rdn. 98; *Joussen*, EAS B 7200 Rdn. 55f., 65; *Thüsing*, Europäisches Arbeitsrecht, § 5 Rdn. 65; a.M. etwa *Debong*, Die EG-Richtlinie über die Wahrung der Arbeitnehmeransprüche beim Betriebsübergang, S. 68–73; ErfK/*Preis*, § 613a BGB Rdn. 114; Preis/Sagan/*Grau/Hartmann*, Rdn. 15.110 (grundsätzlicher Ausschluss, anders bei sog. „Doppelnormen").

kraft vertraglicher Einbeziehung.[183] Art. 3 Abs. 3 BÜRL erfasst aber alle diese mitgliedstaatlichen Erscheinungsformen (und Wirkweisen) der Tarifverträge.[184] Erfasst sind daher auch kollektivvertragliche Arbeitsbedingungen, die aufgrund einer im nationalen Recht nach Beendigung des Kollektivvertrags vorgesehenen **Nachwirkung** gelten (vgl. z. B. § 4 Abs 5 TVG).[185]

Die Bindung **endet,** wenn der Kollektivvertrag durch Kündigung oder Fristablauf endet[186] oder durch das Inkrafttreten oder die Anwendung eines anderen Kollektivvertrags abgelöst wird:[187] „Die Richtlinie erlaubt also die Verdrängung bzw. Ersetzung durch einen anderen Kollektivvertrag, auch einen Ungünstigeren."[188] Der Gerichtshof anerkennt, dass dies „dem Erwerber und den anderen Vertragsparteien (...) einen Spielraum (lässt), um die Integration der übergegangenen Arbeitnehmer in die Lohn- und Gehaltsstruktur so zu gestalten, dass dabei die Umstände des fraglichen Übergangs angemessen berücksichtigt werden".[189] 78

Die Mitgliedstaaten können den Zeitraum beschränken, für den die kollektiven Arbeitsbedingungen aufrechterhalten, doch darf dieser Zeitraum nicht weniger als ein Jahr betragen.[190] 79

Damit geht die Kollektivvereinbarung gleichsam mit dem Betrieb über (innerhalb der festgelegten zeitlichen Grenzen, s. oben, Rdn. 75). Allerdings gilt das nur eingeschränkt. Ist es regelmäßig das Kennzeichen der Kollektivvereinbarung, dass sie für alle Arbeitnehmer (der erfassten Einheit) gilt (ggf. unter Beachtung persönlicher Voraussetzungen; Tarifgebundenheit), so schützt die Fortwirkung nach Art. 3 Abs. 3 BÜRL doch **nur die *Alt*arbeitnehmer**, nicht auch jene, deren Arbeitsverhältnis erst nach dem Übergang begründet wurde.[191] 80

---

183 *Rebhahn,* RdA 2006 Sonderbeil. zu Heft 6, 4, 12f.; *Willemsen/Krois/Mehrens,* RdA 2018, 151, 159.

184 Vgl. EuGH v. 6.11.2003 – Rs. C-4/01 *Martin,* EU:C:2003:594 Rdn. 46 (zu einem englischen *collective agreement,* das nur im Wege der arbeitsvertraglichen Vereinbarung zur Geltung kommt); *Rebhahn,* RdA 2006 Sonderbeil. zu Heft 6, 4. 13.

185 EuGH v. 11.9.2014 – Rs. C-328/13 *Österreichischer Gewerkschaftsbund,* EU:C:2014:2197.

186 Und zwar auch dann, wenn Fristablauf und Betriebsübergang koinzidieren; EuGH v. 27.11.2008 – Rs. C-396/07 *Juuri,* EU:C:2008:656 Rdn. 32–34.

187 EuGH v. 6.11.2003 – Rs. C-4/01 *Martin,* EU:C:2003:594 Rdn. 46. Zur sog. Überkreuzablösung im deutschen Recht (abl.) BAG, NZA 2008, 542; BAG, NZA 2006, 800; krit. *Döring/Grau,* BB 2009, 158–165.

188 *Rebhahn,* RdA 2006 Sonderbeil. zu Heft 6, 4, 13.

189 EuGH v. 6.9.2011 – Rs. C-108/10 *Scattolon,* EU:C:2011:542 Rdn. 75 (Rdn. 74: „der Erwerber (darf) die nach dem bei ihm geltenden Kollektivvertrag vorgesehenen Arbeitsbedingungen – einschließlich derjenigen über das Arbeitsentgelt – ab dem Zeitpunkt des Übergangs anwenden"). Mit Blick auf die speziellen Umstände des Falls, betont der Gerichtshof jedoch, dass die Mitgliedstaaten verpflichtet sind, das Ziel der Richtlinie, nämlich die Versetzung der Arbeitnehmer in eine ungünstigere Lage durch Wechsel des Arbeitgebers zu verhindern, wirksam umzusetzen. Diese Verpflichtung kann in geeigneten Fällen die Anerkennung der Zeiten bei dem Veräußerer im Hinblick auf die Betriebszugehörigkeit für den Lohn sein. Krit. *Sittard/Flockenhaus,* NZA 2013, 652ff.; *Steffan,* NZA 2012, 473ff.

190 Vgl. dazu EuGH v. 6.4.2017 – Rs. C-336/15 *Unionen,* EU:C:2017:276 Rdn. 26ff.

191 EuGH v. 17.12.1987 – Rs. 287/86 *Ny Mølle Kro,* EU:C:1987:573 Rdn. 25.

81 Umstritten ist, inwieweit die **rechtliche Wirkung** der kollektivvertraglichen Arbeitsbedingungen von der Richtlinie vorgegeben ist oder von den mitgliedstaatlichen Gesetzgebern bestimmt werden können. Müssen die Arbeitsbedingungen von Unionsrechts wegen auch nach dem Übergang *kollektivrechtlich wirken* oder ist auch die *individualrechtliche Fortwirkung* ausreichend? Der Unterschied ist nach deutschem Recht durchaus nicht unerheblich, da die kollektivrechtliche Wirkung eine ungünstige individualvertragliche Abweichung nicht zulässt. Der Sache nach liegt in der bloß individualrechtlichen Fortwirkung daher eine Herabsetzung des Schutzes, die mit dem Wortlaut („dem gleichen Maße") und dem Zweck der Richtlinie nicht in Einklang steht,[192] und daher – entgegen der in Deutschland h.L. –[193] als europarechtswidrig abzulehnen ist.[194]

cc) Wirkung individualvertraglich inkorporierter kollektiver Arbeitsbedingungen

82 Elemente des Individualarbeitsvertrags und des Kollektivvertrags werden miteinander verbunden, wenn die Parteien kollektivvertragliche Arbeitsbedingungen **individualvertraglich durch Bezugnahmeklausel** (bzw. Verweisung) in den Arbeitsvertrag inkorporieren. Solche Bezugnahmeklauseln kommen in zwei Grundformen vor: Als statische Bezugnahmeklauseln verweisen sie auf einen bestimmten, zu einer bestimmten Zeit geltenden Kollektivvertrag, als dynamische verweisen sie auf einen Kollektivvertrag in seiner jeweiligen Form, also unter Einbeziehung der über Zeit erfolgenden Änderungen („Tarifvertragsabonnement")[195].[196] Das Unionsrecht regelt weder die kollektivrechtlichen noch die arbeitsvertraglichen Wirkungen, sondern setzt sie voraus.

83 Die Beurteilung von durch individualvertragliche Bezugnahme inkorporierten kollektivvertraglichen Arbeitsbedingungen nach der Richtlinie ist umstritten. Einerseits handelt es sich infolge der Einbeziehung um „Rechte und Pflichten ... aus einem ... Arbeitsvertrag", das spricht für einen Übergang nach Art. 3 Abs. 1 BÜRL. Andererseits handelt es sich um „in einem Kollektivvertrag vereinbarte Arbeitsbedingungen", das spricht für eine Bindung des Erwerbers (nur) nach Art. 3 Abs. 3 BÜRL. Der Ge-

192 Zust. *Sagan*, RdA 2011, 163, 168.

193 *Debong*, Die EG-Richtlinie über die Wahrung der Arbeitnehmeransprüche bei Betriebsübergang, S. 37f.; Preis/Sagan/*Grau/Hartmann*, Rdn. 15.112f.; *Thüsing*, Europäisches Arbeitsrecht, § 5 Rdn. 64; Hanau/Steinmeyer/Wank/*Wank*, § 18 Rdn. 129; EuArbRK/*Winter*, Art. 3 RL 2001/23/EG Rdn. 55.

194 So jetzt auch Schlachter/Heinig/*Krause*, § 7 Rdn. 79. Dem trägt die neuere Rechtsprechung Rechnung; BAG, NZA 2010, 41.

195 *Latzel*, GPR 2017, 301, 302.

196 EuGH v. 27.4.2017 – verb. Rs. C-680/15 und C-681/15 *Asklepios Kliniken*, EU:C:2017:317 Rdn. 16.

richtshof hat teils auf Abs. 1 abgestellt,[197] teils auf Absatz 3[198] und teils, eine Einordnung vermeidend, auf Art. 3 BÜRL ohne Spezifizierung des Absatzes[199].

Bedeutung hat die Frage vor allem für die Beurteilung von **dynamischen Verweisungen** (vgl. oben, Rdn. 82). Sie bewirkt im Grundsatz eine (bis zur Beendigung des Arbeitsvertrags) andauernde Bindung des Erwerbers an den in Bezug genommenen Tarifvertrag, auf den er u. U. selbst keinerlei Einfluss hat. Der **Gerichtshof** ist zunächst davon ausgegangen, dass die Bezugnahmeklausel gem. Art. 3 Abs. 1 BÜRL auf den Erwerber übergeht.[200] Daher bindet eine dynamische Verweisung den Erwerber auch für die Zukunft an den in Bezug genommenen Tarif, unabhängig davon, ob er selbst tarifgebunden ist. Später hat er hervorgehoben, dass der Arbeitgeber – unter dem Gesichtspunkt der von der Richtlinie ebenfalls berücksichtigten unternehmerischen Freiheit (Art. 16 GRCh) – die Möglichkeit haben muss, nach dem Übergang die für die Ausübung seiner Tätigkeit erforderlichen Anpassungen auch einseitig vorzunehmen.[201] Die Erhaltung der Dynamik ist daher nicht zwingend. So hat der Gerichtshof eine nationale Regel **gebilligt**, nach der eine dynamische Bezugnahmeklausel ab dem Betriebsübergang **als statische Verweisung** auf den zu diesem Zeitpunkt geltenden Kollektivvertrag fortbesteht; Art. 3 Abs. 1 BÜRL steht dem nicht entgegen.[202] Art. 3 Abs. 1 BÜRL verlangt m. a. W. nicht, dass eine dynamische Bezugnahmeklausel auch als dynamische erhalten bleibt.[203] 84

Die grundsätzliche Erhaltung der Dynamik einer Bezugnahmeklausel ist **umstritten**, da sie den Erwerber im praktischen Ergebnis an einen Tarifvertrag bindet, auf den er keinen Einfluss hat. Im Lichte der Vertragsfreiheit des Erwerbers hielt auch der Gerichtshof in der Rechtssache *Alemo Herron* die Erhaltung einer dynamischen Verweisung für weder mit Art. 3 Abs. 1 BÜRL vereinbar noch als günstigere Regelung i. S. v. Art. 8 BÜRL zulässig.[204] Nach einer Ansicht ist die Entscheidung *Alemo Herron* indes aus den Besonderheiten der zugrundliegenden Privatisierungssituation zu erklären; der Gerichtshof habe nur den Anpassungsbedürfnissen Rechnung getragen, die sich aus dem Wechsel vom öffentlichen in den Privatsektor ergeben.[205] Die Gegenmeinung hält eine Entdynamisierung aus Erwägungen der **Vertragsfreiheit** 85

197 EuGH v. 9.3.2006 – Rs. C-499/04 *Werhof*, EU:C:2006:168 Rdn. 27; EuArbRK/*Winter*, Art. 3 RL 2001/23/EG Rdn. 26.

198 EuGH v. 11.9.2014 – Rs. C-328/13 *Österreichischer Gewerkschaftsbund*, EU:C:2014:2197 Rdn. 23 ff.

199 EuGH v. 27.4.2017 – verb. Rs. C-680/15 und C-681/15 *Asklepios Kliniken*, EU:C:2017:317 Rdn. 19 ff.

200 EuGH v. 9.3.2006 – Rs. C-499/04 *Werhof*, EU:C:2006:168 Rdn. 27.

201 EuGH v. 27.4.2017 – verb. Rs. C-680/15 und C-681/15 *Asklepios Kliniken*, EU:C:2017:317 Rdn. 17 ff.

202 EuGH v. 9.3.2006 – Rs. C-499/04 *Werhof*, EU:C:2006:168 Rdn. 23–37; zust. *McMullen*, IJCLLIR 23 (2007), 335, 359–361. Dazu – und zu den möglichen Fernwirkungen des Urteils im Hinblick auf die deutsche Rechtslage (europarechtliche Zulässigkeit der Erhaltung als dynamische Verweisung?) – *Jacobs*, FS Birk (2008), S. 243–264; *Thüsing*, Europäisches Arbeitsrecht, § 5 Rdn. 47.

203 EuArbRK/*Winter*, Art. 3 Art. 3 RL 2001/23/EG Rdn. 33.

204 EuGH v. 18.7.2013 – Rs. C- 426/11 *Alemo-Herron*, EU:C:2013:521.

205 EuArbRK/*Winter*, Art. 3 Art. 3 RL 2001/23/EG Rdn. 37.

für geboten (der von der Richtlinie angeordnete Vertragsübergang ist heteronome Bindung!)[206], ebenso wie aus Gründen der negativen **Vereinigungsfreiheit.**[207] Systematisch weist auch die nur beschränkte Aufrechterhaltung von Kollektivverträgen in Art. 3 Abs. 3 BÜRL auf diese gegenläufigen Erwägungen hin. Wertungsmäßig kann, wie der Gerichtshof zu Recht hervorhebt, Art. 3 Abs. 1 nicht darüber hinausgehen: „Was die Auslegung des Artikels 3 Absatz 1 der Richtlinie betrifft, so kann eine Klausel, die auf einen Kollektivvertrag verweist, keine weiter gehende Bedeutung haben als dieser Kollektivvertrag."[208]

86 Ein kohärentes und mit den widerstreitenden Grundrechten vereinbares System der Regelung ergibt sich, wenn man die Anordnungen von Absätzen 1 und 3 nicht als allgemeine Regelung für Individualverträge und spezielle Regelung für Kollektivverträge versteht, sondern als komplementäre Regelungen. Der von Absatz 1 angeordnete Übergang von Rechten und Pflichten gilt umfassend, unabhängig von der individual- oder kollektivvertraglichen Herkunft. Die in einem Kollektivvertrag enthaltenen Arbeitsbedingungen muss der Erwerber aber nur in den Grenzen von Absatz 3 aufrechterhalten. Das gilt – ebenso wie die grundsätzliche Bindung, oben Rdn. 77 – unabhängig von der (mitgliedstaatlich bestimmten) Wirkungsweise des Kollektivvertrags, also egal ob der Kollektivvertrag etwa normativ oder (kraft Verweisung) schuldvertraglich wirkt.[209] Die Bindung des Erwerbers an den Kollektivvertrag ist nach Absatz 3 unabhängig davon begrenzt, ob er normativ wirkt oder kraft Bezugnahme. Die Begrenzung der Bindung an den Tarifvertrag gleicht damit zugleich die widerstreitenden Grundrechte aus, das auf die positive Vertrags- und Berufs- und Koalitionsfreiheit gestützte Bestandsinteresse des Arbeitnehmers und die (negative) (Tarifvertrags-)Vertrags- und Koalitionsfreiheit des Erwerbers.[210] Zum Schutz der Freiheit des Erwerbers ist geboten, dass dieser die erforderlichen Anpassungen der Vertragsbedingungen vornehmen kann.[211] Hier wie sonst ist dabei die praktische Wirksamkeit der Maßstab; die Änderungsmöglichkeit des Erwerbers muss auch praktisch durchführbar sein.[212]

---

206 Dagegen verfängt der Hinweis von *Thüsing*, Europäisches Arbeitsrecht, § 5 Rdn. 49 sowie *Greiner/Piontek*, RdA 2020, 169, 177, der Arbeitgeber „muss den Betrieb ja nicht erwerben", nicht, da der Erwerb an der gesetzlich verordneten heteronomen Bindung nichts ändert.

207 *Hartmann*, EuZA 2015, 203 ff.; *Löwisch/Rieble*, TVG (4. Aufl. 2017), § 3 TVG Rdn. 19 ff.

208 EuGH v. 9.3.2006 – Rs. C-499/04 *Werhof*, EU:C:2006:168 Rdn. 28.

209 *Willemsen/Krois/Mehrens*, RdA 2018, 151, 159 ff.

210 *Willemsen/Krois/Mehrens*, RdA 2018, 151, 159.

211 EuGH v. 27.4.2017 – verb. Rs. C-680/15 und C-681/15 *Asklepios Kliniken*, EU:C:2017:317 Rdn. 17 ff.

212 Insofern werden für das deutsche Recht mit guten Gründen Zweifel angebracht, ob für die gebotene einseitige Änderungsmöglichkeit angesichts sehr enger Voraussetzungen die Änderungskündigung ausreicht; s. nur *Greiner/Piontek*, RdA 2020, 169, 177 f.; *Latzel*, GPR 2017, 301 ff.

dd) Optionale gesamtschuldnerische Haftung von Veräußerer und Erwerber

Nach Art. 3 Abs. 1 UAbs. 2 hindert der *ipso iure*-Übergang (s. o. Rdn. 68) die Mitgliedstaaten nicht,[213] eine gesamtschuldnerische Haftung von Veräußerer und Erwerber für die vor dem Zeitpunkt des Übergangs entstandenen Ansprüche vorzusehen.[214] Dient der Rechteübergang dem Bestandsinteresse des Arbeitnehmers, so trägt die Möglichkeit einer gesamtschuldnerischen Haftung darüber hinaus seinem **Solvenzinteresse** Rechnung. Damit wird berücksichtigt, dass sich der Arbeitnehmer den Veräußerer-Arbeitgeber auch unter dem Gesichtspunkt der Bonität als Vertragspartner ausgesucht haben mag (s. a. noch sogleich, Rdn. 89, 92, zum Widerspruchsrecht). Umgekehrt lässt sich mit der gesamtschuldnerischen Verpflichtung einem Missbrauch vorbeugen, wenn der Veräußerer sich seiner Haftung durch die Verlagerung der Arbeitsverhältnisse auf einen anderen Träger entledigen will. Geht es damit um fundamentale, mit der Vertragsbindung auch rechtlich gut begründete Interessen des Arbeitnehmers, so erstaunt, dass die Haftung des Veräußerers nicht einmal für Altschulden zwingend vorgeschrieben ist.[215] 87

In die Ausgestaltung der Gesamtschuld durch das nationale Recht greift die Vorschrift nicht ein. 88

ee) Widerspruchsrecht

Was der wohlmeinende Gesetzgeber nicht bedacht hat, ist, ob der Arbeitnehmer einen Übergang seines Arbeitsverhältnisses überhaupt wünscht. Aufgrund einer pauschalen Interessenbewertung ist er davon ausgegangen, der Übergang entspreche seinem regelmäßigen Interesse (s. o. Rdn. 2f.). Das ist indes nicht immer der Fall, und einige Mitgliedstaaten haben dem dadurch Rechnung getragen, dass sie dem Arbeitnehmer ein Widerspruchsrecht zugegeben haben.[216] Der EuGH hat sich dazu **zunächst ablehnend** geäußert und angenommen, die Richtlinie setze den Übergang und damit auch die Befreiung des Veräußerers zwingend fest, vorbehaltlich nur der Umsetzungsoption, eine gesamtschuldnerische Haftung des Veräußerers vorzusehen. Die Richtlinie „bezweckt (...) nicht die Fortsetzung des Arbeitsvertrags oder -verhältnisses mit dem Veräußerer für den Fall, dass die in dem Unternehmen beschäftigten Arbeitnehmer ihre Tätigkeit nicht für den Erwerber fortsetzen wollen".[217] 89

Tatsächlich ist eine auch für den geschützten Arbeitnehmer zwingende Überführung des Arbeitsverhältnisses durchaus denkbar. Eine solche paternalistische Schutzregelung stellt indes einen schwerwiegenden Eingriff in die Vertragsfreiheit des Ar- 90

---

213 Gegen eine weitergehende Richtlinienvorgabe hatte das VK opponiert; *Hardy/Painter*, MJ 6 (1999), 366, 377.

214 EuGH v. 14.11.1996 – Rs. C-305/94 *Rotsart de Hertaing*, EU:C:1996:435 Rdn. 19; EuGH v. 5.5.1988 – verb. Rs. 144/87 und 145/87 *Berg und Busschers*, EU:C:1988:236 Rdn. 11, 13.

215 Mit Recht krit. *Rebhahn*, RdA 2006 Sonderbeil. zu Heft 6, 4, 12.

216 Rechtsvergleichende Übersicht bei *Rebhahn*, RdA 2006 Sonderbeil. zu Heft 6, 4, 10 f.

217 EuGH v. 5.5.1988 – verb. Rs. 144/87 und 145/87 *Berg und Busschers*, EU:C:1988:236 Rdn. 12.

beitnehmers dar (betroffen sind insbesondere sein Recht auf die Bindung des Veräußerers sowie seine Freiheit vor einer Bindung an den Erwerber)[218] und bedarf der Rechtfertigung, insbesondere im Hinblick auf den Verhältnismäßigkeitsgrundsatz. Dogmatisch war die Auslegung des Gerichtshofs zwar vertretbar. Indes hat er nicht nur die grundrechtliche Bedeutung der Fragestellung verkannt. Er hat zudem zu Unrecht eine Alternative angenommen, nach der die Richtlinie die Befreiung des Veräußerers entweder vorsieht oder nicht, und damit die dritte Möglichkeit verkannt, dass der Gesetzgeber diese Frage schlichtweg nicht geregelt, sondern den Mitgliedstaaten zur Regelung überlassen hat.[219]

91 In späteren Entscheidungen und seither in ständiger Rechtsprechung hat der EuGH daher ein **Widerspruchsrecht anerkannt**. Wenn der Arbeitnehmer widerspricht, geht das Arbeitsverhältnis nicht über. Der Schutz durch den Rechteübergang wird dem Arbeitnehmer nicht schon vom Unionsrecht aufgedrängt.[220] Die weiteren Rechtsfolgen bestimmt das mitgliedstaatliche Recht.[221] „Der Vertrag, der den Arbeitnehmer an das veräußernde Unternehmen bindet, kann entweder vom Arbeitgeber oder vom Arbeitnehmer gekündigt werden oder er kann mit diesem Unternehmen bestehen bleiben."[222]

92 Wie weit die Gestaltungsbefugnis der Mitgliedstaaten im Hinblick auf die Folgen des Widerspruchs reicht, ist unsicher, da nicht klar ist, ob der Gerichtshof mit dieser Formulierung mögliche

---

218 Markant formuliert von *Lord Atkins* in *Nokes* v. *Doncaster Amalgamated Collieries Ltd.*, [1940] AC 1014, 1030, 1033: „But why this beneficent procedure should be tainted with the oppression and confiscation which in some cases would certainly be caused, or why in the interests of companies big or small for the mere purposes of an amalgamation it should violate all the rules as to transferability depending on some occasions on principles of our law and on other occasions on contract I cannot imagine. ... My Lords, I should have thought that the principle that a man is not to be compelled to serve a master against his will is just as deep-seated in the common law of this country, as that which was under discussion in the case cited: and that here there is no clear, definite, or positive enactment overturning it." Dazu auch *Hepple*, ILJ 5 (1976), 197, 202f., 206; *Davies*, YEL 9 (1989), 21, 22f.; *Rebhahn*, RdA 2006 Sonderbeil. zu Heft 6, 4, 10: „Etwas überhöht formuliert geht es darum, ob die Arbeitnehmer Bestandteile der wirtschaftlichen Einheit sind, wie die Hintersassen *glaebae adscripti*, oder Subjekt denen man keinen neuen Vertragspartner aufdrängen kann."

219 Ebenso Schlachter/Heinig/*Krause*, § 7 Rdn. 70.

220 EuGH v. 12.11.1998 – Rs. C-399/96 *Europièces*, EU:C:1998:532 Rdn. 38; EuGH v. 7.3.1996 – verb. Rs. C-171/94 und C-172/94 *Merckx und Neuhuys*, EU:C:1996:87 Rdn. 34f.; EuGH v. 16.12.1992 – verb. Rs. C-132/91, C-138/91 und C-139/91 *Katsikas u.a.*, EU:C:1992:517 Rdn. 30.

221 S. z.B. *McMullen*, ILJ 47 (2018), 107, 109ff. (automatische Beendigung).

222 EuGH v. 24.1.2002 – Rs. C-51/00 *Temco Service Industries*, EU:C:2002:48 Rdn. 36; EuGH v. 12.11.1998 – Rs. C-399/96 *Europièces*, EU:C:1998:532 Rdn. 37–39; EuGH v. 7.3.1996 – verb. Rs. C-171/94 und C-172/94 *Merckx und Neuhuys*, EU:C:1996:87 Rdn. 33–35; EuGH v. 16.12.1992 – verb. Rs. C-132/91, C-138/91 und C-139/91 *Katsikas u.a.*, EU:C:1992:517 Rdn. 35f. Während der Widerspruch im deutschen Recht zum Fortbestand des Arbeitsverhältnisses mit dem Veräußerer führt, hat er nach englischem und französischem Recht die Vertragsbeendigung unter Verlust des Kündigungsschutzes zur Folge; *Barnard*, EU Employment Law, S. 662.

Folgen beispielhaft aufzählen oder beschränken wollte. Gegen eine Beschränkung spricht, dass dafür keine Sachgründe ersichtlich sind und eine Auseinandersetzung mit den mitgliedstaatlichen Modellen vollständig fehlt. Unsicher ist auch, ob sich aus dem Schutzzweck der Richtlinie Einschränkungen des Widerspruchsrechts ergeben können. Das wird zum Beispiel ins Feld geführt, um zu begründen, die vom BAG angenommene Rückwirkung des noch nachträglich möglichen Widerspruchs sei richtlinienwidrig, sie führe zu einer „nicht hinnehmbaren" Verschlechterung der Position des Arbeitnehmers.[223] Freilich ist das gerade der Kern des Widerspruchsrechts: die eigenverantwortliche Entscheidung des Arbeitnehmers über den Übergang seines Arbeitsverhältnisses, so dass nicht die materiellen Folgen, sondern die Sicherung der selbstbestimmten Entscheidung über den Widerspruch in den Blickpunkt rücken (s. noch sogleich Rdn. 94).

Neben der dogmatischen Begründung, die Richtlinie lasse die Frage offen, zieht 93
der Gerichtshof auch die primärrechtliche heran, eine Verpflichtung, das Arbeitsverhältnis mit dem Erwerber fortzusetzen, verstoße gegen die (negative) Vertragsfreiheit des Arbeitnehmers und damit gegen ein Grundrecht.[224] Damit ist nicht auf die Grundrechte der mitgliedstaatlichen Rechtsordnungen hingewiesen (deren Verletzung der Gerichtshof nicht selbst feststellen könnte),[225] sondern auf das Grundrecht der **Vertragsfreiheit** als allgemeinen Rechtsgrundsatz des Unionsrechts (s. schon oben, § 2 Rdn. 10). Zu Recht nimmt der Gerichtshof daher auch keinen Freiraum der Mitgliedstaaten an, den Widerspruch des Arbeitnehmers *zu ignorieren* und ihn an den Erwerber zu binden, sondern nur die Alternative, den Widerspruch als Kündigung (des Arbeitgebers oder Arbeitnehmers) zu fingieren oder das Arbeitsverhältnis fortbestehen zu lassen.[226]

Ein Problem des Widerspruchsrechts ist freilich die **Freiwilligkeit.**[227] Hat der Ar- 94
beitnehmer die Freiheit zu widersprechen, so trifft ihn auch die Verantwortung, davon Gebrauch zu machen. Einer rechtswidrigen Einflussnahme möchte der EuGH mit Art. 4 Abs. 2 BÜRL vorbeugen, wonach eine Vertragsbeendigung wegen Verschlechterung der Arbeitsbedingungen als Arbeitgeberkündigung behandelt wird (dazu näher unten, Rdn. 104–109).

223 *Löwisch*, FS Birk (2008), S. 541–545.

224 EuGH v. 16.12.1992 – verb. Rs. C-132/91, C-138/91 und C-139/91 *Katsikas u.a.*, EU:C:1992:517 Rdn. 31f.; EuGH v. 7.3.1996 – verb. Rs. C-171/94 und C-172/94 *Merckx und Neuhuys*, EU:C:1996:87 Rdn. 34.

225 So aber etwa *Fuchs/Marhold*, Europäisches Arbeitsrecht, S. 362; wohl auch *Thüsing*, Europäisches Arbeitsrecht, § 5 Rdn. 55f.

226 I.E. ebenso *Fuchs/Marhold*, Europäisches Arbeitsrecht, S. 362; *Thüsing*, Europäisches Arbeitsrecht, § 5 Rdn. 56.

227 Andeutungsweise etwa EuGH v. 12.11.1998 – Rs. C-399/96 *Europièces*, EU:C:1998:532 Rdn. 39f.

ff) Eigenkündigung des Arbeitnehmers und freiwillige Vertragsaufhebung

95 Art. 3 Abs. 1 BÜRL steht einer Eigenkündigung des Arbeitnehmers auf den Übergangszeitpunkt ebenso wenig entgegen wie einer einvernehmlichen Vertragsaufhebung zwischen Erwerber und Arbeitnehmer.[228] Der EuGH betont allerdings aus teleologischen Gründen, dass dies eine „eigene freie Entscheidung" des Arbeitnehmers voraussetze. Da diese Merkmale formal bereits Wesensbestandteil der Eigenkündigung bzw. des (einvernehmlichen!) Aufhebungsvertrags sind, wird damit hervorgehoben, dass die Mitgliedstaaten nach den Umsetzungspflichten (Effektivitätsgrundsatz) die Wahrung der materiellen Selbstbestimmung des Arbeitnehmers in dieser besonders prekären Situation besonders beachten müssen.

b) Grundsätzliche Ausnahme für Leistungen aus Zusatzversorgungseinrichtungen

96 Die gesetzliche (Alters-) Rente oder Ansprüche aus der gesetzlichen Unfallversicherung für den Arbeitnehmer oder seine Hinterbliebenen sind wohl durchgehend von einem Betriebsübergang unabhängig. Regelungsbedürftig ist aber, was für die Leistungen wegen **Alters oder Invalidität** aus einer betrieblichen oder überbetrieblichen Zusatzversorgungseinrichtung gilt. Das überlässt die Richtlinie grundsätzlich den Mitgliedstaaten.[229] Einen Übergang schreibt sie weder für individualvertraglich noch für kollektivvertraglich begründete Rechte vor (Art. 3 Abs. 4 BÜRL: Ausnahme von Absätzen 1 und 3).

97 Die Mitgliedstaaten haben zum einen die Möglichkeit, auch insoweit einen Rechteübergang vorzusehen, Art. 3 Abs. 4 lit. a) BÜRL. Tun sie das nicht, so müssen sie immerhin die Interessen der gegenwärtigen und früheren Arbeitnehmer im Hinblick auf ihre Rechte und Anwartschaften gegen solche Zusatzversorgungseinrichtungen auf Leistungen bei Alter schützen (auch an Hinterbliebene; nicht Invalidität), Art. 3 Abs. 4 lit. b).[230]

98 Als Ausnahme von der Grundregel des Art. 3 Abs. 1 BÜRL hat der Gerichtshof die Vorschrift des Absatzes 4 **eng ausgelegt.**[231] Als Leistungen wegen Alters hat er daher nur solche Leistungen angesehen, „die von dem Zeitpunkt an gezahlt werden, zu dem der Arbeitnehmer das normale Ende seiner beruflichen Laufbahn erreicht, wie es nach der allgemeinen Systematik des betreffenden Altersrentensystems vorgesehen ist".[232]

---

228 EuGH v. 11.7.1985 – Rs. 105/84 *Danmols Inventar,* EU:C:1985:331 Rdn. 13–17.

229 Rechtsvergleichende Bestandsaufnahme bei *Rebhahn,* RdA 2006 Sonderbeil. zu Heft. 6, 5, 12.

230 EuGH v. 11.6.2009 – Rs. C-561/07 *Kommission ./. Italien,* EU:C:2009:363, Rdn. 31 f.

231 EuGH v. 4.6.2002 – Rs. C-164/00 *Beckmann,* EU:C:2002:330 Rdn. 29; EuGH v. 11.6.2009 – Rs. C-561/07 *Kommission ./. Italien,* EU:C:2009:363, Rdn. 30. Zum Auslegungsgrundsatz (krit.) *Riesenhuber,* in: ders. (Hrsg.), Europäische Methodenlehre, § 10 Rdn. 62–66.

232 EuGH v. 4.6.2002 – Rs. C-164/00 *Beckmann,* EU:C:2002:330 Rdn. 31.

Leistungen wegen Vorruhestands fallen daher nicht unter die Ausnahmevorschrift,[233] sondern gehen nach den Grundsätzen der Absätze 1 und 3 über.[234]

c) Optionale Informationspflicht des Veräußerers gegenüber dem Erwerber

Die Richtlinie regelt den Rechteübergang damit fast ausschließlich durch die Rechtsbeziehungen zwischen dem Arbeitnehmer zum Veräußerer einerseits und zum Erwerber andererseits. Die Beziehung zwischen Veräußerer und Erwerber betrifft sie nur am Rande, etwa mit der Option einer gesamtschuldnerischen Haftung (oben, Rdn. 87f.). Um den Arbeitnehmerschutz geht es letztlich auch bei der optionalen Informationspflicht des Veräußerers, Art. 3 Abs. 2 BÜRL.[235] Die Mitgliedstaaten können vorsehen, dass der Veräußerer den Erwerber über die Rechte und Pflichten unterrichten muss, die nach Art. 3 übergehen. Wichtiger als diese Umsetzungsmöglichkeit war dem Gesetzgeber die Bestimmung, dass der Übergang der Rechte und Pflichten oder die Ansprüche des Arbeitnehmers gegen Veräußerer oder Erwerber von der vollständigen und richtigen Erfüllung einer solchen Informationspflicht unabhängig ist. 99

2. Kündigungsrechtliche Komplementärregeln

a) Verbot übergangsbedingter Kündigung

Die Regelung über den Übergang der Rechte und Pflichten aus den Arbeitsverhältnissen wird flankiert durch ein – Veräußerer wie Erwerber treffendes – Verbot übergangsbedingter Kündigung[236], Art. 4 Abs. 1 UAbs. 1 S. 1 BÜRL.[237] Tatsächlich ist das – wie das allgemeine **Benachteiligungsverbot** – eine teleologisch selbstverständliche Ergänzung, da sich Veräußerer und Erwerber sonst ihrer Bindung durch den Rechte- 100

---

233 EuGH v. 4.6.2002 – Rs. C-164/00 *Beckmann*, EU:C:2002:330 Rdn. 31; bestätigend EuGH v. 6.11.2003 – Rs. C-4/01 *Martin*, EU:C:2003:594 Rdn. 29–32.

234 EuGH v. 4.6.2002 – Rs. C-164/00 *Beckmann*, EU:C:2002:330 Rdn. 36–40; EuGH v. 6.11.2003 – Rs. C-4/01 *Martin*, EU:C:2003:594 Rdn. 35 (auch wenn die Leistungen auf staatliche Akte zurückgehen oder durch staatliche Akte ausgestaltet worden sind).

235 S.a. *Davies*, ILJ 27 (1998), 365, 370f. zu möglichen anderen Zwecken (Information für Auftragsneuvergabe); krit. *Waas/Johanns*, EuZW 1999, 458, 461.

236 Eine Kündigung ist zu unterscheiden von dem schlichten Auslaufenlassen eines befristeten Vertrages; EuGH v. 12.9.2010 – Rs. C-386/09 *Briot*, EU:C:2010:526 Rdn. 29ff. Mit gleicher Wirkung für Art. 10 MuSchRL EuGH v. 4.10.2001 – Rs. C-438/99 *Jiménez Melgar*, EU:C:2001:509 Rdn. 45; s.o. § 23 Rdn. 37.

237 Unterabsatz 2 lässt mitgliedstaatliche Ausnahmen von dem Kündigungsverbot zu für „einige abgegrenzte Gruppen von Arbeitnehmern, auf die sich die Rechtsvorschriften oder die Praxis der Mitgliedstaaten auf dem Gebiet des Kündigungsschutzes nicht erstrecken". Dazu EuGH v. 15.4.1986 – Rs. 237/84 *Kommission ./. Belgien*, EU:C:1986:149.

übergang ohne weiteres entziehen könnten.[238] Zulässig bleibt aber schon nach Abs. 1 UAbs. 1 S. 1 eine vom Betriebsübergang unabhängige, z. B. verhaltensbedingte Kündigung. Maßgeblich für die Kausalitätsbeurteilung sind die Umstände, unter denen die Kündigung erfolgt ist, z. B. dass die Kündigung nahe dem Übergangszeitpunkt wirksam geworden ist oder die Arbeitnehmer vom Erwerber wieder eingestellt wurden.[239] Ist auch der Veräußerer Adressat des Kündigungsverbots, so erfasst es – entgegen einer im Vereinigten Königreich lange für zulässig gehaltenen Praxis – auch die Kündigung *vor dem Übergang.*[240]

101 Indessen kann auch **nicht jede Kündigung**, die letztlich auf den Betriebsübergang zurückzuführen ist, verboten sein. Damit würde die **unternehmerische Freiheit** unverhältnismäßig, ja geradezu in ihrem Kern eingeschränkt. Der Erwerber bezweckt nicht selten, Synergien dadurch zu erzielen, dass er den neuen Betrieb in seine bestehenden Strukturen einfügt oder mit anderen Betrieben zusammenführt. Bei Erwerb eines maroden Betriebs sind Änderungen in der Organisation oftmals unvermeidlich. Dabei können auch Arbeitsplätze wegfallen und also Kündigungen erforderlich werden.[241] Zulässig bleibt daher eine Kündigung **aus wirtschaftlichen, technischen oder organisatorischen Gründen**, die Änderungen im Bereich der Beschäftigung mit sich bringen, Art. 4 Abs. 1 UAbs. 1 S. 2 BÜRL.[242] Unberührt ist davon freilich der allgemeine mitgliedstaatliche Kündigungsschutz.

102 Mit der Ausübung des von Art. 4 BÜRL vorbehaltenen Kündigungsrechts nicht gleichzusetzen und mit Art. 3 Abs. 1 BÜRL unvereinbar ist die umgekehrte Regelung, dass der Erwerber nach wirtschaftlichen, technischen und organisatorischen Gesichtspunkten auswählt, welche Arbeitnehmer er übernimmt.[243]

---

238 Vgl. auch *Barrett*, CMLR 42 (2005), 1053, 1090.

239 EuGH v. 24.1.2002 – Rs. C-51/00 *Temco Service Industries*, EU:C:2002:48 Rdn. 28; EuGH v. 15.6.1988 – Rs. 101/87 *Bork*, EU:C:1988:308 Rdn. 18.

240 EuGH v. 15.6.1988 – Rs. 101/87 *Bork*, EU:C:1988:308 Rdn. 18; EuGH v. 12.3.1998 – Rs. C-319/94 *Dethier Equipement*, EU:C:1998:99 Rdn. 34–36. Namentlich in England hatte man das früher anders gesehen und auch die Kündigung *nur wenige Stunden* vor dem Übergang als nicht davon veranlasst angesehen; *Collins*, ILJ 18 (1989), 144, 148–152; *Edward/Segan*, RdA 2006 Sonderbeil. zu Heft 6, 15, 17, 18; *Eisele*, Die Richtlinie zum Betriebsübergang und ihre Umsetzung im englischen Recht, S. 109–117; *Rebhahn*, RdA 2006 Sonderbeil. zu Heft 6, 4, 14.

241 Zum Ganzen schon die Begründung zu Art. 4 des Richtlinienvorschlags, abgedruckt in RdA 1975, 124, 125.

242 EuGH v. 7.8.2018 – Rs. C-472/16 *Colino Sigüenza*, EU:C:2018:646 Rdn. 53ff.; EuGH v. 11.6.2009 – Rs. C-561/07 *Kommission ./. Italien*, EU:C:2009:363, Rdn. 35f.; EuGH v. 16.10.2008 – Rs. C-313/07 *Kirtruna*, EU:C:2008:574 Rdn. 40–46 (Kündigung durch Beendigung des Mietverhältnisses über die Geschäftsräume bedingt); EuGH v. 12.3.1998 – Rs. C-319/94 *Dethier Equipement*, EU:C:1998:99 Rdn. 35f.; EuGH v. 14.4.1994 – Rs. C-392/92 *Christel Schmidt*, EU:C:1994:134 Rdn. 18f. S.a. EuGH v. 12.11.1992 – Rs. C-209/91 *Rask*, EU:C:1992:436 Rdn. 29. Zur wohl engen Auslegung im englischen Recht *Barnard*, EU Employment Law, S. 664f.

243 EuGH v. 16.5.2019 – Rs. C-509/17 *Plessers*, EU:C:2019:424 Rdn. 55ff.

Eine rechtswidrige Kündigung ist – schon von Richtlinien wegen – als **unwirksam** zu behandeln.[244] Der gekündigte Arbeitnehmer ist folglich als noch „in dem Betrieb oder Unternehmen" beschäftigt anzusehen und kann sich daher gegenüber dem Erwerber auf die Rechtswidrigkeit berufen.[245] 103

b) Fiktion der Arbeitgeberkündigung

Eine in ihrem Anwendungsbereich nicht leicht eingängige Ergänzung enthält Art. 4 104
Abs. 2 BÜRL. „Kommt es zu einer Beendigung des Arbeitsvertrags oder Arbeitsverhältnisses, weil der Übergang eine wesentliche Änderung der Arbeitsbedingungen zum Nachteil des Arbeitnehmers zur Folge hat, so ist davon auszugehen, dass die Beendigung des Arbeitsvertrags oder Arbeitsverhältnisses durch den Arbeitgeber erfolgt ist."[246]

Nach Systematik und Zweck der Regelung kann es dabei – freilich entgegen der 105
Ansicht des EuGH und der h. M. –[247] nicht um eine Änderung der von Art. 3 Abs. 1 und 3 BÜRL erfassten Rechte und Pflichten gehen. Eine solche Änderung verbietet die Richtlinie (oben, Rdn. 74), sie ist daher rechtswidrig.[248] Der Übergang kann die Änderung aus Rechtsgründen nicht „zur Folge haben".[249] Ist aber die Änderung der Arbeitsbedingungen selbst rechtswidrig, so ist schon nach teleologischer Auslegung von Art. 3 Abs. 1 und 3 BÜRL auch die dadurch (und somit rechtswidrig) veranlasste Vertragsbeendigung der Arbeitgeberkündigung gleichzustellen. Die Regelung des Art. 4 Abs. 2 wäre insofern aber nicht nur überflüssig, sondern auch teleologisch verfehlt: Ist nach Art. 3 Abs. 1 und 3 grundsätzlich[250] jede übergangsbedingte Änderung der Arbeitsbedingungen rechtswidrig, so leuchtet es nicht ein, die Sanktion nur für *wesentliche Änderungen* vorzusehen. Und endlich ist auch die Rechtsfolge für diesen Fall

---

244 Ebenso *Joussen*, EAS B 7200 Rdn. 80. Wohl a. M. *Barrett*, CMLR 42 (2005), 1053, 1091–1093.

245 EuGH v. 12.3.1998 – Rs. C-319/94 *Dethier Equipement*, EU:C:1998:99 Rdn. 39–41. S.a. schon EuGH v. 7.3.1996 – verb. Rs. C-171/94 und C-172/94 *Merckx und Neuhuys*, EU:C:1996:87 Rdn. 26; EuGH v. 15.6.1988 – Rs. 101/87 *Bork*, EU:C:1988:308 Rdn. 18.

246 Der Richtlinienvorschlag (abgedruckt in RdA 1975, 124, 127) sah noch vor, den Arbeitnehmer so zu stellen, als sei die Beendigung *durch einen vom Arbeitgeber zu vertretenden Umstand* veranlasst. Zur Begründung hieß es (S. 125), diese Regelung „erscheint gerecht".

247 EuGH v. 7.3.1996 – verb. Rs. C-171/94 und C-172/94 *Merckx und Neuhuys*, EU:C:1996:87 Rdn. 38 (Änderung der Höhe der Vergütung ist eine wesentliche Änderung der Arbeitsbedingungen i. S. dieser Vorschrift); *von Alvensleben*, Die Rechte der Arbeitnehmer bei Betriebsübergang im Europäischen Gemeinschaftsrecht, S. 254 f., 257 f.; *Fuchs/Marhold*, Europäisches Arbeitsrecht, S. 358; Preis/Sagan/*Grau/Hartmann*, Rdn. 15.149; *Joussen*, EAS B 7200 Rdn. 82; EuArbRK/*Winter*, Art. 4 RL 2001/23/EG Rdn. 12. Zu Recht krit. aber *Barret*, CMLR 42 (2005), 1053, 1072, 1077.

248 Insoweit ebenso *von Alvensleben*, Die Rechte der Arbeitnehmer bei Betriebsübergang im Europäischen Gemeinschaftsrecht, S. 254; auch *Löw*, Die Betriebsveräußerung im Europäischen Arbeitsrecht, S. 125 f. (die eine praktische Bedeutung für Fälle des Rechtsirrtums des Arbeitgebers annimmt).

249 Unklar *Joussen*, EAS B 7200 Rdn. 82.

250 Zu Ausnahmen sogleich, Rdn. 106.

nicht sachgerecht: die durch eine rechtswidrige Änderung der Bedingungen veranlasste Eigenkündigung ist nicht nur dem Arbeitgeber zuzurechnen, sondern auch als rechtswidrig zu bewerten.

106 Überzeugend ist der **Anwendungsbereich** daher nur dahingehend zu erklären, dass er sich bezieht auf

- die unvermeidlichen *tatsächlichen Änderungen* (im Rahmen des rechtlich Zulässigen, etwa in Ausübung des Direktionsrechts), wie sie z.B. in der Verlegung des Arbeitsortes liegen können; diese dürften freilich meist unterhalb der Wesentlichkeitsschwelle bleiben;[251]
- die weiterhin *zulässigen* rechtlichen Änderungen, die ja auch der – sachlich unmittelbar voranstehende – Art. 4 Abs. 1 UAbs. 2 BÜRL betrifft (soeben, Rdn. 100–103); sowie
- die nach Art. 3 Abs. 3 zulässigen rechtlichen Änderungen, wie sie im Fall eines Tarifwechsels eintreten (Rdn. 75–81).[252]

So verstanden bedeutet Art. 4 Abs. 2 daher einen *erweiterten* Schutz für den Fall, dass rechtlich nicht zu beanstandende Änderungen erhebliche nachteilige Auswirkungen für den Arbeitnehmer („wesentlich")[253] haben.[254] Zum Beispiel hat der Gerichtshof die Anwendung von Art. 4 Abs. 2 BÜRL für den Fall in Betracht gezogen, dass sich die Fortsetzung im Fall eines Übergangs auf mehrere Erwerber (oben, Rdn. 69) als unmöglich erweist oder eine Verschlechterung der (tatsächlichen) Arbeitsbedingungen nach sich zieht.[255]

107 Einzige spezifisch angeordnete **Rechtsfolge** ist die Fiktion, dass die Vertragsbeendigung durch den Arbeitgeber erfolgt ist („Fiktion der Arbeitgeberkündigung"). Schon diese Rechtsfolgenanordnung hat im Verein mit dem jeweiligen mitgliedstaatlichen Recht einen guten Sinn. So kann sie nach mitgliedstaatlichem Recht etwa ermöglichen, die Gründe der Vertragsbeendigung zu überprüfen, zugunsten des Arbeitnehmers eine Kündigungsfrist oder einen Entschädigungsanspruch anzuwenden oder für die Gewährung von Sozialleistungen von Bedeutung sein (z.B. Sperrfrist für den

---

251 *Debong*, Die EG-Richtlinie über die Wahrung der Arbeitnehmeransprüche bei Betriebsübergang, S. 69–72.

252 Darauf abstellend *Joussen*, EAS B 7200 Rdn. 82. Hier dürfte freilich regelmäßig eine *wesentliche* Änderung der Bedingungen zu verneinen sein, da Tarifverträge eine Vermutung der Angemessenheit in Anspruch nehmen können.

253 Die Feststellung, ob wesentliche Änderung vorliegen, ist Sache des nationalen Gerichts; EuGH v. 12.11.1998 – Rs. C-399/96 *Europièces*, EU:C:1998:532 Rdn. 43.

254 So wohl auch *Felsner*, Arbeitsrechtliche Rahmenbedingungen von Unternehmensübernahmen in Europa, S. 275f. Auch Art. 30 Abs. 2 des Entwurfs für ein Übereinkommen über die internationale Verschmelzung (abgedruckt bei *von Alvensleben*, Die Rechte der Arbeitnehmer bei Betriebsübergang im Europäischen Gemeinschaftsrecht, S. 93) stellte nur auf die nach dem anwendbaren Recht *wirksame* Kündigung ab.

255 EuGH v. 26.3.2020 – Rs. C-344/18, *ISS Facility Services*, EU:C:2020:239 Rdn. 36f.

Bezug von Sozialleistungen).[256] Im deutschen Recht hat diese Rechtsfolge freilich mit Rücksicht auf das Widerspruchsrecht geringe Bedeutung.[257]

Da die Richtlinie bloß eine teilweise Harmonisierung bewirkt, kann man Art. 4 Abs. 2 BÜRL keine weiteren Folgen entnehmen. Insbesondere verpflichtet die Richtlinie die Mitgliedstaaten nicht, eine Entschädigung wegen der so fingierten Kündigung vorzusehen.[258] Allein aus den allgemeinen Umsetzungspflichten (§ 1 Rdn. 76f.) können sich weitere Bindungen ergeben.[259] **108**

Der EuGH weist öfter auf Art. 4 Abs. 2 BÜRL als Instrument zum Schutz der Selbstbestimmung des Arbeitnehmers hin. Geht es ihm bei der Rechtsprechung zum Widerspruchsrecht auch darum, zum Schutz des Arbeitnehmers einem von Veräußerer oder Erwerber *veranlassten* Widerspruch vorzubeugen und eine *freie Entscheidung* des Arbeitnehmers zu sichern (oben, Rdn. 94), so zieht er in diesem Zusammenhang Art. 4 Abs. 2 als einen von den mitgliedstaatlichen Gerichten zu nutzenden Kontrolltatbestand heran.[260] Das betrifft indes nur die Fälle der durch *rechtmäßige* Änderung der Arbeitsbedingungen veranlassten Kündigung. Wird die Kündigung durch eine nach Art. 3 Abs. 1 und 3 rechtswidrige Änderung der Arbeitsbedingungen veranlasst, so ist sie schon nach diesen Tatbeständen gerichtlich kontrollierbar – und unwirksam. **109**

3. Information und Konsultation

Die Betriebsübergangsrichtlinie sieht in Art. 7 eingehende Informationspflichten vor.[261] Zuerst sind dort als „Grundmodell" in den Absätzen 1 bis 5 Pflichten zur Information und Konsultation der Arbeitnehmervertreter (Abs. 1, 2, 4) sowie Ausnahmen davon (Abs. 3 und 5) vorgesehen.[262] Der abschließende Absatz 6 statuiert Pflichten zur Unterrichtung der einzelnen Arbeitnehmer für den Fall, dass eine Arbeitnehmervertretung nicht besteht. Der Richtlinie geht also von einer Unterscheidung von Information der Arbeitnehmervertreter („kollektivrechtliche Informationspflichten") einerseits und der Arbeitnehmer selbst („individualrechtliche Informationspflichten") andererseits aus. **110**

---

256 S.a. GA *Léger*, Schlussanträge v. 17.6.2004 – Rs. C-425/02 *Delahaye*, EU:C:2004:376 Rdn. 38 mit Fn. 22. Zum deutschen Recht *Krieger*, NJW 2009, 47f.

257 *Krieger*, NJW 2009, 47f.

258 EuGH v. 27.11.2008 – Rs. C-396/07 *Juuri*, EU:C:2008:656 Rdn. 22–25.

259 EuGH v. 27.11.2008 – Rs. C-396/07 *Juuri*, EU:C:2008:656 Rdn. 26–29.

260 S. z. B. EuGH v. 12.11.1998 – Rs. C-399/96 *Europièces*, EU:C:1998:532 Rdn. 39–43.

261 Die Informationspflicht muss gegenüber allen Arbeitnehmern gelten; EuGH v. 10.7.1986 – Rs. 235/84 *Kommission ./. Italien*, EU:C:1986:303 Rdn. 20–23 (begrenzte Reichweite tariflicher Informationspflichten).

262 Zur Systematik auch *Franzen*, RdA 2002, 258, 259–261.

a) Kollektivrechtliche Informations- und Konsultationspflichten als Grundsatz

111 Zuerst trifft Veräußerer und Erwerber die Pflicht, die Vertreter ihrer jeweiligen betroffenen Arbeitnehmer über bestimmte Einzelheiten des bevorstehenden Übergangs zu **unterrichten,** Art. 7 Abs. 1 UAbs. 1 BÜRL. Wer die Arbeitnehmervertreter sind, bestimmt sich nach nationalem Recht, Art. 2 Abs. 1 lit. c) BÜRL. Ebenso wie bei der Massenentlassungsrichtlinie (oben, § 26 Rdn. 24) sind die Mitgliedstaaten auch hier gebunden, überhaupt eine Arbeitnehmervertretung vorzusehen.[263] Gegenstände der Unterrichtung sind gem. Art. 7 Abs. 1 UAbs. 1 BÜRL:[264]

- der Zeitpunkt bzw. der geplante Zeitpunkt des Übergangs,
- der Grund für den Übergang,
- die rechtlichen, wirtschaftlichen und sozialen Folgen des Übergangs für die Arbeitnehmer,
- sowie die hinsichtlich der Arbeitnehmer in Aussicht genommenen Maßnahmen.

Wann die Informationen zu geben sind, bestimmen die Unterabsätze 2 und 3 gesondert für Veräußerer und Erwerber.[265]

112 Zieht der Veräußerer „bzw." (also: und/oder) der Erwerber „Maßnahmen" hinsichtlich „seiner" Arbeitnehmer in Betracht, ist er zudem gebunden, seine jeweiligen Arbeitnehmervertreter mit dem Ziel zu **konsultieren,** eine Übereinkunft zu erzielen.[266] „Maßnahmen" sind jegliche Änderungen rechtlicher, wirtschaftlicher oder sozialer Art, die sich auf die Arbeitnehmer auswirken.[267] Davon sind Umsetzungen ebenso erfasst wie die Neuverteilung von Aufgaben oder die Änderung der Betriebsorganisation. Daher ist die Konsultationspflicht eher als Regel anzusehen denn als Ausnahme. Rechtsfolge ist eine **Verhandlungspflicht**, die eine Bindung zu redlichem (ergebnisoffenem und einigungsbereitem) Verhandeln einschließt, aber kein Einigungszwang.[268] Anders als noch im Kommissionsentwurf, ist aber kein Schlichtungsverfahren vorgesehen.[269]

113 Nach der **Konzernklausel** des Art. 7 Abs. 4 BÜRL greifen die Informations- und Konsultationspflichten auch dann ein, wenn die Entscheidung über den Betriebsübergang von einem beherrschenden Unternehmen getroffen wird. Informationsdefizite im Konzern entbinden Veräußerer und Erwerber nicht von den Informations- und

---

263 EuGH v. 8.6.1994 – Rs. C-382/92 *Kommission ./. Vereinigtes Königreich,* EU:C:1994:233 Rdn. 8–30. *Fuchs/Marhold,* Europäisches Arbeitsrecht, S. 401; *Deakin/Morris,* Labour Law, Rdn. 9.31.

264 Näher *Riesenhuber,* GS Blomeyer (2004), S. 205–209.

265 *Oetker,* NZA 1998, 1193, 1194; *Riesenhuber,* GS Blomeyer (2004), S. 209f.

266 Zur Entwicklung der Vorschrift *von Alvensleben,* Die Rechte der Arbeitnehmer bei Betriebsübergang im Europäischen Gemeinschaftsrecht, S. 121f.

267 Tendenziell weiter *von Alvensleben,* Die Rechte der Arbeitnehmer bei Betriebsübergang im Europäischen Gemeinschaftsrecht, S. 121.

268 EuArbRK/*Winter,* Art. 7 RL 2001/23/EG Rdn. 11.

269 L. *Schmitt,* EAS B 8300 Rdn. 626.

Konsultationspflichten (s. a. zur entsprechenden Regelung in Art. 2 Abs. 4 MERL § 26 Rdn. 35).

Die Informations- und Konsultationspflichten können in zwei Sonderfällen nach mitgliedstaatlichem Recht **eingeschränkt** werden (Abs. 3) oder entfallen (Abs. 5). 114

- Nach Absatz 3 können die Mitgliedstaaten die Informations- und Konsultationspflichten auf Fälle beschränken, in welchen der Betriebsübergang zugleich eine **Betriebsänderung** hervorruft, die wesentliche Nachteile für einen erheblichen Teil der Arbeitnehmer zur Folge haben kann.[270] Voraussetzung ist, dass das nationale Recht den Arbeitnehmervertretern ermöglicht, eine Schiedsstelle anzurufen, um eine Entscheidung über die Maßnahmen zu erhalten, die hinsichtlich der Arbeitnehmer zu treffen sind.[271]
- Nach Absatz 5 können die Informations- und Konsultationspflichten für die Unternehmen oder Betriebe entfallen, die nach der Zahl der Arbeitnehmer die Voraussetzungen für die Wahl oder Bestellung eines *Kollegiums* der Arbeitnehmervertretung nicht erfüllen (**Kleinbetriebsklausel**).[272]

b) Individualrechtliche Informationspflichten als Ausnahme

Nur für einen Ausnahmefall[273] sieht Art. 7 Abs. 6 BÜRL vor, dass die einzelnen „betreffenden" Arbeitnehmer zu informieren sind,[274] nämlich für den Fall, dass „es unabhängig von ihrem Willen in einem Betrieb oder in einem Unternehmen **keine Vertreter der Arbeitnehmer gibt**", wenn also die Einrichtung einer Arbeitnehmervertretung z. B. wegen Nichterreichung der Schwellwerte gesetzlich nicht vorgesehen ist (und nicht nur an der mangelnden Organisation der Arbeitnehmer scheitert). Dem systematischen Zusammenhang nach ist anzunehmen, dass sich der Gesetzgeber die individualrechtliche Informationspflicht als eine Ergänzung zur Kleinbetriebsklausel des Absatz 5 vorgestellt hat. Das überzeugt auch deshalb, weil ein Betriebsübergang bei einem Kleinbetrieb eine auch für den einzelnen Arbeitnehmer überschaubare Sache ist. Die Ausnahmeregelung ist freilich nicht ganz geglückt, da die Ausnahme nach Absatz 5 bereits eingreift, wenn kein *Kollegium* der Arbeitnehmervertreter besteht während die individuelle Information nach Absatz 6 vorgeschrieben ist, wo *keine* Arbeitnehmervertretung besteht.[275] 115

---

270 Näher *Riesenhuber*, GS Blomeyer (2004), S. 210–215.

271 Näher *Colneric*, FS Steindorff (1990), S. 1131–1133; *Oetker*, NZA 1998, 1193, 1195.

272 Näher *Colneric*, FS Steindorff (1990), S. 1133; *Oetker*, NZA 1998, 1193, 1195 f.

273 *Franzen*, RdA 2002, 258, 259.

274 Als verbindliche Vorgabe hat die Änderungsrichtlinie 98/50/EG von 1998 die individualrechtliche Informationspflicht eingeführt. Sie bestand schon zuvor in Form einer Kann-Vorschrift.

275 Krit. daher *Weber*, FS Konzen (2005), S. 935; Preis/Sagan/*Grau*/*Hartmann*, Europäisches Arbeitsrecht, Rdn. 15.211 (für eine analoge Anwendung); L. *Schmitt*, EAS B 8300 Rdn. 660.

4. Rechtsstellung der Arbeitnehmervertreter

116 Besteht für das übergehende Unternehmen oder den übergehenden Betrieb eine Arbeitnehmervertretung, so muss auch deren Schicksal geklärt werden. Einerseits ist dabei der Bestand der Arbeitnehmervertretung zu sichern. Der Übergang an sich rechtfertigt keine Änderung der Arbeitnehmervertretung. Einem möglichen Missbrauch – „Demontage der Arbeitnehmervertretung im Wege des Betriebsüberganges" – ist vorzubeugen. Andererseits ist den Arbeitnehmerbeteiligungsstrukturen Rechnung zu tragen. Der Übergang rechtfertigt keine Sonderstellung im Hinblick auf die Arbeitnehmermitwirkung. Daher kann infolge des Übergangs die Neukonstituierung der Arbeitnehmervertretung geboten sein. Für eine Interimszeit ist die Wahrung der Arbeitnehmerinteressen sicherzustellen. Art. 6 Abs. 1 BÜRL regelt die Rechtsstellung der Arbeitnehmer unterschiedlich, je nachdem ob die übergehende Einheit (Unternehmen/-steil, Betrieb/-steil) ihre Selbständigkeit behält oder nicht.

117 Erfasst sind alle „**Vertreter der Arbeitnehmer**" nach den Rechtsvorschriften der Mitgliedstaaten, Art. 2 Abs. 1 lit. c) BÜRL. Anders als in der ursprünglichen Richtlinie von 1977 sind davon insbesondere die „Mitglieder der Verwaltungs-, Leitungs- oder Aufsichtsorgane von Gesellschaften, die diesen Organen in bestimmten Mitgliedstaaten als Arbeitnehmervertreter angehören" seit der Änderungsrichtlinie von 1998 nicht mehr ausgenommen.[276]

118 **Behält** die übergehende Einheit ihre **Selbständigkeit** *(conserve son autonomie, preserves its autonomy)*, so bleiben Rechtsstellung und Funktion der Arbeitnehmervertreter (Art. 2 Abs. 1 lit. c) BÜRL; s.o. Rdn. 116) unverändert erhalten, Art. 6 Abs. 1 UAbs. 1 BÜRL. Vorausgesetzt ist nur, dass die Bedingungen für die Bildung der Arbeitnehmervertretung erfüllt sind; das ist gleichsam Geschäftsgrundlage für den Fortbestand.

119 Die Frage, ob die Einheit ihre Selbständigkeit bewahrt, ist zu unterscheiden von der Frage, ob sie ihre „wirtschaftliche Identität" bewahrt. Nach letzterem bestimmt sich, ob überhaupt ein Übergang vorliegt.[277] Der Begriff der „Selbständigkeit" ist unionsautonom auszulegen.[278] Nach Auffassung des Gerichtshofs „wird grundsätzlich die Selbständigkeit (...) gewahrt, wenn die Organisationsbefugnisse der für die übertragene Einheit Verantwortlichen nach dem Übergang innerhalb der Strukturen des Erwerbers im Vergleich zu der Lage vor dem Übergang im Wesentlichen unverändert bleiben". Die „Organisationsbefugnisse" bezeichnen „die den für diese Einheit Verantwortlichen gewährten Befugnisse, die Arbeit innerhalb der genannten Einheit bei der Verfolgung der wirtschaftlichen Tätigkeit, die ihr eigen ist, relativ frei und unabhängig zu organisieren, und insbesondere die Befugnisse, Weisungen und Instruk-

---

276 Wie hier *Thüsing*, Europäisches Arbeitsrecht, § 5 Rdn. 70 f. A.M. *L. Schmitt*, EAS B 8300 Rdn. 610; Preis/Sagan/*Grau*/*Hartmann*, Rdn. 15.169.

277 EuGH v. 29.7.2010 – Rs. C-151/09 *UGT-FSP*, EU:C:2010:452 Rdn. 33 ff. m.zust.Anm. *Fröhlich*, EuZA 2011, 53–64.

278 EuGH v. 29.7.2010 – Rs. C-151/09 *UGT-FSP*, EU:C:2010:452 Rdn. 37 f.

tionen zu erteilen, Aufgaben auf die untergeordneten Arbeitnehmer, die zu der fraglichen Einheit gehören, zu verteilen und über die Verwendung der materiellen Ressourcen, die ihr zur Verfügung stehen, zu entscheiden, und zwar ohne unmittelbares Eingreifen anderer Organisationsstrukturen des Inhabers".[279] Allerdings beeinträchtigt nicht jede Änderung der Organisationsstrukturen eines Unternehmens dessen Selbständigkeit: „Der bloße Austausch der obersten Dienstvorgesetzten kann als solcher der Selbständigkeit der übertragenen Einheit keinen Abbruch tun, es sei denn, die neuen obersten Dienstvorgesetzten verfügen über Befugnisse, die es ihnen ermöglichen, unmittelbar die Tätigkeit der Arbeitnehmer dieser Einheit zu organisieren und somit bei der Entscheidungsfindung innerhalb dieser Einheit an die Stelle der unmittelbaren Vorgesetzten dieser Arbeitnehmer zu treten".[280]

Eine **Ausnahme** sieht Unterabsatz 2 der Vorschrift für den Fall vor, dass nach 120 dem mitgliedstaatlichen Recht oder nach Vereinbarung mit den Arbeitnehmervertretern die Voraussetzungen für eine **Neubildung** der Arbeitnehmervertretung erfüllt sind. Das kommt insbesondere in Betracht, wenn sich die Arbeitnehmerzahl infolge des Übergangs erhöht (z. B. Aufnahme von Arbeitnehmern des Erwerbers).

Auch im **Insolvenzfall** gibt es keinen Bestandsschutz für die Arbeitnehmervertre- 121 tung. Das setzt Art. 6 Abs. 1 UAbs. 3 BÜRL voraus, obwohl der Gesetzgeber die früher von der Rechtsprechung begründete Ausnahme vom Anwendungsbereich in Art. 5 gerade nicht übernommen und nur eine punktuelle Ausnahme von Art. 3 und 4 vorgesehen hat. Nur in Form einer „weichen" Verpflichtung („können") wird den Mitgliedstaaten vorgeschlagen, bis zur Neuwahl oder Benennung neuer Arbeitnehmervertreter sicherzustellen, dass die Arbeitnehmer angemessen vertreten sind.

Behält hingegen die übergehende Einheit ihre **Selbständigkeit nicht**, geht die 122 Richtlinie von einem Erlöschen des Mandats aus, Art. 6 Abs. 1 UAbs. 4 BÜRL. Auch hier wird den Mitgliedstaaten aufgegeben, für die Interimszeit bis zur Neubildung der Arbeitnehmervertretung eine angemessene Vertretung der Arbeitnehmer sicherzustellen.[281] In diesem Fall gilt dies aber verbindlich („treffen die erforderlichen Maßnahmen").

Ergänzend sieht Art. 6 Abs. 2 BÜRL einen **nachwirkenden Schutz** der Arbeitneh- 123 mervertreter vor, deren Mandat aufgrund des Übergangs erlischt, also wenn die übergehende Einheit ihre Selbständigkeit verliert oder bei Insolvenz. Die Richtlinie sieht insoweit keine eigenen Schutzmechanismen vor, sondern verpflichtet die Mitgliedstaaten nur, den allgemeinen Schutz der Arbeitnehmervertreter nachwirken zu lassen.

---

279 EuGH v. 29.7.2010 – Rs. C-151/09 *UGT-FSP*, EU:C:2010:452 Rdn. 42ff.

280 EuGH v. 29.7.2010 – Rs. C-151/09 *UGT-FSP*, EU:C:2010:452 Rdn. 47ff.

281 Näher *Franzen*, RdA 1999, 361, 369 (der weitgehend annimmt, die Vertretung sei nur angemessen, wenn sie derjenigen der regelmäßigen Arbeitnehmervertretung entspricht); *Krause*, NZA 1998, 1201, 1203f.

IV. Umsetzung[282]

124 Die Umsetzung **in Deutschland**[283] erfolgte durch den – vorbestehenden – § 613a BGB und ergänzend durch das sog. arbeitsrechtliche EG-Anpassungsgesetz vom 13.8.1980.[284] In § 613a BGB wurden die Sätze 2–4 eingefügt, um die in Art. 3 Abs. 2 BÜRL geregelte Fortgeltung kollektivvertraglicher Arbeitsbedingungen zu gewährleisten. Der deutsche Gesetzgeber hat sich hier für eine individualvertragliche Weitergeltung der kollektivvertraglichen Regelungen entschieden, wobei die Transformationsfähigkeit der verschiedenen Normtypen (Betriebsvereinbarung, Tarifvertrag) jeweils einer gesonderten Betrachtung bedarf. Eine Beschränkung der kollektivvertraglichen Fortgeltung auf Inhaltsnormen ist richtlinienwidrig (s.o. Rdn. 76). Infolge des Neuerlasses durch die RL 2001/23/ EG wurde § 613a BGB um die Abs. 5 und 6 erweitert,[285] in denen Art und Weise sowie Inhalt des Informationsschreibens sowie das (unionsrechtlich nicht vorgeschriebene) Widerspruchsrecht des Arbeitnehmers normiert sind. Die Erhaltung des Betriebsratsmandats entspricht allgemeinen Grundsätzen des BetrVG, das Übergangsmandat gem. Art. 6 Abs. 1 UAbs. 4 BÜRL regelt § 21 BetrVG. Der nachwirkende Kündigungsschutz ergibt sich aus § 15 Abs. 1 S. 2 KSchG.

125 Zweifelhaft ist, ob die in Art. 7 Abs. 1 BÜRL verankerte kollektivrechtliche Informationspflicht, nach der Erwerber und Veräußerer ihre jeweiligen Arbeitnehmervertreter über die Einzelheiten des Betriebsübergangs zu unterrichten haben, richtlinienkonform in deutsches Recht umgesetzt ist.[286] Der deutsche Gesetzgeber hat die entsprechenden Richtlinienvorgaben nicht eigens umgesetzt, als Umsetzungsvorschrift wurde allerdings § 111 BetrVG angesehen, der bestimmte Informationspflichten für den Fall der Betriebsänderung vorsieht.[287] Problematisch ist die damit einhergehende, weitreichende Eingrenzung des (in der BÜRL offen gelassenen) Begriffs des Betriebsübergangs auf die in § 111 BetrVG abschließend aufgezählten Fälle, und die Begrenzung auf „wesentliche" bzw. „grundlegende" Änderungen. Diese Diskrepanz zwischen Richtlinienvorgaben und dem nationalen Recht ist durch eine richtlinienkonforme Auslegung des § 111 BetrVG aufzulösen.[288] Mit Einführung der Sozialplanprivilege in §§ 112a Abs. 1 und Abs. 2 BetrVG erfolgte eine Einschränkung des Zugangs bzw. der Entscheidungskompetenz der Schiedsstellen. Zudem begrenzt § 112 Abs. 2 S. 2, Abs. 4 BetrVG die Kompetenz der Schiedsstelle auf die Aufstellung eines Sozialplanes und schließt damit die Zuständigkeit für die Aufstellung eines Interessenausgleichs aus. Diese Beschränkungen sind richtlinienwidrig und daher ebenfalls im Wege der richtlinienkonformen Auslegung zu korrigieren.[289]

---

282 Rechtsvergleichender Überblick bei *Rebhahn,* RdA 2006 Sonderbeil. zu Heft 6, 4–15.

283 Eingehend Hanau/Steinmeyer/Wank/*Wank,* § 18 Rdn. 112–152 (zur Richtlinie 77/187/EWG); *Joussen,* EAS B 7200 *(passim)* und *Schubert/Schmitt,* EAS B 8300 *(passim).* Ferner *Franzen,* RdA 1999, 361–374.

284 BGBl. 1980 I, 1308.

285 Gesetz zur Änderung des Seemannsgesetzes und anderer Gesetze v. 23.5.2002, BGBl. 2002 I, 1163.

286 Zum Ganzen *Colneric,* FS Steindorff (1990), S. 1133–1140; *Oetker,* NZA 1998, 1193, 1196–1201; *Riesenhuber,* RdA 2004, 340–352; *Weber,* FS Konzen (2005), S. 935–939.

287 *Riesenhuber,* RdA 2004, 340, 342.

288 *Riesenhuber,* RdA 2004, 340, 348f.; a.M. *Weber,* FS Konzen (2005), S. 935–938.

289 *Riesenhuber,* RdA 2004, 340, 343–346; a.M. *Weber,* FS Konzen (2005), S. 938.

Bei unzureichender oder fehlerhafter Umsetzung durch die Mitgliedstaaten können sich Private (also: Arbeitnehmer) **gegenüber dem Mitgliedstaat unmittelbar** auf die Richtlinie berufen. Umgekehrt kann sich der Mitgliedstaat indes **nicht gegenüber dem Arbeitnehmer** auf die Richtlinie berufen, da diese Privaten unmittelbar keine Verpflichtungen auferlegt. Eine direkte Wirkung zuungunsten des Bürgers besteht nicht.[290] Zu den Grundlagen schon § 1 Rdn. 82f. **126**

Die Umsetzung der Richtlinie in anderen Mitgliedstaaten war Gegenstand einer Reihe von Vertragsverletzungsverfahren wegen nicht fristgerechter oder fehlerhafter Umsetzung.[291] **127**

V. Beispielsfall: *Delahaye*[292]

Methodisch interessante Fragen warf der Sonderfall *Delahaye* auf. Frau Delahaye war bei Foprogest beschäftigt. Ihre Vergütung war nicht in einem Kollektivvertrag geregelt. Der Zweck von Foprogest bestand u. a. in der Förderung und Durchführung von Fortbildungsmaßnahmen, durch die die soziale und berufliche Situation von Arbeitsuchenden und Arbeitslosen verbessert werden sollte, um ihre berufliche Eingliederung oder Wiedereingliederung zu ermöglichen. Die Mittel dieser Vereinigung stammten im Wesentlichen aus Zuschüssen, Spenden und Vermächtnissen. Die Tätigkeit von Foprogest wurde auf den luxemburgischen Staat übertragen. Die damit übernommene Tätigkeit wird nunmehr in Form eines öffentlichen Verwaltungsdienstes ausgeübt. **128**

Mit Wirkung vom 1. Januar 2000 wurde Frau Delahaye als Angestellte des luxemburgischen Staates eingestellt. Auch andere zuvor bei Foprogest beschäftigte Arbeitnehmer wurden vom Staat übernommen. Dieser Vorgang führte zum Abschluss neuer Arbeitsverträge zwischen dem Staat und den betroffenen Arbeitnehmern. Unter diesen Umständen schloss Frau Delahaye am 22. Dezember 1999 mit dem betreffenden Minister einen Vertrag auf unbestimmte Dauer. Nach der großherzoglichen Verordnung über die Vergütung der staatlichen Angestellten bezog Frau Delahaye seither eine geringere Vergütung, als sie nach dem ursprünglich mit Foprogest geschlossenen **129**

290 EuGH v. 26.5.2005 – Rs. C-297/03 *Sozialhilfeverband Rohrbach,* EU:C:2005:315.

291 EuGH v. 15.4.1986 – Rs. 237/84 *Kommission ./. Belgien,* EU:C:1986:149 (unzulässige Beschränkung des Kündigungsschutzes); EuGH v. 10.7.1986 – Rs. 235/84 *Kommission ./. Italien,* EU:C:1986:303; EuGH v. 8.6.1994 – Rs. C-382/92 *Kommission ./. Vereinigtes Königreich,* EU:C:1994:233; EuGH v. 16.10.2003 – Rs. C-32/02 *Kommission ./. Italien,* EU:C:2003:555 (ideell tätige Arbeitgeber nicht erfasst); EuGH v. 5.6.2003 – Rs. C-145/01 *Kommission ./. Italien,* EU:C:2003:324 (unzulässig); EuGH v. 10.6.2004 – Rs. C-333/03 *Kommission ./. Luxemburg,* EU:C:2004:369 (nicht fristgerecht). Zum Beitritt Spaniens EuGH v. 17.4.1997 – Rs. C-336/95 *Pedro Burdalo Trevejo,* EU:C:1997:204. Zu Vertragsverletzungsverfahren in anderen Mitgliedstaaten *Davies,* YEL 9 (1989), 21, 29–37 (VK); *Edward/Segan,* RdA 2006 Sonderbeil. zu Heft 6, 15–24 (VK; zum schrittweisen Abbau der anfänglich erheblichen Umsetzungsdefizite); *Eisele,* Die Richtlinie zum Betriebsübergang und ihre Umsetzung im englischen Recht (2003); *Alsbaek,* Der Betriebsübergang und seine individualarbeitsrechtlichen Folgen in Europa, S. 48–165 (VK, F, DK); *Novak,* RdA 2006 Sonderbeil. zu Heft 6, S. 25–30 (SLO).

292 EuGH v. 11.11.2004 – Rs. C-425/02 *Delahaye,* EU:C:2004:706.

Vertrag erhalten hatte. Vom luxemburgischen Staat war sie ohne Berücksichtigung ihres Dienstalters in die letzte Gehaltsstufe der untersten Tarifklasse der Vergütungstabelle eingestuft worden mit der Folge, dass sie 37 % ihres Monatsgehalts einbüßte.

130 Soweit zu erkennen, ging es Frau Delahaye in dem Rechtsstreit ausschließlich darum, ihr früheres Gehalt beizubehalten, jedenfalls aber wollte sie im Vergütungssystem des öffentlichen Dienstes besser eingestuft werden. Der Gerichtshof fasst zusammen, die Parteien stritten „im Wesentlichen darüber, ob der Staat gehalten ist, nach der fraglichen Übertragung alle Rechte des Personals, die sich aus dem Arbeitsvertrag zwischen den Arbeitnehmern und dem Veräußerer ergeben, sowie insbesondere auch den Vergütungsanspruch aufrechtzuerhalten".

131 In der Sache ging es um eine Normkollision. Die Richtlinie, die auf den vorliegenden Fall gem. Art. 1 Abs. 1 lit. c) BÜRL anwendbar ist, bestimmt die Aufrechterhaltung der früheren Arbeitsbedingungen – einschließlich des Lohns. Nach der großherzoglichen Verordnung über die Vergütung der staatlichen Angestellten war hingegen nur ein geringerer Lohn zu zahlen. (Es war nicht anzunehmen, dass sich der Fall durch die Korrektur einer fehlerhaften Einstufung erledigte.)

132 Der Gerichtshof suchte eine Lösung in Art. 4 Abs. 2 BÜRL. Bereits im Fall *Mayeur*[293] hatte der EuGH angenommen: Wenn bei der Eingliederung einer privatrechtlichen juristischen Person in die öffentliche Verwaltung die privatrechtlichen Verträge gekündigt werden müssen, so liegt darin eine wesentliche Änderung der Arbeitsbedingungen zum Nachteil des Arbeitnehmers, die unmittelbar aus dem Übergang folgt. Daher ist nach Art. 4 Abs. 2 BÜRL davon auszugehen, dass die Beendigung der Arbeitsverträge durch den Arbeitgeber erfolgt ist.[294] In *Delahaye* geht der Gerichtshof darüber hinaus und erklärt, die Richtlinie stehe einer Beendigung von Arbeitsverträgen in solchen Fällen nicht entgegen (und beruft sich für diese Aussage zu Unrecht auf *Mayeur*).[295] Die Beendigung sei dann nach Art. 4 Abs. 2 als durch den Arbeitgeber erfolgt anzusehen. „Das Gleiche" gelte, wenn, wie in *Delahaye*, die Eingliederung eine Kürzung der Vergütung mit sich bringe. Sei die Kürzung wesentlich, so liege darin eine wesentliche Änderung der Arbeitsbedingungen i. S. v. Art. 4 Abs. 2 BÜRL.[296] „Außerdem", schließt der Gerichtshof, „sind die zuständigen Behörden, die das nationale Recht der öffentlichen Angestellten anzuwenden und auszulegen haben, verpflichtet, dies so weit wie möglich im Licht der Zielsetzung der Richtlinie 77/187 zu tun."[297]

133 Die Begründung überzeugt indes nicht.[298] Art. 4 Abs. 2 BÜRL passt weder im Tatbestand noch in der Rechtsfolge. Hält man die Richtlinie für anwendbar, so gingen die Rechte und Pflichten einschließlich des Vergütungsanspruchs gem. Art. 3 Abs. 1

---

293 EuGH v. 26.9.2000 – Rs. C-175/99 *Mayeur*, EU:C:2000:505.
294 EuGH v. 26.9.2000 – Rs. C-175/99 *Mayeur*, EU:C:2000:505 Rdn. 56.
295 EuGH v. 11.11.2004 – Rs. C-425/02 *Delahaye*, EU:C:2004:706 Rdn. 32.
296 EuGH v. 11.11.2004 – Rs. C-425/02 *Delahaye*, EU:C:2004:706 Rdn. 33.
297 EuGH v. 11.11.2004 – Rs. C-425/02 *Delahaye*, EU:C:2004:706 Rdn. 34.
298 Krit. auch Schlachter/Heinig/*Krause*, § 7 Rdn. 61.

BÜRL auf den Erwerber über. Eine Anpassung war nicht möglich. Eine übergangsbedingte Kündigung – die freilich gar nicht in Rede stand – wäre nicht nach Art. 4 Abs. 2 zu beurteilen gewesen, sondern nach Art. 4 Abs. 1 UAbs. 1 S. 1 BÜRL, – und daher als verboten anzusehen. Die abschließende Berufung des Gerichts auf die allgemeinen Umsetzungspflichten (heute Art. 288 AEUV, 4 Abs. 3 EUV) ist zwar für sich richtig, wirkt indes hilflos, weil völlig undifferenziert.

Methodisch sauber wäre eine Lösung zum einen über eine Ausnahme vom Anwendungsbereich möglich gewesen. Dabei wäre es auch keineswegs erforderlich gewesen, alle öffentlichen Unternehmen auszunehmen, denn mit der Eingliederung eines Privatunternehmens in die öffentliche Verwaltung ging es um einen Sonderfall, für den sich das Gericht durchaus auf die bloße Teilharmonisierung hätte berufen können.[299] **134**

Treffender wäre aber die offene Rechtsfortbildung durch eine *analoge Anwendung* von Art. 3 Abs. 3 UAbs. 1 BÜRL (Art. 3 Abs. 2 UAbs. 1 Richtlinie 77/187/ EWG) gewesen.[300] Ist die Vergütung tarifvertraglich geregelt, so beendet ein anwendbarer anderer Tarifvertrag die Fortwirkung des bisherigen Tarifs. Damit muss der Arbeitnehmer stets rechnen. Darüber hinaus kann der neue Tarifvertrag aber als kollektiv ausgehandeltes Regelungsganzes im selben Maße eine Angemessenheit in Anspruch nehmen wie der frühere. Nicht zuletzt dient die einheitliche Anwendung des neuen Tarifs einem Gleichbehandlungsinteresse der Arbeitsvertragsparteien. Für den Sonderfall, dass die Vergütung gesetzlich geregelt ist, enthält die Richtlinie keine Regelung. Er kann aber wertungsmäßig dem in Art. 3 Abs. 3 BÜRL geregelten gleichgestellt werden. Die gesetzlich geregelte Vergütung ist zwar nicht durch Verhandlung, wohl aber dadurch legitimiert, dass sie auf eine demokratische Grundlage zurückführbar ist. **135**

VI. Überblick: Arbeitnehmerschutz in der Übernahmerichtlinie

Literatur: *Barnard/Deakin*, Reinventing the European Corporation? Corporate Governance, Social Policy and the Single Market, IRJ 33 (2002), 484–499; *Buck-Heeb*, Keine drittschützende Wirkung der WpÜG-Regelung, jurisPR-BKR 1/2020 Anm. 3; *Diekmann*, Änderungen im Wertpapiererwerbs- und Übernahmegesetz anlässlich der Umsetzung der EU-Übernahme-Richtlinie in das deutsche Recht, NJW 2007, 17–21; *Grundmann*, Europäisches Gesellschaftsrecht, 2. Aufl. 2011, § 27; *Kindler/Horstmann*, Die EU-Übernahmerichtlinie – ein „europäischer" Kompromiss, DStR 2004, 868–873; *Mülbert*, Umsetzungsfragen der Übernahmerichtlinie – erheblicher Änderungsbedarf bei den heutigen Vorschriften des WpÜG, NZG 2004, 633–642.

---

299 Die Ausnahme wäre umso leichter zu begründen gewesen, als auf den Fall die Richtlinie 77/187/ EWG anwendbar war (s. EuGH v. 11.11.2004 – Rs. C-425/02 *Delahaye*, EU:C:2004:706 Rdn. 28), die die Anwendbarkeit auf öffentliche Unternehmen noch nicht eigens regelte.

300 In diese Richtung auch *Rebhahn*, RdA 2006 Sonderbeil. zu Heft. 6, 5, 13.

136 Wie wir gesehen haben, erfasst die Betriebsübergangsrichtlinie nur den Übergang von Unternehmen oder Betrieb auf einen anderen Inhaber und damit nicht den Fall eines Unternehmenserwerbs durch Übernahme der Gesellschaftsanteile (oben, Rdn. 22). Dieser Vorgang ist unionsrechtlich nur ausschnittweise geregelt, nämlich durch die Übernahmerichtlinie (ÜNRL)[301].[302] Sie dient primär dem Schutz der Aktionäre („Inhaber von Wertpapieren") und enthält nur punktuelle Vorschriften zum Arbeitnehmerschutz. Die Anordnung eines Übergangs der Arbeitsverhältnisse ist hier unnötig, da der Unternehmensträger unverändert bleibt. Die Schutzbedürfnisse sieht man eher darin, dass eine Übernahme regelmäßig Umstrukturierungen zur Folge hat, die nicht selten auch zu Entlassungen führen, und zwar sowohl im Bieterunternehmen als auch in der Zielgesellschaft.[303] Dem trägt die Richtlinie mittels einer informatorischen Beteiligung im Rahmen des Übernahmeverfahrens Rechnung (vgl. BE 13 ÜNRL). Aber auch für die informatorische Beteiligung der Arbeitnehmer oder ihrer Vertreter hat sich der Gesetzgeber hier weitgehend auf die vorbestehenden Regeln der Unterrichtungsrahmenrichtlinie und der EBR-Richtlinie sowie der Massenentlassungsrichtlinie und der Betriebsübergangsrichtlinie verlassen, Art. 14 ÜNRL (vgl. BE 23 ÜNRL).

137 Durch diese Verweisung wollte die Kommission „den Bedenken einiger Abgeordneter des Europäischen Parlaments" Rechnung tragen, „die den Schutz der Arbeitnehmer in den von einem Übernahmeangebot betroffenen Gesellschaften (sowohl in der Bieter- als auch in der Zielgesellschaft) gefährdet sehen." Daher hob sie in ihrer Begründung auch hervor: „Die enge, effektive Einbeziehung der Arbeitnehmer dieser Gesellschaften durch ihre Vertreter ist ein wichtiger Faktor nicht nur für den Erfolg des Angebots, sondern auch im Hinblick auf die angemessene Berücksichtigung der diversen Interessen, die hier auf dem Spiel stehen."[304] Da Art. 14 ÜNRL indes allein auf vorbestehende gemeinschaftsrechtliche Regelungen verweist und keinen eigenen Regelungsgehalt hat, ist die Vorschrift mit Recht als „Leerformel" bezeichnet worden.[305]

138 In das **Übernahmeverfahren** sind die Arbeitnehmer vor allem dadurch einbezogen, dass sich Bieter- und Zielgesellschaft u. a. auch zu den voraussichtlichen Auswirkungen auf Arbeitsplätze und Standorte äußern müssen und dass ihnen bestimmte Informationen während des Verfahrens ebenfalls zur Verfügung zu stellen sind, grundsätzlich den Arbeitnehmervertretern, nur wenn es solche nicht gibt den Arbeit-

---

301 Richtlinie 2004/25/EG des Europäischen Parlaments und des Rates vom 21.4.2004 betreffend Übernahmeangebote, ABl. 2004 L 142/12.

302 Zu ihr *Grundmann,* Europäisches Gesellschaftsrecht, § 27 (zum Anwendungsbereich Rdn. 955); *Habersack/Verse,* Europäisches Gesellschaftsrecht, 5. Aufl. 2019, § 11. Nach Art. 1 Abs. 1 ÜNRL erstreckt sich der sachliche Anwendungsbereich nur auf „Übernahmeangebote für die Wertpapiere einer dem Recht eines Mitgliedstaats unterliegenden Gesellschaft, sofern alle oder ein Teil dieser Wertpapiere zum Handel auf einem geregelten Markt (...) in einem oder mehreren Mitgliedstaaten zugelassen sind".

303 *Barnard/Deakin,* IRJ 33 (2002), 484, 490.

304 Kommission, Vorschlag für eine Richtlinie des Europäischen Parlaments und des Rates betreffend Übernahmeangebote, KOM(2002) 534 endg., ABl. 2003 C 45 E/1, 7, Erläuterungen zu Art. 13 des Entwurfs.

305 *Kindler/Horstmann,* DStR 2004, 866, 870.

nehmern selbst.[306] Da diese Informationen zugleich auch weitgehend zu veröffentlichen sind, geht es vor allem darum, dass die Arbeitnehmer unmittelbar unterrichtet werden und sie von der Übernahme nicht erst über Umwege erfahren.

Zunächst ist die **Entscheidung zur Abgabe eines Übernahmeangebots** unverzüglich bekannt zu machen, Art. 6 Abs. 1 S. 1 ÜNRL. Sobald das Angebot bekannt gemacht ist, müssen die Leitungs- bzw. Verwaltungsorgane von Ziel- und Bietergesellschaft ihre Arbeitnehmervertreter, hilfsweise die Arbeitnehmer selbst darüber unterrichten, Art. 6 Abs. 1 S. 3 ÜNRL. Zudem ist den Arbeitnehmervertretern (hilfsweise den Arbeitnehmern selbst) auch die (primär für die Inhaber von Wertpapieren der Zielgesellschaft bestimmten) **Angebotsunterlage** zu übermitteln, Art. 6 Abs. 2 S. 3 ÜNRL. Darin sind u. a. auch Angaben zu machen über „die Absichten des Bieters in Bezug auf die künftige Geschäftstätigkeit der Zielgesellschaft und, soweit von dem Angebot betroffen, der Bietergesellschaft und in Bezug auf die Weiterbeschäftigung ihrer Beschäftigten und ihrer Geschäftsleitung, einschließlich etwaiger wesentlicher Änderungen der Beschäftigungsbedingungen; dies betrifft insbesondere die strategische Planung des Bieters für diese Gesellschaften und deren voraussichtliche Auswirkungen auf Arbeitsplätze und Standorte", Art. 6 Abs. 3 lit. i) ÜNRL. Zudem müssen diese Informationen und Unterlagen auch so **bekannt gemacht** werden, dass sie den Arbeitnehmervertretern (hilfsweise: den Arbeitnehmern) ohne weiteres umgehend zur Verfügung stehen, Art. 8 Abs. 2 ÜNRL. Die Arbeitnehmervertreter haben Gelegenheit, zu den Auswirkungen auf die Beschäftigung **Stellung zu nehmen** (vgl. Art. 9 Abs. 5 S. 3 ÜNRL): „Es ist wichtig, dass die Arbeitnehmer der Zielgesellschaft in diese Stellungnahme einbezogen werden und bei abweichender Auffassung zeitgleich eine eigene Stellungnahme abgeben können. Diese Stellungnahmen sind für die Aktionäre bestimmt, die über das Angebot zu entscheiden haben."[307] Das Leitungs- oder Verwaltungsorgan der Zielgesellschaft trifft dann u. a. die Pflicht, eine begründete Stellungnahme zu dem Angebot zu erstellen und zu veröffentlichen, die u. a. auch auf die voraussichtlichen Auswirkungen auf Arbeitsplätze und Standorte eingeht, wie sie in der Angebotsunterlage dargelegt sind. Diese Stellungnahme übermittelt das Leitungs- oder Verwaltungsorgan zugleich mit der Veröffentlichung den Arbeitnehmervertretern (hilfsweise: den Arbeitnehmern selbst). 139

306 Anwendbar ist das Recht der Zielgesellschaft, Art. 4 S. 2 Abs. 2 lit. e) S. 2 ÜNRL.

307 Kommission, Vorschlag für eine Richtlinie des Europäischen Parlaments und des Rates betreffend Übernahmeangebote, KOM(2002) 534 endg., ABl. 2003 C 45 E/1, 6, Erläuterungen zu Art. 9 des Entwurfs.

§ 28 Die Insolvenzschutzrichtlinie

Literatur: *Abele*, Staatshaftung wegen mangelhafter Richtlinientransformation, ZEuP 1995, 105–118; *Birk*, Das Konkursausfallgeld – Ein rechtsvergleichender Überblick über die Insolvenzsicherung für Arbeitnehmerforderungen, RabelsZ 39 (1975), 605–646; *Caspers*, Insolvenzschutz von Abfindungen – Urteil des EuGH v. 17.1.2008 – Rs. Navarro, EuZA 2009, 405–412; *Franzen*, Die Rechtsprechung des EuGH zum Schutz der Arbeitnehmer bei Zahlungsunfähigkeit des Arbeitgebers – Ausgewählte Beispielsfälle zur Insolvenzgeld-Richtlinie 80/987/EWG, DZWIR 2000, 441–449; *Hantel*, Die Insolvenzschutzrichtlinie 2008/94/EG zwischen europäischem Arbeitnehmerschutz und nationaler Staatshaftung, ZESAR 2018, 458–463; *Heinze*, Europarechtliche Vorgaben für die Neuregelung des Insolvenzgeldes, in: Klaus Schmidt (Hrsg.), Festschrift zum 50-jährigen Bestehen der Arbeitsgerichtsbarkeit in Rheinland-Pfalz, 1999, S. 67–83 = KTS 1998, 513–528; *Holzer*, Die Richtlinie zur Angleichung der Rechtsvorschriften der Mitgliedstaaten über den Schutz der Arbeitnehmer bei Zahlungsunfähigkeit des Arbeitsgebers und das österreichische Recht, in: Runggaldier (Hrsg.), Österreichisches Arbeitsrecht und das Recht der EG, 1990, S. 259–282; *Kasten*, Deutsche Insolvenzgeldsicherung und EG-Recht, ZESAR 2003, 318–326; *ders.*, Die deutsche Insolvenzsicherung und EG-Recht, 2003; *Kraft/Thurner/Paintner*, Gesetz über den Schutz der Arbeitnehmeransprüche im Falle der Insolvenz des Arbeitgebers – Die Sicherung von Arbeitnehmeransprüchen in der Insolvenz des Arbeitgebers nach polnischem Recht. Mit einer Einführung zum gemeinschaftsrechtlichen Besitzstand im Bereich der Insolvenz-Entgeltsicherung, WIRO 2002, 370–375; *Krause*, Europarechtliche Vorgaben für das Konkursausfallgeld, ZIP 1998, 56–62; *ders.*, Gemeinschaftsrechtlicher Insolvenzschutz für Betriebsrenten und Staatshaftung für fehlerhafte Richtlinienumsetzung, EuZA 1 (2008), 96–103; *Matthießen*, Insolvenzschutz bei gekürzten Pesionskassenrenten, DB 2020, 449–454; *Peters-Lange*, Konsequenzen der EuGH-Rechtsprechung für den Insolvenzgeldanspruch, ZIP 2003, 1877–1878; *Rolfs*, Die betriebliche Altersversorgung im Recht der Europäischen Union, EuZA 2018, 283–303; *Sargeant*, Protecting Employees with Insolvent Employers, ILJ 32 (2003), 53–59; *Weber*, Sicherung des Arbeitsentgelts bei Zahlungsunfähigkeit des Arbeitgebers, in: Oetker/Preis (Hrsg.), Europäisches Arbeits- und Sozialrecht, B 3300 (Stand: Nov. 2008); *Wutte*, Insolvenzschutz von Pensionskassenrenten bei Armutsgefährdung von Betriebsrentnern, EuZA 2020, 366–377.

Rechtsprechung:

EuGH v. 2.2.1989	Rs. 22/87 *Kommission ./. Italien*, EU:C:1989:45
EuGH v. 19.11.1991	verb. Rs. C-6/90 und C-9/90 *Francovich I*, EU:C:1991:428
EuGH v. 3.12.1992	verb. Rs. C-140/91, C-141/91, C-278/91 und C-279/91 *Suffritti*, EU:C:1992:492
EuGH v. 16.12.1993	Rs. C-334/92 *Wagner Miret*, EU:C:1993:945
EuGH v. 9.11.1995	Rs. C-479/93 *Francovich II*, EU:C:1995:372
EuGH v. 10.7.1997	Rs. C-373/95 *Maso*, EU:C:1997:353
EuGH v. 10.7.1997	verb. Rs. C-94/95, C-95/95 *Bonifaci*, EU:C:1997:348
EuGH v. 17.9.1997	Rs. C-117/96 *Mosbæk*, EU:C:1997:415
EuGH v. 14.7.1998	Rs. C-125/97 *Regeling*, EU:C:1998:358
EuGH v. 16.7.1998	Rs. C-235/95 *Dumon und Froment*, EU:C:1998:365
EuGH v. 15.6.1999	Rs. C-321/97 *Andersson und Wåkerås-Andersson*, EU:C:1999:307
EuGH v. 16.12.1999	Rs. C-198/98 *Everson*, EU:C:1999:617
EuGH v. 18.10.2001	Rs. C-441/99 *Gharehveran*, EU:C:2001:551
EuGH v. 27.7.2002	Rs. C-442/00 *Caballero*, EU:C:2002:402
EuGH v. 15.5.2003	Rs. C-160/01 *Mau*, EU:C:2003:280
EuGH v. 11.9.2003	Rs. C-201/01 *Walcher*, EU:C:2003:450
EuGH v. 18.9.2003	Rs. C-125/01 *Pflücke*, EU:C:2003:477
EuGH v. 4.3.2004	verb. Rs. C-19/01, C-50/01 und C-84/01 *Barsotti*, EU:C:2004:119
EuGH v. 16.12.2004	Rs. C-520/03 *Valero*, EU:C:2004:826

https://doi.org/10.1515/9783110731941-028

EuGH v. 13.12.2005	Rs. C-177/05 *Guerrero Pecino*, EU:C:2005:764
EuGH v. 7.9.2006	Rs. C-81/05 *Alonso*, EU:C:2006:529
EuGH v. 25.1.2007	Rs. C-278/05 *Robins*, EU:C:2007:56
EuGH v. 27.9.2007	Rs. C-9/07 *Kommission ./. Frankreich*, EU:C:2007:560
EuGH v. 29.11.2007	Rs. C-6/07 *Kommission ./. Spanien*, EU:C:2007:736
EuGH v. 17.1.2008	Rs. C-246/06 *Velasco Navarro*, EU:C:2008:19
EuGH v. 21.2.2008	Rs. C-498/06 *Robledillo Núñez*, EU:C:2008:109
EuGH v. 16.10.2008	Rs. C-310/07 *Holmqvist*, EU:C:2008:573
EuGH v. 16.7.2009	Rs. C-69/08 *Visciano*, EU:C:2009:468
EuGH v. 10.2.2011	Rs. C-30/10 *Lotta Andersson*, EU:C:2011:66
EuGH v. 10.3.2011	Rs. C-477/09 *Defossez*, EU:C:2011:134
EuGH v. 17.11.2011	Rs. C-435/10 *van Ardennen*, EU:C:2011:751
EuGH v. 18.4.2013	Rs. C-247/12 *Mustafa*, EU:C:2013:256
EuGH v. 25.4.2013	Rs. C-398/11 *Hogan u.a.*, EU:C:2013:272
EuGH v. 28.11.2013	Rs. C-309/12 *Gomes Viana Novo*, EU:C:2013:774
EuGH v. 27.3.2014	Rs. C-265/13 *Torralbo Marcos*, EU:C:2014:187
EuGH v. 10.7.2014	Rs. C-198/13 *Hernández*, EU:C:2014:2055
EuGH v. 5.11.2014	Rs. C-311/13 *Tümer*, EU:C:2014:2337
EuGH v. 25.2.2016	Rs. C-292/14 *Stroumpoulis*, EU:C:2016:116
EuGH v. 24.11.2016	Rs. C-454/15 *Webb-Sämann*, EU:C:2016:891
EuGH v. 2.3.2017	Rs. C-496/15 *Eschenbrenner*, EU:C:2017:152
EuGH v. 28.6.2018	Rs. C-57/17 *Checa Honrado*, EU:C:2018:512
EuGH v. 25.7.2018	Rs. C-338/17 *Guigo*, EU:C:2018:605
EuGH v. 6.9.2018	Rs. C-17/17 *Hampshire*, EU:C:2018:674
EuGH v. 19.12.2019	Rs. C-168/18 *Pensions-Sicherungs-Verein*, EU:C:2019:1128

Übersicht

I. Sachfragen, Übersicht, Rechtsgrundlagen, Regelungsumfeld

1 Wenn ein Arbeitgeber insolvent wird, zahlt er mitunter schon vor Eröffnung des entsprechenden Verfahrens Arbeitslöhne nicht mehr vollständig aus und führt Sozial(versicherungs)beiträge nicht mehr rechtzeitig und vollständig ab. Arbeitnehmer sind in der Insolvenz des Arbeitgebers regelmäßig ebenso geschützt wie andere

(Zahlungs-) Gläubiger, nämlich durch das Insolvenzverfahren. Das Insolvenzrecht sieht zudem öfter noch besondere Privilegierungen von Arbeitnehmerforderungen vor. Ungeachtet dessen wird der Schutz der Arbeitnehmer in dieser Form noch als unzureichend empfunden.[1] Offene Lohnforderungen aus der Zeit vor Einleitung des Insolvenzverfahrens bleiben unzureichend geschützt. Der Arbeitnehmer ist aber gleichzeitig nicht gut in der Lage, sich selbst zu schützen. Wenn das Unternehmen in die Krise gerät und die Lohnzahlung (teilweise) ausbleibt, wird der Arbeitnehmer – je nach seinen Arbeitsmarktchancen – nicht selten stillhalten und weder kündigen noch die offenen Lohnforderungen gerichtlich durchsetzen. Oftmals wird er hoffen, durch dieses Stillhalten zur Genesung des Unternehmens beizutragen. Eine Sicherheitsleistung des Arbeitgebers kann er regelmäßig nicht durchsetzen, die Weiterarbeit zum reduzierten Lohn wird er oft als das geringere Übel gegenüber der Arbeitslosigkeit ansehen.[2]

Dieser Sachproblematik trägt die Regelung der Insolvenzschutzrichtlinie 2
(InsSchRL)[3] Rechnung. Mit ihr wird ein unionsweit einheitlicher Schutzstandard erstrebt, in dessen Mittelpunkt die Errichtung einer **Garantieeinrichtung** steht, die offene Lohnforderungen für den Fall der Zahlungsunfähigkeit sichert. Die Richtlinie verweist allerdings in zahlreichen (auch zentralen) Punkten auf das nationale Recht und gibt den Mitgliedsstaaten zudem weitreichende Umsetzungsoptionen, so dass die Angleichung nicht mehr als einen weiten Rahmen bedeutet.

Die ursprünglich 1980[4] verabschiedete Richtlinie[5] wurde anlässlich des Beitritts 3
neuer Mitgliedsstaaten zwischenzeitlich ergänzt und im Jahr 2002 durch die Richtlinie 2002/74/EG[6] – auch im Hinblick auf die Rechtsprechung des EuGH – in einzelnen

1 S.a. *Franzen*, DZWIR 2000, 441, 442.

2 *Birk*, RabelsZ 39 (1975), 605, 636.

3 Richtlinie 2008/94/EG des Europäischen Parlaments und des Rates vom 22.10.2008 über den Schutz der Arbeitnehmer bei Zahlungsunfähigkeit des Arbeitgebers (kodifizierte Fassung), ABl. 2008 L 283/36.

4 Verhältnismäßig zügig nach dem Vorschlag einer Richtlinie des Rates zur Angleichung der Rechtsvorschriften der Mitgliedstaaten über den Schutz der Arbeitnehmer bei Zahlungsunfähigkeit des Arbeitgebers v. 13.4.1978, KOM(79) 131 endg., ABl. 1978 C 135/2. Zur Entstehungsgeschichte *Holzer*, in: Runggaldier (Hrsg.), Österreichisches Arbeitsrecht und das Recht der EG, S. 260–262; *Weber*, EAS B 3300 Rdn. 1–7.

5 Richtlinie 80/987/EWG des Rates vom 20.10.1980 zur Angleichung der Rechtsvorschriften der Mitgliedstaaten über den Schutz der Arbeitnehmer bei Zahlungsunfähigkeit des Arbeitgebers, ABl. 1980 L 283/23.

6 Richtlinie 2002/74/EG des Europäischen Parlaments und des Rates vom 23.9.2002 zur Änderung der Richtlinie 80/987/EWG des Rates zur Angleichung der Rechtsvorschriften der Mitgliedstaaten über den Schutz der Arbeitnehmer bei Zahlungsunfähigkeit des Arbeitgebers, ABl. 2002 L 270/10. Die Änderungsrichtlinie, gestützt nicht mehr auf Art. 94 EG/115 AEUV (Art. 100 EGV), sondern auf Art. 137 EG/153 AEUV, hat auch den Titel geändert: Richtlinie des Rates vom 20.10.1980 über den Schutz der Arbeitnehmer bei Zahlungsunfähigkeit.

Punkten inhaltlich geändert.[7] Mit der **Änderungsrichtlinie** von 2002 hat der Gesetzgeber einerseits die Ausnahmetatbestände, die anfänglich länderspezifisch in einem Anhang geregelt waren, insofern verallgemeinert, als sie nun für alle Mitgliedstaaten gleichermaßen gelten, andererseits die Ausnahmetatbestände aber auch beschränkt. Er hat zudem die Regeln über die Garantieeinrichtung sowie Höchstgrenzen (Art. 3 und 4) neu gefasst. Ferner hat er, einer Rechtsprechung des EuGH Rechnung tragend, den internationalen Anwendungsbereich ausdrücklich definiert. 2008 erfolgte „aus Gründen der Klarheit und der Übersichtlichkeit" eine geordnete Neufassung (sog. **Kodifikation**);[8] auf sie allein bezieht sich die folgende Darstellung. Die Richtlinie **bezweckt**, einen *Mindestschutz* der Arbeitnehmer bei Zahlungsunfähigkeit des Arbeitgebers zu gewährleisten.[9] Insbesondere die Begrenzungsoptionen machen deutlich, dass die Richtlinie zugleich „die Finanzkraft der Mitgliedstaaten berücksichtigt und das finanzielle Gleichgewicht ihrer Garantieeinrichtungen zu wahren sucht".[10]

4 Die ursprüngliche Richtlinie wurde auf die **Kompetenz**norm des Art. 100 EWG (heute Art. 115 AEUV) gestützt. Ob diese Rechtsgrundlage trägt, kann man mit guten Gründen bezweifeln,[11] wenn auch die Rechtslage vor Erlass der Richtlinie in den Mitgliedstaaten tatsächlich sehr unterschiedlich war.[12] Da die Richtlinie insbesondere nicht sicherstellt, dass die Garantieeinrichtung vom Arbeitgeber zu finanzieren ist (vgl. Art. 5 dazu Rdn. 22), ist sie nicht geeignet, Wettbewerbsverzerrungen durch unterschiedliche Personalkosten zu verringern. Der EuGH hat die Kompetenzgrundlage allerdings in seinen (zahlreichen) Entscheidungen zu der Richtlinie nie beanstandet. Die Änderungsrichtlinie von 2002 sowie die Kodifikation von 2008 hat der Gesetzgeber auf Art. 137 EG (Art. 153 AEUV) gestützt.

II. Anwendungsbereich

5 „Diese Richtlinie gilt für Ansprüche von Arbeitnehmern aus Arbeitsverträgen oder Arbeitsverhältnissen gegen Arbeitgeber, die zahlungsunfähig im Sinne des Art. 2 Ab-

---

7 Dazu *Sargeant*, ILJ 32 (2003), 53–59.

8 S. Fn. 3. Geändert durch Art. 1 Richtlinie 2015/1794 des Europäischen Parlaments und des Rates vom 6.10.2015 zur Änderung der Richtlinien 2008/94/EG, 2009/38/EG und 2002/14/EG des Europäischen Parlaments und des Rates und der Richtlinien 98/59/EG und 2001/23/EG des Rates in Bezug auf Seeleute, ABl. 2015 L 263/1.

9 Vgl. EuGH v. 10.7.2014 – Rs. C-198/13 *Hernández*, EU:C:2014:2055 Rdn. 41 (in Abgrenzung von günstigeren mitgliedstaatlichen Vorschriften mit anderer Zwecksetzung). EuGH v. 28.11.2013 – Rs. C-309/12 *Gomes Viana Novo*, EU:C:2013:774 Rdn. 34 ff. (Schutz nur der durch die Zahlungsunfähigkeit bedingten Ausfälle, nicht jeglicher Lohnrückstände).

10 EuGH v. 28.11.2013 – Rs. C-309/12 *Gomes Viana Novo*, EU:C:2013:774 Rdn. 29.

11 *Weber*, EAS B 3300 Rdn. 10.

12 Überblick bei *Birk*, RabelsZ 39 (1975), 605–646.

satz 1 sind“; Art. 1 Abs. 1 InsSchRL. Der **Anwendungsbereich** der Richtlinie ergibt sich aus Art. 1 in Verbindung mit den Begriffsbestimmungen des Artikels 2.

1. Arbeitnehmer

Der persönliche Anwendungsbereich betrifft in erster Linie **Arbeitnehmer** und Arbeitgeber. Beide Begriffe sind nicht unionsrechtlich definiert, Art. 2 Abs. 2 verweist insoweit auf das nationale Recht.[13] Allerdings ergeben sich aus der Richtlinie selbst und den allgemeinen Umsetzungsgeboten (§ 1 Rdn. 76 f.) Grenzen.[14] 6

Zunächst können die Mitgliedstaaten *bestimmte Gruppen* von Arbeitnehmern *ausnahmsweise* vom Anwendungsbereich der Richtlinie **ausschließen**, die nicht schutzbedürftig sind, weil eine andere Garantieform besteht, die einen den Richtlinienstandards gleichwertigen Schutz gewährleistet, Art. 1 Abs. 2 InsSchRL.[15] Zudem können sie bestehende Ausnahmevorschriften für Hausangestellte natürlicher Personen beibehalten, Art. 1 Abs. 3.[16] Und schließlich lässt Art. 12 lit. c) InsSchRL eine punktuelle Ausnahme von der Zahlungspflicht des Art. 3 und der Garantiepflicht des Art. 7 für den Fall zu, dass ein Arbeitnehmer allein oder zusammen mit engen Verwandten Inhaber eines wesentlichen Teils des Unternehmens oder Betriebs des Arbeitgebers war und beträchtlichen Einfluss auf dessen Tätigkeiten hatte (s. noch Rdn. 23).[17] Umgekehrt dürfen Arbeitnehmer in bestimmten atypischen Arbeitsverhältnissen – Teilzeitarbeitnehmer, befristet tätige Arbeitnehmer, Leiharbeitnehmer – **nicht** von den Anwendungsbereich der Richtlinien **ausgeschlossen** werden, Art. 2 Abs. 2 UAbs. 2 InsSchRL, und der Schutz darf nicht von einer **Mindestdauer** des Arbeitsverhältnisses abhängig gemacht werden, Art. 2 Abs. 3 InsSchRL. 7

Bereits diese sehr differenzierten und spezifischen Ausnahmeregelungen begründen *e contrario*, dass die Mitgliedstaaten nicht weitere Arbeitnehmergruppen vom 8

---

13 *Weber*, EAS B 3300 Rdn. 16 f.; rechtspolitisch krit. *Sargeant*, ILJ 32 (2003), 53, 56 f. Ungeachtet dessen hat EuGH v. 15.5.2003 – Rs. C-160/01 *Mau*, EU:C:2003:280 Rdn. 39–45 den Begriff des Arbeitsverhältnisses (begründet mit einem Umkehrschluss aus Art. 2 S. 2 Abs. 2 InsSchRL, dem Schutzzweck sowie dem Effektivitätsgebot) unionsautonom dahin umgrenzt, dass die Zeit eines vergütungslosen Ruhens während des Erziehungsurlaubs nicht dazu zähle; diese – begrenzte – Aussage lässt sich auch mit dem mitgliedstaatlich-autonomen Arbeitnehmerbegriff vereinbaren.

14 EuGH v. 5.11.2014 – Rs. C-311/13 *Tümer*, EU:C:2014:2337 Rdn. 35 ff.

15 Vgl. EuGH v. 25.2.2016 – Rs. C-292/14 *Stroumpoulis*, EU:C:2016:116 (zu RL 80/987).

16 Art. 1 RL 2015/1794 hat die Ausnahme für partiarisch tätige Fischer entfallen lassen.

17 Eng ausgelegt von EuGH v. 18.10.2001 – Rs. C-441/99 *Gharehveran*, EU:C:2001:551 Rdn. 21–28 (noch zur ursprünglichen Fassung der Richtlinie). EuGH v. 10.2.2011 – Rs. C-30/10 *Lotta Andersson*, EU:C:2011:66 anerkennt, dass die Richtlinie die Mitgliedstaaten nicht an der Festsetzung eines Zeitraums hindern (hier: sechs Monate vor der Insolvenz), in dem die Kriterien für den Ausschluss des Anspruchs der Arbeitnehmer erfüllt sein müssen; die Umsetzungspflichten (s. § 1 Rdn. 76 f.) schränken diese Möglichkeit freilich ein.

Schutzbereich ausnehmen dürfen. Allgemeiner ergibt sich aus den **Umsetzungsgeboten** dass sie nicht etwa für die Zwecke der Umsetzung der Richtlinie einen besonderen Arbeitnehmerbegriff einführen oder (weitere) Arbeitnehmer(!)gruppen vom persönlichen Anwendungsbereich ausschließen dürfen.[18] Eine spanische Regelung, wonach für die Zwecke der Umsetzung leitende Angestellte nicht als Arbeitnehmer anzusehen waren, war deswegen unionsrechtwidrig.[19] Den Ausschluss nicht-aufenthaltsberechtigter Drittstaatenangehöriger, die indes nach nationalem Zivilrecht Arbeitnehmer sind, hielt der Gerichtshof unter Berufung auf die begrenzten Ausnahmemöglichkeiten und den sozialen Schutzzweck der Richtlinie für unzulässig.[20] Schließlich hat der EuGH auch die Unionsgrundrechte für die Zwecke der Umsetzung fruchtbar gemacht, nämlich den „allgemeinen Grundsatz der Gleichheit und der **Nichtdiskriminierung**".[21] Daraus hat er für die mitgliedstaatlichen Gesetzgeber ein Diskriminierungsverbot bei der Gestaltung des persönlichen Anwendungsbereichs abgeleitet (dazu unten, Rdn. 12).

2. Zahlungsunfähigkeit

9 Der sachliche Anwendungsbereich ist auf den Fall der Zahlungsunfähigkeit im Sinne von Art. 2 Abs. 1 der Richtlinie bestimmt. Ungeachtet dieser zentralen Bedeutung verweist die Richtlinie auch für die Zahlungsunfähigkeit weithin auf das **mitgliedstaatliche Recht**. Ein Arbeitgeber ist zahlungsunfähig im Sinne von Art. 2 Abs. 1 der Richtlinie, wenn

(1) das mitgliedstaatliche Recht ein näher bestimmtes Gesamtverfahren vorsieht (näher sogleich, Rdn. 10),
(2) die Eröffnung dieses Verfahrens beantragt worden ist und
(3) die zuständige Behörde über die Eröffnung des Verfahrens beschlossen hat, sei es durch Eröffnung oder mit der Feststellung, dass die Masse nicht ausreicht.[22]

---

18 *Weber*, EAS B 3300 Rdn. 18. S.a. EuGH v. 25.2.2016 – Rs. C-292/14 *Stroumpoulis*, EU:C:2016:116 (zur internationalen Anwendbarkeit). A. A. EuArbRK/*Kolbe*, Art. 2 RL 2008/94/EG Rdn. 11.

19 EuGH v. 16.12.1993 – Rs. C-334/92 *Wagner Miret*, EU:C:1993:945 Rdn. 15–23. Ferner EuGH v. 2.2.1989 – Rs. 22/87 *Kommission ./. Italien*, EU:C:1989:45 Rdn. 15–19 (Ausnahme von leitenden Angestellten, Auszubildenden und Heimarbeitern).

20 EuGH v. 5.11.2014 – Rs. C-311/13 *Tümer*, EU:C:2014:2337.

21 EuGH v.7.9.2006 – Rs. C-81/05 *Alonso*, EU:C:2006:529 Rdn. 35–37; EuGH v. 13.12.2005 – Rs. C-177/05 *Guerrero Pecino*, EU:C:2005:764 Rdn. 26–30; EuGH v. 16.12.2004 – Rs. C-520/03 *Valero*, EU:C:2004:826 Rdn. 34; EuGH v. 27.7.2002 – Rs. C-442/00 *Caballero*, EU:C:2002:402 Rdn. 32.

22 Noch zur ursprünglichen – anders formulierten – Fassung von Art. 2 Abs. 1 InsSchRL: EuGH v. 15.5.2003 – Rs. C-160/01 *Mau*, EU:C:2003:280 Rdn. 21–32; EuGH v. 15.6.1999 – Rs. C-321/97 *Andersson und Wåkerås-Andersson*, EU:C:1999:307 Rdn. 42; EuGH v. 10.7.1997 – Rs. C-94/95 und C-95/95 *Bonifaci*, EU:C:1997:348 Rdn. 34 f.; EuGH v. 10.7.1997 – Rs. C-373/95 *Maso*, EU:C:1997:353 Rdn. 44; EuGH v. 9.11.1995 – Rs. C-479/93 *Francovich II*, EU:C:1995:372 Rdn. 18.

Das **Gesamtverfahren** ist ein Verfahren, das die Insolvenz des Arbeitgebers voraussetzt und zur Folge hat, dass sein Vermögen ganz oder teilweise in Beschlag genommen wird und ein Verwalter oder eine Person mit ähnlicher Funktion bestellt wird. Nicht erforderlich ist, dass das Verfahren auf die Beendigung der Tätigkeit des Arbeitgebers (Liquidation) gerichtet ist.[23] Das bedeutet vor allem, dass der sachliche Anwendungsbereich auf die vom nationalen Recht vorgesehenen Verfahren beschränkt ist. Mangels einheitlicher Regelungen über Insolvenzverfahren konnte die Rechtsangleichung in diesem Punkt nicht weitergehen. Damit wird aber gleichzeitig der Schutz des Arbeitnehmers auch insoweit zur Disposition der Mitgliedsstaaten gestellt. Insbesondere beschränkt er sich auf die Fälle, für die das nationale Recht ein *Gesamtverfahren* mit den beschriebenen Merkmalen *vorsieht*. Wenn das nationale Recht, wie das teilweise geschieht, bestimmte (z. B. kleine) Arbeitgeber als nicht insolvenzfähig von dem Verfahren ausnimmt, bedeutet dies, dass deren Arbeitnehmer den von der Insolvenzschutzrichtlinie bezweckten Schutz nicht genießen. Darin liegt eine bewusste gesetzgeberische Entscheidung, die auch im Hinblick auf den Grundsatz der Gleichbehandlung nicht zu beanstanden ist.[24] Die Mitgliedsstaaten können den Arbeitnehmerschutz aber auch auf andere Fälle erstrecken, in denen zwar kein formalisiertes Verfahren eingeleitet wird, aber tatsächlich eine Zahlungsunfähigkeit vorliegt; Art. 2 Abs. 4 InsSchRL. 10

3. Arbeitsentgelt

Geschützt werden in erster Linie Ansprüche aus dem Arbeitsverhältnis auf Arbeitsentgelt, Art. 3 InsSchRL.[25] Grundlage der Ansprüche muss also das **Arbeitsverhältnis** sein,[26] wobei Art. 3 Abs. 1 klarstellt, dass die Mitgliedsstaaten auch Ansprüche auf Abfindung als solche aus dem Arbeitsverhältnis ansehen können. Was zum **Arbeitsentgelt** zählt, bestimmt hier (anders als bei Art. 157 AEUV; dazu § 10 Rdn. 6–10) das nationale Recht, Art. 2 Abs. 2.[27] Auch hier ergeben sich die **Grenzen** für die mitgliedsstaatlich-autonome Gestaltung aus den Umsetzungsgeboten und den Unionsgrund- 11

23 EuGH v. 18.4.2013 – Rs. C-247/12 *Mustafa*, EU:C:2013:256 Rdn. 37.

24 EuGH v. 9.11.1995 – Rs. C-479/93 *Francovich II*, EU:C:1995:372.

25 Vgl. noch EuGH v. 2.2.1989 – Rs. 22/87 *Kommission ./. Italien*, EU:C:1989:45 Rdn. 11.

26 EuGH v. 15.5.2003 – Rs. C-160/01 *Mau*, EU:C:2003:280 Rdn. 39–45 bestimmt den Begriff des Arbeitsverhältnisses rahmenhaft gemeinschaftsautonom dahin, dass die Zeit eines vergütungslosen Ruhens während des Erziehungsurlaubs nicht dazu gerechnet werden dürfe. Zust. *Kasten*, ZESAR 2003, 318, 321f.

27 EuGH v. 16.7.2009 – Rs. C-69/08 *Visciano*, EU:C:2009:468 Rdn. 25–30 und 32–35; EuGH v. 2.3.2017 – Rs. C-496/15 *Eschenbrenner*, EU:C:2017:152 Rdn. 54. Vgl. a. *Heinze*, FS 50 Jahre Arbeitsgerichtsbarkeit Rheinland-Pfalz (1999), S. 70, der z. B. Schadensersatzansprüche ausnehmen möchte, aber auch Sondervergütungen (letzteres ist zweifelhaft, kann aber u. U. durch Höchstgrenzen geregelt werden; Rdn. 21).

rechten, insbesondere dem Gleichbehandlungsgrundsatz[28] (s.o. Rdn. 8). Als Verstoß gegen den allgemeinen unionsrechtlichen Gleichbehandlungsgrundsatz hat der EuGH z.B. eine spanische Regelung beanstandet, die nur gerichtlich festgesetzte Entschädigungen oder Abfindungen, nicht aber (etwa in einem Vergleich) vereinbarte Abfindung zum Arbeitsentgelt rechnete.[29] Die Ungleichbehandlung kann aber objektiv gerechtfertigt sein, soweit sie zur Missbrauchsvorbeugung (vgl. Art. 12 lit. a) InsSchRL; Rdn. 24) erforderlich ist.[30]

12 Rechtstheoretisch und methodisch ist diese Kontrolle am Gleichbehandlungsgrundsatz unsicher. Ähnlich wie im Fall *Mangold* (dazu § 9 Rdn. 11, § 12 Rdn. 3, 50, 53, 63–67) scheint der Gerichtshof hier einen primärrechtlichen Allgemeinen Rechtsgrundsatz gegen Diskriminierung zu begründen. An diesem misst er indes nicht die Richtlinie als Unionsrechtsakt, sondern das mitgliedstaatliche Umsetzungsrecht. Anders als in *Mangold,* wo der Gerichtshof mit dem Verbot der Altersdiskriminierung eine sozialpolitisch ausfüllungsbedürftige Regelung angewandt hat (die er dann um den sekundärrechtlichen [!] Rechtfertigungsgrund des Art. 6 GbRRL ergänzte), geht es in den hier betroffenen Fällen allein um ein Willkürverbot, bei dem der Prüfungsmaßstab ist, ob es schlechterdings keinen einleuchtenden Sachgrund für die Differenzierung gibt. Seit Inkrafttreten der Grundrechtscharta dürfte Prüfungsmaßstab Art. 20 GRCh sein.

13 Neben den Ansprüchen auf Arbeitsentgelt, deren Schutz das Hauptziel der Richtlinie ist, werden auch **Ruhegeld**ansprüche gemäß Art. 8 InsSchRL geschützt;[31] dazu unten, Rdn. 30. Anspruchsinhaber kann hier auch ein Hinterbliebener sein.

4. Grenzüberschreitende Sachverhalte

14 Für grenzüberschreitende Sachverhalte[32] enthalten Art. 9f. InsSchRL besondere Regelungen. Ist ein Unternehmen zahlungsunfähig, das in mehreren Mitgliedsstaaten tätig ist,[33] so ist die Garantieeinrichtung des Landes für Arbeitnehmeransprüche zuständig, in dem der Arbeitnehmer seinen **gewöhnlichen Arbeitsort** hat oder hatte.[34]

---

28 EuGH v. 28.6.2018 – Rs. C-57/17 *Checa Honrado*, EU:C:2018:512 Rdn. 31ff.

29 EuGH v.17.1.2008 – Rs. C-246/06 *Velasco Navarro,* EU:C:2008:19 Rdn. 31–39; EuGH v.7.9.2006 – Rs. C-81/05 *Alonso,* EU:C:2006:529 Rdn. 35–42; EuGH v. 13.12.2005 – Rs. C-177/05 *Guerrero Pecino,* EU:C:2005:764 Rdn. 20–30; EuGH v. 27.7.2002 – Rs. C-442/00 *Caballero,* EU:C:2002:402 Rdn. 32–39. Zust. EuArbRK/*Kolbe,* Art. 3 RL 2008/94/EG Rdn. 24.

30 EuGH v. 21.2.2008 – Rs. C-498/06 *Robledillo Núñez,* EU:C:2008:109 Rdn. 28–43.

31 EuGH v. 25.4.2013 – Rs. C-398/11 *Hogan u.a.*, EU:C:2013:272 Rdn. 22ff.

32 Auch dazu grundlegend *Birk,* RabelsZ 39 (1975), 605, 642–646.

33 „Tätig sein" ist weit auszulegen, EuGH v. 16.10.2008 – Rs. C-310/07 *Holmqvist,* EU:C:2008:573 Rdn. 19–35: Eine Zweigniederlassung oder feste Niederlassung ist dazu nicht erforderlich, wohl aber eine „feste wirtschaftliche Präsenz ... die durch das Vorhandensein von Personal gekennzeichnet ist". Dafür reicht nicht, dass ein Transportunternehmen seine Fahrer regelmäßig in bestimmte andere Mitgliedstaaten entsendet. Zust. Anm. *Ricken,* EuZA 2010, 109–118.

34 Vor Einfügung dieser Regelungen durch die Änderungsrichtlinie 2002 war die Beurteilung unsicher. Zunächst hatte der Gerichtshof einer systematischen Auslegung die Zuständigkeit der Garantie-

III. Die Garantieeinrichtung

1. Nichterfüllte Ansprüche aus dem Arbeitsverhältnis

Im Mittelpunkt der Richtlinie steht die Errichtung von Garantieeinrichtungen, die die Befriedigung der nichterfüllten Ansprüche der Arbeitnehmer aus ihren Arbeitsverträgen oder Arbeitsverhältnissen sicherstellen. Die Sicherung betrifft Ansprüche aus **Arbeitsvertrag oder Arbeitsverhältnis**; der Gesetzgeber drückt damit aus, dass es nicht entscheidend auf die wirksame vertragliche Grundlage ankommen soll (z. B. fehlerhaftes Arbeitsverhältnis). Ebenso wie die Begriffe Arbeitnehmer und Arbeitgeber sowie Arbeitsentgelt bestimmt sich auch der Begriff des Arbeitsvertrags/-verhältnisses nach dem mitgliedsstaatlichen Recht, Art. 2 Abs. 2 InsSchRL. 15

Gesichert werden **nichterfüllte Ansprüche**. Insoweit geht es bei der Sicherung nicht um echte Sozialleistungen, die sich nach der Bedürftigkeit des Arbeitnehmers richten würden, sondern um die Sicherung des Verdienten.[35] Der EuGH hat den Begriff der *nichterfüllten* Ansprüche **unionsrechtlich autonom** ausgelegt.[36] Daraus hat der Gerichtshof u. a. gefolgert, dass auch (gesetzliche bzw. richterrechtliche) Tilgungsbestimmungen richtlinienkonform auszulegen sind.[37] 16

Der Arbeitnehmer hatte offene Vergütungsforderungen gegen den Arbeitgeber, die zum Teil vor dem Sicherungszeitraum entstanden waren, zum Teil im Sicherungszeitraum. Zahlungen des Arbeitgebers, die während des Sicherungszeitraums erfolgten, wollte die Garantieeinrichtung – der nationalen Rechtsprechung zur Tilgungsbestimmung folgend – auf das Arbeitsentgelt für den Sicherungszeitraum anrechnen. Das hätte zur Folge, dass die Ansprüche gegen die Garantieeinrichtung entsprechend herabgesetzt würden. Der EuGH hielt das für mit dem Zweck der Richtlinie unvereinbar. 17

2. Sicherungszeitraum

Der **Zeitraum**, aus dem die nichterfüllten Ansprüche stammen müssen, ist unionsrechtlich in zweierlei Hinsicht geregelt.[38] Art. 3 Abs. 2 bestimmt lediglich, dass es sich 18

---

einrichtung des Landes entnommen, in dem der Insolvenzantrag gestellt wurde; EuGH v. 17.9.1997 – Rs. C-117/96 *Mosbæk*, EU:C:1997:415; anders – Garantieeinrichtung des Arbeitsortes – entschied aber EuGH v. 16.12.1999 – Rs. C-198/98 *Everson*, EU:C:1999:617 Rdn. 20–24 für den Fall, dass der Arbeitnehmer einer ausländischen Gesellschaft, über die auch im Ausland das Insolvenzverfahren eröffnet wurde, seine Arbeitstätigkeit bei einer inländischen Zweigniederlassung ausgeübt hat. S.a. EuGH v. 10.3.2011 – Rs. C-477/09 *Defossez*, EU:C:2011:134 Rdn. 18–34 (auch zur temporalen Anwendbarkeit der verschiedenen Richtlinienfassungen).

35 Dieser Zweck wird freilich durch die Möglichkeit der betragsmäßigen Begrenzung in Art. 4 Abs. 3 InsSchRL relativiert; dazu unten, Rdn. 21.

36 EuGH v. 11.9.2003 – Rs. C-201/01 *Walcher*, EU:C:2003:450 Rdn. 32.

37 EuGH v. 14.7.1998 – Rs. C-125/97 *Regeling*, EU:C:1998:358 Rdn. 18–22.

38 Zu den möglichen Anknüpfungspunkten aufgrund rechtsvergleichender Analyse noch *Birk*, RabelsZ 39 (1975), 605, 636 f.

um Ansprüche „für einen Zeitraum“ handelt, der vor oder gegebenenfalls nach einem von den Mitgliedsstaaten **festgelegten Zeitpunkt** (Stichtag) liegt.[39] Dem Gesetzgeber stand dabei vor Augen, dass ein Zeitraum im Verhältnis zum Insolvenzverfahren bestimmt werden soll. Das entspricht der Zwecksetzung der Richtlinie, die Arbeitnehmer bei Zahlungsunfähigkeit des Arbeitgebers zu schützen: Diese Sicherung ist nur insoweit geboten, als die Nichterfüllung mit der späteren Insolvenz in einem Mindestmaß auch zeitlich zusammenhängt.

19 Schon Art. 3 Abs. 2 InsSchRL besagt nur, dass „ein Zeitraum“ zu bestimmen ist, bestimmt aber dessen Länge nicht. Die **Länge** des Sicherungszeitraums ist insoweit in den Grenzen der Zwecksetzung der Richtlinie und der Umsetzungsgebote den Mitgliedstaaten überlassen. Art. 4 InsSchRL ergänzt die Regelung indes durch **Begrenzungsoptionen**, und zwar in zeitlicher und betragsmäßiger Hinsicht.

20 In zeitlicher Hinsicht sieht Art. 4 Abs. 1, 2 die Möglichkeit vor, einen *Mindestzeitraum* und einen *Bezugszeitraum* einzuführen. Der **Mindestzeitraum** umfasst die letzten drei Monate[40] des Arbeitsverhältnisses und die damit verbundenen Ansprüche auf Arbeitsentgelt; er kann vor oder nach dem gemäß Art. 3 der Richtlinie bestimmten Stichtag (Rdn. 18) liegen.[41] Ansprüche von Arbeitnehmern, deren Arbeitsverhältnis vor mehr als drei Monaten vor dem festgelegten Zeitpunkt (Rdn. 18) beendet wurden, können daher ausgeschlossen werden.[42] Darüber hinaus können die Mitgliedsstaaten einen **Bezugszeitraum** einführen, der im Grundsatz mindestens sechs Monate umfasst. Dann werden die offenen Entgeltforderungen gesichert, soweit der Mindestzeitraum innerhalb dieses Bezugszeitraumes liegt. Wenn der Bezugszeitraum mindestens 18 Monate umfasst, so kann der Mindestzeitraum auf acht Wochen beschränkt werden.

---

39 EuGH v. 28.11.2013 – Rs. C-309/12 *Gomes Viana Novo*, EU:C:2013:774 Rdn. 24; EuGH v. 18.4.2013 – Rs. C-247/12 *Mustafa*, EU:C:2013:256 Rdn. 39 ff. In der ursprünglichen Fassung hatte die Richtlinie den Umsetzungsspielraum der Mitgliedstaaten in Art. 3 Abs. 2 noch auf drei Varianten beschränkt, und der Gerichtshof hatte die Regelung – unter dem Gesichtspunkt der praktischen Wirksamkeit – eng ausgelegt; EuGH v. 10.7.1997 – Rs. C-373/95 *Maso*, EU:C:1997:353 Rdn. 43–54; EuGH v. 10.7.1997 – verb. Rs. C-94/95 und C-95/95 *Bonifaci*, EU:C:1997:348 Rdn. 30–44. Der Gesetzgeber hat das mit der Änderungsrichtlinie von 2002 korrigiert und den mitgliedstaatlichen Gestaltungsspielraum wieder erweitert; dazu *Peters-Lange*, ZIP 2003, 1877–1879 („Der Richtliniengeber hat das vom EuGH in seiner Rechtsprechung zum Ausdruck gebrachte Harmonisierungsziel bei der Bestimmung der staatlichen Mindestgarantie total unterminiert.“).

40 Zur Auslegung EuGH v. 10.5.1997 – Rs. C-373/95 *Maso*, EU:C:1997:353 Rdn. 60–64 („drei ganze Monate“).

41 EuGH v. 28.11.2013 – Rs. C-309/12 *Gomes Viana Novo*, EU:C:2013:774 Rdn. 27: Zeitpunkt der Erhebung der Klage auf Feststellung der Zahlungsunfähigkeit als Stichtag.

42 EuGH v. 25.7.2018 – Rs. C-338/17 *Guigo*, EU:C:2018:605.

3. Betragsmäßige Begrenzung

Darüber hinaus ist nach Art. 4 Abs. 3 InsSchRL eine betragsmäßige Begrenzung zulässig:[43] Die Mitgliedsstaaten können Höchstgrenzen für die von der Garantieeinrichtung zu leistenden Zahlungen festsetzen.[44] Die Richtlinie bestimmt diese Höchstgrenzen allerdings nicht ausdrücklich und konkret selbst, sondern sagt lediglich, dass sie „eine mit der sozialen Zielsetzung dieser Richtlinie zu vereinbarende soziale Schwelle nicht unterscheiten" dürfen. Als Bezugspunkte für die Konkretisierung kann man berücksichtigen, dass die Richtlinie für den Regelfall (d.h. ohne Begrenzung) jedenfalls das Einkommen der letzten drei Monate sichern wollte (Art. 4 Abs. 2), wobei es nach Art. 6 (dazu unten, Rdn. 28) maßgeblich auf das Nettoeinkommen des Arbeitnehmers ankommt. Als Höchstgrenze hat der Gerichtshof aber unabhängig vom individuellen Einkommen einen Betrag akzeptiert, der den Lebensunterhalt des Arbeitnehmers deckt.[45] Die Höchstgrenzen sind der Kommission mitzuteilen, Art. 4 Abs. 3 UAbs. 2, doch ist diese Mitteilung von Unionsrechts wegen keine Wirksamkeitsvoraussetzung.[46] 21

4. Aufbau, Mittelaufbringung und Arbeitsweise

Aufbau, Mittelaufbringung und Arbeitsweise der Garantieeinrichtung regeln die Mitgliedsstaaten. Art. 5 InsSchRL stellt dafür lediglich einige Grundsätze auf. Dazu gehört, dem Zweck der Richtlinie entsprechend, dass das Vermögen der Einrichtung vom Betriebsvermögen des Arbeitgebers unabhängig sein muss und bei Zahlungsunfähigkeit nicht zugänglich sein darf. Grundsätzlich müssen die Arbeitgeber zur **Mittelaufbringung** beitragen, diese kann also jedenfalls nicht allein den Arbeitnehmern auferlegt werden. Anderes – also eine Ausnahme von der Beitragspflicht des Arbeitgebers – gilt nur dann, wenn die öffentliche Hand die Mittel vollständig aufbringt. Drittens schließlich muss die Zahlungspflicht der Garantieeinrichtung unabhängig 22

---

43 Das entspricht dem vom Gesetzgeber vorgefundenen rechtsvergleichenden Befund; dazu *Birk*, RabelsZ 39 (1975), 605, 640f.

44 S. dazu noch EuGH v. 10.7.1997 – Rs. C-373/95 *Maso*, EU:C:1997:353 Rdn. 55–59 (Art. 4 S. 3Abs. 3, 10 InsSchRL rechtfertigen nicht, andere, nicht auf Arbeitsvertrag oder -verhältnis beruhende [Sozial-] Leistungen wegen der Garantieleistung zu kürzen).

45 Implizit EuGH v. 4.3.2004 – verb. Rs. C-19/01, C-50/01 und C-84/01 *Barsotti*, EU:C:2004:119 Rdn. 32–40, wo der Gerichtshof leidglich beanstandet, dass dem Arbeitnehmer darüber hinaus auch die während der Garantiezeit geleisteten Teilzahlung abgezogen wurden, die ja schon bei der Ermittlung der *nichterfüllten* Ansprüche berücksichtigt werden. Mit beachtlichen Erwägungen (bereits vor der Entscheidung) krit. gegenüber diesem Ansatz *Weber*, EAS B 3300 Rdn. 47 (da es nicht um die Sicherung des Existenzminimums, sondern der Entgeltansprüche geht); *Fuchs/Marhold*, Europäisches Arbeitsrecht, S. 312f.

46 EuGH v. 16.7.1998 – Rs. C-235/95 *Dumon und Froment*, EU:C:1998:365 Rdn. 28–32.

davon bestehen, ob die Verpflichtung (des Arbeitgebers, des Arbeitnehmers oder der öffentlichen Hand) zur Mittelaufbringung im Einzelfall erfüllt ist. Auch das entspricht dem Sicherungszweck der Richtlinie.

5. Optionale Anspruchsausschlüsse und -begrenzungen

23 In drei Fällen haben die Mitgliedstaaten die Möglichkeit, Ansprüche auszuschließen oder zu beschränken, bei Missbrauch, Kollusion und wenn der Arbeitnehmer Einfluss auf die Tätigkeit des Unternehmens oder Betriebs hatte, Art. 12 InsSchRL. In den ersten beiden Fällen geht es um Missbrauchsbekämpfung. Wenn drittens Ansprüche eines Arbeitnehmers ausgeschlossen oder eingeschränkt werden können, weil er allein oder zusammen mit engen Verwandten „Inhaber eines wesentlichen Teils des Unternehmens oder Betriebs des Arbeitgebers war und beträchtlichen Einfluss auf dessen Tätigkeit" hatte, steht hingegen die Abgrenzung von Unternehmerrisiken in Frage.[47] Damit geht es eher um den persönlichen Anwendungsbereich (oben, Rdn. 6f.) als um eine verhaltensbedingte Anspruchsbeschränkung. Als Ausnahmevorschriften legt der Gerichtshof die Bestimmungen eng aus.[48]

24 Die Mitgliedstaaten haben zunächst die Befugnis, „die zur **Vermeidung von Missbräuchen** notwendigen Maßnahmen zu treffen", lit. a). „Bei den Missbräuchen im Sinne von [Art. 12 lit. a) InsSchRL] handelt es sich um missbräuchliche Verhaltensweisen, die zu einer Schädigung der Garantieeinrichtungen führen, indem ohne sachlichen Grund Entgeltansprüche begründet werden, um so zu Unrecht die Zahlungspflicht dieser Einrichtungen auszulösen."[49] Welche Maßnahmen die Mitgliedstaaten treffen, ist dann nicht näher vorgegeben (Anspruchsausschluss, Strafsanktion, ...), sie müssen aber den Grundsatz der Verhältnismäßigkeit beachten („notwendig").[50]

25 Mit der **Kollusion** – dem einvernehmlichen Zusammenwirken zur Schädigung Dritter – ist eigentlich ein Unterfall des Missbrauchs angesprochen, lit. b). Den Tatbestand hat der Gesetzgeber ungelenk ausgedrückt. Vorausgesetzt wird, dass zwischen Arbeitnehmer und Arbeitgeber besondere Bindungen und gemeinsame Interessen bestehen, die sich in einer Kollusion ausdrücken. Die Gestaltungsoptionen der Mitgliedstaaten sind dahin eingeschränkt, dass sie nur die Zahlungspflicht nach Art. 3

47 Sachlich verfehlt scheint es, wenn der Gesetzgeber auf Inhaberschaft des *Betriebs* abstellt. Das dürfte der sprachlichen Unsicherheit und sachlichen Übervorsicht des Gesetzgebers geschuldet sein.

48 EuGH v. 11.9.2003 – Rs. C-201/01 *Walcher*, EU:C:2003:450 Rdn. 37f.; EuGH v. 18.10.2001 – Rs. C-441/99 *Gharehveran*, EU:C:2001:551 Rdn. 26 (zur ursprünglichen Fassung). Zur Methodenfrage (krit.) *Riesenhuber*, in: ders., Europäische Methodenlehre, § 10 Rdn. 62–66.

49 EuGH v. 11.9.2003 – Rs. C-201/01 *Walcher*, EU:C:2003:450 Rdn. 39.

50 EuGH v. 11.9.2003 – Rs. C-201/01 *Walcher*, EU:C:2003:450 Rdn. 40. S.a. EuGH v. 21.2.2008 – Rs. C-498/06 *Robledillo Núñez*, EU:C:2008:109 Rdn. 32f.

und die Garantiepflicht nach Art. 7 ausschließen oder einschränken dürfen; das sind freilich die zentralen Ansprüche.

Ausschlussfristen oder andere allgemeine Anspruchsgrenzen des mitgliedstaatlichen Rechts lässt die Richtlinie zwar nicht ausdrücklich zu, verbietet sie aber nach Wortlaut und Zweck auch nicht. Sie sind daher im Rahmen der Umsetzungspflichten zulässig (s. o. § 1 Rdn. 76 f.).[51] Die mitgliedstaatliche Verpflichtung des Arbeitnehmers, sich bei Insolvenz des Arbeitgebers arbeitssuchend zu melden, verbunden mit der Sanktion einer Kürzung des Insolvenzausfallgeldes um 20 %, hielt der Gerichtshof indes für nicht mit Art. 3 und 4 InsSchRL vereinbar.[52] 26

IV. Soziale Sicherheit

Art. 6 bis 8 in Abschnitt III InsSchRL enthalten drei punktuelle Regelungen über die soziale Sicherheit. 27

Sozialbeiträge – die Beiträge der Arbeitnehmer zu den gesetzlichen oder betrieblichen/überbetrieblichen System der sozialen Sicherheit – können die Mitgliedstaaten von den Garantieleistungen nach Art. 3, 4 und 5 der Richtlinie ausnehmen, Art. 6 InsSchRL. Das hat seinen guten Sinn darin, dass diese Beiträge nicht unmittelbar dem Lebensunterhalt des Arbeitnehmers zugutekommen.[53] Der soziale Schutzzweck der Richtlinie erfordert daher nicht, dass auch diese Beiträge von den Garantieleistungen umfasst sind. Freilich kann dadurch die soziale Absicherung des Arbeitnehmers – der diese Beiträge ja dienen – gefährdet sein; dieses Risiko kann dem Arbeitnehmer aufgebürdet werden.[54] 28

Art. 7 enthält die so genannte **Garantiepflicht**. Wenn der Arbeitgeber die Pflichtbeiträge zu den gesetzlichen Systemen der sozialen Sicherheit, die vor seiner Zahlungsunfähigkeit geschuldet waren, nicht zahlt, obwohl er die Arbeitnehmerbeitragsanteile vom Lohn einbehalten hat, sollen die Leistungsansprüche der Arbeitnehmer gegen die Versicherungsträger davon nicht beeinträchtigt werden.[55] Der Gesetzgeber 29

---

51 EuGH v. 18.9.2003 – Rs. C-125/01 *Pflücke*, EU:C:2003:477 Rdn. 30–46; EuGH v. 16.7.2009 – Rs. C-69/08 *Visciano*, EU:C:2009:468 Rdn. 36–50. Zweifelnd noch *Kasten*, Die deutsche Insolvenzsicherung und EG-Recht, S. 81–99; *Kasten*, ZESAR 2003, 318, 322f.

52 EuGH v. 17.11.2011 – Rs. C-435/10 *van Ardennen*, EU:C:2011:751 Rdn. 26–39 (arg., dies sei „nicht mit einer Ausschluss- oder Verjährungsfrist für die Stellung eines Antrags auf Insolvenzausfallgeld vergleichbar", Rdn. 36).

53 Wenn die Mitgliedstaaten von dieser Option keinen Gebrauch machen, entscheiden sie darüber, ob diese Beträge unmittelbar an die Sozialversicherungsträger oder zunächst an den Arbeitnehmer auszuzahlen sind.

54 *Weber*, EAS B 3300 Rdn. 49–51.

55 Vgl. dazu EuGH v. 2.2.1989 – Rs. 22/87 *Kommission ./. Italien*, EU:C:1989:45 Rdn. 25–33. Zu den zeitlichen Grenzen EuArbRK/*Kolbe*, Art. 7 RL 2008/94/EG Rdn. 4 (Zeitraum einer der Zahlungsunfähigkeit vorgelagerten Krise).

trägt damit einem in der Krise häufig auftretenden Problem Rechnung: Oftmals führen Arbeitgeber bei drohender Insolvenz die Sozialversicherungsbeiträge nicht mehr ab (Rdn. 1). Darunter soll der Arbeitnehmer nicht leiden, er soll die Sozialleistungen ungeachtet der Säumigkeit des Arbeitgebers erhalten.

30 Schließlich betrifft Art. 8 InsSchRL den Schutz von **Ruhegeld, Ruhegeldanwartschaften sowie der Hinterbliebenenversorgung** aus betrieblichen oder überbetrieblichen Zusatzversorgungseinrichtungen.[56] Die Vorschrift bezweckt, Arbeitnehmer davor zu schützen, dass nicht-staatliche Zusatzversorgungseinrichtungen, an denen sie beteiligt sind, im Gefolge der Zahlungsunfähigkeit des Arbeitgebers notleidend werden.[57] Sie ist allerdings so vage formuliert, dass man anfangs annahm, ihr „normative[r| Gehalt" sei „schwer auszuloten".[58] Art. 8 verlangt von den Mitgliedsstaaten nur, dass sie sich „vergewissern ..., dass die notwendigen Maßnahmen zum Schutz der Interessen der Arbeitnehmer" (sowie anderer Anspruchsinhaber: frühere Arbeitnehmer und Hinterbliebene) „hinsichtlich ihrer erworbenen Rechte Anwartschaften auf Leistungen bei Alter" aus den nicht-staatlichen Zusatzversorgungseinrichtungen getroffen werden. Damit wird den Mitgliedstaaten ein weiter Ermessensspielraum eingeräumt. Die Bindung aus Art. 8 verlangt insbesondere nicht, dass der Schutz von den Mitgliedstaaten selbst gewährt oder vollständig sein muss.[59] Z. B. können die Mitgliedstaaten auch zeitliche oder betragsmäßige Begrenzungen einführen; Art. 4 InsSchRL begründet keinen Umkehrschluss.[60]

31 Den Ermessensspielraum hat der Gerichtshof allerdings in einer Reihe von Entscheidungen zunehmend begrenzt und zum einen einen relativen, zum anderen einen absoluten Mindestschutz begründet, den die Mitgliedstaaten gewähren müssen. Als **relative Kürzungsgrenze** hatte er zunächst angenommen, das mitgliedstaatliche Ermessen sei überschritten, wenn ein erheblicher Anteil der geschützten Arbeitnehmer weniger als die Hälfte des ihnen zustehenden Ruhegeldes erhalten.[61] Das konkreti-

---

56 Krit. zur systematischen Einordnung *Krause*, EuZA 1 (2008), 96, 97; *Weber*, EAS B 3300 Rdn. 23f. (da nicht um soziale Sicherheit, sondern um Entgeltsicherung geht).

57 Auf die Gründe, die dazu geführt haben, kommt es für die Anwendung von Art. 8 InsSchRL nicht an; EuGH v. 25.4.2013 – Rs. C-398/11 *Hogan u.a.*, EU:C:2013:272 Rdn. 35ff. Erfasst ist auch die Einstandspflicht des Arbeitgebers für Leistungskürzungen der Pensionskasse (§ 1 Abs. 1 S. 3 BetrAVG); EuGH v. 19.12.2019 – Rs. C-168/18 *Pensions-Sicherungs-Verein*, EU:C:2019:1128 Rdn. 31ff.

58 *Holzer*, in: Runggaldier (Hrsg.), Österreichisches Arbeitsrecht und das Recht der EG, S. 272.

59 EuGH v. 19.12.2019 – Rs. C-168/18 *Pensions-Sicherungs-Verein*, EU:C:2019:1128 Rdn. 38; EuGH v. 6.9.2018 – Rs. C-17/17 *Hampshire*, EU:C:2018:674 Rdn 41.

60 EuGH v. 25.1.2007 – Rs. C-278/05 *Robins*, EU:C:2007:56 Rdn. 43ff. EuArbRK/*Kolbe*, Art. 8 RL 2008/94/EG Rdn. 4.

61 EuGH v. 25.1.2007 – Rs. C-278/05 *Robins*, EU:C:2007:56 Rdn. 35–46 und 54–62; EuGH v. 25.4.2013 – Rs. C-398/11 *Hogan u.a.*, EU:C:2013:272 Rdn. 41ff. (Leistungen der gesetzlichen Rentenversicherung bleiben insoweit außer Betracht; Rdn. 28ff.); EuGH v. 24.11.2016 – Rs. C-454/15 *Webb-Sämann*, EU:C:2016:891 (eine Verringerung der Altersrente um 5–7 €/Monat begründet keinen Verstoß gegen Art. 8). *Krause*, EuZA 2008, 96, 102f.

sierte er im Folgenden weiter mit der Annahme, das „Schutzniveau“ der Vorschrift stelle „eine individuelle Mindestgarantie für jeden einzelnen Arbeitnehmer“ dar[62]. Aus der Vorschrift ergebe sich, dass „jeder einzelne Arbeitnehmer im Fall der Zahlungsunfähigkeit seines Arbeitgebers Leistungen bei Alter erhalten muss, die mindestens 50 % des Werts seiner erworbenen Ansprüche aus einer betrieblichen Zusatzversorgungseinrichtung entsprechen“.[63] Ein **absolutes Schutzuntermaß** sieht der Gerichtshof erreicht, wenn eine Kürzung die Fähigkeit des Betroffenen, seinen Lebensunterhalt zu bestreiten, schwerwiegend beeinträchtigt. Dies ist nach seiner Ansicht bei einer Kürzung der Altersbezüge der Fall, die dazu führt, dass der ehemalige Arbeitnehmer unterhalb der von Eurostat für den betreffenden Mitgliedstaat ermittelten Armutsgefährdungsschwelle lebt oder künftig leben müsste.[64] Diese absolute Grenze wird freilich mit guten Gründen kritisiert, da sie nicht mit dem Schutz der privatautonomen Vorsorge zusammenpasst.[65]

Diese – ungewöhnlich weitreichenden, teils legislatorisch-dezisionistischen – 32
Normkonkretisierungen ergänzt der Gerichtshof noch im Hinblick auf die **unmittelbare Anwendbarkeit**. Die so ausgelegte Vorschrift ist nach seiner Ansicht hinreichend bestimmt und unbedingt, so dass sich der einzelne Arbeitnehmer gegenüber den Mitgliedstaaten (und ihnen zuzurechnenden Einrichtungen)[66] unmittelbar auf sie berufen könne.[67]

V. Umsetzung

In **Deutschland**[68] diente schon vor Verabschiedung der Richtlinie das Konkursaus- 33
fallgeld der Sicherung nicht erfüllter Ansprüche der Arbeitnehmer. Heute finden sich die Regelungen über das **Insolvenzgeld** in §§ 183 ff. SGB III.

Umsetzungsdefizite, vor allem in Italien, haben den EuGH mehrfach beschäf- 34
tigt.[69] Sie haben ihm insbesondere Gelegenheit gegeben, zur **unmittelbaren An-**

62 EuGH v. 6.9.2018 – Rs. C-17/17 *Hampshire*, EU:C:2018:674 Rdn. 46.

63 EuGH v. 6.9.2018 – Rs. C-17/17 *Hampshire*, EU:C:2018:674 Rdn. 52.

64 EuGH v. 19.12.2019 – Rs. C-168/18 *Pensions-Sicherungs-Verein*, EU:C:2019:1128 Rdn. 37 ff. Krit. *Matthießen*, DB 2020, 449, 453 (da sich die Armutsgrenze auf das Haushaltseinkommen bezieht und daher nicht nur die Betriebsrente berücksichtigt).

65 *Wutte*, EuZA 2020, 366, 371 f.

66 EuGH v. 19.12.2019 – Rs. C-168/18 *Pensions-Sicherungs-Verein*, EU:C:2019:1128 Rdn. 54 ff.

67 EuGH v. 6.9.2018 – Rs. C-17/17 *Hampshire*, EU:C:2018:674 Rdn. 53 ff.

68 Zur Umsetzung in Deutschland näher *Weber*, EAS B 3300 Rdn. 74–90; Hanau/Steinmeyer/Wank/*Wank*, § 18 Rdn. 180–189.

69 Defizite bei der Umsetzung der Änderungsrichtlinie von 2002: EuGH v. 27.9.2007 – Rs. C-9/07 *Kommission ./. Frankreich*, EU:C:2007:560; EuGH v. 29.11.2007 – Rs. C-6/07 *Kommission ./. Spanien*, EU:C:2007:736. Zur Umsetzung in Polen: *Kraft/Thurner/Paintner*, WIRO 2002, 370–375.

wendbarkeit, zur richtlinienkonformen Auslegung und zur **Staatshaftung** (§ 1 Rdn. 80–89) Stellung zu nehmen; die für die Staatshaftung grundlegende *Francovich I*-Entscheidung[70] betraf die Insolvenzschutzrichtlinie. Eine unmittelbare Anwendbarkeit der Insolvenzschutzrichtlinie hat der Gerichtshof im Grundsatz abgelehnt, da zwar der Kreis der Begünstigten hinreichend bestimmt sei, und sich auch der Leistungsinhalt – ungeachtet der Umsetzungsoptionen und Gestaltungsspielräume – in einem Mindestmaß bestimmen lasse, jedoch nicht feststeht, wer Schuldner sein soll.[71]

70 EuGH v. 19.11.1991 – verb. Rs. C-6/90 und C-9/90 *Francovich I*, EU:C:1991:428 Rdn. 38–46. Ferner EuGH v. 10.7.1997 – Rs. C-373/95 *Maso*, EU:C:1997:353 Rdn. 33–42 und EuGH v. 10.7.1997 – verb. Rs. C-94/95 und C-95/95 *Bonifaci*, EU:C:1997:348 Rdn. 45–54 (Schadensausgleich durch rückwirkende Einführung von Umsetzungsvorschriften). S.a. EuGH v. 15.6.1999 – Rs. C-321/97 *Andersson und Wåkerås-Andersson*, EU:C:1999:307 (zum Beitritt Schwedens).

71 EuGH v. 19.11.1991 – verb. Rs. C-6/90 und C-9/90 *Francovich I*, EU:C:1991:428 Rdn. 10–27; EuGH v. 16.12.1993 – Rs. C-334/92 *Wagner Miret*, EU:C:1993:945 Rdn. 16–19. In den der Entscheidung EuGH v. 3.12.1992 – verb. Rs. C-140/91, C-141/91, C-278/91 und C-279/91 *Suffritti*, EU:C:1992:492 Rdn. 10–14 zugrundeliegenden Fällen war schon die Umsetzungsfrist noch nicht abgelaufen. Anders (unmittelbare Anwendung möglich), wenn der Mitgliedstaat die Richtlinie in den wesentlichen Punkten unter Ausübung der Optionen umgesetzt und nur einzelne (Ausnahme-) Vorschriften fehlerhaft geregelt hat; EuGH v. 18.10.2001 – Rs. C-441/99 *Gharehveran*, EU:C:2001:551 Rdn. 33–46.

5. Teil **Kollektivarbeitsrecht**

§ 29 Europäisches Recht der Arbeitnehmermitwirkung: Einführung und Übersicht

Literatur: *Armour/Deakin/Konzelmann*, Shareholder Primacy and the Trajectory of UK Corporate Governance, BJIR 41 (2003), 531–555; *Baums/Teichmann*, Der European Model Company Act (EMCA), AG 2018, 562–571; *Baums/Ulmer* (Hrsg.), Unternehmens-Mitbestimmung der Arbeitnehmer im Recht der EU-Mitgliedstaaten, 2004 (mit Beiträgen von Krüger Andersen [DK], Toiviainen [FIN], Urbain-Parleani [F], Raynaud [L], Timmermann/Spanjaard [NL], Kalss [A], Victorin [S], Henssler [D] und Ulmer [Generalübersicht]); *Benecke*, Der europarechtliche Schutz von Betriebsratsmitgliedern, EuZA 2016, 34–45; *Birk*, Europäisches kollektives Arbeitsrecht – insbesondere der Europäische Betriebsrat, in: Grundmann (Hrsg.), Systembildung und Systemlücken in Kerngebieten des Europäischen Privatrechts, 2000, S. 387–399; *Braun*, Die Sicherung der Unternehmensmitbestimmung im Lichte des europäischen Rechts, 2005; *Brors*, Das System der Arbeitnehmer-Beteiligungs-Richtlinien, 2005; *Bruun*, Employees' Participation Rights and Business Restructuring, EELJ 2 (2011), 27–47; *Dammann*, The Future of Codetermination After Centros: Will German Corporate Law Move Closer to the US Model?, *Fordham JCFL 8* (2003), 607–686; *Däubler*, The Employee Participation Directive – A Realistic Utopia?, CMLR 14 (1977), 457–487; *Docksey*, Employee Information and Consultation Rights in the Member States of the European Communities, Comp. Lab. L. 7 (1986), 32–48 (mit tab. Übersicht im Anh., S. 49–69); *Eidenmüller*, Recht als Produkt, JZ 2009, 641–653; *ders./Hornuf/Reps*, Contracting Employee Involvement: An Analysis of Bargaining over Employee Involvement Rules for a Societas Europaea, JCLS 12 (2012), 201–235; *Figge*, Mitbestimmung auf Unternehmensebene in Vorschlägen der Europäischen Gemeinschaften, 1992; *Frenz/Götzkes*, Ein europäisches Grundrecht der Arbeitnehmerinnen und Arbeitnehmer auf Unterrichtung und Anhörung im Unternehmen? – Zur rechtsdogmatischen Einordnung von Art. 27 EGRC, RdA 2007, 216–218; *Gamillscheg*, Kollektives Arbeitsrecht Band II – Betriebsverfassung, 2008; *ders.*, Wandlungen in der französischen Betriebsverfassung, in: Annuß/Picker/Wißmann (Hrsg.), Festschrift für Richardi zum 70. Geburtstag, 2007, S. 1025–1038 (lesenswert!); *Goos*, Ansätze zur Mitbestimmung der Arbeitnehmer in der Europäischen Rechtsetzung, in: Oetker/Preis/Rieble (Hrsg.), Festschrift 50 Jahre BAG, 2004, S. 1179–1195; *Habersack/Behme/Eidenmüller/Klöhn* (Hrsg.), Deutsche Mitbestimmung unter europäischem Reformzwang, 2016; *Habersack/Henssler*, Mitbestimmungsrecht, 4. Aufl. 2018; *Hansmann*, The Ownership of Enterprise, 1996; *ders./Kraakman*, The end of history for corporate law, Geo. L. J. 89 (2001) 439–468; *Henssler*, Erfahrungen und Reformbedarf bei der SE – Mitbestimmungsrechtliche Reformvorschläge, ZHR 173 (2009), 222–249; *ders.*, Mitbestimmung als Verhandlungsgegenstand grenzüberschreitender Strategien, in: Müller-Graff/Teichmann (Hrsg.), Europäisches Gesellschaftsrecht auf neuen Wegen, 2010, 143–168; *Hodge*, The Treatment of Employees as Stakeholders in the European Union: Current and Future Trends, Syracuse J. Int'l L. & Com. 38 (2010), 91–171; *Hommelhoff*, Mitbestimmungsvereinbarungen zur Modernisierung der deutschen Unternehmensmitbestimmung, ZGR 2010, 48–74; *ders./Hopt/von Werder* (Hrsg.), Handbuch Corporate Governance, 2. Aufl. 2009; *Hopt*, Grundprobleme der Mitbestimmung in Europa – Eine rechtsvergleichende Bestandsaufnahme und Einschätzung der Vorschläge zur Rechtsangleichung der Arbeitnehmermitbestimmung in den Europäischen Gemeinschaften, ZfA 1982, 207–235; *ders.*, New Ways in Corporate Governance: European Experiments with Labour Representation on Corporate Boards, Mich. L. Rev. 82 (1984), 1338–1363; *ders./ Wymeersch* (Hrsg.), Comparative Corporate Governance, 1997; *Junker*, Betriebsverfassung im europäischen Vergleich, ZfA 2001, 225–243; *ders.*, Betriebsverfassung in Klein- und Mittelbetrieben, NZA 2001, 131–138; *ders.*, Der „Europäische Betriebsrat" in rechtsvergleichender Perspektive, JZ 1992, 1100–1106; *ders.*, Der Standort der deutschen Betriebsverfassung in Europa, RIW 2002, 81–87; *ders.*, Unternehmensmitbestimmung in Deutschland – Anpassungsbedarf durch interna-

https://doi.org/10.1515/9783110731941-029

tionale und europäische Entwicklungen, ZfA 2005, 1–44; *Kirchner*, Grundstrukturen eines neuen institutionellen Designs für die Arbeitnehmermitbestimmung auf der Unternehmensebene, AG 2004, 197–200; *Kohte*, Auf dem Weg zur betrieblichen Informationsverfassung, in: Oetker/Preis/Rieble, 50 Jahre Bundesarbeitsgericht, 2004, S. 1219–1252; *Komo/Villiers*, Are trends in European company law threatening industrial democracy?, E.L. Rev. 34 (2009), 175–204; *Körner*, Das andere Modell: Die französische Betriebsverfassung, NZA 2001, 429–435; *dies.*, Formen der Arbeitnehmermitwirkung – Das französische Comité d'entreprise – Eine Länderstudie, 1999; *Kraakman u.a.* (Hrsg.), The Anatomy of Corporate Law – A Comparative and Functional Approach, 2004; *Krause*, Gewerkschaften und Betriebsräte zwischen Kooperation und Konfrontation, RdA 2009, 129–143; *Krolop*, Mitbestimmungsvereinbarungen im grenzüberschreitenden Konzern, 2010; *Lingscheid/Schmidt*, Informations- und Anhörungsrechte für Arbeitnehmer in Großbritannien, RIW 2006, 424–429; *Mayer*, Udo R., Betriebsverfassungs- und tarifvertragsrechtliche Fragen bei grenzüberschreitenden Personaleinsätzen, BB 1999, 842–847; *Möslein/Riesenhuber*, Contract Governance – A Draft Research Agenda, ERCL 2009, 248–289; *Pipkorn*, Arbeitnehmerbeteiligung in Unternehmen auf Europäischer Grundlage, RdA 1992, 120–127; *ders.*, Europäische Aspekte der Informations- und Mitwirkungsrecht der Arbeitnehmer, in: Due/Lutter/Schwarze (Hrsg.) Festschrift für Ulrich Everling, 1995, S. 1113–1131; *Raiser*, Unternehmensmitbestimmung vor dem Hintergrund europarechtlicher Entwicklungen, Gutachten B für den 66. Deutscher Juristentag, Abt. Arbeitsrecht, 2006; *Rebhahn*, Collective Labour Law in Europe in a Comparative Perspective (Part I). Collective Agreements, Settlements of Disputes and Workers' Participation, IJCLLIR 19 (2003), 271–295; *ders.*, Collective Labour Law in Europe in a Comparative Perspective (Part II), IJCCLIR 20 (2004), 107–132 (engl. Fassung von NZA 2001, 763–774 und RdA 2002, 214–218); *ders.*, Das kollektive Arbeitsrecht im Rechtsvergleich, NZA 2001, 763–774; *ders.*, Rechtsvergleichendes zur Tarifbindung ohne Verbandsmitgliedschaft, RdA 2002, 214–218; *ders.*, Unternehmensmitbestimmung in Deutschland – ein Sonderweg im Rechtsvergleich, in: Rieble (Hrsg.), Zukunft der Unternehmensmitbestimmung, 2004, S. 42–85; *Rehberg*, Chancen und Risiken der Verhandlung über die Arbeitnehmerbeteiligung, in: Rieble/Junker (Hrsg.), Vereinbarte Mitbestimmung in der SE, 2008, S. 45–64; *Riesenhuber*, Die sogenannte „Betriebsvereinbarungsoffenheit" von Vereinbarungen in Allgemeinen Geschäftsbedingungen, in: Bachmann/Grundmann/Mengel/Krolop (Hrsg.), Festschrift für Christine Windbichler, 2020, 353–372; *ders.*, Die Verhandlungslösung der Mitbestimmung – Eigentumsgarantie, Verhältnismäßigkeit und „Contract Governance", in: Peine/Wolff (Hrsg.), Nachdenken über Eigentum – Festschrift für Alexander v. Brünneck zur Vollendung seines siebzigsten Lebensjahres, 2011, 332–342; *ders.*, Schatten des Rechts – Contract Governance und Governance der Vertragsverhandlungen bei der SE-Mitbestimmung, in: Grundmann et al. (Hrsg.), Festschrift für Klaus J. Hopt, 2010, 1225–1243; *Schubert/Schmitt, Laura*, Europäisches Betriebsverfassungsrecht, in: Oetker/Preis (Hrsg.), Europäisches Arbeits- und Sozialrecht, B 8300 (Stand: Okt. 2019); *Seitz*, Europäisches Rahmenrecht für eine Europäische Betriebsverfassung – Stand und Perspektiven, 2004; *Stoffels*, Die Betriebsverfassung unter dem Einfluss des Europarechts, in: Söllner/Gitter/Waltermann/Giesen/Ricken (Hrsg.), Gedächtnisschrift für Meinhard Heinze, 2005, S. 885–899; *Weber*, Arbeitnehmermitbestimmung im Europäischen Sozialraum, in: Dreier/Forkel/Laubenthal (Hrsg.), Raum und Recht – Festschrift 600 Jahre Würzburger Juristenfakultät, 2002, S. 189–218; *ders.*, Information und Konsultation im europäischen und deutschen Mitbestimmungsrecht, in: Dauner-Lieb/Hommelhoff/Jacobs/Kaiser/Weber (Hrsg.), Festschrift für Horst Konzen zum siebzigsten Geburtstag, 2005, S. 921–956; *ders.*, Massenentlassung und Arbeitnehmerbeteiligung im deutschen und europäischen Mitbestimmungsrecht, AuR 2008, 365–380; *Wedderburn*, Consultation and Collective Bargaining in Europe: Success or Ideology?, ILJ 26 (1997), 1–34; *Weiler*, Governing the Workplace – The Future of Labor and Employment Law, 1990; *Weiss*, Arbeitnehmermitwirkung in der EU – quo vadis?, in: Bachmann/Grundmann/Mengel/Krolop (Hrsg.), Festschrift für Christine Windbichler, 2020, S. 425-437; *ders.*, Arbeitnehmermitwirkung in Europa, NZA 2003, 177–184; *ders.*, Europäische Betriebsräte und Konzern – 20 Thesen, ZIAS 1995, 633–639; *ders.*, Transnationale Kollektivvertragsstrukturen in der EG: Informalität oder Verrechtlichung?, in: Konzen/Krebber/Raab/Veit/Waas

(Hrsg.), Festschrift für Rolf Birk zum siebzigsten Geburtstag, 2008, S. 957–975; *ders.*, Workers' Participation in the European Union, in: Davies/Lyon-Caen/Sciarra/Simitis (Hrsg.), European Community Labour Law: Principles and Perspectives – Liber amicorum Lord Wedderburn, 1996, S. 213–235; *Westermann*, H.P., Tendenzen der gegenwärtigen Mitbestimmungsdiskussion in der Europäischen Gemeinschaft, RabelsZ 48 (1984), 123–184; *Wiedemann*, Gesellschaftsrecht Band I – Grundlagen, 1980, § 11; *Williamson*, Transaction-Cost Economics: The Governance of Contractual Relations, J.L. & Econ. 22 (1979), 233–261; *Windbichler*, Arbeitnehmerinteressen im Unternehmen und gegenüber Unternehmen – Eine Zwischenbilanz, AG 2004, 190–196; *dies.*, Cheers and Boos for Employee Involvement: Co-Determination as Corporate Governance Conundrum, EBOR 6 (2005), 507–537; *dies.*, Der gordische Mitbestimmungsknoten und das Vereinbarungsschwert – Regulierung durch Selbstregulierung?, in: Jürgens u.a. (Hrsg.), Perspektiven der Corporate Governance – Bestimmungsfaktoren unternehmerischer Entscheidungsprozesse und Mitwirkung der Arbeitnehmer, 2007, S. 282–304.

S.a. die Literaturhinweise zu §§ 30–32.

Übersicht

I. Arbeitnehmermitwirkung: Unterrichtung und Anhörung sowie Mitbestimmung

1. Terminologie

1 Das Europäische Arbeitsrecht kennt zwei Formen der Arbeitnehmermitwirkung, die man, einem auch hier üblichen Sprachgebrauch folgend, als Betriebsverfassungsrecht und Mitbestimmungsrecht bezeichnen kann. Das **Europäische Betriebsverfassungsrecht** wird weithin auch nach den Grundformen der Mitwirkungsrechte als Unterrichtung und Anhörung bezeichnet (vgl. Art. 4 Abs. 2 lit. f) SE-Richtlinie).[1] Beziehen sich diese Mitwirkungsrechte auch nicht nur auf betriebliche Fragen, sondern mit Massenentlassung und Betriebsübergang von Anfang an gerade auch auf unternehmerische,[2] so ist die Kennzeichnung als Betriebsverfassung doch deswegen gut begründet, weil für die zu beteiligenden Arbeitnehmervertreter auf das mitgliedstaatliche Recht verwiesen wird und diese dafür gerade die betriebliche Vertretung verwenden können. Davon unterscheidet sich das **Europäische Mitbestimmungsrecht** dadurch, dass hier eine Arbeitnehmermitwirkung auf Unternehmensebene vorgeschrieben ist, nämlich im Aufsichtsrat oder – im monistischen System – im Verwaltungsorgan.[3] Art. 2 lit. k) SE-Richtlinie definiert „Mitbestimmung" als

> „die Einflussnahme des Organs zur Vertretung der Arbeitnehmer und/oder der Arbeitnehmervertreter auf die Angelegenheiten einer Gesellschaft durch
> - die Wahrnehmung des Rechts, einen Teil der Mitglieder des Aufsichts- oder des Verwaltungsorgans der Gesellschaft zu wählen oder zu bestellen, oder
> - die Wahrnehmung des Rechts, die Bestellung eines Teils der oder aller Mitglieder des Aufsichts- oder des Verwaltungsorgans der Gesellschaft zu empfehlen und/oder abzulehnen."

2 Anstelle von „**Arbeitnehmermitwirkung**" wird teilweise „**Arbeitnehmerbeteiligung**" als Oberbegriff verwendet, so z. B. in Art. 2 lit h) SE-RL. „Mitbestimmung" erscheint als Oberbegriff weniger geeignet. Nicht nur ist er im mitgliedstaatlichen Recht anders besetzt, auch in der Sache geben Unterrichtung und Anhörung den Arbeitnehmervertretern kein Recht mitzubestimmen. Bei der Arbeitnehmermitwirkung im Aufsichtsrat, wie ihn z. B. die SE-Richtlinie ermöglicht, ist das hingegen anders.[4]

---

1 S.a. *Deakin/Morris*, Rdn. 9.29–9.58, mit Fokus auf dem Recht des VK.

2 Darauf abstellend *Weber*, FS 600 Jahre Würzburger Juristenfakultät (2002), S. 210.

3 *Junker*, ZfA 2005, 1, 2; *Windbichler*, AG 2004, 190, 192.

4 Anders etwa *Weber*, FS 600 Jahre Würzburger Juristenfakultät (2002), S. 211 f. und *passim*.

2. Entwicklung[5]

a) Ausgangspunkt: Disparate mitgliedstaatliche Lösungen

Ausgangspunkt für das Europäische Recht der Arbeitnehmermitwirkung ist der Befund, dass sich die Leitbilder des Zusammenwirkens (kooperativ oder konfrontativ), die rechtlichen Regelungen und die praktischen Gepflogenheiten in den Mitgliedstaaten auf der Grundlage des Territorialitätsprinzips[6] höchst unterschiedlich entwickelt haben. Im Bereich der *Unternehmensmitbestimmung*[7] sind schon die Organisationsstrukturen der mitgliedstaatlichen Gesellschaftsformen unterschiedlich (dualistisches/monistisches Modell). Nicht alle Mitgliedstaaten sehen überhaupt eine Mitbestimmung vor. Wo sie vorgesehen ist, variieren der Anteil der Arbeitnehmervertreter (z. B. Drittelbeteiligung, [quasi-] paritätische Beteiligung), die Verfahren zu ihrer Bestellung sowie ihre Befugnisse (informatorische Beteiligung oder Mitentscheidung) erheblich.[8] Dabei erweist sich das deutsche System mit seiner quasi-paritätischen Mitbestimmung im Rechtsvergleich als Sonderweg.[9] 3

Auch im Bereich der *betrieblichen Arbeitnehmermitwirkung* gibt es unterschiedliche Modelle.[10] Nicht überall ist es selbstverständlich, dass überhaupt eine Arbeitnehmervertretung einzurichten ist. Die Zusammensetzung des Vertretungsorgans (Arbeitgeber als Mitglied der Arbeitnehmervertretung [Einheitsprinzip] oder nicht [Trennungsprinzip]; ein Gremium für alle Arbeitnehmer oder verschiedene Gremien für verschiedene Arbeitnehmergruppen, Beteiligung von Gewerkschaftsfunktionären), die Rolle der Gewerkschaften und ihre Beziehung zu den betrieblichen Arbeit- 4

5 Zusammenfassend etwa *Bruun*, EELJ 2 (2011), 27–47; *Goos*, FS 50 Jahre BAG (2004), S. 1183–1192; *Pipkorn*, RdA 1992, 120–126; *ders.* FS Everling (1995), S. 1114–1131; eingehend *Schubert/L. Schmitt*, EAS B 8300 Rdn. 9–25 *et passim; Raiser*, Unternehmensmitbestimmung vor dem Hintergrund europarechtlicher Entwicklungen, S. B 33–41; *Weber*, FS 600 Jahre Würzburger Juristenfakultät (2002), S. 194–209.

6 *Mayer*, BB 1999, 842, 846.

7 *Baums/Ulmer* (Hrsg.), Unternehmens-Mitbestimmung der Arbeitnehmer im Recht der EU-Mitgliedstaaten (2004); *Hopt*, ZfA 1982, 207–235; *ders.*, Mich. L. Rev. 82 (1984), 1338, 1348–1352; *Raiser*, Unternehmensmitbestimmung vor dem Hintergrund europarechtlicher Entwicklungen, S. B 41–49; *Rebhahn*, NZA 2001, 763, 770–774; *Weber*, FS 600 Jahre Würzburger Juristenfakultät (2002), S. 191; *Schiek*, Europäisches Arbeitsrecht, S. 305–310; *Weiss*, NZA 2003, 177–184; *Wiedemann*, Gesellschaftsrecht I, S. 584–607. S.a. Abschlussbericht der Sachverständigengruppe „European Systems of Workers Involvement" (Davignon Bericht), BR-Drs. 572/97, S. 24–40 („Formen der Information, Anhörung und Mitbestimmung der Arbeitnehmer in den Mitgliedstaaten").

8 *Rebhahn*, NZA 2001, 763, 770–774; Abschlussbericht der Sachverständigengruppe „European Systems of Workers Involvement" (Davignon Bericht), BR-Drs. 572/97, S. 25–29.

9 *Junker*, ZfA 2005, 1, 17–24; *Rebhahn*, in: Rieble (Hrsg.), Zukunft der Unternehmensmitbestimmung, S. 42–85.

10 *Gamillscheg*, FS Richardi (2007), S. 1025–1038; *Junker*, JZ 1992, 1100–1106; *ders.*, NZA 2001, 131–138; *ders.*, ZfA 2001, 225–243; *ders.*, RIW 2002, 81–86; *Körner*, Formen der Arbeitnehmermitwirkung (1999); *dies.*, NZA 2001, 429–435; *Weiss*, NZA 2003, 177–184; *ders.*, FS Birk (2008), S. 957–975; *ders.*, Liber amicorum Lord Wedderburn (1996), S. 213–235.

nehmervertretern,[11] die Gegenstände der Arbeitnehmermitwirkung und die Mitwirkungsrechte unterscheiden sich erheblich.

b) Die Entwicklung des Primär- und Sekundärrechts

5 Europäisches Betriebsverfassungsrecht und Mitbestimmungsrecht haben einen ersten gemeinsamen Keim in dem primär gesellschaftsrechtlichen Vorhaben einer **Europäischen Aktiengesellschaft**. Bereits der erste Entwurf für ein Statut der SE von 1970 sah – in vielem dem deutschen Modell folgend – einerseits eine Arbeitnehmermitbestimmung im Aufsichtsrat vor, andererseits auch eine Art Europäischer Betriebsrat (§ 32 Rdn. 2). Dieser Keim ist freilich erst nach 30 Jahren gesprossen (unten, Rdn. 37–39). Die Rechtsetzungsbestrebungen litten bis in die 1990er Jahre hinein daran, dass der Gesetzgeber ungeachtet disparater Rechtstraditionen im Organisations- wie im Mitbestimmungsrecht eine einheitliche Regelung anstrebte, zunächst aufbauend auf dem deutschen Modell, erst allmählich mit einer Öffnung für verschiedene Varianten. An demselben Mangel litten auch die Vorschläge für eine 5. gesellschaftsrechtliche Richtlinie über die Struktur der Aktiengesellschaft (**Strukturrichtlinie**)[12, 13]. Auch sie beruhten ursprünglich auf dem dualistischen System und sahen eine Mitbestimmung im Aufsichtsrat vor.

6 Ansätze für ein Europäisches Betriebsverfassungsrecht entwickelten sich erst im Anschluss an das **sozialpolitische Aktionsprogramm** von 1974 (§ 1 Rdn. 36f.), das die „schrittweise Förderung der Mitwirkung der Arbeitnehmer oder ihrer Vertreter am Leben der Unternehmen und Betriebe in der Gemeinschaft“ forderte.[14] Umgesetzt wurde das zuerst durch die Massenentlassungsrichtlinie (1975; § 26) und die Betriebsübergangsrichtlinie (1977; § 27); beiden führten Unterrichtung („Information“) und Anhörung („Konsultation“) als Annexregelungen zu den sonstigen Schutzinstrumenten ein. Nur in schwächerer Ausprägung sah der Gesetzgeber im Bereich des Arbeits-

11 S. z. B. *Krause*, RdA 2009, 129–143 (zum Ursprung und der heutigen Struktur des Dualismus der Vertretung von Arbeitnehmerinteressen im deutschen Recht).

12 Vorschlag einer fünften Richtlinie zur Koordinierung der Schutzbestimmungen, die in den Mitgliedstaaten den Gesellschaften im Sinne des Artikels 58 Absatz 2 des Vertrages im Interesse der Gesellschafter sowie Dritter hinsichtlich der Struktur der Aktiengesellschaft sowie der Befugnisse und Verpflichtungen ihrer Organe vorgeschrieben sind, ABl. 1972 C 131/49; Geänderter Vorschlag einer fünften Richtlinie des Rates nach Artikel 54 Absatz 3 Buchstabe g) des Vertrages über die Struktur der Aktiengesellschaft sowie die Befugnisse und Verpflichtungen der Organe, ABl. 1983 C 240/2.

13 Dazu nur *Grundmann*, Europäisches Gesellschaftsrecht, Rdn. 366–369; *Lutter/Bayer/Schmidt*, Europäisches Unternehmens- und Kapitalmarktrecht, Rdn. 9.47; *Hopt*, Mich. L. Rev. 82 (1984), 1338, 1344–1348; *Raiser*, Unternehmensmitbestimmung vor dem Hintergrund europarechtlicher Entwicklungen, S. B 34.

14 Nr. 8 der Entschließung des Rates vom 21.1.1974 über ein sozialpolitisches Aktionsprogramm, ABl. 1974 C 13/1.

schutzes eine Arbeitnehmermitwirkung vor (Arbeitsschutzrahmenrichtlinie, 1989; § 16).

Einen neuen Impuls für die Rechtsetzung lieferte die **Gemeinschaftscharta der sozialen Grundrechte** (1989; § 2 Rdn. 68–80), die in Nr. 17 und 18 (ergänzend für den Arbeitsschutz in Nr. 19 Abs. 2) fordert, „Unterrichtung, Anhörung und Mitwirkung der Arbeitnehmer“ weiterzuentwickeln und entsprechende Rechte namentlich im Bereich der Strukturmaßnahmen sowie der Massenentlassungen für geboten erklärt.[15] Mit dem Maastrichter Abkommen über Sozialpolitik von 1992 (§ 5 Rdn. 5) erhielt die Gemeinschaft – zunächst nur als Elfer-Gruppe ohne das Vereinigte Königreich – eine tragfähige Kompetenzgrundlage, um die rechtspolitischen Ziele umzusetzen; der Amsterdamer Vertrag von 1997 überführte die Regelung in den EG-Vertrag (§ 5 Rdn. 6). Auf dieser Grundlage entstand zunächst die EBR-Richtlinie (1994; § 31), später auch die Unterrichtungsrahmen-Richtlinie (§ 30), die teils als „Allgemeiner Teil“ der Beteiligungsrechte betrieblicher Arbeitnehmervertretungen bezeichnet wird[16]. 7

Mit der **EBR-Richtlinie** vollzog der Gesetzgeber einen grundlegenden Wandel im Regulierungsansatz, er nahm Abstand von einer materiellen Regelung und installierte stattdessen ein **Verhandlungsverfahren**: Arbeitgeber und Arbeitnehmer haben die Chance, einen Europäischen Betriebsrat oder, alternativ, ein besonderes Unterrichtungs- und Anhörungsverfahren im Wege der Vereinbarung zu installieren, und nur wenn die Verhandlungen scheitern oder die Parteien dies wählen, kommt eine im Richtlinienanhang vorgesehene subsidiäre Regelung zur Anwendung. Diese prozedurale Lösung machte die sog. *Davignon*-Gruppe in ihrem Abschlussbericht[17] auch für die Europäische Aktiengesellschaft fruchtbar. In einem Verhandlungsverfahren einigen sich nach der SE-Richtlinie (2000; § 32 Rdn. 1–68) Arbeitgeber- und Arbeitnehmerseite über die Mitbestimmung und eine Art Europäischer Betriebsrat; für die Europäische Genossenschaft verwendet die SCE-Richtlinie weitgehend analoge Vorschriften (2003; § 32 Rdn. 69–73). Das sog. Vorher-Nachher-Prinzip und bestimmte Abstimmungsquoren beugen jeweils einer „Flucht aus der Mitbestimmung“ vor. 8

Schließlich hat der Gesetzgeber auch für weitere grenzüberschreitende Umstrukturierungsvorgänge dieselben Grundsätze fruchtbar gemacht. Verhandlungsverfahren und Vorher-Nachher-Prinzip sind die Schutzinstrumente, die die Verschmelzungs- und Sitzverlegungsrichtlinie (siehe jetzt die GesRRL, § 33) und auch der Entwurf der Verordnung über die Europäische Privatgesellschaft (§ 34) verwenden. 9

Keinen substantiellen Beitrag zum Recht der Arbeitnehmermitwirkung leistet die **Grundrechtscharta** von 2000 (§ 2 Rdn. 16–67). Sie zeichnet sich allgemein aus durch die breite Aufzählung sozialer Grundrechte, deren Schutzumfang indes durch Verwei- 10

15 Nr. 17, 18, 19 GsG; s. o. § 2 Rdn. 78 f.

16 *Kohte*, FS Richardi (2007), S. 611, 615.

17 Abschlussbericht der Sachverständigengruppe „European Systems of Workers Involvement“ (Davignon Bericht), BR-Drs. 572/97, S. 22–40.

sung auf das Gemeinschaftsrecht und/oder das mitgliedstaatliche Recht bestimmt wird. So ist auch in Art. 27 GRCh von einem „Recht auf Unterrichtung und Anhörung" (nicht auf Mitbestimmung!) die Rede, das aber nur „unter den Voraussetzungen gewährleistet sein [muss], die nach dem Unionsrecht und den einzelstaatlichen Rechtsvorschriften und Gepflogenheiten vorgesehen sind". Es handelt sich eher um einen Grundsatz als um ein Grundrecht.[18] Art. 27 GRCh begründet kein subjektives Recht des Einzelnen.[19]

11 Parallel zu diesen legislatorischen Entwicklungen hat der Gerichtshof durch seine Rechtsprechung (v.a.) zur **Niederlassungsfreiheit** eigene Impulse gesetzt. Mit dem aus der Niederlassungsfreiheit folgenden Gebot, den Zuzug ausländischer Gesellschaften (als solche) zuzulassen, hat der EuGH nicht nur einen Wettbewerb der Gesellschaftsrechtsordnungen begründet, sondern, damit einhergehend, auch einen **Wettbewerb der Mitbestimmungsordnungen**. Auch wenn sich das bislang nicht praktisch manifestiert hat, folgt daraus zudem, dass sich das mitgliedstaatliche Recht am unionsrechtlichen Verhältnismäßigkeitsgrundsatz messen lassen muss (näher oben, § 3 Rdn. 81). In diesem Rahmen kann die Verhandlungslösung auch auf die mitgliedstaatlichen Mitbestimmungsrechte einen Reformdruck entfalten.[20]

II. Elemente des Europäischen Betriebsverfassungsrechts

12 Die betriebsverfassungsrechtlichen Annexregelungen zu einzelnen Sachfragen haben wir bereits im jeweiligen Zusammenhang erörtert, die Querschnittsregelung der Unterrichtungsrahmenrichtlinie und die Vorschriften über Europäische Betriebsräte in der EBR-Richtlinie, der SE- und der SCE-Richtlinie werden in den folgenden Kapiteln vorgestellt. An dieser Stelle sollen die einzelnen Annexregeln zusammenfassend dargestellt werden (nachfolgend 1.),[21] bevor wir einige Grundgedanken des Europäischen Betriebsverfassungsrechts hervorheben (2.).

1. Übersicht über betriebsverfassungsrechtliche Vorschriften in Einzelregelungen

a) Arbeitnehmermitwirkung in der Massenentlassungsrichtlinie

13 Beabsichtigt der Arbeitgeber eine Massenentlassung durchzuführen, so muss er die Arbeitnehmervertreter rechtzeitig vorher „konsultieren, um zu einer Einigung zu ge-

18 *Frenz/Götzkes*, RdA 2007, 216–218.

19 EuGH v. 15.1.2014 – Rs. C-176/12 *Association de médiation sociale*, EU:C:2014:2 Rdn. 41ff.

20 S. allgemein *Habersack/Behme/Eidenmüller/Klöhn* (Hrsg.), Deutsche Mitbestimmung unter europäischem Reformzwang (2016).

21 Übersicht ferner bei Hanau/Steinmeyer/Wank/*Hanau*, § 19 Rdn. 121–129; *Weber*, FS 600 Jahre Würzburger Juristenfakultät (2002), S. 195–209.

langen" (Verhandlungspflicht, kein Einigungszwang), Art. 2 MERL. Gegenstand der Konsultation ist es, zu erörtern, ob sich die Massenentlassungen beschränken oder vermeiden lassen und ob sich ihre Folgen durch soziale Begleitmaßnahmen mildern lassen. „Damit die Arbeitnehmervertreter konstruktive Vorschläge unterbreiten können", hat der Arbeitgeber ihnen rechtzeitig Auskünfte zu erteilen und sie schriftlich über Einzelheiten zu informieren. S. näher oben, § 26 Rdn. 23–40.

b) Arbeitnehmermitwirkung in der Betriebsübergangsrichtlinie

Im Falle eines Betriebsübergangs sind Veräußerer und Erwerber verpflichtet, die Arbeitnehmervertreter über die Grunddaten des Übergangs, die rechtlichen, wirtschaftlichen und sozialen Folgen sowie die hinsichtlich der Arbeitnehmer in Aussicht genommenen Maßnahmen zu unterrichten, Art. 7 BÜRL. Soweit sie „Maßnahmen" hinsichtlich ihrer Arbeitnehmer in Betracht ziehen, müssen sie dazu zudem ihre Arbeitnehmervertreter mit dem Ziel konsultieren, eine Übereinkunft zu erzielen; ein Einigungszwang besteht nicht. Ausnahmsweise, nämlich wenn es unabhängig vom Willen der Arbeitnehmer in dem Betrieb oder Unternehmen keine Vertretung gibt, wird die kollektivrechtliche Informationspflicht durch eine individualrechtliche ersetzt. 14

Seit ihrer Änderung im Jahr 1998 regelt die Richtlinie zudem die Rechtsstellung der Arbeitnehmervertreter, nämlich ihr andauerndes bzw. Übergangsmandat für den Fall des Betriebsübergangs, Art. 6 BÜRL. Zum Ganzen näher oben, § 27 Rdn. 116–123. 15

c) Arbeitnehmermitwirkung im Bereich des Arbeitsschutzes

Auch die **Arbeitsschutz-Rahmenrichtlinie** enthält betriebsverfassungsrechtliche Einzelregelungen. „Arbeitnehmer bzw. deren Vertreter" erhalten „alle erforderlichen Informationen" über Gefahren für Sicherheit und Gesundheit, Schutzmaßnahmen sowie die Maßnahmen zur Ersten Hilfe, Brandbekämpfung und Evakuierung der Arbeitnehmer, Art. 10 ArbSchRL. Zudem ist eine Anhörung „der Arbeitnehmer bzw. ihrer Vertreter" vorgesehen, zu der auch das Recht der Arbeitnehmer gehört, Vorschläge zu unterbreiten, die aber im Übrigen als eine „ausgewogene Beteiligung nach den nationalen Rechtsvorschriften" ausgestaltet ist, Art. 11 ArbSchRL.[22] S. näher oben, § 16 Rdn. 32–36. 16

Die **Mutterschutzrichtlinie** enthält als Einzelrichtlinie zur Rahmenrichtlinie Ergänzungen dazu. Arbeitnehmerinnen „und/oder ihre Vertreter"[23] sind über die Gefahrevaluation zu unterrichten, Art. 4 Abs. 2 MuSchRL (§ 23 Rdn. 18). Und damit sie mit dieser Information kundig umgehen können, bringen *die Mitgliedstaaten* neben den Arbeitgebern auch den „Arbeitnehmerinnen und/oder ihren Vertre- 17

22 *Weber*, FS 600 Jahre Würzburger Juristenfakultät (2002), S. 198f.

23 Ungeachtet der sprachlichen Verwirrung ist damit offenbar nicht gemeint, es müsse eine spezielle Arbeitnehmerinnenvertretung geben.

tern“ die von der Kommission zu erstellenden Leitlinien für die Gefahrbeurteilung zur Kenntnis, Art. 3 Abs. 2 UAbs. 2 MuSchRL.

18 Hier bestehen zwei Besonderheiten. Zum einen werden Arbeitgeber – besonders weitgehend – nicht nur zur Informationsübermittlung, sondern schon zur Informationserhebung verpflichtet.[24] Zum anderen kann man diese Regeln aber nur mit der Einschränkung zu unserem Themenbereich zählen, dass eine betriebsverfassungsrechtliche Umsetzung möglich, aber nicht vorgeschrieben ist, da auch die Unterrichtung der Arbeitnehmer selbst ausreicht.[25]

d) Weitere Einzelregelungen

19 In weiteren Richtlinien finden sich Einzelregelungen, die Rechte der Arbeitnehmervertreter begründen, wenn auch nur in schwacher Form.[26]

20 Sachlich mit der Regelung der Betriebsübergangsrichtlinie verwandt ist die Informationspflicht der **Übernahmerichtlinie** (ÜNRL). Sie enthält nur ansatzweise Unterrichtungspflichten. Die Leitungsorgane der Bietergesellschaft müssen die Arbeitnehmervertreter, hilfsweise die Arbeitnehmer von der Entscheidung zur Abgabe eines Übernahmeangebots unterrichten und ihnen auch die Angebotsunterlage übermitteln. Die Angebotsunterlage muss dabei auch auf die Auswirkungen auf Arbeitsplätze und Standorte eingehen. Die Leitung der Zielgesellschaft übermittelt ihre Stellungnahme dazu auch den Arbeitnehmervertretern hilfsweise den Arbeitnehmern selbst. S. näher § 27 Rdn. 136–139.

21 Eine punktuelle Konsultationspflicht (mit dem Ziel, eine Vereinbarung zu erreichen) enthält die **Arbeitszeitrichtlinie** im Hinblick auf Ausnahmen von der wöchentlichen Höchstarbeitszeit von Ärzten in der Ausbildung während einer Übergangszeit, Art. 17 Abs. 5 UAbs. 6 ArbZRL (s. § 17 Rdn. 35).

22 Nach § 5 Nr. 3 e) der **Teilzeit-Rahmenvereinbarung** „sollten“ die Arbeitgeber „bemüht sein, den bestehenden Arbeitnehmervertretungsgremien geeignete Informationen über die Teilzeitarbeit in dem Unternehmen zur Verfügung zu stellen“. S. o. § 19 Rdn. 43f.

23 Nach § 7 Abs. 3 der **Befristungs-Rahmenvereinbarung** „ziehen“ die Arbeitgeber, „soweit dies möglich ist, eine angemessene Information der vorhandenen Arbeitnehmervertretungsgremien über befristete Arbeitsverhältnisse im Unternehmen in Erwägung“. S. o. § 20 Rdn. 48.

24 In Art. 7 der **Leiharbeitsrichtlinie** ist die Berücksichtigung von Leiharbeitnehmern für die Berechnung der Schwellenwerte für die Einrichtung von Arbeitnehmervertretungen geregelt. Art. 8 LARL sieht vor, dass das entleihende Unternehmen im Rahmen der Unterrichtung über die Beschäftigungslage im Unternehmen auch Informationen über den Einsatz von Leiharbeitnehmern vorzulegen hat; § 21 Rdn. 40f.

---

24 S.a. *Kohte*, FS 50 Jahre BAG (2004), S. 1226f., freilich mit der sehr weitgehenden Verallgemeinerung, „*das Gemeinschaftsrecht* [Hervorhebung von mir] geht von einer aktiven betrieblichen Informationspflicht aus; es verpflichtet daher den Arbeitgeber zur Erstellung von Informationen und Dokumentationen und ermöglicht den Arbeitnehmern Einsichtnahme und Information.“.

25 *Weber*, FS Konzen (2006), S. 924; *ders.*, FS 600 Jahre Würzburger Juristenfakultät (2002), S. 199.

26 *Weber*, FS Konzen (2006), S. 924 („bloße Appellfunktionen“ der Vorschriften in den Richtlinien über atypische Arbeitsverhältnisse); *ders.*, FS 600 Jahre Würzburger Juristenfakultät (2002), S. 200.

2. Grundgedanken des Europäischen Betriebsverfassungsrechts

Ein Europäisches Betriebsverfassungsrecht i. S. eines vollständigen Regelungssystems gibt es derzeit nicht. Ansätze dafür finden sich am ehesten in der Europäischer Betriebsrat-Richtlinie und den betriebsverfassungsrechtlichen Vorschriften der supranationalen Rechtsformen (SE, SCE). Freilich ist auch keineswegs dargetan, dass auf Unionsebene eine weitergehende Angleichung der mitgliedstaatlichen Betriebsverfassungsrechte oder die Konzeption einheitlicher Strukturen erforderlich oder wünschenswert wäre. Ungeachtet dessen zeichnen sich unionsrechtliche Grundstrukturen und eine unionsrechtliche Begriffsbildung (auch) im Bereich des Betriebsverfassungsrechts ab, und auch einheitliche Prinzipien lassen sich entdecken.[27] 25

a) Vorrang der Verhandlungslösung

Vorschriften: Art. 7, 13 EBRRL, Art. 5 URRL, Art. 7 SE-RL, Art. 7 SCE-RL; vgl. auch Art. 16 Abs. 3 lit. e) IVRL i. V. m. Art. 7 SE-RL, Art. 34, 38 V-SPE-VO.

Wo das Unionsrecht selbst betriebsverfassungsrechtliche Strukturen einrichten möchte, zeichnet es sich durch einen Vorrang der Verhandlungslösung aus.[28] Das Modell hat der Gesetzgeber zuerst in der EBR-Richtlinie entwickelt (i. E. § 31 Rdn. 47–87), die primär nicht einheitliche Mitwirkungsstrukturen vorgibt, sondern ein Verhandlungsverfahren installiert, das Arbeitgeber- und Arbeitnehmerseite ermöglicht, die Arbeitnehmermitwirkung im Betrieb nach eigenen Präferenzen und Bedürfnissen zu regeln. Nur nachrangig, vor allem für den Fall, dass die Verhandlungen scheitern, kommt eine Auffanglösung zum Tragen. Als Ausdruck der Verhandlungslösung kann man auch die Übergangsbestimmung des Art. 14 EBRRL (Art. 13 EBRRL 1994) verstehen,[29] die in der Praxis besonders große Bedeutung entfaltet hat. Hier hat der Gesetzgeber betriebsverfassungsrechtliche Vereinbarungen, die bereits vor Ablauf der Umsetzungsfrist zustande gekommen waren, von den Anforderungen der Richtlinie freigestellt; damit fungiert die „drohende“ Richtlinienregelung selbst als Auffanglösung. 26

27 T. *Brors*, Das System der Arbeitnehmer-Beteiligungs-Richtlinien (2004); *Kohte*, FS 50 Jahre BAG (2004), S. 1119–1252; *Seitz*, Europäisches Rahmenrecht für eine Europäische Betriebsverfassung (2004); *Stoffels*, GS Heinze (2005), S. 885, 893 f.; *Weber*, FS Konzen (2006), S. 921–956 (neben den nachfolgend angesprochenen Elementen dort auch S. 941–950 zur Sachfrage des Tendenzschutzes); *Weber*, FS 600 Jahre Würzburger Juristenfakultät (2002), S. 210–217. Zur Systembildung im Europäischen Arbeitsrechtschon oben, § 1 Rdn. 50–56 m. w. N.

28 *Goos*, FS 50 Jahre BAG (2004), S. 1194; *Weber*, FS Konzen (2006), S. 926; *ders.*, FS 600 Jahre Würzburger Juristenfakultät (2002), S. 212–214. Zum European Model Company Act (EMCA) *Baums/Teichmann*, AG 2018, 562, 570.

29 *Weber*, FS Konzen (2006), S. 926; *ders.*, FS 600 Jahre Würzburger Juristenfakultät (2002), S. 201, 213.

Entsprechende prozedurale Regelungen hat der Gesetzgeber im Weiteren auch für die Arbeitnehmermitwirkung in SE und SCE eingerichtet (§ 32 Rdn. 4 und *passim).*

27 In der Unterrichtungsrahmenrichtlinie, die nicht selbst neue betriebsverfassungsrechtliche Strukturen installiert, sondern Unterrichtungs- und Anhörungsrechte vorschreibt und ihre Ausgestaltung konturiert, findet der Vorrang der Verhandlungslösung in Art. 5 Ausdruck. Danach geht eine Vereinbarung über die „Modalitäten" den gesetzlichen Vorgaben gem. Art. 4 URRL vor. Damit wird nicht nur die Durchführung von Unterrichtung und Anhörung, sondern werden diese Rechte selbst zur Disposition der Betriebspartner gestellt, freilich nur bei Wahrung der Grundsätze der Richtlinie (näher § 30 Rdn. 23f.).

b) Grundsatz der redlichen Zusammenarbeit

Vorschriften: Art. 9 EBRRL, Art. 9 SE-RL, Art. 11 SCE-RL; vgl. auch Art. 1, 4 URRL.

28 Als Grundsatz heben die Unterrichtungs-Rahmenrichtlinie, die Europäischer Betriebsrat-Richtlinie sowie die SE- und die SCE-Richtlinie die redliche Zusammenarbeit hervor. Der Grundsatz kann sowohl bei der Auslegung von Einzelpflichten (z.B. rechtzeitige Unterrichtung, Geheimhaltung) eine Rolle spielen als auch Grundlage für die Konkretisierung von weiteren Verhaltenspflichten sein.

c) Formen der Arbeitnehmermitwirkung: Unterrichtung (Information), Anhörung (Konsultation)

aa) Formen der Mitwirkungsrechte

Vorschriften: Art. 2 lit. f), g) EBRRL, Art. 2 lit. f), g) URRL, Art. 2 lit. i), j) SE-RL, Art. 2 lit. i), j) SCE-RL, Art. 2 MERL, Art. 7 Abs. 1–4 BÜRL.

29 Grundformen der Arbeitnehmermitwirkung sind Unterrichtung und, darauf aufbauend, Anhörung, eine (noch) weitergehende Mitwirkung ist bislang nicht vorgesehen.[30]

30 **Unterrichtung** oder **Information** bedeutet die Übermittlung von Information. In den jüngeren Richtlinien hebt der Gesetzgeber die Zwecke der Unterrichtung hervor: Sie soll den Arbeitnehmervertretern Gelegenheit zur Kenntnisnahme und Prüfung der behandelten Fragen geben (Art. 2 lit. f) URRL; sinngemäß auch Art. 2 lit. i) SE-RL, Art. 2 lit. i) SCE-RL). Diese Zwecksetzung ist auch für die Ausgestaltung des Unterrichtungsrechts von Bedeutung (dazu noch sogleich Rdn. 34). Daraus folgt z.B., dass auch

30 *Weber*, FS 600 Jahre Würzburger Juristenfakultät (2002), S. 211.

schon die Unterrichtung ein dialogischer Vorgang sein kann, bei dem die Arbeitnehmervertreter Gelegenheit haben, Rückfragen zu stellen und um Erläuterungen zu bitten.[31]

Anhörung oder **Konsultation** bedeutet – anders als aus dem nationalen Be- 31
triebsverfassungsrecht bekannt – nicht nur das Hören der Auffassung der Arbeitnehmervertreter. Vielmehr ist damit „die Durchführung eines Meinungsaustauschs und eines Dialogs zwischen Arbeitnehmervertretern und Arbeitgeber" bezeichnet, Art. 2 lit. g) URRL; Art. 2 lit. j) SE-RL, Art. 2 lit. j) SCE-RL sprechen sogar von der *Einrichtung* eines Dialogs und Meinungsaustauschs und deuten damit einen institutionellen Charakter an; die – ältere – Massenentlassungsrichtlinie hebt das Recht, Vorschläge zu machen, hervor, Art. 2 Abs. 3 MERL.[32] Regelmäßig baut die Anhörung auf der Unterrichtung auf. Das ist auch bei der Ausgestaltung der Unterrichtung zu beachten.

Eine qualifizierte Form ist die Anhörung oder Konsultation mit dem **Ziel, eine Ei-** 32
nigung zu erreichen, Art. 2 Abs. 1 MERL, Art. 7 Abs. 2 BÜRL, Art. 4 Abs. 4 lit. c) URRL. Sie bedeutet eine Verhandlungspflicht, aber keinen Einigungszwang.

Ein **Schlichtungs- oder Einigungsverfahren** wie das Einigungsstellenverfahren des BetrVG 33
sieht das Europäische Arbeitsrecht bislang nicht vor. Eine dahingehende Regelung im Vorschlag der Betriebsübergangsrichtlinie[33] konnte sich letztlich nicht durchsetzen. Mit der Ausnahmeregel des Art. 7 Abs. 3 BÜRL hat der Gesetzgeber jedoch vorausgesetzt, dass das mitgliedstaatliche Recht Schiedsstellen mit Entscheidungskompetenz vorsehen kann. Über die unionsrechtliche Beurteilung solcher Schlichtungsverfahren lassen sich der Regelung freilich kaum Anhaltspunkte entnehmen, da dort – teleologisch wenig überzeugend – der Schutz einer größeren Gruppe von Arbeitnehmern für den intensiveren Schutz einer kleineren zur Disposition gestellt wird; man kann nicht annehmen, der Gesetzgeber hätte die Alternativen als sachlich gleichwertig bewerten wollen. Aus der Tatsache, dass das Europäische Arbeitsrecht bislang keine Schlichtungsregeln enthält, lassen sich nur begrenzt Rückschlüsse ziehen.[34]

---

31 S. schon Abschlussbericht der Sachverständigengruppe „European Systems of Workers Involvement" (Davignon Bericht), BR-Drs. 572/97, S. 23.

32 Schwächer noch Abschlussbericht der Sachverständigengruppe „European Systems of Workers Involvement" (Davignon Bericht), BR-Drs. 572/97, S. 23 (nur „Gelegenheit ... Stellungnahmen abzugeben").

33 Art. 8 Abs. 2 UAbs. 2 Vorschlag einer Richtlinie des Rates zur Harmonisierung der Rechtsvorschriften der Mitgliedstaaten über die Wahrung von Ansprüchen und Vergünstigungen der Arbeitnehmer bei Gesellschaftsfusionen, Betriebsübertragungen sowie Unternehmenszusammenschlüssen, ABl. 1974 C 104/1 = RdA 1975, 124, 127.

34 Mit Vorsicht auch *Weber*, FS Richardi (2007), S. 467 f. („Die Mitbestimmungsregeln des Europäischen Rechts sind ersichtlich von großer Zurückhaltung nicht nur gegenüber einem Zwang zur Einigung zwischen Arbeitgeber und Arbeitnehmervertretung geprägt, sondern auch gegenüber formalen Vorgaben an den Konsultationsprozess selbst.").

bb) Grundsatz der zweckgerechten Erfüllung der Mitwirkungsrechte

Vorschriften: Art. 2 lit. f), g) EBRRL, Art. 4 Abs. 3 und 4 URRL, Art. 2 lit. i), j) SE-RL, Art. 2 lit. i), j) SCE-RL, vgl. auch Art. 2 MERL, Art. 7 Abs. 1–4 BÜRL.

34 In der Unterrichtungs-Rahmenrichtlinie wird sodann die zweckgerechte Erfüllung von Unterrichtung und Anhörung im Hinblick auf die Modalitäten der Unterrichtung und Anhörung näher ausgeformt, Art. 4 Abs. 3, 4 URRL (§ 30 Rdn. 19–21).[35] SE-Richtlinie und SCE-Richtlinie sowie daran anschließend jetzt die EBR-Richtlinie haben entsprechende Vorgaben bereits in die Definition von Unterrichtung und Anhörung aufgenommen, Art. 2 lit. i), j) SE-RL, Art. 2 lit. i), j) SCE-RL, Art. 2 lit f), g) EBRRL. In der Tat ist schon teleologisch selbstverständlich, dass die Unterrichtung „zu einem Zeitpunkt, in einer Weise und in einer inhaltlichen Ausgestaltung [erfolgen muss], die dem Zweck angemessen(!) sind" und die Anhörung so erfolgt, dass sie den Arbeitnehmervertretern ermöglichen „zu den vorgeschlagenen Maßnahmen, die Gegenstand der Anhörung sind, eine Stellungnahme abzugeben, die innerhalb des gemeinschaftsweit operierenden Unternehmens oder der gemeinschaftsweit operierenden Unternehmensgruppe berücksichtigt werden kann". Entsprechendes hat der Gerichtshof der Sache nach im Fall *Junk*[36] den Mitwirkungsrechten der Massenentlassungsrichtlinie bereits ohne ausdrückliche Normierung entnommen (§ 26 Rdn. 26).

d) Vertraulichkeit[37]

Vorschriften: Art. 8 EBRRL, Art. 6 URRL, Art. 8 SE-RL, Art. 10 SCE-RL; vgl. auch Art. 16 Abs. 3 lit. f) IVRL i.V.m. Art. 8 SE-RL.

35 Als spezifische Ausprägung des Grundsatzes der redlichen Zusammenarbeit ist weiterhin der Umgang mit vertraulichen Informationen im Ansatz einheitlich geregelt. Das Geheimhaltungsinteresse des Arbeitgebers entbindet im Grundsatz nicht von den Unterrichtungspflichten, ihm wird vielmehr durch eine Geheimhaltungspflicht der Arbeitnehmervertreter (und ggf. Sachverständigen) Rechnung getragen. Nur aus besonderen Gründen kann der Arbeitgeber ausnahmsweise Informationen zurückhalten.

---

35 *Kohte*, FS 50 Jahre BAG (2004), S. 1241–1244.

36 EuGH v. 27.1.2005 – Rs. C-188/03 *Junk*, EU:C:2005:59; vgl. auch *Weber*, FS Konzen (2006), S. 940.

37 Außer Betracht bleiben hier die – für die Mitbestimmung bedeutsamen – Geheimhaltungspflichten, die sich aus Art. 3 lit a) Richtlinie 89/592/EWG des Rates v. 13.11.1989 zur Koordinierung der Vorschriften betreffend Insider-Geschäfte, ABl. 1989 L 334/30. Dazu etwa EuGH v. 22.11.2005 – Rs. C-384/02 *Grøngaard*, EU:C:2005:708 (Informationsweitergabe durch Arbeitnehmervertreter an Gewerkschaftsvorsitzenden).

e) Benachteiligungsverbot

Vorschriften: Art. 10 Abs. 3 EBRRL, Art. 7 URRL, Art. 10 SE-RL, Art. 12 SCE-RL; Art. 6 Abs. 2 BÜRL; vgl. auch Art. 16 Abs. 3 lit. f) IVRL i. V. m. Art. 10 SE-RL.

Schließlich sind die Arbeitnehmervertreter durch ein besonderes Benachteiligungs- 36
verbot geschützt. Auch dabei handelt es sich freilich um ein teleologisch notwendiges Korrelat zur Begründung von Arbeitnehmerrechten.[38]

III. Elemente des Europäischen Mitbestimmungsrechts[39]

1. Übersicht

Der **Bestand** des Europäischen Mitbestimmungsrechts ist verhältnismäßig schmaler. 37
Regelungen finden sich in

- der SE-Richtlinie (§ 32 Rdn. 1–67);
- der SCE-Richtlinie, die die Regeln der SE-Richtlinie weitgehend übernimmt (§ 32 Rdn. 69–73);
- der GesRRL (§ 33) und
- dem Vorschlag für eine Europäische Privatgesellschaft (§ 34).

2. Mitbestimmungssicherung

Jeweils geht es nicht darum, auf Europäischer Ebene ein eigenes Mitbestimmungssys- 38
tem einzurichten, vielmehr enthalten die Richtlinien und Vorschläge Vorschriften zur Mitbestimmungssicherung. Dabei verfolgt der Gesetzgeber dreierlei Zwecke. Erstens soll verhindert werden, dass ein Unternehmen mit dem Rechtskleid auch das Mitbestimmungsregime wechseln und so eine strenge Mitbestimmung abschütteln kann. Daher ist insbesondere die formwechselnde Umwandlung in eine SE nur bei Wahrung des Mitbestimmungsniveaus möglich. Zweitens soll verhindert werden, dass durch eine Strukturmaßnahme (Verschmelzung, Sitzverlegung) das für einen erheblichen Anteil der Arbeitnehmer gegebenen Mitbestimmungsniveau – gemessen am Anteil der Arbeitnehmervertreter im Aufsichtsrat oder Verwaltungsorgan – ohne weiteres abgesenkt wird. Drittens schließlich geht es darum sicherzustellen, dass nicht durch eine Strukturmaßnahme ein Mitbestimmungsregime anwendbar wird, das einen er-

---

38 Vgl. EuGH 22.9.1998 – Rs. C-185/97 *Coote*, EU:C:1998:424 Rdn. 20–27.

39 S.a. Müller-Graff/Teichmann/*Henssler*, Europäisches Gesellschaftsrecht auf neuen Wegen, S. 143–168; *ders.*, ZHR 173 (2009), 222–249.

heblichen Teil der Arbeitnehmer von der Mitbestimmung ausschließt, weil diese in einem anderen Mitgliedstaat tätig sind.

3. Vorrang der Verhandlungslösung

39 Die Mitbestimmungssicherung erfolgt dabei nicht durch eine materielle Regelung, wie sie auch in der Perpetuierung des (höchsten) früheren Mitbestimmungsregimes bestehen würde. Auch hier hat der Gesetzgeber die Verhandlungslösung gewählt. Die Vereinbarungslösung dient dabei verschiedenen Zwecken.[40]

- Binnenmarktpolitisch erwies sie sich als das Schwert, um den gordischen Knoten des Mitbestimmungsstreits zu zerschlagen.[41]
- Ordnungspolitisch setzt die Verhandlungslösung ein Innovationspotential frei[42] und öffnet damit einen Wettbewerb der Regelungsmodelle (Wettbewerb als Entdeckungsverfahren; *v. Hayek)*.[43]
- Für die betroffenen Unternehmen und Arbeitnehmer liegt in der Regelung durch Konsens eine Legitimation der Mitbestimmung.[44]
- Im Rahmen der Vereinbarungsautonomie ermöglicht sie zudem flexible und maßgeschneiderte Lösungen, die den spezifischen Interessen entsprechen.[45]

Die Verhandlungslösung wird durch subsidiär anwendbare Regeln ergänzt (die Auffanglösung), die die Parteien auch als anwendbares Regime wählen können. Der Hauptzweck der Auffanglösung liegt indes darin, einzugreifen, wenn die Parteien im Verhandlungsverfahren keine Einigung erzielen.

---

40 Sie wird rechtspolitisch auch für das deutsche Recht befürwortet; mit unterschiedlichen Akzenten etwa Müller-Graff/Teichmann/*Henssler*, Europäisches Gesellschaftsrecht auf neuen Wegen, S. 143–168; *Hommelhoff*, ZGR 2010, 48–74; *Raiser*, Unternehmensmitbestimmung vor dem Hintergrund europarechtlicher Entwicklungen, S. B 67 f.; *Kirchner*, AG 2005, 197–200; *Windbichler*, AG 2004, 190–196; *Riesenhuber*, FS v. Brünneck (2011), 332–342.

41 Jürgens et al./*Windbichler*, Perspektiven der Corporate Governance (2007), S. 282–304.

42 *Rehberg*, in: Rieble/Junker (Hrsg.), Vereinbarte Mitbestimmung in der SE, S. 45–64.

43 Vgl. schon *Hopt*, ZfA 1982, 207, 232 f.; *ders.*, FS Everling (1995), S. 590 f.; *ders.*, Int'lRev.L.&Econ. 14 (1994), 203, 212 f.; aus jüngerer Zeit *Rehberg*, in: Rieble/Junker, Vereinbarte Mitbestimmung in der SE, S. 51–53; s. a. *Fleischer*, ZHR 168 (2004), 673, 680 f.; *Riesenhuber*, FS Hopt (2010), S. 1225–1243. Für eine empirische Analyse von Arbeitnehmerbeteiligungs-Vereinbarungen in Deutschland und Österreich s. *Eidenmüller/Hornuf/Reps*, Contracting Employee Involvement: An Analysis of Bargaining over Employee Involvement Rules for a Societas Europaea, JCLS 12 (2012), 201–235.

44 *Kirchner*, AG 2005, 197, 198.

45 *Raiser*, Unternehmensmitbestimmung vor dem Hintergrund europarechtlicher Entwicklungen, S. B 67 f.; *Windbichler*, AG 2004, 190–196.

IV. Arbeitnehmerbeteiligung und Unternehmensführung – Überblick

Arbeitnehmerbeteiligung kann aus unterschiedlichen Perspektiven im Unternehmen betrachtet werden: als Element der Corporate Governance und als Element der Contract Governance. 40

1. Corporate Governance[46]

Nach einer Definition der OECD betreffen **Corporate-Governance**-Praktiken „das ganze Geflecht der Beziehungen zwischen dem Management eines Unternehmens, dem Aufsichtsorgan, den Aktionären und anderen Unternehmensbeteiligten (Stakeholder). Die Corporate Governance liefert auch den strukturellen Rahmen für die Festlegung der Unternehmensziele, die Identifizierung der Mittel und Wege zu ihrer Umsetzung und die Modalitäten der Erfolgskontrolle."[47] Umstritten ist, ob Corporate Governance sich allein auf die Rechte der Aktionäre konzentrieren oder auch die Rechte der anderen Interessengruppen (*stakeholder*) berücksichtigen soll, insbesondere solche der **Arbeitnehmer.**[48] Das angloamerikanische Recht neigt traditionell dazu, ersteres zu bevorzugen (Shareholder-Ansatz), europäisches Recht dagegen letzteres (Stakeholder-Ansatz).[49] Bei dem Stakeholder-Ansatz kann die Arbeitnehmerbeteiligung als Element der Corporate Governance gelten.[50] Dies betrifft insbesondere die Beteiligung im Vorstand, aber auch andere Formen der Arbeitnehmerbeteiligung, wie Informations- und Konsultationsprozesse, können als Teil der Corporate-Governance-Struktur gesehen werden.[51] 41

In den EU-Mitgliedstaaten gibt es ganz unterschiedliche Corporate Governance- 42
Systeme, die eng mit den Besonderheiten und Traditionen des jeweiligen nationalen

---

46 *Grundmann*, Europäisches Gesellschaftsrecht, § 13 (m.w.N. und eingehender Diskussion); Schlachter/Heinig/*Seifert*, § 20 Rdn. 34 ff.

47 OECD-Grundsätze der Corporate Governance, Neufassung 2004, verfügbar unter www.oecd.org/corporate/ca/corporategovernanceprinciples/32159487.pdf. S.a. *Grundmann*, Europäisches Gesellschaftsrecht, Rdn. 442; Hommelhoff/Hopt/von Werder-*von Werder*, S. 4 ff.

48 Für eine Übersicht aus rechtl. und wirtschaftl. Sicht *Grundmann*, Europäisches Gesellschaftsrecht, Rdn. 461 ff.; Hommelhoff/Hopt/von Werder-*Schmidt, Reinhard/Weiß* und – *Fleischer*, S. 161 ff. und 185 ff.; s.a. *Hansmann*, The Ownership of Enterprise (1996), S. 66 ff. und 89 ff.; *Kraakman et al.*, The Anatomy of Corporate Law (2004).

49 *Hodge*, Syracuse J. Int'l L. & Com. 38 (2010), 91–171 (vergleichende Darstellung der verschiedenen Ansätze in der EU und der USA).

50 Für eine Übersicht der Diskussion s. Hommelhoff/Hopt/von Werder-*Pistor*, 231 ff.

51 S. z.B. *Armour/Deakin/Konzelmann*, BJIR 41 (2003), 531, 541 ff.

Rechts verbunden sind.[52] Eine Vereinheitlichung der unterschiedlichen Systeme hat die Union bislang nicht angestrebt,[53] auch wenn jüngere Vorhaben dazu konkretere Gestalt annahmen.[54] Indessen bietet die Harmonisierung des Gesellschaftsrechts und des Rechts der Arbeitnehmerbeteiligung immerhin einen gewissen Rahmen in diesem Bereich. Andere Elemente des Unionsrechts, insbesondere die Grundfreiheiten und das materielle Arbeitsrecht, beeinflussen die Corporate Governance ebenfalls. Zum einen hat die Rechtsprechung des EuGH zur Niederlassungsfreiheit den Weg freigemacht für einen verstärkten Regulierungswettbewerb, der nicht zuletzt auch einen Druck auf die nationalen Systeme der Arbeitnehmerbeteiligung ausübt (s. § 3 Rdn. 98 ff.). In ähnlicher Weise führen die *Societas Europaea* mit ihrem Verhandlungssystem (s. § 32 Rdn. 33 ff.) und der Verhandlungsmechanismus der Richtlinie über die grenzüberschreitenden Verschmelzungen (s. jetzt die GesRRL, § 33 Rdn. 43) zu einem Wettbewerbsdruck für Mitgliedstaaten wie Deutschland mit besonders hoher Arbeitnehmerbeteiligung ([quasi-]paritätische Mitbestimmung).[55] Zum anderen begründet die genannte Gesetzgebung zusammen mit den Richtlinien zur Unterrichtung und Anhörung (BÜRL, MERL, URRL) eine Untergrenze der Mitbestimmungsrechte der Arbeitnehmer. Die Gesamtbewertung ist freilich umstritten. Während einige besorgen, die Entwicklung des Unionsrechts könne die Arbeitnehmerbeteiligung negativ beeinflussen und einen Trend[56] zum Shareholder-Ansatz fördern,[57] sind andere optimistisch, dass sich der Stakeholder-Ansatz durchsetzen wird.[58]

---

52 *Grundmann*, Europäisches Gesellschaftsrecht, Rdn. 462. Für einen (älteren) vergleichenden Überblick, s. z. B. *Hopt/Wymeersch* (Hrsg.), Comparative Corporate Governance (1997).

53 Vgl. Modernisierung des Gesellschaftsrechts und Verbesserung der Corporate Governance in der Europäischen Union – Aktionsplan, KOM(2003) 284 endg., S. 12 ff. S.a. Hopt et al.-*Hopt*, Corporate Governance in Context (2005), 119 ff.

54 S. Grünbuch: Europäisches Corporate Governance-Rahmen, KOM(2011) 164 endg. Das Grünbuch erwähnt die Verpflichtung eines Unternehmens seinen Arbeitnehmern gegenüber, betont jedoch, dass es „keinen Einfluss auf die Rollen, die (...) der Beteiligung von Arbeitnehmern in Aufsichtsorganen nach nationalem Recht zukommen" (S. 5 mit Fn. 18).

55 S. wieder *Eidenmüller/Hornuf/Reps*, Contracing Employee Involvement: An Analysis of Bargaining over Employee Involvement Rules for a Societas Europaea, JCLS 12 (2012), 201–235; *Grüneberg/Hay/Jerchel/Sick*, AuR 2020, 297 ff. Zu den sich daraus ergebenden Fragen für transnationale Unternehmensgruppen und zu (freiwilligen) Vereinbarungen zur Arbeitnehmerbeteiligung als mögliche Lösung siehe im Einzelnen *Krolop*, Mitbestimmungsvereinbarungen im grenzüberschreitenden Konzern, 2010.

56 S. den wegweisenden Beitrag von *Hansmann/Kraakman*, Geo. L. J. 89 (2001), 439–468 (mit der Behauptung, dass eine Annährung der Corporate Governance zum Shareholder-Ansatz stattgefunden hat).

57 *Komo/Villiers*, E.L. Rev. 34 (2009), 175–204.

58 *Hodge*, Syracuse J. Int'l L. & Com. 38 (2010), 91–171; *Dammann*, Fordham JCFL 8 (2003), 607–686. S. a. *Weiss*, Comp. Lab. L. & Pol'y J. 28 (2007), 469–486 (Betonung der anhaltenden nationalen Unterschiede, die der Annährung entgegenstehen); *Armour/Deakin/Konzelmann*, BJIR 41(2003), 531–555 (MERL und BÜRL als Stakeholder-Ansätze im ansonsten Shareholder-geprägten Corporate-Governance-System des VK).

2. Contract Governance

Arbeitnehmerbeteiligung kann auch aus der Perspektive der **Contract Governance** gesehen werden.[59] Aus der **Regulierungsperspektive** stellt das Verhandlungsmodell im EU-Recht einen Fall der Contract Governance dar: vertragliche Selbstregulierung statt Public Governance durch zwingendes Recht.[60] Der Gesetzgeber nutzt den Vertragsmechanismus in Verbindung mit einem Rahmen von prozeduralen und materiellen Schutzvorschriften, um sein Regulierungsziel zu erreichen. Abgesehen von den oben angesprochenen Vorteilen kann Contract Governance als Werkzeug für eine Regulierung mit milderen Mitteln dienen.[61] 43

Man kann die Arbeitnehmerbeteiligung auch aus der **Perspektive der Parteien** betrachten. Als langfristige Beziehung ist der Arbeitsvertrag typischerweise und weithin unvermeidlich inhaltlich nicht voll determiniert; zum Zeitpunkt des Vertragsschlusses sind die Parteien nicht in der Lage, alle Einzelheiten ihrer künftigen Beziehung festzulegen. Die Bedingungen müssen stattdessen im Laufe der Vertragsbeziehung konkretisiert und gegebenenfalls an die sich ändernden Bedürfnisse der Parteien angepasst werden. Wie bei anderen dauernden Verhältnissen erfordert daher auch der Arbeitsvertrag eine Governance-Struktur und als Element ebendieser kann die Arbeitnehmerbeteiligung betrachtet werden: „Zur Steuerung des komplexen Gebildes ‚Arbeitsverhältnis' gehören auch die unterschiedlichen, aufgeführten Mechanismen, insbesondere die Betriebsverfassung und Tarifverträge. Alles zusammen bildet die contract governance des Arbeitsverhältnisses."[62] 44

59 S. den entscheidenden Beitrag v. *Williamsen*, J.L. & Econ. 22 (1979), 233–261. Zum Rahmen der Contract Governance, s. *Möslein/Riesenhuber*, ERCL 2009, 248–289.

60 *Eidenmüller*, JZ 2007, 487, 493; *Riesenhuber*, FS v. Brünneck (2011), S. 332–342.

61 S. generell *Ayres*, Chicago L. Rev. 73 (2006), 3, 4. Im Kontext mit Arbeitnehmerbeteiligung *Riesenhuber*, FS v. Brünneck (2011), S. 332–342.

62 *Windbichler*, AG 2004, 190, 195; *dies.*, EBOR 6 (2005), 507–537; Jürgens et al./*Windbichler*, Perspektiven der Corporate Governance, 282–304. Dazu *Riesenhuber*, FS Windbichler (2020), 353-372; *Hartmann*, FS Windbichler (2020), 231-248.

§ 30 Die Unterrichtungsrahmenrichtlinie

Literatur: *Barnard/Deakin*, Reinventing the European Corporation? Corporate Governance, Social Policy and the Single Market, IRJ 33 (2002), 484–499; *Benecke*, Der europarechtliche Schutz von Betriebsratsmitgliedern, EuZA 2016, 34–45; *Bercusson*, The European Social Model Comes to Britain, ILJ 31 (2002), 209–244; *Deinert*, Vorschlag für eine europäische Mitbestimmungsrichtlinie und Umsetzungsbedarf im Betriebsverfassungsgesetz, NZA 1999, 800–805; *Düwell*, Auf dem Weg zu einem Europäischen Betriebsverfassungsrecht? FA 2002, 172–175; *Ewing/Truter*, The Information and Consultation of Employees Regulations: Voluntarism's Bitter Legacy, MLR 68 (2005), 626–641; *Fauser/Nacken*, Die Sicherung des Unterrichtungs- und Beratungsanspruchs des Betriebsrats aus §§ 111, 112 BetrVG – Unter besonderer Berücksichtigung gemeinschaftsrechtlicher Vorgaben, NZA 2006, 1136–1143; *Franzen*, Europarecht und betriebliche Mitbestimmung – Überlegungen zur Umsetzung der Rahmen-Richtlinie 2002/14/EG über die Unterrichtung und Anhörung der Arbeitnehmer in Deutschland, in: Konzen/Krebber/Raab/Veit/Waas (Hrsg.), Festschrift für Rolf Birk zum siebzigsten Geburtstag, 2008, S. 97–114; *Giesen*, EU-Richtlinienvorschlag zur Information und Anhörung der Arbeitnehmer, RdA 2000, 298–304; *Hall*, Assessing the Information and Consultation of Employees Regulations, ILJ 34 (2005), 103–126; *Hassiotis*, Die Entwicklung des Rechts auf Arbeitnehmervertretung auf Information und Konsultation in der Europäischen Union: unter Berücksichtigung des deutschen, französischen, britischen und schweizerischen Rechts, 2000; *Karthaus*, Betriebsübergang als interessenausgleichspflichtige Maßnahme nach der Richtlinie 2002/14/EG, AuR 2007, 114–120; *Klebe*, Betriebsrat 4.0 – Digital und global?, NZA-Beilage 2017, 77–84; *Kohte*, Auf dem Weg zur betrieblichen Informationsverfassung, in: Oetker/Preis/Rieble (Hrsg.), 50 Jahre Bundesarbeitsgericht, 2004, S. 1219–1252; ders., Der Unterlassungsanspruch der betrieblichen Arbeitnehmervertretung, in: Annuß/Picker/Wissmann (Hrsg.), Festschrift für Reinhard Richardi, 2007, S. 601–615; *Kolvenbach/Kolvenbach*, Massenentlassungen bei Renault in Belgien, NZA 1997, 695–697; *Körner*, Formen der Arbeitnehmermitwirkung – Das französische Comité d'entreprise – Eine Länderstudie, 1999; *Lingscheid/Schmidt*, Informations- und Anhörungsrechte für Arbeitnehmer in Großbritannien, RIW 2006, 424–429; *Lobinger*, Das individualrechtliche Fundament des Rechts der Betriebsänderung – Zur Dogmatik der §§ 111 ff. BetrVG im Lichte geschichtlicher und gemeinschaftsrechtlicher Betrachtung, ZfA 2006, 173–221; *Lorber*, Implementing the Information and Consultation Directive in Great Britain: A New Voice at Work, IJCLLIR 22 (2006), 231–258; *ders.*, National Works Councils: „Opening the Door on a New Whole Era in United Kingdom Employment Relations"?, IJCLLIR 19 (2003), 297–319; *Lorenz/Zumfelde*, Der Europäische Betriebsrat und die Schließung des Renault-Werkes in Vilvoorde/Belgien, RdA 1998, 168–173; *Reichold*, Durchbruch zu einer europäischen Betriebsverfassung – Die Rahmenrichtlinie 2002/14/EG zur Unterrichtung und Anhörung der Arbeitnehmer, NZA 2003, 289–299; *Ritter*, Der Wirtschaftsausschuss nach dem Betriebsverfassungsgesetz und die Rahmenrichtlinie 2002/14/EG, 2006; *Schäfer*, Der Europäische Rahmen für Arbeitnehmermitwirkung, 2005; *Schlachter*, Die europäische Dimension betrieblicher Arbeitnehmerbeteiligung, EuZA 2015, 149–161; *Schmitt, Laura*, Europäisches Betriebsverfassungsrecht, in: Oetker/Preis (Hrsg.), Europäisches Arbeits- und Sozialrecht, B 8300 Rdn. 394–546 (Stand: Nov. 2019); *Spreer*, Die Richtlinie 2002/14/EG zur Festlegung eines allgemeinen Rahmens für die Unterrichtung und Anhörung der Arbeitnehmer in der Europäischen Gemeinschaft, 2005; Vogelsang, Hat der Bundesgesetzgeber die Pflicht zur Umsetzung der Informationsrichtlinie 2002/14/EG zu Recht verstreichen lassen?, PersV 2006, 364–375; *Weber*, Information und Konsultation im europäischen und deutschen Mitbestimmungsrecht, in: Dauner-Lieb/Hommelhoff/Jacobs/Kaiser/Weber (Hrsg.), Festschrift für Horst Konzen, 2005, S. 921–956; *ders.*, Massenentlassung und Arbeitnehmerbeteiligung im deutschen und europäischen Mitbestimmungsrecht, AuR 2008, 365–380; *ders.*, Schwellenwerte für die Beschäftigungszahlen bei Massenentlassungen – Urteil des Europäischen Gerichtshofs vom 18.1.2007 – Rechtssache CGT, EuZA 2008, 355–366; *Wedderburn*, Consultation and Collective Bargaining in Europe: Success or Ideology?, ILJ 26 (1997), 1–34; *Weiss*, Arbeitnehmermitwirkung in

https://doi.org/10.1515/9783110731941-030

Europa, NZA 2003, 177–184; *Wendeling-Schröder/Welkoborsky*, Beschäftigungssicherung und Transfersozialplan – Neue Handlungsfelder auf Grund BetrVG-Novelle und EG-Recht, NZA 2002, 1370–1378; *Wooldridge*, The Framework Directive on informing and consulting employees, Co Lawyer 24 (2003), 182–184.

S. ferner die Literaturhinweise zu § 29.

Rechtsprechung:

EuGH v. 18.1.2007	Rs. C-385/05 *Confédération générale du travail (CGT)*, EU:C:2007:37
EuGH v. 1.3.2007	Rs. C-327/06 *Kommission ./. Italien*, EU:C:2007:130
EuGH v. 29.3.2007	Rs. C-320/06 *Kommission ./. Belgien*, EU:C:2007:206
EuGH v. 14.6.2007	Rs. C-321/06 *Kommission ./. Luxemburg*, EU:C:2007:350
EuGH v. 5.7.2007	Rs. C-317/06 *Kommission ./. Spanien*, EU:C:2007:415
EuGH v. 13.9.2007	Rs. C-381/06 *Kommission ./. Griechenland*, EU:C:2007:518
EuGH v. 11.2.2010	Rs. C-405/08 *Ingeniørforeningen i Danmark*, EU:C:2010:69
EuGH v. 15.1.2014	Rs. C-176/12 *Association de médiation sociale*, EU:C:2014:2

Übersicht

I. Sachfragen, Übersicht, Rechtsgrundlagen, Regelungsumfeld

1. Sachfragen

1 Im Jahr 1997 kündigte ***Renault*** überraschend und ohne vorherige Unterrichtung und Konsultation seiner Arbeitnehmervertreter an, ein Brüsseler Werk zu schließen und die dort beschäftigten über 3000 Arbeitnehmer zu entlassen. Wegen der Verletzung der Pflicht zur Information der Arbeitnehmervertreter wurde dem Vorstandsvorsitzenden des Unternehmens von einem Brüsseler Gericht eine geringe Geldbuße auferlegt. In Eilverfahren in Belgien und Frankreich erreichten Gewerkschaften bzw. der Konzernbetriebsrat, dass die Information und Konsultation nachzuholen waren. In der

Folge wurden noch zwei Sozialpläne vereinbart.[1] Ungeachtet dessen rief das schroffe Vorgehen der Unternehmensleitung Empörung sowohl der Arbeitnehmer und Gewerkschaften als auch der mitgliedstaatlichen Regierungen und der Kommission hervor und war ein Auslöser für den Erlass der Unterrichtungsrahmenrichtlinie[2].

Der *Renault*-Fall bedeutete nicht so sehr, dass die gemeinschaftsrechtlich – in der Massenentlassungsrichtlinie von 1975 und der EBR-Richtlinie von 1994 – begründeten Informations- und Konsultationsregeln für sich unzureichend waren.[3] Anstoß erregte vor allem die **Art und Weise des Vorgehens**, die ein französisches Gericht als „brutal" kritisierte. Allerdings hatte die Arbeitnehmermitwirkung faktisch versagt. Ein möglicher Grund hierfür schien zu sein, dass Arbeitgeber und Arbeitnehmervertreter sich nicht regelmäßig austauschten und es an einer Kultur vertrauensvollen Zusammenarbeitens mangelte.[4] Und nicht zuletzt erwies sich die Arbeitnehmermitwirkung als unzureichend bewehrt. Dem sollte die Unterrichtungsrahmenrichtlinie abhelfen.[5] 2

Die Richtlinie, die auch der Verwirklichung von Nr. 17 und 18 der Gemeinschaftscharta der sozialen Grundrechte der Arbeitnehmer dient (dazu § 2 Rdn. 68–80), **bezweckt** zum einen den Schutz der Arbeitnehmer durch eine über ihre Vertretung gesicherte Mitwirkung. Sowohl die Einzelregeln[6] als auch die Begründungserwägungen (bes. BE 7–14) machen indes deutlich, dass es keineswegs ausschließlich um Arbeitnehmerschutz geht, sondern in gleichem Maße um betriebs- und volkswirtschaftliche Ziele. Unterrichtung und Anhörung werden als Bestandteil eines Konzepts der „Antizipation" und „Prävention" angesehen, das einem erfolgreichen Wirtschaften dienen soll.[7] BE 7 drückt das am besten aus: 3

> „Die Stärkung des Dialogs und die Schaffung eines Klimas des Vertrauens im Unternehmen sind notwendig, um Risiken frühzeitig zu erkennen, bei gleichzeitiger Absicherung der Arbeitnehmer die Arbeitsorganisation flexibler zu gestalten und den Zugang der Arbeitnehmer zur Fortbildung im Unternehmen zu fördern, die Arbeitnehmer für die Notwendigkeit von Anpassungen zu sensi-

---

1 *Kolvenbach/Kolvenbach,* NZA 1997, 695–697; *Körner,* Formen der Arbeitnehmermitwirkung, S. 200–206; *Lorenz/Zumfelde,* RdA 1998, 168–173; *Reichold,* NZA 2003, 289 f. EuArbRK/*Weber,* Art. 1 RL 2002/14/EG Rdn. 1.

2 Richtlinie 2002/14/EG des Europäischen Parlaments und des Rates vom 11.3.2002 zur Festlegung eines allgemeinen Rahmens für die Unterrichtung und Anhörung der Arbeitnehmer in der Europäischen Gemeinschaft, ABl. 2002 L 80/29.

3 Zur Reichweite der EBRRL im Hinblick auf die Veräußerung von *Rover* durch *BMW* im Jahr 2000 aber *Villiers,* ILJ 29 (2000), 386–394.

4 Vgl. *Hall,* ILJ 34 (2005), 103, 107.

5 Daher lässt sich die Richtlinie durchaus mit *Lobinger,* ZfA 2006, 173, 218 f., als prozeduraler Schutzmechanismus einordnen; mit Rücksicht auf die kollektive Ausgestaltung, aber auch die geringe dogmatische Vorprägungskraft der Richtlinie ist aber zweifelhaft, ob sich darin, wie *Lobinger* meint, ein Beleg für eine individualrechtliche Schutzkonzeption finden lässt.

6 Z.B. in Art. 6 URRL über vertrauliche Informationen, in Art. 8 URRL über die Rechtsdurchsetzung oder in Art. 1 Abs. 3 URRL über Zusammenarbeit und Rücksichtnahme.

7 *L. Schmitt,* EAS B 8300 Rdn. 397.

bilisieren, die Bereitschaft der Arbeitnehmer zur Teilnahme an Maßnahmen und Aktionen zur Verbesserung ihrer Beschäftigungsfähigkeit zu erhöhen, die Arbeitnehmer stärker in die Unternehmensabläufe und in die Gestaltung der Zukunft des Unternehmens einzubeziehen und dessen Wettbewerbsfähigkeit zu steigern."

4 Treffend wird daher von einer „dynamisch wettbewerbspolitischen und binnenmarktorientierten Motivation" des Gesetzgebers gesprochen.[8] Der Gesetzgeber geht von der Unvermeidbarkeit laufender Änderungen und Anpassungen in Unternehmen und Betrieb sowie vom Leitungsrecht des Arbeitgebers aus, sucht aber, die andauernden Beschäftigungsmöglichkeiten *(employability)* zu sichern, vor allem durch Informationsrechte.[9]

2. Entstehung und Entwicklung der Richtlinie

5 Die Pläne für eine Unterrichtungsrahmenrichtlinie reichen weiter zurück,[10] doch gab der *Renault*-Fall dem Vorhaben ein zusätzliches Momentum. Die Kommission initiierte im Juni 1997 ein Konsultationsverfahren gemäß Art. 2 Abs. 2 und 3 des Maastrichter Abkommens zur Sozialpolitik (ASP; vgl. Art. 154 Abs. 2 und 3 AEUV) über die geplante Richtlinie und ihre inhaltliche Ausgestaltung, in dessen Verlauf die Sozialpartner aber darauf verzichteten, selbst in einen sozialen Dialog (gem. Art. 3 Abs. 4 ASP; vgl. Art. 154 Abs. 4 AEUV) zu dem Gegenstand einzutreten.[11] Daraufhin legte die Kommission am 17. November 1998 einen Vorschlag für die Unterrichtungsrahmenrichtlinie vor.[12] Dieser stieß indes zunächst auf Widerstand, der das Vorhaben bis 2001 blockierte.[13] 2001 unterbreitete die Kommission Parlament und Rat einen geänderten Vorschlag von höherer Regelungsintensität, der nunmehr bereits auf die 1999 in Kraft getretene neue Kompetenznorm des Art. 137 EG (Art. 153 AEUV) gestützt wurde.[14] Der

8 *Reichold*, NZA 2003, 289, 291.

9 *Kohte*, FS 50 Jahre BAG (2004), S. 1228–1230 („Konzept der Prävention und der Beschäftigungsfähigkeit").

10 Eingehend *Schäfer*, Der Europäische Rahmen für Arbeitnehmermitwirkung, S. 95–108 (sowie i.E. zu den Entwürfen S. 108–131). Zur Entstehungsgeschichte *Ritter*, Der Wirtschaftsausschuss nach dem Betriebsverfassungsgesetz und die Rahmenrichtlinie 2002/14/EG, S. 67–82.

11 Namentlich der Dachverband der privaten Arbeitgeber UNICE sperrte sich gegen einen sozialen Dialog; *Barnard/Deakin*, IRJ 33 (2002), 484, 488; *Hall*, ILJ 34 (2005), 103, 107; *Reichold*, NZA 2003, 289, 290.

12 Vorschlag für eine Richtlinie des Rates zur Festlegung eines allgemeinen Rahmens für die Information und Anhörung der Arbeitnehmer in der Europäischen Gemeinschaft, KOM(1998) 612 endg., ABl. 1999 C 2/3. Dazu *Deinert*, NZA 1999, 800–805; *Giesen*, RdA 2000, 298–304.

13 Zu den Hintergründen *Hall*, ILJ 34 (2005), 103, 107f.; *Deakin/Morris*, Labour Law, Rdn. 9.30.

14 Geänderter Vorschlag für eine Richtlinie des Europäischen Parlaments und des Rates zur Festlegung eines allgemeinen Rahmens für die Information und Anhörung der Arbeitnehmer in der Europäischen Gemeinschaft, KOM(2001) 296 endg., ABl. 2001 C 240E/133.

Gemeinsame Standpunkt von 2001[15] führte die Regelung im Wesentlichen auf das Niveau des ursprünglichen Vorschlags zurück.[16] Die Richtlinie wurde am 11. März 2002 verabschiedet. Ihre Anwendung hat die Kommission 2008 gem. Art. 12 URRL überprüft und – abgesehen von der schleppenden Umsetzung in einigen Mitgliedstaaten – ein positives Fazit gezogen.[17] Teils wird Ergänzungsbedarf im Hinblick auf die digitalisierte Arbeitswelt gesehen.[18]

3. Übersicht über die Regelung

Ähnlich wie die EBR-Richtlinie (nachfolgend, § 31) und die SE-Richtlinie (§ 32) zeichnet sich die Unterrichtungsrahmenrichtlinie vor allem durch prozedurale Regeln und die Öffnung von Regelungsspielräumen für die Sozialpartner aus.[19] Die Richtlinie ist – nach Wahl der Mitgliedstaaten – auf Betriebe oder Unternehmen ab bestimmten Arbeitnehmerschwellen anwendbar. Kernelement der Regelung ist die Festlegung von „[Gegenständen und] Modalitäten der Unterrichtung und Anhörung“ in Art. 4 URRL, wobei das mitgliedstaatliche Recht die Vorschriften über die Modalitäten der Unterrichtung und Anhörung für die Sozialpartner dispositiv ausgestalten kann, Art. 5 URRL. Ergänzend legt die Richtlinie einen Grundsatz vertrauensvoller Zusammenarbeit (Art. 1 Abs. 3 URRL) als Leitlinie und eine Reihe von Einzelbestimmungen dazu (Art. 6, 7 URRL) fest. 6

II. Anwendungsbereich

Die Unterrichtungsrahmenrichtlinie ist gem. ihrem Art. 3 Abs. 1 nach Wahl der Mitgliedstaaten anwendbar auf[20] 7

15 Gemeinsamer Standpunkt (EG) Nr. 33/2001 vom 23.7.2001 vom Rat festgelegt gemäß dem Verfahren des Artikels 251 des Vertrags zur Gründung der Europäischen Gemeinschaft im Hinblick auf den Erlass der Richtlinie des Europäischen Parlaments und des Rates zur Festlegung eines allgemeinen Rahmens für die Unterrichtung und Anhörung der Arbeitnehmer in der Europäischen Gemeinschaft, ABl. 2001 C 307/16.

16 *Reichold,* NZA 2003, 289, 290.

17 KOM(2008) 146 endg.

18 *Klebe,* NZA Beilage 2017, 77, 83.

19 Dazu auch *Barnard/Deakin,* IRJ 33 (2002), 484, 490.

20 Die Vorschrift ist hinreichend bestimmt und unbedingt, um gegenüber Mitgliedstaaten unmittelbar angewendet zu werden; EuGH v. 15.1.2014 – Rs. C-176/12 *Association de médiation sociale,* EU:C:2014:2 Rdn. 24 ff. Eine unmittelbare Anwendbarkeit im Verhältnis zu Privaten lässt sich hingegen auch i. V. m. Art. 27 GRCh nicht begründen, da diese Norm kein subjektives Recht des Einzelnen begründet.

– **Unternehmen** mit mindestens 50 Arbeitnehmern in einem Mitgliedstaat; ein Unternehmen ist dabei unionsautonom definiert als „öffentliches[21] oder privates Unternehmen, das eine wirtschaftliche Tätigkeit ausübt, unabhängig davon, ob es einen Erwerbszweck verfolgt oder nicht, und das im Hoheitsgebiet der Mitgliedstaaten ansässig ist", Art. 2 lit. a) URRL;[22]

oder

– **Betriebe** mit mindestens 20 Arbeitnehmern in einem Mitgliedstaat; Betrieb ist „eine gemäß den einzelstaatlichen Rechtsvorschriften und Gepflogenheiten definierte Unternehmenseinheit, die im Hoheitsgebiet eines Mitgliedstaats ansässig ist und in der kontinuierlich unter Einsatz personeller und materieller Ressourcen eine wirtschaftliche Tätigkeit ausgeübt wird", Art. 2 lit. b) URRL.

Die mitgliedstaatliche Wahl der Mitbestimmungsebene – Betrieb oder Unternehmen – muss nach dem Wortlaut der Regelung („oder") einheitlich erfolgen.[23]

8 Die Mitgliedstaaten bestimmen, nach welcher *Methode* die **Schwellenwerte** für die Beschäftigtenzahl errechnet werden (wie also z. B. Teilzeitarbeitnehmer zu berücksichtigen sind)[24]. Dabei geht es darum, die Richtlinie praktisch handhabbar zu machen, nicht aber, ihren Anwendungsbereich als solchen zu bestimmen.[25] Für den **Arbeitnehmerbegriff** verweist Art. 2 lit. d) URRL dabei auf das **mitgliedstaatliche Recht.**[26] Weder diese Verweisung noch die Kompetenz, die Berechnung der Schwellenwerte festzulegen, eröffnet den Mitgliedstaaten allerdings den Spielraum, bestimmte – etwa durch ihr Alter („unter 26") gekennzeichnete – Gruppen von Arbeitnehmern – ganz oder teilweise, andauernd oder vorübergehend – vom Schutzbereich auszunehmen.[27]

9 Für **Tendenzunternehmen** oder -betriebe, die unmittelbar und überwiegend
– politischen,
– koalitionspolitischen,
– konfessionellen,
– karitativen,
– erzieherischen,

21 Zur Anwendbarkeit im öffentlichen Dienst *Vogelsang,* PersV 2006, 364, 365 f.

22 Mit guten Gründen krit. EuArbRK/*Weber,* Art. 2 RL 2002/14/EG Rdn. 4.

23 Ebenso, *Reichold,* NZA 2003, 289, 302; s. a. Rdn. 36; a. M. EuArbRK/*Weber,* Art. 3 RL 2002/14/EG Rdn. 5; *L. Schmitt,* EAS B 8300 Rdn. 402.

24 S.a. *Waltermann,* ZESAR 2007, 330.

25 *Weber,* EuZA 2008, 355, 361 f.

26 In Deutschland sind daher Beamte nicht erfasst, *Vogelsang,* PersV 2006, 364, 366.

27 EuGH v. 18.1.2007 – Rs. C-385/05 *Confédération générale du travail (CGT),* EU:C:2007:37 Rdn. 31–39; EuGH v. 15.1.2014 – Rs. C-176/12 *Association de médiation sociale,* EU:C:2014:2 Rdn. 24 ff. (für staatlich geförderte Arbeitsverhältnisse zur Wiedereingliederung von Problemgruppen in den Arbeitsmarkt); zust. *Schlachter,* EuZA 2015, 149, 152 f.; *Waltermann,* ZESAR 2007, 330 f.; *Weber,* EuZA 2008, 355, 359–362.

- wissenschaftlichen oder
- künstlerischen Bestimmungen oder
- Zwecken der Berichterstattung oder Meinungsäußerung dienen,

können die Mitgliedstaaten *spezifische Bestimmungen beibehalten,* Art. 3 Abs. 2 URRL. Diese Option wird nur den Mitgliedstaaten eingeräumt, deren nationales Recht solche Bestimmungen schon bei Inkrafttreten der Richtlinie (Art. 13 URRL: 23. März 2002) vorsah; es geht mithin (nur) um Rücksicht auf etablierte Rechtstraditionen.[28] Zudem ist die Ausnahmeoption inhaltlich doppelt beschränkt, da sie nicht etwa eine vollständige Ausnahme zulässt, sondern nur „spezifische Bestimmungen"; und da dabei zudem die in der Richtlinie festgelegten Grundsätze und Ziele *einzuhalten* sind.[29]

Wer **Arbeitnehmervertreter** ist, definiert die Richtlinie nicht selbst, sie verweist 10 stattdessen auf „die nach den einzelstaatlichen Rechtsvorschriften und/oder Gepflogenheiten vorgesehenen Vertreter der Arbeitnehmer", Art. 2 lit. e) URRL. Anders als in der EBR-Richtlinie sind Gründung und Zusammensetzung der Arbeitnehmervertretung daher nicht unionsweit vereinheitlicht. Zudem besteht auch keine Pflicht, im einzelnen Unternehmen eine Arbeitnehmervertretung einzurichten.[30] Ebenso wie vom EuGH für die Massenentlassungsrichtlinie (§ 26 Rdn. 24) und die Betriebsübergangsrichtlinie (§ 27 Rdn. 111) entschieden, muss aber auch hier für die Arbeitnehmer die *Möglichkeit* bestehen, in den von der Richtlinie erfassten Unternehmen oder Betrieben (oben, Rdn. 7) eine Arbeitnehmervertretung einzurichten.[31]

III. Mitwirkungsrechte

1. Unterrichtung und Anhörung

In ähnlicher Weise wie die früher, 1994, verabschiedete EBR-Richtlinie sieht die Richt- 11 linie die Arbeitnehmermitwirkung durch Unterrichtung und Anhörung vor. **Unterrichtung** ist hier (anders als in der EBRRL) eigens definiert, und zwar als die Übermittlung von Informationen durch den Arbeitgeber an die Arbeitnehmervertreter, um ihnen Gelegenheit zur Kenntnisnahme und Prüfung der behandelten Frage zu geben, Art. 2 lit. f) URRL. Das weist die Unterrichtung als Merkmal einer *verfassten Arbeitnehmerschaft* aus, da nicht die einzelnen Arbeitnehmer zu informieren sind, sondern deren „Vertreter"; anders ist das etwa in Art. 7 BÜRL, wo die individualrechtliche In-

---

28 *Weber*, FS Konzen (2006), S. 942.

29 Die in Art. 3 Abs. 3 der ursprünglichen Richtlinie vorgesehene Ausnahmeoption für die Besatzung von Hochseeschiffen wurde von Art. 3 RL 2015/1794 gestrichen.

30 Preis/Sagan/*Müller-Bonanni/Witschen*, Rdn. 17.211; *L. Schmitt*, EAS B 8300 Rdn. 441.

31 *Franzen*, FS Birk (2008), S. 100 f., 104; Hanau/Steinmeyer/Wank/*Hanau*, § 19 Rdn. 130; *Kohte*, FS 50 Jahre BAG (2004), S. 1244–1247 (mit weitergehenden Folgerungen für das deutsche Betriebsverfassungsrecht); *Stoffels*, GS Heinze (2005), S. 897 f.; EuArbRK/*Weber*, Art. 2 RL 2002/14/EG Rdn. 19.

formation hilfsweise vorgesehen ist (dazu § 27 Rdn. 110–115). Zudem ist die Unterrichtung bereits durch den *Zweck* gekennzeichnet, den Arbeitnehmervertretern „Gelegenheit zur Kenntnisnahme und Prüfung" zu geben.

12 **Anhörung** ist ähnlich definiert wie in der EBR-Richtlinie, nämlich als die Durchführung eines Meinungsaustauschs und eines Dialogs zwischen Arbeitnehmervertretern und Arbeitgeber, Art. 2 lit. g) URRL. Das setzt die Bereitschaft voraus, die Meinung des anderen zu hören, zu bedenken und dazu Stellung zu nehmen, und geht mithin über das *Hören* der Gegenauffassung hinaus.[32]

13 Unterrichtung und Anhörung sind als **zwei Stufen** der Arbeitnehmermitwirkung konzipiert, bei der die Unterrichtung zwar auch für sich stehen kann, in bestimmten Fällen aber die Anhörung vorbereiten soll.

2. „Modalitäten der Unterrichtung und Anhörung": Gegenstände, Art und Weise der Handhabung

14 Die „Modalitäten" *(practical arrangements, modalités)* von Unterrichtung und Anhörung legt die Richtlinie in Form von Mindeststandards (Art. 4 Abs. 1 URRL) fest (Art. 4 Abs. 2–4 URRL), doch können die Sozialpartner davon nach mitgliedstaatlichem Recht abweichen (Art. 5 URRL). Die vom Gesetzgeber in der deutschen und französischen Sprachfassung gewählte Bezeichnung der Modalitäten ist freilich ebenso irreführend wie die Bezeichnung als *practical arrangements.*[33] Geregelt sind vielmehr zuerst die Gegenstände der Unterrichtung und Anhörung, anschließend die Modalitäten i. e. S., also Fragen der Art und Weise.

a) Gegenstände der Unterrichtung und Anhörung

15 Die Gegenstände der Arbeitnehmermitwirkung listet Art. 4 Abs. 2 URRL auf (obwohl die amtliche Überschrift nur von „Modalitäten" spricht). In den Fällen von lit. a) ist nur die Unterrichtung vorgesehen, da es hier zum einen um Fragen aus dem Bereich der unternehmerischen Entscheidung geht und zum anderen auch keine (arbeitnehmerrelevanten) konkreten Maßnahmen in Rede stehen. In den Fällen von lit. b) und c) bestehen Unterrichtungs- und Anhörungsrechte.

---

32 S.a. *Franzen*, FS Birk (2008), S. 99 f.; Preis/Sagan/*Müller-Bonanni*/*Witschen*, Rdn. 17.210 („Beratung").

33 Spanisch „las modalidades prácticas del ejercicio del derecho de información y de consulta" („die praktischen Modalitäten der Information und Konsultation"); polnisch „praktyczne rozwiązania do celów wykonywania prawa do informacji i konsultacji" („praktische Festlegungen bezüglich der Information und Konsultation"). Treffender niederländisch: „nadere regelingen inzake informatie en raadpleging" („nähere Regelungen bezüglich Information und Konsultation").

Nur Unterrichtung ist vorgesehen über „die jüngste Entwicklung und die wahrscheinliche Weiterentwicklung der Tätigkeit und der *wirtschaftlichen Situation* des Unternehmens oder des Betriebs“, lit. a). Dies kann erfolgen durch einen allgemeinen Geschäftsbericht; eine Bilanz muss nicht vorgelegt werden.[34] 16

Unterrichtung und Anhörung ist vorgesehen über 17

- bestimmte Fragen der *Beschäftigung*, nämlich nach lit. b):
- Beschäftigungssituation,
- Beschäftigungsstruktur und
- wahrscheinliche Beschäftigungsentwicklung im Unternehmen oder Betrieb sowie
- gegebenenfalls geplante antizipative Maßnahmen, insbesondere bei einer Bedrohung für die Beschäftigung

sowie über

- Entscheidungen, die *wesentliche Veränderungen der Arbeitsorganisation oder der Arbeitsverträge* mit sich bringen können, einschließlich solcher, die Gegenstand der BÜRL, der MERL oder der EBRRL sind, lit. c). Das ähnelt der „Betriebsänderung“ des § 111 BetrVG, ist aber tatbestandlich weiter gefasst.[35]

Vor allem in den von lit. b) behandelten Fragen der Beschäftigung scheint dabei der Hintergrund der Regelung im *Renault*-Fall (Rdn. 1) auf. Hier kommt aber zugleich die besondere Konzeption der Regelung zum Ausdruck: Die Arbeitnehmermitwirkung soll frühzeitig, im Planungsstadium, einsetzen, so dass sie die (freilich frei bleibende) unternehmerische Entscheidung noch beeinflussen kann (s. BE 10: Beschäftigungsstrategie, in deren Mittelpunkt die Begriffe „Antizipation“, „Prävention“ und „Beschäftigungsfähigkeit“ stehen). Die hier vorgesehenen Mitwirkungsrechte *ergänzen* die spezifischen Mitwirkungsrechte, wie sie insbesondere die Massenentlassungsrichtlinie, die Betriebsübergangsrichtlinie und die EBR-Richtlinie vorsehen, ersetzen diese aber nicht.[36] 18

b) Modalitäten i. e. S. (Art und Weise)

Die **Unterrichtung** muss „zu einem Zeitpunkt, in einer Weise und in einer inhaltlichen Ausgestaltung, die dem Zweck angemessen sind“, erfolgen, Art. 4 Abs. 3 URRL. Das ist freilich eine bare Selbstverständlichkeit teleologischer Auslegung. Der Gesetzgeber konkretisiert diese Vorgaben dahin, die Unterrichtung müsse den Arbeitneh- 19

---

34 Preis/Sagan/*Müller-Bonanni*/*Witschen*, Rdn. 17.214; EuArbRK/*Weber*, Art. 4 RL 2002/14/EG Rdn. 5; *L. Schmitt*, EAS B 8300 Rdn. 448 f.

35 *Franzen*, RdA 2002, 258, 262; *Karthaus*, AuR 2007, 114, 116 f.; *Lobinger*, ZfA 2006, 173, 215 f.

36 *Karthaus*, AuR 2007, 114, 116; EuArbRK/*Weber*, Art. 4 RL 2002/14/EG Rdn. 14; *L. Schmitt*, EAS B 8300 Rdn. 398, 541; a. A. Preis/Sagan/*Naber*/*Sittard*, Rdn. 14.87 (Konsultationsvorschriften der MERL vorrangige lex specialis).

mervertretern ermöglichen, die Informationen angemessen zu prüfen und gegebenenfalls die Anhörung vorzubereiten.

20 Die **Anhörung** erfolgt ebenso „zu einem Zeitpunkt, in einer Weise und in einer inhaltlichen Ausgestaltung, die dem Zweck angemessen sind", Art. 4 Abs. 4 lit. a). Regelmäßig setzt das voraus, dass die Anhörung erfolgt, bevor die unternehmerische Entscheidung über den Gegenstand getroffen wurde, da es sonst an der Offenheit fehlt, die Gegenmeinung zu erwägen (vgl. BE 6, 13).[37] Für den Dialog muss von der Arbeitgeberseite ein Vertreter der für das jeweilige Thema zuständigen Leitungs- und Vertretungsebene zur Verfügung stehen (lit. b)).[38] Grundlage für den Meinungsaustausch sind zum einen die Auskünfte, die der Arbeitgeber im Rahmen der Unterrichtung gegeben hat, zum anderen etwaige Stellungnahmen, die die Arbeitnehmervertreter dazu abgegeben haben (lit. c)). Das allgemeine Gebot des Meinungsaustausches und Dialogs, wie es schon in der Definition der Anhörung formuliert ist, ist dahin konkretisiert, dass die Anhörung den Arbeitnehmervertretern ermöglichen soll, von dem Arbeitgeber bei der Zusammenkunft eine mit Gründen versehene Antwort auf ihre etwaige Stellungnahme zu erhalten (lit. d)).

21 Wenn es um wesentliche Veränderungen der Arbeitsorganisation oder der Arbeitsverträge gem. Art. 4 Abs. 2 lit. c) URRL geht,[39] ist die Anhörung weitergehend als **Verhandlungspflicht** ausgestaltet, Art. 4 Abs. 4 lit. e) URRL.[40] Arbeitgeber und Arbeitnehmervertreter sollen hier mit dem Ziel zusammenkommen, eine Vereinbarung zu erreichen. Das ist eine *qualifizierte Form des Dialogs*. Allerdings gibt es auch hier nur die Pflicht zu redlichem Verhandeln und **keinen Einigungszwang**.[41] Führen die Verhandlungen nicht zu einem Erfolg, so steht dies einer einseitigen Arbeitgeberentscheidung nicht entgegen; Art. 4 Abs. 4 lit. e) hebt eigens die *Leitungsbefugnis des Arbeitgebers* hervor, die von der Regelung unberührt bleiben soll.

c) Möglichkeit abweichender Festlegung durch die Sozialpartner

22 Soweit das mitgliedstaatliche Recht dies vorsieht, können die Sozialpartner die Modalitäten auch abweichend von Art. 4 URRL regeln, Art. 5 URRL.[42] Zudem können – schon von Richtlinien wegen, also unabhängig von dem mitgliedstaatlichen Umset-

---

37 EuArbRK/*Weber*, Art. 4 RL 2002/14/EG Rdn. 20; zweifelnd *Lorber*, IJCLLIR 19 (2003), 297, 302f.

38 Weiterführend *Bercusson*, ILJ 31 (2002), 209, 226f.

39 Weitergehend *Bercusson*, ILJ 31 (2002), 209, 224f., der in allen Fällen von Art. 4 Abs. 2 URRL eine Verhandlungspflicht annehmen will, wenn sie nur zur Folge haben können, dass der Arbeitgeber im Rahmen seiner Leitungsmacht Entscheidungen nach Art. 4 Abs. 2 lit. c) URRL zu treffen hat.

40 Zweifelnd *Bercusson*, ILJ 31 (2002), 209, 225, der wohl in allen Fällen auch eine Verhandlungspflicht begründen möchte.

41 EuArbRK/*Weber*, Art. 4 RL 2002/14/EG Rdn. 22.

42 *Lorber*, IJCLLIR 19 (2003), 297, 302. Entgegen *Spreer*, Die Richtlinie 2002/14/EG zur Festlegung eines allgemeinen Rahmens für die Unterrichtung und Anhörung der Arbeitnehmer, S. 55f. und *Schäfer*, Der Europäische Rahmen für Arbeitnehmermitwirkung, S. 166–168 ist das kein Fall der Richtlini-

zungsrecht – vor Ablauf der Umsetzungsfrist geschlossene Vereinbarungen und deren nachfolgende Verlängerungen von diesen Vorgaben abweichen; Art. 5 S. 2 URRL. Damit verfolgt der Gesetzgeber hier ansatzweise[43] das **prozedurale Regelungskonzept** der EBR-Richtlinie weiter[44] und ermöglicht den Sozialpartnern, ihre Beziehungen autonom und damit ihren Bedürfnissen entsprechend zu regeln.

Wegen der irreführenden Terminologie (Modalitäten, *modalités, practical arrangements;* oben, Rdn. 14) könnte man zweifeln, ob sich diese Dispositionsbefugnis auch auf die Gegenstände der Unterrichtung und Anhörung bezieht. Das ist indes nach dem Wortlaut ebenso anzunehmen wie nach der Verweisung in Art. 5 URRL auf den gesamten Art. 4 URRL, einschließlich der Regelung über die Gegenstände in Absatz 2.[45] 23

Die Sozialpartner können auch **hinter den** (für die Mitgliedstaaten verbindlichen) **Mindeststandards** von Art. 4 URRL **zurückbleiben**, also etwa die Gegenstände der Unterrichtung oder Anhörung beschränken. Die Grenzen bestimmt das mitgliedstaatliche Recht. In jedem Fall müssen indes die Grundsätze von Art. 1 der Richtlinie gewahrt bleiben. Bei den eigentlichen Modalitäten (i. e. S., oben, Rdn. 19–21) der Unterrichtung und Anhörung dürfte daher wenig Raum für weniger günstige Vorschriften bleiben, da diese weitgehend nach Sinn und Zweck der Richtlinie zwingend sind. 24

IV. Ergänzende Bestimmungen

In einigen Bestimmungen macht der Gesetzgeber schließlich Vorgaben für die Ausgestaltung der Beziehungen der Betriebspartner. 25

1. Grundsatz der redlichen Zusammenarbeit

Für die Zusammenarbeit mit dem EBR wird der Grundsatz der redlichen Zusammenarbeit als „sonstige Bestimmung" der Richtlinie besonders hervorgehoben (Art. 9 EBRRL). Einen entsprechenden Grundsatz enthält auch die Unterrichtungsrahmenrichtlinie und die Lozierung in Art. 1 Abs. 3 URRL am Kopf der Regelung dürfte eher dazu dienen, seine grundlegende Bedeutung hervorzuheben, als ihn zur Zweck- 26

---

enumsetzung durch die Sozialpartner nach Art. 153 Abs. 4 AEUV (dazu § 5 Rdn. 25 f.), sondern eine optionale Tarifdispositivität.

43 Freilich ist der Ansatz hier deutlich schwächer: Anders als bei der EBRRL ist das gesetzliche Modell nicht subsidiär, sondern primär anwendbar und die Dispositionsbefugnis und ihre Grenzen sind in das weitgehende Umsetzungsermessen der Mitgliedstaaten gestellt.

44 *Fuchs/Marhold,* Europäisches Arbeitsrecht, S. 413; *Schiek,* Europäisches Arbeitsrecht, S. 319.

45 A.M. *Weber,* FS 600 Jahre Würzburger Juristenfakultät (2002), S. 209.

bestimmung zu degradieren. „Die Modalitäten[46] der Unterrichtung und Anhörung werden vom Arbeitgeber und von den Arbeitnehmervertretern im *Geiste der Zusammenarbeit* und unter gebührender *Beachtung ihrer jeweiligen Rechte und gegenseitigen Verpflichtungen* festgelegt bzw. durchgeführt, wobei sowohl den *Interessen* des Unternehmens oder Betriebs als auch den Interessen der Arbeitnehmer *Rechnung zu tragen* ist.", Art. 1 Abs. 3 URRL. Damit ist geradezu ein Grundsatz von **Treu und Glauben des Europäischen Betriebsverfassungsrechts** formuliert und zugleich in Einzelpflichten konkretisiert.

27 Der „Geist der Zusammenarbeit" ist der tragende Grundsatz der Unterrichtung und, besonders, des Dialogs im Rahmen der Anhörung (siehe allgemein hierzu § 29 Rdn. 28). Was damit gemeint ist, wird vor allem in Art. 4 Abs. 3 und 4 URRL konkretisiert. Die Generalklausel des Art. 1 Abs. 3 URRL kann dem Gerichtshof als Grundlage für weitere Verhaltenspflichten dienen.[47] Die Beachtung der jeweiligen Rechte und Pflichten sowie die Rücksicht auf die wechselseitigen *Interessen* (!) sind zentrale Gebote von Treu und Glauben, zumal in einer auf Dauer angelegten Beziehung, wie sie zwischen den Betriebspartnern besteht.

2. Schutz der Arbeitnehmervertreter

28 Zum Standardrepertoire des Europäischen Arbeitsrechts gehört das Benachteiligungsverbot, das hier als ein besonderes *Schutzgebot* ausgestaltet ist, Art. 7 URRL.[48] Den Arbeitnehmervertretern ist ausreichender Schutz, darüber hinaus aber auch *ausreichende Sicherheit* zu gewährleisten, damit sie die ihnen übertragenen Aufgaben in angemessener Weise wahrnehmen können. Neben einem Benachteiligungsverbot gehören dazu effektive Durchsetzungsmechanismen (s. noch unten, Rdn. 33f.). Die Richtlinie, die nur Mindeststandards und einen Regelungsrahmen vorsieht, lässt den Mitgliedstaaten bei der Umsetzung dieser Bestimmung in nationales Recht einen weiten Ermessensspielraum. Art. 7 URRL verlangt nicht, dass Arbeitnehmervertreter einen weitergehenden Schutz genießen als andere Arbeitnehmer. Ein „ausreichender" Schutz verlangt jedoch, dass Arbeitnehmervertreter weder aufgrund ihres Status als Arbeitnehmervertreter noch aufgrund der Ausübung der damit verbundenen Funktionen weniger günstig behandelt werden. Wirksamer Schutz bedeutet, dass den Vertretern die Möglichkeit gegeben werden muss, festzustellen, ob eine ungünstige

---

46 Bei der Auslegung ist auch hier die besondere Terminologie der Richtlinie zu beachten, wonach der Begriff der Modalitäten sowohl die Gegenstände als auch die Art und Weise der betrieblichen Mitwirkung bezeichnet; s. Art. 4 URRL und dazu oben, Rdn. 14.

47 S. dazu die Ausformung der „Verantwortlichkeit" des Art. 4 Abs. 1 EBRRL durch den EuGH im Zusammenhang mit den Informationspflichten; § 31 Rdn. 54.

48 Dazu *Benecke*, EuZA 2016, 34ff. (zum Schutz befristet beschäftigter Betriebsratsmitglieder); vgl. auch *Junker*, EuZA 2014, 143, 156f.

Behandlung (z.B. eine Entlassung) auf solche verbotenen Gründe zurückzuführen ist.[49]

3. Vertrauliche Informationen

Eingehend geregelt ist schließlich der Schutz vertraulicher Information, Art. 6 URRL. 29
Auch darin kann man wiederum eine Ausprägung des Grundsatzes der redlichen Zusammenarbeit sehen, geht es doch hier um die Berücksichtigung eines **fundamentalen Arbeitgeberinteresses**. Die Schutzmechanismen sind zweistufig ausgestaltet (ähnlich wie in der EBRRL; § 31 Rdn. 77–79).

Im Grundsatz trägt die Regelung dem Geheimhaltungsinteresse des Arbeitgebers 30
durch ein Weitergabeverbot der Arbeitnehmervertreter (und der sie etwa unterstützenden Sachverständigen) Rechnung. Die den Arbeitnehmervertretern „im berechtigten Interesse der Unternehmen oder Betriebe ausdrücklich **als vertraulich mitgeteilte Informationen**" dürfen diese nicht an Dritte weitergeben, und zwar unabhängig von ihrem Aufenthaltsort und auch nach Ablauf des Mandats. Das mitgliedstaatliche Recht kann allerdings die Weitergabe an zur Verschwiegenheit verpflichtete Dritte gestatten. Die Geheimhaltungspflicht ist durch das Kriterium der ausdrücklichen Mitteilung als vertraulich formal abgegrenzt, zusätzlich aber auch materiell qualifiziert durch das Erfordernis, die Vertraulichkeit müsse im **berechtigten Interesse** der Unternehmen oder Betriebe verfügt sein. Die bloße (formale) Qualifizierung von Informationen als vertraulich reicht nicht aus, denn sonst könnte durch die drohenden Sanktionen die Tätigkeit der Arbeitnehmervertreter effektiv behindert werden (s.a. § 31 Rdn. 78 zur EBRRL). Umgekehrt kann es eine Verletzung des Gebots vertrauensvoller Zusammenarbeit (Art. 1 Abs. 3 URRL; also nicht unmittelbar des Vertraulichkeitsgebots) darstellen, wenn Arbeitnehmervertreter Informationen weitergeben, die zwar nicht als vertraulich gekennzeichnet sind, deren vertraulicher Charakter von den Arbeitnehmervertretern aber erkannt wurde oder hätte erkannt werden müssen.

In besonderen Fällen kann die zentrale Leitung zudem **Informationen zurück-** 31
halten. Voraussetzung ist, dass ihre Weitergabe die betroffenen Unternehmen nach objektiven Kriterien erheblich beeinträchtigen oder ihnen schaden könnte, Art. 6 Abs. 2 URRL. Nach dem Zweck der Richtlinie und der Systematik der Vorschrift, die für den Regelfall die Geheimhaltungspflicht des Art. 6 Abs. 1 URRL als ausreichend vorsieht, sind diese Voraussetzungen eng auszulegen.

Soweit die Informationsweitergabe nach Abs. 1 verboten oder die Informations- 32
erteilung nach Abs. 2 verweigert wird, muss diese Beschränkung gerichtlich oder behördlich **überprüfbar** sein, Art. 6 Abs. 3 URRL (entsprechend schon Art. 11 Abs. 4

---

49 EuGH v. 11.2.2010 – Rs. C-405/08 *Ingeniørforeningen i Danmark*, EU:C:2010:69 Rdn. 46–66, m.zust. Anm. *Jacobs*, EuZA 2010, 533–540; Schlachter/Heinig/*Greiner*, § 21 Rdn. 39.

EBRRL). Optional ausgestaltet ist die Möglichkeit, Verfahren vorzusehen, um die Vertraulichkeit der betreffenden Informationen zu wahren, Art. 6 Abs. 3 S. 2 URRL. Hier kann man etwa an einen sog. „Wirtschaftsprüfervorbehalt" denken, nach dem das Gericht den Arbeitgeber bindet, die Informationen einem beruflich zur Verschwiegenheit verpflichteten Sachverständigen zu geben, verbunden mit der Maßgabe nur bestimmte Rahmendaten weiterzugeben.

4. Bewehrung und Rechtsschutz

33 Mit Rücksicht auf den *Renault*-Fall, der einer der Auslöser für die Richtlinie war, ist die Rechtsdurchsetzung von besonderer Bedeutung („*Renault*-Klausel")[50]. Insofern bleibt die Richtlinie hinter dem ursprünglichen Vorschlag zurück, der noch eine Unwirksamkeit von Entscheidungen vorsah, die ohne die gebotene Unterrichtung und Anhörung getroffen wurden.[51] Art. 8 Abs. 2 URRL ist zunächst Ausdruck der allgemeinen Umsetzungspflichten der Mitgliedstaaten, für eine effektive Durchsetzung der richtliniendeterminierten Rechte und Pflichten zu sorgen und Pflichtverstöße durch angemessene Sanktionen zu ahnden.[52] Daraus folgt jedenfalls, dass bloß symbolische Strafen, wie im Fall *Renault* (Rdn. 1), dafür nicht ausreichen (Effektivitätsgrundsatz).

34 Darüber hinaus hebt aber Art. 8 Abs. 1 URRL das besondere Interesse des Richtliniengebers an der *Erfüllung* der richtliniendeterminierten Verpflichtungen hervor, insoweit über die Sanktion der Nichterfüllung hinausgehend. Das ist im Hinblick auf den Zweck eines Schutzes mit den Mitteln der Antizipation und Prävention (Rdn. 3) nur folgerichtig. Das mitgliedstaatliche Recht muss geeignete Verwaltungs- und (wohl: oder) Gerichtsverfahren vorsehen, mit deren Hilfe die Erfüllung der sich aus der Richtlinie ergebenden Pflichten durchgesetzt werden kann.[53] So wie bei den Umsetzungspflichten allgemein kommt es auch hier auf eine Gesamtbewertung aller Bewehrungsmechanismen an. Bloße Sanktionsmechanismen, auch wenn sie besonders scharf ausgestaltet sind, reichen aber nicht aus, sie stellen keine Verfahren (!) dar, die es ermöglichen, die Erfüllung (!) durchzusetzen.[54] Umgekehrt schreibt die Richtlinie auch keinen Unterlassungsanspruch der Arbeitnehmervertreter gegen den Arbeit-

---

50 *Kenner,* YEL 24 (2005), 223, 241f.

51 Näher *Schäfer,* Der Europäische Rahmen für Arbeitnehmermitwirkung, S. 117–119. Zur Entwicklung *Barnard/Deakin,* IRJ 33 (2002), 484, 489f. Krit. zur verabschiedeten Fassung etwa *Lorber,* IJCLLIR 19 (2003), 297, 303.

52 Dazu *Franzen,* FS Birk (2008), S. 105f. und weiterführend S. 111–114.

53 *Kohte,* FS Richardi (2007), S. 611f.: „Anspruch auf Information und Beratung muss gerichtlich einklagbar sein", zusätzlich einstweiliger Rechtsschutz.

54 *Spreer,* Die Richtlinie 2002/14/EG zur Festlegung eines allgemeinen Rahmens für die Unterrichtung und Anhörung der Arbeitnehmer, S. 61f. Insoweit wohl a.M. *Weber,* AuR 2008, 365, 379.

geber vor;[55] das hatte im Laufe des Gesetzgebungsverfahrens gerade keine Mehrheit gefunden.[56] Eine unionsrechtliche Verpflichtung, einen Unterlassungsanspruch zu gewähren, könnte sich nur entweder daraus ergeben, dass dies der mitgliedstaatlich übliche Mechanismus zur Durchsetzung solcher Art Rechte wäre (Äquivalenzprinzip) oder sonstige Rechtsbehelfe den Erfüllungsanspruch praktisch vereiteln würden (Effektivitätsgrundsatz).

V. Umsetzung

In **Deutschland**[57] hat man eine Umsetzung der Richtlinie unter Hinweis auf die ausgeprägte Arbeitnehmermitwirkung nach dem BetrVG weithin für entbehrlich gehalten.[58] Eine spezielle gesetzliche Umsetzung fehlt, ebenso wie der von Art. 11 Abs. 2 URRL geforderte Umsetzungshinweis. Der Grundsatz der vertrauensvollen Zusammenarbeit ist in § 74 BetrVG normiert. Problematisch ist indes die Umsetzung der Mitwirkungsrechte des Art. 4 Abs. 2 URRL. Da die Richtlinie – anders als das BetrVG – nicht zwischen der Mitwirkung in sozialen, personellen und wirtschaftlichen Angelegenheiten unterscheidet, ist die Umsetzung nicht einfach zu überprüfen.[59] 35

In mehrfacher Hinsicht nicht (ausreichend) umgesetzt ist die Mitbestimmung nach Art. 4 Abs. 2 lit. a) URRL (**wirtschaftliche Entwicklung**).[60] Die Beteiligung des Wirtschaftsausschusses nach § 106 BetrVG reicht dafür aus mehreren Gründen nicht aus. (1) Zwar erfasst § 106 inhaltlich weitgehend dieselben Gegenstände, doch fehlt das prospektive Element („wahrscheinliche Weiterentwicklung"). 36

---

55 Schlachter/Heinig/*Greiner*, § 21 Rdn. 42. A.M. *Kohte*, FS 50 Jahre BAG (2004), S. 1248–1250 (Unterlassungsanspruch als „Sicherungsmaßnahme"); *ders.*, FS Richardi (2007), S. 611–613; *Fauser/Nacken*, NZA 2006, 1136, 1142f.; *Karthaus*, AuR 2007, 114, 119; *Thüsing*, Europäisches Arbeitsrecht, § 10 Rdn. 71.

56 I.Erg. ebenso Schlachter/Heinig/*Greiner*, § 21 Rdn. 42ff.; *L. Schmitt*, EAS B 8300 Rdn. 522; *Weber*, AuR 2008, 365, 379f.

57 Übersicht zur Umsetzung: Mitteilung der Kommission an den Rat, das Parlament, den Europäischen Wirtschafts- und Sozialausschuss und den Ausschuss der Regionen v. 17.3.2008 über die Überprüfung der Anwendung der Richtlinie 2002/14/EG in der EU, KOM(2008) 146 endg.
Mehrere Mitgliedstaaten haben die Richtlinie nicht fristgerecht umgesetzt; s. EuGH v. 1.3.2007 – Rs. C-327/06 *Kommission ./. Italien*, EU:C:2007:130; EuGH v. 29.3.2007 – Rs. C-320/06 *Kommission ./. Belgien*, EU:C:2007:206; EuGH v. 14.6.2007 – Rs. C-321/06 *Kommission ./. Luxemburg*, EU:C:2007:350; EuGH v. 5.7.2007 – Rs. C-317/06 *Kommission ./. Spanien*, EU:C:2007:415; EuGH v. 13.9.2007 – Rs. C-381/06 *Kommission ./. Griechenland*, EU:C:2007:518. Zur Umsetzung im VK *Ewing/Truter*, MLR 68 (2005), 626–641; *Hall*, ILJ 34 (2005), 103, 109–125; *Lingscheid/Schmidt*, RIW 2006, 424–429; *Lorber*, IJCLLIR 19 (2003), 297, 304–319; *ders.*, IJCLLIR 22 (2006), 231–258; s. a. schon die Erwägungen bei *Bercusson*, ILJ 31 (2002), 209, 231–243.

58 Zu Umsetzungsdefiziten im öffentlichen Dienst *Vogelsang*, PersV 2006, 364–375.

59 *Reichold*, NZA 2003, 289, 298; s. a. *Wendeling-Schröder/Welkoborsky*, NZA 2002, 1370, 1372. Zuordnung der Beteiligungsrechte bei *Franzen*, FS Birk (2008), S. 102–104.

60 Näher noch *Franzen*, FS Birk (2008), S. 102f.; *Ritter*, Der Wirtschaftsausschuss nach dem Betriebsverfassungsgesetz und die Rahmenrichtlinie 2002/14/EG, S. 168–292.

(2) Zweitens ist der Wirtschaftsausschuss nicht Arbeitnehmervertreter i.S.v. Art. 2 lit. e) URRL;[61] es handelt sich um ein gegenüber dem sonst zur Umsetzung gewählten Betriebsrat besonderes Gremium, das den Betriebsrat nur informiert („Hilfsorgan des Betriebsrats"). Das Äquivalenzgebot der Umsetzungspflichten steht aber einer solchen „gespaltenen" Definition der Arbeitnehmervertreter entgegen.[62] (3) Und schließlich ist ein Wirtschaftsausschuss erst in Unternehmen mit mehr als 100 ständig beschäftigten Arbeitnehmern zu bilden. Der Schwellenwert ist daher zu hoch,[63] und außerdem erfolgt hier ein von Art. 3 Abs. 1 URRL nicht zugelassener Wechsel der Mitbestimmungsebene vom Betrieb zum Unternehmen (oben, Rdn. 7). Die Mitwirkungsrechte von Art. 4 Abs. 2 lit. b) URRL (Beschäftigungssituation etc.) werden von den §§ 92–95 und 96–98 BetrVG umgesetzt.[64] Die Mitwirkungsrechte von Art. 4 Abs. 2 lit. c) URRL (Arbeitsorganisation) werden von § 87 BetrVG (dort sogar Mitbestimmungsrecht) und §§ 90f., 111 BetrVG erfasst. Die von Art. 8 URRL geforderte prozedurale und materiell-rechtliche Bewehrung ergibt sich insbesondere aus § 23 Abs. 3 BetrVG.[65] Auch hier werden aber punktuelle Umsetzungsdefizite bemängelt.[66]

---

61 S. zur BÜRL *Riesenhuber,* RdA 2004, 340, 342f.

62 A.M. *Franzen,* FS Birk (2008), S. 104f.; *Ritter,* Der Wirtschaftsausschuss nach dem Betriebsverfassungsgesetz und die Rahmenrichtlinie 2002/14/EG, S. 225–228.

63 *Franzen,* FS Birk (2008), S. 105; *Reichold,* NZA 2003, 289, 299; *Schlachter,* EuZA 2015, 149, 156f.

64 *Franzen,* FS Birk (2008), S. 103.

65 Zweifelnd im Hinblick auf den einstweiligen Rechtsschutz Hanau/Steinmeyer/Wank/*Hanau,* § 19 Rdn. 134.

66 *Franzen,* FS Birk (2008), S. 103f.

§ 31 Die Richtlinie über den Europäischen Betriebsrat

Literatur: *Alaimo*, The New Directive on European Works Councils: Innovations and Omissions, IJCLLIR 26 (2010), 217–230; *Altmeyer*, Europäische Betriebsräte – Die aktuellsten Gerichtsurteile, AiB 2007, 503–506; *Bauckhage*, Die Sanktionen des Europäische Betriebsräte-Gesetzes, 2006; *Bellace*, The European Works Council Directive: Transnational Information and Consultation in the European Union, Comp.Lab.L.J. 18 (1997), 325–361; *Birk*, Europäisches kollektives Arbeitsrecht – insbesondere der Europäische Betriebsrat, in: Grundmann (Hrsg.), Systembildung und Systemlücken in Kerngebieten des Europäischen Privatrechts, 2000, S. 387–399; *Blanke*, Die neue EBR-Richtlinie 2009/38/EG, AuR 2009, 242–250; *ders./Hayen/Kunz/Carlson*, Europäisches Betriebsräte-Gesetz – EBRG-Kommentar, 3. Aufl. 2019; *ders./Rose*, Die zeitliche Koordinierung der Informations- und Konsultationsansprüche Europäischer Betriebsräte und nationaler Interessenvertretungen bei grenzübergreifenden Umstrukturierungsmaßnahmen, RdA 2008, 65–81; *Carley/Hall*, The Implementation of the European Works Councils Directive, ILJ 29 (2000), 103–124; *Docksey*, Employee Information and Consultation Rights in the Member States of the European Communities, Comp. Lab. L. 7 (1986), 32–48 (mit tab. Übersicht im Anh., S. 49–69); *ders.*, Information and Consultation of Employees: The United Kingdom and the Vredeling Directive, MLR 49 (1986), 281–313; *Forst*, Die Beteiligungsvereinbarung nach der neuen EBR-Richtlinie, ZESAR 2009, 469–476; *ders.*, Unterlassungsanspruch des Europäischen Betriebsrats und des SE-Betriebsrats bei Betriebsstilllegungen, ZESAR 2013, 15–24; *ders.*, Zum Begriff des abhängigen Unternehmens im europäischen Arbeitsrecht', ZESAR 2010, 154–163; *Franzen*, Die EU-Richtlinie 2009/38/EG über Europäische Betriebsräte, EuZA 2010, 180–197; *Gamillscheg*, Kollektives Arbeitsrecht Band II – Betriebsverfassung, 2008; *Gaul*, Die Einrichtung Europäischer Betriebsräte, NJW 1995, 228–232; *Giesen*, Auskunftspflicht der „zentralen" Unternehmensleitung zur Errichtung eines Europäischen Betriebsrats, Besprechung des Urteils EuGH v. 13.1.2004 – Rs. C-440/00 (Kühne & Nagel), RdA 2004, 307–310; *ders.*, Merkwürdiges Übergangsrecht bei der Reform des Europäischen Betriebsrats, NZA 2009, 1174–1176; *Goos*, Ansätze zur Mitbestimmung der Arbeitnehmer in der europäischen Rechtsetzung, in: Oetker/Preis/Rieble (Hrsg.), Festschrift 50 Jahre BAG, 2004, S. 1179–1195; *ders.*, Kommt der Europäische Betriebsrat?, NZA 1994, 776–781; *Grau*, in: Kiel/Lunk/Oetker (Hrsg.), Münchener Handbuch zum Arbeitsrecht, 4. Aufl. 2018, §§ 354, 355, 356; *Hall*, Behind the European Works Councils Directive: The European Commission's Legislative Strategy, BJIR 30 (1992), 547–564; *Hanau*, in: Hanau/Steinmeyer/Wank, Handbuch des Europäischen Arbeits- und Sozialrechts, 2002, § 19 Rdn. 22–100; *ders.*, Nationale Regelungen für internationale (europäische) Betriebsräte, in: Baur/Jacobs/Lieb/Müller Graf (Hrsg.), Festschrift für Ralf Vieregge zum 70. Geburtstag am 6. November 1995, 1995, S. 319–334; *Heinze*, Der Europäische Betriebsrat, Die Richtlinie und ihre Alternativen, AG 1995, 385–402; *Henssler*, Konzernrechtliche Abhängigkeit im Mitbestimmungsrecht der Europäischen Aktiengesellschaft – Der Abhängigkeitsbegriff im Europäischen Mitbestimmungsrecht, EBRG, SEBG und nationalem Akt, in: Bitter u.a. (Hrsg.), Festschrift für Karsten Schmidt, 2009, 601–618; *Hey/Schöder*, Die Zusammensetzung der europäischen Mitbestimmungsgremien bei Transaktion und Restrukturierung, BB 2012, 3014–3018; *Hohenstatt*, Der Europäische Betriebsrat und seine Alternativen, EuZW 1995, 169–172; *ders./Kröpelin/Bertke*, Die Novellierung des Gesetzes über Europäische Betriebsräte (EBRG): Handlungsbedarf bei freiwilligen Vereinbarungen?, NZA 2011, 1313–1318; *Hromadka*, Rechtsfragen zum Eurobetriebsrat, DB 1995, 1125–1131; *Joost*, Auskunftsansprüche bei Errichtung Europäischer Betriebsräte für Unternehmensgruppen mit zentraler Leitung in einem Drittstaat, ZIP 2004, 1034–1039; *ders.*, Auskunftsansprüche der Arbeitnehmervertreter zur Errichtung eines Europäischen Betriebsrats bei Unternehmensgruppen, BB 2001, 2214–2218; Junker, Betriebsverfassung in Klein- und Mittelbetrieben – Ein europäischer Vergleich, NZA 2002, 131–138; *ders.*, Der „Europäische Betriebsrat" in rechtsvergleichender Perspektive, JZ 1992, 1100–1106; *ders.*, Mitbestimmung im europäischen Vergleich, Bit-

https://doi.org/10.1515/9783110731941-031

burger Gespräche Jahrbuch 2006/I, S. 71–81; *ders.*, Neues zum Europäischen Betriebsrat, RdA 2002, 32–35; *Kilian*, Die Umsetzung der Richtlinie 94/45/EG („Europäische Betriebsräte") im Vereinigten Königreich, RdA 2001, 166–171; *Klocke/Haas*, Aktuelle Probleme und Perspektiven für das Recht des Europäischen Betriebsrats, ZESAR 2018, 364–368; *Kolvenbach*, Europäische Betriebsräte – Großbritannien, NZA 1998, 582–585; *ders.*, Europäische Betriebsräte – Neue Initiativen, DB 1991, 805–807; *ders.*, Europäische Betriebsräte, Umsetzung, Anwendung und Vorbildfunktion der Richtlinie 94/45/EG, NZA 2000, 518–527; *Kort*, Anm. zu EuGH, Urteil v. 13.1.2004 – Rs. C-440/00 Gesamtbetriebsrat ./. Kühne & Nagel, JZ 2004, 569–572; *Laulom*, The Flawed Revision of the European Works Council Directive, ILJ 39 (2010), 202–208; *Lelley/Feindura*, Beteiligung des Europäischen Betriebsrats bei grenzüberschreitender Betriebsänderung, DB 2014, 2771–2776; *Lorber*, Reviewing the European Works Council Directive: European Progress and United Kingdom Perspective, ILJ 33 (2004), 191–199; *Lorenz/Zumfelde*, Der Europäische Betriebsrat und die Schließung des Renault-Werkes in Vil- voorde/Belgien, RdA 1998, 168–173; *Maiß/Pauken*, Mitwirkungsrechte des Europäischen Betriebsrats bei grenzüberschreitenden Betriebsänderungen, BB 2013, 1589–1592; *McGlynn*, European Works Councils: Towards Industrial Democracy?, ILJ 24 (1995), 78–84; *Mnookin/Kornhauser*, Bargaining in the Shadow of the Law: The Case of Divorce, Yale L.J. 88 (1979), 950–997; *Mozet*, Beteiligung der Arbeitnehmer auf europäischer Ebene, Anmerkungen zur EG-Richtlinie über den Europäischen Betriebsrat, ZEuP 1995, 552–563; *Müller, Christopher*, Europäische Betriebsräte-Gesetz (EBRG), 1997; *Oetker*, Europäischer Betriebsrat und Pressefreiheit – Zugleich ein Beitrag zu den Schranken der Mitbestimmung im Tendenzunternehmen, DB 1996 Beil. Nr. 10 zu Heft 23, S. 1–16; *Pipkorn*, The Draft Directive on Procedures for Informing and Consulting Employees, CMLR 20 (1983), 725–755; *Rademacher*, Der Europäische Betriebsrat – Die Richtlinie des Rates vom 22.9.1994 und ihre Umsetzung in nationales Recht, 1996; *Rehberg*, Die Kollisionsrechtliche Behandlung „europäischer Betriebsvereinbarungen", NZA 2013, 73–78; *Risak*, Horizontale Auskunftspflicht bei der Errichtung europäischer Belegschaftsvertretung, EuZA 2008, 409–416; *Sadowski/Kühne*, Der europäische Betriebsrat – weder europäisch noch Betriebsrat, in: Konzen/Krebber/Raab/Veit/Waas (Hrsg.), Festschrift für Rolf Birk zum siebzigsten Geburtstag, 2008, S. 771–787; *Schiek*, Europäische Betriebsvereinbarung, RdA 2001, 218–236; *Schmidt, Ingrid*, Betriebliche Arbeitnehmervertretung insbesondere im Europäischen Recht, RdA 2001 Sonderbeil. zu Heft 5, 12–22; *Schmidt, Monika*, Der Europäische Betriebsrat, NZA 1997, 180–183; *Schubert*, Europäisches Betriebsverfassungsrecht, in: Oetker/Preis (Hrsg.), Europäisches Arbeits- und Sozialrecht, B 8300 Rdn. 43–385 (Stand: Okt. 2019); *Thüsing/Forst*, Europäische Betriebsräte-Richtlinie: Neuerungen und Umsetzungserfordernisse, NZA 2009, 408–412; *van Voss*, The Directive on European Works Councils in Community-scale Undertakings – The Introduction of „Double Subsidiarity" in European Labour Law, MJ 2 (1995), 339–356; *Villiers*, The Rover Case (1) The Sale of Rover Cars by BMW – the Role of the Works Council, ILJ 29 (2000), 386–394; *Waas*, Die neue EBR-Richtlinie 2009/38/EG, KritV 2009, 400–411; *Weber*, Information und Konsultation im europäischen und deutschen Mitbestimmungsrecht, in: Dauner-Lieb/Hommelhoff/Jacobs/Kaiser/Weber (Hrsg.), Festschrift für Horst Konzen zum siebzigsten Geburtstag, 2005, S. 921–956; *Wedderburn*, Consultation and Collective Bargaining in Europe: Success or Ideology?, ILJ 26 (1997), 1–34; *ders.*, Inderogability, Collective Agreements, and Community Law, ILJ 21 (1992), 245–264; *Weiss*, Arbeitnehmermitwirkung in Europa, NZA 2003, 177–184; *ders.*, Die Umsetzung der Richtlinie über Europäische Betriebsräte, AuR 1995, 438–444; *ders.*, Europäische Betriebsräte und Konzern – 20 Thesen, ZIAS 1995, 633–639; *ders.*, Workers' Participation in the European Union, in: Davies/Lyon-Caen/Sciarra/Simitis (Hrsg.), European Community Labour Law: Principles and Perspectives – Liber amicorum Lord Wedderburn, 1996, S. 213–235; *Windbichler*, Auskunftspflichten in der gemeinschaftsweit operierenden Unternehmensgruppe, in: Lutter/Scholz/Sigle (Hrsg.), Festschrift für Martin Peltzer zum 70. Geburtstag, 2001, S. 629–643; *dies.*, Dependent Independence from a Labour Law Perspective, JITE 152 (1996), 250–261; *dies.*, Unternehmerisches Zusammenwirken von Arbeitgebern als arbeitsrechtliches Problem – Eine Skizze auch vor dem Hintergrund der EG-Richtlinie zum Europäischen Betriebsrat in Unternehmensgruppen, ZfA 1996, 1–18; *Wolff*, Europäische Betriebsräte nach dem Brexit, BB 2016, 1784–1786; *Zimmer*, Kompetenz Europäischer Betriebsräte zum Abschluss europaweiter Kollektivvereinbarungen?, EuZA 2013, 459–472.

Rechtsprechung:

EuGH v. 21.10.1999	Rs. C-430/98 *Kommission ./. Luxemburg*, EU:C:1999:520
EuGH v. 29.3.2001	Rs. C-62/99 *bofrost*, EU:C:2001:188
EuGH v. 13.1.2004	Rs. C-440/00 *Kühne & Nagel*, EU:C:2004:16
EuGH v. 15.7.2004	Rs. C-349/01 *ADS*, EU:C:2004:440

Übersicht

I. Sachfragen, Übersicht, Rechtsgrundlagen, Regelungsumfeld

1. Sachfragen

1 Ziel der Arbeitnehmermitwirkung auf betrieblicher Ebene ist es, die Arbeitnehmer in Entscheidungen, die den Arbeitsplatz und die Arbeitnehmerschaft betreffen, informatorisch einzubeziehen und sie ggf. auch am Entscheidungsfindungs- oder Entscheidungsprozess teilhaben zu lassen. Das setzt indes voraus, dass die entsprechenden Entscheidungen von dem (nationalen) Unternehmen getroffen werden. Wenn sich Unternehmen im Binnenmarkt länderübergreifend zusammenschließen oder kooperieren, kann diese Voraussetzung in Frage gestellt sein: Dann kann sich die Situation ergeben, dass Entscheidungen, die sich auf die nationalen Betriebe auswirken, außerhalb des betroffenen Mitgliedstaats getroffen – und damit der Mitwirkung der Arbeitnehmervertreter entzogen – werden.[1] Nationale Betriebsräte könnten damit weitgehend wirkungslos werden: „gegenüber einer Konzernleitung in den Vereinigten Staaten oder der Schweiz kann der Betriebsrat in Gunzenhausen nicht viel ausrichten“[2]. Die Richtlinie über den Europäischen Betriebsrat (EBR-Richtlinie; EBRRL)[3] ist

1 Vgl. *Gaul*, NJW 1995, 228, 231; I. *Schmidt*, RdA 2001 Beil. zu Heft 5, 12, 13; *Weiss*, ZIAS 1995, 633. Vgl. auch Art. 2 Abs. 4 MERL, Art. 7 Abs. 4 BÜRL.

2 *Gamillscheg*, Kollektives Arbeitsrecht II, S. 1178. S.a. *Junker*, JZ 1992, 1100, 1101 f.; *Pipkorn*, CMLR 20 (1983), 725, 729 f.

3 Richtlinie 2009/38/EG des Europäischen Parlaments und des Rates vom 6.5.2009 über die Einsetzung eines Europäischen Betriebsrats oder die Schaffung eines Verfahrens zur Unterrichtung und Anhörung der Arbeitnehmer in gemeinschaftsweit operierenden Unternehmen oder Unternehmensgruppen, ABl. 2009 L 122/28. Vereinzelt ist noch die ursprüngliche Richtlinie zitiert (vgl. Art. 17 EBRRL): Richtlinie 94/45/EG des Rates vom 22.9.1994 über die Einsetzung eines Europäischen Betriebsrats oder die Schaffung eines Verfahrens zur Unterrichtung und Anhörung der Arbeitnehmer in gemeinschafts-

eine Antwort auf die Sachfrage, wie die Unterrichtung und Anhörung von Arbeitnehmern bei länderübergreifenden Unternehmen und Unternehmensgruppen sichergestellt werden kann (BE 9–11 EBRRL).[4]

2. Entstehung und Entwicklung der Richtlinie, Rechtsetzungskompetenz

Die **Vorarbeiten** für die Richtlinie[5] gehen auf die Entschließung des Rates vom 21. Januar 1974 über ein sozialpolitisches Aktionsprogramm (§ 1 Rdn. 36f.) zurück, in dem die schrittweise Förderung der Mitwirkung der Arbeitnehmer bzw. ihrer Vertreter zum Ziel der Gemeinschaft erhoben wurde.[6] Der erste Richtlinienvorschlag von 1980,[7] oft nach dem damals zuständigen Kommissar *Vredeling* bezeichnet, sah nicht die Schaffung eines besonderen Vertretungsorgans (EBR) vor, sondern räumte den Arbeitnehmervertretungen nach nationalem Recht Informations- und Konsultationsrechte ein, die ggf. auch Entscheidungsträger in anderen Mitgliedstaaten verpflichten konnten.[8] Da über den Vorschlag im Ministerrat keine Einigung zu erzielen war, wurde er ab 1986 nicht mehr weiterverfolgt.[9] Erst mit der Gemeinschaftscharta der sozialen Grundrechte der Arbeitnehmer vom 9. Dezember 1989, die in Nrn. 17 und 18 das Recht der Arbeitnehmer auf Unterrichtung und Anhörung hervorhebt (s.o., § 2 Rdn. 78), kam das Vorhaben wieder in Fahrt. 1990 legte die Kommission einen neuen Entwurf vor.[10] 2

weit operierenden Unternehmen und Unternehmensgruppen, ABl. 1994 L 254/64; dafür wird die Abkürzung „**EBRRL 1994**" verwendet.

4 *Sadowski/Kühne*, FS Birk (2008), S. 771–787, analysieren spieltheoretisch die Auswirkungen des EBR als Kommunikationsforum der Arbeitnehmervertreter auf einen konzerninternen länderübergreifenden Standortwettbewerb.

5 Eingehend *Blanke/Kunz*, in: Blanke/Hayen/Kunz/Carlson, EBRG-Kommentar, Einleitung Rdn. 6–15; *Rademacher*, Der Europäische Betriebsrat, S. 33–70 („Vorgeschichte") und S. 70–79 („Rechtsetzungsverfahren der Richtlinie"); *Van Voss*, MJ 2 (1995), 339–344.

6 Zur Entstehungsgeschichte *Birk*, in: Grundmann (Hrsg.), Systembildung und Systemlücken in Kerngebieten des Europäischen Privatrechts, S. 387, 391f.; eingehend *Rademacher*, Der Europäische Betriebsrat, S. 33ff.

7 Vorschlag für eine Richtlinie über die Unterrichtung und Anhörung der Arbeitnehmer von Unternehmen mit komplexer, insbesondere transnationaler Struktur, ABl. 1980 C 297/3.

8 Dazu noch *Bellace*, Comp.Lab.L. J. 18 (1997), 325, 346–348; *Docksey*, Comp. Lab. L. 7 (1986), 32–48; *Pipkorn*, CMLR 20 (1983), 725–755; *Weiss*, Liber amicorum Lord Wedderburn (1996), S. 213, 224–226; *Westermann*, RabelsZ 48 (1984), 123, 169–179.

9 W. *Kolvenbach*, DB 1991, 805.

10 Vorschlag für eine Richtlinie des Rates über die Einsetzung Europäischer Betriebsräte zur Information und Konsultation der Arbeitnehmer in gemeinschaftsweit operierenden Unternehmen und Unternehmensgruppen, KOM(90) 581 endg., ABl. 1991 C 39/10; Geänderter Vorschlag für eine Richtlinie des Rates über die Einsetzung Europäischer Betriebsräte zur Information und Konsultation der Arbeitnehmer in gemeinschaftsweit operierenden Unternehmen und Unternehmensgruppen, KOM(91) 345 endg., ABl. 1991 C 336/11. Dazu noch *Hall*, BJIR 30 (1992), 547–564; *Junker*, JZ 1992, 1100–1106.

Die Akzeptanz des neuen Entwurfs beruht wesentlich auf dem „Umschalten von substantieller, für alle Anwendungsfälle gleichlautender Regelung zur bloßen Etablierung einer Verfahrensstruktur“[11]: Unternehmen und Arbeitnehmer (-vertreter) können ein Mitwirkungssystem maßschneidern.

3 Die Richtlinie sollte erst auf die Binnenmarkt**kompetenz** des Art. 100 EGV (Art. 115 AEUV) gestützt werden, fand aber nicht die danach erforderliche allseitige Zustimmung. Sie wurde schließlich auf der Grundlage des Abkommens über Sozialpolitik zum Maastricht-Vertrag verabschiedet, dem das Vereinigte Königreich nicht angehörte (oben, § 5 Rdn. 5). Der dort eingeführte soziale Dialog (vgl. heute Art. 154f. AEUV; § 5 Rdn. 27–44) war allerdings gescheitert, da sich der Verband der privaten Arbeitgeber UNICE aufgrund einer Intervention des britischen Arbeitgeberverbandes an einer Zustimmung gehindert sah.[12] Am 22. September 1994 trat die Richtlinie 94/45/EG in Kraft.

4 1997 wurde der Anwendungsbereich der Richtlinie – gestützt auf Art. 100 EGV (Art. 115 AEUV) – durch die Richtlinie 97/45/EG[13] auf das **Vereinigte Königreich** ausgedehnt.[14] Darüber hinaus enthielt die Änderungsrichtlinie nur kleinere technische Veränderungen im Zusammenhang mit der Ausdehnung des räumlichen Anwendungsbereichs.[15]

5 Nach einem ersten Bericht über die Anwendung der Richtlinie (vgl. Art. 15 EBRRL 1994) aus dem Jahr 2000[16] hat die Kommission im Jahr 2003 eine Überarbeitung in Angriff genommen. Defizite stellte sie vor allem im Bereich der Information und der Rechtsdurchsetzung fest; auch hier wirkte der „Renault-Vilvoorde-Fall“ nach, der wesentlicher Auslöser der Unterrichtungsrahmenrichtlinie gewesen war (oben, § 30 Rdn. 1).[17] Die Kommission legte am 2. Juli 2008 einen **Änderungsvorschlag** vor.[18]

---

11 *Weiss*, NZA 2003, 177, 179; *Weiss*, ZIAS 1995, 633, 635 (Paradigmenwechsel).

12 *Birk*, in: Grundmann (Hrsg.), Systembildung im Europäischen Privatrecht, S. 391; *Heinze*, AG 1995, 385, 386. Zum Anhörungsverfahren auch: *Lerche*, Der europäische Betriebsrat und der deutsche Wirtschaftsausschuss (1997), S. 139.

13 Richtlinie 97/74/EG des Rates vom 15.12.1997 zur Ausdehnung der Richtlinie 94/45/EG über die Einsetzung eines Europäischen Betriebsrats oder die Schaffung eines Verfahrens zur Unterrichtung und Anhörung der Arbeitnehmer in gemeinschaftsweit operierenden Unternehmen und Unternehmensgruppen auf das Vereinigte Königreich, ABl. 1997 L 10/22.

14 Zum Ganzen W. *Kolvenbach*, NZA 1998, 582–585; *Kilian*, RdA 2001, 166–171.

15 W. *Kolvenbach*, NZA 1998, 582, 583.

16 Bericht der Kommission an das Europäische Parlament und den Rat über den Stand der Anwendung der Richtlinie über die Einsetzung eines Europäischen Betriebsrats oder die Schaffung eines Verfahrens zur Unterrichtung und Anhörung der Arbeitnehmer in gemeinschaftsweit operierenden Unternehmen und Unternehmensgruppen (Richtlinie 94/45/EG des Rates v. 22.9.1994), KOM(2000) 188 endg.

17 S. etwa *Altmeyer*, AiB 2007, 503–506; *Lorber*, ILJ 33 (2004), 191–199; M. *Schmidt*, EuZA 2008, 196, 205–207.

18 Vorschlag für eine Richtlinie des Europäischen Parlaments und des Rates über die Einsetzung eines Europäischen Betriebsrats oder die Schaffung eines Verfahrens zur Unterrichtung und Anhörung

Das Parlament nahm diesen Vorschlag am 16. Dezember 2008 mit Änderungen an,[19] nachdem der Rat bereits zuvor zugesagt hatte, die Richtlinie in der so geänderten Fassung gem. Art. 294 Abs. 4 AEUV zu erlassen. Im Rat wurde darüber bereits am 17. Dezember 2008 auch eine politische Einigung erzielt. Am 6. Mai 2009 wurde die Richtlinie formal **verabschiedet**.[20] Zentrales Anliegen der Änderung ist einerseits, die Tätigkeit des EBR effektiver zu gestalten (vgl. BE 7, 14 f. EBRRL sowie die neu eingefügten Vorschriften von Art. 1 Abs. 2 S. 2, Abs. 3 EBRRL), andererseits sollen aber die Belastungen der Unternehmen oder Betriebe auf ein Mindestmaß begrenzt werden (BE 9 S. 2, Art. 1 Abs. 2 S. 2). Inhaltlich wurden vor allem die Mitwirkungsrechte gestärkt (z. B. schon in den Definitionsnormen von Art. 2 Abs. 2 lit. f) und g)), die Unterstützung der Arbeitnehmervertreter durch Sachverständige einschließlich Vertretern der Gewerkschaften erweitert (Art. 5 Abs. 4) und die „Rolle der Arbeitnehmervertreter" hervorgehoben (Art. 10 Abs. 1, 2, 4).

Formen länderübergreifend zuständiger Betriebsräte hatten einige Unternehmen 6
bereits vor Verabschiedung der Richtlinie privatautonom vereinbart (zur Perpetuierung, s. Art. 14 EBRRL).[21] Mittlerweile hat eine große Zahl von Unternehmen Europäische Betriebsräte eingerichtet.[22] Eine Datenbank mit Vereinbarungen über EBR, eingerichtet vom European Trade Union Institute (ETUI), findet sich bei www.ewcdb.eu.

3. Übersicht über die Richtlinie

Die Richtlinie sieht primär ein *Verfahren* vor (Art. 4–6), nach dem die *zentrale Leitung* 7
unionsweit operierender Unternehmen oder Unternehmensgruppen einerseits und ein von der Arbeitnehmerseite gebildetes *besonders Verhandlungsgremium* andererseits (Anwendungsbereich; Art. 1–3) privatautonom

---

der Arbeitnehmer in gemeinschaftsweit operierenden Unternehmen oder Unternehmensgruppen v. 2.7.2008, KOM(2008) 419 endg. S. zuvor schon Mitteilung der Kommission v. 9.2.2005 „Sozialpolitische Agenda" KOM(2005) 33 endg.

19 Legislative Entschließung des Europäischen Parlaments vom 16.12.2008 zu dem Vorschlag für eine Richtlinie des Europäischen Parlaments und des Rates über die Einsetzung eines Europäischen Betriebsrats oder die Schaffung eines Verfahrens zur Unterrichtung und Anhörung der Arbeitnehmer in gemeinschaftsweit operierenden Unternehmen und Unternehmensgruppen (Neufassung), ABl. 2010 C 45 E/112.

20 S. bereits Fn. 3. Zur neuen Richtlinie *Franzen*, EuZA 2010, 180–197. Krit. zur Änderungsrichtlinie (und auch der Involvierung der Sozialpartner) *Alaimo*, IJCLLIR 26 (2010), 217–230; *Laulom*, ILJ 39 (2010), 202–208. Zu der zwischenzeitlich geltenden Bestimmung der Richtlinie *Giesen*, NZA 2009, 1174–1176.

21 S. die Angaben bei *Barnard*, EU Employment Law, S. 663; *Gaul*, NJW 1995, 228 f.; I. *Schmidt*, RdA 2001 Sonderbeil. zu Heft 5, 12, 17.

22 Zu Praxiserfahrungen eingehend *Fuchs/Marhold*, Europäisches Arbeitsrecht, S. 434–441.

- entweder einen EBR
- oder ein besonderes Unterrichtungs- und Anhörungsverfahren

einrichten können, zusätzlich („*on top*") zu den (ggf. bereits bestehenden) nationalen Verfahren der betrieblichen Arbeitnehmermitwirkung. Die Ausgestaltung bleibt dabei weitgehend der Autonomie der Parteien überlassen (vgl. Art. 6 Abs. 2 Einleitungssatz); die Richtlinie selbst legt nur Grundsätze der Zusammenarbeit fest (Art. 8–10). Vor allem für den Fall der Verhandlungsverweigerung oder -verschleppung sieht die Richtlinie aber in ihrem Anhang subsidiäre Vorschriften über die Einrichtung eines EBR und seine Zuständigkeiten vor (die die Parteien freilich auch freiwillig vereinbaren können) (Art. 7 EBRRL, sog. *Auffanglösung*).

4. Gang der Darstellung

8 Die subsidiären Vorschriften über den EBR im Anhang der Richtlinie sind daher zugleich gesetzliches Leitbild und als Auffanglösung wesentliche Determinante für die Verhandlungserwartungen der Parteien („bargaining in the shadow of the law"[23]). Sie werden daher nachfolgend im Anschluss an die Darstellung des Anwendungsbereichs erörtert, bevor wir uns den zentralen Vorschriften der Richtlinie über das Verfahren zur Einrichtung eines EBR oder zur Schaffung eines Verfahrens zur Unterrichtung und Anhörung der Arbeitnehmer zuwenden. Beide Abschnitte sind voneinander weitgehend unabhängig, wen das Verfahrensregime der Richtlinie vordringlich interessiert, kann zunächst diesen Abschnitt lesen.

II. Anwendungsbereich und Begriffsbestimmungen

9 „Das Ziel [der EBR-] Richtlinie ist die Stärkung des Rechts auf Unterrichtung und Anhörung der Arbeitnehmer in gemeinschaftsweit operierenden Unternehmen und Unternehmensgruppen." Dementsprechend „wird in allen gemeinschaftsweit operierenden Unternehmen und Unternehmensgruppen auf Antrag (...) zum Zweck der Unterrichtung und Anhörung der Arbeitnehmer (...) ein Europäischer Betriebsrat eingesetzt oder ein Verfahren zur Unterrichtung und Anhörung der Arbeitnehmer geschaffen", Art. 1 Abs. 1 und 2 EBRRL. Der Anwendungsbereich der Richtlinie erstreckt sich damit auf gemeinschaftsweit operierende Unternehmen und Unternehmensgruppen, wie sie Art. 2 Abs. 1 lit. a)–c), Abs. 2 mit Rücksicht auf (1) die Arbeitnehmerzahl und (2) die Tätigkeit in verschiedenen Mitgliedstaaten definiert.

23 Vgl. *Carley/Hall*, ILJ 29 (2000), 103, 105, 107. Grundlegend *Mnookin/Kornhauser*, Yale L.J. 88 (1979), 950–997.

1. Sachlicher Anwendungsbereich

a) Gemeinschaftsweit operierende Unternehmen

Ein **„gemeinschaftsweit operierendes Unternehmen"** ist nach Art. 2 Abs. 1 lit. a) EBRRL ein Unternehmen 10

- mit mindestens 1.000 Arbeitnehmern in den Mitgliedstaaten und
- mit jeweils mindestens 150 Arbeitnehmern in mindestens zwei Mitgliedstaaten.

Mit der Arbeitnehmerzahl von 1.000 werden kleine und mittlere Unternehmen ausgenommen, denen die (Kosten-) Belastung des EBR nicht zugemutet werden sollte.[24] In der Mindestzahl von je 150 Mitarbeitern in mindestens zwei Mitgliedstaaten kommt der länderübergreifende Bezug („gemeinschaftsweit operierend") zum Ausdruck.[25] 11

Der Begriff des **Unternehmens** ist dabei unionsautonom zu verstehen, also nicht als mitgliedstaatlicher Begriff, da sonst der einheitliche Anwendungsbereich der Richtlinie nicht sichergestellt wäre.[26] Für die nähere Bestimmung kann man den **kartellrechtlichen Unternehmensbegriff** heranziehen:[27] Unternehmen ist jede eine wirtschaftliche Tätigkeit ausübende Einheit unabhängig von ihrer Rechtsform und der Art ihrer Finanzierung.[28] Anders liegen die Dinge im Hinblick auf den **Arbeitnehmerbegriff**. Ausweislich Art. 2 Abs. 2 EBRRL wollte der Gesetzgeber hier nur rahmenhafte Vorgaben machen: Entscheidend ist damit der mitgliedstaatlich-autonome Arbeitnehmerbegriff.[29] Vorgegeben ist lediglich, dass es für die Berechnung der Beschäftigungsschwellen auf den Durchschnitt der letzten zwei Jahre ankommt und dabei auch Teilzeitbeschäftigte zu berücksichtigen sind.[30] 12

Wenn **leitende Angestellte** – wie in Deutschland der Fall – nach allgemeinen Grundsätzen Arbeitnehmer sind, können sie nicht für Umsetzung der EBRRL vom Arbeitnehmerbegriff ausgenommen werden. Sie sind dann bei der Berechnung der Schwellenwerte mit zu berücksichtigen. Für die Zwecke der Umsetzung der Richtlinie einen besonderen Arbeitnehmerbegriff zu verwenden, der leitende Angestellte ausnahmsweise ausschließt, verstößt gegen die Umsetzungspflichten.[31] Auch Art. 2 Abs. 2 13

---

24 Rechtsvergleichende Skizze zur Betriebsverfassung in Klein- und Mittelbetrieben: *Junker*, NZA 2002, 131–138.

25 *Mozet*, ZEuP 1995, 552, 558.

26 Hanau/Steinmeyer/Wank/*Hanau*, § 19 Rdn. 33 f.; *I. Schmidt*, RdA 2001 Sonderbeil. zu Heft 5, 12, 15.

27 Hanau/Steinmeyer/Wank/*Hanau*, § 19 Rdn. 33 f.; *Rademacher*, Der Europäische Betriebsrat, S. 84.

28 EuGH v. 23.4.1991 – Rs. C-41/90 *Höfner & Elser*, EU:C:1991:161 Rdn. 21.

29 *Birk*, in: Grundmann (Hrsg.), Systembildung und Systemlücken in Kerngebieten des Europäischen Privatrechts, S. 387, 396 (bedauernd); *Rademacher*, Der Europäische Betriebsrat, S. 93–96; Preis/Sagan/*Müller-Bonanni/Witschen*, Rdn. 17.42.

30 *Hromadka*, DB 1995, 1125, 1126.

31 Vgl. zur InsSchRL EuGH v. 16.12.1993 – Rs. C-334/92 *Wagner Miret*, EU:C:1993:945 Rdn. 15–23; i. E. wie hier *Weiss*, AuR 1995, 438, 442; a. M. *Gamillscheg*, Kollektives Arbeitsrecht I, S. 1185; Hanau/Steinmeyer/Wank/*Hanau*, § 19 Rdn. 55; *ders.*, FS Vieregge (1995), S. 321 f. (Umsetzungsermessen); MünchArbR/*Grau*, § 354 Rdn. 13; Schlachter/Heinig/*Kleinert*, § 21 Rdn. 61; *Rademacher*, Der Europäische Betriebsrat, S. 96 f.; I. *Schmidt*, RdA 2001 Sonderbeil. zu Heft 5, 12, 15; *M. Schmidt*, NZA 1997, 180, 181.

EBRRL ermächtigt die Mitgliedstaaten nicht, im Hinblick auf den Arbeitnehmerbegriff nationale Gepflogenheiten zu berücksichtigen. Das ist schon in der deutschen Sprachfassung naheliegend, vollends unzweideutig aber in der französischen und englischen Sprachfassung (*calculé selon les législations et/ou pratiques nationales, calculated according to national legislation and/or practice*): (Nur) Bei der – vom Arbeitnehmerbegriff gesonderten Sachfrage[32] der – Berechnung der Anzahl wird Rücksicht auf die nationalen Gepflogenheiten genommen. Das kann z. B. für die Frage eine Rolle spielen, wie Teilzeitbeschäftigte zu berücksichtigen sind.[33]

b) Gemeinschaftsweit operierende Unternehmensgruppen

14 Neben den gemeinschaftsweit operierenden Unternehmen sind auch ebenso tätige **Unternehmensgruppen** erfasst.[34] Eine Unternehmensgruppe ist zunächst nach Art. 2 Abs. 1 lit. b) EBRRL „eine *Gruppe*, die aus einem *herrschenden Unternehmen* und den von diesem abhängigen Unternehmen besteht". Hier erweist sich die Begriffsbestimmung als problematisch, da einerseits (wie beim Unternehmensbegriff) ein einheitlicher (unionsautonomer) Maßstab unverzichtbar ist, aber andererseits eine Abhängigkeit vom mitgliedstaatlichen (gesellschafts-) rechtlichen Instrumentarium besteht („herrschend", „abhängig"), das mit der EBR-Richtlinie nicht angeglichen werden sollte.[35] Daher sind zwar die Begriffe der Beherrschung und der Abhängigkeit als unionsautonom anzusehen, für die Anwendung (Subsumtion) ist aber das nationale Recht heranzuziehen.

15 Die Gruppe muss aus einem **herrschenden Unternehmen** und (mindestens) einem abhängigen Unternehmen bestehen.[36] Ein Unternehmen ist herrschend, wenn es – *zum Beispiel* aufgrund von Eigentum, finanzieller Beteiligung oder sonstiger Instrumente – einen beherrschenden Einfluss auf ein anderes Unternehmen ausüben kann, Art. 3 Abs. 1 EBRRL; das andere Unternehmen ist dann abhängig i. S. d. Richtlinie. In drei Fällen wird der beherrschende Einfluss widerleglich vermutet, nämlich wenn das Unternehmen die Mehrheit der Anteile besitzt, über die Mehrheit der Stimmrechte verfügt oder mehr als die Hälfte der Mitglieder des Verwaltungs-, Leitungs- oder Aufsichtsorgans bestellen kann, Art. 3 Abs. 2 EBRRL.[37] Da diese gesellschaftsrechtlichen Determinanten mit der Richtlinie nicht angeglichen werden sollten,

---

32 S. nur die rechtsvergleichende und daher nach Sachfragen strukturierte Erörterung von *Junker*, NZA 2002, 131, 136.

33 S.a. EuArbRK/*Oetker*, Art. 2 RL 2009/38/EG Rdn. 29.

34 Weiterführend dazu noch *Windbichler*, JITE 152 (1996), 250–261; *dies.*, ZfA 1996, 1–18 (Vergleich mit dem Konzern im deutschen Recht und zu graduell unterschiedliche „dichten" Formen unternehmerischen Zusammenwirkens); auch *dies.*, FS Peltzer (2001), S. 629–643 (Inkonsistenzen und ein realitätsfernes Bild der Unternehmensgruppe in der Richtlinie rügend).

35 *Henssler*, FS Schmidt (2009), S. 601, 610; *Windbichler*, ZfA 1996, 1, 9 f. Dagegen *Forst*, ZESAR 2010, 154, 155 f. für eine rein unionsautonome Bestimmung.

36 Näher *Hromadka*, DB 1995, 1125 f.

37 Zur Berechnung der Stimmrechte, s. Abs. 3; eine mögliche „Normkollision" bei der Anwendung von Abs. 2 löst Abs. 7 auf.

kommt es für die Feststellung, ob ein Unternehmen „herrschend" ist, auf das mitgliedstaatliche Recht an, dem das Unternehmen unterliegt, Art. 3 Abs. 6 UAbs. 1 EBRRL (für unionsexterne Unternehmen, s. UAbs. 2).[38]

„Gemeinschaftsweit operierend" ist die Unternehmensgruppe nach Art. 2 Abs. 1 **16**
lit. c) wenn sie

- mindestens 1.000 Arbeitnehmer in den Mitgliedstaaten hat,
- mindestens zwei der Gruppe angehörende Unternehmen in verschiedenen Mitgliedstaaten umfasst, und
- mindestens ein der Unternehmensgruppe angehörendes Unternehmen mindestens 150 Arbeitnehmer in einem Mitgliedstaat hat, und ein weiteres der Unternehmensgruppe angehörendes Unternehmen mindestens 150 Arbeitnehmer in einem anderen Mitgliedstaat hat.

Damit werden die Kriterien des gemeinschaftsweit operierenden Unternehmens (s. o. Rdn. 10) auf die Unternehmensgruppe übersetzt. Wiederum wird zum einen eine Mindestgröße von 1.000 Arbeitnehmern vorausgesetzt (s. o. Rdn. 11). Bei der Formulierung der weiteren Anforderungen hat der Gesetzgeber Rücksicht darauf genommen, dass der Gruppe auch unionsexterne Unternehmen angehören können. Zusammengefasst bedeuten sie, dass mindestens zwei der Gruppe angehörende Unternehmen, die in unterschiedlichen Mitgliedstaaten loziert sind, jeweils mindestens 150 Arbeitnehmer in unterschiedlichen Mitgliedstaaten haben. Die umständliche Formulierung berücksichtigt den Fall, dass ein Unternehmen zwar nicht im Sitzstaat, wohl aber in einem anderen Mitgliedstaat 150 Arbeitnehmer hat.

Vereinzelt wird vorgeschlagen, auch den Fall einzubeziehen, in dem ein Unter- **17**
nehmen 150 Arbeitnehmer in einem Mitgliedstaat hat und *mehrere* andere Unternehmen zwar nicht für sich, wohl aber zusammen 150 Arbeitnehmer in einem anderen Mitgliedstaat haben.[39] Das kann man rechtspolitisch durchaus begründen und lässt sich auch als folgerichtige Übertragung der Anforderungen bei Unternehmen auf den Fall der Unternehmensgruppe rechtfertigen. Indes steht der unzweideutige Wortlaut dieser Auslegung entgegen.[40]

2. Räumlicher Anwendungsbereich

Wie weit sich die Befugnisse und Zuständigkeiten der Europäischen Betriebsräte bzw. **18**
der Verfahren zur Unterrichtung und Anhörung der Arbeitnehmer erstrecken, richtet sich primär nach der Vereinbarung der Parteien. Wenn diese nichts anderes verein-

---

38 Zu (auch) gemeinschaftsrechtlichen Anhaltspunkten *Windbichler*, ZfA 1996, 1, 9 f.

39 *Asshoff/Bachner/Kunz*, Europäisches Arbeitsrecht im Betrieb (2002), S. 192.

40 Ebenso Preis/Sagan/*Müller-Bonanni/Witschen*, Rdn. 17.13.

baren, so erstreckt sich der Anwendungsbereich nach Art. 1 Abs. 6 EBRRL auf die Mitgliedstaaten (durch die Richtlinie 97/74/EG: auch das Vereinigte Königreich):

- bei einem gemeinschaftsweit operierenden Unternehmen: auf alle in den Mitgliedstaaten ansässigen Betriebe;
- bei einer gemeinschaftsweit operierenden Unternehmensgruppe: auf alle in den Mitgliedstaaten ansässigen Unternehmen dieser Gruppe.

3. Ausnahme für vorbestehende Vereinbarungen

19 Besondere Aufmerksamkeit – von Unternehmen wie der Wissenschaft – hat die Bestandsschutzregelung des Art. 13 EBRRL 1994 erfahren, nach der die Richtlinie nicht für gemeinschaftsweit operierende Unternehmen oder Unternehmensgruppen gilt, die vor Ablauf der Umsetzungsfrist der ursprünglichen Richtlinie (22. September 1996) mit den Arbeitnehmervertretern bereits eine Vereinbarung über eine länderübergreifende Unterrichtung und Anhörung geschaffen haben.[41] Die Regelung wurde durch die Änderungsrichtlinie 2009 weitergeführt und um eine weitere Ausnahme für Vereinbarungen ergänzt, die auf der Grundlage von Art. 6 EBRRL 1994 zwischen dem 5. Juni 2009 (= Inkrafttreten Art. 18 Abs. 1 EBRRL) und 5. Juni 2011 (= Ablauf der Umsetzungsfrist der EBRRL 2009, Art. 16 Abs. 1 EBRRL) unterzeichnet oder überarbeitet wurden,[42] Art. 14 EBRRL. Solche Vereinbarungen können auch dauerhaft erhalten bleiben, wenn die Parteien das beschließen. Unternehmen empfanden den Abschluss freiwilliger Vereinbarungen als vorteilhaft, da ihnen das „Korsett der Richtlinie" zu eng erschien.[43] Über die Altvereinbarungen selbst lässt sich wenig Allgemeines sagen, da sie der weithin unbeschränkten Autonomie der Betriebspartner unterliegen. Sie werfen freilich auch eigene kollisionsrechtliche und Gerichtsstandsfragen auf.[44] Umstritten ist, ob die Vorschrift des Art. 13 EBRRL über Neuverhandlungen und Anpassungen bei (wesentlichen) Strukturänderungen auch auf die Altvereinbarungen gem. Art. 14 EBRRL Anwendung findet. Dort ist die Strukturänderung in Abs. 1 lit. a) gesondert geregelt. Nur wenn sich die Parteien nicht nach dieser Vorschrift einigen, kommt Art. 13 EBRRL zum Tragen.[45]

---

41 S. bes. *Heinze*, AG 1995, 385, 393–400; *Hanau*, FS Vieregge (1995), S. 319, 323–329 (beispielhafte Erörterung von Art. 13-Vereinbarungen), 330 f.; Hanau/Steinmeyer/Wank/*Hanau*, § 19 Rdn. 64–75; *Willemsen/Hohenstatt*, NZA 1995, 399; I. *Schmidt*, RdA 2001 Sonderbeil. zu Heft 5, 12, 16–18; ferner *Bellace*, Comp.Lab.L.J.18 (1997), 325, 351–354; *Carley/Hall*, ILJ 29 (2000), 103, 107 f.; *Deakin/Morris*, Labour Law, Rdn. 9.64; *Gamillscheg*, Kollektives Arbeitsrecht II, S. 1179 f.

42 EuArbRK/*Oetker*, Art. 14 RL 2009/38/EG Rdn. 5.

43 *Hanau*, FS Vieregge (1995), S. 323. S.a. *I. Schmidt*, RdA 2001 Sonderbeil. zu Heft 5, 12, 16 f. („Diese Privilegierung [sc. des Art. 13 EBRRL 1994] hat geradezu einen Boom EBR ausgelöst.").

44 *Hanau*, FS Vieregge (1995), S. 319–334.

45 *Franzen*, EuZA 2010, 180, 195 f.; zweifelnd *Hohenstatt/Kröpelin/Bertke*, NZA 2011, 1313, 1317 f.

III. Das subsidiäre Modell des Europäischen Betriebsrats

Für den Europäischen Betriebsrat hält die Richtlinie im Anhang ein Modell vor, das **20**
nach ihrem Art. 7 in drei Fällen zur Anwendung kommt, nämlich,
(1) wenn die Parteien dies vereinbaren,
(2) wenn die Arbeitgeberseite die Aufnahme von Verhandlungen verweigert und
(3) wenn die Parteien drei Jahre nach einem Antrag, die Verhandlungen zur Errichtung eines EBR aufzunehmen, keine Vereinbarung geschlossen haben.

Das subsidiäre Modell im Anhang der Richtlinie hat daher zum einen Modellcharakter, und ist zum anderen die Auffanglösung für den Fall der Verhandlungsverweigerung bzw. des Scheiterns der Verhandlungen. Die Parteien verhandeln „im Schatten" dieser subsidiären Lösung (s. o. Rdn. 8).

1. Zusammensetzung des EBR

Größe und Zusammensetzung des Europäischen Betriebsrats hängen von der Struktur **21**
des jeweiligen Unternehmens oder der Unternehmensgruppe ab. Nach Ermittlung der Zahl aller Arbeitnehmer von Unternehmen und Unternehmensgruppen in allen Mitgliedstaaten wird pro 10 %-Tranche dieser Arbeitnehmer (oder einem Bruchteil dessen) in einem Mitgliedstaat ein Sitz vergeben, Anhang Nr. 1 c) EBRRL. Mithin besteht er mindestens aus 10 Mitgliedern. Das durch die Änderungsrichtlinie von 2009 eingeführte 10 %-Erfordernis folgt dem Modell in der SE-RL. Es soll eine proportionale **Repräsentation** im Verhältnis zur Gesamtzahl der Beschäftigten und ihrer regionalen Verteilung gewährleisten.

Diese Mitglieder rekrutieren sich aus Arbeitnehmern des gemeinschaftsweit ope- **22**
rierenden Unternehmens oder der gemeinschaftsweit operierenden Unternehmensgruppe, Anhang Nr. 1 b). Sie werden im Regelfall von den Arbeitnehmervertretern des Unternehmens/der Gruppe aus ihrer Mitte gewählt oder benannt, in Ermangelung einer Arbeitnehmervertretung von der Gesamtheit der Arbeitnehmer. Die **Wahl oder Benennung** selbst ist nicht von der Richtlinie geregelt, sondern richtet sich nach den einzelstaatlichen Rechtsvorschriften und/oder Gepflogenheiten.

Der EBR wählt aus seiner Mitte einen engeren Ausschuss mit höchstens 5 Mitglie- **23**
dern, Anhang Nr. 1 d) Abs. 1 EBRRL. Vor der Änderung von 2009 war die Wahl eines engeren Ausschusses noch optional. Nunmehr soll damit einerseits die Funktionsfähigkeit des EBR gewährleistet werden, andererseits sollen aber auch die Kosten seiner Tätigkeit in Grenzen gehalten werden. Der EBR gibt sich eine Geschäftsordnung, Anhang Nr. 1 d) Abs. 2 EBRRL.

Die Zusammensetzung des Europäischen Betriebsrats wird der zentralen Leitung **24**
mitgeteilt. Ist eine andere Leitungsebene geeigneter, z. B. eine anders lozierte zentrale Personalleitung, ist die Information an diese zu richten, Anhang Nr. 1 e).

2. Zuständigkeiten – Unterrichtung und Anhörung

25 Die Zuständigkeiten des EBR bestimmt der Anhang näher durch das Kriterium eines länderübergreifenden Bezugs. Vorgesehen sind jährliche Regelunterrichtungen und -anhörungen sowie eine anlassbezogene Unterrichtung.

a) Erfasste Gegenstände

26 Allgemein beschränken sich die Zuständigkeiten des EBR auf die Unterrichtung und Anhörung über Angelegenheiten, die einen **länderübergreifenden Bezug** haben, Anhang Nr. 1 a) i.V.m. Art. 1 Abs. 3, 4 EBRRL: Angelegenheiten, die

- das gemeinschaftsweit operierende Unternehmen[46] insgesamt oder
- mindestens zwei der Betriebe[47] in verschiedenen Mitgliedstaaten betreffen.[48]

27 Die ursprüngliche Richtlinie von 1994 (Anhang Nr. 1 a) EBRRL 1994) beschränkte bei Unternehmen oder Unternehmensgruppen, deren **zentrale Leitung nicht in einem Mitgliedstaat** ansässig ist (Art. 4 Abs. 2 EBRRL), die Zuständigkeiten des EBR auf die Angelegenheiten, die

- sämtliche zu der Unternehmensgruppe gehörenden Betriebe oder Unternehmen in den Mitgliedstaaten oder
- zumindest zwei Betriebe oder zu der Unternehmensgruppe gehörende Unternehmen in verschiedenen Mitgliedstaaten

betreffen. Während diese Regelung durch die Änderung von 2009 gestrichen wurde, gilt ihr Inhalt weiterhin; er ergibt sich bereits aus Anhang Nr. 1 a) i.V.m. Art. 1 Abs. 3 und 4 EBRRL.

b) Regelunterrichtung und -anhörung

28 Zur Unterrichtung und Anhörung gehört sodann zunächst eine jährliche Regelunterrichtung und -anhörung, zu der der EBR zusammentreten kann, Anhang Nr. 2 EBRRL.

29 Der Begriff der **Unterrichtung** (frz.: *information*, engl.: *information)* war in der ursprünglichen Richtlinie nicht definiert. Die von der Änderungsrichtlinie 2009 eingeführte Begriffsbestimmung lehnt sich an jene der Unterrichtungsrahmenrichtlinie an (BE 21f. EBRRL; § 30 Rdn. 11). Unterrichtung ist danach die Übermittlung von Infor-

46 Oder die gemeinschaftsweit operierende Unternehmensgruppe. Dazu dürfte auch die Veräußerung von Rover durch BMW im Jahr 2000 zu rechnen sein; skeptisch gegenüber der Reichweite der EBRRL 1994 aber *Villiers*, ILJ 29 (2000), 386–394.

47 Oder zwei der zur Unternehmensgruppe gehörenden Unternehmen.

48 Zur neuen Definition *Franzen*, EuZA 2010, 180, 183f. (darunter fällt nun auch die Entscheidung zur Kündigung der zentralen Leitung in Mitgliedstaat A von Arbeitnehmern in Mitgliedstaat B); *Hohenstatt/Kröpelin/Bertke*, NZA 2012, 1313, 1314.

mationen durch den Arbeitgeber an die Arbeitnehmervertreter, um ihnen Gelegenheit zur Kenntnisnahme und Prüfung der behandelten Frage zu geben, Art. 2 Abs. 1 lit. f) EBRRL. Systematisch verfehlt sind in der Definition selbst auch schon die **Modalitäten** der Unterrichtung festgelegt: Sie erfolgt – teleologisch selbstverständlich –[49] „zu einem Zeitpunkt, in einer Weise und in einer inhaltlichen Ausgestaltung, die dem Zweck angemessen sind und es den Arbeitnehmervertretern ermöglichen, die möglichen Auswirkungen eingehend zu bewerten und gegebenenfalls Anhörungen mit dem zuständigen Organ des betreffenden gemeinschaftsweit operierenden Unternehmens oder der gemeinschaftsweit operierenden Unternehmensgruppe vorzubereiten". Grenze der Information sind die Regeln über die Geheimhaltung vertraulicher Information, Art. 8 EBRRL; s. u. Rdn. 77–80.

Anhörung (frz.: *consultation,* engl.: *consultation)* definiert Art. 2 Abs. 1 lit. g) als die Einrichtung eines Dialogs und den Meinungsaustausch zwischen den Arbeitnehmervertretern und der zentralen Leitung oder einer anderen, angemesseneren Leitungsebene. *Meinungsaustausch* und *Dialog* bedeuten nicht Einigung, jedoch mehr als das bloße Hören der Gegenauffassung.[50] Ein Dialog setzt ein Austauschen von Argumenten und die Bereitschaft voraus, die Meinung des anderen zu hören, zu bedenken und dazu Stellung zu nehmen. Man kann von einem Beratungsrecht des Europäischen Betriebsrates sprechen.[51] Auch hier ist jetzt – im Anschluss an die Unterrichtungsrahmenrichtlinie – das Selbstverständliche zu den **Modalitäten** eigens hervorgehoben (BE 21, 23 EBRRL): Die Anhörung erfolgt „zu einem Zeitpunkt, in einer Weise und in einer inhaltlichen Ausgestaltung, die es den Arbeitnehmervertretern auf der Grundlage der erhaltenen Informationen ermöglichen, innerhalb einer angemessenen Frist und unbeschadet der Zuständigkeiten der Unternehmensleitung zu den vorgeschlagenen Maßnahmen, die Gegenstand der Anhörung sind, eine Stellungnahme abzugeben, die innerhalb des gemeinschaftsweit operierenden Unternehmens oder der gemeinschaftsweit operierenden Unternehmensgruppe berücksichtigt werden kann". 30

Während die vorgenannten **Modalitäten** zur allgemeinen Definition der Anhörung gehören und daher, wenn nichts anderes bestimmt ist, auch für die Vereinbarungslösung gelten, bestimmt Nr. 1 lit. a) Anhang EBRRL für die Auffanglösung zusätzlich, dass die Anhörung in einer Weise erfolgen muss, „die es den Arbeitnehmervertretern gestattet, mit der zentralen Leitung zusammenzukommen und eine mit Gründen versehene Antwort auf ihre etwaige Stellungnahme zu erhalten" (vgl. BE 44). 31

49 Allerdings war der maßgebliche Zeitpunkt für Unterrichtung und Anhörung unter der EBRRL 1994 nicht zweifelsfrei; dazu noch – unter Berücksichtigung der Verhandlungslösung und ausgewählter Vereinbarungen sowie der Auffanglösung *Blanke/Rose,* RdA 2008, 65–81 (i. E. wie hier).

50 *Bauckhage,* Die Sanktionen des Europäischen Betriebsräte-Gesetzes (2006), S. 104. A.M. *Gaul,* NJW 1995, 228, 230.

51 *Schubert,* EAS B 8300 Rdn. 177; *Oetker,* DB 1996, Beil. zu Heft 23, S. 7–9; ebenso wohl *I. Schmidt,* RdA 2001 Sonderbeil. zu Heft 5, 12, 20. Wohl enger *Goos,* NZA 1994, 776, 777; *Hromadka,* DB 1995, 1125, 1130 f.

Allgemein also: Unterrichtung, Stellungnahme und Berücksichtigung; speziell für die Auffanglösung: Unterrichtung, Stellungnahme, Berücksichtigung und Antwort. Teleologisch erscheint die Unterscheidung nicht begründet.

32 Der **Zeitpunkt** ist entscheidend, sowohl für den Arbeitnehmervertreter als auch für den Arbeitgeber. Zwischen dem Interesse der Arbeitnehmer an frühzeitiger Information und ausführlicher Beratung und dem Interesse des Arbeitgebers an schnellen Entscheidungen, insbesondere über die Struktur des Unternehmens, besteht ein Spannungsverhältnis. In der Präambel werden die Interessen beider Seiten anerkannt: „durch seine Unterrichtung und Anhörung [sollte der Betriebsrat] die Möglichkeit haben, dem Unternehmen rechtzeitig eine Stellungnahme vorzulegen, wobei dessen Anpassungsfähigkeit nicht beeinträchtigt werden darf" (BE 14 EBRRL; s.a. BE 22: Unterrichtung zu einem Zeitpunkt, in einer Weise und in einer inhaltlichen Ausgestaltung, „die dem Zweck angemessen [ist], ohne den Entscheidungsprozess in den Unternehmen zu verlangsamen"). Der Gesetzgeber wollte erkennbar beiden Seiten Rechnung tragen und den Arbeitnehmern nicht uneingeschränkte Rechte gewähren. Dies ist bei der Auslegung zu berücksichtigen, insbesondere bei der Konkretisierung des unbestimmten Rechtsbegriffs der „Angemessenheit" in Art. 2 Abs. 1 lit. f) und g) EBRRL.[52]

33 Die Unterrichtung erfolgt zunächst durch einen von der zentralen Leitung (Art. 2 Abs. 1 lit. e) EBRRL) vorzulegenden **Bericht**, Anhang Nr. 2. Dieser Bericht dient sodann als Grundlage für die Unterrichtung und Anhörung des EBR über die Entwicklung der Geschäftslage und die Perspektiven des Unternehmens (der Unternehmensgruppe).

34 **Gegenstände der Unterrichtung** sind nach Anhang Nr. 1 lit. a) Abs. 2 EBRRL

(1) die Struktur des Unternehmens,
(2) seine wirtschaftliche und finanzielle Situation,
(3) die voraussichtliche Entwicklung der Geschäfts-, Produktions- und Absatzlage sowie
(4) die Beschäftigungslage und ihre voraussichtliche Entwicklung,
(5) die Investitionen,
(6) grundlegende Änderungen der Organisation,
(7) die Einführung neuer Arbeits- und Fertigungsverfahren,
(8) Verlagerungen der Produktion,
(9) Fusionen, Verkleinerungen oder Schließungen von Unternehmen, Betrieben oder wichtigen Teilen dieser Einheiten und
(10) Massenentlassungen.

Auf die Gegenstände zu Ziff. (4) bis (10) dieser Aufzählung bezieht sich auch die **Anhörung**.

52 A.M. und allein fokussiert auf die Arbeitnehmerinteressen *Blanke*, AuR 2009, 242, 247 f.

c) Anlassabhängige Unterrichtung

Hinzu tritt eine anlassabhängige Unterrichtung bei **außergewöhnlichen Umständen** mit Auswirkungen auf die Arbeitnehmerinteressen, Anhang Nr. 3 EBRRL. Beispielhaft rechnen dazu die Verlegung oder Schließung von Unternehmen oder Betrieben sowie Massenentlassungen. 35

Adressat der Unterrichtung ist primär der engere Ausschuss (oben, Rdn. 23), nur wenn ein solcher nicht besteht, der EBR. Darin kommt zum Ausdruck, dass der höhere Aufwand einer Sitzung des Vollgremiums bei größeren EBR außer der Reihe möglichst vermieden werden soll. Das Vorgehen ist zweistufig ausgestaltet. In einer ersten Stufe erfolgt die Unterrichtung. In einer zweiten Stufe kann der Ausschuss bzw. EBR dann beantragen, mit der zentralen Leitung zusammenzutreten, um über die Maßnahmen mit erheblichen Auswirkungen auf die Arbeitnehmerinteressen unterrichtet und angehört zu werden. Die Sitzung muss dann unverzüglich (aber: unter Berücksichtigung einer angemessenen Vorbereitungszeit) stattfinden. Zur Vorbereitung muss die zentrale Leitung dem EBR einen Bericht erstatten, zu dem dieser dann binnen angemessener Frist Stellung nehmen kann. An der Sitzung mit dem Ausschuss dürfen auch Mitglieder des EBR aus den unmittelbar betroffenen Betrieben und/oder Unternehmen teilnehmen. 36

Ausdrücklich klargestellt ist, dass die Sitzung „die **Vorrechte der zentralen Leitung** unberührt" lässt. Die Unterrichtung und Anhörung bedeutet kein Mitentscheidungsrecht, sie muss sich m. a. W. nicht auf das Ergebnis niederschlagen. 37

3. Verfahrensvorschriften

Über das Verfahren des EBR macht der Anhang nur wenige Vorgaben, sondern überlässt dessen Ausgestaltung weithin den Mitgliedstaaten bzw. der autonomen Gestaltung (Anhang Nr. 4 EBRRL). Die Mitgliedstaaten können Regeln über den Vorsitz der Sitzungen zur Unterrichtung und Anhörung festlegen. Vor Sitzungen mit der zentralen Leitung (Art. 2 Abs. 1 lit. e) EBRRL) ist der EBR oder sein engerer Ausschuss berechtigt, in Abwesenheit der Unternehmensleitung zu tagen. 38

Der EBR und der engere Ausschuss können sich durch **Sachverständige** ihrer Wahl (z. B. Rechtsanwälte, Wirtschaftsprüfer oder Steuerberater, nicht Gewerkschaftsvertreter als solche) unterstützen lassen, soweit das zur Erfüllung ihrer Aufgaben erforderlich (Verhältnismäßigkeit) ist (Anhang Nr. 5 EBRRL). 39

Die „**Verwaltungsausgaben**" (*operating expenses; dépenses de fonctionnement*) des EBR trägt die zentrale Leitung (Anhang Nr. 6 EBRRL). Dazu gehören insbesondere die Kosten für die Sitzungen des EBR und des engeren Ausschusses, namentlich die Reise- und Aufenthaltskosten sowie die Dolmetscherkosten. Die Unternehmensleitung stattet die Mitglieder des EBR zu diesem Zweck mit den erforderlichen „finanziellen und materiellen Mitteln" aus, damit sie ihre Aufgaben in angemessener Weise wahrnehmen können. Damit ist zum einen eine Aufwandsentschädigung bezeichnet, 40 die in angemessener Weise auch vorgeschossen werden muss (z.B. für Reiseausgaben, die nicht als Sachleistung zur Verfügung gestellt werden). Zum anderen ist damit die Infrastruktur gemeint, etwa Büro, Telefon, Computer, Internet, Email, Fax usf.

41 Die Vorschrift formuliert nur einen Grundsatz (Mittel für die angemessene Wahrnehmung der Aufgaben), den die Mitgliedstaaten durch Regeln näher ausgestalten können. Eigens hervorgehoben ist beispielhaft („insbesondere") die Befugnis der Mitgliedstaaten, „die Übernahme der Kosten auf die Kosten für *einen* Sachverständigen [zu] begrenzen" *(one expert only; un seul expert)*. Auch andere Kostenarten können die Mitgliedstaaten unter Berücksichtigung der Zwecke des EBR nach dem Verhältnismäßigkeitsgrundsatz begrenzen.

4. Überprüfungsklausel

42 Im Regelfall finden die Vorschriften des Anhangs nur ersatzweise Anwendung, nämlich wegen Verhandlungsverweigerung oder Scheitern der Verhandlungen (Art. 7 Abs. 1 Sps. 2 und 3 EBRRL; s.o. Rdn. 20); anders ist das nur, wenn die Parteien ihre Anwendung vereinbaren (Sps. 1 der Vorschrift). Im Regelfall kann man daher nicht erwarten, dass die Vorschriften den Bedürfnissen von Arbeitgeber- und Arbeitnehmerseite des Unternehmens bzw. der Unternehmensgruppe vollständig entsprechen. Der Gesetzgeber geht auch in diesem Fall davon aus, dass eine von den Parteien maßgeschneiderte Lösung vorzugswürdig ist und gibt dem EBR daher auf, vier Jahre nach der Errichtung im Rahmen der subsidiären Regeln zu prüfen, ob eine Vereinbarung gem. Art. 6 der Richtlinie ausgehandelt werden soll, Anhang Nr. 1 f EBRRL.

IV. Das Verfahren zur Einrichtung eines Europäischen Betriebsrats oder zur Schaffung eines Unterrichtungs- und Anhörungsverfahrens

1. Privatautonome Gestaltung und Verhandlungsverfahren

43 Das damit vorgestellte Modell eines EBR (soeben III.) ist nur subsidiär. Anders als frühere Entwürfe hat die verabschiedete Richtlinie die Gestaltung der länderübergreifenden betrieblichen Arbeitnehmermitwirkung weitgehend der autonomen Regelung der Betroffenen überlassen. Sie treffen die Grundentscheidung, einen EBR einzurichten oder ein besonderes Anhörungs- und Unterrichtungsverfahren zu schaffen (oder auf eine besondere Arbeitnehmermitwirkung zu verzichten), und gestalten die gewählte Mitwirkungsoption auch privatautonom näher aus. Die Richtlinie legt vor allem die Verhandlungspartner und die Grunddaten des Verhandlungsverfahrens fest: Wenn der Anwendungsbereich eröffnet ist (oben, II.), ist die zentrale Leitung (zu ihr so-

gleich, 2.) dafür verantwortlich (nachfolgend 3.), die Voraussetzungen für die Einrichtung eines EBR oder eines Verfahrens zur Unterrichtung und Anhörung zu schaffen. Zu diesem Zweck ist – eigeninitiativ durch die zentrale Leitung oder auf Antrag der Arbeitnehmerseite – ein „besonderes Verhandlungsgremium" (unten, 4.) als arbeitnehmerseitiger Verhandlungspartner einzurichten.

2. Die Verantwortlichkeit für die Einsetzung eines EBR oder zur Schaffung eines Unterrichtungs- und Anhörungsverfahrens: Die zentrale Leitung

„Die zentrale Leitung ist dafür verantwortlich, dass die Voraussetzungen geschaffen **44**
und die Mittel bereitgestellt werden, damit nach Maßgabe des Artikels 1 Absatz 2 für gemeinschaftsweit operierende Unternehmen und Unternehmensgruppen der Europäische Betriebsrat eingesetzt oder das Verfahren zur Unterrichtung und Anhörung der Arbeitnehmer geschaffen werden kann", Art. 4 Abs. 1 EBRRL. Sie ist zugleich der Verhandlungspartner der Arbeitnehmerseite (Art. 6 EBRRL). Der Gerichtshof hat diese „Verantwortlichkeit" als eine Art Generalklausel verstanden, aus der sich auch konkrete Nebenpflichten der zentralen Leitung ergeben können; aktuell wurde das im Rahmen der Informationspflichten (s. u., Rdn. 48–53).

a) Grundfall

Im Grundfall der Richtlinie wird die zentrale Leitung nach tatsächlichen Gesichts- **45**
punkten bestimmt als die zentrale Unternehmensleitung eines gemeinschaftsweit operierenden Unternehmens (Art. 2 Abs. 1 lit. e) EBRRL), also etwa der Vorstand einer deutschen Aktiengesellschaft. Bei einer Unternehmensgruppe kommt es auf die zentrale Leitung des herrschenden Unternehmens an.

b) „Fingierte zentrale Leitung"

Eine Sonderregelung enthält die Richtlinie für den Fall, dass die zentrale Leitung **46**
nicht in einem Mitgliedstaat ansässig ist. Dann gilt nach Art. 4 Abs. 2 EBRRL als zentrale Leitung (fingierte zentrale Leitung)

- ein von der zentralen Leitung benannter Vertreter in der Gemeinschaft oder
- wenn ein Vertreter nicht benannt wird: die Leitung des Betriebs bzw. des zur Gruppe gehörenden Unternehmens mit der höchsten Anzahl von Beschäftigten (sog. „Geiselprinzip"[53]).

---

53 *Goos*, NZA 1994, 776; *Windbichler*, JITE 152 (1996), 250, 253 f.

Diese fingierte zentrale Leitung gilt dann für die Zwecke der Richtlinie als die zentrale Leitung.[54] Sie ist m.a.W. insbesondere für die Einrichtung des EBR bzw. des Anhörungs- und Unterrichtungsverfahrens verantwortlich und fungiert als Verhandlungspartner der Arbeitnehmerseite, Art. 4 Abs. 3. Zu den daraus resultierenden Informationsproblemen und -pflichten nachfolgend im Zusammenhang, Rdn. 48–53.

3. Vorbereitung und Einleitung des Verfahrens

a) Initiativmöglichkeiten

47 Die Initiative zur Einleitung des Verfahrens kann von Arbeitgeber- oder Arbeitnehmerseite kommen. Zuerst hat die zentrale Leitung die Möglichkeit, das Verfahren von sich aus in Gang zu bringen. Praktisch bedeutsamer ist der andere Fall, die Arbeitnehmerinitiative. Dafür ist ein schriftlicher Antrag erforderlich von

- Mindestens 100 Arbeitnehmern oder
- Arbeitnehmervertretern aus mindestens zwei Betrieben oder Unternehmen in mindestens zwei Mitgliedstaaten

b) Vorbereitung der Arbeitnehmerinitiative: Informationsansprüche

aa) Regelfall

48 Die Arbeitnehmerinitiative kann oftmals nicht ohne weiteres in Gang gesetzt werden, da die Arbeitnehmer nicht über die erforderlichen Informationen verfügen, um zu prüfen, ob die Voraussetzungen der Richtlinie erfüllt sind (s.o., II.):

- die Arbeitnehmerschwellen von Art. 2 Abs. 1 lit. a) und c),
- aber auch das Vorliegen einer hierarchischen Gruppe i.S.v. Art. 2 Abs. 1 lit. b) („herrschenden Unternehmen") und Art. 3 EBRRL.

Daher begründet die Richtlinie einen Auskunftsanspruch. Dieser war freilich in der ursprünglichen Fassung umständlich formuliert, systematisch verfehlt bei den Umsetzungsvorschriften eingeordnet und zudem inhaltlich lückenhaft geregelt.[55] Seit der Neuregelung 2009 ist der Auskunftsanspruch in Art. 4 Abs. 4 EBRRL normiert. Danach erstreckt sich die Pflicht nicht nur darauf, die erforderlichen Informationen **weiterzuleiten**. Darüber hinausgehend besteht auch eine Pflicht, die erforderlichen Informationen **zu erheben**.

---

54 S.a. EuGH v. 13.1.2004 – Rs. C-440/00 *Kühne & Nagel*, EU:C:2004:16 Rdn. 54.

55 *Joost*, BB 2001, 2214f. Kritisch gegenüber der teleologischen Auslegung und Rechtsfortbildung durch den EuGH *Weber*, FS Konzen (2006), S. 952–955 (dem freilich zu entgegnen ist, dass man nach deutschem Recht bei gleichem Normbestand wohl zu demselben Ergebnis gelangt wäre).

Anspruchsberechtigt sind „die Parteien, auf die die Richtlinie Anwendung findet“. Mit dem untechnischen Ausdruck der „Partei“ *(the parties concerned, des parties intéressées)* werden diejenigen bezeichnet, die ein rechtliches Interesse an der Auskunft haben. Das sind im Grundfall des Art. 5 Abs. 1 EBRRL die Initiativberechtigten, also die Arbeitnehmervertreter und eine Gruppe von 100 Arbeitnehmern. 49

Anspruchsverpflichtet sind zum einen die zentrale Leitung, die die Informationen regelmäßig am besten geben kann, zum anderen aber auch die einzelnen Unternehmen einer Gruppe.[56] Die Bindung auch der einzelnen Unternehmen ist zum einen deswegen geboten, weil die Arbeitnehmer/-vertreter bei einer Unternehmensgruppe oftmals im Vorhinein nicht erkennen können, welches Unternehmen herrschend ist und welche Unternehmensleitung daher die zentrale Leitung innehat. Zudem könnte es die Initiative hemmen, wenn sich die Arbeitnehmer(vertreter) erst an eine im Ausland sitzende Leitung wenden müssten.[57] Daher kann die Arbeitnehmervertretung eines Unternehmens der Gruppe das Auskunftsbegehren z. B. zunächst an „ihr“ Unternehmen richten. 50

Anspruchsinhalt sind seit der Neuregelung 2009 „die für die Aufnahme von Verhandlungen gemäß Artikel 5 erforderlichen Informationen“, „insbesondere die Informationen in Bezug auf die Struktur des Unternehmens oder der Gruppe und die Belegschaft“, Art. 4 Abs. 4, BE 25 EBRRL. Diese weite Fassung des Informationsanspruchs hatte der EuGH schon unter der ursprünglichen Richtlinie mit teleologischen Erwägungen begründet.[58] Zu den geschuldeten Informationen gehören Angaben über Arbeitnehmerzahlen an den mitgliedstaatlichen Standorten i. S. v. Art. 2 Abs. 1 lit. a) und c) EBRRL ebenso wie Angaben über Beherrschungsverhältnisse, wie sie die Definition der Unternehmensgruppe in Art. 2 Abs. 1 lit. b) enthält und wie sie durch die Vermutungen von Art. 3 näher ausgeformt werden. Auskunft zu geben ist auch darüber, ob eine Unternehmensgruppe besteht, und zwar auch wenn noch unklar ist, ob ein Beherrschungsverhältnis besteht.[59] 51

Zum Schutz der Interessen der Unternehmen bzw. der Unternehmensgruppe ist dieser Anspruch allerdings **fünffach beschränkt**:[60] 52

(1) Inhaltlich können nur die Informationen verlangt werden, die für die Errichtung des EBR oder die Schaffung eines Verfahrens zur Unterrichtung und Anhörung (Art. 4 Abs. 1) *unerlässlich* sind (Verhältnismäßigkeit). Dazu rechnet der Gerichts-

56 So bereits zur ursprünglichen Richtlinie EuGH v. 29.3.2001 – Rs. C-62/99 *bofrost,* EU:C:2001:188 Rdn. 31; EuGH v. 15.7.2004 – Rs. C-349/01 *ADS,* EU:C:2004:440 Rdn. 56. S.a. *I. Schmidt,* RdA 2001 Sonderbeil. zu Heft 5, 12, 16.

57 EuGH v. 15.7.2004 – Rs. C-349/01 *ADS,* EU:C:2004:440 Rdn. 56.

58 EuGH v. 29.3.2001 – Rs. C-62/99 *bofrost,* EU:C:2001:188 Rdn. 38.

59 EuGH v. 29.3.2001 – Rs. C-62/99 *bofrost,* EU:C:2001:188 Rdn. 29–36.

60 EuGH v. 13.1.2004 – Rs. C-440/00 *Kühne & Nagel,* EU:C:2004:16 Rdn. 59, 62f.

hof (vorbehaltlich der Erforderlichkeitsprüfung im Einzelfall durch die mitgliedstaatlichen Gerichte)[61]:
- die durchschnittliche Gesamtzahl der Arbeitnehmer,
- deren Verteilung auf die verschiedenen Mitgliedstaaten,
- die Betriebe des Unternehmens und die Unternehmen der Gruppe sowie
- die Struktur des Unternehmens und der Unternehmen der Gruppe wie auch
- die Bezeichnungen und Anschriften der Arbeitnehmervertretungen, die gegebenenfalls an der Bildung eines besonderen Verhandlungsgremiums nach Artikel 5 der Richtlinie oder an der Einsetzung eines Europäischen Betriebsrats zu beteiligen sind[62].

(2) Die Informationen dürfen nur für die Zwecke der Richtlinie verwendet werden.
(3) Die Mitgliedstaaten müssen zudem dafür sorgen, dass ein effektiver Schutz vertraulicher Information gewährleistet wird.
(4) Die auskunftsverpflichteten Unternehmen müssen die Möglichkeit haben, Voraussetzungen und Grenzen der Informationspflicht in einem Verwaltungs- oder Gerichtsverfahren überprüfen zu lassen.
(5) Endlich wird die rechtliche Verpflichtung durch die tatsächlichen Möglichkeiten begrenzt: die verpflichteten Unternehmen sind nur verpflichtet, die Auskünfte zu geben, über die sie verfügen oder die sie beschaffen können.

53 Ergänzend zur eigentlichen Information kann die Arbeitnehmerseite auch die Übermittlung von **Unterlagen** verlangen, die unerlässliche Informationen präzisieren und verdeutlichen, soweit das erforderlich ist.[63]

bb) „Horizontale" Auskunftsansprüche zwischen den Unternehmen der Gruppe

54 Der Auskunftsanspruch der Arbeitnehmerseite kann sich im Fall einer Unternehmensgruppe nicht nur gegen die zentrale Leitung richten, sondern auch gegen einzelne Unternehmen der Gruppe (oben, Rdn. 50). Die örtliche Leitung eines nur abhängigen Unternehmens der Gruppe wird indes regelmäßig nicht über alle erforderlichen Informationen verfügen. Abgeleitet aus der allgemeinen Verantwortlichkeit des Art. 4 Abs. 1 EBRRL (oben, Rdn. 44) hat der Gerichtshof daher eine Informationspflicht der (wahren oder fingierten) zentralen Leitung nicht nur gegenüber den Arbeitnehmer(vertreter)n anerkannt, sondern auch eine **Informationspflicht gegenüber Unternehmen der Gruppe**, die von den Arbeitnehmer(vertreter)n für die Zwecke der Richt-

---

61 EuGH v. 13.1.2004 – Rs. C-440/00 *Kühne & Nagel*, EU:C:2004:16 Rdn. 70 f. (dort im Hinblick auf den Auskunftsanspruch der fingierten zentralen Leitung gegen andere Unternehmen der Gruppe; s. sogleich Rdn. 54; dasselbe muss indes auch hier gelten). Zum Unerlässlichkeitskriterium *Joost*, ZIP 2004, 1035, 1037.
62 Krit. *Joost*, ZIP 2004, 1034, 1038 (nicht unerlässlich).
63 EuGH v. 29.3.2001 – Rs. C-62/99 *bofrost*, EU:C:2001:188 Rdn. 40.

linie um Auskunft gebeten wurden.[64] Tatsächlich ist das eine unverzichtbare Ergänzung der Auskunftspflicht (auch) der Einzelunternehmen einer Gruppe gegenüber den Arbeitnehmer(vertreter)n, die sonst regelmäßig an Unvermögen scheitern würde. Die zentrale Leitung wird durch diesen horizontalen Auskunftsanspruch nicht zusätzlich belastet, denn für sie bedeutet seine Anerkennung nur, dass die Auskünfte nicht nur unmittelbar den Arbeitnehmer(vertreter)n geschuldet sind, sondern auch mittelbar, vermittelt über ein Unternehmen der Gruppe. In der Neufassung der Richtlinie aus dem Jahr 2009 kommt der horizontale Informationsanspruch nur indirekt zum Ausdruck, wenn Art. 4 Abs. 4 EBRRL nunmehr auch eine **Informationserhebungspflicht** vorschreibt (oben, Rdn. 48).

cc) Besondere Informationspflichten im Fall der „fingierten zentralen Leitung"

Im Grundfall des grenzüberschreitend tätigen Unternehmens ist die zentrale Leitung 55
auskunftsverpflichtet. Sie wird regelmäßig aber auch im Fall der Unternehmensgruppe am besten Auskunft geben können. Problematisch ist die Auskunftspflicht jedoch, wenn die zentrale Leitung nicht in einem Mitgliedstaat ansässig ist. Für diesen Fall gibt die Richtlinie in Art. 4 Abs. 2 eine rechtliche Gleichstellung der fingierten zentralen Leitung mit der („wahren") zentralen Leitung vor, die indes faktisch nicht gegeben ist. Insbesondere werden der fingierten zentralen Leitung nicht selten die für die Zwecke der Richtlinie erforderlichen (und von ihr der Arbeitnehmerseite geschuldeten, Art. 4 Abs. 4 EBRRL) Informationen fehlen. Weigert sich unter diesen Umständen die – außerhalb der Union ansässige! – (wahre) zentrale Leitung, der fingierten zentralen Leitung die erforderlichen Informationen zur Verfügung zu stellen, und hat diese sie nicht (vollständig) selbst, so droht die Errichtung des EBR zu scheitern.

Der EuGH hat daher – teleologisch überzeugend – gestützt auf die Verantwort- 56
lichkeit der zentralen Leitung nach Art. 4 Abs. 1 EBRRL einen weiteren **Auskunftsanspruch** der fingierten zentralen Leitung gegen die anderen in den Mitgliedstaaten ansässigen Unternehmen begründet. Die fingierte zentrale Leitung ist „gehalten, von den anderen in der Gemeinschaft ansässigen Unternehmen der Gruppe die Auskünfte zu verlangen, die zur Aufnahme der Verhandlungen zur Einrichtung eines solchen Organs unerlässlich sind, und hat einen Anspruch darauf, diese Auskünfte von ihnen zu erhalten".[65]

---

64 EuGH v. 15.7.2004 – Rs. C-349/01 *ADS*, 2004 EU:C:2004:440 Rdn. 56, 60. S. schon *Joost*, BB 2001, 2214, 2218; I. *Schmidt*, RdA 2001 Sonderbeil. zu Heft 5, 12, 15f.; zu den Grundlagen (mit rechtsvergleichenden Hinweisen) *Windbichler*, FS Peltzer (2001), S. 629–643. Zur Umsetzung in Deutschland BAGE 111, 191; in Österreich OGH, ZESAR 2007, 331–336 m.Anm.v. *Ritzberger-Moser; Risak*, EuZA 2008, 409–416.

65 EuGH v. 13.1.2004 – Rs. C-440/00 *Kühne & Nagel*, EU:C:2004:16 Rdn. 64 m. zust. Bespr. *Giesen*, RdA 2004, 307–310.

4. Einsetzung eines „besonderen Verhandlungsgremiums" für die Arbeitnehmerseite

57 Für die Verhandlungen, die auf Initiative der zentralen Leitung oder der Arbeitnehmerseite aufzunehmen sind (oben, Rdn. 47), muss in einem ersten Schritt die **Arbeitnehmerseite organisiert** werden. Auch wenn bereits in den mitgliedstaatlichen Unternehmen oder Betrieben Arbeitnehmervertretungen bestehen, so repräsentieren diese doch nicht „länderübergreifend" die Belegschaft. Daher wird ein besonderes Verhandlungsgremium der Arbeitnehmer eingesetzt, Art. 5 Abs. 2 Einleitungssatz EBRRL. Seine Aufgabe ist, „mit der zentralen Leitung in einer schriftlichen Vereinbarung den Tätigkeitsbereich, die Zusammensetzung, die Befugnisse und die Mandatsdauer des Europäischen Betriebsrats oder der Europäischen Betriebsräte oder die Durchführungsmodalitäten eines Verfahrens zur Unterrichtung und Anhörung der Arbeitnehmer festzulegen", Art. 5 Abs. 3 EBRRL.

58 Die Mitglieder des besonderen Verhandlungsgremiums werden nach den Bestimmungen des mitgliedstaatlichen Rechts gewählt oder bestellt (vgl. Art. 5 Abs. 2 lit. a) S. 1 und 2 EBRRL). Dabei ging der Gesetzgeber für den Regelfall davon aus, dass die Wahl oder Benennung durch die bestehenden Arbeitnehmervertretungen erfolgen. Wo eine Arbeitnehmervertretung fehlt, wählen oder benennen die Arbeitnehmer die Mitglieder selbst, Art. 5 Abs. 2 lit. a) S. 2 EBRRL.

59 Bei der Wahl oder Benennung der Mitglieder ist eine **doppelte Repräsentation** sicherzustellen, nämlich im Hinblick auf (1) die Arbeitnehmeranteile (2) in jedem Mitgliedstaat, Art. 5 Abs. 2 lit. b) EBRRL. Es gilt: Ein Vertreter pro angefangene 10%-Tranche der Gesamtarbeitnehmerzahl des Unternehmens in dem Mitgliedstaat.[66] Die Zusammensetzung des besonderen Verhandlungsgremiums und der Beginn der Verhandlungen muss der zentralen und der örtlichen Unternehmensleitung mitgeteilt werden; Art. 5 Abs. 2 lit. c) EBRRL. Zusätzlich sind die zuständigen europäischen Arbeitnehmer- und Arbeitgeberverbände zu informieren.

5. Die Verhandlungen

a) Grundsatz der treugemäßen Verhandlungen

60 Für die Verhandlungen gilt der Grundsatz der treugemäßen Verhandlungen, den Art. 6 Abs. 1 EBRRL (ausschnittweise) anspricht: „Die zentrale Leitung und das besondere Verhandlungsgremium müssen im Geiste der Zusammenarbeit verhandeln, um zu einer Vereinbarung über die Modalitäten der Durchführung der in

---

66 Diese Regelung wurde – in erkennbarer Anlehnung an Art. 3 Abs. 2 lit. a) Nr. i SE-RL – neu eingefügt durch Änderungsrichtlinie 2009; zur SE-Regelung s. u. § 32 Rdn. 38.

Artikel 1 Absatz 1 vorgesehenen Unterrichtung und Anhörung der Arbeitnehmer zu gelangen." Dieser Grundsatz wird noch durch Einzelregelungen näher ausgeformt (s. bes. Rdn. 61, 63).

b) Eröffnung und Verhandlungsverweigerung durch die zentrale Leitung

Die Verhandlungen **eröffnet** die zentrale Leitung, indem sie eine Sitzung mit dem besonderen Verhandlungsgremium einberuft, Art. 5 Abs. 4 EBRRL. Die Aufnahme der Verhandlungen liegt damit in der Hand der Arbeitgeberseite und ist daher nicht nur Recht, sondern auch Bindung (Obliegenheit). **Weigert sich** die zentrale Leitung, innerhalb von sechs Monaten die Verhandlungen aufzunehmen, so wird der EBR nach den subsidiären Vorschriften des Anhangs eingerichtet, Art. 7 Abs. 1 Sps. 2 EBRRL. **61**

c) Eröffnungsverweigerung und Verhandlungsabbruch durch das besondere Verhandlungsgremium

Im Falle der Verhandlungsverweigerung durch die zentrale Leitung geht es darum, einer Vereitelung der Richtlinienziele vorzubeugen. Anders liegen die Dinge, wenn das besondere Verhandlungsgremium anfänglich oder im Laufe der Verhandlungen zu der Überzeugung gelangt, es bedürfe keines EBR und keines besonderen Unterrichtungs- und Anhörungsverfahrens für das länderübergreifende Unternehmen. Da der Gesetzgeber davon ausgeht, dass die besondere Arbeitnehmermitwirkung im Interesse der Arbeitnehmerseite sei, ist in diesem Fall keine Vereitelung zu besorgen, wohl aber sicherzustellen, dass der Beschluss ernst gemeint ist und überlegt getroffen wurde. Daher muss ein solcher Beschluss mit **zwei Drittel-Mehrheit** gefasst werden, Art. 5 Abs. 5 UAbs. 1 EBRRL. In diesem Fall wird weder ein EBR eingesetzt – auch nicht nach den Vorschriften des Anhangs – noch ein besonderes Unterrichtungs- und Anhörungsverfahren installiert, UAbs. 2. Das besondere Verhandlungsgremium kann der Arbeitgeberseite also nicht etwa durch Verhandlungsverweigerung oder -abbruch einen EBR nach dem Anhang aufzwingen. Die Arbeitgeberinteressen sind aber noch weitergehend zu schützen, nämlich vor einer leichtfertigen Verfahrenseröffnung bzw. -beendigung durch die Arbeitnehmerseite. Daher kann ein neuer Antrag auf Einberufung eines besonderen Verhandlungsgremiums frühestens nach zwei Jahren gestellt werden, wenn die Parteien nicht anderes vereinbaren; UAbs. 3. **62**

d) Verhandlungsverschleppung

Ein anderer Verstoß gegen die Pflicht zu treugemäßem Verhandeln ist die Verhandlungsverschleppung. Sie lässt sich naturgemäß schwer nachweisen. Art. 7 Abs. 1 Sps. 3 EBRRL wählt einen anderen Weg: Danach wird der EBR nach den Vorschriften **63** des Anhangs eingesetzt, wenn binnen **drei Jahren**[67] nach dem Antrag auf Verhandlungseröffnung (Art. 5 Abs. 1) keine Vereinbarung (Art. 6 Abs. 1) zustande gekommen ist und die Verhandlungen auch nicht auf Beschluss des besonderen Verhandlungsgremiums nicht aufgenommen oder beendet wurden (Art. 5 Abs. 5). Der Tatbestand beschreibt m.a.W. den Fall, in dem sich die Parteien in drei Jahren nicht einigen konnten. Das kann freilich auch an überzogenen Forderungen des besonderen Verhandlungsgremiums liegen oder daran, dass die Verhandlungen trotz redlichen Bemühens beider Seiten ins Stocken oder in eine Sackgasse geraten sind. Es geht daher bei der Vorschrift nicht um eine subjektive Vorwerfbarkeit, sondern darum, bei einem andauernden Arbeitnehmerinteresse (kein Beschluss nach Art. 5 Abs. 5) die Richtlinienziele zu erreichen.

e) Sachverständige und Kosten

64 Das besondere Verhandlungsgremium kann sich bei den Verhandlungen durch **Sachverständige** seiner Wahl unterstützen lassen, die auch beratend an den Verhandlungen selbst teilnehmen können, Art. 5 Abs. 4 EBRRL. Während nach der ursprünglichen Fassung nur „Sachverständige" zugezogen werden konnten, also etwa Rechtsanwälte, Steuerberater oder Wirtschaftsprüfer, nicht aber Gewerkschaftsvertreter *als solche*, hat der Gesetzgeber 2009 die Regelung ausgeweitet und anerkannt, dass auch „Vertreter der kompetenten anerkannten Gewerkschaftsorganisationen auf Gemeinschaftsebene" in Betracht kommen, Art. 5 Abs. 4 UAbs. 3, BE 27 EBRRL.[68] Sachverständige und Gewerkschaftsvertreter können auf Wunsch des besonderen Verhandlungsgremiums *in beratender Funktion* den Verhandlungen beiwohnen.

65 Die **Kosten** der Verhandlungen trägt die zentrale Leitung, „damit das besondere Verhandlungsgremium seine Aufgaben in angemessener Weise erfüllen kann", Art. 5 Abs. 6 UAbs. 1 EBRRL. Diese Zweckbestimmung enthält zugleich eine Begrenzung nach dem Verhältnismäßigkeitsgrundsatz („angemessen"). Damit ist nur ein Grundsatz (Mittel für die angemessene Wahrnehmung der Aufgaben) formuliert, den die Mitgliedstaaten durch Regeln näher ausgestalten können. Eigens hervorgehoben ist beispielhaft („insbesondere"!) die Befugnis der Mitgliedstaaten, „die Übernahme der Kosten auf die Kosten für *einen* Sachverständigen [zu] begrenzen" *(one expert only; un seul expert).* Auch andere Kostenarten können die Mitgliedstaaten unter Berücksichtigung der Zwecke des BVG nach dem Verhältnismäßigkeitsgrundsatz begrenzen.

67 Krit. *Weiss*, ZIAS 1995, 633, 637.

68 Während S. 1 davon auszugehen scheint, dass die Gewerkschaftsvertreter Experten sind, wird im folgenden Satz zwischen Experten und Gewerkschaftsvertretern unterschieden.

6. Die Vereinbarung

a) Rechtsnatur

Sehr umstritten ist (im deutschen Schrifttum), welcher Rechtsnatur die Vereinbarung zwischen zentraler Leitung und Verhandlungsgremium ist. Erwogen wird die Qualifizierung als Tarifvertrag, Betriebsvereinbarung, schuldrechtlicher Vertrag (zugunsten Dritter), Gesellschaftsvertrag oder (Kollektiv-) Vertrag *sui generis*.[69] Diese Frage wird indes nicht von der Richtlinie beantwortet, sondern dem mitgliedstaatlichen Recht überlassen.[70] Dieses muss lediglich sicherstellen, dass die Vereinbarung die von der Richtlinie vorgeschriebenen Wirkungen hat und durchsetzbar ist. Die Vereinbarung muss daher die Errichtung des EBR ermöglichen und diesen sowie das Unternehmen bzw. die Unternehmensgruppe mit den vereinbarten Rechten und Pflichten ausstatten. Zudem ist ein effektiver Durchsetzungsmechanismus bereitzustellen. Das wirft besondere Schwierigkeiten auf, weil die Aufgaben des besonderen Verhandlungsgremiums mit Abschluss der Vereinbarung erledigt sind und somit eine durchsetzungsbefugte Person fehlt. **66**

Im Unionsrecht gibt es weder Kollisionsregeln für das Tarifvertragsrecht (s. § 6 Rdn. 11) noch ein einheitliches Vertragsrecht. Daher kann problematisch sein, welches nationale Recht für Fragen des Vertragsschlusses, der Vertragsverletzung oder der Vertragsbeendigung gilt, soweit sie nicht von der Richtlinie (oder: ihren Durchführungsbestimmungen) geregelt werden. Mangels spezifischer Bestimmungen erscheint es sachnah, das Recht des Staates anzuwenden, in dem sich die (fingierte) Unternehmensführung befindet. Darüber hinaus sollte den Parteien freistehen, eine Rechtswahl zu treffen.[71] **67**

b) Inhalt

Der Inhalt der Vereinbarung ist primär Sache der Parteien. Art. 6 Abs. 2 EBRRL hebt den Grundsatz der **Privatautonomie** (Inhaltsfreiheit) eigens hervor.[72] Indes **beschränkt** die Richtlinie die Inhalte auf zwei mögliche Grundformen der länderübergreifenden Arbeitnehmermitwirkung: die Errichtung eines EBR einerseits (Art. 6 Abs. 2) und die Schaffung eines oder mehrerer besonderer Unterrichtungs- und Anhörungsverfahren andererseits (Art. 6 Abs. 3).[73] Weiterhin sind bestimmte Regelungs- **68**

---

69 S. nur MünchArbR/*Grau*, § 355 Rdn. 86ff.; *Weiss*, NZA 2003, 177, 180; *Schubert*, EAS B 8300 Rdn. 164.

70 Ebenso (freilich krit.) *Weiss*, AuR 1995, 438, 439, 443.

71 *Blanke/Kunz*, in: Blanke/Hayen/Kunz/Carlson (Hrsg.), Europäische Betriebsräte-Gesetz, § 17 EBRG Rdn. 27; *Forst*, ZESAR 2009, 469, 471f.

72 Krit. *Forst*, ZESAR 2009, 469, 471 (das besondere Verhandlungsgremium sei kein Träger von Grundrechten und könne sich daher nicht auf die Vertragsfreiheit berufen).

73 EuArbRK/*Oetker*, Art. 5 RL 2009/38/EG Rdn. 9.

gegenstände zwingend vorgeschrieben. Allerdings werden Lücken in der getroffenen Vereinbarung nicht etwa durch die Vorschriften des Anhangs aufgefüllt. Die EBR-Regelung des Anhangs ist m. a. W. zwar subsidiär, sie ist aber nicht dispositives Recht.

aa) Schaffung eines EBR

69 Ungeachtet der Inhaltsfreiheit gibt Art. 6 Abs. 2 EBRRL – zweckmäßig – die zu regelnden *Gegenstände* der EBR-Vereinbarung vor, und zwar ausweislich des Wortlautes zwingend[74]. Dazu zählen

a) die von der Vereinbarung betroffenen Betriebe bzw. Unternehmen;
b) die Zusammensetzung des EBR, die Anzahl der Mitglieder, die Sitzverteilung und die Mandatsdauer;
c) die Befugnisse und das Unterrichtungs- und Anhörungsverfahren des EBR;
d) der Ort, die Häufigkeit und die Dauer der Sitzungen des EBR;
e) ggf. Einzelheiten über einen „engeren Ausschuss" innerhalb des EBR (vgl. BE 30);
f) die für den EBR bereitzustellenden finanziellen und materiellen Mittel;
g) der Zeitpunkt des Inkrafttretens der Vereinbarung sowie die Laufzeit, die Möglichkeit der Neuverhandlung oder Beendigung der Vereinbarung und das bei ihrer Neuaushandlung anzuwendende Verfahren[75].[76]

Die Vorschriften des Anhangs können den Parteien zusätzlich als Modell dienen.

70 Die Änderungsrichtlinie 2009 hat die inhaltlichen Vorgaben des Art. 6 Abs. 2 EBRRL gegenüber der ursprünglichen Fassung erweitert. So ist bei der Sitzverteilung (lit. b)) „so weit als möglich eine ausgewogene Vertretung der Arbeitnehmer nach Tätigkeit, Arbeitnehmerkategorien und Geschlecht zu berücksichtigen". Auch für die Befugnisse des EBR (lit. c)) und die Neuverhandlungspflichten (lit. g), BE 28) sind die Vorgaben jetzt weiter konkretisiert.

bb) Einrichtung von Unterrichtungs- und Anhörungsverfahren

71 Alternativ zur Einrichtung eines EBR können sich die Parteien auf die Schaffung eines Unterrichtungs- und Anhörungsverfahrens einigen. Anstatt ein weiteres Gremium (EBR) zu schaffen, werden die bestehenden Arbeitnehmervertretungen genutzt und mit zusätzlichen Kompetenzen oder Rechten ausgestattet.

72 Für diesen Fall macht die Richtlinie zunächst nähere Vorgaben über die Ausgestaltung des Unterrichtungs- und Anhörungsverfahrens; es geht darum, die Richtlinienziele auch bei Wahl dieser Alternative effektiv zur Geltung zu bringen. Daher ist

---

74 MünchArbR/*Grau*, § 355 Rdn. 92; a.M. EuArbRK/*Oetker*, Art. 6 RL 2009/38/EG Rdn. 10; *Schubert*, EAS B 8300 Rdn. 202.

75 S.a. *Forst*, ZESAR 2009, 469, 471: die Parteien können vereinbaren, wer die Neuverhandlungen führt, und dazu auch den EBR wählen.

76 S. *Forst*, ZESAR 2009, 469, 472, 475 (mit einem Formulierungsvorschlag).

(mindestens) ein Unterrichtungs- und Anhörungsverfahren i.S. der Richtlinie einzurichten. Dabei müssen die Parteien der Begriffsbestimmung von „Unterrichtung“ und „Anhörung“ in Art. 2 Abs. 1 lit. f), g) EBRRL (Meinungsaustausch, Dialog; s.o. Rdn. 29f.) Rechnung tragen. Das setzt auch Art. 6 Abs. 3 UAbs. 2 EBRRL voraus, wenn danach in der Vereinbarung zu regeln ist, unter welchen Voraussetzungen die Arbeitnehmervertreter das Recht haben, zu einem Meinungsaustausch über die übermittelten Informationen zusammenzutreten. Die Informationen müssen sich „insbesondere auf länderübergreifende Angelegenheiten [erstrecken], welche erhebliche Auswirkungen auf die Interessen der Arbeitnehmer haben“, Art. 6 Abs. 3 UAbs. 3 EBRRL.

c) Verfahren und Form

Die Vereinbarung setzt die Zustimmung der Mehrheit der Mitglieder des besonderen Verhandlungsgremiums voraus, Art. 6 Abs. 5 EBRRL. Sie ist schriftlich abzufassen, Art. 6 Abs. 2 und 3. 73

7. Neuverhandlung, Anpassung

Die ursprüngliche Richtlinie von 1994 überließ die Fragen der Neuverhandlung und Anpassung der autonomen Vereinbarung der Parteien des Abkommens. Eine solche Neuverhandlung kann nach einiger Zeit ratsam sein, um die mit den Verfahren gemachten Erfahrungen zu berücksichtigen. Es kann sich als notwendig erweisen, um Änderungen in der Struktur des Unternehmens Rechnung zu tragen. Auch die Änderungsrichtlinie 2009 beließ die Sachfragen primär in den Händen der Parteien. Art. 6 Abs. 2 lit. g) EBRRL beschreibt nun die Inhalte, u.a. die Dauer der Vereinbarung, die „Modalitäten für die Änderung oder Kündigung der Vereinbarung und gegebenenfalls die Fälle, in denen eine Neuaushandlung erfolgt, und das bei ihrer Neuaushandlung anzuwendende Verfahren, gegebenenfalls auch bei Änderungen der Struktur des gemeinschaftsweit operierenden Unternehmens oder der gemeinschaftsweit operierenden Unternehmensgruppe“. Darüber hinaus verpflichtet Art. 13 EBRRL die zentrale Leitung zur Aufnahme von Verhandlungen gemäß Art. 5 EBRRL (s.o. Rdn. 19), wenn sich die **Struktur** des Unternehmens oder der Unternehmensgruppe wesentlich **ändert** und (a) die geltenden Vereinbarungen keine Bestimmungen für diesen Fall enthalten oder (b) ein Konflikt zwischen den einschlägigen Bestimmungen von zwei oder mehr geltenden Vereinbarungen besteht.[77] Beispielhaft für Strukturänderungen nennt 74

77 Näher Preis/Sagan/*Müller-Bonanni*/*Witschen*, Rdn. 17.166. Für eine (wohl: analoge) Anwendbarkeit auch auf den EBR kraft Auffanglösung sowie auf ein vereinbartes Unterrichtungs- und Anhörungsverfahren EuArbRK/*Oetker*, Art. 13 RL 2009/38/EG Rdn. 2f.

BE 40 EBRRL Verschmelzung, Übernahme und Spaltung.[78] Die zentrale Leitung muss von sich aus oder auf schriftlichen Antrag von mindestens 100 Arbeitnehmern oder ihren Vertretern in mindestens zwei Unternehmen oder Betrieben in mindestens zwei verschiedenen Mitgliedstaaten Verhandlungen aufnehmen. In diesem Fall gehören dem besonderen Verhandlungsgremium an:

- „mindestens" drei Mitglieder des bestehenden Europäischen Betriebsrats oder, falls es mehr als einen gibt, jedes der bestehenden Europäischen Betriebsräte,
- zusätzlich zu den gemäß Art. 5 Abs. 2 EBRRL, Art. 13 Abs. 2 EBRRL gewählten oder bestellten Mitgliedern des besonderen Verhandlungsgremiums.

Bestehende EBR bleiben während des Verhandlungszeitraums im Amt, Art. 13 Abs. 3 EBRRL.

V. Grundsätze der Zusammenarbeit

75 Schließlich enthält die Richtlinie eine Handvoll grundlegender Vorschriften über die Zusammenarbeit von zentraler Leitung einerseits und Arbeitnehmerseite (besonderes Verhandlungsgremium, EBR, Arbeitnehmervertreter im Rahmen des besonderen Unterrichtungs- und Anhörungsverfahrens) andererseits.

1. Grundsatz der redlichen Zusammenarbeit

76 Generalklauselförmig sieht die Richtlinie Leitlinien für die Zusammenarbeit zwischen der zentralen Leitung einerseits und dem EBR oder der Arbeitnehmervertretung im Rahmen eines Verfahrens zur Unterrichtung und Anhörung vor.[79] Die Beteiligten sollen „mit dem Willen zur Verständigung unter Beachtung ihrer jeweiligen Rechte und gegenseitigen Verpflichtungen" zusammenarbeiten, Art. 9 S. 1 EBRRL. Man kann das als Grundsatz der vertrauensvollen Zusammenarbeit bezeichnen, zur (gebotenen!)[80] Abgrenzung von dem nationalen Konzept (vgl. § 2 Abs. 1 BetrVG) wird hier die Kennzeichnung als *Grundsatz der redlichen Zusammenarbeit* vorgezogen. Die Generalklausel ist bei der Auslegung der weiteren Einzelpflichten zu beachten und kann als Grundlage für eine Rechtsfortbildung dienen (s. sogleich Rdn. 78).

---

78 Näher EuArbR/*Oetker*, Art. 13 RL 2009/38/EG Rdn. 4ff.
79 Mit rechtsvergleichenden Hinweisen *Gamillscheg*, Kollektives Arbeitsrecht II, S. 1193.
80 Zutr. *Weiss*, AuR 1995, 438, 439.

2. Geheimhaltung vertraulicher Information

Schon im Rahmen der Verhandlungen mit dem besonderen Verhandlungsgremium 77
gibt die zentrale Leitung der Arbeitnehmervertretung in erheblichem Umfang Informationen. Das ist sodann gleichsam die Essenz der Arbeitnehmerbeteiligung im EBR oder durch ein besonderes Unterrichtungs- und Anhörungsverfahren. Nicht selten setzt eine sachgerechte, effektive Arbeitnehmerbeteiligung voraus, dass die zentrale Leitung auch geheimhaltungsbedürftige Information herausgibt. Die Richtlinie schützt die gegenläufigen Interessen der Arbeitgeberseite in abgestufter Weise, Art. 8 EBRRL.

Im Regelfall trägt die Richtlinie dem Geheimhaltungsinteresse der Arbeitgebersei- 78
te durch eine **Geheimhaltungspflicht** der Arbeitnehmervertreter (sowie zugezogener Sachverständiger) Rechnung. „Ausdrücklich **als vertraulich mitgeteilte** Informationen" dürfen sie nicht an Dritte weitergeben, und zwar unabhängig vom Aufenthaltsort und auch nach Ablauf des Mandats. Die Geheimhaltungspflicht ist durch das Kriterium der ausdrücklichen Mitteilung als vertraulich formal abgegrenzt. Indes ist das teleologisch nicht hinreichend (und wegen des Gebots redlicher Zusammenarbeit auch nicht stets notwendig). Zum einen reicht die bloße (formale) Qualifizierung von Informationen als vertraulich nicht aus, denn sonst könnte durch die drohenden Sanktionen die Tätigkeit der Arbeitnehmervertreter effektiv behindert werden. Die betreffenden Informationen müssen daher auch nach objektiven Maßstäben vertraulich sein.[81] Umgekehrt kann es eine Verletzung des Gebots vertrauensvoller Zusammenarbeit (Art. 9; also nicht unmittelbar des Vertraulichkeitsgebots) darstellen, wenn Arbeitnehmervertreter erkannt oder erkennbar vertrauliche, aber nicht als solche gekennzeichnete Informationen weitergeben.

In besonderen Fällen kann die zentrale Leitung **Informationen zurückhalten**. 79
Voraussetzung ist, dass deren Weitergabe die betroffenen Unternehmen nach objektiven Kriterien erheblich beeinträchtigen oder ihnen schaden könnte, Art. 8 Abs. 2. Nach dem Zweck der Richtlinie und der Systematik der Vorschrift, die für den Regelfall die Geheimhaltungspflicht des Art. 8 Abs. 1 als ausreichend vorsieht, sind diese Voraussetzungen eng auszulegen. Die Mitgliedstaaten gestalten den Tatbestand näher aus und können dabei auch vorsehen, dass die Zurückhaltung von einer vorherigen behördlichen oder gerichtlichen Einwilligung abhängig ist.

Zur **Rechtsdurchsetzung** müssen die Mitgliedstaaten für die Arbeitnehmervertreter Rechtsbehel- 80
fe in Verwaltungs- oder Gerichtsverfahren vorsehen für den Fall, dass sich die zentrale Leitung auf die Vertraulichkeit beruft oder Informationen nicht nach Art. 8 weiterleitet, Art. 11 Abs. 3 EBRRL. Einzelheiten dazu bestimmt das nationale Recht.

---

81 *Schubert*, EAS B 8300 Rdn. 343; *Weiss*, ZIAS 1995, 633, 638. A.M. *Hromadka*, DB 1995, 1125, 1129f. (der nur eine „gewisse Bedeutung" der Vertraulichkeit für das Unternehmen verlangt).

3. „Rolle" der Arbeitnehmervertreter

81 Mit der Änderung 2009 hat der Gesetzgeber neue Vorschriften eingefügt, die die „Rolle" der Arbeitnehmervertreter näher bestimmen sollen. Die Regelungen betreffen drei Gegenstände.

82 Die **Mittelausstattung**, Art. 10 Abs. 1 EBRRL: Die EBR-Mitglieder sind mit den erforderlichen Mitteln auszustatten, um die sich aus der Richtlinie ergebenden Rechte anzuwenden und um kollektiv die Interessen der Arbeitnehmer des gemeinschaftsweit operierenden Unternehmens/gemeinschaftsweit operierenden Unternehmensgruppe zu vertreten.

83 Die **Schulung**, Art. 10 Abs. 4 EBRRL: Soweit das für die Wahrnehmung ihrer Aufgaben „in einem internationalen Umfeld" erforderlich ist, haben die Mitglieder von EBR und besonderem Verhandlungsgremium Anspruch auf Schulungen (ohne Gehaltseinbußen).

84 Die **Informationsweitergabe an die Arbeitnehmervertreter der Betriebe und Einzelunternehmen**, Art. 10 Abs. 2 EBRRL[82]: Die EBR-Mitglieder informieren diese Arbeitnehmervertreter, hilfsweise die Arbeitnehmer selbst über Inhalt und Ergebnisse der nach der EBRRL durchgeführten Unterrichtung und Anhörung. Das entspricht ihrer Funktion als Informationsmittler;[83] BE 33 spricht sogar von der Bindung, „Rechenschaft abzulegen".[84] Dabei dürfen sie freilich die aus Art. 8 fließenden Geheimhaltungspflichten nicht verletzen.

4. Schutz der Arbeitnehmervertreter

85 Nach Art. 10 Abs. 3 genießen die Mitglieder des besonderen Verhandlungsgremiums, die Mitglieder des Europäischen Betriebsrates und die Arbeitnehmervertreter, die beim besonderen Unterrichtungs- und Anhörungsverfahren mitwirken, den gleichen Schutz wie die Arbeitnehmervertreter des Landes, in dem sie beschäftigt sind; das ist eine spezielle Ausprägung des allgemeinen **Äquivalenzgebots** (zum Grundsatz § 1 Rdn. 77; Vergleichsnormen in Deutschland: §§ 38, 78 BetrVG, § 15 KSchG, § 103 BetrVG). In der Sache ist das Benachteiligungsverbot eine teleologisch selbstverständliche Ergänzung der Arbeitnehmerrechte. Nach Abs. 2 gilt das Benachteiligungsverbot auch für Lohn- und Gehaltsfortzahlungen, soweit die Arbeitnehmer aufgrund der Wahrnehmung ihrer Aufgaben ihre Arbeitsleistung nicht erbringen können.

---

82 Die Vorschrift war ursprünglich in Anhang Nr. 5 EBRRL 1994 enthalten, also Bestandteil der Auffanglösung, und ist durch die Reform 2009 als allgemeine Regelung in den eigentlichen Richtlinientext „aufgerückt".

83 *Goos*, FS 50 Jahre BAG (2004), S. 1186 („Hauptaufgabe als grenzüberschreitender Informationsmittler und Kommunikator zwischen Unternehmensleitung und nationalen Arbeitnehmervertretungen."); *Weber*, FS Konzen (2006), S. 927.

84 Zu möglichen Kollisionen in der zeitlichen Abfolge mit mitgliedstaatlichen Beteiligungsrechten *Blanke/Rose*, RdA 2008, 65–81.

5. Tendenzunternehmen

Nur ganz rudimentär enthält die Richtlinie eine Regelungsoption für Tendenzunternehmen.[85] Mitgliedstaaten können besondere Bestimmungen vorsehen im Hinblick auf die zentrale Leitung von in ihrem Hoheitsgebiet ansässigen Unternehmen, die in Bezug auf Berichterstattung und Meinungsäußerung unmittelbar und überwiegend eine bestimmte **weltanschauliche Tendenz** verfolgen.[86] Diese Regelungsoption ist aber nur für die Mitgliedstaaten eröffnet, die schon bei Annahme der (ursprünglichen)[87] Richtlinie entsprechende Regelungen kannten. Die Regelung ist in Art. 8 Abs. 3 EBRRL loziert und daher ihrem systematischen Zusammenhang nach inhaltlich beschränkt auf Sonderregeln in Bezug auf die in Art. 8 Abs. 1 und 2 näher ausgestaltete Vertraulichkeit (oben, Rdn. 77).[88] 86

6. Kollektivvereinbarungen („Betriebsvereinbarungen")

Keine Regelungen enthält die Richtlinie zu Kollektivvereinbarungen („Betriebsvereinbarungen"), wie sie zwischen Arbeitgeber und EBR oder Arbeitgeber und mitgliedstaatlichen Arbeitnehmervertretern im Rahmen eines Verfahrens zur Unterrichtung und Anhörung denkbar sind und auch in der Praxis geschlossen werden[89]. Für den EBR nach der Auffanglösung begründet die Richtlinie **keine umfassende Vertragsautonomie**. Dem EBR kommt insbesondere nicht schon von Richtlinien wegen umfassende Privatautonomie zu. Eine solche lässt sich insbesondere nicht aus einem „Primat der Verhandlungsautonomie"[90] der Beteiligten begründen. Aber auch für den vereinbarten EBR oder für die nationalen Arbeitnehmervertretungen im Falle eines vereinbarten Unterrichtungs- und Anhörungsverfahrens bietet die Richtlinie keine Grundlage für eine umfassende Vertragsautonomie der Gremien (vgl. oben, Rdn. 68).[91] Eine Kompetenz zum Abschluss von Kollektivvereinbarungen lässt sich insoweit lediglich für die Gegenstände von Unterrichtung und Anhörung begründen.[92] 87

---

85 Krit. etwa *Weber*, FS Konzen (2006), S. 948–950.

86 Eingehend zu Art. 8 Abs. 3 EBRRL *Plum*, Tendenzschutz im europäischen Arbeitsrecht (2011), S. 103–155.

87 Die Formulierung ist mehrdeutig und könnte sich auch auf die Änderungsrichtlinie beziehen. Der Zweck legt jedoch nahe, dass das Inkrafttreten der EBRRL 1994 entscheidend sein soll, insbesondere da die neue Richtlinie in dieser Hinsicht auf keine wesentlichen Änderungen vorsah. In diesem Sinne auch *Plum*, Tendenzschutz im europäischen Arbeitsrecht (2011), S. 146.

88 A.M. *Plum*, Tendenzschutz im europäischen Arbeitsrecht (2011), S. 148.

89 *Rehberg*, NZA 2013, 73ff. („europäische Betriebsvereinbarungen als soziale Tatsache"); *Zimmer*, EuZA 2013, 459ff.

90 *Zimmer*, EuZA 2013, 459, 467f.

91 Zutr. *Rehberg*, NZA 2013, 73, 76f.

92 EuArbRK/*Oetker*, Art. 5 RL 2009/38/EG Rdn. 9; *Rehberg*, NZA 2013, 73, 77.

Umgekehrt steht die Richtlinie einer mitgliedstaatlich begründeten weitergehenden Vertragsautonomie des EBR oder der nationalen Arbeitnehmervertretungen nicht entgegen. Entsprechende Vereinbarungen sind nach dem kollisionsrechtlich berufenen nationalen Recht zu beurteilen.

VI. Rechtsdurchsetzung

88 Spezifizierte Rechtsfolgen für die Nichteinhaltung sieht die Richtlinie nicht vor, sie verweist in Art. 11 Abs. 2 auf die **Umsetzungspflichten** („geeignete Maßnahmen") und verpflichtet die Mitgliedstaaten, Verwaltungs- und Gerichtsverfahren vorzusehen, in denen die Erfüllung der richtliniendeterminierten Verpflichtungen durchgesetzt werden kann. Die Verfahrensautonomie der Mitgliedstaaten ist durch das Äquivalenz- und das Effektivitätsprinzip begrenzt (§ 1 Rdn. 77).

89 Unklar ist, ob sich die die Bewehrungspflicht der Mitgliedstaaten nur auf die Rechte und Pflichten der **Auffanglösung** bezieht oder auch für solche aus einer **Vereinbarungslösung**. Da die Vereinbarungslösung gerade auf privatautonome Gestaltung setzt und die Parteien „im Schatten der Auffanglösung" verhandeln, diese also als Vorbild nehmen können, sind gesetzliche Sanktionen folgerichtig nicht geboten.[93]

90 Umstritten ist, ob die Informations- und Konsultationspflicht mit einem **Unterlassungsanspruch** zu bewehren ist, der es ermöglicht, die betreffende unternehmerische Maßnahme (z.B. eine Umstrukturierung oder Betriebsstillegung) zu unterbinden. Dafür spricht der Fokus in Art. 11 Abs. 2 EBRRL auf die „Erfüllung".[94] Indessen hat der Unionsgesetzgeber die Frage nicht unmittelbar geregelt, sondern – im Rahmen der Umsetzungspflichten – den Mitgliedstaaten überlassen.[95] Für eine effektive Umsetzung dürften nach dem nationalen Recht auch Instrumente des einstweiligen Rechtsschutzes und eine Bußgeldbewehrung eine hinreichend abschreckende Wirkung entfalten.[96]

91 Besonders hervorgehoben ist die Bindung der Mitgliedstaaten zu gewährleisten, dass die Leitung des Unternehmens oder der Gruppe ihre richtliniendeterminierten Verpflichtungen unabhängig davon erfüllen, ob sich die zentrale Leitung in ihrem Hoheitsgebiet befindet; Art. 11 Abs. 1 EBRRL.

---

93 *Forst,* ZESAR 2013, 15, 23.

94 *Forst,* ZESAR 2013, 15 ff.; *Klocke/Haas,* ZESAR 2018, 364, 367 f.

95 Preis/Sagan/*Müller-Bonanni/Witschen,* Rdn. 17.135 ff.

96 EuArbRK/*Oetker,* Art. 11 RL 2009/38/EG Rdn. 7 ff.

VII. Umsetzung

Die Umsetzung der ursprünglichen Richtlinie von 1994 erfolgte in mehreren Ländern 92
mit Verzögerung.[97] **Deutschland** hat die Richtlinie durch das Gesetz über Europäische Betriebsräte (EBRG) v. 28.10.1996 umgesetzt.[98] Die Richtlinie von 2011 wurde durch das Europäische Betriebsräte-Gesetz v. 7.12.2011 umgesetzt.[99]

VIII. Beispielsfall: *Kühne & Nagel*[100]

Kühne & Nagel, ein Unternehmen mit Sitz in Deutschland, gehörte zu einer gemein- 93
schaftsweit tätigen Unternehmensgruppe. Die Muttergesellschaft dieser Gruppe, also das herrschende Unternehmen und damit die zentrale Leitung, befand sich in der Schweiz. Ein EBR bestand bislang nicht. Die Muttergesellschaft hatte innerhalb der Gemeinschaft auch keinen Vertreter (Art. 4 Abs. 2 UAbs. 1 EBRRL) benannt. Angaben über die Beschäftigten der einzelnen Unternehmen der Gruppe waren nicht verfügbar, doch stand fest, dass Kühne & Nagel das arbeitnehmerstärkste Unternehmen innerhalb der Gruppe war (vgl. Art. 4 Abs. 2 UAbs. 2 EBRRL).

Der Gesamtbetriebsrat von Kühne & Nagel wollte die Einsetzung eines EBR vor- 94
bereiten und verlangte zu diesem Zweck von dem Unternehmen Auskünfte über die durchschnittliche Gesamtzahl der Arbeitnehmer und ihre Verteilung auf die Mitgliedstaaten, die Unternehmen und Betriebe sowie über die Struktur des Unternehmens oder der Unternehmensgruppe und bat um Mitteilung der Bezeichnungen und Anschriften der Arbeitnehmervertretungen der Gruppe in den jeweiligen Mitgliedstaaten.

Kühne & Nagel erklärte sich außer Stande, die gewünschte Auskunft zu erteilen. 95
Die zentrale Leitung in der Schweiz unterliege nicht dem Gemeinschaftsrecht und verweigere die Auskunft. Kühne & Nagel selbst verfüge nicht über die erforderlichen Informationen. Zudem sei das Auskunftsbegehren im Hinblick auf die Arbeitnehmervertretungen in anderen Mitgliedstaaten nicht geschuldet.

Das BAG hielt den Einwand von Kühne & Nagel nach deutschem Recht für berech- 96
tigt. Zwar gehe das EBRG als die deutsche Umsetzung der EBRRL davon aus, dass das

---

97 S. nur EuGH v. 21.10.1999 – Rs. C-430/98 *Kommission ./. Luxemburg*, EU:C:1999:520; weitere Hinweise bei *Gamillscheg*, Kollektives Arbeitsrecht II, S. 1182 und öfter; W. *Kolvenbach*, NZA 1998, 582; *ders.*, NZA 2000, 518–527; Bericht der Kommission, KOM(2000) 188 endg., S. 2–10.

98 BGBl. 1996 I, 1548. Zur Umsetzung in Deutschland eingehend MünchArbR/*Joost*, §§ 354, 355, 356; *Fuchs/Marhold*, Europäisches Arbeitsrecht, S. 434 (Deutschland und Österreich); Hanau/Steinmeyer/Wank/*Hanau*, § 19 Rdn. 23; *Schubert*, EAS B 8300 Rdn. 43 f. Zur Umsetzung im Vereinigten Königreich *Carley/ Hall*, ILJ 29 (2000), 103, 109–112 (allgemein) und 112–122 (VK); *Kilian*, RdA 2001, 166–171; W. *Kolvenbach*, NZA 1998, 582–585.

99 BGBl. 2011 I, 2650, zuletzt geändert durch das Gesetz vom 20.5.2020 (BGBl.2020 I, 1044).

100 EuGH v. 13.1.2004 – Rs. C-440/00 *Kühne & Nagel*, EU:C:2004:16 m. zust. Bespr. *Giesen*, RdA 2004, 307–310 (S. 309 f. zur praktischen Umsetzung); *Joost*, ZIP 2004, 1034–1039; *Kort*, JZ 2004, 569–572.

Unternehmen die für die Auskunftserteilung erforderlichen Informationen einholen könne. Indes könne das EBRG nach seinem räumlichen Geltungsbereich keine Auskunftspflicht ausländischer Rechtssubjekte (hier: der Schwesterunternehmen in anderen Mitgliedstaaten) begründen. Anderes, so erwog das BAG, könne sich ergeben, wenn die EBRRL die Mitgliedstaaten binde, die in ihrem Hoheitsgebiet ansässigen Unternehmen zur Erteilung Information zu verpflichten, also einen horizontalen Auskunftsanspruch zu schaffen.

97 Es geht in dem Fall um die Problematik der Errichtung eines EBR in einer Unternehmensgruppe, deren zentrale Leitung in einem Drittstaat sitzt. Dieser Fall ist in Art. 4 Abs. 2 EBRRL geregelt: Die Funktion der zentralen Leitung übernimmt dann der von der zentralen Leitung benannte Vertreter, mangels Benennung das arbeitnehmerstärkste Unternehmen der Gruppe in den Mitgliedstaaten (als „fingierte zentrale Leitung“ bezeichnet), im vorliegenden Fall die Leitung von Kühne & Nagel. Regelmäßig beginnt die Arbeitnehmerinitiative zur Errichtung mit einem Informationsbegehren der Initiatoren, um festzustellen, ob die Voraussetzungen (insbes. Art. 2 Abs. 1 lit. a), c) EBRRL) erfüllt sind; einen entsprechenden Anspruch sah ursprünglich Art. 11 Abs. 2 EBRRL 1994 vor, er ist jetzt in Art. 4 Abs. 4 EBRRL geregelt. Was gilt in diesem Fall, wenn die fingierte zentrale Leitung die erforderlichen Auskünfte nicht (vollständig) geben kann: Ist sie verpflichtet und auch rechtlich in der Lage, sich diese Informationen soweit wie möglich von den anderen in den Mitgliedstaaten ansässigen Unternehmen der Gruppe zu besorgen?

98 Der EuGH bejaht diese Frage, gestützt auf die Verantwortlichkeit der (hier: fingierten) zentralen Leitung nach Art. 4 Abs. 1 EBRRL. Die fingierte zentrale Leitung ist gehalten, von den anderen in der Gemeinschaft ansässigen Unternehmen der Gruppe die Auskünfte zu verlangen, die zur Aufnahme der Verhandlungen zur Einrichtung eines Europäischen Betriebsrats unerlässlich sind; die anderen Unternehmen sind verpflichtet, der fingierten zentralen Leitung diese Auskünfte zu geben. Zu Begründung beruft sich der Gerichtshof auf den Gedanken der praktischen Wirksamkeit *(effet utile)* in seiner negativen Ausprägung: Würde man einen solchen horizontalen Auskunftsanspruch nicht anerkennen, so könnte die Einrichtung eines EBR bei Unternehmensgruppen mit zentraler Leitung in einem Drittstaat entgegen der in Art. 4 Abs. 2 ausgedrückten Intention des Gesetzgebers praktisch vereitelt werden. Methodisch begründet der Gerichtshof den Anspruch aus der Verantwortlichkeit nach Art. 4 Abs. 1, die damit als generalklauselartig formulierte allgemeine Pflicht der (auch: fingierten) zentralen Leitung verstanden wird. Die Änderungsrichtlinie von 2009 hat diesen horizontalen Auskunftsanspruch insofern anerkannt, als sie mit Art. 4 Abs. 4 S. 1 auch einen Informationserhebungsanspruch einführte (s. o. Rdn. 48).

§ 32 Arbeitnehmerbeteiligung in der Europäischen Aktiengesellschaft und der Europäischen Genossenschaft

Literatur:[1] *Barnard/Deakin*, Reinventing the European Corporation? Corporate Governance, Social Policy and the Single Market, IRJ 33 (2002), 484–499; *Blanke/Hayen/Kunz/Carlson*, Europäisches Betriebsräte-Gesetz – Arbeitnehmermitbestimmung in Europa, 3. Aufl. 2019; *Blanpain*, Representation of Employees at the Level of the Enterprise and the EEC, RdA 1992, 127–131; *Blanquet*, Das Statut der Europäischen Aktiengesellschaft (Societas Europaea „SE") – Ein Gemeinschaftsinstrument für die grenzüberschreitende Zusammenarbeit im Dienste der Unternehmen, ZGR 2000, 33–65; *Birk*, Europäische Aktiengesellschaft und nationales Betriebsverfassungsrecht – Bemerkungen zur Institution des Europäischen Betriebsrats (EBR) nach dem Vorschlag eines Statuts für Europäische Aktiengesellschaften, ZfA 1974, 47–81; *Braun*, Die Sicherung der Unternehmensmitbestimmung im Lichte des europäischen Rechts, 2005; *Brocker*, Unternehmensmitbestimmung und Corporate Governance, 2006; *Calle Lambach*, Das Gesetz zur Beteiligung der Arbeitnehmer in der Europäischen Gesellschaft (SE-Beteiligungsgesetz – SEBG), RIW 2005, 161–168; *dies.*, Die Beteiligung der Arbeitnehmer in der Europäischen Gesellschaft (SE), 2004; *Cannistra*, Das Verhandlungsverfahren zur Regelung der Mitbestimmung der Arbeitnehmer bei Gründung einer Societas Europaea und bei Durchführung einer grenzüberschreitenden Verschmelzung, 2014; *Däubler*, The Employee Participation Directive – A Realistic Utopia?, CMLR 14 (1977), 457–487; *Davies*, Workers on the Board of the European Company?, ILJ 32 (2003), 75–96; *Dreher*, Sockellösung statt Optionsmodell für die Mitbestimmung in der Europäischen Aktiengesellschaft?, EuZW 1990, 476–478; *Eidenmüller*, Recht als Produkt, JZ 2009, 641–653; *ders./Hornuf/Reps*, Contracting Employee Involvement: An Analysis of Bargaining over Employee Involvement Rules for a Societas Europaea, Journal of Corporate Law Studies 12 (2012), 201–235; *Figge*, Mitbestimmung auf Unternehmensebene in Vorschlägen der Europäischen Gemeinschaften, 1992; *Fleischer*, Der Einfluss der Societas Europaea auf die Dogmatik des deutschen Gesellschaftsrechts, AcP 204 (2004), 502–543; *ders.*, Gesetz und Vertrag als alternative Problemlösungsmodelle im Gesellschaftsrecht – Prolegomena zu einer Theorie der gesellschaftsrechtlichen Regelsetzung, ZHR 268 (2004), 673–707; *Forst*, Beteiligung der Arbeitnehmer in der Vorrats-SE, RdA 2010, 55–59; *ders.*, Die Beteiligung der Arbeitnehmer in der Vorrats-SE, NZG 2009, 687–692; *ders.*, Die Beteiligungsvereinbarung nach § 21 SEBG, 2010; *ders.*, Folgen der Beendigung einer SE-Beteiligungsvereinbarung, EuZW 2011, 333–336; *ders.*, Mitbestimmung à la Bruxelles – SE, SPE und grenzüberschreitende Verschmelzung, ZESAR 2014, 383–389; *ders.*, Offene Fragen rund um die SE-Beteiligungsvereinbarung, in: Bergmann/Kiem/Mülbert/Verse/Wittig (Hrsg.), 10 Jahre SE – Erreichter Stand, verbleibende Anwendungsfragen, Perspektiven, 2015, S. 50–89; *Goette/Habersack/Kalss* (Hrsg.), Münchener Kommentar zum Aktiengesetz, Band 7, 4. Aufl. 2017; *Grambow*, Auslegung der Auffangregelungen zur Mitbestimmung bei Gründung einer SE, BB 2012, 902–904; *Grobys*, Das geplante Umsetzungsgesetz zur Beteiligung von Arbeitnehmern in der Europäischen Aktiengesellschaft, NZA 2004, 779–781; *ders.*, SE-Betriebsrat und Mitbestimmung in der Europäischen Gesellschaft, NZA 2005, 84–91; *Gruber/Weller*, Societas Europaea – Mitbestimmung ohne Aufsichtsrat? – Ideen für die Leitungsverfassung der monistischen Aktiengesellschaft in Deutschland, NZG 2003, 297–301; *Grundmann*, Europäisches Gesellschaftsrecht, 2. Aufl. 2011; *Grüneberg/Hay/Jerchel/Sick*, Europäische Aktiengesellschaft (SE): Wie weit reicht der Schutz der Un-

1 Zur gesellschaftsrechtlichen Literatur, s. die eingehenden Hinweise bei *Grundmann*, Europäisches Gesellschaftsrecht, vor Rdn. 1032; *ders./Möslein*, European Company Law, vor Rdn. 1118; *Habersack/Verse*, Europäisches Gesellschaftsrecht, § 13 vor Rdn. 1.

https://doi.org/10.1515/9783110731941-032

ternehmensmitbestimmung? – Im Fokus: SE-Gründung durch Umwandlung und Gewerkschaftsvertreter im Aufsichtsrat, AuR 2020, 297–303; *Habersack,* Das Mitbestimmungsstatut der SE: „Ist" oder „Soll"?, AG 2018, 823–830; *ders.,* Grundsatzfragen der Mitbestimmung in SE und SCE sowie bei grenzüberschreitender Verschmelzung, ZHR 171 (2007), 613–643; *ders.,* Schranken der Mitbestimmungsautonomie in der SE – Dargestellt am Beispiel der Größe und inneren Ordnung des Aufsichtsorgans, AG 2006, 345–355; *ders./Verse,* Europäisches Gesellschaftsrecht, 5. Aufl. 2019; *Heckschen,* Die SE als Option für den Mittelstand, in: Aderhold/Grunewald/Klingberg/Paefgen (Hrsg.), Festschrift für Harm Peter Westermann, 2008, S. 999–1018; *Heinze,* Die Europäische Aktiengesellschaft, ZGR 2002, 66–95; *ders.,* Ein neuer Lösungsweg für die Europäische Aktiengesellschaft, AG 1997, 289–297; *Heinze/Seifert/Teichmann,* Verhandlungssache – Arbeitnehmerbeteiligung in der SE, BB 2005, 2524–2530; *Hemeling,* Die Societas Europaea (SE) in der praktischen Anwendung, 2007; *Henssler,* Bewegung in der deutschen Unternehmensmitbestimmung – Reformdruck durch Internationalisierung der Wirtschaft, RdA 2005, 330–337; *ders.,* Erfahrungen und Reformbedarf bei der SE – Mitbestimmungsrechtliche Reformvorschläge, ZHR 173 (2009), 222–249; *ders.,* Mitbestimmungsrechtliche Konsequenzen einer Sitzverlegung innerhalb der Europäischen Union – Inspirationen durch „Inspire Art", in: Söllner/Gitter/Waltermann/Giesen/Ricken (Hrsg.), Gedächtnisschrift für Meinhard Heinze, 2005, S. 333–355; *ders.,* Unternehmerische Mitbestimmung in der Societas Europaea – Neue Denkanstöße für die „Corporate Governance"- Diskussion, in: Habersack/Hommelhoff/Hüffer/Schmidt (Hrsg.), Festschrift für Peter Ulmer, 2003, S. 193–210; *Herfs-Röttgen,* Arbeitnehmerbeteiligung in der Europäischen Aktiengesellschaft, NZA 2001, 424–429; *dies.,* Probleme der Arbeitnehmerbeteiligung in der Europäischen Aktiengesellschaft, NZA 2002, 358–365; *Hommelhoff,* Einige Bemerkungen zur Organisationsverfassung der Europäischen Aktiengesellschaft, AG 2001, 279–288; *ders.,* Mitbestimmungsvereinbarungen zur Modernisierung der deutschen Unternehmensmitbestimmung, ZGR 2010, 48–74; *ders.,* Vereinbarte Mitbestimmung, ZHR 148 (1984), 118–148; *Hopt,* Arbeitnehmervertreter im Aufsichtsrat – Auswirkungen der Mitbestimmung auf corporate governance und wirtschaftliche Integration in Europa, in: Due/Lutter/Schwarze (Hrsg.), Festschrift für Ulrich Everling, 1995, S. 475–509; *ders.,* Grundprobleme der Mitbestimmung in Europa – Eine rechtsvergleichende Bestandsaufnahme und Einschätzung der Vorschläge zur Rechtsangleichung der Arbeitnehmermitbestimmung in den Europäischen Gemeinschaften, ZfA 1982, 207–235; *ders.,* Labor Representation on Corporate Boards: Impacts and Problems for Corporate Governance and Economic Integration in Europe, Int'lRev.L.&Econ. 14 (1994), 203–214; *Jacobs/Modi,* Kein Schutz der Sitzgarantie der Gewerkschaften nach § 21 Abs. 6 Satz 1 SEBG bei einer SE-Gründung durch Umwandlung, in: Bachmann/Grundmann/Mengel/Krolop (Hrsg.), Festschrift für Christine Windbichler, 2020, S. 249-268; *Jares/Vogt,* Das Arbeitnehmerbeteiligungsverfahren bei SE-Gründung in der unternehmerischen Praxis, DB 2020, 223–230; *Joost,* Mitbestimmung in der Europäischen Aktiengesellschaft, in: Oetker/Preis (Hrsg.), Europäisches Arbeits- und Sozialrecht, B 8200 (Stand: Feb. 2006); *Junker,* Europäische Aktiengesellschaft und deutsche Mitbestimmung, ZfA 2005, 211–224; *ders.,* Sechsundsiebzig verweht – Die deutsche Mitbestimmung endet in Europa, NJW 2004, 728–730; *ders.,* Unternehmensmitbestimmung in Deutschland – Anpassungsbedarf durch internationale und europäische Entwicklungen, ZfA 2005, 1–44; *Keller,* Die Europäische Aktiengesellschaft und Arbeitnehmerbeteiligung, WSI-Mitteilungen 2002, 203–212; *Kenner,* Worker Involvement in the *Societas Europaea:* Integrating Company and Labour Law in the European Union?, YEL 24 (2005), 223–259; *Kiem,* Vereinbarte Mitbestimmung und Verhandlungsmandat der Unternehmensleitung – Ein Beitrag zur mitbestimmungsrechtlichen Verhandlungslösung und guter Corporate Governance, ZHR 171 (2007), 713–730; *Kirchner,* Grundstrukturen eines neuen institutionellen Designs für die Arbeitnehmermitbestimmung auf der Unternehmensebene, AG 2004, 197–200; *Kisker,* Unternehmerische Mitbestimmung in der Europäischen Gesellschaft, der Europäischen Genossenschaft und bei grenzüberschreitender Verschmelzung im Vergleich, RdA 2006, 206–212; *Kleinsorge,* Europäische Gesellschaft und Beteiligungsrechte der Arbeitnehmer, RdA 2002, 343–352; *Kolvenbach,* Scheitert die Europa AG an der Mitbestimmung?, NZA 1998, 1323–1328; *Köstler,* in: Theisen/Wenz (Hrsg.), Die Europäische Aktiengesellschaft – Recht, Steuern und Betriebswirtschaft der Societas Europaea (SE), 2. Aufl. 2005, S. 331–376; *ders.*, Die Mitbestimmung in der SE, ZGR 2003, 800–809; *Krause*, Die Mitbestimmung der Arbeitnehmer in der Europäischen Gesellschaft (SE), BB 2005, 1221–1229; *Kraushaar*, Europäische Aktiengesellschaft (SE) und Unternehmensmitbestimmung, BB 2003, 1614–1620; *ders.*, Verhandelte Mitbestimmung und das Problem der Arbeitnehmerpluralität, AG 2008, 809–816; *Krieger*, Muss die Mitbestimmung der Arbeitnehmer das europäische Gesellschaftsrecht blockieren?, in: Löwisch/Schmidt-Leithoff/Schmiedel (Hrsg.), Beiträge zum Handels- und Wirtschaftsrecht – Festschrift für Fritz Rittner, 1991, 303–321; *Kübler*, Mitbestimmungsfeindlicher Missbrauch der Societas Europaea?, in: Damm/Heermann/Veil (Hrsg.), Festschrift für Thomas Raiser, 2005, S. 247–258; *ders.*, The Long Good-bye – Überlegungen zur Zukunft der Mitbestimmung der Arbeitnehmer im Europäischen Gesellschaftsrecht, Höland/Hohmann-Dennhardt/Schmidt/Seifert (Hrsg.), Arbeitnehmermitwirkung in einer sich globalisierenden Arbeitswelt – Liber amicorum Manfred Weiss, 2005, S. 235–246; *Leca*, The Participation of Employees' Representatives in the Governance Structure of the Societas Europeae, EBLR 2007, 403–441; *Löw/Stolzenberg*, Arbeitnehmerbeteiligungsverfahren bei der SE-Gründung – Potentielle Fehler und praktische Folgen, NZA 2016, 1489–1496; *Lubitz*, Sicherung und Modernisierung der Unternehmensmitbestimmung, 2005; *Luke*, Vorrats-SE ohne Arbeitnehmerbeteiligung, NZA 2013, 941–945; *Lutter* (Hrsg.), Die Europäische Aktiengesellschaft, 2. Aufl. 1978; *ders.*, Mitbestimmungsprobleme im internationalen Konzern, in: Bernstein/Drobnig/Kötz (Hrsg.), Festschrift für Konrad Zweigert, 1981, S. 251–274; *ders./Hommelhoff/Teichmann*, SE-Kommentar, 2. Aufl. 2015; *Merkt*, Die monistische Verfassung für die Europäische Aktiengesellschaft aus deutscher Sicht, ZGR 2003, 650–678; *Mückl*, Mitbestimmung bei Gründung einer SE, BB 2018, 2868–2872; *ders./Götte*, Wie gelingt der Auftakt zur Arbeitnehmerbeteiligung bei SE-Gründung? – Richtige Aufforderung und Information in der Praxis, BB 2017, 1845–1850; *Müller-Bonanni/Melot de Beauregard*, Mitbestimmung in der Societas Europaea, GmbHR 2005, 195–200; *Nagel*, Die Europäische Aktiengesellschaft (SE) und die Beteiligung der Arbeitnehmer, AuR 2004, 281–286; *ders./Köklü*, „Societas Europaea" und Mitbestimmung, ZESAR 2004, 175–181; *Neye*, Kein neuer Stolperstein für die Europäische Aktiengesellschaft, ZGR 2002, 377–382; *Oetker*, Beteiligung der Arbeitnehmer in der Europäischen Aktiengesellschaft (SE) im Überblick, ZESAR 2005, 3–12; *ders.*, Die Beteiligung der Arbeitnehmer in der Europäischen Aktiengesellschaft (SE) unter besonderer Berücksichtigung der leitenden Angestellten, BB 2005 Beil. 11, 2–13; *ders.*, Mitbestimmungssicherung bei der Errichtung einer Europäischen Gesellschaft (SE) durch formwechselnde Umwandlung einer Aktiengesellschaft mit Sitz in Deutschland, in: Konzen/Krebber/Raab/Veit/Waas (Hrsg.), Festschrift für Rolf Birk, 2008, S. 557–573; *ders.*, Unternehmensmitbestimmung in der rechtspolitischen Diskussion – Ein Zwischenbericht, RdA 2005, 337–345; *ders.*, Unternehmensmitbestimmung in der SE kraft Vereinbarung – Grenzen der Vereinbarungsautonomie im Hinblick auf die Größe des Aufsichtsrats, ZIP 2006, 1113–1121; *Oplustil/Teichmann* (Hrsg.), The European Company – all over Europe – A state-by-state account of the introduction of the European Company, 2004; *Pannier*, The EU Cross Border Merger Directive – A New Dimension for Employee Participation and Company Restructuring, EBLR 2005, 1424–1442; *Pipkorn*, Arbeitnehmerbeteiligung in Unternehmen auf Europäischer Grundlage, RdA 1992, 120–127; *Pluskat*, Die Arbeitnehmerbeteiligung in der geplanten Europäischen AG, DStR 2001, 1483–1490; *Raiser*, Führungsstruktur und Mitbestimmung in der Europäischen Aktiengesellschaft nach dem Verordnungsvorschlag der Kommission vom 25. August 1989, in: Baur/Hopt/Mailänder (Hrsg.), Festschrift für Ernst Steindorff, 1990, S. 201–214; *ders.*, Unternehmensmitbestimmung vor dem Hintergrund europarechtlicher Entwicklungen, Gutachten B für den 66. Deutscher Juristentag, Abteilung Arbeitsrecht, 2006; *Rebhahn*, Unternehmensmitbestimmung in Deutschland – ein Sonderweg im Rechtsvergleich, in: Rieble (Hrsg.), Zukunft der Unternehmensmitbestimmung, 2004, S. 42–85; *Rehberg*, Chancen und Risiken der Verhandlung über die Arbeitnehmerbeteiligung, in: Rieble/Junker (Hrsg.), Vereinbarte Mitbestimmung in der SE, 2008, S. 45–64; *ders.*, Missbräuchliche Verkürzung der unternehmerischen Mitbestimmung durch die Societas Europaea – Zur Bedeutung, Reichweite und nationalen Umsetzung von Art. 11 sowie Erwägungsgrund 18 der

SE-Richtlinie, ZGR 2005, 859–894; *Reichert/Brandes*, Mitbestimmung der Arbeitnehmer in der SE: Gestaltungsfreiheit und Bestandsschutz, ZGR 2003, 767–799; *Rieble*, Mitbestimmung zwischen Legitimationslast und Modernisierungsdruck, in: ders. (Hrsg.), Zukunft der Unternehmensmitbestimmung, 2004, S. 9–32; *ders.*, Schutz vor paritätischer Mitbestimmung, BB 2006, 2018–2023; *ders.*, SE-Mitbestimmungsvereinbarung: Verfahren, Fehlerquellen und Rechtsschutz, in: ders./Junker (Hrsg.), Vereinbarte Mitbestimmung in der SE, 2008, S. 73–115; *ders.*, Unternehmensmitbestimmung vor dem Hintergrund europarechtlicher Entwicklungen, NJW 2006, 2214–2217; *ders.* (Hrsg.), Zukunft der Unternehmensmitbestimmung, 2004; *ders./Junker* (Hrsg.), Vereinbarte Mitbestimmung in der SE, 2008; *Ringe*, Mitbestimmungsrechtliche Folgen einer SE-Sitzverlegung, NZG 2006, 931–935; *Roth*, Die unternehmerische Mitbestimmung in der monistischen SE, ZfA 2004, 431–461; *Sanders*, Auf dem Wege zu einer europäischen Aktiengesellschaft?, AWD 1960, 1–5; *ders.*, Die Europäische Aktiengesellschaft – Probleme des Zugangs und der Mitbestimmung, AG 1967, 344–348; *ders.*, Vorentwurf eines Statuts für Europäische Aktiengesellschaften, in: Kommission der Europäischen Gemeinschaften (Hrsg.), Kollektion Studien, Reihe Wettbewerb Nr. 6, 1967; *Schäfer, Carsten*, SE und Gestaltung der Mitbestimmung aus gesellschaftsrechtlicher Sicht, in: Rieble/Junker (Hrsg.), Vereinbarte Mitbestimmung in der SE, 2008, S. 13–36; *Scheibe*, Die Mitbestimmung der Arbeitnehmer in der SE unter besonderer Berücksichtigung des monistischen Systems, 2007; *Schmeisser/Ladenburger*, Der Unterlassungsanspruch des SE-Betriebsrats bei Durchführung einer unternehmerischen Maßnahme vor Abschluss des Unterrichtungs- und Anhörungsverfahrens nach §§ 28, 29 SEBG, NZA 2018, 761–765; *Schubert*, Die Arbeitnehmerbeteiligung bei der Europäischen Aktiengesellschaft ohne Arbeitnehmer, ZESAR 2006, 340–348; *dies.*, Die Arbeitnehmerbeteiligung bei der Gründung einer SE durch Verschmelzung unter Beteiligung arbeitnehmerloser Aktiengesellschaften, RdA 2012, 146–155; *dies.*, Wegfall der Mehrstaatlichkeit der SE und deren Auswirkungen auf die Arbeitnehmerbeteiligung, AG 2020, 205–213; *Seibt*, Arbeitnehmerlose Societas Europaea – Zugleich Besprechung von AG Hamburg v. 28.6.2005 – 66 AR 76/05 sowie LG Hamburg v. 30.9.2005 – 417 T 15/05, ZIP 2005, 2248–2250; *ders.*, Größe und Zusammensetzung des Aufsichtsrats in der SE, ZIP 2010, 1057–1065; *ders.*, Zur Zusammensetzung des Aufsichtsrats bei der SE-Umwandlung, EWiR 2019, 549–550; *Simitis*, Workers' Participation in the Enterprise – Transcending Company Law?, MLR 38 (1975), 1–22; *Teichmann*, Bestandsschutz für die Mitbestimmung bei Umwandlung in eine SE, ZIP 2014, 1049–1057; *ders.*, Binnenmarktkonformes Gesellschaftsrecht, 2006; *ders.*, Gestaltungsfreiheit in Mitbestimmungsvereinbarungen, AG 2008, 797–800; *ders.*, Gewerkschaftssitze im Aufsichtsrat nach Umwandlung in eine SE, ZIP 2021, 105-112; *ders.*, Mitbestimmung und grenzüberschreitende Verschmelzung, Konzern 2007, 89–98; *Thüsing*, Europäische Perspektiven der deutschen Unternehmensmitbestimmung, in: Rieble (Hrsg.), Zukunft der Unternehmensmitbestimmung, 2004, S. 95–113; *Veelken*, Zur Mitbestimmung bei der Europäischen Aktiengesellschaft, in: Kraus/Veelken/Vieweg (Hrsg.), Recht der Wirtschaft und der Arbeit in Europa – Gedächtnisschrift für Wolfgang Blomeyer, 2004, S. 491–523; *Villiers*, The Directive on Employee Involvement in the European Company: Its Role in European Corporate Governance and Industrial Relations, IJCLLIR 22 (2006), 183–211; *Wagner, J.*, Praktische Erfahrungen mit der Europäischen Aktiengesellschaft, EWS 2005, 546–554; *Wagner, K.M.*, Die wirtschaftliche Arbeitnehmermitbestimmung in einer Europäischen Aktiengesellschaft, 1977; *Weiss/Wöhlert*, Der Siegeszug des deutschen Mitbestimmungsrechts in Europa?, NZG 2006, 121–126; *Westermann*, Tendenzen der gegenwärtigen Mitbestimmungsdiskussion in der Europäischen Gemeinschaft, RabelsZ 48 (1984), 123–184; *Wicke*, Die SE als Familienunternehmen, RNotZ 2020, 25–38; *Windbichler*, Arbeitnehmerinteressen im Unternehmen und gegenüber Unternehmen – Eine Zwischenbilanz, AG 2004, 190–196; *dies.*, Betriebliche Mitbestimmung als institutionalisierte Vertragshilfe, Lieb/Noack/Westermann (Hrsg.), Festschrift für Wolfgang Zöllner, 2007, S. 999–1009; *dies.*, Cheers and Boos for Employee-Involvement: Co-Determination as Corporate Governance Conundrum, EBOR 6 (2006), 507–537; *dies.*, Der gordische Mitbestimmungsknoten und das Vereinbarungsschwert – Regulierung durch Selbstregulierung?, in: Jürgens/Sadowski/Schuppert/Weiss (Hrsg.), Perspektiven der Corporate Governance – Bestimmungsfaktoren unternehmerischer Entscheidungsprozesse und Mitwirkung der Arbeitnehmer, 2007, S. 282–304; *dies.*, Methodenfragen in einer gestuften Rechtsordnung – Mitbestimmung und körperschaftliche Organisationsautonomie in der Europäischen Gesellschaft, in: Heldrich/Prölss/Koller (Hrsg.), Festschrift für Claus-Wilhelm Canaris, 2007, S. 1423–1434; *Wisskirchen/Prinz*, Das Gesetz über die Beteiligung der Arbeitnehmer in der Europäischen Gesellschaft (SE), BB 2004, 2638–2643; *Wißmann*, „Deutsche" Europäische Aktiengesellschaft und Mitbestimmung, in: Wank/Hirte/Frey/Fleischer/Thüsing (Hrsg.), Festschrift für Wiedemann, 2002, S. 685–700; *ders.*, Die Mitbestimmung der Arbeitnehmer in der Europäischen Aktiengesellschaft (SE), RdA 1992, 320–330; *Wollburg/Banerjea*, Die Reichweite der Mitbestimmung in der Europäischen Gesellschaft – Die SE als attraktive neue Rechtsform für grenzüberschreitende Zusammenschlüsse und für grenzüberschreitend tätige Konzerne, ZIP 2005, 277–283.

S.a. die Literaturhinweise zu § 29.

Übersicht

I. Sachfragen, Übersicht, Rechtsgrundlagen, Regelungsumfeld

1. Überblick über die Entstehungsgeschichte

1 Das Vorhaben, mit der Europäischen Aktiengesellschaft *(Societas Europaea,* SE) eine supranationale Gesellschaftsform zu schaffen, reicht bis in die Anfänge der Gemeinschaft zurück.[2] In ähnlicher Weise wie bei unionsweit operierenden Unternehmen oder Unternehmensgruppen, die von der EBR-Richtlinie erfasst werden (oben, § 31) stellen sich hier besondere Fragen der Arbeitnehmermitwirkung. Weiter noch: als **supranationale Rechtsform** verlangt die SE nach einem eigenen Regime der Arbeitnehmermitwirkung. Gerade dies erwies sich im Laufe eines gut 30-jährigen Rechtsetzungsverfahrens indes wegen der unterschiedlichen mitgliedstaatlichen Traditionen,[3] namentlich wegen der besonders weitgehenden deutschen Mitbestimmung,[4] als problematisch; das ungewöhnlich lange Rechtsetzungsverfahren ist geradezu als „30-jähriger Krieg" bezeichnet worden.[5] Eine Einigung konnte am Ende dadurch erzielt werden, dass die Arbeitnehmermitwirkung nach dem Vorbild der EBR-Richtlinie nicht mehr starr vorgegeben, sondern den Betroffenen zur Verhandlung und Vereinbarung überlassen wurde.[6]

2 Das **Rechtsetzungsverfahren** lässt sich in drei Phasen teilen und ist von einer zunehmenden Flexibilisierung geprägt. Aufbauend auf einem Vorschlag von *Pieter*

2 Zusammenfassend *Grundmann,* Europäisches Gesellschaftsrecht, Rdn. 1032–1035, 1081; ferner aus der Aufsatzliteratur; *Blanquet,* ZGR 2000, 33–65; *Heinze,* ZGR 2002, 66–77; *Herfs-Röttgen,* NZA 2001, 424 f.; *Joost,* EAS B 8200 Rdn. 1–4; *Junker,* ZfA 2005, 1, 24–27; *Kenner,* YEL 24 (2005), 223, 225–244; *Kleinsorge,* RdA 2002, 343, 343–345; *Leca,* EBLR 2007, 403, 406–411; Lutter/Hommelhoff/Teichmann/*Oetker,* Vor § 1 SEBG Rdn. 1–12; *Pluskat,* DStR 2001, 1483 f.; *Veelken,* GS Blomeyer (2004), S. 493–510.

3 Rechtsvergleichende Übersicht: *Baums/Ulmer* (Hrsg.), Unternehmens-Mitbestimmung der Arbeitnehmer im Recht der EU-Mitgliedstaaten (2004); *Rebhahn,* in: Rieble (Hrsg.), Zukunft der Unternehmensmitbestimmung, S. 42–85; auch *Pannier,* EBRL 2005, 1424, 1425–1434; s.a. § 29 Rdn. 3 f.

4 *Rebhahn,* in: Rieble (Hrsg.), Zukunft der Unternehmensmitbestimmung, S. 42–85 („Unternehmensmitbestimmung in Deutschland – ein Sonderweg im Rechtsvergleich"); *Junker,* NJW 2004, 728, 730 („ein Solitär, aber kein Edelstein").

5 *Schwarz,* ZIP 2001, 1847 f.

6 Für das Verständnis der SE-Regelung ist daher die vorherige Durchsicht von § 31 hilfreich.

Sanders[7] war die SE ursprünglich als eine auf gemeinschaftsrechtlicher Ebene durchregulierte Gesellschaftsform konzipiert. Der erste Entwurf von 1970[8] enthielt mit 284 Artikeln ein vollständiges Aktienrecht.[9] Inhaltlich orientierte er sich weitgehend am deutschen Modell. In einem dualistischen – zwischen Leitungsgremium (Vorstand) und Aufsichtsgremium (Aufsichtsrat) trennenden – Modell war eine Drittel-Beteiligung der Arbeitnehmer im Aufsichtsrat sowie ein Europäischer Betriebsrat vorgesehen.

Ähnlich weitgehend war auch noch der zweite Entwurf von 1975 ausgestaltet.[10] 3
Von diesen Kernelementen nahm der Gesetzgeber schrittweise Abstand: die einheitliche Regelung wurde nach und nach für alternative Gestaltungen geöffnet, die für die mitgliedstaatlichen Traditionen der Unternehmensstruktur und der Arbeitnehmerbeteiligung offen ist. In einem vereinfachten Entwurf von 1989,[11] 1991 geändert,[12] wurden die Organisationsregel der SE und die Mitbestimmungsregeln rechtstechnisch getrennt in eine Verordnung über das SE-Statut und eine Richtlinie über die Mitbestimmung. Das SE-Statut ließ jetzt wahlweise eine monistische oder dualistische Leitungsstruktur zu, und für die Mitbestimmung sah die Richtlinie nicht weniger als vier alternative, als gleichwertig konzipierte[13] Modelle der Arbeitnehmerbeteiligung vor.

---

7 *Sanders*, in: Kommission der Europäischen Gemeinschaften (Hrsg.), Kollektion Studien, Reihe Wettbewerb Nr. 6, (1967). Dazu *Sanders*, AG 1967, 344–348; grundlegend *ders.*, AWD 1960, 1–5.

8 Vorschlag einer Verordnung des Rates für das Statut für Europäische Aktiengesellschaften vom 30.6.1970, ABl. 1970 C 124/1 = KOM(70) 600 endg.; Stellungnahmen ABl. 1974 C 93/22 (Europäisches Parlament), 1972 C 131/32 (Wirtschafts- und Sozialausschuss). Zum EBR in diesem Entwurf *Birk*, ZfA 1974, 47–81.

9 Näher *Grundmann*, Europäisches Gesellschaftsrecht, Rdn. 1033.

10 Geänderter Vorschlag für eine Verordnung des Rates bezüglich des Statuts für Europäische Aktiengesellschaften v. 30.4.1975, KOM(75) 150 endg., abgedruckt in: Bulletin der Europäischen Gemeinschaften Beil. 4/75 (1975).

11 Vorschlag für eine Verordnung (EWG) des Rates über das Statut der Europäischen Aktiengesellschaft vom 25.8.1989, ABl. 1989 C 263/41 = KOM(89) 268 endg.; Stellungnahmen ABl. 1991 C 48/99 (Europäisches Parlament), 1990 C 124/34 (Wirtschafts- und Sozialausschuss); Vorschlag für eine Richtlinie des Rates zur Ergänzung des SE-Statuts hinsichtlich der Stellung der Arbeitnehmer, KOM(1989) 268 endg., ABl. 1989 C 263/69. Dazu (krit.) *Dreher*, EuZW 1990, 476–478; *Figge*, Mitbestimmung auf Unternehmensebene in Vorschlägen der Europäischen Gemeinschaften, S. 204–243; auch *Krieger*, FS Rittner (1991), S. 310–318; *Pipkorn*, RdA 1992, 120–127; *Raiser*, FS Steindorff (1990), S. 201–214; *Wißmann*, RdA 1992, 320–330.

12 Geänderter Vorschlag für eine Richtlinie des Rates zur Ergänzung des SE-Statuts hinsichtlich der Stellung der Arbeitnehmer v. 6.5.1991, ABl. C 138/8; Geänderter Vorschlag für eine Verordnung über das Statut der Europäischen Aktiengesellschaft v. 16.5.1991, ABl. C 176/1.

13 Krit. gegenüber der Gleichwertigkeit *Dreher*, EuZW 1990, 476, 477 (und mit dem Vorschlag einer Sockellösung); *Figge*, Mitbestimmung auf Unternehmensebene in Vorschlägen der Europäischen Gemeinschaften, S. 230–234.

4 Als wegweisend erwies sich schließlich das Modell der EBR-Richtlinie von 1994, das der *Davignon*-Bericht[14] für die SE fruchtbar machte („Paradigmenwechsel").[15] So wie beim EBR wird die Arbeitnehmerbeteiligung der Vereinbarung der betroffenen Arbeitgeber und Arbeitnehmer(vertreter) überlassen (**Verhandlungs- bzw. Vereinbarungslösung**).[16] Auf diese Weise wird den Unternehmen ermöglicht, im Zusammenwirken mit der Arbeitnehmerseite eine maßgeschneiderte Mitbestimmung zu entwickeln. Dadurch wird zugleich ein Wettbewerb unterschiedlicher Mitbestimmungssysteme ermöglicht und auch als Entdeckungsverfahren *(v. Hayek)* aktiviert.[17] Einer „Flucht aus der Mitbestimmung"[18] und einer Abwärtsspirale wird dabei vor allem durch das sogenannte Vorher-Nachher-Prinzip vorgebeugt, nach dem der Mitbestimmungsstandard der beteiligten Gesellschaften im Grundsatz erhalten bleibt oder durch prozedurale Sicherungen (Zustimmungsquoren) vor einer vorschnellen Abschaffung gesichert ist.[19]

2. Kompetenzgrundlage

5 Nachdem der Gipfel von Nizza im Jahr 2000 eine grundsätzliche Einigung über die SE nebst Mitbestimmungslösung erreichte („Wunder von Nizza"), wurden die Verord-

---

14 Abschlussbericht der Sachverständigengruppe „European Systems of Workers Involvement" (Davignon Bericht), BR-Drs. 572/97. Zum *Davignon*-Bericht und der nachfolgenden Entwicklung *Heinze,* AG 1997, 289–297; *ders.,* ZGR 2002, 66, 70–75; *Kolvenbach,* NZA 1998, 1323–1328.

15 *Wißmann,* FS Wiedemann (2002), S. 693–697.

16 Vereinbarungslösungen für internationale Sachverhalte erwägend bereits *Hopt,* ZfA 1982, 207, 234 f.; *Lutter,* FS Zweigert (1981), S. 267–270; zu den im deutschen Recht herkömmlich begrenzten Möglichkeiten einer „vereinbarten Mitbestimmung" etwa *Hommelhoff,* ZHR 148 (1984), 118–148. Zu den Grundlagen der Mitbestimmung (und dem Erfordernis einer Abstimmung mit der *corporate governance) Brocker,* Unternehmensmitbestimmung und Corporate Governance (2006); *Kirchner,* AG 2005, 197–200 (S. 198 zur Legitimationswirkung der Vereinbarung); *Windbichler,* EBOR 6 (2005), 507–537 (grundsätzlich eine Verhandlungslösung befürwortend, aber kritisch gegenüber der Lösung der SE-RL, insofern diese zu sehr auf eine Bewahrung der nationalen Mitbestimmung gerichtet sei und deren Verfahren zu umständlich und kostspielig seien); *dies.,* in: Jürgens/Sadowski/Schuppert/Weiss (Hrsg.), Perspektiven der Corporate Governance, S. 282–304.

17 Vgl. schon *Hopt,* ZfA 1982, 207, 232 f.; *ders.,* FS Everling (1995), S. 590 f.; *ders.,* Int'lRev.L.&Econ. 14 (1994), 203, 212 f.; aus jüngerer Zeit *Rehberg,* in: Rieble/Junker (Hrsg.), Vereinbarte Mitbestimmung in der SE, S. 51–53; s. a. *Fleischer,* ZHR 168 (2004), 673, 680 f., sowie oben, § 29 Rdn. 39.

18 Dazu der Sache nach bereits *Sanders,* AG 1967, 344, 347 f. Krit. gegenüber dem Topos und den damit angesprochenen Gefahren *Heinze,* ZGR 2002, 66, 69 f.; *Henssler,* FS Ulmer (2003), S. 199 f. (im Hinblick auf die Niederlassungsfreiheit); *Krieger,* FS Rittner (1991), S. 316–318; *Windbichler,* AG 2004, 190, 192.

19 Ein gewisses Vorbild für das Vorher-Nachher-Prinzip kann man in Übergangsregelungen für den Fall eines Wegfalls gesetzlicher Anwendungsvoraussetzungen der Mitbestimmung sehen; *Wißmann,* FS Wiedemann (2002), S. 694.

nung über das SE-Statut[20] und die ergänzende Richtlinie über die SE-Mitbestimmung (SE-Richtlinie, SE-RL)[21] 2001 auf der Grundlage der Ergänzungs-Zuständigkeit des Art. 352 AEUV verabschiedet.[22] Die Rechtsgrundlage blieb strittig, das Europäische Parlament hielt Art. 114 AEUV für die Verordnung und Art. 153 AEUV für die Richtlinie für die richtigen Kompetenzvorschriften: Während Art. 352 AEUV nur eine Anhörung des Parlaments erforderte, wären nach diesen Vorschriften weitergehende Mitwirkungsrechte des Parlaments gegeben.[23] Eine vom Parlament erwogene Nichtigkeitsklage unterblieb aber schließlich.[24]

3. Überblick über die Regelung

Für die Arbeitnehmerbeteiligung sieht die verabschiedete Richtlinie nach einer 6
Zweckbestimmung und einer Definitionsnorm (Art. 1 und 2 SE-RL) ein Verhandlungsverfahren vor (Art. 3–7): Die Gründungsgesellschaften einerseits und ein für die Vertretung der Arbeitnehmerseite zu bildendes besonderes Verhandlungsgremium andererseits sollen Fragen der Arbeitnehmerbeteiligung – Anhörung und Unterrichtung sowie Unternehmensmitbestimmung – primär autonom regeln, nur subsidiär greift eine im Anhang ausgestaltete Auffangregelung ein (BE 8 SE-RL). Der Gesetzgeber hat damit auf die Disparität mitgliedstaatlicher Mitbestimmungsrechte und -traditionen Rücksicht genommen (BE 5 SE-RL). Die Ausgestaltung des Verhandlungsverfahrens sowie die Auffanglösung ist dabei zur Wahrung erworbener Rechte (BE 7 SE-RL) und zur Vermeidung einer „Flucht aus der Mitbestimmung" vom so genannten Vorher-Nachher-Prinzip geprägt, nach dem eine vorbestehende Mitbestimmung erhalten bleibt. Vor allem die Umwandlung in eine SE soll keine Möglichkeit bieten, die vorbestehende Mitbestimmung abzuschütteln. Grundsätze über die Zusammenarbeit (Art. 8–10 SE-RL) ergänzen die Regelung. Die EBRRL (§ 31) tritt gegenüber den Regeln der Arbeitnehmerbeteiligung in der SE-RL grundsätzlich zurück, da hier eine eigene, gleichwertige Regelung über Unterrichtung und Anhörung für grenzüberschreitende Sachverhalte vorgesehen ist (Art. 13 Abs. 1 SE-RL). Daneben kann nationales Betriebsverfassungsrecht Anwendung finden, die Anwendung nationalen Mitbestimmungsrechts ist hingegen ausgeschlossen (Art. 13 Abs. 2 SE-RL, zur Abgrenzung oben, § 29 Rdn. 1).

---

20 Verordnung (EG) Nr. 2157/2001 des Rates vom 8.10.2001 über das Statut der Europäischen Gesellschaft (SE), ABl. 2001 L 294/1.

21 Richtlinie 2001/86/EG des Rates vom 8.10.2001 zur Ergänzung des Statuts der Europäischen Gesellschaft hinsichtlich der Beteiligung der Arbeitnehmer, ABl. 2001 L 294/22.

22 Näher *Blanquet,* ZGR 2002, 20, 62f.

23 *Herfs-Röttgen,* NZA 2002, 358f.; *Kleinsorge,* RdA 2002, 343, 345f. Zu den – vom Rat verworfenen – Änderungsvorschlägen des EP noch *Heinze,* ZGR 2002, 66, 92f.

24 *Neye,* ZGR 2002, 377–382; s.a. *Hommelhoff,* AG 2001, 279f.

7 Die SE ist demnach *keine originär mitbestimmte Gesellschaftsform.* Das Vorher-Nachher-Prinzip bedeutet nur eine *Mitbestimmungssicherung.* Die SE kann danach nicht hinter dem Stand der vorher bestehenden Mitbestimmung zurückfallen, dieser wird „eingefroren". Damit eröffnet die Gründung einer SE freilich zugleich die Möglichkeit, eine *weitergehende* Mitbestimmung für die Zukunft zu vermeiden. Das ist etwa für ein Unternehmen von Interesse, das bislang dem Drittelbeteiligungsgesetz unterliegt, möglicherweise aber künftig durch organisches Wachstum die Arbeitnehmerschwellen des Mitbestimmungsgesetzes erreicht. Durch die Umwandlung in oder Verschmelzung auf eine SE bleibt zwar die Drittelbeteiligung im Aufsichtsrat erhalten, da die SE aber nicht dem (z. B.) deutschen Mitbestimmungsrecht unterliegt, wird bei einem späteren Überschreiten der Arbeitnehmerschwellen nicht das Mitbestimmungsgesetz anwendbar.[25] Gesetzliche Neuverhandlungspflichten sieht die Richtlinie (anders als die reformierte EBR-Richtlinie, § 31 Rdn. 74) nicht vor, sondern überlässt deren Regelung der Beteiligungsvereinbarung (s. u., Rdn. 50). Auch eine Mitbestimmungssicherung für den Fall nachträglicher Strukturänderung ist nicht vorgeschrieben, sondern nur in weicher Form in BE 18 erwähnt.[26] Unionsrechtlich ist dieser Fall daher nur über das Missbrauchsverbot determiniert (dazu noch unten, Rdn. 65f.).

---

25 Eingehend *Rieble,* BB 2006, 2018–2023 („Schutz vor paritätischer Mitbestimmung"); ferner *Heckschen,* FS Westermann (2008), S. 1013f.; *Henssler,* RdA 2005, 330, 333f.; *Schäfer,* in: Rieble/Junker (Hrsg.), Vereinbarte Mitbestimmung in der SE, S. 14–16.

26 Zur deutschen Regelung etwa *Rehberg,* ZGR 2005, 859, 882–885 (weitgehend); *Rieble;* BB 2006, 2018, 2022; *ders.,* in: ders./Junker (Hrsg.), Vereinbarte Mitbestimmung in der SE, S. 87f.; *Wollburg/Banerjea,* ZIP 2005, 277–283.

4. Überblick über den Entstehungsprozess

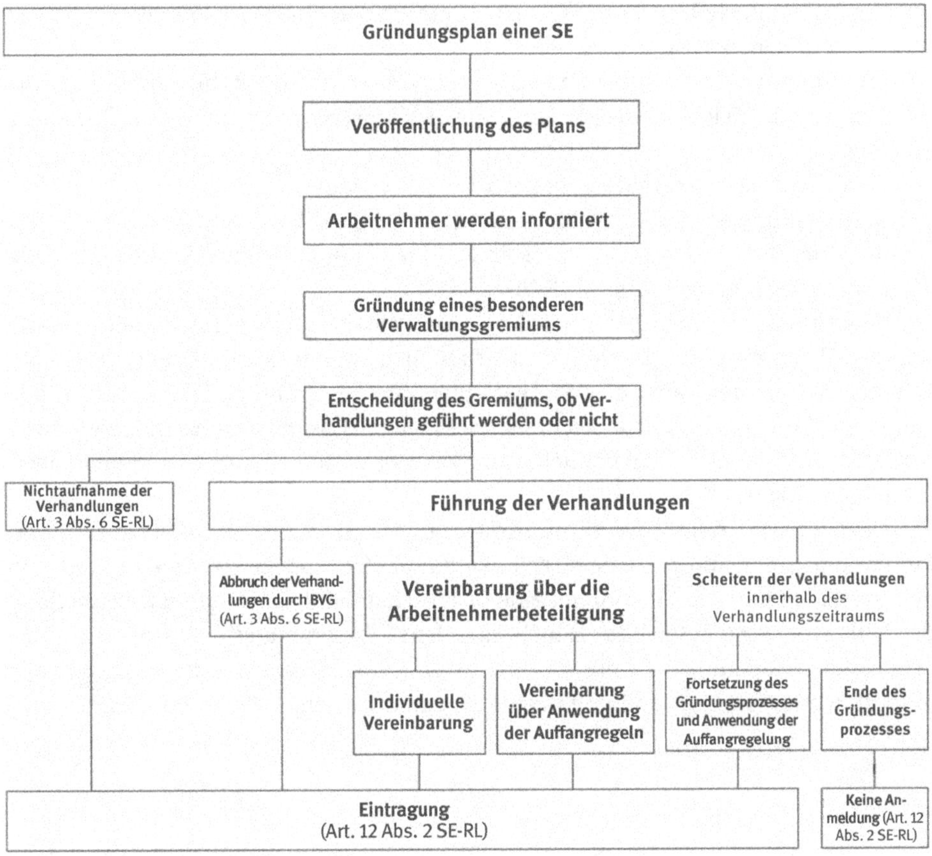

II. Grundlagen: Gründungs- und Gestaltungsformen der SE

Die Arbeitnehmermitwirkung knüpft insbesondere an zwei Variablen der SE an, (a) die Gründungsformen und (b) die Gestaltungsformen. Daher müssen wir diese vorab skizzieren,[27] bevor wir uns den Fragen der Arbeitnehmerbeteiligung zuwenden. 8

27 Eingehend *Grundmann*, Europäisches Gesellschaftsrecht, Rdn. 1047–1065; Übersicht auch bei *Joost*, EAS B 8200 Rdn. 24–41; *Junker*, ZfA 2005, 1, 27–30; *ders.*, ZfA 2005, 211, 218–221.

1. Gründungsformen

9 Für die Gründung sieht Art. 2 SE-VO eine Beschränkung auf vier Formen vor, die in Art. 15–37 näher ausgestaltet werden:[28]

- die Gründung durch Verschmelzung gem. Art. 17–31 SE-VO; hier konnte der Gesetzgeber in vielem an die Mechanismen der Verschmelzungsrichtlinie[29] anknüpfen;
- die Gründung einer Holding-SE nach Art. 32–34 SE-VO;
- die Gründung einer Tochter-SE nach Art. 35–36 SE-VO;
- die Gründung durch (formwechselnde) Umwandlung[30] einer bestehenden Aktiengesellschaft nach Art. 37 SE-VO.

10 Eine Gründung durch natürliche Personen, wie dies aus dem nationalen Gesellschaftsrecht bekannt ist, ist mithin nicht möglich; weiter noch können nur Gesellschaften bestimmter nationaler Rechtsformen eine SE gründen. Zudem setzen alle Gründungsformen ein grenzüberschreitendes Element („**Internationalitätselement**") voraus.[31] (Allerdings ist unschädlich, wenn die gegründete SE nicht mehr grenzüberschreitend tätig ist.)[32]

11 Die Gründung durch **Umwandlung** war dabei im Laufe des Gesetzgebungsverfahrens umstritten und sollte lange Zeit überhaupt nicht zugelassen werden, weil man hier in besonderem Maße besorgte, eine Gesellschaft könne sich durch Umwandlung der Mitbestimmung entziehen („Flucht aus der Mitbestimmung"). Dieser Gefahr begegnet die SE-Richtlinie jetzt mit dem Vorher-Nachher-Prinzip, das die vorbestehende Mitbestimmung bei Umwandlung in eine SE grundsätzlich erhält (s. Rdn. 28, 52).[33]

---

28 Näher *Grundmann*, Europäisches Gesellschaftsrecht, Rdn. 1047–1065. S.a. *Oechsler*, NZG 2005, 697–702 (zu dem kreativen Spielraum, der durch eine Kombination der verschiedenen Gründungsformen eröffnet wird).

29 Richtlinie 2005/56/EG des Europäischen Parlaments und des Rates vom 26.10.2005 über die Verschmelzung von Kapitalgesellschaften aus verschiedenen Mitgliedsstaaten, ABl. 2005 L 310/1, aufgegangen in der Richtlinie (EU) 2017/1132 des Europäischen Parlaments und des Rates vom 14.6.2017 über bestimmte Aspekte des Gesellschaftsrechts, ABl. 2017 L 169/46.

30 Der Begriff der Umwandlung ist in Art. 2 Abs. 4, 37 SE-VO im engeren Sinne einer formwechselnden Umwandlung verwandt, erfasst also anders als das UmwG nicht mehrere Fälle der Strukturänderung.

31 *Hommelhoff*, AG 2001, 279, 281. Krit. z.B. *Casper*, AG 2007, 97 ff. (reine Formalität ohne Schutzwirkung für Kreditgeber und Minderheiten); *Oechsler*, NZG 2005, 697, 698.

32 Zu den Folgen eines nachträglichen Wegfalls der Internationalität für die Arbeitnehmerbeteiligung *Schubert*, AG 2020, 205 ff. (SE-Betriebsrat wird obsolet und entfällt, Mitbestimmung grundsätzlich unberührt).

33 *Grüneberg/Hay/Jerchel/Sick*, AuR 2020, 297 ff. Zur Umsetzung der Kautelen im deutschen Recht *Oetker*, FS Birk (2008), S. 557–573.

2. Gestaltungsformen („Aufbau“ der SE)

Die Struktur der SE kann – mit Rücksicht auf die unterschiedlichen Rechtstraditionen der Mitgliedstaaten – unterschiedlich ausgestaltet werden.[34] Sie verfügt über 12
(a) eine **Hauptversammlung** der Aktionäre und
(b) – **entweder** ein **Aufsichtsorgan** und ein **Leitungsorgan** (dualistisches System) oder
– ein **Verwaltungsorgan** (monistisches System).

Zwischen dualistischem und monistischem System wählen die Gründer durch Satzungsbestimmung.

Im **dualistischen System** (Art. 39–42 SE-VO) führt das Leitungsorgan die Geschäfte der SE in eigener Verantwortung, Art. 39 Abs. 1 S. 1 SE-VO. Seine Mitglieder werden grundsätzlich vom Aufsichtsorgan bestellt und abberufen, Art. 39 Abs. 1 UAbs. 1 SE-VO. Das Aufsichtsorgan, dessen Mitglieder von der Hauptversammlung bestellt werden, überwacht die Führung der Geschäfte durch das Leitungsorgan, Art. 40 Abs. 1 S. 1 SE-VO. Zu diesem Zweck unterrichtet das Leitungsorgan regelmäßig über den Gang der Geschäfte und die voraussichtliche Entwicklung der SE, Art. 41 Abs. 1 SE-VO. Das Aufsichtsorgan hat darüber hinaus weitere Informations- und Prüfungsrechte, Art. 41 Abs. 2–5 SE-VO. Zu von der Satzung bestimmten Geschäften muss das Aufsichtsorgan dem Leitungsorgan seine Zustimmung erteilen, Art. 48 Abs. 1 S. 1 UAbs. 1 SE-VO (s.a. UAbs. 2). 13

Im **monistischen System** (Art. 43–45 SE-VO) gibt es keine äußere Trennung von Leitungs- und Überwachungsaufgaben auf verschiedene Organe.[35] Dort führt ein Verwaltungsorgan die Geschäfte der SE, dessen Mitglieder von der Hauptversammlung bestellt werden, Art. 43 Abs. 1 S. 1, Abs. 3 SE-VO. Die Zahl der Mitglieder bestimmt die Satzung, sie beträgt aber mindestens drei, wenn die Arbeitnehmermitbestimmung nach der SE-Richtlinie geregelt ist, Art. 43 Abs. 2 SE-VO. Das mitgliedstaatliche Recht kann vorsehen, dass ein oder mehrere Geschäftsführer die laufenden Geschäfte in eigener Verantwortung führen, Art. 43 Abs. 1 S. 2 SE-VO. Die Kontrollfunktion wird durch die nach satzungsmäßigem Turnus mindestens alle drei Monate erfolgende Zusammenkunft des Verwaltungsorgans erfüllt, in der über den Gang der Geschäfte der Gesellschaft und deren voraussichtliche Entwicklung zu beraten ist, Art. 44 Abs. 1 SE-VO. Jedes Mitglied kann von allen Informationen, die dem Verwaltungsorgan übermittelt werden, Kenntnis nehmen, Art. 44 Abs. 2 SE-VO. 14

III. Die Auffanglösung der Arbeitnehmermitbestimmung

Ähnlich wie beim Europäischen Betriebsrat macht die Richtlinie nicht primär inhaltliche Vorgaben über die Ausgestaltung der Mitbestimmung, sondern installiert stattdessen eine Verhandlungsstruktur, die es den Parteien (Arbeitgeber- und Arbeitneh- 15

---

34 Näher *Grundmann*, Europäisches Gesellschaftsrecht, Rdn. 1066–1080.

35 Dazu eingehend *Merkt*, ZGR 2003, 650–678: zu den dabei auftretenden Fragen der Mitbestimmung *Henssler*, FS Ulmer (2003), S. 193–210; *Roth*, ZfA 2004, 431–461; *Gruber/Weller*, NZG 2003, 297, 298 (mit Hinweisen zur Umsetzung in Deutschland); *Scheibe*, Die Mitbestimmung der Arbeitnehmer in der SE unter besonderer Berücksichtigung des monistischen Systems (2007).

merseite) ermöglicht, die Mitbestimmung nach den eigenen Präferenzen und Bedürfnissen autonom zu gestalten. Ebenso wie in der EBR-Richtlinie ist auch das Verhandlungsmodell der SE-Richtlinie mit einer Auffanglösung unterlegt. Die Parteien können die Auffanglösung als Mitbestimmungsmodell wählen. Sie kommt aber vor allem zur Anwendung, wenn die Verhandlungen der Parteien scheitern (Art. 7 SE-RL; näher Rdn. 44f.). Anders als nach der Richtlinie über grenzüberschreitende Verschmelzungen (siehe jetzt die GesRRL, dazu § 33 Rdn. 45) besteht hier aber nicht die Möglichkeit der beteiligten Gesellschaften, sogleich und unter Vermeidung von Verhandlungen die Auffanglösung einseitig zu wählen („Zwang zur Verhandlung").[36] Die Verhandlungen über die SE-Mitbestimmung finden mithin „im Schatten" der Auffanglösung statt (s. bereits § 31 Rdn. 8, 20 m.N.), die dementsprechend die Verhandlungserwartungen prägt.[37] Wir erörtern sie daher vorab.

16 Die Auffanglösung wird dafür kritisiert, dass sie der Arbeitnehmerseite wegen des Vorher-Nachher-Prinzips nur geringe Verhandlungsanreize gebe.[38] Manche sehen darin eine sog. *penalty default rule,* also eine solche, die (hier:) eine Seite „bestraft", wenn die Parteien nicht disponieren.[39] Ein gewisser Einigungsdruck kann auf der Arbeitnehmerseite lasten, wenn sie nicht den Schwarzen Peter für das Scheitern des Vorhabens haben will.[40] Zudem kann für die Arbeitnehmer auch von Zugeständnissen außerhalb der Mitbestimmung („Vergrößerung des Kuchens") einerseits und der Drohung mit alternativen Gestaltungsoptionen des Arbeitgebers andererseits ein Einigungsanreiz ausgehen.[41] Rechtspolitisch wird – im Anschluss an den *Davignon*-Bericht[42] – mit guten Gründen eine Drittelbeteiligung als Auffanglösung favorisiert. Theoretische und empirische Studien deuten darauf hin, dass zwar gewisse Hindernisse bestehen, die Verhandlungen aber tatsächlich stattfinden und zu neuen und innovativen Lösungen führen, die oft von den Grundsätzen der nationalen Beteiligungsgesetze abweichen.[43]

---

36 Das wird wegen des unnötigen Zeit- und Kostenaufwands kritisiert; s. nur *Forst,* in: Bergmann/Kiem u.a. (Hrsg.), 10 Jahre SE, S. 52f.; *Henssler,* RdA 2005, 330, 333.

37 S. etwa *Fleischer,* AcP 204 (2004), 502, 534f.; *Herfs-Röttgen,* NZA 2002, 358, 362; *Krause,* BB 2005, 1221, 1222; *Köstler,* in: Theisen/Wenz (Hrsg.), Die Europäische Aktiengesellschaft, S. 345f.

38 *Forst,* in: Bergmann/Kiem u.a. (Hrsg.), 10 Jahre SE, S. 52 („Die Arbeitnehmerseite verhandelt mit dem Revolver auf dem Tisch."); *Fleischer,* AcP 204 (2004), 502, 534f. („kardinaler Konstruktionsfehler") und S. 541f.; *ders.,* ZHR, 268 (2004), 673, 694f.; *Junker,* ZfA 2005, 1, 34–36; *ders.,* ZfA 2005, 211, 222f.; *Kübler,* Liber amicorum Weiss (2005), S. 242; *ders.,* FS Raiser (2005), S. 253; *Raiser,* Unternehmensmitbestimmung vor dem Hintergrund europarechtlicher Entwicklungen, S. B 27f.; *Rieble,* NJW 2006, 2214, 2216; *Thüsing,* in: Rieble (Hrsg.), Zukunft der Unternehmensmitbestimmung, S. 110; *Windbichler,* in: Jürgens/Sadowski/Schuppert/Weiss (Hrsg.), Perspektiven der Corporate Governance, S. 290; *Brocker,* Unternehmensmitbestimmung und Corporate Governance, S. 276f.

39 *Barnard/Deakin,* IRJ 33 (2002), 484, 486; *Windbichler,* in: Jürgens/Sadowski/Schuppert/Weiss (Hrsg.), Perspektiven der Corporate Governance, S. 294. Zu *penalty default rules* einführend R. *Craswell,* Contract Law: General Theories, in: Bouckaert/De Geest (Hrsg.), Encyclopedia of Law and Economics (2000), auch zugänglich unter: https://reference.findlaw.com/lawandeconomics/contents.html.

40 *Heinze/Seifert/Teichmann,* BB 2005, 2524, 2525; *Teichmann,* Konzern 2007, 89, 94.

41 *Rehberg,* in: Rieble/Junker (Hrsg.), Vereinbarte Mitbestimmung in der SE, S. 50f.

42 Abschlussbericht der Sachverständigengruppe „European Systems of Workers Involvement" (Davignon Bericht), BR-Drs. 572/97, S. 18 Rdn. 83.

43 *Eidenmüller/Hornuf/Reps,* Contracting Employee Involvement: An Analysis of Bargaining over Employee Involvement Rules for a Societas Europaea, JCLS 12 (2012), 201ff.

Die Auffanglösung ist im Anhang zur SE-Richtlinie in drei Teilen geregelt, von denen die ersten beiden den (in der deutschen Umsetzung treffend so genannten) „SE-Betriebsrat", das Vertretungsorgan, betreffen, nämlich (1) seine Zusammensetzung und (2) die Unterrichtung und Anhörung. Die Regelung entspricht weitgehend der EBR-Richtlinie. In Teil 3 geht es um die Arbeitnehmermitbestimmung in der Verwaltung der SE (Aufsichts- oder Verwaltungsorgan). **17**

1. Das Vertretungsorgan („SE-Betriebsrat")

a) Zusammensetzung des Vertretungsorgans

Das Vertretungsorgan setzt sich aus Arbeitnehmern der SE und ihrer Tochtergesellschaften (definiert in Art. 2 lit. c) SE-RL) zusammen (Anhang Teil 1 lit. a) SE-RL). Sie werden im Grundsatz **von den Arbeitnehmervertretern aus ihrer Mitte** gewählt oder bestellt, gibt es keine Arbeitnehmervertreter, unmittelbar von den Arbeitnehmern. Die Einzelheiten der Wahl oder Bestellung regelt das mitgliedstaatliche Recht, das auch bestimmt, wie Änderungen in der SE, ihren Töchtern oder Betrieben durch Anpassung der Mitgliederzahl Rechnung zu tragen ist (Anhang Teil 1 lit. b) SE-RL). Die Zahl der Mitglieder des Vertretungsorgans ist im Anhang nur rahmenhaft vorgegeben, nämlich durch einen Repräsentationsschlüssel, Anhang Teil 1 lit. e) SE-RL. Danach besteht pro 10 %-Tranche der Gesamtarbeitnehmerzahl der SE, die in einem Mitgliedstaat beschäftigt ist, oder für jeden Bruchteil einer solchen Tranche, Anspruch auf einen Sitz im Vertretungsorgan. Die – wenig klar formulierte – Regelung liest man als „jede *angefangene* 10 %-Tranche".[44] Wenn also 55 % der Arbeitnehmer der SE in Frankreich beschäftigt sind und 45 % in Deutschland, so können beispielsweise nach mitgliedstaatlichem Recht sechs respektive fünf Arbeitnehmervertreter entsandt werden. **18**

Die Zusammensetzung des Vertretungsorgans wird dem zuständigen Organ der SE mitgeteilt, Anhang Teil 1 lit. f) SE-RL. Wenn die Zahl der Arbeitnehmervertreter im Vertretungsorgan das rechtfertigt, kann dieses einen **„engeren Ausschuss"** mit höchstens drei Mitgliedern bilden, Anhang Teil 1 lit. c) SE-RL. Das Vertretungsorgan gibt sich eine Geschäftsordnung, Anhang Teil 1 lit. d) SE-RL. **19**

Wie in der EBR-Richtlinie ist auch hier die Auffanglösung zwar als dauerhaft tragfähig konzipiert, dem Vertretungsorgan wird aber aufgegeben, regelmäßig zu prüfen, ob nicht eine vereinbarte Mitbestimmung vorzugswürdig ist, Anhang Teil 1 lit. g) SE-RL. **20**

---

44 *Joost,* EAS B 8200 Rdn. 140; Lutter/Hommelhoff/Teichmann/*Oetker,* § 5 SEBG Rdn. 8.

b) Unterrichtung und Anhörung

21 Die Arbeitnehmermitwirkung ist in der Auffanglösung zunächst als Unterrichtung und Anhörung vorgesehen, also eine Arbeitnehmermitwirkung wie sie auch die EBR-Richtlinie vorschreibt (s. a. § 29 Rdn. 29ff.). Unterrichtung und Anhörung sind entsprechend den EBR-Regeln ausgestaltet: **Unterrichtung** bedeutet Informierung der Arbeitnehmervertreter, Art. 2 lit. i) SE-RL. Besonders hervorgehoben ist, dass die Unterrichtung im Hinblick auf Zeitpunkt, Form und Inhalt zweckentsprechend ausgestaltet sein, nämlich den Arbeitnehmern die Prüfung und ggf. auch die Vorbereitung der Anhörung ermöglichen muss. Die **Anhörung** ist auch hier nicht als bloßes Zuhören konzipiert, sondern Dialog und Meinungsaustausch, Art. 2 lit. j) SE-RL. Sie setzt daher die Bereitschaft voraus, die Meinung des Partners zu hören, zu bedenken und dazu Stellung zu nehmen.

aa) Erfasste Gegenstände

22 Gegenstände dieser Mitwirkung sind Angelegenheiten, die einen **länderübergreifenden Bezug** haben: „Angelegenheiten, die die SE selbst oder eine ihrer Tochtergesellschaften oder einen ihrer Betriebe in einem anderen Mitgliedstaat betreffen oder über die Befugnisse der Entscheidungsorgane auf der Ebene des einzelnen Mitgliedstaats hinausgehen“, Anhang Teil 2 lit. a) SE-RL.

bb) Regelunterrichtung und -anhörung

23 Das zuständige Organ der SE unterrichtet das Vertretungsorgan auf der Grundlage regelmäßig erstellter Berichte und hört es dazu an, Anhang Teil 2 lit. b) SE-RL. Zu diesem Zweck tritt das Vertretungsorgan **mindestens einmal im Jahr** mit dem zuständigen Organ der SE zusammen. Diese Unterrichtung und Anhörung bezieht sich insbesondere auf

- die Struktur der SE,
- ihre wirtschaftliche und finanzielle Situation,
- die voraussichtliche Entwicklung der Geschäfts-, Produktions- und Absatzlage,
- die Beschäftigungslage und deren voraussichtliche Entwicklung,
- die Investitionen,
- grundlegende Änderungen der Organisation,
- die Einführung neuer Arbeits- oder Fertigungsverfahren,
- Verlagerungen der Produktion,
- Fusionen, Verkleinerungen oder Schließungen von Unternehmen, Betrieben oder wichtigen Teilen derselben und
- Massenentlassungen.

Dies sind die gleichen Punkte, die auch vom Recht auf Unterrichtung und Anhörung nach der EBRRL umfasst sind; s. § 31 Rdn. 34.

24 Zudem übermittelt das zuständige Organ der SE dem Vertretungsorgan die Tagesordnung aller Sitzungen des Verwaltungsorgans bzw. des Leitungs- und Aufsichts-

organs sowie Kopien aller Unterlagen, die der Hauptversammlung unterbreitet werden.

cc) Anlassabhängige Unterrichtung und Anhörung

Zu der Regelunterrichtung und -anhörung tritt eine anlassabhängige Mitwirkung bei **außergewöhnlichen Umständen**, die erhebliche Auswirkungen auf die Interessen der Arbeitnehmer haben (Anhang Teil 2 lit. c) SE-RL). Dazu gehören nach einer beispielhaften Aufzählung („insbesondere“) 25
- Verlegungen,
- Verlagerungen,
- Betriebs- oder Unternehmensschließungen oder
- Massenentlassungen.

Das zuständige Organ der SE muss das Vertretungsorgan von solchen Vorgängen unterrichten. Das Vertretungsorgan (ggf. der engere Ausschuss) kann zudem beantragen, mit dem zuständigen Organ der SE (oder mit Vertretern einer geeigneteren, mit eigenen Entscheidungsbefugnissen ausgestatteten Leitungsebene innerhalb der SE) zusammenzutreffen und über Maßnahmen mit erheblichen Auswirkungen auf die Arbeitnehmerinteressen unterrichtet und dazu angehört zu werden. Dieses Recht ist mit besonderem Biss ausgestattet: Wenn das zuständige Organ der SE beschließt, nicht im Einklang mit einer Stellungnahme des Vertretungsorgans zu handeln, kann das Vertretungsorgan verlangen, dass man noch einmal zusammentritt, um eine Einigung herbeizuführen. Soll der von der Regelung verfolgte Einigungszwecks effektiv durchgesetzt werden, darf die Maßnahme nicht vor Abschluss dieser erneuten Anhörung ins Werk gesetzt werden.[45] Zugleich betont die Richtlinie aber, dass die Rechte des Vertretungsorgans nicht die Befugnisse des zuständigen Organs einschränkt, Anhang Teil 2 lit. c) UAbs. 4 SE-RL. 26

c) Verfahrensvorschriften

Über das Verfahren macht die Richtlinie nur wenige Vorgaben und überlässt Einzelheiten den Mitgliedstaaten. Die Regelungen entsprechen wiederum den Auffangvorschriften über den EBR (s. a. § 31 Rdn. 8, 20): 27
- Die Mitgliedstaaten können Regeln über den **Vorsitz der Sitzungen** zur Unterrichtung und Anhörung festlegen, Anhang Teil 2 lit. d) SE-RL.
- Die Mitglieder des **Vertretungsorgans unterrichten die Arbeitnehmervertreter** der SE und ihrer Tochtergesellschaften und Betriebe über Inhalt und Ergebnisse der Unterrichtung und Anhörung. Sie müssen dabei freilich die Geheimhaltungsvorschriften des Art. 8 SE-RL beachten, Anhang Teil 2 lit. e) SE-RL.

---

45 Ebenso *Grobys*, NZA 2005, 84, 89 f.

- Das Vertretungsorgan (bzw. der engere Ausschuss) kann sich durch **Sachverständige** seiner Wahl unterstützen lassen, Anhang Teil 2 lit. f) SE-RL.
- Die Mitglieder des Vertretungsorgans haben im Rahmen des Erforderlichen Anspruch auf bezahlte Freistellung für **Fortbildungsmaßnahmen**, Anhang Teil 2 lit. g) SE-RL.
- Die **Kosten** („Ausgaben“) des Vertretungsorgans trägt die SE, die die Mitglieder mit den für eine angemessene Aufgabenerfüllung erforderlichen (Verhältnismäßigkeit) finanziellen (Aufwendungsersatz, Vorschuss) und materiellen (Büro, Telefon, Computer usf.) Mitteln ausstattet, Anhang Teil 2 lit. h) SE-RL. Zu den erforderlichen Kosten gehören insbesondere die Kosten für Sitzungen, nämlich Reise und Aufenthalt sowie Dolmetscher. Einzelheiten können die Mitgliedstaaten festlegen, die dabei insbesondere die Kosten für Sachverständige auf *einen* (einzigen) Sachverständigen *(un seul expert, one expert only)* begrenzen können.

2. Mitbestimmung

28 Zweitens sieht die Auffanglösung eine Unternehmensmitbestimmung der Arbeitnehmer in den Leitungsgremien der SE vor, und zwar unterschiedlich, je nachdem ob die SE durch Umwandlung oder auf andere Weise gegründet wurde.

- Entsteht die SE durch **Umwandlung**, so gilt das **Vorher-Nachher-Prinzip** in strenger Form. Unterlag die Gesellschaft vorher der Arbeitnehmermitbestimmung im Verwaltungs- oder Aufsichtsorgan,[46] so finden „alle Komponenten“ (dazu sogleich Rdn. 29) der Arbeitnehmermitbestimmung nach der Umwandlung weiterhin Anwendung, Anhang Teil 3 lit. a) SE-RL.
- In allen **anderen Fällen der Gründung** einer SE haben die Arbeitnehmer der SE (einschließlich Tochtergesellschaften und Betriebe) und/oder das Vertretungsorgan (soeben, oben, 1.) das Recht, Arbeitnehmervertreter in das Verwaltungs- oder Aufsichtsorgan zu entsenden (zu wählen, zu bestellen oder die Bestellung zu empfehlen oder abzulehnen)[47]. Die Zahl der Arbeitnehmervertreter bemisst sich

---

46 Entsprechendes muss gelten, wenn eine solche Mitbestimmung zu Unrecht nicht eingerichtet war; *Rieble*, in: ders./Junker (Hrsg.), Vereinbarte Mitbestimmung in der SE, S. 111; *Weiss/Wöhlert*, NZG 2006, 121, 122f.

47 Die hier und öfter in der Richtlinie verwendete umständlich Formulierung nimmt Rücksicht auf die unterschiedlichen Bestellungsmodi der einzelnen Staaten. „Empfehlen oder ablehnen“ bezieht sich v.a. auf das niederländische Modell der Kooptation auf Vorschlag von Betriebsrat und Eigentümerversammlung; zu diesem Modell nur *Rebhahn*, in: Rieble (Hrsg.), Zukunft der Unternehmensmitbestimmung, S. 51; *Timmermann/Spanjaard*, in: Baums/Ulmer (Hrsg.), Unternehmens-Mitbestimmung der Arbeitnehmer im Recht der EU-Mitgliedstaaten (2004), S. 85–88; *Westermann*, RabelsZ 48 (1984), 123, 151–159.

nach der **höchsten Zahl** der Arbeitnehmervertreter in den Gründungsgesellschaften („*race to the top*")[48], Anhang Teil 3 lit. b) UAbs. 1.
- In allen Fällen der Gründung gilt: (Nur) Wenn in keiner der Ausgangsgesellschaften vor Eintragung der SE eine Arbeitnehmermitbestimmung vorgeschrieben war, ist auch die SE nicht verpflichtet, eine Vereinbarung über die Mitbestimmung einzuführen, Anhang Teil 3 lit. b) UAbs. 2; auch das entspricht dem Vorher-Nachher-Prinzip.

Umstritten ist, wie weit der Schutz **aller Komponenten der Arbeitnehmerbeteiligung** gem. **29**
Art. 4 Abs. 4 SE-RL im Fall der **Umwandlung** reicht. Nach der (in Deutschland) herrschenden Meinung bedeutet das lediglich, dass sowohl die Verfahren zur Anhörung und Unterrichtung als auch die Mitbestimmung zu erhalten sind. Im Rahmen der Mitbestimmung ist danach lediglich der Arbeitnehmervertreter zu bewahren.[49] Die Gegenauffassung möchte darüber hinaus auch weitere Einzelheiten der konkreten vorbestehenden Mitbestimmung erhalten, nämlich die Anzahl und Zusammensetzung der Arbeitnehmervertreter sowie Vorschlagsrechte (von Gewerkschaften).[50] Der generelle Zweck des Beteiligungsschutzes bei der Umwandlung (Vermeidung einer „Flucht") erweist sich für die Auslegung als unergiebig. Für die h. M. spricht, dass Art. 2 lit. h) SE-RL „Beteiligung der Arbeitnehmer" definiert als Anhörung, Unterrichtung und Mitbestimmung; das sind die „Komponenten". Zudem würde insbesondere die Festschreibung der Anzahl der Arbeitnehmervertreter eine sachwidrige Petrifizierung der Unternehmensstruktur bedeuten (keine Verkleinerung des Aufsichtsrats möglich).

Weicht die in den Ausgangsgesellschaften **praktizierte Mitbestimmung („Ist-Zustand")** von **30**
der gesetzlich **vorgeschriebenen Mitbestimmung („Soll-Zustand")** ab, so fragt sich, an welches Maß das Vorher-Nachher-Prinzip anknüpfen soll.[51] Der Wortlaut der Richtlinie ist nicht klar (BE 3: „herrschende" Arbeitnehmerbeteiligung; BE 18 „Sicherung erworbener Rechte"; Art. 2 lit. k) „Wahrnehmung" von Rechten; Art. 3 Abs. 6 UAbs. 3, 4 Abs. 4 Mitbestimmung „besteht").[52] Da die Richtlinie zudem nicht auf die Durchsetzung mitgliedstaatlichen Mitbestimmungsrechts gerichtet ist, gibt auch ihr Zweck für die Frage nichts her. Vor allem ist die Frage aber mit den (disparaten) nationalen Regeln über rechtssichere Feststellung der zutreffenden Mitbestimmung verbunden (in Deutschland das Statusverfahren nach §§ 98 f. AktG) und insoweit dem mitgliedstaatlichen Recht überantwortet.[53] Wenn der BGH bei Anwendbarkeit der Auffanglösung (nur) dann auf den Soll-Zustand abstellt, wenn das Statusverfahren vor Eintragung eingeleitet wurde,[54] ist dies von Richtlinien wegen nicht zu beanstanden.

---

48 *Roth*, ZfA 2004, 431, 442.

49 *Habersack*, in: ders./Henssler (Hrsg.), Mitbestimmungsrecht (4. Aufl. 2018), § 35 SEBG Rdn. 5 ff.; *Jacobs/Modi*, FS Windbichler (2020), S. 248 ff.; EuArbRK/*Oetker*, Art. 4 RL 2001/86 Rdn. 24 ff.

50 *Grüneberg/Hay/Jerchel/Sick*, AuR 2020, 297 ff.; *Teichmann*, ZIP 2014, 1049 ff.; *ders.*, ZIP 2021, 105 ff. Vgl. auch BAG, ZIP 2020, 2396 (Vorlagebeschluss).

51 S. nur *Habersack*, AG 2018, 823 ff.; *Rieble*, in: ders./Junker (Hrsg.), Vereinbarte Mitbestimmung in der SE (2008), § 3 Rdn. 128 ff. jew. m. w. N.; *Forst*, in: Bergmann/Kiem u. a. (Hrsg.), 10 Jahre SE, S. 62 ff.; *Grambow*, BB 2012, 902 ff.; *Mückl*, BB 2018, 2868 ff.; EuArbRK/*Oetker*, Art. 7 RL 2001/86/EG Rdn. 10–12; *Seibt*, EWiR 2019, 549 f.

52 *Habersack*, AG 2018, 823, 826.

53 *Habersack*, AG 2018, 823, 826 ff., 828 ff.

54 BGH, NJW-RR 2019, 1254.

31 Über die **Verteilung der Sitze** der Arbeitnehmervertreter entscheidet grundsätzlich das Vertretungsorgan (SE-Betriebsrat), und zwar entsprechend den Anteilen der in den einzelnen Mitgliedstaaten beschäftigten Arbeitnehmer der SE, Anhang Teil 3 lit. b) UAbs. 3 SE-RL. Es erfolgt m. a. W. eine Repräsentation der Mitgliedstaaten im Verhältnis der anteiligen Arbeitnehmerstärke.

32 Die Arbeitnehmervertreter sind „vollberechtigte Mitglieder" des Verwaltungs- bzw. Aufsichtsorgans und haben dieselben Rechte und Pflichten wie die Vertreter der Anteilseigner, Anhang Teil 3 lit. b) UAbs. 4 SE-RL.

IV. Das Verfahren zur Verhandlung der Arbeitnehmerbeteiligung

1. Initiierung des Verhandlungsverfahrens – Informationspflichten

33 Planen die Leitungs- oder Verwaltungsorgane von Gesellschaften die Gründung einer SE, so leiten sie „so rasch wie möglich" (unverzüglich)[55] nach Offenlegung des Gründungsplans[56] die erforderlichen Schritte für die **Aufnahme von Verhandlungen** mit Arbeitnehmervertretern der Gesellschaften über die Vereinbarung der Arbeitnehmerbeteiligung in der SE ein, Art. 3 Abs. 1 SE-RL.[57] Dazu gehört insbesondere, dass die Leitungs- oder Verwaltungsorgane über die Identität der beteiligten Gesellschaften und der betroffenen Tochtergesellschaften oder betroffenen Betriebe sowie die Zahl ihrer Arbeitnehmer[58] unterrichten. Adressat der Unterrichtung sind die Arbeitnehmervertreter der beteiligten Gesellschaften.[59] Besteht unabhängig vom Willen der Arbeitnehmer keine Vertretung (z. B. Kleinbetriebe), so sind diese selbst zu unterrichten (*arg. e* Art. 3 Abs. 2 lit. b) UAbs. 3 SE-RL). Inhaltlich sind nach dem Zweck der Regelung sämtliche Informationen herzugeben, die für die Arbeitnehmerseite für die Bildung des besonderen Verhandlungsgremiums erforderlich sind.[60]

---

55 Ebenso *Herfs-Röttgen*, NZA 2001, 424, 426; auch die Umsetzung in § 4 Abs. 2 S. 2 SEBG.

56 Der Plan unterscheidet sich je nach Gründungsform:
- Verschmelzungsplan, Art. 20 SE-VO;
- Gründungsplan einer Holding-SE, Art. 32, 33 SE-VO;
- Plan zur Gründung einer Tochter-SE, vgl. Art. 35 SE-VO;
- Umwandlungsplan, Art. 37 SE-VO.

57 Verfahrensdiagramm bei *Keller*, WSI-Mitteilungen 2002, 202, 205.

58 Maßgeblich ist der mitgliedstaatliche Arbeitnehmerbegriff; *Oetker*, BB 2005 Beil. 11, 2, 6.

59 Das ist nicht ausdrücklich bestimmt, ergibt sich aber aus Art. 3 Abs. 2 und 3 SE-RL, da ein besonderes Verhandlungsgremium noch nicht eingerichtet ist und dieses zudem gesondert zu unterrichten ist. So auch § 4 S. 2 Abs. 2 SEBG.

60 In diese Richtung auch *Krause*, BB 2005, 1221, 1223.

Anders als in der EBR-Richtlinie ist die Initiierung des Verhandlungsverfahrens hier allein in die Hände der Leitungs- oder Verwaltungsorgane der beteiligten Gesellschaften, also der Arbeitgeberseite gelegt. Das ist in diesem Fall auch ausreichend, da die beteiligten Gesellschaften ein eigenes Interesse haben, das Verhandlungsverfahren in Gang zu setzen, denn die SE kann gem. Art. 12 Abs. 2 SE- VO erst eingetragen werden, wenn 34

- entweder eine Vereinbarung über die Beteiligung gem. Art. 4 SE-RL (unten, Rdn. 48–55) geschlossen worden ist oder
- das besondere Verhandlungsgremium (nachfolgend Rdn. 37–39) nach Art. 3 Abs. 6 SE-RL beschlossen hat, die Verhandlungen nicht aufzunehmen oder abzubrechen (unten, Rdn. 44f.) oder
- die Verhandlungsfrist nach Art. 5 SE-RL abgelaufen (und damit der Weg für die Auffangregelung eröffnet) ist (vorausgesetzt, die beteiligten Gesellschaften betreiben die Eintragung weiter) (unten, Rdn. 40).

Die Eintragung setzt m.a.W. die erfolgreiche Durchführung oder das Scheitern der Verhandlungen voraus, sie müssen also in jedem Fall zunächst in Gang gesetzt werden.[61]

Umstritten ist, ob die Durchführung des Verhandlungsverfahrens auch bei einer **„arbeitnehmerlosen SE“** Eintragungsvoraussetzung ist. Zwei Fälle sind zu unterscheiden. Haben die **Gründungsgesellschaften keine Arbeitnehmer**, so kann kein besonderes Verhandlungsgremium gebildet werden und folglich keine Verhandlungen geführt werden. Die Eintragung der SE ist ohne Durchführung des Verhandlungsverfahrens möglich, Art. 12 Abs. 2 SE-VO ist teleologisch zu reduzieren.[62] Indessen kann das dem Zweck der Richtlinie nach nicht zu einer andauernden Beteiligungsfreiheit der SE führen. In Betracht kommt die Anwendung der Auffangregelung,[63] eine Nachholung der Verhandlungen mit einem aus Arbeitnehmern des SE gebildeten Verhandlungsgremium[64] oder die Anwendung der mitgliedstaatlichen Regeln über die Strukturänderungen[65] (vgl. oben Rdn. 7). Anders liegen die Dinge, wenn die Ausgangsgesellschaften Arbeitnehmer haben, die ein besonderes Verhandlungsgremium bilden können, und lediglich die **künftige SE** (dauerhaft) **keine Arbeitnehmer** haben soll.[66] In der SE-Richtlinie ist der Fall nicht geregelt. Die (nationale) Rechtsprechung hat teilweise auch in diesem Fall die Durchführung des Verhandlungsverfahrens für erforderlich gehalten. Die Erklärung der Gründungsgesellschaften, die Tochter-SE solle dauerhaft keine Arbeitnehmer haben, könne nur für den Zeitpunkt ihrer Abgabe Gültigkeit beanspruchen, die künftige Entwicklung könne das Registergericht nicht überprüfen. Die Befugnis, über die Einrichtung eines Vertretungsorgans zu entscheiden, stehe 35

---

61 *Blanquet*, ZGR 2002, 20, 56f.

62 OLG Düsseldorf, ZIP 2009, 918. Zust. *Cannistra*, Das Verhandlungsverfahren, S. 76ff.; *Lutter/Bayer/Schmidt*, Europäisches Unternehmens- und Kapitalmarktrecht, Rdn. 45.194 m.w.N.; Schlachter/Heinig/*Seifert*, § 20 Rdn. 41.

63 *Schubert*, ZESAR 2006, 340, 344.

64 EuArbRK/*Oetker*, Art. 1 RL 2001/86/EG Rdn. 9.

65 *Henssler*, in: Habersack/Henssler (Hrsg.), Mitbestimmungsrecht (4 Aufl. 2018), § 18 SEBG Rdn. 31ff.; *Cannistra*, Das Verhandlungsverfahren, S. 80f.

66 Näher *Cannistra*, Das Verhandlungsverfahren, S. 74ff.; *Forst*, Die Beteiligungsvereinbarung nach § 21 SEBG, S. 110–124.

allein den Parteien des Verhandlungsverfahrens zu.[67] Andere Gerichte haben die Voraussetzungen des Art. 12 Abs. 2 SE-RL teleologisch reduziert mit der Begründung, der Arbeitnehmerschutzzweck greife hier nicht ein. Die SE sei aber verpflichtet, das Verhandlungsverfahren nachzuholen, sobald sie (ausreichend) Arbeitnehmer hat.[68]

36 Das Verhandlungsverfahren nach Art. 3–5 SE-RL unterliegt grundsätzlich dem Recht des Mitgliedstaats, in dem die SE ihren Sitz haben wird, Art. 6 SE-RL.

2. Die Einsetzung eines besonderen Verhandlungsgremiums

37 Bei den Verhandlungen über die Mitbestimmung werden die Arbeitnehmer der an der Gründung beteiligten Gesellschaften sowie der betroffenen Tochtergesellschaften und Betriebe durch ein „besonderes Verhandlungsgremium" vertreten, ähnlich wie bei der Errichtung eines EBR.[69] Die Initiative für die Wahl oder Bestellung des besonderen Verhandlungsgremiums ist hier (anders: Art. 5 Abs. 1 EBRRL, § 31 Rdn. 47) nicht besonders geregelt, da auch die Gründungsgesellschaften ein eigenes Interesse an der Einrichtung haben, wird doch die SE ohne eine Mitbestimmungsvereinbarung grundsätzlich nicht eingetragen; Art. 12 Abs. 2 SE-VO (soeben, Rdn. 34).

38 Über die **Wahl bzw. Bestellung der Mitglieder** trifft Art. 3 Abs. 2 SE-RL nähere Regelungen, deren Ziel es ist, eine Repräsentation entsprechend der Arbeitnehmerstärke pro Mitgliedstaat sicherzustellen, also eine geographische und eine numerische Repräsentation.[70] Im Grundsatz besteht für jeden angefangenen 10 %-Anteil der Gesamtarbeitnehmerzahl (Tranche) in einem Mitgliedstaat Anspruch auf einen Sitz in dem besonderen Verhandlungsgremium, Art. 3 Abs. 2 lit. a) Nr. i SE-RL.[71] Bei der Gründung durch Verschmelzung ist zudem sicherzustellen, dass – im Rahmen von näher bestimmten Höchstgrenzen – die Arbeitnehmer derjenigen Gesellschaften, die durch die Verschmelzung als eigene Rechtspersönlichkeit erlöschen, durch mindestens ein Mitglied vertreten sind, Art. 3 Abs. 2 lit. a) Nr. ii SE-RL. Das Verfahren für die Wahl oder Bestellung bestimmen die Mitgliedstaaten für die in ihrem Hoheitsgebiet zu wählenden oder zu bestellenden Mitglieder des besonderen Verhandlungsgremiums, Art. 3 Abs. 2 lit. b) SE-RL. Sie sollen dabei sicherstellen, dass möglichst jede beteiligte

67 AG Hamburg, ZIP 2005, 2017 f.; bestätigt von LG Hamburg, ZIP 2005, 2017 f. Zust. *Blanke*, ZIP 2006, 789–792; *Cannistra*, Das Verhandlungsverfahren, S. 76 f.; *Joost*, EAS B 8200 Rdn. 43; EuArbRK/*Oetker*, Art. 1 RL 2001/86/EG Rdn. 8.

68 OLG Düsseldorf, ZIP 2009, 918–921. In dieselbe Richtung *Casper*, AG 2007, 97, 99; *ders./Schäfer*, ZIP 2007, 653–662; *Forst*, NZG 2009, 687–692; *ders.*, RdA 2010, 55–59; *Henssler*, RdA 2005, 330, 334 f.; *Seibt*, ZIP 2005, 2248–2250.

69 Einzelheiten der Regelung des besonderen Verhandlungsgremiums werden kritisch bewertet, z. B. im Hinblick auf Legitimation und Kosten; *Windbichler*, in: Jürgens/Sadowski/Schuppert/Weiss (Hrsg.), Perspektiven der Corporate Governance, S. 292, 295.

70 Zu Problemkonstellationen *Herfs-Röttgen*, NZA 2002, 358, 360.

71 *Joost*, EAS B 8200 Rdn. 53; s. schon oben, Rdn. 18 mit Fn. 44.

Gesellschaft durch ein Mitglied im besonderen Verhandlungsgremium vertreten ist. Dabei ging der Gesetzgeber für den Regelfall davon aus, dass die Wahl oder Benennung durch die bestehenden Arbeitnehmervertretungen erfolgen. Wo eine Arbeitnehmervertretung fehlt, wählen oder benennen die Arbeitnehmer die Mitglieder selbst, Art. 3 Abs. 2 lit. b) UAbs. 3 SE-RL. Nach mitgliedstaatlichem Recht können Gewerkschaftsvertreter dem besonderen Verhandlungsgremium auch dann angehören, wenn sie nicht Arbeitnehmer einer beteiligten Gesellschaft sind, Art. 3 Abs. 2 lit. b) UAbs. 2 SE-RL (so in Deutschland, § 6 Abs. 2 S. 1 SEBG).[72]

Hat nur eine der (mehrstaatlichen, Rdn. 10) Gesellschaften Arbeitnehmer, entspricht das zwar nicht dem von der Regelung vorausgesetzten Normalfall, doch kann ungeachtet dessen ein besonderes Verhandlungsgremium gebildet werden. Das Verhandlungsverfahren ist auch in diesem Fall durchzuführen.[73] 39

3. Die Verhandlungen und Beschlussfassung des besonderen Verhandlungsgremiums

a) Verhandlungsbeginn und -dauer, Informationspflichten

Die **Verhandlungen beginnen** mit der Einsetzung des besonderen Verhandlungsgremiums und können im Grundfall bis zu sechs Monate dauern, im Einvernehmen der Parteien bis zu ein Jahr, Art. 5 SE-RL. Die **Parteien** – das jeweils zuständige Organ der beteiligten Gesellschaften[74] und das besondere Verhandlungsgremium – „verhandeln mit dem Willen zur Verständigung, um zu einer Vereinbarung über die Beteiligung der Arbeitnehmer innerhalb der SE zu gelangen“, Art. 4 Abs. 1 SE-RL. 40

Die beteiligten Gesellschaften (das jeweils zuständige Organ) **unterrichten** das besondere Verhandlungsgremium über das Vorhaben der Gründung einer SE und das Verfahren bis zu deren Eintragung, Art. 3 Abs. 3 UAbs. 3 SE-RL. Auch hier sind die Inhalte der Unterrichtung teleologisch mit Rücksicht auf die Verhandlungsaufgabe des besonderen Verhandlungsgremiums zu bestimmen.[75] 41

---

72 Krit. *Heinze*, ZGR 2002, 66, 81.

73 EuArbRK/*Oetker*, Art. 1 RL 2001/86/EG Rdn. 10; a.M. MünchKommAktG/*Jacobs*, § 3 SEBG Rdn. 8.

74 Wegen möglicher Interessenkonflikte wird die Rolle dieser Organe als Verhandlungspartner kritisiert *Kübler*, Liber amicorum Weiss (2005), S. 241; *ders.*, FS Raiser (2005), S. 252. Zur Einbeziehung der Anteilseigner in die Entscheidung über die Mitbestimmungsvereinbarung *Kiem*, ZHR 171 (2007), 713–730; *Forst*, in: Bergmann/Kiem u.a., 10 Jahre SE, S. 53f.

75 Vgl. zur EBRRL EuGH v. 29.3.2001 – Rs. C-62/99 *bofrost*, EU:C:2001:188 Rdn. 38 sowie oben, § 31 Rdn. 51. S.a. *Forst*, Die Beteiligungsvereinbarung nach § 21 SEBG, S. 108–110 (u.a. dazu, ob der Arbeitnehmer ein individuelles Recht auf Information hat oder ob die lediglich eine Verpflichtung der Leitungs- und Verwaltungsorgane der beteiligten Unternehmen ist).

b) Verhandlungsoptionen und Beschlussquoren

aa) Grundsätzliches Ziel: Vereinbarung über Arbeitnehmermitwirkung

42 **Ziel** der Verhandlungen ist im Grundfall, eine Vereinbarung über die Arbeitnehmermitwirkung zu schließen, Art. 3 Abs. 3 sowie Abs. 1 und 2 SE-RL. Darüber beschließt das Gremium mit absoluter Stimmenmehrheit, die auch die absolute Mehrheit der Arbeitnehmer vertritt; jedes Mitglied hat eine Stimme, Art. 3 Abs. 4 S. 1 und 2 SE-RL. Für besondere Fälle der Mitbestimmungsvereinbarung oder Beschlüsse sieht die Richtlinie besondere Quoren zur Sicherung der Arbeitnehmermitbestimmung vor.

bb) Herabsetzung der Mitbestimmung

43 Soll durch die Vereinbarung die Mitbestimmung herabgesetzt werden, so ist ein **Quorum** von zwei Dritteln der Stimmen erforderlich, die zwei Drittel der Arbeitnehmer sowie Arbeitnehmer in zwei Mitgliedstaaten vertreten[76] (BE 10 SE-RL). Das gilt, wenn sich die Mitbestimmung

a) bei Gründung durch Verschmelzung: auf mindestens 25 %
b) bei Gründung als Holding- oder Tochter-SE: auf mindestens 50 %

der Arbeitnehmer der beteiligten Gesellschaften erstreckte.[77] Eine Minderung der Mitbestimmung liegt dabei vor, wenn der Anteil der Arbeitnehmervertreter in den Organen der SE kleiner ist als der höchste in den beteiligten Gesellschaften geltende Anteil. Die formale Bestimmung hat den Vorteil der Klarheit und Einfachheit, kann aber im Einzelfall zu unbefriedigenden Ergebnissen führen.[78]

cc) Nichtaufnahme oder Abbruch der Verhandlungen

44 Das besondere Verhandlungsgremium kann aber auch beschließen, keine Verhandlungen aufzunehmen oder Verhandlungen abzubrechen, Art. 3 Abs. 6 SE-RL. Damit wird das Verhandlungsverfahren beendet. Die Auffanglösung des Anhangs kommt in diesem Fall *nicht* zur Anwendung. Für die Unterrichtung und Anhörung gelten dann

---

76 Mit diesem zweiten Erfordernis einer Repräsentation von zwei Drittel der Arbeitnehmervertreter ist wohl zum einen daran gedacht, dass sich Abweichungen infolge der Repräsentation pro 10 %-Anteil ergeben könnten (oben, Rdn. 38), zum anderen weist *Veelken,* GS Blomeyer (2004), S. 513, auf den Einsatz von Gewerkschaftsvertretern als Arbeitnehmervertreter hin (oben, Rdn. 38 a. E.).

77 Dadurch soll dem Vorher-Nachher-Prinzip und dem Schutz erworbener Rechte Rechnung getragen werden; *Herfs-Röttgen,* NZA 2001, 424, 426 f.; *Pluskat,* DStR 2001, 1483, 1487. Mit den unterschiedlichen Prozentsätzen wird berücksichtigt, dass bei der Verschmelzung die Ausgangsgesellschaften nicht erhalten bleiben (höheres Schutzbedürfnis), wohl aber bei der Gründung einer Holding- oder Tochter-SE; *Kleinsorge,* RdA 2002, 343, 349.

78 Krit. daher *Davies,* ILJ 32 (2003), 75, 85–87; *Herfs-Röttgen,* NZA 2002, 358, 361; *Reichert/Brandes,* ZGR 2003, 767, 784–787; *Windbichler,* AG 2004, 190, 192; *Wißmann,* FS Wiedemann (2002), S. 691 f. (letztere zum Problem des Systemvergleichs am Beispiel Deutschland-Niederlande).

die mitgliedstaatlichen Vorschriften der Länder, in denen die SE Arbeitnehmer beschäftigt sind.[79] Eine Neuaufnahme ist – vorbehaltlich anderer Vereinbarung – erst frühestens nach zwei Jahren und auch nur auf schriftlichen Antrag von 10 % der Arbeitnehmer der SE, ihrer Tochtergesellschaften oder Betriebe oder deren Arbeitnehmervertreter möglich. Scheitern diese neuen Verhandlungen, so kommt die Auffanglösung des Anhangs *nicht* zur Anwendung.

Die Folgen eines Nichtaufnahme- oder Abbruchsbeschlusses sind also ganz erheblich, deshalb ist dieser ebenfalls an **besondere Quoren** gebunden. Auch hier gilt das besondere Zweidrittelquorum (s. o. Rdn. 43): zwei Drittel der Stimmen, die zwei Drittel der Arbeitnehmer aus mindestens zwei Mitgliedstaaten vertreten, Art. 3 Abs. 6 UAbs. 2 SE-RL. Noch weitergehend ist ein solcher Beschluss im Fall der Gründung durch **Umwandlung** vollständig ausgeschlossen, wenn in der *umzuwandelnden* Gesellschaft Mitbestimmung besteht, da sonst die Mitbestimmung vermieden werden könnte („Flucht aus der Mitbestimmung"), Art. 3 Abs. 6 UAbs. 3 mit BE 10 S. 2 SE-RL.[80] 45

c) Sachverständige und Kosten

Bei den Verhandlungen kann das besondere Verhandlungsgremium sich von **Sachverständigen** seiner Wahl unterstützen lassen, Art. 3 Abs. 5 SE-RL. Als sachverständig gelten hier auch Vertreter der Gewerkschaftsorganisationen auf Unionsebene (s. a. § 31 Rdn. 64).[81] Die Sachverständigen können auf Wunsch des Gremiums auch an den Verhandlungen selbst in beratender Funktion teilnehmen, auch zu dem etwas ungewöhnlichen Zweck, „Kohärenz und Stimmigkeit auf Gemeinschaftsebene zu fördern". 46

Die **Kosten** des besonderen Verhandlungsgremiums werden von den beteiligten Gesellschaften getragen, damit dieses seine Aufgaben in angemessener Weise (Verhältnismäßigkeit!) erfüllen kann, Art. 3 Abs. 7 SE-RL. Die Mitgliedstaaten regeln die Einzelheiten und können dabei die Übernahme der Kosten auf einen (einzigen) Sachverständigen begrenzen (*one expert only, un seul expert*).[82] 47

---

79 In diesem Fall bleibt es freilich auch bei der Anwendung der EBRRL, Art. 13 Abs. 1 SE-RL; s. o. Rdn. 6.

80 *Herfs-Röttgen*, NZA 2001, 424, 427; *Pluskat*, DStR 2001, 1483, 1487.

81 Das lässt sich möglicherweise durch die Neuartigkeit des Verhandlungsgegenstands rechtfertigen, soweit die Gewerkschaften auf Gemeinschaftsebene in dieser Hinsicht Sachverstand gebildet haben.

82 Nur Deutschland, Irland, Lettland und Schweden haben keine derartige Beschränkung aufgenommen; s. Mitteilung der Kommission zur Überprüfung der Richtlinie 2001/86/EG des Rates vom 8.10. 2001 zur Ergänzung des Statuts der Europäischen Gesellschaft hinsichtlich der Beteiligung der Arbeitnehmer; KOM(2008) 591 endgültig, S. 4 (Fn. 8).

4. Die Vereinbarung

a) Autonomie und Regelinhalte

48 Die – schriftlich abzufassende, Art. 3 Abs. 3 UAbs. 1 SE-RL – Vereinbarung[83] können die Parteien grundsätzlich **autonom ausgestalten**, Art. 4 Abs. 2 Hs. 1 SE-RL.[84] Sie können insbesondere auch die Anwendung der Auffangvorschriften des Anhangs vereinbaren, Art. 7 Abs. 1 UAbs. 2 lit. a) SE-RL. Die Auffangvorschriften kommen allerdings nicht wie dispositives Recht zum Zuge, wo in der Vereinbarung eine Regelung fehlt. Auch sonst kann man wegen des Vorrangs der Vereinbarungslösung zur Lückenfüllung nicht ohne weiteres auf die Auffanglösung zurückgreifen, sondern muss die Lückenschließung aus dem Parteiwillen begründen.[85]

49 Die vom Gesetzgeber in Art. 4 Abs. 2 SE-RL hervorgehobene **„Autonomie der Parteien“** ist schon deswegen nicht Privatautonomie (i.S. der Selbstgestaltung der Rechtsverhältnisse durch den Einzelnen nach seinem Willen) oder Vertragsfreiheit, weil das besondere Verhandlungsgremium, aber auch die Belegschaften keine Rechtsfähigkeit haben; als Kollektiv sind sie nicht handlungsfähig und haben so auch keine Autonomie. Die Autonomie der Verhandlungsparteien ist daher zweckbezogen und gegenständlich begrenzt verliehen und nicht vorausgesetzt.

50 Die Richtlinie führt allerdings eine Reihe von Regelinhalten[86] der Vereinbarung auf. Sie umfassen nach Art. 4 Abs. 2 Hs. 2 SE-RL:

(a) **zur Vereinbarung** selbst:
   - den Geltungsbereich (lit. a),
   - Inkrafttreten und Laufzeit der Vereinbarung sowie Neuverhandlungsgründe und -verfahren (lit. h);[87]

(b) **zur „Betriebsverfassung“**, die alternativ einen SE-Betriebsrat oder ein Verfahren zur Unterrichtung und Anhörung vorsehen kann:
   - die Zusammensetzung des Vertretungsorgans („SE-Betriebsrat“) sowie die Anzahl seiner Mitglieder und die Sitzverteilung (lit. b),
   - die Befugnisse und das Verfahren zur Unterrichtung und Anhörung des Vertretungsorgans (lit. c),

---

83 Die Rechtsnatur ist hier wie bei der EBR-Vereinbarung umstritten; s. nur *Herfs-Röttgen*, NZA 2002, 358, 364 sowie die Nachweise oben, § 31 Rdn. 66.

84 *Blanquet*, ZRG 2002, 20, 58; *Heinze/Seifert/Teichmann*, BB 2005, 2525–2530 (die Vorteile gegenüber einer gesetzlichen Lösung hervorhebend und mit einer Mustervereinbarung). Freilich ergeben sich aus der SE-VO und, wie nachfolgend erörtert, aus der SE-RL zahlreiche Schranken.

85 *Rieble*, in: ders./Junker (Hrsg.), Vereinbarte Mitbestimmung in der SE, S. 98 („ergänzende Vertragsauslegung“). S.a. *Forst*, Die Beteiligungsvereinbarung nach § 21 SEBG, S. 190 f.

86 Um Mindestinhalte handelt es sich insofern nicht, als die Parteien auf einen SE-Betriebsrat ebenso wie auf eine Mitbestimmungsregelung verzichten können.

87 Zu den Folgen einer Beendigung der Vereinbarung siehe *Forst*, EuZW 2011, 333–336 (primär die Folgen, auf die sich die Parteien geeinigt haben; subsidiär [mangels Einigung] unterscheiden: [a] bei Ablauf der vereinbarten Laufzeit: Fortwirken der ursprünglichen Vereinbarung und Neuverhandlungen; [b] im Falle einer außerordentlichen Kündigung Anwendung der subsidiären Vorschriften).

- die Häufigkeit der Sitzungen des Vertretungsorgans (lit. d),
- die für das Vertretungsorgan bereitzustellenden finanziellen und materiellen Mittel (lit. e),

oder

- die Durchführungsmodalitäten des Verfahrens oder der Verfahren zur Unterrichtung und Anhörung, wenn sich die Parteien alternativ zum SE- Betriebsrat darauf einigen (lit. f),

(c) **zur Unternehmensmitbestimmung**

- den Inhalt einer etwaigen Vereinbarung über die Mitbestimmung (lit. g); dazu gehören
- die Zahl der Arbeitnehmervertreter im Verwaltungs- oder Aufsichtsorgan der SE,[88]
- das Verfahren, nach denen die Arbeitnehmer diese Mitglieder wählen oder bestellen oder deren Bestellung empfehlen oder ablehnen können, und
- die Rechte dieser Mitglieder.

Die Auffangregeln des Anhangs gelten im Falle einer Vereinbarung nicht, es sei denn, die Parteien hätten dies besonders vereinbart.

Zwingend müssen mithin (a) die Grunddaten der Vereinbarung und (b) – alterna- 51
tiv – die Einrichtung eines SE-Betriebsrats oder eines besonderen Unterrichtungs- und Anhörungsverfahrens vereinbart werden (s. a. BE 6 SE-RL).[89] **Den Parteien überlassen** ist (c) die Vereinbarung über die Unternehmensmitbestimmung.[90] Anderes gilt nur für den Fall der Umwandlung:

b) Das Vorher-Nachher-Prinzip bei Umwandlungen

Eingeschränkt ist die Inhaltsfreiheit v. a. für den Fall der Gründung der SE durch **Um-** 52
wandlung. Hier gilt das Vorher-Nachher-Prinzip in einer besonderen Ausprägung, Art. 4 Abs. 4 SE-RL, da der Gesetzgeber in diesem Fall eine besondere Gefahr sieht, die bestehende Mitbestimmung könnte eingeschränkt oder beseitigt werden (s. BE 10 S. 2 SE-RL): Die Vereinbarung muss in Bezug auf „alle Komponenten" der Arbeitneh-

---

88 Zur umstrittenen Frage, ob damit die Größe des Aufsichtsorgans oder nur der Anteil der Arbeitnehmervertreter bezeichnet ist, etwa *Habersack*, ZHR 171 (2007), 613, 632–634; *Windbichler*, FS Canaris (2007), S. 1428–1430, je m. w. N.; s. a. Rdn. 55.

89 So auch *Kleinsorge*, RdA 2002, 343, 347 f.; *Herfs-Röttgen*, NZA 2001, 424, 427; *Thüsing*, Europäisches Arbeitsrecht, § 10 Rdn. 34. A.M. zu (b) jedoch *Herfs-Röttgen*, NZA 2002, 358, 361 f. (arg. e BE 4 und *a maiore* Art. 3 S. 6Abs. 6 SE-RL).

90 *Herfs-Röttgen*, NZA 2002, 358, 363, die für diesen Fall die Beschlusserfordernisse des Art. 3 Abs. 6 SE-RL analog anwenden möchte; dafür fehlt indes eine planwidrige Regelungslücke.

merbeteiligung zumindest das gleiche Ausmaß gewährleisten, das in der umzuwandelnden Gesellschaft besteht; dazu bereits oben, Rdn. 29.[91]

53 Auch bei der Mitbestimmungsregelung durch Vereinbarung stellt sich die Frage, ob das Vorher-Nachher-Prinzip an den Ist-Zustand der **praktizierten Mitbestimmung** oder an einen davon abweichenden Soll-Zustand der **rechtlich vorgeschriebenen Mitbestimmung** anknüpft. Mit Rücksicht auf die von den Beteiligten getroffene *Vereinbarung* beurteilt sie sich indes anders als bei Anwendung der Auffanglösung (dazu oben, Rdn. 30). Schließen die Parteien die Vereinbarung in Kenntnis einer möglichen Diskrepanz von Ist- und Soll-Zustand, dann ist die Frage erledigt.[92] Wussten sie nicht von einer Diskrepanz, kann man an eine Anwendung der Regeln über die Strukturänderung denken (vgl. oben, Rdn. 7)[93] oder an eine Neuverhandlungspflicht[94]. Auch insoweit ist zu beachten, dass die Frage verbunden ist mit den (disparaten) nationalen Regeln über die rechtssichere Feststellung der Mitbestimmung; sie wird daher nicht von der Richtlinie beantwortet, sondern vom mitgliedstaatlichen Recht.

c) Verhältnis zur Satzung

54 Die Vereinbarung kann auch Mitbestimmungsregeln umfassen und bezieht sich dann auch auf die Struktur der SE und die Ausgestaltung ihrer Verwaltungs- bzw. Leitungs- und Aufsichtsorgane. Daher kann sich ein Widerspruch zur Satzung ergeben, z. B. über die Zahl der Mitglieder des Aufsichtsorgans.[95] Ein Widerspruch ist durch Änderung[96] der Satzung aufzulösen, Art. 12 Abs. 4 UAbs. 1 SE-VO (**Vorrang der Vereinbarung**).[97] Dafür kann das mitgliedstaatliche Recht ein Änderungsrecht des Leitungs- oder Verwaltungsorgans vorsehen (UAbs. 2 der Vorschrift).

55 Im (deutschen) Schrifttum wird das **Verhältnis von Satzungsautonomie und Vereinbarungsautonomie** kontrovers diskutiert, allgemein geht es um die Frage der Reichweite der Vereinbarungsautonomie. Die wohl h. M. ordnet die Vereinbarungsautonomie der Satzungsautonomie unter; die Beteiligungsvereinbarung muss sich also an den Rahmen der Satzung halten, insbesondere im Hinblick auf die **Zahl der Aufsichtsratsmitglieder**.[98] Zur Begründung stützt sie sich darauf, dass die Verein-

---

91 Zu dem Ausmaß der Sicherung der Beteiligungsrechte *Forst*, Die Beteiligungsvereinbarung nach § 21 SEBG, S. 201–209.

92 *Habersack*, AG 2018, 823, 828.

93 Abl. *Habersack*, AG 2018, 823, 826.

94 *Forst* in: Bergmann/Kiem/Mülbert/Verse/Wittig (Hrsg.), 10 Jahre SE (2015), S. 50, 63.

95 *Krause*, BB 2005, 1221, 1226; *Oetker*, ZIP 2006, 1113–1121.

96 Erforderlich ist eine Änderung, die Vereinbarung derogiert die Satzung nicht; *Habersack*, ZHR 171 (2007), 613, 628; *Schäfer*, in: Rieble/Junker (Hrsg.), Vereinbarte Mitbestimmung in der SE, S. 27 f.

97 Auf ein darin liegendes zusätzliches Verhandlungspotential hinweisend *Heinze/Seifert/Teichmann*, BB 2005, 2524, 2525. Kritisch zum Vorrang der Vereinbarung etwa *Windbichler*, in: Jürgens/Sadowski/Schuppert/Weiss (Hrsg.), Perspektiven der Corporate Governance, S. 293.

98 *Habersack*, AG 2006, 345–355; *ders.*, ZHR 171 (2007), 613, 629–635; *Schäfer*, in: Rieble/Junker (Hrsg.), Vereinbarte Mitbestimmung in der SE, S. 27–35; *Windbichler*, FS Canaris (2007), S. 1423–1434. Differenzierend *Rieble*, in: ders./Junker (Hrsg.), Vereinbarte Mitbestimmung in der SE, S. 100 f. (Aufsichtsratsgröße regelbar, da Vorrang der Vereinbarung vor der Satzungsautonomie, nicht aber Zustimmungsvorbehalte, da diese das Kompetenzgefüge von Aufsichtsrat und Vorstand beträfen). Ferner (mit

barungsautonomie ihre Grundlage in der Satzungsautonomie finde.[99] Was die Aktionäre nicht durch Satzung regeln (können), könne auch nicht im Wege der Mitbestimmungsvereinbarung geregelt werden. Demzufolge wäre z.B. eine Vereinbarung nach österreichischem Modell, die den Arbeitnehmervertretern das Recht gibt, für jeden Ausschuss einen Vertreter zu benennen, ausgeschlossen, da sie nach deutschem Recht der gesetzlichen Organisationsautonomie des Aufsichtsrats unterliegt.[100] Die Gegenmeinung verweist demgegenüber auf den Vorrang der Vereinbarung gem. Art. 12 Abs. 4 UAbs. 1 SE-VO, auf die Normhierarchie des Art. 9 Abs. 1 SE-VO, die Grundlage der Vereinbarungsautonomie in Art. 4 Abs. 2 SE-RL und nicht zuletzt den Zweck der Regelung, den Parteien eine einvernehmliche Regelung aller Fragen der Einflussnahme der Arbeitnehmer auf die Beschlussfassung zu ermöglichen.[101] In der Tat spricht der Regelungszweck der SE-Richtlinie für eine unionsautonome Bestimmung von Inhalt und Grenzen der Vereinbarungsautonomie. Wortlaut und Zweck des Art. 4 Abs. 2 SE-RL streiten dabei für eine weitgehende, nicht an nationale Vorgaben (Satzungsstrenge des § 23 Abs. 5 AktG) gebundene Inhaltsfreiheit, da den Parteien ermöglicht werden soll, maßgeschneiderte Lösungen zu finden: gerade auch innovative und an ausländische Vorbilder angelehnte Modelle.

5. Anwendung der Auffangregelung

Die Auffangregelung des Anhangs kann zum einen durch Vereinbarung der Parteien zur Anwendung kommen (s.o. Rdn. 48). Im Übrigen findet sie nur subsidiär und (gründungsformspezifisch) nach Maßgabe des Vorher-Nachher-Prinzips Anwendung. Die nach Gründungsform differenzierenden Tatbestände (nachfolgend b)) sollen der unterschiedlich bewerteten Gefahr einer „Flucht aus der Mitbestimmung“ Rechnung tragen.[102] 56

a) Allgemeine Voraussetzungen

Allgemeine Voraussetzung ist, dass die Parteien innerhalb der Verhandlungsfrist von sechs Monaten (die einvernehmlich auf bis zu zwölf Monate verlängert werden kann; Art. 5 SE-RL; s.o. Rdn. 40) keine Vereinbarung geschlossen haben und einerseits die zuständigen Organe der beteiligten Gesellschaften der Anwendung der Auffangregelung auf die SE und damit der Fortsetzung des Eintragungsverfahrens zugestimmt haben und andererseits das besondere Verhandlungsgremium nicht nach Art. 3 Abs. 6 UAbs. 1 beschlossen hat, keine Verhandlungen aufzunehmen oder die Verhandlun- 57

---

eigenem Ansatz) *Forst*, Die Beteiligungsvereinbarung nach § 21 SEBG, S. 91ff.; *ders.*, in: Bergmann/Kiem u.a., 10 Jahre SE, S. 56ff.

99 *Habersack*, AG 2006, 345, 348; *ders.*, ZHR 171 (2007), 613, 629.

100 Beispiel von *Teichmann*, AG 2008, 797, 801.

101 Eingehend *Teichmann*, AG 2008, 797, 800–805; *ders.*, Konzern 2007, 89, 94f.; ferner *Krause*, BB 2005, 1221, 1226; *Oetker*, ZIP 2006, 1113–1121; *Rehberg*, in: Rieble/Junker (Hrsg.), Vereinbarte Mitbestimmung in der SE, S. 57–63; *Seibt*, ZIP 2010, 1057ff. (für Gegenstände mit Mitbestimmungsrelevanz).

102 *Herfs-Röttgen*, NZA 2001, 424, 427f.

gen abzubrechen (und dadurch die Auffangregeln auszuschließen; s.o. Rdn. 44), Art. 7 Abs. 1 UAbs. 2 lit. b) SE-RL.

b) Gründungsform-spezifische Voraussetzungen nach dem Vorher-Nachher-Prinzip

58 Weitere Voraussetzungen für die Anwendung der Auffangregelung des Anhangs sind je nach der gewählten Gründungsform geregelt.[103]

- Bei der Gründung durch **Umwandlung** ist vorausgesetzt, dass es sich um eine Aktiengesellschaft handelt, die nach mitgliedstaatlichem Recht der Mitbestimmung im Verwaltungs- oder Aufsichtsorgan unterlag, Art. 7 Abs. 2 lit. a) SE-RL.
- Bei der Gründung durch **Verschmelzung** muss entweder (a) in einer oder mehreren der verschmolzenen Gesellschaften Mitbestimmung bestanden und sich auf mindestens 25 % der Arbeitnehmer aller Gesellschaften bezogen haben; oder (b) es war zwar nicht die Mindestdeckung von 25 % der Arbeitnehmer erreicht, aber das besondere Verhandlungsgremium beschließt die Anwendung der Auffangregelung, Art. 7 Abs. 2 lit. b) SE-RL[104].
- Bei der Gründung einer **Holding- oder Tochter-SE** muss entweder (a) in einer oder mehreren der beteiligten Gesellschaften eine oder mehrere Formen der Mitbestimmung bestanden und sich auf mindestens 50 % der Arbeitnehmer bezogen haben; oder (b) es war zwar nicht die Mindestdeckung von 50 % erreicht, aber das besondere Verhandlungsgremium beschließt die Anwendung der Auffangregelung, Art. 7 Abs. 2 lit. c) SE-RL.

59 Die zunächst arbiträr wirkenden unterschiedlichen Prozentsätze sollen einem unterschiedlichen Beteiligungsinteresse Rechnung tragen. Dieses ist im Fall der Umwandlung wegen der „Fluchtgefahr" besonders hoch. Bei der Verschmelzung hat der Gesetzgeber das Beteiligungsinteresse als höher angesehen, weil die Ausgangsgesellschaften mit der Gründung der SE erlöschen, anders als bei der Holding- oder Tochtergründung.

6. Grundsätze der Zusammenarbeit

a) Grundsatz der redlichen Zusammenarbeit

60 Für die Zusammenarbeit mit dem **SE-Betriebsrat** (Vertretungsorgan) sowie für die Zusammenarbeit mit den Arbeitnehmervertretern im Rahmen eines Verfahrens zur Un-

---

103 Krit. gegenüber differenzierten Schwellenwerten *Heinze*, ZGR 2002, 66, 76.

104 Diese letzte Variante kann gem. Art. 7 Abs. 3 SE-RL vom mitgliedstaatlichen Recht ausgeschlossen werden; Zugeständnis an Spanien, das Sorge vor nationalen Mitbestimmungsforderungen hatte; *Herfs-Röttgen*, NZA 2001, 424, 428; *Heinze*, ZGR 2002, 66, 77; *Kleinsorge*, RdA 2002, 343, 350; *Veelken*, GS Blomeyer (2004), S. 516 f.

terrichtung und Anhörung der Arbeitnehmer gilt der Grundsatz der redlichen Zusammenarbeit, wie ihn auch die EBR-Richtlinie (s. § 31 Rdn. 76) normiert: Die Parteien arbeiten mit dem Willen zur Verständigung unter Beachtung ihrer jeweiligen Rechte und Pflichten zusammen, Art. 9 SE-RL.

Dieser Grundsatz ist mithin nur für die Alternativen der Unterrichtung und Anhö- 61
rung geregelt, nicht hingegen für die Arbeitnehmermitbestimmung **im Aufsichts- oder Verwaltungsorgan**. Dort sind die Arbeitnehmervertreter nach dem Modell von Anhang Teil 3 lit. b) Abs. 4 SE-RL „vollberechtigte Mitglieder des jeweiligen Organs mit denselben Rechten und Pflichten". Ihre Rechtsstellung bestimmt sich daher nach den Bestimmungen der SE-Verordnung, aus der sich einerseits auch die Informationsrechte der Mitglieder des Aufsichtsorgans bzw. des Verwaltungsorgans ergeben (s. bereits oben, Rdn. 32), andererseits aber auch eine Bindung an die gesellschaftsrechtliche Treue- bzw. Interessewahrungspflicht, die zu konstruktiver Zusammenarbeit verpflichtet.

b) Geheimhaltung vertraulicher Informationen

Entsprechend den Regeln der EBR-Richtlinie sind auch die Vorschriften über Ver- 62
schwiegenheit und Geheimhaltung ausgestaltet, Art. 8 SE-RL.[105] Dem Geheimhaltungsinteresse des Arbeitgebers wird primär durch eine Pflicht zur Verschwiegenheit der Mitglieder des besonderen Verhandlungsgremiums und des Vertretungsorgans Rechnung getragen (Abs. 1). Ausnahmsweise kommt bei besonderer Geheimhaltungsbedürftigkeit eine Zurückhaltung von Informationen in Betracht (Abs. 2). Für Tendenzunternehmen kann das mitgliedstaatliche Recht besondere Regeln vorsehen (Abs. 3).[106] Die Anwendung der Absätze 1–3 können die Arbeitnehmervertreter einer behördlichen oder gerichtlichen Prüfung unterziehen (Abs. 4).

Wiederum beziehen sich die Regelungen nicht auf die Arbeitnehmervertreter 63
im Aufsichts- oder Verwaltungsorgan. Deren Geheimhaltungspflichten richten sich nach Art. 49 SE-VO.[107] Zusätzliche Bindungen können sich für sie aus der Marktmissbrauchsverordnung[108] ergeben.[109]

---

105 Nüchterne Einschätzung der Effektivität der Geheimhaltung bei *Heinze,* ZGR 2002, 66, 85f.

106 Zu Einzelheiten zum Schutz von Tendenzunternehmen *Plum*, Tendenzschutz im europäischen Arbeitsrecht (2011), insb. S. 155–171 zu Art. 8 Abs. 3 SE-RL.

107 Dazu i.E. Lutter/Hommelhoff/Teichmann/*ders.*, Art. 49 SE-VO Rdn. 1ff.; MünchKommAktG/*Reichert/Brandes,* Art. 49 SE-VO Rdn. 1ff.

108 Art. 10 Abs. 1 Verordnung (EU) Nr. 596/2014 des Europäischen Parlaments und des Rates vom 16.4.2014 über Marktmissbrauch (Marktmissbrauchsverordnung) und zur Aufhebung der Richtlinie 2003/6/EG des Europäischen Parlaments und des Rates und der Richtlinien 2003/124/EG, 2003/125/EG und 2004/72/EG der Kommission, ABl. 2014 L 173/1.

109 S.z.B. EuGH v. 22.11.2005 – Rs. C-384/02 *Grøngaard,* EU:C:2005:708 (Informationsweitergabe durch Arbeitnehmervertreter an Gewerkschaftsvorsitzenden).

c) Schutz der Arbeitnehmervertreter

64 Umfassend für alle Arbeitnehmervertreter ist der besondere Schutz für die Ausübung ihrer Funktionen geregelt, nämlich für

- die Mitglieder des besonderen Verhandlungsgremiums,
- die Mitglieder des SE-Betriebsrats (Vertretungsorgans),
- die Arbeitnehmervertreter, die bei einem besonderen Verfahren zur Unterrichtung und Anhörung mitwirken sowie
- die Arbeitnehmervertreter im Aufsichts- oder Verwaltungsorgan der SE.

Sie genießen bei der Wahrnehmung ihrer Aufgaben den gleichen Schutz und gleichartige Sicherheiten wie die Arbeitnehmervertreter nach den innerstaatlichen Rechtsvorschriften und/oder Gepflogenheiten des Landes, in dem sie beschäftigt sind, Art. 10 Abs. 1 SE-RL.[110]

V. Missbrauchsverbot und Sanktionen

65 Die SE-Richtlinie ist in vielen Einzelregelungen Ausdruck des Bestrebens, eine „Flucht aus der Mitbestimmung" zu verhindern (oben, Rdn. 4, 6). Genauer gesagt geht es freilich um einen Interessenausgleich. Auf der einen Seite steht das von den Mitgliedstaaten verfochtene Interesse der Arbeitnehmer, das nationale Mitbestimmungsniveau zu erhalten. Auf der anderen Seite steht das Binnenmarktinteresse, mit der SE eine für Unternehmen taugliche und für ihre Gestaltung offene Organisationsform zu schaffen. Die das Gesetzgebungsverfahren beherrschende Sorge vor einer „Flucht aus der Mitbestimmung" drückt das am Kopf der Umsetzungsvorschriften lozierte Missbrauchsverbot des Art. 11 SE-RL aus. Es bindet die Mitgliedstaaten, geeignete Maßnahmen zu treffen, „um zu verhindern, dass eine SE dazu missbraucht wird, Arbeitnehmern Beteiligungsrechte zu entziehen oder vorzuenthalten". Dieses Regelungsanliegen formuliert in allgemeiner Form auch BE 18 SE-RL.[111]

---

110 Krit. hinsichtlich des daraus folgenden unterschiedlichen Schutzes und die damit einhergehenden Konsequenzen für das Unternehmen bei Arbeitnehmervertretern aus unterschiedlichen Ländern *Kiehn*, Die betriebliche Beteiligung der Arbeitnehmer in der Societas Europea (SE) (2011), S. 150.

111 Manche wollen BE 18 SE-RL geradezu als einen eigenen Tatbestand verstehen und daraus eigene Rechtsfolgen ableiten; in diese Richtung z. B. *Kleinsorge*, RdA 2002, 343, 351; *ders.*, ZGR 2003, 800, 808; auch *Rehberg*, ZGR 2005, 859, 882ff. (schließlich S. 885 vorsichtig ablehnend); a. M. etwa *Schäfer*, in: Rieble/Junker (Hrsg.), Vereinbarte Mitbestimmung in der SE, S. 20. Rechtsfolgen kann indes nur der verfügende Teil der Richtlinie begründen, so dass man BE 18 SE-RL nur zur Auslegung heranziehen kann; dazu *Riesenhuber*, in: ders. (Hrsg.), Europäische Methodenlehre, § 10 Rdn. 35, 38.

Was das Missbrauchsverbot im Einzelnen bedeutet, ist umstritten. Manche wollen daraus ein schneidiges Schwert zur Vermeidung von Umgehungen schmieden,[112] andere wollen die Vorschrift hingegen auf Ausnahmefälle beschränkt sehen.[113] Bei der Auslegung muss man indes bedenken, dass der Richtliniengeber die widerstreitenden Interessen für die große Zahl von Missbrauchsfällen bereits in einer detaillierten Regelung ausgeglichen hat. Angesichts dessen gehören gerade auch die verbliebenen Regelungsfreiräume, für die man sich auf keine besonderen Kautelen einigen konnte, zur Gestaltungsfreiheit der beteiligten Gesellschaften bzw. der SE. Daher sprechen die besseren Gründe dafür, in Art. 11 SE-RL ein Überdruckventil für besonders gelagerte Fälle zu sehen. Im Grundsatz gilt, dass die Nutzung vorhandener Gestaltungsspielräume Gebrauch und nicht Missbrauch von Gestaltungsfreiheit ist. **66**

Nach allgemeinen Grundsätzen sind die Mitgliedstaaten verpflichtet, die Richtlinie (äquivalent und effektiv; § 1 Rdn. 77) umzusetzen, Art. 12 Abs. 2 SE-RL hebt das hervor. Neben „Maßnahmen für den Fall der Nichteinhaltung" müssen die Mitgliedstaaten Verwaltungs- oder Gerichtsverfahren vorsehen, die ermöglichen, die Erfüllung der richtlinienbegründeten Verpflichtungen durchzusetzen. Umstritten ist hier – ähnlich wie bei der EBR-Richtlinie, § 31 Rdn. 90 –, ob die Richtlinie verlangt, dass der SE-Betriebsrat die **Unterlassung** einer unternehmerischen Maßnahme verlangen kann, hinsichtlich derer er richtlinienwidrig nicht unterrichtet und angehört wurde. Dafür kann sprechen, dass explizit die Verfahren zur *Erfüllung* der Verpflichtungen verlangt sind.[114] Jedoch können auch mittelbare Sanktionen wie eine Geldbuße einen hinreichenden Erfüllungsdruck begründen.[115] Systematisch wird auf die Beschränkung der SE-Betriebsratsbeteiligung auf Anhörung und Unterrichtung hingewiesen, mit der ein Unterlassungsanspruch unvereinbar sei.[116] **67**

VI. Umsetzung

Ergänzende Regelungen zur SE-Verordnung und die Vorgaben der SE-Richtlinie hat der deutsche[117] Gesetzgeber im SE-Einführungsgesetz (SEEG) vom 22.12.2004[118] umge- **68**

112 In diese Richtung *Rehberg*, ZGR 2005, 859–893, der Art. 11 SE-RL als besondere Bekräftigung des Gebots einer teleologischen Auslegung und des *effet utile* ansieht; freilich sind diese, zumal nach der Rechtsprechung des EuGH, geradezu selbstverständliche Auslegungsgrundsätze.

113 In diese Richtung *Joost*, EAS B 8200 Rdn. 250; *Kübler*, FS Raiser (2005), S. 254–257 (in Anlehnung an die Grundfreiheiten-Rechtsprechung des EuGH); *Henssler*, GS Heinze (2005), S. 340 f.; *Rieble*, BB 2006, 2018, 2022; *Ringe*, NZG 2006, 932, 934; *Cannistra*, Das Verhandlungsverfahren, S. 248 ff.

114 *Schmeisser/Ladenburger*, NZA 2018, 761, 763 f.

115 Vgl. EuArbRK/*Oetker*, Art. 12 RL 2001/86 Rdn. 2 f.

116 *Rieble*, in: ders./Junker (Hrsg.), Vereinbarte Mitbestimmung in der SE, § 3 Rdn. 93.

117 Vergleichende Umsetzungshinweise bei *Leca*, EBLR 2007, 403, 424–432.

118 BGBl. 2004 I, 3675.

setzt, das in seinem Art. 1 das SE-Ausführungsgesetz (SEAG) enthält, in Art. 2 das SE-Beteiligungsgesetz (SEBG).[119] Die Regelung hat ungeachtet der Bestandssicherung (Vorher-Nachher-Prinzip) nicht zuletzt auch eine Diskussion über die Mitbestimmung in Deutschland angestoßen.[120]

VII. Hinweise zur Europäischen Genossenschaft

Literatur:[121] *Habersack,* Grundsatzfragen der Mitbestimmung in SE und SCE sowie bei grenzüberschreitender Verschmelzung, ZHR 171 (2007), 613–643; *Kisker,* Unternehmerische Mitbestimmung in der Europäischen Gesellschaft, der Europäischen Genossenschaft und bei grenzüberschreitender Verschmelzung im Vergleich, RdA 2006, 206–212; *Schulze, R.,* Die Europäische Genossenschaft (SCE), NZG 2004, 792–796; *ders.* (Hrsg.), Europäische Genossenschaft SCE, Handbuch, 2004; *Snaith,* Employee Involvement in the European Cooperative Society: A Range of Stakeholders?, IJCLLIR 22 (2006), 213–230.

69 Nach dem Erfolg der Europäischen Aktiengesellschaft und auf dem dort gewählten Modell aufbauend hat die Gemeinschaft bereits 2003 eine weitere supranationale Gesellschaftsform aus der Taufe gehoben, die Europäische Genossenschaft – *Societas Cooperativa Europaea* (SCE).[122] Die Mitbestimmung, geregelt in einer ergänzenden Richtlinie (SCE-Richtlinie, SCE-RL),[123] folgt wiederum dem Verhandlungsmodell der EBRRL und ist weithin ähnlich ausgestaltet wie bei der SE.[124]

---

119 Dazu etwa *Calle Lambach,* RIW 2005, 161–168; *Grobys,* NZA 2004, 779–781; *ders.,* NZA 2005, 84–91; MünchKommAktG/*Jacobs,* SEBG; *Joost,* EAS B 8200 (Rdn. 15 zu Umsetzungszweifeln); *Krause,* BB 2005, 1221–1229 (mit Hinweisen zu einzelnen Umsetzungszweifeln); *Müller-Bonanni/Melot de Beauregard,* GmbHR 2005, 195–200; *Oetker,* BB 2005 Beil. 11, 2–13; *ders.,* ZESAR 2005, 3–12; Lutter/Hommelhoff/Teichmann/*ders.,* Vor § 1 SEBG Rdn. 13–15 (zum SEBG) und Rdn. 16–23 (zur Umsetzung in anderen Mitgliedstaaten); Nagel/Freis/Kleinsorge-*Kleinsorge,* Beteiligung der Arbeitnehmer im Unternehmen auf der Grundlage des europäischen Rechts (2009), Einf. SE Rdn. 40–56 (zur Gesetzgebungsverfahren) und Rdn. 68–86 (zum SEBG). Zu praktischen Erfahrungen *Wagner,* EWS 2005, 546–554. Die Bewertung fällt unterschiedlich aus, *Kübler,* Liber amicorum Weiss (2005), S. 235 ff. (tendenziell Überregulierung); *Nagel,* AuR 2004, 281 ff. (wettbewerbsfähige Umsetzung).

120 S. z.B. *Kirchner,* AG 2005, 197–200; *Raiser,* Unternehmensmitbestimmung vor dem Hintergrund europarechtlicher Entwicklungen (2006); *Rieble,* NJW 2006, 2214–2217; *ders.* (Hrsg.), Zukunft der Unternehmensmitbestimmung (2004); *ders./Junker,* Vereinbarte Mitbestimmung in der SE (2008); *Windbichler,* AG 2004, 190–196.

121 Zur gesellschaftsrechtlichen Literatur, s. die eingehenden Hinweise bei *Habersack/Verse,* Europäisches Gesellschaftsrecht, § 14 vor Rdn. 1.

122 Verordnung (EG) Nr. 1435/2003 des Rates vom 22.7.2003 über das Statut der Europäischen Genossenschaft (SCE), ABl.2003 L 207/1.

123 Richtlinie 2003/72/EG des Rates vom 22.7.2003 zur Ergänzung des Statuts der Europäischen Genossenschaft hinsichtlich der Beteiligung der Arbeitnehmer, ABl. 2003 L 207/25.

124 Zum Vergleich besonders *Kisker,* RdA 2006, 206–212 (Übersicht S. 208 f.); Lutter/Hommelhoff/Teichmann/*Oetker,* Vor § 1 SEBG Rdn. 33 f. und Synopse nach Rdn. 43.

Als **Genossenschaft** verfolgt die SCE als Hauptzweck, den Bedarf ihrer Mitglieder zu decken und/oder deren wirtschaftliche und/oder soziale Tätigkeiten zu fördern, Art. 1 Abs. 3 SCE-VO. Für die Gründung ist wie bei der SE ein grenzüberschreitender Bezug erforderlich, doch kann sie – anders als jene – auch durch natürliche Personen erfolgen, Art. 2 Abs. 1 SCE-VO. 70

Für die Arbeitnehmerbeteiligung ist eine **Verhandlungslösung** (Art. 3–6 SCE-RL) vorgesehen, unterlegt mit einer **Auffanglösung** (Art. 7 SCE-RL). Bezweckt wird einerseits die autonome Regelung von Fragen der Arbeitnehmerbeteiligung, Art. 4 Abs. 2 Hs. 1 SCE-RL. Andererseits wird Mitbestimmungsniveau abgesichert, und zwar wiederum im Rahmen der Verhandlungslösung v.a. durch das Vorher-Nachher-Prinzip sowie durch Beschlussquoren (a) für den Fall der Herabsetzung der Mitbestimmung (Art. 3 Abs. 4 SCE-RL) sowie (b) für den Fall der Nichtaufnahme oder des Abbruchs der Verhandlungen (Art. 3 Abs. 6 SCE-RL; nach UAbs. 3 ausgeschlossen bei Umwandlung). Bei der Auffanglösung folgt die Erhaltung der Mitbestimmung auch hier mit Rücksicht darauf, welcher Anteil der Arbeitnehmer zuvor der Mitbestimmung unterlag, Art. 7 Abs. 2 SCE- RL. 71

Besonderheiten ergeben sich zum einen mit Rücksicht darauf, dass an der Gründung auch natürliche Personen beteiligt und die **Arbeitnehmerzahlen** daher **gering** sein können: Für diesen Fall sah der Gesetzgeber es nicht als gerechtfertigt an, das Verhandlungsverfahren durchzuführen (BE 12 SCE). Wird die SCE daher ausschließlich durch natürliche Personen oder natürliche Personen und nur eine juristische Person gegründet, so findet das Verhandlungsverfahren nur Anwendung, wenn die Gründer mindestens in zwei Mitgliedstaaten mindestens 50 Arbeitnehmer beschäftigen, Art. 8 SCE-RL. Sonst gilt grundsätzlich die Mitbestimmung nach den Vorschriften des Sitzstaats der SCE, die auch für andere Rechtspersönlichkeiten desselben Typs (also Genossenschaften) Anwendung findet. Auf Verlangen von mindestens einem Drittel der Arbeitnehmer der SCE ist allerdings doch wieder das Verhandlungsverfahren durchzuführen. 72

Zweite Besonderheit ist das **Recht der Arbeitnehmer auf Teilnahme an der** Generalversammlung (Sektoren- oder Sektionsversammlung). Ein entsprechendes Recht ist in einigen Mitgliedstaaten (nicht in Deutschland) vorgesehen und wird gem. Art. 9 SCE-RL unter bestimmten Voraussetzungen erhalten, insbesondere im Fall der Umwandlung. 73

§ 33 Grenzüberschreitende Strukturmaßnahmen (Umwandlung, Verschmelzung, Spaltung) und Arbeitnehmermitbestimmung

Literatur:[1]

Allgemeines und IPR: *Borsutzky*, Die international-privatrechtliche Anknüpfung des Rechts der Unternehmensmitbestimmung, EuZA 2014, 437–449; *Habersack/Henssler*, Mitbestimmungsrecht, 4. Aufl. 2018; *Hommelhoff/Riesenhuber*, Strukturmaßnahmen, insbesondere Verschmelzung und Spaltung im Europäischen und deutschen Gesellschaftsrecht, in: S. Grundmann (Hrsg.) Systembildung und Systemlücken in Kerngebieten des Europäischen Privatrechts, 2000, S. 259–282; *Lutter/Bayer/Schmidt, Jessica*, Europäisches Unternehmens- und Kapitalmarktrecht, 6. Aufl. 2018; *Riesenhuber*, Die Verschmelzungsrichtlinie: „Basisrechtsakt für ein Europäisches Recht der Strukturmaßnahmen" – Zum Schutz durch Information im Europäischen Gesellschaftsrecht, NZG 2004, 15–22; *Rammeloo*, Corporations in Private International Law – A European Perspective, 2001.

Zur Niederlassungsfreiheit und grenzüberschreitenden Strukturmaßnahmen (s.a. die Hinweise bei § 3 vor Rdn. 88): *Behme*, Europäisches Umwandlungsrecht – Stand und Perspektiven, ZHR 182 (2018), 32–61 (*lesenswert!*); *ders.*, Rechtsformwahrende Sitzverlegung und Formwechsel von Gesellschaften über die Grenze, 2016; *Eidenmüller*, Mobilität und Restrukturierung von Unternehmen im Binnenmarkt, JZ 2004, 24–33; *Hübner*, Der grenzüberschreitende Formwechsel nach Vale – zur Satzungssitzverlegung von Luxemburg nach Deutschland, IPRax 2015, 134–139; *Kindler*, Unternehmensmobilität nach „Polbud": Der grenzüberschreitende Formwechsel in Gestaltungspraxis und Rechtspolitik, NZG 2018, 1–7; *Korch/Thelen*, Von der Niederlassungsfreiheit zur Freiheit der Rechtsformwahl – Die praktischen Folgen der Polbud-Entscheidung des EuGH, IPRax 2018, 248–254; *Krause*, Neue Herausforderungen für die Unternehmensmitbestimmung durch *Polbud?*, in: Deinert/Heuschmid/Kittner/Schmidt (Hrsg.), Demokratisierung der Wirtschaft durch Arbeitsrecht – Festschrift für Thomas Klebe zum 70. Geburtstag, 2018, S. 248–254; *Oechsler*, Die Polbud-Entscheidung und die Sitzverlegung der SE, ZIP 2018, 1269–1273; *Schall*, Der grenzüberschreitende Formwechsel in Europa nach Polbud, ZfPW 2018, 176–204; *Siems*, SEVIC: Der letzte Mosaikstein im Internationalen Gesellschaftsrecht der EU?, EuZW 2006, 135–140; *Stelmaszczyk*, Grenzüberschreitender Formwechsel durch isolierte Verlegung des Satzungssitzes, EuZW 2017, 890–894.

Zur Internationalen Verschmelzungsrichtlinie 2005/56 (10. Richtlinie): *Bayer/Schmidt, Jessica*, Die neue Richtlinie über die grenzüberschreitende Verschmelzung von Kapitalgesellschaften – Inhalt und Anregungen zur Umsetzung in Deutschland, NJW 2006, 401–406; *Brandes*, Mitbestimmungsvermeidung mittels grenzüberschreitender Verschmelzung, ZIP 2008, 2193–2199; *Cannistra*, Das Verhandlungsverfahren zur Regelung der Mitbestimmung der Arbeitnehmer bei Gründung einer Societas Europaea und bei Durchführung einer grenzüberschreitenden Verschmelzung, 2014; *Däubler*, Grenzüberschreitende Fusion und Arbeitsrecht – Zum Entwurf der Zehnten gesellschaftsrechtlichen Richtlinie, DB 1988, 1850–1854; *Forst*, Mitbestimmung à la Bruxelles – SE, SPE und grenzüberschreitende Verschmelzung, ZESAR 2014, 383–389; *ders.*, Neues aus Luxemburg zur Arbeitnehmerbeteiligung bei der grenzüberschreitenden Verschmelzung von Gesellschaften, AG 2013, 588–592; *Habersack*, Grundsatzfragen der Mitbestimmung in SE und SCE sowie bei grenzüberschreitender Verschmelzung, ZHR 171 (2007), 613–643; *Henssler*, Mitbestimmung als Verhandlungsgegenstand grenzüberschreitender

---

1 Zur gesellschaftsrechtlichen Literatur, s. die eingehenden Hinweise bei *Grundmann*, Europäisches Gesellschaftsrecht, vor Rdn. 918; *Habersack/Verse*, Europäisches Gesellschaftsrecht (5. Aufl. 2019), § 8 vor Rdn. 52.

https://doi.org/10.1515/9783110731941-033

Strategien, in: Müller-Graff/Teichmann (Hrsg.), Europäisches Gesellschaftsrecht auf neuen Wegen, 2010, S. 143–168; *Herrler*, Ermöglichung grenzüberschreitender Verschmelzungen von Kapitalgesellschaften durch Änderung des Umwandlungsgesetzes – Umsetzung der Verschmelzungsrichtlinie unter Vernachlässigung der primärrechtlichen Rahmenbedingungen, EuZW 2007, 295–300; *Heuschmid*, Unternehmensmitbestimmung nach der Richtlinie zur grenzüberschreitenden Verschmelzung von Kapitalgesellschaften, AuR 2006, 184–192; *Kisker*, Unternehmerische Mitbestimmung in der Europäischen Gesellschaft, der Europäischen Genossenschaft und bei grenzüberschreitender Verschmelzung im Vergleich, RdA 2006, 206–212; *Koberski*, Fusionsrichtlinie und Arbeitnehmerbeteiligung, in: Kohte/Dörner/Anzinger (Hrsg.), Arbeitsrecht im sozialen Dialog, Festschrift für Hellmut Wißmann, 2005, S. 474–488; *Krause, Nils/Janko*, Grenzüberschreitende Verschmelzungen und Arbeitnehmermitbestimmung, BB 2007, 2194–2197; *Lunk/Hinrichs*, Die Mitbestimmung der Arbeitnehmer bei grenzüberschreitenden Verschmelzungen nach dem MgVG, NZA 2007, 773–780; *Maul/Teichmann/Wenz*, Der Richtlinienvorschlag zur grenzüberschreitenden Verschmelzung von Kapitalgesellschaften, BB 2003, 2633–2641; Müller-Bonnani/Müntefering, AN-Beteiligung bei SE-Gründung und grenzüberschreitender Verschmelzung im Vergleich, *BB* 2010, 1699–1703; *Nagel*, Das Gesetz über die Mitbestimmung der Arbeitnehmer bei grenzüberschreitenden Verschmelzungen (MgVG), NZG 2007, 57–59; *Neye*, Die neue Richtlinie zur grenzüberschreitenden Verschmelzung von Kapitalgesellschaften, ZIP 2005, 1893–1898; *Oechsler*, Die Richtlinie 2005/56/EG über die Verschmelzung von Kapitalgesellschaften aus verschiedenen Mitgliedstaaten, NZG 2006, 161–166; *Pannier*, The EU Cross Border Merger Directive – A New Dimension for Employee Participation and Company Restructuring, EBLR 2005, 1424–1442; *Schubert*, Die Mitbestimmung der Arbeitnehmer bei grenzüberschreitender Verschmelzung, RdA 2007, 9–17; *Simon/Hinrichs*, Unterrichtung der Arbeitnehmer und ihrer Vertretungen bei grenzüberschreitenden Verschmelzungen, NZA 2008, 391–397; *Stiegler*, Zehn Jahre Internationale Verschmelzungsrichtlinie – Erreichtes, Stand und Perspektiven, GmbHR 2016, 406–414; *Teichmann*, Mitbestimmung und grenzüberschreitende Verschmelzung, Konzern 2007, 89–98; *Thüsing*, Europäische Perspektiven der deutschen Unternehmensmitbestimmung, in: Rieble (Hrsg.), Zukunft der Unternehmensmitbestimmung, 2004, S. 95–113; *Weyland*, Probleme der Rechtsanwendung auf den nach MgVG mitbestimmten Aufsichtsrat, NZG 2020, 768–773; *Wiesner*, Die grenzüberschreitende Verschmelzung und der neue Mitbestimmungskompromiss, DB 2005, 91–94; *Wooldridge*, The Employee Participation Provisions of the Cross-Border Mergers Directive, Comp.Law. 28 (2007), 118–119.

Zur Sitzverlegungsrichtlinie (14. Richtlinie):[2] *Bayer/Schmidt, Jessica*, Aktuelle Entwicklungen im Europäischen Gesellschaftsrecht, BB 2008, 454–460; *Drury*, Migrating Companies, E.L. Rev. 24 (1999), 354–372; *Eidenmüller*, Mobilität und Restrukturierung von Unternehmen im Binnenmarkt – Entwicklungsperspektiven des europäischen Gesellschaftsrechts im Schnittfeld von Gemeinschaftsgesetzgeber und EuGH, JZ 2004, 24–33; *Großfeld/Jasper*, Identitätswahrende Sitzverlegung und Fusion von Kapitalgesellschaften in die Bundesrepublik Deutschland, RabelsZ 53 (1989), 52–71; *Heinze*, Arbeitsrechtliche Probleme bei der grenzüberschreitenden Sitzverlegung in der Europäischen Gemeinschaft, ZGR 1999, 54–70; *Hoffmann*, Neue Möglichkeiten zur identitätswahrenden Sitzverlegung in Europa – Der Richtlinienvorentwurf zur Verlegung des Gesellschaftssitzes innerhalb der EU, ZHR 164 (2000) 43–66; *Kisker*, Unternehmerische Mitbestimmung in der Europäischen Gesellschaft, der Europäischen Genossenschaft und bei grenzüberschreitender Verschmelzung im Vergleich, RdA 2006, 206–212;

2 Zur gesellschaftsrechtlichen Literatur, s. nur *Grundmann*, Europäisches Gesellschaftsrecht, § 24 und die eingehenden Hinweise dort vor Rdn. 835; *ders.*, European Company Law, § 27 m.w.N. vor Rdn. 1; *Habersack/Verse*, Europäisches Gesellschaftsrecht (5. Aufl. 2019), § 4 Rdn. 30–32 (Fn. 102ff.); Beiträge von *Di Marco, Neye, K. Schmidt, Priester, Hügel, Rajak, Wymeersch* und *Timmermann*, ZGR 1999, 3–156.

Leible, Niederlassungsfreiheit und Sitzverlegungsrichtlinie, ZGR 2004, 531–558; *ders.*, Warten auf die Sitzverlegungsrichtlinie, in: Altmeppen/Fitz/Honsell (Hrsg.), Festschrift für Günter H. Roth, 2011, S. 447–460; *Neye*, Die Vorstellungen der Bundesregierung zum Vorschlag einer 14. Richtlinie, ZGR 1999, 13–19; *Morgenroth/Salzmann*, Grenzüberschreitende Umwandlungen in der EU und unternehmerische Mitbestimmung, NZA-RR 2013, 449–456; *Rammeloo*, Crossborder company mobility and the Proposal for a 14th EC Company Law Directive: „Daily Mail" surmounted, MJ 2 (1999), 105–110; *Vaccaro*, Transfer of Seat and Freedom of Establishment in European Company Law, EBLR 2005, 1348–1365; *Wicke*, Mobilität europäischer Kapitalgesellschaften am Vorabend der 14. gesellschaftsrechtlichen Richtlinie, GPR 2010, 238–243.

Zur Mobilitätsrichtlinie 2019/2121: *Bormann/Stelmaszcyzk*, Grenzüberschreitende Spaltungen und Formwechsel nach dem EU-Company Law Package, ZIP 2019, 353–365; *dies.*, Grenzüberschreitende Verschmelzungen nach dem EU-Company Law Package, ZIP 2019, 300–312; *Brandi*, Grenzüberschreitender (Heraus-)Formwechsel – praktische Erfahrungen und Vergleich mit Reformvorschlägen im EU Company Law Package, BB 2018, 2626–2634; *Brehm/Schümmer*, Grenzüberschreitende Umwandlungen nach der neuen Richtlinie über grenzüberschreitende Umwandlungen, Verschmelzungen und Spaltungen, NZG 2020, 538–544; *Bungert/Wansleben*, Grenzüberschreitende Spaltungen nach dem Richtlinienentwurf der EU-Kommission, DB 2018, 2094–2104; *Deutscher Anwaltsverein*, Stellungnahme zum Vorschlag für eine Richtlinie des Europäischen Parlaments und des Rates zur Änderung der RL 2017/1132/(EU) in Bezug auf grenzüberschreitende Umwandlungen, Verschmelzungen und Spaltungen COM (2018) 241, NZG 2018, 857–866; *Drygala/von Bressensdorf*, Gegenwart und Zukunft grenzüberschreitender Verschmelzungen und Spaltungen, NZG 2016, 1161–1168; *Guggemos*, Die Unternehmensmitbestimmung und da Anti-Arbeitsrecht, in: Deinert/Heuschmid/Kittner/Schmidt (Hrsg.), Demokratisierung der Wirtschaft durch Arbeitsrecht – Festschrift für Thomas Klebe zum 70. Geburtstag, 2018, S. 132–137; *Habersack*, Sekundärrechtlicher grenzüberschreitender Formwechsel ante portas, ZHR 182 (2018), 495–503; *Junker*, Sicherung der Unternehmensmitbestimmung in der Europäischen Union: Die Europäische Kommission auf dem Holzweg, EuZA 2019, 141–142; *Knaier*, Unionales Umwandlungsrecht – Die Zukunft der Unternehmensmobilität im Binnenmarkt, GmbHR 2018, 607–624; *Kraft*, „Grenzüberschreitende Vorhaben" nach Annahme der Mobilitätsrichtlinie durch das Europäische Parlament, BB 2019, 1864–1868; *Mörsdorf*, Der Entwurf einer Richtlinie für grenzüberschreitende Umwandlungen – Meilenstein oder Scheinriese?, EuZW 2019, 141–148; *Mückl/Götte*, Unternehmensmitbestimmung und grenzüberschreitende Unternehmensmobilität, BB 2018, 2036–2043; *Noack/Kraft*, Grenzüberschreitende Unternehmensmobilität – der Richtlinienvorschlag im Company Law Package, DB 2018, 1577–1582; *Pütz*, Die Unternehmensmitbestimmung nach dem „Company Law Package" der EU, AG 2020, 117–123; *Schmidt, Jessica*, EU Company Law Package 2018 – Mehr Digitalisierung und Mobilität von Gesellschaften (Teil 1), Konzern 2018, 229–244, (Teil 2), Konzern 2018, 273–285; *Schollmeyer*, Der Verschmelzungs-, Spaltungs- und Formwechselbericht nach der neuen Umwandlungsrichtlinie, AG 2019, 541–550; *Schurr*, Schutzbestimmungen und Verfahrensregeln in der neuen Richtlinie zu grenzüberschreitenden Umwandlungen, Verschmelzungen und Spaltungen, EuZW 2019, 539–544; *Selent*, Die Mitbestimmung nach dem Company Law Package aus Perspektive des deutschen Kompromissvorschlags zur europäischen Mitbestimmung, NZG 2018, 1171–1178; *Stelmaszczyk*, Die neue Umwandlungsrichtlinie – harmonisierte Verfahren für grenzüberschreitende Verschmelzungen, Spaltungen und Formwechsel, GmbHR 2020, 61–76; *Teichmann*, Der „Zankapfel" unternehmerische Mitbestimmung im Entstehungsprozess der Mobilitätsrichtlinie 2019, in: Bachmann/Grundmann/Mengel/Krolop (Hrsg.), Festschrift für Christine Windbichler, 2020, S. 395-411; *ders.*, Grundlinien eines europäischen Umwandlungsrechts: Das „EU-Company Law Package 2018", NZG 2019, 241–248; *ders.*, Mitbestimmungsschutz bei grenzüberschreitenden Umwandlungen, in: Grundmann/Merkt/Mülbert (Hrsg.), Festschrift für Klaus Hopt, 2020, S. 1255-1271; *Wicke*, Optionen und Komplikationen bei der Umsetzung des Richtlinienvorschlags zum grenzüberschreitenden Formwechsel (Teil I), DStR 2018, 2642–2647, (Teil II), DStR 2018, 2703–2710; *Winner*, Unternehmerische Mitbestimmung bei grenzüberschreitenden Umgründungen, in: Brameshuber/Friedrich/Karl (Hrsg.), Festschrift Franz Marhold, 2020, S. 753–762.

Rechtsprechung:

Zur Niederlassungsfreiheit:

EuGH v. 27.9.1988 Rs. C-81/87 *Daily Mail*, EU:C:1988:456
EuGH v. 9.3.1999 Rs. C-212/97 *Centros*, EU:C:1999:126
EuGH v. 5.11.2002 Rs. C-208/00 *Überseering*, EU:C:2002:632
EuGH v. 30.9.2003 Rs. C-167/01 *Inspire Art*, EU:C:2003:512
EuGH v. 13.12.2005 Rs. C-411/03 *SEVIC*, EU:C:2005:762
EuGH v. 12.9.2006 Rs. C-196/04 *Cadbury Schweppes*, EU:C:2006:544
EuGH v. 16.12.2008 Rs. C-210/06 *Cartesio*, EU:C:2008:723
EuGH v. 12.7.2012 Rs. C-378/10 *VALE*, EU:C:2012:440
EuGH v. 10.12.2015 Rs. C-594/14 *Kornhaas*, EU:C:2015:806
EuGH v. 21.12.2016 Rs. C-201/15 *AGET Iraklis*, EU:C:2016:972
EuGH v. 25.10.2017 Rs. C-106/16 *Polbud*, EU:C:2017:804

Zur Internationalen Verschmelzungsrichtlinie:

EuGH v. 20.6.2013 Rs. C-635/11 *Kommission ./. Niederlande*, EU:C:2013:408

Übersicht

I. Sachfragen, Übersicht, Rechtsgrundlagen, Regelungsumfeld

1. Sachfragen

Als Strukturmaßnahmen bezeichnen wir hier die Verschmelzung, die Spaltung sowie die Umwandlung (i. e. S. eines Formwechsels) von Gesellschaften. In Deutschland spricht man auch mit einem Oberbegriff von Umwandlung (i. w. S.); dieser weitere Begriff liegt insbesondere dem Umwandlungsgesetz zugrunde.[3] Kennzeichen der Strukturmaßnahmen ist das Kontinuitätselement. So erfolgen Verschmelzung und Spaltung im Wege der (partiellen) Gesamtrechtsnachfolge und ohne dass eine Übertragung einzelner Vermögensgegenstände oder Rechtsverhältnisse erforderlich wäre. Die Umwandlung (i. e. S.) erfolgt identitätswahrend, ohne dass eine Auflösung, Abwicklung oder Liquidation und Neugründung erforderlich wäre.[4] Strukturmaßnahmen stellen „grundlegende Entscheidungen im Leben eines Unternehmens" dar.[5] Ihre 1

---

3 Zur Terminologie näher *Behme*, ZHR 182 (2018), 32, 33 ff.

4 *Behme*, ZHR 182 (2018), 32, 33 ff.; *Teichmann*, NZG 2019, 241, 242.

5 EuGH v. 13.5.2003 – Rs. C-463/00 *Kommission ./. Spanien*, EU:C:2003:272 Rdn. 79; EuGH v. 21.12.2016 – Rs. C-201/15 *AGET Iraklis*, EU:C:2016:972 Rdn. 54.

Vornahme ist Ausübung der grundrechtlich geschützten **Eigentumsgarantie** und der **unternehmerischen Freiheit**. Im Binnenmarkt kommen neben innerstaatlichen Strukturmaßnahmen auch grenzüberschreitende Strukturmaßnahmen in Betracht. Die Vornahme grenzüberschreitender Strukturmaßnahmen ist Teil der **Niederlassungsfreiheit**.

2 **Terminologie:** Die Gesellschaft, die eine Strukturmaßnahme (Umwandlung, Verschmelzung, Spaltung) vornimmt, bezeichnen wir auch als Ausgangsgesellschaft, die Gesellschaft(en), die aus der Strukturmaßnahme hervorgeht (hervorgehen), auch als Zielgesellschaft(en). Für die einzelnen Strukturmaßnahmen verwenden wir zur Bezeichnung der beteiligten Gesellschaften die vom Unionsgesetzgeber verwendeten Begriffe, s. für die Umwandlung Art. 86b GesRRL, für die Verschmelzung Art. 119 GesRRL, für die Spaltung Art. 160b GesRRL. Bei grenzüberschreitenden Vorgängen bezeichnen wir die beteiligten Staaten als Herkunfts- oder Wegzugsstaat und Aufnahme- oder Zuzugsstaat.

3 Strukturmaßnahmen können Schutzbedürfnisse unterschiedlicher Interessengruppen (Stakeholder) auslösen: von (Minderheits-) Gesellschaftern, Gläubigern und Arbeitnehmern. Das rechtfertigt die prozedurale Ausgestaltung der Strukturmaßnahmen sowie ihre sachgerechte Beschränkung. Im Hinblick auf die Eigentumsgarantie und unternehmerische Freiheit sowie die Niederlassungsfreiheit bedürfen Beschränkungen indes der Rechtfertigung als verhältnismäßig zu einem wichtigen Allgemeininteresse. Als wichtiges Allgemeininteresse ist auch der Arbeitnehmerschutz anerkannt. **Arbeitnehmerinteressen** sind betroffen, soweit Strukturmaßnahmen Änderungen der Beschäftigungssituation und der Beschäftigungsbedingungen nach sich ziehen (können). Grenzüberschreitende Strukturmaßnahmen können zudem das Arbeitnehmerinteresse an der **Mitbestimmung** betreffen, soweit sich die Regelungen im Ursprungs- oder Wegzugsmitgliedstaat von jenen im Aufnahme- oder Zuzugsmitgliedstaat unterscheiden (Mitbestimmungsgefälle). Das anwendbare Mitbestimmungsrecht richtet sich – grob gesagt – grundsätzlich nach dem Sitzlandprinzip, mithin nach dem Recht des Staates, in dem die (Ziel-) Gesellschaft ihren Satzungssitz hat.[6] Die Umwandlung, Verschmelzung oder Spaltung in einen Zuzugsstaat mit geringerem Mitbestimmungsniveau kann daher zu einer Mitbestimmungsvermeidung führen.

2. Gesetzgebungsgeschichte

4 Die grenzüberschreitende Umwandlung, Verschmelzung und Spaltung sind heute in der **Gesellschaftsrechtsrichtlinie** von **2017**[7] (GesRRL 2017) geregelt, die zuletzt

---

6 Habersack/Henssler/*Habersack*, Mitbestimmungsrecht, § 1 MitbestG Rdn. 6; MünchKommBGB/*Kindler*, Internationales Handels- und Gesellschaftsrecht Rdn. 573 ff. A.M. etwa *Borsutzky*, EuZA 2014, 437 ff.

7 Richtlinie (EU) 2017/1132 des Europäischen Parlaments und des Rates vom 14.6.2017 über bestimmte Aspekte des Gesellschaftsrechts, ABl. 2017 L 169/46.

2019 durch die **Mobilitätsrichtlinie**[8] reformierte wurde; im Folgenden bezeichnen wir die Richtlinie in dieser reformierten Fassung als **Gesellschaftsrechtsrichtlinie (GesRRL)**. Die Entwicklung reicht zurück bis in die Anfangszeit der Europäischen Wirtschaftsgemeinschaft. Sie ist eng verbunden mit der judikativen Entwicklung auf der Basis der Niederlassungsfreiheit. Diese wiederum musste davon ausgehen, dass das Gesellschaftskollisionsrecht nicht angeglichen ist, das Sachrecht nur teilweise. Daher bestimmen die Mitgliedstaaten die Anknüpfung, die für das auf eine Gesellschaft anwendbare nationale Recht maßgeblich ist (Satzungssitz oder/und Verwaltungssitz; sog. Anknüpfungsautonomie). Sie regeln aber auch autonom, welche sachlichen Voraussetzungen für die Anerkennung als Gesellschaft erfüllt sein müssen.

a) Innerstaatliche Verschmelzung und Spaltung

Ausgangspunkt der Unionsgesetzgebung ist das Recht der innerstaatlichen Ver- 5
schmelzung und Spaltung. Dem individuellen Arbeitnehmerschutz und den Interessen der betrieblichen Arbeitnehmerbeteiligung tragen unionsrechtlich insoweit vor allem die Betriebsübergangsrichtlinie (§ 27) und die Massenentlassungsrichtlinie (§ 26) Rechnung. Auf diese Regelungen nahmen bereits die Verschmelzungsrichtlinie[9] von 1978 und die Spaltungsrichtlinie[10] von 1982 für die innerstaatliche Verschmelzung und Spaltung Bezug. Beide sind 2017 in der Gesellschaftsrechtsrichtlinie aufgegangen. Als weitaus schwieriger erwies sich die Regelung der grenzüberschreitenden Strukturmaßnahmen. Wie auch bei der Europäischen Aktiengesellschaft (§ 32) lag das vor allem an der Mitbestimmungsproblematik.

b) Grenzüberschreitende Verschmelzung

Eines der ältesten Rechtsetzungsvorhaben der Europäischen Gemeinschaft war – ne- 6
ben der Europäischen Aktiengesellschaft – eine Regelung der grenzüberschreitenden Verschmelzung. Sie ist von naheliegender Bedeutung für den Binnenmarkt. Hier stellen sich in ähnlicher Weise Fragen der Mitbestimmungssicherung wie bei der Europäischen Aktiengesellschaft, wenngleich es bei der grenzüberschreitenden Verschmelzung um die Bildung einer neuen nationalen Gesellschaft geht, nicht um die Bildung

---

8 Richtlinie (EU) 2019/2121 des Europäischen Parlaments und des Rates vom 27.11.2019 zur Änderung der Richtlinie (EU) 2017/1132 in Bezug auf grenzüberschreitende Umwandlungen, Verschmelzungen und Spaltungen, ABl. 2019 L 321/1.

9 Art. 12 Dritte Richtlinie 78/855/EWG des Rates vom 9.10.1978 gemäß Artikel 54 Absatz 3 Buchstabe g) des Vertrages betreffend die Verschmelzung von Aktiengesellschaften, ABl. 1978 L 295/36. Zuletzt Art. 12 Richtlinie 2011/35/EU des Europäischen Parlaments und des Rates vom 5.4.2011 über die Verschmelzung von Aktiengesellschaften, ABl. 2011 L 110/1.

10 Art. 11 Sechste Richtlinie 82/891/EWG des Rates vom 17.12.1982 gemäß Artikel 54 Absatz 3 Buchstabe g) des Vertrags betreffend die Spaltung von Aktiengesellschaften, ABl. 1982 L 378/47.

einer supranationalen Gesellschaft. Nicht von ungefähr hat daher gerade auch die Mitbestimmungsproblematik die unionsrechtliche Regelung der internationalen Verschmelzung aufgehalten. Die Mitbestimmungslösung der 2005 verabschiedeten **Richtlinie über die grenzüberschreitende** (oder internationale) **Verschmelzung** (IVRL)[11] folgt denn auch dem SE-Modell.[12]

7 Ausgangspunkt sind die Niederlassungsfreiheit und das Kollisionsrecht. Die **Niederlassungsfreiheit** der Art. 49, 54 AEUV ermöglicht im Grundsatz bereits ohne Rechtsangleichungsmaßnahmen die grenzüberschreitende Verschmelzung:[13] Niederlassungsfreiheit umfasst das Recht auf Gründung und Leitung einer Gesellschaft im Aufnahmestaat nach den dort für die eigenen Staatsangehörigen geltenden Bestimmungen. Sie schließt den Zugang zu anderen Mitgliedstaaten im Wege der grenzüberschreitenden Verschmelzung mit ein. Ermöglicht ein Mitgliedstaat zwar innerstaatliche Verschmelzungen, nicht aber die grenzüberschreitende Verschmelzung, so liegt darin eine Beschränkung der Niederlassungsfreiheit. Wären unionsrechtliche Harmonisierungsmaßnahmen für die grenzüberschreitende Verschmelzung auch „gewiss hilfreich", so können sie doch „keine Vorbedingung" für die Ausübung der Niederlassungsfreiheit sein.[14] Allerdings kann das mitgliedstaatliche Recht – im Rahmen der Verhältnismäßigkeit – Regelungen zum Schutz wichtiger Allgemeininteressen, z. B. der Arbeitnehmer- oder Gläubigerinteressen, vorsehen (näher § 3 Rdn. 98–103).

8 **Kollisionsrecht**lich unterliegt die aus der Verschmelzung hervorgehende Gesellschaft (Zielgesellschaft) dem Recht des Sitzstaates, und nach diesem richtet sich grundsätzlich auch die Mitbestimmung. Ist das Mitbestimmungsniveau im Wegzugsstaat mindestens einer der Ausgangsgesellschaften höher als im Zuzugsstaat der Zielgesellschaft, kann die grenzüberschreitende Verschmelzung zu einer Verminderung der Mitbestimmung führen („Flucht aus der Mitbestimmung"). Mitgliedstaatliche Regelungen zur Mitbestimmungssicherung beschränken zwar die Niederlassungsfreiheit, können jedoch mangels unionsrechtlicher Regelungen aus Gründen des Arbeitnehmerschutzes gerechtfertigt sein.

9 Eine unionsrechtliche Regelung der grenzüberschreitenden Verschmelzung war daher sowohl gesellschaftsrechtlich als auch arbeitsrechtlich ein dringendes Desiderat. Die **Entstehungsgeschichte**[15] der Internationalen Verschmelzungsrichtlinie reicht zurück in die Anfänge des Europäischen Gesellschaftsrechts. Ein erster Regelungsentwurf aus dem Jahr 1972[16] sah noch die Regelung durch ein internationales Übereinkommen auf der Grundlage von Art. 220 EGV (Art. 293 EG; im AEUV entfallen) vor. Für die Mitbestimmung sollte danach das Recht am Sitz der hervorgehenden Gesellschaft gelten. Der Entwurf scheiterte ebenso wie der auf Art. 54 Abs. 3 lit. g) EGV (Art. 50 Abs. 2 lit. g) AEUV) gestützte Richtlinienentwurf aus dem Jahr 1985.[17] Erst nach dem SE-Durchbruch im Jahr 2000 (§ 32

11 Richtlinie 2005/56/EG des Europäischen Parlaments und des Rates vom 26.10.2005 über die Verschmelzung von Kapitalgesellschaften aus verschiedenen Mitgliedstaaten, ABl. 2005 L 310/1.

12 Die Regelungen der Arbeitnehmermitbestimmung vergleichend *Müller-Bonnani/Müntefering*, BB 2010, 1699–1703.

13 EuGH v. 13.12.2005 – Rs. C-411/03 *SEVIC*, EU:C:2005:762.

14 EuGH v. 13.12.2005 – Rs. C-411/03 *SEVIC*, EU:C:2005:762 Rdn. 26.

15 S. nur *Grundmann*, Europäisches Gesellschaftsrecht, Rdn. 919 f.; *Habersack/Verse*, Europäisches Gesellschaftsrecht (5. Aufl. 2019), § 8 Rdn. 52 f.; *Lutter/Bayer/Schmidt*, Europäisches Unternehmens- und Kapitalmarktrecht, Rdn. 22.1 f.

16 Entwurf eines Übereinkommens über die internationale Verschmelzung vom 27.9.1972, Bulletin EG Beil. 13/73; abgedruckt etwa in RabelsZ 39 (1975), 539–560; *Lutter*, Europäisches Unternehmensrecht (2. Aufl. 1984), S. 351 ff.

17 Vorschlag einer zehnten Richtlinie des Rates nach Art. 54 Absatz 3 Buchstabe g) des Vertrages über die grenzüberschreitende Verschmelzung von Aktiengesellschaften, ABl. EG 1985 C 23/11, KOM(1984)

Rdn. 5) und auf der Grundlage der Verhandlungslösung folgte 2003 ein neuer Richtlinienvorschlag,[18] der schließlich 2005 zur Verabschiedung der Richtlinie über die grenzüberschreitende Verschmelzung führte.

Auch die Internationale Verschmelzungsrichtlinie ist in der **Gesellschaftsrechtsrichtlinie 2017** (Rdn. 5) aufgegangen (Art. 116ff. GesRRL). Dabei hat der Gesetzgeber die Regeln zur Mitbestimmungssicherung im Wesentlichen unverändert beibehalten. 10

c) Grenzüberschreitende Sitzverlegung (Umwandlung)

In ähnlicher Weise wie die grenzüberschreitende Verschmelzung ist auch die grenzüberschreitende Sitzverlegung[19] von naheliegender Bedeutung für den Binnenmarkt. Und in ähnlicher Weise können sich auch hier Fragen der Mitbestimmungssicherung stellen. Da die Sitzverlegung nicht umfassend erfolgen muss, sondern auch isoliert nur den tatsächlichen Verwaltungssitz einerseits und den rechtlichen Verwaltungssitz andererseits betreffen kann („Sitztrennung"), stellen sich hier zusätzliche Sachfragen. 11

Die (isolierte) **Verlegung des** faktischen **Verwaltungssitzes** bedeutet, dass die Gesellschaft unverändert ihren Satzungssitz im Gründungsstaat behält, aber ihre Hauptverwaltung von dort in einen anderen Mitgliedstaat verlegt. Eine französische *société à responsabilité limitée* (SARL) verlegt ihre Hauptverwaltung nach Düsseldorf. **Kollisionsrechtlich** ist die Behandlung des Vorgangs zwischen der Gründungstheorie (maßgeblich bleibt das Recht des Sitzstaats) und der Sitztheorie (maßgeblich ist der Verwaltungssitz, der vom Satzungssitz nicht abweichen darf) umstritten; s. bereits oben, § 3 Rdn. 99; die Mitgliedstaaten folgen insoweit unterschiedlichen Regelungsansätzen (Anknüpfungsautonomie). Nach der **Niederlassungsfreiheit** muss das mitgliedstaatliche Recht jedoch die Verlegung des Verwaltungssitzes grundsätzlich ermöglichen. Beschränkungen sind lediglich im Hinblick auf das Sitzverlegungsverfahren zulässig, und auch nur soweit sie aus Gründen zwingender Allgemeininteressen erforderlich sind (s. oben, § 3 Rdn. 100). 12

Davon ist die (isolierte) **Verlegung des Satzungssitzes** zu unterscheiden, also der Fall, dass die Gesellschaft ihren Satzungssitz in einen anderen Mitgliedstaat verlegt, ihre Hauptverwaltung aber unverändert im Ausgangsmitgliedsstaat behält. Denkbar ist ein solcher Wechsel sogar unter Beibehaltung der Rechtsform des Herkunftsstaats,[20] doch steht die Satzungssitzverlegung praktisch nur verbunden mit einem Wechsel in eine Rechtsform des Zuzugsstaats zur Diskussion. Eine italienische Srl (GmbH italienischen Rechts) möchte ihren Sitz nach Ungarn verlegen und dort die Form einer ungarischen kft (GmbH ungarischen Rechts) annehmen. Als Wechsel der Rechtsform handelt es sich um **eine Art Umwandlung** (i.e.S., Formwechsel), auch wenn Ausgangs- und Zielgesellschaft nur mitgliedstaatliche Varianten eines Gesellschaftstyps sind (hier: der GmbH). Wenn der Zuzugsstaat eine solche Umwandlung zulässt, muss der Wegzugsstaat die Sitzverlegung unter der **Niederlassungsfreiheit** 13

---

727 endg.; abgedruckt mit Erläuterungen bei *Lutter*, Europäisches Unternehmensrecht (4. Aufl. 1996), S. 257ff.; dazu noch *Däubler*, DB 1988, 1850–1854.

18 Vorschlag für eine Richtlinie des Europäischen Parlaments und des Rates über die Verschmelzung von Kapitalgesellschaften aus verschiedenen Mitgliedstaaten v. 18.11.2003, KOM(2003) 703 endg.; Hinweis in ABl. 2004 C 96/28. Dazu näher *Grundmann*, Europäisches Gesellschaftsrecht, Rdn. 918ff.; *Koberski*, FS Wissmann (2005), S. 482ff.; *Maul/Teichmann/Wenz*, BB 2003, 2633–2641.

19 Zur Terminologie *Behme*, ZHR 182 (2018), 32, 37f.

20 *Behme*, ZHR 182 (2018), 32, 37; *Eidenmüller*, JZ 2004, 24, 32.

grundsätzlich ermöglichen, und zwar ohne die vorherige Auflösung zu verlangen.[21] Lässt das innerstaatliche Recht des Zuzugsstaats (im Beispiel: Ungarn) eine Umwandlung grundsätzlich zu, so darf es die grenzüberschreitende Umwandlung nicht ausschließen. Der Zuzugsstaat ist zwar befugt, die grenzüberschreitende Umwandlung zu regeln, muss dabei aber den Äquivalenzgrundsatz und den Effektivitätsgrundsatz beachten. Nach dem Äquivalenzgrundsatz kann er die Eintragung der ausländischen Rechtsvorgängerin nicht verweigern, wenn er die Eintragung einer inländischen Rechtsvorgängerin vorsieht. Nach dem Effektivitätsgrundsatz kann er die Anerkennung von Dokumenten des Herkunftsmitgliedstaats nicht pauschal ausschließen.[22] **Kollisionsrechtlich** hat die Verlegung des Satzungssitzes einen Wechsel des Gesellschaftsstatuts zur Folge. Gesellschaftsrecht und Mitbestimmungsrecht folgen grundsätzlich dem nationalen Recht des Aufnahmemitgliedstaats.

14 Ist demnach die grenzüberschreitende Sitzverlegung im Grundsatz bereits von der Niederlassungsfreiheit gedeckt, so ergeben sich aus der Disparität der mitgliedstaatlichen Rechte sowie aus nationalen Schutzvorschriften (soweit sie aus zwingenden Gründen des Allgemeininteresses wie Gläubiger- und Arbeitnehmerschutz als erforderlich gerechtfertigt sind) weiterhin Hindernisse; mangels abgestimmter Regeln herrscht außerordentliche Rechtsunsicherheit über die Verfahren.[23] Die daher gebotene Koordinierung[24] hat der Unionsgesetzgeber zunächst mit dem **Vorhaben einer** 14. gesellschaftsrechtlichen **Richtlinie über die internationale Sitzverlegung**[25] angestrebt, doch kam dieses über einen Vorentwurf aus dem Jahr 1997[26] und Konsultationsverfahren in den Jahren 2002 und 2004[27] nicht hinaus. Nachdem die Richtlinie noch im Jahr 2003 auf dem rechtspolitischen Aktionsplan der Kommission stand[28] und auch vom Parlament eindringlich gefordert wurde[29], rückte Kommissar

---

21 EuGH v. 25.10.2017 – Rs. C-106/16 *Polbud*, EU:C:2017:804. Dazu *Behme*, ZHR 182 (2018), 32 ff. (mit grundfreiheitendogmatischer Fundierung aus dem Prinzip der gegenseitigen Anerkennung, S. 38 ff.); *Kindler*, NZG 2018, 1 ff. (krit. im Hinblick auf die Eröffnung der Niederlassungsfreiheit [unzulässige Rechtsfortbildung] sowie Missbrauchsgefahren und Drittschutzdefizite); *Korch/Thelen*, IPRax 2018, 248 ff.; R. *Krause*, FS Klebe (2018), S. 248 ff.; *Schall*, ZfPW 2018, 167 ff. (krit. im Hinblick auf die Case-Law-Methode); *Stelmaszczyk*, EuZW 2017, 890 ff. (krit. im Hinblick auf die Eröffnung der Niederlassungsfreiheit). Zu Folgerungen für die SE (im Hinblick auf das Gebot der Sitzeinheit in Art. 7 SE-VO) *Oechsler*, ZIP 2018, 1269 ff.

22 EuGH v. 12.7.2012 – Rs. C-378/10 *VALE*, EU:C:2012:440.

23 S. etwa *Brandi*, BB 2018, 2626, 2628; *Hübner*, IPRax 2015, 134 ff.; *Korch/Thelen*, IPRax 2018, 248, 251 ff.; *Schall*, ZfPW 2018, 176, 198 ff.

24 *Leible*, ZGR 2004, 531, 534–537; *Teichmann*, NZG 2019, 241, 242. S.a. *Kommission*, Vorentwurf eines Richtlinienvorschlags zur Verlegung des Gesellschaftssitzes innerhalb der EU, Begründung A) I. (abgedruckt in ZGR 1997, 157): „Diese Heterogenität trägt dazu bei, dass jede einzelstaatliche Rechtsordnung für die Gesellschaften ein abgeschlossenes Universum darstellt, zumindest dann, wenn sie ihren Sitz in einen anderen Mitgliedstaat verlegen wollen.“.

25 Zur Entwicklung nur *Grundmann*, Europäisches Gesellschaftsrecht, Rdn. 835–839; *Leible*, ZGR 2004, 531, 537–539.

26 Vorentwurf für eine vierzehnte Richtlinie des Europäischen Parlaments und des Rates über die Verlegung des Sitzes einer Gesellschaft in einen anderen Mitgliedstaat mit Wechsel des für die Gesellschaft maßgebenden Rechts vom 20.4.1997, abgedruckt in ZIP 1997, 1721–1724; ZGR 1999, 157–164.

27 https://ec.europa.eu/commission/presscorner/detail/en/IP_04_270.

28 Mitteilung der Kommission an den Rat und das Europäische Parlament – Modernisierung des Gesellschaftsrechts und Verbesserung der Corporate Governance in der Europäischen Union – Aktionsplan, KOM(2003) 284 endg. sub 3.4, S. 23.

29 Entschließung des Europäischen Parlaments zu den jüngsten Entwicklungen und den Perspektiven des Gesellschaftsrechts v. 4.7.2006 (2006/2051(INI)), ABl. 2006 C 303E/114.

McCreevy davon nach einer Folgenabschätzung[30] 2007 ab.[31] Die Grundfreiheiten, die Zweigniederlassungsrichtlinie und die Richtlinie über die grenzüberschreitende Verschmelzung böten ausreichend Möglichkeiten für die Unternehmensmobilität in Europa. Das Europäische Parlament hielt eine Rechtsangleichung jedoch unverändert für erforderlich und regte 2009[32] und 2012[33] erneut eine Unionsregelung an. Auch in der Wissenschaft wurde ein Harmonisierungsbedarf ungeachtet der EuGH-Rechtsprechung zur Niederlassungsfreiheit aus praktischen (Rechtssicherheit) und rechtlichen Gründen weiterhin bejaht.[34] Die Initiative führte aber zunächst nicht weiter als bis zu einem Konsultationsverfahren der Kommission Jahr 2013[35].

Ist die grenzüberschreitende Verlegung des Satzungssitzes der Umwandlung vergleichbar, so wirft sie im Hinblick auf die Arbeitnehmermitbestimmung ähnliche Sachfragen auf wie die Gründung der SE im Wege der Umwandlung:[36] Es besteht die Gefahr einer „Flucht aus der Mitbestimmung"; durch die Sitzverlegung könnte die Gesellschaft das höhere Mitbestimmungsniveau des Herkunftsmitgliedstaats abschütteln.[37] Nicht von ungefähr hatte die Kommission daher auch hier eine Lösung nach dem **Verhandlungsmodell der SE-Richtlinie** (§ 32) und der Richtlinie über die grenzüberschreitende Verschmelzung (Rdn. 6 ff.) in Aussicht genommen.[38] Ausgangspunkt war – wie bei der IVRL – das **Sitzlandprinzip**, also der Grundsatz, dass sich die Mitbestimmungsrechte der Arbeitnehmer nach dem Recht des Aufnahmemitgliedstaats richten. Bleibt die Mitbestimmung nach dem Recht des Aufnahmemitgliedstaats indes hinter dem Mitbestimmungsniveau des Herkunftsstaats zurück, greift die Verhandlungslösung Platz. 15

30 Impact assessment on the Directive on the cross-border transfer of registered office, SEC(2007) 1707.

31 Speech by Commissioner McCreevy at the European Parliament's Legal Affairs Committee v. 3.10. 2007, SPEECH/07/592, http://europa.eu/rapid/pressReleasesAction.do?reference=SPEECH/07/592. S. a. *Bayer/Schmidt*, BB 2008, 454, 458.

32 Entschließung des Europäischen Parlaments vom 10.3.2009 mit Empfehlungen an die Kommission zur grenzüberschreitenden Verlegung von eingetragenen Gesellschaftssitzen (2008/2196(INI)), P6_TA (2009)0086, auch verfügbar unter: www.europarl.europa.eu/sides/getDoc.do?pubRef=-//EP//TEXT+TA+P6-TA-2009-0086+0+DOC+XML+V0//DE#title2.

33 Entschließung des Europäischen Parlaments v. 2.2.2012 mit Empfehlungen an die Kommission zu einer 14. Gesellschaftsrechtlichen Richtlinie zur grenzüberschreitenden Verlegung von Unternehmenssitzen, ABl. C 239 E/18.

34 *Leible*, FS G.H. Roth (2011), S. 447–460.

35 Vgl. https://web.archive.org/web/20140818225027mp_/http:/ec.europa.eu/internal_market/consultations/2013/seat-transfer/index_de.htm.

36 *Fuchs/Marhold*, Europäisches Arbeitsrecht, S. 486 f.

37 Die Mitbestimmungsproblematik erwies sich – wie bei der SE – auch hier als Hemmschuh für die Rechtsangleichung; s. *Großfeld/Jasper*, RabelsZ 53 (1989), 52, 64; *Hoffmann*, ZHR 164 (2000), 43, 61 f.; *Neye*, ZGR 1999, 13, 17.

38 Grundsätzlich befürwortend (aber kritisch gegenüber dem britischen Vorschlag der Perpetuierung der höchsten Mitbestimmung) *Heinze*, ZGR 1999, 54, 61 ff.; auch *Hoffmann*, ZHR 164 (2000), 43, 61 f.; *Neye*, ZGR 1999, 13, 17 f. Krit. *Eidenmüller*, JZ 2004, 24, 32, der den Richtlinienvorschlag (wohl auch die Mitbestimmungsvorschläge) als wettbewerbsfeindlich und in die mitgliedstaatliche Regelungshoheit eingreifend kritisiert.

d) Zusammenführung der Regelungsansätze für die grenzüberschreitende Verschmelzung, Spaltung und Umwandlung

16 Mit einer Entschließung vom Juni 2017 forderte das Europäische Parlament die Kommission erneut zum Handeln auf, diesmal im Hinblick auf grenzüberschreitende Verschmelzungen und Spaltungen.[39] Nach einem erneuten Konsultationsverfahren vom Mai 2017 zur grenzüberschreitenden Mobilität[40] legte die Kommission 2018 – nunmehr vor dem Hintergrund der *Polbud*-Entscheidung des EuGH (vgl. Rdn. 13) – einen Vorschlag zur Änderung der Gesellschaftsrechts-Richtlinie vor, der Regelungen zur grenzüberschreitenden Umwandlung (i. e. S., Formwechsel) und grenzüberschreitender Spaltung enthielt.[41] Die 2019 verabschiedete, auf Art. 50 Abs. 1 und 2 AEUV gestützte[42] **Mobilitätsrichtlinie** ergänzt die Gesellschaftsrechtsrichtlinie von 2017 systematisch folgerichtig um Vorschriften über die Umwandlung (Formwechsel, Art. 86a-86t GesRRL) und über die Spaltung (Art. 160a-160u GesRRL).

3. Übersicht über die Regelung

17 Die **Gesellschaftsrechtsrichtlinie** regelt – soweit hier von Interesse – primär die gesellschaftsrechtlichen Aspekte der grenzüberschreitenden Umwandlung (Art. 86a ff.), Verschmelzung (Art. 118 ff.) und Spaltung (Art. 160a ff.).[43] Entsprechend der funktionalen Äquivalenz der Vorgänge, sind die Verfahren weitgehend gleich ausgestaltet.[44] Jeweils vorgesehen sind: ein (Umwandlungs-, Verschmelzungs-, Spaltungs-) Plan, ein Bericht, eine sachverständige Prüfung, die Offenlegung, der Beschluss der Gesellschafterversammlung über die Strukturmaßnahme, eine (zweistufige) Rechtmäßigkeitskontrolle sowie spezielle Regelungen zum Schutz von Gesellschaftern, Gläubigern und Arbeitnehmern.

18 Arbeitnehmerinteressen werden zunächst in dem jeweiligen Plan und Bericht sowie bei der Offenlegung der Dokumente berücksichtigt. Für den betriebsverfassungsrechtlichen Schutz durch Unterrichtung und Anhörung verweist die Richtlinie auf die Regeln der Unterrichtungsrahmenrichtlinie, der Betriebsübergangsrichtlinie sowie der EBR-Richtlinie. Die Regelung zur Arbeitnehmermitbestimmung in der aus der Strukturmaßnahme hervorgehenden Zielgesellschaft folgt dem **Modell der SE-Richt-**

---

39 Entschließung des Europäischen Parlaments vom 13.6.2017 zur Durchführung grenzüberschreitender Unternehmensverschmelzungen und -spaltungen, ABl. C 331/25. Zur Entwicklung noch *Drygala/von Bressendorf*, NZG 2016, 1161 ff.; *Knaier*, GmbHR 2018, 607 ff.

40 https://ec.europa.eu/info/consultations/eu-company-law-upgraded-rules-digital-solutions-and-efficient-cross-border-operations-0_de.

41 COM(2018) 241. Zur Entstehungsgeschichte eingehend *Teichmann*, FS Windbichler (2020), S. 395 ff.

42 Zur Kompetenz *Mörsdorf*, EuZW 2019, 141, 142 (Klärung durch die weite Auslegung der Niederlassungsfreiheit in *Polbud*).

43 Zu den gesellschaftsrechtlichen Aspekten etwa *Grundmann*, Europäisches Gesellschaftsrecht, § 26; *Habersack/Verse*, Europäisches Gesellschaftsrecht (5. Aufl. 2019), § 7 Rdn. 62–66 und (zur Arbeitnehmermitbestimmung) Rdn. 67–71.

44 *Bormann/Stelmaszczyk*, ZIP 2019, 353, 354; *J. Schmidt*, Konzern 2018, 273; *Teichmann*, NZG 2019, 241, 244.

linie, auf die die Gesellschaftsrechtsrichtlinie mit einigen Modifikationen **verweist**. Im Grundsatz richtet sich die Mitbestimmung in der (den) Zielgesellschaft(en) nach dem Recht des Sitzstaates. Anderes gilt indes in drei (praktisch bedeutsamen und weitreichenden) Fallgruppen, in denen diese Mitbestimmungslösung hinter dem vorherigen Stand der Mitbestimmung in den Ausgangsgesellschaften zurückbleibt. Dann findet das aus der SE-Richtlinie bekannte Vorher-Nachher-Prinzip Anwendung.[45] In diesen Fallgruppen verhandeln die Leitungen der Ausgangsgesellschaft und ein von der Arbeitnehmerseite zu bildendes besonderes Verhandlungsgremium die Mitbestimmung. Die Verhandlungen sind durch prozedurale Sicherungen (Mehrheitserfordernisse) sowie eine Auffanglösung näher strukturiert. Enger als nach der SE-Richtlinie findet die Auffanglösung allerdings nur dann Anwendung, wenn mindestens ein Drittel (SE: nur ein Viertel) der Arbeitnehmer der Ausgangsgesellschaften der Mitbestimmung unterlagen.

Ebenso wie bei der SE-Richtlinie – und auch schon in der Richtlinie über interna- **19**
tionale Verschmelzung – erweisen sich die Vorschriften somit als eine **Mitbestimmungssicherung**. Anders als nach der SE-Richtlinie geht es allerdings nicht um die Einrichtung eines Mitbestimmungsstatuts, denn dieses steht bereits nach dem anwendbaren mitgliedstaatlichen Recht zur Verfügung.[46]

Begründet die Richtlinie eine bloße Mitbestimmungs*sicherung*, so eröffnen grenzüberschreitende **20**
Strukturmaßnahmen in ähnlicher Weise wie die Gründung einer SE (§ 32 Rdn. 7) die Möglichkeit, eine weitergehende Mitbestimmung zu vermeiden („Einfrieren der Mitbestimmung"). Das kann z. B. für ein Unternehmen von Bedeutung sein, dass dem Drittelbeteiligungsgesetz unterliegt, aber eine – aufgrund organischen Wachstums „drohende" – Mitbestimmung nach dem Mitbestimmungsgesetz vermeiden möchte.[47]

4. Gang der Darstellung

Die nachfolgende Darstellung folgt nicht der äußeren Systematik der Richtlinie, in der zuerst die **21**
grenzüberschreitende Umwandlung (Formwechsel) geregelt ist, anschließend die (grenzüberschreitende) Verschmelzung und Spaltung. Stattdessen erörtern wir zunächst – verhältnismäßig eingehender – die Regeln über die grenzüberschreitende Verschmelzung, die zuerst entstanden sind und die für die Regelungen der grenzüberschreitenden Umwandlung und Spaltung weitgehend modellhaft waren. Die Ausführungen zur grenzüberschreitenden Umwandlung und zur grenzüberschreitenden Spaltung können daher entsprechend kürzer ausfallen und vor allem die Besonderheiten dieser Strukturvorgänge hervorheben. Ungeachtet dessen sind alle Abschnitte selbständig lesbar.

---

45 *Schubert*, RdA 2007, 9.

46 *Habersack*, ZHR 171 (2007), 613, 619f.

47 *Brandes*, ZIP 2008, 2193–2199.

II. Grenzüberschreitende Verschmelzung

1. Anwendungsbereich

22 Art. 133 GesRRL regelt die Mitbestimmung für die aus der grenzüberschreitenden Verschmelzung hervorgehende Gesellschaft. Eine **grenzüberschreitende Verschmelzung** i.S.d. Richtlinie ist eine Verschmelzung von Kapitalgesellschaften (nicht nur Aktiengesellschaften)[48], die nach dem Recht eines Mitgliedstaats gegründet worden sind und ihren satzungsmäßigen Sitz, ihre Hauptverwaltung oder ihre Hauptniederlassung in der Union haben, sofern mindestens zwei der Gesellschaften dem Recht verschiedener Mitgliedstaaten unterliegen, Art. 118 GesRRL. Die **Verschmelzung** kann dabei auf vier Weisen erfolgen, nämlich als

- Verschmelzung durch Aufnahme, Art. 119 Nr. 2 lit. a) GesRRL,
- Verschmelzung durch Neugründung, Art. 119 Nr. 2 lit. b) GesRRL,
- Verschmelzung auf die 100 %ige Muttergesellschaft, Art. 119 Nr. 2 lit. c) GesRRL[49] oder
- Verschmelzung auf eine bereits bestehende Gesellschaft, wenn entweder eine Person unmittelbar oder mittelbar sämtliche Anteile an den sich verschmelzenden Gesellschaften hält oder die Anteile bei allen sich verschmelzenden Gesellschaften dasselbe Verhältnis haben, Art. 119 Nr. 2 lit. d) GesRRL[50].

2. Prozedurale Kautelen und Berücksichtigung der Arbeitnehmerinteressen im Verschmelzungsverfahren – Überblick

23 Die Regelung des Verschmelzungsverfahrens enthält in den verschiedenen Stadien u.a. auch Regelungen zum Arbeitnehmerschutz, nämlich zum einen prozedurale Kautelen im Hinblick auf die Arbeitnehmermitbestimmung und zum anderen ergänzende Schutzvorschriften.

24 So ist nach Art. 121 Abs. 1 lit. b), Abs. 2 GesRRL **Voraussetzung** der Verschmelzung, dass die beteiligten Gesellschaften die nationalen Vorschriften und Formalitäten – insbesondere auch – über den Schutz der Arbeitnehmer beachten.

---

48 Art. 119 Nr. 1 GesRRL verweist auf die Begriffsbestimmung in Anhang II der GesRRL; in Deutschland: Aktiengesellschaft, Kommanditgesellschaft auf Aktien, Gesellschaft mit beschränkter Haftung. Zur Verschmelzung unter Beteiligung von Personengesellschaften unter der Niederlassungsfreiheit *Herrler*, EuZW 2007, 295–300.

49 Neben diesem sog. *upstream merger* ist anerkannt, dass auch die Verschmelzung der Mutter auf die Tochtergesellschaft (*downstream merger*) erfasst ist; *Bormann/Stelmaszczyk*, ZIP 2019, 300, 301.

50 Eingefügt durch die Mobilitätsrichtlinie; dazu *Bormann/Stelmaszczyk*, ZIP 2019, 300, 301 („überflüssig, aber an sich unschädlich").

In dem gemeinsamen **Verschmelzungsplan** (nachfolgend auch „Verschmelzungsplan“) müssen die Leitungs- oder Verwaltungsorgane Angaben aufnehmen über die voraussichtlichen Auswirkungen der Verschmelzung auf die Beschäftigung (Art. 122 lit. d) GesRRL) sowie zu dem Verfahren, nach dem gem. Art. 133 GesRRL die Arbeitnehmermitbestimmung in der hervorgehenden Gesellschaft geregelt wird (lit. j)). 25

Die Gesellschaft hat den Verschmelzungsplan **offenzulegen**, Art. 123 Abs. 1 UAbs. 1 GesRRL. Zu dem Verschmelzungsplan können die Gesellschafter, Gläubiger und **Arbeitnehmervertreter** (hilfsweise die Arbeitnehmer selbst) der Ausgangsgesellschaften bis spätestens fünf Arbeitstage vor der entscheidenden Gesellschafterversammlung (Rdn. 28) **Bemerkungen übermitteln**. Der Plan und eine „Bekanntmachung“ über dieses Recht sind spätestens einen Monat vor der entscheidenden Gesellschafterversammlung offenzulegen. 26

Der von Verwaltungs- oder Leitungsorgan zu erstellende **Verschmelzungsbericht** richtet sich nunmehr (seit der Änderungsrichtlinie 2019/2121) nicht nur an die **Gesellschafter**, sondern auch an die **Arbeitnehmer**[51].[52] Darin werden zum einen die rechtlichen und wirtschaftlichen Aspekte der Verschmelzung erläutert und begründet, zum anderen die Auswirkungen der grenzüberschreitenden Verschmelzung auf die Arbeitnehmer erläutert, Art. 124 Abs. 1 UAbs. 1 GesRRL. Im Grundsatz enthält der Bericht einen Abschnitt für Gesellschafter und einen für Arbeitnehmer; die Gesellschaft kann jedoch auch je gesonderte Berichte erstellen, Art. 124 Abs. 2 GesRRL. Der Abschnitt für Arbeitnehmer erläutert 27

- die Auswirkungen der Verschmelzung auf die Arbeitsverhältnisse sowie ggf. Maßnahmen, um die Arbeitsverhältnisse zu sichern;
- wesentliche Änderungen der anwendbaren Beschäftigungsbedingungen oder Standorte der Niederlassungen; sowie
- wie sich diese Auswirkungen und Änderungen auf etwaige Tochtergesellschaften der Gesellschaft auswirken; Art. 124 Abs. 5 GesRRL.

Der Abschnitt für die Arbeitnehmer ist entbehrlich, wenn eine sich verschmelzende Gesellschaft (sowie ihre etwaigen Tochtergesellschaften) außer den dem Leitungsgremium angehörenden Mitarbeitern keine Arbeitnehmer hat („arbeitnehmerlose Gesellschaft“), Art. 124 Abs. 8 GesRRL. Ein Verzicht auf den Arbeitnehmerabschnitt (auch: durch sämtliche Arbeitnehmer[vertreter]) kommt jedoch nicht in Betracht.[53] Der Bericht ist den Arbeitnehmervertretern der sich verschmelzenden Gesellschaften, hilfsweise den Arbeitnehmern selbst, zusammen mit dem Verschmelzungsplan in elektronischer Form spätestens sechs Wochen vor der entscheidenden Gesellschafter-

---

51 Insoweit ist der Bericht als „reines Schutzinstrument der Arbeitnehmer zu qualifizieren“, *Noack/Kraft*, DB 2018, 1577, 1578 f.

52 Eingehend *Schollmeyer*, AG 2019, 541 ff.

53 *Noack/Kraft*, DB 2018, 1577, 1579; *Schollmeyer*, AG 2019, 541, 547.

versammlung (Rdn. 28) zu geben (Art. 124 Abs. 6 GesRRL), die Arbeitnehmervertreter (Arbeitnehmer) können dazu eine Stellungnahme abgeben,[54] über die die Gesellschafter in Kenntnis zu setzen sind und die dem Bericht anzufügen ist (Abs. 7).[55]

28 Über die **Zustimmung** zum gemeinsamen Verschmelzungsplan entscheiden die **Gesellschafterversammlungen**, denen dazu neben dem Verschmelzungsbericht (Art. 124 GesRRL) auch noch ein Sachverständigenbericht (Art. 125 GesRRL) vorliegt, Art. 126 Abs. 1 GesRRL. Da für diese Entscheidung oftmals gerade die Mitbestimmung von zentralem Interesse sein kann, sieht Art. 126 Abs. 2 GesRRL für die Gesellschafterversammlung der sich verschmelzenden Gesellschaften die Möglichkeit vor, die Zustimmung zur Verschmelzung von ihrer ausdrücklichen Bestätigung der Modalitäten der Mitbestimmung in der hervorgehenden Gesellschaft abhängig zu machen. Das ist keine Entscheidung über die Mitbestimmung, sondern die Entscheidung über die Verschmelzung mit Rücksicht auf die Mitbestimmung als ein dafür wesentliches Datum.

29 Schließlich erfolgt eine **mehrstufige Kontrolle** durch ein Gericht, einen Notar oder eine Behörde („zuständige Behörde"). Zunächst prüfen die zuständigen Behörden der Mitgliedstaaten der Ausgangsgesellschaften (sich verschmelzenden Gesellschaften), ob die ihrem jeweiligen nationalen Recht unterliegenden Voraussetzungen eingehalten sind, und bestätigen dies ggf. in einer Vorabbescheinigung, Art. 127 GesRRL. Anschließend prüft die zuständige Behörde des Mitgliedstaats der Zielgesellschaft (aus der Verschmelzung hervorgehenden Gesellschaft), der die Vorabbescheinigungen zu übermitteln sind (Art. 127a), die Rechtmäßigkeit der Verfahrensabschnitte, die die Durchführung der Verschmelzung betreffen (ggf. einschließlich der Neugründung), Art. 128 GesRRL.

30 Für die **Vorabbescheinigung** ist u. a. zu prüfen, ob der Verschmelzungsplan Angaben zu den Verfahren enthält, nach denen die Regelungen für die Arbeitnehmermitbestimmung getroffen werden, Art. 127 Abs. 5 GesRRL. Außerdem ist die zuständige Behörde befugt, eine vertiefte Einzelfallprüfung vorzunehmen, wenn sie „ernste Bedenken [hat], dass die grenzüberschreitende Verschmelzung **zu missbräuchlichen oder betrügerischen Zwecken**" vorgenommen werden soll, die dazu führen (sollen), sich Unionsrecht oder nationalem Recht zu entziehen oder dieses zu umgehen.[56] Dabei ist auch an die Vermeidung von Arbeitnehmerrechten gedacht. Allerdings muss die Prüfung auf außergewöhnliche Extremfälle beschränkt bleiben.[57] Es ist nicht zu

---

54 Gibt es keine Arbeitnehmervertreter, so dürfte ungeachtet des mehrdeutigen Wortlauts von den dann zuständigen Arbeitnehmern nicht zu erwarten sein, dass sie sich auf *eine (einzige)* Stellungnahme beschränken (so aber *Schollmeyer*, AG 2019, 541, 547); da sie in diesem Fall gerade nicht „verfasst" sind, wäre die Forderung zweckwidrig.

55 Zur Umsetzung ins deutsche Recht (krit.) *Simon/Hinrichs*, NZA 2008, 391–397.

56 Eingehend *Stelmaszczyk*, GmbHR 2020, 61, 70 ff.; zur Entwicklung und den diskutierten rechtspolitischen Alternativen ferner *Teichmann*, NZG 2019, 241, 248.

57 *Noack/Kraft*, DB 2018, 1577, 1580.

beanstanden, wenn eine Verschmelzung zu dem Zweck erfolgt, in den Genuss „günstigerer" Rechtsvorschriften des Sitzstaats der Zielgesellschaft zu kommen.[58] Insbesondere kann das Ziel der Mitbestimmungsvermeidung für sich keinen Missbrauch bedeuten, da insoweit Art. 133 GesRRL spezielle Schutzvorkehrungen trifft (dazu sogleich Rdn. 34ff.).[59]

Im Rahmen der (gerichtlichen, notariellen oder behördlichen) **Kontrolle der Rechtmäßigkeit** der Verschmelzung im Mitgliedstaat der Zielgesellschaft ist schließlich insbesondere sicherzustellen, dass eine nach Art. 133 GesRRL vorgeschriebene Mitbestimmungsvereinbarung geschlossen wurde, Art. 128 Abs. 1 S. 2 GesRRL. 31

3. Betriebliche Mitwirkung durch Anhörung und Unterrichtung

Über die betriebliche Arbeitnehmermitwirkung durch Anhörung und Unterrichtung 32 trifft die Richtlinie **keine selbständige Regelung**. Sie weist aber auf die Unterrichtungs- und Anhörungsrechte der Unterrichtungsrahmenrichtlinie, der Betriebsübergangsrichtlinie sowie der EBR-Richtlinie hin, die ggf. anwendbar sind, Art. 126c Abs. 1 GesRRL. In diesen Punkten bestand bereits ein unionsweiter Mindeststandard im Hinblick auf Anhörung und Unterrichtung (§ 29 Rdn. 12–36), so dass eine weitere Regelung nicht erforderlich war. Die Regelung stellt zugleich klar, dass die Information durch den Arbeitnehmerabschnitt des Verschmelzungsberichts (oben, Rdn. 27) Unterrichtung und Anhörung nicht ersetzt.[60]

Die Unterrichtung und Anhörung müssen dabei vor einer Entscheidung über 33 den Verschmelzungsplan und vor dem Verschmelzungsbericht erfolgen, so dass die Arbeitnehmervertreter vor der entscheidenden Gesellschafterversammlung (§ 126 GesRRL, Rdn. 28) eine „begründete Antwort" geben können, § 126c Abs. 2 GesRRL.

4. Arbeitnehmermitbestimmung

a) Mitbestimmung nach dem Recht des Sitzes der hervorgehenden Gesellschaft

(Formaler) Grundsatz für die Arbeitnehmermitbestimmung ist: Es finden die Vor- 34 schriften des Mitgliedstaats Anwendung, in dem die aus der Verschmelzung hervorgehende Gesellschaft ihren (satzungsmäßigen)[61] Sitz hat, Art. 133 Abs. 1 GesRRL (**Sitzstaatprinzip**). Das gilt indes nur vorbehaltlich der Regelung des Absatz 2: Wenn

58 EuGH v. 25.10.2017 – Rs. C-106/16 *Polbud*, EU:C:2017:804 Rdn. 40, 62. *Stelmaszczyk*, GmbHR 2020, 61, 73f.

59 *Noack/Kraft*, DB 2018, 1577, 1580. A.M. *Teichmann*, FS Windbichler (2020), S. 409ff.

60 EuArbRK/*Oetker*, Art. 126c RL 2017/1132/EG Rdn. 1.

61 In anderen Sprachfassungen klarer: *registered office, siège statutaire;* s. *Schubert*, RdA 2007, 9f.; EuArbRK/*Oetker*, Art. 133 RL 2017/1132/EG Rdn. 6 (m.w.N).

das so anwendbare Mitbestimmungsregime – in näher bestimmter Weise – eine Herabsetzung der Mitbestimmung gegenüber dem Niveau in den Ausgangsgesellschaften bedeuten würde, findet die Verhandlungslösung Anwendung (Vorher-Nachher-Prinzip). Praktisch dürften die meisten Fälle von der (formalen) Ausnahmeregelung des Absatz 2 erfasst sein.

b) Mitbestimmungsvereinbarung – Verhandlungslösung

35 Das Sitzstaatprinzip von Absatz 1 greift nicht ein, wenn die Mitbestimmung nach dem Recht des Sitzstaates der hervorgehenden Gesellschaft auf eine von drei Weisen hinter jener in den Ausgangsgesellschaften zurückbleibt, Art. 133 Abs. 2 lit. a) GesRRL.[62] Dann findet ein Verhandlungsverfahren statt, das nach dem Modell der SE-Richtlinie strukturiert ist, freilich mit einigen Modifikationen, Art. 133 Abs. 3, 4 GesRRL (nachfolgend Rdn. 43ff.).

aa) Erfordernis von Verhandlungen über die Arbeitnehmermitbestimmung

36 Das Mitbestimmungsregime des Sitzstaates der hervorgehenden Gesellschaft findet in drei Fällen[63] keine Anwendung:

(1) Mitbestimmung in einer der Ausgangsgesellschaften

37 Das ist erstens der Fall, wenn eine der Ausgangsgesellschaften in den letzten sechs Monaten vor Veröffentlichung des Verschmelzungsplans (Art. 133 GesRRL) durchschnittlich eine Anzahl von Arbeitnehmern[64] hatte, die im jeweils maßgeblichen Mitgliedstaat vier Fünftel des Schwellenwerts entsprechen, der eine Mitbestimmung ausgelöst hätte; Art. 133 Abs. 2 Hs. 1 GesRRL i. V. m. Art. 2 lit. k) SE-RL.[65]

38 Bis zur Änderung durch die Mobilitätsrichtlinie stellte die Regelung nicht auf den **mitgliedstaatlichen Schwellenwert** ab, sondern auf eine Arbeitnehmerzahl von 500. Die relative Grenze hat den

62 Die Fallgruppen überschneiden sich – mit Rücksicht auf die unterschiedlichen mitgliedstaatlichen Voraussetzungen für die Anwendung der Mitbestimmung – teilweise; *Teichmann*, Konzern 2007, 89, 91.

63 Es handelt sich um drei selbständige Tatbestände, nicht optionale Varianten, die die Mitgliedstaaten wählen könnten, EuGH v. 20.6.2013 – Rs. C-635/11 *Kommission ./. Niederlande*, EU:C:2013:408. Mit guten Gründen a. M. *Forst*, AG 2013, 588ff.; *ders.*, ZESAR 2014, 383, 388f.

64 Für die Ermittlung ist aus teleologischen Erwägungen (es geht um die Erhaltung der Mitbestimmung!) der nationale Arbeitnehmerbegriff maßgeblich; zutr. *Schubert*, RdA 2007, 9, 12.

65 Da die von dieser Alternative erfassten Fälle im Hinblick auf den Schutz der Mitbestimmung bereits von der nachfolgend (Rdn. 39) erörterten Alternative von Art. 133 Abs. 2 Hs. 2 lit. a) GesRRL erfasst sind, sieht *Pannier*, EBLR 2005, 1424, 1437f., den Kern der Regelung darin, der Zielgesellschaft mit der Verhandlungslösung die Chance auf eine Herabsetzung der Mitbestimmung auch für den Fall zu eröffnen, dass sie ihren Sitz im Staat mit der höchsten Mitbestimmung wählt.

guten Sinn, auf Mitgliedstaaten mit niedrigeren Schwellenwerten für die Arbeitnehmerbeteiligung Rücksicht zu nehmen. Dass sie nicht auf den Schwellenwert abstellt, sondern auf einen **4/5-Anteil** davon, soll einer verbreiteten Praxis Rechnung tragen, einer unmittelbar drohenden Arbeitnehmerbeteiligung durch (grenzüberschreitende) Strukturmaßnahmen (kurz vor Erreichen der Schwellenwerte) auszuweichen. Praktisch liegt darin freilich nur eine Aufforderung an die Beratungspraxis, die künftig entsprechend frühzeitig auf entsprechende Strukturmaßnahmen hinweisen dürfte.[66] Es droht eine Regulierungsspirale, in der der Anteil weiter herabgesetzt wird. Auch im Übrigen erscheint die Maßgabe eines herabgesetzten Schwellenwertes wenig sachgerecht. Sie erweitert in gewisser Weise die mitgliedstaatlichen Mitbestimmungsregime. Rechtsfolge ist jedoch nur die Verhandlungspflicht. Da die Auffangregelung auf die Mitbestimmung im Herkunftsstaat verweist, führt sie letztlich doch wieder zu dem Zustand vor Erreichen des Schwellenwertes.[67]

(2) Höheres Mitbestimmungsniveau in einer der Ausgangsgesellschaften

Zweitens kommt das Sitzstaatprinzip des Absatz 1 nicht zur Anwendung, wenn das 39
Recht des Sitzstaates der hervorgehenden Gesellschaft nicht mindestens den **gleichen Umfang an Arbeitnehmermitbestimmung** vorsieht, wie er in den an der Verschmelzung beteiligten Gesellschaften bestand, Art. 133 Abs. 2 Hs. 2 lit. a) GesRRL. Aus Gründen der Praktikabilität und Rechtssicherheit wird der *Umfang der Mitbestimmung* dabei formal bestimmt nach dem *Anteil der Arbeitnehmervertreter im Aufsichts- oder Verwaltungsorgan.*[68]

(3) Keine uneingeschränkte Mitbestimmung für Arbeitnehmer ausländischer Betriebe

Dritter Fall ist schließlich, dass das Mitbestimmungsregime des Sitzstaates der hervor- 40
gehenden Gesellschaft für *Arbeitnehmer in Betrieben in anderen Mitgliedstaaten* nicht den gleichen Anspruch auf Ausübung von Mitbestimmungsrechten (aktives und passives Wahlrecht) vorsieht wie für *inländische Arbeitnehmer*, Art. 133 Abs. 2 Hs. 2 lit. b) GesRRL;[69] das ist etwa in Deutschland der Fall[70].

---

66 So auch *Winner*, FS Marhold (2020), S. 758.

67 Krit. daher *Bormann/Stelmaszczyk*, ZIP 2019, 353, 364; *Habersack*, ZHR 182 (2018), 495, 501 f.; *Mückl/Götte*, BB 2018, 2036, 2040 f.; *Noack/Kraft*, DB 2018, 1577, 1581; *Teichmann*, NZG 2019, 241, 247; *Winner*, FS Marhold (2020), S. 758.

68 *Schubert*, RdA 2007, 9, 10 f. Nach finnischem Vorbild werden auch Arbeitnehmervertreter in *Ausschüssen* berücksichtigt, Art. 133 Abs. 2 Hs. 2 lit. a) GesRRL; dazu *Kisker*, RdA 2006, 206, 210 f.; *Schubert* a. a. O.

69 *Kisker*, RdA 2006, 206, 211.

70 Territorialitätsprinzip; s. nur *Brandes*, BB 2008, 2193, 2196 (S. 2195: „Diskriminierung ausländischer Arbeitnehmer bei der Mitbestimmung ist in Europa der Regelfall."); *Henssler*, RdA 2005, 330, 331 f.; *Raiser*, Unternehmensmitbestimmung vor dem Hintergrund europarechtlicher Entwicklungen (2006), S. B 62.

41 Soweit die Mitgliedstaaten mit Rücksicht auf diesen Tatbestand die nach nationalem Recht vorgesehenen Mitbestimmungsrechte auf Arbeitnehmer der hervorgehenden Gesellschaft ausweiten wollen, die in anderen Mitgliedstaaten beschäftigt sind, ist dazu gem. Art. 133 Abs. 5 GesRRL nicht erforderlich, diese Arbeitnehmer bei der Berechnung der Schwellenwerte für die Beschäftigtenzahl zu berücksichtigen, bei deren Überschreitung Mitbestimmungsrechte nach innerstaatlichem Recht entstehen.

42 Der Ausnahmetatbestand von lit. b) dürfte oft eingreifen. Z. B. gewähren das deutsche und das österreichische Recht Arbeitnehmern im Ausland nicht dieselben Mitbestimmungsrechte.[71] Da der Tatbestand nicht an das Mitbestimmungsniveau am Sitz der Zielgesellschaft anknüpft, kann er u. U. zu einem Einfrieren des *niedrigeren* Mitbestimmungsniveaus einer Ausgangsgesellschaft führen.[72] Das ist z. B. der Fall, wenn eine österreichische Aktiengesellschaft, die mit über 2.000 Arbeitnehmern („nur") der drittelparitätischen Mitbestimmung unterliegt, auf eine deutsche Gesellschaft verschmolzen wird. Ungeachtet des in Deutschland nach dem Mitbestimmungsgesetz höheren Mitbestimmungsniveaus (quasi-paritätische Mitbestimmung) findet nach Art. 133 Abs. 2 Hs. 2 lit. b) GesRRL die Verhandlungslösung Anwendung. Die Verhandlung findet dann aber vor dem Hintergrund des österreichischen Rechts als Auffanglösung statt (sogleich Rdn. 44). Kommt es zu keiner Einigung, wird daher das österreichische Recht perpetuiert. Das Verhandlungsverfahren schützt nur das Mitbestimmungsniveau des Wegzugsstaats! Die Arbeitnehmerseite kann aber dadurch das Recht des Zuzugsstaats zur Anwendung bringen, dass sie gem. Art. 133 Abs. 4 lit. b) GesRRL beschließt, keine Verhandlungen aufzunehmen oder begonnene Verhandlungen abzubrechen (s. sogleich, Rdn. 48). Allerdings sind die – eigentlich zum „Selbstschutz" der Arbeitnehmerseite vorgesehenen – Mehrheitserfordernisse in diesem Fall zweckwidrig hoch.

bb) Verhandlungsverfahren

43 In den genannten Fallgruppen findet ein Verhandlungsverfahren statt. Für die Ausgestaltung des Verhandlungsverfahrens verweist die Richtlinie weitgehend auf die **SE-Richtlinie**. Die **Abweichungen** gegenüber der SE-Regelung lassen sich auf drei Hauptgründe zurückführen.[73]

- Zunächst passen einige Vorschriften der SE-Richtlinie deswegen nicht, weil sie sich auf andere Gründungsformen beziehen als die Gründung durch Verschmelzung, um die es hier allein geht.
- Andere Vorschriften beziehen sich spezifisch auf die Gründung einer supranationalen Gesellschaft und passen daher im vorliegenden Fall nicht, wo es um die Bildung einer nationalen Gesellschaft geht.
- Und schließlich betrifft Art. 133 GesRRL allein die Unternehmensmitbestimmung, nicht auch die betriebliche Mitwirkung durch Unterrichtung und Anhörung, die in der SE-Richtlinie gleichfalls geregelt ist.

---

71 *Pütz*, AG 2020, 117, 120 (Die Regelung „verwundert [...], wird doch hierdurch die sofortige Anwendung der hohen deutschen Mitbestimmung ausgeschlossen".).

72 *Pütz*, AG 2020, 117, 122 (für die grenzüberschreitende Spaltung); *Selent*, NZG 2018, 1171, 1175; *Winner*, FS Marhold (2020), S. 760.

73 *Kisker*, RdA 2006, 206, 209 f.

(1) Auffangregelung

Die Verweisung auf die SE-Regeln erfolgt zunächst im Hinblick auf die Auffangregelung. Deren Inhalte bestimmen sich über Art. 133 Abs. 3 lit. h) GesRRL nach Anhang Teil 3 lit. b) SE-RL (§ 32 Rdn. 28–32, 61), der die für die **Mitbestimmung** (im Gegensatz zur betrieblichen Mitwirkung durch Unterrichtung und Anhörung) maßgeblichen Vorschriften enthält. Die Auffangregelung findet nach Art. 133 Abs. 3 lit. e) GesRRL i.V.m. Art. 7 SE-RL Anwendung, wenn die Parteien dies vereinbaren oder innerhalb der Verhandlungsfrist keine Vereinbarung zustande kommt (§ 32 Rdn. 15). Die zusätzlichen Voraussetzungen des Art. 7 Abs. 2 SE-Richtlinie über das Mitbestimmungsniveau in den Ausgangsgesellschaften passen freilich nur, soweit sie sich auf die Gründung durch Verschmelzung beziehen (UAbs. 1 lit. b) und UAbs. 2; UAbs. 1 lit. a) [Umwandlung] und c) [Holding- oder Tochtergesellschaft] sind daher ausgenommen). Sie werden zudem dadurch beschränkt, dass die Auffangregelung erst Anwendung findet, wenn in den Ausgangsgesellschaften ein Drittel (331/3 %) der Arbeitnehmer der Mitbestimmung unterlagen (bei der SE-Gründung liegt die „Mitbestimmungsschwelle“ bei 25 %, also ein Viertel; § 32 Rdn. 58).[74] 44

(2) Entbehrlichkeit der Verhandlungen

Eine Besonderheit gegenüber des SE-Regelung liegt darin, dass die Organe der Ausgangsgesellschaften die Verhandlungen kurzerhand vermeiden können, indem sie sich entscheiden, die Regelungen der Auffanglösung „unmittelbar“ (nämlich ohne Verhandlungen mit der Arbeitnehmerseite) anzuwenden, Art. 133 Abs. 4 lit. a) GesRRL. Allerdings gilt das seit der Reform durch die Mobilitätsrichtlinie nur, sofern in einer der beteiligten Gesellschaften ein Mitbestimmungssystem besteht. Schon nach dem Modell der SE-Richtlinie finden die Verhandlungen „im Schatten der Auffanglösung“ statt und bedeutet die Auffanglösung, da sie mangels Einigung zur Anwendung kommt, den Mindeststandard der Arbeitnehmermitbestimmung (§ 32 Rdn. 15). Dann erscheint es in der Tat sinnvoll, der Arbeitgeberseite die Möglichkeit einzuräumen, sich Zeit und Kosten zu sparen und diese Lösung schlankweg zu wählen.[75] Nicht zu übersehen ist freilich, dass darin tendenziell ein anderes, weniger partnerschaftliches Kooperationsmodell zum Ausdruck kommt. 45

Die – wohl etwas theoretische – Fragestellung, was gilt, wenn sowohl die Organe der Ausgangsgesellschaften die Anwendung der Auffanglösung nach Art. 113 Abs. 4 lit. a) GesRRL beschließen als auch das besondere Verhandlungsgremium Nichtaufnahme oder Abbruch der Verhandlungen nach lit. b) der Vorschrift (dazu unten, Rdn. 48), dürfte mit der h.M. nach dem Prioritätsprinzip zu beant- 46

---

74 *Teichmann*, Konzern 2007, 89, 92. Krit. *Koberski*, FS Wissmann (2005), S. 488. Eine Inkonsistenz sieht *Kisker*, RdA 2006, 206, 209, darin, dass das 25 %-Erfordernis des Art. 3 S. 4 Abs. 4 UAbs. 1 Sps. 1 SE-RL von Art. 16 Abs. 3 lit. a) IVRL (nun Art. 133 Abs. 3 lit. a) GesRRL) unverändert übernommen (und nicht auf ein Drittel heraufgesetzt) wird.

75 *Brandes*, ZIP 2008, 2193, 2194, 2196 f.; *Nagel*, NZG 2007, 57, 58; *Teichmann*, Konzern 2007, 89, 92.

worten sein,[76] da der jeweilige Beschluss die Rechtsfolge herbeiführt. Der zeitlich nachfolgende Beschluss geht daher ins Leere.

(3) Verfahren zur Verhandlung der Arbeitnehmermitbestimmung

47 Für die Verhandlungen selbst verweist Art. 133 Abs. 3 GesRRL weitgehend auf die Vorschriften der SE-Richtlinie, nämlich in lit. a) für

- die **Initiierung** der Verhandlungen mit der Arbeitnehmerseite (Art. 3 Abs. 1 SE-RL; § 32 Rdn. 33f.);[77]
- die Einrichtung eines **besonderen Verhandlungsgremiums** für diese Zwecke und die Wahl oder Bestellung seiner Mitglieder nach mitgliedstaatlichem Recht (Art. 3 Abs. 2 SE-RL; § 32 Rdn. 37f.);
- das **Verhandlungsziel** einer schriftlichen Mitbestimmungsvereinbarung (Art. 3 Abs. 3 SE-RL; § 32 Rdn. 42);
- die grundsätzlichen **Mehrheitserfordernisse** (Art. 3 Abs. 4 SE-RL, ausgenommen UAbs. 1 Sps. 2 der Vorschrift, der die Gründung der SE als Holding- oder Tochtergesellschaft betrifft und daher nicht passt; § 32 Rdn. 42f.); insbesondere kann das besondere Verhandlungsgremium danach einer Minderung der Mitbestimmung nur mit Zwei-Drittel-Mehrheit zustimmen;
- die Möglichkeit der Zuziehung von **Sachverständigen** (Art. 3 Abs. 5 SE-RL; § 32 Rdn. 46) sowie
- die **Kosten** im Zusammenhang mit der Tätigkeit des besonderen Verhandlungsgremiums (Art. 3 Abs. 7 SE-RL; § 32 Rdn. 47).

48 Nicht verwiesen wird auf Art. 3 Abs. 6 SE-RL, wonach im Falle der **Nicht-Aufnahme** und des **Abbruchs der Verhandlungen** eine unternehmerische Mitbestimmung in der SE entfällt. Art. 133 Abs. 4 lit. b) GesRRL verlangt für entsprechende Beschlüsse des besonderen Verhandlungsgremiums dieselben Quoren wie Art. 3 Abs. 6 SE-RL, ordnet als Rechtsfolge aber die Geltung der Mitbestimmungsregelung des **Sitzstaats** der hervorgehenden Gesellschaft an, führt also zum Grundsatz von Art. 133 Abs. 1 GesRRL.[78]

49 Ebenso gelten die Regeln der SE-Richtlinie

- für die **Verhandlungspflicht**, Art. 133 Abs. 3 lit. b) GesRRL i. V. m. Art. 4 Abs. 1 SE- RL (§ 32 Rdn. 40);
- für die **Dauer der Verhandlung**, Art. 133 Abs. 3 lit. c) GesRRL i. V. m. Art. 5 SE-RL (§ 32 Rdn. 40) und

---

76 S. nur EuArbRK/*Oetker*, Art. 133 RL 2017/1132/EG Rdn. 57 (krit. gegenüber dem dadurch bewirkten Wettlauf).

77 Dazu *Lunk/Hinrichs*, NZA 2007, 773, 775f.

78 EuArbR/*Oetker*, Art. 133 RL 2017/1132 Rdn. 65.

– für das auf die Verhandlungen **anwendbare Recht**, Art. 133 Abs. 3 lit. d) GesRRL i.V.m. Art. 6 SE-RL (§ 32 Rdn. 36).

(4) Inhalt der Vereinbarung

Für den Inhalt der Vereinbarung wird auszugsweise auf die für die *Mitbestimmung* (im Gegensatz zur betrieblichen Arbeitnehmermitwirkung durch Anhörung und Unterrichtung) maßgeblichen Vorschriften des Art. 4 Abs. 2 lit. a), g) und h) SE-RL (§ 32 Rdn. 50) verwiesen, Art. 133 Abs. 3 lit. b) GesRRL. Damit gilt auch hier zunächst der Grundsatz der **Autonomie der Parteien.**[79] 50

Ergänzend sieht Art. 133 Abs. 4 lit. c) GesRRL die Umsetzungsoption vor, den **Anteil der Arbeitnehmervertreter** im *Verwaltungsorgan (monistisches System*, s. § 32 Rdn. 14) der aus der grenzüberschreitenden Verschmelzung hervorgehenden Gesellschaft zu **begrenzen.** Dabei darf allerdings, wenn in einer der Ausgangsgesellschaften eine Drittelbeteiligung der Arbeitnehmer bestand, diese Begrenzung nicht zu einer Absenkung auf ein niedrigeres Niveau führen. Konkret bedeutet das, dass sich eine paritätische Mitbestimmung in einer der Ausgangsgesellschaften, wie sie im *dualistischen System* vorkommt, in der monistisch strukturierten hervorgehenden Gesellschaft nicht fortsetzen muss. Damit wird dem Umstand Rechnung getragen, dass die Arbeitnehmermitwirkung im Verwaltungsorgan qualitativ weitergeht als im Aufsichtsrat.[80] 51

Da die Mitbestimmung auf der Unternehmensebene stattfindet, muss sie mit der Gesellschaftsorganisation zusammenpassen. Für die SE sind mögliche Diskrepanzen durch den „Vorrang der Mitbestimmungsvereinbarung" vor der Satzung aufzulösen (Art. 12 Abs. 4 SE-VO, § 32 Rdn. 54f.). Für den Fall, dass das Mitbestimmungsregime einer der Ausgangsgesellschaften in den Fällen des Art. 133 Abs. 2 GesRRL, also im Rahmen des Verhandlungsverfahrens oder der Auffanglösung, auf die hervorgehende Gesellschaft übertragen werden soll, sieht in ähnlicher Weise Art. 133 Abs. 6 GesRRL vor, dass die hervorgehende Gesellschaft verpflichtet ist, eine damit kompatible Rechtsform anzunehmen. 52

Die Grundsätze der Zusammenarbeit richten sich wieder nach den mitbestimmungsrechtlichen Vorschriften der SE-Richtlinie, nämlich im Hinblick auf die **Verschwiegenheitspflicht** (Art. 133 Abs. 3 lit. f) GesRRL i.V.m. Art. 8 SE-RL; § 32 Rdn. 62f.) und den **Schutz der Arbeitnehmervertreter** (Art. 133 Abs. 3 lit. f) GesRRL i.V.m. Art. 10 SE-RL; § 32 Rdn. 64). 53

---

79 Deren Grenzen sind folglich hier ebenso umstritten wie bei der SE-Beteiligungsvereinbarung; dazu für die IVRL *Teichmann*, Konzern 2007, 89, 95f.; näher § 32 Rdn. 48–51 m.w.N.

80 *Heuschmid*, AuA 2006, 184, 188; *Koberski*, FS Wissmann (2005), S. 488 („akzeptabel"; „noch vertretbar"); *Kisker*, RdA 2006, 206, 210; *Teichmann*, Konzern 2007, 89, 92f.

(5) Registerrechtliche Bewehrung

54 Auch bei der grenzüberschreitenden Verschmelzung ist eine registerrechtliche Bewehrung dadurch vorgesehen, dass die Eintragung erst erfolgt, wenn eine Vereinbarung über die Mitbestimmung zustande gekommen ist, die Arbeitnehmerseite die Verhandlungen nicht aufgenommen oder abgebrochen hat oder die Verhandlungsfrist fruchtlos abgelaufen ist, Art. 133 Abs. 3 Hs. 1 GesRRL i.V.m. Art. 12 Abs. 2–4 SE-VO (§ 32 Rdn. 34).

(6) Bestandsschutz der Mitbestimmungsregelung für vier Jahre

55 Gilt für die hervorgehende Gesellschaft ein System der Arbeitnehmermitbestimmung, so muss diese Gesellschaft sicherstellen, dass die Mitbestimmungsrechte der Arbeitnehmer im Falle nachfolgender innerstaatlicher oder grenzüberschreitender Umwandlungen, Verschmelzungen oder Spaltungen für die Dauer von vier Jahren nach Wirksamwerden der grenzüberschreitenden Verschmelzung durch *entsprechende Anwendung der Schutzregeln* von Art. 133 GesRRL (Verhandlungsverfahren bei Absenkung der Mitbestimmung) geschützt werden, Art. 133 Abs. 7 GesRRL.[81] Zu denken ist etwa an den Fall, dass eine maltesische *Limited* eine deutsche Gesellschaft aufnimmt, infolgedessen selbst mitbestimmungspflichtig wird und anschließend auf eine mitbestimmungsfreie Limited verschmolzen wird. Art. 133 Abs. 7 GesRRL gewährt einen gewissen Bestandsschutz, beugt aber auch einer speziellen Missbrauchsgefahr vor.

56 Auf das **allgemeine Missbrauchsverbot** der Art. 11 SE-RL verweist Art. 133 Abs. 3 GesRRL (dazu § 32 Rdn. 65ff.) nicht.[82] Da dem Gesetzgeber das Regelungsvorbild der SE-Richtlinie klar vor Augen stand und er eine detaillierte Auswahl von Vorschriften für auf die grenzüberschreitende Verschmelzung anwendbar erklärt hat, ist darin eine bewusste gesetzgeberische Entscheidung zu sehen. An die Stelle eines allgemeinen und unkonturierten Missbrauchsverbots hat er konkreten und formal zu handhabenden Bestandsschutz gestellt.[83]

(7) Unterrichtung der Arbeitnehmer über Verhandlung und Ergebnis

57 Schließlich informiert eine Gesellschaft ihre Arbeitnehmer oder deren Vertreter, ob sie unmittelbar die Auffangregelung anwenden oder Verhandlungen aufnehmen will. Nach Abschluss der Verhandlungen teilt sie ihnen das Ergebnis mit; Art. 133 Abs. 8 GesRRL.

---

81 Dazu etwa *Habersack*, ZHR 171 (2007), 613, 637–639; *Teichmann*, Konzern 2007, 89, 93, 96f.

82 Krit. etwa *Kisker*, RdA 2006, 206, 210.

83 *Teichmann*, Konzern 2007, 89, 97.

5. Gesamtrechtsnachfolge

Mit Wirksamwerden der Verschmelzung, dessen Zeitpunkt sich nach dem nationalen Recht am Sitz der hervorgehenden Gesellschaft bestimmt, § 129 GesRRL, „[geht] das gesamte Aktiv- und Passivvermögen der sich verschmelzenden Gesellschaften, einschließlich aller Verträge, Kredite, Rechte und Pflichten, auf die neue Gesellschaft über", § 131 Abs. 2 lit. a) GesRRL. Es tritt m.a.W. **Gesamtrechtsnachfolge** ein. Das gilt folgerichtig auch für die zu diesem Zeitpunkt bestehenden „Arbeitsverträge und Beschäftigungsverhältnisse", wie Absatz 4 der Vorschrift klarstellt. Dasselbe folgt auch aus Art. 3 Abs. 1 BÜRL, die nach ihrem Art. 1 lit. a) auch auf Verschmelzungen Anwendung findet.[84] 58

III. Grenzüberschreitende Umwandlung

1. Anwendungsbereich

Art. 86l GesRRL regelt die Mitbestimmung für die aus einer grenzüberschreitenden Umwandlung hervorgegangene **umgewandelte Gesellschaft** (Art. 86b Nr. 5 GesRRL). Eine **grenzüberschreitende Umwandlung** ist dabei definiert als ein Vorgang, durch den eine Kapitalgesellschaft (Art. 86b Nr. 1 GesRRL) ohne Auflösung, Abwicklung oder Liquidation die Rechtsform, in der sie im Wegzugsmitgliedstaat (Nr. 3) eingetragen ist, in eine in Anhang II genannte Rechtsform des Zuzugsmitgliedstaats (Nr. 4) umwandelt und mindestens ihren satzungsmäßigen Sitz unter Beibehaltung ihrer Rechtspersönlichkeit in den Zuzugsmitgliedstaat verlegt, Art. 86b Nr. 2 GesRRL. Die Umwandlung erfasst demnach sowohl die Verlegung von Verwaltungs- *und* Satzungssitz als auch (wie im Fall *Polbud*) die isolierte Verlegung des Satzungssitzes. 59

2. Prozedurale Kautelen und Berücksichtigung der Arbeitnehmerinteressen im Umwandlungsverfahren – Überblick

In entsprechender Weise wie bei der grenzüberschreitenden Verschmelzung sind auch im Falle der grenzüberschreitenden Umwandlung prozedurale Kautelen im Arbeitnehmerinteresse vorgesehen. So sind die Auswirkungen der Umwandlung auf die Beschäftigung bereits im Umwandlungsplan darzulegen, Art. 86d lit. j) GesRRL. Der 60

84 S.a. EuArbRK/*Oetker*, Art. 133 RL 2017/1132/EG Rdn. 1.

Umwandlungsbericht enthält einen Abschnitt für Arbeitnehmer, nach Wahl der Gesellschaft auch je gesonderte Berichte, Art. 86e Abs. 2 GesRRL; zum Inhalt für Arbeitnehmer Abs. 5. Der Bericht wird den Arbeitnehmervertretern (hilfsweise Arbeitnehmern) zusammen mit dem Plan spätestens sechs Wochen vor der entscheidenden Gesellschafterversammlung zugänglich gemacht, Art. 86e Abs. 6 GesRRL. Spätestens einen Monat vor der entscheidenden Gesellschafterversammlung ist der Plan offenzulegen, zusammen mit der Mitteilung (u. a.) an die Arbeitnehmervertreter (hilfsweise die Arbeitnehmer selbst), dass sie Bemerkungen zu dem Plan bis fünf Tage vor der Gesellschafterversammlung mitteilen können, Art. 86g GesRRL. Schließlich erfolgt eine zweistufige behördliche Kontrolle im Rahmen der Vorabbescheinigung (Art. 86m GesRRL) und der Rechtmäßigkeitsprüfung (Art. 86o GesRRL).

3. Betriebliche Mitwirkung durch Anhörung und Unterrichtung

61 Für die Unterrichtung und Anhörung der Arbeitnehmer verweist Art. 86k GesRRL auf die Unterrichtungsrahmenrichtlinie sowie die EBR-Richtlinie.

4. Arbeitnehmermitbestimmung

62 Auch die Mitbestimmungssicherung folgt – mit nur kleineren Modifikationen – dem Modell der Regeln über die grenzüberschreitende Verschmelzung. Auf die umgewandelte Gesellschaft finden grundsätzlich die Mitbestimmungsregelungen des Zuzugsmitgliedstaats Anwendung. Die Verhandlungslösung findet Anwendung, wenn

- die durchschnittliche Anzahl der Arbeitnehmer der Gesellschaft in den letzten sechs Monaten vor Offenlegung des Umwandlungsplans 4/5 des Schwellenwertes für die Mitbestimmung erreicht hat,[85]
- das Mitbestimmungsniveau im Zuzugsmitgliedsstaat, gemessen am Anteil der Arbeitnehmervertreter im Verwaltungs- oder Aufsichtsorgan, hinter dem in der Gesellschaft zuvor bestehenden zurückbleibt oder
- die Arbeitnehmer in Betrieben der umgewandelten Gesellschaft in anderen Mitgliedstaaten nicht die gleichen Mitbestimmungsrechte haben wie Arbeitnehmer im Zuzugsstaat, Art. 86l Abs. 2 GesRRL.

Die Verhandlungslösung folgt wiederum – mit einzelnen Modifikationen – dem Modell der SE-Richtlinie, Art 86l Abs. 3 GesRRL.[86] Für die Auffanglösung verweist lit. g)

85 Krit. (zum Kommissionsvorschlag) *DAV*, NZG 2018, 857, 861; *Habersack*, ZHR 182 (2018), 495, 501 f.
86 *Mückl/Götte*, BB 2018, 2036, 2039 f.

der Vorschrift in diesem Fall freilich auf die Vorschriften für die Gründung durch Umwandlung von Anhang Teil 3 lit. a) SE-RL (strenges Vorher-Nachher-Prinzip). Ebenso wie bei der SE-Gründung – und anders als bei der grenzüberschreitenden Verschmelzung – kann die Gesellschaft nicht unter Vermeidung von Verhandlungen unmittelbar die Auffanglösung wählen.[87] Der Beschluss über Nichtaufnahme oder Abbruch der Verhandlungen setzt anders als bei der Verschmelzung nicht voraus, dass die befürwortenden Mitglieder des besonderen Verhandlungsgremiums Arbeitnehmer aus zwei Mitgliedstaaten vertreten; eine „praktische Erleichterung“,[88] die den Besonderheiten der Umwandlung Rechnung trägt. Die Rechtsform ist ggf. so anzupassen, dass die verhandelten Mitbestimmungsrechte ausgeübt werden können, Art. 86l Abs. 6 GesRRL. Die verhandelte Mitbestimmung genießt für vier Jahre Bestandsschutz, Art. 86l Abs. 7 GesRRL. Über das Ergebnis der Verhandlungen unterrichtet die Gesellschaft die Arbeitnehmer oder ihre Vertreter unverzüglich, Art. 86l Abs. 8 GesRRL.

5. Gesamtrechtsnachfolge

Mit Wirksamwerden der Umwandlung, dessen Zeitpunkt sich nach dem nationalen Recht des Zuzugsstaates richtet, Art. 86q GesRRL, tritt **Gesamtrechtsnachfolge** ein und das gesamte Aktiv- und Passivvermögen der Ausgangsgesellschaft „verbleibt bei der umgewandelten Gesellschaft“, Art. 86r lit. a) GesRRL. Das gilt, wie lit. c) der Vorschrift klarstellt, folgerichtig auch für die „Arbeitsverträge und Beschäftigungsverhältnisse“.[89] Der Übergang der Rechte und Pflichten aus den Arbeitsverträgen folgt im Übrigen auch aus Art. 3 Abs. 1 BÜRL. Art. 1 Abs. 1 lit. a) BÜRL hebt zwar nur die Anwendbarkeit auf „Verschmelzungen“ besonders hervor, ordnet aber die Geltung für jede „vertragliche Übertragung“ an, worunter auch die Umwandlung (i. e. S. eines Formwechsels) fällt.[90] 63

IV. Grenzüberschreitende Spaltung

1. Anwendungsbereich

Art. 160l GesRRL regelt die Mitbestimmung für die im Zuge einer grenzüberschreiten- 64
den Spaltung neu gegründete, sog. **begünstigte Gesellschaft** (Art. 160b Nr. 3

87 *Winner*, FS Marhold (2020), S. 760 f.
88 So *J. Schmidt*, Konzern 2018, 273, 281 f.
89 EuArbRK/*Oetker*, Art. 86s RL 2017/1132/EG Rdn. 1.
90 Schlachter/Heinig/*Krause*, § 7 Rdn. 50; einer Analogie zur „Verschmelzung“ (so wohl EuArbRK/*Winter*, Art. 1 RL 2001/23/EG Rdn. 45) bedarf es daher nicht.

GesRRL). Als **Spaltung** sind dabei die drei Fälle der Aufspaltung (Art. 160b Nr. 4 lit. a) GesRRL), der Abspaltung (lit. b)) und der Ausgliederung (lit. c)) bezeichnet. Jeweils ist nur die Spaltung zur Neugründung erfasst (wie sich aus der Definition der begünstigten Gesellschaft ergibt), nicht auch die Spaltung zur Aufnahme.[91] **Grenzüberschreitend** ist die Spaltung, wenn mindestens zwei der daran beteiligten Gesellschaften (also die Gesellschaft, die die Spaltung vornimmt und die begünstigten Gesellschaften) dem Recht verschiedener Mitgliedstaaten unterliegen, Art. 160a Abs. 1 GesRRL.

2. Prozedurale Kautelen

65 In entsprechender Weise wie bei der grenzüberschreitenden Verschmelzung sind auch im Falle der grenzüberschreitenden Spaltung prozedurale Kautelen im Arbeitnehmerinteresse vorgesehen. So sind die Auswirkungen der Spaltung auf die Beschäftigung bereits im Spaltungsplan darzulegen, Art. 160d lit. e) GesRRL. Der Spaltungsbericht enthält einen Abschnitt für Arbeitnehmer, nach Wahl der Gesellschaft auch gesonderten Bericht, Art. 160e Abs. 2 GesRRL; zum Inhalt für Arbeitnehmer Abs. 5. Der Bericht ist den Arbeitnehmervertretern (hilfsweise den Arbeitnehmern) spätestens sechs Wochen vor der entscheidenden Gesellschafterversammlung zusammen mit dem Plan zugänglich zu machen, Art. 160e Abs. 6 GesRRL. Spätestens einen Monat vor der entscheidenden Gesellschafterversammlung ist der Plan offenzulegen, zusammen mit der Mitteilung (u.a.) an die Arbeitnehmervertreter (hilfsweise die Arbeitnehmer selbst), dass sie Bemerkungen zu dem Plan bis fünf Tage vor der Gesellschafterversammlung mitteilen können, Art. 160g GesRRL. Schließlich erfolgt eine zweistufige behördliche Kontrolle im Rahmen der Vorabbescheinigung (Art. 160m GesRRL) und der Rechtmäßigkeitsprüfung (Art. 160o GesRRL).

3. Betriebliche Mitwirkung durch Unterrichtung und Anhörung

66 Für die Unterrichtung und Anhörung der Arbeitnehmer verweist Art. 160k GesRRL auf die Unterrichtungsrahmenrichtlinie, die Betriebsübergangsrichtlinie sowie die EBR-Richtlinie.

---

91 Krit. *Bormann/Stelmaszczyk*, ZIP 2019, 353, 355; EuArbRK/*Oetker*, Art. 1 RL 2017/1132/EG Rdn. 2; *J. Schmidt*, Konzern 2018, 273, 274; *Teichmann*, NZG 2019, 241, 243.

4. Arbeitnehmermitbestimmung

Auf jede begünstigte Gesellschaft finden grundsätzlich die Mitbestimmungsregelungen ihres Sitzstaats Anwendung. In der begünstigten Gesellschaft[92] findet die Verhandlungslösung Anwendung, wenn 67
- die durchschnittliche Anzahl der Arbeitnehmer der Gesellschaft, die die Spaltung vornimmt, in den letzten sechs Monaten vor Offenlegung des Spaltungsplans 4/5 des Schwellenwertes für die Mitbestimmung erreicht hat,
- das Mitbestimmungsniveau des jeweiligen Sitzstaats der begünstigten Gesellschaften, gemessen am Anteil der Arbeitnehmervertreter im Verwaltungs- oder Aufsichtsorgan, hinter dem in der Gesellschaft, die die Spaltung vornimmt, zurückbleibt oder
- die Arbeitnehmer in Betrieben der jeweiligen begünstigten Gesellschaft in anderen Mitgliedstaaten nicht die gleichen Mitbestimmungsrechte haben wie Arbeitnehmer im Sitzstaat, Art. 160l Abs. 2 GesRRL.

Die Verhandlungslösung folgt wiederum – mit einzelnen Modifikationen – dem Modell der SE-Richtlinie, Art 160l Abs. 3 GesRRL. Ebenso wie bei der SE-Gründung – und anders als bei der grenzüberschreitenden Verschmelzung – kann die Gesellschaft nicht unter Vermeidung von Verhandlungen unmittelbar die Auffanglösung wählen.[93] Der Beschluss über Nichtaufnahme oder Abbruch der Verhandlungen setzt anders als bei der Verschmelzung nicht voraus, dass die befürwortenden Mitglieder des besonderen Verhandlungsgremiums Arbeitnehmer aus zwei Mitgliedstaaten vertreten; eine „praktische Erleichterung",[94] die den Besonderheiten der Spaltung Rechnung trägt. Die Rechtsform ist ggf. so anzupassen, dass die verhandelten Mitbestimmungsrechte ausgeübt werden können, Art. 160l Abs. 6 GesRRL. Die verhandelte Mitbestimmung genießt für vier Jahre Bestandsschutz, Art. 160l Abs. 7 GesRRL. Über das Ergebnis der Verhandlungen unterrichtet die Gesellschaft die Arbeitnehmer oder ihre Vertreter unverzüglich, Art. 160l Abs. 8 GesRRL.

5. Gesamtrechtsnachfolge

Mit dem Wirksamwerden der Spaltung, dessen Zeitpunkt sich nach dem nationalen 68
Recht des Mitgliedstaats der Gesellschaft bestimmt, die die Spaltung vornimmt (§ 160q GesRRL), tritt Gesamtrechtsnachfolge ein und das Aktiv- und Passivvermögen

92 Für die Abspaltung und die Ausgliederung kann man zweifeln, ob die Verhandlungslösung auch für die Ausgangsgesellschaft gilt, doch erscheint das teleologisch nicht begründet; EuArbR/*Oetker*, Art. 160n RL 2017/1132 Rdn. 1f.; *Pütz*, AG 2020, 117, 121f.

93 Krit. etwa *J. Schmidt*, Konzern 2018, 273, 281; *Winner*, FS Marhold (2020), S. 760f.

94 So *J. Schmidt*, Konzern 2018, 273, 281f.

geht gemäß der Zuteilung im Spaltungsplan auf die begünstigten Gesellschaften über, Art. 160r Abs. 1 lit. a) GesRRL. Die Gesellschaft, die die Spaltung vornimmt, erlischt (lit. d)). Folgerichtig gehen auch die „Arbeitsverträge oder -verhältnisse" auf die begünstigten Gesellschaften über, Art. 160r Abs. 2 lit. c) (für die Abspaltung) und Abs. 3 lit. c) GesRRL (für die Ausgliederung). Der Übergang der Rechte und Pflichten aus den Arbeitsverträgen folgt im Übrigen auch aus Art. 3 Abs. 1 BÜRL. Art. 1 Abs. 1 lit. a) BÜRL hebt zwar nur die Anwendbarkeit auf „Verschmelzungen" besonders hervor, ordnet aber die Geltung für jede „vertragliche Übertragung" an, worunter auch die Spaltung fällt.[95] Während Art. 160r Abs. 2 lit. c) und Abs. 3 lit. c) GesRRL die Zuordnung der Arbeitsverhältnisse auf die begünstigten Gesellschaften nach dem Spaltungsplan anordnet, ist allerdings die Zuordnung nach der Betriebsübergangsrichtlinie „objektiv" bestimmt, abhängig davon, welcher Unternehmensteil, Betrieb oder Betriebsteil auf welche begünstigte Gesellschaft übergeht. Daran ist auch der Spaltungsplan gebunden.[96]

V. Umsetzung

69 Die Umsetzung der Internationalen Verschmelzungsrichtlinie in Deutschland erfolgte in den gesellschaftsrechtlichen Aspekten durch eine Änderung des Umwandlungsgesetzes[97], [98], in den mitbestimmungsrechtlichen Aspekten durch das Gesetz über die Mitbestimmung der Arbeitnehmer bei einer grenzüberschreitenden Verschmelzung (MgVG)[99]. Die Änderung durch die Mobilitätsrichtlinie sind bis zum 31.1.2023 in nationales Recht umzusetzen, Art. 3 Mobilitätsrichtlinie.

95 Schlachter/Heinig/*Krause*, § 7 Rdn. 50; einer Analogie zur „Verschmelzung" (so wohl EuArbRK/*Winter*, Art. 1 RL 2001/23/EG Rdn. 45) bedarf es daher nicht.

96 EuArbRK/*Oetker*, Art. 160u RL 2017/1132/EG Rdn. 4.

97 Zweites Gesetz zur Änderung des Umwandlungsgesetzes (BGBl. 2007 I, 542).

98 Gesetz über die Mitbestimmung der Arbeitnehmer bei einer grenzüberschreitenden Verschmelzung vom 21.12.2006 (BGBl. 2006 I, 3332), zuletzt geändert durch das Gesetz v. 30.7.2009 (BGBl. 2009 I, 2479).

99 *Schubert*, RdA 2007, 9–17 (mit Hinweisen zu einzelnen Defiziten); *Lunk/Hinrichs*, NZA 2007, 773–780; N. *Krause/Janko*, BB 2007, 2194–2197; *Kleinsorge*, in: Nagel/Frei/Kleinsorge, Beteiligung der Arbeitnehmer im Unternehmen auf der Grundlage des europäischen Rechts (2. Aufl. 2009), Einf. MgVG Rdn. 24–42.

§ 34 Arbeitnehmermitwirkung in der Europäischen Privatgesellschaft

Literatur: *Bormann/Böttcher*, Vermeidungsstrategien bei der unternehmerischen Mitbestimmung in der SPE auf der Grundlage des ungarischen Kompromissvorschlags, NZG 2011, 411–416; *Boucourechliev* (Hrsg.), Pour une s.a.r.l. européenne: étude du C.R.E.D.A., 1973; *dies.* (Hrsg.), Propositions pour une société fermée européenne, 1997; *dies./Hommelhoff* (Hrsg.), Vorschläge für eine Europäische Privatgesellschaft – Strukturelemente einer kapitalmarktfernen europäischen Gesellschaftsform, 1999; *dies.*, Propositions pour une société fermée européenne, 1997; *Brandes*, Mitbestimmung in der SPE 2.0, GmbHR 2018, 825–830; *Bruun*, Employees' Participation Rights and Business Restructuring, ELLJ 1 (2011), 27–47; *Dorresteijn/Uziahu-Santcroos*, The Societas Privata Europaea under the Magnifying Glass (Part 2), ECL 6 (2009), 152–159; *Drury/Hicks*, The Proposal for a European Private Company, J. B.L. 1999, 429–451; *Fischer*, Brücken zur Europäischen Privatgesellschaft, ZEuP 2004, 737–761; *Forst*, Arbeitnehmerbeteiligung im Verordnungsvorschlag für eine Europäische Privatgesellschaft (SPE), ZESAR 2009, 261–266; *Hadding/Kießling*, Die Europäische Privatgesellschaft (Societas Europaea Privata – SPE), WM 2009, 145–158; *Harbarth*, SPE 2.0 – Die rechtspolitische Perspektive, GmbHR 2018, 657–662; *Helms*, Die Europäische Privatgesellschaft – Rechtliche Strukturen und Regelungsprobleme einer supranationalen Gesellschaft des Gemeinschaftsrechts, 1998; *High-Level Group of Company Law Experts (Winter-Group)*, A Modern Regulatory Framework for Company Law in Europe, 2002, zugänglich unter: https://ecgi.global/sites/default/files/report_en.pdf; *Hommelhoff*, Die „Europäische Privatgesellschaft" am Beginn ihrer Normierung, 2008; *ders.*, Die Gesetzgebungsinitiative des Europäischen Parlaments zur Europäischen Privatgesellschaft, in: Hommelhoff/Rawert/Schmidt (Hrsg.), Festschrift für Hans-Joachim Priester, 2007, S. 245–257; *ders.*, SPE-Mitbestimmung, ZEuP 2011, 7–40; *ders./Helms* (Hrsg.), Neue Wege in die Europäischen Privatgesellschaft, 2001; *ders.*/Teichmann, Die SPE vor dem Gipfelsturm – Zum Kompromissvorschlag der schwedischen EU-Ratspräsidentschaft, GmbHR 2010, 337–349; *Koberski/Heuschmid*, Die Beteiligung der Arbeitnehmer in der Europäischen Privatgesellschaft – Eine kritische Zwischenbilanz, RdA 2010, 207–216; *Krause*, Die Stellung von KMU im europäischen Gesellschaftsrecht, EuZW 2003, 747–751; *ders.*, Zum Vorhaben einer Europäischen Privatgesellschaft, in: Krause/Veelken/Vieweg (Hrsg.), Recht der Wirtschaft und der Arbeit in Europa – Gedächtnisschrift für Wolfgang Blomeyer, 2004, S. 387–414; *Lehmann/Schmidt/Schulze*, Das Projekt eines Europäischen Wirtschaftsgesetzbuchs, ZRP 2017, 225–229; *Maul/Röhricht*, Die Europäische Privatgesellschaft – Überblick über eine neue supranationale Rechtsform, BB 2008, 1574–1579; *Noussia*, European Private Company („Societas Privata Europaea"), B.L.I. 11 (2010), 277–296; *Teichmann*, SPE 2.0 – Die inhaltliche Konzeption, GmbHR 2018, 713–722; *ders./Götz*, Metamorphosen des Europäischen Gesellschaftsrechts: SUP, Company Law Package und SPE 2.0, ZEuP 2019, 260–286; *Vossius*, Die Europäische Privatgesellschaft – Societas Europaea Privata, EWS 2007, 438–444; *Weller*, Wind of Change im Gesellschaftsrecht: Von den „closed" zu den „framed open societies", ZEuP 2016, 53–75.

Übersicht

https://doi.org/10.1515/9783110731941-034

I. Sachfragen und Übersicht

1. Eine supranationale Unternehmensstruktur für kleine und mittlere Unternehmen

1 Mit der Europäischen Aktiengesellschaft (§ 32) besteht eine supranationale Rechtsform, die vor allem für größere Unternehmen gedacht und von Interesse ist. Daneben wird seit geraumer Zeit Interesse vor allem des Mittelstands und der kleinen und mittleren Unternehmen (sog. KMU) an einer europaweit einheitlichen Kapitalgesellschaft mit beschränkter Haftung artikuliert: einer **„Europa-GmbH"** oder **„Europäische Privatgesellschaft"**.[1] Man verspricht sich von einer solchen supranationalen Rechtsform eine größere Akzeptanz im gesamten Binnenmarkt, aber auch Kostenersparnisse.[2] Eine Europa-GmbH scheint umso wünschenswerter, als die Rechtsangleichung für kleine Kapitalgesellschaften weniger ausgeprägt ist als für große.[3]

2. Kompetenz

2 Nach den Erfahrungen der Union mit der *Societas Europaea* und der *Societas Cooperativa Europaea* (s. o. § 32 Rdn. 5) kann eine SPE-VO nur auf Art. 352 AEUV gestützt wer-

1 Eingehend dazu und zu den gesellschaftsrechtlichen Aspekten *Grundmann*, European Company Law, § 34 Rdn. 25–34; *Habersack/Verse*, Europäisches Gesellschaftsrecht, § 15; *Hadding*, WM 2009, 145–158; *Hommelhoff/Teichmann*, DStR 2008, 925–928. Zur Entwicklung *Helms*, Die Europäische Privatgesellschaft (1998); *Krause*, GS Blomeyer (2004), S. 387–391; *Grundmann*, European Company Law, § 34 Rdn. 25.

2 *Hadding*, WM 2009, 145 f.; *Vossius*, EWS 2007, 438–444.

3 S.a. *Krause*, EuZW 2003, 747 f., 749 („AG-Lastigkeit der Gesellschaftsrechtsangleichung").

den.[4] Mithin kann sie nur angenommen werden, wenn die Mitgliedstaaten im Rat einstimmig dafür entscheiden.

3. Entwicklung

Erste Anstöße für die Schaffung einer solchen Rechtsform gab bereits Anfang der 3
1970er Jahre die Industrie- und Handelskammer Paris.[5] In den 1990er Jahre wurde das Vorhaben von Wissenschaft und Praxis erneut aufgegriffen, diese Überlegungen mündeten 1998 in einen von privater Seite vorgestellten Verordnungsvorschlag.[6] Die Kommission griff das Vorhaben schon in ihrem Aktionsplan für die Modernisierung des Gesellschaftsrechts von 2003 auf,[7] und auch das Parlament machte sich die Forderung nach einer solchen Gesellschaftsform zu eigen[8].

Im Sommer 2008 hat die Kommission schließlich einen ersten **Vorschlag** für das 4
Statut der Europäischen Privatgesellschaft (V-SPE-VO 2008) vorgelegt.[9] Der Vorschlag traf auf viel Unterstützung, aber auch auf Widerstand. Ebenso wie bei der Europäischen Aktiengesellschaft gab es Bedenken, dass die neue Gesellschaftsform ein Instrument zur Umgehung der Arbeitnehmerbeteiligung darstellen könnte.[10]

Das Europäisches Parlament und der Rat haben sich bemüht, die daraus resultie- 5
rende Blockade zu überwinden, und haben verschiedene Kompromisse vorgeschlagen.

- Am 10. März 2009 nahm das Europäische Parlament eine Entschließung an, in der es zahlreiche Abänderungen vorschlug, die insbesondere den Unternehmenssitz und die Arbeitnehmerbeteiligung betrafen.[11]

4 *Forst*, ZESAR 2009, 261; *Teichmann*, GmbHR 2018, 713, 716.

5 S. die Studie von *Boucourechliev*, Pour une s. a.r.l. europcéenne (1973).

6 *Boucourechliev/Hommelhoff* (Hrsg.), Vorschläge für eine europäische Privatgesellschaft (1999); abrufbar unter www.etudes.ccip.fr/dossiers/spe/de/index.html.

7 Mitteilung der Kommission an den Rat und das Europäische Parlament, Modernisierung des Gesellschaftsrechts und Verbesserung der Corporate Governance in der Europäischen Union – Aktionsplan, 21.5.2003, KOM(2003) 284 endg., sub 3.5, S. 25 f.; dazu *Krause*, EuZW 2003, 747, 750 f.

8 Entschließung des europäischen Parlaments mit Empfehlungen an die Kommission zum Statut der Europäischen Privatrechtsgesellschaft vom 1.2.2007, ABl. 2007 C 250E/111; dazu *Hommelhoff*, FS Priester (2007), S. 245–257.

9 Vorschlag für eine Verordnung des Rates über das Statut der Europäischen Privatgesellschaft v. 25.6.2008, KOM(2008) 396 endg.

10 *Bruun*, ELLJ 2 (2011), 27, 36.

11 Legislative Entschließung des Europäischen Parlaments vom 10.3.2009 zu dem Vorschlag für eine Verordnung des Rates über das Statut der Europäischen Privatgesellschaft (KOM(2008) 396), P6_TA (2009)0094, verfügbar unter www.europarl.europa.eu/sides/getDoc.do?pubRef=-//EP//TEXT+TA+P6-TA-2009-0094+0+DOC+XML+V0//DE. S. dazu *Dorresteijn/Uziahu-Santcroos*, ECL 6 (2009), 152–159.

- Am 27. November 2009 legte die schwedische Ratspräsidentschaft einen Kompromissvorschlag für den Rat (3./4. Dezember 2009) vor.[12] Dieser Vorschlag (SPE-Verordnungsvorschlag 2009, V-SPE-VO 2009) bezeichnete die Probleme des Unternehmenssitzes und der Arbeitnehmerrechte als die wichtigsten noch offenen Fragen und schlug entsprechende Änderungen vor.
- Unter der ungarischen Präsidentschaft wurde am 23. Mai 2011 ein neuer Kompromiss vorgeschlagen (SPE-Verordnungsvorschlag 2011, V-SPE-VO 2011).[13] Die umstrittenen Themen blieben unverändert – Unternehmenssitz und Arbeitnehmermitbestimmung; der neue Vorschlag sieht eine weitere Feinabstimmung vor.

Keiner dieser Vorschläge fand die erforderliche Zustimmung aller Mitgliedstaaten im Rat. Die Kommission hat ihren Vorschlag schließlich 2014 zurückgenommen.[14] Seither sind andere Projekte in den Vordergrund gerückt, so eine Richtlinie über die Einpersonengesellschaft (*Societas Unius Personae*)[15] und, angelehnt an französisches Vorbild, eine vereinfachte EU-Kapitalgesellschaft, die *Société Européenne Simplifiée* (SES)[16]. Die folgende Darstellung geht von dem Vorschlag von 2008 aus, berücksichtigt aber auch die späteren Kompromissvorschläge.

II. Überblick zu Fragen des Gesellschaftsrechts

6 Nach dem Vorschlag der Kommission sollte die Privatgesellschaft in einer Verordnung geregelt sein, die als Vollstatut eine umfassende, in sich geschlossene Regelung enthalten sollte. Die Gesellschaft wird als Privatgesellschaft bezeichnet, in Entsprechung zur *Societas Europaea* heißt sie auch *Societas Europaea Privata*, Art. 1 V-SPE-VO 2008. Die Kennzeichnung als „europäisch" hebt dabei den supranationalen Charakter hervor. Die Kennzeichnung als „privat" folgt dem englischen und französischen Sprachgebrauch[17] und weist auf den „geschlossenen Gesellschafterkreis" hin

---

12 Überarbeiteter Kompromissvorschlag des Vorsitzes – Verordnung des Rates über die Europäische Privatgesellschaft, 16115/09, ADD1, DRS 71, SOC 711; auch verfügbar unter http://register.consilium.europa.eu/pdf/de/09/st16/st16115-ad01.de09.pdf.

13 Überarbeitete Kompromissfassung des Vorsitzes – Vorschlag für eine Verordnung des Rates über die Europäische Privatgesellschaft, 10611/11, DRS 84, SOC 432; http://register.consilium.europa.eu/pdf/de/11/st10/st10611.de11.pdf.

14 ABl. 2014 C 153/3, 6.

15 Europäische Kommission, Vorschlag für eine Richtlinie des Europäischen Parlaments und des Rates über Gesellschaften mit beschränkter Haftung mit einem einzigen Gesellschafter v. 9.4.2014, COM (2014) 212 final. 2018 zurückgezogen; ABl. 2018 C 233/6, 7. Dazu *Habersack/Verse*, Europäisches Gesellschaftsrecht, § 15 Rdn. 1; *Teichmann/Götz*, ZEuP 2019, 260 ff.; Schlachter/Heinig/*Seifert*, § 20 Rdn. 72 f.

16 *Teichmann*, GmbHR 2018, 713, 716.

17 *Hommelhoff/Teichmann*, DStR 2008, 925, 929.

(*société fermée européenne*)[18]: es handelt sich um eine kapitalmarktferne Gesellschaftsform, deren Anteile nur eingeschränkt handelbar sind, kontrolliert von den Gesellschaftern. Diese Konzeption erlaubt es, den Gesellschaftern eine weitergehende Satzungsautonomie zu gewähren (im Gegensatz zu der weitgehenden Satzungsstrenge bei der Aktiengesellschaft).

Der Unternehmenssitz ist für die Arbeitnehmerbeteiligung von besonderer Bedeu- 7
tung. Gemäß Art. 7 Abs. 1 V-SPE-VO 2008 muss eine SPE ihren eingetragenen Sitz und ihre Hauptverwaltung oder Hauptniederlassung in der Union haben. Abs. 2 sieht jedoch vor, dass keine Verpflichtung besteht, Hauptverwaltung oder Hauptniederlassung im selben Mitgliedstaat wie den Sitz zu haben (Möglichkeit der Sitzaufspaltung). Die Vorschläge von 2009 und 2011 haben diese Flexibilität nicht beibehalten. Art. 7 Abs. 2 V-SPE-VO 2009 sieht vor, dass Sitz und Hauptverwaltung während eines Zeitraums von zwei Jahren nicht verlegt werden dürfen; danach ist es Sache des anwendbaren nationalen Rechts, ob eine Trennung zulässig ist. Der Kompromissvorschlag von 2011 überlässt vollständig dem nationalen Recht, diese Frage zu klären.

III. Überblick zur Arbeitnehmermitbestimmung

1. Fragen der Arbeitnehmermitbestimmung

Die Kommission hat Fragen der Arbeitnehmermitbestimmung insgesamt als weniger 8
dringlich eingeschätzt, da sie bei kleinen Unternehmen nur in wenigen Mitgliedstaaten bestehe, z. B. in Schweden oder Dänemark.[19] Außerdem variiert die Arbeitnehmermitbestimmung in Unternehmensstrukturen mit beschränkter Haftung im Hinblick auf (1) die Schwellenwerte (bspw. Schweden ab 25 Arbeitnehmern, Dänemark ab 35, Finnland ab 150, Ungarn ab 200, Österreich ab 300, Deutschland ab 500)[20] und (2) das „Niveau" der Mitbestimmung (z. B. ein Drittel in Dänemark und Deutschland, ein Viertel in Finnland und, unabhängig von der Größe des Aufsichtsorgans, zwei Arbeitnehmervertreter in Unternehmen bis zu 1.000 Arbeitnehmer in Schweden).[21] Die unterschiedlichen Regelungen können einen Anreiz für rechtliche Arbitrage (also die Ausnutzung von Regulierungsunterschieden durch die Marktteilnehmer) sein.[22]

18 S. die Bezeichnung bei *Boucourechliev* (Hrsg.), Propositions pour une société fermée européenne (1997).

19 KOM(2008) 396 endg., S. 10.

20 Vgl. *Hommelhoff*, ZEuP 2011, 7, 24.

21 *Baums/Ulmer* (Hrsg.), Unternehmens-Mitbestimmung der Arbeitnehmer im Recht der EU-Mitgliedstaaten (2004); *Hommelhoff*, ZEuP 2011, 7, 20 mit Fn. 44.

22 Vgl. *Eidenmüller/Engert/Hornuf*, EBOR 10 (2009), 1–33.

9 Fragen der Arbeitnehmermitbestimmung können in unterschiedlichen Phasen des Gesellschaftslebens auftreten:
- bei der Gründung hinsichtlich einer Umgehung nationaler Mitbestimmungsregeln, wenn (wie im ursprünglichen Vorschlag der Kommission) die Hauptniederlassung und der eingetragene Unternehmenssitz in verschiedenen Mitgliedstaaten liegen können (s.o. Rdn. 7);
- bei der Gründung mit Arbeitnehmern in verschiedenen Mitgliedstaaten, die ein unterschiedliches Mitbestimmungsniveau gewähren;
- bei einer grenzüberschreitenden Verlegung des Unternehmenssitzes;
- bei einer nachträglichen Änderung der für die Arbeitnehmermitbestimmung entscheidenden Umstände.

10 Zur Regelung waren in den Vorbereitungen unterschiedliche Modelle erwogen worden:[23]
(1) Die Mitbestimmung bestimmt sich ausschließlich nach dem mitgliedstaatlichen Recht.
(2) Die SPE steht als Rechtsform nur Unternehmen mit unter 500 Arbeitnehmern offen.
(3) Die Mitbestimmung wird tarifvertraglich geregelt.
(4) Arbeitgeber- und Arbeitnehmerseite vereinbaren die Mitbestimmung nach dem Modell der SE-Richtlinie auf der Grundlage des Vorher-Nachher-Prinzips.

2. Übersicht über die Gesetzgebungsvorschläge zur Arbeitnehmermitbestimmung

11 Der **Kommissionsvorschlag** wählte einen Mittelweg.[24] Im Grundsatz gilt das **Sitzlandprinzip**. Das heißt, dass entsprechend Modell (1) (Rdn. 10) die Mitbestimmung den Mitgliedstaaten überlassen wird. Wo ein besonderes Bedürfnis nach einer **Mitbestimmungssicherung** besteht, sind aber Vorkehrungen getroffen, nämlich für
- die Gründung durch Umwandlung oder Verschmelzung,
- die Verlegung des eingetragenen Sitzes der SPE und
- die grenzüberschreitende[25] Verschmelzung der SPE selbst mit Gesellschaften anderer Mitgliedstaaten.

23 Übersicht bei *Helms*, Die Europäische Privatgesellschaft, S. 91–96 ff.; *Hommelhoff*, Die „Europäische Privatgesellschaft“ am Beginn ihrer Normierung, S. 17–19; *Krause*, GS Blomeyer (2004), S. 410–412. S.a. *Hochrangige Gruppe von Experten auf dem Gebiet des Gesellschaftsrechts (Winter*-Gruppe), Bericht über moderne gesellschaftsrechtliche Rahmenbedingungen in Europa (2002), S. 126, abrufbar unter: https://ec.europa.eu/commission/presscorner/detail/de/IP_02_1600.

24 *Forst*, ZESAR 2009, 261–266.

25 Der Verordnungsentwurf verwendet den Ausdruck der „grenzübergreifenden“ Verschmelzung usf., anders als etwa die IVRL, sachlich ist damit dasselbe bezeichnet. Wir verwenden beide Begriffe synonym.

Für diese Fälle war eine Verhandlungslösung vorgesehen. Zum Kommissionsvorschlag im Einzelnen unten, Rdn. 15ff.

12 Das **Europäische Parlament** schlug in seiner Entschließung vom 10. März 2009 zahlreiche Änderungen des Kommissionsvorschlags vor, unter anderem zur Arbeitnehmermitbestimmung. Der Vorschlag geht grundsätzlich vom Sitzlandprinzip aus. Hat die SPE eine multinationale Belegschaft, führt eine Reihe von kumulativen Faktoren zur Verhandlungslösung; der Vorschlag unterscheidet hinsichtlich (a) der Anzahl an Arbeitnehmern, (b) der Gründungsart und (c) dem Anteil der Belegschaft, der gewöhnlich in einem Mitgliedstaat mit einem höheren Niveau an Arbeitnehmermitbestimmung arbeitet als der, in dem die SPE sitzt:

Anzahl aller Arbeitnehmer	**Gründungsart**	**Anteil der Belegschaft, der gewöhnlich in einem Mitgliedstaat mit einem höheren Niveau an Arbeitnehmermitbestimmung arbeitet als der, in dem die SPE sitzt**
Mehr als 1.000	Irrelevant	Mehr als ein Viertel (25 %)
Zwischen 500 und 1.000	Irrelevant	Mehr als ein Drittel (33 %)
Weniger als 500	– Umwandlung eines bestehenden Unternehmens – Verschmelzung bestehender Unternehmen – Teilung eines bestehenden Unternehmens	Mehr als ein Drittel (33 %)
Weniger als 500	Neugründung (gemäß den Regelungen der SPE-RL)	Mehr als die Hälfte (50 %)

In diesen Fällen findet das Verhandlungsverfahren nach der SE-Richtlinie (§ 32) (und gegebenenfalls der Richtlinie über grenzüberschreitende Verschmelzungen [jetzt aufgegangen in der Gesellschaftsrechtsrichtlinie, § 33]) entsprechende Anwendung. Dieser Vorschlag ist vor allem für kleine und mittlere Unternehmen als zu kompliziert kritisiert worden. Außerdem ist fraglich, ob besondere Regelungen für mittlere Unternehmen mit 500–1.000 Arbeitnehmern sachlich gerechtfertigt sind.[26]

13 Der Kompromissvorschlag der **schwedischen Ratspräsidentschaft** vom 27. November 2009[27] hat als Ausgangspunkt ebenfalls das Sitzlandprinzip genommen. Ein besonderes Verhandlungsverfahren ist jedoch an zwei Stellen vorgesehen:

---

26 *Hommelhoff*, ZEuP 2011, 7, 17ff.

27 S. *Hommelhoff/Teichmann*, GmbHR 2010, 337–349; *Koberski/Heuschmid*, RdA 2010, 207–216.

(a) wenn das Unternehmen mindestens 500 Arbeitnehmer hat, von denen[28] mindestens die Hälfte üblicherweise in einem Mitgliedstaat arbeiten, das ein höheres Mitbestimmungsniveau aufweist als der Mitgliedstaat, in dem Gesellschaftssitz liegt; und

(b) wenn der Sitz der SPE verlegt wird (vom „Herkunftsmitgliedstaat" zum „Aufnahmemitgliedstaat") und (1) mindestens 1/3 der Arbeitnehmer zur Zeit der Eintragung gewöhnlich im Herkunftsmitgliedstaat arbeitet;[29] und (2) die Arbeitnehmer im Herkunftsmitgliedstaat ein höheres Mitbestimmungsniveau genießen als im Aufnahmemitgliedstaat.

In diesen Fällen findet ein Verhandlungsverfahren Anwendung, das für die SPE gesondert in den Art. 35a–35d geregelt ist. Als **„Auffangregeln"**, vor allem bei Scheitern der Verhandlungen, gilt, dass die Arbeitnehmer das Recht haben, eine Zahl von Mitgliedern des Verwaltungs- oder des Aufsichtsorgans der SPE zu wählen oder zu bestellen oder deren Bestellung zu empfehlen oder abzulehnen, die dem Anteil in dem betroffenen Mitgliedstaat mit dem höchsten Niveau der Arbeitnehmermitbestimmung entspricht. Außerdem verpflichtet der Vorschlag das Geschäftsführungsorgan der SPE, mindestens alle drei Jahre zu prüfen, ob die Voraussetzungen für die Arbeitnehmerbeteiligung gemäß (a) erfüllt sind.[30] Angesichts der unterschiedlichen Traditionen der Mitgliedstaaten im Bereich der Arbeitnehmerbeteiligung konnte der Rat aber wieder keine Einigung erzielen.

14 Der Vorschlag der **ungarischen Ratspräsidentschaft** vom 23. Mai 2011 baut auf dem vorherigen Kompromissvorschlag auf.[31] Ausgehend vom Sitzlandprinzip, sieht der Vorschlag ein spezifisches Verhandlungsverfahren (Art. 35a–35d des Vorschlags) für die Fälle vor, in denen die Schwelle überschritten wird von mindestens 500 Arbeitnehmern, die gewöhnlich in einem Mitgliedstaat mit einem höheren Niveau an Arbeitnehmermitbestimmung als dem Mitgliedstaat des Gesellschaftssitzes arbeiten. Für den Fall der Verlegung des Sitzes wird die Bestimmung durch das Kriterium einer absoluten Zahl ergänzt: Die besonderen Regeln für die Arbeitnehmermitbestimmung gelten, wenn mindestens 1/3 – aber nicht weniger als 500 – Arbeitnehmer der Gesell-

---

28 Zur 50 %-Voraussetzung, s. zum einen *Hommelhoff*, ZEuP 2011, 7, 15 (zustimmend, da nur eine gewisse Anzahl alles Arbeitnehmer die Ausweitung auf die ganze Belegschaft rechtfertigt); und zum anderen *Koberski/Heuschmid*, RdA 2010, 207, 212 (ablehnend, da es (a) viele Fälle aus der Arbeitnehmermitbestimmung heraus fallen lassen könnte [z.B. eine SPE mit 5.000 Arbeitnehmern, 2.400 in Deutschland und 2.600 im VK]; und es (b) nicht eindeutig sei [z.B. eine SPE mit 5.000 Arbeitnehmern, 2.000 in Deutschland, 1.000 in Slowenien, 1.000 in Ungarn und 500 in Spanien, mithin in keinem einzelnen Mitgliedstaat die Hälfte der Arbeitnehmer]).

29 Krit. *Koberski/Heuschmid*, RdA 2010, 207, 213.

30 Beachte, dass daraus auch eine Minderung der Mitbestimmung einhergehen kann; *Hommelhoff*, ZEuP 2011, 7, 28f.

31 Näher *Bormann/Böttcher*, NZG 2011, 411–416 (mit der Ansicht, dass der Vorschlag verschiedene Möglichkeiten bietet, der hohen Mitbestimmung nach deutschem Recht auszuweichen).

schaft gewöhnlich im Herkunftsmitgliedstaat arbeiten und dieser ein höheres Niveau an Arbeitnehmermitbestimmung vorsieht als der Aufnahmemitgliedstaat. Darüber hinaus enthält der Vorschlag eine Bestimmung, nach der bestehende Unterrichtungs- und Anhörungsrechte auch dann gelten sollen, wenn die SPE Arbeitnehmer in verschiedenen Mitgliedstaaten beschäftigt.

IV. Sicherung der Arbeitnehmerbeteiligung in der SPE

Der Kommissionsvorschlag von 2008 trug dem Interesse der Mitbestimmungssicherung in unterschiedlicher Weise Rechnung. Am Anfang steht der Grundsatz des Sitzlandprinzips (1.). Für die Gründung kommt ergänzend die Richtlinie über internationale Verschmelzungen (jetzt aufgegangen in der Gesellschaftsrechtsrichtlinie; s. oben, § 33) zum Tragen (2.). Sie wird auch für die grenzübergreifende Verschmelzung der SPE mit anderen Gesellschaften herangezogen (3.). Eine Sonderregelung enthält die Verordnung für den Fall der Sitzverlegung (4.). 15

1. Grundsatz: Das Sitzlandprinzip

Der Mitbestimmungssicherung trägt zuerst das Sitzlandprinzip Rechnung: Die SPE unterliegt den Regeln für Arbeitnehmermitbestimmung, die in dem Mitgliedstaat anwendbar sind, in dem die SPE ihren eingetragenen Sitz hat, Art. 34 Abs. 1 V-SPE-VO 2008. Insoweit knüpfte die Kommission an die Regelung der Richtlinie über internationale Verschmelzungen an.[32] Damit haben die Mitgliedstaaten in der Hand, inwieweit die SPE der Mitbestimmung unterliegt. Soweit sie für nationale Gesellschaften mit beschränkter Haftung eine Mitbestimmung (unter bestimmten Voraussetzungen) vorsehen, wie dies in Deutschland nach §§ 1 Abs. 1 MitbestG, 1 Abs. 1 DrittelbG der Fall ist, liegt es nahe, diese Mitbestimmung auch auf Unternehmen in der Rechtsform der SPE zu erstrecken. Vorgeschrieben ist das freilich nicht.[33] 16

Rechtsetzungstechnisch ist die Vorschrift übermäßig umständlich formuliert. Dass der Grundsatz von Absatz 1 nur „vorbehaltlich der [genauer: weiteren] Bestimmungen dieses Artikels" gilt, versteht sich von selbst, ebenso wie die Anordnung, dass die SPE nur „falls vorhanden" mitgliedstaatlichen Regelungen für die Arbeitnehmermitbestimmung unterliegen kann. Mit dem letztgenannten Hinweis wollte die Kommission möglicherweise besonders hervorheben, dass die Verordnung nicht selbst eine 17

32 KOM(2008) 396 endg., S. 10.

33 A.M. *Hommelhoff*, ZEuP 2011, 7, 10. Eine solche Bindung ergibt sich auch nicht aus dem unionsrechtlichen Äquivalenzgebot (§ 1 Rdn. 77). Dieses entfaltet zwar auch außerhalb der Richtlinienumsetzung Wirkung und gebietet, gemeinschaftsrechtlich begründete Rechte ebenso zu bewehren wie entsprechende Rechte mitgliedstaatlicher Provenienz. Das schließt es indes nicht aus, die SPE – aus der hier maßgeblichen Unternehmersicht! – günstiger zu stellen und keiner Mitbestimmung zu unterwerfen.

Mitbestimmung vorschreibt und eine solche auch nicht aufgrund der Verordnung eingeführt werden muss. Schließlich erscheint auch die Verweisung in Art. 34 Abs. 2 V-SPE-VO 2008 auf den nachfolgenden Art. 38 V-SPE-VO 2008 als nach einer systematischen Auslegung ganz selbstverständlich und daher unnötig.

18 Problematisch ist das Sitzlandprinzip, wenn sich Verwaltungssitz und Satzungssitz, wie im ursprünglichen Vorschlag vorgesehen, in unterschiedlichen Mitgliedstaaten befinden können (Sitzaufspaltung, Art. 7 Abs. 2 V-SPE-VO 2008; oben Rdn. 7).[34] Diese Konstruktion ermöglicht (oder ermuntert sogar zur) Vermeidung von Arbeitnehmermitbestimmung. Eine SPE könnte ihren Satzungssitz in Malta haben, ihren Verwaltungssitz und Hauptniederlassung aber in Deutschland oder Dänemark.[35] Während die Kompromissvorschläge von 2009 und 2011 (s.o. Rdn. 12ff.) ebenfalls vom Sitzlandprinzip ausgehen (s. Art. 35 Abs. 1 V-SPE-VO 2009; Art. 35 Abs. 1 V-SPE-VO 2011), beschränken sie die Möglichkeit einer Trennung von Gesellschaftssitz und Hauptverwaltung (Art. 7 Abs. 2 V-SPE-VO 2009; Art. 7 V-SPE-VO 2011: Übertragung des Problems auf nationales Recht).

2. Arbeitnehmerbeteiligung bei Gründung

a) „Nationale" Gründung der SPE

19 Bei der Gründung der SPE kommt zuerst eine nationale Gründung in Betracht. Anders als für die Gründung einer Europäischen Aktiengesellschaft (dazu § 32 Rdn. 10) ist für die SPE-Gründung kein grenzüberschreitender Bezug („Internationalitätselement") vorgeschrieben (vgl. Art. 5 V-SPE-VO 2008).[36] Handelt es sich um eine (nationale oder internationale) Primärgründung (Art. 5 Abs. 1 lit. a) V-SPE-VO 2008), so ergeben sich von vornherein keine mitbestimmungsrechtlichen Fragen; es regiert das Sitzlandprinzip.

20 Aber auch bei einer nationalen Gründung durch Umwandlung (i.e.S., Formwechsel), Verschmelzung oder Spaltung (Art. 5 Abs. 1 lit. b)–d) V-SPE-VO 2008) besteht keine Gefahr einer „Flucht aus der Mitbestimmung", weil sowohl die Ausgangsgesellschaft(en) als auch die hervorgehende Gesellschaft dem nationalen Mitbestimmungsrecht unterliegen. Hier behält es daher der mitgliedstaatliche Gesetzgeber in der Hand, die SPE ebenso wie die unterschiedlichen nationalen Rechtsformen der Mitbestimmung zu unterwerfen.

21 Die Vorschläge von 2009 und 2011 (s.o. Rdn. 12ff.) haben einen anderen Ansatz gewählt. Sie richten den Fokus nicht auf die innerstaatliche Gründung, sondern auf die Belegschaft der SPE: Arbeitet ein wesentlicher Teil (Anzahl und/oder Anteil) der Belegschaft (definiert in den Vorschlägen, s.o. Rdn. 12ff.) gewöhnlich in einem Mitgliedstaat mit höherem Niveau der Arbeitnehmermitbestimmung

---

34 Entsprechende Fragen stellten sich daher auch beim Richtlinienvorschlag zur Ein-Personen-GmbH (*Societas Unius Personae*, SUP); dazu *Teichmann/Götz*, ZEuP 2019, 260, 268.

35 *Forst*, ZESAR 2009, 261, 262; *Noussia*, B.L.I. 11 (2010), 277, 292; *Hommelhoff/Teichmann*, GmbHR 2010, 337, 341.

36 *Hommelhoff/Teichmann*, DStR 2008, 925, 928f. Aus der Diskussion etwa noch *Fischer*, ZEuP 2004, 737, 742f.; *Krause*, GS Blomeyer (2004), S. 397f.

als im Mitgliedstaat des Sitzes, findet das Verhandlungsverfahren statt (s. Art. 35 Abs. 2 V-SPE-VO 2009; Art. 35 Abs. 2 V-SPE-VO 2011).

b) Gründung durch grenzüberschreitende Verschmelzung

Fragen der Mitbestimmungssicherung können sich aber stellen, wenn die SE im Wege der grenzüberschreitenden Verschmelzung gegründet wird. Ob das überhaupt möglich ist, ist dem Entwurfstext nicht ausdrücklich zu entnehmen, Art. 5 Abs. 1 lit. b) und BE 7 V-SPE-VO 2008 sprechen nur allgemein von der Verschmelzung; allerdings scheint Art. 5 Abs. 2 S. 1 V-SPE-VO 2008 davon auszugehen, dass auch *mehrere* nationale Verschmelzungsregime anwendbar sein können. Auch der supranationale Charakter der Rechtsform spricht für die Möglichkeit einer Gründung durch grenzüberschreitende Verschmelzung. 22

Für die Arbeitnehmermitbestimmung enthält der Vorschlag im Hinblick auf die Gründung durch grenzüberschreitende Verschmelzung keine Regelung und auch keine Verweisung. Das ist insofern erstaunlich, als für die grenzüberschreitende Verschmelzung *einer (bereits gegründeten) SPE* mit einer anderen Gesellschaft eigens ein Hinweis auf die Richtlinie über internationale Verschmelzungen (IVRL; jetzt aufgegangen in der Gesellschaftsrechtsrichtlinie, s. § 33) angebracht ist (sogleich Rdn. 26f.). Man könnte daher annehmen, die Kommission sei für die Gründung der SPE durch Verschmelzung von Gesellschaften verschiedener Mitgliedstaaten von der Unanwendbarkeit der Internationalen Verschmelzungsrichtlinie ausgegangen. Näher liegt indes die Annahme, der Gesetzgeber habe diesen Fall als selbstverständlich von der Richtlinie gedeckt angesehen. 23

Ganz selbstverständlich ist das freilich nicht, schon deswegen, weil es bei Erlass der IVRL die SPE als Rechtsform noch nicht gab. Der Anwendungsbereich der Internationalen Verschmelzungsrichtlinie war zwar auf „Kapitalgesellschaften" i.S.v. Art. 2 Abs. 1 IVRL als *Ausgangsgesellschaften* beschränkt, sah aber für die Verschmelzung durch Neugründung (Art. 2 Abs. 2 lit. b) IVRL) keine „harte" Beschränkung im Hinblick auf die Rechtsform der *zu gründenden* Gesellschaft vor.[37] Der Gesetzgeber hat dabei vorausgesetzt, dass die hervorgehende Gesellschaft eine in den Mitgliedstaaten anerkannte Rechtsform hat (vgl. Art. 11 Abs. 1 S. 1 IVRL). Zudem ist er offenbar davon ausgegangen, dass es sich dabei ebenfalls um eine Kapitalgesellschaft handeln müsse (vgl. Art. 2 Abs. 2 lit. b) IVRL). Diese beiden Kriterien erfüllt die SPE indes. Sie ist gem. Art. 3 Abs. 1 lit. a), b) V-SPE-VO 2008 als Kapitalgesellschaft ausgestaltet und schon der Verordnungsform nach (Art. 288 Abs. 2 AEUV) als Rechtsform in den Mitgliedstaaten anzuerkennen. 24

37 Art. 2 Abs. 2 lit. b) IVRL geht davon aus, dass die hervorgehende Gesellschaft ebenfalls eine Kapitalgesellschaft ist.

25 Sollte demnach auf die grenzüberschreitende Verschmelzung durch Neugründung einer SPE die Internationale Verschmelzungsrichtlinie Anwendung finden (jetzt: Art. 118 ff. GesRRL), so ist für die Sicherung der Mitbestimmung bereits durch Art. 16 IVRL (Art. 133 GesRRL) Vorsorge getragen; dazu oben, § 33.

3. Arbeitnehmerbeteiligung bei der grenzübergreifenden Verschmelzung der SPE mit anderen Gesellschaften

26 Die Arbeitnehmermitbestimmung könnte weiterhin gefährdet werden, wenn eine SPE, die nach mitgliedstaatlichem Recht (Art. 34 Abs. 1 V-SPE-VO 2008) der Mitbestimmung unterliegt, sich mit einer anderen Gesellschaft verschmilzt und die hervorgehende Gesellschaft dem Recht eines anderen Mitgliedstaats unterliegt, das keine Mitbestimmung vorsieht. Für diesen Fall erklärt Art. 34 Abs. 3 V-SPE-VO 2008 die Internationale Verschmelzungsrichtlinie (jetzt Art. 118 GesRRL) für entsprechend anwendbar.

27 Dieser Hinweis dürfte nur deklaratorisch sein. Die Internationale Verschmelzungsrichtlinie war nur auf Kapitalgesellschaften i.S.v. Art. 2 Abs. 1 IVRL als Ausgangsgesellschaften anwendbar. Dazu zählen zum einen die verschiedenen nationalen Ausprägungen der Aktiengesellschaft und der GmbH. Dazu gehört die SPE nicht. Art. 2 lit. b) IVRL erweitert die Definition aber um Gesellschaften mit Rechtspersönlichkeit und gesondertem Haftungskapital (vgl. Art. 3 Abs. 1 lit. a), b), 9 Abs. 2, 19–25 V-SPE-RL), die „nach dem für sie maßgebenden innerstaatlichen Recht Schutzbestimmungen im Sinne der [Publizitätsrichtlinie][38] im Interesse der Gesellschafter sowie Dritter einhalten muss". Auf die Vorschriften der Publizitätsrichtlinie verweist der Verordnungsentwurf an verschiedener Stelle (insbes. Art. 11 V-SPE-VO 2008), die Umsetzungsvorschriften finden im Übrigen über Art. 4 Abs. 2 V-SPE-VO 2008 Anwendung.

28 Diese Regelung haben die Vorschläge von 2009 und 2011 (s.o. Rdn. 12ff.) beibehalten (s. Art. 35 Abs. 3 V-SPE-VO 2009; Art. 35 Abs. 3 V-SPE-VO 2011).

4. Arbeitnehmerbeteiligung im Fall der Sitzverlegung

29 Eigenständig geregelt ist nur die Mitbestimmungssicherung für den Fall der Sitzverlegung. Die SPE soll sich nicht dadurch einer für sie nach nationalem Recht geltenden (Art. 34 Abs. 1 V-SPE-VO 2008) Mitbestimmung entziehen können, dass sie ihren Sitz in einen „mitbestimmungsfreien" Mitgliedstaat verlegt. Für die Ausgestaltung hat der Gesetzgeber wiederum an die Grundgedanken der SE-Richtlinie sowie der Internatio-

38 Erste Richtlinie 68/151/EWG des Rates vom 9.3.1968 zur Koordinierung der Schutzbestimmungen, die in den Mitgliedstaaten den Gesellschaften im Sinne des Artikels 58 Absatz 2 des Vertrages im Interesse der Gesellschafter sowie Dritter vorgeschrieben sind, um diese Bestimmungen gleichwertig zu gestalten, ABl. 1968 L 65/8; jetzt aufgegangen in der Gesellschaftsrechtsrichtlinie 2017/1132 (zuletzt geändert durch die Mobilitätsrichtlinie 2019/2121); zu dieser auch § 33.

nalen Verschmelzungsrichtlinie (jetzt Art. 118 ff. GesRRL; § 33) angeknüpft, nämlich an das Vorher-Nachher-Prinzip und die Verhandlungslösung (eingehend oben, § 32 Rdn. 7, 28–64, § 33 Rdn. 34–56).

Ausgangspunkt ist auch hier das Sitzlandprinzip. In Bezug auf die Mitbestim- 30
mungsregelungen unterliegt die SPE im Falle einer Sitzverlegung ab dem Zeitpunkt ihrer Eintragung den geltenden Bestimmungen im Aufnahmemitgliedstaat.

Die deutsche Formulierung, die sich auf „Vereinbarungen über die Mitbestimmung" bezieht, 31
dürfte auf einem Übersetzungsfehler beruhen. In der französischen Fassung ist von *modalités de participation des travailleurs* die Rede, in der englischen Fassung von *arrangements for the participartion of employees*. Damit sind eher die „Vorkehrungen" oder „Regelungen" der Mitbestimmung bezeichnet, unabhängig davon, ob sie auf Gesetz oder Vereinbarung beruhen. Der Begriff der Vereinbarung ist daher zu eng, da er sich nur auf privatautonome Mitbestimmungsregime bezieht, nicht hingegen auf die gesetzliche Mitbestimmung, wie sie in Deutschland der Regelfall ist.

Das Sitzlandprinzip findet – ähnlich wie nach der Internationalen Verschmel- 32
zungsrichtlinie (jetzt Art. 118 ff. GesRRL) – aber dann keine Anwendung, wenn (etwas vereinfacht dargestellt)

(1) mindestens **ein Drittel der** („Gesamt-") **Arbeitnehmer** der SPE in deren Herkunftsmitgliedstaat beschäftigt sind und
(2) entweder
  a) die Rechtsvorschriften des Aufnahmemitgliedstaats ein **geringeres Maß an Mitbestimmung** vorschreiben als im Herkunftsmitgliedstaat vorgesehen; das „Maß der Mitbestimmung" wird dabei auch hier (wie in SE-RL und IVRL [jetzt Art. 133 Abs. 2 GesRRL]) als Anteil der Arbeitnehmervertreter im Verwaltungs- oder Aufsichtsorgan bestimmt.
  oder
  b) die Rechtsvorschriften des Aufnahmemitgliedstaats den in anderen Mitgliedstaaten beschäftigten Arbeitnehmer nicht den **gleichen Anspruch auf Ausübung von Mitbestimmungsrechten** (aktives und passives Wahlrecht) gewähren, wie sie vor der Sitzverlegung hatten.

Die Vorschläge von 2009 und 2011 (s. o. Rdn. 12 ff.) haben im Prinzip den gleichen Ansatz. Das Kri- 33
terium, das die Verhandlungen auslöst, variiert, aber s. Art. 35 Abs. 1 a lit. b) V-SPE-VO 2009; Art. 35 Abs. 1 a lit. b) V-SPE-VO 2011.

In diesen Fällen greift eine **Verhandlungslösung** Platz, Art. 38 Abs. 3–6 V-SPE- 34
VO 2008. Dann hat das Leitungsorgan „baldmöglichst" nach Bekanntgabe des Vorschlags für die Sitzverlegung Verhandlungen mit den Arbeitnehmervertretern aufzunehmen und eine Vereinbarung über die Arbeitnehmermitbestimmung zu erzielen (Abs. 3). Die Vereinbarung muss neben dem sachlichen und zeitlichen Geltungsbereich regeln, ob in der SPE eine Arbeitnehmermitbestimmung eingerichtet oder beibehalten werden und wie sie ausgestaltet sein soll (Abs. 4). Für die Verhandlungen ist ein Zeitraum von sechs Monaten vorgesehen, den die Parteien einvernehmlich um weitere sechs Monate verlängern können (Abs. 5). Erzielen die Parteien in dieser Frist keine Einigung, bleibt es bei den Mitbestimmungsregelungen des Herkunftsmitgliedstaats (Abs. 6).

5. Das Verhandlungsmodell

35 Hinsichtlich der Verhandlungsverfahren verweist der Kommissionsvorschlag von 2008 für grenzüberschreitende Verschmelzungen der SPE mit einem anderen Unternehmen auf die Verschmelzungsrichtlinie, Art. 34 Abs. 3 V-SPE-VO 2008. Für Fälle der grenzüberschreitenden Sitzverlegung enthält der Vorschlag spezifische Regeln, Art. 38 Abs. 3–6 V-SPE-VO 2008.

36 Die Vorschläge von 2009 und 2011 (s.o. Rdn. 12ff.) enthalten spezielle Regelungen für die Verhandlungsverfahren, s. Art. 35a-35d V-SPE-VO 2009, Art. 35a–35d V-SPE-VO 2011.

6. Änderung der Umstände, Überprüfung

37 Eine Sachfrage, die für die SE einige Diskussionen ausgelöst hat, ist die Überprüfung der Beteiligungsvereinbarung bei Änderung der Umstände: Was geschieht, wenn z. B. relevante Schwellenwerte über- oder unterschritten werden? Der Kommissionsvorschlag von 2008 beantwortet diese Frage nicht.[39] Die beiden folgenden Vorschläge tun dies auf zwei Arten. Sie verlangen zunächst, dass das Geschäftsführungsorgan der SPE alle drei Jahre prüft, ob die Bedingungen für das Verhandlungsverfahren erfüllt sind, Art. 35 Abs. 1 b V-SPE-VO 2009 und Art. 35 Abs. 1 b V-SPE-VO 2011. Anscheinend kann die Überprüfung in beide Richtungen gehen und sowohl zu einer Erhöhung als auch zu einer Verminderung der Arbeitnehmermitbestimmung führen.[40] Zusätzlich sehen die Bestimmungen für die Vereinbarung vor, dass sie unter anderem „das bei ihrer Neuaushandlung anzuwendende Verfahren und die Folgen des Nichtzustandekommens einer neuen Vereinbarung“ umfasst, Art. 35c Abs. 2 lit. c) V-SPE-VO 2009 und Art. 35c Abs. 2 lit. c) V-SPE-VO 2011.

---

39 Krit. *Forst*, ZESAR 2009, 261, 264.

40 *Hommelhoff*, ZEuP 2011, 7, 27 ff.

Verzeichnis der wichtigsten Europäischen Rechtsakte auf dem Gebiet des Arbeitsrechts

Abkürzung	Kurzbezeichnung	Amtlicher Titel	Fundstelle
AEntRL	Arbeitnehmer-Entsende-richtlinie	Richtlinie 96/71/EG des Europäischen Parlaments und des Rates vom 16. Dezember 1996 über die Entsendung von Arbeitnehmern im Rahmen der Erbringung von Dienstleistungen	ABl. 1997 L 18/1
	Entsenderechts-Durchsetzungsrichtlinie 2014/67	Richtlinie 2014/67/EU des Europäischen Parlaments und des Rates vom 15. Mai 2014 zur Durchsetzung der Richtlinie 96/71/EG über die Entsendung von Arbeitnehmern im Rahmen der Erbringung von Dienstleistungen und zur Änderung der Verordnung (EU) Nr. 1024/2012 über die Verwaltungszusammenarbeit mit Hilfe des Binnenmarkt-Informationssystems („IMI-Verordnung“)	ABl. 2014 L 159/11
	Entsenderechts-Änderungsrichtlinie 2018/957	Richtlinie (EU) 2018/957 des Europäischen Parlaments und des Rates vom 28. Juni 2018 zur Änderung der Richtlinie 96/71/EG über die Entsendung von Arbeitnehmern im Rahmen der Erbringung von Dienstleistungen	ABl. 2018 L 173/16
ANFVO	Arbeitnehmerfreizügigkeitsverordnung	Verordnung (EU) Nr. 492/2011 des Europäischen Parlaments und des Rates vom 5. April 2011 über die Freizügigkeit der Arbeitnehmer innerhalb der Union	ABl. 2011 L 141/1
ArbSchRL	Arbeitsschutz-Rahmen-richtlinie	Richtlinie 89/391/EWG des Rates vom 12. Juni 1989 über die Durchführung von Maßnahmen zur Verbesserung der Sicherheit und des Gesundheitsschutzes der Arbeitnehmer bei der Arbeit	ABl. 1989 L 183/1
ArbZRL	Arbeitszeitrichtlinie	Richtlinie 2003/88/EG des Europäischen Parlaments und des Rates vom 4. November 2003 über bestimmte Aspekte der Arbeitszeitgestaltung	ABl. 2003 L 299/9

https://doi.org/10.1515/9783110731941-035

Abkürzung	Kurzbezeichnung	Amtlicher Titel	Fundstelle
BefrRL	Befristungsrichtlinie	Richtlinie 1999/70/EG des Rates vom 28. Juni 1999 zu der EGB-UNICE-CEEP-Rahmenvereinbarung über befristete Arbeitsverträge	ABl. 1999 L 175/43
BefrRV	Befristungs-Rahmenvereinbarung	Richtlinie 1999/70/EG des Rates vom 28. Juni 1999 zu der EGB-UNICE-CEEP-Rahmenvereinbarung über befristete Arbeitsverträge	im Anhang der BefrRL (siehe dort)
Brüssel Ia-VO	Brüssel Ia-Verordnung, (auch: Europäische Gerichtsstand- und Vollstreckungsverordnung)	Verordnung (EU) Nr. 1215/2012 des Europäischen Parlaments und des Rates vom 12. Dezember 2012 über die gerichtliche Zuständigkeit und die Anerkennung und Vollstreckung von Entscheidungen in Zivil- und Handelssachen	ABl. 2012 L 351/1
BÜRL	Betriebsübergangsrichtlinie	Richtlinie 2001/23/EG des Rates vom 12. März 2001 zur Angleichung der Rechtsvorschriften der Mitgliedstaaten über die Wahrung von Ansprüchen der Arbeitnehmer beim Übergang von Unternehmen, Betrieben oder Unternehmens oder Betriebsteilen	ABl. 2001 L 82/16
BÜRL 1977	Betriebsübergangsrichtlinie 1977	Richtlinie 77/187/EWG des Rates vom 14. Februar 1977 zur Angleichung der Rechtsvorschriften der Mitgliedstaaten über die Wahrung von Ansprüchen der Arbeitnehmer beim Übergang von Unternehmen, Betrieben oder Betriebsteilen	ABl. 1977 L 61/26
BÜRL 1998	Betriebsübergangsrichtlinie 1998	Richtlinie 98/50/EG des Rates vom 29. Juni 1998 zur Änderung der Richtlinie 77/187/EWG zur Angleichung der Rechtsvorschriften der Mitgliedstaaten über die Wahrung von Ansprüchen der Arbeitnehmer beim Übergang von Unternehmen, Betrieben oder Betriebsteilen	ABl. 1998 L 201/88

Abkürzung	Kurzbezeichnung	Amtlicher Titel	Fundstelle
DSGVO	Datenschutz-Grundverordnung	Verordnung (EU) 2016/679 des Europäischen Parlaments und des Rates vom 27. April 2016 zum Schutz natürlicher Personen bei der Verarbeitung personenbezogener Daten, zum freien Datenverkehr und zur Aufhebung der Richtlinie 95/46/EG (Datenschutz-Grundverordnung)	ABl. 2016 L 119/1
DSRL	Datenschutzrichtlinie	Richtlinie 95/46/EG des Europäischen Parlaments und des Rates vom 24. Oktober 1995 zum Schutz natürlicher Personen bei der Verarbeitung personenbezogener Daten und zum freien Datenverkehr	ABl. 1995 L 281/31
DLRL	Dienstleistungsrichtlinie	Richtlinie 2006/123/EG des Europäischen Parlaments und des Rates vom 12. Dezember 2006 über Dienstleistungen im Binnenmarkt	ABl. 2006 L 376/36
EBRRL	Richtlinie über den Europäischen Betriebsrat; EBR-Richtlinie	Richtlinie 2009/38/EG des Europäischen Parlaments und des Rates vom 6. Mai 2009 über die Einsetzung eines Europäischen Betriebsrats oder die Schaffung eines Verfahrens zur Unterrichtung und Anhörung der Arbeitnehmer in gemeinschaftsweit operierenden Unternehmen oder Unternehmensgruppen	ABl. 2009 L 122/28
EBRRL 1994	Richtlinie über den Europäischen Betriebsrat; EBR-Richtlinie 1994	Richtlinie 94/45/EG des Rates vom 22. September 1994 über die Einsetzung eines Europäischen Betriebsrats oder die Schaffung eines Verfahrens zur Unterrichtung und Anhörung der Arbeitnehmer in gemeinschaftsweit operierenden Unternehmen und Unternehmensgruppen	ABl. 1994 L 254/64
ELA-VO	ELA-Verordnung	Verordnung (EU) 2019/1149 des Europäischen Parlaments und des Rates vom 20. Juni 2019 zur Errichtung einer Europäischen Arbeitsbehörde und zur Änderung der Verordnungen (EG) Nr. 883/2004, (EU) Nr. 492/2011 und (EU) 2016/589 sowie zur Aufhebung des Beschlusses (EU) 2016/344	ABl. 2019 L 186/21

Abkürzung	Kurzbezeichnung	Amtlicher Titel	Fundstelle
EltUrlRL 1996	Elternurlaubsrichtlinie 1996	Richtlinie 96/34/EG des Rates vom 3. Juni 1996 zu der von UNICE, CEEP und EGB geschlossenen Rahmenvereinbarung über Elternurlaub	ABl. 1996 L 145/4
EltUrlRL 2010	Elternurlaubsrichtlinie 2010	Richtlinie 2010/18/EU des Rates vom 8. März 2010 zur Durchführung der von BUSINESSEUROPE, UEAPME, CEEP und EGB geschlossenen überarbeiteten Rahmenvereinbarung über den Elternurlaub und zur Aufhebung der Richtlinie 96/34/EG	ABl. 2010 L 68/13
EltUrlRV	Elternurlaubsrahmenvereinbarung	Rahmenvereinbarung über Elternurlaub vom 18. Juni 2009	im Anhang zur EltUrlRL (siehe dort)
EPURL	Eltern- und Pflegeurlaubsrichtlinie	Richtlinie (EU) 2019/1158 des Europäischen Parlaments und des Rates vom 20. Juni 2019 zur Vereinbarkeit von Beruf und Privatleben für Eltern und pflegende Angehörige und zur Aufhebung der Richtlinie 2010/18/EU des Rates	ABl. 2019 L 188/79
ESSR	Europäische Säule sozialer Rechte	Europäische Säule sozialer Rechte vom 17. November 2017	ABl. 2017 C 428/10
EVÜ	Europäisches Vertragsrechtsübereinkommen	Übereinkommen von Rom über das auf vertragliche Schuldverhältnisse anzuwendende Recht, zur Unterzeichnung aufgelegt am 19. Juni 1980 in Rom (konsolidierte Fassung)	ABl. 1998 C 27/34
ANFRL	Freizügigkeitsrichtlinie	Richtlinie 2004/38/EG des Europäischen Parlaments und des Rates vom 29. April 2004 über das Recht der Unionsbürger und ihrer Familienangehörigen, sich im Hoheitsgebiet der Mitgliedstaaten frei zu bewegen und aufzuhalten, zur Änderung der Verordnung (EWG) Nr. 1612/68 und zur Aufhebung der Richtlinien 64/221/EWG, 68/360/EWG, 72/194/EWG, 73/148/EWG, 75/34/EWG, 75/35/EWG, 90/364/EWG, 90/365/EWG und 93/96/EWG	ABl. 2004 L 158/77

Abkürzung	Kurzbezeichnung	Amtlicher Titel	Fundstelle
GbAbRL	Gleichbehandlungsrichtlinie Arbeitsbedingungen	Richtlinie 76/207/EWG des Rates vom 9. Februar 1976 zur Verwirklichung des Grundsatzes der Gleichbehandlung von Männern und Frauen hinsichtlich des Zugangs zur Beschäftigung, zur Berufsbildung und zum beruflichen Aufstieg sowie in Bezug auf die Arbeitsbedingungen	ABl. 1976 L 39/40
GbBewRL	Beweislastrichtlinie	Richtlinie 97/80/EG des Rates vom 15. Dezember 1997 über die Beweislast bei Diskriminierung aufgrund des Geschlechts	ABl. 1998 L 14/6
GbEthnieRL	Gleichbehandlungsrichtlinie Ethnie, Rassendiskriminierungsrichtlinie	Richtlinie 2000/43/EG des Rates vom 29. Juni 2000 zur Anwendung des Gleichbehandlungsgrundsatzes ohne Unterschied der Rasse oder der ethnischen Herkunft	ABl. 2000 L 180/22
GbLohnRL	Gleichbehandlungsrichtlinie Lohn	Richtlinie 75/117/EWG des Rates vom 10. Februar 1975 zur Angleichung der Rechtsvorschriften der Mitgliedstaaten über die Anwendung des Grundsatzes des gleichen Entgelts für Männer und Frauen	ABl. 1975 L 45/19
GbRRL	Gleichbehandlungsrahmenrichtlinie	Richtlinie 2000/78/EG des Rates vom 27. November 2000 zur Festlegung eines allgemeinen Rahmens für die Verwirklichung der Gleichbehandlung in Beschäftigung und Beruf	ABl. 2000 L 303/16
RL 2004/113		Richtlinie 2004/113/EG des Rates vom 13. Dezember 2004 zur Verwirklichung des Grundsatzes der Gleichbehandlung von Männern und Frauen beim Zugang zu und bei der Versorgung mit Gütern und Dienstleistungen	ABl. 2004 L 373/37
GDRL	Geschlechtsdiskriminierungsrichtlinie	Richtlinie 2006/54/EG des Europäischen Parlaments und des Rates vom 5. Juli 2006 zur Verwirklichung des Grundsatzes der Chancengleichheit und Gleichbehandlung von Männern und Frauen in Arbeits- und Beschäftigungsfragen (Neufassung)	ABl. 2006 L 204/23

Abkürzung	Kurzbezeichnung	Amtlicher Titel	Fundstelle
GesRRL	Gesellschaftsrechts-richtlinie	Richtlinie (EU) 2017/1132 des Europäischen Parlaments und des Rates vom 14. Juni 2017 über bestimmte Aspekte des Gesellschaftsrechts	ABl. 2017 L 169/46
GRCh	Grundrechtscharta	Charta der Grundrechte der Europäischen Union feierlich proklamiert am 7. Dezember 2000, in der am 12. Dezember 2007 in Straßburg angepassten Fassung	ABl. 2000 C 364/1, ABl. 2007 C 303/1
GsG	Gemeinschaftscharta (der sozialen Grundrechte)	Gemeinschaftscharta der sozialen Grundrechte der Arbeitnehmer vom 9. Dezember 1989	KOM(89) 248 endg.
HVertrRL	Handelsvertreterrichtlinie	Richtlinie 86/653/EWG des Rates vom 18. Dezember 1986 zur Koordinierung der Rechtsvorschriften der Mitgliedstaaten betreffend die selbständigen Handelsvertreter	ABl. 1986 L 382/17
InsSchRL	Insolvenzschutzrichtlinie	Richtlinie 2008/94/EG des Europäischen Parlaments und des Rates vom 22. Oktober 2008 über den Schutz der Arbeitnehmer bei Zahlungsunfähigkeit des Arbeitgebers (kodifizierte Fassung)	ABl. 2008 L 283/36
IVRL	Internationale Verschmelzungsrichtlinie	Richtlinie 2005/56/EG des Europäischen Parlaments und des Rates vom 26. Oktober 2005 über die Verschmelzung von Kapitalgesellschaften aus verschiedenen Mitgliedstaaten	ABl. 2005 L 310/1
JArbSchRL	Jugendarbeitsschutz-richtlinie	Richtlinie 94/33/EG des Rates vom 22. Juni 1994 über den Jugendarbeitsschutz	ABl. 1994 L 216/12
KVRL	Kapitalverkehrsrichtlinie	Richtlinie 88/361/EWG des Rates vom 24. Juni 1988 zur Durchführung von Artikel 67 des Vertrages	ABl. 1988 L 178/5
LARL	Leiharbeitsrichtlinie	Richtlinie 2008/104/EG des Europäischen Parlaments und des Rates vom 19. November 2008 über Leiharbeit	ABl. 2008 L 327/9

Abkürzung	Kurzbezeichnung	Amtlicher Titel	Fundstelle
MERL 1975	Massenentlassungs-richtlinie 1975	Richtlinie 75/129/EWG des Rates vom 17. Februar 1975 zur Angleichung der Rechtsvorschriften der Mitgliedstaaten über Massenentlassungen	ABl. 1975 L 48/29
MERL	Massenentlassungs-richtlinie	Richtlinie 98/59/EG des Rates vom 20. Juli 1998 zur Angleichung der Rechtsvorschriften der Mitgliedstaaten über Massenentlassungen	ABl. 1998 L 225/16
	Mobilitätsrichtlinie	Richtlinie (EU) 2019/2121 des Europäischen Parlaments und des Rates vom 27. November 2019 zur Änderung der Richtlinie (EU) 2017/1132 in Bezug auf grenzüberschreitende Umwandlungen, Verschmelzungen und Spaltungen	ABl. 2019 L 321/1
MuSchRL	Mutterschutzrichtlinie	Richtlinie 92/85/EWG des Rates vom 19. Oktober 1992 über die Durchführung von Maßnahmen zur Verbesserung der Sicherheit und des Gesundheitsschutzes von schwangeren Arbeitnehmerinnen, Wöchnerinnen und stillenden Arbeitnehmerinnen am Arbeitsplatz (zehnte Einzelrichtlinie im Sinne des Artikels 16 Absatz 1 der Richtlinie 89/391/EWG)	ABl. 1992 L 348/1
NwRL	Nachweisrichtlinie	Richtlinie 91/533/EWG des Rates vom 14. Oktober 1991 über die Pflicht des Arbeitgebers zur Unterrichtung des Arbeitnehmers über die für seinen Arbeitsvertrag oder sein Arbeitsverhältnis geltenden Bedingungen	ABl. 1991 L 288/32
Rom I-VO	Rom I-Verordnung	Verordnung (EG) Nr. 593/2008 des Europäischen Parlaments und des Rates vom 17. Juni 2008 über das auf vertragliche Schuldverhältnisse anzuwendende Recht (Rom I)	ABl. 2008 L 177/6
Rom II-VO	Rom II-Verordnung	Verordnung (EG) Nr. 864/2007 des Europäischen Parlaments und des Rates vom 11. Juli 2007 über das auf außervertragliche Schuldverhältnisse anzuwendende Recht (Rom II)	ABl. 2007 L 199/40

Abkürzung	Kurzbezeichnung	Amtlicher Titel	Fundstelle
SCE-RL	SCE-Richtlinie	Richtlinie 2003/72/EG des Rates vom 22. Juli 2003 zur Ergänzung des Statuts der Europäischen Genossenschaft hinsichtlich der Beteiligung der Arbeitnehmer	ABl. 2003 L 207/25
SCE-VO	SCE-Verordnung	Verordnung (EG) Nr. 1435/2003 des Rates vom 22. Juli 2003 über das Statut der Europäischen Genossenschaft (SCE)	ABl. 2003 L 207/1
SE-RL	SE-Richtlinie	Richtlinie 2001/86/EG des Rates vom 8. Oktober 2001 zur Ergänzung des Status der Europäischen Gesellschaft hinsichtlich der Beteiligung der Arbeitnehmer	ABl. 2001 L 294/22
SE-VO	SE-Verordnung	Verordnung (EG) Nr. 2157/2001 des Rates vom 8. Oktober 2001 über das Statut der Europäischen Gesellschaft (SE)	ABl. 2001 L 294/1
TpRL	Transparenzrichtlinie	Richtlinie (EU) 2019/1152 des Europäischen Parlaments und des Rates vom 20. Juni 2019 über transparente und vorhersehbare Arbeitsbedingungen in der Europäischen Union	ABl. 2019 L 186/105
TzRL	Teilzeitrichtlinie	Richtlinie 97/81/EG des Rates vom 15. Dezember 1997 zu der von UNICE, CEEP and EGB geschlossenen Rahmenvereinigung über Teilzeitarbeit	ABl. 1998 L 14/9
TzRV	Teilzeit-Rahmenvereinbarung	Rahmenvereinbarung über Teilzeitarbeit	Im Anhang der TzRL (siehe dort)
ÜNRL	Übernahmerichtlinie	Richtlinie 2004/25/EG des Europäischen Parlaments und des Rates vom 21. April 2004 betreffend Übernahmeangebote	ABl. 2004 L 142/12

Abkürzung	Kurzbezeichnung	Amtlicher Titel	Fundstelle
URRL	Unterrichtungsrahmenrichtlinie	Richtlinie 2002/14/EG des Europäischen Parlaments und des Rates vom 11. März 2002 zur Festlegung eines allgemeinen Rahmens für die Unterrichtung und Anhörung der Arbeitnehmer in der Europäischen Gemeinschaft – Gemeinsame Erklärung des Europäischen Parlaments, des Rates und der Kommission zur Vertretung der Arbeitnehmer	ABl. 2002 L 80/29
V-SPE-VO 2008	SPE-Verordnungsvorschlag 2008	Vorschlag für eine Verordnung des Rates über das Statut der Europäischen Privatgesellschaft vom 25. Juni 2008	KOM(2008) 396 endg.
V-SPE-VO 2009	SPE-Verordnungsvorschlag 2009	Überarbeiteter Kompromissvorschlag des Vorsitzes – Verordnung des Rates über die Europäische Privatgesellschaft	16115/09, ADD1, DRS 71, SOC 711
V-SPE-VO 2011	SPE-Verordnungsvorschlag 2011	Überarbeitete Kompromissfassung des Vorsitzes – Vorschlag für eine Verordnung des Rates über die Europäische Privatgesellschaft	10611/11, DRS 84, SOC 432
WBRL	Whistleblower-Richtlinie	Richtlinie (EU) 2019/1937 des Europäischen Parlaments und des Rates vom 23. Oktober 2019 zum Schutz von Personen, die Verstöße gegen das Unionsrecht melden	ABl. 2019 L 305/17
ZaGeshRL	Zeitarbeits-Gesundheitsschutz-Richtlinie	Richtlinie 91/383/EWG des Rates vom 25. Juni 1991 zur Ergänzung der Maßnahmen zur Verbesserung der Sicherheit und des Gesundheitsschutzes von Arbeitnehmern mit befristetem Arbeitsverhältnis oder Leiharbeitsverhältnis	ABl. 1991 L 206/19

Stichwortregister

https://doi.org/10.1515/9783110731941-036

www.ingramcontent.com/pod-product-compliance
Lightning Source LLC
LaVergne TN
LVHW081352011026
849161LV00013BA/2801